KODEX

DES EUROPÄISCHEN RECHTS

Herausgeber: Univ.-Prof. Dr. Werner Doralt
Redaktion: Dkfm. Dr. Anica Doralt

EUROPARECHT

bearbeitet von

Dr. Christine Stix-Hackl
Österreichische Botschafterin, Luxemburg
Mitglied des Gerichtshofs der Europäischen Union (EuGH)
von 2000–2006

Mag. Martin K. Moser, LL.M.
Gerichtshof der Europäischen Union (EuGH), Luxemburg

D1718264

KODEX

DES ÖSTERREICHISCHEN RECHTS

VERFASSUNGSRECHT
EUROPARECHT (EU-VERFASSUNGSRECHT)
EINFÜHRUNGSGESETZE ABGB UND B-VG
BÜRGERLICHES RECHT
HANDELSRECHT
ZIVILGERICHTLICHES VERFAHREN
AUSSERSTREITVERFAHREN
STRAFRECHT
GERICHTSORGANISATION
ANWALTS- UND GERICHTSTARIFE
WOHNUNGSGESETZE
BANKEN- UND BÖRSERECHT
EU-FINANZMARKTRECHT
VERSICHERUNGSRECHT
WIRTSCHAFTSGESETZE
VERGABEGESETZE
ARBEITSRECHT
EU-ARBEITSRECHT
AUSHANGPFLICHTIGE GESETZE
SOZIALVERSICHERUNG
PFLEGEGELDGESETZE
STEUERGESETZE
STEUER-ERLÄSSE
LST – RICHTLINIENKOMMENTAR
KSTG – RICHTLINIENKOMMENTAR
UMGRSTG – RICHTLINIENKOMMENTAR
USTG – RICHTLINIENKOMMENTAR
DOPPELBESTEUERUNGSABKOMMEN
ZOLLRECHT UND VERBRAUCHSTEUERN
VERKEHRSRECHT
WEHRRECHT
ÄRZTERECHT
KRANKENANSTALTENGESETZE
VETERINÄRRECHT
UMWELTRECHT
EU-UMWELTRECHT
CHEMIKALIENRECHT
WASSERRECHT
ABFALLRECHT
GEFAHRGUTRECHT
SCHULGESETZE
UNIVERSITÄTSRECHT
BESONDERES VERWALTUNGSRECHT
INNERE VERWALTUNG
VERWALTUNGSVERFAHRENSGESETZE
LANDESRECHT TIROL
LANDESRECHT VORARLBERG

ISBN: 978-3-7007-4891-5

LexisNexis Verlag ARD Orac GmbH & CoKG, 1030 Wien, Marxergasse 25, Tel. 534 52-0
Hersteller: Ringier Print s. r. o., Ostrava

Vorwort zur 18. Auflage

Die vorliegende 18. Auflage des Kodexbandes „Verfassungsrecht der Europäischen Union" soll wie stets mit den wesentlichen primär- und sekundärrechtlichen Texten der Europäischen Union ein nützliches Handbuch für den europarechtlichen Alltag sein.

Das Ergebnis des ersten Referendums in Irland (12. Juni 2008) hatte den EU-Reformprozess innehalten lassen. Nachdem sich die Staats- und Regierungschefs im Juni vergangenen Jahres am Europäischen Rat in Brüssel (18./19. Juni 2009) auf rechtliche Garantien verständigt haben, um den Bedenken des irischen Volkes Rechnung zu tragen *(siehe Punkt 1/8.)*, fand die erneute **Konsultation des irischen Volkes am 2. Oktober 2009** statt. Nach der nunmehrigen Zustimmung des irischen Volkes und nach **Zugeständnissen** der EU-Partner auch an die **Tschechische Republik** *(siehe Punkt 1/9.)* trat der **Vertrag von Lissabon am 1. Dezember 2009** in Kraft.

Mit dem Vertrag von Lissabon wurde die Europäische Union auf eine neue Rechtsgrundlage gestellt. Er soll dafür sorgen, dass die **Europäische Union in Zukunft** demokratischer und besser funktioniert. Im Folgenden kurz einige **Eckpunkte der Reform** *(siehe im Übrigen Punkt 1/20.)*:

- Die Europäische Union und die Europäische Gemeinschaft verschmelzen zur „Europäischen Union", welche Rechtspersönlichkeit erhält.

- Die bisherige Drei-Säulen-Struktur der EU wird aufgegeben. Die Union beruht nunmehr auf dem geänderten „Vertrag über die Europäische Union" (EUV) sowie auf dem aus dem bisherigen EG-Vertrag hervorgegangenen „Vertrag über die Arbeitsweise der Europäischen Union" (AEUV). Beide Verträge sind rechtlich gleichrangig. Fortan gibt es demnach insoweit auch kein „Gemeinschaftsrecht" mehr, sondern nur noch Unionsrecht. Daneben besteht allerdings die Europäische Atomgemeinschaft (Euratom) auf der Grundlage des lediglich punktuell geänderten Vertrags über die Errichtung der Europäischen Atomgemeinschaft fort.

- Die Charta der Grundrechte der Europäischen Union als Grundrechtekatalog der EU hat jetzt dieselbe Rechtsverbindlichkeit wie die Verträge. Auf Grund eines entsprechenden Protokolls *(siehe* Protokoll Nr. 30 *unter Punkt 1/3.)* sind Großbritannien und Polen allerdings weitgehend von der Anwendung der Charta ausgenommen. Die Verankerung desselben Opt-outs anlässlich des Abschlusses des nächsten Beitrittsvertrages wurde der Tschechischen Republik vom Europäischen Rat am 29./30. Oktober 2009 in Brüssel zugesichert *(siehe Punkt 1/9.)*.

- Mit dem Vertrag von Lissabon wird die Europäische Union um neue Ziele – wie kulturelle Vielfalt und soziale Marktwirtschaft – ergänzt und erhält weitere Tätigkeitsbereiche (etwa Energieversorgung, Tourismus und Katastrophenschutz).

- Der Europäische Rat wird zu einem eigenständigen Organ der Union, dem zudem ein von diesem Rat für zweieinhalb Jahre gewählter Präsident vorsteht.

- Der Vertrag sieht eine engere außenpolitische Zusammenarbeit der Mitgliedstaaten und einen/e „EU-Außenminister/in" (eigentlich „Hoher Vertreter der Union für Außen- und Sicherheitspolitik") vor. Der Hohe Vertreter wird durch einen neu zu schaffenden Europäischen Auswärtigen Dienst unterstützt.

- Die Befugnisse des Europäischen Parlaments als Mitgesetzgeber mit dem Rat werden gestärkt. Das sogenannte Mitentscheidungsverfahren wird zum Regelfall bei der EU-Rechtssetzung (nunmehr „ordentliches Gesetzgebungsverfahren"). Die Anzahl der europäischen Abgeordneten ist grundsätzlich auf 751 (750 plus Präsident) begrenzt. Pro Mitgliedstaat sind mindestens 6, höchstens 96 Abgeordnete vorgesehen.

- Auch die Rolle der nationalen Parlamente wird gestärkt. Sie können bei einem Rechtssetzungsvorhaben der EU eingreifen, wenn sie der Auffassung sind, dass die EU ein bestimmtes Problem nicht regeln sollte, weil es besser auf Ebene der einzelnen Mitgliedstaaten geregelt werden kann (Subsidiaritätsverfahren).

- Die Unionsbürger sollen, etwa über die Möglichkeit einer Europäischen Bürgerinitiative, näher an die Entscheidungsfindungsprozesse der EU herangeführt werden. Eine Million Unionsbürger aus einer erheblichen Anzahl von Mitgliedstaaten kann so die Europäische Kommission zur Unterbreitung eines Gesetzgebungsvorschlags im Zuständigkeitsbereich der EU auffordern.
- Die Beschlussfassung des Rates mit qualifizierter Mehrheit wird auf zahlreiche Bereiche ausgedehnt und zum Regelfall. In Außen-, Sicherheits- sowie Steuerpolitik bleibt generell die Einstimmigkeit bestehen. Ab 2014 gilt im Rat bei Beschlüssen das System der doppelten Mehrheit (d. h. für eine qualifizierte Mehrheit mindestens 55% der Mitgliedstaaten, die mindestens 65% der Unionsbürger vertreten).
- Das Rechtsschutzsystem wird gestärkt und die Zuständigkeit des Gerichtshofs der Europäischen Union ausgeweitet.
- Eine Solidaritätsklausel für alle Mitgliedstaaten zur Bewältigung terroristischer Bedrohungen und Katastrophen wird eingeführt.
- Des Weiteren ist im EUV eine Beistandsklausel für den Fall eines bewaffneten Angriffs auf einen EU-Mitgliedstaat – allerdings unter Rücksichtnahme auf den besonderen Charakter der Sicherheits- und Verteidigungspolitik bestimmter Mitgliedstaaten – verankert.
- Im Gegensatz zum abgelehnten Verfassungsentwurf für Europa sind Symbole der supranationalen Identität Europas nicht vorgesehen.
- Der Austritt eines Mitgliedstaates aus der Union wird nunmehr ausdrücklich geregelt.

Übersicht über die Verträge der letzten Jahre:
Vertrag von Maastricht, unterzeichnet Februar 1992, in Kraft 1. November 1993
Vertrag von Amsterdam, unterzeichnet Oktober 1997, in Kraft 1. Mai 1999
Vertrag von Nizza, unterzeichnet Februar 2001, in Kraft 1. Februar 2003
EU-Verfassungsvertrag, unterzeichnet Oktober 2004, nicht in Kraft getreten
Vertrag von Lissabon, unterzeichnet Dezember 2007, in Kraft getreten 1. Dezember 2009

In *Kapitel 1A* des vorliegenden Kodex wurden der Vertrag über die Europäische Union und der Vertrag zur Gründung der Europäischen Gemeinschaft durch die neuen, konsolidierten Fassungen des **Vertrags über die Europäische Union und des Vertrags über die Arbeitsweise der Europäischen Union** samt **Protokollen und Erklärungen** ersetzt. Des Weiteren enthält dieses Kapitel die **Charta der Grundrechte der Europäischen Union** samt **Erläuterungen** sowie die **Zugeständnisse an Irland und Tschechien** betreffend den Lissabonner Vertrag. Nach seiner Einarbeitung in EUV und AEUV bleibt der **Lissabonner Vertrag** selbst lediglich als Überblick in *Kapitel 1B*, das die Änderungs- und Beitrittsverträge umfasst, erhalten. Daran anschließend findet sich noch die schon in vorherigen Auflagen des Kodex abgedruckte **Zusammenfassung der wesentlichen Inhalte des Vertrags von Lissabon**.

In den **sekundärrechtlichen Texten** wurden die innerhalb der vergangenen Monate erfolgten Änderungen (insbesondere die Anpassungen im Gefolge des Lissabonner Vertrags) eingearbeitet sowie einige verschiedene Ergänzungen vorgenommen.

Die **Verfahrensordnung** des Europäischen Gerichtshofs für Menschenrechte wurde aus Aktualitätsgründen in Englisch abgedruckt, die durch das Inkrafttreten des 14. Zusatzprotokolls erfolgten Neuerungen in der **EMRK** sind eingearbeitet.

Es ist zu erwarten, dass das Inkrafttreten des Lissabonner Vertrages noch zahlreiche weitere sekundärrechtliche Änderungen nach sich ziehen wird.

Die Bearbeiter bedanken sich wie immer insbesondere bei denjenigen Leserinnen und Lesern, die ihnen ihre Erfahrungen bei der Verwendung dieses Buches mitgeteilt haben und hoffen wie stets auf eine Fortsetzung des Dialogs.

Wien, im Jänner 2011

Christine Stix-Hackl
Martin K. Moser

Benützungsanweisung:

1. Die Artikelbezeichnungen des unter 1/1. abgedruckten Vertrags über die Europäische Union und des unter 1/2. abgedruckten Vertrags über die Arbeitsweise der Europäischen Union entsprechen der durch den Vertrag von Lissabon (Artikel 5) vorgenommenen neuen Nummerierung der Verträge. Zur besseren Orientierung sind diesen neuen Artikelbezeichnungen in Klammern die alten nachgestellt.

2. Insoweit in anderen in diesem Band abgedruckten Rechtstexten Verweise auf Bestimmungen oder Abschnitte des EU- und des EG-Vertrages unverändert belassen wurden, sind diese gemäß Artikel 5 des Lissabonner Vertrages als Verweise auf die entsprechenden umnummerierten Bestimmungen oder Abschnitte der neuen Verträge zu verstehen (siehe dazu die unter 1/6. abgedruckten Übereinstimmungstabellen)

Inhaltsübersicht

EUV/AEUV
+ Prot/Erkl
Anhänge
EU-Grundrechte-
Charta + Erl
Irland/Tschech Rep
Änderungs- und
Beitrittsverträge
LissV + ZusErl
Liss-BeglNovelle

Grundlegende Verträge über die Europäische Union

1/1. EUV

EUV/AEUV
+ Prot/Erkl
Anhänge
EU-Grundrechte-
Charta + Erl
Irland/Tschech Rep
Änderungs- und
Beitrittsverträge
LissV + ZusErl
Liss-BeglNovelle

Vertrag über die Europäische Union

(ABl 2010 C 83, 1)

Inhalt

PRÄAMBEL

SEINE MAJESTÄT DER KÖNIG DER BEL-
GIER, IHRE MAJESTÄT DIE KÖNIGIN
VON DÄNEMARK, DER PRÄSIDENT DER
BUNDESREPUBLIK DEUTSCHLAND, DER
PRÄSIDENT DER GRIECHISCHEN REPU-
BLIK, SEINE MAJESTÄT DER KÖNIG
VON SPANIEN, DER PRÄSIDENT DER
FRANZÖSISCHEN REPUBLIK, DER PRÄ-
SIDENT IRLANDS, DER PRÄSIDENT DER
ITALIENISCHEN REPUBLIK, SEINE KÖ-
NIGLICHE HOHEIT DER GROSSHERZOG
VON LUXEMBURG, IHRE MAJESTÄT DIE
KÖNIGIN DER NIEDERLANDE, DER PRÄ-
SIDENT DER PORTUGIESISCHEN REPU-
BLIK, IHRE MAJESTÄT DIE KÖNIGIN DES
VEREINIGTEN KÖNIGREICHS GROSS-
BRITANNIEN UND NORDIRLAND[1]·

ENTSCHLOSSEN, den mit der Gründung der
Europäischen Gemeinschaften eingeleiteten
Prozess der europäischen Integration auf eine
neue Stufe zu heben,

SCHÖPFEND aus dem kulturellen, religiösen
und humanistischen Erbe Europas, aus dem
sich die unverletzlichen und unveräußerlichen
Rechte des Menschen sowie Freiheit, Demokratie, Gleichheit und Rechtsstaatlichkeit als
universelle Werte entwickelt haben,

EINGEDENK der historischen Bedeutung der
Überwindung der Teilung des europäischen
Kontinents und der Notwendigkeit, feste
Grundlagen für die Gestalt des zukünftigen
Europas zu schaffen,

IN BESTÄTIGUNG ihres Bekenntnisses zu
den Grundsätzen der Freiheit, der Demokratie
und der Achtung der Menschenrechte und
Grundfreiheiten und der Rechtsstaatlichkeit,

IN BESTÄTIGUNG der Bedeutung, die sie
den sozialen Grundrechten beimessen, wie sie
in der am 18. Oktober 1961 in Turin unterzeichneten Europäischen Sozialcharta und in
der Unionscharta der sozialen Grundrechte
der Arbeitnehmer von 1989 festgelegt sind,

IN DEM WUNSCH, die Solidarität zwischen
ihren Völkern unter Achtung ihrer Geschichte,
ihrer Kultur und ihrer Traditionen zu stärken,

IN DEM WUNSCH, Demokratie und Effizienz in der Arbeit der Organe weiter zu stärken, damit diese in die Lage versetzt werden,
die ihnen übertragenen Aufgaben in einem
einheitlichen institutionellen Rahmen besser
wahrzunehmen,

ENTSCHLOSSEN, die Stärkung und die
Konvergenz ihrer Volkswirtschaften herbeizuführen und eine Wirtschafts- und Währungsunion zu errichten, die im Einklang mit
diesem Vertrag und dem Vertrag über die Arbeitsweise der Europäischen Union eine einheitliche, stabile Währung einschließt,

IN DEM FESTEN WILLEN, im Rahmen der
Verwirklichung des Binnenmarkts sowie der
Stärkung des Zusammenhalts und des Umweltschutzes den wirtschaftlichen und sozialen
Fortschritt ihrer Völker unter Berücksichtigung
des Grundsatzes der nachhaltigen Entwicklung
zu fördern und Politiken zu verfolgen, die gewährleisten, dass Fortschritte bei der wirtschaftlichen Integration mit parallelen Fortschritten auf anderen Gebieten einhergehen,

ENTSCHLOSSEN, eine gemeinsame Unionsbürgerschaft für die Staatsangehörigen ihrer
Länder einzuführen,

ENTSCHLOSSEN, eine Gemeinsame Außen-
und Sicherheitspolitik zu verfolgen, wozu
nach Maßgabe des Artikels 42 auch die
schrittweise Festlegung einer gemeinsamen
Verteidigungspolitik gehört, die zu einer gemeinsamen Verteidigung führen könnte, und
so die Identität und Unabhängigkeit Europas
zu stärken, um Frieden, Sicherheit und Fortschritt in Europa und in der Welt zu fördern,

ENTSCHLOSSEN, die Freizügigkeit unter
gleichzeitiger Gewährleistung der Sicherheit
ihrer Bürger durch den Aufbau eines Raums
der Freiheit, der Sicherheit und des Rechts
nach Maßgabe der Bestimmungen dieses Vertrags und des Vertrags über die Arbeitsweise
der Europäischen Union zu fördern,

ENTSCHLOSSEN, den Prozess der Schaffung einer immer engeren Union der Völker
Europas, in der die Entscheidungen entsprechend dem Subsidiaritätsprinzip möglichst
bürgernah getroffen werden, weiterzuführen,

IM HINBLICK auf weitere Schritte, die getan
werden müssen, um die europäische Integration voranzutreiben,

HABEN BESCHLOSSEN, eine Europäische
Union zu gründen; sie haben zu diesem
Zweck zu ihren Bevollmächtigten ernannt:

*(Aufzählung der Bevollmächtigten nicht wie-
dergegeben)*

---

[1]) Seit dem ursprünglichen Vertragsschluss sind
Mitgliedstaaten der Europäischen Union geworden:
die Republik Bulgarien, die Tschechische Republik,
die Republik Estland, die Republik Zypern, die Republik Lettland, die Republik Litauen, die Republik
Ungarn, die Republik Malta, die Republik Österreich, die Republik Polen, Rumänien, die Republik
Slowenien, die Slowakische Republik, die Republik
Finnland und das Königreich Schweden.

— 5 —

1/1. EUV

Art. 1 – 4

EUV/AEUV
+ Prot/Erkl
Anhänge
EU-Grundrechte-
Charta + Erl
Irland/Tschech Rep
Änderungs- und
Beitrittsverträge
LissV + ZusErl
Liss-BeglNovelle

DIESE SIND nach Austausch ihrer als gut und gehörig befundenen Vollmachten wie folgt übereingekommen:

TITEL I
GEMEINSAME BESTIMMUNGEN

Artikel 1
(ex-Artikel 1 EUV)[2]

Durch diesen Vertrag gründen die HOHEN VERTRAGSPARTEIEN untereinander eine EUROPÄISCHE UNION (im Folgenden „Union"), der die Mitgliedstaaten Zuständigkeiten zur Verwirklichung ihrer gemein samen Ziele übertragen.

Dieser Vertrag stellt eine neue Stufe bei der Verwirklichung einer immer engeren Union der Völker Europas dar, in der die Entscheidungen möglichst offen und möglichst bürgernah getroffen werden.

Grundlage der Union sind dieser Vertrag und der Vertrag über die Arbeitsweise der Europäischen Union (im Folgenden „Verträge"). Beide Verträge sind rechtlich gleichrangig. Die Union tritt an die Stelle der Europäischen Gemeinschaft, deren Rechtsnachfolgerin sie ist.

Artikel 2

Die Werte, auf die sich die Union gründet, sind die Achtung der Menschenwürde, Freiheit, Demokratie, Gleichheit, Rechtsstaatlichkeit und die Wahrung der Menschenrechte einschließlich der Rechte der Personen, die Minderheiten angehören. Diese Werte sind allen Mitgliedstaaten in einer Gesellschaft gemeinsam, die sich durch Pluralismus, Nichtdiskriminierung, Toleranz, Gerechtigkeit, Solida rität und die Gleichheit von Frauen und Männern auszeichnet.

Artikel 3
(ex-Artikel 2 EUV)

(1) Ziel der Union ist es, den Frieden, ihre Werte und das Wohlergehen ihrer Völker zu fördern.

(2) Die Union bietet ihren Bürgerinnen und Bürgern einen Raum der Freiheit, der Sicherheit und des Rechts ohne Binnengrenzen, in

dem – in Verbindung mit geeigneten Maßnahmen in Bezug auf die Kontrollen an den Außengrenzen, das Asyl, die Einwanderung sowie die Verhütung und Bekämpfung der Kriminalität – der freie Personenverkehr gewährleistet ist.

(3) Die Union errichtet einen Binnenmarkt. Sie wirkt auf die nachhaltige Entwicklung Europas auf der Grundlage eines ausgewogenen Wirtschaftswachstums und von Preisstabilität, eine in hohem Maße wettbewerbsfähige soziale Marktwirtschaft, die auf Vollbeschäftigung und sozialen Fortschritt abzielt, sowie ein hohes Maß an Umweltschutz und Verbesserung der Umweltqualität hin. Sie fördert den wissenschaftlichen und technischen Fortschritt.

Sie bekämpft soziale Ausgrenzung und Diskriminierungen und fördert soziale Gerechtigkeit und sozialen Schutz, die Gleichstellung von Frauen und Männern, die Solidarität zwischen den Generationen und den Schutz der Rechte des Kindes.

Sie fördert den wirtschaftlichen, sozialen und territorialen Zusammenhalt und die Solidarität zwischen den Mitgliedstaaten.

Sie wahrt den Reichtum ihrer kulturellen und sprachlichen Vielfalt und sorgt für den Schutz und die Entwicklung des kulturellen Erbes Europas.

(4) Die Union errichtet eine Wirtschafts- und Währungsunion, deren Währung der Euro ist.

(5) In ihren Beziehungen zur übrigen Welt schützt und fördert die Union ihre Werte und Interessen und trägt zum Schutz ihrer Bürgerinnen und Bürger bei. Sie leistet einen Beitrag zu Frieden, Sicherheit, globaler nachhaltiger Entwicklung, Solidarität und gegenseitiger Achtung unter den Völkern, zu freiem und gerechtem Handel, zur Beseitigung der Armut und zum Schutz der Menschenrechte, insbesondere der Rechte des Kindes, sowie zur strikten Einhaltung und Weiterentwicklung des Völkerrechts, insbesondere zur Wahrung der Grundsätze der Charta der Vereinten Nationen.

(6) Die Union verfolgt ihre Ziele mit geeigneten Mitteln entsprechend den Zuständigkeiten, die ihr in den Verträgen übertragen sind.

Artikel 4

(1) Alle der Union nicht in den Verträgen übertragenen Zuständigkeiten verbleiben gemäß Artikel 5 bei den Mitgliedstaaten.

---

[2] Dieser Verweis hat lediglich hinweisenden Charakter. Zur Vertiefung vgl. die Übereinstimmungstabellen für die Entsprechung zwischen bisheriger und neuer Nummerierung der Verträge.

(2) Die Union achtet die Gleichheit der Mitgliedstaaten vor den Verträgen und ihre jeweilige nationale Identität, die in ihren grundlegenden politischen und verfassungsmäßigen Strukturen ein schließlich der regionalen und lokalen Selbstverwaltung zum Ausdruck kommt. Sie achtet die grundlegenden Funktionen des Staates, insbesondere die Wahrung der territorialen Unversehrtheit, die Aufrechterhaltung der öffentlichen Ordnung und den Schutz der nationalen Sicherheit. Insbesondere die nationale Sicherheit fällt weiterhin in die alleinige Verantwortung der einzelnen Mitgliedstaaten.

(3) Nach dem Grundsatz der loyalen Zusammenarbeit achten und unterstützen sich die Union und die Mitgliedstaaten gegenseitig bei der Erfüllung der Aufgaben, die sich aus den Verträgen ergeben.

Die Mitgliedstaaten ergreifen alle geeigneten Maßnahmen allgemeiner oder besonderer Art zur Erfüllung der Verpflichtungen, die sich aus den Verträgen oder den Handlungen der Organe der Union ergeben.

Die Mitgliedstaaten unterstützen die Union bei der Erfüllung ihrer Aufgabe und unterlassen alle Maßnahmen, die die Verwirklichung der Ziele der Union gefährden könnten.

Artikel 5
(ex-Artikel 5 EGV)

(1) Für die Abgrenzung der Zuständigkeiten der Union gilt der Grundsatz der begrenzten Einzel ermächtigung. Für die Ausübung der Zuständigkeiten der Union gelten die Grundsätze der Subsidiarität und der Verhältnismäßigkeit.

(2) Nach dem Grundsatz der begrenzten Einzelermächtigung wird die Union nur innerhalb der Grenzen der Zuständigkeiten tätig, die die Mitgliedstaaten ihr in den Verträgen zur Verwirklichung der darin niedergelegten Ziele übertragen haben. Alle der Union nicht in den Verträgen übertragenen Zuständigkeiten verbleiben bei den Mitgliedstaaten.

(3) Nach dem Subsidiaritätsprinzip wird die Union in den Bereichen, die nicht in ihre ausschließliche Zuständigkeit fallen, nur tätig, sofern und soweit die Ziele der in Betracht gezogenen Maß nahmen von den Mitgliedstaaten weder auf zentraler noch auf regionaler oder lokaler Ebene ausreichend verwirklicht werden können, sondern vielmehr wegen ihres Umfangs oder ihrer Wirkungen auf Unionsebene besser zu verwirklichen sind.

Die Organe der Union wenden das Subsidiaritätsprinzip nach dem Protokoll über die Anwendung der Grundsätze der Subsidiarität und der Verhältnismäßigkeit an. Die nationalen Parlamente achten auf die Einhaltung des Subsidiaritätsprinzips nach dem in jenem Protokoll vorgesehenen Verfahren.

(4) Nach dem Grundsatz der Verhältnismäßigkeit gehen die Maßnahmen der Union inhaltlich wie formal nicht über das zur Erreichung der Ziele der Verträge erforderliche Maß hinaus.

Die Organe der Union wenden den Grundsatz der Verhältnismäßigkeit nach dem Protokoll über die Anwendung der Grundsätze der Subsidiarität und der Verhältnismäßigkeit an.

Artikel 6
(ex-Artikel 6 EUV)

(1) Die Union erkennt die Rechte, Freiheiten und Grundsätze an, die in der Charta der Grundrechte der Europäischen Union vom 7. Dezember 2000 in der am 12. Dezember 2007 in Straßburg angepassten Fassung niedergelegt sind; die Charta der Grundrechte und die Verträge sind rechtlich gleichrangig.

Durch die Bestimmungen der Charta werden die in den Verträgen festgelegten Zuständigkeiten der Union in keiner Weise erweitert.

Die in der Charta niedergelegten Rechte, Freiheiten und Grundsätze werden gemäß den allgemeinen Bestimmungen des Titels VII der Charta, die ihre Auslegung und Anwendung regelt, und unter gebührender Berücksichtigung der in der Charta angeführten Erläuterungen, in denen die Quellen dieser Bestimmungen angegeben sind, ausgelegt.

(2) Die Union tritt der Europäischen Konvention zum Schutz der Menschenrechte und Grundfreiheiten bei. Dieser Beitritt ändert nicht die in den Verträgen festgelegten Zuständigkeiten der Union.

(3) Die Grundrechte, wie sie in der Europäischen Konvention zum Schutz der Menschenrechte und Grundfreiheiten gewährleistet sind und wie sie sich aus den gemeinsamen Verfassungsüber lieferungen der Mitgliedstaaten ergeben, sind als allgemeine Grundsätze Teil des Unionsrechts.

Artikel 7
(ex-Artikel 7 EUV)

(1) Auf begründeten Vorschlag eines Drittels der Mitgliedstaaten, des Europäischen Parlaments oder der Europäischen Kommis-

— 7 —

1/1. EUV
Art. 7 – 11

EUV/AEUV
+ Prot/Erkl
Anhänge
EU-Grundrechte-
Charta + Erl
Irland/Tschech.Rep
Änderungs- und
Beitrittsverträge
LissV + ZusErl
Liss-BeglNovelle

sion kann der Rat mit der Mehrheit von vier Fünfteln seiner Mitglieder nach Zustimmung des Europäischen Parlaments feststellen, dass die eindeutige Gefahr einer schwerwiegenden Verletzung der in Artikel 2 genannten Werte durch einen Mitgliedstaat besteht. Der Rat hört, bevor er eine solche Feststellung trifft, den betroffenen Mitgliedstaat und kann Empfehlungen an ihn richten, die er nach demselben Verfahren beschließt.

Der Rat überprüft regelmäßig, ob die Gründe, die zu dieser Feststellung geführt haben, noch zu treffen.

(2) Auf Vorschlag eines Drittels der Mitgliedstaaten oder der Europäischen Kommission und nach Zustimmung des Europäischen Parlaments kann der Europäische Rat einstimmig feststellen, dass eine schwerwiegende und anhaltende Verletzung der in Artikel 2 genannten Werte durch einen Mitglied staat vorliegt, nachdem er den betroffenen Mitgliedstaat zu einer Stellungnahme aufgefordert hat.

(3) Wurde die Feststellung nach Absatz 2 getroffen, so kann der Rat mit qualifizierter Mehrheit beschließen, bestimmte Rechte auszusetzen, die sich aus der Anwendung der Verträge auf den betroffenen Mitgliedstaat herleiten, einschließlich der Stimmrechte des Vertreters der Regierung dieses Mitgliedstaats im Rat. Dabei berücksichtigt er die möglichen Auswirkungen einer solchen Aussetzung auf die Rechte und Pflichten natürlicher und juristischer Personen.

Die sich aus den Verträgen ergebenden Verpflichtungen des betroffenen Mitgliedstaats sind für diesen auf jeden Fall weiterhin verbindlich.

(4) Der Rat kann zu einem späteren Zeitpunkt mit qualifizierter Mehrheit beschließen, nach Absatz 3 getroffene Maßnahmen abzuändern oder aufzuheben, wenn in der Lage, die zur Verhängung dieser Maßnahmen geführt hat, Änderungen eingetreten sind.

(5) Die Abstimmungsmodalitäten, die für die Zwecke dieses Artikels für das Europäische Parlament, den Europäischen Rat und den Rat gelten, sind in Artikel 354 des Vertrags über die Arbeitsweise der Europäischen Union festgelegt.

Artikel 8

(1) Die Union entwickelt besondere Beziehungen zu den Ländern in ihrer Nachbarschaft, um einen Raum des Wohlstands und der guten Nachbarschaft zu schaffen, der auf den Werten der Union aufbaut und sich durch enge, friedliche Beziehungen auf der Grundlage der Zusammenarbeit auszeichnet.

(2) Für die Zwecke des Absatzes 1 kann die Union spezielle Übereinkünfte mit den betreffenden Ländern schließen. Diese Übereinkünfte können gegenseitige Rechte und Pflichten umfassen und die Möglichkeit zu gemeinsamem Vorgehen eröffnen. Zur Durchführung der Übereinkünfte finden regelmäßige Konsultationen statt.

TITEL II
BESTIMMUNGEN ÜBER DIE DEMOKRATISCHEN GRUNDSÄTZE

Artikel 9

Die Union achtet in ihrem gesamten Handeln den Grundsatz der Gleichheit ihrer Bürgerinnen und Bürger, denen ein gleiches Maß an Aufmerksamkeit seitens der Organe, Einrichtungen und sonstigen Stellen der Union zuteil wird. Unionsbürger ist, wer die Staatsangehörigkeit eines Mitgliedstaats besitzt. Die Unionsbürgerschaft tritt zur nationalen Staatsbürgerschaft hinzu, ersetzt sie aber nicht.

Artikel 10

(1) Die Arbeitsweise der Union beruht auf der repräsentativen Demokratie.

(2) Die Bürgerinnen und Bürger sind auf Unionsebene unmittelbar im Europäischen Parlament vertreten.

Die Mitgliedstaaten werden im Europäischen Rat von ihrem jeweiligen Staats- oder Regierungschef und im Rat von ihrer jeweiligen Regierung vertreten, die ihrerseits in demokratischer Weise gegenüber ihrem nationalen Parlament oder gegenüber ihren Bürgerinnen und Bürgern Rechenschaft ablegen müssen.

(3) Alle Bürgerinnen und Bürger haben das Recht, am demokratischen Leben der Union teil zunehmen. Die Entscheidungen werden so offen und bürgernah wie möglich getroffen.

(4) Politische Parteien auf europäischer Ebene tragen zur Herausbildung eines europäischen politischen Bewusstseins und zum Ausdruck des Willens der Bürgerinnen und Bürger der Union bei.

Artikel 11

(1) Die Organe geben den Bürgerinnen und Bürgern und den repräsentativen Verbänden

in geeigneter Weise die Möglichkeit, ihre Ansichten in allen Bereichen des Handelns der Union öffentlich bekannt zu geben und auszutauschen.

(2) Die Organe pflegen einen offenen, transparenten und regelmäßigen Dialog mit den repräsen tativen Verbänden und der Zivilgesellschaft.

(3) Um die Kohärenz und die Transparenz des Handelns der Union zu gewährleisten, führt die Europäische Kommission umfangreiche Anhörungen der Betroffenen durch.

(4) Unionsbürgerinnen und Unionsbürger, deren Anzahl mindestens eine Million betragen und bei denen es sich um Staatsangehörige einer erheblichen Anzahl von Mitgliedstaaten handeln muss, können die Initiative ergreifen und die Europäische Kommission auffordern, im Rahmen ihrer Befugnisse geeignete Vorschläge zu Themen zu unterbreiten, zu denen es nach Ansicht jener Bürgerinnen und Bürger eines Rechtsakts der Union bedarf, um die Verträge umzusetzen.

Die Verfahren und Bedingungen, die für eine solche Bürgerinitiative gelten, werden nach Artikel 24 Absatz 1 des Vertrags über die Arbeitsweise der Europäischen Union festgelegt.

Artikel 12

Die nationalen Parlamente tragen aktiv zur guten Arbeitsweise der Union bei, indem sie

a) von den Organen der Union unterrichtet werden und ihnen die Entwürfe von Gesetzgebungsakten der Union gemäß dem Protokoll über die Rolle der nationalen Parlamente in der Europäischen Union zugeleitet werden;

b) dafür sorgen, dass der Grundsatz der Subsidiarität gemäß den in dem Protokoll über die Anwendung der Grundsätze der Subsidiarität und der Verhältnismäßigkeit vorgesehenen Verfahren beachtet wird;

c) sich im Rahmen des Raums der Freiheit, der Sicherheit und des Rechts an den Mechanismen zur Bewertung der Durchführung der Unionspolitiken in diesem Bereich nach Artikel 70 des Vertrags über die Arbeitsweise der Europäischen Union beteiligen und in die politische Kontrolle von Europol und die Bewertung der Tätigkeit von Eurojust nach den Artikeln 88 und 85 des genannten Vertrags einbezogen werden;

d) sich an den Verfahren zur Änderung der Verträge nach Artikel 48 dieses Vertrags beteiligen;

e) über Anträge auf Beitritt zur Union nach Artikel 49 dieses Vertrags unterrichtet werden;

f) sich an der interparlamentarischen Zusammenarbeit zwischen den nationalen Parlamenten und mit dem Europäischen Parlament gemäß dem Protokoll über die Rolle der nationalen Parlamente in der Europäischen Union beteiligen.

TITEL III
BESTIMMUNGEN ÜBER DIE ORGANE

Artikel 13

(1) Die Union verfügt über einen institutionellen Rahmen, der zum Zweck hat, ihren Werten Geltung zu verschaffen, ihre Ziele zu verfolgen, ihren Interessen, denen ihrer Bürgerinnen und Bürger und denen der Mitgliedstaaten zu dienen sowie die Kohärenz, Effizienz und Kontinuität ihrer Politik und ihrer Maßnahmen sicherzustellen.

Die Organe der Union sind

– das Europäische Parlament,

– der Europäische Rat,

– der Rat,

– die Europäische Kommission (im Folgenden „Kommission"),

– der Gerichtshof der Europäischen Union,

– die Europäische Zentralbank,

– der Rechnungshof.

(2) Jedes Organ handelt nach Maßgabe der ihm in den Verträgen zugewiesenen Befugnisse nach den Verfahren, Bedingungen und Zielen, die in den Verträgen festgelegt sind. Die Organe arbeiten loyal zusammen.

(3) Die Bestimmungen über die Europäische Zentralbank und den Rechnungshof sowie die de taillierten Bestimmungen über die übrigen Organe sind im Vertrag über die Arbeitsweise der Europäischen Union enthalten.

(4) Das Europäische Parlament, der Rat und die Kommission werden von einem Wirtschafts- und Sozialausschuss sowie einem Ausschuss der Regionen unterstützt, die beratende Aufgaben wahrnehmen.

Artikel 14

(1) Das Europäische Parlament wird gemeinsam mit dem Rat als Gesetzgeber tätig

—9—

1/1. EUV
Art. 14 – 16

EUV/AEUV
+ Prot/Erkl
Anhänge
EU-Grundrechte-
Charta + Erl
Irland/Tschech Rep
Änderungs- und
Beitrittsverträge
LissV + ZusErl
Liss-BeglNovelle

und übt gemeinsam mit ihm die Haushaltsbefugnisse aus. Es erfüllt Aufgaben der politischen Kontrolle und Beratungsfunktionen nach Maßgabe der Verträge. Es wählt den Präsidenten der Kommission.

(2) Das Europäische Parlament setzt sich aus Vertretern der Unionsbürgerinnen und Unionsbürger zusammen. Ihre Anzahl darf 750 nicht überschreiten, zuzüglich des Präsidenten. Die Bürgerinnen und Bürger sind im Europäischen Parlament degressiv proportional, mindestens jedoch mit sechs Mitgliedern je Mitgliedstaat vertreten. Kein Mitgliedstaat erhält mehr als 96 Sitze.

Der Europäische Rat erlässt einstimmig auf Initiative des Europäischen Parlaments und mit dessen Zustimmung einen Beschluss über die Zusammensetzung des Europäischen Parlaments, in dem die in Unterabsatz 1 genannten Grundsätze gewahrt sind.

(3) Die Mitglieder des Europäischen Parlaments werden in allgemeiner, unmittelbarer, freier und geheimer Wahl für eine Amtszeit von fünf Jahren gewählt.

(4) Das Europäische Parlament wählt aus seiner Mitte seinen Präsidenten und sein Präsidium.

Artikel 15

(1) Der Europäische Rat gibt der Union die für ihre Entwicklung erforderlichen Impulse und legt die allgemeinen politischen Zielvorstellungen und Prioritäten hierfür fest. Er wird nicht gesetzgeberisch tätig.

(2) Der Europäische Rat setzt sich zusammen aus den Staats- und Regierungschefs der Mitgliedstaaten sowie dem Präsidenten des Europäischen Rates und dem Präsidenten der Kommission. Der Hohe Vertreter der Union für Außen- und Sicherheitspolitik nimmt an seinen Arbeiten teil.

(3) Der Europäische Rat tritt zweimal pro Halbjahr zusammen; er wird von seinem Präsidenten einberufen. Wenn es die Tagesordnung erfordert, können die Mitglieder des Europäischen Rates beschließen, sich jeweils von einem Minister oder – im Fall des Präsidenten der Kommission – von einem Mitglied der Kommission unterstützen zu lassen. Wenn es die Lage erfordert, beruft der Präsident eine außerordentliche Tagung des Europäischen Rates ein.

(4) Soweit in den Verträgen nichts anderes festgelegt ist, entscheidet der Europäische Rat im Konsens.

(5) Der Europäische Rat wählt seinen Präsidenten mit qualifizierter Mehrheit für eine Amtszeit von zweieinhalb Jahren; der Präsident kann einmal wiedergewählt werden. Im Falle einer Verhinderung oder einer schweren Verfehlung kann der Europäische Rat ihn im Wege des gleichen Verfahrens von seinem Amt entbinden.

(6) Der Präsident des Europäischen Rates

a) führt den Vorsitz bei den Arbeiten des Europäischen Rates und gibt ihnen Impulse,

b) sorgt in Zusammenarbeit mit dem Präsidenten der Kommission auf der Grundlage der Arbeiten des Rates „Allgemeine Angelegenheiten" für die Vorbereitung und Kontinuität der Arbeiten des Europäischen Rates,

c) wirkt darauf hin, dass Zusammenhalt und Konsens im Europäischen Rat gefördert werden,

d) legt dem Europäischen Parlament im Anschluss an jede Tagung des Europäischen Rates einen Bericht vor.

Der Präsident des Europäischen Rates nimmt auf seiner Ebene und in seiner Eigenschaft, unbeschadet der Befugnisse des Hohen Vertreters der Union für Außen- und Sicherheitspolitik, die Außenvertretung der Union in Angelegenheiten der Gemeinsamen Außen- und Sicherheitspolitik wahr.

Der Präsident des Europäischen Rates darf kein einzelstaatliches Amt ausüben.

Artikel 16

(1) Der Rat wird gemeinsam mit dem Europäischen Parlament als Gesetzgeber tätig und übt gemeinsam mit ihm die Haushaltsbefugnisse aus. Zu seinen Aufgaben gehört die Festlegung der Politik und die Koordinierung nach Maßgabe der Verträge.

(2) Der Rat besteht aus je einem Vertreter jedes Mitgliedstaats auf Ministerebene, der befugt ist, für die Regierung des von ihm vertretenen Mitgliedstaats verbindlich zu handeln und das Stimmrecht auszuüben.

(3) Soweit in den Verträgen nichts anderes festgelegt ist, beschließt der Rat mit qualifizierter Mehrheit.

(4) Ab dem 1. November 2014 gilt als qualifizierte Mehrheit eine Mehrheit von mindestens 55 % der Mitglieder des Rates, gebildet aus mindestens 15 Mitgliedern, sofern die von diesen vertretenen Mitgliedstaaten zusammen

mindestens 65 % der Bevölkerung der Union ausmachen.

Für eine Sperrminorität sind mindestens vier Mitglieder des Rates erforderlich, andernfalls gilt die qualifizierte Mehrheit als erreicht.

Die übrigen Modalitäten für die Abstimmung mit qualifizierter Mehrheit sind in Artikel 238 Absatz 2 des Vertrags über die Arbeitsweise der Europäischen Union festgelegt.

(5) Die Übergangsbestimmungen für die Definition der qualifizierten Mehrheit, die bis zum 31. Oktober 2014 gelten, sowie die Übergangsbestimmungen, die zwischen dem 1. November 2014 und dem 31. März 2017 gelten, sind im Protokoll über die Übergangsbestimmungen festgelegt.

(6) Der Rat tagt in verschiedenen Zusammensetzungen; die Liste dieser Zusammensetzungen wird nach Artikel 236 des Vertrags über die Arbeitsweise der Europäischen Union angenommen.

Als Rat „Allgemeine Angelegenheiten" sorgt er für die Kohärenz der Arbeiten des Rates in seinen verschiedenen Zusammensetzungen. In Verbindung mit dem Präsidenten des Europäischen Rates und mit der Kommission bereitet er die Tagungen des Europäischen Rates vor und sorgt für das weitere Vorgehen.

Als Rat „Auswärtige Angelegenheiten" gestaltet er das auswärtige Handeln der Union entsprechend den strategischen Vorgaben des Europäischen Rates und sorgt für die Kohärenz des Handelns der Union.

(7) Ein Ausschuss der Ständigen Vertreter der Regierungen der Mitgliedstaaten ist für die Vorbereitung der Arbeiten des Rates verantwortlich.

(8) Der Rat tagt öffentlich, wenn er über Entwürfe zu Gesetzgebungsakten berät und abstimmt. Zu diesem Zweck wird jede Ratstagung in zwei Teile unterteilt, von denen der eine den Beratungen über die Gesetzgebungsakte der Union und der andere den nicht die Gesetzgebung betreffenden Tätigkeiten gewidmet ist.

(9) Der Vorsitz im Rat in allen seinen Zusammensetzungen mit Ausnahme des Rates „Auswärtige Angelegenheiten" wird von den Vertretern der Mitgliedstaaten im Rat unter Bedingungen, die gemäß Artikel 236 des Vertrags über die Arbeitsweise der Europäischen Union festgelegt werden, nach einem System der gleichberechtigten Rotation wahrgenommen.

Artikel 17

(1) Die Kommission fördert die allgemeinen Interessen der Union und ergreift geeignete Initiativen zu diesem Zweck. Sie sorgt für die Anwendung der Verträge sowie der von den Organen kraft der Verträge erlassenen Maßnahmen. Sie überwacht die Anwendung des Unionsrechts unter der Kontrolle des Gerichtshofs der Europäischen Union. Sie führt den Haushaltsplan aus und verwaltet die Programme. Sie übt nach Maßgabe der Verträge Koordinierungs-, Exekutiv- und Verwaltungsfunktionen aus. Außer in der Gemeinsamen Außen- und Sicherheitspolitik und den übrigen in den Verträgen vorgesehenen Fällen nimmt sie die Vertretung der Union nach außen wahr. Sie leitet die jährliche und die mehrjährige Programmplanung der Union mit dem Ziel ein, interinstitutionelle Vereinbarungen zu erreichen.

(2) Soweit in den Verträgen nichts anderes festgelegt ist, darf ein Gesetzgebungsakt der Union nur auf Vorschlag der Kommission erlassen werden. Andere Rechtsakte werden auf der Grundlage eines Kommissionsvorschlags erlassen, wenn dies in den Verträgen vorgesehen ist.

(3) Die Amtszeit der Kommission beträgt fünf Jahre.

Die Mitglieder der Kommission werden aufgrund ihrer allgemeinen Befähigung und ihres Einsatzes für Europa unter Persönlichkeiten ausgewählt, die volle Gewähr für ihre Unabhängigkeit bieten.

Die Kommission übt ihre Tätigkeit in voller Unabhängigkeit aus. Die Mitglieder der Kommission dürfen unbeschadet des Artikels 18 Absatz 2 Weisungen von einer Regierung, einem Organ, einer Einrichtung oder jeder anderen Stelle weder einholen noch entgegennehmen. Sie enthalten sich jeder Handlung, die mit ihrem Amt oder der Erfüllung ihrer Aufgaben unvereinbar ist.

(4) Die Kommission, die zwischen dem Zeitpunkt des Inkrafttretens des Vertrags von Lissabon und dem 31. Oktober 2014 ernannt wird, besteht einschließlich ihres Präsidenten und des Hohen Vertreters der Union für Außen- und Sicherheitspolitik, der einer der Vizepräsidenten der Kommission ist, aus je einem Staatsangehörigen jedes Mitgliedstaats.

(5) Ab dem 1. November 2014 besteht die Kommission, einschließlich ihres Präsidenten und des Hohen Vertreters der Union für Außen- und Sicherheitspolitik, aus einer Anzahl von Mitgliedern, die zwei Dritteln der

— 11 —

1/1. EUV

Art. 17 – 19

EUV/AEUV
+ Prot/Erkl
Anhänge
EU-Grundrechte-
Charta – Erl
Irland Tschech Rep
Änderungs- und
Beitrittsverträge
LissV + ZusErl
Liss-BeglNovelle

Zahl der Mitgliedstaaten entspricht, sofern der Europäische Rat nicht einstimmig eine Änderung dieser Anzahl beschließt.

Die Mitglieder der Kommission werden unter den Staatsangehörigen der Mitgliedstaaten in einem System der strikt gleichberechtigten Rotation zwischen den Mitgliedstaaten so ausgewählt, dass das demografische und geografische Spektrum der Gesamtheit der Mitgliedstaaten zum Ausdruck kommt. Dieses System wird vom Europäischen Rat nach Artikel 244 des Vertrags über die Arbeitsweise der Europäischen Union einstimmig festgelegt.

(6) Der Präsident der Kommission
a) legt die Leitlinien fest, nach denen die Kommission ihre Aufgaben ausübt,
b) beschließt über die interne Organisation der Kommission, um die Kohärenz, die Effizienz und das Kollegialitätsprinzip im Rahmen ihrer Tätigkeit sicherzustellen,
c) ernennt, mit Ausnahme des Hohen Vertreters der Union für Außen- und Sicherheitspolitik, die Vizepräsidenten aus dem Kreis der Mitglieder der Kommission.

Ein Mitglied der Kommission legt sein Amt nieder, wenn es vom Präsidenten dazu aufgefordert wird. Der Hohe Vertreter der Union für Außen- und Sicherheitspolitik legt sein Amt nach dem Verfahren des Artikels 18 Absatz 1 nieder, wenn er vom Präsidenten dazu aufgefordert wird.

(7) Der Europäische Rat schlägt dem Europäischen Parlament nach entsprechenden Konsultationen mit qualifizierter Mehrheit einen Kandidaten für das Amt des Präsidenten der Kommission vor; dabei berücksichtigt er das Ergebnis der Wahlen zum Europäischen Parlament. Das Europäische Parlament wählt diesen Kandidaten mit der Mehrheit seiner Mitglieder. Erhält dieser Kandidat nicht die Mehrheit, so schlägt der Europäische Rat dem Europäischen Parlament innerhalb eines Monats mit qualifizierter Mehrheit einen neuen Kandidaten vor, für dessen Wahl das Europäische Parlament dasselbe Verfahren anwendet.

Der Rat nimmt, im Einvernehmen mit dem gewählten Präsidenten, die Liste der anderen Persönlich keiten an, die er als Mitglieder der Kommission vorschlägt. Diese werden auf der Grundlage der Vorschläge der Mitgliedstaaten entsprechend den Kriterien nach Absatz 3 Unterabsatz 2 und Absatz 5 Unterabsatz 2 ausgewählt.

Der Präsident, der Hohe Vertreter der Union für Außen- und Sicherheitspolitik und

die übrigen Mitglieder der Kommission stellen sich als Kollegium einem Zustimmungsvotum des Europäischen Parlaments. Auf der Grundlage dieser Zustimmung wird die Kommission vom Europäischen Rat mit qualifizierter Mehrheit ernannt.

(8) Die Kommission ist als Kollegium dem Europäischen Parlament verantwortlich. Das Europäische Parlament kann nach Artikel 234 des Vertrags über die Arbeitsweise der Europäischen Union einen Misstrauensantrag gegen die Kommission annehmen. Wird ein solcher Antrag angenommen, so müssen die Mitglieder der Kommission geschlossen ihr Amt niederlegen, und der Hohe Vertreter der Union für Außen- und Sicherheitspolitik muss sein im Rahmen der Kommission ausgeübtes Amt niederlegen.

Artikel 18

(1) Der Europäische Rat ernennt mit qualifizierter Mehrheit und mit Zustimmung des Präsidenten der Kommission den Hohen Vertreter der Union für Außen- und Sicherheitspolitik. Der Europäische Rat kann die Amtszeit des Hohen Vertreters nach dem gleichen Verfahren beenden.

(2) Der Hohe Vertreter leitet die Gemeinsame Außen- und Sicherheitspolitik der Union. Er trägt durch seine Vorschläge zur Festlegung dieser Politik bei und führt sie im Auftrag des Rates durch. Er handelt ebenso im Bereich der Gemeinsamen Sicherheits- und Verteidigungspolitik.

(3) Der Hohe Vertreter führt den Vorsitz im Rat „Auswärtige Angelegenheiten".

(4) Der Hohe Vertreter ist einer der Vizepräsidenten der Kommission. Er sorgt für die Kohärenz des auswärtigen Handelns der Union. Er ist innerhalb der Kommission mit deren Zuständigkeiten im Bereich der Außenbeziehungen und mit der Koordinierung der übrigen Aspekte des auswärtigen Handelns der Union betraut. Bei der Wahrnehmung dieser Zuständigkeiten in der Kommission und ausschließlich im Hinblick auf diese Zuständigkeiten unterliegt der Hohe Vertreter den Verfahren, die für die Arbeitsweise der Kommission gelten, soweit dies mit den Absätzen 2 und 3 vereinbar ist.

Artikel 19

(1) Der Gerichtshof der Europäischen Union umfasst den Gerichtshof, das Gericht und Fachgerichte. Er sichert die Wahrung des

Rechts bei der Auslegung und Anwendung der Verträge.

Die Mitgliedstaaten schaffen die erforderlichen Rechtsbehelfe, damit ein wirksamer Rechtsschutz in den vom Unionsrecht erfassten Bereichen gewährleistet ist.

(2) Der Gerichtshof besteht aus einem Richter je Mitgliedstaat. Er wird von Generalanwälten unterstützt.

Das Gericht besteht aus mindestens einem Richter je Mitgliedstaat.

Als Richter und Generalanwälte des Gerichtshofs und als Richter des Gerichts sind Persönlichkeiten auszuwählen, die jede Gewähr für Unabhängigkeit bieten und die Voraussetzungen der Artikel 253 und 254 des Vertrags über die Arbeitsweise der Europäischen Union erfüllen. Sie werden von den Regierungen der Mitgliedstaaten im gegenseitigen Einvernehmen für eine Amtszeit von sechs Jahren ernannt. Die Wiederernennung ausscheidender Richter und Generalanwälte ist zulässig.

(3) Der Gerichtshof der Europäischen Union entscheidet nach Maßgabe der Verträge

a) über Klagen eines Mitgliedstaats, eines Organs oder natürlicher oder juristischer Personen;

b) im Wege der Vorabentscheidung auf Antrag der einzelstaatlichen Gerichte über die Auslegung des Unionsrechts oder über die Gültigkeit der Handlungen der Organe;

c) in allen anderen in den Verträgen vorgesehenen Fällen.

TITEL IV
BESTIMMUNGEN ÜBER EINE VERSTÄRKTE ZUSAMMENARBEIT

Artikel 20
(ex-Artikel 27a bis 27e, 40 bis 40b und 43 bis 45 EUV und ex-Artikel 11 und 11a EGV)

(1) Die Mitgliedstaaten, die untereinander eine Verstärkte Zusammenarbeit im Rahmen der nicht ausschließlichen Zuständigkeiten der Union begründen wollen, können, in den Grenzen und nach Maßgabe dieses Artikels und der Artikel 326 bis 334 des Vertrags über die Arbeitsweise der Europäischen Union, die Organe der Union in Anspruch nehmen und diese Zuständigkeiten unter Anwendung der einschlägigen Bestimmungen der Verträge ausüben.

Eine Verstärkte Zusammenarbeit ist darauf ausgerichtet, die Verwirklichung der Ziele der Union zu fördern, ihre Interessen zu schützen und ihren Integrationsprozess zu stärken. Sie steht allen Mitgliedstaaten nach Artikel 328 des Vertrags über die Arbeitsweise der Europäischen Union jederzeit offen.

(2) Der Beschluss über die Ermächtigung zu einer Verstärkten Zusammenarbeit wird vom Rat als letztes Mittel erlassen, wenn dieser feststellt, dass die mit dieser Zusammenarbeit angestrebten Ziele von der Union in ihrer Gesamtheit nicht innerhalb eines vertretbaren Zeitraums verwirklicht werden können, und sofern an der Zusammenarbeit mindestens neun Mitgliedstaaten beteiligt sind. Der Rat beschließt nach dem in Artikel 329 des Vertrags über die Arbeitsweise der Europäischen Union vorgesehenen Verfahren.

(3) Alle Mitglieder des Rates können an dessen Beratungen teilnehmen, aber nur die Mitglieder des Rates, die die an der Verstärkten Zusammenarbeit beteiligten Mitgliedstaaten vertreten, nehmen an der Abstimmung teil. Die Abstimmungsmodalitäten sind in Artikel 330 des Vertrags über die Arbeitsweise der Europäischen Union vorgesehen.

(4) An die im Rahmen einer Verstärkten Zusammenarbeit erlassenen Rechtsakte sind nur die an dieser Zusammenarbeit beteiligten Mitgliedstaaten gebunden. Sie gelten nicht als Besitzstand, der von beitrittswilligen Staaten angenommen werden muss.

TITEL V
ALLGEMEINE BESTIMMUNGEN ÜBER DAS AUSWÄRTIGE HANDELN DER UNION UND BESONDERE BESTIMMUNGEN ÜBER DIE GEMEINSAME AUSSEN- UND SICHERHEITSPOLITIK

KAPITEL 1
ALLGEMEINE BESTIMMUNGEN ÜBER DAS AUSWÄRTIGE HANDELN DER UNION

Artikel 21

(1) Die Union lässt sich bei ihrem Handeln auf internationaler Ebene von den Grundsätzen leiten, die für ihre eigene Entstehung, Entwicklung und Erweiterung maßgebend waren und denen sie auch weltweit zu stärkerer Geltung verhelfen will: Demokratie, Rechtsstaat-

— 13 —

1/1. EUV
Art. 21 – 22

EUV/AEUV
+ Prot/Erkl
Anhänge
EU-Grundrechte-
Charta + Erl
Irland/Tschech Rep
Änderungs- und
Beitrittsverträge
LissV + ZusErl
Liss-BeglNovelle

lichkeit, die universelle Gültigkeit und Unteil-barkeit der Menschenrechte und Grundfreihei-ten, die Achtung der Menschenwürde, der Grundsatz der Gleichheit und der Grundsatz der Solidarität sowie die Achtung der Grund-sätze der Charta der Vereinten Nationen und des Völkerrechts.

Die Union strebt an, die Beziehungen zu Drittländern und zu regionalen oder weltwei-ten internationalen Organisationen, die die in Unterabsatz 1 aufgeführten Grundsätze teilen, auszubauen und Partnerschaften mit ihnen aufzubauen. Sie setzt sich insbesondere im Rahmen der Vereinten Nationen für multilate-rale Lösungen bei gemeinsamen Problemen ein.

(2) Die Union legt die gemeinsame Politik sowie Maßnahmen fest, führt diese durch und setzt sich für ein hohes Maß an Zusammenar-beit auf allen Gebieten der internationalen Be-ziehungen ein, um

a) ihre Werte, ihre grundlegenden Interessen, ihre Sicherheit, ihre Unabhängigkeit und ihre Unversehrtheit zu wahren;

b) Demokratie, Rechtsstaatlichkeit, die Men-schenrechte und die Grundsätze des Völ-kerrechts zu festigen und zu fördern;

c) nach Maßgabe der Ziele und Grundsätze der Charta der Vereinten Nationen sowie der Prinzipien der Schlussakte von Hel-sinki und der Ziele der Charta von Paris, einschließlich derjenigen, die die Außen-grenzen betreffen, den Frieden zu erhalten, Konflikte zu verhüten und die internatio-nale Sicherheit zu stärken;

d) die nachhaltige Entwicklung in Bezug auf Wirtschaft, Gesellschaft und Umwelt in den Entwicklungsländern zu fördern mit dem vorrangigen Ziel, die Armut zu besei-tigen;

e) die Integration aller Länder in die Welt-wirtschaft zu fördern, unter anderem auch durch den schrittweisen Abbau internatio-naler Handelshemmnisse;

f) zur Entwicklung von internationalen Maß-nahmen zur Erhaltung und Verbesserung der Qualität der Umwelt und der nachhalti-gen Bewirtschaftung der weltweiten natür-lichen Ressourcen beizutragen, um eine nachhaltige Entwicklung sicherzustellen;

g) den Völkern, Ländern und Regionen, die von Naturkatastrophen oder von vom Menschen verursachten Katastrophen be-troffen sind, zu helfen; und

h) eine Weltordnung zu fördern, die auf einer verstärkten multilateralen Zusammenarbeit und einer verantwortungsvollen Weltord-nungspolitik beruht.

(3) Die Union wahrt bei der Ausarbeitung und Umsetzung ihres auswärtigen Handelns in den verschiedenen unter diesen Titel und den Fünften Teil des Vertrags über die Ar-beitsweise der Europäischen Union fallenden Bereichen sowie der externen Aspekte der übrigen Politikbereiche die in den Absätzen 1 und 2 genannten Grundsätze und Ziele.

Die Union achtet auf die Kohärenz zwi-schen den einzelnen Bereichen ihres auswärti-gen Handelns sowie zwischen diesen und ihren übrigen Politikbereichen. Der Rat und die Kommission, die vom Hohen Vertreter der Union für Außen- und Sicherheitspolitik unterstützt werden, stellen diese Kohärenz si-cher und arbeiten zu diesem Zweck zusam-men.

Artikel 22

(1) Auf der Grundlage der in Artikel 21 aufgeführten Grundsätze und Ziele legt der Europäische Rat die strategischen Interessen und Ziele der Union fest.

Die Beschlüsse des Europäischen Rates über die strategischen Interessen und Ziele der Union erstrecken sich auf die Gemein-same Außen- und Sicherheitspolitik sowie auf andere Bereiche des auswärtigen Handelns der Union. Sie können die Beziehungen der Union zu einem Land oder einer Region be-treffen oder aber ein bestimmtes Thema zum Gegenstand haben. Sie enthalten Bestim mun-gen zu ihrer Geltungsdauer und zu den von der Union und den Mitgliedstaaten bereitzu-stellenden Mitteln.

Der Europäische Rat beschließt einstimmig auf Empfehlung des Rates, die dieser nach den für den jeweiligen Bereich vorgesehenen Regelungen abgibt. Die Beschlüsse des Eu-ropäischen Rates werden nach Maßgabe der in den Verträgen vorgesehenen Verfahren durchgeführt.

(2) Der Hohe Vertreter der Union für Außen- und Sicherheitspolitik und die Kom-mission können dem Rat gemeinsame Vor-schläge vorlegen, wobei der Hohe Vertreter für den Bereich der Gemeinsamen Außen- und Sicherheitspolitik und die Kommission für die anderen Bereiche des auswärtigen Handelns zuständig ist.

KAPITEL 2
BESONDERE BESTIMMUNGEN ÜBER DIE GEMEINSAME AUSSEN- UND SICHERHEITSPOLITIK

ABSCHNITT 1
GEMEINSAME BESTIMMUNGEN
Artikel 23

Das Handeln der Union auf internationaler Ebene im Rahmen dieses Kapitels beruht auf den Grundsätzen des Kapitels 1, verfolgt die darin genannten Ziele und steht mit den allgemeinen Bestimmungen jenes Kapitels im Einklang.

Artikel 24
(ex-Artikel 11 EUV)

(1) Die Zuständigkeit der Union in der Gemeinsamen Außen- und Sicherheitspolitik erstreckt sich auf alle Bereiche der Außenpolitik sowie auf sämtliche Fragen im Zusammenhang mit der Sicherheit der Union, einschließlich der schrittweisen Festlegung einer gemeinsamen Verteidigungspolitik, die zu einer gemeinsamen Verteidigung führen kann.

Für die Gemeinsame Außen- und Sicherheitspolitik gelten besondere Bestimmungen und Verfahren. Sie wird vom Europäischen Rat und vom Rat einstimmig festgelegt und durchgeführt, soweit in den Verträgen nichts anderes vorgesehen ist. Der Erlass von Gesetzgebungsakten ist ausgeschlossen. Die Gemeinsame Außen- und Sicherheitspolitik wird vom Hohen Vertreter der Union für Außen- und Sicherheitspolitik und von den Mitgliedstaaten gemäß den Verträgen durchgeführt. Die spezifische Rolle des Europäischen Parlaments und der Kommission in diesem Bereich ist in den Verträgen festgelegt. Der Gerichtshof der Europäischen Union ist in Bezug auf diese Bestimmungen nicht zuständig; hiervon ausgenommen ist die Kontrolle der Einhaltung des Artikels 40 dieses Vertrags und die Überwachung der Rechtmäßigkeit bestimmter Beschlüsse nach Artikel 275 Absatz 2 des Vertrags über die Arbeitsweise der Europäischen Union.

(2) Die Union verfolgt, bestimmt und verwirklicht im Rahmen der Grundsätze und Ziele ihres auswärtigen Handelns eine Gemeinsame Außen- und Sicherheitspolitik, die auf einer Entwicklung der gegenseitigen politischen Solidarität der Mitgliedstaaten, der Ermittlung der Fragen von allgemeiner Bedeutung und der Erreichung einer immer stärkeren Konvergenz des Handelns der Mitgliedstaaten beruht.

(3) Die Mitgliedstaaten unterstützen die Außen- und Sicherheitspolitik der Union aktiv und vorbehaltlos im Geiste der Loyalität und der gegenseitigen Solidarität und achten das Handeln der Union in diesem Bereich.

Die Mitgliedstaaten arbeiten zusammen, um ihre gegenseitige politische Solidarität zu stärken und weiterzuentwickeln. Sie enthalten sich jeder Handlung, die den Interessen der Union zuwiderläuft oder ihrer Wirksamkeit als kohärente Kraft in den internationalen Beziehungen schaden könnte.

Der Rat und der Hohe Vertreter tragen für die Einhaltung dieser Grundsätze Sorge.

Artikel 25
(ex-Artikel 12 EUV)

Die Union verfolgt ihre Gemeinsame Außen- und Sicherheitspolitik, indem sie

a) die allgemeinen Leitlinien bestimmt,

b) Beschlüsse erlässt zur Festlegung

   i) der von der Union durchzuführenden Aktionen,

   ii) der von der Union einzunehmenden Standpunkte,

   iii) der Einzelheiten der Durchführung der unter den Ziffern i und ii genannten Beschlüsse, und

c) die systematische Zusammenarbeit der Mitgliedstaaten bei der Führung ihrer Politik ausbaut.

Artikel 26
(ex-Artikel 13 EUV)

(1) Der Europäische Rat bestimmt die strategischen Interessen der Union und legt die Ziele und die allgemeinen Leitlinien der Gemeinsamen Außen- und Sicherheitspolitik fest, und zwar auch bei Fragen mit verteidigungspolitischen Bezügen. Er erlässt die erforderlichen Beschlüsse.

Wenn eine internationale Entwicklung es erfordert, beruft der Präsident des Europäischen Rates eine außerordentliche Tagung des Europäischen Rates ein, um die strategischen Vorgaben für die Politik der Union angesichts dieser Entwicklung festzulegen.

(2) Der Rat gestaltet die Gemeinsame Außen- und Sicherheitspolitik und fasst die für die Festlegung und Durchführung dieser Politik erforderlichen Beschlüsse auf der

— 15 —

1/1. EUV

Art. 26 – 30

EUV/AEUV
+ Prot/Erkl
Anhänge
EU-Grundrechte-
Charta + Erl
Irland/Tschech Rep
Änderungs- und
Beitrittsverträge
LissV + ZusErl
Liss-BeglNovelle

Grundlage der vom Europäischen Rat festgelegten allgemeinen Leitlinien und strategischen Vorgaben.

Der Rat und der Hohe Vertreter der Union für Außen- und Sicherheitspolitik tragen für ein einheitliches, kohärentes und wirksames Vorgehen der Union Sorge.

(3) Die Gemeinsame Außen- und Sicherheitspolitik wird vom Hohen Vertreter und von den Mitgliedstaaten mit einzelstaatlichen Mitteln und den Mitteln der Union durchgeführt.

Artikel 27

(1) Der Hohe Vertreter der Union für Außen- und Sicherheitspolitik, der im Rat „Auswärtige Angelegenheiten" den Vorsitz führt, trägt durch seine Vorschläge zur Festlegung der Gemeinsamen Außen- und Sicherheitspolitik bei und stellt sicher, dass die vom Europäischen Rat und vom Rat erlassenen Beschlüsse durchgeführt werden.

(2) Der Hohe Vertreter vertritt die Union in den Bereichen der Gemeinsamen Außen- und Sicherheitspolitik. Er führt im Namen der Union den politischen Dialog mit Dritten und vertritt den Standpunkt der Union in internationalen Organisationen und auf internationalen Konferenzen.

(3) Bei der Erfüllung seines Auftrags stützt sich der Hohe Vertreter auf einen Europäischen Auswärtigen Dienst. Dieser Dienst arbeitet mit den diplomatischen Diensten der Mitgliedstaaten zusammen und umfasst Beamte aus den einschlägigen Abteilungen des Generalsekretariats des Rates und der Kommission sowie abgeordnetes Personal der nationalen diplomatischen Dienste. Die Organisation und die Arbeitsweise des Europäischen Auswärtigen Dienstes werden durch einen Beschluss des Rates festgelegt. Der Rat beschließt auf Vorschlag des Hohen Vertreters nach Anhörung des Europäischen Parlaments und nach Zustimmung der Kommission.

Artikel 28
(ex-Artikel 14 EUV)

(1) Verlangt eine internationale Situation ein operatives Vorgehen der Union, so erlässt der Rat die erforderlichen Beschlüsse. In den Beschlüssen sind ihre Ziele, ihr Umfang, die der Union zur Verfügung zu stellenden Mittel sowie die Bedingungen und erforderlichenfalls der Zeitraum für ihre Durchführung festgelegt.

Tritt eine Änderung der Umstände mit erheblichen Auswirkungen auf eine Angelegenheit ein, die Gegenstand eines solchen Beschlusses ist, so überprüft der Rat die Grundsätze und Ziele dieses Beschlusses und erlässt die erforderlichen Beschlüsse.

(2) Die Beschlüsse nach Absatz 1 sind für die Mitgliedstaaten bei ihren Stellungnahmen und ihrem Vorgehen bindend.

(3) Jede einzelstaatliche Stellungnahme oder Maßnahme, die im Rahmen eines Beschlusses nach Absatz 1 geplant ist, wird von dem betreffenden Mitgliedstaat so rechtzeitig mitgeteilt, dass erforderlichenfalls eine vorherige Abstimmung im Rat stattfinden kann. Die Pflicht zur vorherigen Unterrichtung gilt nicht für Maßnahmen, die eine bloße praktische Umsetzung der Beschlüsse des Rates auf einzelstaatlicher Ebene darstellen.

(4) Bei zwingender Notwendigkeit aufgrund der Entwicklung der Lage und falls eine Überprüfung des Beschlusses des Rates nach Absatz 1 nicht stattfindet, können die Mitgliedstaaten unter Berücksichtigung der allgemeinen Ziele des genannten Beschlusses die erforderlichen Sofortmaßnahmen ergreifen. Der betreffende Mitgliedstaat unterrichtet den Rat sofort über derartige Maßnahmen.

(5) Ein Mitgliedstaat befasst den Rat, wenn sich bei der Durchführung eines Beschlusses nach diesem Artikel größere Schwierigkeiten ergeben; der Rat berät darüber und sucht nach angemessenen Lösungen. Diese dürfen nicht im Widerspruch zu den Zielen des Beschlusses nach Absatz 1 stehen oder seiner Wirksamkeit schaden.

Artikel 29
(ex-Artikel 15 EUV)

Der Rat erlässt Beschlüsse, in denen der Standpunkt der Union zu einer bestimmten Frage geografischer oder thematischer Art bestimmt wird. Die Mitgliedstaaten tragen dafür Sorge, dass ihre einzelstaatliche Politik mit den Standpunkten der Union in Einklang steht.

Artikel 30
(ex-Artikel 22 EUV)

(1) Jeder Mitgliedstaat, der Hohe Vertreter der Union für Außen- und Sicherheitspolitik oder der Hohe Vertreter mit Unterstützung der Kommission kann den Rat mit einer Frage der Gemeinsamen Außen- und Sicherheitspolitik befassen und ihm Initiativen beziehungsweise Vorschläge unterbreiten.

(2) In den Fällen, in denen eine rasche Entscheidung notwendig ist, beruft der Hohe Vertreter von sich aus oder auf Antrag eines Mitgliedstaats innerhalb von 48 Stunden, bei absoluter Notwendigkeit in kürzerer Zeit, eine außerordentliche Tagung des Rates ein.

Artikel 31
(ex-Artikel 23 EUV)

(1) Beschlüsse nach diesem Kapitel werden vom Europäischen Rat und vom Rat einstimmig gefasst, soweit in diesem Kapitel nichts anderes festgelegt ist. Der Erlass von Gesetzgebungsakten ist ausgeschlossen.

Bei einer Stimmenthaltung kann jedes Ratsmitglied zu seiner Enthaltung eine förmliche Erklärung im Sinne dieses Unterabsatzes abgeben. In diesem Fall ist es nicht verpflichtet, den Beschluss durch zuführen, akzeptiert jedoch, dass der Beschluss für die Union bindend ist. Im Geiste gegenseitiger Solidarität unterlässt der betreffende Mitgliedstaat alles, was dem auf diesem Beschluss beruhenden Vorgehen der Union zuwiderlaufen oder es behindern könnte, und die anderen Mitgliedstaaten respektieren seinen Standpunkt. Vertreten die Mitglieder des Rates, die bei ihrer Stimmenthaltung eine solche Erklärung abgeben, mindestens ein Drittel der Mitgliedstaaten, die mindestens ein Drittel der Unionsbevölkerung ausmachen, so wird der Beschluss nicht erlassen.

(2) Abweichend von Absatz 1 beschließt der Rat mit qualifizierter Mehrheit, wenn er

– auf der Grundlage eines Beschlusses des Europäischen Rates über die strategischen Interessen und Ziele der Union nach Artikel 22 Absatz 1 einen Beschluss erlässt, mit dem eine Aktion oder ein Standpunkt der Union festgelegt wird;

– auf einen Vorschlag hin, den ihm der Hohe Vertreter der Union für Außen- und Sicherheitspolitik auf spezielles Ersuchen des Europäischen Rates unterbreitet hat, das auf dessen eigene Initiative oder auf eine Initiative des Hohen Vertreters zurückgeht, einen Beschluss erlässt, mit dem eine Aktion oder ein Standpunkt der Union festgelegt wird;

– einen Beschluss zur Durchführung eines Beschlusses, mit dem eine Aktion oder ein Standpunkt der Union festgelegt wird, erlässt,

– nach Artikel 33 einen Sonderbeauftragten ernennt.

Erklärt ein Mitglied des Rates, dass es aus wesentlichen Gründen der nationalen Politik, die es auch nennen muss, die Absicht hat, einen mit qualifizierter Mehrheit zu fassenden Beschluss abzulehnen, so erfolgt keine Abstimmung. Der Hohe Vertreter bemüht sich in engem Benehmen mit dem betroffenen Mitgliedstaat um eine für diesen Mitgliedstaat annehmbare Lösung. Gelingt dies nicht, so kann der Rat mit qualifizierter Mehrheit veranlassen, dass die Frage im Hinblick auf einen einstimmigen Beschluss an den Europäischen Rat verwiesen wird.

(3) Der Europäische Rat kann einstimmig einen Beschluss erlassen, in dem vorgesehen ist, dass der Rat in anderen als den in Absatz 2 genannten Fällen mit qualifizierter Mehrheit beschließt.

(4) Die Absätze 2 und 3 gelten nicht für Beschlüsse mit militärischen oder verteidigungspolitischen Bezügen.

(5) In Verfahrensfragen beschließt der Rat mit der Mehrheit seiner Mitglieder.

Artikel 32
(ex-Artikel 16 EUV)

Die Mitgliedstaaten stimmen sich im Europäischen Rat und im Rat zu jeder außen- und sicherheitspolitischen Frage von allgemeiner Bedeutung ab, um ein gemeinsames Vorgehen festzulegen. Bevor ein Mitgliedstaat in einer Weise, die die Interessen der Union berühren könnte, auf internationaler Ebene tätig wird oder eine Verpflichtung eingeht, konsultiert er die anderen Mitgliedstaaten im Europäischen Rat oder im Rat. Die Mitgliedstaaten gewährleisten durch konvergentes Handeln, dass die Union ihre Interessen und ihre Werte auf internationaler Ebene geltend machen kann. Die Mitgliedstaaten sind untereinander solidarisch.

Hat der Europäische Rat oder der Rat ein gemeinsames Vorgehen der Union im Sinne des Absatzes 1 festgelegt, so koordinieren der Hohe Vertreter der Union für Außen- und Sicherheitspolitik und die Minister für auswärtige Angelegenheiten der Mitgliedstaaten ihre Tätigkeiten im Rat.

Die diplomatischen Vertretungen der Mitgliedstaaten und die Delegationen der Union in Drittländern und bei internationalen Organisationen arbeiten zusammen und tragen zur Festlegung und Durchführung des gemeinsamen Vorgehens bei.

— 17 —

1/1. EUV

Art. 33 – 38

EUV/AEUV
+ Prot/Erkl
Anhänge
EU-Grundrechte-
Charta + Erl
Irland/Tschech Rep
Änderungs- und
Beitrittsverträge
LissV + ZusErl
Liss-BeglNovelle

Artikel 33
(ex-Artikel 18 EUV)

Der Rat kann auf Vorschlag des Hohen Vertreters der Union für Außen- und Sicherheitspolitik einen Sonderbeauftragten für besondere politische Fragen ernennen. Der Sonderbeauftragte übt sein Mandat unter der Verantwortung des Hohen Vertreters aus.

Artikel 34
(ex-Artikel 19 EUV)

(1) Die Mitgliedstaaten koordinieren ihr Handeln in internationalen Organisationen und auf internationalen Konferenzen. Sie treten dort für die Standpunkte der Union ein. Der Hohe Vertreter der Union für Außen- und Sicherheitspolitik trägt für die Organisation dieser Koordinierung Sorge.

In den internationalen Organisationen und auf internationalen Konferenzen, bei denen nicht alle Mitgliedstaaten vertreten sind, setzen sich die dort vertretenen Mitgliedstaaten für die Standpunkte der Union ein.

(2) Nach Artikel 24 Absatz 3 unterrichten die Mitgliedstaaten, die in internationalen Organisationen oder auf internationalen Konferenzen vertreten sind, die dort nicht vertretenen Mitgliedstaaten und den Hohen Vertreter laufend über alle Fragen von gemeinsamem Interesse.

Die Mitgliedstaaten, die auch Mitglieder des Sicherheitsrats der Vereinten Nationen sind, stimmen sich ab und unterrichten die übrigen Mitgliedstaaten sowie den Hohen Vertreter in vollem Umfang. Die Mitgliedstaaten, die Mitglieder des Sicherheitsrats sind, setzen sich bei der Wahrnehmung ihrer Aufgaben unbeschadet ihrer Verantwortlichkeiten aufgrund der Charta der Vereinten Nationen für die Standpunkte und Interessen der Union ein.

Wenn die Union einen Standpunkt zu einem Thema festgelegt hat, das auf der Tagesordnung des Sicherheitsrats der Vereinten Nationen steht, beantragen die dort vertretenen Mitgliedstaaten, dass der Hohe Vertreter gebeten wird, den Standpunkt der Union vorzutragen.

Artikel 35
(ex-Artikel 20 EUV)

Die diplomatischen und konsularischen Vertretungen der Mitgliedstaaten und die Delegationen der Union in dritten Ländern und auf internationalen Konferenzen sowie ihre Vertretungen bei internationalen Organisationen stimmen sich ab, um die Einhaltung und Durchführung der nach diesem Kapitel erlassenen Beschlüsse, mit denen Standpunkte und Aktionen der Union festgelegt werden, zu gewährleisten.

Sie intensivieren ihre Zusammenarbeit durch Informationsaustausch und gemeinsame Bewertungen.

Sie tragen zur Verwirklichung des in Artikel 20 Absatz 2 Buchstabe c des Vertrags über die Arbeitsweise der Europäischen Union genannten Rechts der Unionsbürgerinnen und Unionsbürger auf Schutz im Hoheitsgebiet von Drittländern und zur Durchführung der nach Artikel 23 des genannten Vertrags erlassenen Maßnahmen bei.

Artikel 36
(ex-Artikel 21 EUV)

Der Hohe Vertreter der Union für Außen- und Sicherheitspolitik hört das Europäische Parlament regelmäßig zu den wichtigsten Aspekten und den grundlegenden Weichenstellungen der Gemeinsamen Außen- und Sicherheitspolitik und der Gemeinsamen Sicherheits- und Verteidigungspolitik und unterrichtet es über die Entwicklung der Politik in diesen Bereichen. Er achtet darauf, dass die Auffassungen des Europäischen Parlaments gebührend berücksichtigt werden. Die Sonderbeauftragten können zur Unterrichtung des Europäischen Parlaments mit herangezogen werden.

Das Europäische Parlament kann Anfragen oder Empfehlungen an den Rat und den Hohen Vertreter richten. Zweimal jährlich führt es eine Aussprache über die Fortschritte bei der Durchführung der Gemeinsamen Außen- und Sicherheitspolitik, einschließlich der Gemeinsamen Sicherheits- und Verteidigungspolitik.

Artikel 37
(ex-Artikel 24 EUV)

Die Union kann in den unter dieses Kapitel fallenden Bereichen Übereinkünfte mit einem oder mehreren Staaten oder internationalen Organisationen schließen.

Artikel 38
(ex-Artikel 25 EUV)

Unbeschadet des Artikels 240 des Vertrags über die Arbeitsweise der Europäischen Union verfolgt ein Politisches und Sicherheitspolitisches Komitee die internationale Lage in den Bereichen der Gemeinsamen Außen- und Sicherheitspolitik und trägt auf Ersuchen des Rates, des Hohen Vertreters der Union für Außen- und Sicherheitspolitik oder von sich aus durch an den Rat gerichtete Stellungnahmen zur Festlegung der Politiken bei. Ferner überwacht es die Durchführung vereinbarter Politiken; dies gilt unbeschadet der Zuständigkeiten des Hohen Vertreters.

Im Rahmen dieses Kapitels nimmt das Politische und Sicherheitspolitische Komitee unter der Verantwortung des Rates und des Hohen Vertreters die politische Kontrolle und strategische Leitung von Krisenbewältigungsoperationen im Sinne des Artikels 43 wahr.

Der Rat kann das Komitee für den Zweck und die Dauer einer Operation zur Krisenbewältigung, die vom Rat festgelegt werden, ermächtigen, geeignete Beschlüsse hinsichtlich der politischen Kontrolle und strategischen Leitung der Operation zu fassen.

Artikel 39

Gemäß Artikel 16 des Vertrags über die Arbeitsweise der Europäischen Union und abweichend von Absatz 2 des genannten Artikels erlässt der Rat einen Beschluss zur Festlegung von Vorschriften über den Schutz natürlicher Personen bei der Verarbeitung personenbezogener Daten durch die Mitgliedstaaten im Rahmen der Ausübung von Tätigkeiten, die in den Anwendungsbereich dieses Kapitels fallen, und über den freien Datenverkehr. Die Einhaltung dieser Vorschriften wird von unabhängigen Behörden überwacht.

Artikel 40
(ex-Artikel 47 EUV)

Die Durchführung der Gemeinsamen Außen- und Sicherheitspolitik lässt die Anwendung der Verfahren und den jeweiligen Umfang der Befugnisse der Organe, die in den Verträgen für die Ausübung der in den Artikeln 3 bis 6 des Vertrags über die Arbeitsweise der Europäischen Union aufgeführten Zuständigkeiten der Union vorgesehen sind, unberührt.

Ebenso lässt die Durchführung der Politik nach den genannten Artikeln die Anwendung der Verfahren und den jeweiligen Umfang der Befugnisse der Organe, die in den Verträgen für die Ausübung der Zuständigkeiten der Union nach diesem Kapitel vorgesehen sind, unberührt.

Artikel 41
(ex-Artikel 28 EUV)

(1) Die Verwaltungsausgaben, die den Organen aus der Durchführung dieses Kapitels entstehen, gehen zulasten des Haushalts der Union.

(2) Die operativen Ausgaben im Zusammenhang mit der Durchführung dieses Kapitels gehen ebenfalls zulasten des Haushalts der Union, mit Ausnahme der Ausgaben aufgrund von Maßnahmen mit militärischen oder verteidigungspolitischen Bezügen und von Fällen, in denen der Rat einstimmig etwas anderes beschließt.

In Fällen, in denen die Ausgaben nicht zulasten des Haushalts der Union gehen, gehen sie nach dem Bruttosozialprodukt-Schlüssel zulasten der Mitgliedstaaten, sofern der Rat nicht einstimmig etwas anderes beschließt. Die Mitgliedstaaten, deren Vertreter im Rat eine förmliche Erklärung nach Artikel 31 Absatz 1 Unterabsatz 2 abgegeben haben, sind nicht verpflichtet, zur Finanzierung von Ausgaben für Maßnahmen mit militärischen oder verteidigungspolitischen Bezügen beizutragen.

(3) Der Rat erlässt einen Beschluss zur Festlegung besonderer Verfahren, um den schnellen Zugriff auf die Haushaltmittel der Union zu gewährleisten, die für die Sofortfinanzierung von Initiativen im Rahmen der Gemeinsamen Außen- und Sicherheitspolitik, insbesondere von Tätigkeiten zur Vorbereitung einer Mission nach Artikel 42 Absatz 1 und Artikel 43 bestimmt sind. Er beschließt nach Anhörung des Europäischen Parlaments.

Die Tätigkeiten zur Vorbereitung der in Artikel 42 Absatz 1 und in Artikel 43 genannten Missionen, die nicht zulasten des Haushalts der Union gehen, werden aus einem aus Beiträgen der Mitgliedstaaten gebildeten Anschubfonds finanziert.

Der Rat erlässt mit qualifizierter Mehrheit auf Vorschlag des Hohen Vertreters der Union für Außen- und Sicherheitspolitik die Beschlüsse über

a) die Einzelheiten für die Bildung und die Finanzierung des Anschubfonds, insbesondere die Höhe der Mittelzuweisungen für den Fonds;

b) die Einzelheiten für die Verwaltung des Anschubfonds; c) die Einzelheiten für die Finanzkontrolle.

Kann die geplante Mission nach Artikel 42 Absatz 1 und Artikel 43 nicht aus dem Haus-

— 19 —

1/1. EUV
Art. 41 – 42

EUV/AEUV
+ Prot/Erkl
Anhänge
EU-Grundrechte-
Charta + Erl
Irland/Tschech Rep
Änderungs- und
Beitrittsverträge
LissV + ZusErl
Liss-BeglNovelle

halt der Union finanziert werden, so ermächtigt der Rat den Hohen Vertreter zur Inanspruchnahme dieses Fonds. Der Hohe Vertreter erstattet dem Rat Bericht über die Erfüllung dieses Mandats.

ABSCHNITT 2
BESTIMMUNGEN ÜBER DIE GEMEINSAME SICHERHEITS- UND VERTEIDIGUNGSPOLITIK

Artikel 42
(ex-Artikel 17 EUV)

(1) Die Gemeinsame Sicherheits- und Verteidigungspolitik ist integraler Bestandteil der Gemeinsamen Außen- und Sicherheitspolitik. Sie sichert der Union eine auf zivile und militärische Mittel gestützte Operationsfähigkeit. Auf diese kann die Union bei Missionen außerhalb der Union zur Friedenssicherung, Konfliktverhütung und Stärkung der internationalen Sicherheit in Übereinstimmung mit den Grundsätzen der Charta der Vereinten Nationen zurückgreifen. Sie erfüllt diese Aufgaben mit Hilfe der Fähigkeiten, die von den Mitgliedstaaten bereitgestellt werden.

(2) Die Gemeinsame Sicherheits- und Verteidigungspolitik umfasst die schrittweise Festlegung einer gemeinsamen Verteidigungspolitik der Union. Diese führt zu einer gemeinsamen Verteidigung, sobald der Europäische Rat dies einstimmig beschlossen hat. Er empfiehlt in diesem Fall den Mitgliedstaaten, einen Beschluss in diesem Sinne im Einklang mit ihren verfassungsrechtlichen Vorschriften zu erlassen.

Die Politik der Union nach diesem Abschnitt berührt nicht den besonderen Charakter der Sicherheits- und Verteidigungspolitik bestimmter Mitgliedstaaten; sie achtet die Verpflichtungen einiger Mitgliedstaaten, die ihre gemeinsame Verteidigung in der Nordatlantikvertrags-Organisation (NATO) verwirklicht sehen, aus dem Nordatlantikvertrag und ist vereinbar mit der in jenem Rahmen festgelegten gemeinsamen Sicherheits- und Verteidigungspolitik.

(3) Die Mitgliedstaaten stellen der Union für die Umsetzung der Gemeinsamen Sicherheits- und Verteidigungspolitik zivile und militärische Fähigkeiten als Beitrag zur Verwirklichung der vom Rat festgelegten Ziele zur Verfügung. Die Mitgliedstaaten, die zusammen multinationale Streitkräfte aufstellen, können diese auch für die Gemeinsame Si-

cherheits- und Verteidigungspolitik zur Verfügung stellen.

Die Mitgliedstaaten verpflichten sich, ihre militärischen Fähigkeiten schrittweise zu verbessern. Die Agentur für die Bereiche Entwicklung der Verteidigungsfähigkeiten, Forschung, Beschaffung und Rüstung (im Folgenden „Europäische Verteidigungsagentur") ermittelt den operativen Bedarf und fördert Maßnahmen zur Bedarfsdeckung, trägt zur Ermittlung von Maßnahmen zur Stärkung der industriellen und technologischen Basis des Verteidigungssektors bei und führt diese Maßnahmen gegebenenfalls durch, beteiligt sich an der Festlegung einer europäischen Politik im Bereich der Fähigkeiten und der Rüstung und unterstützt den Rat bei der Beurteilung der Verbesserung der militärischen Fähigkeiten.

(4) Beschlüsse zur Gemeinsamen Sicherheits- und Verteidigungspolitik, einschließlich der Beschlüsse über die Einleitung einer Mission nach diesem Artikel, werden vom Rat einstimmig auf Vorschlag des Hohen Vertreters der Union für Außen- und Sicherheitspolitik oder auf Initiative eines Mitgliedstaats erlassen. Der Hohe Vertreter kann gegebenenfalls gemeinsam mit der Kommission den Rückgriff auf einzelstaatliche Mittel sowie auf Instrumente der Union vorschlagen.

(5) Der Rat kann zur Wahrung der Werte der Union und im Dienste ihrer Interessen eine Gruppe von Mitgliedstaaten mit der Durchführung einer Mission im Rahmen der Union beauftragen. Die Durchführung einer solchen Mission fällt unter Artikel 44.

(6) Die Mitgliedstaaten, die anspruchsvollere Kriterien in Bezug auf die militärischen Fähigkeiten erfüllen und die im Hinblick auf Missionen mit höchsten Anforderungen untereinander weiter gehende Verpflichtungen eingegangen sind, begründen eine Ständige Strukturierte Zusammenarbeit im Rahmen der Union. Diese Zusammenarbeit erfolgt nach Maßgabe von Artikel 46. Sie berührt nicht die Bestimmungen des Artikels 43.

(7) Im Falle eines bewaffneten Angriffs auf das Hoheitsgebiet eines Mitgliedstaats schulden die anderen Mitgliedstaaten ihm alle in ihrer Macht stehende Hilfe und Unterstützung, im Einklang mit Artikel 51 der Charta der Vereinten Nationen. Dies lässt den besonderen Charakter der Sicherheits- und Verteidigungspolitik bestimmter Mitgliedstaaten unberührt.

Die Verpflichtungen und die Zusammenarbeit in diesem Bereich bleiben im Einklang mit den im Rahmen der Nordatlantikvertrags-Organisation eingegangenen Verpflichtungen, die für die ihr angehörenden Staaten weiterhin das Fundament ihrer kollektiven Verteidigung und das Instrument für deren Verwirklichung ist.

Artikel 43

(1) Die in Artikel 42 Absatz 1 vorgesehenen Missionen, bei deren Durchführung die Union auf zivile und militärische Mittel zurückgreifen kann, umfassen gemeinsame Abrüstungsmaßnahmen, humanitäre Aufgaben und Rettungseinsätze, Aufgaben der militärischen Beratung und Unterstützung, Aufgaben der Konfliktverhütung und der Erhaltung des Friedens sowie Kampfeinsätze im Rahmen der Krisenbewältigung einschließlich Frieden schaffender Maßnahmen und Operationen zur Stabilisierung der Lage nach Konflikten. Mit allen diesen Missionen kann zur Bekämpfung des Terrorismus beigetragen werden, unter anderem auch durch die Unterstützung für Drittländer bei der Bekämpfung des Terrorismus in ihrem Hoheitsgebiet.

(2) Der Rat erlässt die Beschlüsse über Missionen nach Absatz 1; in den Beschlüssen sind Ziel und Umfang der Missionen sowie die für sie geltenden allgemeinen Durchführungsbestimmungen festgelegt. Der Hohe Vertreter der Union für Außen- und Sicherheitspolitik sorgt unter Aufsicht des Rates und in engem und ständigem Benehmen mit dem Politischen und Sicherheitspolitischen Komitee für die Koordinierung der zivilen und militärischen Aspekte dieser Missionen.

Artikel 44

(1) Im Rahmen der nach Artikel 43 erlassenen Beschlüsse kann der Rat die Durchführung einer Mission einer Gruppe von Mitgliedstaaten übertragen, die dies wünschen und über die für eine derartige Mission erforderlichen Fähigkeiten verfügen. Die betreffenden Mitgliedstaaten vereinbaren in Absprache mit dem Hohen Vertreter der Union für Außen- und Sicherheitspolitik untereinander die Ausführung der Mission.

(2) Die an der Durchführung der Mission teilnehmenden Mitgliedstaaten unterrichten den Rat von sich aus oder auf Antrag eines anderen Mitgliedstaats regelmäßig über den Stand der Mission. Die teilnehmenden Mitgliedstaaten befassen den Rat sofort, wenn

sich aus der Durchführung der Mission schwerwiegende Konsequenzen ergeben oder das Ziel der Mission, ihr Umfang oder die für sie geltenden Regelungen, wie sie in den in Absatz 1 genannten Beschlüssen festgelegt sind, geändert werden müssen. Der Rat erlässt in diesen Fällen die erforderlichen Beschlüsse.

Artikel 45

(1) Aufgabe der in Artikel 42 Absatz 3 genannten, dem Rat unterstellten Europäischen Verteidigungsagentur ist es,

a) bei der Ermittlung der Ziele im Bereich der militärischen Fähigkeiten der Mitgliedstaaten und der Beurteilung, ob die von den Mitgliedstaaten in Bezug auf diese Fähigkeiten eingegangenen Verpflichtungen erfüllt wurden, mitzuwirken;

b) auf eine Harmonisierung des operativen Bedarfs sowie die Festlegung effizienter und kompatibler Beschaffungsverfahren hinzuwirken;

c) multilaterale Projekte zur Erfüllung der Ziele im Bereich der militärischen Fähigkeiten vorzuschlagen und für die Koordinierung der von den Mitgliedstaaten durchgeführten Programme sowie die Verwaltung spezifischer Kooperationsprogramme zu sorgen;

d) die Forschung auf dem Gebiet der Verteidigungstechnologie zu unterstützen, gemeinsame Forschungsaktivitäten sowie Studien zu technischen Lösungen, die dem künftigen operativen Bedarf gerecht werden, zu koordinieren und zu planen;

e) dazu beizutragen, dass zweckdienliche Maßnahmen zur Stärkung der industriellen und technologischen Basis des Verteidigungssektors und für einen wirkungsvolleren Einsatz der Verteidigungsausgaben ermittelt werden, und diese Maßnahmen gegebenenfalls durchzuführen.

(2) Alle Mitgliedstaaten können auf Wunsch an der Arbeit der Europäischen Verteidigungsagentur teilnehmen. Der Rat erlässt mit qualifizierter Mehrheit einen Beschluss, in dem die Rechtsstellung, der Sitz und die Funktionsweise der Agentur festgelegt werden. Dieser Beschluss trägt dem Umfang der effektiven Beteiligung an den Tätigkeiten der Agentur Rechnung. Innerhalb der Agentur werden spezielle Gruppen gebildet, in denen Mitgliedstaaten zusammenkommen, die gemeinsame Projekte durchführen. Die Agentur

— 21 —

1/1. EUV

Art. 45 – 48

EUV/AEUV
+ Prot/Erkl
Anhänge
EU-Grundrechte-
Charta + Erl
Irland/Tschech Rep
Änderungs- und
Beitrittsverträge
LissV + ZusErl
Liss-BeglNovelle

versieht ihre Aufgaben erforderlichenfalls in Verbindung mit der Kommission.

Artikel 46

(1) Die Mitgliedstaaten, die sich an der Ständigen Strukturierten Zusammenarbeit im Sinne des Artikels 42 Absatz 6 beteiligen möchten und hinsichtlich der militärischen Fähigkeiten die Kriterien erfüllen und die Verpflichtungen eingehen, die in dem Protokoll über die Ständige Strukturierte Zusammenarbeit enthalten sind, teilen dem Rat und dem Hohen Vertreter der Union für Außen- und Sicherheitspolitik ihre Absicht mit.

(2) Der Rat erlässt binnen drei Monaten nach der in Absatz 1 genannten Mitteilung einen Beschluss über die Begründung der Ständigen Strukturierten Zusammenarbeit und über die Liste der daran teilnehmenden Mitgliedstaaten. Der Rat beschließt nach Anhörung des Hohen Vertreters mit qualifizierter Mehrheit.

(3) Jeder Mitgliedstaat, der sich zu einem späteren Zeitpunkt an der Ständigen Strukturierten Zusammenarbeit beteiligen möchte, teilt dem Rat und dem Hohen Vertreter seine Absicht mit.

Der Rat erlässt einen Beschluss, in dem die Teilnahme des betreffenden Mitgliedstaats, der die Kriterien und Verpflichtungen nach den Artikeln 1 und 2 des Protokolls über die Ständige Strukturierte Zusammenarbeit erfüllt beziehungsweise eingeht, bestätigt wird. Der Rat beschließt mit qualifizierter Mehrheit nach Anhörung des Hohen Vertreters. Nur die Mitglieder des Rates, die die teilnehmenden Mitgliedstaaten vertreten, sind stimmberechtigt.

Die qualifizierte Mehrheit bestimmt sich nach Artikel 238 Absatz 3 Buchstabe a des Vertrags über die Arbeitsweise der Europäischen Union.

(4) Erfüllt ein teilnehmender Mitgliedstaat die Kriterien nach den Artikeln 1 und 2 des Protokolls über die Ständige Strukturierte Zusammenarbeit nicht mehr oder kann er den darin genannten Verpflichtungen nicht mehr nachkommen, so kann der Rat einen Beschluss erlassen, durch den die Teilnahme dieses Staates ausgesetzt wird.

Der Rat beschließt mit qualifizierter Mehrheit. Nur die Mitglieder des Rates, die teilnehmenden Mitgliedstaaten mit Ausnahme des betroffenen Mitgliedstaats vertreten, sind stimmberechtigt.

Die qualifizierte Mehrheit bestimmt sich nach Artikel 238 Absatz 3 Buchstabe a des Vertrags über die Arbeitsweise der Europäischen Union.

(5) Wünscht ein teilnehmender Mitgliedstaat, von der Ständigen Strukturierten Zusammenarbeit Abstand zu nehmen, so teilt er seine Entscheidung dem Rat mit, der zur Kenntnis nimmt, dass die Teilnahme des betreffenden Mitgliedstaats beendet ist.

(6) Mit Ausnahme der Beschlüsse nach den Absätzen 2 bis 5 erlässt der Rat die Beschlüsse und Empfehlungen im Rahmen der Ständigen Strukturierten Zusammenarbeit einstimmig. Für die Zwecke dieses Absatzes bezieht sich die Einstimmigkeit allein auf die Stimmen der Vertreter der an der Zusammenarbeit teilnehmenden Mitgliedstaaten.

TITEL VI
SCHLUSSBESTIMMUNGEN

Artikel 47

Die Union besitzt Rechtspersönlichkeit.

Artikel 48
(ex-Artikel 48 EUV)

(1) Die Verträge können gemäß dem ordentlichen Änderungsverfahren geändert werden. Sie können ebenfalls nach vereinfachten Änderungsverfahren geändert werden.

Ordentliches Änderungsverfahren

(2) Die Regierung jedes Mitgliedstaats, das Europäische Parlament oder die Kommission kann dem Rat Entwürfe zur Änderung der Verträge vorlegen. Diese Entwürfe können unter anderem eine Ausdehnung oder Verringerung der der Union in den Verträgen übertragenen Zuständigkeiten zum Ziel haben. Diese Entwürfe werden vom Rat dem Europäischen Rat übermittelt und den nationalen Parlamenten zur Kenntnis gebracht.

(3) Beschließt der Europäische Rat nach Anhörung des Europäischen Parlaments und der Kommission mit einfacher Mehrheit die Prüfung der vorgeschlagenen Änderungen, so beruft der Präsident des Europäischen Rates einen Konvent von Vertretern der nationalen Parlamente, der Staats- und Regierungschefs der Mitgliedstaaten, des Europäischen Parlaments und der Kommission ein. Bei institutionellen Änderungen im Währungsbereich wird auch die Europäische Zentralbank gehört. Der Konvent prüft die Änderungsentwürfe und

nimmt im Konsensverfahren eine Empfehlung an, die an eine Konferenz der Vertreter der Regierungen der Mitgliedstaaten nach Absatz 4 gerichtet ist.

Der Europäische Rat kann mit einfacher Mehrheit nach Zustimmung des Europäischen Parlaments beschließen, keinen Konvent einzuberufen, wenn seine Einberufung aufgrund des Umfangs der geplanten Änderungen nicht gerechtfertigt ist. In diesem Fall legt der Europäische Rat das Mandat für eine Konferenz der Vertreter der Regierungen der Mitgliedstaaten fest.

(4) Eine Konferenz der Vertreter der Regierungen der Mitgliedstaaten wird vom Präsidenten des Rates einberufen, um die an den Verträgen vorzunehmenden Änderungen zu vereinbaren.

Die Änderungen treten in Kraft, nachdem sie von allen Mitgliedstaaten nach Maßgabe ihrer verfassungsrechtlichen Vorschriften ratifiziert worden sind.

(5) Haben nach Ablauf von zwei Jahren nach der Unterzeichnung eines Vertrags zur Änderung der Verträge vier Fünftel der Mitgliedstaaten den genannten Vertrag ratifiziert und sind in einem Mitgliedstaat oder mehreren Mitgliedstaaten Schwierigkeiten bei der Ratifikation aufgetreten, so befasst sich der Europäische Rat mit der Frage.

Vereinfachte Änderungsverfahren

(6) Die Regierung jedes Mitgliedstaats, das Europäische Parlament oder die Kommission kann dem Europäischen Rat Entwürfe zur Änderung aller oder eines Teils der Bestimmungen des Dritten Teils des Vertrags über die Arbeitsweise der Europäischen Union über die internen Politikbereiche der Union vorlegen.

Der Europäische Rat kann einen Beschluss zur Änderung aller oder eines Teils der Bestimmungen des Dritten Teils des Vertrags über die Arbeitsweise der Europäischen Union erlassen. Der Europäische Rat beschließt einstimmig nach Anhörung des Europäischen Parlaments und der Kommission sowie, bei institutionellen Änderungen im Währungsbereich, der Europäischen Zentralbank. Dieser Beschluss tritt erst nach Zustimmung der Mitgliedstaaten im Einklang mit ihren jeweiligen verfassungsrechtlichen Vorschriften in Kraft.

Der Beschluss nach Unterabsatz 2 darf nicht zu einer Ausdehnung der der Union im Rahmen der Verträge übertragenen Zuständigkeiten führen.

(7) In Fällen, in denen der Rat nach Maßgabe des Vertrags über die Arbeitsweise der Europäischen Union oder des Titels V dieses Vertrags in einem Bereich oder in einem bestimmten Fall einstimmig beschließt, kann der Europäische Rat einen Beschluss erlassen, wonach der Rat in diesem Bereich oder in diesem Fall mit qualifizierter Mehrheit beschließen kann. Dieser Unterabsatz gilt nicht für Beschlüsse mit militärischen oder verteidigungspolitischen Bezügen.

In Fällen, in denen nach Maßgabe des Vertrags über die Arbeitsweise der Europäischen Union Gesetzgebungsakte vom Rat gemäß einem besonderen Gesetzgebungsverfahren erlassen werden müssen, kann der Europäische Rat einen Beschluss erlassen, wonach die Gesetzgebungsakte gemäß dem ordentlichen Gesetzgebungsverfahren erlassen werden können.

Jede vom Europäischen Rat auf der Grundlage von Unterabsatz 1 oder Unterabsatz 2 ergriffene Initiative wird den nationalen Parlamenten übermittelt. Wird dieser Vorschlag innerhalb von sechs Monaten nach der Übermittlung von einem nationalen Parlament abgelehnt, so wird der Beschluss nach Unterabsatz 1 oder Unterabsatz 2 nicht erlassen. Wird die Initiative nicht abgelehnt, so kann der Europäische Rat den Beschluss erlassen.

Der Europäische Rat erlässt die Beschlüsse nach den Unterabsätzen 1 oder 2 einstimmig nach Zustimmung des Europäischen Parlaments, das mit der Mehrheit seiner Mitglieder beschließt.

Artikel 49
(ex-Artikel 49 EUV)

Jeder <u>europäische</u> Staat, der die in Artikel 2 genannten Werte achtet und sich für ihre Förderung einsetzt, kann beantragen, Mitglied der Union zu werden. Das Europäische Parlament und die nationalen Parlamente werden über diesen Antrag unterrichtet. Der antragstellende Staat richtet seinen Antrag an den Rat; dieser beschließt einstimmig nach Anhörung der Kommission und nach Zustimmung des Europäischen Parlaments, das mit der Mehrheit seiner Mitglieder beschließt. Die vom Europäischen Rat vereinbarten Kriterien werden berücksichtigt.

Die Aufnahmebedingungen und die durch eine Aufnahme erforderlich werdenden Anpassungen der Verträge, auf denen die Union beruht, werden durch ein Abkommen zwischen den Mitgliedstaaten und dem antragstellenden Staat geregelt. Das Abkommen be-

— 23 —

1/1. EUV

Art. 49 – 55

EUV/AEUV
+ Prot/Erkl
Anhänge
EU-Grundrechte-
Charta + Erl
Irland/Tschech Rep
Änderungs- und
Beitrittsverträge
LissV + ZusErl
Liss-BeglNovelle

darf der Ratifikation durch alle Vertragsstaaten gemäß ihren verfassungsrechtlichen Vorschriften.

Artikel 50

(1) Jeder Mitgliedstaat kann im Einklang mit seinen verfassungsrechtlichen Vorschriften beschließen, aus der Union auszutreten.

(2) Ein Mitgliedstaat, der auszutreten beschließt, teilt dem Europäischen Rat seine Absicht mit. Auf der Grundlage der Leitlinien des Europäischen Rates handelt die Union mit diesem Staat ein Abkommen über die Einzelheiten des Austritts aus und schließt das Abkommen, wobei der Rahmen für die künftigen Beziehungen dieses Staates zur Union berücksichtigt wird. Das Abkommen wird nach Artikel 218 Absatz 3 des Vertrags über die Arbeitsweise der Europäischen Union ausgehandelt. Es wird vom Rat im Namen der Union geschlossen; der Rat beschließt mit qualifizierter Mehrheit nach Zustimmung des Europäischen Parlaments.

(3) Die Verträge finden auf den betroffenen Staat ab dem Tag des Inkrafttretens des Austrittsabkommens oder andernfalls zwei Jahre nach der in Absatz 2 genannten Mitteilung keine Anwendung mehr, es sei denn, der Europäische Rat beschließt im Einvernehmen mit dem betroffenen Mitgliedstaat einstimmig, diese Frist zu verlängern.

(4) Für die Zwecke der Absätze 2 und 3 nimmt das Mitglied des Europäischen Rates und des Rates, das den austretenden Mitgliedstaat vertritt, weder an den diesen Mitgliedstaat betreffenden Beratungen noch an der entsprechenden Beschlussfassung des Europäischen Rates oder des Rates teil.

Die qualifizierte Mehrheit bestimmt sich nach Artikel 238 Absatz 3 Buchstabe b des Vertrags über die Arbeitsweise der Europäischen Union.

(5) Ein Staat, der aus der Union ausgetreten ist und erneut Mitglied werden möchte, muss dies nach dem Verfahren des Artikels 49 beantragen.

Artikel 51

Die Protokolle und Anhänge der Verträge sind Bestandteil der Verträge.

Artikel 52

(1) Die Verträge gelten für das Königreich Belgien, die Republik Bulgarien, die Tsche-chische Republik, das Königreich Dänemark, die Bundesrepublik Deutschland, die Republik Estland, Irland, die Hellenische Republik, das Königreich Spanien, die Französische Republik, die Italienische Republik, die Republik Zypern, die Republik Lettland, die Republik Litauen, das Großherzogtum Luxemburg, die Republik Ungarn, die Republik Malta, das Königreich der Niederlande, die Republik Österreich, die Republik Polen, die Portugiesische Republik, Rumänien, die Republik Slowenien, die Slowakische Republik, die Republik Finnland, das Königreich Schweden und das Vereinigte Königreich Großbritannien und Nordirland.

(2) Der räumliche Geltungsbereich der Verträge wird in Artikel 355 des Vertrags über die Arbeitsweise der Europäischen Union im Einzelnen angegeben.

Artikel 53
(ex-Artikel 51 EUV)

Dieser Vertrag gilt auf unbegrenzte Zeit.

Artikel 54
(ex-Artikel 52 EUV)

(1) Dieser Vertrag bedarf der Ratifikation durch die Hohen Vertragsparteien gemäß ihren verfassungsrechtlichen Vorschriften. Die Ratifikationsurkunden werden bei der Regierung der Italienischen Republik hinterlegt.

(2) Dieser Vertrag tritt am 1. Januar 1993 in Kraft, sofern alle Ratifikationsurkunden hinterlegt worden sind, oder andernfalls am ersten Tag des auf die Hinterlegung der letzten Ratifikationsurkunde folgenden Monats.

Artikel 55
(ex-Artikel 53 EUV)

(1) Dieser Vertrag ist in einer Urschrift in bulgarischer, dänischer, deutscher, englischer, estnischer, finnischer, französischer, griechischer, irischer, italienischer, lettischer, litauischer, maltesischer, niederländischer, polnischer, portugiesischer, rumänischer, schwedischer, slowakischer, slowenischer, spanischer, tschechischer und ungarischer Sprache abgefasst, wobei jeder Wortlaut gleichermaßen verbindlich ist; er wird im Archiv der Regierung der Italienischen Republik hinterlegt; diese übermittelt der Regierung jedes anderen Unterzeichnerstaats eine beglaubigte Abschrift.

(2) Dieser Vertrag kann ferner in jede andere von den Mitgliedstaaten bestimmte Sprache übersetzt werden, sofern diese Sprache nach der Verfassungsordnung des jeweiligen Mitgliedstaats in dessen gesamtem Hoheitsgebiet oder in Teilen davon Amtssprache ist. Die betreffenden Mitgliedstaaten stellen eine beglaubigte Abschrift dieser Übersetzungen zur Verfügung, die in den Archiven des Rates hinterlegt wird.

ZU URKUND DESSEN haben die unterzeichneten Bevollmächtigten ihre Unterschriften unter diesen Vertrag gesetzt.

Geschehen zu Maastricht am siebten Februar neunzehnhundertzweiundneunzig.

(Aufzählung der Unterzeichner nicht wiedergegeben)

— 25 —

1/2. AEUV

Inhalt

EUV/AEUV
+ Prot/Erkl
Anhänge
EU-Grundrechte-
Charta + Erl
Irland/Tschech Rep
Änderungs- und
Beitrittsverträge
LissV + ZusErl
Liss-BeglNovelle

Vertrag über die Arbeitsweise der Europäischen Union

(ABl 2010 C 83, 47)

Inhalt

EUV/AEUV
+ Prot/Erkl
Anhänge
EU-Grundrechte-
Charta + Erl
Irland/Tschech Rep
Änderungs- und
Beitrittsverträge
LissV + ZusErl
Liss-BeglNovelle

PRÄAMBEL

SEINE MAJESTÄT DER KÖNIG DER BEL-GIER, DER PRÄSIDENT DER BUNDESRE-PUBLIK DEUTSCHLAND, DER PRÄSI-DENT DER FRANZÖSISCHEN REPUBLIK, DER PRÄSIDENT DER ITALIENISCHEN REPUBLIK, IHRE KÖNIGLICHE HOHEIT DIE GROSSHERZOGIN VON LUXEM-BURG, IHRE MAJESTÄT DIE KÖNIGIN DER NIEDERLANDE[1]),

IN DEM FESTEN WILLEN, die Grundlagen für einen immer engeren Zusammenschluss der europäischen Völker zu schaffen,

ENTSCHLOSSEN, durch gemeinsames Handeln den wirtschaftlichen und sozialen Fortschritt ihrer Staaten zu sichern, indem sie die Europa trennenden Schranken beseitigen,

IN DEM VORSATZ, die stetige Besserung der Lebens- und Beschäftigungsbedingungen ihrer Völker als wesentliches Ziel anzustreben,

IN DER ERKENNTNIS, dass zur Beseitigung der bestehenden Hindernisse ein einverständliches Vorgehen erforderlich ist, um eine beständige Wirtschaftsausweitung, einen ausgewogenen Handelsverkehr und einen redlichen Wettbewerb zu gewährleisten,

IN DEM BESTREBEN, ihre Volkswirtschaften zu einigen und deren harmonische Entwicklung zu fördern, indem sie den Abstand zwischen einzelnen Gebieten und den Rückstand weniger begünstigter Gebiete verringern,

IN DEM WUNSCH, durch eine gemeinsame Handelspolitik zur fortschreitenden Beseitigung der Beschränkungen im zwischenstaatlichen Wirtschaftsverkehr beizutragen,

IN DER ABSICHT, die Verbundenheit Europas mit den überseeischen Ländern zu bekräftigen, und in dem Wunsch, entsprechend den Grundsätzen der Satzung der Vereinten Nationen den Wohlstand der überseeischen Länder zu fördern,

---

[1]) Seit dem ursprünglichen Vertragsschluss sind Mitgliedstaaten der Europäischen Union geworden: die Republik Bulgarien, die Tschechische Republik, das Königreich Dänemark, die Republik Estland, Irland, die Hellenische Republik, das Königreich Spanien, die Republik Zypern, die Republik Lettland, die Republik Litauen, die Republik Ungarn, die Republik Malta, die Republik Österreich, die Republik Polen, die Portugiesische Republik, Rumänien, die Republik Slowenien, die Slowakische Republik, die Republik Finnland, das Königreich Schweden und das Vereinigte Königreich Großbritannien und Nordirland.

ENTSCHLOSSEN, durch diesen Zusammenschluss ihrer Wirtschaftskräfte Frieden und Freiheit zu wahren und zu festigen, und mit der Aufforderung an die anderen Völker Europas, die sich zu dem gleichen hohen Ziel bekennen, sich diesen Bestrebungen anzuschließen,

ENTSCHLOSSEN, durch umfassenden Zugang zur Bildung und durch ständige Weiterbildung auf einen möglichst hohen Wissensstand ihrer Völker hinzuwirken,

HABEN zu diesem Zweck zu ihren Bevollmächtigten ERNANNT

(Aufzählung der Bevollmächtigten nicht wiedergegeben)

DIESE SIND nach Austausch ihrer als gut und gehörig befundenen Vollmachten wie folgt übereingekommen:

ERSTER TEIL
GRUNDSÄTZE

Artikel 1

(1) Dieser Vertrag regelt die Arbeitsweise der Union und legt die Bereiche, die Abgrenzung und die Einzelheiten der Ausübung ihrer Zuständigkeiten fest.

(2) Dieser Vertrag und der Vertrag über die Europäische Union bilden die Verträge, auf die sich die Union gründet. Diese beiden Verträge, die rechtlich gleichrangig sind, werden als „die Verträge" bezeichnet.

TITEL I
ARTEN UND BEREICHE DER ZUSTÄNDIGKEIT DER UNION

Artikel 2

(1) Übertragen die Verträge der Union für einen bestimmten Bereich eine ausschließliche Zuständigkeit, so kann nur die Union gesetzgeberisch tätig werden und verbindliche Rechtsakte erlassen; die Mitgliedstaaten dürfen in einem solchen Fall nur tätig werden, wenn sie von der Union hierzu ermächtigt werden, oder um Rechtsakte der Union durchzuführen.

(2) Übertragen die Verträge der Union für einen bestimmten Bereich eine mit den Mitgliedstaaten geteilte Zuständigkeit, so können die Union und die Mitgliedstaaten in diesem Bereich gesetzgeberisch tätig werden und verbindliche Rechtsakte erlassen. Die Mitgliedstaaten nehmen ihre Zuständigkeit wahr, sofern und soweit die Union ihre Zuständigkeit nicht ausgeübt hat. Die Mitgliedstaaten neh-

— 29 —

1/2. AEUV

Art. 2 – 5

EUV/AEUV
+ Prot/Erkl
Anhänge
EU-Grundrechte-
Charta + Erl
Irland/Tschech.Rep
Änderungs- und
Beitrittsverträge
LissV + ZusErl
Liss-BeglNovelle

men ihre Zuständigkeit erneut wahr, sofern und soweit die Union entschieden hat, ihre Zuständigkeit nicht mehr auszuüben.

(3) Die Mitgliedstaaten koordinieren ihre Wirtschafts- und Beschäftigungspolitik im Rahmen von Regelungen nach Maßgabe dieses Vertrags, für deren Festlegung die Union zuständig ist.

(4) Die Union ist nach Maßgabe des Vertrags über die Europäische Union dafür zuständig, eine gemeinsame Außen- und Sicherheitspolitik einschließlich der schrittweisen Festlegung einer gemeinsamen Verteidigungspolitik zu erarbeiten und zu verwirklichen.

(5) In bestimmten Bereichen ist die Union nach Maßgabe der Verträge dafür zuständig, Maßnahmen zur Unterstützung, Koordinierung oder Ergänzung der Maßnahmen der Mitgliedstaaten durchzuführen, ohne dass dadurch die Zuständigkeit der Union für diese Bereiche an die Stelle der Zuständigkeit der Mitgliedstaaten tritt.

Die verbindlichen Rechtsakte der Union, die aufgrund der diese Bereiche betreffenden Bestimmungen der Verträge erlassen werden, dürfen keine Harmonisierung der Rechtsvorschriften der Mitgliedstaaten beinhalten.

(6) Der Umfang der Zuständigkeiten der Union und die Einzelheiten ihrer Ausübung ergeben sich aus den Bestimmungen der Verträge zu den einzelnen Bereichen.

Artikel 3

(1) Die Union hat ausschließliche Zuständigkeit in folgenden Bereichen:

a) Zollunion,

b) Festlegung der für das Funktionieren des Binnenmarkts erforderlichen Wettbewerbsregeln,

c) Währungspolitik für die Mitgliedstaaten, deren Währung der Euro ist,

d) Erhaltung der biologischen Meeresschätze im Rahmen der gemeinsamen Fischereipolitik,

e) gemeinsame Handelspolitik.

(2) Die Union hat ferner die ausschließliche Zuständigkeit für den Abschluss internationaler Übereinkünfte, wenn der Abschluss einer solchen Übereinkunft in einem Gesetzgebungsakt der Union vorgesehen ist, wenn er notwendig ist, damit sie ihre interne Zuständigkeit ausüben kann, oder soweit er gemeinsame Regeln beeinträchtigen oder deren Tragweite verändern könnte.

Artikel 4

(1) Die Union teilt ihre Zuständigkeit mit den Mitgliedstaaten, wenn ihr die Verträge außerhalb der in den Artikeln 3 und 6 genannten Bereiche eine Zuständigkeit übertragen.

(2) Die von der Union mit den Mitgliedstaaten geteilte Zuständigkeit erstreckt sich auf die folgenden Hauptbereiche:

a) Binnenmarkt,

b) Sozialpolitik hinsichtlich der in diesem Vertrag genannten Aspekte,

c) wirtschaftlicher, sozialer und territorialer Zusammenhalt,

d) Landwirtschaft und Fischerei, ausgenommen die Erhaltung der biologischen Meeresschätze,

e) Umwelt,

f) Verbraucherschutz,

g) Verkehr,

h) transeuropäische Netze,

i) Energie,

j) Raum der Freiheit, der Sicherheit und des Rechts,

k) gemeinsame Sicherheitsanliegen im Bereich der öffentlichen Gesundheit hinsichtlich der in diesem Vertrag genannten Aspekte.

(3) In den Bereichen Forschung, technologische Entwicklung und Raumfahrt erstreckt sich die Zuständigkeit der Union darauf, Maßnahmen zu treffen, insbesondere Programme zu erstellen und durchzuführen, ohne dass die Ausübung dieser Zuständigkeit die Mitgliedstaaten hindert, ihre Zuständigkeit auszuüben.

(4) In den Bereichen Entwicklungszusammenarbeit und humanitäre Hilfe erstreckt sich die Zuständigkeit der Union darauf, Maßnahmen zu treffen und eine gemeinsame Politik zu verfolgen, ohne dass die Ausübung dieser Zuständigkeit die Mitgliedstaaten hindert, ihre Zuständigkeit auszuüben.

Artikel 5

(1) Die Mitgliedstaaten koordinieren ihre Wirtschaftspolitik innerhalb der Union. Zu diesem Zweck erlässt der Rat Maßnahmen; insbesondere beschließt er die Grundzüge dieser Politik.

Für die Mitgliedstaaten, deren Währung der Euro ist, gelten besondere Regelungen.

(2) Die Union trifft Maßnahmen zur Koordinierung der Beschäftigungspolitik der Mit-

gliedstaaten, insbesondere durch die Festlegung von Leitlinien für diese Politik.

(3) Die Union kann Initiativen zur Koordinierung der Sozialpolitik der Mitgliedstaaten ergreifen.

Artikel 6

Die Union ist für die Durchführung von Maßnahmen zur Unterstützung, Koordinierung oder Ergänzung der Maßnahmen der Mitgliedstaaten zuständig. Diese Maßnahmen mit europäischer Zielsetzung können in folgenden Bereichen getroffen werden:

a) Schutz und Verbesserung der menschlichen Gesundheit,
b) Industrie,
c) Kultur,
d) Tourismus,
e) allgemeine und berufliche Bildung, Jugend und Sport,
f) Katastrophenschutz,
g) Verwaltungszusammenarbeit.

TITEL II
ALLGEMEIN GELTENDE BESTIMMUNGEN

Artikel 7

Die Union achtet auf die Kohärenz zwischen ihrer Politik und ihren Maßnahmen in den verschiedenen Bereichen und trägt dabei unter Einhaltung des Grundsatzes der begrenzten Einzelermächtigung ihren Zielen in ihrer Gesamtheit Rechnung.

Artikel 8
(ex-Artikel 3 Absatz 2 EGV)[2])

Bei allen ihren Tätigkeiten wirkt die Union darauf hin, Ungleichheiten zu beseitigen und die Gleichstellung von Männern und Frauen zu fördern.

Artikel 9

Bei der Festlegung und Durchführung ihrer Politik und ihrer Maßnahmen trägt die Union den Erfordernissen im Zusammenhang mit der Förderung eines hohen Beschäftigungsni-

---

[2]) Dieser Verweis hat lediglich hinweisenden Charakter. Zur Vertiefung vgl. die Übereinstimmungstabellen für die Entsprechung zwischen bisheriger und neuer Nummerierung der Verträge.

veaus, mit der Gewährleistung eines angemessenen sozialen Schutzes, mit der Bekämpfung der sozialen Ausgrenzung sowie mit einem hohen Niveau der allgemeinen und beruflichen Bildung und des Gesundheitsschutzes Rechnung.

Artikel 10

Bei der Festlegung und Durchführung ihrer Politik und ihrer Maßnahmen zielt die Union darauf ab, Diskriminierungen aus Gründen des Geschlechts, der Rasse, der ethnischen Herkunft, der Religion oder der Weltanschauung, einer Behinderung, des Alters oder der sexuellen Ausrichtung zu bekämpfen.

Artikel 11
(ex-Artikel 6 EGV)

Die Erfordernisse des Umweltschutzes müssen bei der Festlegung und Durchführung der Unions politiken und -maßnahmen insbesondere zur Förderung einer nachhaltigen Entwicklung einbezogen werden.

Artikel 12
(ex-Artikel 153 Absatz 2 EGV)

Den Erfordernissen des Verbraucherschutzes wird bei der Festlegung und Durchführung der anderen Unionspolitiken und -maßnahmen Rechnung getragen.

Artikel 13

Bei der Festlegung und Durchführung der Politik der Union in den Bereichen Landwirtschaft, Fischerei, Verkehr, Binnenmarkt, Forschung, technologische Entwicklung und Raumfahrt tragen die Union und die Mitgliedstaaten den Erfordernissen des Wohlergehens der Tiere als fühlende Wesen in vollem Umfang Rechnung; sie berücksichtigen hierbei die Rechts- und Verwaltungsvorschriften und die Gepflogenheiten der Mitgliedstaaten insbesondere in Bezug auf religiöse Riten, kulturelle Traditionen und das regionale Erbe.

Artikel 14
(ex-Artikel 16 EGV)

Unbeschadet des Artikels 4 des Vertrags über die Europäische Union und der Artikel 93, 106 und 107 dieses Vertrags und in Anbetracht des Stellenwerts, den Dienste von allgemeinem wirtschaftlichem Interesse innerhalb der gemeinsamen Werte der Union einnehmen, sowie ihrer Bedeutung bei der Förderung des sozialen

— 31 —

1/2. AEUV

Art. 14 – 18

EUV/AEUV
+ Prot/Erkl
Anhänge
EU-Grundrechte-
Charta + Erl
Irland/Tschech Rep
Änderungs- und
Beitrittsverträge
LissV + ZusErl
Liss-BeglNovelle

und territorialen Zusammenhalts tragen die Union und die Mitgliedstaaten im Rahmen ihrer jeweiligen Befugnisse im Anwendungsbereich der Verträge dafür Sorge, dass die Grundsätze und Bedingungen, insbesondere jene wirtschaftlicher und finanzieller Art, für das Funktionieren dieser Dienste so gestaltet sind, dass diese ihren Aufgaben nachkommen können. Diese Grundsätze und Bedingungen werden vom Europäischen Parlament und vom Rat durch Verordnungen gemäß dem ordentlichen Gesetzgebungsverfahren festgelegt, unbeschadet der Zuständigkeit der Mitgliedstaaten, diese Dienste im Einklang mit den Verträgen zur Verfügung zu stellen, in Auftrag zu geben und zu finanzieren.

Artikel 15
(ex-Artikel 255 EGV)

(1) Um eine verantwortungsvolle Verwaltung zu fördern und die Beteiligung der Zivilgesellschaft sicherzustellen, handeln die Organe, Einrichtungen und sonstigen Stellen der Union unter weitestgehender Beachtung des Grundsatzes der Offenheit.

(2) Das Europäische Parlament tagt öffentlich; dies gilt auch für den Rat, wenn er über Entwürfe zu Gesetzgebungsakten berät oder abstimmt.

(3) Jeder Unionsbürger sowie jede natürliche oder juristische Person mit Wohnsitz oder satzungsgemäßem Sitz in einem Mitgliedstaat hat das Recht auf Zugang zu Dokumenten der Organe, Einrichtungen und sonstigen Stellen der Union, unabhängig von der Form der für diese Dokumente verwendeten Träger, vorbehaltlich der Grundsätze und Bedingungen, die nach diesem Absatz festzulegen sind.

Die allgemeinen Grundsätze und die aufgrund öffentlicher oder privater Interessen geltenden Einschränkungen für die Ausübung dieses Rechts auf Zugang zu Dokumenten werden vom Europäischen Parlament und vom Rat durch Verordnungen gemäß dem ordentlichen Gesetzgebungsverfahren festgelegt.

Die Organe, Einrichtungen und sonstigen Stellen gewährleisten die Transparenz ihrer Tätigkeit und legen im Einklang mit den in Unterabsatz 2 genannten Verordnungen in ihrer Geschäftsordnung Sonderbestimmungen hinsichtlich des Zugangs zu ihren Dokumenten fest.

Dieser Absatz gilt für den Gerichtshof der Europäischen Union, die Europäische Zentralbank und die Europäische Investitionsbank nur dann, wenn sie Verwaltungsaufgaben wahrnehmen.

Das Europäische Parlament und der Rat sorgen dafür, dass die Dokumente, die die Gesetzgebungsverfahren betreffen, nach Maßgabe der in Unterabsatz 2 genannten Verordnungen öffentlich zugänglich gemacht werden.

Artikel 16
(ex-Artikel 286 EGV)

(1) Jede Person hat das Recht auf Schutz der sie betreffenden personenbezogenen Daten.

(2) Das Europäische Parlament und der Rat erlassen gemäß dem ordentlichen Gesetzgebungsverfahren Vorschriften über den Schutz natürlicher Personen bei der Verarbeitung personenbezogener Daten durch die Organe, Einrichtungen und sonstigen Stellen der Union sowie durch die Mitgliedstaaten im Rahmen der Ausübung von Tätigkeiten, die in den Anwendungsbereich des Unionsrechts fallen, und über den freien Datenverkehr. Die Einhaltung dieser Vorschriften wird von unabhängigen Behörden überwacht.

Die auf der Grundlage dieses Artikels erlassenen Vorschriften lassen die spezifischen Bestimmungen des Artikels 39 des Vertrags über die Europäische Union unberührt.

Artikel 17

(1) Die Union achtet den Status, den Kirchen und religiöse Vereinigungen oder Gemeinschaften in den Mitgliedstaaten nach deren Rechtsvorschriften genießen, und beeinträchtigt ihn nicht.

(2) Die Union achtet in gleicher Weise den Status, den weltanschauliche Gemeinschaften nach den einzelstaatlichen Rechtsvorschriften genießen.

(3) Die Union pflegt mit diesen Kirchen und Gemeinschaften in Anerkennung ihrer Identität und ihres besonderen Beitrags einen offenen, transparenten und regelmäßigen Dialog.

ZWEITER TEIL
NICHTDISKRIMINIERUNG UND
UNIONSBÜRGERSCHAFT

Artikel 18
(ex-Artikel 12 EGV)

Unbeschadet besonderer Bestimmungen der Verträge ist in ihrem Anwendungsbereich jede Diskriminierung aus Gründen der Staatsangehörigkeit verboten.

Das Europäische Parlament und der Rat können gemäß dem ordentlichen Gesetzgebungsverfahren Regelungen für das Verbot solcher Diskriminierungen treffen.

Artikel 19
(ex-Artikel 13 EGV)

(1) Unbeschadet der sonstigen Bestimmungen der Verträge kann der Rat im Rahmen der durch die Verträge auf die Union übertragenen Zuständigkeiten gemäß einem besonderen Gesetzgebungsverfahren und nach Zustimmung des Europäischen Parlaments einstimmig geeignete Vorkehrungen treffen, um Diskriminierungen aus Gründen des Geschlechts, der Rasse, der ethnischen Herkunft, der Religion oder der Weltanschauung, einer Behinderung, des Alters oder der sexuellen Ausrichtung zu bekämpfen.

(2) Abweichend von Absatz 1 können das Europäische Parlament und der Rat gemäß dem ordentlichen Gesetzgebungsverfahren die Grundprinzipien für Fördermaßnahmen der Union unter Ausschluss jeglicher Harmonisierung der Rechts- und Verwaltungsvorschriften der Mitgliedstaaten zur Unterstützung der Maßnahmen festlegen, die die Mitgliedstaaten treffen, um zur Verwirklichung der in Absatz 1 genannten Ziele beizutragen.

Artikel 20
(ex-Artikel 17 EGV)

(1) Es wird eine Unionsbürgerschaft eingeführt. Unionsbürger ist, wer die Staatsangehörigkeit eines Mitgliedstaats besitzt. Die Unionsbürgerschaft tritt zur nationalen Staatsbürgerschaft hinzu, ersetzt sie aber nicht.

(2) Die Unionsbürgerinnen und Unionsbürger haben die in den Verträgen vorgesehenen Rechte und Pflichten. Sie haben unter anderem

a) das Recht, sich im Hoheitsgebiet der Mitgliedstaaten frei zu bewegen und aufzuhalten;

b) in dem Mitgliedstaat, in dem sie ihren Wohnsitz haben, das aktive und passive Wahlrecht bei den Wahlen zum Europäischen Parlament und bei den Kommunalwahlen, wobei für sie dieselben Bedingungen gelten wie für die Angehörigen des betreffenden Mitgliedstaats;

c) im Hoheitsgebiet eines Drittlands, in dem der Mitgliedstaat, dessen Staatsangehörigkeit sie besitzen, nicht vertreten ist, Recht auf Schutz durch die diplomatischen und konsularischen Behörden eines jeden Mitgliedstaats unter denselben Bedingungen wie Staatsangehörige dieses Staates;

d) das Recht, Petitionen an das Europäische Parlament zu richten und sich an den Europäischen Bürgerbeauftragten zu wenden, sowie das Recht, sich in einer der Sprachen der Verträge an die Organe und die beratenden Einrichtungen der Union zu wenden und eine Antwort in derselben Sprache zu erhalten.

Diese Rechte werden unter den Bedingungen und innerhalb der Grenzen ausgeübt, die in den Verträgen und durch die in Anwendung der Verträge erlassenen Maßnahmen festgelegt sind.

Artikel 21
(ex-Artikel 18 EGV)

(1) Jeder Unionsbürger hat das Recht, sich im Hoheitsgebiet der Mitgliedstaaten vorbehaltlich der in den Verträgen und in den Durchführungsvorschriften vorgesehenen Beschränkungen und Bedingungen frei zu bewegen und aufzuhalten.

(2) Erscheint zur Erreichung dieses Ziels ein Tätigwerden der Union erforderlich und sehen die Verträge hierfür keine Befugnisse vor, so können das Europäische Parlament und der Rat gemäß dem ordentlichen Gesetzgebungsverfahren Vorschriften erlassen, mit denen die Ausübung der Rechte nach Absatz 1 erleichtert wird.

(3) Zu den gleichen wie den in Absatz 1 genannten Zwecken kann der Rat, sofern die Verträge hierfür keine Befugnisse vorsehen, gemäß einem besonderen Gesetzgebungsverfahren Maßnahmen erlassen, die die soziale Sicherheit oder den sozialen Schutz betreffen. Der Rat beschließt einstimmig nach Anhörung des Europäischen Parlaments.

Artikel 22
(ex-Artikel 19 EGV)

(1) Jeder Unionsbürger mit Wohnsitz in einem Mitgliedstaat, dessen Staatsangehörigkeit er nicht besitzt, hat in dem Mitgliedstaat, in dem er seinen Wohnsitz hat, das aktive und passive Wahlrecht bei Kommunalwahlen, wobei für ihn dieselben Bedingungen gelten wie für die Angehörigen des betreffenden Mitgliedstaats. Dieses Recht wird vorbehaltlich der Einzelheiten ausgeübt, die vom Rat einstimmig gemäß einem besonderen Gesetzgebungsverfahren und nach Anhörung des Europäischen Parlaments festgelegt werden; in diesen können

1/2. AEUV

Art. 22 – 26

EUV/AEUV
+ Prot/Erkl
Anhänge
EU-Grundrechte-
Charta + Erl
Irland Tschech Rep
Änderungs- und
Beitrittsverträge
LissV + ZusErl
Liss-BeglNovelle

Ausnahmeregelungen vorgesehen werden, wenn dies aufgrund besonderer Probleme eines Mitgliedstaats gerechtfertigt ist.

(2) Unbeschadet des Artikels 223 Absatz 1 und der Bestimmungen zu dessen Durchführung besitzt jeder Unionsbürger mit Wohnsitz in einem Mitgliedstaat, dessen Staatsangehörigkeit er nicht besitzt, in dem Mitgliedstaat, in dem er seinen Wohnsitz hat, das aktive und passive Wahlrecht bei den Wahlen zum Europäischen Parlament, wobei für ihn dieselben Bedingungen gelten wie für die Angehörigen des betreffenden Mitgliedstaats. Dieses Recht wird vorbehaltlich der Einzelheiten aus geübt, die vom Rat einstimmig gemäß einem besonderen Gesetzgebungsverfahren und nach Anhörung des Europäischen Parlaments festgelegt werden; in diesen können Ausnahmeregelungen vor gesehen werden, wenn dies aufgrund besonderer Probleme eines Mitgliedstaats gerechtfertigt ist.

Artikel 23
(ex-Artikel 20 EGV)

Jeder Unionsbürger genießt im Hoheitsgebiet eines dritten Landes, in dem der Mitgliedstaat, dessen Staatsangehörigkeit er besitzt, nicht vertreten ist, den diplomatischen und konsularischen Schutz eines jeden Mitgliedstaats unter denselben Bedingungen wie Staatsangehörige dieses Staates. Die Mitgliedstaaten treffen die notwendigen Vorkehrungen und leiten die für diesen Schutz erforderlichen internationalen Verhandlungen ein.

Der Rat kann gemäß einem besonderen Gesetzgebungsverfahren und nach Anhörung des Europäischen Parlaments Richtlinien zur Festlegung der notwendigen Koordinierungs- und Kooperationsmaßnahmen zur Erleichterung dieses Schutzes erlassen.

Artikel 24
(ex-Artikel 21 EGV)

Die Bestimmungen über die Verfahren und Bedingungen, die für eine Bürgerinitiative im Sinne des Artikels 11 des Vertrags über die Europäische Union gelten, einschließlich der Mindestzahl der Mitgliedstaaten, aus denen die Bürgerinnen und Bürger, die diese Initiative ergreifen, kommen müssen, werden vom Europäischen Parlament und vom Rat gemäß dem ordentlichen Gesetzgebungsverfahren durch Verordnung festgelegt.

Jeder Unionsbürger besitzt das Petitionsrecht beim Europäischen Parlament nach Artikel 227.

Jeder Unionsbürger kann sich an den nach Artikel 228 eingesetzten Bürgerbeauftragten wenden.

Jeder Unionsbürger kann sich schriftlich in einer der in Artikel 55 Absatz 1 des Vertrags über die Europäische Union genannten Sprachen an jedes Organ oder an jede Einrichtung wenden, die in dem vorliegenden Artikel oder in Artikel 13 des genannten Vertrags genannt sind, und eine Antwort in derselben Sprache erhalten.

Artikel 25
(ex-Artikel 22 EGV)

Die Kommission erstattet dem Europäischen Parlament, dem Rat und dem Wirtschafts- und Sozialausschuss alle drei Jahre über die Anwendung dieses Teils Bericht. In dem Bericht wird der Fortentwicklung der Union Rechnung getragen.

Auf dieser Grundlage kann der Rat unbeschadet der anderen Bestimmungen der Verträge zur Ergänzung der in Artikel 20 Absatz 2 aufgeführten Rechte einstimmig gemäß einem besonderen Gesetzgebungsverfahren nach Zustimmung des Europäischen Parlaments Bestimmungen erlassen. Diese Bestimmungen treten nach Zustimmung der Mitgliedstaaten im Einklang mit ihren jeweiligen verfassungsrechtlichen Vorschriften in Kraft.

DRITTER TEIL
DIE INTERNEN POLITIKEN UND MASSNAHMEN DER UNION

TITEL I
DER BINNENMARKT

Artikel 26
(ex-Artikel 14 EGV)

(1) Die Union erlässt die erforderlichen Maßnahmen, um nach Maßgabe der einschlägigen Bestimmungen der Verträge den Binnenmarkt zu verwirklichen beziehungsweise dessen Funktionieren zu gewährleisten.

(2) Der Binnenmarkt umfasst einen Raum ohne Binnengrenzen, in dem der freie Verkehr von Waren, Personen, Dienstleistungen und Kapital gemäß den Bestimmungen der Verträge gewährleistet ist.

(3) Der Rat legt auf Vorschlag der Kommission die Leitlinien und Bedingungen fest, die erforderlich sind, um in allen betroffenen Sektoren einen ausgewogenen Fortschritt zu gewährleisten.

Art. 114

Artikel 27
(ex-Artikel 15 EGV)

Bei der Formulierung ihrer Vorschläge zur Verwirklichung der Ziele des Artikels 26 berücksichtigt die Kommission den Umfang der Anstrengungen, die einigen Volkswirtschaften mit unterschiedlichem Entwicklungsstand für die Errichtung des Binnenmarkts abverlangt werden, und kann geeignete Bestimmungen vorschlagen.

Erhalten diese Bestimmungen die Form von Ausnahmeregelungen, so müssen sie vorübergehender Art sein und dürfen das Funktionieren des Binnenmarkts so wenig wie möglich stören.

TITEL II
DER FREIE WARENVERKEHR

Artikel 28
(ex-Artikel 23 EGV)

(1) Die Union umfasst eine Zollunion, die sich auf den gesamten Warenaustausch erstreckt; sie umfasst das Verbot, zwischen den Mitgliedstaaten Ein- und Ausfuhrzölle und Abgaben gleicher Wirkung zu erheben, sowie die Einführung eines Gemeinsamen Zolltarifs gegenüber dritten Ländern.

(2) Artikel 30 und Kapitel 3 dieses Titels gelten für die aus den Mitgliedstaaten stammenden Waren sowie für diejenigen Waren aus dritten Ländern, die sich in den Mitgliedstaaten im freien Verkehr befinden.

Artikel 29
(ex-Artikel 24 EGV)

Als im freien Verkehr eines Mitgliedstaats befindlich gelten diejenigen Waren aus dritten Ländern, für die in dem betreffenden Mitgliedstaat die Einfuhrförmlichkeiten erfüllt sowie die vorgeschriebenen Zölle und Abgaben gleicher Wirkung erhoben und nicht ganz oder teilweise rückvergütet worden sind.

KAPITEL 1
DIE ZOLLUNION

Artikel 30
(ex-Artikel 25 EGV)

Ein- und Ausfuhrzölle oder Abgaben gleicher Wirkung sind zwischen den Mitgliedstaaten verboten. Dieses Verbot gilt auch für Finanzzölle.

Artikel 31
(ex-Artikel 26 EGV)

Der Rat legt die Sätze des Gemeinsamen Zolltarifs auf Vorschlag der Kommission fest.

Artikel 32
(ex-Artikel 27 EGV)

Bei der Ausübung der ihr aufgrund dieses Kapitels übertragenen Aufgaben geht die Kommission von folgenden Gesichtspunkten aus:

a) der Notwendigkeit, den Handelsverkehr zwischen den Mitgliedstaaten und dritten Ländern zu fördern;

b) der Entwicklung der Wettbewerbsbedingungen innerhalb der Union, soweit diese Entwicklung zu einer Zunahme der Wettbewerbsfähigkeit der Unternehmen führt;

c) dem Versorgungsbedarf der Union an Rohstoffen und Halbfertigwaren; hierbei achtet die Kommission darauf, zwischen den Mitgliedstaaten die Wettbewerbsbedingungen für Fertigwaren nicht zu verfälschen;

d) der Notwendigkeit, ernsthafte Störungen im Wirtschaftsleben der Mitgliedstaaten zu vermeiden und eine rationale Entwicklung der Erzeugung sowie eine Ausweitung des Verbrauchs innerhalb der Union zu gewährleisten.

KAPITEL 2
DIE ZUSAMMENARBEIT IM ZOLLWESEN

Artikel 33
(ex-Artikel 135 EGV)

Das Europäische Parlament und der Rat treffen im Rahmen des Geltungsbereichs der Verträge gemäß dem ordentlichen Gesetzgebungsverfahren Maßnahmen zum Ausbau der Zusammenarbeit im Zollwesen zwischen den Mitgliedstaaten sowie zwischen den Mitgliedstaaten und der Kommission.

KAPITEL 3
VERBOT VON MENGENMÄSSIGEN BESCHRÄNKUNGEN ZWISCHEN DEN MITGLIEDSTAATEN

Artikel 34
(ex-Artikel 28 EGV)

Mengenmäßige Einfuhrbeschränkungen sowie alle Maßnahmen gleicher Wirkung sind zwischen den Mitgliedstaaten verboten.

— 35 —

1/2. AEUV

Art. 35 – 39

EUV/AEUV
+ Prot/Erkl
Anhänge
EU-Grundrechte-
Charta + Erl
Irland/Tschech Rep
Änderungs- und
Beitrittsverträge
LissV + ZusErl
Liss-BeglNovelle

Artikel 35
(ex-Artikel 29 EGV)

Mengenmäßige Ausfuhrbeschränkungen sowie alle Maßnahmen gleicher Wirkung sind zwischen den Mitgliedstaaten verboten.

Artikel 36
(ex-Artikel 30 EGV)

Die Bestimmungen der Artikel 34 und 35 stehen Einfuhr-, Ausfuhr- und Durchfuhrverboten oder -beschränkungen nicht entgegen, die aus Gründen der öffentlichen Sittlichkeit, Ordnung und Sicherheit, zum Schutze der Gesundheit und des Lebens von Menschen, Tieren oder Pflanzen, des nationalen Kulturguts von künstlerischem, geschichtlichem oder archäologischem Wert oder des gewerblichen und kommerziellen Eigentums gerechtfertigt sind. Diese Verbote oder Beschränkungen dürfen jedoch weder ein Mittel zur willkürlichen Diskriminierung noch eine verschleierte Beschränkung des Handels zwischen den Mitgliedstaaten darstellen.

Artikel 37
(ex-Artikel 31 EGV)

(1) Die Mitgliedstaaten formen ihre staatlichen Handelsmonopole derart um, dass jede Diskriminierung in den Versorgungs- und Absatzbedingungen zwischen den Angehörigen der Mitgliedstaaten ausgeschlossen ist.

Dieser Artikel gilt für alle Einrichtungen, durch die ein Mitgliedstaat unmittelbar oder mittelbar die Einfuhr oder die Ausfuhr zwischen den Mitgliedstaaten rechtlich oder tatsächlich kontrolliert, lenkt oder merklich beeinflusst. Er gilt auch für die von einem Staat auf andere Rechtsträger übertragenen Monopole.

(2) Die Mitgliedstaaten unterlassen jede neue Maßnahme, die den in Absatz 1 genannten Grundsätzen widerspricht oder den Tragweite der Artikel über das Verbot von Zöllen und mengenmäßigen Beschränkungen zwischen den Mitgliedstaaten einengt.

(3) Ist mit einem staatlichen Handelsmonopol eine Regelung zur Erleichterung des Absatzes oder der Verwertung landwirtschaftlicher Erzeugnisse verbunden, so sollen bei der Anwendung dieses Artikels gleichwertige Sicherheiten für die Beschäftigung und Lebenshaltung der betreffenden Erzeuger gewährleistet werden.

TITEL III
DIE LANDWIRTSCHAFT UND DIE FISCHEREI

Artikel 38
(ex-Artikel 32 EGV)

(1) Die Union legt eine gemeinsame Agrar- und Fischereipolitik fest und führt sie durch.

Der Binnenmarkt umfasst auch die Landwirtschaft, die Fischerei und den Handel mit landwirtschaftlichen Erzeugnissen. Unter landwirtschaftlichen Erzeugnissen sind die Erzeugnisse des Bodens, der Viehzucht und der Fischerei sowie die mit diesen in unmittelbarem Zusammenhang stehenden Erzeugnisse der ersten Verarbeitungsstufe zu verstehen. Die Bezugnahmen auf die gemeinsame Agrarpolitik oder auf die Landwirtschaft und die Verwendung des Wortes „landwirtschaftlich" sind in dem Sinne zu verstehen, dass damit unter Berücksichtigung der besonderen Merkmale des Fischereisektors auch die Fischerei gemeint ist.

(2) Die Vorschriften für die Errichtung oder das Funktionieren des Binnenmarkts finden auf die landwirtschaftlichen Erzeugnisse Anwendung, soweit in den Artikeln 39 bis 44 nicht etwas anderes bestimmt ist.

(3) Die Erzeugnisse, für welche die Artikel 39 bis 44 gelten, sind in Anhang I aufgeführt.

(4) Mit dem Funktionieren und der Entwicklung des Binnenmarkts für landwirtschaftliche Erzeugnisse muss die Gestaltung einer gemeinsamen Agrarpolitik Hand in Hand gehen.

Artikel 39
(ex-Artikel 33 EGV)

(1) Ziel der gemeinsamen Agrarpolitik ist es,

a) die Produktivität der Landwirtschaft durch Förderung des technischen Fortschritts, Rationalisierung der landwirtschaftlichen Erzeugung und den bestmöglichen Einsatz der Produktionsfaktoren, insbesondere der Arbeitskräfte, zu steigern;

b) auf diese Weise der landwirtschaftlichen Bevölkerung, insbesondere durch Erhöhung des Pro-Kopf-Einkommens der in der Landwirtschaft tätigen Personen, eine angemessene Lebenshaltung zu gewährleisten;

c) die Märkte zu stabilisieren;

d) die Versorgung sicherzustellen;

e) für die Belieferung der Verbraucher zu angemessenen Preisen Sorge zu tragen.

(2) Bei der Gestaltung der gemeinsamen Agrarpolitik und der hierfür anzuwendenden besonderen Methoden ist Folgendes zu berücksichtigen:

a) die besondere Eigenart der landwirtschaftlichen Tätigkeit, die sich aus dem sozialen Aufbau der Landwirtschaft und den strukturellen und naturbedingten Unterschieden der verschiedenen landwirtschaftlichen Gebiete ergibt;

b) die Notwendigkeit, die geeigneten Anpassungen stufenweise durchzuführen;

c) die Tatsache, dass die Landwirtschaft in den Mitgliedstaaten einen mit der gesamten Volkswirtschaft eng verflochtenen Wirtschaftsbereich darstellt.

Artikel 40
(ex-Artikel 34 EGV)

(1) Um die Ziele des Artikels 39 zu erreichen, wird eine gemeinsame Organisation der Agrarmärkte geschaffen.

Diese besteht je nach Erzeugnis aus einer der folgenden Organisationsformen:

a) gemeinsame Wettbewerbsregeln,

b) bindende Koordinierung der verschiedenen einzelstaatlichen Marktordnungen,

c) eine europäische Marktordnung.

(2) Die nach Absatz 1 gestaltete gemeinsame Organisation kann alle zur Durchführung des Artikels 39 erforderlichen Maßnahmen einschließen, insbesondere Preisregelungen, Beihilfen für die Erzeugung und die Verteilung der verschiedenen Erzeugnisse, Einlagerungs- und Ausgleichsmaßnahmen, gemeinsame Einrichtungen zur Stabilisierung der Ein- oder Ausfuhr.

Die gemeinsame Organisation hat sich auf die Verfolgung der Ziele des Artikels 39 zu beschränken und jede Diskriminierung zwischen Erzeugern oder Verbrauchern innerhalb der Union auszuschließen.

Eine etwaige gemeinsame Preispolitik muss auf gemeinsamen Grundsätzen und einheitlichen Berechnungsmethoden beruhen.

(3) Um der in Absatz 1 genannten gemeinsamen Organisation die Erreichung ihrer Ziele zu ermöglichen, können ein oder mehrere Ausrichtungs- oder Garantiefonds für die Landwirtschaft geschaffen werden.

Artikel 41
(ex-Artikel 35 EGV)

Um die Ziele des Artikels 39 zu erreichen, können im Rahmen der gemeinsamen Agrarpolitik folgende Maßnahmen vorgesehen werden:

a) eine wirksame Koordinierung der Bestrebungen auf dem Gebiet der Berufsausbildung, der Forschung und der Verbreitung landwirtschaftlicher Fachkenntnisse; hierbei können Vorhaben oder Einrichtungen gemeinsam finanziert werden;

b) gemeinsame Maßnahmen zur Förderung des Verbrauchs bestimmter Erzeugnisse.

Artikel 42
(ex-Artikel 36 EGV)

Das Kapitel über die Wettbewerbsregeln findet auf die Produktion landwirtschaftlicher Erzeugnisse und den Handel mit diesen nur insoweit Anwendung, als das Europäische Parlament und der Rat dies unter Berücksichtigung der Ziele des Artikels 39 im Rahmen des Artikels 43 Absatz 2 und gemäß dem dort vorgesehenen Verfahren bestimmt.

Der Rat kann auf Vorschlag der Kommission genehmigen, dass Beihilfen gewährt werden

a) zum Schutz von Betrieben, die durch strukturelle oder naturgegebene Bedingungen benachteiligt sind, oder

b) im Rahmen wirtschaftlicher Entwicklungsprogramme.

Artikel 43
(ex-Artikel 37 EGV)

(1) Die Kommission legt zur Gestaltung und Durchführung der gemeinsamen Agrarpolitik Vorschläge vor, welche unter anderem die Ablösung der einzelstaatlichen Marktordnungen durch eine der in Artikel 40 Absatz 1 vorgesehenen gemeinsamen Organisationsformen sowie die Durchführung der in diesem Titel bezeichneten Maßnahmen vorsehen.

Diese Vorschläge müssen dem inneren Zusammenhang der in diesem Titel aufgeführten landwirtschaftlichen Fragen Rechnung tragen.

(2) Das Europäische Parlament und der Rat legen gemäß dem ordentlichen Gesetzgebungsverfahren und nach Anhörung des Wirtschafts- und Sozialausschusses die gemeinsame Organisation der Agrarmärkte nach Artikel 40 Absatz 1 sowie die anderen Bestimmungen fest, die für die Verwirklichung der Ziele der gemeinsamen Agrar- und Fischereipolitik notwendig sind.

EUV/AEUV
+ Prot/Erkl
Anhänge
EU-Grundrechte-
Charta + Erl
Irland/Tschech Rep
Änderungs- und
Beitrittsverträge
LissV + ZusErl
Liss-BeglNovelle

(3) Der Rat erlässt auf Vorschlag der Kommission die Maßnahmen zur Festsetzung der Preise, der Abschöpfungen, der Beihilfen und der mengenmäßigen Beschränkungen sowie zur Festsetzung und Aufteilung der Fangmöglichkeiten in der Fischerei.

(4) Die einzelstaatlichen Marktordnungen können nach Maßgabe des Absatzes 2 durch die in Artikel 40 Absatz 1 vorgesehene gemeinsame Organisation ersetzt werden,

a) wenn sie den Mitgliedstaaten, die sich gegen diese Maßnahme ausgesprochen haben und eine eigene Marktordnung für die in Betracht kommende Erzeugung besitzen, gleichwertige Sicherheiten für die Beschäftigung und Lebenshaltung der betreffenden Erzeuger bietet; hierbei sind die im Zeitablauf möglichen Anpassungen und erforderlichen Spezialisierungen zu berücksichtigen, und

b) wenn die gemeinsame Organisation für den Handelsverkehr innerhalb der Union Bedingungen sicherstellt, die denen eines Binnenmarkts entsprechen.

(5) Wird eine gemeinsame Organisation für bestimmte Rohstoffe geschaffen, bevor eine gemeinsame Organisation für die entsprechenden weiterverarbeiteten Erzeugnisse besteht, so können die betreffenden Rohstoffe aus Ländern außerhalb der Union eingeführt werden, wenn sie für weiterverarbeitete Erzeugnisse verwendet werden, die zur Ausfuhr nach dritten Ländern bestimmt sind.

Artikel 44
(ex-Artikel 38 EGV)

Besteht in einem Mitgliedstaat für ein Erzeugnis eine innerstaatliche Marktordnung oder Regelung gleicher Wirkung und wird dadurch eine gleichartige Erzeugung in einem anderen Mitgliedstaat in ihrer Wettbewerbslage beeinträchtigt, so erheben die Mitgliedstaaten bei der Einfuhr des betreffenden Erzeugnisses aus dem Mitgliedstaat, in dem die genannte Marktordnung oder Regelung besteht, eine Ausgleichsabgabe, es sei denn, dass dieser Mitgliedstaat eine Ausgleichsabgabe bei der Ausfuhr erhebt.

Die Kommission setzt diese Abgaben in der zur Wiederherstellung des Gleichgewichts erforderlichen Höhe fest; sie kann auch andere Maßnahmen genehmigen, deren Bedingungen und Einzelheiten sie festlegt.

TITEL IV
DIE FREIZÜGIGKEIT, DER FREIE DIENSTLEISTUNGS- UND KAPITALVERKEHR

KAPITEL 1
DIE ARBEITSKRÄFTE

Artikel 45
(ex-Artikel 39 EGV)

(1) Innerhalb der Union ist die Freizügigkeit der Arbeitnehmer gewährleistet.

(2) Sie umfasst die Abschaffung jeder auf der Staatsangehörigkeit beruhenden unterschiedlichen Behandlung der Arbeitnehmer der Mitgliedstaaten in Bezug auf Beschäftigung, Entlohnung und sonstige Arbeitsbedingungen.

(3) Sie gibt – vorbehaltlich der aus Gründen der öffentlichen Ordnung, Sicherheit und Gesundheit gerechtfertigten Beschränkungen – den Arbeitnehmern das Recht,

a) sich um tatsächlich angebotene Stellen zu bewerben;

b) sich zu diesem Zweck im Hoheitsgebiet der Mitgliedstaaten frei zu bewegen;

c) sich in einem Mitgliedstaat aufzuhalten, um dort nach den für die Arbeitnehmer dieses Staates geltenden Rechts- und Verwaltungsvorschriften eine Beschäftigung auszuüben;

d) nach Beendigung einer Beschäftigung im Hoheitsgebiet eines Mitgliedstaats unter Bedingungen zu verbleiben, welche die Kommission durch Verordnungen festlegt.

(4) Dieser Artikel findet keine Anwendung auf die Beschäftigung in der öffentlichen Verwaltung.

Artikel 46
(ex-Artikel 40 EGV)

Das Europäische Parlament und der Rat treffen gemäß dem ordentlichen Gesetzgebungsverfahren und nach Anhörung des Wirtschafts- und Sozialausschusses durch Richtlinien oder Verordnungen alle erforderlichen Maßnahmen, um die Freizügigkeit der Arbeitnehmer im Sinne des Artikels 45 herzustellen, insbesondere

a) durch Sicherstellung einer engen Zusammenarbeit zwischen den einzelstaatlichen Arbeitsverwaltungen;

b) durch die Beseitigung der Verwaltungsverfahren und -praktiken sowie der für den

Zugang zu verfügbaren Arbeitsplätzen vorgeschriebenen Fristen, die sich aus innerstaatlichen Rechtsvorschriften oder vorher zwischen den Mitgliedstaaten geschlossenen Übereinkünften ergeben und deren Beibehaltung die Herstellung der Freizügigkeit der Arbeitnehmer hindert;

c) durch die Beseitigung aller Fristen und sonstigen Beschränkungen, die in innerstaatlichen Rechtsvorschriften oder vorher zwischen den Mitgliedstaaten geschlossenen Übereinkünften vorgesehen sind und die den Arbeitnehmern der anderen Mitgliedstaaten für die freie Wahl des Arbeitsplatzes andere Bedingungen als den inländischen Arbeitnehmern auferlegen;

d) durch die Schaffung geeigneter Verfahren für die Zusammenführung und den Ausgleich von Angebot und Nachfrage auf dem Arbeitsmarkt zu Bedingungen, die eine ernstliche Gefährdung der Lebenshaltung und des Beschäftigungsstands in einzelnen Gebieten und Industrien ausschließen.

Artikel 47
(ex-Artikel 41 EGV)

Die Mitgliedstaaten fördern den Austausch junger Arbeitskräfte im Rahmen eines gemeinsamen Programms.

Artikel 48
(ex-Artikel 42 EGV)

Das Europäische Parlament und der Rat beschließen gemäß dem ordentlichen Gesetzgebungsverfahren die auf dem Gebiet der sozialen Sicherheit für die Herstellung der Freizügigkeit der Arbeitnehmer notwendigen Maßnahmen; zu diesem Zweck führen sie insbesondere ein System ein, das zu- und abwandernden Arbeitnehmern und Selbstständigen sowie deren anspruchsberechtigten Angehörigen Folgendes sichert:

a) die Zusammenrechnung aller nach den verschiedenen innerstaatlichen Rechtsvorschriften berücksichtigten Zeiten für den Erwerb und die Aufrechterhaltung des Leistungsanspruchs sowie für die Berechnung der Leistungen;

b) die Zahlung der Leistungen an Personen, die in den Hoheitsgebieten der Mitgliedstaaten wohnen.

Erklärt ein Mitglied des Rates, dass ein Entwurf eines Gesetzgebungsakts nach Absatz 1 wichtige Aspekte seines Systems der sozialen Sicherheit, insbesondere dessen Geltungsbereich, Kosten oder Finanzstruktur, verletzen oder dessen finanzielles Gleichgewicht beeinträchtigen würde, so kann es beantragen, dass der Europäische Rat befasst wird. In diesem Fall wird das ordentliche Gesetzgebungsverfahren ausgesetzt. Nach einer Aussprache geht der Europäische Rat binnen vier Monaten nach Aussetzung des Verfahrens wie folgt vor:

a) er verweist den Entwurf an den Rat zurück, wodurch die Aussetzung des ordentlichen Gesetzgebungsverfahrens beendet wird, oder

b) er sieht von einem Tätigwerden ab, oder aber er ersucht die Kommission um Vorlage eines neuen Vorschlags; in diesem Fall gilt der ursprünglich vorgeschlagene Rechtsakt als nicht erlassen.

KAPITEL 2
DAS NIEDERLASSUNGSRECHT

Artikel 49
(ex-Artikel 43 EGV)

Die Beschränkungen der freien Niederlassung von Staatsangehörigen eines Mitgliedstaats im Hoheitsgebiet eines anderen Mitgliedstaats sind nach Maßgabe der folgenden Bestimmungen verboten. Das Gleiche gilt für Beschränkungen der Gründung von Agenturen, Zweigniederlassungen oder Tochtergesellschaften durch Angehörige eines Mitgliedstaats, die im Hoheitsgebiet eines Mitgliedstaats ansässig sind.

Vorbehaltlich des Kapitels über den Kapitalverkehr umfasst die Niederlassungsfreiheit die Aufnahme und Ausübung selbstständiger Erwerbstätigkeiten sowie die Gründung und Leitung von Unternehmen, insbesondere von Gesellschaften im Sinne des Artikels 54 Absatz 2, nach den Bestimmungen des Aufnahmestaats für seine eigenen Angehörigen.

Artikel 50
(ex-Artikel 44 EGV)

(1) Das Europäische Parlament und der Rat erlassen gemäß dem ordentlichen Gesetzgebungsverfahren und nach Anhörung des Wirtschafts- und Sozialausschusses Richtlinien zur Verwirklichung der Niederlassungsfreiheit für eine bestimmte Tätigkeit.

(2) Das Europäische Parlament, der Rat und die Kommission erfüllen die Aufgaben, die ihnen aufgrund der obigen Bestimmungen übertragen sind, indem sie insbesondere

a) im Allgemeinen diejenigen Tätigkeiten mit Vorrang behandeln, bei denen die Niederlas-

— 39 —

1/2. AEUV
Art. 50 – 54

EUV/AEUV
+ Prot/Erkl
Anhänge
EU-Grundrechte-
Charta + Erl
Irland/Tschech Rep
Änderungs- und
Beitrittsverträge
LissV + ZusErl
Liss-BeglNovelle

sungsfreiheit die Entwicklung der Produktion und des Handels in besonderer Weise fördert;

b) eine enge Zusammenarbeit zwischen den zuständigen Verwaltungen der Mitgliedstaaten sicherstellen, um sich über die besondere Lage auf den verschiedenen Tätigkeitsgebieten innerhalb der Union zu unterrichten;

c) die aus innerstaatlichen Rechtsvorschriften oder vorher zwischen den Mitgliedstaaten geschlossenen Übereinkünften abgeleiteten Verwaltungsverfahren und -praktiken ausschalten, deren Beibehaltung der Niederlassungsfreiheit entgegensteht;

d) dafür Sorge tragen, dass Arbeitnehmer eines Mitgliedstaats, die im Hoheitsgebiet eines anderen Mitgliedstaats beschäftigt sind, dort verbleiben und eine selbstständige Tätigkeit unter denselben Voraussetzungen ausüben können, die sie erfüllen müssten, wenn sie in diesen Staat erst zu dem Zeitpunkt einreisen würden, in dem sie diese Tätigkeit aufzunehmen beabsichtigen;

e) den Erwerb und die Nutzung von Grundbesitz im Hoheitsgebiet eines Mitgliedstaats durch Angehörige eines anderen Mitgliedstaats ermöglichen, soweit hierdurch die Grundsätze des Artikels 39 Absatz 2 nicht beeinträchtigt werden;

f) veranlassen, dass bei jedem in Betracht kommenden Wirtschaftszweig die Beschränkungen der Niederlassungsfreiheit in Bezug auf die Voraussetzungen für die Errichtung von Agenturen, Zweigniederlassungen und Tochtergesellschaften im Hoheitsgebiet eines Mitgliedstaats sowie für den Eintritt des Personals der Hauptniederlassung in ihre Leitungs- oder Überwachungsorgane schrittweise aufgehoben werden;

g) soweit erforderlich, die Schutzbestimmungen koordinieren, die in den Mitgliedstaaten den Gesellschaften im Sinne des Artikels 54 Absatz 2 im Interesse der Gesellschafter sowie Dritter vorgeschrieben sind, um diese Bestimmungen gleichwertig zu gestalten;

h) sicherstellen, dass die Bedingungen für die Niederlassung nicht durch Beihilfen der Mitgliedstaaten verfälscht werden.

Artikel 51
(ex-Artikel 45 EGV)

Auf Tätigkeiten, die in einem Mitgliedstaat dauernd oder zeitweise mit der Ausübung öffentlicher Gewalt verbunden sind, findet dieses Kapitel in dem betreffenden Mitgliedstaat keine Anwendung.

Das Europäische Parlament und der Rat können gemäß dem ordentlichen Gesetzgebungsverfahren beschließen, dass dieses Kapitel auf bestimmte Tätigkeiten keine Anwendung findet.

Artikel 52
(ex-Artikel 46 EGV)

(1) Dieses Kapitel und die aufgrund desselben getroffenen Maßnahmen beeinträchtigen nicht die Anwendbarkeit der Rechts- und Verwaltungsvorschriften, die eine Sonderregelung für Ausländer vorsehen und aus Gründen der öffentlichen Ordnung, Sicherheit oder Gesundheit gerechtfertigt sind.

(2) Das Europäische Parlament und der Rat erlassen gemäß dem ordentlichen Gesetzgebungsverfahren Richtlinien für die Koordinierung der genannten Vorschriften.

Artikel 53
(ex-Artikel 47 EGV)

(1) Um die Aufnahme und Ausübung selbstständiger Tätigkeiten zu erleichtern, erlassen das Europäische Parlament und der Rat gemäß dem ordentlichen Gesetzgebungsverfahren Richtlinien für die gegenseitige Anerkennung der Diplome, Prüfungszeugnisse und sonstigen Befähigungsnachweise sowie für die Koordinierung der Rechts- und Verwaltungsvorschriften der Mitgliedstaaten über die Aufnahme und Ausübung selbstständiger Tätigkeiten.

(2) Die schrittweise Aufhebung der Beschränkungen für die ärztlichen, arztähnlichen und pharmazeutischen Berufe setzt die Koordinierung der Bedingungen für die Ausübung dieser Berufe in den einzelnen Mitgliedstaaten voraus.

Artikel 54
(ex-Artikel 48 EGV)

Für die Anwendung dieses Kapitels stehen die nach den Rechtsvorschriften eines Mitgliedstaats gegründeten Gesellschaften, die ihren satzungsmäßigen Sitz, ihre Hauptverwaltung oder ihre Hauptniederlassung innerhalb der Union haben, den natürlichen Personen gleich, die Angehörige der Mitgliedstaaten sind.

Als Gesellschaften gelten die Gesellschaften des bürgerlichen Rechts und des Handelsrechts einschließlich der Genossenschaften und die sonstigen juristischen Personen des öffentlichen und privaten Rechts mit Ausnahme derjenigen, die keinen Erwerbszweck verfolgen.

Artikel 55
(ex-Artikel 294 EGV)

Unbeschadet der sonstigen Bestimmungen der Verträge stellen die Mitgliedstaaten die Staatsangehörigen der anderen Mitgliedstaaten hinsichtlich ihrer Beteiligung am Kapital von Gesellschaften im Sinne des Artikels 54 den eigenen Staatsangehörigen gleich.

KAPITEL 3
DIENSTLEISTUNGEN

Artikel 56
(ex-Artikel 49 EGV)

Die Beschränkungen des freien Dienstleistungsverkehrs innerhalb der Union für Angehörige der Mitgliedstaaten, die in einem anderen Mitgliedstaat als demjenigen des Leistungsempfängers ansässig sind, sind nach Maßgabe der folgenden Bestimmungen verboten.

Das Europäische Parlament und der Rat können gemäß dem ordentlichen Gesetzgebungsverfahren beschließen, dass dieses Kapitel auch auf Erbringer von Dienstleistungen Anwendung findet, welche die Staatsangehörigkeit eines dritten Landes besitzen und innerhalb der Union ansässig sind.

Artikel 57
(ex-Artikel 50 EGV)

Dienstleistungen im Sinne der Verträge sind Leistungen, die in der Regel gegen Entgelt erbracht werden, soweit sie nicht den Vorschriften über den freien Waren- und Kapitalverkehr und über die Freizügigkeit der Personen unterliegen.

Als Dienstleistungen gelten insbesondere:

a) gewerbliche Tätigkeiten,

b) kaufmännische Tätigkeiten,

c) handwerkliche Tätigkeiten,

d) freiberufliche Tätigkeiten.

Unbeschadet des Kapitels über die Niederlassungsfreiheit kann der Leistende zwecks Erbringung seiner Leistungen seine Tätigkeit vorübergehend in dem Mitgliedstaat ausüben, in dem die Leistung erbracht wird, und zwar unter den Voraussetzungen, welche dieser Mitgliedstaat für seine eigenen Angehörigen vorschreibt.

Artikel 58
(ex-Artikel 51 EGV)

(1) Für den freien Dienstleistungsverkehr auf dem Gebiet des Verkehrs gelten die Bestimmungen des Titels über den Verkehr.

(2) Die Liberalisierung der mit dem Kapitalverkehr verbundenen Dienstleistungen der Banken und Versicherungen wird im Einklang mit der Liberalisierung des Kapitalverkehrs durchgeführt.

Artikel 59
(ex-Artikel 52 EGV)

(1) Das Europäische Parlament und der Rat erlassen gemäß dem ordentlichen Gesetzgebungsverfahren und nach Anhörung des Wirtschafts- und Sozialausschusses Richtlinien zur Liberalisierung einer bestimmten Dienstleistung.

(2) Bei den in Absatz 1 genannten Richtlinien sind im Allgemeinen mit Vorrang diejenigen Dienstleistungen zu berücksichtigen, welche die Produktionskosten unmittelbar beeinflussen oder deren Liberalisierung zur Förderung des Warenverkehrs beiträgt.

Artikel 60
(ex-Artikel 53 EGV)

Die Mitgliedstaaten bemühen sich, über das Ausmaß der Liberalisierung der Dienstleistungen, zu dem sie aufgrund der Richtlinien gemäß Artikel 59 Absatz 1 verpflichtet sind, hinauszugehen, falls ihre wirtschaftliche Gesamtlage und die Lage des betreffenden Wirtschaftszweigs dies zulassen.

Die Kommission richtet entsprechende Empfehlungen an die betreffenden Staaten.

Artikel 61
(ex-Artikel 54 EGV)

Solange die Beschränkungen des freien Dienstleistungsverkehrs nicht aufgehoben sind, wendet sie jeder Mitgliedstaat ohne Unterscheidung nach Staatsangehörigkeit oder Aufenthaltsort auf alle in Artikel 56 Absatz 1 bezeichneten Erbringer von Dienstleistungen an.

Artikel 62
(ex-Artikel 55 EGV)

Die Bestimmungen der Artikel 51 bis 54 finden auf das in diesem Kapitel geregelte Sachgebiet Anwendung.

—41—

1/2. AEUV

Art. 63 – 66

EUV/AEUV
+ Prot/Erkl
Anhänge
EU-Grundrechte-
Charta + Erl
Irland/Tschech Rep
Änderungs- und
Beitrittsverträge
LissV + ZusErl
Liss-BeglNovelle

KAPITEL 4
DER KAPITAL- UND ZAHLUNGSVERKEHR

Artikel 63
(ex-Artikel 56 EGV)

(1) Im Rahmen der Bestimmungen dieses Kapitels sind alle Beschränkungen des Kapitalverkehrs zwischen den Mitgliedstaaten sowie zwischen den Mitgliedstaaten und dritten Ländern verboten.

(2) Im Rahmen der Bestimmungen dieses Kapitels sind alle Beschränkungen des Zahlungsverkehrs zwischen den Mitgliedstaaten sowie zwischen den Mitgliedstaaten und dritten Ländern verboten.

Artikel 64
(ex-Artikel 57 EGV)

(1) Artikel 63 berührt nicht die Anwendung derjenigen Beschränkungen auf dritte Länder, die am 31. Dezember 1993 aufgrund einzelstaatlicher Rechtsvorschriften oder aufgrund von Rechtsvorschrif ten der Union für den Kapitalverkehr mit dritten Ländern im Zusammenhang mit Direktinvestitionen einschließlich Anlagen in Immobilien, mit der Niederlassung, der Erbringung von Finanzdienstleis tungen oder der Zulassung von Wertpapieren zu den Kapitalmärkten bestehen. Für in Bulgarien, Estland und Ungarn bestehende Beschränkungen nach innerstaatlichem Recht ist der maßgebliche Zeitpunkt der 31. Dezember 1999.

(2) Unbeschadet der anderen Kapitel der Verträge sowie ihrer Bemühungen um eine möglichst weitgehende Verwirklichung des Zieles eines freien Kapitalverkehrs zwischen den Mitgliedstaaten und dritten Ländern beschließen das Europäische Parlament und der Rat gemäß dem ordentlichen Gesetzgebungsverfahren Maßnahmen für den Kapitalverkehr mit dritten Ländern im Zusammenhang mit Direktinvestitionen einschließlich Anlagen in Immobilien, mit der Niederlassung, der Erbringung von Finanzdienstleistungen oder der Zulassung von Wertpapieren zu den Kapitalmärkten.

(3) Abweichend von Absatz 2 kann nur der Rat gemäß einem besonderen Gesetzgebungsverfahren und nach Anhörung des Europäischen Parlaments Maßnahmen einstimmig beschließen, die im Rahmen des Unionsrechts für die Liberalisierung des Kapitalverkehrs mit Drittländern einen Rückschritt darstellen.

Artikel 65
(ex-Artikel 58 EGV)

(1) Artikel 63 berührt nicht das Recht der Mitgliedstaaten,

a) die einschlägigen Vorschriften ihres Steuerrechts anzuwenden, die Steuerpflichtige mit unterschiedlichem Wohnort oder Kapitalanlageort unterschiedlich behandeln,

b) die unerlässlichen Maßnahmen zu treffen, um Zuwiderhandlungen gegen innerstaatliche Rechts- und Verwaltungsvorschriften, insbesondere auf dem Gebiet des Steuerrechts und der Aufsicht über Finanzinstitute, zu verhindern, sowie Meldeverfahren für den Kapitalverkehr zwecks administrativer oder statistischer Information vorzusehen oder Maßnahmen zu ergreifen, die aus Gründen der öffentlichen Ordnung oder Sicherheit gerechtfertigt sind.

(2) Dieses Kapitel berührt nicht die Anwendbarkeit von Beschränkungen des Niederlassungsrechts, die mit den Verträgen vereinbar sind.

(3) Die in den Absätzen 1 und 2 genannten Maßnahmen und Verfahren dürfen weder ein Mittel zur willkürlichen Diskriminierung noch eine verschleierte Beschränkung des freien Kapital- und Zahlungsverkehrs im Sinne des Artikels 63 darstellen.

(4) Sind keine Maßnahmen nach Artikel 64 Absatz 3 erlassen worden, so kann die Kommission oder, wenn diese binnen drei Monaten nach der Vorlage eines entsprechenden Antrags des betreffenden Mitgliedstaats keinen Beschluss erlassen hat, der Rat einen Beschluss erlassen, mit dem festgelegt wird, dass die von einem Mitgliedstaat in Bezug auf ein oder mehrere Drittländer getroffenen restriktiven steuerlichen Maßnahmen insofern als mit den Verträgen vereinbar anzusehen sind, als sie durch eines der Ziele der Union gerechtfertigt und mit dem ordnungsgemäßen Funktionieren des Binnenmarkts vereinbar sind. Der Rat beschließt einstimmig auf Antrag eines Mitgliedstaats.

Artikel 66
(ex-Artikel 59 EGV)

Falls Kapitalbewegungen nach oder aus dritten Ländern unter außergewöhnlichen Umständen das Funktionieren der Wirtschafts- und Währungsunion schwerwiegend stören oder zu stören drohen, kann der Rat auf Vorschlag der Kommission und nach Anhörung der Europäischen Zentralbank gegenüber dritten Ländern Schutzmaßnahmen mit einer Geltungsdauer von höchstens sechs Monaten treffen, wenn diese unbedingt erforderlich sind.

TITEL V
DER RAUM DER FREIHEIT, DER SICHERHEIT UND DES RECHTS

KAPITEL 1
ALLGEMEINE BESTIMMUNGEN

Artikel 67
(ex-Artikel 61 EGV und ex-Artikel 29 EUV)

(1) Die Union bildet einen Raum der Freiheit, der Sicherheit und des Rechts, in dem die Grundrechte und die verschiedenen Rechtsordnungen und -traditionen der Mitgliedstaaten geachtet werden.

(2) Sie stellt sicher, dass Personen an den Binnengrenzen nicht kontrolliert werden, und entwickelt eine gemeinsame Politik in den Bereichen Asyl, Einwanderung und Kontrollen an den Außengrenzen, die sich auf die Solidarität der Mitgliedstaaten gründet und gegenüber Drittstaatsangehörigen angemessen ist. Für die Zwecke dieses Titels werden Staatenlose den Drittstaatsangehörigen gleichgestellt.

(3) Die Union wirkt darauf hin, durch Maßnahmen zur Verhütung und Bekämpfung von Kriminalität sowie von Rassismus und Fremdenfeindlichkeit, zur Koordinierung und Zusammenarbeit von Polizeibehörden und Organen der Strafrechtspflege und den anderen zuständigen Behörden sowie durch die gegenseitige Anerkennung strafrechtlicher Entscheidungen und erforderlichenfalls durch die Angleichung der strafrechtlichen Rechtsvorschriften ein hohes Maß an Sicherheit zu gewährleisten.

(4) Die Union erleichtert den Zugang zum Recht, insbesondere durch den Grundsatz der gegenseitigen Anerkennung gerichtlicher und außergerichtlicher Entscheidungen in Zivilsachen.

Artikel 68

Der Europäische Rat legt die strategischen Leitlinien für die gesetzgeberische und operative Programmplanung im Raum der Freiheit, der Sicherheit und des Rechts fest.

Artikel 69

Die nationalen Parlamente tragen bei Gesetzgebungsvorschlägen und -initiativen, die im Rahmen der Kapitel 4 und 5 vorgelegt werden, Sorge für die Achtung des Subsidiaritätsprinzips nach Maßgabe des Protokolls über die Anwendung der Grundsätze der Subsidiarität und der Verhältnismäßigkeit.

Artikel 70

Unbeschadet der Artikel 258, 259 und 260 kann der Rat auf Vorschlag der Kommission Maßnahmen erlassen, mit denen Einzelheiten festgelegt werden, nach denen die Mitgliedstaaten in Zusammenarbeit mit der Kommission eine objektive und unparteiische Bewertung der Durchführung der unter diesen Titel fallenden Unionspolitik durch die Behörden der Mitgliedstaaten vornehmen, insbesondere um die umfassende Anwendung des Grundsatzes der gegenseitigen Anerkennung zu fördern. Das Europäische Parlament und die nationalen Parlamente werden vom Inhalt und den Ergebnissen dieser Bewertung unterrichtet.

Artikel 71
(ex-Artikel 36 EUV)

Im Rat wird ein ständiger Ausschuss eingesetzt, um sicherzustellen, dass innerhalb der Union die operative Zusammenarbeit im Bereich der inneren Sicherheit gefördert und verstärkt wird. Er fördert unbeschadet des Artikels 240 die Koordinierung der Maßnahmen der zuständigen Behörden der Mitgliedstaaten. Die Vertreter der betroffenen Einrichtungen und sonstigen Stellen der Union können an den Arbeiten des Ausschusses beteiligt werden. Das Europäische Parlament und die nationalen Parlamente werden über die Arbeiten des Ausschusses auf dem Laufenden gehalten.

Artikel 72
(ex-Artikel 64 Absatz 1 EGV und ex-Artikel 33 EUV)

Dieser Titel berührt nicht die Wahrnehmung der Zuständigkeiten der Mitgliedstaaten für die Aufrechterhaltung der öffentlichen Ordnung und den Schutz der inneren Sicherheit.

Artikel 73

Es steht den Mitgliedstaaten frei, untereinander und in eigener Verantwortung Formen der Zusammenarbeit und Koordinierung zwischen den zuständigen Dienststellen ihrer für den Schutz der nationalen Sicherheit verantwortlichen Verwaltungen einzurichten, die sie für geeignet halten.

— 43 —

1/2. AEUV
Art. 74 – 78

EUV/AEUV
+ Prot/Erkl
Anhänge
EU-Grundrechte-
Charta + Erl
Irland:Tschech:Rep
Änderungs- und
Beitrittsverträge
LissV + ZusErl
Liss-BeglNovelle

Artikel 74
(ex-Artikel 66 EGV)

Der Rat erlässt Maßnahmen, um die Verwaltungszusammenarbeit zwischen den zuständigen Dienststellen der Mitgliedstaaten in den Bereichen dieses Titels sowie die Zusammenarbeit zwischen diesen Dienststellen und der Kommission zu gewährleisten. Dabei beschließt er auf Vorschlag der Kommission vorbehaltlich des Artikels 76 und nach Anhörung des Europäischen Parlaments.

Artikel 75
(ex-Artikel 60 EGV)

Sofern dies notwendig ist, um die Ziele des Artikels 67 in Bezug auf die Verhütung und Bekämpfung von Terrorismus und damit verbundener Aktivitäten zu verwirklichen, schaffen das Europäische Parlament und der Rat gemäß dem ordentlichen Gesetzgebungsverfahren durch Verordnungen einen Rahmen für Verwaltungsmaßnahmen in Bezug auf Kapitalbewegungen und Zahlungen, wozu das Einfrieren von Geldern, finanziellen Vermögenswerten oder wirtschaftlichen Erträgen gehören kann, deren Eigentümer oder Besitzer natürliche oder juristische Personen, Gruppierungen oder nichtstaatliche Einheiten sind.

Der Rat erlässt auf Vorschlag der Kommission Maßnahmen zur Umsetzung des in Absatz 1 genannten Rahmens.

In den Rechtsakten nach diesem Artikel müssen die erforderlichen Bestimmungen über den Rechtsschutz vorgesehen sein.

Artikel 76

Die in den Kapiteln 4 und 5 genannten Rechtsakte sowie die in Artikel 74 genannten Maßnahmen, mit denen die Verwaltungszusammenarbeit in den Bereichen der genannten Kapitel gewährleistet wird, werden wie folgt erlassen:

a) auf Vorschlag der Kommission oder
b) auf Initiative eines Viertels der Mitgliedstaaten.

KAPITEL 2
POLITIK IM BEREICH GRENZKONTROLLEN, ASYL UND EINWANDERUNG

Artikel 77
(ex-Artikel 62 EGV)

(1) Die Union entwickelt eine Politik, mit der

a) sichergestellt werden soll, dass Personen unabhängig von ihrer Staatsangehörigkeit beim Überschreiten der Binnengrenzen nicht kontrolliert werden;

b) die Personenkontrolle und die wirksame Überwachung des Grenzübertritts an den Außengrenzen sichergestellt werden soll;

c) schrittweise ein integriertes Grenzschutzsystem an den Außengrenzen eingeführt werden soll.

(2) Für die Zwecke des Absatzes 1 erlassen das Europäische Parlament und der Rat gemäß dem ordentlichen Gesetzgebungsverfahren Maßnahmen, die folgende Bereiche betreffen:

a) die gemeinsame Politik in Bezug auf Visa und andere kurzfristige Aufenthaltstitel;

b) die Kontrollen, denen Personen beim Überschreiten der Außengrenzen unterzogen werden;

c) die Voraussetzungen, unter denen sich Drittstaatsangehörige innerhalb der Union während eines kurzen Zeitraums frei bewegen können;

d) alle Maßnahmen, die für die schrittweise Einführung eines integrierten Grenzschutzsystems an den Außengrenzen erforderlich sind;

e) die Abschaffung der Kontrolle von Personen gleich welcher Staatsangehörigkeit beim Überschreiten der Binnengrenzen.

(3) Erscheint zur Erleichterung der Ausübung des in Artikel 20 Absatz 2 Buchstabe a genannten Rechts ein Tätigwerden der Union erforderlich, so kann der Rat gemäß einem besonderen Gesetzgebungsverfahren Bestimmungen betreffend Pässe, Personalausweise, Aufenthaltstitel oder diesen gleichgestellte Dokumente erlassen, sofern die Verträge hierfür anderweitig keine Befugnisse vorsehen. Der Rat beschließt einstimmig nach Anhörung des Europäischen Parlaments.

(4) Dieser Artikel berührt nicht die Zuständigkeit der Mitgliedstaaten für die geografische Festlegung ihrer Grenzen nach dem Völkerrecht.

Artikel 78
(ex-Artikel 63 Nummern 1 und 2 und ex-Artikel 64 Absatz 2 EGV)

(1) Die Union entwickelt eine gemeinsame Politik im Bereich Asyl, subsidiärer Schutz und vorübergehender Schutz, mit der jedem Drittstaatsangehörigen, der internationalen Schutz benötigt, ein angemessener Status an-

geboten und die Einhaltung des Grundsatzes der Nicht-Zurückweisung gewährleistet werden soll. Diese Politik muss mit dem Genfer Abkommen vom 28. Juli 1951 und dem Protokoll vom 31. Januar 1967 über die Rechtsstellung der Flüchtlinge sowie den anderen einschlägigen Verträgen im Einklang stehen.

(2) Für die Zwecke des Absatzes 1 erlassen das Europäische Parlament und der Rat gemäß dem ordentlichen Gesetzgebungsverfahren Maßnahmen in Bezug auf ein gemeinsames europäisches Asylsystem, das Folgendes umfasst:

a) einen in der ganzen Union gültigen einheitlichen Asylstatus für Drittstaatsangehörige;

b) einen einheitlichen subsidiären Schutzstatus für Drittstaatsangehörige, die keinen europäischen Asylstatus erhalten, aber internationalen Schutz benötigen;

c) eine gemeinsame Regelung für den vorübergehenden Schutz von Vertriebenen im Falle eines Massenzustroms;

d) gemeinsame Verfahren für die Gewährung und den Entzug des einheitlichen Asylstatus beziehungsweise des subsidiären Schutzstatus;

e) Kriterien und Verfahren zur Bestimmung des Mitgliedstaats, der für die Prüfung eines Antrags auf Asyl oder subsidiären Schutz zuständig ist;

f) Normen über die Aufnahmebedingungen von Personen, die Asyl oder subsidiären Schutz beantragen;

g) Partnerschaft und Zusammenarbeit mit Drittländern zur Steuerung des Zustroms von Personen, die Asyl oder subsidiären beziehungsweise vorübergehenden Schutz beantragen.

(3) Befinden sich ein oder mehrere Mitgliedstaaten aufgrund eines plötzlichen Zustroms von Drittstaatsangehörigen in einer Notlage, so kann der Rat auf Vorschlag der Kommission vorläufige Maßnahmen zugunsten der betreffenden Mitgliedstaaten erlassen. Er beschließt nach Anhörung des Europäischen Parlaments.

Artikel 79
(ex-Artikel 63 Nummern 3 und 4 EGV)

(1) Die Union entwickelt eine gemeinsame Einwanderungspolitik, die in allen Phasen eine wirksame Steuerung der Migrationsströme, eine angemessene Behandlung von Drittstaatsangehörigen, die sich rechtmäßig in

einem Mitgliedstaat aufhalten, sowie die Verhütung und verstärkte Bekämpfung von illegaler Einwanderung und Menschenhandel gewährleisten soll.

(2) Für die Zwecke des Absatzes 1 erlassen das Europäische Parlament und der Rat gemäß dem ordentlichen Gesetzgebungsverfahren Maßnahmen in folgenden Bereichen:

a) Einreise- und Aufenthaltsvoraussetzungen sowie Normen für die Erteilung von Visa und Aufenthaltstiteln für einen langfristigen Aufenthalt, einschließlich solcher zur Familienzusammenführung, durch die Mitgliedstaaten;

b) Festlegung der Rechte von Drittstaatsangehörigen, die sich rechtmäßig in einem Mitgliedstaat aufhalten, einschließlich der Bedingungen, unter denen sie sich in den anderen Mitgliedstaaten frei bewegen und aufhalten dürfen;

c) illegale Einwanderung und illegaler Aufenthalt, einschließlich Abschiebung und Rückführung solcher Personen, die sich illegal in einem Mitgliedstaat aufhalten;

d) Bekämpfung des Menschenhandels, insbesondere des Handels mit Frauen und Kindern.

(3) Die Union kann mit Drittländern Übereinkünfte über eine Rückübernahme von Drittstaatsangehörigen in ihr Ursprungs- oder Herkunftsland schließen, die die Voraussetzungen für die Einreise in das Hoheitsgebiet eines der Mitgliedstaaten oder die Anwesenheit oder den Aufenthalt in diesem Gebiet nicht oder nicht mehr erfüllen.

(4) Das Europäische Parlament und der Rat können gemäß dem ordentlichen Gesetzgebungsverfahren unter Ausschluss jeglicher Harmonisierung der Rechtsvorschriften der Mitgliedstaaten Maßnahmen festlegen, mit denen die Bemühungen der Mitgliedstaaten um die Integration der sich rechtmäßig in ihrem Hoheitsgebiet aufhaltenden Drittstaatsangehörigen gefördert und unterstützt werden.

(5) Dieser Artikel berührt nicht das Recht der Mitgliedstaaten, festzulegen, wie viele Drittstaatsangehörige aus Drittländern in ihr Hoheitsgebiet einreisen dürfen, um dort als Arbeitnehmer oder Selbstständige Arbeit zu suchen.

Artikel 80

Für die unter dieses Kapitel fallende Politik der Union und ihre Umsetzung gilt der Grundsatz der Solidarität und der gerechten Aufteilung der Verantwortlichkeiten unter

— 45 —

1/2. AEUV
Art. 80 – 82

EUV/AEUV
+ Prot/Erkl
Anhänge
EU-Grundrechte-
Charta + Erl
Irland/Tschech Rep
Änderungs- und
Beitrittsverträge
LissV + ZusErl
Liss-BeglNovelle

den Mitgliedstaaten, ein schließlich in finanzieller Hinsicht. Die aufgrund dieses Kapitels erlassenen Rechtsakte der Union enthalten, immer wenn dies erforderlich ist, entsprechende Maßnahmen für die Anwendung dieses Grundsatzes.

KAPITEL 3
JUSTIZIELLE ZUSAMMENARBEIT IN ZIVILSACHEN

Artikel 81
(ex-Artikel 65 EGV)

(1) Die Union entwickelt eine justizielle Zusammenarbeit in Zivilsachen mit grenzüberschreiten dem Bezug, die auf dem Grundsatz der gegenseitigen Anerkennung gerichtlicher und außergerichtlicher Entscheidungen beruht. Diese Zusammenarbeit kann den Erlass von Maßnahmen zur Angleichung der Rechtsvorschriften der Mitgliedstaaten umfassen.

(2) Für die Zwecke des Absatzes 1 erlassen das Europäische Parlament und der Rat, insbesondere wenn dies für das reibungslose Funktionieren des Binnenmarkts erforderlich ist, gemäß dem ordentlichen Gesetzgebungsverfahren Maßnahmen, die Folgendes sicherstellen sollen:

a) die gegenseitige Anerkennung und die Vollstreckung gerichtlicher und außergerichtlicher Entscheidungen zwischen den Mitgliedstaaten;

b) die grenzüberschreitende Zustellung gerichtlicher und außergerichtlicher Schriftstücke;

c) die Vereinbarkeit der in den Mitgliedstaaten geltenden Kollisionsnormen und Vorschriften zur Vermeidung von Kompetenzkonflikten;

d) die Zusammenarbeit bei der Erhebung von Beweismitteln;

e) einen effektiven Zugang zum Recht;

f) die Beseitigung von Hindernissen für die reibungslose Abwicklung von Zivilverfahren, erforderlichenfalls durch Förderung der Vereinbarkeit der in den Mitgliedstaaten geltenden zivilrechtlichen Verfahrensvorschriften; g) die Entwicklung von alternativen Methoden für die Beilegung von Streitigkeiten;

h) die Förderung der Weiterbildung von Richtern und Justizbediensteten.

(3) Abweichend von Absatz 2 werden Maßnahmen zum Familienrecht mit grenzüberschreitendem Bezug vom Rat gemäß einem besonderen Gesetzgebungsverfahren festgelegt. Dieser beschließt einstimmig nach Anhörung des Europäischen Parlaments.

Der Rat kann auf Vorschlag der Kommission einen Beschluss erlassen, durch den die Aspekte des Familienrechts mit grenzüberschreitendem Bezug bestimmt werden, die Gegenstand von Rechtsakten sein können, die gemäß dem ordentlichen Gesetzgebungsverfahren erlassen werden. Der Rat beschließt einstimmig nach Anhörung des Europäischen Parlaments.

Der in Unterabsatz 2 genannte Vorschlag wird den nationalen Parlamenten übermittelt. Wird dieser Vorschlag innerhalb von sechs Monaten nach der Übermittlung von einem nationalen Parlament abgelehnt, so wird der Beschluss nicht erlassen. Wird der Vorschlag nicht abgelehnt, so kann der Rat den Beschluss erlassen.

KAPITEL 4
JUSTIZIELLE ZUSAMMENARBEIT IN STRAFSACHEN

Artikel 82
(ex-Artikel 31 EUV)

(1) Die justizielle Zusammenarbeit in Strafsachen in der Union beruht auf dem Grundsatz der gegenseitigen Anerkennung gerichtlicher Urteile und Entscheidungen und umfasst die Angleichung der Rechtsvorschriften der Mitgliedstaaten in den in Absatz 2 und in Artikel 83 genannten Bereichen.

Das Europäische Parlament und der Rat erlassen gemäß dem ordentlichen Gesetzgebungsverfahren Maßnahmen, um

a) Regeln und Verfahren festzulegen, mit denen die Anerkennung aller Arten von Urteilen und gerichtlichen Entscheidungen in der gesamten Union sichergestellt wird;

b) Kompetenzkonflikte zwischen den Mitgliedstaaten zu verhindern und beizulegen;

c) die Weiterbildung von Richtern und Staatsanwälten sowie Justizbediensteten zu fördern;

d) die Zusammenarbeit zwischen den Justizbehörden oder entsprechenden Behörden der Mitgliedstaaten im Rahmen der Strafverfolgung sowie des Vollzugs und der Vollstreckung von Entscheidungen zu erleichtern.

(2) Soweit dies zur Erleichterung der gegenseitigen Anerkennung gerichtlicher Urteile und Entscheidungen und der polizeilichen und justiziellen Zusammenarbeit in Strafsachen mit grenzüberschreitender Dimension erfor-

derlich ist, können das Europäische Parlament und der Rat gemäß dem ordentlichen Gesetzgebungsverfahren durch Richtlinien Mindestvorschriften festlegen. Bei diesen Mindestvorschriften werden die Unterschiede zwischen den Rechtsordnungen und -traditionen der Mitgliedstaaten berücksichtigt.

Die Vorschriften betreffen Folgendes:

a) die Zulässigkeit von Beweismitteln auf gegenseitiger Basis zwischen den Mitgliedstaaten;

b) die Rechte des Einzelnen im Strafverfahren;

c) die Rechte der Opfer von Straftaten;

d) sonstige spezifische Aspekte des Strafverfahrens, die zuvor vom Rat durch Beschluss bestimmt worden sind; dieser Beschluss wird vom Rat einstimmig nach Zustimmung des Europäischen Parlaments erlassen.

Der Erlass von Mindestvorschriften nach diesem Absatz hindert die Mitgliedstaaten nicht daran, ein höheres Schutzniveau für den Einzelnen beizubehalten oder einzuführen.

(3) Ist ein Mitglied des Rates der Auffassung, dass ein Entwurf einer Richtlinie nach Absatz 2 grundlegende Aspekte seiner Strafrechtsordnung berühren würde, so kann es beantragen, dass der Europäische Rat befasst wird. In diesem Fall wird das ordentliche Gesetzgebungsverfahren ausgesetzt. Nach einer Aussprache verweist der Europäische Rat im Falle eines Einvernehmens den Entwurf binnen vier Monaten nach Aussetzung des Verfahrens an den Rat zurück, wodurch die Aussetzung des ordentlichen Gesetzgebungsverfahrens beendet wird.

Sofern kein Einvernehmen erzielt wird, mindestens neun Mitgliedstaaten aber eine Verstärkte Zusammenarbeit auf der Grundlage des betreffenden Entwurfs einer Richtlinie begründen möchten, teilen diese Mitgliedstaaten dies binnen derselben Frist dem Europäischen Parlament, dem Rat und der Kommission mit. In diesem Fall gilt die Ermächtigung zu einer Verstärkten Zusammenarbeit nach Artikel 20 Absatz 2 des Vertrags über die Europäische Union und Artikel 329 Absatz 1 dieses Vertrags als erteilt, und die Bestimmungen über die Verstärkte Zusammenarbeit finden Anwendung.

Artikel 83
(ex-Artikel 31 EUV)

(1) Das Europäische Parlament und der Rat können gemäß dem ordentlichen Gesetzgebungsverfahren durch Richtlinien Mindestvorschriften zur Festlegung von Straftaten und Strafen in Bereichen besonders schwerer Kriminalität festlegen, die aufgrund der Art oder der Auswirkungen der Straftaten oder aufgrund einer besonderen Notwendigkeit, sie auf einer gemeinsamen Grundlage zu bekämpfen, eine grenzüberschreitende Dimension haben.

Derartige Kriminalitätsbereiche sind: Terrorismus, Menschenhandel und sexuelle Ausbeutung von Frauen und Kindern, illegaler Drogenhandel, illegaler Waffenhandel, Geldwäsche, Korruption, Fälschung von Zahlungsmitteln, Computerkriminalität und organisierte Kriminalität.

Je nach Entwicklung der Kriminalität kann der Rat einen Beschluss erlassen, in dem andere Kriminalitätsbereiche bestimmt werden, die die Kriterien dieses Absatzes erfüllen. Er beschließt einstimmig nach Zustimmung des Europäischen Parlaments.

(2) Erweist sich die Angleichung der strafrechtlichen Rechtsvorschriften der Mitgliedstaaten als unerlässlich für die wirksame Durchführung der Politik der Union auf einem Gebiet, auf dem Harmonisierungsmaßnahmen erfolgt sind, so können durch Richtlinien Mindestvorschriften für die Festlegung von Straftaten und Strafen auf dem betreffenden Gebiet festgelegt werden. Diese Richtlinien werden unbeschadet des Artikels 76 gemäß dem gleichen ordentlichen oder besonderen Gesetzgebungsverfahren wie die betreffenden Harmonisierungsmaßnahmen erlassen.

(3) Ist ein Mitglied des Rates der Auffassung, dass der Entwurf einer Richtlinie nach den Absätzen 1 oder 2 grundlegende Aspekte seiner Strafrechtsordnung berühren würde, so kann es beantragen, dass der Europäische Rat befasst wird. In diesem Fall wird das ordentliche Gesetzgebungsverfahren ausgesetzt. Nach einer Aussprache verweist der Europäische Rat im Falle eines Einvernehmens den Entwurf binnen vier Monaten nach Aussetzung des Verfahrens an den Rat zurück, wodurch die Aussetzung des ordentlichen Gesetzgebungsverfahrens beendet wird.

Sofern kein Einvernehmen erzielt wird, mindestens neun Mitgliedstaaten aber eine Verstärkte Zusammenarbeit auf der Grundlage des betreffenden Entwurfs einer Richtlinie begründen möchten, teilen diese Mitgliedstaaten dies binnen derselben Frist dem Europäischen Parlament, dem Rat und der Kommission mit. In diesem Fall gilt die Ermächtigung zu einer Verstärkten Zusammenarbeit nach Artikel 20 Absatz 2 des Vertrags über die Europäische

1/2. AEUV

Art. 83 – 86

EUV/AEUV
+ Prot/Erkl
Anhänge
EU-Grundrechte-
Charta + Erl
Irland/Tschech Rep
Änderungs- und
Beitrittsverträge
LissV + ZusErl
Liss-BeglNovelle

Union und Artikel 329 Absatz 1 dieses Vertrags als erteilt, und die Bestimmungen über die Verstärkte Zusammenarbeit finden Anwendung.

Artikel 84

Das Europäische Parlament und der Rat können gemäß dem ordentlichen Gesetzgebungsverfahren unter Ausschluss jeglicher Harmonisierung der Rechtsvorschriften der Mitgliedstaaten Maßnahmen festlegen, um das Vorgehen der Mitgliedstaaten im Bereich der Kriminalprävention zu fördern und zu unterstützen.

Artikel 85
(ex-Artikel 31 EUV)

(1) Eurojust hat den Auftrag, die Koordinierung und Zusammenarbeit zwischen den nationalen Behörden zu unterstützen und zu verstärken, die für die Ermittlung und Verfolgung von schwerer Kriminalität zuständig sind, wenn zwei oder mehr Mitgliedstaaten betroffen sind oder eine Verfolgung auf gemeinsamer Grundlage erforderlich ist; Eurojust stützt sich dabei auf die von den Behörden der Mitgliedstaaten und von Europol durchgeführten Operationen und gelieferten Informationen.

Zu diesem Zweck legen das Europäische Parlament und der Rat gemäß dem ordentlichen Gesetzgebungsverfahren durch Verordnungen den Aufbau, die Arbeitsweise, den Tätigkeitsbereich und die Aufgaben von Eurojust fest. Zu diesen Aufgaben kann Folgendes gehören:

a) Einleitung von strafrechtlichen Ermittlungsmaßnahmen sowie Vorschläge zur Einleitung von strafrechtlichen Verfolgungsmaßnahmen, die von den zuständigen nationalen Behörden durchgeführt werden, insbesondere bei Straftaten zum Nachteil der finanziellen Interessen der Union;

b) Koordinierung der unter Buchstabe a genannten Ermittlungs- und Verfolgungsmaßnahmen;

c) Verstärkung der justiziellen Zusammenarbeit, unter anderem auch durch die Beilegung von Kompetenzkonflikten und eine enge Zusammenarbeit mit dem Europäischen Justiziellen Netz.

Durch diese Verordnungen werden ferner die Einzelheiten für die Beteiligung des Europäischen Parlaments und der nationalen Parlamente an der Bewertung der Tätigkeit von Eurojust festgelegt.

(2) Im Rahmen der Strafverfolgungsmaßnahmen nach Absatz 1 werden die förmlichen Prozesshandlungen unbeschadet des Artikels 86 durch die zuständigen einzelstaatlichen Bediensteten vorgenommen.

Artikel 86

(1) Zur Bekämpfung von Straftaten zum Nachteil der finanziellen Interessen der Union kann der Rat gemäß einem besonderen Gesetzgebungsverfahren durch Verordnungen ausgehend von Eurojust eine Europäische Staatsanwaltschaft einsetzen. Der Rat beschließt einstimmig nach Zustimmung des Europäischen Parlaments.

Sofern keine Einstimmigkeit besteht, kann eine Gruppe von mindestens neun Mitgliedstaaten beantragen, dass der Europäische Rat mit dem Entwurf einer Verordnung befasst wird. In diesem Fall wird das Verfahren im Rat ausgesetzt. Nach einer Aussprache verweist der Europäische Rat im Falle eines Einvernehmens den Entwurf binnen vier Monaten nach Aussetzung des Verfahrens an den Rat zur Annahme zurück.

Sofern kein Einvernehmen erzielt wird, mindestens neun Mitgliedstaaten aber eine Verstärkte Zusammenarbeit auf der Grundlage des betreffenden Entwurfs einer Verordnung begründen möchten, teilen diese Mitgliedstaaten dies binnen derselben Frist dem Europäischen Parlament, dem Rat und der Kommission mit. In diesem Fall gilt die Ermächtigung zu einer Verstärkten Zusammenarbeit nach Artikel 20 Absatz 2 des Vertrags über die Europäische Union und Artikel 329 Absatz 1 dieses Vertrags als erteilt, und die Bestimmungen über die Verstärkte Zusammenarbeit finden Anwendung.

(2) Die Europäische Staatsanwaltschaft ist, gegebenenfalls in Verbindung mit Europol, zuständig für die strafrechtliche Untersuchung und Verfolgung sowie die Anklageerhebung in Bezug auf Personen, die als Täter oder Teilnehmer Straftaten zum Nachteil der finanziellen Interessen der Union begangen haben, die in der Verordnung nach Absatz 1 festgelegt sind. Die Europäische Staatsanwaltschaft nimmt bei diesen Straftaten vor den zuständigen Gerichten der Mitgliedstaaten die Aufgaben der Staatsanwaltschaft wahr.

(3) Die in Absatz 1 genannte Verordnung legt die Satzung der Europäischen Staatsanwaltschaft, die Einzelheiten für die Erfüllung ihrer Aufgaben, die für ihre Tätigkeit geltenden Verfahrensvorschriften sowie die Regeln

für die Zulässigkeit von Beweismitteln und für die gerichtliche Kontrolle der von der Europäischen Staatsanwaltschaft bei der Erfüllung ihrer Aufgaben vorgenommenen Prozesshandlungen fest.

(4) Der Europäische Rat kann gleichzeitig mit der Annahme der Verordnung oder im Anschluss daran einen Beschluss zur Änderung des Absatzes 1 mit dem Ziel einer Ausdehnung der Befugnisse der Europäischen Staatsanwaltschaft auf die Bekämpfung der schweren Kriminalität mit grenzüberschreitender Dimension und zur entsprechenden Änderung des Absatzes 2 hinsichtlich Personen, die als Täter oder Teilnehmer schwere, mehr als einen Mitgliedstaat betreffende Straftaten begangen haben, erlassen. Der Europäische Rat beschließt einstimmig nach Zustimmung des Europäischen Parlaments und nach Anhörung der Kommission.

KAPITEL 5

POLIZEILICHE ZUSAMMENARBEIT

Artikel 87
(ex-Artikel 30 EUV)

(1) Die Union entwickelt eine polizeiliche Zusammenarbeit zwischen allen zuständigen Behörden der Mitgliedstaaten, einschließlich der Polizei, des Zolls und anderer auf die Verhütung oder die Aufdeckung von Straftaten sowie entsprechende Ermittlungen spezialisierter Strafverfolgungsbehör den.

(2) Für die Zwecke des Absatzes 1 können das Europäische Parlament und der Rat gemäß dem ordentlichen Gesetzgebungsverfahren Maßnahmen erlassen, die Folgendes betreffen:

a) Einholen, Speichern, Verarbeiten, Analysieren und Austauschen sachdienlicher Informationen;

b) Unterstützung bei der Aus- und Weiterbildung von Personal sowie Zusammenarbeit in Bezug auf den Austausch von Personal, die Ausrüstungsgegenstände und die kriminaltechnische Forschung;

c) gemeinsame Ermittlungstechniken zur Aufdeckung schwerwiegender Formen der organisierten Kriminalität.

(3) Der Rat kann gemäß einem besonderen Gesetzgebungsverfahren Maßnahmen erlassen, die die operative Zusammenarbeit zwischen den in diesem Artikel genannten Behörden betreffen. Der Rat beschließt einstimmig nach Anhörung des Europäischen Parlaments.

Sofern keine Einstimmigkeit besteht, kann eine Gruppe von mindestens neun Mitgliedstaaten beantragen, dass der Europäische Rat mit dem Entwurf von Maßnahmen befasst wird. In diesem Fall wird das Verfahren im Rat ausgesetzt. Nach einer Aussprache verweist der Europäische Rat im Falle eines Einvernehmens den Entwurf binnen vier Monaten nach Aussetzung des Verfahrens an den Rat zur Annahme zurück.

Sofern kein Einvernehmen erzielt wird, mindestens neun Mitgliedstaaten aber eine Verstärkte Zusammenarbeit auf der Grundlage des betreffenden Entwurfs von Maßnahmen begründen möchten, teilen diese Mitgliedstaaten dies binnen derselben Frist dem Europäischen Parlament, dem Rat und der Kommission mit. In diesem Fall gilt die Ermächtigung zu einer Verstärkten Zusammenarbeit nach Artikel 20 Absatz 2 des Vertrags über die Europäische Union und Artikel 329 Absatz 1 dieses Vertrags als erteilt, und die Bestimmungen über die Verstärkte Zusammenarbeit finden Anwendung.

Das besondere Verfahren nach den Unterabsätzen 2 und 3 gilt nicht für Rechtsakte, die eine Weiterentwicklung des Schengen-Besitzstands darstellen.

Artikel 88
(ex-Artikel 30 EUV)

(1) Europol hat den Auftrag, die Tätigkeit der Polizeibehörden und der anderen Strafverfolgungsbehörden der Mitgliedstaaten sowie deren gegenseitige Zusammenarbeit bei der Verhütung und Bekämpfung der zwei oder mehr Mitgliedstaaten betreffenden schweren Kriminalität, des Terrorismus und der Kriminalitätsformen, die ein gemeinsames Interesse verletzen, das Gegenstand einer Politik der Union ist, zu unterstützen und zu verstärken.

(2) Das Europäische Parlament und der Rat legen gemäß dem ordentlichen Gesetzgebungsverfahren durch Verordnungen den Aufbau, die Arbeitsweise, den Tätigkeitsbereich und die Aufgaben von Europol fest. Zu diesen Aufgaben kann Folgendes gehören:

a) Einholen, Speichern, Verarbeiten, Analysieren und Austauschen von Informationen, die insbesondere von den Behörden der Mitgliedstaaten oder Drittländern beziehungsweise Stellen außerhalb der Union übermittelt werden;

b) Koordinierung, Organisation und Durchführung von Ermittlungen und von operativen Maßnahmen, die gemeinsam mit den

— 49 —

1/2. AEUV
Art. 88 – 95

EUV/AEUV
+ Prot/Erkl
Anhänge
EU-Grundrechte-
Charta + Erl
Irland/Tschech Rep
Änderungs- und
Beitrittsverträge
LissV + ZusErl
Liss-BeglNovelle

zuständigen Behörden der Mitgliedstaaten oder im Rahmen gemeinsamer Ermittlungsgruppen durchgeführt werden, gegebenenfalls in Verbindung mit Eurojust.

Durch diese Verordnungen werden ferner die Einzelheiten für die Kontrolle der Tätigkeiten von Europol durch das Europäische Parlament festgelegt; an dieser Kontrolle werden die nationalen Parlamente beteiligt.

(3) Europol darf operative Maßnahmen nur in Verbindung und in Absprache mit den Behörden des Mitgliedstaats oder der Mitgliedstaaten ergreifen, deren Hoheitsgebiet betroffen ist. Die Anwendung von Zwangsmaßnahmen bleibt ausschließlich den zuständigen einzelstaatlichen Behörden vorbehalten.

Artikel 89
(ex-Artikel 32 EUV)

Der Rat legt gemäß einem besonderen Gesetzgebungsverfahren fest, unter welchen Bedingungen und innerhalb welcher Grenzen die in den Artikeln 82 und 87 genannten zuständigen Behörden der Mitgliedstaaten im Hoheitsgebiet eines anderen Mitgliedstaats in Verbindung und in Absprache mit dessen Behörden tätig werden dürfen. Der Rat beschließt einstimmig nach Anhörung des Europäischen Parlaments.

TITEL VI
DER VERKEHR

Artikel 90
(ex-Artikel 70 EGV)

Auf dem in diesem Titel geregelten Sachgebiet werden die Ziele der Verträge im Rahmen einer gemeinsamen Verkehrspolitik verfolgt.

Artikel 91
(ex-Artikel 71 EGV)

(1) Zur Durchführung des Artikels 90 werden das Europäische Parlament und der Rat unter Berücksichtigung der Besonderheiten des Verkehrs gemäß dem ordentlichen Gesetzgebungsverfahren und nach Anhörung des Wirtschafts- und Sozialausschusses sowie des Ausschusses der Regionen

a) für den internationalen Verkehr aus oder nach dem Hoheitsgebiet eines Mitgliedstaats oder für den Durchgangsverkehr durch das Hoheitsgebiet eines oder mehrerer Mitgliedstaaten gemeinsame Regeln aufstellen;

b) für die Zulassung von Verkehrsunternehmern zum Verkehr innerhalb eines Mitgliedstaats, in dem sie nicht ansässig sind, die Bedingungen festlegen;

c) Maßnahmen zur Verbesserung der Verkehrssicherheit erlassen;

d) alle sonstigen zweckdienlichen Vorschriften erlassen.

(2) Beim Erlass von Maßnahmen nach Absatz 1 wird den Fällen Rechnung getragen, in denen die Anwendung den Lebensstandard und die Beschäftigungslage in bestimmten Regionen sowie den Betrieb der Verkehrseinrichtungen ernstlich beeinträchtigen könnte.

Artikel 92
(ex-Artikel 72 EGV)

Bis zum Erlass der in Artikel 91 Absatz 1 genannten Vorschriften darf ein Mitgliedstaat die verschiedenen, am 1. Januar 1958 oder, im Falle später beigetretener Staaten, zum Zeitpunkt ihres Beitritts auf diesem Gebiet geltenden Vorschriften in ihren unmittelbaren oder mittelbaren Auswirkungen auf die Verkehrsunternehmer anderer Mitgliedstaaten im Vergleich zu den inländischen Verkehrsunternehmern nicht ungünstiger gestalten, es sei denn, dass der Rat einstimmig eine Maßnahme billigt, die eine Ausnahmeregelung gewährt.

Artikel 93
(ex-Artikel 73 EGV)

Mit den Verträgen vereinbar sind Beihilfen, die den Erfordernissen der Koordinierung des Verkehrs oder der Abgeltung bestimmter, mit dem Begriff des öffentlichen Dienstes zusammenhängender Leistungen entsprechen.

Artikel 94
(ex-Artikel 74 EGV)

Jede Maßnahme auf dem Gebiet der Beförderungsentgelte und -bedingungen, die im Rahmen der Verträge getroffen wird, hat der wirtschaftlichen Lage der Verkehrsunternehmer Rechnung zu tragen.

Artikel 95
(ex-Artikel 75 EGV)

(1) Im Verkehr innerhalb der Union sind Diskriminierungen verboten, die darin bestehen, dass ein Verkehrsunternehmer in denselben Verkehrsverbindungen für die gleichen

Güter je nach ihrem Herkunfts- oder Bestimmungsland unterschiedliche Frachten und Beförderungsbedingungen anwendet.

(2) Absatz 1 schließt sonstige Maßnahmen nicht aus, die das Europäische Parlament und der Rat gemäß Artikel 91 Absatz 1 treffen können.

(3) Der Rat trifft auf Vorschlag der Kommission und nach Anhörung des Europäischen Parlaments und des Wirtschafts- und Sozialausschusses eine Regelung zur Durchführung des Absatzes 1.

Er kann insbesondere die erforderlichen Vorschriften erlassen, um es den Organen der Union zu ermöglichen, für die Beachtung des Absatzes 1 Sorge zu tragen, und um den Verkehrsnutzern die Vorteile dieser Bestimmung voll zukommen zu lassen.

(4) Die Kommission prüft von sich aus oder auf Antrag eines Mitgliedstaats die Diskriminierungsfälle des Absatzes 1 und erlässt nach Beratung mit jedem in Betracht kommenden Mitgliedstaat die erforderlichen Beschlüsse im Rahmen der gemäß Absatz 3 getroffenen Regelung.

Artikel 96
(ex-Artikel 76 EGV)

(1) Im Verkehr innerhalb der Union sind die von einem Mitgliedstaat auferlegten Frachten und Beförderungsbedingungen verboten, die in irgendeiner Weise der Unterstützung oder dem Schutz eines oder mehrerer bestimmter Unternehmen oder Industrien dienen, es sei denn, dass die Kommission die Genehmigung hierzu erteilt.

(2) Die Kommission prüft von sich aus oder auf Antrag eines Mitgliedstaats die in Absatz 1 bezeichneten Frachten und Beförderungsbedingungen; hierbei berücksichtigt sie insbesondere sowohl die Erfordernisse einer angemessenen Standortpolitik, die Bedürfnisse der unterentwickelten Gebiete und die Probleme der durch politische Umstände schwer betroffenen Gebiete als auch die Auswirkungen dieser Frachten und Beförderungsbedingungen auf den Wettbewerb zwischen den Verkehrsarten.

Die Kommission erlässt die erforderlichen Beschlüsse nach Beratung mit jedem in Betracht kommenden Mitgliedstaat.

(3) Das in Absatz 1 genannte Verbot trifft nicht die Wettbewerbstarife.

Artikel 97
(ex-Artikel 77 EGV)

Die Abgaben oder Gebühren, die ein Verkehrsunternehmer neben den Frachten beim Grenzübergang in Rechnung stellt, dürfen unter Berücksichtigung der hierdurch tatsächlich verursachten Kosten eine angemessene Höhe nicht übersteigen.

Die Mitgliedstaaten werden bemüht sein, diese Kosten schrittweise zu verringern.

Die Kommission kann zur Durchführung dieses Artikels Empfehlungen an die Mitgliedstaaten richten.

Artikel 98
(ex-Artikel 78 EGV)

Die Bestimmungen dieses Titels stehen Maßnahmen in der Bundesrepublik Deutschland nicht entgegen, soweit sie erforderlich sind, um die wirtschaftlichen Nachteile auszugleichen, die der Wirtschaft bestimmter, von der Teilung Deutschlands betroffener Gebiete der Bundesrepublik aus dieser Teilung entstehen. Der Rat kann fünf Jahre nach dem Inkrafttreten des Vertrags von Lissabon auf Vorschlag der Kommission einen Beschluss erlassen, mit dem dieser Artikel aufgehoben wird.

Artikel 99
(ex-Artikel 79 EGV)

Bei der Kommission wird ein beratender Ausschuss gebildet; er besteht aus Sachverständigen, die von den Regierungen der Mitgliedstaaten ernannt werden. Die Kommission hört den Ausschuss je nach Bedarf in Verkehrsfragen an.

Artikel 100
(ex-Artikel 80 EGV)

(1) Dieser Titel gilt für die Beförderungen im Eisenbahn-, Straßen- und Binnenschiffsverkehr.

(2) Das Europäische Parlament und der Rat können gemäß dem ordentlichen Gesetzgebungsverfahren geeignete Vorschriften für die Seeschifffahrt und die Luftfahrt erlassen. Sie beschließen nach Anhörung des Wirtschafts- und Sozialausschusses und des Ausschusses der Regionen.

— 51 —

1/2. AEUV
Art. 101 – 103

EUV/AEUV
+ Prot/Erkl
Anhänge
EU-Grundrechte-
Charta + Erl
Irland/Tschech Rep
Änderungs- und
Beitrittsverträge
LissV + ZusErl
Liss-BeglNovelle

TITEL VII
GEMEINSAME REGELN BETREFFEND WETTBEWERB, STEUERFRAGEN UND ANGLEICHUNG DER RECHTSVORSCHRIFTEN

KAPITEL 1
WETTBEWERBSREGELN

ABSCHNITT 1
VORSCHRIFTEN FÜR UNTERNEHMEN

Artikel 101
(ex-Artikel 81 EGV)

(1) Mit dem Binnenmarkt unvereinbar und verboten sind alle Vereinbarungen zwischen Unternehmen, Beschlüsse von Unternehmensvereinigungen und aufeinander abgestimmte Verhaltensweisen, welche den Handel zwischen Mitgliedstaaten zu beeinträchtigen geeignet sind und eine Verhinderung, Einschränkung oder Verfälschung des Wettbewerbs innerhalb des Binnenmarkts bezwecken oder bewirken, insbesondere

a) die unmittelbare oder mittelbare Festsetzung der An- oder Verkaufspreise oder sonstiger Geschäftsbedingungen;

b) die Einschränkung oder Kontrolle der Erzeugung, des Absatzes, der technischen Entwicklung oder der Investitionen;

c) die Aufteilung der Märkte oder Versorgungsquellen;

d) die Anwendung unterschiedlicher Bedingungen bei gleichwertigen Leistungen gegenüber Handelspartnern, wodurch diese im Wettbewerb benachteiligt werden;

e) die an den Abschluss von Verträgen geknüpfte Bedingung, dass die Vertragspartner zusätzliche Leistungen annehmen, die weder sachlich noch nach Handelsbrauch in Beziehung zum Vertragsgegenstand stehen.

(2) Die nach diesem Artikel verbotenen Vereinbarungen oder Beschlüsse sind nichtig.

(3) Die Bestimmungen des Absatzes 1 können für nicht anwendbar erklärt werden auf

– Vereinbarungen oder Gruppen von Vereinbarungen zwischen Unternehmen,

– Beschlüsse oder Gruppen von Beschlüssen von Unternehmensvereinigungen,

– aufeinander abgestimmte Verhaltensweisen oder Gruppen von solchen,

die unter angemessener Beteiligung der Verbraucher an dem entstehenden Gewinn zur

Verbesserung der Warenerzeugung oder -verteilung oder zur Förderung des technischen oder wirtschaftlichen Fortschritts beitragen, ohne dass den beteiligten Unternehmen

a) Beschränkungen auferlegt werden, die für die Verwirklichung dieser Ziele nicht unerlässlich sind, oder

b) Möglichkeiten eröffnet werden, für einen wesentlichen Teil der betreffenden Waren den Wettbewerb auszuschalten.

Artikel 102
(ex-Artikel 82 EGV)

Mit dem Binnenmarkt unvereinbar und verboten ist die missbräuchliche Ausnutzung einer beherrschenden Stellung auf dem Binnenmarkt oder auf einem wesentlichen Teil desselben durch ein oder mehrere Unternehmen, soweit dies dazu führen kann, den Handel zwischen Mitgliedstaaten zu beeinträchtigen.

Dieser Missbrauch kann insbesondere in Folgendem bestehen:

a) der unmittelbaren oder mittelbaren Erzwingung von unangemessenen Einkaufs- oder Verkaufspreisen oder sonstigen Geschäftsbedingungen;

b) der Einschränkung der Erzeugung, des Absatzes oder der technischen Entwicklung zum Schaden der Verbraucher;

c) der Anwendung unterschiedlicher Bedingungen bei gleichwertigen Leistungen gegenüber Handelspartnern, wodurch diese im Wettbewerb benachteiligt werden;

d) der an den Abschluss von Verträgen geknüpften Bedingung, dass die Vertragspartner zusätzliche Leistungen annehmen, die weder sachlich noch nach Handelsbrauch in Beziehung zum Vertragsgegenstand stehen.

Artikel 103
(ex-Artikel 83 EGV)

(1) Die zweckdienlichen Verordnungen oder Richtlinien zur Verwirklichung der in den Artikeln 101 und 102 niedergelegten Grundsätze werden vom Rat auf Vorschlag der Kommission und nach Anhörung des Europäischen Parlaments beschlossen.

(2) Die in Absatz 1 vorgesehenen Vorschriften bezwecken insbesondere,

a) die Beachtung der in Artikel 101 Absatz 1 und Artikel 102 genannten Verbote durch die Einführung von Geldbußen und Zwangsgeldern zu gewährleisten;

b) die Einzelheiten der Anwendung des Artikels 101 Absatz 3 festzulegen; dabei ist dem Erfordernis einer wirksamen Überwachung bei möglichst einfacher Verwaltungskontrolle Rechnung zu tragen;

c) gegebenenfalls den Anwendungsbereich der Artikel 101 und 102 für die einzelnen Wirtschaftszweige näher zu bestimmen;

d) die Aufgaben der Kommission und des Gerichtshofs der Europäischen Union bei der Anwendung der in diesem Absatz vorgesehenen Vorschriften gegeneinander abzugrenzen;

e) das Verhältnis zwischen den innerstaatlichen Rechtsvorschriften einerseits und den in diesem Abschnitt enthaltenen oder aufgrund dieses Artikels getroffenen Bestimmungen andererseits fest zulegen.

Artikel 104
(ex-Artikel 84 EGV)

Bis zum Inkrafttreten der gemäß Artikel 103 erlassenen Vorschriften entscheiden die Behörden der Mitgliedstaaten im Einklang mit ihren eigenen Rechtsvorschriften und den Bestimmungen der Artikel 101, insbesondere Absatz 3, und 102 über die Zulässigkeit von Vereinbarungen, Beschlüssen und aufeinander abgestimmten Verhaltensweisen sowie über die missbräuchliche Ausnutzung einer beherrschenden Stellung auf dem Binnenmarkt.

Artikel 105
(ex-Artikel 85 EGV)

(1) Unbeschadet des Artikels 104 achtet die Kommission auf die Verwirklichung der in den Artikeln 101 und 102 niedergelegten Grundsätze. Sie untersucht auf Antrag eines Mitgliedstaats oder von Amts wegen in Verbindung mit den zuständigen Behörden der Mitgliedstaaten, die ihr Amtshilfe zu leisten haben, die Fälle, in denen Zuwiderhandlungen gegen diese Grundsätze vermutet werden. Stellt sie eine Zuwiderhandlung fest, so schlägt sie geeignete Mittel vor, um diese abzustellen.

(2) Wird die Zuwiderhandlung nicht abgestellt, so trifft die Kommission in einem mit Gründen versehenen Beschluss die Feststellung, dass eine derartige Zuwiderhandlung vorliegt. Sie kann den Beschluss veröffentlichen und die Mitgliedstaaten ermächtigen, die erforderlichen Abhilfemaßnahmen zu treffen, deren Bedingungen und Einzelheiten sie festlegt.

(3) Die Kommission kann Verordnungen zu den Gruppen von Vereinbarungen erlassen, zu denen der Rat nach Artikel 103 Absatz 2 Buchstabe b eine Verordnung oder Richtlinie erlassen hat.

Artikel 106
(ex-Artikel 86 EGV)

(1) Die Mitgliedstaaten werden in Bezug auf öffentliche Unternehmen und auf Unternehmen, denen sie besondere oder ausschließliche Rechte gewähren, keine den Verträgen und insbesondere den Artikeln 18 und 101 bis 109 widersprechende Maßnahmen treffen oder beibehalten.

(2) Für Unternehmen, die mit Dienstleistungen von allgemeinem wirtschaftlichem Interesse betraut sind oder den Charakter eines Finanzmonopols haben, gelten die Vorschriften der Verträge, insbesondere die Wettbewerbsregeln, soweit die Anwendung dieser Vorschriften nicht die Erfüllung der ihnen übertragenen besonderen Aufgabe rechtlich oder tatsächlich verhindert. Die Entwicklung des Handelsverkehrs darf nicht in einem Ausmaß beeinträchtigt werden, das dem Interesse der Union zuwiderläuft.

(3) Die Kommission achtet auf die Anwendung dieses Artikels und richtet erforderlichenfalls geeignete Richtlinien oder Beschlüsse an die Mitgliedstaaten.

ABSCHNITT 2
STAATLICHE BEIHILFEN

Artikel 107
(ex-Artikel 87 EGV)

(1) Soweit in den Verträgen nicht etwas anderes bestimmt ist, sind staatliche oder aus staatlichen Mitteln gewährte Beihilfen gleich welcher Art, die durch die Begünstigung bestimmter Unternehmen oder Produktionszweige den Wettbewerb verfälschen oder zu verfälschen drohen, mit dem Binnenmarkt unvereinbar, soweit sie den Handel zwischen Mitgliedstaaten beeinträchtigen.

(2) Mit dem Binnenmarkt vereinbar sind:

a) Beihilfen sozialer Art an einzelne Verbraucher, wenn sie ohne Diskriminierung nach der Herkunft der Waren gewährt werden;

b) Beihilfen zur Beseitigung von Schäden, die durch Naturkatastrophen oder sonstige außergewöhnliche Ereignisse entstanden sind;

c) Beihilfen für die Wirtschaft bestimmter, durch die Teilung Deutschlands betroffener Gebiete der Bundesrepublik Deutschland, soweit sie zum Ausgleich der durch

— 53 —

1/2. AEUV

Art. 107 – 110

EUV/AEUV
+ Prot/Erkl
Anhänge
EU-Grundrechte-
Charta + Erl
Irland/Tschech Rep
Änderungs- und
Beitrittsverträge
LissV + ZusErl
Liss-BeglNovelle

die Teilung verursachten wirtschaftlichen Nachteile erforderlich sind. Der Rat kann fünf Jahre nach dem Inkrafttreten des Vertrags von Lissabon auf Vorschlag der Kommission einen Beschluss erlassen, mit dem dieser Buchstabe aufgehoben wird.

(3) Als mit dem Binnenmarkt vereinbar können angesehen werden:

a) Beihilfen zur Förderung der wirtschaftlichen Entwicklung von Gebieten, in denen die Lebenshaltung außergewöhnlich niedrig ist oder eine erhebliche Unterbeschäftigung herrscht, sowie der in Artikel 349 genannten Gebiete unter Berücksichtigung ihrer strukturellen, wirtschaftlichen und sozialen Lage;

b) Beihilfen zur Förderung wichtiger Vorhaben von gemeinsamem europäischem Interesse oder zur Behebung einer beträchtlichen Störung im Wirtschaftsleben eines Mitgliedstaats;

c) Beihilfen zur Förderung der Entwicklung gewisser Wirtschaftszweige oder Wirtschaftsgebiete, soweit sie die Handelsbedingungen nicht in einer Weise verändern, die dem gemeinsamen Interesse zuwiderläuft;

d) Beihilfen zur Förderung der Kultur und der Erhaltung des kulturellen Erbes, soweit sie die Handels- und Wettbewerbsbedingungen in der Union nicht in einem Maß beeinträchtigen, das dem gemeinsamen Interesse zuwiderläuft;

e) sonstige Arten von Beihilfen, die der Rat durch einen Beschluss auf Vorschlag der Kommission bestimmt.

Artikel 108
(ex-Artikel 88 EGV)

(1) Die Kommission überprüft fortlaufend in Zusammenarbeit mit den Mitgliedstaaten die in diesen bestehenden Beihilferegelungen. Sie schlägt ihnen die zweckdienlichen Maßnahmen vor, welche die fortschreitende Entwicklung und das Funktionieren des Binnenmarkts erfordern.

(2) Stellt die Kommission fest, nachdem sie den Beteiligten eine Frist zur Äußerung gesetzt hat, dass eine von einem Staat oder aus staatlichen Mitteln gewährte Beihilfe mit dem Binnenmarkt nach Artikel 107 unvereinbar ist oder dass sie missbräuchlich angewandt wird, so beschließt sie, dass der betreffende Staat sie binnen einer von ihr bestimmten Frist aufzuheben oder umzugestalten hat.

Kommt der betreffende Staat diesem Beschluss innerhalb der festgesetzten Frist nicht nach, so kann die Kommission oder jeder betroffene Staat in Abweichung von den Artikeln 258 und 259 den Gerichtshof der Europäischen Union unmittelbar anrufen.

Der Rat kann einstimmig auf Antrag eines Mitgliedstaats beschließen, dass eine von diesem Staat gewährte oder geplante Beihilfe in Abweichung von Artikel 107 oder von den nach Artikel 109 erlassenen Verordnungen als mit dem Binnenmarkt vereinbar gilt, wenn außergewöhnliche Umstände einen solchen Beschluss rechtfertigen. Hat die Kommission bezüglich dieser Beihilfe das in Unterabsatz 1 dieses Absatzes vorgesehene Verfahren bereits eingeleitet, so bewirkt der Antrag des betreffenden Staates an den Rat die Aussetzung dieses Verfahrens, bis der Rat sich geäußert hat.

Äußert sich der Rat nicht binnen drei Monaten nach Antragstellung, so beschließt die Kommission.

(3) Die Kommission wird von jeder beabsichtigten Einführung oder Umgestaltung von Beihilfen so rechtzeitig unterrichtet, dass sie sich dazu äußern kann. Ist sie der Auffassung, dass ein derartiges Vorhaben nach Artikel 107 mit dem Binnenmarkt unvereinbar ist, so leitet sie unverzüglich das in Absatz 2 vorgesehene Verfahren ein. Der betreffende Mitgliedstaat darf die beabsichtigte Maßnahme nicht durchführen, bevor die Kommission einen abschließenden Beschluss erlassen hat.

(4) Die Kommission kann Verordnungen zu den Arten von staatlichen Beihilfen erlassen, für die der Rat nach Artikel 109 festgelegt hat, dass sie von dem Verfahren nach Absatz 3 ausgenommen werden können.

Artikel 109
(ex-Artikel 89 EGV)

Der Rat kann auf Vorschlag der Kommission und nach Anhörung des Europäischen Parlaments alle zweckdienlichen Durchführungsverordnungen zu den Artikeln 107 und 108 erlassen und insbesondere die Bedingungen für die Anwendung des Artikels 108 Absatz 3 sowie diejenigen Arten von Beihilfen festlegen, die von diesem Verfahren ausgenommen sind.

KAPITEL 2
STEUERLICHE VORSCHRIFTEN

Artikel 110
(ex-Artikel 90 EGV)

Die Mitgliedstaaten erheben auf Waren aus anderen Mitgliedstaaten weder unmittelbar noch mittelbar höhere inländische Abgaben gleich welcher Art, als gleichartige inländische Waren unmittelbar oder mittelbar zu tragen haben.

Die Mitgliedstaaten erheben auf Waren aus anderen Mitgliedstaaten keine inländischen Abgaben, die geeignet sind, andere Produktionen mittelbar zu schützen.

Artikel 111
(ex-Artikel 91 EGV)

Werden Waren in das Hoheitsgebiet eines Mitgliedstaats ausgeführt, so darf die Rückvergütung für inländische Abgaben nicht höher sein als die auf die ausgeführten Waren mittelbar oder unmittelbar erhobenen inländischen Abgaben.

Artikel 112
(ex-Artikel 92 EGV)

Für Abgaben außer Umsatzsteuern, Verbrauchsabgaben und sonstigen indirekten Steuern sind Entlastungen und Rückvergütungen bei der Ausfuhr nach anderen Mitgliedstaaten sowie Ausgleichsabgaben bei der Einfuhr aus den Mitgliedstaaten nur zulässig, soweit der Rat sie vorher auf Vorschlag der Kommission für eine begrenzte Frist genehmigt hat.

Artikel 113
(ex-Artikel 93 EGV)

Der Rat erlässt gemäß einem besonderen Gesetzgebungsverfahren und nach Anhörung des Europäischen Parlaments und des Wirtschafts- und Sozialausschusses einstimmig die Bestimmungen zur Harmonisierung der Rechtsvorschriften über die Umsatzsteuern, die Verbrauchsabgaben und sonstige indirekte Steuern, soweit diese Harmonisierung für die Errichtung und das Funktionieren des Binnenmarkts und die Vermeidung von Wettbewerbsverzerrungen notwendig ist.

KAPITEL 3
ANGLEICHUNG DER
RECHTSVORSCHRIFTEN

Artikel 114
(ex-Artikel 95 EGV)

(1) Soweit in den Verträgen nichts anderes bestimmt ist, gilt für die Verwirklichung der Ziele des Artikels 26 die nachstehende Regelung. Das Europäische Parlament und der Rat erlassen gemäß dem ordentlichen Gesetzgebungsverfahren und nach Anhörung des Wirtschafts- und Sozialausschusses die Maßnahmen zur Angleichung der Rechts- und Verwaltungsvorschriften der Mitgliedstaaten, welche die Errichtung und das Funktionieren des Binnenmarkts zum Gegenstand haben.

(2) Absatz 1 gilt nicht für die Bestimmungen über die Steuern, die Bestimmungen über die Freizügigkeit und die Bestimmungen über die Rechte und Interessen der Arbeitnehmer.

(3) Die Kommission geht in ihren Vorschlägen nach Absatz 1 in den Bereichen Gesundheit, Sicherheit, Umweltschutz und Verbraucherschutz von einem hohen Schutzniveau aus und berücksichtigt dabei insbesondere alle auf wissenschaftliche Ergebnisse gestützten neuen Entwicklungen. Im Rahmen ihrer jeweiligen Befugnisse streben das Europäische Parlament und der Rat dieses Ziel ebenfalls an.

(4) Hält es ein Mitgliedstaat nach dem Erlass einer Harmonisierungsmaßnahme durch das Europäische Parlament und den Rat beziehungsweise durch den Rat oder die Kommission für erforderlich, einzelstaatliche Bestimmungen beizubehalten, die durch wichtige Erfordernisse im Sinne des Artikels 36 oder in Bezug auf den Schutz der Arbeitsumwelt oder den Umweltschutz gerechtfertigt sind, so teilt er diese Bestimmungen sowie die Gründe für ihre Beibehaltung der Kommission mit.

(5) Unbeschadet des Absatzes 4 teilt ferner ein Mitgliedstaat, der es nach dem Erlass einer Harmonisierungsmaßnahme durch das Europäische Parlament und den Rat beziehungsweise durch den Rat oder die Kommission für erforderlich hält, auf neue wissenschaftliche Erkenntnisse gestützte einzelstaatliche Bestimmungen zum Schutz der Umwelt oder der Arbeitsumwelt aufgrund eines spezifischen Problems für diesen Mitgliedstaat, das sich nach dem Erlass der Harmonisierungsmaßnahme ergibt, einzuführen, die in Aussicht genommenen Bestimmungen sowie die Gründe für ihre Einführung der Kommission mit.

(6) Die Kommission beschließt binnen sechs Monaten nach den Mitteilungen nach den Absätzen 4 und 5, die betreffenden einzelstaatlichen Bestimmungen zu billigen oder abzulehnen, nachdem sie geprüft hat, ob sie ein Mittel zur willkürlichen Diskriminierung und eine verschleierte Beschränkung des Handels zwischen den Mitgliedstaaten darstellen

— 55 —

1/2. AEUV
Art. 114 – 118

EUV/AEUV
+ Prot/Erkl
Anhänge
EU-Grundrechte-
Charta + Erl
Irland/Tschech Rep
Änderungs- und
Beitrittsverträge
LissV + ZusErl
Liss-BeglNovelle

und ob sie das Funktionieren des Binnenmarkts behindern.

Erlässt die Kommission innerhalb dieses Zeitraums keinen Beschluss, so gelten die in den Absätzen 4 und 5 genannten einzelstaatlichen Bestimmungen als gebilligt.

Die Kommission kann, sofern dies aufgrund des schwierigen Sachverhalts gerechtfertigt ist und keine Gefahr für die menschliche Gesundheit besteht, dem betreffenden Mitgliedstaat mitteilen, dass der in diesem Absatz genannte Zeitraum gegebenenfalls um einen weiteren Zeitraum von bis zu sechs Monaten verlängert wird.

(7) Wird es einem Mitgliedstaat nach Absatz 6 gestattet, von der Harmonisierungsmaßnahme abweichende einzelstaatliche Bestimmungen beizubehalten oder einzuführen, so prüft die Kommission unverzüglich, ob sie eine Anpassung dieser Maßnahme vorschlägt.

(8) Wirft ein Mitgliedstaat in einem Bereich, der zuvor bereits Gegenstand von Harmonisierungsmaßnahmen war, ein spezielles Gesundheitsproblem auf, so teilt er dies der Kommission mit, die dann umgehend prüft, ob sie dem Rat entsprechende Maßnahmen vorschlägt.

(9) In Abweichung von dem Verfahren der Artikel 258 und 259 kann die Kommission oder ein Mitgliedstaat den Gerichtshof der Europäischen Union unmittelbar anrufen, wenn die Kommission oder der Staat der Auffassung ist, dass ein anderer Mitgliedstaat die in diesem Artikel vorgesehenen Befugnisse missbraucht.

(10) Die vorgenannten Harmonisierungsmaßnahmen sind in geeigneten Fällen mit einer Schutzklausel verbunden, welche die Mitgliedstaaten ermächtigt, aus einem oder mehreren der in Artikel 36 genannten nicht wirtschaftlichen Gründe vorläufige Maßnahmen zu treffen, die einem Kontrollverfahren der Union unterliegen.

Artikel 115
(ex-Artikel 94 EGV)

Unbeschadet des Artikels 114 erlässt der Rat gemäß einem besonderen Gesetzgebungsverfahren einstimmig und nach Anhörung des Europäischen Parlaments und des Wirtschafts- und Sozialausschusses Richtlinien für die Angleichung derjenigen Rechts- und Verwaltungsvorschriften der Mitgliedstaaten, die sich unmittelbar auf die Errichtung oder das Funktionieren des Binnenmarkts auswirken.

Artikel 116
(ex-Artikel 96 EGV)

Stellt die Kommission fest, dass vorhandene Unterschiede in den Rechts- und Verwaltungsvorschriften der Mitgliedstaaten die Wettbewerbsbedingungen auf dem Binnenmarkt verfälschen und dadurch eine Verzerrung hervorrufen, die zu beseitigen ist, so tritt sie mit den betreffenden Mitgliedstaaten in Beratungen ein.

Führen diese Beratungen nicht zur Beseitigung dieser Verzerrung, so erlassen das Europäische Parlament und der Rat gemäß dem ordentlichen Gesetzgebungsverfahren die erforderlichen Richtlinien. Es können alle sonstigen in den Verträgen vorgesehenen zweckdienlichen Maßnahmen erlassen werden.

Artikel 117
(ex-Artikel 97 EGV)

(1) Ist zu befürchten, dass der Erlass oder die Änderung einer Rechts- oder Verwaltungsvorschrift eine Verzerrung im Sinne des Artikels 116 verursacht, so setzt sich der Mitgliedstaat, der diese Maßnahme beabsichtigt, mit der Kommission ins Benehmen. Diese empfiehlt nach Beratung mit den Mitgliedstaaten den beteiligten Staaten die zur Vermeidung dieser Verzerrung geeigneten Maß nahmen.

(2) Kommt der Staat, der innerstaatliche Vorschriften erlassen oder ändern will, der an ihn gerichteten Empfehlung der Kommission nicht nach, so kann nicht gemäß Artikel 116 verlangt werden, dass die anderen Mitgliedstaaten ihre innerstaatlichen Vorschriften ändern, um die Verzerrung zu beseitigen. Verursacht ein Mitgliedstaat, der die Empfehlung der Kommission außer Acht lässt, eine Verzerrung lediglich zu seinem eigenen Nachteil, so findet Artikel 116 keine Anwendung.

Artikel 118

Im Rahmen der Verwirklichung oder des Funktionierens des Binnenmarkts erlassen das Europäische Parlament und der Rat gemäß dem ordentlichen Gesetzgebungsverfahren Maßnahmen zur Schaffung europäischer Rechtstitel über einen einheitlichen Schutz der Rechte des geistigen Eigentums in der Union sowie zur Einführung von zentralisierten Zulassungs-, Koordinierungs- und Kontrollregelungen auf Unionsebene.

Der Rat legt gemäß einem besonderen Gesetzgebungsverfahren durch Verordnungen die Sprachenregelungen für die europäischen

Rechtstitel fest. Der Rat beschließt einstimmig nach Anhörung des Europäischen Parlaments.

TITEL VIII
DIE WIRTSCHAFTS- UND WÄHRUNGSPOLITIK

Artikel 119
(ex-Artikel 4 EGV)

(1) Die Tätigkeit der Mitgliedstaaten und der Union im Sinne des Artikels 3 des Vertrags über die Europäische Union umfasst nach Maßgabe der Verträge die Einführung einer Wirtschaftspolitik, die auf einer engen Koordinierung der Wirtschaftspolitik der Mitgliedstaaten, dem Binnenmarkt und der Festlegung gemeinsamer Ziele beruht und dem Grundsatz einer offenen Marktwirtschaft mit freiem Wettbewerb verpflichtet ist.

(2) Parallel dazu umfasst diese Tätigkeit nach Maßgabe der Verträge und der darin vorgesehenen Verfahren eine einheitliche Währung, den Euro, sowie die Festlegung und Durchführung einer ein heitlichen Geld- sowie Wechselkurspolitik, die beide vorrangig das Ziel der Preisstabilität verfolgen und unbeschadet dieses Zieles die allgemeine Wirtschaftspolitik in der Union unter Beachtung des Grundsatzes einer offenen Marktwirtschaft mit freiem Wettbewerb unterstützen sollen.

(3) Diese Tätigkeit der Mitgliedstaaten und der Union setzt die Einhaltung der folgenden richtungweisenden Grundsätze voraus: stabile Preise, gesunde öffentliche Finanzen und monetäre Rahmenbedingungen sowie eine dauerhaft finanzierbare Zahlungsbilanz.

KAPITEL 1
DIE WIRTSCHAFTSPOLITIK

Artikel 120
(ex-Artikel 98 EGV)

Die Mitgliedstaaten richten ihre Wirtschaftspolitik so aus, dass sie im Rahmen der in Artikel 121 Absatz 2 genannten Grundzüge zur Verwirklichung der Ziele der Union im Sinne des Artikels 3 des Vertrags über die Europäische Union beitragen. Die Mitgliedstaaten und die Union handeln im Einklang mit dem Grundsatz einer offenen Marktwirtschaft mit freiem Wettbewerb, wodurch ein effizienter Einsatz der Ressourcen gefördert wird, und halten sich dabei an die in Artikel 119 genannten Grundsätze.

Artikel 121
(ex-Artikel 99 EGV)

(1) Die Mitgliedstaaten betrachten ihre Wirtschaftspolitik als eine Angelegenheit von gemeinsamem Interesse und koordinieren sie im Rat nach Maßgabe des Artikels 120.

(2) Der Rat erstellt auf Empfehlung der Kommission einen Entwurf für die Grundzüge der Wirtschaftspolitik der Mitgliedstaaten und der Union und erstattet dem Europäischen Rat hierüber Bericht.

Der Europäische Rat erörtert auf der Grundlage dieses Berichtes des Rates eine Schlussfolgerung zu den Grundzügen der Wirtschaftspolitik der Mitgliedstaaten und der Union.

Auf der Grundlage dieser Schlussfolgerung verabschiedet der Rat eine Empfehlung, in der diese Grundzüge dargelegt werden. Der Rat unterrichtet das Europäische Parlament über seine Empfehlung.

(3) Um eine engere Koordinierung der Wirtschaftspolitik und eine dauerhafte Konvergenz der Wirtschaftsleistungen der Mitgliedstaaten zu gewährleisten, überwacht der Rat anhand von Berichten der Kommission die wirtschaftliche Entwicklung in jedem Mitgliedstaat und in der Union sowie die Vereinbarkeit der Wirtschaftspolitik mit den in Absatz 2 genannten Grundzügen und nimmt in regelmäßigen Abständen eine Gesamtbewertung vor.

Zum Zwecke dieser multilateralen Überwachung übermitteln die Mitgliedstaaten der Kommission Angaben zu wichtigen einzelstaatlichen Maßnahmen auf dem Gebiet ihrer Wirtschaftspolitik sowie weitere von ihnen für erforderlich erachtete Angaben.

(4) Wird im Rahmen des Verfahrens nach Absatz 3 festgestellt, dass die Wirtschaftspolitik eines Mitgliedstaats nicht mit den in Absatz 2 genannten Grundzügen vereinbar ist oder das ordnungsgemäße Funktionieren der Wirtschafts- und Währungsunion zu gefährden droht, so kann die Kommission eine Verwarnung an den betreffenden Mitgliedstaat richten. Der Rat kann auf Empfehlung der Kommission die erforderlichen Empfehlungen an den betreffenden Mitgliedstaat richten. Der Rat kann auf Vorschlag der Kommission beschließen, seine Empfehlungen zu veröffentlichen.

Der Rat beschließt im Rahmen dieses Absatzes ohne Berücksichtigung der Stimme des den betreffenden Mitgliedstaat vertretenden Mitglieds des Rates.

EUV/AEUV
+ Prot/Erkl
Anhänge
EU-Grundrechte-
Charta + Erl
Irland/Tschech Rep
Änderungs- und
Beitrittsverträge
LissV + ZusErl
Liss-BeglNovelle

Die qualifizierte Mehrheit der übrigen Mitglieder des Rates bestimmt sich nach Artikel 238 Absatz 3 Buchstabe a.

(5) Der Präsident des Rates und die Kommission erstatten dem Europäischen Parlament über die Ergebnisse der multilateralen Überwachung Bericht. Der Präsident des Rates kann ersucht werden, vor dem zuständigen Ausschuss des Europäischen Parlaments zu erscheinen, wenn der Rat seine Empfehlungen veröffentlicht hat.

(6) Das Europäische Parlament und der Rat können gemäß dem ordentlichen Gesetzgebungsverfahren durch Verordnungen die Einzelheiten des Verfahrens der multilateralen Überwachung im Sinne der Absätze 3 und 4 festlegen.

Artikel 122
(ex-Artikel 100 EGV)

(1) Der Rat kann auf Vorschlag der Kommission unbeschadet der sonstigen in den Verträgen vorgesehenen Verfahren im Geiste der Solidarität zwischen den Mitgliedstaaten über die der Wirtschaftslage angemessenen Maßnahmen beschließen, insbesondere falls gravierende Schwierigkeiten in der Versorgung mit bestimmten Waren, vor allem im Energiebereich, auftreten.

(2) Ist ein Mitgliedstaat aufgrund von Naturkatastrophen oder außergewöhnlichen Ereignissen, die sich seiner Kontrolle entziehen, von Schwierigkeiten betroffen oder von gravierenden Schwierigkeiten ernstlich bedroht, so kann der Rat auf Vorschlag der Kommission beschließen, dem betreffenden Mitgliedstaat unter bestimmten Bedingungen einen finanziellen Beistand der Union zu gewähren. Der Präsident des Rates unterrichtet das Europäische Parlament über den Beschluss.

Artikel 123
(ex-Artikel 101 EGV)

(1) Überziehungs- oder andere Kreditfazilitäten bei der Europäischen Zentralbank oder den Zentralbanken der Mitgliedstaaten (im Folgenden als „nationale Zentralbanken" bezeichnet) für Organe, Einrichtungen oder sonstige Stellen der Union, Zentralregierungen, regionale oder lokale Gebietskörperschaften oder andere öffentlich-rechtliche Körperschaften, sonstige Einrichtungen des öffentlichen Rechts oder öffentliche Unternehmen der Mitgliedstaaten sind ebenso verboten wie der unmittelbare Erwerb von Schuldtiteln von

diesen durch die Europäische Zentralbank oder die nationalen Zentralbanken.

(2) Die Bestimmungen des Absatzes 1 gelten nicht für Kreditinstitute in öffentlichem Eigentum; diese werden von der jeweiligen nationalen Zentralbank und der Europäischen Zentralbank, was die Bereitstellung von Zentralbankgeld betrifft, wie private Kreditinstitute behandelt.

Artikel 124
(ex-Artikel 102 EGV)

Maßnahmen, die nicht aus aufsichtsrechtlichen Gründen getroffen werden und einen bevorrechtigten Zugang der Organe, Einrichtungen oder sonstigen Stellen der Union, der Zentralregierungen, der regionalen oder lokalen Gebietskörperschaften oder anderen öffentlich-rechtlichen Körperschaften, sonstiger Einrichtungen des öffentlichen Rechts oder öffentlicher Unternehmen der Mitgliedstaaten zu den Finanzinstituten schaffen, sind verboten.

Artikel 125
(ex-Artikel 103 EGV)

(1) Die Union haftet nicht für die Verbindlichkeiten der Zentralregierungen, der regionalen oder lokalen Gebietskörperschaften oder anderen öffentlich-rechtlichen Körperschaften, sonstiger Einrichtungen des öffentlichen Rechts oder öffentlicher Unternehmen von Mitgliedstaaten und tritt nicht für derartige Verbindlichkeiten ein; dies gilt unbeschadet der gegenseitigen finanziellen Garantien für die gemeinsame Durchführung eines bestimmten Vorhabens. Ein Mitgliedstaat haftet nicht für die Verbindlichkeiten der Zentralregierungen, der regionalen oder lokalen Gebietskörperschaften oder anderen öffentlich-rechtlichen Körperschaften, sonstiger Einrichtungen des öffentlichen Rechts oder öffentlicher Unternehmen eines anderen Mitgliedstaats und tritt nicht für derartige Verbindlichkeiten ein; dies gilt unbeschadet der gegenseitigen finanziellen Garantien für die gemeinsame Durchführung eines bestimmten Vorhabens.

(2) Der Rat kann erforderlichenfalls auf Vorschlag der Kommission und nach Anhörung des Europäischen Parlaments die Definitionen für die Anwendung der in den Artikeln 123 und 124 sowie in diesem Artikel vorgesehenen Verbote näher bestimmen.

Artikel 126
(ex-Artikel 104 EGV)

(1) Die Mitgliedstaaten vermeiden übermäßige öffentliche Defizite.

(2) Die Kommission überwacht die Entwicklung der Haushaltslage und der Höhe des öffentlichen Schuldenstands in den Mitgliedstaaten im Hinblick auf die Feststellung schwerwiegender Fehler. Insbesondere prüft sie die Einhaltung der Haushaltsdisziplin anhand von zwei Kriterien, nämlich daran,

a) ob das Verhältnis des geplanten oder tatsächlichen öffentlichen Defizits zum Bruttoinlandsprodukt einen bestimmten Referenzwert überschreitet, es sei denn, dass

 – entweder das Verhältnis erheblich und laufend zurückgegangen ist und einen Wert in der Nähe des Referenzwerts erreicht hat

 – oder der Referenzwert nur ausnahmsweise und vorübergehend überschritten wird und das Verhältnis in der Nähe des Referenzwerts bleibt,

b) ob das Verhältnis des öffentlichen Schuldenstands zum Bruttoinlandsprodukt einen bestimmten Referenzwert überschreitet, es sei denn, dass das Verhältnis hinreichend rückläufig ist und sich rasch genug dem Referenzwert nähert.

Die Referenzwerte werden in einem den Verträgen beigefügten Protokoll über das Verfahren bei einem übermäßigen Defizit im Einzelnen festgelegt.

(3) Erfüllt ein Mitgliedstaat keines oder nur eines dieser Kriterien, so erstellt die Kommission einen Bericht. In diesem Bericht wird berücksichtigt, ob das öffentliche Defizit die öffentlichen Ausgaben für Investitionen übertrifft; berücksichtigt werden ferner alle sonstigen einschlägigen Faktoren, ein schließlich der mittelfristigen Wirtschafts- und Haushaltslage des Mitgliedstaats.

Die Kommission kann ferner einen Bericht erstellen, wenn sie ungeachtet der Erfüllung der Kriterien der Auffassung ist, dass in einem Mitgliedstaat die Gefahr eines übermäßigen Defizits besteht.

(4) Der Wirtschafts- und Finanzausschuss gibt eine Stellungnahme zu dem Bericht der Kommission ab.

(5) Ist die Kommission der Auffassung, dass in einem Mitgliedstaat ein übermäßiges Defizit besteht oder sich ergeben könnte, so legt sie dem betreffenden Mitgliedstaat eine Stellungnahme vor und unterrichtet den Rat.

(6) Der Rat beschließt auf Vorschlag der Kommission und unter Berücksichtigung der Bemerkungen, die der betreffende Mitgliedstaat gegebenenfalls abzugeben wünscht, nach Prüfung der Gesamtlage, ob ein übermäßiges Defizit besteht.

(7) Stellt der Rat nach Absatz 6 ein übermäßiges Defizit fest, so richtet er auf Empfehlung der Kommission unverzüglich Empfehlungen an den betreffenden Mitgliedstaat mit dem Ziel, dieser Lage innerhalb einer bestimmten Frist abzuhelfen. Vorbehaltlich des Absatzes 8 werden diese Empfehlungen nicht veröffentlicht.

(8) Stellt der Rat fest, dass seine Empfehlungen innerhalb der gesetzten Frist keine wirksamen Maßnahmen ausgelöst haben, so kann er seine Empfehlungen veröffentlichen.

(9) Falls ein Mitgliedstaat den Empfehlungen des Rates weiterhin nicht Folge leistet, kann der Rat beschließen, den Mitgliedstaat mit der Maßgabe in Verzug zu setzen, innerhalb einer bestimmten Frist Maßnahmen für den nach Auffassung des Rates zur Sanierung erforderlichen Defizitabbau zu treffen.

Der Rat kann in diesem Fall den betreffenden Mitgliedstaat ersuchen, nach einem konkreten Zeitplan Berichte vorzulegen, um die Anpassungsbemühungen des Mitgliedstaats überprüfen zu können.

(10) Das Recht auf Klageerhebung nach den Artikeln 258 und 259 kann im Rahmen der Absätze 1 bis 9 dieses Artikels nicht ausgeübt werden.

(11) Solange ein Mitgliedstaat einen Beschluss nach Absatz 9 nicht befolgt, kann der Rat beschließen, eine oder mehrere der nachstehenden Maßnahmen anzuwenden oder gegebenenfalls zu verschärfen, nämlich

– von dem betreffenden Mitgliedstaat verlangen, vor der Emission von Schuldverschreibungen und sonstigen Wertpapieren vom Rat näher zu bezeichnende zusätzliche Angaben zu veröffentlichen,

– die Europäische Investitionsbank ersuchen, ihre Darlehenspolitik gegenüber dem Mitgliedstaat zu überprüfen,

– von dem Mitgliedstaat verlangen, eine unverzinsliche Einlage in angemessener Höhe bei der Union zu hinterlegen, bis das übermäßige Defizit nach Ansicht des Rates korrigiert worden ist,

– Geldbußen in angemessener Höhe verhängen.

Der Präsident des Rates unterrichtet das Europäische Parlament von den Beschlüssen.

— 59 —

1/2. AEUV
Art. 126 – 128

EUV/AEUV
+ Prot/Erkl
Anhänge
EU-Grundrechte-
Charta + Erl
Irland/Tschech.Rep
Änderungs- und
Beitrittsverträge
LissV + ZusErl
Liss-BeglNovelle

(12) Der Rat hebt einige oder sämtliche Beschlüsse oder Empfehlungen nach den Absätzen 6 bis 9 und 11 so weit auf, wie das übermäßige Defizit in dem betreffenden Mitgliedstaat nach Ansicht des Rates korrigiert worden ist. Hat der Rat zuvor Empfehlungen veröffentlicht, so stellt er, sobald der Beschluss nach Absatz 8 aufgehoben worden ist, in einer öffentlichen Erklärung fest, dass in dem betreffenden Mitgliedstaat kein übermäßiges Defizit mehr besteht.

(13) Die Beschlussfassung und die Empfehlungen des Rates nach den Absätzen 8, 9, 11 und 12 erfolgen auf Empfehlung der Kommission.

Erlässt der Rat Maßnahmen nach den Absätzen 6 bis 9 sowie den Absätzen 11 und 12, so beschließt er ohne Berücksichtigung der Stimme des den betreffenden Mitgliedstaat vertretenden Mitglieds des Rates.

Die qualifizierte Mehrheit der übrigen Mitglieder des Rates bestimmt sich nach Artikel 238 Absatz 3 Buchstabe a.

(14) Weitere Bestimmungen über die Durchführung des in diesem Artikel beschriebenen Verfahrens sind in dem den Verträgen beigefügten Protokoll über das Verfahren bei einem übermäßigen Defizit enthalten.

Der Rat verabschiedet gemäß einem besonderen Gesetzgebungsverfahren einstimmig und nach Anhörung des Europäischen Parlaments sowie der Europäischen Zentralbank die geeigneten Bestimmungen, die sodann das genannte Protokoll ablösen.

Der Rat beschließt vorbehaltlich der sonstigen Bestimmungen dieses Absatzes auf Vorschlag der Kommission und nach Anhörung des Europäischen Parlaments nähere Einzelheiten und Begriffsbestimmungen für die Durchführung des genannten Protokolls.

KAPITEL 2
DIE WÄHRUNGSPOLITIK

Artikel 127
(ex-Artikel 105 EGV)

(1) Das vorrangige Ziel des Europäischen Systems der Zentralbanken (im Folgenden „ESZB") ist es, die Preisstabilität zu gewährleisten. Soweit dies ohne Beeinträchtigung des Zieles der Preisstabilität möglich ist, unterstützt das ESZB die allgemeine Wirtschaftspolitik in der Union, um zur Verwirklichung der in Artikel 3 des Vertrags über die Europäische Union festgelegten Ziele der Union beizutragen. Das ESZB handelt im Einklang mit dem Grundsatz einer offenen Marktwirtschaft mit freiem Wettbewerb, wodurch ein effizienter Einsatz der Ressourcen gefördert wird, und hält sich dabei an die in Artikel 119 genannten Grundsätze.

(2) Die grundlegenden Aufgaben des ESZB bestehen darin,
– die Geldpolitik der Union festzulegen und auszuführen,
– Devisengeschäfte im Einklang mit Artikel 219 durchzuführen,
– die offiziellen Währungsreserven der Mitgliedstaaten zu halten und zu verwalten,
– das reibungslose Funktionieren der Zahlungssysteme zu fördern.

(3) Absatz 2 dritter Gedankenstrich berührt nicht die Haltung und Verwaltung von Arbeitsguthaben in Fremdwährungen durch die Regierungen der Mitgliedstaaten.

(4) Die Europäische Zentralbank wird gehört
– zu allen Vorschlägen für Rechtsakte der Union im Zuständigkeitsbereich der Europäischen Zentralbank,
– von den nationalen Behörden zu allen Entwürfen für Rechtsvorschriften im Zuständigkeitsbereich der Europäischen Zentralbank, und zwar innerhalb der Grenzen und unter den Bedingungen, die der Rat nach dem Verfahren des Artikels 129 Absatz 4 festlegt.

Die Europäische Zentralbank kann gegenüber den zuständigen Organen, Einrichtungen oder sonstigen Stellen der Union und gegenüber den nationalen Behörden Stellungnahmen zu in ihren Zuständigkeitsbereich fallenden Fragen abgeben.

(5) Das ESZB trägt zur reibungslosen Durchführung der von den zuständigen Behörden auf dem Gebiet der Aufsicht über die Kreditinstitute und der Stabilität des Finanzsystems ergriffenen Maßnahmen bei.

(6) Der Rat kann einstimmig durch Verordnungen gemäß einem besonderen Gesetzgebungsverfahren und nach Anhörung des Europäischen Parlaments und der Europäischen Zentralbank besondere Aufgaben im Zusammenhang mit der Aufsicht über Kreditinstitute und sonstige Finanzinstitute mit Ausnahme von Versicherungsunternehmen der Europäischen Zentralbank übertragen.

Artikel 128
(ex-Artikel 106 EGV)

(1) Die Europäische Zentralbank hat das ausschließliche Recht, die Ausgabe von Euro-

Banknoten innerhalb der Union zu genehmigen. Die Europäische Zentralbank und die nationalen Zentralbanken sind zur Ausgabe dieser Banknoten berechtigt. Die von der Europäischen Zentralbank und den nationalen Zentralbanken ausgegebenen Banknoten sind die einzigen Banknoten, die in der Union als gesetzliches Zahlungsmittel gelten.

(2) Die Mitgliedstaaten haben das Recht zur Ausgabe von Euro-Münzen, wobei der Umfang dieser Ausgabe der Genehmigung durch die Europäische Zentralbank bedarf. Der Rat kann auf Vorschlag der Kommission und nach Anhörung des Europäischen Parlaments und der Europäischen Zentralbank Maßnahmen erlassen, um die Stückelung und die technischen Merkmale aller für den Umlauf bestimmten Münzen so weit zu harmonisieren, wie dies für deren reibungslosen Umlauf innerhalb der Union erforderlich ist.

Artikel 129
(ex-Artikel 107 EGV)

(1) Das ESZB wird von den Beschlussorganen der Europäischen Zentralbank, nämlich dem Rat der Europäischen Zentralbank und dem Direktorium, geleitet.

(2) Die Satzung des Europäischen Systems der Zentralbanken und der Europäischen Zentralbank (im Folgenden „Satzung des ESZB und der EZB") ist in einem den Verträgen beigefügten Protokoll festgelegt.

(3) Das Europäische Parlament und der Rat können die Artikel 5.1, 5.2, 5.3, 17, 18, 19.1, 22, 23, 24, 26, 32.2, 32.3, 32.4, 32.6, 33.1 Buchstabe a und 36 der Satzung des ESZB und der EZB gemäß dem ordentlichen Gesetzgebungsverfahren ändern. Sie beschließen entweder auf Empfehlung der Europäischen Zentralbank nach Anhörung der Kommission oder auf Empfehlung der Kommission nach Anhörung der Europäischen Zentralbank.

(4) Der Rat erlässt entweder auf Vorschlag der Kommission und nach Anhörung des Europäischen Parlaments und der Europäischen Zentralbank oder auf Empfehlung der Europäischen Zentralbank und nach Anhörung des Europäischen Parlaments und der Kommission die in den Artikeln 4, 5.4, 19.2, 20, 28.1, 29.2, 30.4 und 34.3 der Satzung des ESZB und der EZB genannten Bestimmungen.

Artikel 130
(ex-Artikel 108 EGV)

Bei der Wahrnehmung der ihnen durch die Verträge und die Satzung des ESZB und der EZB übertragenen Befugnisse, Aufgaben und Pflichten darf weder die Europäische Zentralbank noch eine nationale Zentralbank noch ein Mitglied ihrer Beschlussorgane Weisungen von Organen, Einrichtungen oder sonstigen Stellen der Union, Regierungen der Mitgliedstaaten oder anderen Stellen einholen oder entgegennehmen. Die Organe, Einrichtungen oder sonstigen Stellen der Union sowie die Regierungen der Mitgliedstaaten verpflichten sich, diesen Grundsatz zu beachten und nicht zu versuchen, die Mitglieder der Beschlussorgane der Europäischen Zentralbank oder der nationalen Zentralbanken bei der Wahrnehmung ihrer Aufgaben zu beeinflussen.

Artikel 131
(ex-Artikel 109 EGV)

Jeder Mitgliedstaat stellt sicher, dass seine innerstaatlichen Rechtsvorschriften einschließlich der Satzung seiner nationalen Zentralbank mit den Verträgen sowie mit der Satzung des ESZB und der EZB im Einklang stehen.

Artikel 132
(ex-Artikel 110 EGV)

(1) Zur Erfüllung der dem ESZB übertragenen Aufgaben werden von der Europäischen Zentralbank gemäß den Verträgen und unter den in der Satzung des ESZB und der EZB vorgesehenen Bedingungen

– Verordnungen erlassen, insoweit dies für die Erfüllung der in Artikel 3.1 erster Gedankenstrich, Artikel 19.1, Artikel 22 oder Artikel 25.2 der Satzung des ESZB und der EZB festgelegten Aufgaben erforderlich ist; sie erlässt Verordnungen ferner in den Fällen, die in den Rechtsakten des Rates nach Artikel 129 Absatz 4 vorgesehen werden,

– Beschlüsse erlassen, die zur Erfüllung der dem ESZB nach den Verträgen und der Satzung des ESZB und der EZB übertragenen Aufgaben erforderlich sind,

– Empfehlungen und Stellungnahmen abgegeben.

(2) Die Europäische Zentralbank kann die Veröffentlichung ihrer Beschlüsse, Empfehlungen und Stellungnahmen beschließen.

(3) Innerhalb der Grenzen und unter den Bedingungen, die der Rat nach dem Verfahren des Artikels 129 Absatz 4 festlegt, ist die Europäische Zentralbank befugt, Unternehmen bei Nichteinhaltung der Verpflichtungen, die sich aus ihren Verordnungen und Beschlüssen ergeben, mit Geldbußen oder in re-

— 61 —

1/2. AEUV
Art. 132 – 136

EUV/AEUV
+ Prot/Erkl
Anhänge
EU-Grundrechte-
Charta + Erl
Irland/Tschech Rep
Änderungs- und
Beitrittsverträge
LissV + ZusErl
Liss-BeglNovelle

gelmäßigen Abständen zu zahlenden Zwangsgeldern zu belegen.

Artikel 133

Unbeschadet der Befugnisse der Europäischen Zentralbank erlassen das Europäische Parlament und der Rat gemäß dem ordentlichen Gesetzgebungsverfahren die Maßnahmen, die für die Verwendung des Euro als einheitliche Währung erforderlich sind. Diese Maßnahmen werden nach Anhörung der Europäischen Zentralbank erlassen.

KAPITEL 3
INSTITUTIONELLE BESTIMMUNGEN

Artikel 134
(ex-Artikel 114 EGV)

(1) Um die Koordinierung der Politiken der Mitgliedstaaten in dem für das Funktionieren des Binnenmarkts erforderlichen Umfang zu fördern, wird ein Wirtschafts- und Finanzausschuss eingesetzt.

(2) Der Wirtschafts- und Finanzausschuss hat die Aufgabe,

– auf Ersuchen des Rates oder der Kommission oder von sich aus Stellungnahmen an diese Organe abzugeben;

– die Wirtschafts- und Finanzlage der Mitgliedstaaten und der Union zu beobachten und dem Rat und der Kommission regelmäßig darüber Bericht zu erstatten, insbesondere über die finanziellen Beziehungen zu dritten Ländern und internationalen Einrichtungen;

– unbeschadet des Artikels 240 an der Vorbereitung der in Artikel 66, Artikel 75, Artikel 121 Absätze 2, 3, 4 und 6, Artikel 122, Artikel 124, Artikel 125, Artikel 126, Artikel 127 Absatz 6, Artikel 128 Absatz 2, Artikel 129 Absätze 3 und 4, Artikel 138, Artikel 140 Absätze 2 und 3, Artikel 143, Artikel 144 Absätze 2 und 3 und Artikel 219 genannten Arbeiten des Rates mitzuwirken und die sonstigen ihm vom Rat übertragenen Beratungsaufgaben und vorbereitenden Arbeiten auszuführen;

– mindestens einmal jährlich die Lage hinsichtlich des Kapitalverkehrs und der Freiheit des Zahlungsverkehrs, wie sie sich aus der Anwendung der Verträge und der Maßnahmen des Rates ergeben, zu prüfen; die Prüfung erstreckt sich auf alle Maßnahmen im Zusammenhang mit dem Kapital- und Zahlungsverkehr; der Ausschuss erstattet der Kommission und dem Rat Bericht über das Ergebnis dieser Prüfung.

Jeder Mitgliedstaat sowie die Kommission und die Europäische Zentralbank ernennen jeweils höchstens zwei Mitglieder des Ausschusses.

(3) Der Rat legt auf Vorschlag der Kommission und nach Anhörung der Europäischen Zentralbank und des in diesem Artikel genannten Ausschusses im Einzelnen fest, wie sich der Wirtschafts- und Finanzausschuss zusammensetzt. Der Präsident des Rates unterrichtet das Europäische Parlament über diesen Beschluss.

(4) Sofern und solange es Mitgliedstaaten gibt, für die eine Ausnahmeregelung nach Artikel 139 gilt, hat der Ausschuss zusätzlich zu den in Absatz 2 beschriebenen Aufgaben die Währungs- und Finanzlage sowie den allgemeinen Zahlungsverkehr der betreffenden Mitgliedstaaten zu beobachten und dem Rat und der Kommission regelmäßig darüber Bericht zu erstatten.

Artikel 135
(ex-Artikel 115 EGV)

Bei Fragen, die in den Geltungsbereich von Artikel 121 Absatz 4, Artikel 126 mit Ausnahme von Absatz 14, Artikel 138, Artikel 140 Absatz 1, Artikel 140 Absatz 2 Unterabsatz 1, Artikel 140 Absatz 3 und Artikel 219 fallen, kann der Rat oder ein Mitgliedstaat die Kommission ersuchen, je nach Zweckmäßigkeit eine Empfehlung oder einen Vorschlag zu unterbreiten. Die Kommission prüft dieses Ersuchen und unterbreitet dem Rat umgehend ihre Schlussfolgerungen.

KAPITEL 4
BESONDERE BESTIMMUNGEN FÜR DIE MITGLIEDSTAATEN, DEREN WÄHRUNG DER EURO IST

Artikel 136

(1) Im Hinblick auf das reibungslose Funktionieren der Wirtschafts- und Währungsunion erlässt der Rat für die Mitgliedstaaten, deren Währung der Euro ist, Maßnahmen nach den einschlägigen Bestimmungen der Verträge und dem entsprechenden Verfahren unter den in den Artikeln 121 und 126 genannten Verfahren, mit Ausnahme des in Artikel 126 Absatz 14 genannten Verfahrens, um

a) die Koordinierung und Überwachung ihrer Haushaltsdisziplin zu verstärken,

b) für diese Staaten Grundzüge der Wirtschaftspolitik auszuarbeiten, wobei darauf zu achten ist, dass diese mit den für die gesamte Union angenommenen Grundzügen der Wirtschaftspolitik vereinbar sind, und ihre Einhaltung zu überwachen.

(2) Bei den in Absatz 1 genannten Maßnahmen sind nur die Mitglieder des Rates stimmberechtigt, die die Mitgliedstaaten vertreten, deren Währung der Euro ist.

Die qualifizierte Mehrheit dieser Mitglieder bestimmt sich nach Artikel 238 Absatz 3 Buchstabe a.

Artikel 137

Die Einzelheiten für die Tagungen der Minister der Mitgliedstaaten, deren Währung der Euro ist, sind in dem Protokoll betreffend die Euro-Gruppe festgelegt.

Artikel 138
(ex-Artikel 111 Absatz 4 EGV)

(1) Zur Gewährleistung der Stellung des Euro im internationalen Währungssystem erlässt der Rat auf Vorschlag der Kommission einen Beschluss zur Festlegung der innerhalb der zuständigen internationalen Einrichtungen und Konferenzen im Finanzbereich einzunehmenden gemeinsamen Standpunkte zu den Fragen, die von besonderer Bedeutung für die Wirtschafts- und Währungsunion sind. Der Rat beschließt nach Anhörung der Europäischen Zentralbank.

(2) Der Rat kann auf Vorschlag der Kommission geeignete Maßnahmen mit dem Ziel erlassen, eine einheitliche Vertretung bei den internationalen Einrichtungen und Konferenzen im Finanzbereich sicherzustellen. Der Rat beschließt nach Anhörung der Europäischen Zentralbank.

(3) Bei den in den Absätzen 1 und 2 genannten Maßnahmen sind nur die Mitglieder des Rates stimmberechtigt, die die Mitgliedstaaten vertreten, deren Währung der Euro ist.

Die qualifizierte Mehrheit dieser Mitglieder bestimmt sich nach Artikel 238 Absatz 3 Buchstabe a.

KAPITEL 5
ÜBERGANGSBESTIMMUNGEN

Artikel 139

(1) Die Mitgliedstaaten, für die der Rat nicht beschlossen hat, dass sie die erforderli-

chen Voraussetzungen für die Einführung des Euro erfüllen, werden im Folgenden als „Mitgliedstaaten, für die eine Ausnahmeregelung gilt" oder „Mitgliedstaaten mit Ausnahmeregelung" bezeichnet.

(2) Auf die Mitgliedstaaten, für die eine Ausnahmeregelung gilt, finden die im Folgenden auf geführten Bestimmungen der Verträge keine Anwendung:

a) Annahme der das Euro-Währungsgebiet generell betreffenden Teile der Grundzüge der Wirtschaftspolitik (Artikel 121 Absatz 2);

b) Zwangsmittel zum Abbau eines übermäßigen Defizits (Artikel 126 Absätze 9 und 11);

c) Ziele und Aufgaben des ESZB (Artikel 127 Absätze 1, 2, 3 und 5);

d) Ausgabe des Euro (Artikel 128);

e) Rechtsakte der Europäischen Zentralbank (Artikel 132); f) Maßnahmen bezüglich der Verwendung des Euro (Artikel 133);

g) Währungsvereinbarungen und andere Maßnahmen bezüglich der Wechselkurspolitik (Artikel 219);

h) Ernennung der Mitglieder des Direktoriums der Europäischen Zentralbank (Artikel 283 Absatz 2);

i) Beschlüsse zur Festlegung der innerhalb der zuständigen internationalen Einrichtungen und Konferenzen im Finanzbereich einzunehmenden gemeinsamen Standpunkte zu den Fragen, die von besonderer Bedeutung für die Wirtschafts- und Währungsunion sind (Artikel 138 Absatz 1);

j) Maßnahmen zur Sicherstellung einer einheitlichen Vertretung bei den internationalen Einrichtungen und Konferenzen im Finanzbereich (Artikel 138 Absatz 2).

Somit sind „Mitgliedstaaten" im Sinne der in den Buchstaben a bis j genannten Artikel die Mitgliedstaaten, deren Währung der Euro ist.

(3) Die Mitgliedstaaten, für die eine Ausnahmeregelung gilt, und deren nationale Zentralbanken sind nach Kapitel IX der Satzung des ESZB und der EZB von den Rechten und Pflichten im Rahmen des ESZB ausgeschlossen.

(4) Das Stimmrecht der Mitglieder des Rates, die Mitgliedstaaten mit Ausnahmeregelung vertreten, ruht beim Erlass von Maßnahmen nach den in Absatz 2 genannten Artikeln durch den Rat sowie bei

a) Empfehlungen an die Mitgliedstaaten, deren Währung der Euro ist, im Rahmen der multilateralen Überwachung, einschließlich Empfehlungen zu den Stabilitätsprogram-

— 63 —

1/2. AEUV

Art. 139 – 141

EUV/AEUV
+ Prot/Erkl
Anhänge
EU-Grundrechte-
Charta + Erl
Irland/Tschech Rep
Änderungs- und
Beitrittsverträge
LissV + ZusErl
Liss-BeglNovelle

men und Verwarnungen (Artikel 121 Absatz 4);

b) Maßnahmen bei übermäßigem Defizit von Mitgliedstaaten, deren Währung der Euro ist (Artikel 126 Absätze 6, 7, 8, 12 und 13).

Die qualifizierte Mehrheit der übrigen Mitglieder des Rates bestimmt sich nach Artikel 238 Absatz 3 Buchstabe a.

Artikel 140
(ex-Artikel 121 Absatz 1,
ex-Artikel 122 Absatz 2 Satz 2 und
ex-Artikel 123 Absatz 5 EGV)

(1) Mindestens einmal alle zwei Jahre oder auf Antrag eines Mitgliedstaats, für den eine Ausnahmeregelung gilt, berichten die Kommission und die Europäische Zentralbank dem Rat, inwieweit die Mitgliedstaaten, für die eine Ausnahmeregelung gilt, bei der Verwirklichung der Wirtschafts- und Währungsunion ihren Verpflichtungen bereits nachgekommen sind. In ihren Berichten wird auch die Frage geprüft, inwieweit die innerstaatlichen Rechtsvorschriften jedes einzelnen dieser Mitgliedstaaten einschließlich der Satzung der jeweiligen nationalen Zentralbank mit Artikel 130 und Artikel 131 sowie der Satzung des ESZB und der EZB vereinbar sind. Ferner wird darin geprüft, ob ein hoher Grad an dauerhafter Konvergenz erreicht ist; Maßstab hierfür ist, ob die einzelnen Mitgliedstaaten folgende Kriterien erfüllen:

– Erreichung eines hohen Grades an Preisstabilität, ersichtlich aus einer Inflationsrate, die der Inflationsrate jener – höchstens drei – Mitgliedstaaten nahe kommt, die auf dem Gebiet der Preisstabilität das beste Ergebnis erzielt haben;

– eine auf Dauer tragbare Finanzlage der öffentlichen Hand, ersichtlich aus einer öffentlichen Haushaltslage ohne übermäßiges Defizit im Sinne des Artikels 126 Absatz 6;

– Einhaltung der normalen Bandbreiten des Wechselkursmechanismus des Europäischen Währungssystems seit mindestens zwei Jahren ohne Abwertung gegenüber dem Euro;

– Dauerhaftigkeit der von dem Mitgliedstaat mit Ausnahmeregelung erreichten Konvergenz und seiner Teilnahme am Wechselkursmechanismus, die im Niveau der langfristigen Zinssätze zum Ausdruck kommt.

Die vier Kriterien in diesem Absatz sowie die jeweils erforderliche Dauer ihrer Einhaltung sind in einem den Verträgen beigefügten Protokoll näher festgelegt. Die Berichte der Kommission und der Europäischen Zentralbank berücksichtigen auch die Ergebnisse bei der Integration der Märkte, den Stand und die Entwicklung der Leistungsbilanzen, die Entwicklung bei den Lohnstückkosten und andere Preisindizes.

(2) Der Rat beschließt nach Anhörung des Europäischen Parlaments und nach Aussprache im Europäischen Rat auf Vorschlag der Kommission, welche der Mitgliedstaaten, für die eine Ausnahmeregelung gilt, die auf den Kriterien des Absatzes 1 beruhenden Voraussetzungen erfüllen, und hebt die Ausnahmeregelungen der betreffenden Mitgliedstaaten auf.

Der Rat beschließt auf Empfehlung einer qualifizierten Mehrheit derjenigen seiner Mitglieder, die Mitgliedstaaten vertreten, deren Währung der Euro ist. Diese Mitglieder beschließen innerhalb von sechs Monaten nach Eingang des Vorschlags der Kommission beim Rat.

Die in Unterabsatz 2 genannte qualifizierte Mehrheit dieser Mitglieder bestimmt sich nach Artikel 238 Absatz 3 Buchstabe a.

(3) Wird nach dem Verfahren des Absatzes 2 beschlossen, eine Ausnahmeregelung aufzuheben, so legt der Rat aufgrund eines einstimmigen Beschlusses der Mitgliedstaaten, deren Währung der Euro ist, und des betreffenden Mitgliedstaats auf Vorschlag der Kommission und nach Anhörung der Europäischen Zentralbank den Kurs, zu dem dessen Währung durch den Euro ersetzt wird, unwiderruflich fest und ergreift die sonstigen erforderlichen Maßnahmen zur Einführung des Euro als einheitliche Währung in dem betreffenden Mitgliedstaat.

Artikel 141
(ex-Artikel 123 Absatz 3 und
ex-Artikel 117 Absatz 2 erster bis
fünfter Gedankenstrich EGV)

(1) Sofern und solange es Mitgliedstaaten gibt, für die eine Ausnahmeregelung gilt, wird unbeschadet des Artikels 129 Absatz 1 der in Artikel 44 der Satzung des ESZB und der EZB bezeichnete Erweiterte Rat der Europäischen Zentralbank als drittes Beschlussorgan der Europäischen Zentralbank errichtet.

(2) Sofern und solange es Mitgliedstaaten gibt, für die eine Ausnahmeregelung gilt, ist es die Aufgabe der Europäischen Zentralbank, in Bezug auf diese Mitgliedstaaten

– die Zusammenarbeit zwischen den nationalen Zentralbanken zu verstärken;

– die Koordinierung der Geldpolitiken der Mitgliedstaaten mit dem Ziel zu verstärken, die Preisstabilität aufrechtzuerhalten;

– das Funktionieren des Wechselkursmechanismus zu überwachen;

– Konsultationen zu Fragen durchzuführen, die in die Zuständigkeit der nationalen Zentralbanken fallen und die Stabilität der Finanzinstitute und -märkte berühren;

– die seinerzeitigen Aufgaben des Europäischen Fonds für währungspolitische Zusammenarbeit, die zuvor vom Europäischen Währungsinstitut übernommen worden waren, wahrzunehmen.

Artikel 142
(ex-Artikel 124 Absatz 1 EGV)

Jeder Mitgliedstaat, für den eine Ausnahmeregelung gilt, behandelt seine Wechselkurspolitik als eine Angelegenheit von gemeinsamem Interesse. Er berücksichtigt dabei die Erfahrungen, die bei der Zusammenarbeit im Rahmen des Wechselkursmechanismus gesammelt worden sind.

Artikel 143
(ex-Artikel 119 EGV)

(1) Ist ein Mitgliedstaat, für den eine Ausnahmeregelung gilt, hinsichtlich seiner Zahlungsbilanz von Schwierigkeiten betroffen oder ernstlich bedroht, die sich entweder aus einem Ungleichgewicht seiner Gesamtzahlungsbilanz oder aus der Art der ihm zur Verfügung stehenden Devisen ergeben, und sind diese Schwierigkeiten geeignet, insbesondere das Funktionieren des Binnenmarkts oder die Verwirklichung der gemeinsamen Handelspolitik zu gefährden, so prüft die Kommission unverzüglich die Lage dieses Staates sowie die Maßnahmen, die er getroffen hat oder unter Einsatz aller ihm zur Verfügung stehenden Mittel nach den Verträgen treffen kann. Die Kommission gibt die Maßnahmen an, die sie dem betreffenden Mitgliedstaat empfiehlt.

Erweisen sich die von einem Mitgliedstaat mit Ausnahmeregelung ergriffenen und die von der Kommission angeregten Maßnahmen als unzureichend, die aufgetretenen oder drohenden Schwierigkeiten zu beheben, so empfiehlt die Kommission dem Rat nach Anhörung des Wirtschafts- und Finanzausschusses einen gegenseitigen Beistand und die dafür geeigneten Methoden.

Die Kommission unterrichtet den Rat regelmäßig über die Lage und ihre Entwicklung.

(2) Der Rat gewährt den gegenseitigen Beistand; er erlässt Richtlinien oder Beschlüsse, welche die Bedingungen und Einzelheiten hierfür festlegen. Der gegenseitige Beistand kann insbesondere erfolgen

a) durch ein abgestimmtes Vorgehen bei anderen internationalen Organisationen, an die sich die Mitgliedstaaten, für die eine Ausnahmeregelung gilt, wenden können;

b) durch Maßnahmen, die notwendig sind, um Verlagerungen von Handelsströmen zu vermeiden, falls der in Schwierigkeiten befindliche Mitgliedstaat mit Ausnahmeregelung mengenmäßige Beschränkungen gegenüber dritten Ländern beibehält oder wieder einführt;

c) durch Bereitstellung von Krediten in begrenzter Höhe seitens anderer Mitgliedstaaten; hierzu ist ihr Einverständnis erforderlich.

(3) Stimmt der Rat dem von der Kommission empfohlenen gegenseitigen Beistand nicht zu oder sind der gewährte Beistand und die getroffenen Maßnahmen unzureichend, so ermächtigt die Kommission den in Schwierigkeiten befindlichen Mitgliedstaat mit Ausnahmeregelung, Schutzmaßnahmen zu treffen, deren Bedingungen und Einzelheiten sie festlegt.

Der Rat kann diese Ermächtigung aufheben und die Bedingungen und Einzelheiten ändern.

Artikel 144
(ex-Artikel 120 EGV)

(1) Gerät ein Mitgliedstaat, für den eine Ausnahmeregelung gilt, in eine plötzliche Zahlungsbilanzkrise und wird ein Beschluss im Sinne des Artikels 143 Absatz 2 nicht unverzüglich getroffen, so kann der betreffende Staat vorsorglich die erforderlichen Schutzmaßnahmen ergreifen. Sie dürfen nur ein Mindestmaß an Störungen im Funktionieren des Binnenmarkts hervorrufen und nicht über das zur Behebung der plötzlich aufgetretenen Schwierigkeiten unbedingt erforderliche Ausmaß hinausgehen.

(2) Die Kommission und die anderen Mitgliedstaaten werden über die Schutzmaßnahmen spätestens bei deren Inkrafttreten unterrichtet. Die Kommission kann dem Rat den gegenseitigen Beistand nach Artikel 143 empfehlen.

(3) Auf Empfehlung der Kommission und nach Anhörung des Wirtschafts- und Finanzausschusses kann der Rat beschließen, dass der betreffende Mitgliedstaat diese Schutz-

1/2. AEUV

Art. 144 – 149

EUV/AEUV
+ Prot/Erkl
Anhänge
EU-Grundrechte-
Charta + Erl
Irland/Tschech Rep
Änderungs- und
Beitrittsverträge
LissV + ZusErl
Liss-BeglNovelle

maßnahmen zu ändern, auszusetzen oder aufzuheben hat.

TITEL IX
BESCHÄFTIGUNG

Artikel 145
(ex-Artikel 125 EGV)

Die Mitgliedstaaten und die Union arbeiten nach diesem Titel auf die Entwicklung einer koordinierten Beschäftigungsstrategie und insbesondere auf die Förderung der Qualifizierung, Ausbildung und Anpassungsfähigkeit der Arbeitnehmer sowie der Fähigkeit der Arbeitsmärkte hin, auf die Erfordernisse des wirtschaftlichen Wandels zu reagieren, um die Ziele des Artikels 3 des Vertrags über die Europäische Union zu erreichen.

Artikel 146
(ex-Artikel 126 EGV)

(1) Die Mitgliedstaaten tragen durch ihre Beschäftigungspolitik im Einklang mit den nach Artikel 121 Absatz 2 verabschiedeten Grundzügen der Wirtschaftspolitik der Mitgliedstaaten und der Union zur Erreichung der in Artikel 145 genannten Ziele bei.

(2) Die Mitgliedstaaten betrachten die Förderung der Beschäftigung als Angelegenheit von gemeinsamem Interesse und stimmen ihre diesbezüglichen Tätigkeiten nach Maßgabe des Artikels 148 im Rat aufeinander ab, wobei die einzelstaatlichen Gepflogenheiten in Bezug auf die Verantwortung der Sozialpartner berücksichtigt werden.

Artikel 147
(ex-Artikel 127 EGV)

(1) Die Union trägt zu einem hohen Beschäftigungsniveau bei, indem sie die Zusammenarbeit zwischen den Mitgliedstaaten fördert und deren Maßnahmen in diesem Bereich unterstützt und erforderlichenfalls ergänzt. Hierbei wird die Zuständigkeit der Mitgliedstaaten beachtet.

(2) Das Ziel eines hohen Beschäftigungsniveaus wird bei der Festlegung und Durchführung der Unionspolitiken und -maßnahmen berücksichtigt.

Artikel 148
(ex-Artikel 128 EGV)

(1) Anhand eines gemeinsamen Jahresberichts des Rates und der Kommission prüft der Europäische Rat jährlich die Beschäftigungslage in der Union und nimmt hierzu Schlussfolgerungen an.

(2) Anhand der Schlussfolgerungen des Europäischen Rates legt der Rat auf Vorschlag der Kommission und nach Anhörung des Europäischen Parlaments, des Wirtschafts- und Sozialausschusses, des Ausschusses der Regionen und des in Artikel 150 genannten Beschäftigungsausschusses jährlich Leitlinien fest, welche die Mitgliedstaaten in ihrer Beschäftigungspolitik berücksichtigen. Diese Leitlinien müssen mit den nach Artikel 121 Absatz 2 verabschiedeten Grundzügen in Einklang stehen.

(3) Jeder Mitgliedstaat übermittelt dem Rat und der Kommission jährlich einen Bericht über die wichtigsten Maßnahmen, die er zur Durchführung seiner Beschäftigungspolitik im Lichte der beschäftigungspolitischen Leitlinien nach Absatz 2 getroffen hat.

(4) Anhand der in Absatz 3 genannten Berichte und nach Stellungnahme des Beschäftigungsausschusses unterzieht der Rat die Durchführung der Beschäftigungspolitik der Mitgliedstaaten im Lichte der beschäftigungspolitischen Leitlinien jährlich einer Prüfung. Der Rat kann dabei auf Empfehlung der Kommission Empfehlungen an die Mitgliedstaaten richten, wenn er dies aufgrund der Ergebnisse dieser Prüfung für angebracht hält.

(5) Auf der Grundlage der Ergebnisse der genannten Prüfung erstellen der Rat und die Kommission einen gemeinsamen Jahresbericht für den Europäischen Rat über die Beschäftigungslage in der Union und über die Umsetzung der beschäftigungspolitischen Leitlinien.

Artikel 149
(ex-Artikel 129 EGV)

Das Europäische Parlament und der Rat können gemäß dem ordentlichen Gesetzgebungsverfahren und nach Anhörung des Wirtschafts- und Sozialausschusses sowie des Ausschusses der Regionen Anreizmaßnahmen zur Förderung der Zusammenarbeit zwischen den Mitgliedstaaten und zur Unterstützung ihrer Beschäftigungsmaßnahmen durch Initiativen beschließen, die darauf abzielen, den Austausch von Informationen und bewährten Verfahren zu entwickeln, vergleichende Analysen und Gutachten bereitzustellen sowie innovative Ansätze zu fördern und Erfahrungen zu bewerten, und zwar insbesondere durch den Rückgriff auf Pilotvorhaben.

Diese Maßnahmen schließen keinerlei Harmonisierung der Rechts- und Verwaltungsvorschriften der Mitgliedstaaten ein.

Artikel 150
(ex-Artikel 130 EGV)

Der Rat, der mit einfacher Mehrheit beschließt, setzt nach Anhörung des Europäischen Parlaments einen Beschäftigungsausschuss mit beratender Funktion zur Förderung der Koordinierung der Beschäftigungs- und Arbeitsmarktpolitik der Mitgliedstaaten ein. Der Ausschuss hat folgende Aufgaben:

– Er verfolgt die Beschäftigungslage und die Beschäftigungspolitik in den Mitgliedstaaten und der Union;

– er gibt unbeschadet des Artikels 240 auf Ersuchen des Rates oder der Kommission oder von sich aus Stellungnahmen ab und trägt zur Vorbereitung der in Artikel 148 genannten Beratungen des Rates bei.

Bei der Erfüllung seines Auftrags hört der Ausschuss die Sozialpartner.

Jeder Mitgliedstaat und die Kommission entsenden zwei Mitglieder in den Ausschuss.

TITEL X
SOZIALPOLITIK

Artikel 151
(ex-Artikel 136 EGV)

Die Union und die Mitgliedstaaten verfolgen eingedenk der sozialen Grundrechte, wie sie in der am 18. Oktober 1961 in Turin unterzeichneten Europäischen Sozialcharta und in der Gemeinschaftscharta der sozialen Grundrechte der Arbeitnehmer von 1989 festgelegt sind, folgende Ziele: die Förderung der Beschäftigung, die Verbesserung der Lebens- und Arbeitsbedingungen, um dadurch auf dem Wege des Fortschritts ihre Angleichung zu ermöglichen, einen angemessenen sozialen Schutz, den sozialen Dialog, die Entwicklung des Arbeitskräftepotenzials im Hinblick auf ein dauerhaft hohes Beschäftigungsniveau und die Bekämpfung von Ausgrenzungen.

Zu diesem Zweck führen die Union und die Mitgliedstaaten Maßnahmen durch, die der Vielfalt der einzelstaatlichen Gepflogenheiten, insbesondere in den vertraglichen Beziehungen, sowie der Notwendigkeit, die Wettbewerbsfähigkeit der Wirtschaft der Union zu erhalten, Rechnung tragen.

Sie sind der Auffassung, dass sich eine solche Entwicklung sowohl aus dem eine Abstimmung der Sozialordnungen begünstigenden Wirken des Binnenmarkts als auch aus den in den Verträgen vorgesehenen Verfahren sowie aus der Angleichung ihrer Rechts- und Verwaltungsvorschriften ergeben wird.

Artikel 152

Die Union anerkennt und fördert die Rolle der Sozialpartner auf Ebene der Union unter Berücksichtigung der Unterschiedlichkeit der nationalen Systeme. Sie fördert den sozialen Dialog und achtet dabei die Autonomie der Sozialpartner.

Der Dreigliedrige Sozialgipfel für Wachstum und Beschäftigung trägt zum sozialen Dialog bei.

Artikel 153
(ex-Artikel 137 EGV)

(1) Zur Verwirklichung der Ziele des Artikels 151 unterstützt und ergänzt die Union die Tätigkeit der Mitgliedstaaten auf folgenden Gebieten:

a) Verbesserung insbesondere der Arbeitsumwelt zum Schutz der Gesundheit und der Sicherheit der Arbeitnehmer,

b) Arbeitsbedingungen,

c) soziale Sicherheit und sozialer Schutz der Arbeitnehmer,

d) Schutz der Arbeitnehmer bei Beendigung des Arbeitsvertrags,

e) Unterrichtung und Anhörung der Arbeitnehmer,

f) Vertretung und kollektive Wahrnehmung der Arbeitnehmer- und Arbeitgeberinteressen, ein schließlich der Mitbestimmung, vorbehaltlich des Absatzes 5,

g) Beschäftigungsbedingungen der Staatsangehörigen dritter Länder, die sich rechtmäßig im Gebiet der Union aufhalten,

h) berufliche Eingliederung der aus dem Arbeitsmarkt ausgegrenzten Personen, unbeschadet des Artikels 166,

i) Chancengleichheit von Männern und Frauen auf dem Arbeitsmarkt und Gleichbehandlung am Arbeitsplatz,

j) Bekämpfung der sozialen Ausgrenzung,

k) Modernisierung der Systeme des sozialen Schutzes, unbeschadet des Buchstabens c.

(2) Zu diesem Zweck können das Europäische Parlament und der Rat

a) unter Ausschluss jeglicher Harmonisierung der Rechts- und Verwaltungsvorschriften

— 67 —

1/2. AEUV
Art. 153 – 155

EUV/AEUV
+ Prot/Erkl
Anhänge
EU-Grundrechte-
Charta + Erl
Irland/Tschech Rep
Änderungs- und
Beitrittsverträge
LissV + ZusErl
Liss-BeglNovelle

der Mitgliedstaaten Maßnahmen annehmen, die dazu bestimmt sind, die Zusammenarbeit zwischen den Mitgliedstaaten durch Initiativen zu fördern, die die Verbesserung des Wissensstands, die Entwicklung des Austauschs von Informationen und bewährten Verfahren, die Förderung innovativer Ansätze und die Bewertung von Erfahrungen zum Ziel haben;

b) in den in Absatz 1 Buchstaben a bis i genannten Bereichen unter Berücksichtigung der in den einzelnen Mitgliedstaaten bestehenden Bedingungen und technischen Regelungen durch Richtlinien Mindestvorschriften erlassen, die schrittweise anzuwenden sind. Diese Richtlinien sollen keine verwaltungsmäßigen, finanziellen oder rechtlichen Auflagen vorschreiben, die der Gründung und Entwicklung von kleinen und mittleren Unternehmen entgegenstehen.

Das Europäische Parlament und der Rat beschließen gemäß dem ordentlichen Gesetzgebungsverfahren nach Anhörung des Wirtschafts- und Sozialausschusses und des Ausschusses der Regionen.

In den in Absatz 1 Buchstaben c, d, f und g genannten Bereichen beschließt der Rat einstimmig gemäß einem besonderen Gesetzgebungsverfahren nach Anhörung des Europäischen Parlaments und der genannten Ausschüsse.

Der Rat kann einstimmig auf Vorschlag der Kommission nach Anhörung des Europäischen Parlaments beschließen, dass das ordentliche Gesetzgebungsverfahren auf Absatz 1 Buchstaben d, f und g angewandt wird.

(3) Ein Mitgliedstaat kann den Sozialpartnern auf deren gemeinsamen Antrag die Durchführung von aufgrund des Absatzes 2 angenommenen Richtlinien oder gegebenenfalls die Durchführung eines nach Artikel 155 erlassenen Beschlusses des Rates übertragen.

In diesem Fall vergewissert sich der Mitgliedstaat, dass die Sozialpartner spätestens zu dem Zeitpunkt, zu dem eine Richtlinie umgesetzt oder ein Beschluss durchgeführt sein muss, im Wege einer Vereinbarung die erforderlichen Vorkehrungen getroffen haben; dabei hat der Mitgliedstaat alle erforderlichen Maßnahmen zu treffen, um jederzeit gewährleisten zu können, dass die durch diese Richtlinie oder diesen Beschluss vorgeschriebenen Ergebnisse erzielt werden.

(4) Die aufgrund dieses Artikels erlassenen Bestimmungen

– berühren nicht die anerkannte Befugnis der Mitgliedstaaten, die Grundprinzipien ihres Systems der sozialen Sicherheit festzulegen, und dürfen das finanzielle Gleichgewicht dieser Systeme nicht erheblich beeinträchtigen;

– hindern die Mitgliedstaaten nicht daran, strengere Schutzmaßnahmen beizubehalten oder zu treffen, die mit den Verträgen vereinbar sind.

(5) Dieser Artikel gilt nicht für das Arbeitsentgelt, das Koalitionsrecht, das Streikrecht sowie das Aussperrungsrecht.

Artikel 154
(ex-Artikel 138 EGV)

(1) Die Kommission hat die Aufgabe, die Anhörung der Sozialpartner auf Unionsebene zu fördern, und erlässt alle zweckdienlichen Maßnahmen, um den Dialog zwischen den Sozialpartnern zu erleichtern, wobei sie für Ausgewogenheit bei der Unterstützung der Parteien sorgt.

(2) Zu diesem Zweck hört die Kommission vor Unterbreitung von Vorschlägen im Bereich der Sozialpolitik die Sozialpartner zu der Frage, wie eine Unionsaktion gegebenenfalls ausgerichtet werden sollte.

(3) Hält die Kommission nach dieser Anhörung eine Unionsmaßnahme für zweckmäßig, so hört sie die Sozialpartner zum Inhalt des in Aussicht genommenen Vorschlags. Die Sozialpartner übermitteln der Kommission eine Stellungnahme oder gegebenenfalls eine Empfehlung.

(4) Bei den Anhörungen nach den Absätzen 2 und 3 können die Sozialpartner der Kommission mitteilen, dass sie den Prozess nach Artikel 155 in Gang setzen wollen. Die Dauer dieses Prozesses darf höchstens neun Monate betragen, sofern die betroffenen Sozialpartner und die Kommission nicht gemeinsam eine Verlängerung beschließen.

Artikel 155
(ex-Artikel 139 EGV)

(1) Der Dialog zwischen den Sozialpartnern auf Unionsebene kann, falls sie es wünschen, zur Herstellung vertraglicher Beziehungen einschließlich des Abschlusses von Vereinbarungen führen.

(2) Die Durchführung der auf Unionsebene geschlossenen Vereinbarungen erfolgt entweder nach den jeweiligen Verfahren und Gepflogenheiten der Sozialpartner und der Mitglied-

staaten oder – in den durch Artikel 153 erfassten Bereichen – auf gemeinsamen Antrag der Unterzeichnerparteien durch einen Beschluss des Rates auf Vorschlag der Kommission. Das Europäische Parlament wird unterrichtet.

Der Rat beschließt einstimmig, sofern die betreffende Vereinbarung eine oder mehrere Bestimmungen betreffend einen der Bereiche enthält, für die nach Artikel 153 Absatz 2 Einstimmigkeit erforderlich ist.

Artikel 156
(ex-Artikel 140 EGV)

Unbeschadet der sonstigen Bestimmungen der Verträge fördert die Kommission im Hinblick auf die Erreichung der Ziele des Artikels 151 die Zusammenarbeit zwischen den Mitgliedstaaten und er leichtert die Abstimmung ihres Vorgehens in allen unter dieses Kapitel fallenden Bereichen der Sozialpolitik, insbesondere auf dem Gebiet

– der Beschäftigung,

– des Arbeitsrechts und der Arbeitsbedingungen,

– der beruflichen Ausbildung und Fortbildung,

– der sozialen Sicherheit,

– der Verhütung von Berufsunfällen und Berufskrankheiten,

– des Gesundheitsschutzes bei der Arbeit,

– des Koalitionsrechts und der Kollektivverhandlungen zwischen Arbeitgebern und Arbeitnehmern.

Zu diesem Zweck wird die Kommission in enger Verbindung mit den Mitgliedstaaten durch Untersuchungen, Stellungnahmen und die Durchführung von Konsultationen in Bezug auf innerstaatlich oder in den internationalen Organisationen zu behandelnde Fragen tätig, und zwar insbesondere im Wege von Initiativen, die darauf abzielen, Leitlinien und Indikatoren festzulegen, den Austausch bewährter Verfahren durchzuführen und die erforderlichen Elemente für eine regelmäßige Überwachung und Bewertung auszuarbeiten. Das Europäische Parlament wird in vollem Umfang unterrichtet.

Vor Abgabe der in diesem Artikel vorgesehenen Stellungnahmen hört die Kommission den Wirtschafts- und Sozialausschuss.

Artikel 157
(ex-Artikel 141 EGV)

(1) Jeder Mitgliedstaat stellt die Anwendung des Grundsatzes des gleichen Entgelts für Männer und Frauen bei gleicher oder gleichwertiger Arbeit sicher.

(2) Unter „Entgelt" im Sinne dieses Artikels sind die üblichen Grund- oder Mindestlöhne und -gehälter sowie alle sonstigen Vergütungen zu verstehen, die der Arbeitgeber aufgrund des Dienstverhältnisses dem Arbeitnehmer unmittelbar oder mittelbar in bar oder in Sachleistungen zahlt.

Gleichheit des Arbeitsentgelts ohne Diskriminierung aufgrund des Geschlechts bedeutet,

a) dass das Entgelt für eine gleiche nach Akkord bezahlte Arbeit aufgrund der gleichen Maßeinheit festgesetzt wird,

b) dass für eine nach Zeit bezahlte Arbeit das Entgelt bei gleichem Arbeitsplatz gleich ist.

(3) Das Europäische Parlament und der Rat beschließen gemäß dem ordentlichen Gesetzgebungsverfahren und nach Anhörung des Wirtschafts- und Sozialausschusses Maßnahmen zur Gewährleistung der Anwendung des Grundsatzes der Chancengleichheit und der Gleichbehandlung von Männern und Frauen in Arbeits- und Beschäftigungsfragen, einschließlich des Grundsatzes des gleichen Entgelts bei gleicher oder gleichwertiger Arbeit.

(4) Im Hinblick auf die effektive Gewährleistung der vollen Gleichstellung von Männern und Frauen im Arbeitsleben hindert der Grundsatz der Gleichbehandlung die Mitgliedstaaten nicht daran, zur Erleichterung der Berufstätigkeit des unterrepräsentierten Geschlechts oder zur Verhinderung bzw. zum Ausgleich von Benachteiligungen in der beruflichen Laufbahn spezifische Vergünstigungen beizubehalten oder zu beschließen.

Artikel 158
(ex-Artikel 142 EGV)

Die Mitgliedstaaten sind bestrebt, die bestehende Gleichwertigkeit der Ordnungen über die bezahlte Freizeit beizubehalten.

Artikel 159
(ex-Artikel 143 EGV)

Die Kommission erstellt jährlich einen Bericht über den Stand der Verwirklichung der in Artikel 151 genannten Ziele sowie über die demografische Lage in der Union. Sie übermittelt diesen Bericht dem Europäischen Parlament, dem Rat und dem Wirtschafts- und Sozialausschuss.

— 69 —

1/2. AEUV

Art. 160 – 165

EUV/AEUV
+ Prot/Erkl
Anhänge
EU-Grundrechte-
Charta + Erl
Irland/Tschech Rep
Änderungs- und
Beitrittsverträge
Liss V + Zus Erl
Liss-Begl Novelle

Artikel 160
(ex-Artikel 144 EGV)

Der Rat, der mit einfacher Mehrheit beschließt, setzt nach Anhörung des Europäischen Parlaments einen Ausschuss für Sozialschutz mit beratender Aufgabe ein, um die Zusammenarbeit im Bereich des sozialen Schutzes zwischen den Mitgliedstaaten und mit der Kommission zu fördern. Der Aus schuss hat folgende Aufgaben:

– Er verfolgt die soziale Lage und die Entwicklung der Politiken im Bereich des sozialen Schutzes in den Mitgliedstaaten und der Union;

– er fördert den Austausch von Informationen, Erfahrungen und bewährten Verfahren zwischen den Mitgliedstaaten und mit der Kommission;

– unbeschadet des Artikels 240 arbeitet er auf Ersuchen des Rates oder der Kommission oder von sich aus in seinem Zuständigkeitsbereich Berichte aus, gibt Stellungnahmen ab oder wird auf andere Weise tätig.

Bei der Erfüllung seines Auftrags stellt der Ausschuss geeignete Kontakte zu den Sozialpartnern her.

Jeder Mitgliedstaat und die Kommission ernennen zwei Mitglieder des Ausschusses.

Artikel 161
(ex-Artikel 145 EGV)

Der Jahresbericht der Kommission an das Europäische Parlament hat stets ein besonderes Kapitel über die Entwicklung der sozialen Lage in der Union zu enthalten.

Das Europäische Parlament kann die Kommission auffordern, Berichte über besondere, die soziale Lage betreffende Fragen auszuarbeiten.

TITEL XI
DER EUROPÄISCHE SOZIALFONDS

Artikel 162
(ex-Artikel 146 EGV)

Um die Beschäftigungsmöglichkeiten der Arbeitskräfte im Binnenmarkt zu verbessern und damit zur Hebung der Lebenshaltung beizutragen, wird nach Maßgabe der folgenden Bestimmungen ein Europäischer Sozialfonds errichtet, dessen Ziel es ist, innerhalb der Union die berufliche Verwendbarkeit und die örtliche und berufliche Mobilität der Arbeitskräfte zu fördern sowie die Anpassung an die industriellen Wandlungsprozesse und an Veränderungen der Produktionssysteme insbesondere durch berufliche Bildung und Umschulung zu erleichtern.

Artikel 163
(ex-Artikel 147 EGV)

Die Verwaltung des Fonds obliegt der Kommission.

Die Kommission wird hierbei von einem Ausschuss unterstützt, der aus Vertretern der Regierungen sowie der Arbeitgeber- und der Arbeitnehmerverbände besteht; den Vorsitz führt ein Mitglied der Kommission.

Artikel 164
(ex-Artikel 148 EGV)

Das Europäische Parlament und der Rat erlassen gemäß dem ordentlichen Gesetzgebungsverfahren und nach Anhörung des Wirtschafts- und Sozialausschusses sowie des Ausschusses der Regionen die den Europäischen Sozialfonds betreffenden Durchführungsverordnungen.

TITEL XII
ALLGEMEINE UND BERUFLICHE BILDUNG, JUGEND UND SPORT

Artikel 165
(ex-Artikel 149 EGV)

(1) Die Union trägt zur Entwicklung einer qualitativ hoch stehenden Bildung dadurch bei, dass sie die Zusammenarbeit zwischen den Mitgliedstaaten fördert und die Tätigkeit der Mitgliedstaaten unter strikter Beachtung der Verantwortung der Mitgliedstaaten für die Lehrinhalte und die Gestaltung des Bildungssystems sowie der Vielfalt ihrer Kulturen und Sprachen erforderlichenfalls unterstützt und ergänzt.

Die Union trägt zur Förderung der europäischen Dimension des Sports bei und berücksichtigt dabei dessen besondere Merkmale, dessen auf freiwilligem Engagement basierende Strukturen sowie dessen soziale und pädagogische Funktion.

(2) Die Tätigkeit der Union hat folgende Ziele:

– Entwicklung der europäischen Dimension im Bildungswesen, insbesondere durch Erlernen und Verbreitung der Sprachen der Mitgliedstaaten;

– Förderung der Mobilität von Lernenden und Lehrenden, auch durch die Förderung der akademischen Anerkennung der Diplome und Studienzeiten;

– Förderung der Zusammenarbeit zwischen den Bildungseinrichtungen;

– Ausbau des Informations- und Erfahrungsaustauschs über gemeinsame Probleme im Rahmen der Bildungssysteme der Mitgliedstaaten;

– Förderung des Ausbaus des Jugendaustauschs und des Austauschs sozialpädagogischer Betreuer und verstärkte Beteiligung der Jugendlichen am demokratischen Leben in Europa;

– Förderung der Entwicklung der Fernlehre;

– Entwicklung der europäischen Dimension des Sports durch Förderung der Fairness und der Offenheit von Sportwettkämpfen und der Zusammenarbeit zwischen den für den Sport verantwortlichen Organisationen sowie durch den Schutz der körperlichen und seelischen Unversehrtheit der Sportler, insbesondere der jüngeren Sportler.

(3) Die Union und die Mitgliedstaaten fördern die Zusammenarbeit mit dritten Ländern und den für den Bildungsbereich und den Sport zuständigen internationalen Organisationen, insbesondere dem Europarat.

(4) Als Beitrag zur Verwirklichung der Ziele dieses Artikels

– erlassen das Europäische Parlament und der Rat gemäß dem ordentlichen Gesetzgebungsverfahren und nach Anhörung des Wirtschafts- und Sozialausschusses und des Ausschusses der Regionen Fördermaßnahmen unter Ausschluss jeglicher Harmonisierung der Rechts- und Verwaltungsvorschriften der Mitgliedstaaten;

– erlässt der Rat auf Vorschlag der Kommission Empfehlungen.

Artikel 166
(ex-Artikel 150 EGV)

(1) Die Union führt eine Politik der beruflichen Bildung, welche die Maßnahmen der Mitgliedstaaten unter strikter Beachtung der Verantwortung der Mitgliedstaaten für Inhalt und Gestaltung der beruflichen Bildung unterstützt und ergänzt.

(2) Die Tätigkeit der Union hat folgende Ziele:

– Erleichterung der Anpassung an die industriellen Wandlungsprozesse, insbesondere durch berufliche Bildung und Umschulung;

– Verbesserung der beruflichen Erstausbildung und Weiterbildung zur Erleichterung der beruflichen Eingliederung und Wiedereingliederung in den Arbeitsmarkt;

– Erleichterung der Aufnahme einer beruflichen Bildung sowie Förderung der Mobilität der Ausbilder und der in beruflicher Bildung befindlichen Personen, insbesondere der Jugendlichen;

– Förderung der Zusammenarbeit in Fragen der beruflichen Bildung zwischen Unterrichtsanstalten und Unternehmen;

– Ausbau des Informations- und Erfahrungsaustauschs über gemeinsame Probleme im Rahmen der Berufsbildungssysteme der Mitgliedstaaten.

(3) Die Union und die Mitgliedstaaten fördern die Zusammenarbeit mit dritten Ländern und den für die berufliche Bildung zuständigen internationalen Organisationen.

(4) Das Europäische Parlament und der Rat erlassen gemäß dem ordentlichen Gesetzgebungsverfahren und nach Anhörung des Wirtschafts- und Sozialausschusses sowie des Ausschusses der Regionen Maßnahmen, die zur Verwirklichung der Ziele dieses Artikels beitragen, unter Ausschluss jeglicher Harmonisierung der Rechts- und Verwaltungsvorschriften der Mitgliedstaaten, und der Rat erlässt auf Vorschlag der Kommission Empfehlungen.

TITEL XIII
KULTUR

Artikel 167
(ex-Artikel 151 EGV)

(1) Die Union leistet einen Beitrag zur Entfaltung der Kulturen der Mitgliedstaaten unter Wahrung ihrer nationalen und regionalen Vielfalt sowie gleichzeitiger Hervorhebung des gemeinsamen kulturellen Erbes.

(2) Die Union fördert durch ihre Tätigkeit die Zusammenarbeit zwischen den Mitgliedstaaten und unterstützt und ergänzt erforderlichenfalls deren Tätigkeit in folgenden Bereichen:

– Verbesserung der Kenntnis und Verbreitung der Kultur und Geschichte der europäischen Völker,

– Erhaltung und Schutz des kulturellen Erbes von europäischer Bedeutung,

– nichtkommerzieller Kulturaustausch,

– künstlerisches und literarisches Schaffen, einschließlich im audiovisuellen Bereich.

— 71 —

1/2. AEUV

Art. 167 – 168

EUV/AEUV
+ Prot/Erkl
Anhänge
EU-Grundrechte-
Charta + Erl
Irland/Tschech Rep
Änderungs- und
Beitrittsverträge
LissV + ZusErl
Liss-BeglNovelle

(3) Die Union und die Mitgliedstaaten fördern die Zusammenarbeit mit dritten Ländern und den für den Kulturbereich zuständigen internationalen Organisationen, insbesondere mit dem Europarat.

(4) Die Union trägt bei ihrer Tätigkeit aufgrund anderer Bestimmungen der Verträge den kulturellen Aspekten Rechnung, insbesondere zur Wahrung und Förderung der Vielfalt ihrer Kulturen.

(5) Als Beitrag zur Verwirklichung der Ziele dieses Artikels

– erlassen das Europäische Parlament und der Rat gemäß dem ordentlichen Gesetzgebungsverfahren und nach Anhörung des Ausschusses der Regionen Fördermaßnahmen unter Ausschluss jeglicher Harmonisierung der Rechts- und Verwaltungsvorschriften der Mitgliedstaaten.

– erlässt der Rat auf Vorschlag der Kommission Empfehlungen.

TITEL XIV

GESUNDHEITSWESEN

Artikel 168
(ex-Artikel 152 EGV)

(1) Bei der Festlegung und Durchführung aller Unionspolitiken und -maßnahmen wird ein hohes Gesundheitsschutzniveau sichergestellt.

Die Tätigkeit der Union ergänzt die Politik der Mitgliedstaaten und ist auf die Verbesserung der Gesundheit der Bevölkerung, die Verhütung von Humankrankheiten und die Beseitigung von Ursachen für die Gefährdung der körperlichen und geistigen Gesundheit gerichtet. Sie umfasst die Bekämpfung der weit verbreiteten schweren Krankheiten, wobei die Erforschung der Ursachen, der Übertragung und der Verhütung dieser Krankheiten sowie Gesundheitsinformation und -erziehung gefördert werden; außerdem umfasst sie die Beobachtung, frühzeitige Meldung und Bekämpfung schwerwiegender grenzüberschreitender Gesundheitsgefahren.

Die Union ergänzt die Maßnahmen der Mitgliedstaaten zur Verringerung drogenkonsumbedingter Gesundheitsschäden einschließlich der Informations- und Vorbeugungsmaßnahmen.

(2) Die Union fördert die Zusammenarbeit zwischen den Mitgliedstaaten in den in diesem Artikel genannten Bereichen und unterstützt erforderlichenfalls deren Tätigkeit. Sie fördert insbesondere die Zusammenarbeit zwischen den Mitgliedstaaten, die darauf abzielt, die Komplementarität ihrer Gesundheitsdienste in den Grenzgebieten zu verbessern.

Die Mitgliedstaaten koordinieren untereinander im Benehmen mit der Kommission ihre Politiken und Programme in den in Absatz 1 genannten Bereichen. Die Kommission kann in enger Verbindung mit den Mitgliedstaaten alle Initiativen ergreifen, die dieser Koordinierung förderlich sind, insbesondere Initiativen, die darauf abzielen, Leitlinien und Indikatoren festzulegen, den Austausch bewährter Verfahren durchzuführen und die erforderlichen Elemente für eine regelmäßige Überwachung und Bewertung auszuarbeiten. Das Europäische Parlament wird in vollem Umfang unterrichtet.

(3) Die Union und die Mitgliedstaaten fördern die Zusammenarbeit mit dritten Ländern und den für das Gesundheitswesen zuständigen internationalen Organisationen.

(4) Abweichend von Artikel 2 Absatz 5 und Artikel 6 Buchstabe a tragen das Europäische Parlament und der Rat nach Artikel 4 Absatz 2 Buchstabe k gemäß dem ordentlichen Gesetzgebungsverfahren und nach Anhörung des Wirtschafts- und Sozialausschusses sowie des Ausschusses der Regionen mit folgenden Maßnahmen zur Verwirklichung der Ziele dieses Artikels bei, um den gemeinsamen Sicherheitsanliegen Rechnung zu tragen:

a) Maßnahmen zur Festlegung hoher Qualitäts- und Sicherheitsstandards für Organe und Substanzen menschlichen Ursprungs sowie für Blut und Blutderivate; diese Maßnahmen hindern die Mitgliedstaaten nicht daran, strengere Schutzmaßnahmen beizubehalten oder einzuführen;

b) Maßnahmen in den Bereichen Veterinärwesen und Pflanzenschutz, die unmittelbar den Schutz der Gesundheit der Bevölkerung zum Ziel haben;

c) Maßnahmen zur Festlegung hoher Qualitäts- und Sicherheitsstandards für Arzneimittel und Medizinprodukte.

(5) Das Europäische Parlament und der Rat können unter Ausschluss jeglicher Harmonisierung der Rechtsvorschriften der Mitgliedstaaten gemäß dem ordentlichen Gesetzgebungsverfahren und nach Anhörung des Wirtschafts- und Sozialausschusses und des Ausschusses der Regionen auch Fördermaßnahmen zum Schutz und zur Verbesserung der menschlichen Gesundheit sowie insbesondere zur Bekämpfung der weit verbreiteten schweren grenzüberschreitenden Krankheiten, Maßnahmen zur Beobachtung, frühzeitigen Mel-

dung und Bekämpfung schwerwiegender grenzüberschreitender Gesundheitsgefahren sowie Maßnahmen, die unmittelbar den Schutz der Gesundheit der Bevölkerung vor Tabakkonsum und Alkoholmissbrauch zum Ziel haben, erlassen.

(6) Der Rat kann ferner auf Vorschlag der Kommission für die in diesem Artikel genannten Zwecke Empfehlungen erlassen.

(7) Bei der Tätigkeit der Union wird die Verantwortung der Mitgliedstaaten für die Festlegung ihrer Gesundheitspolitik sowie für die Organisation des Gesundheitswesens und die medizinische Versorgung gewahrt. Die Verantwortung der Mitgliedstaaten umfasst die Verwaltung des Gesundheitswesens und der medizinischen Versorgung sowie die Zuweisung der dafür bereitgestellten Mittel. Die Maßnahmen nach Absatz 4 Buchstabe a lassen die einzelstaatlichen Regelungen über die Spende oder die medizinische Verwendung von Organen und Blut unberührt.

TITEL XV
VERBRAUCHERSCHUTZ

Artikel 169
(ex-Artikel 153 EGV)

(1) Zur Förderung der Interessen der Verbraucher und zur Gewährleistung eines hohen Verbraucherschutzniveaus leistet die Union einen Beitrag zum Schutz der Gesundheit, der Sicherheit und der wirtschaftlichen Interessen der Verbraucher sowie zur Förderung ihres Rechtes auf Information, Erziehung und Bildung von Vereinigungen zur Wahrung ihrer Interessen.

(2) Die Union leistet einen Beitrag zur Erreichung der in Absatz 1 genannten Ziele durch

a) Maßnahmen, die sie im Rahmen der Verwirklichung des Binnenmarkts nach Artikel 114 erlässt;

b) Maßnahmen zur Unterstützung, Ergänzung und Überwachung der Politik der Mitgliedstaaten.

(3) Das Europäische Parlament und der Rat beschließen gemäß dem ordentlichen Gesetzgebungsverfahren und nach Anhörung des Wirtschafts- und Sozialausschusses die Maßnahmen nach Absatz 2 Buchstabe b.

(4) Die nach Absatz 3 beschlossenen Maßnahmen hindern die einzelnen Mitgliedstaaten nicht daran, strengere Schutzmaßnahmen beizubehalten oder zu ergreifen. Diese Maßnahmen müssen mit den Verträgen vereinbar sein. Sie werden der Kommission mitgeteilt.

TITEL XVI
TRANSEUROPÄISCHE NETZE

Artikel 170
(ex-Artikel 154 EGV)

(1) Um einen Beitrag zur Verwirklichung der Ziele der Artikel 26 und 174 zu leisten und den Bürgern der Union, den Wirtschaftsbeteiligten sowie den regionalen und lokalen Gebietskörperschaften in vollem Umfang die Vorteile zugute kommen zu lassen, die sich aus der Schaffung eines Raumes ohne Binnengrenzen ergeben, trägt die Union zum Auf- und Ausbau transeuropäischer Netze in den Bereichen der Verkehrs-, Telekommunikations- und Energieinfrastruktur bei.

(2) Die Tätigkeit der Union zielt im Rahmen eines Systems offener und wettbewerbsorientierter Märkte auf die Förderung des Verbunds und der Interoperabilität der einzelstaatlichen Netze sowie des Zugangs zu diesen Netzen ab. Sie trägt insbesondere der Notwendigkeit Rechnung, insulare, eingeschlossene und am Rande gelegene Gebiete mit den zentralen Gebieten der Union zu verbinden.

Artikel 171
(ex-Artikel 155 EGV)

(1) Zur Erreichung der Ziele des Artikels 170 geht die Union wie folgt vor:
– Sie stellt eine Reihe von Leitlinien auf, in denen die Ziele, die Prioritäten und die Grundzüge der im Bereich der transeuropäischen Netze in Betracht gezogenen Aktionen erfasst werden; in diesen Leitlinien werden Vorhaben von gemeinsamem Interesse ausgewiesen;
– sie führt jede Aktion durch, die sich gegebenenfalls als notwendig erweist, um die Interoperabilität der Netze zu gewährleisten, insbesondere im Bereich der Harmonisierung der technischen Normen;
– sie kann von den Mitgliedstaaten unterstützte Vorhaben von gemeinsamem Interesse, die im Rahmen der Leitlinien gemäß dem ersten Gedankenstrich ausgewiesen sind, insbesondere in Form von Durchführbarkeitsstudien, Anleihebürgschaften oder Zinszuschüssen unterstützen; die Union kann auch über den nach Artikel 177 errichteten Kohäsionsfonds zu spezifischen Verkehrsinfrastrukturvorhaben in den Mitgliedstaaten finanziell beitragen.

Die Union berücksichtigt bei ihren Maßnahmen die potenzielle wirtschaftliche Lebensfähigkeit der Vorhaben.

— 73 —

1/2. AEUV

Art. 171 – 174

EUV/AEUV
+ Prot/Erkl
Anhänge
EU-Grundrechte-
Charta + Erl
Irland Tschech Rep
Änderungs- und
Beitrittsverträge
Liss V + Zus Erl
Liss-Begl Novelle

(2) Die Mitgliedstaaten koordinieren untereinander in Verbindung mit der Kommission die einzelstaatlichen Politiken, die sich erheblich auf die Verwirklichung der Ziele des Artikels 170 auswirken können. Die Kommission kann in enger Zusammenarbeit mit den Mitgliedstaaten alle Initiativen ergreifen, die dieser Koordinierung förderlich sind.

(3) Die Union kann beschließen, mit dritten Ländern zur Förderung von Vorhaben von gemeinsamem Interesse sowie zur Sicherstellung der Interoperabilität der Netze zusammenzuarbeiten.

Artikel 172
(ex-Artikel 156 EGV)

Die Leitlinien und die übrigen Maßnahmen nach Artikel 171 Absatz 1 werden vom Europäischen Parlament und vom Rat gemäß dem ordentlichen Gesetzgebungsverfahren und nach Anhörung des Wirtschafts- und Sozialausschusses und des Ausschusses der Regionen festgelegt.

Leitlinien und Vorhaben von gemeinsamem Interesse, die das Hoheitsgebiet eines Mitgliedstaats betreffen, bedürfen der Billigung des betroffenen Mitgliedstaats.

TITEL XVII
INDUSTRIE

Artikel 173
(ex-Artikel 157 EGV)

(1) Die Union und die Mitgliedstaaten sorgen dafür, dass die notwendigen Voraussetzungen für die Wettbewerbsfähigkeit der Industrie der Union gewährleistet sind.

Zu diesem Zweck zielt ihre Tätigkeit entsprechend einem System offener und wettbewerbsorientierter Märkte auf Folgendes ab:
– Erleichterung der Anpassung der Industrie an die strukturellen Veränderungen;
– Förderung eines für die Initiative und Weiterentwicklung der Unternehmen in der gesamten Union, insbesondere der kleinen und mittleren Unternehmen, günstigen Umfelds;
– Förderung eines für die Zusammenarbeit zwischen Unternehmen günstigen Umfelds;
– Förderung einer besseren Nutzung des industriellen Potenzials der Politik in den Bereichen Innovation, Forschung und technologische Entwicklung.

(2) Die Mitgliedstaaten konsultieren einander in Verbindung mit der Kommission und koordinieren, soweit erforderlich, ihre Maßnahmen. Die Kommission kann alle Initiativen ergreifen, die dieser Koordinierung förderlich sind, insbesondere Initiativen, die darauf abzielen, Leitlinien und Indikatoren festzulegen, den Austausch bewährter Verfahren durchzuführen und die erforderlichen Elemente für eine regelmäßige Überwachung und Bewertung auszuarbeiten. Das Europäische Parlament wird in vollem Umfang unterrichtet.

(3) Die Union trägt durch die Politik und die Maßnahmen, die sie aufgrund anderer Bestimmungen der Verträge durchführt, zur Erreichung der Ziele des Absatzes 1 bei. Das Europäische Parlament und der Rat können unter Ausschluss jeglicher Harmonisierung der Rechtsvorschriften der Mitgliedstaaten gemäß dem ordentlichen Gesetzgebungsverfahren und nach Anhörung des Wirtschafts- und Sozialausschusses spezifische Maßnahmen zur Unterstützung der in den Mitgliedstaaten durchgeführten Maßnahmen im Hinblick auf die Verwirklichung der Ziele des Absatzes 1 beschließen.

Dieser Titel bietet keine Grundlage dafür, dass die Union irgendeine Maßnahme einführt, die zu Wettbewerbsverzerrungen führen könnte oder steuerliche Vorschriften oder Bestimmungen betreffend die Rechte und Interessen der Arbeitnehmer enthält.

TITEL XVIII
WIRTSCHAFTLICHER, SOZIALER UND TERRITORIALER ZUSAMMENHALT

Artikel 174
(ex-Artikel 158 EGV)

Die Union entwickelt und verfolgt weiterhin ihre Politik zur Stärkung ihres wirtschaftlichen, sozialen und territorialen Zusammenhalts, um eine harmonische Entwicklung der Union als Ganzes zu fördern.

Die Union setzt sich insbesondere zum Ziel, die Unterschiede im Entwicklungsstand der verschiedenen Regionen und den Rückstand der am stärksten benachteiligten Gebiete zu verringern.

Unter den betreffenden Gebieten gilt besondere Aufmerksamkeit den ländlichen Gebieten, den vom industriellen Wandel betroffenen Gebieten und den Gebieten mit schweren und dauerhaften natürlichen oder demografischen Nachteilen, wie den nördlichsten Regionen mit sehr geringer Bevölkerungsdichte sowie den Insel-, Grenz- und Bergregionen.

Artikel 175
(ex-Artikel 159 EGV)

Die Mitgliedstaaten führen und koordinieren ihre Wirtschaftspolitik in der Weise, dass auch die in Artikel 174 genannten Ziele erreicht werden. Die Festlegung und Durchführung der Politiken und Aktionen der Union sowie die Errichtung des Binnenmarkts berücksichtigen die Ziele des Artikels 174 und tragen zu deren Verwirklichung bei. Die Union unterstützt auch diese Bemühungen durch die Politik, die sie mit Hilfe der Strukturfonds (Europäischer Ausrichtungs- und Garantiefonds für die Landwirtschaft – Abteilung Ausrichtung, Europäischer Sozialfonds, Europäischer Fonds für regionale Entwicklung), der Europäischen Investitionsbank und der sonstigen vorhandenen Finanzierungsinstrumente führt.

Die Kommission erstattet dem Europäischen Parlament, dem Rat, dem Wirtschafts- und Sozialausschuss und dem Ausschuss der Regionen alle drei Jahre Bericht über die Fortschritte bei der Verwirklichung des wirtschaftlichen, sozialen und territorialen Zusammenhalts und über die Art und Weise, in der die in diesem Artikel vorgesehenen Mittel hierzu beigetragen haben. Diesem Bericht werden erforderlichenfalls entsprechende Vorschläge beigefügt.

Falls sich spezifische Aktionen außerhalb der Fonds und unbeschadet der im Rahmen der anderen Politiken der Union beschlossenen Maßnahmen als erforderlich erweisen, so können sie vom Europäischen Parlament und vom Rat gemäß dem ordentlichen Gesetzgebungsverfahren nach Anhörung des Wirtschafts- und Sozialausschusses und des Ausschusses der Regionen beschlossen werden.

Artikel 176
(ex-Artikel 160 EGV)

Aufgabe des Europäischen Fonds für regionale Entwicklung ist es, durch Beteiligung an der Entwicklung und an der strukturellen Anpassung der rückständigen Gebiete und an der Umstellung der Industriegebiete mit rückläufiger Entwicklung zum Ausgleich der wichtigsten regionalen Ungleichgewichte in der Union beizutragen.

Artikel 177
(ex-Artikel 161 EGV)

Unbeschadet des Artikels 178 legen das Europäische Parlament und der Rat durch Verordnungen gemäß dem ordentlichen Gesetzgebungsverfahren und nach Anhörung des Wirtschafts- und Sozialausschusses und des Ausschusses der Regionen die Aufgaben, die vorrangigen Ziele und die Organisation der Strukturfonds fest, was ihre Neuordnung einschließen kann. Nach demselben Verfahren werden ferner die für die Fonds geltenden allgemeinen Regeln sowie die Bestimmungen festgelegt, die zur Gewährleistung einer wirksamen Arbeitsweise und zur Koordinierung der Fonds sowohl untereinander als auch mit den anderen vorhandenen Finanzierungsinstrumenten erforderlich sind.

Ein nach demselben Verfahren errichteter Kohäsionsfonds trägt zu Vorhaben in den Bereichen Umwelt und transeuropäische Netze auf dem Gebiet der Verkehrsinfrastruktur finanziell bei.

Artikel 178
(ex-Artikel 162 EGV)

Die den Europäischen Fonds für regionale Entwicklung betreffenden Durchführungsverordnungen werden vom Europäischen Parlament und vom Rat gemäß dem ordentlichen Gesetzgebungsverfahren und nach Anhörung des Wirtschafts- und Sozialausschusses sowie des Ausschusses der Regionen gefasst.

Für den Europäischen Ausrichtungs- und Garantiefonds für die Landwirtschaft, Abteilung Ausrichtung, und den Europäischen Sozialfonds sind die Artikel 43 bzw. 164 weiterhin anwendbar.

TITEL XIX
FORSCHUNG, TECHNOLOGISCHE ENTWICKLUNG UND RAUMFAHRT

Artikel 179
(ex-Artikel 163 EGV)

(1) Die Union hat zum Ziel, ihre wissenschaftlichen und technologischen Grundlagen dadurch zu stärken, dass ein europäischer Raum der Forschung geschaffen wird, in dem Freizügigkeit für Forscher herrscht und wissenschaftliche Erkenntnisse und Technologien frei ausgetauscht werden, die Entwicklung ihrer Wettbewerbsfähigkeit einschließlich der ihrer Industrie zu fördern sowie alle Forschungsmaßnahmen zu unterstützen, die aufgrund anderer Kapitel der Verträge für erforderlich gehalten werden.

(2) In diesem Sinne unterstützt sie in der gesamten Union die Unternehmen – einschließ-

— 75 —

1/2. AEUV
Art. 179 – 182

EUV/AEUV
+ Prot/Erkl
Anhänge
EU-Grundrechte-
Charta + Erl
Irland/Tschech Rep
Änderungs- und
Beitrittsverträge
LissV + ZusErl
Liss-BeglNovelle

lich der kleinen und mittleren Unternehmen –, die Forschungszentren und die Hochschulen bei ihren Bemühungen auf dem Gebiet der Forschung und technologischen Entwicklung von hoher Qualität; sie fördert ihre Zusammenarbeitsbestrebungen, damit vor allem die Forscher ungehindert über die Grenzen hinweg zusammenarbeiten und die Unternehmen die Möglichkeiten des Binnenmarkts in vollem Umfang nutzen können, und zwar insbesondere durch Öffnen des einzelstaatlichen öffentlichen Auftragswesens, Festlegung gemeinsamer Normen und Beseitigung der dieser Zusammenarbeit entgegenstehenden rechtlichen und steuerlichen Hindernisse.

(3) Alle Maßnahmen der Union aufgrund der Verträge auf dem Gebiet der Forschung und der technologischen Entwicklung einschließlich der Demonstrationsvorhaben werden nach Maßgabe dieses Titels beschlossen und durchgeführt.

Artikel 180
(ex-Artikel 164 EGV)

Zur Erreichung dieser Ziele trifft die Union folgende Maßnahmen, welche die in den Mitgliedstaaten durchgeführten Aktionen ergänzen:

a) Durchführung von Programmen für Forschung, technologische Entwicklung und Demonstration unter Förderung der Zusammenarbeit mit und zwischen Unternehmen, Forschungszentren und Hochschulen;

b) Förderung der Zusammenarbeit mit dritten Ländern und internationalen Organisationen auf dem Gebiet der Forschung der Union, technologischen Entwicklung und Demonstration;

c) Verbreitung und Auswertung der Ergebnisse der Tätigkeiten auf dem Gebiet der Forschung der Union, technologischen Entwicklung und Demonstration;

d) Förderung der Ausbildung und der Mobilität der Forscher aus der Union.

Artikel 181
(ex-Artikel 165 EGV)

(1) Die Union und die Mitgliedstaaten koordinieren ihre Tätigkeiten auf dem Gebiet der Forschung und der technologischen Entwicklung, um die Kohärenz der einzelstaatlichen Politiken und der Politik der Union sicherzustellen.

(2) Die Kommission kann in enger Zusammenarbeit mit den Mitgliedstaaten alle Initiativen ergreifen, die der Koordinierung nach Absatz 1 förderlich sind, insbesondere Initiativen, die darauf abzielen, Leitlinien und Indikatoren festzulegen, den Austausch bewährter Verfahren durchzuführen und die erforderlichen Elemente für eine regelmäßige Überwachung und Bewertung auszuarbeiten. Das Europäische Parlament wird in vollem Umfang unterrichtet.

Artikel 182
(ex-Artikel 166 EGV)

(1) Das Europäische Parlament und der Rat stellen gemäß dem ordentlichen Gesetzgebungsverfahren und nach Anhörung des Wirtschafts- und Sozialausschusses ein mehrjähriges Rahmenprogramm auf, in dem alle Aktionen der Union zusammengefasst werden.

In dem Rahmenprogramm werden

– die wissenschaftlichen und technologischen Ziele, die mit den Maßnahmen nach Artikel 180 erreicht werden sollen, sowie die jeweiligen Prioritäten festgelegt;

– die Grundzüge dieser Maßnahmen angegeben;

– der Gesamthöchstbetrag und die Einzelheiten der finanziellen Beteiligung der Union am Rahmenprogramm sowie die jeweiligen Anteile der vorgesehenen Maßnahmen festgelegt.

(2) Das Rahmenprogramm wird je nach Entwicklung der Lage angepasst oder ergänzt.

(3) Die Durchführung des Rahmenprogramms erfolgt durch spezifische Programme, die innerhalb einer jeden Aktion entwickelt werden. In jedem spezifischen Programm werden die Einzelheiten seiner Durchführung, seine Laufzeit und die für notwendig erachteten Mittel festgelegt. Die Summe der in den spezifischen Programmen für notwendig erachteten Beträge darf den für das Rahmenprogramm und für jede Aktion festgesetzten Gesamthöchstbetrag nicht überschreiten.

(4) Die spezifischen Programme werden vom Rat gemäß einem besonderen Gesetzgebungsverfahren nach Anhörung des Europäischen Parlaments und des Wirtschafts- und Sozialausschusses beschlossen.

(5) Ergänzend zu den in dem mehrjährigen Rahmenprogramm vorgesehenen Aktionen erlassen das Europäische Parlament und der Rat gemäß dem ordentlichen Gesetzgebungsverfahren und nach Anhörung des Wirtschafts- und Sozialausschusses die Maßnahmen, die für die Verwirklichung des Europäischen Raums der Forschung notwendig sind.

Artikel 183
(ex-Artikel 167 EGV)

Zur Durchführung des mehrjährigen Rahmenprogramms legt die Union Folgendes fest:
– die Regeln für die Beteiligung der Unternehmen, der Forschungszentren und der Hochschulen;
– die Regeln für die Verbreitung der Forschungsergebnisse.

Artikel 184
(ex-Artikel 168 EGV)

Bei der Durchführung des mehrjährigen Rahmenprogramms können Zusatzprogramme beschlossen werden, an denen nur bestimmte Mitgliedstaaten teilnehmen, die sie vorbehaltlich einer etwaigen Beteiligung der Union auch finanzieren.

Die Union legt die Regeln für die Zusatzprogramme fest, insbesondere hinsichtlich der Verbreitung der Kenntnisse und des Zugangs anderer Mitgliedstaaten.

Artikel 185
(ex-Artikel 169 EGV)

Die Union kann im Einvernehmen mit den betreffenden Mitgliedstaaten bei der Durchführung des mehrjährigen Rahmenprogramms eine Beteiligung an Forschungs- und Entwicklungsprogrammen mehrerer Mitgliedstaaten, einschließlich der Beteiligung an den zu ihrer Durchführung geschaffenen Strukturen, vorsehen.

Artikel 186
(ex-Artikel 170 EGV)

Die Union kann bei der Durchführung des mehrjährigen Rahmenprogramms eine Zusammenarbeit auf dem Gebiet der Forschung, technologischen Entwicklung und Demonstration der Union mit dritten Ländern oder internationalen Organisationen vorsehen.

Die Einzelheiten dieser Zusammenarbeit können Gegenstand von Abkommen zwischen der Union und den betreffenden dritten Parteien sein.

Artikel 187
(ex-Artikel 171 EGV)

Die Union kann gemeinsame Unternehmen gründen oder andere Strukturen schaffen, die für die ordnungsgemäße Durchführung der Programme für Forschung, technologische Entwicklung und Demonstration der Union erforderlich sind.

Artikel 188
(ex-Artikel 172)

Der Rat legt auf Vorschlag der Kommission und nach Anhörung des Europäischen Parlaments und des Wirtschafts- und Sozialausschusses die in Artikel 187 vorgesehenen Bestimmungen fest.

Das Europäische Parlament und der Rat legen gemäß dem ordentlichen Gesetzgebungsverfahren und nach Anhörung des Wirtschafts- und Sozialausschusses die in den Artikeln 183, 184 und 185 vorgesehenen Bestimmungen fest. Für die Verabschiedung der Zusatzprogramme ist die Zustimmung der daran beteiligten Mitgliedstaaten erforderlich.

Artikel 189

(1) Zur Förderung des wissenschaftlichen und technischen Fortschritts, der Wettbewerbsfähigkeit der Industrie und der Durchführung ihrer Politik arbeitet die Union eine europäische Raumfahrtpolitik aus. Sie kann zu diesem Zweck gemeinsame Initiativen fördern, die Forschung und technologische Entwicklung unterstützen und die Anstrengungen zur Erforschung und Nutzung des Weltraums koordinieren.

(2) Als Beitrag zur Erreichung der Ziele des Absatzes 1 werden vom Europäischen Parlament und vom Rat unter Ausschluss jeglicher Harmonisierung der Rechtsvorschriften der Mitgliedstaaten gemäß dem ordentlichen Gesetzgebungsverfahren die notwendigen Maßnahmen erlassen, was in Form eines europäischen Raumfahrtprogramms geschehen kann.

(3) Die Union stellt die zweckdienlichen Verbindungen zur Europäischen Weltraumorganisation her.

(4) Dieser Artikel gilt unbeschadet der sonstigen Bestimmungen dieses Titels.

Artikel 190
(ex-Artikel 173 EGV)

Zu Beginn jedes Jahres unterbreitet die Kommission dem Europäischen Parlament und dem Rat einen Bericht. Dieser Bericht erstreckt sich insbesondere auf die Tätigkeiten auf dem Gebiet der Forschung und technologischen Entwicklung und der Verbreitung der Ergebnisse dieser Tätigkeiten während des Vorjahres sowie auf das Arbeitsprogramm des laufenden Jahres.

1/2. AEUV
Art. 191 – 192

EUV/AEUV
+ Prot/Erkl
EU-Grundrechte-
Charta + Erl
Irland Tschech Rep
Änderungs- und
Beitrittsverträge
LissV + ZusErl
Liss-BeglNovelle

TITEL XX
UMWELT

Artikel 191
(ex-Artikel 174 EGV)

(1) Die Umweltpolitik der Union trägt zur Verfolgung der nachstehenden Ziele bei:
– Erhaltung und Schutz der Umwelt sowie Verbesserung ihrer Qualität;
– Schutz der menschlichen Gesundheit;
– umsichtige und rationelle Verwendung der natürlichen Ressourcen;
– Förderung von Maßnahmen auf internationaler Ebene zur Bewältigung regionaler oder globaler Umweltprobleme und insbesondere zur Bekämpfung des Klimawandels.

(2) Die Umweltpolitik der Union zielt unter Berücksichtigung der unterschiedlichen Gegebenheiten in den einzelnen Regionen der Union auf ein hohes Schutzniveau ab. Sie beruht auf den Grundsätzen der Vorsorge und Vorbeugung, auf dem Grundsatz, Umweltbeeinträchtigungen mit Vorrang an ihrem Ursprung zu bekämpfen, sowie auf dem Verursacherprinzip.

Im Hinblick hierauf umfassen die den Erfordernissen des Umweltschutzes entsprechenden Harmonisierungsmaßnahmen gegebenenfalls eine Schutzklausel, mit der die Mitgliedstaaten ermächtigt werden, aus nicht wirtschaftlich bedingten umweltpolitischen Gründen vorläufige Maßnahmen zu treffen, die einem Kontrollverfahren der Union unterliegen.

(3) Bei der Erarbeitung ihrer Umweltpolitik berücksichtigt die Union
– die verfügbaren wissenschaftlichen und technischen Daten;
– die Umweltbedingungen in den einzelnen Regionen der Union;
– die Vorteile und die Belastung aufgrund des Tätigwerdens bzw. eines Nichttätigwerdens;
– die wirtschaftliche und soziale Entwicklung der Union insgesamt sowie die ausgewogene Entwicklung ihrer Regionen.

(4) Die Union und die Mitgliedstaaten arbeiten im Rahmen ihrer jeweiligen Befugnisse mit dritten Ländern und den zuständigen internationalen Organisationen zusammen. Die Einzelheiten der Zusammenarbeit der Union können Gegenstand von Abkommen zwischen dieser und den betreffenden dritten Parteien sein.

Unterabsatz 1 berührt nicht die Zuständigkeit der Mitgliedstaaten, in internationalen Gremien zu verhandeln und internationale Abkommen zu schließen.

Artikel 192
(ex-Artikel 175 EGV)

(1) Das Europäische Parlament und der Rat beschließen gemäß dem ordentlichen Gesetzgebungsverfahren und nach Anhörung des Wirtschafts- und Sozialausschusses sowie des Ausschusses der Regionen über das Tätigwerden der Union zur Erreichung der in Artikel 191 genannten Ziele.

(2) Abweichend von dem Beschlussverfahren des Absatzes 1 und unbeschadet des Artikels 114 erlässt der Rat gemäß einem besonderen Gesetzgebungsverfahren nach Anhörung des Europäischen Parlaments, des Wirtschafts- und Sozialausschusses sowie des Ausschusses der Regionen einstimmig
a) Vorschriften überwiegend steuerlicher Art;
b) Maßnahmen, die
– die Raumordnung berühren,
– die mengenmäßige Bewirtschaftung der Wasserressourcen berühren oder die Verfügbarkeit dieser Ressourcen mittelbar oder unmittelbar betreffen,
– die Bodennutzung mit Ausnahme der Abfallbewirtschaftung berühren;
c) Maßnahmen, welche die Wahl eines Mitgliedstaats zwischen verschiedenen Energiequellen und die allgemeine Struktur seiner Energieversorgung erheblich berühren.

Der Rat kann auf Vorschlag der Kommission und nach Anhörung des Europäischen Parlaments, des Wirtschafts- und Sozialausschusses und des Ausschusses der Regionen einstimmig festlegen, dass für die in Unterabsatz 1 genannten Bereiche das ordentliche Gesetzgebungsverfahren gilt.

(3) Das Europäische Parlament und der Rat beschließen gemäß dem ordentlichen Gesetzgebungsverfahren und nach Anhörung des Wirtschafts- und Sozialausschusses sowie des Ausschusses der Regionen allgemeine Aktionsprogramme, in denen die vorrangigen Ziele festgelegt werden.

Die zur Durchführung dieser Programme erforderlichen Maßnahmen werden, je nach Fall, nach dem in Absatz 1 beziehungsweise Absatz 2 vorgesehenen Verfahren erlassen.

(4) Unbeschadet bestimmter Maßnahmen der Union tragen die Mitgliedstaaten für die

Finanzierung und Durchführung der Umweltpolitik Sorge.

(5) Sofern eine Maßnahme nach Absatz 1 mit unverhältnismäßig hohen Kosten für die Behörden eines Mitgliedstaats verbunden ist, werden darin unbeschadet des Verursacherprinzips geeignete Bestimmungen in folgender Form vorgesehen:

– vorübergehende Ausnahmeregelungen und/oder
– eine finanzielle Unterstützung aus dem nach Artikel 177 errichteten Kohäsionsfonds.

Artikel 193
(ex-Artikel 176 EGV)

Die Schutzmaßnahmen, die aufgrund des Artikels 192 getroffen werden, hindern die einzelnen Mitgliedstaaten nicht daran, verstärkte Schutzmaßnahmen beizubehalten oder zu ergreifen. Die betreffenden Maßnahmen müssen mit den Verträgen vereinbar sein. Sie werden der Kommission notifiziert.

TITEL XXI
ENERGIE

Artikel 194

(1) Die Energiepolitik der Union verfolgt im Geiste der Solidarität zwischen den Mitgliedstaaten im Rahmen der Verwirklichung oder des Funktionierens des Binnenmarkts und unter Berücksichtigung der Notwendigkeit der Erhaltung und Verbesserung der Umwelt folgende Ziele:

a) Sicherstellung des Funktionierens des Energiemarkts;
b) Gewährleistung der Energieversorgungssicherheit in der Union;
c) Förderung der Energieeffizienz und von Energieeinsparungen sowie Entwicklung neuer und erneuerbarer Energiequellen und
d) Förderung der Interkonnektion der Energienetze.

(2) Unbeschadet der Anwendung anderer Bestimmungen der Verträge erlassen das Europäische Parlament und der Rat gemäß dem ordentlichen Gesetzgebungsverfahren die Maßnahmen, die erforderlich sind, um die Ziele nach Absatz 1 zu verwirklichen. Der Erlass dieser Maßnahmen erfolgt nach Anhörung des Wirtschafts- und Sozialausschusses und des Ausschusses der Regionen.

Diese Maßnahmen berühren unbeschadet des Artikels 192 Absatz 2 Buchstabe c nicht das Recht eines Mitgliedstaats, die Bedingungen für die Nutzung seiner Energieressourcen, seine Wahl zwischen verschiedenen Energiequellen und die allgemeine Struktur seiner Energieversorgung zu bestimmen.

(3) Abweichend von Absatz 2 erlässt der Rat die darin genannten Maßnahmen gemäß einem besonderen Gesetzgebungsverfahren einstimmig nach Anhörung des Europäischen Parlaments, wenn sie überwiegend steuerlicher Art sind.

TITEL XXII
TOURISMUS

Artikel 195

(1) Die Union ergänzt die Maßnahmen der Mitgliedstaaten im Tourismussektor, insbesondere durch die Förderung der Wettbewerbsfähigkeit der Unternehmen der Union in diesem Sektor.

Die Union verfolgt zu diesem Zweck mit ihrer Tätigkeit das Ziel,

a) die Schaffung eines günstigen Umfelds für die Entwicklung der Unternehmen in diesem Sektor anzuregen;
b) die Zusammenarbeit zwischen den Mitgliedstaaten insbesondere durch den Austausch bewährter Praktiken zu unterstützen.

(2) Das Europäische Parlament und der Rat erlassen unter Ausschluss jeglicher Harmonisierung der Rechtsvorschriften der Mitgliedstaaten gemäß dem ordentlichen Gesetzgebungsverfahren die spezifischen Maßnahmen zur Ergänzung der Maßnahmen, die die Mitgliedstaaten zur Verwirklichung der in diesem Artikel genannten Ziele durchführen.

TITEL XXIII
KATASTROPHENSCHUTZ

Artikel 196

(1) Die Union fördert die Zusammenarbeit zwischen den Mitgliedstaaten, um die Systeme zur Verhütung von Naturkatastrophen oder von vom Menschen verursachten Katastrophen und zum Schutz vor solchen Katastrophen wirksamer zu gestalten.

Die Tätigkeit der Union hat folgende Ziele:

a) Unterstützung und Ergänzung der Tätigkeit der Mitgliedstaaten auf nationaler, re-

— 79 —

1/2. AEUV

Art. 196 – 199

EUV/AEUV
+ Prot/Erkl
Anhänge
EU-Grundrechte-
Charta + Erl
Irland Tschech Rep
Änderungs- und
Beitrittsverträge
LissV + ZusErl
Liss-BeglNovelle

gionaler und kommunaler Ebene im Hinblick auf die Risikoprävention, auf die Ausbildung der in den Mitgliedstaaten am Katastrophenschutz Beteiligten und auf Einsätze im Falle von Naturkatastrophen oder von vom Menschen verursachten Katastrophen in der Union;

b) Förderung einer schnellen und effizienten Zusammenarbeit in der Union zwischen den einzelstaatlichen Katastrophenschutzstellen;

c) Verbesserung der Kohärenz der Katastrophenschutzmaßnahmen auf internationaler Ebene.

(2) Das Europäische Parlament und der Rat erlassen unter Ausschluss jeglicher Harmonisierung der Rechtsvorschriften der Mitgliedstaaten gemäß dem ordentlichen Gesetzgebungsverfahren die erforderlichen Maßnahmen zur Verfolgung der Ziele des Absatzes 1.

TITEL XXIV
VERWALTUNGSZUSAMMENARBEIT

Artikel 197

(1) Die für das ordnungsgemäße Funktionieren der Union entscheidende effektive Durchführung des Unionsrechts durch die Mitgliedstaaten ist als Frage von gemeinsamem Interesse anzusehen.

(2) Die Union kann die Mitgliedstaaten in ihren Bemühungen um eine Verbesserung der Fähigkeit ihrer Verwaltung zur Durchführung des Unionsrechts unterstützen. Dies kann insbesondere die Erleichterung des Austauschs von Informationen und von Beamten sowie die Unterstützung von Aus- und Weiterbildungsprogrammen beinhalten. Die Mitgliedstaaten müssen diese Unterstützung nicht in Anspruch nehmen. Das Europäische Parlament und der Rat erlassen die erforderlichen Maßnahmen unter Ausschluss jeglicher Harmonisierung der Rechtsvorschriften der Mitgliedstaaten durch Verordnungen gemäß dem ordentlichen Gesetzgebungsverfahren.

(3) Dieser Artikel berührt weder die Verpflichtung der Mitgliedstaaten, das Unionsrecht durchzuführen, noch die Befugnisse und Pflichten der Kommission. Er berührt auch nicht die übrigen Bestimmungen der Verträge, in denen eine Verwaltungszusammenarbeit unter den Mitgliedstaaten sowie zwischen diesen und der Union vorgesehen ist.

VIERTER TEIL
DIE ASSOZIIERUNG DER ÜBERSEEISCHEN LÄNDER UND HOHEITSGEBIETE

Artikel 198
(ex-Artikel 182 EGV)

Die Mitgliedstaaten kommen überein, die außereuropäischen Länder und Hoheitsgebiete, die mit Dänemark, Frankreich, den Niederlanden und dem Vereinigten Königreich besondere Beziehungen unterhalten, der Union zu assoziieren. Diese Länder und Hoheitsgebiete, im Folgenden als „Länder und Hoheitsgebiete" bezeichnet, sind in Anhang II aufgeführt.

Ziel der Assoziierung ist die Förderung der wirtschaftlichen und sozialen Entwicklung der Länder und Hoheitsgebiete und die Herstellung enger Wirtschaftsbeziehungen zwischen ihnen und der gesamten Union.

Entsprechend den in der Präambel dieses Vertrags aufgestellten Grundsätzen soll die Assoziierung in erster Linie den Interessen der Einwohner dieser Länder und Hoheitsgebiete dienen und ihren Wohlstand fördern, um sie der von ihnen erstrebten wirtschaftlichen, sozialen und kulturellen Entwicklung entgegenzuführen.

Artikel 199
(ex-Artikel 183 EGV)

Mit der Assoziierung werden folgende Zwecke verfolgt:

1. Die Mitgliedstaaten wenden auf ihren Handelsverkehr mit den Ländern und Hoheitsgebieten das System an, das sie aufgrund der Verträge untereinander anwenden.

2. Jedes Land oder Hoheitsgebiet wendet auf seinen Handelsverkehr mit den Mitgliedstaaten und den anderen Ländern und Hoheitsgebieten das System an, das es auf den europäischen Staat anwendet, mit dem es besondere Beziehungen unterhält.

3. Die Mitgliedstaaten beteiligen sich an den Investitionen, welche die fortschreitende Entwicklung dieser Länder und Hoheitsgebiete erfordert.

4. Bei Ausschreibungen und Lieferungen für Investitionen, die von der Union finanziert werden, steht die Beteiligung zu gleichen Bedingungen allen natürlichen und juristischen Personen offen, welche die Staatsangehörigkeit der Mitgliedstaaten oder der Länder oder Hoheitsgebiete besitzen.

5. Soweit aufgrund des Artikels 203 nicht Sonderregelungen getroffen werden, gelten zwischen den Mitgliedstaaten und den Ländern und Hoheitsgebieten für das Niederlassungsrecht ihrer Staatsangehörigen und Gesellschaften die Bestimmungen und Verfahrensregeln des Kapitels Niederlassungsfreiheit, und zwar unter Ausschluss jeder Diskriminierung.

Artikel 200
(ex-Artikel 184 EGV)

(1) Zölle bei der Einfuhr von Waren aus den Ländern und Hoheitsgebieten in die Mitgliedstaaten sind verboten; dies geschieht nach Maßgabe des in den Verträgen vorgesehenen Verbots von Zöllen zwischen den Mitgliedstaaten.

(2) In jedem Land und Hoheitsgebiet sind Zölle bei der Einfuhr von Waren aus den Mitgliedstaaten und den anderen Ländern und Hoheitsgebieten nach Maßgabe des Artikels 30 verboten.

(3) Die Länder und Hoheitsgebiete können jedoch Zölle erheben, die den Erfordernissen ihrer Entwicklung und Industrialisierung entsprechen oder als Finanzzölle der Finanzierung ihres Haushalts dienen.

Die in Unterabsatz 1 genannten Zölle dürfen nicht höher sein als diejenigen, die für die Einfuhr von Waren aus dem Mitgliedstaat gelten, mit dem das entsprechende Land oder Hoheitsgebiet besondere Beziehungen unterhält.

(4) Absatz 2 gilt nicht für die Länder und Hoheitsgebiete, die aufgrund besonderer internationaler Verpflichtungen bereits einen nichtdiskriminierenden Zolltarif anwenden.

(5) Die Festlegung oder Änderung der Zollsätze für Waren, die in die Länder und Hoheitsgebiete eingeführt werden, darf weder rechtlich noch tatsächlich zu einer mittelbaren oder unmittelbaren Diskriminierung zwischen den Einfuhren aus den einzelnen Mitgliedstaaten führen.

Artikel 201
(ex-Artikel 185 EGV)

Ist die Höhe der Zollsätze, die bei der Einfuhr in ein Land oder Hoheitsgebiet für Waren aus einem dritten Land gelten, bei Anwendung des Artikels 200 Absatz 1 geeignet, Verkehrsverlagerungen zum Nachteil eines Mitgliedstaats hervorzurufen, so kann dieser die Kommission ersuchen, den anderen Mitgliedstaaten die erforderlichen Abhilfemaßnahmen vorzuschlagen.

Artikel 202
(ex-Artikel 186 EGV)

Vorbehaltlich der Bestimmungen über die Volksgesundheit und die öffentliche Sicherheit und Ordnung werden für die Freizügigkeit der Arbeitskräfte aus den Ländern und Hoheitsgebieten in den Mitgliedstaaten und der Arbeitskräfte aus den Mitgliedstaaten in den Ländern und Hoheitsgebieten Rechtsakte nach Artikel 203 erlassen.

Artikel 203
(ex-Artikel 187 EGV)

Der Rat erlässt einstimmig auf Vorschlag der Kommission und aufgrund der im Rahmen der Assoziierung der Länder und Hoheitsgebiete an die Union erzielten Ergebnisse und der Grundsätze der Verträge die Bestimmungen über die Einzelheiten und das Verfahren für die Assoziierung der Länder und Hoheitsgebiete an die Union. Werden diese Bestimmungen vom Rat gemäß einem besonderen Gesetzgebungsverfahren angenommen, so beschließt er einstimmig auf Vorschlag der Kommission nach Anhörung des Europäischen Parlaments.

Artikel 204
(ex-Artikel 188 EGV)

Die Artikel 198 bis 203 sind auf Grönland anwendbar, vorbehaltlich der spezifischen Bestimmungen für Grönland in dem Protokoll über die Sonderregelung für Grönland im Anhang zu den Verträgen.

FÜNFTER TEIL
DAS AUSWÄRTIGE HANDELN DER UNION

TITEL I
ALLGEMEINE BESTIMMUNGEN ÜBER DAS AUSWÄRTIGE HANDELN DER UNION

Artikel 205

Das Handeln der Union auf internationaler Ebene im Rahmen dieses Teils wird von den Grundsätzen bestimmt, von den Zielen geleitet und an den allgemeinen Bestimmungen ausgerichtet, die in Titel V Kapitel 1 des Vertrags über die Europäische Union niedergelegt sind.

— 81 —

1/2. AEUV
Art. 206 – 208

EUV/AEUV
+ Prot/Erkl
Anhänge
EU-Grundrechte-
Charta + Erl
Irland/Tschech Rep
Änderungs- und
Beitrittsverträge
LissV + ZusErl
Liss-BeglNovelle

TITEL II
GEMEINSAME HANDELSPOLITIK

Artikel 206
(ex-Artikel 131 EGV)

Durch die Schaffung einer Zollunion nach den Artikeln 28 bis 32 trägt die Union im gemeinsamen Interesse zur harmonischen Entwicklung des Welthandels, zur schrittweisen Beseitigung der Beschränkungen im internationalen Handelsverkehr und bei den ausländischen Direktinvestitionen sowie zum Abbau der Zollschranken und anderer Schranken bei.

Artikel 207
(ex-Artikel 133 EGV)

(1) Die gemeinsame Handelspolitik wird nach einheitlichen Grundsätzen gestaltet; dies gilt insbesondere für die Änderung von Zollsätzen, für den Abschluss von Zoll- und Handelsabkommen, die den Handel mit Waren und Dienstleistungen betreffen, und für die Handelsaspekte des geistigen Eigentums, die ausländischen Direktinvestitionen, die Vereinheitlichung der Liberalisierungsmaßnahmen, die Ausfuhrpolitik sowie die handelspolitischen Schutzmaßnahmen, zum Beispiel im Fall von Dumping und Subventionen. Die gemeinsame Handelspolitik wird im Rahmen der Grundsätze und Ziele des auswärtigen Handelns der Union gestaltet.

(2) Das Europäische Parlament und der Rat erlassen durch Verordnungen gemäß dem ordentlichen Gesetzgebungsverfahren die Maßnahmen, mit denen der Rahmen für die Umsetzung der gemeinsamen Handelspolitik bestimmt wird.

(3) Sind mit einem oder mehreren Drittländern oder internationalen Organisationen Abkommen auszuhandeln und zu schließen, so findet Artikel 218 vorbehaltlich der besonderen Bestimmungen dieses Artikels Anwendung.

Die Kommission legt dem Rat Empfehlungen vor; dieser ermächtigt die Kommission zur Aufnahme der erforderlichen Verhandlungen. Der Rat und die Kommission haben dafür Sorge zu tragen, dass die ausgehandelten Abkommen mit der internen Politik und den internen Vorschriften der Union vereinbar sind.

Die Kommission führt diese Verhandlungen im Benehmen mit einem zu ihrer Unterstützung vom Rat bestellten Sonderausschuss und nach Maßgabe der Richtlinien, die ihr der Rat erteilen kann. Die Kommission erstattet dem Sonderausschuss sowie dem Europäischen Parlament regelmäßig Bericht über den Stand der Verhandlungen.

(4) Über die Aushandlung und den Abschluss der in Absatz 3 genannten Abkommen beschließt der Rat mit qualifizierter Mehrheit.

Über die Aushandlung und den Abschluss eines Abkommens über den Dienstleistungsverkehr, über Handelsaspekte des geistigen Eigentums oder über ausländische Direktinvestitionen beschließt der Rat einstimmig, wenn das betreffende Abkommen Bestimmungen enthält, bei denen für die Annahme interner Vorschriften Einstimmigkeit erforderlich ist.

Der Rat beschließt ebenfalls einstimmig über die Aushandlung und den Abschluss von Abkommen in den folgenden Bereichen:

a) Handel mit kulturellen und audiovisuellen Dienstleistungen, wenn diese Abkommen die kulturelle und sprachliche Vielfalt in der Union beeinträchtigen könnten;

b) Handel mit Dienstleistungen des Sozial-, des Bildungs- und des Gesundheitssektors, wenn diese Abkommen die einzelstaatliche Organisation dieser Dienstleistungen ernsthaft stören und die Verantwortlichkeit der Mitgliedstaaten für ihre Erbringung beinträchtigen könnten.

(5) Für die Aushandlung und den Abschluss von internationalen Abkommen im Bereich des Verkehrs gelten der Dritte Teil Titel VI sowie Artikel 218.

(6) Die Ausübung der durch diesen Artikel übertragenen Zuständigkeiten im Bereich der gemeinsamen Handelspolitik hat keine Auswirkungen auf die Abgrenzung der Zuständigkeiten zwischen der Union und den Mitgliedstaaten und führt nicht zu einer Harmonisierung der Rechtsvorschriften der Mitgliedstaaten, soweit eine solche Harmonisierung in den Verträgen ausgeschlossen wird.

TITEL III
ZUSAMMENARBEIT MIT DRITTLÄNDERN UND HUMANITÄRE HILFE

KAPITEL 1
ENTWICKLUNGSZUSAMMENARBEIT

Artikel 208
(ex-Artikel 177 EGV)

(1) Die Politik der Union auf dem Gebiet der Entwicklungszusammenarbeit wird im Rahmen der Grundsätze und Ziele des auswärtigen Handelns der Union durchgeführt.

Die Politik der Union und die Politik der Mitgliedstaaten auf dem Gebiet der Entwicklungszusammenarbeit ergänzen und verstärken sich gegenseitig.

Hauptziel der Unionspolitik in diesem Bereich ist die Bekämpfung und auf längere Sicht die Beseitigung der Armut. Bei der Durchführung politischer Maßnahmen, die sich auf die Entwicklungsländer auswirken können, trägt die Union den Zielen der Entwicklungszusammenarbeit Rechnung.

(2) Die Union und die Mitgliedstaaten kommen den im Rahmen der Vereinten Nationen und anderer zuständiger internationaler Organisationen gegebenen Zusagen nach und berücksichtigen die in diesem Rahmen gebilligten Zielsetzungen.

Artikel 209
(ex-Artikel 179 EGV)

(1) Das Europäische Parlament und der Rat erlassen gemäß dem ordentlichen Gesetzgebungsverfahren die zur Durchführung der Politik im Bereich der Entwicklungszusammenarbeit erforderlichen Maßnahmen; diese Maßnahmen können Mehrjahresprogramme für die Zusammenarbeit mit Entwicklungsländern oder thematische Programme betreffen.

(2) Die Union kann mit Drittländern und den zuständigen internationalen Organisationen alle Übereinkünfte schließen, die zur Verwirklichung der Ziele des Artikels 21 des Vertrags über die Europäische Union und des Artikels 208 dieses Vertrags beitragen.

Unterabsatz 1 berührt nicht die Zuständigkeit der Mitgliedstaaten, in internationalen Gremien zu verhandeln und Übereinkünfte zu schließen.

(3) Die Europäische Investitionsbank trägt nach Maßgabe ihrer Satzung zur Durchführung der Maßnahmen im Sinne des Absatzes 1 bei.

Artikel 210
(ex-Artikel 180 EGV)

(1) Die Union und die Mitgliedstaaten koordinieren ihre Politik auf dem Gebiet der Entwicklungszusammenarbeit und stimmen ihre Hilfsprogramme aufeinander ab, auch in internationalen Organisationen und auf internationalen Konferenzen, damit ihre Maßnahmen einander besser ergänzen und wirksamer sind. Sie können gemeinsame Maßnahmen ergreifen. Die Mitgliedstaaten tragen erforderlichenfalls zur Durchführung der Hilfsprogramme der Union bei.

(2) Die Kommission kann alle Initiativen ergreifen, die der in Absatz 1 genannten Koordinierung förderlich sind.

Artikel 211
(ex-Artikel 181 EGV)

Die Union und die Mitgliedstaaten arbeiten im Rahmen ihrer jeweiligen Befugnisse mit dritten Ländern und den zuständigen internationalen Organisationen zusammen.

KAPITEL 2
WIRTSCHAFTLICHE, FINANZIELLE UND TECHNISCHE ZUSAMMENARBEIT MIT DRITTLÄNDERN

Artikel 212
(ex-Artikel 181a EGV)

(1) Unbeschadet der übrigen Bestimmungen der Verträge, insbesondere der Artikel 208 bis 211, führt die Union mit Drittländern, die keine Entwicklungsländer sind, Maßnahmen der wirtschaftlichen, finanziellen und technischen Zusammenarbeit durch, die auch Unterstützung, insbesondere im finanziellen Bereich, einschließen. Diese Maßnahmen stehen mit der Entwicklungspolitik der Union im Einklang und werden im Rahmen der Grundsätze und Ziele ihres auswärtigen Handelns durch geführt. Die Maßnahmen der Union und die Maßnahmen der Mitgliedstaaten ergänzen und verstärken sich gegenseitig.

(2) Das Europäische Parlament und der Rat erlassen gemäß dem ordentlichen Gesetzgebungsverfahren die zur Durchführung des Absatzes 1 erforderlichen Maßnahmen.

(3) Die Union und die Mitgliedstaaten arbeiten im Rahmen ihrer jeweiligen Zuständigkeiten mit Drittländern und den zuständigen internationalen Organisationen zusammen. Die Einzelheiten der Zusammenarbeit der Union können in Abkommen zwischen dieser und den betreffenden dritten Parteien geregelt werden.

Unterabsatz 1 berührt nicht die Zuständigkeit der Mitgliedstaaten, in internationalen Gremien zu verhandeln und internationale Abkommen zu schließen.

Artikel 213

Ist es aufgrund der Lage in einem Drittland notwendig, dass die Union umgehend finanzielle Hilfe leistet, so erlässt der Rat auf Vorschlag der Kommission die erforderlichen Beschlüsse.

— 83 —

1/2. AEUV

Art. 214 – 216

EUV/AEUV
+ Prot/Erkl
Anhänge
EU-Grundrechte-
Charta + Erl
Irland Tschech Rep
Änderungs- und
Beitrittsverträge
LissV + ZusErl
Liss-BeglNovelle

KAPITEL 3
HUMANITÄRE HILFE

Artikel 214

(1) Den Rahmen für die Maßnahmen der Union im Bereich der humanitären Hilfe bilden die Grundsätze und Ziele des auswärtigen Handelns der Union. Die Maßnahmen dienen dazu, Einwohnern von Drittländern, die von Naturkatastrophen oder von vom Menschen verursachten Katastrophen betroffen sind, gezielt Hilfe, Rettung und Schutz zu bringen, damit die aus diesen Notständen resultierenden humanitären Bedürfnisse gedeckt werden können. Die Maßnahmen der Union und die Maßnahmen der Mitgliedstaaten ergänzen und verstärken sich gegenseitig.

(2) Die Maßnahmen der humanitären Hilfe werden im Einklang mit den Grundsätzen des Völkerrechts sowie den Grundsätzen der Unparteilichkeit, der Neutralität und der Nichtdiskriminierung durchgeführt.

(3) Das Europäische Parlament und der Rat legen gemäß dem ordentlichen Gesetzgebungsverfahren die Maßnahmen zur Festlegung des Rahmens fest, innerhalb dessen die Maßnahmen der humanitären Hilfe der Union durchgeführt werden.

(4) Die Union kann mit Drittländern und den zuständigen internationalen Organisationen alle Übereinkünfte schließen, die zur Verwirklichung der Ziele des Absatzes 1 und des Artikels 21 des Vertrags über die Europäische Union beitragen.

Unterabsatz 1 berührt nicht die Zuständigkeit der Mitgliedstaaten, in internationalen Gremien zu verhandeln und Übereinkünfte zu schließen.

(5) Als Rahmen für gemeinsame Beiträge der jungen Europäer zu den Maßnahmen der humanitären Hilfe der Union wird ein Europäisches Freiwilligenkorps für humanitäre Hilfe geschaffen. Das Europäische Parlament und der Rat legen gemäß dem ordentlichen Gesetzgebungsverfahren durch Verordnungen die Rechtsstellung und die Einzelheiten der Arbeitsweise des Korps fest.

(6) Die Kommission kann alle Initiativen ergreifen, die der Koordinierung zwischen den Maßnahmen der Union und denen der Mitgliedstaaten förderlich sind, damit die Programme der Union und der Mitgliedstaaten im Bereich der humanitären Hilfe wirksamer sind und einander besser ergänzen.

(7) Die Union trägt dafür Sorge, dass ihre Maßnahmen der humanitären Hilfe mit den Maßnahmen der internationalen Organisationen und Einrichtungen, insbesondere derer, die zum System der Vereinten Nationen gehören, abgestimmt werden und im Einklang mit ihnen stehen.

TITEL IV
RESTRIKTIVE MASSNAHMEN

Artikel 215
(ex-Artikel 301 EGV)

(1) Sieht ein nach Titel V Kapitel 2 des Vertrags über die Europäische Union erlassener Beschluss die Aussetzung, Einschränkung oder vollständige Einstellung der Wirtschafts- und Finanzbeziehungen zu einem oder mehreren Drittländern vor, so erlässt der Rat die erforderlichen Maßnahmen mit qualifizierter Mehrheit auf gemeinsamen Vorschlag des Hohen Vertreters der Union für Außen- und Sicherheitspolitik und der Kommission. Er unterrichtet hierüber das Europäische Parlament.

(2) Sieht ein nach Titel V Kapitel 2 des Vertrags über die Europäische Union erlassener Beschluss dies vor, so kann der Rat nach dem Verfahren des Absatzes 1 restriktive Maßnahmen gegen natürliche oder juristische Personen sowie Gruppierungen oder nichtstaatliche Einheiten erlassen.

(3) In den Rechtsakten nach diesem Artikel müssen die erforderlichen Bestimmungen über den Rechtsschutz vorgesehen sein.

TITEL V
INTERNATIONALE ÜBEREINKÜNFTE

Artikel 216

(1) Die Union kann mit einem oder mehreren Drittländern oder einer oder mehreren internationalen Organisationen eine Übereinkunft schließen, wenn dies in den Verträgen vorgesehen ist oder wenn der Abschluss einer Übereinkunft im Rahmen der Politik der Union entweder zur Verwirklichung eines der in den Verträgen festgesetzten Ziele erforderlich oder in einem verbindlichen Rechtsakt der Union vorgesehen ist oder aber gemeinsame Vorschriften beeinträchtigen oder deren Anwendungsbereich ändern könnte.

(2) Die von der Union geschlossenen Übereinkünfte binden die Organe der Union und die Mitgliedstaaten.

Artikel 217
(ex-Artikel 310 EGV)

Die Union kann mit einem oder mehreren Drittländern oder einer oder mehreren internationalen Organisationen Abkommen schließen, die eine Assoziierung mit gegenseitigen Rechten und Pflichten, gemeinsamem Vorgehen und besonderen Verfahren herstellen.

Artikel 218
(ex-Artikel 300 EGV)

(1) Unbeschadet der besonderen Bestimmungen des Artikels 207 werden Übereinkünfte zwischen der Union und Drittländern oder internationalen Organisationen nach dem im Folgenden beschriebenen Verfahren ausgehandelt und geschlossen.

(2) Der Rat erteilt eine Ermächtigung zur Aufnahme von Verhandlungen, legt Verhandlungsrichtlinien fest, genehmigt die Unterzeichnung und schließt die Übereinkünfte.

(3) Die Kommission oder, wenn sich die geplante Übereinkunft ausschließlich oder hauptsächlich auf die Gemeinsame Außen- und Sicherheitspolitik bezieht, der Hohe Vertreter der Union für Außen- und Sicherheitspolitik legt dem Rat Empfehlungen vor; dieser erlässt einen Beschluss über die Ermächtigung zur Aufnahme von Verhandlungen und über die Benennung, je nach dem Gegenstand der geplanten Übereinkunft, des Verhandlungsführers oder des Leiters des Verhandlungsteams der Union.

(4) Der Rat kann dem Verhandlungsführer Richtlinien erteilen und einen Sonderausschuss bestellen; die Verhandlungen sind im Benehmen mit diesem Ausschuss zu führen.

(5) Der Rat erlässt auf Vorschlag des Verhandlungsführers einen Beschluss, mit dem die Unterzeichnung der Übereinkunft und gegebenenfalls deren vorläufige Anwendung vor dem Inkrafttreten genehmigt werden.

(6) Der Rat erlässt auf Vorschlag des Verhandlungsführers einen Beschluss über den Abschluss der Übereinkunft.

Mit Ausnahme der Übereinkünfte, die ausschließlich die Gemeinsame Außen- und Sicherheitspolitik betreffen, erlässt der Rat den Beschluss über den Abschluss der Übereinkunft

a) nach Zustimmung des Europäischen Parlaments in folgenden Fällen:

i) Assoziierungsabkommen;

ii) Übereinkunft über den Beitritt der Union zur Europäischen Konvention zum Schutz der Menschenrechte und Grundfreiheiten;

iii) Übereinkünfte, die durch die Einführung von Zusammenarbeitsverfahren einen besonderen institutionellen Rahmen schaffen;

iv) Übereinkünfte mit erheblichen finanziellen Folgen für die Union;

v) Übereinkünfte in Bereichen, für die entweder das ordentliche Gesetzgebungsverfahren oder, wenn die Zustimmung des Europäischen Parlaments erforderlich ist, das besondere Gesetzgebungsverfahren gilt.

Das Europäische Parlament und der Rat können in dringenden Fällen eine Frist für die Zustimmung vereinbaren.

b) nach Anhörung des Europäischen Parlaments in den übrigen Fällen. Das Europäische Parlament gibt seine Stellungnahme innerhalb einer Frist ab, die der Rat entsprechend der Dringlichkeit festlegen kann. Ergeht innerhalb dieser Frist keine Stellungnahme, so kann der Rat einen Beschluss fassen.

(7) Abweichend von den Absätzen 5, 6 und 9 kann der Rat den Verhandlungsführer bei Abschluss einer Übereinkunft ermächtigen, im Namen der Union Änderungen der Übereinkunft zu billigen, wenn die Übereinkunft vorsieht, dass diese Änderungen im Wege eines vereinfachten Verfahrens oder durch ein durch die Übereinkunft eingesetztes Gremium anzunehmen sind. Der Rat kann diese Ermächtigung gegebenenfalls mit besonderen Bedingungen verbinden.

(8) Der Rat beschließt während des gesamten Verfahrens mit qualifizierter Mehrheit.

Er beschließt jedoch einstimmig, wenn die Übereinkunft einen Bereich betrifft, in dem für den Erlass eines Rechtsakts der Union Einstimmigkeit erforderlich ist, sowie bei Assoziierungsabkommen und Übereinkünften nach Artikel 212 mit beitrittswilligen Staaten. Auch über die Übereinkunft über den Beitritt der Union zur Europäischen Konvention zum Schutz der Menschenrechte und Grundfreiheiten beschließt der Rat einstimmig; der Beschluss zum Abschluss dieser Übereinkunft tritt in Kraft, nachdem die Mitgliedstaaten im Einklang mit ihren jeweiligen verfassungsrechtlichen Vorschriften zugestimmt haben.

(9) Der Rat erlässt auf Vorschlag der Kommission oder des Hohen Vertreters der Union für Außen- und Sicherheitspolitik einen Beschluss über die Aussetzung der Anwendung einer Übereinkunft und zur Festlegung der Standpunkte, die im Namen der Union in

— 85 —

1/2. AEUV

Art. 218 – 221

EUV/AEUV
+ Prot/Erkl
Anhänge
EU-Grundrechte-
Charta + Erl
Irland/Tschech Rep
Änderungs- und
Beitrittsverträge
LissV + ZusErl
Liss-BeglNovelle

einem durch eine Übereinkunft eingesetzten Gremium zu vertreten sind, sofern dieses Gremium rechtswirksame Akte, mit Ausnahme von Rechtsakten zur Ergänzung oder Änderung des institutionellen Rahmens der betreffenden Übereinkunft, zu erlassen hat.

(10) Das Europäische Parlament wird in allen Phasen des Verfahrens unverzüglich und umfassend unterrichtet.

(11) Ein Mitgliedstaat, das Europäische Parlament, der Rat oder die Kommission können ein Gutachten des Gerichtshofs über die Vereinbarkeit einer geplanten Übereinkunft mit den Verträgen einholen. Ist das Gutachten des Gerichtshofs ablehnend, so kann die geplante Übereinkunft nur in Kraft treten, wenn sie oder die Verträge geändert werden.

Artikel 219
(ex-Artikel 111 Absätze 1 bis 3 und Absatz 5 EGV)

(1) Abweichend von Artikel 218 kann der Rat entweder auf Empfehlung der Europäischen Zentralbank oder auf Empfehlung der Kommission und nach Anhörung der Europäischen Zentralbank in dem Bemühen, zu einem mit dem Ziel der Preisstabilität im Einklang stehenden Konsens zu gelangen, förmliche Vereinbarungen über ein Wechselkurssystem für den Euro gegenüber den Währungen von Drittstaaten treffen. Der Rat beschließt nach dem Verfahren des Absatzes 3 einstimmig nach Anhörung des Europäischen Parlaments.

Der Rat kann entweder auf Empfehlung der Europäischen Zentralbank oder auf Empfehlung der Kommission und nach Anhörung der Europäischen Zentralbank in dem Bemühen, zu einem mit dem Ziel der Preisstabilität im Einklang stehenden Konsens zu gelangen, die Euro-Leitkurse innerhalb des Wechselkurssystems festlegen, ändern oder aufgeben. Der Präsident des Rates unterrichtet das Europäische Parlament von der Festlegung, Änderung oder Aufgabe der Euro-Leitkurse.

(2) Besteht gegenüber einer oder mehreren Währungen von Drittstaaten kein Wechselkurssystem nach Absatz 1, so kann der Rat entweder auf Empfehlung der Kommission und nach Anhörung der Europäischen Zentralbank oder auf Empfehlung der Europäischen Zentralbank allgemeine Orientierungen für die Wechselkurspolitik gegenüber diesen Währungen aufstellen. Diese allgemeinen Orientierungen dürfen das vorrangige Ziel des ESZB, die Preisstabilität zu gewährleisten, nicht beeinträchtigen.

(3) Wenn von der Union mit einem oder mehreren Drittstaaten oder internationalen Organisationen Vereinbarungen im Zusammenhang mit Währungsfragen oder Devisenregelungen auszuhandeln sind, beschließt der Rat abweichend von Artikel 218 auf Empfehlung der Kommission und nach Anhörung der Europäischen Zentralbank die Modalitäten für die Aushandlung und den Abschluss solcher Vereinbarungen. Mit diesen Modalitäten wird gewährleistet, dass die Union einen einheitlichen Standpunkt vertritt. Die Kommission wird an den Verhandlungen in vollem Umfang beteiligt.

(4) Die Mitgliedstaaten haben das Recht, unbeschadet der Unionszuständigkeit und der Unionsvereinbarungen über die Wirtschafts- und Währungsunion in internationalen Gremien Verhandlungen zu führen und internationale Vereinbarungen zu treffen.

TITEL VI
BEZIEHUNGEN DER UNION ZU INTERNATIONALEN ORGANISATIONEN UND DRITTLÄNDERN SOWIE DELEGATIONEN DER UNION

Artikel 220
(ex-Artikel 302 bis 304 EGV)

(1) Die Union betreibt jede zweckdienliche Zusammenarbeit mit den Organen der Vereinten Nationen und ihrer Sonderorganisationen, dem Europarat, der Organisation für Sicherheit und Zusammenarbeit in Europa und der Organisation für wirtschaftliche Zusammenarbeit und Entwicklung.

Die Union unterhält ferner, soweit zweckdienlich, Beziehungen zu anderen internationalen Organisationen.

(2) Die Durchführung dieses Artikels obliegt dem Hohen Vertreter der Union für Außen- und Sicherheitspolitik und der Kommission.

Artikel 221

(1) Die Delegationen der Union in Drittländern und bei internationalen Organisationen sorgen für die Vertretung der Union.

(2) Die Delegationen der Union unterstehen der Leitung des Hohen Vertreters der Union für Außen- und Sicherheitspolitik. Sie werden in enger Zusammenarbeit mit den diplomatischen und konsularischen Vertretungen der Mitgliedstaaten tätig.

TITEL VII
SOLIDARITÄTSKLAUSEL

Artikel 222

(1) Die Union und ihre Mitgliedstaaten handeln gemeinsam im Geiste der Solidarität, wenn ein Mitgliedstaat von einem Terroranschlag, einer Naturkatastrophe oder einer vom Menschen verursachten Katastrophe betroffen ist. Die Union mobilisiert alle ihr zur Verfügung stehenden Mittel, einschließlich der ihr von den Mitgliedstaaten bereitgestellten militärischen Mittel, um

a) – terroristische Bedrohungen im Hoheitsgebiet von Mitgliedstaaten abzuwenden;

– die demokratischen Institutionen und die Zivilbevölkerung vor etwaigen Terroranschlägen zu schützen;

– im Falle eines Terroranschlags einen Mitgliedstaat auf Ersuchen seiner politischen Organe innerhalb seines Hoheitsgebiets zu unterstützen;

b) im Falle einer Naturkatastrophe oder einer vom Menschen verursachten Katastrophe einen Mitgliedstaat auf Ersuchen seiner politischen Organe innerhalb seines Hoheitsgebiets zu unterstützen.

(2) Ist ein Mitgliedstaat von einem Terroranschlag, einer Naturkatastrophe oder einer vom Menschen verursachten Katastrophe betroffen, so leisten die anderen Mitgliedstaaten ihm auf Ersuchen seiner politischen Organe Unterstützung. Zu diesem Zweck sprechen die Mitgliedstaaten sich im Rat ab.

(3) Die Einzelheiten für die Anwendung dieser Solidaritätsklausel durch die Union werden durch einen Beschluss festgelegt, den der Rat aufgrund eines gemeinsamen Vorschlags der Kommission und des Hohen Vertreters der Union für Außen- und Sicherheitspolitik erlässt. Hat dieser Beschluss Auswirkungen im Bereich der Verteidigung, so beschließt der Rat nach Artikel 31 Absatz 1 des Vertrags über die Europäische Union. Das Europäische Parlament wird darüber unterrichtet.

Für die Zwecke dieses Absatzes unterstützen den Rat unbeschadet des Artikels 240 das Politische und Sicherheitspolitische Komitee, das sich hierbei auf die im Rahmen der Gemeinsamen Sicherheits- und Verteidigungspolitik entwickelten Strukturen stützt, sowie der Ausschuss nach Artikel 71, die dem Rat gegebenenfalls gemeinsame Stellungnahmen vorlegen.

(4) Damit die Union und ihre Mitgliedstaaten auf effiziente Weise tätig werden können, nimmt der Europäische Rat regelmäßig eine Einschätzung der Bedrohungen vor, denen die Union ausgesetzt ist.

SECHSTER TEIL
INSTITUTIONELLE BESTIMMUNGEN UND FINANZVORSCHRIFTEN

TITEL I
VORSCHRIFTEN ÜBER DIE ORGANE

KAPITEL 1
DIE ORGANE

ABSCHNITT 1
DAS EUROPÄISCHE PARLAMENT

Artikel 223
(ex-Artikel 190 Absätze 4 und 5 EGV)

(1) Das Europäische Parlament erstellt einen Entwurf der erforderlichen Bestimmungen für die allgemeine unmittelbare Wahl seiner Mitglieder nach einem einheitlichen Verfahren in allen Mitgliedstaaten oder im Einklang mit den allen Mitgliedstaaten gemeinsamen Grundsätzen.

Der Rat erlässt die erforderlichen Bestimmungen einstimmig gemäß einem besonderen Gesetzgebungsverfahren und nach Zustimmung des Europäischen Parlaments, die mit der Mehrheit seiner Mitglieder erteilt wird. Diese Bestimmungen treten nach Zustimmung der Mitgliedstaaten im Einklang mit ihren jeweiligen verfassungsrechtlichen Vorschriften in Kraft.

(2) Das Europäische Parlament legt aus eigener Initiative gemäß einem besonderen Gesetzgebungsverfahren durch Verordnungen nach Anhörung der Kommission und mit Zustimmung des Rates die Regelungen und allgemeinen Bedingungen für die Wahrnehmung der Aufgaben seiner Mitglieder fest. Alle Vorschriften und Bedingungen, die die Steuerregelung für die Mitglieder oder ehemaligen Mitglieder betreffen, sind vom Rat einstimmig festzulegen.

Artikel 224
(ex-Artikel 191 Absatz 2 EGV)

Das Europäische Parlament und der Rat legen gemäß dem ordentlichen Gesetzgebungsverfahren durch Verordnungen die Regelungen für die politischen Parteien auf europäischer

— 87 —

1/2. AEUV

Art. 224 – 228

EUV/AEUV
+ Prot/Erkl
Anhänge
EU-Grundrechte-
Charta + Erl
Irland/Tschech Rep
Änderungs- und
Beitrittsverträge
LissV + ZusErl
Liss-BeglNovelle

Ebene nach Artikel 10 Absatz 4 des Vertrags über die Europäische Union und insbesondere die Vorschriften über ihre Finanzierung fest.

Artikel 225
(ex-Artikel 192 Absatz 2 EGV)

Das Europäische Parlament kann mit der Mehrheit seiner Mitglieder die Kommission auffordern, geeignete Vorschläge zu Fragen zu unterbreiten, die nach seiner Auffassung die Ausarbeitung eines Unionsakts zur Durchführung der Verträge erfordern. Legt die Kommission keinen Vorschlag vor, so teilt sie dem Europäischen Parlament die Gründe dafür mit.

Artikel 226
(ex-Artikel 193 EGV)

Das Europäische Parlament kann bei der Erfüllung seiner Aufgaben auf Antrag eines Viertels seiner Mitglieder die Einsetzung eines nichtständigen Untersuchungsausschusses beschließen, der unbeschadet der Befugnisse, die anderen Organen oder Einrichtungen durch die Verträge übertragen sind, behauptete Verstöße gegen das Unionsrecht oder Missstände bei der Anwendung desselben prüft; dies gilt nicht, wenn ein Gericht mit den behaupteten Sachverhalten befasst ist, solange das Gerichtsverfahren nicht abgeschlossen ist.

Mit der Vorlage seines Berichts hört der nichtständige Untersuchungsausschuss auf zu bestehen.

Die Einzelheiten der Ausübung des Untersuchungsrechts werden vom Europäischen Parlament festgelegt, das aus eigener Initiative gemäß einem besonderen Gesetzgebungsverfahren durch Verordnungen nach Zustimmung des Rates und der Kommission beschließt.

Artikel 227
(ex-Artikel 194 EGV)

Jeder Bürger der Union sowie jede natürliche oder juristische Person mit Wohnort oder satzungsmäßigem Sitz in einem Mitgliedstaat kann allein oder zusammen mit anderen Bürgern oder Personen in Angelegenheiten, die in die Tätigkeitsbereiche der Union fallen und die ihn oder sie unmittelbar betreffen, eine Petition an das Europäische Parlament richten.

Artikel 228
(ex-Artikel 195 EGV)

(1) Ein vom Europäischen Parlament gewählter Europäischer Bürgerbeauftragter ist befugt, Beschwerden von jedem Bürger der Union oder von jeder natürlichen oder juristischen Person mit Wohnort oder satzungsmäßigem Sitz in einem Mitgliedstaat über Missstände bei der Tätigkeit der Organe, Einrichtungen oder sonstigen Stellen der Union, mit Ausnahme des Gerichtshofs der Europäischen Union in Ausübung seiner Rechtsprechungsbefugnisse, entgegenzunehmen. Er untersucht diese Beschwerden und erstattet darüber Bericht.

Der Bürgerbeauftragte führt im Rahmen seines Auftrags von sich aus oder aufgrund von Beschwerden, die ihm unmittelbar oder über ein Mitglied des Europäischen Parlaments zugehen, Untersuchungen durch, die er für gerechtfertigt hält; dies gilt nicht, wenn die behaupteten Sachverhalte Gegenstand eines Gerichtsverfahrens sind oder waren. Hat der Bürgerbeauftragte einen Missstand festgestellt, so befasst er das betreffende Organ, die betreffende Einrichtung oder sonstige Stelle, das bzw. die über eine Frist von drei Monaten verfügt, um ihm seine bzw. ihre Stellungnahme zu übermitteln. Der Bürgerbeauftragte legt anschließend dem Europäischen Parlament und dem betreffenden Organ, der betreffenden Einrichtung oder sonstigen Stelle einen Bericht vor. Der Beschwerde führer wird über das Ergebnis dieser Untersuchungen unterrichtet.

Der Bürgerbeauftragte legt dem Europäischen Parlament jährlich einen Bericht über die Ergebnisse seiner Untersuchungen vor.

(2) Der Bürgerbeauftragte wird nach jeder Wahl des Europäischen Parlaments für die Dauer der Wahlperiode gewählt. Wiederwahl ist zulässig.

Der Bürgerbeauftragte kann auf Antrag des Europäischen Parlaments vom Gerichtshof seines Amtes enthoben werden, wenn er die Voraussetzungen für die Ausübung seines Amtes nicht mehr erfüllt oder eine schwere Verfehlung begangen hat.

(3) Der Bürgerbeauftragte übt sein Amt in völliger Unabhängigkeit aus. Er darf bei der Erfüllung seiner Pflichten von keiner Regierung, keinem Organ, keiner Einrichtung oder sonstigen Stelle Weisungen einholen oder entgegennehmen. Der Bürgerbeauftragte darf während seiner Amtszeit keine andere entgeltliche oder unentgeltliche Berufstätigkeit ausüben.

(4) Das Europäische Parlament legt aus eigener Initiative gemäß einem besonderen Gesetzgebungsverfahren durch Verordnungen nach Stellungnahme der Kommission und nach Zustimmung des Rates die Regelungen und

allgemeinen Bedingungen für die Ausübung der Aufgaben des Bürgerbeauftragten fest.

Artikel 229
(ex-Artikel 196 EGV)

Das Europäische Parlament hält jährlich eine Sitzungsperiode ab. Es tritt, ohne dass es einer Einberufung bedarf, am zweiten Dienstag des Monats März zusammen.

Das Europäische Parlament kann auf Antrag der Mehrheit seiner Mitglieder sowie auf Antrag des Rates oder der Kommission zu einer außerordentlichen Sitzungsperiode zusammentreten.

Artikel 230
(ex-Artikel 197 Absätze 2, 3 und 4 EGV)

Die Kommission kann an allen Sitzungen des Europäischen Parlaments teilnehmen und wird auf ihren Antrag gehört.

Die Kommission antwortet mündlich oder schriftlich auf die ihr vom Europäischen Parlament oder von dessen Mitgliedern gestellten Fragen.

Der Europäische Rat und der Rat werden vom Europäischen Parlament nach Maßgabe der Geschäftsordnung des Europäischen Rates und der Geschäftsordnung des Rates gehört.

Artikel 231
(ex-Artikel 198 EGV)

Soweit die Verträge nicht etwas anderes bestimmen, beschließt das Europäische Parlament mit der Mehrheit der abgegebenen Stimmen.

Die Geschäftsordnung legt die Beschlussfähigkeit fest.

Artikel 232
(ex-Artikel 199 EGV)

Das Europäische Parlament gibt sich seine Geschäftsordnung; hierzu sind die Stimmen der Mehrheit seiner Mitglieder erforderlich.

Die Verhandlungsniederschriften des Europäischen Parlaments werden nach Maßgabe der Verträge und seiner Geschäftsordnung veröffentlicht.

Artikel 233
(ex-Artikel 200 EGV)

Das Europäische Parlament erörtert in öffentlicher Sitzung den jährlichen Gesamtbericht, der ihm von der Kommission vorgelegt wird.

Artikel 234
(ex-Artikel 201 EGV)

Wird wegen der Tätigkeit der Kommission ein Misstrauensantrag eingebracht, so darf das Europäische Parlament nicht vor Ablauf von drei Tagen nach seiner Einbringung und nur in offener Abstimmung darüber entscheiden.

Wird der Misstrauensantrag mit der Mehrheit von zwei Dritteln der abgegebenen Stimmen und mit der Mehrheit der Mitglieder des Europäischen Parlaments angenommen, so legen die Mitglieder der Kommission geschlossen ihr Amt nieder, und der Hohe Vertreter der Union für Außen- und Sicherheitspolitik legt sein im Rahmen der Kommission ausgeübtes Amt nieder. Sie bleiben im Amt und führen die laufenden Geschäfte bis zu ihrer Ersetzung nach Artikel 17 des Vertrags über die Europäische Union weiter. In diesem Fall endet die Amtszeit der zu ihrer Ersetzung ernannten Mitglieder der Kommission zu dem Zeitpunkt, zu dem die Amtszeit der Mitglieder der Kommission, die ihr Amt geschlossen niederlegen mussten, geendet hätte.

ABSCHNITT 2
DER EUROPÄISCHE RAT

Artikel 235

(1) Jedes Mitglied des Europäischen Rates kann sich das Stimmrecht höchstens eines anderen Mitglieds übertragen lassen.

Beschließt der Europäische Rat mit qualifizierter Mehrheit, so gelten für ihn Artikel 16 Absatz 4 des Vertrags über die Europäische Union und Artikel 238 Absatz 2 dieses Vertrags. An Abstimmungen im Europäischen Rat nehmen dessen Präsident und der Präsident der Kommission nicht teil.

Die Stimmenthaltung von anwesenden oder vertretenen Mitgliedern steht dem Zustandekommen von Beschlüssen des Europäischen Rates, zu denen Einstimmigkeit erforderlich ist, nicht entgegen.

(2) Der Präsident des Europäischen Parlaments kann vom Europäischen Rat gehört werden.

(3) Der Europäische Rat beschließt mit einfacher Mehrheit über Verfahrensfragen sowie über den Erlass seiner Geschäftsordnung.

(4) Der Europäische Rat wird vom Generalsekretariat des Rates unterstützt.

1/2. AEUV

Art. 236 – 241

EUV/AEUV
+ Prot/Erkl
Anhänge
EU-Grundrechte-
Charta + Erl
Irland Tschech Rep
Änderungs- und
Beitrittsverträge
LissV + ZusErl
Liss-BeglNovelle

Artikel 236

Der Europäische Rat erlässt mit qualifizierter Mehrheit

a) einen Beschluss zur Festlegung der Zusammensetzungen des Rates, mit Ausnahme des Rates „Allgemeine Angelegenheiten" und des Rates „Auswärtige Angelegenheiten" nach Artikel 16 Ab satz 6 des Vertrags über die Europäische Union;

b) einen Beschluss nach Artikel 16 Absatz 9 des Vertrags über die Europäische Union zur Festlegung des Vorsitzes im Rat in allen seinen Zusammensetzungen mit Ausnahme des Rates „Auswärtige Angelegenheiten".

ABSCHNITT 3
DER RAT

Artikel 237
(ex-Artikel 204 EGV)

Der Rat wird von seinem Präsidenten aus eigenem Entschluss oder auf Antrag eines seiner Mitglieder oder der Kommission einberufen.

Artikel 238
(ex-Artikel 205 Absätze 1 und 2 EGV)

(1) Ist zu einem Beschluss des Rates die einfache Mehrheit erforderlich, so beschließt der Rat mit der Mehrheit seiner Mitglieder.

(2) Beschließt der Rat nicht auf Vorschlag der Kommission oder des Hohen Vertreters der Union für Außen- und Sicherheitspolitik, so gilt ab dem 1. November 2014 abweichend von Artikel 16 Absatz 4 des Vertrags über die Europäische Union und vorbehaltlich der Vorschriften des Protokolls über die Übergangsbestimmungen als qualifizierte Mehrheit eine Mehrheit von mindestens 72 % der Mitglieder des Rates, sofern die von ihnen vertretenen Mitgliedstaaten zusammen mindestens 65 % der Bevölkerung der Union ausmachen.

(3) In den Fällen, in denen in Anwendung der Verträge nicht alle Mitglieder des Rates stimmberechtigt sind, gilt ab dem 1. November 2014 vorbehaltlich der Vorschriften des Protokolls über die Übergangsbestimmungen für die qualifizierte Mehrheit Folgendes:

a) Als qualifizierte Mehrheit gilt eine Mehrheit von mindestens 55 % derjenigen Mitglieder des Rates, die die beteiligten Mitgliedstaaten vertreten, sofern die von ihnen vertretenen Mitgliedstaaten zusammen mindestens 65 % der Bevölkerung der beteiligten Mitgliedstaaten ausmachen.

Für eine Sperrminorität bedarf es mindestens der Mindestzahl von Mitgliedern des Rates, die zusammen mehr als 35 % der Bevölkerung der beteiligten Mitgliedstaaten vertreten, zuzüglich eines Mitglieds; andernfalls gilt die qualifizierte Mehrheit als erreicht.

b) Beschließt der Rat nicht auf Vorschlag der Kommission oder des Hohen Vertreters der Union für Außen- und Sicherheitspolitik, so gilt abweichend von Buchstabe a als qualifizierte Mehrheit eine Mehrheit von mindestens 72 % derjenigen Mitglieder des Rates, die die beteiligten Mitgliedstaaten vertreten, sofern die von ihnen vertretenen Mitgliedstaaten zusammen mindestens 65 % der Bevölkerung der beteiligten Mitgliedstaaten ausmachen.

(4) Die Stimmenthaltung von anwesenden oder vertretenen Mitgliedern steht dem Zustandekommen von Beschlüssen des Rates, zu denen Einstimmigkeit erforderlich ist, nicht entgegen.

Artikel 239
(ex-Artikel 206 EGV)

Jedes Mitglied kann sich das Stimmrecht höchstens eines anderen Mitglieds übertragen lassen.

Artikel 240
(ex-Artikel 207 EGV)

(1) Ein Ausschuss, der sich aus den Ständigen Vertretern der Regierungen der Mitgliedstaaten zusammensetzt, trägt die Verantwortung, die Arbeiten des Rates vorzubereiten und die vom Rat übertragenen Aufträge auszuführen. Der Ausschuss kann in Fällen, die in der Geschäftsordnung des Rates vorgesehen sind, Verfahrensbeschlüsse fassen.

(2) Der Rat wird von einem Generalsekretariat unterstützt, das einem vom Rat ernannten Generalsekretär untersteht.

Der Rat beschließt mit einfacher Mehrheit über die Organisation des Generalsekretariats.

(3) Der Rat beschließt mit einfacher Mehrheit über Verfahrensfragen sowie über den Erlass seiner Geschäftsordnung.

Artikel 241
(ex-Artikel 208 EGV)

Der Rat, der mit einfacher Mehrheit beschließt, kann die Kommission auffordern, die nach seiner Ansicht zur Verwirklichung der gemeinsamen Ziele geeigneten Untersuchungen vorzunehmen und ihm entsprechende Vorschläge zu unterbreiten. Legt die Kommission keinen Vorschlag vor, so teilt sie dem Rat die Gründe dafür mit.

Artikel 242
(ex-Artikel 209 EGV)

Der Rat, der mit einfacher Mehrheit beschließt, regelt nach Anhörung der Kommission die rechtliche Stellung der in den Verträgen vorgesehenen Ausschüsse.

Artikel 243
(ex-Artikel 210 EGV)

Der Rat setzt die Gehälter, Vergütungen und Ruhegehälter für den Präsidenten des Europäischen Rates, den Präsidenten der Kommission, den Hohen Vertreter der Union für Außen- und Sicherheitspolitik, die Mitglieder der Kommission, die Präsidenten, die Mitglieder und die Kanzler des Gerichtshofs der Europäischen Union sowie den Generalsekretär des Rates fest. Er setzt ebenfalls alle als Entgelt gezahlten Vergütungen fest.

ABSCHNITT 4

DIE KOMMISSION

Artikel 244

Gemäß Artikel 17 Absatz 5 des Vertrags über die Europäische Union werden die Kommissionsmitglieder in einem vom Europäischen Rat einstimmig festgelegten System der Rotation ausgewählt, das auf folgenden Grundsätzen beruht:

a) Die Mitgliedstaaten werden bei der Festlegung der Reihenfolge und der Dauer der Amtszeiten ihrer Staatsangehörigen in der Kommission vollkommen gleich behandelt; demzufolge kann die Gesamtzahl der Mandate, welche Staatsangehörige zweier beliebiger Mitgliedstaaten innehaben, niemals um mehr als eines voneinander abweichen.

b) Vorbehaltlich des Buchstabens a ist jede der aufeinanderfolgenden Kommissionen so zusammengesetzt, dass das demografische und geografische Spektrum der Gesamtheit der Mitgliedstaaten auf zufriedenstellende Weise zum Ausdruck kommt.

Artikel 245
(ex-Artikel 213 EGV)

Die Mitglieder der Kommission haben jede Handlung zu unterlassen, die mit ihren Aufgaben unvereinbar ist. Die Mitgliedstaaten achten ihre Unabhängigkeit und versuchen nicht, sie bei der Erfüllung ihrer Aufgaben zu beeinflussen.

Die Mitglieder der Kommission dürfen während ihrer Amtszeit keine andere entgeltliche oder unentgeltliche Berufstätigkeit ausüben. Bei der Aufnahme ihrer Tätigkeit übernehmen sie die feierliche Verpflichtung, während der Ausübung und nach Ablauf ihrer Amtstätigkeit die sich aus ihrem Amt ergebenden Pflichten zu erfüllen, insbesondere die Pflicht, bei der Annahme gewisser Tätigkeiten oder Vorteile nach Ablauf dieser Tätigkeit ehrenhaft und zurückhaltend zu sein. Werden diese Pflichten verletzt, so kann der Gerichtshof auf Antrag des Rates, der mit einfacher Mehrheit beschließt, oder der Kommission das Mitglied je nach Lage des Falles gemäß Artikel 247 seines Amtes entheben oder ihm seine Ruhegehaltsansprüche oder andere an ihrer Stelle gewährte Vergünstigungen aberkennen.

Artikel 246
(ex-Artikel 215 EGV)

Abgesehen von den regelmäßigen Neubesetzungen und von Todesfällen endet das Amt eines Mitglieds der Kommission durch Rücktritt oder Amtsenthebung.

Für ein zurückgetretenes, seines Amtes enthobenes oder verstorbenes Mitglied wird für die verbleibende Amtszeit vom Rat mit Zustimmung des Präsidenten der Kommission nach Anhörung des Europäischen Parlaments und nach den Anforderungen des Artikels 17 Absatz 3 Unterabsatz 2 des Vertrags über die Europäische Union ein neues Mitglied derselben Staatsangehörigkeit ernannt.

Der Rat kann auf Vorschlag des Präsidenten der Kommission einstimmig beschließen, dass ein ausscheidendes Mitglied der Kommission für die verbleibende Amtszeit nicht ersetzt werden muss, insbesondere wenn es sich um eine kurze Zeitspanne handelt.

Bei Rücktritt, Amtsenthebung oder Tod des Präsidenten wird für die verbleibende Amtszeit ein Nachfolger ernannt. Für die Ersetzung findet das Verfahren des Artikels 17 Absatz 7 Unterabsatz 1 des Vertrags über die Europäische Union Anwendung.

Bei Rücktritt, Amtsenthebung oder Tod des Hohen Vertreters der Union für die Außen- und Sicherheitspolitik wird für die verbleibende Amtszeit nach Artikel 18 Ab-

— 91 —

1/2. AEUV

Art. 246 – 253

EUV/AEUV
+ Prot/Erkl
Anhänge
EU-Grundrechte-
Charta + Erl
Irland Tschech Rep
Änderungs- und
Beitrittsverträge
LissV + ZusErl
Liss-BeglNovelle

satz 1 des Vertrags über die Europäische Union ein Nachfolger ernannt.

Bei Rücktritt aller Mitglieder der Kommission bleiben diese bis zur Neubesetzung ihres Sitzes nach Artikel 17 des Vertrags über die Europäische Union für die verbleibende Amtszeit im Amt und führen die laufenden Geschäfte weiter.

Artikel 247
(ex-Artikel 216 EGV)

Jedes Mitglied der Kommission, das die Voraussetzungen für die Ausübung seines Amtes nicht mehr erfüllt oder eine schwere Verfehlung begangen hat, kann auf Antrag des Rates, der mit einfacher Mehrheit beschließt, oder der Kommission durch den Gerichtshof seines Amtes enthoben werden.

Artikel 248
(ex-Artikel 217 Absatz 2 EGV)

Die Zuständigkeiten der Kommission werden unbeschadet des Artikels 18 Absatz 4 des Vertrags über die Europäische Union von ihrem Präsidenten nach Artikel 17 Absatz 6 des genannten Vertrags gegliedert und zwischen ihren Mitgliedern aufgeteilt. Der Präsident kann diese Zuständigkeitsverteilung im Laufe der Amtszeit ändern. Die Mitglieder der Kommission üben die ihnen vom Präsidenten übertragenen Aufgaben unter dessen Leitung aus.

Artikel 249
(ex-Artikel 218 Absatz 2 und ex-Artikel 212 EGV)

(1) Die Kommission gibt sich eine Geschäftsordnung, um ihr ordnungsgemäßes Arbeiten und das ihrer Dienststellen zu gewährleisten. Sie sorgt für die Veröffentlichung dieser Geschäftsordnung.

(2) Die Kommission veröffentlicht jährlich, und zwar spätestens einen Monat vor Beginn der Sitzungsperiode des Europäischen Parlaments, einen Gesamtbericht über die Tätigkeit der Union.

Artikel 250
(ex-Artikel 219 EGV)

Die Beschlüsse der Kommission werden mit der Mehrheit ihrer Mitglieder gefasst.

Die Beschlussfähigkeit wird in ihrer Geschäftsordnung festgelegt.

ABSCHNITT 5
DER GERICHTSHOF DER EUROPÄISCHEN UNION

Artikel 251
(ex-Artikel 221 EGV)

Der Gerichtshof tagt in Kammern oder als Große Kammer entsprechend den hierfür in der Satzung des Gerichtshofs der Europäischen Union vorgesehenen Regeln.

Wenn die Satzung es vorsieht, kann der Gerichtshof auch als Plenum tagen.

Artikel 252
(ex-Artikel 222 EGV)

Der Gerichtshof wird von acht Generalanwälten unterstützt. Auf Antrag des Gerichtshofs kann der Rat einstimmig die Zahl der Generalanwälte erhöhen.

Der Generalanwalt hat öffentlich in völliger Unparteilichkeit und Unabhängigkeit begründete Schlussanträge zu den Rechtssachen zu stellen, in denen nach der Satzung des Gerichtshofs der Europäischen Union seine Mitwirkung erforderlich ist.

Artikel 253
(ex-Artikel 223 EGV)

Zu Richtern und Generalanwälten des Gerichtshofs sind Persönlichkeiten auszuwählen, die jede Gewähr für Unabhängigkeit bieten und in ihrem Staat die für die höchsten richterlichen Ämter erforderlichen Voraussetzungen erfüllen oder Juristen von anerkannt hervorragender Befähigung sind; sie werden von den Regierungen der Mitgliedstaaten im gegenseitigen Einvernehmen nach Anhörung des in Artikel 255 vorgesehenen Ausschusses auf sechs Jahre ernannt.

Alle drei Jahre findet nach Maßgabe der Satzung des Gerichtshofs der Europäischen Union eine teilweise Neubesetzung der Stellen der Richter und Generalanwälte statt.

Die Richter wählen aus ihrer Mitte den Präsidenten des Gerichtshofs für die Dauer von drei Jahren. Wiederwahl ist zulässig.

Die Wiederernennung ausscheidender Richter und Generalanwälte ist zulässig.

Der Gerichtshof ernennt seinen Kanzler und bestimmt dessen Stellung.

Der Gerichtshof erlässt seine Verfahrensordnung. Sie bedarf der Genehmigung des Rates.

Artikel 254
(ex-Artikel 224 EGV)

Die Zahl der Richter des Gerichts wird in der Satzung des Gerichtshofs der Europäischen Union festgelegt. In der Satzung kann vorgesehen werden, dass das Gericht von Generalanwälten unterstützt wird.

Zu Mitgliedern des Gerichts sind Personen auszuwählen, die jede Gewähr für Unabhängigkeit bieten und über die Befähigung zur Ausübung hoher richterlicher Tätigkeiten verfügen. Sie werden von den Regierungen der Mitgliedstaaten im gegenseitigen Einvernehmen nach Anhörung des in Artikel 255 vorgesehenen Ausschusses für sechs Jahre ernannt. Alle drei Jahre wird das Gericht teilweise neu besetzt. Die Wiederernennung ausscheidender Mitglieder ist zulässig.

Die Richter wählen aus ihrer Mitte den Präsidenten des Gerichts für die Dauer von drei Jahren. Wiederwahl ist zulässig.

Das Gericht ernennt seinen Kanzler und bestimmt dessen Stellung.

Das Gericht erlässt seine Verfahrensordnung im Einvernehmen mit dem Gerichtshof. Sie bedarf der Genehmigung des Rates.

Soweit die Satzung des Gerichtshofs der Europäischen Union nichts anderes vorsieht, finden die den Gerichtshof betreffenden Bestimmungen der Verträge auf das Gericht Anwendung.

Artikel 255

Es wird ein Ausschuss eingerichtet, der die Aufgabe hat, vor einer Ernennung durch die Regierungen der Mitgliedstaaten nach den Artikeln 253 und 254 eine Stellungnahme zur Eignung der Bewerber für die Ausübung des Amts eines Richters oder Generalanwalts beim Gerichtshof oder beim Gericht abzugeben.

Der Ausschuss setzt sich aus sieben Persönlichkeiten zusammen, die aus dem Kreis ehemaliger Mitglieder des Gerichtshofs und des Gerichts, der Mitglieder der höchsten einzelstaatlichen Gerichte und der Juristen von anerkannt hervorragender Befähigung ausgewählt werden, von denen einer vom Europäischen Parlament vorgeschlagen wird. Der Rat erlässt einen Beschluss zur Festlegung der Vorschriften für die Arbeitsweise und einen Beschluss zur Ernennung der Mitglieder dieses Ausschusses. Er beschließt auf Initiative des Präsidenten des Gerichtshofs.

Artikel 256
(ex-Artikel 225 EGV)

(1) Das Gericht ist für Entscheidungen im ersten Rechtszug über die in den Artikeln 263, 265, 268, 270 und 272 genannten Klagen zuständig, mit Ausnahme derjenigen Klagen, die einem nach Artikel 257 gebildeten Fachgericht übertragen werden, und der Klagen, die gemäß der Satzung dem Gerichtshof vorbehalten sind. In der Satzung kann vorgesehen werden, dass das Gericht für andere Kategorien von Klagen zuständig ist.

Gegen die Entscheidungen des Gerichts aufgrund dieses Absatzes kann nach Maßgabe der Bedingungen und innerhalb der Grenzen, die in der Satzung vorgesehen sind, beim Gerichtshof ein auf Rechtsfragen beschränktes Rechtsmittel eingelegt werden.

(2) Das Gericht ist für Entscheidungen über Rechtsmittel gegen die Entscheidungen der Fachgerichte zuständig.

Die Entscheidungen des Gerichts aufgrund dieses Absatzes können nach Maßgabe der Bedingungen und innerhalb der Grenzen, die in der Satzung vorgesehen sind, in Ausnahmefällen vom Gerichtshof überprüft werden, wenn die ernste Gefahr besteht, dass die Einheit oder Kohärenz des Unionsrechts berührt wird.

(3) Das Gericht ist in besonderen in der Satzung festgelegten Sachgebieten für Vorabentscheidungen nach Artikel 267 zuständig.

Wenn das Gericht der Auffassung ist, dass eine Rechtssache eine Grundsatzentscheidung erfordert, die die Einheit oder die Kohärenz des Unionsrechts berühren könnte, kann es die Rechtssache zur Entscheidung an den Gerichtshof verweisen.

Die Entscheidungen des Gerichts über Anträge auf Vorabentscheidung können nach Maßgabe der Bedingungen und innerhalb der Grenzen, die in der Satzung vorgesehen sind, in Ausnahmefällen vom Gerichtshof überprüft werden, wenn die ernste Gefahr besteht, dass die Einheit oder die Kohärenz des Unionsrechts berührt wird.

Artikel 257
(ex-Artikel 225a EGV)

Das Europäische Parlament und der Rat können gemäß dem ordentlichen Gesetzgebungsverfahren dem Gericht beigeordnete Fachgerichte bilden, die für Entscheidungen im ersten Rechtszug über bestimmte Kategorien von Klagen zuständig sind, die auf be-

— 93 —

1/2. AEUV
Art. 257 – 260

EUV/AEUV
+ Prot/Erkl
Anhänge
EU-Grundrechte-
Charta + Erl
Irland/Tschech Rep
Änderungs- und
Beitrittsverträge
LissV + ZusErl
Liss-BeglNovelle

sonderen Sachgebieten erhoben werden. Das Europäische Parlament und der Rat beschließen durch Verordnungen entweder auf Vorschlag der Kommission nach Anhörung des Gerichtshofs oder auf Antrag des Gerichtshofs nach Anhörung der Kommission.

In der Verordnung über die Bildung eines Fachgerichts werden die Regeln für die Zusammensetzung dieses Gerichts und der ihm übertragene Zuständigkeitsbereich festgelegt.

Gegen die Entscheidungen der Fachgerichte kann vor dem Gericht ein auf Rechtsfragen beschränktes Rechtsmittel oder, wenn die Verordnung über die Bildung des Fachgerichts dies vorsieht, ein auch Sachfragen betreffendes Rechtsmittel eingelegt werden.

Zu Mitgliedern der Fachgerichte sind Personen auszuwählen, die jede Gewähr für Unabhängigkeit bieten und über die Befähigung zur Ausübung richterlicher Tätigkeiten verfügen. Sie werden ein stimmig vom Rat ernannt.

Die Fachgerichte erlassen ihre Verfahrensordnung im Einvernehmen mit dem Gerichtshof. Diese Verfahrensordnung bedarf der Genehmigung des Rates.

Soweit die Verordnung über die Bildung der Fachgerichte nichts anderes vorsieht, finden die den Gerichtshof der Europäischen Union betreffenden Bestimmungen der Verträge und die Satzung des Gerichtshofs der Europäischen Union auf die Fachgerichte Anwendung. Titel I und Artikel 64 der Satzung gelten auf jeden Fall für die Fachgerichte.

Artikel 258
(ex-Artikel 226 EGV)

Hat nach Auffassung der Kommission ein Mitgliedstaat gegen eine Verpflichtung aus den Verträgen verstoßen, so gibt sie eine mit Gründen versehene Stellungnahme hierzu ab; sie hat dem Staat zuvor Gelegenheit zur Äußerung zu geben.

Kommt der Staat dieser Stellungnahme innerhalb der von der Kommission gesetzten Frist nicht nach, so kann die Kommission den Gerichtshof der Europäischen Union anrufen.

Artikel 259
(ex-Artikel 227 EGV)

Jeder Mitgliedstaat kann den Gerichtshof der Europäischen Union anrufen, wenn er der Auffassung ist, dass ein anderer Mitgliedstaat gegen eine Verpflichtung aus den Verträgen verstoßen hat.

Bevor ein Mitgliedstaat wegen einer angeblichen Verletzung der Verpflichtungen aus den Verträgen gegen einen anderen Staat Klage erhebt, muss er die Kommission damit befassen.

Die Kommission erlässt eine mit Gründen versehene Stellungnahme; sie gibt den beteiligten Staaten zuvor Gelegenheit zu schriftlicher und mündlicher Äußerung in einem kontradiktorischen Verfahren.

Gibt die Kommission binnen drei Monaten nach dem Zeitpunkt, in dem ein entsprechender Antrag gestellt wurde, keine Stellungnahme ab, so kann ungeachtet des Fehlens der Stellungnahme vor dem Gerichtshof geklagt werden.

Artikel 260
(ex-Artikel 228 EGV)

(1) Stellt der Gerichtshof der Europäischen Union fest, dass ein Mitgliedstaat gegen eine Verpflichtung aus den Verträgen verstoßen hat, so hat dieser Staat die Maßnahmen zu ergreifen, die sich aus dem Urteil des Gerichtshofs ergeben.

(2) Hat der betreffende Mitgliedstaat die Maßnahmen, die sich aus dem Urteil des Gerichtshofs ergeben, nach Auffassung der Kommission nicht getroffen, so kann die Kommission den Gerichtshof anrufen, nachdem sie diesem Staat zuvor Gelegenheit zur Äußerung gegeben hat. Hierbei benennt sie die Höhe des von dem betreffenden Mitgliedstaat zu zahlenden Pauschalbetrags oder Zwangsgelds, die sie den Umständen nach für angemessen hält.

Stellt der Gerichtshof fest, dass der betreffende Mitgliedstaat seinem Urteil nicht nachgekommen ist, so kann er die Zahlung eines Pauschalbetrags oder Zwangsgelds verhängen.

Dieses Verfahren lässt den Artikel 259 unberührt.

(3) Erhebt die Kommission beim Gerichtshof Klage nach Artikel 258, weil sie der Auffassung ist, dass der betreffende Mitgliedstaat gegen seine Verpflichtung verstoßen hat, Maßnahmen zur Umsetzung einer gemäß einem Gesetzgebungsverfahren erlassenen Richtlinie mitzuteilen, so kann sie, wenn sie dies für zweckmäßig hält, die Höhe des von dem betreffenden Mitgliedstaat zu zahlenden Pauschalbetrags oder Zwangsgelds benennen, die sie den Umständen nach für angemessen hält.

Stellt der Gerichtshof einen Verstoß fest, so kann er gegen den betreffenden Mitgliedstaat die Zahlung eines Pauschalbetrags oder eines Zwangsgelds bis zur Höhe des von der Kommission genannten Betrags verhängen. Die Zahlungsverpflichtung gilt ab dem vom Gerichtshof in seinem Urteil festgelegten Zeitpunkt.

Artikel 261
(ex-Artikel 229 EGV)

Aufgrund der Verträge vom Europäischen Parlament und vom Rat gemeinsam sowie vom Rat erlassene Verordnungen können hinsichtlich der darin vorgesehenen Zwangsmaßnahmen dem Gerichtshof der Europäischen Union eine Zuständigkeit übertragen, welche die Befugnis zu unbeschränkter Ermessensnachprüfung und zur Änderung oder Verhängung solcher Maßnahmen umfasst.

Artikel 262
(ex-Artikel 229a EGV)

Unbeschadet der sonstigen Bestimmungen der Verträge kann der Rat gemäß einem besonderen Gesetzgebungsverfahren nach Anhörung des Europäischen Parlaments einstimmig Bestimmungen erlassen, mit denen dem Gerichtshof der Europäischen Union in dem vom Rat festgelegten Umfang die Zuständigkeit übertragen wird, über Rechtsstreitigkeiten im Zusammenhang mit der Anwendung von aufgrund der Verträge erlassenen Rechtsakten, mit denen europäische Rechtstitel für das geistige Eigentum geschaffen werden, zu entscheiden. Diese Bestimmungen treten nach Zustimmung der Mitgliedstaaten im Einklang mit ihren jeweiligen verfassungsrechtlichen Vorschriften in Kraft.

Artikel 263
(ex-Artikel 230 EGV)

Der Gerichtshof der Europäischen Union überwacht die Rechtmäßigkeit der Gesetzgebungsakte sowie der Handlungen des Rates, der Kommission und der Europäischen Zentralbank, soweit es sich nicht um Empfehlungen oder Stellungnahmen handelt, und der Handlungen des Europäischen Parlaments und des Europäischen Rates mit Rechtswirkung gegenüber Dritten. Er überwacht ebenfalls die Rechtmäßigkeit der Handlungen der Einrichtungen oder sonstigen Stellen der Union mit Rechtswirkung gegenüber Dritten.

Zu diesem Zweck ist der Gerichtshof der Europäischen Union für Klagen zuständig, die ein Mitgliedstaat, das Europäische Parlament, der Rat oder die Kommission wegen Unzuständigkeit, Verletzung wesentlicher Form-

vorschriften, Verletzung der Verträge oder einer bei seiner Durchführung anzuwendenden Rechtsnorm oder wegen Ermessensmissbrauchs erhebt.

Der Gerichtshof der Europäischen Union ist unter den gleichen Voraussetzungen zuständig für Klagen des Rechnungshofs, der Europäischen Zentralbank und des Ausschusses der Regionen, die auf die Wahrung ihrer Rechte abzielen.

Jede natürliche oder juristische Person kann unter den Bedingungen nach den Absätzen 1 und 2 gegen die an sie gerichteten oder sie unmittelbar und individuell betreffenden Handlungen sowie gegen Rechtsakte mit Verordnungscharakter, die sie unmittelbar betreffen und keine Durchführungs maßnahmen nach sich ziehen, Klage erheben.

In den Rechtsakten zur Gründung von Einrichtungen und sonstigen Stellen der Union können besondere Bedingungen und Einzelheiten für die Erhebung von Klagen von natürlichen oder juristischen Personen gegen Handlungen dieser Einrichtungen und sonstigen Stellen vorgesehen werden, die eine Rechtswirkung gegenüber diesen Personen haben.

Die in diesem Artikel vorgesehenen Klagen sind binnen zwei Monaten zu erheben; diese Frist läuft je nach Lage des Falles von der Bekanntgabe der betreffenden Handlung, ihrer Mitteilung an den Kläger oder in Ermangelung dessen von dem Zeitpunkt an, zu dem der Kläger von dieser Handlung Kenntnis erlangt hat.

Artikel 264
(ex-Artikel 231 EGV)

Ist die Klage begründet, so erklärt der Gerichtshof der Europäischen Union die angefochtene Handlung für nichtig.

Erklärt der Gerichtshof eine Handlung für nichtig, so bezeichnet er, falls er dies für notwendig hält, diejenigen ihrer Wirkungen, die als fortgeltend zu betrachten sind.

Artikel 265
(ex-Artikel 232 EGV)

Unterlässt es das Europäische Parlament, der Europäische Rat, der Rat, die Kommission oder die Europäische Zentralbank unter Verletzung der Verträge, einen Beschluss zu fassen, so können die Mitgliedstaaten und die anderen Organe der Union beim Gerichtshof der Europäischen Union Klage auf Feststel-

— 95 —

1/2. AEUV
Art. 265 – 271

EUV/AEUV
+ Prot/Erkl
Anhänge
EU-Grundrechte-
Charta + Erl
Irland/Tschech.Rep
Änderungs- und
Beitrittsverträge
LissV + ZusErl
Liss-BeglNovelle

lung dieser Vertragsverletzung erheben. Dieser Artikel gilt entsprechend für die Einrichtungen und sonstigen Stellen der Union, die es unterlassen, tätig zu werden.

Diese Klage ist nur zulässig, wenn das in Frage stehende Organ, die in Frage stehende Einrichtung oder sonstige Stelle zuvor aufgefordert worden ist, tätig zu werden. Hat es bzw. sie binnen zwei Monaten nach dieser Aufforderung nicht Stellung genommen, so kann die Klage innerhalb einer weiteren Frist von zwei Monaten erhoben werden.

Jede natürliche oder juristische Person kann nach Maßgabe der Absätze 1 und 2 vor dem Gerichtshof Beschwerde darüber führen, dass ein Organ oder eine Einrichtung oder sonstige Stelle der Union es unterlassen hat, einen anderen Akt als eine Empfehlung oder eine Stellungnahme an sie zu richten.

Artikel 266
(ex-Artikel 233 EGV)

Die Organe, Einrichtungen oder sonstigen Stellen, denen das für nichtig erklärte Handeln zur Last fällt oder deren Untätigkeit als vertragswidrig erklärt worden ist, haben die sich aus dem Urteil des Gerichtshofs der Europäischen Union ergebenden Maßnahmen zu ergreifen.

Diese Verpflichtung besteht unbeschadet der Verpflichtungen, die sich aus der Anwendung des Artikels 340 Absatz 2 ergeben.

Artikel 267
(ex-Artikel 234 EGV)

Der Gerichtshof der Europäischen Union entscheidet im Wege der Vorabentscheidung
a) über die Auslegung der Verträge,
b) über die Gültigkeit und die Auslegung der Handlungen der Organe, Einrichtungen oder sonstigen Stellen der Union,

Wird eine derartige Frage einem Gericht eines Mitgliedstaats gestellt und hält dieses Gericht eine Entscheidung darüber zum Erlass seines Urteils für erforderlich, so kann es diese Frage dem Gerichtshof zur Entscheidung vorlegen.

Wird eine derartige Frage in einem schwebenden Verfahren bei einem einzelstaatlichen Gericht gestellt, dessen Entscheidungen selbst nicht mehr mit Rechtsmitteln des innerstaatlichen Rechts angefochten werden können, so ist dieses Gericht zur Anrufung des Gerichtshofs verpflichtet.

Wird eine derartige Frage in einem schwebenden Verfahren, das eine inhaftierte Person betrifft, bei einem einzelstaatlichen Gericht gestellt, so entscheidet der Gerichtshof innerhalb kürzester Zeit.

Artikel 268
(ex-Artikel 235 EGV)

Der Gerichtshof der Europäischen Union ist für Streitsachen über den in Artikel 340 Absätze 2 und 3 vorgesehenen Schadensersatz zuständig.

Artikel 269

Der Gerichtshof ist für Entscheidungen über die Rechtmäßigkeit eines nach Artikel 7 des Vertrags über die Europäische Union erlassenen Rechtsakts des Europäischen Rates oder des Rates nur auf Antrag des von einer Feststellung des Europäischen Rates oder des Rates betroffenen Mitgliedstaats und lediglich im Hinblick auf die Einhaltung der in dem genannten Artikel vorgesehenen Verfahrens bestimmungen zuständig.

Der Antrag muss binnen eines Monats nach der jeweiligen Feststellung gestellt werden. Der Gerichtshof entscheidet binnen eines Monats nach Antragstellung.

Artikel 270
(ex-Artikel 236 EGV)

Der Gerichtshof der Europäischen Union ist für alle Streitsachen zwischen der Union und deren Bediensteten innerhalb der Grenzen und nach Maßgabe der Bedingungen zuständig, die im Statut der Beamten der Union und in den Beschäftigungsbedingungen für die sonstigen Bediensteten der Union festgelegt sind.

Artikel 271
(ex-Artikel 237 EGV)

Der Gerichtshof der Europäischen Union ist nach Maßgabe der folgenden Bestimmungen zuständig in Streitsachen über
a) die Erfüllung der Verpflichtungen der Mitgliedstaaten aus der Satzung der Europäischen Investitionsbank. Der Verwaltungsrat der Bank besitzt hierbei die der Kommission in Artikel 258 übertragenen Befugnisse;
b) die Beschlüsse des Rates der Gouverneure der Europäischen Investitionsbank. Jeder Mitgliedstaat, die Kommission und der Verwaltungsrat der Bank können hierzu

nach Maßgabe des Artikels 263 Klage erheben;

c) die Beschlüsse des Verwaltungsrats der Europäischen Investitionsbank. Diese können nach Maßgabe des Artikels 263 nur von Mitgliedstaaten oder der Kommission und lediglich wegen Verletzung der Formvorschriften des Artikels 19 Absatz 2 und Absätze 5 bis 7 der Satzung der Investitionsbank angefochten werden;

d) die Erfüllung der sich aus den Verträgen und der Satzung des ESZB und der EZB ergebenden Verpflichtungen durch die nationalen Zentralbanken. Der Rat der Gouverneure der Europäischen Zentralbank besitzt hierbei gegenüber den nationalen Zentralbanken die der Kommission in Artikel 258 gegenüber den Mitgliedstaaten eingeräumt werden. Stellt der Gerichtshof der Europäischen Union fest, dass eine nationale Zentralbank gegen eine Verpflichtung aus den Verträgen verstoßen hat, so hat diese Bank die Maßnahmen zu ergreifen, die sich aus dem Urteil des Gerichtshofs ergeben.

Artikel 272
(ex-Artikel 238 EGV)

Der Gerichtshof der Europäischen Union ist für Entscheidungen aufgrund einer Schiedsklausel zu ständig, die in einem von der Union oder für ihre Rechnung abgeschlossenen öffentlich-rechtlichen oder privatrechtlichen Vertrag enthalten ist.

Artikel 273
(ex-Artikel 239 EGV)

Der Gerichtshof ist für jede mit dem Gegenstand der Verträge in Zusammenhang stehende Streitigkeit zwischen Mitgliedstaaten zuständig, wenn diese bei ihm aufgrund eines Schiedsvertrags anhängig gemacht wird.

Artikel 274
(ex-Artikel 240 EGV)

Soweit keine Zuständigkeit des Gerichtshofs der Europäischen Union aufgrund der Verträge besteht, sind Streitsachen, bei denen die Union Partei ist, der Zuständigkeit der einzelstaatlichen Gerichte nicht entzogen.

Artikel 275

Der Gerichtshof der Europäischen Union ist nicht zuständig für die Bestimmungen hinsichtlich der Gemeinsamen Außen- und Sicherheitspolitik und für die auf der Grundlage dieser Bestimmungen erlassenen Rechtsakte.

Der Gerichtshof ist jedoch zuständig für die Kontrolle der Einhaltung von Artikel 40 des Vertrags über die Europäische Union und für die unter den Voraussetzungen des Artikels 263 Absatz 4 dieses Vertrags erhobenen Klagen im Zusammenhang mit der Überwachung der Rechtmäßigkeit von Beschlüssen über restriktive Maßnahmen gegenüber natürlichen oder juristischen Personen, die der Rat auf der Grundlage von Titel V Kapitel 2 des Vertrags über die Europäische Union erlassen hat.

Artikel 276

Bei der Ausübung seiner Befugnisse im Rahmen der Bestimmungen des Dritten Teils Titel V Kapitel 4 und 5 über den Raum der Freiheit, der Sicherheit und des Rechts ist der Gerichtshof der Europäischen Union nicht zuständig für die Überprüfung der Gültigkeit oder Verhältnismäßigkeit von Maßnahmen der Polizei oder anderer Strafverfolgungsbehörden eines Mitgliedstaats oder der Wahrnehmung der Zuständigkeiten der Mitgliedstaaten für die Aufrechterhaltung der öffentlichen Ordnung und den Schutz der inneren Sicherheit.

Artikel 277
(ex-Artikel 241 EGV)

Ungeachtet des Ablaufs der in Artikel 263 Absatz 6 genannten Frist kann jede Partei in einem Rechtsstreit, bei dem die Rechtmäßigkeit von einem Organ, einer Einrichtung oder einer sonstigen Stelle der Union erlassenen Rechtsakts mit allgemeiner Geltung angefochten wird, vor dem Gerichtshof der Europäischen Union die Unanwendbarkeit dieses Rechtsakts aus den in Artikel 263 Absatz 2 genannten Gründen geltend machen.

Artikel 278
(ex-Artikel 242 EGV)

Klagen bei dem Gerichtshof der Europäischen Union haben keine aufschiebende Wirkung. Der Gerichtshof kann jedoch, wenn er dies den Umständen nach für nötig hält, die Durchführung der angefochtenen Handlung aussetzen.

Artikel 279
(ex-Artikel 243 EGV)

Der Gerichtshof der Europäischen Union kann in den bei ihm anhängigen Sachen die er-

— 97 —

1/2. AEUV
Art. 279 – 284

EUV/AEUV
+ Prot/Erkl
Anhänge
EU-Grundrechte-
Charta + Erl
Irland·Tschech·Rep
Änderungs- und
Beitrittsverträge
LissV + ZusErl
Liss-BeglNovelle

forderlichen einstweiligen Anordnungen treffen.

Artikel 280
(ex-Artikel 244 EGV)

Die Urteile des Gerichtshofs der Europäischen Union sind gemäß Artikel 299 vollstreckbar.

Artikel 281
(ex-Artikel 245 EGV)

Die Satzung des Gerichtshofs der Europäischen Union wird in einem besonderen Protokoll festgelegt.

Das Europäische Parlament und der Rat können gemäß dem ordentlichen Gesetzgebungsverfahren die Satzung mit Ausnahme ihres Titels I und ihres Artikels 64 ändern. Das Europäische Parlament und der Rat beschließen entweder auf Antrag des Gerichtshofs nach Anhörung der Kommission oder auf Vorschlag der Kommission nach Anhörung des Gerichtshofs.

ABSCHNITT 6
DIE EUROPÄISCHE ZENTRALBANK

Artikel 282

(1) Die Europäische Zentralbank und die nationalen Zentralbanken bilden das Europäische System der Zentralbanken (ESZB). Die Europäische Zentralbank und die nationalen Zentralbanken der Mitgliedstaaten, deren Währung der Euro ist, bilden das Eurosystem und betreiben die Währungspolitik der Union.

(2) Das ESZB wird von den Beschlussorganen der Europäischen Zentralbank geleitet. Sein vorrangiges Ziel ist es, die Preisstabilität zu gewährleisten. Unbeschadet dieses Zieles unterstützt es die allgemeine Wirtschaftspolitik in der Union, um zur Verwirklichung ihrer Ziele beizutragen.

(3) Die Europäische Zentralbank besitzt Rechtspersönlichkeit. Sie allein ist befugt, die Ausgabe des Euro zu genehmigen. Sie ist in der Ausübung ihrer Befugnisse und der Verwaltung ihrer Mittel unabhängig. Die Organe, Einrichtungen und sonstigen Stellen der Union sowie die Regierungen der Mitgliedstaaten achten diese Unabhängigkeit.

(4) Die Europäische Zentralbank erlässt die für die Erfüllung ihrer Aufgaben erforderlichen Maßnahmen nach den Artikeln 127 bis 133 und Artikel 138 und nach Maßgabe der Satzung des ESZB und der EZB. Nach diesen Artikeln behalten die Mitgliedstaaten, deren Währung nicht der Euro ist, sowie deren Zentralbanken ihre Zuständigkeiten im Währungsbereich.

(5) Die Europäische Zentralbank wird in den Bereichen, auf die sich ihre Befugnisse erstrecken, zu allen Entwürfen für Rechtsakte der Union sowie zu allen Entwürfen für Rechtsvorschriften auf einzelstaatlicher Ebene gehört und kann Stellungnahmen abgeben.

Artikel 283
(ex-Artikel 112 EGV)

(1) Der Rat der Europäischen Zentralbank besteht aus den Mitgliedern des Direktoriums der Europäischen Zentralbank und den Präsidenten der nationalen Zentralbanken der Mitgliedstaaten, deren Währung der Euro ist.

(2) Das Direktorium besteht aus dem Präsidenten, dem Vizepräsidenten und vier weiteren Mitgliedern.

Der Präsident, der Vizepräsident und die weiteren Mitglieder des Direktoriums werden vom Europäischen Rat auf Empfehlung des Rates, der hierzu das Europäische Parlament und den Rat der Europäischen Zentralbank anhört, aus dem Kreis der in Währungs- oder Bankfragen anerkannten und erfahrenen Persönlichkeiten mit qualifizierter Mehrheit ausgewählt und ernannt.

Ihre Amtszeit beträgt acht Jahre; Wiederernennung ist nicht zulässig.

Nur Staatsangehörige der Mitgliedstaaten können Mitglieder des Direktoriums werden.

Artikel 284
(ex-Artikel 113 EGV)

(1) Der Präsident des Rates und ein Mitglied der Kommission können ohne Stimmrecht an den Sitzungen des Rates der Europäischen Zentralbank teilnehmen.

Der Präsident des Rates kann dem Rat der Europäischen Zentralbank einen Antrag zur Beratung vorlegen.

(2) Der Präsident der Europäischen Zentralbank wird zur Teilnahme an den Tagungen des Rates eingeladen, wenn dieser Fragen im Zusammenhang mit den Zielen und Aufgaben des ESZB erörtert.

(3) Die Europäische Zentralbank unterbreitet dem Europäischen Parlament, dem Rat und der Kommission sowie auch dem Europäischen Rat einen Jahresbericht über die Tätig-

keit des ESZB und die Geld- und Währungspolitik im vergangenen und im laufenden
Jahr. Der Präsident der Europäischen Zentralbank legt den Bericht dem Rat und dem Europäischen Parlament vor, das auf dieser
Grundlage eine allgemeine Aussprache durchführen kann.

Der Präsident der Europäischen Zentralbank und die anderen Mitglieder des Direktoriums können auf Ersuchen des Europäischen
Parlaments oder auf ihre Initiative hin von
den zuständigen Ausschüssen des Europäischen Parlaments gehört werden.

ABSCHNITT 7
DER RECHNUNGSHOF

Artikel 285
(ex-Artikel 246 EGV)

Der Rechnungshof nimmt die Rechnungsprüfung der Union wahr.

Der Rechnungshof besteht aus einem
Staatsangehörigen je Mitgliedstaat. Seine Mitglieder üben ihre Aufgaben in voller Unabhängigkeit zum allgemeinen Wohl der Union
aus.

Artikel 286
(ex-Artikel 247 EGV)

(1) Zu Mitgliedern des Rechnungshofs sind
Persönlichkeiten auszuwählen, die in ihren
Staaten Rechnungsprüfungsorganen angehören oder angehört haben oder die für dieses Amt besonders geeignet sind. Sie müssen
jede Gewähr für Unabhängigkeit bieten.

(2) Die Mitglieder des Rechnungshofs werden auf sechs Jahre ernannt. Der Rat nimmt
die gemäß den Vorschlägen der einzelnen
Mitgliedstaaten erstellte Liste der Mitglieder
nach Anhörung des Europäischen Parlaments
an. Die Wiederernennung der Mitglieder des
Rechnungshofs ist zulässig.

Sie wählen aus ihrer Mitte den Präsidenten
des Rechnungshofs für drei Jahre. Wiederwahl ist zulässig.

(3) Die Mitglieder des Rechnungshofs dürfen bei der Erfüllung ihrer Pflichten Anweisungen von einer Regierung oder einer anderen Stelle weder anfordern noch entgegennehmen. Sie haben jede Handlung zu unterlassen,
die mit ihren Aufgaben unvereinbar ist.

(4) Die Mitglieder des Rechnungshofs dürfen während ihrer Amtszeit keine andere entgeltliche oder unentgeltliche Berufstätigkeit
ausüben. Bei der Aufnahme ihrer Tätigkeit

übernehmen sie die feierliche Verpflichtung,
während der Ausübung und nach Ablauf ihrer
Amtstätigkeit die sich aus ihrem Amt ergebenden Pflichten zu erfüllen, insbesondere die
Pflicht, bei der Annahme gewisser Tätigkeiten oder Vorteile nach Ablauf dieser Tätigkeit
ehrenhaft und zurückhaltend zu sein.

(5) Abgesehen von regelmäßigen Neubesetzungen und von Todesfällen endet das Amt
eines Mitglieds des Rechnungshofs durch
Rücktritt oder durch Amtsenthebung durch
den Gerichtshof gemäß Absatz 6.

Für das ausscheidende Mitglied wird für
die verbleibende Amtszeit ein Nachfolger ernannt.

Außer im Fall der Amtsenthebung bleiben
die Mitglieder des Rechnungshofs bis zur
Neubesetzung ihres Sitzes im Amt.

(6) Ein Mitglied des Rechnungshofs kann
nur dann seines Amtes enthoben oder seiner
Ruhegehaltsansprüche oder anderer an ihrer
Stelle gewährter Vergünstigungen für verlustig
erklärt werden, wenn der Gerichtshof auf Antrag des Rechnungshofs feststellt, dass es nicht
mehr die erforderlichen Voraussetzungen erfüllt oder den sich aus seinem Amt ergebenden
Verpflichtungen nicht mehr nachkommt.

(7) Der Rat setzt die Beschäftigungsbedingungen für den Präsidenten und die Mitglieder des Rechnungshofs fest, insbesondere die
Gehälter, Vergütungen und Ruhegehälter. Er
setzt alle sonstigen als Entgelt gezahlten Vergütungen fest.

(8) Die für die Richter des Gerichtshofs der
Europäischen Union geltenden Bestimmungen des Protokolls über die Vorrechte und Befreiungen der Europäischen Union gelten
auch für die Mitglieder des Rechnungshofs.

Artikel 287
(ex-Artikel 248 EGV)

(1) Der Rechnungshof prüft die Rechnung
über alle Einnahmen und Ausgaben der
Union. Er prüft ebenfalls die Rechnung über
alle Einnahmen und Ausgaben jeder von der
Union geschaffenen Einrichtung oder sonstigen Stelle, soweit der Gründungsakt dies
nicht ausschließt.

Der Rechnungshof legt dem Europäischen
Parlament und dem Rat eine Erklärung über
die Zuverlässigkeit der Rechnungsführung sowie die Rechtmäßigkeit und Ordnungsmäßigkeit der zugrunde liegenden Vorgänge vor,
die im Amtsblatt der Europäischen Union veröffentlicht wird. Diese Erklärung kann durch

— 99 —

1/2. AEUV
Art. 287 – 288

EUV/AEUV
+ Prot/Erkl
Anhänge
EU-Grundrechte-
Charta + Erl
Irland Tschech Rep
Änderungs- und
Beitrittsverträge
LissV + ZusErl
Liss-BeglNovelle

spezifische Beurteilungen zu allen größeren Tätigkeitsbereichen der Union ergänzt werden.

(2) Der Rechungshof prüft die Rechtmäßigkeit und Ordnungsmäßigkeit der Einnahmen und Ausgaben und überzeugt sich von der Wirtschaftlichkeit der Haushaltsführung. Dabei berichtet er ins besondere über alle Fälle von Unregelmäßigkeiten.

Die Prüfung der Einnahmen erfolgt anhand der Feststellungen und der Zahlungen der Einnahmen an die Union.

Die Prüfung der Ausgaben erfolgt anhand der Mittelbindungen und der Zahlungen.

Diese Prüfungen können vor Abschluss der Rechnung des betreffenden Haushaltsjahrs durchgeführt werden.

(3) Die Prüfung wird anhand der Rechnungsunterlagen und erforderlichenfalls an Ort und Stelle bei den anderen Organen der Union, in den Räumlichkeiten der Einrichtungen oder sonstigen Stellen, die Einnahmen oder Ausgaben für Rechnung der Union verwalten, sowie der natürlichen und juristischen Personen, die Zahlungen aus dem Haushalt erhalten, und in den Mitgliedstaaten durch geführt. Die Prüfung in den Mitgliedstaaten erfolgt in Verbindung mit den einzelstaatlichen Rechnungsprüfungsorganen oder, wenn diese nicht über die erforderliche Zuständigkeit verfügen, mit den zuständigen einzelstaatlichen Dienststellen. Der Rechnungshof und die einzelstaatlichen Rechnungsprüfungsorgane arbeiten unter Wahrung ihrer Unabhängigkeit vertrauensvoll zusammen. Diese Organe oder Dienststellen teilen dem Rechnungshof mit, ob sie an der Prüfung teilzunehmen beabsichtigen.

Die anderen Organe der Union, die Einrichtungen oder sonstigen Stellen, die Einnahmen oder Ausgaben für Rechnung der Union verwalten, die natürlichen oder juristischen Personen, die Zahlungen aus dem Haushalt erhalten, und die einzelstaatlichen Rechnungsprüfungsorgane oder, wenn diese nicht über die erforderliche Zuständigkeit verfügen, die zuständigen einzelstaatlichen Dienststellen übermitteln dem Rechnungshof auf dessen Antrag die für die Erfüllung seiner Aufgabe erforderlichen Unterlagen oder Informationen.

Die Rechte des Rechnungshofs auf Zugang zu Informationen der Europäischen Investitionsbank im Zusammenhang mit deren Tätigkeit bei der Verwaltung von Einnahmen und Ausgaben der Union werden in einer Vereinbarung zwischen dem Rechnungshof, der Bank und der Kommission geregelt. Der Rechnungshof hat auch dann Recht auf Zugang zu den Informationen, die für die Prüfung der von der Bank verwalteten Einnahmen und Ausgaben der Union erforderlich sind, wenn eine entsprechende Vereinbarung nicht besteht.

(4) Der Rechnungshof erstattet nach Abschluss eines jeden Haushaltsjahrs einen Jahresbericht. Dieser Bericht wird den anderen Organen der Union vorgelegt und im Amtsblatt der Europäischen Union zusammen mit den Antworten dieser Organe auf die Bemerkungen des Rechnungshofs veröffentlicht.

Der Rechnungshof kann ferner jederzeit seine Bemerkungen zu besonderen Fragen vorlegen, insbesondere in Form von Sonderberichten, und auf Antrag eines der anderen Organe der Union Stellungnahmen abgeben.

Er nimmt seine jährlichen Berichte, Sonderberichte oder Stellungnahmen mit der Mehrheit seiner Mitglieder an. Er kann jedoch für die Annahme bestimmter Arten von Berichten oder Stellungnahmen nach Maßgabe seiner Geschäftsordnung Kammern bilden.

Er unterstützt das Europäische Parlament und den Rat bei der Kontrolle der Ausführung des Haushaltsplans.

Der Rechnungshof gibt sich eine Geschäftsordnung. Diese bedarf der Genehmigung des Rates.

KAPITEL 2
RECHTSAKTE DER UNION, ANNAHMEVERFAHREN UND SONSTIGE VORSCHRIFTEN

ABSCHNITT 1
DIE RECHTSAKTE DER UNION

Artikel 288
(ex-Artikel 249 EGV)

Für die Ausübung der Zuständigkeiten der Union nehmen die Organe Verordnungen, Richtlinien, Beschlüsse, Empfehlungen und Stellungnahmen an.

Die Verordnung hat allgemeine Geltung. Sie ist in allen ihren Teilen verbindlich und gilt unmittelbar in jedem Mitgliedstaat.

Die Richtlinie ist für jeden Mitgliedstaat, an den sie gerichtet wird, hinsichtlich des zu erreichenden Ziels verbindlich, überlässt jedoch den innerstaatlichen Stellen die Wahl der Form und der Mittel.

Beschlüsse sind in allen ihren Teilen verbindlich. Sind sie an bestimmte Adressaten gerichtet, so sind sie nur für diese verbindlich.

Die Empfehlungen und Stellungnahmen sind nicht verbindlich.

Artikel 289

(1) Das ordentliche Gesetzgebungsverfahren besteht in der gemeinsamen Annahme einer Verordnung, einer Richtlinie oder eines Beschlusses durch das Europäische Parlament und den Rat auf Vorschlag der Kommission. Dieses Verfahren ist in Artikel 294 festgelegt.

(2) In bestimmten, in den Verträgen vorgesehenen Fällen erfolgt als besonderes Gesetzgebungsverfahren die Annahme einer Verordnung, einer Richtlinie oder eines Beschlusses durch das Europäische Parlament mit Beteiligung des Rates oder durch den Rat mit Beteiligung des Europäischen Parlaments.

(3) Rechtsakte, die gemäß einem Gesetzgebungsverfahren angenommen werden, sind Gesetzgebungsakte.

(4) In bestimmten, in den Verträgen vorgesehenen Fällen können Gesetzgebungsakte auf Initiative einer Gruppe von Mitgliedstaaten oder des Europäischen Parlaments, auf Empfehlung der Europäischen Zentralbank oder auf Antrag des Gerichtshofs oder der Europäischen Investitionsbank erlassen werden.

Artikel 290

(1) In Gesetzgebungsakten kann der Kommission die Befugnis übertragen werden, Rechtsakte ohne Gesetzescharakter mit allgemeiner Geltung zur Ergänzung oder Änderung bestimmter nicht wesentlicher Vorschriften des betreffenden Gesetzgebungsaktes zu erlassen.

In den betreffenden Gesetzgebungsakten werden Ziele, Inhalt, Geltungsbereich und Dauer der Befugnisübertragung ausdrücklich festgelegt. Die wesentlichen Aspekte eines Bereichs sind dem Gesetzgebungsakt vorbehalten und eine Befugnisübertragung ist für sie deshalb ausgeschlossen.

(2) Die Bedingungen, unter denen die Übertragung erfolgt, werden in Gesetzgebungsakten ausdrücklich festgelegt, wobei folgende Möglichkeiten bestehen:

a) Das Europäische Parlament oder der Rat kann beschließen, die Übertragung zu widerrufen.

b) Der delegierte Rechtsakt kann nur in Kraft treten, wenn das Europäische Parlament oder der Rat innerhalb der im Gesetzgebungsakt festgelegten Frist keine Einwände erhebt.

Für die Zwecke der Buchstaben a und b beschließt das Europäische Parlament mit der Mehrheit seiner Mitglieder und der Rat mit qualifizierter Mehrheit.

(3) In den Titel der delegierten Rechtsakte wird das Wort „delegiert" eingefügt.

Artikel 291

(1) Die Mitgliedstaaten ergreifen alle zur Durchführung der verbindlichen Rechtsakte der Union erforderlichen Maßnahmen nach innerstaatlichem Recht.

(2) Bedarf es einheitlicher Bedingungen für die Durchführung der verbindlichen Rechtsakte der Union, so werden mit diesen Rechtsakten der Kommission oder, in entsprechend begründeten Sonderfällen und in den in den Artikeln 24 und 26 des Vertrags über die Europäische Union vorgesehenen Fällen, dem Rat Durchführungsbefugnisse übertragen.

(3) Für die Zwecke des Absatzes 2 legen das Europäische Parlament und der Rat gemäß dem ordentlichen Gesetzgebungsverfahren durch Verordnungen im Voraus allgemeine Regeln und Grundsätze fest, nach denen die Mitgliedstaaten die Wahrnehmung der Durchführungsbefugnisse durch die Kommission kontrollieren.

(4) In den Titel der Durchführungsrechtsakte wird der Wortteil „Durchführungs-" eingefügt.

Artikel 292

Der Rat gibt Empfehlungen ab. Er beschließt auf Vorschlag der Kommission in allen Fällen, in denen er nach Maßgabe der Verträge Rechtsakte auf Vorschlag der Kommission erlässt. In den Bereichen, in denen für den Erlass eines Rechtsakts der Union Einstimmigkeit vorgesehen ist, beschließt er einstimmig. Die Kommission und, in bestimmten in den Verträgen vorgesehenen Fällen, die Europäische Zentralbank geben Empfehlungen ab.

ABSCHNITT 2

ANNAHMEVERFAHREN UND SONSTIGE VORSCHRIFTEN

Artikel 293
(ex-Artikel 250 EGV)

(1) Wird der Rat aufgrund der Verträge auf Vorschlag der Kommission tätig, so kann er diesen Vorschlag nur einstimmig abändern; dies

— 101 —

1/2. AEUV
Art. 293 – 294

EUV/AEUV
+ Prot/Erkl
Anhänge
EU-Grundrechte-
Charta + Erl
Irland·Tschech·Rep
Änderungs- und
Beitrittsverträge
LissV + ZusErl
Liss-BeglNovelle

gilt nicht in den Fällen nach Artikel 294 Absätze 10 und 13, nach Artikel 310, Artikel 312, Artikel 314 und nach Artikel 315 Absatz 2.

(2) Solange ein Beschluss des Rates nicht ergangen ist, kann die Kommission ihren Vorschlag jederzeit im Verlauf der Verfahren zur Annahme eines Rechtsakts der Union ändern.

Artikel 294
(ex-Artikel 251 EGV)

(1) Wird in den Verträgen hinsichtlich der Annahme eines Rechtsakts auf das ordentliche Gesetzgebungsverfahren Bezug genommen, so gilt das nachstehende Verfahren.

(2) Die Kommission unterbreitet dem Europäischen Parlament und dem Rat einen Vorschlag.

Erste Lesung

(3) Das Europäische Parlament legt seinen Standpunkt in erster Lesung fest und übermittelt ihn dem Rat.

(4) Billigt der Rat den Standpunkt des Europäischen Parlaments, so ist der betreffende Rechtsakt in der Fassung des Standpunkts des Europäischen Parlaments erlassen.

(5) Billigt der Rat den Standpunkt des Europäischen Parlaments nicht, so legt er seinen Standpunkt in erster Lesung fest und übermittelt ihn dem Europäischen Parlament.

(6) Der Rat unterrichtet das Europäische Parlament in allen Einzelheiten über die Gründe, aus denen er seinen Standpunkt in erster Lesung festgelegt hat. Die Kommission unterrichtet das Europäische Parlament in vollem Umfang über ihren Standpunkt.

Zweite Lesung

(7) Hat das Europäische Parlament binnen drei Monaten nach der Übermittlung

a) den Standpunkt des Rates in erster Lesung gebilligt oder sich nicht geäußert, so gilt der betreffende Rechtsakt als in der Fassung des Standpunkts des Rates erlassen;

b) den Standpunkt des Rates in erster Lesung mit der Mehrheit seiner Mitglieder abgelehnt, so gilt der vorgeschlagene Rechtsakt als nicht erlassen;

c) mit der Mehrheit seiner Mitglieder Änderungen an dem Standpunkt des Rates in erster Lesung vorgeschlagen, so wird die abgeänderte Fassung dem Rat und der Kommission zugeleitet; die Kommission gibt eine Stellungnahme zu diesen Abänderungen ab.

(8) Hat der Rat binnen drei Monaten nach Eingang der Abänderungen des Europäischen Parlaments mit qualifizierter Mehrheit

a) alle diese Abänderungen gebilligt, so gilt der betreffende Rechtsakt als erlassen;

b) nicht alle Abänderungen gebilligt, so beruft der Präsident des Rates im Einvernehmen mit dem Präsidenten des Europäischen Parlaments binnen sechs Wochen den Vermittlungsausschuss ein.

(9) Über Abänderungen, zu denen die Kommission eine ablehnende Stellungnahme abgegeben hat, beschließt der Rat einstimmig.

Vermittlung

(10) Der Vermittlungsausschuss, der aus den Mitgliedern des Rates oder deren Vertretern und ebenso vielen das Europäische Parlament vertretenden Mitgliedern besteht, hat die Aufgabe, mit der qualifizierten Mehrheit der Mitglieder des Rates oder deren Vertretern und der Mehrheit der das Europäische Parlament vertretenden Mitglieder binnen sechs Wochen nach seiner Einberufung eine Einigung auf der Grundlage der Standpunkte des Europäischen Parlaments und des Rates in zweiter Lesung zu erzielen.

(11) Die Kommission nimmt an den Arbeiten des Vermittlungsausschusses teil und ergreift alle erforderlichen Initiativen, um auf eine Annäherung der Standpunkte des Europäischen Parlaments und des Rates hinzuwirken.

(12) Billigt der Vermittlungsausschuss binnen sechs Wochen nach seiner Einberufung keinen gemeinsamen Entwurf, so gilt der vorgeschlagene Rechtsakt als nicht erlassen.

Dritte Lesung

(13) Billigt der Vermittlungsausschuss innerhalb dieser Frist einen gemeinsamen Entwurf, so verfügen das Europäische Parlament und der Rat ab dieser Billigung über eine Frist von sechs Wochen, um den betreffenden Rechtsakt entsprechend diesem Entwurf zu erlassen, wobei im Europäischen Parlament die Mehrheit der abgegebenen Stimmen und im Rat die qualifizierte Mehrheit erforderlich ist. Andernfalls gilt der vorgeschlagene Rechtsakt als nicht erlassen.

(14) Die in diesem Artikel genannten Fristen von drei Monaten beziehungsweise sechs Wochen werden auf Initiative des Europäischen Parlaments oder des Rates um höchstens einen Monat beziehungsweise zwei Wochen verlängert.

Besondere Bestimmungen

(15) Wird in den in den Verträgen vorgesehenen Fällen ein Gesetzgebungsakt auf Initiative einer Gruppe von Mitgliedstaaten, auf Empfehlung der Europäischen Zentralbank oder auf Antrag des Gerichtshofs im ordentlichen Gesetzgebungsverfahren erlassen, so finden Absatz 2, Absatz 6 Satz 2 und Absatz 9 keine Anwendung.

In diesen Fällen übermitteln das Europäische Parlament und der Rat der Kommission den Entwurf des Rechtsakts sowie ihre jeweiligen Standpunkte in erster und zweiter Lesung. Das Europäische Parlament oder der Rat kann die Kommission während des gesamten Verfahrens um eine Stellungnahme bitten, die die Kommission auch von sich aus abgeben kann. Sie kann auch nach Maßgabe des Absatzes 11 an dem Vermittlungsausschuss teilnehmen, sofern sie dies für erforderlich hält.

Artikel 295

Das Europäische Parlament, der Rat und die Kommission beraten sich und regeln einvernehmlich die Einzelheiten ihrer Zusammenarbeit. Dazu können sie unter Wahrung der Verträge interinstitutionelle Vereinbarungen schließen, die auch bindenden Charakter haben können.

Artikel 296
(ex-Artikel 253 EGV)

Wird die Art des zu erlassenden Rechtsakts von den Verträgen nicht vorgegeben, so entscheiden die Organe darüber von Fall zu Fall unter Einhaltung der geltenden Verfahren und des Grundsatzes der Verhältnismäßigkeit.

Die Rechtsakte sind mit einer Begründung zu versehen und nehmen auf die in den Verträgen vorgesehenen Vorschläge, Initiativen, Empfehlungen, Anträge oder Stellungnahmen Bezug.

Werden das Europäische Parlament und der Rat mit dem Entwurf eines Gesetzgebungsakts befasst, so nehmen sie keine Rechtsakte an, die gemäß dem für den betreffenden Bereich geltenden Gesetzgebungsverfahren nicht vorgesehen sind.

Artikel 297
(ex-Artikel 254 EGV)

(1) Gesetzgebungsakte, die gemäß dem ordentlichen Gesetzgebungsverfahren erlassen wurden, werden vom Präsidenten des Europäischen Parlaments und vom Präsidenten des Rates unterzeichnet.

Gesetzgebungsakte, die gemäß einem besonderen Gesetzgebungsverfahren erlassen wurden, werden vom Präsidenten des Organs unterzeichnet, das sie erlassen hat.

Die Gesetzgebungsakte werden im Amtsblatt der Europäischen Union veröffentlicht. Sie treten zu dem durch sie festgelegten Zeitpunkt oder anderenfalls am zwanzigsten Tag nach ihrer Veröffentlichung in Kraft.

(2) Rechtsakte ohne Gesetzescharakter, die als Verordnung, Richtlinie oder Beschluss, der an keinen bestimmten Adressaten gerichtet ist, erlassen wurden, werden vom Präsidenten des Organs unterzeichnet, das sie erlassen hat.

Verordnungen, Richtlinien, die an alle Mitgliedstaaten gerichtet sind, sowie Beschlüsse, die an keinen bestimmten Adressaten gerichtet sind, werden im Amtsblatt der Europäischen Union veröffentlicht. Sie treten zu dem durch sie festgelegten Zeitpunkt oder anderenfalls am zwanzigsten Tag nach ihrer Veröffentlichung in Kraft.

Die anderen Richtlinien sowie die Beschlüsse, die an einen bestimmten Adressaten gerichtet sind, werden denjenigen, für die sie bestimmt sind, bekannt gegeben und durch diese Bekanntgabe wirksam.

Artikel 298

(1) Zur Ausübung ihrer Aufgaben stützen sich die Organe, Einrichtungen und sonstigen Stellen der Union auf eine offene, effiziente und unabhängige europäische Verwaltung.

(2) Die Bestimmungen zu diesem Zweck werden unter Beachtung des Statuts und der Beschäftigungsbedingungen nach Artikel 336 vom Europäischen Parlament und vom Rat gemäß dem ordentlichen Gesetzgebungsverfahren durch Verordnungen erlassen.

Artikel 299
(ex-Artikel 256 EGV)

Die Rechtsakte des Rates, der Kommission oder der Europäischen Zentralbank, die eine Zahlung auferlegen, sind vollstreckbare Titel; dies gilt nicht gegenüber Staaten.

Die Zwangsvollstreckung erfolgt nach den Vorschriften des Zivilprozessrechts des Staates, in dessen Hoheitsgebiet sie stattfindet. Die Vollstreckungsklausel wird nach einer Prüfung, die sich lediglich auf die Echtheit

1/2. AEUV
Art. 299 – 304

EUV/AEUV
+ Prot/Erkl
Anhänge
EU-Grundrechte-
Charta + Erl
Irland/Tschech Rep
Änderungs- und
Beitrittsverträge
LissV + ZusErl
Liss-BeglNovelle

des Titels erstrecken darf, von der staatlichen Behörde erteilt, welche die Regierung jedes Mitgliedstaats zu diesem Zweck bestimmt und der Kommission und dem Gerichtshof der Europäischen Union benennt.

Sind diese Formvorschriften auf Antrag der die Vollstreckung betreibenden Partei erfüllt, so kann diese die Zwangsvollstreckung nach innerstaatlichem Recht betreiben, indem sie die zuständige Stelle unmittelbar anruft.

Die Zwangsvollstreckung kann nur durch eine Entscheidung des Gerichtshofs der Europäischen Union ausgesetzt werden. Für die Prüfung der Ordnungsmäßigkeit der Vollstreckungsmaßnahmen sind jedoch die einzelstaatlichen Rechtsprechungsorgane zuständig.

KAPITEL 3
DIE BERATENDEN EINRICHTUNGEN DER UNION

Artikel 300

(1) Das Europäische Parlament, der Rat und die Kommission werden von einem Wirtschafts- und Sozialausschuss sowie einem Ausschuss der Regionen unterstützt, die beratende Aufgaben wahrnehmen.

(2) Der Wirtschafts- und Sozialausschuss setzt sich zusammen aus Vertretern der Organisationen der Arbeitgeber und der Arbeitnehmer sowie anderen Vertretern der Zivilgesellschaft, insbesondere aus dem sozialen und wirtschaftlichen, dem staatsbürgerlichen, dem beruflichen und dem kulturellen Bereich.

(3) Der Ausschuss der Regionen setzt sich zusammen aus Vertretern der regionalen und lokalen Gebietskörperschaften, die entweder ein auf Wahlen beruhendes Mandat in einer regionalen oder lokalen Gebietskörperschaft innehaben oder gegenüber einer gewählten Versammlung politisch verantwortlich sind.

(4) Die Mitglieder des Wirtschafts- und Sozialausschusses und des Ausschusses der Regionen sind an keine Weisungen gebunden. Sie üben ihre Tätigkeit in voller Unabhängigkeit zum allgemeinen Wohl der Union aus.

(5) Die Vorschriften der Absätze 2 und 3 über die Art der Zusammensetzung dieser Ausschüsse werden in regelmäßigen Abständen vom Rat überprüft, um der wirtschaftlichen, sozialen und demografischen Entwicklung in der Union Rechnung zu tragen. Der Rat erlässt auf Vorschlag der Kommission Beschlüsse zu diesem Zweck.

ABSCHNITT 1
DER WIRTSCHAFTS- UND SOZIALAUSSCHUSS

Artikel 301
(ex-Artikel 258 EGV)

Der Wirtschafts- und Sozialausschuss hat höchstens dreihundertfünfzig Mitglieder.

Der Rat erlässt einstimmig auf Vorschlag der Kommission einen Beschluss über die Zusammensetzung des Ausschusses.

Der Rat setzt die Vergütungen für die Mitglieder des Ausschusses fest.

Artikel 302
(ex-Artikel 259 EGV)

(1) Die Mitglieder des Ausschusses werden für fünf Jahre ernannt. Der Rat nimmt die gemäß den Vorschlägen der einzelnen Mitgliedstaaten erstellte Liste der Mitglieder an. Die Wiederernennung der Mitglieder des Ausschusses ist zulässig.

(2) Der Rat beschließt nach Anhörung der Kommission. Er kann die Meinung der maßgeblichen europäischen Organisationen der verschiedenen Zweige des Wirtschafts- und Soziallebens und der Zivilgesellschaft einholen, die von der Tätigkeit der Union betroffen sind.

Artikel 303
(ex-Artikel 260 EGV)

Der Ausschuss wählt aus seiner Mitte seinen Präsidenten und sein Präsidium auf zweieinhalb Jahre.

Er gibt sich eine Geschäftsordnung.

Der Ausschuss wird von seinem Präsidenten auf Antrag des Europäischen Parlaments, des Rates oder der Kommission einberufen. Er kann auch von sich aus zusammentreten.

Artikel 304
(ex-Artikel 262 EGV)

Der Ausschuss wird vom Europäischen Parlament, vom Rat oder der Kommission in den in den Verträgen vorgesehenen Fällen gehört. Er kann von diesen Organen in allen Fällen gehört werden, in denen diese es für zweckmäßig erachten. Er kann von sich aus eine Stellungnahme in den Fällen abgeben, in denen er dies für zweckmäßig erachtet.

Wenn das Europäische Parlament, der Rat oder die Kommission es für notwendig erachten, setzen sie dem Ausschuss für die Vorlage seiner Stellungnahme eine Frist; diese beträgt mindestens einen Monat, vom Eingang der Mitteilung beim Präsidenten des Ausschusses an gerechnet. Nach Ablauf der Frist kann das Fehlen einer Stellungnahme unberücksichtigt bleiben.

Die Stellungnahmen des Ausschusses sowie ein Bericht über die Beratungen werden dem Europäischen Parlament, dem Rat und der Kommission übermittelt.

ABSCHNITT 2
DER AUSSCHUSS DER REGIONEN

Artikel 305
(ex-Artikel 263 Absätze 2, 3 und 4 EGV)

Der Ausschuss der Regionen hat höchstens dreihundertfünfzig Mitglieder.

Der Rat erlässt einstimmig auf Vorschlag der Kommission einen Beschluss über die Zusammensetzung des Ausschusses.

Die Mitglieder des Ausschusses sowie eine gleiche Anzahl von Stellvertretern werden auf fünf Jahre ernannt. Wiederernennung ist zulässig. Der Rat nimmt die gemäß den Vorschlägen der einzelnen Mitgliedstaaten erstellte Liste der Mitglieder und Stellvertreter an. Die Amtszeit der Mitglieder des Ausschusses endet automatisch bei Ablauf des in Artikel 300 Absatz 3 genannten Mandats, aufgrund dessen sie vorgeschlagen wurden; für die verbleibende Amtszeit wird nach demselben Verfahren ein Nachfolger ernannt. Ein Mitglied des Ausschusses darf nicht gleichzeitig Mitglied des Europäischen Parlaments sein.

Artikel 306
(ex-Artikel 264 EGV)

Der Ausschuss der Regionen wählt aus seiner Mitte seinen Präsidenten und sein Präsidium auf zweieinhalb Jahre.

Er gibt sich eine Geschäftsordnung.

Der Ausschuss wird von seinem Präsidenten auf Antrag des Europäischen Parlaments, des Rates oder der Kommission einberufen. Er kann auch von sich aus zusammentreten.

Artikel 307
(ex-Artikel 265 EGV)

Der Ausschuss der Regionen wird vom Europäischen Parlament, vom Rat oder von der Kommission in den in den Verträgen vorgesehenen Fällen und in allen anderen Fällen gehört, in denen eines dieser Organe dies für zweckmäßig erachtet, insbesondere in Fällen, welche die grenzüberschreitende Zusammenarbeit betreffen.

Wenn das Europäische Parlament, der Rat oder die Kommission es für notwendig erachten, setzen sie dem Ausschuss für die Vorlage seiner Stellungnahme eine Frist; diese beträgt mindestens einen Monat, vom Eingang der diesbezüglichen Mitteilung beim Präsidenten des Ausschusses an gerechnet. Nach Ablauf der Frist kann das Fehlen einer Stellungnahme unberücksichtigt bleiben.

Wird der Wirtschafts- und Sozialausschuss nach Artikel 304 gehört, so wird der Ausschuss der Regionen vom Europäischen Parlament, vom Rat oder von der Kommission über dieses Ersuchen um Stellungnahme unterrichtet. Der Ausschuss der Regionen kann, wenn er der Auffassung ist, dass spezifische regionale Interessen berührt werden, eine entsprechende Stellungnahme abgeben.

Er kann, wenn er dies für zweckdienlich erachtet, von sich aus eine Stellungnahme abgeben.

Die Stellungnahme des Ausschusses sowie ein Bericht über die Beratungen werden dem Europäischen Parlament, dem Rat und der Kommission übermittelt.

KAPITEL 4
DIE EUROPÄISCHE INVESTITIONSBANK

Artikel 308
(ex-Artikel 266 EGV)

Die Europäische Investitionsbank besitzt Rechtspersönlichkeit.

Mitglieder der Europäischen Investitionsbank sind die Mitgliedstaaten.

Die Satzung der Europäischen Investitionsbank ist den Verträgen als Protokoll beigefügt. Der Rat kann auf Antrag der Europäischen Investitionsbank und nach Anhörung des Europäischen Parlaments und der Kommission oder auf Vorschlag der Kommission und nach Anhörung des Europäischen Parlaments und der Europäischen Investitionsbank die Satzung der Bank einstimmig gemäß einem besonderen Gesetzgebungsverfahren ändern.

Artikel 309
(ex-Artikel 267 EGV)

Aufgabe der Europäischen Investitionsbank ist es, zu einer ausgewogenen und rei-

1/2. AEUV

Art. 309 – 311

EUV/AEUV
+ Prot/Erkl
Anhänge
EU-Grundrechte-
Charta + Erl
Irland Tschech Rep
Änderungs- und
Beitrittsverträge
LissV + ZusErl
Liss-BeglNovelle

bungslosen Entwicklung des Binnenmarkts im Interesse der Union beizutragen; hierbei bedient sie sich des Kapitalmarkts sowie ihrer eigenen Mittel. In diesem Sinne erleichtert sie ohne Verfolgung eines Erwerbszwecks durch Gewährung von Darlehen und Bürgschaften die Finanzierung der nachstehend bezeichneten Vorhaben in allen Wirtschaftszweigen:

a) Vorhaben zur Erschließung der weniger entwickelten Gebiete;

b) Vorhaben zur Modernisierung oder Umstellung von Unternehmen oder zur Schaffung neuer Arbeitsmöglichkeiten, die sich aus der Errichtung oder dem Funktionieren des Binnenmarkts ergeben und wegen ihres Umfangs oder ihrer Art mit den in den einzelnen Mitgliedstaaten vorhandenen Mitteln nicht vollständig finanziert werden können;

c) Vorhaben von gemeinsamem Interesse für mehrere Mitgliedstaaten, die wegen ihres Umfangs oder ihrer Art mit den in den einzelnen Mitgliedstaaten vorhandenen Mitteln nicht vollständig finanziert werden können.

In Erfüllung ihrer Aufgabe erleichtert die Bank die Finanzierung von Investitionsprogrammen in Verbindung mit der Unterstützung aus den Strukturfonds und anderen Finanzierungsinstrumenten der Union.

TITEL II
FINANZVORSCHRIFTEN

Artikel 310
(ex-Artikel 268 EGV)

(1) Alle Einnahmen und Ausgaben der Union werden für jedes Haushaltsjahr veranschlagt und in den Haushaltsplan eingesetzt.

Der jährliche Haushaltsplan der Union wird vom Europäischen Parlament und vom Rat nach Maßgabe des Artikels 314 aufgestellt.

Der Haushaltsplan ist in Einnahmen und Ausgaben auszugleichen.

(2) Die in den Haushaltsplan eingesetzten Ausgaben werden für ein Haushaltsjahr entsprechend der Verordnung nach Artikel 322 bewilligt.

(3) Die Ausführung der in den Haushaltsplan eingesetzten Ausgaben setzt den Erlass eines verbindlichen Rechtsakts der Union voraus, mit dem die Maßnahme der Union und die Ausführung der entsprechenden Aus-

gabe entsprechend der Verordnung nach Artikel 322 eine Rechtsgrundlage erhalten, soweit nicht diese Verordnung Ausnahmen vorsieht.

(4) Um die Haushaltsdisziplin sicherzustellen, erlässt die Union keine Rechtsakte, die erhebliche Auswirkungen auf den Haushaltsplan haben könnten, ohne die Gewähr zu bieten, dass die mit diesen Rechtsakten verbundenen Ausgaben im Rahmen der Eigenmittel der Union und unter Einhaltung des mehrjährigen Finanzrahmens nach Artikel 312 finanziert werden können.

(5) Der Haushaltsplan wird entsprechend dem Grundsatz der Wirtschaftlichkeit der Haushaltsführung ausgeführt. Die Mitgliedstaaten arbeiten mit der Union zusammen, um sicherzustellen, dass die in den Haushaltsplan eingesetzten Mittel nach diesem Grundsatz verwendet werden.

(6) Die Union und die Mitgliedstaaten bekämpfen nach Artikel 325 Betrügereien und sonstige gegen die finanziellen Interessen der Union gerichtete rechtswidrige Handlungen.

KAPITEL 1
DIE EIGENMITTEL DER UNION

Artikel 311
(ex-Artikel 269 EGV)

Die Union stattet sich mit den erforderlichen Mitteln aus, um ihre Ziele erreichen und ihre Politik durchführen zu können.

Der Haushalt wird unbeschadet der sonstigen Einnahmen vollständig aus Eigenmitteln finanziert.

Der Rat erlässt gemäß einem besonderen Gesetzgebungsverfahren einstimmig und nach Anhörung des Europäischen Parlaments einen Beschluss, mit dem die Bestimmungen über das System der Eigenmittel der Union festgelegt werden. Darin können neue Kategorien von Eigenmitteln eingeführt oder bestehende Kategorien abgeschafft werden. Dieser Beschluss tritt erst nach Zustimmung der Mitgliedstaaten im Einklang mit ihren jeweiligen verfassungsrechtlichen Vorschriften in Kraft.

Der Rat legt gemäß einem besonderen Gesetzgebungsverfahren durch Verordnungen Durchführungsmaßnahmen zu dem System der Eigenmittel der Union fest, sofern dies in dem nach Absatz 3 erlassenen Beschluss vorgesehen ist. Der Rat beschließt nach Zustimmung des Europäischen Parlaments.

KAPITEL 2
DER MEHRJÄHRIGE FINANZRAHMEN

Artikel 312

(1) Mit dem mehrjährigen Finanzrahmen soll sichergestellt werden, dass die Ausgaben der Union innerhalb der Grenzen ihrer Eigenmittel eine geordnete Entwicklung nehmen. Er wird für einen Zeitraum von mindestens fünf Jahren aufgestellt.

Bei der Aufstellung des jährlichen Haushaltsplans der Union ist der mehrjährige Finanzrahmen einzuhalten.

(2) Der Rat erlässt gemäß einem besonderen Gesetzgebungsverfahren eine Verordnung zur Festlegung des mehrjährigen Finanzrahmens. Er beschließt einstimmig nach Zustimmung des Europäischen Parlaments, die mit der Mehrheit seiner Mitglieder erteilt wird.

Der Europäische Rat kann einstimmig einen Beschluss fassen, wonach der Rat mit qualifizierter Mehrheit beschließen kann, wenn er die in Unterabsatz 1 genannte Verordnung erlässt.

(3) In dem Finanzrahmen werden die jährlichen Obergrenzen der Mittel für Verpflichtungen je Ausgabenkategorie und die jährliche Obergrenze der Mittel für Zahlungen festgelegt. Die Ausgabenkategorien, von denen es nur wenige geben darf, entsprechen den Haupttätigkeitsbereichen der Union.

Der Finanzrahmen enthält auch alle sonstigen für den reibungslosen Ablauf des jährlichen Haushaltsverfahrens sachdienlichen Bestimmungen.

(4) Hat der Rat bis zum Ablauf des vorangegangenen Finanzrahmens keine Verordnung zur Aufstellung eines neuen Finanzrahmens erlassen, so werden die Obergrenzen und sonstigen Bestimmungen des letzten Jahres des vorangegangenen Finanzrahmens bis zum Erlass dieses Rechtsakts fortgeschrieben.

(5) Das Europäische Parlament, der Rat und die Kommission treffen während des gesamten Verfahrens zur Annahme des Finanzrahmens alle erforderlichen Maßnahmen, um den Erlass des Rechtsakts zu erleichtern.

KAPITEL 3
DER JAHRESHAUSHALTSPLAN DER UNION

Artikel 313
(ex-Artikel 272 Absatz 1 EGV)

Das Haushaltsjahr beginnt am 1. Januar und endet am 31. Dezember.

Artikel 314
(ex-Artikel 272 Absätze 2 bis 10 EGV)

Das Europäische Parlament und der Rat legen den Jahreshaushaltsplan der Union im Rahmen eines besonderen Gesetzgebungsverfahrens nach den folgenden Bestimmungen fest:

(1) Jedes Organ, mit Ausnahme der Europäischen Zentralbank, stellt vor dem 1. Juli einen Haushaltsvoranschlag für seine Ausgaben für das folgende Haushaltsjahr auf. Die Kommission fasst diese Voranschläge in einem Entwurf für den Haushaltsplan zusammen, der abweichende Voranschläge enthalten kann.

Dieser Entwurf umfasst den Ansatz der Einnahmen und den Ansatz der Ausgaben.

(2) Die Kommission legt dem Europäischen Parlament und dem Rat spätestens am 1. September des Jahres, das dem entsprechenden Haushaltsjahr vorausgeht, einen Vorschlag mit dem Entwurf des Haushaltsplans vor.

Die Kommission kann den Entwurf des Haushaltsplans während des laufenden Verfahrens bis zur Einberufung des in Absatz 5 genannten Vermittlungsausschusses ändern.

(3) Der Rat legt seinen Standpunkt zu dem Entwurf des Haushaltsplans fest und leitet ihn spätestens am 1. Oktober des Jahres, das dem entsprechenden Haushaltsjahr vorausgeht, dem Europäischen Parlament zu. Er unterrichtet das Europäische Parlament in vollem Umfang über die Gründe, aus denen er seinen Standpunkt festgelegt hat.

(4) Hat das Europäische Parlament binnen 42 Tagen nach der Übermittlung

a) den Standpunkt des Rates gebilligt, so ist der Haushaltsplan erlassen;

b) keinen Beschluss gefasst, so gilt der Haushaltsplan als erlassen;

c) mit der Mehrheit seiner Mitglieder Abänderungen angenommen, so wird die abgeänderte Fassung des Entwurfs dem Rat und der Kommission zugeleitet. Der Präsident des Europäischen Parlaments beruft im Einvernehmen mit dem Präsidenten des Rates umgehend den Vermittlungsausschuss ein.

Der Vermittlungsausschuss tritt jedoch nicht zusammen, wenn der Rat dem Europäischen Parlament binnen zehn Tagen nach der Übermittlung des geänderten Entwurfs mitteilt, dass er alle seine Abänderungen billigt.

(5) Der Vermittlungsausschuss, der aus den Mitgliedern des Rates oder deren Vertretern

— 107 —

1/2. AEUV
Art. 314 – 315

EUV/AEUV
+ Prot/Erkl
Anhänge
EU-Grundrechte-
Charta + Erl
Irland/Tschech Rep
Änderungs- und
Beitrittsverträge
LissV + ZusErl
Liss-BeglNovelle

und ebenso vielen das Europäische Parlament vertretenden Mitgliedern besteht, hat die Aufgabe, binnen 21 Tagen nach seiner Einberufung auf der Grundlage der Standpunkte des Europäischen Parlaments und des Rates mit der qualifizierten Mehrheit der Mitglieder des Rates oder deren Vertretern und der Mehrheit der das Europäische Parlament vertretenden Mitglieder eine Einigung über einen gemeinsamen Entwurf zu erzielen.

Die Kommission nimmt an den Arbeiten des Vermittlungsausschusses teil und ergreift alle erforderlichen Initiativen, um eine Annäherung der Standpunkte des Europäischen Parlaments und des Rates zu bewirken.

(6) Einigt sich der Vermittlungsausschuss innerhalb der in Absatz 5 genannten Frist von 21 Tagen auf einen gemeinsamen Entwurf, so verfügen das Europäische Parlament und der Rat ab dieser Einigung über eine Frist von 14 Tagen, um den gemeinsamen Entwurf zu billigen.

(7) Wenn innerhalb der in Absatz 6 genannten Frist von 14 Tagen

a) der gemeinsame Entwurf sowohl vom Europäischen Parlament als auch vom Rat gebilligt wird oder beide keinen Beschluss fassen oder eines dieser Organe den gemeinsamen Entwurf billigt, während das andere Organ keinen Beschluss fasst, so gilt der Haushaltsplan als entsprechend dem gemeinsamen Entwurf endgültig erlassen, oder

b) der gemeinsame Entwurf sowohl vom Europäischen Parlament mit der Mehrheit seiner Mitglieder als auch vom Rat abgelehnt wird oder eines dieser Organe den gemeinsamen Entwurf ablehnt, während das andere Organ keinen Beschluss fasst, so legt die Kommission einen neuen Entwurf für den Haushaltsplan vor, oder

c) der gemeinsame Entwurf vom Europäischen Parlament mit der Mehrheit seiner Mitglieder abgelehnt wird, während er vom Rat gebilligt wird, so legt die Kommission einen neuen Entwurf für den Haushaltsplan vor, oder

d) der gemeinsame Entwurf vom Europäischen Parlament gebilligt wird, während er vom Rat abgelehnt wird, so kann das Europäische Parlament binnen 14 Tagen ab dem Tag der Ablehnung durch den Rat mit der Mehrheit seiner Mitglieder und drei Fünfteln der abgegebenen Stimmen beschließen, alle oder einige der in Absatz 4 Buchstabe c genannten Abänderungen zu

bestätigen. Wird eine Abänderung des Europäischen Parlaments nicht bestätigt, so wird der im Vermittlungsausschuss vereinbarte Standpunkt zu dem Haushaltsposten, der Gegenstand der Abänderung ist, übernommen. Der Haushaltsplan gilt als auf dieser Grundlage endgültig erlassen.

(8) Einigt sich der Vermittlungsausschuss nicht binnen der in Absatz 5 genannten Frist von 21 Tagen auf einen gemeinsamen Entwurf, so legt die Kommission einen neuen Entwurf für den Haushaltsplan vor.

(9) Nach Abschluss des Verfahrens dieses Artikels stellt der Präsident des Europäischen Parlaments fest, dass der Haushaltsplan endgültig erlassen ist.

(10) Jedes Organ übt die ihm aufgrund dieses Artikels zufallenden Befugnisse unter Wahrung der Verträge und der Rechtsakte aus, die auf der Grundlage der Verträge insbesondere im Bereich der Eigenmittel der Union und des Gleichgewichts von Einnahmen und Ausgaben erlassen wurden.

Artikel 315
(ex-Artikel 273 EGV)

Ist zu Beginn eines Haushaltsjahres der Haushaltsplan noch nicht endgültig erlassen, so können nach der gemäß Artikel 322 festgelegten Haushaltsordnung für jedes Kapitel monatliche Ausgaben bis zur Höhe eines Zwölftels der im betreffenden Kapitel des Haushaltsplans des vorangegangenen Haushaltsjahres eingesetzten Mittel vorgenommen werden, die jedoch ein Zwölftel der Mittelansätze des gleichen Kapitels des Haushaltsplanentwurfs nicht überschreiten dürfen.

Der Rat kann auf Vorschlag der Kommission unter Beachtung der sonstigen Bestimmungen des Absatzes 1 entsprechend der nach Artikel 322 erlassenen Verordnung Ausgaben genehmigen, die über dieses Zwölftel hinausgehen. Er leitet seinen Beschluss unverzüglich dem Europäischen Parlament zu.

In dem Beschluss nach Absatz 2 werden unter Beachtung der in Artikel 311 genannten Rechtsakte die zur Durchführung dieses Artikels erforderlichen Maßnahmen betreffend die Mittel vorgesehen.

Der Beschluss tritt 30 Tage nach seinem Erlass in Kraft, sofern das Europäische Parlament nicht innerhalb dieser Frist mit der Mehrheit seiner Mitglieder beschließt, diese Ausgaben zu kürzen.

Artikel 316
(ex-Artikel 271 EGV)

Nach Maßgabe der aufgrund des Artikels 322 erlassenen Vorschriften dürfen die nicht für Personalausgaben vorgesehenen Mittel, die bis zum Ende der Durchführungszeit eines Haushaltsplans nicht verbraucht worden sind, lediglich auf das nächste Haushaltsjahr übertragen werden.

Die vorgesehenen Mittel werden nach Kapiteln gegliedert, in denen die Ausgaben nach Art oder Bestimmung zusammengefasst sind; die Kapitel werden nach der gemäß Artikel 322 festgelegten Haushaltsordnung unterteilt.

Die Ausgaben des Europäischen Parlaments, des Europäischen Rates und des Rates, der Kommission sowie des Gerichtshofs der Europäischen Union werden unbeschadet einer besonderen Regelung für bestimmte gemeinsame Ausgaben in gesonderten Teilen des Haushaltsplans aufgeführt.

KAPITEL 4
AUSFÜHRUNG DES HAUSHALTSPLANS UND ENTLASTUNG

Artikel 317
(ex-Artikel 274 EGV)

Die Kommission führt den Haushaltsplan zusammen mit den Mitgliedstaaten gemäß der nach Artikel 322 festgelegten Haushaltsordnung in eigener Verantwortung und im Rahmen der zugewiesenen Mittel entsprechend dem Grundsatz der Wirtschaftlichkeit der Haushaltsführung aus. Die Mitgliedstaaten arbeiten mit der Kommission zusammen, um sicherzustellen, dass die Mittel nach dem Grundsatz der Wirtschaftlichkeit der Haushaltsführung verwendet werden.

In der Haushaltsordnung sind die Kontroll- und Wirtschaftsprüfungspflichten der Mitgliedstaaten bei der Ausführung des Haushaltsplans sowie die damit verbundenen Verantwortlichkeiten geregelt. Darin sind ferner die Verantwortlichkeiten und die besonderen Einzelheiten geregelt, nach denen jedes Organ an der Vornahme seiner Ausgaben beteiligt ist.

Die Kommission kann nach der gemäß Artikel 322 festgelegten Haushaltsordnung Mittel von Kapitel zu Kapitel oder von Untergliederung zu Untergliederung übertragen.

Artikel 318
(ex-Artikel 275 EGV)

Die Kommission legt dem Europäischen Parlament und dem Rat jährlich die Rechnung des abgelaufenen Haushaltsjahres für die Rechnungsvorgänge des Haushaltsplans vor. Sie übermittelt ihnen ferner eine Übersicht über das Vermögen und die Schulden der Union.

Die Kommission legt dem Europäischen Parlament und dem Rat ferner einen Evaluierungsbericht zu den Finanzen der Union vor, der sich auf die Ergebnisse stützt, die insbesondere in Bezug auf die Vorgaben erzielt wurden, die vom Europäischen Parlament und vom Rat nach Artikel 319 erteilt wurden.

Artikel 319
(ex-Artikel 276 EGV)

(1) Auf Empfehlung des Rates erteilt das Europäische Parlament der Kommission Entlastung zur Ausführung des Haushaltsplans. Zu diesem Zweck prüft es nach dem Rat die Rechnung, die Übersicht und den Evaluierungsbericht nach Artikel 318 sowie den Jahresbericht des Rechnungshofs zusammen mit den Antworten der kontrollierten Organe auf dessen Bemerkungen, die in Artikel 287 Absatz 1 Unterabsatz 2 genannte Zuverlässigkeitserklärung und die einschlägigen Sonderberichte des Rechnungshofs.

(2) Das Europäische Parlament kann vor der Entlastung der Kommission sowie auch zu anderen Zwecken im Zusammenhang mit der Ausübung ihrer Haushaltsbefugnisse die Kommission auffordern, Auskunft über die Vornahme der Ausgaben oder die Arbeitsweise der Finanzkontrollsysteme zu erteilen. Die Kommission legt dem Europäischen Parlament auf dessen Ersuchen alle notwendigen Informationen vor.

(3) Die Kommission trifft alle zweckdienlichen Maßnahmen, um den Bemerkungen in den Entlastungsbeschlüssen und anderen Bemerkungen des Europäischen Parlaments zur Vornahme der Ausgaben sowie den Erläuterungen, die den Entlastungsempfehlungen des Rates beigefügt sind, nachzukommen.

Auf Ersuchen des Europäischen Parlaments oder des Rates erstattet die Kommission Bericht über die Maßnahmen, die aufgrund dieser Bemerkungen und Erläuterungen getroffen wurden, insbesondere über die Weisungen, die den für die Ausführung des Haushaltsplans zuständigen Dienststellen erteilt worden sind. Diese Berichte sind auch dem Rechnungshof zuzuleiten.

— 109 —

1/2. AEUV

Art. 320 – 325

EUV/AEUV
+ Prot/Erkl
Anhänge
EU-Grundrechte-
Charta + Erl
Irland Tschech Rep
Änderungs- und
Beitrittsverträge
LissV + ZusErl
Liss-BeglNovelle

KAPITEL 5
GEMEINSAME BESTIMMUNGEN

Artikel 320
(ex-Artikel 277 EGV)

Der mehrjährige Finanzrahmen und der Jahreshaushaltsplan werden in Euro aufgestellt.

Artikel 321
(ex-Artikel 278 EGV)

Die Kommission kann vorbehaltlich der Unterrichtung der zuständigen Behörden der betreffenden Mitgliedstaaten ihre Guthaben in der Währung eines dieser Staaten in die Währung eines anderen Mitgliedstaats transferieren, soweit dies erforderlich ist, um diese Guthaben für die in den Verträgen vorgesehenen Zwecke zu verwenden. Besitzt die Kommission verfügbare oder flüssige Guthaben in der benötigten Währung, so vermeidet sie soweit möglich derartige Transferierungen.

Die Kommission verkehrt mit jedem Mitgliedstaat über die von diesem bezeichnete Behörde. Bei der Durchführung ihrer Finanzgeschäfte nimmt sie die Notenbank des betreffenden Mitgliedstaats oder ein anderes von diesem genehmigtes Finanzinstitut in Anspruch.

Artikel 322
(ex-Artikel 279 EGV)

(1) Das Europäische Parlament und der Rat erlassen gemäß dem ordentlichen Gesetzgebungsverfahren durch Verordnungen nach Anhörung des Rechnungshofs
a) die Haushaltsvorschriften, in denen insbesondere die Aufstellung und Ausführung des Haushaltsplans sowie die Rechnungslegung und Rechnungsprüfung im Einzelnen geregelt werden;
b) die Vorschriften, die die Kontrolle der Verantwortung der Finanzakteure und insbesondere der Anweisungsbefugten und der Rechnungsführer regeln.

(2) Der Rat legt auf Vorschlag der Kommission und nach Anhörung des Europäischen Parlaments und des Rechnungshofs die Einzelheiten und das Verfahren fest, nach denen die Haushaltseinnahmen, die in der Regelung über die Eigenmittel der Union vorgesehen sind, der Kommission zur Verfügung gestellt werden, sowie die Maßnahmen, die zu treffen sind, um gegebenenfalls die erforderlichen Kassenmittel bereitzustellen.

Artikel 323

Das Europäische Parlament, der Rat und die Kommission stellen sicher, dass der Union die Finanzmittel zur Verfügung stehen, die es ihr ermöglichen, ihren rechtlichen Verpflichtungen gegenüber Dritten nachzukommen.

Artikel 324

Auf Initiative der Kommission werden im Rahmen der nach diesem Titel vorgesehenen Haushaltsverfahren regelmäßige Treffen der Präsidenten des Europäischen Parlaments, des Rates und der Kommission einberufen. Diese treffen alle erforderlichen Maßnahmen, um die Abstimmung und Annäherung der Standpunkte der Organe, denen sie vorstehen, zu fördern und so die Durchführung dieses Titels zu erleichtern.

KAPITEL 6
BETRUGSBEKÄMPFUNG

Artikel 325
(ex-Artikel 280 EGV)

(1) Die Union und die Mitgliedstaaten bekämpfen Betrügereien und sonstige gegen die finanziellen Interessen der Union gerichtete rechtswidrige Handlungen mit Maßnahmen nach diesem Artikel, die abschreckend sind und in den Mitgliedstaaten sowie in den Organen, Einrichtungen und sonstigen Stellen der Union einen effektiven Schutz bewirken.

(2) Zur Bekämpfung von Betrügereien, die sich gegen die finanziellen Interessen der Union richten, ergreifen die Mitgliedstaaten die gleichen Maßnahmen, die sie auch zur Bekämpfung von Betrügereien ergreifen, die sich gegen ihre eigenen finanziellen Interessen richten.

(3) Die Mitgliedstaaten koordinieren unbeschadet der sonstigen Bestimmungen der Verträge ihre Tätigkeit zum Schutz der finanziellen Interessen der Union vor Betrügereien. Sie sorgen zu diesem Zweck zusammen mit der Kommission für eine enge, regelmäßige Zusammenarbeit zwischen den zuständigen Behörden.

(4) Zur Gewährleistung eines effektiven und gleichwertigen Schutzes in den Mitgliedstaaten sowie in den Organen, Einrichtungen und sonstigen Stellen der Union beschließen das Europäische Parlament und der Rat gemäß dem ordentlichen Gesetzgebungsverfahren nach Anhörung des Rechnungshofs die erforderlichen Maßnahmen zur Verhütung

und Bekämpfung von Betrügereien, die sich gegen die finanziellen Interessen der Union richten.

(5) Die Kommission legt in Zusammenarbeit mit den Mitgliedstaaten dem Europäischen Parlament und dem Rat jährlich einen Bericht über die Maßnahmen vor, die zur Durchführung dieses Artikels getroffen wurden.

TITEL III
VERSTÄRKTE ZUSAMMENARBEIT

Artikel 326
(ex-Artikel 27a bis 27e, 40 bis 40b und 43 bis 45 EUV sowie ex-Artikel 11 und 11a EGV)

Eine Verstärkte Zusammenarbeit achtet die Verträge und das Recht der Union.

Sie darf weder den Binnenmarkt noch den wirtschaftlichen, sozialen und territorialen Zusammenhalt beeinträchtigen. Sie darf für den Handel zwischen den Mitgliedstaaten weder ein Hindernis noch eine Diskriminierung darstellen noch darf sie zu Verzerrungen des Wettbewerbs zwischen den Mitgliedstaaten führen.

Artikel 327
(ex-Artikel 27a bis 27e, 40 bis 40b und 43 bis 45 EUV sowie ex-Artikel 11 und 11a EGV)

Eine Verstärkte Zusammenarbeit achtet die Zuständigkeiten, Rechte und Pflichten der nicht an der Zusammenarbeit beteiligten Mitgliedstaaten. Diese stehen der Durchführung der Verstärkten Zusammenarbeit durch die daran beteiligten Mitgliedstaaten nicht im Wege.

Artikel 328
(ex-Artikel 27a bis 27e, 40 bis 40b und 43 bis 45 EUV sowie ex-Artikel 11 und 11a EGV)

(1) Bei ihrer Begründung steht eine Verstärkte Zusammenarbeit allen Mitgliedstaaten offen, sofern sie die in dem hierzu ermächtigenden Beschluss gegebenenfalls festgelegten Teilnahmevoraussetzungen erfüllen. Dies gilt auch zu jedem anderen Zeitpunkt, sofern sie neben den genannten Voraussetzungen auch die in diesem Rahmen bereits erlassenen Rechtsakte beachten.

Die Kommission und die an einer Verstärkten Zusammenarbeit teilnehmenden Mitgliedstaaten tragen dafür Sorge, dass die Teilnahme möglichst vieler Mitgliedstaaten gefördert wird.

(2) Die Kommission und gegebenenfalls der Hohe Vertreter der Union für die Außen- und Sicherheitspolitik unterrichten das Europäische Parlament und den Rat regelmäßig über die Entwicklung einer Verstärkten Zusammenarbeit.

Artikel 329
(ex-Artikel 27a bis 27e, 40 bis 40b und 43 bis 45 EUV sowie ex-Artikel 11 und 11a EGV)

(1) Die Mitgliedstaaten, die in einem der Bereiche der Verträge – mit Ausnahme der Bereiche, für die die Union die ausschließliche Zuständigkeit besitzt, und der Gemeinsamen Außen- und Sicherheitspolitik – untereinander eine Verstärkte Zusammenarbeit begründen möchten, richten einen Antrag an die Kommission, in dem der Anwendungsbereich und die Ziele aufgeführt werden, die mit der beabsichtigten Verstärkten Zusammenarbeit angestrebt werden. Die Kommission kann dem Rat einen entsprechenden Vorschlag vorlegen. Legt die Kommission keinen Vorschlag vor, so teilt sie den betroffenen Mitgliedstaaten ihre Gründe dafür mit.

Die Ermächtigung zur Einleitung einer Verstärkten Zusammenarbeit nach Unterabsatz 1 wird vom Rat auf Vorschlag der Kommission und nach Zustimmung des Europäischen Parlaments erteilt.

(2) Der Antrag der Mitgliedstaaten, die untereinander im Rahmen der Gemeinsamen Außen- und Sicherheitspolitik eine Verstärkte Zusammenarbeit begründen möchten, wird an den Rat gerichtet. Er wird dem Hohen Vertreter der Union für die Außen- und Sicherheitspolitik, der zur Kohärenz der beabsichtigten Verstärkten Zusammenarbeit mit der Gemeinsamen Außen- und Sicherheitspolitik der Union Stellung nimmt, sowie der Kommission übermittelt, die insbesondere zur Kohärenz der beabsichtigten Verstärkten Zusammenarbeit mit der Politik der Union in anderen Bereichen Stellung nimmt. Der Antrag wird ferner dem Europäischen Parlament zur Unterrichtung übermittelt.

Die Ermächtigung zur Einleitung einer Verstärkten Zusammenarbeit wird mit einem Beschluss des Rates erteilt, der einstimmig beschließt.

Artikel 330
(ex-Artikel 27a bis 27e, 40 bis 40b und 43 bis 45 EUV sowie ex-Artikel 11 und 11a EGV)

Alle Mitglieder des Rates können an dessen Beratungen teilnehmen, aber nur die Mit-

— 111 —

1/2. AEUV
Art. 330 – 334

EUV/AEUV
+ Prot/Erkl
Anhänge
EU-Grundrechte-
Charta + Erl
Irland Tschech Rep
Änderungs- und
Beitrittsverträge
LissV + ZusErl
Liss-BeglNovelle

glieder des Rates, die die an der Verstärkten Zusammenarbeit beteiligten Mitgliedstaaten vertreten, sind stimmberechtigt.

Die Einstimmigkeit bezieht sich allein auf die Stimmen der Vertreter der an der Verstärkten Zusammenarbeit beteiligten Mitgliedstaaten.

Die qualifizierte Mehrheit bestimmt sich nach Artikel 238 Absatz 3.

Artikel 331
(ex-Artikel 27a bis 27e, 40 bis 40b und 43 bis 45 EUV sowie ex-Artikel 11 und 11a EGV)

(1) Jeder Mitgliedstaat, der sich einer bestehenden Verstärkten Zusammenarbeit in einem der in Artikel 329 Absatz 1 genannten Bereiche anschließen will, teilt dem Rat und der Kommission seine Absicht mit.

Die Kommission bestätigt binnen vier Monaten nach Eingang der Mitteilung die Beteiligung des betreffenden Mitgliedstaats. Dabei stellt sie gegebenenfalls fest, dass die Beteiligungsvoraussetzungen erfüllt sind, und erlässt die notwendigen Übergangsmaßnahmen zur Anwendung der im Rahmen der Verstärkten Zusammenarbeit bereits erlassenen Rechtsakte.

Ist die Kommission jedoch der Auffassung, dass die Beteiligungsvoraussetzungen nicht erfüllt sind, so gibt sie an, welche Bestimmungen zur Erfüllung dieser Voraussetzungen erlassen werden müssen, und legt eine Frist für die erneute Prüfung des Antrags fest. Nach Ablauf dieser Frist prüft sie den Antrag erneut nach dem in Unterabsatz 2 vorgesehenen Verfahren. Ist die Kommission der Auffassung, dass die Beteiligungsvoraussetzungen weiterhin nicht erfüllt sind, so kann der betreffende Mitgliedstaat mit dieser Frage den Rat befassen, der über den Antrag befindet. Der Rat beschließt nach Artikel 330. Er kann außerdem auf Vorschlag der Kommission die in Unterabsatz 2 genannten Übergangsmaßnahmen erlassen.

(2) Jeder Mitgliedstaat, der an einer bestehenden Verstärkten Zusammenarbeit im Rahmen der Gemeinsamen Außen- und Sicherheitspolitik teilnehmen möchte, teilt dem Rat, dem Hohen Vertreter der Union für die Außen- und Sicherheitspolitik und der Kommission seine Absicht mit.

Der Rat bestätigt die Teilnahme des betreffenden Mitgliedstaats nach Anhörung des Hohen Vertreters der Union für die Außen- und Sicherheitspolitik und gegebenenfalls nach der Feststellung, dass die Teilnahmevoraussetzungen erfüllt sind. Der Rat kann auf Vorschlag des Hohen Vertreters ferner die notwendigen Übergangsmaßnahmen zur Anwendung der im Rahmen der Verstärkten Zusammenarbeit bereits erlassenen Rechtsakte treffen. Ist der Rat jedoch der Auffassung, dass die Teilnahmevoraussetzungen nicht erfüllt sind, so gibt er an, welche Schritte zur Erfüllung dieser Voraussetzungen notwendig sind, und legt eine Frist für die erneute Prüfung des Antrags auf Teilnahme fest.

Für die Zwecke dieses Absatzes beschließt der Rat einstimmig nach Artikel 330.

Artikel 332
(ex-Artikel 27a bis 27e, 40 bis 40b und 43 bis 45 EUV sowie ex-Artikel 11 und 11a EGV)

Die sich aus der Durchführung einer Verstärkten Zusammenarbeit ergebenden Ausgaben, mit Ausnahme der Verwaltungskosten der Organe, werden von den beteiligten Mitgliedstaaten getragen, sofern der Rat nicht nach Anhörung des Europäischen Parlaments durch einstimmigen Beschluss sämtlicher Mitglieder des Rates etwas anderes beschließt.

Artikel 333
(ex-Artikel 27a bis 27e, 40 bis 40b und 43 bis 45 EUV sowie ex-Artikel 11 und 11a EGV)

(1) Wenn nach einer Bestimmung der Verträge, die im Rahmen einer Verstärkten Zusammenarbeit angewendet werden könnte, der Rat einstimmig beschließen muss, kann der Rat nach Artikel 330 einstimmig einen Beschluss dahin gehend erlassen, dass er mit qualifizierter Mehrheit beschließt.

(2) Wenn nach einer Bestimmung der Verträge, die im Rahmen einer Verstärkten Zusammenarbeit angewendet werden könnte, Rechtsakte vom Rat gemäß einem besonderen Gesetzgebungsverfahren erlassen werden müssen, kann der Rat nach Artikel 330 einstimmig einen Beschluss dahin gehend erlassen, dass er gemäß dem ordentlichen Gesetzgebungsverfahren beschließt. Der Rat beschließt nach Anhörung des Europäischen Parlaments.

(3) Die Absätze 1 und 2 gelten nicht für Beschlüsse mit militärischen oder verteidigungspolitischen Bezügen.

Artikel 334
(ex-Artikel 27a bis 27e, 40 bis 40b und 43 bis 45 EUV sowie ex-Artikel 11 und 11a EGV)

Der Rat und die Kommission stellen sicher, dass die im Rahmen einer Verstärkten Zusammenarbeit durchgeführten Maßnahmen untereinander und mit der Politik der Union im Einklang stehen, und arbeiten entsprechend zusammen.

SIEBTER TEIL
ALLGEMEINE UND SCHLUSSBESTIMMUNGEN

Artikel 335
(ex-Artikel 282 EGV)

Die Union besitzt in jedem Mitgliedstaat die weitestgehende Rechts- und Geschäftsfähigkeit, die juristischen Personen nach dessen Rechtsvorschriften zuerkannt ist; sie kann insbesondere bewegliches und unbewegliches Vermögen erwerben und veräußern sowie vor Gericht stehen. Zu diesem Zweck wird sie von der Kommission vertreten. In Fragen, die das Funktionieren der einzelnen Organe betreffen, wird die Union hingegen aufgrund von deren Verwaltungsautonomie von dem betreffenden Organ vertreten.

Artikel 336
(ex-Artikel 283 EGV)

Das Europäische Parlament und der Rat erlassen gemäß dem ordentlichen Gesetzgebungsverfahren durch Verordnungen nach Anhörung der anderen betroffenen Organe das Statut der Beamten der Europäischen Union und die Beschäftigungsbedingungen für die sonstigen Bediensteten der Union.

Artikel 337
(ex-Artikel 284 EGV)

Zur Erfüllung der ihr übertragenen Aufgaben kann die Kommission alle erforderlichen Auskünfte einholen und alle erforderlichen Nachprüfungen vornehmen; der Rahmen und die nähere Maßgabe hierfür werden vom Rat, der mit einfacher Mehrheit beschließt, gemäß den Bestimmungen der Verträge festgelegt.

Artikel 338
(ex-Artikel 285 EGV)

(1) Unbeschadet des Artikels 5 des Protokolls über die Satzung des Europäischen Systems der Zentralbanken und der Europäischen Zentralbank beschließen das Europäische Parlament und der Rat gemäß dem ordentlichen Gesetzgebungsverfahren Maßnahmen für die Erstellung von Statistiken, wenn dies für die Durchführung der Tätigkeiten der Union erforderlich ist.

(2) Die Erstellung der Unionsstatistiken erfolgt unter Wahrung der Unparteilichkeit, der Zuverlässigkeit, der Objektivität, der wissenschaftlichen Unabhängigkeit, der Kostenwirksamkeit und der statistischen Geheimhaltung; der Wirtschaft dürfen dadurch keine übermäßigen Belastungen entstehen.

Artikel 339
(ex-Artikel 287 EGV)

Die Mitglieder der Organe der Union, die Mitglieder der Ausschüsse sowie die Beamten und sonstigen Bediensteten der Union sind verpflichtet, auch nach Beendigung ihrer Amtstätigkeit Auskünfte, die ihrem Wesen nach unter das Berufsgeheimnis fallen, nicht preiszugeben; dies gilt insbesondere für Auskünfte über Unternehmen sowie deren Geschäftsbeziehungen oder Kostenelemente.

Artikel 340
(ex-Artikel 288 EGV)

Die vertragliche Haftung der Union bestimmt sich nach dem Recht, das auf den betreffenden Vertrag anzuwenden ist.

Im Bereich der außervertraglichen Haftung ersetzt die Union den durch ihre Organe oder Bediensteten in Ausübung ihrer Amtstätigkeit verursachten Schaden nach den allgemeinen Rechtsgrund sätzen, die den Rechtsordnungen der Mitgliedstaaten gemeinsam sind.

Abweichend von Absatz 2 ersetzt die Europäische Zentralbank den durch sie oder ihre Bediensteten in Ausübung ihrer Amtstätigkeit verursachten Schaden nach den allgemeinen Rechtsgrundsätzen, die den Rechtsordnungen der Mitgliedstaaten gemeinsam sind.

Die persönliche Haftung der Bediensteten gegenüber der Union bestimmt sich nach den Vorschriften ihres Statuts oder der für sie geltenden Beschäftigungsbedingungen.

Artikel 341
(ex-Artikel 289 EGV)

Der Sitz der Organe der Union wird im Einvernehmen zwischen den Regierungen der Mitgliedstaaten bestimmt.

Artikel 342
(ex-Artikel 290 EGV)

Die Regelung der Sprachenfrage für die Organe der Union wird unbeschadet der Satzung des Gerichtshofs der Europäischen Union vom Rat einstimmig durch Verordnungen getroffen.

EUV/AEUV
+ Prot/Erkl
Anhänge
EU-Grundrechte-
Charta + Erl
Irland/Tschech Rep
Änderungs- und
Beitrittsverträge
LissV + ZusErl
Liss-BeglNovelle

Artikel 343
(ex-Artikel 291 EGV)

Die Union genießt im Hoheitsgebiet der Mitgliedstaaten die zur Erfüllung ihrer Aufgabe erforderlichen Vorrechte und Befreiungen nach Maßgabe des Protokolls vom 8. April 1965 über die Vorrechte und Befreiungen der Europäischen Union. Dasselbe gilt für die Europäische Zentralbank und die Europäische Investitionsbank.

Artikel 344
(ex-Artikel 292 EGV)

Die Mitgliedstaaten verpflichten sich, Streitigkeiten über die Auslegung oder Anwendung der Verträge nicht anders als hierin vorgesehen zu regeln.

Artikel 345
(ex-Artikel 295 EGV)

Die Verträge lassen die Eigentumsordnung in den verschiedenen Mitgliedstaaten unberührt.

Artikel 346
(ex-Artikel 296 EGV)

(1) Die Vorschriften der Verträge stehen folgenden Bestimmungen nicht entgegen:
a) Ein Mitgliedstaat ist nicht verpflichtet, Auskünfte zu erteilen, deren Preisgabe seines Erachtens seinen wesentlichen Sicherheitsinteressen widerspricht;
b) jeder Mitgliedstaat kann die Maßnahmen ergreifen, die seines Erachtens für die Wahrung seiner wesentlichen Sicherheitsinteressen erforderlich sind, soweit sie die Erzeugung von Waffen, Munition und Kriegsmaterial oder den Handel damit betreffen; diese Maßnahmen dürfen auf dem Binnenmarkt die Wettbewerbsbedingungen hinsichtlich der nicht eigens für militärische Zwecke bestimmten Waren nicht beeinträchtigen.

(2) Der Rat kann die von ihm am 15. April 1958 festgelegte Liste der Waren, auf die Absatz 1 Buchstabe b Anwendung findet, einstimmig auf Vorschlag der Kommission ändern.

Artikel 347
(ex-Artikel 297 EGV)

Die Mitgliedstaaten setzen sich miteinander ins Benehmen, um durch gemeinsames Vorgehen zu verhindern, dass das Funktionieren des Binnenmarkts durch Maßnahmen beeinträchtigt wird, die ein Mitgliedstaat bei einer schwerwiegenden innerstaatlichen Störung der öffentlichen Ordnung, im Kriegsfall, bei einer ernsten, eine Kriegsgefahr darstellenden internationalen Spannung oder in Erfüllung der Verpflichtungen trifft, die er im Hinblick auf die Aufrechterhaltung des Friedens und der internationalen Sicherheit übernommen hat.

Artikel 348
(ex-Artikel 298 EGV)

Werden auf dem Binnenmarkt die Wettbewerbsbedingungen durch Maßnahmen aufgrund der Artikel 346 und 347 verfälscht, so prüft die Kommission gemeinsam mit dem beteiligten Staat, wie diese Maßnahmen den Vorschriften der Verträge angepasst werden können.

In Abweichung von dem in den Artikeln 258 und 259 vorgesehenen Verfahren kann die Kommission oder ein Mitgliedstaat den Gerichtshof unmittelbar anrufen, wenn die Kommission oder der Staat der Auffassung ist, dass ein anderer Mitgliedstaat die in den Artikeln 346 und 347 vorgesehenen Befugnisse missbraucht. Der Gerichtshof entscheidet unter Ausschluss der Öffentlichkeit.

Artikel 349
(ex-Artikel 299 Absatz 2 Unterabsätze 2, 3 und 4 EGV)

Unter Berücksichtigung der strukturbedingten sozialen und wirtschaftlichen Lage von Guadeloupe, Französisch-Guayana, Martinique, Réunion, Saint-Barthélemy und Saint-Martin, der Azoren, Madeiras und der Kanarischen Inseln, die durch die Faktoren Abgelegenheit, Insellage, geringe Größe, schwierige Relief- und Klimabedingungen und wirtschaftliche Abhängigkeit von einigen wenigen Erzeugnissen erschwert wird, die als ständige Gegebenheiten und durch ihr Zusammenwirken die Entwicklung schwer beeinträchtigen, beschließt der Rat auf Vorschlag der Kommission nach Anhörung des Europäischen Parlaments spezifische Maßnahmen, die insbesondere darauf abzielen, die Bedingungen für die Anwendung der Verträge auf die genannten Gebiete, einschließlich gemeinsamer Politiken, festzulegen. Werden die betreffenden spezifischen Maßnahmen vom Rat gemäß einem besonderen Gesetzgebungsverfahren erlassen, so beschließt er ebenfalls auf

Vorschlag der Kommission und nach Anhörung des Europäischen Parlaments.

Die Maßnahmen nach Absatz 1 betreffen insbesondere die Zoll- und Handelspolitik, Steuerpolitik, Freizonen, Agrar- und Fischereipolitik, die Bedingungen für die Versorgung mit Rohstoffen und grundlegenden Verbrauchsgütern, staatliche Beihilfen sowie die Bedingungen für den Zugang zu den Strukturfonds und zu den horizontalen Unionsprogrammen.

Der Rat beschließt die in Absatz 1 genannten Maßnahmen unter Berücksichtigung der besonderen Merkmale und Zwänge der Gebiete in äußerster Randlage, ohne dabei die Integrität und Kohärenz der Rechtsordnung der Union, die auch den Binnenmarkt und die gemeinsamen Politiken umfasst, auszuhöhlen.

Artikel 350
(ex-Artikel 306 EGV)

Die Verträge stehen dem Bestehen und der Durchführung der regionalen Zusammenschlüsse zwischen Belgien und Luxemburg sowie zwischen Belgien, Luxemburg und den Niederlanden nicht entgegen, soweit die Ziele dieser Zusammenschlüsse durch Anwendung der Verträge nicht erreicht sind.

Artikel 351
(ex-Artikel 307 EGV)

Die Rechte und Pflichten aus Übereinkünften, die vor dem 1. Januar 1958 oder, im Falle später beigetretener Staaten, vor dem Zeitpunkt ihres Beitritts zwischen einem oder mehreren Mitgliedstaaten einerseits und einem oder mehreren dritten Ländern andererseits geschlossen wurden, werden durch die Verträge nicht berührt.

Soweit diese Übereinkünfte mit den Verträgen nicht vereinbar sind, wenden der oder die betreffenden Mitgliedstaaten alle geeigneten Mittel an, um die festgestellten Unvereinbarkeiten zu beheben. Erforderlichenfalls leisten die Mitgliedstaaten zu diesem Zweck einander Hilfe; sie nehmen gegebenenfalls eine gemeinsame Haltung ein.

Bei Anwendung der in Absatz 1 bezeichneten Übereinkünfte tragen die Mitgliedstaaten dem Umstand Rechnung, dass die in den Verträgen von jedem Mitgliedstaat gewährten Vorteile Bestandteil der Errichtung der Union sind und daher in untrennbarem Zusammenhang stehen mit der Schaffung gemeinsamer Organe, der Übertragung von Zuständigkeiten auf diese und der Gewährung der gleichen Vorteile durch alle anderen Mitgliedstaaten.

Artikel 352
(ex-Artikel 308 EGV)

(1) Erscheint ein Tätigwerden der Union im Rahmen der in den Verträgen festgelegten Politikbereiche erforderlich, um eines der Ziele der Verträge zu verwirklichen, und sind in den Verträgen die hierfür erforderlichen Befugnisse nicht vorgesehen, so erlässt der Rat einstimmig auf Vorschlag der Kommission und nach Zustimmung des Europäischen Parlaments die geeigneten Vorschriften. Werden diese Vorschriften vom Rat gemäß einem besonderen Gesetzgebungsverfahren erlassen, so beschließt er ebenfalls einstimmig auf Vorschlag der Kommission und nach Zustimmung des Europäischen Parlaments.

(2) Die Kommission macht die nationalen Parlamente im Rahmen des Verfahrens zur Kontrolle der Einhaltung des Subsidiaritätsprinzips nach Artikel 5 Absatz 3 des Vertrags über die Europäische Union auf die Vorschläge aufmerksam, die sich auf diesen Artikel stützen.

(3) Die auf diesem Artikel beruhenden Maßnahmen dürfen keine Harmonisierung der Rechtsvorschriften der Mitgliedstaaten in den Fällen beinhalten, in denen die Verträge eine solche Harmonisierung ausschließen.

(4) Dieser Artikel kann nicht als Grundlage für die Verwirklichung von Zielen der Gemeinsamen Außen- und Sicherheitspolitik dienen, und Rechtsakte, die nach diesem Artikel erlassen werden, müssen innerhalb der in Artikel 40 Absatz 2 des Vertrags über die Europäische Union festgelegten Grenzen bleiben.

Artikel 353

Artikel 48 Absatz 7 des Vertrags über die Europäische Union findet keine Anwendung auf die folgenden Artikel:

– Artikel 311 Absätze 3 und 4,

– Artikel 312 Absatz 2 Unterabsatz 1,

– Artikel 352 und

– Artikel 354.

Artikel 354
(ex-Artikel 309 EGV)

Für die Zwecke des Artikels 7 des Vertrags über die Europäische Union über die Aussetzung bestimmter mit der Zugehörigkeit zur

— 115 —

1/2. AEUV
Art. 354 – 356

EUV/AEUV
+ Prot/Erkl
Anhänge
EU-Grundrechte-
Charta + Erl
Irland/Tschech Rep
Änderungs- und
Beitrittsverträge
LissV + ZusErl
Liss-BeglNovelle

Union verbundener Rechte ist das Mitglied des Europäischen Rates oder des Rates, das den betroffenen Mitgliedstaat vertritt, nicht stimmberechtigt und der betreffende Mitgliedstaat wird bei der Berechnung des Drittels oder der vier Fünftel der Mitgliedstaaten nach den Absätzen 1 und 2 des genannten Artikels nicht berücksichtigt. Die Stimmenthaltung von anwesenden oder vertretenen Mitgliedern steht dem Erlass von Beschlüssen nach Absatz 2 des genannten Artikels nicht entgegen.

Für den Erlass von Beschlüssen nach Artikel 7 Absätze 3 und 4 des Vertrags über die Europäische Union bestimmt sich die qualifizierte Mehrheit nach Artikel 238 Absatz 3 Buchstabe b dieses Vertrags.

Beschließt der Rat nach dem Erlass eines Beschlusses über die Aussetzung der Stimmrechte nach Artikel 7 Absatz 3 des Vertrags über die Europäische Union auf der Grundlage einer Bestimmung der Verträge mit qualifizierter Mehrheit, so bestimmt sich die qualifizierte Mehrheit hierfür nach Artikel 238 Absatz 3 Buchstabe b dieses Vertrags oder, wenn der Rat auf Vorschlag der Kommission oder des Hohen Vertreters der Union für die Außen- und Sicherheitspolitik handelt, nach Artikel 238 Absatz 3 Buchstabe a.

Für die Zwecke des Artikels 7 des Vertrags über die Europäische Union beschließt das Europäische Parlament mit der Mehrheit von zwei Dritteln der abgegebenen Stimmen und mit der Mehrheit seiner Mitglieder.

Artikel 355
(ex-Artikel 299 Absatz 2 Unterabsatz 1 und Absätze 3 bis 6 EGV)

Zusätzlich zu den Bestimmungen des Artikels 52 des Vertrags über die Europäische Union über den räumlichen Geltungsbereich der Verträge gelten folgende Bestimmungen:

(1) Die Verträge gelten nach Artikel 349 für Guadeloupe, Französisch-Guayana, Martinique, Réunion, Saint Barthélemy, Saint Martin, die Azoren, Madeira und die Kanarischen Inseln.

(2) Für die in Anhang II aufgeführten überseeischen Länder und Hoheitsgebiete gilt das besondere Assoziierungssystem, das im Vierten Teil festgelegt ist.

Die Verträge finden keine Anwendung auf die überseeischen Länder und Hoheitsgebiete, die besondere Beziehungen zum Vereinigten Königreich Großbritannien und Nordirland unterhalten und die in dem genannten Anhang nicht aufgeführt sind.

(3) Die Verträge finden auf die europäischen Hoheitsgebiete Anwendung, deren auswärtige Beziehungen ein Mitgliedstaat wahrnimmt.

(4) Die Verträge finden entsprechend den Bestimmungen des Protokolls Nr. 2 zur Akte über die Bedingungen des Beitritts der Republik Österreich, der Republik Finnland und des Königreichs Schweden auf die Ålandinseln Anwendung.

(5) Abweichend von Artikel 52 des Vertrags über die Europäische Union und von den Absätzen 1 bis 4 dieses Artikels gilt:

a) Die Verträge finden auf die Färöer keine Anwendung.

b) Die Verträge finden auf die Hoheitszonen des Vereinigten Königreichs auf Zypern, Akrotiri und Dhekelia, nur insoweit Anwendung, als dies erforderlich ist, um die Anwendung der Regelungen des Protokolls über die Hoheitszonen des Vereinigten Königreichs Großbritannien und Nordirland in Zypern, das der Akte über die Bedingungen des Beitritts der Tschechischen Republik, der Republik Estland, der Republik Zypern, der Republik Lettland, der Republik Litauen, der Republik Ungarn, der Republik Malta, der Republik Polen, der Republik Slowenien und der Slowakischen Republik zur Europäischen Union beigefügt ist, nach Maßgabe jenes Protokolls sicherzustellen.

c) Die Verträge finden auf die Kanalinseln und die Insel Man nur insoweit Anwendung, als dies erforderlich ist, um die Anwendung der Regelung sicherzustellen, die in dem am 22. Januar 1972 unterzeichneten Vertrag über den Beitritt neuer Mitgliedstaaten zur Europäischen Wirtschaftsgemeinschaft und zur Europäischen Atomgemeinschaft für diese Inseln vorgesehen ist.

(6) Der Europäische Rat kann auf Initiative des betroffenen Mitgliedstaats einen Beschluss zur Änderung des Status eines in den Absätzen 1 und 2 genannten dänischen, französischen oder niederländischen Landes oder Hoheitsgebiets gegenüber der Union erlassen. Der Europäische Rat beschließt einstimmig nach Anhörung der Kommission.

Artikel 356
(ex-Artikel 312 EGV)

Dieser Vertrag gilt auf unbegrenzte Zeit.

Artikel 357
(ex-Artikel 313 EGV)

Dieser Vertrag bedarf der Ratifizierung durch die Hohen Vertragsparteien gemäß ihren verfassungsrechtlichen Vorschriften. Die Ratifikationsurkunden werden bei der Regierung der Italienischen Republik hinterlegt.

Dieser Vertrag tritt am ersten Tag des auf die Hinterlegung der letzten Ratifikationsurkunde folgenden Monats in Kraft. Findet diese Hinterlegung weniger als fünfzehn Tage vor Beginn des folgenden Monats statt, so tritt der Vertrag am ersten Tag des zweiten Monats nach dieser Hinterlegung in Kraft.

Artikel 358

Die Bestimmungen des Artikels 55 des Vertrags über die Europäische Union sind auf diesen Vertrag anwendbar.

ZU URKUND DESSEN haben die unterzeichneten Bevollmächtigten ihre Unterschriften unter diesen Vertrag gesetzt.

Geschehen zu Rom am fünfundzwanzigsten März neunzehnhundertsiebenundfünfzig.

(Aufzählung der Unterzeichner nicht wiedergegeben)

1/3. Protokolle

Inhalt

EUV/AEUV
+ Prot/Erkl
Anhänge
EU-Grundrechte-
Charta + Erl
Irland/Tschech Rep
Änderungs- und
Beitrittsverträge
LissV + ZusErl
Liss-BeglNovelle

Protokolle

(ABl 2010 C 83, 201)

Inhalt

---

*) *Hinweis:* Siehe unter 12/1. Satzung.

1/3. Protokolle

Inhalt

EUV/AEUV
+ Prot/Erkl
Anhänge
EU-Grundrechte-
Charta + Erl
Irland:Tschech Rep
Änderungs- und
Beitrittsverträge
LissV + ZusErl
Liss-BeglNovelle

PROTOKOLLE

PROTOKOLL (Nr. 1)
ÜBER DIE ROLLE DER NATIONALEN PARLAMENTE IN DER EUROPÄISCHEN UNION

DIE HOHEN VERTRAGSPARTEIEN –

EINGEDENK dessen, dass die Art der Kontrolle der Regierungen durch die nationalen Parlamente hinsichtlich der Tätigkeiten der Europäischen Union Sache der besonderen verfassungsrechtlichen Gestaltung und Praxis jedes Mitgliedstaats ist,

IN DEM WUNSCH, eine stärkere Beteiligung der nationalen Parlamente an den Tätigkeiten der Europäischen Union zu fördern und ihnen bessere Möglichkeiten zu geben, sich zu den Entwürfen von Gesetzgebungsakten der Europäischen Union sowie zu anderen Fragen, die für sie von besonderem Interesse sein können, zu äußern –

SIND über folgende Bestimmungen ÜBEREINGEKOMMEN, die dem Vertrag über die Europäische Union, dem Vertrag über die Arbeitsweise der Europäischen Union und dem Vertrag zur Gründung der Europäischen Atomgemeinschaft beigefügt sind:

TITEL I
UNTERRICHTUNG DER NATIONALEN PARLAMENTE

Artikel 1

Die Konsultationsdokumente der Kommission (Grün- und Weißbücher sowie Mitteilungen) werden bei ihrer Veröffentlichung von der Kommission direkt den nationalen Parlamenten zugeleitet. Ferner leitet die Kommission den nationalen Parlamenten gleichzeitig mit der Übermittlung an das Europäische Parlament und den Rat das jährliche Rechtsetzungsprogramm sowie alle weiteren Dokumente für die Ausarbeitung der Rechtsetzungsprogramme oder politischen Strategien zu.

Artikel 2

Die an das Europäische Parlament und den Rat gerichteten Entwürfe von Gesetzgebungsakten werden den nationalen Parlamenten zugeleitet.

Im Sinne dieses Protokolls bezeichnet „Entwurf eines Gesetzgebungsakts" die Vorschläge der Kommission, die Initiativen einer Gruppe von Mitgliedstaaten, die Initiativen des Europäischen Parlaments, die Anträge des Gerichtshofs, die Empfehlungen der Europäischen Zentralbank und die Anträge der Europäischen Investitionsbank, die den Erlass eines Gesetzgebungsaktes zum Ziel haben.

Die von der Kommission vorgelegten Entwürfe von Gesetzgebungsakten werden von der Kommission gleichzeitig mit der Übermittlung an das Europäische Parlament und den Rat direkt den nationalen Parlamenten zugeleitet.

Die vom Europäischen Parlament vorgelegten Entwürfe von Gesetzgebungsakten werden vom Europäischen Parlament direkt den nationalen Parlamenten zugeleitet.

Die von einer Gruppe von Mitgliedstaaten, vom Gerichtshof, von der Europäischen Zentralbank oder von der Europäischen Investitionsbank vorgelegten Entwürfe von Gesetzgebungsakten werden vom Rat den nationalen Parlamenten zugeleitet.

Artikel 3

Die nationalen Parlamente können nach dem im Protokoll über die Anwendung der Grundsätze der Subsidiarität und der Verhältnismäßigkeit vorgesehenen Verfahren eine begründete Stellungnahme zur Übereinstimmung eines Entwurfs eines Gesetzgebungsakts mit dem Subsidiaritätsprinzip an die Präsidenten des Europäischen Parlaments, des Rates und der Kommission richten.

Wird der Entwurf eines Gesetzgebungsakts von einer Gruppe von Mitgliedstaaten vorgelegt, so übermittelt der Präsident des Rates die begründete Stellungnahme oder die begründeten Stellung nahmen den Regierungen dieser Mitgliedstaaten.

Wird der Entwurf eines Gesetzgebungsakts vom Gerichtshof, von der Europäischen Zentralbank oder von der Europäischen Investitionsbank vorgelegt, so übermittelt der Präsident des Rates die begründete Stellungnahme oder die begründeten Stellungnahmen dem betreffenden Organ oder der betreffenden Einrichtung.

Artikel 4

Zwischen dem Zeitpunkt, zu dem ein Entwurf eines Gesetzgebungsakts den nationalen Parlamenten in den Amtssprachen der Union zugeleitet wird, und dem Zeitpunkt, zu dem er zwecks Erlass oder zur Festlegung eines Standpunkts im Rahmen eines Gesetzgebungsverfahrens auf die vorläufige Tagesordnung des Rates gesetzt wird, müssen acht Wochen liegen. In dringenden Fällen, die in dem Rechtsakt oder dem Standpunkt des Rates begründet werden, sind Ausnahmen möglich. Außer in ordnungsgemäß begründeten dringenden Fällen darf in diesen acht Wochen keine Einigung über den Entwurf eines Gesetzgebungsakts festgestellt werden. Außer in ordnungsgemäß begründeten dringenden Fällen müssen zwischen der Aufnahme des Entwurfs eines Gesetzgebungsakts in die vorläufige Tagesordnung für die Tagung des Rates und der Festlegung eines Standpunkts zehn Tage liegen.

Artikel 5

Den nationalen Parlamenten werden die Tagesordnungen für die Tagungen des Rates und die Ergebnisse dieser Tagungen, einschließlich der Protokolle der Tagungen, auf denen der Rat über Entwürfe von Gesetzgebungsakten berät, gleichzeitig mit der Übermittlung an die Regierungen der Mitgliedstaaten direkt zugeleitet.

Artikel 6

Beabsichtigt der Europäische Rat, Artikel 48 Absatz 7 Unterabsatz 1 oder Unterabsatz 2 des Vertrags über die Europäische Union in Anspruch zu nehmen, so werden die nationalen Parlamente mindestens sechs Monate vor dem Erlass eines Beschlusses von der Initiative des Europäischen Rates unterrichtet.

Artikel 7

Der Rechnungshof übermittelt den nationalen Parlamenten gleichzeitig mit der Übermittlung an das Europäische Parlament und den Rat seinen Jahresbericht zur Unterrichtung.

Artikel 8

Handelt es sich bei dem System des nationalen Parlaments nicht um ein Einkammersystem, so gelten die Artikel 1 bis 7 für jede der Kammern des Parlaments.

TITEL II
ZUSAMMENARBEIT ZWISCHEN DEN PARLAMENTEN

Artikel 9

Das Europäische Parlament und die nationalen Parlamente legen gemeinsam fest, wie eine effiziente und regelmäßige Zusammenarbeit zwischen den Parlamenten innerhalb der Union gestaltet und gefördert werden kann.

Artikel 10

Eine Konferenz der Europa-Ausschüsse der Parlamente kann jeden ihr zweckmäßig erscheinenden Beitrag dem Europäischen Parlament, dem Rat und der Kommission zur Kenntnis bringen. Diese Konferenz fördert ferner den Austausch von Informationen und bewährten Praktiken zwischen den nationalen Parlamenten und dem Europäischen Parlament, einschließlich ihrer Fachausschüsse. Sie kann auch interparlamentarische Konferenzen zu Einzelthemen organisieren, insbesondere zur Erörterung von Fragen der Gemeinsamen Außen- und Sicherheitspolitik, einschließlich der Gemeinsamen Sicherheits- und Verteidigungspolitik. Die Beiträge der Konferenz binden nicht die nationalen Parlamente und greifen ihrem Standpunkt nicht vor.

PROTOKOLL (Nr. 2)
ÜBER DIE ANWENDUNG DER GRUNDSÄTZE DER SUBSIDIARITÄT UND DER VERHÄLTNISMÄSSIGKEIT

DIE HOHEN VERTRAGSPARTEIEN –

IN DEM WUNSCH sicherzustellen, dass die Entscheidungen in der Union so bürgernah wie möglich getroffen werden,

ENTSCHLOSSEN, die Bedingungen für die Anwendung der in Artikel 5 des Vertrags über die Europäische Union verankerten Grundsätze der Subsidiarität und der Verhältnismäßigkeit festzulegen und ein System zur Kontrolle der Anwendung dieser Grundsätze zu schaffen –

SIND über folgende Bestimmungen ÜBEREINGEKOMMEN, die dem Vertrag über die Europäische Union und dem Vertrag über die Arbeitsweise der Europäischen Union beigefügt sind:

1/3. Protokolle

Prot. 2

EUV/AEUV
+ Prot/Erkl
Anhänge
EU-Grundrechte-
Charta + Erl
Irland/Tschech Rep
Änderungs- und
Beitrittsverträge
LissV + ZusErl
Liss-BeglNovelle

Artikel 1

Jedes Organ trägt stets für die Einhaltung der in Artikel 5 des Vertrags über die Europäische Union niedergelegten Grundsätze der Subsidiarität und der Verhältnismäßigkeit Sorge.

Artikel 2

Die Kommission führt umfangreiche Anhörungen durch, bevor sie einen Gesetzgebungsakt vorschlägt. Dabei ist gegebenenfalls der regionalen und lokalen Bedeutung der in Betracht gezogenen Maßnahmen Rechnung zu tragen. In außergewöhnlich dringenden Fällen führt die Kommission keine Konsultationen durch. Sie begründet dies in ihrem Vorschlag.

Artikel 3

Im Sinne dieses Protokolls bezeichnet „Entwurf eines Gesetzgebungsakts" die Vorschläge der Kommission, die Initiativen einer Gruppe von Mitgliedstaaten, die Initiativen des Europäischen Parlaments, die Anträge des Gerichtshofs, die Empfehlungen der Europäischen Zentralbank und die Anträge der Europäischen Investitionsbank, die den Erlass eines Gesetzgebungsakts zum Ziel haben.

Artikel 4

Die Kommission leitet ihre Entwürfe für Gesetzgebungsakte und ihre geänderten Entwürfe den nationalen Parlamenten und dem Unionsgesetzgeber gleichzeitig zu.

Das Europäische Parlament leitet seine Entwürfe von Gesetzgebungsakten sowie seine geänderten Entwürfe den nationalen Parlamenten zu.

Der Rat leitet die von einer Gruppe von Mitgliedstaaten, vom Gerichtshof, von der Europäischen Zentralbank oder von der Europäischen Investitionsbank vorgelegten Entwürfe von Gesetzgebungsakten sowie die geänderten Entwürfe den nationalen Parlamenten zu.

Sobald das Europäische Parlament seine legislativen Entschließungen angenommen und der Rat seine Standpunkte festgelegt hat, leiten sie diese den nationalen Parlamenten zu.

Artikel 5

Die Entwürfe von Gesetzgebungsakten werden im Hinblick auf die Grundsätze der Subsidiarität und der Verhältnismäßigkeit begründet. Jeder Entwurf eines Gesetzgebungsakts sollte einen Vermerk mit detaillierten Angaben enthalten, die es ermöglichen zu beurteilen, ob die Grundsätze der Subsidiarität und der Verhältnismäßigkeit eingehalten wurden. Dieser Vermerk sollte Angaben zu den voraussichtlichen finanziellen Auswirkungen sowie im Fall einer Richtlinie zu den Auswirkungen auf die von den Mitgliedstaaten zu erlassenden Rechtsvorschriften, einschließlich gegebenenfalls der regionalen Rechtsvorschriften, enthalten. Die Feststellung, dass ein Ziel der Union besser auf Unionsebene erreicht werden kann, beruht auf qualitativen und, soweit möglich, quantitativen Kriterien. Die Entwürfe von Gesetzgebungsakten berücksichtigen dabei, dass die finanzielle Belastung und der Verwaltungsaufwand der Union, der nationalen Regierungen, der regionalen und lokalen Behörden, der Wirtschaftsteilnehmer und der Bürgerinnen und Bürger so gering wie möglich gehalten werden und in einem angemessenen Verhältnis zu dem angestrebten Ziel stehen müssen.

Artikel 6

Die nationalen Parlamente oder die Kammern eines dieser Parlamente können binnen acht Wochen nach dem Zeitpunkt der Übermittlung eines Entwurfs eines Gesetzgebungsakts in den Amtssprachen der Union in einer begründeten Stellungnahme an die Präsidenten des Europäischen Parlaments, des Rates und der Kommission darlegen, weshalb der Entwurf ihres Erachtens nicht mit dem Subsidiaritätsprinzip vereinbar ist. Dabei obliegt es dem jeweiligen nationalen Parlament oder der jeweiligen Kammer eines nationalen Parlaments, gegebenenfalls die regionalen Parlamente mit Gesetzgebungsbefugnissen zu konsultieren.

Wird der Entwurf eines Gesetzgebungsakts von einer Gruppe von Mitgliedstaaten vorgelegt, so übermittelt der Präsident des Rates die Stellungnahme den Regierungen dieser Mitgliedstaaten.

Wird der Entwurf eines Gesetzgebungsakts vom Gerichtshof, von der Europäischen Zentralbank oder von der Europäischen Investitionsbank vorgelegt, so übermittelt der Präsident des Rates die Stellungnahme dem betreffenden Organ oder der betreffenden Einrichtung.

Artikel 7

(1) Das Europäische Parlament, der Rat und die Kommission sowie gegebenenfalls die Gruppe von Mitgliedstaaten, der Gerichtshof, die Europäische Zentralbank oder die Eu-

ropäische Investitionsbank, sofern der Entwurf eines Gesetzgebungsakts von ihnen vorgelegt wurde, berücksichtigen die begründeten Stellungnahmen der nationalen Parlamente oder einer der Kammern eines dieser Parlamente.

Jedes nationale Parlament hat zwei Stimmen, die entsprechend dem einzelstaatlichen parlamentarischen System verteilt werden. In einem Zweikammersystem hat jede der beiden Kammern eine Stimme.

(2) Erreicht die Anzahl begründeter Stellungnahmen, wonach der Entwurf eines Gesetzgebungsakts nicht mit dem Subsidiaritätsprinzip im Einklang steht, mindestens ein Drittel der Gesamtzahl der den nationalen Parlamenten nach Absatz 1 Unterabsatz 2 zugewiesenen Stimmen, so muss der Entwurf überprüft werden. Die Schwelle beträgt ein Viertel der Stimmen, wenn es sich um den Entwurf eines Gesetzgebungsakts auf der Grundlage des Artikels 76 des Vertrags über die Arbeitsweise der Europäischen Union betreffend den Raum der Freiheit, der Sicherheit und des Rechts handelt.

Nach Abschluss der Überprüfung kann die Kommission oder gegebenenfalls die Gruppe von Mitgliedstaaten, das Europäische Parlament, der Gerichtshof, die Europäische Zentralbank oder die Europäische Investitionsbank, sofern der Entwurf eines Gesetzgebungsakts von ihr beziehungsweise ihm vorgelegt wurde, beschließen, an dem Entwurf festzuhalten, ihn zu ändern oder ihn zurückzuziehen. Dieser Beschluss muss begründet werden.

(3) Außerdem gilt im Rahmen des ordentlichen Gesetzgebungsverfahrens Folgendes: Erreicht die Anzahl begründeter Stellungnahmen, wonach der Vorschlag für einen Gesetzgebungsakt nicht mit dem Subsidiaritätsprinzip im Einklang steht, mindestens die einfache Mehrheit der Gesamtzahl der den nationalen Parlamenten nach Absatz 1 Unterabsatz 2 zugewiesenen Stimmen, so muss der Vorschlag überprüft werden. Nach Abschluss dieser Überprüfung kann die Kommission beschließen, an dem Vorschlag festzuhalten, ihn zu ändern oder ihn zurückzuziehen.

Beschließt die Kommission, an dem Vorschlag festzuhalten, so hat sie in einer begründeten Stellungnahme darzulegen, weshalb der Vorschlag ihres Erachtens mit dem Subsidiaritätsprinzip im Einklang steht. Die begründete Stellungnahme der Kommission wird zusammen mit den begründeten Stellungnahmen der nationalen Parlamente dem Unionsgesetzgeber vorgelegt, damit dieser sie im Rahmen des Verfahrens berücksichtigt:

a) Vor Abschluss der ersten Lesung prüft der Gesetzgeber (das Europäische Parlament und der Rat), ob der Gesetzgebungsvorschlag mit dem Subsidiaritätsprinzip im Einklang steht; hierbei berücksichtigt er insbesondere die angeführten Begründungen, die von einer Mehrheit der nationalen Parlamente unterstützt werden, sowie die begründete Stellungnahme der Kommission.

b) Ist der Gesetzgeber mit der Mehrheit von 55 % der Mitglieder des Rates oder einer Mehrheit der abgegebenen Stimmen im Europäischen Parlament der Ansicht, dass der Vorschlag nicht mit dem Subsidiaritätsprinzip im Einklang steht, wird der Gesetzgebungsvorschlag nicht weiter geprüft.

Artikel 8

Der Gerichtshof der Europäischen Union ist für Klagen wegen Verstoßes eines Gesetzgebungsakts gegen das Subsidiaritätsprinzip zuständig, die nach Maßgabe des Artikels 263 des Vertrags über die Arbeitsweise der Europäischen Union von einem Mitgliedstaat erhoben oder entsprechend der jeweiligen innerstaatlichen Rechtsordnung von einem Mitgliedstaat im Namen seines nationalen Parlaments oder einer Kammer dieses Parlaments übermittelt werden.

Nach Maßgabe des genannten Artikels können entsprechende Klagen in Bezug auf Gesetzgebungsakte, für deren Erlass die Anhörung des Ausschusses der Regionen nach dem Vertrag über die Arbeitsweise der Europäischen Union vorgeschrieben ist, auch vom Ausschuss der Regionen erhoben werden.

Artikel 9

Die Kommission legt dem Europäischen Rat, dem Europäischen Parlament, dem Rat und den nationalen Parlamenten jährlich einen Bericht über die Anwendung des Artikels 5 des Vertrags über die Europäische Union vor. Dieser Jahresbericht wird auch dem Wirtschafts- und Sozialausschuss und dem Ausschuss der Regionen zugeleitet.

— 123 —

1/3. Protokolle

Prot. 3, 4

EUV/AEUV
+ Prot/Erkl
Anhänge
EU Grundrechte-
Charta + Erl
Irland Tschech Rep
Änderungs- und
Beitrittsverträge
LissV + ZusErl
Liss-BeglNovelle

PROTOKOLL (Nr. 3)
ÜBER DIE SATZUNG DES GERICHTSHOFS DER EUROPÄISCHEN UNION*)

PROTOKOLL (Nr. 4)
ÜBER DIE SATZUNG DES EUROPÄISCHEN SYSTEMS DER ZENTRALBANKEN UND DER EUROPÄISCHEN ZENTRALBANK

DIE HOHEN VERTRAGSPARTEIEN –

IN DEM WUNSCH, die in Artikel 129 Absatz 2 des Vertrags über die Arbeitsweise der Europäischen Union vorgesehene Satzung des Europäischen Systems der Zentralbanken und der Europäischen Zentralbank festzulegen –

SIND über folgende Bestimmungen ÜBEREINGEKOMMEN, die dem Vertrag über die Europäische Union und dem Vertrag über die Arbeitsweise der Europäischen Union beigefügt sind:

KAPITEL I
DAS EUROPÄISCHE SYSTEM DER ZENTRALBANKEN

Artikel 1
Das Europäische System der Zentralbanken

Die Europäische Zentralbank (EZB) und die nationalen Zentralbanken bilden nach Artikel 282 Absatz 1 des Vertrags über die Arbeitsweise der Europäischen Union das Europäische System der Zentralbanken (ESZB). Die EZB und die nationalen Zentralbanken der Mitgliedstaaten, deren Währung der Euro ist, bilden das Eurosystem.

Das ESZB und die EZB nehmen ihre Aufgaben und ihre Tätigkeit nach Maßgabe der Verträge und dieser Satzung wahr.

---

²) *Hinweis:* Siehe unter 12/1. Satzung und unter 14. Gericht öff. Dienst.

KAPITEL II
ZIELE UND AUFGABEN DES ESZB

Artikel 2
Ziele

Nach Artikel 127 Absatz 1 und Artikel 282 Absatz 2 des Vertrags über die Arbeitsweise der Europäischen Union ist es das vorrangige Ziel des ESZB, die Preisstabilität zu gewährleisten. Soweit dies ohne Beeinträchtigung des Zieles der Preisstabilität möglich ist, unterstützt das ESZB die all gemeine Wirtschaftspolitik in der Union, um zur Verwirklichung der in Artikel 3 des Vertrags über die Europäische Union festgelegten Ziele der Union beizutragen. Das ESZB handelt im Einklang mit dem Grundsatz einer offenen Marktwirtschaft mit freiem Wettbewerb, wodurch ein effizienter Einsatz der Ressourcen gefördert wird, und hält sich dabei an die in Artikel 119 des Vertrags über die Arbeitsweise der Europäischen Union genannten Grundsätze.

Artikel 3
Aufgaben

3.1. Nach Artikel 127 Absatz 2 des Vertrags über die Arbeitsweise der Europäischen Union bestehen die grundlegenden Aufgaben des ESZB darin,

– die Geldpolitik der Union festzulegen und auszuführen,

– Devisengeschäfte im Einklang mit Artikel 219 des genannten Vertrags durchzuführen,

– die offiziellen Währungsreserven der Mitgliedstaaten zu halten und zu verwalten,

– das reibungslose Funktionieren der Zahlungssysteme zu fördern.

3.2. Nach Artikel 127 Absatz 3 des genannten Vertrags berührt Artikel 3.1 dritter Gedankenstrich nicht die Haltung und Verwaltung von Arbeitsguthaben in Fremdwährungen durch die Regierungen der Mitgliedstaaten.

3.3. Das ESZB trägt nach Artikel 127 Absatz 5 des genannten Vertrags zur reibungslosen Durchführung der von den zuständigen Behörden auf dem Gebiet der Aufsicht über die Kreditinstitute und der Stabilität des Finanzsystems ergriffenen Maßnahmen bei.

Artikel 4
Beratende Funktionen

Nach Artikel 127 Absatz 4 des Vertrags über die Arbeitsweise der Europäischen Union
a) wird die EZB gehört
  - zu allen Vorschlägen für Rechtsakte der Union im Zuständigkeitsbereich der EZB;
  - von den nationalen Behörden zu allen Entwürfen für Rechtsvorschriften im Zuständigkeitsbereich der EZB, und zwar innerhalb der Grenzen und unter den Bedingungen, die der Rat nach dem Verfahren des Artikels 41 festlegt;
b) kann die EZB gegenüber den Organen, Einrichtungen oder sonstigen Stellen der Union und gegenüber den nationalen Behörden Stellungnahmen zu in ihren Zuständigkeitsbereich fallenden Fragen abgeben.

Artikel 5
Erhebung von statistischen Daten

5.1. Zur Wahrnehmung der Aufgaben des ESZB holt die EZB mit Unterstützung der nationalen Zentralbanken die erforderlichen statistischen Daten entweder von den zuständigen nationalen Behörden oder unmittelbar von den Wirtschaftssubjekten ein. Zu diesem Zweck arbeitet sie mit den Organen, Einrichtungen oder sonstigen Stellen der Union und den zuständigen Behörden der Mitgliedstaaten oder dritter Länder sowie mit internationalen Organisationen zusammen.

5.2. Die in Artikel 5.1 bezeichneten Aufgaben werden so weit wie möglich von den nationalen Zentralbanken ausgeführt.

5.3. Soweit erforderlich, fördert die EZB die Harmonisierung der Bestimmungen und Gepflogenheiten auf dem Gebiet der Erhebung, Zusammenstellung und Weitergabe von statistischen Daten in den in ihre Zuständigkeit fallenden Bereichen.

5.4. Der Kreis der berichtspflichtigen natürlichen und juristischen Personen, die Bestimmungen über die Vertraulichkeit sowie die geeigneten Vorkehrungen zu ihrer Durchsetzung werden vom Rat nach dem Verfahren des Artikels 41 festgelegt.

Artikel 6
Internationale Zusammenarbeit

6.1. Im Bereich der internationalen Zusammenarbeit, die die dem ESZB übertragenen Aufgaben betrifft, beschließt die EZB, wie das ESZB vertreten wird.

6.2. Die EZB und, soweit diese zustimmt, die nationalen Zentralbanken sind befugt, sich an internationalen Währungseinrichtungen zu beteiligen.

6.3. Die Artikel 6.1 und 6.2 finden unbeschadet des Artikels 138 des Vertrags über die Arbeitsweise der Europäischen Union Anwendung.

KAPITEL III
ORGANISATION DES ESZB

Artikel 7
Unabhängigkeit

Nach Artikel 130 des Vertrags über die Arbeitsweise der Europäischen Union darf bei der Wahrnehmung der ihnen durch die Verträge und diese Satzung übertragenen Befugnisse, Aufgaben und Pflichten weder die EZB noch eine nationale Zentralbank noch ein Mitglied ihrer Beschlussorgane Weisungen von Organen, Einrichtungen oder sonstigen Stellen der Union, Regierungen der Mitgliedstaaten oder anderen Stellen einholen oder entgegennehmen. Die Organe, Einrichtungen oder sonstigen Stellen der Union sowie die Regierungen der Mitgliedstaaten verpflichten sich, diesen Grundsatz zu beachten und nicht zu versuchen, die Mitglieder der Beschlussorgane der EZB oder der nationalen Zentralbanken bei der Wahrnehmung ihrer Aufgaben zu beeinflussen.

Artikel 8
Allgemeiner Grundsatz

Das ESZB wird von den Beschlussorganen der EZB geleitet.

Artikel 9
Die Europäische Zentralbank

9.1. Die EZB, die nach Artikel 282 Absatz 3 des Vertrags über die Arbeitsweise der Europäischen Union mit Rechtspersönlichkeit ausgestattet ist, besitzt in jedem Mitgliedstaat die weitestgehende Rechts- und Geschäftsfähigkeit, die juristischen Personen nach dessen Rechtsvorschriften zuerkannt ist; sie kann insbesondere bewegliches und unbewegliches

1/3. Protokolle

Prot. 4

EUV/AEUV
+ Prot/Erkl
Anhänge
EU-Grundrechte-
Charta + Erl
Irland/Tschech Rep
Änderungs- und
Beitrittsverträge
LissV + ZusErl
Liss-BeglNovelle

Vermögen erwerben und veräußern sowie vor Gericht stehen.

9.2. Die EZB stellt sicher, dass die dem ESZB nach Artikel 127 Absätze 2, 3 und 5 des genannten Vertrags übertragenen Aufgaben entweder durch ihre eigene Tätigkeit nach Maßgabe dieser Satzung oder durch die nationalen Zentralbanken nach den Artikeln 12.1 und 14 erfüllt werden.

9.3. Die Beschlussorgane der EZB sind nach Artikel 129 Absatz 3 des genannten Vertrags der EZB-Rat und das Direktorium.

Artikel 10
Der EZB-Rat

10.1. Nach Artikel 283 Absatz 1 des Vertrags über die Arbeitsweise der Europäischen Union besteht der EZB-Rat aus den Mitgliedern des Direktoriums der EZB und den Präsidenten der nationalen Zentralbanken der Mitgliedstaaten, deren Währung der Euro ist.

10.2. Jedes Mitglied des EZB-Rates hat eine Stimme. Ab dem Zeitpunkt, zu dem die Anzahl der Mitglieder des EZB-Rates 21 übersteigt, hat jedes Mitglied des Direktoriums eine Stimme und beträgt die Anzahl der stimmberechtigten Präsidenten der nationalen Zentralbanken 15. Die Verteilung und Rotation dieser Stimmrechte erfolgt wie im Folgenden dargelegt:

– Ab dem Zeitpunkt, zu dem die Anzahl der Präsidenten der nationalen Zentralbanken 15 übersteigt, und bis zu dem Zeitpunkt, zu dem diese 22 beträgt, werden die Präsidenten der nationalen Zentralbanken aufgrund der Position des Mitgliedstaats ihrer jeweiligen nationalen Zentralbank, die sich aus der Größe des Anteils des Mitgliedstaats ihrer jeweiligen nationalen Zentralbank am aggregierten Bruttoinlandsprodukt zu Marktpreisen und an der gesamten aggregierten Bilanz der monetären Finanzinstitute der Mitgliedstaaten, deren Währung der Euro ist, ergibt, in zwei Gruppen eingeteilt. Die Gewichtung der Anteile am aggregierten Bruttoinlandsprodukt zu Marktpreisen und an der gesamten aggregierten Bilanz der monetären Finanzinstitute beträgt 5/6 bzw. 1/6. Die erste Gruppe besteht aus fünf Präsidenten der nationalen Zentralbanken und die zweite Gruppe aus den übrigen Präsidenten der nationalen Zentralbanken. Die Präsidenten der nationalen Zentralbanken, die in die erste Gruppe eingeteilt werden, sind nicht weniger häufig stimmberechtigt als die Präsidenten der nationalen Zentralbanken der zweiten Gruppe. Vorbehaltlich des vorstehenden Satzes werden der ersten Gruppe vier Stimmrechte und der zweiten Gruppe elf Stimmrechte zugeteilt.

– Ab dem Zeitpunkt, zu dem die Anzahl der Präsidenten der nationalen Zentralbanken 22 beträgt, werden die Präsidenten der nationalen Zentralbanken nach Maßgabe der sich aufgrund der oben genannten Kriterien ergebenden Position in drei Gruppen eingeteilt. Die erste Gruppe, der vier Stimmrechte zugeteilt werden, besteht aus fünf Präsidenten der nationalen Zentralbanken. Die zweite Gruppe, der acht Stimmrechte zugeteilt werden, besteht aus der Hälfte aller Präsidenten der nationalen Zentralbanken, wobei jeder Bruchteil auf die nächste ganze Zahl aufgerundet wird. Die dritte Gruppe, der drei Stimmrechte zugeteilt werden, besteht aus den übrigen Präsidenten der nationalen Zentralbanken.

– Innerhalb jeder Gruppe sind die Präsidenten der nationalen Zentralbanken für gleich lange Zeiträume stimmberechtigt.

– Artikel 29.2 gilt für die Berechnung der Anteile am aggregierten Bruttoinlandsprodukt zu Marktpreisen. Die gesamte aggregierte Bilanz der monetären Finanzinstitute wird gemäß dem zum Zeitpunkt der Berechnung in der Union geltenden statistischen Berichtsrahmen berechnet.

– Bei jeder Anpassung des aggregierten Bruttoinlandsprodukts zu Marktpreisen gemäß Artikel 29.3 oder bei jeder Erhöhung der Anzahl der Präsidenten der nationalen Zentralbanken wird die Größe und/oder die Zusammensetzung der Gruppen nach den oben genannten Grundsätzen angepasst.

– Der EZB-Rat trifft mit einer Mehrheit von zwei Dritteln seiner stimmberechtigten und nicht stimmberechtigten Mitglieder alle zur Durchführung der oben genannten Grundsätze erforderlichen Maßnahmen und kann beschließen, den Beginn des Rotationssystems bis zu dem Zeitpunkt zu verschieben, zu dem die Anzahl der Präsidenten der nationalen Zentralbanken 18 übersteigt.

Das Stimmrecht wird persönlich ausgeübt. Abweichend von dieser Bestimmung kann in der in Artikel 12.3 genannten Geschäftsordnung vorgesehen werden, dass Mitglieder des EZB-Rates im Wege einer Telekonferenz an der Abstimmung teilnehmen können. In der

Geschäftsordnung wird ferner vorgesehen, dass ein für längere Zeit an der Teilnahme an Sitzungen des EZB-Rates verhindertes Mitglied einen Stellvertreter als Mitglied des EZB-Rates benennen kann.

Die Stimmrechte aller stimmberechtigten und nicht stimmberechtigten Mitglieder des EZB-Rates gemäß den Artikeln 10.3, 40.2 und 40.3 bleiben von den Bestimmungen der vorstehenden Absätze unberührt.

Soweit in dieser Satzung nichts anderes bestimmt ist, beschließt der EZB-Rat mit einfacher Mehrheit seiner stimmberechtigten Mitglieder. Bei Stimmengleichheit gibt die Stimme des Präsidenten den Ausschlag.

Der EZB-Rat ist beschlussfähig, wenn mindestens zwei Drittel seiner stimmberechtigten Mitglieder an der Abstimmung teilnehmen. Ist der EZB-Rat nicht beschlussfähig, so kann der Präsident eine außerordentliche Sitzung einberufen, bei der für die Beschlussfähigkeit die Mindestteilnahmequote nicht erforderlich ist.

10.3. Für alle Beschlüsse im Rahmen der Artikel 28, 29, 30, 32 und 33 werden die Stimmen im EZB-Rat nach den Anteilen der nationalen Zentralbanken am gezeichneten Kapital der EZB gewogen. Die Stimmen der Mitglieder des Direktoriums werden mit null gewogen. Ein Beschluss, der die qualifizierte Mehrheit der Stimmen erfordert, gilt als angenommen, wenn die abgegebenen Ja-Stimmen mindestens zwei Drittel des gezeichneten Kapitals der EZB und mindestens die Hälfte der Anteilseigner vertreten. Bei Verhinderung eines Präsidenten einer nationalen Zentralbank kann dieser einen Stellvertreter zur Abgabe seiner gewogenen Stimme benennen.

10.4. Die Aussprachen in den Ratssitzungen sind vertraulich. Der EZB-Rat kann beschließen, das Ergebnis seiner Beratungen zu veröffentlichen.

10.5. Der EZB-Rat tritt mindestens zehnmal im Jahr zusammen.

Artikel 11

Das Direktorium

11.1. Nach Artikel 283 Absatz 2 Buchstabe a des Vertrags über die Arbeitsweise der Europäischen Union besteht das Direktorium aus dem Präsidenten, dem Vizepräsidenten und vier weiteren Mitgliedern.

Die Mitglieder erfüllen ihre Pflichten hauptamtlich. Ein Mitglied darf weder entgeltlich noch unentgeltlich einer anderen Beschäftigung nachgehen, es sei denn, der EZB-Rat erteilt hierzu ausnahmsweise seine Zustimmung.

11.2. Nach Artikel 283 Absatz 2 Unterabsatz 2 des genannten Vertrags werden der Präsident, der Vizepräsident und die weiteren Mitglieder des Direktoriums vom Europäischen Rat auf Empfehlung des Rates, der hierzu das Europäische Parlament und den EZB-Rat anhört, aus dem Kreis der in Währungs- oder Bankfragen anerkannten und erfahrenen Persönlichkeiten mit qualifizierter Mehrheit ernannt.

Ihre Amtszeit beträgt acht Jahre; Wiederernennung ist nicht zulässig.

Nur Staatsangehörige der Mitgliedstaaten können Mitglieder des Direktoriums sein.

11.3. Die Beschäftigungsbedingungen für die Mitglieder des Direktoriums, insbesondere ihre Gehälter und Ruhegehälter sowie andere Leistungen der sozialen Sicherheit, sind Gegenstand von Verträgen mit der EZB und werden vom EZB-Rat auf Vorschlag eines Ausschusses festgelegt, der aus drei vom EZB-Rat und drei vom Rat ernannten Mitgliedern besteht. Die Mitglieder des Direktoriums haben in dem in diesem Absatz bezeichneten Angelegenheiten kein Stimmrecht.

11.4. Ein Mitglied des Direktoriums, das die Voraussetzungen für die Ausübung seines Amtes nicht mehr erfüllt oder eine schwere Verfehlung begangen hat, kann auf Antrag des EZB-Rates oder des Direktoriums durch den Gerichtshof seines Amtes enthoben werden.

11.5. Jedes persönlich anwesende Mitglied des Direktoriums ist berechtigt, an Abstimmungen teilzunehmen, und hat zu diesem Zweck eine Stimme. Soweit nichts anderes bestimmt ist, beschließt das Direktorium mit der einfachen Mehrheit der abgegebenen Stimmen. Bei Stimmengleichheit gibt die Stimme des Präsidenten den Ausschlag. Die Abstimmungsmodalitäten werden in der in Artikel 12.3 bezeichneten Geschäftsordnung geregelt.

11.6. Das Direktorium führt die laufenden Geschäfte der EZB.

11.7. Frei werdende Sitze im Direktorium sind durch Ernennung eines neuen Mitglieds nach Artikel 11.2 zu besetzen.

EUV/AEUV
+ Prot/Erkl
Anhänge
EU-Grundrechte-
Charta + Erl
Irland/Tschech Rep
Änderungs- und
Beitrittsverträge
LissV + ZusErl
Liss-BeglNovelle

Artikel 12
Aufgaben der Beschlussorgane

12.1. Der EZB-Rat erlässt die Leitlinien und Beschlüsse, die notwendig sind, um die Erfüllung der dem ESZB nach den Verträgen und dieser Satzung übertragenen Aufgaben zu gewährleisten. Der EZB-Rat legt die Geldpolitik der Union fest, gegebenenfalls einschließlich von Beschlüssen in Bezug auf geldpolitische Zwischenziele, Leitzinssätze und die Bereitstellung von Zentralbankgeld im ESZB, und erlässt die für ihre Ausführung notwendigen Leitlinien.

Das Direktorium führt die Geldpolitik gemäß den Leitlinien und Beschlüssen des EZB-Rates aus. Es erteilt hierzu den nationalen Zentralbanken die erforderlichen Weisungen. Ferner können dem Direktorium durch Beschluss des EZB-Rates bestimmte Befugnisse übertragen werden.

Unbeschadet dieses Artikels nimmt die EZB die nationalen Zentralbanken zur Durchführung von Geschäften, die zu den Aufgaben des ESZB gehören, in Anspruch, soweit dies möglich und sachgerecht erscheint.

12.2. Die Vorbereitung der Sitzungen des EZB-Rates obliegt dem Direktorium.

12.3. Der EZB-Rat beschließt eine Geschäftsordnung, die die interne Organisation der EZB und ihrer Beschlussorgane regelt.

12.4. Der EZB-Rat nimmt die in Artikel 4 genannten beratenden Funktionen wahr.

12.5. Der EZB-Rat trifft die Beschlüsse nach Artikel 6.

Artikel 13
Der Präsident

13.1. Den Vorsitz im EZB-Rat und im Direktorium der EZB führt der Präsident oder, bei seiner Verhinderung, der Vizepräsident.

13.2. Unbeschadet des Artikels 38 vertritt der Präsident oder eine von ihm benannte Person die EZB nach außen.

Artikel 14
Nationale Zentralbanken

14.1. Nach Artikel 131 des Vertrags über die Arbeitsweise der Europäischen Union stellt jeder Mitgliedstaat sicher, dass seine innerstaatlichen Rechtsvorschriften einschließ-

lich der Satzung seiner Zentralbank mit den Verträgen und dieser Satzung im Einklang stehen.

14.2. In den Satzungen der nationalen Zentralbanken ist insbesondere vorzusehen, dass die Amtszeit des Präsidenten der jeweiligen nationalen Zentralbank mindestens fünf Jahre beträgt.

Der Präsident einer nationalen Zentralbank kann aus seinem Amt nur entlassen werden, wenn er die Voraussetzungen für die Ausübung seines Amtes nicht mehr erfüllt oder eine schwere Verfehlung begangen hat. Gegen einen entsprechenden Beschluss kann der betreffende Präsident einer nationalen Zentralbank oder der EZB-Rat wegen Verletzung der Verträge oder einer bei ihrer Durchführung anzuwendenden Rechtsnorm den Gerichtshof anrufen. Solche Klagen sind binnen zwei Monaten zu erheben; diese Frist läuft je nach Lage des Falles von der Bekanntgabe des betreffenden Beschlusses, ihrer Mitteilung an den Kläger oder in Ermangelung dessen von dem Zeitpunkt an, zu dem der Kläger von diesem Beschluss Kenntnis erlangt hat.

14.3. Die nationalen Zentralbanken sind integraler Bestandteil des ESZB und handeln gemäß den Leitlinien und Weisungen der EZB. Der EZB-Rat trifft die notwendigen Maßnahmen, um die Einhaltung der Leitlinien und Weisungen der EZB sicherzustellen, und kann verlangen, dass ihm hierzu alle erforderlichen Informationen zur Verfügung gestellt werden.

14.4. Die nationalen Zentralbanken können andere als die in dieser Satzung bezeichneten Aufgaben wahrnehmen, es sei denn, der EZB-Rat stellt mit Zweidrittelmehrheit der abgegebenen Stimmen fest, dass diese Aufgaben nicht mit den Zielen und Aufgaben des ESZB vereinbar sind. Derartige Aufgaben werden von den nationalen Zentralbanken in eigener Verantwortung und auf eigene Rechnung wahrgenommen und gelten nicht als Aufgaben des ESZB.

Artikel 15
Berichtspflichten

15.1. Die EZB erstellt und veröffentlicht mindestens vierteljährlich Berichte über die Tätigkeit des ESZB.

15.2. Ein konsolidierter Ausweis des ESZB wird wöchentlich veröffentlicht.

15.3. Nach Artikel 284 Absatz 3 des Vertrags über die Arbeitsweise der Europäischen

Union unterbreitet die EZB dem Europäischen Parlament, dem Rat und der Kommission sowie auch dem Europäischen Rat einen Jahresbericht über die Tätigkeit des ESZB und die Geld- und Währungspolitik im vergangenen und im laufenden Jahr.

15.4. Die in diesem Artikel bezeichneten Berichte und Ausweise werden Interessenten kostenlos zur Verfügung gestellt.

Artikel 16
Banknoten

Nach Artikel 128 Absatz 1 des Vertrags über die Arbeitsweise der Europäischen Union hat der EZB-Rat das ausschließliche Recht, die Ausgabe von Euro-Banknoten innerhalb der Union zu genehmigen. Die EZB und die nationalen Zentralbanken sind zur Ausgabe dieser Banknoten berechtigt. Die von der EZB und den nationalen Zentralbanken ausgegebenen Banknoten sind die einzigen Banknoten, die in der Union als gesetzliches Zahlungsmittel gelten.

Die EZB berücksichtigt so weit wie möglich die Gepflogenheiten bei der Ausgabe und der Gestaltung von Banknoten.

KAPITEL IV
WÄHRUNGSPOLITISCHE AUFGABEN UND OPERATIONEN DES ESZB

Artikel 17
Konten bei der EZB und den nationalen Zentralbanken

Zur Durchführung ihrer Geschäfte können die EZB und die nationalen Zentralbanken für Kreditinstitute, öffentliche Stellen und andere Marktteilnehmer Konten eröffnen und Vermögenswerte, einschließlich Schuldbuchforderungen, als Sicherheit hereinnehmen.

Artikel 18
Offenmarkt- und Kreditgeschäfte

18.1. Zur Erreichung der Ziele des ESZB und zur Erfüllung seiner Aufgaben können die EZB und die nationalen Zentralbanken

– auf den Finanzmärkten tätig werden, indem sie auf Euro oder sonstige Währungen lautende Forderungen und börsengängige Wertpapiere sowie Edelmetalle endgültig (per Kasse oder Termin) oder im Rahmen von Rückkaufvereinbarungen kaufen und verkaufen oder entsprechende Darlehensgeschäfte tätigen;

– Kreditgeschäfte mit Kreditinstituten und anderen Marktteilnehmern abschließen, wobei für die Darlehen ausreichende Sicherheiten zu stellen sind.

18.2. Die EZB stellt allgemeine Grundsätze für ihre eigenen Offenmarkt- und Kreditgeschäfte und die der nationalen Zentralbanken auf; hierzu gehören auch die Grundsätze für die Bekanntmachung der Bedingungen, zu denen sie bereit sind, derartige Geschäfte abzuschließen.

Artikel 19
Mindestreserven

19.1. Vorbehaltlich des Artikels 2 kann die EZB zur Verwirklichung der geldpolitischen Ziele verlangen, dass die in den Mitgliedstaaten niedergelassenen Kreditinstitute Mindestreserven auf Konten bei der EZB und den nationalen Zentralbanken unterhalten. Verordnungen über die Berechnung und Bestimmung des Mindestreservesolls können vom EZB-Rat erlassen werden. Bei Nichteinhaltung kann die EZB Strafzinsen erheben und sonstige Sanktionen mit vergleichbarer Wirkung verhängen.

19.2. Zum Zwecke der Anwendung dieses Artikels legt der Rat nach dem Verfahren des Artikels 41 die Basis für die Mindestreserven und die höchstzulässigen Relationen zwischen diesen Mindestreserven und ihrer Basis sowie die angemessenen Sanktionen fest, die bei Nichteinhaltung anzuwenden sind.

Artikel 20
Sonstige geldpolitische Instrumente

Der EZB-Rat kann mit der Mehrheit von zwei Dritteln der abgegebenen Stimmen über die Anwendung anderer Instrumente der Geldpolitik entscheiden, die er bei Beachtung des Artikels 2 für zweckmäßig hält.

Der Rat legt nach dem Verfahren des Artikels 41 den Anwendungsbereich solcher Instrumente fest, wenn sie Verpflichtungen für Dritte mit sich bringen.

1/3. Protokolle

Prot. 4

EUV/AEUV
+ Prot/Erkl
Anhänge
EU-Grundrechte-
Charta + Erl
Irland·Tschech·Rep
Änderungs- und
Beitrittsverträge
LissV + ZusErl
Liss-BeglNovelle

Artikel 21
Geschäfte mit öffentlichen Stellen

21.1. Nach Artikel 123 des Vertrags über die Arbeitsweise der Europäischen Union sind Überziehungs- oder andere Kreditfazilitäten bei der EZB oder den nationalen Zentralbanken für Organe, Einrichtungen oder sonstige Stellen der Union, Zentralregierungen, regionale oder lokale Gebietskörperschaften oder andere öffentlich-rechtliche Körperschaften, sonstige Einrichtungen des öffentlichen Rechts oder öffentliche Unternehmen der Mitgliedstaaten ebenso verboten wie der unmittelbare Erwerb von Schuldtiteln von diesen durch die EZB oder die nationalen Zentralbanken.

21.2. Die EZB und die nationalen Zentralbanken können als Fiskalagent für die in Artikel 21.1 bezeichneten Stellen tätig werden.

21.3. Die Bestimmungen dieses Artikels gelten nicht für Kreditinstitute in öffentlichem Eigentum; diese werden von der jeweiligen nationalen Zentralbank und der EZB, was die Bereitstellung von Zentralbankgeld betrifft, wie private Kreditinstitute behandelt.

Artikel 22
Verrechnungs- und Zahlungssysteme

Die EZB und die nationalen Zentralbanken können Einrichtungen zur Verfügung stellen und die EZB kann Verordnungen erlassen, um effiziente und zuverlässige Verrechnungs- und Zahlungssysteme innerhalb der Union und im Verkehr mit dritten Ländern zu gewährleisten.

Artikel 23
Geschäfte mit dritten Ländern und internationalen Organisationen

Die EZB und die nationalen Zentralbanken sind befugt,

– mit Zentralbanken und Finanzinstituten in dritten Ländern und, soweit zweckdienlich, mit internationalen Organisationen Beziehungen aufzunehmen;

– alle Arten von Devisen und Edelmetalle per Kasse und per Termin zu kaufen und zu verkaufen; der Begriff „Devisen" schließt Wertpapiere und alle sonstigen Vermögenswerte, die auf beliebige Währungen oder Rechnungseinheiten lauten, unabhängig von deren Ausgestaltung ein;

– die in diesem Artikel bezeichneten Vermögenswerte zu halten und zu verwalten;

– alle Arten von Bankgeschäften, einschließlich der Aufnahme und Gewährung von Krediten, im Verkehr mit dritten Ländern sowie internationalen Organisationen zu tätigen.

Artikel 24
Sonstige Geschäfte

Die EZB und die nationalen Zentralbanken sind befugt, außer den mit ihren Aufgaben verbundenen Geschäften auch Geschäfte für ihren eigenen Betrieb und für ihre Bediensteten zu tätigen.

KAPITEL V
AUFSICHT

Artikel 25
Aufsicht

25.1. Die EZB kann den Rat, die Kommission und die zuständigen Behörden der Mitgliedstaaten in Fragen des Geltungsbereichs und der Anwendung der Rechtsvorschriften der Union hinsichtlich der Aufsicht über die Kreditinstitute sowie die Stabilität des Finanzsystems beraten und von diesen konsultiert werden.

25.2. Aufgrund von Verordnungen des Rates nach Artikel 127 Absatz 6 des Vertrags über die Arbeitsweise der Europäischen Union kann die EZB besondere Aufgaben im Zusammenhang mit der Aufsicht über die Kreditinstitute und sonstige Finanzinstitute mit Ausnahme von Versicherungsunternehmen wahrnehmen.

KAPITEL VI
FINANZVORSCHRIFTEN DES ESZB

Artikel 26
Jahresabschlüsse

26.1. Das Geschäftsjahr der EZB und der nationalen Zentralbanken beginnt am 1. Januar und endet am 31. Dezember.

26.2. Der Jahresabschluss der EZB wird vom Direktorium nach den vom EZB-Rat aufgestellten Grundsätzen erstellt. Der Jahresabschluss wird vom EZB-Rat festgestellt und sodann veröffentlicht.

26.3. Für Analyse- und Geschäftsführungszwecke erstellt das Direktorium eine konsolidierte Bilanz des ESZB, in der die zum ESZB gehörenden Aktiva und Passiva der nationalen Zentralbanken ausgewiesen werden.

26.4. Zur Anwendung dieses Artikels erlässt der EZB-Rat die notwendigen Vorschriften für die Standardisierung der buchmäßigen Erfassung und der Meldung der Geschäfte der nationalen Zentralbanken.

Artikel 27
Rechnungsprüfung

27.1. Die Jahresabschlüsse der EZB und der nationalen Zentralbanken werden von unabhängigen externen Rechnungsprüfern, die vom EZB-Rat empfohlen und vom Rat anerkannt wurden, geprüft. Die Rechnungsprüfer sind befugt, alle Bücher und Konten der EZB und der nationalen Zentralbanken zu prüfen und alle Auskünfte über deren Geschäfte zu verlangen.

27.2. Artikel 287 des Vertrags über die Arbeitsweise der Europäischen Union ist nur auf eine Prüfung der Effizienz der Verwaltung der EZB anwendbar.

Artikel 28
Kapital der EZB

28.1. Das Kapital der EZB beträgt 5 Milliarden Euro. Das Kapital kann durch einen Beschluss des EZB-Rates mit der in Artikel 10.3 vorgesehenen qualifizierten Mehrheit innerhalb der Grenzen und unter den Bedingungen, die der Rat nach dem Verfahren des Artikels 41 festlegt, erhöht werden.

28.2. Die nationalen Zentralbanken sind alleinige Zeichner und Inhaber des Kapitals der EZB. Die Zeichnung des Kapitals erfolgt nach dem gemäß Artikel 29 festgelegten Schlüssel.

28.3. Der EZB-Rat bestimmt mit der in Artikel 10.3 vorgesehenen qualifizierten Mehrheit, in welcher Höhe und welcher Form das Kapital einzuzahlen ist.

28.4. Vorbehaltlich des Artikels 28.5 können die Anteile der nationalen Zentralbanken am gezeichneten Kapital der EZB nicht übertragen, verpfändet oder gepfändet werden.

28.5. Im Falle einer Anpassung des in Artikel 29 bezeichneten Schlüssels sorgen die nationalen Zentralbanken durch Übertragungen von Kapitalanteilen untereinander dafür, dass die Verteilung der Kapitalanteile dem angepassten Schlüssel entspricht. Die Bedingungen für derartige Übertragungen werden vom EZB-Rat festgelegt.

Artikel 29
Schlüssel für die Kapitalzeichnung

29.1. Der Schlüssel für die Zeichnung des Kapitals der EZB, der 1998 bei der Errichtung des ESZB erstmals festgelegt wurde, wird festgelegt, indem jede nationale Zentralbank in diesem Schlüssel einen Gewichtsanteil, der der Summe folgender Prozentsätze entspricht, erhält:

– 50 % des Anteils des jeweiligen Mitgliedstaats an der Bevölkerung der Union im vorletzten Jahr vor der Errichtung des ESZB;

– 50 % des Anteils des jeweiligen Mitgliedstaats am Bruttoinlandsprodukt der Union zu Marktpreisen in den fünf Jahren vor dem vorletzten Jahr vor der Errichtung des ESZB.

Die Prozentsätze werden zum nächsten Vielfachen von 0,0001 Prozentpunkten ab- oder aufgerundet.

29.2. Die zur Anwendung dieses Artikels zu verwendenden statistischen Daten werden von der Kommission nach den Regeln bereitgestellt, die der Rat nach dem Verfahren des Artikels 41 festlegt.

29.3. Die den nationalen Zentralbanken zugeteilten Gewichtsanteile werden nach Errichtung des ESZB alle fünf Jahre unter sinngemäßer Anwendung der Bestimmungen des Artikels 29.1 angepasst. Der neue Schlüssel gilt jeweils vom ersten Tag des folgenden Jahres an.

29.4. Der EZB-Rat trifft alle weiteren Maßnahmen, die zur Anwendung dieses Artikels erforderlich sind.

Artikel 30
Übertragung von Währungsreserven auf die EZB

30.1. Unbeschadet des Artikels 28 wird die EZB von den nationalen Zentralbanken mit Währungsreserven, die jedoch nicht aus Währungen der Mitgliedstaaten, Euro, IWF-

1/3. Protokolle

Prot. 4

EUV/AEUV
+ Prot/Erkl
Anhänge
EU-Grundrechte-
Charta + Erl
Irland/Tschech Rep
Änderungs- und
Beitrittsverträge
LissV + ZusErl
Liss-BeglNovelle

Reservepositionen und SZR gebildet werden dürfen, bis zu einem Gegenwert von 50 Milliarden Euro ausgestattet. Der EZB-Rat entscheidet über den von der EZB nach ihrer Errichtung einzufordernden Teil sowie die zu späteren Zeitpunkten einzufordernden Beträge. Die EZB hat das uneingeschränkte Recht, die ihr übertragenen Währungsreserven zu halten und zu verwalten sowie für die in dieser Satzung genannten Zwecke zu verwenden.

30.2. Die Beiträge der einzelnen nationalen Zentralbanken werden entsprechend ihrem jeweiligen Anteil am gezeichneten Kapital der EZB bestimmt.

30.3. Die EZB schreibt jeder nationalen Zentralbank eine ihrem Beitrag entsprechende Forderung gut. Der EZB-Rat entscheidet über die Denominierung und Verzinsung dieser Forderungen.

30.4. Die EZB kann nach Artikel 30.2 über den in Artikel 30.1 festgelegten Betrag hinaus innerhalb der Grenzen und unter den Bedingungen, die der Rat nach dem Verfahren des Artikels 41 festlegt, die Einzahlung weiterer Währungsreserven fordern.

30.5. Die EZB kann IWF-Reservepositionen und SZR halten und verwalten sowie die Zusammenlegung solcher Aktiva vorsehen.

30.6. Der EZB-Rat trifft alle weiteren Maßnahmen, die zur Anwendung dieses Artikels erforderlich sind.

Artikel 31
Währungsreserven der nationalen Zentralbanken

31.1. Die nationalen Zentralbanken sind befugt, zur Erfüllung ihrer Verpflichtungen gegenüber internationalen Organisationen nach Artikel 23 Geschäfte abzuschließen.

31.2. Alle sonstigen Geschäfte mit den Währungsreserven, die den nationalen Zentralbanken nach den in Artikel 30 genannten Übertragungen verbleiben, sowie von Mitgliedstaaten ausgeführte Transaktionen mit ihren Arbeitsguthaben in Fremdwährungen bedürfen oberhalb eines bestimmten im Rahmen des Artikels 31.3 festzulegenden Betrags der Zustimmung der EZB, damit Übereinstimmung mit der Wechselkurs- und der Währungspolitik der Union gewährleistet ist.

31.3. Der EZB-Rat erlässt Richtlinien mit dem Ziel, derartige Geschäfte zu erleichtern.

Artikel 32
Verteilung der monetären Einkünfte der nationalen Zentralbanken

32.1. Die Einkünfte, die den nationalen Zentralbanken aus der Erfüllung der währungspolitischen Aufgaben des ESZB zufließen (im Folgenden als „monetäre Einkünfte" bezeichnet), werden am Ende eines jeden Geschäftsjahres nach diesem Artikel verteilt.

32.2. Der Betrag der monetären Einkünfte einer jeden nationalen Zentralbank entspricht ihren jährlichen Einkünften aus Vermögenswerten, die sie als Gegenposten zum Bargeldumlauf und zu ihren Verbindlichkeiten aus Einlagen der Kreditinstitute hält. Diese Vermögenswerte werden von den nationalen Zentralbanken gemäß den vom EZB-Rat zu erlassenden Richtlinien gesondert erfasst.

32.3. Wenn nach der Einführung des Euro die Bilanzstrukturen der nationalen Zentralbanken nach Auffassung des EZB-Rates die Anwendung des Artikels 32.2 nicht gestatten, kann der EZB-Rat beschließen, dass die monetären Einkünfte für einen Zeitraum von höchstens fünf Jahren abweichend von Artikel 32.2 nach einem anderen Verfahren bemessen werden.

32.4. Der Betrag der monetären Einkünfte einer jeden nationalen Zentralbank vermindert sich um den Betrag etwaiger Zinsen, die von dieser Zentralbank auf ihre Verbindlichkeiten aus Einlagen der Kreditinstitute nach Artikel 19 gezahlt werden.

Der EZB-Rat kann beschließen, dass die nationalen Zentralbanken für Kosten in Verbindung mit der Ausgabe von Banknoten oder unter außergewöhnlichen Umständen für spezifische Verluste aus für das ESZB unternommenen währungspolitischen Operationen entschädigt werden. Die Entschädigung erfolgt in einer Form, die der EZB-Rat für angemessen hält; diese Beträge können mit den monetären Einkünften der nationalen Zentralbanken verrechnet werden.

32.5. Die Summe der monetären Einkünfte der nationalen Zentralbanken wird vorbehaltlich etwaiger Beschlüsse des EZB-Rates nach Artikel 33.2 unter den nationalen Zentralbanken entsprechend ihren eingezahlten Anteilen am Kapital der EZB verteilt.

32.6. Die Verrechnung und der Ausgleich der Salden aus der Verteilung der monetären Einkünfte nimmt die EZB gemäß den Richtlinien des EZB-Rates vor.

32.7. Der EZB-Rat trifft alle weiteren Maßnahmen, die zur Anwendung dieses Artikels erforderlich sind.

Artikel 33
Verteilung der Nettogewinne und Verluste der EZB

33.1. Der Nettogewinn der EZB wird in der folgenden Reihenfolge verteilt:

a) Ein vom EZB-Rat zu bestimmender Betrag, der 20 % des Nettogewinns nicht übersteigen darf, wird dem allgemeinen Reservefonds bis zu einer Obergrenze von 100 % des Kapitals zugeführt;

b) der verbleibende Nettogewinn wird an die Anteilseigner der EZB entsprechend ihren eingezahlten Anteilen ausgeschüttet.

33.2. Falls die EZB einen Verlust erwirtschaftet, kann der Fehlbetrag aus dem allgemeinen Reservefonds der EZB und erforderlichenfalls nach einem entsprechenden Beschluss des EZB-Rates aus den monetären Einkünften des betreffenden Geschäftsjahres im Verhältnis und bis in Höhe der Beträge gezahlt werden, die nach Artikel 32.5 an die nationalen Zentralbanken verteilt werden.

KAPITEL VII
ALLGEMEINE BESTIMMUNGEN

Artikel 34
Rechtsakte

34.1. Nach Artikel 132 des Vertrags über die Arbeitsweise der Europäischen Union werden von der EZB

– Verordnungen erlassen, insoweit dies für die Erfüllung der in Artikel 3.1 erster Gedankenstrich, Artikel 19.1, Artikel 22 oder Artikel 25.2 festgelegten Aufgaben erforderlich ist; sie erlässt Verordnungen ferner in den Fällen, die in den Rechtsakten des Rates nach Artikel 41 vorgesehen werden;

– die Beschlüsse erlassen, die zur Erfüllung der dem ESZB nach den Verträgen und dieser Satzung übertragenen Aufgaben erforderlich sind;

– Empfehlungen und Stellungnahmen abgeben.

34.2. Die EZB kann die Veröffentlichung ihrer Beschlüsse, Empfehlungen und Stellungnahmen beschließen.

34.3. Innerhalb der Grenzen und unter den Bedingungen, die der Rat nach dem Verfahren des Artikels 41 festlegt, ist die EZB befugt, Unternehmen bei Nichteinhaltung der Verpflichtungen, die sich aus ihren Verordnungen und Beschlüsse ergeben, mit Geldbußen oder in regelmäßigen Abständen zu zahlenden Strafgeldern zu belegen.

Artikel 35
Gerichtliche Kontrolle und damit verbundene Angelegenheiten

35.1. Die Handlungen und Unterlassungen der EZB unterliegen in den Fällen und unter den Bedingungen, die in den Verträgen vorgesehen sind, der Überprüfung und Auslegung durch den Gerichtshof der Europäischen Union. Die EZB ist in den Fällen und unter den Bedingungen, die in den Verträgen vorgesehen sind, klageberechtigt.

35.2. Über Rechtsstreitigkeiten zwischen der EZB einerseits und ihren Gläubigern, Schuldnern oder dritten Personen andererseits entscheiden die zuständigen Gerichte der einzelnen Staaten vorbehaltlich der Zuständigkeiten, die dem Gerichtshof der Europäischen Union zuerkannt sind.

35.3. Die EZB unterliegt der Haftungsregelung des Artikels 340 des Vertrags über die Arbeitsweise der Europäischen Union. Die Haftung der nationalen Zentralbanken richtet sich nach dem jeweiligen innerstaatlichen Recht.

35.4. Der Gerichtshof der Europäischen Union ist für Entscheidungen aufgrund einer Schiedsklausel zuständig, die in einem von der EZB oder für ihre Rechnung abgeschlossenen öffentlichrechtlichen oder privatrechtlichen Vertrag enthalten ist.

35.5. Für einen Beschluss der EZB, den Gerichtshof der Europäischen Union anzurufen, ist der EZB-Rat zuständig.

35.6. Der Gerichtshof der Europäischen Union ist für Streitsachen zuständig, die die Erfüllung der Verpflichtungen aus den Verträgen und dieser Satzung durch eine nationale Zentralbank betreffen. Ist die EZB der Auffassung, dass eine nationale Zentralbank einer Verpflichtung aus den Verträgen und dieser Satzung nicht nachgekommen ist, so legt sie in der betreffenden Sache eine mit Gründen versehene Stellungnahme vor, nachdem sie der nationalen Zentralbank Gelegenheit zur Vorlage von Bemerkungen gegeben hat. Entspricht die nationale Zentralbank

— 133 —

1/3. Protokolle
Prot. 4

EUV/AEUV
+ Prot/Erkl
Anhänge
EU-Grundrechte-
Charta + Erl
Irland/Tschech Rep
Änderungs- und
Beitrittsverträge
Liss V + Zus Erl
Liss-Begl Novelle

nicht innerhalb der von der EZB gesetzten Frist deren Stellungnahme, so kann die EZB den Gerichtshof der Europäischen Union anrufen.

nach Maßgabe des Protokolls über die Vorrechte und Befreiungen der Europäischen Union.

Artikel 36
Personal

36.1. Der EZB-Rat legt auf Vorschlag des Direktoriums die Beschäftigungsbedingungen für das Personal der EZB fest.

36.2. Der Gerichtshof der Europäischen Union ist für alle Streitsachen zwischen der EZB und deren Bediensteten innerhalb der Grenzen und unter den Bedingungen zuständig, die sich aus den Beschäftigungsbedingungen ergeben.

Artikel 37
(ex-Artikel 38)

Geheimhaltung

37.1. Die Mitglieder der Leitungsgremien und des Personals der EZB und der nationalen Zentralbanken dürfen auch nach Beendigung ihres Dienstverhältnisses keine der Geheimhaltungspflicht unterliegenden Informationen weitergeben.

37.2. Auf Personen mit Zugang zu Daten, die unter Unionsvorschriften fallen, die eine Verpflichtung zur Geheimhaltung vorsehen, finden diese Unionsvorschriften Anwendung.

Artikel 38
(ex-Artikel 39)

Unterschriftsberechtigte

Die EZB wird Dritten gegenüber durch den Präsidenten oder zwei Direktoriumsmitglieder oder durch die Unterschriften zweier vom Präsidenten zur Zeichnung im Namen der EZB gehörig ermächtigter Bediensteter der EZB rechtswirksam verpflichtet.

Artikel 39
(ex-Artikel 40)

Vorrechte und Befreiungen

Die EZB genießt im Hoheitsgebiet der Mitgliedstaaten die zur Erfüllung ihrer Aufgabe erforderlichen Vorrechte und Befreiungen

KAPITEL VIII
ÄNDERUNG DER SATZUNG UND ERGÄNZENDE RECHTSVORSCHRIFTEN

Artikel 40
(ex-Artikel 41)
Vereinfachtes Änderungsverfahren

40.1. Nach Artikel 129 Absatz 3 des Vertrags über die Arbeitsweise der Europäischen Union können das Europäische Parlament und der Rat gemäß dem ordentlichen Gesetzgebungsverfahren die Artikel 5.1, 5.2, 5.3, 17, 18, 19.1, 22, 23, 24, 26, 32.2, 32.3, 32.4, 32.6, 33.1.a und 36 dieser Satzung entweder auf Empfehlung der EZB nach Anhörung der Kommission oder auf Vorschlag der Kommission nach Anhörung der EZB ändern.

40.2. Artikel 10.2 kann durch einen Beschluss des Europäischen Rates entweder auf Empfehlung der Europäischen Zentralbank nach Anhörung des Europäischen Parlaments und der Kommission oder auf Empfehlung der Kommission nach Anhörung des Europäischen Parlaments und der Europäischen Zentralbank einstimmig geändert werden. Diese Änderungen treten erst nach Zustimmung der Mitgliedstaaten im Einklang mit ihren jeweiligen verfassungsrechtlichen Vorschriften in Kraft.

40.3. Eine Empfehlung der EZB nach diesem Artikel erfordert einen einstimmigen Beschluss des EZB-Rates.

Artikel 41
(ex-Artikel 42)

Ergänzende Rechtsvorschriften

Nach Artikel 129 Absatz 4 des Vertrags über die Arbeitsweise der Europäischen Union erlässt der Rat entweder auf Vorschlag der Kommission nach Anhörung des Europäischen Parlaments und der EZB oder auf Empfehlung der EZB nach Anhörung des Europäischen Parlaments und der Kommission in den Artikeln 4, 5.4, 19.2, 20, 28.1, 29.2, 30.4 und 34.3 dieser Satzung genannten Bestimmungen.

KAPITEL IX

ÜBERGANGSBESTIMMUNGEN UND SONSTIGE BESTIMMUNGEN FÜR DAS ESZB

Artikel 42
(ex-Artikel 43)

Allgemeine Bestimmungen

42.1. Eine Ausnahmeregelung nach Artikel 139 des Vertrags über die Arbeitsweise der Europäischen Union bewirkt, dass folgende Artikel dieser Satzung für den betreffenden Mitgliedstaat keinerlei Rechte oder Verpflichtungen entstehen lassen: Artikel 3, 6, 9.2, 12.1, 14.3, 16, 18, 19, 20, 22, 23, 26.2, 27, 30, 31, 32, 33, 34 und 49.

42.2. Die Zentralbanken der Mitgliedstaaten, für die eine Ausnahmeregelung nach Artikel 139 des genannten Vertrags gilt, behalten ihre währungspolitischen Befugnisse nach innerstaatlichem Recht.

42.3. In den Artikeln 3, 11.2 und 19 bezeichnet der Ausdruck „Mitgliedstaaten" gemäß Artikel 139 des genannten Vertrags die „Mitgliedstaaten, deren Währung der Euro ist".

42.4. In den Artikeln 9.2, 10.2, 10.3, 12.1, 16, 17, 18, 22, 23, 27, 30, 31, 32, 33.2 und 49 dieser Satzung ist der Ausdruck „nationale Zentralbanken" im Sinne von „Zentralbanken der Mitgliedstaaten, deren Währung der Euro ist" zu verstehen.

42.5. In den Artikeln 10.3 und 33.1 bezeichnet der Ausdruck „Anteilseigner" die „Zentralbanken der Mitgliedstaaten, deren Währung der Euro ist".

42.6. In den Artikeln 10.3 und 30.2 ist der Ausdruck „gezeichnetes Kapital der EZB" im Sinne von „Kapital der EZB, das von den Zentralbanken der Mitgliedstaaten gezeichnet wurde, deren Währung der Euro ist" zu verstehen.

Artikel 43
(ex-Artikel 44)

Vorübergehende Aufgaben der EZB

Die EZB übernimmt die in Artikel 141 Absatz 2 des Vertrags über die Arbeitsweise der Europäischen Union genannten früheren Aufgaben des EWI, die infolge der für einen oder mehrere Mitgliedstaaten geltenden Ausnahmeregelungen nach der Einführung des Euro noch erfüllt werden müssen.

Bei der Vorbereitung der Aufhebung der Ausnahmeregelungen nach Artikel 140 des genannten Vertrags nimmt die EZB eine beratende Funktion wahr.

Artikel 44
(ex-Artikel 45)

Der Erweiterte Rat der EZB

44.1. Unbeschadet des Artikels 129 Absatz 3 des Vertrags über die Arbeitsweise der Europäischen Union wird der Erweiterte Rat als drittes Beschlussorgan der EZB eingesetzt.

44.2. Der Erweiterte Rat besteht aus dem Präsidenten und dem Vizepräsidenten der EZB sowie den Präsidenten der nationalen Zentralbanken. Die weiteren Mitglieder des Direktoriums können an den Sitzungen des Erweiterten Rates teilnehmen, besitzen aber kein Stimmrecht.

44.3. Die Verantwortlichkeiten des Erweiterten Rates sind in Artikel 46 dieser Satzung vollständig aufgeführt.

Artikel 45
(ex-Artikel 46)

Geschäftsordnung des Erweiterten Rates

45.1. Der Präsident oder bei seiner Verhinderung der Vizepräsident der EZB führt den Vorsitz im Erweiterten Rat der EZB.

45.2. Der Präsident des Rates und ein Mitglied der Kommission können an den Sitzungen des Erweiterten Rates teilnehmen, besitzen aber kein Stimmrecht.

45.3. Der Präsident bereitet die Sitzungen des Erweiterten Rates vor.

45.4. Abweichend von Artikel 12.3 gibt sich der Erweiterte Rat eine Geschäftsordnung.

45.5. Das Sekretariat des Erweiterten Rates wird von der EZB gestellt.

Artikel 46
(ex-Artikel 47)

Verantwortlichkeiten des Erweiterten Rates

46.1. Der Erweiterte Rat

– nimmt die in Artikel 43 aufgeführten Aufgaben wahr,

– wirkt bei der Erfüllung der Beratungsfunktionen nach den Artikeln 4 und 25.1 mit.

46.2. Der Erweiterte Rat wirkt auch mit bei

– der Erhebung der statistischen Daten im Sinne von Artikel 5;

– den Berichtstätigkeiten der EZB im Sinne von Artikel 15;

— 135 —

1/3. Protokolle

Prot. 4

EUV/AEUV
+ Prot/ErkI
Anhänge
EU-Grundrechte-
Charta + Erl
Irland/Tschech Rep
Änderungs- und
Beitrittsverträge
LissV + ZusErl
Liss-Begl/Novelle

– der Festlegung der erforderlichen Regeln für die Anwendung von Artikel 26 gemäß Artikel 26.4;

– allen sonstigen erforderlichen Maßnahmen zur Anwendung von Artikel 29 gemäß Artikel 29.4;

– der Festlegung der Beschäftigungsbedingungen für das Personal der EZB gemäß Artikel 36.

46.3. Der Erweiterte Rat trägt zu den Vorarbeiten bei, die erforderlich sind, um für die Währungen der Mitgliedstaaten, für die eine Ausnahmeregelung gilt, die Wechselkurse gegenüber dem Euro gemäß Artikel 140 Absatz 3 des Vertrags über die Arbeitsweise der Europäischen Union unwiderruflich festzulegen.

46.4. Der Erweiterte Rat wird vom Präsidenten der EZB über die Beschlüsse des EZB-Rates unterrichtet.

Artikel 47
(ex-Artikel 48)
Übergangsbestimmungen für das Kapital der EZB

Nach Artikel 29.1 wird jeder nationalen Zentralbank ein Gewichtsanteil in dem Schlüssel für die Zeichnung des Kapitals der EZB zugeteilt. Abweichend von Artikel 28.3 zahlen Zentralbanken von Mitgliedstaaten, für die eine Ausnahmeregelung gilt, den von ihnen gezeichnete Kapital nicht ein, es sei denn, dass der Erweiterte Rat mit der Mehrheit von mindestens zwei Dritteln des gezeichneten Kapitals der EZB und zumindest der Hälfte der Anteilseigner beschließt, dass als Beitrag zu den Betriebskosten der EZB ein Mindestprozentsatz eingezahlt werden muss.

Artikel 48
(ex-Artikel 49)
Zurückgestellte Einzahlung von Kapital, Reserven und Rückstellungen der EZB

48.1. Die Zentralbank eines Mitgliedstaats, dessen Ausnahmeregelung aufgehoben wurde, zahlt den von ihr gezeichneten Anteil am Kapital der EZB im selben Verhältnis wie die Zentralbanken von anderen Mitgliedstaaten, deren Währung der Euro ist, und überträgt der EZB Währungsreserven gemäß Artikel 30.1. Die Höhe der Übertragungen bestimmt sich durch Multiplikation des in Euro zum jeweiligen Wechselkurs ausgedrückten Wertes der Währungsreserven, die der EZB schon gemäß Artikel 30.1 übertragen wurden,

mit dem Faktor, der das Verhältnis zwischen der Anzahl der von der betreffenden nationalen Zentralbank gezeichneten Anteile und der Anzahl der von den anderen nationalen Zentralbanken bereits eingezahlten Anteile ausdrückt.

48.2. Zusätzlich zu der Einzahlung nach Artikel 48.1 leistet die betreffende Zentralbank einen Beitrag zu den Reserven der EZB und zu den diesen Reserven gleichwertigen Rückstellungen sowie zu dem Betrag, der gemäß dem Saldo der Gewinn-und-Verlust-Rechnung zum 31. Dezember des Jahres vor der Aufhebung der Ausnahmeregelung noch für die Reserven und Rückstellungen bereitzustellen ist. Die Höhe des zu leistenden Beitrags bestimmt sich durch Multiplikation des in der genehmigten Bilanz der EZB ausgewiesenen Betrags der Reserven im Sinne der obigen Definition mit dem Faktor, der das Verhältnis zwischen der Anzahl der von der betreffenden Zentralbank gezeichneten Anteile und der Anzahl der von den anderen Zentralbanken bereits eingezahlten Anteile ausdrückt.

48.3. Wenn ein Land oder mehrere Länder Mitgliedstaaten werden und ihre jeweiligen nationalen Zentralbanken sich dem ESZB anschließen, erhöht sich automatisch das gezeichnete Kapital der EZB und der Höchstbetrag der Währungsreserven, die der EZB übertragen werden können. Die Erhöhung bestimmt sich durch Multiplikation der dann jeweils geltenden Beträge mit dem Faktor, das Verhältnis zwischen dem Gewichtsanteil der betreffenden beitretenden nationalen Zentralbanken und dem Gewichtsanteil der nationalen Zentralbanken, die bereits Mitglied des ESZB sind, im Rahmen des erweiterten Schlüssels für die Zeichnung des Kapitals ausdrückt. Der Gewichtsanteil jeder nationalen Zentralbank am Schlüssel für die Zeichnung des Kapitals wird analog zu Artikel 29.1 und nach Maßgabe des Artikels 29.2 berechnet. Die Bezugszeiträume für die statistischen Daten entsprechen denjenigen, die für die letzte der alle fünf Jahre vorzunehmenden Anpassungen der Gewichtsanteile nach Artikel 29.3 herangezogen wurden.

Artikel 49
(ex-Artikel 52)
Umtausch von auf Währungen der Mitgliedstaaten lautenden Banknoten

Im Anschluss an die unwiderrufliche Festlegung der Wechselkurse nach Artikel 140

Absatz 3 des Vertrags über die Arbeitsweise der Europäischen Union ergreift der EZB-Rat die erforderlichen Maßnahmen, um sicherzustellen, dass Banknoten, die auf Währungen mit unwiderruflich festgelegten Wechselkursen lauten, von den nationalen Zentralbanken zu ihrer jeweiligen Parität umgetauscht werden.

Artikel 50
(ex-Artikel 53)
Anwendbarkeit der Übergangsbestimmungen

Sofern und solange es Mitgliedstaaten gibt, für die eine Ausnahmeregelung gilt, sind die Artikel 42 bis 47 anwendbar.

PROTOKOLL (Nr. 5)
ÜBER DIE SATZUNG DER EUROPÄISCHEN INVESTITIONSBANK

DIE HOHEN VERTRAGSPARTEIEN,

IN DEM WUNSCH, die in Artikel 308 des Vertrags über die Arbeitsweise der Europäischen Union vorgesehene Satzung der Europäischen Investitionsbank festzulegen,

SIND über folgende Bestimmungen ÜBEREINGEKOMMEN, die dem Vertrag über die Europäische Union und dem Vertrag über die Arbeitsweise der Europäischen Union beigefügt sind:

Artikel 1

Die durch Artikel 308 des Vertrags über die Arbeitsweise der Europäischen Union gegründete Europäische Investitionsbank, im Folgenden als „Bank" bezeichnet, wird entsprechend diesen Verträgen und dieser Satzung errichtet; sie übt ihre Aufgaben und ihre Tätigkeit nach Maßgabe dieser Übereinkünfte aus.

Artikel 2

Die Aufgabe der Bank ist in Artikel 309 des Vertrags über die Arbeitsweise der Europäischen Union bestimmt.

Artikel 3

Nach Artikel 308 des Vertrags über die Arbeitsweise der Europäischen Union sind Mitglieder der Bank die Mitgliedstaaten.

Artikel 4

(1) Die Bank wird mit einem Kapital von 232 392 989 000 EUR ausgestattet, das von den Mitgliedstaaten in folgender Höhe gezeichnet wird:

Deutschland	37 578 019 000
Frankreich	37 578 019 000
Italien	37 578 019 000
Vereinigtes Königreich	37 578 019 000
Spanien	22 546 811 500
Belgien	10 416 365 500
Niederlande	10 416 365 500
Schweden	6 910 226 000
Dänemark	5 274 105 000
Österreich	5 170 732 500
Polen	4 810 160 500
Finnland	2 970 783 000
Griechenland	2 825 416 500
Portugal	1 820 820 000
Tschechische Republik	1 774 990 500
Ungarn	1 679 222 000
Irland	1 318 525 000
Rumänien	1 217 626 000
Slowakei	604 206 500
Slowenien	560 951 500
Bulgarien	410 217 500
Litauen	351 981 000
Luxemburg	263 707 000
Zypern	258 583 500
Lettland	214 805 000
Estland	165 882 000
Malta	98 429 500

Die Mitgliedstaaten haften nur bis zur Höhe ihres Anteils am gezeichneten und nicht eingezahlten Kapital.

(2) Bei Aufnahme eines neuen Mitglieds erhöht sich das gezeichnete Kapital entsprechend dem Beitrag des neuen Mitglieds.

(3) Der Rat der Gouverneure kann einstimmig über eine Erhöhung des gezeichneten Kapitals entscheiden.

(4) Der Anteil am gezeichneten Kapital kann weder abgetreten noch verpfändet noch gepfändet werden.

Artikel 5

(1) Das gezeichnete Kapital wird von den Mitgliedstaaten in Höhe von durchschnittlich 5 v.H. der in Artikel 4 Absatz 1 festgesetzten Beträge eingezahlt.

(2) Im Falle einer Erhöhung des gezeichneten Kapitals setzt der Rat der Gouverneure einstimmig den einzuzahlenden Hundertsatz sowie die Art und Weise der Einzahlung fest.

— 137 —

1/3. Protokolle

Prot. 5

EUV/AEUV
+ Prot/Erkl
Anhänge
EU-Grundrechte-
Charta + Erl
Irland/Tschech Rep
Änderungs- und
Beitrittsverträge
LissV + ZusErl
Liss-BeglNovelle

Barzahlungen werden ausschließlich in Euro geleistet.

(3) Der Verwaltungsrat kann die Zahlung des restlichen gezeichneten Kapitals verlangen, soweit dies erforderlich wird, um den Verpflichtungen der Bank nachzukommen. Die Zahlung erfolgt im Verhältnis zu den Anteilen der Mitgliedstaaten am gezeichneten Kapital.

Artikel 6
(ex-Artikel 8)

Die Bank wird von einem Rat der Gouverneure, einem Verwaltungsrat und einem Direktorium verwaltet und geleitet.

Artikel 7
(ex-Artikel 9)

(1) Der Rat der Gouverneure besteht aus den von den Mitgliedstaaten benannten Ministern.

(2) Er erlässt die allgemeinen Richtlinien für die Kreditpolitik der Bank nach den Zielen der Union.

Er achtet auf die Durchführung dieser Richtlinien.

(3) Er hat ferner folgende Befugnisse:

a) Er entscheidet über die Erhöhung des gezeichneten Kapitals gemäß Artikel 4 Absatz 3 und Artikel 5 Absatz 2;

b) für die Zwecke des Artikels 9 Absatz 1 legt er die Grundsätze fest, die für die Finanzgeschäfte im Rahmen der Aufgaben der Bank gelten;

c) er übt die in den Artikeln 9 und 11 für die Ernennung und Amtsenthebung der Mitglieder des Verwaltungsrats und des Direktoriums sowie die in Artikel 11 Absatz 1 Unterabsatz 2 vorgesehenen Befugnisse aus;

d) er entscheidet nach Artikel 16 Absatz 1 über die Gewährung von Finanzierungen für Investitionsvorhaben, die ganz oder teilweise außerhalb der Hoheitsgebiete der Mitgliedstaaten durchgeführt werden sollen;

e) er genehmigt den vom Verwaltungsrat ausgearbeiteten Jahresbericht;

f) er genehmigt die Jahresbilanz und die Ertragsrechnung;

g) er nimmt die sonstigen Befugnisse und Obliegenheiten wahr, die ihm in dieser Satzung übertragen werden;

h) er genehmigt die Geschäftsordnung der Bank.

(4) Der Rat der Gouverneure ist im Rahmen der Verträge und dieser Satzung befugt, einstimmig alle Entscheidungen über die Einstellung der Tätigkeit der Bank und ihre etwaige Liquidation zu treffen.

Artikel 8
(ex-Artikel 10)

Soweit in dieser Satzung nichts Gegenteiliges bestimmt ist, werden die Entscheidungen des Rates der Gouverneure mit der Mehrheit seiner Mitglieder gefasst. Diese Mehrheit muss mindestens 50 v.H. des gezeichneten Kapitals vertreten.

Für die qualifizierte Mehrheit sind 18 Stimmen und 68 Prozent des gezeichneten Kapitals erforderlich.

Die Stimmenthaltung von anwesenden oder vertretenen Mitgliedern steht dem Zustandekommen von Entscheidungen, für die Einstimmigkeit erforderlich ist, nicht entgegen.

Artikel 9
(ex-Artikel 11)

(1) Der Verwaltungsrat entscheidet über die Gewährung von Finanzierungen, insbesondere in Form von Darlehen und Bürgschaften, und die Aufnahme von Anleihen; er setzt die Darlehenszinssätze und Provisionen sowie sonstige Gebühren fest. Er kann auf der Grundlage eines mit qualifizierter Mehrheit erlassenen Beschlusses dem Direktorium einige seiner Befugnisse übertragen. Er legt die Bedingungen und Einzelheiten für die Übertragung dieser Befugnisse fest und überwacht deren Ausübung.

Der Verwaltungsrat sorgt für die ordnungsmäßige Verwaltung der Bank; er gewährleistet, dass die Führung der Geschäfte der Bank mit den Verträgen und der Satzung und den allgemeinen Richtlinien des Rates der Gouverneure im Einklang steht.

Am Ende des Geschäftsjahres hat er dem Rat der Gouverneure einen Bericht vorzulegen und ihn, nachdem er genehmigt ist, zu veröffentlichen.

(2) Der Verwaltungsrat besteht aus achtundzwanzig ordentlichen und achtzehn stellvertretenden Mitgliedern.

Die ordentlichen Mitglieder werden für fünf Jahre vom Rat der Gouverneure bestellt, wobei die einzelnen Mitgliedstaaten und die Kommission jeweils ein ordentliches Mitglied benennen.

Die stellvertretenden Mitglieder werden für fünf Jahre vom Rat der Gouverneure wie folgt bestellt:

– zwei stellvertretende Mitglieder, die von der Bundesrepublik Deutschland benannt werden;

– zwei stellvertretende Mitglieder, die von der Französischen Republik benannt werden;

– zwei stellvertretende Mitglieder, die von der Italienischen Republik benannt werden;

– zwei stellvertretende Mitglieder, die vom Vereinigten Königreich Großbritannien und Nordirland benannt werden;

– ein stellvertretendes Mitglied, das vom Königreich Spanien und von der Portugiesischen Republik im gegenseitigen Einvernehmen benannt wird;

– ein stellvertretendes Mitglied, das vom Königreich Belgien, vom Großherzogtum Luxemburg und vom Königreich der Niederlande im gegenseitigen Einvernehmen benannt wird;

– zwei stellvertretende Mitglieder, die vom Königreich Dänemark, von der Hellenischen Republik, Irland und Rumänien im gegenseitigen Einvernehmen benannt werden;

– zwei stellvertretende Mitglieder, die von der Republik Estland, der Republik Lettland, der Republik Litauen, der Republik Österreich, der Republik Finnland und dem Königreich Schweden im gegenseitigen Einvernehmen benannt werden;

– drei stellvertretende Mitglieder, die von der Republik Bulgarien, der Tschechischen Republik, der Republik Zypern, der Republik Ungarn, der Republik Malta, der Republik Polen, der Republik Slowenien und der Slowakischen Republik im gegenseitigen Einvernehmen benannt werden;

– ein stellvertretendes Mitglied, das von der Kommission benannt wird.

Der Verwaltungsrat kooptiert sechs Sachverständige ohne Stimmrecht: drei ordentliche und drei stellvertretende Sachverständige.

Die Wiederbestellung der ordentlichen Mitglieder und der stellvertretenden Mitglieder ist zulässig.

Die Einzelheiten für die Teilnahme an den Sitzungen des Verwaltungsrats und die für die stellvertretenden Mitglieder und die kooptierten Sachverständigen geltenden Bestimmungen werden in der Geschäftsordnung festgelegt.

Bei den Sitzungen des Verwaltungsrats führt der Präsident des Direktoriums oder bei seiner Verhinderung ein Vizepräsident den Vorsitz; der Vorsitzende nimmt an Abstimmungen nicht teil.

Zu Mitgliedern des Verwaltungsrats werden Persönlichkeiten bestellt, die jede Gewähr für Unabhängigkeit und Befähigung bieten. Sie sind nur der Bank verantwortlich.

(3) Ein ordentliches Mitglied kann nur dann seines Amtes enthoben werden, wenn es die für die Wahrnehmung seiner Aufgaben erforderlichen Voraussetzungen nicht mehr erfüllt; in diesem Falle kann der Rat der Gouverneure seine Amtsenthebung verfügen.

Wird ein Jahresbericht nicht genehmigt, so hat dies den Rücktritt des Verwaltungsrats zur Folge.

(4) Sitze, die durch Todesfall, freiwilligen Rücktritt, Amtsenthebung oder Gesamtrücktritt frei werden, sind nach Maßgabe des Absatzes 2 neu zu besetzen. Außer den allgemeinen Neubestellungen sind frei werdende Sitze für die verbleibende Amtszeit neu zu besetzen.

(5) Der Rat der Gouverneure bestimmt die Vergütung der Mitglieder des Verwaltungsrats. Er stellt fest, welche Tätigkeiten mit dem Amt eines ordentlichen oder stellvertretenden Mitglieds unvereinbar sind.

Artikel 10
(ex-Artikel 12)

(1) Jedes ordentliche Mitglied verfügt im Verwaltungsrat über eine Stimme. Es kann sein Stimmrecht ohne Einschränkung gemäß den in der Geschäftsordnung der Bank festzulegenden Regeln übertragen.

(2) Soweit in dieser Satzung nicht etwas Gegenteiliges bestimmt ist, werden die Entscheidungen des Verwaltungsrats von mindestens einem Drittel seiner stimmberechtigten Mitglieder, die mindestens 50 % des gezeichneten Kapitals repräsentieren, getroffen. Für die qualifizierte Mehrheit sind 18 Stimmen und 68 % des gezeichneten Kapitals erforderlich. In der Geschäftsordnung der Bank wird festgelegt, wann der Verwaltungsrat beschlussfähig ist.

Artikel 11
(ex-Artikel 13)

(1) Das Direktorium besteht aus einem Präsidenten und acht Vizepräsidenten, die vom Rat der Gouverneure auf Vorschlag des Ver-

1/3. Protokolle

EUV/AEUV
+ Prot/Erkl
Anhänge
EU-Grundrechte-
Charta + Erl
Irland/Tschech Rep
Änderungs- und
Beitrittsverträge
LissV + ZusErl
Liss-BeglNovelle

waltungsrats für sechs Jahre bestellt werden. Ihre Wiederbestellung ist zulässig.

Der Rat der Gouverneure kann einstimmig die Zahl der Mitglieder des Direktoriums ändern.

(2) Der Rat der Gouverneure kann mit qualifizierter Mehrheit auf Vorschlag des Verwaltungsrats, der mit qualifizierter Mehrheit beschließt, die Amtsenthebung der Mitglieder des Direktoriums an ordnen.

(3) Das Direktorium nimmt unter der Aufsicht des Präsidenten und der Kontrolle des Verwaltungsrats die laufenden Geschäfte der Bank wahr.

Es bereitet die Entscheidungen des Verwaltungsrats vor, insbesondere hinsichtlich der Aufnahme von Anleihen sowie der Gewährung von Finanzierungen, insbesondere in Form von Darlehen und Bürgschaften; es sorgt für die Durchführung dieser Entscheidungen.

(4) Die Stellungnahmen des Direktoriums zu Vorschlägen für die Aufnahme von Anleihen und die Gewährung von Finanzierungen, insbesondere in Form von Darlehen und Bürgschaften, werden mit Mehrheit beschlossen.

(5) Der Rat der Gouverneure setzt die Vergütung der Mitglieder des Direktoriums fest und bestimmt, welche Tätigkeiten mit ihrem Amt unvereinbar sind.

(6) Die Bank wird gerichtlich und außergerichtlich vom Präsidenten oder bei seiner Verhinderung von einem Vizepräsidenten vertreten.

(7) Der Präsident ist der Vorgesetzte der Mitglieder des Personals der Bank. Er stellt sie ein und entlässt sie. Bei der Auswahl des Personals ist nicht nur die persönliche Eignung und die berufliche Befähigung zu berücksichtigen, sondern auch auf eine angemessene Beteiligung von Staatsangehörigen der einzelnen Mitgliedstaaten zu achten. In der Geschäftsordnung wird festgelegt, welches Gremium für den Erlass von Bestimmungen für das Personal zuständig ist.

(8) Das Direktorium und das Personal der Bank sind nur dieser verantwortlich und üben ihre Ämter unabhängig aus.

Artikel 12
(ex-Artikel 14)

(1) Ein Ausschuss, der aus sechs vom Rat der Gouverneure aufgrund ihrer Befähigung ernannten Mitgliedern besteht, prüft, ob die Tätigkeit der Bank mit den bewährtesten Praktiken im Bankwesen im Einklang steht, und ist für die Rechnungsprüfung der Bank verantwortlich.

(2) Der Ausschuss nach Absatz 1 prüft jährlich die Ordnungsmäßigkeit der Geschäfte und der Bücher der Bank. Zu diesem Zweck überprüft er, ob die Geschäfte der Bank unter Einhaltung der in dieser Satzung und der Geschäftsordnung vorgesehenen Formvorschriften und Verfahren durch geführt worden sind.

(3) Der Ausschuss nach Absatz 1 stellt fest, ob die Finanzausweise sowie sämtliche Finanzinformationen, die in dem vom Verwaltungsrat erstellten Jahresabschluss enthalten sind, ein exaktes Bild der Finanzlage der Bank auf der Aktiv- und Passivseite sowie ihres Geschäftsergebnisses und der Zahlungsströme für das geprüfte Rechnungsjahr wiedergeben.

(4) In der Geschäftsordnung wird im Einzelnen festgelegt, welche Qualifikationen die Mitglieder des Ausschusses nach Absatz 1 besitzen müssen und nach welchen Bedingungen und Einzelheiten der Ausschuss seine Tätigkeit ausübt.

Artikel 13
(ex-Artikel 15)

Die Bank verkehrt mit jedem Mitgliedstaat über die von diesem bezeichnete Behörde. Bei der Durchführung ihrer Finanzgeschäfte nimmt sie die nationale Zentralbank des betreffenden Mitgliedstaats oder andere von diesem genehmigte Finanzinstitute in Anspruch.

Artikel 14
(ex-Artikel 16)

(1) Die Bank arbeitet mit allen in ähnlichen Bereichen tätigen internationalen Organisationen zusammen.

(2) Die Bank nimmt zu den Bank- und Finanzinstituten der Länder, auf die sie ihre Geschäftstätigkeit erstreckt, alle der Zusammenarbeit dienlichen Beziehungen auf.

Artikel 15
(ex-Artikel 17)

Auf Ersuchen eines Mitgliedstaats oder der Kommission oder von Amts wegen nimmt der Rat der Gouverneure die Auslegung oder Ergänzung seiner nach Artikel 7 dieser Satzung erlassenen Richtlinien gemäß den für ihren Erlass maßgebenden Bestimmungen vor.

Artikel 16
(ex-Artikel 18)

(1) Im Rahmen der ihr in Artikel 309 des Vertrags über die Arbeitsweise der Europäischen Union gestellten Aufgabe gewährt die Bank ihren Mitgliedern oder privaten oder öffentlichen Unternehmen Finanzierungen, insbesondere in Form von Darlehen und Bürgschaften für Investitionen, die in den Hoheitsgebieten der Mitgliedstaaten zu tätigen sind, soweit Mittel aus anderen Quellen zu angemessenen Bedingungen nicht zur Verfügung stehen.

Die Bank kann auf Vorschlag des Verwaltungsrats durch eine vom Rat der Gouverneure mit qualifizierter Mehrheit gefasste Entscheidung auch Finanzierungen für Investitionen gewähren, die ganz oder teilweise außerhalb der Hoheitsgebiete der Mitgliedstaaten getätigt werden sollen.

(2) Die Gewährung von Darlehen wird so weit wie möglich von dem Einsatz auch anderer Finanzierungsmittel abhängig gemacht.

(3) Wird einem Unternehmen oder einer Körperschaft – mit Ausnahme der Mitgliedstaaten – ein Darlehen gewährt, so macht die Bank dies entweder von einer Bürgschaft des Mitgliedstaats, in dessen Hoheitsgebiet die Investition getätigt wird, oder von anderen ausreichenden Bürgschaften oder der finanziellen Solidität des Schuldners abhängig.

Wenn die Durchführung der Vorhaben nach Artikel 309 des Vertrags über die Arbeitsweise der Europäischen Union dies erfordert, legt der Verwaltungsrat außerdem im Rahmen der vom Rat der Gouverneure nach Artikel 7 Absatz 3 Buchstabe b festgelegten Grundsätze mit qualifizierter Mehrheit die Bedingungen und Einzelheiten für alle Finanzierungen fest, die ein spezielles Risikoprofil aufweisen und daher als eine Sondertätigkeit betrachtet werden.

(4) Die Bank kann Bürgschaften für Anleihen übernehmen, die von öffentlichen oder privaten Unternehmen oder von Körperschaften für die Durchführung der in Artikel 309 des Vertrags über die Arbeitsweise der Europäischen Union bezeichneten Vorhaben aufgenommen werden.

(5) Die jeweils ausstehenden Darlehen und Bürgschaften der Bank dürfen insgesamt 250 Prozent des gezeichneten Kapitals, der Rücklagen, der nicht zugeteilten Provisionen und des Überschusses der Gewinn- und Verlustrechnung nicht überschreiten. Der kumulierte Betrag der betreffenden Positionen wird unter Abzug einer Summe, die dem für jede Beteiligung der Bank gezeichneten – ausgezahlten oder noch nicht ausgezahlten – Betrag entspricht, berechnet.

Der im Rahmen der Beteiligungen der Bank ausgezahlte Betrag darf zu keinem Zeitpunkt die Gesamtsumme des eingezahlten Teils ihres Kapitals, ihrer Rücklagen, der nicht zugeteilten Provisionen und des Überschusses der Gewinn- und Verlustrechnung überschreiten.

Für die Sondertätigkeiten der Bank, die vom Rat der Gouverneure und vom Verwaltungsrat nach Absatz 3 entschieden werden, ist ausnahmsweise eine besondere Einstellung in die Rücklagen vorzusehen.

Dieser Absatz findet ebenfalls Anwendung auf den konsolidierten Abschluss der Bank.

(6) Die Bank sichert sich gegen das Wechselrisiko, indem sie die Darlehens- und Bürgschaftsverträge mit den ihres Erachtens geeigneten Klauseln versieht.

Artikel 17
(ex-Artikel 19)

(1) Die Darlehenszinssätze, Provisionen und sonstigen Gebühren der Bank werden den jeweiligen Bedingungen des Kapitalmarkts angepasst und so bemessen, dass die Bank aus den Erträgen ihre Verpflichtungen erfüllen, ihre Kosten und ihre Risiken decken und gemäß Artikel 22 einen Reservefonds bilden kann.

(2) Die Bank gewährt keine Zinsermäßigungen. Lässt die Eigenart der zu finanzierenden Investition eine Zinsermäßigung angezeigt erscheinen, so kann der betreffende Mitgliedstaat oder eine dritte Stelle Zinsvergütungen gewähren, soweit die Gewährung mit Artikel 107 des Vertrags über die Arbeitsweise der Europäischen Union vereinbar ist.

Artikel 18
(ex-Artikel 20)

Bei ihren Finanzierungsgeschäften beachtet die Bank folgende Grundsätze:

1. Sie achtet auf die wirtschaftlich zweckmäßigste Verwendung ihrer Mittel im Interesse der Union.

Sie darf nur dann Darlehen gewähren oder Bürgschaft leisten,

a) wenn der Zinsen- und Tilgungsdienst bei Investitionen von Produktionsunternehmen aus deren Erträgen und bei sonsti-

— 141 —

1/3. Protokolle

Prot. 5

EUV/AEUV
+ Prot/Erkl
Anhänge
EU-Grundrechte-
Charta + Erl
Irland/Tschech Rep
Änderungs- und
Beitrittsverträge
LissV + ZusErl
Liss-BeglNovelle

gen Investitionen durch eine entsprechende Verpflichtung des Staates, in dem die Investition getätigt wird, oder auf andere Weise sichergestellt ist und

b) wenn die Investition zu einer Steigerung der volkswirtschaftlichen Produktivität im Allgemeinen beiträgt und die Verwirklichung des Binnenmarkts fördert.

2. Sie darf weder Beteiligungen an Unternehmen erwerben noch Verantwortung bei deren Geschäftsführung übernehmen, es sei denn, dass dies für die Wahrnehmung ihrer Rechte erforderlich ist, um die Rückzahlung der von ihr ausgeliehenen Mittel zu sichern.

Wenn die Durchführung der Vorhaben nach Artikel 309 des Vertrags über die Arbeitsweise der Europäischen Union dies erfordert, legt der Verwaltungsrat jedoch im Rahmen der vom Rat der Gouverneure nach Artikel 7 Absatz 3 Buchstabe b festgelegten Grundsätze mit qualifizierter Mehrheit die Bedingungen und Einzelheiten für eine Beteiligung am Kapital eines Handelsunternehmens – in der Regel als Ergänzung eines Darlehens oder einer Bürgschaft – fest, soweit dies für die Finanzierung einer Investition oder eines Programms erforderlich ist.

3. Sie kann ihre Forderungen auf dem Kapitalmarkt abtreten und von ihren Darlehensnehmern die Ausgabe von Schuldverschreibungen oder anderen Wertpapieren verlangen.

4. Weder die Bank noch die Mitgliedstaaten dürfen Bedingungen vorschreiben, nach denen Beträge aus ihren Darlehen in einem bestimmten Mitgliedstaat ausgegeben werden müssen.

5. Sie kann die Gewährung von Darlehen davon abhängig machen, dass internationale Ausschreibungen stattfinden.

6. Sie darf eine Investition weder finanzieren noch zu ihrer Finanzierung beitragen, wenn der Mitgliedstaat, in dessen Hoheitsgebiet sie getätigt werden soll, Einspruch erhebt.

7. Ergänzend zu ihren Darlehenstätigkeiten kann die Bank unter den vom Rat der Gouverneure mit qualifizierter Mehrheit festgelegten Bedingungen und Einzelheiten und unter Einhaltung dieser Satzung technische Unterstützungsdienste bereitstellen.

Artikel 19
(ex-Artikel 21)

(1) Jedes Unternehmen oder jede öffentlich- oder privatrechtliche Körperschaft kann bei der Bank direkt einen Finanzierungsantrag einreichen. Dies kann auch entweder über die Kommission oder über denjenigen Mitgliedstaat geschehen, in dessen Hoheitsgebiet die Investition getätigt wird.

(2) Werden der Bank Anträge über die Kommission zugeleitet, so sind sie dem Mitgliedstaat, in dessen Hoheitsgebiet die Investition getätigt wird, zur Stellungnahme vorzulegen. Werden der Bank über einen Staat zugeleitet, so sind sie der Kommission zur Stellungnahme vorzulegen. Werden sie von einem Unternehmen unmittelbar eingereicht, so sind sie dem betreffenden Mitgliedstaat und der Kommission vorzulegen.

Die betreffenden Mitgliedstaaten und die Kommission haben eine Frist von zwei Monaten zur Abgabe ihrer Stellungnahme. Ist diese Frist verstrichen, so kann die Bank das betreffende Vorhaben als genehmigt betrachten.

(3) Der Verwaltungsrat beschließt über die ihm vom Direktorium vorgelegten Finanzierungsgeschäfte.

(4) Das Direktorium prüft, ob die ihm vorgelegten Finanzierungsgeschäfte dieser Satzung, insbesondere den Artikel 16 und 18, entsprechen. Spricht sich das Direktorium für die Gewährung der Finanzierung aus, so legt es den entsprechenden Vorschlag dem Verwaltungsrat vor; es kann seine positive Stellungnahme von Voraussetzungen abhängig machen, die es als wesentlich erachtet.

Spricht sich das Direktorium gegen die Gewährung der Finanzierung aus, so unterbreitet es die Unterlagen mit seiner Stellungnahme dem Verwaltungsrat.

(5) Bei einer negativen Stellungnahme des Direktoriums kann der Verwaltungsrat die Finanzierung nur einstimmig gewähren.

(6) Bei einer negativen Stellungnahme der Kommission kann der Verwaltungsrat die Finanzierung nur einstimmig gewähren; bei dieser Abstimmung enthält sich das von der Kommission benannte Mitglied des Verwaltungsrates der Stimme.

(7) Bei einer negativen Stellungnahme des Direktoriums und der Kommission darf der Verwaltungsrat die Finanzierung nicht gewähren.

(8) Ist eine Umstrukturierung eines mit genehmigten Investitionen im Zusammenhang stehenden Finanzierungsgeschäfts zum Schutz der Rechte und Interessen der Bank gerechtfertigt, so ergreift das Direktorium unverzüglich die Dringlichkeitsmaßnahmen, die es für erforderlich hält, wobei es dem Verwaltungsrat unverzüglich Bericht zu erstatten hat.

Artikel 20
(ex-Artikel 22)

(1) Die Bank nimmt die zur Durchführung ihrer Aufgaben erforderlichen Anleihen auf den Kapitalmärkten auf.

(2) Die Bank kann auf den Kapitalmärkten der Mitgliedstaaten Anleihen nach den dort geltenden Rechtsvorschriften aufnehmen.

Die zuständigen Stellen eines Mitgliedstaats, für den eine Ausnahmeregelung nach Artikel 139 Absatz 1 des Vertrags über die Arbeitsweise der Europäischen Union gilt, können dies nur dann ablehnen, wenn auf dem Kapitalmarkt dieses Staates ernstliche Störungen zu befürchten sind.

Artikel 21
(ex-Artikel 23)

(1) Die Bank kann die verfügbaren Mittel, die sie nicht unmittelbar zur Erfüllung ihrer Verpflichtungen benötigt, in folgender Weise verwenden:

a) Sie kann Anlagen auf den Geldmärkten vornehmen;

b) vorbehaltlich des Artikels 18 Absatz 2 kann sie Wertpapiere kaufen oder verkaufen;

c) sie kann alle sonstigen in ihren Aufgabenbereich fallenden Finanzgeschäfte vornehmen.

(2) Unbeschadet des Artikels 23 befasst sich die Bank bei der Handhabung ihrer Anlagen nur mit solchen Devisenarbitragen, die für die Durchführung ihrer Darlehensverträge oder die Erfüllung ihrer Verpflichtungen aus den von ihr aufgenommenen Anleihen oder gewährten Bürgschaften unmittelbar erforderlich sind.

(3) Auf den in diesem Artikel genannten Gebieten handelt die Bank im Einvernehmen mit den zuständigen Behörden oder der nationalen Zentralbank des betreffenden Mitgliedstaats.

Artikel 22
(ex-Artikel 24)

(1) Es wird schrittweise ein Reservefonds bis zum Höchstbetrag von 10 v.H. des gezeichneten Kapitals gebildet. Der Verwaltungsrat kann die Bildung zusätzlicher Rücklagen beschließen, wenn die Verbindlichkeiten der Bank es rechtfertigen. Solange der Reservefonds noch nicht in voller Höhe gebildet ist, sind an ihn abzuführen:

a) die Zinserträge der Darlehen, welche die Bank aus den nach Artikel 5 von den Mitgliedstaaten einzuzahlenden Beträgen gewährt hat,

b) die Zinserträge der Darlehen, welche die Bank aus den Rückzahlungen der unter Buchstabe a bezeichneten Darlehen gewährt hat,

soweit diese Zinserträge nicht zur Erfüllung der Verpflichtungen und zur Deckung der Kosten der Bank benötigt werden.

(2) Die Mittel des Reservefonds sind so anzulegen, dass sie jederzeit entsprechend dem Zweck des Fonds eingesetzt werden können.

Artikel 23
(ex-Artikel 25)

(1) Die Bank ist jederzeit ermächtigt, ihre Guthaben in die Währung eines Mitgliedstaats, dessen Währung nicht der Euro ist, zu transferieren, um die Geschäfte durchzuführen, die der ihr in Artikel 309 des Vertrags über die Arbeitsweise der Europäischen Union und in Artikel 21 dieser Satzung gestellten Aufgabe entsprechen. Besitzt die Bank flüssige oder verfügbare Mittel in der von ihr benötigten Währung, so vermeidet sie, soweit möglich, derartige Transferierungen.

(2) Die Bank kann ihre Guthaben in der Währung eines Mitgliedstaats, dessen Währung nicht der Euro ist, nur mit dessen Zustimmung in die Währung dritter Länder konvertieren.

(3) Die Bank kann über die eingezahlten Kapitalbeträge sowie über die auf dritten Märkten aufgenommenen Devisen frei verfügen.

(4) Die Mitgliedstaaten verpflichten sich, den Schuldnern der Bank die erforderlichen Devisenbeträge zur Rückzahlung von Kapital sowie zur Zahlung von Zinsen für Darlehen und Provisionen für Bürgschaften zur Verfügung zu stellen, welche die Bank für Investitionen im Hoheitsgebiet der Mitgliedstaaten gewährt hat.

Artikel 24
(ex-Artikel 26)

Kommt ein Mitgliedstaat seinen Mitgliedspflichten aus dieser Satzung, insbesondere der Pflicht zur Einzahlung seines Anteils oder zur Bedienung in Anspruch genommener Darlehen nicht nach, so kann die Gewährung von Darlehen oder Bürgschaften an diesen Staat

1/3. Protokolle

EUV/AEUV
+ Prot/Erkl
Anhänge
EU-Grundrechte-
Charta + Erl
Irland/Tschech Rep
Änderungs- und
Beitrittsverträge
LissV + ZusErl
Liss-BeglNovelle

oder seine Angehörigen durch eine mit qualifizierter Mehrheit gefasste Entscheidung des Rates der Gouverneure ausgesetzt werden.

Diese Entscheidung befreit den Mitgliedstaat oder seine Angehörigen nicht von ihren Verpflichtungen gegenüber der Bank.

Artikel 25
(ex-Artikel 27)

(1) Entscheidet der Rat der Gouverneure, dass die Tätigkeit der Bank einzustellen ist, so wird der gesamte Geschäftsbetrieb unverzüglich beendet; ausgenommen sind lediglich Amtshandlungen, die zur ordnungsmäßigen Verwertung, Sicherstellung und Erhaltung der Vermögenswerte sowie zur Regelung der Verbindlichkeiten notwendig sind.

(2) Im Falle der Liquidation bestellt der Rat der Gouverneure die Liquidatoren und erteilt ihnen Weisungen zur Durchführung der Liquidation. Er achtet auf die Wahrung der Rechte der Mitglieder des Personals.

Artikel 26
(ex-Artikel 28)

(1) Die Bank besitzt in jedem Mitgliedstaat die weitestgehende Rechts- und Geschäftsfähigkeit, die juristischen Personen nach dessen Rechtsvorschriften zuerkannt wird; sie kann insbesondere bewegliches und unbewegliches Vermögen erwerben und veräußern sowie vor Gericht stehen.

(2) Das Vermögen der Bank kann in keiner Form beschlagnahmt oder enteignet werden.

Artikel 27
(ex-Artikel 29)

Über Rechtsstreitigkeiten zwischen der Bank einerseits und ihren Gläubigern, Kreditnehmern oder dritten Personen andererseits entscheiden die zuständigen Gerichte der einzelnen Staaten vorbehaltlich der Zuständigkeiten, die dem Gerichtshof der Europäischen Union zuerkannt sind. Die Bank kann in einem Vertrag ein Schiedsverfahren vorsehen.

Die Bank begründet in jedem Mitgliedstaat einen Gerichtsstand der Niederlassung. Sie kann in Verträgen einen besonderen Gerichtsstand bestimmen.

Das Vermögen und die Guthaben der Bank können nur auf gerichtliche Anordnung beschlagnahmt oder der Zwangsvollstreckung unterworfen werden.

Artikel 28
(ex-Artikel 30)

(1) Der Rat der Gouverneure kann einstimmig entscheiden, Tochtergesellschaften oder andere Rechtsträger mit eigener Rechtspersönlichkeit und finanzieller Autonomie zu errichten.

(2) Der Rat der Gouverneure entscheidet einstimmig über die Satzung der Einrichtungen nach Absatz 1. In dieser Satzung werden insbesondere Ziele, Aufbau, Kapital, Mitgliedschaft, Sitz, finanzielle Mittel, Interventionsmöglichkeiten, Prüfungsverfahren sowie die Beziehungen zwischen den Einrichtungen und den Organen der Bank festgelegt.

(3) Die Bank ist berechtigt, sich an der Verwaltung dieser Einrichtungen zu beteiligen und zum gezeichneten Kapital dieser Einrichtungen bis zur Höhe des vom Rat der Gouverneure einstimmig festgelegten Betrags beizutragen.

(4) Das Protokoll über die Vorrechte und Befreiungen der Europäischen Union gilt für die Einrichtungen nach Absatz 1, soweit sie unter das Unionsrecht fallen, die Mitglieder ihrer Organe in Ausübung ihrer einschlägigen Aufgaben und ihr Personal in dem gleichen Maße und unter denselben Bedingungen wie für die Bank.

Dividenden, Kapitalerträge oder andere Einkommen aus diesen Einrichtungen, auf die die Mitglieder mit Ausnahme der Europäischen Union und der Bank Anspruch haben, unterliegen indessen den einschlägigen Steuerbestimmungen.

(5) Der Gerichtshof der Europäischen Union ist innerhalb der im Folgenden festgelegten Grenzen für Streitfälle zuständig, die Maßnahmen der Organe einer dem Unionsrecht unterliegenden Einrichtung betreffen. Klagen gegen derartige Maßnahmen können von jedem Mitglied einer solchen Einrichtung in dieser Eigenschaft oder von den Mitgliedstaaten nach Artikel 263 des Vertrags über die Arbeitsweise der Europäischen Union erhoben werden.

(6) Der Rat der Gouverneure kann einstimmig entscheiden, dass das Personal von dem Unionsrecht unterliegenden Einrichtungen unter Einhaltung der jeweiligen internen Verfahren Zugang zu gemeinsam mit der Bank geführten Systemen erhält.

PROTOKOLL (Nr. 6)
ÜBER DIE FESTLEGUNG DER SITZE DER ORGANE UND BESTIMMTER EINRICHTUNGEN, SONSTIGER STELLEN UND DIENSTSTELLEN DER EUROPÄISCHEN UNION

DIE VERTRETER DER REGIERUNGEN DER MITGLIEDSTAATEN –

GESTÜTZT auf Artikel 341 des Vertrags über die Arbeitsweise der Europäischen Union, und Artikel 189 des Vertrags zur Gründung der Europäischen Atomgemeinschaft,

EINGEDENK UND IN BESTÄTIGUNG des Beschlusses vom 8. April 1965, jedoch unbeschadet der Beschlüsse über den Sitz künftiger Organe, Einrichtungen, sonstiger Stellen und Dienststellen –

SIND über folgende Bestimmungen ÜBER-EINGEKOMMEN, die dem Vertrag über die Europäische Union, dem Vertrag über die Arbeitsweise der Europäischen Union und dem Vertrag zur Gründung der Europäischen Atomgemeinschaft beigefügt sind:

Einziger Artikel

a) Das Europäische Parlament hat seinen Sitz in Straßburg; dort finden die 12 monatlichen Plenartagungen einschließlich der Haushaltstagung statt. Zusätzliche Plenartagungen finden in Brüssel statt. Die Ausschüsse des Europäischen Parlaments treten in Brüssel zusammen. Das Generalsekretariat des Europäischen Parlaments und dessen Dienststellen verbleiben in Luxemburg.

b) Der Rat hat seinen Sitz in Brüssel. In den Monaten April, Juni und Oktober hält der Rat seine Tagungen in Luxemburg ab.

c) Die Kommission hat ihren Sitz in Brüssel. Die in den Artikeln 7, 8 und 9 des Beschlusses vom 8. April 1965 aufgeführten Dienststellen sind in Luxemburg untergebracht.

d) Der Gerichtshof der Europäischen Union hat seinen Sitz in Luxemburg.

e) Der Rechnungshof hat seinen Sitz in Luxemburg.

f) Der Wirtschafts- und Sozialausschuss hat seinen Sitz in Brüssel.

g) Der Ausschuss der Regionen hat seinen Sitz in Brüssel.

h) Die Europäische Investitionsbank hat ihren Sitz in Luxemburg.

i) Die Europäische Zentralbank hat ihren Sitz in Frankfurt.

j) Das Europäische Polizeiamt (Europol) hat seinen Sitz in Den Haag.

PROTOKOLL (Nr. 7)
ÜBER DIE VORRECHTE UND BEFREIUNGEN DER EUROPÄISCHEN UNION

DIE HOHEN VERTRAGSPARTEIEN,

IN DER ERWÄGUNG, dass die Europäische Union und die Europäische Atomgemeinschaft nach Artikel 343 des Vertrags über die Arbeitsweise der Europäischen Union und Artikel 191 des Vertrags zur Gründung der Europäischen Atomgemeinschaft im Hoheitsgebiet der Mitgliedstaaten die zur Erfüllung ihrer Aufgabe erforderlichen Vorrechte und Befreiungen genießen,

SIND über folgende Bestimmungen ÜBER-EINGEKOMMEN, die dem Vertrag über die Europäische Union, dem Vertrag über die Arbeitsweise der Europäischen Union und dem Vertrag zur Gründung der Europäischen Atomgemeinschaft beigefügt sind:

KAPITEL I
VERMÖGENSGEGENSTÄNDE, LIEGENSCHAFTEN, GUTHABEN UND GESCHÄFTE DER EUROPÄISCHEN UNION

Artikel 1

Die Räumlichkeiten und Gebäude der Union sind unverletzlich. Sie dürfen nicht durchsucht, beschlagnahmt, eingezogen oder enteignet werden. Die Vermögensgegenstände und Guthaben der Union dürfen ohne Ermächtigung des Gerichtshofs nicht Gegenstand von Zwangsmaßnahmen der Verwaltungsbehörden oder Gerichte sein.

Artikel 2

Die Archive der Union sind unverletzlich.

Artikel 3

Die Union, ihre Guthaben, Einkünfte und sonstigen Vermögensgegenstände sind von jeder direkten Steuer befreit.

Die Regierungen der Mitgliedstaaten treffen in allen Fällen, in denen es ihnen möglich ist, geeignete Maßnahmen für den Erlass oder die Erstattung des Betrages der indirekten

1/3. Protokolle

Prot. 7

EUV/AEUV
+ Prot/Erkl
Anhänge
EU-Grundrechte-
Charta + Erl
Irland/Tschech Rep
Änderungs- und
Beitrittsverträge
LissV + ZusErl
Liss-BeglNovelle

Steuern und Verkaufsabgaben, die in den Preisen für bewegliche oder unbewegliche Güter inbegriffen sind, wenn die Union für ihren Dienstbedarf größere Einkäufe tätigt, bei denen derartige Steuern und Abgaben im Preis enthalten sind. Die Durchführung dieser Maßnahmen darf jedoch den Wettbewerb innerhalb der Union nicht verfälschen.

Von den Abgaben, die lediglich die Vergütung für Leistungen gemeinnütziger Versorgungsbetriebe darstellen, wird keine Befreiung gewährt.

Artikel 4

Die Union ist von allen Zöllen sowie Ein- und Ausfuhrverboten und -beschränkungen bezüglich der zu ihrem Dienstgebrauch bestimmten Gegenstände befreit; die in dieser Weise eingeführten Gegenstände dürfen im Hoheitsgebiet des Staates, in das sie eingeführt worden sind, weder entgeltlich noch unentgeltlich veräußert werden, es sei denn zu Bedingungen, welche die Regierung dieses Staates genehmigt.

Der Union steht ferner für ihre Veröffentlichungen Befreiung von Zöllen sowie Ein- und Ausfuhr verboten und -beschränkungen zu.

KAPITEL II
NACHRICHTENÜBERMITTLUNG UND AUSWEISE

Artikel 5
(ex-Artikel 6)

Den Organen der Union steht für ihre amtliche Nachrichtenübermittlung und die Übermittlung aller ihrer Schriftstücke im Hoheitsgebiet jedes Mitgliedstaats die gleiche Behandlung wie den diplomatischen Vertretungen zu.

Der amtliche Schriftverkehr und die sonstige amtliche Nachrichtenübermittlung der Organe der Union unterliegen nicht der Zensur.

Artikel 6
(ex-Artikel 7)

Die Präsidenten der Organe der Union können den Mitgliedern und Bediensteten dieser Organe Ausweise ausstellen, deren Form vom Rat mit einfacher Mehrheit bestimmt wird und die von den Behörden der Mitgliedstaaten als gültige Reiseausweise anerkannt werden. Diese Ausweise werden den Beamten und sonstigen Bediensteten nach Maßgabe des Statuts der Beamten und der Beschäftigungsbedingungen für die sonstigen Bediensteten der Union ausgestellt.

Die Kommission kann Abkommen zur Anerkennung dieser Ausweise als im Hoheitsgebiet dritter Länder gültige Reiseausweise schließen.

KAPITEL III
MITGLIEDER DES EUROPÄISCHEN PARLAMENTS

Artikel 7
(ex-Artikel 8)

Die Reise der Mitglieder des Europäischen Parlaments zum und vom Tagungsort des Europäischen Parlaments unterliegt keinen verwaltungsmäßigen oder sonstigen Beschränkungen.

Die Mitglieder des Europäischen Parlaments erhalten bei der Zollabfertigung und Devisenkontrolle

a) seitens ihrer eigenen Regierung dieselben Erleichterungen wie hohe Beamte, die sich in offiziellem Auftrag vorübergehend ins Ausland begeben;

b) seitens der Regierungen der anderen Mitgliedstaaten dieselben Erleichterungen wie ausländische Regierungsvertreter mit vorübergehendem offiziellem Auftrag.

Artikel 8
(ex-Artikel 9)

Wegen einer in Ausübung ihres Amtes erfolgten Äußerung oder Abstimmung dürfen Mitglieder des Europäischen Parlaments weder in ein Ermittlungsverfahren verwickelt noch festgenommen oder verfolgt werden.

Artikel 9
(ex-Artikel 10)

Während der Dauer der Sitzungsperiode des Europäischen Parlaments

a) steht seinen Mitgliedern im Hoheitsgebiet ihres eigenen Staates die den Parlamentsmitgliedern zuerkannte Unverletzlichkeit zu,

b) können seine Mitglieder im Hoheitsgebiet jedes anderen Mitgliedstaats weder festgehalten noch gerichtlich verfolgt werden.

Die Unverletzlichkeit besteht auch während der Reise zum und vom Tagungsort des Europäischen Parlaments.

Bei Ergreifung auf frischer Tat kann die Unverletzlichkeit nicht geltend gemacht werden; sie steht auch nicht der Befugnis des Europäischen Parlaments entgegen, die Unverletzlichkeit eines seiner Mitglieder aufzuheben.

KAPITEL IV

VERTRETER DER MITGLIEDSTAATEN, DIE AN DEN ARBEITEN DER ORGANE DER EUROPÄISCHEN UNION TEILNEHMEN

Artikel 10
(ex-Artikel 11)

Den Vertretern der Mitgliedstaaten, die an den Arbeiten der Organe der Union teilnehmen, sowie ihren Beratern und Sachverständigen stehen während der Ausübung ihrer Tätigkeit und auf der Reise zum und vom Tagungsort die üblichen Vorrechte, Befreiungen und Erleichterungen zu.

Dies gilt auch für die Mitglieder der beratenden Organe der Union.

KAPITEL V

BEAMTE UND SONSTIGE BEDIENSTETE DER EUROPÄISCHEN UNION

Artikel 11
(ex-Artikel 12)

Den Beamten und sonstigen Bediensteten der Union stehen im Hoheitsgebiet jedes Mitgliedstaats ohne Rücksicht auf ihre Staatsangehörigkeit folgende Vorrechte und Befreiungen zu:

a) Befreiung von der Gerichtsbarkeit bezüglich der von ihnen in amtlicher Eigenschaft vorgenommenen Handlungen, einschließlich ihrer mündlichen und schriftlichen Äußerungen, jedoch vorbehaltlich der Anwendung der Bestimmungen der Verträge über die Vorschriften betreffend die Haftung der Beamten und sonstigen Bediensteten gegenüber der Union und über die Zuständigkeit des Gerichtshofs der Europäischen Union für Streitsachen zwischen der Union und ihren Beamten sowie sonstigen Bediensteten. Diese Befreiung gilt auch nach Beendigung ihrer Amtstätigkeit;

b) Befreiung von Einwanderungsbeschränkungen und von der Meldepflicht für Ausländer; das Gleiche gilt für ihre Ehegatten und die von ihnen unterhaltenen Familienmitglieder;

c) die den Beamten der internationalen Organisationen üblicherweise gewährten Erleichterungen auf dem Gebiet der Vorschriften des Währungs- und Devisenrechts;

d) das Recht, ihre Wohnungseinrichtung und ihre persönlichen Gebrauchsgegenstände bei Antritt ihres Dienstes in das in Frage ste-

hende Land zollfrei einzuführen und bei Beendigung ihrer Amtstätigkeit in diesem Land ihre Wohnungseinrichtung und ihre persönlichen Gebrauchsgegenstände zollfrei wieder auszuführen, vorbehaltlich der Bedingungen, welche die Regierung des Landes, in dem dieses Recht ausgeübt wird, in dem einen und anderen Fall für erforderlich erachtet;

e) das Recht, das zu ihrem eigenen Gebrauch bestimmte Kraftfahrzeug, sofern es im Land ihres letzten ständigen Aufenthalts oder in dem Land, dem sie angehören, zu den auf dem Binnenmarkt dieses Landes geltenden Bedingungen erworben worden ist, zollfrei einzuführen und es zollfrei wieder auszuführen, vorbehaltlich der Bedingungen, welche die Regierung des in Frage stehenden Landes in dem einen und anderen Fall für erforderlich erachtet.

Artikel 12
(ex-Artikel 13)

Von den Gehältern, Löhnen und anderen Bezügen, welche die Union ihren Beamten und sonstigen Bediensteten zahlt, wird zugunsten der Union eine Steuer gemäß den Bestimmungen und dem Verfahren erhoben, die vom Europäischen Parlament und vom Rat durch Verordnungen gemäß dem ordentlichen Gesetzgebungsverfahren und nach Anhörung der betroffenen Organe festgelegt werden.

Die Beamten und sonstigen Bediensteten sind von innerstaatlichen Steuern auf die von der Union gezahlten Gehälter, Löhne und Bezüge befreit.

Artikel 13
(ex-Artikel 14)

Die Beamten und sonstigen Bediensteten der Union, die sich lediglich zur Ausübung einer Amtstätigkeit im Dienst der Union im Hoheitsgebiet eines anderen Mitgliedstaats als des Staates niederlassen, in dem sie zur Zeit des Dienstantritts bei der Union ihren steuerlichen Wohnsitz haben, werden in den beiden genannten Staaten für die Erhebung der Einkommen-, Vermögen- und Erbschaftsteuer sowie für die Anwendung der zur Vermeidung der Doppelbesteuerung zwischen den Mitgliedstaaten der Union geschlossenen Abkommen so behandelt, als hätten sie ihren früheren Wohnsitz beibehalten, sofern sich dieser in einem Mitgliedstaat der Union befindet. Dies gilt auch für den Ehegatten, soweit dieser keine eigene Berufstätigkeit ausübt, so-

1/3. Protokolle

EUV/AEUV
+ Prot/Erkl
Anhänge
EU-Grundrechte-
Charta + Erl
Irland/Tschech Rep
Änderungs- und
Beitrittsverträge
Liss V + Zus Erl
Liss-Begl Novelle

wie für die Kinder, die unter der Aufsicht der in diesem Artikel bezeichneten Personen stehen und von ihnen unterhalten werden.

Das im Hoheitsgebiet des Aufenthaltsstaats befindliche bewegliche Vermögen der in Absatz 1 bezeichneten Personen ist in diesem Staat von der Erbschaftsteuer befreit; für die Veranlagung dieser Steuer wird es vorbehaltlich der Rechte dritter Länder und der etwaigen Anwendung internationaler Abkommen über die Doppelbesteuerung als in dem Staat des steuerlichen Wohnsitzes befindlich betrachtet.

Ein lediglich zur Ausübung einer Amtstätigkeit im Dienste anderer internationaler Organisationen begründeter Wohnsitz bleibt bei der Anwendung dieses Artikels unberücksichtigt.

Artikel 14
(ex-Artikel 15)

Das Europäische Parlament und der Rat legen durch Verordnungen gemäß dem ordentlichen Gesetzgebungsverfahren nach Anhörung der betroffenen Organe das System der Sozialleistungen für die Beamten und sonstigen Bediensteten der Union fest.

Artikel 15
(ex-Artikel 16)

Das Europäische Parlament und der Rat bestimmen durch Verordnungen gemäß dem ordentlichen Gesetzgebungsverfahren nach Anhörung der anderen betroffenen Organe die Gruppen von Beamten und sonstigen Bediensteten der Union, auf welche Artikel 11, Artikel 12 Absatz 2 und Artikel 13 ganz oder teilweise Anwendung finden.

Namen, Dienstrang und -stellung sowie Anschrift der Beamten und sonstigen Bediensteten dieser Gruppen werden den Regierungen der Mitgliedstaaten in regelmäßigen Zeitabständen mitgeteilt.

KAPITEL VI
VORRECHTE UND BEFREIUNGEN DER VERTRETUNGEN DRITTER LÄNDER, DIE BEI DER EUROPÄISCHEN UNION BEGLAUBIGT SIND

Artikel 16
(ex-Artikel 17)

Der Mitgliedstaat, in dessen Hoheitsgebiet sich der Sitz der Union befindet, gewährt den bei der Union beglaubigten Vertretungen dritter Länder die üblichen diplomatischen Vorrechte und Befreiungen.

KAPITEL VII
ALLGEMEINE BESTIMMUNGEN

Artikel 17
(ex-Artikel 18)

Die Vorrechte, Befreiungen und Erleichterungen werden den Beamten und sonstigen Bediensteten der Union ausschließlich im Interesse der Union gewährt.

Jedes Organ der Union hat die Befreiung eines Beamten oder sonstigen Bediensteten in allen Fällen aufzuheben, in denen dies nach seiner Auffassung den Interessen der Union nicht zuwiderläuft.

Artikel 18
(ex-Artikel 19)

Bei der Anwendung dieses Protokolls handeln die Organe der Union und die verantwortlichen Behörden der beteiligten Mitgliedstaaten im gegenseitigen Einvernehmen.

Artikel 19
(ex-Artikel 20)

Die Artikel 11 bis 14 und Artikel 17 finden auf den Präsidenten des Europäischen Rates Anwendung.

Sie finden auch auf die Mitglieder der Kommission Anwendung.

Artikel 20
(ex-Artikel 21)

Die Artikel 11 bis 14 und Artikel 17 finden auf die Richter, die Generalanwälte, die Kanzler und die Hilfsberichterstatter des Gerichtshofs der Europäischen Union Anwendung; die Bestimmungen des Artikels 3 des Protokolls über die Satzung des Gerichtshofs der Europäischen Union betreffend die Befreiung der Richter und Generalanwälte von der Gerichtsbarkeit bleiben hiervon unberührt.

Artikel 21
(ex-Artikel 22)

Dieses Protokoll gilt auch für die Europäische Investitionsbank, die Mitglieder ihrer Organe, ihr Personal und die Vertreter der Mitgliedstaaten, die an ihren Arbeiten teilnehmen; die Bestimmungen des Protokolls über die Satzung der Bank bleiben hiervon unberührt.

Die Europäische Investitionsbank ist außerdem von allen Steuern und sonstigen Abgaben anlässlich der Erhöhungen ihres Kapitals sowie von den verschiedenen Förmlichkeiten befreit, die hiermit in dem Staat, in dem sie ihren Sitz hat, verbunden sind. Desgleichen werden bei ihrer etwaigen Auflösung und Liquidation keine Abgaben erhoben. Ferner unterliegt die Tätigkeit der Bank und ihrer Organe, soweit sie nach Maßgabe der Satzung ausgeübt wird, nicht der Umsatzsteuer.

Artikel 22
(ex-Artikel 23)

Dieses Protokoll gilt auch für die Europäische Zentralbank, die Mitglieder ihrer Beschlussorgane und ihre Bediensteten; die Bestimmungen des Protokolls über die Satzung des Europäischen Systems der Zentralbanken und der Europäischen Zentralbank bleiben hiervon unberührt.

Die Europäische Zentralbank ist außerdem von allen Steuern und sonstigen Abgaben anlässlich der Erhöhungen ihres Kapitals sowie von den verschiedenen Förmlichkeiten befreit, die hiermit in dem Staat, in dem sie ihren Sitz hat, verbunden sind. Ferner unterliegt die Tätigkeit der Bank und ihrer Beschlussorgane, soweit sie nach Maßgabe der Satzung des Europäischen Systems der Zentralbanken und der Europäischen Zentralbank ausgeübt wird, nicht der Umsatzsteuer.

PROTOKOLL (Nr. 8)
ZU ARTIKEL 6 ABSATZ 2 DES VERTRAGS ÜBER DIE EUROPÄISCHE UNION ÜBER DEN BEITRITT DER UNION ZUR EUROPÄISCHEN KONVENTION ZUM SCHUTZ DER MENSCHENRECHTE UND GRUNDFREIHEITEN

DIE HOHEN VERTRAGSPARTEIEN

SIND über folgende Bestimmungen ÜBEREINGEKOMMEN, die dem Vertrag über die Europäische Union und dem Vertrag über die Arbeitsweise der Europäischen Union beigefügt sind:

Artikel 1

In der Übereinkunft über den Beitritt der Union zur Europäischen Konvention zum Schutz der Menschenrechte und Grundfreihei-

ten (im Folgenden „Europäische Konvention") nach Artikel 6 Absatz 2 des Vertrags über die Europäische Union wird dafür Sorge getragen, dass die besonderen Merkmale der Union und des Unionsrechts erhalten bleiben, insbesondere in Bezug auf

a) die besondere Regelung für eine etwaige Beteiligung der Union an den Kontrollgremien der Europäischen Konvention;

b) die nötigen Mechanismen, um sicherzustellen, dass Beschwerden von Nichtmitgliedstaaten und Individualbeschwerden den Mitgliedstaaten und/oder gegebenenfalls der Union ordnungsgemäß übermittelt werden.

Artikel 2

In der Übereinkunft nach Artikel 1 wird sichergestellt, dass der Beitritt der Union die Zuständigkeiten der Union und die Befugnisse ihrer Organe unberührt lässt. Es wird sichergestellt, dass die Bestimmungen der Übereinkunft die besondere Situation der Mitgliedstaaten in Bezug auf die Europäische Konvention unberührt lassen, insbesondere in Bezug auf ihre Protokolle, auf Maßnahmen, die von den Mitgliedstaaten in Abweichung von der Europäischen Konvention nach deren Artikel 15 getroffen werden, und auf Vorbehalte, die die Mitgliedstaaten gegen die Europäische Konvention nach deren Artikel 57 anbringen.

Artikel 3

Keine der Bestimmungen der Übereinkunft nach Artikel 1 berührt Artikel 344 des Vertrags über die Arbeitsweise der Europäischen Union.

PROTOKOLL (Nr. 9)
ÜBER DEN BESCHLUSS DES RATES ÜBER DIE ANWENDUNG DES ARTIKELS 16 ABSATZ 4 DES VERTRAGS ÜBER DIE EUROPÄISCHE UNION UND DES ARTIKELS 238 ABSATZ 2 DES VERTRAGS ÜBER DIE ARBEITSWEISE DER EUROPÄISCHEN UNION ZWISCHEN DEM 1. NOVEMBER 2014 UND DEM 31. MÄRZ 2017 EINERSEITS UND AB DEM 1. APRIL 2017 ANDERERSEITS

DIE HOHEN VERTRAGSPARTEIEN –

UNTER BERÜCKSICHTIGUNG der Tatsache, dass es zum Zeitpunkt der Billigung des

— 149 —

1/3. Protokolle

Prot. 9, 10

EUV/AEUV
+ Prot/Erkl
Anhänge
EU-Grundrechte-
Charta + Erl
Irland/Tschech Rep
Änderungs- und
Beitrittsverträge
LissV + ZusErl
Liss-BeglNovelle

Vertrags von Lissabon von grundlegender Bedeutung war, dass eine Einigung über den Beschluss des Rates über die Anwendung des Artikels 16 Absatz 4 des Vertrags über die Europäische Union und des Artikels 238 Absatz 2 des Vertrags über die Arbeitsweise der Europäischen Union zwischen dem 1. November 2014 und dem 31. März 2017 einerseits und ab dem 1. April 2017 andererseits (im Folgenden „Beschluss") zustande kommt –

SIND über folgende Bestimmung ÜBEREIN-GEKOMMEN, die dem Vertrag über die Europäische Union und dem Vertrag über die Arbeitsweise der Europäischen Union beigefügt ist:

Einziger Artikel

Bevor der Rat einen Entwurf prüft, der entweder darauf abzielt, den Beschluss oder eine seiner Bestimmungen zu ändern oder aufzuheben, oder aber darauf abzielt, eine mittelbare Änderung seines Geltungsbereichs oder seiner Bedeutung zu bewirken, indem ein anderer Rechtsakt der Union geändert wird, führt der Europäische Rat eine vorläufige Beratung über diesen Entwurf durch, wobei er gemäß Artikel 15 Absatz 4 des Vertrags über die Europäische Union im Konsens handelt.

PROTOKOLL (Nr. 10)
ÜBER DIE STÄNDIGE STRUKTURIERTE ZUSAMMENARBEIT NACH ARTIKEL 42 DES VERTRAGS ÜBER DIE EUROPÄISCHE UNION

DIE HOHEN VERTRAGSPARTEIEN –

GESTÜTZT AUF Artikel 42 Absatz 6 und Artikel 46 des Vertrags über die Europäische Union,

EINGEDENK DESSEN, dass die Union eine Gemeinsame Außen- und Sicherheitspolitik verfolgt, die auf der Erreichung einer immer stärkeren Konvergenz des Handelns der Mitgliedstaaten beruht,

EINGEDENK DESSEN, dass die Gemeinsame Sicherheits- und Verteidigungspolitik integraler Bestandteil der Gemeinsamen Außen- und Sicherheitspolitik ist, dass sie der Union eine auf zivile und militärische Mittel gestützte Fähigkeit zu Operationen sichert, dass die Union hierauf bei Missionen nach

Artikel 43 des Vertrags über die Europäische Union außerhalb der Union zur Friedenssicherung, Konfliktverhütung und Stärkung der internationalen Sicherheit nach den Grundsätzen der Charta der Vereinten Nationen zurückgreifen kann und dass diese Aufgaben dank der von den Mitgliedstaaten nach dem Grundsatz der „nur einmal einsetzbaren Streitkräfte" bereitgestellten militärischen Fähigkeiten erfüllt werden,

EINGEDENK DESSEN, dass die Gemeinsame Sicherheits- und Verteidigungspolitik der Union den besonderen Charakter der Sicherheits- und Verteidigungspolitik bestimmter Mitgliedstaaten unberührt lässt,

EINGEDENK DESSEN, dass die Gemeinsame Sicherheits- und Verteidigungspolitik der Union die aus dem Nordatlantikvertrag erwachsenden Verpflichtungen der Mitgliedstaaten achtet, die ihre gemeinsame Verteidigung als durch die Nordatlantikvertrags-Organisation verwirklicht betrachten, die das Fundament der kollektiven Verteidigung ihrer Mitglieder bleibt, und dass sie mit der in jenem Rahmen festgelegten gemeinsamen Sicherheits- und Verteidigungspolitik vereinbar ist,

IN DER ÜBERZEUGUNG, dass eine maßgeblichere Rolle der Union im Bereich von Sicherheit und Verteidigung im Einklang mit den so genannten Berlin-plus-Vereinbarungen zur Vitalität eines erneuerten Atlantischen Bündnisses beitragen wird,

FEST ENTSCHLOSSEN, dass die Union in der Lage sein muss, die ihr im Rahmen der Staatengemeinschaft obliegenden Verantwortungen in vollem Umfang wahrzunehmen,

IN DER ERKENNTNIS, dass die Organisation der Vereinten Nationen die Union für die Durchführung dringender Missionen nach den Kapiteln VI und VII der Charta der Vereinten Nationen um Unterstützung ersuchen kann,

IN DER ERKENNTNIS, dass die Stärkung der Sicherheits- und Verteidigungspolitik von den Mitgliedstaaten Anstrengungen im Bereich der Fähigkeiten erfordern wird,

IN DEM BEWUSSTSEIN, dass der Eintritt in eine neue Phase der Entwicklung der Europäischen Sicherheits- und Verteidigungspolitik von den Mitgliedstaaten, die dazu bereit sind, entschiedene Anstrengungen erfordert,

EINGEDENK der Bedeutung, die der umfassenden Beteiligung des Hohen Vertreters der Union für Außen- und Sicherheitspolitik an den Arbeiten im Rahmen der Ständigen Strukturierten Zusammenarbeit zukommt –

SIND über folgende Bestimmungen ÜBER-EINGEKOMMEN, die dem Vertrag über die Europäische Union und dem Vertrag über die Arbeitsweise der Europäischen Union beigefügt sind:

Artikel 1

An der Ständigen Strukturierten Zusammenarbeit nach Artikel 42 Absatz 6 des Vertrags über die Europäische Union kann jeder Mitgliedstaat teilnehmen, der sich ab dem Zeitpunkt des Inkrafttretens des Vertrags von Lissabon verpflichtet,

a) seine Verteidigungsfähigkeiten durch Ausbau seiner nationalen Beiträge und gegebenenfalls durch Beteiligung an multinationalen Streitkräften, an den wichtigsten europäischen Ausrüstungsprogrammen und an der Tätigkeit der Agentur für die Bereiche Entwicklung der Verteidigungsfähigkeiten, Forschung, Beschaffung und Rüstung (Europäische Verteidigungsagentur) intensiver zu entwickeln und

b) spätestens 2010 über die Fähigkeit zu verfügen, entweder als nationales Kontingent oder als Teil von multinationalen Truppenverbänden bewaffnete Einheiten bereitzustellen, die auf die in Aussicht genommenen Missionen ausgerichtet sind, taktisch als Gefechtsverband konzipiert sind, über Unterstützung unter anderem für Transport und Logistik verfügen und fähig sind, innerhalb von 5 bis 30 Tagen Missionen nach Artikel 43 des Vertrags über die Europäische Union aufzunehmen, um insbesondere Ersuchen der Organisation der Vereinten Nationen nachzukommen, und diese Missionen für eine Dauer von zunächst 30 Tagen, die bis auf 120 Tage ausgedehnt werden kann, aufrechtzuerhalten.

Artikel 2

Die an der Ständigen Strukturierten Zusammenarbeit teilnehmenden Mitgliedstaaten verpflichten sich zwecks Erreichung der in Artikel 1 genannten Ziele zu

a) einer Zusammenarbeit ab dem Inkrafttreten des Vertrags von Lissabon zur Verwirklichung der vereinbarten Ziele für die Höhe der Investitionsausgaben für Verteidigungsgüter und zur regelmäßigen Überprüfung dieser Ziele im Lichte des Sicherheitsumfelds und der internationalen Verantwortung der Union;

b) einer möglichst weit gehenden Angleichung ihres Verteidigungsinstrumentariums, indem sie insbesondere die Ermittlung des militärischen Bedarfs harmonisieren, ihre Verteidigungsmittel und -fähigkeiten gemeinsam nutzen und gegebenenfalls spezialisieren sowie die Zusammenarbeit auf den Gebieten Ausbildung und Logistik stärken;

c) konkreten Maßnahmen zur Stärkung der Verfügbarkeit, der Interoperabilität, der Flexibilität und der Verlegefähigkeit ihrer Truppen insbesondere, indem sie gemeinsame Ziele für die Entsendung von Streitkräften aufstellen und gegebenenfalls ihre nationalen Beschlussfassungsverfahren überprüfen;

d) einer Zusammenarbeit mit dem Ziel, dass sie die erforderlichen Maßnahmen ergreifen, um unter anderem durch multinationale Konzepte und unbeschadet der sie betreffenden Verpflichtungen im Rahmen der Nordatlantikvertrags-Organisation die im Rahmen des „Mechanismus zur Entwicklung der Fähigkeiten" festgestellten Lücken zu schließen;

e) einer eventuellen Mitwirkung an der Entwicklung gemeinsamer oder europäischer Programme für wichtige Güter im Rahmen der Europäischen Verteidigungsagentur.

Artikel 3

Die Europäische Verteidigungsagentur trägt zur regelmäßigen Beurteilung der Beiträge der teilnehmenden Mitgliedstaaten zu den Fähigkeiten bei, insbesondere der Beiträge nach den unter anderem auf der Grundlage von Artikel 2 aufgestellten Kriterien, und erstattet hierüber mindestens einmal jährlich Bericht. Die Beurteilung kann als Grundlage für die Empfehlungen sowie für die Beschlüsse des Rates dienen, die nach Artikel 46 des Vertrags über die Europäische Union erlassen werden.

PROTOKOLL (Nr. 11)
ZU ARTIKEL 42 DES VERTRAGS ÜBER DIE EUROPÄISCHE UNION

DIE HOHEN VERTRAGSPARTEIEN –

IN ANBETRACHT der Notwendigkeit, den Artikel 42 Absatz 2 des Vertrags über die Europäische Union in vollem Umfang umzusetzen,

EUV/AEUV
+ Prot/Erkl
Anhänge
EU-Grundrechte-
Charta + Erl
Irland/Tschech Rep
Änderungs- und
Beitrittsverträge
LissV + ZusErl
Liss-BeglNovelle

IN ANBETRACHT der Tatsache, dass die Politik der Union nach Artikel 42 den besonderen Charakter der Sicherheits- und Verteidigungspolitik bestimmter Mitgliedstaaten nicht berührt, die Verpflichtungen einiger Mitgliedstaaten, die ihre gemeinsame Verteidigung in der NATO verwirklicht sehen, aus dem Nordatlantikvertrag achtet und mit der in jenem Rahmen festgelegten gemeinsamen Sicherheits- und Verteidigungspolitik vereinbar ist – SIND über folgende Bestimmungen ÜBEREINGEKOMMEN, die dem Vertrag über die Europäische Union und dem Vertrag über die Arbeitsweise der Europäischen Union beigefügt sind:

Die Europäische Union erarbeitet zusammen mit der Westeuropäischen Union Regelungen für eine verstärkte Zusammenarbeit zwischen der Europäischen Union und der Westeuropäischen Union.

PROTOKOLL (Nr. 12)
ÜBER DAS VERFAHREN BEI EINEM ÜBERMÄSSIGEN DEFIZIT

DIE HOHEN VERTRAGSPARTEIEN –
IN DEM WUNSCH, die Einzelheiten des in Artikel 126 des Vertrags über die Arbeitsweise der Europäischen Union genannten Verfahrens bei einem übermäßigen Defizit festzulegen –
SIND über folgende Bestimmungen ÜBEREINGEKOMMEN, die dem Vertrag über die Europäische Union und dem Vertrag über die Arbeitsweise der Europäischen Union beigefügt sind:

Artikel 1

Die in Artikel 126 Absatz 2 des Vertrags über die Arbeitsweise der Europäischen Union genannten Referenzwerte sind:
– 3 % für das Verhältnis zwischen dem geplanten oder tatsächlichen öffentlichen Defizit und dem Bruttoinlandsprodukt zu Marktpreisen,
– 60 % für das Verhältnis zwischen dem öffentlichen Schuldenstand und dem Bruttoinlandsprodukt zu Marktpreisen.

Artikel 2

In Artikel 126 des genannten Vertrags und in diesem Protokoll bedeutet

– „öffentlich" zum Staat, d. h. zum Zentralstaat (Zentralregierung), zu regionalen oder lokalen Gebietskörperschaften oder Sozialversicherungseinrichtungen gehörig, mit Ausnahme von kommerziellen Transaktionen, im Sinne des Europäischen Systems volkswirtschaftlicher Gesamtrechnungen;
– „Defizit" das Finanzierungsdefizit im Sinne des Europäischen Systems volkswirtschaftlicher Gesamtrechnungen;
– „Investitionen" die Brutto-Anlageinvestitionen im Sinne des Europäischen Systems volkswirtschaftlicher Gesamtrechnungen;
– „Schuldenstand" den Brutto-Gesamtschuldenstand zum Nominalwert am Jahresende nach Konsolidierung innerhalb und zwischen den einzelnen Bereichen des Staatssektors im Sinne des ersten Gedankenstrichs.

Artikel 3

Um die Wirksamkeit des Verfahrens bei einem übermäßigen Defizit zu gewährleisten, sind die Regierungen der Mitgliedstaaten im Rahmen dieses Verfahrens für die Defizite des Staatssektors im Sinne von Artikel 2 erster Gedankenstrich verantwortlich. Die Mitgliedstaaten gewährleisten, dass die innerstaatlichen Verfahren im Haushaltsbereich sie in die Lage versetzen, ihre sich aus den Verträgen ergebenden Verpflichtungen in diesem Bereich zu erfüllen. Die Mitgliedstaaten müssen ihre geplanten und tatsächlichen Defizite und die Höhe ihres Schuldenstands der Kommission unverzüglich und regelmäßig mitteilen.

Artikel 4

Die zur Anwendung dieses Protokolls erforderlichen statistischen Daten werden von der Kommission zur Verfügung gestellt.

PROTOKOLL (Nr. 13)
ÜBER DIE KONVERGENZKRITERIEN

DIE HOHEN VERTRAGSPARTEIEN –
IN DEM WUNSCH, die Konvergenzkriterien, welche die Union bei den Beschlüssen nach Artikel 140 des Vertrags über die Arbeitsweise der Europäischen Union über die Aufhebung der Ausnahmeregelungen für die Mitgliedstaaten, für die eine Ausnahmeregelung gilt, leiten sollen, näher festzulegen –

SIND über folgende Bestimmungen ÜBER-EINGEKOMMEN, die dem Vertrag über die Europäische Union und dem Vertrag über die Arbeitsweise der Europäischen Union beigefügt sind:

Artikel 1

Das in Artikel 140 Absatz 1 erster Gedankenstrich des Vertrags über die Arbeitsweise der Europäischen Union genannte Kriterium der Preisstabilität bedeutet, dass ein Mitgliedstaat eine anhaltende Preisstabilität und eine während des letzten Jahres vor der Prüfung gemessene durchschnittliche Inflationsrate aufweisen muss, die um nicht mehr als 1 1/2 Prozentpunkte über der Inflationsrate jener – höchstens drei – Mitgliedstaaten liegt, die auf dem Gebiet der Preisstabilität das beste Ergebnis erzielt haben. Die Inflation wird anhand des Verbraucherpreisindexes auf vergleichbarer Grundlage unter Berücksichtigung der unterschiedlichen Definitionen in den einzelnen Mitgliedstaaten gemessen.

Artikel 2

Das in Artikel 140 Absatz 1 zweiter Gedankenstrich des genannten Vertrags genannte Kriterium der Finanzlage der öffentlichen Hand bedeutet, dass zum Zeitpunkt der Prüfung kein Beschluss des Rates nach Artikel 126 Absatz 6 des genannten Vertrags vorliegt, wonach in dem betreffenden Mitgliedstaat ein übermäßiges Defizit besteht.

Artikel 3

Das in Artikel 140 Absatz 1 dritter Gedankenstrich des genannten Vertrags genannte Kriterium der Teilnahme am Wechselkursmechanismus des Europäischen Währungssystems bedeutet, dass ein Mitgliedstaat die im Rahmen des Wechselkursmechanismus des Europäischen Währungssystems vorgesehenen normalen Bandbreiten zumindest in den letzten zwei Jahren vor der Prüfung ohne starke Spannungen eingehalten haben muss. Insbesondere darf er den bilateralen Leitkurs seiner Währung innerhalb des gleichen Zeitraums gegenüber dem Euro nicht von sich aus abgewertet haben.

Artikel 4

Das in Artikel 140 Absatz 1 vierter Gedankenstrich des genannten Vertrags genannte Kriterium der Konvergenz der Zinssätze bedeutet, dass im Verlauf von einem Jahr vor der Prüfung in einem Mitgliedstaat der durchschnittliche langfristige Nominalzinssatz um nicht mehr als 2 Prozentpunkte über dem entsprechenden Satz in jenen – höchstens drei – Mitgliedstaaten liegt, die auf dem Gebiet der Preisstabilität das beste Ergebnis erzielt haben. Die Zinssätze werden anhand langfristiger Staatsschuldverschreibungen oder vergleichbarer Wertpapiere unter Berücksichtigung der unterschiedlichen Definitionen in den einzelnen Mitgliedstaaten gemessen.

Artikel 5

Die zur Anwendung dieses Protokolls erforderlichen statistischen Daten werden von der Kommission zur Verfügung gestellt.

Artikel 6

Der Rat erlässt auf Vorschlag der Kommission und nach Anhörung des Europäischen Parlaments und der EZB sowie des Wirtschafts- und Finanzausschusses einstimmig geeignete Vorschriften zur Festlegung der Einzelheiten der in Artikel 140 des genannten Vertrags genannten Konvergenzkriterien, die dann an die Stelle dieses Protokolls treten.

PROTOKOLL (Nr. 14)
BETREFFEND DIE EURO-GRUPPE

DIE HOHEN VERTRAGSPARTEIEN –

IN DEM WUNSCH, die Voraussetzungen für ein stärkeres Wirtschaftswachstum in der Europäischen Union zu verbessern und zu diesem Zwecke eine immer engere Koordinierung der Wirtschaftspolitik im Euro-Währungsgebiet zu fördern,

IN DEM BEWUSSTSEIN, dass besondere Bestimmungen für einen verstärkten Dialog zwischen den Mitgliedstaaten, deren Währung der Euro ist, vorgesehen werden müssen, bis der Euro zur Währung aller Mitgliedstaaten der Union geworden ist –

SIND über folgende Bestimmungen ÜBER-EINGEKOMMEN, die dem Vertrag über die Europäische Union und dem Vertrag über die Arbeitsweise der Europäischen Union beigefügt sind:

Artikel 1

Die Minister der Mitgliedstaaten, deren Währung der Euro ist, treten zu informellen

— 153 —

1/3. Protokolle

Prot. 14, 15

EUV/AEUV
+ Prot/Erkl
Anhänge
EU-Grundrechte-
Charta + Erl
Irland/Tschech Rep
Änderungs- und
Beitrittsverträge
LissV + ZusErl
Liss-BeglNovelle

Sitzungen zusammen. Diese Sitzungen werden bei Bedarf abgehalten, um Fragen im Zusammenhang mit ihrer gemeinsamen spezifischen Verantwortung im Bereich der einheitlichen Währung zu erörtern. Die Kommission nimmt an den Sitzungen teil. Die Europäische Zentralbank wird zu diesen Sitzungen eingeladen, die von den Vertretern der für Finanzen zuständigen Minister der Mitgliedstaaten, deren Währung der Euro ist, und der Kommission vorbereitet werden.

Artikel 2

Die Minister der Mitgliedstaaten, deren Währung der Euro ist, wählen mit der Mehrheit dieser Mitgliedstaaten einen Präsidenten für zweieinhalb Jahre.

PROTOKOLL (Nr. 15)
ÜBER EINIGE BESTIMMUNGEN BETREFFEND DAS VEREINIGTE KÖNIGREICH GROSSBRITANNIEN UND NORDIRLAND

DIE HOHEN VERTRAGSPARTEIEN –

IN DER ERKENNTNIS, dass das Vereinigte Königreich nicht gezwungen oder verpflichtet ist, ohne einen gesonderten diesbezüglichen Beschluss seiner Regierung und seines Parlaments den Euro einzuführen,

ANGESICHTS der Tatsache, dass die Regierung des Vereinigten Königreichs dem Rat am 16. Oktober 1996 und am 30. Oktober 1997 notifiziert hat, dass sie nicht beabsichtigt, an der dritten Stufe der Wirtschafts- und Währungsunion teilzunehmen,

IN ANBETRACHT der Gepflogenheit der Regierung des Vereinigten Königreichs, ihren Kreditbedarf durch Verkauf von Schuldtiteln an den Privatsektor zu decken –

SIND über folgende Bestimmungen ÜBEREINGEKOMMEN, die dem Vertrag über die Europäische Union und dem Vertrag über die Arbeitsweise der Europäischen Union beigefügt sind:

1. Sofern das Vereinigte Königreich dem Rat nicht notifiziert, dass es den Euro einzuführen beabsichtigt, ist es dazu nicht verpflichtet.

2. Die Nummern 3 bis 8 und Nummer 10 gelten für das Vereinigte Königreich aufgrund der von der Regierung des Vereinigten Königreichs dem Rat am 16. Okto-

ber 1996 und am 30. Oktober 1997 zugeleiteten Notifizierung.

3. Das Vereinigte Königreich behält seine Befugnisse auf dem Gebiet der Währungspolitik nach seinem innerstaatlichen Recht.

4. Artikel 119 Absatz 2, Artikel 126 Absätze 1, 9 und 11, Artikel 127 Absätze 1 bis 5, Artikel 128, die Artikel 130, 131, 132 und 133, Artikel 138, Artikel 140 Absatz 3, Artikel 219, Artikel 282 Absatz 2 mit Ausnahme des ersten und des letzten Satzes, Artikel 282 Absatz 5 und Artikel 283 des Vertrags über die Arbeitsweise der Europäischen Union gelten nicht für das Vereinigte Königreich. Artikel 121 Absatz 2 des genannten Vertrags gilt hinsichtlich der Annahme der das Euro-Währungsgebiet generell betreffenden Teile der Grundzüge der Wirtschaftspolitik ebenfalls nicht für das Vereinigte Königreich. In diesen Bestimmungen enthaltene Bezugnahmen auf die Union oder die Mitgliedstaaten betreffen nicht das Vereinigte Königreich, und Bezugnahmen auf die nationalen Zentralbanken betreffen nicht die Bank of England.

5. Das Vereinigte Königreich bemüht sich, ein übermäßiges öffentliches Defizit zu vermeiden.

Die Artikel 143 und 144 des Vertrags über die Arbeitsweise der Europäischen Union gelten auch weiterhin für das Vereinigte Königreich. Artikel 134 Absatz 4 und Artikel 142 werden so auf das Vereinigte Königreich angewandt, als gelte für dieses eine Ausnahmeregelung.

6. Das Stimmrecht des Vereinigten Königreichs wird in Bezug auf die Rechtsakte des Rates, auf die in den unter Nummer 4 aufgeführten Artikeln Bezug genommen wird, und in den in Artikel 139 Absatz 4 Unterabsatz 1 des Vertrags über die Arbeitsweise der Europäischen Union genannten Fällen ausgesetzt. Zu diesem Zweck findet Artikel 139 Absatz 4 Unterabsatz 2 des genannten Vertrags Anwendung.

Das Vereinigte Königreich ist ferner nicht berechtigt, sich an der Ernennung des Präsidenten, des Vizepräsidenten und der weiteren Mitglieder des Direktoriums der EZB nach Artikel 283 Absatz 2 Unterabsatz 2 des genannten Vertrags zu beteiligen.

7. Die Artikel 3, 4, 6, 7, 9.2, 10.1, 10.3, 11.2, 12.1, 14, 16, 18, 19, 20, 22, 23, 26,

27, 30, 31, 32, 33, 34 und 49 des Protokolls über die Satzung des Europäischen Systems der Zentralbanken und der Europäischen Zentralbank („die Satzung") gelten nicht für das Vereinigte Königreich.

In diesen Artikeln enthaltene Bezugnahmen auf die Union oder die Mitgliedstaaten betreffen nicht das Vereinigte Königreich, und Bezugnahmen auf die nationalen Zentralbanken oder die Anteilseigner betreffen nicht die Bank of England.

In den Artikeln 10.3 und 30.2 der Satzung enthaltene Bezugnahmen auf das „gezeichnete Kapital der EZB" betreffen nicht das von der Bank of England gezeichnete Kapital.

8. Artikel 141 Absatz 1 des Vertrags über die Arbeitsweise der Europäischen Union und die Artikel 43 bis 47 der Satzung gelten unabhängig davon, ob es Mitgliedstaaten gibt, für die eine Ausnahmeregelung gilt, vorbehaltlich folgender Änderungen:

a) Bezugnahmen in Artikel 43 auf die Aufgaben der EZB und des EWI schließen auch die Aufgaben ein, die im Fall einer etwaigen Entscheidung des Vereinigten Königreichs, nicht den Euro einzuführen, nach der Einführung des Euro noch erfüllt werden müssen.

b) Zusätzlich zu den Aufgaben nach Artikel 46 berät die EZB ferner bei der Vorbereitung von Beschlüssen des Rates betreffend das Vereinigte Königreich nach Nummer 9 Buchstaben a und c dieses Protokolls und wirkt an deren Ausarbeitung mit.

c) Die Bank of England zahlt das von ihr gezeichnete Kapital der EZB als Beitrag zu den EZB-Betriebskosten auf derselben Grundlage ein wie die nationalen Zentralbanken der Mitgliedstaaten, für die eine Ausnahmeregelung gilt.

9. Das Vereinigte Königreich kann jederzeit notifizieren, dass es beabsichtigt, den Euro einzuführen.

In diesem Fall gilt Folgendes:

a) Das Vereinigte Königreich hat das Recht, den Euro einzuführen, sofern es die notwendigen Voraussetzungen erfüllt. Der Rat entscheidet auf Antrag des Vereinigten Königreichs unter den Bedingungen und nach dem Verfahren des Artikels 140 Absätze 1 und 2 des Vertrags über die Arbeitsweise der Europäischen Union, ob das Vereinigte Königreich die notwendigen Voraussetzungen erfüllt.

b) Die Bank of England zahlt das von ihr gezeichnete Kapital ein, überträgt der EZB Währungsreserven und leistet ihren Beitrag zu den Reserven der EZB auf derselben Grundlage wie die nationalen Zentralbanken der Mitgliedstaaten, deren Ausnahmeregelung aufgehoben worden ist.

c) Der Rat fasst unter den Bedingungen und nach dem Verfahren des Artikels 140 Absatz 3 des genannten Vertrags alle weiteren Beschlüsse, die erforderlich sind, um dem Vereinigten Königreich die Einführung des Euro zu ermöglichen.

Führt das Vereinigte Königreich nach den Bestimmungen dieser Nummer den Euro ein, so treten die Nummern 3 bis 9 dieses Protokolls außer Kraft.

10. Unbeschadet des Artikels 123 des Vertrags über die Arbeitsweise der Europäischen Union sowie des Artikels 21.1 der Satzung kann die Regierung des Vereinigten Königreichs ihre „Ways and Means"-Fazilität bei der Bank of England beibehalten, sofern und solange das Vereinigte Königreich nicht den Euro einführt.

PROTOKOLL (Nr. 16)
ÜBER EINIGE BESTIMMUNGEN BETREFFEND DÄNEMARK

DIE HOHEN VERTRAGSPARTEIEN –

MIT RÜCKSICHT DARAUF, dass die dänische Verfassung Bestimmungen enthält, die vor einem Verzicht Dänemarks auf seine Freistellung in Dänemark eine Volksabstimmung erfordern könnten –

ANGESICHTS DER TATSACHE, dass die dänische Regierung dem Rat am 3. November 1993 notifiziert hat, dass sie nicht beabsichtigt, an der dritten Stufe der Wirtschafts- und Währungsunion teilzunehmen –

SIND über folgende Bestimmungen ÜBEREINGEKOMMEN, die dem Vertrag über die Europäische Union und dem Vertrag über die Arbeitsweise der Europäischen Union beigefügt sind:

1/3. Protokolle

EUV/AEUV
+ Prot/Erkl
Anhänge
EU-Grundrechte-
Charta + Erl
Irland Tschech Rep
Änderungs- und
Beitrittsverträge
LissV + ZusErl
Liss-BeglNovelle

1. Aufgrund der Notifikation der dänischen Regierung an den Rat vom 3. November 1993 gilt für Dänemark eine Freistellung. Die Freistellung hat zur Folge, dass alle eine Ausnahmeregelung betreffenden Artikel und Bestimmungen der Verträge und der Satzung des ESZB und der EZB auf Dänemark Anwendung finden.
2. Zur Aufhebung der Freistellung wird das Verfahren nach Artikel 140 des Vertrags über die Arbeitsweise der Europäischen Union nur dann eingeleitet, wenn Dänemark einen entsprechenden Antrag stellt.
3. Nach Aufhebung der Freistellung ist dieses Protokoll nicht mehr anwendbar.

PROTOKOLL (Nr. 17)
BETREFFEND DÄNEMARK

DIE HOHEN VERTRAGSPARTEIEN –

IN DEM WUNSCH, gewisse besondere Probleme betreffend Dänemark zu regeln –

SIND über folgende Bestimmungen ÜBEREINGEKOMMEN, die dem Vertrag über die Europäische Union und dem Vertrag über die Arbeitsweise der Europäischen Union beigefügt sind:

Artikel 14 des Protokolls über die Satzung des Europäischen Systems der Zentralbanken und der Europäischen Zentralbank berührt nicht das Recht der Nationalbank Dänemarks, ihre derzeitigen Aufgaben hinsichtlich der nicht der Union angehörenden Teile des Königreichs Dänemark wahr zunehmen.

PROTOKOLL (Nr. 18)
BETREFFEND FRANKREICH

DIE HOHEN VERTRAGSPARTEIEN –

IN DEM WUNSCH, einen besonderen Punkt im Zusammenhang mit Frankreich zu berücksichtigen –

SIND über folgende Bestimmungen ÜBEREINGEKOMMEN, die dem Vertrag über die Europäische Union und dem Vertrag über die Arbeitsweise der Europäischen Union beigefügt sind:

Frankreich behält das Recht, nach Maßgabe seiner innerstaatlichen Rechtsvorschriften in Neukaledonien, in Französisch-Polynesien

und in Wallis und Futuna Geldzeichen auszugeben, und ist allein befugt, die Parität des CFP-Franc festzusetzen.

PROTOKOLL (Nr. 19)
ÜBER DEN IN DEN RAHMEN DER EUROPÄISCHEN UNION EINBEZOGENEN SCHENGEN-BESITZSTAND

DIE HOHEN VERTRAGSPARTEIEN –

ANGESICHTS dessen, dass die von einigen Mitgliedstaaten der Europäischen Union am 14. Juni 1985 und am 19. Juni 1990 in Schengen unterzeichneten Übereinkommen betreffend den schrittweisen Abbau der Kontrollen an den gemeinsamen Grenzen sowie damit zusammenhängende Übereinkommen und die auf deren Grundlage erlassenen Regelungen durch den Vertrag von Amsterdam vom 2. Oktober 1997 in den Rahmen der Europäischen Union einbezogen wurden,

IN DEM WUNSCH, den seit Inkrafttreten des Vertrags von Amsterdam weiterentwickelten Schengen-Besitzstand zu wahren und diesen Besitzstand fortzuentwickeln, um zur Verwirklichung des Ziels beizutragen, den Unionsbürgerinnen und Unionsbürgern einen Raum der Freiheit, der Sicherheit und des Rechts ohne Binnengrenzen zu bieten,

MIT RÜCKSICHT auf die besondere Position Dänemarks,

MIT RÜCKSICHT darauf, dass Irland und das Vereinigte Königreich Großbritannien und Nordirland sich nicht an sämtlichen Bestimmungen des Schengen-Besitzstands beteiligen, dass es diesen Mitgliedstaaten jedoch ermöglicht werden sollte, andere Bestimmungen dieses Besitzstands ganz oder teilweise anzunehmen,

IN DER ERKENNTNIS, dass es infolgedessen erforderlich ist, auf die in den Verträgen enthaltenen Bestimmungen über eine Verstärkte Zusammenarbeit zwischen einigen Mitgliedstaaten zurückzugreifen,

MIT RÜCKSICHT darauf, dass es notwendig ist, ein besonderes Verhältnis zur Republik Island und zum Königreich Norwegen aufrechtzuerhalten, da diese beiden Staaten sowie diejenigen nordischen Staaten, die Mitglieder der Europäischen Union sind, durch die Bestimmungen der Nordischen Passunion gebunden sind –

SIND über folgende Bestimmungen ÜBEREINGEKOMMEN, die dem Vertrag über die

Europäische Union und dem Vertrag über die Arbeitsweise der Europäischen Union beigefügt sind:

Artikel 1

Das Königreich Belgien, die Republik Bulgarien, die Tschechische Republik, das Königreich Dänemark, die Bundesrepublik Deutschland, die Republik Estland, die Hellenische Republik, das Königreich Spanien, die Französische Republik, die Italienische Republik, die Republik Zypern, die Republik Lettland, die Republik Litauen, das Großherzogtum Luxemburg, die Republik Ungarn, die Republik Malta, das Königreich der Niederlande, die Republik Österreich, die Republik Polen, die Portugiesische Republik, Rumänien, die Republik Slowenien, die Slowakische Republik, die Republik Finnland und das Königreich Schweden werden ermächtigt, untereinander eine Verstärkte Zusammenarbeit in den Bereichen der vom Rat festgelegten Bestimmungen, die den Schengen-Besitzstand bilden, zu begründen. Diese Zusammenarbeit erfolgt innerhalb des institutionellen und rechtlichen Rahmens der Europäischen Union und unter Beachtung der einschlägigen Bestimmungen der Verträge.

Artikel 2

Der Schengen-Besitzstand ist unbeschadet des Artikels 3 der Beitrittsakte vom 16. April 2003 und des Artikels 4 der Beitrittsakte vom 25. April 2005 für die in Artikel 1 aufgeführten Mitgliedstaaten anwendbar. Der Rat tritt an die Stelle des durch die Schengener Übereinkommen eingesetzten Exekutivausschusses.

Artikel 3

Die Beteiligung Dänemarks am Erlass der Maßnahmen, die eine Weiterentwicklung des Schengen-Besitzstands darstellen, sowie die Umsetzung und Anwendung dieser Maßnahmen in Dänemark unterliegt den einschlägigen Bestimmungen des Protokolls über die Position Dänemarks.

Artikel 4

Irland und das Vereinigte Königreich Großbritannien und Nordirland können jederzeit beantragen, dass einzelne oder alle Bestimmungen des Schengen-Besitzstands auch auf sie Anwendung finden sollen.

Der Rat beschließt einstimmig über einen solchen Antrag, wobei die Einstimmigkeit mit den Stimmen seiner in Artikel 1 genannten Mitglieder und der Stimme des Vertreters der Regierung des betreffenden Staates zustande kommt.

Artikel 5

(1) Vorschläge und Initiativen auf der Grundlage des Schengen-Besitzstands unterliegen den einschlägigen Bestimmungen der Verträge.

In diesem Zusammenhang gilt, sofern Irland oder das Vereinigte Königreich dem Rat nicht innerhalb eines vertretbaren Zeitraums schriftlich mitgeteilt hat, dass es sich beteiligen möchte, die Ermächtigung nach Artikel 329 des Vertrags über die Arbeitsweise der Europäischen Union gegenüber den in Artikel 1 genannten Mitgliedstaaten sowie gegenüber Irland oder dem Vereinigten Königreich als erteilt, sofern einer dieser beiden Mitgliedstaaten sich in den betreffenden Bereichen der Zusammenarbeit beteiligen möchte.

(2) Gilt eine Mitteilung durch Irland oder das Vereinigte Königreich nach einem Beschluss gemäß Artikel 4 als erfolgt, so kann Irland oder das Vereinigte Königreich dennoch dem Rat innerhalb von drei Monaten schriftlich mitteilen, dass es sich an dem Vorschlag oder der Initiative nicht beteiligen möchte. In diesem Fall beteiligt sich Irland bzw. das Vereinigte Königreich nicht an der Annahme des Vorschlags oder der Initiative. Ab der letzten Mitteilung wird das Verfahren zur Annahme der Maßnahme auf der Grundlage des Schengen-Besitzstands bis zum Ende des Verfahrens nach Absatz 3 oder Absatz 4 oder bis zu dem Zeitpunkt, zu dem die genannte Mitteilung während des Verfahrens zurückgenommen wird, ausgesetzt.

(3) In Bezug auf den Mitgliedstaat, der eine Mitteilung nach Absatz 2 vorgenommen hat, gilt ein Beschluss des Rates nach Artikel 4 ab dem Inkrafttreten der vorgeschlagenen Maßnahme nicht mehr, und zwar in dem vom Rat für erforderlich gehaltenen Ausmaß und unter den vom Rat mit qualifizierter Mehrheit auf Vorschlag der Kommission in einem Beschluss festzulegenden Bedingungen. Dieser Beschluss wird nach den folgenden Kriterien gefasst: Der Rat bemüht sich, das größtmögliche Maß an Beteiligung des betreffenden Mitgliedstaats aufrechtzuerhalten, ohne dass dabei die praktische Durchführbarkeit der verschiedenen Teile des

1/3. Protokolle

Prot. 19, 20

EUV/AEUV
+ Prot/Erkl
Anhänge
EU-Grundrechte-
Charta + Erl
Irland/Tschech Rep
Änderungs- und
Beitrittsverträge
LissV + ZusErl
Liss-BeglNovelle

Schengen-Besitzstands ernsthaft beeinträchtigt wird und unter Wahrung ihrer Kohärenz. Die Kommission unterbreitet ihren Vorschlag so bald wie möglich nach der Mitteilung nach Absatz 2. Der Rat beschließt innerhalb von vier Monaten nach dem Vorschlag der Kommission erforderlichenfalls nach Einberufung von zwei aufeinander folgenden Tagungen.

(4) Hat der Rat nach Ablauf von vier Monaten keinen Beschluss gefasst, so kann ein Mitgliedstaat unverzüglich beantragen, dass der Europäische Rat befasst wird. In diesem Fall fasst der Europäische Rat auf seiner nächsten Tagung mit qualifizierter Mehrheit auf der Grundlage des Vorschlags der Kommission einen Beschluss nach den in Absatz 3 genannten Kriterien.

(5) Hat der Rat oder gegebenenfalls der Europäische Rat bis zum Ende des Verfahrens nach Absatz 3 oder Absatz 4 keinen Beschluss gefasst, so ist die Aussetzung des Verfahrens für die Annahme der Maßnahme auf der Grundlage des Schengen-Besitzstands beendet. Wird die Maßnahme im Anschluss daran angenommen, so gilt ein Beschluss des Rates nach Artikel 4 für den betreffenden Mitgliedstaat ab dem Inkrafttreten der Maßnahme in dem Ausmaß und unter den Bedingungen, die von der Kommission beschlossen wurden, nicht mehr, es sei denn, der betreffende Mitgliedstaat hat seine Mitteilung nach Absatz 2 vor Annahme der Maßnahme zurückgezogen. Die Kommission beschließt bis zum Tag dieser Annahme. Die Kommission beachtet bei ihrem Beschluss die Kriterien nach Absatz 3.

Artikel 6

Die Republik Island und das Königreich Norwegen werden bei der Durchführung des Schengen-Besitzstands und bei seiner weiteren Entwicklung assoziiert. Die entsprechenden Verfahren hierfür werden in einem Übereinkommen mit diesen Staaten festgelegt, das vom Rat mit einstimmigem Beschluss seiner in Artikel 1 genannten Mitglieder geschlossen wird. Das Übereinkommen enthält auch Bestimmungen über den Beitrag Islands und Norwegens zu etwaigen finanziellen Folgen der Durchführung dieses Protokolls.

Mit Island und Norwegen schließt der Rat mit einstimmigem Beschluss ein gesondertes Übereinkommen zur Festlegung der Rechte und Pflichten zwischen Irland und dem Vereinigten Königreich Großbritannien und Nordirland einerseits und Island und Norwegen andererseits in den für diese Staaten geltenden Bereichen des Schengen-Besitzstands.

Artikel 7

Bei den Verhandlungen über die Aufnahme neuer Mitgliedstaaten in die Europäische Union gelten den Schengen-Besitzstand und weitere Maßnahmen, welche die Organe im Rahmen seines Anwendungsbereichs getroffen haben, als ein Besitzstand, der von allen Staaten, die Beitrittskandidaten sind, vollständig zu übernehmen ist.

PROTOKOLL (Nr. 20)
ÜBER DIE ANWENDUNG BESTIMMTER ASPEKTE DES ARTIKELS 26 DES VERTRAGS ÜBER DIE ARBEITSWEISE DER EUROPÄISCHEN UNION AUF DAS VEREINIGTE KÖNIGREICH UND AUF IRLAND

DIE HOHEN VERTRAGSPARTEIEN –

IN DEM WUNSCH, bestimmte das Vereinigte Königreich und Irland betreffende Fragen zu regeln,

IM HINBLICK darauf, dass seit vielen Jahren zwischen dem Vereinigten Königreich und Irland besondere Reiseregelungen bestehen –

SIND über folgende Bestimmungen ÜBEREINGEKOMMEN, die dem Vertrag über die Europäische Union und dem Vertrag über die Arbeitsweise der Europäischen Union beigefügt sind:

Artikel 1

Das Vereinigte Königreich darf ungeachtet der Artikel 26 und 77 des Vertrags über die Arbeitsweise der Europäischen Union, anderer Bestimmungen jenes Vertrags oder des Vertrags über die Europäische Union, im Rahmen dieser Verträge beschlossener Maßnahmen oder von der Union oder der Union und ihren Mitgliedstaaten mit einem oder mehreren Drittstaaten geschlossener internationaler Übereinkünfte an seinen Grenzen mit anderen Mitgliedstaaten bei Personen, die in das Vereinigte Königreich einreisen wollen, Kontrollen durchführen, die nach seiner Auffassung erforderlich sind

a) zur Überprüfung des Rechts auf Einreise in das Vereinigte Königreich bei Staatsangehörigen von Mitgliedstaaten und ihren unterhaltsberechtigten Angehörigen, welche die ihnen nach dem Unionsrecht zustehenden Rechte wahrnehmen, sowie bei Staatsangehörigen anderer Staaten, denen solche Rechte aufgrund einer Übereinkunft zustehen, an die das Vereinigte Königreich gebunden ist, und

b) zur Entscheidung darüber, ob anderen Personen die Genehmigung zur Einreise in das Vereinigte Königreich erteilt wird.

Die Artikel 26 und 77 des Vertrags über die Arbeitsweise der Europäischen Union oder die anderen Bestimmungen jenes Vertrags oder des Vertrags über die Europäische Union oder die im Rahmen dieser Verträge beschlossenen Maßnahmen berühren in keiner Weise das Recht des Vereinigten Königreichs, solche Kontrollen ein- oder durchzuführen. Wird im vorliegenden Artikel auf das Vereinigte Königreich Bezug genommen, so gilt diese Bezugnahme auch für die Gebiete, für deren Außenbeziehungen das Vereinigte Königreich verantwortlich ist.

Artikel 2

Das Vereinigte Königreich und Irland können weiterhin untereinander Regelungen über den freien Personenverkehr zwischen ihren Hoheitsgebieten („einheitliches Reisegebiet") treffen, sofern die Rechte der in Artikel 1 Absatz 1 Buchstabe a dieses Protokolls genannten Personen in vollem Umfang gewahrt bleiben. Dementsprechend findet, solange sie solche Regelungen beibehalten, Artikel 1 dieses Protokolls unter denselben Bedingungen und Voraussetzungen wie im Falle des Vereinigten Königreichs auf Irland Anwendung. Die Artikel 26 und 77 des Vertrags über die Arbeitsweise der Europäischen Union oder andere Bestimmungen jenes Vertrags oder des Vertrags über die Europäische Union oder im Rahmen dieser Verträge beschlossene Maßnahmen berühren diese Regelungen in keiner Weise.

Artikel 3

Die übrigen Mitgliedstaaten dürfen an ihren Grenzen oder an allen Orten, an denen ihr Hoheitsgebiet betreten werden kann, solche Kontrollen bei Personen durchführen, die aus dem Vereinigten Königreich oder aus Gebieten, deren Außenbeziehungen für die in Artikel 1 dieses Protokolls genannten Zwecke in seiner Verantwortung liegen, oder aber, solange Artikel 1 dieses Protokolls für Irland gilt, aus Irland in ihr Hoheitsgebiet einreisen wollen.

Die Artikel 26 und 77 des Vertrags über die Arbeitsweise der Europäischen Union oder andere Bestimmungen jenes Vertrags oder des Vertrags über die Europäische Union oder im Rahmen dieser Verträge beschlossene Maßnahmen berühren in keiner Weise das Recht der übrigen Mitgliedstaaten, solche Kontrollen ein- oder durchzuführen.

PROTOKOLL (Nr. 21)
ÜBER DIE POSITION DES VEREINIGTEN KÖNIGREICHS UND IRLANDS HINSICHTLICH DES RAUMS DER FREIHEIT, DER SICHERHEIT UND DES RECHTS

DIE HOHEN VERTRAGSPARTEIEN –

IN DEM WUNSCH, bestimmte das Vereinigte Königreich und Irland betreffende Fragen zu regeln,

UNTER BERÜCKSICHTIGUNG des Protokolls über die Anwendung bestimmter Aspekte des Artikels 26 des Vertrags über die Arbeitsweise der Europäischen Union auf das Vereinigte Königreich und auf Irland –

SIND über folgende Bestimmungen ÜBEREINGEKOMMEN, die dem Vertrag über die Europäische Union und dem Vertrag über die Arbeitsweise der Europäischen Union beigefügt sind:

Artikel 1

Vorbehaltlich des Artikels 3 beteiligen sich das Vereinigte Königreich und Irland nicht an der Annahme von Maßnahmen durch den Rat, die nach dem Dritten Teil Titel V des Vertrags über die Arbeitsweise der Europäischen Union vorgeschlagen werden. Für Beschlüsse des Rates, die einstimmig angenommen werden müssen, ist die Zustimmung der Mitglieder des Rates mit Ausnahme der Vertreter der Regierungen des Vereinigten Königreichs und Irlands erforderlich.

Für die Zwecke dieses Artikels bestimmt sich die qualifizierte Mehrheit nach Artikel 238 Absatz 3 des Vertrags über die Arbeitsweise der Europäischen Union.

Artikel 2

Entsprechend Artikel 1 und vorbehaltlich der Artikel 3, 4 und 6 sind Vorschriften des Dritten Teils Titel V des Vertrags über die Arbeitsweise der Europäischen Union, nach

1/3. Protokolle

Prot. 21

EUV/AEUV
+ Prot/Erkl
Anhänge
EU-Grundrechte-
Charta + Erl
Irland/Tschech Rep
Änderungs- und
Beitrittsverträge
LissV + ZusErl
Liss-BeglNovelle

jenem Titel beschlossene Maßnahmen, Vorschriften internationaler Übereinkünfte, die von der Union nach jenem Titel geschlossen werden, sowie Entscheidungen des Gerichtshofs der Europäischen Union, in denen solche Vorschriften oder Maßnahmen ausgelegt werden, für das Vereinigte Königreich oder Irland nicht bindend oder anwendbar; und diese Vorschriften, Maßnahmen oder Entscheidungen berühren in keiner Weise die Zuständigkeiten, Rechte und Pflichten dieser Staaten; ebenso wenig berühren diese Vorschriften, Maßnahmen oder Entscheidungen in irgendeiner Weise den Besitzstand der Gemeinschaft oder der Union oder sind sie Teil des Unionsrechts, soweit sie auf das Vereinigte Königreich und Irland Anwendung finden.

Artikel 3

(1) Das Vereinigte Königreich oder Irland kann dem Präsidenten des Rates innerhalb von drei Monaten nach der Vorlage eines Vorschlags oder einer Initiative nach dem Dritten Teil Titel V des Vertrags über die Arbeitsweise der Europäischen Union beim Rat schriftlich mitteilen, dass es sich an der Annahme und Anwendung der betreffenden Maßnahme beteiligen möchte, was dem betreffenden Staat daraufhin gestattet ist.

Für Beschlüsse des Rates, die einstimmig angenommen werden müssen, ist die Zustimmung aller Mitglieder des Rates mit Ausnahme der Mitglieder, die keine solche Mitteilung gemacht haben, erforderlich. Eine nach diesem Absatz beschlossene Maßnahme ist für alle an der Annahme beteiligten Mitgliedstaaten bindend.

Die Bedingungen für eine Beteiligung des Vereinigten Königreichs und Irlands an den Bewertungen, die die unter den Dritten Teil Titel V des Vertrags über die Arbeitsweise der Europäischen Union fallenden Bereiche betreffen, werden in den nach Artikel 70 des genannten Vertrags erlassenen Maßnahmen geregelt.

Für die Zwecke dieses Artikels bestimmt sich die qualifizierte Mehrheit nach Artikel 238 Absatz 3 des Vertrags über die Arbeitsweise der Europäischen Union.

(2) Kann eine Maßnahme nach Absatz 1 nicht innerhalb eines angemessenen Zeitraums mit Beteiligung des Vereinigten Königreichs oder Irlands angenommen werden, so kann der Rat die betreffende Maßnahme nach Artikel 1 ohne Beteiligung des Vereinigten Königreichs oder Irlands annehmen. In diesem Fall findet Artikel 2 Anwendung.

Artikel 4

Das Vereinigte Königreich oder Irland kann nach der Annahme einer Maßnahme nach dem Dritten Teil Titel V des Vertrags über die Arbeitsweise der Europäischen Union durch den Rat dem Rat und der Kommission jederzeit mitteilen, dass es die Maßnahme anzunehmen wünscht. In diesem Fall findet das in Artikel 331 Absatz 1 des Vertrags über die Arbeitsweise der Europäischen Union vorgesehene Verfahren sinngemäß Anwendung.

Artikel 4a

(1) Die Bestimmungen dieses Protokolls gelten für das Vereinigte Königreich und Irland auch für nach dem Dritten Teil Titel V des Vertrags über die Arbeitsweise der Europäischen Union vorgeschlagene oder erlassene Maßnahmen, mit denen eine bestehende Maßnahme, die für sie bindend ist, geändert wird.

(2) In Fällen, in denen der Rat auf Vorschlag der Kommission feststellt, dass die Nichtbeteiligung des Vereinigten Königreichs oder Irlands an der geänderten Fassung einer bestehenden Maßnahme die Anwendung dieser Maßnahme für andere Mitgliedstaaten oder die Union unpraktikabel macht, kann er das Vereinigte Königreich bzw. Irland nachdrücklich ersuchen, eine Mitteilung nach Artikel 3 oder Artikel 4 vorzunehmen. Für die Zwecke des Artikels 3 beginnt ab dem Tag, an dem der Rat die Feststellung trifft, eine weitere Frist von zwei Monaten.

Hat das Vereinigte Königreich oder Irland bei Ablauf der Frist von zwei Monaten ab der Feststellung des Rates keine Mitteilung nach Artikel 3 oder Artikel 4 vorgenommen, so ist die bestehende Maßnahme für den betreffenden Mitgliedstaat weder bindend noch anwendbar, es sei denn, er nimmt vor dem Inkrafttreten der Änderungsmaßnahme eine Mitteilung nach Artikel 4 vor. Dies gilt mit Wirkung ab dem Tag des Inkrafttretens der Änderungsmaßnahme oder ab dem Tag des Ablaufs der Frist von zwei Monaten, je nachdem, welcher Zeitpunkt später liegt.

Für die Zwecke dieses Absatzes beschließt der Rat nach eingehender Erörterung der Angelegenheit mit der qualifizierten Mehrheit derjenigen Mitglieder des Rates, die Mitgliedstaaten vertreten, die sich an der Annahme der Änderungsmaßnahme beteiligen oder beteiligt haben. Die qualifizierte Mehrheit des Rates bestimmt sich nach Artikel 238 Absatz 3 Buchstabe a des Vertrags über die Arbeitsweise der Europäischen Union.

(3) Der Rat kann mit qualifizierter Mehrheit auf Vorschlag der Kommission festlegen, dass das Vereinigte Königreich oder Irland etwaige unmittelbare finanzielle Folgen zu tragen hat, die sich zwangsläufig und unvermeidbar daraus ergeben, dass sich das Vereinigte Königreich bzw. Irland nicht mehr an der bestehenden Maßnahme beteiligt.

(4) Dieser Artikel lässt Artikel 4 unberührt.

Artikel 5

Ein Mitgliedstaat, der durch eine nach dem Dritten Teil Titel V des Vertrags über die Arbeitsweise der Europäischen Union beschlossene Maßnahme nicht gebunden ist, hat außer den für die Organe sich ergebenden Verwaltungskosten keine finanziellen Folgen dieser Maßnahme zu tragen, sofern der Rat nicht mit allen seinen Mitgliedern nach Anhörung des Europäischen Parlaments einstimmig etwas anderes beschließt.

Artikel 6

In Fällen, in denen nach diesem Protokoll das Vereinigte Königreich oder Irland durch eine vom Rat nach dem Dritten Teil Titel V des Vertrags über die Arbeitsweise der Europäischen Union beschlossene Maßnahme gebunden ist, gelten hinsichtlich dieser Maßnahme für den betreffenden Staat die einschlägigen Bestimmungen der Verträge.

Artikel 6a

Die auf der Grundlage des Artikels 16 des Vertrags über die Arbeitsweise der Europäischen Union festgelegten Vorschriften über die Verarbeitung personenbezogener Daten durch die Mitgliedstaaten im Rahmen der Ausübung von Tätigkeiten, die in den Anwendungsbereich des Dritten Teils Titel V Kapitel 4 und 5 des genannten Vertrags fallen, werden für das Vereinigte Königreich und Irland nicht bindend sein, wenn das Vereinigte Königreich und Irland nicht durch Unionsvorschriften gebunden sind, die Formen der justiziellen Zusammenarbeit in Strafsachen oder der polizeilichen Zusammenarbeit regeln, in deren Rahmen die auf der Grundlage des Artikels 16 festgelegten Vorschriften eingehalten werden müssen.

Artikel 7

Die Artikel 3, 4 und 4a berühren nicht das Protokoll über den in den Rahmen der Europäischen Union einbezogenen Schengen-Besitzstand.

Artikel 8

Irland kann dem Rat schriftlich mitteilen, dass dieses Protokoll nicht mehr für Irland gelten soll. In diesem Fall gelten für Irland die üblichen Vertragsbestimmungen.

Artikel 9

Im Falle Irlands gilt dieses Protokoll nicht für Artikel 75 des Vertrags über die Arbeitsweise der Europäischen Union.

PROTOKOLL (Nr. 22)
ÜBER DIE POSITION DÄNEMARKS

DIE HOHEN VERTRAGSPARTEIEN –

UNTER BERUFUNG auf den Beschluss der am 12. Dezember 1992 in Edinburgh im Europäischen Rat vereinigten Staats- und Regierungschefs zu bestimmten von Dänemark aufgeworfenen Problemen betreffend den Vertrag über die Europäische Union,

IN KENNTNIS der in dem Beschluss von Edinburgh festgelegten Haltung Dänemarks in Bezug auf die Unionsbürgerschaft, die Wirtschafts- und Währungsunion sowie auf die Verteidigungspolitik und die Bereiche Justiz und Inneres,

IN DEM BEWUSSTSEIN, dass Dänemarks Beteiligung an wichtigen Bereichen der Zusammenarbeit in der Union erheblich eingeschränkt wird, wenn die auf den Beschluss von Edinburgh zurückgehende Rechtsregelung im Rahmen der Verträge fortgesetzt wird, und dass es im Interesse der Union liegt, die uneingeschränkte Anwendung des Besitzstands im Raum der Freiheit, der Sicherheit und des Rechts zu gewährleisten,

IN DEM WUNSCH, aufgrund dessen einen Rechtsrahmen festzulegen, der Dänemark die Option bieten wird, sich am Erlass von Maßnahmen zu beteiligen, die auf der Grundlage des Dritten Teils Titel V des Vertrags über die Arbeitsweise der Europäischen Union vorgeschlagen werden, und die Absicht Dänemarks begrüßend, wenn möglich von dieser Option im Einklang mit seinen verfassungsrechtlichen Vorschriften Gebrauch zu machen,

IN ANBETRACHT DESSEN, dass Dänemark die anderen Mitgliedstaaten nicht daran hindern wird, ihre Zusammenarbeit in Bezug auf Maßnahmen, die für Dänemark nicht bindend sind, weiter auszubauen,

1/3. Protokolle

EUV/AEUV
+ Prot/Erkl
Anhänge
EU-Grundrechte-
Charta + Erl
Irland/Tschech Rep
Änderungs- und
Beitrittsverträge
LissV + ZusErl
Liss-BeglNovelle

Prot. 22

EINGEDENK des Artikels 3 des Protokolls über den in den Rahmen der Europäischen Union einbezogenen Schengen-Besitzstand – SIND über folgende Bestimmungen ÜBEREINGEKOMMEN, die dem Vertrag über die Europäische Union und dem Vertrag über die Arbeitsweise der Europäischen Union beigefügt sind:

TEIL I
Artikel 1

Dänemark beteiligt sich nicht an der Annahme von Maßnahmen durch den Rat, die nach dem Dritten Teil Titel V des Vertrags über die Arbeitsweise der Europäischen Union vorgeschlagen werden. Für Beschlüsse des Rates, die einstimmig angenommen werden müssen, ist die Zustimmung der Mitglieder des Rates mit Ausnahme des Vertreters der Regierung Dänemarks erforderlich.

Für die Zwecke dieses Artikels bestimmt sich die qualifizierte Mehrheit nach Artikel 238 Absatz 3 des Vertrags über die Arbeitsweise der Europäischen Union.

Artikel 2

Vorschriften des Dritten Teils Titel V des Vertrags über die Arbeitsweise der Europäischen Union, nach jenem Titel beschlossene Maßnahmen, Vorschriften internationaler Übereinkünfte, die von der Union nach jenem Titel geschlossen werden, sowie Entscheidungen des Gerichtshofs der Europäischen Union, in denen solche Vorschriften oder Maßnahmen oder nach jenem Titel geänderte oder änderbare Maßnahmen ausgelegt werden, sind für Dänemark nicht bindend oder anwendbar. Diese Vorschriften, Maßnahmen oder Entscheidungen berühren in keiner Weise die Zuständigkeiten, Rechte und Pflichten Dänemarks; ebenso wenig berühren diese Vorschriften, Maßnahmen oder Entscheidungen in irgendeiner Weise den Besitzstand der Gemeinschaft oder der Union oder sind sie Teil des Unionsrechts, soweit sie auf Dänemark Anwendung finden. Insbesondere sind Rechtsakte der Union auf dem Gebiet der polizeilichen und justiziellen Zusammenarbeit in Strafsachen, die vor dem Inkrafttreten des Vertrags von Lissabon angenommen wurden und die geändert werden, für Dänemark ohne die Änderungen weiterhin bindend und anwendbar.

Artikel 2a

Artikel 2 dieses Protokolls gilt auch für die auf der Grundlage des Artikels 16 des Vertrags über die Arbeitsweise der Europäischen Union festgelegten Vorschriften über die Verarbeitung personenbezogener Daten durch die Mitgliedstaaten im Rahmen der Ausübung von Tätigkeiten, die in den Anwendungsbereich des Dritten Teils Titel V Kapitel 4 und 5 des genannten Vertrags fallen.

Artikel 3

Dänemark hat außer den für die Organe sich ergebenden Verwaltungskosten keine finanziellen Folgen von Maßnahmen nach Artikel 1 zu tragen.

Artikel 4

(1) Dänemark beschließt innerhalb von sechs Monaten, nachdem der Rat über einen Vorschlag oder eine Initiative zur Ergänzung des Schengen-Besitzstands nach diesem Teil beschlossen hat, ob es diese Maßnahme in einzelstaatliches Recht umsetzt. Fasst es einen solchen Beschluss, so begründet diese Maßnahme eine Verpflichtung nach dem Völkerrecht zwischen Dänemark und den übrigen Mitgliedstaaten, für die diese Maßnahme bindend ist.

(2) Beschließt Dänemark, eine Maßnahme des Rates nach Absatz 1 nicht umzusetzen, so werden die Mitgliedstaaten, für die diese Maßnahme bindend ist, und Dänemark prüfen, welche Maßnahmen zu treffen sind.

TEIL II
Artikel 5

Hinsichtlich der vom Rat im Bereich des Artikels 26 Absatz 1, des Artikels 42 und der Artikel 43 bis 46 des Vertrags über die Europäische Union angenommenen Maßnahmen beteiligt sich Dänemark nicht an der Ausarbeitung und Durchführung von Beschlüssen und Maßnahmen der Union, die verteidigungspolitische Bezüge haben. Dänemark nimmt daher nicht an der Annahme dieser Maßnahmen teil. Es wird die anderen Mitgliedstaaten nicht daran hindern, ihre Zusammenarbeit auf diesem Gebiet weiter auszubauen. Dänemark ist nicht verpflichtet, zur Finanzierung operativer Ausgaben beizutragen, die als Folge solcher Maßnahmen anfallen, oder der Union militärische Fähigkeiten zur Verfügung zu stellen.

Für Rechtsakte des Rates, die einstimmig erlassen werden müssen, ist die Zustimmung der Mitglieder des Rates mit Ausnahme des Vertreters der Regierung Dänemarks erforderlich.

Für die Zwecke dieses Artikels bestimmt sich die qualifizierte Mehrheit nach Artikel 238 Absatz 3 des Vertrags über die Arbeitsweise der Europäischen Union.

TEIL III
Artikel 6

Die Artikel 1, 2 und 3 finden keine Anwendung auf Maßnahmen zur Bestimmung derjenigen Drittländer, deren Staatsangehörige beim Überschreiten der Außengrenzen der Mitgliedstaaten im Besitz eines Visums sein müssen, sowie auf Maßnahmen zur einheitlichen Visumgestaltung.

TEIL IV
Artikel 7

Dänemark kann den übrigen Mitgliedstaaten im Einklang mit seinen verfassungsrechtlichen Vorschriften jederzeit mitteilen, dass es von diesem Protokoll insgesamt oder zum Teil keinen Gebrauch mehr machen will. In diesem Fall wird Dänemark sämtliche im Rahmen der Europäischen Union getroffenen einschlägigen Maßnahmen, die bis dahin in Kraft getreten sind, in vollem Umfang anwenden.

Artikel 8

(1) Dänemark kann jederzeit unbeschadet des Artikels 7 den anderen Mitgliedstaaten im Einklang mit seinen verfassungsrechtlichen Vorschriften mitteilen, dass ab dem ersten Tag des auf die Mitteilung folgenden Monats Teil I dieses Protokolls aus den Bestimmungen im Anhang zu diesem Protokoll besteht. In diesem Fall werden die Artikel 5 bis 8 entsprechend umnummeriert.

(2) Sechs Monate nach dem Tag, an dem die Mitteilung nach Absatz 1 wirksam wird, sind der gesamte Schengen-Besitzstand und alle zur Ergänzung dieses Besitzstands erlassenen Maßnahmen, die für Dänemark bis dahin als Verpflichtungen im Rahmen des Völkerrechts bindend waren, für Dänemark als Unionsrecht bindend.

ANHANG
Artikel 1

Vorbehaltlich des Artikels 3 beteiligt sich Dänemark nicht am Erlass von Maßnahmen durch den Rat, die nach dem Dritten Teil Titel V des Vertrags über die Arbeitsweise der Eu-ropäischen Union vorgeschlagen werden. Für Rechtsakte des Rates, die einstimmig erlassen werden müssen, ist die Zustimmung der Mitglieder des Rates mit Ausnahme des Vertreters der Regierung Dänemarks erforderlich.

Für die Zwecke dieses Artikels bestimmt sich die qualifizierte Mehrheit nach Artikel 238 Absatz 3 des Vertrags über die Arbeitsweise der Europäischen Union.

Artikel 2

Entsprechend Artikel 1 und vorbehaltlich der Artikel 3, 4 und 8 sind Vorschriften des Dritten Teils Titel V des Vertrags über die Arbeitsweise der Europäischen Union, nach jenem Titel erlassene Maßnahmen, Vorschriften internationaler Übereinkünfte, die von der Union nach jenem Titel geschlossen werden, sowie Entscheidungen des Gerichtshofs der Europäischen Union, in denen solche Vorschriften oder Maßnahmen ausgelegt werden, für Dänemark nicht bindend oder anwendbar. Diese Vorschriften, Maßnahmen oder Entscheidungen berühren in keiner Weise die Zuständigkeiten, Rechte und Pflichten Dänemarks. Diese Vorschriften, Maßnahmen oder Entscheidungen verändern in keiner Weise den Besitzstand der Gemeinschaft oder der Union und sind nicht Teil des Unionsrechts, soweit sie auf Dänemark Anwendung finden.

Artikel 3

(1) Dänemark kann dem Präsidenten des Rates innerhalb von drei Monaten nach der Vorlage beim Rat eines Vorschlags oder einer Initiative nach dem Dritten Teil Titel V des Vertrags über die Arbeitsweise der Europäischen Union schriftlich mitteilen, dass es sich am Erlass und an der Anwendung der betreffenden Maßnahme beteiligen möchte; dies ist Dänemark daraufhin gestattet.

(2) Kann eine Maßnahme nach Absatz 1 nach Ablauf eines angemessenen Zeitraums nicht mit Beteiligung Dänemarks erlassen werden, so kann der Rat die Maßnahme nach Artikel 1 ohne Beteiligung Dänemarks erlassen. In diesem Fall findet Artikel 2 Anwendung.

Artikel 4

Dänemark kann nach Erlass einer Maßnahme nach dem Dritten Teil Titel V des Vertrags über die Arbeitsweise der Europäischen Union dem Rat und der Kommission jederzeit mitteilen, dass es die Maßnahme anzunehmen wünscht. In

1/3. Protokolle

Prot. 22

EUV/AEUV
+ Prot/Erkl
Anhänge
EU-Grundrechte-
Charta + Erl
Irland/Tschech Rep
Änderungs- und
Beitrittsverträge
LissV + ZusErl
Liss-BeglNovelle

diesem Fall findet das in Artikel 331 Absatz 1 des genannten Vertrags vorgesehene Verfahren sinngemäß Anwendung.

Artikel 5

(1) Die Bestimmungen dieses Protokolls gelten für Dänemark auch für nach dem Dritten Teil Titel V des Vertrags über die Arbeitsweise der Europäischen Union vorgeschlagene oder erlassene Maßnahmen, mit denen eine bestehende Maßnahme, die für Dänemark bindend ist, geändert wird.

(2) In Fällen, in denen der Rat auf Vorschlag der Kommission feststellt, dass durch die Nichtbeteiligung Dänemarks an der geänderten Fassung einer bestehenden Maßnahme die Durchführung dieser Maßnahme für andere Mitgliedstaaten oder die Union nicht mehr möglich ist, kann er Dänemark jedoch nachdrücklich ersuchen, eine Mitteilung nach Artikel 3 oder Artikel 4 vorzunehmen. Für die Zwecke des Artikels 3 beginnt ab dem Tag, an dem der Rat die Feststellung trifft, eine weitere Frist von zwei Monaten.

Hat Dänemark bei Ablauf der Frist von zwei Monaten ab dem Zeitpunkt der Feststellung des Rates keine Mitteilung nach Artikel 3 oder Artikel 4 vorgenommen, so ist die bestehende Maßnahme für Dänemark nicht mehr bindend und nicht mehr anwendbar, es sei denn, Dänemark nimmt vor dem Inkrafttreten der Änderungsmaßnahme eine Mitteilung nach Artikel 4 vor. Dies gilt mit Wirkung ab dem Tag des Inkrafttretens der Änderungsmaßnahme oder ab dem Tag des Ablaufs der Frist von zwei Monaten, je nachdem, welcher Zeitpunkt später liegt.

Für die Zwecke dieses Absatzes beschließt der Rat nach eingehender Erörterung der Angelegenheit mit der qualifizierten Mehrheit derjenigen Mitglieder des Rates, die Mitgliedstaaten vertreten, die an der Annahme der Änderungsmaßnahme beteiligt oder beteiligt haben. Die qualifizierte Mehrheit des Rates bestimmt sich nach Artikel 238 Absatz 3 Buchstabe a des Vertrags über die Arbeitsweise der Europäischen Union.

(3) Der Rat kann mit qualifizierter Mehrheit auf Vorschlag der Kommission festlegen, dass Dänemark etwaige unmittelbare finanzielle Folgen zu tragen hat, die sich zwangsläufig und unvermeidbar daraus ergeben, dass Dänemark sich nicht mehr an der bestehenden Maßnahme beteiligt.

(4) Dieser Artikel lässt Artikel 4 unberührt.

Artikel 6

(1) Die Mitteilung nach Artikel 4 hat spätestens sechs Monate nach dem endgültigen Erlass einer Maßnahme zu erfolgen, wenn diese Maßnahme eine Ergänzung des Schengen-Besitzstands darstellt.

Erfolgt von Dänemark keine Mitteilung nach Artikel 3 oder Artikel 4 zu Maßnahmen, die eine Ergänzung des Schengen-Besitzstands darstellen, so werden die Mitgliedstaaten, für die die Maßnahme bindend ist, und Dänemark prüfen, welche Schritte zu unternehmen sind.

(2) Eine Mitteilung nach Artikel 3 zu Maßnahmen, die eine Ergänzung des Schengen-Besitzstands darstellen, gilt unwiderruflich als Mitteilung nach Artikel 3 zu weiteren Vorschlägen oder Initiativen, mit denen diese Maßnahmen ergänzt werden sollen, sofern diese Vorschläge oder Initiativen eine Ergänzung des Schengen-Besitzstands darstellen.

Artikel 7

Die auf der Grundlage des Artikels 16 des Vertrags über die Arbeitsweise der Europäischen Union festgelegten Vorschriften über die Verarbeitung personenbezogener Daten durch die Mitgliedstaaten im Rahmen der Ausübung von Tätigkeiten, die in den Anwendungsbereich des Dritten Teils Titel V Kapitel 4 und 5 des genannten Vertrags fallen, werden für Dänemark nicht bindend sein, wenn Dänemark nicht durch Unionsvorschriften gebunden ist, die Formen der justiziellen Zusammenarbeit in Strafsachen oder der polizeilichen Zusammenarbeit regeln, in deren Rahmen die auf der Grundlage des Artikels 16 festgelegten Vorschriften eingehalten werden müssen.

Artikel 8

In Fällen, in denen nach diesem Teil Dänemark durch eine vom Rat nach dem Dritten Teil Titel V des Vertrags über die Arbeitsweise der Europäischen Union erlassene Maßnahme gebunden ist, gelten hinsichtlich dieser Maßnahme für Dänemark die einschlägigen Bestimmungen der Verträge.

Artikel 9

Ist Dänemark durch eine nach dem Dritten Teil Titel V des Vertrags über die Arbeitsweise der Europäischen Union erlassene Maßnahme nicht gebunden, so hat es außer den sich für die Organe ergebenden Verwaltungskosten keine finanziellen Folgen dieser Maßnahme zu tragen, es sei denn, der Rat beschließt mit Einstimmigkeit aller seiner Mitglieder nach Anhörung des Europäischen Parlaments etwas anderes.

PROTOKOLL (Nr. 23)
ÜBER DIE AUSSENBEZIEHUNGEN DER MITGLIEDSTAATEN HINSICHTLICH DES ÜBERSCHREITENS DER AUSSENGRENZEN

DIE HOHEN VERTRAGSPARTEIEN –

EINGEDENK der Notwendigkeit, dass die Mitgliedstaaten, gegebenenfalls in Zusammenarbeit mit Drittländern, für wirksame Kontrollen an ihren Außengrenzen sorgen –

SIND über folgende Bestimmungen ÜBEREINGEKOMMEN, die dem Vertrag über die Europäische Union und dem Vertrag über die Arbeitsweise der Europäischen Union beigefügt sind:

Die in Artikel 77 Absatz 2 Buchstabe b des Vertrags über die Arbeitsweise der Europäischen Union aufgenommenen Bestimmungen über Maßnahmen in Bezug auf das Überschreiten der Außengrenzen berühren nicht die Zuständigkeit der Mitgliedstaaten für die Aushandlung und den Abschluss von Übereinkünften mit Drittländern, sofern sie mit den Rechtsvorschriften der Union und anderen in Betracht kommenden internationalen Übereinkünften in Einklang stehen.

PROTOKOLL (Nr. 24)
ÜBER DIE GEWÄHRUNG VON ASYL FÜR STAATSANGEHÖRIGE VON MITGLIEDSTAATEN DER EUROPÄISCHEN UNION

DIE HOHEN VERTRAGSPARTEIEN –

IN DER ERWÄGUNG, dass die Union nach Artikel 6 Absatz 1 des Vertrags über die Europäische Union die Rechte, Freiheiten und Grundsätze anerkennt, die in der Charta der Grundrechte der Europäischen Union enthalten sind,

IN DER ERWÄGUNG, dass die Grundrechte nach Artikel 6 Absatz 3 des Vertrags über die Europäische Union, wie sie in der Europäischen Konvention zum Schutz der Menschenrechte und Grundfreiheiten gewährleistet sind,

als allgemeine Grundsätze zum Unionsrecht gehören,

IN DER ERWÄGUNG, dass der Gerichtshof der Europäischen Union dafür zuständig ist, sicherzustellen, dass die Union bei der Auslegung und Anwendung des Artikels 6 Absätze 1 und 3 des Vertrags über die Europäische Union die Rechtsvorschriften einhält,

IN DER ERWÄGUNG, dass nach Artikel 49 des Vertrags über die Europäische Union jeder europäische Staat, der beantragt, Mitglied der Union zu werden, die in Artikel 2 des Vertrags über die Europäische Union genannten Werte achten muss,

EINGEDENK dessen, dass Artikel 7 des Vertrags über die Europäische Union ein Verfahren für die Aussetzung bestimmter Rechte im Falle einer schwerwiegenden und anhaltenden Verletzung dieser Werte durch einen Mitgliedstaat vorsieht,

UNTER HINWEIS darauf, dass jeder Staatsangehörige eines Mitgliedstaats als Unionsbürger einen besonderen Status und einen besonderen Schutz genießt, welche die Mitgliedstaaten gemäß dem Zweiten Teil des Vertrags über die Arbeitsweise der Europäischen Union gewährleisten,

IN DEM BEWUSSTSEIN, dass die Verträge einen Raum ohne Binnengrenzen schaffen und jedem Unionsbürger das Recht gewähren, sich im Hoheitsgebiet der Mitgliedstaaten frei zu bewegen und aufzuhalten,

IN DEM WUNSCH, zu verhindern, dass Asyl für andere als die vorgesehenen Zwecke in Anspruch genommen wird,

IN DER ERWÄGUNG, dass dieses Protokoll den Zweck und die Ziele des Genfer Abkommens vom 28. Juli 1951 über die Rechtsstellung der Flüchtlinge beachtet –

SIND über folgende Bestimmungen ÜBEREINGEKOMMEN, die dem Vertrag über die Europäische Union und dem Vertrag über die Arbeitsweise der Europäischen Union beigefügt sind:

Einziger Artikel

In Anbetracht des Niveaus des Schutzes der Grundrechte und Grundfreiheiten in den Mitgliedstaaten der Europäischen Union gelten die Mitgliedstaaten füreinander für alle rechtlichen und praktischen Zwecke im Zusammenhang mit Asylangelegenheiten als sichere Herkunftsländer. Dementsprechend darf ein Asylantrag eines Staatsangehörigen eines Mitgliedstaats von einem anderen Mitglied-

— 165 —

1/3. Protokolle
Prot. 24 – 26

EUV/AEUV
+ Prot/Erkl
Anhänge
EU-Grundrechte-
Charta + Erl
Irland/Tschech Rep
Änderungs- und
Beitrittsverträge
LissV + ZusErl
Liss-BeglNovelle

staat nur berücksichtigt oder zur Bearbeitung zugelassen werden,

a) wenn der Mitgliedstaat, dessen Staatsangehöriger der Antragsteller ist, nach Inkrafttreten des Vertrags von Amsterdam Artikel 15 der Konvention zum Schutze der Menschenrechte und Grundfreiheiten anwendet und Maßnahmen ergreift, die in seinem Hoheitsgebiet die in der Konvention vorgesehenen Verpflichtungen außer Kraft setzen;

b) wenn das Verfahren des Artikels 7 Absatz 1 des Vertrags über die Europäische Union eingeleitet worden ist und bis der Rat oder gegebenenfalls der Europäische Rat diesbezüglich einen Beschluss im Hinblick auf den Mitgliedstaat, dessen Staatsangehöriger der Antragsteller ist, gefasst hat;

c) wenn der Rat einen Beschluss nach Artikel 7 Absatz 1 des Vertrags über die Europäische Union im Hinblick auf den Mitgliedstaat, dessen Staatsangehöriger der Antragsteller ist, erlassen hat, oder wenn der Europäische Rat einen Beschluss nach Artikel 7 Absatz 2 des genannten Vertrags im Hinblick auf den Mitgliedstaat, dessen Staatsangehöriger der Antragsteller ist, erlassen hat;

d) wenn ein Mitgliedstaat in Bezug auf den Antrag eines Staatsangehörigen eines anderen Mitgliedstaats einseitig einen solchen Beschluss fasst; in diesem Fall wird der Rat umgehend unterrichtet; bei der Prüfung des Antrags wird von der Vermutung ausgegangen, dass der Antrag offensichtlich unbegründet ist, ohne dass die Entscheidungsbefugnis des Mitgliedstaats in irgendeiner Weise beeinträchtigt wird.

PROTOKOLL (Nr. 25)
ÜBER DIE AUSÜBUNG DER GETEILTEN ZUSTÄNDIGKEIT

DIE HOHEN VERTRAGSPARTEIEN –
SIND über folgende Bestimmungen ÜBEREINGEKOMMEN, die dem Vertrag über die Europäische Union und dem Vertrag über die Arbeitsweise der Europäischen Union beigefügt sind:

Einziger Artikel

Ist die Union in einem bestimmten Bereich im Sinne des Artikels 2 Absatz 2 des Vertrags über die Arbeitsweise der Europäischen Union betreffend die geteilte Zuständigkeit tätig geworden, so erstreckt sich die Ausübung der Zuständigkeit nur auf die durch den entsprechenden Rechtsakt der Union geregelten Elemente und nicht auf den gesamten Bereich.

PROTOKOLL (Nr. 26)
ÜBER DIENSTE VON ALLGEMEINEM INTERESSE

DIE HOHEN VERTRAGSPARTEIEN –
IN DEM WUNSCH, die Bedeutung der Dienste von allgemeinem Interesse hervorzuheben –
SIND über folgende auslegende Bestimmungen ÜBEREINGEKOMMEN, die dem Vertrag über die Europäische Union und dem Vertrag über die Arbeitsweise der Europäischen Union beigefügt sind:

Artikel 1

Zu den gemeinsamen Werten der Union in Bezug auf Dienste von allgemeinem wirtschaftlichem Interesse im Sinne des Artikels 14 des Vertrags über die Arbeitsweise der Europäischen Union zählen insbesondere:

– die wichtige Rolle und der weite Ermessensspielraum der nationalen, regionalen und lokalen Behörden in der Frage, wie Dienste von allgemeinem wirtschaftlichem Interesse auf eine den Bedürfnissen der Nutzer so gut wie möglich entsprechende Weise zur Verfügung zu stellen, in Auftrag zu geben und zu organisieren sind;

– die Vielfalt der jeweiligen Dienstleistungen von allgemeinem wirtschaftlichem Interesse und die Unterschiede bei den Bedürfnissen und Präferenzen der Nutzer, die aus unterschiedlichen geografischen, sozialen oder kulturellen Gegebenheiten folgen können;

– ein hohes Niveau in Bezug auf Qualität, Sicherheit und Bezahlbarkeit, Gleichbehandlung und Förderung des universellen Zugangs und der Nutzerrechte.

Artikel 2

Die Bestimmungen der Verträge berühren in keiner Weise die Zuständigkeit der Mitgliedstaaten, nichtwirtschaftliche Dienste von allgemeinem Interesse zur Verfügung zu stellen, in Auftrag zu geben und zu organisieren.

PROTOKOLL (Nr. 27)
ÜBER DEN BINNENMARKT UND DEN WETTBEWERB

DIE HOHEN VERTRAGSPARTEIEN –

UNTER BERÜCKSICHTIGUNG der Tatsache, dass der Binnenmarkt, wie er in Artikel 3 des Vertrags über die Europäische Union beschrieben wird, ein System umfasst, das den Wettbewerb vor Verfälschungen schützt –

SIND ÜBEREINGEKOMMEN, dass

für diese Zwecke die Union erforderlichenfalls nach den Bestimmungen der Verträge, einschließlich des Artikels 352 des Vertrags über die Arbeitsweise der Europäischen Union, tätig wird.

Dieses Protokoll wird dem Vertrag über die Europäische Union und dem Vertrag über die Arbeits weise der Europäischen Union beigefügt.

PROTOKOLL (Nr. 28)
ÜBER DEN WIRTSCHAFTLICHEN, SOZIALEN UND TERRITORIALEN ZUSAMMENHALT

DIE HOHEN VERTRAGSPARTEIEN –

UNTER HINWEIS darauf, dass in Artikel 3 des Vertrags über die Europäische Union unter anderen Zielen die Förderung des wirtschaftlichen, sozialen und territorialen Zusammenhalts und der Solidarität zwischen den Mitgliedstaaten erwähnt ist und dass dieser Zusammenhalt zu den in Artikel 4 Absatz 2 Buchstabe c des Vertrags über die Arbeitsweise der Europäischen Union aufgeführten Bereichen gehört, in denen die Union über geteilte Zuständigkeit verfügt,

UNTER HINWEIS darauf, dass der Dritte Teil Titel XVIII über den wirtschaftlichen, sozialen und territorialen Zusammenhalt insgesamt die Rechtsgrundlage für die Konsolidierung und Weiterentwicklung der Unionstätigkeit im Bereich des wirtschaftlichen, sozialen und territorialen Zusammenhalts, einschließlich der Schaffung eines neuen Fonds, darstellt;

UNTER HINWEIS darauf, dass in Artikel 177 des Vertrags über die Arbeitsweise der Europäischen Union die Einrichtung eines Kohäsionsfonds vorgesehen ist,

IN ANBETRACHT dessen, dass die EIB erhebliche und noch steigende Beträge zugunsten der ärmeren Gebiete ausleiht;

IN ANBETRACHT des Wunsches nach größerer Flexibilität bei den Regelungen für die Zuweisungen aus den Strukturfonds;

IN ANBETRACHT des Wunsches nach einer Differenzierung der Höhe der Unionsbeteiligung an den Programmen und Vorhaben in bestimmten Ländern;

ANGESICHTS des Vorschlags, dem relativen Wohlstand der Mitgliedstaaten im Rahmen des Systems der eigenen Mittel stärker Rechnung zu tragen –

BEKRÄFTIGEN, dass die Förderung des wirtschaftlichen, sozialen und territorialen Zusammenhalts für die umfassende Entwicklung und den dauerhaften Erfolg der Union wesentlich ist;

BEKRÄFTIGEN ihre Überzeugung, dass die Strukturfonds bei der Erreichung der Unionsziele hinsichtlich des Zusammenhalts weiterhin eine gewichtige Rolle zu spielen haben;

BEKRÄFTIGEN ihre Überzeugung, dass die EIB weiterhin den Großteil ihrer Mittel für die Förderung des wirtschaftlichen, sozialen und territorialen Zusammenhalts einsetzen sollte, und erklären sich bereit, den Kapitalbedarf der EIB zu überprüfen, sobald dies für diesen Zweck notwendig ist;

VEREINBAREN, dass der Kohäsionsfonds finanzielle Beiträge der Union für Vorhaben in den Bereichen Umwelt und transeuropäische Netze in Mitgliedstaaten mit einem Pro-Kopf-BSP von weniger als 90 v.H. des Unionsdurchschnitts bereitstellt, die ein Programm zur Erfüllung der in Artikel 126 des Vertrags über die Arbeitsweise der Europäischen Union genannten Bedingungen der wirtschaftlichen Konvergenz vorweisen;

BEKUNDEN ihre Absicht, ein größeres Maß an Flexibilität bei der Zuweisung von Finanzmitteln aus den Strukturfonds für besondere Bedürfnisse vorzusehen, die nicht von den derzeitigen Strukturfonds abgedeckt werden;

BEKUNDEN ihre Bereitschaft, die Höhe der Unionsbeteiligung an Programmen und Vorhaben im Rahmen der Strukturfonds zu differenzieren, um einen übermäßigen Anstieg der Haushaltsausgaben in den weniger wohlhabenden Mitgliedstaaten zu vermeiden;

ERKENNEN AN, dass die Fortschritte im Hinblick auf den wirtschaftlichen, sozialen und territorialen Zusammenhalt laufend überwacht werden müssen, und bekunden ihre Bereitschaft, alle dazu erforderlichen Maßnahmen zu prüfen;

ERKLÄREN ihre Absicht, der Beitragskapazität der einzelnen Mitgliedstaaten im Rahmen

EUV/AEUV
+ Prot/Erkl
Anhänge
EU-Grundrechte-
Charta + Erl
Irland·Tschech·Rep
Änderungs- und
Beitrittsverträge
LissV + ZusErl
Liss-BeglNovelle

des Systems der Eigenmittel stärker Rechnung zu tragen und zu prüfen, wie für die weniger wohlhabenden Mitgliedstaaten regressive Elemente im derzeitigen System der Eigenmittel korrigiert werden können;

KOMMEN ÜBEREIN, dieses Protokoll dem Vertrag über die Europäische Union und dem Vertrag über die Arbeitsweise der Europäischen Union beizufügen.

PROTOKOLL (Nr. 29)
ÜBER DEN ÖFFENTLICH-RECHTLICHEN RUNDFUNK IN DEN MITGLIEDSTAATEN

DIE HOHEN VERTRAGSPARTEIEN –

IN DER ERWÄGUNG, dass der öffentlich-rechtliche Rundfunk in den Mitgliedstaaten unmittelbar mit den demokratischen, sozialen und kulturellen Bedürfnissen jeder Gesellschaft sowie mit dem Erfordernis verknüpft ist, den Pluralismus in den Medien zu wahren –

SIND über folgende auslegende Bestimmungen ÜBEREINGEKOMMEN, die dem Vertrag über die Europäische Union und dem Vertrag über die Arbeitsweise der Europäischen Union beigefügt sind:

Die Bestimmungen der Verträge berühren nicht die Befugnis der Mitgliedstaaten, den öffentlichrechtlichen Rundfunk zu finanzieren, sofern die Finanzierung der Rundfunkanstalten dem öffentlichrechtlichen Auftrag, wie er von den Mitgliedstaaten den Anstalten übertragen, festgelegt und ausgestaltet wird, dient und die Handels- und Wettbewerbsbedingungen in der Union nicht in einem Ausmaß beeinträchtigt, das dem gemeinsamen Interesse zuwiderläuft, wobei den Erfordernissen der Erfüllung des öffentlich-rechtlichen Auftrags Rechnung zu tragen ist.

PROTOKOLL (Nr. 30)
ÜBER DIE ANWENDUNG DER CHARTA DER GRUNDRECHTE DER EUROPÄISCHEN UNION AUF POLEN UND DAS VEREINIGTE KÖNIGREICH

DIE HOHEN VERTRAGSPARTEIEN –

IN DER ERWÄGUNG, dass die Union in Artikel 6 des Vertrags über die Europäische Union die in der Charta der Grundrechte der Europäischen Union enthaltenen Rechte, Freiheiten und Grundsätze anerkennt;

IN DER ERWÄGUNG, dass die Charta streng im Einklang mit den Bestimmungen des genannten Artikels 6 und mit Titel VII der Charta anzuwenden ist;

IN DER ERWÄGUNG, dass der genannte Artikel 6 vorsieht, dass die Charta von den Gerichten Polens und des Vereinigten Königreichs streng im Einklang mit den in jenem Artikel erwähnten Erläuterungen anzuwenden und auszulegen ist;

IN DER ERWÄGUNG, dass die Charta sowohl Rechte als auch Grundsätze enthält,

IN DER ERWÄGUNG, dass die Charta sowohl Bestimmungen bürgerlicher und politischer Art als auch Bestimmungen wirtschaftlicher und sozialer Art enthält;

IN DER ERWÄGUNG, dass die Charta die in der Union anerkannten Rechte, Freiheiten und Grundsätze bekräftigt und diese Rechte besser sichtbar macht, aber keine neuen Rechte oder Grundsätze schafft;

EINGEDENK DER Verpflichtungen Polens und des Vereinigten Königreichs aufgrund des Vertrags über die Europäische Union, des Vertrags über die Arbeitsweise der Europäischen Union und des Unionsrechts im Allgemeinen;

IN KENNTNIS des Wunsches Polens und des Vereinigten Königreichs, bestimmte Aspekte der Anwendung der Charta zu klären;

demzufolge IN DEM WUNSCH, die Anwendung der Charta in Bezug auf die Gesetze und Verwaltungsmaßnahmen Polens und des Vereinigten Königreichs und die Frage der Einklagbarkeit in Polen und im Vereinigten Königreich zu klären;

IN BEKRÄFTIGUNG DESSEN, dass in diesem Protokoll enthaltene Bezugnahmen auf die Wirkungsweise spezifischer Bestimmungen der Charta auf keinen Fall die Wirkungsweise anderer Bestimmungen der Charta berühren;

IN BEKRÄFTIGUNG DESSEN, dass dieses Protokoll die Anwendung der Charta auf andere Mitgliedstaaten nicht berührt;

IN BEKRÄFTIGUNG DESSEN, dass dieses Protokoll andere Verpflichtungen Polens und des Vereinigten Königreichs aufgrund des Vertrags über die Europäische Union, des Vertrags über die Arbeitsweise der Europäischen Union und des Unionsrechts im Allgemeinen nicht berührt –

SIND über folgende Bestimmungen ÜBEREINGEKOMMEN, die dem Vertrag über die Europäische Union und dem Vertrag über die Arbeitsweise der Europäischen Union beigefügt sind:

Artikel 1

(1) Die Charta bewirkt keine Ausweitung der Befugnis des Gerichtshofs der Europäischen Union oder eines Gerichts Polens oder des Vereinigten Königreichs zu der Feststellung, dass die Rechts- und Verwaltungsvorschriften, die Verwaltungspraxis oder -maßnahmen Polens oder des Vereinigten Königreichs nicht mit den durch die Charta bekräftigten Grundrechten, Freiheiten und Grundsätzen im Einklang stehen.

(2) Insbesondere – und um jeden Zweifel auszuräumen – werden mit Titel IV der Charta keine für Polen oder das Vereinigte Königreich geltenden einklagbaren Rechte geschaffen, soweit Polen bzw. das Vereinigte Königreich solche Rechte nicht in seinem nationalen Recht vorgesehen hat.

Artikel 2

Wird in einer Bestimmung der Charta auf das innerstaatliche Recht und die innerstaatliche Praxis Bezug genommen, so findet diese Bestimmung auf Polen und das Vereinigte Königreich nur in dem Maße Anwendung, in dem die darin enthaltenen Rechte oder Grundsätze durch das Recht oder die Praxis Polens bzw. des Vereinigten Königreichs anerkannt sind.

PROTOKOLL (Nr. 31)
ÜBER DIE EINFUHR IN DEN NIEDERLÄNDISCHEN ANTILLEN RAFFINIERTER ERDÖLERZEUGNISSE IN DIE EUROPÄISCHE UNION

DIE HOHEN VERTRAGSPARTEIEN,

IN DEM WUNSCH nach einer näheren Regelung für den Handelsverkehr bei der Einfuhr von in den Niederländischen Antillen raffinierten Erdölerzeugnissen in die Union,

SIND über folgende Bestimmungen ÜBEREINGEKOMMEN, die dem Vertrag über die Europäische Union und dem Vertrag über die Arbeitsweise der Europäischen Union beigefügt sind:

Artikel 1

Dieses Protokoll gilt für die Erdölerzeugnisse der Tarifnummern 27.10, 27.11, 27.12, ex 27.13 (Paraffin, Petrolatum aus Erdöl oder Schieferöl, paraffinische Rückstände) und 27.14 des Brüsseler Zolltarifschemas, soweit sie zum Verbrauch in den Mitgliedstaaten eingeführt werden.

Artikel 2

Die Mitgliedstaaten verpflichten sich, den in den Niederländischen Antillen raffinierten Erdölerzeugnissen nach Maßgabe dieses Protokolls die Zollvorteile einzuräumen, die sich aus der Assoziierung der letztgenannten mit der Union ergeben. Diese Bestimmungen gelten ungeachtet der Ursprungsregeln der Mitgliedstaaten.

Artikel 3

(1) Stellt die Kommission auf Antrag eines Mitgliedstaats oder von sich aus fest, dass die gemäß der Regelung des Artikels 2 getätigten Einfuhren in den Niederländischen Antillen raffinierter Erdölerzeugnisse in die Union tatsächlich Schwierigkeiten auf dem Markt eines oder mehrerer Mitgliedstaaten hervorrufen, so beschließt sie, dass die Zollsätze für die genannte Einfuhr von den betreffenden Mitgliedstaaten eingeführt, erhöht oder wieder eingeführt werden, soweit und solange dies erforderlich ist, um dieser Lage gerecht zu werden. Die so eingeführten, erhöhten oder wieder eingeführten Zollsätze dürfen nicht über den Sätzen der Zölle liegen, die gegenüber dritten Ländern für dieselben Erzeugnisse angewendet werden.

(2) Absatz 1 kann auf jeden Fall angewendet werden, wenn die Einfuhr von in den Niederländischen Antillen raffinierten Erdölerzeugnissen nach den Mitgliedstaaten zwei Millionen Tonnen pro Jahr erreicht.

(3) Die Beschlüsse der Kommission gemäß den Absätzen 1 und 2 einschließlich derjenigen, die auf die Ablehnung des Antrags eines Mitgliedstaats abzielen, werden dem Rat bekannt gegeben. Dieser kann sich auf Antrag eines jeden Mitgliedstaats mit den genannten Beschlüssen befassen, und er kann sie jederzeit abändern oder zurückstellen.

Artikel 4

(1) Ist ein Mitgliedstaat der Ansicht, dass die unmittelbar oder über einen anderen Mitgliedstaat gemäß der Regelung des Artikels 2 durchgeführte Einfuhr in den Niederländischen Antillen raffinierter Erdölerzeugnisse auf seinem Markt tatsächlich Schwierigkeiten hervorruft und dass sofortige Maßnahmen zur Behebung dieser Sachlage erforderlich sind,

1/3. Protokolle

Prot. 31, 32

EUV/AEUV
+ Prot/Erkl
Anhänge
EU-Grundrechte-
Charta + Erl
Irland Tschech Rep
Änderungs- und
Beitrittsverträge
LissV + ZusErl
Liss-BeglNovelle

so kann er von sich aus beschließen, dass auf diese Einfuhr Zölle erhoben werden, deren Sätze nicht über den Zollsätzen liegen dürfen, die gegenüber dritten Staaten für dieselben Erzeugnisse angewendet werden. Er notifiziert diesen Beschluss der Kommission, die binnen eines Monats beschließt, ob die von dem Staat getroffenen Maßnahmen aufrechterhalten werden können oder geändert bzw. aufgehoben werden müssen. Artikel 3 Absatz 3 ist auf diesen Beschluss der Kommission anwendbar.

(2) Überschreitet die unmittelbar oder über einen anderen Mitgliedstaat gemäß der Regelung des Artikels 2 durchgeführte Einfuhr in den Niederländischen Antillen raffinierter Erdölerzeugnisse in einem oder mehreren Mitgliedstaaten der Europäischen Union während eines Kalenderjahrs die im Anhang zu diesem Protokoll angegebene Menge, so werden die von dem oder den betreffenden Mitgliedstaaten für das laufende Jahr gemäß Absatz 1 etwa getroffenen Maßnahmen als rechtmäßig betrachtet; die Kommission nimmt von den getroffenen Maßnahmen Kenntnis, nachdem sie sich vergewissert hat, dass die festgelegte Menge erreicht wurde. In einem solchen Fall sehen die übrigen Mitgliedstaaten davon ab, den Rat zu befassen.

Artikel 5

Beschließt die Union die Anwendung von mengenmäßigen Beschränkungen auf die Einfuhr von Erdölerzeugnissen jeder Herkunft, so können diese auch auf die Einfuhr dieser Erzeugnisse aus den Niederländischen Antillen angewendet werden. In einem derartigen Fall wird den Niederländischen Antillen eine Vorzugsbehandlung gegenüber dritten Ländern gewährt.

Artikel 6

(1) Der Rat revidiert die Bestimmungen der Artikel 2 bis 5 einstimmig nach Anhörung des Europäischen Parlaments und der Kommission, wenn er eine gemeinsame Ursprungsbestimmung für die Erdölerzeugnisse aus dritten Ländern und assoziierten Ländern erlässt oder im Rahmen einer gemeinsamen Handelspolitik für die betreffenden Erzeugnisse Beschlüsse fasst oder eine gemeinsame Energiepolitik aufstellt.

(2) Bei einer derartigen Revision müssen jedoch auf jeden Fall gleichwertige Vorteile zugunsten der Niederländischen Antillen in geeigneter Form und für eine Menge von mindestens 2 1/2 Millionen Tonnen Erdölerzeugnissen aufrechterhalten werden.

(3) Die Verpflichtungen der Union bezüglich der gleichwertigen Vorteile gemäß Absatz 2 können erforderlichenfalls auf die einzelnen Länder aufgeteilt werden, wobei die im Anhang zu diesem Protokoll aufgeführten Mengen zu berücksichtigen sind.

Artikel 7

Zur Durchführung dieses Protokolls hat die Kommission die Entwicklung der Einfuhr in den Niederländischen Antillen raffinierter Erdölerzeugnisse in die Mitgliedstaaten zu verfolgen. Die Mitgliedstaaten teilen der Kommission, die für die entsprechende Verteilung sorgt, alle diesem Zweck dienenden Aufschlüsse nach den von der Kommission empfohlenen Verwaltungsmodalitäten mit.

ANHANG ZUM PROTOKOLL

Zur Durchführung des Artikels 4 Absatz 2 des Protokolls über die Einfuhr in den Niederländischen Antillen raffinierter Erdölerzeugnisse in die Europäische Union haben die Hohen Vertragsparteien beschlossen, dass die Menge von 2 Millionen Tonnen Erdölerzeugnissen aus den Antillen sich wie folgt auf die Mitgliedstaaten verteilt:

Deutschland	625 000 Tonnen
Belgisch-Luxemburgische Wirtschaftsgemeinschaft	200 000 Tonnen
Frankreich	75 000 Tonnen
Italien	100 000 Tonnen
Niederlande	1 000 000 Tonnen

PROTOKOLL (Nr. 32)

BETREFFEND DEN ERWERB VON IMMOBILIEN IN DÄNEMARK

DIE HOHEN VERTRAGSPARTEIEN –

VON DEM WUNSCH GELEITET, gewisse besondere Probleme betreffend Dänemark zu regeln –

SIND über folgende Bestimmungen ÜBEREINGEKOMMEN, die dem Vertrag über die Europäische Union und dem Vertrag über die Arbeitsweise der Europäischen Union beigefügt sind:

Ungeachtet der Verträge kann Dänemark seine geltenden Rechtsvorschriften für den Erwerb von Zweitwohnungen beibehalten.

PROTOKOLL (Nr. 33)
ZU ARTIKEL 157 DES VERTRAGS ÜBER DIE ARBEITSWEISE DER EUROPÄISCHEN UNION

DIE HOHEN VERTRAGSPARTEIEN

SIND über folgende Bestimmungen ÜBER-EINGEKOMMEN, die dem Vertrag über die Europäische Union und dem Vertrag über die Arbeitsweise der Europäischen Union beigefügt sind:

Im Sinne des Artikels 157 des Vertrags über die Arbeitsweise der Europäischen Union gelten Leistungen aufgrund eines betrieblichen Systems der sozialen Sicherheit nicht als Entgelt, sofern und soweit sie auf Beschäftigungszeiten vor dem 17. Mai 1990 zurückgeführt werden können, außer im Fall von Arbeitnehmern oder deren anspruchsberechtigten Angehörigen, die vor diesem Zeitpunkt eine Klage bei Gericht oder ein gleichwertiges Verfahren nach geltendem einzelstaatlichen Recht anhängig gemacht haben.

PROTOKOLL (Nr. 34)
ÜBER DIE SONDERREGELUNG FÜR GRÖNLAND
Einziger Artikel

(1) Die Behandlung von der gemeinsamen Fischereimarktorganisation unterliegenden Erzeugnissen mit Ursprung in Grönland bei der Einfuhr in die Union erfolgt unter Beachtung der Mechanismen der gemeinsamen Marktorganisation frei von Zöllen und Abgaben gleicher Wirkung sowie ohne mengenmäßige Beschränkungen und Maßnahmen gleicher Wirkung, sofern die aufgrund eines Abkommens zwischen der Union und der für Grönland zuständigen Behörde eingeräumten Möglichkeiten des Zugangs der Union zu den grönländischen Fischereizonen für die Union zufrieden stellend sind.

(2) Alle die Einfuhrregelung für die genannten Erzeugnisse betreffenden Maßnahmen einschließlich derjenigen zur Einführung dieser Maßnahmen werden nach dem Verfahren des Artikels 43 des Vertrags über die Arbeitsweise der Europäischen Union beschlossen.

PROTOKOLL (Nr. 35)
ÜBER ARTIKEL 40.3.3 DER VERFASSUNG IRLANDS

DIE HOHEN VERTRAGSPARTEIEN

SIND über folgende Bestimmungen ÜBER-EINGEKOMMEN, die dem Vertrag über die Europäische Union, dem Vertrag über die Arbeitsweise der Europäischen Union und dem Vertrag zur Gründung der Europäischen Atomgemeinschaft beigefügt sind:

Die Verträge, der Vertrag zur Gründung der Europäischen Atomgemeinschaft sowie die Verträge und Akte zur Änderung oder Ergänzung der genannten Verträge berühren nicht die Anwendung des Artikels 40.3.3 der irischen Verfassung in Irland.

PROTOKOLL (Nr. 36)
ÜBER DIE ÜBERGANGSBESTIMMUNGEN

DIE HOHEN VERTRAGSPARTEIEN –

IN DER ERWÄGUNG, dass zur Regelung des Übergangs von den institutionellen Bestimmungen der Verträge, die vor dem Inkrafttreten des Vertrags von Lissabon anwendbar sind, zu den Bestimmungen des genannten Vertrags Übergangsbestimmungen vorgesehen werden müssen –

SIND über folgende Bestimmungen ÜBER-EINGEKOMMEN, die dem Vertrag über die Europäische Union, dem Vertrag über die Arbeitsweise der Europäischen Union und dem Vertrag zur Gründung der Europäischen Atomgemeinschaft beigefügt sind:

Artikel 1

In diesem Protokoll bezeichnet der Ausdruck „die Verträge" den Vertrag über die Europäische Union, den Vertrag über die Arbeitsweise der Europäischen Union und den Vertrag zur Gründung der Europäischen Atomgemeinschaft.

TITEL I
BESTIMMUNGEN ÜBER DAS EUROPÄISCHE PARLAMENT

Artikel 2

Rechtzeitig vor den Wahlen zum Europäischen Parlament 2009 erlässt der Europäische Rat nach Artikel 14 Absatz 2 Unterabsatz 2

— 171 —

1/3. Protokolle

Prot. 36

EUV/AEUV
+ Prot/Erkl
Anhänge
EU-Grundrechte-
Charta + Erl
Irland-Tschech Rep
Änderungs- und
Beitrittsverträge
LissV + ZusErl
Liss-BeglNovelle

des Vertrags über die Europäische Union einen Beschluss über die Zusammensetzung des Europäischen Parlaments.

Bis zum Ende der Wahlperiode 2004-2009 entsprechen die Zusammensetzung und die Anzahl der Mitglieder des Europäischen Parlaments der bei Inkrafttreten des Vertrags von Lissabon geltenden Zusammensetzung und Anzahl.

TITEL II
BESTIMMUNGEN ÜBER DIE QUALIFIZIERTE MEHRHEIT

Artikel 3

(1) Nach Artikel 16 Absatz 4 des Vertrags über die Europäische Union treten die Bestimmungen dieses Absatzes und die Bestimmungen des Artikels 238 Absatz 2 des Vertrags über die Arbeitsweise der Europäischen Union zur Definition der qualifizierten Mehrheit im Europäischen Rat und im Rat am 1. November 2014 in Kraft.

(2) Für den Zeitraum vom 1. November 2014 bis zum 31. März 2017 gilt Folgendes: Ist für eine Beschlussfassung eine qualifizierte Mehrheit erforderlich, kann ein Mitglied des Rates beantragen, dass die Beschlussfassung mit der qualifizierten Mehrheit nach Absatz 3 erfolgt. In diesem Fall finden die Absätze 3 und 4 Anwendung.

(3) Bis zum 31. Oktober 2014 gelten unbeschadet des Artikels 235 Absatz 1 Unterabsatz 2 des Vertrags über die Arbeitsweise der Europäischen Union die nachstehenden Bestimmungen:
Ist für die Beschlussfassung im Europäischen Rat und im Rat eine qualifizierte Mehrheit erforderlich, so werden die Stimmen der Mitglieder wie folgt gewichtet:

Belgien	12
Bulgarien	10
Tschechische Republik	12
Dänemark	7
Deutschland	29
Estland	4
Irland	7
Griechenland	12
Spanien	27
Frankreich	29
Italien	29
Zypern	4
Lettland	4
Litauen	7
Luxemburg	4
Ungarn	12
Malta	3
Niederlande	13
Österreich	10
Polen	27
Portugal	12
Rumänien	14
Slowenien	4
Slowakei	7
Finnland	7
Schweden	10
Vereinigtes Königreich	29

In den Fällen, in denen Beschlüsse nach den Verträgen auf Vorschlag der Kommission zu fassen sind, kommen diese Beschlüsse mit einer Mindestzahl von 255 Stimmen zustande, die die Zustimmung der Mehrheit der Mitglieder umfasst. In den anderen Fällen kommen die Beschlüsse mit einer Mindestzahl von 255 Stimmen zustande, die die Zustimmung von mindestens zwei Dritteln der Mitglieder umfasst.

Ein Mitglied des Europäischen Rates oder des Rates kann beantragen, dass beim Erlass eines Rechtsakts des Europäischen Rates oder des Rates mit qualifizierter Mehrheit überprüft wird, ob die Mitgliedstaaten, die diese qualifizierte Mehrheit bilden, mindestens 62 % der Gesamtbevölkerung der Union ausmachen. Falls sich erweist, dass diese Bedingung nicht erfüllt ist, wird der betreffende Rechtsakt nicht erlassen.

(4) Bis zum 31. Oktober 2014 gilt in den Fällen, in denen in Anwendung der Verträge nicht alle Mitglieder des Rates stimmberechtigt sind, das heißt in den Fällen, in denen auf die qualifizierte Mehrheit nach Artikel 238 Absatz 3 des Vertrags über die Arbeitsweise der Europäischen Union Bezug genommen wird, als qualifizierte Mehrheit derselbe Anteil der gewogenen Stimmen und derselbe Anteil der Anzahl der Mitglieder des Rates sowie gegebenenfalls derselbe Prozentsatz der Bevölkerung der betreffenden Mitgliedstaaten wie in Absatz 3 dieses Artikels festgelegt.

TITEL III
BESTIMMUNGEN ÜBER DIE ZUSAMMENSETZUNGEN DES RATES

Artikel 4

Bis zum Inkrafttreten des Beschlusses nach Artikel 16 Absatz 6 Unterabsatz 1 des Vertrags über die Europäische Union kann der Rat in den in den Unterabsätzen 2 und 3 des genannten Absatzes vorgesehenen Zusammensetzungen sowie in anderen Zusammensetzungen zusammentreten, deren Liste durch einen Beschluss des Rates in seiner Zusammensetzung „Allgemeine Angelegenheiten" festgesetzt wird, der mit einfacher Mehrheit beschließt.

TITEL IV
BESTIMMUNGEN ÜBER DIE KOMMISSION EINSCHLIESSLICH DES HOHENVERTRETERS DER UNION FÜR AUSSEN- UND SICHERHEITSPOLITIK

Artikel 5

Die zum Zeitpunkt des Inkrafttretens des Vertrags von Lissabon amtierenden Mitglieder der Kommission bleiben bis zum Ende ihrer Amtszeit im Amt. Am Tag der Ernennung des Hohen Vertreters der Union für Außen- und Sicherheitspolitik endet jedoch die Amtszeit des Mitglieds, das die gleiche Staatsangehörigkeit wie dieser besitzt.

TITEL V
BESTIMMUNGEN BETREFFEND DEN GENERALSEKRETÄR DES RATES UND HOHEN VERTRETER FÜR DIE GEMEINSAME AUSSEN- UND SICHERHEITSPOLITIK UND DEN STELLVERTRETENDEN GENERALSEKRETÄR DES RATES

Artikel 6

Die Amtszeit des Generalsekretärs des Rates und Hohen Vertreters für die Gemeinsame Außen- und Sicherheitspolitik sowie des Stellvertretenden Generalsekretärs des Rates endet zum Zeitpunkt des Inkrafttretens des Vertrags von Lissabon. Der Rat ernennt seinen Generalsekretär nach Artikel 240 Absatz 2 des Vertrags über die Arbeitsweise der Europäischen Union.

TITEL VI
BESTIMMUNGEN ÜBER DIE BERATENDEN EINRICHTUNGEN

Artikel 7

Bis zum Inkrafttreten des Beschlusses nach Artikel 301 des Vertrags über die Arbeitsweise der Europäischen Union verteilen sich die Mitglieder des Wirtschafts- und Sozialausschusses wie folgt:

Belgien	12
Bulgarien	12
Tschechische Republik	12
Dänemark	9
Deutschland	24
Estland	7
Irland	9
Griechenland	12
Spanien	21
Frankreich	24
Italien	24
Zypern	6
Lettland	7
Litauen	9
Luxemburg	6
Ungarn	12
Malta	5
Niederlande	12
Österreich	12
Polen	21
Portugal	12
Rumänien	15
Slowenien	7
Slowakei	9
Finnland	9
Schweden	12
Vereinigtes Königreich	24

Artikel 8

Bis zum Inkrafttreten des Beschlusses nach Artikel 305 des Vertrags über die Arbeitsweise der Europäischen Union verteilen sich die Mitglieder des Ausschusses der Regionen wie folgt:

Belgien	12
Bulgarien	12
Tschechische Republik	12
Dänemark	9
Deutschland	24
Estland	7
Irland	9
Griechenland	12
Spanien	21
Frankreich	24
Italien	24
Zypern	6
Lettland	7
Litauen	9
Luxemburg	6
Ungarn	12
Malta	5
Niederlande	12
Österreich	12
Polen	21
Portugal	12
Rumänien	15

1/3. Protokolle

Prot. 36

EUV/AEUV
+ Prot/Erkl
Anhänge
EU-Grundrechte-
Charta + Erl
Irland Tschech Rep
Änderungs- und
Beitrittsverträge
LissV + ZusErl
Liss-BeglNovelle

Slowenien	7
Slowakei	9
Finnland	9
Schweden	12
Vereinigtes Königreich	24

TITEL VII
ÜBERGANGSBESTIMMUNGEN ÜBER DIE VOR DEM INKRAFTTRETEN DES VERTRAGS VON LISSABON AUF DER GRUNDLAGE DER TITEL V UND VI DES VERTRAGS ÜBER DIE EUROPÄISCHE UNION ANGENOMMENEN RECHTSAKTE

Artikel 9

Die Rechtsakte der Organe, Einrichtungen und sonstigen Stellen der Union, die vor dem Inkrafttreten des Vertrags von Lissabon auf der Grundlage des Vertrags über die Europäische Union angenommen wurden, behalten so lange Rechtswirkung, bis sie in Anwendung der Verträge aufgehoben, für nichtig erklärt oder geändert werden. Dies gilt auch für Übereinkommen, die auf der Grundlage des Vertrags über die Europäische Union zwischen Mitgliedstaaten geschlossen wurden.

Artikel 10

(1) Als Übergangsmaßnahme gilt bezüglich der Befugnisse der Organe bei Rechtsakten der Union im Bereich der polizeilichen Zusammenarbeit und der justiziellen Zusammenarbeit in Strafsachen, die vor dem Inkrafttreten des Vertrags von Lissabon angenommen wurden, bei Inkrafttreten des genannten Vertrags Folgendes: Die Befugnisse der Kommission nach Artikel 258 des Vertrags über die Arbeitsweise der Europäischen Union gelten nicht, und die Befugnisse des Gerichtshofs der Europäischen Union nach Titel VI des Vertrags über die Europäische Union in der vor dem Inkrafttreten des Vertrags von Lissabon geltenden Fassung bleiben unverändert, einschließlich in den Fällen, in denen sie nach Artikel 35 Absatz 2 des genannten Vertrags über die Europäische Union anerkannt wurden.

(2) Die Änderung eines in Absatz 1 genannten Rechtsakts hat zur Folge, dass hinsichtlich des geänderten Rechtsakts in Bezug auf diejenigen Mitgliedstaaten, für die der geänderte Rechtsakt gilt, die in den Verträgen vorgesehenen Befugnisse der in Absatz 1 genannten Organe gelten.

(3) Die Übergangsmaßnahme nach Absatz 1 tritt auf jeden Fall fünf Jahre nach dem Inkrafttreten des Vertrags von Lissabon außer Kraft.

(4) Das Vereinigte Königreich kann dem Rat spätestens sechs Monate vor dem Ende des Übergangszeitraums nach Absatz 3 mitteilen, dass es hinsichtlich der Rechtsakte nach Absatz 1 die in den Verträgen festgelegten Befugnisse der in Absatz 1 genannten Organe nicht anerkennt. Im Falle einer solchen Mitteilung durch das Vereinigte Königreich gelten alle Rechtsakte nach Absatz 1 für das Vereinigte Königreich nicht mehr ab dem Tag, an dem der Übergangszeitraum nach Absatz 3 endet. Dieser Unterabsatz gilt nicht in Bezug auf die geänderten Rechtsakte nach Absatz 2, die für das Vereinigte Königreich gelten.

Der Rat beschließt mit qualifizierter Mehrheit auf Vorschlag der Kommission die erforderlichen Folge- und Übergangsmaßnahmen. Das Vereinigte Königreich nimmt an der Annahme dieses Beschlusses nicht teil. Die qualifizierte Mehrheit des Rates bestimmt sich nach Artikel 238 Absatz 3 Buchstabe a des Vertrags über die Arbeitsweise der Europäischen Union.

Der Rat kann mit qualifizierter Mehrheit auf Vorschlag der Kommission ferner einen Beschluss annehmen, mit dem bestimmt wird, dass das Vereinigte Königreich etwaige unmittelbare finanzielle Folgen trägt, die sich zwangsläufig und unvermeidbar daraus ergeben, dass es sich nicht mehr an diesen Rechtsakten beteiligt.

(5) Das Vereinigte Königreich kann dem Rat in der Folge jederzeit mitteilen, dass es sich an Rechtsakten beteiligen möchte, die nach Absatz 4 Unterabsatz 1 für das Vereinigte Königreich nicht mehr gelten. In diesem Fall finden die einschlägigen Bestimmungen des Protokolls über den in den Rahmen der Europäischen Union einbezogenen Schengen-Besitzstand bzw. des Protokolls über die Position des Vereinigten Königreichs und Irlands hinsichtlich des Raums der Freiheit, der Sicherheit und des Rechts Anwendung. In Bezug auf diese Rechtsakte gelten die in den Verträgen festgelegten Befugnisse der Organe. Handeln die Organe der Union und das Vereinigte Königreich im Rahmen der betreffenden Protokolle, so bemühen sie sich, das größtmögliche Maß an Beteiligung des Vereinigten Königreichs am Besitzstand der Union bezüglich des Raums der Freiheit, der Sicherheit und des Rechts wiederherzustellen, ohne dass die praktische Funktionsfähigkeit seiner

verschiedenen Bestandteile ernsthaft beeinträchtigt wird, und unter Wahrung von deren Kohärenz.

PROTOKOLL (Nr. 37)
ÜBER DIE FINANZIELLEN FOLGEN DES ABLAUFS DES EGKS-VERTRAGS UND ÜBER DEN FORSCHUNGSFONDS FÜR KOHLE UND STAHL

DIE HOHEN VERTRAGSPARTEIEN –

UNTER HINWEIS DARAUF, dass das gesamte Vermögen und alle Verbindlichkeiten der Europäischen Gemeinschaft für Kohle und Stahl zum Stand vom 23. Juli 2002 am 24. Juli 2002 auf die Europäische Gemeinschaft übergegangen sind,

EINGEDENK der Tatsache, dass diese Mittel für die Forschung in Sektoren verwendet werden sollten, die mit der Kohle- und Stahlindustrie zusammenhängen, und der sich daraus ergebenden Notwendigkeit, hierfür eine Reihe besonderer Vorschriften vorzusehen –

SIND über folgende Bestimmungen ÜBEREINGEKOMMEN, die dem Vertrag über die Europäische Union und dem Vertrag über die Arbeitsweise der Europäischen Union beigefügt sind:

Artikel 1

(1) Der Nettowert dieses Vermögens und dieser Verbindlichkeiten gemäß der Bilanz der EGKS vom 23. Juli 2002, vorbehaltlich etwaiger Erhöhungen oder Minderungen infolge der Abwicklungsvorgänge, gilt als Vermögen für Forschung in Sektoren, die die Kohle- und Stahlindustrie betreffen, und erhält die Bezeichnung „EGKS in Abwicklung". Nach Abschluss der Abwicklung wird dieses Vermögen als „Vermögen des Forschungsfonds für Kohle und Stahl" bezeichnet.

(2) Die Erträge aus diesem Vermögen, die als „Forschungsfonds für Kohle und Stahl" bezeichnet werden, werden im Einklang mit diesem Protokoll und den auf dieser Grundlage erlassenen Rechtsakten ausschließlich für die außerhalb des Forschungsrahmenprogramms durchgeführten Forschungsarbeiten in Sektoren, die mit der Kohle- und Stahlindustrie zusammenhängen, verwendet.

Artikel 2

Der Rat erlässt gemäß einem besonderen Gesetzgebungsverfahren und nach Zustimmung des Europäischen Parlaments alle für die Durchführung dieses Protokolls erforderlichen Bestimmungen, einschließlich der wesentlichen Grundsätze.

Der Rat erlässt auf Vorschlag der Kommission und nach Anhörung des Europäischen Parlaments die Maßnahmen zur Festlegung der mehrjährigen Finanzleitlinien für die Verwaltung des Vermögens des Forschungsfonds für Kohle und Stahl sowie technischer Leitlinien für das Forschungsprogramm des Fonds.

Artikel 3

Soweit in diesem Protokoll und in den auf der Grundlage dieses Protokolls erlassenen Rechtsakten nichts anderes vorgesehen ist, finden die Verträge Anwendung.

1/4. Anhänge

Anhang I

Anhänge (zum AEUV)

(ABl 2010 C 83, 329)

ANHANG I
LISTE ZU ARTIKEL 38 DES VERTRAGS ÜBER DIE ARBEITSWEISE
DER EUROPÄISCHEN UNION

– 1 – Nummer des Brüsseler Zolltarifschemas	– 2 – Warenbezeichnung
Kapitel 1	Lebende Tiere
Kapitel 2	Fleisch und genießbarer Schlachtabfall
Kapitel 3	Fische, Krebstiere und Weichtiere
Kapitel 4	Milch und Milcherzeugnisse, Vogeleier; natürlicher Honig
Kapitel 5	
05.04	Därme, Blasen und Mägen von anderen Tieren als Fischen, ganz oder geteilt
05.15	Waren tierischen Ursprungs, anderweit weder genannt noch inbegriffen; nicht lebende Tiere des Kapitels 1 oder 3, ungenießbar
Kapitel 6	Lebende Pflanzen und Waren des Blumenhandels
Kapitel 7	Gemüse, Pflanzen, Wurzeln und Knollen, die zu Ernährungszwecken ver wendet werden
Kapitel 8	Genießbare Früchte, Schalen von Zitrusfrüchten oder von Melonen
Kapitel 9	Kaffee, Tee und Gewürze, ausgenommen Mate (Position 09.03)
Kapitel 10	Getreide
Kapitel 11	Müllereierzeugnisse, Malz; Stärke; Kleber, Inulin
Kapitel 12	Ölsaaten und ölhaltige Früchte; verschiedene Samen und Früchte; Pflan zen zum Gewerbe- oder Heilgebrauch, Stroh und Futter
Kapitel 13	
ex 13.03	Pektin
Kapitel 15	
15.01	Schweineschmalz; Geflügelfett, ausgepresst oder ausgeschmolzen
15.02	Talg von Rindern, Schafen oder Ziegen, roh oder ausgeschmolzen, ein schließlich Premier Jus
15.03	Schmalzstearin; Oleostearin; Schmalzöl, Oleomargarine und Talgöl, we deremulgiert, vermischt noch anders verarbeitet
15.04	Fette und Öle von Fischen oder Meeressäugetieren, auch raffiniert
15.07	Fette pflanzliche Öle, flüssig oder fest, roh, gereinigt oder raffiniert
15.12	Tierische und pflanzliche Fette und Öle, gehärtet, auch raffiniert, jedoch nicht weiter verarbeitet

– 1 –	– 2 –
Nummer des Brüsseler Zolltarifschemas	Warenbezeichnung

15.13	Margarine, Kunstspeisefett und andere genießbare verarbeitete Fette
15.17	Rückstände aus der Verarbeitung von Fettstoffen oder von tierischen oder pflanzlichen Wachsen
Kapitel 16	Zubereitungen von Fleisch, Fischen, Krebstieren und Weichtieren
Kapitel 17	
17.01	Rüben- und Rohrzucker, fest
17.02	Andere Zucker; Sirupe; Kunsthonig, auch mit natürlichem Honig ver mischt; Zucker und Melassen, karamellisiert
17.03	Melassen, auch entfärbt
17.05 (*)	Zucker, Sirupe und Melassen, aromatisiert oder gefärbt (einschließlich Vanille- und Vanillinzucker), ausgenommen Fruchtsäfte mit beliebigem Zusatz von Zucker
Kapitel 18	
18.01	Kakaobohnen, auch Bruch, roh oder geröstet
18.02	Kakaoschalen, Kakaohäutchen und anderer Kakaoabfall
Kapitel 20	Zubereitungen von Gemüse, Küchenkräutern, Früchten und anderen Pflanzen oder Pflanzenteilen
Kapitel 22	
22.04	Traubenmost, teilweise vergoren, auch ohne Alkohol stummgemacht
22.05	Wein aus frischen Weintrauben; mit Alkohol stummgemachter Most aus frischen Weintrauben
22.07	Apfelwein, Birnenwein, Met und andere gegorene Getränke
ex 22.08 (*) ex 22.09 (*)	Äthylalkohol und Sprit, vergällt und unvergällt, mit einem beliebigen Äthylalkoholgehalt, hergestellt aus landwirtschaftlichen Erzeugnissen, die in Anhang I aufgeführt sind (ausgenommen Branntwein, Likör und an dere alkoholische Getränke, zusammengesetzte alkoholische Zubereitun gen — Essenzen — zur Herstellung von Getränken)
22.10 (*)	Speiseessig
Kapitel 23	Rückstände und Abfälle der Lebensmittelindustrie; zubereitetes Futter
Kapitel 24	
24.01	Tabak, unverarbeitet; Tabakabfälle
Kapitel 45	
45.01	Naturkork, unbearbeitet, und Korkabfälle; Korkschrot, Korkmehl

EUV/AEUV
+ Prot/Erkl
Anhänge
EU-Grundrechte-
Charta + Erl
Irland/Tschech Rep
Änderungs- und
Beitrittsverträge
LissV + ZusErl
Liss-BeglNovelle

– 1 – Nummer des Brüsseler Zolltarifschemas	– 2 – Warenbezeichnung
Kapitel 54	
54.01	Flachs, roh, geröstet, geschwungen, gehechelt oder anders bearbeitet, je doch nicht versponnen; Werg und Abfälle (einschließlich Reißspinnstoff)
Kapitel 57	
57.01	Hanf (*Cannabis sativa*), roh, geröstet, geschwungen, gehechelt oder anders bearbeitet, jedoch nicht versponnen; Werg und Abfälle (einschließlich Reißspinnstoff)

(*) Position eingefügt gemäß Artikel 1 der Verordnung Nr. 7a des Rates der Europäischen Wirt schaftsgemeinschaft vom 18.12.1959 (ABl. 7 vom 30.1.1961, S. 71/61).

ANHANG II
ÜBERSEEISCHE LÄNDER UND HOHEITSGEBIETE, AUF WELCHE DER VIERTE TEIL DES VERTRAGS ÜBER DIE ARBEITSWEISE DER EUROPÄISCHEN UNION ANWENDUNG FINDET

— Grönland

— Neukaledonien und Nebengebiete

— Französisch-Polynesien

— Französische Süd- und Antarktisgebiete

— Wallis und Futuna

— Mayotte

— St. Pierre und Miquelon

— Aruba

— Niederländische Antillen:

   — Bonaire

   — Curaçao

   — Saba

   — Sint Eustatius

   — Sint Maarten

— Anguilla

— Kaimaninseln

— Falklandinseln

— Südgeorgien und südliche Sandwichinseln

— Montserrat

— Pitcairn

— St. Helena und Nebengebiete

— Britisches Antarktis-Territorium

— Britisches Territorium im Indischen Ozean

— Turks- und Caicosinseln

— Britische Jungferninseln

— Bermuda

1/5. Erklärungen

EUV/AEUV
+ Prot/Erkl
Anhänge
EU-Grundrechte-
Charta + Erl
Irland Tschech Rep
Änderungs- und
Beitrittsverträge
LissV + ZusErl
Liss-BeglNovelle

Erklärungen

**zur Schlussakte der Regierungskonferenz, die den am 13. Dezember 2007
unterzeichneten Vertrag von Lissabon angenommen hat**

(ABl 2010 C 83, 335)

Inhalt

Inhalt

1/5. Erklärungen

Inhalt

EUV/AEUV
+ Prot/Erkl
Anhänge
EU-Grundrechte-
Charta + Erl
Irland Tschech Rep
Änderungs- und
Beitrittsverträge
LissV + ZusErl
Liss-BeglNovelle

A. ERKLÄRUNGEN ZU BESTIMMUNGEN DER VERTRÄGE

1. Erklärung zur Charta der Grundrechte der Europäischen Union

Die Charta der Grundrechte der Europäischen Union, die rechtsverbindlich ist, bekräftigt die Grundrechte, die durch die Europäische Konvention zum Schutz der Menschenrechte und Grundfreiheiten garantiert werden und die sich aus den gemeinsamen Verfassungsüberlieferungen der Mitgliedstaaten ergeben.

Die Charta dehnt weder den Geltungsbereich des Unionsrechts über die Zuständigkeiten der Union hinaus aus noch begründet sie neue Zuständigkeiten oder neue Aufgaben für die Union, und sie ändert nicht die in den Verträgen festgelegten Zuständigkeiten und Aufgaben.

2. Erklärung zu Artikel 6 Absatz 2 des Vertrags über die Europäische Union

Die Konferenz kommt überein, dass der Beitritt der Union zur Europäischen Konvention zum Schutz der Menschenrechte und Grundfreiheiten unter Bedingungen erfolgen sollte, die es gestatten, die Besonderheiten der Rechtsordnung der Union zu wahren. In diesem Zusammenhang stellt die Konferenz fest, dass der Gerichtshof der Europäischen Union und der Europäische Gerichtshof für Menschenrechte in einem regelmäßigen Dialog stehen; dieser Dialog könnte beim Beitritt der Union zu dieser Konvention intensiviert werden.

3. Erklärung zu Artikel 8 des Vertrags über die Europäische Union

Die Union trägt der besonderen Lage der Länder mit geringer territorialer Ausdehnung Rechnung, die spezifische Nachbarschaftsbeziehungen zur Union unterhalten.

4. Erklärung zur Zusammensetzung des Europäischen Parlaments

Der zusätzliche Sitz im Europäischen Parlament wird Italien zugewiesen.

5. Erklärung zur politischen Einigung des Europäischen Rates über den Entwurf eines Beschlusses über die Zusammensetzung des Europäischen Parlaments

Der Europäische Rat wird seine politische Zustimmung zum überarbeiteten Entwurf eines Beschlusses über die Zusammensetzung des Europäischen Parlaments in der Legislaturperiode 2009-2014 auf der Grundlage des Vorschlags des Europäischen Parlaments erteilen.

6. Erklärung zu Artikel 15 Absätze 5 und 6, Artikel 17 Absätze 6 und 7 und Artikel 18 des Vertrags über die Europäische Union

Bei der Auswahl der Personen, die das Amt des Präsidenten des Europäischen Rates, des Präsidenten der Kommission und des Hohen Vertreters der Union für Außen- und Sicherheitspolitik ausüben sollen, ist gebührend zu berücksichtigen, dass die geografische und demografische Vielfalt der Union und ihrer Mitgliedstaaten angemessen geachtet werden muss.

7. Erklärung zu Artikel 16 Absatz 4 des Vertrags über die Europäische Union und zu Artikel 238 Absatz 2 des Vertrags über die Arbeitsweise der Europäischen Union

Die Konferenz erklärt, dass der Beschluss über die Anwendung des Artikels 16 Absatz 4 des Vertrags über die Europäische Union und des Artikels 238 Absatz 2 des Vertrags über die Arbeitsweise der Europäischen Union vom Rat am Tag der Unterzeichnung des Vertrags von Lissabon angenommen wird und am Tag des Inkrafttretens jenes Vertrags in Kraft tritt. Der entsprechende Beschlussentwurf ist nachstehend wiedergegeben:

Entwurf eines Beschlusses des Rates über die Anwendung des Artikels 16 Absatz 4 des Vertrags über die Europäische Union und des Artikels 238 Absatz 2 des Vertrags über die Arbeitsweise der Europäischen Union zwischen dem 1. November 2014 und dem 31. März 2017 einerseits und ab dem 1. April 2017 andererseits

DER RAT DER EUROPÄISCHEN UNION –
in Erwägung nachstehender Gründe:

1/5. Erklärungen

EUV/AEUV
+ Prot/Erkl
Anhänge
EU-Grundrechte-
Charta + Erl
Irland/Tschech.Rep
Änderungs- und
Beitrittsverträge
LissV + ZusErl
Liss-BeglNovelle

(1) Es sollten Bestimmungen erlassen werden, die einen reibungslosen Übergang von der Regelung für die Beschlussfassung des Rates mit qualifizierter Mehrheit, die in Artikel 3 Absatz 3 des Protokolls über die Übergangsbestimmungen festgelegt ist und die bis zum 31. Oktober 2014 weiterhin gelten wird, zu der in Artikel 16 Absatz 4 des Vertrags über die Europäische Union und Artikel 238 Absatz 2 des Vertrags über die Arbeitsweise der Europäischen Union vor gesehenen Abstimmungsregelung gewährleisten, die ab dem 1. November 2014 gelten wird, einschließlich – während eines Übergangszeitraums bis zum 31. März 2017 – der besonderen Bestimmungen gemäß Artikel 3 Absatz 2 des genannten Protokolls.

(2) Der Rat wird auch in Zukunft alles daran setzen, die demokratische Legitimierung der mit qualifizierter Mehrheit angenommenen Rechtsakte zu erhöhen –

BESCHLIESST:

Abschnitt 1
Für die Zeit vom 1. November 2014 bis zum 31. März 2017 anwendbare Bestimmungen

Artikel 1

Für die Zeit vom 1. November 2014 bis zum 31. März 2017 gilt Folgendes: Wenn Mitglieder des Rates, die
a) mindestens drei Viertel der Bevölkerung oder
b) mindestens drei Viertel der Anzahl der Mitgliedstaaten
vertreten, die für die Bildung einer Sperrminorität erforderlich sind, wie sie sich aus der Anwendung von Artikel 16 Absatz 4 Unterabsatz 1 des Vertrags über die Europäische Union oder Artikel 238 Absatz 2 des Vertrags über die Arbeitsweise der Europäischen Union ergibt, erklären, dass sie die Annahme eines Rechtsakts durch den Rat mit qualifizierter Mehrheit ablehnen, so wird die Frage vom Rat erörtert.

Artikel 2

Der Rat wird im Verlauf dieser Erörterungen alles in seiner Macht Stehende tun, um innerhalb einer angemessenen Zeit und unbeschadet der durch das Unionsrecht vorgeschriebenen zwingenden Fristen eine zufriedenstellende Lösung für die von den Mitgliedern des Rates nach Artikel 1 vorgebrachten Anliegen zu finden.

Artikel 3

Zu diesem Zweck unternimmt der Präsident des Rates mit Unterstützung der Kommission unter Einhaltung der Geschäftsordnung des Rates alle erforderlichen Schritte, um im Rat eine breitere Einigungsgrundlage zu ermöglichen. Die Mitglieder des Rates unterstützen ihn hierbei.

Abschnitt 2
Ab dem 1. April 2017 anwendbare Bestimmungen

Artikel 4

Ab dem 1. April 2017 gilt Folgendes: Wenn Mitglieder des Rates, die
a) mindestens 55 % der Bevölkerung oder
b) mindestens 55 % der Anzahl der Mitgliedstaaten vertreten, die für die Bildung einer Sperrminorität erforderlich sind, wie sie sich aus der Anwendung von Artikel 16 Absatz 4 Unterabsatz 1 des Vertrags über die Europäische Union oder Artikel 238 Absatz 2 des Vertrags über die Arbeitsweise der Europäischen Union ergibt, erklären, dass sie die Annahme eines Rechtsakts durch den Rat mit qualifizierter Mehrheit ablehnen, so wird die Frage vom Rat erörtert.

Artikel 5

Der Rat wird im Verlauf dieser Erörterungen alles in seiner Macht Stehende tun, um innerhalb einer angemessenen Zeit und unbeschadet der durch das Unionsrecht vorgeschriebenen zwingenden Fristen eine zufriedenstellende Lösung für die von den Mitgliedern des Rates nach Artikel 4 vorgebrachten Anliegen zu finden.

Artikel 6

Zu diesem Zweck unternimmt der Präsident des Rates mit Unterstützung der Kommission unter Einhaltung der Geschäftsordnung des Rates alle erforderlichen Schritte, um im Rat eine breitere Einigungsgrundlage zu ermöglichen. Die Mitglieder des Rates unterstützen ihn hierbei.

Abschnitt 3
Inkrafttreten des Beschlusses

Artikel 7

Dieser Beschluss tritt am Tag des Inkrafttretens des Vertrags von Lissabon in Kraft.

8. Erklärung zu den praktischen Maßnahmen, die zum Zeitpunkt des Inkrafttretens des Vertrags von Lissabon in Bezug auf den Vorsitz im Europäischen Rat und im Rat „Auswärtige Angelegenheiten" zu ergreifen sind

Für den Fall, dass der Vertrag von Lissabon nach dem 1. Januar 2009 in Kraft tritt, ersucht die Konferenz die zuständigen Behörden des Mitgliedstaats, der zu jenem Zeitpunkt den halbjährlich wechselnden Vorsitz im Rat wahrnimmt, einerseits und die Persönlichkeit, die zum Präsidenten des Europäischen Rats gewählt wird, sowie die Persönlichkeit, die zum Hohen Vertreter der Union für Außen- und Sicherheitspolitik ernannt wird, andererseits, in Absprache mit dem nachfolgenden halbjährlichen Vorsitz die konkreten Maßnahmen zu ergreifen, die erforderlich sind, damit der Übergang in Bezug auf die sachbezogenen und die organisatorischen Aspekte der Ausübung des Vorsitzes im Europäischen Rat und im Rat „Auswärtige Angelegenheiten" reibungslos erfolgen kann.

9. Erklärung zu Artikel 16 Absatz 9 des Vertrags über die Europäische Union betreffend den Beschluss des Europäischen Rates über die Ausübung des Vorsitzes im Rat

Die Konferenz erklärt, dass der Rat nach der Unterzeichnung des Vertrags von Lissabon umgehend mit der Ausarbeitung des Beschlusses zur Festlegung der Verfahren für die Anwendung des Beschlusses über die Ausübung des Vorsitzes im Rat beginnen und innerhalb von sechs Monaten zu einer politischen Einigung gelangen sollte. Ein Entwurf für einen Beschluss des Europäischen Rates, der am Tag des Inkrafttretens jenes Vertrags angenommen wird, ist nachstehend wiedergegeben:

Entwurf eines Beschlusses des Europäischen Rates über die Ausübung des Vorsitzes im Rat

Artikel 1

(1) Der Vorsitz im Rat außer in der Zusammensetzung „Auswärtige Angelegenheiten" wird von zuvor festgelegten Gruppen von drei Mitgliedstaaten für einen Zeitraum von 18 Monaten wahrgenommen. Diese Gruppen werden in gleichberechtigter Rotation der Mitgliedstaaten unter Berücksichtigung ihrer Verschiedenheit und des geografischen Gleichgewichts innerhalb der Union zusammengestellt.

(2) Jedes Mitglied der Gruppe nimmt den Vorsitz in allen Zusammensetzungen des Rates außer in der Zusammensetzung „Auswärtige Angelegenheiten" im Wechsel für einen Zeitraum von sechs Monaten wahr. Die anderen Mitglieder der Gruppe unterstützen den Vorsitz auf der Grundlage eines gemeinsamen Programms bei all seinen Aufgaben. Die Mitglieder der Gruppe können untereinander alternative Regelungen beschließen.

Artikel 2

Der Vorsitz im Ausschuss der Ständigen Vertreter der Regierungen der Mitgliedstaaten wird von einem Vertreter des Mitgliedstaats wahrgenommen, der den Vorsitz im Rat in der Zusammensetzung „Allgemeine Angelegenheiten" innehat.

Der Vorsitz im Politischen und Sicherheitspolitischen Komitee wird von einem Vertreter des Hohen Vertreters der Union für Außen- und Sicherheitspolitik wahrgenommen.

Der Vorsitz in den vorbereitenden Gremien des Rates in seinen verschiedenen Zusammensetzungen außer in der Zusammensetzung „Auswärtige Angelegenheiten" wird von dem Mitglied der Gruppe wahrgenommen, das den Vorsitz in der entsprechenden Zusammensetzung des Rates führt, sofern nach Artikel 4 nichts anderes beschlossen wird.

Artikel 3

Der Rat in der Zusammensetzung „Allgemeine Angelegenheiten" sorgt im Rahmen einer Mehrjahres planung in Zusammenarbeit mit der Kommission für die Kohärenz und die Kontinuität der Arbeiten des Rates in seinen verschiedenen Zusammensetzungen. Die den Vorsitz wahrnehmenden Mitglied staaten treffen mit Unterstützung des Generalsekretariats des Rates alle für die Organisation und den reibungslosen Ablauf der Arbeiten des Rates erforderlichen Vorkehrungen.

Artikel 4

Der Rat erlässt einen Beschluss mit Bestimmungen zur Anwendung dieses Beschlusses.

10. Erklärung zu Artikel 17 des Vertrags über die Europäische Union

Die Konferenz ist der Auffassung, dass die Kommission, wenn ihr nicht mehr Staatsangehörige aller Mitgliedstaaten angehören, be-

1/5. Erklärungen

EUV/AEUV
+ Prot/Erkl
Anhänge
EU-Grundrechte-
Charta + Erl
Irland/Tschech Rep
Änderungs- und
Beitrittsverträge
LissV + ZusErl
Liss-BeglNovelle

sonders beachten sollte, dass in den Beziehungen zu allen Mitgliedstaaten vollständige Transparenz gewährleistet sein muss. Dementsprechend sollte die Kommission enge Verbindungen zu allen Mitgliedstaaten unterhalten, unabhängig davon, ob einer ihrer Staatsangehörigen Mitglied der Kommission ist, und in diesem Zusammenhang besonders beachten, dass Informationen mit allen Mitgliedstaaten geteilt und alle Mitgliedstaaten konsultiert werden müssen.

Die Konferenz ist ferner der Auffassung, dass die Kommission alle notwendigen Maßnahmen ergreifen sollte, um sicherzustellen, dass die politischen, sozialen und wirtschaftlichen Gegebenheiten in allen Mitgliedstaaten, auch in Mitgliedstaaten, die kein Kommissionsmitglied stellen, in vollem Umfang berücksichtigt werden. Dabei sollte durch geeignete organisatorische Vorkehrungen auch gewährleistet werden, dass der Standpunkt dieser Mitgliedstaaten berücksichtigt wird.

11. Erklärung zu Artikel 17 Absätze 6 und 7 des Vertrags über die Europäische Union

Die Konferenz ist der Auffassung, dass das Europäische Parlament und der Europäische Rat im Einklang mit den Verträgen gemeinsam für den reibungslosen Ablauf des Prozesses, der zur Wahl des Präsidenten der Europäischen Kommission führt, verantwortlich sind. Vertreter des Europäischen Parlaments und des Europäischen Rates werden daher vor dem Beschluss des Europäischen Rates die erforderlichen Konsultationen in dem Rahmen durchführen, der als am besten geeignet erachtet wird. Nach Artikel 17 Absatz 7 Unterabsatz 1 betreffen diese Konsultationen das Profil der Kandidaten für das Amt des Präsidenten der Kommission unter Berücksichtigung der Wahlen zum Europäischen Parlament. Die Einzelheiten dieser Konsultationen können zu gegebener Zeit einvernehmlich zwischen dem Europäischen Parlament und dem Europäischen Rat festgelegt werden.

12. Erklärung zu Artikel 18 des Vertrags über die Europäische Union

(1) Die Konferenz erklärt, dass bei den Vorbereitungsarbeiten zur Ernennung des Hohen Vertreters der Union für Außen- und Sicherheitspolitik gemäß Artikel 18 des Vertrags über die Europäische Union und Artikel 5 des Protokolls über die Übergangsbestimmungen, die am Tag des Inkrafttretens des Vertrags von Lissabon erfolgen soll, geeignete Kontakte zum Europäischen Parlament erfolgen werden; die Amtszeit des Hohen Vertreters wird am selben Tag beginnen und bis zum Ende der Amtszeit der an diesem Tag amtierenden Kommission dauern.

(2) Des Weiteren erinnert die Konferenz daran, dass die Ernennung desjenigen Hohen Vertreters der Union für Außen- und Sicherheitspolitik, dessen Amtszeit im November 2009 zum gleichen Zeitpunkt wie die Amtszeit der nächsten Kommission beginnen und dieselbe Dauer wie diese haben wird, nach den Artikeln 17 und 18 des Vertrags über die Europäische Union erfolgen wird.

13. Erklärung zur Gemeinsamen Außen- und Sicherheitspolitik

Die Konferenz unterstreicht, dass die Bestimmungen des Vertrags über die Europäische Union be treffend die Gemeinsame Außen- und Sicherheitspolitik, einschließlich der Schaffung des Amts des Hohen Vertreters der Union für Außen- und Sicherheitspolitik und der Errichtung eines Auswärtigen Dienstes, weder die derzeit bestehenden Zuständigkeiten der Mitgliedstaaten für die Formulierung und Durchführung ihrer Außenpolitik noch ihre nationale Vertretung in Drittländern und internationalen Organisationen berühren.

Die Konferenz erinnert außerdem daran, dass die Bestimmungen über die Gemeinsame Sicherheits- und Verteidigungspolitik den besonderen Charakter der Sicherheits- und Verteidigungspolitik der Mitgliedstaaten unberührt lassen.

Sie hebt hervor, dass die Europäische Union und ihre Mitgliedstaaten nach wie vor durch die Bestimmungen der Charta der Vereinten Nationen und insbesondere durch die Hauptverantwortung des Sicherheitsrats und seiner Mitglieder für die Wahrung des Weltfriedens und der internationalen Sicherheit gebunden sind.

14. Erklärung zur Gemeinsamen Außen- und Sicherheitspolitik

Zusätzlich zu den in Artikel 24 Absatz 1 des Vertrags über die Europäische Union genannten besonderen Regeln und Verfahren betont die Konferenz, dass die Bestimmungen zur Gemeinsamen Außen- und Sicherheitspolitik, einschließlich zum Hohen Vertreter der Union für Außen- und Sicherheitspolitik und zum Auswärtigen Dienst, die bestehenden Rechtsgrundlagen, die Zuständigkeiten und Befugnisse der einzelnen Mitgliedstaaten in Bezug auf die

Formulierung und die Durchführung ihrer Außenpolitik, ihre nationalen diplomatischen Dienste, ihre Beziehungen zu Drittländern und ihre Beteiligung an internationalen Organisationen, einschließlich der Mitgliedschaft eines Mitgliedstaats im Sicherheitsrat der Vereinten Nationen, nicht berühren.

Die Konferenz stellt ferner fest, dass der Kommission durch die Bestimmungen zur Gemeinsamen Außen- und Sicherheitspolitik keine neuen Befugnisse zur Einleitung von Beschlüssen übertragen werden und dass diese Bestimmungen die Rolle des Europäischen Parlaments nicht erweitern.

Die Konferenz erinnert außerdem daran, dass die Bestimmungen über die Gemeinsame Sicherheits- und Verteidigungspolitik den besonderen Charakter der Sicherheits- und Verteidigungspolitik der Mitgliedstaaten unberührt lassen.

15. Erklärung zu Artikel 27 des Vertrags über die Europäische Union

Die Konferenz erklärt, dass der Generalsekretär des Rates und Hohe Vertreter für die Gemeinsame Außen- und Sicherheitspolitik, die Kommission und die Mitgliedstaaten die Vorarbeiten zur Errichtung des Europäischen Auswärtigen Dienstes einleiten sollten, sobald der Vertrag von Lissabon unterzeichnet worden ist.

16. Erklärung zu Artikel 55 Absatz 2 des Vertrags über die Europäische Union

Die Konferenz ist der Auffassung, dass die Möglichkeit der Erstellung von Übersetzungen der Verträge in den Sprachen nach Artikel 55 Absatz 2 zur Verwirklichung des Ziels beiträgt, den Reichtum der kulturellen und sprachlichen Vielfalt der Union im Sinne von Artikel 3 Absatz 3 Unterabsatz 4 zu wahren. Sie bekräftigt diesbezüglich, dass die Union großen Wert auf die kulturelle Vielfalt Europas legt und diesen und anderen Sprachen weiterhin besondere Bedeutung beimessen wird.

Die Konferenz empfiehlt, dass die Mitgliedstaaten, die von der in Artikel 55 Absatz 2 vorgesehenen Möglichkeit Gebrauch machen möchten, dem Rat innerhalb von sechs Monaten nach der Unterzeichnung des Vertrags von Lissabon die Sprache bzw. Sprachen mitteilen, in die die Verträge übersetzt werden sollen.

17. Erklärung zum Vorrang

Die Konferenz weist darauf hin, dass die Verträge und das von der Union auf der Grundlage der Verträge gesetzte Recht im Einklang mit der ständigen Rechtsprechung des Gerichtshofs der Europäischen Union unter den in dieser Rechtsprechung festgelegten Bedingungen Vorrang vor dem Recht der Mitgliedstaaten haben.

Darüber hinaus hat die Konferenz beschlossen, dass das Gutachten des Juristischen Dienstes des Rates zum Vorrang in der Fassung des Dokuments 11197/07 (JUR 260) dieser Schlussakte beigefügt wird:

„Gutachten des Juristischen Dienstes des Rates vom 22. Juni 2007

Nach der Rechtsprechung des Gerichtshofs ist der Vorrang des EG-Rechts einer der Grundpfeiler des Gemeinschaftsrechts. Dem Gerichtshof zufolge ergibt sich dieser Grundsatz aus der Besonderheit der Europäischen Gemeinschaft. Zum Zeitpunkt des ersten Urteils im Rahmen dieser ständigen Rechtsprechung (Rechtssache 6/64, Costa gegen ENEL, 15. Juli 1964[1]) war dieser Vorrang im Vertrag nicht erwähnt. Dies ist auch heute noch der Fall. Die Tatsache, dass der Grundsatz dieses Vorrangs nicht in den künftigen Vertrag aufgenommen wird, ändert nichts an seiner Existenz und an der bestehenden Rechtsprechung des Gerichtshofs.

---

[1] *‚Aus (…) folgt, dass dem vom Vertrag geschaffenen, somit aus einer autonomen Rechtsquelle fließenden Recht wegen dieser seiner Eigenständigkeit keine wie immer gearteten innerstaatlichen Rechtsvorschriften vorgehen können, wenn ihm nicht sein Charakter als Gemeinschaftsrecht aberkannt und wenn nicht die Rechtsgrundlage der Gemeinschaft selbst in Frage gestellt werden soll.‛"*

18. Erklärung zur Abgrenzung der Zuständigkeiten

Die Konferenz unterstreicht, dass gemäß dem in dem Vertrag über die Europäische Union und dem Vertrag über die Arbeitsweise der Europäischen Union vorgesehenen System der Aufteilung der Zuständigkeiten zwischen der Union und den Mitgliedstaaten alle der Union nicht in den Verträgen übertragenen Zuständigkeiten bei den Mitgliedstaaten verbleiben.

Übertragen die Verträge der Union für einen bestimmten Bereich eine mit den Mitgliedstaaten geteilte Zuständigkeit, so nehmen die Mitgliedstaaten ihre Zuständigkeit wahr, sofern und soweit die Union ihre Zuständig-

— 187 —

1/5. Erklärungen

EUV/AEUV
+ Prot/Erkl
Anhänge
EU-Grundrechte-
Charta + Erl
Irland Tschech Rep
Änderungs- und
Beitrittsverträge
LissV + ZusErl
Liss-BeglNovelle

keit nicht ausgeübt hat oder entschieden hat, diese nicht mehr auszuüben. Der letztgenannte Fall ist gegeben, wenn die zuständigen Organe der Union beschließen, einen Gesetz gebungs- akt aufzuheben, insbesondere um die ständige Einhaltung der Grundsätze der Subsidiarität und der Verhältnismäßigkeit besser sicherzu- stellen. Der Rat kann die Kommission auf Initiative eines oder mehrerer seiner Mitglie- der (Vertreter der Mitgliedstaaten) gemäß Ar- tikel 241 des Vertrags über die Arbeitsweise der Europäischen Union auffordern, Vor- schläge für die Aufhebung eines Gesetz- gebungsakts zu unterbreiten. Die Konferenz be- grüßt, dass die Kommission erklärt, sie werde solchen Aufforderungen besondere Beachtung schenken.

Ebenso können die Vertreter der Regierun- gen der Mitgliedstaaten im Rahmen einer Re- gierungskonferenz gemäß dem ordentlichen Änderungsverfahren nach Artikel 48 Ab- sätze 2 bis 5 des Vertrags über die Europäi- sche Union eine Änderung der Verträge, auf denen die Union beruht, einschließlich einer Ausweitung oder Verringerung der der Union in diesen Verträgen übertragenen Zuständig- keiten, beschließen.

19. Erklärung zu Artikel 8 des Vertrags über die Arbeitsweise der Europäischen Union

Die Konferenz ist sich darüber einig, dass die Union bei ihren allgemeinen Bemühun- gen, Ungleich heiten zwischen Frauen und Männern zu beseitigen, in den verschiedenen Politikbereichen darauf hinwirken wird, jede Art der häuslichen Gewalt zu bekämpfen. Die Mitgliedstaaten sollten alle erforderlichen Maßnahmen ergreifen, um solche strafbaren Handlungen zu verhindern und zu ahnden so- wie die Opfer zu unterstützen und zu schüt- zen.

20. Erklärung zu Artikel 16 des Vertrags über die Arbeitsweise der Europäischen Union

Die Konferenz erklärt, dass immer dann, wenn Bestimmungen über den Schutz personen- bezogener Daten, die auf der Grundlage von Ar- tikel 16 zu erlassen sind, direkte Auswirkungen auf die nationale Sicherheit haben könnten, die- ser Umstand gebührend zu berücksichtigen ist. Sie weist darauf hin, dass die derzeit geltenden Rechtsvorschriften (siehe insbesondere Richtli- nie 95/46/EG) besondere Ausnahmeregelungen hierzu enthalten.

21. Erklärung zum Schutz personenbezogener Daten im Bereich der justiziellen Zusammenarbeit in Strafsachen und der polizeilichen Zusammenarbeit

Die Konferenz erkennt an, dass es sich auf- grund des spezifischen Charakters der Berei- che justizielle Zusammenarbeit in Strafsachen und polizeiliche Zusammenarbeit als erforder- lich erweisen könnte, in diesen Bereichen spe- zifische, auf Artikel 16 des Vertrags über die Arbeitsweise der Europäischen Union ge- stützte Vorschriften über den Schutz perso- nenbezogener Daten und den freien Datenver- kehr zu erlassen.

22. Erklärung zu den Artikeln 48 und 79 des Vertrags über die Arbeitsweise der Europäischen Union

Die Konferenz geht davon aus, dass den Interessen des betroffenen Mitgliedstaats ge- bührend Rech nung getragen wird, wenn ein Entwurf eines Gesetzgebungsakts nach Arti- kel 79 Absatz 2 – wie in Artikel 48 Absatz 2 dargelegt – wichtige Aspekte, wie den Gel- tungsbereich, die Kosten oder die Finanz- struktur des Systems der sozialen Sicherheit eines Mitgliedstaats verletzen oder das finan- zielle Gleichgewicht dieses Systems beein- trächtigen würde.

23. Erklärung zu Artikel 48 Absatz 2 des Vertrags über die Arbeitsweise der Europäischen Union

Die Konferenz verweist darauf, dass der Eu- ropäische Rat in diesem Fall nach Artikel 15 Absatz 4 des Vertrags über die Europäische Union im Konsens entscheidet.

24. Erklärung zur Rechtspersönlichkeit der Europäischen Union

Die Konferenz bestätigt, dass der Umstand, dass die Europäische Union Rechtspersön- lichkeit hat, die Union keinesfalls ermächtigt, über die ihr von den Mitgliedstaaten in den Verträgen übertragenen Zuständigkeiten hin- aus gesetzgeberisch tätig zu sein oder über diese Zuständigkeiten hinaus zu handeln.

25. Erklärung zu den Artikeln 75 und 215 des Vertrags über die Arbeitsweise der Europäischen Union

Die Konferenz weist darauf hin, dass die Achtung der Grundrechte und -freiheiten es insbesondere erforderlich macht, dass der Rechtsschutz der betreffenden Einzelpersonen oder Einheiten gebührend berücksichtigt wird. Zu diesem Zweck und zur Gewährleistung einer gründlichen gerichtlichen Prüfung von Beschlüssen, durch die Einzelpersonen oder Einheiten restriktiven Maßnahmen unterworfen werden, müssen diese Beschlüsse auf klaren und eindeutigen Kriterien beruhen. Diese Kriterien müssen auf die Besonderheiten der jeweiligen restriktiven Maßnahme zugeschnitten sein.

26. Erklärung zur Nichtbeteiligung eines Mitgliedstaats an einer auf den Dritten Teil Titel V des Vertrags über die Arbeitsweise der Europäischen Union gestützten Maßnahme

Die Konferenz erklärt, dass der Rat in dem Fall, dass ein Mitgliedstaat entscheidet, sich nicht an einer auf den Dritten Teil Titel V des Vertrags über die Arbeitsweise der Europäischen Union gestützten Maßnahme zu beteiligen, eine eingehende Erörterung über die möglichen Implikationen und Auswirkungen der Nichtbeteiligung dieses Mitgliedstaats an dieser Maßnahme führen wird.

Außerdem kann jeder Mitgliedstaat die Kommission ersuchen, die Lage auf der Grundlage des Artikels 116 des Vertrags über die Arbeitsweise der Europäischen Union zu prüfen.

Die vorstehenden Absätze berühren nicht die Möglichkeit für einen Mitgliedstaat, den Europäischen Rat mit dieser Frage zu befassen.

27. Erklärung zu Artikel 85 Absatz 1 Unterabsatz 2 des Vertrags über die Arbeitsweise der Europäischen Union

Nach Auffassung der Konferenz sollten die Verordnungen nach Artikel 85 Absatz 1 Unterabsatz 2 des Vertrags über die Arbeitsweise der Europäischen Union den nationalen Vorschriften und Verfahrensweisen im Zusammenhang mit der Einleitung strafrechtlicher Ermittlungsmaßnahmen Rechnung tragen.

28. Erklärung zu Artikel 98 des Vertrags über die Arbeitsweise der Europäischen Union

Die Konferenz stellt fest, dass Artikel 98 nach der gegenwärtigen Praxis anzuwenden ist. Die Formulierung „Maßnahmen (…), soweit sie erforderlich sind, um die wirtschaftlichen Nachteile auszugleichen, die der Wirtschaft bestimmter, von der Teilung Deutschlands betroffener Gebiete der Bundesrepublik aus dieser Teilung entstehen" wird im Einklang mit der geltenden Rechtsprechung des Gerichtshofs der Europäischen Union ausgelegt.

29. Erklärung zu Artikel 107 Absatz 2 Buchstabe c des Vertrags über die Arbeitsweise der Europäischen Union

Die Konferenz stellt fest, dass Artikel 107 Absatz 2 Buchstabe c im Einklang mit der geltenden Rechtsprechung des Gerichtshofs der Europäischen Union zur Anwendbarkeit dieser Bestimmungen auf die Beihilfen für bestimmte, durch die frühere Teilung Deutschlands beeinträchtigte Gebiete der Bundesrepublik Deutschland auszulegen ist.

30. Erklärung zu Artikel 126 des Vertrags über die Arbeitsweise der Europäischen Union

In Bezug auf Artikel 126 bekräftigt die Konferenz, dass die Wirtschafts- und Haushaltspolitik der Union und der Mitgliedstaaten auf die beiden fundamentalen Ziele ausgerichtet ist, das Wachstumspotenzial zu steigern und eine solide Haushaltslage zu gewährleisten. Der Stabilitäts- und Wachstumspakt ist ein wichtiges Instrument für die Verwirklichung dieser Ziele.

Die Konferenz bekennt sich erneut zu den Bestimmungen über den Stabilitäts- und Wachstumspakt als Rahmen für die Koordinierung der Haushaltspolitik in den Mitgliedstaaten.

Die Konferenz bekräftigt, dass sich mit einem auf Regeln beruhenden System am besten gewährleisten lässt, dass die Verpflichtungen tatsächlich eingehalten und alle Mitgliedstaaten gleich behandelt werden.

In diesem Zusammenhang erneuert die Konferenz ferner ihr Bekenntnis zu den Zielen der Lissabonner Strategie: Schaffung von Arbeitsplätzen, Strukturreformen und sozialer Zusammenhalt.

Die Union strebt ein ausgewogenes Wirtschaftswachstum und Preisstabilität an. Deshalb muss die Wirtschafts- und Haushaltspolitik in Zeiten schwachen Wirtschaftswachstums die entsprechenden Prioritäten in Bezug auf Wirtschaftsreformen, Innovation, Wettbewerbsfähigkeit und Steigerung der privaten Investitionen und des privaten Verbrauchs setzen. Dies sollte in der Ausrichtung der Haushaltsbeschlüsse auf Ebene der Mitgliedstaaten und der Union zum Ausdruck kommen, insbesondere dadurch, dass die öffentlichen Einnahmen und Ausgaben umgeschichtet werden, wobei die Haushaltsdisziplin nach den Verträgen und dem Stabilitäts- und Wachstumspakt zu wahren ist.

Die haushalts- und wirtschaftspolitischen Herausforderungen, vor denen die Mitgliedstaaten stehen, unterstreichen die Bedeutung einer soliden Haushaltspolitik während des gesamten Konjunkturzyklus.

— 189 —   **1/5. Erklärungen**

EUV/AEUV
+ Prot/Erkl
Anhänge
EU-Grundrechte-
Charta + Erl
Irland/Tschech Rep
Änderungs- und
Beitrittsverträge
LissV + ZusErl
Liss-BeglNovelle

Die Konferenz kommt überein, dass die Mitgliedstaaten Phasen der wirtschaftlichen Erholung aktiv nutzen sollten, um die öffentlichen Finanzen zu konsolidieren und ihre Haushaltslage zu verbessern. Das Ziel ist dabei, in Zeiten günstiger Konjunktur schrittweise einen Haushaltsüberschuss zu erreichen, um in Zeiten der konjunkturellen Abschwächung über den nötigen Spielraum zu verfügen und so zur langfristigen Tragfähigkeit der öffentlichen Finanzen beizutragen.

Die Mitgliedstaaten sehen etwaigen Vorschlägen der Kommission und weiteren Beiträgen der Mitgliedstaaten zu der Frage, wie die Umsetzung des Stabilitäts- und Wachstumspakts verstärkt und klarer gestaltet werden kann, mit Interesse entgegen. Die Mitgliedstaaten werden die notwendigen Maßnahmen zur Steigerung des Wachstumspotenzials ihrer Wirtschaft treffen. Hierzu könnte auch eine bessere Abstimmung der Wirtschaftspolitik beitragen. Diese Erklärung greift künftigen Beratungen über den Stabilitäts- und Wachstumspakt nicht vor.

31. Erklärung zu Artikel 156 des Vertrags über die Arbeitsweise der Europäischen Union

Die Konferenz bestätigt, dass die in Artikel 156 aufgeführten Politikbereiche im Wesentlichen in die Zuständigkeit der Mitgliedstaaten fallen. Die auf Unionsebene nach diesem Artikel zu ergreifenden Förder- und Koordinierungsmaßnahmen haben ergänzenden Charakter. Sie dienen der Stärkung der Zusammenarbeit zwischen den Mitgliedstaaten und nicht der Harmonisierung einzelstaatlicher Systeme. Die in den einzelnen Mitgliedstaaten bestehenden Garantien und Gepflogenheiten hinsichtlich der Verantwortung der Sozialpartner bleiben unberührt.

Diese Erklärung berührt nicht die Bestimmungen der Verträge, einschließlich im Sozialbereich, mit denen der Union Zuständigkeiten übertragen werden.

32. Erklärung zu Artikel 168 Absatz 4 Buchstabe c des Vertrags über die Arbeitsweise der Europäischen Union

Die Konferenz erklärt, dass die nach Artikel 168 Absatz 4 Buchstabe c zu erlassenden Maßnahmen den gemeinsamen Sicherheitsanliegen Rechnung tragen und auf die Festlegung hoher Qualitäts- und Sicherheitsstandards gerichtet sein müssen, wenn aufgrund nationaler Standards, die den Binnenmarkt berühren, andernfalls ein hohes Gesundheitsschutzniveau nicht erreicht werden könnte.

33. Erklärung zu Artikel 174 des Vertrags über die Arbeitsweise der Europäischen Union

Die Konferenz vertritt die Auffassung, dass die Bezugnahme auf Inselregionen in Artikel 174 auch für Inselstaaten insgesamt gelten kann, sofern die notwendigen Kriterien erfüllt sind.

34. Erklärung zu Artikel 179 des Vertrags über die Arbeitsweise der Europäischen Union

Die Konferenz ist sich darüber einig, dass die Tätigkeit der Union auf dem Gebiet der Forschung und technologischen Entwicklung den grundsätzlichen Ausrichtungen und Entscheidungen in der Forschungspolitik der Mitgliedstaaten angemessen Rechnung tragen wird.

35. Erklärung zu Artikel 194 des Vertrags über die Arbeitsweise der Europäischen Union

Die Konferenz ist der Auffassung, dass Artikel 194 das Recht der Mitgliedstaaten unberührt lässt, Bestimmungen zu erlassen, die für die Gewährleistung ihrer Energieversorgung unter den Bedingungen des Artikels 347 erforderlich sind.

36. Erklärung zu Artikel 218 des Vertrags über die Arbeitsweise der Europäischen Union über die Aushandlung und den Abschluss internationaler Übereinkünfte betreffend den Raum der Freiheit, der Sicherheit und des Rechts durch die Mitgliedstaaten

Die Konferenz bestätigt, dass die Mitgliedstaaten Übereinkünfte mit Drittländern oder internationalen Organisationen in den Bereichen des Dritten Teils Titel V Kapitel 3, 4 und 5 aushandeln und schließen können, sofern diese Übereinkünfte mit dem Unionsrecht im Einklang stehen.

37. Erklärung zu Artikel 222 des Vertrags über die Arbeitsweise der Europäischen Union

Unbeschadet der Maßnahmen der Union zur Erfüllung ihrer Verpflichtung zur Solidarität gegenüber einem Mitgliedstaat, der von einem Terroranschlag, einer Naturkatastrophe oder einer vom Menschen verursachten Katastrophe betroffen ist, zielt keine der Bestimmungen des Artikels 222 darauf ab, das Recht eines anderen Mitgliedstaats zu beeinträchtigen, die am besten geeigneten Mittel zur Erfüllung seiner Verpflichtung zur Solidarität gegenüber dem betreffenden Mitgliedstaat zu wählen.

38. Erklärung zu Artikel 252 des Vertrags über die Arbeitsweise der Europäischen Union zur Zahl der Generalanwälte des Gerichtshofs

Die Konferenz erklärt, dass der Rat, wenn der Gerichtshof gemäß Artikel 252 Absatz 1 des Vertrags über die Arbeitsweise der Europäischen Union beantragt, die Zahl der Generalanwälte um drei zu erhöhen (elf anstelle von acht), einstimmig eine solche Erhöhung beschließen wird.

Für diesen Fall ist sich die Konferenz darin einig, dass Polen einen ständigen Generalanwalt stellen wird, wie dies bereits für Deutschland, Frankreich, Italien, Spanien und das Vereinigte Königreich der Fall ist, und nicht länger am Rotationssystem teilnehmen wird, wobei das bestehende Rotationssystem dann die Rotation von fünf anstelle von drei Generalanwälten beinhalten wird.

39. Erklärung zu Artikel 290 des Vertrags über die Arbeitsweise der Europäischen Union

Die Konferenz nimmt zur Kenntnis, dass die Kommission beabsichtigt, bei der Ausarbeitung ihrer Entwürfe für delegierte Rechtsakte im Bereich der Finanzdienstleistungen nach ihrer üblichen Vorgehensweise weiterhin von den Mitgliedstaaten benannte Experten zu konsultieren.

40. Erklärung zu Artikel 329 des Vertrags über die Arbeitsweise der Europäischen Union

Die Konferenz erklärt, dass die Mitgliedstaaten, die einen Antrag auf Begründung einer Verstärkten Zusammenarbeit stellen, angeben können, ob sie bereits in diesem Stadium beabsichtigen, Artikel 333 über die Ausdehnung der Beschlussfassung mit qualifizierter Mehrheit anzuwenden oder ob sie das ordentliche Gesetzgebungsverfahren in Anspruch nehmen möchten.

41. Erklärung zu Artikel 352 des Vertrags über die Arbeitsweise der Europäischen Union

Die Konferenz erklärt, dass die in Artikel 352 Absatz 1 des Vertrags über die Arbeitsweise der

Europäischen Union enthaltene Bezugnahme auf die Ziele der Union die in Artikel 3 Absätze 2 und 3 des Vertrags über die Europäische Union festgelegten Ziele sowie die Ziele des Artikels 3 Absatz 5 des genannten Vertrags hinsichtlich des auswärtigen Handelns nach dem Fünften Teil des Vertrags über die Arbeitsweise der Europäischen Union betrifft. Es ist daher ausgeschlossen, dass auf Artikel 352 des Vertrags über die Arbeitsweise der Europäischen Union gestützte Maßnahmen aus schließlich Ziele nach Artikel 3 Absatz 1 des Vertrags über die Europäische Union verfolgen. In diesem Zusammenhang stellt die Konferenz fest, dass gemäß Artikel 31 Absatz 1 des Vertrags über die Europäische Union im Bereich der Gemeinsamen Außen- und Sicherheitspolitik keine Gesetzgebungsakte erlassen werden dürfen.

42. Erklärung zu Artikel 352 des Vertrags über die Arbeitsweise der Europäischen Union

Die Konferenz unterstreicht, dass nach der ständigen Rechtsprechung des Gerichtshofs der Europäischen Union Artikel 352 des Vertrags über die Arbeitsweise der Europäischen Union integrierender Bestandteil einer auf dem Grundsatz der begrenzten Einzelermächtigung beruhenden institutionellen Ordnung ist und daher keine Grundlage dafür bieten kann, den Bereich der Unionsbefugnisse über den allgemeinen Rahmen hinaus auszudehnen, der sich aus der Gesamtheit der Bestimmungen der Verträge und insbesondere der Bestimmungen ergibt, die die Aufgaben und Tätigkeiten der Union festlegen. Dieser Artikel kann jedenfalls nicht als Rechtsgrundlage für den Erlass von Bestimmungen dienen, die der Sache nach, gemessen an ihren Folgen, auf eine Änderung der Verträge ohne Einhaltung des hierzu in den Verträgen vorgesehenen Verfahrens hinausliefen.

43. Erklärung zu Artikel 355 Absatz 6 des Vertrags über die Arbeitsweise der Europäischen Union

Die Hohen Vertragsparteien kommen überein, dass der Europäische Rat nach Artikel 355 Absatz 6 einen Beschluss im Hinblick auf die Änderung des Status von Mayotte gegenüber der Union erlassen wird, um dieses Gebiet zu einem Gebiet in äußerster Randlage im Sinne des Artikels 355 Absatz 1 und des Artikels 349 zu machen, wenn die französischen Behörden dem Europäischen Rat und der Kommission mitteilen, dass die jüngste Entwicklung des internen Status der Insel dies gestattet.

— 191 — 1/5. **Erklärungen**

EUV/AEUV
+ Prot/Erkl
Anhänge
EU Grundrechte-
Charta + Erl
Irland/Tschech Rep
Änderungs- und
Beitrittsverträge
LissV + ZusErl
Liss-BeglNovelle

B. ERKLÄRUNGEN ZU DEN DEN VERTRÄGEN BEIGEFÜGTEN PROTOKOLLEN

44. Erklärung zu Artikel 5 des Protokolls über den in den Rahmen der Europäischen Union einbezogenen Schengen-Besitzstand

Die Konferenz stellt fest, dass ein Mitgliedstaat, der nach Artikel 5 Absatz 2 des Protokolls über den in den Rahmen der Europäischen Union einbezogenen Schengen-Besitzstand mitgeteilt hat, dass er sich nicht an einem Vorschlag oder einer Initiative beteiligen möchte, die betreffende Mitteilung vor der Annahme der auf dem Schengen-Besitzstand aufbauenden Maßnahme jederzeit zurückziehen kann.

45. Erklärung zu Artikel 5 Absatz 2 des Protokolls über den in den Rahmen der Europäischen Union einbezogenen Schengen-Besitzstand

Die Konferenz erklärt, dass der Rat, wenn das Vereinigte Königreich bzw. Irland ihm mitteilt, sich nicht an einer Maßnahme beteiligen zu wollen, die auf einen Teil des Schengen-Besitzstands aufbaut, an dem sich das Vereinigte Königreich bzw. Irland beteiligt, eine eingehende Erörterung der möglichen Auswirkungen der Nichtbeteiligung des betreffenden Mitgliedstaats an der betreffenden Maßnahme führen wird. Die Erörterung im Rat soll im Lichte der Angaben der Kommission zu dem Verhältnis zwischen dem Vorschlag und dem Schengen-Besitzstand geführt werden.

46. Erklärung zu Artikel 5 Absatz 3 des Protokolls über den in den Rahmen der Europäischen Union einbezogenen Schengen-Besitzstand

Die Konferenz weist darauf hin, dass die Kommission, falls der Rat nach einer ersten vertieften Erörterung der Frage keinen Beschluss fasst, dem Rat einen geänderten Vorschlag im Hinblick auf eine weitere vertiefte Überprüfung durch den Rat, die innerhalb von vier Monaten vorzunehmen ist, vorlegen kann.

47. Erklärung zu Artikel 5 Absätze 3, 4 und 5 des Protokolls über den in den Rahmen der Europäischen Union einbezogenen Schengen-Besitzstand

Die Konferenz stellt fest, dass in den Bedingungen, die in dem Beschluss nach Artikel 5 Absätze 3, 4 oder 5 des Protokolls über den in den Rahmen der Europäischen Union einbezo-

genen Schengen- Besitzstand festzulegen sind, vorgesehen werden kann, dass der betreffende Mitgliedstaat etwaige unmittelbare finanzielle Folgen zu tragen hat, die sich zwangsläufig und unvermeidbar daraus ergeben, dass er sich an dem in einem Beschluss des Rates nach Artikel 4 des genannten Protokolls aufgeführten Besitzstand in seiner Gesamtheit oder in Teilen nicht mehr beteiligt.

48. Erklärung zu dem Protokoll über die Position Dänemarks

Die Konferenz nimmt zur Kenntnis, dass Dänemark in Bezug auf Rechtsakte, die vom Rat allein oder gemeinsam mit dem Europäischen Parlament zu erlassen sind und sowohl Bestimmungen enthalten, die auf Dänemark anwendbar sind, als auch Bestimmungen, die auf Dänemark nicht anwendbar sind, da sie sich auf eine Rechtsgrundlage stützen, für die Teil I des Protokolls über die Position Dänemarks gilt, erklärt, dass es nicht von seinem Stimmrecht Gebrauch machen wird, um den Erlass von Bestimmungen zu verhindern, die nicht auf Dänemark anwendbar sind.

Die Konferenz nimmt darüber hinaus zur Kenntnis, dass Dänemark auf der Grundlage seiner Erklärung zu Artikel 222 erklärt, dass Dänemarks Beteiligung an Maßnahmen oder Rechtsakten nach Artikel 222 im Einklang mit Teil I und Teil II des Protokolls über die Position Dänemarks erfolgen wird.

49. Erklärung betreffend Italien

Die Konferenz nimmt zur Kenntnis, dass das Protokoll betreffend Italien, das 1957 dem Vertrag zur Gründung der Europäischen Wirtschaftsgemeinschaft beigefügt war, in der bei der Annahme des Vertrags über die Europäische Union geänderten Fassung Folgendes vorsah:

„DIE HOHEN VERTRAGSPARTEIEN –

VON DEM WUNSCH GELEITET, gewisse besondere Probleme betreffend Italien zu regeln –

SIND über folgende Bestimmungen ÜBEREINGEKOMMEN, die diesem Vertrag als Anhang beigefügt sind:

DIE MITGLIEDSTAATEN DER GEMEINSCHAFT

NEHMEN ZUR KENNTNIS, dass sich die italienische Regierung mit der Durchführung eines Zehnjahresplans zur wirtschaftlichen Ausweitung befasst, durch den die strukturlen Unterschiede der italienischen Volkswirtschaft ausgeglichen werden sollen, und zwar insbesondere durch die Ausrüstung der weniger entwickelten Gebiete Süditaliens und der italienischen Inseln sowie durch die Schaffung neuer Arbeitsplätze zur Beseitigung der Arbeitslosigkeit;

WEISEN DARAUF HIN, dass die Grundsätze und die Ziele dieses Plans der italienischen Regierung von Organisationen für internationale Zusammenarbeit, deren Mitglieder sie sind, berücksichtigt und gebilligt wurden;

ERKENNEN AN, dass die Erreichung der Ziele des italienischen Plans in ihrem gemeinsamen Interesse liegt;

KOMMEN ÜBEREIN, den Organen der Gemeinschaft die Anwendung aller in diesem Vertrag vorgesehenen Mittel und Verfahren zu empfehlen, insbesondere durch eine angemessene Verwendung der Mittel der Europäischen Investitionsbank und des Europäischen Sozialfonds der italienischen Regierung die Erfüllung dieser Aufgabe zu erleichtern;

SIND DER AUFFASSUNG, dass die Organe der Gemeinschaft bei der Anwendung dieses Vertrags berücksichtigen müssen, dass die italienische Volkswirtschaft in den kommenden Jahren erheblichen Belastungen ausgesetzt sein wird, und dass gefährliche Spannungen, namentlich in der Zahlungsbilanz oder im Beschäftigungsstand, durch welche die Anwendung dieses Vertrags in Italien in Frage gestellt werden könnte, zu vermeiden sind;

ERKENNEN insbesondere AN, dass im Falle der Anwendung der Artikel 109h und 109i darauf zu achten ist, dass bei den Maßnahmen, um welche die italienische Regierung ersucht wird, die Durchführung ihres Plans zur wirtschaftlichen Ausweitung und zur Hebung des Lebensstandards der Bevölkerung gesichert bleibt."

50. Erklärung zu Artikel 10 des Protokolls über die Übergangsbestimmungen

Die Konferenz ersucht das Europäische Parlament, den Rat und die Kommission, sich im Rahmen ihrer jeweiligen Befugnisse zu bemühen, in geeigneten Fällen und nach Möglichkeit innerhalb der in Artikel 10 Absatz 3 des Protokolls über die Übergangsbestimmungen genannten Frist von fünf Jahren Rechtsakte zu erlassen, mit denen die in Artikel 10 Absatz 1 jenes Protokolls genannten Rechtsakte geändert oder ersetzt werden.

C. ERKLÄRUNGEN VON MITGLIEDSTAATEN

51. Erklärung des Königreichs Belgien zu den nationalen Parlamenten

Belgien erklärt, dass aufgrund seines Verfassungsrechts sowohl das Abgeordnetenhaus und der Senat des Bundesparlaments als auch die Parlamente der Gemeinschaften und Regionen – je nach den von der Union ausgeübten Befugnissen – als Bestandteil des Systems des nationalen Parlaments oder als Kammern des nationalen Parlaments handeln.

52. Erklärung des Königreichs Belgien, der Republik Bulgarien, der Bundesrepublik Deutschland, der Hellenischen Republik, des Königreichs Spanien, der Italienischen Republik, der Republik Zypern, der Republik Litauen, des Großherzogtums Luxemburg, der Republik Ungarn, der Republik Malta, der Republik Österreich, der Portugiesischen Republik, Rumäniens, der Republik Slowenien und der Slowakischen Republik zu den Symbolen der Europäischen Union

Belgien, Bulgarien, Deutschland, Griechenland, Spanien, Italien, Zypern, Litauen, Luxemburg, Ungarn, Malta, Österreich, Portugal, Rumänien, Slowenien und die Slowakei erklären, dass die Flagge mit einem Kreis von zwölf goldenen Sternen auf blauem Hintergrund, die Hymne aus der „Ode an die Freude" der Neunten Symphonie von Ludwig van Beethoven, der Leitspruch „In Vielfalt geeint", der Euro als Währung der Europäischen Union und der Europatag am 9. Mai für sie auch künftig als Symbole die Zusammengehörigkeit der Menschen in der Europäischen Union und ihre Verbundenheit mit dieser zum Ausdruck bringen.

53. Erklärung der Tschechischen Republik zur Charta der Grundrechte der Europäischen Union

1. Die Tschechische Republik erinnert daran, dass die Bestimmungen der Charta der Grundrechte der Europäischen Union für die Organe und Einrichtungen der Europäischen Union gelten, wobei das Subsidiaritätsprinzip und die Aufteilung der Zuständigkeiten zwischen der Europäischen Union und ihren Mitgliedstaaten, wie sie in der Erklärung (Nr. 18) zur Abgrenzung der Zuständigkeiten bekräftigt wird, gebührend zu beachten sind. Die Tschechische Republik betont, dass die Bestimmungen der Charta ausschließlich dann für die Mitgliedstaaten gelten, wenn diese

EUV/AEUV
+ Prot/Erkl
Anhänge
EU-Grundrechte-
Charta + Erl
Irland/Tschech Rep
Änderungs- und
Beitrittsverträge
LissV + ZusErl
Liss-BeglNovelle

Unionsrecht durchführen, nicht aber, wenn sie vom Unionsrecht unabhängige nationale Rechtsvorschriften erlassen und durchführen.

2. Die Tschechische Republik hebt ferner hervor, dass die Charta den Geltungsbereich des Unionsrechts nicht ausdehnt und auch keine neuen Zuständigkeiten für die Union begründet. Weder begrenzt sie den Geltungsbereich der nationalen Rechtsvorschriften noch beschneidet sie die der zeitigen Zuständigkeiten der nationalen Regierungen auf diesem Gebiet.

3. Die Tschechische Republik betont, dass in der Charta Grundrechte und Grundsätze, wie sie sich aus den gemeinsamen Verfassungsüberlieferungen der Mitgliedstaaten ergeben, anerkannt werden und diese Grundrechte und Grundsätze somit im Einklang mit diesen Überlieferungen auszulegen sind.

4. Die Tschechische Republik betont ferner, dass keine Bestimmung dieser Charta als eine Einschränkung oder Verletzung der Menschenrechte und Grundfreiheiten ausgelegt werden darf, die in dem jeweiligen Anwendungsbereich durch das Recht der Union und durch die internationalen Übereinkünfte, bei denen die Union oder alle Mitgliedstaaten Vertragsparteien sind, darunter insbesondere die Europäische Konvention zum Schutz der Menschenrechte und Grundfreiheiten, sowie durch die Verfassungen der Mitgliedstaaten anerkannt werden.

54. Erklärung der Bundesrepublik Deutschland, Irlands, der Republik Ungarn, der Republik Österreich und des Königreichs Schweden

Deutschland, Irland, Ungarn, Österreich und Schweden stellen fest, dass die zentralen Bestimmungen des Vertrags zur Gründung der Europäischen Atomgemeinschaft seit seinem Inkrafttreten in ihrer Substanz nicht geändert worden sind und aktualisiert werden müssen. Daher unterstützen sie den Gedanken einer Konferenz der Vertreter der Regierungen der Mitgliedstaaten, die so rasch wie möglich einberufen werden sollte.

55. Erklärung des Königreichs Spanien und des Vereinigten Königreichs Großbritannien und Nordirland

Die Verträge gelten für Gibraltar als ein europäisches Gebiet, dessen auswärtige Beziehungen ein Mitgliedstaat wahrnimmt. Dies bringt jedoch keine Änderungen der jeweiligen Standpunkte der betreffenden Mitgliedstaaten mit sich.

56. Erklärung Irlands zu Artikel 3 des Protokolls über die Position des Vereinigten Königreichs und Irlands hinsichtlich des Raums der Freiheit, der Sicherheit und des Rechts

Irland bekräftigt sein Bekenntnis zur Union als einem Raum der Freiheit, der Sicherheit und des Rechts, in dem die Grundrechte und die verschiedenen Rechtsordnungen und -traditionen der Mitgliedstaaten geachtet werden und der den Bürgerinnen und Bürgern ein hohes Sicherheitsniveau bietet.

Dementsprechend bekundet Irland seine feste Absicht, sein Recht nach Artikel 3 des Protokolls über die Position des Vereinigten Königreichs und Irlands hinsichtlich des Raums der Freiheit, der Sicherheit und des Rechts, sich an der Annahme von Maßnahmen nach dem Dritten Teil Titel V des Vertrags über die Arbeitsweise der Europäischen Union zu beteiligen, im größten Umfang wahrzunehmen, der ihm möglich erscheint.

Irland wird sich insbesondere im größtmöglichen Umfang an Maßnahmen im Bereich der polizeilichen Zusammenarbeit beteiligen.

Ferner weist Irland erneut darauf hin, dass es gemäß Artikel 8 des Protokolls dem Rat schriftlich mitteilen kann, dass die Bestimmungen des Protokolls nicht mehr für Irland gelten sollen. Irland beabsichtigt, die Funktionsweise dieser Regelungen innerhalb von drei Jahren nach Inkrafttreten des Vertrags von Lissabon zu überprüfen.

57. Erklärung der Italienischen Republik zur Zusammensetzung des Europäischen Parlaments

Italien stellt fest, dass sich nach den Artikeln 10 und 14 des Vertrags über die Europäische Union das Europäische Parlament aus Vertretern der Unionsbürgerinnen und Unionsbürger zusammensetzt, deren Vertretung degressiv proportional gestaltet ist.

Italien stellt ferner fest, dass nach Artikel 9 des Vertrags über die Europäische Union und des Artikels 20 des Vertrags über die Arbeitsweise der Europäischen Union Unionsbürger ist, wer die Staatsangehörigkeit eines Mitgliedstaats besitzt.

Italien ist daher der Auffassung, dass, unbeschadet des Beschlusses zur Legislaturperiode 2009-2014, jeder vom Europäischen Rat auf Initiative des Europäischen Parlaments und mit seiner Zustimmung angenommene Beschluss zur Festlegung der Zusammensetzung des Europäischen Parlaments die in Artikel 14 Absatz 2 Unterabsatz 1 niedergelegten Grundsätze beachten muss.

58. Erklärung der Republik Lettland, der Republik Ungarn und der Republik Malta zur Schreibweise des Namens der einheitlichen Währung in den Verträgen

Unbeschadet der in den Verträgen enthaltenen vereinheitlichten Schreibweise des Namens der einheitlichen Währung der Europäischen Union, wie sie auf den Banknoten und Münzen erscheint, erklären Lettland, Ungarn und Malta, dass die Schreibweise des Namens der einheitlichen Währung – einschließlich ihrer abgeleiteten Formen, die in der lettischen, der ungarischen und der maltesischen Sprachfassung der Verträge benutzt werden – keine Auswirkungen auf die geltenden Regeln der lettischen, der ungarischen und der maltesischen Sprache hat.

59. Erklärung des Königreichs der Niederlande zu Artikel 312 des Vertrags über die Arbeitsweise der Europäischen Union

Das Königreich der Niederlande wird einem Beschluss nach Artikel 312 Absatz 2 Unterabsatz 2 des Vertrags über die Arbeitsweise der Europäischen Union zustimmen, sobald im Rahmen der Überprüfung des Beschlusses nach Artikel 311 Absatz 3 jenes Vertrags für die Niederlande eine zufriedenstellende Lösung für ihre in Bezug auf den Haushalt der Union äußerst nachteilige Position als Nettozahler gefunden wurde.

60. Erklärung des Königreichs der Niederlande zu Artikel 355 des Vertrags über die Arbeitsweise der Europäischen Union

Das Königreich der Niederlande erklärt, dass eine Initiative für einen Beschluss nach Artikel 355 Absatz 6, die auf eine Änderung des Status der Niederländischen Antillen und/oder Arubas gegenüber der Union abzielt, nur auf der Grundlage eines Beschlusses vorgelegt wird, der im Einklang mit dem Status des Königreichs der Niederlande gefasst worden ist.

61. Erklärung der Republik Polen zur Charta der Grundrechte der Europäischen Union

Die Charta berührt in keiner Weise das Recht der Mitgliedstaaten, in den Bereichen der öffentlichen Sittlichkeit, des Familienrechts sowie des Schutzes der Menschenwürde und der Achtung der körperlichen und moralischen Unversehrtheit Recht zu setzen.

62. Erklärung der Republik Polen zu dem Protokoll über die Anwendung der Charta der Grundrechte der Europäischen Union auf Polen und das Vereinigte Königreich

Polen erklärt, dass es in Anbetracht der Tradition der sozialen Bewegung der „Solidarność" und ihres bedeutenden Beitrags zur Erkämpfung von Sozial- und Arbeitnehmerrechten die im Recht der Europäischen Union niedergelegten Sozial- und Arbeitnehmerrechte und insbesondere die in Titel IV der Charta der Grundrechte der Europäischen Union bekräftigten Sozial- und Arbeitnehmerrechte uneingeschränkt achtet.

63. Erklärung des Vereinigten Königreichs Großbritannien und Nordirland zur Definition des Begriffs „Staatsangehöriger"

In Bezug auf die Verträge und den Vertrag zur Gründung der Europäischen Atomgemeinschaft sowie alle Rechtsakte, die aus diesen Verträgen abgeleitet werden oder durch diese Verträge weiter in Kraft bleiben, bekräftigt das Vereinigte Königreich seine Erklärung vom 31. Dezember 1982 über die Definition des Begriffs „Staatsangehöriger" mit der Ausnahme, dass die „Bürger der ‚British Dependent Territories'" als „Bürger der ‚British overseas territories'" zu verstehen sind.

64. Erklärung des Vereinigten Königreichs Großbritannien und Nordirland über das Wahlrecht für die Wahlen zum Europäischen Parlament

Das Vereinigte Königreich stellt fest, dass durch Artikel 14 des Vertrags über die Europäische Union und andere Bestimmungen der Verträge nicht die Grundlagen des Wahlrechts für die Wahlen zum Europäischen Parlament geändert werden sollen.

65. Erklärung des Vereinigten Königreichs Großbritannien und Nordirland zu Artikel 75 des Vertrags über die Arbeitsweise der Europäischen Union

Das Vereinigte Königreich unterstützt voll und ganz entschiedene Maßnahmen im Hinblick auf die Festlegung finanzieller Sanktionen, die der Verhütung und Bekämpfung von Terrorismus und damit verbundener Aktivitäten dienen. Das Vereinigte Königreich erklärt daher, dass es beabsichtigt, sein Recht nach Artikel 3 des Protokolls über die Position des Vereinigten Königreichs und Irlands hinsichtlich des Raums der Freiheit, der Sicherheit und des Rechts wahrzunehmen und sich an der Annahme aller Vorschläge zu beteiligen, die im Rahmen von Artikel 75 des Vertrags über die Arbeitsweise der Europäischen Union vorgelegt werden.

EUV/AEUV
+ Prot/Erkl
Anhänge
EU-Grundrechte-
Charta + Erl
Irland/Tschech Rep
Änderungs- und
Beitrittsverträge
LissV + ZusErl
Liss-BeglNovelle

Übereinstimmungstabellen[1])

(ABl 2010 C 83, 361)

Vertrag über die Europäische Union

Bisherige Nummerierung des Vertrags über die Europäische Union	Neue Nummerierung des Vertrags über die Europäische Union
TITEL I — GEMEINSAME BESTIMMUNGEN	TITEL I — GEMEINSAME BESTIMMUNGEN
Artikel 1	Artikel 1
	Artikel 2
Artikel 2	Artikel 3
Artikel 3 (aufgehoben) (¹)	
	Artikel 4
	Artikel 5 (²)
Artikel 4 (aufgehoben) (³)	
Artikel 5 (aufgehoben) (⁴)	
Artikel 6	Artikel 6
Artikel 7	Artikel 7
	Artikel 8
TITEL II — BESTIMMUNGEN ZUR ÄNDE RUNG DES VERTRAGS ZUR GRÜNDUNG DER EUROPÄISCHEN WIRTSCHAFTS GEMEINSCHAFT IM HINBLICK AUF DIE GRÜNDUNG DER EUROPÄISCHEN GEMEIN SCHAFT	TITEL II — BESTIMMUNGEN ÜBER DIE DE MOKRATISCHEN GRUNDSÄTZE
Artikel 8 (aufgehoben) (⁵)	Artikel 9
	Artikel 10 (⁶)

(¹) Im Wesentlichen ersetzt durch Artikel 7 des Vertrags über die Arbeitsweise der Europäischen Union (AEUV) und Artikel 13 Absatz 1 sowie Artikel 21 Absatz 3 Unterabsatz 2 des Vertrags über die Europäische Union (EUV).

(²) Ersetzt Artikel 5 des Vertrags über die Gründung der Europäischen Gemeinschaft (EGV).

(³) Im Wesentlichen ersetzt durch Artikel 15 EUV.

(⁴) Im Wesentlichen ersetzt durch Artikel 13 Absatz 2 EUV.

(⁵) Artikel 8 EUV in der Fassung vor dem Inkrafttreten des Vertrags von Lissabon (im Folgenden „bis heriger EUV") enthielt Vorschriften zur Änderung des EGV. Die in diesem Artikel enthaltenen Ände rungen wurden in den EGV eingefügt und Artikel 8 wird aufgehoben. Unter seiner Nummer wird eine neue Bestimmung eingefügt.

(⁶) Absatz 4 ersetzt im Wesentlichen Artikel 191 Absatz 1 EGV.

¹) Diese beiden Tabellen beruhen auf den Tabellen nach Artikel 5 des Vertrags von Lissabon ohne die mittlere Spalte mit der vorläufigen Nummerierung des Vertrags von Lissabon.

Bisherige Nummerierung des Vertrags über die Europäische Union	Neue Nummerierung des Vertrags über die Europäische Union
	Artikel 11
	Artikel 12
TITEL III — BESTIMMUNGEN ZUR ÄNDERUNG DES VERTRAGS ÜBER DIE GRÜNDUNG DER EUROPÄISCHEN GEMEINSCHAFT FÜR KOHLE UND STAHL	TITEL III — BESTIMMUNGEN ÜBER DIE ORGANE
Artikel 9 (aufgehoben) (⁷)	Artikel 13
	Artikel 14 (⁸)
	Artikel 15 (⁹)
	Artikel 16 (¹⁰)
	Artikel 17 (¹¹)
	Artikel 18
	Artikel 19 (¹²)
TITEL IV — BESTIMMUNGEN ZUR ÄNDERUNG DES VERTRAGS ZUR GRÜNDUNG DER EUROPÄISCHEN ATOMGEMEINSCHAFT	TITEL IV — BESTIMMUNGEN ÜBER EINE VERSTÄRKTE ZUSAMMENARBEIT
Artikel 10 (aufgehoben) (¹³) *Artikel 27a bis 27e (ersetzt)* *Artikel 40 bis 40b (ersetzt)* *Artikel 43 bis 45 (ersetzt)*	Artikel 20 (¹⁴)

(⁷) Artikel 9 des bisherigen EUV enthielt Vorschriften zur Änderung des Vertrags über die Gründung der Europäischen Gemeinschaft für Kohle und Stahl. Der EGKS-Vertrag trat am 23. Juli 2002 außer Kraft. Artikel 9 wird aufgehoben und unter seiner Nummer wird eine andere Bestimmung eingefügt.
(⁸) — Die Absätze 1 und 2 ersetzen im Wesentlichen Artikel 189 EGV.
    — Die Absätze 1 bis 3 ersetzen im Wesentlichen Artikel 190 Absätze 1 bis 3 EGV.
    — Absatz 1 ersetzt im Wesentlichen Artikel 192 Absatz 1 EGV
    — Absatz 4 ersetzt im Wesentlichen Artikel 197 Absatz 1 EGV.
(⁹) Ersetzt im Wesentlichen Artikel 4 des bisherigen EUV.
(¹⁰) — Absatz 1 ersetzt im Wesentlichen Artikel 202 erster und zweiter Gedankenstrich EGV.
    — Die Absätze 2 und 9 ersetzen im Wesentlichen Artikel 203 EGV.
    — Die Absätze 4 und 5 ersetzen im Wesentlichen Artikel 205 Absätze 2 und 4 EGV.
(¹¹) — Absatz 1 ersetzt im Wesentlichen Artikel 211 EGV.
    — Die Absätze 3 und 7 ersetzen im Wesentlichen Artikel 214 EGV.
    — Absatz 6 ersetzt im Wesentlichen Artikel 217 Absätze 1, 3 und 4 EGV.
(¹²) — Ersetzt im Wesentlichen Artikel 220 EGV.
    — Absatz 2 Unterabsatz 1 ersetzt im Wesentlichen Artikel 221 Absatz 1 EGV.
(¹³) Artikel 10 des bisherigen EUV enthielt Vorschriften zur Änderung des Vertrags zur Gründung der Europäischen Atomgemeinschaft. Die in diesem Artikel enthaltenen Änderungen wurden in den Euratom-Vertrag eingefügt und Artikel 10 wird aufgehoben. Unter seiner Nummer wird eine andere Bestimmung eingefügt.
(¹⁴) Ersetzt auch die Artikel 11 und 11a EGV.

EUV/AEUV
+ Prot/Erkl
Anhänge
EU-Grundrechte-
Charta + Erl
Irland/Tschech Rep
Änderungs- und
Beitrittsverträge
LissV + ZusErl
Liss-BeglNovelle

Bisherige Nummerierung des Vertrags über die Europäische Union	Neue Nummerierung des Vertrags über die Europäische Union
TITEL V — BESTIMMUNGEN ÜBER DIE GEMEINSAME AUSSEN- UND SICHERHEITS POLITIK	TITEL V — ALLGEMEINE BESTIMMUNGEN ÜBER DAS AUSWÄRTIGE HANDELN DER UNION UND BESONDERE BESTIMMUNGEN ÜBER DIE GEMEINSAME AUSSEN- UND SICHERHEITSPOLITIK
	Kapitel 1 — Allgemeine Bestimmungen über das auswärtige Handeln der Union
	Artikel 21
	Artikel 22
	Kapitel 2 — Besondere Bestimmungen über die Gemeinsame Außen- und Sicherheitspolitik
	Abschnitt 1 — Gemeinsame Bestimmungen
	Artikel 23
Artikel 11	Artikel 24
Artikel 12	Artikel 25
Artikel 13	Artikel 26
	Artikel 27
Artikel 14	Artikel 28
Artikel 15	Artikel 29
Artikel 22 (umgestellt)	Artikel 30
Artikel 23 (umgestellt)	Artikel 31
Artikel 16	Artikel 32
Artikel 17 (umgestellt)	Artikel 42
Artikel 18	Artikel 33
Artikel 19	Artikel 34
Artikel 20	Artikel 35
Artikel 21	Artikel 36
Artikel 22 (umgestellt)	Artikel 30
Artikel 23 (umgestellt)	Artikel 31
Artikel 24	Artikel 37

Bisherige Nummerierung des Vertrags über die Europäische Union	Neue Nummerierung des Vertrags über die Europäische Union
Artikel 25	Artikel 38
	Artikel 39
Artikel 47 (umgestellt)	Artikel 40
Artikel 26 (aufgehoben)	
Artikel 27 (aufgehoben)	
Artikel 27a (ersetzt) ([15])	*Artikel 20*
Artikel 27b (ersetzt) ([15])	*Artikel 20*
Artikel 27c (ersetzt) ([15])	*Artikel 20*
Artikel 27d (ersetzt) ([15])	*Artikel 20*
Artikel 27e (ersetzt) ([15])	*Artikel 20*
Artikel 28	Artikel 41
	Abschnitt 2 — Bestimmungen über die gemeinsame Sicherheits- und Verteidigungspolitik
Artikel 17 (umgestellt)	Artikel 42
	Artikel 43
	Artikel 44
	Artikel 45
	Artikel 46
TITEL VI — BESTIMMUNGEN ÜBER DIE POLIZEILICHE UND JUSTIZIELLE ZUSAMMENARBEIT IN STRAFSACHEN (aufgehoben) ([16])	
Artikel 29 (ersetzt) ([17])	
Artikel 30 (ersetzt) ([18])	
Artikel 31 (ersetzt) ([19])	

([15]) Die Artikel 27a bis 27e des bisherigen EUV über die Verstärkte Zusammenarbeit werden auch durch die Artikel 326 bis 334 AEUV ersetzt.
([16]) Die Bestimmungen des Titels VI des bisherigen EUV über die polizeiliche und justizielle Zusammenarbeit in Strafsachen werden ersetzt durch die Bestimmungen des Dritten Teils, Titel V, Kapitel 1, 4 und 5 AEUV.
([17]) Ersetzt durch Artikel 67 AEUV.
([18]) Ersetzt durch die Artikel 87 und 88 AEUV.
([19]) Ersetzt durch die Artikel 82, 83 und 85 AEUV.

EUV/AEUV
+ Prot/ErkI
Anhänge
EU-Grundrechte-
Charta + Erl
Irland Tschech Rep
Änderungs- und
Beitrittsverträge
LissV + ZusErl
Liss-BeglNovelle

Bisherige Nummerierung des Vertrags über die Europäische Union	Neue Nummerierung des Vertrags über die Europäische Union
Artikel 32 (ersetzt) ([20])	
Artikel 33 (ersetzt) ([21])	
Artikel 34 (aufgehoben)	
Artikel 35 (aufgehoben)	
Artikel 36 (ersetzt) ([22])	
Artikel 37 (aufgehoben)	
Artikel 38 (aufgehoben)	
Artikel 39 (aufgehoben)	
Artikel 40 (ersetzt) ([23])	*Artikel 20*
Artikel 40a (ersetzt) ([23])	*Artikel 20*
Artikel 40b (ersetzt) ([23])	*Artikel 20*
Artikel 41 (aufgehoben)	
Artikel 42 (aufgehoben)	
TITEL VII — BESTIMMUNGEN ÜBER EINE VERSTÄRKTE ZUSAMMENARBEIT (ersetzt) ([24])	
Artikel 43 (ersetzt) ([24])	*Artikel 20*
Artikel 43a (ersetzt) ([24])	*Artikel 20*
Artikel 43b (ersetzt) ([24])	*Artikel 20*
Artikel 44 (ersetzt) ([24])	*Artikel 20*
Artikel 44a (ersetzt) ([24])	*Artikel 20*
Artikel 45 (ersetzt) ([24])	*Artikel 20*
TITEL VIII — SCHLUSSBESTIMMUNGEN	TITEL VI — SCHLUSSBESTIMMUNGEN
Artikel 46 (aufgehoben)	
	Artikel 47

([20]) Ersetzt durch Artikel 89 AEUV.
([21]) Ersetzt durch Artikel 72 AEUV.
([22]) Ersetzt durch Artikel 71 AEUV.
([23]) Die Artikel 40 bis 40b des bisherigen EUV über die Verstärkte Zusammenarbeit werden auch durch die Artikel 326 bis 334 AEUV ersetzt.
([24]) Die Artikel 43 bis 45 und Titel VII des bisherigen EUV über die Verstärkte Zusammenarbeit werden auch durch die Artikel 326 bis 334 AEUV ersetzt.

Bisherige Nummerierung des Vertrags über die Europäische Union	Neue Nummerierung des Vertrags über die Europäische Union
Artikel 47 (ersetzt)	*Artikel 40*
Artikel 48	Artikel 48
Artikel 49	Artikel 49
	Artikel 50
	Artikel 51
	Artikel 52
Artikel 50 (aufgehoben)	
Artikel 51	Artikel 53
Artikel 52	Artikel 54
Artikel 53	Artikel 55

Vertrag über die Arbeitsweise der Europäischen Union

Bisherige Nummerierung des Vertrags zur Gründung der Europäischen Gemeinschaft	Neue Nummerierung des Vertrags über die Arbeitsweise der Europäischen Union
ERSTER TEIL — GRUNDSÄTZE	ERSTER TEIL — GRUNDSÄTZE
Artikel 1 (aufgehoben)	
	Artikel 1
Artikel 2 (aufgehoben) ([25])	
	Titel I — Arten und Bereiche der Zuständigkeit der Union
	Artikel 2
	Artikel 3
	Artikel 4
	Artikel 5
	Artikel 6
	Titel II — Allgemein geltende Bestimmungen

([25]) Im Wesentlichen ersetzt durch Artikel 3 EUV.

1/6. Übereinstimmungstabellen

EUV/AEUV
+ Prot/Erkl
Anhänge
EU-Grundrechte-
Charta + Erl
Irland Tschech Rep
Änderungs- und
Beitrittsverträge
LissV + ZusErl
Liss-BeglNovelle

Bisherige Nummerierung des Vertrags zur Gründung der Europäischen Gemeinschaft	Neue Nummerierung des Vertrags über die Arbeitsweise der Europäischen Union
	Artikel 7
Artikel 3 Absatz 1 (aufgehoben) (²⁶)	
Artikel 3 Absatz 2	Artikel 8
Artikel 4 (umgestellt)	Artikel 119
Artikel 5 (ersetzt) (²⁷)	
	Artikel 9
	Artikel 10
Artikel 6	Artikel 11
Artikel 153 Absatz 2 (umgestellt)	Artikel 12
	Artikel 13 (²⁸)
Artikel 7 (aufgehoben) (²⁹)	
Artikel 8 (aufgehoben) (³⁰)	
Artikel 9 (aufgehoben)	
Artikel 10 (aufgehoben) (³¹)	
Artikel 11 (ersetzt) (³²)	Artikel 326 bis 334
Artikel 11a (ersetzt) (³²)	Artikel 326 bis 334
Artikel 12 (umgestellt)	Artikel 18
Artikel 13 (umgestellt)	Artikel 19
Artikel 14 (umgestellt)	Artikel 26
Artikel 15 (umgestellt)	Artikel 27
Artikel 16	Artikel 14
Artikel 255 (umgestellt)	Artikel 15
Artikel 286 (ersetzt)	Artikel 16

(²⁶) Im Wesentlichen ersetzt durch die Artikel 3 bis 6 AEUV.
(²⁷) Ersetzt durch Artikel 5 EUV.
(²⁸) Übernahme des verfügenden Teils des Protokolls über das Wohlergehen der Tiere.
(²⁹) Im Wesentlichen ersetzt durch Artikel 13 EUV.
(³⁰) Im Wesentlichen ersetzt durch Artikel 13 EUV und Artikel 282 Absatz 1 AEUV.
(³¹) Im Wesentlichen ersetzt durch Artikel 4 Absatz 3 EUV.
(³²) Auch ersetzt durch Artikel 20 EUV.

Bisherige Nummerierung des Vertrags zur Gründung der Europäischen Gemeinschaft	Neue Nummerierung des Vertrags über die Arbeitsweise der Europäischen Union
	Artikel 17
ZWEITER TEIL — DIE UNIONSBÜRGER SCHAFT	ZWEITER TEIL — NICHTDISKRIMINIERUNG UND UNIONSBÜRGERSCHAFT
Artikel 12 (umgestellt)	Artikel 18
Artikel 13 (umgestellt)	Artikel 19
Artikel 17	Artikel 20
Artikel 18	Artikel 21
Artikel 19	Artikel 22
Artikel 20	Artikel 23
Artikel 21	Artikel 24
Artikel 22	Artikel 25
DRITTER TEIL — DIE POLITIKEN DER GE MEINSCHAFT	DRITTER TEIL — DIE INTERNEN POLITIKEN UND MASSNAHMEN DER UNION
	Titel I — Der Binnenmarkt
Artikel 14 (umgestellt)	Artikel 26
Artikel 15 (umgestellt)	Artikel 27
Titel I — Der freie Warenverkehr	Titel II — Der freie Warenverkehr
Artikel 23	Artikel 28
Artikel 24	Artikel 29
Kapitel 1 — Die Zollunion	Kapitel 1 — Die Zollunion
Artikel 25	Artikel 30
Artikel 26	Artikel 31
Artikel 27	Artikel 32
Dritter Teil Titel X, Zusammenarbeit im Zollwesen (umgestellt)	Kapitel 2 — Die Zusammenarbeit im Zoll wesen
Artikel 135 (umgestellt)	Artikel 33
Kapitel 2 — Verbot von mengenmäßigen Be schränkungen zwischen den Mitgliedstaaten	Kapitel 3 — Verbot von mengenmäßigen Be schränkungen zwischen den Mitgliedstaaten
Artikel 28	Artikel 34

EUV/AEUV
+ Prot/Erkl
Anhänge
EU-Grundrechte-
Charta + Erl
Irland/Tschech Rep
Änderungs- und
Beitrittsverträge
LissV + ZusErl
Liss-BeglNovelle

Bisherige Nummerierung des Vertrags zur Gründung der Europäischen Gemeinschaft	Neue Nummerierung des Vertrags über die Arbeitsweise der Europäischen Union
Artikel 29	Artikel 35
Artikel 30	Artikel 36
Artikel 31	Artikel 37
Titel II — Die Landwirtschaft	Titel III — Die Landwirtschaft und die Fischerei
Artikel 32	Artikel 38
Artikel 33	Artikel 39
Artikel 34	Artikel 40
Artikel 35	Artikel 41
Artikel 36	Artikel 42
Artikel 37	Artikel 43
Artikel 38	Artikel 44
Titel III — Die Freizügigkeit, der freie Dienstleistungs- und Kapitalverkehr	Titel IV — Die Freizügigkeit, der freie Dienstleistungs- und Kapitalverkehr
Kapitel 1 — Die Arbeitskräfte	Kapitel 1 — Die Arbeitskräfte
Artikel 39	Artikel 45
Artikel 40	Artikel 46
Artikel 41	Artikel 47
Artikel 42	Artikel 48
Kapitel 2 — Das Niederlassungsrecht	Kapitel 2 — Das Niederlassungsrecht
Artikel 43	Artikel 49
Artikel 44	Artikel 50
Artikel 45	Artikel 51
Artikel 46	Artikel 52
Artikel 47	Artikel 53
Artikel 48	Artikel 54
Artikel 294 (umgestellt)	Artikel 55
Kapitel 3 — Dienstleistungen	Kapitel 3 — Dienstleistungen
Artikel 49	Artikel 56

Bisherige Nummerierung des Vertrags zur Gründung der Europäischen Gemeinschaft	Neue Nummerierung des Vertrags über die Arbeitsweise der Europäischen Union
Artikel 50	Artikel 57
Artikel 51	Artikel 58
Artikel 52	Artikel 59
Artikel 53	Artikel 60
Artikel 54	Artikel 61
Artikel 55	Artikel 62
Kapitel 4 — Der Kapital- und Zahlungsverkehr	Kapitel 4 — Der Kapital- und Zahlungsverkehr
Artikel 56	Artikel 63
Artikel 57	Artikel 64
Artikel 58	Artikel 65
Artikel 59	Artikel 66
Artikel 60 (umgestellt)	*Artikel 75*
Titel IV — Visa, Asyl, Einwanderung und andere Politiken betreffend den freien Personenverkehr	Titel V — Der Raum der Freiheit, der Sicherheit und des Rechts
	Kapitel 1 — Allgemeine Bestimmungen
Artikel 61	Artikel 67 ([33])
	Artikel 68
	Artikel 69
	Artikel 70
	Artikel 71 ([34])
Artikel 64 Absatz 1 (ersetzt)	Artikel 72 ([35])
	Artikel 73
Artikel 66 (ersetzt)	Artikel 74
Artikel 60 (umgestellt)	Artikel 75
	Artikel 76

([33]) Ersetzt auch Artikel 29 des bisherigen EUV.
([34]) Ersetzt auch Artikel 36 des bisherigen EUV.
([35]) Ersetzt auch Artikel 33 des bisherigen EUV.

EUV/AEUV
+ Prot/Erkl
Anhänge
EU-Grundrechte-
Charta + Erl
Irland/Tschech.Rep.
Änderungs- und
Beitrittsverträge
LissV + ZusErl
Liss-BeglNovelle

Bisherige Nummerierung des Vertrags zur Gründung der Europäischen Gemeinschaft	Neue Nummerierung des Vertrags über die Arbeitsweise der Europäischen Union
	Kapitel 2 — Politik im Bereich Grenzkontrollen, Asyl und Einwanderung
Artikel 62	Artikel 77
Artikel 63 Nummern 1 und 2 und Artikel 64 Absatz 2 ([36])	Artikel 78
Artikel 63 Nummern 3 und 4	Artikel 79
	Artikel 80
Artikel 64 Absatz 1 (ersetzt)	*Artikel 72*
	Kapitel 3 — Justizielle Zusammenarbeit in Zivilsachen
Artikel 65	Artikel 81
Artikel 66 (ersetzt)	*Artikel 74*
Artikel 67 (aufgehoben)	
Artikel 68 (aufgehoben)	
Artikel 69 (aufgehoben)	
	Kapitel 4 — Justizielle Zusammenarbeit in Strafsachen
	Artikel 82 ([37])
	Artikel 83 ([37])
	Artikel 84
	Artikel 85 ([37])
	Artikel 86
	Kapitel 5 — Polizeiliche Zusammenarbeit
	Artikel 87 ([38])
	Artikel 88 ([38])
	Artikel 89 ([39])

([36]) Artikel 63 Nummern 1 und 2 EGV wird durch Artikel 78 Absätze 1 und 2 AEUV und Artikel 64 Absatz 2 wird durch Artikel 78 Absatz 3 AEUV ersetzt.
([37]) Ersetzt auch Artikel 31 des bisherigen EUV.
([38]) Ersetzt auch Artikel 30 des bisherigen EUV.
([39]) Ersetzt auch Artikel 32 des bisherigen EUV.

Bisherige Nummerierung des Vertrags zur Gründung der Europäischen Gemeinschaft	Neue Nummerierung des Vertrags über die Arbeitsweise der Europäischen Union
Titel V — Der Verkehr	Titel VI — Der Verkehr
Artikel 70	Artikel 90
Artikel 71	Artikel 91
Artikel 72	Artikel 92
Artikel 73	Artikel 93
Artikel 74	Artikel 94
Artikel 75	Artikel 95
Artikel 76	Artikel 96
Artikel 77	Artikel 97
Artikel 78	Artikel 98
Artikel 79	Artikel 99
Artikel 80	Artikel 100
Titel VI — Gemeinsame Regeln betreffend Wettbewerb, Steuerfragen und Angleichung der Rechtsvorschriften	Titel VII — Gemeinsame Regeln betreffend Wettbewerb, Steuerfragen und Angleichung der Rechtsvorschriften
Kapitel 1 — Wettbewerbsregeln	Kapitel 1 — Wettbewerbsregeln
Abschnitt 1 — Vorschriften für Unternehmen	Abschnitt 1 — Vorschriften für Unternehmen
Artikel 81	Artikel 101
Artikel 82	Artikel 102
Artikel 83	Artikel 103
Artikel 84	Artikel 104
Artikel 85	Artikel 105
Artikel 86	Artikel 106
Abschnitt 2 — Staatliche Beihilfen	Abschnitt 2 — Staatliche Beihilfen
Artikel 87	Artikel 107
Artikel 88	Artikel 108
Artikel 89	Artikel 109
Kapitel 2 — Steuerliche Vorschriften	Kapitel 2 — Steuerliche Vorschriften

— 207 — **1/6. Übereinstimmungstabellen**

EUV/AEUV
+ Prot/Erkl
Anhänge
EU-Grundrechte-
Charta + Erl
Irland/Tschech Rep
Änderungs- und
Beitrittsverträge
LissV + ZusErl
Liss-BeglNovelle

Bisherige Nummerierung des Vertrags zur Gründung der Europäischen Gemeinschaft	Neue Nummerierung des Vertrags über die Arbeitsweise der Europäischen Union
Artikel 90	Artikel 110
Artikel 91	Artikel 111
Artikel 92	Artikel 112
Artikel 93	Artikel 113
Kapitel 3 — Angleichung der Rechtsvorschriften	Kapitel 3 — Angleichung der Rechtsvorschriften
Artikel 95 (umgestellt)	Artikel 114
Artikel 94 (umgestellt)	Artikel 115
Artikel 96	Artikel 116
Artikel 97	Artikel 117
	Artikel 118
Titel VII — Die Wirtschafts- und Währungspolitik	Titel VIII — Die Wirtschafts- und Währungspolitik
Artikel 4 (umgestellt)	Artikel 119
Kapitel 1 — Die Wirtschaftspolitik ·	Kapitel 1 — Die Wirtschaftspolitik
Artikel 98	Artikel 120
Artikel 99	Artikel 121
Artikel 100	Artikel 122
Artikel 101	Artikel 123
Artikel 102	Artikel 124
Artikel 103	Artikel 125
Artikel 104	Artikel 126
Kapitel 2 — Die Währungspolitik	Kapitel 2 — Die Währungspolitik
Artikel 105	Artikel 127
Artikel 106	Artikel 128
Artikel 107	Artikel 129
Artikel 108	Artikel 130
Artikel 109	Artikel 131
Artikel 110	Artikel 132

Bisherige Nummerierung des Vertrags zur Gründung der Europäischen Gemeinschaft	Neue Nummerierung des Vertrags über die Arbeitsweise der Europäischen Union
Artikel 111 Absätze 1 bis 3 und 5 (umgestellt)	Artikel 219
Artikel 111 Absatz 4 (umgestellt)	Artikel 138
	Artikel 133
Kapitel 3 — Institutionelle Bestimmungen	Kapitel 3 — Institutionelle Bestimmungen
Artikel 112 (umgestellt)	Artikel 283
Artikel 113 (umgestellt)	Artikel 284
Artikel 114	Artikel 134
Artikel 115	Artikel 135
	Kapitel 4 — Besondere Bestimmungen für die Mitgliedstaaten, deren Währung der Euro ist
	Artikel 136
	Artikel 137
Artikel 111 Absatz 4 (umgestellt)	Artikel 138
Kapitel 4 — Übergangsbestimmungen	Kapitel 5 — Übergangsbestimmungen
Artikel 116 (aufgehoben)	
	Artikel 139
Artikel 117 Absätze 1, 2 sechster Gedankenstrich und 3 bis 9 (aufgehoben)	
Artikel 117 Absatz 2 erste fünf Gedankenstriche (umgestellt)	Artikel 141 Absatz 2
Artikel 121 Absatz 1 (umgestellt) Artikel 122 Absatz 2 Satz 2 (umgestellt) Artikel 123 Absatz 5 (umgestellt)	Artikel 140 [40]
Artikel 118 (aufgehoben)	
Artikel 123 Absatz 3 (umgestellt) Artikel 117 Absatz 2 erste fünf Gedankenstriche (umgestellt)	Artikel 141 [41]

[40] — Artikel 140 Absatz 1 übernimmt den Wortlaut des Artikels 121.
 — Artikel 140 Absatz 2 übernimmt den Wortlaut des Artikels 122 Absatz 2 Satz 2.
 — Artikel 140 Absatz 3 übernimmt den Wortlaut des Artikels 123 Absatz 5.
[41] — Artikel 141 Absatz 1 übernimmt den Wortlaut des Artikels 123 Absatz 3.
 — Artikel 141 Absatz 2 übernimmt den Wortlaut der fünf ersten Gedankenstriche des Artikels 117.

EUV/AEUV
+ Prot/Erkl
Anhänge
EU-Grundrechte-
Charta + Erl
Irland Tschech Rep
Änderungs- und
Beitrittsverträge
LissV + ZusErl
Liss-BeglNovelle

Bisherige Nummerierung des Vertrags zur Gründung der Europäischen Gemeinschaft	Neue Nummerierung des Vertrags über die Arbeitsweise der Europäischen Union
Artikel 124 Absatz 1 (umgestellt)	Artikel 142
Artikel 119	Artikel 143
Artikel 120	Artikel 144
Artikel 121 Absatz 1 (umgestellt)	Artikel 140 Absatz 1
Artikel 121 Absätze 2 bis 4 (aufgehoben)	
Artikel 122 Absätze 1, 2 Satz 1, Absätze 3, 4, 5 und 6 (aufgehoben)	
Artikel 122 Absatz 2 Satz 2 (umgestellt)	Artikel 140 Absatz 2 Unterabsatz 1
Artikel 123 Absätze 1, 2 und 4 (aufgehoben)	
Artikel 123 Absatz 3 (umgestellt)	Artikel 141 Absatz 1
Artikel 123 Absatz 5 (umgestellt)	Artikel 140 Absatz 3
Artikel 124 Absatz 1 (umgestellt)	Artikel 142
Artikel 124 Absatz 2 (aufgehoben)	
Titel VIII — Beschäftigung	Titel IX — Beschäftigung
Artikel 125	Artikel 145
Artikel 126	Artikel 146
Artikel 127	Artikel 147
Artikel 128	Artikel 148
Artikel 129	Artikel 149
Artikel 130	Artikel 150
Titel IX — Gemeinsame Handelspolitik (umgestellt)	Fünfter Teil Titel II — Gemeinsame Handelspolitik
Artikel 131 (umgestellt)	Artikel 206
Artikel 132 (aufgehoben)	
Artikel 133 (umgestellt)	Artikel 207
Artikel 134 (aufgehoben)	
Titel X — Zusammenarbeit im Zollwesen (umgestellt)	Dritter Teil Titel II Kapitel 2 — Zusammenarbeit im Zollwesen

Bisherige Nummerierung des Vertrags zur Gründung der Europäischen Gemeinschaft	Neue Nummerierung des Vertrags über die Arbeitsweise der Europäischen Union
Artikel 135 (umgestellt)	*Artikel 33*
Titel XI — Sozialpolitik, allgemeine und be rufliche Bildung und Jugend	Titel X — Sozialpolitik
Kapitel 1 — Sozialvorschriften (aufgehoben)	
Artikel 136	Artikel 151
	Artikel 152
Artikel 137	Artikel 153
Artikel 138	Artikel 154
Artikel 139	Artikel 155
Artikel 140	Artikel 156
Artikel 141	Artikel 157
Artikel 142	Artikel 158
Artikel 143	Artikel 159
Artikel 144	Artikel 160
Artikel 145	Artikel 161
Kapitel 2 — Der Europäische Sozialfonds	Titel XI — Der Europäische Sozialfonds
Artikel 146	Artikel 162
Artikel 147	Artikel 163
Artikel 148	Artikel 164
Kapitel 3 — Allgemeine und berufliche Bildung und Jugend	Titel XII — Allgemeine und berufliche Bildung, Jugend und Sport
Artikel 149	Artikel 165
Artikel 150	Artikel 166
Titel XII — Kultur	Titel XIII — Kultur
Artikel 151	Artikel 167
Titel XIII — Gesundheitswesen	Titel XIV — Gesundheitswesen
Artikel 152	Artikel 168
Titel XIV — Verbraucherschutz	Titel XV — Verbraucherschutz

— 211 — **1/6. Übereinstimmungstabellen**

EUV/AEUV
+ Prot/Erkl
Anhänge
EU-Grundrechte-
Charta + Erl
Irland/Tschech Rep
Änderungs- und
Beitrittsverträge
Liss V + Zus Erl
Liss-BeglNovelle

Bisherige Nummerierung des Vertrags zur Gründung der Europäischen Gemeinschaft	Neue Nummerierung des Vertrags über die Arbeitsweise der Europäischen Union
Artikel 153, Absätze 1, 3, 4 und 5	Artikel 169
Artikel 153, Absatz 2 (umgestellt)	*Artikel 12*
Titel XV — Transeuropäische Netze	Titel XVI — Transeuropäische Netze
Artikel 154	Artikel 170
Artikel 155	Artikel 171
Artikel 156	Artikel 172
Titel XVI — Industrie	Titel XVII — Industrie
Artikel 157	Artikel 173
Titel XVII — Wirtschaftlicher und sozialer Zusammenhalt	Titel XVIII — Wirtschaftlicher, sozialer und territorialer Zusammenhalt
Artikel 158	Artikel 174
Artikel 159	Artikel 175
Artikel 160	Artikel 176
Artikel 161	Artikel 177
Artikel 162	Artikel 178
Titel XVIII — Forschung und technologische Entwicklung	Titel XIX — Forschung, technologische Entwicklung und Raumfahrt
Artikel 163	Artikel 179
Artikel 164	Artikel 180
Artikel 165	Artikel 181
Artikel 166	Artikel 182
Artikel 167	Artikel 183
Artikel 168	Artikel 184
Artikel 169	Artikel 185
Artikel 170	Artikel 186
Artikel 171	Artikel 187
Artikel 172	Artikel 188
	Artikel 189

Bisherige Nummerierung des Vertrags zur Gründung der Europäischen Gemeinschaft	Neue Nummerierung des Vertrags über die Arbeitsweise der Europäischen Union
Artikel 173	Artikel 190
Titel XIX — Umwelt	Titel XX — Umwelt
Artikel 174	Artikel 191
Artikel 175	Artikel 192
Artikel 176	Artikel 193
	Titel XXI — Energie
	Artikel 194
	Titel XXII — Tourismus
	Artikel 195
	Titel XXIII — Katastrophenschutz
	Artikel 196
	Titel XXIV — Verwaltungszusammenarbeit
	Artikel 197
Titel XX — Entwicklungszusammenarbeit (umgestellt)	*Fünfter Teil Titel III Kapitel 1 — Entwicklungs zusammenarbeit*
Artikel 177 (umgestellt)	*Artikel 208*
Artikel 178 (aufgehoben) (⁴²)	
Artikel 179 (umgestellt)	*Artikel 209*
Artikel 180 (umgestellt)	*Artikel 210*
Artikel 181 (umgestellt)	*Artikel 211*
Titel XXI — Wirtschaftliche, finanzielle und technische Zusammenarbeit mit Drittländern (umgestellt)	*Fünfter Teil Titel III, Kapitel 2 — Wirtschaftliche, finanzielle und technische Zusammenarbeit mit Drittländern*
Artikel 181a (umgestellt)	*Artikel 212*
VIERTER TEIL — DIE ASSOZIIERUNG DER ÜBERSEEISCHEN LÄNDER UND HOHEITS GEBIETE	VIERTER TEIL — DIE ASSOZIIERUNG DER ÜBERSEEISCHEN LÄNDER UND HOHEITS GEBIETE
Artikel 182	Artikel 198
Artikel 183	Artikel 199

(⁴²) Im Wesentlichen ersetzt durch Artikel 208 Absatz 1 Unterabsatz 2 Satz 2 AEUV.

— 213 — **1/6. Übereinstimmungstabellen**

EUV/AEUV
+ Prot/Erkl
Anhänge
EU-Grundrechte-
Charta + Erl
Irland Tschech Rep
Änderungs- und
Beitrittsverträge
LissV + ZusErl
Liss-BeglNovelle

Bisherige Nummerierung des Vertrags zur Gründung der Europäischen Gemeinschaft	Neue Nummerierung des Vertrags über die Arbeitsweise der Europäischen Union
Artikel 184	Artikel 200
Artikel 185	Artikel 201
Artikel 186	Artikel 202
Artikel 187	Artikel 203
Artikel 188	Artikel 204
	FÜNFTER TEIL — DAS AUSWÄRTIGE HANDELN DER UNION
	Titel I — Allgemeine Bestimmungen über das auswärtige Handeln der Union
	Artikel 205
Dritter Teil Titel IX — Gemeinsame Handelspolitik (umgestellt)	Titel II — Gemeinsame Handelspolitik
Artikel 131 (umgestellt)	Artikel 206
Artikel 133 (umgestellt)	Artikel 207
	Titel III — Zusammenarbeit mit Drittländern und humanitäre Hilfe
Dritter Teil Titel XX — Entwicklungszusammenarbeit (umgestellt)	Kapitel 1 — Entwicklungszusammenarbeit
Artikel 177 (umgestellt)	Artikel 208 ([43])
Artikel 179 (umgestellt)	Artikel 209
Artikel 180 (umgestellt)	Artikel 210
Artikel 181 (umgestellt)	Artikel 211
Dritter Teil, Titel XXI — Wirtschaftliche, finanzielle und technische Zusammenarbeit mit Drittländern (umgestellt)	Kapitel 2 — Wirtschaftliche, finanzielle und technische Zusammenarbeit mit Drittländern
Artikel 181a (umgestellt)	Artikel 212
	Artikel 213
	Kapitel 3 — Humanitäre Hilfe
	Artikel 214
	Titel IV — Restriktive Maßnahmen

([43]) Absatz 1 Unterabsatz 2 Satz 2 ersetzt im Wesentlichen Artikel 178 EGV.

Bisherige Nummerierung des Vertrags zur Gründung der Europäischen Gemeinschaft	Neue Nummerierung des Vertrags über die Arbeitsweise der Europäischen Union
Artikel 301 (ersetzt)	Artikel 215
	Titel V — Internationale Übereinkünfte
	Artikel 216
Artikel 310 (umgestellt)	Artikel 217
Artikel 300 (ersetzt)	Artikel 218
Artikel 111 Absätze 1 bis 3 und 5 (umgestellt)	Artikel 219
	Titel VI — Beziehungen der Union zu internationalen Organisationen und Drittländern sowie Delegationen der Union
Artikel 302 bis 304 (ersetzt)	Artikel 220
	Artikel 221
	Titel VII — Solidaritätsklausel
	Artikel 222
FÜNFTER TEIL — DIE ORGANE DER GEMEINSCHAFT	SECHSTER TEIL — INSTITUTIONELLE BESTIMMUNGEN UND FINANZVORSCHRIFTEN
Titel I — Vorschriften über die Organe	Titel I — Vorschriften über die Organe
Kapitel 1 — Die Organe	Kapitel 1 — Die Organe
Abschnitt 1 — Das Europäische Parlament	Abschnitt 1 — Das Europäische Parlament
Artikel 189 (aufgehoben) [44]	
Artikel 190 Absätze 1 bis 3 (aufgehoben) [45]	
Artikel 190 Absätze 4 und 5	Artikel 223
Artikel 191 Absatz 1 (aufgehoben) [46]	
Artikel 191 Absatz 2	Artikel 224
Artikel 192 Absatz 1 (aufgehoben) [47]	
Artikel 192 Absatz 2	Artikel 225
Artikel 193	Artikel 226

[44] Im Wesentlichen ersetzt durch Artikel 14 Absätze 1 und 2 EUV.
[45] Im Wesentlichen ersetzt durch Artikel 14 Absätze 1 bis 3 EUV.
[46] Im Wesentlichen ersetzt durch Artikel 11 Absatz 4 EUV.
[47] Im Wesentlichen ersetzt durch Artikel 14 Absatz 1 EUV.

— 215 — **1/6. Übereinstimmungstabellen**

EUV/AEUV
+ Prot/Erkl
Anhänge
EU-Grundrechte-
Charta + Erl
Irland Tschech Rep
Änderungs- und
Beitrittsverträge
LissV + ZusErl
Liss-BeglNovelle

Bisherige Nummerierung des Vertrags zur Gründung der Europäischen Gemeinschaft	Neue Nummerierung des Vertrags über die Arbeitsweise der Europäischen Union
Artikel 194	Artikel 227
Artikel 195	Artikel 228
Artikel 196	Artikel 229
Artikel 197 Absatz 1 (aufgehoben) ([48])	
Artikel 197 Absätze 2, 3 und 4	Artikel 230
Artikel 198	Artikel 231
Artikel 199	Artikel 232
Artikel 200	Artikel 233
Artikel 201	Artikel 234
	Abschnitt 2 — Der Europäische Rat
	Artikel 235
	Artikel 236
Abschnitt 2 — Der Rat	Abschnitt 3 — Der Rat
Artikel 202 (aufgehoben) ([49])	
Artikel 203 (aufgehoben) ([50])	
Artikel 204	Artikel 237
Artikel 205 Absätze 2 und 4 (aufgehoben) ([51])	
Artikel 205 Absätze 1 und 3	Artikel 238
Artikel 206	Artikel 239
Artikel 207	Artikel 240
Artikel 208	Artikel 241
Artikel 209	Artikel 242
Artikel 210	Artikel 243
Abschnitt 3 — Die Kommission	Abschnitt 4 — Die Kommission

([48]) Im Wesentlichen ersetzt durch Artikel 14 Absatz 4 EUV.
([49]) Im Wesentlichen ersetzt durch Artikel 16 Absatz 1 EUV und die Artikel 290 und 291 AEUV.
([50]) Im Wesentlichen ersetzt durch Artikel 16 Absätze 2 und 9 EUV.
([51]) Im Wesentlichen ersetzt durch Artikel 16 Absätze 4 und 5 EUV.

Bisherige Nummerierung des Vertrags zur Gründung der Europäischen Gemeinschaft	Neue Nummerierung des Vertrags über die Arbeitsweise der Europäischen Union
Artikel 211 (aufgehoben) ([52])	
	Artikel 244
Artikel 212 (umgestellt)	*Artikel 249 Absatz 2*
Artikel 213	Artikel 245
Artikel 214 (aufgehoben) ([53])	
Artikel 215	Artikel 246
Artikel 216	Artikel 247
Artikel 217 Absätze 1, 3 und 4 (aufgeho ben) ([54])	
Artikel 217 Absatz 2	Artikel 248
Artikel 218 Absatz 1 (aufgehoben) ([55])	
Artikel 218 Absatz 2	Artikel 249
Artikel 219	Artikel 250
Abschnitt 4 — Der Gerichtshof	Abschnitt 5 — Der Gerichtshof der Europäi schen Union
Artikel 220 (aufgehoben) ([56])	
Artikel 221 Absatz 1 (aufgehoben) ([57])	
Artikel 221 Absätze 2 und 3	Artikel 251
Artikel 222	Artikel 252
Artikel 223	Artikel 253
Artikel 224 ([58])	Artikel 254
	Artikel 255
Artikel 225	Artikel 256
Artikel 225a	Artikel 257

([52]) Im Wesentlichen ersetzt durch Artikel 17 Absatz 1 EUV.
([53]) Im Wesentlichen ersetzt durch Artikel 17 Absätze 3 und 7 EUV.
([54]) Im Wesentlichen ersetzt durch Artikel 17 Absatz 6 EUV.
([55]) Im Wesentlichen ersetzt durch Artikel 295 AEUV.
([56]) Im Wesentlichen ersetzt durch Artikel 19 EUV.
([57]) Im Wesentlichen ersetzt durch Artikel 19 Absatz 2 Unterabsatz 1 EUV.
([58]) Absatz 1 Satz 1 wird im Wesentlichen ersetzt durch Artikel 19 Absatz 2 Unterabsatz 2 EUV.

EUV/AEUV
+ Prot/Erkl
Anhänge
EU-Grundrechte-
Charta + Erl
Irland/Tschech Rep
Änderungs- und
Beitrittsverträge
LissV + ZusErl
Liss-BeglNovelle

Bisherige Nummerierung des Vertrags zur Gründung der Europäischen Gemeinschaft	Neue Nummerierung des Vertrags über die Arbeitsweise der Europäischen Union
Artikel 226	Artikel 258
Artikel 227	Artikel 259
Artikel 228	Artikel 260
Artikel 229	Artikel 261
Artikel 229a	Artikel 262
Artikel 230	Artikel 263
Artikel 231	Artikel 264
Artikel 232	Artikel 265
Artikel 233	Artikel 266
Artikel 234	Artikel 267
Artikel 235	Artikel 268
	Artikel 269
Artikel 236	Artikel 270
Artikel 237	Artikel 271
Artikel 238	Artikel 272
Artikel 239	Artikel 273
Artikel 240	Artikel 274
	Artikel 275
	Artikel 276
Artikel 241	Artikel 277
Artikel 242	Artikel 278
Artikel 243	Artikel 279
Artikel 244	Artikel 280
Artikel 245	Artikel 281
	Abschnitt 6 — Die Europäische Zentralbank
	Artikel 282
Artikel 112 (umgestellt)	Artikel 283

Bisherige Nummerierung des Vertrags zur Gründung der Europäischen Gemeinschaft	Neue Nummerierung des Vertrags über die Arbeitsweise der Europäischen Union
Artikel 113 (umgestellt)	Artikel 284
Abschnitt 5 — Der Rechnungshof	Abschnitt 7 — Der Rechnungshof
Artikel 246	Artikel 285
Artikel 247	Artikel 286
Artikel 248	Artikel 287
Kapitel 2 — Gemeinsame Vorschriften für mehrere Organe	Kapitel 2 — Rechtsakte der Union, Annahme verfahren und sonstige Vorschriften
	Abschnitt 1 — Die Rechtsakte der Union
Artikel 249	Artikel 288
	Artikel 289
	Artikel 290 ([59])
	Artikel 291 ([59])
	Artikel 292
	Abschnitt 2 — Annahmeverfahren und sons tige Vorschriften
Artikel 250	Artikel 293
Artikel 251	Artikel 294
Artikel 252 (aufgehoben)	
	Artikel 295
Artikel 253	Artikel 296
Artikel 254	Artikel 297
	Artikel 298
Artikel 255 (umgestellt)	Artikel 15
Artikel 256	Artikel 299
	Kapitel 3 — Die beratenden Einrichtungen der Union
	Artikel 300
Kapitel 3 — Der Wirtschafts- und Sozialaus schuss	Abschnitt 1 — Der Wirtschafts- und Sozial ausschuss

([59]) Ersetzt im Wesentlichen den Artikel 202 dritter Gedankenstrich EGV.

— 219 — **1/6. Übereinstimmungstabellen**

EUV/AEUV
+ Prot/Erkl
Anhänge
EU Grundrechte
Charta + Erl
Irland/Tschech Rep
Änderungs- und
Beitrittsverträge
LissV + ZusErl
Liss-BeglNovelle

Bisherige Nummerierung des Vertrags zur Gründung der Europäischen Gemeinschaft	Neue Nummerierung des Vertrags über die Arbeitsweise der Europäischen Union
Artikel 257 (aufgehoben) ([60])	
Artikel 258 Absätze 1, 2 und 4	Artikel 301
Artikel 258 Absatz 3 (aufgehoben) ([61])	
Artikel 259	Artikel 302
Artikel 260	Artikel 303
Artikel 261 (aufgehoben)	
Artikel 262	Artikel 304
Kapitel 4 — Der Ausschuss der Regionen	Abschnitt 2 — Der Ausschuss der Regionen
Artikel 263, Absätze 1 und 5 (aufgehoben) ([62])	
Artikel 263 Absätze 2 bis 4	Artikel 305
Artikel 264	Artikel 306
Artikel 265	Artikel 307
Kapitel 5 — Die Europäische Investitionsbank	Kapitel 4 — Die Europäische Investitionsbank
Artikel 266	Artikel 308
Artikel 267	Artikel 309
Titel II — Finanzvorschriften	Titel II — Finanzvorschriften
Artikel 268	Artikel 310
	Kapitel 1 — Die Eigenmittel der Union
Artikel 269	Artikel 311
Artikel 270 (aufgehoben) ([63])	
	Kapitel 2 — Der mehrjährige Finanzrahmen
	Artikel 312
	Kapitel 3 — Der Jahreshaushaltsplan der Union

([60]) Im Wesentlichen ersetzt durch Artikel 300 Absatz 2 AEUV.
([61]) Im Wesentlichen ersetzt durch Artikel 300 Absatz 4 AEUV.
([62]) Im Wesentlichen ersetzt durch Artikel 300 Absätze 3 und 4 AEUV.
([63]) Im Wesentlichen ersetzt durch Artikel 310 Absatz 4 AEUV.

Bisherige Nummerierung des Vertrags zur Gründung der Europäischen Gemeinschaft	Neue Nummerierung des Vertrags über die Arbeitsweise der Europäischen Union
Artikel 272 Absatz 1 (umgestellt)	Artikel 313
Artikel 271 (umgestellt)	Artikel 316
Artikel 272 Absatz 1 (umgestellt)	Artikel 313
Artikel 272 Absätze 2 bis 10	Artikel 314
Artikel 273	Artikel 315
Artikel 271 (umgestellt)	Artikel 316
	Kapitel 4 — Ausführung des Haushaltsplans und Entlastung
Artikel 274	Artikel 317
Artikel 275	Artikel 318
Artikel 276	Artikel 319
	Kapitel 5 — Gemeinsame Bestimmungen
Artikel 277	Artikel 320
Artikel 278	Artikel 321
Artikel 279	Artikel 322
	Artikel 323
	Artikel 324
	Kapitel 6 — Betrugsbekämpfung
Artikel 280	Artikel 325
	Titel III — Verstärkte Zusammenarbeit
Artikel 11 und 11a (ersetzt)	Artikel 326 [64]
Artikel 11 und 11a (ersetzt)	Artikel 327 [64]
Artikel 11 und 11a (ersetzt)	Artikel 328 [64]
Artikel 11 und 11a (ersetzt)	Artikel 329 [64]
Artikel 11 und 11a (ersetzt)	Artikel 330 [64]
Artikel 11 und 11a (ersetzt)	Artikel 331 [64]
Artikel 11 und 11a (ersetzt)	Artikel 332 [64]

[64] Ersetzt auch die Artikel 27a bis 27e, 40 bis 40b und 43 bis 45 des bisherigen EUV.

1/6. Übereinstimmungstabellen

EUV/AEUV
+ Prot/Erkl
Anhänge
EU-Grundrechte-
Charta + Erl
Irland/Tschech Rep
Änderungs- und
Beitrittsverträge
LissV + ZusErl
Liss-BeglNovelle

Bisherige Nummerierung des Vertrags zur Gründung der Europäischen Gemeinschaft	Neue Nummerierung des Vertrags über die Arbeitsweise der Europäischen Union
Artikel 11 und 11a (ersetzt)	Artikel 333 ([64])
Artikel 11 und 11a (ersetzt)	Artikel 334 ([64])
SECHSTER TEIL — ALLGEMEINE UND SCHLUSSBESTIMMUNGEN	SIEBTER TEIL — ALLGEMEINE UND SCHLUSSBESTIMMUNGEN
Artikel 281 (aufgehoben) ([65])	
Artikel 282	Artikel 335
Artikel 283	Artikel 336
Artikel 284	Artikel 337
Artikel 285	Artikel 338
Artikel 286 (ersetzt)	Artikel 16
Artikel 287	Artikel 339
Artikel 288	Artikel 340
Artikel 289	Artikel 341
Artikel 290	Artikel 342
Artikel 291	Artikel 343
Artikel 292	Artikel 344
Artikel 293 (aufgehoben)	
Artikel 294 (umgestellt)	Artikel 55
Artikel 295	Artikel 345
Artikel 296	Artikel 346
Artikel 297	Artikel 347
Artikel 298	Artikel 348
Artikel 299 Absatz 1 (aufgehoben) ([66])	
Artikel 299 Absatz 2 Unterabsätze 2, 3 und 4	Artikel 349
Artikel 299 Absatz 2 Unterabsatz 1 und Absätze 3 bis 6 (umgestellt)	Artikel 355

([64]) Ersetzt auch die Artikel 27a bis 27e, 40 bis 40b und 43 bis 45 des bisherigen EUV.
([65]) Im Wesentlichen ersetzt durch Artikel 47 EUV.
([66]) Im Wesentlichen ersetzt durch Artikel 52 EUV.

Bisherige Nummerierung des Vertrags zur Gründung der Europäischen Gemeinschaft	Neue Nummerierung des Vertrags über die Arbeitsweise der Europäischen Union
Artikel 300 (ersetzt)	*Artikel 218*
Artikel 301 (ersetzt)	*Artikel 215*
Artikel 302 (ersetzt)	*Artikel 220*
Artikel 303 (ersetzt)	*Artikel 220*
Artikel 304 (ersetzt)	*Artikel 220*
Artikel 305 (aufgehoben)	
Artikel 306	Artikel 350
Artikel 307	Artikel 351
Artikel 308	Artikel 352
	Artikel 353
Artikel 309	Artikel 354
Artikel 310 (umgestellt)	*Artikel 217*
Artikel 311 (aufgehoben) ([67])	
Artikel 299 Absatz 2 Unterabsatz 1 und Absätze 3 bis 6 (umgestellt)	Artikel 355
Artikel 312	Artikel 356
Schlussbestimmungen	
Artikel 313	Artikel 357
	Artikel 358
Artikel 314 (aufgehoben) ([68])	

([67]) Im Wesentlichen ersetzt durch Artikel 51 EUV.
([68]) Im Wesentlichen ersetzt durch Artikel 55 EUV.

— 223 — **1/7a. EU Grundrechte-Charta**

Präambel, Art. 1

EUV/AEUV
+ Prot/Erkl
Anhänge
EU-Grundrechte-
Charta + Erl
Irland/Tschech Rep
Änderungs- und
Beitrittsverträge
Liss V + Zus Erl
Liss-Begl Novelle

Grundrechte

1/7a.
Charta der Grundrechte der Europäischen Union
(2010/C 83/02)

(ABl 2010 C 83, 389)

Das Europäische Parlament, der Rat und die Kommission proklamieren feierlich den nachstehenden Text als Charta der Grundrechte der Europäischen Union:

CHARTA DER GRUNDRECHTE DER EUROPÄISCHEN UNION
Präambel

Die Völker Europas sind entschlossen, auf der Grundlage gemeinsamer Werte eine friedliche Zukunft zu teilen, indem sie sich zu einer immer engeren Union verbinden.

In dem Bewusstsein ihres geistig-religiösen und sittlichen Erbes gründet sich die Union auf die unteilbaren und universellen Werte der Würde des Menschen, der Freiheit, der Gleichheit und der Solidarität. Sie beruht auf den Grundsätzen der Demokratie und der Rechtsstaatlichkeit. Sie stellt den Menschen in den Mittelpunkt ihres Handelns, indem sie die Unionsbürgerschaft und einen Raum der Freiheit, der Sicherheit und des Rechts begründet.

Die Union trägt zur Erhaltung und zur Entwicklung dieser gemeinsamen Werte unter Achtung der Vielfalt der Kulturen und Traditionen der Völker Europas sowie der nationalen Identität der Mitgliedstaaten und der Organisation ihrer staatlichen Gewalt auf nationaler, regionaler und lokaler Ebene bei. Sie ist bestrebt, eine ausgewogene und nachhaltige Entwicklung zu fördern und stellt den freien Personen-, Dienstleistungs-, Waren- und Kapitalverkehr sowie die Niederlassungsfreiheit sicher.

Zu diesem Zweck ist es notwendig, angesichts der Weiterentwicklung der Gesellschaft, des sozialen Fortschritts und der wissenschaftlichen und technologischen Entwicklungen den Schutz der Grundrechte zu stärken, indem sie in einer Charta sichtbarer gemacht werden.

Diese Charta bekräftigt unter Achtung der Zuständigkeiten und Aufgaben der Union und des Subsidiaritätsprinzips die Rechte, die sich vor allem aus den gemeinsamen Verfassungstraditionen und den gemeinsamen internationalen Verpflichtungen der Mitgliedstaaten, aus der Europäischen Konvention zum Schutz der Menschenrechte und Grundfreiheiten, aus den von der Union und dem Europarat beschlossenen Sozialchartas sowie aus der Rechtsprechung des Gerichtshofs der Europäischen Union und des Europäischen Gerichtshofs für Menschenrechte ergeben. In diesem Zusammenhang erfolgt die Auslegung der Charta durch die Gerichte der Union und der Mitgliedstaaten unter gebührender Berücksichtigung der Erläuterungen, die unter der Leitung des Präsidiums des Konvents zur Ausarbeitung der Charta formuliert und unter der Verantwortung des Präsidiums des Europäischen Konvents aktualisiert wurden.

Die Ausübung dieser Rechte ist mit Verantwortung und mit Pflichten sowohl gegenüber den Mitmenschen als auch gegenüber der menschlichen Gemeinschaft und den künftigen Generationen verbunden.

Daher erkennt die Union die nachstehend aufgeführten Rechte, Freiheiten und Grundsätze an.

TITEL I
WÜRDE DES MENSCHEN

Artikel 1
Würde des Menschen

Die Würde des Menschen ist unantastbar. Sie ist zu achten und zu schützen.

---

*) Hinweis:
Verbindlich durch Art 6 Abs 1 EUV; siehe auch Protokoll Nr. 30 betreffend die Anwendung der Charta auf Polen und das Vereinigte Königreich.

Artikel 2
Recht auf Leben

(1) Jeder Mensch hat das Recht auf Leben.

(2) Niemand darf zur Todesstrafe verurteilt oder hingerichtet werden.

Artikel 3
Recht auf Unversehrtheit

(1) Jeder Mensch hat das Recht auf körperliche und geistige Unversehrtheit.

(2) Im Rahmen der Medizin und der Biologie muss insbesondere Folgendes beachtet werden:

a) die freie Einwilligung des Betroffenen nach vorheriger Aufklärung entsprechend den gesetzlich festgelegten Einzelheiten,

b) das Verbot eugenischer Praktiken, insbesondere derjenigen, welche die Selektion von Menschen zum Ziel haben,

c) das Verbot, den menschlichen Körper und Teile davon als solche zur Erzielung von Gewinnen zu nutzen,

d) das Verbot des reproduktiven Klonens von Menschen.

Artikel 4
Verbot der Folter und unmenschlicher oder erniedrigender Strafe oder Behandlung

Niemand darf der Folter oder unmenschlicher oder erniedrigender Strafe oder Behandlung unterworfen werden.

Artikel 5
Verbot der Sklaverei und der Zwangsarbeit

(1) Niemand darf in Sklaverei oder Leibeigenschaft gehalten werden.

(2) Niemand darf gezwungen werden, Zwangs- oder Pflichtarbeit zu verrichten.

(3) Menschenhandel ist verboten.

TITEL II
FREIHEITEN

Artikel 6
Recht auf Freiheit und Sicherheit

Jeder Mensch hat das Recht auf Freiheit und Sicherheit.

Artikel 7
Achtung des Privat- und Familienlebens

Jede Person hat das Recht auf Achtung ihres Privat- und Familienlebens, ihrer Wohnung sowie ihrer Kommunikation.

Artikel 8
Schutz personenbezogener Daten

(1) Jede Person hat das Recht auf Schutz der sie betreffenden personenbezogenen Daten.

(2) Diese Daten dürfen nur nach Treu und Glauben für festgelegte Zwecke und mit Einwilligung der betroffenen Person oder auf einer sonstigen gesetzlich geregelten legitimen Grundlage verarbeitet werden. Jede Person hat das Recht, Auskunft über die sie betreffenden erhobenen Daten zu erhalten und die Berichtigung der Daten zu erwirken.

(3) Die Einhaltung dieser Vorschriften wird von einer unabhängigen Stelle überwacht.

Artikel 9
Recht, eine Ehe einzugehen und eine Familie zu gründen

Das Recht, eine Ehe einzugehen, und das Recht, eine Familie gründen, werden nach den einzel staatlichen Gesetzen gewährleistet, welche die Ausübung dieser Rechte regeln.

Artikel 10
Gedanken-, Gewissens- und Religionsfreiheit

(1) Jede Person hat das Recht auf Gedanken-, Gewissens-und Religionsfreiheit. Dieses Recht umfasst die Freiheit, die Religion oder Weltanschauung zu wechseln, und die Freiheit, seine Religion oder Weltanschauung einzeln oder gemeinsam mit anderen öffentlich oder privat durch Gottesdienst, Unterricht, Bräuche und Riten zu bekennen.

(2) Das Recht auf Wehrdienstverweigerung aus Gewissensgründen wird nach den einzelstaatlichen Gesetzen anerkannt, welche die Ausübung dieses Rechts regeln.

Artikel 11
Freiheit der Meinungsäußerung und Informationsfreiheit

(1) Jede Person hat das Recht auf freie Meinungsäußerung. Dieses Recht schließt die Meinungs freiheit und die Freiheit ein, Informationen und Ideen ohne behördliche Eingriffe und ohne Rücksicht auf Staatsgrenzen zu empfangen und weiterzugeben.

(2) Die Freiheit der Medien und ihre Pluralität werden geachtet.

— 225 — **1/7a. EU Grundrechte-Charta**

Art. 12 – 20

EUV/AEUV
+ Prot/Erkl
Anhänge
EU-Grundrechte-
Charta + Erl
Irland/Tschech Rep
Änderungs- und
Beitrittsverträge
LissV + ZusErl
Liss-BeglNovelle

Artikel 12
Versammlungs- und Vereinigungsfreiheit

(1) Jede Person hat das Recht, sich insbesondere im politischen, gewerkschaftlichen und zivilgesell schaftlichen Bereich auf allen Ebenen frei und friedlich mit anderen zu versammeln und frei mit anderen zusammenzuschließen, was das Recht jeder Person umfasst, zum Schutz ihrer Interessen Gewerkschaften zu gründen und Gewerkschaften beizutreten.

(2) Politische Parteien auf der Ebene der Union tragen dazu bei, den politischen Willen der Unionsbürgerinnen und Unionsbürger zum Ausdruck zu bringen.

Artikel 13
Freiheit der Kunst und der Wissenschaft

Kunst und Forschung sind frei. Die akademische Freiheit wird geachtet.

Artikel 14
Recht auf Bildung

(1) Jede Person hat das Recht auf Bildung sowie auf Zugang zur beruflichen Ausbildung und Weiterbildung.

(2) Dieses Recht umfasst die Möglichkeit, unentgeltlich am Pflichtschulunterricht teilzunehmen.

(3) Die Freiheit zur Gründung von Lehranstalten unter Achtung der demokratischen Grundsätze sowie das Recht der Eltern, die Erziehung und den Unterricht ihrer Kinder entsprechend ihren eigenen religiösen, weltanschaulichen und erzieherischen Überzeugungen sicherzustellen, werden nach den einzelstaatlichen Gesetzen geachtet, welche ihre Ausübung regeln.

Artikel 15
Berufsfreiheit und Recht zu arbeiten

(1) Jede Person hat das Recht, zu arbeiten und einen frei gewählten oder angenommenen Beruf auszuüben.

(2) Alle Unionsbürgerinnen und Unionsbürger haben die Freiheit, in jedem Mitgliedstaat Arbeit zu suchen, zu arbeiten, sich niederzulassen oder Dienstleistungen zu erbringen.

(3) Die Staatsangehörigen dritter Länder, die im Hoheitsgebiet der Mitgliedstaaten arbeiten dürfen, haben Anspruch auf Arbeitsbedingungen, die denen der Unionsbürgerinnen und Unionsbürger ent sprechen.

Artikel 16
Unternehmerische Freiheit

Die unternehmerische Freiheit wird nach dem Unionsrecht und den einzelstaatlichen Rechtsvorschriften und Gepflogenheiten anerkannt.

Artikel 17
Eigentumsrecht

(1) Jede Person hat das Recht, ihr rechtmäßig erworbenes Eigentum zu besitzen, zu nutzen, darüber zu verfügen und es zu vererben. Niemandem darf sein Eigentum entzogen werden, es sei denn aus Gründen des öffentlichen Interesses in den Fällen und unter den Bedingungen, die in einem Gesetz vorgesehen sind, sowie gegen eine rechtzeitige angemessene Entschädigung für den Verlust des Eigentums. Die Nutzung des Eigentums kann gesetzlich geregelt werden, soweit dies für das Wohl der Allgemeinheit erforderlich ist.

(2) Geistiges Eigentum wird geschützt.

Artikel 18
Asylrecht

Das Recht auf Asyl wird nach Maßgabe des Genfer Abkommens vom 28. Juli 1951 und des Protokolls vom 31. Januar 1967 über die Rechtsstellung der Flüchtlinge sowie nach Maßgabe des Vertrags über die Europäische Union und des Vertrags über die Arbeitsweise der Europäischen Union (im Folgenden „die Verträge") gewährleistet.

Artikel 19
Schutz bei Abschiebung, Ausweisung und Auslieferung

(1) Kollektivausweisungen sind nicht zulässig.

(2) Niemand darf in einen Staat abgeschoben oder ausgewiesen oder an einen Staat ausgeliefert werden, in dem für sie oder ihn das ernsthafte Risiko der Todesstrafe, der Folter oder einer anderen unmenschlichen oder erniedrigenden Strafe oder Behandlung besteht.

TITEL III
GLEICHHEIT

Artikel 20
Gleichheit vor dem Gesetz

Alle Personen sind vor dem Gesetz gleich.

Artikel 21
Nichtdiskriminierung

(1) Diskriminierungen insbesondere wegen des Geschlechts, der Rasse, der Hautfarbe, der ethnischen oder sozialen Herkunft, der genetischen Merkmale, der Sprache, der Religion oder der Weltanschauung, der politischen oder sonstigen Anschauung, der Zugehörigkeit zu einer nationalen Minderheit, des Vermögens, der Geburt, einer Behinderung, des Alters oder der sexuellen Ausrichtung sind verboten.

(2) Unbeschadet besonderer Bestimmungen der Verträge ist in ihrem Anwendungsbereich jede Diskriminierung aus Gründen der Staatsangehörigkeit verboten.

Artikel 22
Vielfalt der Kulturen, Religionen und Sprachen

Die Union achtet die Vielfalt der Kulturen, Religionen und Sprachen.

Artikel 23
Gleichheit von Frauen und Männern

Die Gleichheit von Frauen und Männern ist in allen Bereichen, einschließlich der Beschäftigung, der Arbeit und des Arbeitsentgelts, sicherzustellen.

Der Grundsatz der Gleichheit steht der Beibehaltung oder der Einführung spezifischer Vergünstigungen für das unterrepräsentierte Geschlecht nicht entgegen.

Artikel 24
Rechte des Kindes

(1) Kinder haben Anspruch auf den Schutz und die Fürsorge, die für ihr Wohlergehen notwendig sind. Sie können ihre Meinung frei äußern. Ihre Meinung wird in den Angelegenheiten, die sie betreffen, in einer ihrem Alter und ihrem Reifegrad entsprechenden Weise berücksichtigt.

(2) Bei allen Kinder betreffenden Maßnahmen öffentlicher Stellen oder privater Einrichtungen muss das Wohl des Kindes eine vorrangige Erwägung sein.

(3) Jedes Kind hat Anspruch auf regelmäßige persönliche Beziehungen und direkte Kontakte zu beiden Elternteilen, es sei denn, dies steht seinem Wohl entgegen.

Artikel 25
Rechte älterer Menschen

Die Union anerkennt und achtet das Recht älterer Menschen auf ein würdiges und unabhängiges Leben und auf Teilnahme am sozialen und kulturellen Leben.

Artikel 26
Integration von Menschen mit Behinderung

Die Union anerkennt und achtet den Anspruch von Menschen mit Behinderung auf Maßnahmen zur Gewährleistung ihrer Eigenständigkeit, ihrer sozialen und beruflichen Eingliederung und ihrer Teilnahme am Leben der Gemeinschaft.

TITEL IV
SOLIDARITÄT

Artikel 27
Recht auf Unterrichtung und Anhörung der Arbeitnehmerinnen und Arbeitnehmer im Unternehmen

Für die Arbeitnehmerinnen und Arbeitnehmer oder ihre Vertreter muss auf den geeigneten Ebenen eine rechtzeitige Unterrichtung und Anhörung in den Fällen und unter den Voraussetzungen gewährleistet sein, die nach dem Unionsrecht und den einzelstaatlichen Rechtsvorschriften und Gepflogenheiten vorgesehen sind.

Artikel 28
Recht auf Kollektivverhandlungen und Kollektivmaßnahmen

Die Arbeitnehmerinnen und Arbeitnehmer sowie die Arbeitgeberinnen und Arbeitgeber oder ihre jeweiligen Organisationen haben nach dem Unionsrecht und den einzelstaatlichen Rechtsvorschriften und Gepflogenheiten das Recht, Tarifverträge auf den geeigneten Ebenen auszuhandeln und zu schließen sowie bei Interessenkonflikten kollektive Maßnahmen zur Verteidigung ihrer Interessen, einschließlich Streiks, zu ergreifen.

Artikel 29
Recht auf Zugang zu einem Arbeitsvermittlungsdienst

Jeder Mensch hat das Recht auf Zugang zu einem unentgeltlichen Arbeitsvermittlungsdienst.

– 227 – **1/7a. EU Grundrechte-Charta**

Art. 30 – 37

EUV/AEUV
+ Prot/Erkl
Anhänge
EU-Grundrechte-
Charta + Erl
Irland/Tschech. Rep
Änderungs- und
Beitrittsverträge
LissV + ZusErl
Liss-BeglNovelle

Artikel 30

Schutz bei ungerechtfertigter Entlassung

Jede Arbeitnehmerin und jeder Arbeitnehmer hat nach dem Unionsrecht und den einzelstaatlichen Rechtsvorschriften und Gepflogenheiten Anspruch auf Schutz vor ungerechtfertigter Entlassung.

Artikel 31

Gerechte und angemessene Arbeitsbedingungen

(1) Jede Arbeitnehmerin und jeder Arbeitnehmer hat das Recht auf gesunde, sichere und würdige Arbeitsbedingungen.

(2) Jede Arbeitnehmerin und jeder Arbeitnehmer hat das Recht auf eine Begrenzung der Höchstarbeitszeit, auf tägliche und wöchentliche Ruhezeiten sowie auf bezahlten Jahresurlaub.

Artikel 32

Verbot der Kinderarbeit und Schutz der Jugendlichen am Arbeitsplatz

Kinderarbeit ist verboten. Unbeschadet günstigerer Vorschriften für Jugendliche und abgesehen von begrenzten Ausnahmen darf das Mindestalter für den Eintritt in das Arbeitsleben das Alter, in dem die Schulpflicht endet, nicht unterschreiten.

Zur Arbeit zugelassene Jugendliche müssen ihrem Alter angepasste Arbeitsbedingungen erhalten und vor wirtschaftlicher Ausbeutung und vor jeder Arbeit geschützt werden, die ihre Sicherheit, ihre Gesundheit, ihre körperliche, geistige, sittliche oder soziale Entwicklung beeinträchtigen oder ihre Erziehung gefährden könnte.

Artikel 33

Familien- und Berufsleben

(1) Der rechtliche, wirtschaftliche und soziale Schutz der Familie wird gewährleistet.

(2) Um Familien- und Berufsleben miteinander in Einklang bringen zu können, hat jeder Mensch das Recht auf Schutz vor Entlassung aus einem mit der Mutterschaft zusammenhängenden Grund sowie den Anspruch auf einen bezahlten Mutterschaftsurlaub und auf einen Elternurlaub nach der Geburt oder Adoption eines Kindes.

Artikel 34

Soziale Sicherheit und soziale Unterstützung

(1) Die Union anerkennt und achtet das Recht auf Zugang zu den Leistungen der sozialen Sicherheit und zu den sozialen Diensten, die in Fällen wie Mutterschaft, Krankheit, Arbeitsunfall, Pflegebedürftigkeit oder im Alter sowie bei Verlust des Arbeitsplatzes Schutz gewährleisten, nach Maßgabe des Unionsrechts und der einzelstaatlichen Rechtsvorschriften und Gepflogenheiten.

(2) Jeder Mensch, der in der Union seinen rechtmäßigen Wohnsitz hat und seinen Aufenthalt rechtmäßig wechselt, hat Anspruch auf die Leistungen der sozialen Sicherheit und die sozialen Vergünstigungen nach dem Unionsrecht und den einzelstaatlichen Rechtsvorschriften und Gepflogenheiten.

(3) Um die soziale Ausgrenzung und die Armut zu bekämpfen, anerkennt und achtet die Union das Recht auf eine soziale Unterstützung und eine Unterstützung für die Wohnung, die allen, die nicht über ausreichende Mittel verfügen, ein menschenwürdiges Dasein sicherstellen sollen, nach Maßgabe des Unionsrechts und der einzelstaatlichen Rechtsvorschriften und Gepflogenheiten.

Artikel 35

Gesundheitsschutz

Jeder Mensch hat das Recht auf Zugang zur Gesundheitsvorsorge und auf ärztliche Versorgung nach Maßgabe der einzelstaatlichen Rechtsvorschriften und Gepflogenheiten. Bei der Festlegung und Durchführung der Politik und Maßnahmen der Union in allen Bereichen wird ein hohes Gesundheitsschutzniveau sichergestellt.

Artikel 36

Zugang zu Dienstleistungen von allgemeinem wirtschaftlichen Interesse

Die Union anerkennt und achtet den Zugang zu Dienstleistungen von allgemeinem wirtschaftlichen Interesse, wie er durch die einzelstaatlichen Rechtsvorschriften und Gepflogenheiten im Einklang mit den Verträgen geregelt ist, um den sozialen und territorialen Zusammenhalt der Union zu fördern.

Artikel 37

Umweltschutz

Ein hohes Umweltschutzniveau und die Verbesserung der Umweltqualität müssen in die Politik der Union einbezogen und nach dem Grundsatz der nachhaltigen Entwicklung sichergestellt werden.

Artikel 38
Verbraucherschutz

Die Politik der Union stellt ein hohes Verbraucherschutzniveau sicher.

TITEL V
BÜRGERRECHTE

Artikel 39
Aktives und passives Wahlrecht bei den Wahlen zum Europäischen Parlament

(1) Die Unionsbürgerinnen und Unionsbürger besitzen in dem Mitgliedstaat, in dem sie ihren Wohnsitz haben, das aktive und passive Wahlrecht bei den Wahlen zum Europäischen Parlament unter denselben Bedingungen wie die Angehörigen des betreffenden Mitgliedstaats.

(2) Die Mitglieder des Europäischen Parlaments werden in allgemeiner, unmittelbarer, freier und geheimer Wahl gewählt.

Artikel 40
Aktives und passives Wahlrecht bei den Kommunalwahlen

Die Unionsbürgerinnen und Unionsbürger besitzen in dem Mitgliedstaat, in dem sie ihren Wohnsitz haben, das aktive und passive Wahlrecht bei Kommunalwahlen unter denselben Bedingungen wie die Angehörigen des betreffenden Mitgliedstaats.

Artikel 41
Recht auf eine gute Verwaltung

(1) Jede Person hat ein Recht darauf, dass ihre Angelegenheiten von den Organen, Einrichtungen und sonstigen Stellen der Union unparteiisch, gerecht und innerhalb einer angemessenen Frist be handelt werden.

(2) Dieses Recht umfasst insbesondere

a) das Recht jeder Person, gehört zu werden, bevor ihr gegenüber eine für sie nachteilige individuelle Maßnahme getroffen wird,

b) das Recht jeder Person auf Zugang zu den sie betreffenden Akten unter Wahrung des berechtigten Interesses der Vertraulichkeit sowie des Berufs- und Geschäftsgeheimnisses,

c) die Verpflichtung der Verwaltung, ihre Entscheidungen zu begründen.

(3) Jede Person hat Anspruch darauf, dass die Union den durch ihre Organe oder Bediensteten in Ausübung ihrer Amtstätigkeit verursachten Schaden nach den allgemeinen Rechtsgrundsätzen ersetzt, die den Rechtsordnungen der Mitgliedstaaten gemeinsam sind.

(4) Jede Person kann sich in einer der Sprachen der Verträge an die Organe der Union wenden und muss eine Antwort in derselben Sprache erhalten.

Artikel 42
Recht auf Zugang zu Dokumenten

Die Unionsbürgerinnen und Unionsbürger sowie jede natürliche oder juristische Person mit Wohnsitz oder satzungsmäßigem Sitz in einem Mitgliedstaat haben das Recht auf Zugang zu den Dokumenten der Organe, Einrichtungen und sonstigen Stellen der Union, unabhängig von der Form der für diese Dokumente verwendeten Träger.

Artikel 43
Der Europäische Bürgerbeauftragte

Die Unionsbürgerinnen und Unionsbürger sowie jede natürliche oder juristische Person mit Wohnsitz oder satzungsmäßigem Sitz in einem Mitgliedstaat haben das Recht, den Europäischen Bürgerbeauf tragen im Falle von Missständen bei der Tätigkeit der Organe, Einrichtungen und sonstigen Stellen der Union, mit Ausnahme des Gerichtshofs der Europäischen Union in Ausübung seiner Recht sprechungsbefugnisse, zu befassen.

Artikel 44
Petitionsrecht

Die Unionsbürgerinnen und Unionsbürger sowie jede natürliche oder juristische Person mit Wohnsitz oder satzungsmäßigem Sitz in einem Mitgliedstaat haben das Recht, eine Petition an das Europäische Parlament zu richten.

Artikel 45
Freizügigkeit und Aufenthaltsfreiheit

(1) Die Unionsbürgerinnen und Unionsbürger haben das Recht, sich im Hoheitsgebiet der Mitgliedstaaten frei zu bewegen und aufzuhalten.

— 229 — **1/7a. EU Grundrechte-Charta**

Art. 45 – 51

EUV/AEUV
+ Prot/Erkl
Anhänge
EU-Grundrechte-
Charta + Erl
Irland/Tschech Rep
Änderungs- und
Beitrittsverträge
LissV + ZusErl
Liss-BeglNovelle

(2) Staatsangehörigen von Drittländern, die sich rechtmäßig im Hoheitsgebiet eines Mitgliedstaats aufhalten, kann nach Maßgabe der Verträge Freizügigkeit und Aufenthaltsfreiheit gewährt werden.

Artikel 46
Diplomatischer und konsularischer Schutz

Die Unionsbürgerinnen und Unionsbürger genießen im Hoheitsgebiet eines Drittlands, in dem der Mitgliedstaat, dessen Staatsangehörigkeit sie besitzen, nicht vertreten ist, den Schutz durch die diplomatischen und konsularischen Behörden eines jeden Mitgliedstaats unter denselben Bedingungen wie Staatsangehörige dieses Staates.

TITEL VI
JUSTIZIELLE RECHTE

Artikel 47
Recht auf einen wirksamen Rechtsbehelf und ein unparteiisches Gericht

Jede Person, deren durch das Recht der Union garantierte Rechte oder Freiheiten verletzt worden sind, hat das Recht, nach Maßgabe der in diesem Artikel vorgesehenen Bedingungen bei einem Gericht einen wirksamen Rechtsbehelf einzulegen.

Jede Person hat ein Recht darauf, dass ihre Sache von einem unabhängigen, unparteiischen und zuvor durch Gesetz errichteten Gericht in einem fairen Verfahren, öffentlich und innerhalb angemessener Frist verhandelt wird. Jede Person kann sich beraten, verteidigen und vertreten lassen.

Personen, die nicht über ausreichende Mittel verfügen, wird Prozesskostenhilfe bewilligt, soweit diese Hilfe erforderlich ist, um den Zugang zu den Gerichten wirksam zu gewährleisten.

Artikel 48
Unschuldsvermutung und Verteidigungsrechte

(1) Jeder Angeklagte gilt bis zum rechtsförmlich erbrachten Beweis seiner Schuld als unschuldig.

(2) Jedem Angeklagten wird die Achtung der Verteidigungsrechte gewährleistet.

Artikel 49
Grundsätze der Gesetzmäßigkeit und der Verhältnismäßigkeit im Zusammenhang mit Straftaten und Strafen

(1) Niemand darf wegen einer Handlung oder Unterlassung verurteilt werden, die zur Zeit ihrer Begehung nach innerstaatlichem oder internationalem Recht nicht strafbar war. Es darf auch keine schwerere Strafe als zur Zeit der Begehung angedrohte Strafe verhängt werden. Wird nach Begehung einer Straftat durch Gesetz eine mildere Strafe eingeführt, so ist diese zu verhängen.

(2) Dieser Artikel schließt nicht aus, dass eine Person wegen einer Handlung oder Unterlassung verurteilt oder bestraft wird, die zur Zeit ihrer Begehung nach den allgemeinen, von der Gesamtheit der Nationen anerkannten Grundsätzen strafbar war.

(3) Das Strafmaß darf zur Straftat nicht unverhältnismäßig sein.

Artikel 50
Recht, wegen derselben Straftat nicht zweimal strafrechtlich verfolgt oder bestraft zu werden

Niemand darf wegen einer Straftat, derentwegen er bereits in der Union nach dem Gesetz rechtskräftig verurteilt oder freigesprochen worden ist, in einem Strafverfahren erneut verfolgt oder bestraft werden.

TITEL VII
ALLGEMEINE BESTIMMUNGEN ÜBER DIE AUSLEGUNG UND ANWENDUNG DER CHARTA

Artikel 51
Anwendungsbereich

(1) Diese Charta gilt für die Organe, Einrichtungen und sonstigen Stellen der Union unter Wahrung des Subsidiaritätsprinzips und für die Mitgliedstaaten ausschließlich bei der Durchführung des Rechts der Union. Dementsprechend achten sie die Rechte, halten sie sich an die Grundsätze und fördern sie deren Anwendung entsprechend ihren jeweiligen Zuständigkeiten und unter Achtung der Grenzen der Zuständigkeiten, die der Union in den Verträgen übertragen werden.

(2) Diese Charta dehnt den Geltungsbereich des Unionsrechts nicht über die Zuständigkeiten der Union hinaus aus und begründet weder neue Zuständigkeiten noch neue Auf-

gaben für die Union, noch ändert sie die in den Verträgen festgelegten Zuständigkeiten und Aufgaben.

Artikel 52
Tragweite und Auslegung der Rechte und Grundsätze

(1) Jede Einschränkung der Ausübung der in dieser Charta anerkannten Rechte und Freiheiten muss gesetzlich vorgesehen sein und den Wesensgehalt dieser Rechte und Freiheiten achten. Unter Wahrung des Grundsatzes der Verhältnismäßigkeit dürfen Einschränkungen nur vorgenommen wer den, wenn sie erforderlich sind und den von der Union anerkannten dem Gemeinwohl dienenden Zielsetzungen oder den Erfordernissen des Schutzes der Rechte und Freiheiten anderer tatsächlich entsprechen.

(2) Die Ausübung der durch diese Charta anerkannten Rechte, die in den Verträgen geregelt sind, erfolgt im Rahmen der in den Verträgen festgelegten Bedingungen und Grenzen.

(3) Soweit diese Charta Rechte enthält, die den durch die Europäische Konvention zum Schutz der Menschenrechte und Grundfreiheiten garantierten Rechten entsprechen, haben sie die gleiche Bedeutung und Tragweite, wie sie ihnen in der genannten Konvention verliehen wird. Diese Bestimmung steht dem nicht entgegen, dass das Recht der Union einen weiter gehenden Schutz gewährt.

(4) Soweit in dieser Charta Grundrechte anerkannt werden, wie sie sich aus den gemeinsamen Verfassungsüberlieferungen der Mitgliedstaaten ergeben, werden sie im Einklang mit diesen Überlieferungen ausgelegt.

(5) Die Bestimmungen dieser Charta, in denen Grundsätze festgelegt sind, können durch Akte der Gesetzgebung und der Ausführung der Organe, Einrichtungen und sonstigen Stellen der Union sowie durch Akte der Mitgliedstaaten zur Durchführung des Rechts der Union in Ausübung ihrer jeweiligen Zuständigkeiten umgesetzt werden. Sie können vor Gericht nur bei der Auslegung dieser Akte und bei Entscheidungen über deren Rechtmäßigkeit herangezogen werden.

(6) Den einzelstaatlichen Rechtsvorschriften und Gepflogenheiten ist, wie es in dieser Charta bestimmt ist, in vollem Umfang Rechnung zu tragen.

(7) Die Erläuterungen, die als Anleitung für die Auslegung dieser Charta verfasst wurden, sind von den Gerichten der Union und der Mitgliedstaaten gebührend zu berücksichtigen.

Artikel 53
Schutzniveau

Keine Bestimmung dieser Charta ist als eine Einschränkung oder Verletzung der Menschenrechte und Grundfreiheiten auszulegen, die in dem jeweiligen Anwendungsbereich durch das Recht der Union und das Völkerrecht sowie durch die internationalen Übereinkünfte, bei denen die Union oder alle Mitgliedstaaten Vertragsparteien sind, darunter insbesondere die Europäische Konvention zum Schutz der Menschenrechte und Grundfreiheiten, sowie durch die Verfassungen der Mitgliedstaaten anerkannt werden.

Artikel 54
Verbot des Missbrauchs der Rechte

Keine Bestimmung dieser Charta ist so auszulegen, als begründe sie das Recht, eine Tätigkeit auszuüben oder eine Handlung vorzunehmen, die darauf abzielt, die in der Charta anerkannten Rechte und Freiheiten abzuschaffen oder sie stärker einzuschränken, als dies in der Charta vorgesehen ist.

Der vorstehende Wortlaut übernimmt mit Anpassungen die am 7. Dezember 2000 proklamierte Charta und ersetzt sie ab dem Zeitpunkt des Inkrafttretens des Vertrags von Lissabon.

– 231 – **1/7b. Erläut. Grundr.-Charta**

Art. 1 – 3

EUV/AEUV
+ Prot/Erkl
Anhänge
EU-Grundrechte-
Charta + Erl
Irland/Tschech Rep
Änderungs- und
Beitrittsverträge
LissV + ZusErl
Liss-BeglNovelle

1/7b. Erläuterungen zur Charta der Grundrechte

(2007/C 303/02)*)
(ABl 2007 C 303, 17)

Die nachstehenden Erläuterungen wurden ursprünglich unter der Verantwortung des Präsidiums des Konvents, der die Charta der Grundrechte der Europäischen Union ausgearbeitet hat, formuliert. Sie wurden unter der Verantwortung des Präsidiums des Europäischen Konvents aufgrund der von diesem Konvent vorgenommenen Anpassungen des Wortlauts der Charta (insbesondere der Artikel 51 und 52) und der Fortentwicklung des Unionsrechts aktualisiert. Diese Erläuterungen haben als solche keinen rechtlichen Status, stellen jedoch eine nützliche Interpretationshilfe dar, die dazu dient, die Bestimmungen der Charta zu verdeutlichen.

TITEL I – WÜRDE DES MENSCHEN

Erläuterung zu Artikel 1 – Würde des Menschen

Die Würde des Menschen ist nicht nur ein Grundrecht an sich, sondern bildet das eigentliche Fundament der Grundrechte. Die Allgemeine Erklärung der Menschenrechte von 1948 verankert die Menschenwürde in ihrer Präambel: „… da die Anerkennung der allen Mitgliedern der menschlichen Familie innewohnenden Würde und ihrer gleichen und unveräußerlichen Rechte die Grundlage der Freiheit, der Gerechtigkeit und des Friedens in der Welt bildet." In seinem Urteil vom 9. Oktober 2001 in der Rechtssache C-377/98, Niederlande gegen Europäisches Parlament und Rat, Slg. 2001, I-7079, Randnrn. 70-77 bestätigte der Gerichtshof, dass das Grundrecht auf Menschenwürde Teil des Unionsrechts ist.

Daraus ergibt sich insbesondere, dass keines der in dieser Charta festgelegten Rechte dazu verwendet werden darf, die Würde eines anderen Menschen zu verletzen, und dass die Würde des Menschen zum Wesensgehalt der in dieser Charta festgelegten Rechte gehört. Sie darf daher auch bei Einschränkungen eines Rechtes nicht angetastet werden.

Erläuterung zu Artikel 2 – Recht auf Leben

1. Absatz 1 dieses Artikels basiert auf Artikel 2 Absatz 1 Satz 1 der Europäischen Menschenrechtskonvention (EMRK), der wie folgt lautet:
   „1. Das Recht jedes Menschen auf Leben wird gesetzlich geschützt …".

2. Satz 2 der genannten Vorschrift, der die Todesstrafe zum Gegenstand hatte, ist durch das Inkrafttreten des Protokolls Nr. 6 zur EMRK hinfällig geworden, dessen Artikel 1 wie folgt lautet:
   „Die Todesstrafe ist abgeschafft. Niemand darf zu dieser Strafe verurteilt oder hingerichtet werden."
   Auf dieser Vorschrift beruht Artikel 2 Absatz 2 der Charta.

3. Die Bestimmungen des Artikels 2 der Charta entsprechen den Bestimmungen der genannten Artikel der EMRK und des Zusatzprotokolls. Sie haben nach Artikel 52 Absatz 3 der Charta die gleiche Bedeutung und Tragweite. So müssen die in der EMRK enthaltenen „Negativdefinitionen" auch als Teil der Charta betrachtet werden:

   a) a) Artikel 2 Absatz 2 EMRK:
      „Eine Tötung wird nicht als Verletzung dieses Artikels betrachtet, wenn sie durch eine Gewaltanwendung verursacht wird, die unbedingt erforderlich ist, um
      a) jemanden gegen rechtswidrige Gewalt zu verteidigen;
      b) jemanden rechtmäßig festzunehmen oder jemanden, dem die Freiheit rechtmäßig entzogen ist, an der Flucht zu hindern;
      c) einen Aufruhr oder Aufstand rechtmäßig niederzuschlagen".

   b) b) Artikel 2 des Protokolls Nr. 6 zur EMRK:
      „Ein Staat kann in seinem Recht die Todesstrafe für Taten vorsehen, die in Kriegszeiten oder bei unmittelbarer Kriegsgefahr begangen werden; diese Strafe darf nur in den Fällen, die im Recht vorgesehen sind, und in Übereinstimmung mit dessen Bestimmungen angewendet werden …".

Erläuterung zu Artikel 3 – Recht auf Unversehrtheit

1. In seinem Urteil vom 9. Oktober 2001 in der Rechtssache C-377/98, Niederlande gegen Europäisches Parlament und Rat, Slg. 2001, I-7079, Randnrn. 70, 78, 79 und 80, bestätigte der Gerichtshof, dass das Grund-

---

*) Anmerkung des Herausgebers: Die Verweise auf die Artikelnummerierung der Verträge wurden auf den neuesten Stand gebracht und einige Fehler wurden berichtigt.

recht auf Unversehrtheit Teil des Unionsrechts ist und im Bereich der Medizin und der Biologie die freie Einwilligung des Spenders und des Empfängers nach vorheriger Aufklärung umfasst.

2. Die Grundsätze des Artikels 3 der Charta sind bereits in dem im Rahmen des Europarates angenommenen Übereinkommen über Menschenrechte und Biomedizin (STE 164 und Zusatzprotokoll STE 168) enthalten. Die Charta will von diesen Bestimmungen nicht abweichen und verbietet daher lediglich das reproduktive Klonen. Die anderen Formen des Klonens werden von der Charta weder gestattet noch verboten. Sie hindert den Gesetzgeber also keineswegs daran, auch die anderen Formen des Klonens zu verbieten.

3. Durch den Hinweis auf eugenische Praktiken, insbesondere diejenigen, welche die Selektion von Menschen zum Ziel haben, soll die Möglichkeit erfasst werden, dass Selektionsprogramme organisiert und durchgeführt werden, die beispielsweise Sterilisierungskampagnen, erzwungene Schwangerschaften, die Pflicht, den Ehepartner in der gleichen Volksgruppe zu wählen, usw. umfassen; derartige Handlungen werden in dem am 17. Juli 1998 in Rom verabschiedeten Statut des Internationalen Strafgerichtshofs (siehe Artikel 7 Absatz 1 Buchstabe g) als internationale Verbrechen betrachtet.

**Erläuterung zu Artikel 4 –
Verbot der Folter und unmenschlicher
oder erniedrigender Strafe oder Behandlung**

Das Recht nach Artikel 4 entspricht dem Recht, das durch den gleich lautenden Artikel 3 EMRK garantiert ist: „Niemand darf der Folter oder unmenschlicher oder erniedrigender Strafe oder Behandlung unterworfen werden." Nach Artikel 52 Absatz 3 der Charta hat Artikel 4 also die gleiche Bedeutung und Tragweite wie Artikel 3 EMRK.

**Erläuterung zu Artikel 5 –
Verbot der Sklaverei und der Zwangsarbeit**

1. Das Recht nach Artikel 5 Absätze 1 und 2 entspricht dem gleich lautenden Artikel 4 Absätze 1 und 2 EMRK. Nach Artikel 52 Absatz 3 der Charta hat dieses Recht also die gleiche Bedeutung und Tragweite wie Artikel 4 EMRK.
Daraus folgt:
– Eine legitime Einschränkung des Rechts nach Absatz 1 kann es nicht geben.
– In Absatz 2 müssen in Bezug auf die Begriffe „Zwangs- oder Pflichtarbeit" die

„negativen" Definitionen nach Artikel 4 Absatz 3 EMRK berücksichtigt werden:
„Nicht als Zwangs- oder Pflichtarbeit im Sinne dieses Artikels gilt
a) eine Arbeit, die üblicherweise von einer Person verlangt wird, der unter den Voraussetzungen des Artikels 5 die Freiheit entzogen oder die bedingt entlassen worden ist;
b) eine Dienstleistung militärischer Art oder eine Dienstleistung, die an die Stelle des im Rahmen der Wehrpflicht zu leistenden Dienstes tritt, in Ländern, wo die Dienstverweigerung aus Gewissensgründen anerkannt ist;
c) eine Dienstleistung, die verlangt wird, wenn Notstände oder Katastrophen das Leben oder das Wohl der Gemeinschaft bedrohen;
d) eine Arbeit oder Dienstleistung, die zu den üblichen Bürgerpflichten gehört."

2. Absatz 3 ergibt sich unmittelbar aus der Menschenwürde und trägt neuen Entwicklungen auf dem Gebiet der organisierten Kriminalität wie der Schleuserkriminalität oder der organisierten sexuellen Ausbeutung Rechnung. Das Europol-Übereinkommen enthält im Anhang folgende Definition, die den Menschenhandel zum Zwecke der sexuellen Ausbeutung betrifft: „Menschenhandel: tatsächliche und rechtswidrige Unterwerfung einer Person unter den Willen anderer Personen mittels Gewalt, Drohung oder Täuschung oder unter Ausnutzung eines Abhängigkeitsverhältnisses insbesondere mit folgendem Ziel: Ausbeutung der Prostitution, Ausbeutung von Minderjährigen, sexuelle Gewalt gegenüber Minderjährigen oder Handel im Zusammenhang mit Kindesaussetzung." Kapitel VI des Schengener Durchführungsübereinkommens, das in den Besitzstand der Union integriert worden ist und an dem sich das Vereinigte Königreich und Irland beteiligen, enthält in Artikel 27 Absatz 1 folgende auf die Schleuseraktivitäten zielende Bestimmung: „Die Vertragsparteien verpflichten sich, angemessene Sanktionen gegen jede Person vorzusehen, die aus Erwerbszwecken einem Drittausländer hilft oder zu helfen versucht, in das Hoheitsgebiet einer der Vertragsparteien unter Verletzung ihrer Rechtsvorschriften in Bezug auf die Einreise und den Aufenthalt von Drittausländern einzureisen oder sich dort aufzuhalten. Am 19. Juli 2002 nahm der Rat einen Rahmenbeschluss zur Bekämpfung des Menschenhandels (ABl. L 203 vom 1.8. 2002,

— 233 —

1/7b. Erläut. Grundr.-Charta

Art. 5 – 7

EUV/AEUV
+ Prot/Erkl
Anhänge
EU-Grundrechte-
Charta + Erl
Irland/Tschech Rep
Änderungs- und
Beitrittsverträge
LissV + ZusErl
Liss-Begl/Novelle

S. 1) an; in Artikel 1 dieses Rahmenbeschlusses sind die Handlungen im Zusammenhang mit dem Menschenhandel zum Zwecke der Ausbeutung von Arbeitskräften oder der sexuellen Ausbeutung näher bestimmt, die die Mitgliedstaaten aufgrund des genannten Rahmenbeschlusses unter Strafe stellen müssen.

TITEL II – FREIHEITEN

Erläuterung zu Artikel 6 – Recht auf Freiheit und Sicherheit

Die Rechte nach Artikel 6 entsprechen den Rechten, die durch Artikel 5 EMRK garantiert sind, denen sie nach Artikel 52 Absatz 3 der Charta an Bedeutung und Tragweite gleichkommen. Die Einschränkungen, die legitim an diesen Rechten vorgenommen werden können, dürfen daher nicht über die Einschränkungen hinausgehen, die im Rahmen des wie folgt lautenden Artikels 5 EMRK zulässig sind:

„1. Jeder Mensch hat das Recht auf Freiheit und Sicherheit. Die Freiheit darf nur in den folgenden Fällen und nur auf die gesetzlich vorgeschriebene Weise entzogen werden:

a) rechtmäßige Freiheitsentziehung nach Verurteilung durch ein zuständiges Gericht;

b) rechtmäßige Festnahme oder Freiheitsentziehung wegen Nichtbefolgung einer rechtmäßigen gerichtlichen Anordnung oder zur Erzwingung der Erfüllung einer gesetzlichen Verpflichtung;

c) rechtmäßige Festnahme oder Freiheitsentziehung zur Vorführung vor die zuständige Gerichtsbehörde, wenn hinreichender Verdacht besteht, dass die betreffende Person eine Straftat begangen hat, oder wenn begründeter Anlass zu der Annahme besteht, dass es notwendig ist, sie an der Begehung einer Straftat oder an der Flucht nach Begehung einer solchen zu hindern;

d) rechtmäßige Freiheitsentziehung bei Minderjährigen zum Zweck überwachter Erziehung oder zur Vorführung vor die zuständige Behörde;

e) rechtmäßige Freiheitsentziehung mit dem Ziel, eine Verbreitung ansteckender Krankheiten zu verhindern, sowie bei psychisch Kranken, Alkohol- oder Rauschgiftsüchtigen und Landstreichern;

f) rechtmäßige Festnahme oder Freiheitsentziehung zur Verhinderung der unerlaubten Einreise sowie bei Personen, gegen die ein Ausweisungs- oder Auslieferungsverfahren im Gange ist.

2. Jeder festgenommenen Person muss unverzüglich in einer ihr verständlichen Sprache mitgeteilt werden, welches die Gründe für ihre Festnahme sind und welche Beschuldigungen gegen sie erhoben werden.

3. Jede Person, die nach Absatz 1 Buchstabe c von Festnahme oder Freiheitsentziehung betroffen ist, muss unverzüglich einem Richter oder einer anderen gesetzlich zur Wahrnehmung richterlicher Aufgaben ermächtigten Person vorgeführt werden; sie hat Anspruch auf ein Urteil innerhalb angemessener Frist oder auf Entlassung während des Verfahrens. Die Entlassung kann von der Leistung einer Sicherheit für das Erscheinen vor Gericht abhängig gemacht werden.

4. Jede Person, die festgenommen oder der die Freiheit entzogen ist, hat das Recht, zu beantragen, dass ein Gericht innerhalb kurzer Frist über die Rechtmäßigkeit der Freiheitsentziehung entscheidet und ihre Entlassung anordnet, wenn die Freiheitsentziehung nicht rechtmäßig ist.

5. Jede Person, die unter Verletzung dieses Artikels von Festnahme oder Freiheitsentziehung betroffen ist, hat Anspruch auf Schadensersatz."

Die Rechte nach Artikel 6 müssen insbesondere dann geachtet werden, wenn das Europäische Parlament und der Rat Gesetzgebungsakte im Bereich der justiziellen Zusammenarbeit in Strafsachen auf der Grundlage der Artikel 82, 83 und 85 des Vertrags über die Arbeitsweise der Europäischen Union, insbesondere zur Festlegung gemeinsamer Mindestvorschriften über die Tatbestandsmerkmale strafbarer Handlungen und die Strafen sowie über bestimmte Aspekte des Verfahrensrechts erlassen.

Erläuterung zu Artikel 7 – Achtung des Privat- und Familienlebens

Die Rechte nach Artikel 7 entsprechen den Rechten, die durch Artikel 8 EMRK garantiert sind. Um der technischen Entwicklung Rechnung zu tragen, wurde der Begriff „Korrespondenz" durch „Kommunikation" ersetzt.

Nach Artikel 52 Absatz 3 haben diese Rechte die gleiche Bedeutung und Tragweite wie die Rechte aus dem entsprechenden Artikel der EMRK. Ihre möglichen legitimen Einschränkungen sind daher diejenigen, die der genannte Artikel 8 gestattet:

„1. Jede Person hat das Recht auf Achtung ihres Privat- und Familienlebens, ihrer Wohnung und ihrer Korrespondenz.

2. Eine Behörde darf in die Ausübung dieses Rechts nur eingreifen, soweit der Eingriff

gesetzlich vorgesehen und in einer demokratischen Gesellschaft notwendig ist für die nationale oder öffentliche Sicherheit, für das wirtschaftliche Wohl des Landes, zur Aufrechterhaltung der Ordnung, zur Verhütung von Straftaten, zum Schutz der Gesundheit oder der Moral oder zum Schutz der Rechte und Freiheiten anderer."

Erläuterung zu Artikel 8 –
Schutz personenbezogener Daten

Dieser Artikel stützte sich auf Artikel 286 des Vertrags zur Gründung der Europäischen Gemeinschaft und auf die Richtlinie 95/46/EG des Europäischen Parlaments und des Rates zum Schutz natürlicher Personen bei der Verarbeitung personenbezogener Daten und zum freien Datenverkehr (ABl. L 281 vom 23.11.1995, S. 31) sowie auf Artikel 8 EMRK und das Übereinkommen des Europarates vom 28. Januar 1981 zum Schutz des Menschen bei der automatischen Verarbeitung personenbezogener Daten, das von allen Mitgliedstaaten ratifiziert wurde. Artikel 286 EGV wird nunmehr durch Artikel 16 des Vertrags über die Arbeitsweise der Europäischen Union und Artikel 39 des Vertrags über die Europäische Union ersetzt. Es wird ferner auf die Verordnung (EG) Nr. 45/2001 des Europäischen Parlaments und des Rates zum Schutz natürlicher Personen bei der Verarbeitung personenbezogener Daten durch die Organe und Einrichtungen der Gemeinschaft und zum freien Datenverkehr (ABl. L 8 vom 12.1.2001, S. 1) verwiesen. Die genannte Richtlinie und Verordnung enthalten Bedingungen und Beschränkungen für die Wahrnehmung des Rechts auf den Schutz personenbezogener Daten.

Erläuterung zu Artikel 9 –
Recht, eine Ehe einzugehen und
eine Familie zu gründen

Dieser Artikel stützt sich auf Artikel 12 EMRK, der wie folgt lautet: „Männer und Frauen im heiratsfähigen Alter haben das Recht, nach den innerstaatlichen Gesetzen, welche die Ausübung dieses Rechts regeln, eine Ehe einzugehen und eine Familie zu gründen." Die Formulierung dieses Rechts wurde zeitgemäßer gestaltet, um Fälle zu erfassen, in denen nach den einzelstaatlichen Rechtsvorschriften andere Formen als die Heirat zur Gründung einer Familie anerkannt werden. Durch diesen Artikel wird es weder untersagt noch vorgeschrieben, Verbindungen von Menschen gleichen Geschlechts den Status der Ehe zu verleihen. Dieses Recht ist also dem von der EMRK vorgesehenen Recht ähnlich, es kann jedoch eine größere Tragweite

haben, wenn die einzelstaatlichen Rechtsvorschriften dies vorsehen.

Erläuterung zu Artikel 10 –
Gedanken-, Gewissens- und Religionsfreiheit

Das in Absatz 1 garantierte Recht entspricht dem Recht, das durch Artikel 9 EMRK garantiert ist, und hat nach Artikel 52 Absatz 3 der Charta die gleiche Bedeutung wie die gleiche Tragweite wie dieses. Bei Einschränkungen muss daher Artikel 9 Absatz 2 EMRK gewahrt werden, der wie folgt lautet: „Die Freiheit, seine Religion oder Weltanschauung zu bekennen, darf nur Einschränkungen unterworfen werden, die gesetzlich vorgesehen und in einer demokratischen Gesellschaft notwendig sind für die öffentliche Sicherheit, zum Schutz der öffentlichen Ordnung, Gesundheit oder Moral oder zum Schutz der Rechte und Freiheiten anderer."

Das in Absatz 2 garantierte Recht entspricht den einzelstaatlichen Verfassungstraditionen und der Entwicklung der einzelstaatlichen Gesetzgebungen in diesem Punkt.

Erläuterung zu Artikel 11 –
Freiheit der Meinungsäußerung und
Informationsfreiheit

1. Artikel 11 entspricht Artikel 10 EMRK, der wie folgt lautet:
   „1. Jede Person hat das Recht auf freie Meinungsäußerung. Dieses Recht schließt die Meinungsfreiheit und die Freiheit ein, Informationen und Ideen ohne behördliche Eingriffe und ohne Rücksicht auf Staatsgrenzen zu empfangen und weiterzugeben. Dieser Artikel hindert die Staaten nicht, für Hörfunk-, Fernseh- oder Kinounternehmen eine Genehmigung vorzuschreiben.

2. Die Ausübung dieser Freiheiten ist mit Pflichten und Verantwortung verbunden; sie kann daher Formvorschriften, Bedingungen, Einschränkungen oder Strafdrohungen unterworfen werden, die gesetzlich vorgesehen und in einer demokratischen Gesellschaft notwendig sind für die nationale Sicherheit, die territoriale Unversehrtheit oder die öffentliche Sicherheit, zur Aufrechterhaltung der Ordnung oder zur Verhütung von Straftaten, zum Schutz der Gesundheit oder der Moral, zum Schutz des guten Rufes oder der Rechte anderer, zur Verhinderung der Verbreitung vertraulicher Informationen oder zur Wahrung der Autorität und der Unparteilichkeit der Rechtsprechung."

— 235 — **1/7b. Erläut. Grundr.-Charta**

Art. 11 – 14

EUV/AEUV
+ Prot/Erkl
Anhänge
EU-Grundrechte-
Charta + Erl
Irland/Tschech Rep
Änderungs- und
Beitrittsverträge
Liss-V + ZusErl
Liss-BeglNovelle

Nach Artikel 52 Absatz 3 der Charta hat dieses Recht die gleiche Bedeutung und Tragweite wie das durch die EMRK garantierte Recht. Die möglichen Einschränkungen dieses Rechts dürfen also nicht über die in Artikel 10 Absatz 2 vorgesehenen Einschränkungen hinausgehen, allerdings unbeschadet der Beschränkungen, die die Möglichkeit der Mitgliedstaaten, Genehmigungsregelungen nach Artikel 10 Absatz 1 Satz 3 der EMRK einzuführen, durch das Wettbewerbsrecht der Union erfahren kann.

2. Absatz 2 dieses Artikels erläutert die Auswirkungen von Absatz 1 hinsichtlich der Freiheit der Medien. Er stützt sich insbesondere auf die Rechtsprechung des Gerichtshofs bezüglich des Fernsehens, insbesondere in der Rechtssache C-288/89 (Urteil vom 25. Juli 1991, Stichting Collectieve Antennevoorziening Gouda u. a.; Slg. I-4007), und auf das Protokoll über den öffentlich-rechtlichen Rundfunk in den Mitgliedstaaten, das dem EGV und nunmehr den Verträgen beigefügt ist, sowie auf die Richtlinie 89/552/EWG des Rates (siehe insbesondere Erwägungsgrund 17).

Erläuterung zu Artikel 12 – Versammlungs- und Vereinigungsfreiheit

1. Absatz 1 dieses Artikels entspricht Artikel 11 EMRK, der wie folgt lautet:

„1. Jede Person hat das Recht, sich frei und friedlich mit anderen zu versammeln und sich frei mit anderen zusammenzuschließen; dazu gehört auch das Recht, zum Schutz seiner Interessen Gewerkschaften zu gründen und Gewerkschaften beizutreten.

2. Die Ausübung dieser Rechte darf nur Einschränkungen unterworfen werden, die gesetzlich vorgesehen und in einer demokratischen Gesellschaft notwendig sind für die nationale oder öffentliche Sicherheit, zur Aufrechterhaltung der Ordnung oder zur Verhütung von Straftaten, zum Schutz der Gesundheit oder der Moral oder zum Schutz der Rechte und Freiheiten anderer. Dieser Artikel steht rechtmäßigen Einschränkungen der Ausübung dieser Rechte für Angehörige der Streitkräfte, der Polizei oder der Staatsverwaltung nicht entgegen."

Die Bestimmungen des Absatzes 1 dieses Artikels 12 haben die gleiche Bedeutung wie die Bestimmungen der EMRK; sie haben jedoch eine größere Tragweite, weil sie auf alle Ebenen, auch auf die europäische Ebene,

Anwendung finden können. Nach Artikel 52 Absatz 3 der Charta dürfen die Einschränkungen dieses Rechts nicht über die Einschränkungen hinausgehen, die als mögliche rechtmäßige Einschränkungen im Sinne von Artikel 11 Absatz 2 EMRK gelten.

2. Dieses Recht stützt sich auch auf Artikel 11 der Gemeinschaftscharta der sozialen Grundrechte der Arbeitnehmer.

3. Absatz 2 dieses Artikels entspricht Artikel 10 Absatz 4 des Vertrags über die Europäische Union.

Erläuterung zu Artikel 13 – Freiheit der Kunst und der Wissenschaft

Dieses Recht leitet sich in erster Linie aus der Gedankenfreiheit und der Freiheit der Meinungsäußerung ab. Seine Ausübung erfolgt unter Wahrung von Artikel 1, und es kann den durch Artikel 10 EMRK gestatteten Einschränkungen unterworfen werden.

Erläuterung zu Artikel 14 – Recht auf Bildung

1. Dieser Artikel lehnt sich sowohl an die gemeinsamen verfassungsrechtlichen Traditionen der Mitgliedstaaten als auch an Artikel 2 des Zusatzprotokolls zur EMRK an, der folgenden Wortlaut hat:

„Niemandem darf das Recht auf Bildung verwehrt werden. Der Staat hat bei Ausübung der von ihm auf dem Gebiete der Erziehung und des Unterrichts übernommenen Aufgaben das Recht der Eltern zu achten, die Erziehung und den Unterricht entsprechend ihren eigenen religiösen und weltanschaulichen Überzeugungen sicherzustellen."

Es wurde für zweckmäßig erachtet, diesen Artikel auf den Zugang zur beruflichen Aus- und Weiterbildung auszudehnen (siehe Nummer 15 der Gemeinschaftscharta der sozialen Grundrechte der Arbeitnehmer sowie Artikel 10 der Europäischen Sozialcharta) und den Grundsatz der Unentgeltlichkeit des Pflichtschulunterrichts einzufügen. In seiner hier vorliegenden Fassung besagt dieser Grundsatz lediglich, dass in Bezug auf den Pflichtschulunterricht jedes Kind die Möglichkeit haben muss, eine schulische Einrichtung zu besuchen, die unentgeltlichen Unterricht erteilt. Er besagt nicht, dass alle – und insbesondere auch die privaten – schulischen Einrichtungen, die den betreffenden Unterricht oder berufliche Ausbildung und Weiterbildung anbieten, dies unentgeltlich tun müssen. Ebenso wenig verbietet er, dass bestimmte besondere Unterrichtsformen entgeltlich sein können, sofern der Staat Maßnahmen zur Gewährung eines finanziellen Ausgleichs trifft. Soweit die Charta für die Union gilt, bedeutet das, dass die Union im Rahmen ihrer bildungspolitischen Maßnahmen die Unentgeltlichkeit des Pflichtunterrichts achten muss, doch es erwachsen ihr daraus selbstverständlich keine neuen Zuständigkeiten. Was das Recht der Eltern anbelangt, so ist dieses in Verbindung mit Artikel 24 auszulegen.

2. Die Freiheit zur Gründung von öffentlichen oder privaten Lehranstalten wird als einer der Aspekte der unternehmerischen Freiheit garantiert, ihre Ausübung ist jedoch durch die Achtung der demokratischen Grundsätze eingeschränkt und erfolgt entsprechend den in den einzelstaatlichen Rechtsvorschriften festgelegten Einzelheiten.

Erläuterung zu Artikel 15 – Berufsfreiheit und Recht zu arbeiten

Die in Artikel 15 Absatz 1 festgeschriebene Berufsfreiheit ist in der Rechtsprechung des Gerichtshofs anerkannt (siehe u. a. die Urteile vom 14. Mai 1974, Rechtssache 4/73, Nold, Slg. 1974, 491, Randnrn. 12 -14; vom 13. Dezember 1979, Rechtssache 44/79, Hauer, Slg. 1979, 3727; vom 8. Oktober 1986, Rechtssache 234/85, Keller, Slg. 1986, 2897, Randnr. 8).

Dieser Absatz lehnt sich ferner an Artikel 1 Absatz 2 der am 18. Oktober 1961 unterzeichneten und von allen Mitgliedstaaten ratifizierten Europäischen Sozialcharta und an Nummer 4 der Gemeinschaftscharta der sozialen Grundrechte der Arbeitnehmer vom 9. Dezember 1989 an. Der Ausdruck „Arbeitsbedingungen" ist im Sinne des Artikels 156 des Vertrags über die Arbeitsweise der Europäischen Union zu verstehen.

In Absatz 2 wurden die drei Freiheiten aufgenommen, die durch die Artikel 26 und 45, 49 und 56 des Vertrags über die Arbeitsweise der Europäischen Union garantiert sind, d. h. die Freizügigkeit der Arbeitnehmer, die Niederlassungsfreiheit und der freie Dienstleistungsverkehr.

Absatz 3 stützt sich auf Artikel 153 Absatz 1 Buchstabe g des Vertrags über die Arbeitsweise der Europäischen Union sowie auf Artikel 19 Absatz 4 der am 18. Oktober 1961 unterzeichneten und von allen Mitgliedstaaten ratifizierten Europäischen Sozialcharta. Somit findet Artikel 52 Absatz 2 der Charta Anwendung. Die Frage der Anheuerung von Seeleuten, die Staatsangehörige von Drittstaaten sind, in der Besatzung von Schiffen unter der Flagge eines Mitgliedstaats der Union wird durch das Unionsrecht und die einzelstaatlichen Rechtsvorschriften und Gepflogenheiten geregelt.

Erläuterung zu Artikel 16 – Unternehmerische Freiheit

Dieser Artikel stützt sich auf die Rechtsprechung des Gerichtshofs, der die Freiheit, eine Wirtschafts- oder Geschäftstätigkeit auszuüben, (siehe die Urteile vom 14. Mai 1974, Rechtssache 4/73, Nold, Slg. 1974, 491, Randnr. 14; und vom 27. September 1979, Rechtssache 230/78, SpA Eridania und andere, Slg. 1979, 2749, Randnrn. 20 und 31) und die Vertragsfreiheit (siehe u. a. die Urteile „Sukkerfabriken Nykoebing", Rechtssache 151/78, Slg. 1979, 1, Randnr. 19; und vom 5. Oktober 1999, Rechtssache C-240/97, Spanien gegen Kommission, Slg. 1999, I-6571, Randnr. 99) anerkannt hat, sowie auf Artikel 119 Absätze 1 und 3 des Vertrags über die Arbeitsweise der Europäischen Union, in dem der freie Wettbewerb anerkannt wird. Dieses Recht wird natürlich unter Einhaltung des Unionsrechts und der einzelstaatlichen Rechtsvorschriften ausgeübt. Es kann nach Artikel 52 Absatz 1 der Charta beschränkt werden.

Erläuterung zu Artikel 17 – Eigentumsrecht

Dieser Artikel entspricht Artikel 1 des Zusatzprotokolls zur EMRK:

„Jede natürliche oder juristische Person hat das Recht auf Achtung ihres Eigentums. Niemandem darf sein Eigentum entzogen werden, es sei denn, dass das öffentliche Interesse es verlangt, und nur unter den durch Gesetz und durch die allgemeinen Grundsätze des Völkerrechts vorgesehenen Bedingungen.

Absatz 1 beeinträchtigt jedoch nicht das Recht des Staates, diejenigen Gesetze anzuwenden, die er für die Regelung der Benutzung des Eigentums im Einklang mit dem allgemeinen Interesse oder zur Sicherung der Zahlung der Steuern oder sonstigen Abgaben oder von Geldstrafen für erforderlich hält."

Es handelt sich um ein gemeinsames Grundrecht aller einzelstaatlichen Verfassungen. Es wurde mehrfach durch die Rechtsprechung des Gerichtshofs – zum ersten Mal in dem Urteil Hauer (13. Dezember 1979, Slg. 1979, 3727) – bekräftigt. Die Formulierung wurde zeitgemäßer gestaltet, doch hat dieses Recht nach Artikel 52 Absatz 3 die gleiche Bedeutung und die gleiche Tragweite wie das in der EMRK garantierte Recht, wobei nicht über die in der EMRK vorgesehenen Einschränkungen hinausgegangen werden darf.

— 237 — **1/7b. Erläut. Grundr.-Charta**
Art. 17 – 22

EUV/AEUV
+ Prot/Erkl
Anhänge
EU-Grundrechte-
Charta + Erl
Irland/Tschech Rep
Änderungs- und
Beitrittsverträge
LissV + ZusErl
Liss-BeglNovelle

Der Schutz des geistigen Eigentums ist zwar ein Aspekt des Eigentumsrechts, er wird jedoch aufgrund seiner zunehmenden Bedeutung und aufgrund des abgeleiteten Gemeinschaftsrechts in Absatz 2 ausdrücklich aufgeführt. Das geistige Eigentum umfasst neben dem literarischen und dem künstlerischen Eigentum unter anderem das Patent- und Markenrecht sowie die verwandten Schutzrechte. Die in Absatz 1 vorgesehenen Garantien gelten sinngemäß für das geistige Eigentum.

Erläuterung zu Artikel 18 – Asylrecht

Der Wortlaut des Artikels stützte sich auf Artikel 63 EGV, der nunmehr durch Artikel 78 des Vertrags über die Arbeitsweise der Europäischen Union ersetzt wurde und der die Union zur Einhaltung der Genfer Flüchtlingskonvention verpflichtet. Es sei auf die den Verträgen beigefügten Protokolle über das Vereinigte Königreich und Irland sowie Dänemark verwiesen, um zu bestimmen, inwieweit diese Mitgliedstaaten das diesbezügliche Unionsrecht anwenden und inwieweit dieser Artikel auf sie Anwendung findet. Dieser Artikel berücksichtigt das den Verträgen beigefügte Protokoll über die Gewährung von Asyl.

Erläuterung zu Artikel 19 – Schutz bei Abschiebung, Ausweisung und Auslieferung

Absatz 1 dieses Artikels hat hinsichtlich der Kollektivausweisungen die gleiche Bedeutung und Tragweite wie Artikel 4 des Zusatzprotokolls Nr. 4 zur EMRK. Hiermit soll gewährleistet werden, dass jeder Beschluss gesondert geprüft wird und dass nicht beschlossen werden kann, alle Menschen, die die Staatsangehörigkeit eines bestimmten Staates besitzen, mit einer einzigen Maßnahme auszuweisen (siehe auch Artikel 13 des Internationalen Pakts über bürgerliche und politische Rechte).

Mit Absatz 2 wird die einschlägige Rechtsprechung des Europäischen Gerichtshofs für Menschenrechte zu Artikel 3 EMRK (siehe Ahmed gegen Österreich, Urteil vom 17. Dezember 1996, Slg. EGMR 1996, VI-2206 und Soering, Urteil vom 7. Juli 1989) übernommen.

TITEL III – GLEICHHEIT

Erläuterung zu Artikel 20 – Gleichheit vor dem Gesetz

Dieser Artikel entspricht dem allgemeinen Rechtsprinzip, das in allen europäischen Verfassungen verankert ist und das der Gerichtshof als ein Grundprinzip des Gemeinschaftsrechts

angesehen hat (Urteil vom 13. November 1984, Rechtssache 283/83, Racke, Slg. 1984, 3791, Urteil vom 17. April 1997, Rechtssache C-15/95, EARL, Slg. 1997, I-1961 und Urteil vom 13. April 2000, Rechtssache C-292/97, Karlsson, Slg. 2000, 2737).

Erläuterung zu Artikel 21 – Nichtdiskriminierung

Absatz 1 lehnt sich an Artikel 13 EGV, der nun durch Artikel 19 des Vertrags über die Arbeitsweise der Europäischen Union ersetzt wurde, und Artikel 14 EMRK sowie an Artikel 11 des Übereinkommens über Menschenrechte und Biomedizin in Bezug auf das genetische Erbe an. Soweit er mit Artikel 14 EMRK zusammenfällt, findet er nach diesem Artikel Anwendung.

Absatz 1 und Artikel 19 des Vertrags über die Arbeitsweise der Europäischen Union, der einen anderen Anwendungsbereich hat und einen anderen Zweck verfolgt, stehen nicht in Widerspruch zueinander und sind nicht unvereinbar miteinander: In Artikel 19 wird der Union die Zuständigkeit übertragen, Gesetzgebungsakte – unter anderem auch betreffend die Harmonisierung der Rechtsvorschriften der Mitgliedstaaten – zur Bekämpfung bestimmter Formen der Diskriminierung, die in diesem Artikel erschöpfend aufgezählt sind, zu erlassen. Diese Rechtsvorschriften können Maßnahmen der Behörden der Mitgliedstaaten (sowie die Beziehungen zwischen Privatpersonen) in jedem Bereich innerhalb der Grenzen der Zuständigkeiten der Union umfassen. In Absatz 1 des Artikels 21 hingegen wird weder eine Zuständigkeit zum Erlass von Antidiskriminierungsgesetzen in diesen Bereichen des Handelns von Mitgliedstaaten oder Privatpersonen geschaffen noch ein umfassendes Diskriminierungsverbot in diesen Bereichen festgelegt. Vielmehr behandelt er die Diskriminierung seitens der Organe und Einrichtungen der Union im Rahmen der Ausübung der ihr nach den Verträgen zugewiesenen Zuständigkeiten und seitens der Mitgliedstaaten im Rahmen der Umsetzung des Unionsrechts. Mit Absatz 1 wird daher weder der Umfang der nach Artikel 19 zugewiesenen Zuständigkeiten noch die Auslegung dieses Artikels geändert.

Absatz 2 entspricht Artikel 18 Absatz 1 des Vertrags über die Arbeitsweise der Europäischen Union und findet entsprechend Anwendung.

Erläuterung zu Artikel 22 – Vielfalt der Kulturen, Religionen und Sprachen

Dieser Artikel stützte sich auf Artikel 6 des Vertrags über die Europäische Union und auf

Artikel 151 Absätze 1 und 4 EGV in Bezug auf die Kultur, der nunmehr durch Artikel 167 Absätze 1 und 4 des Vertrags über die Arbeitsweise der Europäischen Union ersetzt wurde. Die Achtung der kulturellen und sprachlichen Vielfalt ist nunmehr auch in Artikel 3 Absatz 3 des Vertrags über die Europäische Union verankert. Der vorliegende Artikel lehnt sich ebenfalls an die Erklärung Nr. 11 zur Schlussakte des Vertrags von Amsterdam betreffend den Status der Kirchen und weltanschauliche Gemeinschaften an, deren Inhalt nunmehr in Artikel 17 des Vertrags über die Arbeitsweise der Europäischen Union aufgenommen wurde.

Erläuterung zu Artikel 23 –
Gleichheit von Frauen und Männern

Absatz 1 dieses Artikels stützte sich auf Artikel 2 und Artikel 3 Absatz 2 EGV, die nunmehr durch Artikel 3 des Vertrags über die Europäische Union und Artikel 8 des Vertrags über die Arbeitsweise der Europäischen Union ersetzt wurden und die Union auf das Ziel der Förderung der Gleichstellung von Männern und Frauen verpflichten, sowie auf Artikel 157 Absatz 1 des Vertrags über die Arbeitsweise der Europäischen Union. Er lehnt sich an Artikel 20 der revidierten Europäischen Sozialcharta vom 3. Mai 1996 und an Nummer 16 der Gemeinschaftscharta der Arbeitnehmerrechte an.

Er stützt sich auch auf Artikel 157 Absatz 3 des Vertrags über die Arbeitsweise der Europäischen Union und auf Artikel 2 Absatz 4 der Richtlinie 76/207/EWG des Rates zur Verwirklichung des Grundsatzes der Gleichbehandlung von Männern und Frauen hinsichtlich des Zugangs zur Beschäftigung, zur Berufsbildung und zum beruflichen Aufstieg sowie in Bezug auf die Arbeitsbedingungen.

Absatz 2 übernimmt in einer kürzeren Formulierung Artikel 157 Absatz 4 des Vertrags über die Arbeitsweise der Europäischen Union, wonach der Grundsatz der Gleichbehandlung der Beibehaltung oder der Einführung spezifischer Vergünstigungen zur Erleichterung der Berufstätigkeit des unterrepräsentierten Geschlechts oder zur Verhinderung oder zum Ausgleich von Benachteiligungen in der beruflichen Laufbahn nicht entgegensteht. Nach Artikel 52 Absatz 2 ändert dieser Absatz nicht Artikel 157 Absatz 4.

Erläuterung zu Artikel 24 –
Rechte des Kindes

Dieser Artikel stützt sich auf das am 20. November 1989 unterzeichnete und von allen Mitgliedstaaten ratifizierte Übereinkommen von New York über die Rechte des Kindes, insbesondere auf die Artikel 3, 9, 12 und 13 dieses Übereinkommens.

Mit Absatz 3 wird der Umstand berücksichtigt, dass als Teil der Errichtung des Raums der Freiheit, der Sicherheit und des Rechts die Gesetzgebung der Union in Bereichen des Zivilrechts mit grenzüberschreitenden Bezügen – für die in Artikel 81 des Vertrags über die Arbeitsweise der Europäischen Union die entsprechende Zuständigkeit vorgesehen ist – insbesondere auch das Umgangsrecht umfassen kann, mit dem sichergestellt wird, dass Kinder regelmäßige persönliche Beziehungen und direkte Kontakte zu beiden Elternteilen unterhalten können.

Erläuterung zu Artikel 25 –
Rechte älterer Menschen

Dieser Artikel lehnt sich an Artikel 23 der revidierten Europäischen Sozialcharta und an die Artikel 24 und 25 der Gemeinschaftscharta der sozialen Grundrechte der Arbeitnehmer an. Die Teilnahme am sozialen und kulturellen Leben umfasst natürlich auch die Teilnahme am politischen Leben.

Erläuterung zu Artikel 26 –
Integration von Menschen mit Behinderung

Der in diesem Artikel aufgeführte Grundsatz stützt sich auf Artikel 15 der Europäischen Sozialcharta und lehnt sich ferner an Nummer 26 der Gemeinschaftscharta der sozialen Grundrechte der Arbeitnehmer an.

TITEL IV – SOLIDARITÄT

Erläuterung zu Artikel 27 –
Recht auf Unterrichtung und
Anhörung der Arbeitnehmerinnen
und Arbeitnehmer im Unternehmen

Dieser Artikel ist in der revidierten Europäischen Sozialcharta (Artikel 21) und in der Gemeinschaftscharta der sozialen Grundrechte der Arbeitnehmer (Nummern 17 und 18) enthalten. Er gilt unter den im Unionsrecht und in den Rechtsvorschriften der Mitgliedstaaten vorgesehenen Bedingungen. Die Bezugnahme auf die geeigneten Ebenen verweist auf die nach dem Unionsrecht und den einzelstaatlichen Rechtsvorschriften vorgesehenen Ebenen, was die europäische Ebene einschließen kann, wenn die Rechtsvorschriften der Union dies vorsehen. Die Union verfügt diesbezüglich über einen beachtlichen Besitzstand: die Artikel 154 und 155 des Vertrags über die Arbeitsweise der Europäischen Union, die Richtlinien 2002/14/

— 239 — **1/7b. Erläut. Grundr.-Charta**

Art. 27 – 34

EUV/AEUV
+ Prot/Erkl
Anhänge
EU-Grundrechte-
Charta + Erl
Irland/Tschech Rep
Änderungs- und
Beitrittsverträge
LissV + ZusErl
Liss-BeglNovelle

EG (allgemeiner Rahmen für die Unterrichtung und Anhörung der Arbeitnehmer in der Europäischen Gemeinschaft), 98/59/EG (Massenentlassungen), 2001/23/EG (Übergang von Unternehmen) und 94/45/EG (Europäischer Betriebsrat).

Erläuterung zu Artikel 28 –
Recht auf Kollektivverhandlungen
und Kollektivmaßnahmen

Dieser Artikel stützt sich auf Artikel 6 der Europäischen Sozialcharta sowie auf die Gemeinschaftscharta der sozialen Grundrechte der Arbeitnehmer (Nummern 12 bis 14). Das Recht auf kollektive Maßnahmen wurde vom Europäischen Gerichtshof für Menschenrechte als einer der Bestandteile des gewerkschaftlichen Vereinigungsrechts anerkannt, das durch Artikel 11 EMRK festgeschrieben ist. Was die geeigneten Ebenen betrifft, auf denen die Tarifverhandlungen stattfinden können, so wird auf die Erläuterung zum vorhergehenden Artikel verwiesen. Die Modalitäten und Grenzen für die Durchführung von Kollektivmaßnahmen, darunter auch Streiks, werden durch die einzelstaatlichen Rechtsvorschriften und Gepflogenheiten geregelt; dies gilt auch für die Frage, ob diese Maßnahmen in mehreren Mitgliedstaaten parallel durchgeführt werden können.

Erläuterung zu Artikel 29 –
Recht auf Zugang zu einem
Arbeitsvermittlungsdienst

Dieser Artikel stützt sich auf Artikel 1 Absatz 3 der Europäischen Sozialcharta sowie auf Nummer 13 der Gemeinschaftscharta der sozialen Grundrechte der Arbeitnehmer.

Erläuterung zu Artikel 30 –
Schutz bei ungerechtfertigter Entlassung

Dieser Artikel lehnt sich an Artikel 24 der revidierten Sozialcharta an. Siehe auch die Richtlinien 2001/23/EG über die Wahrung von Ansprüchen der Arbeitnehmer beim Übergang von Unternehmen und 80/987/EWG über den Schutz der Arbeitnehmer bei Zahlungsunfähigkeit des Arbeitgebers, geändert durch die Richtlinie 2002/74/EG.

Erläuterung zu Artikel 31 –
Gerechte und angemessene
Arbeitsbedingungen

1. Absatz 1 dieses Artikels stützt sich auf die Richtlinie 89/391/EWG über die Durchführung von Maßnahmen zur Verbesserung der Sicherheit und des Gesundheitsschutzes der Arbeitnehmer am Arbeitsplatz. Er lehnt

sich ferner an Artikel 3 der Sozialcharta und Nummer 19 der Gemeinschaftscharta der Arbeitnehmerrechte sowie hinsichtlich des Rechts auf Würde am Arbeitsplatz an Artikel 26 der revidierten Sozialcharta. Der Ausdruck „Arbeitsbedingungen" ist im Sinne des Artikels 156 des Vertrags über die Arbeitsweise der Europäischen Union zu verstehen.

2. Absatz 2 stützt sich auf die Richtlinie 93/104/EG über bestimmte Aspekte der Arbeitszeitgestaltung sowie auf Artikel 2 der Europäischen Sozialcharta und auf Nummer 8 der Gemeinschaftscharta der Arbeitnehmerrechte.

Erläuterung zu Artikel 32 –
Verbot der Kinderarbeit und Schutz
der Jugendlichen am Arbeitsplatz

Dieser Artikel stützt sich auf die Richtlinie 94/33/EG über den Jugendarbeitsschutz sowie auf Artikel 7 der Europäischen Sozialcharta und auf die Nummern 20 bis 23 der Gemeinschaftscharta der sozialen Grundrechte der Arbeitnehmer.

Erläuterung zu Artikel 33 –
Familien- und Berufsleben

Artikel 33 Absatz 1 stützt sich auf Artikel 16 der Europäischen Sozialcharta.

Absatz 2 lehnt sich an die Richtlinie 92/85/EWG über die Durchführung von Maßnahmen zur Verbesserung der Sicherheit und des Gesundheitsschutzes von schwangeren Arbeitnehmerinnen, Wöchnerinnen und stillenden Arbeitnehmerinnen am Arbeitsplatz und an die Richtlinie 96/34/EG zu der von UNICE, CEEP und EGB geschlossenen Rahmenvereinbarung über Elternurlaub an. Er stützt sich ferner auf Artikel 8 (Mutterschutz) der Europäischen Sozialcharta und lehnt sich an Artikel 27 (Recht der Arbeitnehmer mit Familienpflichten auf Chancengleichheit und Gleichbehandlung) der revidierten Sozialcharta an. Der Begriff „Mutterschaft" deckt den Zeitraum von der Zeugung bis zum Stillen des Kindes ab.

Erläuterung zu Artikel 34 –
Soziale Sicherheit und soziale Unterstützung

Der in Artikel 34 Absatz 1 aufgeführte Grundsatz stützt sich auf die Artikel 153 und 156 des Vertrags über die Arbeitsweise der Europäischen Union sowie auf Artikel 12 der Europäischen Sozialcharta und auf Nummer 10 der Gemeinschaftscharta der Arbeitnehmerrechte. Er ist von der Union zu wahren, wenn sie im Rahmen ihrer Zuständigkeiten nach den

Artikeln 153 und 156 des Vertrags über die Arbeitsweise der Europäischen Union tätig wird. Durch den Hinweis auf die sozialen Dienste sollen die Fälle erfasst werden, in denen derartige Dienste eingerichtet wurden, um bestimmte Leistungen sicherzustellen; dies bedeutet aber keineswegs, dass solche Dienste eingerichtet werden müssen, wo sie nicht bestehen. Der Begriff „Mutterschaft" ist im Sinne des vorangehenden Artikels zu verstehen.

Absatz 2 stützt sich auf Artikel 12 Absatz 4 und Artikel 13 Absatz 4 der Europäischen Sozialcharta sowie auf Nummer 2 der Gemeinschaftscharta der sozialen Grundrechte der Arbeitnehmer und spiegelt die Regeln wider, die sich aus den Verordnungen (EWG) Nr. 1408/71 und (EWG) Nr. 1612/68 ergeben.

Absatz 3 lehnt sich an Artikel 13 der Europäischen Sozialcharta und die Artikel 30 und 31 der revidierten Sozialcharta sowie an Nummer 10 der Gemeinschaftscharta an. Er ist von der Union im Rahmen der Politiken zu wahren, die auf Artikel 153 des Vertrags über die Arbeitsweise der Europäischen Union beruhen.

Erläuterung zu Artikel 35 – Gesundheitsschutz

Die in diesem Artikel enthaltenen Grundsätze stützen sich auf Artikel 152 EGV, der nunmehr durch Artikel 168 des Vertrags über die Arbeitsweise der Europäischen Union ersetzt wurde, sowie auf die Artikel 11 und 13 der Europäischen Sozialcharta. Satz 2 entspricht Artikel 168 Absatz 1.

Erläuterung zu Artikel 36 – Zugang zu Dienstleistungen von allgemeinem wirtschaftlichen Interesse

Dieser Artikel steht vollauf im Einklang mit Artikel 14 des Vertrags über die Arbeitsweise der Europäischen Union und begründet kein neues Recht. Er stellt lediglich den Grundsatz auf, dass die Union den Zugang zu den Dienstleistungen von allgemeinem wirtschaftlichen Interesse nach den einzelstaatlichen Bestimmungen achtet, sofern diese mit dem Unionsrecht vereinbar sind.

Erläuterung zu Artikel 37 – Umweltschutz

Die in diesem Artikel enthaltenen Grundsätze stützten sich auf die Artikel 2, 6 und 174 EGV, die nunmehr durch Artikel 3 Absatz 3 des Vertrags über die Europäische Union sowie die Artikel 11 und 191 des Vertrags über die Arbeitsweise der Europäischen Union ersetzt wurden.

Er lehnt sich auch an die Verfassungsbestimmungen einiger Mitgliedstaaten an.

Erläuterung zu Artikel 38 – Verbraucherschutz

Der in diesem Artikel enthaltene Grundsatz stützt sich auf Artikel 169 des Vertrags über die Arbeitsweise der Europäischen Union.

TITEL V – BÜRGERRECHTE

Erläuterung zu Artikel 39 – Aktives und passives Wahlrecht bei den Wahlen zum Europäischen Parlament

Artikel 39 findet nach Artikel 52 Absatz 2 der Charta im Rahmen der in den Verträgen festgelegten Bedingungen Anwendung. Absatz 1 des Artikels 39 entspricht dem Recht, das durch Artikel 20 Absatz 2 des Vertrags über die Arbeitsweise der Europäischen Union garantiert ist (siehe auch die Rechtsgrundlage in Artikel 22 des Vertrags über die Arbeitsweise der Europäischen Union für die Festlegung der Einzelheiten für die Ausübung dieses Rechts), und Absatz 2 dieses Artikels entspricht Artikel 14 Absatz 3 des Vertrags über die Europäische Union. Artikel 39 Absatz 2 gibt die Grundprinzipien für die Durchführung von Wahlen in einem demokratischen System wieder.

Erläuterung zu Artikel 40 – Aktives und passives Wahlrecht bei den Kommunalwahlen

Dieser Artikel entspricht dem Recht, das durch Artikel 20 Absatz 2 des Vertrags über die Arbeitsweise der Europäischen Union garantiert ist (siehe auch die Rechtsgrundlage in Artikel 22 des Vertrags über die Arbeitsweise der Europäischen Union für die Festlegung der Einzelheiten für die Ausübung dieses Rechts). Nach Artikel 52 Absatz 2 findet es im Rahmen der in diesen beiden Artikeln der Verträge festgelegten Bedingungen Anwendung.

Erläuterung zu Artikel 41 – Recht auf eine gute Verwaltung

Artikel 41 ist auf das Bestehen der Union als eine Rechtsgemeinschaft gestützt, deren charakteristische Merkmale sich durch die Rechtsprechung entwickelt haben, die unter anderem eine gute Verwaltung als allgemeinen Rechtsgrundsatz festgeschrieben hat (siehe u. a. das Urteil des Gerichtshofs vom 31. März 1992 (Rechtssache C-255/90 P, Burban, Slg. 1992, I-2253) sowie die Urteile des Gerichts erster Instanz vom 18. September 1995 (Rechtssache T-167/94, Nölle, Slg. 1995, II-2589) und vom 9. Juli 1999 (Rechtssache T-231/97, New Europe Consulting und andere, Slg. 1999, II-2403). Dieses Recht in

— 241 — **1/7b. Erläut. Grundr.-Charta**

Art. 41 – 47

EUV/AEUV
+ Prot/Erkl
Anhänge
EU-Grundrechte-
Charta + Erl
Irland/Tschech Rep
Änderungs- und
Beitrittsverträge
LissV + ZusErl
Liss-BeglNovelle

der in den ersten beiden Absätzen dargestellten Form ergibt sich aus der Rechtsprechung (Urteile des Gerichtshofs vom 15. Oktober 1987 (Rechtssache 222/86, Heylens, Slg. 1987, 4097, Randnr. 15), vom 18. Oktober 1989 (Rechtssache 374/87, Orkem, Slg. 1989, 3283) und vom 21. November 1991 (Rechtssache C-269/90, TU München, Slg. 1991, I-5469) sowie die Urteile des Gerichts erster Instanz vom 6. Dezember 1994 (Rechtssache T-450/93, Lisrestal, Slg. 1994, II-1177) und vom 18. September 1995 (Rechtssache T-167/94, Nölle, Slg. 1995, II-2589)) und – bezüglich der Pflicht zur Begründung – aus Artikel 296 des Vertrags über die Arbeitsweise der Europäischen Union, siehe ferner die Rechtsgrundlage in Artikel 298 des Vertrags über die Arbeitsweise der Europäischen Union für die Annahme gesetzlicher Bestimmungen im Interesse einer offenen, effizienten und unabhängigen europäischen Verwaltung.

In Absatz 3 ist das nunmehr durch Artikel 349 des Vertrags über die Arbeitsweise der Europäischen Union garantierte Recht aufgeführt. In Absatz 4 ist das nunmehr durch Artikel 20 Absatz 2 Buchstabe d und Artikel 25 des Vertrags über die Arbeitsweise der Europäischen Union garantierte Recht aufgeführt. Nach Artikel 52 Absatz 2 finden diese Rechte im Rahmen der in den Verträgen festgelegten Bedingungen und Grenzen Anwendung.

Das Recht auf einen wirksamen Rechtsbehelf, das hierbei eine wichtige Rolle spielt, wird durch Artikel 47 der Charta gewährleistet.

Erläuterung zu Artikel 42 – Recht auf Zugang zu Dokumenten

Das in diesem Artikel garantierte Recht wurde aus Artikel 255 EGV, auf dessen Grundlage in der Folge die Verordnung (EG) Nr. 1049/2001 angenommen wurde, übernommen. Der Europäische Konvent hat dieses Recht auf Dokumente der Organe, Einrichtungen, Ämter und Agenturen der Union im Allgemeinen ausgeweitet, ungeachtet ihrer Form (siehe Artikel 15 Absatz 3 des Vertrags über die Arbeitsweise der Europäischen Union). Nach Artikel 52 Absatz 2 der Charta wird das Recht auf Zugang zu Dokumenten im Rahmen der in Artikel 15 Absatz 3 des Vertrags über die Arbeitsweise der Europäischen Union festgelegten Bedingungen und Grenzen ausgeübt.

Erläuterung zu Artikel 43 – Der Europäische Bürgerbeauftragte

Das in diesem Artikel garantierte Recht ist das Recht, das durch die Artikel 20 und 228 des Vertrags über die Arbeitsweise der Europäischen Union garantiert ist. Nach Artikel 52 Absatz 2 findet es im Rahmen der in diesen beiden Artikeln festgelegten Bedingungen Anwendung.

Erläuterung zu Artikel 44 – Petitionsrecht

Das in diesem Artikel garantierte Recht ist das Recht, das durch die Artikel 20 und 227 des Vertrags über die Arbeitsweise der Europäischen Union garantiert ist. Nach Artikel 52 Absatz 2 findet es im Rahmen der in diesen beiden Artikeln festgelegten Bedingungen Anwendung.

Erläuterung zu Artikel 45 – Freizügigkeit und Aufenthaltsfreiheit

Das in Absatz 1 garantierte Recht ist das Recht, das durch Artikel 20 Absatz 2 Buchstabe a des Vertrags über die Arbeitsweise der Europäischen Union garantiert ist (vgl. auch die Rechtsgrundlage in Artikel 21 und das Urteil des Gerichtshofs vom 17. September 2002, Rechtssache C-413/99, Baumbast, Slg. 2002, I-709). Nach Artikel 52 Absatz 2 findet es im Rahmen der in den Verträgen festgelegten Bedingungen und Grenzen Anwendung.

Absatz 2 erinnert an die der Union durch die Artikel 77, 78 und 79 des Vertrags über die Arbeitsweise der Europäischen Union erteilte Zuständigkeit. Daraus folgt, dass die Gewährung dieses Rechts von der Ausübung dieser Zuständigkeit durch die Organe abhängt.

Erläuterung zu Artikel 46 – Diplomatischer und konsularischer Schutz

Das in diesem Artikel garantierte Recht ist das Recht, das durch Artikel 20 des Vertrags über die Arbeitsweise der Europäischen Union garantiert ist (siehe auch die Rechtsgrundlage in Artikel 23 des Vertrags). Nach Artikel 52 Absatz 2 findet es im Rahmen der in diesen Artikeln festgelegten Bedingungen Anwendung.

TITEL VI – JUSTIZIELLE RECHTE

Erläuterung zu Artikel 47 – Recht auf einen wirksamen Rechtsbehelf und ein unparteiisches Gericht

Absatz 1 stützt sich auf Artikel 13 EMRK:

„Jede Person, die in ihren in dieser Konvention anerkannten Rechten oder Freiheiten verletzt worden ist, hat das Recht, bei einer innerstaatlichen Instanz eine wirksame Beschwerde zu erheben, auch wenn die Verletzung von Personen begangen worden ist, die in amtlicher Eigenschaft gehandelt haben.“

Im Unionsrecht wird jedoch ein umfassenderer Schutz gewährt, da ein Recht auf einen wirksamen Rechtsbehelf bei einem Gericht garantiert wird. Der Gerichtshof hat dieses Recht in seinem Urteil vom 15. Mai 1986 als allgemeinen Grundsatz des Unionsrechts festgeschrieben (Rechtssache 222/84, Johnston, Slg. 1986, 1651); siehe auch die Urteile vom 15. Oktober 1987 (Rechtssache 222/86, Heylens, Slg. 1987, 4097) und vom 3. Dezember 1992 (Rechtssache C-97/91, Borelli, Slg. 1992, I-6313). Nach Auffassung des Gerichtshofs gilt dieser allgemeine Grundsatz des Unionsrechts auch für die Mitgliedstaaten, wenn sie das Unionsrecht anwenden. Die Übernahme dieser Rechtsprechung des Gerichtshofs in die Charta zielte nicht darauf ab, das in den Verträgen vorgesehene Rechtsschutzsystem und insbesondere nicht die Bestimmungen über die Zulässigkeit direkter Klagen beim Gerichtshof der Europäischen Union zu ändern. Der Europäische Konvent hat sich mit dem System des gerichtlichen Rechtsschutzes der Union, einschließlich der Zulässigkeitsvorschriften, befasst und hat es mit einigen Änderungen, die in die Artikel 251 bis 281 des Vertrags über die Arbeitsweise der Europäischen Union und insbesondere in Artikel 263 Absatz 4 eingeflossen sind, bestätigt. Artikel 47 gilt gegenüber den Organen der Union und den Mitgliedstaaten, wenn diese das Unionsrecht anwenden, und zwar für sämtliche durch das Unionsrecht garantierte Rechte.

Absatz 2 entspricht Artikel 6 Absatz 1 EMRK, der wie folgt lautet:

„Jede Person hat ein Recht darauf, dass über Streitigkeiten in Bezug auf ihre zivilrechtlichen Ansprüche und Verpflichtungen oder über eine gegen sie erhobene strafrechtliche Anklage von einem unabhängigen und unparteiischen, auf Gesetz beruhenden Gericht in einem fairen Verfahren, öffentlich und innerhalb angemessener Frist verhandelt wird. Das Urteil muss öffentlich verkündet werden; Presse und Öffentlichkeit können jedoch während des ganzen oder eines Teiles des Verfahrens ausgeschlossen werden, wenn dies im Interesse der Moral, der öffentlichen Ordnung oder der nationalen Sicherheit in einer demokratischen Gesellschaft liegt, wenn die Interessen von Jugendlichen oder der Schutz des Privatlebens der Prozessparteien es verlangen oder – soweit das Gericht es für unbedingt erforderlich hält – wenn unter besonderen Umständen eine öffentliche Verhandlung die Interessen der Rechtspflege beeinträchtigen würde."

Im Unionsrecht gilt das Recht auf ein Gerichtsverfahren nicht nur für Streitigkeiten im Zusammenhang mit zivilrechtlichen Ansprüchen und Verpflichtungen. Dies ist eine der Folgen der Tatsache, dass die Union eine Rechtsgemeinschaft ist, wie der Gerichtshof in der Rechtssache 294/83, „Les Verts" gegen Europäisches Parlament (Urteil vom 23. April 1986, Slg. 1986, 1339) festgestellt hat. Mit Ausnahme ihres Anwendungsbereichs gelten die Garantien der EMRK jedoch in der Union entsprechend.

In Bezug auf Absatz 3 sei darauf hingewiesen, dass nach der Rechtsprechung des Europäischen Gerichtshofs für Menschenrechte eine Prozesskostenhilfe zu gewähren ist, wenn mangels einer solchen Hilfe die Einlegung eines wirksamen Rechtsbehelfs nicht gewährleistet wäre (EGMR, Urteil vom 9.10.1979, Airey, Serie A, Band 32, S. 11). Es gibt auch ein Prozesskostenhilfesystem für die beim Gerichtshof der Europäischen Union anhängigen Rechtssachen.

Erläuterung zu Artikel 48 – Unschuldsvermutung und Verteidigungsrechte

Artikel 48 entspricht Artikel 6 Absätze 2 und 3 EMRK, der wie folgt lautet:

„2. Jede Person, die einer Straftat angeklagt ist, gilt bis zum gesetzlichen Beweis ihrer Schuld als unschuldig.

3. Jede angeklagte Person hat mindestens folgende Rechte:

a) innerhalb möglichst kurzer Frist in einer ihr verständlichen Sprache in allen Einzelheiten über Art und Grund der gegen sie erhobenen Beschuldigung unterrichtet zu werden;

b) ausreichende Zeit und Gelegenheit zur Vorbereitung ihrer Verteidigung zu haben;

c) sich selbst zu verteidigen, sich durch einen Verteidiger ihrer Wahl verteidigen zu lassen oder, falls ihr die Mittel zur Bezahlung fehlen, unentgeltlich den Beistand eines Verteidigers zu erhalten, wenn dies im Interesse der Rechtspflege erforderlich ist;

d) Fragen an Belastungszeugen zu stellen oder stellen zu lassen und die Ladung und Vernehmung von Entlastungszeugen unter denselben Bedingungen zu erwirken, wie sie für Belastungszeugen gelten;

e) unentgeltliche Unterstützung durch einen Dolmetscher zu erhalten, wenn sie die Verhandlungssprache des Gerichts nicht versteht oder spricht."

Nach Artikel 52 Absatz 3 hat dieses Recht dieselbe Bedeutung und dieselbe Tragweite wie das durch die EMRK garantierte Recht.

— 243 —

1/7b. Erläut. Grundr.-Charta
Art. 49 – 51

EUV/AEUV
+ Prot/Erkl
Anhänge
EU-Grundrechte-
Charta + Erl
Irland/Tschech Rep
Änderungs- und
Beitrittsverträge
LissV + ZusErl
Liss-BeglNovelle

Erläuterung zu Artikel 49 –
Grundsätze der Gesetzmäßigkeit und der Verhältnismäßigkeit im Zusammenhang mit Straftaten und Strafen

In diesen Artikel ist die klassische Regel des Verbots der Rückwirkung von Gesetzen und Strafen in Strafsachen aufgenommen worden. Hinzugefügt wurde die in zahlreichen Mitgliedstaaten geltende und in Artikel 15 des Internationalen Paktes über bürgerliche und politische Rechte enthaltene Regel der Rückwirkung von milderen Strafrechtsvorschriften.

Artikel 7 EMRK lautet wie folgt:

„1. Niemand darf wegen einer Handlung oder Unterlassung verurteilt werden, die zur Zeit ihrer Begehung nach innerstaatlichem oder internationalem Recht nicht strafbar war. Es darf auch keine schwerere Strafe als die zur Zeit der Begehung angedrohte Strafe verhängt werden.

2. Dieser Artikel schließt nicht aus, dass jemand wegen einer Handlung oder Unterlassung verurteilt oder bestraft wird, die zur Zeit ihrer Begehung nach den von den zivilisierten Völkern anerkannten allgemeinen Rechtsgrundsätzen strafbar war."

Es wurde lediglich in Absatz 2 das Wort „zivilisierten" gestrichen; der Sinn dieses Absatzes, der insbesondere auf die Verbrechen gegen die Menschlichkeit zielt, wird dadurch in keiner Weise verändert. Entsprechend Artikel 52 Absatz 3 hat daher das garantierte Recht dieselbe Bedeutung und dieselbe Tragweite wie das von der EMRK garantierte Recht.

In Absatz 3 wurde der allgemeine Grundsatz der Verhältnismäßigkeit von Straftat und Strafmaß aufgenommen, der durch die gemeinsamen verfassungsrechtlichen Traditionen der Mitgliedstaaten und die Rechtsprechung des Gerichtshofs der Gemeinschaften festgeschrieben worden ist.

Erläuterung zu Artikel 50 –
Recht, wegen derselben Straftat nicht zweimal strafrechtlich verfolgt oder bestraft zu werden

Artikel 4 des Protokolls Nr. 7 zur EMRK lautet wie folgt:

„1. Niemand darf wegen einer Straftat, wegen der er bereits nach dem Gesetz und dem Strafverfahrensrecht eines Staates rechtskräftig verurteilt oder freigesprochen worden ist, in einem Strafverfahren desselben Staates erneut verfolgt oder bestraft werden.

2. Absatz 1 schließt die Wiederaufnahme des Verfahrens nach dem Gesetz und dem Straf-

verfahrensrecht des betreffenden Staates nicht aus, falls neue oder neu bekannt gewordene Tatsachen vorliegen oder das vorausgegangene Verfahren schwere, den Ausgang des Verfahrens berührende Mängel aufweist.

3. Von diesem Artikel darf nicht nach Artikel 15 der Konvention abgewichen werden."

Die Regel „ne bis in idem" wird im Unionsrecht angewandt (siehe in der umfangreichen Rechtsprechung Urteil vom 5. Mai 1966, Rechtssachen 18/65 und 35/65, Gutmann gegen Kommission, Slg. 1966, 150, und in jüngerer Zeit Urteil des Gerichts erster Instanz vom 20. April 1999, verbundene Rechtssachen T-305/94 und andere, Limburgse Vinyl Maatschappij NV gegen Kommission, Slg. 1999, II-931). Es ist darauf hinzuweisen, dass die Regel des Verbots der Doppelbestrafung sich auf gleichartige Sanktionen, in diesem Fall durch ein Strafgericht verhängte Strafen, bezieht.

Nach Artikel 50 findet die Regel „ne bis in idem" nicht nur innerhalb der Gerichtsbarkeit eines Staates, sondern auch zwischen den Gerichtsbarkeiten mehrerer Mitgliedstaaten Anwendung. Dies entspricht dem Rechtsbesitzstand der Union; siehe die Artikel 54 bis 58 des Schengener Durchführungsübereinkommens und Urteil des Gerichtshofes vom 11. Februar 2003, Rechtssache C-187/01 Gözütok (Slg. 2003, I-1345), Artikel 7 des Übereinkommens über den Schutz der finanziellen Interessen der Europäischen Gemeinschaften sowie Artikel 10 des Übereinkommens über die Bekämpfung der Bestechung. Die klar eingegrenzten Ausnahmen, in denen die Mitgliedstaaten nach diesen Übereinkommen von der Regel „ne bis in idem" abweichen können, sind von der horizontalen Klausel des Artikels 52 Absatz 1 über die Einschränkungen abgedeckt. Was die in Artikel 4 des Protokolls Nr. 7 bezeichneten Fälle betrifft, nämlich die Anwendung des Grundsatzes in ein und demselben Mitgliedstaat, so hat das garantierte Recht dieselbe Bedeutung und dieselbe Tragweite wie das entsprechende Recht der EMRK.

TITEL VII – ALLGEMEINE BESTIMMUNGEN ÜBER DIE AUSLEGUNG UND ANWENDUNG DER CHARTA

Erläuterung zu Artikel 51 –
Anwendungsbereich

Mit Artikel 51 soll der Anwendungsbereich der Charta festgelegt werden. Es soll klar zum Ausdruck gebracht werden, dass die Charta zuerst auf die Organe und Einrichtungen der Union Anwendung findet, und zwar unter Beachtung des Grundsatzes der Subsidiarität. Bei dieser Bestimmung hielt man sich an Artikel 6 Absatz 2 des Vertrags über die Europäische Union, wonach die Union die Grundrechte zu achten hat, wie auch an das Mandat des Europäischen Rates (Köln). Der Begriff „Organe" ist in den Verträgen festgelegt. Der Ausdruck „Einrichtungen und sonstigen Stellen" wird in den Verträgen üblicherweise als Bezeichnung für alle durch die Verträge oder durch sekundäre Rechtsakte geschaffenen Einrichtungen verwendet (siehe beispielsweise Artikel 15 oder 16 des Vertrags über die Arbeitsweise der Europäischen Union).

Was die Mitgliedstaaten betrifft, so ist der Rechtsprechung des Gerichtshofs eindeutig zu entnehmen, dass die Verpflichtung zur Einhaltung der im Rahmen der Union definierten Grundrechte für die Mitgliedstaaten nur dann gilt, wenn sie im Anwendungsbereich des Unionsrechts handeln (Urteil vom 13. Juli 1989, Rechtssache 5/88, Wachauf, Slg. 1989, 2609, Urteil vom 18. Juni 1991, Rechtssache C-260/89, ERT, Slg. 1991, I-2925, Urteil vom 18. Dezember 1997, Rechtssache C-309/96, Annibaldi, Slg. 1997, I-7493). Der Gerichtshof hat diese Rechtsprechung kürzlich wie folgt bestätigt: „Die Mitgliedstaaten müssen bei der Durchführung der gemeinschaftsrechtlichen Regelungen aber auch die Erfordernisse des Grundrechtsschutzes in der Gemeinschaftsrechtsordnung beachten." (Urteil vom 13. April 2000, Rechtssache C-292/97, Slg. 2000, I-2737, Randnr. 37). Diese in der Charta verankerte Regel gilt natürlich sowohl für die zentralen Behörden als auch für die regionalen oder lokalen Stellen sowie für die öffentlichen Einrichtungen, wenn sie das Unionsrecht anwenden.

Absatz 2, zusammen mit Absatz 1 Satz 2, bestätigt, dass die Charta nicht eine Erweiterung der Zuständigkeiten und Aufgaben bewirken darf, die der Union durch die Verträge zugewiesen sind. Es geht darum, explizit darzulegen, was sich logischerweise aus dem Subsidiaritätsprinzip und dem Umstand ergibt, dass die Union nur über die ihr eigens zugewiesenen Befugnisse verfügt. Die Grundrechte, wie sie in der Union garantiert werden, werden nur im Rahmen dieser von den Verträgen bestimmten Zuständigkeiten wirksam. Folglich kann sich für die Organe der Union nur nach Maßgabe dieser Befugnisse eine Verpflichtung nach Absatz 1 Satz 2 zur Förderung der in der Charta festgelegten Grundsätze ergeben.

Absatz 2 bestätigt auch, dass die Charta sich nicht dahin gehend auswirken darf, dass der Geltungsbereich des Unionsrechts über die in den Verträgen festgelegten Zuständigkeiten der Union hinaus ausgedehnt wird. Der Gerichtshof hat diese Regel bereits in Bezug auf die als Teil des Unionsrechts anerkannten Grundrechte aufgestellt (Urteil vom 17. Februar 1998, Rechtssache C-249/96, Grant, Slg. 1998, I-621, Randnr. 45). Im Einklang mit dieser Regel versteht es sich von selbst, dass der Verweis auf die Charta in Artikel 6 des Vertrags über die Europäische Union nicht dahin gehend verstanden den als „Durchführung des Rechts der Union" betrachteten Aktionsrahmen der Mitgliedstaaten (im Sinne von Absatz 1 und der vorstehend genannten Rechtsprechung) ausdehnt.

Erläuterung zu Artikel 52 – Tragweite und Auslegung der Rechte und Grundsätze

Mit Artikel 52 sollen die Tragweite der Rechte und Grundsätze der Charta und Regeln für ihre Auslegung festgelegt werden. Absatz 1 enthält die allgemeine Einschränkungsregelung. Die verwendete Formulierung lehnt sich an die Rechtsprechung des Gerichtshofes an, die wie folgt lautet: „Nach gefestigter Rechtsprechung kann jedoch die Ausübung dieser Rechte, insbesondere im Rahmen einer gemeinsamen Marktorganisation, Beschränkungen unterworfen werden, sofern diese tatsächlich dem Gemeinwohl dienenden Zielen der Gemeinschaft entsprechen und nicht einen im Hinblick auf den verfolgten Zweck unverhältnismäßigen, nicht tragbaren Eingriff darstellen, der diese Rechte in ihrem Wesensgehalt antastet" (Urteil vom 13. April 2000, Rechtssache C-292/97, Randnr. 45). Die Bezugnahme auf das von der Union anerkannte Gemeinwohl erstreckt sich nicht nur auf die in Artikel 3 des Vertrags über die Europäische Union aufgeführten Ziele, sondern auch auf andere Interessen, die durch besondere Bestimmungen der Verträge wie Artikel 4 Absatz 1 des Vertrags über die Europäische Union, Artikel 35 Absatz 3 des Vertrags über die Arbeitsweise der Europäischen Union und Artikel 36 und 346 dieses Vertrags geschützt werden.

Absatz 2 bezieht sich auf Rechte, die bereits ausdrücklich im Vertrag zur Gründung der Europäischen Gemeinschaft garantiert waren und in der Charta anerkannt wurden und die nun in den Verträgen zu finden sind (insbesondere die Rechte aus der Unionsbürgerschaft). Er verdeutlicht, dass diese Rechte weiterhin den Bedingungen und Grenzen unterliegen, die für das Unionsrecht, auf dem sie beruhen, gelten und die in den Verträgen festgelegt sind. Mit der

— 245 —

1/7b. Erläut. Grundr.-Charta

Art. 52

EUV/AEUV
+ Prot/Erkl Anhänge
EU-Grundrechte-
Charta + Erl
Irland/Tschech Rep
Änderungs- und
Beitrittsverträge
LissV + ZusErl
Liss-BeglNovelle

Charta wird die Regelung hinsichtlich der durch den EG-Vertrag gewährten und in die Verträge übernommenen Rechte nicht geändert.

Mit Absatz 3 soll die notwendige Kohärenz zwischen der Charta und der EMRK geschaffen werden, indem die Regel aufgestellt wird, dass in dieser Charta enthaltene Rechte, die den durch die EMRK garantierten Rechten entsprechen, die gleiche Bedeutung und Tragweite, einschließlich der zugelassenen Einschränkungen, besitzen, wie sie ihnen in der EMRK verliehen werden. Daraus ergibt sich insbesondere, dass der Gesetzgeber bei der Festlegung von Einschränkungen dieser Rechte die gleichen Normen einhalten muss, die in der ausführlichen Regelung der Einschränkungen in der EMRK vorgesehen sind, die damit auch für die von diesem Absatz erfassten Rechte gelten, ohne dass dadurch die Eigenständigkeit des Unionsrechts und des Gerichtshofs der Europäischen Union berührt wird.

Die Bezugnahme auf die EMRK erstreckt sich sowohl auf die Konvention als auch auf ihre Protokolle. Die Bedeutung und Tragweite der garantierten Rechte werden nicht nur durch den Wortlaut dieser Vertragswerke, sondern auch durch die Rechtsprechung des Europäischen Gerichtshofs für Menschenrechte und durch den Gerichtshof der Europäischen Union bestimmt. Mit dem letzten Satz des Absatzes soll der Union die Möglichkeit gegeben werden, für einen weiter gehenden Schutz zu sorgen. Auf jeden Fall darf der durch die Charta gewährleistete Schutz niemals geringer als der durch die EMRK gewährte Schutz sein.

Die Charta berührt nicht die den Mitgliedstaaten offen stehende Möglichkeit, von Artikel 15 EMRK Gebrauch zu machen, der im Falle eines Krieges oder eines anderen öffentlichen Notstands, der das Leben der Nation bedroht, eine Abweichung von den in der EMRK vorgesehenen Rechten erlaubt, wenn sie nach ihren in Artikel 4 Absatz 1 des Vertrags über die Europäische Union und in den Artikeln 72 und 347 des Vertrags über die Arbeitsweise der Europäischen Union anerkannten Verantwortlichkeiten Maßnahmen im Bereich der nationalen Verteidigung im Kriegsfalle oder im Bereich der Aufrechterhaltung der öffentlichen Ordnung treffen.

Die Rechte, bei denen derzeit – ohne die Weiterentwicklung des Rechts, der Gesetzgebung und der Verträge auszuschließen – davon ausgegangen werden kann, dass sie Rechten aus der EMRK im Sinne dieses Absatzes entsprechen, sind nachstehend aufgeführt. Nicht aufgeführt sind die Rechte, die zu den Rechten aus der EMRK hinzukommen.

1. Artikel der Charta, die dieselbe Bedeutung und Tragweite wie die entsprechenden Artikel der Europäischen Menschenrechtskonvention haben:
   – Artikel 2 entspricht Artikel 2 EMRK;
   – Artikel 4 entspricht Artikel 3 EMRK;
   – Artikel 5 Absätze 1 und 2 entsprechen Artikel 4 EMRK;
   – Artikel 6 entspricht Artikel 5 EMRK;
   – Artikel 7 entspricht Artikel 8 EMRK;
   – Artikel 10 Absatz 1 entspricht Artikel 9 EMRK;
   – Artikel 11 entspricht Artikel 10 EMRK unbeschadet der Einschränkungen, mit denen das Unionsrecht das Recht der Mitgliedstaaten auf Einführung der in Artikel 10 Absatz 1 dritter Satz EMRK genannten Genehmigungsverfahren eingrenzen kann;
   – Artikel 17 entspricht Artikel 1 des Zusatzprotokolls zur EMRK;
   – Artikel 19 Absatz 1 entspricht Artikel 4 des Protokolls Nr. 4 zur EMRK;
   – Artikel 19 Absatz 2 entspricht Artikel 3 EMRK in der Auslegung durch den Europäischen Gerichtshof für Menschenrechte;
   – Artikel 48 entspricht Artikel 6 Absätze 2 und 3 EMRK;
   – Artikel 49 Absatz 1 (mit Ausnahme des letzten Satzes) und Absatz 2 entsprechen Artikel 7 EMRK.

2. Artikel, die dieselbe Bedeutung haben wie die entsprechenden Artikel der EMRK, deren Tragweite aber umfassender ist:
   – Artikel 9 deckt Artikel 12 EMRK ab, aber sein Anwendungsbereich kann auf andere Formen der Eheschließung ausgedehnt werden, wenn die einzelstaatlichen Rechtsvorschriften diese vorsehen;
   – Artikel 12 Absatz 1 entspricht Artikel 11 EMRK, aber sein Anwendungsbereich ist auf die Ebene der Union ausgedehnt worden;
   – Artikel 14 Absatz 1 entspricht Artikel 2 des Zusatzprotokolls zur EMRK, aber sein Anwendungsbereich ist auf den Zugang zur beruflichen Ausbildung und Weiterbildung ausgedehnt worden;
   – Artikel 14 Absatz 3 entspricht Artikel 2 des Zusatzprotokolls zur EMRK, was die Rechte der Eltern betrifft;
   – Artikel 47 Absätze 2 und 3 entsprechen Artikel 6 Absatz 1 EMRK, aber die Beschränkung auf Streitigkeiten in Bezug

auf zivilrechtliche Ansprüche und Verpflichtungen oder strafrechtliche Anklagen kommt nicht zum Tragen, wenn es um das Recht der Union und dessen Anwendung geht;

– Artikel 50 entspricht Artikel 4 des Protokolls Nr. 7 zur EMRK, aber seine Tragweite ist auf die Ebene der Europäischen Union ausgedehnt worden und er gilt zwischen den Gerichten der Mitgliedstaaten;

– schließlich können die Unionsbürgerinnen und -bürger im Anwendungsbereich des Unionsrechts wegen des Verbots jeglicher Diskriminierung aufgrund der Nationalität nicht als Ausländer angesehen werden. Die in Artikel 16 EMRK vorgesehenen Beschränkungen der Rechte ausländischer Personen finden daher in diesem Rahmen auf die Unionsbürgerinnen und -bürger keine Anwendung.

Die Auslegungsregel in Absatz 4 beruht auf dem Wortlaut des Artikels 6 Absatz 3 des Vertrags über die Europäische Union und trägt dem Ansatz des Gerichtshofs hinsichtlich der gemeinsamen Verfassungsüberlieferungen gebührend Rechnung (z. B. Urteil vom 13. Dezember 1979, Rechtssache 44/79, Hauer, Slg. 1979, 3727; Urteil vom 18. Mai 1982, Rechtssache 155/79, AM&S, Slg. 1982, 1575). Anstatt einem restriktiven Ansatz eines „kleinsten gemeinsamen Nenners" zu folgen, sind die Charta-Rechte dieser Regel zufolge so auszulegen, dass sie ein hohes Schutzniveau bieten, das dem Unionsrecht angemessen ist und mit den gemeinsamen Verfassungsüberlieferungen im Einklang steht.

In Absatz 5 wird die Unterscheidung zwischen „Rechten" und „Grundsätzen" in der Charta näher bestimmt. Dieser Unterscheidung zufolge sind subjektive Rechte zu beachten, während Grundsätze einzuhalten sind (Artikel 51 Absatz 1). Grundsätze können durch Rechtsakte oder Durchführungsvorschriften (die von der Union im Einklang mit ihren Zuständigkeiten erlassen werden, von den Mitgliedstaaten aber nur dann, wenn sie Unionsrecht umsetzen) umgesetzt werden; sie erhalten demzufolge nur dann Bedeutung für die Gerichte, wenn solche Rechtsakte ausgelegt oder überprüft werden. Sie begründen jedoch keine direkten Ansprüche auf

den Erlass positiver Maßnahmen durch die Organe der Union oder die Behörden den Mitgliedstaaten; dies steht sowohl mit der Rechtsprechung des Gerichtshofs (vgl. insbesondere die Rechtsprechung über das „Vorsorgeprinzip" in Artikel 191 Absatz 2 des Vertrags über die Arbeitsweise der Europäischen Union: Urteil des Gerichts erster Instanz vom 11. September 2002, Rechtssache T-13/99 Pfizer gegen Rat, mit zahlreichen Nachweisen aus der älteren Rechtsprechung, sowie eine Reihe von Urteilen zu Artikel 33 (ex-39) über die Grundsätze des Agrarrechts, z. B. Urteil des Gerichtshofs in der Rechtssache 265/85, Van den Bergh, Slg. 1987, 1155, Prüfung des Grundsatzes der Marktstabilisierung und des Vertrauensschutzes) als auch mit dem Ansatz der Verfassungsordnungen der Mitgliedstaaten zu „Grundsätzen", insbesondere im Bereich des Sozialrechts, in Einklang. Zu den in der Charta anerkannten Grundsätzen gehören beispielsweise die Artikel 25, 26 und 37. In einigen Fällen kann ein Charta-Artikel sowohl Elemente eines Rechts als auch eines Grundsatzes enthalten, beispielsweise Artikel 23, 33 und 34.

Absatz 6 bezieht sich auf die verschiedenen Artikel in der Charta, in denen im Sinne der Subsidiarität auf die einzelstaatlichen Rechtsvorschriften und Gepflogenheiten verwiesen wird.

Erläuterung zu Artikel 53 – Schutzniveau

Der Zweck dieser Bestimmung ist die Aufrechterhaltung des durch das Recht der Union, das Recht der Mitgliedstaaten und das Völkerrecht in seinem jeweiligen Anwendungsbereich gegenwärtig gewährleisteten Schutzniveaus. Aufgrund ihrer Bedeutung findet die EMRK Erwähnung.

Erläuterung zu Artikel 54 – Verbot des Missbrauchs der Rechte

Dieser Artikel entspricht Artikel 17 EMRK:

„Diese Konvention ist nicht so auszulegen, als begründe sie für einen Staat, eine Gruppe oder eine Person das Recht, eine Tätigkeit auszuüben oder eine Handlung vorzunehmen, die darauf abzielt, die in der Konvention festgelegten Rechte und Freiheiten abzuschaffen oder sie stärker einzuschränken, als es in der Konvention vorgesehen ist."

1/8. Irland/Europ Rat

EUV/AEUV
+ Prot/Erkl
Anhänge
EU-Grundrechte-
Charta + Erl
Irland/Tschech Rep
Änderungs- und
Beitrittsverträge
LissV + ZusErl
Liss-BeglNovelle

Zugeständnisse an Irland betr. Vertrag von Lissabon

Tagung des Europäischen Rates in Brüssel vom 18./19. Juni 2009 – Auszüge aus den Schlussfolgerungen des Vorsitzes betreffend den Vertrag von Lissabon und die Anliegen Irlands

Inmitten der tiefsten globalen Rezession seit dem Zweiten Weltkrieg hat der Europäische Rat durch eine Reihe von Beschlüssen, mit denen ein breites Spektrum von Problemen rasch und effizient angegangen werden soll, erneut unter Beweis gestellt, dass die Union entschlossen ist, die gegenwärtigen Schwierigkeiten zu überwinden und den Blick nach vorne zu richten.

Die Staats- und Regierungschefs sind davon überzeugt, dass der Vertrag von Lissabon einen besseren Rahmen für das Handeln der Union in einer großen Zahl von Bereichen schaffen wird, und haben sich auf rechtliche Garantien verständigt, um den Bedenken des irischen Volkes Rechnung zu tragen und somit den Weg für eine erneute Konsultation der Iren zu dem Vertrag zu ebnen. Außerdem haben sie im Hinblick auf das Verfahren der Benennung des Präsidenten der nächsten Kommission erste Schritte unternommen.

......

I. INSTITUTIONELLE FRAGEN

Irland und der Vertrag von Lissabon

1. Der Europäische Rat erinnert daran, dass es für das Inkrafttreten des Vertrags von Lissabon erforderlich ist, dass jeder der 27 Mitgliedstaaten diesen Vertrag nach seinen jeweiligen verfassungsrechtlichen Vorschriften ratifiziert. Er bekräftigt seinen Wunsch, dass der Vertrag bis Ende 2009 in Kraft tritt.

2. Auf seiner Tagung vom 11./12. Dezember 2008 hat der Europäische Rat die Anliegen der irischen Bevölkerung, die der irische Premierminister dargelegt hat, aufmerksam zur Kenntnis genommen und ist übereingekommen, dass – sofern der Vertrag von Lissabon in Kraft tritt – im Einklang mit den erforderlichen rechtlichen Verfahren ein Beschluss gefasst wird, wonach weiterhin ein Staatsangehöriger jedes Mitgliedstaats der Kommission angehören wird.

3. Der Europäische Rat ist ferner übereingekommen, dass den vom irischen Premierminister dargelegten sonstigen Anliegen der irischen Bevölkerung, die die Steuerpolitik, das Recht auf Leben, die Bildung und die Familie sowie Irlands traditionelle Politik der militärischen Neutralität betreffen, zur beiderseitigen Zufriedenheit Irlands und der anderen Mitgliedstaaten durch die erforderlichen rechtlichen Garantien Rechnung getragen werden wird. Es ist außerdem vereinbart worden, die große Bedeutung zu bekräftigen, die einer Reihe sozialer Fragen, einschließlich der Arbeitnehmerrechte, beigemessen wird.

4. Der Europäische Rat hat sich vor diesem Hintergrund auf folgenden Beschluss und folgende Erklärung verständigt, die mit dem Vertrag voll und ganz vereinbar sind, um eine Zusicherung zu geben und den Anliegen der irischen Bevölkerung zu entsprechen:

   a) Beschluss der im Europäischen Rat vereinigten Staats- und Regierungschefs der 27 Mitgliedstaaten der Europäischen Union zu den Anliegen der irischen Bevölkerung bezüglich des Vertrags von Lissabon (Anlage 1);

   b) Feierliche Erklärung zu den Rechten der Arbeitnehmer, zur Sozialpolitik und zu anderen Angelegenheiten (Anlage 2).

Der Europäische Rat nimmt ferner Kenntnis von der einseitigen Erklärung Irlands (Anlage 3), die der irischen Ratifikationsurkunde zum Vertrag von Lissabon beigefügt wird.

5. Zu dem Beschluss in Anlage 1 erklären die Staats- und Regierungschefs, dass

   i) mit diesem Beschluss die rechtliche Garantie gegeben wird, dass bestimmte Angelegenheiten, die der irischen Bevölkerung Anlass zur Sorge geben, durch das Inkrafttreten des Vertrags von Lissabon nicht berührt werden;

   ii) sein Inhalt mit dem Vertrag von Lissabon voll und ganz vereinbar ist und keine erneute Ratifikation dieses Vertrags erforderlich macht;

   iii) er rechtlich bindend ist und am Tag des Inkrafttretens des Vertrags von Lissabon wirksam wird;

   iv) sie zum Zeitpunkt des Abschlusses des nächsten Beitrittsvertrags die Bestimmungen des als Anlage beigefügten Beschlusses in ein Protokoll aufnehmen werden, das nach Maßgabe ihrer jeweiligen verfassungsrechtlichen Vorschriften dem Vertrag über die Europäische Union und dem Vertrag über die Arbeitsweise der Europäischen Union beigefügt wird;

   v) das Protokoll in keiner Weise die Beziehungen zwischen der Europäischen

Union und ihren Mitgliedstaaten verändert. Mit dem Protokoll wird allein darauf abgezielt, den im Beschluss enthaltenen Klärungen uneingeschränkten Vertragsstatus zu verleihen, damit den Anliegen der irischen Bevölkerung entsprochen wird. Sein Status wird dem ähnlicher Klärungen in Protokollen entsprechen, die andere Mitgliedstaaten erwirkt haben. Das Protokoll dient der Klärung, ändert jedoch weder den Inhalt noch die Anwendung des Vertrags von Lissabon.

Benennung des Präsidenten der Kommission

6. Die Staats- und Regierungschefs haben sich einmütig auf den Namen von Herrn José Manuel DURÃO BARROSO als die Persönlichkeit geeinigt, die sie als Präsidenten der Europäischen Kommission für den Zeitraum von 2009 bis 2014 zu benennen beabsichtigen.

7. Der Premierminister der Tschechischen Republik als gegenwärtiger und der Premierminister Schwedens als künftiger Präsident des Europäischen Rates werden Gespräche mit dem Europäischen Parlament führen, um festzustellen, ob das Parlament in der Lage ist, der Benennung auf seiner Plenartagung im Juli zuzustimmen.

8. Vor dem Hintergrund dieser Gespräche wird der Rat in der Zusammensetzung der Staats- und Regierungschefs gestützt auf Artikel 214 Absatz 2 Unterabsatz 1 des EG-Vertrags seine Entscheidung über die Benennung der Persönlichkeit, die er zum Präsidenten der Europäischen Kommission zu ernennen beabsichtigt, auf eine förmliche Grundlage stellen.

9. Der Prozess der Benennung der übrigen Persönlichkeiten, die zu Mitgliedern der Kommission ernannt werden, kann erst eingeleitet werden, wenn die Rechtsgrundlage für das Benennungsverfahren klar ist.

Übergangsmaßnahmen betreffend das Europäische Parlament

10. Der Europäische Rat erinnert an seine Erklärung vom Dezember 2008 zu den Übergangsmaßnahmen betreffend die Zusammensetzung des Europäischen Parlaments. Er kommt überein, dass diese Übergangsmaßnahmen die in Anlage 4 aufgeführten Punkte enthalten werden. Sobald die in seiner Erklärung vom Dezember 2008 festgelegte Bedingung erfüllt ist, wird der Vorsitz die nötigen Schritte zur Durchführung dieser Maßnahmen unternehmen.

......

ANLAGE 1

BESCHLUSS DER IM EUROPÄISCHEN RAT VEREINIGTEN STAATS- UND REGIERUNGSCHEFS DER 27 MITGLIEDSTAATEN DER EUROPÄISCHEN UNION ZU DEN ANLIEGEN DER IRISCHEN BEVÖLKERUNG BEZÜGLICH DES VERTRAGS VON LISSABON

Die Staats- und Regierungschefs der 27 Mitgliedstaaten der Europäischen Union, deren Regierungen Unterzeichner des Vertrags von Lissabon sind –

nach Kenntnisnahme des Ergebnisses des Referendums in Irland vom 12. Juni 2008 über den Vertrag von Lissabon und der vom irischen Premierminister dargelegten Anliegen der irischen Bevölkerung,

in dem Bestreben, diesen Anliegen nach Maßgabe dieses Vertrags gerecht zu werden,

eingedenk der Schlussfolgerungen des Europäischen Rates vom 11./12. Dezember 2008 –

haben folgenden Beschluss gefasst:

ABSCHNITT A

RECHT AUF LEBEN, FAMILIE UND BILDUNG

Weder die Bestimmungen des Vertrags von Lissabon, die der Charta der Grundrechte der Europäischen Union Rechtsstatus verleihen, noch die Bestimmungen dieses Vertrags im Bereich der Freiheit, der Sicherheit und des Rechts berühren den Geltungsbereich und die Anwendbarkeit des Schutzes des Rechts auf Leben nach den Artikeln 40.3.1, 40.3.2 und 40.3.3, des Schutzes der Familie nach Artikel 41 und des Schutzes der Rechte in Bezug auf Bildung nach den Artikeln 42, 44.2.4 und 44.2.5 der Verfassung Irlands.

ABSCHNITT B

STEUERWESEN

Durch den Vertrag von Lissabon erfolgt für keinen Mitgliedstaat irgendeine Änderung in Bezug auf den Umfang und die Ausübung der Zuständigkeiten der Europäischen Union im Bereich der Steuerpolitik.

ABSCHNITT C

SICHERHEIT UND VERTEIDIGUNG

Die Union lässt sich bei ihrem Handeln auf internationaler Ebene von den Grundsätzen der Demokratie, der Rechtsstaatlichkeit, der universellen Gültigkeit und Unteilbarkeit der Menschenrechte und Grundfreiheiten, der Achtung der Menschenwürde, dem Grundsatz der Gleichheit und dem Grundsatz der Solidarität sowie der Achtung der Grundsätze der Charta der Vereinten Nationen und des Völkerrechts leiten.

— 249 — **1/8. Irland/Europ Rat**

EUV/AEUV
+ Prot/Erkl
Anhänge
EU-Grundrechte-
Charta + Erl
Irland/Tschech Rep
Änderungs- und
Beitrittsverträge
LissV + ZusErl
Liss-BeglNovelle

Die Gemeinsame Sicherheits- und Verteidigungspolitik ist integraler Bestandteil der Gemeinsamen Außen- und Sicherheitspolitik und sichert der Union eine Operationsfähigkeit, so dass sie Missionen außerhalb der Union zur Friedenssicherung, Konfliktverhütung und Stärkung der internationalen Sicherheit in Übereinstimmung mit den Grundsätzen der Charta der Vereinten Nationen durchführen kann.

Sie berührt weder die Sicherheits- und Verteidigungspolitik der einzelnen Mitgliedstaaten, einschließlich Irlands, noch die Verpflichtungen irgendeines Mitgliedstaates.

Der Vertrag von Lissabon berührt oder beeinträchtigt nicht Irlands traditionelle Politik der militärischen Neutralität.

Es bleibt den Mitgliedstaaten – einschließlich Irlands, das im Geiste der Solidarität und unbeschadet seiner traditionellen Politik der militärischen Neutralität handelt – unbenommen, zu bestimmen, welche Art von Hilfe oder Unterstützung sie einem Mitgliedstaat leisten, der von einem Terroranschlag oder einem bewaffneten Angriff auf sein Hoheitsgebiet betroffen ist.

Ein Beschluss über den Übergang zu einer gemeinsamen Verteidigung erfordert einen einstimmigen Beschluss des Europäischen Rates. Es wäre Sache der Mitgliedstaaten, einschließlich Irlands, nach Maßgabe des Vertrags von Lissabon und ihrer jeweiligen verfassungsrechtlichen Vorschriften zu entscheiden, ob der Beschluss zu einer gemeinsamen Verteidigung gefasst wird.

Dieser Abschnitt berührt oder präjudiziert in keiner Weise die Haltung oder Politik anderer Mitgliedstaaten im Bereich der Sicherheit und Verteidigung.

Es ist auch Sache jedes einzelnen Mitgliedstaates, nach Maßgabe des Vertrags von Lissabon und etwaiger innerstaatlicher Rechtsvorschriften zu entscheiden, ob er an der ständigen strukturierten Zusammenarbeit teilnimmt oder sich an der Europäischen Verteidigungsagentur beteiligt.

Der Vertrag von Lissabon sieht weder die Schaffung einer europäischen Armee noch die Einberufung zu irgendeinem militärischen Verband vor.

Er berührt nicht das Recht Irlands oder eines anderen Mitgliedstaates, Art und Umfang seiner Verteidigungs- und Sicherheitsausgaben sowie die Art seiner Verteidigungsfähigkeit zu bestimmen.

Es bleibt Irland und jedem anderen Mitgliedstaat unbenommen, nach Maßgabe etwaiger innerstaatlicher Rechtsvorschriften einen Beschluss über eine etwaige Teilnahme an Militäroperationen zu fassen.

ABSCHNITT D
SCHLUSSBESTIMMUNGEN

Dieser Beschluss wird am selben Tag wie der Vertrag von Lissabon wirksam.

ANLAGE 2

FEIERLICHE ERKLÄRUNG ZU DEN RECHTEN DER ARBEITNEHMER, ZUR SOZIALPOLITIK UND ZU ANDEREN ANGELEGENHEITEN

Der Europäische Rat bestätigt, dass folgende Themen für die Union von großer Bedeutung sind:

- sozialer Fortschritt und Schutz der Arbeitnehmerrechte;
- öffentliche Dienstleistungen;
- Verantwortlichkeit der Mitgliedstaaten für die Bereitstellung von Bildungs- und Gesundheitsdiensten;
- die wichtige Rolle und der weite Ermessensspielraum der nationalen, regionalen und lokalen Behörden in der Frage, wie Dienste von allgemeinem wirtschaftlichem Interesse zur Verfügung zu stellen, in Auftrag zu geben und zu organisieren sind.

Damit unterstreicht er die Bedeutung, die der Beachtung des allgemeinen Rahmens und der Bestimmungen der EU-Verträge zukommt.

Um dies besonders hervorzuheben, verweist er darauf, dass die Verträge in der durch den Vertrag von Lissabon geänderten Fassung

- einen Binnenmarkt errichten und auf die nachhaltige Entwicklung Europas auf der Grundlage eines ausgewogenen Wirtschaftswachstums und von Preisstabilität, eine in hohem Maße wettbewerbsfähige soziale Marktwirtschaft, die auf Vollbeschäftigung und sozialen Fortschritt abzielt, sowie ein hohes Maß an Umweltschutz und Verbesserung der Umweltqualität hinwirken;
- die Werte der Union zum Ausdruck bringen;
- gemäß Artikel 6 des Vertrags über die Europäische Union die Rechte, Freiheiten und Grundsätze anerkennen, die in der Charta der Grundrechte der Europäischen Union niedergelegt sind;
- darauf abzielen, soziale Ausgrenzung und Diskriminierung zu bekämpfen und soziale Gerechtigkeit und sozialen Schutz, die Gleichstellung von Frauen und Männern, die Solidarität zwischen den Generationen und den Schutz der Rechte des Kindes zu fördern;
- der Union die Verpflichtung auferlegen, bei der Festlegung und Durchführung ihrer Politik und ihrer Maßnahmen den Erfordernissen im Zusammenhang mit der Förderung eines hohen Beschäftigungsniveaus, mit der Gewährleistung eines angemessenen sozialen Schutzes, mit der Bekämpfung der sozialen Ausgrenzung sowie mit einem hohen Niveau der allgemeinen und beruflichen Bildung und des Gesundheitsschutzes Rechnung zu tragen;
- die wichtige Rolle und den weiten Ermessensspielraum der nationalen, regionalen und loka-

len Behörden in der Frage, wie Dienste von allgemeinem wirtschaftlichem Interesse auf eine den Bedürfnissen der Nutzer so gut wie möglich entsprechende Weise zur Verfügung zu stellen, in Auftrag zu geben und zu organisieren sind, als gemeinsamen Wert der Union umfassen;

- in keiner Weise die Zuständigkeit der Mitgliedstaaten berühren, nichtwirtschaftliche Dienste von allgemeinem Interesse zur Verfügung zu stellen, in Auftrag zu geben und zu organisieren;

- vorsehen, dass der Rat – wenn er auf dem Gebiet der gemeinsamen Handelspolitik tätig wird – über die Aushandlung und den Abschluss internationaler Übereinkünfte auf dem Gebiet des Handels mit Dienstleistungen des Sozial-, des Bildungs- und des Gesundheitssektors einstimmig beschließt, wenn diese Abkommen die einzelstaatliche Organisation dieser Dienstleistungen ernsthaft stören und die Verantwortlichkeit der Mitgliedstaaten für ihre Erbringung beeinträchtigen könnten, und

- vorsehen, dass die Union die Rolle der Sozialpartner auf Ebene der Europäischen Union anerkennt und fördert und den Dialog zwischen den Sozialpartnern fördert, wobei sie die Unterschiedlichkeit der nationalen Systeme berücksichtigt und die Autonomie der Sozialpartner achtet.

ANLAGE 3
NATIONALE ERKLÄRUNG IRLANDS

Irland bekräftigt seine Verbundenheit mit den Zielen und Grundsätzen der Charta der Vereinten Nationen, mit der die Hauptverantwortung für die Wahrung des Weltfriedens und der internationalen Sicherheit dem Sicherheitsrat der Vereinten Nationen übertragen wird.

Irland erinnert an sein Bekenntnis zur gemeinsamen Außen- und Sicherheitspolitik der Europäischen Union, wie sie vom irischen Volk mehrfach durch Referendum gebilligt worden ist.

Irland bestätigt, dass seine Teilnahme an der gemeinsamen Außen- und Sicherheitspolitik der Europäischen Union seine traditionelle Politik der militärischen Neutralität unberührt lässt. Aus dem Vertrag über die Europäische Union geht eindeutig hervor, dass die Außen- und Sicherheitspolitik der Union den besonderen Charakter der Sicherheits- und Verteidigungspolitik bestimmter Mitgliedstaaten nicht berührt.

Entsprechend seiner traditionellen Politik der militärischen Neutralität ist Irland nicht durch eine gegenseitige Beistandspflicht gebunden. Nach dem Vertrag über die Europäische Union muss ein Beschluss der Union über den Über-

gang zu einer gemeinsamen Verteidigung mit Einstimmigkeit der Mitgliedstaaten gefasst und gemäß ihren jeweiligen verfassungsrechtlichen Vorschriften angenommen werden. Die Verfassung Irlands verlangt, dass über die Annahme eines derartigen Beschlusses, der für Irland gelten soll, ein Referendum abgehalten werden muss, und diese Anforderung wird durch eine etwaige Ratifizierung des Vertrags von Lissabon durch Irland nicht berührt.

Irland bekennt sich erneut zum Ideal von Frieden und freundschaftlicher Zusammenarbeit zwischen den Völkern und zum Grundsatz der friedlichen Beilegung internationaler Streitigkeiten. Es bekennt sich erneut nachdrücklich zu Konfliktverhütung und -beilegung sowie Friedenssicherung und verweist auf die diesbezüglichen Leistungen seines militärischen und zivilen Personals.

Irland weist erneut darauf hin, dass die Teilnahme von Kontingenten der irischen Streitkräfte an Einsätzen im Ausland, einschließlich der Einsätze im Rahmen der Europäischen Sicherheits- und Verteidigungspolitik, nach irischem Recht a) die Genehmigung des Einsatzes durch den Sicherheitsrat oder die Generalversammlung der Vereinten Nationen, b) die Zustimmung der irischen Regierung und c) die Billigung durch das irische Abgeordnetenhaus, das Dáil Éireann, erfordert.

Irland stellt fest, dass es in keiner Weise verpflichtet ist, an der im Vertrag über die Europäische Union vorgesehenen Ständigen Strukturierten Zusammenarbeit teilzunehmen. Jeder Beschluss, der Irland eine Teilnahme ermöglicht, erfordert nach irischem Recht die Billigung durch das Dáil Éireann.

Irland stellt ferner fest, dass es in keiner Weise verpflichtet ist, sich an der Europäischen Verteidigungsagentur oder den unter ihrer Federführung eingeleiteten spezifischen Projekten und Programmen zu beteiligen. Jeder Beschluss über eine Teilnahme an derartigen Projekten oder Programmen unterliegt den nationalen Beschlussfassungsverfahren und erfordert nach irischem Recht die Billigung durch das Dáil Éireann. Irland erklärt, dass es sich nur an den Projekten und Programmen beteiligen wird, die dazu beitragen, dass die Fähigkeiten gestärkt werden, die zur Teilnahme an den unter VN-Mandat durchgeführten Missionen zur Friedenssicherung, Konfliktverhütung und Stärkung der internationalen Sicherheit nach den Grundsätzen der Charta der Vereinten Nationen erforderlich sind.

Die in dieser Erklärung dargelegte Situation bleibt durch das Inkrafttreten des Vertrags von Lissabon unberührt. Im Falle einer Ratifizierung des Vertrags von Lissabon durch Irland wird diese Erklärung der irischen Ratifikationsurkunde beigefügt.

— 251 — **1/8. Irland/Europ Rat**

EUV/AEUV
+ Prot/Erkl
Anhänge
EU-Grundrechte-
Charta + Erl
Irland Tschech Rep
Änderungs- und
Beitrittsverträge
LissV + ZusErl
Liss-BeglNovelle

ANLAGE 4

ÜBERGANGSMASSNAHMEN, DIE HINSICHTLICH DER ZUSAMMEN-SETZUNG DES EUROPÄISCHEN PARLAMENTS UND DER ANZAHL SEINER MITGLIEDER ZU TREFFEN SIND

a) Die folgenden 18 Sitze werden zu den 736 Sitzen, die bei den Wahlen zum Europäischen Parlament vom Juni vergeben worden sind, hinzukommen:

Bulgarien	1	Niederlande	1
Spanien	4	Österreich	2
Frankreich	2	Polen	1
Italien	1	Slowenien	1
Lettland	1	Schweden	2
Malta	1	Vereinigtes Königreich	1

b) Die betroffenen Mitgliedstaaten werden diese zusätzlichen Sitze vergeben, indem sie Persönlichkeiten nach ihren innerstaatlichen Rechtsvorschriften und unter der Voraussetzung, dass diese Persönlichkeiten in allgemeinen, unmittelbaren Wahlen – insbesondere in Ad-hoc-Wahlen oder auf der Grundlage der Ergebnisse der Europawahlen vom Juni 2009 – gewählt wurden, bezeichnen oder indem sie ihre nationalen Parlamente aus ihrer Mitte die erforderliche Zahl von Mitgliedern ernennen lassen[1]).

......

---

[1]) In diesem Fall gilt die im Akt zur Einführung allgemeiner unmittelbarer Wahlen der Abgeordneten des Europäischen Parlaments festgeschriebene Regel des Verbots der Mandatshäufung.

Zugeständnisse an die Tschechische Republik
betr. Vertrag von Lissabon

Tagung des Europäischen Rates in Brüssel vom 29./30. Oktober 2009 – Auszüge aus den Schlussfolgerungen des Vorsitzes betreffend den Vertrag von Lissabon und das Anliegen der Tschechischen Republik

I. INSTITUTIONELLE FRAGEN

1. Der Europäische Rat begrüßt, dass Deutschland, Irland und Polen den Vertrag von Lissabon ratifiziert haben, was bedeutet, dass der Vertrag nun von der Bevölkerung oder den Parlamenten aller 27 Mitgliedstaaten gebilligt wurde.

2. Der Europäische Rat erinnert daran, dass es für das Inkrafttreten des Vertrags von Lissabon erforderlich ist, dass jeder der 27 Mitgliedstaaten diesen Vertrag nach seinen jeweiligen verfassungsrechtlichen Vorschriften ratifiziert. Er bekräftigt seine Entschlossenheit, dafür zu sorgen, dass der Vertrag bis Ende 2009 in Kraft tritt, damit er seine Wirkung in Zukunft entfalten kann.

Auf dieser Grundlage sind die Staats- und Regierungschefs unter Berücksichtigung des Standpunkts der Tschechischen Republik übereingekommen, dass sie das in Anhang I enthaltene Protokoll zum Zeitpunkt des Abschlusses des nächsten Beitrittsvertrages und im Einklang mit ihren jeweiligen verfassungsrechtlichen Vorschriften dem Vertrag über die Europäische Union und dem Vertrag über die Arbeitsweise der Europäischen Union beifügen.

In diesem Zusammenhang bestätigt der Europäische Rat in Bezug auf die rechtliche Anwendung des Vertrags von Lissabon und seine Beziehung zu den Rechtsordnungen der Mitgliedstaaten, dass

a) im Vertrag von Lissabon Folgendes vorgesehen ist: *„Alle der Union nicht in den Verträgen übertragenen Zuständigkeiten verbleiben bei den Mitgliedstaaten."* (Artikel 5 Absatz 2 EGV)

b) die Charta *„für die Organe, Einrichtungen und sonstigen Stellen der Union unter Wahrung des Subsidiaritätsprinzips und für die Mitgliedstaaten ausschließlich bei der Durchführung des Rechts der Union [gilt]."* (Artikel 51 Absatz 1 der Charta)

......

ANLAGE 1

PROTOKOLL ÜBER DIE ANWENDUNG DER CHARTA DER GRUNDRECHTE DER EUROPÄISCHEN UNION AUF DIE TSCHECHISCHE REPUBLIK

Die Staats- und Regierungschefs der 27 Mitgliedstaaten der Europäischen Union –

in Kenntnis des Wunsches der Tschechischen Republik,

in Anbetracht der Schlussfolgerungen des Europäischen Rates –

sind über folgendes Protokoll übereingekommen:

Artikel 1

Das Protokoll Nr. 30 über die Anwendung der Charta der Grundrechte der Europäischen Union auf Polen und das Vereinigte Königreich findet Anwendung auf die Tschechische Republik.

Artikel 2

Der Titel, die Präambel und der verfügende Teil des Protokolls Nr. 30 werden so geändert, dass sie in der gleichen Weise auf die Tschechische Republik Bezug nehmen wie auf Polen und auf das Vereinigte Königreich.

Artikel 3

Dieses Protokoll wird dem Vertrag über die Europäische Union und dem Vertrag über die Arbeitsweise der Europäischen Union beigefügt.

EUV/AEUV
+ Prot/Erkl
Anhänge
EU-Grundrechte-
Charta + Erl
Irland/Tschech Rep
Änderungs- und
Beitrittsverträge
LissV + ZusErl
Liss-BeglNovelle

Vertrag über die Gründung der Europäischen Gemeinschaften für Kohle und Stahl*)

(Hinweis)

(BGBl 1995/46, zuletzt geändert durch: ABl 2001 C 80, 1 bzw. BGBl III Nr. 4/2003)

Vertrag zur Gründung der Europäischen Atomgemeinschaft

(Hinweis)

(BGBl 1995/47, zuletzt geändert durch das Protokoll Nr. 2 zur Änderung des Vertrags zur Gründung der Europäischen Atomgemeinschaft, das dem Vertrag von Lissabon beigefügt ist; siehe die konsolidierte Fassung des Vertrags zur Gründung der Europäischen Atomgemeinschaft in: ABl 2010 C 84, 1)

---

*) Die Geltungsdauer des EGKS-Vertrages hat am 23. Juli 2002 geendet.

EUV/AEUV
+ Prot/Erkl
Anhänge
EU-Grundrechte-
Charta + Erl
Irland/Tschech Rep
Änderungs- und
Beitrittsverträge
LissV + ZusErl
Liss-BeglNovelle

1B. ÄNDERUNGS- UND BEITRITTSVERTRÄGE

Einheitliche Europäische Akte

(ABl 1987 L 169, 1 geändert durch ABl 1992 C 191, 1)

SEINE MAJESTÄT DER KÖNIG DER BELGIER,

IHRE MAJESTÄT DIE KÖNIGIN VON DÄNEMARK,

DER PRÄSIDENT DER BUNDESREPU-BLIK DEUTSCHLAND,

DER PRÄSIDENT DER GRIECHISCHEN REPUBLIK,

SEINE MAJESTÄT DER KÖNIG VON SPANIEN,

DER PRÄSIDENT DER FRANZÖSI-SCHEN REPUBLIK,

DER PRÄSIDENT IRLANDS,

DER PRÄSIDENT DER ITALIENISCHEN REPUBLIK,

SEINE KÖNIGLICHE HOHEIT DER GROSSHERZOG VON LUXEMBURG,

IHRE MAJESTÄT DIE KÖNIGIN DER NIEDERLANDE,

DER PRÄSIDENT DER PORTUGIESI-SCHEN REPUBLIK,

IHRE MAJESTÄT DIE KÖNIGIN DES VEREINIGTEN KÖNIGREICHS GROSS-BRITANNIEN UND NORDIRLAND,

VON DEM WILLEN GELEITET, das von den Verträgen zur Gründung der Europäi-schen Gemeinschaften ausgehende Werk weiterzuführen und die Gesamtheit der Be-ziehungen zwischen deren Staaten gemäß der Feierlichen Deklaration von Stuttgart vom 19. Juni 1983 in eine Europäische Union um-zuwandeln,

GEWILLT, diese Europäische Union auf der Grundlage der nach ihren eigenen Regeln funktionierenden Gemeinschaften einerseits und der Europäischen Zusammenarbeit zwi-schen den Unterzeichnerstaaten in der Außenpolitik andererseits zu verwirklichen und diese Union mit den erforderlichen Akti-onsmitteln auszustatten,

ENTSCHLOSSEN, gemeinsam für die De-mokratie einzutreten, wobei sie sich auf die in den Verfassungen und Gesetzen der Mit-gliedstaaten, in der Europäischen Konvention zum Schutze der Menschenrechte und Grund-freiheiten und der Europäischen Sozialcharta anerkannten Grundrechte, insbesondere Frei-heit, Gleichheit und soziale Gerechtigkeit, stützen,

IN DER ÜBERZEUGUNG, daß der Europa-gedanke, die Ergebnisse in den Bereichen der wirtschaftlichen Integration und der politi-schen Zusammenarbeit wie auch die Notwen-digkeit neuer Entwicklungen dem Wunsch der demokratischen Völker Europas entspre-chen, für die das in allgemeiner Wahl ge-wählte Europäische Parlament ein unerläßli-ches Ausdrucksmittel ist,

IN DEM BEWUSSTSEIN der Verantwor-tung Europas, sich darum zu bemühen, im-mer mehr mit einer Stimme zu sprechen und geschlossen und solidarisch zu handeln, um seine gemeinsamen Interessen und seine Un-abhängigkeit wirkungsvoller zu verteidigen, sowie ganz besonders für die Grundsätze der Demokratie und die Wahrung des Rechts und der Menschenrechte, denen sie sich verpflich-tet fühlen, einzutreten, um gemäß der Ver-pflichtung, die sie im Rahmen der Charta der Vereinten Nationen eingegangen sind, ge-meinsam ihren eigenen Beitrag zur Wahrung des Weltfriedens und der internationalen Si-cherheit zu leisten,

IN DEM FESTEN WILLEN, durch die Ver-tiefung der gemeinsamen Politiken und die Verfolgung neuer Ziele die wirtschaftliche und soziale Lage zu verbessern und das Funktionieren der Gemeinschaften in der Weise zu verbessern, daß die Organe die Möglichkeit erhalten, ihre Befugnisse unter Bedingungen auszuüben, die dem gemein-schaftlichen Interesse am dienlichsten sind,

IN DER ERWÄGUNG, daß die Staats- und Regierungschefs auf ihrer Pariser Konferenz vom 19. bis 21. Oktober 1972 das Ziel einer schrittweisen Verwirklichung der Wirt-schafts- und Währungsunion gebilligt haben,

GESTÜTZT auf den Anhang zu den Schluß-folgerungen des Vorsitzes des Europäischen Rates von Bremen vom 6. und 7. Juli 1978 sowie die Entschließung des Europäischen Rates von Brüssel vom 5. Dezember 1978 über die Errichtung des Europäischen Währungssystems (EWS) und damit zusam-menhängende Fragen, und in der Erwägung, daß die Gemeinschaft und die Zentralbanken der Mitgliedstaaten auf der Grundlage dieser Entschließung eine Reihe von Maßnahmen zur Durchführung der währungspolitischen Zusammenarbeit getroffen haben,

— 257 —

1/12. EEA

Art. 1 – 34

EUV/AEUV
+ Prot/Erkl
Anhänge
EU-Grundrechte-
Charta + Erl
Irland Tschech Rep
Änderungs- und
Beitrittsverträge
LissV + ZusErl
Liss-BeglNovelle

HABEN BESCHLOSSEN, diese Akte zu erstellen, und haben zu diesem Zweck als Bevollmächtigte ernannt:

[es folgen die Namen]

DIESE SIND nach Austausch ihrer als gut und gehörig befundenen Vollmachten wie folgt ÜBEREINGEKOMMEN:

TITEL I
GEMEINSAME BESTIMMUNGEN

Artikel 1. Die Europäischen Gemeinschaften und die Europäische Politische Zusammenarbeit verfolgen das Ziel, gemeinsam zu konkreten Fortschritten auf dem Wege zur Europäischen Union beizutragen.

Die Europäischen Gemeinschaften beruhen auf den Verträgen zur Gründung der Europäischen Gemeinschaft für Kohle und Stahl, der Europäischen Wirtschaftsgemeinschaft und der Europäischen Atomgemeinschaft sowie auf den nachfolgenden Verträgen und Akten zur Änderung oder Ergänzung dieser Verträge.

Die Europäische Politische Zusammenarbeit wird durch Titel III geregelt. Die Bestimmungen dieses Titels bestätigen und ergänzen die in den Berichten von Luxemburg (1970), Kopenhagen (1973) und London (1981) sowie in der Feierlichen Deklaration zur Europäischen Union (1983) vereinbarten Verfahren und die Praktiken, die sich nach und nach zwischen den Mitgliedstaaten herausgebilder haben.

Artikel 2. *[Entfällt]*

Artikel 3. (1) Die von nun an wie nachstehend bezeichneten Organe der Europäischen Gemeinschaften üben ihre Befugnisse und Zuständigkeiten unter den Bedingungen und im Hinblick auf die Ziele aus, die in den Verträgen zur Gründung der Europäischen Gemeinschaften und den nachfolgenden Verträgen und Akten zur Änderung oder Ergänzung dieser Verträge sowie in Titel II vorgesehen sind.

(2) *[Entfällt]*

TITEL II
BESTIMMUNGEN ZUR ÄNDERUNG DER VERTRÄGE ZUR GRÜNDUNG DER EUROPÄISCHEN GEMEINSCHAFTEN
[Nicht abgedruckt]

TITEL III
VERTRAGSBESTIMMUNGEN ÜBER DIE EUROPÄISCHE ZUSAMMENARBEIT IN DER AUSSENPOLITIK
[Entfällt]

TITEL IV
ALLGEMEINE UND SCHLUSSBESTIMMUNGEN

Artikel 31. Die Bestimmungen des Vertrages über die Gründung der Europäischen Gemeinschaft für Kohle und Stahl, des Vertrages zur Gründung der Europäischen Wirtschaftsgemeinschaft und des Vertrages zur Gründung der Europäischen Atomgemeinschaft betreffend die Zuständigkeit des Gerichtshofes der Europäischen Gemeinschaften und die Ausübung dieser Zuständigkeit gelten nur für die Bestimmungen des Titels II und für Artikel 32, und zwar unter den gleichen Bedingungen wie für die Bestimmungen der genannten Verträge.

Artikel 32. Vorbehaltlich des Artikels 3 Absatz 1, des Titels II und des Artikels 31 werden die Verträge zur Gründung der Europäischen Gemeinschaften sowie die nachfolgenden Verträge und Akte zur Änderung oder Ergänzung dieser Verträge durch die vorliegende Akte in keiner Weise berührt.

Artikel 33. (1) Diese Akte bedarf der Ratifizierung durch die Hohen Vertragsparteien gemäß ihren verfassungsrechtlichen Vorschriften. Die Ratifikationsurkunden werden bei der Regierung der Italienischen Republik hinterlegt.

(2) Diese Akte tritt am ersten Tag des auf die Hinterlegung der letzten Ratifikationsurkunde folgenden Monats in Kraft.

Artikel 34. Diese Akte ist in einer Urschrift in dänischer, deutscher, englischer, französischer, griechischer, irischer, italienischer, niederländischer, portugiesischer und spanischer Sprache abgefaßt, wobei jeder Wortlaut gleichermaßen verbindlich ist; sie wird im Archiv der Regierung der Italienischen Republik hinterlegt; diese übermittelt der Regierung jedes anderen Unterzeichnerstaats eine beglaubigte Abschrift.

Zu Urkund dessen haben die unterzeichneten Bevollmächtigten ihre Unterschriften unter diese Einheitliche Europäische Akte gesetzt.

Schlußakte

Die Konferenz der Vertreter der Regierungen der Mitgliedstaaten, die für den 9. September 1985 nach Luxemburg einberufen wurde, ihre Beratungen in Luxemburg und Brüssel fortgesetzt hat, hat den folgenden Text beschlossen:

I.

Einheitliche Europäische Akte

II.

Bei der Unterzeichnung dieses Textes hat die Konferenz die folgenden, dieser Schlußakte beigefügten Erklärungen angenommen:

1. Erklärung zu den Durchführungsbefugnissen der Kommission
2. Erklärung betreffend den Gerichtshof
3. Erklärung zu Artikel 8 a *(18)* des EWG-Vertrags
4. Erklärung zu Artikel 100 a *(95)* des EWG-Vertrags
5. Erklärung zu Artikel 100 b des EWG-Vertrags
6. Allgemeine Erklärung zu den Artikeln 13 bis 19 der Einheitlichen Europäischen Akte
7. Erklärung zu Artikel 118 a *(138)* Absatz 2 des EWG-Vertrags
8. Erklärung zu Artikel 130 d *(161)* des EWG-Vertrags
9. Erklärung zu Artikel 130 r *(174)* des EWG-Vertrags
10. Erklärung der Hohen Vertragsparteien zu Titel III der Einheitlichen Europäischen Akte
11. Erklärung zu Artikel 30 Nummer 10 Buchstabe g) der Einheitlichen Europäischen Akte.

Die Konferenz hat ferner die folgenden, dieser Schlußakte beigefügten Erklärungen zur Kenntnis genommen:

1. Erklärung des Vorsitzes zu der Frist, innerhalb welcher der Rat in erster Lesung Stellung nimmt (Artikel 149 Absatz 2 des EWG-Vertrags)
2. Politische Erklärung der Regierungen der Mitgliedstaaten zur Freizügigkeit

3. Erklärung der Regierung der Griechischen Republik zu Artikel 8 a *(18)* des EWG-Vertrags
4. Erklärung der Kommission zu Artikel 28 *(26)* des EWG-Vertrags
5. Erklärung der Regierung von Irland zu Artikel 57 *(47)* Absatz 2 des EWG-Vertrags
6. Erklärung der Regierung der Portugiesischen Republik zu Artikel 59 *(49)* Absatz 2 und Artikel 84 *(80)* des EWG-Vertrags
7. Erklärung der Regierung des Königreichs Dänemark zu Artikel 100 a *(95)* des EWG-Vertrags
8. Erklärung des Vorsitzes und der Kommission zu den währungspolitischen Befugnissen der Gemeinschaft
9. Erklärung der Regierung des Königreichs Dänemark zur Europäischen Politischen Zusammenarbeit.

Geschehen zu Luxemburg am siebzehnten Februar neunzehnhundertsechsundachtzig und in Den Haag am achtundzwanzigsten Februar neunzehnhundertsechsundachtzig.

(Es folgen die Namen der Bevollmächtigten)

1. Erklärung zu den Durchführungsbefugnissen der Kommission

Die Konferenz ersucht die Gremien der Gemeinschaft, vor Inkrafttreten der Akte die Grundsätze und Regeln festzulegen, anhand deren die Durchführungsbefugnisse der Kommission in jedem einzelnen Fall zu definieren sind.

In diesem Zusammenhang ersucht die Konferenz den Rat, für Ausübung der der Kommission im Rahmen des Artikels 100 a *(95)* des EWG-Vertrags übertragenen Durchführungsbefugnisse insbesondere dem Verfahren des Beratenden Ausschusses einen maßgeblichen Platz entsprechend der Schnelligkeit und Wirksamkeit des Entscheidungsprozesses einzuräumen.

2. Erklärung betreffend den Gerichtshof

Die Konferenz kommt überein, daß Artikel 32d Absatz 1 des EGKS-Vertrags, Artikel 168 a *(225)* Absatz 1 des EWG-Vertrags und Artikel 140 a Absatz 1 des EAG-Vertrags etwaigen Übertragungen gerichtlicher Zuständigkeiten nicht vorgreift, die im Rahmen von Abkommen zwischen den Mitgliedstaaten vorgesehen werden könnten.

1/12. EEA

Erklärungen

EUV/AEUV
+ Prot/Erkl
Anhänge
EU-Grundrechte-
Charta + Erl
Irland/Tschech Rep
Änderungs- und
Beitrittsverträge
LissV + ZusErl
Liss-BeglNovelle

3. Erklärung zu Artikel 8 a (18) des EWG-Vertrags

Die Konferenz möchte mit Artikel 8 a *(18)* den festen politischen Willen zum Ausdruck bringen, vor dem 1. Januar 1993 die Beschlüsse zu fassen, die zur Verwirklichung des in diesem Artikel beschriebenen Binnenmarktes erforderlich sind, und zwar insbesondere die Beschlüsse, die zur Ausführung des von der Kommission in dem Weißbuch über den Binnenmarkt aufgestellten Programms notwendig sind.

Die Festsetzung des Termins „31. Dezember 1992" bringt keine automatische rechtliche Wirkung mit sich.

4. Erklärung zu Artikel 100 a (95) des EWG-Vertrags

Die Kommission wird bei ihren Vorschlägen nach Artikel 100 a *(95)* Absatz 1 der Rechtsform der Richtlinie den Vorzug gegeben, wenn die Angleichung in einem oder mehreren Mitgliedstaaten eine Änderung gesetzlicher Vorschriften erfordert.

5. Erklärung zu Artikel 100 b des EWG-Vertrags

[Artikel 100 b durch Vertrag von Amsterdam aufgehoben]

6. Allgemeine Erklärung zu den Artikeln 13 bis 19 der Einheitlichen Europäischen Akte

Diese Bestimmungen berühren in keiner Weise das Recht der Mitgliedstaaten, diejenigen Maßnahmen zu ergreifen, die sie zur Kontrolle der Einwanderung aus dritten Ländern sowie zur Bekämpfung von Terrorismus, Kriminalität, Drogenhandel und unerlaubtem Handel mit Kunstwerken und Antiquitäten für erforderlich halten.

7. Erklärung zu Artikel 118 a (138) Absatz 2 des EWG-Vertrags

Die Konferenz stellt fest, daß bei der Beratung von Artikel 118 a *(138)* Absatz 2 des EWG-Vertrags Einvernehmen darüber bestand, daß die Gemeinschaft nicht beabsichtigt, bei der Festlegung von Mindestvorschriften zum Schutze der Sicherheit und der Gesundheit der Arbeitnehmer die Arbeitnehmer in Klein- und Mittelbetrieben in sachlich nicht begründeter Weise schlechterzustellen.

8. Erklärung zu Artikel 130 d (161) des EWG-Vertrags

Die Konferenz verweist in diesem Zusammenhang auf die Schußfolgerungen des Europäischen Rates vom März 1984 in Brüssel, die wie folgt lauten:

„Im Rahmen der finanziellen Möglichkeiten wird eine signifikante reale Aufstockung der unter Berücksichtigung der IMP für die Interventionen der Fonds bereitgestellten Finanzmittel vorgenommen."

9. Erklärung zu Artikel 130 r (174) des EWG-Vertrags

Absatz 1 dritter Gedankenstrich

Die Konferenz stellt fest, daß die Tätigkeit der Gemeinschaft auf dem Gebiet des Umweltschutzes sich nicht störend auf die einzelstaatliche Politik der Nutzung der Energieressourcen auswirken darf.

Absatz 5 Unterabsatz 2

Die Konferenz ist der Ansicht, daß Artikel 130 r *(174)* Absatz 5 Unterabsatz 2 die sich aus dem AETR-Urteil des Gerichtshofes ergebenden Grundsätze nicht berührt.

10. Erklärung der Hohen Vertragsparteien zu Titel III der Einheitlichen Europäischen Akte

Die Hohen Vertragsparteien des Titels III über die Europäische Politische Zusammenarbeit bekräftigen ihre offene Haltung gegenüber anderen europäischen Ländern mit den gleichen Idealen und Zielen. Sie kommen insbesondere überein, die Verbindungen zu den Mitgliedstaaten des Europarates und anderen demokratischen Ländern Europas, mit denen sie freundschaftliche Beziehungen unterhalten und eng zusammenarbeiten, zu stärken.

11. Erklärung zu Artikel 30 Nummer 10 Buchstabe g) der Einheitlichen Europäischen Akte

Die Konferenz ist der Ansicht, daß der Beschluß der Vertreter der Regierungen der Mitgliedstaaten vom 8. April 1965 über die vorläufige Unterbringung bestimmter Organe und Dienststellen der Gemeinschaften durch Artikel 30 Nummer 10 Buchstabe g) nicht berührt wird.

1. Erklärung des Vorsitzes zu der Frist, innerhalb welcher der Rat in erster Lesung Stellung nimmt (Artikel 149 Absatz 2 des EWG-Vertrags)

[Artikel 149 durch Vertrag von Amsterdam aufgehoben]

2. Politische Erklärung der Regierungen der Mitgliedstaaten zur Freizügigkeit

Zur Förderung der Freizügigkeit arbeiten die Mitgliedstaaten unbeschadet der Befugnisse der Gemeinschaft zusammen, und zwar insbesondere hinsichtlich der Einreise, der Bewegungsfreiheit und des Aufenthalts von Staatsangehörigen dritter Länder. Außerdem arbeiten sie bei der Bekämpfung von Terrorismus, Kriminalität, Drogenhandel und unerlaubtem Handel mit Kunstwerken und Antiquitäten zusammen.

3. Erklärung der Regierung der Griechischen Republik zu Artikel 8 a *(18)* des EWG-Vertrags

Griechenland ist der Ansicht, daß die Entwicklung gemeinschaftlicher Politiken und Aktionen und die Annahme von Maßnahmen auf der Grundlage von Artikel 70 Absatz 1*) und Artikel 84 *(80)* so erfolgen müssen, daß empfindliche Sektoren der Wirtschaft der Mitgliedstaaten nicht beeinträchtigt werden.

---

*) Aufgehoben.

4. Erklärung der Kommission zu Artikel 28 *(26)* des EWG-Vertrags

Bezüglich ihrer internen Verfahren sorgt die Kommission dafür, daß die sich aus der Änderung von Artikel 28 *(26)* des EWG-Vertrags ergebenden Veränderungen nicht zu Verzögerungen bei der Beantwortung dringender Anträge auf Änderung oder Aussetzung der Sätze des Gemeinsamen Zolltarifs führen.

5. Erklärung der Regierung von Irland zu Artikel 57 *(47)* Absatz 2 des EWG-Vertrags

Irland bestätigt sein Einverständnis mit einer Beschlußfassung mit qualifizierter Mehrheit gemäß Artikel 57 *(47)* Absatz 2, möchte aber daran erinnern, daß das Versicherungsgewerbe in Irland einen besonders empfindlichen Bereich darstellt und daß zum Schutz der Versicherungsnehmer sowie zum Schutz Dritter besondere Vereinbarungen getroffen werden mußten. In bezug auf die Harmonisierung der Rechtsvorschriften für das Versicherungswesen geht die irische Regierung davon aus, daß sie mit einer verständnisvollen Haltung der Kommission und der übrigen Mitgliedstaaten der Gemeinschaft rechnen kann, falls Irland sich zu einem späteren Zeitpunkt in einer Situation befinden sollte, in der die irische Regierung es für erforderlich halten würde, hinsichtlich der Stellung des Versicherungsgewerbes in Irland besondere Vorkehrungen zu treffen.

6. Erklärung der Regierung der Portugiesischen Republik zu Artikel 59 *(49)* Absatz 2 und Artikel 84 des EWG-Vertrags

Portugal vertritt die Auffassung, daß der Übergang von der einstimmigen Beschlußfassung zur Beschlußfassung mit qualifizierter Mehrheit in Artikel 59 *(49)* Absatz 2 und Artikel 84, der in den Verhandlungen über den Beitritt Portugals zur Gemeinschaft nicht berücksichtigt worden ist und den gemeinschaftlichen Besitzstand wesentlich verändert, empfindliche Schlüsselsektoren der portugiesischen Wirtschaft nicht beeinträchtigen darf und daß geeignete spezifische Übergangsmaßnahmen in allen Fällen ergriffen werden müssen, in denen dies erforderlich ist, um etwaige nachteilige Folgen für die betreffenden Sektoren zu verhindern.

7. Erklärung der Regierung des Königreichs Dänemark zu Artikel 100 a *(95)* des EWG-Vertrags

Die dänische Regierung stellt fest, daß in Fällen, in denen gemäß Artikel 100 a *(95)* erlassene Harmonisierungsmaßnahmen nach Ansicht eines Mitgliedstaats nicht höhere Erfordernisse in bezug auf die Arbeitsumwelt oder den Umweltschutz oder im Sinne des Artikels 36 *(30)* sicherstellen, durch Artikel 100a *(95)* Absatz 4 gewährleistet wird, daß der betreffende Mitgliedstaat einzelstaatliche Maßnahmen treffen kann. Diese dienen der Verwirklichung der genannten Erfordernisse und dürfen keinen verschleierten Protektionismus bedeuten.

8. Erklärung des Vorsitzes und der Kommission zu den währungspolitischen Befugnissen der Gemeinschaft

Der Vorsitz und die Kommission sind der Ansicht, daß die in den EWG-Vertrag eingefüg-

— 261 —

1/12. EEA

Erklärungen

EUV/AEUV
+ Prot/Erkl
Anhänge
EU-Grundrechte-
Charta + Erl
Irland/Tschech.Rep
Änderungs- und
Beitrittsverträge
LissV + ZusErl
Liss-BeglNovelle

ten Bestimmungen über die währungspolitischen Befugnisse der Gemeinschaft nicht die
Möglichkeit einer weiteren Entwicklung im
Rahmen der bestehenden Befugnisse präjudi-
zieren.

9. Erklärung der Regierung des Königreichs Dänemark zur Europäischen Politischen Zusammenarbeit

Die dänische Regierung stellt fest, daß der
Abschluß des Titels III über die Zusammenarbeit in der Außenpolitik die Beteiligung
Dänemarks an der nordischen Zusammenarbeit im außenpolitischen Bereich nicht berührt.

Der vorstehende Text stimmt mit dem einzigen Exemplar der am siebzehnten Februar
neunzehnhundertsechsundachtzig in Luxemburg und am achtundzwanzigsten Februar
neunzehnhundertsechsundachtzig in Den
Haag anläßlich der Unterzeichnung der Einheitlichen Europäischen Akte unterzeichneten
und im Archiv der Regierung der Italienischen Republik hinterlegten Schlußakte
überein.

Vertrag von Maastricht

Vertrag über die Europäische Union
(ABl 1992, C 191, 1)

1. Die Konferenzen der Vertreter der Regierungen der Mitgliedstaaten, die am 15. Dezember 1990 in Rom einberufen wurden, um im gegenseitigen Einvernehmen die Änderungen zu beschließen, die an dem Vertrag zur Gründung der Europäischen Wirtschaftsgemeinschaft im Hinblick auf die Verwirklichung der Politischen Union und im Hinblick auf die Schlußphasen der Wirtschafts- und Währungsunion vorzunehmen sind, sowie die Konferenzen, die am 3. Februar 1992 in Brüssel einberufen wurden, um an den Verträgen über die Gründung der Europäischen Gemeinschaft für Kohle und Stahl und zur Gründung der Europäischen Atomgemeinschaft die Änderungen vorzunehmen, die sich aus den für den Vertrag zur Gründung der Europäischen Wirtschaftsgemeinschaft vorgesehenen Änderungen ergeben, haben folgende Texte beschlossen:

I. Vertrag über die Europäische Union

II. Protokolle

eingearbeitet

III. Erklärungen

1. Erklärung zu den Bereichen Katastrophenschutz, Energie und Fremdenverkehr
2. Erklärung zur Staatsangehörigkeit eines Mitgliedstaats
3. Erklärung zum Dritten Teil Titel III und VI des Vertrags zur Gründung der Europäischen Gemeinschaft

— 263 — **1/13. Vertrag v Maastricht**

Erklärungen

EUV/AEUV
+ Prot/Erkl
Anhänge
EU-Grundrechte-
Charta + Erl
Irland/Tschech Rep
Änderungs- und
Beitrittsverträge
LissV + ZusErl
Liss-BeglNovelle

Geschehen zu Maastricht am siebten Februar neunzehnhundertzweiundneunzig.*)

———————

*) Siehe auch die Gemeinsame Erklärung vom 1. 5. 1992 im Anschluß an die 33. Erklärung!

———————

1. ERKLÄRUNG
zu den Bereichen Katastrophenschutz, Energie und Fremdenverkehr

Die Konferenz erklärt, daß die Frage der Einfügung von Titeln über die in Artikel 3 Buchstabe t des Vertrags zur Gründung der Europäischen Gemeinschaft genannten Bereiche in jenen Vertrag nach dem Verfahren des Artikels N *(48)* Absatz 2 des Vertrags über die Europäische Union anhand eines Berichts geprüft wird, den die Kommission dem Rat spätestens 1996 vorlegen wird.

Die Kommission erklärt, daß die Gemeinschaft ihre Tätigkeit in diesen Bereichen auf der Grundlage der bisherigen Bestimmungen der Verträge zur Gründung der Europäischen Gemeinschaften fortsetzen wird.

———————

2. ERKLÄRUNG
zur Staatsangehörigkeit eines Mitgliedstaats

Die Konferenz erklärt, daß bei Bezugnahmen des Vertrags zur Gründung der Europäischen

Gemeinschaft auf die Staatsangehörigen der Mitgliedstaaten die Frage, welchem Mitgliedstaat eine Person angehört, allein durch Bezug auf das innerstaatliche Recht des betreffenden Mitgliedstaats geregelt wird. Die Mitgliedstaaten können zur Unterrichtung in einer Erklärung gegenüber dem Vorsitz angeben, wer für die Zwecke der Gemeinschaft als ihr Staatsangehöriger anzusehen ist, und ihre Erklärung erforderlichenfalls ändern.

---

3. ERKLÄRUNG

zum dritten Teil Titel III und VI des Vertrags zur Gründung der Europäischen Gemeinschaft

Die Konferenz erklärt, daß für die Anwendung der Bestimmungen, die im Vertrag zur Gründung der Europäischen Gemeinschaft im Dritten Teil Titel III Kapitel 4 über den Kapital- und Zahlungsverkehr und Titel VI über die Wirtschafts- und Währungspolitik vorgesehen sind, unbeschadet des Artikels 109 j *(121)* Absätze 2, 3 und 4 und des Artikels 109 k *(122)* Absatz 2 die übliche Praxis fortgeführt wird, wonach der Rat in der Zusammensetzung der Wirtschafts- und Finanzminister zusammentritt.

---

4. ERKLÄRUNG

zum dritten Teil Titel VI des Vertrags zur Gründung der Europäischen Gemeinschaft

Die Konferenz erklärt, daß der Präsident des Europäischen Rates die Wirtschafts- und Finanzminister zur Teilnahme an den Tagungen des Europäischen Rates einladen wird, wenn dieser Fragen der Wirtschafts- und Währungsunion erörtert.

---

5. ERKLÄRUNG

zur Zusammenarbeit mit dritten Ländern im Währungsbereich

Die Konferenz erklärt, daß die Gemeinschaft zu stabilen internationalen Währungsbeziehungen beitragen will. Zu diesem Zweck ist die Gemeinschaft bereit, mit anderen europäischen Ländern und mit denjenigen außereuropäischen Ländern, zu denen sie enge wirtschaftliche Bindungen hat, zusammenzuarbeiten.

---

6. ERKLÄRUNG

zu den Währungsbeziehungen zur Republik San Marino, zum Staat Vatikanstadt und zum Fürstentum Monaco

Die Konferenz ist sich einig, daß die derzeitigen Währungsbeziehungen zwischen Italien und San Marino bzw. Vatikanstadt und zwischen Frankreich und Monaco durch diesen Vertrag bis zur Einführung der ECU als einheitlicher Währung der Gemeinschaft unberührt bleiben.

Die Gemeinschaft verpflichtet sich, die Neuaushandlung bestehender Übereinkünfte, die durch Einführung der ECU als einheitlicher Währung erforderlich werden können, zu erleichtern.

---

7. ERKLÄRUNG

zu Artikel 73 d *(58)* des Vertrags zur Gründung der Europäischen Gemeinschaft

Die Konferenz bekräftigt, daß das in Artikel 73 d *(58)* Absatz 1 Buchstabe a des Vertrags zur Gründung der Europäischen Gemeinschaft erwähnte Recht der Mitgliedstaaten, die einschlägigen Vorschriften ihres Steuerrechts anzuwenden, nur für die einschlägigen Vorschriften gilt, die Ende 1993 bestehen. Diese Erklärung betrifft jedoch nur den Kapital- und Zahlungsverkehr zwischen den Mitgliedstaaten.

---

8. ERKLÄRUNG

zu Artikel 109 *(111)* des Vertrags zur Gründung der Europäischen Gemeinschaft

Die Konferenz bekräftigt, daß mit dem in Artikel 109 *(111)* Absatz 1 verwendeten Begriff „förmliche Vereinbarung" nicht eine neue Kategorie internationaler Übereinkünfte im Sinne des Gemeinschaftsrechts geschaffen werden soll.

---

9. ERKLÄRUNG

zum dritten Teil Titel XVI des Vertrags zur Gründung der Europäischen Gemeinschaft

Die Konferenz ist der Ansicht, daß die Gemeinschaft in Anbetracht der zunehmenden Bedeutung, die dem Naturschutz auf einzelstaatlicher, gemeinschaftlicher und internatio-

— 265 — **1/13. Vertrag v Maastricht**

Erklärungen

EUV/AEUV
+ Prot/Erkl
Anhänge
EU-Grundrechte-
Charta + Erl
Irland/Tschech Rep
Änderungs- und
Beitrittsverträge
LissV + ZusErl
Liss-BeglNovelle

naler Ebene zukommt, bei der Ausübung ihrer Zuständigkeiten aufgrund des Dritten Teils Titel XVI des Vertrags den spezifischen Erfordernissen in diesem Bereich Rechnung tragen soll.

---

10. ERKLÄRUNG

zu den Artikeln 109 (*111*), 130 r (*174*) und 130 y (*181*) des Vertrags zur Gründung der Europäischen Gemeinschaft

Die Konferenz vertritt die Auffassung, daß Artikel 109 (*111*) Absatz 5, Artikel 130 r (*174*) Absatz 4 Unterabsatz 2 und Artikel 130 y (*181*) nicht die Grundsätze berühren, die sich aus dem Urteil des Gerichtshofs in der AETR-Rechtssache ergeben.

---

11. ERKLÄRUNG

zur Richtlinie vom 24. November 1988 (Emissionen)

Die Konferenz erklärt, daß Änderungen in den gemeinschaftlichen Rechtsvorschriften die Ausnahmeregelungen nicht beeinträchtigen dürfen, die Spanien und Portugal gemäß der Richtlinie des Rates vom 24. November 1988 zur Begrenzung von Schadstoffemissionen von Großfeuerungsanlagen in die Luft bis zum 31. Dezember 1999 zugestanden wurden.

---

12. ERKLÄRUNG

zum Europäischen Entwicklungsfonds

Die Konferenz kommt überein, daß der Europäische Entwicklungsfonds im Einklang mit den bisherigen Bestimmungen weiterhin durch einzelstaatliche Beiträge finanziert wird.

---

13. ERKLÄRUNG

zur Rolle der einzelstaatlichen Parlamente in der Europäischen Union

Die Konferenz hält es für wichtig, eine größere Beteiligung der einzelstaatlichen Parlamente an den Tätigkeiten der Europäischen Union zu fördern.

Zu diesem Zweck ist der Informationsaustausch zwischen den einzelstaatlichen Parlamenten und dem Europäischen Parlament zu verstärken. In diesem Zusammenhang tragen die Regierungen der Mitgliedstaaten unter anderem dafür Sorge, daß die einzelstaatlichen Parlamente zu ihrer Unterrichtung und gegebenenfalls zur Prüfung rechtzeitig über die Vorschläge für Rechtsakte der Kommission verfügen.

Nach Ansicht der Konferenz ist es ferner wichtig, daß die Kontakte zwischen den einzelstaatlichen Parlamenten und dem Europäischen Parlament insbesondere dadurch verstärkt werden, daß hierfür geeignete gegenseitige Erleichterungen und regelmäßige Zusammenkünfte zwischen Abgeordneten, die an den gleichen Fragen interessiert sind, vorgesehen werden.

---

14. ERKLÄRUNG

zur Konferenz der Parlamente

Die Konferenz ersucht das Europäische Parlament und die einzelstaatlichen Parlamente, erforderlichenfalls als Konferenz der Parlamente (oder „Assises") zusammenzutreten.

Die Konferenz der Parlamente wird unbeschadet der Zuständigkeiten des Europäischen Parlaments und der Rechte der einzelstaatlichen Parlamente zu wesentlichen Leitlinien der Europäischen Union gehört. Der Präsident des Europäischen Rates und der Präsident der Kommission erstatten auf jeder Tagung der Konferenz der Parlamente Bericht über den Stand der Union.

---

15. ERKLÄRUNG

zur Zahl der Mitglieder der Kommission und des Europäischen Parlaments

Die Konferenz kommt überein, die Fragen betreffend die Zahl der Mitglieder der Kommission und der Mitglieder des Europäischen Parlaments spätestens Ende 1992 im Hinblick auf ein Einvernehmen zu prüfen, das es gestattet, die Rechtsgrundlage für die Festsetzung der Zahl der Mitglieder des Europäischen Parlaments rechtzeitig zu den Wahlen im Jahr 1994 zu schaffen. Die Beschlüsse werden unter anderem unter Berücksichtigung der Notwendigkeit gefaßt, die Gesamtmitgliederzahl des Europäischen Parlaments in einer erweiterten Gemeinschaft festzulegen.

---

16. ERKLÄRUNG
zur Rangordnung der Rechtsakte der Gemeinschaft

Die Konferenz kommt darin überein, daß die 1996 einzuberufende Regierungskonferenz prüfen wird, inwieweit es möglich ist, die Einteilung der Rechtsakte der Gemeinschaft mit dem Ziel zu überprüfen, eine angemessene Rangordnung der verschiedenen Arten von Normen herzustellen.

17. ERKLÄRUNG
zum Recht auf Zugang zu Informationen

Die Konferenz ist der Auffassung, daß die Transparenz des Beschlußverfahrens den demokratischen Charakter der Organe und das Vertrauen der Öffentlichkeit in die Verwaltung stärkt. Die Konferenz empfiehlt daher, daß die Kommission dem Rat spätestens 1993 einen Bericht über Maßnahmen vorlegt, mit denen die den Organen vorliegenden Informationen der Öffentlichkeit besser zugänglich gemacht werden sollen.

18. ERKLÄRUNG
zu den geschätzten Folgekosten der Vorschläge der Kommission

Die Konferenz stellt fest, daß die Kommission sich verpflichtet, bei ihren Vorschlägen für Rechtsakte die Kosten und den Nutzen für die Behörden der Mitgliedstaaten und sämtliche Betroffene zu berücksichtigen und dazu gegebenenfalls die von ihr für erforderlich erachteten Konsultationen vorzunehmen und ihr System zur Bewertung der gemeinschaftlichen Rechtsvorschriften auszubauen.

19. ERKLÄRUNG
zur Anwendung des Gemeinschaftsrechts

1. Die Konferenz hebt hervor, daß es für die innere Geschlossenheit und die Einheit des europäischen Aufbauwerks von wesentlicher Bedeutung ist, daß jeder Mitgliedstaat die an ihn gerichteten Richtlinien der Gemeinschaft innerhalb der darin festgesetzten Fristen vollständig und getreu in innerstaatliches Recht umsetzt.

Außerdem ist die Konferenz der Ansicht, daß es zwar Sache jedes Mitgliedstaats ist zu bestimmen, wie die Vorschriften des Gemeinschaftsrechts unter Berücksichtigung der Besonderheit seiner Institutionen, seiner Rechtsordnung und anderer Gegebenheiten, in jedem Fall aber unter Beachtung des Artikels 189 *(249)* des Vertrags zur Gründung der Europäischen Gemeinschaft, am besten anzuwenden sind, es jedoch für die reibungslose Arbeit der Gemeinschaft von wesentlicher Bedeutung ist, daß die in den einzelnen Mitgliedstaaten getroffenen Maßnahmen dazu führen, daß das Gemeinschaftsrecht dort mit gleicher Wirksamkeit und Strenge Anwendung findet, wie dies bei der Durchführung der einzelstaatlichen Rechtsvorschriften der Fall ist.

2. Die Konferenz fordert die Kommission auf, in Wahrnehmung der ihr durch Artikel 155 *(211)* des Vertrags zur Gründung der Europäischen Gemeinschaft übertragenen Zuständigkeiten darauf zu achten, daß die Mitgliedstaaten und das Europäische Parlament regelmäßig einen umfassenden Bericht zu veröffentlichen.

20. ERKLÄRUNG
zur Beurteilung der Umweltverträglichkeit der Gemeinschaftsmaßnahmen

Die Konferenz stellt fest, daß die Kommission sich verpflichtet, bei ihren Vorschlägen voll und ganz den Umweltauswirkungen und dem Grundsatz des nachhaltigen Wachstums Rechnung zu tragen, und daß die Mitgliedstaaten sich verpflichtet haben, dies bei der Durchführung zu tun.

21. ERKLÄRUNG
zum Rechnungshof

Die Konferenz weist darauf hin, daß sie den Aufgaben, die dem Rechnungshof in den Artikeln 188 a *(246)*, 188 b *(247)*, 188 c *(248)* und 206 *(276)* des Vertrags zur Gründung der Europäischen Gemeinschaft übertragen werden, insbesondere Bedeutung beimißt.

Sie ersucht die anderen Organe der Gemeinschaft, zusammen mit dem Rechnungshof alle Mittel zu prüfen, die geeignet sind, eine wirksamere Erfüllung seiner Aufgaben zu gewährleisten.

— 267 — **1/13. Vertrag v Maastricht**

Erklärungen

EUV/AEUV
+ Prot/Erkl
Anhänge
EU-Grundrechte-
Charta + Erl
Irland/Tschech Rep
Änderungs- und
Beitrittsverträge
LissV + ZusErl
Liss-BeglNovelle

22. ERKLÄRUNG
zum Wirtschafts- und Sozialausschuß

Die Konferenz kommt überein, daß der Wirtschafts- und Sozialausschuß hinsichtlich des Haushalts und der Personalverwaltung dieselbe Unabhängigkeit genießt wie der Rechnungshof bisher.

23. ERKLÄRUNG
zur Zusammenarbeit mit den Wohlfahrtsverbänden

Die Konferenz betont, daß zur Erreichung der in Artikel 117 *(136)* des Vertrags zur Gründung der Europäischen Gemeinschaft genannten Ziele eine Zusammenarbeit der Europäischen Gemeinschaft mit den Verbänden der Wohlfahrtspflege und den Stiftungen als Trägern sozialer Einrichtungen und Dienste von großer Bedeutung ist.

24. ERKLÄRUNG
zum Tierschutz

Die Konferenz ersucht das Europäische Parlament, den Rat und die Kommission sowie die Mitgliedstaaten, bei der Ausarbeitung und Durchführung gemeinschaftlicher Rechtsvorschriften in den Bereichen Gemeinsame Agrarpolitik, Verkehr, Binnenmarkt und Forschung den Erfordernissen des Wohlergehens der Tiere in vollem Umfang Rechnung zu tragen.

25. ERKLÄRUNG
zur Vertretung der Interessen der überseeischen Länder und Hoheitsgebiete nach Artikel 227 *(299)* Absatz 3 und Absatz 5 Buchstaben a und b des Vertrags zur Gründung der Europäischen Gemeinschaft

Die Konferenz kommt in Anbetracht der Tatsache, daß unter außergewöhnlichen Umständen die Interessen der Union und die Interessen der Länder und Hoheitsgebiete nach Artikel 227 *(299)* Absatz 3 und Absatz 5 Buchstaben a und b des Vertrags divergieren können, überein, daß der Rat sich um eine Lösung

bemühen wird, die mit dem Standpunkt der Union in Einklang steht. Für den Fall jedoch, daß sich dies als unmöglich erweist, erklärt sich die Konferenz damit einverstanden, daß der betreffende Mitgliedstaat im Interesse der betreffenden überseeischen Länder und Hoheitsgebiete gegebenenfalls eigenständig handelt, allerdings ohne dabei das Interesse der Gemeinschaft zu beeinträchtigen. Dieser Mitgliedstaat macht dem Rat und der Kommission eine Mitteilung, wenn eine derartige Interessendivergenz auftreten könnte, und weist, wenn sich eigenständiges Handeln nicht vermeiden läßt, deutlich darauf hin, daß er im Interesse eines der genannten überseeischen Hoheitsgebiete handelt.

Diese Erklärung gilt auch für Macau und Osttimor.

26. ERKLÄRUNG
zu den Gebieten in äußerster Randlage der Gemeinschaft

Die Konferenz erkennt an, daß die Gebiete in äußerster Randlage der Gemeinschaft (französische überseeische Departements, Azoren und Madeira und Kanarische Inseln) unter einem bedeutenden, strukturellen Rückstand leiden; dieser wird durch mehrere Faktoren (große Entfernung, Insellage, geringe Fläche, schwierige Relief- und Klimabedingungen, wirtschaftliche Abhängigkeit von einigen wenigen Erzeugnissen) verschärft, die als ständige Gegebenheiten und durch ihr Zusammenwirken die wirtschaftliche und soziale Entwicklung schwer beeinträchtigen.

Sie ist der Auffassung, daß der Vertrag zur Gründung der Europäischen Gemeinschaft und das abgeleitete Recht für die Gebiete in äußerster Randlage zwar ohne weiteres gelten, es jedoch möglich bleibt, spezifische Maßnahmen zu ihren Gunsten zu erlassen, sofern und solange ein entsprechender Bedarf im Hinblick auf die wirtschaftliche und soziale Entwicklung dieser Gebiete objektiv gegeben ist. Diese Maßnahmen müssen sowohl auf die Vollendung des Binnenmarkts als auch auf eine Anerkennung der regionalen Verhältnisse abzielen, damit diese Gebiete den durchschnittlichen wirtschaftlichen und sozialen Stand der Gemeinschaft erreichen können.

27. ERKLÄRUNG

zu den Abstimmungen im Bereich der Gemeinsamen Außen- und Sicherheitspolitik

Die Konferenz kommt überein, daß die Mitgliedstaaten bei Entscheidungen, die Einstimmigkeit erfordern, soweit wie möglich davon absehen, die Einstimmigkeit zu verhindern, sofern eine qualifizierte Mehrheit für die betreffende Entscheidung besteht.

28. ERKLÄRUNG

zu den praktischen Einzelheiten im Bereich der Gemeinsamen Außen- und Sicherheitspolitik

Die Konferenz kommt überein, daß die Arbeitsteilung zwischen dem Politischen Komitee und dem Ausschuß der Ständigen Vertreter sowie die praktischen Einzelheiten der Zusammenlegung des Sekretariats der Politischen Zusammenarbeit mit dem Generalsekretariat des Rates und der Zusammenarbeit zwischen dem Generalsekretariat und der Kommission später geprüft werden.

29. ERKLÄRUNG

zum Gebrauch der Sprachen im Bereich der Gemeinsamen Außen- und Sicherheitspolitik

Die Konferenz kommt überein, daß für den Gebrauch der Sprachen die Sprachenregelung der Europäischen Gemeinschaften gilt.

Für den COREU-Verkehr dient die derzeitige Praxis in der Europäischen Politischen Zusammenarbeit einstweilen als Anhaltspunkt.

Alle Texte der Gemeinsamen Außen- und Sicherheitspolitik, die auf Tagungen des Europäischen Rates und des Rates vorgelegt oder angenommen werden, sowie alle zur Veröffentlichung bestimmten Texte werden unverzüglich und zeitgleich in alle Amtssprachen der Gemeinschaft übersetzt.

30. ERKLÄRUNG

zur Westeuropäischen Union

Die Konferenz nimmt folgende Erklärungen zur Kenntnis:

I. Erklärung Belgiens, Deutschlands, Spaniens, Frankreichs, Italiens, Luxemburgs, der Niederlande, Portugals und des Vereinigten Königreichs, die Mitgliedstaaten der Westeuropäischen Union und gleichzeitig der Europäischen Union sind, zur Rolle der Westeuropäischen Union und zu ihren Beziehungen zur Europäischen Union und zur Atlantischen Allianz

Einleitung

1. Die WEU-Mitgliedstaaten stimmen darin überein, daß es notwendig ist, eine echte europäische Sicherheits- und Verteidigungsidentität zu entwickeln und eine größere europäische Verantwortung in Verteidigungsfragen zu übernehmen. Diese Identität wird durch einen schrittweisen Prozeß mit mehreren aufeinanderfolgenden Phasen angestrebt. Die WEU wird integrativ Bestandteil des Prozesses der Entwicklung der Europäischen Union sein und einen größeren Beitrag zur Solidarität innerhalb der Atlantischen Allianz leisten. Die WEU-Mitgliedstaaten sind sich darin einig, die Rolle der WEU in der längerfristigen Perspektive einer mit der Politik der Atlantischen Allianz zu vereinbarenden gemeinsamen Verteidigungspolitik innerhalb der Europäischen Union, die zu gegebener Zeit zu einer gemeinsamen Verteidigung führen könnte, zu stärken.

2. Die WEU wird als Verteidigungskomponente der Europäischen Union und als Mittel zur Stärkung des europäischen Pfeilers der Atlantischen Allianz entwickelt. Zu diesem Zweck wird sie eine gemeinsame europäische Verteidigungspolitik formulieren und diese durch die Weiterentwicklung ihrer operationellen Rolle konkret durchführen.

Die WEU-Mitgliedstaaten nehmen Kenntnis von Artikel J.4 *(14)* des Vertrags über die Europäische Union betreffend die Gemeinsame Außen- und Sicherheitspolitik, der wie folgt lautet:

„(1) Die Gemeinsame Außen- und Sicherheitspolitik umfaßt sämtliche Fragen, welche die Sicherheit der Europäischen Union betreffen, wozu auf längere Sicht auch die Festlegung einer gemeinsamen Verteidigungspolitik gehört, die zu gegebener Zeit zu einer gemeinsamen Verteidigung führen könnte.

(2) Die Union ersucht die Westeuropäische Union (WEU), die integraler Bestandteil der Entwicklung der Europäischen Union

— 269 — **1/13. Vertrag v Maastricht**

Erklärungen

EUV/AEUV
+ Prot/Erkl
Anhänge
EU-Grundrechte-
Charta + Erl
Irland/Tschech Rep
Änderungs- und
Beitrittsverträge
LissV + ZusErl
Liss-BeglNovelle

ist, die Entscheidungen und Aktionen der Union, die verteidigungspolitische Bezüge haben, auszuarbeiten und durchzuführen. Der Rat trifft im Einvernehmen mit den Organen der WEU die erforderlichen praktischen Regelungen.

(3) Die Fragen, die verteidigungspolitische Bezüge haben und die nach diesem Artikel behandelt werden, unterliegen nicht den Verfahren des Artikels J.3 *(13)*.

(4) Die Politik der Union nach diesem Artikel berührt nicht den besonderen Charakter der Sicherheits- und Verteidigungspolitik bestimmter Mitgliedstaaten; sie achtet die Verpflichtungen einiger Mitgliedstaaten aus dem Nordatlantikvertrag und ist vereinbar mit der in jenem Rahmen festgelegten gemeinsamen Sicherheits- und Verteidigungspolitik.

(5) Dieser Artikel steht der Entwicklung einer engeren Zusammenarbeit zwischen zwei oder mehr Mitgliedstaaten auf zweiseitiger Ebene sowie im Rahmen der WEU und der Atlantischen Allianz nicht entgegen, soweit sie der nach diesem Titel vorgesehenen Zusammenarbeit nicht zuwiderläuft und diese nicht behindert.

(6) Zur Förderung des Zieles dieses Vertrags und im Hinblick auf den Termin 1998 im Zusammenhang mit Artikel XII des Brüsseler Vertrags in seiner geänderten Fassung kann dieser Artikel nach Artikel N *(48)* Absatz 2 auf der Grundlage eines dem Europäischen Rat 1996 vom Rat vorzulegenden Berichts, der eine Bewertung der bis dahin erzielten Fortschritte und gesammelten Erfahrungen enthalten wird, revidiert werden."

A. Beziehungen der WEU zur Europäischen Union

3. Ziel ist es, die WEU stufenweise zur Verteidigungskomponente der Europäischen Union auszubauen. Zu diesem Zweck ist die WEU bereit, auf Ersuchen der Europäischen Union Beschlüsse und Aktionen der Union mit verteidigungspolitischen Implikationen zu erarbeiten und durchzuführen.

Zu diesem Zweck ergreift die WEU folgende Maßnahmen, um enge Arbeitsbeziehungen zur Union zu entwickeln:

– soweit angezeigt, Abstimmung der Tagungstermine und -orte und Harmonisierung der Arbeitsweisen;

– Herbeiführung einer engen Zusammenarbeit zwischen dem Rat und dem Generalsekretariat der WEU einerseits und dem Rat der Union und dem Generalsekretariat des Rates andererseits;

– Prüfung der Harmonisierung der Abfolge und Dauer der beiden Präsidentschaften;

– Vereinbarung geeigneter Vorkehrungen, um sicherzustellen, daß die Kommission der Europäischen Gemeinschaften gemäß ihrer Rolle in der Gemeinsamen Außen- und Sicherheitspolitik, wie diese in dem Vertrag über die Europäische Union festgelegt ist, regelmäßig über die WEU-Tätigkeiten informiert und, soweit angezeigt, konsultiert wird;

– Förderung einer engeren Zusammenarbeit zwischen der Parlamentarischen Versammlung der WEU und dem Europäischen Parlament.

Der WEU-Rat trifft im Einvernehmen mit den zuständigen Organen der Europäischen Union die notwendigen praktischen Regelungen.

B. Beziehungen der WEU zur Atlantischen Allianz

4. Ziel ist es, die WEU als Mittel zur Stärkung des europäischen Pfeilers der Atlantischen Allianz zu entwickeln. Dementsprechend ist die WEU bereit, die engen Arbeitsbeziehungen zur Allianz weiterzuentwickeln und die Rolle, die Verantwortlichkeit und die Beiträge der Mitgliedstaaten der WEU innerhalb der Allianz zu stärken. Dies wird auf der Grundlage der erforderlichen Transparenz und Komplementarität zwischen der entstehenden europäischen Sicherheits- und Verteidigungsidentität und der Allianz geschehen. Die WEU wird im Einklang mit den Positionen handeln, die in der Allianz beschlossen wurden:

– Die Mitgliedstaaten der WEU werden ihre Koordinierung in Fragen der Allianz, die von erheblichem gemeinsamen Interesse sind, verstärken, um innerhalb der WEU vereinbarte gemeinsame Positionen in den Konsultationsprozeß der Allianz einzubringen, welche das wesentliche Forum für Konsultationen unter ihren Mitgliedern und für die Vereinbarung von politischen Maßnahmen bleibt, die sich auf die Sicherheits- und Verteidigungsverpflichtungen der Verbündeten des Nordatlantikvertrags auswirken, bleiben wird.

– Soweit notwendig, werden Tagungstermine und -orte abgestimmt und Arbeitsweisen harmonisiert.

– Zwischen den Generalsekretariaten der WEU und der NATO wird eine enge Zusammenarbeit herbeigeführt.

C. Operationelle Rolle der WEU

5. Die operationelle Rolle der WEU wird durch die Prüfung und Festlegung geeigneter Aufgaben, Strukturen und Mittel gestärkt, die im einzelnen folgendes betreffen:

– WEU-Planungsstab;

– engere militärische Zusammenarbeit in Ergänzung der Allianz, insbesondere auf den Gebieten der Logistik, des Transports, der Ausbildung und der strategischen Aufklärung;

– Treffen der Generalstabschefs der WEU;

– der WEU zugeordnete militärische Einheiten.

Zu den sonstigen Vorschlägen, die weiter geprüft werden, gehören:

– verstärkte Rüstungskooperation mit dem Ziel der Schaffung einer Europäischen Rüstungsagentur;

– Weiterentwicklung des WEU-Instituts zu einer Europäischen Sicherheits- und Verteidigungsakademie.

Die Maßnahmen zur Stärkung der operationellen Rolle der WEU werden in vollem Umfang mit den militärischen Vorkehrungen vereinbar sein, die zur Sicherheit der gemeinsamen Verteidigung aller Verbündeten erforderlich sind.

D. Weitere Maßnahmen

6. Als Folge der vorstehend dargelegten Maßnahmen und zur Stärkung der Rolle der WEU wird der Sitz des Rates und des Generalsekretariats der WEU nach Brüssel verlegt.

7. Die Vertretung im Rat der WEU muß so geregelt sein, daß der Rat in der Lage ist, seine Funktionen kontinuierlich gemäß Artikel VIII des geänderten Brüsseler Vertrags auszuüben. Die Mitgliedstaaten können sich hierfür einer noch auszuarbeitenden Formel des „doppelten Hutes", gebildet durch die Vertreter bei der Allianz und der Europäischen Union, bedienen.

8. Die WEU nimmt zur Kenntnis, daß die Union im Einklang mit Artikel J.4 *(14)* Absatz 6 des Vertrags über die Europäische Union betreffend die Gemeinsame Außen- und Sicherheitspolitik beschließen wird, jenen Artikel nach dem vorgesehenen Verfahren zu überprüfen, um die Verwirklichung des darin gesetzten Zieles zu fördern. Die WEU wird die Bestimmungen der vorliegenden Erklärung 1996 überprüfen. Die Überprüfung wird die Fortschritte und Erfahrungen berücksichtigen und sich auch auf die Beziehungen zwischen WEU und Atlantischer Allianz erstrecken.

II. Erklärung Belgiens, Deutschlands, Spaniens, Frankreichs, Italiens, Luxemburgs, der Niederlande, Portugals und des Vereinigten Königreichs, die Mitgliedstaaten der Westeuropäischen Union sind

Die Mitgliedstaaten der WEU begrüßen die Entwicklung der europäischen Sicherheits- und Verteidigungsidentität. Angesichts der Rolle der WEU als Verteidigungskomponente der Europäischen Union und als Instrument zur Stärkung des europäischen Pfeilers der Atlantischen Allianz sind sie entschlossen, die Beziehungen zwischen der WEU und den übrigen europäischen Staaten im Namen der Stabilität und der Sicherheit in Europa auf eine neue Grundlage zu stellen. In diesem Sinne schlagen sie folgendes vor:

Die Staaten, die Mitglieder der Europäischen Union sind, werden eingeladen, der WEU zu den nach Artikel XI des Brüsseler Vertrags in seiner geänderten Fassung zu vereinbarenden Bedingungen beizutreten oder, falls sie dies wünschen, Beobachter zu werden. Gleichzeitig werden die übrigen europäischen Mitgliedstaaten der NATO eingeladen, assoziierte Mitglieder der WEU nach Modalitäten zu werden, die es ihnen ermöglichen, an den Tätigkeiten der WEU voll teilzunehmen.

Die Mitgliedstaaten der WEU gehen davon aus, daß diesen Vorschlägen entsprechende Verträge und Abkommen vor dem 31. Dezember 1992 geschlossen sein werden.

---

31. ERKLÄRUNG
zur Asylfrage

1. Die Konferenz kommt überein, daß der Rat im Rahmen der Arbeiten nach den Artikeln K.1 *(29)* und K.3 *(31)* der Bestimmungen über die Zusammenarbeit in den Bereichen Justiz und Inneres vorrangig die Fragen der Asylpolitik der Mitgliedstaaten mit dem Ziel prüft, unter Berücksichtigung des Arbeitsprogramms und des Terminplans, die in dem vom Europäischen Rat auf der Tagung am

— 271 — **1/13. Vertrag v Maastricht**

Erklärungen

EUV/AEUV
+ Prot/Erkl
Anhänge
EU-Grundrechte-
Charta + Erl
Irland/Tschech Rep
Änderungs- und
Beitrittsverträge
LissV + ZusErl
Liss-BeglNovelle

28. und 29. Juni 1991 in Luxemburg erbetenen Bericht über die Asylfrage enthalten sind, bis Anfang 1993 eine gemeinsame Aktion zur Harmonisierung der Aspekte dieser Politik zu beschließen.

2. In diesem Zusammenhang prüft der Rat bis Ende 1993 anhand eines Berichts auch die Frage einer etwaigen Anwendung des Artikels K.9 *(37)* auf diese Bereiche.

33. ERKLÄRUNG
zu Streitsachen zwischen der EZB bzw. dem EWI und deren Bediensteten

Die Konferenz hält es für richtig, daß das Gericht erster Instanz für diese Gruppe von Klagen nach Artikel 168 a *(225)* des Vertrags zuständig ist. Die Konferenz ersucht deshalb die Organe um eine entsprechende Anpassung der betreffenden Bestimmungen.

32. ERKLÄRUNG
zur polizeilichen Zusammenarbeit

Die Konferenz bestätigt das Einvernehmen der Mitgliedstaaten über die Ziele, die den von der deutschen Delegation auf der Tagung des Europäischen Rates vom 28. und 29. Juni 1991 in Luxemburg unterbreiteten Vorschlägen zugrunde liegen.

Die Mitgliedstaaten kommen zunächst überein, die ihnen unterbreiteten Entwürfe unter Berücksichtigung des Arbeitsprogramms und des Terminplans, die in dem vom Europäischen Rat auf der Tagung in Luxemburg erbetenen Bericht enthalten sind, mit Vorrang zu prüfen, und sind bereit, die Annahme konkreter Maßnahmen in Bereichen, wie sie von dieser Delegation vorgeschlagen worden sind, im Hinblick auf folgende Aufgaben auf dem Gebiet des Informations- und Erfahrungsaustausches in Aussicht zu nehmen:

– Unterstützung der einzelstaatlichen Strafverfolgungs- und Sicherheitsbehörden, insbesondere bei der Koordinierung von Ermittlungen und Fahndungen,

– Aufbau von Informationsdateien,

– zentrale Bewertung und Auswertung von Informationen zur Herstellung von Lagebildern und zur Gewinnung von Ermittlungsansätzen,

– Sammlung und Auswertung einzelstaatlicher Präventionskonzepte zur Weitergabe an die Mitgliedstaaten und zur Ausarbeitung gesamteuropäischer Präventionsstrategien,

– Maßnahmen im Bereich der beruflichen Fortbildung, der Forschung, der Kriminaltechnik und des Erkennungsdienstes.

Die Mitgliedstaaten kommen überein, spätestens im Jahr 1994 anhand eines Berichts zu prüfen, ob diese Zusammenarbeit ausgeweitet werden soll

Die Hohen Vertragsparteien des Vertrags über die Europäische Union haben am 1. Mai 1992 in Guimarães (Portugal) folgende Erklärung angenommen:

ERKLÄRUNG DER HOHEN VERTRAGSPARTEIEN DES VERTRAGS ÜBER DIE EUROPÄISCHE UNION

Die Hohen Vertragsparteien des am 7. Februar 1992 in Maastricht unterzeichneten Vertrags über die Europäische Union geben

nach Prüfung der Bestimmungen des Protokolls Nr. 17 *(6)* zum genannten Vertrag über die Europäische Union, das diesem Vertrag und den Verträgen zur Gründung der Europäischen Gemeinschaften beigefügt ist,

hiermit die nachstehende Rechtsauslegung:

Es war und ist ihre Absicht, daß durch dieses Protokoll nicht die Freiheit eingeschränkt werden soll, zwischen den Mitgliedstaaten zu reisen oder unter Bedingungen, die vom irischen Gesetzgeber in Übereinstimmung mit dem Gemeinschaftsrecht gegebenenfalls festgelegt werden, in Irland Informationen über rechtmäßig in anderen Mitgliedstaaten angebotene Dienstleistungen zu erhalten oder verfügbar zu machen.

Gleichzeitig erklären die Hohen Vertragsparteien feierlich, daß sie im Falle einer künftigen Verfassungsänderung in Irland, die den Gegenstand des Artikels 40.3.3 der irischen Verfassung betrifft und der vorstehend genannten Absicht der Hohen Vertragsparteien zuwiderläuft, nach Inkrafttreten des Vertrags über die Europäische Union eine Änderung des genannten Protokolls wohlwollend erwägen werden, um seine Anwendung auf eine derartige Verfassungsänderung auszuweiten, falls Irland darum nachsucht.

Beitrittsvertrag

1/8. Beitrittsvertrag BGBl 1995/45 idF ABl 1995 L 1, 1

**Vertrag
zwischen
dem Königreich Belgien, dem Königreich
Dänemark, der Bundesrepublik
Deutschland, der Griechischen Republik,
dem Königreich Spanien, der
Französischen Republik, Irland, der
Italienischen Republik, dem
Großherzogtum Luxemburg, dem
Königreich der Niederlande, der Portugie-
sischen Republik, dem Vereinigten
Königreich Großbritannien und
Nordirland (Mitgliedstaaten der
Europäischen Union)
und
dem Königreich Norwegen, der Republik**

**Österreich, der Republik Finnland, dem
Königreich Schweden
über den Beitritt
des Königreichs Norwegen, der Republik
Österreich, der Republik Finnland und des
Königreichs Schweden zur Europäischen
Union[1])**

Seine Majestät der König der Belgier,
Ihre Majestät die Königin von Dänemark,
Der Präsident der Bundesrepublik Deutsch-
land,
Der Präsident der Griechischen Republik,
Seine Majestät der König von Spanien,
Der Präsident der Französischen Republik,
Der Präsident Irlands,
Der Präsident der Italienischen Republik,
Seine Königliche Hoheit der Großherzog von
Luxemburg,
Ihre Majestät die Königin der Niederlande,
Seine Majestät der König von Norwegen,
Der Bundespräsident der Republik Österreich,
Der Präsident der Portugiesischen Republik,
Der Präsident der Republik Finnland,
Seine Majestät der König von Schweden,
Ihre Majestät die Königin des Vereinigten
Königreiches Großbritannien und
Nordirland, –

---

[1]) Zum Titel: Vertrag in der Fassung des Anpas-
sungsbeschlusses ABl 1995 L 1, 1 [Anp]. In Kraft
getreten mit 1.1.1995.

EINIG in dem Willen, die Verwirklichung der
Ziele der die Europäische Union begründenden Verträge fortzuführen,

ENTSCHLOSSEN, im Geiste dieser Verträge
auf den bereits geschaffenen Grundlagen
einen immer engeren Zusammenschluß der
europäischen Völker herbeizuführen,

IN DER ERWÄGUNG, daß Art. O des Vertrags
über die Europäische Union den europäischen
Staaten die Möglichkeit eröffnet, Mitglieder
der Union zu werden,

IN DER ERWÄGUNG, daß das Königreich
Norwegen, die Republik Österreich, die Republik Finnland und das Königreich Schweden beantragt haben, Mitglieder der Union zu
werden,

IN DER ERWÄGUNG, daß sich der Rat der
Europäischen Union nach Einholung der Stellungnahme der Kommission und der Zustimmung des Europäischen Parlaments für die
Aufnahme dieser Staaten ausgesprochen hat –
HABEN BESCHLOSSEN, die Aufnahmebedingungen und die Anpassungen der die Europäische Union begründenden Verträge im
gegenseitigen Einvernehmen festzulegen; sie
haben zu diesem Zweck zu ihren Bevollmächtigten ernannt:
[es folgen die Namen]
DIESE SIND nach Austausch ihrer als gut
und gehörig befundenen Vollmachten
WIE FOLGT ÜBEREINGEKOMMEN:

Artikel 1. (1) Das Königreich Norwegen,
die Republik Österreich, die Republik Finnland und das Königreich Schweden werden
Mitglieder der Europäischen Union und Vertragsparteien der die Union begründenden
Verträge in ihrer jeweiligen geänderten oder
ergänzten Fassung.

(2) Die Aufnahmebedingungen und die
aufgrund der Aufnahme erforderlichen Anpassungen der die Union begründenden Verträge sind in der in diesem Vertrag beigefügten
Akte festgelegt. Die Bestimmungen der Akte
sind Bestandteil dieses Vertrags.

(3) Die Bestimmungen der in Abs. 1 genannten Verträge über die Rechte und Pflichten der Mitgliedstaaten sowie über die Befug-

— 273 —

1/14. BeitrittsV 1994

Akte

EUV/AEUV
+ Prot/Erkl
Anhänge
EU-Grundrechte-
Charta + Erl
Irland/Tschech Rep
Änderungs- und
Beitrittsverträge
LissV + ZusErl
Liss-BeglNovelle

nisse und Zuständigkeiten der Organe der Union gelten auch für diesen Vertrag.

Artikel 2. (1) Dieser Vertrag bedarf der Ratifikation durch die Hohen Vertragsparteien gemäß ihren verfassungsrechtlichen Vorschriften. Die Ratifikationsurkunden werden spätestens am 31. Dezember 1994 bei der Regierung der Italienischen Republik hinterlegt.

(2) [1]²⁾ Dieser Vertrag tritt am 1. Januar 1995 in Kraft, sofern alle Ratifikationsurkunden vor diesem Tag hinterlegt worden sind.

[2] Haben jedoch nicht alle der in Art. 1 Abs. 1 genannten Staaten ihre Ratifikationsurkunden rechtzeitig hinterlegt, so tritt der Vertrag für diejenigen Staaten in Kraft, die ihre Urkunden hinterlegt haben. In diesem Fall beschließt der Rat der Europäischen Union unverzüglich einstimmig die infolgedessen unerläßlichen Anpassungen des Art. 3 dieses Vertrags und der Art. 13, 14, 15, 16, 17, 18, 19, 20, 21, 22, 25, 26, 156, 157, 158, 159, 160, 161, 162, 170 und 176 der Beitrittsakte, des Anhangs I zur Akte sowie der dieser Akte beigefügten Protokolle Nr. 1 und Nr. 6; er kann ferner einstimmig die Bestimmungen der genannten Akte, einschließlich ihrer Anhänge und Protokolle, die sich ausdrücklich auf einen Staat beziehen, der seine Ratifikationsurkunde nicht hinterlegt hat, für hinfällig erklären oder anpassen.

(3) Abweichend von Abs. 2 können die Organe der Union vor dem Beitritt die Maßnahmen erlassen, die in den Art. 30, 39, 42, 43, 44, 45, 46, 47, 48, 53, 57, 59, 62, 74, 75, 76, 92, 93, 94, 95, 100, 102, 105, 119, 120, 121, 122, 127, 128, 131, 142 Abs. 2 und Abs. 3 zweiter Gedankenstrich, 145, 148, 149, 150, 151 und 169 der Beitrittsakte und in Art. 11 Abs. 6 sowie in Art. 12 Abs. 2 des Protokolls Nr. 9 vorgesehen sind. Diese Maßnahmen treten nur vorbehaltlich des Inkrafttretens dieses Vertrags und zum Zeitpunkt seines Inkrafttretens in Kraft.

Artikel 3. Dieser Vertrag ist in einer Urschrift in dänischer, deutscher, englischer, finnischer, französischer, griechischer, irischer, italienischer, niederländischer, norwegischer, portugiesischer, schwedischer und spanischer

---

²⁾ Zu Art 2 Abs 2 UAbs 1 BeitrittsV: Der Beitrittsvertrag enthält nur unbezeichnete Unterabsätze. Zwecks leichterer Zitierbarkeit sind nachstehend alle Unterabsätze mit Bezeichnungen versehen.

Sprache abgefaßt, wobei der Wortlaut in dänischer, deutscher, englischer, finnischer, französischer, griechischer, irischer, italienischer, niederländischer, portugiesischer, schwedischer und spanischer Sprache gleichermaßen verbindlich ist; er wird im Archiv der Regierung der Italienischen Republik hinterlegt; diese übermittelt der Regierung jedes anderen Unterzeichnerstaats eine beglaubigte Abschrift.

ZU URKUND DESSEN haben die unterzeichneten Bevollmächtigten ihre Unterschriften unter diesen Vertrag gesetzt.

Geschehen zu Korfu am 24. Juni 1994.

AKTE
über die Bedingungen des Beitritts der Republik Österreich, der Republik Finnland und des Königreichs Schweden und die Anpassungen der die Europäische Union begründenden Verträge

ERSTER TEIL. GRUNDSÄTZE

Artikel 1. Im Sinne dieser Akte bezieht sich

– der Ausdruck „ursprüngliche Verträge" = auf den Vertrag über die Gründung der Europäischen Gemeinschaft für Kohle und Stahl (EGKS-Vertrag) auf den Vertrag zur Gründung der Europäischen Gemeinschaft (EG-Vertrag) sowie auf den Vertrag zur Gründung der Europäischen Atomgemeinschaft (Euratom-Vertrag) mit den Änderungen oder Ergänzungen, die durch vor diesem Beitritt in Kraft getretene Verträge oder andere Rechtsakte vorgenommen worden sind, = auf den Vertrag über die Europäische Union (EU-Vertrag);

– der Ausdruck auf das Königreich Belgien, das Königreich Dänemark, die Bundesrepublik Deutschland, die Griechische Republik, das Königreich Spanien, die Französische Republik, Irland, die Italienische Republik, das Großherzogtum Luxemburg, das Königreich der Niederlande, die Portugiesische Republik und das Vereinigte Königreich Großbritannien und Nordirland;

– der Ausdruck auf die durch den EU-Verträge geschaffene Europäische Union;

– der Ausdruck je nach Sachlage auf eine bzw. mehrere der unter dem ersten Gedankenstrich genannten Gemeinschaften;

– der Ausdruck auf die Republik Österreich, die Republik Finnland und das Königreich Schweden;

– der Ausdruck auf die durch die ursprünglichen Verträge geschaffenen Organe.

Artikel 2. Ab dem Beitritt sind die ursprünglichen Verträge und die vor dem Beitritt erlassenen Rechtsakte der Organe für die neuen Mitgliedstaaten verbindlich und gelten in diesen Staaten nach Maßgabe der genannten Verträge und dieser Akte.

Artikel 3. Die neuen Mitgliedstaaten verpflichten sich, im Hinblick auf diejenigen Übereinkommen oder Instrumente in den Bereichen Justiz und Inneres, die von der Erreichung der Ziele des EU-Vertrags nicht zu trennen sind,

– denjenigen, die bis zum Beitritt zur Unterzeichnung durch die derzeitigen Mitgliedstaaten aufgelegt worden sind, sowie denjenigen, die vom Rat gemäß Titel VI des EU-Vertrags ausgearbeitet und den Mitgliedstaaten zur Annahme empfohlen worden sind, beizutreten;

– Verwaltungs- und sonstige Vorkehrungen wie etwa diejenigen einzuführen, die von den derzeitigen Mitgliedstaaten oder vom Rat bis zum Tag des Beitritts angenommen wurden, um die praktische Zusammenarbeit zwischen in den Bereichen Justiz und Inneres tätigen Einrichtungen und Organisationen der Mitgliedstaaten zu erleichtern.

Artikel 4. (1)[3]) Die neuen Mitgliedstaaten treten durch diese Akte den Beschlüssen und Vereinbarungen der im Rat vereinigten Vertreter der Regierungen der Mitgliedstaaten bei. Sie verpflichten sich, ab dem Beitritt allen sonstigen von den derzeitigen Mitgliedstaaten für das Funktionieren der Union oder in Verbindung mit deren Tätigkeit geschlossenen Übereinkünften beizutreten.

(2) Die neuen Mitgliedstaaten verpflichten sich, den in Art. 220 *(293)* des EG-Vertrags vorgesehenen Übereinkommen und den von der Verwirklichung der Ziele des EG-Vertrags untrennbaren Übereinkommen sowie den Protokollen über die Auslegung dieser

Übereinkommen durch den Gerichtshof beizutreten, die von den derzeitigen Mitgliedstaaten unterzeichnet wurden, und zu diesem Zweck mit den derzeitigen Mitgliedstaaten Verhandlungen im Hinblick auf die erforderlichen Anpassungen aufzunehmen.

(3) Die neuen Mitgliedstaaten befinden sich hinsichtlich der Erklärungen, Entschließungen oder sonstigen Stellungnahmen des Europäischen Rates oder des Rates sowie hinsichtlich der die Gemeinschaften oder die Union betreffenden Erklärungen, Entschließungen oder sonstigen Stellungnahmen, die von den Mitgliedstaaten im gegenseitigen Einvernehmen angenommen wurden, in derselben Lage wie die derzeitigen Mitgliedstaaten; sie werden demgemäß die sich daraus ergebenden Grundsätze und Leitlinien beachten und die gegebenenfalls zu ihrer Durchführung erforderlichen Maßnahmen treffen.

Artikel 5. (1) Die von einer der Gemeinschaften mit einem oder mehreren dritten Staaten, mit einer internationalen Organisation oder mit einem Staatsangehörigen eines dritten Staates geschlossenen Abkommen oder Übereinkommen sind für die neuen Mitgliedstaaten nach Maßgabe der ursprünglichen Verträge und dieser Akte verbindlich.

(2) Die neuen Mitgliedstaaten verpflichten sich, nach Maßgabe dieser Akte den von den derzeitigen Mitgliedstaaten zusammen mit einer der Gemeinschaften geschlossenen Abkommen oder Übereinkommen sowie den von diesen Staaten geschlossenen Übereinkünften, die mit diesen Abkommen oder Übereinkommen in Zusammenhang stehen, beizutreten. Die Gemeinschaft und die derzeitigen Mitgliedstaaten im Rahmen der Union leisten den neuen Mitgliedstaaten hierbei Hilfe.

(3) Die neuen Mitgliedstaaten treten durch diese Akte und unter den darin vorgesehenen Bedingungen den internen Vereinbarungen bei, welche die derzeitigen Mitgliedstaaten zur Durchführung der Abkommen oder Übereinkommen in Sinne des Abs. 2 geschlossen haben.

(4) Die neuen Mitgliedstaaten ergreifen geeignete Maßnahmen, um gegebenenfalls ihre Stellung in bezug auf internationale Organisationen oder diejenigen internationalen Übereinkünfte, denen auch eine der Gemeinschaften oder andere Mitgliedstaaten als Vertragspartei angehören, den Rechten und Pflichten anzupassen, die sich aus ihrem Beitritt zur Union ergeben.

---

[3]) Zu Art 4 Abs 1 BeitrittsA: Die Beitrittsakte enthält sowohl bezeichnete als auch unbezeichnete Absätze. Zwecks leichterer Zitierbarkeit sind nachstehend alle Absätze mit Bezeichnungen versehen.

1/14. BeitrittsV 1994

Akte

EUV/AEUV
+ Prot/Erkl
Anhänge
EU-Grundrechte-
Charta + Erl
Irland/Tschech Rep
Änderungs- und
Beitrittsverträge
LissV + ZusErl
Liss-BeglNovelle

Artikel 6. Art. 234 *(307)* des EG-Vertrags und die Art. 105 und 106 des Euratom-Vertrags sind für die neuen Mitgliedstaaten auf die vor ihrem Beitritt geschlossenen Abkommen und Vereinbarungen anwendbar.

Artikel 7. Die Bestimmungen dieser Akte können, soweit darin nicht etwas anderes vorgesehen ist, nur nach dem in den ursprünglichen Verträgen vorgesehenen Verfahren, die eine Revision dieser Verträge ermöglichen, ausgesetzt, geändert oder aufgehoben werden.

Artikel 8. Die von den Organen erlassenen Rechtsakte, auf die sich die in dieser Akte vorgesehenen Übergangsbestimmungen beziehen, bewahren ihren Rechtscharakter; insbesondere bleiben die Verfahren zur Änderung dieser Rechtsakte anwendbar.

Artikel 9. Die Bestimmungen dieser Akte, die eine nicht nur vorübergehende Aufhebung oder Änderung von Rechtsakten der Organe zum Gegenstand haben oder bewirken, haben denselben Rechtscharakter wie die durch sie aufgehobenen oder geänderten Bestimmungen und unterliegen denselben Regeln wie diese.

Artikel 10. Für die Anwendung der ursprünglichen Verträge und der Rechtsakte der Organe gelten vorübergehend die in dieser Akte vorgesehenen abweichenden Bestimmungen.

ZWEITER TEIL
ANPASSUNGEN DER VERTRÄGE

Artikel 11 bis 28. [Eingearbeitet bzw nicht abgedruckt]

DRITTER TEIL
ANPASSUNGEN DER RECHTSAKTE DER ORGANE

Artikel 29. Die in Anhang I aufgeführten Rechtsakte sind Gegenstand der in jenem Anhang festgelegten Anpassungen.

Artikel 30. Die infolge des Beitritts erforderlichen Anpassungen der in Anhang II aufgeführten Rechtsakte werden im Einklang mit den dort aufgestellten Leitlinien nach dem Verfahren und nach Maßgabe des Art. 169 vorgenommen.

VIERTER TEIL
ÜBERGANGSMASSNAHMEN

Titel I
INSTITUTIONELLE BESTIMMUNGEN

Artikel 31. (1) Innerhalb der ersten beiden Jahre nach dem Beitritt führt jeder der neuen Mitgliedstaaten eine Wahl zum Europäischen Parlament durch, bei der die in Art. 11[4]) festgesetzte Anzahl von Abgeordneten durch das Volk in allgemeiner unmittelbarer Wahl nach Maßgabe des Aktes vom 20. September 1976 zur Einführung allgemeiner unmittelbarer Wahlen der Abgeordneten des Europäischen Parlaments gewählt wird.

(2) Für die Zeit vom Beitritt bis zu der jeweiligen Wahl nach Abs. 1 werden die Abgeordneten der neuen Mitgliedstaaten im Europäischen Parlament durch die Parlamente dieser Staaten aus ihrer Mitte nach dem von dem betreffenden Staat festgelegten Verfahren ernannt.

(3) Jeder der neuen Mitgliedstaaten kann jedoch beschließen, Wahlen zum Europäischen Parlament in dem Zeitraum zwischen der Unterzeichnung und dem Inkrafttreten des Beitrittsvertrags gemäß dem dieser Akte beigefügten Protokoll Nr. 8 durchzuführen.

(4) Das Mandat der nach Abs. 1 oder Abs. 3 gewählten Abgeordneten endet zur gleichen Zeit wie das Mandat der in den derzeitigen Mitgliedstaaten für den Fünfjahreszeitraum 1994 – 1999 gewählten Abgeordneten.

Titel II

Artikel 32 bis 68. [Nicht abgedruckt]

Titel III
ÜBERGANGSMASSNAHMEN BETREFFEND DIE REPUBLIK ÖSTERREICH

KAPITEL 1
FREIER WARENVERKEHR

EINZIGER ABSCHNITT

NORMEN UND UMWELT

Artikel 69

(1) Während eines Zeitraums von vier Jahren ab dem Beitritt finden die in Anhang VIII genannten Bestimmungen nach Maßgabe jenes Anhangs und entsprechend den darin fest-

---

[4]) Zu Art 31 Abs 1 BeitrittsA: Ändert Art 2 des Direktwahlaktes (*7/1.).

gelegten Bedingungen keine Anwendung auf die Republik Österreich.

(2) Die in Absatz 1 genannten Bestimmungen werden innerhalb dieses Zeitraums im Einklang mit den EG-Verfahren überprüft.

Unbeschadet der Ergebnisse dieser Überprüfung gilt der gemeinschaftliche Besitzstand ab dem Ende der in Absatz 1 genannten Übergangszeit für die neuen Mitgliedstaaten unter den gleichen Bedingungen wie für die derzeitigen Mitgliedstaaten.

KAPITEL 2
FREIZÜGIGKEIT, FREIER DIENSTLEISTUNGS- UND KAPITALVERKEHR

Artikel 70

Abweichend von den Verpflichtungen im Rahmen der die Europäische Union begründenden Verträge kann die Republik Österreich ihre bestehenden Rechtsvorschriften betreffend Zweitwohnungen während eines Zeitraums von fünf Jahren ab dem Beitritt beibehalten.

KAPITEL 3
WETTBEWERBSPOLITIK

Artikel 71

(1) Unbeschadet der Absätze 2 und 3 formt die Republik Österreich ab dem Beitritt ihr Handelsmonopol für verarbeiteten Tabak im Sinne des Artikels 37 *(31)* Absatz 1 des EG-Vertrags schrittweise derart um, daß spätestens drei Jahre ab dem Beitritt jede Diskriminierung in den Versorgungs- und Absatzbedingungen zwischen den Angehörigen der Mitgliedstaaten ausgeschlossen ist.

(2) Bei den in der Liste des Anhangs IX aufgeführten Erzeugnissen wird das ausschließliche Einfuhrrecht spätestens mit Ablauf eines Dreijahreszeitraums ab dem Beitritt abgeschafft. Die Abschaffung dieses Ausschließlichkeitsrechts erfolgt durch die ab dem Beitritt durchgeführte schrittweise Eröffnung von Einfuhrkontingenten für Erzeugnisse aus den Mitgliedstaaten. Zu Beginn eines jeden der drei betreffenden Jahre eröffnet die Republik Österreich ein Kontingent, das anhand der nachstehend genannten Prozentsätze des nationalen Verbrauchs berechnet ist: 15 vH für das erste Jahr, 40 vH für das zweite Jahr, 70 vH für das dritte Jahr. Die diesen Prozentsätzen entsprechenden Mengen sind in der Liste in Anhang IX aufgeführt.

Die in Unterabsatz 1 genannten Kontingente sind für alle Wirtschaftsbeteiligten ohne Einschränkung zugänglich; Erzeugnisse, die im Rahmen dieser Kontingente eingeführt werden, können in der Republik Österreich keinem ausschließlichen Vermarktungsrecht auf Großhandelsebene unterworfen werden; im Fall des Einzelhandelsverkaufs der im Rahmen von Kontingenten eingeführten Erzeugnisse muß die Abgabe dieser Erzeugnisse an den Verbraucher in nichtdiskriminierender Weise erfolgen.

(3) Spätestens ein Jahr nach dem Beitritt errichtet die Republik Österreich eine unabhängige Stelle, deren Aufgabe es ist, im Einklang mit dem EG-Vertrag die Genehmigungen für den Betrieb des Einzelhandels zu erteilen.

Artikel 72

Die Republik Österreich kann bis zum 1. Januar 1996 gegenüber den anderen Mitgliedstaaten die Zölle sowie die Lizenzregelungen beibehalten, die sie zum Zeitpunkt ihres Beitritts auf Spirituosen und nicht denaturiertem Ethylalkohol mit einem Alkoholgehalt von weniger als 80% vol. der HS-Position 22 08 anwendete. Eine solche Lizenzregelung muß in nichtdiskriminierender Weise angewandt werden.

KAPITEL 4
AUSWÄRTIGE BEZIEHUNGEN EINSCHLIESSLICH ZOLLUNION

Artikel 73

Die in Anhang VI aufgeführten Rechtsakte gelten in bezug auf die Republik Österreich unter den in jenem Anhang festgelegten Bedingungen.

Artikel 74

Die Republik Österreich kann bis zum 31. Dezember 1996 gegenüber der Republik Ungarn, der Republik Polen, der Slowakischen Republik, der Tschechischen Republik, der Republik Rumänien und der Republik Bulgarien die Einfuhrbeschränkungen beibehalten, die sie am 1. Januar 1994 für Braunkohle des Code 27 02 10 00 der Kombinierten Nomenklatur anwendet.

An den Europa-Abkommen und gegebenenfalls den Interimsabkommen, die mit diesen Ländern geschlossen worden sind, werden die erforderlichen Anpassungen gemäß Artikel 76 vorgenommen.

– 277 –   **1/14. BeitrittsV 1994**

Akte

EUV/AEUV
+ Prot/Erkl
Anhänge
EU-Grundrechte-
Charta + Erl
Irland/Tschech Rep
Änderungs- und
Beitrittsverträge
LissV + ZusErl
Liss-BeglNovelle

Artikel 75

(1) Ab 1. Januar 1995 wendet die Republik Österreich folgendes an:

a) die Vereinbarung vom 20. Dezember 1973 über den internationalen Handel mit Textilien in der durch die Protokolle vom 31. Juli 1986, 31. Juli 1991, 9. Dezember 1992 und 9. Dezember 1993 geänderten oder verlängerten Fassung oder das Übereinkommen über Textil- und Bekleidungserzeugnisse als Ergebnis der GATT-Handelsverhandlungen der Uruguay-Runde, sofern dieses zum Zeitpunkt des Beitritts bereits in Kraft ist;

b) die von der Gemeinschaft mit Drittländern geschlossenen zweiseitigen Textilabkommen und -vereinbarungen.

(2) Zu den in Absatz 1 genannten zweiseitigen Abkommen und Vereinbarungen handelt die Gemeinschaft mit den betreffenden Drittländern Protokolle aus, um eine entsprechende Anpassung der mengenmäßigen Beschränkungen der Ausfuhren von Textil- und Bekleidungserzeugnissen in die Gemeinschaft vorzunehmen.

(3) Sollten die in Absatz 2 genannten Protokolle bis zum 1. Januar 1995 nicht geschlossen worden sein, so ergreift die Gemeinschaft geeignete Maßnahmen zur Bereinigung dieser Lage und betreffend die erforderlichen Übergangsanpassungen, um die Durchführung der Abkommen durch die Gemeinschaft sicherzustellen.

Artikel 76

(1) Ab dem 1. Januar 1995 wendet die Republik Österreich die Bestimmungen der in Artikel 77 genannten Abkommen an.

(2) Etwaige Anpassungen werden in Protokollen vorgenommen, die mit den übrigen Vertragsstaaten geschlossen und jenen Abkommen beigefügt werden.

(3) Sollten die in Absatz 2 genannten Protokolle bis zum 1. Januar 1995 nicht geschlossen worden sein, so trifft die Gemeinschaft die erforderlichen Maßnahmen, um dieser Lage zum Beitritt Rechnung zu tragen.

Artikel 77

Artikel 76 findet Anwendung auf

– die Abkommen mit Andorra, Algerien, Bulgarien, der ehemaligen Tschechischen und Slowakischen Föderativen Republik und ihren Nachfolgestaaten (Tschechische Republik und Slowakische Republik), Zypern, Ägypten, Ungarn, Island, Israel, Jordanien, Libanon, Malta, Marokko, Norwegen, Polen, Rumänien, Slowenien, der Schweiz, Syrien, Tunesien und der Türkei sowie andere Abkommen mit Drittländern, die ausschließlich den Handel mit den in Anhang II des EG-Vertrags aufgeführten Erzeugnissen betreffen;

– das am 15. Dezember 1989 unterzeichnete Vierte AKP-EWG-Abkommen;

– andere ähnliche Abkommen, die gegebenenfalls vor dem Beitritt geschlossen werden.

Artikel 78

Mit Wirkung ab dem 1. Januar 1995 tritt die Republik Österreich unter anderem von dem am 4. Januar 1960 unterzeichneten Abkommen zur Gründung einer Europäischen Freihandelsassoziation zurück.

KAPITEL 5

FINANZ- UND HAUSHALTSVOR-SCHRIFTEN

Artikel 79

Bezugnahmen auf den Beschluß des Rates über das System der Eigenmittel der Gemeinschaften gelten als Bezugnahmen auf den Beschluß des Rates vom 24. Juni 1988 in seiner jeweiligen Fassung oder einen diesen ersetzenden Beschluß.

Artikel 80

Die als „Zölle des Gemeinsamen Zolltarifs und andere Zölle" bezeichneten Einnahmen im Sinne des Artikels 2 Absatz 1 Buchstabe b des Beschlusses des Rates über das System der Eigenmittel der Gemeinschaften oder entsprechender Vorschriften in einem diesen ersetzenden Beschluß umfassen auch die von der Gemeinschaft für den Handel der Republik Österreich mit Drittländern angewandten Zölle, die anhand der sich aus dem Gemeinsamen Zolltarif ergebenden Zollsätze und diesbezüglicher Zollzugeständnisse berechnet werden.

Artikel 81

Die Gemeinschaft überweist der Republik Österreich am ersten Arbeitstag jeden Monats ein Zwölftel der nachstehenden Beträge als

Ausgaben des Gesamthaushalts der Europäischen Gemeinschaften:
- 583 Millionen ECU im Jahre 1995
- 106 Millionen ECU im Jahre 1996
- 71 Millionen ECU im Jahre 1997
- 35 Millionen ECU im Jahre 1998.

Artikel 82

Der Anteil der Republik Österreich an der Finanzierung der nach seinem Beitritt noch zu leistenden Zahlungen auf die nach Artikel 82 des Abkommens über den Europäischen Wirtschaftsraum eingegangenen Verpflichtungen wird vom Gesamthaushalt der Europäischen Gemeinschaften getragen.

Artikel 83

Der Anteil der Republik Österreich an der Finanzierung des Finanzierungsmechanismus nach Artikel 116 des Abkommens über den Europäischen Wirtschaftsraum wird vom Gesamthaushalt der Europäischen Gemeinschaften getragen.

TITEL IV bis V

Artikel 84 bis 136. [nicht abgedruckt]

TITEL VI
LANDWIRTSCHAFT

Artikel 137

(1) Dieser Titel betrifft die landwirtschaftlichen Erzeugnisse mit Ausnahme der Erzeugnisse der Verordnung (EWG) Nr. 3759/92 über die gemeinsame Marktorganisation für Fischereierzeugnisse und Erzeugnisse der Aquakultur.

(2) Soweit in dieser Akte nichts anderes bestimmt ist, gilt folgendes:
- Der Handel der neuen Mitgliedstaaten untereinander, mit Drittstaaten oder mit den derzeitigen Mitgliedstaaten unterliegt der für die letztgenannten Mitgliedstaaten geltenden Regelung. Die für die derzeitige Gemeinschaft geltende Regelung in bezug auf Einfuhrabgaben und Abgaben gleicher Wirkung, mengenmäßige Beschränkungen und Maßnahmen gleicher Wirkung gilt auch für die neuen Mitgliedstaaten;
- die Rechte und Pflichten aufgrund der Gemeinsamen Agrarpolitik gelten für die neuen Mitgliedstaaten im vollen Umfang.

(3) Die Anwendung der Übergangsmaßnahmen für landwirtschaftliche Erzeugnisse nach Absatz 1 endet, soweit nicht in besonderen Bestimmungen dieses Titels andere Zeitpunkte oder Fristen vorgesehen sind, mit dem Ablauf des fünften Jahres nach dem Beitritt Österreichs und Finnlands. Bei diesen Maßnahmen wird nichtsdestoweniger für jedes Erzeugnis der Gesamterzeugung während des Jahres 1999 voll Rechnung getragen.

KAPITEL I

BESTIMMUNGEN ÜBER EINZEL-STAATLICHE BEIHILFEN

Artikel 138

(1) Während der Übergangszeit dürfen Österreich und Finnland vorbehaltlich der Genehmigung der Kommission den Erzeugern der landwirtschaftlichen Grunderzeugnisse, die der Gemeinsamen Agrarpolitik unterliegen, in geeigneter Form degressive einzelstaatliche Übergangsbeihilfen gewähren.

Diese Beihilfen können insbesondere regional gestaffelt werden.

(2) Die Kommission genehmigt die Beihilfen nach Absatz 1
- in allen Fällen, in denen sich aus den von einem neuen Mitgliedstaat angeführten Umständen ergibt, daß zwischen dem Betrag der seinen Erzeugern je Erzeugnis vor dem Beitritt gezahlten Stützung und der Höhe der Stützung, die aufgrund der Gemeinsamen Agrarpolitik gezahlt werden kann, eine wesentliche Differenz besteht;
- bis zu einem Anfangsbetrag, der höchstens dieser Differenz entspricht.

Differenzen, die anfangs weniger als 10 vH betragen, gelten nicht als wesentlich.

Die Genehmigung der Kommission wird jedoch
- in Übereinstimmung mit den internationalen Verpflichtungen der erweiterten Gemeinschaft erteilt;
- hinsichtlich Schweinefleisch, Eier und Geflügel unter Berücksichtigung der Preisangleichungen für Futtermittel Rechnung tragen;
- nicht für Tabak erteilt.

(3) Der Betrag der Stützung nach Absatz 2 wird für jedes landwirtschaftliche Grunderzeugnis berechnet. Berücksichtigt werden dabei insbesondere Preisstützungsmaßnahmen aufgrund von Interventionsmechanismen oder

— 279 —

1/14. BeitrittsV 1994

Akte

EUV/AEUV
+ Prot/Erkl
Anhänge
EU-Grundrechte-
Charta + Erl
Irland/Tschech Rep
Änderungs- und
Beitrittsverträge
LissV + ZusErl
Liss-BeglNovelle

anderen Machanismen sowie die Gewährung von Beihilfen, die an die Produktionseinheit gebunden sind, und die Gewährung von Beihilfen, die Betriebe für spezifische Erzeugnisse erhalten.

(4) Die Genehmigung der Kommission

– legt die höchstzulässige Anfangshöhe der Beihilfen, den Zeitplan ihres Abbaus sowie gegebenenfalls die Voraussetzungen für ihre Gewährung fest, wobei auch sonstige Beihilfen aufgrund des Gemeinschaftsrechts, die nicht unter diesen Artikel fallen, berücksichtigt werden;

– wird vorbehaltlich der Anpassungen erteilt, die aufgrund

– der Entwicklung der Gemeinsamen Agrarpolitik,

– der Entwicklung des Preisniveaus in der Gemeinschaft

erforderlich werden können.

Erweisen sich derartige Anpassungen als erforderlich, so werden der Betrag der Beihilfe oder die Voraussetzungen für ihre Gewährung auf Ersuchen der Kommission oder auf der Grundlage einer Entscheidung der Kommission geändert.

(5) Unbeschadet der Absätze 1 bis 4 genehmigt die Kommission nach Absatz 1 insbesondere die in Anhang XIII vorgesehenen einzelstaatlichen Beihilfen im Rahmen und unter den Bedingungen jenes Anhangs.

Artikel 139

(1) Die Kommission gestattet Österreich und Finnland, die Gewährung von Beihilfen beizubehalten, die nicht an eine besondere Erzeugung gebunden sind und die daher bei der Berechnung des Stützungsbetrags nach Artikel 138 Absatz 3 nicht berücksichtigt werden. In diesem Sinne sind insbesondere Betriebsbeihilfen gestattet.

(2) Für die Beihilfen nach Absatz 1 gelten die Bestimmungen des Artikels 138 Absatz 4.

Beihilfen gleicher Art, die durch die Gemeinsame Agrarpolitik vorgesehen oder mit dem Gemeinschaftsrecht vereinbar sind, werden von dem Betrag abgezogen.

(3) Nach diesem Artikel genehmigte Beihilfen werden spätestens mit dem Ende der Übergangszeit abgeschafft.

(4) Investitionsbeihilfen sind von der Anwendung des Absatzes 1 ausgeschlossen.

Artikel 140

Die Kommission gestattet Österreich und Finnland, die in Anhang XIV vorgesehenen einzelstaatlichen Übergangsbeihilfen in dem dort vorgesehenen Rahmen und unter den dort vorgesehenen Bedingungen zu gewähren. In ihrer Genehmigung legt die Kommission die Anfangshöhe der Beihilfen, sofern sich diese nicht aus den in dem Anhang vorgesehenen Bedingungen ergibt, sowie den Zeitplan ihres Abbaus fest.

Artikel 141 bis 142. [nicht abgedruckt]

Artikel 143

(1) Die Beihilfen nach den Artikeln 138 bis 142 sowie jede andere einzelstaatliche Beihilfe, die im Rahmen dieser Akte der Genehmigung durch die Kommission bedarf, werden der Kommission notifiziert. Sie dürfen nicht vor Erteilung der Genehmigung gewährt werden.

Haben die neuen Mitgliedstaaten bestehende oder beabsichtigte Beihilfemaßnahmen bereits vor dem Beitritt mitgeteilt, so gelten diese als am Tag des Beitritts notifiziert.

(2) In bezug auf die Beihilfen nach Artikel 142 legt die Kommission dem Rat ein Jahr nach dem Beitritt und danach alle fünf Jahre einen Bericht vor über

– die erteilten Genehmigungen;

– die Ergebnisse der Beihilfen, die aufgrund der Genehmigungen gewährt wurden.

Im Hinblick auf die Erstellung dieses Berichts liefern die Mitgliedstaaten, welche diese Genehmigungen erhalten haben, der Kommission rechtzeitig Informationen über die Auswirkungen der gewährten Beihilfen unter Darstellung der Entwicklung der Landwirtschaft in den betroffenen Regionen.

Artikel 144

In bezug auf die Beihilfen nach den Artikeln 92 *(87)* und 93 *(88)* des EG-Vertrags

a) gelten von den in den neuen Mitgliedstaaten vor dem Beitritt angewandten Beihilfen nur diejenigen als „bestehende" Beihilfen nach Artikel 93 *(88)* Absatz 1 des EG-Vertrags, die der Kommission bis zum 30. April 1995 mitgeteilt werden;

b) gelten bestehende Beihilfen und Vorhaben zur Einführung oder Umgestaltung von Beihilfen, die der Kommission vor dem

Beitritt mitgeteilt werden, als am Tag des Beitritts notifiziert.

KAPITEL II

ANDERE BESTIMMUNGEN

Artikel 145

(1) Die von den neuen Mitgliedstaaten aufgrund ihrer Politik zur Marktstützung am 1. Januar 1995 gehaltenen öffentlichen Bestände werden von der Gemeinschaft in Höhe des Wertes übernommen, der sich aus der Anwendung des Artikels 8 der Verordnung (EWG) Nr. 1883/78 des Rates über die allgemeinen Regeln für die Finanzierung der Interventionen durch den Europäischen Ausrichtungs- und Garantiefonds für die Landwirtschaft, Abteilung Garantie ergibt.

(2) Jeder Warenbestand, der sich am 1. Januar 1995 im Hoheitsgebiet der neuen Mitgliedstaaten im freien Verkehr befindet und mengenmäßig einen als normal anzusehenden Übertragbestand übersteigt, muß von diesen Mitgliedstaaten auf ihre Kosten im Rahmen der Gemeinschaftsverfahren und Fristen abgebaut werden, die nach dem in Artikel 149 Absatz 1 genannten Verfahren noch festzulegen sind. Der Begriff „normaler Übertragbestand" wird für jedes Erzeugnis nach den Kriterien und Zielen der jeweiligen gemeinsamen Marktorganisation festgelegt.

(3) Die in Absatz 1 genannten Bestände werden von der den normalen Übertragbestand übersteigenden Menge abgezogen.

Artikel 146. [nicht abgedruckt]

Artikel 147

Bringt vor dem 1. Januar 2000 im Agrarsektor der Handel zwischen einem oder mehreren der neuen Mitgliedstaaten und der Gemeinschaft in ihrer Zusammensetzung am 31. Dezember 1994 oder der Handel der neuen Mitgliedstaaten untereinander erhebliche Störungen auf dem Markt Österreichs oder Finnlands mit sich, so entscheidet die Kommission auf Antrag des betroffenen Mitgliedstaats binnen 24 Stunden nach Eingang des Antrags über die ihres Erachtens erforderlichen Schutzmaßnahmen. Die beschlossenen Maßnahmen sind sofort anwendbar; sie tragen dem Interesse aller Beteiligten Rechnung und dürfen keine Grenzkontrollen mit sich bringen.

Artikel 148

(1) Sofern nicht in bestimmten Fällen etwas anderes bestimmt ist, erläßt der Rat mit qualifizierter Mehrheit auf Vorschlag der Kommission die zur Durchführung dieses Titels erforderlichen Bestimmungen.

(2) Der Rat kann einstimmig auf Vorschlag der Kommission und nach Anhörung des Europäischen Parlaments die bei einer Änderung der Gemeinschaftsregelung gegebenenfalls erforderlichen Anpassungen der in diesem Titel enthaltenen Bestimmungen vornehmen.

Artikel 149

(1) Sind Übergangsmaßnahmen notwendig, um die Überleitung von der in den neuen Mitgliedstaaten bestehenden Regelung zu der Regelung zu erleichtern, die sich aus der Anwendung der gemeinsamen Marktorganisationen nach Maßgabe dieses Titels ergibt, so werden diese Maßnahmen nach dem Verfahren des Artikels 38 der Verordnung Nr. 136/66/EWG oder der entsprechenden Artikel der anderen Verordnungen über gemeinsame Agrarmarktorganisationen getroffen. Diese Maßnahmen können während eines Zeitraums, der am 31. Dezember 1997 endet, getroffen werden; sie sind nur bis zu diesem Zeitpunkt anwendbar.

(2) Der Rat kann einstimmig auf Vorschlag der Kommission und nach Anhörung des Europäischen Parlaments den in Absatz 1 genannten Zeitraum verlängern.

Artikel 150

(1) Die Übergangsmaßnahmen zur Anwendung der in dieser Akte nicht genannten Rechtsakte im Bereich der Gemeinsamen Agrarpolitik einschließlich der Agrarstruktur, die infolge des Beitritts erforderlich sind, werden vor dem Beitritt nach dem Verfahren des Absatzes 3 erlassen und treten frühestens mit dem Beitritt in Kraft.

(2) Die Übergangsmaßnahmen nach Absatz 1 umfassen insbesondere die Anpassung der Rechtsakte, welche die Mitfinanzierung bestimmter Maßnahmen im Bereich der Statistik und der Ausgabenkontrolle zugunsten der derzeitigen Mitgliedstaaten vorsehen.

Sie können auch vorsehen, daß unter bestimmten Voraussetzungen Wirtschaftsteilnehmer des Privatsektors – natürlichen oder juristischen Personen –, die am 1. Januar 1995 Bestände von Erzeugnissen nach Artikel 138 Absatz 1 oder von deren Verarbeitungserzeugnissen halten, eine einzelstaatliche Bei-

— 281 — **1/14. BeitrittsV 1994**

Akte

EUV/AEUV
+ Prot/Erkl
Anhänge
EU-Grundrechte-
Charta + Erl
Irland/Tschech Rep
Änderungs- und
Beitrittsverträge
LissV + ZusErl
Liss-BeglNovelle

hilfe gewährt werden kann, die höchstens der Differenz zwischen dem in einem neuen Mitgliedstaat vor dem Beitritt festgestellten Preis und dem sich aus der Anwendung dieser Akte ergebenden Preis entspricht.

(3) Die Übergangsmaßnahmen nach den Absätzen 1 und 2 werden vom Rat mit qualifizierter Mehrheit auf Vorschlag der Kommission erlassen. Die Maßnahmen, die sich auf ursprünglich von der Kommission erlassene Rechtsakte beziehen, werden jedoch von diesem Organ nach den in Artikel 149 Absatz 1 genannten Verfahren erlassen.

TITEL VII
SONSTIGE BESTIMMUNGEN

Artikel 151

(1) Die in Anhang XV aufgeführten Rechtsakte gelten für die neuen Mitgliedstaaten unter den in jenem Anhang festgelegten Bedingungen.

(2) Auf ordnungsgemäß begründeten Antrag eines der neuen Mitgliedstaaten kann der Rat einstimmig auf Vorschlag der Kommission vor dem 1. Januar 1995 Maßnahmen ergreifen, die zeitweilige Abweichungen von den Rechtsakten der Organe beinhalten, welche zwischen dem 1. Januar 1994 und dem Zeitpunkt der Unterzeichnung des Beitrittsvertrags dieser Akte erlassen worden sind.

Artikel 152

(1) Bis zum 1. Januar 1996 kann ein neuer Mitgliedstaat bei Schwierigkeiten, welche einen Wirtschaftszweig erheblich und voraussichtlich anhaltend treffen oder welche die wirtschaftliche Lage eines bestimmten Gebiets beträchtlich verschlechtern können, die Genehmigung zur Anwendung von Schutzmaßnahmen beantragen, um die Lage wieder auszugleichen und den betreffenden Wirtschaftszweig an die Wirtschaft des Gemeinsamen Marktes anzupassen.

Unter den gleichen Bedingungen kann ein derzeitiger Mitgliedstaat die Genehmigung zur Anwendung von Schutzmaßnahmen gegenüber einem oder mehreren der neuen Mitgliedstaaten beantragen.

(2) Auf Antrag des betreffenden Staates bestimmt die Kommission im Dringlichkeitsverfahren die ihres Erachtens erforderlichen Schutzmaßnahmen und legt gleichzeitig die Bedingungen und Einzelheiten ihrer Anwendung fest.

Im Fall erheblicher wirtschaftlicher Schwierigkeiten entscheidet die Kommission auf ausdrücklichen Antrag des betreffenden Mitgliedstaats binnen fünf Arbeitstagen nach Eingang des mit Gründen versehenen Antrags. Die beschlossenen Maßnahmen sind sofort anwendbar; sie tragen dem Interesse aller Beteiligten Rechnung und dürfen keine Grenzkontrollen mit sich bringen.

(3) Die nach Absatz 2 genehmigten Maßnahmen können von den Vorschriften des EG-Vertrags, des EGKS-Vertrags und dieser Akte abweichen, soweit und solange dies unbedingt erforderlich ist, um die in Absatz 1 genannten Ziele zu erreichen. Es sind mit Vorrang solche Maßnahmen zu wählen, die das Funktionieren des Gemeinsamen Marktes am wenigsten stören.

Artikel 153

Um das reibungslose Funktionieren des Binnenmarkts nicht zu behindern, darf die Durchführung der innerstaatlichen Vorschriften der neuen Mitgliedstaaten während der in dieser Akte vorgesehenen Übergangszeiten nicht zu Grenzkontrollen zwischen den Mitgliedstaaten führen.

FÜNFTER TEIL
BESTIMMUNGEN ÜBER DIE DURCHFÜHRUNG DIESER AKTE

Titel I
EINSETZUNG DER ORGANE UND GREMIEN

Artikel 154 bis 165. [Nicht abgedruckt]

Titel II
ANWENDBARKEIT DER RECHTSAKTE DER ORGANE

Artikel 166. Die Richtlinien und Entscheidungen im Sinne des Art. 189 *(249)* des EG-Vertrags und des Art. 161 des Euratom-Vertrags sowie die Empfehlungen und Entscheidungen im Sinne des Art. 14 des EGKS-Vertrags gelten vom Zeitpunkt des Beitritts an als an die neuen Mitgliedstaaten gerichtet, sofern diese Richtlinien, Empfehlungen und Entscheidungen an alle derzeitigen Mitgliedstaaten gerichtet wurden. Außer im Fall der Richtlinien und Entscheidungen gemäß Art. 191 *(254)* Abs. 1 und 2 des EG-Vertrags in Kraft treten, werden die neuen Mitgliedstaaten so behandelt, als wären ihnen diese

Richtlinien, Empfehlungen und Entscheidungen zum Zeitpunkt des Beitritts notifiziert worden.

Artikel 167

Die Anwendung der in der Liste des Anhangs XVIII aufgeführten Rechtsakte kann in jedem der neuen Mitgliedstaaten bis zu den in dieser Liste vorgesehenen Zeitpunkten und unter den dort vorgesehenen Bedingungen aufgeschoben werden.

Artikel 168

Sofern in der Liste des Anhangs XIX oder in anderen Bestimmungen dieser Akte nicht eine Frist vorgesehen ist, setzen die neuen Mitgliedstaaten die erforderlichen Maßnahmen in Kraft, um den Richtlinien und Entscheidungen im Sinne des Artikels 189 *(249)* des EG-Vertrags und des Artikels 161 des Euratom-Vertrags sowie den Empfehlungen und Entscheidungen im Sinne des Artikels 14 des EGKS-Vertrags vom Beitritt an nachzukommen.

Artikel 169

(1) Erfordern vor dem Beitritt erlassene Rechtsakte der Organe aufgrund des Beitritts eine Anpassung in dieser Akte oder ihren Anhängen nicht vorgesehen, so werden diese Anpassungen nach dem in Absatz 2 vorgesehenen Verfahren vorgenommen. Diese Anpassungen treten mit dem Beitritt in Kraft.

(2) Der Rat oder die Kommission, je nachdem, welches Organ die ursprünglichen Rechtsakte erlassen hat, legt zu diesem Zweck die erforderlichen Wortlaute fest; der Rat beschließt dabei mit qualifizierter Mehrheit auf Vorschlag der Kommission.

Artikel 170

Die vor dem Beitritt erlassenen Rechtsakte der Organe in den vom Rat oder von der Kommission in finnischer und schwedischer Sprache abgefaßten Wortlauten sind vom Zeitpunkt des Beitritts an unter den gleichen Bedingungen wie die Wortlaute in den neun derzeitigen Sprachen verbindlich. Sie werden im *Amtsblatt der Europäischen Gemeinschaften* veröffentlicht, soweit die Wortlaute in den derzeitigen Sprachen dort veröffentlicht worden sind.

Artikel 171

Die zum Zeitpunkt des Beitritts bestehenden Vereinbarungen, Beschlüsse und verabredeten Praktiken, die aufgrund des Beitritts in den Anwendungsbereich des Artikels 65 des EGKS-Vertrags fallen, sind der Kommission binnen drei Monaten nach dem Beitritt zu notifizieren. Nur die notifizierten Vereinbarungen und Beschlüsse bleiben bis zur Entscheidung der Kommission vorläufig in Kraft. Dieser Artikel gilt jedoch nicht für Vereinbarungen, Beschlüsse und verabredete Praktiken, die zum Zeitpunkt des Beitritts bereits unter die Artikel 1 und 2 des Protokolls 25 zum EWR-Abkommen fallen.

Artikel 172

(1) Ab dem Beitritt stellen die neuen Mitgliedstaaten sicher, daß alle einschlägigen Notifikationen oder Informationen, die der EFTA-Überwachungsbehörde oder dem Ständigen Ausschuß der EFTA-Staaten im Rahmen des EWR-Abkommens vor dem Beitritt übermittelt worden waren, der Kommission unverzüglich übermittelt werden. Diese Übermittlung gilt als Notifikation oder Information an die Kommission im Sinne der entsprechenden Gemeinschaftsvorschriften.

(2) Ab dem Beitritt stellen die neuen Mitgliedstaaten sicher, daß Rechtssachen, die unmittelbar vor dem Beitritt bei der EFTA-Überwachungsbehörde nach den Artikeln 53, 54, 61 und 62 oder 65 des EWR-Abkommens oder nach Artikel 1 oder 2 des Protokolls 25 zum EWR-Abkommen anhängig sind und die infolge des Beitritts in die Zuständigkeit der Kommission fallen, einschließlich der Rechtssachen, bei denen die zugrundeliegenden Tatsachen vor dem Beitritt ein Ende fanden, unverzüglich der Kommission überwiesen werden, die sie in Anwendung der entsprechenden Gemeinschaftsvorschriften unter Wahrung des Anhörungsrechts weiterbehandelt.

(3) Rechtssachen, die nach Artikel 53 oder 54 des EWR-Abkommens oder nach Artikel 1 oder 2 des Protokolls 25 zum EWR-Abkommen bei der Kommission anhängig sind und die infolge des Beitritts unter Artikel 85 *(81)* oder 86 *(82)* des EG-Vertrags oder unter Artikel 65 oder Artikel 66 des EGKS-Vertrags fallen, einschließlich der Rechtssachen, bei denen die zugrundeliegenden Tatsachen vor dem Beitritt ein Ende fanden, werden von der Kommission in Anwendung der entsprechenden Gemeinschaftsvorschriften weiterbehandelt.

— 283 — **1/14. BeitrittsV 1994**

Akte

EUV/AEUV
+ Prot/Erkl
Anhänge
EU-Grundrechte-
Charta + Erl
Irland·Tschech·Rep
Änderungs- und
Beitrittsverträge
LissV + ZusErl
Liss-BeglNovelle

(4) Einzelne Freistellungs- und Negativattestbeschlüsse, die nach Artikel 53 des EWR-Abkommens oder Artikel 1 des Protokolls 25 zum EWR-Abkommen vor dem Beitritt entweder von der EFTA-Überwachungsbehörde oder von der Kommission erlassen wurden und die Fälle betreffen, die infolge des Beitritts unter Artikel 85 *(81)* des EG-Vertrags oder unter Artikel 65 des EGKS-Vertrags fallen, bleiben beim Beitritt für die Zwecke des Artikels 85 *(81)* des EG-Vertrags bzw. des Artikels 65 des EGKS-Vertrags bis zum Ablauf der darin festgelegten Frist oder bis die Kommission gemäß den Grundprinzipien des Gemeinschaftsrechts eine ordnungsgemäß begründete anderslautende Entscheidung getroffen hat, gültig.

(5) Alle Beschlüsse der EFTA-Überwachungsbehörde, die vor dem Beitritt nach Artikel 61 des EWR-Abkommens erlassen wurden und die infolge des Beitritts unter Artikel 92 *(87)* des EG-Vertrags fallen, bleiben beim Beitritt hinsichtlich des Artikels 92 *(87)* des EG-Vertrags gültig, es sei denn, die Kommission faßt gemäß Artikel 93 *(88)* des EG-Vertrags einen anderslautenden Beschluß. Dieser Absatz gilt nicht für Beschlüsse, für die das Verfahren nach Artikel 64 des EWR-Abkommens gilt. Unbeschadet des Absatzes 2 werden von den neuen Mitgliedstaaten 1994 gewährte staatliche Beihilfen, die entgegen dem EWR-Abkommen oder auf dessen Grundlage getroffener Vereinbarungen entweder der EFTA-Überwachungsbehörde nicht notifiziert wurden oder zwar notifiziert, aber vor einer Entscheidung der EFTA-Überwachungsbehörde gewährt wurden, folglich nicht als bestehende staatliche Beihilfen gemäß Artikel 93 *(88)* Absatz 1 des EG-Vertrags angesehen.

(6) Ab dem Beitritt stellen die neuen Mitgliedstaaten sicher, daß alle anderen Rechtssachen, in denen die EFTA-Überwachungsbehörde vor dem Beitritt im Rahmen des Überwachungsverfahrens nach dem EWR-Abkommen tätig geworden ist, unverzüglich der Kommission überwiesen werden, die sie in Anwendung der entsprechenden Gemeinschaftsvorschriften unter Wahrung des Anhörungsrechts weiterbehandelt.

(7) Unbeschadet der Absätze 4 und 5 bleiben die von der EFTA-Überwachungsbehörde getroffenen Entscheidungen nach dem Beitritt gültig, es sei denn, die Kommission trifft gemäß den Grundprinzipien des Gemeinschaftsrechts eine ordnungsgemäß begründete anderslautende Entscheidung.

Artikel 173

Die neuen Mitgliedstaaten teilen der Kommission nach Artikel 33 des Euratom-Vertrags binnen drei Monaten nach dem Beitritt die Rechts- und Verwaltungsvorschriften mit, die im Hoheitsgebiet dieser Staaten den Gesundheitsschutz der Arbeitnehmer und der Bevölkerung gegen die Gefahren ionisierender Strahlungen sicherstellen sollen.

Titel III
SCHLUSSBESTIMMUNGEN

Artikel 174. Die Anhänge I bis XIX und die Protokolle Nr. 1 bis 10, die dieser Akte beigefügt sind, sind Bestandteil der Akte.

Artikel 175. Die Regierung der Französischen Republik übermittelt den Regierungen der neuen Mitgliedstaaten je eine beglaubigte Abschrift des Vertrags über die Gründung der Europäischen Gemeinschaft für Kohle und Stahl und derjenigen Verträge zur Änderung des genannten Vertrags, die bei der Regierung der Französischen Republik hinterlegt sind.

Artikel 176. (1) Die Regierung der Italienischen Republik übermittelt den Regierungen der neuen Mitgliedstaaten je eine beglaubigte Abschrift des Vertrags zur Gründung der Europäischen Gemeinschaft, des Vertrags zur Gründung der Europäischen Atomgemeinschaft und der Verträge, durch die sie geändert oder ergänzt wurden, einschließlich der Verträge über den Beitritt des Königreichs Dänemark, Irlands und des Vereinigten Königreichs Großbritannien und Nordirland, der Republik Griechenland sowie des Königreichs Spanien und der Portugiesischen Republik zur Europäischen Wirtschaftsgemeinschaft und zur Europäischen Atomgemeinschaft, sowie ferner des Vertrags über die Europäische Union, in dänischer, deutscher, englischer, französischer, griechischer, irischer, italienischer, niederländischer, portugiesischer und spanischer Sprache.

(2) Die in finnischer und schwedischer Sprache abgefaßten Wortlaute dieser Verträge sind dieser Akte beigefügt. Diese Wortlaute sind gleichermaßen verbindlich wie die Wortlaute der in Abs. 1 genannten Verträge in den neun derzeitigen Sprachen.

Artikel 177. Eine beglaubigte Abschrift der im Archiv des Generalsekretariats des Rates der Europäischen Union hinterlegten internationalen Übereinkünfte wird den Regierungen der neuen Mitgliedstaaten vom Generalsekretär übermittelt.

Anhänge I bis XIX. [Nicht abgedruckt]

PROTOKOLL Nr. 1
über die Satzung der Europäischen Investitionsbank

ERSTER TEIL
Anpassung der Satzung der Europäischen Investitionsbank

Artikel 1 bis 5.
Hinweis

ZWEITER TEIL
Sonstige Bestimmungen

Artikel 6 (1) Die neuen Mitgliedstaaten zahlen folgende Beträge entsprechend ihrem Anteil an dem von den Mitgliedstaaten zum 1. Januar 1995 einzuzahlenden Teil des Kapitals:

Schweden	137 913 558 ECU,
Österreich	103 196 917 ECU,
Finnland	59 290 577 ECU.

Diese Beiträge werden in fünf gleichen Halbjahresraten gezahlt, die jeweils am 30. April und 31. Oktober fällig werden. Die erste Rate wird an demjenigen der beiden Daten fällig, das dem Zeitpunkt des Beitritts als nächstes folgt.

(2) An dem Teil, der zum Zeitpunkt des Beitritts aufgrund der am 11. Juni 1990 beschlossenen Kapitalerhöhung noch einzuzahlen ist, beteiligen sich die neuen Mitgliedstaaten wie folgt:

Schweden	14 069 444 ECU,
Österreich	10 527 778 ECU,
Finnland	6 048 611 ECU.

Diese Beträge werden in acht gleichen Halbjahresraten gezahlt, die ab 30. April 1995 entsprechend dem für diese Kapitalerhöhungen festgelegten Zeitplan fällig werden.

Artikel 7. Die neuen Mitgliedstaaten leisten zum Reservefonds, zu der zusätzlichen Rücklage und zu den den Rücklagen gleichzusetzenden Rückstellungen sowie zu dem den Rücklagen und Rückstellungen noch zuzuweisenden Betrag (Saldo der Gewinn- und Verlustrechnung zum 31. Dezember des dem Beitritt vorausgehenden Jahres), wie sie in der genehmigten Bilanz der Bank ausgewiesen werden, zu den in Art. 6 Absatz 1 dieses Protokolls vorgesehenen Zeitpunkten Beiträge, die folgenden Prozentsätzen der Rücklagen und Rückstellungen entsprechen:

Schweden	3,51736111 vH,
Österreich	2,63194444 vH,
Finnland	1,51215278 vH.

Artikel 8. Die in den Art. 6 und 7 dieses Protokolls vorgesehenen Einzahlungen werden von den neuen Mitgliedstaaten in ECU oder in ihrer Landeswährung geleistet.

Erfolgt die Zahlung in Landeswährung, so wird für die Berechnung der einzuzahlenden Beträge der ECU-Umrechnungskurs zugrunde gelegt, der am letzten Arbeitstag des den betreffenden Einzahlungsterminen vorausgehenden Monats gilt. Die gleiche Berechnungsweise gilt für den Kapitalausgleich nach Art. 7 des Protokolls über die Satzung der Bank.

Artikel 9. (1) Unmittelbar nach dem Beitritt erhöht der Rat der Gouverneure die Mitgliederzahl des Verwaltungsrats durch Bestellung von drei ordentlichen Mitgliedern, von denen jeder neue Mitgliedstaat eines benennt, sowie eines im gegenseitigen Einvernehmen von der Republik Österreich, der Republik Finnland und dem Königreich Schweden benannten stellvertretenden Mitglieds.

(2) Die Amtszeit der so bestellten ordentlichen Mitglieder und des so bestellten stellvertretenden Mitglieds läuft mit dem Ende der Jahressitzung des Rates der Gouverneure ab, auf welcher der Jahresbericht für das Geschäftsjahr 1997 geprüft wird.

PROTOKOLL Nr. 2
über die Ålandinseln

Hinweis

PROTOKOLL Nr. 3
über die Samen

Hinweis

PROTOKOLL Nr. 4
über den Erdölsektor in Norwegen

(hinfällig)

PROTOKOLL Nr. 5
über die Beteiligung der neuen Mitgliedstaaten an den Mitteln der Europäischen Gemeinschaft für Kohle und Stahl

Der Beitrag der neuen Mitgliedstaaten zu den Mitteln der Europäischen Gemeinschaft für Kohle und Stahl wird wie folgt festgesetzt:
– Republik Österreich: 15 300 000 ECU
– Republik Finnland: 12 100 000 ECU
– Königreich Schweden   16 700 000 ECU.
Diese Beiträge werden in zwei zinsfreien gleichen Raten geleistet, die erste am 1. Januar 1995 und die zweite am 1. Januar 1996.

PROTOKOLL Nr. 6
über Sonderbestimmungen für Ziel Nr. 6 im Rahmen der Strukturfonds in Finnland, Norwegen und Schweden

(Hinweis)

PROTOKOLL Nr. 7
über Svalbard

(hinfällig)

PROTOKOLL Nr. 8
über Wahlen zum Europäischen Parlament in einigen neuen Mitgliedstaaten während der Interimszeit

(Hinweis)

PROTOKOLL Nr. 9
über den Straßen- und Schienenverkehr sowie den kombinierten Verkehr in Österreich

TEIL 1

Begriffsbestimmungen

Artikel 1. Im Sinne dieses Protokolls gelten

a) „Fahrzeug" ein Fahrzeug im Sinne des Artikels 2 der Verordnung (EWG) Nr. 881/92 in der zum Zeitpunkt der Unterzeichnung des Beitrittsvertrages angewandten Fassung;

b) „grenzüberschreitender Verkehr" ein grenzüberschreitender Verkehr im Sinne des Artikels 2 der Verordnung (EWG) Nr. 881/92 in der zum Zeitpunkt der Unterzeichnung des Beitrittsvertrags angewandten Fassung;

c) „Transitverkehr durch Österreich" jeder Verkehr durch österreichisches Hoheitsgebiet, bei dem der Ausgangs- und Zielpunkt außerhalb Österreichs liegen;

d) „Lastkraftwagen" jedes zur Beförderung von Gütern oder zum Ziehen von Anhängern in einem Mitgliedstaat zugelassene Kraftfahrzeug mit einem höchstzulässigen Gesamtgewicht von über 7,5 Tonnen, einschließlich Sattelzugfahrzeuge, sowie Anhänger mit einem höchstzulässigen Gesamtgewicht von über 7,5 Tonnen, die von einem in einem Mitgliedstaat zugelassenen Kraftfahrzeug mit einem höchstzulässigen Gesamtgewicht von 7,5 Tonnen oder weniger gezogen werden;

e) „Straßengütertransitverkehr durch Österreich" jeder Transitverkehr durch Österreich, der mit Lastkraftwagen durchgeführt wird, unbeschadet ob diese Lastkraftwagen beladen oder unbeladen sind;

f) „kombinierter Verkehr" jeder Verkehr von Lastkraftwagen oder Verladeeinheiten, der auf einen Teil der Strecke auf der Schiene und auf dem anfänglichen oder letzten Teil auf der Straße durchgeführt wird, wobei in keinem Fall das österreichische Hoheitsgebiet im Vor- oder Nachlauf ausschließlich auf der Straße transitiert werden darf;

g) „bilateraler Verkehr" alle grenzüberschreitenden Fahrten eines Fahrzeugs, bei denen sich der Ausgangs- bzw. Zielpunkt in Österreich und der Ziel- bzw. Ausgangspunkt in einem anderen Mitgliedstaat befindet sowie Leerfahrten in Verbindung mit solchen Fahrten.

Teil II
Schienenverkehr und kombinierter Verkehr

Artikel 2. Dieser Teil gilt für Maßnahmen betreffend den Schienenverkehr und den kombinierten Verkehr durch österreichisches Hoheitsgebiet.

Artikel 3. Die Gemeinschaft und die betroffenen Mitgliedstaaten ergreifen im Rahmen ihrer jeweiligen Zuständigkeiten Maßnahmen zur Entwicklung und Förderung des Schienenverkehrs und des kombinierten Verkehrs für die Güterbeförderung durch die Alpen und sorgen für eine enge Koordinierung dieser Maßnahmen.

Artikel 4. Bei der Aufstellung der Leitlinien nach Artikel 129 c *(155)* des EG-Vertrags stellt die Gemeinschaft sicher, daß die Verkehrsachsen gemäß Anhang 1 einen Bestandteil des transeuropäischen Netzes für den Schienenverkehr und den kombinierten Verkehr bilden und als Vorhaben von gemeinsamem Interesse ausgewiesen werden.

Artikel 5. Die Gemeinschaft und die betreffenden Mitgliedstaaten führen im Rahmen ihrer jeweiligen Zuständigkeiten die in Anhang 2 aufgeführten Maßnahmen durch.

Artikel 6. Die Gemeinschaft und die betroffenen Mitgliedstaaten werden sich nach besten Kräften bemühen, die in Anhang 3 genannte zusätzliche Bahnkapazität zu entwickeln und zu nutzen.

Artikel 7. Die Gemeinschaft und die betroffenen Mitgliedstaaten ergreifen Maßnahmen, um den Schienenverkehr und den kombinierten Verkehr stärker auszubauen; vorbehaltlich anderer EG-Vertragsbestimmungen werden solche Maßnahmen in enger Abstimmung mit Eisenbahnunternehmen und anderen Eisenbahn-Dienstleistungserbringern festgelegt. Vorrang sollten solche Maßnahmen haben, die in den Gemeinschaftsbestimmungen über Eisenbahnen und kombinierten Verkehr vorgesehen sind. Bei der Durchführung sämtlicher Maßnahmen ist der Wettbewerbsfähigkeit, der Effizienz und der Kostentrans-

parenz im Schienenverkehr und kombinierten Verkehr besondere Aufmerksamkeit zu widmen. Insbesondere werden sich die betroffenen Mitgliedstaaten um Maßnahmen bemühen, die sicherstellen, daß die Preise des kombinierten Verkehrs mit denjeniger anderer Verkehrsträger konkurrieren können. Beihilfen, die zu diesem Zweck gewährt werden, müssen mit den Regeln der Gemeinschaft in Einklang stehen.

Artikel 8. Die Gemeinschaft und die betroffenen Mitgliedstaaten ergreifen im Falle einer schweren Störung des Eisenbahn-Transitverkehrs, wie zB im Falle einer Naturkatastrophe, alle einvernehmlichen Maßnahmen, um im Rahmen des Möglichen diesen Verkehr weiter abzuwickeln. Bestimmte empfindliche Transporte, wie verderbliche Lebensmittel, sind vorrangig zu behandeln.

Artikel 9. Die Kommission überprüft das Funktionieren der Bestimmungen dieses Teils im Einklang mit dem Verfahren des Artikels 16.

Teil III
Straßenverkehr

Artikel 10. Dieser Teil gilt für den Straßengüterverkehr im Gebiet der Gemeinschaft.

Artikel 11. (1) Für Fahrten, die einen Straßengütertransitverkehr durch Österreich einschließen, gelten die gemäß der Ersten Richtlinie des Rates vom 23. Juli 1962 und der Verordnung (EWG) Nr. 881/92 des Rates eingeführten Regelungen für den Werkverkehr und den gewerblichen Verkehr vorbehaltlich der nachstehenden Bestimmungen.

(2) Bis zum 1. Januar 1998 finden folgende Bestimmungen Anwendung:

a) Die $NÖ_x$-Gesamtemission von Lastkraftwagen im Transit durch Österreich wird im Zeitraum zwischen dem 1. Januar 1992 und dem 31. Dezember 2003 gemäß der Tabelle in Anhang 4 um 60 vH reduziert.

b) Die Reduktion der $NÖ_x$-Gesamtemission dieser Lastkraftwagen wird über ein Ökopunktesystem verwaltet. Innerhalb dieses Systems benötigt jeder LKW im Transitverkehr durch Österreich eine Ökopunkteanzahl, die dem Wert der $NÖ_x$-Emissionen des jeweiligen LKW-Wertes gemäß „Conformity of Production" (COP)-Wert

1/14. BeitrittsV 1994
Protokolle

EUV/AEUV
+ Prot/Erkl
Anhänge
EU-Grundrechte-
Charta + Erl
Irland/Tschech Rep
Änderungs- und
Beitrittsverträge
LissV + ZusErkl
Liss-BeglNovelle

bzw. Wert gemäß Betriebserlaubnis entspricht. Die Bemessung und Verwaltung dieser Punkte wird im Anhang 5 festgelegt.

c) Sollte in einem Jahr die Zahl der Transitfahrten den für das Jahr 1991 festgelegten Referenzwert um mehr als 8 vH übersteigen, trifft die Kommission nach dem Verfahren des Artikels 16 geeignete Maßnahmen in Übereinstimmung mit Anhang 5 Nummer 3.

d) Österreich sorgt gemäß Anhang 5 für die rechtzeitige Ausgabe und Verfügbarkeit der für die Verwaltung des Ökopunktesystems erforderlichen Ökopunktkarten für Lastkraftwagen im Transit durch Österreich.

e) Die Ökopunkte werden von der Kommission gemäß den nach Absatz 6 festzulegenden Bestimmungen auf die Mitgliedstaaten aufgeteilt.

(3) Auf der Grundlage eines Berichts der Kommission überprüft der Rat vor dem 1. Januar 1998 das Funktionieren der Bestimmungen über den Straßengütertransitverkehr durch Österreich. Dieser Überprüfung liegen die wesentlichen Grundsätze der Gemeinschaftsvorschriften zugrunde, so das reibungslose Funktionieren des Binnenmarkts, insbesondere der freie Warenverkehr und der freie Dienstleistungsverkehr, der Schutz der Umwelt im Interesse der Gemeinschaft insgesamt und die Verkehrssicherheit. Sofern der Rat nicht auf Vorschlag der Kommission und nach Anhörung des Europäischen Parlaments einstimmig andere Maßnahmen beschließt, wird die Übergangszeit bis zum 1. Januar 2001 verlängert; während dieses Zeitraums gilt Absatz 2.

(4) In Zusammenarbeit mit der Europäischen Umweltagentur führt die Kommission vor dem 1. Januar 2001 eine wissenschaftliche Studie durch, um festzustellen, inwieweit das in Absatz 2 Buchstabe a festgelegte Ziel einer Reduzierung der Umweltbelastungen erreicht worden ist. Kommt die Kommission zu dem Schluß, daß dieses Ziel auf einer dauerhaften und umweltgerechten Grundlage erreicht worden ist, so laufen die Bestimmungen des Absatzes 2 am 1. Januar 2001 aus. Gelangt die Kommission dagegen zu dem Schluß, daß dieses Ziel nicht auf einer dauerhaften und umweltgerechten Grundlage erreicht worden ist, so kann der Rat gemäß Artikel 75 *(71)* des EG-Vertrags Maßnahmen im Gemeinschaftsrahmen erlassen, die einen gleichwertigen Schutz der Umwelt, insbesondere eine Reduzierung der Umweltbelastungen um 60 vH gewährleisten. Erläßt der Rat solche Maßnahmen nicht, so wird die Übergangszeit automatisch um einen letzten Dreijahreszeitraum verlängert; während dieses Zeitraums gilt Absatz 2.

(5) Ab dem Ende der Übergangszeit findet der gemeinschaftliche Besitzstand volle Anwendung.

(6) Die Kommission erläßt nach dem Verfahren des Artikels 16 detaillierte Maßnahmen im Zusammenhang mit den Verfahren des Ökopunktesystems, der Aufteilung der Ökopunkte sowie mit technischen Fragen zur Anwendung dieses Artikels, die mit dem Beitritt Österreichs in Kraft treten.

Mit den Maßnahmen nach Unterabsatz 1 soll sichergestellt werden, daß die Sachlage für die derzeitigen Mitgliedstaaten aufrechterhalten bleibt, wie sie sich aus der Anwendung der Verordnung (EWG) Nr. 3637/92 des Rates und der am 23. Dezember 1992 unterzeichneten Verwaltungsvereinbarung ergibt, worin der Zeitpunkt des Inkrafttretens des in dem Transitabkommen genannten Ökopunktesystems sowie die Verfahren für seine Einführung festgelegt sind. Es werden alle erforderlichen Anstrengungen unternommen, damit der Griechenland zugewiesene Anteil an Ökopunkten den diesbezüglichen griechischen Erfordernissen in ausreichendem Maße Rechnung trägt.

Artikel 12. (1) Für den grenzüberschreitenden Güterkraftverkehr zwischen Mitgliedstaaten gilt die Regelung gemäß der Verordnung (EWG) Nr. 881/92 des Rates vorbehaltlich der Bestimmungen dieses Artikels. Diese Bestimmungen gelten bis zum 31. Dezember 1996.

(2) Für den bilateralen Verkehr werden bestehende Kontingente schrittweise liberalisiert, und der freie Transportdienstleistungsverkehr wird am 1. Januar 1997 voll verwirklicht. Eine erste Liberalisierungsstufe tritt mit dem Beitritt Österreichs, eine zweite Stufe am 1. Januar 1996 in Kraft.

Erforderlichenfalls kann der Rat mit qualifizierter Mehrheit auf Vorschlag der Kommission zu diesem Zweck geeignete Maßnahmen treffen.

(3) Der Rat erläßt gemäß Artikel 75 *(71)* des Vertrags spätestens bis zum 1. Januar 1992 geeignete und einfach durchzuführende

Maßnahmen, um die Umgehung der Vorschriften des Artikels 11 zu verhindern.

(4) Solange Artikel 11 Absatz 2 gilt, ergreifen die Mitgliedstaaten im Rahmen ihrer gegenseitigen Zusammenarbeit erforderlichenfalls die mit dem EG-Vertrag zu vereinbarenden Maßnahmen gegen einen Mißbrauch der Ökopunkteregelung.

(5) Verkehrsunternehmer mit einer von den zuständigen österreichischen Behörden ausgestellten Gemeinschaftsgenehmigung dürfen keine grenzüberschreitenden Güterbeförderungen bei Fahrten vornehmen, bei denen weder die Beladung noch die Entladung in Österreich erfolgt. Alle Fahrten dieser Art, bei denen Österreich durchquert wird, unterliegen jedoch den Bestimmungen des Artikels 11 sowie – mit Ausnahme der Fahrten zwischen Deutschland und Italien – den bestehenden Kontingenten, für die Absatz 2 gilt.

Artikel 13. (1) Bis zum 31. Dezember 1996 gilt die Verordnung (EWG) Nr. 3118/93 nicht für Verkehrsunternehmer mit einer von den zuständigen österreichischen Behörden ausgestellten Gemeinschaftsgenehmigung für die Erbringung von nationalen Güterkraftverkehrsdienstleistungen in anderen Mitgliedstaaten.

(2) Während desselben Zeitraums gilt die Verordnung (EWG) Nr. 3118/93 nicht für Verkehrsunternehmer mit einer von den zuständigen Behörden anderer Mitgliedstaaten ausgestellten Gemeinschaftsgenehmigung für die Erbringung von nationalen Güterkraftverkehrsdienstleistungen innerhalb Österreichs.

Artikel 14. (1) An den Grenzen zwischen Österreich und anderen Mitgliedstaaten finden keine Grenzkontrollen statt. Dessenungeachtet dürfen abweichend von den Verordnungen (EWG) Nr. 4060/89 und (EWG) Nr. 3912/92 und ungeachtet des Artikels 153 der Beitrittsakte bis zum 31. Dezember 1996 nichtdiskriminierende physische Kontrolle beibehalten werden, bei denen Fahrzeuge ausschließlich zur Überprüfung der gemäß Artikel 11 ausgestellten Ökopunkte und der in Artikel 12 genannten Beförderungsgenehmigungen angehalten werden. Derartige Kontrollen dürfen den normalen Verkehrsfluß nicht über Gebühr beeinträchtigen.

(2) Soweit erforderlich, werden die nach dem 31. Dezember 1996 anwendbaren Kontrollmethoden einschließlich elektronischer Systeme im Hinblick auf die Durchführung des Artikels 11 nach dem Verfahren des Artikels 16 beschlossen.

Artikel 15. (1) Abweichend von Artikel 7 Buchstabe f der Richtlinie 93/89/EWG kann Österreich Benutzungsgebühren erheben, die bis zum 31. Dezember 1995 einschließlich der Verwaltungskosten nicht höher als 3 750 ECU pro Jahr und bis zum 31. Dezember 1996 einschließlich der Verwaltungskosten nicht höher als 2 500 ECU pro Jahr sind.

(2) Macht Österreich von der Möglichkeit nach Absatz 1 Gebrauch, so erhebt es im Einklang mit Artikel 7 Buchstabe g Satz 1 der Richtlinie 93/89/EWG Benutzungsgebühren, die bis zum 31. Dezember 1995 einschließlich der Verwaltungskosten nicht höher als 18 ECU pro Tag, 99 ECU pro Woche und 375 ECU pro Monat und bis zum 31. Dezember 1996 einschließlich der Verwaltungskosten nicht höher als 12 ECU pro Tag, 66 ECU pro Woche und 250 ECU pro Monat sind.

(3) Österreich senkt die Sätze für die in den Absätzen 1 und 2 genannten Benutzungsgebühren um 50 vH bis zum 31. Dezember 1996 für Fahrzeuge, die in Irland und Portugal zugelassen sind, und bis zum 31. Dezember 1997 für Fahrzeuge, die in Griechenland zugelassen sind.

(4) Bis zum 31. Dezember 1995 kann Italien bei in Österreich zugelassenen Fahrzeugen Gebühren erheben, die einschließlich der Verwaltungskosten nicht höher als 6,5 ECU pro Einreise sind, und bis zum 31. Dezember 1996 Gebühren, die einschließlich der Verwaltungskosten nicht höher als 3,5 ECU pro Einreise sind. Die Erhebung dieser Gebühren wird im Einklang mit Artikel 7 Buchstabe c der Richtlinie 93/89/EWG gehandhabt.

Teil IV

Allgemeine Bestimmungen

Artikel 16. (1) Die Kommission wird von einem Ausschuß unterstützt, der sich aus Vertretern der Mitgliedstaaten zusammensetzt und in dem der Vertreter der Kommission den Vorsitz führt.

(2) Wird auf das Verfahren dieses Artikels Bezug genommen, so unterbreitet der Vertreter der Kommission dem Ausschuß einen Entwurf der zu treffenden Maßnahmen. Der Ausschuß gibt seine Stellungnahme zu diesem Entwurf innerhalb einer Frist ab, die der Vorsitzende unter Berücksichtigung der Dring-

— 289 —

1/14. BeitrittsV 1994

Protokolle

EUV/AEUV
+ Prot/Erkl
Anhänge
EU-Grundrechte-
Charta + Erl
Irland/Tschech Rep
Änderungs- und
Beitrittsverträge
LissV + ZusErl
Liss-BeglNovelle

lichkeit der betreffenden Frage festsetzen kann. Die Stellungnahme wird mit der Mehrheit abgegeben, die in Artikel 148 *(205)* Absatz 2 des EG-Vertrags für die Annahme der vom Rat auf Vorschlag der Kommission zu fassenden Beschlüsse vorgesehen ist. Bei der Abstimmung im Ausschuß werden die Stimmen der Vertreter der Mitgliedstaaten gemäß dem vorgenannten Artikel gewogen. Der Vorsitzende nimmt an der Abstimmung nicht teil.

(3) Die Kommission erläßt die beabsichtigten Maßnahmen, wenn sie mit der Stellungnahme des Ausschusses übereinstimmen. Stimmen die beabsichtigten Maßnahmen mit der Stellungnahme des Ausschusses nicht überein oder liegt keine Stellungnahme vor, so unterbreitet die Kommission dem Rat unverzüglich einen Vorschlag für die zu treffenden Maßnahmen. Der Rat beschließt mit qualifizierter Mehrheit.

(4) Hat der Rat innerhalb einer Frist von drei Monaten von seiner Befassung an keinen Beschluß gefaßt, so werden die vorgeschlagenen Maßnahmen von der Kommission erlassen.

Anhang 1

Hauptachsen des Schienenverkehrs und des kombinierten Verkehrs für den Alpentransit

gemäß Artikel 4 des Protokolls

1. Die europäischen Hauptachsen des Schienenverkehrs, die durch österreichisches Hoheitsgebiet führen und für den Transitverkehr relevant sind, sind:

1.1. *Brennerachse*

München – Verona – Bologna

1.2. *Tauernachse*

München – Salzburg – Villach – Tarvisio – Udine/Rosenbach – Laibach

1.3. *Achse Pyhrn-Schoberpaß*

Regensburg – Graz – Spielfeld/Straß – Marburg

1.4. *Donauachse*

Nürnberg – Wien – Nickelsdorf/Sopron (Ödenburg)/Preßburg

1.5. *Pontebbana-Achse*

Prag – Wien –Tarvisio – Pontebba – Udine

2. Die jeweiligen Verlängerungen und Terminals gehören zu diesen Hauptachsen.

Anhang 2

Infrastrukturmaßnahmen für den Schienenverkehr und den kombinierten Verkehr

gemäß Artikel 5 des Protokolls

a) IN ÖSTERREICH

1. Brennerachse

1.1. *Kurzfristige Maßnahmen*

– sicherungstechnische und betriebsorganisatorische Maßnahmen,

– Einführung der rechnergestützten Zugüberwachung,

– neue Blockteilung,

– Einbau von Überleitstellen zwischen den Bahnhöfen,

– Umbau des Bahnhofs Wörgl,

– Verlängerung der Überholgleise in den Bahnhöfen

1.2. *Langfristige Maßnahmen*

Derartige Maßnahmen hängen von der künftigen Entscheidung über den Bau des Brennerbasistunnels ab.

2. Tauernachse

2.1. *Kurzfristige Maßnahmen*

– Fortsetzung des zweigleisigen Ausbaus,

– sicherungstechnische Verbesserungen.

2.2. *Mittelfristige Maßnahmen*

punktuelle Linienverbesserungen,

– Erhöhung der Streckenhöchstgeschwindigkeit,

– Verdichtung der Blockabstände,

– Fortsetzung des zweigleisigen Ausbaus.

3. Achse Pyhrn-Schoberpaß

3.1. *Kurzfristige Maßnahmen*

– Aufhebung der Nachtsperre auf der Pyhrnstrecke,

– Aufhebung der Nachtsperre auf der Strecke über Hieflau,

– Bau der Schleife Traun – Marchtrenk.

3.2. *Mittelfristige Maßnahmen*

– Bahnhofsausbau und -umbauten,

– Verbesserung der Sicherungsanlagen,

– Verringerung der Blockabstände,

– Auflassung von Eisenbahnkreuzungen,

– selektiver zweigleisiger Ausbau.

3.3. Langfristige Maßnahmen

- Fortsetzung des zweigleisigen Ausbaus auf der Gesamtstrecke Passau – Spielfeld/Straß,
- Neubau der Strecke St. Michael – Bruck.

4. Donauachse

Maßnahmen zur Kapazitätserweiterung auf der Strecke Wien – Wels.

b) IN DEUTSCHLAND

1. *Kurzfristige Maßnahmen*

- Umschlagbahnhöfe München-Riem, Duisburg Hafen,
- Ausbau der Strecke München – Rosenheim – Kufstein, insbesondere eigene Streckengleise für die S-Bahn zwischen Zorneding und Grafing,
- Blockverdichtungen (Verbesserung der Streckenteilung) zwischen Grafing und Rosenheim sowie zwischen Rosenheim und Kiefersfelden,
- Bau von Überholungsgleisen (zB zwischen den Bahnhöfen Großkarolinenfeld, Raubling und Fischbach),
- Bau schienenfreier Bahnsteigzugänge im Bahnhof Großkarolinenfeld sowie
- Spurplanänderungen im Bahnhof Rosenheim und weitere Maßnahmen in den Bahnhöfen Aßling, Ostermünchen, Brannenburg, Oberaudorf und Kiefersfelden.

2. *Mittelfristige Maßnahmen (bis Ende 1998, vorbehaltlich planungsrechtlicher Genehmigung):*

- Ausbau des Korridors München – Mühldorf – Freilassing.

c) IN ITALIEN

Brenner

- Ausweitung der Tunnelprofile auf der Strecke Brenner – Verona, um den Transport von Lastkraftwagen mit 4 m Eckhöhe im begleiteten und unbegleiteten Verkehr zu ermöglichen,
- Ausbau des Umschlagzentrums Verona-Quadrante Europa,
- Verstärkung der ebenerdigen Fahrleitung und Bau von neuen Unterstationen,
- Verwirklichung zusätzlicher weiterer technischer Maßnahmen (automatischer Streckenblock und Gleiswechselbetrieb auf den belasteten Streckenabschnitten im Anschluß an die Bahnhöfe Verona, Trient, Bozen und Brenner, um die Streckendurchlaßfähigkeit und die Sicherheitsbedingungen weiter zu verbessern.

d) IN DEN NIEDERLANDEN

- Bau eines Rail-Service-Centers im Gebiet von Rotterdam.
- Eisenbahnverbindung für den Güterverkehr (Betuwe-Linie)

Begriffsbestimmungen

„kurzfristig": verfügbar ab Ende 1995

„mittelfristig": verfügbar ab Ende 1997

„langfristig": verfügbar

- ab Ende des Jahres 2000 auf der Achse Pyhrn-Schoberpaß;
- ab Ende des Jahres 2010 auf der Brennerachse.

Anhang 3
Bahnkapazität
gemäß Artikel 6 des Protokolls

1. ANGEBOT DER ÖBB FÜR ZUSÄTZLICHE BAHNKAPAZITÄT IM GÜTERTRANSIT DURCH ÖSTERREICH

Achse	Zusätzliche Kapazitäten/Tag für Transitgüterzüge (in beiden Richtungen)			
	sofort (1. 1. 1995)	kurzfristig (1996)	mittelfristig (1998)	langfristig (2000 und später)
Brennerachse	70 [1])	–	50 [2])	200 [3])
Tauernachse	4	50 [4])	–	–
Pyhrn-Schober-Achse	11	22	60	–
Donauachse (Passau/Salzburg–Wien)	–	–	–	200
Budapest–Wien	–	40 [5])	–	–
Preßburg–Wien	–	–	80 6)	–
Prag–Wien	– [7])	–	–	–
Pontebba via Tarvisio	–	–	30	–

[1]) Bereits teilweise realisiert.

[2]) 2000.

[3]) Verfügbarkeit von 200 zusätzlichen Zügen hängt von der Errichtung des Brennerbasistunnels und dem Ausbau der Zulaufstrecken in den angrenzenden Nachbarstaaten ab.

[4]) Einschließlich des Kapazitätsbedarfs im Ost-West-Transit.

[5]) 1995.

[6]) 1999.

[7]) Freie Kapazität von 50 Zügen/Tag.

2. MÖGLICHE KAPAZITÄTSSTEIGERUNGEN IN SENDUNGEN BZW. TONNEN

Sofort

Seit dem 1. Dezember 1989 hat Österreich 39 weitere Güter- und Kombiverkehrszüge auf der Brennerachse in Dienst gestellt.

Kurzfristig

Der gesamte kurzfristige Ausbau wird die Bahnkapazitäten im Transit durch Österreich mehr als verdoppeln. Ab 1996 steht damit je nach eingesetzter Kombiverkehrstechnik eine jährliche zusätzliche Kapazität von bis zu 1,8 Millionen Sendungen oder bis zu 33 Millionen Gütertonnen pro Jahr im kombinierten Verkehr zur Verfügung.

Mittelfristig

Bis 1998 wird durch den weiteren selektiven zweigleisigen Ausbau sowie sicherungstechnische und betriebstechnische Verbesserungen auf den Transitstrecken diese Kapazität um weitere 10 Millionen Gütertonnen pro Jahr erweitert.

Langfristig

Die Pyhrn-Schober-Achse wird zweigleisig ausgebaut. Ein Brennerbasistunnel dürfte die Zugkapazitäten auf der Brennerroute weiter auf bis zu 400 Zügen täglich verbessern. Nach dem Jahr 2010 kann sich damit die zusätzlich geschaffene Bahnkapazität im kombinierten Verkehr auf ein jährliches Gütervolumen je nach Kombiverkehrstechnik zwischen 60 und 89 Millionen Gütertonnen steigern.

Begriffsbestimmungen

„sofort“: verfügbar ab 1. Januar 1995,
„kurzfristig“: verfügbar ab Ende 1995,
„mittelfristig“: verfügbar ab Ende 1997,
„langfristig“: verfügbar
– ab Ende 2000 auf der Pyhrn-Schober-Achse
– ab Ende 2010 auf der Brennerachse

Anhang 4
gemäß Artikel 11 Absatz 2 Buchstabe a des Protokolls

Jahr	Prozentsatz der Ökopunkte	Ökopunkte für Österreich und die derzeitigen Mitgliedstaaten
(1)	(2)	(3)
1991 Basis	100, vH	23 306 580
1995	71,7 vH	16 710 818
1996	65,0 vH	15 149 277
1997	59,1 vH	13 774 189
1998	54,8 vH	12 772 006
1999	51,9 vH	12 096 115
2000	49,8 vH	11 606 677
2001	48,5 vH	11 303 691
2002	44,8 vH	10 441 348
2003	40,0 vH	9 322 632

Die Zahlen in Spalte 3 werden nach dem Verfahren des Artikels 16 angepaßt, damit die Transitfahrten von in Finnland und Schweden zugelassenen Lastkraftwagen anhand von indikativen Werten für die jeweiligen Länder mit berücksichtigt werden, die auf der Grundlage der Anzahl Transitfahrten im Jahr 1991 und des Richtwerts von 15,8 g NO_x/kWh für NO_x-Emissionen berechnet werden.

— 293 —

1/14. BeitrittsV 1994

Protokolle

EUV/AEUV
+ Prot/Erkl
Anhänge
EU-Grundrechte-
Charta + Erl
Irland/Tschech Rep
Änderungs- und
Beitrittsverträge
LissV + ZusErl
Liss-BeglNovelle

Anhang 5
Berechnung und Verwaltung der Ökopunkte

gemäß Artikel 11 Absatz 2 Buchstabe b des Protokolls

1. Für jeden Lastkraftwagen, der Österreich durchfährt, sind bei jeder Fahrt (in eine Richtung) folgende Unterlagen vorzulegen:

   a) ein Dokument, aus dem der COP-Wert für die NO_x-Emission des eingesetzten Lastkraftwagens hervorgeht;

   b) eine gültige Ökopunktekarte, die von den zuständigen Behörden ausgestellt wird.

Ad a):

Bei nach dem 1. Oktober 1990 erstmals zugelassenen LKW soll das Dokument, das den COP-Wert nachweist, eine von der zuständigen Behörde ausgestellte Bescheinigung, in der ein offiziell bestätigter COP-Wert für den NO_x-Ausstoß angegeben ist, oder die Betriebserlaubnis (Typenschein) sein, in dem der Tag der Zulassung der bei der Erteilung der Betriebserlaubnis gemessene Wert angegeben sind. Im letztgenannten Fall errechnet sich der COP-Wert, indem der Betriebserlaubniswert um 10 vH erhöht wird. Ist ein solcher Wert für ein Fahrzeug einmal festgesetzt, so kann er während der Lebensdauer des Fahrzeugs nicht mehr geändert werden.

Bei vor dem 1. Oktober 1990 erstmals zugelassenen und bei solchen LKW, für die keine Bescheinigung vorgelegt wird, wird ein COP-Wert von 15,8 g/kWh angesetzt.

Ad b):

Die Ökopunktkarte enthält eine bestimmte Punktezahl und wird entsprechend dem COP-Wert der eingesetzten Fahrzeuge folgendermaßen entwertet:

1. Pro g/kWh NO_x-Emission gemäß Nummer 1 Buchstabe a wird ein Punkt benötigt.

2. Dezimalstellen der NO_x-Emissionswerte werden auf die nächsthöhere ganze Zahl aufgerundet, wenn der Dezimalwert 0,5 oder mehr beträgt, und ansonsten abgerundet.

2. Die Kommission wird nach dem Verfahren in Artikel 16 alle drei Monate die Zahl der Fahrten und den durchschnittlichen NO_x-Wert der Lastkraftwagen kalkulieren; die Zulassungsstaaten der Lastkraftwagen

werden in der Statistik gesondert ausgewiesen.

3. Im Fall der Anwendung des Artikels 11 Absatz 2 Buchstabe c wird die Zahl der Ökopunkte für das folgende Jahr wie folgt ermittelt:

Auf Basis der vierteljährlichen durchschnittlichen NO_x-Emissionen der Lastkraftwagen im laufenden Jahr, die nach der vorstehenden Nummer 2 kalkuliert wurden, wird die Prognose der durchschnittlichen NO_x-Emissionswerte der Lastkraftwagen des nächsten Jahres extrapoliert. Der prognostizierte Wert, multipliziert mit 0,0658 und der Zahl der Ökopunkte für 1991 nach Anhang 4, ergibt die Zahl der Ökopunkte für das nächst Jahr.

PROTOKOLL Nr. 10
über die Verwendung spezifisch österreichischer Ausdrücke der deutschen Sprache im Rahmen der Europäischen Union

Im Rahmen der Europäischen Union gilt folgendes:

1. Die in der österreichischen Rechtsordnung enthaltenen und im Anhang zu diesem Protokoll aufgelisteten spezifisch österreichischen Ausdrücke der deutschen Sprache haben den gleichen Status und dürfen mit der gleichen Rechtswirkung verwendet werden wie die in Deutschland verwendeten entsprechenden Ausdrücke, die im Anhang aufgeführt sind.

2. In der deutschen Sprachfassung neuer Rechtsakte werden die im Anhang genannten spezifisch österreichischen Ausdrücke den in Deutschland verwendeten entsprechenden Ausdrücken in geeigneter Form hinzugefügt.

Österreich	Amtsblatt der Europäischen Gemeinschaften
Beiried	Roastbeef
Eierschwammerl	Pfifferlinge
Erdäpfel	Kartoffeln
Faschiertes	Hackfleisch
Fisolen	Grüne Bohnen
Grammeln	Grieben
Hüferl	Hüfte
Karfiol	Blumenkohl

Kohlsprossen	Rosenkohl
Kren	Meerrettich
Lungenbraten	Filet
Marillen	Aprikosen
Melanzani	Aubergine
Nuß	Kugel
Obers	Sahne
Paradeiser	Tomaten
Powidl	Pflaumenmus
Ribisel	Johannisbeeren
Rostbraten	Hochrippe
Schlögel	Keule
Topfen	Quark
Vogerlsalat	Feldsalat
Weichseln	Sauerkirschen

TEXT DER SCHLUSSAKTE

Die Bevollmächtigten

SEINER MAJESTÄT
DES KÖNIGS DER BELGIER,

IHRER MAJESTÄT
DER KÖNIGIN VON DÄNEMARK,

DES PRÄSIDENTEN
DER BUNDESREPUBLIK
DEUTSCHLAND,

DES PRÄSIDENTEN
DER GRIECHISCHEN REPUBLIK,

SEINER MAJESTÄT
DES KÖNIGS VON SPANIEN,

DES PRÄSIDENTEN
DER FRANZÖSISCHEN REPUBLIK,

DER PRÄSIDENTIN IRLANDS,

DES PRÄSIDENTEN
DER ITALIENISCHEN REPUBLIK,

SEINER KÖNIGLICHEN HOHEIT
DES GROSSHERZOGS VON
LUXEMBURG,

IHRER MAJESTÄT
DER KÖNIGIN DER NIEDERLANDE,

SEINER MAJESTÄT
DES KÖNIG VON NORWEGEN,

DES BUNDESPRÄSIDENTEN
DER REPUBLIK ÖSTERREICH,

DES PRÄSIDENTEN
DER PORTUGIESISCHEN REPUBLIK,

DES PRÄSIDENTEN
DER REPUBLIK FINNLAND,

SEINER MAJESTÄT
DES KÖNIGS VON SCHWEDEN,

IHRER MAJESTÄT
DER KÖNIGIN
DES VEREINIGTEN KÖNIGREICHS
GROSSBRITANNIEN UND
NORDIRLAND,

die am vierundzwanzigsten Juni neunzehnhundertvierundneunzig in Korfu anläßlich der Unterzeichnung des Vertrags über den Beitritt des Königreichs Norwegen, der Republik Österreich, der Republik Finnland und des Königreichs Schweden zur Europäischen Union zusammengetreten sind,

haben festgestellt, daß die folgenden Texte im Rahmen der Konferenz zwischen den Mitgliedstaaten der Europäischen Union und dem Königreich Norwegen, der Republik Österreich, der Republik Finnland und dem Königreich Schweden erstellt und angenommen worden sind:

I. der Vertrag über den Beitritt des Königreichs Norwegen, der Republik Österreich, der Republik Finnland und des Königreichs Schweden zur Europäischen Union

II. die Akte über die Bedingungen des Beitritts und die Anpassungen der Verträge,

III. die nachstehend aufgeführten und der Akte über die Bedingungen des Beitritts und die Anpassungen der Verträge beigefügten Texte:

A. Anhänge
   Hinweis

B. Protokolle
   Hinweis

C. Die Wortlaute (der Verträge)
   Hinweis

Außerdem haben die Bevollmächtigten die nachstehend aufgeführten und dieser Schlußakte beigefügten Erklärungen angenommen.

1. Gemeinsame Erklärung zur Gemeinsamen Außen- und Sicherheitspolitik

2. Gemeinsame Erklärung zu Artikel 157 Absatz 4 der Beitrittsakte

3. Gemeinsame Erklärung betreffend den Gerichtshof der Europäischen Gemeinschaften

4. Gemeinsame Erklärung zur Anwendung des Euratom-Vertrags

5. Gemeinsame Erklärung zu Zweitwohnungen

6. Gemeinsame Erklärung über Normen im Bereich Umweltschutz, Gesundheitsschutz und Produktsicherheit

— 295 —

1/14. BeitrittsV 1994

Erklärungen

EUV/AEUV
+ Prot/Erkl
Anhänge
EU-Grundrechte-
Charta + Erl
Irland/Tschech Rep
Änderungs- und
Beitrittsverträge
LissV + ZusErl
Liss-BeglNovelle

7. Gemeinsame Erklärung zu den Artikeln 32, 69, 84 und 112 der Beitrittskasse

8. Gemeinsame Erklärung zu den institutionellen Verfahren des Beitrittsvertrags

9. Gemeinsame Erklärung zu Artikel 172 der Beitrittsakte

1. Gemeinsame Erklärung zur Gemeinsamen Außen- und Sicherheitspolitik

1. Die Union nimmt zur Kenntnis, daß Norwegen, Österreich, Finnland und Schweden bestätigen, daß sie die mit der Union und ihrem institutionellen Rahmen verbundenen Rechte und Pflichten, dh. den sogenannten gemeinschaftlichen Besitzstand, wie er für die derzeitigen Mitgliedstaaten gilt, in vollem Umfang akzeptieren. Dies umfaßt insbesondere den Inhalt, die Grundsätze und die politischen Ziele der Verträge einschließlich des Vertrags über die Europäische Union.

Die Union und das Königreich Norwegen, die Republik Österreich, die Republik Finnland und das Königreich Schweden kommen überein, daß

– der Beitritt zur Union den inneren Zusammenhalt der Union und ihre Fähigkeit zu wirksamen Handeln in der Außen- und Sicherheitspolitik stärken sollte;

– die neuen Mitgliedstaaten ab dem Zeitpunkt ihres Beitritts bereit und fähig sein werden, sich in vollem Umfang und aktiv an der Gemeinsamen Außen- und Sicherheitspolitik, so wie sie im Vertrag über die Europäische Union definiert ist, zu beteiligen;

– die neuen Mitgliedstaaten mit dem Beitritt alle Ziele des Vertrags, die Bestimmungen in Titel V des Vertrags und die ihm beigefügten einschlägigen Erklärungen vollständig und vorbehaltlos übernehmen werden;

– die neuen Mitgliedstaaten bereit und fähig sein werden, die zum Zeitpunkt ihres Beitritts für die verschiedenen Bereiche gültige Politik der Union zu unterstützen.

2. Hinsichtlich der sich aus dem Vertrag über die Europäische Union ergebenden Verpflichtungen der Mitgliedstaaten in bezug auf die Verwirklichung der Gemeinsamen Außen- und Sicherheitspolitik der Union wird davon ausgegangen, daß die rechtlichen Rahmenbedingungen in den beitretenden Ländern am Tag ihres Beitritts mit dem gemeinschaftlichen Besitzstand in Einklang stehen werden.

2. Gemeinsame Erklärung zu Artikel 157 Absatz 4 der Beitrittsakte

Die neuen Mitgliedstaaten werden an einem System der turnusmäßigen Besetzung der Stellen von drei Generalanwälten in der derzeit angewandten alphabetischen Reihenfolge teilnehmen; Deutschland, Frankreich, Italien, Spanien und das Vereinigte Königreich werden an diesem System nicht teilnehmen, da ständig ein von ihnen benannter Generalanwalt im Amt ist. Die alphabetische Reihenfolge ist daher folgende: Belgique (1988–1994), Danmark (1991–1997), Ellas (1994–2000), Ireland, Luxembourg, Nederland, Norge, Österreich, Portugal, Suomi, Sverige.

Daraus ergibt sich, daß nach dem Beitritt ein Generalanwalt spanischer Staatsangehörigkeit und ein Generalanwalt irischer Staatsangehörigkeit bestellt werden. Die Amtszeit des spanischen Generalanwalts endet am 6. Oktober 1997, die des irischen Generalanwalts am 6. Oktober 2000.

3. Gemeinsame Erklärung betreffend den Gerichtshof der Europäischen Gemeinschaften

Die ergänzenden Maßnahmen, die infolge des Beitritts der neuen Mitgliedstaaten erforderlich werden können, müßten vom Rat getroffen werden, der auf Antrag des Gerichtshofs die Anzahl der Generalanwälte auf neun erhöhen und die entsprechenden Anpassungen nach Artikel 32 a Absatz 3 des EGKS-Vertrags, Artikel 166 *(222)* Absatz 3 des EG-Vertrags und Artikel 138 Absatz 3 des Euratom-Vertrags vornehmen kann.

4. Gemeinsame Erklärung zur Anwendung des Euratom-Vertrags

Unter Verweis darauf, daß die die Europäische Union begründenden Verträge unbeschadet der Regeln für den Binnenmarkt ohne Diskriminierung für alle Mitgliedstaaten gelten, erkennen die Vertragsparteien an, daß die Mitgliedstaaten als Vertragsparteien des Vertrags zur Gründung der Europäischen Atomgemeinschaft die Entscheidung über die Erzeugung von Kernenergie entsprechend ihren eigenen politischen Ausrichtungen treffen.

Was die Entsorgung beim Kernbrennstoffkreislauf betrifft, so ist jeder Mitgliedstaat für die Festlegung seiner eigenen Politik verantwortlich.

5. Gemeinsame Erklärung zu Zweitwohnungen

Keine Bestimmung des gemeinschaftlichen Besitzstands hindert die einzelnen Mitgliedstaaten, auf nationaler, regionaler oder örtlicher Ebene Maßnahmen betreffend Zweitwohnungen zu treffen, sofern sie aus Gründen der Raumordnung, der Bodennutzung und des Umweltschutzes erforderlich sind und ohne direkte oder indirekte Diskriminierung von Staatsangehörigen einzelner Mitgliedstaaten in Übereinstimmung mit dem gemeinschaftlichen Besitzstand angewendet werden.

6. Gemeinsame Erklärung über Normen im Bereich Umweltschutz, Gesundheitsschutz und Produktsicherheit

Die Vertragsparteien unterstreichen die große Bedeutung, die sie der Förderung eines hohen Schutzniveaus in den Bereichen Gesundheit, Sicherheit und Umwelt im Rahmen des Tätigwerdens der Gemeinschaft sowie im Einklang mit den Zielen und Kriterien des Vertrags über die Europäische Union beimessen. Sie beziehen sich hierbei auch auf die Entschließung vom 1. Februar 1993 über ein Programm der Gemeinschaft für Umweltpolitik und Maßnahmen im Hinblick auf eine dauerhafte und umweltgerechte Entwicklung.

Die Vertragsparteien sind sich bewußt, daß die neuen Mitgliedstaten großen Wert auf die Beibehaltung ihrer Normen legen, die sie insbesondere aufgrund ihrer besonderen geographischen und klimatischen Verhältnisse in bestimmten Bereichen eingeführt haben; sie haben daher als Ausnahme für bestimmte Einzelfälle ein Verfahren zur Prüfung des gegenwärtigen gemeinschaftlichen Besitzstands vereinbart, an dem die neuen Mitgliedstaaten nach Maßgabe des Beitrittsvertrags in vollem Umfang beteiligt sind.

Ohne das Ergebnis des vereinbarten Prüfungsverfahrens vorwegnehmen zu wollen, verpflichten sich die Vertragsparteien, alles daranzusetzen, damit dieses Verfahren vor Ende der festgelegten Übergangszeit abgeschlossen wird. Nach Ablauf der Übergangszeit gilt der gesamte gemeinschaftliche Besitzstand für die neuen Mitgliedstaaten unter den gleichen Voraussetzungen wie für die derzeitigen Mitgliedstaaten der Union.

7. Gemeinsame Erklärung zu den Artikeln 32, 69, 84 und 112 der Beitrittsakte

Die Vertragsparteien erinnern daran, daß die Konferenzen anläßlich des Treffens auf Ministerebene vom 21. Dezember 1993 festgestellt haben, daß

– es das Ziel der vereinbarten Lösung ist, Beschlüsse vor Ende der Übergangszeit zu treffen;

– die Überprüfung des gemeinschaftlichen Besitzstands unbeschadet des Ergebnisses erfolgt;

– die Union bei der Vornahme der Überprüfung auch die in Artikel 130 r *(174)* Absatz 3 des EG-Vertrags niedergelegten Kriterien berücksichtigt.

8. Gemeinsame Erklärung zu den institutionellen Verfahren des Beitrittsvertrags

Bei der Annahme der institutionellen Bestimmungen des Beitrittsvertrags kommen die Mitgliedstaaten und die Beitrittsländer überein, daß die 1996 einzuberufende Regierungskonferenz bei der Prüfung der gesetzgeberischen Rolle des Europäischen Parlaments und anderer im Vertrag über die Europäische Union angesprochener Probleme die Frage der Zahl der Mitglieder der Kommission und der Gewichtung der Stimmen der Mitgliedstaaten im Rat erörtern wird. Sie wird ferner alle Maßnahmen prüfen, die zur Erleichterung der Arbeit der Organe und zur Gewährleistung eines wirksamen Funktionierens der Organe für erforderlich gehalten werden.

9. Gemeinsame Erklärung zu Artikel 172 der Beitrittsakte

Die Vertragsparteien nehmen zur Kenntnis, daß jegliche Änderung des EWR-Abkommens und des Übereinkommens zwischen den EFTA-Staaten über die Einsetzung einer Überwachungsbehörde und eines Gerichtshofs der Zustimmung der betreffenden Vertragsparteien bedarf.

Die Bevollmächtigten haben den Briefwechsel zur Vereinbarung des Verfahrens für die Annahme bestimmter Beschlüsse und sonstiger Maßnahmen in der Zeit vor dem Beitritt zur Kenntnis genommen, die im Rahmen der Konferenz zwischen der Europäischen Union und den Staaten, die den Beitritt zu dieser Union beantragt haben, erzielt worden ist und die dieser Schlußakte beigefügt ist.

Schließlich wurden folgende Erklärungen abgegeben, die dieser Schlußakte beigefügt sind:

EUV/AEUV
+ Prot/Erkl
Anhänge
EU-Grundrechte-
Charta + Erl
Irland/Tschech Rep
Änderungs- und
Beitrittsverträge
LissV + ZusErl
Liss-BeglNovelle

A. *Gemeinsame Erklärungen: Die derzeitigen Mitgliedstaaten/Königreich Norwegen*

Hinweis

B. *Gemeinsame Erklärungen: Die derzeitigen Mitgliedstaaten/Republik Österreich*

16. Gemeinsame Erklärung zur Freizügigkeit der Arbeitnehmer

Sollte der Beitritt der Republik Österreich zu Schwierigkeiten im Zusammenhang mit der Freizügigkeit der Arbeitnehmer führen, so können die Organe der Union mit dieser Angelegenheit befaßt werden, um dieses Problem zu lösen. Diese Lösung wird mit den Bestimmungen der Verträge (einschließlich des Vertrags über die Europäische Union) und den aufgrund der Verträge erlassenen Bestimmungen, insbesondere den Bestimmungen über die Freizügigkeit der Arbeitnehmer, völlig im Einklang stehen.

17. Gemeinsame Erklärung zu Schutzmaßnahmen nach den Abkommen mit den mittel- und osteuropäischen Ländern

1. Die zwischen den Gemeinschaften und ihren Mitgliedstaaten und den mittel- und osteuropäischen Ländern geschlossenen „Europa-Abkommen" enthalten Bestimmungen, wonach die Gemeinschaften unter bestimmten in jenen Abkommen festgelegten Voraussetzungen geeignete Schutzmaßnahmen treffen können.

2. Wenn die Gemeinschaften gemäß diesen Bestimmungen Maßnahmen prüfen und ergreifen, können sie sich auf die Lage von Erzeugern oder Regionen in einem oder mehreren ihrer Mitgliedstaaten berufen.

3. Die Vorschriften der Gemeinschaft über die Anwendung von Schutzmaßnahmen einschließlich der gemeinschaftlichen Kontingentierungen stellen sicher, daß die Interessen der Mitgliedstaaten in Übereinstimmung mit den entsprechenden Verfahren voll berücksichtigt werden.

18. Gemeinsame Erklärung zur Lösung noch offener technischer Fragen im Verkehrsbereich

Die Republik Österreich und die Gemeinschaft erklären, daß sie bereit sind, vor dem Beitritt Österreichs im Rahmen des Transitausschusses EG-Österreich noch offene technische Fragen einvernehmlich zu lösen, insbesondere

a) Fragen in bezug auf das Ökopunktesystem

– Auswechseln von Motoren bei vor dem 1. Oktober 1990 zugelassenen Kraftfahrzeugen;

– Wechseln der Zugmaschine;

– gemischtnationale Fahrzeugkombinationen;

– Diskriminierung zugunsten österreichischer Fahrzeuge im Transit zwischen zwei Drittländern.

b) Sonstige Fragen

– Lösung im Gemeinschaftsrahmen für das „Lofer"-Abkommen zwischen Österreich und Deutschland von 29. Juni 1993;

– Liste der Terminals gemäß Artikel 2 Absatz 5 der Verwaltungsvereinbarung („Fürnitz"-Verkehr);

– schwere und voluminöse Transporte („Sonderbeförderungen").

19. Gemeinsame Erklärung zu den Gewichten und Abmessungen für Fahrzeuge des Güterkraftverkehrs

Die Vertragsparteien nehmen zur Kenntnis, daß die Republik Österreich dem gemeinschaftlichen Besitzstand im Bereich der höchstzulässigen Gewichte und Abmessungen für LKW durch die straffreie Zulassung eines Gewichts von 38 t bei einer Toleranzspanne von 5 vH nachkommt.

20. Gemeinsame Erklärung zum Brennerbasistunnel

Österreich, Deutschland, Italien und die Gemeinschaft arbeiten aktiv an der Fertigstellung der Vorstudien über den Brennerbasistunnel, die im Juni 1994 übergeben werden sollen. Österreich, Deutschland und Italien verpflichten sich, bis zum 31. Oktober 1994 eine Entscheidung über den Bau des Tunnels zu treffen. Die Gemeinschaft erklärt, daß sie bereit ist, den Bau auf der Grundlage der verfügbaren Finanzierungsinstrumente der Gemeinschaft zu unterstützen, wenn die drei betreffenden Staaten eine positive Entscheidung treffen sollten.

21. Gemeinsame Erklärung zu den Artikeln 6 und 76 der Beitrittsakte

Die Republik Österreich und die Gemeinschaft bekräftigen ihre Absicht, im Wege ge-

— 299 — **1/14. Beitritts V 1994**

Erklärungen

EUV/AEUV
+ Prot/Erkl
Anhänge
EU-Grundrechte
Charta + Erl
Irland/Tschech Rep
Änderungs- und
Beitrittsverträge
LissV + ZusErl
Liss-BeglNovelle

eigneter Verhandlungen sicherzustellen, daß vom Zeitpunkt des Beitritts an Verkehrsunternehmer dritter Länder, insbesondere aus Slowenien und der Schweiz, hinsichtlich des Österreich durchquerenden Lastkraftwagenverkehrs nicht günstiger behandelt werden als EU-Verkehrsunternehmer.

C. *Gemeinsame Erklärung: Die derzeitigen Mitgliedstaaten/Republik Finnland*

Hinweis

D. *Gemeinsame Erklärungen: Die derzeitigen Mitgliedstaaten/Königreich Schweden*

Hinweis

E. *Gemeinsame Erklärungen: Die derzeitigen Mitgliedstaaten/Einzelne neue Mitgliedstaaten*

27. Gemeinsame Erklärung: Königreich Norwegen, Republik Österreich, Königreich Schweden: zu PCB/PCT

Die Vertragsparteien stellen fest, daß in ihrem jeweiligen Hoheitsgebiet die Herstellung von PCB und PCT verboten ist und daß die Wiederverwertung dieser Erzeugnisse nicht mehr durchgeführt wird. Bis zur Annahme von Gemeinschaftsvorschriften, durch die auch die Wiederverwertung von PCB und PCT verboten wird, haben die Vertragsparteien keine Einwände gegen die Beibehaltung eines derartigen Verbots in einzelstaatlichen Rechtsvorschriften.

28. Gemeinsame Erklärung zur nordischen Zusammenarbeit

Hinweis

29. Gemeinsame Erklärung zur Anzahl der im Königreich Norwegen und der Republik Finnland für die Mutterkuhprämie in Betracht kommenden Tiere

Hinweis

30. Gemeinsame Erklärung der Republik Finnland und des Königreichs Schweden über die Fischereimöglichkeiten in der Ostsee

Hinweis

31. Erklärung zur Verarbeitungsindustrie in der Republik Österreich und der Republik Finnland

Die Vertragsparteien kommen wie folgt überein:

i) Einsatz der Ziel Nr. 5a-Maßnahmen in vollem Umfang, um Auswirkungen des Beitritts abzufedern;

ii) Flexibilität bei nationalen Übergangsregelungen für Beihilfen, die die Umstrukturierung erleichtern sollen.

F. *Erklärungen der derzeitigen Mitgliedstaaten*

32. Erklärung zu den Ålandainseln

Hinweis

33. Erklärung zur relativen Stabilität

34. Erklärung zur Lösung der Umweltprobleme, die durch den Lastkraftwagenverkehr verursacht werden

Die Union teilt der Republik Österreich mit, daß der Rat die Kommission aufgefordert hat, ihm einen Vorschlag zur Verabschiedung vorzulegen, der eine Rahmenregelung zur Lösung der Umweltprobleme betrifft, die durch den Lastkraftwagenverkehr verursacht werden. Diese Rahmenregelung wird geeignete Maßnahmen über Straßenbenutzungsgebühren, Schienenwege, Einrichtungen des kombinierten Verkehrs und technische Normen für Fahrzeuge umfassen.

35. Erklärung über die Einhaltung der Verpflichtungen in Agrarfragen, die sich aus nicht in der Beitrittsakte enthaltenen Rechtsakten ergeben

Die Europäische Union erklärt, daß alle Rechtsakte, die für die Einhaltung des Ergebnisses der Beitrittsverhandlungen über Agrarfragen erforderlich sind, die aber nicht in der Beitrittsakte enthalten sind (neue Rechtsakte des Rates, die nach dem Beitritt anwendbar sind, und Rechtsakte der Kommission), zu gegebener Zeit nach den in der Beitrittsakte selbst oder im Rahmen des gemeinschaftlichen Besitzstands festgelegten Verfahren angenommen werden.

Die übrigen sich aus den Verhandlungen ergebenden Verpflichtungen betreffend Agrarfragen werden rasch und rechtzeitig umgesetzt.

36. Erklärung zu agrar- und umwelt-
politischen Maßnahmen

Die Union wird die erforderlichen Maßnahmen treffen, um den neuen Mitgliedstaaten die rasche Durchführung der agrar- und
umweltpolitischen Programme zugunsten ihrer Landwirte im Einklang mit der Verordnung (EWG) Nr. 2078/92 zu ermöglichen und
die Mitfinanzierung dieser Programme im
Rahmen der verfügbaren Haushaltsmittel sicherzustellen.

Die Union nimmt zur Kenntnis, daß davon
auszugehen ist, daß den neuen Mitgliedstaaten folgende Beträge zur Verfügung gestellt
werden:

– Norwegen	55	Mio.	ECU
– Österreich	175	Mio.	ECU
– Finnland	135	Mio.	ECU
– Schweden	165	Mio.	ECU

37. Erklärung zu Berggebieten und
benachteiligten Gebieten

Die Union nimmt zur Kenntnis, daß die
neuen Mitgliedstaaten der Ansicht sind, daß
ein erheblicher Teil ihres Hoheitsgebiets von
ständigen natürlichen Nachteilen betroffen ist
und daß die Abgrenzung der Berggebiete und
bestimmter benachteiligter Gebiete im Sinne
der Richtlinie 75/268/EWG unverzüglich
durchgeführt werden sollte.

Die Union bestätigt, daß sie beabsichtigt,
bei der Abgrenzung dieser Gebiete den gemeinschaftlichen Besitzstand wie folgt anzuwenden:

– für die Republik Österreich als alpines
Land wird bei der Wahl der Kriterien von
den Kriterien ausgegangen, die bereits für
ähnliche Gebiete in Deutschland, Italien
und Frankreich verwendet wurden;

– für das Königreich Schweden wird es die
Berücksichtigung der nördlichen Breite als
maßgebliches Kriterium im Sinne des Artikels 3 Absatz 3 der Richtlinie 75/268/
EWG des Rates ermöglichen, vier der fünf
„landwirtschaftlichen" Förderungsgebiete
in Nordschweden" zu erfassen;

– für das Königreich Norwegen wird es die
Berücksichtigung der nördlichen Breite als
maßgebliches Kriterium im Sinne des Artikels 3 Absatz 3 der Richtlinie 75/268/

EWG des Rates sowie die Anwendung der
Absätze 4 und 5 desselben Artikels ermöglichen, bis zu 85 vH der landwirtschaftlichen Nutzfläche zu erfassen;

– für die Republik Finnland wird es die
Berücksichtigung der nördlichen Breite als
maßgebliches Kriterium im Sinne des Arti-
kels 3 Absatz 3 der Richtlinie 75/268/
EWG des Rates sowie die Änderung des
Artikels 19 der Verordnung (EWG)
Nr. 2328/91 des Rates ermöglichen, 85 vH
der landwirtschaftlichen Nutzfläche im
Sinne des Artikels 3 Absatz 3 der Richtli-
nie 75/268/EWG des Rates zu erfassen.

G. *Erklärungen des Königreichs Norwegen*

   Hinweis

H. *Erklärungen der Republik Österreich*

41. Erklärung der Republik Österreich zu
Artikel 109 g (118) des EG-Vertrags

Die Republik Österreich nimmt zur Kenntnis, daß die Zusammensetzung des ECU-
Währungskorbs unverändert bleibt und daß
mit der Teilnahme der Republik Österreich an
der dritten Stufe der Wert des Schillings gegenüber der ECU unwiderruflich festgesetzt
wird.

Die Republik Österreich wird den Schilling
weiterhin stabil halten und auf diese Weise
zur Verwirklichung der Wirtschafts- und
Währungsunion beitragen. Der stufenweise
Übergang zu einer einheitlichen europäischen
Währung wird von der Republik Österreich
unterstützt, da die Qualität der geplanten europäischen Währung durch die stabilitätspoli-
tischen Vorbedingungen des EG-Vertrags sichergestellt ist.

42. Erklärung der Republik Österreich zur
Fernsehtätigkeit

Mit Bezug auf die Richtlinie 89/552/EWG
des Rates vom 3. Oktober 1989 zur Koordinierung bestimmter Rechts- und Verwaltungsvorschriften der Mitgliedstaaten über die Ausübung der Fernsehtätigkeit stellt die Republik
Österreich fest, daß sie nach dem geltenden
EG-Recht in seiner Auslegung durch den Gerichtshof der Europäischen Gemeinschaften
geeignete Maßnahmen ergreifen kann, falls
zur Umgehung ihrer innerstaatlichen Rechtsvorschriften Verlegungsprozesse stattfinden.

— 301 — **1/14. Beitritts V 1994**

Erklärungen

EUV/AEUV
+ Prot/Erkl
Anhänge
EU-Grundrechte-
Charta + Erl
Irland/Tschech Rep
Änderungs- und
Beitrittsverträge
LissV + ZusErl
Liss-BeglNovelle

43. Erklärung der Republik Österreich zur Preisgestaltung des kombinierten Verkehrs auf der Brenner-Route

Die Republik Österreich erklärt, daß sie bereit ist, den kombinierten Huckepackverkehr auf der Brenner-Route in Übereinstimmung mit den Rechtsvorschriften der Gemeinschaft zu fördern, indem sie für diese Verkehrsart auf dem österreichischen Abschnitt einen angemessenen Preis festlegt, der im Wettbewerb mit den Preisen für den Verkehr auf der Straße standhalten kann. Die Republik Österreich stellt fest, daß diese Maßnahme mit der Maßgabe getroffen wird, daß die Auswirkungen der von der Republik Österreich gewährten Hilfen auf den Markt nicht durch Maßnahmen verringert werden, die für andere Abschnitte der obgenannten Huckepackverbindung getroffen werden.

44. Erklärung der Republik Österreich zu Artikel 14 des Protokolls Nr. 9 über den Straßen- und Schienenverkehr sowie den kombinierten Verkehr in Österreich

Die Republik Österreich erklärt, daß die Verwaltung des Ökopunktesystems ab 1. Januar 1997 computergestützt und die Überwachung ab 1. Januar 1997 elektronisch erfolgen soll, um die Bedingungen des Artikels 14 Absatz 1 des Protokolls Nr. 9 zu erfüllen.

I. *Erklärungen der Republik Finnland*

Hinweis

J. *Erklärungen des Königreichs Schweden*

Hinweis

K. *Erklärungen verschiedener neuer Mitgliedstaaten*

48. Gemeinsame Erklärung des Königreichs Norwegen und des Königreichs Schweden betreffend Fischerei

Hinweis

49. Erklärung des Königreichs Norwegen, der Republik Österreich, der Republik Finnland und des Königreichs Schweden zu den Artikeln 3 und 4 der Beitrittsakte

Was die in Artikel 3 und in Artikel 4 Absatz 2 der Beitrittsakte erwähnten Übereinkommen oder Rechtsakte in den Bereichen Justiz und Inneres betrifft, die noch ausgehandelt werden, so akzeptieren Norwegen, Österreich, Finnland und Schweden die Punkte, die von den derzeitigen Mitgliedstaaten oder vom Rat zum Zeitpunkt des Beitritts vereinbart worden sind, und werden folglich an den weiteren Verhandlungen über diese Übereinkommen und Rechtsakte nur bezüglich der noch zu klärenden Punkte teilnehmen.

50. Erklärung der Republik Finnland und des Königreichs Schweden zu den Alkoholmonopolen

Hinweis

Anlage

Informations- und Konsultationsverfahren für die Annahme bestimmter Beschlüsse und sonstige Maßnahmen in der Zeit vor dem Beitritt

Hinweis

Vertrag von Amsterdam

(ABl 1997 C 340, 1 bzw. BGBl III Nr. 85/1999)

zur Änderung des Vertrags über die Europäische Union, der Verträge zur Gründung der Europäischen Gemeinschaften sowie einiger damit zusammenhängender Rechtsakte

SEINE MAJESTÄT DER KÖNIG DER BELGIER,
IHRE MAJESTÄT DIE KÖNIGIN VON DÄNEMARK,
DER PRÄSIDENT DER BUNDESREPUBLIK DEUTSCHLAND,
DER PRÄSIDENT DER GRIECHISCHEN REPUBLIK,
SEINE MAJESTÄT DER KÖNIG VON SPANIEN,
DER PRÄSIDENT DER FRANZÖSISCHEN REPUBLIK,
DIE KOMMISSION, DIE NACH ARTIKEL 14 DER VERFASSUNG IRLANDS ERMÄCHTIGT IST, DIE BEFUGNISSE UND AUFGABEN DES PRÄSIDENTEN IRLANDS WAHRZUNEHMEN UND AUSZUÜBEN,
DER PRÄSIDENT DER ITALIENISCHEN REPUBLIK,
SEINE KÖNIGLICHE HOHEIT DER GROSSHERZOG VON LUXEMBURG,
IHRE MAJESTÄT DIE KÖNIGIN DER NIEDERLANDE,
DER BUNDESPRÄSIDENT DER REPUBLIK ÖSTERREICH,
DER PRÄSIDENT DER PORTUGIESISCHEN REPUBLIK,
DER PRÄSIDENT DER REPUBLIK FINNLAND,
SEINE MAJESTÄT DER KÖNIG VON SCHWEDEN,
IHRE MAJESTÄT DIE KÖNIGIN DES VEREINIGTEN KÖNIGREICHS GROSSBRITANNIEN UND NORDIRLAND

HABEN BESCHLOSSEN, den Vertrag über die Europäische Union, die Verträge zur Gründung der Europäischen Gemeinschaften sowie einige damit zusammenhängende Rechtsakte zu ändern, und haben zu diesem Zweck zu ihren Bevollmächtigten ernannt:

[es folgen die Namen]

DIESE SIND nach Austausch ihrer als gut und gehörig befundenen Vollmachten

WIE FOLGT ÜBEREINGEKOMMEN:

ERSTER TEIL
SACHLICHE ÄNDERUNGEN

ARTIKEL 1

Der Vertrag über die Europäische Union wird nach Maßgabe dieses Artikels geändert.

eingearbeitet

ARTIKEL 2

Der Vertrag zur Gründung der Europäischen Gemeinschaft wird nach Maßgabe dieses Artikels geändert.

eingearbeitet

ARTIKEL 3

Der Vertrag über die Gründung der Europäischen Gemeinschaft für Kohle und Stahl wird nach Maßgabe dieses Artikels geändert.

Hinweis

ARTIKEL 4

Der Vertrag zur Gründung der Europäischen Atomgemeinschaft wird nach Maßgabe dieses Artikels geändert.

Hinweis

ARTIKEL 5

Der Akt zur Einführung allgemeiner unmittelbarer Wahlen der Abgeordneten des Europäischen Parlaments im Anhang zum Beschluß des Rates vom 20. September 1976 wird nach Maßgabe dieses Artikels geändert.

eingearbeitet

ZWEITER TEIL
VEREINFACHUNG

ARTIKEL 6

Der Vertrag zur Gründung der Europäischen Gemeinschaft einschließlich seiner Anhänge und Protokolle wird entsprechend den

— 303 — **1/15. Vertrag v Amsterdam**

Art. 6 – 9

EUV/AEUV
+ Prot/Erkl
Anhänge
EU-Grundrechte-
Charta + Erl
Irland/Tschech Rep
Änderungs- und
Beitrittsverträge
LissV + ZusErl
Liss-BeglNovelle

Bestimmungen dieses Artikels mit dem Ziel geändert, hinfällig gewordene Bestimmungen des Vertrags zu streichen und einige seiner Bestimmungen entsprechend anzupassen.

I. Vertragsbestimmungen

eingearbeitet

II. Anhänge

eingearbeitet

III. Protokolle und sonstige Rechtsakte

Hinweis bzw. eingearbeitet

ARTIKEL 7

Der Vertrag über die Gründung der Europäischen Gemeinschaft für Kohle und Stahl einschließlich seiner Anhänge, Protokolle und sonstigen beigefügten Rechtsakte wird entsprechend den Bestimmungen dieses Artikels mit dem Ziel geändert, hinfällig gewordene Bestimmungen des Vertrags zu streichen und einige seiner Bestimmungen entsprechend anzupassen.

Hinweis

ARTIKEL 8

Der Vertrag zur Gründung der Europäischen Atomgemeinschaft einschließlich seiner Anhänge und Protokolle wird entsprechend den Bestimmungen dieses Artikels mit dem Ziel geändert, hinfällig gewordene Bestimmungen des Vertrags zu streichen und einige seiner Bestimmungen entsprechend anzupassen.

Hinweis

ARTIKEL 9

(1) Unbeschadet der nachfolgenden Absätze, mit denen die wesentlichen Elemente ihrer Bestimmungen beibehalten werden sollen, werden das Abkommen vom 25. März 1957 über gemeinsame Organe für die Europäischen Gemeinschaften und der Vertrag vom 8. April 1965 zur Einsetzung eines gemeinsamen Rates und einer gemeinsamen Kommission der Europäischen Gemeinschaften, jedoch mit Ausnahme des in Absatz 5 genannten Protokolls, aufgehoben.

(2) Die dem Europäischen Parlament, dem Rat, der Kommission, dem Gerichtshof und dem Rechnungshof durch den Vertrag zur Gründung der Europäischen Gemeinschaft, den Vertrag über die Gründung der Europäischen Gemeinschaft für Kohle und Stahl und den Vertrag zur Gründung der Europäischen Atomgemeinschaft übertragenen Zuständigkeiten werden durch gemeinsame Organe unter den in den genannten Verträgen sowie in diesem Artikel jeweils vorgesehenen Bedingungen ausgeübt.

Die dem Wirtschafts- und Sozialausschuß durch den Vertrag zur Gründung der Europäischen Gemeinschaft und den Vertrag zur Gründung der Europäischen Atomgemeinschaft übertragenen Aufgaben werden unter den in den genannten Verträgen jeweils vorgesehenen Bedingungen durch einen gemeinsamen Ausschuß ausgeübt. Die Bestimmungen der Artikel 193 *(257)* und 197 *(261)* des Vertrags zur Gründung der Europäischen Gemeinschaft finden auf diesen Ausschuß Anwendung.

(3) Die Beamten und sonstigen Bediensteten der Europäischen Gemeinschaften gehören der einzigen Verwaltung dieser Gemeinschaften an; auf sie finden die nach Artikel 212 *(283)* des Vertrags zur Gründung der Europäischen Gemeinschaft erlassenen Bestimmungen Anwendung.

(4) Die Europäischen Gemeinschaften genießen im Hoheitsgebiet der Mitgliedstaaten die zur Erfüllung ihrer Aufgabe erforderlichen Vorrechte und Befreiungen unter den in dem in Absatz 5 genannten Protokoll festgelegten Bedingungen. Dasselbe gilt für die Europäische Zentralbank, das Europäische Währungsinstitut und die Europäische Investitionsbank.

(5) In das Protokoll vom 8. April 1965 über die Vorrechte und Befreiungen der Europäischen Gemeinschaften wird ein Artikel 23 entsprechend dem Protokoll zur Änderung des genannten Protokolls eingefügt; dieser Artikel hat folgende Fassung:

eingearbeitet

(6) Die Einnahmen und Ausgaben der Europäischen Gemeinschaft, die Verwaltungsausgaben der Europäischen Gemeinschaft für Kohle und Stahl und die betreffenden Einnahmen sowie die Einnahmen und Ausgaben der Europäischen Atomgemeinschaft mit Ausnahme derjenigen der Versorgungsagentur und der gemeinsamen Unternehmen werden unter den in den jeweiligen Verträgen zur Gründung dieser drei Gemeinschaften festgelegten Bedingungen in den Haushaltsplan der Europäischen Gemeinschaften eingesetzt.

(7) Unbeschadet der Anwendung der Artikels 216 *(289)* des Vertrags zur Gründung der Europäischen Gemeinschaft, des Artikels 77

des Vertrags über die Gründung der Europäischen Gemeinschaft für Kohle und Stahl, des Artikels 189 des Vertrags zur Gründung der Europäischen Atomgemeinschaft und des Artikels 1 Absatz 2 des Protokolls über die Satzung der Europäischen Investitionsbank erlassen die Vertreter der Regierungen der Mitgliedstaaten im gegenseitigen Einvernehmen die Vorschriften, die zur Regelung einiger besonderer Probleme des Großherzogtums Luxemburg erforderlich sind, welche sich aus der Einsetzung eines gemeinsamen Rates und einer gemeinsamen Kommission der Europäischen Gemeinschaften ergeben.

ARTIKEL 10

(1) Die in diesem Teil vorgenommenen Aufhebungen und Streichungen hinfällig gewordener Bestimmungen des Vertrags zur Gründung der Europäischen Gemeinschaft, des Vertrags über die Gründung der Europäischen Gemeinschaft für Kohle und Stahl und des Vertrags zur Gründung der Europäischen Atomgemeinschaft in ihrer vor Inkrafttreten dieses Vertrags von Amsterdam gültigen Fassung und die entsprechende Anpassung einiger ihrer Bestimmungen lassen sowohl die Rechtswirkungen der Bestimmungen jener Verträge, insbesondere die Rechtswirkungen aus den darin enthaltenen Fristen, als auch die Rechtswirkungen der Beitrittsverträge unberührt.

(2) Die Rechtswirkungen der geltenden Rechtsakte, die auf der Grundlage jener Verträge erlassen wurden, bleiben unberührt.

(3 Dasselbe gilt für die Aufhebung des Abkommens vom 25. März 1957 über gemeinsame Organe für die Europäischen Gemeinschaften und für die Aufhebung des Vertrags vom 8. April 1965 zur Einsetzung eines gemeinsamen Rates und einer gemeinsamen Kommission der Europäischen Gemeinschaften.

ARTIKEL 11

Die Bestimmungen des Vertrags zur Gründung der Europäischen Gemeinschaft, des Vertrags über die Gründung der Europäischen Gemeinschaft für Kohle und Stahl und des Vertrags zur Gründung der Europäischen Atomgemeinschaft betreffend die Zuständigkeit des Gerichtshofs der Europäischen Gemeinschaften und die Ausübung dieser Zuständigkeit gelten für diesen Teil und für das in Artikel 9 Absatz 5 genannte Protokoll über Vorrechte und Befreiungen.

DRITTER TEIL
ALLGEMEINE UND SCHLUSSBESTIMMUNGEN

ARTIKEL 12

(1 Die Artikel, Titel und Abschnitte des Vertrags über die Europäische Union und des Vertrags zur Gründung der Europäischen Gemeinschaft, in der Fassung der Bestimmungen dieses Vertrags, werden entsprechend den Übereinstimmungstabellen im Anhang zu diesem Vertrag umnumeriert; dieser Anhang ist Bestandteil dieses Vertrags.

(2) Die Querverweisungen auf andere Artikel, Titel und Abschnitte im Vertrag über die Europäische Union und im Vertrag zur Gründung der Europäischen Gemeinschaft sowie die Querverweisungen zwischen ihnen werden entsprechend angepaßt. Dasselbe gilt für die Bezugnahmen auf diese Verträge in den anderen Gemeinschaftsverträgen.

(3) Die in anderen Rechtsinstrumenten oder Rechtsakten enthaltenen Verweisungen auf Artikel, Titel und Abschnitte der in Absatz 2 genannten Verträge sind als Verweisungen auf die nach Absatz 1 umnumerierten Artikel, Titel und Abschnitte zu lesen; die Verweisungen auf die Absätze jener Artikel sind als Verweisungen auf die in einigen Bestimmungen des Artikels 6 umnumerierten Absätze zu lesen.

(4) Die in anderen Rechtsinstrumenten oder Rechtsakten enthaltenen Verweisungen auf Absätze der in den Artikeln 7 und 8 bezeichneten Artikel der Verträge sind als Verweisungen auf diese in einigen Bestimmungen der genannten Artikel 7 und 8 umnumerierten Absätze zu lesen.

ARTIKEL 13

Dieser Vertrag gilt auf unbegrenzte Zeit.

ARTIKEL 14

(1) Dieser Vertrag bedarf der Ratifikation durch die Hohen Vertragsparteien gemäß ihren verfassungsrechtlichen Vorschriften. Die Ratifikationsurkunden werden bei der Regierung der Italienischen Republik hinterlegt.

(2) Dieser Vertrag tritt am ersten Tag des zweiten auf die Hinterlegung der letzten Ratifikationsurkunde folgenden Monats in Kraft.

ARTIKEL 15

Dieser Vertrag ist in einer Urschrift in dänischer, deutscher, englischer, finnischer,

— 305 — **1/15. Vertrag v Amsterdam**

Art. 15, Anhang

EUV/AEUV
+ Prot/Erkl
Anhänge
EU-Grundrechte-
Charta + Erl
Irland/Tschech Rep
Änderungs- und
Beitrittsverträge
LissV + ZusErl
Liss-BeglNovelle

französischer, griechischer, irischer, italienischer, niederländischer, portugiesischer, schwedischer und spanischer Sprache abgefaßt, wobei jeder Wortlaut gleichermaßen verbindlich ist; die Urschrift wird im Archiv der Regierung der Italienischen Republik hinterlegt; diese übermittelt der Regierung jedes anderen Unterzeichnerstaats eine beglaubigte Abschrift.

ZU URKUND DESSEN haben die unterzeichneten Bevollmächtigten ihre Unterschriften unter diesen Vertrag gesetzt.

ANHANG

Übereinstimmungstabellen gemäß Artikel 12 des Vertrags von Amsterdam

A. Vertrag über die Europäische Union

Bisherige Nummerierung		Neue Nummerierung	
	Titel I		Titel I
Artikel A		Artikel 1	
Artikel B		Artikel 2	
Artikel C		Artikel 3	
Artikel D		Artikel 4	
Artikel E		Artikel 5	
Artikel F		Artikel 6	
Artikel F.1 (*)		Artikel 7	
	Titel II		Titel II
Artikel G		Artikel 8	
	Titel III		Titel III
Artikel H		Artikel 9	
	Titel IV		Titel IV
Artikel I		Artikel 10	
	Titel V (***)		Titel V
Artikel J.1		Artikel 11	
Artikel J.2		Artikel 12	
Artikel J.3		Artikel 13	
Artikel J.4		Artikel 14	
Artikel J.5		Artikel 15	
Artikel J.6		Artikel 16	
Artikel J.7		Artikel 17	
Artikel J.8		Artikel 18	
Artikel J.9		Artikel 19	
Artikel J.10		Artikel 20	
Artikel J.11		Artikel 21	
Artikel J.12		Artikel 22	
Artikel J.13		Artikel 23	
Artikel J.14		Artikel 24	
Artikel J.15		Artikel 25	
Artikel J.16		Artikel 26	
Artikel J.17		Artikel 27	
Artikel J.18		Artikel 28	

Bisherige Nummerierung	Neue Nummerierung
Titel VI (***)	Titel VI
Artikel K.1	Artikel 29
Artikel K.2	Artikel 30
Artikel K.3	Artikel 31
Artikel K.4	Artikel 32
Artikel K.5	Artikel 33
Artikel K.6	Artikel 34
Artikel K.7	Artikel 35
Artikel K.8	Artikel 36
Artikel K.9	Artikel 37
Artikel K.10	Artikel 38
Artikel K.11	Artikel 39
Artikel K.12	Artikel 40
Artikel K.13	Artikel 41
Artikel K.14	Artikel 42
Titel VIa (**)	Titel VII
Artikel K.15 (*)	Artikel 43
Artikel K.16 (*)	Artikel 44
Artikel K.17 (*)	Artikel 45
Titel VII	Titel VIII
Artikel L	Artikel 46
Artikel M	Artikel 47
Artikel N	Artikel 48
Artikel O	Artikel 49
Artikel P	Artikel 50
Artikel Q	Artikel 51
Artikel R	Artikel 52
Artikel S	Artikel 53

B. Vertrag zur Gründung der Europäischen Gemeinschaft

Bisherige Nummerierung	Neue Nummerierung
Erster Teil	Erster Teil
Artikel 1	Artikel 1
Artikel 2	Artikel 2
Artikel 3	Artikel 3
Artikel 3a	Artikel 4
Artikel 3b	Artikel 5
Artikel 3c (*)	Artikel 6
Artikel 4	Artikel 7
Artikel 4a	Artikel 8
Artikel 4b	Artikel 9
Artikel 5	Artikel 10
Artikel 5a (*)	Artikel 11
Artikel 6	Artikel 12

— 307 — **1/15. Vertrag v Amsterdam**

Anhang

EUV/AEUV
+ Prot/Erkl
Anhänge
EU-Grundrechte-
Charta + Erl
Irland/Tschech Rep
Änderungs- und
Beitrittsverträge
LissV + ZusErl
Liss-BeglNovelle

Bisherige Nummerierung	Neue Nummerierung
Artikel 6a (*)	Artikel 13
Artikel 7 (aufgehoben)	—
Artikel 7a	Artikel 14
Artikel 7b (aufgehoben)	—
Artikel 7c	Artikel 15
Artikel 7d (*)	Artikel 16
Zweiter Teil	**Zweiter Teil**
Artikel 8	Artikel 17
Artikel 8a	Artikel 18
Artikel 8b	Artikel 19
Artikel 8c	Artikel 20
Artikel 8d	Artikel 21
Artikel 8e	Artikel 22
Dritter Teil	**Dritter Teil**
Titel I	**Titel I**
Artikel 9	Artikel 23
Artikel 10	Artikel 24
Artikel 11 (aufgehoben)	—
Kapitel 1	**Kapitel 1**
Abschnitt 1 (gestrichen)	—
Artikel 12	Artikel 25
Artikel 13 (aufgehoben)	—
Artikel 14 (aufgehoben)	—
Artikel 15 (aufgehoben)	—
Artikel 16 (aufgehoben	—
Artikel 17 (aufgehoben)	—
Abschnitt 2 (gestrichen)	—
Artikel 18 (aufgehoben)	—
Artikel 19 (aufgehoben)	—
Artikel 20 (aufgehoben)	—
Artikel 21 (aufgehoben)	—
Artikel 22 (aufgehoben)	—
Artikel 23 (aufgehoben)	—
Artikel 24 (aufgehoben)	—
Artikel 25 (aufgehoben)	—
Artikel 26 (aufgehoben)	—
Artikel 27 (aufgehoben)	—
Artikel 28	Artikel 26
Artikel 29	Artikel 27
Kapitel 2	**Kapitel 2**
Artikel 30	Artikel 28
Artikel 31 (aufgehoben)	—
Artikel 32 (aufgehoben)	—
Artikel 33 (aufgehoben)	—

Bisherige Nummerierung	Neue Nummerierung
Artikel 34	Artikel 29
Artikel 35 (aufgehoben)	–
Artikel 36	Artikel 30
Artikel 37	Artikel 31
Titel II	Titel II
Artikel 38	Artikel 32
Artikel 39	Artikel 33
Artikel 40	Artikel 34
Artikel 41	Artikel 35
Artikel 42	Artikel 36
Artikel 43	Artikel 37
Artikel 44 (aufgehoben)	–
Artikel 45 (aufgehoben)	–
Artikel 46	Artikel 38
Artikel 47 (aufgehoben)	–
Titel III	Titel III
Kapitel 1	Kapitel 1
Artikel 48	Artikel 39
Artikel 49	Artikel 40
Artikel 50	Artikel 41
Artikel 51	Artikel 42
Kapitel 2	Kapitel 2
Artikel 52	Artikel 43
Artikel 53 (aufgehoben)	–
Artikel 54	Artikel 44
Artikel 55	Artikel 45
Artikel 56	Artikel 46
Artikel 57	Artikel 47
Artikel 58	Artikel 48
Kapitel 3	Kapitel 3
Artikel 59	Artikel 49
Artikel 60	Artikel 50
Artikel 61	Artikel 51
Artikel 62 (aufgehoben)	–
Artikel 63	Artikel 52
Artikel 64	Artikel 53
Artikel 65	Artikel 54
Artikel 66	Artikel 55
Kapitel 4	Kapitel 4
Artikel 67 (aufgehoben)	–
Artikel 68 (aufgehoben)	–
Artikel 69 (aufgehoben)	–
Artikel 70 (aufgehoben)	–
Artikel 71 (aufgehoben)	–

— 309 — **1/15. Vertrag v Amsterdam**

Anhang

EUV/AEUV
+ Prot/Erkl
Anhänge
EU-Grundrechte-
Charta + Erl
Irland/Tschech Rep
Änderungs- und
Beitrittsverträge
LissV + ZusErl
Liss-BeglNovelle

Bisherige Nummerierung	Neue Nummerierung
Artikel 72 (aufgehoben)	–
Artikel 73 (aufgehoben)	–
Artikel 73a (aufgehoben)	–
Artikel 73b	Artikel 56
Artikel 73c	Artikel 57
Artikel 73d	Artikel 58
Artikel 73e (aufgehoben)	–
Artikel 73f	Artikel 59
Artikel 73g	Artikel 60
Artikel 73h (aufgehoben)	–
Titel IIIa (**)	Titel IV
Artikel 73i (*)	Artikel 61
Artikel 73j (*)	Artikel 62
Artikel 73k (*)	Artikel 63
Artikel 73l (*)	Artikel 64
Artikel 73m (*)	Artikel 65
Artikel 73n (*)	Artikel 66
Artikel 73o (*)	Artikel 67
Artikel 73p (*)	Artikel 68
Artikel 73q (*)	Artikel 69
Titel IV	Titel V
Artikel 74	Artikel 70
Artikel 75	Artikel 71
Artikel 76	Artikel 72
Artikel 77	Artikel 73
Artikel 78	Artikel 74
Artikel 79	Artikel 75
Artikel 80	Artikel 76
Artikel 81	Artikel 77
Artikel 82	Artikel 78
Artikel 83	Artikel 79
Artikel 84	Artikel 80
Titel V Kapitel 1 Abschnitt 1	Titel VI Kapitel 1 Abschnitt 1
Artikel 85	Artikel 81
Artikel 86	Artikel 82
Artikel 87	Artikel 83
Artikel 88	Artikel 84
Artikel 89	Artikel 85
Artikel 90	Artikel 86

(*) Neuer Artikel, eingefügt durch den Vertrag von Amsterdam.
(**) Neuer Titel, eingefügt durch den Vertrag von Amsterdam.

Bisherige Nummerierung	Neue Nummerierung
Abschnitt 2 (gestrichen)	–
Artikel 91 (aufgehoben)	–
Abschnitt 3	Abschnitt 2
Artikel 92	Artikel 87
Artikel 93	Artikel 88
Artikel 94	Artikel 89
Kapitel 2	Kapitel 2
Artikel 95	Artikel 90
Artikel 96	Artikel 91
Artikel 97 (aufgehoben)	–
Artikel 98	Artikel 92
Artikel 99	Artikel 93
Kapitel 3	Kapitel 3
Artikel 100	Artikel 94
Artikel 100a	Artikel 95
Artikel 100b (aufgehoben)	–
Artikel 100c (aufgehoben)	–
Artikel 100d (aufgehoben)	–
Artikel 101	Artikel 96
Artikel 102	Artikel 97
Titel VI	Titel VII
Kapitel 1	Kapitel 1
Artikel 102a	Artikel 98
Artikel 103	Artikel 99
Artikel 103a	Artikel 100
Artikel 104	Artikel 101
Artikel 104a	Artikel 102
Artikel 104b	Artikel 103
Artikel 104c	Artikel 104
Kapitel 2	Kapitel 2
Artikel 105	Artikel 105
Artikel 105a	Artikel 106
Artikel 106	Artikel 107
Artikel 107	Artikel 108
Artikel 108	Artikel 109
Artikel 108a	Artikel 110
Artikel 109	Artikel 111
Kapitel 3	Kapitel 3
Artikel 109a	Artikel 112
Artikel 109b	Artikel 113
Artikel 109c	Artikel 114
Artikel 109d	Artikel 115

EUV/AEUV
+ Prot/Erkl
Anhänge
EU-Grundrechte-
Charta + Erl
Irland/Tschech Rep
Änderungs- und
Beitrittsverträge
LissV + ZusErl
Liss-BeglNovelle

Bisherige Nummerierung	Neue Nummerierung	
Kapitel 4	Kapitel 4	
Artikel 109e	Artikel 116	
Artikel 109f	Artikel 117	
Artikel 109g	Artikel 118	
Artikel 109h	Artikel 119	
Artikel 109i	Artikel 120	
Artikel 109j	Artikel 121	
Artikel 109k	Artikel 122	
Artikel 109l	Artikel 123	
Artikel 109m	Artikel 124	
Titel VIa (**)	Titel VIII	
Artikel 109n (*)	Artikel 125	
Artikel 109o (*)	Artikel 126	
Artikel 109p (*)	Artikel 127	
Artikel 109q (*)	Artikel 128	
Artikel 109r (*)	Artikel 129	
Artikel 109s (*)	Artikel 130	
Titel VII	Titel IX	
Artikel 110	Artikel 131	
Artikel 111 (aufgehoben)	–	
Artikel 112	Artikel 132	
Artikel 113	Artikel 133	
Artikel 114 (aufgehoben)	–	
Artikel 115	Artikel 134	
Titel VIIa (**)	Titel X	
Artikel 116 (*)	Artikel 135	
Titel VIII	Titel IX	
Kapitel 1 (***)	Kapitel 1	
Artikel 117	Artikel 136	
Artikel 118	Artikel 137	
Artikel 118a	Artikel 138	
Artikel 118b	Artikel 139	
Artikel 118c	Artikel 140	
Artikel 119	Artikel 141	
Artikel 119a	Artikel 142	
Artikel 120	Artikel 143	
Artikel 121	Artikel 144	
Artikel 122	Artikel 145	

(*) Neuer Artikel, eingefügt durch den Vertrag von Amsterdam.
(**) Neuer Titel, eingefügt durch den Vertrag von Amsterdam.
(***) Kapitel, umstrukturiert durch den Vertrag von Amsterdam.

Bisherige Nummerierung	Neue Nummerierung
Kapitel 2	Kapitel 2
Artikel 123	Artikel 146
Artikel 124	Artikel 147
Artikel 125	Artikel 148
Kapitel 3	Kapitel 3
Artikel 126	Artikel 149
Artikel 127	Artikel 150
Titel IX	Titel XII
Artikel 128	Artikel 151
Titel X	Titel XIII
Artikel 129	Artikel 152
Titel XI	Titel XIV
Artikel 129a	Artikel 153
Titel XII	Titel XV
Artikel 129b	Artikel 154
Artikel 129c	Artikel 155
Artikel 129d	Artikel 156
Titel XIII	Titel XVI
Artikel 130	Artikel 157
Titel XIV	Titel XVII
Artikel 130a	Artikel 158
Artikel 130b	Artikel 159
Artikel 130c	Artikel 160
Artikel 130d	Artikel 161
Artikel 130e	Artikel 162
Titel XV	Titel XVIII
Artikel 130f	Artikel 163
Artikel 130g	Artikel 164
Artikel 130h	Artikel 165
Artikel 130i	Artikel 166
Artikel 130j	Artikel 167
Artikel 130k	Artikel 168
Artikel 130l	Artikel 169
Artikel 130m	Artikel 170
Artikel 130n	Artikel 171
Artikel 130o	Artikel 172
Artikel 130p	Artikel 173
Artikel 130q (aufgehoben)	–
Titel XVI	Titel XIX
Artikel 130r	Artikel 174
Artikel 130s	Artikel 175
Artikel 130t	Artikel 176

EUV/AEUV
+ Prot/Erkl
Anhänge
EU-Grundrechte-
Charta + Erl
Irland/Tschech Rep
Änderungs- und
Beitrittsverträge
LissV + ZusErl
Liss-BeglNovelle

Bisherige Nummerierung	Neue Nummerierung
Titel XVII	Titel XX
Artikel 130u	Artikel 177
Artikel 130v	Artikel 178
Artikel 130w	Artikel 179
Artikel 130x	Artikel 180
Artikel 130y	Artikel 181
Vierter Teil	Vierter Teil
Artikel 131	Artikel 182
Artikel 132	Artikel 183
Artikel 133	Artikel 184
Artikel 134	Artikel 185
Artikel 135	Artikel 186
Artikel 136	Artikel 187
Artikel 136a	Artikel 188
Fünfter Teil	Fünfter Teil
Titel I	Titel I
Kapitel 1	Kapitel 1
Abschnitt 1	Abschnitt 1
Artikel 137	Artikel 189
Artikel 138	Artikel 190
Artikel 138a	Artikel 191
Artikel 138b	Artikel 192
Artikel 138c	Artikel 193
Artikel 138d	Artikel 194
Artikel 138e	Artikel 195
Artikel 139	Artikel 196
Artikel 140	Artikel 197
Artikel 141	Artikel 198
Artikel 142	Artikel 199
Artikel 143	Artikel 200
Artikel 144	Artikel 201
Abschnitt 2	Abschnitt 2
Artikel 145	Artikel 202
Artikel 146	Artikel 203
Artikel 147	Artikel 204
Artikel 148	Artikel 205
Artikel 149 (aufgehoben)	–
Artikel 150	Artikel 206
Artikel 151	Artikel 207
Artikel 152	Artikel 208
Artikel 153	Artikel 209
Artikel 154	Artikel 210
Abschnitt 3	Abschnitt 3
Artikel 155	Artikel 211
Artikel 156	Artikel 212

Anhang

Bisherige Nummerierung	Neue Nummerierung
Artikel 157	Artikel 213
Artikel 158	Artikel 214
Artikel 159	Artikel 215
Artikel 160	Artikel 216
Artikel 161	Artikel 217
Artikel 162	Artikel 218
Artikel 163	Artikel 219
Abschnitt 4	Abschnitt 4
Artikel 164	Artikel 220
Artikel 165	Artikel 221
Artikel 166	Artikel 222
Artikel 167	Artikel 223
Artikel 168	Artikel 224
Artikel 168 a	Artikel 225
Artikel 169	Artikel 226
Artikel 170	Artikel 227
Artikel 171	Artikel 228
Artikel 172	Artikel 229
Artikel 173	Artikel 230
Artikel 174	Artikel 231
Artikel 175	Artikel 232
Artikel 176	Artikel 233
Artikel 177	Artikel 234
Artikel 178	Artikel 235
Artikel 179	Artikel 236
Artikel 180	Artikel 237
Artikel 181	Artikel 238
Artikel 182	Artikel 239
Artikel 183	Artikel 240
Artikel 184	Artikel 241
Artikel 185	Artikel 242
Artikel 186	Artikel 243
Artikel 187	Artikel 244
Artikel 188	Artikel 245
Abschnitt 5	Abschnitt 5
Artikel 188a	Artikel 246
Artikel 188b	Artikel 247
Artikel 188c	Artikel 248
Kapitel 2	Kapitel 2
Artikel 189	Artikel 249
Artikel 189a	Artikel 250
Artikel 189b	Artikel 251
Artikel 189c	Artikel 252
Artikel 190	Artikel 253

— 315 — **1/15. Vertrag v Amsterdam**

Anhang

EUV/AEUV
+ Prot/Erkl
Anhänge
EU-Grundrechte-
Charta + Erl
Irland/Tschech Rep
Änderungs- und
Beitrittsverträge
LissV + ZusErl
Liss-BeglNovelle

Bisherige Nummerierung	Neue Nummerierung	
Artikel 191	Artikel 254	
Artikel 191a (*)	Artikel 255	
Artikel 192	Artikel 256	
Kapitel 3		Kapitel 3
Artikel 193	Artikel 257	
Artikel 194	Artikel 258	
Artikel 195	Artikel 259	
Artikel 196	Artikel 260	
Artikel 197	Artikel 261	
Artikel 198	Artikel 262	
Kapitel 4		Kapitel 4
Artikel 198a	Artikel 263	
Artikel 198b	Artikel 264	
Artikel 198c	Artikel 265	
Kapitel 5		Kapitel 5
Artikel 198d	Artikel 266	
Artikel 198e	Artikel 267	
Titel II		Titel II
Artikel 199	Artikel 268	
Artikel 200 (aufgehoben)	–	
Artikel 201	Artikel 269	
Artikel 201a	Artikel 270	
Artikel 202	Artikel 271	
Artikel 203	Artikel 272	
Artikel 204	Artikel 273	
Artikel 205	Artikel 274	
Artikel 205a	Artikel 275	
Artikel 206	Artikel 276	
Artikel 206a (aufgehoben)	–	
Artikel 207	Artikel 277	
Artikel 208	Artikel 278	
Artikel 209	Artikel 279	
Artikel 209a	Artikel 280	
Sechster Teil		Sechster Teil
Artikel 210	Artikel 281	
Artikel 211	Artikel 282	
Artikel 212 (*)	Artikel 283	
Artikel 213	Artikel 284	
Artikel 213a (*)	Artikel 285	
Artikel 213b (*)	Artikel 286	
Artikel 214	Artikel 287	
Artikel 215	Artikel 288	

(*) Neuer Artikel, eingefügt durch den Vertrag von Amsterdam.

Bisherige Nummerierung	Neue Nummerierung
Artikel 216	Artikel 289
Artikel 217	Artikel 290
Artikel 218 (*)	Artikel 291
Artikel 219	Artikel 292
Artikel 220	Artikel 293
Artikel 221	Artikel 294
Artikel 222	Artikel 295
Artikel 223	Artikel 296
Artikel 224	Artikel 297
Artikel 225	Artikel 298
Artikel 226 (aufgehoben)	–
Artikel 227	Artikel 299
Artikel 228	Artikel 300
Artikel 228a	Artikel 301
Artikel 229	Artikel 302
Artikel 230	Artikel 303
Artikel 231	Artikel 304
Artikel 232	Artikel 305
Artikel 233	Artikel 306
Artikel 234	Artikel 307
Artikel 235	Artikel 308
Artikel 236 (*)	Artikel 309
Artikel 237 (aufgehoben)	–
Artikel 238	Artikel 310
Artikel 239	Artikel 311
Artikel 240	Artikel 312
Artikel 241 (aufgehoben)	–
Artikel 242 (aufgehoben)	–
Artikel 243 (aufgehoben)	–
Artikel 244 (aufgehoben)	–
Artikel 245 (aufgehoben)	–
Artikel 246 (aufgehoben)	–
Schlussbestimmungen	Schlussbestimmungen
Artikel 247	Artikel 313
Artikel 248	Artikel 314

(*) Neuer Artikel, eingefügt durch den Vertrag von Amsterdam.

— 317 — **1/15. Vertrag v Amsterdam**

Erklärungen

EUV/AEUV
+ Prot/Erkl
Anhänge
EU-Grundrechte-
Charta + Erl
Irland/Tschech Rep
Änderungs- und
Beitrittsverträge
LissV + ZusErl
Liss-BeglNovelle

Schlussakte

Die KONFERENZ DER VERTRETER DER REGIERUNGEN DER MITGLIEDSTAATEN, die am neunundzwanzigsten März neunzehnhundertsechsundneunzig in Turin einberufen wurde, um im gegenseitigen Einvernehmen die Änderungen zu beschließen, die an dem Vertrag über die Europäische Union, den Verträgen zur Gründung der Europäischen Gemeinschaft, der Europäischen Gemeinschaft für Kohle und Stahl bzw. der Europäischen Atomgemeinschaft sowie einigen damit zusammenhängenden Rechtsakten vorzunehmen sind, hat folgende Texte angenommen:

I.

Den Vertrag von Amsterdam zur Änderung des Vertrags über die Europäische Union, der Verträge zur Gründung der Europäischen Gemeinschaften sowie einiger damit zusammenhängender Rechtsakte

II.

Protokolle

III.

Erklärungen

Die Konferenz hat die folgenden dieser Schlußakte beigefügten Erklärungen angenommen:

1. Erklärung zur Abschaffung der Todesstrafe
2. Erklärung zur verbesserten Zusammenarbeit zwischen der Europäischen Union und der Westeuropäischen Union
3. Erklärung zur Westeuropäischen Union
4. Erklärung zu den Artikeln J.14 *(24)* und K.10 *(38)* des Vertrags über die Europäische Union
5. Erklärung zu Artikel J.15 *(25)* des Vertrags über die Europäische Union
6. Erklärung zur Schaffung einer Strategieplanungs- und Frühwarneinheit
7. Erklärung zu Artikel K.2 *(30)* des Vertrags über die Europäische Union
8. Erklärung zu Artikel K.3 *(31)* Buchstabe e des Vertrags über die Europäische Union
9. Erklärung zu Artikel K.6 *(34)* Absatz 2 des Vertrags über die Europäische Union
10. Erklärung zu Artikel K.7 *(35)* des Vertrags über die Europäische Union

11. Erklärung zum Status der Kirchen und weltanschaulichen Gemeinschaften
12. Erklärung zu Umweltverträglichkeitsprüfungen
13. Erklärung zu Artikel 7 d *(16)* des Vertrags zur Gründung der Europäischen Gemeinschaft
14. Erklärung zur Aufhebung des Artikels 44 des Vertrags zur Gründung der Europäischen Gemeinschaft
15. Erklärung zur Bewahrung des durch den Schengen-Besitzstand gewährleisteten Maßes an Schutz und Sicherheit
16. Erklärung zu Artikel 73 j *(62)* Nummer 2 Buchstabe b des Vertrags zur Gründung der Europäischen Gemeinschaft
17. Erklärung zu Artikel 73 k *(63)* des Vertrags zur Gründung der Europäischen Gemeinschaft
18. Erklärung zu Artikel 73 k *(63)* Nummer 3 Buchstabe a des Vertrags zur Gründung der Europäischen Gemeinschaft
19. Erklärung zu Artikel 73 l *(64)* Absatz 1 des Vertrags zur Gründung der Europäischen Gemeinschaft
20. Erklärung zu Artikel 73 m *(65)* des Vertrags zur Gründung der Europäischen Gemeinschaft
21. Erklärung zu Artikel 73 o *(67)* des Vertrags zur Gründung der Europäischen Gemeinschaft
22. Erklärung zu Personen mit einer Behinderung
23. Erklärung zu den in Artikel 109 r *(129)* des Vertrags zur Gründung der Europäischen Gemeinschaft genannten Anreizmaßnahmen
24. Erklärung zu Artikel 109 r *(129)* des Vertrags zur Gründung der Europäischen Gemeinschaft
25. Erklärung zu Artikel 118 *(137)* des Vertrags zur Gründung der Europäischen Gemeinschaft
26. Erklärung zu Artikel 118 *(137)* Absatz 2 des Vertrags zur Gründung der Europäischen Gemeinschaft
27. Erklärung zu Artikel 118 b *(139)* Absatz 2 des Vertrags zur Gründung der Europäischen Gemeinschaft
28. Erklärung zu Artikel 119 *(141)* Absatz 4 des Vertrags zur Gründung der Europäischen Gemeinschaft

Die Konferenz hat ferner die folgenden dieser Schlußakte beigefügten Erklärungen zur Kenntnis genommen:

1. Erklärung Österreichs und Luxemburgs zu Kreditinstituten

2. Erklärung Dänemarks zu Artikel K.14 *(42)* des Vertrags über die Europäische Union

3. Erklärung Deutschlands, Österreichs und Belgiens zur Subsidiarität

4. Erklärung Irlands zu Artikel 3 des Protokolls über die Position des Vereinigten Königreichs und Irlands

5. Erklärung Belgiens zum Protokoll über die Gewährung von Asyl für Staatsangehörige von Mitgliedstaaten der Europäischen Union

6. Erklärung Belgiens, Frankreichs und Italiens zum Protokoll über die Organe im Hinblick auf die Erweiterung der Europäischen Union

7. Erklärung Frankreichs zur Lage der überseeischen Departements hinsichtlich des Protokolls zur Einbeziehung des Schengen-Besitzstands in den Rahmen der Europäischen Union

8. Erklärung Griechenlands zur Erklärung zum Status der Kirchen und weltanschaulichen Gemeinschaften

Die Konferenz ist schließlich übereingekommen, dieser Schlußakte den Wortlaut des Vertrags über die Europäische Union und des Vertrags zur Gründung der Europäischen Gemeinschaft in der Fassung der von der Konferenz vorgenommenen Änderungen als Illustration beizufügen.

Geschehen zu Amsterdam am zweiten Oktober neunzehnhundertsiebenundneunzig

VON DER KONFERENZ ANGENOMMENE ERKLÄRUNGEN

1. Erklärung zur Abschaffung der Todesstrafe

Unter Bezugnahme auf Artikel F *(6)* Absatz 2 des Vertrags über die Europäische Union erinnert die Konferenz daran, daß das Protokoll Nr. 6 zu der am 4. November 1950 in Rom unterzeichneten Europäi-

— 319 — **1/15. Vertrag v Amsterdam**

Erklärungen

EUV/AEUV
+ Prot/Erkl
Anhänge
EU-Grundrechte-
Charta + Erl
Irland/Tschech Rep
Änderungs- und
Beitrittsverträge
Liss V + ZusErl
Liss-BeglNovelle

schen Konvention zum Schutze der Menschenrechte und Grundfreiheiten, das von einer großen Mehrheit der Mitgliedstaaten unterzeichnet und ratifiziert wurde, die Abschaffung der Todesstrafe vorsieht. In diesem Zusammenhang stellt die Konferenz fest, daß seit der Unterzeichnung des genannten Protokolls am 28. April 1983 die Todesstrafe in den meisten Mitgliedstaaten der Union abgeschafft und in keinem Mitgliedstaat angewandt worden ist.

2. Erklärung zur verbesserten Zusammenarbeit zwischen der Europäischen Union und der Westeuropäischen Union

Im Hinblick auf eine verbesserte Zusammenarbeit zwischen der Europäischen Union und der Westeuropäischen Union ersucht die Konferenz den Rat, auf die baldige Annahme geeigneter Regelungen für die Sicherheitsüberprüfung des Personals des Generalsekretariats des Rates hinzuwirken.

3. Erklärung zur Westeuropäischen Union

Die Konferenz nimmt die folgende Erklärung zur Kenntnis, die vom Ministerrat der Westeuropäischen Union am 22. Juli 1997 angenommen wurde:

„Erklärung der Westeuropäischen Union zur Rolle der Westeuropäischen Union und zu ihren Beziehungen zur Europäischen Union und zur Atlantischen Allianz

(Übersetzung)

Einleitung

1. Die Mitgliedstaaten der Westeuropäischen Union (WEU) haben 1991 in Maastricht übereinstimmend festgestellt, daß es notwendig ist, eine echte europäische Sicherheits- und Verteidigungsidentität (ESVI) zu entwickeln und eine größere europäische Verantwortung in Verteidigungsfragen zu übernehmen. Im Lichte des Vertrags von Amsterdam bekräftigen sie, daß diese Bemühungen fortgesetzt und intensiviert werden müssen. Die WEU ist integraler Bestandteil der Entwicklung der Europäischen Union, indem sie der Europäischen Union Zugang zu einer operativen Kapazität insbesondere im Zusammenhang mit den Petersberger Aufgaben

eröffnet, und stellt entsprechend der Pariser Erklärung und den Berliner Beschlüssen der NATO-Minister ein entscheidendes Element für die Entwicklung der ESVI in der Atlantischen Allianz dar.

2. An den Tagungen des Rates der WEU nehmen heute alle Mitgliedstaaten der Europäischen Union und alle europäischen Mitglieder der Atlantischen Allianz entsprechend ihrem jeweiligen Status teil. In diesem Rat kommen die genannten Staaten auch mit den Staaten Mittel- und Osteuropas zusammen, die durch ein Assoziierungsabkommen mit der Europäischen Union verbunden und Kandidaten für den Beitritt sowohl zur Europäischen Union als auch zur Atlantischen Allianz sind. Die WEU entwickelt sich somit zu einem wirklichen Rahmen für den Dialog und die Zusammenarbeit unter Europäern über europäische Sicherheits- und Verteidigungsfragen im weiteren Sinne.

3. In diesem Zusammenhang nimmt die WEU Titel V des Vertrags über die Europäische Union über die Gemeinsame Außen- und Sicherheitspolitik zur Kenntnis und hierbei insbesondere Artikel J.3 *(13)* Absatz 1 und Artikel J.7 *(17)* sowie das Protokoll zu Artikel J.7 *(17)*, die wie folgt lauten:

Artikel J.3 *(13)* Absatz 1

„(1) Der Europäische Rat bestimmt die Grundsätze und die allgemeinen Leitlinien der Gemeinsamen Außen- und Sicherheitspolitik, und zwar auch bei Fragen mit verteidigungspolitischen Bezügen.“

Artikel J.7 *(17)*

„(1) Die Gemeinsame Außen- und Sicherheitspolitik umfaßt sämtliche Fragen, welche die Sicherheit der Union betreffen, wozu auch die schrittweise Festlegung einer gemeinsamen Verteidigungspolitik im Sinne des Unterabsatzes 2 gehört, die zu einer gemeinsamen Verteidigung führen könnte, falls der Europäische Rat dies beschließt. Er empfiehlt in diesem Fall den Mitgliedstaaten, einen solchen Beschluß gemäß ihren verfassungsrechtlichen Vorschriften anzunehmen.

Die Westeuropäische Union (WEU) ist integraler Bestandteil der Entwicklung der Union; sie eröffnet der Union den Zugang zu einer operativen Kapazität insbesondere im Zusammenhang mit Absatz 2. Sie unterstützt die Union bei der Festlegung der verteidigungspolitischen Aspekte der

Gemeinsamen Außen- und Sicherheits-politik gemäß diesem Artikel. Die Union fördert daher engere institutionelle Be-ziehungen zur WEU im Hinblick auf die Möglichkeit einer Integration der WEU in die Union, falls der Europäische Rat dies beschließt. Er empfiehlt in diesem Fall den Mitgliedstaaten, einen solchen Be-schluß gemäß ihren verfassungsrechtli-chen Vorschriften anzunehmen.

Die Politik der Union nach diesem Artikel berührt nicht den besonderen Charakter der Sicherheits- und Verteidigungspolitik bestimmter Mitgliedstaaten; sie achtet die Verpflichtungen einiger Mitgliedstaaten, die ihre gemeinsame Verteidigung in der Nordatlantikvertragsorganisation (NATO) verwirklicht sehen, aus dem Nordatlantik-vertrag und ist vereinbar mit der in jenem Rahmen festgelegten gemeinsamen Sicher-heits- und Verteidigungspolitik.

Die schrittweise Festlegung einer gemein-samen Verteidigungspolitik wird in einer von den Mitgliedstaaten als angemessen erachteten Weise durch eine rüstungspoli-tische Zusammenarbeit zwischen ihnen unterstützt.

(2) Die Fragen, auf die in diesem Artikel Bezug genommen wird, schließen humani-täre Aufgaben und Rettungseinsätze, frie-denserhaltende Aufgaben sowie Kampf-einsätze bei der Krisenbewältigung ein-schließlich friedensschaffender Maßnah-men ein.

(3) Die Union wird die WEU in Anspruch nehmen, um die Entscheidungen und Ak-tionen der Union, die verteidigungspoliti-sche Bezüge haben, auszuarbeiten und durchzuführen.

Die Befugnis des Europäischen Rates zur Festlegung von Leitlinien nach Artikel J.3 (13) gilt auch in bezug auf die WEU bei denjenigen Angelegenheiten, für welche die Union die WEU in Anspruch nimmt.

Nimmt die Union die WEU in Anspruch, um Entscheidungen der Union über die in Absatz 2 genannten Aufgaben auszuarbei-ten und durchzuführen, so können sich alle Mitgliedstaaten der Union in vollem Umfang an den betreffenden Aufgaben beteiligen. Der Rat trifft im Einvernehmen mit den Organen der WEU die erforder-lichen praktischen Regelungen, damit alle Mitgliedstaaten, die sich an den betreffen-den Aufgaben beteiligen, in vollem Um-fang und gleichberechtigt an der Planung

und Beschlußfassung in der WEU teil-nehmen können.

Beschlüsse mit verteidigungspolitischen Bezügen nach diesem Absatz werden un-beschadet der Politiken und Verpflichtun-gen im Sinne des Absatzes 1 Unterab-satz 3 gefaßt.

(4) Dieser Artikel steht der Entwicklung einer engeren Zusammenarbeit zwischen zwei oder mehr Mitgliedstaaten auf zwei-seitiger Ebene sowie im Rahmen der WEU und der Atlantischen Allianz nicht entgegen, soweit sie sich nach diesem Titel vorgesehenen Zusammenarbeit nicht zu-widerläuft und diese nicht behindert.

(5) Zur Förderung der Ziele dieses Arti-kels werden dessen Bestimmungen nach Artikel N (48) überprüft."

Protokoll zu Artikel J.7 (17)

„DIE HOHEN VERTRAGSPARTEIEN –

IN ANBETRACHT der Notwendigkeit, den Artikel J.7 (17) Absatz 1 Unterab-satz 2 und Absatz 3 des Vertrags über die Europäische Union in vollem Umfang umzusetzen,

IN ANBETRACHT der Tatsache, daß die Politik der Union nach Artikel J.7 (17) den besonderen Charakter der Sicherheits- und Verteidigungspolitik bestimmter Mitglied-staaten nicht berührt, die Verpflichtungen einiger Mitgliedstaaten, die ihre ge-meinsame Verteidigung in der NATO ver-wirklicht sehen, aus dem Nordatlantikver-trag achtet und mit der in jenem Rahmen festgelegten gemeinsamen Sicherheits- und Verteidigungspolitik vereinbar ist –

SIND über folgende Bestimmung ÜBER-EINGEKOMMEN, die dem Vertrag über die Europäische Union beigefügt ist:

Die Europäische Union erarbeitet binnen eines Jahres nach Inkrafttreten des Ver-trags von Amsterdam zusammen mit der Westeuropäischen Union Regelungen für eine verstärkte Zusammenarbeit zwischen der Europäischen Union und der West-europäischen Union."

A. Beziehungen der WEU zur Euro-päischen Union: Begleitmaßnahmen zur Umsetzung des Vertrags von Amsterdam

4. In der „Erklärung zur Rolle der Westeuro-päischen Union und zu ihren Beziehungen zur Europäischen Union und zur Atlanti-

— 321 — **1/15. Vertrag v Amsterdam**

Erklärungen

EUV/AEUV
+ Prot/Erkl
Anhänge
EU-Grundrechte-
Charta + Erl
Irland/Tschech Rep
Änderungs- und
Beitrittsverträge
LissV + ZusErl
Liss-BeglNovelle

schen Allianz" vom 10. Dezember 1991 hatten es sich die Mitgliedstaaten der WEU zum Ziel gesetzt, „die WEU stufenweise zur Verteidigungskomponente der Europäischen Union auszubauen". Sie bekräftigen heute dieses Ziel so, wie es im Vertrag von Amsterdam dargelegt wird.

5. Wenn die Europäische Union die WEU in Anspruch nimmt, arbeitet die WEU die Entscheidungen und Aktionen der Europäischen Union, die verteidigungspolitische Bezüge haben, aus und führt sie durch.

Bei der Ausarbeitung und Durchführung der Entscheidungen und Aktionen der Europäischen Union, für die diese die WEU in Anspruch nimmt, wird die WEU entsprechend den Leitlinien des Europäischen Rates tätig.

Die WEU unterstützt die Europäische Union bei der Festlegung der verteidigungspolitischen Aspekte der Gemeinsamen Außen- und Sicherheitspolitik nach Artikel J.7 *(17)* des Vertrags über die Europäische Union.

6. Die WEU bestätigt, daß sich alle Mitgliedstaaten der Europäischen Union, wenn diese die WEU in Anspruch nimmt, um Entscheidungen der Europäischen Union über die in Artikel J.7 *(17)* Absatz 2 des Vertrags über die Europäische Union genannten Aufgaben auszuarbeiten und durchzuführen, nach Artikel J.7 *(17)* Absatz 3 des Vertrags über die Europäische Union in vollem Umfang an den betreffenden Aufgaben beteiligen können.

Die WEU wird die Rolle der Beobachter bei der WEU entsprechend Artikel J.7 *(17)* Absatz 3 ausbauen und die erforderlichen praktischen Regelungen treffen, damit alle Mitgliedstaaten der Europäischen Union, die sich auf Ersuchen der Europäischen Union an den von der WEU durchgeführten Aufgaben beteiligen, in vollem Umfang und gleichberechtigt an der Planung und Beschlußfassung in der WEU teilnehmen können.

7. Nach dem Protokoll zu Artikel J.7 *(17)* des Vertrags über die Europäische Union erarbeitet die WEU zusammen mit der Europäischen Union Regelungen für eine verstärkte Zusammenarbeit zwischen den beiden Organisationen. In diesem Zusammenhang können bereits jetzt eine Reihe von Maßnahmen, von denen einige von

der WEU bereits geprüft werden, genannt werden, insbesondere

– Regelungen für eine bessere Koordinierung der Konsultation und der Beschlußfassung beider Organisationen insbesondere in Krisensituationen;

– gemeinsame Tagungen der zuständigen Gremien beider Organisationen;

– weitestmögliche Harmonisierung der Abfolge der Präsidentschaften von WEU und Europäischer Union sowie der Verwaltungsregelungen und -praktiken beider Organisationen;

– enge Koordinierung der Tätigkeiten des Personals des WEU-Generalsekretariats und des Generalsekretariats des Rates der Europäischen Union einschließlich des Austausches und der Abordnung von Personal;

– Regelungen, die es den zuständigen Gremien der Europäischen Union einschließlich der Strategieplanungs- und Frühwarneinheit ermöglichen, auf den Planungsstab, das Lagezentrum und das Satellitenzentrum der WEU zurückzugreifen;

– soweit angebracht, Zusammenarbeit der Europäischen Union und der WEU im Rüstungsbereich im Rahmen der Westeuropäischen Rüstungsgruppe (WEAG) als europäischer Instanz für die Zusammenarbeit in Rüstungsfragen im Zusammenhang mit der Rationalisierung des europäischen Rüstungsmarkts und mit der Einrichtung einer Europäischen Rüstungsagentur;

– praktische Regelungen zwecks Zusammenarbeit mit der Kommission der Europäischen Gemeinschaften, die deren Rolle im Rahmen der GASP widerspiegeln, wie sie im Vertrag von Amsterdam festgelegt ist;

– Verbesserung der Geheimhaltungsregelungen mit der Europäischen Union.

B. **Beziehungen zwischen der WEU und der NATO im Rahmen der Entwicklung einer ESVI innerhalb der Atlantischen Allianz**

8. Die Atlantische Allianz stellt weiterhin die Grundlage für die kollektive Verteidigung im Rahmen des Nordatlantikvertrags dar. Sie bleibt das wesentliche Forum für Konsultationen unter ihren Mitgliedern und für die Vereinbarung von

politischen Maßnahmen, die sich auf die Sicherheits- und Verteidigungsverpflichtungen der Verbündeten des Washingtoner Vertrags auswirken. Die Allianz hat einen Anpassungs- und Reformprozeß begonnen, um die ganze Bandbreite ihrer Aufgaben effizienter erfüllen zu können. Ziel dieses Prozesses ist es, die transatlantische Partnerschaft zu stärken und zu erneuern, wozu auch die Entwicklung einer ESVI innerhalb der Allianz gehört.

9. Die WEU stellt ein entscheidendes Element der Entwicklung einer Europäischen Sicherheits- und Verteidigungsidentität innerhalb der Atlantischen Allianz dar und wird sich daher weiterhin um eine verstärkte institutionelle und praktische Zusammenarbeit mit der NATO bemühen.

10. Neben ihrem Beitrag zur gemeinsamen Verteidigung nach Artikel 5 des Washingtoner Vertrags bzw. Artikel V des geänderten Brüsseler Vertrags spielt die WEU auch eine aktive Rolle bei der Konfliktverhütung und der Krisenbewältigung, wie es die Petersberger Erklärung vorsieht. In diesem Zusammenhang verpflichtet sich die WEU, ihre Rolle unter Wahrung völliger Transparenz und unter Beachtung der Komplementarität der beiden Organisationen in vollem Umfang wahrzunehmen.

11. Die WEU bekräftigt, daß die ESVI auf anerkannten militärischen Grundsätzen beruhen wird, daß sie durch eine geeignete militärische Planung unterstützt werden wird und daß sie es möglich machen wird, militärisch kohärente, leistungsfähige Streitkräfte zu schaffen, die unter der politischen Kontrolle und der strategischen Leitung der WEU operieren können.

12. Zu diesem Zweck wird die WEU ihre Zusammenarbeit mit der NATO insbesondere in folgenden Bereichen ausbauen:

– Mechanismen für Konsultationen zwischen WEU und NATO bei Krisen;

– aktive Teilnahme der WEU am Verteidigungsplanungsprozeß der NATO;

– operationelle Verbindungen zwischen WEU und NATO bei der Planung, Vorbereitung und Durchführung von Operationen, bei denen Mittel und Kapazitäten der NATO unter der politischen Kontrolle und der strategischen Leitung

der WEU eingesetzt werden, insbesondere

* von der NATO in Abstimmung mit der WEU vorgenommene militärische Planung und Übungen;

* Ausarbeitung eines Rahmenabkommens über die Übertragung, Überwachung und Rückführung von Mitteln und Kapazitäten der NATO;

* Verbindungen zwischen der WEU und der NATO im Bereich der europäischen Kommandoregelungen.

Diese Zusammenarbeit wird sich, auch unter Berücksichtigung der Anpassung der Allianz, ständig weiterentwickeln.

C. Operationelle Rolle der WEU bei der Entwicklung der ESVI

13. Die WEU wird ihre Rolle als politisch-militärisches europäisches Organ für die Krisenbewältigung ausbauen, indem sie die Mittel und Kapazitäten zum Einsatz bringt, die ihr von den WEU-Ländern auf nationaler oder multinationaler Ebene zur Verfügung gestellt wurden, und indem sie, gegebenenfalls, nach Maßgabe von Vereinbarungen, die derzeit erarbeitet werden, auf die Mittel und Kapazitäten der NATO zurückgreift. In diesem Zusammenhang wird die WEU auch die Vereinten Nationen und die OSZE bei ihren Tätigkeiten im Bereich der Krisenbewältigung unterstützen.

Die WEU wird im Rahmen des Artikels J.7 des Vertrags über die Europäische Union einen Beitrag zur schrittweisen Festlegung einer gemeinsamen Verteidigungspolitik leisten und für deren konkrete Umsetzung sorgen, indem sie ihre eigene operationelle Rolle ausbaut.

14. Zu diesem Zweck wird die WEU in folgenden Bereichen tätig:

– Die WEU hat Mechanismen und Verfahren für die Krisenbewältigung entwickelt, die im Zuge der weiteren Erfahrungen der WEU bei Übungen und Operationen aktualisiert werden. Die Wahrnehmung der Petersberger Aufgaben erfordert flexible Vorgehensweisen, die der Vielfalt der Krisensituationen gerecht werden und vorhandene Kapazitäten optimal nutzen; hierzu gehören der Rückgriff auf ein nationales Hauptquartier, das von einem „Rahmen-Staat" gestellt werden kann, auf ein der WEU zugeordnetes multinatio-

— 323 — **1/15. Vertrag v Amsterdam**

Erklärungen

EUV/AEUV
+ Prot/Erkl
Anhänge
EU-Grundrechte-
Charta + Erl
Irland/Tschech Rep
Änderungs- und
Beitrittsverträge
LissV + ZusErl
Liss-BeglNovelle

nales Hauptquartier oder auf Mittel und Fähigkeiten der NATO.

– Die WEU hat bereits „Vorläufige Schlußfolgerungen betreffend die Formulierung einer gemeinsamen europäischen Verteidigungspolitik" ausgearbeitet, die ein erster Beitrag zu den Zielen, dem Umfang und den Mitteln einer gemeinsamen europäischen Verteidigungspolitik sind.

Die WEU wird diese Arbeit fortsetzen, wobei sie sich insbesondere auf die Pariser Erklärung stützen und relevante Punkte der Beschlüsse berücksichtigen wird, die seit der Tagung von Birmingham auf den Gipfel-und Ministertagungen der WEU und der NATO gefaßt worden sind. Sie wird sich insbesondere auf folgende Bereiche konzentrieren:

* Festlegung von Grundsätzen für den Einsatz der Streitkräfte von WEU-Staaten für Petersberg-Operationen der WEU in Wahrnehmung gemeinsamer europäischer Sicherheitsinteressen;

* Organisation operativer Mittel für Petersberg-Aufgaben wie allgemeine und fallbezogene Einsatzplanung und Übungen allgemein und für den Einzelfall sowie Vorbereitung und Interoperabilität der Streitkräfte, einschließlich der Teilnahme der WEU am Prozeß der Verteidigungsplanung der NATO, soweit dies erforderlich ist;

* strategische Mobilität auf der Grundlage der laufenden Arbeiten der WEU;

* Aufgaben der militärischen Aufklärung, die von der Planungszelle, vom Lagezentrum und vom Satellitenzentrum der WEU wahrzunehmen sind.

– Die WEU hat zahlreiche Maßnahmen ergriffen, die es ihr ermöglicht haben, ihre operationelle Rolle auszubauen (Planungsstab, Lagezentrum, Satellitenzentrum). Die Verbesserung der Funktionsweise der militärischen Komponenten am WEU-Sitz und die Einrichtung eines dem Rat unterstehenden Militärausschusses sollen zu einer weiteren Verstärkung der Strukturen führen, die für die erfolgreiche Vorbereitung und Durchführung der WEU-Operationen wichtig sind.

– Um den assoziierten Mitgliedern und den Beobachterstaaten eine Teilnahme an allen Operationen zu ermöglichen, wird die WEU auch prüfen, welche Modalitäten erforderlich sind, damit die assoziierten Mitglieder und Beobachterstaaten in vollem Umfang entsprechend ihrem Status an allen WEU-Operationen teilnehmen können.

– Die WEU erinnert daran, daß die assoziierten Mitglieder an den Operationen, zu denen sie Beiträge leisten, sowie an den entsprechenden Übungen und Planungen auf derselben Grundlage teilnehmen wie die Vollmitglieder. Die WEU wird zudem die Frage prüfen, wie die Beobachter bei allen Operationen, zu denen sie Beiträge leisten, je nach ihrem Status möglichst weitreichend an der Planung und Beschlußfassung der WEU beteiligt werden können.

– Die WEU wird, soweit erforderlich in Abstimmung mit den zuständigen Gremien, die Möglichkeiten für eine möglichst weitreichende Teilnahme der assoziierten Mitglieder und der Beobachterstaaten an ihren Aktivitäten entsprechend ihrem Status prüfen. Sie wird hierbei insbesondere die Aktivitäten in den Bereichen Rüstung, Weltraum und militärische Studien zur Sprache bringen.

– Die WEU wird prüfen, wie sie die Beteiligung der assoziierten Partner an einer immer größeren Zahl von Aktivitäten verstärken kann."

4. **Erklärung zu den Artikeln J.14 *(24)* und K.10 *(38)* des Vertrags über die Europäische Union**

Die Bestimmungen der Artikel J.14 *(24)* und K.10 *(38)* des Vertrags über die Europäische Union und Übereinkünfte aufgrund dieser Artikel bedeuten keine Übertragung von Zuständigkeiten von den Mitgliedstaaten auf die Europäische Union.

5. **Erklärung zu Artikel J.15 *(25)* des Vertrags über die Europäische Union**

Die Konferenz kommt überein, daß die Mitgliedstaaten dafür Sorge tragen, daß das in Artikel J.15 *(25)* des Vertrags über die Europäische Union genannte Politische Komitee im Falle internationaler Krisen oder anderer dringlicher Angelegenheiten auf der Ebene der Politischen Direktoren oder ihrer Stellvertreter jederzeit sehr kurzfristig zusammentreten kann.

6. Erklärung zur Schaffung einer Strategieplanungs- und Frühwarneinheit

Die Konferenz kommt wie folgt überein:

1. Im Generalsekretariat des Rates wird unter der Verantwortung des Generalsekretärs und Hohen Vertreters für die GASP eine Strategieplanungs- und Frühwarneinheit geschaffen. Es wird eine angemessene Zusammenarbeit mit der Kommission eingeführt, damit die vollständige Kohärenz mit der Außenwirtschafts- und der Entwicklungspolitik der Union gewährleistet ist.

2. Zu den Aufgaben dieser Einheit gehört folgendes:

   a) Überwachung und Analyse der Entwicklungen in den unter die GASP fallenden Bereichen;

   b) Beurteilung der außen- und sicherheitspolitischen Interessen der Union und Ermittlung von möglichen künftigen Schwerpunktbereichen der GASP;

   c) rechtzeitige Bewertung von Ereignissen oder Situationen, die bedeutende Auswirkungen auf die Außen- und Sicherheitspolitik der Union haben können, einschließlich potentieller politischer Krisen, und frühzeitige Warnung vor solchen Ereignissen oder Situationen;

   d) Ausarbeitung – auf Anforderung des Rates oder des Vorsitzes oder von sich aus – von ausführlich begründeten Dokumenten über politische Optionen, die unter der Verantwortung des Vorsitzes als Beitrag zur Formulierung der Politik im Rat zu unterbreiten sind und die Analysen, Empfehlungen und Strategien für die GASP enthalten können.

3. Die Einheit besteht aus Personal, das aus dem Generalsekretariat, den Mitgliedstaaten, der Kommission und der WEU herangezogen wird.

4. Jeder Mitgliedstaat oder die Kommission kann der Einheit Vorschläge für Arbeiten unterbreiten.

5. Die Mitgliedstaaten und die Kommission unterstützen den Strategieplanungsprozeß soweit irgend möglich durch Bereitstellung einschlägiger Informationen, auch vertraulicher Art.

7. Erklärung zu Artikel K.2 (30) des Vertrags über die Europäische Union

Maßnahmen im Bereich der polizeilichen Zusammenarbeit nach Artikel K.2 (30) des Vertrags über die Europäische Union, einschließlich der Tätigkeiten von Europol, unterliegen einer gerichtlichen Überprüfung durch die zuständigen einzelstaatlichen Stellen gemäß den in dem jeweiligen Mitgliedstaat geltenden Rechtsvorschriften.

8. Erklärung zu Artikel K.3 (31) Buchstabe e des Vertrags über die Europäische Union

Die Konferenz kommt überein, daß ein Mitgliedstaat, dessen Rechtssystem keine Mindeststrafen vorsieht, nicht aufgrund von Artikel K.3 (31) Buchstabe e des Vertrags über die Europäische Union verpflichtet ist, Mindeststrafen einzuführen.

9. Erklärung zu Artikel K.6 (34) Absatz 2 des Vertrags über die Europäische Union

Die Konferenz kommt überein, daß Initiativen für Maßnahmen nach Artikel K.6 (34) Absatz 2 des Vertrags über die Europäische Union und vom Rat nach jenem Absatz angenommene Rechtsakte nach den entsprechenden Geschäftsordnungen des Rates und der Kommission im *Amtsblatt der Europäischen Gemeinschaften* veröffentlicht werden.

10. Erklärung zu Artikel K.7 (35) des Vertrags über die Europäische Union

Die Konferenz nimmt zur Kenntnis, daß die Mitgliedstaaten bei der Abgabe einer Erklärung nach Artikel K.7 (35) Absatz 2 des Vertrags über die Europäische Union sich das Recht vorbehalten können, in ihrem innerstaatlichen Recht zu bestimmen, daß ein nationales Gericht, dessen Entscheidungen selbst nicht mehr mit Rechtsmitteln des innerstaatlichen Rechts angefochten werden können, verpflichtet ist, den Gerichtshof anzurufen, wenn sich in einem schwebenden Verfahren eine

— 325 — **1/15. Vertrag v Amsterdam**

Erklärungen

EUV/AEUV
+ Prot/Erkl
Anhänge
EU-Grundrechte-
Charta + Erl
Irland/Tschech Rep
Änderungs- und
Beitrittsverträge
LissV + ZusErl
Liss-BeglNovelle

Frage über die Gültigkeit oder die Auslegung eines Rechtsakts nach Artikel K.7 *(35)* Absatz 1 stellt.

11. **Erklärung zum Status der Kirchen und weltanschaulichen Gemeinschaften**

Die Europäische Union achtet den Status, den Kirchen und religiöse Vereinigungen oder Gemeinschaften in den Mitgliedstaaten nach deren Rechtsvorschriften genießen, und beeinträchtigt ihn nicht.

Die Europäische Union achtet den Status von weltanschaulichen Gemeinschaften in gleicher Weise.

12. **Erklärung zu Umweltverträglichkeitsprüfungen**

Die Konferenz nimmt die Zusage der Kommission zur Kenntnis, Umweltverträglichkeitsstudien zu erstellen, wenn sie Vorschläge unterbreitet, die erhebliche Auswirkungen für die Umwelt haben können.

13. **Erklärung zu Artikel 7 d *(16)* des Vertrags zur Gründung der Europäischen Gemeinschaft**

Der die öffentlichen Dienste betreffende Artikel 7 d *(16)* des Vertrags zur Gründung der Europäischen Gemeinschaft wird unter uneingeschränkter Beachtung der Rechtsprechung des Gerichtshofs, u.a. in bezug auf die Grundsätze der Gleichbehandlung, der Qualität und der Dauerhaftigkeit solcher Dienste, umgesetzt.

14. **Erklärung zur Aufhebung des Artikels 44 des Vertrags zur Gründung der Europäischen Gemeinschaft**

Die Aufhebung des Artikels 44 des Vertrags zur Gründung der Europäischen Gemeinschaft, in dem eine natürliche Präferenz zwischen den Mitgliedstaaten bei der Festlegung der Mindestpreise in der Übergangszeit erwähnt wird, hat keine Auswirkung auf den Grundsatz der Gemeinschaftspräferenz, wie er in der Rechtsprechung des Gerichtshofs formuliert wurde.

15. **Erklärung zur Bewahrung des durch den Schengen-Besitzstand gewährleisteten Maßes an Schutz und Sicherheit**

Die Konferenz kommt überein, daß vom Rat zu beschließende Maßnahmen, die

zur Folge haben, daß die im Schengener Übereinkommen von 1990 enthaltenen Bestimmungen über die Abschaffung von Kontrollen an den gemeinsamen Grenzen ersetzt werden, zumindest dasselbe Maß an Schutz und Sicherheit bieten müssen wie die genannten Bestimmungen des Schengener Übereinkommens.

16. **Erklärung zu Artikel 73 j *(62)* Nummer 2 Buchstabe b des Vertrags zur Gründung der Europäischen Gemeinschaft**

Die Konferenz kommt überein, daß bei der Anwendung des Artikels 73 j *(62)* Nummer 2 Buchstabe b des Vertrags zur Gründung der Europäischen Gemeinschaft außenpolitische Überlegungen der Union und der Mitgliedstaaten berücksichtigt werden.

17. **Erklärung zu Artikel 73 k *(63)* des Vertrags zur Gründung der Europäischen Gemeinschaft**

In asylpolitischen Angelegenheiten werden Konsultationen mit dem Hohen Kommissar der Vereinten Nationen für Flüchtlinge und anderen einschlägigen internationalen Organisationen aufgenommen.

18. **Erklärung zu Artikel 73 k *(63)* Nummer 3 Buchstabe a des Vertrags zur Gründung der Europäischen Gemeinschaft**

Die Konferenz kommt überein, daß die Mitgliedstaaten in den unter Artikel 73 k *(63)* Nummer 3 Buchstabe a des Vertrags zur Gründung der Europäischen Gemeinschaft fallenden Bereichen Übereinkünfte mit Drittländern aushandeln und schließen können, sofern diese Übereinkünfte mit dem Gemeinschaftsrecht in Einklang stehen.

19. **Erklärung zu Artikel 73 l *(64)* Absatz 1 des Vertrags zur Gründung der Europäischen Gemeinschaft**

Die Konferenz kommt überein, daß die Mitgliedstaaten bei der Wahrnehmung ihrer Zuständigkeiten nach Artikel 73 l *(64)* Absatz 1 des Vertrags zur Gründung der Europäischen Gemeinschaft außenpolitische Überlegungen berücksichtigen können.

20. Erklärung zu Artikel 73 m (65) des Vertrags zur Gründung der Europäischen Gemeinschaft

Nach Artikel 73 m (65) des Vertrags zur Gründung der Europäischen Gemeinschaft beschlossene Maßnahmen hindern die Mitgliedstaaten nicht daran, ihre Verfassungsvorschriften über Pressefreiheit und die Freiheit der Meinungsäußerung in anderen Medien anzuwenden.

21. Erklärung zu Artikel 73 o (67) des Vertrags zur Gründung der Europäischen Gemeinschaft

Die Konferenz kommt überein, daß der Rat die Einzelheiten des Beschlusses nach Artikel 73 o (67) Absatz 2 zweiter Gedankenstrich des Vertrags zur Gründung der Europäischen Gemeinschaft vor Ablauf des in Artikel 73 o (67) genannten Fünfjahreszeitraums prüfen wird, damit er diesen Beschluß unmittelbar nach Ablauf dieses Zeitraums fassen und anwenden kann.

22. Erklärung zu Personen mit einer Behinderung

Die Konferenz kommt überein, daß die Organe der Gemeinschaft bei der Ausarbeitung von Maßnahmen nach Artikel 100 a (95) des Vertrags zur Gründung der Europäischen Gemeinschaft den Bedürfnissen von Personen mit einer Behinderung Rechnung tragen.

23. Erklärung zu den in Artikel 109 r (129) des Vertrags zur Gründung der Europäischen Gemeinschaft genannten Anreizmaßnahmen

Die Konferenz kommt überein, daß die Anreizmaßnahmen nach Artikel 109 r (129) des Vertrags zur Gründung der Europäischen Gemeinschaft stets folgende Angaben enthalten sollten:

– die Gründe für ihre Annahme auf der Grundlage einer objektiven Beurteilung ihrer Notwendigkeit und des Vorhandenseins eines zusätzlichen Nutzens auf Gemeinschaftsebene;

– ihre Geltungsdauer, die fünf Jahre nicht überschreiten sollte;

– die Obergrenze für ihre Finanzierung, die den Anreizcharakter solcher Maßnahmen widerspiegeln sollte.

24. Erklärung zu Artikel 109 r (129) des Vertrags zur Gründung der Europäischen Gemeinschaft

Es gilt als vereinbart, daß Ausgaben nach Artikel 109 r (129) des Vertrags zur Gründung der Europäischen Gemeinschaft unter Rubrik 3 der Finanziellen Vorausschau fallen.

25. Erklärung zu Artikel 118 (137) des Vertrags zur Gründung der Europäischen Gemeinschaft

Es gilt als vereinbart, daß Ausgaben nach Artikel 118 (137) des Vertrags zur Gründung der Europäischen Gemeinschaft unter Rubrik 3 der Finanziellen Vorausschau fallen.

26. Erklärung zu Artikel 118 (137) Absatz 2 des Vertrags zur Gründung der Europäischen Gemeinschaft

Die Hohen Vertragsparteien stellen fest, daß bei den Beratungen über Artikel 118 (137) Absatz 2 des Vertrags zur Gründung der Europäischen Gemeinschaft Einvernehmen darüber bestand, daß die Gemeinschaft beim Erlaß von Mindestvorschriften zum Schutz der Sicherheit und Gesundheit der Arbeitnehmer nicht beabsichtigt, Arbeitnehmer kleiner und mittlerer Unternehmen in einer den Umständen nach nicht gerechtfertigten Weise zu benachteiligen.

27. Erklärung zu Artikel 118 b (139) Absatz 2 des Vertrags zur Gründung der Europäischen Gemeinschaft

Die Hohen Vertragsparteien erklären, daß die erste der Durchführungsvorschriften zu den Vereinbarungen zwischen den Sozialpartnern auf Gemeinschaftsebene nach Artikel 118 b (139) Absatz 2 des Vertrags zur Gründung der Europäischen Gemeinschaft die Erarbeitung des Inhalts dieser Vereinbarungen durch Tarifverhandlungen gemäß den Regeln eines jeden Mitgliedstaats betrifft und daß diese Vorschrift mithin weder eine Verpflichtung der Mitgliedstaaten, diese Vereinbarungen unmittelbar anzuwenden oder diesbezügliche Umsetzungsregeln zu erarbeiten, noch eine Verpflichtung beinhaltet, zur Erleichterung ihrer Anwendung die geltenden innerstaatlichen Rechtsvorschriften zu ändern.

— 327 — **1/15. Vertrag v Amsterdam**

Erklärungen

EUV/AEUV
+ Prot/Erkl
Anhänge
EU-Grundrechte-
Charta + Erl
Irland/Tschech Rep
Änderungs- und
Beitrittsverträge
LissV + ZusErl
Liss-BeglNovelle

28. Erklärung zu Artikel 119 *(141)* Absatz 4 des Vertrags zur Gründung der Europäischen Gemeinschaft

Maßnahmen der Mitgliedstaaten nach Artikel 119 *(141)* Absatz 4 des Vertrags zur Gründung der Europäischen Gemeinschaft sollten in erster Linie der Verbesserung der Lage der Frauen im Arbeitsleben dienen.

29. Erklärung zum Sport

Die Konferenz unterstreicht die gesellschaftliche Bedeutung des Sports, insbesondere die Rolle, die dem Sport bei der Identitätsfindung und der Begegnung der Menschen zukommt. Die Konferenz appelliert daher an die Gremien der Europäischen Union, bei wichtigen, den Sport betreffenden Fragen die Sportverbände anzuhören. In diesem Zusammenhang sollten die Besonderheiten des Amateursports besonders berücksichtigt werden.

30. Erklärung zu den Inselgebieten

Die Konferenz ist sich dessen bewußt, daß Inselgebiete unter strukturellen Nachteilen leiden, die mit ihrer Insellage verknüpft sind und die als ständige Gegebenheiten ihre wirtschaftliche und soziale Entwicklung beeinträchtigen.

Die Konferenz stellt dementsprechend fest, daß das Gemeinschaftsrecht diesen Nachteilen Rechnung tragen muß und daß – soweit gerechtfertigt – spezielle Maßnahmen zugunsten dieser Gebiete getroffen werden können, um diese zu fairen Bedingungen besser in den Binnenmarkt einzugliedern.

31. Erklärung zu dem Beschluß des Rates vom 13. Juli 1987

Die Konferenz fordert die Kommission auf, dem Rat bis spätestens Ende 1998 einen Vorschlag zur Änderung des Beschlusses des Rates vom 13. Juli 1987 zur Festlegung der Modalitäten für die Ausübung der der Kommission übertragenen Durchführungsbefugnisse zu unterbreiten.

32. Erklärung zur Organisation und Arbeitsweise der Kommission

Die Konferenz nimmt Kenntnis von der Absicht der Kommission, rechtzeitig für die im Jahr 2000 beginnende Amtszeit eine Neugestaltung der Aufgaben innerhalb des Kollegiums vorzubereiten, damit eine optimale Aufteilung zwischen herkömmlichen Ressorts und spezifischen Aufgabenbereichen gewährleistet wird.

In diesem Zusammenhang vertritt die Konferenz die Auffassung, daß der Präsident der Kommission sowohl bei der Zuweisung der Aufgaben innerhalb des Kollegiums als auch bei jeder Neuordnung dieser Aufgaben während der Amtszeit einen großen Ermessensspielraum haben muß.

Die Konferenz nimmt ebenfalls Kenntnis von der Absicht der Kommission, gleichlaufend eine Neugliederung ihrer Dienststellen in Angriff zu nehmen. Sie nimmt insbesondere zur Kenntnis, daß es wünschenswert ist, einem Vizepräsidenten die Zuständigkeit für die Außenbeziehungen zuzuweisen.

33. Erklärung zu Artikel 188 c *(248)* Absatz 3 des Vertrags zur Gründung der Europäischen Gemeinschaft

Die Konferenz ersucht den Rechnungshof, die Europäische Investitionsbank und die Kommission, die derzeitige Dreiervereinbarung in Kraft zu belassen. Beantragt eine der Parteien eine Nachfolge- oder Änderungsvereinbarung, so wird eine Übereinkunft darüber unter Berücksichtigung der jeweiligen Interessen angestrebt.

34. Erklärung zur Einhaltung der Fristen im Rahmen des Mitentscheidungsverfahrens

Die Konferenz fordert das Europäische Parlament, den Rat und die Kommission auf, alle Anstrengungen zu unternehmen, damit sichergestellt ist, daß das Mitentscheidungsverfahren möglichst zügig verläuft. Sie weist darauf hin, wie wichtig es ist, daß die in Artikel 189 b *(251)* des Vertrags zur Gründung der Europäischen Gemeinschaft festgelegten Fristen strikt eingehalten werden, und bekräftigt, daß auf die in Absatz 7 jenes Artikels vorgesehene Fristverlängerung nur zurückgegriffen werden sollte, wenn dies unbedingt erforderlich ist. In keinem Fall sollten zwischen der zweiten Lesung in Europäischen Parlament und dem Ausgang des Verfahrens im Vermittlungsausschuß mehr als neun Monate verstreichen.

35. Erklärung zu Artikel 191 a *(255)* Absatz 1 des Vertrags zur Gründung der Europäischen Gemeinschaft

Die Konferenz kommt überein, daß die in Artikel 191 a *(255)* Absatz 1 des Vertrags zur Gründung der Europäischen Gemeinschaft genannten Grundsätze und Bedingungen es einem Mitgliedstaat gestatten, die Kommission oder den Rat zu ersuchen, ein aus dem betreffenden Mitgliedstaat stammendes Dokument nicht ohne seine vorherige Zustimmung an Dritte weiterzuleiten.

36. Erklärung zu den überseeischen Ländern und Gebieten

Die Konferenz räumt ein, daß das besondere Assoziierungssystem für die überseeischen Länder und Gebiete (ÜLG) im Vierten Teil des Vertrags zur Gründung der Europäischen Gemeinschaft für eine Vielzahl von Ländern und Gebieten mit großer Fläche und Einwohnerzahl gedacht war. Dieses System hat sich seit 1957 kaum weiterentwickelt.

Die Konferenz stellt fest, daß es heute nur noch 20 ÜLG gibt, bei denen es sich um weit verstreute Inseln mit insgesamt rund 900 000 Einwohnern handelt. Zudem sind die meisten ÜLG strukturell gesehen weit im Rückstand, was auf die besonders ungünstigen geographischen und wirtschaftlichen Bedingungen zurückzuführen ist. Unter diesen Umständen kann das besondere Assoziierungssystem in der Form von 1957 den Herausforderungen der Entwicklung der ÜLG nicht mehr gerecht werden.

Die Konferenz weist nachdrücklich darauf hin, daß das Ziel der Assoziierung die Förderung der wirtschaftlichen und sozialen Entwicklung der Länder und Gebiete und die Herstellung enger Wirtschaftsbeziehungen zwischen ihnen und der gesamten Gemeinschaft ist.

Daher fordert die Konferenz den Rat auf, dieses Assoziierungssystem nach Artikel 136 *(187)* des Vertrags zur Gründung der Europäischen Gemeinschaft bis Februar 2000 zu überprüfen; dabei sollen vier Ziele verfolgt werden:

– wirksamere Förderung der wirtschaftlichen und sozialen Entwicklung der ÜLG;

– Vertiefung der Wirtschaftsbeziehungen zwischen den ÜLG und der Europäischen Union;

– stärkere Berücksichtigung der Verschiedenheit und der Besonderheiten der einzelnen ÜLG, auch im Hinblick auf die Niederlassungsfreiheit;

– Gewährleistung einer größeren Wirksamkeit des Finanzinstruments.

37. Erklärung zu öffentlich-rechtlichen Kreditinstituten in Deutschland

Die Konferenz nimmt die Auffassung der Kommission zur Kenntnis, daß die bestehenden Wettbewerbsregeln der Gemeinschaft es zulassen, Dienstleistungen von allgemeinem wirtschaftlichem Interesse, welche die in Deutschland bestehenden öffentlich-rechtlichen Kreditinstitute erfüllen, sowie ihnen zum Ausgleich für die mit diesen Leistungen verbundenen Lasten gewährte Fazilitäten voll zu berücksichtigen. Dabei bleibt es der Organisation dieses Mitgliedstaats überlassen, auf welche Weise er insoweit den Gebietskörperschaften die Erfüllung ihrer Aufgabe ermöglicht, in ihren Regionen eine flächendeckende und leistungsfähige Finanzinfrastruktur zur Verfügung zu stellen. Diese Fazilitäten dürfen die Wettbewerbsbedingungen nicht in einem Ausmaß beeinträchtigen, das über das zur Erfüllung der besonderen Aufgaben erforderliche Maß hinausgeht und zugleich dem Interesse der Gemeinschaft entgegenwirkt.

Die Konferenz erinnert daran, daß der Europäische Rat die Kommission ersucht hat, zu prüfen, ob es in den übrigen Mitgliedstaaten vergleichbare Fälle gibt, auf etwaige vergleichbare Fälle dieselben Maßstäbe anzuwenden und dem Rat in der Zusammensetzung der Wirtschafts- und Finanzminister Bericht zu erstatten.

38. Erklärung zu freiwilligen Diensten

Die Konferenz erkennt an, daß die freiwilligen Dienste einen wichtigen Beitrag zur Entwicklung der sozialen Solidariät leisten.

Die Gemeinschaft wird die europäische Dimension freiwilliger Vereinigungen fördern und dabei besonderen Wert auf den Austausch von Informationen und Erfahrungen sowie die Mitwirkung von Jugendlichen und älteren Menschen an freiwilliger Arbeit legen.

—329— **1/15. Vertrag v Amsterdam**

Erklärungen

EUV/AEUV
+ Prot/Erkl
Anhänge
EU-Grundrechte-
Charta + Erl
Irland/Tschech Rep
Änderungs- und
Beitrittsverträge
LissV + ZusErl
Liss-BeglNovelle

39. Erklärung zur Redaktionellen Qualität der gemeinschaftlichen Rechtsvorschriften*

Die Konferenz stellt fest, daß die redaktionelle Qualität wesentliche Voraussetzung dafür ist, daß gemeinschaftliche Rechtsvorschriften von den zuständigen einzelstaatlichen Behörden ordnungsgemäß angewandt und von den Bürgern und der Wirtschaft besser verstanden werden. Sie erinnert an die diesbezüglichen Schlußfolgerungen des Vorsitzes des Europäischen Rates (Edinburgh, 11./12. Dezember 1992) und an die vom Rat am 8. Juni 1993 angenommene Entschließung über die redaktionelle Qualität der gemeinschaftlichen Rechtsvorschriften (*Amtsblatt der Europäischen Gemeinschaften*, Nr. C 166 vom 17.6.1993, S. 1).

Die Konferenz ist der Auffassung, daß die drei am Verfahren für die Annahme gemeinschaftlicher Rechtsvorschriften beteiligten Organe, nämlich das Europäische Parlament, der Rat und die Kommission, Leitlinien für die redaktionelle Qualität dieser Vorschriften festlegen sollten. Sie weist ferner darauf hin, daß die gemeinschaftlichen Rechtsvorschriften zugänglicher gemacht werden sollten, und begrüßt in dieser Hinsicht die Annahme und erste Anwendung des beschleunigten Arbeitsverfahrens für die amtliche Kodifizierung von Rechtstexten, das durch die Interinstitutionelle Vereinbarung vom 20. Dezember 1994 festgelegt wurde (*Amtsblatt der Europäischen Gemeinschaften*, Nr. C 102 vom 4.4.1996, S. 2).

Die Konferenz erklärt deshalb, daß das Europäische Parlament, der Rat und die Kommission

– einvernehmlich Leitlinien zur Verbesserung der redaktionellen Qualität der gemeinschaftlichen Rechtsvorschriften festlegen und bei der Prüfung von Vorschlägen oder Entwürfen für gemeinschaftliche Rechtsakte diese Leitlinien zugrunde legen und die internen organisatorischen Maßnahmen ergreifen sollten, die sie für eine angemessene Durchführung der Leitlinien als erforderlich erachten;

– alles daran setzen sollten, um die Kodifizierung von Rechtstexten zu beschleunigen.

---

* Siehe **5/5.**

40. Erklärung zu dem Verfahren beim Abschluß internationaler Übereinkünfte durch die Europäische Gemeinschaft für Kohle und Stahl

Der Wegfall des § 14 des Abkommens über die Übergangsbestimmungen im Anhang zum Vertrag über die Gründung der Europäischen Gemeinschaft für Kohle und Stahl stellt keine Änderung der bestehenden Praxis hinsichtlich des Verfahrens beim Abschluß internationaler Übereinkünfte durch die Europäische Gemeinschaft für Kohle und Stahl dar.

41. Erklärung zu den Vorschriften über die Transparenz, den Zugang zu Dokumenten und Die Bekämpfung von Betrügereien

Die Konferenz ist der Ansicht, daß sich das Europäische Parlament, der Rat und die Kommission, wenn sie aufgrund des Vertrags über die Gründung der Europäischen Gemeinschaft für Kohle und Stahl und des Vertrags zur Gründung der Europäischen Atomgemeinschaft handeln, von den im Rahmen des Vertrags zur Gründung der Europäischen Gemeinschaft geltenden Vorschriften über die Transparenz, den Zugang zu Dokumenten und die Bekämpfung von Betrügereien leiten lassen sollten.

42. Erklärung über die Konsolidierung der Verträge

Die Hohen Vertragsparteien sind übereingekommen, daß die während dieser Regierungskonferenz begonnene technische Arbeit möglichst zügig mit dem Ziel fortgesetzt wird, eine konsolidierte Fassung aller einschlägigen Verträge, einschließlich des Vertrags über die Europäische Union, vorzubereiten.

Sie sind ferner übereingekommen, daß die Endergebnisse dieser technischen Arbeit, die unter der Verantwortung des Generalsekretärs des Rates zur leichteren Orientierung veröffentlicht werden, keine Rechtswirkung haben.

43. Erklärung zum Protokoll über die Anwendung der Grundsätze der Subsidiarität und der Verhältnismäßigkeit

Die Hohen Vertragsparteien bekräftigen zum einen die der Schlußakte zum Vertrag über die Europäische Union beigefügte Erklärung zur Anwendung des Gemeinschaftsrechts und zum anderen die Schlußfolgerungen des Europäischen Rates von Essen, wonach die administrative Durchführung des Gemeinschaftsrechts grundsätzlich Sache der Mitgliedstaaten gemäß ihren verfassungsrechtlichen Vorschriften bleibt. Die Aufsichts-, Kontroll- und Durchführungsbefugnisse der Gemeinschaftsorgane nach den Artikeln 145 *(202)* und 155 *(211)* des Vertrags zur Gründung der Europäischen Gemeinschaft bleiben hiervon unberührt.

44. Erklärung zu Artikel 2 des Protokolls zur Einbeziehung des Schengenbesitzstands in den Rahmen der Europäischen Union

Die Hohen Vertragsparteien kommen überein, daß der Rat zum Zeitpunkt des Inkrafttretens des Vertrags von Amsterdam alle erforderlichen Maßnahmen beschließt, die in Artikel 2 des Protokolls zur Einbeziehung des Schengen-Besitzstands in den Rahmen der Europäischen Union genannt sind. Zu diesem Zweck werden rechtzeitig die erforderlichen Vorbereitungsarbeiten eingeleitet, damit sie vor dem genannten Zeitpunkt abgeschlossen werden können.

45. Erklärung zu Artikel 4 des Protokolls zur Einbeziehung des Schengen-Besitzstands in den Rahmen der Europäischen Union

Die Hohen Vertragsparteien ersuchen den Rat, die Stellungnahme der Kommission einzuholen, bevor er über einen von Irland und dem Vereinigten Königreich Großbritannien und Nordirland gestellten Antrag nach Artikel 4 des Protokolls zur Einbeziehung des Schengen-Besitzstands in den Rahmen der Europäischen Union entscheidet, einzelne oder alle Bestimmungen des Schengen-Besitzstands auf sie anzuwenden. Ferner verpflichten sie sich, die größtmöglichen Anstrengungen zu unternehmen, damit Irland und das Vereinigte Königreich Großbritannien und Nordirland – wenn sie dies wünschen – Artikel 4 des genannten Protokolls in Anspruch nehmen können, so daß der Rat in der Lage ist, die in jenem Artikel genannten Beschlüsse, und zwar zum Zeitpunkt des Inkrafttretens jenes Protokolls oder zu jedem späteren Zeitpunkt, zu fassen.

46. Erklärung zu Artikel 5 des Protokolls zur Einbeziehung des Schengenbesitzstands in den Rahmen der Europäischen Union

Die Hohen Vertragsparteien übernehmen die Verpflichtung, sich nach besten Kräften dafür einzusetzen, daß ein Vorgehen unter Beteiligung aller Mitgliedstaaten in den Bereichen des Schengen-Besitzstands ermöglicht wird, insbesondere wenn Irland und das Vereinigte Königreich Großbritannien und Nordirland nach Artikel 4 des Protokolls zur Einbeziehung des Schengen-Besitzstands in den Rahmen der Europäischen Union einzelne oder alle Bestimmungen dieses Besitzstands übernommen haben.

47. Erklärung zu Artikel 6 des Protokolls zur Einbeziehung des Schengen-Besitzstands in den Rahmen der Europäischen Union

Die Hohen Vertragsparteien kommen überein, alle erforderlichen Schritte zu unternehmen, damit die in Artikel 6 des Protokolls zur Einbeziehung des Schengen-Besitzstands in den Rahmen der Europäischen Union genannten Übereinkommen zu demselben Zeitpunkt in Kraft treten können wie der Vertrag von Amsterdam.

48. Erklärung zum Protokoll über die Gewährung von Asyl für Staatsangehörige von Mitgliedstaaten der Europäischen Union

Das Protokoll über die Gewährung von Asyl für Staatsangehörige von Mitgliedstaaten der Europäischen Union berührt nicht das Recht eines jeden Mitgliedstaats, die organisatorischen Maßnahmen zu treffen, die er zur Erfüllung seiner Verpflichtungen aus dem Genfer Abkommen vom 28. Juli 1951 über die Rechtsstellung der Flüchtlinge für erforderlich hält.

49. Erklärung zu Buchstabe d des einzigen Artikels des Protokolls über die Gewährung von Asyl für Staatsangehörige der Mitgliedstaaten der Europäischen Union

Die Konferenz erklärt, daß sie die Bedeutung der Entschließung der für Einwanderung zuständigen Minister der Mitgliedstaaten der Europäischen Gemeinschaften vom 30. November/1. Dezember 1992 über offensichtlich unbegründete Asylan-

—331— **1/15. Vertrag v Amsterdam**

Erklärungen

EUV/AEUV
+ Prot/Erkl
Anhänge
EU-Grundrechte-
Charta + Erl
Irland Tschech Rep
Änderungs- und
Beitrittsverträge
LissV + ZusErl
Liss-BeglNovelle

träge und der Entschließung des Rates vom 20. Juni 1995 über die Mindestgarantien für Asylverfahren anerkennt, jedoch die Frage des Mißbrauchs von Asylverfahren und geeigneter schneller Verfahren, die es gestatten, auf die Prüfung offensichtlich unbegründeter Asylanträge zu verzichten, weiter geprüft werden sollte, damit neue Verbesserungen zur Beschleunigung dieser Verfahren eingeführt werden können.

50. Erklärung zum Protokoll über die Organe im Hinblick auf die Erweiterung der Europäischen Union

Es wird vereinbart, daß die Geltungsdauer des Beschlusses des Rates vom 29. März 1994 („Ioannina-Kompromiß") bis zum Zeitpunkt des Inkrafttretens der ersten Erweiterung verlängert wird und daß bis zu diesem Zeitpunkt eine Lösung für den Sonderfall Spaniens gefunden wird.

51. Erklärung zu Artikel 10 des Vertrags von Amsterdam

Mit dem Vertrag von Amsterdam werden hinfällig gewordene Bestimmungen des Vertrags zur Gründung der Europäischen Gemeinschaft, des Vertrags über die Gründung der Europäischen Gemeinschaft für Kohle und Stahl und des Vertrags zur Gründung der Europäischen Atomgemeinschaft in ihrer vor Inkrafttreten des Vertrags von Amsterdam gültigen Fassung aufgehoben und gestrichen; einige Bestimmungen jener Verträge wurden angepaßt und einige Bestimmungen des Vertrags zur Einsetzung eines gemeinsamen Rates und einer gemeinsamen Kommission der Europäischen Gemeinschaften sowie des Akts zur Einführung allgemeiner unmittelbarer Wahlen der Abgeordneten des Europäischen Parlaments wurden eingefügt. Diese Änderungen berühren nicht den gemeinschaftlichen Besitzstand.

Von der Konferenz zur Kenntnis genommene Erklärungen

1. Erklärung Österreichs und Luxemburgs zu Kreditinstituten

Österreich und Luxemburg gehen davon aus, daß die „Erklärung zu öffentlichrechtlichen Kreditinstituten in Deutschland" auch für Kreditinstitute in Österreich und Luxemburg mit vergleichbaren Organisationsformen gilt.

2. Erklärung Dänemarks zu Artikel K.14 (42) des Vertrags über die Europäische Union

Nach Artikel K.14 (42) des Vertrags über die Europäische Union ist die Einstimmigkeit aller Mitglieder des Rates der Europäischen Union, d.h. aller Mitgliedstaaten, für die Annahme von Beschlüssen zur Anwendung des Titels III a des Vertrags zur Gründung der Europäischen Gemeinschaft über Visa, Asyl, Einwanderung und andere Politiken betreffend den freien Personenverkehr auf Maßnahmen in den in Artikel K.1 (29) des Vertrags über die Europäische Union genannten Bereichen erforderlich. Ferner müssen einstimmig gefaßte Beschlüsse des Rates vor ihrem Inkrafttreten in jedem Mitgliedstaat gemäß dessen verfassungsrechtlichen Vorschriften angenommen werden. In Dänemark ist für diese Annahme im Falle einer Übertragung von Hoheitsrechten im Sinne der dänischen Verfassung entweder die Mehrheit der Stimmen von fünf Sechsteln der Mitglieder des Folketing oder aber sowohl die Mehrheit der Stimmen der Mitglieder des Folketing als auch die Mehrheit der im Rahmen einer Volksabstimmung abgegebenen Stimmen erforderlich.

3. Erklärung Deutschlands, Österreichs und Belgiens zur Subsidiarität

Die Regierungen Deutschlands, Österreichs und Belgiens gehen davon aus, daß die Maßnahmen der Europäischen Gemeinschaft gemäß dem Subsidiaritätsprinzip nicht nur die Mitgliedstaaten betreffen, sondern auch deren Gebietskörperschaften, soweit diese nach nationalem Verfassungsrecht eigene gesetzgeberische Befugnisse besitzen.

4. Erklärung Irlands zu Artikel 3 des Protokolls über die Position des Vereinigten Königreichs und Irlands

Irland erklärt, daß es beabsichtigt, sein Recht nach Artikel 3 des Protokolls über die Position des Vereinigten Königreichs und Irlands, sich an der Annahme von Maßnahmen nach Titel III a des Vertrags zur Gründung der Europäischen Gemeinschaft zu beteiligen, so weit wahrzunehmen, wie dies mit der Aufrechterhaltung des zwischen ihm und dem Vereinigten Königreich bestehenden einheitlichen Reisegebiets vereinbar ist. Irland weist darauf hin, daß seine Teilnahme an dem Protokoll über die Anwendung bestimmter Aspekte des Artikels 7 a *(14)* des Vertrags zur Gründung der Europäischen Gemeinschaft auf das Vereinigte Königreich und auf Irland seinen Wunsch widerspiegelt, das zwischen ihm und dem Vereinigten Königreich bestehende einheitliche Reisegebiet beizubehalten, um ein größtmögliches Maß an Freiheit des Reiseverkehrs nach und aus Irland zu gewährleisten.

5. Erklärung Belgiens zum Protokoll über die Gewährung von Asyl für Staatsangehörige von Mitgliedstaaten der Europäischen Union

Bei der Annahme des Protokolls über die Gewährung von Asyl für Staatsangehörige von Mitgliedstaaten der Europäischen Union erklärt Belgien, daß es gemäß seinen Verpflichtungen aus dem Genfer Abkommen von 1951 und dem New Yorker Protokoll von 1967 in Einklang mit Buchstabe d des Einzigen Artikels dieses Protokolls jeden Asylantrag eines Staatsangehörigen eines anderen Mitgliedstaates gesondert prüfen wird.

6. Erklärung Belgiens, Frankreichs und Italiens zum Protokoll über die Organe im Hinblick auf die Erweiterung der Europäischen Union

Belgien, Frankreich und Italien stellen fest, daß auf der Grundlage der Ergebnisse der Regierungskonferenz der Vertrag von Amsterdam nicht der vom Europäischen Rat von Madrid bekräftigten Notwendigkeit entspricht, wesentliche Fortschritte bei der Stärkung der Organe zu erzielen.

Diese Länder sind der Ansicht, daß eine solche Stärkung eine unerläßliche Voraussetzung für den Abschluß der ersten Beitrittsverhandlungen ist. Sie sind entschlossen, die aufgrund des Protokolls betreffend die Zusammensetzung der Kommission und die Stimmenwägung erforderlichen Maßnahmen zu erlassen, und vertreten die Auffassung, daß eine erhebliche Ausweitung des Rückgriffs auf eine Abstimmung mit qualifizierter Mehrheit zu den wesentlichen Elementen gehört, denen Rechnung getragen werden sollte.

7. Erklärung Frankreichs zur Lage der Überseeischen Departements hinsichtlich des Protokolls zur Einbeziehung des Schengen-Besitzstands in den Rahmen der Europäischen Union

Frankreich ist der Ansicht, daß die Durchführung des Protokolls zur Einbeziehung des Schengen-Besitzstands in den Rahmen der Europäischen Union nicht den geographischen Geltungsbereich des am 19. Juni 1990 in Schengen unterzeichneten Übereinkommens zur Durchführung des Übereinkommens von Schengen vom 14. Juni 1985 berührt, wie er in Artikel 138 Absatz 1 jenes Übereinkommens festgelegt ist.

8. Erklärung Griechenlands zur Erklärung zum Status der Kirchen und Weltanschaulichen Gemeinschaften

Unter Bezugnahme auf die Erklärung zum Status der Kirchen und weltanschaulichen Gemeinschaften erinnert Griechenland an die Gemeinsame Erklärung betreffend den Berg Athos im Anhang zur Schlußakte des Vertrags über den Beitritt Griechenlands zu den Europäischen Gemeinschaften.

EUV/AEUV
+ Prot/Erkl
Anhänge
EU-Grundrechte-
Charta + Erl
Irland/Tschech Rep
Änderungs- und
Beitrittsverträge
LissV + ZusErl
Liss-BeglNovelle

Vertrag von Nizza

(ABl 2001 C 80, 1 bzw. BGBl III Nr. 4/2003)

zur Änderung des Vertrags über die Europäische Union, der Verträge zur Gründung der Europäischen Gemeinschaften sowie einiger damit zusammenhängender Rechtsakte

Inhaltsverzeichnis

SEINE MAJESTÄT DER KÖNIG DER BELGIER,
IHRE MAJESTÄT DIE KÖNIGIN VON DÄNEMARK,
DER PRÄSIDENT DER BUNDESREPUBLIK DEUTSCHLAND,
DER PRÄSIDENT DER HELLENISCHEN REPUBLIK,
SEINE MAJESTÄT DER KÖNIG VON SPANIEN,
DER PRÄSIDENT DER FRANZÖSISCHEN REPUBLIK,
DIE PRÄSIDENTIN IRLANDS
DER PRÄSIDENT DER ITALIENISCHEN REPUBLIK,
SEINE KÖNIGLICHE HOHEIT DER GROSSHERZOG VON LUXEMBURG,
IHRE MAJESTÄT DIE KÖNIGIN DER NIEDERLANDE,
DER BUNDESPRÄSIDENT DER REPUBLIK ÖSTERREICH,
DER PRÄSIDENT DER PORTUGIESISCHEN REPUBLIK,
DIE PRÄSIDENTIN DER REPUBLIK FINNLAND,
SEINE MAJESTÄT DER KÖNIG VON SCHWEDEN,
IHRE MAJESTÄT DIE KÖNIGIN DES VEREINIGTEN KÖNIGREICHS GROSSBRITANNIEN UND NORDIRLAND –

EINGEDENK der historischen Bedeutung der Überwindung der Teilung des europäischen Kontinents,

IN DEM WUNSCH, den mit dem Vertrag von Amsterdam begonnenen Prozess der Vorbereitung der Organe der Europäischen Union auf die Wahrnehmung ihrer Aufgaben in einer erweiterten Union zu vollenden,

ENTSCHLOSSEN, die Beitrittsverhandlungen auf dieser Grundlage fortzusetzen, um nach dem im Vertrag über die Europäische Union vorgesehenen Verfahren zu einem erfolgreichen Abschluss zu kommen -

HABEN BESCHLOSSEN, den Vertrag über die Europäische Union, die Verträge zur Gründung der Europäischen Gemeinschaften sowie einige damit zusammenhängende Rechtsakte zu ändern,

und haben zu diesem Zweck zu ihren Bevollmächtigten ernannt:

[es folgen die Namen]

DIESE SIND nach Austausch ihrer als gut und gehörig befundenen Vollmachten

WIE FOLGT ÜBEREINKOMMEN:

ERSTER TEIL
SACHLICHE ÄNDERUNGEN

ARTIKEL 1

Der Vertrag über die Europäische Union wird nach Maßgabe dieses Artikels geändert:

eingearbeitet

ARTIKEL 2

Der Vertrag zur Gründung der Europäischen Gemeinschaft wird nach Maßgabe dieses Artikels geändert.

eingearbeitet

ARTIKEL 3

Der Vertrag zur Gründung der Europäischen Atomgemeinschaft wird nach Maßgabe dieses Artikels geändert.

Hinweis

ARTIKEL 4

Der Vertrag über die Gründung der Europäischen Gemeinschaft für Kohle und Stahl wird nach Maßgabe dieses Artikels geändert.

Hinweis

ARTIKEL 5

Das Protokoll über die Satzung des Europäischen Systems der Zentralbanken und der Europäischen Zentralbank wird nach Maßgabe dieses Artikels geändert.

eingearbeitet

ARTIKEL 6

Das Protokoll über die Vorrechte und Befreiungen der Europäischen Gemeinschaften wird nach Maßgabe dieses Artikels geändert.

eingearbeitet

ZWEITER TEIL
ÜBERGANGS- UND SCHLUSSBESTIMMUNGEN

ARTIKEL 7

Die dem Vertrag zur Gründung der Europäischen Gemeinschaft und dem Vertrag zur Gründung der Europäischen Atomgemeinschaft beigefügten Protokolle über die

— 335 — **1/16. Vertrag v Nizza**
Art. 7 – 13

EUV/AEUV
+ Prot/Erkl
Anhänge
EU-Grundrechte-
Charta + Erl
Irland/Tschech Rep
Änderungs- und
Beitrittsverträge
LissV + ZusErl
Liss-BeglNovelle

Satzung des Gerichtshofs werden aufgehoben und durch das mit diesem Vertrag dem Vertrag über die Europäische Union, dem Vertrag zur Gründung der Europäischen Gemeinschaft und dem Vertrag zur Gründung der Europäischen Atomgemeinschaft beigefügte Protokoll über die Satzung des Gerichtshofs ersetzt.

ARTIKEL 8

Die Artikel 1 bis 20, die Artikel 44 und 45, Artikel 46 Absätze 2 und 3, die Artikel 47 bis 49 sowie die Artikel 51, 52, 54 und 55 des Protokolls über die Satzung des Gerichtshofs der Europäischen Gemeinschaft für Kohle und Stahl werden aufgehoben.

ARTIKEL 9

Unbeschadet der in Geltung bleibenden Artikel des Protokolls über die Satzung des Gerichtshofs der Europäischen Gemeinschaft für Kohle und Stahl findet das mit diesem Vertrag dem Vertrag über die Europäische Union, dem Vertrag zur Gründung der Europäischen Gemeinschaft und dem Vertrag zur Gründung der Europäischen Atomgemeinschaft beigefügte Protokoll über die Satzung des Gerichtshofs Anwendung, wenn der Gerichtshof seine Befugnisse gemäß dem Vertrag über die Gründung der Europäischen Gemeinschaft für Kohle und Stahl ausübt.

ARTIKEL 10

Der Beschluss 88/591/EGKS, EWG, Euratom des Rates vom 24. Oktober 1988 zur Errichtung eines Gerichts erster Instanz der Europäischen Gemeinschaften in der geänderten Fassung wird mit Ausnahme des Artikels 3

aufgehoben, soweit das Gericht erster Instanz aufgrund des genannten Artikels Zuständigkeiten ausübt, die dem Gerichtshof gemäß dem Vertrag über die Gründung der Europäischen Gemeinschaft für Kohle und Stahl übertragen sind.

ARTIKEL 11

Dieser Vertrag gilt auf unbegrenzte Zeit.

ARTIKEL 12

(1) Dieser Vertrag bedarf der Ratifikation durch die Hohen Vertragsparteien gemäß ihren verfassungsrechtlichen Vorschriften. Die Ratifikationsurkunden werden bei der Regierung der Italienischen Republik hinterlegt.

(2) Dieser Vertrag tritt am ersten Tag des zweiten auf die Hinterlegung der letzten Ratifikationsurkunde folgenden Monats in Kraft.

ARTIKEL 13

Dieser Vertrag ist in einer Urschrift in dänischer, deutscher, englischer, finnischer, französischer, griechischer, irischer, italienischer, niederländischer, portugiesischer, schwedischer und spanischer Sprache abgefasst, wobei jeder Wortlaut gleichermaßen verbindlich ist; die Urschrift wird im Archiv der Regierung der Italienischen Republik hinterlegt; diese übermittelt der Regierung jedes anderen Unterzeichnerstaats eine beglaubigte Abschrift.

ZU URKUND DESSEN haben die unterzeichneten Bevollmächtigten ihre Unterschrift unter diesen Vertrag gesetzt.

Geschehen zu Nizza am sechsundzwanzigsten Februar zweitausendeins.

PROTOKOLLE

A. Protokoll zum Vertrag über die Europäische Union und zu den Verträgen zur Gründung der Europäischen Gemeinschaften

PROTOKOLL
ÜBER DIE ERWEITERUNG DER EUROPÄISCHEN UNION
eingearbeitet

B. Protokoll zum Vertrag über die Europäische Union, zum Vertrag zur Gründung der Europäischen Gemeinschaft und zum Vertrag zur Gründung der Europäischen Atomgemeinschaft

PROTOKOLL
ÜBER DIE SATZUNG DES GERICHTSHOFS
eingearbeitet

C. Protokolle zum Vertrag zur Gründung der Europäischen Gemeinschaft

PROTOKOLL
ÜBER DIE FINANZIELLEN FOLGEN DES ABLAUFS DES EGKS-VERTRAGS UND ÜBER DEN FORSCHUNGSFONDS FÜR KOHLE UND STAHL

PROTOKOLL
ZU ARTIKEL 67 DES VERTRAGS ZUR GRÜNDUNG DER EUROPÄISCHEN GEMEINSCHAFT
eingearbeitet

1/16. **Vertrag v Nizza**

Erklärungen

EUV/AEUV
+ Prot/Erkl
Anhänge
EU-Grundrechte
Charta + Erl
Irland/Tschech Rep
Änderungs- und
Beitrittsverträge
LissV + ZusErl
Liss-BeglNovelle

Schlussakte

DIE KONFERENZ DER VERTRETER DER REGIERUNGEN DER MITGLIEDSTAATEN, die am 14. Februar 2000 in Brüssel einberufen wurde, um im gegenseitigen Einvernehmen die Änderungen zu beschließen, die an dem Vertrag über die Europäische Union, den Verträgen zur Gründung der Europäischen Gemeinschaft, der Europäischen Atomgemeinschaft und der Europäischen Gemeinschaft für Kohle und Stahl sowie einigen damit zusammenhängenden Rechtsakten vorzunehmen sind, hat folgende Texte angenommen:

I.

Vertrag von Nizza zur Änderung des Vertrags über die Europäische Union, der Verträge zur Gründung der Europäischen Gemeinschaften sowie einiger damit zusammenhängender Rechtsakte

II.

Protokolle

A. Protokoll zum Vertrag über die Europäische Union und zu den Verträgen zur Gründung der Europäischen Gemeinschaften

– Protokoll über die Erweiterung der Europäischen Union

B. Protokoll zum Vertrag über die Europäische Union, zum Vertrag zur Gründung der Europäischen Gemeinschaft und zum Vertrag zur Gründung der Europäischen Atomgemeinschaft

– Protokoll über die Satzung des Gerichtshofs

C. Protokolle zum Vertrag zur Gründung der Europäischen Gemeinschaft

– Protokoll über die finanziellen Folgen des Ablaufs des EGKS-Vertrags und über den Forschungsfonds für Kohle und Stahl

– Protokoll zu Artikel 67 des Vertrags zur Gründung der Europäischen Gemeinschaft

DIE KONFERENZ hat die folgenden dieser Schlussakte beigefügten Erklärungen angenommen:

1. Erklärung zur Europäischen Sicherheits- und Verteidigungspolitik

2. Erklärung zu Artikel 31 Absatz 2 des Vertrags über die Europäische Union

3. Erklärung zu Artikel 10 des Vertrags zur Gründung der Europäischen Gemeinschaft

4. Erklärung zu Artikel 21 Absatz 3 des Vertrags zur Gründung der Europäischen Gemeinschaft

5. Erklärung zu Artikel 67 des Vertrags zur Gründung der Europäischen Gemeinschaft

6. Erklärung zu Artikel 100 des Vertrags zur Gründung der Europäischen Gemeinschaft

7. Erklärung zu Artikel 111 des Vertrags zur Gründung der Europäischen Gemeinschaft

8. Erklärung zu Artikel 137 des Vertrags zur Gründung der Europäischen Gemeinschaft

9. Erklärung zu Artikel 175 des Vertrags zur Gründung der Europäischen Gemeinschaft

10. Erklärung zu Artikel 181a des Vertrags zur Gründung der Europäischen Gemeinschaft

11. Erklärung zu Artikel 191 des Vertrags zur Gründung der Europäischen Gemeinschaft

12. Erklärung zu Artikel 225 des Vertrags zur Gründung der Europäischen Gemeinschaft

13. Erklärung zu Artikel 225 Absätze 2 und 3 des Vertrags zur Gründung der Europäischen Gemeinschaft

14. Erklärung zu Artikel 225 Absätze 2 und 3 des Vertrags zur Gründung der Europäischen Gemeinschaft

15. Erklärung zu Artikel 225 Absatz 3 des Vertrags zur Gründung der Europäischen Gemeinschaft

16. Erklärung zu Artikel 225a des Vertrags zur Gründung der Europäischen Gemeinschaft

17. Erklärung zu Artikel 229a des Vertrags zur Gründung der Europäischen Gemeinschaft

18. Erklärung zum Rechnungshof

19. Erklärung zu Artikel 10.6 der Satzung des Europäischen Systems der Zentralbanken und der Europäischen Zentralbank

20. Erklärung zur Erweiterung der Europäischen Union

21. Erklärung zur Schwelle für die qualifizierte Mehrheit und zur Zahl der Stimmen für die Sperrminorität in einer erweiterten Union

22. Erklärung zum Tagungsort des Europäischen Rates

23. Erklärung zur Zukunft der Union

24. Erklärung zu Artikel 2 des Protokolls über die finanziellen Folgen des Ablaufs des EGKS-Vertrags und den Forschungsfonds für Kohle und Stahl

DIE KONFERENZ hat die folgenden dieser Schlussakte beigefügten Erklärungen zur Kenntnis genommen:

1. Erklärung Luxemburgs

2. Erklärung Griechenlands, Spaniens und Portugals zu Artikel 161 des Vertrags zur Gründung der Europäischen Gemeinschaft

3. Erklärung Dänemarks, Deutschlands, der Niederlande und Österreichs zu Artikel 161 des Vertrags zur Gründung der Europäischen Gemeinschaft

Geschehen zu Nizza am sechsundzwanzigsten Februar zweitausendeins

VON DER KONFERENZ ANGENOMMENE ERKLÄRUNGEN

1. Erklärung zur europäischen Sicherheits- und Verteidigungspolitik

Gemäß den vom Europäischen Rat in Nizza gebilligten Texten bezüglich der Europäischen Sicherheits- und Verteidigungspolitik (Bericht des Vorsitzes mit Anlagen) ist es das Ziel der Union, möglichst bald einsatzbereit zu sein. Einen entsprechenden Beschluss wird der Europäische Rat so bald wie möglich im Verlauf des Jahres 2001, spätestens jedoch auf der Tagung des Europäischen Rates in Laeken/Brüssel auf der Grundlage der bestehenden Bestimmungen des Vertrags über die Europäische Union fassen. Folglich stellt das Inkrafttreten des Vertrags von Nizza keine Voraussetzung hierfür dar.

2. Erklärung zu Artikel 31 Absatz 2 des Vertrags über die Europäische Union

Die Konferenz erinnert daran, dass

– der Beschluss über die Einrichtung einer Stelle (Eurojust), in der von den einzelnen Mitgliedstaaten entsandte Staatsanwälte, Richter oder Polizeibeamte mit gleichwertigen Befugnissen mit der Aufgabe zusammengeschlossen sind, eine sachgerechte Koordinierung der für die Strafverfolgung zuständigen Behörden der Mitgliedstaaten zu erleichtern und die Ermittlungen im Zusammenhang mit organisierter Kriminalität zu unterstützen, in den Schlussfolgerungen des Vorsitzes des Europäischen Rates vom 15. und 16. Oktober 1999 (Tampere) vorgesehen ist;

– das Europäische Justizielle Netz mit der vom Rat am 29. Juni 1998 angenommenen Gemeinsamen Maßnahme 98/428/JI (ABl. L 191 vom 7.7.1998, S. 4) eingerichtet wurde.

3. Erklärung zu Artikel 10 des Vertrags zur Gründung der Europäischen Gemeinschaft

Die Konferenz erinnert daran, dass die Verpflichtung zur loyalen Zusammenarbeit, die sich aus Artikel 10 des Vertrags zur Gründung der Europäischen Gemeinschaft ergibt und den Beziehungen zwischen den Mitgliedstaaten und den Gemeinschaftsorganen zugrunde liegt, auch für die Beziehungen zwischen den Gemeinschaftsorganen selbst gilt. Was die Beziehungen zwischen den Organen anbelangt, so können das Europäische Parlament, der Rat und die Kommission interinstitutionelle Vereinbarungen schließen, wenn es sich im Rahmen dieser Verpflichtung zur loyalen Zusammenarbeit als notwendig erweist, die Anwendung der Bestimmungen des Vertrags zur Gründung der Europäischen Gemeinschaft zu erleichtern. Diese Vereinbarungen dürfen die Vertragsbestimmungen weder ändern noch ergänzen und dürfen nur mit Zustimmung dieser drei Organe geschlossen werden.

4. Erklärung zu Artikel 21 Absatz 3 des Vertrags zur Gründung der Europäischen Gemeinschaft

Die Konferenz fordert die in Artikel 21 Absatz 3 beziehungsweise in Artikel 7 ge-

— 339 —

1/16. Vertrag v Nizza

Erklärungen

EUV/AEUV
+ Prot/Erkl
Anhänge
EU-Grundrechte-
Charta + Erl
Irland/Tschech Rep
Änderungs- und
Beitrittsverträge
LissV + ZusErl
Liss-BeglNovelle

nannten Organe und Einrichtungen auf, dafür Sorge zu tragen, dass jede schriftliche Eingabe eines Unionsbürgers innerhalb einer vertretbaren Frist beantwortet wird.

5. Erklärung zu Artikel 67 des Vertrags zur Gründung der Europäischen Gemeinschaft

Die Hohen Vertragsparteien erklären sich damit einverstanden, dass der Rat in dem Beschluss, den er gemäß Artikel 67 Absatz 2 zweiter Gedankenstrich zu fassen hat,

– beschließt, ab 1. Mai 2004 Maßnahmen nach Artikel 62 Nummer 3 und Artikel 63 Nummer 3 Buchstabe b gemäß dem Verfahren des Artikels 251 zu beschließen;

– beschließt, Maßnahmen nach Artikel 62 Nummer 2 Buchstabe a ab dem Zeitpunkt, zu dem eine Einigung über den Anwendungsbereich der Maßnahmen in Bezug auf das Überschreiten der Außengrenzen der Mitgliedstaaten durch Personen erzielt worden ist, gemäß dem Verfahren des Artikels 251 zu beschließen.

Der Rat wird im Übrigen bestrebt sein, das Verfahren des Artikels 251 ab dem 1. Mai 2004 oder so bald wie möglich nach diesem Zeitpunkt auf die übrigen unter Titel IV fallenden Bereiche oder auf einige dieser Bereiche anwendbar zu machen.

6. Erklärung zu Artikel 100 des Vertrags zur Gründung der Europäischen Gemeinschaft

Die Konferenz weist darauf hin, dass die mit dem Verbot („no bail-out") nach Artikel 103 zu vereinbarenden Beschlüsse über einen finanziellen Beistand nach Artikel 100 mit der Finanziellen Vorausschau 2000-2006 und insbesondere mit Nummer 11 der Interinstitutionellen Vereinbarung vom 6. Mai 1999 zwischen dem Europäischen Parlament, dem Rat und der Kommission über die Haushaltsdisziplin und die Verbesserung des Haushaltsverfahrens sowie mit den entsprechenden Bestimmungen der künftigen interinstitutionellen Vereinbarungen und finanziellen Vorausschauen im Einklang stehen müssen.

7. Erklärung zu Artikel 111 des Vertrags zur Gründung der Europäischen Gemeinschaft

Die Konferenz kommt überein, dass die Verfahren so beschaffen sein müssen, dass sich alle Mitgliedstaaten des Euro-Währungsgebiets an jeder Phase der Vorbereitung zur Festlegung des Standpunkts der Gemeinschaft auf internationaler Ebene in Bezug auf Fragen, die von besonderer Bedeutung für die Wirtschafts- und Währungsunion sind, in vollem Umfang beteiligen können.

8. Erklärung zu Artikel 137 des Vertrags zur Gründung der Europäischen Gemeinschaft

Die Konferenz kommt überein, dass Ausgaben aufgrund des Artikels 137 zulasten der Rubrik 3 der Finanziellen Vorausschau gehen.

9. Erklärung zu Artikel 175 des Vertrags zur Gründung der Europäischen Gemeinschaft

Die Hohen Vertragsparteien sind entschlossen, dafür zu sorgen, dass die Europäische Union eine führende Rolle bei der Förderung des Umweltschutzes in der Union sowie – auf internationaler Ebene – bei der weltweiten Verfolgung desselben Ziels spielt. Bei der Verfolgung dieses Ziels sollen alle Möglichkeiten des Vertrags in vollem Umfang genutzt werden, einschließlich des Rückgriffs auf marktorientierte, der Förderung einer nachhaltigen Entwicklung dienende Anreize und Instrumente.

10. Erklärung zu Artikel 181a des Vertrags zur Gründung der Europäischen Gemeinschaft

Die Konferenz bekräftigt, dass unbeschadet der anderen Bestimmungen des Vertrags zur Gründung der Europäischen Gemeinschaft Zahlungsbilanzhilfen für Drittländer nicht unter Artikel 181a fallen.

11. Erklärung zu Artikel 191 des Vertrags zur Gründung der Europäischen Gemeinschaft

Die Konferenz erinnert daran, dass Artikel 191 keine Übertragung von Zuständigkeiten auf die Europäische Gemeinschaft zur Folge hat und die Anwendung der einschlägigen einzelstaatlichen Verfassungsbestimmungen nicht berührt.

Die Finanzierung der politischen Parteien auf europäischer Ebene aus dem Haushalt der Europäischen Gemeinschaften darf nicht zur unmittelbaren oder mittelbaren Finanzierung der politischen Parteien auf einzelstaatlicher Ebene verwendet werden.

Die Bestimmungen über die Finanzierung der politischen Parteien gelten auf ein und derselben Grundlage für alle im Europäischen Parlament vertretenen politischen Kräfte.

12. Erklärung zu Artikel 225 des Vertrags zur Gründung der Europäischen Gemeinschaft

Die Konferenz ersucht den Gerichtshof und die Kommission, so bald wie möglich eine umfassende Überprüfung der Zuständigkeitsverteilung zwischen dem Gerichtshof und dem Gericht erster Instanz, insbesondere in Bezug auf direkte Klagen, vorzunehmen und geeignete Vorschläge vorzulegen, die von den zuständigen Gremien geprüft werden können, sobald der Vertrag von Nizza in Kraft getreten ist.

13. Erklärung zu Artikel 225 Absätze 2 und 3 des Vertrags zur Gründung der Europäischen Gemeinschaft

Die Konferenz ist der Auffassung, dass die wesentlichen Bestimmungen betreffend das Verfahren der Überprüfung nach Artikel 225 Absätze 2 und 3 in der Satzung des Gerichtshofs enthalten sein sollten. In diesen Bestimmungen müsste insbesondere Folgendes geregelt werden:

– die Rolle der Parteien in dem Verfahren vor dem Gerichtshof im Hinblick auf die Wahrung ihrer Rechte;

– die Wirkung des Überprüfungsverfahrens auf die Vollstreckbarkeit der Entscheidung des Gerichts erster Instanz;

– die Wirkung der Entscheidung des Gerichtshofs auf die Streitigkeit zwischen den Parteien.

14. Erklärung zu Artikel 225 Absätze 2 und 3 des Vertrags zur Gründung der Europäischen Gemeinschaft

Die Konferenz ist der Auffassung, dass der Rat, wenn er die zur Durchführung des Artikels 225 Absätze 2 und 3 erfor-

derlichen Bestimmungen der Satzung annimmt, ein Verfahren vorsehen sollte, das sicherstellt, dass die konkrete Funktionsweise dieser Bestimmungen spätestens drei Jahre nach dem Inkrafttreten des Vertrags von Nizza einer Evaluierung unterzogen wird.

15. Erklärung zu Artikel 225 Absatz 3 des Vertrags zur Gründung der Europäischen Gemeinschaft

Die Konferenz ist der Auffassung, dass der Gerichtshof in den Ausnahmefällen, in denen er beschließt, eine Entscheidung des Gerichts erster Instanz einer Vorabentscheidungssache zu überprüfen, im Eilverfahren entscheiden sollte.

16. Erklärung zu Artikel 225a des Vertrags zur Gründung der Europäischen Gemeinschaft

Die Konferenz ersucht den Gerichtshof und die Kommission, so bald wie möglich den Entwurf eines Beschlusses über die Bildung einer gerichtlichen Kammer auszuarbeiten, die im ersten Rechtszug für Streitsachen zwischen der Gemeinschaft und ihren Bediensteten zuständig ist.

17. Erklärung zu Artikel 229a des Vertrags zur Gründung der Europäischen Gemeinschaft

Die Konferenz ist der Auffassung, dass der Wahl des möglicherweise zu schaffenden gerichtlichen Rahmens für Entscheidungen über Rechtsstreitigkeiten im Zusammenhang mit der Anwendung von aufgrund des Vertrags zur Gründung der Europäischen Gemeinschaft erlassenen Rechtsakten, mit denen gemeinschaftliche Titel für den gewerblichen Rechtsschutz geschaffen werden, mit Artikel 229a nicht vorgegriffen wird.

18. Erklärung zum Rechnungshof

Die Konferenz fordert den Rechnungshof und die einzelstaatlichen Rechnungsprüfungsorgane auf, den Rahmen und die Bedingungen für ihre Zusammenarbeit unter Beibehaltung ihrer jeweiligen Autonomie zu verbessern. Zu diesem Zweck kann der Präsident des Rechnungshofs einen Ausschuss für Kontakte mit den Präsidenten der einzelstaatlichen Rechnungsprüfungsorgane einsetzen.

1/16. Vertrag v Nizza

Erklärungen

EUV/AEUV
+ Prot/Erkl
Anhänge
EU-Grundrechte
Charta + Erl
Irland/Tschech Rep
Änderungs- und
Beitrittsverträge
LissV + ZusErl
Liss-BeglNovelle

19. Erklärung zu Artikel 10.6 der Satzung des Europäischen Systems der Zentralbanken und der Europäischen Zentralbank

Die Konferenz geht davon aus, dass so rasch wie möglich eine Empfehlung im Sinne des Artikels 10.6 der Satzung des Europäischen Systems der Zentralbanken und der Europäischen Zentralbank vorgelegt wird.

20. Erklärung zur Erweiterung der Europäischen Union[1])

Der gemeinsame Standpunkt, den die Mitgliedstaaten bei den Beitrittskonferenzen hinsichtlich der Verteilung der Sitze im Europäischen Parlament, der Stimmengewichtung im Rat, der Zusammensetzung des Wirtschafts- und Sozialausschusses und der Zusammensetzung des Ausschusses der Regionen einnehmen werden, wird für eine Union mit 27 Mitgliedstaaten mit folgenden Tabellen in Einklang stehen:

1. Europäisches Parlament

Mitglied-staaten	Sitzver-teilung im EP
Deutschland	99
Vereinigtes Königreich	72
Frankreich	72
Italien	72
Spanien	50
Polen	50
Rumänien	33
Niederlande	25
Griechenland	22
Tschechische Republik	20
Belgien	22
Ungarn	20
Portugal	22
Schweden	18
Bulgarien	17
Österreich	17
Slowakei	13
Dänemark	13
Finnland	13
Irland	12
Litauen	12
Lettland	8
Slowenien	7
Estland	6
Zypern	6
Luxemburg	6
Malta	5
Insgesamt	**732**

2. Stimmengewichtung im Rat

Mitglieder des Rates	gewogene Stimmen
Deutschland	29
Vereinigtes Königreich	29
Frankreich	29
Italien	29
Spanien	27
Polen	27
Rumänien	14
Niederlande	13
Griechenland	12
Tschechische Republik	12
Belgien	12
Ungarn	12
Portugal	12
Schweden	10
Bulgarien	10
Österreich	10
Slowakei	7
Dänemark	7
Finnland	7
Irland	7
Litauen	7
Lettland	4
Slowenien	4
Estland	4
Zypern	4
Luxemburg	4
Malta	3
Insgesamt	**345**

In den Fällen, in denen die Beschlüsse nach diesem Vertrag auf Vorschlag der Kommission zu fassen sind, kommen die Beschlüsse mit einer Mindestzahl von 258 Stimmen zustande, welche die Zustimmung der Mehrheit der Mitglieder umfassen.

In den anderen Fällen kommen die Beschlüsse mit einer Mindestzahl von 258 Stimmen zustande, welche die Zustimmung von mindestens zwei Dritteln der Mitglieder umfassen.

Ein Mitglied des Rates kann beantragen, dass bei einer Beschlussfassung des Rates mit qualifizierter Mehrheit überprüft wird, ob die Mitgliedstaaten, die diese qualifizierte Mehrheit bilden, mindestens 62 % der Gesamtbevölkerung der Union repräsentieren. Falls sich erweist, dass diese Bedingung nicht erfüllt ist, kommt der betreffende Beschluss nicht zustande.

3. Wirtschafts- und Sozialausschuss

Mitgliedstaaten	Mitglieder
Deutschland	24
Vereinigtes Königreich	24
Frankreich	24
Italien	24
Spanien	21
Polen	21
Rumänien	15
Niederlande	12
Griechenland	12
Tschechische Republik	12
Belgien	12
Ungarn	12
Portugal	12
Schweden	12
Bulgarien	12
Österreich	12
Slowakei	9
Dänemark	9
Finnland	9
Irland	9
Litauen	9
Lettland	7
Slowenien	7
Estland	7
Zypern	6
Luxemburg	6
Malta	5
Insgesamt	**344**

4. Ausschuss der Regionen

Mitgliedstaaten	Mitglieder
Deutschland	24
Vereinigtes Königreich	24
Frankreich	24
Italien	24
Spanien	21
Polen	21
Rumänien	15
Niederlande	12
Griechenland	12
Tschechische Republik	12
Belgien	12
Ungarn	12
Portugal	12
Schweden	12
Bulgarien	12
Österreich	12

¹) In den Tabellen in dieser Erklärung werden nur die Bewerberstaaten berücksichtigt, mit denen bereits Beitrittsverhandlungen aufgenommen worden sind.

Mitgliedstaaten	Mitglieder
Slowakei	9
Dänemark	9
Finnland	9
Irland	9
Litauen	9
Lettland	7
Slowenien	7
Estland	7
Zypern	6
Luxemburg	6
Malta	5
Insgesamt	**344**

21. Erklärung zur Schwelle für die qualifizierte Mehrheit und zur Zahl der Stimmen für die Sperrminorität in einer erweiterten Union

Wenn bei Inkrafttreten der neuen Stimmengewichtung (1. Januar 2005) noch nicht alle Bewerberstaaten, die in der Tabelle in der Erklärung zur Erweiterung der Europäischen Union aufgeführt sind, beigetreten sind, wird die Schwelle für die qualifizierte Mehrheit entsprechend dem Beitrittsrhythmus erhöht, wobei von einem Prozentsatz unterhalb des derzeitigen Prozentsatzes ausgegangen wird, der bis zu einem Höchstsatz von 73,4 % ansteigt. Wenn alle vorstehend genannten Bewerberstaaten beigetreten sind, wird in einer solchen Union mit 27 Mitgliedstaaten die Sperrminorität auf 91 Stimmen erhöht, und die Schwelle für die qualifizierte Mehrheit, die aus der Tabelle in der Erklärung zur Erweiterung der Europäischen Union hervorgeht, wird automatisch entsprechend angepasst.

22. Erklärung zum Tagungsort des Europäischen Rates

Ab dem Jahr 2002 findet eine Tagung des Europäischen Rates unter jedem Vorsitz in Brüssel statt. Sobald die Union achtzehn Mitglieder zählt, finden alle Tagungen des Europäischen Rates in Brüssel statt.

23. Erklärung zur Zukunft der Union

1. In Nizza wurden umfangreiche Reformen beschlossen. Die Konferenz begrüßt den erfolgreichen Abschluss der Konferenz der Vertreter der Regierungen der Mitgliedstaaten und appelliert an die Mitgliedstaaten, auf eine baldige Ratifikation des Vertrags von Nizza hinzuwirken.

1/16. Vertrag v Nizza
Erklärungen

EUV/AEUV
+ Prot/Erkl
Anhänge
EU-Grundrechte-
Charta + Erl
Irland/Tschech Rep
Änderungs- und
Beitrittsverträge
LissV + ZusErl
Liss-BeglNovelle

2. Die Konferenz ist sich darin einig, dass mit dem Abschluss der Konferenz der Vertreter der Regierungen der Mitgliedstaaten der Weg für die Erweiterung der Europäischen Union geebnet worden ist, und betont, dass die Europäische Union mit der Ratifikation des Vertrags von Nizza die für den Beitritt neuer Mitgliedstaaten erforderlichen institutionellen Änderungen abgeschlossen haben wird.

3. Nachdem die Konferenz somit den Weg für die Erweiterung geebnet hat, wünscht sie die Aufnahme einer eingehenderen und breiter angelegten Diskussion über die Zukunft der Europäischen Union. Im Jahr 2001 werden der schwedische und der belgische Vorsitz in Zusammenarbeit mit der Kommission und unter Teilnahme des Europäischen Parlaments eine umfassende Debatte fördern, an der alle interessierten Seiten beteiligt sind: Vertreter der nationalen Parlamente und der Öffentlichkeit insgesamt, das heißt Vertreter aus Politik, Wirtschaft und dem Hochschulbereich, Vertreter der Zivilgesellschaft usw. Die Bewerberstaaten werden nach noch festzulegenden Einzelheiten in diesen Prozess einbezogen.

4. Im Anschluss an einen Bericht für seine Tagung in Göteborg im Juni 2001 wird der Europäische Rat auf seiner Tagung in Laeken/Brüssel im Dezember 2001 eine Erklärung annehmen, in der geeignete Initiativen für die Fortsetzung dieses Prozesses enthalten sein werden.

5. Im Rahmen dieses Prozesses sollten unter anderem folgende Fragen behandelt werden:
   – die Frage, wie eine genauere, dem Subsidiaritätsprinzip entsprechende Abgrenzung der Zuständigkeiten zwischen der Europäischen Union und den Mitgliedstaaten hergestellt und danach aufrechterhalten werden kann;
   – der Status der in Nizza verkündeten Charta der Grundrechte der Europäischen Union gemäß den Schlussfolgerungen des Europäischen Rates von Köln;
   – eine Vereinfachung der Verträge, mit dem Ziel, diese klarer und verständlicher zu machen, ohne sie inhaltlich zu ändern;
   – die Rolle der nationalen Parlamente in der Architektur Europas.

6. Durch diese Themenstellung erkennt die Konferenz an, dass die demokratische Legitimation und die Transparenz der Union und ihrer Organe verbessert und dauerhaft gesichert werden müssen, um diese den Bürgern der Mitgliedstaaten näher zu bringen.

7. Die Konferenz kommt überein, dass nach diesen Vorarbeiten 2004 erneut eine Konferenz der Vertreter der Regierungen der Mitgliedstaaten einberufen wird, die die vorstehend genannten Fragen im Hinblick auf die entsprechenden Vertragsänderungen behandelt.

8. Die Konferenz der Vertreter der Regierungen der Mitgliedstaaten wird keinesfalls ein Hindernis oder eine Vorbedingung für den Erweiterungsprozess darstellen. Außerdem werden diejenigen Bewerberstaaten, die ihre Beitrittsverhandlungen mit der Union dann abgeschlossen haben, zur Teilnahme an der Konferenz eingeladen. Bewerberstaaten, die ihre Beitrittsverhandlungen dann noch nicht abgeschlossen haben, werden zur Teilnahme als Beobachter eingeladen.

24. Erklärung zu Artikel 2 des Protokolls über die finanziellen Folgen des Ablaufs des EGKS-Vertrags und den Forschungsfonds für Kohle und Stahl

Die Konferenz fordert den Rat auf, im Rahmen des Artikels 2 des Protokolls dafür Sorge zu tragen, dass nach dem Ablauf der Geltungsdauer des EGKS-Vertrags das System der EGKS-Statistiken bis zum 31. Dezember 2002 weitergeführt wird, und die Kommission zu ersuchen, entsprechende Empfehlungen zu unterbreiten.

VON DER KONFERENZ ZUR KENNTNIS GENOMMENE ERKLÄRUNGEN

1. Erklärung Luxemburgs

Unbeschadet des Beschlusses vom 8. April 1965 und der darin enthaltenen Bestimmungen und Möglichkeiten bezüglich des Sitzes künftiger Organe, Einrichtungen und Dienststellen sagt die luxemburgische Regierung zu, den Sitz der Beschwerdekammern des Harmonisierungsamtes für den Binnenmarkt (Marken, Muster und Modelle), die in Alicante bleiben, auch dann nicht zu fordern, wenn diese gerichtliche Kammern im Sinne des Artikels 220 des Vertrags zur Gründung der Europäischen Gemeinschaft werden sollten.

2. Erklärung Griechenlands, Spaniens und Portugals zu Artikel 161 des Vertrags zur Gründung der Europäischen Gemeinschaft

Das Einverständnis Griechenlands, Spaniens und Portugals mit dem Übergang zur qualifizierten Mehrheit in Artikel 161 des Vertrags zur Gründung der Europäischen Gemeinschaft wurde auf folgender Grundlage erteilt: Der Begriff „mehrjährig" in Absatz 3 bedeutet, dass die ab 1. Januar 2007 geltende Finanzielle Vorausschau und die entsprechende Interinstitutionelle Vereinbarung eine der derzeitigen Finanziellen Vorausschau entsprechende Laufzeit haben wird.

3. Erklärung Dänemarks, Deutschlands, der Niederlande und Österreichs zu Artikel 161 des Vertrags zur Gründung der Europäischen Gemeinschaft

In Bezug auf die Erklärung Griechenlands, Spaniens und Portugals zu Artikel 161 des Vertrags zur Gründung der Europäischen Gemeinschaft erklären Dänemark, Deutschland, die Niederlande und Österreich, dass diese Erklärung keine präjudizierende Wirkung für die Europäische Kommission, insbesondere für ihr Initiativrecht, entfaltet.

— 345 — **1/17. Beitritts V 2003**

Inhaltsverzeichnis

EUV/AEUV
+ Prot/Erkl
Anhänge
EU-Grundrechte-
Charta + Erl
Irland/Tschech.Rep
Änderungs- und
Beitrittsverträge
LissV + ZusErl
Liss-BeglNovelle

Beitrittsvertrag 2003

(ABl 2003 L 236, 1 und ABl 2003 C 227 E, 1, geändert durch: ABl 2004 L 93, 1,
sowie durch: ABl 2004 L 126, 1 bzw. BGBl. III Nr. 54/2004)

INHALTSVERZEICHNIS

— 347 — **1/17. Beitritts V 2003**

Inhaltsverzeichnis

EUV/AEUV
+ Prot/Erkl
Anhänge
EU-Grundrechte-
Charta + Erl
Irland/Tschech Rep
Änderungs- und
Beitrittsverträge
LissV + ZusErl
Liss-BeglNovelle

Inhaltsverzeichnis

— 349 — **1/17. BeitrittsV 2003**

Inhaltsverzeichnis

EUV/AEUV
+ Prot/Erkl
Anhänge
EU-Grundrechte-
Charta + Erl
Irland/Tschech Rep
Änderungs- und
Beitrittsverträge
LissV + ZusErl
Liss-BeglNovelle

VERTRAG
ZWISCHEN
DEM KÖNIGREICH BELGIEN, DEM KÖNIGREICH DÄNEMARK, DER
BUNDESREPUBLIK DEUTSCHLAND, DER HELLENISCHEN REPUBLIK, DEM
KÖNIGREICH SPANIEN, DER FRANZÖSISCHEN REPUBLIK, IRLAND,
DER ITALIENISCHEN REPUBLIK, DEM GROSSHERZOGTUM LUXEMBURG, DEM
KÖNIGREICH DER NIEDERLANDE, DER REPUBLIK ÖSTERREICH, DER
PORTUGIESISCHEN REPUBLIK, DER REPUBLIK FINNLAND, DEM KÖNIGREICH
SCHWEDEN, DEM VEREINIGTEN KÖNIGREICH GROSSBRITANNIEN UND
NORDIRLAND (MITGLIEDSTAATEN DER EUROPÄISCHEN UNION)
UND
DER TSCHECHISCHEN REPUBLIK, DER REPUBLIK ESTLAND, DER REPUBLIK
ZYPERN, DER REPUBLIK LETTLAND, DER REPUBLIK LITAUEN, DER REPUBLIK
UNGARN, DER REPUBLIK MALTA, DER REPUBLIK POLEN, DER REPUBLIK
SLOWENIEN, DER SLOWAKISCHEN REPUBLIK ÜBER DEN BEITRITT DER
TSCHECHISCHEN REPUBLIK, DER REPUBLIK ESTLAND, DER REPUBLIK ZYPERN,
DER REPUBLIK LETTLAND, DER REPUBLIK LITAUEN, DER REPUBLIK UNGARN,
DER REPUBLIK MALTA, DER REPUBLIK POLEN, DER REPUBLIK SLOWENIEN UND
DER SLOWAKISCHEN REPUBLIK ZUR EUROPÄISCHEN UNION

SEINE MAJESTÄT DER KÖNIG DER BELGIER,
DER PRÄSIDENT DER TSCHECHISCHEN
REPUBLIK,
IHRE MAJESTÄT DIE KÖNIGIN VON
DÄNEMARK,
DER PRÄSIDENT DER BUNDESREPUBLIK
DEUTSCHLAND,
DER PRÄSIDENT DER REPUBLIK ESTLAND,
DER PRÄSIDENT DER HELLENISCHEN
REPUBLIK,
SEINE MAJESTÄT DER KÖNIG VON SPANIEN,
DER PRÄSIDENT DER FRANZÖSISCHEN
REPUBLIK,
DIE PRÄSIDENTIN IRLANDS,
DER PRÄSIDENT DER ITALIENISCHEN
REPUBLIK,
DER PRÄSIDENT DER REPUBLIK ZYPERN,
DIE PRÄSIDENTIN DER REPUBLIK
LETTLAND,
DER PRÄSIDENT DER REPUBLIK LITAUEN,
SEINE KÖNIGLICHE HOHEIT DER
GROSSHERZOG VON LUXEMBURG,
DER PRÄSIDENT DER REPUBLIK UNGARN,
DER PRÄSIDENT MALTAS,
IHRE MAJESTÄT DIE KÖNIGIN DER
NIEDERLANDE,
DER BUNDESPRÄSIDENT DER REPUBLIK
ÖSTERREICH,
DER PRÄSIDENT DER REPUBLIK POLEN,
DER PRÄSIDENT DER PORTUGIESISCHEN
REPUBLIK,
DER PRÄSIDENT DER REPUBLIK
SLOWENIEN,
DER PRÄSIDENT DER SLOWAKISCHEN
REPUBLIK,
DIE PRÄSIDENTIN DER REPUBLIK
FINNLAND,

DIE REGIERUNG DES KÖNIGREICHS
SCHWEDEN,
IHRE MAJESTÄT DIE KÖNIGIN DES
VEREINIGTEN KÖNIGREICHS
GROSSBRITANNIEN UND NORDIRLAND –

EINIG in dem Willen, die Verwirklichung der
Ziele der die Europäische Union begründenden
Verträge fortzuführen,

ENTSCHLOSSEN, im Geiste dieser Verträge
auf den bereits geschaffenen Grundlagen einen
immer engeren Zusammenschluss der europäischen Völker herbeizuführen,

IN DER ERWÄGUNG, dass Artikel 49 des Vertrags über die Europäische Union den europäischen Staaten die Möglichkeit eröffnet, Mitglieder der Union zu werden,

IN DER ERWÄGUNG, dass die Tschechische
Republik, die Republik Estland, die Republik
Zypern, die Republik Lettland, die Republik Litauen, die Republik Ungarn, die Republik Malta,
die Republik Polen, die Republik Slowenien und
die Slowakische Republik beantragt haben, Mitglieder der Europäischen Union zu werden,

IN DER ERWÄGUNG, dass sich der Rat der
Europäischen Union nach Einholung der Stellungnahme der Kommission und der Zustimmung des Europäischen Parlaments für die Aufnahme dieser Staaten ausgesprochen hat –

HABEN BESCHLOSSEN, die Aufnahmebedingungen und die Anpassungen der die Europäische Union begründenden Verträge im gegenseitigen Einvernehmen festzulegen; sie haben zu
diesem Zweck zu ihren Bevollmächtigten ernannt:

[es folgen die Namen]

— 351 — **1/17. Beitritts V 2003**

Präambel, Art. 1 – 3

EUV/AEUV
+ Prot/Erkl
Anhänge
EU-Grundrechte-
Charta + Erl
Irland/Tschech Rep
Änderungs- und
Beitrittsverträge
LissV + ZusV
Liss-BeglNovelle

DIESE SIND nach Austausch ihrer als gut und gehörig befundenen Vollmachten

WIE FOLGT ÜBEREINGEKOMMEN:

Art. 1 (1) Die Tschechische Republik, die Republik Estland, die Republik Zypern, die Republik Lettland, die Republik Litauen, die Republik Ungarn, die Republik Malta, die Republik Polen, die Republik Slowenien und die Slowakische Republik werden Mitglieder der Europäischen Union und Vertragsparteien der die Union begründenden Verträge in ihrer jeweiligen geänderten oder ergänzten Fassung.

(2) Die Aufnahmebedingungen und die aufgrund der Aufnahme erforderlichen Anpassungen der die Union begründenden Verträge sind in der diesem Vertrag beigefügten Akte festgelegt. Die Bestimmungen der Akte sind Bestandteil dieses Vertrags.

(3) Die Bestimmungen der in Absatz 1 genannten Verträge über die Rechte und Pflichten der Mitgliedstaaten sowie über die Befugnisse und Zuständigkeiten der Organe der Union gelten auch für diesen Vertrag.

Art. 2 (1) Dieser Vertrag bedarf der Ratifikation durch die Hohen Vertragsparteien gemäß ihren verfassungsrechtlichen Vorschriften. Die Ratifikationsurkunden werden spätestens am 30. April 2004 bei der Regierung der Italienischen Republik hinterlegt.

(2) Dieser Vertrag tritt am 1. Mai 2004 in Kraft, sofern alle Ratifikationsurkunden vor diesem Tag hinterlegt worden sind.

Haben jedoch nicht alle der in Artikel 1 Absatz 1 genannten Staaten ihre Ratifikationsurkunden rechtzeitig hinterlegt, so tritt der Vertrag für diejenigen Staaten in Kraft, die ihre Urkunden hinterlegt haben. In diesem Fall beschließt der Rat der Europäischen Union unverzüglich einstimmig die infolgedessen unerlässlichen Anpassungen des Artikels 3 dieses Vertrags und des Arti-

kels 1, des Artikels 6 Absatz 6, der Artikel 11 bis 15, 18, 19, 25, 26, 29 bis 31, 33 bis 35, 46 bis 49, 58 und 61 der Beitrittsakte, der Anhänge II bis XV, der Akte einschließlich der Anhänge dazu sowie der dieser Akte beigefügten Protokolle 1 bis 10; er kann ferner einstimmig die Bestimmungen der genannten Akte, einschließlich ihrer Anhänge, Anlagen und Protokolle, die sich ausdrücklich auf einen Staat beziehen, der seine Ratifikationsurkunde nicht hinterlegt hat, für hinfällig erklären oder anpassen.

(3) Abweichend von Absatz 2 können die Organe der Union vor dem Beitritt die Maßnahmen erlassen, die in Artikel 6 Absatz 2 Unterabsatz 2, Artikel 6 Absatz 6 Unterabsatz 2, Artikel 6 Absatz 8 Unterabsätze 2 und 3, Artikel 6 Absatz 9 Unterabsatz 3, den Artikeln 21 und 23, Artikel 28 Absatz 1, Artikel 32 Absatz 5, Artikel 33 Absätze 1, 4 und 5, den Artikeln 38, 39, 41, 42 und 55 bis 57 der Beitrittsakte, den Anhängen III bis XIV der Akte, Protokoll 2, Protokoll 3 Artikel 6, Protokoll 4 Artikel 2 Absatz 2, Protokoll 8 sowie Protokoll 10 Artikel 1, 2 und 4 zu dieser Akte vorgesehen sind. Diese Maßnahmen treten nur vorbehaltlich des Inkrafttretens dieses Vertrags und zum Zeitpunkt seines Inkrafttretens in Kraft.

Art. 3 Dieser Vertrag ist in einer Urschrift in dänischer, deutscher, englischer, estnischer, finnischer, französischer, griechischer, irischer, italienischer, lettischer, litauischer, maltesischer niederländischer, polnischer, portugiesischer, schwedischer, slowakischer, slowenischer, spanischer, tschechischer und ungarischer Sprache abgefasst, wobei der Wortlaut in jeder dieser Sprachen gleichermaßen verbindlich ist; er wird im Archiv der Regierung der Italienischen Republik hinterlegt; diese übermittelt der Regierung jedes anderen Unterzeichnerstaats eine beglaubigte Abschrift.

Geschehen zu Athen am 16. April 2003

**AKTE
ÜBER DIE BEDINGUNGEN DES
BEITRITTS
DER TSCHECHISCHEN REPUBLIK, DER
REPUBLIK ESTLAND, DER REPUBLIK
ZYPERN, DER REPUBLIK LETTLAND,
DER REPUBLIK LITAUEN, DER REPU-
BLIK UNGARN, DER REPUBLIK MALTA,
DER REPUBLIK POLEN, DER REPUBLIK
SLOWENIEN UND DER SLOWAKISCHEN
REPUBLIK UND DIE ANPASSUNGEN
DER VERTRÄGE, AUF DENEN DIE EU-
ROPÄISCHE UNION BERUHT**

ERSTER TEIL
GRUNDSÄTZE

Art. 1 Im Sinne dieser Akte bedeutet

– der Ausdruck „ursprüngliche Verträge"

a) den Vertrag zur Gründung der Europäischen Gemeinschaft („EG-Vertrag") und
den Vertrag zur Gründung der Europäischen Atomgemeinschaft („Euratom-Vertrag") mit den Änderungen oder Ergänzungen, die durch vor diesem Beitritt in Kraft
getretene Verträge oder andere Rechtsakte
vorgenommen worden sind,

b) den Vertrag über die Europäische Union
(„EU-Vertrag") mit den Änderungen oder
Ergänzungen, die durch vor diesem Beitritt
in Kraft getretene Verträge oder andere
Rechtsakte vorgenommen worden sind;

– der Ausdruck „derzeitige Mitgliedstaaten" das
Königreich Belgien, das Königreich Däne-
mark, die Bundesrepublik Deutschland, die
Hellenische Republik, das Königreich Spa-
nien, die Französische Republik, Irland, die
Italienische Republik, das Großherzogtum Lu-
xemburg, das Königreich der Niederlande, die
Republik Österreich, die Portugiesische Repu-
blik, die Republik Finnland, das Königreich
Schweden sowie das Vereinigte Königreich
Großbritannien und Nordirland;

– der Ausdruck „Union" die durch den EU-Vertrag geschaffene Europäische Union;

– der Ausdruck „Gemeinschaft" je nach Sachlage eine der bzw. beide unter dem ersten Gedankenstrich genannten Gemeinschaften;

– der Ausdruck „neue Mitgliedstaaten" die
Tschechische Republik, die Republik Estland,
die Republik Zypern, die Republik Lettland,
die Republik Litauen, die Republik Ungarn,
die Republik Malta, die Republik Polen, die
Republik Slowenien und die Slowakische Republik;

– der Ausdruck „Organe" die durch die ursprünglichen Verträge geschaffenen Organe.

Art. 2 Ab dem Tag des Beitritts sind die ursprünglichen Verträge und die vor dem Beitritt

erlassenen Rechtsakte der Organe und der Europäischen Zentralbank für die neuen Mitgliedstaaten verbindlich und gelten in diesen Staaten
nach Maßgabe der genannten Verträge und dieser Akte.

Art. 3 (1) Die Bestimmungen des Schengen-
Besitzstands, der durch das Protokoll zum Vertrag über die Europäische Union und zum Vertrag zur Gründung der Europäischen Gemeinschaft (nachstehend „Schengen-Protokoll" genannt) in den Rahmen der Europäischen Union
einbezogen wurde, und die darauf aufbauenden
oder anderweitig damit zusammenhängenden
Rechtsakte, die in Anhang I zu dieser Akte aufgeführt werden, sowie alle weiteren vor dem Tag
des Beitritts erlassenen Rechtsakte dieser Art
sind ab dem Tag des Beitritts für die neuen Mitgliedstaaten bindend und in ihnen anzuwenden.

(2) Die Bestimmungen des in den Rahmen
der Europäischen Union einbezogenen Schengen-Besitzstands und die darauf aufbauenden
oder anderweitig damit zusammenhängenden
Rechtsakte, die nicht in Absatz 1 genannt werden, sind zwar für einen neuen Mitgliedstaat ab
dem Tag des Beitritts bindend, sie sind aber in
diesem neuen Mitgliedstaat nur gemäß einem
entsprechenden Beschluss des Rates anzuwenden, den der Rat nach einer gemäß den geltenden
Schengen-Evaluierungsverfahren durchgeführten
Prüfung der Frage, ob die erforderlichen Voraussetzungen für die Anwendung aller Teile des betreffenden Besitzstands in diesem neuen Mitgliedstaat gegeben sind, und nach Anhörung des
Europäischen Parlaments gefasst hat.

Der Rat beschließt einstimmig mit den Stimmen
der Mitglieder, die die Regierungen der Mitgliedstaaten vertreten, für die die in diesem Absatz genannten Bestimmungen bereits in Kraft
gesetzt worden sind, und der Vertreter der Regierung des Mitgliedstaats, für den diese Bestimmungen in Kraft gesetzt werden sollen. Die Mitglieder des Rates, die die Regierungen Irlands
und des Vereinigten Königreichs Großbritannien
und Nordirland vertreten, nehmen insoweit an
einem derartigen Beschluss teil, als er sich auf
die Bestimmungen des Schengen-Besitzstands
und die darauf aufbauenden oder anderweitig damit zusammenhängenden Rechtsakte bezieht, an
denen diese Mitgliedstaaten teilnehmen.

(3) Die vom Rat gemäß Artikel 6 des Schen-
gen-Protokolls geschlossenen Übereinkommen
sind für die neuen Mitgliedstaaten ab dem Tag
des Beitritts bindend.

(4) Die neuen Mitgliedstaaten verpflichten
sich, im Hinblick auf diejenigen Übereinkommen oder Instrumente in den Bereichen Justiz
und Inneres, die von der Erreichung der Ziele
des EU-Vertrags nicht zu trennen sind,

— 353 —

1/17. BeitrittsV 2003

Bedingungen

EUV/AEUV
+ Prot/Erkl
Anhänge
EU-Grundrechte-
Charta + Erl
Irland/Tschech.Rep
Änderungs- und
Beitrittsverträge
LissV + ZusErl
Liss-BeglNovelle

– denjenigen, die bis zum Beitritt zur Unterzeichnung durch die derzeitigen Mitgliedstaaten aufgelegt worden sind, sowie denjenigen, die vom Rat gemäß Titel VI des EU-Vertrags ausgearbeitet und den Mitgliedstaaten zur Annahme empfohlen worden sind, beizutreten;

– Verwaltungs- und sonstige Vorkehrungen wie etwa diejenigen einzuführen, die von den derzeitigen Mitgliedstaaten oder vom Rat bis zum Tag des Beitritts angenommen wurden, um die praktische Zusammenarbeit zwischen in den Bereichen Justiz und Inneres tätigen Einrichtungen und Organisationen der Mitgliedstaaten zu erleichtern.

Art. 4 Jeder neue Mitgliedstaat nimmt ab dem Tag seines Beitritts als Mitgliedstaat, für den eine Ausnahmeregelung im Sinne des Artikels 122 des EG-Vertrags gilt, an der Wirtschafts- und Währungsunion teil.

Art. 5 (1) Die neuen Mitgliedstaaten treten durch diese Akte den Beschlüssen und Vereinbarungen der im Rat vereinigten Vertreter der Regierungen der Mitgliedstaaten bei. Sie verpflichten sich, ab dem Tag des Beitritts allen sonstigen von den derzeitigen Mitgliedstaaten für das Funktionieren der Union oder in Verbindung mit deren Tätigkeit geschlossenen Übereinkünften beizutreten.

(2) Die neuen Mitgliedstaaten verpflichten sich, den in Artikel 293 des EG-Vertrags vorgesehenen Übereinkommen und den von der Verwirklichung der Ziele des EG-Vertrags untrennbaren Übereinkommen sowie den Protokollen über die Auslegung dieser Übereinkommen durch den Gerichtshof beizutreten, die von den derzeitigen Mitgliedstaaten unterzeichnet wurden, und zu diesem Zweck mit den derzeitigen Mitgliedstaaten Verhandlungen im Hinblick auf die erforderlichen Anpassungen aufzunehmen.

(3) Die neuen Mitgliedstaaten befinden sich hinsichtlich der Erklärungen, Entschließungen oder sonstigen Stellungnahmen des Europäischen Rates oder des Rates sowie hinsichtlich der die Gemeinschaft oder die Union betreffenden Erklärungen, Entschließungen oder sonstigen Stellungnahmen, die von den Mitgliedstaaten im gegenseitigen Einvernehmen angenommen wurden, in derselben Lage wie die derzeitigen Mitgliedstaaten; sie werden demgemäß die sich daraus ergebenden Grundsätze und Leitlinien beachten und die gegebenenfalls zu ihrer Durchführung erforderlichen Maßnahmen treffen.

Art. 6 (1) Die von der Gemeinschaft oder gemäß Artikel 24 oder Artikel 38 des EU-Vertrags mit einem oder mehreren dritten Staaten, mit einer internationalen Organisation oder mit einem Staatsangehörigen eines dritten Staates geschlossenen oder vorläufig angewendeten Abkommen oder Übereinkünfte sind für die neuen Mitgliedstaaten nach Maßgabe der ursprünglichen Verträge und dieser Akte bindend.

(2) Die neuen Mitgliedstaaten verpflichten sich, nach Maßgabe dieser Akte den von den derzeitigen Mitgliedstaaten und der Gemeinschaft gemeinsam geschlossenen oder vorläufig angewendeten Abkommen oder Übereinkünften sowie den von diesen Staaten geschlossenen Übereinkünften, die mit den erstgenannten Abkommen oder Übereinkünften in Zusammenhang stehen, beizutreten.

Der Beitritt eines neuen Mitgliedstaats zu den in Absatz 6 genannten Abkommen oder Übereinkünften sowie zu den Abkommen mit Belarus, China, Chile, dem Mercosur und der Schweiz, die von der Gemeinschaft und ihren Mitgliedstaaten gemeinsam geschlossen oder unterzeichnet wurden, wird durch den Abschluss eines Protokolls zu diesen Abkommen bzw. Übereinkünften zwischen dem Rat, der im Namen der Mitgliedstaaten handelt und einstimmig beschließt, und dem betreffenden dritten Staat oder den betreffenden dritten Staaten bzw. der betreffenden internationalen Organisation geregelt. Dieses Verfahren gilt unbeschadet der eigenen Zuständigkeit der Gemeinschaft und berührt nicht die Verteilung der Zuständigkeiten zwischen der Gemeinschaft und den Mitgliedstaaten in Bezug auf den künftigen Abschluss derartiger Abkommen oder Übereinkünften oder in Bezug auf andere nicht mit dem Beitritt zusammenhängende Änderungen. Die Kommission handelt diese Protokolle im Namen der Mitgliedstaaten auf der Grundlage der vom Rat einstimmig gebilligten Verhandlungsrichtlinien in Abstimmung mit einem aus den Vertretern der Mitgliedstaaten zusammengesetzten Ausschuss aus. Sie unterbreitet dem Rat einen Entwurf der Protokolle für deren Abschluss.

(3) Mit dem Beitritt zu den in Absatz 2 genannten Abkommen und Übereinkünften erlangen die neuen Mitgliedstaaten die gleichen Rechte und Pflichten aus diesen Abkommen und Übereinkünften wie die derzeitigen Mitgliedstaaten.

(4) Mit dieser Akte treten die neuen Mitgliedstaaten dem am 23. Juni 2000 in Cotonou unterzeichneten Partnerschaftsabkommen zwischen den Mitgliedern der Gruppe der Staaten in Afrika, im Karibischen Raum und im Pazifischen Ozean einerseits und der Europäischen Gemeinschaft und ihren Mitgliedstaaten andererseits[1]) bei.

(5) Die neuen Mitgliedstaaten verpflichten sich, nach Maßgabe dieser Akte dem Abkommen über den Europäischen Wirtschaftsraum[2])

---

[1]) ABl. L 317 vom 15.12.2000, S.3.
[2]) ABl. L 1 vom 3.1.1994, S. 3.

gemäß Artikel 128 dieses Abkommens beizutreten.

(6) Ab dem Tag des Beitritts und bis zum Abschluss der in Absatz 2 genannten erforderlichen Protokolle wenden die neuen Mitgliedstaaten die Übereinkünfte, die die derzeitigen Mitgliedstaaten und die Gemeinschaft gemeinsam mit Ägypten, Algerien, Armenien, Aserbaidschan, Bulgarien, Georgien, Israel, Jordanien, Kasachstan, Kirgisistan, Kroatien, Libanon, Marokko, der ehemaligen jugoslawischen Republik Mazedonien, Mexiko, Moldau, Rumänien, der Russischen Föderation, San Marino, Südafrika, Südkorea, Syrien, Tunesien, der Türkei, Turkmenistan, der Ukraine und Usbekistan geschlossen haben, sowie andere Übereinkünfte an, die die derzeitigen Mitgliedstaaten und die Gemeinschaft gemeinsam vor dem Beitritt geschlossen haben.

Alle Anpassungen an diese Übereinkünfte sind Gegenstand von Protokollen, die mit den anderen Vertragsstaaten gemäß Absatz 2 Unterabsatz 2 geschlossen werden. Sollten die Protokolle bis zum Tag des Beitritts nicht geschlossen worden sein, so ergreifen die Mitgliedstaaten und die Gemeinschaft im Rahmen ihrer jeweiligen Befugnisse die erforderlichen Maßnahmen, um diese Lage ab dem Beitritt zu klären.

(7) Ab dem Tag des Beitritts wenden die neuen Mitgliedstaaten die von der Gemeinschaft mit dritten Staaten geschlossenen bilateralen Textilabkommen oder -vereinbarungen an.

Die von der Gemeinschaft angewendeten mengenmäßigen Beschränkungen der Einfuhr von Textil- und Bekleidungserzeugnissen werden angepasst, um dem Beitritt der neuen Mitgliedstaaten zur Gemeinschaft Rechnung zu tragen. Zu diesem Zweck können Änderungen der oben genannten bilateralen Abkommen und Vereinbarungen von der Gemeinschaft mit den betreffenden dritten Staaten vor dem Beitritt ausgehandelt werden.

Sollten die Änderungen der bilateralen Textilabkommen und -vereinbarungen bis zum Tag des Beitritts nicht in Kraft getreten sein, so nimmt die Gemeinschaft an ihren Vorschriften für die Einfuhr von Textil- und Bekleidungserzeugnissen aus dritten Staaten die notwendigen Anpassungen vor, um dem Beitritt der neuen Mitgliedstaaten zur Gemeinschaft Rechnung zu tragen.

(8) Die von der Gemeinschaft angewendeten mengenmäßigen Beschränkungen der Einfuhr von Stahl und Stahlerzeugnissen werden auf der Grundlage der in den letzten Jahren erfolgten Einfuhren von Stahlerzeugnissen aus den betreffenden Lieferländern in die neuen Mitgliedstaaten angepasst.

Zu diesem Zweck werden die erforderlichen Änderungen an den von der Gemeinschaft mit den betreffenden dritten Staaten geschlossenen bilateralen Stahlabkommen und -vereinbarungen vor dem Beitritt ausgehandelt.

Sollten die Änderungen der bilateralen Abkommen und Vereinbarungen bis zum Beitritt nicht in Kraft getreten sein, so gilt Unterabsatz 1.

(9) Ab dem Tag des Beitritts werden die von den neuen Mitgliedstaaten mit Drittstaaten geschlossenen Fischereiabkommen von der Gemeinschaft verwaltet.

Die Rechte und Pflichten der neuen Mitgliedstaaten aus diesen Abkommen werden während des Zeitraums, in dem die Bestimmungen dieser Abkommen vorläufig beibehalten werden, nicht berührt.

So bald wie möglich, auf jeden Fall jedoch vor dem Ablauf der Geltungsdauer der in Unterabsatz 1 genannten Abkommen, erlässt der Rat in jedem Einzelfall auf Vorschlag der Kommission mit qualifizierter Mehrheit die geeigneten Beschlüsse zur Aufrechterhaltung der Fischereitätigkeiten, die sich aus den Abkommen ergeben; hierzu gehört auch die Möglichkeit, bestimmte Abkommen um höchstens ein Jahr zu verlängern.

(10) Mit Wirkung vom Tag des Beitritts treten die neuen Mitgliedstaaten von allen Freihandelsabkommen mit dritten Staaten zurück; dies gilt auch für das Mitteleuropäische Freihandelsübereinkommen.

Insoweit Übereinkünfte zwischen einem oder mehreren neuen Mitgliedstaaten einerseits und einem oder mehreren dritten Staaten andererseits nicht mit den Pflichten aus dieser Akte vereinbar sind, treffen die neuen Mitgliedstaaten die geeigneten Maßnahmen, um die festgestellten Unvereinbarkeiten zu beseitigen. Stößt ein Mitgliedstaat bei der Anpassung eines mit einem dritten Staat oder mehreren dritten Staaten geschlossenen Abkommens auf Schwierigkeiten, so tritt er nach Maßgabe dieses Abkommens von dem Abkommen zurück.

(11) Die neuen Mitgliedstaaten treten durch diese Akte und zu den darin vorgesehenen Bedingungen den internen Vereinbarungen bei, welche die derzeitigen Mitgliedstaaten zur Durchführung der Abkommen oder Übereinkünfte im Sinne des Absatzes 2 sowie der Absätze 4 bis 6 geschlossen haben.

(12) Die neuen Mitgliedstaaten ergreifen geeignete Maßnahmen, um gegebenenfalls ihre Stellung gegenüber internationalen Organisationen oder denjenigen internationalen Übereinkünften, denen auch die Gemeinschaft oder andere Mitgliedstaaten als Vertragspartei angehören, den Rechten und Pflichten anzupassen, die sich aus ihrem Beitritt zur Union ergeben.

Sie treten insbesondere zum Tag des Beitritts oder zum frühest möglichen Termin nach dem Beitritt von den internationalen Fischereiübereinkünften zurück, denen auch die Gemeinschaft

— 355 — **1/17. Beitritts V 2003**

Bedingungen

EUV/AEUV
+ Prot/Erkl
Anhänge
EU-Grundrechte-
Charta + Erl
Irland/Tschech Rep
Änderungs- und
Beitrittsverträge
LissV + ZusErl
Liss-BeglNovelle

als Vertragspartei angehört, und beenden ihre Mitgliedschaft in den internationalen Fischerei-organisationen, denen auch die Gemeinschaft als Mitglied angehört, sofern ihre Mitgliedschaft nicht auch andere Angelegenheiten als die Fischerei betrifft.

Art. 7 Die Bestimmungen dieser Akte können, soweit darin nicht etwas anderes vorgesehen ist, nur nach dem in den ursprünglichen Verträgen vorgesehenen Verfahren, die eine Revision dieser Verträge ermöglichen, ausgesetzt, geändert oder aufgehoben werden.

Art. 8 Die von den Organen erlassenen Rechtsakte, auf die sich die in dieser Akte vorgesehenen Übergangsbestimmungen beziehen, bewahren ihren Rechtscharakter; insbesondere bleiben die Verfahren zur Änderung dieser Rechtsakte anwendbar.

Art. 9 Die Bestimmungen dieser Akte, die eine nicht nur vorübergehende Aufhebung oder Änderung von Rechtsakten der Organe zum Gegenstand haben oder bewirken, haben denselben Rechtscharakter wie die durch sie aufgehobenen oder geänderten Bestimmungen und unterliegen denselben Regeln wie diese.

Art. 10 Für die Anwendung der ursprünglichen Verträge und der Rechtsakte der Organe gelten vorübergehend die in dieser Akte vorgesehenen abweichenden Bestimmungen.

**ZWEITER TEIL
ANPASSUNGEN DER VERTRÄGE**

**TITEL I
INSTITUTIONELLE BESTIMMUNGEN**

**KAPITEL 1
DAS EUROPÄISCHE PARLAMENT**
Art. 11 *[eingearbeitet]*

**KAPITEL 2
DER RAT**
Art. 12 *[eingearbeitet]*

**KAPITEL 3
DER GERICHTSHOF**
Art. 13 *[eingearbeitet]*

**KAPITEL 4
DER WIRTSCHAFTS- UND
SOZIALAUSSCHUSS**
Art. 14 *[eingearbeitet]*

**KAPITEL 5
DER AUSSCHUSS DER REGIONEN**
Art. 15 *[eingearbeitet]*

**KAPITEL 6
DER AUSSCHUSS FÜR WISSENSCHAFT
UND TECHNIK**
Art. 16 *[Hinweis]*

**KAPITEL 7
DIE EUROPÄISCHE ZENTRALBANK**
Art. 17 *[eingearbeitet]*

**TITEL II
SONSTIGE ÄNDERUNGEN**
Art. 18 *[eingearbeitet]*

Art. 19 *[eingearbeitet]*

**DRITTER TEIL
STÄNDIGE BESTIMMUNGEN**
**TITEL I
ANPASSUNGEN DER RECHTSAKTE DER
ORGANE**
Art. 20 Die in Anhang II aufgeführten Rechtsakte werden nach Maßgabe jenes Anhangs angepasst.

Art. 21 Die infolge des Beitritts erforderlichen Anpassungen der in Anhang III aufgeführten Rechtsakte werden gemäß den dort aufgestellten Leitlinien nach dem Verfahren und unter den Voraussetzungen des Artikels 57 vorgenommen.

TITEL II
SONSTIGE BESTIMMUNGEN

Art. 22 Die in Anhang IV dieser Akte aufgeführten Maßnahmen werden unter den in jenem Anhang festgelegten Bedingungen angewandt.

Art. 23 Der Rat kann einstimmig auf Vorschlag der Kommission und nach Anhörung des Europäischen Parlaments die bei einer Änderung der Gemeinschaftsregelung gegebenenfalls erforderlichen Anpassungen der Bestimmungen dieser Akte über die Gemeinsame Agrarpolitik vornehmen. Diese Anpassungen können vor dem Tag des Beitritts vorgenommen werden.

VIERTER TEIL
BESTIMMUNGEN MIT BEGRENZTER GELTUNGSDAUER

TITEL I
ÜBERGANGSMASSNAHMEN

Art. 24 Die in den Anhängen V, VI, VII, VIII, IX, X, XI, XII, XIII und XIV zu dieser Akte aufgeführten Maßnahmen finden auf die neuen Mitgliedstaaten unter den in diesen Anhängen festgelegten Bedingungen Anwendung.

Art. 25 (1) Abweichend von Artikel 189 Absatz 2 des EG-Vertrags und von Artikel 107 Absatz 2 des Euratom-Vertrags und in Bezug auf Artikel 190 Absatz 2 des EG-Vertrags und Artikel 108 Absatz 2 des Euratom-Vertrags wird die Zahl der Sitze für die neuen Mitgliedstaaten im Europäischen Parlament für den Zeitraum ab dem Tag des Beitritts bis zum Beginn der Wahlperiode 2004-2009 des Europäischen Parlaments wie folgt festgelegt:

Tschechische Republik	24
Estland	6
Zypern	6
Lettland	9
Litauen	13
Ungarn	24
Malta	5
Polen	54
Slowenien	7
Slowakei	14

(2) Abweichend von Artikel 190 Absatz 1 des EG-Vertrags und Artikel 108 Absatz 2 des Euratom-Vertrags werden die Abgeordneten der Völker der neuen Mitgliedstaaten im Europäischen Parlament für den Zeitraum ab dem Tag des Beitritts bis zum Beginn der Wahlperiode 2004-2009 des Europäischen Parlaments von den Parlamenten dieser Staaten entsprechend den von ihnen festgelegten Verfahren bestimmt.

Art. 26 (1) Für den Zeitraum bis zum 31. Oktober 2004 gelten die folgenden Bestimmungen

a) in Bezug auf Artikel 205 Absatz 2 des EG-Vertrags und Artikel 118 Absatz 2 des Euratom-Vertrags:

Ist zu einem Beschluss des Rates die qualifizierte Mehrheit erforderlich, so werden die Stimmen der Mitglieder wie folgt gewogen:

Belgien	5
Tschechische Republik	5
Dänemark	3
Deutschland	10
Estland	3
Griechenland	5
Spanien	8
Frankreich	10
Irland	3
Italien	10
Zypern	2
Lettland	3
Litauen	3
Luxemburg	2
Ungarn	5
Malta	2
Niederlande	5
Österreich	4
Polen	8
Portugal	5
Slowenien	3
Slowakei	3
Finnland	3
Schweden	4
Vereinigtes Königreich	10

b) in Bezug auf Artikel 205 Absatz 2 Unterabsätze 2 und 3 des EG-Vertrags und Artikel 118 Absatz 2 Unterabsätze 2 und 3 des Euratom-Vertrags:

Beschlüsse des Rates kommen zustande mit einer Mindestzahl von

– 88 Stimmen in den Fällen, in denen die Beschlüsse nach diesem Vertrag auf Vorschlag der Kommission zu fassen sind;

– 88 Stimmen, welche die Zustimmung von mindestens zwei Dritteln der Mitglieder umfassen, in allen anderen Fällen.

c) in Bezug auf Artikel 23 Absatz 2 Unterabsatz 3 Satz 2 des EU-Vertrags:

Beschlüsse kommen mit einer Mindestzahl von 88 Stimmen zustande, welche die Zustimmung von mindestens zwei Dritteln der Mitglieder umfassen.

d) in Bezug auf Artikel 34 Absatz 3 des EU-Vertrags:

Ist für einen Beschluss des Rates die qualifizierte Mehrheit erforderlich, so werden die Stimmen der Mitglieder nach Artikel 205 Absatz 2 des Vertrags zur Gründung der Europäischen Gemeinschaft gewogen; Beschlüsse kommen mit einer Mindestzahl von 88 Stimmen zustande, welche die Zustimmung von mindestens zwei Dritteln der Mitglieder umfassen.

1/17. BeitrittsV 2003

Bedingungen

EUV/AEUV
+ Prot/Erkl
Anhänge
EU-Grundrechte-
Charta + Erl
Irland/Tschech Rep
Änderungs- und
Beitrittsverträge
LissV + ZusErl
Liss-BeglNovelle

(2) Treten weniger als zehn neue Mitgliedstaaten der Union bei, so wird durch Beschluss des Rates die Schwelle für die qualifizierte Mehrheit für den Zeitraum bis zum 31. Oktober 2004 auf einen Wert festgesetzt, der so nah wie möglich bei 71,26 % der Gesamtzahl der Stimmen liegt.

Art. 27 (1) Die als „Zölle des Gemeinsamen Zolltarifs und andere Zölle" bezeichneten Einnahmen im Sinne des Artikels 2 Absatz 1 Buchstabe b des Beschlusses 2000/597/EG, Euratom des Rates über das System der Eigenmittel der Europäischen Gemeinschaften[3]) oder entsprechenden Vorschriften in einem diesen ersetzenden Beschluss umfassen auch die von der Gemeinschaft für den Handel der neuen Mitgliedstaaten mit Drittländern angewandten Zölle, die anhand der sich aus dem Gemeinsamen Zolltarif ergebenden Zollsätze und entsprechender Zollzugeständnisse berechnet werden.

(2) Für das Jahr 2004 belaufen sich die einheitliche MWSt-Eigenmittelbemessungsgrundlage und die BNE-Bemessungsgrundlage (Bruttonationaleinkommen) gemäß Artikel 2 Absatz 1 Buchstaben c und d des Beschlusses 2000/597/ EG, Euratom des Rates für jeden neuen Mitgliedstaat auf zwei Drittel der Jahresbemessungsgrundlage. Die BNE-Bemessungsgrundlage für jeden neuen Mitgliedstaat, die bei der Berechnung der Finanzierung der Korrektur der Haushaltsungleichgewichte zugunsten des Vereinigten Königreichs gemäß Artikel 5 Absatz 1 des Beschlusses 2000/597/EG des Rates zu berücksichtigen ist, beläuft sich ebenfalls auf zwei Drittel der Jahresbemessungsgrundlage.

(3) Zum Zwecke der Bestimmung des eingefrorenen Satzes für 2004 gemäß Artikel 2 Absatz 4 Buchstabe a des Beschlusses 2000/597/ EG, Euratom des Rates wird die begrenzte MWSt-Eigenmittelbemessungsgrundlage der neuen Mitgliedstaaten auf der Grundlage von zwei Dritteln ihrer nicht begrenzten MWSt-Eigenmittelbemessungsgrundlage und zwei Dritteln ihres BNE berechnet.

Art. 28 (1) Der Gesamthaushaltsplan der Europäischen Gemeinschaften für das Haushaltsjahr 2004 wird durch einen Berichtigungshaushaltsplan, der am 1. Mai 2004 in Kraft tritt, angepasst, um den Beitritt der neuen Mitgliedstaaten zu berücksichtigen.

(2) Die zwölf monatlichen Zwölftel der MWSt- und der BNE-Eigenmittel, die die neuen Mitgliedstaaten im Rahmen dieses Berichtigungshaushaltsplans überweisen müssen, sowie die rückwirkende Anpassung der monatlichen Zwölftel für den Zeitraum Januar – April 2004, die nur für die derzeitigen Mitgliedstaaten gel-

---
[3]) ABl. L 253 vom 7.10.2000, S. 42.

ten, werden in Achtel umgerechnet, die im Zeitraum Mai – Dezember 2004 abgerufen werden. Die rückwirkenden Anpassungen, die sich aus etwaigen weiteren im Jahr 2004 angenommenen Berichtigungshaushaltsplänen ergeben, werden ebenso in gleiche Teile umgerechnet, die während des restlichen Jahres abgerufen werden.

Art. 29 Die Gemeinschaft überweist der Tschechischen Republik, Zypern, Malta und Slowenien am ersten Arbeitstag jedes Monats als Ausgaben des Gesamthaushaltsplans der Europäischen Gemeinschaften im Jahr 2004 ab dem Tag des Beitritts ein Achtel und in den Jahren 2005 und 2006 ein Zwölftel der folgenden Beträge des vorübergehenden Haushaltsausgleichs:

	2004	2005	2006
(in Mio. Euro zu Preisen von 1999)			
Tschechische Republik	125,4	178,0	85,1
Zypern	68,9	119,2	112,3
Malta	37,8	65,6	62,9
Slowenien	29,5	66,4	35,5

Art. 30 Die Gemeinschaft überweist der Tschechischen Republik, Estland, Zypern, Lettland, Litauen, Ungarn, Malta, Polen, Slowenien und der Slowakei am ersten Arbeitstag jedes Monats als Ausgaben des Gesamthaushaltsplans der Europäischen Gemeinschaften im Jahr 2004 ab dem Tag des Beitritts ein Achtel und in den Jahren 2005 und 2006 ein Zwölftel der folgenden Beträge einer besonderen pauschalen Cashflow-Fazilität:

	2004	2005	2006
(in Mio. Euro zu Preisen von 1999)			
Tschechische Republik	174,7	91,55	91,55
Estland	15,8	2,9	2,9
Zypern	27,7	5,05	5,05
Lettland	19,5	3,4	3,4
Litauen	34,8	6,3	6,3
Ungarn	155,3	27,95	27,95
Malta	12,2	27,15	27,15
Polen	442,8	550,0	450,0
Slowenien	65,4	17,85	17,85
Slowakei	63,2	11,35	11,35

Die in der besonderen pauschalen Cashflow-Fazilität enthaltenen Beträge von 1 Mrd. Euro für Polen und 100 Mio. Euro für die Tschechische Republik werden bei allen Berechnungen im Hinblick auf die Aufteilung der Strukturfondsmittel für die Jahre 2004-2006 berücksichtigt.

Art. 31 (1) Die nachstehend aufgeführten neuen Mitgliedstaaten überweisen die folgenden Beträge an den Forschungsfonds für Kohle und Stahl im Sinne des Beschlusses 2002/234/EGKS der im Rat vereinigten Vertreter der Regierungen der Mitgliedstaaten vom 27. Februar 2002 über die finanziellen Folgen des Ablaufs des EGKS-

Vertrags und über den Forschungsfonds für Kohle und Stahl[4]):

(in Mio. Euro zu laufenden Preisen)

Tschechische Republik	39,88
Estland	2,5
Lettland	2,69
Ungarn	9,93
Polen	92,46
Slowenien	2,36
Slowakei	20,11

(2) Die Beiträge zum Forschungsfonds für Kohle und Stahl werden beginnend mit dem Jahr 2006 in vier Raten jeweils am ersten Arbeitstag des ersten Monats jedes Jahres wie folgt überwiesen:

2006: 15 %
2007: 20 %
2008: 30 %
2009: 35 %

Art. 32 (1) Sofern in diesem Vertrag nichts anderes bestimmt ist, werden nach dem 31. Dezember 2003 im Rahmen des Programms PHARE[5]), des Programms für grenzübergreifende Zusammenarbeit im Rahmen des PHARE-Programms[6]), der Heranführungsmittel für Zypern und Malta[7]), des ISPA-Programms[8]) und des SAPARD-Programms[9]) keine Mittelbindungen für die neuen Mitgliedstaten mehr vorgenommen. Vorbehaltlich der nachstehenden Einzelbestimmungen und Ausnahmen oder anders lautender Bestimmungen dieses Vertrags werden die neuen Mitgliedstaaten ab dem 1. Januar 2004 in Bezug auf die in der Interinstitutionellen Vereinbarung vom 6. Mai 1999[10]) festgelegten ersten drei Rubriken der Finanziellen Vorausschau in der gleichen Weise behandelt wie die derzeitigen Mitgliedstaaten. Die Obergrenzen der zusätzlichen Verpflichtungen der Rubriken 1, 2, 3 und 5 der Finanziellen Vorausschau im Zusammenhang mit der Erweiterung sind in Anhang XV festgelegt. Im Rahmen des Haushaltsplans 2004 dürfen jedoch vor dem Beitritt des betreffenden neuen Mitgliedstaats keine Mit-

telbindungen für Programme oder Einrichtungen vorgenommen werden.

(2) Absatz 1 gilt nicht für Ausgaben aus den Mitteln des Europäischen Ausrichtungs- und Garantiefonds für die Landwirtschaft, Abteilung Garantie, gemäß Artikel 2 Absätze 1 und 2 und Artikel 3 Absatz 3 der Verordnung (EG) Nr. 1258/1999 des Rates über die Finanzierung der Gemeinsamen Agrarpolitik[11]); für diese Ausgaben können gemäß Artikel 2 dieser Akte erst ab dem Tag des Beitritts Zuschüsse der Gemeinschaft gewährt werden.

Dagegen gilt Absatz 1 für Ausgaben zur Entwicklung des ländlichen Raums im Rahmen des Europäischen Ausrichtungs- und Garantiefonds für die Landwirtschaft, Abteilung Garantie, gemäß Artikel 47a der Verordnung (EG) Nr. 1257/1999 des Rates über die Förderung der Entwicklung des ländlichen Raums durch den Europäischen Ausrichtungs- und Garantiefonds für die Landwirtschaft (EAGFL) und zur Änderung bzw. Aufhebung bestimmter Verordnungen[12]) vorbehaltlich der Bedingungen, die in den Änderungen der genannten Verordnung in Anhang II dieser Akte festgelegt sind.

(3) Vorbehaltlich des letzten Satzes von Absatz 1 werden die neuen Mitgliedstaaten ab dem 1. Januar 2004 unter denselben Bedingungen wie die derzeitigen Mitgliedstaaten mit finanzieller Unterstützung aus dem Gesamthaushaltsplan der Europäischen Gemeinschaften an den Gemeinschaftsprogrammen und -einrichtungen teilnehmen. Die Bedingungen, die in den von den Europäischen Gemeinschaften und den neuen Mitgliedstaaten angenommenen Beschlüssen, Übereinkünften und Vereinbarungen der Assoziationsräte für die Teilnahme dieser Mitgliedstaaten an den Gemeinschaftsprogrammen und -einrichtungen festgelegt sind, werden mit Wirkung vom 1. Januar 2004 durch die für die betreffenden Programme und Einrichtungen geltenden Bestimmungen ersetzt.

(4) Tritt einer der in Artikel 1 Absatz 1 des Beitrittsvertrags genannten Staaten der Gemeinschaft nicht im Laufe des Jahres 2004 bei, so werden Anträge des betreffenden Staates auf Zuschüsse aus Mitteln der ersten drei Rubriken der Finanziellen Vorausschau für 2004 hinfällig. In diesem Fall sind die entsprechenden Beschlüsse, Übereinkünfte oder Vereinbarungen des betreffenden Assoziationsrates für den Staat weiterhin für das gesamte Jahr 2004 gültig.

(5) Gegebenenfalls erforderliche Maßnahmen zur Erleichterung des Übergangs von der Vorbeitrittsregelung zu der Regelung, die sich aus der Anwendung dieses Artikels ergibt, werden von der Kommission erlassen.

---

[4]) ABl. L 79 vom 22.3.2002, S. 42.

[5]) Verordnung (EWG) Nr. 3906/89 (ABl. L 375 vom 23.12.1989, S. 11) (geänderte Fassung).

[6]) Verordnung (EG) Nr. 2760/98 (ABl. L 345 vom 19.12.1998, S. 49) (geänderte Fassung).

[7]) Verordnung (EG) Nr. 555/2000 (ABl. L 68 vom 16.3.2000, S. 3) (geänderte Fassung).

[8]) Verordnung (EG) Nr. 1267/1999 (ABl. L 161 vom 26.6.1999, S. 73) (geänderte Fassung).

[9]) Verordnung (EG) Nr. 1268/1999 (ABl. L 161 vom 26.6.1999, S. 87).

[10]) Interinstitutionelle Vereinbarung vom 6. Mai 1999 zwischen dem Europäischen Parlament, dem Rat und der Kommission über die Haushaltsdisziplin und die Verbesserung des Haushaltsverfahrens (ABl. C 172 vom 18.6.1999, S. 1).

[11]) ABl. L 160 vom 26.6.1999, S. 103.

[12]) ABl. L 160 vom 26.6.1999, S. 80.

1/17. Beitritts V 2003

Bedingungen

EUV/AEUV
+ Prot/Erkl
Anhänge
EU-Grundrechte-
Charta + Erl
Irland/Tschech.Rep
Änderungs- und
Beitrittsverträge
LissV + ZusErl
Liss-BeglNovelle

Art. 33 (1) Vom Tag des Beitritts an werden Ausschreibung, Auftragsvergabe, Durchführung und Zahlungen im Rahmen von Heranführungshilfen nach den Programmen PHARE[13]) und PHARE-CBC[14]) sowie aus den Heranführungsmitteln für Zypern und Malta[15]) von Durchführungsstellen in den neuen Mitgliedstaaten verwaltet.

Die Ex-ante-Kontrolle der Kommission für Ausschreibung und Auftragsvergabe wird mit einem entsprechenden Beschluss der Kommission aufgehoben, wenn das Erweiterte Dezentrale Durchführungssystem (Extended Decentralised Implementation System – EDIS) anhand der im Anhang zu der Verordnung (EG) Nr. 1266/1999 des Rates zur Koordinierung der Hilfe für die beitrittswilligen Länder im Rahmen der Heranführungsstrategie und zur Änderung der Verordnung (EWG) Nr. 3906/89[16]) festgelegten Kriterien und Bedingungen positiv beurteilt worden ist.

Wird dieser Kommissionsbeschluss zur Aufhebung der Ex-ante-Kontrolle nicht vor dem Tag des Beitritts gefasst, so kann für keinen der Verträge, die zwischen dem Tag des Beitritts und dem Tag des Kommissionsbeschlusses unterzeichnet werden, Heranführungshilfe gewährt werden.

Verzögert sich jedoch der Beschluss der Kommission zur Aufhebung der Ex-ante-Kontrolle aus Gründen, die nicht den Behörden dieses neuen Mitgliedstaates zuzuschreiben sind, über den Tag des Beitritts hinaus, so kann die Kommission in gebührend begründeten Fällen einer Heranführungshilfe für Verträge, die zwischen dem Beitritt und dem Tag des Kommissionsbeschlusses unterzeichnet werden, und einer weiteren Durchführung von Heranführungshilfen für einen begrenzten Zeitraum vorbehaltlich einer Ex-ante-Kontrolle von Ausschreibung und Auftragsvergabe durch die Kommission zustimmen.

(2) Globale Mittelbindungen, die vor dem Beitritt im Rahmen der in Absatz 1 genannten Vorbeitritts-Finanzinstrumente erfolgt sind, einschließlich des Abschlusses und der Verbuchung späterer rechtlicher Einzelverpflichtungen und Zahlungen nach dem Beitritt, unterliegen weiterhin den Regelungen und Verordnungen für die Vorbeitritts-Finanzinstrumente und werden bis zum Abschluss der betreffenden Programme und Projekte in den entsprechenden Kapiteln des Haushalts veranschlagt. Dessen ungeachtet werden Verfahren zur Vergabe öffentlicher Aufträge, die nach dem Beitritt eingeleitet werden, in Einklang mit den einschlägigen Gemeinschaftsrichtlinien durchgeführt.

(3) Für die in Absatz 1 genannte Heranführungshilfe wird im Letzten vollen Kalenderjahr vor dem Beitritt letztmalig eine Programmplanung durchgeführt. Die Aufträge für Maßnahmen im Rahmen dieser Programme sind innerhalb der folgenden zwei Jahre zu vergeben und die Auszahlungen haben, wie in der Finanzierungsvereinbarung[17]) vorgesehen, in der Regel bis Ende des dritten Jahres nach der Mittelbindung zu erfolgen. Verlängerungen der Auftragsvergabefrist werden nicht genehmigt. Für Auszahlungen können in gebührend begründeten Ausnahmefällen befristete Verlängerungen genehmigt werden.

(4) Zur Gewährleistung der erforderlichen schrittweisen Einstellung der in Absatz 1 genannten Vorbeitritts-Finanzinstrumente sowie des ISPA-Programms[18]) und eines reibungslosen Übergangs von den vor dem Beitritt geltenden Regelungen auf die nach dem Beitritt geltenden Regelungen kann die Kommission die geeigneten Maßnahmen ergreifen, um dafür zu sorgen, dass das erforderliche Statutspersonal in den neuen Mitgliedstaaten nach dem Beitritt noch maximal fünfzehn Monate weiter tätig ist. In diesem Zeitraum gelten für Beamte, die vor dem Beitritt in Planstellen in den neuen Mitgliedstaaten eingewiesen wurden und die nach dem Beitritt weiterhin in diesen Staaten ihren Dienst zu verrichten haben, ausnahmsweise die gleichen finanziellen und materiellen Bedingungen, wie sie die Kommission vor dem Beitritt gemäß Anhang X des Statuts der Beamten der Europäischen Gemeinschaften und der Beschäftigungsbedingungen für die sonstigen Bediensteten dieser Gemeinschaften – Verordnung (EWG, Euratom, EGKS) Nr. 259/68[19]) – angewandt hat. Die für die Verwaltung der Heranführungshilfe erforderlichen Verwaltungsausgaben einschließlich der Bezüge für sonstige Bedienstete werden für das gesamte Jahr 2004 und bis einschließlich Juli 2005 aus der Haushaltslinie „Unterstützungsausgaben für Maßnahmen" (früherer Teil B des Haushaltsplans) oder entsprechenden Haushaltslinien der einschlägigen Vorbeitritts-Haushalte für die in Absatz 1 genannten Finanzinstrumente und das ISPA-Programm finanziert.

(5) Können gemäß Verordnung (EG) Nr. 1268/1999 genehmigte Projekte nicht länger

---

[13]) Verordnung (EWG) Nr. 3906/89 (ABl. L 375 vom 23.12.1989, S. 11) (geänderte Fassung).

[14]) Verordnung (EG) Nr. 2760/98 (ABl. L 345 vom 19.12.1998, S. 49) (geänderte Fassung).

[15]) Verordnung (EG) Nr. 555/2000 (ABl. L 68 vom 16.3.2000, S. 3) (geänderte Fassung).

[16]) ABl. L 232 vom 2.9.1999, S. 34.

[17]) Phare-Leitlinien (SEK (1999) 1596, aktualisiert am 6.9.2002 durch Dok. C 3303/2).

[18]) Verordnung (EG) Nr. 1267/99 (ABl. L 161 vom 26.6.1999, S. 73) (geänderte Fassung).

[19]) ABl. L 56 vom 4.3.1968, S. 1. Zuletzt geändert durch die Verordnung (EG, Euratom) Nr. 2265/2001 (ABl. L 347 vom 20.12.2002, S. 1).

im Rahmen dieses Instruments finanziert werden, so können sie in Programme zur Entwicklung des ländlichen Raums einbezogen werden, die aus dem Europäischen Ausrichtungs- und Garantiefonds für die Landwirtschaft finanziert werden. Sind dafür besondere Übergangsmaßnahmen erforderlich, so erlässt die Kommission diese nach den Verfahren des Artikels 50 Absatz 2 der Verordnung (EG) Nr. 1260/1999 des Rates mit allgemeinen Bedingungen über die Strukturfonds[20]).

Art. 34 (1) Vom Tag des Beitritts bis Ende 2006 stellt die Union den neuen Mitgliedstaaten eine vorübergehende Finanzhilfe (im Folgenden „Übergangsfazilität" genannt) bereit, um die Verwaltungskapazität der neuen Mitgliedstaaten zur Anwendung und Durchsetzung des Gemeinschaftsrechts zu entwickeln und zu stärken und den gegenseitigen Austausch bewährter Praktiken zu fördern.

(2) Mit der Unterstützung wird dem anhaltenden Erfordernis, die institutionellen Kapazitäten in bestimmten Bereichen zu stärken, durch Maßnahmen entsprochen, die nicht von den Strukturfonds finanziert werden können; dies betrifft insbesondere die folgenden Bereiche:

– Justiz und Inneres (Stärkung des Justizwesens, Außengrenzkontrollen, Strategie für die Korruptionsbekämpfung, Stärkung der Strafverfolgungskapazitäten);
– Finanzkontrolle;
– Schutz der finanziellen Interessen der Gemeinschaften und Betrugsbekämpfung;
– Binnenmarkt, einschließlich Zollunion;
– Umwelt;
– Veterinärdienste und Aufbau von Verwaltungskapazitäten im Bereich Lebensmittelsicherheit;
– Verwaltungs- und Kontrollstrukturen für die Bereiche Landwirtschaft und ländliche Entwicklung, einschließlich des Integrierten Verwaltungs- und Kontrollsystems (InVeKoS);
– nukleare Sicherheit (Stärkung der Effizienz und Kompetenz der Behörden für nukleare Sicherheit und der Einrichtungen für deren technische Unterstützung sowie der Stellen für die Bewirtschaftung radioaktiver Abfälle);
– Statistik;
– Ausbau der öffentlichen Verwaltung entsprechend den Erfordernissen, die in den umfassenden Überwachungsbericht der Kommission aufgezeigt sind und nicht von den Strukturfonds abgedeckt werden.

(3) Über die Unterstützung im Rahmen der Übergangsfazilität wird nach dem Verfahren des Artikels 8 der Verordnung (EWG) Nr. 3906/89 über Wirtschaftshilfe für bestimmte Länder Mittel- und Osteuropas[21]) befunden.

(4) Das Programm wird gemäß Artikel 53 Absatz 1 Buchstaben a und b der Haushaltsordnung für den Gesamthaushaltsplan der Europäischen Gemeinschaften[22]) durchgeführt. Für Partnerschaftsprojekte zwischen öffentlichen Verwaltungen zum Zwecke des Institutionenaufbaus gilt weiterhin das in den Rahmenabkommen mit den derzeitigen Mitgliedstaaten zum Zwecke der Heranführungshilfe festgelegte Verfahren für den Aufruf zur Einreichung von Vorschlägen über das Netz der Kontaktstellen in den Mitgliedstaaten.

Die Verpflichtungsermächtigungen für die Übergangsfazilität (zu Preisen von 1999) belaufen sich auf 200 Mio. EUR im Jahr 2004, 120 Mio. EUR im Jahr 2005 und 60 Mio. EUR im Jahr 2006. Die jährlichen Mittel werden von der Haushaltsbehörde innerhalb der Grenzen der finanziellen Vorausschau bewilligt.

Art. 35 (1) Es wird eine Schengen-Fazilität als zeitlich befristetes Instrument eingerichtet, mit der die Empfänger-Mitgliedstaaten ab dem Tag des Beitritts bis zum Ende des Jahres 2006 bei der Finanzierung von Maßnahmen an den neuen Außengrenzen der Union zur Durchführung des Schengen-Besitzstandes und der Kontrollen an den Außengrenzen unterstützt werden.

Um die bei der Vorbereitung der Teilnahme an Schengen erkannten Mängel abzustellen, kommen die folgenden Maßnahmenarten für eine Finanzierung im Rahmen der Schengen-Fazilität in Frage:

– Investitionen in den Bau, die Renovierung und die Verbesserung der Infrastruktur an den Grenzübergangsstellen und der entsprechenden Gebäude;
– Investitionen in jede Art von Betriebsausrüstung (z.B. Laborausrüstung, Detektoren, Hardware und Software für das Schengener Informationssystem SIS 2, Transportmittel);
– Ausbildungsmaßnahmen für das Grenzschutzpersonal;
– Beitrag zu den Kosten für Logistik und Betrieb.

(2) Die folgenden Beträge werden im Rahmen der Schengen-Fazilität in Form von Pauschalzuschüssen mit dem Tag des Beitritts für die nach-

---

[20]) ABl. L 161 vom 26.6.1999, S. 1. Zuletzt geändert durch die Verordnung (EG) Nr. 1447/2001 (ABl. L 198 vom 21.7.2001, S. 1).

[21]) ABl. L 375 vom 23.12.1989, S. 11. Zuletzt geändert durch die Verordnung (EG) Nr. 2500/2001 (ABl. L 342 vom 27.12.2001, S. 1).

[22]) Verordnung (EG, Euratom) Nr. 1605/2002 (ABl. L 248 vom 16.9.2002, S. 1).

— 361 — **1/17. Beitritts V 2003**
Bedingungen

EUV/AEUV
+ Prot/Erkl
Anhänge
EU-Grundrechte-
Charta + Erl
Irland/Tschech Rep
Änderungs- und
Beitrittsverträge
Liss V + Zus Erl
Liss-Begl Novelle

stehend genannten Empfänger-Mitgliedstaaten zur Verfügung gestellt:

	2004	2005	2006
	(in Mio. Euro zu Preisen von 1999)		
Estland	22,9	22,9	22,9
Lettland	23,7	23,7	23,7
Litauen	44,78	61,07	29,85
Ungarn	49,3	49,3	49,3
Polen	93,34	93,33	93,33
Slowenien	35,64	35,63	35,63
Slowakei	15,94	15,93	15,93

(3) Die Empfänger-Mitgliedstaaten sind für die Auswahl und Durchführung der einzelnen Maßnahmen in Einklang mit diesem Artikel verantwortlich. Ihnen obliegt es auch, die Verwendung der Mittel der Fazilität mit Hilfsgeldern aus anderen Gemeinschaftsinstrumenten zu koordinieren, und sie haben dabei die Vereinbarkeit mit den Gemeinschaftspolitiken und -maßnahmen sowie die Einhaltung der Haushaltsordnung für den Gesamthaushaltsplan der Europäischen Gemeinschaften zu gewährleisten.

Die Pauschalzuschüsse sind innerhalb von drei Jahren nach der ersten Zahlung zu verwenden; nicht verwendete oder ungerechtfertigt ausgegebene Mittel werden von der Kommission wieder eingezogen. Die Empfänger-Mitgliedstaaten müssen spätestens sechs Monate nach Ablauf der Dreijahresfrist einen umfassenden Bericht über die Verwendung der Pauschalzuschüsse mit einer Begründung der Ausgaben vorlegen.

Die Empfänger-Mitgliedstaaten üben diese Zuständigkeit unbeschadet der Zuständigkeit der Kommission für die Ausführung des Gesamthaushaltsplans der Europäischen Gemeinschaften und in Einklang mit den Bestimmungen der Haushaltsordnung über die dezentralisierte Verwaltung aus.

(4) Die Kommission behält das Recht auf Überprüfung durch das Amt für Betrugsbekämpfung (OLAF). Die Kommission und der Rechnungshof können nach den einschlägigen Verfahren auch Überprüfungen vor Ort durchführen.

(5) Die Kommission kann technische Vorschriften erlassen, die für die Tätigkeit dieser Fazilität erforderlich sind.

Art. 36 Die in den Artikeln 29, 30, 34 und 35 genannten Beträge werden jährlich im Rahmen der technischen Anpassung nach Nummer 15 der Interinstitutionellen Vereinbarung vom 6. Mai 1999 angepasst.

TITEL II
SONSTIGE BESTIMMUNGEN

Art. 37 (1) Für einen Zeitraum von bis zu drei Jahren nach dem Beitritt kann ein neuer Mitgliedstaat bei Schwierigkeiten, welche einen Wirtschaftszweig erheblich und voraussichtlich

anhaltend treffen oder welche die wirtschaftliche Lage eines bestimmten Gebiets beträchtlich verschlechtern können, die Genehmigung zur Anwendung von Schutzmaßnahmen beantragen, um die Lage wieder auszugleichen und den betreffenden Wirtschaftszweig an die Wirtschaft des Gemeinsamen Marktes anzupassen.

Unter den gleichen Bedingungen kann ein derzeitiger Mitgliedstaat die Genehmigung zur Anwendung von Schutzmaßnahmen gegenüber einem oder mehreren der neuen Mitgliedstaaten beantragen.

(2) Auf Antrag des betreffenden Staates bestimmt die Kommission im Dringlichkeitsverfahren die ihres Erachtens erforderlichen Schutzmaßnahmen und legt gleichzeitig die Bedingungen und Einzelheiten ihrer Anwendung fest. Im Fall erheblicher wirtschaftlicher Schwierigkeiten entscheidet die Kommission auf ausdrücklichen Antrag des betreffenden Mitgliedstaats binnen fünf Arbeitstagen nach Eingang des mit Gründen versehenen Antrags. Die beschlossenen Maßnahmen sind sofort anwendbar; sie tragen den Interessen aller Beteiligten Rechnung und dürfen keine Grenzkontrollen mit sich bringen.

(3) Die nach Absatz 2 genehmigten Maßnahmen können von den Vorschriften des EG-Vertrags und von dieser Akte abweichen, soweit und solange dies unbedingt erforderlich ist, um die in Absatz 1 genannten Ziele zu erreichen. Es sind mit Vorrang solche Maßnahmen zu wählen, die das Funktionieren des Gemeinsamen Marktes am wenigsten stören.

Art. 38 Hat ein neuer Mitgliedstaat im Rahmen der Beitrittsverhandlungen eingegangene Verpflichtungen nicht erfüllt und dadurch eine ernste Beeinträchtigung des Funktionierens des Binnenmarktes hervorgerufen – einschließlich der Verpflichtungen in allen sektorbezogenen Politiken, die wirtschaftliche Tätigkeiten mit grenzüberschreitender Wirkung betreffen – oder besteht die unmittelbare Gefahr einer solchen Beeinträchtigung, so kann die Kommission für einen Zeitraum von bis zu drei Jahren nach Inkrafttreten dieser Akte auf begründeten Antrag eines Mitgliedstaats oder auf eigene Initiative geeignete Maßnahmen treffen.

Diese Maßnahmen müssen verhältnismäßig sein, wobei vorrangig Maßnahmen, die das Funktionieren des Binnenmarktes am wenigsten stören, zu wählen und gegebenenfalls bestehende sektorale Schutzmechanismen anzuwenden sind. Solche Schutzmaßnahmen dürfen nicht als willkürliche Diskriminierung oder als versteckte Beschränkung des Handels zwischen den Mitgliedstaaten angewandt werden. Die Schutzklausel kann schon vor dem Beitritt aufgrund der Ergebnisse der Überwachung geltend gemacht werden und am Tag des Beitritts in Kraft treten. Die Maßnahmen werden nicht länger als unbedingt nötig aufrechterhalten und werden auf jeden Fall aufgehoben, sobald die einschlägige Verpflichtung erfüllt ist. Sie können jedoch über den in Absatz 1 genannten Zeitraum hinaus angewandt werden, solange die einschlägigen Verpflichtungen nicht erfüllt sind. Aufgrund von Fortschritten der betreffenden neuen Mitgliedstaaten bei der Erfüllung ihrer Verpflichtungen kann die Kommission die Maßnahmen in geeigneter Weise anpassen. Die Kommission wird den Rat rechtzeitig unterrichten, bevor sie die Anwendung von Schutzmaßnahmen aufhebt, und wird allen Bemerkungen des Rates in dieser Hinsicht gebührend Rechnung tragen.

Art. 39 Treten bei der Umsetzung, der Durchführung oder der Anwendung von Rahmenbeschlüssen oder anderen einschlägigen Verpflichtungen, Instrumenten der Zusammenarbeit oder Beschlüssen in Bezug auf die gegenseitige Anerkennung im Bereich des Strafrechts im Rahmen des Titels VI des EU-Vertrags und Richtlinien und Verordnungen in Bezug auf die gegenseitige Anerkennung im Bereich des Zivilrechts im Rahmen des Titels IV des EG-Vertrags in einem neuen Mitgliedstaat ernste Mängel auf oder besteht die Gefahr ernster Mängel, so kann die Kommission für einen Zeitraum von bis zu drei Jahren ab dem Inkrafttreten dieser Akte auf begründeten Antrag eines Mitgliedstaats oder auf eigene Initiative und nach Konsultation der Mitgliedstaaten angemessene Maßnahmen treffen und die Bedingungen und Einzelheiten ihrer Anwendung festlegen.

Diese Maßnahmen können in Form einer vorübergehenden Aussetzung der Anwendung einschlägiger Bestimmungen und Beschlüsse in den Beziehungen zwischen einem neuen Mitgliedstaat und einem anderen Mitgliedstaat oder anderen Mitgliedstaaten erfolgen, unbeschadet der Fortsetzung einer engen justiziellen Zusammenarbeit. Die Schutzklausel kann sogar vor dem Beitritt aufgrund der Ergebnisse der Überwachung geltend gemacht werden und am Tag des Beitritts in Kraft treten. Die Maßnahmen werden nicht länger als unbedingt nötig aufrechterhalten und werden auf jeden Fall aufgehoben, sobald die Mängel beseitigt sind. Sie können jedoch über den in Absatz 1 genannten Zeitraum hinaus angewandt werden, solange die Mängel weiter bestehen. Aufgrund von Fortschritten des betreffenden neuen Mitgliedstaats bei der Beseitigung der festgestellten Mängel kann die Kommission die Maßnahmen nach Konsultation der Mitgliedstaaten in geeigneter Weise anpassen. Die Kommission wird den Rat rechtzeitig unterrichten, bevor sie Schutzmaßnahmen aufhebt, und wird allen Bemerkungen des Rates in dieser Hinsicht gebührend Rechnung tragen.

Art. 40 Um das reibungslose Funktionieren des Binnenmarkts nicht zu behindern, darf die Durchführung der innerstaatlichen Vorschriften der neuen Mitgliedstaaten während der in den Anhängen V bis XIV vorgesehenen Übergangszeiten nicht zu Grenzkontrollen zwischen den Mitgliedstaaten führen.

Art. 41 Sind Übergangsmaßnahmen erforderlich, um den Übergang von der in den neuen Mitgliedstaaten bestehenden Regelung auf die Regelung zu erleichtern, die sich aus der Anwendung der Gemeinsamen Agrarpolitik gemäß den in dieser Akte genannten Bedingungen ergibt, so werden diese Maßnahmen von der Kommission entsprechend dem Verfahren nach Artikel 42 Absatz 2 der Verordnung (EG) des Rates Nr. 1260/2001 über die gemeinsame Marktorganisation für Zucker[23] oder gegebenenfalls dem Verfahren nach den entsprechenden Artikeln anderer Verordnungen über gemeinsame Marktorganisationen oder entsprechend dem in den anwendbaren Rechtsvorschriften vorgesehenen einschlägigen Ausschussverfahren erlassen. Die in diesem Artikel genannten Übergangsmaßnahmen können während eines Zeitraums von drei Jahren nach dem Beitritt erlassen werden und ihre Anwendung ist auf diesen Zeitraum zu beschränken. Der Rat kann diesen Zeitraum auf Vorschlag der Kommission und nach Anhörung des Europäischen Parlaments einstimmig verlängern.

Die Übergangsmaßnahmen, welche die Durchführung von in dieser Akte nicht genannten Rechtsakten der Gemeinsamen Agrarpolitik betreffen, die infolge des Beitritts erforderlich sind, werden vor dem Beitritt vom Rat auf Vorschlag der Kommission mit qualifizierter Mehrheit angenommen oder, wenn sie Rechtsakte betreffen, die ursprünglich von der Kommission erlassen worden sind, von dieser nach dem für die Annahme der betreffenden Rechtsakte erforderlichen Verfahren erlassen.

Art. 42 Sind Übergangsmaßnahmen erforderlich, um den Übergang von der in den neuen Mitgliedstaaten bestehenden Regelung auf die Regelung zu erleichtern, die sich aus der Anwendung der veterinär- und pflanzenschutzrechtlichen Bestimmungen der Gemeinschaft ergibt, so werden diese Maßnahmen von der Kommission nach dem in den anwendbaren Rechtsvorschriften vorgesehenen einschlägigen Ausschussverfahren erlassen. Diese Maßnahmen werden für einen Zeitraum von drei Jahren nach dem Beitritt getroffen und ihre Anwendung ist auf diesen Zeitraum zu beschränken.

---

[23] ABl. L 178 vom 30.6.2001, S.1.

EUV/AEUV
+ Prot/Erkl
Anhänge
EU-Grundrechte-
Charta + Erl
Irland Tschech Rep
Änderungs- und
Beitrittsverträge
Liss V + ZusErl
Liss-BeglNovelle

FÜNFTER TEIL
BESTIMMUNGEN ÜBER DIE
DURCHFÜHRUNG DIESER AKTE

TITEL I
EINSETZUNG DER ORGANE UND
GREMIEN

Art. 43 Das Europäische Parlament nimmt die infolge des Beitritts erforderlichen Anpassungen seiner Geschäftsordnung vor.

Art. 44 Der Rat nimmt die infolge des Beitritts erforderlichen Anpassungen seiner Geschäftsordnung vor.

Art. 45 (1) Jeder Staat, der der Union beitritt, ist berechtigt, einen seiner Staatsangehörigen als Mitglied der Kommission zu stellen.

(2) Unbeschadet des Artikels 213 Absatz 1 Unterabsatz 2, des Artikels 214 Absatz 1 Unterabsatz 1 und des Artikels 214 Absatz 2 des EG-Vertrags sowie des Artikels 126 Absatz 1 des Euratom-Vertrags

a) wird ein Staatsangehöriger jedes neuen Mitgliedstaats mit Wirkung vom Tag des Beitritts dieses Mitgliedstaats zur Kommission ernannt. Die neuen Mitglieder der Kommission werden vom Rat mit qualifizierter Mehrheit und im Einvernehmen mit dem Präsidenten der Kommission ernannt;

b) endet die Amtszeit der gemäß Buchstabe a ernannten sowie der Mitglieder der Kommission, die mit Wirkung vom 23. Januar 2000 ernannt wurden, am 31. Oktober 2004;

c) nimmt eine neue Kommission, die sich aus einem Staatsangehörigen eines jeden Mitgliedstaats zusammensetzt, am 1. November 2004 ihre Arbeit auf; die Amtszeit dieser neuen Kommission endet am 31. Oktober 2009;

d) wird in Artikel 4 Absatz 1 des Protokolls zum EU-Vertrag über und zu den Verträgen zur Gründung der Europäischen Gemeinschaften über die Erweiterung der Europäischen Union das Datum des 1. Januar 2005 durch das Datum des 1. November 2004 ersetzt.

(3) Die Kommission nimmt die infolge des Beitritts erforderlichen Anpassungen ihrer Geschäftsordnung vor.

Art. 46 (1) Der Gerichtshof wird durch die Ernennung von zehn Richtern ergänzt; desgleichen wird das Gericht erster Instanz durch die Ernennung von zehn Richtern ergänzt.

(2) a) Die Amtszeit von fünf der nach Absatz 1 ernannten Richter des Gerichtshofs endet am 6. Oktober 2006. Diese Richter werden durch das Los bestimmt. Die Amtszeit der anderen Richter endet am 6. Oktober 2009.

b) Die Amtszeit von fünf der nach Absatz 1 ernannten Richter des Gerichts erster Instanz endet am 31. August 2004. Diese Richter werden durch das Los bestimmt. Die Amtszeit der anderen Richter endet am 31. August 2007.

(3) a) Der Gerichtshof nimmt die infolge des Beitritts erforderlichen Anpassungen seiner Verfahrensordnung vor.

b) Das Gericht erster Instanz nimmt im Einvernehmen mit dem Gerichtshof die infolge des Beitritts erforderlichen Anpassungen seiner Verfahrensordnung vor.

c) Die angepassten Verfahrensordnungen bedürfen der Genehmigung des Rates, der mit qualifizierter Mehrheit beschließt.

(4) Bei der Entscheidung der am Tag des Beitritts anhängigen Rechtssachen, in denen das mündliche Verfahren vor diesem Zeitpunkt eröffnet wurde, tagen der Gerichtshof und das Gericht erster Instanz bei Vollsitzungen sowie die Kammern in der Zusammensetzung, die sie vor dem Beitritt hatten; sie wenden dabei die am Tag vor dem Tag des Beitritts geltenden Verfahrensordnungen an.

Art. 47 Der Rechnungshof wird durch die Ernennung von zehn weiteren Mitgliedern mit einer Amtszeit von sechs Jahren ergänzt.

Art. 48 Der Wirtschafts- und Sozialausschuss wird durch die Ernennung von 95 Mitgliedern ergänzt, welche die verschiedenen wirtschaftlichen und sozialen Bereiche der organisierten Zivilgesellschaft der neuen Mitgliedstaaten vertreten. Die Amtszeit der so ernannten Mitglieder endet zur gleichen Zeit wie die Amtszeit der zum Tag des Beitritts im Amt befindlichen Mitglieder.

Art. 49 Der Ausschuss der Regionen wird durch die Ernennung von 95 Mitgliedern ergänzt, welche die regionalen und lokalen Gebietskörperschaften der neuen Mitgliedstaaten vertreten und von denen jeder ein Wahlmandat in einer regionalen oder lokalen Gebietskörperschaft innehat oder gegenüber einer gewählten Versammlung politisch verantwortlich ist. Die Amtszeit dieser Mitglieder endet zur gleichen Zeit wie die Amtszeit der zum Tag des Beitritts im Amt befindlichen Mitglieder.

Art. 50 (1) Die Amtszeit der derzeitigen Mitglieder des Ausschusses für Wissenschaft und Technik gemäß Artikel 134 Absatz 2 des Euratom-Vertrags endet am Tag des Inkrafttretens dieser Akte.

(2) Nach dem Beitritt ernennt der Rat die neuen Mitglieder des Ausschusses für Wissenschaft und Technik gemäß dem Verfahren des Artikels 134 Absatz 2 des Euratom-Vertrags.

Art. 51 Die infolge des Beitritts erforderlichen Anpassungen der Satzungen und Geschäftsordnungen der durch die ursprünglichen Verträge eingesetzten Ausschüsse werden so bald wie möglich nach dem Beitritt vorgenommen.

Art. 52 (1) Die Amtszeit der neuen Mitglieder der in Anhang XVI aufgeführten, durch die Verträge und den Gesetzgeber geschaffenen Ausschüsse, Gruppen und sonstigen Gremien endet zur gleichen Zeit wie die Amtszeit der zum Tag des Beitritts im Amt befindlichen Mitglieder.

(2) Die Amtszeit der neuen Mitglieder der in Anhang XVII aufgeführten, durch die Kommission eingesetzten Ausschüsse und Gruppen endet zur gleichen Zeit wie die Amtszeit der zum Tag des Beitritts im Amt befindlichen Mitglieder.

(3) Die in Anhang XVIII aufgeführten Ausschüsse werden mit dem Beitritt vollständig neu besetzt.

TITEL II
ANWENDBARKEIT DER RECHTSAKTE DER ORGANE

Art. 53 Die Richtlinien und Entscheidungen im Sinne des Artikels 249 des EG-Vertrags und des Artikels 161 des Euratom-Vertrags gelten vom Tag des Beitritts an als an die neuen Mitgliedstaaten gerichtet, sofern diese Richtlinien und Entscheidungen an alle derzeitigen Mitgliedstaaten gerichtet wurden. Außer im Fall der Richtlinien und Entscheidungen, die gemäß Artikel 254 Absätze 1 und 2 des EG-Vertrags in Kraft treten, werden die neuen Mitgliedstaaten so behandelt, als wären ihnen diese Richtlinien und Entscheidungen zum Tag des Beitritts notifiziert worden.

Art. 54 Sofern in den in Artikel 24 genannten Anhängen oder in anderen Bestimmungen dieser Akte oder ihren Anhängen nicht eine andere Frist vorgesehen ist, setzen die neuen Mitgliedstaaten die erforderlichen Maßnahmen in Kraft, um den Richtlinien und Entscheidungen im Sinne des Artikels 249 des EG-Vertrags und des Artikels 161 des Euratom-Vertrags vom Tag des Beitritts an nachzukommen.

Art. 55 Auf ordnungsgemäß substantiierten Antrag eines der neuen Mitgliedstaaten kann der Rat einstimmig auf Vorschlag der Kommission vor dem 1. Mai 2004 zeitlich begrenzte Maßnahmen zur Gewährung von Ausnahmen von Rechtsakten der Organe beschließen, die zwischen dem 1. November 2002 und dem Tag der Unterzeichnung des Beitrittsvertrags angenommen wurden.

Art. 56 Sofern nicht etwas anderes bestimmt ist, erlässt der Rat mit qualifizierter Mehrheit auf Vorschlag der Kommission die Maßnahmen, die zur Durchführung der in den Artikeln 20, 21 und 22 dieser Akte genannten Bestimmungen der Anhänge II, III und IV erforderlich sind.

Art. 57 (1) Erfordern vor dem Beitritt erlassene Rechtsakte der Organe aufgrund des Beitritts eine Anpassung und sind die erforderlichen Anpassungen in dieser Akte oder ihren Anhängen nicht vorgesehen, so werden diese Anpassungen nach dem in Absatz 2 vorgesehenen Verfahren vorgenommen. Diese Anpassungen treten mit dem Beitritt in Kraft.

(2) Der Rat oder die Kommission, je nachdem, welches Organ die ursprünglichen Rechtsakte erlassen hat, legt zu diesem Zweck die erforderlichen Wortlaute fest; der Rat beschließt dabei mit qualifizierter Mehrheit auf Vorschlag der Kommission.

Art. 58 Die vor dem Beitritt erlassenen und vom Rat, der Kommission oder der Europäischen Zentralbank in tschechischer, estnischer, ungarischer, lettischer, litauischer, maltesischer, polnischer, slowakischer und slowenischer Sprache abgefassten Rechtsakte der Organe und der Europäischen Zentralbank sind vom Tag des Beitritts an unter den gleichen Bedingungen wie die Wortlaute in den elf derzeitigen Sprachen verbindlich. Sie werden im Amtsblatt der Europäischen Union veröffentlicht, sofern die Wortlaute in den derzeitigen Sprachen auf diese Weise veröffentlicht worden sind.

Art. 59 Die neuen Mitgliedstaaten teilen der Kommission nach Artikel 33 des Euratom-Vertrags binnen drei Monaten nach dem Beitritt die Rechts- und Verwaltungsvorschriften mit, die im Hoheitsgebiet dieser Staaten den Gesundheitsschutz der Arbeitnehmer und der Bevölkerung gegen die Gefahren ionisierender Strahlungen sicherstellen sollen.

TITEL III
SCHLUSSBESTIMMUNGEN

Art. 60 Die Anhänge I bis XVIII, die Anlagen dazu und die Protokolle Nummern 1 bis 10, die dieser Akte beigefügt sind, sind Bestandteil dieser Akte.

Art. 61 Die Regierung der Italienischen Republik übermittelt den Regierungen der neuen Mitgliedstaaten eine beglaubigte Abschrift des Vertrags über die Europäische Union, des Ver-

1/17. BeitrittsV 2003

Bedingungen, Anhänge I – XII

EUV/AEUV
+ Prot/Erkl
Anhänge
EU-Grundrechte-
Charta + Erl
Irland/Tschech Rep
Änderungs- und
Beitrittsverträge
LissV + ZusErl
Liss-Begl/Novelle

trags zur Gründung der Europäischen Gemeinschaft, des Vertrags zur Gründung der Europäischen Atomgemeinschaft und der Verträge, durch die sie geändert oder ergänzt wurden, einschließlich des Vertrags über den Beitritt des Königreichs Dänemark, Irlands und des Vereinigten Königreichs Großbritannien und Nordirland zur Europäischen Wirtschaftsgemeinschaft und zur Europäischen Atomgemeinschaft, des Vertrags über den Beitritt der Hellenischen Republik zur Europäischen Wirtschaftsgemeinschaft und zur Europäischen Atomgemeinschaft, des Königreichs Spanien und der Portugiesischen Republik zur Europäischen Wirtschaftsgemeinschaft und zur Europäischen Atomgemeinschaft sowie des Vertrags über den Beitritt der Republik Österreich, der Republik Finnland und des Königreichs Schweden zur Europäischen Union, in dänischer, deutscher, englischer, finnischer, französischer, griechischer, irischer, italienischer, niederländischer, portugiesischer, schwedischer und spanischer Sprache.

Die in estnischer, lettischer, litauischer, maltesischer, polnischer, slowakischer, slowenischer, tschechischer und ungarischer Sprache abgefassten Wortlaute dieser Verträge sind dieser Akte beigefügt. Diese Wortlaute sind gleichermaßen verbindlich wie die Wortlaute der in Absatz 1 genannten Verträge in den derzeitigen Sprachen.

Art. 62 Eine beglaubigte Abschrift der im Archiv des Generalsekretariats des Rates der Europäischen Union hinterlegten internationalen Übereinkünfte wird den Regierungen der neuen Mitgliedstaaten vom Generalsekretär übermittelt.

Anhänge I bis XI

[nicht abgedruckt]

Anhang XII
Liste nach Artikel 24 der Beitrittsakte: Polen

1. FREIER WARENVERKEHR
[Hinweis]

2. FREIZÜGIGKEIT

Vertrag zur Gründung der Europäischen Gemeinschaft

31968 L 0360: Richtlinie 68/360/EWG des Rates vom 15. Oktober 1968 zur Aufhebung der Reise- und Aufenthaltsbeschränkungen für Arbeitnehmer der Mitgliedstaaten und ihre Familienangehörigen innerhalb der Gemeinschaft (ABl. L 257 vom 19.10.1968, S. 13), zuletzt geändert durch:

– 11994 N: Akte über die Beitrittsbedingungen und die Anpassungen der Verträge – Beitritt der Republik Österreich, der Republik Finn-

land und des Königreichs Schweden (ABl. C 241 vom 29.8.1994, S. 21)

31968 R 1612: Verordnung (EWG) Nr. 1612/68 des Rates vom 15. Oktober 1968 über die Freizügigkeit der Arbeitnehmer innerhalb der Gemeinschaft (ABl. L 257 vom 19.10.1968, S. 2), zuletzt geändert durch:

– 31992 R 2434: Verordnung (EWG) Nr. 2434/92 des Rates vom 27.7.1992 (ABl. L 245 vom 26.8.1992, S. 1)

31996 L 0071: Richtlinie 96/71/EG des Europäischen Parlaments und des Rates vom 16. Dezember 1996 über die Entsendung von Arbeitnehmern im Rahmen der Erbringung von Dienstleistungen (ABl. L 18 vom 21.1.1997, S. 1).

1. Hinsichtlich der Freizügigkeit von Arbeitnehmern und der Dienstleistungsfreiheit*) mit vorübergehender Entsendung von Arbeitskräften im Sinne des Artikels 1 der Richtlinie 96/71/EG gelten Artikel 39 und Artikel 49 Absatz 1 des EG-Vertrags zwischen Polen einerseits und Belgien, der Tschechischen Republik, Dänemark, Deutschland, Estland, Griechenland, Spanien, Frankreich, Irland, Italien, Lettland, Litauen, Luxemburg, Ungarn, den Niederlanden, Österreich, Portugal, Slowenien, der Slowakei, Finnland, Schweden und dem Vereinigten Königreich andererseits in vollem Umfang nur vorbehaltlich der Übergangsbestimmungen der Nummern 2 bis 14.

2. Abweichend von den Artikeln 1 bis 6 der Verordnung (EWG) Nr. 1612/68 und bis zum Ende eines Zeitraums von zwei Jahren nach dem Tag des Beitritts werden die derzeitigen Mitgliedstaaten nationale oder sich aus bilateralen Abkommen ergebende Maßnahmen anwenden, um den Zugang polnischer Staatsangehöriger zu ihren Arbeitsmärkten zu regeln. Die derzeitigen Mitgliedstaaten können solche Maßnahmen bis zum Ende eines Zeitraums von fünf Jahren nach dem Tag des Beitritts weiter anwenden.

Polnische Staatsangehörige, die am Tag des Beitritts rechtmäßig in einem derzeitigen Mitgliedstaat arbeiten und für einen ununterbrochenen Zeitraum von 12 Monaten oder länger zum Arbeitsmarkt dieses Mitgliedstaats zugelassen waren, haben Zugang zum Arbeitsmarkt dieses Mitgliedstaats, aber nicht zum Arbeitsmarkt anderer Mitgliedstaaten, die nationale Maßnahmen anwenden.

Polnische Staatsangehörige, die nach dem Beitritt für einen ununterbrochenen Zeitraum von 12 Monaten oder länger zum Arbeits-

*) Idente Übergangsbestimmungen finden sich in Bezug auf alle anderen Beitrittswerber in den diesbezüglichen Anhängen V bis XI sowie XIII und XIV.

markt eines derzeitigen Mitgliedstaats zugelassen waren, genießen dieselben Rechte.

Die in den Unterabsätzen 2 und 3 genannten
polnischen Staatsangehörigen verlieren die
dort gewährten Rechte, wenn sie den Arbeitsmarkt des derzeitigen Mitgliedstaats
freiwillig verlassen.

Polnischen Staatsangehörigen, die am Tag
des Beitritts oder während eines Zeitraums,
in dem nationale Maßnahmen angewandt
werden, rechtmäßig in einem derzeitigen
Mitgliedstaat arbeiten und weniger als
12 Monate zum Arbeitsmarkt dieses Mitgliedstaats zugelassen waren, werden diese
Rechte nicht gewährt.

3. Vor Ende eines Zeitraums von zwei Jahren
nach dem Tag des Beitritts wird der Rat die
Funktionsweise der Übergangsregelungen
nach Nummer 2 anhand eines Berichts der
Kommission überprüfen.

Bei Abschluss dieser Überprüfung und spätestens am Ende eines Zeitraums von zwei
Jahren nach dem Beitritt teilen die derzeitigen Mitgliedstaaten der Kommission mit, ob
sie weiterhin nationale oder sich aus bilateralen Vereinbarungen ergebende Maßnahmen anwenden, oder ob sie künftig die Artikel 1 bis 6 der Verordnung (EWG)
Nr. 1612/68 anwenden möchten. Erfolgt
keine derartige Mitteilung, so gelten die
Artikel 1 bis 6 der Verordnung (EWG)
Nr. 1612/68.

4. Auf Ersuchen Polens kann eine weitere
Überprüfung vorgenommen werden. Dabei
findet das unter Nummer 3 genannte Verfahren Anwendung, das innerhalb von sechs
Monaten nach Erhalt des Ersuchens Polens
abzuschließen ist.

5. Ein Mitgliedstaat, der am Ende des unter
Nummer 2 genannten Zeitraums von fünf
Jahren nationale oder sich aus bilateralen
Abkommen ergebende Maßnahmen beibehält, kann im Falle schwerwiegender
Störungen seines Arbeitsmarktes oder der
Gefahr derartiger Störungen nach entsprechender Mitteilung an die Kommission diese
Maßnahmen bis zum Ende des Zeitraums
von sieben Jahren nach dem Tag des Beitritts weiter anwenden. Erfolgt keine derartige Mitteilung, so gelten die Artikel 1 bis 6
der Verordnung (EWG) Nr. 1612/68.

6. Während des Zeitraums von sieben Jahren
nach dem Tag des Beitritts werden die Mitgliedstaaten, in denen gemäß den Nummern
3, 4 oder 5 die Artikel 1 bis 6 der Verordnung (EWG) Nr. 1612/68 für polnische
Staatsangehörige gelten und die während
dieses Zeitraums Staatsangehörigen Polens
zu Kontrollzwecken Arbeitsgenehmigungen
erteilen, dies automatisch tun.

7. Die Mitgliedstaaten, in denen gemäß den
Nummern 3, 4 oder 5 die Artikel 1 bis 6 der
Verordnung (EWG) Nr. 1612/68 für polnische Staatsangehörige gelten, können bis
zum Ende eines Zeitraums von sieben Jahren
nach dem Beitritt die in den folgenden Absätzen beschriebenen Verfahren anwenden.

Wenn einer der Mitgliedstaaten im Sinne des
Unterabsatzes 1 auf seinem Arbeitsmarkt
Störungen erleidet oder voraussieht, die eine
ernstliche Gefährdung des Lebensstandards
oder des Beschäftigungsstandes in einem bestimmten Gebiet oder Beruf mit sich bringen
könnten, unterrichtet dieser Mitgliedstaat die
Kommission und die anderen Mitgliedstaaten und übermittelt diesen alle zweckdienlichen Angaben. Der Mitgliedstaat kann die
Kommission auf der Grundlage dieser Unterrichtung um die Erklärung ersuchen, dass
die Anwendung der Artikel 1 bis 6 der Verordnung (EWG) Nr. 1612/68 zur Wiederherstellung der normalen Situation in diesem
Gebiet oder Beruf ganz oder teilweise ausgesetzt wird. Die Kommission trifft über die
Aussetzung und deren Dauer und Geltungsbereich spätestens zwei Wochen, nachdem
sie mit dem Ersuchen befasst wurde, eine
Entscheidung und unterrichtet den Rat von
dieser Entscheidung. Binnen zwei Wochen
nach der Entscheidung der Kommission
kann jeder Mitgliedstaat beantragen, dass
diese Entscheidung vom Rat rückgängig gemacht oder geändert wird. Der Rat beschließt binnen zwei Wochen mit qualifizierter Mehrheit über diesen Antrag.

Ein Mitgliedstaat im Sinne des Unterabsatzes 1 kann in dringenden und außergewöhnlichen Fällen die Anwendung der Artikel 1
bis 6 der Verordnung (EWG) Nr. 1612/68
aussetzen und dies der Kommission unter
Angabe von Gründen nachträglich mitteilen.

8. Solange die Anwendung der Artikel 1 bis 6
der Verordnung (EWG) Nr. 1612/68 gemäß
den Nummern 2 bis 5 und 7 ausgesetzt ist,
findet Artikel 11 der Verordnung auf Staatsangehörige der derzeitigen Mitgliedstaaten
in Polen und auf polnische Staatsangehörige
in den derzeitigen Mitgliedstaaten unter folgenden Bedingungen Anwendung:

   – die Familienangehörigen eines Arbeitneh-
     mers nach Artikel 10 Absatz 1 Buchstabe a
     der Verordnung, die am Tag des Beitritts
     bei dem Arbeitnehmer im Hoheitsgebiet
     eines Mitgliedstaats ihren rechtmäßigen
     Wohnsitz hatten, haben nach dem Beitritt
     sofortigen Zugang zum Arbeitsmarkt die-
     ses Mitgliedstaats. Dies gilt nicht für die
     Familienangehörigen eines Arbeitnehmers,
     der weniger als 12 Monate rechtmäßig zu
     dem Arbeitsmarkt des betreffenden Mit-
     gliedstaates zugelassen war;

— 367 — **1/17. Beitritts V 2003**

Anhang XII

EUV/AEUV
+ Prot/Erkl
Anhänge
EU-Grundrechte-
Charta + Erl
Irland/Tschech Rep
Änderungs- und
Beitrittsverträge
LissV + ZusErl
Liss-BeglNovelle

– die Familienangehörigen eines Arbeitnehmers nach Artikel 10 Absatz 1 Buchstabe a der Verordnung, die ab einem Zeitpunkt nach dem Beitritt, aber während des Zeitraums der Anwendung der genannten Übergangsregelungen bei dem Arbeitnehmer im Hoheitsgebiet eines Mitgliedstaats ihren rechtmäßigen Wohnsitz hatten, haben Zugang zum Arbeitsmarkt des betreffenden Mitgliedstaats, wenn sie mindestens achtzehn Monate in dem betreffenden Mitgliedstaat ihren Wohnsitz hatten oder ab dem dritten Jahr nach dem Beitritt, wenn dieser Zeitpunkt früher liegt.

Günstigere nationale oder sich aus bilateralen Abkommen ergebende Maßnahmen bleiben von diesen Bestimmungen unberührt.

9. Soweit bestimmte Vorschriften der Richtlinie 68/360/EWG nicht von den Vorschriften der Verordnung (EWG) Nr. 1612/68 getrennt werden können, deren Anwendung gemäß den Nummern 2 bis 5 und 7 und 8 aufgeschoben wird, können Polen und die derzeitigen Mitgliedstaaten in dem Maße, wie es für die Anwendung der Nummern 2 bis 5 und 7 und 8 erforderlich ist, von diesen Vorschriften abweichen.

10. Werden nationale oder sich aus bilateralen Abkommen ergebende Maßnahmen von den derzeitigen Mitgliedstaaten gemäß den oben genannten Übergangsregelungen angewandt, so kann Polen gleichwertige Maßnahmen gegenüber den Staatsangehörigen des betreffenden Mitgliedstaats oder der betreffenden Mitgliedstaaten beibehalten.

11. Wird die Anwendung der Artikel 1 bis 6 der Verordnung (EWG) Nr. 1612/68 von einem der derzeitigen Mitgliedstaaten ausgesetzt, so kann Polen gegenüber der Tschechischen Republik, Estland, Lettland, Litauen, Ungarn, Slowenien oder der Slowakei die unter Nummer 7 festgelegten Verfahren anwenden. In dieser Zeit werden Arbeitsgenehmigungen, die Polen Staatsangehörigen der Tschechischen Republik, Estlands, Lettlands, Litauens, Ungarns, Sloweniens und der Slowakei zu Kontrollzwecken ausstellt, automatisch erteilt.

12. Jeder derzeitige Mitgliedstaat, der nationale Maßnahmen gemäß den Nummern 2 bis 5 und 7 bis 9 anwendet, kann im Rahmen seiner einzelstaatlichen Rechtsvorschriften eine größere Freizügigkeit einführen als sie am Tag des Beitritts bestand, einschließlich des uneingeschränkten Zugangs zum Arbeitsmarkt. Ab dem dritten Jahr nach dem Beitritt kann jeder derzeitige Mitgliedstaat, der nationale Maßnahmen anwendet, jederzeit beschließen, stattdessen die Artikel 1 bis 6 der Verordnung (EWG) Nr. 1612/68 anzuwenden. Die Kommission wird über derartige Beschlüsse unterrichtet.

13. Um tatsächlichen oder drohenden schwerwiegenden Störungen in bestimmten empfindlichen Dienstleistungssektoren auf ihren Arbeitsmärkten zu begegnen, die sich in bestimmten Gebieten aus der länderübergreifenden Erbringung von Dienstleistungen im Sinne des Artikels 1 der Richtlinie 96/71/EG ergeben könnten, können Deutschland und Österreich, solange sie gemäß den vorstehend festgelegten Übergangsbestimmungen nationale Maßnahmen oder Maßnahmen aufgrund von bilateralen Vereinbarungen über die Freizügigkeit polnischer Arbeitnehmer anwenden, nach Unterrichtung der Kommission von Artikel 49 Absatz 1 des EG-Vertrags abweichen, um im Bereich der Erbringung von Dienstleistungen durch in Polen niedergelassene Unternehmen die zeitweilige grenzüberschreitende Beschäftigung von Arbeitnehmern einzuschränken, deren Recht, in Deutschland oder Österreich eine Arbeit aufzunehmen, nationalen Maßnahmen unterliegt.

Folgende Dienstleistungssektoren können von der Abweichung betroffen sein:

– in Deutschland
  [Hinweis]
– in Österreich

Sektor	NACE-Code(*), sofern nicht anders angegeben
Erbringung von gärtnerischen Dienstleistungen	01.41
Be- und Verarbeitung von Natursteinen a.n.g.	26.7
Herstellung von Stahl- und Leichtmetallkonstruktionen	28.11
Baugewerbe, einschließlich verwandter Wirtschaftszweige	45.1 bis 4; Im Anhang zur Richtlinie 96/71/EG aufgeführte Tätigkeiten
Schutzdienste	74.60
Reinigung von Gebäuden, Inventar und Verkehrsmitteln	74.70
Hauskrankenpflege	85.14
Sozialwesen a.n.g.	85.32

(*) NACE: siehe 31990 R 3037: Verordnung (EWG) Nr. 3037/90 des Rates vom 9. Oktober 1990 betreffend die statistische Systematik der Wirtschaftszweige in der Europäischen Gemeinschaft (ABl. L 293 vom 24.10.1990, S. 1), zuletzt geändert durch 32002 R 0029: Verordnung (EG) Nr. 29/2002 der Kommission vom 19.12.2001 (ABl. L 6 vom 10.1.2002, S. 3).

In dem Maße, wie Deutschland oder Österreich nach Maßgabe der vorstehenden Unterabsätze von Artikel 49 Absatz 1 des EG-Vertrags abweichen, kann Polen nach Unterrichtung der Kommission gleichwertige Maßnahmen ergreifen.

Die Anwendung dieser Nummer darf nicht zu Bedingungen für die zeitweilige Freizügigkeit von Arbeitnehmern im Rahmen der länderübergreifenden Erbringung von Dienstleistungen zwischen Deutschland bzw. Österreich und Polen führen, die restriktiver sind als die zum Zeitpunkt der Unterzeichnung des Beitrittsvertrags geltenden Bedingungen.

14. Die Anwendung der Nummern 2 bis 5 und 7 bis 12 darf nicht zu Bedingungen für den Zugang polnischer Staatsangehöriger zu den Arbeitsmärkten der derzeitigen Mitgliedstaaten führen, die restriktiver sind, als die zum Zeitpunkt der Unterzeichnung des Beitrittsvertrags geltenden Bedingungen.

Ungeachtet der Anwendung der Bestimmungen unter den Nummern 1 bis 13 räumen die derzeitigen Mitgliedstaaten während der Dauer der Anwendung nationaler oder sich aus bilateralen Vereinbarungen ergebender Maßnahmen Arbeitnehmern, die Staatsangehörige eines Mitgliedstaats sind, beim Zugang zu ihren Arbeitsmärkten Vorrang vor Arbeitnehmern ein, die Staatsangehörige eines Drittstaats sind.

Polnische Wanderarbeitnehmer und ihre Familien, die rechtmäßig in einem anderen Mitgliedstaat ihren Wohnsitz haben und dort arbeiten, oder Wanderarbeitnehmer aus anderen Mitgliedstaaten und ihre Familien, die rechtmäßig in Polen ihren Wohnsitz haben und dort arbeiten, dürfen nicht restriktiver behandelt werden als dieselben Personen aus Drittstaaten, die in diesem Mitgliedstaat bzw. Polen ihren Wohnsitz haben und dort arbeiten. Darüber hinaus dürfen Wanderarbeitnehmer aus Drittländern, die in Polen ihren Wohnsitz haben und dort arbeiten, gemäß dem Grundsatz der Gemeinschaftspräferenz nicht günstiger behandelt werden als polnische Staatsangehörige.

3. FREIER DIENSTLEISTUNGSVERKEHR

[Hinweis]

4. FREIER KAPITALVERKEHR

Vertrag über die Europäische Union

Vertrag zur Gründung der Europäischen Gemeinschaft

1. Unbeschadet der Verpflichtungen aus den Verträgen, auf die sich die Europäische Union gründet, kann Polen die Vorschriften über den Erwerb von Zweitwohnsitzen*) des Gesetzes vom 24. März 1920 über den Erwerb von Immobilien durch Ausländer (Dz.U. 1996 Nr. 54, poz. 245, geändert) nach dem Beitritt fünf Jahre lang beibehalten.

Staatsangehörige der Mitgliedstaaten und Staatsangehörige der Vertragsparteien des EWR-Abkommens, die vier Jahre lang ununterbrochen ihren rechtmäßigen Wohnsitz in Polen hatten, dürfen beim Erwerb von Zweitwohnsitzen weder den Bestimmungen des vorstehenden Unterabsatzes noch anderen Verfahren als denjenigen unterworfen werden, die für polnische Staatsangehörige gelten.

2. Unbeschadet der Verpflichtungen aus den Verträgen, auf die sich die Europäische Union gründet, kann Polen die Vorschriften über den Erwerb von landwirtschaftlichen Flächen und Wäldern des Gesetzes vom 24. März 1920 über den Erwerb von Immobilien durch Ausländer (Dz.U. 1996 Nr. 54, poz. 245, geändert) nach dem Beitritt zwölf Jahre lang beibehalten. Auf keinen Fall dürfen Staatsangehörige der Mitgliedstaaten oder juristische Personen, die gemäß den Gesetzen eines anderen Mitgliedstaates geschaffen wurden, beim Erwerb von landwirtschaftlichen Flächen und Wäldern ungünstiger als zum Datum der Unterzeichnung des Beitrittsvertrags behandelt werden.

Staatsangehörige eines anderen Mitgliedstaats oder einer Vertragspartei des EWR-Abkommens, die sich als selbstständige Landwirte niederlassen wollen, mindestens drei Jahre lang ununterbrochen ihren rechtmäßigen Wohnsitz in Polen hatten und dort mindestens drei Jahre lang ununterbrochen als natürliche oder juristische Person Land gepachtet hatten, dürfen ab dem Tag des Beitritts beim Erwerb von landwirtschaftlichen Flächen und Wäldern weder den Bestimmungen des vorstehenden Unterabsatzes noch anderen Verfahren als denjenigen unterworfen werden, die für polnische Staatsangehörige gelten. In den Woiwodschaften Warmińsko-Mazurskie, Pomorskie, Kujawsko-Pomorskie, Zachodniopomorskie, Lubuskie, Dolnośląskie, Opolskie and Wielkopolskie wird der im vorstehenden Satz genannte Wohn- und Pachtzeitraum auf sieben Jahre verlängert. Der Pachtzeitraum vor dem Erwerb des Landes wird für jeden Staatsangehörigen eines Mitgliedstaats, der in Polen Land gepachtet hat, individuell ab dem beglaubigten Datum der ursprünglichen Pachtvereinbarung berechnet. Selbstständige Landwirte, die das Land nicht als natürliche,

---

*) Analoge, jedoch nicht idente Bestimmungen finden sich auch in den Anhängen bezüglich der anderen Beitrittswerber.

1/17. BeitrittsV 2003

Anhang XII

EUV/AEUV
+ Prot/Erkl
Anhänge
EU-Grundrechte-
Charta + Erl
Irland/Tschech Rep
Änderungs- und
Beitrittsverträge
LissV + ZusErl
Liss-BeglNovelle

sondern als juristische Personen gepachtet haben, können die sich aus der Pachtvereinbarung ergebenden Rechte der juristischen Person auf sie selbst als natürliche Person übertragen. Für die Berechnung des dem Recht auf Erwerb vorausgehenden Pachtzeitraums wird der Zeitraum der Pacht als juristische Person angerechnet. Pachtvereinbarungen natürlicher Personen können rückwirkend mit einem beglaubigten Datum versehen werden, und der gesamte Pachtzeitraum eines beglaubigten Vertrags wird angerechnet. Für selbstständige Landwirte gibt es keine Frist für die Umwandlung ihrer gegenwärtigen Pachtverträge in Verträge als natürliche Personen oder in schriftliche Verträge mit beglaubigten Datum. Das Verfahren für die Umwandlung von Pachtverträgen muss transparent sein und darf keinesfalls ein neues Hindernis darstellen.

Im dritten Jahr nach dem Tag des Beitritts wird eine allgemeine Überprüfung dieser Übergangsmaßnahmen vorgenommen. Die Kommission wird dem Rat dazu einen Bericht unterbreiten. Der Rat kann auf Vorschlag der Kommission einstimmig beschließen, die in Unterabsatz 1 genannte Übergangszeit zu verkürzen oder zu beenden.

Während der Übergangszeit wird Polen ein gesetzlich geregeltes Genehmigungsverfahren anwenden, mit dem gewährleistet wird, dass die Erteilung von Genehmigungen für den Erwerb von Immobilien in Polen nach transparenten, objektiven, dauerhaften und veröffentlichten Kriterien erfolgt. Diese Kriterien werden auf nicht diskriminierende Weise angewandt und differenzieren nicht zwischen Staatsangehörigen der Mitgliedstaaten mit Wohnsitz in Polen.

5. WETTBEWERBSPOLITIK

[Hinweis]

6. LANDWIRTSCHAFT

[Hinweis]

8. VERKEHRSPOLITIK

[nur teilweise abgedruckt]

2. 31993 R 3118: Verordnung (EWG) Nr. 3118/93 des Rates vom 25. Oktober 1993 zur Festlegung der Bedingungen für die Zulassung von Verkehrsunternehmen zum Güterkraftverkehr innerhalb eines Mitgliedstaats, in dem sie nicht ansässig sind (ABl. Nr. L 279 vom 12.11.1993, S. 1); zuletzt geändert durch:
  − 32002 R 0484: Verordnung (EG) Nr. 484/2002 des Europäischen Parlaments und des Rates vom 1.3.2002 (ABl. L 76 vom 19.3.2002, S. 1).

a) Abweichend von Artikel 1 der Verordnung (EWG) Nr. 3118/93 und bis zum Ende des dritten Jahres ab dem Tag des Beitritts sind in Polen niedergelassene Verkehrsunternehmer vom innerstaatlichen Güterkraftverkehr*) in den anderen Mitgliedstaaten und in den anderen Mitgliedstaaten niedergelassene Verkehrsunternehmer vom innerstaatlichen Güterkraftverkehr in Polen ausgeschlossen.

b) Vor Ende des dritten Jahres ab dem Tag des Beitritts teilen die Mitgliedstaaten der Kommission mit, ob sie diese Frist um höchstens zwei Jahre verlängern oder ob sie künftig Artikel 1 der Verordnung in vollem Umfang anwenden werden. Erfolgt keine derartige Mitteilung, so gilt Artikel 1 der Verordnung. Nur Verkehrsunternehmer, die in den Mitgliedstaaten ansässig sind, in denen Artikel 1 der Verordnung gilt, sind zum innerstaatlichen Güterkraftverkehr in den anderen Mitgliedstaaten, in denen Artikel 1 der Verordnung ebenfalls gilt, berechtigt.

c) Diejenigen Mitgliedstaaten, in denen gemäß Buchstabe b Artikel 1 der Verordnung gilt, können bis zum Ende des fünften Jahres ab dem Tag des Beitritts das folgende Verfahren anwenden.

Sind in einem unter den vorstehenden Unterabsatz fallenden Mitgliedstaat ernste Störungen des nationalen Marktes oder von Teilen desselben aufgrund von Kabotage zu verzeichnen oder sind derartige Störungen durch Kabotage noch verstärkt worden, beispielsweise wenn ein erheblicher Angebotsüberschuss gegenüber der Nachfrage entsteht oder die finanzielle Stabilität oder das Überleben einer beträchtlichen Anzahl von Güterkraftverkehrsunternehmen gefährdet wird, unterrichtet dieser Mitgliedstaat die Kommission und die anderen Mitgliedstaaten darüber und übermittelt ihnen sämtliche einschlägigen Angaben. Der Mitgliedstaat kann die Kommission auf der Grundlage dieser Unterrichtung ersuchen, die Anwendung von Artikel 1 der Verordnung zur Wiederherstellung der normalen Situation ganz oder teilweise auszusetzen.

Die Kommission prüft die Situation anhand der von dem Mitgliedstaat übermittelten Angaben und entscheidet innerhalb einer Frist von einem Monat nach Eingang des Antrags, ob Schutzmaßnahmen erforderlich sind. Das Verfahren nach Artikel 7

---

*) Analoge, jedoch nicht idente Bestimmungen finden sich auch in den Anhängen bezüglich der anderen Beitrittswerber.

Absatz 3 Unterabsätze 2, 3 und 4 sowie nach Artikel 7 Absätze 4, 5 und 6 der Verordnung findet Anwendung.

Ein unter Unterabsatz 1 fallender Mitgliedstaat kann in dringenden und außergewöhnlichen Fällen die Anwendung von Artikel 1 der Verordnung aussetzen; er teilt dies der Kommission unter Angabe von Gründen nachträglich mit.

d) Solange Artikel 1 der Verordnung gemäß den Buchstaben a und b nicht angewandt wird, können die Mitgliedstaaten den Zugang zum innerstaatlichen Güterkraftverkehr regeln, indem sie nach und nach auf der Grundlage bilateraler Abkommen Kabotagegenehmigungen austauschen. Dies kann auch zur vollständigen Liberalisierung führen.

e) Durch die Anwendung der Buchstaben a bis c darf der Zugang zum innerstaatlichen Güterkraftverkehr nicht stärker eingeschränkt werden, als dies am Tag der Unterzeichnung des Beitrittsvertrags der Fall war.

9. STEUERWESEN

[nur teilweise abgedruckt]

2. 31992 L 0079: Richtlinie 92/79/EWG des Rates vom 19. Oktober 1992 zur Annäherung der Verbrauchsteuern auf Zigaretten (ABl. L 316 vom 31.10.92, S. 8), zuletzt geändert durch:

– 32002 L 0010: Richtlinie 2002/10/EG des Rates vom 12.2.2002 (ABl. L 46 vom 16.2.2002, S. 26).

Abweichend von Artikel 2 Absatz 1 der Richtlinie 92/79/EWG darf Polen die Anwendung der globalen Mindestverbrauchsteuer auf den Kleinverkaufspreis (einschließlich aller Steuern) von Zigaretten*) der gängigsten Preisklasse bis zum 31. Dezember 2008 aufschieben, sofern Polen während dieses Zeitraums seine Verbrauchsteuersätze schrittweise an die in der Richtlinie vorgesehene globale Mindestverbrauchsteuer angleicht.

Unbeschadet des Artikels 8 der Richtlinie 92/12/EWG des Rates über das allgemeine

*) Analoge, jedoch nicht idente Bestimmungen finden sich auch in den Anhängen bezüglich der anderen Beitrittswerber.

System, den Besitz, die Beförderung und die Kontrolle verbrauchsteuerpflichtiger Waren[24]) und nach Unterrichtung der Kommission können die Mitgliedstaaten, solange die oben genannte Ausnahmeregelung angewandt wird, für aus Polen in ihr Hoheitsgebiet ohne Entrichtung weiterer Verbrauchsteuern mitgebrachte Zigaretten die gleichen Mengenbeschränkungen wie für Zigaretten aufrechterhalten, die aus Drittländern eingeführt werden. Die Mitgliedstaaten, die von dieser Möglichkeit Gebrauch machen, können die erforderlichen Kontrollen durchführen, sofern dadurch das einwandfreie Funktionieren des Binnenmarktes nicht beeinträchtigt wird.

10. SOZIALPOLITIK UND BESCHÄFTIGUNG

[Hinweis]

11. ENERGIE

[Hinweis]

12. TELEKOMMUNIKATION UND INFORMATIONSTECHNOLOGIE

[Hinweis]

13. UMWELT

[Hinweis]

Anhänge XIII und XIV

[nicht abgedruckt]

Anhang XV
Obergrenzen der zusätzlichen Verpflichtungen gemäß Artikel 32 Absatz 1 der Beitrittsakte

Unter der Annahme des Beitritts von zehn neuen Mitgliedstaaten zum 1. Mai 2004 gelten die in der folgenden Tabelle angegebenen Beträge entsprechend den Schlussfolgerungen des Europäischen Rates (Kopenhagen) als Obergrenzen der zusätzlichen, erweiterungsbedingten Mittel für Verpflichtungen in den Rubriken Landwirtschaft, strukturpolitische Maßnahmen, interne Politikbereiche und Verwaltungsausgaben.

[24]) ABl. L 76 vom 23.3.1992, S. 1. Zuletzt geändert durch die Richtlinie 2000/47/EG des Rates (ABl. L 193 vom 29.7.2000, S. 73).

—371—

1/17. BeitrittsV 2003
Anhänge XV – XVIII, Prot. 1

EUV/AEUV
+ Prot/Erkl
Anhänge
EU-Grundrechte-
Charta + Erl
Irland/Tschech.Rep
Änderungs- und
Beitrittsverträge
LissV + ZusErl
Liss-BeglNovelle

Obergrenzen der erweiterungsbedingten Mittel für Verpflichtungen 2004-2006 (für 10 neue Mitglied-staaten) (Mio. Euro zu Preisen von 1999)

	2004	2005	2006
Rubrik 1 Landwirtschaft	1.897	3.747	4.147
Davon:			
1a – Gemeinsame Agrarpolitik	327	2.032	2.322
1b – Entwicklung des ländlichen Raums	1.570	1.715	1.825
Rubrik 2 Strukturpolitische Maßnahmen, nach Kappung	6.070	6.907	8.770
Davon:			
Strukturfonds	3.453	4.755	5.948
Kohäsionsfonds	2.617	2.152	2.822
Rubrik 3 Interne Politikbereiche und zusätzliche Ausgaben für die Übergangszeit	1.457	1.428	1.372
Davon:			
Bestehende Politiken	846	881	916
Übergangsmaßnahmen Nukleare Sicherheit	125	125	125
Übergangsmaßnahmen Aufbau der Institutionen	200	120	60
Übergangsmaßnahmen Schengen	286	302	271
Rubrik 5 Verwaltungsausgaben	503	558	612
Obergrenze der Mittel für Verpflichtungen insgesamt (Rubriken 1, 2, 3 und 5)	9.927	12.640	14.901

Dies gilt unbeschadet der Obergrenze, die in dem Beschluss der im Rat vereinigten Vertreter der Regierungen der Mitgliedstaaten vom 18. November 2002 betreffend die Schlussfolge-rungen der Tagung des Europäischen Rates (Brüssel) vom 24. und 25. Oktober 2002 für die EU mit 25 Mitgliedstaaten hinsichtlich der Teil-rubrik 1a für den Zeitraum 2007-2013 festgelegt ist.

Anhänge XVI bis XVIII
[nicht abgedruckt]

PROTOKOLL NR. 1
ÜBER DIE ÄNDERUNGEN DER SATZUNG DER EUROPÄISCHEN INVESTITIONSBANK

ERSTER TEIL
ÄNDERUNGEN DER SATZUNG DER EUROPÄISCHEN INVESTITIONSBANK

ARTIKEL 1

Das Protokoll über die Satzung der Europäischen Investitionsbank wird wie folgt geändert:
– Artikel 3, Artikel 4 Absatz 1 Unterabsatz 1, Artikel 11 Absatz 2 Unterabsätze 1, 2 und 3, Artikel 12 Absatz 2 und Artikel 13 Absatz 1 Unterabsatz 1 werden durch die nachstehen-den Texte ersetzt;
– nach Artikel 11 Absatz 2 Unterabsatz 3 wird ein neuer Unterabsatz 4 hinzugefügt.

„Artikel 3
Nach Artikel 266 dieses Vertrags sind Mit-glieder der Bank:

– das Königreich Belgien,
– die Tschechische Republik;
– das Königreich Dänemark,
– die Bundesrepublik Deutschland,
– die Republik Estland,
– die Hellenische Republik,
– das Königreich Spanien,
– die Französische Republik,
– Irland,
– die Italienische Republik,
– die Republik Zypern,
– die Republik Lettland,
– die Republik Litauen,
– das Großherzogtum Luxemburg,
– die Republik Ungarn,
– die Republik Malta,
– das Königreich der Niederlande,
– die Republik Österreich,
– die Republik Polen,
– die Portugiesische Republik,
– die Republik Slowenien,
– die Slowakische Republik,
– die Republik Finnland,
– das Königreich Schweden,
– das Vereinigte Königreich Großbritannien und Nordirland."

Artikel 4 Absatz 1 Unterabsatz 1
„(1) Die Bank wird mit einem Kapital von 163 727 670 000 EUR ausgestattet, das von den Mitgliedstaaten in folgender Höhe gezeichnet wird:[25])

---

[25]) Die Zahlen für die neuen Mitgliedstaaten sind vorläufig und beruhen auf der von Eurostat (New Cronos) veröffentlichten Prognose für 2002.

Deutschland	26 649 532 500
Frankreich	26 649 532 500
Italien	26 649 532 500
Vereinigtes Königreich	26 649 532 500
Spanien	15 989 719 500
Belgien	7 387 065 000
Niederlande	7 387 065 000
Schweden	4 900 585 500
Dänemark	3 740 283 000
Österreich	3 666 973 500
Polen	3 635 030 500
Finnland	2 106 816 000
Griechenland	2 003 725 500
Portugal	1 291 287 000
Tschechische Republik	1 212 590 000
Ungarn	1 121 583 000
Irland	935 070 000
Slowakei	408 489 500
Slowenien	379 429 000
Litauen	250 852 000
Luxemburg	187 015 500
Zypern	180 747 000
Lettland	156 192 500
Estland	115 172 000
Malta	73 849 000"

Artikel 11 Absatz 2 Unterabsatz 1, 2 und 3

„(2) Der Verwaltungsrat besteht aus sechsundzwanzig ordentlichen und sechzehn stellvertretenden Mitgliedern.

Die ordentlichen Mitglieder werden für fünf Jahre vom Rat der Gouverneure bestellt, wobei die einzelnen Mitgliedstaaten und die Kommission jeweils ein ordentliches Mitglied benennen.

Die stellvertretenden Mitglieder werden für fünf Jahre vom Rat der Gouverneure wie folgt bestellt:

– zwei stellvertretende Mitglieder, die von der Bundesrepublik Deutschland benannt werden;

– zwei stellvertretende Mitglieder, die von der Französischen Republik benannt werden;

– zwei stellvertretende Mitglieder, die von der Italienischen Republik benannt werden;

– zwei stellvertretende Mitglieder, die vom Vereinigten Königreich Großbritannien und Nordirland benannt werden;

– ein stellvertretendes Mitglied, das vom Königreich Spanien und von der Portugiesischen Republik im gegenseitigen Einvernehmen benannt wird;

– ein stellvertretendes Mitglied, das vom Königreich Belgien, vom Großherzogtum Luxemburg und vom Königreich der Niederlande im gegenseitigen Einvernehmen benannt wird;

– ein stellvertretendes Mitglied, das vom Königreich Dänemark, von der Hellenischen Republik und von Irland im gegenseitigen Einvernehmen benannt wird;

– ein stellvertretendes Mitglied, das von der Republik Österreich, der Republik Finnland und dem Königreich Schweden im gegenseitigen Einvernehmen benannt wird;

– drei stellvertretende Mitglieder, die von der Tschechischen Republik, der Republik Estland, der Republik Zypern, der Republik Lettland, der Republik Litauen, der Republik Ungarn, der Republik Malta, der Republik Polen, der Republik Slowenien und der Slowakischen Republik im gegenseitigen Einvernehmen benannt werden; ein stellvertretendes Mitglied, das von der Kommission benannt wird;

– ein stellvertretendes Mitglied, das von der Kommission benannt wird."

Neuer Artikel 11 Absatz 2 Unterabsatz 4:

„Der Verwaltungsrat kooptiert sechs Sachverständige ohne Stimmrecht: drei ordentliche und drei stellvertretende Sachverständige."

Artikel 12 Absatz 2

„(2) Soweit in dieser Satzung nicht etwas Gegenteiliges bestimmt ist, werden die Entscheidungen des Verwaltungsrates von mindestens einem Drittel seiner stimmberechtigten Mitglieder, die mindestens 50 % des gezeichneten Kapitals repräsentieren, getroffen. Für die qualifizierte Mehrheit sind 18 Stimmen und 68 % des gezeichneten Kapitals erforderlich. In der Geschäftsordnung der Bank wird festgelegt, wann der Verwaltungsrat beschlussfähig ist."

„Artikel 13 Absatz 1 Unterabsatz 1

(1) Das Direktorium besteht aus einem Präsidenten und acht Vizepräsidenten, die vom Rat der Gouverneure auf Vorschlag des Verwaltungsrates für sechs Jahre bestellt werden. Ihre Wiederbestellung ist zulässig."

ZWEITER TEIL
ÜBERGANGSBESTIMMUNGEN

ARTIKEL 2

Das Königreich Spanien zahlt den Betrag von 309 686 775 EUR als Anteil am eingezahlten Kapital entsprechend der Erhöhung seines gezeichneten Kapitals. Dieser Beitrag wird in acht gleichen Raten gezahlt, die am 30. September 2004, 30. September 2005, 30. September 2006, 31. März 2007, 30. September 2007, 31. März 2008, 30. September 2008 und 31. März 2009 fällig werden[26]).

Das Königreich Spanien leistet zu den Rücklagen und zu den den Rücklagen gleichzusetzen-

---

[26]) Diese Termine beruhen auf der Annahme, dass die neuen Mitgliedstaaten spätestens zwei Monate vor dem 30.9.2004 tatsächlich beitreten.

— 373 — **1/17. Beitritts V 2003**

Prot. 1 – 4

EUV/AEUV
+ Prot/Erkl
Anhänge
EU-Grundrechte-
Charta + Erl
Irland/Tschech Rep
Änderungs- und
Beitrittsverträge
LissV + ZusErl
Liss-BeglNovelle

den Rückstellungen sowie zu dem den Rücklagen und Rückstellungen noch zuzuweisenden Betrag (Saldo der Gewinn- und Verlustrechnung zum Ende des dem Beitritt vorausgehenden Monats), wie sie in der Bilanz der Bank ausgewiesen werden, zu den in Absatz 1 vorgesehenen Zeitpunkten in acht gleichen Raten Beiträge in Höhe von 4,1292 % der Rücklagen und Rückstellungen.

ARTIKEL 3

Ab dem Tag des Beitritts zahlen die neuen Mitgliedstaaten die folgenden Beträge entsprechend ihrem Anteil an dem Kapital, das auf das in Artikel 4 der Satzung festgelegte gezeichnete Kapital eingezahlt wurde.[27])

Polen	181 751 525 EUR
Tschechische Republik	60 629 500 EUR
Ungarn	56 079 150 EUR
Slowakei	20 424 475 EUR
Slowenien	18 971 450 EUR
Litauen	12 542 600 EUR
Zypern	9 037 350 EUR
Lettland	7 809 625 EUR
Estland	5 758 600 EUR
Malta	3 692 450 EUR

Diese Beiträge werden in acht gleichen Raten gezahlt, die am 30. September 2004, 30. September 2005, 30. September 2006, 31. März 2007, 30. September 2007, 31. März 2008, 30. September 2008 und 31. März 2009 fällig werden[28]).

ARTIKEL 4

Die neuen Mitgliedstaaten leisten zu den Rücklagen und zu den den Rücklagen gleichzusetzenden Rückstellungen sowie zu dem den Rücklagen und Rückstellungen noch zuzuweisenden Betrag (Saldo der Gewinn- und Verlustrechnung zum Ende des dem Beitritt vorausgehenden Monats), wie sie in der Bilanz der Bank ausgewiesen werden, zu den in Artikel 3 vorgesehenen Zeitpunkten in acht gleichen Raten Beiträge in Höhe folgender Prozentsätze der Rücklagen und Rückstellungen:[29])

Polen	2,4234 %
Tschechische Republik	0,8084 %
Ungarn	0,7477 %
Slowakei	0,2723 %
Slowenien	0,2530 %
Litauen	0,1672 %
Zypern	0,1205 %

---

[27]) Die Zahlen sind vorläufig und beruhen auf der von Eurostat (New Cronos) veröffentlichten Prognose für 2002.

[28]) Diese Termine beruhen auf der Annahme, dass die neuen Mitgliedstaaten spätestens zwei Monate vor dem 30.9.2004 tatsächlich beitreten.

[29]) Die Zahlen sind vorläufig und beruhen auf der von Eurostat (New Cronos) veröffentlichten Prognose für 2002.

Lettland	0,1041 %
Estland	0,0768 %
Malta	0,0492 %

ARTIKEL 5

Kapitalbeiträge und Einzahlungen gemäß den Artikeln 2, 3 und 4 dieses Protokolls werden von dem Königreich Spanien und den neuen Mitgliedstaaten in bar in Euro geleistet, sofern der Rat der Gouverneure nicht einstimmig eine Ausnahme hierzu beschließt.

ARTIKEL 6

(1) Unmittelbar nach dem Beitritt bestellt der Rat der Gouverneure gemäß Artikel 11 Absatz 2 der Satzung ein Mitglied des Verwaltungsrats für jeden neuen Mitgliedstaat sowie die stellvertretenden Mitglieder.

(2) Die Amtszeit der so bestellten ordentlichen und stellvertretenden Mitglieder läuft mit dem Ende der Jahressitzung des Rates der Gouverneure ab, in welcher der Jahresbericht für das Geschäftsjahr 2007 geprüft wird.

(3) Unmittelbar nach dem Beitritt kooptiert der Verwaltungsrat die ordentlichen und die stellvertretenden Sachverständigen.

PROTOKOLL NR. 2
ÜBER DIE UMSTRUKTURIERUNG DER TSCHECHISCHEN STAHLINDUSTRIE

[Hinweis]

PROTOKOLL NR. 3
ÜBER DIE HOHEITSZONEN DES VEREINIGTEN KÖNIGREICHS GROSSBRITANNIEN UND NORDIRLAND AUF ZYPERN

[Hinweis]

PROTOKOLL NR. 4
ÜBER DAS KERNKRAFTWERK IGNALINA IN LITAUEN

DIE HOHEN VERTRAGSPARTEIEN –

UNTER BEKUNDUNG der Bereitschaft der Union, auch nach dem Beitritt Litauens zur Europäischen Union im Zeitraum bis 2006 und darüber hinaus weiterhin eine angemessene zusätzliche Gemeinschaftshilfe für die Stilllegungsarbeiten zu leisten, und in Anbetracht der Tatsache, dass Litauen unter Berücksichtigung dieses Ausdrucks der Solidarität der Gemeinschaft zugesagt hat, Block 1 des Kernkraftwerks Ignalina vor 2005 und Block 2 bis 2009 stillzulegen;

IN WÜRDIGUNG der Tatsache, dass die Stilllegung des Kernkraftwerks Ignalina mit seinen beiden aus den Zeiten der ehemaligen Sowjetunion stammenden 1500-MW-Reaktoren vom Typ RBMK ein beispielloser Vorgang ist und für

Litauen eine außergewöhnliche finanzielle Belastung darstellt, die in keinem Verhältnis zur Größe und Wirtschaftskraft des Landes steht, und dass diese Stilllegung über die Laufzeit der derzeitigen Finanziellen Vorausschau der Gemeinschaft hinaus fortgesetzt werden muss;

ANGESICHTS der Notwendigkeit, Durchführungsbestimmungen für die zusätzliche Gemeinschaftshilfe zu erlassen, mit der die Auswirkungen der Abschaltung und Stilllegung des Kernkraftwerks Ignalina abgefangen werden sollen;

IN ANBETRACHT dessen, dass Litauen bei seiner Verwendung der Gemeinschaftshilfe den Bedürfnissen der von der Abschaltung des Kernkraftwerks Ignalina am stärksten betroffenen Regionen gebührend Rechnung tragen wird;

UNTER HINWEIS darauf, dass bestimmte durch staatliche Beihilfe unterstützte Maßnahmen als mit dem Binnenmarkt vereinbar angesehen werden, und dass dazu die Stilllegung des Kernkraftwerks Ignalina ebenso gehört wie die Verbesserung der Umweltfreundlichkeit entsprechend dem Besitzstand und die Modernisierung der konventionellen Stromerzeugungskapazitäten, die benötigt werden, um die beiden Reaktoren des Kernkraftwerks Ignalina nach ihrer Abschaltung zu ersetzen –

SIND wie folgt ÜBEREINGEKOMMEN:

Art. 1 Litauen erkennt die Bereitschaft der Union an, eine angemessene zusätzliche Gemeinschaftshilfe für Maßnahmen bereit zu stellen, die Litauen zur Stilllegung des Kernkraftwerks Ignalina ergreift, und verpflichtet sich unter Würdigung dieses Ausdrucks der Solidarität, Block 1 des Kernkraftwerks Ignalina vor 2005 und Block 2 dieses Kernkraftwerks spätestens am 31. Dezember 2009 abzuschalten und beide Blöcke anschließend stillzulegen.

Art. 2 (1) Im Zeitraum 2004 bis 2006 stellt die Gemeinschaft Litauen eine zusätzliche Finanzhilfe für die Stilllegungsarbeiten und zur Bewältigung der Folgen der Abschaltung und Stilllegung des Kernkraftwerks Ignalina bereit (nachstehend „Ignalina-Programm" genannt).

(2) Maßnahmen im Rahmen des Ignalina-Programms werden nach der Verordnung (EWG) Nr. 3906/89 des Rates vom 18. Dezember 1989 über Wirtschaftshilfe für bestimmte Länder Mittel- und Osteuropas[30]), zuletzt geändert durch die Verordnung (EG) Nr. 2500/2001[31]), beschlossen und umgesetzt.

(3) Das Ignalina-Programm umfasst unter anderem Folgendes: Maßnahmen zur Unterstützung der Stilllegung des Kernkraftwerks Igna-

---

[30]) ABl. L 375 vom 23.12.1989, S. 11-12.
[31]) ABl. L 342 vom 27.12.2001.

lina; Maßnahmen zur Verbesserung der Umweltfreundlichkeit entsprechend dem Besitzstand und zur Modernisierung konventioneller Stromerzeugungskapazitäten, mit denen die Produktionskapazität der beiden Reaktoren des Kernkraftwerks Ignalina ersetzt werden soll; sonstige Maßnahmen, die sich aus dem Beschluss ergeben, dieses Kernkraftwerk abzuschalten und stillzulegen, und die zur erforderlichen Umstrukturierung, Verbesserung der Umweltfreundlichkeit und Modernisierung der Erzeugung, Übertragung und Verteilung von Energie in Litauen sowie zur Erhöhung der Energieversorgungssicherheit und zur Verbesserung der Energieeffizienz in Litauen beitragen.

(4) Das Ignalina-Programm umfasst Maßnahmen, mit denen das Personal des Kraftwerks dabei unterstützt werden soll, vor der Abschaltung der Reaktorblöcke und während ihrer Stilllegung im Kernkraftwerk Ignalina ein hohes Maß an Betriebssicherheit aufrechtzuerhalten.

(5) Für den Zeitraum 2004 bis 2006 umfasst das Ignalina-Programm 285 Mio. EUR an Verpflichtungsermächtigungen, die in gleichen jährlichen Tranchen zu binden sind.

(6) Bei bestimmten Maßnahmen können bis zu 100 % der Gesamtausgaben aus dem Ignalina-Programm finanziert werden. Es sollten alle Anstrengungen unternommen werden, um die Praxis der Kofinanzierung fortzusetzen, die im Rahmen der Heranführungsstrategie für die Stilllegungsarbeiten in Litauen eingeführt worden ist, und um gegebenenfalls andere Quellen für eine Kofinanzierung zu finden.

(7) Die Finanzhilfe im Rahmen des Ignalina-Programms kann ganz oder teilweise in Form eines Beitrags der Gemeinschaft zum Internationalen Fonds zur Unterstützung der Stilllegung von Ignalina, der von der Europäischen Bank für Wiederaufbau und Entwicklung verwaltet wird, bereit gestellt werden.

(8) Staatliche Beihilfen einzelstaatlicher, gemeinschaftlicher oder internationaler Herkunft

– für die Maßnahmen zur Verbesserung der Umweltfreundlichkeit entsprechend dem Besitzstand und zur Modernisierung des litauischen Wärmekraftwerks in Elektrenai als wichtigster Ersatz für die Produktionskapazität der beiden Reaktoren des Kernkraftwerks Ignalina sowie

– für die Stilllegung des Kernkraftwerks Ignalina

sind mit dem Binnenmarkt im Sinne des EG-Vertrags vereinbar.

(9) Staatliche Beihilfen einzelstaatlicher, gemeinschaftlicher oder internationaler Herkunft zur Unterstützung der Bemühungen Litauens, die Auswirkungen der Abschaltung und Stilllegung des Kernkraftwerks Ignalina abzufangen, können im Einzelfall als nach dem EG-Vertrag mit dem

— 375 — **1/17. Beitritts V 2003**

Prot. 4 – 9

EUV/AEUV
+ Prot/Erkl
Anhänge
EU-Grundrechte-
Charta + Erl
Irland/Tschech Rep
Änderungs- und
Beitrittsverträge
LissV + ZusErl
Liss-BeglNovelle

Binnenmarkt vereinbar angesehen werden; dies gilt insbesondere für staatliche Beihilfen zur Erhöhung der Energieversorgungssicherheit.

ARTIKEL 3

(1) Da die Stilllegung des Kernkraftwerks Ignalina ein langfristiges Vorhaben und für Litauen eine außergewöhnliche finanzielle Belastung darstellt, die in keinem Verhältnis zur Größe und Wirtschaftskraft des Landes steht, stellt die Union in Solidarität mit Litauen angemessene zusätzliche Gemeinschaftshilfe für die Stilllegungsarbeiten auch über das Jahr 2006 hinaus zur Verfügung.

(2) Zu diesem Zweck wird das Ignalina-Programm über das Jahr 2006 hinaus nahtlos fortgesetzt und verlängert. Die Durchführungsbestimmungen für das verlängerte Ignalina-Programm werden nach dem Verfahren des Artikels 56 der Beitrittsakte beschlossen und treten spätestens mit Ablauf der derzeitigen Finanziellen Vorausschau in Kraft.

(3) Grundlage des nach Artikel 3 Absatz 2 verlängerten Ignalina-Programms sind die in Artikel 2 genannten Elemente und Grundsätze.

(4) Die durchschnittlichen Gesamtmittel im Rahmen des verlängerten Ignalina-Programms sind für den Zeitraum der nächsten Finanziellen Vorausschau angemessen zu gestalten. Grundlage der Programmierung der Mittel sind der tatsächliche Zahlungsbedarf und die Aufnahmekapazität.

ARTIKEL 4

Unbeschadet des Artikels 1 gilt die allgemeine Schutzklausel nach Artikel 37 der Beitrittsakte im Falle einer Unterbrechung der Energieversorgung in Litauen bis zum 31. Dezember 2012.

PROTOKOLL NR. 5
ÜBER DEN TRANSIT VON PERSONEN AUF DEM LANDWEG ZWISCHEN DEM KALININGRADER GEBIET UND DEN ÜBRIGEN TEILEN DER RUSSISCHEN FÖDERATION

[Hinweis]

PROTOKOLL NR. 6
ÜBER DEN ERWERB VON ZWEITWOHNSITZEN IN MALTA

DIE HOHEN VERTRAGSPARTEIEN
SIND wie folgt ÜBEREINGEKOMMEN:

Angesichts der äußerst geringen Anzahl von Wohneinheiten in Malta und des sehr begrenzt verfügbaren Baulandes, das lediglich zur Deckung der durch die demografische Entwicklung der derzeitigen Bewohner entstehenden

Grundbedürfnisse ausreicht, kann Malta in nicht diskriminierender Weise die geltenden Bestimmungen des Immobilieneigentumsgesetzes (Erwerb durch Nicht-Gebietsangehörige) (Kapitel 246) über den Erwerb und den Unterhalt von Immobilieneigentum als Zweitwohnsitze durch Staatsangehörige der Mitgliedstaaten, die sich nicht mindestens fünf Jahre rechtmäßig in Malta aufgehalten haben, beibehalten.

Malta wird für den Erwerb von Immobilieneigentum als Zweitwohnsitze in Malta Genehmigungsverfahren anwenden, die auf veröffentlichten, objektiven, dauerhaften und transparenten Kriterien beruhen. Diese Kriterien werden auf nicht diskriminierende Weise angewandt und dürfen nicht zwischen maltesischen Staatsangehörigen und Staatsangehörigen anderer Mitgliedstaaten unterscheiden. Malta wird gewährleisten, dass Staatsangehörige der Mitgliedstaaten auf keinen Fall restriktiver behandelt werden als Staatsangehörige von Drittstaaten.

Liegt der Wert eines von einem Staatsangehörigen der Mitgliedstaaten zu erwerbenden Grundeigentums über dem nach maltesischem Rechtsvorschriften festgelegten Schwellenwert von 30.000 MTL für Wohnungen bzw. von 50.000 MTL für andere Arten von Grundeigentum als eine Wohnung oder ein Objekt von historischem Wert, so wird eine Genehmigung erteilt. Malta kann diese gesetzlichen Schwellenwerte überprüfen, um Änderungen auf dem Immobilienmarkt in Malta Rechnung zu tragen.

PROTOKOLL NR. 7
ÜBER DEN SCHWANGERSCHAFTS-ABBRUCH IN MALTA

[Hinweis]

PROTOKOLL NR. 8
ÜBER DIE UMSTRUKTURIERUNG DER POLNISCHEN STAHLINDUSTRIE

[Hinweis]

PROTOKOLL NR. 9
BETREFFEND DIE REAKTOREN 1 UND 2 DES KERNKRAFTWERKS BOHUNICE V1 IN DER SLOWAKEI

DIE HOHEN VERTRAGSPARTEIEN –
ANGESICHTS der Zusage der Slowakei, die Reaktoren 1 und 2 des Kernkraftwerks Bohunice V1 im Jahr 2006 bzw. 2008 abzuschalten, und der Bereitschaft der Union, bis 2006 weiterhin Finanzhilfe als Fortsetzung der Heranführungshilfe zu leisten, im Rahmen des Phare-Programms zur Unterstützung der Stilllegungsmaßnahmen der Slowakei vorgesehen ist;
ANGESICHTS der Notwendigkeit, Durchführungsbestimmungen für die Fortsetzung der gemeinschaftlichen Unterstützung zu erlassen –

SIND wie folgt ÜBEREINGEKOMMEN:

Art. 1 Die Slowakei verpflichtet sich, den Reaktor 1 des Kernkraftwerks Bohunice V1 spätestens zum 31. Dezember 2006 und den Reaktor 2 dieses Kernkraftwerks spätestens zum 31. Dezember 2008 abzuschalten und diese Reaktoren anschließend stillzulegen.

Art. 2 (1) Im Zeitraum 2004 bis 2006 stellt die Gemeinschaft der Slowakei eine zusätzliche Finanzhilfe für die Stilllegungsarbeiten und zur Bewältigung der Folgen der Abschaltung und Stilllegung der Reaktoren 1 und 2 des Kernkraftwerks Bohunice bereit (nachstehend „Finanzhilfe" genannt).

(2) Die Finanzhilfe wird – auch nach dem Beitritt der Slowakei zur Union – nach der Verordnung (EWG) Nr. 3906/89 des Rates vom 18. Dezember 1989 über Wirtschaftshilfe für bestimmte Länder in Mittel- und Osteuropa[32]), zuletzt geändert durch die Verordnung (EG) Nr. 2500/2001[33]), beschlossen und umgesetzt.

(3) Für den Zeitraum 2004 – 2006 beläuft sich die Finanzhilfe auf 90 Mio. EUR an Verpflichtungsermächtigungen, die in gleichen jährlichen Tranchen zu binden sind.

(4) Die Finanzhilfe kann ganz oder teilweise in Form eines Beitrags der Gemeinschaft zum Internationalen Fonds zur Unterstützung der Stilllegung von Bohunice, der von der Europäischen Bank für Wiederaufbau und Entwicklung verwaltet wird, bereit gestellt werden.

Art. 3 Die Europäische Union erkennt an, dass die Maßnahmen im Zusammenhang mit der Stilllegung des Kernkraftwerks Bohunice über die derzeitige Finanzielle Vorausschau hinaus fortgesetzt werden müssen und dass diese Maßnahmen eine beträchtliche finanzielle Belastung für die Slowakei darstellen. Dies wird bei Beschlüssen über die Fortsetzung der Finanzhilfe der EU in diesem Bereich nach 2006 berücksichtigt.

PROTOKOLL NR. 10

ÜBER ZYPERN

DIE HOHEN VERTRAGSPARTEIEN –

IN BEKRÄFTIGUNG ihrer Entschlossenheit, eine umfassende Regelung der Zypern-Frage im Einklang mit den einschlägigen Resolutionen des Sicherheitsrats der Vereinten Nationen herbeizuführen, und ihrer vorbehaltlosen Unterstützung der auf dieses Ziel ausgerichteten Bemühungen des Generalsekretärs der Vereinten Nationen,

IN DER ERWÄGUNG, dass eine derartige umfassende Regelung der Zypern-Frage noch nicht zustande gekommen ist,

IN DER ERWÄGUNG, dass es daher erforderlich ist, die Anwendung des Besitzstandes in den Teilen der Republik Zypern auszusetzen, in denen die Regierung der Republik Zypern keine tatsächliche Kontrolle ausübt,

IN DER ERWÄGUNG, dass diese Aussetzung im Falle einer Regelung der Zypern-Frage aufzuheben ist,

IN DER ERWÄGUNG, dass die Europäische Union bereit ist, die Bedingungen einer solchen Regelung im Einklang mit den Grundsätzen, auf denen die Europäische Union beruht, zu berücksichtigen,

IN DER ERWÄGUNG, dass festgelegt werden muss, unter welchen Bedingungen die einschlägigen Bestimmungen des EU-Rechts auf die Trennungslinie zwischen den oben genannten Landesteilen sowie den Landesteilen, in denen die Regierung der Republik Zypern eine tatsächliche Kontrolle ausübt, und der Östlichen Hoheitszone des Vereinigten Königreichs Großbritannien und Nordirland Anwendung finden,

IN DEM WUNSCH, dass der Beitritt Zyperns zur Europäischen Union allen zyprischen Bürgern zugute kommt und zum inneren Frieden und zur Aussöhnung beiträgt,

IN DER ERWÄGUNG, dass keine Bestimmung dieses Protokolls Maßnahmen ausschließt, die auf dieses Ziel ausgerichtet sind,

IN DER ERWÄGUNG, dass derartige Maßnahmen nicht die Anwendung des Besitzstandes gemäß den Bedingungen des Beitrittsvertrags in irgendeinem anderen Teil der Republik Zypern beeinträchtigen dürfen –

SIND ÜBER FOLGENDE BESTIMMUNGEN ÜBEREINGEKOMMEN:

Art. 1 (1) Die Anwendung des Besitzstandes wird in den Teilen der Republik Zypern ausgesetzt, in denen die Regierung der Republik Zypern keine tatsächliche Kontrolle ausübt.

(2) Der Rat entscheidet auf Vorschlag der Kommission einstimmig über die Aufhebung der in Absatz 1 genannten Aussetzung.

Art. 2 (1) Der Rat legt auf Vorschlag der Kommission einstimmig die Bedingungen für die Anwendung des EU-Rechts auf die Trennungslinie zwischen den in Artikel 1 genannten Landesteilen und den Landesteilen fest, in denen die Regierung der Republik Zypern eine tatsächliche Kontrolle ausübt.

(2) Die Grenzlinie zwischen der Östlichen Hoheitszone und den in Artikel 1 genannten Landesteilen gilt für die Dauer der Aussetzung der Anwendung des Besitzstandes nach Artikel 1

---

[32]) ABl. L 375 vom 23.12.1989, S. 11.
[33]) ABl. L 342 vom 27.12.2001, S. 1.

— 377 —

1/17. Beitritts V 2003
Prot. 10, Erklärungen

EUV/AEUV
+ Prot/Erkl
Anhänge
EU-Grundrechte-
Charta + Erl
Irland Tschech Rep
Änderungs- und
Beitrittsverträge
LissV + ZusErl
Liss-BeglNovelle

als Teil der Außengrenzen der Hoheitszonen im Sinne von Teil IV des Anhangs zum Protokoll über die Hoheitszonen des Vereinigten Königreichs Großbritannien und Nordirland auf Zypern.

ARTIKEL 3

(1) Keine Bestimmung dieses Protokolls schließt Maßnahmen zur Förderung der wirtschaftlichen Entwicklung der in Artikel 1 genannten Landesteile aus.

(2) Derartige Maßnahmen dürfen nicht die Anwendung des Besitzstandes gemäß den Be-

dingungen des Beitrittsvertrags in anderen Teilen der Republik Zypern beeinträchtigen.

ARTIKEL 4

Wenn es zu einer Regelung kommt, entscheidet der Rat einstimmig auf der Grundlage eines Vorschlags der Kommission über die im Hinblick auf die türkisch-zyprische Gemeinschaft vorzunehmenden Anpassungen der Modalitäten für den Beitritt Zyperns zur Europäischen Union.

SCHLUSSAKTE

I. TEXT DER SCHLUSSAKTE

Die Bevollmächtigten

[es folgen die Namen]

die am sechzehnten April zweitausenddrei in Athen anlässlich der Unterzeichnung des Vertrags zwischen dem Königreich Belgien, dem Königreich Dänemark, der Bundesrepublik Deutschland, der Hellenischen Republik, dem Königreich Spanien, der Französischen Republik, Irland, der Italienischen Republik, dem Großherzogtum Luxemburg, dem Königreich der Niederlande, der Republik Österreich, der Portugiesischen Republik, der Republik Finnland, dem Königreich Schweden, dem Vereinigten Königreich Großbritannien und Nordirland (Mitgliedstaaten der Europäischen Union) und der Tschechischen Republik, der Republik Estland, der Republik Zypern, der Republik Lettland, der Republik Litauen, der Republik Ungarn, der Republik Malta, der Republik Polen, der Republik Slowenien, der Slowakischen Republik über den Beitritt der Tschechischen Republik, der Republik Estland, der Republik Zypern, der Republik Lettland, der Republik Litauen, der Republik Ungarn, der Republik Malta, der Republik Polen, der Republik Slowenien, der Slowakischen Republik zur Europäischen Union zusammengetreten sind,

haben festgestellt, dass die folgenden Texte im Rahmen der Konferenz zwischen den Mitgliedstaaten der Europäischen Union und der Tschechischen Republik, der Republik Estland, der Republik Zypern, der Republik Lettland, der Republik Litauen, der Republik Ungarn, der Republik Malta, der Republik Polen, der Republik Slowenien, der Slowakischen Republik über den Beitritt der Tschechischen Republik, der Republik Estland, der Republik Zypern, der Republik Lettland, der Republik Litauen, der Republik Ungarn, der Republik Malta, der Republik Po-

len, der Republik Slowenien, der Slowakischen Republik zur Europäischen Union erstellt und angenommen worden sind:

I. der Vertrag zwischen dem Königreich Belgien, dem Königreich Dänemark, der Bundesrepublik Deutschland, der Hellenischen Republik, dem Königreich Spanien, der Französischen Republik, Irland, der Italienischen Republik, dem Großherzogtum Luxemburg, dem Königreich der Niederlande, der Republik Österreich, der Portugiesischen Republik, der Republik Finnland, dem Königreich Schweden, dem Vereinigten Königreich Großbritannien und Nordirland (Mitgliedstaaten der Europäischen Union) und der Tschechischen Republik, der Republik Estland, der Republik Zypern, der Republik Lettland, der Republik Litauen, der Republik Ungarn, der Republik Malta, der Republik Polen, der Republik Slowenien, der Slowakischen Republik über den Beitritt der Tschechischen Republik, der Republik Estland, der Republik Zypern, der Republik Lettland, der Republik Litauen, der Republik Ungarn, der Republik Malta, der Republik Polen, der Republik Slowenien, der Slowakischen Republik zur Europäischen Union,

II. die Akte über die Bedingungen des Beitritts der Tschechischen Republik, der Republik Estland, der Republik Zypern, der Republik Lettland, der Republik Litauen, der Republik Ungarn, der Republik Malta, der Republik Polen, der Republik Slowenien, der Slowakischen Republik und die Anpassungen der Verträge, auf denen die Europäische Union beruht,

III. die nachstehend aufgeführten und der Akte über die Bedingungen des Beitritts der Tschechischen Republik, der Republik Estland, der Republik Zypern, der Republik

Lettland, der Republik Litauen, der Republik Ungarn, der Republik Malta, der Republik Polen, der Republik Slowenien, der Slowakischen Republik und die Anpassungen der Verträge, auf denen die Europäische Union beruht, beigefügten Texte:

A. Anhänge
   [Hinweis]
B. Protokolle
   [Hinweis]
C. Die Wortlaute des Vertrags zur Gründung der Europäischen Gemeinschaft und des Vertrags zur Gründung der Europäischen Atomgemeinschaft sowie der Verträge, durch die sie geändert oder ergänzt worden sind, einschließlich des Vertrags über den Beitritt des Königreichs Dänemark, Irlands und des Vereinigten Königreichs Großbritannien und Nordirland zur Europäischen Wirtschaftsgemeinschaft und zur Europäischen Atomgemeinschaft, des Vertrags über den Beitritt der Republik Griechenland zur Europäischen Wirtschaftsgemeinschaft und zur Europäischen Atomgemeinschaft sowie des Vertrags über den Beitritt des Königreichs Spanien und der Portugiesischen Republik zur Europäischen Wirtschaftsgemeinschaft und zur Europäischen Atomgemeinschaft, des Vertrags über den Beitritt der Republik Österreich, der Republik Finnland und des Königreichs Schweden zur Europäischen Union in estnischer, lettischer, litauischer, maltesischer, polnischer, slowakischer, slowenischer, tschechischer und ungarischer Sprache.

Die Hohen Vertragsparteien verpflichten sich, der Kommission sowie untereinander alle Informationen zu erteilen, die für die Anwendung der Akte über die Beitrittsbedingungen und die Anpassungen der Verträge erforderlich sind. Diese Informationen sind, soweit erforderlich, so rechtzeitig vor dem Tag des Beitritts vorzulegen, dass die uneingeschränkte Anwendung der Akte ab dem Tag des Beitritts erfolgen kann; insbesondere gilt dies für das Funktionieren des Binnenmarktes. Die Kommission kann den neuen Vertragsparteien gegebenenfalls den von ihr für angemessen erachteten Zeitpunkt für den Eingang oder die Übermittlung anderer spezieller Informationen mitteilen. Eine Liste der Informationspflichten für den Veterinärbereich ist den Vertragsparteien am heutigen Tag der Unterzeichnung überreicht worden.

II. ERKLÄRUNGEN DER BEVOLLMÄCHTIGTEN

Außerdem haben die Bevollmächtigten die nachstehend aufgeführten und dieser Schlussakte beigefügten Erklärungen angenommen.

1. Gemeinsame Erklärung: Das eine Europa
2. Gemeinsame Erklärung zum Gerichtshof der Europäischen Gemeinschaften

1. GEMEINSAME ERKLÄRUNG: DAS EINE EUROPA

Heute ist ein großer Augenblick für Europa. Wir haben heute die Beitrittsverhandlungen zwischen der Europäischen Union und Estland, Lettland, Litauen, Malta, Polen, der Slowakei, Slowenien, der Tschechischen Republik, Ungarn und Zypern abgeschlossen. 75 Millionen Menschen werden als neue Bürger der Europäischen Union begrüßt.

Wir, die derzeitigen und die beitretenden Mitgliedstaaten, erklären, dass wir den fortwährenden, umfassenden und unumkehrbaren Erweiterungsprozess uneingeschränkt unterstützen. Die Beitrittsverhandlungen mit Bulgarien und Rumänien werden nach denselben Grundsätzen fortgeführt, die für die bisherigen Verhandlungen maßgebend waren. Die bei diesen Verhandlungen bereits erzielten Ergebnisse werden nicht in Frage gestellt. Entsprechend den weiteren Fortschritten, die bei der Erfüllung der Kriterien für die Mitgliedschaft erzielt werden, besteht das Ziel darin, Bulgarien und Rumänien im Jahr 2007 als neue Mitglieder der Europäischen Union willkommen zu heißen. Wir begrüßen auch die bedeutenden Beschlüsse, die heute in Bezug auf die nächste Phase der Bewerbung der Türkei um eine Mitgliedschaft in der Europäischen Union gefasst wurden.

Unser gemeinsamer Wunsch ist es, Europa zu einem Kontinent der Demokratie, der Freiheit, des Friedens und des Fortschritts zu machen. Die Union wird weiterhin entschlossen sein, neue Trennungslinien in Europa zu vermeiden und Stabilität und Wohlstand innerhalb der neuen Grenzen der Union und darüber hinaus zu fördern. Wir freuen uns darauf, in unserem gemeinsamen Bestreben, dieses Ziel zu erreichen, zusammenzuarbeiten.

Unser Ziel ist das Eine Europa.

2. GEMEINSAME ERKLÄRUNG ZUM GERICHTSHOF DER EUROPÄISCHEN GEMEINSCHAFTEN

Auf Antrag des Gerichtshofs kann der Rat gemäß Artikel 222 des EG-Vertrags und Artikel 138 des Euratom-Vertrags einstimmig die Zahl der Generalanwälte erhöhen. Anderenfalls werden die neuen Mitgliedstaaten in das bestehende System für die Ernennung der Generalanwälte einbezogen.

III. SONSTIGE ERKLÄRUNGEN

Die Bevollmächtigten haben die folgenden, dieser Schlussakte beigefügten Erklärungen zur Kenntnis genommen:

1/17. BeitrittsV 2003

Erklärungen

EUV/AEUV
+ Prot/ErkI
Anhänge
EU-Grundrechte-
Charta + Erl
Irland/Tschech Rep
Änderungs- und
Beitrittsverträge
LissV + ZusErl
Liss-BeglNovelle

[siehe die Liste im Inhaltsverzeichnis am Beginn]

Erklärung 3.
[nicht abgedruckt]

B. GEMEINSAME ERKLÄRUNGEN: MEHRERE DERZEITIGE MITGLIEDSTAATEN / MEHRERE NEUE MITGLIEDSTAATEN

4. GEMEINSAME ERKLÄRUNG DER TSCHECHISCHEN REPUBLIK UND DER REPUBLIK ÖSTERREICH ZU IHRER BILATERALEN VEREINBARUNG ÜBER DAS KERNKRAFTWERK TEMELIN

Die Tschechische Republik und die Republik Österreich werden ihre bilateralen Verpflichtungen gemäß den gegenseitig vereinbarten „Schlussfolgerungen des Melker Prozesses und dem Follow-up" vom 29. November 2001 erfüllen.

Erklärung 5.
[nicht abgedruckt]

6. ERKLÄRUNG ZUR FREIZÜGIGKEIT DER ARBEITNEHMER: TSCHECHISCHE REPUBLIK*

Die EU weist auf das hohe Maß an Differenzierung und Flexibilität in der Regelung für die Freizügigkeit der Arbeitnehmer hin. Die Mitgliedstaaten werden sich bemühen, tschechischen Staatsangehörigen nach nationalem Recht verstärkt Zugang zum Arbeitsmarkt zu gewähren, um die Angleichung an den Besitzstand zu beschleunigen. Die Beschäftigungsmöglichkeiten für tschechische Staatsangehörige in der EU sollten sich daher mit dem Beitritt der Tschechischen Republik erheblich verbessern. Darüber hinaus werden die Mitgliedstaaten der EU die vorgeschlagene Regelung auf die bestmögliche Weise nutzen, um so rasch wie möglich zu einer vollständigen Anwendung des Besitzstands im Bereich der Freizügigkeit der Arbeitnehmer zu gelangen.

Erklärungen 7. bis 18.
[nicht abgedruckt]

---

*) Siehe die analogen Erklärungen 7., 10., 11.13. bis 16. sowie 18.

D. GEMEINSAME ERKLÄRUNGEN MEHRERER DERZEITIGER MITGLIEDSTAATEN

19. GEMEINSAME ERKLÄRUNG DER BUNDESREPUBLIK DEUTSCHLAND UND DER REPUBLIK ÖSTERREICH ZUR FREIZÜGIGKEIT DER ARBEITNEHMER: TSCHECHISCHE REPUBLIK, ESTLAND, UNGARN, LETTLAND, LITAUEN, POLEN, SLOWENIEN, SLOWAKEI

Die Formulierung der Nummer 13 der Übergangsmaßnahmen für die Freizügigkeit der Arbeitnehmer gemäß der Richtlinie 96/71/EG in den Anhängen V, VI, VIII, IX, X, XII, XIII und XIV wird von der Bundesrepublik Deutschland und der Republik Österreich im Einvernehmen mit der Kommission in dem Sinne aufgefasst, dass der Ausdruck „bestimmte Gebiete" gegebenenfalls auch das gesamte nationale Hoheitsgebiet umfassen kann.

20. GEMEINSAME ERKLÄRUNG DER BUNDESREPUBLIK DEUTSCHLAND UND DER REPUBLIK ÖSTERREICH ZUR ÜBERWACHUNG DER NUKLEAREN SICHERHEIT

Die Bundesrepublik Deutschland und die Republik Österreich betonen, dass es wichtig ist, die Überwachung der Durchführung der Empfehlungen zur Verbesserung der nuklearen Sicherheit in den Beitrittsländern fortzusetzen, wie dies auf der Tagung des Rates (Allgemeine Angelegenheiten und Außenbeziehungen) vom 10. Dezember 2002 erörtert wurde, bis ein Ergebnis vorzuweisen ist.

E. ALLGEMEINE GEMEINSAME ERKLÄRUNG DER DERZEITIGEN MITGLIEDSTAATEN

21. ALLGEMEINE GEMEINSAME ERKLÄRUNG

Die derzeitigen Mitgliedstaaten heben hervor, dass die dieser Schlussakte beigefügten Erklärungen nicht in einer Weise ausgelegt oder angewandt werden dürfen, die im Widerspruch zu den Verpflichtungen steht, die den Mitgliedstaaten aus dem Beitrittsvertrag und der Beitrittsakte erwachsen.

Die derzeitigen Mitgliedstaaten stellen fest, dass die Kommission den vorangegangenen Ausführungen uneingeschränkt zustimmt.

F. GEMEINSAME ERKLÄRUNGEN MEHRERER NEUER MITGLIEDSTAATEN

22. GEMEINSAME ERKLÄRUNG DER TSCHECHISCHEN REPUBLIK, DER REPUBLIK ESTLAND, DER REPUBLIK LITAUEN, DER REPUBLIK POLEN, DER REPUBLIK SLOWENIEN UND DER SLOWAKISCHE REPUBLIK ZU ARTIKEL 38 DER BEITRITTSAKTE

1. Die Tschechische Republik, die Republik Estland, die Republik Litauen, die Republik Polen, die Republik Slowenien und die Slowakische Republik gehen davon aus, dass die Formulierung „Hat ... im Rahmen der Verhandlungen eingegangene Verpflichtungen nicht erfüllt" nur die sich aus den ursprünglichen Verträgen ergebenden Verpflichtungen, die für die Tschechische Republik, die Republik Estland, die Republik Litauen, die Republik Polen, die Republik Slowenien und die Slowakische Republik gemäß den in der Beitrittsakte festgelegten Bedingungen gelten, sowie die in dieser Akte festgelegten Verpflichtungen betrifft.

Die Tschechische Republik, die Republik Estland, die Republik Litauen, die Republik Polen, die Republik Slowenien und die Slowakische Republik gehen daher davon aus, dass die Kommission die Anwendung des Artikels 38 nur in Fällen einer angeblichen Verletzung der in Unterabsatz 1 genannten Verpflichtungen in Betracht ziehen wird.

2. Die Tschechische Republik, die Republik Estland, die Republik Litauen, die Republik Polen, die Republik Slowenien und die Slowakische Republik gehen davon aus, dass Artikel 38 die Zuständigkeit des Gerichtshofs gemäß Artikel 230 des EG-Vertrags in Bezug auf Handlungen der Kommission nach Artikel 38 unberührt lässt.

3. Die Tschechische Republik, die Republik Estland, die Republik Litauen, die Republik Polen, die Republik Slowenien und die Slowakische Republik gehen davon aus, dass die Kommission vor einer Entscheidung über die Anwendung der in Artikel 38 vorgesehenen Maßnahmen gegen die genannten Republiken diesen die Möglichkeit gibt, ihre Sichtweisen und ihre Standpunkte in Einklang mit der Erklärung der Kommission der Europäischen Gemeinschaften zu der allgemeinen Schutzklausel, der Binnenmarkt-Schutzklausel und der Schutzklausel für die Bereiche Justiz und Inneres, die dieser Schlussakte beigefügt ist, darzulegen.

Erklärungen 23. und 24.

[nicht abgedruckt]

25. ERKLÄRUNG DER TSCHECHISCHEN REPUBLIK ZU ARBEITNEHMERN

Die Tschechische Republik erklärt, dass sie erwartet, dass die Absichten eines derzeitigen Mitgliedstaates, den Zugang tschechischer Arbeitnehmer zu seinem Arbeitsmarkt nach einzelnen Sektoren und Berufen zu liberalisieren, Gegenstand bilateraler Konsultationen zwischen dem betreffenden Mitgliedstaat und der Tschechischen Republik sein wird.

Erklärungen 26. bis 30.

[nicht abgedruckt]

I. ERKLÄRUNGEN DER REPUBLIK LETTLAND

31. ERKLÄRUNG DER REPUBLIK LETTLAND ZUR STIMMENGEWICHTUNG IM RAT

In der Erklärung Nr. 20 zum Vertrag von Nizza wurde festgelegt, dass der Republik Lettland ab 1. Januar 2005 vier der insgesamt 345 Stimmen im Rat zugeteilt werden, und zwar ausgehend von der Annahme, dass die Union 27 Mitgliedstaaten umfasst.

Ausgehend von der Überlegung, dass eine angemessene, vergleichbare und gleiche Vertretung der Mitgliedstaaten im Rat entsprechend ihrer Bevölkerungszahl gewährleistet sein muss, erklärt die Republik Lettland, dass sie sich vorbehält, die Frage der Stimmengewichtung im Rat während der nächsten Regierungskonferenz zur Sprache zu bringen.

Erklärungen 32. bis 34.

[nicht abgedruckt]

K. ERKLÄRUNGEN DER REPUBLIK MALTA

35. ERKLÄRUNG DER REPUBLIK MALTA ZUR NEUTRALITÄT

Malta bekräftigt sein Bekenntnis zur Gemeinsamen Außen- und Sicherheitspolitik der Europäischen Union, wie sie im Vertrag über die Europäische Union niedergelegt ist.

Malta bestätigt, dass seine Beteiligung an der Gemeinsamen Außen- und Sicherheitspolitik der Europäischen Union seine Neutralität nicht berührt. Nach dem Vertrag über die Europäische Union muss ein Beschluss der Union über den Übergang zu einer gemeinsamen Verteidigung vom Europäischen Rat mit Einstimmigkeit gefasst und von den Mitgliedstaaten gemäß ihren jeweiligen verfassungsrechtlichen Vorschriften angenommen werden.

— 381 —

1/17. Beitritts V 2003

Erklärungen

EUV/AEUV
+ Prot/Erkl
Anhänge
EU-Grundrechte-
Charta + Erl
Irland/Tschech Rep
Änderungs- und
Beitrittsverträge
LissV + ZusErl
Liss-BeglNovelle

Erklärungen 36. bis 42.

[nicht abgedruckt]

N. ERKLÄRUNGEN
DER KOMMISSION DER EUROPÄISCHEN GEMEINSCHAFTEN

Die Hohen Vertragsparteien haben die folgenden Erklärungen der Kommission der Europäischen Gemeinschaften zur Kenntnis genommen:

43. ERKLÄRUNG DER KOMMISSION DER EUROPÄISCHEN GEMEINSCHAFTEN ZU DER ALLGEMEINEN WIRTSCHAFTLICHEN SCHUTZKLAUSEL, DER BINNENMARKT-SCHUTZKLAUSEL UND DER SCHUTZKLAUSEL FÜR DIE BEREICHE JUSTIZ UND INNERES

Vor einer Entscheidung über die Anwendung der Binnenmarkt-Schutzklausel und der Schutzklausel für die Bereiche Justiz und Inneres wird die Kommission der Europäischen Gemeinschaften die Auffassung(en) und die Position(en) des bzw. der von den betreffenden Maßnahmen unmittelbar betroffenen Mitgliedstaaten zur Kenntnis nehmen und diese Auffassungen und Positionen gebührend berücksichtigen.

Die allgemeine wirtschaftliche Schutzklausel erstreckt sich auch auf die Landwirtschaft. Sie kann in Anspruch genommen werden, wenn es in bestimmten Agrarsektoren zu Schwierigkeiten kommt, die ernster Art sind und voraussichtlich von längerer Dauer sein werden oder die zu einer ernsthaften Verschlechterung der wirtschaftlichen Lage in einem bestimmten Gebiet führen könnten. Unter Berücksichtigung der spezifischen Probleme des Agrarsektors in Polen können die Maßnahmen, die die Kommission zur Verhinderung von Marktstörungen im Rahmen der allgemeinen wirtschaftlichen Schutzklausel ergreift, auch Systeme zur Beobachtung der Handelsströme zwischen Polen und den übrigen Mitgliedstaaten umfassen.

Briefwechsel

zwischen der Europäischen Union und der Tschechischen Republik,
der Republik Estland, der Republik Zypern, der Republik Lettland,
der Republik Litauen, der Republik Ungarn,
der Republik Malta, der Republik Polen,
der Republik Slowenien sowie der Slowakischen Republik
über ein

Informations- und Konsultationsverfahren
für die Annahme bestimmter Beschlüsse und sonstige Maßnahmen
in der Zeit vor dem Beitritt

[Hinweis]

Beitrittsvertrag 2005

(ABl 2005 L 157, 1)*)

INHALTSVERZEICHNIS

---

*) Am 1. Januar 2007 in Kraft getreten.

EUV/AEUV
+ Prot/Erkl
Anhänge
EU-Grundrechte-
Charta + Erl
Irland/Tschech Rep
Änderungs- und
Beitrittsverträge
Liss V + Zus Erl
Liss-Begl Novelle

VERTRAG

ZWISCHEN

DEM KÖNIGREICH BELGIEN, DER TSCHECHISCHEN REPUBLIK, DEM KÖNIGREICH DÄNEMARK, DER BUNDESREPUBLIK DEUTSCHLAND, DER REPUBLIK ESTLAND, DER HELLENISCHEN REPUBLIK, DEM KÖNIGREICH SPANIEN, DER FRANZÖSISCHEN REPUBLIK, IRLAND, DER ITALIENISCHEN REPUBLIK, DER REPUBLIK ZYPERN, DER REPUBLIK LETTLAND, DER REPUBLIK LITAUEN, DEM GROSSHERZOGTUM LUXEMBURG, DER REPUBLIK UNGARN, DER REPUBLIK MALTA, DEM KÖNIGREICH DER NIEDERLANDE, DER REPUBLIK ÖSTERREICH, DER REPUBLIK POLEN, DER PORTUGIESISCHEN REPUBLIK, DER REPUBLIK SLOWENIEN, DER SLOWAKISCHEN REPUBLIK, DER REPUBLIK FINNLAND, DEM KÖNIGREICH SCHWEDEN, DEM VEREINIGTEN KÖNIGREICH GROSSBRITANNIEN UND NORDIRLAND (MITGLIEDSTAATEN DER EUROPÄISCHEN UNION) UND DER REPUBLIK BULGARIEN UND RUMÄNIEN ÜBER DEN BEITRITT DER REPUBLIK BULGARIEN UND RUMÄNIENS ZUR EUROPÄISCHEN UNION

SEINE MAJESTÄT DER KÖNIG DER BELGIER,

DIE REPUBLIK BULGARIEN,

DER PRÄSIDENT DER TSCHECHISCHEN REPUBLIK,

IHRE MAJESTÄT DIE KÖNIGIN VON DÄNEMARK,

DER PRÄSIDENT DER BUNDESREPUBLIK DEUTSCHLAND,

DER PRÄSIDENT DER REPUBLIK ESTLAND,

DER PRÄSIDENT DER HELLENISCHEN REPUBLIK,

SEINE MAJESTÄT DER KÖNIG VON SPANIEN,

DER PRÄSIDENT DER FRANZÖSISCHEN REPUBLIK,

DIE PRÄSIDENTIN IRLANDS,

DER PRÄSIDENT DER ITALIENISCHEN REPUBLIK,

DER PRÄSIDENT DER REPUBLIK ZYPERN,

DIE PRÄSIDENTIN DER REPUBLIK LETTLAND,

DER PRÄSIDENT DER REPUBLIK LITAUEN,

SEINE KÖNIGLICHE HOHEIT DER GROSSHERZOG VON LUXEMBURG,

DER PRÄSIDENT DER REPUBLIK UNGARN,

DER PRÄSIDENT MALTAS,

IHRE MAJESTÄT DIE KÖNIGIN DER NIEDERLANDE,

DER BUNDESPRÄSIDENT DER REPUBLIK ÖSTERREICH,

DER PRÄSIDENT DER REPUBLIK POLEN,

DER PRÄSIDENT DER PORTUGIESISCHEN REPUBLIK,

DER PRÄSIDENT RUMÄNIENS,

DER PRÄSIDENT DER REPUBLIK SLOWENIEN,

DER PRÄSIDENT DER SLOWAKISCHEN REPUBLIK,

DIE PRÄSIDENTIN DER REPUBLIK FINNLAND,

DIE REGIERUNG DES KÖNIGREICHS SCHWEDEN,

IHRE MAJESTÄT DIE KÖNIGIN DES VEREINIGTEN KÖNIGREICHS GROSS-BRITANNIEN UND NORDIRLAND –

EINIG in dem Willen, die Verwirklichung der Ziele der Europäischen Union fortzuführen,

ENTSCHLOSSEN, auf den bereits geschaffenen Grundlagen einen immer engeren Zusammenschluss der europäischen Völker herbeizuführen,

IN DER ERWÄGUNG, dass Artikel I-58 des Vertrags über eine Verfassung für Europa, wie Artikel 49 des Vertrags über die Europäische Union, den europäischen Staaten die Möglichkeit eröffnet, Mitglieder der Union zu werden,

IN DER ERWÄGUNG, dass die Republik Bulgarien und Rumänien beantragt haben, Mitglieder der Europäischen Union zu werden,

IN DER ERWÄGUNG, dass sich der Rat nach Einholung der Stellungnahme der Kommission und der Zustimmung des Europäischen Parlaments für die Aufnahme dieser Staaten ausgesprochen hat,

IN DER ERWÄGUNG, dass zum Zeitpunkt der Unterzeichnung dieses Vertrags der Vertrag über eine Verfassung für Europa unterzeichnet, aber noch nicht von allen Mitgliedstaaten der Union ratifiziert war und dass die Republik Bulgarien und Rumänien der Europäischen Union, wie sie am 1. Januar 2007 besteht, beitreten –

HABEN EINIGUNG über die Bedingungen und Einzelheiten der Aufnahme ERZIELT; sie haben zu diesem Zweck zu ihren Bevollmächtigten ernannt:

[es folgen die Namen]

WIE FOLGT ÜBEREINGEKOMMEN:

Artikel 1

(1) Die Republik Bulgarien und Rumänien werden Mitglieder der Europäischen Union.

(2) Die Republik Bulgarien und Rumänien werden Vertragsparteien des Vertrags über eine Verfassung für Europa und des Vertrags zur Gründung der Europäischen Atomgemeinschaft in ihrer jeweiligen geänderten oder ergänzten Fassung.

(3) Die Bedingungen und Einzelheiten der Aufnahme sind in dem diesem Vertrag beigefügten Protokoll festgelegt. Die Bestimmungen des Protokolls sind Bestandteil dieses Vertrags.

(4) Das Protokoll, einschließlich der Anhänge und Anlagen dazu, wird dem Vertrag über eine Verfassung für Europa und dem Vertrag zur Gründung der Europäischen Atomgemeinschaft beigefügt; seine Bestimmungen sind Bestandteil der genannten Verträge.

Artikel 2

(1) In dem Fall, dass der Vertrag über eine Verfassung für Europa am Tag des Beitritts nicht in Kraft ist, werden die Republik Bulgarien und Rumänien Vertragsparteien der Verträge, auf denen die Union beruht in ihrer jeweiligen geänderten oder ergänzten Fassung.

In diesem Fall gilt Artikel 1 Absätze 2 bis 4 ab dem Tag des Inkrafttretens des Vertrags über eine Verfassung für Europa.

(2) Die Aufnahmebedingungen und die aufgrund der Aufnahme erforderlichen Anpassungen der Verträge, auf denen die Union beruht, sind in der diesem Vertag beigefügten Akte festgelegt; sie gelten ab dem Tag des Beitritts bis zum Tag des Inkrafttretens des Vertrags über eine Verfassung für Europa. Die Bestimmungen der Akte sind Bestandteil dieses Vertrags.

(3) Tritt der Vertrag über eine Verfassung für Europa nach dem Beitritt in Kraft, so tritt am Tag des Inkrafttretens des genannten Vertrags das in Artikel 1 Absatz 3 genannte Protokoll an die Stelle der in Artikel 2 Absatz 2 genannten Akte. Die Bestimmungen des genannten Protokolls entfalten dabei keine neue Rechtswirkung; vielmehr werden unter den Bedingungen, die im Vertrag über eine Verfassung für Europa, im Vertrag zur Gründung der Europäischen Atomgemeinschaft und im genannten Protokoll festgelegt sind, die Rechtswirkungen beibehalten, die

bereits durch die Bestimmungen der in Artikel 2 Absatz 2 genannten Akte entstanden sind.

Rechtsakte, die vor dem Inkrafttreten des in Artikel 1 Absatz 3 genannten Protokolls auf der Grundlage dieses Vertrags oder der in Absatz 2 genannten Akte erlassen wurden, bleiben in Kraft; ihre Rechtswirkungen bleiben erhalten, bis diese Rechtsakte geändert oder aufgehoben werden.

Artikel 3

Die Bestimmungen über die Rechte und Pflichten der Mitgliedstaaten sowie über die Befugnisse und Zuständigkeiten der Organe der Union, wie sie in den Verträgen festgelegt sind, denen die Republik Bulgarien und Rumänien beitraten, gelten auch für diesen Vertrag.

Artikel 4

(1) Dieser Vertrag bedarf der Ratifikation durch die Hohen Vertragsparteien im Einklang mit ihren verfassungsrechtlichen Vorschriften. Die Ratifikationsurkunden werden spätestens am 31. Dezember 2006 bei der Regierung der Italienischen Republik hinterlegt.

(2) Dieser Vertrag tritt am 1. Januar 2007 in Kraft, sofern alle Ratifikationsurkunden vor diesem Tag hinterlegt worden sind.

Hat jedoch einer der in Artikel 1 Absatz 1 genannten Staaten seine Ratifikationsurkunde nicht rechtzeitig hinterlegt, so tritt dieser Vertrag für den anderen Staat in Kraft, der seine Urkunde hinterlegt hat. In diesem Fall beschließt der Rat unverzüglich einstimmig die infolgedessen unerlässlichen Anpassungen dieses Vertrags und der Artikel 10, 11 Absatz 2, 12, 21 Absatz 1, 22, 31, 34 und 46, des Anhangs III Nummer 2 Unternummer 1 Buchstabe b, Nummer 2 Unternummern 2 und 3 und des Anhangs IV Abschnitt B des in Artikel 1 Absatz 3 genannten Protokolls sowie gegebenenfalls der Artikel 9 bis 11, 14 Absatz 3, 15, 24 Absatz 1, 31, 34, 46 und 47, des Anhangs III Nummer 2 Unternummer 1 Buchstabe b, Nummer 2 Unternummern 2 und 3 und des Anhangs IV Abschnitt B der in Artikel 2 Absatz 2 genannten Akte; er kann ferner einstimmig die Bestimmungen des genannten Protokolls, einschließlich seiner Anhänge und Anlagen, sowie gegebenenfalls der genannten Akte, einschließlich ihrer Anhänge und Anlagen, die sich ausdrücklich auf einen Staat beziehen, der seine Ratifikationsurkunde nicht hinterlegt hat, für hinfällig erklären oder anpassen.

Ungeachtet der Hinterlegung aller erforderlichen Ratifikationsurkunden nach Absatz 1 tritt dieser Vertrag am 1. Januar 2008 in Kraft, wenn der Rat vor Inkrafttreten des Vertrags über eine Verfassung für Europa einen beide beitretenden Staaten betreffenden Beschluss nach Artikel 39 des in Artikel 1 Absatz 3 genannten Protokolls oder nach Artikel 39 der in Artikel 2 Absatz 2 genannten Akte erlässt.

1/18. Beitritts V 2005

Art. 4 – 6

EUV/AEUV
+ Prot/Erkl
Anhänge
EU-Grundrechte-
Charta + Erl
Irland/Tschech.Rep
Änderungs- und
Beitrittsverträge
LissV + ZusErl
Liss-BeglNovelle

Wird ein derartiger Beschluss nur in Bezug auf einen der beitretenden Staaten erlassen, so tritt dieser Vertrag für diesen Staat am 1. Januar 2008 in Kraft.

(3) Ungeachtet des Absatzes 2 können die Organe der Union vor dem Beitritt die Maßnahmen erlassen, die in den Artikeln 3 Absatz 6, 6 Absatz 2 Unterabsatz 2, 6 Absatz 4 Unterabsatz 2, 6 Absatz 7 Unterabsätze 2 und 3, 6 Absatz 8 Unterabsatz 2, 6 Absatz 9 Unterabsatz 3, 17, 19, 27 Absätze 1 und 4, 28 Absätze 4 und 5, 29, 30 Absatz 3, 31 Absatz 4, 32 Absatz 5, 34 Absatz 3 und 4, 37, 38, 39 Absatz 4, 41, 42, 55, 56, 57 und in den Anhängen IV bis VIII des in Artikel 1 Absatz 3 genannten Protokolls vorgesehen sind. Diese Maßnahmen werden vor Inkrafttreten des Vertrags über eine Verfassung für Europa nach den entsprechenden Bestimmungen in Artikel 3 Absatz 6, 6 Absatz 2 Unterabsatz 2, 6 Absatz 4 Unterabsatz 2, 6 Absatz 7 Unterabsätze 2 und 3, 6 Absatz 8 Unterabsatz 2, 6 Absatz 9 Unterabsatz 3, 20, 22, 27 Absätze 1 und 4, 28 Absätze 4 und 5, 29, 30 Absatz 3, 31 Absatz 4, 32 Absatz 5, 34 Absätze 3 und 4, 37, 38, 39 Absatz 4, 41, 42, 55, 56, 57 und in den Anhängen IV bis VIII der in Artikel 2 Absatz 2 genannten Akte erlassen.

Diese Maßnahmen treten nur vorbehaltlich des Inkrafttretens dieses Vertrags und zum Zeitpunkt seines Inkrafttretens in Kraft.

Artikel 5

Der Wortlaut des Vertrags über eine Verfassung für Europa in bulgarischer und rumänischer Sprache wird diesem Vertrag beigefügt. Der Wortlaut in diesen Sprachen ist gleichermaßen verbindlich wie der Wortlaut des Vertrags über eine Verfassung für Europa in dänischer, deutscher, englischer, estnischer, finnischer, französischer, griechischer, irischer, italienischer, lettischer, litauischer, maltesischer, niederländischer, polnischer, portugiesischer, schwedischer, slowakischer, slowenischer, spanischer, tschechischer und ungarischer Sprache.

Die Regierung der Italienischen Republik übermittelt der Regierung der Republik Bulgarien und der Regierung Rumäniens eine beglaubigte Abschrift des Vertrags über eine Verfassung für Europa in allen in Absatz 1 genannten Sprachen.

Artikel 6

Dieser Vertrag ist in einer Urschrift in bulgarischer, dänischer, deutscher, englischer, estnischer, finnischer, französischer, griechischer, irischer, italienischer, lettischer, litauischer, maltesischer niederländischer, polnischer, portugiesischer, rumänischer, schwedischer, slowakischer, slowenischer, spanischer, tschechischer und ungarischer Sprache abgefasst, wobei der Wortlaut in jeder dieser Sprachen gleichermaßen verbindlich ist; er wird im Archiv der Regierung der Italienischen Republik hinterlegt; diese übermittelt der Regierung jedes anderen Unterzeichnerstaats eine beglaubigte Abschrift.

[Unterschriften]

Protokoll
über die Bedingungen und Einzelheiten der Aufnahme der Republik Bulgarien und Rumäniens in die Europäische Union

[nicht abgedruckt])

---

*) Nach Artikel 2 des Beitrittsvertrags gilt bis zum Tag des Inkrafttretens des Vertrags über eine Verfassung für Europa nicht dieses Protokoll, sondern die Akte über die Bedingungen des Beitritts der Republik Bulgarien und Rumäniens und die Anpassungen der Verträge, auf denen die Europäische Union beruht.

AKTE

ÜBER DIE BEDINGUNGEN DES BEITRITTS DER REPUBLIK BULGARIEN UND RUMÄNIENS UND DIE ANPASSUNGEN DER VERTRÄGE, AUF DENEN DIE EUROPÄISCHE UNION BERUHT

ERSTER TEIL
GRUNDSÄTZE

Artikel 1

Im Sinne dieser Akte bezeichnet

– der Ausdruck „ursprüngliche Verträge"

a) den Vertrag zur Gründung der Europäischen Gemeinschaft („EG-Vertrag") und den Vertrag zur Gründung der Europäischen Atomgemeinschaft („EAG-Vertrag") mit den Änderungen oder Ergänzungen, die durch vor dem Beitritt in Kraft getretene Verträge oder andere Rechtsakte vorgenommen worden sind;

b) den Vertrag über die Europäische Union („EU-Vertrag") mit den Änderungen oder Ergänzungen, die durch vor dem Beitritt in Kraft getretene Verträge oder andere Rechtsakte vorgenommen worden sind;

– der Ausdruck „derzeitige Mitgliedstaaten" das Königreich Belgien, die Tschechische Republik, das Königreich Dänemark, die Bundesrepublik Deutschland, die Republik Estland, die Hellenische Republik, das Königreich Spanien, die Französische Republik, Irland, die Italienische Republik, die Republik Zypern, die Republik Lettland, die Republik Litauen, das Großherzogtum Luxemburg, die Republik Ungarn, die Republik Malta, das Königreich der Niederlande, die Republik Österreich, die Republik Polen, die Portugiesische Republik, die Republik Slowenien, die Slowakische Republik, die Republik Finnland, das Königreich Schweden und das Vereinigte Königreich Großbritannien und Nordirland;

– der Ausdruck „Union" die durch den EU-Vertrag geschaffene Europäische Union;

– der Ausdruck „Gemeinschaft" je nach Sachlage eine der bzw. beide unter dem ersten Gedankenstrich genannten Gemeinschaften;

– der Ausdruck „neue Mitgliedstaaten" die Republik Bugarien und Rumänien;

– der Ausdruck „Organe" die durch die ursprünglichen Verträge geschaffenen Organe.

Artikel 2

Ab dem Tag des Beitritts sind die ursprünglichen Verträge und die vor dem Beitritt erlassenen Rechtsakte der Organe und der Europäischen Zentralbank für Bulgarien und Rumänien verbindlich und gelten in diesen Staaten nach Maßgabe der genannten Verträge und dieser Akte.

Artikel 3

(1) Bulgarien und Rumänien treten den Beschlüssen und Vereinbarungen der im Rat vereinigten Vertreter der Regierungen der Mitgliedstaaten bei.

(2) Bulgarien und Rumänien befinden sich hinsichtlich der Erklärungen, Entschließungen oder sonstigen Stellungnahmen des Europäischen Rates oder des Rates sowie hinsichtlich der die Gemeinschaft oder die Union betreffenden Erklärungen, Entschließungen oder sonstigen Stellungnahmen, die von den Mitgliedstaaten im gegenseitigen Einvernehmen angenommen wurden, in derselben Lage wie die derzeitigen Mitgliedstaaten; sie werden demgemäß die sich daraus ergebenden Grundsätze und Leitlinien beachten und die gegebenenfalls zu ihrer Durchführung erforderlichen Maßnahmen treffen.

(3) Bulgarien und Rumänien treten den in Anhang I aufgeführten Übereinkünften und Protokollen bei. Diese Übereinkünfte und Protokolle treten für Bulgarien und Rumänien an dem Tag in Kraft, den der Rat in den in Absatz 4 genannten Beschlüssen festlegt.

(4) Der Rat nimmt einstimmig auf Empfehlung der Kommission und nach Anhörung des Europäischen Parlaments alle Anpassungen vor, die aufgrund des Beitritts zu den in Absatz 3 genannten Übereinkünften und Protokollen erforderlich sind, und veröffentlicht den angepassten Wortlaut im Amtsblatt der Europäischen Union.

(5) Bulgarien und Rumänien verpflichten sich in Bezug auf die in Absatz 3 genannten Übereinkünfte und Protokolle, Verwaltungs- und sonstige Vorkehrungen wie etwa diejenigen einzuführen, die von den derzeitigen Mitgliedstaaten oder vom Rat bis zum Tag des Beitritts angenommen wurden, und die praktische Zusammenarbeit zwischen den Einrichtungen und Organisationen der Mitgliedstaaten zu erleichtern.

(6) Der Rat kann einstimmig auf Vorschlag der Kommission in Anhang I weitere Übereinkünfte, Abkommen und Protokolle aufnehmen, die vor dem Tag des Beitritts unterzeichnet werden.

Artikel 4

(1) Die Bestimmungen des Schengen-Besitzstands, der durch das Protokoll zum Vertrag über die Europäische Union und zum Vertrag zur Gründung der Europäischen Gemeinschaft (nachstehend „Schengen-Protokoll" genannt) in den Rahmen der Europäischen Union einbezogen wurde, und die darauf aufbauenden oder anderweitig damit zusammenhängenden Rechtsakte, die in Anhang II aufgeführt sind, sowie alle

— 387 — **1/18. Beitritts V 2005**

Bedingungen

EUV/AEUV
+ Prot/Erkl
Anhänge
EU-Grundrechte-
Charta + Erl
Irland/Tschech Rep
Änderungs- und
Beitrittsverträge
Liss-V + ZusErl
Liss-BeglNovelle

weiteren vor dem Tag des Beitritts erlassenen Rechtsakte dieser Art sind ab dem Tag des Beitritts für Bulgarien und Rumänien bindend und in diesen Staaten anzuwenden.

(2) Die Bestimmungen des in den Rahmen der Union einbezogenen Schengen-Besitzstands und die darauf aufbauenden oder anderweitig damit zusammenhängenden Rechtsakte, die nicht in Absatz 1 genannt sind, sind zwar für Bulgarien und Rumänien ab dem Tag des Beitritts bindend, sie sind aber in diesen Staaten jeweils nur nach einem entsprechenden Beschluss anzuwenden, den der Rat nach einer nach den geltenden Schengen-Evaluierungsverfahren durchgeführten Prüfung der Frage, ob die erforderlichen Voraussetzungen für die Anwendung aller Teile des betreffenden Besitzstands in dem jeweiligen Staat gegeben sind, gefasst hat.

Der Rat beschließt nach Anhörung des Europäischen Parlaments einstimmig mit den Stimmen der Mitglieder, die die Regierungen der Mitgliedstaaten vertreten, für die die in diesem Absatz genannten Bestimmungen bereits in Kraft gesetzt worden sind, und des Vertreters der Regierung des Mitgliedstaats, für den diese Bestimmungen in Kraft gesetzt werden sollen. Die Mitglieder des Rates, die die Regierungen Irlands und des Vereinigten Königreichs Großbritannien und Nordirland vertreten, nehmen insoweit an einem derartigen Beschluss teil, als er sich auf die Bestimmungen des Schengen-Besitzstands und die darauf aufbauenden oder anderweitig damit zusammenhängenden Rechtsakte bezieht, an denen diese Mitgliedstaaten teilnehmen.

Artikel 5

Bulgarien und Rumänien nehmen ab dem Tag des Beitritts als Mitgliedstaaten, für die eine Ausnahmeregelung im Sinne des Artikels 122 des EG-Vertrags gilt, an der Wirtschafts- und Währungsunion teil.

Artikel 6

(1) Die von der Gemeinschaft oder gemäß Artikel 24 oder Artikel 38 des EU-Vertrags mit einem oder mehreren dritten Staaten, mit einer internationalen Organisation oder mit einem Staatsangehörigen eines dritten Staates geschlossenen oder vorläufig angewendeten Abkommen oder Übereinkünfte sind für Bulgarien und Rumänien nach Maßgabe der ursprünglichen Verträge und dieser Akte bindend.

(2) Bulgarien und Rumänien verpflichten sich, nach Maßgabe dieser Akte den von den derzeitigen Mitgliedstaaten und der Gemeinschaft gemeinsam geschlossenen oder unterzeichneten Abkommen oder Übereinkünften beizutreten.

Dem Beitritt Bulgariens und Rumäniens zu den Abkommen oder Übereinkünften mit bestimmten Drittländern oder internationalen Organisationen, die von der Gemeinschaft und ihren derzeitigen Mitgliedstaaten gemeinsam geschlossen oder unterzeichnet wurden, wird durch den Abschluss eines Protokolls zu diesen Abkommen beziehungsweise Übereinkünften zwischen dem Rat, der im Namen der Mitgliedstaaten handelt und einstimmig beschließt, und dem betreffenden dritten Staat oder den betreffenden dritten Staaten beziehungsweise der betreffenden internationalen Organisation zugestimmt. Die Kommission handelt diese Protokolle im Namen der Mitgliedstaaten auf der Grundlage der vom Rat einstimmig gebilligten Verhandlungsrichtlinien in Abstimmung mit einem aus den Vertretern der Mitgliedstaaten zusammengesetzten Ausschuss aus. Sie unterbreitet dem Rat einen Entwurf der Protokolle für deren Abschluss.

Dieses Verfahren gilt unbeschadet der Ausübung der eigenen Zuständigkeiten der Gemeinschaft und berührt nicht die Verteilung der Zuständigkeiten zwischen der Gemeinschaft und den Mitgliedstaaten in Bezug auf den künftigen Abschluss derartiger Abkommen oder in Bezug auf andere nicht mit dem Beitritt zusammenhängende Änderungen.

(3) Mit dem Beitritt zu den in Absatz 2 genannten Abkommen und Übereinkünften erlangen Bulgarien und Rumänien die gleichen Rechte und Pflichten aus diesen Abkommen und Übereinkünften wie die derzeitigen Mitgliedstaaten.

(4) Ab dem Tag des Beitritts und bis zum Inkrafttreten der in Absatz 2 genannten erforderlichen Protokolle wenden Bulgarien und Rumänien die Abkommen oder Übereinkünfte an, die die derzeitigen Mitgliedstaaten und die Gemeinschaft gemeinsam vor dem Beitritt geschlossen haben, mit Ausnahme des Abkommens mit der Schweiz über die Freizügigkeit. Diese Verpflichtung gilt auch für die Abkommen und Übereinkünfte, deren vorläufige Anwendung der Union und der derzeitigen Mitgliedstaaten vereinbart haben.

Bis zum Inkrafttreten der in Absatz 2 genannten Protokolle ergreifen die Gemeinschaft und die Mitgliedstaaten gemeinsam im Rahmen ihrer jeweiligen Zuständigkeiten alle geeigneten Maßnahmen.

(5) Bulgarien und Rumänien treten dem Partnerschaftsabkommen zwischen den Mitgliedern der Gruppe der Staaten in Afrika, im Karibischen Raum und im Pazifischen Ozean einerseits und der Europäischen Gemeinschaft und ihren Mitgliedstaaten andererseits[1]), unterzeichnet in Cotonou am 23. Juni 2000, bei.

(6) Bulgarien und Rumänien verpflichten sich, nach Maßgabe dieser Akte dem Abkommen über den Europäischen Wirtschaftsraum[2]) gemäß Artikel 128 jenes Abkommens beizutreten.

(7) Ab dem Tag des Beitritts wenden Bulgarien und Rumänien die von der Gemeinschaft

---

[1]) ABl. L 317 vom 15.12.2000, S. 3.
[2]) ABl. L 1 vom 3.1.1994, S. 3.

mit dritten Staaten geschlossenen bilateralen Textilabkommen oder -vereinbarungen an.

Die von der Gemeinschaft angewendeten mengenmäßigen Beschränkungen der Einfuhr von Textil- und Bekleidungserzeugnissen werden angepasst, um dem Beitritt Bulgariens und Rumäniens zur Gemeinschaft Rechnung zu tragen. Zu diesem Zweck können Änderungen der oben genannten bilateralen Abkommen und Vereinbarungen von der Gemeinschaft mit den betreffenden dritten Staaten vor dem Beitritt ausgehandelt werden.

Sollten die Änderungen der bilateralen Textilabkommen und -vereinbarungen bis zum Tag des Beitritts nicht in Kraft getreten sein, so nimmt die Gemeinschaft an ihren Vorschriften für die Einfuhr von Textil- und Bekleidungserzeugnissen aus dritten Staaten die notwendigen Anpassungen vor, um dem Beitritt Bulgariens und Rumäniens Rechnung zu tragen.

(8) Die von der Gemeinschaft angewendeten mengenmäßigen Beschränkungen der Einfuhr von Stahl und Stahlerzeugnissen werden auf der Grundlage der in den letzten Jahren erfolgten Einfuhren von Stahlerzeugnissen aus den betreffenden Lieferländern nach Bulgarien und Rumänien angepasst.

Zu diesem Zweck werden die erforderlichen Änderungen der von der Gemeinschaft mit den betreffenden dritten Staaten geschlossenen bilateralen Stahlabkommen und -vereinbarungen vor dem Beitritt ausgehandelt.

Sollten die Änderungen der bilateralen Abkommen und Vereinbarungen bis zum Beitritt nicht in Kraft getreten sein, so gilt Unterabsatz 1.

(9) Fischereiabkommen, die Bulgarien oder Rumänien vor dem Beitritt mit Drittländern geschlossen hat, werden von der Gemeinschaft verwaltet.

Die Rechte und Pflichten Bulgariens und Rumäniens aus diesen Abkommen werden während des Zeitraums, in dem die Bestimmungen dieser Abkommen vorläufig beibehalten werden, nicht berührt.

So bald wie möglich, auf jeden Fall jedoch vor dem Ablauf der Geltungsdauer der in Unterabsatz 1 genannten Abkommen, erlässt der Rat in jedem Einzelfall auf Vorschlag der Kommission mit qualifizierter Mehrheit die geeigneten Beschlüsse zur Aufrechterhaltung der Fischereitätigkeiten, die sich aus den Abkommen ergeben; hierzu gehört auch die Möglichkeit, bestimmte Abkommen um höchstens ein Jahr zu verlängern.

(10) Mit Wirkung vom Tag des Beitritts treten Bulgarien und Rumänien von allen Freihandelsabkommen mit dritten Staaten zurück; dies gilt auch für das Mitteleuropäische Freihandelsübereinkommen.

Insoweit Übereinkünfte zwischen Bulgarien, Rumänien oder diesen beiden Staaten einerseits und einem oder mehreren dritten Staaten andererseits nicht mit den Pflichten aus dieser Akte vereinbar sind, treffen Bulgarien und Rumänien alle geeigneten Maßnahmen, um die festgestellten Unvereinbarkeiten zu beseitigen. Stößt Bulgarien oder Rumänien bei der Anpassung eines mit einem Drittland oder mehreren Drittländern geschlossenen Abkommens auf Schwierigkeiten, so tritt es nach Maßgabe dieses Abkommens von dem Abkommen zurück.

(11) Bulgarien und Rumänien treten zu den in dieser Akte vorgesehenen Bedingungen den internen Vereinbarungen bei, welche die derzeitigen Mitgliedstaaten zur Durchführung der Absätze 2, 5 und 6 geschlossen haben.

(12) Bulgarien und Rumänien ergreifen geeignete Maßnahmen, um gegebenenfalls ihre Stellung gegenüber internationalen Organisationen oder denjenigen internationalen Übereinkünften, denen auch die Gemeinschaft oder andere Mitgliedstaaten als Vertragspartei angehören, den Rechten und Pflichten anzupassen, die sich aus ihrem Beitritt zur Union ergeben.

Sie treten insbesondere zum Tag des Beitritts oder zum frühest möglichen Termin nach dem Beitritt von den internationalen Fischereiübereinkünften zurück, denen auch die Gemeinschaft als Vertragspartei angehört, und beenden ihre Mitgliedschaft in den internationalen Fischereiorganisationen, denen auch die Gemeinschaft als Mitglied angehört, sofern ihre Mitgliedschaft nicht andere Angelegenheiten als die Fischerei betrifft.

Artikel 7

(1) Die Bestimmungen dieser Akte können, soweit darin nicht etwas anderes vorgesehen ist, nur nach dem in den ursprünglichen Verträgen vorgesehenen Verfahren, die eine Revision dieser Verträge ermöglichen, ausgesetzt, geändert oder aufgehoben werden.

(2) Die von den Organen erlassenen Rechtsakte, auf die sich die in dieser Akte vorgesehenen Übergangsbestimmungen beziehen, bewahren ihren Rechtscharakter; insbesondere bleiben die Verfahren zur Änderung dieser Rechtsakte anwendbar.

(3) Die Bestimmungen dieser Akte, die eine nicht nur vorübergehende Aufhebung oder Änderung von Rechtsakten der Organe zum Gegenstand haben oder bewirken, haben denselben Rechtscharakter wie die durch sie aufgehobenen oder geänderten Bestimmungen und unterliegen denselben Regeln wie diese.

Artikel 8

Für die Anwendung der ursprünglichen Verträge und der Rechtsakte der Organe gelten vorübergehend die in dieser Akte vorgesehenen abweichenden Bestimmungen.

1/18. BeitrittsV 2005

Bedingungen

EUV/AEUV
+ Prot/Erkl
Anhänge
EU-Grundrechte-
Charta + Erl
Irland Tschech Rep
Änderungs- und
Beitrittsverträge
LissV + ZusErl
Liss-BeglNovelle

ZWEITER TEIL
ANPASSUNGEN DER VERTRÄGE
TITEL I
INSTITUTIONELLE BESTIMMUNGEN
Artikel 9 bis 15
[eingearbeitet bzw nicht abgedruckt]

TITEL II
SONSTIGE ÄNDERUNGEN
Artikel 16 bis 18
[eingearbeitet bzw nicht abgedruckt]

DRITTER TEIL
STÄNDIGE BESTIMMUNGEN
TITEL I
ANPASSUNGEN DER RECHTSAKTE
DER ORGANE
Artikel 19

Die in Anhang III aufgeführten Rechtsakte werden nach Maßgabe jenes Anhangs angepasst.

Artikel 20

Die infolge des Beitritts erforderlichen Anpassungen der in Anhang IV aufgeführten Rechtsakte werden nach den dort aufgestellten Leitlinien vorgenommen.

TITEL II
SONSTIGE BESTIMMUNGEN
Artikel 21

Die in Anhang V dieser Akte aufgeführten Maßnahmen werden unter den in jenem Anhang festgelegten Bedingungen angewandt.

Artikel 22

Der Rat kann einstimmig auf Vorschlag der Kommission und nach Anhörung des Europäischen Parlaments die bei einer Änderung der Gemeinschaftsregelung gegebenenfalls erforderlichen Anpassungen der Bestimmungen dieser Akte über die Gemeinsame Agrarpolitik vornehmen.

VIERTER TEIL
BESTIMMUNGEN MIT BEGRENZTER
GELTUNGSDAUER
TITEL I
ÜBERGANGSMASSNAHMEN
Artikel 23

Die in den Anhängen VI und VII aufgeführten Maßnahmen gelten in Bezug auf Bulgarien und Rumänien unter den in jenen Anhängen festgelegten Bedingungen.

TITEL II
INSTITUTIONELLE BESTIMMUNGEN
Artikel 24

(1) Abweichend von der Höchstzahl der Mitglieder des Europäischen Parlaments nach Artikel 189 Absatz 2 des EG-Vertrags und Artikel 107 Absatz 2 des EAG-Vertrags wird die Anzahl der Mitglieder des Europäischen Parlaments erhöht, um dem Beitritt Bulgariens und Rumäniens Rechnung zu tragen, wobei die Anzahl der Sitze für diese Länder für den Zeitraum ab dem Tag des Beitritts bis zum Beginn der Wahlperiode 2009 bis 2014 des Europäischen Parlaments wie folgt festgelegt wird:

Bulgarien	18
Rumänien	35.

(2) Vor dem 31. Dezember 2007 halten Bulgarien und Rumänien nach Maßgabe des Akts zur Einführung allgemeiner unmittelbarer Wahlen der Abgeordneten des Europäischen Parlaments[3]) jeweils allgemeine unmittelbare Wahlen ihrer Völker zum Europäischen Parlament ab, bei denen die in Absatz 1 festgelegte Anzahl von Abgeordneten gewählt wird.

(3) Abweichend von Artikel 190 Absatz 1 des EG-Vertrags und Artikel 108 Absatz 1 des EAG-Vertrags werden, wenn Wahlen nach dem Tag des Beitritts abgehalten werden, die Abgeordneten der Völker Bulgariens und Rumäniens im Europäischen Parlament für den Zeitraum ab dem Tag des Beitritts bis zu den in Absatz 2 genannten Wahlen von den Parlamenten dieser Staaten entsprechend den von ihnen festgelegten Verfahren bestimmt.

TITEL III
FINANZBESTIMMUNGEN
Artikel 25

(1) Ab dem Tag des Beitritts zahlen Bulgarien und Rumänien die folgenden Beträge entsprechend ihrem Anteil an dem Kapital, das auf das in Artikel 4 der Satzung der Europäischen Investitionsbank[4]) festgelegte gezeichnete Kapital eingezahlt wurde.

Bulgarien	EUR 14 800 000
Rumänien	EUR 42 300 000.

Diese Beträge werden in acht gleichen Raten gezahlt, die am 31. Mai 2007, 31. Mai 2008, 31. Mai 2009, 30. November 2009, 31. Mai 2010,

---

[3]) ABl. L 278 vom 8.10.1976, S. 5. Zuletzt geändert durch den Beschluss 2002/772/EG, Euratom des Rates (ABl. L 283 vom 21.10.2002, S. 1).
[4]) Bei den angegebenen Beträgen handelt es sich um Richtwerte, die sich auf die von Eurostat für das Jahr 2003 veröffentlichten Daten stützen.

30. November 2010, 31. Mai 2011 und 30. November 2011 fällig werden.

(2) Bulgarien und Rumänien leisten zu den Rücklagen und zu den den Rücklagen gleichzusetzenden Rückstellungen sowie zu dem den Rücklagen und Rückstellungen noch zuzuweisenden Betrag (Saldo der Gewinn- und Verlustrechnung zum Ende des dem Beitritt vorausgehenden Monats), wie sie in der Bilanz der Bank ausgewiesen werden, zu den in Absatz 1 vorgesehenen Zeitpunkten in acht gleichen Raten Beiträge in Höhe folgender Prozentsätze der Rücklagen und Rückstellungen[5]):

Bulgarien	0,181 %
Rumänien	0,517 %.

(3) Die Kapitalbeiträge und Einzahlungen nach den Absätzen 1 und 2 werden von Bulgarien und Rumänien in bar in Euro geleistet, sofern der Rat der Gouverneure nicht einstimmig eine Ausnahme hierzu beschließt.

Artikel 26

(1) Bulgarien und Rumänien überweisen die folgenden Beträge an den Forschungsfonds für Kohle und Stahl im Sinne des Beschlusses 2002/234/EGKS der im Rat vereinigten Vertreter der Regierungen der Mitgliedstaaten vom 27. Februar 2002 über die finanziellen Folgen des Ablaufs des EGKS-Vertrags und über den Forschungsfonds für Kohle und Stahl[6]):

(in Mio. EUR zu laufenden Preisen)

Bulgarien	11,95
Rumänien	29,88.

(2) Die Beiträge zum Forschungsfonds für Kohle und Stahl werden beginnend mit dem Jahr 2009 in vier Raten jeweils am ersten Arbeitstag des ersten Monats jedes Jahres wie folgt überwiesen:

2009: 15 %
2010: 20 %
2011: 30 %
2012: 35 %.

Artikel 27

(1) Vom Tag des Beitritts an werden Ausschreibung, Auftragsvergabe, Durchführung und Zahlungen im Rahmen von Heranführungshilfen nach den Programmen PHARE[7]) und PHARE-

CBC[8]) sowie von Beihilfen nach der in Artikel 31 genannten Übergangsfazilität von Durchführungsstellen in Bulgarien und Rumänien verwaltet.

Die Ex-ante-Kontrolle der Kommission für Ausschreibung und Auftragsvergabe wird mit einem entsprechenden Beschluss der Kommission aufgehoben, wenn die Kommission ein Zulassungsverfahren durchgeführt hat und das Erweiterte Dezentrale Durchführungssystem (Extended Decentralised Implementation System – EDIS) anhand der im Anhang zu der Verordnung (EG) Nr. 1266/1999 des Rates vom 21. Juni 1999 zur Koordinierung der Hilfe für die beitrittswilligen Länder im Rahmen der Heranführungsstrategie und zur Änderung der Verordnung (EWG) Nr. 3906/89[9]) und des Artikels 164 der Haushaltsordnung für den Gesamthaushaltsplan der Europäischen Gemeinschaften[10]) festgelegten Kriterien und Bedingungen positiv beurteilt worden ist.

Wird dieser Kommissionsbeschluss zur Aufhebung der Ex-ante-Kontrolle nicht vor dem Tag des Beitritts gefasst, so kann für keinen der Verträge, die zwischen dem Tag des Beitritts und dem Tag des Kommissionsbeschlusses unterzeichnet werden, Heranführungshilfe gewährt werden.

Verzögert sich jedoch der Beschluss der Kommission zur Aufhebung der Ex-ante-Kontrolle aus Gründen, die nicht den Behörden Bulgariens bzw. Rumäniens zuzuschreiben sind, über den Tag des Beitritts hinaus, so kann die Kommission in gebührend begründeten Fällen einer Heranführungshilfe für Verträge, die zwischen dem Tag des Beitritts und dem Tag des Kommissionsbeschlusses unterzeichnet wurden, und einer weiteren Durchführung von Heranführungshilfen für einen begrenzten Zeitraum vorbehaltlich einer Ex-ante-Kontrolle von Ausschreibung und Auftragsvergabe durch die Kommission zustimmen.

(2) Mittelbindungen, die vor dem Beitritt im Rahmen der in Absatz 1 genannten Vorbeitritts-Finanzinstrumente und nach dem Beitritt im Rahmen der in Artikel 31 genannten Übergangsfazilität erfolgt sind, einschließlich des Abschlusses und der Verbuchung späterer rechtlicher Einzelverpflichtungen und Zahlungen nach dem Beitritt, unterliegen weiterhin den Regelungen und Verordnungen für die Vorbeitritts-Finanzinstrumente und werden bis zum

---

[5]) Bei den angegebenen Beträgen handelt es sich um Richtwerte, die sich auf die von Eurostat für das Jahr 2003 veröffentlichten Daten stützen.

[6]) ABl. L 79 vom 22.3.2002, S. 42.

[7]) Verordnung (EWG) Nr. 3906/89 des Rates vom 18. Dezember 1989 über Wirtschaftshilfe für bestimmte Länder in Mittel- und Osteuropa (ABl. L 375 vom 23.12.1989, S. 11). Zuletzt geändert durch die Verordnung (EG) Nr. 769/2004 (ABl. L 123 vom 27.4.2004, S. 1).

[8]) Verordnung (EG) Nr. 2760/98 der Kommission vom 18. Dezember 1998 über die Durchführung eines Programms für grenzübergreifende Zusammenarbeit im Rahmen des PHARE-Programms (ABl. L 345 vom 19.12.1998, S. 49). Zuletzt geändert durch die Verordnung (EG) Nr. 1822/2003 (ABl. L 267 vom 17.10.2003, S. 9).

[9]) ABl. L 161 vom 26.6.1999, S. 68.

[10]) Verordnung (EG, Euratom) Nr. 1605/2002 des Rates vom 25.6.2002 (ABl. L 248 vom 16.9.2002, S. 1).

—391— **1/18. Beitritts V 2005**

Bedingungen

EUV/AEUV
+ Prot/Erkl
Anhänge
EU-Grundrechte-
Charta + Erl
Irland/Tschech.Rep
Änderungs- und
Beitrittsverträge
LissV + ZusErl
Liss-BeglNovelle

Abschluss der betreffenden Programme und Projekte in den entsprechenden Kapiteln des Haushalts veranschlagt. Dessen ungeachtet werden Verfahren zur Vergabe öffentlicher Aufträge, die nach dem Beitritt eingeleitet werden, in Einklang mit den einschlägigen Gemeinschaftsrichtlinien durchgeführt.

(3) Für die in Absatz 1 genannte Heranführungshilfe wird im letzten Jahr vor dem Beitritt letztmalig eine Programmplanung durchgeführt. Die Aufträge für Maßnahmen im Rahmen dieser Programme sind innerhalb der folgenden zwei Jahre zu vergeben. Verlängerungen der Auftragsvergabefrist werden nicht genehmigt. Für die Ausführung der Aufträge können in gebührend begründeten Ausnahmefällen befristete Verlängerungen genehmigt werden.

Ungeachtet dessen kann Heranführungshilfe für Verwaltungskosten nach Absatz 4 in den ersten zwei Jahren nach dem Beitritt gebunden werden. Für Audit- und Evaluierungskosten kann Heranführungshilfe für die Dauer von fünf Jahren nach dem Beitritt gebunden werden.

(4) Zur Gewährleistung der erforderlichen schrittweisen Einstellung der in Absatz 1 genannten Vorbeitritts-Finanzinstrumente und des ISPA-Programms[11]) kann die Kommission alle geeigneten Maßnahmen ergreifen, um dafür zu sorgen, dass das erforderliche Statutspersonal in Bulgarien und Rumänien nach dem Beitritt noch für höchstens 19 Monate weiter tätig ist. In diesem Zeitraum gelten für Beamte, Bedienstete auf Zeit und Vertragsbedienstete, die vor dem Beitritt in Planstellen in Bulgarien und Rumänien eingewiesen wurden und die nach dem Beitritt weiterhin in diesen Staaten ihren Dienst zu verrichten haben, ausnahmsweise die gleichen finanziellen und materiellen Bedingungen, wie sie die Kommission vor dem Beitritt gemäß dem Statut der Beamten und der Beschäftigungsbedingungen für die sonstigen Bediensteten der Europäischen Gemeinschaften – der Verordnung (EWG, Euratom, EGKS) des Rates Nr. 259/68[12]) – angewandt hat. Die Verwaltungsausgaben einschließlich der Bezüge sonstigen erforderlichen Personals werden aus der Haushaltslinie „Einstellung der Heranführungshilfe für die neuen Mitgliedstaaten" oder einer entsprechenden Haushaltslinie im geeigneten, mit der Erweiterung im Zusammenhang stehenden Politikbereich des Gesamthaushaltsplans der Europäischen Gemeinschaften finanziert.

[11]) Verordnung (EG) Nr. 1267/1999 des Rates vom 21. Juni 1999 über ein strukturpolitisches Instrument zur Vorbereitung auf den Beitritt (ABl. L 161 vom 26.6.1999, S. 73). Zuletzt geändert durch die Verordnung (EG) Nr. 769/2004 des Rates (ABl. L 123 vom 27.4.2004, S. 1).

[12]) ABl. L 56 vom 4.3.1968, S. 1. Zuletzt geändert durch die Verordnung (EG, Euratom) Nr. 723/2004 (ABl. L 124 vom 27.4.2004, S. 1).

Artikel 28

(1) Maßnahmen, die zum Zeitpunkt des Beitritts Gegenstand von Beschlüssen über Unterstützung gemäß der Verordnung (EG) Nr. 1267/1999 über ein strukturpolitisches Instrument zur Vorbereitung auf den Beitritt waren und deren Durchführung zu diesem Zeitpunkt noch nicht abgeschlossen war, gelten als von der Kommission gemäß der Verordnung (EG) Nr. 1164/94 des Rates vom 16. Mai 1994 zur Einrichtung eines Kohäsionsfonds[13]) genehmigt. Beträge, die für die Durchführung derartiger Maßnahmen noch gebunden werden müssen, werden gemäß der zum Zeitpunkt des Beitritts für den Kohäsionsfonds geltenden Verordnung gebunden und dem Kapitel zugewiesen, das im Gesamthaushaltsplan der Europäischen Gemeinschaften dieser Verordnung entspricht. Sofern in den Absätzen 2 bis 5 nichts anderes angegeben ist, gelten für derartige Maßnahmen die Bestimmungen zur Durchführung von Maßnahmen, die gemäß der letzteren Verordnung genehmigt worden sind.

(2) Vergabeverfahren für Maßnahmen nach Absatz 1, die am Tag des Beitritts bereits Gegenstand einer Ausschreibung im Amtsblatt der Europäischen Union waren, werden gemäß den in der Ausschreibung enthaltenen Regeln durchgeführt. Die Bestimmungen von Artikel 165 der Haushaltsordnung für den Gesamthaushaltsplan der Europäischen Gemeinschaften finden jedoch keine Anwendung. Vergabeverfahren für Maßnahmen nach Absatz 1, die noch nicht Gegenstand einer Ausschreibung im Amtsblatt der Europäischen Union waren, müssen in Einklang stehen mit den Bestimmungen der Verträge, den aufgrund der Verträge erlassenen Rechtsakten und den Gemeinschaftspolitiken, einschließlich der Politiken in den Bereichen Umweltschutz, Verkehr, transeuropäische Netze, Wettbewerb und Vergabe öffentlicher Aufträge.

(3) Zahlungen, die die Kommission im Rahmen einer Maßnahme nach Absatz 1 tätigt, werden der am weitesten zurückliegenden offenen Mittelbindung an erster Stelle gemäß Verordnung (EG) Nr. 1267/1999 und danach gemäß der zum jeweiligen Zeitpunkt für den Kohäsionsfonds geltenden Verordnung zugeordnet.

(4) Außer in ausreichend begründeten Fällen, über die die Kommission auf Antrag des betreffenden Mitgliedstaats beschließt, gelten für die Maßnahmen nach Absatz 1 weiterhin die Regeln für die Förderfähigkeit von Ausgaben gemäß Verordnung (EG) Nr. 1267/1999.

(5) Die Kommission kann in ausreichend begründeten Ausnahmefällen beschließen, für die

[13]) ABl. L 130 vom 25.5.1994. Zuletzt geändert durch die Beitrittsakte von 2003 (ABl. L 236 vom 23.9.2003, S. 33).

Maßnahmen nach Absatz 1 spezifische Befreiungen von den Regeln zu genehmigen, die gemäß der zum Zeitpunkt des Beitritts für den Kohäsionsfonds geltenden Verordnung anwendbar sind.

Artikel 29

Erstreckt sich der Zeitraum für mehrjährige Mittelbindungen im Rahmen des SAPARD-Programms[14]) für die Aufforstung landwirtschaftlicher Flächen, die Unterstützung der Einrichtung von Erzeugergemeinschaften oder Agrarumweltmaßnahmen über das letzte für Zahlungen im Rahmen von SAPARD zulässige Datum hinaus, so werden noch bestehende Mittelbindungen im Programm 2007 bis 2013 für die Entwicklung des ländlichen Raums abgewickelt. Sind dafür besondere Übergangsmaßnahmen erforderlich, so werden diese nach dem Verfahren des Artikels 50 Absatz 2 der Verordnung (EG) Nr. 1260/1999 des Rates vom 21. Juni 1999 mit allgemeinen Bedingungen über die Strukturfonds[15]) erlassen.

Artikel 30

(1) Bulgarien hat entsprechend seinen Zusagen die Reaktoren 1 und 2 des Kernkraftwerks Kosloduj vor dem Jahr 2003 endgültig abgeschaltet, damit sie anschließend stillgelegt werden können; ferner hat es zugesagt, die Reaktoren 3 und 4 dieses Kernkraftwerks im Jahr 2006 endgültig abzuschalten und anschließend stillzulegen.

(2) Im Zeitraum 2007 bis 2009 stellt die Gemeinschaft Bulgarien eine Finanzhilfe für die Stilllegungsarbeiten und zur Bewältigung der Folgen der Abschaltung und Stilllegung der Reaktoren 1 bis 4 des Kernkraftwerks Kosloduj bereit.

Die Finanzhilfe umfasst unter anderem Folgendes: Maßnahmen zur Unterstützung der Stilllegung der Reaktoren 1 bis 4 des Kernkraftwerks Kosloduj, Maßnahmen zur Verbesserung der Umweltfreundlichkeit entsprechend dem Besitzstand, Maßnahmen zur Modernisierung konventioneller Stromerzeugungskapazitäten sowie der Bereiche Übertragung und Verteilung von Energie in Bulgarien und Maßnahmen zur Verbesserung der Energieeffizienz, zum Ausbau der Nutzung erneuerbarer Energiequellen und zur Verbesserung der Sicherheit der Energieversorgung.

Für den Zeitraum 2007 bis 2009 beläuft sich die Finanzhilfe auf 210 Mio. EUR (zu Preisen von 2004) an Verpflichtungsermächtigungen, die in gleichen jährlichen Tranchen von je 70 Mio. EUR (zu Preisen von 2004) zu binden sind.

Die Finanzhilfe kann ganz oder teilweise in Form eines Beitrags der Gemeinschaft zum Internationalen Fonds zur Unterstützung der Stilllegung von Kosloduj, der von der Europäischen Bank für Wiederaufbau und Entwicklung verwaltet wird, bereitgestellt werden.

(3) Die Kommission kann Regeln für die Umsetzung der in Absatz 2 genannten Finanzhilfe annehmen. Die Regeln werden gemäß dem Beschluss 1999/468/EG des Rates vom 28. Juni 1999 zur Festlegung der Modalitäten für die Ausübung der der Kommission übertragenen Durchführungsbefugnisse[16]) festgelegt. Zu diesem Zweck wird die Kommission von einem Ausschuss unterstützt. Die Artikel 4 und 7 des Beschlusses 1999/468/EG kommen zur Anwendung. Der Zeitraum nach Artikel 4 Absatz 3 des Beschlusses 1999/468/EG beträgt sechs Wochen. Der Ausschuss gibt sich eine Geschäftsordnung.

Artikel 31

(1) Für das erste Jahr nach dem Beitritt stellt die Union Bulgarien und Rumänien eine vorübergehende Finanzhilfe (nachstehend „Übergangsfazilität" genannt) bereit, um ihre Justiz- und Verwaltungskapazitäten zur Anwendung und Durchsetzung des Gemeinschaftsrechts zu entwickeln und zu stärken und den gegenseitigen Austausch bewährter Praktiken zu fördern. Mit dieser Finanzhilfe werden Projekte zum Institutionenaufbau und damit verbundene kleinere Investitionen finanziert.

(2) Die Hilfe dient dazu, dem anhaltenden Erfordernis, die institutionellen Kapazitäten in bestimmten Bereichen zu stärken, durch Maßnahmen zu entsprechen, die nicht von den Strukturfonds oder dem Fonds für die Entwicklung des ländlichen Raums finanziert werden können.

(3) Für Partnerschaftsprojekte zwischen öffentlichen Verwaltungen zum Zwecke des Institutionenaufbaus gilt weiterhin das in den Rahmenabkommen mit den Mitgliedstaaten zum Zwecke der Heranführung festgelegte Verfahren für den Aufruf zur Einreichung von Vorschlägen über das Netz der Kontaktstellen in den Mitgliedstaaten.

Die Verpflichtungsermächtigungen für die Übergangsfazilität für Bulgarien und Rumänien betragen im ersten Jahr nach dem Beitritt

---

[14]) Verordnung (EG) Nr. 1268/1999 des Rates vom 21. Juni 1999 über eine gemeinschaftliche Förderung für Maßnahmen in den Bereichen Landwirtschaft und Entwicklung des ländlichen Raumes zur Vorbereitung des Beitritts der Bewerberländer in Mittel- und Osteuropa während des Heranführungszeitraums (ABl. L 161 vom 26.6.1999, S. 87). Zuletzt geändert durch die Verordnung (EG) Nr. 2008/2004 (ABl. L 349 vom 25.11.2004, S. 12).

[15]) ABl. L 161 vom 26.6.1999, S. 1. Zuletzt geändert durch die Beitrittsakte von 2003 (ABl. L 236 vom 23.9.2003, S. 33).

[16]) ABl. L 184 vom 17.7.1999, S. 23.

— 393 — **1/18. Beitritts V 2005**

Bedingungen

EUV/AEUV
+ Prot/Erkl
Anhänge
EU-Grundrechte-
Charta + Erl
Irland/Tschech Rep
Änderungs- und
Beitrittsverträge
LissV + ZusErl
Liss-BeglNovelle

82 Mio. EUR zu Preisen von 2004 und werden nationalen und horizontalen Prioritäten zugewiesen. Die Mittel werden von der Haushaltsbehörde innerhalb der Grenzen der Finanziellen Vorausschau bewilligt.

(4) Über die Hilfe im Rahmen der Übergangsfazilität und deren Durchführung wird nach der Verordnung (EWG) Nr. 3906/89 des Rates über Wirtschaftshilfe für bestimmte Länder Mittel- und Osteuropas beschlossen.

Artikel 32

(1) Es wird eine Cashflow- und Schengen-Fazilität als zeitlich befristetes Instrument eingerichtet, um Bulgarien und Rumänien ab dem Tag des Beitritts bis zum Ende des Jahres 2009 bei der Finanzierung von Maßnahmen an den neuen Außengrenzen der Union zur Durchführung des Schengen-Besitzstandes und der Kontrollen an den Außengrenzen und bei der Verbesserung der Liquidität in den nationalen Haushaltsplänen zu unterstützen.

(2) Für den Zeitraum 2007 bis 2009 werden Bulgarien und Rumänien die folgenden Beträge (Preise von 2004) in Form von Pauschalbeträgen aus der zeitlich befristeten Cashflow- und Schengen-Fazilität bereitgestellt:

(in Mio. EUR zu Preisen von 2004)

	2007	2008	2009
Bulgarien	121,8	59,1	58,6
Rumänien	297,2	131,8	130,8

(3) Mindestens 50 % der jedem Land im Rahmen dieser zeitlich befristeten Cashflow- und Schengen-Fazilität zugewiesenen Mittel sind zu verwenden, um Bulgarien und Rumänien bei ihrer Verpflichtung zu unterstützen, Maßnahmen an den neuen Außengrenzen der Union zur Durchführung des Schengen-Besitzstands und der Kontrollen an den Außengrenzen zu finanzieren.

(4) Bulgarien und Rumänien wird am ersten Arbeitstag jedes Monats des entsprechenden Jahres ein Zwölftel des jeweiligen Jahresbetrags gezahlt. Die Pauschalbeträge sind innerhalb von drei Jahren nach der ersten Zahlung zu verwenden. Bulgarien und Rumänien legen spätestens sechs Monate nach Ablauf des Dreijahreszeitraums einen umfassenden Bericht über die endgültige Verwendung der aus der Abteilung „Schengen" der befristeten Cashflow- und Schengen-Fazilität gezahlten Pauschalbeträge mit einer Begründung der Ausgaben vor. Nicht verwendete oder ungerechtfertigt ausgegebene Mittel werden von der Kommission wieder eingezogen.

(5) Die Kommission kann technische Vorschriften erlassen, die für das Funktionieren der zeitlich befristeten Cashflow- und Schengen-Fazilität erforderlich sind.

Artikel 33

(1) Unbeschadet künftiger politischer Entscheidungen wird die gesamte Mittelausstattung für strukturpolitische Maßnahmen, die Bulgarien und Rumänien während des Dreijahreszeitraums 2007 bis 2009 zur Verfügung gestellt wird, wie folgt festgesetzt:

(in Mio. EUR zu Preisen von 2004)

	2007	2008	2009
Bulgarien	539	759	1002
Rumänien	1399	1972	2603

(2) Während der drei Jahre 2007 bis 2009 werden der Anwendungsbereich und die Art der Beihilfen innerhalb dieser festgelegten länderspezifischen Finanzrahmen auf der Grundlage der dann für strukturpolitische Maßnahmen geltenden Bestimmungen festgelegt.

Artikel 34

(1) Zusätzlich zu den am Tag des Beitritts geltenden Verordnungen über die Entwicklung des ländlichen Raums gelten für Bulgarien und Rumänien die Bestimmungen des Anhangs VIII Abschnitte I bis III im Zeitraum 2007 bis 2009 und die spezifischen Finanzbestimmungen des Anhangs VIII Abschnitt IV im gesamten Programmplanungszeitraum 2007 bis 2013.

(2) Unbeschadet künftiger politischer Entscheidungen belaufen sich die Verpflichtungsermächtigungen aus dem EAGFL, Abteilung Garantie, für die Entwicklung des ländlichen Raums zugunsten von Bulgarien und Rumänien im Dreijahreszeitraum 2007 bis 2009 auf 3041 Mio. EUR (Preise von 2004).

(3) Durchführungsbestimmungen für die Anwendung des Anhangs VIII werden erforderlichenfalls nach dem Verfahren des Artikels 50 Absatz 2 der Verordnung (EG) Nr. 1260/1999 erlassen.

(4) Der Rat beschließt mit qualifizierter Mehrheit auf Vorschlag der Kommission und nach Anhörung des Europäischen Parlaments etwaige Anpassungen der Bestimmungen des Anhangs VIII, wenn dies erforderlich ist, um die Kohärenz mit den Verordnungen über die Entwicklung des ländlichen Raums sicherzustellen.

Artikel 35

Die Kommission passt die in den Artikeln 30, 31, 32, 33 und 34 genannten Beträge jedes Jahr im Rahmen der jährlichen technischen Anpassung der Finanziellen Vorausschau an die Preisentwicklung an.

TITEL IV

SONSTIGE BESTIMMUNGEN

Artikel 36

(1) Für einen Zeitraum von bis zu drei Jahren nach dem Beitritt kann Bulgarien oder Rumänien bei Schwierigkeiten, welche einen Wirtschaftszweig erheblich und voraussichtlich anhaltend treffen oder welche die wirtschaftliche Lage eines bestimmten Gebiets beträchtlich verschlechtern können, die Genehmigung zur Anwendung von Schutzmaßnahmen beantragen, um die Lage wieder auszugleichen und den betreffenden Wirtschaftszweig an die Wirtschaft des Binnenmarkts anzupassen.

Unter den gleichen Bedingungen kann ein derzeitiger Mitgliedstaat die Genehmigung zur Anwendung von Schutzmaßnahmen gegenüber Bulgarien, Rumänien oder diesen beiden Staaten beantragen.

(2) Auf Antrag des betreffenden Staates bestimmt die Kommission im Dringlichkeitsverfahren die ihres Erachtens erforderlichen Schutzmaßnahmen und legt gleichzeitig die Bedingungen und Einzelheiten ihrer Anwendung fest. Im Fall erheblicher wirtschaftlicher Schwierigkeiten entscheidet die Kommission auf ausdrücklichen Antrag des betreffenden Mitgliedstaats binnen fünf Arbeitstagen nach Eingang des mit Gründen versehenen Antrags. Die beschlossenen Maßnahmen sind sofort anwendbar; sie tragen dem Interesse aller Beteiligten Rechnung und dürfen keine Grenzkontrollen mit sich bringen.

(3) Die nach Absatz 2 genehmigten Maßnahmen können von den Vorschriften des EG-Vertrags und von dieser Akte abweichen, soweit und solange dies unbedingt erforderlich ist, um die in Absatz 1 genannten Ziele zu erreichen. Es sind mit Vorrang solche Maßnahmen zu wählen, die das Funktionieren des Binnenmarkts am wenigsten stören.

Artikel 37

Hat Bulgarien oder Rumänien seine im Rahmen der Beitrittsverhandlungen eingegangenen Verpflichtungen nicht erfüllt und dadurch eine ernste Beeinträchtigung des Funktionierens des Binnenmarkts hervorgerufen, einschließlich der Verpflichtungen in allen sektorbezogenen Politiken, die wirtschaftliche Tätigkeiten mit grenzüberschreitender Wirkung betreffen, oder besteht die unmittelbare Gefahr einer solchen Beeinträchtigung, so kann die Kommission für einen Zeitraum von bis zu drei Jahren nach dem Beitritt auf begründeten Antrag eines Mitgliedstaats oder auf eigene Initiative geeignete Maßnahmen erlassen.

Diese Maßnahmen müssen verhältnismäßig sein, wobei vorrangig Maßnahmen, die das Funktionieren des Binnenmarkts am wenigsten stören, zu wählen und gegebenenfalls bestehende sektorale Schutzmechanismen anzuwenden sind. Solche Schutzmaßnahmen dürfen nicht als willkürliche Diskriminierung oder als versteckte Beschränkung des Handels zwischen den Mitgliedstaaten angewandt werden. Die Schutzklausel kann schon vor dem Beitritt aufgrund der Ergebnisse der Überwachung geltend gemacht werden, und die Maßnahmen treten am ersten Tag der Mitgliedschaft in Kraft, sofern nicht ein späterer Zeitpunkt vorgesehen ist. Die Maßnahmen werden nicht länger als unbedingt nötig aufrechterhalten und werden auf jeden Fall aufgehoben, sobald die einschlägige Verpflichtung erfüllt ist. Sie können jedoch über den in Absatz 1 genannten Zeitraum hinaus angewandt werden, solange die einschlägigen Verpflichtungen nicht erfüllt sind. Aufgrund von Fortschritten der betreffenden neuen Mitgliedstaaten bei der Erfüllung ihrer Verpflichtungen kann die Kommission die Maßnahmen in geeigneter Weise anpassen. Die Kommission unterrichtet den Rat rechtzeitig, bevor sie die Schutzmaßnahmen aufhebt, und trägt allen Bemerkungen des Rates in dieser Hinsicht gebührend Rechnung.

Artikel 38

Treten bei der Umsetzung, der Durchführung oder der Anwendung von Rahmenbeschlüssen oder anderen einschlägigen Verpflichtungen, Instrumenten der Zusammenarbeit oder Beschlüssen in Bezug auf die gegenseitige Anerkennung im Bereich des Strafrechts im Rahmen des Titels VI des EU-Vertrags und von Richtlinien und Verordnungen in Bezug auf die gegenseitige Anerkennung im Bereich des Zivilrechts im Rahmen des Titels IV des EG-Vertrags in Bulgarien oder Rumänien ernste Mängel auf oder besteht die Gefahr ernster Mängel, so kann die Kommission für einen Zeitraum von bis zu drei Jahren nach dem Beitritt auf begründeten Antrag eines Mitgliedstaats oder auf eigene Initiative und nach Konsultation der Mitgliedstaaten angemessene Maßnahmen treffen und die Bedingungen und Einzelheiten ihrer Anwendung festlegen.

Diese Maßnahmen können in Form einer vorübergehenden Aussetzung der Anwendung einschlägiger Bestimmungen und Beschlüsse in den Beziehungen zwischen Bulgarien oder Rumänien und einem oder mehreren anderen Mitgliedstaat(en) erfolgen; die Fortsetzung einer engen justiziellen Zusammenarbeit bleibt hiervon unberührt. Die Schutzklausel kann schon vor dem Beitritt aufgrund der Ergebnisse der Überwachung geltend gemacht werden und die Maßnahmen treten am ersten Tag der Mitgliedschaft in Kraft, sofern nicht ein späterer Zeit-

— 395 —

1/18. BeitrittsV 2005

Bedingungen

EUV/AEUV
+ Prot/Erkl
Anhänge
EU-Grundrechte-
Charta + Erl
Irland/Tschech Rep
Änderungs- und
Beitrittsverträge
LissV + ZusErl
Liss-BeglNovelle

punkt vorgesehen ist. Die Maßnahmen werden nicht länger als unbedingt nötig aufrechterhalten und werden auf jeden Fall aufgehoben, sobald die Mängel beseitigt sind. Sie können jedoch über den in Absatz 1 genannten Zeitraum hinaus angewandt werden, solange die Mängel weiter bestehen. Aufgrund von Fortschritten des betreffenden neuen Mitgliedstaats bei der Beseitigung der festgestellten Mängel kann die Kommission die Maßnahmen nach Konsultation der Mitgliedstaaten in geeigneter Weise anpassen. Die Kommission unterrichtet den Rat rechtzeitig, bevor sie die Schutzmaßnahmen aufhebt, und trägt allen Bemerkungen des Rates in dieser Hinsicht gebührend Rechnung.

Artikel 39

(1) Falls auf der Grundlage der von der Kommission sichergestellten kontinuierlichen Überwachung der Verpflichtungen, die Bulgarien und Rumänien im Rahmen der Beitrittsverhandlungen eingegangen sind, und insbesondere auf der Grundlage der Überwachungsberichte der Kommission eindeutig nachgewiesen ist, dass sich die Vorbereitungen im Hinblick auf die Übernahme und Umsetzung des Besitzstands in Bulgarien oder Rumänien auf einem Stand befinden, der die ernste Gefahr mit sich bringt, dass einer dieser Staaten in einigen wichtigen Bereichen offenbar nicht in der Lage ist, die Anforderungen der Mitgliedschaft bis zum Beitrittstermin 1. Januar 2007 zu erfüllen, so kann der Rat auf Empfehlung der Kommission einstimmig beschließen, den Zeitpunkt des Beitritts des betreffenden Staates um ein Jahr auf den 1. Januar 2008 zu verschieben.

(2) Werden bei der Erfüllung einer oder mehrerer der in Anhang IX Nummer I aufgeführten Verpflichtungen und Anforderungen durch Rumänien ernste Mängel festgestellt, so kann der Rat ungeachtet des Absatzes 1 mit qualifizierter Mehrheit auf Empfehlung der Kommission in Bezug auf Rumänien einen Beschluss gemäß Absatz 1 fassen.

(3) Ungeachtet des Absatzes 1 und unbeschadet des Artikels 37 kann der Rat mit qualifizierter Mehrheit auf Empfehlung der Kommission nach einer im Herbst 2005 vorzunehmenden eingehenden Bewertung der Fortschritte Rumäniens auf dem Gebiet der Wettbewerbspolitik den in Absatz 1 genannten Beschluss in Bezug auf Rumänien fassen, wenn bei der Erfüllung der Verpflichtungen im Rahmen des Europa-Abkommens[17]) oder bei der Erfüllung einer oder mehrerer der in Anhang IX Nummer II aufgeführten Verpflichtungen und Anforderungen durch Rumänien ernste Mängel festgestellt werden.

[17]) Europa-Abkommen zur Gründung einer Assoziation zwischen den Europäischen Gemeinschaften und ihren Mitgliedstaaten einerseits und Rumänien andererseits (ABl. L 357 vom 31.12.1994, S. 2).

(4) Wird ein Beschluss nach Absatz 1, 2 oder 3 erlassen, so befindet der Rat unverzüglich mit qualifizierter Mehrheit über die Anpassungen, die aufgrund des aufschiebenden Beschlusses in Bezug auf diese Akte, einschließlich ihrer Anhänge und Anlagen, unerlässlich geworden sind.

Artikel 40

Um das reibungslose Funktionieren des Binnenmarkts nicht zu behindern, darf die Durchführung der innerstaatlichen Vorschriften Bulgariens und Rumäniens während der in den Anhängen VI und VII vorgesehenen Übergangszeiten nicht zu Grenzkontrollen zwischen den Mitgliedstaaten führen.

Artikel 41

Sind Übergangsmaßnahmen erforderlich, um den Übergang von der in Bulgarien und Rumänien bestehenden Regelung auf die Regelung zu erleichtern, die sich aus der Anwendung der Gemeinsamen Agrarpolitik gemäß den in dieser Akte genannten Bedingungen ergibt, so werden diese Maßnahmen von der Kommission entsprechend dem Verfahren nach Artikel 25 Absatz 2 der Verordnung (EG) des Rates Nr. 1784/2003 vom 29. September 2003 über die gemeinsame Marktorganisation für Getreide[18]) oder gegebenenfalls dem Verfahren nach den entsprechenden Artikeln anderer Verordnungen über gemeinsame Marktorganisationen oder entsprechend dem in den anwendbaren Rechtsvorschriften vorgesehenen einschlägigen Verfahren erlassen. Die in diesem Artikel genannten Übergangsmaßnahmen können während eines Zeitraums von drei Jahren nach dem Beitritt erlassen werden und ihre Anwendung ist auf diesen Zeitraum zu beschränken. Der Rat kann diesen Zeitraum auf Vorschlag der Kommission und nach Anhörung des Europäischen Parlaments einstimmig verlängern.

Die Übergangsmaßnahmen, welche die Durchführung von in dieser Akte nicht genannten Rechtsakten der Gemeinsamen Agrarpolitik betreffen, die infolge des Beitritts erforderlich sind, werden vor dem Beitritt vom Rat auf Vorschlag der Kommission mit qualifizierter Mehrheit angenommen oder, wenn sie Rechtsakte betreffen, die ursprünglich von der Kommission erlassen worden sind, von dieser nach dem für die Annahme der betreffenden Rechtsakte erforderlichen Verfahren erlassen.

Artikel 42

Sind Übergangsmaßnahmen erforderlich, um den Übergang von der in Bulgarien und Rumänien bestehenden Regelung auf die Regelung zu erleichtern, die sich aus der Anwendung der Be-

[18]) ABl. L 270 vom 21.10.2003, S. 78.

stimmungen des Veterinär- und Pflanzenschutzrechts sowie des Lebensmittelsicherheitsrechts der Gemeinschaft ergibt, so werden diese Maßnahmen von der Kommission nach dem in den anwendbaren Rechtsvorschriften vorgesehenen einschlägigen Verfahren erlassen. Diese Maßnahmen werden für einen Zeitraum von drei Jahren nach dem Beitritt getroffen und ihre Anwendung ist auf diesen Zeitraum zu beschränken.

FÜNFTER TEIL
BESTIMMUNGEN ÜBER DIE DURCHFÜHRUNG DIESER AKTE

TITEL I
EINSETZUNG DER ORGANE UND GREMIEN

Artikel 43

Das Europäische Parlament nimmt die infolge des Beitritts erforderlichen Anpassungen seiner Geschäftsordnung vor.

Artikel 44

Der Rat nimmt die infolge des Beitritts erforderlichen Anpassungen seiner Geschäftsordnung vor.

Artikel 45

Mit Wirkung vom Tag des Beitritts wird je ein Staatsangehöriger jedes neuen Mitgliedstaats zum Mitglied der Kommission ernannt. Die neuen Mitglieder der Kommission werden vom Rat mit qualifizierter Mehrheit nach Anhörung des Europäischen Parlaments und im Einvernehmen mit dem Präsidenten der Kommission ernannt.

Die Amtszeit der so ernannten Mitglieder endet zur gleichen Zeit wie die Amtszeit der zur Zeit des Beitritts im Amt befindlichen Mitglieder.

Artikel 46

(1) Beim Gerichtshof und beim Gericht erster Instanz werden jeweils zwei weitere Richter ernannt.

(2) Die Amtszeit eines der nach Absatz 1 ernannten Richter am Gerichtshof endet am 6. Oktober 2009. Dieser Richter wird durch das Los bestimmt. Die Amtszeit des anderen Richters endet am 6. Oktober 2012.

Die Amtszeit eines der nach Absatz 1 ernannten Richter am Gericht erster Instanz endet am 31. August 2007. Dieser Richter wird durch das Los bestimmt. Die Amtszeit des anderen Richters endet am 31. August 2010.

(3) Der Gerichtshof nimmt die infolge des Beitritts erforderlichen Anpassungen seiner Verfahrensordnung vor.

Das Gericht erster Instanz nimmt im Einvernehmen mit dem Gerichtshof die infolge des Beitritts erforderlichen Anpassungen seiner Verfahrensordnung vor.

Die angepassten Verfahrensordnungen bedürfen der Genehmigung des Rates, der mit qualifizierter Mehrheit beschließt.

(4) Bei der Entscheidung der am Tag des Beitritts anhängigen Rechtssachen, in denen das mündliche Verfahren vor diesem Zeitpunkt eröffnet wurde, tagen der Gerichtshof und das Gericht erster Instanz bei Vollsitzungen sowie die Kammern in der Zusammensetzung, die sie vor dem Beitritt hatten; sie wenden dabei die am Tag vor dem Tag des Beitritts geltenden Verfahrensordnungen an.

Artikel 47

Beim Rechnungshof werden zwei weitere Mitglieder mit einer Amtszeit von sechs Jahren ernannt.

Artikel 48

Der Wirtschafts- und Sozialausschuss wird durch die Ernennung von 27 Mitgliedern ergänzt, welche die verschiedenen wirtschaftlichen und sozialen Bereiche der organisierten Zivilgesellschaft Bulgariens und Rumäniens vertreten. Die Amtszeit der so ernannten Mitglieder endet zur gleichen Zeit wie die Amtszeit der zum Tag des Beitritts im Amt befindlichen Mitglieder.

Artikel 49

Der Ausschuss der Regionen wird durch die Ernennung von 27 Mitgliedern ergänzt, welche die regionalen und lokalen Gebietskörperschaften Bulgariens und Rumäniens vertreten und von denen jeder ein Wahlmandat in einer regionalen oder lokalen Gebietskörperschaft innehat oder gegenüber einer gewählten Versammlung politisch verantwortlich ist. Die Amtszeit der so ernannten Mitglieder endet zur gleichen Zeit wie die Amtszeit der zum Tag des Beitritts im Amt befindlichen Mitglieder.

Artikel 50

Die infolge des Beitritts erforderlichen Anpassungen der Satzungen und Geschäftsordnungen der durch die ursprünglichen Verträge eingesetzten Ausschüsse werden so bald wie möglich nach dem Beitritt vorgenommen.

Artikel 51

(1) Die neuen Mitglieder der durch die Verträge oder durch Rechtsakte der Organe eingesetzten Ausschüsse, Gruppen oder sonstigen Gremien werden unter den Bedingungen und

1/18. Beitritts V 2005

Bedingungen

EUV/AEUV
+ Prot/Erkl
Anhänge
EU-Grundrechte-
Charta + Erl
Irland/Tschech Rep
Änderungs- und
Beitrittsverträge
LissV + ZusErl
Liss-BeglNovelle

nach den Verfahren ernannt, die für die Ernennung von Mitgliedern dieser Ausschüsse, Gruppen oder sonstigen Gremien gelten. Die Amtszeit der neu ernannten Mitglieder endet zur gleichen Zeit wie die Amtszeit der zum Tag des Beitritts im Amt befindlichen Mitglieder.

(2) Sämtliche Mitglieder der durch die Verträge oder durch Rechtsakte der Organe eingesetzten Ausschüsse oder Gruppen, deren Mitgliederzahl unabhängig von der Gesamtzahl der Mitgliedstaaten unveränderlich bleibt, werden mit dem Beitritt neu ernannt, es sei denn, die Amtzeit der im Amt befindlichen Mitglieder endet innerhalb des auf den Beitritt folgenden Jahres.

TITEL II
ANWENDBARKEIT DER RECHTSAKTE DER ORGANE

Artikel 52

Die Richtlinien und Entscheidungen im Sinne des Artikels 249 des EG-Vertrags und des Artikels 161 des EAG-Vertrags gelten vom Tag des Beitritts an als an Bulgarien und Rumänien gerichtet, sofern diese Richtlinien und Entscheidungen an alle derzeitigen Mitgliedstaaten gerichtet wurden. Außer im Fall der Richtlinien und Entscheidungen, die nach Artikel 254 Absätze 1 und 2 des EG-Vertrags in Kraft getreten sind, werden Bulgarien und Rumänien so behandelt, als wären ihnen diese Richtlinien und Entscheidungen am Tage ihres Beitritts notifiziert worden.

Artikel 53

(1) Sofern in dieser Akte nicht eine andere Frist vorgesehen ist, setzen Bulgarien und Rumänien die erforderlichen Maßnahmen in Kraft, um den Richtlinien und Entscheidungen im Sinne des Artikels 249 des EG-Vertrags und des Artikels 161 des EAG-Vertrags am Tage ihres Beitritts nachzukommen. Sie teilen der Kommission diese Maßnahmen spätestens bis zum Tage ihres Beitritts oder gegebenenfalls innerhalb der in dieser Akte festgelegten Frist mit.

(2) Machen Änderungen an Richtlinien im Sinne des Artikels 249 des EG-Vertrags und des Artikels 161 des EAG-Vertrags, die aufgrund dieser Akte erfolgen, Änderungen an den Rechts- und Verwaltungsvorschriften der derzeitigen Mitgliedstaaten erforderlich, so setzen die derzeitigen Mitgliedstaaten die erforderlichen Maßnahmen in Kraft, um den geänderten Richtlinien spätestens am Tage des Beitritts nachzukommen, sofern in dieser Akte nicht eine andere Frist vorgesehen ist. Sie teilen der Kommission diese Maßnahmen bis zum Tag des Bei-

tritts oder, sollte dies der spätere Zeitpunkt sein, innerhalb der in dieser Akte festgelegten Frist mit.

Artikel 54

Bulgarien und Rumänien teilen der Kommission nach Artikel 33 des EAG-Vertrags binnen drei Monaten nach dem Beitritt die Rechts- und Verwaltungsvorschriften mit, die in ihrem Hoheitsgebiet den Gesundheitsschutz der Arbeitnehmer und der Bevölkerung gegen die Gefahren ionisierender Strahlungen sicherstellen sollen.

Artikel 55

Auf ordnungsgemäß begründeten Antrag Bulgariens oder Rumäniens, der der Kommission spätestens am Tag des Beitritts vorliegen muss, kann der Rat auf Vorschlag der Kommission – oder kann die Kommission, sofern der ursprüngliche Rechtsakt von ihr erlassen wurde, – vorübergehende Ausnahmeregelungen zu Rechtsakten der Organe beschließen, die zwischen dem 1. Oktober 2004 und dem Tag des Beitritts angenommen wurden. Diese Maßnahmen werden nach den Abstimmungsregeln erlassen, die für die Annahme der Rechtsakte gelten, zu denen eine befristete Ausnahmeregelung gewährt werden soll. Werden solche Ausnahmeregelungen nach dem Beitritt erlassen, so können sie ab dem Tag des Beitritts angewendet werden.

Artikel 56

Erfordern vor dem Beitritt erlassene Rechtsakte der Organe aufgrund des Beitritts eine Anpassung und sind die erforderlichen Anpassungen in dieser Akte oder ihren Anhängen nicht vorgesehen, so erlässt entweder der Rat mit qualifizierter Mehrheit auf Vorschlag der Kommission die erforderlichen Rechtsakte, oder die erforderlichen Rechtsakte werden von der Kommission erlassen, sofern sie selbst die ursprünglichen Rechtsakte erlassen hat. Werden solche Anpassungen nach dem Beitritt erlassen, so können sie ab dem Tag des Beitritts angewendet werden.

Artikel 57

Sofern nicht etwas anderes bestimmt ist, erlässt der Rat mit qualifizierter Mehrheit auf Vorschlag der Kommission die zur Durchführung dieser Akte erforderlichen Maßnahmen.

Artikel 58

Die vor dem Beitritt erlassenen Rechtsakte der Organe und der Europäischen Zentralbank in den vom Rat, der Kommission oder der Europäischen Zentralbank in bulgarischer und rumänischer Sprache abgefassten Wortlauten sind vom Zeitpunkt des Beitritts an unter den gleichen Bedingungen wie die Wortlaute in den derzeitigen Amtssprachen verbindlich. Sie werden im Amtsblatt der Europäischen Union veröffentlicht, sofern die Wortlaute in den derzeitigen Sprachen auf diese Weise veröffentlicht worden sind.

TITEL III
SCHLUSSBESTIMMUNGEN

Artikel 59

Die Anhänge I bis IX und die Anlagen dazu sind Bestandteil dieser Akte.

Artikel 60

Die Regierung der Italienischen Republik übermittelt der Regierung der Republik Bulgarien und der Regierung Rumäniens eine beglaubigte Abschrift des Vertrags über die Europäische Union, des Vertrags zur Gründung der Europäischen Gemeinschaft, des Vertrags zur Gründung der Europäischen Atomgemeinschaft und der Verträge, durch die sie geändert oder ergänzt wurden, einschließlich des Vertrags über den Beitritt des Königreichs Dänemark, Irlands und des Vereinigten Königreichs Großbritannien und Nordirland, des Vertrags über den Beitritt der Hellenischen Republik, des Vertrags über den Beitritt des Königreichs Spanien und der Portugiesischen Republik, des Vertrags über den Beitritt der Republik Österreich, der Republik Finnland und des Königreichs Schweden sowie des Vertrags über den Beitritt der Tschechischen Republik, der Republik Estland, der Republik Zypern, der Republik Lettland, der Republik Litauen, der Republik Ungarn, der Republik Malta, der Republik Polen, der Republik Slowenien und der Slowakischen Republik in dänischer, deutscher, englischer, estnischer, finnischer, französischer, griechischer, irischer, italienischer, lettischer, litauischer, maltesischer, niederländischer, polnischer, portugiesischer, schwedischer, slowakischer, slowenischer, spanischer, tschechischer und ungarischer Sprache.

Die in bulgarischer und rumänischer Sprache abgefassten Wortlaute dieser Verträge sind dieser Akte beigefügt. Diese Wortlaute sind gleichermaßen verbindlich wie die Wortlaute der in Absatz 1 genannten Verträge in den derzeitigen Sprachen.

Artikel 61

Eine beglaubigte Abschrift der im Archiv des Generalsekretariats des Rates der Europäischen Union hinterlegten internationalen Übereinkünfte wird den Regierungen der Republik Bulgarien und Rumäniens vom Generalsekretär übermittelt.

ANHANG I

Liste der Übereinkünfte und Protokolle denen Bulgarien und Rumänien am Tag des Beitritts beitreten (nach Artikel 3 Absatz 3 der Beitrittsakte)

[nicht abgedruckt]

ANHANG II

Verzeichnis der Bestimmungen (nach Artikel 4 Absatz 1 der Beitrittsakte) des in den Rahmen der Europäischen Union einbezogenen Schengen-Besitzstands und der darauf beruhenden oder anderweitig damit zusammenhängenden Rechtsakte, die ab dem Beitritt für die neuen Mitgliedstaaten bindend und in ihnen anzuwenden sind

[nicht abgedruckt]

ANHANG III

Liste nach Artikel 19 der Beitrittsakte: Anpassungen der Rechtsakte der Organe

[nicht abgedruckt]

ANHANG IV

Liste nach Artikel 20 der Beitrittsakte: Ergänzende Anpassungen der Rechtsakte der Organe

[nicht abgedruckt]

ANHANG V

Liste nach Artikel 21 der Beitrittsakte: Andere ständige Bestimmungen

[teilweise abgedruckt]

1. GESELLSCHAFTSRECHT

Vertrag zur Gründung der Europäischen Gemeinschaft, Dritter Teil, Titel I, Der Freie Warenverkehr

SPEZIELLER MECHANISMUS

Im Falle Bulgariens und Rumäniens kann sich der Inhaber eines Patents oder eines Ergänzenden Schutzzertifikats für ein Arzneimittel, das in einem Mitgliedstaat zu einem Zeitpunkt eingetragen wurde, als ein entsprechender Schutz für das Erzeugnis in einem der vorstehenden neuen Mitgliedstaaten nicht erlangt werden konnte, oder der vom Inhaber Begünstigte auf die durch das Patent oder das Ergänzende Schutzzertifikat eingeräumten Rechte berufen, um zu verhindern, dass das Erzeugnis in Mitgliedstaaten, in denen das betreffende Erzeugnis durch ein Patent oder Ergänzendes Schutzzertifikat geschützt ist, eingeführt und dort in den Verkehr gebracht wird;

— 399 — **1/18. BeitrittsV 2005**

Anhang V

EUV/AEUV
+ Prot/Erkl
Anhänge
EU-Grundrechte-
Charta + Erl
Irland/Tschech Rep
Änderungs- und
Beitrittsverträge
LissV + ZusErl
Liss-BeglNovelle

dies gilt auch dann, wenn das Erzeugnis in jenem neuen Mitgliedstaat erstmalig von ihm oder mit seiner Einwilligung in den Verkehr gebracht wurde.

Jede Person, die ein Arzneimittel im Sinne des vorstehenden Absatzes in einen Mitgliedstaat einzuführen oder dort zu vermarkten beabsichtigt, in dem das Arzneimittel Patentschutz oder den Ergänzenden Schutz genießt, hat den zuständigen Behörden in dem die Einfuhr betreffenden Antrag nachzuweisen, dass der Schutzrechtsinhaber oder der von ihm Begünstigte einen Monat zuvor darüber unterrichtet worden ist.

2. WETTBEWERBSPOLITIK

Vertrag zur Gründung der Europäischen Gemeinschaft, Dritter Teil, Titel VI, Kapitel 1, Wettbewerbsregeln

1. Die folgenden Beihilferegelungen und Einzelbeihilfen, die in einem neuen Mitgliedstaat vor dem Tag des Beitritts eingeführt worden sind und auch nach diesem Tag noch anwendbar sind, gelten als zum Tag des Beitritts bestehende Beihilfen im Sinne von Artikel 88 Absatz 1 des EG-Vertrags:
   a) Beihilfenmaßnahmen, die vor dem 10. Dezember 1994 eingeführt worden sind;
   b) Beihilfemaßnahmen, die in der Anlage zu diesem Anhang aufgeführt sind;
   c) Beihilfemaßnahmen, die vor dem Tag des Beitritts von der Kontrollbehörde für staatliche Beihilfen des neuen Mitgliedstaats überprüft und als mit dem Besitzstand vereinbar beurteilt wurden und gegen die die Kommission keine Einwände aufgrund schwerwiegender Bedenken hinsichtlich der Vereinbarkeit der Maßnahme mit dem Gemeinsamen Markt gemäß dem in Nummer 2 vorgesehenen Verfahren erhoben hat.

Nach dem Tag des Beitritts weiterhin anzuwendende Maßnahmen, die staatliche Beihilfen darstellen und nicht die vorstehend genannten Voraussetzungen erfüllen, sind als zum Tag des Beitritts für die Zwecke der Anwendung von Artikel 88 Absatz 3 des EG-Vertrags als neue Beihilfen anzusehen.

Die genannten Bestimmungen gelten nicht für Beihilfen im Verkehrssektor und für Beihilfen zugunsten von Tätigkeiten im Zusammenhang mit der Herstellung, Verarbeitung oder Vermarktung von Erzeugnissen, die in Anhang I des EG-Vertrags aufgeführt sind, mit Ausnahme von Erzeugnissen und Verarbeitungserzeugnissen der Fischerei.

Die genannten Bestimmungen gelten ferner unbeschadet der in der Akte vorgesehenen Übergangsmaßnahmen auf dem Gebiet der Wettbewerbspolitik und der in Anhang VII,

Kapitel 4, Abschnitt B der Akte niedergelegten Maßnahmen.

2. Sofern ein neuer Mitgliedstaat wünscht, dass die Kommission eine Beihilfemaßnahme nach dem in Nummer 1 Buchstabe c beschriebenen Verfahren prüft, so übermittelt er der Kommission regelmäßig Folgendes:
   a) eine Liste der bestehenden Beihilfemaßnahmen, die von der Kontrollbehörde für staatliche Beihilfen bewertet und von ihr als mit dem Besitzstand vereinbar erachtet wurden, sowie
   b) jede sonstige Information, die für die Bewertung der Vereinbarkeit der zu prüfenden Beihilfemaßnahmen mit dem Besitzstand wesentlich ist.

Dabei folgt er dem von der Kommission vorgegebenen Format für diese konkrete Berichterstattung.

Erhebt die Kommission innerhalb von drei Monaten nach dem Eingang der vollständigen Informationen zu der bestehenden Beihilfemaßnahme oder nach dem Eingang einer Erklärung des neuen Mitgliedstaats, in der er der Kommission mitteilt, dass er die gelieferten Informationen für vollständig erachtet, da die angeforderte zusätzliche Information nicht verfügbar ist oder bereits geliefert wurde, keine Einwände gegen die Maßnahme aufgrund schwerwiegender Bedenken hinsichtlich ihrer Vereinbarkeit mit dem Gemeinsamen Markt, so wird davon ausgegangen, dass sie keine Einwände erhoben hat.

Auf alle vor dem Tag des Beitritts nach dem Verfahren der Nummer 1 Buchstabe c der Kommission mitgeteilten Beihilfemaßnahmen findet das vorstehend genannte Verfahren Anwendung, ungeachtet der Tatsache, dass der betreffende neue Mitgliedstaat während des Überprüfungszeitraums Mitglied der Union geworden ist.

3. Eine Entscheidung der Kommission, Einwände gegen eine Maßnahme nach Nummer 1 Buchstabe c zu erheben, gilt als Entscheidung über die Eröffnung des förmlichen Prüfverfahrens im Sinne der Verordnung (EG) Nr. 659/1999 des Rates vom 22. März 1999 über besondere Vorschriften für die Anwendung von Artikel 93 des Vertrags[1]).

Ergeht eine solche Entscheidung vor dem Tag des Beitritts, so wird die Entscheidung erst zum Tag des Beitritts wirksam.

4. Unbeschadet der Verfahren für bestehende Beihilfen nach Artikel 88 des EG-Vertrags werden die in einem neuen Mitgliedstaat vor dem Beitritt in Kraft gesetzten und nach

---

[1]) ABl. L 83 vom 27.3.1999, S. 1. Zuletzt geändert durch die Beitrittsakte von 2003 (ABl. L 236 vom 23.9.2003, S. 33)

Beitritt weiterhin anwendbaren Beihilferegelungen und Einzelbeihilfen zugunsten von Tätigkeiten im Verkehrssektor unter nachstehenden Bedingungen als bestehende Beihilfen im Sinne von Artikel 88 Absatz 1 des EG-Vertrags betrachtet:

– Die Beihilfemaßnahmen werden der Kommission innerhalb von vier Monaten nach dem Tag des Beitritts mitgeteilt. Die betreffende Mitteilung enthält Angaben zur Rechtsgrundlage für jede einzelne Maßnahme. Bestehende Beihilfemaßnahmen und Pläne zur Gewährung oder Änderung von Beihilfen, die der Kommission vor dem Tag des Beitritts mitgeteilt wurden, gelten als am Tag des Beitritts mitgeteilt.

Diese Beihilfemaßnahmen werden bis zum Ende des dritten Jahres nach dem Tag des Beitritts als „bestehende" Beihilfen im Sinne von Artikel 88 Absatz 1 des EG-Vertrags betrachtet.

Die neuen Mitgliedstaaten ändern diese Beihilfemaßnahmen erforderlichenfalls, um spätestens am Ende des dritten Jahres nach dem Tag des Beitritts den Leitlinien der Kommission nachzukommen. Danach wird jede Beihilfe, die als nicht mit diesen Leitlinien vereinbar angesehen wird, als neue Beihilfe betrachtet.

5. In Bezug auf Rumänien gilt Nummer 1 Buchstabe c lediglich für Beihilfemaßnahmen, die von der rumänischen Kontrollbehörde für staatliche Beihilfen nach dem Zeitpunkt bewertet worden sind, zu dem die Vollzugsbilanz über die staatlichen Beihilfen Rumäniens im Zeitraum vor dem Beitritt einen zufrieden stellenden Stand erreicht hat; dieser Zeitpunkt wird von der Kommission auf der Grundlage der ständigen Überwachung der Einhaltung der von Rumänien im Rahmen der Beitrittsverhandlungen eingegangenen Verpflichtungen bestimmt. Es wird erst dann davon ausgegangen, dass dieser zufrieden stellende Stand erreicht worden ist, wenn Rumänien den Nachweis der konsequenten Durchführung einer vollständigen und ordnungsgemäßen Überwachung der staatlichen Beihilfen in Bezug auf alle in Rumänien bewilligten Beihilfemaßnahmen erbracht hat; hierzu gehören auch die Annahme und Anwendung von vollständig und ordnungsgemäß begründeten Entscheidungen der rumänischen Kontrollbehörde für staatliche Beihilfen, die eine genaue Bewertung der Beihilfeeigenschaft jeder staatlichen Beihilfemaßnahme enthalten, sowie die ordnungsgemäße Anwendung der Vereinbarkeitskriterien.

Die Kommission kann gegen alle Beihilfemaßnahmen, die im Zeitraum vor dem Beitritt vom 1. September 2004 bis zu dem Zeitpunkt bewilligt worden sind, der in der vorgenann-

ten Entscheidung der Kommission – mit der Feststellung, dass die Vollzugsbilanz einen zufrieden stellenden Stand erreicht hat – festgelegt worden ist, Einwände aufgrund schwerwiegender Bedenken hinsichtlich der Vereinbarkeit der Maßnahmen mit dem Gemeinsamen Markt erheben. Diese Entscheidung der Kommission, Einwände gegen eine Maßnahme zu erheben, gilt als Entscheidung über die Eröffnung des förmlichen Prüfverfahrens im Sinne der Verordnung (EG) Nr. 659/1999. Ergeht eine solche Entscheidung vor dem Tag des Beitritts, so wird die Entscheidung erst zum Tag des Beitritts wirksam.

Trifft die Kommission nach Einleitung des förmlichen Prüfverfahrens eine ablehnende Entscheidung, so entscheidet sie, dass Rumänien alle notwendigen Maßnahmen ergreift, um die Beihilfe vom Empfänger zurückzufordern. Die zurückzufordernde Beihilfe umfasst Zinsen, die nach einem gemäß der Verordnung (EG) Nr. 794/2004 [2] festgelegten angemessenen Satz berechnet werden und von dem gleichen Zeitpunkt an zahlbar sind.

3. LANDWIRTSCHAFT

[nicht abgedruckt]

4. ZOLLUNION

[nicht abgedruckt]

Anlage zu Anhang V
Verzeichnis der bestehenden Beihilfemaßnahmen, auf die in Nummer 1 Buchstabe b des Mechanismus für bestehende Beihilfen nach Kapitel 2 Anhang V verwiesen wird

[nicht abgedruckt]

ANHANG VI

Liste nach Artikel 23 der Beitrittsakte: Übergangsbestimmungen, Bulgarien

[teilweise abgedruckt]

1. FREIZÜGIGKEIT

Treaty establishing the European Community

– 32004 L 0038: Richtlinie 2004/38/EG des Europäischen Parlaments und des Rates vom 29.4.2004 (ABl. L 158 vom 30.4.2004, S. 77)
31996 L 0071: Richtlinie 96/71/EG des Europäischen Parlaments und des Rates vom 16. Dezember 1996 über die Entsendung von Arbeitneh-

1/18. Beitritts V 2005

Anhang VI

EUV/AEUV
+ Prot/Erkl
Anhänge
EU-Grundrechte-
Charta + Erl
Irland/Tschech Rep
Änderungs- und
Beitrittsverträge
LissV + ZusErl
Liss-BeglNovelle

mern im Rahmen der Erbringung von Dienstleistungen (ABl. L 18 vom 21.1.1997, S. 1)

32004 L 0038: Richtlinie 2004/38/EG des Europäischen Parlaments und des Rates vom 29. April 2004 über das Recht der Unionsbürger und ihrer Familienangehörigen, sich im Hoheitsgebiet der Mitgliedstaaten frei zu bewegen und aufzuhalten, zur Änderung der Verordnung (EWG) Nr. 1612/68 und zur Aufhebung der Richtlinien 64/221/EWG, 68/360/EWG, 72/194/EWG, 73/148/EWG, 75/34/EWG, 75/35/EWG, 90/364/EWG, 90/365/EWG und 93/96/EWG (ABl. L 158 vom 30.4.2004, S. 77)

1. Hinsichtlich der Freizügigkeit von Arbeitnehmern und der Dienstleistungsfreiheit mit vorübergehender Entsendung von Arbeitskräften im Sinne des Artikels 1 der Richtlinie 96/71/EG gelten Artikel 39 und Artikel 49 Absatz 1 des EG-Vertrags zwischen Bulgarien einerseits und den derzeitigen Mitgliedstaaten andererseits in vollem Umfang nur vorbehaltlich der Übergangsbestimmungen der Nummern 2 bis 14.

2. Abweichend von den Artikeln 1 bis 6 der Verordnung (EWG) Nr. 1612/68 und bis zum Ende eines Zeitraums von zwei Jahren nach dem Tag des Beitritts werden die derzeitigen Mitgliedstaaten nationale oder sich aus bilateralen Abkommen ergebende Maßnahmen anwenden, um den Zugang bulgarischer Staatsangehöriger zu ihren Arbeitsmärkten zu regeln. Die derzeitigen Mitgliedstaaten können solche Maßnahmen bis zum Ende eines Zeitraums von fünf Jahren nach dem Tag des Beitritts weiter anwenden.

Bulgarische Staatsangehörige, die am Tag des Beitritts rechtmäßig in einem derzeitigen Mitgliedstaat arbeiten und für einen ununterbrochenen Zeitraum von 12 Monaten oder länger zum Arbeitsmarkt dieses Mitgliedstaats zugelassen waren, haben Zugang zum Arbeitsmarkt dieses Mitgliedstaats, aber nicht zum Arbeitsmarkt anderer Mitgliedstaaten, die nationale Maßnahmen anwenden.

Bulgarische Staatsangehörige, die nach dem Beitritt für einen ununterbrochenen Zeitraum von 12 Monaten oder länger zum Arbeitsmarkt eines derzeitigen Mitgliedstaats zugelassen waren, genießen dieselben Rechte.

Die in den Unterabsätzen 2 und 3 genannten bulgarischen Staatsangehörigen verlieren die dort gewährten Rechte, wenn sie den Arbeitsmarkt des derzeitigen Mitgliedstaats freiwillig verlassen.

Bulgarischen Staatsangehörigen, die am Tag des Beitritts oder während eines Zeitraums, in dem nationale Maßnahmen angewandt werden, rechtmäßig in einem derzeitigen Mitgliedstaat arbeiten und weniger als 12 Monate

zum Arbeitsmarkt dieses Mitgliedstaats zugelassen waren, werden diese Rechte nicht gewährt.

3. Vor Ende eines Zeitraums von zwei Jahren nach dem Tag des Beitritts wird der Rat die Funktionsweise der Übergangsregelungen nach Nummer 2 anhand eines Berichts der Kommission überprüfen.

Bei Abschluss dieser Überprüfung und spätestens am Ende eines Zeitraums von zwei Jahren nach dem Beitritt teilen die derzeitigen Mitgliedstaaten der Kommission mit, ob sie weiterhin nationale oder sich aus bilateralen Vereinbarungen ergebende Maßnahmen anwenden, oder ob sie künftig die Artikel 1 bis 6 der Verordnung (EWG) Nr. 1612/68 anwenden möchten. Erfolgt keine derartige Mitteilung, so gelten die Artikel 1 bis 6 der Verordnung (EWG) Nr. 1612/68.

4. Auf Ersuchen Bulgariens kann eine weitere Überprüfung vorgenommen werden. Dabei findet das unter Nummer 3 genannte Verfahren Anwendung, das innerhalb von sechs Monaten nach Erhalt des Ersuchens Bulgariens abzuschließen ist.

5. Ein Mitgliedstaat, der am Ende des unter Nummer 2 genannten Zeitraums von fünf Jahren nationale oder sich aus bilateralen Abkommen ergebende Maßnahmen beibehält, kann im Falle schwerwiegender Störungen seines Arbeitsmarktes oder der Gefahr derartiger Störungen nach entsprechender Mitteilung an die Kommission diese Maßnahmen bis zum Ende des Zeitraums von sieben Jahren nach dem Tag des Beitritts weiter anwenden. Erfolgt keine derartige Mitteilung, so gelten die Artikel 1 bis 6 der Verordnung (EWG) Nr. 1612/68.

6. Während des Zeitraums von sieben Jahren nach dem Tag des Beitritts werden die Mitgliedstaaten, in denen gemäß den Nummern 3, 4 oder 5 die Artikel 1 bis 6 der Verordnung (EWG) Nr. 1612/68 für bulgarische Staatsangehörige gelten und die während dieses Zeitraums Staatsangehörigen Bulgariens zu Kontrollzwecken Arbeitsgenehmigungen erteilen, dies automatisch tun.

7. Die Mitgliedstaaten, in denen gemäß den Nummern 3, 4 oder 5 die Artikel 1 bis 6 der Verordnung (EWG) Nr. 1612/68 für bulgarische Staatsangehörige gelten, können bis zum Ende eines Zeitraums von sieben Jahren nach dem Beitritt die in den folgenden Absätzen beschriebenen Verfahren anwenden.

Wenn einer der Mitgliedstaaten im Sinne des Unterabsatzes 1 auf seinem Arbeitsmarkt Störungen erleidet oder voraussieht, die eine ernstliche Gefährdung des Lebensstandards oder des Beschäftigungsstandes in einem bestimmten Gebiet oder Beruf mit sich bringen könnten, unterrichtet dieser Mitgliedstaat die Kommission und die anderen Mitgliedstaaten und übermittelt diesen alle zweckdienlichen Angaben. Der Mitgliedstaat kann die Kommission auf der Grundlage dieser Unterrichtung um die Erklärung ersuchen, dass die Anwendung der Artikel 1 bis 6 der Verordnung (EWG) Nr. 1612/68 zur Wiederherstellung der normalen Situation in diesem Gebiet oder Beruf ganz oder teilweise ausgesetzt wird. Die Kommission trifft über die Aussetzung und deren Dauer und Geltungsbereich spätestens zwei Wochen, nachdem sie mit dem Ersuchen befasst wurde, eine Entscheidung und unterrichtet den Rat von dieser Entscheidung. Binnen zwei Wochen nach der Entscheidung der Kommission kann jeder Mitgliedstaat beantragen, dass diese Entscheidung vom Rat rückgängig gemacht oder geändert wird. Der Rat beschließt binnen zwei Wochen mit qualifizierter Mehrheit über diesen Antrag.

Ein Mitgliedstaat im Sinne des Unterabsatzes 1 kann in dringenden und außergewöhnlichen Fällen die Anwendung der Artikel 1 bis 6 der Verordnung (EWG) Nr. 1612/68 aussetzen und dies der Kommission unter Angabe von Gründen nachträglich mitteilen.

8. Solange die Anwendung der Artikel 1 bis 6 der Verordnung (EWG) Nr. 1612/68 gemäß den Nummern 2 bis 5 und 7 ausgesetzt ist, findet Artikel 23 der Richtlinie 2004/38/EG auf Staatsangehörige der derzeitigen Mitgliedstaaten in Bulgarien und auf bulgarische Staatsangehörige in den derzeitigen Mitgliedstaaten in Bezug auf das Recht der Familienangehörigen von Arbeitnehmern, eine Beschäftigung aufzunehmen, unter folgenden Bedingungen Anwendung:

– der Ehegatte eines Arbeitnehmers und die Verwandten des Arbeitnehmers und des Ehegatten in absteigender Linie, die das 21. Lebensjahr noch nicht vollendet haben oder denen von diesen Unterhalt gewährt wird und die am Tag des Beitritts bei dem Arbeitnehmer im Hoheitsgebiet eines Mitgliedstaats ihren rechtmäßigen Wohnsitz hatten, haben nach dem Beitritt sofortigen Zugang zum Arbeitsmarkt dieses Mitgliedstaats. Dies gilt nicht für die Familienangehörigen eines Arbeitnehmers, der weniger als 12 Monate rechtmäßig zu dem Arbeitsmarkt des betreffenden Mitgliedstaates zugelassen war;

– der Ehegatte eines Arbeitnehmers und die Verwandten des Arbeitnehmers und des Ehegatten in absteigender Linie, die das 21. Lebensjahr noch nicht vollendet haben oder denen von diesen Unterhalt gewährt wird und die ab einem Zeitpunkt nach dem Beitritt, aber während des Zeitraums

der Anwendung der genannten Übergangsregelungen bei dem Arbeitnehmer im Hoheitsgebiet eines Mitgliedstaats ihren rechtmäßigen Wohnsitz hatten, haben Zugang zum Arbeitsmarkt des betreffenden Mitgliedstaats, wenn sie mindestens achtzehn Monate in dem betreffenden Mitgliedstaat ihren Wohnsitz hatten oder ab dem dritten Jahr nach dem Beitritt, wenn dieser Zeitpunkt früher liegt.

Günstigere nationale oder sich aus bilateralen Abkommen ergebende Maßnahmen bleiben von diesen Bestimmungen unberührt.

9. Soweit Vorschriften der Richtlinie 2004/38/EG, mit denen Vorschriften der Richtlinie 68/360/EWG[1] übernommen wurden, nicht von den Vorschriften der Verordnung (EWG) Nr. 1612/68 getrennt werden können, deren Anwendung gemäß den Nummern 2 bis 5 und 7 und 8 aufgeschoben wird, können Bulgarien und die derzeitigen Mitgliedstaaten in dem Maße, wie es für die Anwendung der Nummern 2 bis 5 und 7 und 8 erforderlich ist, von diesen Vorschriften abweichen.

10. Werden nationale oder sich aus bilateralen Abkommen ergebende Maßnahmen von den derzeitigen Mitgliedstaaten gemäß den oben genannten Übergangsregelungen angewandt, so kann Bulgarien gleichwertige Maßnahmen gegenüber den Staatsangehörigen des betreffenden Mitgliedstaats oder der betreffenden Mitgliedstaaten beibehalten.

11. Wird die Anwendung der Artikel 1 bis 6 der Verordnung (EWG) Nr. 1612/68 von einem der derzeitigen Mitgliedstaaten ausgesetzt, so kann Bulgarien gegenüber Rumänien die unter Nummer 7 festgelegten Verfahren anwenden. In dieser Zeit werden Arbeitsgenehmigungen, die Bulgarien Staatsangehörigen Rumäniens zu Kontrollzwecken ausstellt, automatisch erteilt.

12. Jeder derzeitige Mitgliedstaat, der nationale Maßnahmen gemäß den Nummern 2 bis 5 und 7 bis 9 anwendet, kann im Rahmen seiner einzelstaatlichen Rechtsvorschriften eine größere Freizügigkeit einführen als sie am Tag des Beitritts bestand, einschließlich des uneingeschränkten Zugangs zum Arbeitsmarkt. Ab dem dritten Jahr nach dem Beitritt kann jeder derzeitige Mitgliedstaat, der nationale Maßnahmen anwendet, jederzeit

---

[1]) Richtlinie 68/360/EWG des Rates vom 15. Oktober 1968 zur Aufhebung der Reise- und Aufenthaltsbeschränkungen für Arbeitnehmer der Mitgliedstaaten und ihre Familienangehörigen innerhalb der Gemeinschaft (ABl. L 257 vom 19.10.1968, S. 13), zuletzt geändert durch die Beitrittsakte von 2003. (ABl. L 236 vom 23.9.2003, S. 33) und mit Wirkung vom 30. April 2006 aufgehoben durch die Richtlinie 2004/38/EG des Europäischen Parlaments und des Rates (ABl. L 158 vom 30.4.2004, S.77).

— 403 —

1/18. BeitrittsV 2005

Anhang VI

EUV/AEUV
+ Prot/Erkl
Anhänge
EU-Grundrechte-
Charta + Erl
Irland/Tschech Rep
Änderungs- und
Beitrittsverträge
LissV + ZusErl
Liss-BeglNovelle

beschließen, stattdessen die Artikel 1 bis 6 der Verordnung (EWG) Nr. 1612/68 anzuwenden. Die Kommission wird über derartige Beschlüsse unterrichtet.

13. Um tatsächlichen oder drohenden schwerwiegenden Störungen in bestimmten empfindlichen Dienstleistungssektoren auf ihren Arbeitsmärkten zu begegnen, die sich in bestimmten Gebieten aus der länderübergreifenden Erbringung von Dienstleistungen im Sinne des Artikels 1 der Richtlinie 96/71/EG ergeben könnten, können Deutschland und Österreich, solange sie gemäß den vorstehend festgelegten Übergangsbestimmungen natio-nale Maßnahmen oder Maßnahmen aufgrund von bilateralen Vereinbarungen über die Freizügigkeit bulgarischer Arbeitnehmer anwenden, nach Unterrichtung der Kommission von Artikel 49 Absatz 1 des EG-Vertrags abweichen, um im Bereich der Erbringung von Dienstleistungen durch in Bulgarien niedergelassene Unternehmen die zeitweilige grenzüberschreitende Beschäftigung von Arbeitnehmern einzuschränken, deren Recht, in Deutschland oder Österreich eine Arbeit aufzunehmen, nationalen Maßnahmen unterliegt.

Folgende Dienstleistungssektoren können von der Abweichung betroffen sein:

− in Deutschland

Sektor	NACE-Code*) , sofern nicht anders angegeben
Baugewerbe, einschließlich verwandte Wirtschaftszweige	45.1 bis 4; Im Anhang der Richtlinie 96/71/EG aufgeführte Tätigkeiten
Reinigung von Gebäuden, Inventar und Verkehrsmitteln	74.70 Reinigung von Gebäuden, Inventar und Verkehrsmitteln
Sonstige Dienstleistungen	74.87 Nur Tätigkeiten von Innendekorateuren

− in Österreich

Sektor	NACE-Code*), sofern nicht anders angegeben
Erbringung von gärtnerischen Dienstleistungen	01.41
Be- und Verarbeitung von Natursteinen a.n.g.	26.7
Herstellung von Stahl- und Leichtmetallkonstruktionen	28.11
Baugewerbe, einschließlich verwandte Wirtschaftszweige	45.1 bis 4; Im Anhang der Richtlinie 96/71/EG aufgeführte Tätigkeiten
Schutzdienste	74.60
Reinigung von Gebäuden, Inventar und Verkehrsmitteln	74.70
Hauskrankenpflege	85.14
Sozialwesen a.n.g.	85.32

*) NACE: siehe 31990 R 3037: Verordnung (EWG) Nr. 3037/90 des Rates vom 9. Oktober 1990 betreffend die statistische Systematik der Wirtschaftszweige in der Europäischen Gemeinschaft (ABl. L 293 vom 24.10.1990, S. 1). Zuletzt geändert durch 32003 R 1882: Verordnung (EG) Nr. 1882/2003 des Europäischen Parlaments und des Rates vom 29.9.2003 (ABl. L 284 vom 31.10.2003, S. 1).

In dem Maße, wie Deutschland oder Österreich nach Maßgabe der vorstehenden Unterabsätze von Artikel 49 Absatz 1 des EG-Vertrags abweichen, kann Bulgarien nach Unterrichtung der Kommission gleichwertige Maßnahmen ergreifen.

Die Anwendung dieser Nummer darf nicht zu Bedingungen für die zeitweilige Freizügigkeit von Arbeitnehmern im Rahmen der länderübergreifenden Erbringung von Dienstleistungen zwischen Deutschland bzw. Österreich und Bulgarien führen, die restriktiver sind als die zum Zeitpunkt der Unterzeichnung des Beitrittsvertrags geltenden Bedingungen.

14. Die Anwendung der Nummern 2 bis 5 und 7 bis 12 darf nicht zu Bedingungen für den

Zugang bulgarischer Staatsangehöriger zu den Arbeitsmärkten der derzeitigen Mitgliedstaaten führen, die restriktiver sind, als die zum Zeitpunkt der Unterzeichnung des Beitrittsvertrags geltenden Bedingungen.

Ungeachtet der Anwendung der Bestimmungen unter den Nummern 1 bis 13 räumen die derzeitigen Mitgliedstaaten während der Dauer der Anwendung nationaler oder sich aus bilateralen Vereinbarungen ergebender Maßnahmen Arbeitnehmern, die Staatsangehörige eines Mitgliedstaats sind, beim Zugang zu ihren Arbeitsmärkten Vorrang vor Arbeitnehmern ein, die Staatsangehörige eines Drittstaats sind.

Bulgarische Wanderarbeitnehmer und ihre Familien, die rechtmäßig in einem anderen Mitgliedstaat ihren Wohnsitz haben und dort arbeiten, oder Wanderarbeitnehmer aus anderen Mitgliedstaaten und ihre Familien, die rechtmäßig in Bulgarien ihren Wohnsitz haben und dort arbeiten, dürfen nicht restriktiver behandelt werden als dieselben Personen aus Drittstaaten, die in diesem Mitgliedstaat bzw. Bulgarien ihren Wohnsitz haben und dort arbeiten. Darüber hinaus dürfen Wanderarbeitnehmer aus Drittländern, die in Bulgarien ihren Wohnsitz haben und dort arbeiten, gemäß dem Grundsatz der Gemeinschaftspräferenz nicht günstiger behandelt werden als bulgarische Staatsangehörige.

2. FREIER DIENSTLEISTUNGSVERKEHR

31997 L 0009: Richtlinie 97/9/EG des Europäischen Parlaments und des Rates vom 3. März 1997 über Systeme für die Entschädigung der Anleger (ABl. L 84 vom 26.3.1997, S. 22)

Abweichend von Artikel 4 Absatz 1 der Richtlinie 97/9/EG gilt die Mindestentschädigung in Bulgarien bis zum 31. Dezember 2009 nicht. Bulgarien stellt sicher, dass die Entschädigung nach dem bulgarischen Anlegerentschädigungssystem vom 1. Januar 2007 bis zum 31. Dezember 2007 mindestens 12000 EUR und vom 1. Januar 2008 bis zum 31. Dezember 2009 mindestens 15000 EUR beträgt.

Die anderen Mitgliedstaaten sind während der Übergangszeit weiterhin berechtigt, einer Zweigniederlassung einer bulgarischen Wertpapierfirma in ihrem Staatsgebiet die Tätigkeit zu untersagen, solange eine solche Zweigniederlassung sich nicht einem offiziell anerkannten Anlegerentschädigungssystem im Staatsgebiet des betreffenden Mitgliedstaates anschließt, um die Differenz zwischen der Entschädigungshöhe in Bulgarien und der in Artikel 4 Absatz 1 der Richtlinie 97/9/EG genannten Mindestentschädigung auszugleichen.

3. FREIER KAPITALVERKEHR

Vertrag über die Europäische Union,

Vertrag zur Gründung der Europäischen Gemeinschaft

(1) Ungeachtet der Verpflichtungen aus den Verträgen, auf die sich die Europäische Union gründet, kann Bulgarien die in seinen Rechtsvorschriften zum Zeitpunkt der Unterzeichnung des Beitrittsvertrags enthaltenen Beschränkungen des Erwerbs von Eigentumsrechten an Grundstücken für Zweitwohnsitze durch Staatsangehörige der Mitgliedstaaten oder der Vertragsparteien des Abkommens über den Europäischen Wirtschaftsraum (EWR) ohne Wohnsitz in Bulgarien und durch juristische Personen, die nach den Gesetzen eines anderen Mitgliedstaats oder eines EWR-Staates gegründet wurden, nach dem Tag des Beitritts fünf Jahre lang beibehalten.

Staatsangehörige der Mitgliedstaaten und Staatsangehörige der Vertragsparteien des EWR-Abkommens, die ihren rechtmäßigen Wohnsitz in Bulgarien haben, dürfen weder den Bestimmungen des Unterabsatzes 1 noch anderen Regeln und Verfahren als denjenigen unterworfen werden, die für bulgarische Staatsangehörige gelten.

(2) Ungeachtet der Verpflichtungen aus den Verträgen, auf die sich die Europäische Union gründet, kann Bulgarien die in seinen Rechtsvorschriften zum Zeitpunkt der Unterzeichnung des Beitrittsvertrags enthaltenen Beschränkungen des Erwerbs von landwirtschaftlichen Flächen, Wäldern und forstwirtschaftlichen Flächen durch Staatsangehörige anderer Mitgliedstaaten, durch Staatsangehörige der Vertragsparteien des EWR-Abkommens und durch juristische Personen, die nach den Gesetzen eines anderen Mitgliedstaats oder eines EWR-Staates gegründet wurden, nach dem Tag des Beitritts sieben Jahre lang beibehalten. Auf keinen Fall dürfen Staatsangehörige eines Mitgliedstaats beim Erwerb von landwirtschaftlichen Flächen, Wäldern und forstwirtschaftlichen Flächen ungünstiger als am Tag der Unterzeichnung des Beitrittsvertrags oder restriktiver als Drittstaatsangehörige behandelt werden.

Selbstständige Landwirte mit der Staatsangehörigkeit eines anderen Mitgliedstaats, die sich in Bulgarien niederlassen und dort einen Wohnsitz anmelden wollen, dürfen weder den Bestimmungen des Unterabsatzes 1 noch anderen Verfahren als denjenigen unterworfen werden, die für bulgarische Staatsangehörige gelten.

Im dritten Jahr nach dem Tag des Beitritts wird eine allgemeine Überprüfung dieser Übergangsmaßnahmen vorgenommen. Die Kommission wird dem Rat dazu einen Bericht unterbreiten. Der Rat kann auf Vorschlag der Kommission einstimmig beschließen, den in Unterabsatz 1 genannten Übergangszeitraum zu verkürzen oder zu beenden.

— 405 —

1/18. Beitritts V 2005

Anhänge VI – VII

EUV/AEUV
+ Prot/Erkl
Anhänge
EU-Grundrechte-
Charta + Erl
Irland/Tschech Rep
Änderungs- und
Beitrittsverträge
LissV + ZusErl
Liss-BeglNovelle

4. LANDWIRTSCHAFT

[nicht abgedruckt]

5. VERKEHRSPOLITIK

[nicht abgedruckt]

6. STEUERWESEN

[nicht abgedruckt]

7. SOZIALPOLITIK UND BESCHÄFTIGUNG

[nicht abgedruckt]

8. ENERGIE

[nicht abgedruckt]

9. TELEKOMMUNIKATION UND INFORMATIONSTECHNOLOGIE

[nicht abgedruckt]

10. UMWELT

[nicht abgedruckt]

**Anlage
zu Anhang VI**

[nicht abgedruckt]

ANHANG VII

**Liste nach Artikel 23 der Beitrittsakte:
Übergangsbestimmungen, Rumänien**

[teilweise abgedruckt]

1. FREIZÜGIGKEIT

31968 R 1612: Verordnung (EWG) Nr. 1612/68 des Rates vom 15. Oktober 1968 über die Freizügigkeit der Arbeitnehmer innerhalb der Gemeinschaft (ABl. L 257 vom 19.10.1968, S. 2), zuletzt geändert durch:

– 32004 L 0038: Richtlinie 2004/38/EG des Europäischen Parlaments und des Rates vom 29.4.2004 (ABl. L 158 vom 30.4.2004, S. 77)

31996 L 0071: Richtlinie 96/71/EG des Europäischen Parlaments und des Rates vom 16. Dezember 1996 über die Entsendung von Arbeitnehmern im Rahmen der Erbringung von Dienstleistungen (ABl. L 18 vom 21.1.1997, S. 1)

32004 L 0038: Richtlinie 2004/38/EG des Europäischen Parlaments und des Rates vom 29. April 2004 über das Recht der Unionsbürger und ihrer Familienangehörigen, sich im Hoheitsgebiet der Mitgliedstaaten frei zu bewegen und aufzuhalten,

zur Änderung der Verordnung (EWG) Nr. 1612/68 und zur Aufhebung der Richtlinien 64/221/EWG, 68/360/EWG, 72/194/EWG, 73/148/EWG, 75/34/EWG, 75/35/EWG, 90/364/EWG, 90/365/EWG und 93/96/EWG (ABl. L 158 vom 30.4.2004, S. 77).

1. Hinsichtlich der Freizügigkeit von Arbeitnehmern und der Dienstleistungsfreiheit mit vorübergehender Entsendung von Arbeitskräften im Sinne des Artikels 1 der Richtlinie 96/71/EG gelten Artikel 39 und Artikel 49 Absatz 1 des EG-Vertrags zwischen Rumänien einerseits und den derzeitigen Mitgliedstaaten andererseits in vollem Umfang nur vorbehaltlich der Übergangsbestimmungen der Nummern 2 bis 14.

2. Abweichend von den Artikeln 1 bis 6 der Verordnung (EWG) Nr. 1612/68 und bis zum Ende eines Zeitraums von zwei Jahren nach dem Tag des Beitritts werden die derzeitigen Mitgliedstaaten nationale oder sich aus bilateralen Abkommen ergebende Maßnahmen anwenden, um den Zugang rumänischer Staatsangehöriger zu ihren Arbeitsmärkten zu regeln. Die derzeitigen Mitgliedstaaten können solche Maßnahmen bis zum Ende eines Zeitraums von fünf Jahren nach dem Tag des Beitritts weiter anwenden.

Rumänische Staatsangehörige, die am Tag des Beitritts rechtmäßig in einem derzeitigen Mitgliedstaat arbeiten und für einen ununterbrochenen Zeitraum von 12 Monaten oder länger zum Arbeitsmarkt dieses Mitgliedstaats zugelassen waren, haben Zugang zum Arbeitsmarkt dieses Mitgliedstaats, aber nicht zum Arbeitsmarkt anderer Mitgliedstaaten, die nationale Maßnahmen anwenden.

Rumänische Staatsangehörige, die nach dem Beitritt für einen ununterbrochenen Zeitraum von 12 Monaten oder länger zum Arbeitsmarkt eines derzeitigen Mitgliedstaats zugelassen waren, genießen dieselben Rechte.

Die in den Unterabsätzen 2 und 3 genannten rumänischen Staatsangehörigen verlieren die dort gewährten Rechte, wenn sie den Arbeitsmarkt des betreffenden derzeitigen Mitgliedstaats freiwillig verlassen.

Rumänischen Staatsangehörigen, die am Tag des Beitritts oder während eines Zeitraums, in dem nationale Maßnahmen angewandt werden, rechtmäßig in einem derzeitigen Mitgliedstaat arbeiten und weniger als 12 Monate zum Arbeitsmarkt dieses Mitgliedstaats zugelassen waren, werden diese Rechte nicht gewährt.

3. Vor Ende eines Zeitraums von zwei Jahren nach dem Tag des Beitritts wird der Rat die Funktionsweise der Übergangsregelungen nach Nummer 2 anhand eines Berichts der Kommission überprüfen.

Bei Abschluss dieser Überprüfung und spätestens am Ende eines Zeitraums von zwei Jahren nach dem Beitritt teilen die derzeitigen Mitgliedstaaten der Kommission mit, ob sie weiterhin nationale oder sich aus bilateralen Vereinbarungen ergebende Maßnahmen anwenden, oder ob sie künftig die Artikel 1 bis 6 der Verordnung (EWG) Nr. 1612/68 anwenden möchten. Erfolgt keine derartige Mitteilung, so gelten die Artikel 1 bis 6 der Verordnung (EWG) Nr. 1612/68.

4. Auf Ersuchen Rumäniens kann eine weitere Überprüfung vorgenommen werden. Dabei findet das unter Nummer 3 genannte Verfahren Anwendung, das innerhalb von sechs Monaten nach Erhalt des Ersuchens Rumäniens abzuschließen ist.

5. Ein Mitgliedstaat, der am Ende des unter Nummer 2 genannten Zeitraums von fünf Jahren nationale oder sich aus bilateralen Abkommen ergebende Maßnahmen beibehält, kann im Falle schwerwiegender Störungen seines Arbeitsmarktes oder der Gefahr derartiger Störungen nach entsprechender Mitteilung an die Kommission diese Maßnahmen bis zum Ende des Zeitraums von sieben Jahren nach dem Tag des Beitritts weiter anwenden. Erfolgt keine derartige Mitteilung, so gelten die Artikel 1 bis 6 der Verordnung (EWG) Nr. 1612/68.

6. Während des Zeitraums von sieben Jahren nach dem Tag des Beitritts werden die Mitgliedstaaten, in denen gemäß Nummer 3, 4 oder 5 die Artikel 1 bis 6 der Verordnung (EWG) Nr. 1612/68 für rumänische Staatsangehörige gelten und die während dieses Zeitraums Staatsangehörigen Rumäniens zu Kontrollzwecken Arbeitsgenehmigungen erteilen, dies automatisch tun.

7. Die Mitgliedstaaten, in denen gemäß Nummer 3, 4 oder 5 die Artikel 1 bis 6 der Verordnung (EWG) Nr. 1612/68 für rumänische Staatsangehörige gelten, können bis zum Ende eines Zeitraums von sieben Jahren nach dem Beitritt die in den folgenden Absätzen beschriebenen Verfahren anwenden.

Wenn einer der Mitgliedstaaten im Sinne des Unterabsatzes 1 auf seinem Arbeitsmarkt Störungen erleidet oder voraussieht, die eine ernstliche Gefährdung des Lebensstandards oder des Beschäftigungsstandes in einem bestimmten Gebiet oder Beruf mit sich bringen könnten, unterrichtet dieser Mitgliedstaat die Kommission und die anderen Mitgliedstaaten und übermittelt diesen alle zweckdienlichen Angaben. Der Mitgliedstaat kann die Kommission auf der Grundlage dieser Unterrichtung um die Erklärung ersuchen, dass die Anwendung der Artikel 1 bis 6 der Verordnung (EWG) Nr. 1612/68 zur Wiederherstellung der normalen Situation in diesem

Gebiet oder Beruf ganz oder teilweise ausgesetzt wird. Die Kommission trifft über die Aussetzung und deren Dauer und Geltungsbereich spätestens zwei Wochen, nachdem sie mit dem Ersuchen befasst wurde, eine Entscheidung und unterrichtet den Rat von dieser Entscheidung. Binnen zwei Wochen nach der Entscheidung der Kommission kann jeder Mitgliedstaat beantragen, dass diese Entscheidung vom Rat rückgängig gemacht oder geändert wird. Der Rat beschließt binnen zwei Wochen mit qualifizierter Mehrheit über diesen Antrag.

Ein Mitgliedstaat im Sinne des Unterabsatzes 1 kann in dringenden und außergewöhnlichen Fällen die Anwendung der Artikel 1 bis 6 der Verordnung (EWG) Nr. 1612/68 aussetzen und dies der Kommission unter Angabe von Gründen nachträglich mitteilen.

8. Solange die Anwendung der Artikel 1 bis 6 der Verordnung (EWG) Nr. 1612/68 gemäß den Nummern 2 bis 5 und 7 ausgesetzt ist, findet Artikel 23 der Richtlinie 2004/38/EG auf Staatsangehörige der derzeitigen Mitgliedstaaten in Rumänien und auf rumänische Staatsangehörige in den derzeitigen Mitgliedstaaten in Bezug auf das Recht der Familienangehörigen von Arbeitnehmern, eine Beschäftigung aufzunehmen, unter folgenden Bedingungen Anwendung:

– der Ehegatte eines Arbeitnehmers und die Verwandten des Arbeitnehmers und des Ehegatten in absteigender Linie, die das 21. Lebensjahr noch nicht vollendet haben oder denen von diesen Unterhalt gewährt wird und die am Tag des Beitritts bei dem Arbeitnehmer im Hoheitsgebiet eines Mitgliedstaats ihren rechtmäßigen Wohnsitz hatten, haben nach dem Beitritt sofortigen Zugang zum Arbeitsmarkt dieses Mitgliedstaats. Dies gilt nicht für die Familienangehörigen eines Arbeitnehmers, der weniger als 12 Monate rechtmäßig zu dem Arbeitsmarkt des betreffenden Mitgliedstaates zugelassen war;

– der Ehegatte eines Arbeitnehmers und die Verwandten des Arbeitnehmers und des Ehegatten in absteigender Linie, die das 21. Lebensjahr noch nicht vollendet haben oder denen von diesen Unterhalt gewährt wird und die ab einem Zeitpunkt nach dem Beitritt, aber während des Zeitraums der Anwendung der genannten Übergangsregelungen bei dem Arbeitnehmer im Hoheitsgebiet eines Mitgliedstaats ihren rechtmäßigen Wohnsitz hatten, haben Zugang zum Arbeitsmarkt des betreffenden Mitgliedstaats, wenn sie mindestens achtzehn Monate in dem betreffenden Mitgliedstaat ihren Wohnsitz hatten oder

— 407 —

1/18. BeitrittsV 2005

Anhang VII

EUV/AEUV
+ Prot/Erkl
Anhänge
EU-Grundrechte-
Charta + Erl
Irland/Tschech Rep
Änderungs- und
Beitrittsverträge
LissV + ZusErl
Liss-BeglNovelle

ab dem dritten Jahr nach dem Beitritt, wenn dieser Zeitpunkt früher liegt. Günstigere nationale oder sich aus bilateralen Abkommen ergebende Maßnahmen bleiben von diesen Bestimmungen unberührt.

9. Soweit Vorschriften der Richtlinie 2004/38/EG, mit denen Vorschriften der Richtlinie 68/360/EWG[1]) übernommen wurden, nicht von den Vorschriften der Verordnung (EWG) Nr. 1612/68 getrennt werden können, deren Anwendung gemäß den Nummern 2 bis 5 und 7 und 8 aufgeschoben wird, können Rumänien und die derzeitigen Mitgliedstaaten in dem Maße, wie es für die Anwendung der Nummern 2 bis 5 und 7 und 8 erforderlich ist, von diesen Vorschriften abweichen.

10. Werden nationale oder sich aus bilateralen Abkommen ergebende Maßnahmen von den derzeitigen Mitgliedstaaten gemäß den oben genannten Übergangsregelungen angewandt, so kann Rumänien gleichwertige Maßnahmen gegenüber den Staatsangehörigen des betreffenden Mitgliedstaats oder der betreffenden Mitgliedstaaten beibehalten.

11. Wird die Anwendung der Artikel 1 bis 6 der Verordnung (EWG) Nr. 1612/68 von einem der derzeitigen Mitgliedstaaten ausgesetzt, so kann Rumänien gegenüber Bulgarien die unter Nummer 7 festgelegten Verfahren anwenden. In dieser Zeit werden Arbeitsgeneh-

migungen, die Rumänien Staatsangehörigen Bulgariens zu Kontrollzwecken ausstellt, automatisch erteilt.

12. Jeder derzeitige Mitgliedstaat, der nationale Maßnahmen gemäß den Nummern 2 bis 5 und 7 bis 9 anwendet, kann im Rahmen seiner einzelstaatlichen Rechtsvorschriften eine größere Freizügigkeit einführen als sie am Tag des Beitritts bestand, einschließlich des uneingeschränkten Zugangs zum Arbeitsmarkt. Ab dem dritten Jahr nach dem Beitritt kann jeder derzeitige Mitgliedstaat, der nationale Maßnahmen anwendet, jederzeit beschließen, stattdessen die Artikel 1 bis 6 der Verordnung (EWG) Nr. 1612/68 anzuwenden. Die Kommission wird über derartige Beschlüsse unterrichtet.

13. Um tatsächlichen oder drohenden schwerwiegenden Störungen in bestimmten empfindlichen Dienstleistungssektoren auf ihren Arbeitsmärkten zu begegnen, die sich in bestimmten Gebieten aus der länderübergreifenden Erbringung von Dienstleistungen im Sinne des Artikels 1 der Richtlinie 96/71/EG ergeben könnten, können Deutschland und Österreich, solange sie gemäß den vorstehend festgelegten Übergangsbestimmungen nationale Maßnahmen oder Maßnahmen aufgrund von bilateralen Vereinbarungen über die Freizügigkeit rumänischer Arbeitnehmer anwenden, nach Unterrichtung der Kommission von Artikel 49 Absatz 1 des EG-Vertrags abweichen, um im Bereich der Erbringung von Dienstleistungen durch in Rumänien niedergelassene Unternehmen die zeitweilige grenzüberschreitende Beschäftigung von Arbeitnehmern einzuschränken, deren Recht, in Deutschland oder Österreich eine Arbeit aufzunehmen, nationalen Maßnahmen unterliegt.

Folgende Dienstleistungssektoren können von der Abweichung betroffen sein:

---

[1]) Richtlinie 68/360/EWG des Rates vom 15. Oktober 1968 zur Aufhebung der Reise- und Aufenthaltsbeschränkungen für Arbeitnehmer der Mitgliedstaaten und ihre Familienangehörigen innerhalb der Gemeinschaft (ABl. L 257 vom 19.10.1968, S. 13). Zuletzt geändert durch die Beitrittsakte von 2003 (ABl. L 236 vom 23.9.2003, S. 33) und mit Wirkung vom 30. April 2006 aufgehoben durch die Richtlinie 2004/38/EG des Europäischen Parlaments und des Rates (ABl. L 158 vom 30.4.2004,

– in Deutschland

Sektor	NACE-Code*) , sofern nicht anders angegeben
Baugewerbe, einschließlich verwandte Wirtschaftszweige	45.1 bis 4; Im Anhang der Richtlinie 96/71/EG aufgeführte Tätigkeiten
Reinigung von Gebäuden, Inventar und Verkehrsmitteln	74.70 Reinigung von Gebäuden, Inventar und Verkehrsmitteln
Sonstige Dienstleistungen	74.87 Nur Tätigkeiten von Innendekorateuren

---

*) NACE: siehe 31990 R 3037: Verordnung (EWG) Nr. 3037/90 des Rates vom 9. Oktober 1990 betreffend die statistische Systematik der Wirtschaftszweige in der Europäischen Gemeinschaft (ABl. L 293 vom 24.10.1990, S. 1). Zuletzt geändert durch 32003 R 1882: Verordnung (EG) Nr. 1882/2003 des Europäischen Parlaments und des Rates vom 29.9.2003 (ABl. L 284 vom 31.10.2003, S. 1).

– in Österreich

Sektor	NACE-Code*), sofern nicht anders angegeben
Erbringung von gärtnerischen Dienstleistungen	01.41
Be- und Verarbeitung von Natursteinen a.n.g.	26.7
Herstellung von Stahl- und Leichtmetall-konstruktionen	28.11
Baugewerbe, einschließlich verwandte Wirtschaftszweige	45.1 bis 4; Im Anhang der Richtlinie 96/71/EG aufgeführte Tätigkeiten
Schutzdienste	74.60
Reinigung von Gebäuden, Inventar und Verkehrsmitteln	74.70
Hauskrankenpflege	85.14
Sozialwesen a.n.g.	85.32

*) NACE: siehe 31990 R 3037: Verordnung (EWG) Nr. 3037/90 des Rates vom 9. Oktober 1990 betreffend die statistische Systematik der Wirtschaftszweige in der Europäischen Gemeinschaft (ABl. L 293 vom 24.10.1990, S. 1). Zuletzt geändert durch 32003 R 1882: Verordnung (EG) Nr. 1882/2003 des Europäischen Parlaments und des Rates vom 29.9.2003 (ABl. L 284 vom 31.10.2003, S. 1).

In dem Maße, wie Deutschland oder Österreich nach Maßgabe der vorstehenden Unterabsätze von Artikel 49 Absatz 1 des EG-Vertrags abweichen, kann Rumänien nach Unterrichtung der Kommission gleichwertige Maßnahmen ergreifen.

Die Anwendung dieser Nummer darf nicht zu Bedingungen für die zeitweilige Freizügigkeit von Arbeitnehmern im Rahmen der länderübergreifenden Erbringung von Dienstleistungen zwischen Deutschland bzw. Österreich und Rumänien führen, die restriktiver sind als die zum Zeitpunkt der Unterzeichnung des Beitrittsvertrags geltenden Bedingungen.

14. Die Anwendung der Nummern 2 bis 5 und 7 bis 12 darf nicht zu Bedingungen für den Zugang rumänischer Staatsangehöriger zu den Arbeitsmärkten der derzeitigen Mitgliedstaaten führen, die restriktiver sind, als die zum Zeitpunkt der Unterzeichnung des Beitrittsvertrags geltenden Bedingungen.

Ungeachtet der Anwendung der Bestimmungen unter den Nummern 1 bis 13 räumen die derzeitigen Mitgliedstaaten während der Dauer der Anwendung nationaler oder sich aus bilateralen Vereinbarungen ergebender Maßnahmen Arbeitnehmern, die Staatsangehörige eines Mitgliedstaats sind, beim Zugang zu ihren Arbeitsmärkten Vorrang vor Arbeitnehmern ein, die Staatsangehörige eines Drittstaats sind.

Rumänische Wanderarbeitnehmer und ihre Familien, die rechtmäßig in einem anderen Mitgliedstaat ihren Wohnsitz haben und dort arbeiten, oder Wanderarbeitnehmer aus anderen Mitgliedstaaten und ihre Familien, die rechtmäßig in Rumänien ihren Wohnsitz haben und dort arbeiten, dürfen nicht restriktiver behandelt werden als dieselben Personen aus Drittstaaten, die in diesem Mitgliedstaat bzw. Rumänien ihren Wohnsitz haben und dort arbeiten. Darüber hinaus dürfen Wanderarbeitnehmer aus Drittländern, die in Rumänien ihren Wohnsitz haben und dort arbeiten, gemäß dem Grundsatz der Gemeinschaftspräferenz nicht günstiger behandelt werden als rumänische Staatsangehörige.

2. FREIER DIENSTLEISTUNGSVERKEHR

31997 L 0009: Richtlinie 97/9/EG des Europäischen Parlaments und des Rates vom 3. März 1997 über Systeme für die Entschädigung der Anleger (ABl. L 84 vom 26.3.1997, S. 22)

Abweichend von Artikel 4 Absatz 1 der Richtlinie 97/9/EG gilt die Mindestentschädigung in Rumänien bis zum 31. Dezember 2011 nicht. Rumänien stellt sicher, dass die Entschädigung nach dem rumänischen Anlegerentschädigungssystem vom 1. Januar 2007 bis zum 31. Dezember 2007 mindestens 4500 EUR, vom 1. Januar 2008 bis zum 31. Dezember 2008 mindestens 7000 EUR, vom 1. Januar 2009 bis zum 31. Dezember 2009 mindestens 9000 EUR, vom 1. Januar 2010 bis zum 31. Dezember 2010 mindestens 11000 EUR und vom 1. Januar 2011 bis zum 31. Dezember 2011 mindestens 15000 EUR beträgt.

— 409 —

1/18. Beitritts V 2005

Anhang VII

EUV/AEUV
+ Prot/Erkl
Anhänge
EU-Grundrechte-
Charta + Erl
Irland/Tschech Rep
Änderungs- und
Beitrittsverträge
Liss V + Zus Erl
Liss-Begl Novelle

Die anderen Mitgliedstaaten sind während der Übergangszeit weiterhin berechtigt, einer Zweigniederlassung einer rumänischen Wertpapierfirma in ihrem Staatsgebiet die Tätigkeit zu untersagen, solange eine solche Zweigniederlassung sich nicht einem offiziell anerkannten Anlegerentschädigungssystem im Staatsgebiet des betreffenden Mitgliedstaates anschließt, um die Differenz zwischen der Entschädigungshöhe in Rumänien und der in Artikel 4 Absatz 1 der Richtlinie 97/9/EG genannten Mindestentschädigung auszugleichen.

3. FREIER KAPITALVERKEHR

Vertrag über die Europäische Union,

Vertrag zur Gründung der Europäischen Gemeinschaft

1. Ungeachtet der Verpflichtungen aus den Verträgen, auf die sich die Europäische Union gründet, kann Rumänien die in seinen Rechtsvorschriften zum Zeitpunkt der Unterzeichnung des Beitrittsvertrags enthaltenen Beschränkungen des Erwerbs von Eigentumsrechten an Grundstücken für Zweitwohnsitze durch Staatsangehörige der Mitgliedstaaten oder der Vertragsparteien des Abkommens über den Europäischen Wirtschaftsraum (EWR) ohne Wohnsitz in Rumänien und durch Gesellschaften, die nach den Gesetzen eines anderen Mitgliedstaats oder eines EWR-Staates gegründet wurden und in dem Hoheitsgebiet Rumäniens weder niedergelassen sind noch dort eine Niederlassung oder eine Vertretung haben, nach dem Tag des Beitritts fünf Jahre lang beibehalten.

Staatsangehörige der Mitgliedstaaten und Staatsangehörige der Vertragsparteien des EWR-Abkommens, die ihren rechtmäßigen Wohnsitz in Rumänien haben, dürfen weder den Bestimmungen des Unterabsatzes 1 noch anderen Regeln und Verfahren als denjenigen unterworfen werden, die für rumänische Staatsangehörige gelten.

2. Ungeachtet der Verpflichtungen aus den Verträgen, auf die sich die Europäische Union gründet, kann Rumänien die in seinen Rechtsvorschriften zum Zeitpunkt der Unterzeichnung des Beitrittsvertrags enthaltenen Beschränkungen des Erwerbs von landwirtschaftlichen Flächen, Wäldern und forstwirtschaftlichen Flächen durch Staatsangehörige der Mitgliedstaaten, durch Staatsangehörige der Vertragsparteien des EWR-Abkommens und durch Gesellschaften, die nach den Gesetzen eines anderen Mitgliedstaats oder eines EWR-Staates gegründet wurden und in Rumänien weder niedergelassen noch eingetragen sind, nach dem Tag des Beitritts sieben Jahre lang beibehalten. Auf keinen Fall dürfen Staats-

angehörige eines Mitgliedstaats beim Erwerb von landwirtschaftlichen Flächen, Wäldern und forstwirtschaftlichen Flächen ungünstiger als am Tag der Unterzeichnung des Beitrittsvertrags oder restriktiver als Drittstaatsangehörige behandelt werden.

Selbstständige Landwirte mit der Staatsangehörigkeit eines anderen Mitgliedstaats, die sich in Rumänien niederlassen und dort einen Wohnsitz anmelden wollen, dürfen weder den Bestimmungen des Unterabsatzes 1 noch anderen Verfahren als denjenigen unterworfen werden, die für rumänische Staatsangehörige gelten.

Im dritten Jahr nach dem Tag des Beitritts wird eine allgemeine Überprüfung dieser Übergangsmaßnahmen vorgenommen. Die Kommission wird dem Rat dazu einen Bericht unterbreiten. Der Rat kann auf Vorschlag der Kommission einstimmig beschließen, den in Unterabsatz 1 genannten Übergangszeitraum zu verkürzen oder zu beenden.

4. WETTBEWERBSPOLITIK

[nicht abgedruckt]

5. LANDWIRTSCHAFT

[nicht abgedruckt]

6. VERKEHRSPOLITIK

[nicht abgedruckt]

7. STEUERWESEN

[nicht abgedruckt]

8. ENERGIE

[nicht abgedruckt]

9. UMWELT

[nicht abgedruckt]

Anlage A
zu Anhang VII

Umstrukturierung der rumänischen Stahlindustrie (gemäß Anhang VII Kapitel 4 Abschnitt B)

[nicht abgedruckt]

Anlage B
zu Anhang VII

Liste der Fleisch, Geflügelfleisch und Milch verarbeitenden Betriebe sowie der Milchproduktbetriebe gemäß Anhang VII Kapitel 5 Abschnitt B Unterabschnitt I

[nicht abgedruckt]

ANHANG VIII

Entwicklung des ländlichen Raums
(gemäß Artikel 34 der Beitrittsakte)

[nicht abgedruckt]

ANHANG IX

Besondere Verpflichtungen und
Anforderungen, die Rumänien beim
Abschluss der Beitrittsverhandlungen am
14. Dezember 2004 übernommen bzw.
akzeptiert hat (gemäß Artikel 39 der
Beitrittsakte)

I. In Bezug auf Artikel 39 Absatz 2

1. Unverzügliche Umsetzung des an den Besitzstand und die vereinbarten Fristen angeglichenen Schengen-Aktionsplans, in der in M.Of., p. I, nr. 129 bis/10.II.2005 veröffentlichten Fassung.

2. Beträchtliche Intensivierung der Anstrengungen im Hinblick auf die Modernisierung der Ausrüstung sowie der Infrastruktur an den grünen und blauen Grenzen sowie an den Grenzübergängen, um ein hohes Kontroll- und Überwachungsniveau an den künftigen Außengrenzen der Union sicherzustellen; außerdem weiterer Ausbau der Kapazität der operationellen Risikoanalyse. Die entsprechenden Anstrengungen und Verbesserungen müssen in einem einzigen spätestens im März 2005 vorzulegenden Mehrjahresplan für Investitionen zusammengefasst werden, an Hand dessen die Union jährlich die erzielten Fortschritte prüfen kann, bis der in Artikel 4 Absatz 2 der Akte genannte Beschluss in Bezug auf Rumänien ergangen ist. Außerdem muss Rumänien den Plan, 4438 Bedienstete und Beamte für die Grenzpolizei einzustellen, so rasch wie möglich umsetzen und insbesondere dafür sorgen, dass längs der Grenzen zur Ukraine und zu Moldau und längs der Schwarzmeerküste bereits zum Beitritt der Personalbestand so nahe wie möglich an 100 % des Soll-Personalbestands ist. Ferner muss Rumänien alle notwendigen Maßnahmen zu einer wirksamen Bekämpfung der illegalen Zuwanderung, einschließlich einer verstärkten Zusammenarbeit mit Drittländern treffen.

3. Ausarbeitung und Umsetzung eines aktualisierten integrierten Aktionsplans und einer Strategie für die Justizreform, die die wesentlichen Maßnahmen zur Durchführung der Gesetze über den Aufbau des Gerichtswesens, den Status der Justizangehörigen und den Obersten Rat der Magistratur, die am 30. September 2004 in Kraft getreten sind, beinhalten. Die aktualisierten Fassungen von Aktionsplan und Strategie müssen

der Union spätestens im März 2005 übermittelt werden; für die Durchführung des Aktionsplans muss eine angemessene Ausstattung mit finanziellen und personellen Mitteln sichergestellt werden, und der Aktionsplan muss unverzüglich entsprechend dem vereinbarten Zeitplan durchgeführt werden. Rumänien muss ebenfalls bis März 2005 nachweisen, dass das neue System für die zufallsgesteuerte Zuweisung von Rechtssachen vollständig einsatzbereit ist.

4. Wesentlich verschärftes Vorgehen gegen Korruption und insbesondere gegen Korruption auf hoher Ebene, indem die Korruptionsbekämpfungsgesetze rigoros durchgesetzt werden und die effektive Unabhängigkeit der Landesstaatsanwaltschaft für die Bekämpfung der Korruption (Parchetal National Anticoruptie (PNA)) sichergestellt wird und indem ab November 2005 einmal jährlich ein überzeugender Bericht über die Tätigkeit der PNA im Bereich der Bekämpfung der Korruption auf hoher Ebene vorgelegt wird. Die PNA muss mit allen personellen und finanziellen Mitteln sowie allen Schulungsmöglichkeiten und technischen Mitteln ausgestattet werden, die für die Wahrnehmung ihrer unerlässlichen Aufgabe erforderlich sind.

5. Durchführung einer unabhängigen Prüfung der Ergebnisse und der Auswirkungen der derzeitigen nationalen Strategie zur Korruptionsbekämpfung; Berücksichtigung der Schlussfolgerungen und Empfehlungen dieser Prüfung in der neuen mehrjährigen Strategie zur Korruptionsbekämpfung, die aus einem einzigen umfassenden Dokument bestehen und spätestens bis März 2005 vorliegen muss, parallel dazu Vorlage eines Aktionsplans, in dem die Benchmarks und die zu erzielenden Ergebnisse klar vorgegeben und angemessene Haushaltsvorschriften festgelegt werden; die Umsetzung der Strategie und die Durchführung des Aktionsplans müssen durch ein bestehendes Gremium überwacht werden, das klar definiert und unabhängig ist; in die Strategie muss die Verpflichtung aufgenommen werden, die schwerfällige Strafprozessordnung bis Ende 2005 zu überarbeiten, um sicherzustellen, dass Korruptionsfälle rasch und auf transparente Weise bearbeitet und angemessene Sanktionen mit abschreckender Wirkung vorgesehen werden; ferner muss die Strategie Maßnahmen vorsehen, um die Zahl der mit der Verhütung oder der Untersuchung von Korruptionsfällen befassten Stellen bis Ende 2005 erheblich zu verringern, damit Kompetenzüberschneidungen vermieden werden.

6. Bis März 2005 Ausarbeitung eines klaren Rechtsrahmens für die jeweiligen Aufgaben von Gendarmerie und Polizei sowie für die

— 411 — 1/18. **Beitritts V 2005**

Anhang IX, Erklärungen

EUV/AEUV
+ Prot/Erkl
Anhänge
EU-Grundrechte-
Charta + Erl
Irland/Tschech Rep
Änderungs- und
Beitrittsverträge
Liss V + ZusErl
Liss-BeglNovelle

Zusammenarbeit der beiden Behörden, auch im Bereich der Durchführungsvorschriften; des Weiteren bis Mitte 2005 Ausarbeitung und Durchführung eines klaren Personaleinstellungsplans für beide Behörden, der es ermöglichen soll, bis zum Beitritt erhebliche Fortschritte bei der Besetzung der 7000 freien Stellen bei der Polizei und der 18000 freien Stellen bei der Gendarmerie zu erzielen.

7. Ausarbeitung und Umsetzung einer schlüssigen mehrjährigen Strategie zur Kriminalitätsbekämpfung, einschließlich konkreter Maßnahmen, mit denen dem Ruf Rumäniens als Ursprungs-, Transit- und Bestimmungsland für Opfer des Menschenhandels entgegengewirkt wird; ab März 2005 einmal jährlich die Übermittlung zuverlässiger Statistiken über die Bekämpfung dieser Deliktsart.

II. In Bezug auf Artikel 39 Absatz 3

8. Sorge dafür, dass der rumänische Wettbewerbsrat eine wirksame Kontrolle aller denkbaren staatlichen Beihilfen, auch in Bezug auf Zahlungsaufschübe zulasten des Staatshaushalts in den Bereichen Steuern, Sozialvorschriften und Energie, ausübt.

9. Unverzügliche Verbesserung der Vollzugspraxis in Bezug auf staatliche Beihilfen und anschließend Gewährleistung einer zufrieden stellenden Vollzugsbilanz in den Bereichen Kartellrecht und staatliche Beihilfen.

10. Übermittlung – an die Kommission bis Mitte Dezember 2004 – eines überarbeiteten Plans für die Umstrukturierung im Stahlsektor (einschließlich des Nationalen Umstrukturierungsprogramms und der Einzelgeschäftspläne) im Einklang mit den im Protokoll Nr. 2 über EGKS-Erzeugnisse zum Europa-Abkommen zur Gründung einer Assoziation zwischen den Europäischen Gemeinschaften und ihren Mitgliedstaaten einerseits und Rumänien andererseits[1]) und den in Anhang VII, Kapitel 4, Abschnitt B der Akte dargelegten Bedingungen.

Vollständige Einhaltung der Verpflichtung, den Stahlunternehmen, die im Zeitraum vom 1. Januar 2005 bis zum 31. Dezember 2008 unter die Nationale Umstrukturierungsstrategie fallen, keine staatlichen Beihilfen zu gewähren oder zu zahlen und vollständige Einhaltung der Verpflichtung, sich an die im Rahmen des Protokolls Nr. 2 über EGKS-Erzeugnisse zum Europa-Abkommen zur Gründung einer Assoziation zwischen den Europäischen Gemeinschaften und ihren Mitgliedstaaten einerseits und Rumänien andererseits zu beschließenden Beträge der staatlichen Beihilfen zu halten und die in diesem Rahmen festgelegten Bedingungen für den Kapazitätsabbau zu erfüllen.

11. Weiterhin Bereitstellung von angemessenen finanziellen Mitteln und von Personal in ausreichender Zahl und mit entsprechender Qualifikation für den Wettbewerbsrat.

---

[1]) ABl. L 357 vom 31.12.1994, S. 2. Zuletzt geändert durch den Beschluss Nr. 2/2003 des Assoziationsrates EU-Rumänien vom 25.9.2003 (noch nicht im Amtsblatt veröffentlicht).

SCHLUSSAKTE

I. TEXT DER SCHLUSSAKTE

1. Die Bevollmächtigten

[es folgen die Namen]

die am fünfundzwanzigsten April zweitausendfünf in Luxemburg anlässlich der Unterzeichnung des Vertrags zwischen dem Königreich Belgien, der Tschechischen Republik, dem Königreich Dänemark, der Bundesrepublik Deutschland, der Republik Estland, der Hellenischen Republik, dem Königreich Spanien, der Französischen Republik, Irland, der Italienischen Republik, der Republik Zypern, der Republik Lettland, der Republik Litauen, dem Großherzogtum Luxemburg, der Republik Ungarn, der Republik Malta, dem Königreich der Niederlande, der Republik Österreich, der Republik Polen, der Portugiesischen Republik, der Republik Slowenien, der Slowakischen Republik, der Republik Finnland, dem Königreich Schweden, dem Vereinigten Königreich Großbritannien und Nordirland (Mitgliedstaaten der Europäischen Union) und der Republik Bulgarien und Rumänien über den Beitritt der Republik Bulgarien und Rumäniens zur Europäischen Union zusammengetreten sind,

haben festgestellt, dass die folgenden Texte im Rahmen der Konferenz zwischen den Mitgliedstaaten der Europäischen Union und der Republik Bulgarien und Rumänien über den Beitritt der Republik Bulgarien und Rumäniens zur Europäischen Union erstellt und angenommen worden sind:

I. der Vertrag zwischen dem Königreich Belgien, der Tschechischen Republik, dem Königreich Dänemark, der Bundesrepublik Deutschland, der Republik Estland, der Hellenischen Republik, dem Königreich Spanien, der Französischen Republik, Irland, der Italienischen Republik, der Republik Zypern, der Republik Lettland, der Republik Litauen, dem Großherzogtum Luxemburg, der Republik Ungarn, der Republik Malta, dem Königreich der Niederlande, der Republik Österreich, der Republik Polen, der Portugiesischen Republik, der Republik Slowenien, der Slowakischen Republik, der Republik Finnland, dem Königreich Schweden, dem Vereinigten Königreich Großbritannien und Nordirland (Mitgliedstaaten der Europäischen Union) und der Republik Bulgarien und Rumänien über den Beitritt der Republik Bulgarien und Rumäniens zur Europäischen Union (im Folgenden: „der Beitrittsvertrag" genannt);

II. die Wortlaute des Vertrags über eine Verfassung für Europa in bulgarischer und in rumänischer Sprache;

III. das Protokoll über die Bedingungen und Einzelheiten der Aufnahme der Republik Bulgarien und Rumäniens in die Europäische Union (im Folgenden: „das Beitrittsprotokoll" genannt);

IV. die nachstehend aufgeführten Anhänge zum Beitrittsprotokoll:

A. Anhang I   Liste der Übereinkünfte und Protokolle, denen Bulgarien und Rumänien am Tag des Beitritts beitreten (nach Artikel 3 Absatz 3 des Protokolls)

Anhang II   Verzeichnis der Bestimmungen des in den Rahmen der Europäischen Union einbezogenen Schengen-Besitzstandes und der darauf beruhenden oder anderweitig damit zusammenhängenden Rechtsakte, die ab dem Beitritt für die neuen Mitgliedstaaten bindend und in ihnen anzuwenden sind (nach Artikel 4 Absatz 1 des Protokolls)

Anhang III   Liste nach Artikel 16 des Protokolls: Anpassungen der Rechtsakte der Organe

Anhang IV   Liste nach Artikel 17 des Protokolls: zusätzliche Anpassungen der Rechtsakte der Organe

Anhang V   Liste nach Artikel 18 des Protokolls: sonstige ständige Bestimmungen

Anhang VI   Liste nach Artikel 20 des Protokolls: Übergangsmaßnahmen, Bulgarien

Anhang VII   Liste nach Artikel 20 des Protokolls: Übergangsmaßnahmen, Rumänien

Anhang VIII   Entwicklung des ländlichen Raums (nach Artikel 34 des Protokolls)

Anhang IX   Spezifische Verpflichtungen und Anforderungen, die Rumänien beim Abschluss der Beitrittsverhandlungen am 14. Dezember 2004 eingegangen ist bzw. akzeptiert hat (nach Artikel 39 des Protokolls)

B. die Wortlaute des Vertrags zur Gründung der Europäischen Atomgemeinschaft sowie der Verträge, durch die sie geändert oder ergänzt worden sind, in bulgarischer und rumänischer Sprache

V. die Akte über die Bedingungen des Beitritts der Bulgarischen Republik und Rumäniens und die Anpassungen der die Europäische Union begründenden Verträge (im Folgenden: „die Beitrittsakte" genannt)

VI. die nachstehend aufgeführten und der Beitrittsakte beigefügten Texte:

A. Anhang I   Liste der Übereinkünfte und Protokolle, denen Bulgarien und Rumänien am Tag des Beitritts beitreten (nach Artikel 3 Absatz 3 der Beitrittsakte)

Anhang II   Verzeichnis der Bestimmungen des in den Rahmen der Europäischen Union einbezogenen Schengen-Besitzstandes und der darauf beruhenden oder anderweitig damit zusammenhängenden Rechtsakte, die ab dem Beitritt für die neuen Mitgliedstaaten bindend und in ihnen anzuwenden sind (nach Artikel 4 Absatz 1 der Beitrittsakte)

Anhang III   Liste nach Artikel 19 der Beitrittsakte: Anpassungen der Rechtsakte der Organe

Anhang IV   Liste nach Artikel 20 der Beitrittsakte: Zusätzliche Anpassungen der Rechtsakte der Organe

Anhang V   Liste nach Artikel 21 der Beitrittsakte: sonstige ständige Bestimmungen

Anhang VI   Liste nach Artikel 23 der Beitrittsakte: Übergangsmaßnahmen, Bulgarien

Anhang VII   Liste nach Artikel 23 der Beitrittsakte: Übergangsmaßnahmen, Rumänien

— 413 —

1/18. BeitrittsV 2005

Erklärungen

EUV/AEUV
+ Prot/Erkl
Anhänge
EU-Grundrechte-
Charta + Erl
Irland/Tschech Rep
Änderungs- und
Beitrittsverträge
LissV + ZusErl
Liss-BeglNovelle

Anhang VIII Entwicklung des ländlichen Raums (nach Artikel 34 der Beitrittsakte)

Anhang IX Spezifische Verpflichtungen und Anforderungen, die Rumänien beim Abschluss der Beitrittsverhandlungen am 14. Dezember 2004 eingegangen ist bzw. akzeptiert hat (nach Artikel 39 der Beitrittsakte)

B. die Wortlaute des Vertrags über die Europäische Union, des Vertrags zur Gründung der Europäischen Gemeinschaft und des Vertrags zur Gründung der Europäischen Atomgemeinschaft sowie der Verträge zu deren Änderung oder Ergänzung, einschließlich des Vertrags über den Beitritt des Königreichs Dänemark, Irlands sowie des Vereinigten Königreichs Großbritannien und Nordirland, des Vertrags über den Beitritt der Republik Griechenland, des Vertrags über den Beitritt des Königreichs Spanien und der Portugiesischen Republik, des Vertrags über den Beitritt der Republik Österreich, der Republik Finnland und des Königreichs Schweden sowie des Vertrags über den Beitritt der Tschechischen Republik, der Republik Estland, der Republik Zypern, der Republik Lettland, der Republik Litauen, der Republik Ungarn, der Republik Malta, der Republik Polen, der Republik Slowenien und der Slowakischen Republik, in bulgarischer und rumänischer Sprache.

2. Die Hohen Vertragsparteien haben politische Einigung erzielt über einige Anpassungen der Rechtsakte der Organe, die aufgrund des Beitritts erforderlich geworden sind, und ersuchen den Rat und die Kommission, diese Anpassungen vor dem Beitritt gemäß Artikel 56 des Beitrittsprotokolls bzw. gemäß Artikel 56 der Beitrittsakte – dies ergibt sich aus Artikel 4 Absatz 3 des Beitrittsvertrags – anzunehmen, wobei erforderlichenfalls eine Ergänzung und Aktualisierung erfolgt, um der Weiterentwicklung des Unionsrechts Rechnung zu tragen.

3. Die Hohen Vertragsparteien verpflichten sich, der Kommission sowie untereinander alle Informationen zu erteilen, die für die Anwendung des Beitrittsprotokolls bzw. der Beitrittsakte erforderlich sind. Diese Informationen sind, soweit erforderlich, so rechtzeitig vor dem Tag des Beitritts vorzulegen, dass die uneingeschränkte Anwendung des Beitrittsprotokolls bzw. der Beitrittsakte am Tag des Beitritts erfolgen kann; insbesondere gilt dies für das Funktionieren des Binnenmarktes. In diesem Zusammenhang ist eine frühzeitige Mitteilung der von Bulgarien und Rumänien erlassenen Maßnahmen nach Artikel 53 des Beitrittsprotokolls bzw. Artikel 53 der Beitrittsakte von höchster Bedeutung. Die Kommission kann der Republik Bulgarien und Rumänien gegebenenfalls den von ihr für angemessen erachteten Zeitpunkt für den Eingang oder die Übermittlung anderer spezieller Informationen mitteilen. Eine Liste der Informationspflichten für den Veterinärbereich ist den Vertragsparteien am heutigen Tag der Unterzeichnung überreicht worden.

4. Die Bevollmächtigten haben die folgenden, dieser Schlussakte beigefügten Erklärungen zur Kenntnis genommen:

A. Gemeinsame Erklärungen der derzeitigen Mitgliedstaaten

1. Gemeinsame Erklärung zur Freizügigkeit der Arbeitnehmer: Bulgarien
2. Gemeinsame Erklärung zu Körnerleguminosen: Bulgarien
3. Gemeinsame Erklärung zur Freizügigkeit der Arbeitnehmer: Rumänien
4. Gemeinsame Erklärung zur Entwicklung des ländlichen Raums: Bulgarien und Rumänien

B. Gemeinsame Erklärung der derzeitigen Mitgliedstaaten und der Kommission

5. Gemeinsame Erklärung über die Vorbereitungen Bulgariens und Rumäniens im Hinblick auf den Beitritt

C. Gemeinsame Erklärung verschiedener derzeitiger Mitgliedstaaten

6. Gemeinsame Erklärung der Bundesrepublik Deutschland und der Republik Österreich zur Freizügigkeit der Arbeitnehmer: Bulgarien und Rumänien

D. Erklärungen der Republik Bulgarien

7. Erklärung der Republik Bulgarien zur Verwendung der kyrillischen Schrift in der Europäischen Union

5. Die Bevollmächtigten haben Kenntnis genommen von dem Briefwechsel zwischen der Europäischen Union und der Republik Bulgarien sowie Rumänien über ein Informations- und Konsultationsverfahren für die Annahme bestimmter Beschlüsse und sonstiger Maßnahmen in der Zeit vor dem Beitritt, der dieser Schlussakte beigefügt ist.

Geschehen zu Luxemburg am fünfundzwanzigsten April zweitausendfünf.

II. ERKLÄRUNGEN

A. GEMEINSAME ERKLÄRUNGEN DER DERZEITIGEN MITGLIEDSTAATEN

1. Gemeinsame Erklärung zur Freizügigkeit der Arbeitnehmer: Bulgarien

Die Europäische Union weist auf das hohe Maß an Differenzierung und Flexibilität in der Regelung für die Freizügigkeit der Arbeitnehmer hin.

Die Mitgliedstaaten werden sich bemühen, bulgarischen Staatsangehörigen nach nationalem Recht verstärkt Zugang zum Arbeitsmarkt zu gewähren, um die Angleichung an den Besitzstand zu beschleunigen. Die Beschäftigungsmöglichkeiten für bulgarische Staatsangehörige in der Europäischen Union sollten sich daher beim Beitritt Bulgariens erheblich verbessern. Darüber hinaus werden die EU-Mitgliedstaaten der die vorgeschlagene Regelung auf die bestmögliche Weise nutzen, um so rasch wie möglich zu einer vollständigen Anwendung des Besitzstands im Bereich der Freizügigkeit der Arbeitnehmer zu gelangen.

2. Gemeinsame Erklärung zu Körnerleguminosen: Bulgarien

[nicht abgedruckt]

3. Gemeinsame Erklärung zur Freizügigkeit der Arbeitnehmer: Rumänien

Die Europäische Union weist auf das hohe Maß an Differenzierung und Flexibilität in der Regelung für die Freizügigkeit der Arbeitnehmer hin. Die Mitgliedstaaten werden sich bemühen, rumänischen Staatsangehörigen nach nationalem Recht verstärkt Zugang zum Arbeitsmarkt zu gewähren, um die Angleichung an den Besitzstand zu beschleunigen. Die Beschäftigungsmöglichkeiten für rumänische Staatsangehörige in der Europäischen Union sollten sich daher beim Beitritt Rumäniens erheblich verbessern. Darüber hinaus werden die EU-Mitgliedstaaten der die vorgeschlagene Regelung auf die bestmögliche Weise nutzen, um so rasch wie möglich zu einer vollständigen Anwendung des Besitzstands im Bereich der Freizügigkeit der Arbeitnehmer zu gelangen.

4. Gemeinsame Erklärung zur Entwicklung des ländlichen Raums: Bulgarien und Rumänien

In Bezug auf die in Artikel 34 Absatz 2 des Beitrittsprotokolls und Artikel 34 Absatz 1 der Beitrittsakte genannten Verpflichtungsermächtigungen aus dem EAGFL, Abteilung Garantie, für die Entwicklung des ländlichen Raums zugunsten von Bulgarien und Rumänien im Dreijahreszeitraum 2007 bis 2009 stellt die Union fest, dass die folgenden Haushaltsansätze erwartet werden können:

(in Mio. EUR zu Preisen von 2004)

	2007	2008	2009	2007-2009
Bulgarien	183	244	306	733
Rumänien	577	770	961	2 308
Insgesamt	760	1 014	1 267	3 041

Die Haushaltsansätze für die Entwicklung des ländlichen Raums in Bulgarien und Rumänien nach dem Dreijahreszeitraum 2007-2009 werden auf den geltenden Bestimmungen beruhen oder auf Bestimmungen, die sich aus etwaigen zwischenzeitlichen Reformen der Politik ergeben.

B. GEMEINSAME ERKLÄRUNG DER DERZEITIGEN MITGLIEDSTAATEN UND DER KOMMISSION

5. Gemeinsame Erklärung zu den Vorbereitungen Bulgariens und Rumäniens im Hinblick auf den Beitritt

[nicht abgedruckt]

C. GEMEINSAME ERKLÄRUNG VERSCHIEDENER DERZEITIGER MITGLIEDSTAATEN

6. Gemeinsame Erklärung der Bundesrepublik Deutschland und der Republik Österreich zur Freizügigkeit der Arbeitnehmer: Bulgarien und Rumänien

Die Formulierung der Nummer 13 der Übergangsmaßnahmen für die Freizügigkeit der Arbeitnehmer gemäß der Richtlinie 96/71/EG in den Anhängen VI und VII sowohl des Beitrittsprotokolls als auch der Beitrittsakte wird von der Bundesrepublik Deutschland und der Republik Österreich im Einvernehmen mit der Kommission in dem Sinne aufgefasst, dass der Ausdruck „bestimmte Gebiete" gegebenenfalls auch das gesamte nationale Hoheitsgebiet umfassen kann.

D. ERKLÄRUNG DER REPUBLIK BULGARIEN

7. Erklärung der Republik Bulgarien zur Verwendung der kyrillischen Schrift in der Europäischen Union

Durch die Geltung des Bulgarischen als eine verbindliche Sprache im Sinne der Verträge sowie als von den Organen der Europäischen Union zu verwendende Amtssprache und Arbeitssprache wird die kyrillische Schrift zu einer der drei in der Europäischen Union offiziell verwendeten Schriften. Dieser bedeutende Teil des kulturellen Erbes Europas ist ein spezifischer Beitrag Bulgariens zur sprachlichen und kulturellen Vielfalt der Union.

III. BRIEFWECHSEL

Briefwechsel zwischen der Europäischen Union und der Republik Bulgarien sowie Rumänien über ein Informations- und Konsultationsverfahren für die Annahme bestimmter Beschlüsse und sonstige Maßnahmen in der Zeit vor dem Beitritt

[nicht abgedruckt]

ANHANG

Informations- und Konsultationsverfahren für die Annahme bestimmter Beschlüsse und sonstige Maßnahmen in der Zeit vor dem Beitritt

[nicht abgedruckt]

EUV/AEUV
+ Prot/Erkl
Anhänge
EU-Grundrechte-
Charta + Erl
Irland/Tschech Rep
Änderungs- und
Beitrittsverträge
LissV + ZusErl
Liss-BeglNovelle

Vertrag von Lissabon 2007

(2007/C 306/01)
(ABl 2007 C 306, 1)

Inhaltsverzeichnis

- Anhang – Übereinstimmungstabellen nach Artikel 2 des Protokolls Nr. 1 zur Änderung der Protokolle zum Vertrag über die Europäische Union, zum Vertrag zur Gründung der Europäischen Gemeinschaft und/oder zum Vertrag zur Gründung der Europäischen Atomgemeinschaft
- Protokoll Nr. 2 zur Änderung des Vertrags zur Gründung der Europäischen Atomgemeinschaft

ANHANG

Übereinstimmungstabellen nach Artikel 5 des Vertrags von Lissabon

Schlussakte der Regierungskonferenz

EUV/AEUV
+ Prot/Erkl
Anhänge
EU-Grundrechte-
Charta + Erl
Irland/Tschech Rep
Änderungs- und
Beitrittsverträge
LissV + ZusErl
Liss-BeglNovelle

Vertrag von Lissabon
ZUR ÄNDERUNG DES VERTRAGS ÜBER DIE EUROPÄISCHE UNION UND DES VERTRAGS ZUR GRÜNDUNG DER EUROPÄISCHEN GEMEINSCHAFT

(2007/C 306/01)

PRÄAMBEL

SEINE MAJESTÄT DER KÖNIG DER BELGIER,

DER PRÄSIDENT DER REPUBLIK BULGARIEN,

DER PRÄSIDENT DER TSCHECHISCHEN REPUBLIK,

IHRE MAJESTÄT DIE KÖNIGIN VON DÄNEMARK,

DER PRÄSIDENT DER BUNDESREPUBLIK DEUTSCHLAND,

DER PRÄSIDENT DER REPUBLIK ESTLAND,

DIE PRÄSIDENTIN IRLANDS,

DER PRÄSIDENT DER HELLENISCHEN REPUBLIK,

SEINE MAJESTÄT DER KÖNIG VON SPANIEN,

DER PRÄSIDENT DER FRANZÖSISCHEN REPUBLIK,

DER PRÄSIDENT DER ITALIENISCHEN REPUBLIK,

DER PRÄSIDENT DER REPUBLIK ZYPERN,

DER PRÄSIDENT DER REPUBLIK LETTLAND,

DER PRÄSIDENT DER REPUBLIK LITAUEN,

SEINE KÖNIGLICHE HOHEIT DER GROSSHERZOG VON LUXEMBURG,

DER PRÄSIDENT DER REPUBLIK UNGARN,

DER PRÄSIDENT MALTAS,

IHRE MAJESTÄT DIE KÖNIGIN DER NIEDERLANDE,

DER BUNDESPRÄSIDENT DER REPUBLIK ÖSTERREICH,

DER PRÄSIDENT DER REPUBLIK POLEN,

DER PRÄSIDENT DER PORTUGIESISCHEN REPUBLIK,

DER PRÄSIDENT RUMÄNIENS,

DER PRÄSIDENT DER REPUBLIK SLOWENIEN,

DER PRÄSIDENT DER SLOWAKISCHEN REPUBLIK,

DIE PRÄSIDENTIN DER REPUBLIK FINNLAND,

DIE REGIERUNG DES KÖNIGREICHS SCHWEDEN,

IHRE MAJESTÄT DIE KÖNIGIN DES VEREINIGTEN KÖNIGREICHS GROSSBRITANNIEN UND NORDIRLAND –

IN DEM WUNSCH, den mit dem Vertrag von Amsterdam und dem Vertrag von Nizza eingeleiteten Prozess, mit dem die Effizienz und die demokratische Legitimität der Union erhöht und die Kohärenz ihres Handelns verbessert werden sollen, abzuschließen,

SIND ÜBEREINGEKOMMEN, den Vertrag über die Europäische Union, den Vertrag zur Gründung der Europäischen Gemeinschaft und den Vertrag zur Gründung der Europäischen Atomgemeinschaft zu ändern,

und haben zu diesem Zweck zu ihren Bevollmächtigten ernannt:

SEINE MAJESTÄT DER KÖNIG DER BELGIER

Guy VERHOFSTADT
Premierminister

Karel DE GUCHT
Minister für auswärtige Angelegenheiten

DER PRÄSIDENT DER REPUBLIK BULGARIEN

Sergei STANISHEV
Premierminister

Ivailo KALFIN
Vize-Premierminister und Minister für auswärtige Angelegenheiten

DER PRÄSIDENT DER TSCHECHISCHEN REPUBLIK

Mirek TOPOLÁNEK
Premierminister

Karel SCHWARZENBERG
Minister für auswärtige Angelegenheiten

IHRE MAJESTÄT DIE KÖNIGIN VON DÄNEMARK

Anders Fogh RASMUSSEN
Premierminister

Per Stig MØLLER
Minister für auswärtige Angelegenheiten

DER PRÄSIDENT DER BUNDESREPUBLIK DEUTSCHLAND

Dr. Angela MERKEL
Bundeskanzlerin

Dr. Frank-Walter STEINMEIER
Bundesminister des Auswärtigen und Stellvertreter der Bundeskanzlerin

DER PRÄSIDENT DER REPUBLIK ESTLAND

Andrus ANSIP
Premierminister

Urmas PAET
Minister für auswärtige Angelegenheiten

DIE PRÄSIDENTIN IRLANDS

Bertie AHERN
Premierminister (Taoiseach)
Dermot AHERN
Minister für auswärtige Angelegenheiten
DER PRÄSIDENT DER HELLENISCHEN
REPUBLIK
Konstantinos KARAMANLIS
Premierminister
Dora BAKOYANNIS
Ministerin für auswärtige Angelegenheiten
SEINE MAJESTÄT DER KÖNIG VON
SPANIEN
José Luis RODRÍGUEZ ZAPATERO
Präsident der Regierung
Miguel Ángel MORATINOS CUYAUBÉ
Minister für auswärtige Angelegenheiten und für
Zusammenarbeit
DER PRÄSIDENT DER FRANZÖSISCHEN
REPUBLIK
Nicolas SARKOZY
Präsident
François FILLON
Premierminister
Bernard KOUCHNER
Minister für auswärtige und europäische
Angelegenheiten
DER PRÄSIDENT DER ITALIENISCHEN
REPUBLIK
Romano PRODI
Präsident des Ministerrats
Massimo D'ALEMA
Vizepräsident des Ministerrats und Minister für
auswärtige Angelegenheiten
DER PRÄSIDENT DER REPUBLIK ZYPERN
Tassos PAPADOPOULOS
Präsident
Erato KOZAKOU-MARCOULLIS
Minister für auswärtige Angelegenheiten
DER PRÄSIDENT DER REPUBLIK LETT-
LAND
Valdis ZATLERS
Präsident
Aigars KALVĪTIS
Premierminister
Māris RIEKSTIŅŠ
Minister für auswärtige Angelegenheiten
DER PRÄSIDENT DER REPUBLIK LITAUEN
Valdas ADAMKUS
Präsident
Gediminas KIRKILAS
Premierminister
Petras VAITIEKUˉNAS
Minister für auswärtige Angelegenheiten
SEINE KÖNIGLICHE HOHEIT DER
GROSSHERZOG VON LUXEMBURG
Jean-Claude JUNCKER
Premierminister, Staatsminister

Jean ASSELBORN
Minister für auswärtige Angelegenheiten und
Immigration
DER PRÄSIDENT DER REPUBLIK UNGARN
Ferenc GYURCSÁNY
Premierminister
Dr. Kinga GÖNCZ
Ministerin für auswärtige Angelegenheiten
DER PRÄSIDENT MALTAS
The Hon Lawrence GONZI
Premierminister
The Hon Michael FRENDO
Minister für auswärtige Angelegenheiten
IHRE MAJESTÄT DIE KÖNIGIN DER NIE-
DERLANDE
Dr. J. P. BALKENENDE
Premierminister
M. J. M. VERHAGEN
Minister für auswärtige Angelegenheiten
DER BUNDESPRÄSIDENT DER REPUBLIK
ÖSTERREICH
Dr. Alfred GUSENBAUER
Bundeskanzler
Dr. Ursula PLASSNIK
Bundesministerin für europäische und
internationale Angelegenheiten
DER PRÄSIDENT DER REPUBLIK POLEN
Donald TUSK
Premierminister
Radosław SIKORSKI
Minister für auswärtige Angelegenheiten
DER PRÄSIDENT DER PORTUGIESISCHEN
REPUBLIK
José SÓCRATES CARVALHO PINTO DE
SOUSA
Premierminister
Luís Filipe MARQUES AMADO
Staatsminister und Minister für auswärtige
Angelegenheiten
DER PRÄSIDENT RUMÄNIENS
Traian BĂSESCU
Präsident
Călin POPESCU TĂRICEANU
Premierminister
Adrian CIOROIANU
Minister für auswärtige Angelegenheiten
DER PRÄSIDENT DER REPUBLIK
SLOWENIEN
Janez JANŠA
Präsident der Regierung
Dr. Dimitrij RUPEL
Minister für auswärtige Angelegenheiten
DER PRÄSIDENT DER SLOWAKISCHEN
REPUBLIK
Robert FICO
Premierminister

— 419 —

1/19. Lissabon-V

Art. 1 – 6

EUV/AEUV
+ Prot/Erkl
Anhänge
EU-Grundrechte-
Charta + Erl
Irland/Tschech Rep
Änderungs- und
Beitrittsverträge
LissV + ZusErl
Liss-BeglNovelle

Ján KUBIŠ
Minister für auswärtige Angelegenheiten
DIE PRÄSIDENTIN DER REPUBLIK
FINNLAND
Matti VANHANEN
Premierminister
Ilkka KANERVA
Minister für auswärtige Angelegenheiten
DIE REGIERUNG DES KÖNIGREICHS
SCHWEDEN
Fredrik REINFELDT
Premierminister
Cecilia MALMSTRÖM
Ministerin für europäische Angelegenheiten
IHRE MAJESTÄT DIE KÖNIGIN DES
VEREINIGTEN KÖNIGREICHS
GROSSBRITANNIEN UND NORDIRLAND
The Rt. Hon Gordon BROWN
Premierminister
The Rt. Hon David MILIBAND
Minister für auswärtige Angelegenheiten und
den Commonwealth
DIESE SIND nach Austausch ihrer als gut und
gehörig befundenen Vollmachten
wie folgt ÜBEREINGEKOMMEN:

**ÄNDERUNGEN DES VERTRAGS ÜBER
DIE EUROPÄISCHE UNION UND DES
VERTRAGS ZUR GRÜNDUNG DER
EUROPÄISCHEN GEMEINSCHAFT**

Artikel 1

Der Vertrag über die Europäische Union wird
nach Maßgabe dieses Artikels geändert.

eingearbeitet

Artikel 2

Der Vertrag zur Gründung der Europäischen
Gemeinschaft wird nach Maßgabe dieses Artikels geändert.

eingearbeitet

SCHLUSSBESTIMMUNGEN
Artikel 3

Dieser Vertrag gilt auf unbegrenzte Zeit.

Artikel 4

(1) Das diesem Vertrag beigefügte Protokoll
Nr. 1 enthält die Änderungen der Protokolle zum
Vertrag über die Europäische Union, zum Ver-
trag zur Gründung der Europäischen Gemein-
schaft und/oder zum Vertrag zur Gründung der
Europäischen Atomgemeinschaft.

(2) Das diesem Vertrag beigefügte Protokoll
Nr. 2 enthält die Änderungen des Vertrags zur
Gründung der Europäischen Atomgemeinschaft.

Artikel 5

(1) Die Artikel, Abschnitte, Kapitel, Titel und
Teile des Vertrags über die Europäische Union
und des Vertrags zur Gründung der Europäischen Gemeinschaft in der Fassung dieses Vertrags werden entsprechend den Übereinstimmungstabellen im Anhang zu diesem Vertrag
umnummeriert; dieser Anhang ist Bestandteil
dieses Vertrags.

(2) Die im Vertrag über die Europäische
Union und im Vertrag über die Arbeitsweise der
Europäischen Union enthaltenen Querverweise
auf Artikel, Abschnitte, Kapitel, Titel und Teile
sowie die Querverweise zwischen ihnen werden
entsprechend Absatz 1 angepasst; desgleichen
werden die Verweise auf Absätze oder Unterabsätze der genannten Artikel, wie sie durch einige
Bestimmungen dieses Vertrags umnummeriert
oder umgestellt wurden, entsprechend jenen Bestimmungen angepasst.

Die in anderen die Union begründenden Verträgen oder Rechtsakten des Primärrechts enthaltenen Verweise auf Artikel, Abschnitte, Kapitel,
Titel und Teile des Vertrags über die Europäische Union und des Vertrags zur Gründung der
Europäischen Gemeinschaft werden entsprechend Absatz 1 angepasst. Die Verweise auf Erwägungsgründe des Vertrags über die Europäische Union oder auf Absätze oder Unterabsätze
von Artikeln des Vertrags über die Europäische
Union und des Vertrags zur Gründung der Europäischen Gemeinschaft, wie sie durch diesen
Vertrag umnummeriert oder umgestellt wurden,
werden entsprechend diesem Vertrag angepasst.

Diese Anpassungen betreffen gegebenenfalls
auch die Fälle, in denen die jeweilige Bestimmung aufgehoben wird.

(3) Die in anderen Rechtsinstrumenten oder
Rechtsakten enthaltenen Verweise auf Erwägungsgründe, Artikel, Abschnitte, Kapitel, Titel
und Teile des Vertrags über die Europäische
Union und des Vertrags zur Gründung der Europäischen Gemeinschaft in der Fassung dieses
Vertrags sind als Verweise auf die nach Absatz 1
umnummerierten Erwägungsgründe, Artikel,
Abschnitte, Kapitel, Titel und Teile der genannten Verträge zu verstehen; die Verweise auf Absätze oder Unterabsätze jener Artikel sind als
Verweise auf die in einigen Bestimmungen dieses Vertrags umnummerierten oder umgestellten
Absätze oder Unterabsätze zu verstehen.

Artikel 6

(1) Dieser Vertrag bedarf der Ratifikation
durch die Hohen Vertragsparteien im Einklang
mit ihren verfassungsrechtlichen Vorschriften.
Die Ratifikationsurkunden werden bei der Regierung der Italienischen Republik hinterlegt.

(2) Dieser Vertrag tritt am 1. Januar 2009 in Kraft, sofern alle Ratifikationsurkunden hinterlegt worden sind, oder andernfalls am ersten Tag des auf die Hinterlegung der letzten Ratifikationsurkunde folgenden Monats.

Artikel 7

Dieser als „Vertrag von Lissabon" bezeichnete Vertrag ist in einer Urschrift in bulgarischer, dänischer, deutscher, englischer, estnischer, finnischer, französischer, griechischer, irischer, italienischer, lettischer, litauischer, maltesischer, niederländischer, polnischer, portugiesischer, rumänischer, schwedischer, slowakischer, slowenischer, spanischer, tschechischer und ungarischer Sprache abgefasst, wobei jeder Wortlaut gleichermaßen verbindlich ist; er wird im Archiv der Regierung der Italienischen Republik hinterlegt; diese übermittelt der Regierung jedes anderen Unterzeichnerstaats eine beglaubigte Abschrift.

ZU URKUND DESSEN haben die unterzeichneten Bevollmächtigten ihre Unterschriften unter diesen Vertrag gesetzt.

Protokolle

A. PROTOKOLLE, DIE DEM VERTRAG ÜBER DIE EUROPÄISCHE UNION, DEM VERTRAG ÜBER DIE ARBEITSWEISE DER EUROPÄISCHEN UNION UND GEGEBENENFALLS DEM VERTRAG ZUR GRÜNDUNG DER EUROPÄISCHEN ATOMGEMEINSCHAFT BEIZUFÜGEN SIND

eingearbeitet

B. PROTOKOLLE, DIE DEM VERTRAG VON LISSABON BEIZUFÜGEN SIND

eingearbeitet

Anhang

ÜBEREINSTIMMUNGSTABELLEN NACH ARTIKEL 5 DES VERTRAGS VON LISSABON

Hinweis (siehe unter 1/6.)

— 421 —

1/19. Lissabon-V

Erklärungen

EUV/AEUV
+ Prot/Erkl
Anhänge
EU-Grundrechte-
Charta + Erl
Irland/Tschech Rep
Änderungs- und
Beitrittsverträge
LissV + ZusErl
Liss-BeglNovelle

Schlussakte

(2007/C 306/02)

(ABl 2007 C 306, 231)

DIE KONFERENZ DER VERTRETER DER REGIERUNGEN DER MITGLIEDSTAATEN, die am 23. Juli 2007 in Brüssel einberufen wurde, um im gegenseitigen Einvernehmen die Änderungen zu beschließen, die an dem Vertrag über die Europäische Union, dem Vertrag zur Gründung der Europäischen Gemeinschaft und dem Vertrag zur Gründung der Europäischen Atomgemeinschaft vorzunehmen sind, hat folgende Texte angenommen:

I. Vertrag von Lissabon zur Änderung des Vertrags über die Europäische Union und des Vertrags zur Gründung der Europäischen Gemeinschaft

II. Protokolle

A. Protokolle zum Vertrag über die Europäische Union, zum Vertrag über die Arbeitsweise der Europäischen Union und gegebenenfalls zum Vertrag zur Gründung der Europäischen Atomgemeinschaft

– Protokoll über die Rolle der nationalen Parlamente in der Europäischen Union
– Protokoll über die Anwendung der Grundsätze der Subsidiarität und der Verhältnismäßigkeit
– Protokoll betreffend die Euro-Gruppe
– Protokoll über die ständige strukturierte Zusammenarbeit nach Artikel 28a des Vertrags über die Europäische Union
– Protokoll zu Artikel 6 Absatz 2 des Vertrags über die Europäische Union über den Beitritt der Union zur Europäischen Konvention zum Schutz der Menschenrechte und Grundfreiheiten
– Protokoll über den Binnenmarkt und den Wettbewerb
– Protokoll über die Anwendung der Charta der Grundrechte der Europäischen Union auf Polen und das Vereinigte Königreich
– Protokoll über die Ausübung der geteilten Zuständigkeit
– Protokoll über Dienste von allgemeinem Interesse
– Protokoll über den Beschluss des Rates über die Anwendung des Artikels 9c Absatz 4 des Vertrags über die Europäische Union und des Artikels 205 Absatz 2 des Vertrags über die Arbeitsweise der Europäischen Union zwischen dem 1. November 2014 und dem 31. März 2017 einerseits und ab dem 1. April 2017 andererseits
– Protokoll über die Übergangsbestimmungen

B. Protokolle zum Vertrag von Lissabon

– Protokoll Nr. 1 zur Änderung der Protokolle zum Vertrag über die Europäische Union, zum Vertrag zur Gründung der Europäischen Gemeinschaft und/oder zum Vertrag zur Gründung der Europäischen Atomgemeinschaft
– Übereinstimmungstabellen nach Artikel 2 des Protokolls Nr. 1 zur Änderung der Protokolle zum Vertrag über die Europäische Union, zum Vertrag zur Gründung der Europäischen Gemeinschaft und/oder zum Vertrag zur Gründung der Europäischen Atomgemeinschaft
– Protokoll Nr. 2 zur Änderung des Vertrags zur Gründung der Europäischen Atomgemeinschaft

III. Anhang zum Vertrag von Lissabon

– Übereinstimmungstabellen nach Artikel 5 des Vertrags von Lissabon

Die Konferenz hat die folgenden dieser Schlussakte beigefügten Erklärungen angenommen:

A. Erklärungen zu Bestimmungen der Verträge

1. Erklärung zur Charta der Grundrechte der Europäischen Union
2. Erklärung zu Artikel 6 Absatz 2 des Vertrags über die Europäische Union
3. Erklärung zu Artikel 7a des Vertrags über die Europäische Union
4. Erklärung zur Zusammensetzung des Europäischen Parlaments
5. Erklärung zur politischen Einigung des Europäischen Rates über den Entwurf eines Beschlusses über die Zusammensetzung des Europäischen Parlaments
6. Erklärung zu Artikel 9b Absätze 5 und 6, Artikel 9d Absätze 6 und 7 und Artikel 9e des Vertrags über die Europäische Union
7. Erklärung zu Artikel 9c Absatz 4 des Vertrags über die Europäische Union und zu Artikel 205 Absatz 2 des Vertrags über die Arbeitsweise der Europäischen Union
8. Erklärung zu den praktischen Maßnahmen, die zum Zeitpunkt des Inkrafttretens des Vertrags von Lissabon in Bezug auf den Vorsitz im Europäischen Rat und im Rat „Auswärtige Angelegenheiten" zu ergreifen sind
9. Erklärung zu Artikel 9c Absatz 9 des Vertrags über die Europäische Union betreffend den Beschluss des Europäischen Rates über die Ausübung des Vorsitzes im Rat

— 423 —

1/19. Lissabon-V

Erklärungen

EUV/AEUV
+ Prot/Erkl
Anhänge
EU-Grundrechte-
Charta + Erl
Irland/Tschech Rep
Änderungs- und
Beitrittsverträge
LissV + ZusErl
Liss-BeglNovelle

der Republik Österreich, der Portugiesischen Republik, Rumäniens, der Republik Slowenien und der Slowakischen Republik zu den Symbolen der Europäischen Union

53. Erklärung der Tschechischen Republik zur Charta der Grundrechte der Europäischen Union

54. Erklärung der Bundesrepublik Deutschland, Irlands, der Republik Ungarn, der Republik Österreich und des Königreichs Schweden

55. Erklärung des Königreichs Spanien und des Vereinigten Königreichs Großbritannien und Nordirland

56. Erklärung Irlands zu Artikel 3 des Protokolls über die Position des Vereinigten Königreichs und Irlands hinsichtlich des Raums der Freiheit, der Sicherheit und des Rechts

57. Erklärung der Italienischen Republik zur Zusammensetzung des Europäischen Parlaments

58. Erklärung der Republik Lettland, der Republik Ungarn und der Republik Malta zur Schreibweise des Namens der einheitlichen Währung in den Verträgen

59. Erklärung des Königreichs der Niederlande zu Artikel 270a des Vertrags über die Arbeitsweise der Europäischen Union

60. Erklärung des Königreichs der Niederlande zu Artikel 311a des Vertrags über die Arbeitsweise der Europäischen Union

61. Erklärung der Republik Polen zur Charta der Grundrechte der Europäischen Union

62. Erklärung der Republik Polen zu dem Protokoll über die Anwendung der Charta der Grundrechte der Europäischen Union auf Polen und das Vereinigte Königreich

63. Erklärung des Vereinigten Königreichs Großbritannien und Nordirland zur Definition des Begriffs „Staatsangehöriger"

64. Erklärung des Vereinigten Königreichs Großbritannien und Nordirland über das Wahlrecht für die Wahlen zum Europäischen Parlament

65. Erklärung des Vereinigten Königreichs Großbritannien und Nordirland zu Artikel 61h des Vertrags über die Arbeitsweise der Europäischen Union

A. ERKLÄRUNGEN ZU BESTIMMUNGEN DER VERTRÄGE

eingearbeitet (siehe unter 1/5.)

B. ERKLÄRUNGEN ZU DEN DEN VERTRÄGEN BEIGEFÜGTEN PROTOKOLLEN

eingearbeitet (siehe unter 1/5.)

C. ERKLÄRUNGEN VON MITGLIEDSTAATEN

Die Konferenz hat ferner die nachstehend aufgeführten Erklärungen zur Kenntnis genommen, die dieser Schlussakte beigefügt sind:

eingearbeitet (siehe unter 1/5.)

VERTRAG VON LISSABON

Zusammenfassung der wesentlichen Inhalte*)

Inhalt

1. Einleitung

Mit dem Ziel, die Europäische Union auch mit 27 Mitgliedstaaten leistungs- und entscheidungsfähig zu machen und sie gleichzeitig bürgernäher und demokratischer zu gestalten, fassten die Mitgliedstaaten im Jahr 2001 den Plan, eine umfassende Modernisierung der EU einzuleiten.

Die Reformarbeiten mündeten im Jahr 2004 in einen Entwurf für einen Verfassungsvertrag, der zwar von 18 Mitgliedstaaten, darunter Österreich, ratifiziert, aber in zwei Mitgliedstaaten abgelehnt wurde. Es folgte eine Nachdenkphase, in der umfangreiche Bürgerbefragungen durchgeführt wurden. Im Juli 2007 wurde eine weitere Konferenz einberufen, die ein überarbeitetes Reformprojekt ausarbeiten sollte.

Am 18./19. Oktober 2007 erzielten die Staats- und Regierungschefs und die Außenminister/innen politische Einigung über den Vertrag von Lissabon. Der Vertrag wird am 13. Dezember in Lissabon unterzeichnet.

Die Regierungskonferenz, die am 23. Juli eröffnet wurde, führte ihre Arbeiten auf Basis eines sehr detaillierten Mandates, das der Europäische Rat im Juni angenommen hat, durch. Aufgrund dieses präzisen Mandates war es möglich, die Arbeiten auf Ebene der Rechtsexperten weit voranzutreiben, sodass nur wenige Punkte offen blieben, die in der abschließenden Sitzung im Rahmen der Regierungskonferenz in Lissabon gelöst werden konnten.

Während der Verfassungsvertrag an Stelle der bisherigen Grundlagenverträge (EGV, EUV, Euratom) eine einzige Rechtsgrundlage der EU bilden sollte, verfolgt der Vertrag von Lissabon diese Zielsetzung nicht mehr. Dennoch konnte eine Vielzahl der im Verfassungsvertrag enthaltenen Änderungen erhalten werden. Wesentliche Elemente bei der Neugestaltung der vertraglichen Grundlagen im Vergleich zum Verfassungsvertrag sind das **Abgehen von der Bezeichnung „Verfassungsvertrag" und die Streichung der Bestimmung über die Symbole**. Darüber hinaus werden auch die Begriffe „Europäischer Außenminister", „Europäisches Gesetz" und „Europäisches Rahmengesetz" nicht übernommen. Die derzeitigen Bezeichnungen „Verordnung" und „Richtlinie" werden beibehalten. Der „Hohe Vertreter für die Gemeinsame Sicherheits- und Außenpolitik" wird nicht „Europäischer Außenminister", sondern „Hoher Vertreter der Union für Außen- und Sicherheitspolitik" heißen.

Mit dem Vertrag von Lissabon wird die Mitwirkung der **nationalen Parlamente** an den Entscheidungsprozessen der EU verstärkt. Besonders hervorzuheben ist der neue Mechanismus zur Subsidiaritätskontrolle durch die nationalen Parlamente. Auch die – ausgebauten – Rechte

---

*) Verfasst von Bundeskanzleramt und Bundesministerium für europäische und internationale Angelegenheiten.

— 425 —

1/20. Zus. Liss.-V.

EUV/AEUV
+ Prot/Erkl
Anhänge
EU-Grundrechte-
Charta + Erl
Irland/Tschech Rep
Änderungs- und
Beitrittsverträge
LissV + ZusErl
Liss-BeglNovelle

der nationalen Parlamente werden erstmals in einem eigenen Artikel übersichtlich dargestellt.

Über österreichische Initiative einigte sich der Europäische Rat im Juni darauf, im Umweltkapitel einen Hinweis auf die besonderen Erfordernisse der Bekämpfung des **Klimawandels** auf internationaler Ebene aufzunehmen. In diesem Zusammenhang ist auch darauf hinzuweisen, dass für bestimmte Umweltmaßnahmen, vor allem betreffend die Wasserressourcen, das Einstimmigkeitserfordernis aufrecht bleibt.

Ein weiterer wichtiger Punkt ist die Stärkung der **Daseinsvorsorge.** Über Initiative der Niederlande, Belgiens und Österreichs wird dem Artikel betreffend die Dienste von allgemeinem Interesse ein **Protokoll** beigefügt. Dieses enthält Auslegungsgrundsätze für die Dienste von allgemeinem wirtschaftlichem Interesse und legt ausdrücklich fest, dass die Mitgliedstaaten für die Erbringung, Auftragsvergabe und Organisation nichtwirtschaftlicher Dienste von allgemeinem Interesse verantwortlich sind.

Weiters wurden die Innovationen des Verfassungsvertrages zur **Sozialen Dimension** weitgehend übernommen. Hier ist insbesondere auf die soziale Querschnittsklausel und auf die Charta der Grundrechte hinzuweisen, die auch soziale Grundrechte enthält.

Im Vertrag von Lissabon wird auch die Bestimmung aus dem Verfassungsvertrag übernommen, die besagt, dass im Falle eines bewaffneten Angriffs auf das Hoheitsgebiet eines Mitgliedstaates (…) die anderen Mitgliedstaaten nach Artikel 51 der Charta der Vereinten Nationen alle in ihrer Macht stehende Hilfe und Unterstützung leisten müssen. Aufgrund seiner verfassungsrechtlich verankerten Neutralität wurde bereits im Zuge der Verhandlungen des Verfassungsvertrages von österreichischer Seite besonderes Augenmerk auf diese Bestimmung gelegt. Letztlich konnte mit der Normierung, dass die Hilfeleistungspflicht „den besonderen Charakter der Sicherheits- und Verteidigungspolitik bestimmter Mitgliedstaaten unberührt lässt", eine Formulierung gefunden werden, die gewährleistet, dass die Verpflichtung Österreichs aus dem Bundesverfassungsgesetz über die Neutralität respektiert wird und die **österreichische Neutralität auch durch den Vertrag von Lissabon gewahrt** bleibt. Österreich wird auch in Zukunft selbst darüber entscheiden können, ob sowie auf welche Weise Unterstützung geleistet wird.

Als Datum des **Inkrafttretens** wird im Vertrag von Lissabon **der 1. Jänner 2009** genannt. Die Ratifizierung soll in Österreich im Wege der parlamentarischen Genehmigung erfolgen. Es wird keine Volksabstimmung über den Vertrag abgehalten, da er – wie auch schon der Verfassungsvertrag – keine über die Gründungsverträge wesentlich hinausgehenden integrationsvertiefenden

Regelungen enthält, sondern vielmehr den nationalen Gestaltungsspielraum erhält und teilweise sogar ausbaut (Stärkung der nationalen Parlamente, Subsidiaritätskontrolle). Da Österreich den Verfassungsvertrag bereits ohne Volksabstimmung durch das Parlament ratifiziert hat, ist es daher auch nicht notwendig, den Vertrag von Lissabon einer Volksabstimmung zu unterziehen.

Die nachfolgende Darstellung gibt einen Überblick über wesentliche Bereiche des Vertrags von Lissabon (Vergleich mit geltender Rechtsgrundlage):

- Architektur der EU, eigene Rechtspersönlichkeit, Abschaffung der Säulenstruktur
- Gemeinsame Werte und Ziele
- Grundrechtecharta
- Das demokratische Leben der Union
- Institutionenreform
- Kompetenzen
- Verfahren und Handlungsinstrumente, Austrittsmöglichkeit
- Rechtsschutzsystem
- Die Finanzen der Union
- Ausgewählte Politikbereiche
  - Gemeinsame Außen- und Sicherheitspolitik
  - Raum der Freiheit, der Sicherheit und des Rechts
  - Soziale Dimension
  - Energie, Umwelt- und Klimaschutz
  - Wirtschafts- und Währungspolitik

2. Die Architektur der Europäischen Union

Die vertraglichen Neuerungen werden durch einen **traditionellen Änderungsvertrag** vorgenommen und in die bestehende Vertragsarchitektur eingebaut. Das bedeutet, dass die beiden Grundlagenverträge EUV (der folgend EUVneu genannt wird) und EGV geändert werden. Der EGV wird künftig in „Vertrag über die Arbeitsweise der Union" (VAEU) umbenannt. Beide Verträge haben den gleichen rechtlichen Stellenwert.

Der EUVneu wird in sechs Titel untergliedert:

I. Gemeinsame Bestimmungen
II. Demokratische Grundsätze
III. Organe
IV. Verstärkte Zusammenarbeit
V. Auswärtiges Handeln der Union und Gemeinsame Außen- und Sicherheitspolitik (GASP)
VI. Schlussbestimmungen

Im VAEU werden einige Titel aus Gründen der Übersichtlichkeit umgestellt (u. a. werden alle die auswärtigen Beziehungen betreffenden Bestimmungen zusammengeführt), ein neuer Titel enthält Zuständigkeitsarten und Zuständigkeitsbereiche der Union, ein weiterer fasst die bislang im Vertrag verstreuten Querschnittsklauseln zusammen. Ansonsten wird dieser Vertrag punktuell geändert: So werden u. a. die Rechtsgrundlagen im Hinblick auf den Anwendungsbereich der Beschlussfassung mit qualifizierter Mehrheit und der Beschlussfassung im Mitentscheidungsverfahren sowie auf die Unterscheidung zwischen Gesetzgebungsakten und Rechtsakten ohne Gesetzescharakter angepasst. Die institutionellen Bestimmungen werden ebenfalls dem neuen, durch den EU-Vneu bestimmten Rahmen angepasst.

Die wichtigeren Änderungen der Politikbereiche betreffen u. a. Bestimmungen über den Raum der Freiheit, der Sicherheit und des Rechts, die Solidaritätsklausel, die Verbesserungen hinsichtlich der Steuerung des Euro, horizontale Bestimmungen wie die Sozialklausel, spezifische Bestimmungen wie öffentliche Dienstleistungen, Raumfahrt, Energie, Katastrophenschutz, humanitäre Hilfe, öffentliche Gesundheit, Sport und Tourismus, Regionen in äußerster Randlage, Verwaltungszusammenarbeit und Finanzbestimmungen (Eigenmittel, mehrjähriger Finanzrahmen, neues Haushaltsverfahren).

Wesentliche Änderungen des Vertrages von Lissabon (EUVneu und VAEU) gegenüber der geltenden Rechtslage sind u. a.:

- Abschaffung der 3-Säulen-Struktur bzw. Überführung der Bestimmungen über die polizeiliche und justizielle Zusammenarbeit in Strafsachen in den VAEU
- Eigene Rechtspersönlichkeit der EU
- Verankerung von gemeinsamen Werten
- Einheitlicher Ziele-Katalog der Union
- Verbesserung der Regeln im Bereich der Beziehung Mitgliedstaaten und EU
- Klarstellung der Grundsätze für die Ausübung der Kompetenzen der Union (Subsidiarität, Verhältnismäßigkeit, begrenzte Einzelermächtigung)
- Rechtsverbindlichkeit der Grundrechtecharta
- Möglichkeit des Beitritts der EU zur Europäischen Menschenrechtskonvention (EMRK)
- Neuer Artikel über die Beziehung der EU zu ihren Nachbarn
- Neue Bestimmungen zum demokratischen Leben in der EU
- Definition der Rolle der nationalen Parlamente
- Europäisches Parlament (EP): Neue Obergrenze für die Anzahl der Abgeordneten, Festschreibung einer Mindest- sowie Höchstzahl an Abgeordneten, die auf einen Mitgliedstaat entfällt
- Europäischer Rat (ER): Wird ein Organ mit einem für zweieinhalb Jahre gewählten Präsidenten
- Rat: Mehr Entscheidungen mit qualifizierter Mehrheit, Öffentlichkeit bei Annahme und

Diskussion von Gesetzesvorhaben, Einführung von Teampräsidentschaften
- Kommission: Verringerung der Anzahl der Kommissare ab 2014; Kommissionspräsident wird vom Europäischen Parlament gewählt
- Neue Funktion eines Hohen Vertreters der Union für Außen- und Sicherheitspolitik
- Europäischer Gerichtshof (EuGH): Ausweitung des sachlichen Zuständigkeitsbereichs infolge der Abschaffung der Säulenarchitektur der Union
- Höherer individueller Rechtsschutz vor dem EuGH
- Erhöhung der Anzahl der Mitgliedstaaten von acht auf neun, um eine „Verstärkte Zusammenarbeit" zu beginnen
- Neuer Artikel zur Austrittsmöglichkeit

Eigene Rechtspersönlichkeit, Abschaffung der Säulenstruktur

Die Europäische Union besitzt nun eine **einheitliche Rechtspersönlichkeit** und wird künftig als Völkerrechtssubjekt nach außen auftreten können. Die Bezeichnung „Gemeinschaft" wird durchgängig durch den Begriff „Union" ersetzt. Die EU ist die Rechtsnachfolgerin der Europäischen Gemeinschaft.

Die mit dem Vertrag von Maastricht 1993 eingeführte **Säulenstruktur wird abgeschafft**. Die verschiedenen bisherigen Gemeinschaftspolitiken sowie die polizeiliche Kooperation und justizielle Zusammenarbeit in Strafsachen werden in einem einheitlichen rechtlichen und institutionellen Rahmen zusammengeführt. Ausnahme bleibt die Gemeinsame Außen- und Sicherheitspolitik (GASP), für die besondere Verfahren und Vorschriften gelten.

3. Gemeinsame Werte und Ziele

Werte

Die Werte, auf die sich die Union gründet, werden ausdrücklich und für beide Grundlagenverträge einheitlich im EUVneu verankert: Die Achtung der Menschenwürde, Freiheit, Demokratie, Gleichheit, Rechtsstaatlichkeit und die Wahrung der Menschenrechte, einschließlich der Rechte der Personen, die Minderheiten angehören. Diese Werte sind allen Mitgliedstaaten „in einer Gesellschaft gemeinsam", die sich durch Pluralismus, Nichtdiskriminierung, Toleranz, Gerechtigkeit, Solidarität und die Gleichheit von Frauen und Männern auszeichnet.

In der Präambel des EUVneu wird auf das „kulturelle, religiöse und humanistische Erbe Europas, aus dem sich die unverletzlichen und unveräußerlichen Rechte des Menschen sowie Freiheit, Demokratie, Gleichheit und Rechtsstaatlichkeit als universelle Werte entwickelt haben" verwiesen.

— 427 — **1/20. Zus. Liss.-V.**

EUV/AEUV
+ Prot/Erkl
Anhänge
EU-Grundrechte-
Charta + Erl
Irland/Tschech Rep
Änderungs- und
Beitrittsverträge
Liss V + ZusErl
Liss-BeglNovelle

Ziele

Als Ziele, welche die Union mit geeigneten Mitteln entsprechend den ihr zugewiesenen Zuständigkeiten zu verfolgen hat, werden im EUVneu definiert:

– Förderung des Friedens, der Werte der Union und des Wohlergehens ihrer Völker;

– ein Raum der Freiheit, der Sicherheit und des Rechts ohne Binnengrenzen. Dabei wird der freie und unverfälschte Wettbewerb nicht mehr ausdrücklich erwähnt. Allerdings wird dem Vertrag ein „Protokoll über den Binnenmarkt und den Wettbewerb" angeschlossen, wonach zum Binnenmarkt ein System gehört, das den Wettbewerb vor Verfälschungen schützt und die Union zu diesem Zweck erforderlichenfalls nach den Vertragsbestimmungen tätig wird;

– die nachhaltige Entwicklung Europas, auf der Grundlage eines ausgewogenen Wirtschaftswachstums und der Preisstabilität, eine in hohem Maße wettbewerbsfähige soziale Marktwirtschaft, die auf Vollbeschäftigung und sozialen Fortschritt abzielt, ein hohes Maß an Umweltschutz und Verbesserung der Umweltqualität;

– Förderung des wissenschaftlichen und technischen Fortschritts;

– Bekämpfung der sozialen Ausgrenzung und von Diskriminierungen sowie Förderung von sozialer Gerechtigkeit und sozialem Schutz, Gleichstellung von Frauen und Männern, Solidarität zwischen den Generationen und Schutz der Rechte des Kindes;

– Förderung des wirtschaftlichen, sozialen und territorialen Zusammenhalts und der Solidarität zwischen den Mitgliedstaaten;

– Wahrung des Reichtums der kulturellen und sprachlichen Vielfalt der Union und Schutz und Entwicklung des kulturellen Erbes Europas;

– Errichtung einer Wirtschafts- und Währungsunion (WWU), deren Währung der Euro ist;

– in ihren Beziehungen zur übrigen Welt schützt und fördert die Union ihre Werte und Interessen; Beitrag zum Schutz ihrer Bürger/innen; Beitrag zu Frieden, Sicherheit, weltweiter nachhaltiger Entwicklung, Solidarität und gegenseitiger Achtung unter den Völkern, freiem und gerechtem Handel, zur Beseitigung der Armut und zum Schutz der Menschenrechte, insbesondere der Rechte des Kindes sowie zur strikten Einhaltung und Weiterentwicklung des Völkerrechts, insbesondere zur Wahrung der Grundsätze der Charta der Vereinten Nationen;

– die Union verfolgt ihre Ziele mit geeigneten Mitteln entsprechend den Zuständigkeiten, die ihr in den Verträgen übertragen sind.

4. Grundrechtecharta

Die Charta der Grundrechte der Europäischen Union wird in ihrer Fassung vom 12. Dezember 2007 (Tag der feierlichen Annahme durch die Präsidenten der drei Institutionen Rat, Kommission, Europäisches Parlament sowie der Veröffentlichung im Amtsblatt der Europäischen Union) durch die Aufnahme eines Verweises im EUVneu verbindlich. Sie hat auf Grund dieser Verweisbestimmung dieselbe Rechtsverbindlichkeit wie die Verträge. Dies bedeutet, dass ihre Einhaltung Voraussetzung für die Rechtmäßigkeit der Handlungen der Organe und der Mitgliedstaaten bei der Umsetzung des Unionsrechts ist. Die so festgeschriebenen Grundrechte können in Verfahren vor dem EuGH sowie vor nationalen Gerichten bei der Umsetzung und Anwendung von Unionsrecht geltend gemacht werden. Die ausdrückliche Definition des Geltungsbereichs soll klarstellen, dass die in den Verträgen festgelegte Zuständigkeitsverteilung zwischen der Union und ihren Mitgliedstaaten durch die Bestimmungen der Charta in keiner Weise verändert wird.

Durch die **rechtliche Verbindlichkeit der Grundrechtecharta** wird ein bedeutsames Anliegen, das u. a. von Österreich vertreten wurde, erreicht. Derzeit stellt die Grundrechtecharta nur eine politische Absichtserklärung dar. Der Text der Charta selbst wird zwar nicht in den Verträgen enthalten sein, aus rechtlicher Sicht ist dies jedoch unerheblich.

Im „Protokoll über die Anwendung der Charta der Grundrechte auf das Vereinigte Königreich" soll die Anwendung der Charta in Bezug auf die Gesetze und das Verwaltungshandeln des Vereinigten Königreichs und die Frage der Einklagbarkeit geklärt werden. Das Protokoll stellt die Rechtsverbindlichkeit der Grundrechtecharta nicht in Frage. Diese gilt, einschließlich ihrer Bestimmungen im wirtschaftlichen und sozialen Bereich, grundsätzlich auch für das Vereinigte Königreich und ist für dieses anwendbar (ist somit kein klassisches „Opt-Out"). Im Protokoll wird festgehalten, dass die Charta keine Ausweitung der Befugnis des EuGH im Hinblick auf die Feststellung von Grundrechtswidrigkeiten bewirkt und dass die Charta insbesondere in Titel IV („Solidarität") keine einklagbaren Rechte schafft, soweit das Vereinigte Königreich solche Rechte nicht in seinem nationalen Recht vorgesehen hat. Wenn eine Bestimmung der Charta in Bezug auf die Reichweite und die Ausgestaltung eines Rechts auf das nationale Recht und die nationalen Gepflogenheiten verweist, dann gilt sie in dem Ausmaß, wie diese Rechte national gewährt werden.

Für den **Beitritt der Union zur Europäischen Konvention zum Schutz der Menschenrechte und Grundfreiheiten (EMRK)** wird im EUVneu eine Rechtsgrundlage geschaffen. Der Beitritt wird vom Rat einstimmig beschlossen und muss von den Mitgliedstaaten gemäß ihren verfassungsrechtlichen Vorschriften genehmigt, d. h. ratifiziert werden.

Es wird klargestellt, dass die Grundrechte, wie sie in der EMRK gewährleistet sind und wie sie sich aus den gemeinsamen Verfassungsüberlieferungen der Mitgliedstaaten ergeben, als allgemeine Grundsätze Teil des Unionsrechts sind.

5. Das demokratische Leben der Union

Der EUVneu legt zum demokratischen Leben der Union drei tragende Grundsätze – **demokratische Gleichheit, repräsentative** sowie **partizipative Demokratie** – fest und fügt erstmals Bestimmungen über die Rolle der nationalen Parlamente hinzu.

Gemäß dem erstgenannten Grundsatz achtet die Union in ihrem gesamten Handeln den Grundsatz der **Gleichheit** ihrer Bürger/innen. Dieser wird durch die Regeln über die Unionsbürgerschaft ergänzt, die inhaltlich unverändert aus dem EGV übernommen werden.

Gemäß dem zweiten Grundsatz beruht die Arbeitsweise der Union auf der **repräsentativen Demokratie.** Die Bürger/innen sind auf Unionsebene durch das Europäische Parlament unmittelbar vertreten. Es besteht eine mittelbare demokratische Legitimation des Europäischen Rates und des Rates über die nationalen Parlamente[1]). Europäische politische Parteien tragen zur Herausbildung eines europäischen politischen Bewusstseins bei.

Der dritte – **partizipatorische** – Grundsatz manifestiert sich einerseits dadurch, dass die Organe der Union einen offenen, transparenten und regelmäßigen Dialog mit den repräsentativen Verbänden der Zivilgesellschaft pflegen und ihnen andererseits die Möglichkeit geben, ihre Ansichten in allen Bereichen des Handelns der Union öffentlich bekannt zu geben und auszutauschen. Die Kommission führt zu diesem Zweck umfangreiche Anhörungen der Betroffenen durch.

Neu eingeführt wird das **Instrument der Bürgerinitiative**: Bürger/innen der Union, deren Zahl mindestens eine Million beträgt und die Staatsangehörige einer erheblichen Zahl von Mitgliedstaaten umfassen, können eine Initiative ergreifen und die Kommission auffordern, im Rahmen ihrer Befugnisse geeignete Vorschläge zu unterbreiten, zu denen es nach Ansicht der Bürger/innen eines Rechtsaktes der Union bedarf. Aus wie vielen Mitgliedstaaten die Unterschriften mindestens kommen müssen, soll noch in einer Verordnung bestimmt werden.

Die Rechte der nationalen Parlamente werden gegenüber den derzeitigen Verträgen ausgeweitet und erstmals wird eine übersichtliche Darstel-

lung der **Rolle der nationalen Parlamente** vorgenommen:
– Übermittlung von Vorschlägen an die nationalen Parlamente;
– Subsidiaritätskontrolle;
– Evaluierungen im Rahmen des Raums der Freiheit, der Sicherheit und des Rechts; Beteiligung an der Kontrolle von Europol und Eurojust;
– Mitbeteiligung bei Vertragsänderungen;
– Unterrichtung über Anträge auf Beitritt zur Union;
– interparlamentarische Zusammenarbeit zwischen den nationalen Parlamenten und dem Europäischen Parlament.

Von besonderer Bedeutung ist der Mechanismus zur **Subsidiaritätskontrolle**, der in einem eigenen Protokoll geregelt ist. Dabei haben die nationalen Parlamente acht Wochen Zeit, einen Rechtsetzungsvorschlag der Kommission zu prüfen. Jedes nationale Parlament hat zwei Stimmen. In einem Zweikammersystem hat daher jede der beiden Kammern eine Stimme.

Erreicht die Anzahl der begründeten Stellungnahmen, wonach der Entwurf eines Gesetzgebungsaktes nicht mit dem Subsidiaritätsprinzip in Einklang steht, ein Drittel der Gesamtstimmen, so muss die Kommission ihren Entwurf überprüfen. Die Kommission kann ihren Vorschlag beibehalten, ändern oder zurückziehen. Dieser Beschluss muss begründet werden.

Wenn eine **einfache Mehrheit** der Parlamente Subsidiaritätsbedenken geltend macht, so gilt im Rahmen des ordentlichen Gesetzgebungsverfahrens folgendes: Die Kommission muss die geäußerten Einwände prüfen und kann ihren Vorschlag beibehalten, ändern oder zurückziehen. Sofern sie sich für ersteres entschließt, hat sie dies schriftlich zu begründen. Die begründete Stellungnahme der Kommission sowie auch die Bedenken der nationalen Parlamente werden sodann dem EU-Gesetzgeber (d. h. sowohl dem Rat als auch dem Europäischen Parlament) im Rahmen der 1. Lesung vorgelegt. Sofern entweder 55% der Mitglieder des Rates oder die Mehrheit der im Europäischen Parlament abgegebenen Stimmen ebenfalls Subsidiaritätsbedenken haben, wird das Rechtsetzungsverfahren eingestellt.

6. Institutionenreform

Im Vertrag von Lissabon werden erstmals seit Beginn der europäischen Integration substanzielle Neuerungen der institutionellen Architektur vorgesehen. Diese betreffen:
– Die neue Zusammensetzung und Stärkung des Europäischen Parlaments, das als Ko-Gesetzgeber auftritt;
– die Umwandlung des Europäischen Rates in ein Unionsorgan und die Schaffung des Amtes eines Präsidenten des Europäischen Rates;

---

[1]) Einige Mitglieder des Europäischen Rates werden direkt vom Volk gewählt.

— 429 —

1/20. Zus. Liss.-V.

EUV/AEUV
+ Prot/Erkl
Anhänge
EU-Grundrechte-
Charta + Erl
Irland/Tschech Rep
Änderungs- und
Beitrittsverträge
LissV + ZusErl
Liss-BeglNovelle

– die Schaffung von Teampräsidentschaften;
– die Einführung des Systems der doppelten Mehrheit als Abstimmungsmethode für qualifizierte Mehrheitsentscheidungen im Rat und Ausdehnung des Anwendungsbereichs;
– die neue Zusammensetzung der Kommission und die gestärkte Rolle des Präsidenten der Kommission;
– die Schaffung des Amtes eines Hohen Vertreters der Union für Außen- und Sicherheitspolitik.

6.1. Europäisches Parlament

Das Europäische Parlament ist das von den Bürger/innen direkt gewählte Organ der Europäischen Union. Die Europawahlen finden alle fünf Jahre statt, das nächste Mal 2009.

Die Zusammensetzung des Europäischen Parlaments wird nicht mehr im Vertrag selbst geregelt, sondern auf Initiative und mit Zustimmung des Europäischen Parlaments einstimmig vom Europäischen Rat beschlossen. Dabei kommt das Prinzip der – im Verhältnis zur Bevölkerungsstärke der einzelnen Mitgliedstaaten – degressiv proportionalen Verteilung der Sitze zur Anwendung. Jeder Mitgliedstaat verfügt über **mindestens 6 und höchstens 96 Sitze. Die Obergrenze beträgt 750 Abgeordnete, zuzüglich des Präsidenten.** Österreich wird in der Wahlperiode 2009-2014 mit 19 Mandataren im Europäischen Parlament vertreten sein, d. h. mit zwei Abgeordneten mehr als im Vertrag von Nizza vorgesehen.

Darüber hinaus werden die Rechte des Europäischen Parlaments weiter ausgebaut und verstärkt:

Das bisherige Mitentscheidungsverfahren, bei dem das Europäische Parlament gemeinsam mit dem Rat (in dem die jeweiligen Fachminister/innen der Mitgliedsländer vertreten sind) gleichberechtigter Gesetzgeber ist, wird zum Regelfall (ordentliches Gesetzgebungsverfahren). Lediglich in der Gemeinsamen Außen- und Sicherheitspolitik sind andere Entscheidungsprozesse vorgesehen. Das Europäische Parlament erhält unter anderem mehr Entscheidungsbefugnis in der Gemeinsamen Agrarpolitik, der Handelspolitik und im Bereich Justiz und Inneres.

Weiters werden auch die Entscheidungsrechte des Europäischen Parlaments bei den Finanzen der Union ausgedehnt. Es erhält das Zustimmungsrecht beim mehrjährigen Finanzrahmen der EU bzw. ein umfassendes Mitentscheidungsrecht beim jährlichen Haushaltsverfahren.

Das Europäische Parlament erhält zudem ein erweitertes Zustimmungsrecht beim Abschluss internationaler Übereinkommen in Bereichen, die in der Union dem ordentlichen Gesetzgebungsverfahren unterliegen, sowie bei anderen wichtigen Abkommen (z. B. Assoziationsabkommen).

Das Europäische Parlament wählt künftig den Präsidenten der Kommission und bestätigt das Kommissionskollegium durch ein Zustimmungsvotum. Das Europäische Parlament kann einen Misstrauensantrag gegen die Kommission annehmen. Wird ein solcher Antrag angenommen, so müssen die Mitglieder der Kommission geschlossen zurücktreten. Der Hohe Vertreter der Union für Außen- und Sicherheitspolitik muss in diesem Fall gleichzeitig seine Funktion als Vizepräsident der Kommission niederlegen.

6.2. Europäischer Rat

Der Europäische Rat wird **erstmals zu einem Organ** der Union. Die entsprechenden Detailbestimmungen sind daher überwiegend neu.

Der Europäische Rat setzt sich aus den Staats- und Regierungschefs der Mitgliedstaaten, seinem gewählten Präsidenten und dem Präsidenten der Kommission zusammen. Ferner nimmt der Hohe Vertreter der Union für Außen- und Sicherheitspolitik an den Arbeiten des Europäischen Rates teil. Entsprechend der Tagesordnung kann vorgesehen werden, dass sich die Mitglieder des Europäischen Rates durch eine/n Minister/in – im Falle des Kommissionspräsidenten durch einen Kommissar – unterstützen lassen.

Der Europäische Rat tagt zwei Mal pro Halbjahr, wobei sein Präsident erforderlichenfalls zusätzliche Tagungen einberufen kann.

Der Europäische Rat gibt der Union auch weiterhin die für ihre Entwicklung erforderlichen Impulse, definiert ihre allgemeinen politischen Ziele und Prioritäten und wird dabei aber nicht selbst gesetzgeberisch tätig. Falls nicht anders geregelt, erfolgen seine Entscheidungen im Konsens. Soweit der Europäische Rat Rechtsakte erlässt, unterliegt er der Kontrolle des EuGH.

Der Präsident des Europäischen Rates:

Der Europäische Rat wählt mit qualifizierter Mehrheit seinen Präsidenten mit einer **Amtsdauer von zweieinhalb Jahren.** Damit wird der Vorsitz im Europäischen Rat erstmals grundlegend anders als die Vorsitzführung im Rat geregelt. Der Präsident des Europäischen Rates kann einmal wiedergewählt werden und darf kein einzelstaatliches Amt innehaben. Er führt den Vorsitz im Europäischen Rat, gibt Impulse und sorgt in Zusammenarbeit mit dem Präsidenten der Kommission auf Grundlage der Arbeiten des Rates „Allgemeine Angelegenheiten" für die angemessene Vorbereitung und Kontinuität der Beratungen. Dabei wirkt er darauf hin, dass Zusammenarbeit und Konsens im Europäischen Rat gefördert werden. Darüber hinaus vertritt er die Union im Bereich der Gemeinsamen Außen- und Sicherheitspolitik auf seiner Ebene – unbeschadet der Zuständigkeiten des Hohen Vertreters der Union für Außen- und Sicherheitspolitik – nach außen. Nach jeder Tagung des Europäischen Rates legt er dem Europäischen Parlament einen Bericht vor.

Es wird eine Erklärung aufgenommen, wonach **bei der Auswahl** der Personen für die Ämter des Präsidenten des Europäischen Rates, des Präsidenten der Kommission und des Hohen Vertreters der Union für Außen- und Sicherheitspolitik auf die **geographische und demographische Vielfalt der Union und ihrer Mitgliedstaaten** entsprechend Rücksicht zu nehmen ist.

6.3. Rat

Der Rat übt zusammen mit dem Europäischen Parlament die Gesetzgebungs- und Haushaltsbefugnisse aus. Außerdem erfüllt er die ihm vom Vertrag zugewiesenen Aufgaben der Politikfestlegung und der Koordinierung.

Er setzt sich aus je einem Vertreter jedes Mitgliedstaats auf Ministerebene zusammen, der befugt ist, für seinen Mitgliedstaat verbindlich zu handeln (für Österreich kann dies weiterhin durch einen Vertreter der Bundesländer geschehen) und das Stimmrecht auszuüben. Falls nicht anders geregelt, entscheidet der Rat mit qualifizierter Mehrheit.

Ausdrücklich festgelegt wird, dass der **Rat öffentlich tagt**, wenn er Gesetzgebungsvorschläge berät und beschließt. Aus diesem Grund werden alle Ratstagungen in **gesetzgeberische und nichtgesetzgeberische Beratungen** geteilt.

Der Rat kann die Kommission auffordern, Vorschläge für Rechtsakte zu unterbreiten. Legt die Kommission keinen Vorschlag vor, muss sie ihre Entscheidung künftig begründen.

Während davon im EGV vom Rat im Allgemeinen die Rede ist, werden im EUVneu **zwei konkrete Ratsformationen** genannt: Der Rat „Allgemeine Angelegenheiten" sorgt für die Kohärenz der Arbeiten der verschiedenen Ratsformationen. Er ist zusammen mit den Präsidenten des Europäischen Rates und der Kommission für die Vorbereitung der Tagungen des Europäischen Rates verantwortlich und sorgt für das weitere Vorgehen. Der Rat „Auswärtige Angelegenheiten" formuliert die Außenpolitik der Union auf der Basis strategischer Leitlinien des Europäischen Rates und gewährleistet die Kohärenz des auswärtigen Handelns der Union.

Die Liste der übrigen Ratsformationen wird vom Europäischen Rat mit qualifizierter Mehrheit beschlossen.

Der **Vorsitz im Rat** wird von Vertretern der Mitgliedstaaten auf der Basis gleichberechtigter Rotation ausgeübt. Dabei führt ein Mitgliedstaat für jeweils sechs Monate den Vorsitz. Künftig werden jeweils drei aufeinanderfolgende Mitgliedstaaten gemeinsam eine Teampräsidentschaft bilden. Das diesbezügliche System wird in einem vom Europäischen Rat mit qualifizierter Mehrheit anzunehmenden Beschluss festgelegt.

Eine Sonderregelung für den Vorsitz gibt es neben dem Europäischen Rat auch für den **Rat Auswärtige Angelegenheiten**, den der Hohe Vertreter der Union für Außen- und Sicherheitspolitik leitet.

Der Entwurf für den Beschluss des Europäischen Rates über die Ausübung des Vorsitzes im Rat liegt in Form einer Erklärung vor. Er soll am Tag des Inkrafttretens des Vertrags angenommen werden und enthält folgende Elemente:

– Prinzip der gleichberechtigten Vorsitzrotation zwischen den Mitgliedsstaaten mit **Teampräsidentschaft von drei Mitgliedstaaten** (jeweils ein Mitgliedstaat hat sechs Monate lang den Vorsitz in den Ratsformationen inne und kann dabei im Rahmen eines gemeinsamen Programms Aufgaben an die beiden anderen Mitglieder der Teampräsidentschaft delegieren);

– Zusammenstellung der Teams auf der Grundlage einer **gleichberechtigten Rotation** unter den Mitgliedstaaten, unter **Berücksichtigung der Vielfalt und der geographischen Ausgewogenheit** innerhalb der Union;

– Vorsitzführung im Ausschuss der Ständigen Vertreter (AStV) von jenem Teammitglied, das dem Rat „Allgemeine Angelegenheiten" vorsitzt;

– Vorsitzführung im Politischen und Sicherheitspolitischen Komitee (PSK) von einem Vertreter des Hohen Vertreters der Union für Außen- und Sicherheitspolitik;

– Vorsitzführung in den einzelnen Ratsarbeitsgruppen durch jenes Teammitglied, das den Vorsitz in den jeweils korrespondierenden Ratsformationen ausübt, sofern in einem Durchführungsbeschluss zur Vorsitzregelung nicht anderes festgelegt wird.

– Der Rat erlässt mit qualifizierter Mehrheit einen Durchführungsbeschluss zu diesem Beschluss.

Das Verfahren zur Durchführung des obigen Beschlusses soll gemäß einer gemeinsamen Erklärung bereits nach Unterzeichnung des Vertrags von Lissabon vom Europäischen Rat mit dem Ziel vorbereitet werden, **innerhalb von sechs Monaten eine politische Einigung** zu erzielen.

6.4. Änderung der Abstimmungsmethode bei qualifizierten Mehrheitsentscheidungen und Ausdehnung des Anwendungsbereichs

Der Rat entscheidet in der Regel – sofern nicht im konkreten Fall etwas anderes vorgesehen ist – mit qualifizierter Mehrheit. Die grundlegenden Änderungen der Beschlussfassung mit qualifizierter Mehrheit im Rat und Europäischen Rat wurden bereits im Verfassungsvertrag festgelegt. Auf polnischen Wunsch wird nunmehr die Einführung des **neuen Systems der „doppelten Mehrheit"** vom Jahr 2009 auf das Jahr 2014 verschoben. Gleichzeitig kann das der-

— 431 — 1/20. **Zus. Liss.-V.**

EUV/AEUV
+ Prot/Erkl
Anhänge
EU-Grundrechte-
Charta + Erl
Irland/Tschech Rep
Änderungs- und
Beitrittsverträge
LissV + ZusErl
Liss-BeglNovelle

zeit geltende Nizza-Stimmgewichtungssystem im Zeitraum vom 1. November 2014 bis 31. März 2017 optional auf Antrag eines Mitglieds des Rates verwendet werden. Darüber hinaus wird der „Ioannina-Mechanismus" zur Sperrminorität auf unbefristete Zeit verlängert und seine Anwendung ab dem Jahr 2017 erleichtert. Die ab dem 1. **November 2014** zur Anwendung kommende Regelung sieht vor, dass qualifizierte Mehrheitsentscheidungen von mindestens **55% der Mitglieder des Rates** (mindestens 15 Mitgliedstaaten), die gleichzeitig mindestens **65% der Unionsbevölkerung** ausmachen, unterstützt werden müssen. Eine Sperrminorität, die das Zustandekommen eines Beschlusses verhindert, muss dabei zumindest vier Mitgliedstaaten umfassen. Drei große Mitgliedstaaten können somit auch dann nicht allein einen Beschluss blockieren, wenn sie mehr als 35% der Unionsbevölkerung repräsentieren.

Erfolgt ein Beschluss nicht auf Grundlage eines Vorschlages der Kommission oder des Hohen Vertreters der Union für Außen- und Sicherheitspolitik, so ist für das Zustandekommen der qualifizierten Mehrheit ein erhöhtes Staatenquorum von 72% bei einem gleich bleibenden Bevölkerungsquorum von 65% erforderlich.

Im Zeitraum zwischen 1. November 2014 und 31. März 2017 kommt der sog. „Ioannina-Mechanismus" mit folgenden Elementen zur Anwendung: Mitgliedstaaten können die Annahme eines Rechtsaktes, der mit qualifizierter Mehrheit zu entscheiden ist, dann ablehnen, wenn mindestens 75% der Bevölkerung oder 75% der Mitgliedstaaten, die für eine Sperrminorität erforderlich sind, erreicht werden. Dies hat die Wirkung, dass die **Verhandlungen weitergeführt** werden müssen, um eine breitere Zustimmung zu erreichen. Ab 1. April 2017 wird der Mechanismus erleichtert: Es sind dann nur mehr 55% der Bevölkerung und 55% der Mitgliedstaaten, die eine Sperrminorität bilden können, für die Auslösung des Mechanismus erforderlich. Polen forderte eine Verankerung des Ioannina-Mechanismus in Form eines Protokolls im Primärrecht. Dazu wurde folgende Lösung gefunden: Der Ioannina-Mechanismus wird inhaltlich unverändert in einem Entwurf für einen Ratsbeschluss festgeschrieben, der dem Vertrag von Lissabon in einer Erklärung beigelegt wird. Der Ratsbeschluss tritt gleichzeitig mit dem Vertrag von Lissabon in Kraft. Zusätzlich wird dem Vertrag von Lissabon ein **Protokoll** angeschlossen, in welchem festgehalten wird, dass der **Ratsbeschluss zum Ioannina-Mechanismus nur einstimmig geändert** werden kann.

6.5. Europäische Kommission (Kommission)

Der Kommission kommt die Rolle der Förderin der allgemeinen, europäischen Interessen der Union und Hüterin des Unionsrechtes zu. Sie nimmt ihre Tätigkeiten in voller **Unabhängigkeit** wahr. Ihre Mitglieder dürfen keine Anweisungen von Regierungen oder anderen Stellen entgegennehmen und müssen sich jeglicher Tätigkeiten enthalten, die mit ihren Pflichten unvereinbar sind.

Die Kommission agiert als **Kollegium** und trifft ihre Entscheidungen mit der Mehrheit ihrer Mitglieder, wobei sie das Quorum in ihrer Geschäftsordnung festlegt.

Das **Initiativmonopol** erstreckt sich – abgesehen von ganz wenigen Ausnahmen wie dem Direktwahlakt zum Europäischen Parlament und dem Abgeordnetenstatut des Europäischen Parlaments – auf alle Gesetzgebungsakte, den mehrjährigen Finanzrahmen und den Jahreshaushalt. Nur für den Bereich der polizeilichen und justiziellen Zusammenarbeit in Strafsachen bleibt ein paralleles Initiativrecht eines Viertels der Mitgliedstaaten bestehen. Außerdem erhält die Kommission das Vorschlagsrecht für die auf den Abschluss interinstitutioneller Vereinbarungen ausgerichtete jährliche und mehrjährige Programmplanung der Union.

Neben ihren Vorschlagsrechten obliegen der Kommission die Außenvertretung der Union mit Ausnahme des Bereichs der Gemeinsamen Außen- und Sicherheitspolitik, die Ausführung des Haushaltsplanes, die Verwaltung der Programme sowie die ihr übertragenen Koordinierungs-, Exekutiv- und Verwaltungsfunktionen, einschließlich der Annahme von Durchführungsrechtsakten.

Zusammensetzung der Kommission

Die im Vertrag von Nizza vorgesehene Verkleinerung der Kommission bereits ab der ersten Amtsperiode nach dem Beitritt des 27. Mitgliedstaates (voraussichtlich ab 2009) wird **um eine weitere Amtsperiode** (voraussichtlich bis 2014) **aufgeschoben**.

Bis 2014 wird somit das Prinzip beibehalten, dass sich die Kommission einschließlich ihres Präsidenten und des Hohen Vertreters der Union für Außen- und Sicherheitspolitik aus je einem Staatsangehörigen pro Mitgliedstaat zusammensetzt.

Ab dem **1. November 2014** wird die Zahl der Mitglieder der Kommission **auf zwei Drittel der Anzahl der Mitgliedstaaten** verkleinert, sofern der Europäische Rat nicht einstimmig eine Änderung dieser Zahl beschließt. Die Auswahl der Mitglieder der Kommission erfolgt dabei auf der Grundlage eines Systems der strikt gleichberechtigten Rotation, dessen genaue Modalitäten in einem vom Europäischen Rat einstimmig zu erlassenden Beschluss festzulegen sind. Dabei sind folgende Prinzipien zu beachten:
– Die Mitgliedstaaten werden bei der Festlegung der Reihenfolge und der Dauer der Amtszeiten ihrer Staatsangehörigen in der Kommission **vollkommen gleich behandelt**; demzufolge kann die Gesamtzahl der Man-

date, welche Staatsangehörige zweier beliebiger Mitgliedstaaten in der Kommission innehaben, niemals um mehr als eines voneinander abweichen.

– Vorbehaltlich des Prinzips der Gleichbehandlung ist jedes der aufeinander folgenden Kollegien so zusammengesetzt, dass das **demografische und geografische Spektrum** der Gesamtheit der Mitgliedstaaten der Union auf zufrieden stellende Weise zum Ausdruck kommt.

Auf Wunsch von Dänemark und Österreich wird in einer gemeinsamen Erklärung festgehalten, dass die Kommission künftig eine besondere Verpflichtung zur Gewährleistung der Transparenz und der engen Verbindung mit jenen Mitgliedstaaten trifft, die in einem reduzierten Kollegium nicht vertreten sind. Dieser Verpflichtung soll durch „geeignete organisatorische Vorkehrungen" entsprochen werden.

Verfahren zur Bestellung der Kommission und ihres Präsidenten:

Der Kommissionspräsident wird künftig vom **Europäischen Parlament gewählt** und nicht mehr wie bisher vom Europäischen Rat ernannt:

Der Europäische Rat schlägt mit qualifizierter Mehrheit dem Europäischen Parlament einen Kandidaten für das Amt des Präsidenten der Kommission vor, wobei er das Ergebnis der Wahlen zum Europäischen Parlament berücksichtigt. Dieser Kandidat wird vom Europäischen Parlament mit der Mehrheit seiner Mitglieder gewählt. Kommt diese nicht zustande, so muss der Europäische Rat dem Europäischen Parlament innerhalb eines Monats einen neuen Kandidaten vorschlagen, wobei die gleichen Verfahrensregeln zur Anwendung kommen.

Die übrigen Mitglieder der Kommission werden von den Mitgliedstaaten vorgeschlagen und vom Rat mit qualifizierter Mehrheit im Einvernehmen mit dem Kommissionspräsidenten ausgewählt, wobei folgende Kriterien zu berücksichtigen sind:

– Kompetenz, Engagement für Europa und Gewähr für die Unabhängigkeit der Kandidaten.

– Das System der gleichberechtigten Rotation (ab der für 2014 vorgesehenen Verkleinerung der Kommission).

Für die Bestellung des Hohen Vertreters der Union für Außen- und Sicherheitspolitik gelten Sonderregeln (siehe Punkt 6).

Das gesamte Kollegium der Kommission (wozu auch der Präsident und der Hohe Vertreter zählen) muss sich dem **Zustimmungsvotum des Europäischen Parlamentes** stellen. Erhält das Kollegium die Mehrheit der im Europäischen Parlament abgegebenen Stimmen, wird die Kommission vom Europäischen Rat mit qualifizierter Mehrheit ernannt.

Das Europäische Parlament kann die gesamte Kommission durch ein **Misstrauensvotum** zum Rücktritt verpflichten, wenn dieses mit einer Mehrheit von zwei Dritteln der abgegebenen Stimmen, die zugleich die Mehrheit der Mitglieder des Europäischen Parlamentes ausmachen, angenommen wird.

Einzelne Mitglieder der Kommission müssen auf Verlangen des Kommissionspräsidenten zurücktreten.

Zu den Aufgaben des Präsidenten der Kommission zählen die Festlegung der Leitlinien für die Aufgabenerfüllung der Kommission sowie der internen Organisation (unter Wahrung von Effizienz, Kohärenz und des Kollegialitätsprinzips) und die Ernennung der Vizepräsidenten aus dem Kreis des Kollegiums (abgesehen vom Hohen Vertreter der Union für Außen- und Sicherheitspolitik).

6.6. Hoher Vertreter der Union für Außen- und Sicherheitspolitik

Die bisherigen Funktionen des Hohen Vertreters für die Gemeinsame Außen- und Sicherheitspolitik und des Kommissars für auswärtige Beziehungen werden in einer Person, dem Hohen Vertreter der Union für Außen- und Sicherheitspolitik („Doppelhut") vereint. Dieser ist Mitglied der Kommission, einer ihrer Vizepräsidenten und gleichzeitig ständiger Vorsitzender des Rates „Auswärtige Angelegenheiten". Er soll für die Kohärenz des gesamten auswärtigen Handelns der Union sorgen und die Delegationen der Union (in Drittstaaten und bei internationalen Organisationen) leiten.

Die **Ernennung** des Hohen Vertreters der Union für Außen- und Sicherheitspolitik erfolgt durch den Europäischen Rat mit qualifizierter Mehrheit und mit Zustimmung des Präsidenten der Kommission (Entlassung erfolgt nach dem gleichen Verfahren, gegebenenfalls auch auf Verlangen des Kommissionspräsidenten). Er hat sich gemeinsam mit dem Kommissionspräsidenten und den übrigen Mitgliedern der Kommission dem Zustimmungsvotum des Europäischen Parlaments zu stellen.

Im Bereich der Gemeinsamen Außen- und Sicherheitspolitik (GASP), einschließlich der Gemeinsamen Sicherheits- und Verteidigungspolitik (GSVP), ist er dem Rat verantwortlich, unterbreitet Vorschläge zur Entwicklung dieser Politik und sorgt für deren Durchführung im Auftrag des Rates. In der GASP vertritt er die Union nach außen (gegenüber Drittstaaten und internationalen Organisationen) – soweit dies nicht dem Präsidenten des Europäischen Rates auf dessen Ebene obliegt – und empfiehlt dem Rat Verhandlungsmandate und führt Verhandlungen über internationale Abkommen.

— 433 — 1/20. Zus. Liss.-V.

EUV/AEUV
+ Prot/Erkl
Anhänge
EU-Grundrechte-
Charta + Erl
Irland/Tschech Rep
Änderungs- und
Beitrittsverträge
LissV + ZusErl
Liss-BeglNovelle

In den übrigen Bereichen des auswärtigen Handelns, in denen er der Kommission zufallende Zuständigkeiten ausübt (Handelspolitik, Entwicklungszusammenarbeit, wirtschaftliche, finanzielle und technische Kooperation mit Drittländern, humanitäre Hilfe) handelt er als für die Koordination der Außenaspekte verantwortliches Mitglied der Kommission und ist an deren kollegiale Verfahren gebunden, soweit sich dies mit seinen Verantwortlichkeiten im Bereich der GASP vereinbaren lässt.

7. Kompetenzen

Im EUVneu wird klargestellt, dass alle der Union nicht in den Verträgen übertragenen Zuständigkeiten bei den Mitgliedstaaten verbleiben.

Weiters wird ausgeführt, dass die Union **ausschließlich innerhalb der Grenzen der Zuständigkeiten tätig** wird, die ihr die Mitgliedstaaten in den Verträgen übertragen haben. Bei dieser Bestimmung handelt es sich um die Klarstellung des **Prinzips der begrenzten Einzelermächtigung.** Dieses besagt, dass die Union nur über jene Zuständigkeiten verfügt, die ihr ausdrücklich von den Mitgliedstaaten vertraglich übertragen werden. Das Subsidiaritätsprinzip sowie der Grundsatz der Verhältnismäßigkeit ergänzen dieses Prinzip.

In einer Erklärung zur **Abgrenzung der Zuständigkeiten** wird bekräftigt, dass die Mitgliedstaaten ihre Zuständigkeiten wahrnehmen, sofern und soweit die Union entschieden hat, ihre Zuständigkeiten nicht mehr auszuüben. Dieser Fall ist gegeben, wenn die betreffenden Organe der EU beschließen, einen Gesetzgebungsakt aufzuheben, insbesondere um die ständige Einhaltung der Grundsätze der Subsidiarität und der Verhältnismäßigkeit besser sicherzustellen. Der Rat kann die Kommission auf Initiative eines oder mehrerer Mitglieder auffordern, einen Vorschlag zur Aufhebung eines Rechtsaktes zu unterbreiten. Weiters wird betont, dass es bei einer Vertragsänderung sowohl zu einer Ausweitung als auch zu einer Verringerung der Kompetenzen der Union kommen kann.

Im VAEU werden die Arten der Zuständigkeiten der Union definiert und die diesen jeweils zugeordneten Politikbereiche genannt:

● **Ausschließliche Zuständigkeiten** der Union, bei denen die Mitgliedstaaten nur noch über ausdrückliche Ermächtigung der Union, oder um Rechtakte der Union umzusetzen, tätig werden dürfen (abschließende Aufzählung):
  – Zollunion,
  – Festlegung der für das Funktionieren des Binnenmarkts nötigen Wettbewerbsregeln,
  – Währungspolitik für die Mitgliedstaaten, deren Währung der Euro ist,
  – Erhaltung der biologischen Meeresschätze im Rahmen der gemeinsamen Fischereipolitik,
  – gemeinsame Handelspolitik,
  – Abschluss internationaler Abkommen unter bestimmten Bedingungen.

● **Geteilte Zuständigkeiten:** Diese umfassen alle der Union zugewiesenen Zuständigkeiten, die nicht ausdrücklich als ausschließliche oder ergänzende Kompetenzen genannt sind (demonstrative Aufzählung):
  – Binnenmarkt,
  – Sozialpolitik,
  – wirtschaftlicher, sozialer und territorialer Zusammenhalt,
  – Landwirtschaft und Fischerei (ausgenommen Erhaltung der biologischen Meeresschätze),
  – Umwelt,
  – Verbraucherschutz,
  – Verkehr,
  – Forschung, technologische Entwicklung und Raumfahrt,
  – Transeuropäische Netze,
  – Energie,
  – Raum der Freiheit, der Sicherheit und des Rechts,
  – gemeinsame Sicherheitsanliegen im Bereich des Gesundheitswesens.

Den Mitgliedstaaten verbleibt in diesen Bereichen ihre Zuständigkeit, sofern und soweit die Union ihre Zuständigkeit nicht ausgeübt oder entschieden hat, diese nicht mehr auszuüben. In den Bereichen Forschung, technologische Entwicklung, Raumfahrt, Entwicklungszusammenarbeit und humanitäre Hilfe hindert die Wahrnehmung der geteilten Zuständigkeit durch die Union die Mitgliedstaaten nicht, ihre Zuständigkeit weiter auszuüben.

● **Unterstützende, koordinierende und ergänzende Maßnahmen:** In den unter diese Zuständigkeitsart fallenden, abschließend aufgezählten Politikbereichen sind nur solche rechtsverbindliche Akte zulässig, die keine Harmonisierung der Rechts- und Verwaltungsvorschriften der Mitgliedstaaten beinhalten: Schutz und Verbesserung der menschlichen Gesundheit, Industrie, Kultur, Tourismus, allgemeine und berufliche Bildung, Jugend, Sport, Katastrophenschutz und Verwaltungszusammenarbeit.

Gesondert geregelt werden noch spezifische Zuständigkeiten der Union:
● Maßnahmen zur Koordinierung der Beschäftigungspolitik der Mitgliedstaaten durch die Union und Unionsinitiativen zur Koordinierung der Sozialpolitik der Mitgliedstaaten;
● die Gemeinsame Außen- und Sicherheitspolitik, einschließlich der schrittweisen Festlegung einer gemeinsamen Verteidigungspolitik.

Es wird explizit darauf hingewiesen, dass die Mitgliedstaaten ihre Wirtschaftspolitik innerhalb der Union selbst koordinieren und der Rat zu diesem Zweck Maßnahmen erlässt (insbesondere beschließt er die Grundzüge dieser Politik). Besondere Regelungen betreffen die Mitgliedstaaten, deren Währung der Euro ist.

Die Union kann im Rahmen der festgelegten Politikbereiche (mit Ausnahme der Gemeinsamen Außen- und Sicherheitspolitik) auch dann tätig werden, wenn dies notwendig ist, um eines der Ziele der Verträge (EUVneu, VAEU) zu erreichen und die dazu erforderlichen konkreten Handlungsbefugnisse im Vertrag nicht vorgesehen sind. Im Sinne einer möglichst zurückhaltenden Anwendung dieser Bestimmung erfolgt die Beschlussfassung im Rat einstimmig. Zusätzlich ist die Zustimmung des Europäischen Parlaments erforderlich.

8. Verfahren und Handlungsinstrumente der EU

Die Instrumente der Union werden infolge der Abschaffung der Säulenarchitektur vereinfacht, **zahlenmäßig beschränkt und genau festgelegt**. Die besonderen Handlungsformen der bisherigen dritten Säule werden abgeschafft. Durch die Definition des Gesetzgebungsverfahrens, in dessen Rahmen Gesetzgebungsakte erlassen werden und die im Rang über Rechtsakten ohne Gesetzescharakter stehen, wird eine Normenhierarchie in die Unionsrechtsordnung eingeführt.

Die **Rechtsakttypen** des VAEU gelten in Zukunft für alle Politikbereiche: Verordnung, Richtlinie, Beschluss als verbindliche sowie Empfehlung und Stellungnahme als nicht verbindliche Rechtsinstrumente. Nicht zuletzt trägt das zur Verwirklichung der Ziele der Transparenz und Vereinfachung der Verträge bei.

Weiters wird eine Unterscheidung in **Gesetzgebungsakte und Rechtsakte ohne Gesetzescharakter** getroffen. Gesetzgebungsakte sind Verordnungen, Richtlinien und Beschlüsse, die im (ordentlichen oder besonderen) Gesetzgebungsverfahren angenommen werden. Diese können nicht durch Rechtsakte ohne Gesetzescharakter abgeändert werden.

Das **ordentliche Gesetzgebungsverfahren** besteht in der gemeinsamen Annahme eines Rechtsaktes durch das Europäische Parlament und den Rat auf Vorschlag der Kommission. Dieses wurde bisher als „Mitentscheidungsverfahren" bezeichnet und ist künftig der Regelfall der Gesetzgebung. Bei einem besonderen Gesetzgebungsverfahren wird eine Verordnung, eine Richtlinie oder ein Beschluss durch das Europäische Parlament mit Beteiligung des Rates oder durch den Rat mit Beteiligung des Europäischen Parlaments angenommen (Anhörungsverfahren oder Zustimmungsrecht des Ko-Ge-

setzgebers). Das Verfahren der Zusammenarbeit wird abgeschafft.

Besondere Vorschriften regeln die Gemeinsame Außen- und Sicherheitspolitik (GASP), die Gemeinsame Sicherheits- und Verteidigungspolitik (GSVP) und den Raum der Freiheit, der Sicherheit und des Rechts. Für die strafrechtliche und polizeiliche Zusammenarbeit im Bereich Raum der Freiheit, der Sicherheit und des Rechts hat, neben der Kommission, ein Viertel der Mitgliedstaaten ein Initiativrecht. Im Bereich der GASP und der ESVP haben die Mitgliedstaaten, der Hohe Vertreter oder der Hohe Vertreter mit Unterstützung der Kommission ein Initiativrecht. Grundsätzlich gilt hier die Einstimmigkeitsregel und das Europäische Parlament hat lediglich ein Anhörungsrecht.

Vertragsänderungsverfahren:

Der neue Vertrag kennt zwei Formen der Vertragsänderung: Das **ordentliche** und das **vereinfachte** Änderungsverfahren.

Im Rahmen des **ordentlichen** Änderungsverfahrens hat jeder Mitgliedstaat, das Europäische Parlament oder die Kommission das Recht, Vorschläge zur Änderung der Verträge vorzulegen. Solche Vorschläge werden im Wege des Rates dem Europäischen Rat vorgelegt und allen nationalen Parlamenten zur Kenntnis gebracht. Inhaltlich können die Vorschläge u. a. sowohl eine Ausweitung als auch eine **Einschränkung** der an die Union übertragenen Kompetenzen zum Gegenstand haben.

Spricht sich der Europäische Rat mit einfacher Mehrheit, nach Konsultation des Europäischen Parlaments, für eine Prüfung der Vorschläge aus, beruft der Präsident des Europäischen Rates einen Konvent aus Repräsentanten der nationalen Parlamente, Vertretern der Staats- und Regierungschefs, Repräsentanten des Europäischen Parlaments und der Kommission ein. Der Konvent prüft die Vorschläge und unterbreitet einer Regierungskonferenz konsensual beschlossene Empfehlungen.

Die Regierungskonferenz entscheidet einstimmig. Der Änderungsvertrag muss danach von den **nationalen Parlamenten** entsprechend den jeweiligen nationalen Verfassungsvorschriften ratifiziert werden.

Der Europäische Rat kann mit einfacher Mehrheit beschließen, von der Einberufung eines Konvents Abstand zu nehmen, wenn der Umfang der vorliegenden Vorschläge dessen Einberufung nicht rechtfertigen würde.

Auch im Rahmen des **vereinfachten** Änderungsverfahrens hat jeder Mitgliedstaat, das Europäische Parlament oder die Kommission das Recht, Vorschläge zu unterbreiten, sofern sie sich auf Änderungen des Teiles drei des VAEU beziehen (interne Politikbereiche).

— 435 — **1/20. Zus. Liss.-V.**

EUV/AEUV
+ Prot/Erkl
Anhänge
EU-Grundrechte-
Charta + Erl
Irland/Tschech Rep
Änderungs- und
Beitrittsverträge
Liss V + ZusErl
Liss-BeglNovelle

Der Europäische Rat kann einstimmig Änderungen der internen Politikbereiche beschließen. Er muss dabei vor seiner Beschlussfassung das Europäische Parlament und die Kommission konsultieren. Ein derartiger Beschluss kann erst in Kraft treten, wenn er von **allen Mitgliedstaaten** ratifiziert wurde. Inhaltlich können mit einem derartigen Beschluss die Kompetenzen der EU **nicht** ausgedehnt werden.

Sofern der VAEU oder Titel V des EUVneu (GASP) die einstimmige Beschlussfassung durch den Rat vorsieht, kann der Europäische Rat **einstimmig** beschließen, dass der Rat künftig mit qualifizierter Mehrheit entscheiden kann. Dies gilt jedoch nicht für Beschlüsse mit **militärischen** Implikationen.

Wenn der Rat nach einem besonderen Gesetzgebungsverfahren in einem Bereich zu entscheiden hat, kann der Europäische Rat **einstimmig** festlegen, dass künftig darin im ordentlichen Gesetzgebungsverfahren entschieden wird.

Sowohl eine durch den Europäischen Rat beabsichtigte Überführung von Bestimmungen in die qualifizierte Mehrheitsentscheidung als auch in das ordentliche Gesetzgebungsverfahren setzen eine vorhergehende Information der nationalen Parlamente voraus. Erhebt auch nur **ein einziges** nationales Parlament innerhalb von **sechs Monaten** Einwände gegen den vom Europäischen Rat in Aussicht genommenen Beschluss, kann der Europäische Rat den Beschluss **nicht** erlassen. Weiters bedarf es für die Beschlussfassung auch der Zustimmung des Europäischen Parlaments mit der Mehrheit seiner Mitglieder.

Im EUVneu wird erstmals ausdrücklich die Möglichkeit des Austritts eines Mitgliedstaats aus der Union verankert:

Jeder Mitgliedstaat kann gemäß seinen internen Verfassungsvorschriften beschließen, aus der EU auszutreten, wobei er den Europäischen Rat darüber in Kenntnis zu setzen hat. Mit dieser Mitteilung an den Europäischen Rat beginnt die zweijährige Frist, innerhalb der ein Abkommen über die Modalitäten des Austrittes zwischen dem betroffenen Mitgliedstaat und der Union abzuschließen wäre. Auch ohne Abkommen gilt der Austritt nach Ablauf von zwei Jahren als erfolgt. Möchte der betreffende Staat neuerlich Mitglied der Union werden, so muss er erneut um Beitritt ansuchen.

9. Rechtsschutzsystem

Der **sachliche Zuständigkeitsbereich des EuGH** wird infolge der Abschaffung der Säulenarchitektur der Union ausgeweitet und erstreckt sich grundsätzlich auf alle Organe und Politikbereiche.

Die derzeit bestehenden Ausnahmen, Abweichungen und geringfügigen Ergänzungen zu den Regelzuständigkeiten des EuGH im Bereich

Justiz und Inneres (JI) werden weitgehend abgeschafft. Der EuGH wird in Hinkunft somit grundsätzlich für sämtliche Klagen, Vorabentscheidungsverfahren und Gutachtenanträge im Bereich Justiz und Inneres zuständig sein[2]). Es gilt allerdings eine fünfjährige Übergangsfrist für die EuGH-Zuständigkeit im Hinblick auf zum Zeitpunkt des Inkrafttretens des Vertrags existierende Rechtsakte im JI-Bereich.

Eine Bereichsausnahme gibt es nach wie vor für die Gemeinsame Außen- und Sicherheitspolitik (GASP) einschließlich der Gemeinsamen Sicherheits- und Verteidigungspolitik (GSVP): Der EuGH ist nicht zuständig hinsichtlich der GASP und für die auf der Grundlage dieser Bestimmungen erlassenen Rechtsakte. Zuständig hingegen ist er für die Kontrolle von Sanktionsbeschlüssen gegen natürliche und juristische Personen (u. a. des Terrorismus Verdächtige).

Ein für Österreich besonders wichtiges rechtsstaatliches Anliegen war die Einbeziehung des Europäischen Rates als Organ in die Kontrollzuständigkeit des EuGH. Ebenso wird die Zuständigkeit des EuGH für die Einrichtungen und sonstigen Stellen der Union (u. a. Agenturen) normiert.

Der neue Vertrag verbessert den Rechtsschutz Einzelner gegen Rechtsakte der Union. Dies war auch eine wichtige österreichische Forderung. Die Klagemöglichkeit von Einzelpersonen wird ausgedehnt: Sie können in Zukunft gegen Rechtsakte mit Verordnungscharakter, die für sie unmittelbar gelten und die keine Durchführungsmaßnahmen nach sich ziehen, Klage erheben (eine individuelle Betroffenheit ist für diese Kategorie von Rechtsakten nicht mehr erforderlich).

Der Europäische Bürgerbeauftragte

Der Europäische Bürgerbeauftragte untersucht Beschwerden über Missstände in der Verwaltungstätigkeit der Organe und Institutionen der EU. Nur der EuGH, das Gericht erster Instanz und das Gericht für den öffentlichen Dienst in ihrer Rechtsprechungstätigkeit fallen nicht in seine Zuständigkeit.

Die Untersuchungen des Bürgerbeauftragten stützen sich in der Regel auf Beschwerden. Er kann aber auch Untersuchungen aus eigener Initiative einleiten.

Jede/r Bürger/in der Union oder jede natürliche oder juristische Person mit Wohnort oder satzungsmäßigem Sitz in einem Mitgliedstaat der Union kann den Bürgerbeauftragten unmit-

---

[2]) Von der Zuständigkeit des EuGH ausgenommen bleibt die Überprüfung der Gültigkeit oder Verhältnismäßigkeit von Maßnahmen der Polizei oder anderer Strafverfolgungsbehörden eines Mitgliedstaates oder der Wahrnehmung der Zuständigkeiten der Mitgliedstaaten für die Aufrechterhaltung der öffentlichen Ordnung und den Schutz der inneren Sicherheit.

telbar oder über ein Mitglied des Europäischen Parlaments mit einer Beschwerde über einen Missstand bei der Tätigkeit der Organe oder Institutionen der Gemeinschaft in jeder der 23 EU-Amtssprachen befassen.

Es obliegt dem Europäischen Parlament, den Bürgerbeauftragten zu Beginn jeder Wahlperiode und für deren Dauer zu wählen. Der Europäische Bürgerbeauftragte wird zusätzlich auch explizit in einem eigenen Artikel der Grundrechtecharta genannt.

10. Die Finanzen der Union

Die Finanzvorschriften regeln das Eigenmittelsystem, den mehrjährigen Finanzrahmen und Bestimmungen zum jährlichen Budget der Union.

Das **Eigenmittelsystem** wird wie bisher einstimmig vom Rat erlassen, ebenso bleibt das Ratifikationserfordernis in den Mitgliedstaaten. Neu ist der ausdrückliche Hinweis, dass der Rat in der Verordnung über das Eigenmittelsystem neue Kategorien von Eigenmitteln einführen und bestehende abschaffen kann.

Der **mehrjährige Finanzrahmen** ersetzt das derzeitige Instrument der „Interinstitutionellen Vereinbarung über die Haushaltsdisziplin und die wirtschaftliche Haushaltsführung" (IIV). Die aktuelle IIV wurde 2006 zwischen Rat, Europäischem Parlament und Kommission abgeschlossen und legt Ausgabenobergrenzen und Details der Zusammenarbeit der Haushaltsbehörden Rat und Europäisches Parlament für die Jahre 2007 bis 2013 fest. Diese Neuerung bewirkt eine Verstärkung der Haushaltsdisziplin: Während die IIV und die darin vereinbarten Ausgabenobergrenzen jederzeit von einer Institution aufgekündigt werden können, ist der mehrjährige Finanzrahmen eine Verordnung, in der für einen Zeitraum von mindestens fünf Jahren die jährlichen Ausgabenobergrenzen je Ausgabenkategorie festgesetzt werden.

Der mehrjährige Finanzrahmen wird vom Rat mit Zustimmung des Europäischen Parlaments einstimmig beschlossen. Der Europäische Rat kann einstimmig eine Entscheidung erlassen, wonach der Rat auf das qualifizierte Mehrheitserfordernis übergehen kann. Das Europäische Parlament, Rat und Kommission werden verpflichtet, ihrerseits alles zu tun, damit das Verfahren zur Annahme des Finanzrahmens erfolgreich abgeschlossen wird. Die Praxis der engen Zusammenarbeit im Rahmen des Beschlussfassungsverfahrens soll damit beibehalten werden.

Das **Verfahren zum jährlichen Budget** wird neu konzipiert. Wesentliche Neuerung ist die Aufhebung der Unterscheidung zwischen obligatorischen und nicht-obligatorischen Ausgaben und die daran geknüpften unterschiedlichen Verfahrensbestimmungen, hier vor allem das „letzte Wort" des

Rates bei den obligatorischen Ausgaben und das „letzte Wort" des Europäischen Parlaments bei den nicht-obligatorischen Ausgaben. Die Aufhebung dieser Unterscheidung war an die Verstärkung der Haushaltsdisziplin durch die Einführung des mehrjährigen Finanzrahmens geknüpft.

Das neue Gleichgewicht zwischen den Haushaltsbehörden wird durch ein Verfahren eigener Art hergestellt:

● Jede Haushaltsbehörde führt eine Lesung durch.

● Im Falle abweichender Haltungen von Europäischem Parlament und Rat wird ein Vermittlungsausschuss einberufen mit dem Ziel, einen gemeinsamen Entwurf für den Jahreshaushalt auszuverhandeln.

● Kann sich der Vermittlungsausschuss auf keinen gemeinsamen Entwurf einigen, muss die Kommission einen neuen Vorschlag für den strittigen Jahreshaushalt vorlegen.

● Wird das Ergebnis des Vermittlungsausschusses entweder vom Europäischen Parlament und Rat oder nur vom Europäischen Parlament abgelehnt, so muss die Kommission einen neuen Vorschlag unterbreiten.

● Wenn jedoch der Rat ablehnt, das Europäische Parlament aber zustimmt, kann das Europäische Parlament seine Abänderungsvorschläge mit der Mehrheit seiner Mitglieder und 60% der abgegebenen Stimmen bestätigen.

Die in der Praxis bestehenden informellen Verhandlungs- und Konzertierungsverfahren im Rahmen des Haushaltsverfahrens werden anerkannt, um die im Laufe des letzten Jahrzehnts zwischen den Organen entstandene Kultur der Zusammenarbeit zu bewahren: Der Trilog, zu dem die Präsidenten des Europäischen Parlaments, des Rates und der Kommission zusammenkommen, wird in flexibler Form verankert. Der Kommission in ihrer Rolle als Initiatorin des Verfahrens, aber auch als Vermittlerin zwischen Europäischem Parlament und Rat kommt die Aufgabe zu, den Trilog einzuberufen, wenn dies angemessen erscheint, um Fortschritte bei den Haushaltsverfahren zu erzielen.

11. Ausgewählte Politikbereiche

Um die Europäische Union handlungsfähiger zu machen, wurde der Anwendungsbereich für qualifizierte Mehrheitsentscheidungen wesentlich ausgedehnt. Rund 20 bestehende Rechtsgrundlagen werden daher in die qualifizierte Mehrheitsentscheidung übergeführt. Darüber hinaus wird eine Reihe neuer Bestimmungen geschaffen, in denen die qualifizierte Mehrheit als Abstimmungsmodus festgelegt ist: In einigen Fällen wird ein neuer Politikbereich geschaffen (z. B. schwerwiegende grenzüberschreitende Gesundheitsgefahren, Raumfahrt, Tourismus, Sport), um der Union Gelegenheit zu geben, in diesen Berei-

— 437 —

1/20. Zus. Liss.-V.

EUV/AEUV
+ Prot/Erkl
Anhänge
EU-Grundrechte-
Charta + Erl
Irland/Tschech Rep
Änderungs- und
Beitrittsverträge
LissV + ZusErl
Liss-BeglNovelle

chen zu handeln, wenn ein Handeln auf EU-Ebene ziel führend ist (Subsidiaritätsprinzip). In anderen Fällen wird lediglich eine eigene Rechtsgrundlage für Maßnahmen geschaffen, die bislang auf einer anderen Rechtsgrundlage mit qualifizierter Mehrheit verabschiedet wurden (z. B. humanitäre Hilfe, Katastrophenschutz). In diesen Fällen wird die bisherige Praxis untermauert und transparenter gemacht.

11.1. Gemeinsame Außen- und Sicherheitspolitik

Die Gemeinsame Außen- und Sicherheitspolitik (GASP) ist der einzige Politikbereich, der im EUvneu definiert wird, womit sein intergouvernementaler Charakter betont wird. Für die GASP gelten besondere Bestimmungen und Verfahren: Sie wird vom Europäischen Rat und vom Rat grundsätzlich einstimmig festgelegt und durchgeführt. Der Erlass von Gesetzgebungsakten ist ausgeschlossen. Die GASP wird vom Hohen Vertreter der Union für Außen- und Sicherheitspolitik und von den Mitgliedstaaten durchgeführt. Das ausschließliche Initiativrecht der Kommission gilt hier nicht, und das Europäische Parlament besitzt lediglich ein Anhörungsrecht. Die Zuständigkeit des EuGH ist weitgehend ausgeschlossen (siehe Kapitel Rechtsschutz). Außerdem wird im VAEU ausdrücklich festgehalten, dass die Lückenschließungsklausel nicht als Grundlage für die Verwirklichung von Zielen der GASP dienen kann.

Durch den neuen Vertrag wird die EU auf internationaler Ebene einheitlicher und stärker auftreten und mehr Sicherheit bieten. Einige Beispiele seien hier erwähnt:

- Die Union bekommt eine einheitliche **Rechtspersönlichkeit** und wird nun als einheitliches Völkerrechtssubjekt nach außen auftreten können.

- Der neue **Hohe Vertreter der Union für Außen- und Sicherheitspolitik** wird dem Rat Auswärtige Angelegenheiten, in dem die Außenminister der EU-Mitgliedstaaten vertreten sind, vorsitzen (d. h. keine wechselnde Vorsitzführung mehr in diesem Bereich) und wird gleichzeitig Vizepräsident der Kommission sein („Doppelhut"). Unterstützt wird der Hohe Vertreter von einem Europäischen Auswärtigen Dienst (EAD), der sich aus Beamten der Kommission, des Ratssekretariats und Diplomaten der Mitgliedstaaten zusammensetzen wird.

- Die neue **Solidaritätsklausel** konkretisiert die Verpflichtung der Mitgliedstaaten, einander im Falle eines terroristischen Angriffs, einer Naturkatastrophe oder einer von Menschen verursachten Katastrophe zu unterstützen (inklusive militärischen Mitteln).

- Die bereits bestehende breite Palette an **Missionen**, die die Union im Rahmen der Gemeinsamen Sicherheits- und Verteidigungspolitik (GSVP) außerhalb der Union im zivilen, militärischen und humanitären Bereich zur Friedenssicherung, Konfliktverhütung und Stärkung der internationalen Sicherheit durchführen kann, wird bestätigt. Es wird auch festgehalten, dass diese Missionen zur Bekämpfung des Terrorismus beitragen können.

- Es wird eine **strukturierte Zusammenarbeit** in der ESVP vorgesehen. In Bezug auf die Durchführung von EU-Missionen bedeutet dies, dass eine Gruppe von Staaten in Zusammenarbeit mit dem Hohen Vertreter grundsätzlich eine bestimmte Mission durchführen kann, wobei sie den Rat über den Ablauf der Mission regelmäßig informieren müssen.

- Die **Europäische Verteidigungsagentur (EVA)** wird in den Vertrag aufgenommen. Sie soll die Beschaffungsvorgänge der nationalen Armeen sowie den Bereich der Forschung besser koordinieren und effizienter gestalten.

Die Entscheidungsfindung bleibt hingegen unverändert: Insbesondere für alle Entscheidungen, die **militärische Fragen** betreffen, muss der Rat weiterhin **einstimmig** vorgehen. Das Initiativrecht der Kommission geht nunmehr auf den Hohen Vertreter (allenfalls in Abstimmung mit der Kommission) über, jenes der Mitgliedstaaten bleibt erhalten.

11.2. Raum der Freiheit, der Sicherheit und des Rechts

Mit der Auflösung der Säulenarchitektur wird die bisherige 3. Säule (polizeiliche und justizielle Zusammenarbeit in Strafsachen) mit Titel IV EGV (Visa, Asyl, Einwanderung und die justizielle Zusammenarbeit in Zivilsachen) in VAEU zusammengeführt und umfassend überarbeitet. Damit gilt für den Raum der Freiheit, der Sicherheit und des Rechts in seiner Gesamtheit mit wenigen Ausnahmen die bisherige Gemeinschaftsmethode[3]. Dadurch können Maßnahmen im Bereich des Raums der Freiheit, der Sicherheit und des Rechts wesentlich effizienter getroffen werden. Rechtsschutzdefizite werden beseitigt und die parlamentarische Kontrolle wird eingeführt.

Das ordentliche Gesetzgebungsverfahren wird grundsätzlich auch auf die polizeiliche und justizielle Zusammenarbeit in Strafsachen ausgedehnt, allerdings mit bestimmten Sonderregelungen, die dem besonderen Charakter dieses Politikbereichs Rechnung tragen sollen, u. a.:

---

[3] Die wesentlichen Elemente der Gemeinschaftsmethode sind u.a. die Zuständigkeit des EuGH und die bisherige Rechtsprechung (z.B. über den Vorrang des Unionsrechts), die Beschlussfassungsmodalitäten (qualifizierte Mehrheitsentscheidung in weiten Teilen, Mitentscheidung des Europäischen Parlaments), die Transparenzregeln oder die Rechtsakttypologie (Verordnung, Richtlinie, Beschluss, etc.).

- Neben dem Vorschlagsrecht der Kommission behält in diesen Bereichen auch ein Viertel der Mitgliedstaaten das Initiativrecht;
- Einstimmigkeitserfordernis für bestimmte Maßnahmen;
- sogenannte „Notbremse" in vier Bestimmungen (Befassung des Europäischen Rates unter bestimmten Voraussetzungen);
- die Auslöseschwelle im Frühwarnmechanismus zur Überprüfung der Einhaltung des Subsidiaritätsprinzips beträgt nur ein Viertel – anstelle eines Drittels – der den nationalen Parlamenten bzw. deren Kammern zukommenden Stimmen;
- die Rechtsakte der 3. Säule behalten ihre Rechtswirkungen, bis sie aufgehoben, für nichtig erklärt oder geändert werden; die gegenwärtigen Sonderregelungen für die EuGH-Zuständigkeit werden für 5 Jahre beibehalten;
- weit reichende „Opt-Out"-Möglichkeiten für das Vereinigte Königreich und Irland einerseits, für Dänemark andererseits.

Einstimmigkeit mit Anhörung des Europäischen Parlaments gilt für Maßnahmen zum **Familienrecht mit grenzüberschreitenden Bezügen**. Der Rat kann einstimmig eine Überführung einzelner Aspekte des Familienrechtes mit grenzüberschreitenden Bezügen in das ordentliche Gesetzgebungsverfahren beschließen. Die nationalen Parlamente haben jedoch die Möglichkeit, binnen sechs Monaten zu dem Überführungsvorschlag Stellung zu nehmen. Wird der Vorschlag auch nur von einem nationalen Parlament abgelehnt, kann die Überführung nicht vorgenommen werden.

Im **Strafrechtsbereich** gilt Einstimmigkeit für die Ausweitung auf schwere Kriminalität, in dem die EU Mindestvorschriften zu Straftaten und Strafen festlegen kann, sowie für die Einsetzung einer Europäischen Staatsanwaltschaft.

In der **Polizeikooperation** gilt Einstimmigkeit im Rat und Anhörung des Europäischen Parlaments bei Maßnahmen betreffend die operative Zusammenarbeit der zuständigen Behörden und bei der Festlegung von Bedingungen und Grenzen für die Tätigkeit von Behörden eines Mitgliedstaats auf dem Territorium eines anderen Mitgliedstaates.

Dazu kommt eine **„Notbremse"** für den Bereich der gegenseitigen Anerkennung, für Mindestvorschriften zur Festlegung von Straftaten und Strafen, für die Einrichtung der Europäischen Staatsanwaltschaft sowie für operative Zusammenarbeit zwischen Polizeibehörden:

Der Notbremsemechanismus kommt zur Anwendung, wenn ein Mitgliedstaat, welcher der Auffassung ist, dass ein Entwurf grundlegende Aspekte seiner Strafrechtsordnung berührt, es fordert oder wenn kein Einvernehmen im Rat besteht und mindestens neun Mitgliedstaaten es verlangen. Dann wird der Europäische Rat befasst. Das Verfahren im Rat bleibt in diesem Fall vier Monate ausgesetzt. Danach kann der Europäische Rat im Konsens entscheiden, den Entwurf an den Rat zur Annahme zurückzuverweisen.

Trifft der Europäische Rat binnen vier Monaten keine Entscheidung, so gilt auf Wunsch von mindestens neun Mitgliedstaaten – die dies dem Europäischen Parlament, dem Rat und der Kommission mitteilen – die Ermächtigung zu einer verstärkten Zusammenarbeit auf der Grundlage des Entwurfs als erteilt.

Außerdem werden Voraussetzungen für eine Erweiterung des Tätigkeitsbereichs von **Eurojust** geschaffen und die Einrichtung einer **Europäischen Staatsanwaltschaft** durch eine vom Rat nach Zustimmung des Europäischen Parlaments einstimmig zu erlassende Verordnung vorgesehen. Die Zuständigkeit dieser Staatsanwaltschaft beschränkt sich auf die Bekämpfung von Straftaten zum Nachteil der finanziellen Interessen der Union, sofern der Europäische Rat nicht bei der Einrichtung oder später einstimmig nach Zustimmung des Europäischen Parlaments eine Ausdehnung der Zuständigkeiten auf andere schwerwiegende Straftaten mit grenzüberschreitender Dimension beschließt.

Opt-Out Regelungen gelten für Dänemark sowie für das Vereinigte Königreich und Irland.

Dänemark erhält ein auf den gesamten Bereich des Raums der Freiheit, der Sicherheit und des Rechts ausgedehntes Opt-Out (bislang gilt dieses Opt-Out nur für Visa, Asyl, Migration und justizielle Zusammenarbeit in Zivilsachen). Gleichzeitig wird aber die Möglichkeit verankert, diese Opt-Outs – auf eigenen Wunsch – in Opt-In-Regelungen überzuführen. Die Bestimmungen des Teils I des Protokolls über die Position Dänemarks werden dann – mit Ausnahmen – automatisch jenen des Protokolls über die Position des Vereinigten Königreichs und Irlands angepasst.

Der Anwendungsbereich des Protokolls über die Position des Vereinigten Königreichs und Irlands und die darin festgelegten Opt-Out / Opt-In-Regelungen betreffend Grenzkontrollen, Asyl, Migration und Justizielle Zusammenarbeit in Zivilsachen werden auf den gesamten Bereich des Raums Freiheit, der Sicherheit und des Rechts ausgedehnt. Die Opt-Out-Möglichkeit gilt auch für bestehende Maßnahmen der 3. Säule, wenn sie geändert werden (wobei der gesamte Rechtsakt auf das Vereinigte Königreich / Irland unanwendbar wird, sollte das jeweilige Land binnen zwei Monaten nach Aufforderung durch den Rat, doch noch teilzunehmen und nach weiterer eingehender Diskussion im Rat an seinem Opt-Out festhalten), sowie für datenschutzrechtliche Sonderregelungen.

Auch im Schengenbereich wird eine Opt-Out Möglichkeit für das Vereinigte Königreich und Irland vorgesehen.

EUV/AEUV
+ Prot/Erkl
Anhänge
EU-Grundrechte-
Charta + Erl
Irland/Tschech Rep
Änderungs- und
Beitrittsverträge
LissV + ZusErl
Liss-BeglNovelle

Eine weitere Ausnahmeregelung für das Vereinigte Königreich sieht nach Ablauf der Übergangsfrist von fünf Jahren, die für die Anwendbarkeit der vollen EuGH-Zuständigkeit auf geltende Rechtsakte der 3. Säule gilt, vor, dass das Vereinigte Königreich mitteilen kann, dass es die Befugnisse der Organe weiterhin nicht anerkennt. Als Folge wird der gesamte Rechtsbestand der bisherigen 3. Säule auf das Vereinigte Königreich unanwendbar (was einem Opt-Out aus dem bis dahin auf das Vereinigte Königreich anwendbaren 3. Säule Rechtsbestand gleichkommt).

11.3. Soziale Dimension

Das soziale Profil der EU wird gestärkt. Eine **Soziale Marktwirtschaft** und **Vollbeschäftigung** werden als Ziele der Union verankert. Weiters ist festgeschrieben, dass die Union soziale Ausgrenzung und Diskriminierungen bekämpft und soziale Gerechtigkeit und sozialen Schutz, die Gleichstellung von Frauen und Männern, die Solidarität zwischen den Generationen und den Schutz der Rechte des Kindes fördert.

Eine Neuerung ist die „**Soziale Querschnittsklausel**". Die Union trägt somit bei der Festlegung und Durchführung ihrer Politik und ihrer Maßnahmen den Erfordernissen im Zusammenhang mit der Förderung eines hohen Beschäftigungsniveaus, der Gewährleistung eines angemessenen sozialen Schutzes, der Bekämpfung der sozialen Ausgrenzung sowie mit einem hohen Niveau der allgemeinen und beruflichen Bildung und des Gesundheitsschutzes Rechnung.

Die Union kann Initiativen zur **Koordinierung der Sozialpolitik** ergreifen. Dabei wird die Sozialpolitik erstmals gemeinsam mit der Wirtschafts- und Beschäftigungspolitik in einer Bestimmung erwähnt, wodurch ihre Bedeutung unterstrichen wird.

Wichtig für die Soziale Dimension ist die rechtsverbindliche **Charta der Grundrechte** und hier insbesondere Titel IV, der soziale Grundrechte enthält. Diese sind:

- Recht auf Unterrichtung und Anhörung der Arbeitnehmerinnen und Arbeitnehmer im Unternehmen,
- Recht auf Kollektivverhandlungen und Kollektivmaßnahmen,
- Recht auf Zugang zu einem Arbeitsvermittlungsdienst,
- Schutz bei ungerechtfertigter Entlassung,
- Gerechte und angemessene Arbeitsbedingungen,
- Verbot der Kinderarbeit und Schutz der Jugendlichen am Arbeitsplatz,
- Familien- und Berufsleben,
- Soziale Sicherheit und soziale Unterstützung,
- Gesundheitsschutz,

- Zugang zu Dienstleistungen von allgemeinem wirtschaftlichem Interesse

Im VAEU wird die derzeitige Bestimmung zu den **Diensten von allgemeinem wirtschaftlichem Interesse** um folgende Aspekte ergänzt:

- Achtung der in der regionalen und kommunalen Selbstverwaltung zum Ausdruck kommenden nationalen Identität der Mitgliedstaaten;
- ausdrückliche Ermächtigung für die Union, im ordentlichen Gesetzgebungsverfahren Verordnungen zu erlassen, in denen Grundsätze und Bedingungen für das Funktionieren der Dienste von allgemeinem wirtschaftlichem Interesse festgelegt werden;
- Klarstellung, dass durch solche Verordnungen nur solche Regelungen erlassen werden dürfen, die nicht die Zuständigkeit der Mitgliedstaaten beeinträchtigen, Dienste von allgemeinem wirtschaftlichem Interesse zur Verfügung zu stellen, in Auftrag zu geben und zu finanzieren.

Über Initiative der Niederlande, Belgiens und Österreichs wurde dem Artikel betreffend die Dienste von allgemeinem Interesse ein **Protokoll** beigefügt. Dieses enthält u. a. folgende Auslegungsgrundsätze für die Dienste von allgemeinem wirtschaftlichem Interesse:

- Betonung der wichtige Rolle und des weiten Ermessensspielraum der nationalen, regionalen und lokalen Behörden in der Bereitstellung und Organisation von Diensten von allgemeinem wirtschaftlichem Interesse;
- Unterschiede bei den Bedürfnissen der Nutzer;
- hohes Niveau in Bezug auf Qualität, Sicherheit und Bezahlbarkeit.

Außerdem wird ausdrücklich festgelegt, dass die Mitgliedstaaten für die Erbringung, Auftragsvergabe und Organisation nicht-wirtschaftlicher Dienste von allgemeinem Interesse verantwortlich sind.

11.4. Energie, Umwelt- und Klimaschutz

Die europäische Energiepolitik wird sich künftig auf eine eigene Rechtsgrundlage stützen können. Die neue Kompetenzgrundlage legt vier inhaltliche Parameter fest:

- Funktionieren des Energiemarktes,
- Energieversorgungssicherheit,
- Energieeffizienz (Energieeinsparungen) – erneuerbare Energiequellen,
- Interkonnektion der Energienetze.

Der Energieartikel sieht weiters vor, dass die Energiekompetenz im Geist der **wechselseitigen Solidarität** wahrzunehmen ist. Ebenso wird im Zusammenhang mit Maßnahmen im Falle gravierender Versorgungsschwierigkeiten mit bestimmten Waren eine Bezugnahme auf den Geist der Solidarität zwischen den Mitgliedstaaten, insb. im Fall von Versorgungsschwierigkeiten bei Energie, verankert. Im Hinblick auf die Wichtigkeit der Energiepolitik war für Österreich eine eigene europäische Kompetenzgrundlage immer ein wesentliches Anliegen.

Über österreichische Initiative wird im Umweltbereich das Ziel der **Bekämpfung des Klimawandels auf internationaler Ebene** als Aufgabe der Union in den VAEU aufgenommen.

Es wird auch eine **horizontale Tierschutzklausel** in den Vertrag eingefügt, die normiert, dass in den Politikbereichen Landwirtschaft, Fischerei, Transport, Binnenmarkt, Forschung und technologische Entwicklung sowie Raumfahrt, die Mitgliedstaaten und die Union auf das Wohlergehen der Tiere, die ausdrücklich als „empfindungsfähige Wesen" bezeichnet werden, Bedacht zu nehmen haben.

11.5. Wirtschafts- und Währungspolitik

Die Bestimmungen zur Wirtschafts- und Währungspolitik bleiben in weiten Bereichen, insbesondere der Währungspolitik, materiell unverändert, sie werden jedoch umstrukturiert und bereinigt. Obsolete Bestimmungen über die Vorstufen zur Einführung der Währungsunion werden gestrichen.

Die **Wirtschaftspolitik** bleibt weiterhin Zuständigkeit der Mitgliedstaaten, die allerdings zur Koordinierung innerhalb der Union verpflichtet sind. Die Koordinierung obliegt dem Rat. Die Union hat ausschließliche Zuständigkeit im Bereich der **Währungspolitik** für jene Mitgliedstaaten, deren Währung der Euro ist. Die Europäische Zentralbank (EZB) und die nationalen Zentralbanken jener Mitgliedstaaten, deren Währung der Euro ist, bilden das Eurosystem und betreiben die Währungspolitik der Union. Aufgaben, Rechte und Stellung der Europäischen Zentralbank werden gegenüber dem EGV nicht abgeändert.

Bei der Koordination der Wirtschaftspolitiken sieht der Vertrag Änderungen in zwei Bereichen vor, durch die Kohärenz und Konsistenz der europäischen Wirtschafts- und Budgetpolitik gestärkt werden:

– **Autonome Handlungsfähigkeit für die Eurozone**

Die Euro-Gruppe wird in einem Protokoll verankert. Jenen Mitgliedstaaten, deren Währung der Euro ist, werden **erweiterte Kompetenzen** eröffnet, indem sie künftig ihre eigenen Grundzüge der Wirtschaftspolitik ausarbeiten und darüber hinaus auch Maßnahmen beschließen können, um die „Koordination und Überwachung ihrer Haushaltsdisziplin" zu verstärken. Diese Änderungen ermöglichen eine Vertiefung der Zusammenarbeit innerhalb der Eurozone. Zur Gewährleistung der Stellung des Euro im internationalen Währungssystem sind bei der Festle-

gung gemeinsamer Standpunkte zu Fragen, die für die Wirtschafts- und Währungsunion von Bedeutung sind, nur die Euro-Teilnehmerstaaten stimmberechtigt. Weiters erhalten Euro-Staaten ein stärkeres Mitspracherecht bei der Aufnahme neuer Mitglieder in die Eurozone.

– **Verstärkte Rolle der Kommission bei der Koordination der Wirtschafts- und Budgetpolitiken**

Bei den Grundzügen der Wirtschaftspolitik kann die Kommission künftig Verwarnungen direkt und nicht mehr nur ausschließlich im Wege des Rates an die Mitgliedstaaten richten. Im Verfahren bei übermäßigen Defiziten kann die Kommission einem Mitgliedstaat ihre Stellungnahme künftig ebenfalls direkt übermitteln, wenn sie zur Auffassung gelangt, dass dieser Mitgliedstaat in die Situation eines übermäßigen Defizits kommen könnte. Die anschließende Entscheidung des Rates, ob tatsächlich ein übermäßiges Defizit vorliegt, wird auf Basis eines Kommissionsvorschlags (anstatt der bisherigen Kommissionsempfehlung) erfolgen, sodass der Rat nur mehr einstimmig vom Kommissionsstandpunkt abweichen kann. Schließlich wird der betroffene Mitgliedstaat von den Abstimmungen ausgeschlossen, wenn der Rat über die Veröffentlichung einer Verwarnung in Zusammenhang mit den Grundzügen der Wirtschaftspolitik oder über das Vorliegen eines übermäßigen Defizits entscheidet.

Die Verfahrensregelungen im Bereich der Wirtschaftspolitik spiegeln die primäre Zuständigkeit des Rates wider und sind überwiegend auf nicht-legislative Rechtsakte ausgerichtet. In diesem Politikbereich handelt der Rat vielfach nicht auf Vorschlag der Kommission. In diesen Fällen sind für das Zustandekommen der qualifizierten Mehrheit bis 31. Oktober 2014 weiterhin 255 Stimmen erforderlich, welche die Zustimmung von zumindest zwei Drittel der Mitgliedstaaten umfassen, erforderlich; ab 1. November 2014 – mit Einführung des Systems der doppelten Mehrheit – kommt das erhöhte Staatenquorum von 72% zur Anwendung. Dies betrifft etwa Empfehlungen bei Frühwarnungen sowie Empfehlungen an einen Mitgliedstaat, bei dem das Bestehen eines übermäßigen Defizits festgestellt wurde. Auch bei Rechtsakten des Rates auf Empfehlung der EZB zur Änderung ihrer Satzung oder Durchführungsmaßnahmen gilt das Staatenquorum von 72%.

Keine Änderungen gibt es im Bereich **Steuern**: Der Rat beschließt weiterhin einstimmig. Zwar könnten künftig im Wege des vereinfachten Änderungsverfahrens auch Entscheidungen im Steuerwesen mit qualifizierter Mehrheit erfolgen, allerdings setzt ein solcher Übergang zur qualifizierten Mehrheit einen entsprechenden einstimmigen Beschluss aller Mitgliedstaaten voraus und jedes nationale Parlament hat hier ein Vetorecht.

— 441 — **1C. Liss-BeglNovelle**

EUV/AEUV
+ Prot/Erkl
Anhänge
EU-Grundrechte-
Charta + Erl
Irland/Tschech Rep
Änderungs- und
Beitrittsverträge
LissV + ZusErl
Liss-BeglNovelle

Lissabon-Begleitnovelle

BGBl I 2010/57

Bundesverfassungsgesetz, mit dem zur Durchführung des Vertrags von Lissabon das Bundes-Verfassungsgesetz und das Bundesverfassungsgesetz, mit dem besondere Bestimmungen für die Neuermittlung der Verteilung von nach der Wahl der Mitglieder des Europäischen Parlaments 2009 zu vergebenden Mandaten durch die Bundeswahlbehörde erlassen werden, geändert werden (Lissabon-Begleitnovelle)

Der Nationalrat hat beschlossen:

Artikel 1
Änderung des Bundes-Verfassungsgesetzes

Das Bundes-Verfassungsgesetz, BGBl. Nr. 1/ 1930, zuletzt geändert durch das Bundesgesetz BGBl. I Nr. 127/2009, wird wie folgt geändert:

1. Art. 23c lautet:

„**Artikel 23c.** (1) Die Erstellung der österreichischen Vorschläge für die Ernennung von Mitgliedern der Europäischen Kommission, von Mitgliedern des Gerichtshofes der Europäischen Union, von Mitgliedern des Rechnungshofes, von Mitgliedern des Wirtschafts- und Sozialausschusses, von Mitgliedern des Ausschusses der Regionen und deren Stellvertretern und von Mitgliedern des Verwaltungsrates der Europäischen Investitionsbank obliegt der Bundesregierung.

(2) Vor der Erstellung der Vorschläge für die Ernennung von Mitgliedern der Europäischen Kommission, des Gerichtshofes der Europäischen Union, des Rechnungshofes und des Verwaltungsrates der Europäischen Investitionsbank hat die Bundesregierung dem Nationalrat und dem Bundespräsidenten mitzuteilen, wen sie vorzuschlagen beabsichtigt. Die Bundesregierung hat über die Vorschläge das Einvernehmen mit dem Hauptausschuss des Nationalrates herzustellen.

(3) Vor der Erstellung der Vorschläge für die Ernennung von Mitgliedern des Wirtschafts- und Sozialausschusses hat die Bundesregierung Vorschläge der gesetzlichen und sonstigen beruflichen Vertretungen der verschiedenen Gruppen des wirtschaftlichen und sozialen Lebens einzuholen.

(4) Die Vorschläge für die Ernennung von Mitgliedern des Ausschusses der Regionen und deren Stellvertretern hat die Bundesregierung auf Grund von Vorschlägen der Länder sowie des Österreichischen Gemeindebundes und des Österreichischen Städtebundes zu erstellen. Jedes Land ein Mitglied und dessen Stellvertreter vorzuschlagen; die sonstigen Mitglieder und deren Stellvertreter sind vom Österreichischen Gemeindebund und vom Österreichischen Städtebund gemeinsam vorzuschlagen.

(5) Die Bundesregierung hat dem Nationalrat mitzuteilen, wen sie nach Abs. 3 und 4 vorgeschlagen hat, und dem Bundesrat mitzuteilen, wen sie nach Abs. 2, 3 und 4 vorgeschlagen hat.“

2. Art. 23d Abs. 2 lautet:

„(2) Haben die Länder eine einheitliche Stellungnahme zu einem Vorhaben erstattet, das Angelegenheiten betrifft, in denen die Gesetzgebung Landessache ist, so darf der Bund bei Verhandlungen und Abstimmungen in der Europäischen Union nur aus zwingenden integrations- und außenpolitischen Gründen von dieser Stellungnahme abweichen. Der Bund hat den Ländern diese Gründe unverzüglich mitzuteilen.“

3. Art. 23d Abs. 3 erster bis dritter Satz wird durch folgende Sätze ersetzt:

„Betrifft ein Vorhaben auch Angelegenheiten, in denen die Gesetzgebung Landessache ist, so kann die Bundesregierung die Befugnis, an den Tagungen des Rates teilzunehmen und in diesem Rahmen zu diesem Vorhaben die Verhandlungen zu führen und die Stimme abzugeben, einem von den Ländern namhaft gemachten Mitglied einer Landesregierung übertragen. Die Wahrnehmung dieser Befugnis durch den Vertreter der Länder erfolgt unter Beteiligung des zuständigen Bundesministers und in Abstimmung mit diesem; Abs. 2 gilt auch für ihn.“

4. In Art. 23d Abs. 5 erster Satz wird die Wortfolge „im Rahmen der europäischen Integration“ *durch die Wortfolge* „im Rahmen der Europäischen Union“ *und die Wortfolge* „von einem Gericht im Rahmen der Europäischen Union“ *durch die Wortfolge* „vom Gerichtshof der Europäischen Union“ *ersetzt.*

5. Art. 23e und Art. 23f werden durch folgende Art. 23e bis Art. 23k ersetzt:

„**Artikel 23e.** (1) Der zuständige Bundesminister hat den Nationalrat und den Bundesrat unverzüglich über alle Vorhaben im Rahmen der Europäischen Union zu unterrichten und ihnen Gelegenheit zur Stellungnahme zu geben.

(2) Der zuständige Bundesminister hat den Nationalrat und den Bundesrat über einen bevorstehenden Beschluss des Europäischen Rates oder des Rates betreffend

1. den Übergang von der Einstimmigkeit zur qualifizierten Mehrheit oder

2. den Übergang von einem besonderen Gesetzgebungsverfahren zum ordentlichen Gesetzgebungsverfahren

ausdrücklich und so rechtzeitig zu unterrichten, dass dem Nationalrat und dem Bundesrat die

Wahrnehmung der Zuständigkeiten nach diesem Artikel ermöglicht wird.

(3) Hat der Nationalrat eine Stellungnahme zu einem Vorhaben erstattet, das auf die Erlassung eines verbindlichen Rechtsaktes gerichtet ist, der sich auf die Erlassung von Bundesgesetzen auf dem im Rechtsakt geregelten Gebiet auswirken würde, so darf der zuständige Bundesminister bei Verhandlungen und Abstimmungen in der Europäischen Union nur aus zwingenden integrations- und außenpolitischen Gründen von dieser Stellungnahme abweichen. Beabsichtigt der zuständige Bundesminister, von der Stellungnahme des Nationalrates abzuweichen, so hat er den Nationalrat neuerlich zu befassen. Ist das Vorhaben auf die Erlassung eines verbindlichen Rechtsaktes gerichtet, der entweder die Erlassung bundesverfassungsgesetzlicher Bestimmungen erfordern würde oder Regelungen enthält, die nur durch solche Bestimmungen getroffen werden könnten, so ist eine Abweichung jedenfalls nur zulässig, wenn ihr der Nationalrat innerhalb angemessener Frist nicht widerspricht. Der zuständige Bundesminister hat dem Nationalrat nach der Abstimmung in der Europäischen Union unverzüglich Bericht zu erstatten und ihm gegebenenfalls die Gründe mitzuteilen, aus denen er von der Stellungnahme abgewichen ist.

(4) Hat der Bundesrat eine Stellungnahme zu einem Vorhaben erstattet, das auf die Erlassung eines verbindlichen Rechtsaktes gerichtet ist, der entweder die Erlassung bundesverfassungsgesetzlicher Bestimmungen erfordern würde, durch die die Zuständigkeit der Länder in Gesetzgebung oder Vollziehung gemäß Art. 44 Abs. 2 eingeschränkt wird, oder Regelungen enthält, die nur durch solche Bestimmungen getroffen werden könnten, so darf der zuständige Bundesminister bei Verhandlungen und Abstimmungen in der Europäischen Union nur aus zwingenden integrations- und außenpolitischen Gründen von dieser Stellungnahme abweichen. Eine Abweichung ist jedenfalls nur zulässig, wenn ihr der Bundesrat innerhalb angemessener Frist nicht widerspricht. Der zuständige Bundesminister hat dem Bundesrat nach der Abstimmung in der Europäischen Union unverzüglich Bericht zu erstatten und ihm gegebenenfalls die Gründe mitzuteilen, aus denen er von der Stellungnahme abgewichen ist.

Artikel 23f. (1) Der Nationalrat und der Bundesrat üben die im Vertrag über die Europäische Union, im Vertrag über die Arbeitsweise der Europäischen Union und in den diesen Verträgen beigegebenen Protokollen in der jeweils geltenden Fassung vorgesehenen Zuständigkeiten der nationalen Parlamente aus.

(2) Jeder Bundesminister berichtet dem Nationalrat und dem Bundesrat zu Beginn jedes Jahres über die in diesem Jahr zu erwartenden Vorhaben des Rates und der Kommission sowie über die voraussichtliche österreichische Position zu diesen Vorhaben.

(3) Weitere Unterrichtungsverpflichtungen sind durch Bundesgesetz vorzusehen.

(4) Der Nationalrat und der Bundesrat können ihren Wünschen über Vorhaben der Europäischen Union in Mitteilungen an die Organe der Europäischen Union Ausdruck geben.

Artikel 23g. (1) Der Nationalrat und der Bundesrat können zu einem Entwurf eines Gesetzgebungsakts im Rahmen der Europäischen Union in einer begründeten Stellungnahme darlegen, weshalb der Entwurf nicht mit dem Subsidiaritätsprinzip vereinbar ist.

(2) Der Nationalrat und der Bundesrat können vom zuständigen Bundesminister eine Äußerung zur Vereinbarkeit von Entwürfen gemäß Abs. 1 mit dem Subsidiaritätsprinzip verlangen, die im Regelfall innerhalb von zwei Wochen nach Einlangen des Verlangens vorzulegen ist.

(3) Der Bundesrat hat die Landtage unverzüglich über alle Entwürfe gemäß Abs. 1 zu unterrichten und ihnen Gelegenheit zur Stellungnahme zu geben. Bei Beschlussfassung einer Stellungnahme gemäß Abs. 1 hat der Bundesrat die Stellungnahmen der Landtage zu erwägen und die Landtage über solche Beschlüsse zu unterrichten.

Artikel 23h. (1) Der Nationalrat und der Bundesrat können beschließen, dass gegen einen Gesetzgebungsakt im Rahmen der Europäischen Union beim Gerichtshof der Europäischen Union Klage wegen Verstoßes gegen das Subsidiaritätsprinzip erhoben wird.

(2) Das Bundeskanzleramt übermittelt die Klage im Namen des Nationalrates oder des Bundesrates unverzüglich an den Gerichtshof der Europäischen Union.

Artikel 23i. (1) Das österreichische Mitglied im Europäischen Rat darf einer Initiative gemäß Art. 48 Abs. 7 des Vertrags über die Europäische Union in der Fassung des Vertrags von Lissabon nur dann zustimmen, wenn es der Nationalrat mit Zustimmung des Bundesrates auf Grund eines Vorschlages der Bundesregierung dazu ermächtigt hat. Diese Beschlüsse des Nationalrates und des Bundesrates bedürfen jeweils der Anwesenheit von mindestens der Hälfte der Mitglieder und einer Mehrheit von zwei Dritteln der abgegebenen Stimmen.

(2) Soweit nach dem Recht der Europäischen Union für die nationalen Parlamente die Mög-

— 443 — **1C. Liss-BeglNovelle** EUV/AEUV
+ Prot/Erkl
Anhänge
EU-Grundrechte-
Charta + Erl
Irland/Tschech Rep
Änderungs- und
Beitrittsverträge
LissV + ZusErl
Liss-BeglNovelle

lichkeit der Ablehnung einer Initiative oder eines Vorschlages betreffend

1. den Übergang von der Einstimmigkeit zur qualifizierten Mehrheit oder

2. den Übergang von einem besonderen Gesetzgebungsverfahren zum ordentlichen Gesetzgebungsverfahren

vorgesehen ist, kann der Nationalrat mit Zustimmung des Bundesrates diese Initiative oder diesen Vorschlag innerhalb der nach dem Recht der Europäischen Union vorgesehenen Fristen ablehnen.

(3) Beschlüsse des Rates, durch die neue Kategorien von Eigenmitteln der Europäischen Union eingeführt werden, bedürfen der Genehmigung des Nationalrates und der Zustimmung des Bundesrates; Art. 50 Abs. 4 zweiter Satz ist sinngemäß anzuwenden. Andere Beschlüsse des Rates, mit denen Bestimmungen über das System der Eigenmittel der Europäischen Union festgelegt werden, bedürfen der Genehmigung des Nationalrates. Art. 23e Abs. 2 gilt sinngemäß.

(4) Auf andere Beschlüsse des Europäischen Rates oder des Rates, die nach dem Recht der Europäischen Union erst nach Zustimmung der Mitgliedstaaten in Einklang mit ihren jeweiligen verfassungsrechtlichen Vorschriften in Kraft treten, ist Art. 50 Abs. 4 sinngemäß anzuwenden.

(5) Beschlüsse des Nationalrates und des Bundesrates nach diesem Artikel sind vom Bundeskanzler im Bundesgesetzblatt kundzumachen.

Artikel 23j. (1) Österreich wirkt an der Gemeinsamen Außen- und Sicherheitspolitik der Europäischen Union auf Grund des Titels V Kapitel 1 und 2 des Vertrags über die Europäische Union in der Fassung des Vertrags von Lissabon mit, der in Art. 3 Abs. 5 und in Art. 21 Abs. 1 insbesondere die Wahrung beziehungsweise Achtung der Grundsätze der Charta der Vereinten Nationen vorsieht. Dies schließt die Mitwirkung an Aufgaben gemäß Art. 43 Abs. 1 dieses Vertrags sowie an Maßnahmen ein, mit denen die Wirtschafts- und Finanzbeziehungen zu einem oder mehreren Drittländern ausgesetzt, eingeschränkt oder vollständig eingestellt werden. Auf Beschlüsse des Europäischen Rates über eine gemeinsame Verteidigung ist Art. 50 Abs. 4 sinngemäß anzuwenden.

(2) Für Beschlüsse im Rahmen der Gemeinsamen Außen- und Sicherheitspolitik der Europäischen Union auf Grund des Titels V Kapitel 2 des Vertrags über die Europäische Union in der Fassung des Vertrags von Lissabon gilt Art. 23e Abs. 3 sinngemäß.

(3) Bei Beschlüssen über die Einleitung einer Mission außerhalb der Europäischen Union, die Aufgaben der militärischen Beratung und Unterstützung, Aufgaben der Konfliktverhütung und der Erhaltung des Friedens oder Kampfeinsätze im Rahmen der Krisenbewältigung einschließlich Frieden schaffender Maßnahmen und Operationen zur Stabilisierung der Lage nach Konflikten umfasst, sowie bei Beschlüssen gemäß Art. 42 Abs. 2 des Vertrags über die Europäische Union in der Fassung des Vertrags von Lissabon betreffend die schrittweise Festlegung einer gemeinsamen Verteidigungspolitik ist das Stimmrecht im Einvernehmen zwischen dem Bundeskanzler und dem für auswärtige Angelegenheiten zuständigen Bundesminister auszuüben.

(4) Eine Zustimmung zu Maßnahmen gemäß Abs. 3 darf, wenn der zu fassende Beschluss eine Verpflichtung Österreichs zur Entsendung von Einheiten oder einzelnen Personen bewirken würde, nur unter dem Vorbehalt gegeben werden, dass es diesbezüglich noch der Durchführung des für die Entsendung von Einheiten oder einzelnen Personen in das Ausland verfassungsrechtlich vorgesehenen Verfahrens bedarf.

Artikel 23k. (1) Nähere Bestimmungen zu den Art. 23e, 23f Abs. 1, 2 und 4 sowie 23g bis 23j treffen das Bundesgesetz über die Geschäftsordnung des Nationalrates und die Geschäftsordnung des Bundesrates.

(2) Die Zuständigkeiten des Nationalrates nach den Art. 23e, 23f Abs. 4, 23g und 23j Abs. 2 obliegen dessen Hauptausschuss. Das Bundesgesetz über die Geschäftsordnung des Nationalrates kann vorsehen, dass der Hauptausschuss einen ständigen Unterausschuss wählt, für den Art. 55 Abs. 3 sinngemäß gilt. Der Hauptausschuss kann diesem ständigen Unterausschuss Zuständigkeiten nach dem ersten Satz übertragen. Eine solche Übertragung kann jederzeit ganz oder teilweise widerrufen werden. Durch das Bundesgesetz über die Geschäftsordnung des Nationalrates können Zuständigkeiten des Hauptausschusses nach dem ersten Satz dem Nationalrat oder dem ständigen Unterausschuss des Hauptausschusses gemäß dem zweiten Satz übertragen werden.

(3) Zuständigkeiten des Bundesrates nach den Art. 23e, 23f Abs.4 und 23g können durch die Geschäftsordnung des Bundesrates einem von diesem zu wählenden Ausschuss übertragen werden."

6. In Art. 73 Abs. 2 entfallen das Wort „jeweils" und die Wortfolge „der Europäischen Union".

7. Dem Art. 151 wird folgender Abs. 43 angefügt:

„(43) Art. 23c, Art. 23d Abs. 2, Abs. 3 erster und zweiter Satz und Abs. 5 erster Satz, Art. 23e bis Art. 23k und Art. 73 Abs. 2 in der Fassung des Bundesverfassungsgesetzes BGBl. I Nr. 57/2010 treten mit 1. August 2010 in Kraft."

Artikel 2

Änderung des Bundesverfassungsgesetzes, mit dem besondere Bestimmungen für die Neuermittlung der Verteilung von nach der Wahl der Mitglieder des Europäischen Parlaments 2009 zu vergebenden Mandaten durch die Bundeswahlbehörde erlassen werden

Das Bundesverfassungsgesetz, mit dem besondere Bestimmungen für die Neuermittlung der Verteilung von nach der Wahl der Mitglieder des Europäischen Parlaments 2009 zu vergebenden Mandaten durch die Bundeswahlbehörde erlassen werden, BGBl. I Nr. 32/2009, wird wie folgt geändert:

1. Nach § 1 wird folgender § 2 eingefügt:

„**§ 2.** Die Bundeswahlbehörde hat zum Zweck der Benennung als Beobachter jene Bewerber unverzüglich zu ermitteln, denen bei einer Ermittlung der Mandate gemäß § 1 die zusätzlich zu vergebenden Mandate zugewiesen würden. § 78 Abs. 5 der Europawahlordnung gilt sinngemäß."

2. Der bisherige § 2 erhält die Paragraphenbezeichnung „§ 3.".

Fischer

Faymann

Haushaltsrecht/WWU*)

Beschluss des Rates

vom 7. Juni 2007
über das System der Eigenmittel der Europäischen Gemeinschaften

(2007/436/EG, Euratom)

(ABl 2007 L 163, 17)

DER RAT DER EUROPÄISCHEN UNION –

gestützt auf den Vertrag zur Gründung der Europäischen Gemeinschaft, insbesondere auf Artikel 269,

gestützt auf den Vertrag zur Gründung der Europäischen Atomgemeinschaft, insbesondere auf Artikel 173,

auf Vorschlag der Kommission,

nach Stellungnahme des Europäischen Parlaments[1]),

nach Stellungnahme des Rechnungshofs[2]),

nach Stellungnahme des Europäischen Wirtschafts- und Sozialausschusses[3]),

in Erwägung nachstehender Gründe:

(1) Der Europäische Rat hat auf seiner Tagung in Brüssel vom 15. und 16. Dezember 2005 unter anderem festgestellt, dass sich die Eigenmittelvereinbarung an dem generellen Ziel der Gerechtigkeit ausrichten sollte. Folglich sollte diese Vereinbarung im Einklang mit den einschlägigen Schlussfolgerungen des Europäischen Rates von 1984 in Fontainebleau sicherstellen, dass keinem Mitgliedstaat eine – gemessen an seinem relativen Wohlstand – überhöhte Haushaltsbelastung auferlegt wird. Es ist daher angebracht, Bestimmungen für bestimmte Mitgliedstaaten einzuführen.

(2) Das Eigenmittelsystem der Gemeinschaften muss gewährleisten, dass sie über angemessene Einnahmen für eine geordnete Finanzierung ihrer Politiken verfügen; dabei ist eine strikte Haushaltsdisziplin zu beachten.

(3) Für die Zwecke dieses Beschlusses sollte Bruttonationaleinkommen (BNE) das BNE eines Jahres zu Marktpreisen sein, wie es von der Kommission in Anwendung des Europäischen Systems Volkswirtschaftlicher Gesamtrechnungen auf nationaler und regionaler Ebene in der Gemeinschaft (im Folgenden „ESVG 95" genannt) gemäß der Verordnung (EG) Nr. 2223/96 des Rates[4]) bereitgestellt wird.

(4) Im Zuge der Umstellung vom ESVG 79 auf das ESVG 95 in den Bereichen Haushalt und Eigenmittel hat die Kommission die Obergrenzen für die Eigenmittel und die Mittel für Verpflichtungen nach der Formel in Artikel 3 Absätze 1 und 2 des Beschlusses 2000/597/EG, Euratom des Rates vom 29. September 2000 über das System der Eigenmittel der Europäischen Gemeinschaften[5]) auf zwei Dezimalstellen neu berechnet, damit die Höhe der Mittel, die den Gemeinschaften zur Verfügung gestellt werden, unverändert bleibt. Diese neuen Obergrenzen hat die Kommission dem Rat und dem Europäischen Parlament am

---

[1]) Stellungnahme vom 4. Juli 2006 (noch nicht im Amtsblatt veröffentlicht).

[2]) ABl. C 203 vom 25.8.2006, S. 50.

[3]) ABl. C 309 vom 16.12.2006, S. 103.

[4]) ABl. L 310 vom 30.11.1996, S. 1. Verordnung zuletzt geändert durch die Verordnung (EG) Nr. 1267/2003 des Europäischen Parlaments und des Rates (ABl. L 180 vom 18.7.2003, S. 1).

[5]) ABl. L 253 vom 7.10.2000, S. 42.

---

*) *Hinweis:* Für die Satzung des Europäischen Systems der Zentralbanken und der Europäischen Zentralbank siehe Protokoll Nr. 4, abgedruckt unter **1/3**.

28. Dezember 2001 übermittelt. Die Eigenmittelobergrenze wurde auf 1,24 % des BNE der Gemeinschaft zu Marktpreisen und die Obergrenze für die Mittel für Verpflichtungen auf 1,31 % des BNE der Gemeinschaft festgesetzt. Der Europäische Rat hat auf seiner Tagung vom 15. und 16. Dezember 2005 beschlossen, dass diese Obergrenzen beibehalten werden sollten.

(5) Damit die Höhe der Mittel, die den Gemeinschaften zur Verfügung gestellt werden, unverändert bleibt, ist es angezeigt, die in Prozent des BNE ausgedrückten Obergrenzen bei Änderungen des ESVG 95 anzupassen, die sich in erheblicher Weise auf das BNE auswirken.

(6) Nach der Umsetzung der in den multilateralen Handelsverhandlungen der Uruguay-Runde geschlossenen Übereinkommen in das Recht der Europäischen Union gibt es keine signifikanten Unterschiede mehr zwischen Agrarabgaben und Zöllen. Es empfiehlt sich daher, diese Unterscheidung aus dem Bereich des Gesamthaushaltsplans der Europäischen Union zu entfernen.

(7) Der Europäische Rat hat auf seiner Tagung vom 15. und 16. Dezember 2005 festgestellt, dass der einheitliche Mehrwertsteuer(MwSt.)-Abrufsatz der Transparenz und Einfachheit halber auf 0,30 % festgesetzt wird.

(8) Der Europäische Rat hat auf seiner Tagung vom 15. und 16. Dezember 2005 festgestellt, dass für Österreich, Deutschland, die Niederlande und Schweden im Zeitraum 2007–2013 geringere MwSt.-Abrufsätze gelten und die Niederlande und Schweden in den Genuss einer Bruttoverminderung ihres jährlichen BNE-Beitrags kommen.

(9) Der Europäische Rat hat auf seiner Tagung vom 15. und 16. Dezember 2005 beschlossen, dass der Haushaltskorrekturmechanismus für das Vereinigte Königreich sowie die Deutschland, den Niederlanden, Österreich und Schweden zugestandene Reduzierung ihres Anteils an der Finanzierung dieser Korrektur erhalten bleiben. Allerdings wird das Vereinigte Königreich sich nach einer Übergangsphase von 2009 bis 2011 uneingeschränkt an der Finanzierung der Erweiterungskosten beteiligen, mit Ausnahme der Direktzahlungen und marktbezogenen Ausgaben im Rahmen der GAP sowie der aus dem Europäischen Ausrichtungs- und Garantiefonds für die Landwirtschaft (EAGFL), Abteilung Garantie, finanzierten Ausgaben für die Entwicklung des ländlichen Raums. Die Berechnung der Korrektur zugunsten des Ver-

einigten Königreichs wird daher angepasst, indem die Ausgaben für Mitgliedstaaten, die der EU nach dem 30. April 2004 beigetreten sind, mit Ausnahme der vorstehend genannten Ausgaben für die Landwirtschaft und die Entwicklung des ländlichen Raums, schrittweise von der Berechnung ausgenommen werden. Der sich aus der Kürzung der zurechenbaren Ausgaben ergebende zusätzliche Beitrag des Vereinigten Königreichs wird im Zeitraum 2007–2013 10,5 Mrd. EUR (zu Preisen von 2004) nicht übersteigen. Im Falle weiterer Beitritte vor dem Jahr 2013, mit Ausnahme des Beitritts Bulgariens und Rumäniens, wird der Betrag entsprechend korrigiert.

(10) Der Europäische Rat hat auf seiner Tagung vom 15. und 16. Dezember 2005 beschlossen, dass Artikel 4 Buchstabe f des Beschlusses 2000/597/EG, Euratom, nach dem die jährlichen Heranführungsausgaben in den beitretenden Ländern von der Berechnung der Korrektur für das Vereinigte Königreich herausgenommen werden, Ende des Jahres 2013 keine Anwendung mehr findet.

(11) Der Europäische Rat hat auf seiner Tagung vom 15. und 16. Dezember 2005 die Kommission ersucht, eine vollständige, weit reichende Überprüfung sämtlicher Aspekte der EU-Ausgaben, einschließlich der gemeinsamen Agrarpolitik (GAP), und der EU-Einnahmen, einschließlich der Ausgleichszahlung an das Vereinigte Königreich, vorzunehmen und 2008/2009 darüber Bericht zu erstatten.

(12) Es sollten Bestimmungen erlassen werden, die den Übergang von dem mit dem Beschluss 2000/597/EG, Euratom eingeführten System zu dem sich aus dem vorliegenden Beschluss ergebenden System regeln.

(13) Der Europäische Rat hat auf seiner Tagung vom 15. und 16. Dezember 2005 beschlossen, dass dieser Beschluss am 1. Januar 2007 wirksam wird –

HAT FOLGENDE BESTIMMUNGEN FESTGELEGT, DIE ER DEN MITGLIEDSTAATEN ZUR ANNAHME EMPFIEHLT:

Artikel 1

Den Gemeinschaften werden zur Finanzierung des Gesamthaushaltsplans der Europäischen Union nach Maßgabe der folgenden Artikel die Eigenmittel gemäß Artikel 269 des Vertrags zur Gründung der Europäischen Gemeinschaft (nachstehend „EG-Vertrag" genannt) und Artikel 173 des Vertrags zur Gründung der Europäischen Atomgemeinschaft (nachstehend „Euratom-Vertrag" genannt) zugewiesen.

Der Gesamthaushaltsplan der Europäischen Union wird unbeschadet sonstiger Einnahmen vollständig aus Eigenmitteln der Gemeinschaften finanziert.

Artikel 2

(1) Folgende Einnahmen stellen in den Gesamthaushaltsplan der Europäischen Union einzusetzende Eigenmittel dar:

a) Abschöpfungen, Prämien, Zusatz- oder Ausgleichsbeträge, zusätzliche Teilbeträge und andere Abgaben, Zölle des Gemeinsamen Zolltarifs und andere Zölle auf den Warenverkehr mit Drittländern, die von den Organen der Gemeinschaften eingeführt worden sind oder noch eingeführt werden, Zölle auf die unter den ausgelaufenen Vertrag über die Gründung der Europäischen Gemeinschaft für Kohle und Stahl fallenden Erzeugnisse sowie Abgaben, die im Rahmen der gemeinsamen Marktorganisation für Zucker vorgesehen sind;

b) unbeschadet des Absatzes 4 Unterabsatz 2 Einnahmen, die sich aus der Anwendung eines für alle Mitgliedstaaten einheitlichen Satzes auf die nach Gemeinschaftsvorschriften bestimmte einheitliche MwSt.-Eigenmittelbemessungsgrundlage eines jeden Mitgliedstaats ergeben. Die für diese Zwecke heranzuziehende Bemessungsgrundlage darf 50 % des in Absatz 7 definierten BNE eines jeden Mitgliedstaats nicht überschreiten;

c) unbeschadet des Absatzes 5 Unterabsatz 2 Einnahmen, die sich aus der Anwendung eines im Rahmen des Haushaltsverfahrens unter Berücksichtigung aller übrigen Einnahmen festzulegenden einheitlichen Satzes auf den Gesamtbetrag der BNE aller Mitgliedstaaten ergeben.

(2) In den Gesamthaushaltsplan der Europäischen Union einzusetzende Eigenmittel sind ferner Einnahmen aus sonstigen, gemäß dem EG-Vertrag oder dem Euratom-Vertrag im Rahmen einer gemeinsamen Politik eingeführten Abgaben, sofern das Verfahren nach Artikel 269 des EG-Vertrags oder nach Artikel 173 des Euratom-Vertrags durchgeführt worden ist.

(3) Die Mitgliedstaaten behalten von den Einnahmen gemäß Absatz 1 Buchstabe a 25 % für die Erhebung ein.

(4) Der in Absatz 1 Buchstabe b genannte einheitliche Satz wird auf 0,30 % festgesetzt.

Lediglich im Zeitraum 2007–2013 beträgt der Abrufsatz für die MwSt.-Eigenmittel für Österreich 0,225 %, für Deutschland 0,15 % und für die Niederlande und Schweden 0,10 %.

(5) Der in Absatz 1 Buchstabe c genannte einheitliche Satz wird auf das BNE eines jeden Mitgliedstaats angewandt.

Lediglich im Zeitraum 2007–2013 werden der jährliche BNE-Beitrag für Niederlande um brutto 605 Mio. EUR und der jährliche BNE-Beitrag Schwedens um brutto 150 Mio. EUR gekürzt (zu Preisen von 2004). Für die Umrechnung dieser Beträge in jeweilige Preise wird der jeweils jüngste von der Kommission errechnete BIP-Deflator für die EU in Euro herangezogen, der zum Zeitpunkt der Aufstellung des Haushaltsvorentwurfs vorliegt. Diese Bruttokürzungen erfolgen nach der Berechnung der Korrektur zugunsten des Vereinigten Königreichs und der Finanzierung des betreffenden Korrekturbetrags gemäß den Artikeln 4 und 5 und beeinflussen diese nicht.

(6) Ist der Haushaltsplan zu Beginn des Haushaltsjahres noch nicht angenommen, bleiben die geltenden MwSt.- und BNE-Abrufsätze bis zum Inkrafttreten der neuen Sätze gültig.

(7) Für die Zwecke dieses Beschlusses bedeutet BNE das BNE eines Jahres zu Marktpreisen, wie es von der Kommission in Anwendung des ESVG 95 gemäß der Verordnung (EG) Nr. 2223/96 bereitgestellt wird.

Sollten Änderungen des ESVG 95 zu wesentlichen Änderungen des von der Kommission errechneten BNE führen, beschließt der Rat einstimmig auf Vorschlag der Kommission und nach Anhörung des Europäischen Parlaments, ob diese Änderungen für die Zwecke dieses Beschlusses berücksichtigt werden.

Artikel 3

(1) Der Gesamtbetrag der Eigenmittel, der den Gemeinschaften für die jährlichen Zahlungsermächtigungen zur Verfügung steht, darf 1,24 % der Summe der BNE der Mitgliedstaaten nicht überschreiten.

(2) Die jährlichen Verpflichtungsermächtigungen, die in den Gesamthaushaltsplan der Europäischen Union eingesetzt werden, dürfen 1,31 % der Summe der BNE der Mitgliedstaaten nicht übersteigen.

Es ist für ein geordnetes Verhältnis zwischen Verpflichtungsermächtigungen und Zahlungsermächtigungen zu sorgen, um zu gewährleisten, dass sie miteinander vereinbar sind und dass die in Absatz 1 für die folgenden Jahre genannten Obergrenzen eingehalten werden können.

(3) Führen Änderungen des ESVG 95 zu erheblichen Änderungen des BNE, die für die Zwecke dieses Beschlusses berücksichtigt werden, so nimmt die Kommission auf der Grundlage folgender Formel eine Neuberechnung der in den Absätzen 1 und 2 genannten Obergrenzen für Zahlungs- und Verpflichtungsermächtigungen vor:

$$1{,}24\ \% \atop (1{,}31\ \%) \quad x \quad \frac{BNE_{t-2} + BNE_{t-1} + BNE_t\ ESVG\ gegenwärtiges}{BNE_{t-2} + BNE_{t-1} + BNE_t\ ESVG\ geändertes}$$

Dabei ist t das letzte vollständige Jahr, für das Daten gemäß der Verordnung (EG, Euratom) Nr. 1287/2003 des Rates vom 15. Juli 2003 zur Harmonisierung des Bruttonationaleinkommens zu Marktpreisen („BNE-Verordnung")[6]) vorliegen.

Artikel 4

(1) Es wird eine Korrektur der Haushaltsungleichgewichte zugunsten des Vereinigten Königreichs vorgenommen.

Diese Korrektur wird wie folgt bestimmt:

a) Es wird die sich im vorhergehenden Haushaltsjahr ergebende Differenz berechnet zwischen

  – dem prozentualen Anteil des Vereinigten Königreichs an der Summe der nicht begrenzten MwSt.-Bemessungsgrundlagen und

  – dem prozentualen Anteil des Vereinigten Königreichs an den aufteilbaren Gesamtausgaben.

b) Der Differenzbetrag wird mit den aufteilbaren Gesamtausgaben multipliziert.

c) Das Ergebnis nach Buchstabe b wird mit 0,66 multipliziert.

d) Von dem gemäß Buchstabe c ermittelten Betrag wird der Betrag abgezogen, der sich für das Vereinigte Königreich aus der Begrenzung der MwSt.-Eigenmittelbemessungsgrundlage und den Zahlungen gemäß Artikel 2 Absatz 1 Buchstabe c ergibt, d. h. die Differenz zwischen

  – den Zahlungen, die durch die Einnahmen gemäß Artikel 2 Absatz 1 Buchstaben b und c finanziert werden und die das Vereinigte Königreich hätte leisten müssen, wenn der einheitliche Satz auf die nicht

begrenzten Bemessungsgrundlagen angewandt worden wäre, und

  – den Zahlungen des Vereinigten Königreichs gemäß Artikel 2 Absatz 1 Buchstaben b und c.

e) Von dem gemäß Buchstabe d ermittelten Betrag wird der Nettogewinn abgezogen, der sich für das Vereinigte Königreich aufgrund des höheren Anteils an den Eigenmitteleinnahmen gemäß Artikel 2 Absatz 1 Buchstabe a ergibt, den die Mitgliedstaaten für die Erhebung und damit verbundene Kosten einbehalten.

f) Bei jeder Erweiterung der EU wird der Betrag gemäß Buchstabe e angepasst, um den Korrekturbetrag zu senken, wobei sichergestellt wird, dass Ausgaben, die vor der Erweiterung für die Korrektur nicht berücksichtigt werden, auch danach außer Betracht bleiben. Diese Anpassung erfolgt, indem der Gesamtbetrag der zurechenbaren Ausgaben um den Betrag der jährlichen Heranführungsausgaben für die beitretenden Länder gekürzt wird. Alle so errechneten Beträge werden auf die folgenden Haushaltsjahre übertragen und jährlich durch Anwendung des jüngsten von der Kommission errechneten BIP-Deflators für die EU in Euro angepasst. Die Geltungsdauer dieses Buchstabens endet mit der Berechnung des Korrekturbetrags, der erstmals 2014 im Haushaltsplan ausgewiesen wird.

g) Die Berechnung wird angepasst, indem von den aufteilbaren Gesamtausgaben die Ausgaben für Mitgliedstaaten, die der EU nach dem 30. April 2004 beigetreten sind, abgezogen werden; davon ausgenommen sind Direktzahlungen und marktbezogene Ausgaben sowie die Ausgaben für die Entwicklung des ländlichen Raums, die aus dem EAGFL – Abteilung Garantie finanziert werden.

Diese Kürzung erfolgt schrittweise nach folgendem Zeitplan:

Jahr der erstmaligen Erfassung der Korrektur für das Vereinigte Königreich	Prozentanteil der Erweiterungsausgaben (gemäß vorstehender Definition), die nicht in die Berechung der Korrektur der Haushaltsungleichgewichte für das Vereinigte Königreich einfließen
2009	20
2010	70
2011	100

---

[6]) ABl. L 181 vom 19.7.2003, S. 1.

(2) Im Zeitraum 2007–2013 darf der zusätzliche Beitrag des Vereinigten Königreichs, der sich aus der Kürzung der aufteilbaren Ausgaben gemäß Absatz 1 Buchstabe g ergibt, insgesamt 10,5 Mrd. EUR (zu Preisen von 2004) nicht übersteigen. Die Kommissionsdienststellen prüfen jedes Jahr, ob die kumulierte Anpassung der Korrektur für das Vereinigte Königreich diesen Betrag übersteigt. Für diese Berechnung werden die Beträge in jeweiligen Preisen anhand des jeweils jüngsten von der Kommission errechneten BIP-Deflators für die EU in Euro in Preise von 2004 umgerechnet. Wird der Höchstbetrag von 10,5 Mrd. EUR überschritten, so wird der Beitrag des Vereinigten Königreiches entsprechend gekürzt.

Im Falle weiterer Beitritte vor dem Jahr 2013 wird der Schwellenwert von 10,5 Mrd. EUR entsprechend erhöht.

Artikel 5

(1) Der Korrekturbetrag wird von den übrigen Mitgliedstaaten nach folgenden Modalitäten finanziert:

a) Die Aufteilung des zu finanzierenden Betrags wird zunächst nach dem jeweiligen Anteil der Mitgliedstaaten an den Zahlungen gemäß Artikel 2 Absatz 1 Buchstabe c unter Ausschluss des Vereinigten Königreichs und ohne Berücksichtigung der Bruttokürzungen der BNE-Beiträge der Niederlande und Schwedens gemäß Artikel 2 Absatz 5 berechnet.

b) Dieser Betrag wird dann in der Weise angepasst, dass der Finanzierungsanteil Deutschlands, der Niederlande, Österreichs und Schwedens auf ein Viertel der sich normalerweise aus dieser Berechnung ergebenden Anteile begrenzt wird.

(2) Die Ausgleichszahlung an das Vereinigte Königreich wird mit seinen Zahlungen gemäß Artikel 2 Absatz 1 Buchstabe c verrechnet. Die von den übrigen Mitgliedstaaten zu tragende Finanzlast kommt zu deren jeweiligen Zahlungen gemäß Artikel 2 Absatz 1 Buchstabe c hinzu.

(3) Die Kommission nimmt die zur Anwendung von Artikel 2 Absatz 5, Artikel 4 und des vorliegenden Artikels erforderlichen Berechnungen vor.

(4) Ist der Haushaltsplan zu Beginn des Haushaltsjahres noch nicht verabschiedet, so bleiben die im letzten endgültig festgestellten Haushaltsplan eingesetzten Ausgleichszahlun-

gen an das Vereinigte Königreich und der dafür von den übrigen Mitgliedstaaten aufzubringende Betrag anwendbar.

Artikel 6

Die Einnahmen gemäß Artikel 2 dienen unterschiedslos der Finanzierung aller im Gesamthaushaltsplan der Europäischen Union ausgewiesenen Ausgaben.

Artikel 7

Ein etwaiger Mehrbetrag der Einnahmen der Gemeinschaften gegenüber den tatsächlichen Gesamtausgaben im Verlauf eines Haushaltsjahres wird auf das folgende Haushaltsjahr übertragen.

Artikel 8

(1) Die Eigenmittel der Gemeinschaften gemäß Artikel 2 Absatz 1 Buchstabe a werden von den Mitgliedstaaten nach den innerstaatlichen Rechts- und Verwaltungsvorschriften erhoben, die gegebenenfalls den Erfordernissen der Gemeinschaftsregelung anzupassen sind.

Die Kommission nimmt in regelmäßigen Abständen eine Prüfung der innerstaatlichen Bestimmungen vor, die ihr von den Mitgliedstaaten mitgeteilt werden, teilt den Mitgliedstaaten die Anpassungen mit, die sie zur Gewährleistung ihrer Übereinstimmung mit den Gemeinschaftsvorschriften für notwendig hält, und erstattet der Haushaltsbehörde Bericht.

Die Mitgliedstaaten stellen die Mittel nach Artikel 2 Absatz 1 Buchstaben a, b und c der Kommission zur Verfügung.

(2) Der Rat erlässt nach den Verfahren gemäß Artikel 279 Absatz 2 EG-Vertrag und Artikel 183 Euratom-Vertrag die zur Durchführung dieses Beschlusses erforderlichen Vorschriften sowie die Vorschriften über die Kontrolle der Erhebung der Einnahmen gemäß den Artikeln 2 und 5, wie diese Einnahmen der Kommission zur Verfügung zu stellen und wann sie abzuführen sind.

Artikel 9

Im Rahmen der vollständigen, weit reichenden Überprüfung sämtlicher Aspekte der EU-Ausgaben, einschließlich der GAP, und der EU-Einnahmen, einschließlich der Ausgleichszahlung an das Vereinigte Königreich, über die die Kommission 2008/2009 Bericht erstatten wird, nimmt sie eine generelle Überprüfung des Eigenmittelsystems vor.

Artikel 10

(1) Vorbehaltlich des Absatzes 2 wird der Beschluss 2000/597/EG, Euratom mit Wirkung vom 1. Januar 2007 aufgehoben. Verweisungen auf den Beschluss 70/243/EGKS, EWG, Euratom des Rates vom 21. April 1970 über die Ersetzung der Finanzbeiträge der Mitgliedstaaten durch eigene Mittel der Gemeinschaften[7]), den Beschluss 85/257/EWG, Euratom des Rates vom 7. Mai 1985 über das System der eigenen Mittel der Gemeinschaften[8]), den Beschluss 88/376/EWG, Euratom des Rates vom 24. Juni 1988 über das System der Eigenmittel der Gemeinschaften[9]), den Beschluss 94/728/EG, Euratom des Rates vom 31. Oktober 1994 über das System der Eigenmittel der Europäischen Gemeinschaften[10]) oder den Beschluss 2000/597/EG, Euratom gelten als Verweisungen auf den vorliegenden Beschluss.

(2) Die Artikel 2, 4 und 5 der Beschlüsse 88/376/EWG, Euratom, 94/728/EG, Euratom und 2000/597/EG, Euratom finden bei der Berechnung und der Anpassung der Einnahmen, die sich aus der Anwendung eines für alle Mitgliedstaaten einheitlichen Satzes auf die einheitlich festgelegte und je nach Jahr auf zwi-

schen 50 % bis 55 % des BSP oder des BNE eines jeden Mitgliedstaats begrenzte MwSt.-Eigenmittelbemessungsgrundlage ergeben, sowie bei der Berechnung der Korrektur der Haushaltsungleichgewichte zugunsten des Vereinigten Königreichs für die Haushaltsjahre 1988 bis 2006 weiterhin Anwendung.

(3) Die Mitgliedstaaten behalten als Erhebungskosten weiterhin 10 % der Beträge gemäß Artikel 2 Absatz 1 Buchstabe a ein, die gemäß dem geltenden Gemeinschaftsrecht bis zum 28. Februar 2001 von den Mitgliedstaaten zur Verfügung gestellt werden sollten.

Artikel 11

Dieser Beschluss wird den Mitgliedstaaten vom Generalsekretär des Rates bekannt gegeben.

Die Mitgliedstaaten teilen dem Generalsekretär des Rates unverzüglich den Abschluss der Verfahren mit, die nach ihren verfassungsrechtlichen Vorschriften zur Annahme dieses Beschlusses erforderlich sind.

Dieser Beschluss tritt am ersten Tag des Monats in Kraft, der auf den Monat des Eingangs der letzten Mitteilung gemäß Unterabsatz 2 folgt.

Er ist mit Wirkung vom 1. Januar 2007 wirksam.

Artikel 12

Dieser Beschluss wird im Amtsblatt der Europäischen Union veröffentlicht.

Geschehen zu Luxemburg am 7. Juni 2007.

---

[7]) ABl. L 94 vom 28.4.1970, S. 19.
[8]) ABl. L 128 vom 14.5.1985, S. 15.
[9]) ABl. L 185 vom 15.7.1988, S. 24.
[10]) ABl. L 293 vom 12.11.1994, S. 9.

Beschluss der im Rat vereinigten Vertreter der Regierungen der Mitgliedstaaten

vom 18. November 2002

betreffend die Schlussfolgerungen der Tagung des Europäischen Rates (Brüssel) vom 24. und 25. Oktober 2002

(2002/929/EG)

(ABl 2002 L 323, 48)

Die im Rat vereinigten Vertreter der Regierungen der Mitgliedstaaten erinnern daran, dass nach Nummer 12 („Direktzahlungen") der Schlussfolgerungen der Tagung des Europäischen Rates (Brüssel) vom 24. und 25. Oktober 2002 die schrittweise Einführung der Direktzahlungen nach jener Nummer in einem Rahmen finanzieller Stabilität erfolgen wird, in dem die jährlichen Gesamtausgaben für marktbezogene Ausgaben und Direktzahlungen in einer Union mit 25 Mitgliedstaaten – im Zeitraum 2007-2013 – den in Berlin für die EU mit 15 Mitgliedstaaten vereinbarten Betrag (in realen Werten) der Obergrenze der Teilrubrik 1.A für 2006 und die vorgeschlagene entsprechende Ausgabenobergrenze für die neuen Mitgliedstaaten für 2006 nicht überschreiten dürfen. Die nominalen Gesamtausgaben für marktbezogene Ausgaben und Direktzahlungen für jedes Jahr im Zeitraum 2007-2013 werden unter dieser für 2006 festgesetzten Zahl bleiben, die um 1 % pro Jahr erhöht wird. Die Vertreter der Regierungen der Mitgliedstaaten sind übereingekommen, dass sich daraus die folgenden Zahlen ergeben:

Teilrubrik 1A EU mit 25 Mitgliedstaaten (EU-25), jeweilige Preise

(in Mio. EUR)

	2004	2005	2006	2007	2008	2009	2010	2011	2012	2013
Gesamt EU-25 Obergrenze	42 979	44 474	45 306	45 759	46 217	46 679	47 146	47 617	48 093	48 574

Geschehen zu Brüssel am 18. November 2002.

Europäisches Parlament
Rat
Kommission

INTERINSTITUTIONELLE VEREINBARUNG

**zwischen dem Europäischen Parlament, dem Rat und der Europäischen Kommission
über die Haushaltsdisziplin und die wirtschaftliche Haushaltsführung**

(2006/C 139/01)

(ABl 2006 C 139, 1, zuletzt geändert durch ABl 2009 L 347, 26)

DAS EUROPÄISCHE PARLAMENT, DER RAT UND DIE KOMMISSION DER EUROPÄISCHEN GEMEINSCHAFTEN,

im Folgenden als „Organe" bezeichnet,

VEREINBAREN:

1. Zweck der vorliegenden Vereinbarung ist es, die Haushaltsdisziplin in die Praxis umzusetzen, den Ablauf des jährlichen Haushaltsverfahrens und die interinstitutionelle Zusammenarbeit im Haushaltsbereich zu verbessern und die wirtschaftliche Haushaltsführung zu gewährleisten.

2. Die vereinbarte Haushaltsdisziplin ist umfassend. Sie gilt während der gesamten Laufzeit dieser Vereinbarung für alle beteiligten Organe verbindlich.

3. Die Vereinbarung berührt nicht die Haushaltsbefugnisse der Organe, die in den Verträgen festgelegt sind. Verweise auf diese Nummer besagen, dass der Rat mit qualifizierter Mehrheit und das Europäische Parlament mit der Mehrheit der Stimmen seiner Mitglieder und mit drei Fünfteln der abgegebenen Stimmen gemäß den Abstimmungsregeln des Artikels 272 Absatz 9 des Vertrages zur Gründung der Europäischen Gemeinschaft (nachstehend „EG-Vertrag") beschließt.

4. Falls während der Geltungsdauer des mehrjährigen Finanzrahmens 2007–2013, im Folgenden als „Finanzrahmen" bezeichnet, eine Vertragsrevision mit Auswirkungen auf den Haushaltsplan erfolgen sollte, werden die erforderlichen Änderungen entsprechend vorgenommen.

5. Jede Änderung dieser Vereinbarung bedarf der Zustimmung aller an der Vereinbarung beteiligten Organe. Änderungen des Finanzrahmens sind nach den in dieser Vereinbarung hierfür vorgesehenen Verfahren vorzunehmen.

6. Die Vereinbarung gliedert sich in drei Teile:

   – Teil I regelt die Festlegung und die Durchführungsmodalitäten des Finanzrahmens und findet für dessen gesamte Laufzeit Anwendung.

   – Teil II betrifft die Verbesserung der interinstitutionellen Zusammenarbeit während des Haushaltsverfahrens.

   – Teil III regelt die Verwendung der EU-Mittel nach dem Grundsatz der Wirtschaftlichkeit.

7. Die Kommission unterbreitet, so oft sie dies für notwendig hält, in jedem Fall bei jedem Vorschlag für einen neuen Finanzrahmen gemäß Nummer 30, einen Bericht über die Durchführung dieser Vereinbarung, dem gegebenenfalls Änderungsvorschläge beigefügt sind.

8. Diese Vereinbarung tritt am 1. Januar 2007 in Kraft und ersetzt:

   – die Interinstitutionelle Vereinbarung zwischen dem Europäischen Parlament, dem Rat und der Europäischen Kommission vom 6. Mai 1999 über die Haushaltsdisziplin und die Verbesserung des Haushaltsverfahrens[1]),

   – die Interinstitutionelle Vereinbarung vom 7. November 2002 zwischen dem Europäischen Parlament, dem Rat und der Kommission über die Finanzierung des Solidaritätsfonds der Europäischen Union zur Ergänzung der Interinstitutio-

---

[1]) ABl. C 172 vom 18.6.1999, S. 1.

nellen Vereinbarung vom 6. Mai 1999 über die Haushaltsdisziplin und die Verbesserung des Haushaltsverfahrens[2]).

TEIL I – FINANZRAHMEN
FESTLEGUNG UND DURCHFÜHRUNGS-MODALITÄTEN
A. Inhalt und Tragweite des Finanzrahmens

9. Der Finanzrahmen ist in Anhang I wiedergegeben. Er ist der Bezugsrahmen für die interinstitutionelle Haushaltsdisziplin.

10. Der Finanzrahmen soll während eines mittelfristigen Zeitraums eine geordnete Entwicklung der Ausgaben der Europäischen Union, aufgegliedert nach großen Kategorien, in den Grenzen der Eigenmittel gewährleisten.

11. Im Finanzrahmen sind für jedes Jahr von 2007 bis 2013 und für jede Rubrik oder Teilrubrik Ausgabenbeträge in Mitteln für Verpflichtungen festgesetzt. Jährliche Ausgabengesamtbeträge sind ebenfalls in Mitteln für Verpflichtungen und in Mitteln für Zahlungen festgesetzt.
Sämtliche Beträge sind zu Preisen von 2004 ausgewiesen.
Die Haushaltslinien, die durch zweckbestimmte Einnahmen im Sinne des Artikels 18 der Haushaltsordnung vom 25. Juni 2002 für den Gesamthaushaltsplan der Europäischen Gemeinschaften[3]) (nachstehend „Haushaltsordnung") finanziert werden, bleiben im Finanzrahmen unberücksichtigt.
Die Angaben zu Vorgängen, die im Gesamthaushaltsplan der Europäischen Union nicht ausgewiesen sind, und zur voraussichtlichen Entwicklung der verschiedenen Eigenmittelkategorien sind in gesonderten Tabellen aufgeführt. Sie werden bei der technischen Anpassung des Finanzrahmens alljährlich aktualisiert.

12. Die Organe erkennen an, dass jeder der im Finanzrahmen in absoluten Zahlen festgesetzten Beträge einen jährlichen Höchstbetrag für die Ausgaben im Rahmen des Gesamthaushaltsplans der Europäischen Union darstellt. Unbeschadet etwaiger Änderungen dieser Höchstbeträge gemäß den Bestimmungen dieser Vereinbarung verpflichten die Organe sich, ihre jeweiligen Befugnisse in der Weise aus-

zuüben, dass die verschiedenen jährlichen Ausgabenhöchstbeträge während jedes entsprechenden Haushaltsverfahrens und bei der Ausführung des Haushaltsplans des betreffenden Haushaltsjahres eingehalten werden.

13. Die beiden Teile der Haushaltsbehörde kommen überein, während der gesamten Geltungsdauer des Finanzrahmens die Sätze für die Erhöhung der nichtobligatorischen Ausgaben zu akzeptieren, die aus den Haushaltsplänen hervorgehen werden, die im Rahmen der Obergrenzen des Finanzrahmens aufgestellt werden.
Im Interesse einer wirtschaftlichen Haushaltsführung tragen die Organe dafür Sorge, dass beim Haushaltsverfahren und bei der Annahme des Haushaltsplans innerhalb der Obergrenzen der einzelnen Rubriken, mit Ausnahme der Teilrubrik 1B „Kohäsion für Wachstum und Beschäftigung" des Finanzrahmens, so weit wie möglich ausreichende Spielräume verfügbar bleiben.

14. Nach dem Mitentscheidungsverfahren erlassene Rechtsakte des Europäischen Parlaments und des Rates und Rechtsakte des Rates, die die im Haushaltsplan verfügbaren Mittel oder die gemäß Nummer 12 im Finanzrahmen veranschlagten Mittel überschreiten, können erst dann finanziell abgewickelt werden, wenn der Haushaltsplan und gegebenenfalls der Finanzrahmen nach dem für jeden dieser Fälle vorgesehenen Verfahren entsprechend geändert worden sind.

15. Für jedes der unter den Finanzrahmen fallenden Jahre darf der Gesamtbetrag der erforderlichen Mittel für Zahlungen nach der jährlichen Anpassung und unter Berücksichtigung der anderweitigen Anpassungen und Änderungen nicht zu einem Abrufsatz der Eigenmittel führen, der höher ist als die für diese Eigenmittel geltende Obergrenze.
Erforderlichenfalls beschließen die beiden Teile der Haushaltsbehörde gemäß Nummer 3, die Obergrenzen des Finanzrahmens zu senken, um die Einhaltung der Eigenmittelobergrenze zu gewährleisten.

B. Jährliche Anpassungen des Finanzrahmens

Technische Anpassung

16. Jedes Jahr nimmt die Kommission vor Durchführung des Haushaltsverfahrens für

---

[2]) ABl. C 283 vom 20.11.2002, S. 1.
[3]) ABl. L 248 vom 16.9.2002, S. 1.

das Haushaltsjahr n + 1 folgende technische Anpassung des Finanzrahmens vor:

a) Neufestsetzung der Obergrenzen sowie der Beträge der Mittel für Verpflichtungen und der Mittel für Zahlungen zu Preisen des Jahres n + 1;

b) Berechnung des innerhalb der Eigenmittelobergrenze verfügbaren Spielraums.

Die Kommission nimmt diese technische Anpassung auf der Grundlage eines festen Deflators von jährlich 2 % vor.

Die Ergebnisse dieser technischen Anpassung sowie die grundlegenden Wirtschaftsprognosen werden beiden Teilen der Haushaltsbehörde mitgeteilt.

Für das betreffende Haushaltsjahr wird keine weitere technische Anpassung mehr vorgenommen, weder im Laufe des Haushaltsjahres noch als nachträgliche Berichtigung im Laufe der folgenden Haushaltsjahre.

17. Wenn das kumulierte BIP eines Mitgliedstaats im Zeitraum 2007–2009 um mehr als +/– 5 % von dem in dieser Vereinbarung zugrunde gelegten BIP abweicht, passt die Kommission die Mittel, die der betreffende Mitgliedstaat in diesem Zeitraum aus Fonds zur Förderung der Kohäsion erhalten hat, bei der technischen Anpassung für das Jahr 2011 entsprechend an. Insgesamt darf die positive wie negative Nettowirkung dieser Anpassungen 3 Mrd. EUR nicht überschreiten. Bei positiver Nettowirkung wird der Gesamtbetrag der zusätzlichen Mittel begrenzt auf die Höhe der Minderverwendung gegenüber den Obergrenzen der Teilrubrik 1B in den Jahren 2007–2010. Die erforderlichen Anpassungen werden zu gleichen Teilen auf die Jahre 2011–2013 verteilt; die jeweiligen Obergrenzen werden entsprechend geändert.

Anpassung in Verbindung mit den Ausführungsbedingungen

18. Gleichzeitig mit der Mitteilung über die technische Anpassung des Finanzrahmens unterbreitet die Kommission beiden Teilen der Haushaltsbehörde die Vorschläge zur Anpassung des Gesamtbetrags der Mittel für Zahlungen, die sie unter Berücksichtigung der Ausführungsbedingungen für notwendig hält, um eine geordnete Entwicklung im Verhältnis zu den

Mitteln für Verpflichtungen zu gewährleisten. Das Europäische Parlament und der Rat beschließen gemäß Nummer 3 vor dem 1. Mai des Jahres n über diese Vorschläge.

Aktualisierung der Schätzwerte für die Zahlungsermächtigungen für die Zeit nach 2013

19. Die Kommission aktualisiert 2010 die geschätzten Beträge an Zahlungsermächtigungen für die Zeit nach 2013. Dabei berücksichtigt sie die tatsächliche Mittelausführung bei den Verpflichtungs- und Zahlungsermächtigungen sowie die Ausführungsprognosen. Außerdem trägt sie den Vorschriften Rechnung, die eine geordnete Entwicklung der Zahlungsermächtigungen im Verhältnis zu den Verpflichtungsermächtigungen gewährleisten sollen, sowie den Schätzungen des Wachstums des EU-Bruttonationaleinkommens (BNE).

Anpassung in Verbindung mit einem übermäßigen öffentlichen Defizit

20. Im Fall der Aufhebung der Aussetzung der Mittelbindungen für den Kohäsionsfonds im Zusammenhang mit einem wegen eines übermäßigen öffentlichen Defizits eingeleiteten Verfahrens beschließt der Rat auf Vorschlag der Kommission und im Einklang mit den maßgeblichen Bestimmungen des Basisakts, dass die ausgesetzten Mittelbindungen auf die nachfolgenden Haushaltsjahre übertragen werden. Ausgesetzte Mittelbindungen des Jahres n dürfen nach Ablauf des Jahres n+2 in den Haushaltsplan nicht wieder eingesetzt werden.

C. Änderung des Finanzrahmens

21. Unabhängig von den regelmäßigen technischen Anpassungen und den Anpassungen entsprechend den Ausführungsbedingungen kann der Finanzrahmen auf Vorschlag der Kommission geändert werden, um auf unvorhergesehene Situationen reagieren zu können, wobei die Eigenmittelobergrenze unangetastet bleiben muss.

22. In der Regel müssen Änderungsvorschläge gemäß Nummer 21 vorgelegt und angenommen werden, bevor das Haushaltsverfahren für das betreffende Haushaltsjahr bzw. für das erste der von dieser Änderung betroffenen Haushaltsjahre eingeleitet wird.

Jeder Beschluss über eine Änderung des Finanzrahmens, durch den sich der Spielraum für unvorhergesehene Ausgaben um mehr als 0,03 % des BNE der Europäischen Union ändert, wird von beiden Teilen der Haushaltsbehörde gemäß Nummer 3 gefasst.

Jede Änderung des Finanzrahmens, durch die sich der Spielraum für unvorhergesehene Ausgaben um mehr als 0,03 % des BNE der Europäischen Union ändert, wird von beiden Teilen der Haushaltsbehörde gemeinsam beschlossen, wobei der Rat einstimmig beschließt.

23. Unbeschadet der Nummer 40 prüfen die Organe für die von der Änderung betroffene Rubrik die Möglichkeiten einer Mittelumschichtung zwischen den unter diese Rubrik fallenden Programmen, insbesondere auf der Grundlage zu erwartender unzureichender Mittelinanspruchnahmen. Anzustreben wäre, dass bis zur Obergrenze der betreffenden Rubrik ein signifikanter Spielraum – ausgedrückt als absoluter Betrag und in Prozent der geplanten neuen Ausgaben – erwirtschaftet wird.

Die Organe prüfen Möglichkeiten, jede Anhebung der Obergrenze einer Rubrik durch Senkung der Obergrenze einer anderen Rubrik auszugleichen.

Eine Änderung des Finanzrahmens bei den obligatorischen Ausgaben darf keine Verringerung des für die nichtobligatorischen Ausgaben verfügbaren Betrags bewirken.

Jede Änderung muss die Aufrechterhaltung eines geordneten Verhältnisses zwischen Verpflichtungen und Zahlungen gewährleisten.

D. Folgen des Nichtzustandekommens eines gemeinsamen Beschlusses über die Anpassung oder Änderung des Finanzrahmens

24. Erzielen das Europäische Parlament und der Rat keine Einigung über eine von der Kommission vorgeschlagene Anpassung oder Änderung des Finanzrahmens, bleiben die nach der jährlichen technischen Anpassung festgelegten Beträge als Ausgabenobergrenze für das betreffende Haushaltsjahr gültig.

E. Reserve für Soforthilfen

25. Die Reserve für Soforthilfen soll, im Fall von Ereignissen, die bei der Aufstellung des Haushaltsplans nicht vorhersehbar waren, rasch einen punktuellen Bedarf an Hilfeleistungen für Drittländer, vorrangig für humanitäre Zwecke, sofern die Umstände es erfordern aber auch für Maßnahmen des zivilen Krisenmanagements und des Katastrophenschutzes, decken. Für die Mittelausstattung dieser Reserve wird während der Geltungsdauer des Finanzrahmens ein jährlicher Betrag von 221 Mio. EUR zu konstanten Preisen zur Verfügung gestellt.

Diese Mittel werden als Rücklagen in den Gesamthaushaltsplan der Europäischen Union eingestellt. Die entsprechenden Verpflichtungsermächtigungen werden erforderlichenfalls in Überschreitung der im Finanzrahmen gemäß Anhang I festgesetzten Obergrenzen in den Haushaltsplan eingesetzt.

Hält die Kommission die Inanspruchnahme dieser Reserve für erforderlich, unterbreitet sie den beiden Teilen der Haushaltsbehörde einen Vorschlag für eine Mittelübertragung von der Reserve auf die entsprechenden Haushaltslinien.

Bevor die Kommission jedoch eine Mittelübertragung zwecks Rückgriff auf die Reserve vorschlägt, muss sie, die Möglichkeiten einer Neuverteilung der Mittel prüfen.

Zeitgleich mit ihrem Vorschlag für eine Mittelübertragung beruft die Kommission so rasch wie möglich einen Trilog (gegebenenfalls in vereinfachter Form) ein, um die Zustimmung der beiden Teile der Haushaltsbehörde zu der Notwendigkeit einer Inanspruchnahme der Reserven und zu dem erforderlichen Betrag einzuholen. Die Mittelübertragungen werden gemäß Artikel 26 der Haushaltsordnung vorgenommen.

F. Solidaritätsfonds der Europäischen Union

26. Der Solidaritätsfonds der Europäischen Union soll im Falle schwerer Katastrophen – im Sinne der einschlägigen Basisrechtsakts – im Gebiet eines Mitgliedstaats oder eines Bewerberlands eine rasche Finanzhilfe ermöglichen. Es besteht eine Obergrenze für den jährlich für Ausgaben des Solidaritätsfonds zur Verfügung stehenden Betrag in Höhe von 1 Mrd. EUR (zu jeweiligen Preisen). Am 1. Oktober eines jeden Jahres bleibt mindestens ein Viertel des jährlichen Betrags verfügbar, damit ein bis zum Ende des

Jahres auftretender Bedarf gedeckt werden kann. Der nicht in den Haushaltsplan eingesetzte Teil des jährlichen Betrags kann auf die folgenden Haushaltsjahre nicht übertragen werden.

In Ausnahmefällen und unter der Voraussetzung, dass die gemäß dem Basisrechtsakt noch verfügbaren finanziellen Mittel des Fonds im dem Jahr, in dem sich eine Katastrophe ereignet, nicht ausreichen, um den Betrag der für erforderlich erachteten finanziellen Unterstützung zu decken, kann die Kommission vorschlagen, die Differenz aus den für das Folgejahr verfügbaren jährlichen Mitteln des Fonds zu finanzieren. Die für den Fonds im Haushaltsplan alljährlich eingesetzten Mittel dürfen unter keinen Umständen den Betrag von 1 Mrd. EUR überschreiten.

Wenn die im einschlägigen Basisrechtsakt festgelegten Bedingungen für die Inanspruchnahme des Fonds gegeben sind, unterbreitet die Kommission einen entsprechenden Vorschlag. Besteht die Möglichkeit, Mittelumschichtungen innerhalb der Rubrik, in der ein Mehrbedarf entstanden ist, vorzunehmen, berücksichtigt die Kommission dies bei der Vorlage des erforderlichen Vorschlags im Einklang mit der geltenden Haushaltsordnung mittels des geeigneten Haushaltsinstruments. Die beiden Teile der Haushaltsbehörde beschließen einvernehmlich gemäß Nummer 3 die Inanspruchnahme des Fonds.

Die entsprechenden Verpflichtungsermächtigungen werden, sofern erforderlich auch in Überschreitung der Obergrenzen der einschlägigen Rubriken des Finanzrahmens gemäß Anhang I, in den Haushaltsplan eingesetzt.

Zeitgleich mit ihrem Vorschlag zur Inanspruchnahme des Fonds beruft die Kommission so rasch wie möglich einen Trilog (gegebenenfalls in vereinfachter Form) ein, um die Zustimmung der beiden Teile der Haushaltsbehörde zu der Notwendigkeit der Inanspruchnahme des Fonds und zu dem erforderlichen Betrag einzuholen.

G. Flexibilitätsinstrument

27. Das Flexibilitätsinstrument, dessen jährliche Obergrenze auf 200 Mio. EUR (zu jeweiligen Preisen) festgesetzt ist, dient dazu, in einem gegebenen Haushaltsjahr und im Rahmen der festgelegten Beträge genau bestimmte Ausgaben zu finanzieren, die innerhalb der Obergrenze einer oder mehrerer Rubriken nicht getätigt werden können.

Der nicht verwendete Teil des jährlichen Betrages kann bis zum Haushaltsjahr n+2 übertragen werden. Bei einer Inanspruchnahme des Flexibilitätsinstruments werden zunächst die übertragenen Mittel, und zwar in der Reihenfolge ihrer Übertragung, verwendet. Der Teil des jährlichen Betrages des Jahres n, der im Jahr n+2 nicht in Anspruch genommen wird, verfällt.

Die Kommission schlägt die Inanspruchnahme des Flexibilitätsinstruments vor, nachdem sie alle Möglichkeiten einer Mittelumschichtung innerhalb der Rubrik, in der ein Mehrbedarf entstanden ist, geprüft hat.

In ihrem Vorschlag zur Inanspruchnahme des Flexibilitätsinstruments nennt die Kommission die Art und die Höhe der zu finanzierenden Ausgaben. Der Vorschlag kann für das betreffende Haushaltsjahr im Laufe des Haushaltsverfahrens vorgelegt werden. Er wird in den Vorentwurf des Haushaltsplans aufgenommen oder gemäß der Haushaltsordnung zusammen mit dem einschlägigen Haushaltsinstrument unterbreitet.

Die beiden Teile der Haushaltsbehörde beschließen einvernehmlich gemäß Nummer 3 die Inanspruchnahme des Flexibilitätsinstruments. Der Beschluss ergeht im Rahmen des in Nummer 31 und in Anhang II Teil C vorgesehenen Konzertierungsverfahrens.

H. Europäischer Fonds für die Anpassung an die Globalisierung

28. Der Europäische Fonds für die Anpassung an die Globalisierung soll Arbeitnehmer, die infolge der Entwicklungen des Welthandels vom Strukturwandel betroffen sind, bei ihren Bemühungen um Wiedereingliederung in den Arbeitsmarkt unterstützen.

Die jährliche Mittelausstattung des Fonds darf 500 Mio. EUR (zu jeweiligen Preisen) nicht überschreiten; die Finanzierung des Fonds erfolgt über die bis zur Gesamtausgabenobergrenze des Vorjahres verfügbaren Spielräume und/oder über Mittel für Verpflichtungen (ausschließlich der Mittel für Rubrik 1B des Finanzrahmens), die in den beiden vorausgegangenen Jahren in Abgang gestellt wurden.

Nachdem die Kommission festgestellt hat, dass ausreichende Spielräume und/oder in Abgang gestellte Mittel gemäß Absatz 2 verfügbar sind, werden die betreffenden Mittel umgehend als Rückstellung in den Gesamthaushaltsplan der Europäischen Union eingesetzt.

Wenn die im einschlägigen Basisrechtsakt festgeschriebenen Voraussetzungen für die Inanspruchnahme des Fonds erfüllt sind, legt die Kommission einen Vorschlag für die Inanspruchnahme vor. Die beiden Teile der Haushaltsbehörde beschließen einvernehmlich gemäß Nummer 3 die Inanspruchnahme des Fonds.

Zeitgleich mit ihrem Vorschlag für eine Inanspruchnahme des Fonds beruft die Kommission einen Trilog (gegebenenfalls in vereinfachter Form) ein, um die Zustimmung der beiden Teile der Haushaltsbehörde zur Notwendigkeit einer Inanspruchnahme des Fonds und zu dem erforderlichen Betrag einzuholen, und unterbreitet den beiden Teilen der Haushaltsbehörde einen Vorschlag für die Übertragung der Mittel auf die entsprechenden Haushaltslinien.

Die Mittelübertragungen für den Fonds werden gemäß Artikel 24 Absatz 4 der Haushaltsordnung vorgenommen.

Die entsprechenden Verpflichtungsermächtigungen werden, gegebenenfalls in Überschreitung der Obergrenzen gemäß Anhang I, bei der einschlägigen Haushaltslinie in den Haushaltsplan eingesetzt.

I. Anpassung des Finanzrahmens anlässlich der Erweiterung

29. Im Fall des Beitritts neuer Mitgliedstaaten zur Europäischen Union während der Geltungsdauer des Finanzrahmens passen das Europäische Parlament und der Rat auf Vorschlag der Kommission gemäß Nummer 3 gemeinsam den Finanzrahmen an, um dem durch die Beitrittsverhandlungen bedingten Ausgabenbedarf Rechnung zu tragen.

J. Geltungsdauer des Finanzrahmens und Folgen des Fehlens eines Finanzrahmens

30. Die Kommission unterbreitet vor dem 1. Juli 2011 Vorschläge für einen neuen mittelfristigen Finanzrahmen.

Falls die beiden Teile der Haushaltsbehörde keine Einigung über einen neuen Finanzrahmen erzielen und falls der geltende Finanzrahmen nicht von einem der an der Vereinbarung beteiligten Organe ausdrücklich gekündigt wird, werden die Obergrenzen für das letzte Jahr des geltenden Finanzrahmens nach Nummer 16 in der Weise angepasst, dass die Obergrenzen für 2013 zu konstanten Preisen beibehalten werden. Für den Fall, das nach 2013 neue Mitgliedstaaten der Europäischen Union beitreten, wird der Finanzrahmen angepasst um die Ergebnisse der Beitrittsverhandlungen zu berücksichtigen, sofern dies als erforderlich erachtet werden sollte.

TEIL II – VERBESSERUNG DER INTERINSTITUTIONELLEN ZUSAMMENARBEIT WÄHREND DES HAUSHALTSVERFAHRENS

A. Das Verfahren der interinstitutionellen Zusammenarbeit

31. Die Organe kommen überein, ein Verfahren der interinstitutionellen Zusammenarbeit für den Haushaltsbereich einzuführen. Die Einzelheiten dieser Zusammenarbeit sind in Anhang II niedergelegt.

B. Aufstellung des Haushaltsplans

32. Die Kommission legt jedes Jahr einen Vorentwurf des Haushaltsplans vor, der dem tatsächlichen Finanzierungsbedarf der Gemeinschaft entspricht.

Hierbei berücksichtigt sie

a) die Voraussschätzungen der Mitgliedstaaten für die Strukturfonds,

b) die Kapazität zur Ausführung der Mittel, wobei sie darum bemüht ist, eine strikte Relation zwischen Mitteln für Verpflichtungen und Mitteln für Zahlungen zu gewährleisten,

c) die Möglichkeiten, neue Politiken im Wege von Pilotvorhaben und/oder neuen vorbereitenden Maßnahmen einzuleiten oder auslaufende mehrjährige Maßnahmen fortzusetzen, nachdem die Voraussetzungen für den Erlass eines Basisrechtsakts im Sinne von Artikel 49 der Haushaltsordnung geprüft worden sind (Definition eines Basisrechtsakts, Notwendigkeit eines Basisrechtsakts und Ausnahmen),

d) die Notwendigkeit, eine Ausgabenentwicklung gegenüber dem vorhergehenden Haushaltsjahr sicherzustellen, die dem Gebot der Haushaltsdisziplin entspricht.

Dem Haushaltsvorentwurf sind Erklärungen beigefügt, aus denen die gemäß Artikel 27 Absatz 3 und Artikel 33 Absatz 2 Buchstabe d der Haushaltsordnung geforderten Informationen (zu Zielen, Indikatoren und Bewertung) hervorgehen.

33. Die Organe sorgen soweit wie möglich dafür, dass nach Möglichkeit keine Linien mit operativen Ausgaben in unbedeutender Höhe in den Haushaltsplan eingesetzt werden.

Die beiden Teile der Haushaltsbehörde verpflichten sich ferner, der Beurteilung der Möglichkeiten für die Ausführung des Haushaltsplans Rechnung zu tragen, welche die Kommission in ihren Vorentwürfen sowie im Rahmen des laufenden Haushaltsvollzugs vornimmt.

Vor der zweiten Lesung im Rat übermittelt die Kommission dem Vorsitzenden des Haushaltsausschusses des Europäischen Parlaments ein Schreiben mit Kopie an den anderen Teil der Haushaltsbehörde, in dem sie sich zur Durchführbarkeit der Änderungen des Haushaltsentwurfs äußert, die das Europäische Parlament in erster Lesung angenommen hat.

Die beiden Teile der Haushaltsbehörde berücksichtigen diese Ausführungen im Konzertierungsverfahren gemäß Anhang II Teil C.

Im Interesse der wirtschaftlichen Haushaltsführung und aufgrund der Auswirkungen, die erhebliche Änderungen bei Titeln und Kapiteln des Eingliederungsplans des Haushalt für die Berichtspflicht des Managements der Kommissionsdienststellen mit sich bringen, verpflichten sich die beiden Teile der Haushaltsbehörde, diesbezügliche Änderungen mit der Kommission im Verlauf des Konzertierungsverfahrens zu erörtern.

C. Klassifizierung der Ausgaben

34. Die Organe verstehen unter obligatorischen Ausgaben diejenigen Ausgaben, die sich zwingend aus den Verträgen oder den aufgrund der Verträge erlassenen Rechtsakten ergeben.

35. Für jede neue Haushaltslinie und für jede Haushaltslinie, deren Rechtsgrundlage geändert worden ist, wird im Vorentwurf des Haushaltsplans eine Klassifizierung vorgeschlagen.

Einigen sich das Europäische Parlament und der Rat nicht auf die im Vorentwurf des Haushaltsplans vorgeschlagene Klassifizierung, so prüfen sie die Klassifizierung der betreffenden Haushaltslinie auf der Grundlage von Anhang III. Das Einvernehmen wird durch das in Anhang II Teil C vorgesehene Konzertierungsverfahren herbeigeführt.

D. Höchstsatz für die Erhöhung der nichtobligatorischen Ausgaben bei Fehlen eines Finanzrahmens

36. Unbeschadet der Bestimmungen in Nummer 13 Absatz 1 vereinbaren die Organe Folgendes:

a) Der autonome Spielraum des Europäischen Parlaments zu Zwecken des Artikels 272 Absatz 9 Unterabsatz 4 EG-Vertrag, der die Hälfte des Höchstsatzes beträgt, gilt ab der Aufstellung des Entwurfs des Haushaltsplans durch den Rat in erster Lesung, wobei etwaigen Berichtigungsschreiben zu dem Entwurf Rechnung zu tragen ist.

Der Höchstsatz muss im jährlichen Haushaltsplan, einschließlich der Berichtigungshaushaltspläne, eingehalten werden. Unbeschadet der Festsetzung eines neuen Satzes bleibt der gegebenenfalls nicht in Anspruch genommene Teil des Höchstsatzes für eine etwaige Verwendung im Rahmen der Prüfung von Berichtigungshaushaltsplanentwürfen verfügbar.

b) Erweist sich im Verlauf des Haushaltsverfahrens, dass der Abschluss des Verfahrens davon abhängen könnte, dass für die Erhöhung der nichtobligatorischen Ausgaben einvernehmlich ein neuer Satz für die Mittel für Zahlungen und/oder ein neuer Satz für die Mittel für Verpflichtungen festgesetzt werden muss – letzterer kann auf anderem Niveau als erstgenannter festgesetzt werden – so bemühen sich die Organe unbeschadet von Buchstabe a anlässlich der in Anhang II Teil C vorgesehenen Konzertierung, eine Einigung zwischen den beiden Teilen der Haushaltsbehörde herbeizuführen.

E. Aufnahme von Finanzvorschriften in Rechtsakte

37. Alle nach dem Mitentscheidungsverfahren erlassenen Rechtsakte über Mehrjah-

resprogramme enthalten eine Vorschrift, mit der der Gesetzgeber die Finanzausstattung des Programms festsetzt.

Dieser Betrag bildet für die Haushaltsbehörde im Rahmen des jährlichen Haushaltsverfahrens den vorrangigen Bezugsrahmen.

Die Haushaltsbehörde und die Kommission, letztere bei der Aufstellung des Vorentwurfs des Haushaltsplans, verpflichten sich, von diesem Betrag während der Gesamtlaufzeit des betreffenden Programms nicht um mehr als 5 % abzuweichen, außer im Fall neuer objektiver und fortdauernder Gegebenheiten, die unter Berücksichtigung der insbesondere durch Bewertungen ermittelten Durchführungsergebnisse des betreffenden Programms ausdrücklich und genau darzulegen sind. Durch eine Aufstockung, die aufgrund solcher Veränderungen erfolgt, darf die Obergrenze der jeweiligen Rubrik, unbeschadet der Anwendung der in dieser Vereinbarung genannten Instrumente, nicht überschritten werden.

Dies gilt nicht für nach dem Mitentscheidungsverfahren genehmigte und von den Mitgliedstaaten vorab zugewiesene Mittel für die Kohäsionspolitik; vielmehr wird die Finanzausstattung für die gesamte Laufzeit der Programme festgelegt.

38. In den nicht nach dem Mitentscheidungsverfahren erlassenen Rechtsakten über Mehrjahresprogramme wird kein „für notwendig erachteter Betrag" angegeben.

Sollte der Rat die Einführung eines finanziellen Bezugsrahmens beabsichtigen, so stellt dieser eine Absichtsbekundung des Gesetzgebers dar und lässt die im EG-Vertrag festgelegten Zuständigkeiten der Haushaltsbehörde unberührt. Hierauf wird in jedem Rechtsakt hingewiesen, der einen solchen finanziellen Bezugsrahmen enthält.

Ist im Rahmen des Konzertierungsverfahrens gemäß der Gemeinsamen Erklärung des Europäischen Parlaments, des Rates und der Kommission vom 4. März 1975[4]) Einvernehmen über den betreffenden Betrag erzielt worden, so gilt dieser als Referenzbetrag im Sinne von Nummer 37 dieser Vereinbarung.

39. Der Finanzbogen gemäß Artikel 28 der Haushaltsordnung stellt die finanzielle

---

4) ABl. C 89 vom 22.4.1975, S. 1.

Umsetzung der Ziele des vorgeschlagenen Programms dar und umfasst einen Fälligkeitsplan für die Laufzeit des Programms. Er wird gegebenenfalls bei der Aufstellung des Vorentwurfs des Haushaltsplans unter Berücksichtigung des Durchführungsstands des Programms geändert. Der geänderte Finanzbogen wird der Haushaltsbehörde bei der Vorlage des Vorentwurfs des Haushaltsplans sowie nach Annahme des Haushaltsplans übermittelt.

40. Innerhalb der Höchstsätze für eine Erhöhung der nichtobligatorischen Ausgaben nach Nummer 13 Absatz 1 verpflichten sich die beiden Teil der Haushaltsbehörde, sich an die in den einschlägigen Basisakten für die Strukturmaßnahmen, die ländliche Entwicklung und den Europäischen Fischereifonds vorgesehenen Zuweisungen für Verpflichtungsermächtigungen zu halten.

F. Ausgaben im Zusammenhang mit den Fischereiabkommen

41. Die Organe kommen überein, die Ausgaben im Zusammenhang mit den Fischereiabkommen entsprechend den Bestimmungen des Anhangs IV.

G. Finanzierung der Gemeinsamen Außen- und Sicherheitspolitik (GASP)

42. Was die GASP-Ausgaben angeht, die gemäß Artikel 28 des Vertrags über die Europäische Union zu Lasten des Gesamthaushaltsplans der Europäischen Gemeinschaften gehen, bemühen sich die Organe, jedes Jahr im Rahmen des in Anhang II Teil C vorgesehenen Konzertierungsverfahrens auf der Grundlage des von der Kommission erstellten Vorentwurfs des Haushaltsplans zu einer Einigung über den Betrag der operativen Ausgaben, der zu Lasten des Haushalts der Gemeinschaften geht, und über die Aufteilung dieses Betrags auf die in Absatz 4 dieser Nummer vorgeschlagenen Artikel des „GASP"-Kapitels des Haushaltsplans zu gelangen. Kommt keine Einigung zustande, so setzen das Europäische Parlament und der Rat im Haushaltsplan den im Vorjahr eingesetzten oder – falls dieser niedriger ist – den im Vorentwurf des Haushaltsplans veranschlagten Betrag ein. Der Gesamtbetrag der operativen GASP-Ausgaben wird in vollem Umfang in ein

Kapitel des Haushaltsplans (GASP-Kapitel) eingesetzt und auf die in Absatz 4 der vorliegenden Nummer vorgeschlagenen Artikel dieses Kapitels aufgeschlüsselt. Dieser Betrag deckt den bei der Aufstellung des Vorentwurfs des Haushaltsplans auf der Grundlage der jährlichen Vorausschätzungen des Rates veranschlagten tatsächlich vorhersehbaren Mittelbedarf und bietet einen angemessenen Spielraum für unvorhergesehene Aktionen. Es werden keine Mittel in eine Reserve eingesetzt. Jeder Artikel umfasst die bereits angenommenen Instrumente, die geplanten, jedoch noch nicht genehmigten Maßnahmen, sowie alle künftigen – d.h. unvorhergesehenen – Aktionen, die der Rat während des betreffenden Haushaltsjahres annehmen wird.

Die Kommission ist aufgrund der Haushaltsordnung befugt, innerhalb des GASP-Kapitels des Haushaltsplans autonom Mittelübertragungen von Artikel zu Artikel vorzunehmen, so dass die Flexibilität, die für eine rasche Durchführung der GASP-Aktionen als erforderlich gilt, gewährleistet ist. Falls sich der Umfang der GASP-Mittel des Haushaltsplans während des Haushaltsjahres als zur Deckung der notwendigen Ausgaben unzureichend erweist, kommen das Europäische Parlament und der Rat überein, auf Vorschlag der Kommission unter Berücksichtigung von Nummer 25 mit Dringlichkeit eine Lösung zu ermitteln.

Innerhalb des GASP-Kapitels des Haushaltsplans könnten die Artikel, in die die GASP-Aktionen aufzunehmen sind, wie folgt lauten:

– Krisenmanagementoperationen, Konfliktverhütung, Konfliktbeilegung und Stabilisierung, Monitoring und Umsetzung von Friedens- und Sicherheitsprozessen,
– Nichtverbreitung von Kernwaffen und Abrüstungsmaßnahmen,
– Sofortmaßnahmen,
– Vorbereitungsmaßnahmen und Folgemaßnahmen,
– Sonderbeauftragte der Europäischen Union.

Die Organe kommen überein, dass für die GASP im Zeitraum 2007–2013 ein Betrag von mindestens 1740 Mio. EUR bereitgestellt wird und dass die Mittel für Sofortmaßnahmen (dritter Gedankenstrich) 20 % der im GASP-Kapitel veranschlagten Gesamtmittel nicht übersteigen dürfen.

43. Der Vorsitz des Rates hört das Europäische Parlament alljährlich zu einem vom Rat erstellten und bis zum 15. Juni des jeweiligen Jahres übermittelten zukunftsorientierten Dokument über die Hauptaspekte und grundlegenden Optionen der GASP, einschließlich der finanziellen Auswirkungen für den Gesamthaushaltsplan der Europäischen Union und einer Bewertung der im Jahr n-1 eingeleiteten Maßnahmen. Außerdem unterrichtet der Vorsitz des Rates das Europäische Parlament im Wege gemeinsamer Beratungssitzungen, die mindestens fünfmal pro Jahr im Rahmen des regelmäßigen politischen Dialogs über die GASP stattfinden, und die spätestens in der Konzertierungssitzung vor der zweiten Lesung im Rat festgelegt werden. Die Teilnahme an diesen Sitzungen wird wie folgt festgelegt:

– Europäisches Parlament: der Vorsitz der beiden betroffenen Ausschüsse,
– Rat: Botschafter (Vorsitzender des Politischen und Sicherheitspolitischen Komitees).
– Die Kommission wird beteiligt und nimmt an diesen Sitzungen teil.

Der Rat teilt dem Europäischen Parlament bei jedem kostenwirksamen Beschluss im Bereich der GASP unverzüglich, spätestens jedoch binnen 5 Arbeitstagen nachdem der endgültige Beschluss gefasst wurde, in jedem Einzelfall mit, wie hoch die geplanten Kosten (Finanzbogen), insbesondere die Kosten betreffend den zeitlichen Rahmen, das eingesetzte Personal, die Nutzung von Räumlichkeiten und anderer Infrastrukturen, die Transporteinrichtungen, Ausbildungserfordernisse und Sicherheitsvorkehrungen, veranschlagt werden.

Die Kommission unterrichtet die Haushaltsbehörde vierteljährlich über die Durchführung der GASP-Aktionen und die Finanzplanung für die verbleibende Zeit des Haushaltsjahres.

TEIL III – WIRTSCHAFTLICHE HAUSHALTSFÜHRUNG IM BEREICH DER EU-MITTEL

A. Gewährleistung einer wirkungsvollen und integrierten Kontrolle der Gemeinschaftsmittel

44. Die Organe kommen überein, dass die Stärkung der internen Kontrolle unter Vermeidung zusätzlicher Verwaltungslasten nur erreicht werden kann, wenn die zu-

grunde liegenden Rechtsvorschriften vereinfacht werden. In diesem Zusammenhang wird der wirtschaftlichen Haushaltsführung als Voraussetzung für eine positive Zuverlässigkeitserklärung für die im Rahmen der geteilten Verwaltung bewirtschafteten Mittel Vorrang eingeräumt. Diesbezügliche Bestimmungen können gegebenenfalls im jeweiligen Basisrechtsakt verankert werden. Im Rahmen ihrer Verantwortlichkeiten für die Strukturfondsmittel und im Einklang mit den jeweiligen verfassungsrechtlichen Vorschriften erstellen die zuständigen Kontrollbehörden der Mitgliedstaaten eine Bewertung in Bezug auf die Übereinstimmung der Management- und Kontrollsysteme mit den einschlägigen Gemeinschaftsvorschriften.

Die Mitgliedstaaten verpflichten sich, zu diesem Zweck auf der jeweils maßgeblichen nationalen Ebene eine jährliche Zusammenfassung der Kontrollen und Erklärungen zu erstellen.

B. Haushaltsordnung

45. Die Organe sind sich darin einig, dass die Durchführung dieser Vereinbarung und des Haushaltsplans im Rahmen einer wirtschaftlichen Haushaltsführung erfolgt, die sich durch Sparsamkeit, Wirtschaftlichkeit, Kostenwirksamkeit, Schutz der finanziellen Interessen, Verhältnismäßigkeit der Verwaltungsausgaben und nutzerfreundliche Verfahren auszeichnet. Die Organe treffen die gebotenen Maßnahmen, insbesondere in der Haushaltsordnung, die nach dem mit der Gemeinsamen Erklärung des Europäischen Parlaments, des Rates und der Kommission vom 4. März 1975 eingeführten Konzertierungsverfahren und in dem Geiste angenommen wurden, der 2002 eine Einigung ermöglicht hat.

C. Finanzplanung

46. Die Kommission legt zweimal jährlich, erstmals im Mai/Juni (zusammen mit den Unterlagen zum Vorentwurf des Haushaltsplans) und sodann im Dezember/Januar (nach Annahme des Haushaltsplans) eine vollständige Finanzplanung für die Rubriken 1A, 2 (Umwelt und Fischerei), 3A, 3B und 4 des Finanzrahmens vor. Diese nach Rubriken, Politikfeldern und Haushaltslinien gegliederte Finanzplanung bezieht sich auf:

a) die geltenden Rechtsvorschriften, wobei nach mehrjährigen Programmen und jährlichen Aktionen unterschieden wird:

– bei mehrjährigen Programmen gibt die Kommission das jeweilige Genehmigungsverfahren (Mitentscheidung und Konsultation), die Laufzeit, die Referenzbeträge sowie den Anteil der Verwaltungsausgaben an;

– bei jährlichen Aktionen (Pilotvorhaben, vorbereitende Maßnahmen, Agenturen) und bei Maßnahmen, die aufgrund der Befugnisse der Kommission finanziert werden, legt die Kommission Mehrjahresschätzungen vor und gibt (bei Pilotprojekten und vorbereitenden Maßnahmen) an, welche Spielräume bis zu den gemäß Anhang II Buchstabe Teil D festgelegten bewilligten Obergrenzen bestehen;

b) anhängige Legislativvorschläge: anhängige Kommissionsvorschläge, aufgeschlüsselt nach Haushaltslinie (untere Ebene), Kapitel und Politikfeld. Es muss ein Mechanismus gefunden werden, mit dem die Übersichten jeweils nach Annahme eines Vorschlags aktualisiert werden, damit die finanziellen Auswirkungen bewertet werden können.

Die Kommission sollte für Querverweise zwischen ihrer Finanzplanung und ihrer Legislativplanung sorgen, damit präzisere und zuverlässigere Vorausschätzungen vorgelegt werden. In jedem Legislativvorschlag sollte die Kommission angeben, ob dieser in der Mai-Dezember-Planung vorgesehen ist oder nicht. Die Haushaltsbehörde sollte insbesondere über Folgendes informiert werden:

a) die angenommenen neuen Rechtsakte, die noch nicht in der Mai-Dezember-Planung enthalten sind (mit Angabe der jeweiligen Beträge);

b) die anhängigen Legislativvorschläge, die noch nicht in der Mai-Dezember-Planung enthalten sind (mit Angabe der jeweiligen Beträge);

c) die im jährlichen Legislativprogramm der Kommission vorgesehenen Rechtsakte, mit Angabe jener Maßnahmen, die voraussichtlich mit finanziellen Auswirkungen verbunden sind (ja/nein).

Erforderlichenfalls sollte die Kommission angeben, welche Neuplanung die Legislativvorschläge bewirken.

2/3. Haushaltsdisziplin — 462 —

Auf der Grundlage der Angaben der Kommission wird, wie in dieser Vereinbarung festgelegt, in jeder Trilog-Sitzung Bilanz gezogen.

D. Agenturen und Europäische Schulen

47. Bei der Ausarbeitung eines Vorschlags für die Einrichtung neuer Agenturen bewertet die Kommission die budgetären Folgen für die betreffende Ausgabenlinie. Auf der Grundlage dieser Angaben und unbeschadet der Legislativverfahren, die für die Errichtung der Agentur maßgeblich sind, verpflichten sich die beiden Teile der Haushaltsbehörde, im Rahmen der Zusammenarbeit im Haushaltsbereich rechtzeitig eine Einigung über die Finanzierung der Agentur herbeizuführen.

Das gleiche Verfahren wird angewendet, wenn die Errichtung einer neuen Europäischen Schule geplant ist.

E. Anpassung in Verbindung mit den Bedingungen für die Ausführung der Mittel der Strukturfonds, des Kohäsionsfonds, der Entwicklung des ländlichen Raums und des Europäischen Fischereifonds

48. Sofern die neuen Regelungen und -programme für die Strukturfonds, den Kohäsionsfonds, die Entwicklung des ländlichen Raums und den Europäischen Fischereifonds nach dem 1. Januar 2007 angenommen werden, genehmigen die beiden Teile der Haushaltsbehörde auf Vorschlag der Kommission, dass die im Haushaltsjahr 2007 nicht in Anspruch genommenen Mittel in Überschreitung der jeweiligen Obergrenzen auf die nachfolgenden Haushaltsjahre übertragen werden.

Das Europäische Parlament und der Rat beschließen gemäß Nummer 3 über die von der Kommission vorgeschlagene Übertragung der 2007 nicht in Anspruch genommenen Mittel bis zum 1. Mai 2008.

F. Neue Finanzierungsinstrumente

49. Die Organe sind sich darin einig, dass Kofinanzierungsmechanismen einzuführen sind, damit die Hebelwirkung des Haushalts der Europäischen Union durch zusätzliche Finanzierungsanreize verstärkt wird.

Sie kommen überein, die Entwicklung entsprechender mehrjähriger Finanzierungsinstrumente zu unterstützen, die als Katalysator für öffentliche und private Investoren dienen.

Die Kommission berichtet der Haushaltsbehörde bei der Vorlage des Vorentwurfs des Haushaltsplans über die Tätigkeiten, die aus Mitteln der Europäischen Investitionsbank, des Europäischen Investitionsfonds und der Europäischen Bank für Wiederaufbau und Entwicklung finanziert werden, um Investitionen in Forschung und Entwicklung, Transeuropäische Netze und Kleine und Mittlere Unternehmen zu unterstützen.

Geschehen zu Straßburg am 17. Mai 2006.

ANHANG

FINANZRAHMEN 2007-2013

(in Mio. EUR zu konstanten Preisen 2004)

Verpflichtungsermächtigungen	2007	2008	2009	2010	2011	2012	2013	Total 2007-2013
1. Nachhaltiges Wachstum	**50 865**	**53 262**	**55 879**	**56 435**	**55 400**	**56 866**	**58 256**	**386 963**
1a Wettbewerbsfähigkeit für Wachstum und Beschäftigung	8 404	9 595	12 018	12 580	11 306	12 122	12 914	78 939
1b Kohäsion für Wachstum und Beschäftigung	42 461	43 667	43 861	43 855	44 094	44 744	45 342	308 024
2. Bewahrung und Bewirtschaftung der natürlichen Ressourcen	**51 962**	**54 685**	**51 023**	**53 238**	**52 528**	**51 901**	**51 284**	**366 621**
davon: marktbezogene Ausgaben und Direktzahlungen	43 120	42 697	42 279	41 864	41 453	41 047	40 645	293 105
3. Unionsbürgerschaft, Freiheit, Sicherheit und Recht	**1 199**	**1 258**	**1 375**	**1 503**	**1 645**	**1 797**	**1 988**	**10 765**
3a Freiheit, Sicherheit und Recht	600	690	785	910	1 050	1 200	1 390	6 625
3b Unionsbürgerschaft	599	568	590	593	595	597	598	4 140
4. Die EU als globaler Akteur	**6 199**	**6 469**	**6 739**	**7 009**	**7 339**	**7 679**	**8 029**	**49 463**
5. Verwaltung (¹)	**6 633**	**6 818**	**6 816**	**6 999**	**7 255**	**7 400**	**7 610**	**49 531**
6. Ausgleichszahlungen	419	191	190					800
VERPFLICHTUNGSERMÄCHTIGUNGEN INSGESAMT	**117 277**	**122 683**	**122 022**	**125 184**	**124 167**	**125 643**	**127 167**	**864 143**
Verpflichtungsermächtigungen in % des BNE	1,08 %	1,09 %	1,06 %	1,06 %	1,03 %	1,02 %	1,01 %	1,048 %
ZAHLUNGSERMÄCHTIGUNGEN INSGESAMT	**115 142**	**119 805**	**109 091**	**119 245**	**116 884**	**120 575**	**119 784**	**820 526**
Zahlungsermächtigungen in % des BNE	1,06 %	1,06 %	0,95 %	1,01 %	0,97 %	0,98 %	0,95 %	1,00 %
Spielraum	0,18 %	0,18 %	0,29 %	0,23 %	0,27 %	0,26 %	0,29 %	0,24 %
Eigenmittel-Obergrenze in % des BNE	1,24 %	1,24 %	1,24 %	1,24 %	1,24 %	1,24 %	1,24 %	1,24 %

(¹) Ausgaben für Ruhegehälter: Die innerhalb der Obergrenze dieser Rubrik angesetzten Beträge sind Nettobeträge und berücksichtigen nicht die Beiträge des Personals zur Versorgungsordnung bis zu einer Höhe von 500 Mio. EUR zu Preisen von 2004 für den Zeitraum 2007-2013.

Haushalt/WWU +EZB/Geo +ERH/Geo

ANHANG II
Interinstitutionelle Zusammenarbeit im Haushaltsbereich

A. Nach der technischen Anpassung des Finanzrahmens für das folgende Haushaltsjahr wird – unter Berücksichtigung der von der Kommission vorgeschlagenen Jährlichen Strategieplanung – vor dem Beschluss der Kommission über den Vorentwurf des Haushaltsplans ein Trilog einberufen, bei dem die für den Haushaltsplan des betreffenden Haushaltsjahres in Betracht zu ziehenden Prioritäten erörtert werden. Den Zuständigkeiten der Organe sowie der vorhersehbaren Entwicklung des Bedarfs für das kommende Haushaltsjahr und die vom Finanzrahmen abgedeckten Jahre wird gebührend Rechnung getragen. Berücksichtigung finden auch die neuen Entwicklungen, die sich seit der Festlegung des ursprünglichen Finanzrahmens ergeben haben, die voraussichtlich erhebliche und dauerhafte finanzielle Auswirkungen auf den Haushaltsplan der Europäischen Union haben werden.

B. Für die obligatorischen Ausgaben gibt die Kommission in der Darstellung ihres Vorentwurfs des Haushaltsplans im Einzelnen Folgendes an:

a) die Mittel für Ausgaben aufgrund neuer oder geplanter Rechtsvorschriften;

b) die Mittel für Ausgaben, die sich aus der Anwendung von bei der Feststellung des vorhergehenden Haushaltsplans bereits bestehenden Rechtsvorschriften ergeben.

Die Kommission nimmt eine genaue Schätzung der finanziellen Auswirkungen der sich aus den Rechtsvorschriften ergebenden Verpflichtungen der Gemeinschaft vor. Sie aktualisiert diese Schätzungen erforderlichenfalls im Laufe des Haushaltsverfahrens und stellt der Haushaltsbehörde alle sachdienlichen Nachweise zur Verfügung.

Die Kommission kann, sofern sie es für notwendig hält, die beiden Teile der Haushaltsbehörde mit einem Ad-hoc-Berichtigungsschreiben befassen, um die bei der Schätzung der Agrarausgaben im Vorentwurf des Haushaltsplans zugrunde gelegten Angaben zu aktualisieren und/oder um auf der Grundlage der letztverfügbaren Informationen über die am 1. Januar des betreffenden Haushaltsjahres in Kraft befindlichen Fischereiabkommen die Beträge und die Aufteilung der bei den operativen Linien für die internationalen Fischereiabkommen eingesetzten und der in die Reserve eingestellten Mittel zu korrigieren.

Dieses Berichtigungsschreiben ist vor Ende Oktober der Haushaltsbehörde zu übermitteln.

Erfolgt die Befassung des Rates später als einen Monat vor der ersten Lesung des Europäischen Parlaments, so berät der Rat über das Ad-hoc-Berichtigungsschreiben grundsätzlich bei seiner zweiten Lesung des Haushaltsentwurfs.

Die beiden Teile der Haushaltsbehörde bemühen sich daher, bis zur zweiten Lesung des Haushaltsentwurfs im Rat die Voraussetzungen dafür zu schaffen, dass die Beschlussfassung über das Berichtigungsschreiben in einer einzigen Lesung jedes der betroffenen Organe erfolgen kann.

C. 1. Für alle Ausgaben wird ein Konzertierungsverfahren eingeführt.

2. Ziel des Konzertierungsverfahrens ist es,

a) die Aussprache über die globale Ausgabenentwicklung und hierbei über die Grundzüge des Haushaltsplans für das kommende Haushaltsjahr im Lichte des Vorentwurfs des Haushaltsplans der Kommission fortzusetzen;

b) eine Einigung zwischen den beiden Teilen der Haushaltsbehörde herbeizuführen über

– die in Teil B Buchstaben a und b bezeichneten Mittel, einschließlich der Mittel, die in dem in Teil B genannten Ad-hoc-Berichtigungsschreiben veranschlagt sind,

– die für nichtobligatorische Ausgaben in den Haushaltsplan einzusetzenden Mittel unter Beachtung der Nummer 40 der Vereinbarung, und

– insbesondere diejenigen Fragen, für die in der vorliegenden Vereinbarung auf dieses Verfahren Bezug genommen wird.

3. Das Verfahren wird durch einen Trilog eingeleitet, der so rechtzeitig einberufen wird, dass die Organe sich spätestens zu dem vom Rat für die Aufstellung seines Haushaltsentwurfs festgelegten Zeitpunkt um eine Einigung bemühen können.

Die Ergebnisse des Trilogs sind Gegenstand einer Konzertierung zwischen dem Rat und einer Delegation des Europäischen Parlaments, an der die Kommission teilnimmt.

Die Konzertierungssitzung findet anlässlich der üblichen Begegnung derselben Teilnehmer an dem vom Rat für die Aufstellung des Haushaltsentwurfs festgesetzten Tag statt, es sei denn, auf der Trilog-Sitzung wird etwas anderes beschlossen.

4. Erforderlichenfalls könnte vor der ersten Lesung im Europäischen Parlament auf schriftlichen Vorschlag der Kommission oder auf schriftlichen Antrag des Vorsitzenden des Haushaltsausschusses des Europäischen Parlaments oder des Präsidenten des Rates (Haushalt) eine erneute Trilog-Sitzung einberufen werden. Die Entscheidung darüber, ob dieser Trilog stattfindet, treffen die Organe einvernehmlich nach Annahme des Haushaltsentwurfs des Rates und vor der in der ersten Lesung erfolgenden Abstimmung über die vom Haushaltsausschuss des Europäischen Parlaments eingebrachten Abänderungen.

5. Die Organe setzen die Konzertierung nach der ersten Lesung des Haushaltsplans durch jeden der beiden Teile der Haushaltsbehörde fort, um Einigung über die obligatorischen und die nichtobligatorischen Ausgaben herbeizuführen und insbesondere eine Aussprache über das in Teil B genannte Ad-hoc-Berichtigungsschreiben zu führen.

Zu diesem Zweck wird im Anschluss an die erste Lesung im Europäischen Parlament ein Trilog einberufen.

Die Ergebnisse dieses Trilogs werden im Rahmen einer zweiten Konzertierungssitzung am Tag der zweiten Lesung im Rat erörtert.

Erforderlichenfalls setzen die Organe ihre Erörterungen über die nichtobligatorischen Ausgaben nach der zweiten Lesung im Rat fort.

6. Im Rahmen der Trilog-Sitzungen werden die Delegationen der Organe jeweils geführt vom Präsidenten des Rates (Haushalt), vom Vorsitzenden des Haushaltsausschusses des Europäischen Parlaments und von dem für den Haushalt zuständigen Mitglied der Kommission.

7. Jeder der beiden Teile der Haushaltsbehörde trifft die erforderlichen Vorkehrungen, um zu gewährleisten, dass die im Rahmen der Konzertierung gegebenenfalls erzielten Ergebnisse während des gesamten laufenden Haushaltsverfahrens berücksichtigt werden.

D. Damit die Kommission die Durchführbarkeit der von der Haushaltsbehörde geplanten Abänderungen, mit denen neue vorbereitende Maßnahmen bzw. Pilotprojekte ins Leben gerufen oder bereits bestehende verlängert werden, rechtzeitig beurteilen kann, setzen die beiden Teile der Haushaltsbehörde die Kommission bis Mitte Juni von ihren diesbezüglichen Absichten in Kenntnis, so dass eine erste Erörterung hierüber bereits in der Konzertierungssitzung der ersten Lesung im Rat erfolgen kann. Die weiteren Schritte des in Teil C vorgesehenen Konzertierungsverfahrens gelangen ebenso wie die in Nummer 36 dieser Vereinbarung genannten Bestimmungen zur Durchführbarkeit zur Anwendung.

Außerdem kommen die Organe überein, den Gesamtbetrag der Mittel für Pilotprojekte auf 40 Mio. EUR je Haushaltsjahr zu begrenzen. Des Weiteren kommen sie überein, den Gesamtbetrag der Mittel für neue vorbereitende Maßnahmen auf 50 Mio. EUR je Haushaltsjahr und den Gesamtbetrag der effektiv für vorbereitende Maßnahmen gebundenen Mittel auf 100 Mio. EUR zu begrenzen.

ANHANG III

Klassifizierung der Ausgaben

RUBRIK 1	Nachhaltiges Wachstum	
1A	Wettbewerbsfähigkeit in den Bereichen Wachstum und Beschäftigung	nicht-obligatorische Ausgaben (NOA)
1B	Kohäsion mit Blick auf Wachstum und Beschäftigung	NOA
RUBRIK 2	Erhaltung und Bewirtschaftung der natürlichen Ressourcen	NOA
	Außer:	
	— Ausgaben im Rahmen der Gemeinsamen Agrarpolitik für Marktmaßnahmen und Direktbeihilfen, einschließlich Marktmaßnahmen für die Fischerei und die Fischereiabkommen mit Drittländern	obligatorische Ausgaben (OA)
RUBRIK 3	Unionsbürgerschaft, Freiheit, Sicherheit und Recht	NOA
3A	Raum der Freiheit, der Sicherheit und des Rechts	NOA
3B	Staatsangehörigkeit	NOA
RUBRIK 4	Die Europäische Union als globaler Akteur	NOA
	Außer:	
	— Ausgaben aufgrund internationaler Übereinkommen der Europäischen Union mit Dritten	OA
	— Beiträge zu internationalen Organisationen oder Institutionen	OA
	— Beiträge zum Fonds für Darlehensgarantien	OA
RUBRIK 5	Verwaltung	NOA
	Außer:	
	— Ruhegehälter und Abgangsgelder	OA
	— Vergütungen und verschiedene Beiträge bei endgültigem Ausscheiden aus dem Dienst	OA
	— Streitsachen	OA
	— Schadenersatz	OA
RUBRIK 6	Ausgleichsbeträge	OA

ANHANG IV
Finanzierung der Ausgaben im Zusammenhang mit den Fischereiabkommen

A. Die Ausgaben für Fischereiabkommen werden aus zwei Haushaltslinien für den Bereich der Fischereipolitik finanziert (unter Bezugnahme auf den ABB-Eingliederungsplan):
  a) Internationale Fischereiabkommen (11 03 01);
  b) Beiträge zu internationalen Organisationen (11 03 02).
  Die Haushaltslinie 11 03 01 deckt alle Beträge hinsichtlich der am 1. Januar des betreffenden Haushaltsjahres geltenden Abkommen und Protokolle. Die Beträge für alle neuen oder erneuerbaren Abkommen, die nach dem 1. Januar des betreffenden Haushaltsjahres in Kraft treten, werden der Linie 40 02 41 02 – Reserven/Getrennte Mittel (obligatorische Ausgaben) zugeführt.

B. Auf Vorschlag der Kommission bemühen sich das Europäische Parlament und der Rat, den bei den Haushaltslinien und den in die Reserve einzusetzenden Betrag im Rahmen des in Anhang II Teil C vorgesehenen Konzertierungsverfahrens einvernehmlich festzusetzen.

C. Die Kommission verpflichtet sich, das Europäische Parlament regelmäßig über die Vorbereitung und den Verlauf der Verhandlungen, einschließlich ihrer Auswirkungen auf den Haushaltsplan, zu unterrichten.

Was den Ablauf des Gesetzgebungsprozesses im Zusammenhang mit den Fischereiabkommen anbelangt, so verpflichten sich die Organe, alles zu tun, damit sämtliche Verfahren so schnell wie möglich durchgeführt werden können.

Sollten sich die für die Fischereiabkommen vorgesehenen Mittel (einschließlich der Reserve) als unzureichend erweisen, so übermittelt die Kommission der Haushaltsbehörde die erforderlichen Informationen, damit ein Gedankenaustausch in Form eines gegebenenfalls vereinfachten Trilogs über die Ursachen für diese Lage sowie über Maßnahmen, die gemäß den festgelegten Verfahren beschlossen werden könnten, stattfinden kann. Die Kommission schlägt gegebenenfalls geeignete Maßnahmen vor.

Die Kommission übermittelt der Haushaltsbehörde vierteljährlich detaillierte Angaben über die Durchführung der geltenden Abkommen und die Finanzplanung für den Rest des Jahres.

ERKLÄRUNGEN

1. ERKLÄRUNG DER KOMMISSION ZUR BEWERTUNG DER DURCHFÜHRUNG DER INTERINSTITUTIONELLEN VEREINBARUNG

   Im Zusammenhang mit Nummer 7 der Interinstitutionellen Vereinbarung wird die Kommission Ende 2009 einen Bericht über die Durchführung der Interinstitutionellen Vereinbarung und gegebenenfalls entsprechende Vorschläge unterbreiten.

2. GEMEINSAME ERKLÄRUNG ZU ARTIKEL 27 DER INTERINSTITUTIONELLEN VEREINBARUNG

   Die Kommission unterrichtet die Haushaltsbehörde im Rahmen des jährlichen Haushaltsverfahrens über den Betrag, der für das Flexibilitätsinstrument gemäß Nummer 27 der Interinstitutionellen Vereinbarung zur Verfügung steht.

   Jede Inanspruchnahme des Flexibilitätsinstruments in einem Betrag, der 200 Mio. EUR übersteigt, erfordert einen Mittelübertragungsbeschluss.

3. ERKLÄRUNG ZUR ÜBERPRÜFUNG DES FINANZRAHMENS

   1. Entsprechend den Schlussfolgerungen des Europäischen Rates wurde die Kommission aufgefordert, eine vollständige, weit reichende Überprüfung sämtlicher Aspekte der EU-Ausgaben, einschließlich der Gemeinsamen Agrarpolitik, und der Eigenmittel, einschließlich der Ausgleichszahlung an das Vereinigte Königreich, vorzunehmen und darüber 2008/2009 Bericht zu erstatten. Diesem Bericht sollte eine Bewertung der Durchführung der geltenden Interinstitutionellen Vereinbarung beigefügt werden. Das Europäische Parlament wird an der Überprüfung wie folgt in allen Phasen des Verfahrens beteiligt:

      – In der Phase, in der die von der Kommission vorgelegten Überprüfungsergebnisse geprüft werden, wird dafür Sorge getragen, dass im Rahmen des regulären politischen Dialogs zwischen den Organen angemessene Beratungen mit dem Europäischen Parlament stattfinden und die Positionen des Europäischen Parlaments gebührend berücksichtigt werden.

      – Entsprechend den Schlussfolgerungen des Europäischen Rates von Dezember 2005 kann dieser „zu allen Punkten, die darin [in dem Bericht] behandelt wurden, entsprechende Beschlüsse fassen". Das Europäische Parlament wird entsprechend den einschlägigen Verfahren und in voller Achtung seiner anerkannten Rechte an allen formellen Folgemaßnahmen beteiligt.

   2. Die Kommission verpflichtet sich, im Rahmen der Konsultationen und Überlegungen, die der Berichterstellung vorausgehen, dem umfassenden Meinungsaustausch Rechnung zu tragen, den sie im Zuge ihrer Situationsanalyse mit dem Europäischen Parlament führen wird. Des Weiteren nimmt die Kommission zur Kenntnis, dass das Europäische Parlament eine Konferenz einberufen wird, auf der es gemeinsam mit den nationalen Parlamenten das System der Eigenmittel überprüfen wird. Die Ergebnisse derartiger Konferenzen werden von ihr als Beitrag zu diesem Konsultationsprozess betrachtet. Die Kommission trägt die alleinige Verantwortung für ihre Vorschläge.

4. ERKLÄRUNG ZUR DEMOKRATISCHEN KONTROLLE UND KOHÄRENZ DER MASSNAHMEN IM AUSSENBEREICH

   Das Europäische Parlament, der Rat und die Kommission anerkennen die Notwendigkeit einer Rationalisierung der verschiedenen außenpolitischen Instrumente. Sie kommen überein, dass diese Rationalisierung, die die Kohärenz der Maßnahmen der Europäischen Union und die Reaktionsfähigkeit der Europäischen Union verbessern wird, die Befugnisse weder der Legislativbehörde, insbesondere hinsichtlich der politischen Kontrolle strategischer Entscheidungen, noch der Haushaltsbehörde berühren sollte. Die einschlägigen Vorschriften sollten diese Grundsätze erkennen lassen, gegebenenfalls die relevanten politischen Aussagen enthalten, zur Orientierung eine Mittelaufteilung festschreiben und erforderlichenfalls eine Überprüfungsklausel enthalten, die vorsieht, dass die Durchführung der betreffenden Vorschrift spätestens nach drei Jahren bewertet wird.

   Im Rahmen der im Verfahren der Mitentscheidung erlassenen Basisrechtsakte wird die Kommission das Europäische Parlament und den Rat systematisch informieren und konsultieren, in dem sie ihnen länder-, regionen- und themenbezogene Strategiepapiere im Entwurf übermittelt.

Wenn der Rat in dem Zeitraum, in dem diese Interinstitutionelle Vereinbarung gilt, den Übergang eines Staates vom potenziellen zum tatsächlichen Beitrittskandidaten beschließt, übermittelt die Kommission dem Europäischen Parlament und dem Rat einen überarbeiteten, als Richtschnur dienenden Mehrjahresrahmen gemäß Artikel 4 der Verordnung über das Instrument für Heranführungshilfe (IPA), der dem Bedarf an Mitteln für diesen Übergang Rechnung trägt.

Die Kommission trägt in ihrem Vorentwurf des Haushaltsplans dafür Sorge, dass der Eingliederungsplan den Vorrechten der Haushaltsbehörde Rechnung trägt.

5. ERKLÄRUNG DER KOMMISSION ZUR DEMOKRATISCHEN KONTROLLE UND KOHÄRENZ DER MASSNAHMEN IM AUSSENBEREICH

Die Kommission verpflichtet sich, mit dem Europäischen Parlament einen regelmäßigen Dialog über den Inhalt der Entwürfe der länder-, regionen- und themenbezogenen Strategiepapiere zu führen und bei der Umsetzung der Strategien die Positionen des Europäischen Parlaments gebührend zu berücksichtigen.

Der Übergang eines Staates vom potenziellen zum tatsächlichen Beitrittskandidaten im Zeitraum, in dem diese Vereinbarung gilt, ist ebenfalls Gegenstand dieses Dialogs.

6. ERKLÄRUNG ZUR ÜBERARBEITUNG DER HAUSHALTSORDNUNG

Im Rahmen der Überarbeitung der Haushaltsordnung verpflichten sich die Organe, den Haushaltsvollzug zu verbessern und die Sichtbarkeit sowie den Nutzen der Finanzhilfen der Gemeinschaft für die Bürger zu erhöhen, ohne dadurch die mit der Neufassung der Haushaltsordnung von 2002 erzielten Fortschritte anzutasten. Des Weiteren werden sie sich in der letzten Phase der Verhandlungen über die Überarbeitung der Haushaltsordnung und ihrer Durchführungsbestimmungen bemühen, so weit wie möglich eine Balance zu finden zwischen dem Schutz der finanziellen Interessen, dem Grundsatz der Verhältnismäßigkeit der Verwaltungskosten und der Benutzerfreundlichkeit der Verfahren.

Die Überarbeitung der Haushaltsordnung wird auf der Grundlage eines geänderten Vorschlags der Kommission nach dem mit der Gemeinsamen Erklärung des Europäischen Parlaments, des Rates und der Kommission vom 4. März 1975 eingeführten Konzertierungsverfahren und in dem Geiste durchgeführt, der 2002 eine Einigung ermöglicht hat. Außerdem bemühen sich die Organe um eine enge und konstruktive interinstitutionelle Zusammenarbeit, damit die Durchführungsbestimmungen zügig angenommen werden und somit eine Verfahrensvereinfachung erreicht wird, die auch einen hohes Schutzniveau der finanziellen Interessen der Gemeinschaft gewährleistet.

Das Europäische Parlament und der Rat sind fest entschlossen, die Verhandlungen über die Haushaltsordnung so rechtzeitig abzuschließen, dass diese möglichst am 1. Januar 2007 in Kraft treten kann.

7. ERKLÄRUNG DER KOMMISSION ZUR ÜBERARBEITUNG DER HAUSHALTS-ORDNUNG

Die Kommission verpflichtet sich, im Rahmen der Überarbeitung der Haushaltsordnung,

– das Europäische Parlament und den Rat zu unterrichten, wenn sie es für erforderlich hält, in einem Legislativvorschlag von der Haushaltsordnung abzuweichen, und die besonderen Gründe für diese Abweichung anzugeben;

– dafür Sorge zu tragen, dass bei wichtigen Legislativvorschlägen und substanziellen Änderungen solcher Vorschläge regelmäßig und unter angemessener Berücksichtigung der Grundsätze der Subsidiarität und der Verhältnismäßigkeit legislative Folgenabschätzungen durchgeführt werden.

8. ERKLÄRUNG ZU DEN NEUEN FINANZINSTRUMENTEN

Das Europäische Parlament und der Rat ersuchen die Kommission und die Europäische Investitionsbank, (EIB) in ihren jeweiligen Zuständigkeitsbereichen folgende Vorschläge zu unterbreiten:

– entsprechend den Schlussfolgerungen des Europäischen Rates von Dezember 2005 einen Vorschlag zur Anhebung der Unterstützung für Forschung und Entwicklung im

Wege von EIB-Darlehen und -Garantien auf 10 Mrd. EUR mit einem EIB-Beitrag von
bis zu 1 Mrd. EUR aus Reserven mit Risikoteilungskomponente;
– einen Vorschlag zur Verstärkung der Instrumente zugunsten der Transeuropäischen
Netze (TEN) und der Kleinen und Mittleren Unternehmen im Wege von Darlehen und
Garantien bis zu einem Betrag von 20 bzw. 30 Mrd. EUR, mit jeweils einem EIB-Beitrag von bis zu 0,5 Mrd. EUR aus Reserven (TEN) und bis zu 1 Mrd. EUR (Wettbewerbsfähigkeit und Innovation).

9. ERKLÄRUNG DES EUROPÄISCHEN PARLAMENTS ZUR FREIWILLIGEN DIFFE-
RENZIERUNG

Das Europäische Parlament nimmt die Schlussfolgerungen des Europäischen Rates von
Dezember 2005 zur freiwilligen Differenzierung von marktbezogenen Ausgaben und
Direktzahlungen im Rahmen der Gemeinsamen Agrarpolitik zur ländlichen Entwicklung
bis zu höchstens 20 % und zu den Kürzungen der marktbezogenen Ausgaben zur Kenntnis.
Wenn die Modalitäten dieser Differenzierung in den einschlägigen Rechtsakten festgelegt
werden, wird es die Durchführbarkeit dieser Bestimmungen unter Beachtung der EU-
Grundsätze, z.B. Wettbewerbsvorschriften und sonstige Regeln, bewerten. Das Europäische Parlament behält sich seine Stellungnahme zum Ergebnis des Verfahrens vor. Es vertritt die Auffassung, dass es zweckdienlich wäre, die Frage der Kofinanzierung der Landwirtschaft im Rahmen der Überprüfung 2008/2009 zu erörtern.

10. ERKLÄRUNG DER KOMMISSION ZUR FREIWILLIGEN DIFFERENZIERUNG

Die Kommission nimmt Punkt 62 der Schlussfolgerungen des Europäischen Rates von Dezember 2005 zur Kenntnis, nach denen die Mitgliedstaaten zusätzliche Beträge bis zu
höchstens 20 % der ihnen für marktbezogene Ausgaben und Direktzahlungen zustehenden
Beträge im Rahmen der Gemeinsamen Agrarpolitik auf Programme zur ländlichen Entwicklung übertragen können.

Bei der Festlegung der Modalitäten dieser Differenzierung in den einschlägigen Rechtsakten ist sie bestrebt, die freiwillige Differenzierung zu ermöglichen und gleichzeitig alles
daransetzen, damit ein derartiger Mechanismus die grundlegenden Prinzipien der Politik
zur Förderung des ländlichen Raums möglichst genau widerspiegelt.

11. ERKLÄRUNG DES EUROPÄISCHEN PARLAMENTS ZU NATURA 2000

Das Europäische Parlament gibt seiner Sorge Ausdruck über die Schlussfolgerungen des
Europäischen Rates von Dezember 2005 zu der Kürzung der Mittel für die marktbezogenen
Ausgaben und Direktzahlungen der Gemeinsamen Agrarpolitik und der Auswirkung dieser
Kürzung auf die Kofinanzierung des Programms Natura 2000. Es ersucht die Kommission,
die Folgen dieser Bestimmungen zu bewerten, bevor sie neue Vorschläge unterbreitet. Es
vertritt die Auffassung, dass der Einbeziehung von Natura 2000 in die Strukturfonds und
die ländliche Entwicklung angemessene Priorität eingeräumt werden sollte. Als Teil der
Legislativbehörde behält es sich eine Stellungnahme zum Ergebnis des Verfahrens vor.

12. ERKLÄRUNG DES EUROPÄISCHEN PARLAMENTS ZUM EINSATZ VON PRIVA-
TER KOFINANZIERUNG UND MEHRWERTSTEUER FÜR MEHR KOHÄSION MIT
BLICK AUF WACHSTUM UND BESCHÄFTIGUNG

Das Europäische Parlament nimmt die Schlussfolgerung des Europäischen Rates von Dezember 2005 zur vorübergehenden Anwendung der „n+3-Regel" für die automatische Aufhebung von Mittelbindungen zur Kenntnis. Es ersucht die Kommission, wenn diese die
Anwendungsmodalitäten dieser Regel in den einschlägigen Rechtsakten festlegt, gemeinsame Vorschriften über den Einsatz von privater Kofinanzierung und Mehrwertsteuer für
mehr Kohäsion mit Blick auf Wachstum und Beschäftigung vorzusehen.

13. ERKLÄRUNG DES EUROPÄISCHEN PARLAMENTS ZUR FINANZIERUNG DES
RAUMS DER FREIHEIT, DER SICHERHEIT UND DES RECHTS

Das Europäische Parlament ist der Auffassung, dass die Kommission ihrem Haushaltsvoren-
wurf eine sorgfältige Schätzung der geplanten Tätigkeiten im Bereich Freiheit, Sicherheit
und Justiz zugrunde legen sollte, und dass die Finanzierung dieser Tätigkeiten im Rahmen
der Verfahren gemäß Anhang II der Interinstitutionellen Vereinbarung erörtert werden sollte.

Beschluss der Europäischen Zentralbank

vom 19. Februar 2004
zur Verabschiedung der Geschäftsordnung der Europäischen Zentralbank
(EZB/2004/2)
(2004/257/EG)

(ABl 2004 L 80, 33, berichtigt durch: ABl 2006 L 19, 39, geändert durch ABl 2009 L 100, 10)

DER EZB-RAT –

gestützt auf die Satzung des Europäischen Systems der Zentralbanken und der Europäischen Zentralbank, insbesondere auf Artikel 12.3 –

HAT FOLGENDEN BESCHLUSS GEFASST:

Einziger Artikel

Die Geschäftsordnung der Europäischen Zentralbank in der geänderten Fassung vom 22. April 1999, erneut geändert durch den Beschluss EZB/1999/6 vom 7. Oktober 1999 zur Änderung der Geschäftsordnung der Europäischen Zentralbank[1]), erhält folgende Fassung, die am 1. März 2004 in Kraft tritt.

EINFÜHRUNGSKAPITEL

Artikel 1
Begriffsbestimmungen

Diese Geschäftsordnung ergänzt den Vertrag zur Gründung der Europäischen Gemeinschaft und die Satzung des Europäischen Systems der Zentralbanken und der Europäischen Zentralbank. Die in dieser Geschäftsordnung verwendeten Begriffe haben die gleiche Bedeutung, die sie im Vertrag und in der Satzung haben. Der Begriff „Eurosystem" bezeichnet die Europäische Zentralbank (EZB) und die nationalen Zentralbanken der Mitgliedstaaten, deren Währung der Euro ist.

KAPITEL I
DER EZB-RAT

Artikel 2
Termin und Ort der Sitzungen des EZB-Rates

2.1. Der EZB-Rat bestimmt seine Sitzungstermine auf Vorschlag des Präsidenten. Grundsätzlich trifft sich der EZB-Rat regelmäßig nach Maßgabe eines Terminplans, den er rechtzeitig vor Beginn eines jeden Kalenderjahres festlegt.

2.2. Der Präsident beruft eine Sitzung des EZB-Rates ein, wenn mindestens drei Mitglieder des EZB-Rates darum ersuchen.

---

[1]) ABl. L 314 vom 8.12.1999, S. 32.

2.3. Der Präsident kann zudem immer dann Sitzungen des EZB-Rates einberufen, wenn er dies für notwendig erachtet.

2.4. Die Sitzungen des EZB-Rates finden in der Regel in den Räumlichkeiten der EZB statt.

2.5. Sitzungen können auch in Form von Telekonferenzen stattfinden, es sei denn, mindestens drei Zentralbankpräsidenten erheben Einwände dagegen.

Artikel 3
Teilnahme an Sitzungen des EZB-Rates

3.1. Sofern nichts Gegenteiliges in dieser Geschäftsordnung bestimmt wird, ist die Teilnahme an Sitzungen des EZB-Rates seinen Mitgliedern, dem Präsidenten des Rates der Europäischen Union und einem Mitglied der Kommission der Europäischen Gemeinschaften vorbehalten.

3.2. Jeder Zentralbankpräsident kann in der Regel von einer Person begleitet werden.

3.3. Bei Verhinderung eines Zentralbankpräsidenten kann dieser unbeschadet der Bestimmungen des Artikels 4 schriftlich einen Stellvertreter benennen. Die entsprechende schriftliche Mitteilung muss dem Präsidenten rechtzeitig vor der jeweiligen Sitzung zugeleitet werden. Der Stellvertreter kann in der Regel von einer Person begleitet werden.

3.4. Der Präsident ernennt einen Mitarbeiter der EZB zum Sekretär. Der Sekretär unterstützt das Direktorium bei der Vorbereitung der Sitzungen des EZB-Rates und erstellt die Sitzungsprotokolle des EZB-Rates.

3.5. Der EZB-Rat kann auch andere Personen zu seinen Sitzungen einladen, wenn er dies für zweckmäßig hält.

Artikel 3a
Rotationssystem

(1) Wie in Artikel 10.2 erster und zweiter Gedankenstrich der ESZBSatzung festgelegt, werden die Zentralbankpräsidenten Gruppen zugeordnet.

(2) Die Zentralbankpräsidenten werden nach der vereinbarten Praxis der EU in den einzelnen Gruppen gemäß einer Liste ihrer nationalen Zen-

tralbanken angeordnet, die der alphabetischen Reihenfolge der Bezeichnungen der Mitgliedstaaten in den Landessprachen folgt. Die Rotation der Stimmrechte innerhalb der einzelnen Gruppe folgt dieser Reihenfolge. Sie beginnt bei einem beliebigen Punkt in der Liste.

(3) Die Stimmrechte innerhalb jeder Gruppe rotieren jeden Monat, beginnend mit dem ersten Tag des ersten Monats der Durchführung des Rotationssystems.

(4) Für die erste Gruppe beträgt die Zahl der in jedem Monatszeitraum rotierenden Stimmrechte eins; für die zweite und dritte Gruppe ist die Zahl der Stimmrechte gleich der Differenz zwischen der Anzahl der der Gruppe zugeordneten Zentralbankpräsidenten und der Anzahl der ihr zuerkannten Stimmrechte, minus zwei.

(5) Wenn die Zusammensetzung der Gruppen im Einklang mit Artikel 10.2 fünfter Gedankenstrich der ESZB-Satzung angepasst wird, folgt die Rotation der Stimmrechte innerhalb jeder Gruppe weiterhin der Liste gemäß Absatz 2. Ab dem Zeitpunkt, an dem die Anzahl der Zentralbankpräsidenten 22 erreicht, beginnt die Rotation in der dritten Gruppe an einem beliebigen Punkt in der Liste. Der EZB-Rat kann beschließen, die Rotationsordnung der zweiten und dritten Gruppe zu ändern, um die Situation zu vermeiden, dass bestimmte Zentralbankpräsidenten jeweils zu denselben Zeiträumen des Jahres nicht stimmberechtigt sind.

(6) Die EZB veröffentlicht im Vorhinein eine Liste der stimmberechtigten Mitglieder des EZB-Rates auf der Website der EZB.

(7) Der Anteil des Mitgliedstaats einer nationalen Zentralbank in der gesamten aggregierten Bilanz der monetären Finanzinstitute wird auf der Grundlage des Jahresdurchschnitts monatlicher Durchschnittsdaten des aktuellsten Kalenderjahres berechnet, für das Daten erhältlich sind. Wenn das aggregierte Bruttoinlandsprodukt zu Marktpreisen im Einklang mit Artikel 29.3 der ESZB-Satzung angepasst wird oder ein Land Mitgliedstaat wird und seine nationale Zentralbank dem Europäischen System der Zentralbanken beitritt, wird die gesamte aggregierte Bilanz der monetären Finanzinstitute der Mitgliedstaaten, die den Euro eingeführt haben, auf der Grundlage der Daten des aktuellsten Kalenderjahres neu berechnet, für das Daten erhältlich sind.

Artikel 4
Abstimmungsverfahren

4.1. Der EZB-Rat ist beschlussfähig, wenn mindestens zwei Drittel seiner stimmberechtigten Mitglieder an der Abstimmung teilnehmen. Ist der EZB-Rat nicht beschlussfähig, so kann der Präsident eine außerordentliche Sitzung ein-

berufen, bei der für die Beschlussfähigkeit die Mindestteilnahmequote nicht erforderlich ist.

4.2. Die Stimmabgabe im EZB-Rat erfolgt auf Aufforderung durch den Präsidenten. Der Präsident leitet eine Abstimmung auch auf Antrag eines Mitglieds des EZB-Rates ein.

4.3. Stimmenthaltungen stehen dem Zustandekommen von Beschlüssen des EZB-Rates gemäß Artikel 41.2 der Satzung nicht entgegen.

4.4. Ist ein Mitglied des EZB-Rates über einen längeren Zeitraum (d. h. mehr als einen Monat) an der Stimmabgabe verhindert, so kann es einen Stellvertreter als Mitglied des EZB-Rates benennen.

4.5. Ist ein Zentralbankpräsident bei einem Beschluss im Rahmen der Artikel 28, 29, 30, 32, 33 oder 51 der Satzung an der Stimmabgabe verhindert, so kann sein benannter Stellvertreter gemäß Artikel 10.3 der Satzung dessen gewogene Stimme abgeben.

4.6. Auf Antrag von mindestens drei Mitgliedern des EZB-Rates kann der Präsident eine geheime Abstimmung veranlassen. Eine geheime Abstimmung findet statt, wenn Mitglieder des EZB-Rates persönlich von einem Vorschlag für einen Beschluss gemäß den Artikeln 11.1, 11.3 oder 11.4 der Satzung betroffen sind. In solchen Fällen nehmen die betroffenen Mitglieder des EZB-Rates nicht an der Abstimmung teil.

4.7. Beschlüsse können auch im schriftlichen Verfahren gefasst werden, es sei denn, mindestens drei Mitglieder des EZB-Rates erheben Einwände dagegen. Ein schriftliches Verfahren setzt voraus, i) dass jedem Mitglied des EZB-Rates in der Regel mindestens fünf Arbeitstage zur Verfügung stehen, um sich mit der Angelegenheit zu befassen, ii) dass jedes Mitglied des EZB-Rates (oder der jeweilige, gemäß Artikel 4.4 benannte Stellvertreter) persönlich unterschreibt und iii) dass jeder derartige Beschluss im Protokoll der nächsten Sitzung des EZB-Rates festgehalten wird. Beschlüsse im schriftlichen Verfahren werden durch die zum Zeitpunkt der Verabschiedung stimmberechtigten Mitglieder des EZB-Rates verabschiedet.

Artikel 5
Organisation der Sitzungen des EZB-Rates

5.1. Der EZB-Rat genehmigt die Tagesordnung einer jeden Sitzung. Dazu erstellt das Direktorium eine vorläufige Tagesordnung, die den Mitgliedern des EZB-Rates und anderen zur Teilnahme an der Sitzung berechtigten Personen zusammen mit den dazugehörigen Unterlagen mindestens acht Tage vor der jeweiligen Sitzung zugeleitet wird, wobei Notfälle, in denen das Direktorium den Umständen entsprechend verfährt, ausgenommen sind. Der EZB-Rat kann auf Vorschlag des Präsidenten oder eines anderen Mitglieds des EZB-Rates beschließen, Punkte von der vorläufigen Tagesordnung abzusetzen oder zusätzliche Punkte aufzunehmen. Ein Tagesordnungspunkt wird auf Antrag von mindestens drei stimmberechtigten Mitgliedern des EZB-Rates abgesetzt, wenn die dazugehörigen Unterlagen den Mitgliedern des EZBRates nicht rechtzeitig zugegangen sind.

5.2. Das Protokoll der Aussprachen des EZB-Rates wird von den Mitgliedern des EZB-Rates, die bei der Sitzung stimmberechtigt waren, zu der das Protokoll gehört, bei der nächsten Sitzung (oder erforderlichenfalls früher im schriftlichen Verfahren) genehmigt und vom Präsidenten unterzeichnet.

5.3. Der EZB-Rat kann interne Regelungen über die Beschlussfassung in Notfällen treffen.

KAPITEL II
DAS DIREKTORIUM

Artikel 6
Termin und Ort der Sitzungen des Direktoriums

6.1. Die Sitzungstermine werden vom Direktorium auf Vorschlag des Präsidenten bestimmt.

6.2. Der Präsident kann zudem immer dann Sitzungen des Direktoriums einberufen, wenn er dies für notwendig erachtet.

Artikel 7
Abstimmungsverfahren

7.1. Das Direktorium ist gemäß Artikel 11.5 der Satzung beschlussfähig, wenn mindestens zwei Drittel seiner Mitglieder an der Abstimmung teilnehmen. Ist das Direktorium nicht beschlussfähig, so kann der Präsident eine außerordentliche Sitzung einberufen, bei der für die Beschlussfähigkeit die Mindestteilnahmequote nicht erforderlich ist.

7.2. Beschlüsse können auch im schriftlichen Verfahren gefasst werden, es sei denn, mindestens zwei Mitglieder des Direktoriums erheben Einwände dagegen.

7.3. Mitglieder des Direktoriums, die persönlich von einem anstehenden Beschluss gemäß den Artikeln 11.1, 11.3 oder 11.4 der Satzung betroffen sind, nehmen nicht an der Abstimmung teil.

Artikel 8
Organisation der Sitzungen des Direktoriums

Das Direktorium entscheidet über die Organisation seiner Sitzungen.

KAPITEL III
ORGANISATION DER EUROPÄISCHEN ZENTRALBANK

Artikel 9
Eurosystem/Ausschüsse des ESZB

9.1. Der EZB-Rat setzt Ausschüsse ein und löst Ausschüsse auf. Ausschüsse unterstützen die Arbeiten der Beschlussorgane der EZB, und ihre Berichterstattung an den EZB-Rat erfolgt über das Direktorium.

9.2. Ausschüsse bestehen aus jeweils bis zu zwei Mitarbeitern der NZBen des Eurosystems und der EZB, die vom jeweiligen Zentralbankpräsidenten bzw. vom Direktorium ernannt werden. Der EZB-Rat legt die Aufgaben der Ausschüsse fest und ernennt deren Vorsitzende. In der Regel wird der Vorsitz von einem Mitarbeiter der EZB übernommen. Sowohl der EZB-Rat als auch das Direktorium haben das Recht, Ausschüsse mit der Untersuchung bestimmter Themenbereiche zu beauftragen. Die EZB übernimmt die Sekretariatsaufgaben der Ausschüsse.

9.3. Die nationale Zentralbank jedes nicht teilnehmenden Mitgliedstaats kann ebenfalls bis zu zwei Mitarbeiter benennen, die an den Sitzungen eines Ausschusses teilnehmen, wenn Angelegenheiten beraten werden, die in den Zuständigkeitsbereich des Erweiterten Rates fallen oder der Vorsitzende eines Ausschusses und das Direktorium dies für angebracht halten.

9.4. Vertreter anderer Organe und Einrichtungen der Gemeinschaft sowie sonstige dritte Personen können auch eingeladen werden, an Sitzungen eines Ausschusses teilzunehmen, wenn der betreffende Ausschussvorsitzende und das Direktorium dies für angebracht halten.

Artikel 9a

Der EZB-Rat kann beschließen, Ad-hoc-Ausschüsse für spezielle Beratungsaufgaben einzusetzen.

Artikel 10
Interne Organisationsstruktur

10.1. Das Direktorium beschließt nach Anhörung des EZB-Rates über die Anzahl, Bezeichnung und Zuständigkeitsbereiche der einzelnen Arbeitseinheiten der EZB. Dieser Beschluss wird veröffentlicht.

10.2. Sämtliche Arbeitseinheiten der EZB werden vom Direktorium geführt und geleitet. Das Direktorium beschließt darüber, wie die Zuständigkeiten im Hinblick auf die einzelnen Arbeitseinheiten der EZB unter seinen Mitgliedern aufgeteilt werden, und teilt dies dem EZB-Rat, dem Erweiterten Rat und den Mitarbeitern der EZB mit. Solche Beschlüsse können nur in Anwesenheit aller Mitglieder des Direktoriums und nicht gegen die Stimme des Präsidenten getroffen werden.

Artikel 11
Mitarbeiter der EZB

11.1. Jeder Mitarbeiter der EZB wird über seine Position innerhalb der Organisationsstruktur der EZB, seine Berichtspflichten gegenüber Vorgesetzten und seinen Aufgabenbereich unterrichtet.

11.2. Unbeschadet der Bestimmungen der Artikel 36 und 47 der Satzung erlässt das Direktorium Organisationsvorschriften (nachfolgend als „Rundverfügungen" bezeichnet), die für die Mitarbeiter der EZB verbindlich sind.

11.3. Das Direktorium erlässt einen Verhaltenskodex als Richtschnur für seine Mitglieder und die Mitarbeiter der EZB und aktualisiert diesen.

KAPITEL IV
MITWIRKUNG DES ERWEITERTEN RATES AN DEN AUFGABEN DES EUROPÄISCHEN SYSTEMS DER ZENTRALBANKEN

Artikel 12
Beziehungen zwischen dem EZB-Rat und dem Erweiterten Rat

12.1. Der Erweiterte Rat erhält die Gelegenheit zur Äußerung, ehe der EZB-Rat über Folgendes entscheidet:
- Stellungnahmen gemäß den Artikeln 4 und 25.1 der Satzung,
- Empfehlungen der EZB gemäß Artikel 42 der Satzung, die den Bereich der Statistik betreffen,
- den Jahresbericht,
- die Regeln zur Standardisierung der Rechnungslegungsvorschriften und der Meldung der Geschäfte,
- die Maßnahmen zur Anwendung des Artikels 29 der Satzung,
- die Beschäftigungsbedingungen für das Personal der EZB,
- eine Stellungnahme der EZB, entweder gemäß Artikel 123 Absatz 5 des Vertrags oder im Hinblick auf Rechtsakte der Gemeinschaft bei Aufhebung einer Ausnahmeregelung, im Rahmen der Vorarbeiten für die unwiderrufliche Festlegung der Wechselkurse.

12.2. In allen Fällen, in denen der Erweiterte Rat gemäß dem ersten Absatz dieses Artikels um Äußerung ersucht wird, muss diese innerhalb einer angemessenen Frist abgegeben werden, die mindestens zehn Arbeitstage beträgt. Bei Dringlichkeit, die im Ersuchen um Stellungnahme begründet

werden muss, kann die Frist auf fünf Arbeitstage verkürzt werden. Der Präsident kann beschließen, das schriftliche Verfahren zu verwenden.

12.3. Der Präsident unterrichtet den Erweiterten Rat gemäß Artikel 47.4 der Satzung über die Beschlüsse des EZB-Rates.

Artikel 13
Beziehungen zwischen dem Direktorium und dem Erweiterten Rat

13.1. Der Erweiterte Rat erhält die Gelegenheit zur Äußerung, ehe das Direktorium
- Rechtsakte des EZB-Rates umsetzt, bei denen die Mitwirkung des Erweiterten Rates gemäß vorstehendem Artikel 12.1 erforderlich ist,
- aufgrund der ihm gemäß Artikel 12.1 der Satzung vom EZB-Rat übertragenen Befugnisse Rechtsakte verabschiedet, bei denen die Mitwirkung des Erweiterten Rates gemäß Artikel 12.1 dieser Geschäftsordnung erforderlich ist.

13.2. In allen Fällen, in denen der Erweiterte Rat gemäß dem ersten Absatz dieses Artikels um Äußerung ersucht wird, muss diese innerhalb einer angemessenen Frist abgegeben werden, die mindestens zehn Arbeitstage beträgt. Bei Dringlichkeit, die im Ersuchen um Stellungnahme begründet werden muss, kann die Frist auf fünf Arbeitstage verkürzt werden. Der Präsident kann beschließen, das schriftliche Verfahren zu verwenden.

KAPITEL V
SPEZIELLE VERFAHRENSTECHNISCHE BESTIMMUNGEN

Artikel 14
Übertragung von Befugnissen

14.1. Die Übertragung von Befugnissen des EZB-Rates auf das Direktorium gemäß Artikel 12.1 Absatz 2 letzter Satz der Satzung wird den Beteiligten mitgeteilt oder gegebenenfalls veröffentlicht, wenn aufgrund der Übertragung von Befugnissen gefasste Beschlüsse rechtliche Auswirkungen auf Dritte haben. Der EZB-Rat wird unverzüglich über jeden aufgrund der Übertragung von Befugnissen verabschiedeten Rechtsakt unterrichtet.

14.2. Das Verzeichnis der Zeichnungsberechtigten der EZB, das nach Maßgabe von Beschlüssen gemäß Artikel 39 der Satzung erstellt wird, wird daran interessierten Dritten zugeleitet.

Artikel 15
Verfahren zur Erstellung des Haushalts

15.1. Vor dem Ende eines jeden Geschäftsjahres verabschiedet der EZB-Rat den Haushalt der EZB für das nächste Geschäftsjahr, und zwar auf der Grundlage eines vom Direktorium nach den vom EZB-Rat festgelegten Grundsätzen erstellten Vorschlags.

15.2. Zur Unterstützung in Fragen des Haushalts der EZB setzt der EZB-Rat einen Haushaltsausschuss ein und bestimmt dessen Auftrag und Zusammensetzung.

Artikel 16
Berichterstattung und Rechnungslegung

16.1. Der EZB-Rat verabschiedet den gemäß Artikel 15.3 der Satzung erforderlichen Jahresbericht.

16.2. Die Zuständigkeit für die Verabschiedung und Veröffentlichung der vierteljährlichen Berichte gemäß Artikel 15.1, des konsolidierten Wochenausweises gemäß Artikel 15.2 und der konsolidierten Bilanz gemäß Artikel 26.3 der Satzung sowie anderer Berichte wird auf das Direktorium übertragen.

16.3. Das Direktorium erstellt den Jahresabschluss der EZB unter Beachtung der vom EZB-Rat festgelegten Grundsätze innerhalb des ersten Monats des jeweils nachfolgenden Geschäftsjahres. Dieser wird den externen Rechnungsprüfern vorgelegt.

16.4. Der EZB-Rat verabschiedet den Jahresabschluss der EZB innerhalb des ersten Quartals des jeweiligen Folgejahres. Der Bericht der externen Rechnungsprüfer wird dem EZB-Rat vor dieser Verabschiedung vorgelegt.

Artikel 17
Rechtsinstrumente der EZB

17.1. Verordnungen der EZB werden vom EZB-Rat verabschiedet und in seinem Auftrag vom Präsidenten unterzeichnet.

17.2. Leitlinien der EZB werden vom EZB-Rat in einer der Amtssprachen der Europäischen Gemeinschaften verabschiedet und bekannt gegeben sowie im Auftrag des EZB-Rates vom Präsidenten unterzeichnet. Sie müssen mit Gründen versehen werden. Die Bekanntgabe an die nationalen Zentralbanken kann in Form eines Telefax, einer elektronischen Nachricht, eines Fernschreibens oder in Papierform erfolgen. Jede Leitlinie der EZB, die amtlich veröffentlicht werden soll, wird in die Amtssprachen der Europäischen Gemeinschaften übersetzt.

17.3. Der EZB-Rat kann seine normativen Befugnisse zum Zweck der Umsetzung seiner Verordnungen und Leitlinien auf das Direktorium übertragen. In der jeweiligen Verordnung oder Leitlinie müssen die umzusetzenden Maßnahmen im Einzelnen dargelegt sowie die Grenzen und der Umfang der übertragenen Befugnisse angegeben werden.

17.4. Entscheidungen und Empfehlungen der EZB werden je nach Zuständigkeitsbereich vom EZB-Rat oder vom Direktorium verabschiedet und vom Präsidenten unterzeichnet. Entscheidungen der EZB über die Verhängung von Sanktionen gegen Dritte werden vom Präsidenten, dem Vizepräsidenten oder zwei anderen Mitgliedern des Direktoriums unterzeichnet. Die Entscheidungen und Empfehlungen der EZB müssen mit Gründen versehen werden. Empfehlungen zu ergänzenden Rechtsvorschriften der Gemeinschaft gemäß Artikel 42 der Satzung werden vom EZB-Rat verabschiedet.

17.5. Unbeschadet der Bestimmungen des Artikels 44 Absatz 2 und des Artikels 47.1 erster Gedankenstrich der Satzung werden Stellungnahmen der EZB vom EZB-Rat verabschiedet. Unter außergewöhnlichen Umständen und sofern sich nicht mindestens drei Zentralbankpräsidenten dafür aussprechen, die Zuständigkeit für die Verabschiedung bestimmter Stellungnahmen beim EZB-Rat zu belassen, können Stellungnahmen der EZB jedoch vom Direktorium verabschiedet werden, und zwar nach Maßgabe der Anmerkungen des EZB-Rates und unter Beachtung der Mitwirkungsrechte des Erweiterten Rates. Stellungnahmen der EZB werden vom Präsidenten unterzeichnet.

17.6. Weisungen der EZB werden vom Direktorium in einer der Amtssprachen der Europäischen Gemeinschaften erteilt und bekannt gegeben sowie im Auftrag des Direktoriums vom Präsidenten oder von zwei Mitgliedern des Direktoriums unterzeichnet. Die Bekanntgabe an die nationalen Zentralbanken kann in Form eines Telefax, einer elektronischen Nachricht, eines Fernschreibens oder in Papierform erfolgen. Jede Weisung der EZB, die amtlich veröffentlicht werden soll, wird in die Amtssprachen der Europäischen Gemeinschaften übersetzt.

17.7. Sämtliche Rechtsinstrumente der EZB werden zur leichteren Identifizierung fortlaufend nummeriert. Das Direktorium trifft Maßnahmen, um sicherzustellen, dass die Originale sicher verwahrt, die Adressaten oder die um Anhörung ersuchenden Behörden unterrichtet und Verordnungen der EZB, Stellungnahmen der EZB zu Entwürfen von Rechtsvorschriften der Gemeinschaft sowie jene Rechtsinstrumente der EZB, deren Veröffentlichung ausdrücklich verfügt worden ist, im sämtliche Amtssprachen der Europäischen Union im *Amtsblatt der Europäischen Union* veröffentlicht werden.

17.8. Die Grundsätze der Verordnung (EG) Nr. 1 des Rates vom 15. April 1958 zur Regelung der Sprachenfrage für die Europäische Wirtschaftsgemeinschaft[2]) werden auf die in Artikel 34 der Satzung genannten Rechtsakte angewendet.

---

[2]) ABl. 17 vom 6.10.1958, S. 385.

Artikel 18
Verfahren gemäß Artikel 106 Absatz 2 des Vertrags

Die Erteilung der in Artikel 106 Absatz 2 des Vertrags vorgesehenen Genehmigung für das jeweilige Folgejahr erfolgt für sämtliche teilnehmenden Mitgliedstaaten im letzten Quartal eines jeden Jahres in Form einer einzigen Entscheidung des EZB-Rates.

Artikel 19
Beschaffungen

19.1. Bei der Beschaffung von Waren und Dienstleistungen für die EZB wird den Grundsätzen der öffentlichen Bekanntgabe, der Transparenz, des gleichberechtigten Zugangs, der Nichtdiskriminierung und der effizienten Verwaltung gebührend Rechnung getragen.

19.2. Mit Ausnahme des Grundsatzes der effizienten Verwaltung kann in dringlichen Fällen, aus Sicherheits- oder Vertraulichkeitsgründen, bei Verfügbarkeit nur eines einzigen Lieferanten, bei Lieferungen der nationalen Zentralbanken an die EZB oder zur Gewährleistung der Kontinuität von Lieferungen ausnahmsweise von den zuvor genannten Grundsätzen abgewichen werden.

Artikel 20
Auswahl, Einstellung und Beförderung von Mitarbeitern

20.1. Sämtliche Mitarbeiter der EZB werden vom Direktorium ausgewählt, eingestellt und befördert.

20.2. Bei der Auswahl, Einstellung und Beförderung von Mitarbeitern der EZB wird den Grundsätzen der beruflichen Eignung, der öffentlichen Bekanntgabe, der Transparenz, des gleichberechtigten Zugangs und der Nichtdiskriminierung gebührend Rechnung getragen. Die Einstellungs- und internen Beförderungsregeln und -verfahren werden in Rundverfügungen präzisiert.

Artikel 21
Beschäftigungsbedingungen

21.1. Die Beschäftigungsbedingungen und die Dienstvorschriften regeln die Beschäftigungsverhältnisse zwischen der EZB und ihren Mitarbeitern.

21.2. Der EZB-Rat verabschiedet die Beschäftigungsbedingungen auf Vorschlag des Direktoriums und nach Anhörung des Erweiterten Rates.

21.3. Das Direktorium legt die Dienstvorschriften fest, durch die die Beschäftigungsbedingungen umgesetzt werden.

21.4. Die Personalvertretung wird vor der Festlegung neuer Beschäftigungsbedingungen oder Dienstvorschriften angehört. Ihre Stellungnahme wird dem EZB-Rat bzw. dem Direktorium vorgelegt.

Artikel 22
Mitteilungen und Bekanntmachungen

Allgemeine Mitteilungen und die Bekanntgabe von Beschlüssen der Beschlussorgane der EZB können durch Veröffentlichung auf der Website der EZB oder im *Amtsblatt der Europäischen Union* bzw. durch Übermittlung über die an den Finanzmärkten etablierten Nachrichtenagenturen oder sonstige Medien erfolgen.

Artikel 23
Geheimhaltung von und Zugang zu Dokumenten der EZB

23.1. Die Aussprachen der Beschlussorgane der EZB und aller von diesen eingesetzten Ausschüsse oder Arbeitsgruppen sind vertraulich, sofern der EZB-Rat den Präsidenten nicht dazu ermächtigt, das Ergebnis der Beratungen zu veröffentlichen.

23.2. Der Zugang der Öffentlichkeit zu von der EZB erstellten oder sich im Besitz der EZB befindenden Dokumenten unterliegt einem Beschluss des EZB-Rates.

23.3. Von der EZB erstellte Dokumente werden gemäß den in einer Rundverfügung festgelegten Regeln klassifiziert und behandelt. Sofern die Beschlussorgane nichts Anderweitiges beschließen, werden die Dokumente nach 30 Jahren frei zugänglich.

KAPITEL VI
SCHLUSSBESTIMMUNG

Artikel 24
Änderung dieser Geschäftsordnung

Der EZB-Rat kann diese Geschäftsordnung ändern. Der Erweiterte Rat kann Änderungen vorschlagen, und das Direktorium kann ergänzende Regelungen innerhalb seines Zuständigkeitsbereichs verabschieden.

Beschluss der Europäischen Zentralbank

vom 17. Juni 2004

zur Verabschiedung der Geschäftsordnung des Erweiterten Rates der Europäischen Zentralbank

(EZB/2004/12)

(2004/526/EG)

(ABl 2004 L 230, 61)

Haushalt/WWU
+ EZB/Geo
+ ERH/Geo

DER ERWEITERTE RAT DER EUROPÄISCHEN ZENTRALBANK –

gestützt auf die Satzung des Europäischen Systems der Zentralbanken und der Europäischen Zentralbank, insbesondere auf Artikel 46.4 –

HAT FOLGENDEN BESCHLUSS GEFASST:

Einziger Artikel

Die Geschäftsordnung des Erweiterten Rates der Europäischen Zentralbank vom 1. September 1998 erhält folgende Fassung, die am 1. Juli 2004 in Kraft tritt.

„GESCHÄFTSORDNUNG DES ERWEITERTEN RATES DER EUROPÄISCHEN ZENTRALBANK

EINFÜHRUNGSKAPITEL

Artikel 1

Begriffsbestimmungen

Diese Geschäftsordnung ergänzt den Vertrag zur Gründung der Europäischen Gemeinschaft und die Satzung des Europäischen Systems der Zentralbanken und der Europäischen Zentralbank. Die in dieser Geschäftsordnung verwendeten Begriffe haben die gleiche Bedeutung, die sie im Vertrag und in der Satzung haben.

KAPITEL I

DER ERWEITERTE RAT

Artikel 2

Termin und Ort der Sitzungen des Erweiterten Rates

(1) Der Erweiterte Rat bestimmt seine Sitzungstermine auf Vorschlag des Präsidenten.

(2) Der Präsident beruft eine Sitzung des Erweiterten Rates ein, wenn mindestens drei Mitglieder des Erweiterten Rates darum ersuchen.

(3) Der Präsident kann zudem immer dann Sitzungen des Erweiterten Rates einberufen, wenn er dies für notwendig erachtet.

(4) Die Sitzungen des Erweiterten Rates finden in der Regel in den Räumlichkeiten der Europäischen Zentralbank (EZB) statt.

(5) Sitzungen können auch in Form von Telefonkonferenzen stattfinden, es sei denn, mindestens drei Zentralbankpräsidenten erheben Einwände dagegen.

Artikel 3

Teilnahme an Sitzungen des Erweiterten Rates

(1) Sofern in dieser Geschäftsordnung nichts Gegenteiliges bestimmt wird, ist die Teilnahme an Sitzungen des Erweiterten Rates seinen Mitgliedern, den anderen Mitgliedern des Direktoriums, dem Präsidenten des Rates der Europäischen Union und einem Mitglied der Kommission der Europäischen Gemeinschaften vorbehalten.

(2) Jeder Zentralbankpräsident kann in der Regel von einer Person begleitet werden.

(3) Bei Verhinderung eines Mitglieds des Erweiterten Rates kann dieses schriftlich einen Stellvertreter benennen, der an der Sitzung teilnimmt und im Namen des Mitglieds abstimmt. Die entsprechende schriftliche Mitteilung muss dem Präsidenten rechtzeitig vor der jeweiligen Sitzung zugeleitet werden. Der Stellvertreter kann in der Regel von einer Person begleitet werden.

(4) Der Präsident ernennt einen Mitarbeiter der EZB zum Sekretär. Der Sekretär unterstützt den Präsidenten bei der Vorbereitung der Sitzungen des Erweiterten Rates und erstellt die Sitzungsprotokolle des Erweiterten Rates.

(5) Der Erweiterte Rat kann auch andere Personen zu seinen Sitzungen einladen, wenn er dies für zweckmäßig hält.

Artikel 4

Abstimmungsverfahren

(1) Der Erweiterte Rat ist beschlussfähig, wenn mindestens zwei Drittel seiner Mitglieder oder ihrer Stellvertreter an der Abstimmung teil-

nehmen. Ist der Erweiterte Rat nicht beschlussfähig, so kann der Präsident eine außerordentliche Sitzung einberufen, bei der die Mindestteilnahmequote für die Beschlussfähigkeit nicht erforderlich ist.

(2) Sofern in der Satzung nichts Gegenteiliges
bestimmt wird, werden Beschlüsse mit einfacher
Mehrheit gefasst.

(3) Die Stimmabgabe im Erweiterten Rat erfolgt auf Aufforderung durch den Präsidenten.
Der Präsident leitet eine Abstimmung auch auf
Antrag eines Mitglieds des Erweiterten Rates
ein.

(4) Beschlüsse können auch im schriftlichen
Verfahren gefasst werden, es sei denn, mindestens drei Mitglieder des Erweiterten Rates erheben Einwände dagegen. Ein schriftliches Verfahren setzt voraus, dass

i) jedem Mitglied des Erweiterten Rates in der
Regel mindestens zehn Arbeitstage zur Verfügung stehen, um sich mit der Angelegenheit zu
befassen, wobei bei Dringlichkeit, die im jeweiligen Ersuchen begründet werden muss, die Frist
auf fünf Arbeitstage verkürzt werden kann,

ii) jedes Mitglied des Erweiterten Rates persönlich unterschreibt und

iii) jeder derartige Beschluss im Protokoll der
nächsten Sitzung des Erweiterten Rates festgehalten wird.

Artikel 5
Organisation der Sitzungen des Erweiterten Rates

(1) Der Erweiterte Rat genehmigt die Tagesordnung einer jeden Sitzung. Dazu erstellt der
Präsident eine vorläufige Tagesordnung, die den
Mitgliedern des Erweiterten Rates und anderen
zur Teilnahme an der Sitzung berechtigten Personen zusammen mit den dazugehörigen Unterlagen mindestens acht Tage vor der jeweiligen
Sitzung zugeleitet wird, wobei Notfälle, in denen
der Präsident den Umständen entsprechend verfährt, ausgenommen sind. Der Erweiterte Rat
kann auf Vorschlag des Präsidenten oder eines
anderen Mitglieds des Erweiterten Rates beschließen, Punkte von der vorläufigen Tagesordnung abzusetzen oder zusätzliche Punkte aufzunehmen. Ein Tagesordnungspunkt wird auf Antrag von mindestens drei Mitgliedern des Erweiterten Rates abgesetzt, wenn die dazugehörigen
Unterlagen den Mitgliedern des Erweiterten Rates nicht rechtzeitig zugegangen sind.

(2) Das Protokoll der Aussprachen des Erweiterten Rates wird seinen Mitgliedern bei der
nächsten Sitzung (oder erforderlichenfalls früher
im schriftlichen Verfahren) zur Genehmigung
vorgelegt und vom Präsidenten unterzeichnet.

KAPITEL II
MITWIRKUNG DES ERWEITERTEN RATES AN DEN AUFGABEN DES EUROPÄISCHEN SYSTEMS DER ZENTRALBANKEN

Artikel 6
Beziehungen zwischen dem Erweiterten Rat und dem EZB-Rat

(1) Unbeschadet der sonstigen Verantwortlichkeiten des Erweiterten Rates, einschließlich
der in Artikel 44 der Satzung genannten Verantwortlichkeiten, erstreckt sich die Mitwirkung des
Erweiterten Rates insbesondere auf die in Artikel 6.2 bis 6.8 aufgeführten Aufgaben.

(2) Der Erweiterte Rat wirkt bei der Erfüllung
der Beratungsfunktionen der EZB gemäß Artikel 4 und 25.1 der Satzung mit.

(3) Die Mitwirkung des Erweiterten Rates bei
den statistischen Aufgaben der EZB besteht

– in der Stärkung der Zusammenarbeit zwischen sämtlichen nationalen Zentralbanken
der Europäischen Union, um die Erfüllung
der Aufgaben der EZB im Bereich der Statistik zu unterstützen,

– soweit erforderlich, in der Förderung der Harmonisierung der Bestimmungen und Gepflogenheiten auf dem Gebiet der Erhebung, Zusammenstellung und Weitergabe von statistischen Daten durch sämtliche nationalen Zentralbanken der Europäischen Union und

– in Äußerungen gegenüber dem EZB-Rat zu
Entwürfen für Empfehlungen der EZB gemäß
Artikel 42 der Satzung, die den Bereich der
Statistik betreffen, ehe diese verabschiedet
werden.

(4) Der Erweiterte Rat wirkt bei der Erfüllung
der Berichtspflichten der EZB gemäß Artikel 15
der Satzung mit, indem er sich gegenüber dem
EZB-Rat zum Jahresbericht äußert, ehe dieser
verabschiedet wird.

(5) Der Erweiterte Rat wirkt bei der Standardisierung der Rechnungslegungsvorschriften und
der Meldung der Geschäfte gemäß Artikel 26.4
der Satzung mit, indem er sich gegenüber dem
EZB-Rat zu Entwürfen entsprechender Vorschriften äußert, ehe diese verabschiedet werden.

(6) Der Erweiterte Rat wirkt bei der Verabschiedung weiterer Maßnahmen im Rahmen von
Artikel 29.4 der Satzung mit, indem er sich gegenüber dem EZB-Rat zu Entwürfen solcher Maßnahmen äußert, ehe diese verabschiedet werden.

(7) Der Erweiterte Rat wirkt bei der Festlegung der Beschäftigungsbedingungen für das
Personal der Europäischen Zentralbank mit, indem er sich gegenüber dem EZB-Rat zu entsprechenden Entwürfen äußert, ehe diese verabschiedet werden.

(8) Der Erweiterte Rat trägt zu den Vorarbeiten für die unwiderrufliche Festlegung der Wechselkurse gemäß Artikel 47.3 der Satzung bei, indem er sich gegenüber dem EZB-Rat zu Folgendem äußert:

– Entwürfen von Stellungnahmen der EZB gemäß Artikel 123 Absatz 5 des Vertrags,

– Entwürfen sonstiger Stellungnahmen der EZB zu Rechtsakten der Gemeinschaft bei Aufhebung einer Ausnahmeregelung und

– Beschlüssen gemäß Nummer 10 des Protokolls über einige Bestimmungen betreffend das Vereinigte Königreich Großbritannien und Nordirland.

(9) In allen Fällen, in denen der Erweiterte Rat gemäß den vorstehenden Absätzen um Mitwirkung an den Aufgaben der EZB ersucht wird, muss ihm dazu eine angemessene Frist eingeräumt werden, die mindestens zehn Arbeitstage beträgt. Bei Dringlichkeit, die im jeweiligen Ersuchen begründet werden muss, kann die Frist auf fünf Arbeitstage verkürzt werden. Der Präsident kann beschließen, das schriftliche Verfahren zu verwenden.

(10) Der Präsident unterrichtet den Erweiterten Rat gemäß Artikel 47.4 der Satzung über die Beschlüsse des EZB-Rates.

Artikel 7

Beziehungen zwischen dem Erweiterten Rat und dem Direktorium

(1) Der Erweiterte Rat erhält die Gelegenheit zur Äußerung, ehe das Direktorium

– Rechtsakte des EZB-Rates umsetzt, bei denen die Mitwirkung des Erweiterten Rates gemäß Artikel 12.1 der Geschäftsordnung der Europäischen Zentralbank erforderlich ist,

– aufgrund der ihm gemäß Artikel 12.1 der Satzung vom EZB-Rat übertragenen Befugnisse Rechtsakte verabschiedet, bei denen die Mitwirkung des Erweiterten Rates gemäß Artikel 12.1 der Geschäftsordnung der Europäischen Zentralbank erforderlich ist.

(2) In allen Fällen, in denen der Erweiterte Rat gemäß dem ersten Absatz des Artikels um Äußerung ersucht wird, muss diese innerhalb einer angemessenen Frist abgegeben werden, die mindestens zehn Arbeitstage beträgt. Bei Dringlichkeit, die im Ersuchen um Stellungnahme begründet werden muss, kann die Frist auf fünf Arbeitstage verkürzt werden. Der Präsident kann beschließen, das schriftliche Verfahren zu verwenden.

Artikel 8

Ausschüsse des Europäischen Systems der Zentralbanken

(1) Der Erweiterte Rat kann in seinem Zuständigkeitsbereich Ausschüsse, die gemäß Artikel 9 der Geschäftsordnung der Europäischen Zentralbank vom EZB-Rat eingesetzt werden, mit der Untersuchung bestimmter Themenbereiche beauftragen.

(2) Die nationale Zentralbank jedes nicht teilnehmenden Mitgliedstaats kann bis zu zwei Mitarbeiter benennen, die an den Sitzungen eines Ausschusses teilnehmen, wenn Angelegenheiten beraten werden, die in den Zuständigkeitsbereich des Erweiterten Rates fallen oder der Vorsitzende eines Ausschusses und das Direktorium dies für angebracht halten.

KAPITEL III

SPEZIELLE VERFAHRENSTECHNISCHE BESTIMMUNGEN

Artikel 9

Rechtsinstrumente

(1) Beschlüsse der EZB gemäß Artikel 46.4 und 48 der Satzung und dieser Geschäftsordnung sowie die vom Erweiterten Rat gemäß Artikel 44 der Satzung verabschiedeten Empfehlungen und Stellungnahmen der EZB werden vom Präsidenten unterzeichnet.

(2) Die Nummerierung, Bekanntgabe und Veröffentlichung sämtlicher Rechtsinstrumente der EZB erfolgt gemäß Artikel 17.7 der Geschäftsordnung der Europäischen Zentralbank.

Artikel 10

Geheimhaltung von und Zugang zu Dokumenten der EZB

(1) Die Aussprachen des Erweiterten Rates und aller Ausschüsse oder Arbeitsgruppen, die in seinen Zuständigkeitsbereich fallende Angelegenheiten beraten, sind vertraulich, sofern der Erweiterte Rat den Präsidenten nicht dazu ermächtigt, das Ergebnis der Beratungen zu veröffentlichen.

(2) Der Zugang der Öffentlichkeit zu Dokumenten, die vom Erweiterten Rat oder von Ausschüssen oder Arbeitsgruppen, die in seinen Zuständigkeitsbereich fallende Angelegenheiten beraten, erstellt werden, unterliegt einem Beschluss des EZB-Rates gemäß Artikel 23.2 der Geschäftsordnung der Europäischen Zentralbank.

(3) Dokumente, die vom Erweiterten Rat oder von Ausschüssen oder Arbeitsgruppen, die in seinen Zuständigkeitsbereich fallende Angelegenheiten beraten, erstellt werden, werden gemäß den in der gemäß Artikel 23.3 der Geschäftsordnung der Europäischen Zentralbank erlassenen Rundverfügung festgelegten Regeln klassifiziert und behandelt. Sofern die Beschlussorgane nichts Anderweitiges beschließen, werden die Dokumente nach 30 Jahren frei zugänglich.

Artikel 11
Ende der Anwendbarkeit

Sobald sämtliche Ausnahmeregelungen gemäß Artikel 122 Absatz 2 des Vertrags vom Rat der Europäischen Union aufgehoben und die im Protokoll über einige Bestimmungen betreffend das Vereinigte Königreich Großbritannien und Nordirland vorgesehenen Beschlüsse gefasst worden sind, wird der Erweiterte Rat aufgelöst, womit diese Geschäftsordnung nicht mehr anwendbar ist."

Geschehen zu Frankfurt am Main am 17. Juni 2004.

Geschäftsordnung des Rechnungshofs der Europäischen Union

vom 23. April 2010

(ABl 2010 L 103, 1)

DER RECHNUNGSHOF DER EUROPÄISCHEN UNION –

gestützt auf den Vertrag über die Arbeitsweise der Europäischen Union, insbesondere auf Artikel 287 Absatz 4 Unterabsatz 5,

gestützt auf den Vertrag zur Gründung der Europäischen Atomgemeinschaft, insbesondere auf Artikel 160a Absatz 1,

nach Genehmigung des Rates vom 22. Februar 2010 –

HAT SICH FOLGENDE GESCHÄFTSORDNUNG GEGEBEN:

TITEL I
ORGANISATION DES HOFES

KAPITEL I
Der Hof

Artikel 1
Kollegialcharakter

Der Hof ist ein Kollegialorgan und wird als solches im Einklang mit den Bestimmungen der Verträge und der Haushaltsordnung sowie nach Maßgabe dieser Geschäftsordnung tätig.

Abschnitt 1
Die Mitglieder

Artikel 2
Beginn der Amtszeit

Die Amtszeit eines Mitglieds des Hofes beginnt mit dem im Ernennungsakt bestimmten Tag oder in Ermangelung einer solchen Bestimmung mit dem Tag der Annahme des Ernennungsakts.

Artikel 3
Pflichten und Amtstätigkeit der Mitglieder

Die Mitglieder üben ihr Amt gemäß Artikel 286 Absätze 1, 3 und 4 des Vertrags über die Arbeitsweise der Europäischen Union aus.

Artikel 4
Amtsenthebung und Aberkennung der Ruhegehaltsansprüche oder vergleichbarer Vorteile

(1) Beschließt der Hof mit der Mehrheit seiner Mitglieder, dass die ihm vorliegenden Informationen geeignet sind festzustellen, dass ein Mitglied die erforderlichen Voraussetzungen nicht mehr erfüllt oder den sich aus seinem Amt ergebenden Verpflichtungen (Artikel 286 Absatz 6 des Vertrags über die Arbeitsweise der Europäischen Union) nicht mehr nachkommt, wird der Präsident oder, falls der Präsident das betroffene Mitglied ist, das gemäß Artikel 5 dieser Geschäftsordnung nächste Mitglied in der Rangfolge beauftragt, einen vorläufigen Bericht auszuarbeiten.

(2) Der vorläufige Bericht wird zusammen mit den zugehörigen Belegunterlagen allen Mitgliedern zugestellt, auch dem betroffenen Mitglied, das innerhalb einer vom Präsidenten oder – wenn der Präsident das betroffene Mitglied ist – von dem nächsten Mitglied in der Rangfolge festgelegten angemessenen Frist hierzu schriftlich Stellung nimmt.

(3) Das betreffende Mitglied wird ferner aufgefordert, sich hierzu mündlich vor dem Hof zu äußern.

(4) Der Beschluss, den Gerichtshof anzurufen, um das betreffende Mitglied seines Amtes zu entheben oder ihm seine Ruhegehaltsansprüche oder vergleichbare Vorteile aberkennen zu lassen, ergeht in geheimer Abstimmung mit Vierfünftelmehrheit der Stimmen der Mitglieder des Hofes. Das betroffene Mitglied nimmt an der Abstimmung nicht teil.

Artikel 5
Rangfolge

(1) Die Rangfolge der Mitglieder nach dem Präsidenten richtet sich nach ihrem Dienstalter. Im Falle einer Neuernennung wird die Dauer der vorhergehenden Amtszeit berücksichtigt, selbst wenn sich die Neuernennung nicht unmittelbar an die vorhergehende Amtszeit anschließt.

(2) Bei Mitgliedern mit gleichem Dienstalter bestimmt sich die Rangfolge nach dem Lebensalter.

Artikel 6
Vorübergehende Vertretung der Mitglieder

(1) Ist das Amt eines Mitglieds nicht besetzt, benennt der Hof das/die Mitglied(er), das/die bis zur Ernennung eines neuen Mitglieds mit seiner vorübergehenden Vertretung betraut wird/werden.

(2) Ist ein Mitglied abwesend oder verhindert, so wird es nach Maßgabe der in den Durchführungsbestimmungen festgelegten Modalitäten von einem oder mehreren Mitgliedern vorübergehend vertreten.

Abschnitt 2
Der Präsident

Artikel 7
Wahl des Präsidenten

(1) Der Hof wählt den Präsidenten vor dem Ende der Amtszeit des im Amt befindlichen Präsidenten. Fällt jedoch das Ende der Amtszeit des Präsidenten mit der Neuernennung eines Teils der Mitglieder gemäß Artikel 286 Absatz 2 des Vertrags über die Arbeitsweise der Europäischen Union zusammen, wird die Wahl unmittelbar nach Aufnahme der Tätigkeit des Hofes in seiner neuen Zusammensetzung, spätestens aber innerhalb von 15 Arbeitstagen durchgeführt.

(2) Der Präsident wird in geheimer Wahl gewählt. Das Mitglied, das im ersten Wahlgang die Zweidrittelmehrheit der Stimmen der Mitglieder des Hofes erhält, ist zum Präsidenten gewählt. Hat kein Kandidat die Zweidrittelmehrheit erhalten, findet unverzüglich ein zweiter Wahlgang statt; zum Präsidenten gewählt ist der Kandidat, der die Mehrheit der Stimmen der Hofmitglieder auf sich vereint. Erhält im zweiten Wahlgang kein Kandidat die Mehrheit der Stimmen der Mitglieder des Hofes, werden nach dem in den Durchführungsbestimmungen festgelegten Verfahren weitere Wahlgänge durchgeführt.

Artikel 8
Vorübergehende Vertretung des Präsidenten

(1) Ist das Präsidentenamt nicht besetzt, nimmt der scheidende Präsident vorübergehend das Präsidentenamt wahr, sofern er nicht verhindert ist und unter der Voraussetzung, dass er noch immer ein Mandat als Mitglied des Hofes innehat. Andernfalls wird das Präsidentenamt vorübergehend von dem gemäß Artikel 5 nächsten Mitglied in der Rangfolge wahrgenommen.

(2) Das vorübergehend das Präsidentenamt wahrnehmende Mitglied führt während des Übergangszeitraums die laufenden Geschäfte des Hofes und leitet die Wahl des neuen Präsidenten nach Maßgabe von Artikel 7. Wird das Präsidentenamt jedoch weniger als sechs Monate vor Ablauf der normalen Amtszeit frei, so nimmt das gemäß Artikel 5 nächste Mitglied in der Rangfolge die Aufgaben des Präsidenten wahr.

(3) Ist der Präsident des Hofes abwesend oder verhindert, nimmt das gemäß Artikel 5 nächste Mitglied in der Rangfolge vorübergehend die Aufgaben des Präsidenten wahr.

Artikel 9
Aufgaben des Präsidenten

(1) Der Präsident des Hofes

a) beruft die Sitzungen des Kollegiums ein, leitet die Sitzungen und gewährleistet einen geordneten Ablauf der Beratungen;

b) sorgt für die Durchführung der Beschlüsse des Hofes;

c) beaufsichtigt den ordnungsgemäßen Arbeitsablauf in seinen Dienststellen sowie die ordnungsgemäße Verwaltung in den verschiedenen Tätigkeitsbereichen des Hofes;

d) benennt den Bediensteten, der die Aufgabe hat, den Hof in allen Rechtsstreitigkeiten zu vertreten, an denen dieser beteiligt ist; e) vertritt den Hof nach außen, insbesondere in seinen Beziehungen zur Entlastungsbehörde, zu den übrigen Organen der Union und zu den Kontrollbehörden der Mitgliedstaaten.

(2) Der Präsident kann seine Pflichten teilweise einem oder mehreren Mitgliedern übertragen.

Abschnitt 3
Kammern und Ausschüsse

Artikel 10
Einrichtung von Kammern

(1) Der Hof setzt zur Annahme bestimmter Kategorien von Berichten und Stellungnahmen gemäß Artikel 287 Absatz 4 des Vertrags über die Arbeitsweise der Europäischen Union Kammern ein.

(2) Über die Zuständigkeitsbereiche der Kammern beschließt der Hof auf Vorschlag des Präsidenten.

(3) Auf Vorschlag des Präsidenten weist der Hof alle übrigen Mitglieder einer Kammer zu.

(4) Jede Kammer wählt nach Maßgabe der in den Durchführungsbestimmungen festgelegten Modalitäten eines seiner Mitglieder zum Doyen.

Artikel 11

Zuständigkeiten der Kammern

(1) Die Kammern nehmen Berichte und Stellungnahmen mit Ausnahme des Jahresberichts über den Gesamthaushaltsplan des Europäischen Union und des Jahresberichts über die Tätigkeiten im Rahmen der Europäischen Entwicklungsfonds nach Maßgabe der in den Durchführungsbestimmungen festgelegten Modalitäten an.

(2) Die für die Annahme eines Dokuments gemäß Absatz 1 zuständige Kammer kann nach Maßgabe der in den Durchführungsbestimmungen festgelegten Modalitäten das Dokument zur Annahme an den Hof überweisen.

(3) Die Kammern sind in vorbereitender Funktion für die Ausarbeitung von Dokumenten zuständig, die vom Hof angenommen werden müssen; hierzu gehören Entwürfe zu Berichten und Stellungnahmen, Vorschläge für Arbeitsprogramme sowie sonstige Dokumente im Prüfungsbereich mit Ausnahme derjenigen Dokumente, für deren Vorbereitung die nach Artikel 12 eingerichteten Ausschüsse zuständig sind.

(4) Die Kammern verteilen ihre Aufgaben nach Maßgabe der in den Durchführungsbestimmungen festgelegten Modalitäten unter ihren Mitgliedern.

(5) Die Mitglieder sind gegenüber der Kammer und dem Hof für die Wahrnehmung der ihnen übertragenen Aufgaben verantwortlich.

Artikel 12

Ausschüsse

(1) Einsetzung und Zusammensetzung der Ausschüsse sind in den Durchführungsbestimmungen geregelt.

(2) Die Ausschüsse sind nach Maßgabe der in den Durchführungsbestimmungen festgelegten Modalitäten für Fragen zuständig, die nicht in den Zuständigkeitsbereich der Kammern gemäß Artikel 11 fallen.

Abschnitt 4

Der Generalsekretär

Artikel 13

Der Generalsekretär

(1) Der Generalsekretär wird vom Hof – nach dem in den Durchführungsbestimmungen festgelegten Verfahren – in geheimer Wahl bestimmt.

(2) Der Generalsekretär ist dem Hof verantwortlich und legt diesem regelmäßig Rechenschaft über seine Tätigkeit ab.

(3) Unter der Verantwortung des Hofes führt der Generalsekretär die Geschäfte des Hofsekretariats.

(4) Der Generalsekretär nimmt die Befugnisse der Anstellungsbehörde gemäß Artikel 2 des Statuts für die Beamten der Europäischen Gemeinschaften wahr sowie die Befugnisse der Einstellungsbehörde gemäß Artikel 6 der Beschäftigungsbedingungen für die sonstigen Bediensteten der Europäischen Gemeinschaften, sofern im Beschluss des Hofes über die Ausübung der Anstellungsbehörde bzw. Einstellungsbehörde übertragenen Befugnisse nichts anderes bestimmt ist.

(5) Dem Generalsekretär obliegt die Personal- und Sachverwaltung des Hofes sowie jede andere Aufgabe, mit der ihn der Hof betraut.

(6) Die Modalitäten für die vorübergehende Vertretung des Generalsekretärs für den Fall seiner Abwesenheit oder Verhinderung sind in den Durchführungsbestimmungen festgelegt.

KAPITEL II

Wahrnehmung der Aufgaben des Hofes

Artikel 14

Übertragung von Befugnissen

(1) Der Hof kann – unter der Voraussetzung, dass der Grundsatz der kollegialen Verantwortlichkeit gewahrt bleibt – eines oder mehrere Mitglieder ermächtigen, in seinem Namen und unter seiner Kontrolle eindeutig umschriebene Maßnahmen der Geschäftsführung und der Verwaltung zu treffen; dies gilt insbesondere für Maßnahmen im Hinblick auf die Vorbereitung eines anschließenden Hofbeschlusses. Die betroffenen Mitglieder berichten dem Kollegium über die in diesem Rahmen getroffenen Maßnahmen.

(2) Die Mitglieder können nach Maßgabe der in den Durchführungsbestimmungen festgelegten Modalitäten Zeichnungsbefugnisse für die in ihren Zuständigkeitsbereich fallenden Dokumente an einen oder mehrere Beamte oder Bedienstete übertragen.

Artikel 15

Anweisungsbefugnis

(1) Die Mitglieder des Hofes üben die Funktion des Anweisungsbefugten und der Generalsekretär die Funktion des bevollmächtigten Anweisungsbefugten nach Maßgabe der internen Vorschriften für die Ausführung des Haushaltsplans aus.

(2) Der Hof legt die Modalitäten für die Kontrolle der Funktion des Anweisungsbefugten und bevollmächtigten Anweisungsbefugten in einem Beschluss über die internen Vorschriften für die Ausführung des Haushaltsplans fest.

Haushalt/WWU
+ EZB/Geo
+ ERH/Geo

Artikel 16
Organisationsstruktur des Hofes

(1) Der Hof legt seine Organisationsstruktur fest.

(2) Auf Vorschlag des Generalsekretärs teilt der Hof die im Stellenplan vorgesehenen Planstellen nach Maßgabe der in den Durchführungsbestimmungen festgelegten Modalitäten auf.

TITEL II
ARBEITSWEISE DES HOFES

KAPITEL I
Sitzungen des Hofes und der Kammern

Abschnitt 1
Der Hof

Artikel 17
Zeitplan der Sitzungen

(1) Der Hof stellt einmal im Jahr – vor dessen Ablauf – den vorläufigen Sitzungsplan für das folgende Jahr auf.

(2) Auf Veranlassung des Präsidenten oder auf Antrag von mindestens einem Viertel der Mitglieder des Hofes können zusätzliche Sitzungen anberaumt werden.

Artikel 18
Tagesordnung

(1) Der Präsident erstellt für jede Sitzung einen Entwurf der Tagesordnung.

(2) Zu Beginn jeder Sitzung verabschiedet der Hof die Tagesordnung auf der Grundlage des Entwurfs der Tagesordnung und etwaiger Änderungsanträge.

Die Fristen für die Verteilung der Tagesordnung und der zugehörigen Dokumente sind in den Durchführungsbestimmungen festgelegt.

Artikel 19
Beschlussfassung

Der Hof fasst seine Beschlüsse im Rahmen seiner Sitzungen, außer bei Anwendung des in Artikel 25 Absatz 5 vorgesehenen schriftlichen Verfahrens.

Artikel 20
Vorsitz in den Sitzungen

Der Präsident führt den Vorsitz in den Sitzungen des Hofes. Ist der Präsident verhindert oder abwesend, übernimmt das Mitglied die Sitzungsleitung, das in Anwendung von Artikel 8 den Präsidenten vorübergehend vertritt.

Artikel 21
Beschlussfähigkeit

Für die Beschlussfähigkeit ist die Anwesenheit von mindestens zwei Dritteln der Mitglieder erforderlich.

Artikel 22
Nichtöffentlichkeit der Sitzungen

Sofern der Hof nichts anderes beschließt, sind die Sitzungen des Hofes nicht öffentlich.

Artikel 23
Sitzungsprotokolle

Über jede Sitzung wird ein Protokoll erstellt.

Abschnitt 2
Die Kammern

Artikel 24
Kammersitzungen

Sofern in den Durchführungsbestimmungen nichts anderes vorgesehen ist, gelten für die Sitzungen der Kammern die Bestimmungen von Abschnitt 1.

KAPITEL II
Beschlüsse des Hofes, der Kammern und der Ausschüsse

Artikel 25
Beschlüsse des Hofes

(1) Der Hof nimmt seine Beschlüsse, die zuvor in einer Kammer oder einem Ausschuss geprüft wurden, im Kollegium an; dies gilt nicht für Beschlüsse, die der Hof in seiner Eigenschaft als Anstellungs- oder Einstellungsbehörde zu treffen hat.

(2) Die in Artikel 287 Absatz 4 Unterabsatz 3 des Vertrags über die Arbeitsweise der Europäischen Union vorgesehenen Dokumente – mit Ausnahme der Dokumente, die gemäß Artikel 11 Absatz 1 von den Kammern angenommen werden, – und die in Artikel 287 Absatz 1 Unterabsatz 2 des Vertrags über die Arbeitsweise der Europäischen Union vorgesehene Zuverlässigkeitserklärung werden vom Hof mit der Mehrheit seiner Mitglieder verabschiedet.

(3) Unbeschadet des Artikels 4 Absatz 4 und des Artikels 7 Absatz 2 werden alle übrigen Beschlüsse mit der Mehrheit der in der Sitzung des

Hofes anwesenden Mitglieder gefasst. Der Hof kann jedoch auf Vorschlag eines Mitglieds mit der Mehrheit der in der Sitzung anwesenden Mitglieder entscheiden, dass der Beschluss über eine bestimmte Frage mit der Mehrheit der Stimmen der Mitglieder des Hofes gefasst wird.

(4) Ist zur Beschlussfassung die Mehrheit der in der Sitzung anwesenden Mitglieder erforderlich, gibt bei Stimmengleichheit die Stimme des Präsidenten den Ausschlag.

(5) Der Hof bestimmt von Fall zu Fall, welche Beschlüsse im schriftlichen Verfahren angenommen werden. Nähere Einzelheiten zu diesem Verfahren sind in den Durchführungsbestimmungen geregelt.

Artikel 26
Beschlüsse der Kammern

(1) Eine Kammer nimmt Beschlüsse mit der Mehrheit ihrer Mitglieder an. Bei Stimmengleichheit gibt die Stimme des Doyens oder des Mitglieds, das den Doyen vorübergehend vertritt, den Ausschlag.

(2) Alle Mitglieder des Hofes dürfen an Kammersitzungen teilnehmen, sind jedoch nur in den Kammern, denen sie angehören, stimmberechtigt. Legen Mitglieder allerdings einer Kammer, der sie nicht angehören, ein Dokument vor, sind sie in der betreffenden Kammer für dieses Dokument stimmberechtigt.

(3) Der Doyen teilt allen Mitgliedern des Hofes mit, welche Dokumente gemäß Artikel 11 Absatz 1 die Kammer nach Maßgabe der in den Durchführungsbestimmungen festgelegten Modalitäten angenommen hat.

(4) Die Annahme eines Dokuments durch die Kammer gemäß Artikel 11 Absatz 1 wird nach Ablauf von fünf Tagen ab dem Datum der Mitteilung gemäß Absatz 3 dieses Artikels endgültig, sofern nicht eine in den Durchführungsbestimmungen festgelegte Anzahl von Mitgliedern dem Präsidenten einen mit Gründen versehenen Antrag auf Behandlung des Dokuments und Beschlussfassung durch den Hof übermittelt.

(5) Eine Kammer bestimmt von Fall zu Fall, welche Beschlüsse im schriftlichen Verfahren angenommen werden. Nähere Einzelheiten zu diesem Verfahren sind in den Durchführungsbestimmungen geregelt.

Artikel 27
Beschlüsse der Ausschüsse

Sofern in den Durchführungsbestimmungen nichts anderes vorgesehen ist, gelten die Bestimmungen von Artikel 26 auch für das Beschlussfassungsverfahren der Ausschüsse.

Artikel 28
Sprachenregelung und Feststellung

(1) Die Berichte, Stellungnahmen, Bemerkungen, Zuverlässigkeitserklärungen und, falls zur Veröffentlichung bestimmt, sonstige Dokumente, werden in allen Amtssprachen erstellt.

(2) Die Feststellung der Dokumente erfolgt durch Unterzeichnung sämtlicher Sprachfassungen durch den Präsidenten.

Haushalt/WWU
+ EZB/Geo
+ ERH/Geo

Artikel 29
Übermittlung und Veröffentlichung

Nach Maßgabe der Verträge und insbesondere der Artikel 287 Absatz 4 des Vertrags über die Arbeitsweise der Europäischen Union und unbeschadet der einschlägigen Bestimmungen der Haushaltsordnung sind die Modalitäten für die Übermittlung und Veröffentlichung der Berichte des Hofes sowie seiner Stellungnahmen, Bemerkungen, Zuverlässigkeitserklärungen und sonstigen Beschlüsse in den Durchführungsbestimmungen festgelegt.

KAPITEL III
Prüfungen und Erstellung der Berichte, Stellungnahmen, Bemerkungen und Zuverlässigkeitserklärungen

Artikel 30
Modalitäten für die Durchführung der Prüfungen

(1) Der Hof legt die Modalitäten für die Durchführung der ihm nach den Verträgen obliegenden Prüfungen fest.

(2) Der Hof führt seine Prüfungen nach Maßgabe der in seinem Arbeitsprogramm vorgegebenen Ziele durch.

Artikel 31
Berichterstattendes Mitglied

(1) Für jede durchzuführende Prüfungsaufgabe benennt die Kammer ein oder mehrere Mitglieder als berichterstattende Mitglieder. Für jede Prüfungsaufgabe, die über den spezifischen Rahmen einer Kammer hinausgeht, wird/werden das/die berichterstattende(n) Mitglied(er) von Fall zu Fall vom Hof benannt.

(2) Wird der Hof mit einem Antrag auf Stellungnahme gemäß den Artikeln 287, 322 oder 325 des Vertrags über die Arbeitsweise der Europäischen Union befasst oder beabsichtigt der Hof, Bemerkungen gemäß Artikel 287 des Vertrags über die Arbeitsweise der Europäischen Union vorzulegen, benennt er aus der Mitte seiner Mitglieder das berichterstattende Mitglied,

das mit den entsprechenden Vorarbeiten und mit der Ausarbeitung des Entwurfs beauftragt wird.

TITEL III
ALLGEMEINE UND SCHLUSSBESTIMMUNGEN

Artikel 32
Bruchzahlen

Für die Zwecke der Anwendung dieser Geschäftsordnung werden Bruchzahlen auf die nächsthöhere ganze Zahl aufgerundet.

Artikel 33
Geschlechtsspezifische Bezeichnungen

Die im Wortlaut dieser Geschäftsordnung verwendeten geschlechtsspezifischen Bezeichnungen sind als geschlechtsneutral zu verstehen und erstrecken sich sowohl auf Männer als auch auf Frauen.

Artikel 34
Durchführungsbestimmungen

(1) Der Hof beschließt die Durchführungsbestimmungen zu dieser Geschäftsordnung mit der Mehrheit seiner Mitglieder.

(2) Die Durchführungsbestimmungen sind auf der Website des Hofes abrufbar.

Artikel 35
Zugang zu Dokumenten

Im Einklang mit den Grundsätzen der Transparenz sowie der guten Verwaltungspraxis und unbeschadet des Artikels 143 Absatz 2 und des Artikels 144 Absatz 1 der Haushaltsordnung hat jeder Bürger der Union und jede natürliche oder juristische Person, die ihren Wohnsitz oder Sitz in einem Mitgliedstaat hat, unter den im Beschluss über interne Vorschriften zur Bearbeitung von Anträgen auf Zugang zu den im Besitz des Hofes befindlichen Dokumenten niedergelegten Bedingungen ein Recht auf Zugang zu den Hofdokumenten.

Artikel 36
Inkrafttreten

Mit dieser Geschäftsordnung wird die vom Hof am 8. Dezember 2004 verabschiedete Geschäftsordnung aufgehoben und ersetzt.

Sie tritt am 1. Juni 2010 in Kraft.

Artikel 37
Veröffentlichung

Die vorliegende Geschäftsordnung wird im *Amtsblatt der Europäischen Union* veröffentlicht.

Sitz der Organe*)

Organe, Sitz

IM GEGENSEITIGEN EINVERNEHMEN GEFASSTER BESCHLUSS DER VERTRETER DER REGIERUNGEN DER MITGLIEDSTAATEN ÜBER DIE FESTLEGUNG DER SITZE DER ORGANE UND BESTIMMTER EINRICHTUNGEN UND DIENSTSTELLEN DER EUROPÄISCHEN GEMEINSCHAFTEN

(92/C 341/01)

(ABl 1992 C 341, 1)

DIE VERTRETER DER REGIERUNGEN DER MITGLIEDSTAATEN –

gestützt auf Artikel 216 *(289)* des Vertrages zur Gründung der Europäischen Wirtschaftsgemeinschaft, Artikel 77 des Vertrages über die Gründung der Europäischen Gemeinschaft für Kohle und Stahl und Artikel 189 des Vertrages zur Gründung der Europäischen Atomgemeinschaft,

unter Hinweis auf den Beschluß vom 8. April 1965, und zwar unbeschadet der darin enthaltenen Bestimmungen über den Sitz künftiger Organe, Einrichtungen und Dienststellen –

BESCHLIESSEN:

Artikel 1. a) Das Europäische Parlament hat seinen Sitz in Straßburg; dort hält es die zwölf monatlich stattfindenden Plenartagungen einschließlich der Haushaltstagung ab. Zusätzliche Plenartagungen finden in Brüssel statt. Die Ausschüsse des Europäischen Parlaments treten in Brüssel zusammen. Das Generalsekretariat des Europäischen Parlaments und dessen Dienststellen verbleiben in Luxemburg.

b) Der Rat hat seinen Sitz in Brüssel. In den Monaten April, Juni und Oktober hält der Rat seine Tagungen in Luxemburg ab.

c) Die Kommission hat ihren Sitz in Brüssel. Die in den Artikeln 7, 8 und 9 des Beschlusses vom 8. April 1965 aufgeführten Dienststellen sind in Luxemburg untergebracht.

d) Der Gerichtshof und das Gericht erster Instanz haben ihren Sitz in Luxemburg.

e) Der Wirtschafts- und Sozialausschuß hat seinen Sitz in Brüssel.

f) Der Rechnungshof hat seinen Sitz in Luxemburg.

g) Die Europäische Investitionsbank hat ihren Sitz in Luxemburg.

Artikel 2. Der Sitz anderer bereits bestehender oder noch zu schaffender Einrichtungen und Dienststellen wird von den Vertretern der Regierungen der Mitgliedstaaten auf einer der nächsten Tagungen des Europäischen Rates im gegenseitigen Einvernehmen unter Berücksichtigung der Vorteile, die obige Bestimmungen für die betreffenden Mitgliedstaaten mit sich bringen, festgelegt; Mitgliedstaaten, in denen derzeit keine Gemeinschaftsinstitution ihren Sitz hat, wird dabei angemessene Priorität eingeräumt.

Artikel 3. Dieser Beschluß tritt am heutigen Tage in Kraft.

---

*) *Hinweis:* Siehe nunmehr das Protokoll Nr. 6 über die Festlegung der Sitze der Organe und bestimmter Einrichtungen, sonstiger Stellen und Dienststellen der Europäischen Union, abgedruckt unter **1/3.**

Erklärung

Die Vertreter der Regierungen der Mitgliedstaaten erklären, daß in Anbetracht des Protokolls betreffend den Wirtschafts- und

Sozialausschuß und den Ausschuß der Regionen im Anhang zum Vertrag über die Gründung der Europäischen Gemeinschaft der Ausschuß der Regionen aufgrund des mit dem Wirtschafts- und Sozialausschuß gemeinsamen organisatorischen Unterbaus ebenfalls seinen Sitz in Brüssel haben wird.

Einseitige Erklärung Luxemburgs

Luxemburg akzeptiert diese Lösung in einem Geist der Kompromißbereitschaft. Es ist allerdings klarzustellen, daß diese Akzeptierung nicht dahingehend ausgelegt werden darf, daß sie einen Verzicht auf die Bestimmungen des Beschlusses vom 8. April 1965 und die in diesem Beschluß enthaltenen Möglichkeiten beinhaltet.

Einseitige Erklärung des Niederlande

Die niederländische Regierung geht als selbstverständlich davon aus, daß der Beschluß von 1965 in Anbetracht der seitdem erfolgten Erweiterung der Gemeinschaft sowie ihrer Organe und Einrichtungen einer ausgewogenen und gerechten Aufteilung der Sitze dieser Organe und Einrichtungen auf die Mitgliedstaaten nicht entgegenstehen darf.

EINVERNEHMLICHER BESCHLUSS DER AUF EBENE DER STAATS- UND REGIERUNGSCHEFS VEREINIGTEN VERTRETER DER REGIERUNGEN DER MITGLIEDSTAATEN ÜBER DIE FESTLEGUNG DES SITZES BESTIMMTER EINRICHTUNGEN UND DIENSTSTELLEN DER EUROPÄISCHEN GEMEINSCHAFTEN SOWIE DES SITZES VON EUROPOL

(93/C 323/01)

(ABl 1993 C 323, 1)

DIE AUF EBENE DER STAATS- UND REGIERUNGSCHEFS VEREINIGTEN VERTRETER DER REGIERUNGEN DER MITGLIEDSTAATEN –

gestützt auf Artikel 216 *(289)* des Vertrages zur Gründung der Europäischen Wirtschaftsgemeinschaft, Artikel 77 des Vertrages über die Gründung der Europäischen Gemeinschaft für Kohle und Stahl und Artikel 189 des Vertrages zur Gründung der Europäischen Atomgemeinschaft,

gestützt auf die Verordnung (EWG) Nr. 1210/90 des Rates vom 7. Mai 1990 zur Errichtung einer Europäischen Umweltagentur und eines Europäischen Umweltinformations- und Umweltbeobachtungsnetzes[1]), insbesondere auf Artikel 20,

gestützt auf die Verordnung (EWG) Nr. 1360/90 des Rates vom 7. Mai 1990 zur Errichtung einer Europäischen Stiftung für Berufsbildung[2]), insbesondere auf Artikel 19,

gestützt auf den Beschluß vom 18. Dezember 1991, mit dem die Kommission die Schaffung des Inspektionsbüros für Veterinär- und Pflanzenschutzkontrollen gebilligt hat,

gestützt auf die Verordnung (EWG) Nr. 302/93 des Rates vom 8. Februar 1993 zur Schaffung einer Europäischen Beobachtungsstelle für Drogen und Drogensucht[3]), insbesondere auf Artikel 19,

gestützt auf die Verordnung (EWG) Nr. 2309/93 des Rates vom 22. Juli 1993 zur Festlegung von Gemeinschaftsverfahren für die Genehmigung und Überwachung von Human- und Tierarzneimitteln und zur Schaffung einer Europäischen Agentur für die Beurteilung von Arzneimitteln[4]), insbesondere auf Artikel 74,

in der Erwägung, daß der Europäische Rat entsprechend dem Aktionsprogramm der Kommission vom 20. November 1989 über die Einführung der Gemeinschaftscharta der sozialen Grundrechte der Arbeitnehmer die Einrichtung der Agentur für Gesundheitsschutz und Sicherheit am Arbeitsplatz vorgesehen hat,

in der Erwägung, daß im Vertrag über die Europäische Union, der am 7. Februar 1992 unterzeichnet wurde und am 1. November 1993 in Kraft tritt, die Schaffung des Europäischen Währungsinstituts und der Europäischen Zentralbank vorgesehen ist,

---

[1]) ABl Nr. L 120 vom 11. 5. 1990, S. 1.
[2]) ABl Nr. L 131 vom 23. 5. 1990, S. 1.

[3]) ABl Nr. L 36 vom 12. 2. 1993, S. 1.
[4]) ABl Nr. L 214 vom 24. 8. 1993, S. 1.

in der Erwägung, daß die Organe der Europäischen Gemeinschaften beabsichtigen, ein Harmonisierungsamt für den Binnenmarkt (Marken, Muster und Modelle) einzurichten,

in der Erwägung, daß gemäß den Schlußfolgerungen des Europäischen Rates von Maastricht die Mitgliedstaaten beabsichtigen, ein Übereinkommen über Europol (Europäisches Polizeiamt) zu schließen, mit dem Europol geschaffen wird und das ferner an die Stelle des Ministerübereinkommens vom 2. Juni 1993 über die Einrichtung der Europol-Drogenstelle treten wird,

in der Erwägung, daß für diese verschiedenen Einrichtungen und Dienststellen die Sitze festzulegen sind,

unter Verweis auf die Beschlüsse vom 8. April 1965 und 12. Dezember 1992 –

BESCHLIESSEN:

Artikel 1. a) Die Europäische Umweltagentur hat ihren Sitz im Gebiet von Kopenhagen.

b) Die Europäische Stiftung für Berufsbildung hat ihren Sitz in Turin.

c) Das Inspektionsbüro für Veterinär- und Pflanzenschutzkontrollen wird seinen Sitz in einer irischen Stadt haben, die von der irischen Regierung noch zu benennen ist.

d) Die Europäische Drogenbeobachtungsstelle hat ihren Sitz in Lissabon.

e) Die Europäische Agentur für die Beurteilung von Arzneimitteln hat ihren Sitz in London.

f) Die Agentur für Gesundheitsschutz und Sicherheit am Arbeitsplatz wird ihren Sitz in einer spanischen Stadt haben, die von der spanischen Regierung noch zu benennen ist.

g) Das Europäische Währungsinstitut und die künftige Europäische Zentralbank werden ihren Sitz in Frankfurt haben.

h) Das Harmonisierungsamt für den Binnenmarkt (Marken, Muster und Modelle), einschließlich seiner Beschwerdekammer, wird seinen Sitz in einer spanischen Stadt haben, die von der spanischen Regierung noch zu benennen ist.

i) Europol sowie die Europol-Drogenstelle werden ihren Sitz in Den Haag haben.

Artikel 2. Dieser Beschluß, der im *Amtsblatt der Europäischen Gemeinschaften* ver-

öffentlicht wird, tritt am heutigen Tage in Kraft.

ERKLÄRUNGEN

Bei der Verabschiedung des vorstehenden Beschlusses am 29. Oktober 1993 haben die Vertreter der Regierungen der Mitgliedstaaten einvernehmlich folgende Erklärungen angenommen:

– Als Sitz des Europäischen Zentrums für die Förderung der Berufsbildung wurde durch die Verordnung (EWG) Nr. 337/75 des Rates vom 10. Februar 1975, die auf Vorschlag der Kommission und nach Anhörung des Europäischen Parlaments vom Rat einstimmig angenommen wurde, Berlin festgelegt. Die Vertreter der Regierungen der Mitgliedstaaten ersuchen die Organe der Europäischen Gemeinschaft vorzusehen, daß Thessaloniki so bald wie möglich als künftiger Sitz festgelegt wird.

Die Kommission hat sich bereit erklärt, bald einen Vorschlag in diesem Sinne vorzulegen.

– Bei den Übersetzungsdiensten der Kommission in Luxemburg wird eine Übersetzungszentrale für die Einrichtungen der Union geschaffen, welche die Übersetzungsdienste leistet, die für die Arbeit der Einrichtungen und Dienstellen erforderlich sind, deren Sitz mit dem vorstehenden Beschluß vom 29. Oktober 1993 festgelegt worden ist; dies betrifft nicht die Übersetzer des Europäischen Währungsinstituts.

– Die Mitgliedstaaten verpflichten sich, die Kandidatur Luxemburgs für den Sitz des Gemeinsamen Berufungsgerichts für Gemeinschaftspatente zu unterstützen, das im Protokoll über die Regelung von Streitigkeiten über die Verletzung und die Rechtsgültigkeit von Gemeinschaftspatenten im Anhang zur Vereinbarung über Gemeinschaftspatente vom 15. Dezember 1989 vorgesehen ist.

Anläßlich der Konferenz der Vertreter der Regierungen der Mitgliedstaaten hat die Kommission bestätigt, daß sie ihre Dienststellen mit Standort in Luxemburg auf Dauer dort unterbringen will.

Schließlich stellten die Mitgliedstaaten fest, daß Haushaltsmittel zur Verfügung stehen, die es der Europäischen Stifung zur Verbesserung der Lebens- und Arbeitsbedingungen mit Sitz in Dublin ermöglichen, einige neue Aufgaben zu erfüllen.

EINVERNEHMLICHER BESCHLUSS DER AUF EBENE DER STAATS- UND REGIERUNGSCHEFS VEREINIGTEN VERTRETER DER MITGLIEDSTAATEN

vom 13. Dezember 2003 über die Festlegung der Sitze bestimmter Ämter, Behörden und Agenturen der Europäischen Union*)

(2004/97/EG, Euratom)

(ABl 2004 L 29, 15)

---

*) Siehe dazu auch die diesem Beschluss vorangestellten Schlussfolgerungen:

SCHLUSSFOLGERUNGEN DER AUF EBENE DER STAATS- UND REGIERUNGSCHEFS VEREINIGTEN VERTRETER DER MITGLIEDSTAATEN
(BRÜSSEL, 13. DEZEMBER 2003)
(Dok. 5381/04)

Die auf Ebene der Staats- und Regierungschefs vereinigten Vertreter der Mitgliedstaaten haben einvernehmlich die Sitze bestimmter Ämter, Behörden und Agenturen der Europäischen Union festgelegt. Dieser Beschluss, der als Anlage beigefügt ist, ergänzt die am 12. Dezember 1992 in Edinburgh und am 29. Oktober 1993 in Brüssel gefassten Beschlüsse.

Die Errichtung dieser Ämter, Behörden und Agenturen – die teils bereits erfolgt ist, teils demnächst erfolgen soll – wird es der Union ermöglichen, in mehreren wichtigen Bereichen – wie z. B. Lebensmittelsicherheit, Flugsicherheit, Netz- und Informationssicherheit, chemische Stoffe, Schienenverkehr, Seuchenprävention und -bekämpfung, justizielle und polizeiliche Zusammenarbeit sowie Sicherheit des Seeverkehrs – verstärkt tätig zu werden.

Im gleichen Zusammenhang haben die im Europäischen Rat vereinigten Vertreter der Mitgliedstaaten betont, dass es wichtig ist, Daten zur Achtung der Menschenrechte zu sammeln und auszuwerten, damit die Menschenrechtspolitik der Union auf dieser Grundlage konzipiert werden kann; deshalb haben sie sich darauf verständigt, die vorhandene Europäische Beobachtungsstelle für Rassismus und Fremdenfeindlichkeit auszubauen und ihr Mandat so auszuweiten, dass sie zu einem Amt für Menschenrechte wird. Die Kommission hat sich ferner damit einverstanden erklärt und ihre Absicht bekundet, einen Vorschlag zu unterbreiten, mit dem die Verordnung Nr. 1035/97 des Rates vom 2. Juni 1997 entsprechend geändert wird.

Die Vertreter der Mitgliedstaaten begrüßten auch die Absicht der Kommission, vor Ende März 2004 einen Vorschlag für die Errichtung einer Fischereiaufsichtsbehörde der Gemeinschaft zu unterbreiten: Sie kamen überein, dass eine derartige Behörde umgehend zu errichten ist und dass sie ihren Sitz in Spanien haben wird.

Abschließend kamen die auf Ebene der Staats- und Regierungschefs vereinigten Vertreter der Mitgliedstaaten überein, den beitretenden Staaten nach ihrem Beitritt zur Union bei der Verteilung der Sitze von anderen künftig zu errichtenden Ämtern oder Agenturen Vorrang einzuräumen, wobei das Amt des Europäischen Staatsanwalts, sofern es errichtet wird, jedoch gemäß dem Beschluss vom 8. April 1965 seinen Sitz in Luxemburg haben wird.

DIE AUF EBENE DER STAATS- UND REGIERUNGSCHEFS VEREINIGTEN VERTRETER DER MITGLIEDSTAATEN –

gestützt auf Artikel 289 des Vertrags zur Gründung der Europäischen Gemeinschaft und Artikel 189 des Vertrags zur Gründung der Europäischen Atomgemeinschaft, in Erwägung nachstehender Gründe:

(1) Durch den Beschluss 2000/820/JI des Rates vom 22. Dezember 2000 ist eine Europäische Polizeiakademie (EPA) errichtet worden[1].

(2) Durch die Verordnung (EG) Nr. 178/2002 des Europäischen Parlaments und des Rates[2] ist die Europäische Behörde für Lebensmittelsicherheit errichtet worden.

(3) Durch den Beschluss 2002/187/JI des Rates[3] ist Eurojust errichtet worden.

(4) Durch die Verordnung (EG) Nr. 1406/2002 des Europäischen Parlaments und des Rates[4] ist eine Europäische Agentur für die Sicherheit des Seeverkehrs errichtet worden.

(5) Durch die Verordnung (EG) Nr. 1592/2002 des Europäischen Parlaments und des Rates[5] ist eine Europäische Agentur für Flugsicherheit errichtet worden.

---

[1] ABl. L 336 vom 30.12.2000, S. 1.

[2] ABl. L 31 vom 1.2.2002, S. 1. Verordnung geändert durch die Verordnung (EG) Nr. 1642/2003 (ABl. L 245 vom 29.9.2003, S. 4)

[3] ABl. L 63 vom 6.3.2002, S. 1. Beschluss geändert durch den Beschluss 2003/659/JI (ABl. L 245 vom 29.9.2003, S. 44).

[4] ABl. L 208 vom 5.8.2002, S. 1. Verordnung geändert durch die Verordnung (EG) Nr. 1644/2003 (ABl. L 245 vom 29.9.2003, S. 10).

[5] ABl. L 240 vom 7.9.2002, S. 1. Verordnung zuletzt geändert durch die Verordnung (EG) Nr. 1701/2003 der Kommission (ABl. L 243 vom 27.9.2003, S. 5).

(6) Auf der Grundlage des am 24. Januar 2002 von der Kommission unterbreiteten Vorschlags ist die Einrichtung einer Europäischen Eisenbahnagentur geplant[6]).

(7) Auf der Grundlage des am 11. Februar 2003 von der Kommission unterbreiteten Vorschlags ist die Einrichtung eines Europäischen Amts für Netz- und Informationssicherheit geplant.

(8) Auf der Grundlage des am 8. August 2003 von der Kommission unterbreiteten Vorschlags ist die Einrichtung eines Europäischen Zentrums für Seuchenprävention und -bekämpfung geplant.

(9) Auf der Grundlage eines von der Kommission am 29. Oktober 2003 unterbreiteten Vorschlags ist die Einrichtung eines Europäischen Amts für chemische Stoffe geplant.

(10) Für diese verschiedenen Ämter, Behörden und Agenturen sollten die Sitze festgelegt werden –

BESCHLIESSEN:

Artikel 1

a) Die Europäische Polizeiakademie hat ihren Sitz in Bramshill.

---

[6]) ABl. C 126 E vom 28.5.2002, S. 323.

b) Die Europäische Behörde für Lebensmittelsicherheit hat ihren Sitz in Parma.

c) Eurojust hat seinen Sitz in Den Haag.

d) Die Europäische Agentur für die Sicherheit des Seeverkehrs hat ihren Sitz in Lissabon.

e) Die Europäische Agentur für Flugsicherheit hat ihren Sitz in Köln.

f) Die Europäische Eisenbahnagentur hat ihren Sitz in Lille- Valenciennes.

g) Das Europäische Amt für Netz- und Informationssicherheit wird seinen Sitz in einer griechischen Stadt haben, die von der griechischen Regierung noch zu benennen ist.

h) Das Europäische Zentrum für Seuchenprävention und -bekämpfung wird seinen Sitz in einer schwedischen Stadt haben, die von der schwedischen Regierung noch zu benennen ist.

i) Das Europäische Amt für chemische Stoffe hat seinen Sitz in Helsinki.

Artikel 2

Dieser Beschluss, der im *Amtsblatt der Europäischen Union* veröffentlicht wird, tritt am heutigen Tag in Kraft.

Geschehen zu Brüssel am 13. Dezember 2003.

BESCHLUSS*)
der Vertreter der Regierungen der Mitgliedstaaten über die vorläufige Unterbringung bestimmter Organe und Dienststellen der Gemeinschaften (67/446/EWG)

(67/30/Euratom)

(ABl 1967/152, 18)

DIE VERTRETER DER REGIERUNGEN DER MITGLIEDSTAATEN –

gestützt auf Artikel 37 des Vertrages zur Einsetzung eines gemeinsamen Rates und einer gemeinsamen Kommission der Europäischen Gemeinschaften,

in der Erwägung, daß unbeschadet der Anwendung des Artikels 77 des Vertrages über die Gründung der Europäischen Gemeinschaft für Kohle und Stahl, des Artikels 216 *(289)* des Vertrages zur Gründung der Europäischen Wirtschaftsgemeinschaft, des Artikels 189 des Vertrages zur Gründung der Europäischen Atomgemeinschaft und des Artikels 1 Absatz 2 des Protokolls über die Satzung der Europäischen Investitionsbank bei der Einsetzung eines gemeinsamen Rates und einer gemeinsamen Kommission der Europäischen Gemeinschaften zur Regelung einiger besonderer Probleme des Großherzogtums Luxemburg als vorläufiger Arbeitsort bestimmter Organe und Dienststellen Luxemburg festzulegen ist –

BESCHLIESSEN:

Artikel 1. Luxemburg, Brüssel und Straßburg bleiben vorläufige Arbeitsorte der Organe der Gemeinschaften.

Artikel 2. Der Rat hält seine Tagungen in den Monaten April. Juni und Oktober in Luxemburg ab.

Artikel 3. Der Gerichtshof bleibt in Luxemburg.

Die Organe mit richterlichen und quasi-richterlichen Aufgaben, einschließlich der für die Durchführung der Wettbewerbsregeln zuständigen Stellen, die auf Grund der Verträge zur Gründung der Europäischen Gemeinschaft für Kohle und Stahl, der Europäischen Wirtschaftsgemeinschaft und der Europäischen Atomgemeinschaft oder auf Grund von Übereinkünften im Rahmen der Gemeinschaften zwischen Mitgliedstaaten oder mit dritten Ländern bestehen oder noch einzurichten sind, werden ebenfalls in Luxemburg untergebracht.

Artikel 4. Das Generalsekretariat des Europäischen Parlaments und seine Dienststellen bleiben in Luxemburg.

Artikel 5. Die Europäische Investitionsbank wird in Luxemburg untergebracht, wo ihre leitenden Organe zusammentreten und ihre gesamte Tätigkeit ausgeübt wird.

Dies gilt insbesondere für die Entwicklung der derzeitigen, namentlich der in Artikel 130 *(157)* des Vertrages zur Gründung der Europäischen Wirtschaftsgemeinschaft umschriebenen Tätigkeit, für eine etwaige Ausdehnung dieser Tätigkeit auf andere Gebiete und für neue Aufgaben, die der Bank gegebenenfalls übertragen werden.

In Luxemburg wird eine Verbindungsstelle zwischen der Kommission und der Europäischen Investitionsbank eingerichtet, insbesondere um die Geschäfte des Europäischen Entwicklungsfonds zu erleichtern.

Artikel 6. Der Währungsausschuß tritt in Luxemburg und in Brüssel zusammen.

Artikel 7. Die für finanzielle Interventionen zuständigen Dienststellen der Europäischen Gemeinschaft für Kohle und Stahl werden in Luxemburg untergebracht. Diese Dienststellen umfassen die Generaldirektion Kredit und Investitionen sowie die mit der Erhebung der Umlage betrauten Dienststellen und die dazugehörigen Buchhaltungen.

Artikel 8. Ein Amt für amtliche Veröffentlichungen der Gemeinschaften, dem eine gemeinsame Vertriebsstelle und eine Dienststelle für mittel- und langfristig zu erledi-

---

*) Beachte zuvor die obenstehenden Beschlüsse von 1992 und 1993.

gende Übersetzungen angegliedert werden, wird in Luxemburg untergebracht.

Artikel 9. Ferner werden folgende Dienststellen der Kommission in Luxemburg untergebracht:

a) das Statistische Amt und die Dienststelle Rechenzentrum;

b) die Dienststellen der Europäischen Wirtschaftsgemeinschaft und der Europäischen Gemeinschaft für Kohle und Stahl für Gesundheitsschutz und Betriebssicherheit;

c) die Generaldirektion Verbreitung der Kenntnisse, die Direktion Gesundheitsschutz, die Direktion Sicherheitskontrolle der Europäischen Atomgemeinschaft

sowie die erforderlichen Verwaltungs- und technischen Einrichtungen.

Artikel 10. Die Regierungen der Mitgliedstaaten sind bereit, andere Gemeinschaftseinrichtungen und -dienststellen, insbesondere auf dem Gebiet der Finanzen, in Luxemburg unterzubringen oder dorthin zu verlegen, vorausgesetzt, daß ein reibungsloses Funktionieren dieser Einrichtungen und Dienststellen gewährleistet ist.

Zu diesem Zweck fordern sie die Kommission auf, ihnen alljährlich einen Bericht über die Lage hinsichtlich der Unterbringung der Gemeinschaftseinrichtungen und -dienststellen und über die Möglichkeiten für neue Maßnahmen im Sinne dieser Bestimmung unter Berücksichtigung der Notwendigkeit einer reibungslosen Tätigkeit der Gemeinschaften vorzulegen.

Artikel 11. Um eine reibungslose Tätigkeit der Europäischen Gemeinschaft für Kohle und Stahl zu gewährleisten, wird die Kommission aufgefordert, für eine schrittweise und koordinierte Verlegung der Dienststellen zu sorgen und dabei die Dienststellen für die Verwaltung des Kohle- und Stahlmarktes zuletzt zu verlegen.

Artikel 12. Vorbehaltlich der vorstehenden Bestimmungen werden die sich aus früheren Beschlüssen der Regierungen ergebenden vorläufigen Arbeitsorte der Organe und Dienststellen der Europäischen Gemeinschaften sowie die durch die Einsetzung eines gemeinsamen Rates und einer gemeinsamen Kommission bedingte Neugruppierung der Dienststellen von diesem Beschluß nicht berührt.

Artikel 13. Dieser Beschluß tritt am gleichen Tag in Kraft wie der Vertrag zur Einsetzung eines gemeinsamen Rates und einer gemeinsamen Kommission der Europäischen Gemeinschaften.

4/1. Amtssprache/EG

Art. 1 – 8

Amtssprache

Verordnung über die Amtssprache/EG

Amtssprache

(ABl 1958, 385 idF ABl 2006 L 363, 1)
(Änderungen gemäß ABl 1972 L 73, 122, ABl 1973 L 2, 27, ABl 1979 L 291, 113, ABl 1985
L 302, 242, ABl 1995 L 1, 218, ABl 2003 L 236, 33, ABl 2005 L 156, 3*) und
ABl 2006 L 363, 1, ABl 2010 L 343, 5*))

VERORDNUNG Nr. 1
zur Regelung der Sprachenfrage für die Europäische Wirtschaftsgemeinschaft

DER RAT DER EUROPÄISCHEN WIRTSCHAFTSGEMEINSCHAFT,

gestützt auf Artikel 217 *(290)* des Vertrages, nach dem die Regelung der Sprachenfrage für die Organe der Gemeinschaft unbeschadet der Verfahrensordnung des Gerichtshofes vom Rat einstimmig getroffen wird,

in der Erwägung, daß jede der vier Sprachen, in denen der Vertrag abgefaßt ist, in einem oder in mehreren Mitgliedstaaten der Gemeinschaft Amtssprache ist,

HAT FOLGENDE VERORDNUNG ERLASSEN:

Artikel 1. Die Amtssprachen und die Arbeitssprachen der Organe der Union sind Bulgarisch, Dänisch, Deutsch, Englisch, Estnisch, Finnisch, Französisch, Griechisch, Irisch, Italienisch, Lettisch, Litauisch, Maltesisch, Niederländisch, Polnisch, Portugiesisch, Rumänisch, Schwedisch, Slowakisch, Slowenisch, Spanisch, Tschechisch und Ungarisch.

Artikel 2. Schriftstücke, die ein Mitgliedstaat oder eine der Hoheitsgewalt eines Mitgliedstaates unterstehende Person an Organe der Gemeinschaft richtet, können nach Wahl des Absenders in einer der Amtssprachen abgefaßt werden. Die Antwort ist in derselben Sprache zu erteilen.

Artikel 3. Schriftstücke, die ein Organ der Gemeinschaft an einen Mitgliedstaat oder an eine der Hoheitsgewalt eines Mitgliedstaates unterstehende Person richtet, sind in der Sprache dieses Staates abzufassen.

Artikel 4. Verordnungen und andere Schriftstücke von allgemeiner Geltung werden in den zwanzig Amtssprachen abgefasst.

Artikel 5. Das *Amtsblatt der Europäischen Union* erscheint in den Amtssprachen.

Artikel 6. Die Organe der Gemeinschaft können in ihren Geschäftsordnungen festlegen, wie diese Regelung der Sprachenfrage im einzelnen anzuwenden ist.

Artikel 7. Die Sprachenfrage für das Verfahren des Gerichtshofes wird in dessen Verfahrensordnung geregelt.

Artikel 8. Hat ein Mitgliedstaat mehrere Amtssprachen, so bestimmt sich der Gebrauch der Sprache auf Antrag dieses Staates nach den auf seinem Recht beruhenden allgemeinen Regeln.

Diese Verordnung ist in allen ihren Teilen verbindlich und gilt unmittelbar in jedem Mitgliedstaat.

---

*) Betrifft befristete Ausnahmeregelungen/irische Sprache.

Verordnung (EG) Nr. 1738/2006 des Rates

vom 23. November 2006

zur Änderung der Verordnung (EG) Nr. 930/2004 über eine befristete Ausnahmeregelung für die Abfassung von Rechtsakten der Organe der Europäischen Union in maltesischer Sprache

(ABl 2006 L 329, 1)

DER RAT DER EUROPÄISCHEN UNION –

gestützt auf den Vertrag zur Gründung der Europäischen Gemeinschaft, insbesondere auf Artikel 290,

gestützt auf den Vertrag über die Europäische Union, insbesondere auf die Artikel 28 und 41,

gestützt auf die Verordnung Nr. 1 vom 15. April 1958 zur Regelung der Sprachenfrage für die Europäische Wirtschaftsgemeinschaft[1]) und auf die Verordnung Nr. 1 vom 15. April 1958 zur Regelung der Sprachenfrage für die Europäische Atomgemeinschaft[2]), beide zusammen im Folgenden „Verordnung Nr. 1" genannt,

gestützt auf die Verordnung (EG) Nr. 930/2004 des Rates vom 1. Mai 2004 über eine befristete Ausnahmeregelung für die Abfassung von Rechtsakten der Organe der Europäischen Union in maltesischer Sprache[3]), insbesondere auf die Artikel 2 und 3,

in Erwägung nachstehender Gründe:

(1) Mit der Verordnung (EG) Nr. 930/2004 hat der Rat beschlossen, dass die Organe der Europäischen Union abweichend von der Verordnung Nr. 1 ab dem 1. Mai 2004 für einen Zeitraum von drei Jahren von der Verpflichtung entbunden sind, alle Rechtsakte in maltesischer Sprache abzufassen und sie in dieser Sprache im Amtsblatt der Europäischen Union zu veröffentlichen.

(2) Bei dieser Gelegenheit ist der Rat in Artikel 2 der Verordnung (EG) Nr. 930/2004 übereingekommen, dass er spätestens 30 Monate nach ihrer Annahme die Funktionsweise jener Verordnung überprüfen und entscheiden werde, ob die Geltungsdauer um ein weiteres Jahr verlängert werden solle.

(3) Seit Beginn der Übergangszeit haben sich die Bedingungen für die Übersetzung aus dem Mal-

tesischen und ins Maltesische erheblich verbessert, so dass eine Verlängerung der befristeten Ausnahmeregelung nicht gerechtfertigt ist. Mit Beschluss vom 24. Oktober 2006 hat der Rat deshalb beschlossen, dass keine Veranlassung für eine solche Verlängerung besteht. Somit läuft die Übergangszeit am 30. April 2007 ab.

(4) Nach Artikel 3 der Verordnung (EG) Nr. 930/2004 werden jedoch bis zum Ende der Übergangszeit alle Rechtsakte, die zu diesem Zeitpunkt noch nicht in maltesischer Sprache veröffentlicht sind, auch in dieser Sprache veröffentlicht. Es dürfte sich jedoch als sehr schwierig erweisen, alle diese Rechtsakte bis zu dem auf den 30. April 2007 folgenden Tag zu übersetzen und zu veröffentlichen. Daher sollte jener Artikel 3 geändert werden, um den Organen eine zusätzliche Frist einzuräumen, damit sie sämtliche Rechtsakte, die am Ende der Übergangszeit noch nicht in maltesischer Sprache veröffentlicht sein werden, bewältigen können –

HAT FOLGENDE VERORDNUNG ERLASSEN:

Artikel 1

Artikel 3 der Verordnung erhält folgende Fassung:

„Artikel 3

Alle Rechtsakte, die am 30. April 2007 noch nicht in maltesischer Sprache veröffentlicht sind, werden bis zum 31. Dezember 2008 auch in dieser Sprache veröffentlicht."

Artikel 2

Diese Verordnung tritt am Tage nach ihrer Veröffentlichung im Amtsblatt der Europäischen Union in Kraft.

Diese Verordnung ist in allen ihren Teilen verbindlich und gilt unmittelbar in jedem Mitgliedstaat.

Geschehen zu Brüssel am 23. November 2006.

---

[1]) ABl. 17 vom 6.10.1958, S. 385/58. Zuletzt geändert durch die Verordnung (EG) Nr. 920/2005 (ABl. L 156 vom 18.6.2005, S. 3).

[2]) ABl. 17 vom 6.10.1958, S. 401/58. Zuletzt geändert durch die Verordnung (EG) Nr. 920/2005.

[3]) ABl. L 169 vom 1.5.2004, S. 1.

4/3. Zusätzliche Sprachen

Schlussfolgerungen des Rates

vom 13. Juni 2005

über den amtlichen Gebrauch zusätzlicher Sprachen im Rat und gegebenenfalls in anderen Organen und Einrichtungen der Europäischen Union

(ABl 2005 C 148,1)

1. Die vorliegenden Schlussfolgerungen beziehen sich auf Sprachen, die nicht unter die Verordnung Nr. 1/1958 des Rates fallen und deren Status durch die Verfassung eines Mitgliedstaats im gesamten Hoheitsgebiet desselben oder in einem Teil davon anerkannt wird oder deren Gebrauch als Landessprache gesetzlich zulässig ist.

2. Der Rat ist der Auffassung, dass bei den Bemühungen um mehr Bürgernähe der Union der Reichtum und die Vielfalt ihrer Sprachen stärker berücksichtigt werden müssen.

3. Ferner ist der Rat der Ansicht, dass die Möglichkeit der Bürger, in ihren Beziehungen mit den Institutionen zusätzliche Sprachen verwenden zu können, ein wichtiger Faktor ist, wenn erreicht werden soll, dass sich die Unionsbürger mit den politischen Vorhaben der Europäischen Union stärker identifizieren.

4. Der amtliche Gebrauch der unter Nummer 1 genannten Sprachen im Rat wird auf der Grundlage einer Verwaltungsvereinbarung zwischen dem Rat und dem antragstellenden Mitgliedstaat genehmigt; dies gilt gegebenenfalls auch für ein anderes Organ oder eine andere Einrichtung der Union auf der Grundlage einer ähnlichen Verwaltungsvereinbarung.

5. Diese Vereinbarungen werden im Einklang mit dem Vertrag sowie den entsprechenden Durchführungsbestimmungen geschlossen und müssen die vorgenannten Bedingungen erfüllen. Die mit der Umsetzung dieser Verwaltungsvereinbarungen durch die Organe und Einrichtungen der Union verbundenen direkten oder indirekten Kosten gehen zu Lasten des antragstellenden Mitgliedstaats.

a) *Veröffentlichung der vom Europäischen Parlament und vom Rat im Mitentscheidungsverfahren angenommenen Rechtsakte*

Die Regierung eines Mitgliedstaats kann dem Europäischen Parlament und dem Rat eine beglaubigte Übersetzung der im Mitentscheidungsverfahren angenommenen Rechtsakte in eine der unter Nummer 1 genannten Sprachen übermitteln. Der Rat verwahrt diese Übersetzung in seinen Archiven und stellt auf Antrag eine Abschrift zur Verfügung. Er sorgt für die Veröffentlichung der Übersetzungen auf seiner Website. In beiden Fällen wird darauf hingewiesen, dass diese Übersetzungen keine Rechtswirkung haben.

b) *Mündliche Beiträge auf einer Tagung des Rates und gegebenenfalls anderer Organe oder Einrichtungen der Union*

Gegebenenfalls kann die Regierung eines Mitgliedstaats den Rat und eventuell andere Organe oder Einrichtungen (Europäisches Parlament oder Ausschuss der Regionen) ersuchen, bei mündlichen Beiträgen (passive Verdolmetschung) eines der Mitglieder des betroffenen Organs oder der Einrichtung auf einer Tagung den Gebrauch einer der unter Nummer 1 genannten Sprachen zu gestatten. Was den Rat anbelangt, so wird diesem Antrag in der Regel stattgegeben, sofern er in angemessenem zeitlichem Abstand zur Tagung eingereicht wird und die erforderlichen personellen und materiellen Mittel zur Verfügung stehen.

c) *Schriftliche Mitteilungen an die Organe oder Einrichtungen der Union*

Die Mitgliedstaaten können einen Rechtsakt annehmen, der vorsieht, dass die Bürger, die an ein Organ oder eine Einrichtung der Union eine Mitteilung in einer der unter Nummer 1 genannten Sprachen richten möchten, diese an eine von der Regierung des Mitgliedstaats zu benennende Stelle senden können. Diese Stelle leitet den Wortlaut der Mitteilungen dann an das/die entsprechende Organ/Einrichtung weiter, zusammen mit einer Übersetzung in die jeweilige Sprache des Mitgliedstaats gemäß der Verordnung Nr. 1/1958. Dasselbe Verfahren gilt entsprechend für die Antwort des betroffenen Organs oder der Einrichtung.

Ist dem Organ oder der Einrichtung der Union eine Frist für die Antwort gesetzt, so beginnt diese ab dem Zeitpunkt, zu dem das betroffene Organ oder die Einrichtung von dem Mitgliedstaat die Übersetzung in eine der Sprachen gemäß der Verordnung Nr. 1/1958 des Rates erhalten hat. Sie endet mit dem Zeitpunkt, zu dem das Organ oder die Einrichtung der Union seine/ihre Antwort an die zuständige Stelle des Mitgliedstaats in der letztgenannten Sprache versendet hat.

Der Rat ersucht die anderen Organe, Verwaltungsvereinbarungen auf dieser Grundlage zu schließen.

Verordnung über die
Amtssprache/Euratom

(Hinweis)

Im Bereich der Europäischen Atomgemeinschaft gilt die Verordnung Nr. 1 zur Regelung der Sprachenfrage für die Europäische Atomgemeinschaft ABl 1958, 401 des Rates der EAG idF zuletzt ABl 1995 L 1, 219.

Sie ist – mit Ausnahme des Titels und der Bezugnahme auf Art 190 Euratom V (BGBl 1995/47 idF BGBl 1995/45 und ABl 1995 L 1, 1) – wortgleich mit der Amtsspracheverordnung/EG (*4/1.).

Kundmachungswesen

Kundmachung

Amtsblatt der Europäischen Gemeinschaften/EG

ENTSCHEIDUNG

über die Gründung des „Amtsblattes der Europäischen Gemeinschaften"
(ABl 1958, 390)

DER RAT DER EUROPÄISCHEN WIRTSCHAFTSGEMEINSCHAFT,

gestützt auf Artikel 191 *(254)* des Vertrages zur Gründung der Europäischen Wirtschaftsgemeinschaft,

gestützt auf die Vorschläge des Präsidenten des Europäischen Parlaments sowie der Präsidenten der Hohen Behörde, der Kommission der Europäischen Wirtschaftsgemeinschaft und der Kommission der Europäischen Atomgemeinschaft,

in der Erwägung, daß es zweckmäßig ist, daß die Europäische Wirtschaftsgemeinschaft, die Europäische Gemeinschaft für Kohle und Stahl und die Europäische Atomgemeinschaft über ein gemeinsames Amtsblatt verfügen,

BESCHLIESST:

als Amtsblatt der Gemeinschaft im Sinne des Artikels 191 des Vertrages zur Gründung der Europäischen Wirtschaftsgemeinschaft das *Amtsblatt der Europäischen Gemeinschaften* zu gründen.

Geschehen zu Brüssel am 15. September 1958

Amtsblatt der Europäischen Gemeinschaften/Euratom

(Hinweis)

Im Bereich der Europäischen Atomgemeinschaft gilt die Entscheidung ABl 1958, 419 des Rates der EAG. Sie ist – mit Ausnahme der Bezugnahme auf Art 163 Euratom V – wortgleich mit der Entscheidung/ EG (***5/1**).

Amtsblatt/Erscheinungsform

ABl 1968 L 30, *15ff*

AN UNSERE ABONNENTEN

Das laufende Abonnement endete am 31. Dezember 1967.

Um keine Unterbrechung in der Zustellung eintreten zu lassen, kann das Abonnement zu den bei den einzelnen Vertriebsbüros geltenden Bedingungen (siehe letzte Seite dieser Ausgabe) erneuert werden.

Der Bezugspreis des Jahresabonnements beträgt 120, – DM (1 500, – bfrs).

Am 1. Januar 1968 wurde die Erscheinungsform des Amtsblatts geändert.

Die zu veröffentlichenden Texte werden auf zwei Ausgaben aufgeteilt:

– eine Ausgabe, die im Prinzip täglich erscheint, enthält alle Texte mit gesetzgebendem Charakter (Ausgabe „L“);

– die andere Ausgabe, die unregelmäßig erscheint, enthält Mitteilungen und Bekanntmachungen (Ausgabe „C“).

Die äußere Aufmachung des Amtsblatts wurde ebenfalls geändert.

Beide Teile („L“ und „C“) bilden zusammen die vollständige Ausgabe des *Amtsblatts der Europäischen Gemeinschaften*. Abonnements für eine der beiden Ausgaben können nicht bestellt werden.

MITTEILUNG AN DIE ABONNENTEN

Ab 1. Januar 1968 erscheint das Amtsblatt in zwei verschiedenen Ausgaben, bezeichnet mit den Buchstaben L und C.

Die gesetzgebenden Texte sind enthalten in der Ausgabe L (Rechtsvorschriften); alle anderen Texte sind in der Ausgabe C (Mitteilungen und Bekanntmachungen) enthalten.

Um dem Leser den Gebrauch des Amtsblatts zu vereinfachen, ist nachstehend eine Übersicht der Texte zusammengestellt, die in den beiden genannten Ausgaben veröffentlicht werden:

Kundmachung

L Rechtsvorschriften

I. *Veröffentlichungsbedürftige Rechtsakte*

Verordnungen (EWG – EAG) des Rates und der Kommission

Änderungen der Verordnungen Nrn. 3 und 4 betreffend die soziale Sicherheit der Wanderarbeitnehmer

Allgemeine Entscheidungen und Empfehlungen (EGKS) der Kommission

Verfahrensvorschriften des Gerichtshofes sowie Urteile und Verfügungen des Gerichtshofes betreffend Änderung oder Annullierung eines der oben genannten Rechtsakte

II. *Nicht veröffentlichungsbedürftige Rechtsakte*

Internationale Abkommen

Entscheidungen: Konferenz der Vertreter der Regierungen der Mitgliedstaaten, Rat (EWG – EAG), Kommission (EWG – EAG – EGKS), an Einzelpersonen gerichtete individuelle Empfehlungen (EGKS) der Kommission

Richtlinien: Rat (EWG – EAG), Kommission (EWG – EAG), an die Mitgliedstaaten gerichtete individuelle Empfehlungen (EGKS) der Kommission

Empfehlungen (EWG – EAG): Rat und Kommission

Stellungnahmen: Rat (EWG – EAG), Kommission (EWG – EAG – EGKS)

Forschungsprogramme Euratom (Rat EAG)

Haushaltspläne

Finanzordnungen

Geschäftsordnungen

Dienstanweisungen für den Kanzler (Gerichtshof)

Urteile oder Verfügungen des Gerichtshofes betreffend Annullierung oder Änderung eines der oben genannten Rechtsakte

(Fortsetzung siehe nächste Seite)

(Fortsetzung)

C Mitteilungen und Bekanntmachungen

I. *Mitteilungen*

Sitzungsprotokolle des Europäischen Parlaments

Schriftliche Anfragen und Antworten (Europäisches Parlament)

Klagen, Urteile, Verfügungen (Gerichtshof)

Beschlüsse des Gerichtshofes (Ernennungen, Zusammensetzung und Zuständigkeit der Kammern)

Missionen und Beglaubigungsschreiben

Entschließungen (Konferenz der Vertreter der Regierungen der Mitgliedstaaten – Rat)

Vorausschätzungsprogramme EGKS (Kommission)

Allgemeine Ziele EGKS (Kommission)

Einnahmen und Ausgaben – Bilanz (EGKS) (Kommission)

Entscheidungen der Verwaltungskommission für die soziale Sicherheit der Wanderarbeitnehmer

Verschiedene Mitteilungen (alle Institutionen)

II. *Vorbereitende Rechtsakte*

Vorschläge (EWG – EAG) (Kommission)

Stellungnahmen (Europäisches Parlament [1], Wirtschafts- und Sozialausschuß und Beratender Ausschuß EGKS)

Zustimmungen EGKS (Rat)

Konsultationen EGKS (Rat und Beratender Ausschuß)

III. *Bekanntmachungen*

Bekanntmachungen des Europäischen Entwicklungsfonds (Kommission)

Bekanntmachungen an die Unternehmen

Ausschreibungen des Europäischen Entwicklungsfonds

Stellenausschreibungen

---

[1] Hinweis auf das Sitzungsprotokoll, in welchem sich die Stellungnahme befindet.

5/3. In-Kraft-Treten

EG, EAG: Rat-, KomVO

Verordnung (EWG, Euratom)
Nr. 1182/71 des Rates

vom 3. Juni 1971 zur Festlegung der Regeln für die Fristen, Daten und Termine

(ABl 1971 L 124, 2)

DER RAT DER EUROPÄISCHEN GEMEINSCHAFTEN –

gestützt auf den Vertrag zur Gründung der Europäischen Wirtschaftsgemeinschaft, insbesondere auf Artikel 235 *(308)*,

gestützt auf den Vertrag zur Gründung der Europäischen Atomgemeinschaft, insbesondere auf Artikel 203,

auf Vorschlag der Kommission,

nach Stellungnahme des Europäischen Parlaments,

in Erwägung nachstehender Gründe:

Zahlreiche Rechtsakte des Rates und der Kommission setzen Fristen, Daten oder Termine fest und verwenden die Begriffe des Arbeitstags oder des Feiertags.

Für diesen Bereich sind einheitliche allgemeine Regeln festzulegen.

In Ausnahmefällen kann es notwendig sein, daß bestimmte Rechtsakte des Rates oder der Kommission von diesen allgemeinen Regeln abweichen.

Für die Verwirklichung der Ziele der Gemeinschaften müssen die einheitliche Anwendung des Gemeinschaftsrechts gewährleistet und infolgedessen die allgemeinen Regeln für die Fristen, Daten und Termine festgelegt werden.

In den Verträgen sind keine Befugnisse zur Festlegung solcher Regeln vorgesehen –

HAT FOLGENDE VERORDNUNG ERLASSEN:

Artikel 1. Diese Verordnung gilt, soweit nichts anderes bestimmt ist, für die Rechtsakte, die der Rat und die Kommission auf Grund des Vertrages zur Gründung der Europäischen Wirtschaftsgemeinschaft oder des Vertrages zur Gründung der Europäischen Atomgemeinschaft erlassen haben bzw. erlassen werden.

KAPITEL I
Fristen

Artikel 2. (1) Für die Anwendung dieser Verordnung sind die Feiertage zu berücksichtigen, die als solche in dem Mitgliedstaat oder in dem Organ der Gemeinschaften vorgesehen sind, bei dem eine Handlung vorgenommen werden soll.

Zu diesem Zweck übermittelt jeder Mitgliedstaat der Kommission die Liste der Tage, die nach seinen Rechtsvorschriften als Feiertage vorgesehen sind. Die Kommission veröffentlicht im *Amtsblatt der Europäischen Gemeinschaften* die von den Mitgliedstaaten übermittelten Listen, die durch Angabe der in den Organen der Gemeinschaften als Feiertage vorgesehenen Tage ergänzt worden sind.

(2) Für die Anwendung dieser Verordnung sind als Arbeitstage alle Tage außer Feiertagen, Sonntagen und Sonnabenden zu berücksichtigen.

Artikel 3. (1) Ist für den Anfang einer nach Stunden bemessenen Frist der Zeitpunkt maßgebend, in welchem ein Ereignis eintritt oder eine Handlung vorgenommen wird, so wird bei der Berechnung dieser Frist die Stunde nicht mitgerechnet, in die das Ereignis oder die Handlung fällt.

Ist für den Anfang einer nach Tagen, Wochen, Monaten oder Jahren bemessenen Frist der Zeitpunkt maßgebend, in welchem ein Ereignis eintritt oder eine Handlung vorgenommen wird, so wird bei der Berechnung dieser Frist der Tag nicht mitgerechnet, in den das Ereignis oder die Handlung fällt.

(2) Vorbehaltlich der Absätze 1 und 4 gilt folgendes:

a) Eine nach Stunden bemessene Frist beginnt am Anfang der ersten Stunde und endet mit Ablauf der letzten Stunde der Frist.

b) Eine nach Tagen bemessene Frist beginnt am Anfang der ersten Stunde des ersten Tages und endet mit Ablauf der letzten Stunde des letzten Tages der Frist.

c) Eine nach Wochen, Monaten oder Jahren bemessene Frist beginnt am Anfang der ersten Stunde des ersten Tages der Frist und endet mit Ablauf der letzten Stunde des Tages der letzten Woche, des letzten Monats oder des letzten Jahres, der dieselbe Bezeichnung oder dieselbe Zahl wie der Tag des Fristbeginns trägt. Fehlt bei einer nach Monaten oder Jahren bemessenen Frist im letzten Monat der für ihren Ablauf maßgebende Tag, so endet die Frist mit Ablauf der letzten Stunde des letzten Tages dieses Monats.

d) Umfaßt eine Frist Monatsbruchteile, so wird bei der Berechnung der Monatsbruchteile ein Monat von dreißig Tagen zugrunde gelegt.

(3) Die Fristen umfassen die Feiertage, die Sonntage und die Sonnabende, soweit diese nicht ausdrücklich ausgenommen oder die Fristen nach Arbeitstagen bemessen sind.

(4) Fällt der letzte Tag einer nicht nach Stunden bemessenen Frist auf einen Feiertag, einen Sonntag oder einen Sonnabend, so endet die Frist mit Ablauf der letzten Stunde des folgenden Arbeitstags.

Diese Bestimmung gilt nicht für Fristen, die von einem bestimmten Datum oder einem bestimmten Ereignis an rückwirkend berechnet werden.

(5) Jede Frist von zwei oder mehr Tagen umfaßt mindestens zwei Arbeitstage.

KAPITEL II

Daten und Termine

Artikel 4. (1) Artikel 3, mit Ausnahme der Absätze 4 und 5, gilt vorbehaltlich der Bestimmungen dieses Artikels für die Fristen des Inkrafttretens, des Wirksamwerdens, des Anwendungsbeginns, des Ablaufs der Geltungsdauer, des Ablaufs der Wirksamkeit und des Ablaufs der Anwendbarkeit der Rechtsakte des Rates oder der Kommission oder einzelner Bestimmungen dieser Rechtsakte.

(2) Rechtsakte des Rates oder der Kommission oder einzelne Bestimmungen dieser Rechtsakte, für deren Inkrafttreten, deren Wirksamwerden oder deren Anwendungsbeginn ein bestimmtes Datum festgesetzt worden ist, treten mit Beginn der ersten Stunde des diesem Datum entsprechenden Tages in Kraft bzw. werden dann wirksam oder angewandt.

Unterabsatz 1 gilt auch dann, wenn die vorgenannten Rechtsakte oder Bestimmungen binnen einer bestimmten Anzahl von Tagen nach dem Eintritt eines Ereignisses oder der Vornahme einer Handlung in Kraft treten, wirksam werden oder angewandt werden sollen.

(3) Rechtsakte des Rates oder der Kommission oder einzelne Bestimmungen dieser Rechtsakte, deren Geltungsdauer, Wirksamkeit oder Anwendbarkeit zu einem bestimmten Zeitpunkt enden, treten mit Ablauf der letzten Stunde des diesem Zeitpunkt entsprechenden Tages außer Kraft bzw. werden dann unwirksam oder nicht mehr angewandt.

Unterabsatz 1 gilt auch dann, wenn die vorgenannten Rechtsakte oder Bestimmungen binnen einer bestimmten Anzahl von Tagen nach dem Eintritt eines Ereignisses oder der Vornahme einer Handlung außer Kraft treten, unwirksam werden oder nicht mehr angewandt werden sollen.

Artikel 5. (1) Artikel 3, mit Ausnahme der Absätze 4 und 5, gilt vorbehaltlich der Bestimmungen dieses Artikels, wenn eine Handlung in Durchführung eines Rechtsaktes des Rates oder der Kommission zu einem bestimmten Zeitpunkt vorgenommen werden kann oder muß.

(2) Kann oder muß eine Handlung in Durchführung eines Rechtsaktes des Rates oder der Kommission an einem bestimmten Datum vorgenommen werden, so kann oder muß dies zwischen dem Beginn der ersten Stunde und dem Ablauf der letzten Stunde des diesem Datum entsprechenden Tages geschehen.

Unterabsatz 1 gilt auch dann, wenn eine Handlung in Durchführung eines Rechtsaktes des Rates oder der Kommission binnen einer bestimmten Anzahl von Tagen nach dem Eintritt eines Ereignisses oder der Vornahme einer anderen Handlung vorgenommen werden kann oder muß.

Artikel 6. Diese Verordnung tritt am 1. Juli 1971 in Kraft.

Diese Verordnung ist in allen ihren Teilen verbindlich und gilt unmittelbar in jedem Mitgliedstaat.

Geschehen zu Luxemburg am 3. Juni 1971.

Beschluss des Europäischen Parlaments, des Rates, der Kommission, des Gerichtshofs, des Rechnungshofs, des Europäischen Wirtschafts- und Sozialausschusses und des Ausschusses der Regionen

vom 26. Juni 2009

über den Aufbau und die Arbeitsweise des Amts für Veröffentlichungen der Europäischen Union

(2009/496/EG, Euratom)

Kundmachung

DAS EUROPÄISCHE PARLAMENT,
DER RAT,
DIE KOMMISSION,
DER GERICHTSHOF,
DER RECHNUNGSHOF,
DER EUROPÄISCHE WIRTSCHAFTS- UND SOZIALAUSSCHUSS,
DER AUSSCHUSS DER REGIONEN –
gestützt auf den Vertrag über die Europäische Union,

gestützt auf den Vertrag zur Gründung der Europäischen Gemeinschaft

gestützt auf den Vertrag zur Gründung der Europäischen Atomgemeinschaft,

in Erwägung nachstehender Gründe:

(1) Artikel 8 des Beschlusses der Vertreter der Regierungen der Mitgliedstaaten vom 8. April 1965 über die vorläufige Unterbringung bestimmter Organe und Dienststellen der Gemeinschaften[1]) besagt, dass ein Amt für amtliche Veröffentlichungen der Europäischen Gemeinschaften (nachstehend „das Amt") in Luxemburg untergebracht wird. Diese Bestimmung wurde zuletzt durch den Beschluss 2000/459/EG, EGKS, Euratom[2]) umgesetzt.

(2) Die Vorschriften und Regelungen für die Beamten und sonstigen Bediensteten der Europäischen Gemeinschaften gelten für das Amt. Daher sind die jüngsten Änderungen zu berücksichtigen.

(3) Die Verordnung (EG, Euratom) Nr. 1605/2002 des Rates vom 25. Juni 2002 über die Haushaltsordnung für den Gesamthaushaltsplan der Europäischen Gemeinschaften[3]) (nachstehend „Haushaltsordnung") enthält besondere Bestimmungen für die Arbeitsweise des Amtes.

(4) Im Verlagswesen haben sich einschneidende technische Veränderungen ergeben, die in Bezug auf die Arbeitsweise des Amtes zu berücksichtigen sind.

(5) Im Interesse der Klarheit ist der Beschluss 2000/459/EG, EGKS, Euratom durch den vorliegenden Beschluss aufzuheben und zu ersetzen –

BESCHLIESSEN:

Artikel 1
Amt für Veröffentlichungen

(1) Das Amt für Veröffentlichungen der Europäischen Union (nachstehend „Amt") ist ein interinstitutionelles Amt, das unter optimalen Bedingungen die Herausgabe von Veröffentlichungen der Organe der Europäischen Gemeinschaften und der Europäischen Union gewährleisten soll.

Hierzu ermöglicht das Amt den Organen, ihren Verpflichtungen zur Veröffentlichung von Verordnungstexten nachzukommen, und leistet im Rahmen seiner Zuständigkeiten einen Beitrag zur technischen Planung und zur Umsetzung der Informations- und Kommunikationspolitik.

(2) Das Amt wird von seinem Direktor entsprechend den strategischen Leitlinien verwaltet, die von einem Direktorium aufgestellt werden. Abgesehen von den spezifischen Bestimmungen des vorliegenden Beschlusses über die interinstitutionelle Ausrichtung wendet das Amt die Verwaltungs- und Finanzverfahren der Kommission an. Bei der Festlegung dieser Verfahren trägt die Kommission den Besonderheiten des Amtes Rechnung.

---

[1]) ABl. 152 vom 13.7.1967, S. 18.
[2]) ABl. L 183 vom 22.7.2000, S. 12.
[3]) ABl. L 248 vom 16.9.2002, S. 1.

Artikel 2

Begriffsbestimmungen

In diesem Beschluss bezeichnet

1. „Herausgabe" jede erforderliche Maßnahme zur Planung, Überprüfung, Zuteilung international standardisierter Nummern und/oder Katalognummern, Herstellung, Katalogisierung, Indexierung, Verbreitung, Verkaufsförderung und zum Verkauf, Aufbewahrung und Archivierung von Veröffentlichungen in jedweder Form und Aufmachung im Wege herkömmlicher und künftiger Verfahren;

2. „Veröffentlichungen" alle Texte, die auf jedem beliebigen Informationsträger und in jedweder Aufmachung veröffentlicht werden und eine international standardisierte Nummer und/oder eine Katalognummer tragen;

3. „obligatorische Veröffentlichungen" die Veröffentlichungen, die Kraft der Verträge oder anderer Rechtsakte herausgegeben werden;

4. „nichtobligatorische Veröffentlichungen" alle Veröffentlichungen, die im Rahmen der Befugnisse jedes Organs herausgegeben werden;

5. „Verwaltung von Urheberrechten" die Bestätigung, dass die Autorendienste die Urheber- oder Wiederverwertungsrechte innehaben und das Amt diese Rechte für die Veröffentlichungen verwaltet, mit deren Herausgabe es betraut ist;

6. „Nettoerlös aus dem Verkauf" alle Rechnungsbeträge abzüglich der Verwaltungskosten, Einzugs- und Bankgebühren;

7. „Organe" die Organe, Institutionen und Einrichtungen, die Kraft der Verträge bzw. auf deren Grundlage geschaffen wurden.

Artikel 3

Zuständigkeiten des Amtes

(1) Die Zuständigkeiten des Amtes erstrecken sich auf folgende Bereiche:

a) Herausgabe des *Amtsblatts der Europäischen Union* (nachstehend „Amtsblatt") und Sicherung der Authentizität;

b) Herausgabe sonstiger obligatorischer Veröffentlichungen;

c) Herausgabe oder Koedition nichtobligatorischer Veröffentlichungen, mit der das Amt im Rahmen der Befugnisse der Organe insbesondere im Zusammenhang mit ihrer Kommunikationstätigkeit betraut wird;

d) Herausgabe oder Koedition von Veröffentlichungen aus eigener Initiative, einschließlich Veröffentlichungen zur Förderung eigener Dienstleistungen; das Amt kann sich dabei Übersetzungen im Wege eines Dienstleistungsauftrags beschaffen;

e) Ausbau, Wartung und Aktualisierung seiner elektronischen Publikationsdienste für die Öffentlichkeit;

f) Bereitstellung sämtlicher Rechtsvorschriften und sonstiger offizieller Texte für die Öffentlichkeit;

g) Aufbewahrung und Bereitstellung sämtlicher Veröffentlichungen der Organe in elektronischer Form für die Öffentlichkeit;

h) Zuteilung international standardisierter Nummern und/oder Katalognummern für Veröffentlichungen der Organe;

i) Verwaltung der Reproduktions- und Übersetzungsrechte für Veröffentlichungen der Organe;

j) Verkaufsförderung und Verkauf von Veröffentlichungen und der Öffentlichkeit angebotenen Dienstleistungen.

(2) Das Amt bietet den Organen Beratung und Hilfestellung an in Bezug auf

a) Programmierung und Planung ihrer Veröffentlichungsprogramme;

b) Durchführung ihrer Editionsprojekte unabhängig vom Editionsverfahren;

c) Layout und Design ihrer Editionsprojekte;

d) Information über Entwicklungen des Publikationsmarkts in den Mitgliedstaaten und über publikumswirksame Themen und Titel;

e) Festlegung der Auflagenhöhe und Erstellung von Vertriebsplänen;

f) Festsetzung der Preise von Publikationen und deren Verkauf;

g) Verkaufsförderung, Verbreitung und Auswertung ihrer kostenlosen oder kostenpflichtigen Veröffentlichungen;

h) Analyse, Evaluierung und Aufbau von Webseiten und Internetdiensten für die Öffentlichkeit;

i) Ausarbeitung von Rahmenverträgen im Zusammenhang mit Editionstätigkeiten;

j) Technologiebeobachtung auf dem Gebiet der Editionssysteme.

Artikel 4

Verantwortlichkeiten der Organe

(1) Über die Veröffentlichung entscheidet ausschließlich das einzelne Organ.

(2) Die Organe nehmen für die Herausgabe ihrer obligatorischen Veröffentlichungen die Dienste des Amtes in Anspruch.

(3) Die Organe können nichtobligatorische Veröffentlichungen ohne Einschaltung des Amtes herausgeben. In diesem Fall beantragen die Organe bei dem Amt die international standardisierten Nummern und/oder die Katalognummern und überlassen dem Amt eine elektronische Fassung der Veröffentlichung ungeachtet ihres Formats sowie gegebenenfalls zwei Papierfassungen.

(4) Die Organe verpflichten sich, alle Urheber-, Übersetzungs- und Vertriebsrechte für die wesentlichen Bestandteile einer Veröffentlichung zu wahren.

(5) Die Organe verpflichten sich, für ihre Veröffentlichungen einen vom Amt genehmigten Vertriebsplan zu erstellen.

(6) Die Organe können die Modalitäten ihrer Zusammenarbeit mit dem Amt im Rahmen von Leistungsvereinbarungen definieren.

Artikel 5
Aufgaben des Amtes

(1) Die Erfüllung der Aufgaben des Amtes schließt insbesondere Folgendes ein:

a) Zusammenstellung der zur Veröffentlichung bestimmten Dokumente;

b) Vorbereitung, grafische Gestaltung, Korrektur, das Layout und die Überprüfung der Texte und sonstiger Elemente ungeachtet des Formats oder Informationsträgers entsprechend den Vorgaben der Organe und den in Zusammenarbeit mit den Organen festgelegten Normen für die typografische und sprachliche Gestaltung;

c) Indexierung und Katalogisierung der Veröffentlichungen;

d) dokumentarische Auswertung der im Amtsblatt veröffentlichten Texte und anderer, nicht im Amtsblatt veröffentlichten offiziellen Texte;

e) Konsolidierung von Rechtstexten;

f) Verwaltung, Weiterentwicklung, Aktualisierung und Verbreitung des mehrsprachigen Thesaurus Eurovoc;

g) Vergabe von Unteraufträgen;

h) Überwachung der Arbeiten;

i) Qualitätskontrolle;

j) Qualitäts- und Quantitätsabnahme;

k) physischer und elektronischer Vertrieb des Amtsblatts und nicht im Amtsblatt veröffentlichter offizieller Texte sowie sonstiger nichtobligatorischer Publikationen;

l) Aufbewahrung;

m) physische und elektronische Archivierung;

n) Neuauflage vergriffener Veröffentlichungen und Druck auf Nachfrage;

o) Erstellung eines konsolidierten Katalogs der Veröffentlichungen der Organe;

p) Verkauf einschließlich Ausstellung von Rechnungen, Annahme von Einzahlungen und Abführung der Einnahmen, Verwaltung der Außenstände;

q) Verkaufsförderung;

r) Erstellung, Kauf, Verwaltung, Aktualisierung, Begleitung und Kontrolle von Adressenlisten der Organe sowie Erstellung gezielter Adressenlisten.

(2) Im Rahmen der eigenen Zuständigkeiten sowie auf Grundlage der von den Organen übertragenen Anweisungsbefugnisse übernimmt das Amt Folgendes:

a) Vergabe öffentlicher Verträge, einschließlich rechtlicher Verpflichtungen;

b) finanzielle Überwachung der Unteraufträge;

c) Feststellung der Ausgaben, insbesondere durch Qualitäts- und Quantitätsabnahme und Anbringung des Zahlbarkeitsvermerks („bon à payer");

d) Anordnung der Ausgaben;

e) Abwicklung der Einnahmenvorgänge.

Artikel 6
Direktorium

(1) Es wird ein Direktorium gebildet, in dem alle unterzeichnenden Organe vertreten sind. Das Direktorium setzt sich zusammen aus dem Kanzler des Gerichtshofs, dem stellvertretenden Generalsekretär des Rates sowie den Generalsekretären der anderen Organe oder deren Vertreter. Die Europäische Zentralbank nimmt an den Arbeiten des Direktoriums als Beobachter teil.

(2) Das Direktorium ernennt aus den Reihen seiner Mitglieder einen Präsidenten für eine Amtszeit von zwei Jahren.

(3) Das Direktorium tritt auf Initiative seines Präsidenten oder auf Antrag eines Organs mindestens viermal pro Jahr zusammen.

(4) Das Direktorium gibt sich eine Geschäftsordnung, die im Amtsblatt veröffentlicht wird.

(5) Das Direktorium fasst seine Beschlüsse, falls nicht anders bestimmt, mit einfacher Mehrheit.

(6) Jedes Organ, das diesen Beschluss unterzeichnet hat, verfügt im Direktorium über eine Stimme.

Kundmachung

Artikel 7
Aufgaben und Zuständigkeiten des Direktoriums

(1) Abweichend von Artikel 6 fasst das Direktorium einstimmig im gemeinsamen Interesse der Organe und im Rahmen der Zuständigkeiten des Amtes folgende Beschlüsse:

a) Auf Vorschlag des Direktors legt es die strategischen Ziele und die Regeln für die Arbeitsweise des Amtes fest;

b) es stellt die Leitlinien für die allgemeine Politik des Amtes auf, insbesondere in den Bereichen Verkauf, Vertrieb und Herausgabe, und achtet darauf, dass das Amt im Rahmen seiner Zuständigkeiten zur Konzeption und Umsetzung der Informations- und Kommunikationspolitik beiträgt;

c) es erstellt auf Grundlage eines vom Direktor des Amtes ausgearbeiteten Entwurfs einen jährlichen Geschäftsbericht über die Umsetzung der Strategie und die vom Amt erbrachten Leistungen, der an die Organe gerichtet ist. Vor dem 1. Mai eines jeden Jahres übermittelt es den Organen den Bericht über das vorhergehende Haushaltsjahr;

d) es genehmigt den Haushaltsvoranschlag der Einnahmen und Ausgaben des Amtes im Rahmen des Haushaltsverfahrens für den Haushalt des Amtes;

e) es genehmigt die Kriterien, nach denen die analytische Buchhaltung des Amtes geführt wird und die der Direktor des Amtes festlegt;

f) es unterbreitet den Organen Vorschläge zur Erleichterung der Tätigkeit des Amtes.

(2) Das Direktorium berücksichtigt die Leitlinien, die von den zu diesem Zweck geschaffenen interinstitutionellen Gremien im Bereich Kommunikation und Information aufgestellt werden. Der Präsident des Direktoriums führt jährlich Gespräche mit diesen Gremien.

(3) Der Präsident des Direktoriums fungiert in seiner Eigenschaft als Vertreter der interinstitutionellen Zusammenarbeit als Gesprächspartner der Entlastungsbehörde für strategische Entscheidungen in den Zuständigkeitsbereichen des Amtes.

(4) Der Präsident des Direktoriums und der Direktor des Amtes legen einvernehmlich die Regeln zur gegenseitigen Information und Kommunikation fest und formalisieren so ihre Beziehungen. Diese Regeln werden den Mitgliedern des Direktoriums zur Information mitgeteilt.

Artikel 8
Direktor des Amtes

Der Direktor des Amtes ist unter Aufsicht des Direktoriums und im Rahmen von dessen Zuständigkeiten für das ordnungsgemäße Funktionieren des Amtes verantwortlich. Bei Anwendung der Verwaltungs- und Finanzverfahren handelt er unter Aufsicht der Kommission.

Artikel 9
Aufgaben und Zuständigkeiten des Direktors des Amtes

(1) Der Direktor des Amtes führt die Sekretariatsgeschäfte des Direktoriums, er gibt diesem Rechenschaft über die Erfüllung seiner Aufgaben und legt hierzu einen vierteljährlichen Bericht vor.

(2) Der Direktor des Amtes unterbreitet dem Direktorium Vorschläge für das ordnungsgemäße Funktionieren des Amtes.

(3) Nach Stellungnahme des Direktoriums legt der Direktor des Amtes die Art und Kosten der Leistungen fest, die das Amt für die Organe gegen Entgelt erbringen kann.

(4) Nach Zustimmung des Direktoriums legt der Direktor des Amtes die Kriterien fest, nach denen die analytische Buchhaltung des Amtes geführt wird. Er legt die Einzelheiten der Zusammenarbeit in der Rechnungsführung zwischen dem Amt und den Organen im Einvernehmen mit dem Rechnungsführer der Kommission fest.

(5) Der Direktor des Amtes erstellt im Rahmen des Haushaltsverfahrens für den Haushalt des Amtes einen Voranschlag der Einnahmen und Ausgaben des Amtes. Nach Zustimmung des Direktoriums werden diese Vorschläge der Kommission übermittelt.

(6) Der Direktor des Amtes entscheidet, ob und nach welchen Modalitäten Veröffentlichungen von Dritten übernommen werden können.

(7) Der Direktor des Amtes nimmt im Rahmen der Zuständigkeiten des Amtes an interinstitutionellen Tätigkeiten im Bereich Information und Kommunikation teil.

(8) In Bezug auf die Herausgabe von Rechtsakten und amtlichen Dokumenten in Zusammenhang mit dem Rechtsetzungsverfahren einschließlich des Amtsblatts übt der Direktor folgende Befugnisse aus:

a) Er wirkt bei den zuständigen Stellen der einzelnen Organe auf den Erlass grundsätzliche Entscheidungen hin, die gemeinsam anzuwenden sind;

b) er unterbreitet Verbesserungsvorschläge für die Gliederung und Aufmachung des Amtsblatts und amtlicher Rechtstexte;

c) er macht den Organen Vorschläge, wie die Gestaltung der zur Veröffentlichung bestimmten Texte harmonisiert werden könnte;

d) er prüft die bei laufenden Tätigkeiten auftretenden Schwierigkeiten und erstellt innerhalb des Amtes die notwendigen Anweisungen zur Beseitigung dieser Schwierigkeiten und richtet an die Organe entsprechende Empfehlungen.

(9) Der Direktor des Amtes erstellt gemäß der Haushaltsordnung einen jährlichen Tätigkeitsbericht, der sich auf die Verwaltung der von den anderen Organen kraft der Haushaltsordnung übertragenen Mittel erstreckt. Dieser Bericht richtet sich an die Kommission und die beteiligten Organe und wird dem Direktorium zur Information zugeleitet.

(10) Im Rahmen der Mittelübertragung der Kommission und der Ausführung des Haushalts werden die Modalitäten der Information und Konsultation zwischen dem für die Beziehungen zum Amt zuständigen Kommissionsmitglied und dem Direktor des Amtes im gegenseitigen Einvernehmen festgelegt.

(11) Der Direktor des Amtes ist verantwortlich für die Umsetzung der vom Direktorium aufgestellten strategischen Ziele und die ordnungsgemäße Führung des Amtes, dessen Tätigkeiten sowie die Verwaltung seines Haushalts.

(12) Ist der Direktor des Amtes abwesend oder verhindert, gelangen die auf Dienstgrad und Dienstalter basierenden Vertretungsregeln zur Anwendung, es sei denn, das Direktorium beschließt auf Vorschlag seines Präsidenten oder des Direktors des Amtes eine andere Rangfolge.

(13) Der Direktor des Amtes informiert die Organe anhand eines vierteljährlichen Berichts über die Planung und Verwendung der Mittel sowie über den Stand der Arbeiten.

Artikel 10

Personal

(1) Ernennungen in Funktionen der Grundamtsbezeichnungen Generaldirektor und Direktor werden von der Kommission nach einstimmiger Zustimmung des Direktoriums vorgenommen. Die Regeln der Kommission für die Mobilität und Beurteilung höherer Führungskräfte sind auf den Generaldirektor und die Direktoren (Besoldungsgruppen AD 16/AD 15/ AD 14) anwendbar. Sobald sich die normalerweise in den einschlägigen Vorschriften vorgesehene Verweildauer eines Beamten auf einem solchen Dienstposten dem Ende nähert, informiert die Kommission das Direktorium, dass eine einstimmige Stellungnahme dazu abgeben kann.

(2) Das Direktorium wird eng an den Verfahren beteiligt, die der Ernennung von Beamten und Bediensteten des Amtes für die Grundamtsbezeichnungen Generaldirektor (Besoldungsgruppen AD 16/AD 15) und Direktor (Besoldungsgruppen AD 15/AD 14) gegebenenfalls vorausgehen; dies gilt insbesondere für Stellenausschreibungen, die Prüfung von Bewerbungen und die Ernennung von Prüfungsausschüssen für diese Grundamtsbezeichnungen.

(3) Die Befugnisse der Anstellungsbehörde (AIPN) und der zur Unterzeichnung von Arbeitsverträgen ermächtigten Behörde (AHCC) werden in Bezug auf die Beamten und Bediensteten des Amtes von der Kommission ausgeübt. Die Kommission kann bestimmte Befugnisse innerhalb der Kommission und an den Direktor des Amtes übertragen. Eine solche Übertragung erfolgt unter den gleichen Bedingungen wie für die Generaldirektoren der Kommission.

(4) Vorbehaltlich des Absatzes 2 gelten die von der Kommission zur Umsetzung des Statuts und der Regelungen für die sonstigen Bediensteten erlassenen Bestimmungen und Verfahren für die Beamten und Bediensteten des Amtes zu den gleichen Bedingungen wie für die Beamten und Bediensteten der Kommission, die in Luxemburg dienstlich verwendet werden.

(5) Ausschreibungen für zu veröffentlichende freie Stellen des Amtes werden den Beamten aller Organe bekannt gegeben, sobald die Anstellungsbehörde oder die zur Unterzeichnung von Einstellungsverträgen ermächtigte Behörde beschlossen hat, die jeweilige Planstelle zu besetzen.

(6) Der Direktor des Amtes informiert das Direktorium vierteljährlich über die Verwaltung des Personals.

Artikel 11

Finanzielle Fragen

(1) Die dem Amt zur Verfügung gestellten Mittel werden in eine besondere Haushaltslinie des Einzelplans „Kommission" des Haushaltsplans eingestellt und in einem Anhang zu diesem Einzelplan aufgeschlüsselt. Dieser

Kundmachung

Anhang enthält die Ausgaben- und Einnahmenansätze, die in gleicher Weise wie die Einzelpläne des Haushaltsplans unterteilt werden.

(2) Der Stellenplan des Amtes wird in einem Anhang zum Stellenplan der Kommission aufgeführt.

(3) Jedes Organ bleibt für die Mittel des Kapitels „Veröffentlichungen" in seinem Einzelplan anweisungsbefugt.

(4) Die Organe können dem Direktor des Amtes die Anweisungsbefugnis für die Mittel übertragen, die in ihrem Einzelplan ausgewiesen sind; sie legen die Grenzen und Modalitäten dieser Übertragung entsprechend der Haushaltsordnung fest. Der Direktor des Amtes informiert das Direktorium vierteljährlich über diese Übertragungen.

(5) Die Haushalts- und Finanzführung des Amtes erfolgt unter Einhaltung der Haushaltsordnung und deren Durchführungsbestimmungen sowie des geltenden Finanzrahmens der Kommission; dies gilt auch für die von anderen Organen als der Kommission übertragenen Mittel.

(6) Die Rechnungsführung des Amtes basiert auf den einschlägigen Vorschriften und Methoden, die vom Rechnungsführer der Kommission aufgestellt werden. Das Amt unterhält jeweils eine gesonderte Buchführung für den Verkauf des Amtsblatts und der Veröffentlichungen. Der Nettoerlös aus dem Verkauf wird an die Organe abgeführt.

Artikel 12
Kontrolle

(1) Die Funktion des internen Prüfers wird gemäß der Haushaltsordnung vom Internen Prüfer der Kommission wahrgenommen. Analog zu den Generaldirektionen und Dienststellen der Kommission richtet das Amt einen internen Auditdienst ein. Die Organe können vom Direktor des Amtes verlangen, dass in das Arbeitsprogramm des internen Auditdienstes des Amtes spezifische Audits einbezogen werden.

(2) Im Zusammenhang mit dem Auftrag des Europäischen Amtes für Betrugsbekämpfung (OLAF) beantwortet das Amt alle in seinen Zuständigkeitsbereich fallenden Fragen. Zum Schutze der finanziellen Interessen der Europäischen Union verständigen sich der Präsident des Direktoriums und der Direktor des OLAF über die Modalitäten der gegenseitigen Information.

Artikel 13
Beschwerden und Anträge

(1) Im Rahmen seiner Zuständigkeiten ist das Amt verantwortlich für die Beantwortung von Anfragen des Europäischen Bürgerbeauftragten und des Europäischen Datenschutzbeauftragten.

(2) Jede Klage im Zuständigkeitsbereich des Amtes ist gegen die Kommission zu richten.

Artikel 14
Zugang der Öffentlichkeit zu Dokumenten

(1) Der Direktor des Amtes trifft die Entscheidungen gemäß Artikel 7 der Verordnung (EG) Nr. 1049/2001 des Europäischen Parlaments und des Rates vom 30. Mai 2001 über den Zugang der Öffentlichkeit zu Dokumenten des Europäischen Parlaments, des Rates und der Kommission[4]). Im Falle der Ablehnung entscheidet der Generalsekretär der Kommission über die Zweitanträge.

(2) Das Amt verfügt über ein Dokumentenregister gemäß Artikel 11 der Verordnung (EG) Nr. 1049/2001.

Artikel 15
Aufhebung

Der Beschluss 2000/459/EG, EGKS, Euratom wird aufgehoben.

Die Verweisungen auf den aufgehobenen Beschluss gelten als Verweisungen auf den vorliegenden Beschluss.

Artikel 16
Inkrafttreten

Dieser Beschluss tritt am Tag nach seiner Veröffentlichung im *Amtsblatt der Europäischen Union* in Kraft.

Geschehen zu Brüssel und Luxemburg am 26. Juni 2009.

---

[4]) ABl. L 145 vom 31.5.2001, S. 43.

Redaktionelle Qualität der gemeinschaftlichen Rechtsvorschriften

EUROPÄISCHES PARLAMENT
RAT
KOMMISSION

INTERINSTITUTIONELLE VEREINBARUNG
vom 22. Dezember 1998

Gemeinsame Leitlinien für die redaktionelle Qualität der gemeinschaftlichen Rechtsvorschriften

(1999/C 73/01)

(ABl 1999 C 73, 1)

Kundmachung

DAS EUROPÄISCHE PARLAMENT, DER RAT DER EUROPÄISCHEN UNION UND DIE KOMMISSION DER EUROPÄISCHEN GEMEINSCHAFTEN –

gestützt auf die Erklärung (Nr. 39) zur redaktionellen Qualität der gemeinschaftlichen Rechtsvorschriften, die am 2. Oktober 1997 von der Regierungskonferenz verabschiedet wurde und der Schlußakte des Vertrags von Amsterdam beigefügt worden ist,

in Erwägung nachstehender Gründe:

(1) Eine klare, einfache und genaue Abfassung der gemeinschaftlichen Rechtsakte ist für die Transparenz der gemeinschaftlichen Rechtsvorschriften sowie für deren Verständlichkeit in der Öffentlichkeit und den Wirtschaftskreisen unerläßlich. Sie ist auch notwendig für eine ordnungsgemäße Durchführung und einheitliche Anwendung der gemeinschaftlichen Rechtsvorschriften in den Mitgliedstaaten.

(2) Nach der Rechtsprechung des Gerichtshofs erfordert der Grundsatz der Rechtssicherheit, der zur gemeinschaftlichen Rechtsordnung gehört, daß die Rechtsakte der Gemeinschaft klar und deutlich sind und ihre Anwendung für die Betroffenen vorhersehbar ist. Dieses Gebot gilt in besonderem Maß, wenn es sich um einen Rechtsakt handelt, der finanzielle Konsequenzen haben kann und den Betroffenen Lasten auferlegt, denn die Betroffenen müssen in der Lage sein, den Umfang der ihnen durch diesen Rechtsakt auferlegten Verpflichtungen genau zu erkennen.

(3) Es empfiehlt sich daher, einvernehmlich Leitlinien für die redaktionelle Qualität der gemeinschaftlichen Rechtsvorschriften festzulegen. Diese Leitlinien sollen den Gemein-

schaftsorganen bei der Annahme von Rechtsakten sowie denjenigen innerhalb der Gemeinschaftsorgane als Richtschnur dienen, die an der Ausarbeitung und Abfassung von Rechtsakten beteiligt sind, gleichviel ob es sich um die Einstellung der Erstfassung eines Textes oder um die verschiedenen Änderungen handelt, die an dem Text im Laufe des Rechtsetzungsverfahrens vorgenommen werden.

(4) Begleitend zu diesen Richtlinien werden geeignete Maßnahmen getroffen, um deren ordnungsgemäße Anwendung sicherzustellen, wobei diese Maßnahmen von jedem Organ jeweils für seinen Bereich anzunehmen sind.

(5) Die Rolle, die die Juristischen Dienste der Organe, einschließlich ihrer Rechts- und Sprachsachverständigen, bei der Verbesserung der redaktionellen Qualität der gemeinschaftlichen Rechtsakte spielen, sollte verstärkt werden.

(6) Diese Leitlinien ergänzen die von den Organen bereits unternommenen Bemühungen, die Zugänglichkeit und Verständlichkeit der gemeinschaftlichen Rechtsvorschriften insbesondere durch die amtliche Kodizifierung von Rechtstexten, die Neufassung und die Vereinfachung bestehender Texte zu verbessern.

(7) Diese Richtlinien sind als Instrument für den internen Gebrauch der Organe anzusehen. Sie sind nicht rechtsverbindlich –

NEHMEN EINVERNEHMLICH FOLGENDE LEITLINIEN AN:

Allgemeine Grundsätze

1. Die gemeinschaftlichen Rechtsakte werden klar, einfach und genau abgefaßt.

2. Bei der Abfassung der Gemeinschaftsakte wird berücksichtigt, um welche Art von Rechtsakt es sich handelt, und insbesondere, ob er verbindlich ist oder nicht (Verordnung, Richtlinie, Entscheidung/Beschluß, Empfehlung o. a.).

3. Bei der Abfassung der Akte wird berücksichtigt, auf welche Personen sie Anwendung finden sollen, um diesen die eindeutige Kenntnis ihrer Rechte und Pflichten zu ermöglichen, und von wem sie durchgeführt werden sollen.

4. Die Bestimmungen der Akte werden kurz und prägnant formuliert, und ihr Inhalt sollte möglichst homogen sein. Allzu lange Artikel und Sätze, unnötig komplizierte Formulierungen und der übermäßige Gebrauch von Abkürzungen sollten vermieden werden.

5. Während des gesamten Prozesses, der zur Annahme der Akte führt, wird bei der Abfassung der Entwürfe dieser Akte darauf geachtet, daß hinsichtlich Wortwahl und Satzstruktur dem mehrsprachigen Charakter der gemeinschaftlichen Rechtsvorschriften Rechnung getragen wird; spezifische Begriffe oder die spezifische Terminologie der nationalen Rechtssysteme dürfen nur behutsam verwendet werden.

6. Die verwendete Terminologie muß kohärent sein, und zwar ist auf Kohärenz sowohl zwischen den Bestimmungen ein und desselben Akts als auch zwischen diesem Akt und den bereits geltenden Akten, insbesondere denjenigen aus demselben Bereich, zu achten.

Dieselben Begriffe sind mit denselben Worten auszudrücken und dürfen sich dabei möglichst nicht von der Bedeutung entfernen, die sie in der Umgangssprache, der Rechtssprache oder der Fachsprache haben.

Aufbau des Rechtsakts

7. Alle Gemeinschaftsakte von allgemeiner Art werden unter Zugrundelegung einer Standardstruktur abgefaßt (Titel – Präambel – verfügender Teil – gegebenenfalls Anhänge).

8. Die Titel von Akten enthalten eine möglichst knapp formulierte und vollständige Bezeichnung des Gegenstands, die nicht zu falschen Schlüssen in bezug auf den Inhalt des verfügenden Teils führen darf.

Gegebenenfalls kann dem Titel ein Kurztitel folgen.

9. Die Bezugsvermerke sollen die Rechtsgrundlage des Aktes und die wichtigsten Verfahrensschritte bis zu seiner Annahme angeben.

10. Zweck der Erwägungsgründe ist es, die wichtigsten Bestimmungen des verfügenden Teils in knapper Form zu begründen, ohne deren Wortlaut wiederzugeben oder zu paraphrasieren. Sie dürfen keine Bestimmungen mit normativem Charakter und auch keine politischen Willensbekundungen enthalten.

11. Die Erwägungsgründe werden numeriert.

12. Der verfügende Teil eines verbindlichen Akts darf weder Bestimmungen ohne normativen Charakter, wie Wünsche oder politische Erklärungen, noch Bestimmungen enthalten, durch die Passagen oder Artikel der Verträge wiedergegeben oder paraphrasiert oder geltende Rechtsvorschriften bestätigt werden.

Die Akte dürfen keine Bestimmungen enthalten, in denen der Inhalt anderer Artikel angekündigt oder der Titel des Aktes wiederholt wird.

13. Gegebenenfalls wird am Anfang des Aktes ein Artikel vorgesehen, um den Gegenstand und den Anwendungsbereich des betreffenden Aktes festzulegen.

14. Wenn die in dem Akt verwendeten Begriffe ihrem Gehalt nach nicht eindeutig sind, empfiehlt es sich, die Definitionen solcher Begriffe in einem einzigen Artikel am Anfang des Aktes aufzuführen. Diese Definitionen dürfen keine eigenständigen Regelungselemente enthalten.

15. Beim Aufbau des verfügenden Teils wird so weit wie möglich eine Standardstruktur (Gegenstand und Anwendungsbereich – Definitionen – Rechte und Pflichten – Bestimmungen zur Übertragung von Durchführungsbefugnissen – Verfahrensvorschriften – Durchführungsmaßnahmen – Übergangs- und Schlußbestimmungen) eingehalten.

Der verfügende Teil wird in Artikel sowie – je nach Länge und Komplexität – in Titel, Kapitel und Abschnitte gegliedert. Enthält ein Artikel eine Liste, so sollte jeder einzelne Punkt dieser Liste vorzugsweise mit einer Nummer oder einem Buchstaben statt mit einem Gedankenstrich versehen werden.

Interne und externe Bezugnahmen

16. Bezugnahmen auf andere Akte sollten so weit wie möglich vermieden werden. Wenn eine Bezugnahme erfolgt, so wird der Akt oder die Bestimmung, auf den bzw. die verwiesen wird, genau bezeichnet. Überkreuzverweise (Bezugnahme auf einen Akt oder auf einen Artikel, der wiederum auf die Ausgangsbestimmung verweist) und Bezugnahmen in Kaskadenform (Bezugnahme auf eine Bestimmung, die wiederum auf eine andere Bestimmung verweist) sind ebenfalls zu vermeiden.

17. Eine Bezugnahme im verfügenden Teil eines verbindlichen Aktes auf einen nicht verbindlichen Akt hat nicht zur Folge, daß letzterer verbindlich wird. Wenn der Verfasser einem nicht verbindlichen Akt ganz oder teilweise bindende Wirkung verleihen möchte, empfiehlt es sich, den betreffenden Wortlaut so weit wie möglich als Teil des verbindlichen Aktes wiederzugeben.

Änderungsrechtsakte

18. Änderungen eines Aktes werden klar und deutlich formuliert. Die Änderungen erfolgen in Form eines Textes, der sich in den zu ändernden Akt einfügt. Vorzugsweise sind ganze Bestimmungen (Artikel oder Untergliederungen eines Artikels) zu ersetzen und nicht Sätze, Satzteile oder Wörter einzufügen oder zu streichen.

Ein Änderungsakt darf keine eigenständigen Sachvorschriften enthalten, die sich nicht in den zu ändernden Akt einfügen.

19. Ein Akt, dessen Hauptzweck nicht in der Änderung eines anderen Aktes besteht, kann a fine Änderungen anderer Akte enthalten, die sich aus dem Neuerungseffekt seiner eigenen Bestimmungen ergeben. Handelt es sich um umfangreiche Änderungen, so empfiehlt sich die Annahme eines gesonderten Änderungsaktes.

Schlußbestimmungen, Aufhebungsklauseln und Anhänge

20. Die Bestimmungen betreffend Termine, Fristen, Ausnahmen, Abweichungen und Veränderungen sowie die Übergangsbestimmungen (insbesondere hinsichtlich der Auswirkungen des Aktes auf bestehende Sachverhalte) und die Schlußbestimmungen (Inkrafttreten, Umsetzungsfrist, Beginn und gegebenenfalls Ende der Anwendung des Aktes) werden genau abgefaßt.

Die Bestimmungen über die Fristen für die Umsetzung und die Anwendung der Akte sehen ein als Tag/Monat/Jahr angegebenes Datum vor. Bei Richtlinien werden diese Fristen so festgelegt, daß ein angemessener Umsetzungszeitraum gewährleistet ist.

21. Überholte Akte und Bestimmungen werden ausdrücklich aufgehoben. Bei der Annahme eines neuen Aktes sollten Akte und Bestimmungen, die durch diesen neuen Akt unanwendbar oder gegenstandslos werden, ausdrücklich aufgehoben werden.

22. Die technischen Elemente des Aktes werden in den Anhängen aufgeführt, auf die im verfügenden Teil des Aktes einzeln Bezug genommen wird. Die Anhänge dürfen keine neuen Rechte oder Pflichten vorsehen, die im verfügenden Teil nicht aufgeführt sind.

Die Anhänge werden unter Zugrundelegung einer Standardstruktur abgefaßt.

SIE VEREINBAREN FOLGENDE DURCHFÜHRUNGSMASSNAHMEN:

Die Organe treffen die internen organisatorischen Maßnahmen, die sie für eine korrekte Anwendung dieser Leitlinien als erforderlich erachten.

Die Organe treffen hierzu insbesondere folgende Maßnahmen:

a) Sie beauftragen ihre Juristischen Dienste, binnen eines Jahres nach Veröffentlichung dieser Leitlinien einen gemeinsamen Leitfaden für die Praxis auszuarbeiten, der für diejenigen Personen bestimmt ist, die an der Abfassung von Rechtstexten mitwirken;

b) sie gestalten ihre jeweiligen internen Verfahren so, daß ihre Juristischen Dienste, einschließlich ihrer Rechts- und Sprachsachverständigen, rechtzeitig jeweils für das eigene Organ redaktionelle Vorschläge im Hinblick auf die Anwendung dieser Leitlinien unterbreiten können;

c) sie fördern die Einrichtung von Redaktionsstäben in ihren am Rechtsetzungsverfahren beteiligten Einrichtungen oder Dienststellen;

d) sie sorgen für die Aus- und Fortbildung ihrer Beamten und sonstigen Bediensteten auf dem Gebiet der Abfassung von Rechtstexten, wobei vor allem die Auswirkungen der Mehrsprachigkeit auf die redaktionelle Qualität ins Bewußtsein gerückt werden müssen;

e) sie fördern die Zusammenarbeit mit den Mitgliedstaaten, um das Verständnis für die besonderen Erwägungen, die es bei der Abfassung der Texte zu berücksichtigen gilt, zu verbessern;

f) sie fördern die Entwicklung und Verbesserung der Hilfsmittel, die die Informationstechnologie für die Abfassung von Rechtstexten bietet;

g) sie setzen sich für eine gute Zusammenarbeit ihrer jeweiligen mit der Überwachung der redaktionellen Qualität betrauten Dienststellen ein;

h) sie beauftragen ihre Juristischen Dienste, in regelmäßigen Abständen für das jeweilige Organ einen Bericht über die gemäß den Buchstaben a) bis g) getroffenen Maßnahmen zu erstellen.

Geschehen zu Brüssel am 22. Dezember 1998.

Kodifizierung von Rechtstexten

Interinstitutionelle Vereinbarung

vom 20. Dezember 1994

über ein beschleunigtes Arbeitsverfahren für die amtliche Kodifizierung von Rechtstexten

(96/C 102/02)

(ABl 1996 C 102, 2)

(Dieser Text annulliert und ersetzt den im ABl. Nr. C 293 vom 8. November 1995 veröffentlichten Text.)

1. Als amtliche Kodifizierung im Sinne dieses Arbeitsverfahrens gilt ein Verfahren mit dem Ziel, die zu kodifizierenden Rechtsakte aufzuheben und durch einen einzigen Rechtsakt zu ersetzen, der keine inhaltliche Änderung der betreffenden Rechtsakte bewirkt.

2. Die vorrangigen Bereiche, in denen eine Kodifizierung erfolgen sollte, werden von den betroffenen drei Organen gemeinsam auf Vorschlag der Kommission festgelegt. Die Kommission wird in ihrem Arbeitsprogramm festlegen, welche Kodifizierungsvorschläge sie vorzulegen beabsichtigt.

3. Die Kommission verpflichtet sich, in ihre Kodifizierungsvorschläge keine inhaltlichen Änderungen an den zu kodifizierenden Rechtsakten aufzunehmen.

4. Die beratende Gruppe aus Vertretern der Juristischen Dienste des Europäischen Parlaments, des Rates und der Kommission prüft den von der Kommission angenommenen Kodifizierungsvorschlag umgehend. Sie nimmt so rasch wie möglich dazu Stellung, ob sich

der Vorschlag tatsächlich auf eine reine Kodifizierung ohne inhaltliche Änderungen beschränkt.

5. Der übliche Rechtssetzungsprozeß der Gemeinschaft wird uneingeschränkt eingehalten.

6. Der Gegenstand des Kommissionsvorschlags, d. h. eine reine Kodifizierung bestehender Rechtstexte, stellt eine rechtliche Beschränkung dar, die jede inhaltliche Änderung durch das Europäische Parlament und den Rat verbietet.

7. Der Vorschlag der Kommission wird unter sämtlichen Aspekten in einem beschleunigten Verfahren im Europäischen Parlament (Prüfung des Vorschlags durch einen einzigen Ausschuß und vereinfachtes Verfahren für seine Billigung) und im Rat (Prüfung durch eine einzige Gruppe und I/A-Punkt-Verfahren im AStV und Rat) geprüft.

8. Falls es sich im Verlauf des Rechtssetzungsverfahren als erforderlich erweisen sollte, über eine reine Kodifizierung hinauszugehen und inhaltliche Änderungen vorzu-

nehmen, so wäre es Aufgabe der Kommission, gegebenenfalls den oder die hierfür erforderlichen Vorschläge zu unterbreiten.

Geschehen zu Brüssel am zwanzigsten Dezember neunzehnhundertvierundneunzig.

Gemeinsame Erklärungen

Zu Nummer 4 des beschleunigten Arbeitsverfahrens für die amtliche Kodifizierung von Rechtstexten

Das Europäische Parlament, der Rat und die Kommission sind sich darin einig, daß die beratende Gruppe sich bemühen wird, ihre Stellungnahme so rechtzeitig abzugeben, daß sie den Organen jeweils vor Beginn der Prüfung des betreffenden Vorschlags vorliegt.

Zu Nummer 7 des beschleunigten Arbeitsverfahrens für die amtliche Kodifizierung von Rechtstexten

Das Europäische Parlament, der Rat und die Kommission bekräftigen, daß die Prüfung der Vorschläge der Kommission für eine amtliche Kodifizierung „unter sämtlichen Aspekten" im Europäischen Parlament und im Rat so durchgeführt wird, daß die beiden Ziele des Verfahrens der Kodifizierung, nämlich die Behandlung durch ein einziges Gremium in den Organen und ein nahezu automatisches Verfahren, nicht in Frage gestellt werden.

Die drei Organe sind sich insbesondere darin einig, daß die Prüfung der Kommissionsvorschläge unter sämtlichen Aspekten nicht bedeutet, daß die inhaltlichen Lösungen in Frage gestellt werden, die bei der Annahme der zu kodifizierenden Rechtsakte gewählt wurden.

Zu Nummer 8 des beschleunigten Arbeitsverfahrens für die amtliche Kodifizierung von Rechtstexten

Das Europäische Parlament, der Rat und die Kommission nehmen zur Kenntnis, daß, falls es sich als erforderlich erweisen sollte, über eine reine Kodifizierung hinauszugehen und inhaltliche Änderungen vorzunehmen, die Kommission bei ihren Vorschlägen in jedem Einzelfall zwischen dem Verfahren der Neufassung und dem der Vorlage eines gesonderten Änderungsvorschlags wählen kann, wobei sie den Kodifizierungsvorschlag, in den die inhaltliche Änderung nach ihrer Annahme aufgenommen wird, beibehält.

Erklärung des Europäischen Parlaments

Zu Nummer 5 des beschleunigten Arbeitsverfahrens für die amtliche Kodifizierung von Rechtstexten

Das Parlament ist der Auffassung, daß es sich insbesondere dann, wenn entweder die Rechtsgrundlage oder das Verfahren für die Annahme des betreffenden Rechtstextes geändert wird, angesichts der gebotenen Einhaltung des „üblichen Rechtsetzungsprozesses" im Sinne der Nummer 5 der Vereinbarung sein Urteil über die Zweckmäßigkeit der Kodifizierung vorbehalten muß.

Kundmachung

Kodifizierung der Rechtsakte des Rates

ENTSCHLIESSUNG DES RATES
vom 26. November 1974 über die Kodifizierung seiner Rechtsakte
(ABl 1975 C 20, 1)

DER RAT DER EUROPÄISCHEN GEMEINSCHAFTEN –

in Erwägung nachstehender Gründe:

Aus Gründen der Rechtsklarheit und zur Erleichterung des Umgangs der beteiligten Parteien mit den Rechtsakten ist es wünschenswert, mehrmals geänderte Rechtsakte des Rates in einem einzigen Text zusammenzufassen. Deshalb hat der Rat bereits mit Unterstützung der Kommission die kodifizierte Fassung einiger dieser Rechtsakte als Mitteilung veröffentlicht. Unbeschadet dieses Versuchs und der Suche nach anderen Kodifizierungsmöglichkeiten sollte aus Gründen der Rechtssicherheit nach Möglichkeit eine Kodifizierung mit echter Gesetzeskraft vorgenommen werden, die die Aufhebung früherer Rechtsakte bewirkt. Es ist wünschenswert, mögliche neue Verfahren zur Kodifizierung der Rechtsetzung der Gemeinschaft weiterzuprüfen;

ersucht die Kommission, Vorschläge zur Kodifizierung mehrmals geänderter Verordnungen[a]) oder Richtlinien des Rates zu unterbreiten;

verpflichtet sich, diese Vorschläge so rasch wie möglich zu prüfen, ohne bei dieser Kodifizierung den Inhalt der kodifizierten Rechtsakte in Frage zu stellen.

_____

[a]) Vgl die Mitteilungen der Kommission über kodifizierte Rechtsakte ABl 1989 C 118, 2 und ABl 1989 C 205, 11.

Automatisierung der Rechtsdokumentation

ENTSCHLIESSUNG DES RATES
vom 26. November 1974
über die Automatisierung der Rechtsdokumentation
(ABl 1975 C 20, 2)

DER RAT DER EUROPÄISCHEN GEMEINSCHAFTEN –

eingedenk der Schlußfolgerungen, zu denen er auf seiner Luxemburger Tagung vom 3. Juni 1971 im Hinblick auf die Automatisierung der Rechtsdokumentation gelangt ist;

in Kenntnis des Berichtes, den die Kommission im Anschluß an die genannte Tagung vorgelegt hat, und der Arbeitsunterlage, die sie in Verbindung mit den Dienststellen der übrigen Organe erstellt hat;

im Bewußtsein der wachsenden Bedeutung, die auf juristischem Gebiet eine leicht und schnell zugängliche automatisierte Dokumentation im Hinblick auf eine bessere Kenntnis des Gemeinschaftsrechts und der einzelstaatlichen Rechtsvorschriften in der gesamten Gemeinschaft darstellt;

in dem Bestreben, zur Verbesserung der derzeitigen Methoden der Automatisierung der Rechtsdokumentation beizutragen;

in der Überzeugung, daß es zur Erleichtung und Förderung des Informationsaustauschs notwendig ist, die Zusammenarbeit der Dokumentationszentren zu entwickeln, und zwar sowohl der Dokumentationszentren der Mitgliedstaaten untereinander als auch mit dem Dokumentationszentrum der Gemeinschaft;

in der Überzeugung, daß es aus Gründen der Wirksamkeit wichtig ist, daß eine einheitliche Automatisierung der Dokumentation des Gemeinschaftsrechts von den Gemeinschaftsorganen herbeigeführt wird;

in der Erwägung, daß die Automatisierung der Rechtsdokumentation sich in Kohärenz mit der in der Entschließung des Rates vom 15. Juli 1974[1]) definierten gemeinschaftlichen Politik auf dem Gebiet der Informatik befinden sollte, ohne daß die Weiterentwicklung des gemeinschaftlichen Systems, insbesondere auf kurze Sicht, dadurch verzögert wird –

KOMMT WIE FOLGT ÜBEREIN:

I

Die Automatisierung der Rechtsdokumentation ist sowohl in bezug auf die Verbreitung des Gemeinschaftsrechts als auch auf den Austausch von Rechtsinformationen zwischen den Mitgliedstaaten ein Gebiet von Interesse, das sowohl eine gemeinschaftliche Aktion als auch eine Zusammenarbeit zwischen den einzelstaatlichen Zentren rechtfertigen könnte.

Die von den Organen der Gemeinschaften bereits geleistete Arbeit sollte fortgesetzt und die in dem Bericht der Kommission vorgesehene Ausdehnung der Tätigkeiten auf andere Gebiete sollte im Lichte der Beratungen der in Abschnitt III genannten Sachverständigengruppe und der Vorschläge der Organe geprüft werden.

II

Der Rat

– hält es für notwendig, daß die Gemeinschaftsorgane gemeinsam schrittweise ein interinstitutionelles System für die automatisierte Dokumentation des Gemeinschaftsrechts erstellen, und zwar im Rahmen der Haushaltsmittel, die für diese Aufgabe ausgewiesen werden;

– empfiehlt, daß diese Dokumentation den Mitgliedstaaten unter noch festzulegenden Bedingungen zur Verfügung gestellt wird.

III

Es wird eine Sachverständigengruppe aus Vertretern der Mitgliedstaaten und Vertretern der Gemeinschaftsorgane und des Wirtschafts- und Sozialausschusses eingesetzt, die die Aufgabe hat, auf Vorschlag der Kommission und unter Berücksichtigung der bereits geleisteten Arbeit:

a) Die Ziele des interinstitutionellen Systems gegenüber denen der einzelstaatlichen Systeme zu prüfen, insbesondere in bezug auf die Sektoren des vorgesehenen Dokumentationsbereichs, die Aufteilung der Aufgaben, die Verbindungsmöglichkeiten zwischen den Systemen sowie die Möglichkeiten eines Austauschs bereits aufbereiteter Daten;

b) die technischen Aspekte der Automatisierung der Rechtsdokumentation zu prüfen, besonders die Dokumentationsmethoden und -techniken, die Mittel und Techniken der Informatik sowie die Wirksamkeit des interinstitutionellen Systems und die Kompatibilität der Systeme untereinander;

c) zu prüfen, inwieweit die Automatisierung der Rechtsdokumentation die Erstellung von Fundstellennachweisen über das Gemeinschaftsrecht erleichtern kann;

d) die juristischen Aspekte der Automatisierung der Rechtsdokumentation zu prüfen, insbesondere in bezug auf Auswahl und Objektivität der Informationen und Zugang zu den gespeicherten Daten;

e) die Bedingungen für die Beteiligung der Vertreter der Mitgliedstaaten an der Festlegung der Richtpunkte für das interinstitutionelle System durch die Gemeinschaftsinstanzen zu untersuchen;

f) einen Plan für die mittelfristige Entwicklung des interinstitutionellen Systems zu prüfen, den die Kommission vorlegt, insbesondere die Prioritäten und die Kosten für die Durchführung der verschiedenen Stufen, um in großen Zügen die Entwicklung der Verbindungen des interinstitutionellen Systems mit den einzelstaatlichen Systemen unter Berücksichtigung der Untersuchungen gemäß Buchstabe a) zu prüfen;

g) bei diesen Entwicklungen ihre Kohärenz mit der Gemeinschaftspolitik auf dem Gebiet der Datenverarbeitung zu berücksichtigen.

Die Sachverständigengruppe unterbreitet dem Ausschuß der Ständigen Vertreter innerhalb von sechs Monaten nach ihrer Einsetzung einen ersten Bericht.

---

[1]) ABl Nr. C 86 vom 20. 7. 1974, S. 1, und ABl Nr. C 91 vom 3. 8. 1974, S. 10.

Automatisierung/CELEX

ENTSCHLIESSUNG DES RATES

vom 13. November 1991

über die Umgestaltung der Arbeitsweise des CELEX-Systems (automatisierte Dokumentation des Gemeinschaftsrechts)

(91/C 308/02)

(ABl 1991 C 308, 2)

DER RAT DER EUROPÄISCHEN GEMEINSCHAFTEN –

unter Hinweis auf seine Entschließung vom 26. November 1974 über die Automatisierung der Rechtsdokumentation[1]),

in Kenntnis des auf den Bericht der Gruppe „Rechtsinformatik" vom 30. September 1991 gestützten Berichts des Ausschusses der Ständigen Vertreter,

eingedenk der Bedeutung, die einer leicht und rasch in allen Amtssprachen der Gemeinschaft zugänglichen automatisierten Dokumentation insbesondere für den Binnenmarkt zukommt,

in Übereinstimmung mit dem in dem Bericht der Gruppe zum Ausdruck gebrachten Anliegen, daß das interinstitutionelle System für die automatisierte Dokumentation über das Gemeinschaftsrecht (CELEX) fortentwickelt wird,

befriedigt über das im Ausschuß der Ständigen Vertreter zum Ausdruck gebrachte Einverständnis der Kommission mit den Schlußfolgerungen des Berichts der Gruppe,

in der Überzeugung, daß es zur Erhöhung der Effizienz von CELEX unerläßlich ist zu prüfen, auf welche Weise die derzeitigen Strukturen des Systems umgestaltet werden können –

KOMMT WIE FOLGT ÜBEREIN:

I

Eine leicht und rasch in allen Amtssprachen der Gemeinschaft zugängliche automatisierte Dokumentation (das CELEX-System), mit der eine bessere Kenntnis des Gemeinschaftsrechts sowie des einschlägigen einzelstaatlichen Rechts in der gesamten Gemeinschaft sichergestellt werden soll, ist für den Zugang zu

der im Amtsblatt der Europäischen Gemeinschaften veröffentlichten Gesetzgebung und zur Rechtsprechung des Gerichtshofes und des Gerichts erster Instanz der Europäischen Gemeinschaften von fundamentaler Bedeutung.

II

Der Rat ersucht daher die Kommission, die Arbeiten zu beschleunigen, damit die vollständige Bereitstellung der CELEX-Datenbasis und insbesondere die vollständige Abdeckung der Texte in allen Gemeinschaftssprachen so bald wie möglich sichergestellt sind, und in enger Zusammenarbeit mit den übrigen Institutionen und dem Wirtschafts- und Sozialausschuß binnen sechs Monaten Lösungsansätze zu entwickeln, um

– für das CELEX-System eine geeignete interinstitutionelle Struktur zu schaffen und zugleich eine wirksame Koordinierung zwischen der Arbeitsweise dieser Datenbasis und der übrigen Datenbasen der Institutionen der Gemeinschaft, die Informationen über das Gemeinschaftsrecht verbreiten, sicherzustellen;

– in diesem Zusammenhang die Voraussetzungen zu prüfen, die bei der Eingliederung des CELEX-Systems in das Amt für amtliche Veröffentlichungen der Europäischen Gemeinschaften auf einer angemessenen Verantwortungsebene alle erforderlichen Garantien herausgeberischer und finanzieller Autonomie bieten;

– eine für die reibungslose Arbeitsweise des Systems geeignete Haushaltsregelung mit entsprechenden Kontrollen einzuführen;

– die Möglichkeiten einer wirksameren kommerziellen Nutzung dieser Basis zu erkunden;

– der Gruppe „Rechtsinformatik" bei der Festlegung der Ziele des Systems und bei

---

[1]) ABl Nr. C 20 vom 28. 1. 1975, S. 2.

der Kontrolle ihrer Verwirklichung eine maßgeblichere Rolle zuzuweisen.

Der Rat ersucht die Kommission, die Gruppe bei der Ausarbeitung dieser Lösungsansätze hinzuzuziehen.

III

Die Gruppe wird dem Ausschuß der Ständigen Vertreter zu gegebener Zeit über die Durchführung dieser Entschließung Bericht erstatten.

Kundmachung

EUROPÄISCHES PARLAMENT

RAT

KOMMISSION

INTERINSTITUTIONELLE VEREINBARUNG

„Bessere Rechtsetzung"

(ABl 2003 C 321, 1)*)**)

DAS EUROPÄISCHE PARLAMENT, DER RAT DER EUROPÄISCHEN UNION UND DIE KOMMISSION DER EUROPÄISCHEN GEMEINSCHAFTEN –

gestützt auf den Vertrag zur Gründung der Europäischen Gemeinschaft, insbesondere auf Artikel 5, und auf das diesem Vertrag beigefügte Protokoll über die Anwendung der Grundsätze der Subsidiarität und der Verhältnismäßigkeit,

gestützt auf den Vertrag über die Europäische Union,

unter Hinweis auf die der Schlussakte von Maastricht beigefügten Erklärungen Nr. 18 zu den geschätzten Folgekosten der Vorschläge der Kommission und Nr. 19 zur Anwendung des Gemeinschaftsrechts,

unter Hinweis auf die Interinstitutionellen Vereinbarungen vom 25. Oktober 1993 über die Verfahren zur Anwendung des Subsidiaritätsprinzips[1]), vom 20. Dezember 1994 über ein beschleunigtes Arbeitsverfahren für die amtliche Kodifizierung von Rechtstexten[2]), vom 22. Dezember 1998 über gemeinsame Leitlinien für die redaktionelle Qualität der gemeinschaftlichen Rechtsvorschriften[3]) und vom 28. November 2001 über die systematischere Neufassung von Rechtsakten[4]),

in Kenntnis der Schlussfolgerungen des Vorsitzes über die Tagung des Europäischen Rates vom 21. und 22. Juni 2002 in Sevilla und vom 20. und 21. März 2003 in Brüssel,

unter Hinweis darauf, dass diese Vereinbarung unbeschadet der Ergebnisse der Regierungskonferenz geschlossen wird, die im Anschluss an den Konvent zur Zukunft Europas stattfindet –

NEHMEN FOLGENDE VEREINBARUNG AN:

Gemeinsame Verpflichtungen und Ziele

1. Das Europäische Parlament, der Rat der Europäischen Union und die Kommission der Europäischen Gemeinschaften kommen überein, die Qualität der Rechtsvorschriften durch eine Reihe von Initiativen und Verfahren, die in dieser Interinstitutionellen Vereinbarung enthalten sind, zu verbessern.

2. Die drei Organe kommen überein, bei der Wahrnehmung der in den Verträgen vorgesehenen Zuständigkeiten und unter Einhaltung der in den Verträgen vorgesehenen Verfahren sowie unter Hinweis auf die Bedeutung, die sie der Gemeinschaftsmethode beimessen, allgemeine Grundsätze zu beachten, wie die Grundsätze der demokratischen Legitimität, der Subsidiarität und der Verhältnismäßigkeit sowie der Rechtssicherheit. Sie kommen ferner überein, die Einfachheit, Klarheit und Kohärenz der Formulierung von Gesetzestexten sowie ein Höchstmaß an Transparenz im Rechtsetzungsverfahren zu fördern.

Sie fordern die Mitgliedstaaten auf, für eine korrekte und rasche Umsetzung des Gemeinschaftsrechts in nationales Recht innerhalb der vorgeschriebenen Fristen gemäß den Schlussfolgerungen des Vorsitzes über die Tagungen des Europäischen Rates von Stockholm, Barcelona und Sevilla zu sorgen.

Bessere Koordinierung des Rechtsetzungsverfahrens

3. Die drei Organe kommen überein, die allgemeine Koordinierung ihrer Rechtsetzungstätigkeit als wesentliche Grundlage besserer Rechtsvorschriften für die Europäische Union zu verbessern.

4. Die drei Organe kommen überein, ihre vorbereitenden Arbeiten und ihre Rechtsetzungsarbeiten im Rahmen des Mitentscheidungsverfahrens besser zu koordinieren und eine geeignete

---

*) Berichtigung in: ABl 2004 C 4, 7.
**) Diese Vereinbarung und insbesondere deren Bestimmungen über das Mitentscheidungsverfahren werden durch die Gemeinsame Erklärung des Europäischen Parlaments, des Rates und der Kommission zu den praktischen Modalitäten des neuen Mitentscheidungsverfahrens (Artikel 251 EG-Vertrag) (2007/C 145/02) ergänzt.
[1]) ABl. C 329 vom 6.12.1993, S. 135.
[2]) ABl. C 102 vom 4.4.1996, S. 2.
[3]) ABl. C 73 vom 17.3.1999, S. 1.
[4]) ABl. C 77 vom 28.3.2002, S. 1.

Veröffentlichung dieser Arbeiten zu gewährleisten.

Der Rat unterrichtet das Europäische Parlament rechtzeitig über den Entwurf des mehrjährigen Strategieprogramms, das er dem Europäischen Rat zur Annahme empfiehlt. Die drei Organe teilen einander ihre jeweiligen jährlichen Rechtsetzungsprogramme mit, um sich auf eine gemeinsame Jahresplanung zu einigen.

Insbesondere bemühen sich das Europäische Parlament und der Rat darum, für jeden Rechtsetzungsvorschlag einen indikativen Zeitplan für die verschiedenen Phasen bis zur endgültigen Annahme dieses Vorschlags zu erstellen.

Sofern die Mehrjahresplanung interinstitutionelle Auswirkungen hat, arbeiten die drei Organe auf geeignetem Weg zusammen.

Das jährliche Rechtsetzungs- und Arbeitsprogramm der Kommission enthält, so weit wie möglich, Hinweise auf die Wahl der Rechtsetzungsinstrumente und die für jeden Vorschlag vorgesehene Rechtsgrundlage.

5. Die drei Organe gewährleisten im Bemühen um Effizienz so weit wie irgend möglich eine bessere Abstimmung bei der Behandlung der gemeinsamen Dossiers auf der Ebene der Vorbereitungsgremien[5]) jedes Teils der Rechtsetzungsbehörde[6]).

6. Die drei Organe unterrichten sich gegenseitig während des gesamten Rechtsetzungsverfahrens laufend über ihre Arbeiten. Diese Unterrichtung erfolgt unter Anwendung der geeigneten Verfahren, insbesondere mittels eines Dialogs der Ausschüsse und des Plenums des Europäischen Parlaments mit dem Vorsitz des Rates und der Kommission.

7. Die Kommission berichtet jährlich über den Stand ihrer Rechtsetzungsvorschläge.

8. Die Kommission stellt sicher, dass ihre Mitglieder in der Regel an den Aussprachen in den Parlamentsausschüssen und an den Plenardebatten über Rechtsetzungsvorschläge teilnehmen, die in ihre Zuständigkeit fallen.

Der Rat wird seine Praxis fortsetzen, durch eine regelmäßige Teilnahme – wenn möglich der betreffenden Minister – an den Plenardebatten intensive Kontakte mit dem Europäischen Parlament zu unterhalten. Der Rat bemüht sich ferner, sich regelmäßig an den Arbeiten der Parlamentsausschüsse und sonstigen Sitzungen, vorzugsweise auf Ministerebene oder einer geeigneten Ebene, zu beteiligen.

[5]) Ausschuss im Europäischen Parlament, Arbeitsgruppe und Ausschuss der Ständigen Vertreter innerhalb des Rates.

[6]) Im Rahmen der vorliegenden Vereinbarung bezeichnet der Begriff „Rechtsetzungsbehörde" nur das Europäische Parlament und den Rat.

9. Die Kommission berücksichtigt auf der Grundlage von Artikel 192 oder Artikel 208 EG-Vertrag formulierte Aufforderungen des Europäischen Parlaments oder des Rates zur Vorlage von Rechtsetzungsvorschlägen. Sie nimmt gegenüber den zuständigen Parlamentsausschüssen und den Vorbereitungsgremien des Rates rasch und in geeigneter Weise Stellung.

Ein höheres Maß an Transparenz und Zugänglichkeit

10. Die drei Organe bestätigen die Bedeutung, die sie der Verbesserung der Transparenz und der Unterrichtung der Bürger während des gesamten Ablaufs ihrer Rechtsetzungsarbeiten unter Berücksichtigung ihrer jeweiligen Geschäftsordnungen beimessen. Sie gewährleisten insbesondere eine größtmögliche Verbreitung der öffentlichen Debatten auf politischer Ebene durch systematische Nutzung der neuen Kommunikationstechnologien, wie unter anderem der Satellitenübertragung sowie der Video-Beiträge im Internet. Die drei Organe tragen ferner für eine Ausweitung des Zugangs der Öffentlichkeit zu EUR-Lex Sorge.

11. Die drei Organe halten eine gemeinsame Pressekonferenz ab, um in Fällen der Mitentscheidung den erfolgreichen Abschluss des Rechtsetzungsverfahrens bekannt zu geben, sobald sie entweder in erster Lesung, in zweiter Lesung oder nach der Vermittlung eine Einigung erzielt haben.

Wahl des Rechtsetzungsinstruments und Rechtsgrundlage

12. Die Kommission erklärt und begründet vor dem Europäischen Parlament und dem Rat, nach Möglichkeit im Rahmen ihres Jahresarbeitsprogramms oder der üblichen Dialogverfahren, in jedem Falle aber in den Begründungen ihrer Initiativen, die Wahl eines bestimmten Rechtsetzungsinstruments. Sie prüft ebenfalls jeden diesbezüglichen Antrag der Rechtsetzungsbehörde und berücksichtigt dabei das Ergebnis der Konsultationen, die sie gegebenenfalls vor der Vorlage ihrer Vorschläge durchgeführt hat.

Sie stellt sicher, dass die Form der von ihr vorgeschlagenen Maßnahme möglichst einfach ist, wobei sie darauf achtet, dass das Ziel der Maßnahme in zufrieden stellender Weise erreicht wird und die Maßnahme tatsächlich zur Anwendung gelangt.

13. Die drei Organe verweisen auf die Definition der Richtlinie (Artikel 249 EG-Vertrag) sowie auf die einschlägigen Bestimmungen des Protokolls über die Anwendung der Grundsätze der Subsidiarität und der Verhältnismäßigkeit. Bei ihren Richtlinienvorschlägen achtet die Kommission auf eine angemessene Ausgewogenheit zwischen den allgemeinen Grundsätzen

und den detaillierten Bestimmungen, um einen übermäßigen Rückgriff auf gemeinschaftliche Durchführungsmaßnahmen zu vermeiden.

14. Die Kommission legt für die vorgesehene Rechtsgrundlage eines jeden Vorschlags eine klare und umfassende Begründung vor. Im Falle einer Änderung der Rechtsgrundlage nach Vorlage des Vorschlags der Kommission wird unter uneingeschränkter Beachtung der Rechtsprechung des Gerichtshofs der Europäischen Gemeinschaften das Europäische Parlament von dem betreffenden Organ erneut ordnungsgemäß konsultiert.

15. Die Kommission legt in der Begründung ihrer Vorschläge in allen Fällen dar, welche Rechtsetzungsebene auf Gemeinschaftsebene in dem betreffenden Bereich bestehen. Die Kommission rechtfertigt in ihren Begründungen die vorgeschlagenen Maßnahmen auch im Hinblick auf die Grundsätze der Subsidiarität und der Verhältnismäßigkeit. Ebenso legt sie den Umfang und die Ergebnisse der von ihr durchgeführten vorherigen Konsultationen und Folgenabschätzungen dar.

Anwendung alternativer Regulierungsverfahren

16. Die drei Organe erinnern an die Verpflichtung der Gemeinschaft, gemäß dem Protokoll über die Anwendung der Grundsätze der Subsidiarität und der Verhältnismäßigkeit Rechtsvorschriften nur soweit erforderlich zu erlassen. Sie erkennen an, dass es zweckmäßig ist, in geeigneten Fällen und sofern der EG-Vertrag nicht die Verwendung eines bestimmten Rechtsinstruments vorschreibt, auf alternative Regulierungsmechanismen zurückzugreifen.

17. Die Kommission stellt sicher, dass die Anwendung von Koregulierungs- oder Selbstregulierungsmechanismen stets dem Gemeinschaftsrecht entspricht und dass dabei Kriterien der Transparenz (insbesondere öffentlicher Zugang zu den Vereinbarungen) und der Repräsentativität der betroffenen Parteien beachtet werden. Die Anwendung eines solchen Mechanismus muss darüber hinaus einen Mehrwert von allgemeinem Interesse darstellen. Diese Mechanismen sind nicht anwendbar, wenn es um Grundrechte oder wichtige politische Entscheidungen geht oder in Situationen, in denen die Bestimmungen einheitlich in sämtlichen Mitgliedstaaten angewendet werden müssen. Sie müssen eine rasche und flexible Regulierung gewährleisten, die weder die Grundsätze des Wettbewerbs noch die Einheitlichkeit des Binnenmarkts gefährdet.

– Die Koregulierung

18. Unter Koregulierung ist der Mechanismus zu verstehen, durch den ein gemeinschaftlicher Rechtsakt die Verwirklichung der von der Rechtsetzungsbehörde festgelegten Ziele den in dem betreffenden Bereich anerkannten Parteien überträgt (insbesondere den Wirtschaftsteilnehmern, den Sozialpartnern, den Nichtregierungsorganisationen oder den Verbänden). Ein solcher Mechanismus kann auf der Grundlage von im Rechtsakt festgelegten Kriterien angewendet werden, um die Anpassung der Rechtsvorschriften an die Probleme und die betreffenden Sektoren zu gewährleisten, um die Rechtsetzung durch eine Konzentration auf die wesentlichen Aspekte zu erleichtern und um die Erfahrung der betroffenen Parteien zu nutzen.

19. Der Rechtsakt muss den im EG-Vertrag definierten Grundsatz der Verhältnismäßigkeit wahren. Bei Vereinbarungen zwischen Sozialpartnern müssen die Bestimmungen der Artikel 138 und 139 EG-Vertrag beachtet werden. Die Kommission legt den zuständigen Rechtsetzungsbehörden in der Begründung ihrer Vorschläge dar, aus welchen Gründen sie die Anwendung eines solchen Mechanismus vorschlägt.

20. In dem vom Basisrechtsakt festgelegten Rahmen können die von dem Rechtsakt betroffenen Parteien freiwillige Vereinbarungen zur Festlegung der entsprechenden Modalitäten treffen.

Die Entwürfe von Vereinbarungen werden der Rechtsetzungsbehörde von der Kommission übermittelt. Entsprechend ihren Verantwortlichkeiten überprüft die Kommission die Übereinstimmung dieser Vereinbarungsentwürfe mit dem Gemeinschaftsrecht (und insbesondere mit dem Basisrechtsakt).

Der Basisrechtsakt kann, insbesondere auf Antrag des Europäischen Parlaments oder des Rates, im Einzelfall mit Rücksicht auf seinen Gegenstand vorsehen, dass diesen beiden Organen eine Frist von zwei Monaten nach Übermittlung des Vereinbarungsentwurfs eingeräumt wird. Innerhalb dieser Frist kann jedes der Organe entweder Änderungen vorschlagen, falls die Auffassung vertreten wird, dass der Vereinbarungsentwurf den von der Rechtsetzungsbehörde festgelegten Zielen nicht entspricht, oder dem Wirksamwerden der Vereinbarung widersprechen und, falls dies angebracht ist, die Kommission auffordern, einen Vorschlag für einen Rechtsakt vorzulegen.

21. In dem Rechtsakt, der die Grundlage für einen Koregulierungsmechanismus darstellt, wird der mögliche Umfang der Koregulierung in dem betreffenden Bereich angegeben. Die zuständige Rechtsetzungsbehörde legt in diesem Rechtsakt die einschlägigen Maßnahmen fest, die im Zuge der Kontrolle der Anwendung zu ergreifen sind, falls die Vereinbarung von einer oder mehreren der betroffenen Parteien nicht

eingehalten wird oder wenn die Vereinbarung scheitert. Diese Maßnahmen können etwa darin bestehen, dass eine regelmäßige Unterrichtung der Rechtsetzungsbehörde durch die Kommission in Bezug auf die Kontrolle der Anwendung oder eine Revisionsklausel vorgesehen wird, der zufolge die Kommission nach Ablauf einer bestimmten Frist Bericht erstattet und gegebenenfalls eine Änderung des Rechtsakts oder andere geeignete Rechtsetzungsmaßnahmen vorschlägt.

– *Die Selbstregulierung*

22. Unter Selbstregulierung ist die Möglichkeit zu verstehen, dass Wirtschaftsteilnehmer, Sozialpartner, Nichtregierungsorganisationen oder Verbände untereinander und für sich gemeinsame Leitlinien auf europäischer Ebene (unter anderem Verhaltenskodizes oder sektorale Vereinbarungen) annehmen.

Generell implizieren solche auf Freiwilligkeit beruhenden Initiativen keine Stellungnahme der Organe, insbesondere dann nicht, wenn sie sich auf Bereiche beziehen, die von den Verträgen nicht abgedeckt sind oder in denen die Union noch keine Rechtsvorschriften erlassen hat. Im Rahmen ihrer Verantwortlichkeiten prüft die Kommission die Praktiken der Selbstregulierung, um ihre Übereinstimmung mit den Bestimmungen des EG-Vertrags zu prüfen.

23. Die Kommission unterrichtet das Europäische Parlament und den Rat über die Praktiken der Selbstregulierung, die sie zum einen der Verwirklichung der Ziele des EG-Vertrags für dienlich und für mit den Bestimmungen des EG-Vertrags vereinbar hält und zum anderen im Hinblick auf die Repräsentativität der betroffenen Parteien, die sektorale und geografische Abdeckung und den Mehrwert der eingegangenen Verpflichtungen für zufrieden stellend hält. Sie prüft gleichwohl die Möglichkeit, einen Vorschlag für einen Rechtsakt zu unterbreiten, insbesondere auf Antrag der zuständigen Rechtsetzungsbehörde oder im Falle der Nichteinhaltung dieser Praktiken.

Durchführungsmaßnahmen (Ausschussverfahren)

24. Die drei Organe unterstreichen die wichtige Rolle, die die Durchführungsmaßnahmen in der Rechtsetzung spielen. Sie verweisen auf die Ergebnisse des Konvents zur Zukunft Europas bezüglich der Festlegung der Modalitäten für die Ausübung der der Kommission übertragenen Durchführungsbefugnisse.

Das Europäische Parlament und der Rat betonen, dass sie im Rahmen ihrer jeweiligen Zuständigkeiten mit der Prüfung des von der Kommission am 11. Dezember 2002 angenommenen Vorschlags zur Änderung des Beschlusses 1999/468/EG des Rates[7]) begonnen haben.

Verbesserte Qualität der Rechtsetzung

25. Die drei Organe stellen bei der Ausübung ihrer jeweiligen Zuständigkeiten die Qualität der Rechtsetzung sicher, d.h. ihre Klarheit, Einfachheit und Effizienz. Sie sind der Auffassung, dass eine Verbesserung des Konsultationsprozesses zur Vorbereitung der Rechtsetzung und eine stärkere Inanspruchnahme sowohl vorheriger als auch nachträglicher Folgenabschätzungen zu diesem Ziel beitragen. Sie sind entschlossen, die Interinstitutionelle Vereinbarung vom 22. Dezember 1998 über gemeinsame Leitlinien für die redaktionelle Qualität der gemeinschaftlichen Rechtsvorschriften uneingeschränkt anzuwenden.

a) *Konsultation zur Vorbereitung der Rechtsetzung*

26. In der Phase vor der Vorlage von Rechtsetzungsvorschlägen nimmt die Kommission unter Unterrichtung des Europäischen Parlaments und des Rates möglichst umfassende Konsultationen vor, deren Ergebnisse öffentlich zugänglich gemacht werden. In Einzelfällen, in denen die Kommission dies für angebracht hält, kann sie ein Konsultationsdokument zur Vorbereitung der Rechtsetzung vorlegen, zu dem das Europäische Parlament und der Rat eine Stellungnahme abgeben können.

b) *Folgenabschätzungen*

27. Gemäß dem Protokoll über die Anwendung der Grundsätze der Subsidiarität und der Verhältnismäßigkeit trägt die Kommission in ihren Rechtsetzungsvorschlägen deren finanziellen oder administrativen Auswirkungen, insbesondere für die Union und die Mitgliedstaaten, in gebührender Weise Rechnung. Darüber hinaus tragen die drei Organe, soweit es sie jeweils betrifft, der Zielsetzung Rechnung, eine angemessene und wirksame Anwendung in den Mitgliedstaaten zu gewährleisten.

28. Die drei Organe sind sich über den positiven Beitrag der Folgenabschätzungen zur Verbesserung der Qualität der gemeinschaftlichen Rechtsvorschriften im Hinblick sowohl auf ihren Anwendungsbereich und als auch auf ihren Inhalt einig.

29. Die Kommission setzt die Durchführung des integrierten Verfahrens zur vorherigen Abschätzung der Folgen wichtiger Rechtsetzungsvorhaben fort, wobei die Folgenabschätzungen unter anderem zu den wirtschaftlichen, sozialen

---

[7]) ABl. L 184 vom 17.7.1999, S. 23.

und ökologischen Aspekten in einer einzigen Beurteilung zusammengeführt werden. Die Ergebnisse dieser Abschätzungen werden dem Europäischen Parlament, dem Rat und der Öffentlichkeit umfassend und frei zugänglich gemacht. Die Kommission legt in der Begründung ihrer Vorschläge dar, inwiefern die Folgenabschätzungen diese beeinflusst haben.

30. Sofern das Verfahren der Mitentscheidung Anwendung findet, können das Europäische Parlament und der Rat auf der Grundlage gemeinsam festgelegter Kriterien und Verfahren vor der Annahme einer wesentlichen Abänderung im Rahmen der ersten Lesung oder im Stadium der Vermittlung ebenfalls Folgenabschätzungen vornehmen lassen. Im Anschluss an die Annahme dieser Vereinbarung stellen die drei Organe so bald wie möglich eine Bilanz ihrer jeweiligen Erfahrungen auf und prüfen die Möglichkeit, ein gemeinsames methodisches Vorgehen festzulegen.

c) *Kohärenz der Texte*

31. Das Europäische Parlament und der Rat ergreifen alle geeigneten Maßnahmen, um eine eingehende Überprüfung der Formulierung von im Mitentscheidungsverfahren erlassenen Texten durch ihre jeweiligen Dienststellen zu verstärken und auf diese Weise jegliche Ungenauigkeit oder Inkohärenz zu verhindern. Dazu können die Organe eine kurze Frist vereinbaren, die derartige juristische Überprüfungen vor der endgültigen Annahme eines Rechtsakts ermöglicht.

Verbesserte Umsetzung und Anwendung

32. Die drei Organe betonen, wie wichtig es ist, dass die Mitgliedstaaten Artikel 10 EG-Vertrag beachten, fordern die Mitgliedstaaten auf, für eine korrekte und rasche Umsetzung des Gemeinschaftsrechts in nationales Recht innerhalb der vorgeschriebenen Fristen zu sorgen, und sind der Auffassung, dass eine solche Umsetzung für eine kohärente und effiziente Anwendung dieser Rechtsvorschriften durch die Gerichte, Verwaltungen, Bürger, Wirtschaftsteilnehmer und durch die Sozialpartner unerlässlich ist.

33. Die drei Organe stellen sicher, dass alle Richtlinien eine bindende Frist für die Umsetzung ihrer Bestimmungen in nationales Recht enthalten. Sie sehen in den Richtlinien eine möglichst kurze Umsetzungsfrist vor, die in der Regel zwei Jahre nicht überschreitet. Die drei Organe wünschen, dass die Mitgliedstaaten ihre Anstrengungen zur Umsetzung der Richtlinien innerhalb der darin angegebenen Fristen verstärken. In diesem Zusammenhang nehmen das Europäische Parlament und der Rat zur Kenntnis, dass die Kommission beabsichtigt, die Zusammenarbeit mit den Mitgliedstaaten zu verstärken.

Die drei Organe verweisen darauf, dass die Kommission nach dem EG-Vertrag die Möglichkeit hat, ein Vertragsverletzungsverfahren einzuleiten, wenn ein Mitgliedstaat die Umsetzungsfrist nicht einhält; das Europäische Parlament und der Rat nehmen die von der Kommission in diesem Bereich eingegangenen Verpflichtungen zur Kenntnis[8]).

34. Die Kommission erstellt Jahresberichte über die Umsetzung der Richtlinien in den einzelnen Mitgliedstaaten, verbunden mit Aufstellungen, in denen die Umsetzungsquoten angegeben sind. Diese Berichte werden dem Europäischen Parlament und dem Rat übermittelt und der Öffentlichkeit zugänglich gemacht.

Der Rat wirkt darauf hin, dass die Mitgliedstaaten für ihre eigenen Zwecke und im Interesse der Gemeinschaft eigene Aufstellungen vornehmen, aus denen im Rahmen des Möglichen die Entsprechungen von Richtlinien und Umsetzungsmaßnahmen zu entnehmen sind, und diese zu veröffentlichen. Er ersucht die Mitgliedstaaten, möglichst rasch einen Koordinator für die Umsetzung zu benennen, sofern sie dies noch nicht getan haben.

Vereinfachung und Verringerung des Umfangs der Rechtsvorschriften

35. Um die Anwendung des Gemeinschaftsrechts zu erleichtern und dessen Verständlichkeit zu verbessern, kommen die drei Organe überein, die geltenden Rechtsvorschriften zum einen zu aktualisieren und ihren Umfang zu verringern und sie zum anderen erheblich zu vereinfachen. Sie stützen sich zu diesem Zweck auf das Mehrjahresprogramm der Kommission.

Die Aktualisierung und Verringerung des Umfangs der Rechtsvorschriften erfolgen unter anderem durch die Aufhebung von Rechtsakten, die nicht mehr angewendet werden, und die Kodifizierung oder Neufassung der übrigen Rechtsakte.

Die Vereinfachung der Rechtsakte zielt auf eine Verbesserung und Anpassung der Rechtsvorschriften durch eine Änderung oder Ersetzung der für ihre Anwendung zu schwerfälligen und zu komplexen Rechtsakte und Vorschriften ab. Dies erfolgt durch die Neufassung bestehender Rechtsakte oder durch neue Rechtsetzungsvorschläge, wobei der Wesensgehalt der Gemeinschaftspolitiken gewahrt wird. In diesem Rahmen wählt die Kommission auf der Grundlage nach Konsultation der Rechtsetzungsbehörde festgelegten Kriterien die Bereiche des

---

[8]) Mitteilung der Kommission vom 12. Dezember 2002 über die bessere Kontrolle der Anwendung des Gemeinschaftsrechts, KOM(2002) 725 endgültig, S. 20 und 21.

geltenden Rechts aus, die vereinfacht werden sollen.

36. Binnen sechs Monaten nach dem Wirksamwerden dieser Vereinbarung werden das Europäische Parlament und der Rat, die als Rechtsetzungsbehörde für die abschließende Annahme der Vorschläge für vereinfachte Rechtsakte zuständig sind, ihre Arbeitsmethoden ändern und beispielsweise Ad-hoc-Strukturen schaffen, die speziell für die Vereinfachung von Rechtsakten zuständig sind.

Durchführung und Begleitung der Vereinbarung

37. Die Durchführung dieser Vereinbarung wird von der Hochrangigen Technischen Arbeitsgruppe für die interinstitutionelle Zusammenarbeit begleitet.

38. Die drei Organe ergreifen die erforderlichen Maßnahmen, um ihren zuständigen Dienststellen geeignete Mittel und Ressourcen für eine ordnungsgemäße Durchführung dieser Vereinbarung zur Verfügung zu stellen.

Kundmachung

Geschehen zu Straßburg am sechzehnten Dezember zweitausenddunddrei.

KODEX

DES ÖSTERREICHISCHEN RECHTS
SAMMLUNG DER ÖSTERREICHISCHEN BUNDESGESETZE

SCHUL-GESETZE

 LexisNexis

KODEX

DES ÖSTERREICHISCHEN RECHTS
SAMMLUNG DER ÖSTERREICHISCHEN BUNDESGESETZE

WOHNUNGS-GESETZE

 LexisNexis

KODEX

DES ÖSTERREICHISCHEN RECHTS
SAMMLUNG DER ÖSTERREICHISCHEN BUNDESGESETZE

UNIVERSITÄTS-RECHT

 LexisNexis

KODEX

DES ÖSTERREICHISCHEN RECHTS
SAMMLUNG DER ÖSTERREICHISCHEN BUNDESGESETZE

INNERE VERWALTUNG

 LexisNexis

6/1. Europol

Präambel

Sicherheit und Recht

Hinweise:

Entscheidung des Rates vom 28. Mai 2001 über die Einrichtung eines Europäischen Justiziellen Netzes für Zivil- und Handelssachen (ABl 2001 L 174, 25);

Rahmenbeschluss des Rates vom 13. Juni 2002 über den Europäischen Haftbefehl und die Übergabeverfahren zwischen den Mitgliedstaaten (ABl 2002 L 190, 1);

Beschluss des Rates vom 28. Februar 2002 über die Errichtung von Eurojust zur Verstärkung der Bekämpfung der schweren Kriminalität (ABl 2002 L 63, 1 geändert durch ABl 2002 L 196, 63 (Ber.) und ABl 2003 L 245, 44);

Beschluss 2005/876/JI des Rates vom 21. November 2005 über den Austausch von Informationen aus dem Strafregister (ABl 2005 L 322, 33);

Rahmenbeschluss 2006/960/JI des Rates vom 18. Dezember 2006 über die Vereinfachung des Austauschs von Informationen und Erkenntnissen zwischen den Strafverfolgungsbehörden der Mitgliedstaaten der Europäischen Union (ABl 2006 L 386, 89)

Akt Nr. 29/2009 der gemeinsamen Kontrollinstanz von Europol vom 22. Juni 2009 zur Festlegung ihrer Geschäftsordnung (ABl 2010 C 45, 2)

Akt der gemeinsamen Kontrollinstanz von Eurojust vom 23. Juni 2009 zur Festlegung ihrer Geschäfts- und Verfahrensordnung (ABl 2010 C 182, 3)

Finanzregelung für Europol (ABl 2010 C 281, 1)

Beschluss des Rates vom 6. April 2009 zur Errichtung des Europäischen Polizeiamts (Europol)[1])

(2009/371/JI)

(ABl 2009 L 121, 37)

DER RAT DER EUROPÄISCHEN UNION –

gestützt auf den Vertrag über die Europäische Union, insbesondere auf Artikel 30 Absatz 1 Buchstabe b und Absatz 2 sowie auf Artikel 34 Absatz 2 Buchstabe c,

auf Vorschlag der Kommission,

nach Stellungnahme des Europäischen Parlaments[2]),

in Erwägung nachstehender Gründe:

(1) Die Errichtung eines Europäischen Polizeiamts (Europol) wurde im Vertrag über die Europäische Union vom 7. Februar 1992 vereinbart und durch das Übereinkommen aufgrund von Artikel K.3 des Vertrags über die Europäische Union über die Errichtung eines Europäischen Polizeiamts (Europol-Übereinkommen)[3]) geregelt.

(2) Am Europol-Übereinkommen sind eine Reihe von Änderungen in Form von drei Protokollen vorgenommen worden, die nach einem langwierigen Ratifizierungsprozess in Kraft getreten sind. Daher wird die Ersetzung des Übereinkommens durch einen Beschluss etwaige künftige Änderungen erleichtern.

(3) Die Vereinfachung und Verbesserung des Europol-Rechtsrahmens lässt sich zum Teil dadurch erreichen, dass Europol als eine aus dem Gesamthaushaltsplan der Europäischen Union finanzierte Stelle der Union errichtet wird, auf die in der Folge die allgemeinen Vorschriften und Verfahren Anwendung finden.

(4) In Bereichen, die unter Titel VI des Vertrags über die Europäische Union fallen, wurden bereits vergleichbare Einrichtungen der Union (Beschluss 2002/187/JI des Rates vom 28. Februar 2002 über die Errichtung von Eurojust zur Verstärkung der Bekämpfung der schweren Kriminalität[4]) und Beschluss 2005/681/JI des Rates vom 20. September 2005 zur Errichtung der Europäischen Polizeiakademie[5])) auf der Grundlage von geschaffen, da sich solche Beschlüsse leichter

---

[1]) *Hinweis:* Ersetzt das bisherige Europol-Übereinkommen in der Fassung der drei Änderungs-Protokolle.

[2]) Stellungnahme vom 17. Januar 2008 (noch nicht im Amtsblatt veröffentlicht).

[3]) ABl. C 316 vom 27.11.1995, S. 1.

[4]) ABl. L 63 vom 6.3.2002, S. 1.

[5]) ABl. L 256 vom 1.10.2005, S. 63.

Präambel

an neue Gegebenheiten und politische Prioritäten anpassen lassen.

(5) Wird Europol als eine aus dem Gesamthaushaltsplan der Europäischen Union finanzierte Stelle der Union errichtet, erhält das Europäische Parlament mehr Einfluss bei der Kontrolle von Europol, da es an der Feststellung des Haushaltsplans, einschließlich des Stellenplans und des Entlastungsverfahrens, mitwirkt.

(6) Durch die Anwendung der für vergleichbare Einrichtungen der Union geltenden allgemeinen Vorschriften und Verfahren auf Europol vereinfachen sich die Verwaltungsvorgänge, so dass Europol einen größeren Teil seiner Ressourcen für seine Kernaufgaben einsetzen kann.

(7) Mit Maßnahmen, die darauf ausgerichtet sind, die Möglichkeiten von Europol zur Unterstützung der zuständigen Strafverfolgungsbehörden der Mitgliedstaaten zu erweitern, ohne dem Personal von Europol Vollzugsgewalt zu übertragen, lässt sich die Funktionsweise von Europol weiter vereinfachen und verbessern.

(8) Eine dieser Verbesserungen soll gewährleisten, dass Europol die zuständigen Behörden der Mitgliedstaaten bei der Bekämpfung bestimmter Formen der schweren Kriminalität ohne die derzeit geltende Einschränkung, dass tatsächliche Anhaltspunkte für eine kriminelle Organisationsstruktur vorliegen müssen, unterstützen kann.

(9) Die Einrichtung gemeinsamer Ermittlungsgruppen sollte gefördert werden, und es ist wichtig, dass das Europol- Personal daran teilnehmen können sollte. Um sicherzustellen, dass diese Teilnahme in allen Mitgliedstaaten möglich ist, sollte garantiert werden, dass für die Mitglieder des Europol-Personals keine Immunitäten gelten, solange sie in gemeinsamen Ermittlungsgruppen unterstützend tätig sind. Dies wird nach Annahme einer entsprechenden Verordnung auf der Grundlage des Artikels 16 des Protokolls über die Vorrechte und Befreiungen der Europäischen Gemeinschaften möglich sein.

(10) Die nationalen Stellen von Europol sollten unmittelbaren Zugriff auf alle Daten des Europol-Informationssystems erhalten, um unnötige Verfahren zu vermeiden.

(11) Um seine Ziele zu erreichen, verarbeitet Europol personenbezogene Daten in automatisierter Form oder in strukturierten manuell geführten Dateien. Daher sollten die erforderlichen Maßnahmen getroffen werden, um ein Datenschutzniveau zu gewährleisten, das mindestens demjenigen entspricht, das sich aus der Anwendung der Grundsätze des am

28. Januar 1981 in Straßburg unterzeichneten Übereinkommens des Europarats zum Schutz des Menschen bei der automatischen Verarbeitung personenbezogener Daten und aus späteren Änderungen dieses Übereinkommens, sobald diese Änderungen zwischen den Mitgliedstaaten in Kraft sind, ergibt.

(12) Ein Rahmenbeschluss des Rates über den Schutz der im Rahmen der polizeilichen und justiziellen Zusammenarbeit in Strafsachen verarbeiteten personenbezogenen Daten wird auf die Übermittlung personenbezogener Daten durch die Mitgliedstaaten an Europol Anwendung finden. Die entsprechenden Datenschutzbestimmungen dieses Beschlusses werden durch jenen Rahmenbeschluss nicht berührt; dieser Beschluss sollte aufgrund der besonderen Art, Funktionsweise und Befugnisse von Europol spezifische Vorschriften für den Schutz personenbezogener Daten beinhalten, in denen diese Angelegenheit ausführlicher geregelt wird.

(13) Es ist ein Datenschutzbeauftragter erforderlich, der auf unabhängige Weise gewährleistet, dass personenbezogene Daten, einschließlich der gemäß Artikel 24 der Verordnung (EG) Nr. 45/2001 des Europäischen Parlaments und des Rates vom 18. Dezember 2000 zum Schutz natürlicher Personen bei der Verarbeitung personenbezogener Daten durch die Organe und Einrichtungen der Gemeinschaft und zum freien Datenverkehr[6]) geschützten Daten des Europol-Personals, rechtmäßig und im Einklang mit diesem Beschluss verarbeitet werden.

(14) Die bestehenden Möglichkeiten von Europol, Informationsverarbeitungssysteme zur Unterstützung seiner Aufgaben einzurichten und zu betreiben, sollten erweitert werden. Solche zusätzlichen Informationsverarbeitungssysteme sollten im Wege eines vom Rat gebilligten Beschlusses des Verwaltungsrates im Einklang mit den allgemeinen Datenschutzgrundsätzen eingerichtet und unterhalten werden, die in dem Übereinkommen des Europarates vom 28. Januar 1981 zum Schutz des Menschen bei der automatischen Verarbeitung personenbezogener Daten verankert sind, und im Einklang mit der Empfehlung Nr. R (87) 15 des Ministerkomitees des Europarats vom 17. September 1987 stehen.

(15) Dieser Beschluss erlaubt es, dass der Grundsatz des Zugangs der Öffentlichkeit zu amtlichen Dokumenten zum Tragen kommt.

---

[6]) ABl. L 8 vom 12.1.2001, S. 1.

(16) Zur Erfüllung seines Auftrags sollte Europol mit europäischen Organen, Einrichtungen, Ämtern und Agenturen, einschließlich Eurojust, zusammenarbeiten, wobei ein angemessenes Datenschutzniveau zu gewährleisten ist.

(17) Europol sollte mit den Organen, Einrichtungen, Ämtern und Agenturen der Union oder der Gemeinschaft Abkommen und Arbeitsvereinbarungen schließen können, damit alle Beteiligten gegen die in ihre Zuständigkeit fallenden Formen schwerer Kriminalität effizienter vorgehen können, und damit Doppelarbeit vermieden wird.

(18) Die Möglichkeiten von Europol, mit Drittstaaten und dritten Organisationen zusammenzuarbeiten, sollten rationeller gestaltet werden, um die Kohärenz mit der allgemeinen Politik der Union in diesem Bereich zu gewährleisten, und neue Bestimmungen sollten regeln, wie diese Zusammenarbeit in Zukunft aussehen soll.

(19) Die Leitung von Europol sollte durch vereinfachte Verfahren, eine allgemeinere Beschreibung der Aufgaben des Verwaltungsrates und durch die Einführung einer allgemeinen Regel, wonach alle Beschlüsse mit Zweidrittelmehrheit zu fassen sind, verbessert werden.

(20) Es ist zudem wünschenswert, Bestimmungen vorzusehen, die dem Europäischen Parlament mehr Aufsichtsrechte über Europol einräumen, um zu gewährleisten, dass Europol eine transparente und voll rechenschaftspflichtige Organisation bleibt, wobei gleichzeitig dafür Sorge zu tragen ist, dass operative Informationen vertraulich behandelt werden.

(21) Europol unterliegt der gerichtlichen Kontrolle nach Maßgabe des Artikels 35 des Vertrags über die Europäische Union.

(22) Um zu gewährleisten, dass Europol seine Aufgaben weiterhin nach bestem Vermögen erfüllen kann, sollten sorgfältig konzipierte Übergangsmaßnahmen festgelegt werden.

(23) Da das Ziel dieses Beschlusses, nämlich die Errichtung einer Stelle, die für die Zusammenarbeit im Bereich der Strafverfolgung auf Unionsebene zuständig ist, auf Ebene der Mitgliedstaaten nicht ausreichend verwirklicht werden kann und daher wegen seines Umfangs und seiner Wirkungen besser auf Ebene der Union zu erreichen ist, kann die Union im Einklang mit dem in Artikel 5 des Vertrags zur Gründung der Europäischen Gemeinschaft niedergelegten Subsidiaritätsprinzip, auf das in Artikel 2 des Vertrags über die Europäische Union Bezug genommen wird,

tätig werden. Entsprechend dem in Artikel 5 des Vertrags zur Gründung der Europäischen Gemeinschaft genannten Grundsatz der Verhältnismäßigkeit geht dieser Beschluss nicht über das für die Erreichung dieses Ziels erforderliche Maß hinaus.

(24) Dieser Beschluss steht im Einklang mit den Grundrechten und Grundsätzen, die insbesondere in der Charta der Grundrechte der Europäischen Union anerkannt wurden –

BESCHLIESST:

KAPITEL I
ERRICHTUNG UND AUFGABENBESCHREIBUNG

Artikel 1
Errichtung

(1) Dieser Beschluss ersetzt die Bestimmungen des Übereinkommens aufgrund von Artikel K.3 des Vertrags über die Europäische Union über die Errichtung eines Europäischen Polizeiamts (Europol-Übereinkommen).

Europol hat seinen Sitz in Den Haag, Niederlande.

(2) Europol im Sinne dieses Beschlusses ist Rechtsnachfolger des Europäischen Polizeiamts, das durch das Europol-Übereinkommen errichtet worden ist.

(3) Europol ist in jedem Mitgliedstaat mit einer einzigen nationalen Stelle verbunden, die gemäß Artikel 8 eingerichtet oder benannt wird.

Artikel 2
Rechts- und Geschäftsfähigkeit

(1) Europol besitzt Rechtspersönlichkeit.

(2) Europol besitzt in jedem Mitgliedstaat die weitestgehende Rechts- und Geschäftsfähigkeit, die juristischen Personen nach dessen Rechtsvorschriften zuerkannt wird. Europol kann insbesondere bewegliches und unbewegliches Vermögen erwerben und veräußern und kann vor Gericht auftreten.

(3) Europol ist befugt, mit dem Königreich der Niederlande ein Sitzabkommen zu schließen.

Artikel 3
Ziel

Europol hat zum Ziel, die Tätigkeit der zuständigen Behörden der Mitgliedstaaten sowie deren Zusammenarbeit bei der Prävention und Bekämpfung von organisierter Kriminalität,

Sicherheit/Recht

Terrorismus und anderen Formen schwerer Kriminalität zu unterstützen und zu verstärken, wenn zwei oder mehr Mitgliedstaaten betroffen sind.

„Zuständige Behörden" im Sinne dieses Beschlusses sind alle in den Mitgliedstaaten bestehenden öffentlichen Stellen, soweit sie nach innerstaatlichem Recht für die Prävention und Bekämpfung von Straftaten zuständig sind.

Artikel 4
Zuständigkeit

(1) Europol ist für organisierte Kriminalität, Terrorismus und andere Formen schwerer Kriminalität gemäß dem Anhang zuständig, wenn zwei oder mehr Mitgliedstaaten in einer Weise betroffen sind, die aufgrund des Umfangs, der Bedeutung und der Folgen der Straftaten ein gemeinsames Vorgehen der Mitgliedstaaten erfordert.

(2) Auf Empfehlung des Verwaltungsrates legt der Rat seine Prioritäten für Europol fest, wobei er den von Europol erstellten strategischen Analysen und Bewertungen der Bedrohungslage besonders Rechnung trägt.

(3) Europol ist auch für im Zusammenhang stehende Straftaten zuständig. Als im Zusammenhang stehende Straftaten gelten:

a) Straftaten, die begangen werden, um die Mittel zur Begehung von in den Zuständigkeitsbereich von Europol fallenden Handlungen zu beschaffen;

b) Straftaten, die begangen werden, um Handlungen, die in den Zuständigkeitsbereich von Europol fallen, zu erleichtern oder durchzuführen;

c) Straftaten, die begangen werden, um sicherzustellen, dass in den Zuständigkeitsbereich von Europol fallende Handlungen straflos bleiben.

Artikel 5
Aufgaben

(1) Europol hat folgende Hauptaufgaben:

a) Informationen und Erkenntnisse sammeln, speichern, verarbeiten, analysieren und austauschen;

b) über die in Artikel 8 genannten nationalen Stellen unverzüglich die zuständigen Behörden der Mitgliedstaaten über die sie betreffenden Informationen und die in Erfahrung gebrachten Zusammenhänge von Straftaten unterrichten;

c) Ermittlungen in den Mitgliedstaaten insbesondere durch die Übermittlung aller sachdienlichen Informationen an die nationalen Stellen unterstützen;

d) die zuständigen Behörden der betreffenden Mitgliedstaaten um die Einleitung, Durchführung oder Koordinierung von Ermittlungen ersuchen sowie in bestimmten Fällen die Einsetzung gemeinsamer Ermittlungsgruppen empfehlen;

e) die Mitgliedstaaten bei einer größeren internationalen Veranstaltung mit Erkenntnissen und Analysen unterstützen;

f) auf seine Zielsetzung bezogene Bewertungen der Bedrohungslage, strategische Analysen und allgemeine Lageberichte erstellen, einschließlich Bewertungen der Bedrohung durch die organisierte Kriminalität.

(2) Zu den Aufgaben gemäß Absatz 1 gehört die Unterstützung der Mitgliedstaaten bei der Erhebung und Analyse von Informationen aus dem Internet, um bei der Aufdeckung von kriminellen Handlungen zu helfen, die durch das Internet erleichtert oder über das Internet begangen wurden.

(3) Europol hat folgende zusätzliche Aufgaben:

a) die Spezialkenntnisse, die im Rahmen der Ermittlungstätigkeit von den zuständigen Behörden der Mitgliedstaaten verwendet werden, zu vertiefen und Beratung bei den Ermittlungen anzubieten;

b) strategische Erkenntnisse zu übermitteln, um einen effizienten und effektiven Einsatz der auf nationaler Ebene und auf Unionsebene für operative Tätigkeiten vorhandenen Ressourcen zu erleichtern und zu fördern, und solche Tätigkeiten zu unterstützen.

(4) Im Rahmen seiner Ziele gemäß Artikel 3 kann Europol darüber hinaus nach Maßgabe seiner personellen und haushaltsmäßigen Möglichkeiten und innerhalb der vom Verwaltungsrat gesetzten Grenzen den Mitgliedstaaten im Wege der Unterstützung, Beratung und Forschung auf folgenden Gebieten helfen:

a) Fortbildung der Bediensteten ihrer zuständigen Behörden, gegebenenfalls in Zusammenarbeit mit der Europäischen Polizeiakademie;

b) Organisation und materielle Ausstattung dieser Behörden im Wege der Erleichterung der gegenseitigen technischen Unterstützung der Mitgliedstaaten;

c) Methoden zur Prävention von Straftaten;

d) kriminaltechnische und kriminalwissenschaftliche Methoden und Analysen sowie Ermittlungsmethoden.

(5) Europol fungiert auch als Zentralstelle zur Bekämpfung der Euro-Fälschung gemäß dem Beschluss 2005/511/JI des Rates vom 12. Juli 2005 über den Schutz des Euro gegen Fälschung durch Benennung von Europol als Zentralstelle zur Bekämpfung der Euro-Fälschung[7]). Europol kann auch die Koordinierung der von den zuständigen Behörden der Mitgliedstaaten oder im Rahmen gemeinsamer Ermittlungsgruppen zur Bekämpfung der Euro-Fälschung durchgeführten Maßnahmen fördern, gegebenenfalls in Verbindung mit Unionsstellen und Drittlandsstellen. Auf Ersuchen kann Europol Ermittlungen in Euro-Fälschungen finanziell unterstützen.

Artikel 6

Teilnahme an gemeinsamen Ermittlungsgruppen

(1) Das Europol-Personal kann in unterstützender Funktion an gemeinsamen Ermittlungsgruppen teilnehmen, einschließlich an jenen, die gemäß Artikel 1 des Rahmenbeschlusses 2002/465/JI des Rates vom 13. Juni 2002 über gemeinsame Ermittlungsgruppen[8]), gemäß Artikel 13 des Übereinkommens vom 29. Mai 2000 über die Rechtshilfe in Strafsachen zwischen den Mitgliedstaaten der Europäischen Union[9]) oder gemäß Artikel 24 des Übereinkommens vom 18. Dezember 1997 über gegenseitige Amtshilfe und Zusammenarbeit der Zollverwaltungen[10]) eingesetzt werden, sofern diese Gruppen Ermittlungen im Zusammenhang mit Straftaten führen, für die Europol gemäß Artikel 4 dieses Beschlusses zuständig ist. Das Europol-Personal kann nach Maßgabe der Rechtsvorschriften der Mitgliedstaaten, in denen der Einsatz der gemeinsamen Ermittlungsgruppe erfolgt, und gemäß der in Absatz 2 genannten Vereinbarung an allen Tätigkeiten mitwirken und gemäß Absatz 4 Informationen mit allen Mitgliedern der gemeinsamen Ermittlungsgruppe austauschen. Es nimmt jedoch nicht an der Ergreifung von Zwangsmaßnahmen teil.

(2) Die verwaltungstechnischen Modalitäten für die Teilnahme von Europol-Personal

an einer gemeinsamen Ermittlungsgruppe werden in einer Vereinbarung zwischen dem Direktor und den zuständigen Behörden der an der gemeinsamen Ermittlungsgruppe beteiligten Mitgliedstaaten unter Einbeziehung der nationalen Stellen geregelt. Der Verwaltungsrat legt die für diese Vereinbarungen maßgebenden Bestimmungen fest.

(3) In den in Absatz 2 genannten Bestimmungen werden die Bedingungen festgelegt, unter denen Europol-Personal zu gemeinsamen Ermittlungsgruppen abgeordnet wird.

(4) Gemäß der in Absatz 2 genannten Vereinbarung kann das Europol-Personal mit den Mitgliedern der gemeinsamen Ermittlungsgruppe direkt Verbindung aufnehmen und nach Maßgabe dieses Beschlusses Informationen aus einem der in Artikel 10 aufgeführten Informationsverarbeitungssysteme an die Mitglieder und entsandten Mitglieder der gemeinsamen Ermittlungsgruppe weitergeben. Wird direkt Verbindung aufgenommen, unterrichtet Europol gleichzeitig die nationalen Stellen der in der Gruppe vertretenen Mitgliedstaaten sowie die Mitgliedstaaten, von denen die Informationen stammen, hiervon.

(5) Informationen, die ein Mitglied des Europol-Personals im Rahmen seiner Teilnahme an einer gemeinsamen Ermittlungsgruppe mit Zustimmung und unter Verantwortung des genannten Mitgliedstaats, der die betreffende Information zur Verfügung gestellt hat, erlangt, dürfen nach den in diesem Beschluss festgelegten Bedingungen in jedes Element des in Artikel 10 genannten Informationsverarbeitungssystems eingegeben werden.

(6) Die Mitglieder des Europol-Personals unterliegen bei Einsätzen einer gemeinsamen Ermittlungsgruppe in Bezug auf Straftaten, die gegen sie begangen werden oder die sie selbst begehen, dem innerstaatlichen Recht des Einsatzmitgliedstaats, das auf Personen mit vergleichbaren Aufgaben Anwendung findet.

Artikel 7

Ersuchen von Europol um Einleitung strafrechtlicher Ermittlungen

(1) Die Mitgliedstaaten nehmen Ersuchen von Europol um Einleitung, Durchführung oder Koordinierung von Ermittlungen in bestimmten Fällen entgegen und prüfen diese Ersuchen in angemessener Weise. Die Mitgliedstaaten unterrichten Europol darüber, ob die Ermittlungen, die Gegenstand des Ersuchens sind, eingeleitet werden.

---

[7]) ABl. L 185 vom 16.7.2005, S. 35.
[8]) ABl. L 162 vom 20.6.2002, S. 1.
[9]) ABl. C 197 vom 12.7.2000, S. 3.
[10]) ABl. C 24 vom 23.1.1998, S. 2.

(2) Europol setzt Eurojust von jedem Ersuchen um Einleitung strafrechtlicher Ermittlungen vorab in Kenntnis.

(3) Entscheiden die zuständigen Behörden des Mitgliedstaats, einem Ersuchen seitens Europol nicht stattzugeben, so setzen sie Europol von ihrer Entscheidung in Kenntnis und teilen diesem Amt die Gründe hierfür mit, es sei denn, sie können die Gründe nicht mitteilen, weil hierdurch

a) wesentliche nationale Sicherheitsinteressen beeinträchtigt oder

b) der Erfolg laufender Ermittlungen oder die Sicherheit von Personen gefährdet würden.

(4) Die Übermittlung der Antworten auf Ersuchen von Europol um Einleitung, Durchführung oder Koordinierung von Ermittlungen in bestimmten Fällen sowie die Unterrichtung von Europol über die Ergebnisse der Ermittlungen erfolgt über die zuständigen Behörden der Mitgliedstaaten nach Maßgabe dieses Beschlusses und der einschlägigen innerstaatlichen Rechtsvorschriften.

Artikel 8
Nationale Stellen

(1) Jeder Mitgliedstaat errichtet oder benennt eine nationale Stelle, die mit der Wahrnehmung der in diesem Artikel Aufgaben betraut wird. In jedem Mitgliedstaat wird ein Beamter als Leiter der nationalen Stelle ernannt.

(2) Die nationale Stelle ist die einzige Verbindungsstelle zwischen Europol und den zuständigen Behörden der Mitgliedstaaten. Die Mitgliedstaaten können jedoch direkte Kontakte zwischen den benannten zuständigen Behörden und Europol nach Maßgabe der von dem betreffenden Mitgliedstaat festgelegten Bedingungen, einschließlich der vorherigen Einschaltung der nationalen Stelle, zulassen.

Die nationale Stelle erhält zeitgleich von Europol alle im Verlauf direkter Kontakte zwischen Europol und den bezeichneten zuständigen Behörden ausgetauschten Informationen. Die Beziehungen zwischen der nationalen Stelle und den zuständigen Behörden unterliegen dem jeweiligen innerstaatlichen Recht, insbesondere dessen verfassungsrechtlichen Vorschriften.

(3) Die Mitgliedstaaten treffen die nötigen Maßnahmen, um dafür zu sorgen, dass die nationalen Stellen ihre Aufgaben erfüllen können und insbesondere Zugriff auf die einschlägigen nationalen Daten haben.

(4) Die nationale Stelle

a) liefert Europol aus eigener Initiative Informationen und Erkenntnisse, die das Amt für die Durchführung seiner Aufgaben benötigt;

b) beantwortet die Informations-, Erkenntnis- und Beratungsanfragen von Europol;

c) hält die Informationen und Erkenntnisse auf dem neuesten Stand;

d) wertet die Informationen und Erkenntnisse nach Maßgabe des innerstaatlichen Rechts für die zuständigen Behörden aus und leitet sie an diese weiter;

e) richtet an Europol Beratungs-, Informations-, Erkenntnis- und Analyseanfragen;

f) übermittelt Europol Informationen für die Speicherung in seinen Datenbanken;

g) trägt für die Rechtmäßigkeit jedes Informationsaustauschs zwischen Europol und ihr selbst Sorge.

(5) Eine nationale Stelle ist unbeschadet der Ausübung der den Mitgliedstaaten im Hinblick auf die Aufrechterhaltung der öffentlichen Ordnung und den Schutz der inneren Sicherheit obliegenden Verantwortung im Einzelfall nicht verpflichtet, Informationen oder Erkenntnisse zu übermitteln, wenn hierdurch

a) wesentliche nationale Sicherheitsinteressen beeinträchtigt würden;

b) der Erfolg laufender Ermittlungen oder die Sicherheit von Personen gefährdet würde oder

c) Informationen preisgegeben würden, die von den Nachrichtendiensten oder aus spezifischen nachrichtendienstlichen Tätigkeiten stammen und die innere Sicherheit betreffen.

(6) Die Kosten, die den nationalen Stellen für die Kommunikation mit Europol entstehen, werden von den Mitgliedstaaten getragen und Europol, mit Ausnahme der Kosten für die Verbindung, nicht in Rechnung gestellt.

(7) Die Leiter der nationalen Stellen treten aus eigener Veranlassung oder auf Antrag des Verwaltungsrates oder des Direktors regelmäßig zusammen, um Europol in operativen Fragen zu unterstützen, und zwar insbesondere um

a) Vorschläge zu prüfen und auszuarbeiten, die dazu angetan sind, die operative Wirksamkeit von Europol zu verbessern und die Mitgliedstaaten zu größerem Engagement zu veranlassen;

b) die von Europol gemäß Artikel 5 Absatz 1 Buchstabe f erstellten Berichte und Analysen zu bewerten und Maßnahmen zur Umsetzung der darin enthaltenen Erkenntnisse zu entwickeln;

c) die Einrichtung gemeinsamer Ermittlungsgruppen unter Einbeziehung von Europol gemäß Artikel 5 Absatz 1 Buchstabe d und Artikel 6 zu unterstützen.

Artikel 9
Verbindungsbeamte

(1) Jede nationale Stelle entsendet mindestens einen Verbindungsbeamten zu Europol. Vorbehaltlich besonderer Bestimmungen dieses Beschlusses unterliegen die Verbindungsbeamten dem innerstaatlichen Recht des entsendenden Mitgliedstaats.

(2) Die Verbindungsbeamten bilden die nationalen Verbindungsbüros bei Europol und sind von ihrer nationalen Stelle beauftragt, deren Interessen innerhalb von Europol im Einklang mit dem innerstaatlichen Recht des entsendenden Mitgliedstaats und den für den Betrieb von Europol geltenden Bestimmungen zu vertreten.

(3) Vorbehaltlich des Artikels 8 Absätze 4 und 5 hat ein Verbindungsbeamter folgende Aufgaben:

a) Übermittlung von Informationen der entsendenden nationalen Stelle an Europol;

b) Weiterleitung der Informationen von Europol an die entsendende nationale Stelle;

c) Zusammenarbeit mit dem Europol-Personal durch Übermittlung von Informationen und durch Beratung und

d) Unterstützung beim Austausch von Informationen seiner nationalen Stelle mit den Verbindungsbeamten anderer Mitgliedstaaten unter eigener Verantwortung nach Maßgabe des innerstaatlichen Rechts. Dieser bilaterale Austausch kann sich auch auf Straftaten außerhalb des Zuständigkeitsbereichs von Europol erstrecken, soweit dies nach innerstaatlichem Recht zulässig ist.

(4) Artikel 35 gilt entsprechend für die Tätigkeit der Verbindungsbeamten.

(5) Die Rechte und Pflichten der Verbindungsbeamten gegenüber Europol werden vom Verwaltungsrat festgelegt.

(6) Den Verbindungsbeamten stehen die zur Erfüllung ihrer Aufgaben erforderlichen Vorrechte und Immunitäten gemäß Artikel 51 Absatz 2 zu.

(7) Europol gewährleistet, dass die Verbindungsbeamten, soweit es ihre Position erlaubt,

umfassend informiert und in die Arbeit von Europol einbezogen werden.

(8) Europol stellt den Mitgliedstaaten für die Ausübung der Tätigkeit der jeweiligen Verbindungsbeamten die notwendigen Räume im Europol-Gebäude und eine angemessene Unterstützung unentgeltlich zur Verfügung. Alle weiteren Kosten, die im Zusammenhang mit der Entsendung der Verbindungsbeamten entstehen, werden von den entsendenden Mitgliedstaaten getragen, was auch für die Ausstattung der Verbindungsbeamten gilt, wenn nicht der Verwaltungsrat im Rahmen der Aufstellung des Haushaltsplans von Europol im Einzelfall etwas anderes empfiehlt.

KAPITEL II
INFORMATIONSVERARBEITUNGS-SYSTEME

Artikel 10
Informationsverarbeitung

(1) Soweit dies zur Erreichung seiner Zielvorgaben erforderlich ist, verarbeitet Europol Informationen und Erkenntnisse einschließlich personenbezogener Daten nach Maßgabe dieses Beschlusses. Europol erstellt und unterhält das in Artikel 11 genannte Europol-Informationssystem sowie die in Artikel 14 genannten Arbeitsdateien zu Analysezwecken. Europol kann auch andere gemäß den Absätzen 2 und 3 dieses Artikels eingerichtete Systeme zur Verarbeitung personenbezogener Daten erstellen und unterhalten.

(2) Der Verwaltungsrat beschließt auf Vorschlag des Direktors nach Prüfung der Möglichkeiten aufgrund bestehender Informationsverarbeitungssysteme von Europol und nach Anhörung der gemeinsamen Kontrollinstanz über die Einrichtung eines neuen Systems für die Verarbeitung personenbezogener Daten. Dieser Beschluss des Verwaltungsrates wird dem Rat zur Billigung unterbreitet.

(3) In dem Beschluss des Verwaltungsrates gemäß Absatz 2 werden die Bedingungen und Einschränkungen festgelegt, die Europol bei der Einrichtung des neuen Systems für die Verarbeitung personenbezogener Daten zu berücksichtigen hat. Der Beschluss des Verwaltungsrates kann die Verarbeitung personenbezogener Daten erlauben, die die in Artikel 14 Absatz 1 genannten Kategorien von Personen betreffen, jedoch nicht die Verarbeitung personenbezogener Daten, aus denen die rassische oder ethnische Herkunft, politische Meinungen, religiöse oder weltanschauliche Überzeugungen oder die

Gewerkschaftszugehörigkeit hervorgehen, sowie die Verarbeitung von Daten über Gesundheit oder Sexualleben. Der Beschluss des Verwaltungsrates stellt sicher, dass die Maßnahmen und Grundsätze in Sinne der Artikel 18, 19, 20, 27, 29 und 35 ordnungsgemäß durchgeführt bzw. umgesetzt werden. Der Beschluss des Verwaltungsrates regelt insbesondere den Zweck des neuen Systems, den Zugang zu den Daten und ihre Verwendung sowie die Fristen für ihre Speicherung und Löschung.

(4) Europol kann Daten verarbeiten, um festzustellen, ob diese Daten für seine Aufgaben von Bedeutung sind und in das in Artikel 11 genannte Europol-Informationssystem, in die in Artikel 14 genannten Arbeitsdateien zu Analysezwecken oder in andere gemäß den Absätzen 2 und 3 dieses Artikels eingerichtete Systeme zur Verarbeitung personenbezogener Daten aufgenommen werden können. Der Verwaltungsrat legt auf Vorschlag des Direktors und nach Anhörung der gemeinsamen Kontrollinstanz die Bedingungen für die Verarbeitung dieser Daten fest, insbesondere hinsichtlich des Zugangs zu den Daten und ihrer Verwendung sowie der Fristen für die Speicherung und Löschung der Daten, die unter gebührender Berücksichtigung der in Artikel 27 genannten Grundsätze sechs Monate nicht überschreiten dürfen. Dieser Beschluss des Verwaltungsrates wird dem Rat zur Billigung unterbreitet.

Artikel 11
Europol-Informationssystem

(1) Europol unterhält das Europol-Informationssystem.

(2) Europol gewährleistet, dass die Bestimmungen dieses Beschlusses für den Betrieb des Europol-Informationssystems eingehalten werden. Europol ist für das reibungslose Funktionieren des Europol-Informationssystems in technischer und betrieblicher Hinsicht verantwortlich und trifft insbesondere alle notwendigen Maßnahmen, um zu gewährleisten, dass die in den Artikeln 20, 29, 31 und 35 genannten Maßnahmen in Bezug auf das Europol-Informationssystem ordnungsgemäß durchgeführt werden.

(3) In den Mitgliedstaaten ist die nationale Stelle für die Kommunikation mit dem Europol-Informationssystem verantwortlich. Sie ist insbesondere für die in Artikel 35 genannten Sicherheitsmaßnahmen in Bezug auf die im Hoheitsgebiet des betreffenden Mitgliedstaats genutzten Datenverarbeitungsanlagen, für die Überprüfung gemäß Artikel 20 und,

soweit nach den Rechts- und Verwaltungsvorschriften und Verfahren dieses Mitgliedstaats erforderlich, in sonstiger Hinsicht für die ordnungsgemäße Durchführung dieses Beschlusses zuständig.

Artikel 12
Inhalt des Europol-Informationssystems

(1) Das Europol-Informationssystem darf nur zur Verarbeitung von Daten verwendet werden, die für die Erfüllung der Aufgaben von Europol erforderlich sind. Es handelt sich um aufgenommene Daten über

a) Personen, die nach Maßgabe des innerstaatlichen Rechts des betreffenden Mitgliedstaats einer Straftat oder der Beteiligung an einer Straftat, für die Europol zuständig ist, verdächtigt werden oder die wegen einer solchen Straftat verurteilt worden sind;

b) Personen, in deren Fall nach Maßgabe des innerstaatlichen Rechts des betreffenden Mitgliedstaats faktische Anhaltspunkte oder triftige Gründe dafür vorliegen, dass sie Straftaten begehen werden, für die Europol zuständig ist.

(2) Die Daten zu den in Absatz 1 genannten Personen dürfen nur folgende Angaben umfassen:

a) Name, Geburtsname, Vornamen, gegebenenfalls Aliasnamen;

b) Geburtsdatum und Geburtsort;

c) Staatsangehörigkeit;

d) Geschlecht;

e) Wohnort, Beruf und Aufenthaltsort der betreffenden Person;

f) Sozialversicherungsnummern, Fahrerlaubnisse, Ausweispapiere und Passdaten und

g) soweit erforderlich, andere zur Identitätsfeststellung geeignete Merkmale, insbesondere objektive und unveränderliche körperliche Merkmale wie daktyloskopische Daten und (dem nicht codierenden Teil der DNA entnommene) DNA-Profile.

(3) Zusätzlich zu den in Absatz 2 genannten Daten dürfen folgende Angaben über Personen nach Absatz 1 im Europol- Informationssystem verarbeitet werden:

a) Straftaten, Tatvorwürfe sowie (mutmaßliche) Tatzeiten, Tatorte und Vorgehensweisen;

b) Tatmittel, die verwendet wurden oder verwendet werden könnten, einschließlich Informationen zu juristischen Personen;

c) die aktenführenden Dienststellen und deren Aktenzeichen;

d) Verdacht der Zugehörigkeit zu einer kriminellen Organisation;

e) Verurteilungen, soweit sie Straftaten betreffen, für die Europol zuständig ist;

f) Eingabestelle.

Diese Daten dürfen auch eingegeben werden, soweit sie noch keinen Personenbezug aufweisen. Soweit Europol Daten selbst eingibt, gibt es neben seinem Aktenzeichen auch die Quelle der Daten an.

(4) Zusätzliche Informationen über die in Absatz 1 genannten Personengruppen, über die Europol und die nationalen Stellen verfügen, können jeder nationalen Stelle oder Europol auf deren jeweiligen Antrag übermittelt werden. Die nationalen Stellen übermitteln diese Informationen nach Maßgabe ihres innerstaatlichen Rechts.

Betreffen die zusätzlichen Informationen eine oder mehrere im Zusammenhang stehende Straftaten im Sinne des Artikels 4 Absatz 3, so werden die im Europol-Informationssystem gespeicherten Daten mit einem entsprechenden Hinweis versehen, damit die nationalen Stellen und Europol Informationen über die im Zusammenhang stehenden Straftaten austauschen können.

(5) Wird das Verfahren gegen den Betroffenen endgültig eingestellt oder dieser rechtskräftig freigesprochen, so sind die Daten, die von dieser Entscheidung betroffen sind, zu löschen.

Artikel 13

Nutzung des Europol-Informationssystems

(1) Die nationalen Stellen, die Verbindungsbeamten, der Direktor und die stellvertretenden Direktoren sowie die dazu ordnungsgemäß ermächtigten Europol-Bediensteten haben das Recht, unmittelbar Daten in das Europol-Informationssystem einzugeben und aus diesem abzurufen. Europol kann Daten abrufen, soweit dies im Einzelfall zur Erfüllung seiner Aufgaben erforderlich ist. Der Abruf durch die nationalen Stellen und die Verbindungsbeamten erfolgt nach Maßgabe der Rechts- und Verwaltungsvorschriften und Verfahren der abrufenden Stelle, sofern dieser Beschluss keine zusätzlichen Bestimmungen enthält.

(2) Nur die Stelle, die die Daten eingegeben hat, ist befugt, diese zu ändern, zu berichtigen oder zu löschen. Hat eine andere Stelle Grund zu der Annahme, dass Daten gemäß Artikel 12 Absatz 2 unrichtig sind, oder will sie sie ergänzen, so teilt sie dies umgehend der Eingabestelle mit. Die Eingabestelle prüft diese Mitteilung unverzüglich und ändert, ergänzt, berichtigt oder löscht erforderlichenfalls die Daten umgehend.

(3) Sind Daten gemäß Artikel 12 Absatz 3 zu einer Person gespeichert, so kann jede Stelle zusätzliche Daten gemäß Artikel 12 Absatz 3 eingeben. Stehen die eingegebenen Daten in offenkundigem Widerspruch zueinander, so stimmen sich die betroffenen Stellen untereinander ab und einigen sich.

(4) Beabsichtigt eine Stelle, die von ihr eingegebenen personenbezogenen Daten gemäß Artikel 12 Absatz 2 insgesamt zu löschen, und haben andere Stellen zu dieser Person Daten gemäß Artikel 12 Absatz 3 gespeichert, so geht die datenschutzrechtliche Verantwortung gemäß Artikel 29 Absatz 1 und das Recht zur Änderung, Ergänzung, Berichtigung und Löschung hinsichtlich dieser Daten gemäß Artikel 12 Absatz 2 auf die Stelle über, die als nächste Daten nach Artikel 12 Absatz 3 zu dieser Person eingegeben hat. Die Stelle, die die Löschung beabsichtigt, unterrichtet die Stelle, auf die die datenschutzrechtliche Verantwortung übergeht, von ihrer Absicht.

(5) Die Verantwortung für die Zulässigkeit des Abrufs, der Eingabe und der Änderung von Daten im Europol-Informationssystem trägt die abrufende, eingebende oder ändernde Stelle. Diese Stelle muss feststellbar sein. Die Übermittlung von Informationen zwischen den nationalen Stellen und den zuständigen Behörden der Mitgliedstaaten richtet sich nach innerstaatlichem Recht.

(6) Neben den in Absatz 1 genannten nationalen Stellen und Personen können auch hierfür von den Mitgliedstaaten benannte zuständige Behörden die Europol-Informationssystem abrufen. Aus dem Abfrageergebnis ist jedoch nur ersichtlich, ob die gewünschten Daten im Europol-Informationssystem verfügbar sind. Weitere Informationen können sodann über die nationale Stelle eingeholt werden.

(7) Die Angaben zu den gemäß Absatz 6 benannten zuständigen Behörden sowie spätere Änderungen werden dem Generalsekretariat des Rates mitgeteilt, das diese Angaben im *Amtsblatt der Europäischen Union* veröffentlicht.

Sicherheit/Recht

Artikel 14
Arbeitsdateien zu Analysezwecken

(1) Soweit dies zur Wahrnehmung seiner Aufgaben erforderlich ist, kann Europol in Arbeitsdateien zu Analysezwecken Daten über in seine Zuständigkeit fallende Straftaten einschließlich Daten über damit im Zusammenhang stehende Straftaten gemäß Artikel 4 Absatz 3 speichern, ändern und nutzen. Diese Analysedateien können Daten zu folgenden Gruppen von Personen enthalten:

a) Personen gemäß Artikel 12 Absatz 1;

b) Personen, die bei Ermittlungen in Verbindung mit den betreffenden Straftaten oder bei anschließenden Strafverfahren als Zeugen in Betracht kommen; nationalen

c) Personen, die Opfer einer der betreffenden Straftaten waren oder bei denen bestimmte Tatsachen die Annahme rechtfertigen, dass sie Opfer einer solchen Straftat sein könnten;

d) Kontakt- und Begleitpersonen und

e) Personen, die Informationen über die betreffende Straftat liefern können.

Personenbezogene Daten, aus denen die rassische oder ethnische Herkunft, politische Meinungen, religiöse oder weltanschauliche Überzeugungen oder die Gewerkschaftszugehörigkeit hervorgehen, sowie Daten über Gesundheit oder Sexualleben dürfen nur verarbeitet werden, wenn sie für die Zwecke der betreffenden Datei unbedingt notwendig sind und wenn diese Daten andere in derselben Datei enthaltene personenbezogene Daten ergänzen. Es ist untersagt, unter Verletzung der oben genannten Zweckbestimmung eine bestimmte Personengruppe allein aufgrund der oben genannten empfindlichen Daten auszuwählen.

Der Rat erlässt nach Anhörung des Europäischen Parlaments mit qualifizierter Mehrheit die vom Verwaltungsrat nach Anhörung der gemeinsamen Kontrollinstanz erstellten Durchführungsbestimmungen zu den Analysedateien, die insbesondere genaue Angaben über die in diesem Artikel vorgesehenen Arten personenbezogener Daten, über die Sicherheit dieser Daten und über die interne Kontrolle ihrer Verwendung enthalten.

(2) Diese Dateien werden zu Zwecken der Analyse, die als Zusammenstellung, Verarbeitung oder Nutzung von Daten zwecks Unterstützung der kriminalpolizeilichen Ermittlungen zu verstehen ist, errichtet. Für jedes Analyseprojekt wird eine Analysegruppe gebildet, in der die folgenden Teilnehmer eng zusammenarbeiten:

a) Analytiker und sonstige Mitglieder des Europol-Personals, die der Direktor benennt;

b) Verbindungsbeamte und/oder Experten der Mitgliedstaaten, von denen die Informationen stammen oder die von der Analyse im Sinne des Absatzes 4 betroffen sind.

Nur die Analytiker sind befugt, Daten in die jeweilige Datei einzugeben und diese Daten zu ändern. Alle Teilnehmer der Analysegruppe können Daten aus der Datei abrufen.

(3) Auf Ersuchen von Europol oder aus eigener Initiative übermitteln die nationalen Stellen vorbehaltlich des Artikels 8 Absatz 5 alle Informationen, die für die betreffende Analysedatei erforderlich sind. Die Mitgliedstaaten übermitteln die Daten nur, soweit diese auch nach dem jeweiligen Recht für die Zwecke der Verhütung, Analyse oder Bekämpfung von Straftaten verarbeitet werden dürfen. Die von den benannten zuständigen Behörden kommenden Daten können je nach Dringlichkeit gemäß Artikel 8 Absatz 2 unmittelbar in die Analysedateien aufgenommen werden.

(4) Bei allgemeinen und strategischen Analysen werden sämtliche Mitgliedstaaten über die Verbindungsbeamten und/oder die Experten in vollem Umfang von den Ergebnissen der Arbeiten in Kenntnis gesetzt, insbesondere durch Übermittlung der von Europol erstellten Berichte.

Geht es bei der Analyse um Einzelfälle, die nicht alle Mitgliedstaaten betreffen, und dient sie unmittelbar operativen Zwecken, so nehmen Vertreter der folgenden Mitgliedstaaten daran teil:

a) der Mitgliedstaaten, von denen Informationen stammen, auf die hin die Errichtung der Analysedatei beschlossen worden ist, oder die von den Informationen unmittelbar betroffen sind, sowie der Mitgliedstaaten, die von der Analysegruppe zu einem späteren Zeitpunkt zur Teilnahme aufgefordert werden, weil sie inzwischen ebenfalls betroffen sind;

b) der Mitgliedstaaten, die nach Befragung des Indexsystems gemäß Artikel 15 zu der Ansicht gelangen, dass sie Kenntnis von den Informationen haben müssen, und die dies nach den in Absatz 5 dieses Artikels festgelegten Bedingungen geltend machen.

(5) Der Informationsbedarf kann von den entsprechend ermächtigten Verbindungsbeamten geltend gemacht werden. Jeder Mitgliedstaat benennt und ermächtigt zu diesem Zweck eine begrenzte Anzahl von Verbindungsbeamten.

Der Verbindungsbeamte begründet den Informationsbedarf gemäß Absatz 4 Unterabsatz 2 Buchstabe b in einem begründeten Schriftstück, das von der ihm in seinem Mitgliedstaat vorgeordneten Behörde mit einem Sichtvermerk versehen werden muss und allen an der Analyse Beteiligten übermittelt wird. Er wird dann ohne Weiteres an der laufenden Analyse beteiligt.

Werden in der Analysegruppe Einwände erhoben, so wird die vollberechtigte Beteiligung so lange hinausgeschoben, bis ein Vermittlungsverfahren durchgeführt worden ist, das drei aufeinander folgende Phasen umfassen kann:

a) Die Teilnehmer an der Analyse bemühen sich, zu einer Einigung mit dem Verbindungsbeamten zu gelangen, der einen Informationsbedarf geltend gemacht hat. Hierfür stehen ihnen höchstens acht Tage Zeit zur Verfügung;

b) kommt es zu keiner Einigung, so treten die Leiter der betreffenden nationalen Stellen und der Direktor binnen drei Tagen zusammen und bemühen sich um eine Einigung;

c) kommt es auch dann zu keiner Einigung, so treten die Vertreter der betreffenden Parteien im Europol-Verwaltungsrat binnen acht Tagen zusammen. Verzichtet der betreffende Mitgliedstaat nicht darauf, seinen Informationsbedarf geltend zu machen, so wird seine vollberechtigte Beteiligung durch einen im Konsens gefassten Beschluss wirksam.

(6) Der Mitgliedstaat, der Daten an Europol weitergibt, entscheidet allein über Grad und Änderung der Empfindlichkeit der Daten und ist befugt, die Bedingungen für den Umgang mit den Daten festzulegen. Über die Verbreitung oder operative Verwendung der übermittelten Daten entscheidet der Mitgliedstaat, der Europol die betreffenden Daten übermittelt hat. Kann nicht festgestellt werden, welcher Mitgliedstaat die Daten an Europol übermittelt hat, wird die Entscheidung über die Verbreitung oder operative Verwendung der Daten von den an der Analyse Beteiligten getroffen. Ein Mitgliedstaat oder ein hinzugezogener Sachverständiger, der sich nachträglich an einer laufenden Analyse beteiligt, darf ohne die vorherige Zustimmung der anfangs betroffenen Mitgliedstaaten keine Daten verbreiten oder verwenden.

(7) Stellt Europol nach der Aufnahme von Daten in eine Analysedatei fest, dass sich diese Daten auf Personen oder Gegenstände beziehen, zu denen von einem anderen Mitgliedstaat oder einer anderen Einrichtung übermittelte Daten bereits in die Datei aufgenommen worden sind, wird abweichend von Absatz 6 der betreffende Mitgliedstaat oder die andere Einrichtung umgehend gemäß Artikel 17 über diese Verbindung informiert.

(8) Europol kann Experten der in Artikel 22 Absatz 1 oder Artikel 23 Absatz 1 genannten Einrichtungen einladen, sich an den Arbeiten einer Analysegruppe zu beteiligen, sofern

a) zwischen Europol und der betreffenden Einrichtung ein Abkommen oder eine Arbeitsvereinbarung gemäß Artikel 22 Absatz 2 oder Artikel 23 Absatz 2 mit geeigneten Bestimmungen über den Informationsaustausch einschließlich der Übermittlung personenbezogener Daten sowie über die Vertraulichkeit der ausgetauschten Informationen in Kraft ist;

b) die Teilnahme von Experten der betreffenden Einrichtung im Interesse der Mitgliedstaaten ist;

c) die Einrichtung direkt von der Tätigkeit der Analysegruppe betroffen ist und

d) alle Teilnehmer der Beteiligung von Experten der betreffenden Einrichtung an der Tätigkeit der Analysegruppe zustimmen.

Unter den Bedingungen des Unterabsatzes 1 Buchstaben b, c und d lädt Europol Experten des Europäischen Amts für Betrugsbekämpfung ein, sich an den Arbeiten der Analysegruppe zu beteiligen, wenn Betrug oder eine sonstige rechtswidrige Handlung zum Nachteil der finanziellen Interessen der Europäischen Gemeinschaften Gegenstand des Analyseprojekts ist.

Die Beteiligung von Experten einer anderen Einrichtung an der Tätigkeit einer Analysegruppe wird in einer Vereinbarung zwischen Europol und der betreffenden Einrichtung geregelt. Der Verwaltungsrat legt die für diese Vereinbarungen maßgebenden Bestimmungen fest.

Einzelheiten der Vereinbarungen zwischen Europol und anderen Einrichtungen werden der gemeinsamen Kontrollinstanz vorgelegt, die hierzu etwaige Bemerkungen, die sie für erforderlich hält, an den Verwaltungsrat richten kann.

Artikel 15
Indexfunktion

(1) Für die in den Analysedateien gespeicherten Daten wird von Europol eine Indexfunktion eingerichtet.

(2) Der Direktor, die stellvertretenden Direktoren, das ordnungsgemäß ermächtigte Europol-Personal, die Verbindungsbeamten und die ordnungsgemäß ermächtigten Mitglieder der nationalen Stellen sind befugt, die Indexfunktion zu nutzen. Die Indexfunktion muss so ausgestaltet sein, dass für den Abrufenden aus den abgerufenen Daten klar hervorgeht, ob eine Analysedatei Daten enthält, die für die Erfüllung seiner Aufgaben von Interesse sind.

(3) Die Indexfunktion muss so beschaffen sein, dass festgestellt werden kann, ob eine Information in einer Analysedatei gespeichert ist oder nicht, dass aber Verknüpfungen und Rückschlüsse in Bezug auf den Inhalt der Datei ausgeschlossen sind.

(4) Der Verwaltungsrat legt nach Stellungnahme der gemeinsamen Kontrollinstanz fest, wie die Indexfunktion im Einzelnen ausgestaltet wird, einschließlich der Bedingungen für den Zugang zu dieser Funktion.

Artikel 16
Anordnung zur Errichtung einer Analysedatei

(1) Der Direktor legt zu jeder Analysedatei in einer Errichtungsanordnung Folgendes fest:

a) Bezeichnung der Datei;

b) Zweck der Datei;

c) Personenkreis, über den Daten gespeichert werden;

d) Art der zu speichernden Daten und die personenbezogenen Daten, aus denen die rassische oder ethnische Herkunft, politische Meinungen, religiöse oder weltanschauliche Überzeugungen oder die Gewerkschaftszugehörigkeit hervorgehen, sowie Daten über Gesundheit oder Sexualleben, die unbedingt erforderlich sind;

e) die der Errichtungsanordnung zugrunde liegenden allgemeinen Umstände;

f) die Teilnehmer der Analysegruppe zum Zeitpunkt der Errichtung der Datei;

g) die Voraussetzungen, unter denen in der Datei gespeicherte personenbezogene Daten, an welche Empfänger und in welchem Verfahren übermittelt werden dürfen;

h) Prüffristen und Speicherungsdauer;

i) Protokollierung.

(2) Der Verwaltungsrat und die gemeinsame Kontrollinstanz werden vom Direktor unverzüglich über die Errichtungsanordnung und jedwede spätere Änderung der in Absatz 1 genannten Angaben unterrichtet und erhalten die entsprechenden Unterlagen. Die gemeinsame Kontrollinstanz kann eine Stellungnahme an den Verwaltungsrat richten, sofern sie dies für erforderlich hält. Der Direktor kann die gemeinsame Kontrollinstanz ersuchen, dies innerhalb einer bestimmten Frist zu tun.

(3) Analysedateien dürfen nicht länger als für eine Dauer von drei Jahren gespeichert werden. Vor Ablauf der Dreijahresfrist prüft Europol, ob die Datei weiter geführt werden muss. Der Direktor kann anordnen, dass die Datei für weitere drei Jahre zu führen ist, wenn dies für die Zwecke der Datei unbedingt erforderlich ist. Der Verwaltungsrat und die gemeinsame Kontrollinstanz werden vom Direktor unverzüglich über die Bestandteile der Datei unterrichtet, die deren Fortführung unbedingt erfordern. Die gemeinsame Kontrollinstanz richtet eine Stellungnahme an den Verwaltungsrat, sofern sie dies für erforderlich hält. Der Direktor kann die gemeinsame Kontrollinstanz ersuchen, dies innerhalb einer bestimmten Frist zu tun.

(4) Der Verwaltungsrat kann den Direktor jederzeit anweisen, die Errichtungsanordnung zu ändern oder die Analysedatei zu schließen. Der Verwaltungsrat beschließt, an welchem Tag diese Änderung oder Schließung wirksam wird.

KAPITEL III
GEMEINSAME BESTIMMUNGEN ZUR INFORMATIONSVERARBEITUNG

Artikel 17
Unterrichtungspflicht

Unbeschadet des Artikels 14 Absätze 6 und 7 unterrichtet Europol unverzüglich die nationalen Stellen und auf deren Wunsch deren Verbindungsbeamten über die ihren Mitgliedstaat betreffenden Informationen und festgestellte Verbindungen zwischen Straftaten, für die Europol gemäß Artikel 4 zuständig ist. Informationen und Erkenntnisse über andere schwere Straftaten, die Europol bei der Wahrnehmung seiner Aufgaben bekannt werden, dürfen ebenfalls übermittelt werden.

Artikel 18
Überwachung der Abfrage

Europol führt in Zusammenarbeit mit den Mitgliedstaaten geeignete Kontrollmechanismen ein, mit denen die Rechtmäßigkeit der Datenabfrage aus den automatisierten Dateien, die zur Verarbeitung personenbezogener Daten verwendet werden, überprüft werden kann, und es gewährt den Mitgliedstaaten auf deren Ersuchen Zugang zu den Protokollen. Die auf diese Weise erhobenen Daten dürfen nur zu diesem Zweck von Europol und den in den Artikeln 33 und 34 genannten Kontrollinstanzen verwendet werden und sind nach 18 Monaten zu löschen, es sei denn, die Daten werden für eine laufende Kontrolle weiterhin benötigt. Näheres regelt der Verwaltungsrat nach Anhörung der gemeinsamen Kontrollinstanz.

Artikel 19
Verwendung der Daten

(1) Personenbezogene Daten, die aus Europol-Dateien abgerufen oder auf andere geeignete Weise mitgeteilt werden, dürfen von den zuständigen Behörden der Mitgliedstaaten nur zur Prävention und Bekämpfung von Straftaten übermittelt oder genutzt werden, für die Europol zuständig ist, sowie zur Prävention und Bekämpfung anderer Formen schwerer Kriminalität. Europol verwendet die Daten nur zur Erfüllung seiner Aufgaben.

(2) Teilt der übermittelnde Mitgliedstaat, der übermittelnde Drittstaat oder die übermittelnde Drittstelle für bestimmte Daten besondere Verwendungsbeschränkungen mit, denen diese Daten in diesem Mitgliedstaat, diesem Drittstaat oder bei dieser Drittstelle unterliegen, so sind diese Beschränkungen auch vom Verwender zu beachten, ausgenommen in dem besonderen Fall, in dem das innerstaatliche Recht diese Verwendungsbeschränkungen zugunsten der Gerichte, der Gesetzgebungsorgane oder jeder anderen gesetzlich geschaffenen, unabhängigen Stelle aufhebt, der die Aufsicht über die zuständigen nationalen Behörden übertragen wurde. In diesem Fall dürfen die Daten nur nach Konsultation des übermittelnden Mitgliedstaats verwendet werden, dessen Interessen und Standpunkte so weit wie möglich zu berücksichtigen sind.

(3) Die Verwendung der Daten für andere Zwecke oder durch andere Behörden als die zuständigen nationalen Behörden ist nur nach Konsultation des Mitgliedstaats möglich, der die Daten übermittelt hat, soweit das innerstaatliche Recht dieses Mitgliedstaats dies zulässt.

Artikel 20
Speicher- und Löschfristen für Dateien

(1) Daten in Dateien sind nur so lange bei Europol zu speichern, wie dies zur Erfüllung der Aufgaben von Europol Vertrag erforderlich ist. Spätestens drei Jahre nach Eingabe der Daten ist zu prüfen, ob eine weitere Speicherung dieser Daten erforderlich ist. Die Prüfung der im Europol-Informationssystem gespeicherten Daten und deren Löschung erfolgt durch die Eingabestelle. Die Prüfung der in den sonstigen Dateien bei Europol gespeicherten Daten und deren Löschung erfolgt durch Europol. Europol weist die Mitgliedstaaten drei Monate im Voraus automatisch auf den Ablauf der Speicherungsprüffristen hin.

(2) Die in Absatz 1 Sätze 3 und 4 genannten Stellen können bei ihrer Prüfung beschließen, dass die Daten bis zur nächsten Prüfung, die nach weiteren drei Jahren stattfindet, gespeichert bleiben, wenn dies für die Erfüllung der Aufgaben von Europol weiterhin erforderlich ist. Wird keine Fortsetzung der Speicherung beschlossen, werden die Daten automatisch gelöscht.

(3) Löscht ein Mitgliedstaat in seinen nationalen Dateien an Europol übermittelte Daten, die in den sonstigen Dateien bei Europol gespeichert sind, teilt er dies Europol mit. Europol löscht in diesem Fall die Daten, es sei denn, es hat an diesen ein weiter gehendes Interesse, das auf Erkenntnissen beruht, die über diejenigen hinausgehen, die der übermittelnde Mitgliedstaat besitzt. Der betreffende Mitgliedstaat wird von Europol über die weitere Speicherung dieser Daten unterrichtet.

(4) Die Löschung dieser Daten unterbleibt, sofern schutzwürdige Interessen einer erfassten Person beeinträchtigt würden. In diesem Fall dürfen die Daten nur noch mit Einwilligung der erfassten Person verwendet werden.

Artikel 21
Zugang zu Daten aus anderen Informationssystemen

Soweit Europol in Rechtsakten der Union oder in nationalen oder internationalen Rechtsakten das Recht auf elektronischen Zugang zu Daten in anderen nationalen oder internationalen Informationssystemen eingeräumt wird, kann Europol auf diesem Wege personenbezogene Daten abrufen, wenn dies zur Erfüllung seiner Aufgaben erforderlich ist. Für den Zugang von Europol zu diesen Daten und deren Verwendung durch Europol sind die geltenden Bestimmungen dieser Rechtsakte maßgebend, soweit sie strengere Zugangs- und Verwendungsvorschriften enthalten als dieser Beschluss.

KAPITEL IV
BEZIEHUNGEN ZU ANDEREN STELLEN

Artikel 22
Beziehungen zu Organen, Einrichtungen, Ämtern und Agenturen der Union oder der Gemeinschaft

(1) Soweit dies für die Erfüllung seiner Aufgaben relevant ist, kann Europol Kooperationsbeziehungen zu den durch den über die Europäische Union und die Verträge zur Gründung der Europäischen Gemeinschaften oder auf deren/dessen Grundlage errichteten Organen, Einrichtungen, Ämtern und Agenturen herstellen und unterhalten, und zwar insbesondere zu folgenden:

a) Eurojust;

b) Europäisches Amt für Betrugsbekämpfung (OLAF)[11]);

c) Europäische Agentur für die operative Zusammenarbeit an den Außengrenzen der Mitgliedstaaten der Europäischen Union (Frontex)[12]);

d) Europäische Polizeiakademie (EPA);

e) Europäische Zentralbank;

f) Europäische Beobachtungsstelle für Drogen und Drogensucht (EBDD)[13]).

(2) Europol schließt mit den in Absatz 1 genannten Einrichtungen Abkommen oder Arbeitsvereinbarungen. Diese Abkommen oder Arbeitsvereinbarungen können sich auf den Austausch operativer, strategischer oder technischer Informationen einschließlich personenbezogener Daten und Verschlusssachen beziehen. Diese Abkommen oder Arbeitsvereinbarungen dürfen nur nach Billigung durch den Verwaltungsrat geschlossen werden, der

---

[11]) Beschluss 1999/352/EG, EGKS, Euratom der Kommission vom 28. April 1999 zur Errichtung des Europäischen Amtes für Betrugsbekämpfung (OLAF) (ABl. L 136 vom 31.5.1999, S. 20).

[12]) Verordnung (EG) Nr. 2007/2004 des Rates vom 26. Oktober 2004 zur Errichtung einer Europäischen Agentur für die operative Zusammenarbeit an den Außengrenzen der Mitgliedstaaten der Europäischen Union (ABl. L 349 vom 25.11.2004, S. 1).

[13]) Verordnung (EG) Nr. 1920/2006 des Europäischen Parlaments und des Rates vom 12. Dezember 2006 über die Europäische Beobachtungsstelle für Drogen und Drogensucht (ABl. L 376 vom 27.12.2006, S. 1).

zuvor, soweit der Austausch personenbezogener Daten betroffen ist, die Stellungnahme der gemeinsamen Kontrollinstanz einholt.

(3) Vor dem Inkrafttreten eines Abkommens oder einer Arbeitsvereinbarung gemäß Absatz 2 kann Europol Informationen einschließlich personenbezogener Daten von den in Absatz 1 genannten Einrichtungen direkt entgegennehmen und verwenden, soweit dies für die rechtmäßige Erfüllung seiner Aufgaben erforderlich ist; ferner kann Europol nach Maßgabe des Artikels 24 Absatz 1 Informationen einschließlich personenbezogener Daten an diese Stellen direkt übermitteln, soweit dies für die rechtmäßige Erfüllung der Aufgaben des Empfängers erforderlich ist.

(4) Die Übermittlung von Verschlusssachen durch Europol an die in Absatz 1 genannten Einrichtungen ist nur zulässig, soweit ein Geheimschutzabkommen zwischen Europol und dem Empfänger besteht.

Artikel 23
Beziehungen zu Drittstaaten und dritten Organisationen

(1) Soweit dies zur Erfüllung seiner Aufgaben erforderlich ist, kann Europol ferner Kooperationsbeziehungen herstellen und unterhalten zu

a) Drittstaaten;

b) Organisationen wie beispielsweise:

i) internationalen Organisationen und den ihnen zugeordneten öffentlich-rechtlichen Einrichtungen;

ii) sonstigen öffentlich-rechtlichen Einrichtungen, die aufgrund einer Übereinkunft zwischen zwei oder mehr Staaten bestehen, und

iii) der Internationalen Kriminalpolizeilichen Organisation (Interpol).

(2) Europol schließt Abkommen mit den in Absatz 1 genannten Einrichtungen, die in die Liste gemäß Artikel 26 Absatz 1 Buchstabe a aufgenommen wurden. Diese Abkommen können sich auf den Austausch operativer, strategischer oder technischer Informationen einschließlich personenbezogener Daten und Verschlusssachen beziehen, sofern sie über eine dem Abkommen nach Absatz 6 Buchstabe b dieses Artikels benannte Kontaktstelle übermittelt werden. Diese Abkommen dürfen nur nach Billigung durch den Rat und nach Anhörung des Verwaltungsrates geschlossen werden; soweit sie den Austausch personenbezogener Daten betreffen, ist ferner zuvor

über den Verwaltungsrat die Stellungnahme der gemeinsamen Kontrollinstanz einzuholen.

(3) Vor dem Inkrafttreten von Abkommen gemäß Absatz 2 kann Europol Informationen einschließlich personenbezogener Daten und Verschlusssachen direkt entgegennehmen und verwenden, sofern dies für die rechtmäßige Erfüllung seiner Aufgaben erforderlich ist.

(4) Vor dem Inkrafttreten von Abkommen gemäß Absatz 2 kann Europol nach Maßgabe des Artikels 24 Absatz 1 Informationen mit Ausnahme von personenbezogenen Daten und Verschlusssachen direkt an die in Absatz 1 dieses Artikels genannten Stellen übermitteln, sofern dies für die rechtmäßige Erfüllung der Aufgaben des Empfängers erforderlich ist.

(5) Europol kann nach Maßgabe des Artikels 24 Absatz 1 Informationen mit Ausnahme von personenbezogenen Daten und Verschlusssachen direkt an die in Absatz 1 dieses Artikels genannten Einrichtungen übermitteln, die nicht in die Liste gemäß Artikel 26 Absatz 1 Buchstabe a aufgenommen wurden, soweit dies in Einzelfällen zur Verhütung oder Bekämpfung von Straftaten, für die Europol zuständig ist, unbedingt erforderlich ist.

(6) Europol kann nach Maßgabe des Artikels 24 Absatz 1 an die in Absatz 1 dieses Artikels genannten Einrichtungen Folgendes übermitteln:

a) personenbezogene Daten und Verschlusssachen, wenn dies in Einzelfällen zur Verhütung oder Bekämpfung von Straftaten, für die Europol zuständig ist, erforderlich ist, und

b) personenbezogene Daten, wenn Europol mit der betreffenden Einrichtung ein Abkommen gemäß Absatz 2 dieses Artikels geschlossen hat, das die Übermittlung solcher Daten auf der Grundlage einer Feststellung zulässt, dass diese Stelle ein angemessenes Datenschutzniveau gewährleistet.

(7) Die Übermittlung von Verschlusssachen durch Europol an die in Absatz 1 genannten Einrichtungen ist nur zulässig, soweit ein Geheimschutzabkommen zwischen Europol und dem Empfänger besteht.

(8) Abweichend von den Absätzen 6 und 7 kann Europol unbeschadet des Artikels 24 Absatz 1 in seinem Besitz befindliche personenbezogene Daten und Verschlusssachen an Einrichtungen gemäß Absatz 1 dieses Artikels übermitteln, wenn der Direktor die Übermittlung der Daten zur Wahrung der grundlegenden Interessen der betreffenden Mitgliedstaaten im Rahmen der Ziele von Europol oder zur Abwehr einer unmittelbaren kriminellen oder terroristischen Bedrohung für unbedingt erforderlich hält. Der Direktor nimmt stets eine Abwägung zwischen den zu wahrenden Interessen und dem von der betreffenden Stelle gewährleisteten Datenschutzniveau vor. Der Direktor unterrichtet den Verwaltungsrat und die gemeinsame Kontrollinstanz so bald wie möglich über die von ihm getroffene Entscheidung sowie darüber, auf welcher Grundlage die Feststellung der Angemessenheit des Datenschutzniveaus der betreffenden Stellen erfolgt ist.

(9) Vor der Übermittlung personenbezogener Daten gemäß Absatz 8 beurteilt der Direktor die Angemessenheit des Datenschutzniveaus der betreffenden Einrichtungen und berücksichtigt dabei alle Umstände, die bei der Übermittlung von personenbezogenen Daten eine Rolle spielen, insbesondere

a) die Art der Daten;

b) die Zweckbestimmung der Daten;

c) die Dauer der geplanten Verarbeitung;

d) die für die betreffende Einrichtung geltenden allgemeinen oder speziellen Datenschutzbestimmungen;

e) die Frage, inwieweit die Einrichtung bestimmten, von Europol geforderten Einschränkungen bezüglich der Daten zugestimmt hat.

Artikel 24
Datenübermittlung

(1) Sind die betreffenden Daten von einem Mitgliedstaat an Europol übermittelt worden, darf Europol diese nur mit Zustimmung dieses Mitgliedstaats an Einrichtungen gemäß Artikel 22 Absatz 1 und Artikel 23 Absatz 1 übermitteln. Der betroffene Mitgliedstaat kann zu diesem Zweck eine vorherige allgemeine oder eingeschränkte Zustimmung erteilen. Die Zustimmung kann jederzeit widerrufen werden.

Sind die Daten nicht von einem Mitgliedstaat übermittelt worden, so vergewissert sich Europol, dass durch ihre Übermittlung

a) die ordnungsgemäße Erfüllung der in der Zuständigkeit eines Mitgliedstaats liegenden Aufgaben nicht gefährdet wird;

b) weder die öffentliche Sicherheit oder Ordnung eines Mitgliedstaats gefährdet werden noch ihm sonstige Nachteile entstehen können.

(2) Europol ist für die Rechtmäßigkeit der Übermittlung von Daten verantwortlich. Jede Übermittlung von Daten nach Maßgabe dieses Artikels und ihr Anlass werden von Europol aufgezeichnet. Daten werden nur übermittelt, wenn der Empfänger zusagt, dass die Daten nur zu dem Zweck genutzt werden, zu dem sie übermittelt worden sind.

Artikel 25
Informationen von privaten Parteien und privaten Personen

(1) Im Sinne dieses Beschlusses bezeichnet der Ausdruck

a) „private Parteien" Stellen und Einrichtungen, die nach dem Recht eines Mitgliedstaats oder eines Drittstaats errichtet wurden, insbesondere Gesellschaften, Wirtschaftsverbände, Organisationen ohne Erwerbszweck und sonstige privatrechtliche juristische Personen, die nicht unter Artikel 23 Absatz 1 fallen;

b) „private Personen" alle natürlichen Personen.

(2) Soweit dies für die rechtmäßige Erfüllung seiner Aufgaben erforderlich ist, darf Europol Informationen, einschließlich personenbezogener Daten, von privaten Parteien nach Maßgabe des Absatzes 3 verarbeiten.

(3) Personenbezogene Daten von privaten Parteien dürfen von Europol unter folgenden Bedingungen verarbeitet werden:

a) Personenbezogene Daten von privaten Parteien, die nach dem Recht eines Mitgliedstaats errichtet wurden, dürfen von Europol nur verarbeitet werden, wenn sie über die nationale Stelle dieses Mitgliedstaats gemäß dem innerstaatlichen Recht übermittelt werden. Europol darf nicht unmittelbar mit privaten Parteien in den Mitgliedstaaten Kontakt aufnehmen, um Informationen einzuholen.

b) Personenbezogene Daten von privaten Parteien, die nach dem Recht eines Drittstaats errichtet wurden, mit dem Europol gemäß Artikel 23 ein Kooperationsabkommen geschlossen hat, das den Austausch personenbezogener Daten zulässt, dürfen nur über die in dem geltenden Kooperationsabkommen genannte Kontaktstelle des betreffenden Staates und nur nach Maßgabe dieses Abkommens an Europol übermittelt werden.

c) Personenbezogene Daten von privaten Parteien, die nach dem Recht eines Dritt-

staats errichtet wurden, mit dem Europol kein Kooperationsabkommen geschlossen hat, das den Austausch personenbezogener Daten zulässt, dürfen von Europol nur verarbeitet werden, wenn

i) die private betroffene Partei in die Liste nach Artikel 26 Absatz 2 aufgenommen wurde und

ii) Europol und die private betroffene Partei eine Vereinbarung über die Übermittlung von Informationen einschließlich personenbezogener Daten geschlossen haben, in der bestätigt wird, dass die personenbezogenen Daten von dieser privaten Partei rechtmäßig erhoben und übermittelt werden, und in der angegeben wird, dass die übermittelten personenbezogenen Daten nur für die rechtmäßige Erfüllung der Aufgaben von Europol benutzt werden dürfen. Eine solche Vereinbarung darf nur nach Billigung durch den Verwaltungsrat geschlossen werden, der zuvor die Stellungnahme der gemeinsamen Kontrollinstanz einholt. Berühren die übermittelten Daten die Interessen eines Mitgliedstaats, unterrichtet Europol unverzüglich die nationale Stelle des betreffenden Mitgliedstaats.

(4) Zusätzlich zur Verarbeitung der Daten von privaten Parteien gemäß Absatz 3 kann Europol Daten einschließlich personenbezogener Daten aus öffentlich zugänglichen Quellen, wie beispielsweise Medien, öffentliche Daten und kommerzielle Informationsanbieter, gemäß den Datenschutzvorschriften dieses Beschlusses direkt einholen und verarbeiten. Europol übermittelt alle einschlägigen Informationen gemäß Artikel 17 an die nationalen Stellen.

(5) Informationen einschließlich personenbezogener Daten von privaten Personen dürfen von Europol verarbeitet werden, wenn sie Europol über die nationale Stelle gemäß dem innerstaatlichen Recht oder über die Kontaktstelle eines Drittstaats, mit dem Europol ein Kooperationsabkommen gemäß Artikel 23 geschlossen hat, zugehen. Erhält Europol Informationen einschließlich personenbezogener Daten von einer privaten Person mit Wohnsitz in einem Drittstaat, mit dem Europol kein Kooperationsabkommen geschlossen hat, darf Europol die Informationen nur dem betreffenden Mitgliedstaat oder dem betreffenden Drittstaat übermitteln, mit dem Europol ein Kooperationsabkommen gemäß Arti-

kel 23 geschlossen hat. Europol darf nicht unmittelbar mit privaten Personen Kontakt aufnehmen, um Informationen einzuholen.

(6) Personenbezogene Daten, die gemäß Absatz 3 Buchstabe c dieses Artikels an Europol übermittelt bzw. durch Europol abgerufen wurden, dürfen nur zum Zwecke ihrer Aufnahme in das in Artikel 11 genannte Europol-Informationssystem und die in Artikel 14 genannten Arbeitsdateien zu Analysezwecken oder in andere Systeme zur Verarbeitung personenbezogener Daten, die gemäß Artikel 10 Absätze 2 und 3 eingerichtet wurden, verarbeitet werden, sofern diese Daten mit anderen Daten in Zusammenhang stehen, die bereits in eines der vorgenannten Systeme eingegeben wurden, oder mit einer früheren Abfrage in Zusammenhang stehen, die eine nationale Stelle in einem der vorgenannten Systeme vorgenommen hat.

Europol ist gemäß Artikel 29 Absatz 1 Buchstabe b für die von ihm verarbeiteten Daten, die nach Maßgabe des Absatzes 3 Buchstaben b und c und des Absatzes 4 dieses Artikels übermittelt wurden, sowie für die Informationen, die über die Kontaktstelle eines Drittstaats übermittelt wurden, mit dem Europol ein Kooperationsabkommen gemäß Artikel 23 geschlossen hat, verantwortlich.

(7) Der Direktor legt dem Verwaltungsrat zwei Jahre nach Beginn der Geltung dieses Beschlusses einen umfassenden Bericht über die Anwendung dieses Artikels vor. Der Verwaltungsrat kann auf Empfehlung der gemeinsamen Kontrollinstanz oder von sich aus gemäß Artikel 37 Absatz 9 Buchstabe b alle ihm geeignet erscheinenden Maßnahmen treffen.

Artikel 26
Durchführungsbestimmungen zur Regelung der Beziehungen von Europol

(1) Der Rat legt mit qualifizierter Mehrheit nach Anhörung des Europäischen Parlaments Folgendes fest:

a) eine Liste der Drittstaaten und dritten Organisationen gemäß Artikel 23 Absatz 1, mit denen Europol Abkommen schließt. Die Liste wird vom Verwaltungsrat erstellt und erforderlichenfalls überprüft, und

b) die Durchführungsbestimmungen zur Regelung der Beziehungen zwischen Europol und den in Artikel 22 Absatz 1 und Artikel 23 Absatz 1 genannten Einrichtungen einschließlich des Austauschs von personenbezogenen Daten und Verschluss-

sachen. Die Durchführungsbestimmungen werden vom Verwaltungsrat nach Einholung der Stellungnahme der gemeinsamen Kontrollinstanz ausgearbeitet.

(2) Der Verwaltungsrat erstellt eine Liste, in der die privaten Parteien festgelegt sind, mit denen Europol Vereinbarungen gemäß Artikel 25 Absatz 3 Buchstabe c Ziffer ii schließen kann, und überprüft diese erforderlichenfalls; ferner erlässt er nach Einholung der Stellungnahme der gemeinsamen Kontrollinstanz Vorschriften zur Regelung des Inhalts solcher Vereinbarungen und des Verfahrens für deren Abschluss.

KAPITEL V
DATENSCHUTZ UND DATENSICHERHEIT

Artikel 27
Datenschutzstandard

Unbeschadet der spezifischen Bestimmungen dieses Beschlusses trägt Europol den Grundsätzen des Übereinkommens des Europarates vom 28. Januar 1981 zum Schutz des Menschen bei der automatischen Verarbeitung personenbezogener Daten und der Empfehlung R (87) 15 des Ministerkomitees des Europarates vom 17. September 1987 Rechnung. Europol beachtet diese Grundsätze bei der Verarbeitung personenbezogener Daten, auch bei den automatisierten und nicht automatisierten Daten, die von Europol in Dateien gespeichert werden, insbesondere bei jedem strukturierten Bestand personenbezogener Daten, der nach bestimmten Kriterien zugänglich ist.

Artikel 28
Datenschutzbeauftragter

(1) Der Verwaltungsrat ernennt auf Vorschlag des Direktors einen Datenschutzbeauftragten, der dem Personal von Europol angehört. In Erfüllung seiner Pflichten handelt er unabhängig.

(2) Der Datenschutzbeauftragte nimmt insbesondere folgende Aufgaben wahr:

a) Er gewährleistet auf unabhängige Weise, dass personenbezogene Daten, einschließlich der personenbezogenen Daten des Personals von Europol, rechtmäßig und unter Einhaltung dieses Beschlusses verarbeitet werden;

b) er gewährleistet, dass nach Maßgabe dieses Beschlusses die Übermittlung und der Em-

Sicherheit/Recht

pfang personenbezogener Daten schriftlich festgehalten werden;

c) er gewährleistet, dass die Betroffenen auf Anfrage über die ihnen nach diesem Beschluss zustehenden Rechte informiert werden;

d) er arbeitet mit dem für Verfahren, Schulung und Beratung im Bereich der Datenverarbeitung zuständigen Personal von Europol zusammen;

e) er arbeitet mit der gemeinsamen Kontrollinstanz zusammen;

f) er erstellt einen Jahresbericht und übermittelt diesen dem Verwaltungsrat und der gemeinsamen Kontrollinstanz.

(3) Bei der Erfüllung seiner Aufgaben hat der Datenschutzbeauftragte Zugang zu allen von Europol verarbeiteten Daten und zu allen Räumlichkeiten von Europol.

(4) Ist der Datenschutzbeauftragte der Auffassung, dass die Bestimmungen dieses Beschlusses über die Verarbeitung personenbezogener Daten nicht eingehalten wurden, so unterrichtet er den Direktor und fordert diesen auf, innerhalb einer bestimmten Frist Abhilfe zu schaffen.

Sorgt der Direktor nicht innerhalb der bestimmten Frist für Abhilfe, so unterrichtet der Datenschutzbeauftragte den Verwaltungsrat und einigt sich mit diesem auf eine bestimmte Frist für eine Reaktion.

Sorgt der Verwaltungsrat nicht innerhalb der bestimmten Frist für Abhilfe, so befasst der Datenschutzbeauftragte die gemeinsame Kontrollinstanz.

(5) Der Verwaltungsrat erlässt weitere den Datenschutzbeauftragten betreffende Durchführungsbestimmungen. Diese Durchführungsbestimmungen betreffen insbesondere die Auswahl und Entlassung sowie die Aufgaben, Pflichten und Befugnisse des Datenschutzbeauftragten und die Garantien für seine Unabhängigkeit.

Artikel 29

Datenschutzrechtliche Verantwortung

(1) Die datenschutzrechtliche Verantwortung für die bei Europol verarbeiteten Daten, namentlich für die Rechtmäßigkeit der Erhebung, der Übermittlung an Europol und der Eingabe sowie für die Richtigkeit und Aktualität der Daten und die Prüfung der Speicherungsfristen, obliegt

a) dem Mitgliedstaat, der die Daten eingegeben oder übermittelt hat;

b) Europol hinsichtlich der Daten, die ihm durch Dritte übermittelt wurden, einschließlich der gemäß Artikel 25 Absatz 3 Buchstaben b und c und Artikel 25 Absatz 4 von private Parteien übermittelten Daten sowie der Daten, die über die Kontaktstelle eines Drittstaats, mit dem Europol ein Kooperationsabkommen gemäß Artikel 23 abgeschlossen hat, übermittelt wurden, oder der Daten, die das Ergebnis der Analysetätigkeit von Europol sind.

(2) Die datenschutzrechtliche Verantwortung für Daten, die Europol übermittelt, aber noch nicht in eine Europol-Datei aufgenommen wurden, verbleibt bei der Stelle, die Daten übermittelt hat. Europol ist jedoch verantwortlich für die Gewährleistung der Sicherheit der Daten gemäß Artikel 35 Absatz 2 und insofern dafür, dass auf diese Daten, solange sie nicht in eine Datei aufgenommen worden sind, nur ermächtigtes Personal von Europol zugreifen kann, um festzustellen, ob sie von Europol verarbeitet werden können, oder ermächtigte Bedienstete der Stelle, von der die Daten stammen. Hat Europol nach einer Prüfung Grund zu der Annahme, dass die Daten unrichtig oder nicht mehr aktuell sind, setzt es die Stelle, von der die Daten stammen, davon in Kenntnis.

(3) Darüber hinaus ist Europol vorbehaltlich anderer Bestimmungen dieses Beschlusses für alle von ihm verarbeiteten Daten verantwortlich.

(4) Hat Europol Belege dafür, dass die Daten, die in eines seiner in Kapitel II genannten Systeme eingegeben wurden, unrichtig sind oder unrechtmäßig darin gespeichert wurden, so setzt es den betreffenden Mitgliedstaat oder jede andere betroffene Stelle davon in Kenntnis.

(5) Europol speichert die Daten in einer Weise, dass feststellbar ist, durch welchen Mitgliedstaat oder Dritten die Daten übermittelt wurden oder ob sie Ergebnis der Analysetätigkeit von Europol sind.

Artikel 30

Zugangsrecht von Personen

(1) Jede Person hat in jedem Fall unter den in diesem Artikel genannten Voraussetzungen das Recht, in angemessenen Abständen zu erfahren, ob sie betreffende personenbezogene Daten von Europol verarbeitet werden und sich diese Daten in verständlicher Form übermitteln zu lassen oder sie überprüfen zu lassen.

(2) Jede Person, die die ihr nach diesem Artikel zustehenden Rechte wahrnehmen will, kann dies ohne übermäßige Kosten in dem Mitgliedstaat ihrer Wahl bei der zu diesem Zweck benannten Behörde dieses Mitgliedstaats beantragen. Die Behörde leitet den Antrag unverzüglich, in jedem Fall aber innerhalb eines Monats nach Eingang des Antrags, an Europol weiter.

(3) Im Einklang mit diesem Artikel ist der Antrag von Europol unverzüglich, spätestens aber innerhalb von drei Monaten nach seinem Eingang bei Europol, zu beantworten.

(4) Europol konsultiert die zuständigen Behörden der betroffenen Mitgliedstaaten, bevor es über seine Antwort auf ein gemäß Absatz 1 gestelltes Ersuchen entscheidet. Eine Entscheidung über den Zugang zu Daten setzt eine enge Zusammenarbeit zwischen Europol und den durch die Übermittlung dieser Daten unmittelbar betroffenen Mitgliedstaaten voraus. Lehnt ein Mitgliedstaat die von Europol vorgeschlagene Antwort ab, so setzt er in jedem Fall Europol unter Angabe von Gründen davon in Kenntnis.

(5) Die Bereitstellung von Informationen zur Beantwortung eines Ersuchens nach Absatz 1 wird verweigert, soweit dies erforderlich ist

a) für die ordnungsgemäße Erfüllung der Aufgaben von Europol;

b) zum Schutz der Sicherheit und der öffentlichen Ordnung der Mitgliedstaaten oder zur Bekämpfung von Straftaten;

c) zur Gewährleistung, dass keine nationalen Ermittlungen gestört werden;

d) zum Schutz der Rechte und Freiheiten Dritter.

Bei der Prüfung der Frage, ob eine Ausnahme in Frage kommt, sind die Interessen der betroffenen Person zu berücksichtigen.

(6) Wird die Bereitstellung von Informationen zur Beantwortung eines Ersuchens gemäß Absatz 1 verweigert, so teilt Europol der betroffenen Person mit, dass eine Überprüfung vorgenommen worden ist, ohne dabei Hinweise zu geben, denen die Person entnehmen könnte, dass bei Europol sie betreffende Daten verarbeitet werden.

(7) Jede Person hat das Recht, die gemeinsame Kontrollinstanz in angemessenen Abständen zu ersuchen, dass sie prüft, ob die Art und Weise, wie ihre personenbezogenen Daten von Europol erhoben, gespeichert, verarbeitet und verwendet wurden, mit den die Verarbeitung personenbezogener Daten betreffenden Bestimmungen dieses Beschlusses übereinstimmt. Die gemeinsame Kontrollinstanz teilt der betroffenen Person mit, dass eine Überprüfung vorgenommen worden ist, ohne dabei Hinweise zu geben, denen die Person entnehmen könnte, dass bei Europol sie betreffende Daten verarbeitet werden.

Artikel 31
Recht der betroffenen Person auf Berichtigung und Löschung von Daten

(1) Jede Person ist berechtigt, Europol zu ersuchen, sie betreffende fehlerhafte Daten zu berichtigen oder zu löschen. Erweist sich bei der Ausübung dieses Rechts oder auf andere Weise, dass bei Europol gespeicherte Daten, die von Dritten übermittelt wurden oder die das Ergebnis der Analysetätigkeit von Europol sind, unrichtig sind oder dass ihre Eingabe oder Speicherung gegen diesen Beschluss verstößt, so werden diese Daten von Europol berichtigt oder gelöscht.

(2) Die Mitgliedstaaten, die unrichtige Daten oder unter Verstoß gegen diesen Beschluss verarbeitete Daten unmittelbar an Europol übermittelt haben, berichtigen oder löschen diese Daten in Abstimmung mit Europol.

(3) Wurden unrichtige Daten auf andere geeignete Weise übermittelt oder ist die Unrichtigkeit der von den Mitgliedstaaten gelieferten Daten auf eine fehlerhafte oder unter Verstoß gegen diesen Beschluss stehende Übermittlung zurückzuführen oder beruht sie darauf, dass Europol diese Daten in nicht ordnungsgemäßer Weise oder unter Verstoß gegen diesen Beschluss eingegeben, übernommen oder gespeichert hat, so berichtigt oder löscht Europol diese Daten in Abstimmung mit den betreffenden Mitgliedstaaten.

(4) In den in den Absätzen 1, 2 und 3 genannten Fällen werden die Mitgliedstaaten oder Dritten, die diese Daten empfangen haben, unverzüglich unterrichtet. Diese sind verpflichtet, die betreffenden Daten ebenfalls zu berichtigen oder zu löschen. Ist eine Löschung nicht möglich, so werden die Daten so gesperrt, dass eine weitere Verarbeitung nicht möglich ist.

(5) Europol teilt dem Antragsteller unverzüglich, spätestens aber innerhalb von drei Monaten, mit, dass ihn betreffende Daten berichtigt oder gelöscht worden sind.

Sicherheit/Recht

Artikel 32
Beschwerde

(1) In der Antwort auf einen Antrag auf Überprüfung der Daten oder auf Zugang zu ihnen oder auf einen Antrag auf Berichtigung oder Löschung von Daten teilt Europol dem Antragsteller mit, dass er bei der gemeinsamen Kontrollinstanz Beschwerde einlegen kann, wenn er mit der Entscheidung nicht einverstanden ist. Der Antragsteller kann ferner die gemeinsame Kontrollinstanz befassen, wenn sein Antrag nicht innerhalb der in den Artikeln 30 oder 31 festgelegten Frist beantwortet worden ist.

(2) Legt der Antragsteller Beschwerde bei der gemeinsamen Kontrollinstanz ein, so wird die Beschwerde von dieser Instanz geprüft.

(3) Betrifft die Beschwerde eine Entscheidung gemäß den Artikeln 30 oder 31, so konsultiert die gemeinsame Kontrollinstanz die nationale Kontrollinstanz oder die zuständige Justizbehörde des Mitgliedstaats, von dem die Daten stammen, oder des unmittelbar betroffenen Mitgliedstaats. Die Entscheidung der gemeinsamen Kontrollinstanz, die bis zu der Verweigerung jeglicher Übermittlung von Informationen reichen kann, wird in enger Abstimmung mit der nationalen Kontrollinstanz oder der zuständigen Justizbehörde getroffen.

(4) Betrifft die Beschwerde den Zugang zu von Europol in das Europol-Informationssystem eingegebenen Daten oder zu Daten in den zu Analysezwecken eingerichteten Arbeitsdateien oder zu Daten in sonstigen von Europol zur Verarbeitung personenbezogener Daten gemäß Artikel 10 errichteten Systemen und bleibt Europol bei seiner Ablehnung, so kann sich die gemeinsame Kontrollinstanz nach Anhörung von Europol oder des bzw. der betreffenden Mitgliedstaaten über deren Einwände gemäß Artikel 30 Absatz 4 nur mit einer Mehrheit von zwei Dritteln ihrer Mitglieder hinwegsetzen. Kommt keine Zweidrittelmehrheit zustande, teilt die gemeinsame Kontrollinstanz dem Antragsteller die Ablehnung mit, ohne dabei Hinweise zu geben, denen der Antragsteller entnehmen könnte, dass zu seiner Person Daten vorliegen.

(5) Betrifft die Beschwerde die Überprüfung von Daten, die von einem Mitgliedstaat in das Europol-Informationssystem eingegeben wurden, von Daten in den zu Analysezwecken eingerichteten Arbeitsdateien oder von Daten in sonstigen von Europol zur Verarbeitung personenbezogener Daten gemäß Artikel 10 errichteten Systemen, so vergewissert sich die gemeinsame Kontrollinstanz in enger Abstimmung mit der nationalen Kontrollinstanz des Mitgliedstaats, der die Daten eingegeben hat, dass die erforderlichen Überprüfungen ordnungsgemäß vorgenommen wurden. Die gemeinsame Kontrollinstanz teilt dem Antragsteller mit, dass eine Überprüfung vorgenommen worden ist, ohne dabei Hinweise zu geben, denen der Antragsteller entnehmen könnte, dass zu seiner Person Daten vorliegen.

(6) Betrifft die Beschwerde die Überprüfung von Daten, die von Europol in das Europol-Informationssystem eingegeben wurden, von Daten in den zu Analysezwecken eingerichteten Arbeitsdateien oder von Daten in sonstigen von Europol zur Verarbeitung personenbezogener Daten gemäß Artikel 10 errichteten Systemen, so vergewissert sich die gemeinsame Kontrollinstanz, dass die erforderlichen Überprüfungen von Europol vorgenommen wurden. Die gemeinsame Kontrollinstanz teilt dem Antragsteller mit, dass eine Überprüfung vorgenommen worden ist, ohne dabei Hinweise zu geben, denen der Antragsteller entnehmen könnte, dass zu seiner Person Daten vorliegen.

Artikel 33
Nationale Kontrollinstanz

(1) Jeder Mitgliedstaat benennt eine nationale Kontrollinstanz, deren Aufgabe darin besteht, nach Maßgabe des jeweiligen innerstaatlichen Rechts die Zulässigkeit der Eingabe und des Abrufs personenbezogener Daten sowie jedweder Übermittlung dieser Daten an Europol durch diesen Mitgliedstaat zu überwachen und zu prüfen, ob hierdurch die Rechte der betroffenen Personen verletzt werden. Zu diesem Zweck hat die nationale Kontrollinstanz nach den einschlägigen innerstaatlichen Verfahren über die nationalen Stellen oder die Verbindungsbeamten Zugriff auf die Daten, die der Mitgliedstaat in das Europol-Informationssystem oder in sonstige von Europol zur Verarbeitung personenbezogener Daten gemäß Artikel 10 errichtete Systeme eingegeben hat.

Zur Durchführung ihrer Kontrollen haben die nationalen Kontrollinstanzen Zugang zu den Diensträumen und zu den Akten der jeweiligen zu Europol entsandten Verbindungsbeamten.

Ferner kontrollieren die nationalen Kontrollinstanzen nach den einschlägigen innerstaatlichen Verfahren die Tätigkeit der nationalen Stellen sowie die Tätigkeit der Verbindungsbeamten, soweit diese Tätigkeit für den Schutz personenbezogener Daten von Belang ist. Sie halten die gemeinsame Kontrollinstanz über die von ihnen in Bezug auf Europol getroffenen Maßnahmen auf dem Laufenden.

(2) Jede Person hat das Recht, die nationale Kontrollinstanz zu ersuchen, die Rechtmäßigkeit der Eingabe und der Übermittlung von sie betreffenden Daten an Europol sowie des Abrufs dieser Daten durch den betreffenden Mitgliedstaat zu prüfen.

Dieses Recht wird nach Maßgabe des innerstaatlichen Rechts des Mitgliedstaats, an dessen nationale Kontrollinstanz das Ersuchen gerichtet wird, ausgeübt.

Artikel 34
Gemeinsame Kontrollinstanz

(1) Es wird eine unabhängige gemeinsame Kontrollinstanz eingesetzt, deren Aufgabe darin besteht, nach Maßgabe dieses Beschlusses die Tätigkeit von Europol daraufhin zu überprüfen, ob durch die Speicherung, Verarbeitung und Verwendung der bei Europol vorhandenen Daten die Rechte des Einzelnen verletzt werden. Darüber hinaus kontrolliert die gemeinsame Kontrollinstanz die Zulässigkeit der Übermittlung der von Europol stammenden Daten. Die gemeinsame Kontrollinstanz setzt sich aus höchstens zwei Mitgliedern oder Vertretern jeder nationalen Kontrollinstanz, die die nötige Befähigung aufweisen, zusammen; diese werden gegebenenfalls von Stellvertretern unterstützt und von jedem Mitgliedstaat für fünf Jahre ernannt. Jede Delegation hat bei Abstimmungen eine Stimme.

Die gemeinsame Kontrollinstanz wählt aus ihren Reihen einen Vorsitzenden.

Bei der Wahrnehmung ihrer Aufgaben nehmen die Mitglieder der gemeinsamen Kontrollinstanz von keiner Behörde Weisungen entgegen.

(2) Die gemeinsame Kontrollinstanz wird bei der Erfüllung ihrer Aufgaben von Europol unterstützt. Dabei hat Europol insbesondere
a) der gemeinsamen Kontrollinstanz die erbetenen Auskünfte zu erteilen, ihr Einsicht in alle Unterlagen und Akten sowie Zugriff auf die gespeicherten Daten zu gewähren;
b) der gemeinsamen Kontrollinstanz jederzeit ungehindert Zutritt zu allen Diensträumen zu gewähren;

c) die Entscheidungen der gemeinsamen Kontrollinstanz über Beschwerden auszuführen.

(3) Die gemeinsame Kontrollinstanz ist zuständig für die Prüfung von Anwendungs- und Auslegungsfragen im Zusammenhang mit der Tätigkeit von Europol bei der Verarbeitung und Verwendung personenbezogener Daten, für die Prüfung von Fragen im Zusammenhang mit den von den nationalen Kontrollinstanzen der Mitgliedstaaten unabhängig vorgenommenen Kontrollen oder mit der Ausübung des Zugangsrechts sowie für die Erarbeitung harmonisierter Vorschläge im Hinblick auf gemeinsame Lösungen für die bestehenden Probleme.

(4) Stellt die gemeinsame Kontrollinstanz Verstöße gegen die Bestimmungen dieses Beschlusses bei der Speicherung, Verarbeitung oder Verwendung personenbezogener Daten fest, so richtet sie, wenn sie dies für erforderlich hält, eine Beschwerde an den Direktor und fordert ihn auf, sich innerhalb einer bestimmten Frist dazu zu äußern. Der Direktor hält den Verwaltungsrat in allen Phasen des Verfahrens auf dem Laufenden. Ist die gemeinsame Kontrollinstanz mit der Antwort des Direktors nicht einverstanden, so befasst sie den Verwaltungsrat.

(5) Die gemeinsame Kontrollinstanz arbeitet mit anderen Aufsichtsbehörden zusammen, soweit dies zur Erfüllung ihrer Aufgaben notwendig ist und zu einer einheitlicheren Anwendung der Vorschriften und Verfahren für die Datenverarbeitung beiträgt.

(6) Die gemeinsame Kontrollinstanz erstellt in regelmäßigen Abständen Tätigkeitsberichte. Die Berichte werden dem Europäischen Parlament und dem Rat zugeleitet. Der Verwaltungsrat erhält zuvor Gelegenheit zur Abgabe einer Stellungnahme, die den Berichten beigefügt wird.

Die gemeinsame Kontrollinstanz entscheidet über die Veröffentlichung ihres Tätigkeitsberichts und legt gegebenenfalls die entsprechenden Modalitäten fest.

(7) Die gemeinsame Kontrollinstanz gibt sich eine Geschäftsordnung, die sie mit einer Zweidrittelmehrheit ihrer Mitglieder annimmt und dem Rat zur Genehmigung vorlegt. Der Rat beschließt mit qualifizierter Mehrheit.

(8) Die gemeinsame Kontrollinstanz setzt einen internen Ausschuss ein, dem ein bevollmächtigter Vertreter je Mitgliedstaat angehört, der bei Abstimmungen stimmberechtigt ist. Dieser Ausschuss hat die Aufgabe, die Beschwerden gemäß Artikel 32 in jeder ge-

Sicherheit/Recht

eigneten Weise zu prüfen. Sofern sie dies verlangen, werden die Parteien, die auf Wunsch einen Berater hinzuziehen können, von diesem Ausschuss gehört. Die in diesem Rahmen getroffenen Entscheidungen sind gegenüber allen Parteien endgültig.

(9) Die gemeinsame Kontrollinstanz kann ferner zusätzlich zu dem in Absatz 8 genannten Ausschuss einen oder mehrere andere Ausschüsse einsetzen.

(10) Die gemeinsame Kontrollinstanz wird zu dem sie betreffenden Teil des Haushaltsplans von Europol gehört. Ihre Stellungnahme wird dem jeweiligen Entwurf des Haushaltsplans beigefügt.

(11) Die gemeinsame Kontrollinstanz wird von einem Sekretariat unterstützt, dessen Aufgaben in der Geschäftsordnung festgelegt werden.

Artikel 35
Datensicherheit

(1) Europol trifft die technischen und organisatorischen Maßnahmen, die erforderlich sind, um die Durchführung dieses Beschlusses zu gewährleisten. Maßnahmen gelten dann als erforderlich, wenn ihr Aufwand in einem angemessenen Verhältnis zu dem angestrebten Schutzzweck steht.

(2) Die Mitgliedstaaten und Europol treffen im Hinblick auf die automatisierte Datenverarbeitung bei Europol Maßnahmen, um

a) Unbefugten den Zugang zu Datenverarbeitungsanlagen, mit denen personenbezogene Daten verarbeitet werden, zu verwehren (Zugangskontrolle);

b) zu verhindern, dass Datenträger unbefugt gelesen, kopiert, verändert oder entfernt werden können (Datenträgerkontrolle);

c) die unbefugte Dateneingabe sowie die unbefugte Kenntnisnahme, Änderung oder Löschung gespeicherter personenbezogener Daten zu verhindern (Speicherkontrolle);

d) zu verhindern, dass automatisierte Datenverarbeitungssysteme mit Hilfe von Einrichtungen zur Datenübertragung von Unbefugten genutzt werden können (Benutzerkontrolle);

e) zu gewährleisten, dass die zur Benutzung eines automatisierten Datenverarbeitungssystems Berechtigten nur auf die ihrer Zugangsberechtigung unterliegenden Daten zugreifen können (Zugangskontrolle);

f) zu gewährleisten, dass überprüft und festgestellt werden kann, an welche Stellen personenbezogene Daten durch Einrichtungen zur Datenübertragung übermittelt werden können oder übermittelt worden sind (Übermittlungskontrolle);

g) zu gewährleisten, dass überprüft und festgestellt werden kann, welche personenbezogenen Daten wann und von wem in automatisierte Datenverarbeitungssysteme eingegeben worden sind (Eingabekontrolle);

h) zu verhindern, dass bei der Übertragung personenbezogener Daten oder beim Transport von Datenträgern die Daten unbefugt gelesen, kopiert, geändert oder gelöscht werden können (Transportkontrolle);

i) zu gewährleisten, dass eingesetzte Systeme im Störungsfall unverzüglich wiederhergestellt werden können (Wiederherstellung);

j) zu gewährleisten, dass die Funktionen des Systems fehlerfrei ablaufen, auftretende Fehlfunktionen unverzüglich gemeldet werden (Verlässlichkeit) und gespeicherte Daten nicht durch Fehlfunktionen des Systems verfälscht werden (Unverfälschtheit).

KAPITEL VI
ORGANISATION

Artikel 36
Organe von Europol

Die Organe von Europol sind:

a) der Verwaltungsrat;

b) der Direktor.

Artikel 37
Verwaltungsrat

(1) Der Verwaltungsrat setzt sich aus einem Vertreter je Mitgliedstaat und einem Vertreter der Kommission zusammen. Jedes Mitglied des Verwaltungsrates verfügt über eine Stimme. Jedes Mitglied des Verwaltungsrates kann sich von einem stellvertretenden Mitglied vertreten lassen; bei Abwesenheit des ordentlichen Mitglieds kann das stellvertretende Mitglied dessen Stimmrecht ausüben.

(2) Der Vorsitzende und der stellvertretende Vorsitzende des Verwaltungsrates werden von der Gruppe von drei Mitgliedstaaten, die das Achtzehnmonateprogramm des Rates gemeinsam erstellt haben, aus deren Reihen ausgewählt. Ihre Amtszeit deckt sich mit den 18 Monaten, die diesem Programm des Rates entspre-

chen. Während dieser Zeit handelt der Vorsitzende im Verwaltungsrat nicht mehr als Vertreter seines Mitgliedstaats. Der stellvertretende Vorsitzende tritt im Fall der Verhinderung des Vorsitzenden von Amts wegen an dessen Stelle.

(3) Der Vorsitzende ist verantwortlich für die effiziente Funktionsweise des Verwaltungsrates bei der Wahrnehmung der in Absatz 9 genannten Aufgaben, mit besonderem Schwerpunkt auf strategischen Fragen und den wichtigsten Aufgaben von Europol gemäß Artikel 5 Absatz 1.

(4) Der Vorsitzende wird durch das Sekretariat des Verwaltungsrates unterstützt. Das Sekretariat hat insbesondere die Aufgabe

a) einer engen und stetigen Mitarbeit bei der Organisation, der Koordinierung und der Gewährleistung der Kohärenz der Tätigkeit des Verwaltungsrates. Unter der Verantwortung und Leitung des Vorsitzenden unterstützt es diesen bei der Ermittlung von Lösungen;

b) der erforderlichen administrativen Unterstützung des Verwaltungsrates bei der Ausübung seiner Pflichten.

(5) Der Direktor nimmt an den Sitzungen des Verwaltungsrates ohne Stimmrecht teil.

(6) Die Mitglieder des Verwaltungsrates oder ihre Stellvertreter und der Direktor können sich von Sachverständigen begleiten lassen.

(7) Der Verwaltungsrat tritt mindestens zweimal jährlich zusammen.

(8) Der Verwaltungsrat beschließt mit einer Mehrheit von zwei Dritteln seiner Mitglieder, sofern in diesem Beschluss nichts anderes angegeben ist.

(9) Der Verwaltungsrat

a) erstellt eine Strategie für Europol, die Bezugswerte enthält, anhand deren gemessen werden kann, ob die gesetzten Ziele erreicht wurden;

b) überwacht die Amtsführung des Direktors einschließlich der Durchführung der Beschlüsse des Verwaltungsrates;

c) trifft Entscheidungen oder erlässt Durchführungsmaßnahmen nach Maßgabe dieses Beschlusses;

d) erlässt auf Vorschlag des Direktors und im Einvernehmen mit der Kommission die Durchführungsbestimmungen für das Europol-Personal;

e) erlässt nach Anhörung der Kommission die Finanzregelung und ernennt den Rechnungsführer im Einklang mit der Verordnung (EG, Euratom) Nr. 2343/2002 der

Kommission vom 19. November 2002 betreffend die Rahmenfinanzregelung für Einrichtungen gemäß Artikel 185 der Verordnung (EG, Euratom) Nr. 1605/2002 des Rates über die Haushaltsordnung für den Gesamthaushaltsplan der Europäischen Gemeinschaften[14]);

f) setzt eine Abteilung für Innenrevision ein und ernennt das Revisionspersonal, das sich aus Mitgliedern des Europol-Personals zusammensetzt. Der Verwaltungsrat erlässt weitere die Abteilung von Innenrevision betreffende Durchführungsbestimmungen. Diese Durchführungsbestimmungen betreffen insbesondere die Auswahl, Entlassung, Aufgaben, Pflichten und Befugnisse der Abteilung und die Garantien für ihre Unabhängigkeit. Die Abteilung für Innenrevision ist nur gegenüber dem Verwaltungsrat verantwortlich und hat Zugang zu allen Unterlagen, die sie für die Wahrnehmung ihrer Aufgaben benötigt;

g) erstellt eine Liste mit mindestens drei Bewerbern für das Amt des Direktors und der stellvertretenden Direktoren und legt diese dem Rat vor;

h) ist verantwortlich für weitere Aufgaben, die ihm vom Rat insbesondere in Durchführungsbestimmungen zu diesem Beschluss übertragen werden;

i) gibt sich eine Geschäftsordnung, einschließlich Bestimmungen zur Gewährleistung der Unabhängigkeit des Sekretariats.

(10) Der Verwaltungsrat verabschiedet jährlich

a) den Voranschlag der Einnahmen und Ausgaben einschließlich des Entwurfs des Stellenplans zur Vorlage an die Kommission; und den endgültigen Haushaltsplan;

b) nach Stellungnahme der Kommission ein Arbeitsprogramm für die künftigen Tätigkeiten von Europol, das dem operativen Bedarf der Mitgliedstaaten sowie den Auswirkungen auf den Haushalt und den Personalbestand von Europol Rechnung trägt;

c) einen allgemeinen Bericht über die Tätigkeiten von Europol im Vorjahr, einschließlich der Ergebnisse bei den vom Rat gesetzten Prioritäten.

Diese Dokumente werden dem Rat zur Genehmigung vorgelegt. Der Rat leitet sie zur Information an das Europäische Parlament weiter.

---

[14]) ABl. L 357 vom 31.12.2002, S. 72.

Sicherheit/Recht

(11) Innerhalb von vier Jahren nach Beginn der Geltung dieses Beschlusses und danach alle vier Jahre gibt der Verwaltungsrat eine unabhängige externe Evaluierung der Durchführung dieses Beschlusses sowie der von Europol durchgeführten Tätigkeiten in Auftrag. Der Verwaltungsrat erteilt zu diesem Zweck ein besonderes Mandat.

Der Evaluierungsbericht wird dem Europäischen Parlament, dem Rat und der Kommission zugeleitet.

(12) Der Verwaltungsrat kann Arbeitsgruppen einsetzen. Er legt in seiner Geschäftsordnung die Regeln für die Bildung und Arbeitsweise dieser Arbeitsgruppen fest.

(13) Der Verwaltungsrat übt gegenüber dem Direktor unbeschadet des Artikels 38 Absätze 1 und 7 die Befugnisse in Artikel 39 Absatz 3 aus.

Artikel 38
Direktor

(1) Europol wird von einem Direktor geleitet, der vom Rat mit qualifizierter Mehrheit aus einer vom Verwaltungsrat vorgelegten Liste von mindestens drei Bewerbern für vier Jahre ernannt wird. Der Rat kann die Amtszeit des Direktors auf Vorschlag des Verwaltungsrates, der eine Leistungsbewertung vorgenommen hat, einmal um höchstens vier Jahre verlängern.

(2) Der Direktor wird von drei stellvertretenden Direktoren unterstützt, die nach dem in Absatz 1 festgelegten Verfahren für vier Jahre ernannt werden; eine einmalige Wiederernennung ist zulässig. Ihre Aufgaben werden vom Direktor näher bestimmt.

(3) Der Verwaltungsrat legt die Regeln für die Auswahl der Bewerber um das Amt des Direktors oder stellvertretenden Direktors einschließlich der Regeln für die Verlängerung ihrer Amtszeiten fest. Diese Regeln werden vom Rat vor ihrem Inkrafttreten mit qualifizierter Mehrheit genehmigt.

(4) Der Direktor ist verantwortlich für:

a) die Erfüllung der Europol übertragenen Aufgaben;

b) die laufende Verwaltung;

c) die Ausübung der in Artikel 39 Absatz 3 niedergelegten Befugnisse gegenüber dem Personal und den stellvertretenden Direktoren, unbeschadet der Absätze 2 und 7 dieses Artikels;

d) die Vorbereitung und Durchführung der Beschlüsse des Verwaltungsrates und die

Antwort auf Ersuchen des Verwaltungsrates;

e) die Unterstützung des Vorsitzenden des Verwaltungsrates bei der Vorbereitung der Sitzungen des Verwaltungsrates;

f) die Aufstellung des Voranschlags der Einnahmen und Ausgaben einschließlich des Entwurfs des Stellenplans; und des vorläufigen Arbeitsprogramms;

g) die Erstellung des in Artikel 37 Absatz 10 Buchstabe c genannten Berichts; h) die Ausführung des Haushaltsplans von Europol;

i) die regelmäßige Unterrichtung des Verwaltungsrates über die Umsetzung der vom Rat festgelegten Prioritäten sowie über die Außenbeziehungen von Europol;

j) die Einrichtung und Durchführung – in Zusammenarbeit mit dem Verwaltungsrat – eines wirksamen und effizienten Verfahrens zur Überwachung und Bewertung der Leistung von Europol in Bezug auf die Zielvorgaben. Der Direktor berichtet dem Verwaltungsrat regelmäßig über die Ergebnisse dieser Überwachung;

k) die Wahrnehmung aller sonstigen Aufgaben, die dem Direktor in diesem Beschluss übertragen werden.

(5) Der Direktor ist dem Verwaltungsrat über seine Amtsführung rechenschaftspflichtig.

(6) Der Direktor ist der gesetzliche Vertreter von Europol.

(7) Der Direktor und die stellvertretenden Direktoren können nach Stellungnahme des Verwaltungsrates durch einen mit qualifizierter Mehrheit erlassenen Beschluss des Rates entlassen werden. Der Verwaltungsrat legt die hierfür geltenden Regeln fest. Diese Regeln werden vom Rat vor ihrem Inkrafttreten mit qualifizierter Mehrheit genehmigt.

Artikel 39
Personal

(1) Die Bestimmungen des Statuts der Beamten der Europäischen Gemeinschaften und die Beschäftigungsbedingungen für Anhörung die sonstigen Bediensteten der Europäischen Gemeinschaften (nachstehend das „Statut der Beamten" bzw. die „Beschäftigungsbedingungen" genannt) gemäß der Verordnung (EWG, Euratom, EGKS) Nr. 259/68 des Rates[15]) und die im gegenseitigen Einvernehmen der Or-

---

[15]) ABl. L 56 vom 4.3.1968, S. 1.

gane der Europäischen Gemeinschaften erlassenen Regelungen zur Durchführung des Statuts der Beamten und der Beschäftigungsbedingungen gelten für den Direktor, die stellvertretenden Direktoren und das Personal von Europol, sofern sie nach Geltungsbeginn dieses Beschlusses eingestellt worden sind.

(2) Zur Durchführung des Statuts der Beamten und der Beschäftigungsbedingungen gilt Europol als Agentur im Sinne von Artikel 1a Absatz 2 des Statuts der Beamten.

(3) Europol übt gegenüber seinem Personal und gegenüber dem Direktor gemäß Artikel 37 Absatz 13 und Artikel 38 Absatz 4 Buchstabe c dieses Beschlusses die Befugnisse aus, die der Anstellungsbehörde durch das Statut der Beamten und der zum Abschluss von Verträgen ermächtigten Behörde durch die Beschäftigungsbedingungen übertragen wurden.

(4) Das Personal von Europol besteht aus Bediensteten auf Zeit und/oder aus Vertragsbediensteten. Beabsichtigt der Direktor, unbefristete Verträge abzuschließen, so bedarf dies jährlich der Zustimmung des Verwaltungsrates von Europol. Der Verwaltungsrat entscheidet darüber, welche im Stellenplan vorgesehenen Zeitplanstellen ausschließlich mit Bediensteten aus den zuständigen Behörden der Mitgliedstaaten besetzt werden dürfen. Bedienstete, die für die Besetzung dieser Planstellen eingestellt werden, haben den Status von Bediensteten auf Zeit im Sinne von Artikel 2 Buchstabe a der Beschäftigungsbedingungen und dürfen nur einen befristeten Anstellungsvertrag erhalten, der einmalig um einen befristeten Zeitraum verlängert werden kann.

(5) Die Mitgliedstaaten können nationale Sachverständige zu Europol entsenden. Der Verwaltungsrat erlässt zu diesem Zweck die erforderlichen Durchführungsmaßnahmen.

(6) Europol wendet für die Verarbeitung personenbezogener Daten des Personals von Europol die Grundsätze der Verordnung (EG) Nr. 45/2001 an.

KAPITEL VII
VERTRAULICHKEIT

Artikel 40
Vertraulichkeit

(1) Europol und die Mitgliedstaaten stellen durch geeignete Maßnahmen sicher, dass vertraulich zu behandelnde Informationen, die auf der Grundlage dieses Beschlusses von Europol erlangt oder mit Europol ausgetauscht

werden, geschützt werden. Hierzu erlässt der Rat mit qualifizierter Mehrheit nach des Europäischen Parlaments entsprechende Vertraulichkeitsregeln, die vom Verwaltungsrat vorbereitet werden. Diese Regeln schließen Bestimmungen für den Austausch vertraulich zu behandelnder Informationen zwischen Europol und Dritten ein.

(2) Soweit Personen von Europol mit einer sicherheitsempfindlichen Tätigkeit betraut werden sollen, verpflichten sich die Mitgliedstaaten, auf Antrag des Direktors die Sicherheitsüberprüfung von Personen ihrer eigenen Staatsangehörigkeit nach innerstaatlichem Recht durchzuführen und einander dabei Amtshilfe zu leisten. Die nach innerstaatlichem Recht zuständige Behörde teilt Europol nur das Ergebnis der Sicherheitsüberprüfung mit. Das Ergebnis ist für Europol verbindlich.

(3) Mit der Datenverarbeitung bei Europol dürfen die Mitgliedstaaten und Europol nur Personen beauftragen, die besonders geschult und einer Sicherheitsüberprüfung unterzogen worden sind. Der Verwaltungsrat legt Regeln für die Sicherheitsüberprüfung des Personals von Europol fest. Der Direktor berichtet dem Verwaltungsrat regelmäßig über den Stand der Sicherheitsüberprüfung beim Personal von Europol.

Artikel 41
Verpflichtung zur Zurückhaltung und Verschwiegenheit

(1) Die Mitglieder des Verwaltungsrates, der Direktor, die stellvertretenden Direktoren, das Personal von Europol und die Verbindungsbeamten haben sich jeder Handlung und jeder Meinungsäußerung zu enthalten, die dem Ansehen von Europol abträglich sein oder seiner Tätigkeit schaden könnte.

(2) Die Mitglieder des Verwaltungsrates, der Direktor, die stellvertretenden Direktoren, das Personal von Europol und die Verbindungsbeamten sowie alle anderen Personen, die einer besonderen Verpflichtung zur Zurückhaltung und Verschwiegenheit unterliegen, haben über alle Tatsachen und Angelegenheiten, von denen sie in Ausübung ihres Amtes oder im Rahmen ihrer Tätigkeit Kenntnis erhalten, gegenüber allen nicht befugten Personen sowie gegenüber der Öffentlichkeit Stillschweigen zu bewahren. Dies gilt nicht für Tatsachen und Angelegenheiten, die ihrer Bedeutung nach keiner vertraulichen Behandlung bedürfen. Die Verpflichtung zur Zurückhaltung und Verschwiegenheit gilt auch nach

dem Ausscheiden aus dem Amt oder Dienstverhältnis oder der Beendigung der Tätigkeit. Europol weist auf die besondere Verpflichtung nach Satz 1 und auf die rechtlichen Folgen eines Verstoßes ausdrücklich hin. Dieser Hinweis wird schriftlich festgehalten.

(3) Die Mitglieder des Verwaltungsrates, der Direktor, die stellvertretenden Direktoren, das Personal von Europol und die Verbindungsbeamten sowie alle anderen Personen, die der Verpflichtung nach Absatz 2 unterliegen, dürfen über die ihnen in Ausübung ihres Amtes oder im Rahmen ihrer Tätigkeit bekannt gewordenen Tatsachen und Angelegenheiten ohne vorherige Benachrichtigung des Direktors – bzw. des Verwaltungsrates im Falle des Direktors selbst – weder vor Gericht noch außergerichtlich aussagen noch Erklärungen abgeben.

Je nach Lage des Falls wendet sich der Verwaltungsrat oder der Direktor an die Justizbehörde oder an eine andere zuständige Stelle, damit die erforderlichen Maßnahmen nach dem für die befasste Stelle geltenden innerstaatlichen Recht getroffen werden können.

Bei diesen Maßnahmen kann es sich entweder darum handeln, die Modalitäten der Zeugenaussage so zu gestalten, dass die Vertraulichkeit der Informationen gewährleistet ist, oder, soweit nach innerstaatlichem Recht zulässig, die Auskunft über Daten zu verweigern, sofern dies für den Schutz der Interessen von Europol oder eines Mitgliedstaats unerlässlich ist.

Sieht das Recht des Mitgliedstaats ein Recht auf Aussageverweigerung vor, so bedürfen die in Absatz 2 genannten zu einer Aussage aufgeforderten Personen einer Aussagegenehmigung. Die Genehmigung erteilt der Direktor und für eine Aussage des Direktors der Verwaltungsrat. Wird ein Verbindungsbeamter zu einer Aussage über Informationen aufgefordert, die er von Europol erhalten hat, so wird diese Genehmigung nach Zustimmung des Mitgliedstaats erteilt, der den betreffenden Verbindungsbeamten entsandt hat. Die Verpflichtung, eine Aussagegenehmigung einzuholen, gilt auch nach dem Ausscheiden aus dem Amt oder Dienstverhältnis oder der Beendigung der Tätigkeit.

Besteht ferner die Möglichkeit, dass sich die Aussage auf Informationen und Erkenntnisse erstreckt, die ein Mitgliedstaat an Europol übermittelt hat oder von denen ein Mitgliedstaat erkennbar betroffen ist, so ist vor der Genehmigung die Stellungnahme dieses Mitgliedstaats einzuholen.

Die Aussagegenehmigung darf nur versagt werden, soweit dies zur Wahrung vorrangiger Interessen von Europol oder des oder der betroffenen Mitgliedstaaten notwendig ist.

(4) Jeder Mitgliedstaat behandelt eine Verletzung der in den Absätzen 2 und 3 genannten Verpflichtung zur Zurückhaltung und Verschwiegenheit als einen Verstoß gegen seine Rechtsvorschriften über die Wahrung von Dienst- oder Berufsgeheimnissen oder seine Bestimmungen zum Schutz von Verschlusssachen.

Er gewährleistet, dass diese Vorschriften und Bestimmungen auch für seine eigenen Bediensteten gelten, die im Rahmen ihrer Tätigkeit mit Europol in Verbindung stehen.

KAPITEL VIII
HAUSHALTSBESTIMMUNGEN

Artikel 42
Haushalt

(1) Die Einnahmen von Europol umfassen unbeschadet anderer Einnahmen ab Beginn der Geltung dieses Beschlusses einen Zuschuss der Gemeinschaft aus dem Gesamthaushaltsplan der Europäischen Union (Einzelplan „Kommission"). Für die Finanzierung von Europol bedarf es gemäß der Interinstitutionellen Vereinbarung zwischen dem Europäischen Parlament, dem Rat und der Europäischen Kommission über die Haushaltsdisziplin und die wirtschaftliche Haushaltsführung[16]) der Zustimmung des Europäischen Parlaments und des Rates (nachstehend die „Haushaltsbehörde" genannt).

(2) Die Ausgaben von Europol umfassen die Personal-, Verwaltungs-, Infrastruktur- und Betriebskosten.

(3) Der Direktor stellt den Voranschlag der Einnahmen und Ausgaben von Europol für das folgende Haushaltsjahr einschließlich eines Entwurfs des Stellenplans auf und leitet ihn dem Verwaltungsrat zu. Der Entwurf des Stellenplans enthält die Dauer- und Zeitplanstellen sowie einen Verweis auf die entsendeten nationalen Sachverständigen und weist die Anzahl der von Europol im betreffenden Haushaltsjahr beschäftigten Bediensteten sowie deren Besoldungs- und Laufbahngruppe aus.

(4) Einnahmen und Ausgaben sind auszugleichen.

(5) Der Verwaltungsrat verabschiedet den Voranschlag der Einnahmen und Ausgaben

---

[16]) ABl. C 139 vom 14.6.2006, S. 1.

einschließlich des Entwurfs des Stellenplans und des Entwurfs des Arbeitsprogramms, und leitet ihn bis spätestens 31. März jeden Jahres an die Kommission weiter. Hat die Kommission Einwände gegen den Entwurf des Haushaltsvoranschlags, unterrichtet sie den Verwaltungsrat innerhalb von 30 Tagen nach Erhalt des Entwurfs entsprechend.

(6) Die Kommission übermittelt den Voranschlag zusammen mit dem Vorentwurf des Gesamthaushaltsplans der Europäischen Union der Haushaltsbehörde.

(7) Auf der Grundlage des Voranschlags setzt die Kommission die von ihr für den Stellenplan und den Betrag des Zuschusses aus dem Gesamthaushaltsplan für erforderlich erachteten Ansätze in den Vorentwurf des Gesamthaushaltsplans der Europäischen Union ein, die sie der Haushaltsbehörde gemäß Artikel 272 des Vertrags zur Gründung der Europäischen Gemeinschaften vorlegt.

(8) Bei der Feststellung des Gesamthaushaltsplans der Europäischen Union bewilligt die Haushaltsbehörde die Mittel für den Zuschuss für Europol und den Stellenplan.

(9) Der Haushaltsplan von Europol und der Stellenplan werden vom Verwaltungsrat festgestellt. Sie werden dann endgültig, wenn der Gesamthaushaltsplan der Europäischen Union endgültig festgestellt ist. Gegebenenfalls werden sie durch Feststellung eines Berichtigungshaushaltsplans entsprechend angepasst.

(10) Alle Änderungen des Haushaltsplans, einschließlich des Stellenplans, unterliegen dem in den Absätzen 5 bis 9 festgelegten Verfahren.

(11) Der Verwaltungsrat unterrichtet die Haushaltsbehörde schnellstmöglich über alle von ihm geplanten Vorhaben, die erhebliche finanzielle Auswirkungen auf die Finanzierung des Haushaltsplans haben könnten; insbesondere gilt dies für Immobilienvorhaben wie die Anmietung oder den Erwerb von Gebäuden. Er setzt die Kommission von diesen Vorhaben in Kenntnis. Hat ein Teil der Haushaltsbehörde mitgeteilt, dass er eine Stellungnahme abgeben will, übermittelt er diese Stellungnahme dem Verwaltungsrat innerhalb von sechs Wochen nach der Unterrichtung der Haushaltsbehörde über das Vorhaben.

Artikel 43
Ausführung und Kontrolle des Haushaltsplans

(1) Der Direktor führt den Haushaltsplan von Europol aus.

(2) Spätestens zum 28. Februar, der auf das Ende des jeweiligen Haushaltsjahrs folgt, übermittelt der Rechnungsführer von Europol dem Rechnungsführer der Kommission die vorläufigen Rechnungen und den Bericht über die Haushaltsführung und das Finanzmanagement für das abgeschlossene Haushaltsjahr. Der Rechnungsführer der Kommission konsolidiert die vorläufigen Rechnungen der Organe und dezentralisierten Einrichtungen gemäß Artikel 128 der Verordnung (EG) Nr. 1605/2002 des Rates vom 25. Juni 2002 über die Haushaltsordnung für den Gesamthaushaltsplan der Europäischen Gemeinschaften[17].

(3) Spätestens zum 31. März, der auf das Ende des jeweiligen Haushaltsjahres folgt, übermittelt der Rechnungsführer der Kommission dem Rechnungshof die vorläufigen Rechnungen von Europol und den Bericht über die Haushaltsführung und das Finanzmanagement für das abgeschlossene Haushaltsjahr. Dieser Bericht geht auch dem Europäischen Parlament und dem Rat zu.

(4) Nach Eingang der Bemerkungen des Rechnungshofes zu den vorläufigen Rechnungen von Europol gemäß Artikel 129 der Verordnung (EG, Euratom) Nr. 1605/2002 stellt der Direktor in eigener Verantwortung die endgültigen Jahresabschlüsse von Europol auf und legt sie dem Verwaltungsrat zur Stellungnahme vor.

(5) Der Verwaltungsrat gibt eine Stellungnahme zu den endgültigen Jahresabschlüssen von Europol ab.

(6) Spätestens zum 1. Juli, der auf das Ende des jeweiligen Haushaltsjahres folgt, leitet der Direktor die endgültigen Jahresabschlüsse zusammen mit der Stellungnahme des Verwaltungsrates dem Europäischen Parlament, dem Rat, der Kommission und dem Rechnungshof zu.

(7) Die endgültigen Jahresabschlüsse werden veröffentlicht.

(8) Der Direktor übermittelt dem Rechnungshof spätestens zum 30. September eine Antwort auf seine Bemerkungen. Diese Antwort geht auch dem Verwaltungsrat zu.

(9) Gemäß Artikel 146 Absatz 3 der Verordnung (EG, Euratom) Nr. 1605/2002 übermittelt der Direktor dem Europäischen Parlament auf dessen Anfrage alle Informationen, die für die ordnungsgemäße Abwicklung des Entlastungsverfahrens für das betreffende Haushaltsjahr erforderlich sind.

---

[17]) ABl. L 248 vom 16.9.2002, S. 1.

Sicherheit/Recht

(10) Das Europäische Parlament erteilt dem Direktor unter Berücksichtigung einer Empfehlung des Rates, der mit qualifizierter Mehrheit beschließt, vor dem 30. April des Jahres n + 2 Entlastung für die Ausführung des Haushaltsplans für das Jahr n.

Artikel 44
Finanzordnung

Der Verwaltungsrat erlässt nach Anhörung der Kommission die für Europol geltende Finanzordnung. Diese darf von der Verordnung (EG, Euratom) Nr. 2343/2002 nur abweichen, wenn die besondere Funktionsweise von Europol dies erfordert. Die Annahme einer von der Verordnung (EG, Euratom) Nr. 2343/2002 abweichenden Regelung bedarf der vorherigen Einwilligung der Kommission. Die Haushaltsbehörde wird über diese Abweichungen unterrichtet.

KAPITEL IX
SONSTIGE BESTIMMUNGEN

Artikel 45
Zugang zu Dokumenten von Europol

Auf Vorschlag des Direktors einigt sich der Verwaltungsrat spätestens sechs Monate nach Geltungsbeginn dieses Beschlusses auf Bestimmungen über den Zugang zu Europol-Dokumenten und berücksichtigt dabei die in der Verordnung (EG) Nr. 1049/2001 des Europäischen Parlaments und des Rates vom 30. Mai 2001 über den Zugang der Öffentlichkeit zu Dokumenten des Europäischen Parlaments, des Rates und der Kommission[18]) genannten Grundsätze und Einschränkungen.

Artikel 46
EU-Verschlusssachen

Europol wendet die Sicherheitsgrundsätze und Mindestanforderungen an, die gemäß dem Beschluss 2001/264/EG des Rates vom 19. März 2001 über die Annahme der Sicherheitsvorschriften des Rates[19]) gelten.

Artikel 47
Sprachen

(1) Für Europol gelten die Bestimmungen der Verordnung Nr. 1 vom 15. April 1958 zur Regelung der Sprachenfrage für die Europäische Wirtschaftsgemeinschaft[20]).

(2) Der Verwaltungsrat entscheidet einstimmig über die interne Sprachenregelung von Europol.

(3) Die für die Arbeit von Europol erforderlichen Übersetzungen werden vom Übersetzungszentrum für die Einrichtungen der Europäischen Union[21]) angefertigt.

Artikel 48
Unterrichtung des Europäischen Parlaments

Der Vorsitz des Rates, der Vorsitzende des Verwaltungsrates und der Direktor treten auf Ersuchen des Europäischen Parlaments vor diesem auf, um Europol betreffende Angelegenheiten zu erörtern; dabei berücksichtigen sie die Verpflichtung zur Zurückhaltung und Verschwiegenheit.

Artikel 49
Betrugsbekämpfung

Die Vorschriften der Verordnung (EG) Nr. 1073/1999 des Europäischen Parlaments und des Rates vom 25. Mai 1999 über die Untersuchungen des Europäischen Amtes für Betrugsbekämpfung (OLAF)[22]) finden auf Europol Anwendung. Der Verwaltungsrat erlässt auf der Grundlage eines Vorschlags des Direktors spätestens sechs Monate nach Geltungsbeginn dieses Beschlusses die erforderlichen Durchführungsmaßnahmen, nach denen operative Daten aus dem Geltungsbereich der Ermittlungen von OLAF ausgenommen sein können.

Artikel 50
Sitzabkommen

Die Bestimmungen über die Unterbringung von Europol im Sitzstaat und über die Leistungen, die vom Sitzstaat zu erbringen sind, sowie die besonderen Vorschriften, die im Sitzstaat von Europol für den Direktor, die Mitglieder des Verwaltungsrates, die stellvertretenden Direktoren, die Bediensteten von Europol und deren Familienangehörige gel-

---

[18]) ABl. L 145 vom 31.5.2001, S. 43.
[19]) ABl. L 101 vom 11.4.2001, S. 1.

[20]) ABl. 17 vom 6.10.1958, S. 385/58.
[21]) Verordnung (EG) Nr. 2965/94 des Rates vom 28. November 1994 zur Errichtung eines Übersetzungszentrums für die Einrichtungen der Europäischen Union (ABl. L 314 vom 7.12.1994, S. 1).
[22]) ABl. L 136 vom 31.5.1999, S. 1.

ten, werden in einem Sitzabkommen festgelegt, das nach Billigung durch den Verwaltungsrat zwischen Europol und dem Königreich der Niederlande geschlossen wird.

Artikel 51
Vorrechte, Befreiungen und Immunitäten

(1) Das Protokoll über die Vorrechte und Befreiungen der Europäischen Gemeinschaften und eine besondere auf der Grundlage von Artikel 16 des Protokolls über die Vorrechte und Befreiungen der Europäischen Gemeinschaften anzunehmende Verordnung finden auf den Direktor, die stellvertretenden Direktoren und das Personal von Europol Anwendung.

(2) Das Protokoll über die Vorrechte und Befreiungen der Europäischen Gemeinschaften findet auf Europol Anwendung.

(3) Das Königreich der Niederlande und die anderen Mitgliedstaaten vereinbaren, dass für die von den anderen Mitgliedstaaten entsandten Verbindungsbeamten sowie für deren Familienangehörige die Vorrechte, Befreiungen und Immunitäten gelten, die für eine ordnungsgemäße Erfüllung der Aufgaben der Verbindungsbeamten bei Europol erforderlich sind.

Artikel 52
Haftung wegen unzulässiger oder unrichtiger Datenverarbeitung

(1) Jeder Mitgliedstaat haftet gemäß seinem innerstaatlichen Recht für den einer Person entstandenen Schaden, der in rechtlicher oder sachlicher Hinsicht fehlerhafte Daten, die von Europol gespeichert oder verarbeitet wurden, verursacht worden ist. Der Geschädigte kann eine Schadenersatzklage nur gegen den Mitgliedstaat erheben, in dem der Schadensfall eingetreten ist; hierzu wendet er sich an die nach dem innerstaatlichen Recht dieses Mitgliedstaats zuständigen Gerichte. Im Rahmen seiner Haftung nach Maßgabe des innerstaatlichen Rechts kann sich ein Mitgliedstaat im Verhältnis zu dem Geschädigten zu seiner Entlastung nicht darauf berufen, dass ein anderer Mitgliedstaat oder Europol unrichtige Daten übermittelt hat.

(2) Sind aufgrund einer fehlerhaften Übertragung oder einer Verletzung der in diesem Beschluss vorgesehenen Pflichten seitens eines oder mehrerer Mitgliedstaaten oder einer unzulässigen oder unrichtigen Speicherung oder Bearbeitung durch Europol in rechtlicher oder sachlicher Hinsicht fehlerhafte Daten gemäß Absatz 1 aufgetreten, so sind Europol

oder der oder die betreffenden Mitgliedstaaten verpflichtet, die gemäß Absatz 1 geleisteten Schadenersatzzahlungen auf Antrag zu erstatten, es sei denn, dass der Mitgliedstaat, in dessen Hoheitsgebiet der Schadensfall eingetreten ist, die Daten unter Verletzung dieses Beschlusses verwendet hat.

(3) Bei Meinungsverschiedenheiten zwischen dem Mitgliedstaat, der die Schadenersatzzahlung gemäß Absatz 1 geleistet hat, und Europol oder einem anderen Mitgliedstaat über den Grundsatz oder den Betrag dieser Erstattung wird der Verwaltungsrat befasst, der mit Zweidrittelmehrheit seiner Mitglieder entscheidet.

Artikel 53
Sonstige Haftung

(1) Die vertragliche Haftung von Europol bestimmt sich nach dem Recht, das auf den betreffenden Vertrag anzuwenden ist.

(2) Im Bereich der außervertraglichen Haftung ist Europol unabhängig von einer Haftung nach Artikel 52 verpflichtet, den durch Verschulden seiner Organe oder seiner Bediensteten in Ausübung ihres Amtes verursachten Schaden in dem Maße zu ersetzen, wie er diesen zuzurechnen ist; dies schließt andere Schadenersatzansprüche nach dem innerstaatlichen Recht der Mitgliedstaaten nicht aus.

(3) Der Geschädigte hat gegenüber Europol einen Anspruch auf Unterlassung einer Handlung oder auf Widerruf.

(4) Die nationalen Gerichte der Mitgliedstaaten mit Zuständigkeit für Streitigkeiten, die die Haftung von Europol nach Geltungsbeginn diesem Artikel betreffen, werden unter Bezugnahme auf die Verordnung (EG) Nr. 44/2001 des Rates vom 22. Dezember 2000 über die gerichtliche Zuständigkeit und die Anerkennung und Vollstreckung von Entscheidungen in Zivil- und Handelssachen[23]) bestimmt.

Artikel 54
Haftung bei Teilnahme von Europol an gemeinsamen Ermittlungsgruppen

(1) Der Mitgliedstaat, in dessen Hoheitsgebiet das Personal von Europol gemäß Artikel 6 an einem Einsatz teilgenommen und dabei einen Schaden verursacht hat, ersetzt diesen

Sicherheit/Recht

---

[23]) ABl. L 12 vom 16.1.2001, S. 1.

Schaden so, wie er ihn ersetzen müsste, wenn seine eigenen Beamten ihn verursacht hätten.

(2) Soweit mit dem betreffenden Mitgliedstaat nicht etwas anderes vereinbart wurde, erstattet Europol in voller Höhe den Schadenersatz, den dieser Mitgliedstaat den Geschädigten oder anspruchsberechtigten Personen gemäß Absatz 1 gezahlt hat. Bei Meinungsverschiedenheiten zwischen diesem Mitgliedstaat und Europol über den Grundsatz oder den Betrag dieser Erstattung ist der Verwaltungsrat zu befassen, der die Angelegenheit regelt.

KAPITEL X
ÜBERGANGSBESTIMMUNGEN

Artikel 55
Allgemeine Rechtsnachfolge

(1) Dieser Beschluss lässt die von Europol auf der Grundlage des Europol-Übereinkommens vor Geltungsbeginn dieses Beschlusses geschlossenen Vereinbarungen unberührt.

(2) Absatz 1 gilt insbesondere für das auf der Grundlage von Artikel 37 des Europol-Übereinkommens geschlossene Sitzabkommen sowie für die Vereinbarungen zwischen dem Königreich der Niederlande und den anderen Mitgliedstaaten gemäß Artikel 41 Absatz 2 des Europol-Übereinkommens und für alle internationalen Übereinkünfte einschließlich ihrer Bestimmungen über den Austausch von Informationen, für Verträge, Verbindlichkeiten und Vermögensgegenstände des Polizeiamts, wie es durch das Europol-Übereinkommen errichtet wurde.

Artikel 56
Direktor und stellvertretende Direktoren

(1) Der auf der Grundlage von Artikel 29 des Europol-Übereinkommens ernannte Direktor ist für seine noch verbleibende Amtszeit der Direktor im Sinne von Artikel 38 dieses Beschlusses; gleiches gilt entsprechend für die stellvertretenden Direktoren. Endet ihre Amtszeit innerhalb eines Jahres nach dieses Beschlusses, wird ihre Amtszeit automatisch um ein Jahr nach Geltungsbeginn dieses Beschlusses verlängert.

(2) Ist der Direktor nicht bereit oder nicht im Stande, sein Amt gemäß Absatz 1 weiterzuführen, ernennt der Verwaltungsrat einen Übergangsdirektor für eine Amtszeit von höchstens 18 Monaten, bis ein neuer Direktor gemäß Artikel 38 Absatz 1 ernannt ist; Gleiches gilt entsprechend für die stellvertretenden Direktoren und die Ernennung ihrer Amtsnachfolger nach Artikel 38 Absatz 2.

Artikel 57
Personal

(1) Abweichend von Artikel 39 werden alle von Europol auf der Grundlage des Europol-Übereinkommens geschlossenen und zum Zeitpunkt der Anwendbarkeit dieses Beschlusses gültigen Arbeitsverträge bis zu ihrem Ablauf erfüllt; sie dürfen nach Beginn der Geltung dieses Beschlusses nicht auf der Grundlage des Statuts des Europol-Personals[24]) verlängert werden.

(2) Alle gemäß Absatz 1 vertraglich verpflichteten Personalmitglieder erhalten die Möglichkeit, in den verschiedenen Besoldungsgruppen des Stellenplans Verträge als Bedienstete auf Zeit gemäß Artikel 2 Buchstabe a der Beschäftigungsbedingungen oder Verträge als Vertragsbedienstete nach Artikel 3a der Beschäftigungsbedingungen zu schließen.

Hierzu führt die zum Abschluss von Verträgen ermächtigte Behörde nach Inkrafttreten und innerhalb von zwei Jahren nach Beginn der Geltung dieses Beschlusses ein internes Auswahlverfahren für Personalmitglieder durch, die zum Zeitpunkt des Beginns der Geltung dieses Beschlusses bei Europol unter Vertrag sind, um die Befähigung, die Leistung und die Integrität der einzustellenden Personen zu prüfen.

Je nach Art und Ebene der wahrgenommenen Aufgaben wird einem erfolgreichen Bewerber entweder ein Vertrag als Bediensteter auf Zeit oder ein Vertrag als Vertragsbediensteter angeboten, dessen Laufzeit mindestens der restlichen Laufzeit des vor Beginn der Geltung dieses Beschlusses geschlossenen Vertrags entspricht.

(3) Hat Europol vor Beginn der Geltung dieses Beschlusses einen zweiten befristen Vertrag geschlossen und das Personalmitglied einen Vertrag als Bediensteter auf Zeit oder als Vertragsbediensteter gemäß Absatz 2 Unterabsatz 3 akzeptiert, kann gemäß Artikel 39 Absatz 4 eine weitere Verlängerung des Vertrags nur auf unbestimmte Dauer erfolgen.

(4) Hat Europol vor Beginn der Geltung dieses Beschlusses einen unbefristeten Vertrag ge-

---

[24]) Rechtsakt des Rates vom 3. Dezember 1998 zur Festlegung des Statuts der Bediensteten von Europol (ABl. C 26 vom 30.1.1999, S. 23).

schlossen und das Personalmitglied einen Vertrag als Bediensteter auf Zeit oder als Vertragsbediensteter gemäß Absatz 2 Unterabsatz 3 akzeptiert, wird dieser Vertrag gemäß Artikel 8 Absatz 1 und Artikel 85 Absatz 1 der Beschäftigungsbedingungen auf unbestimmte Dauer geschlossen.

(5) Das Statut der Bediensteten von Europol und andere einschlägige Instrumente gelten weiterhin für die Mitglieder des Personals, die nicht gemäß Absatz 2 eingestellt werden. Abweichend von Kapitel 5 des Statuts der Bediensteten von Europol gilt für das Europol-Personal der vom Rat nach Maßgabe von Artikel 65 des Statuts der Beamten festgesetzte Prozentsatz für die jährliche Angleichung der Dienstbezüge.

Artikel 58
Haushalt

(1) Das Haushaltsentlastungsverfahren für die auf der Grundlage von Artikel 35 Absatz 5 des Europol-Übereinkommens festgestellten Haushalte erfolgt gemäß Artikel 36 Absatz 5 des Europol-Übereinkommens und der auf der Grundlage von Artikel 35 Absatz 9 des Europol-Übereinkommens angenommenen Finanzregelung.

(2) Für das Haushaltsentlastungsverfahren gemäß Absatz 1 gilt Folgendes:

a) Für das Haushaltsentlastungsverfahren in Bezug auf den Jahresabschluss für das dem Beginn der Geltung dieses Beschlusses vorausgehende Jahr setzt der gemeinsame Prüfungsausschuss seine Tätigkeit gemäß den durch Artikel 36 des Europol-Übereinkommens festgelegten Verfahren fort. Die im Europol-Übereinkommen festgelegten Haushaltsentlastungsverfahren sind in dem Maße anwendbar, wie es für diesen Zweck notwendig ist;

b) der in Artikel 36 dieses Beschlusses genannte Verwaltungsrat ist befugt, über die Zuweisung der Aufgaben, die zuvor vom Finanzkontrolleur und vom Haushaltsausschuss auf der Grundlage des Europol-Übereinkommens wahrgenommen wurden, neu zu beschließen.

(3) Alle Ausgaben, die sich aus Verpflichtungen ergeben, die Europol vor Beginn der Geltung dieses Beschlusses gemäß der Finanzregelung, die auf der Grundlage von Artikel 35 Absatz 9 des Europol-Übereinkommens festgelegt wurde, eingegangen ist und die bislang noch nicht beglichen worden sind, werden in der in Absatz 4 dieses Artikels beschriebenen Weise getätigt.

(4) Spätestens zwölf Monate nach Beginn der Geltung dieses Beschlusses legt der Verwaltungsrat den Betrag zur Deckung der in Absatz 3 genannten Ausgaben fest. Ein entsprechender Betrag, der aus dem kumulierten Überschuss der auf der Grundlage von Artikel 35 Absatz 5 des Europol-Übereinkommens festgestellten Haushalte finanziert wird, wird auf den ersten nach diesem Beschluss festgestellten Haushaltsplan übertragen und bildet eine zweckgebundene Einnahme zur Deckung dieser Ausgaben.

Reichen die Überschüsse zur Deckung der in Absatz 3 genannten Ausgaben nicht aus, stellen die Mitgliedstaaten die notwendigen Finanzmittel gemäß den durch das Europol-Übereinkommen festgelegten Verfahren bereit.

(5) Die noch verbleibenden Überschüsse der auf der Grundlage von Artikel 35 Absatz 5 des Europol-Übereinkommens festgestellten Haushalte werden den Mitgliedstaaten erstattet. Der den einzelnen Mitgliedstaaten zu erstattende Betrag wird anhand der auf der Grundlage von Artikel 35 Absatz 2 des Europol-Übereinkommens festgelegten Jahresbeiträge der Mitgliedstaaten zu den Europol-Haushalten berechnet. Die Erstattung erfolgt innerhalb von drei Monaten nach Festlegung des in Absatz 3 genannten Betrags und nach Abschluss der Haushaltsentlastungsverfahren für die auf der Grundlage von Artikel 35 Absatz 5 des Europol-Übereinkommens festgestellten Haushalte.

Artikel 59
Vor Geltungsbeginn dieses Beschlusses vorzubereitende und zu beschließende Maßnahmen

(1) Der auf der Grundlage des Europol-Übereinkommens eingesetzte Verwaltungsrat sowie der auf der Grundlage des Europol-Übereinkommens ernannte Direktor und die auf der Grundlage des Europol-Übereinkommens eingesetzte gemeinsame Kontrollinstanz bereiten die Annahme der folgenden Instrumente vor:

a) die Regeln über die Rechte und Pflichten der Verbindungsbeamten gemäß Artikel 9 Absatz 5;

b) die Durchführungsbestimmungen zu den Arbeitsdateien zu Analysezwecken gemäß Artikel 14 Absatz 1 Unterabsatz 3;

c) die Durchführungsbestimmungen zur Regelung der Beziehungen von Europol gemäß Artikel 26 Absatz 1 Buchstabe b;

Sicherheit/Recht

d) die Durchführungsbestimmungen für das Europol-Personal gemäß Artikel 37 Absatz 9 Buchstabe d;

e) die Regeln für die Auswahl und Entlassung des Direktors und der stellvertretenden Direktoren gemäß Artikel 38 Absätze 3 und 7;

f) die Vertraulichkeitsregeln gemäß Artikel 40 Absatz 1;

g) die Finanzregelung gemäß Artikel 44;

h) alle sonstigen zur Vorbereitung der Anwendung dieses Beschlusses erforderlichen Instrumente.

(2) Zur Annahme der in Absatz 1 Buchstaben a, d, e, g und h genannten Bestimmungen tritt der Verwaltungsrat in der Zusammensetzung gemäß Artikel 37 Absatz 1 zusammen. Der Verwaltungsrat erlässt diese Bestimmungen nach dem in Absatz 1 Buchstaben a, d, e und g dieses Artikels genannten Verfahren.

Der Rat erlässt die in Absatz 1 Buchstaben b, c und f genannten Bestimmungen nach dem Verfahren, das in den in Absatz 1 Buchstaben b, c, und f genannten Bestimmungen festgelegt ist.

Artikel 60
Vor Geltungsbeginn dieses Beschlusses zu treffende Finanzierungsmaßnahmen und -beschlüsse

(1) Der Verwaltungsrat trifft in seiner Zusammensetzung gemäß Artikel 37 Absatz 1 alle zur Anwendung des neuen Finanzrahmens notwendigen Finanzierungsmaßnahmen und -beschlüsse.

(2) Die Maßnahmen und Beschlüsse gemäß Absatz 1 werden nach Maßgabe der Verordnung (EG, Euratom) Nr. 2343/2002 getroffen; dazu gehört unter anderem Folgendes:

a) Vorbereitung und Annahme aller Maßnahmen und Beschlüsse gemäß Artikel 42 im Zusammenhang mit dem ersten Haushaltsjahr nach Beginn der Geltung dieses Beschlusses;

b) die Ernennung des Rechnungsführers gemäß Artikel 37 Absatz 9 Buchstabe e bis zum 15. November des Jahres vor dem ersten Haushaltsjahr nach Beginn der Geltung dieses Beschlusses;

c) die Einsetzung einer Abteilung für Innenrevision gemäß Artikel 37 Absatz 9 Buchstabe f.

(3) Transaktionen zu Lasten des ersten Haushaltsjahres nach Beginn der Geltung dieses Beschlusses werden ab dem 15. November des Jahres vor dem ersten Haushaltsjahr nach dem Beginn der Geltung dieses Beschlusses von dem gemäß Artikel 29 des Europol-Übereinkommens ernannten Direktor genehmigt. Ab diesem Zeitpunkt ist der Direktor auch befugt, die Funktion des Anweisungsbefugten erforderlichenfalls zu delegieren. Bei der Wahrnehmung der Aufgabe des Anweisungsbefugten sind die Anforderungen der Verordnung (EG, Euratom) Nr. 2343/2002 einzuhalten.

(4) Die Ex-ante-Überprüfung der Transaktionen zu Lasten des ersten Haushaltsjahres nach Beginn der Geltung dieses Beschlusses wird von dem gemäß Artikel 27 Nummer 3 des Europol- Übereinkommens eingesetzten Finanzkontrolleur zwischen dem 15. November und dem 31. Dezember des Jahres vor dem ersten Haushaltsjahr nach Beginn der Geltung dieses Beschlusses durchgeführt. Der Rechnungsführer nimmt diese Aufgaben nach Maßgabe der Verordnung (EG, Euratom) Nr. 2343/2002 wahr.

(5) Ein Teil der Übergangskosten, die Europol bei der Vorbereitung auf den neuen Finanzrahmen ab dem Jahr vor dem ersten Haushaltsjahr nach Beginn der Geltung dieses Beschlusses entstehen, gehen zu Lasten des Gesamthaushaltsplans der Europäischen Union. Die Finanzierung dieser Kosten kann in Form eines Gemeinschaftszuschusses erfolgen.

KAPITEL XI
SCHLUSSBESTIMMUNGEN

Artikel 61
Umsetzung

Die Mitgliedstaaten sorgen dafür, dass ihr innerstaatliches Recht mit diesem Beschluss zum Zeitpunkt seiner Geltung in Einklang steht.

Artikel 62
Ersetzung

Dieser Beschluss ersetzt das Europol-Übereinkommen und das Protokoll über die Vorrechte und Immunitäten für Europol, die Mitglieder seiner Organe, die stellvertretenden Direktoren und die Bediensteten von Europol ab Beginn der Geltung dieses Beschlusses.

Artikel 63
Aufhebung

Sofern in diesem Beschluss nichts anderes bestimmt ist, werden alle Maßnahmen zur Durchführung des Europol-Übereinkommens mit Wirkung vom Zeitpunkt des Geltungsbeginns dieses Beschlusses aufgehoben.

Artikel 64
Wirksamwerden und Geltung

(1) Dieser Beschluss wird am zwanzigsten Tag nach seiner Veröffentlichung im *Amtsblatt der Europäischen Union* wirksam.

(2) Er gilt ab 1. Januar 2010 oder ab Beginn der Geltung der Verordnung gemäß Artikel 51 Absatz 1, je nachdem, welcher Zeitpunkt später liegt.

Die Artikel 57 Absatz 2 Unterabsatz 2, 59, 60 und 61 gelten jedoch bereits ab dem Zeitpunkt des Wirksamwerdens dieses Beschlusses.

Geschehen zu Luxemburg am 6. April 2009.

Im Namen des Rates
Der Präsident
J. POSPIŠIL

ANHANG

Liste anderer Formen schwerer Kriminalität, für die Europol gemäß Artikel 4 Absatz 1 zuständig ist:

– illegaler Handel mit Drogen,
– Geldwäschehandlungen,
– Kriminalität im Zusammenhang mit nuklearen und radioaktiven Substanzen,
– Schleuserkriminalität,
– Menschenhandel,
– Kraftfahrzeugkriminalität,
– vorsätzliche Tötung, schwere Körperverletzung,
– illegaler Handel mit Organen und menschlichem Gewebe,
– Entführung, Freiheitsberaubung und Geiselnahme,
– Rassismus und Fremdenfeindlichkeit,
– Raub in organisierter Form,
– illegaler Handel mit Kulturgütern, einschließlich Antiquitäten und Kunstgegenständen,

– Betrugsdelikte,
– Erpressung und Schutzgelderpressung,
– Nachahmung und Produktpiraterie,
– Fälschung von amtlichen Dokumenten und Handel damit,
– Geldfälschung, Fälschung von Zahlungsmitteln,
– Computerkriminalität,
– Korruption,
– illegaler Handel mit Waffen, Munition und Sprengstoffen,
– illegaler Handel mit bedrohten Tierarten,
– illegaler Handel mit bedrohten Pflanzen- und Baumarten,
– Umweltkriminalität,
– illegaler Handel mit Hormonen und Wachstumsförderern.

Was die in Artikel 4 Absatz 1 dieses Beschlusses aufgeführten Formen der Kriminalität betrifft, so bedeutet

a) „Kriminalität im Zusammenhang mit nuklearen und radioaktiven Substanzen" Straftaten gemäß Artikel 7 Absatz 1 des am 3. März 1980 in Wien und New York unterzeichneten Übereinkommens über den physischen Schutz von Kernmaterial, die nukleare und/oder radioaktive Substanzen im Sinne von Artikel 197 des Vertrags zur Gründung der der Europäischen Atomgemeinschaft und der Richtlinie 96/29/Euratom des Rates vom 13. Mai 1996 zur Festlegung der grundlegenden Sicherheitsnormen für den Schutz der Gesundheit der Arbeitskräfte und der Bevölkerung gegen die Gefahren durch ionisierende Strahlungen[25]) betreffen;

b) „Schleuserkriminalität" Aktionen, die vorsätzlich und zu Erwerbszwecken durchgeführt werden, um die Einreise in das Hoheitsgebiet der Mitgliedstaaten, den Aufenthalt oder die Arbeitsaufnahme dort entgegen den in den Mitgliedstaaten geltenden Vorschriften und Bedingungen zu erleichtern;DE 15.5.2009 Amtsblatt der Europäischen Union L 121/65

c) „Menschenhandel" die Anwerbung, Beförderung, Verbringung, Beherbergung oder Aufnahme von Personen durch die Androhung oder Anwendung von Gewalt oder anderen Formen der Nötigung, durch Entführung, Betrug, Täuschung, Missbrauch von Macht oder Ausnutzung besonderer Hilflosigkeit oder durch Gewährung oder Entgegennahme von Zah-

Sicherheit/Recht

---

[25]) ABl. L 159 vom 29.6.1996, S. 1.

lungen oder Vorteilen zur Erlangung des Einverständnisses einer Person, die Gewalt über eine andere Person hat, zum Zweck der Ausbeutung. Ausbeutung umfasst mindestens die Ausnutzung der Prostitution anderer oder andere Formen sexueller Ausbeutung, die Herstellung, den Verkauf oder den Vertrieb kinderpornografischen Materials, Zwangsarbeit oder Zwangsdienstbarkeit, Sklaverei oder sklavereiähnliche Praktiken, Leibeigenschaft oder die Entnahme von Organen;

d) „Kraftfahrzeugkriminalität" Diebstahl oder Verschiebung von Personenkraftwagen, Lastkraftwagen, Sattelschleppern, Omnibussen, Krafträdern, Wohnwagen, landwirtschaftlichen Nutzfahrzeugen, Baustellenfahrzeugen, Ladungen von Lastkraftwagen oder Sattelschleppern und Einzelteilen von Kraftfahrzeugen sowie Hehlerei an diesen Sachen;

e) „Geldwäschehandlungen" Straftaten gemäß Artikel 6 Absätze 1 bis 3 des am 8. November 1990 in Straßburg unterzeichneten Übereinkommens des Europarates über Geldwäsche sowie Ermittlung, Beschlagnahme und Einziehung von Erträgen aus Straftaten;

f) „illegaler Drogenhandel" die Straftaten, die in Artikel 3 Absatz 1 des Übereinkommens der Vereinten Nationen vom 20. Dezember 1988 gegen den unerlaubten Verkehr mit Suchtstoffen und psychotropen Stoffen und den dieses Übereinkommen ändernden oder ersetzenden Bestimmungen aufgeführt sind.

Die in Artikel 4 und in diesem Anhang aufgeführten Kriminalitätsformen werden von den zuständigen Behörden der Mitgliedstaaten nach den Rechtsvorschriften ihrer jeweiligen Mitgliedstaaten beurteilt.

GEMEINSAME MASSNAHME
vom 10. März 1995
**bezüglich der Europol-Drogenstelle, vom Rat aufgrund von Artikel K.3 *(31)*
des Vertrags über die Europäische Union beschlossen**

(95/73/JI)

(ABl 1995 L 62, 1, geändert durch: ABl 1996 L 342, 4)

DER RAT DER EUROPÄISCHEN UNION –

gestützt auf Artikel K.3 *(31)* Absatz 2 Buchstabe b) des Vertrags über die Europäische Union,

auf Initiative der Bundesrepublik Deutschland,

in Erwägung nachstehender Gründe:

Die Mitgliedstaaten sehen die Einrichtung der Europol-Drogenstelle als eine Angelegenheit von gemeinsamem Interesse nach Artikel K.1 *(29)* Nummer 9 des Vertrags an.

Der Europäische Rat hat auf seiner Tagung am 28. und 29. Juni 1991 in Luxemburg Vorschläge für die Errichtung eines Europäischen Polizeiamts (Europol) zur Kenntnis genommen, den in diesen Vorschlägen festgelegten Zielen zugestimmt und die Empfehlung abgegeben, diese Vorschläge eingehender zu prüfen.

Die Minister haben dem Europäischen Rat am 4. Dezember 1991 einen Bericht über den Aufbau von Europol vorgelegt, wobei sie einstimmig übereinkamen, daß Europol beginnend mit einer Drogeninformationsstelle errichtet werden und anschließend in naher Zukunft ausgebaut werden sollte.

Der Europäische Rat hat auf seiner Tagung am 9. und 10. Dezember 1991 in Maastricht die Errichtung von Europol vereinbart, dessen Aufgabe es zunächst sein soll, den Informationsaustausch über Suchtstoffe auf der Ebene der Mitgliedstaaten zu organisieren, und die Minister angewiesen, so bald wie möglich die zu diesem Zweck erforderlichen Maßnahmen zu treffen.

Der Europäische Rat hat auf seiner Tagung am 26. und 27. Juni 1992 in Lissabon die Ausarbeitung eines Übereinkommens zur Errichtung von Europol empfohlen.

Es ist notwendig, daß die Mitgliedstaaten bereits vor dem Inkrafttreten dieses Übereinkommens im Rahmen einer geeigneten Struktur zusammenarbeiten.

In Anbetracht der dringenden Probleme, die sich aus dem internationalen illegalen Drogenhandel, der damit verbundenen Geldwäsche und dem organisierten Verbrechen ergeben, haben die Minister auf ihrer Sondertagung am 18. September 1992 empfohlen, die erste Stufe von Europol, die Europol-Drogenstelle, bis spätestens 1. Januar 1993 zu errichten.

Die auf der Ebene der Staats- und Regierungschefs vereinigten Vertreter der Regierungen der Mitgliedstaaten haben einen Beschluß über die Festlegung der Sitze bestimmter Einrichtungen und Dienststellen der Europäischen Gemeinschaften sowie von Europol angenommen, wonach Europol wie auch die Europol-Drogenstelle ihren Sitz in Den Haag erhalten.

Die Mitgliedstaaten verfügen mit der Europol-Drogenstelle, die durch die am 2. Juni 1993 geschlossene Ministervereinbarung über die Einrichtung dieser Stelle errichtet worden ist und ihre Arbeit im Januar 1994 aufgenommen hat, bereits über eine vorläufige Struktur für eine Zusammenarbeit.

Der Europäische Rat hat auf seiner Tagung am 9. und 10. Dezember 1994 in Essen beschlossen, das Mandat der Europol-Drogenstelle auf den Kampf gegen den illegalen Handel mit radioaktiven und nuklearen Materialien, gegen die Schleuserkriminalität, gegen die Verschiebung von Kraftfahrzeugen sowie gegen die mit diesen Kriminalitätsfeldern zusammenhängende Geldwäsche auszudehnen.

Nach den Schlußfolgerungen des Europäischen Rates vom 9. und 10. Dezember 1994 ist das Übereinkommen zur Errichtung von Europol spätestens bis zur Tagung des Europäischen Rates in Cannes zu schließen, und es besteht der Wille, alle hierfür erforderlichen Schritte zu unternehmen –

BESCHLIESST:

Artikel 1. Für die ursprünglich durch die Ministervereinbarung vom 2. Juni 1993 errichtete Europol-Drogenstelle, nachstehend „Stelle" genannt, gelten die nachfolgenden Bestimmungen.

Sicherheit/Recht

Artikel 2
Ziele und Geltungsbereich

(1) Jeder Mitgliedstaat entsendet einen oder mehrere Verbindungsbeamte nach Den Haag, um mit den Verbindungsbeamten der anderen Mitgliedstaaten einen Kooperationsstab zu bilden, der in der Stelle zusammenarbeit.

(2) Die Stelle arbeitet als nicht einsatzbezogener Stab für den Austausch und die Analyse von Informationen und Erkenntnissen über

a) den illegalen Drogenhandel,

b) den illegalen Handel mit radioaktiven und nuklearen Materialien,

c) die Schleuserkriminalität,

d) den Menschenhandel,

e) die Verschiebung von Kraftfahrzeugen,

die zwei oder mehr Mitgliedstaaten betreffen, sowie die daran beteiligten kriminellen Vereinigungen und die damit verbundene Geldwäsche.

Der Begriff des Menschenhandels im Sinne dieser gemeinsamen Maßnahme entspricht dem im Europol-Übereinkommen definierten Begriff.

(3) Das Ziel der Stelle besteht darin, die Polizei und andere zuständige Behörden in und zwischen den Mitgliedstaaten bei einer wirksameren Bekämpfung der in Absatz 2 genannten kriminellen Handlungen zu unterstützen.

Zu diesem Zweck nehmen die in der Stelle Mitwirkenden jeweils nach Maßgabe ihrer innerstaatlichen Gesetze, sonstiger einschlägiger Rechtsvorschriften und der von ihrem Mitgliedstaat erteilten Weisungen folgende Aufgaben wahr:

a) Austausch von informationen (einschließlich personenbezogener Informationen) zwischen den Mitgliedstaaten zur Förderung bestimmter kriminalpolizeilicher Ermittlungen im Hinblick auf die in Absatz 2 genannten Kriminalitätsfelder;

b) Erarbeitung allgemeiner Lageberichte und Verbrechensanalysen auf der Grundlage nicht personenbezogener Informationen, die von den Mitgliedstaaten geliefert werden oder aus anderen Quellen stammen.

Die Tätigkeit der Stelle läßt andere Formen der zwei- oder mehrseitigen Zusammenarbeit im Zusammenhang mit der Bekämpfung der in Absatz 2 genannten Kriminalitätsfelder sowie die Zuständigkeiten der Europäischen Gemeinschaften unberührt.

Artikel 3
Umgang mit Informationen

(1) Im Hinblick auf die in Artikel 2 Absatz 2 genannten Kriminalitätsfelder übermitteln die Verbindungsbeamten gemäß ihren innerstaatlichen Gesetzen, sonstigen einschlägigen Rechtsvorschriften und der von ihrem Mitgliedstaat erteilten Weisungen Informationen zur Förderung bestimmter kriminalpolizeilicher Ermittlungen im Hinblick auf die in Artikel 2 Absatz 2 genannten Kriminalitätsfelder sowie zur Gewinnung von Erkenntnissen und zur strategischen Analyse.

Zur Erfüllung ihrer Aufgaben haben die Verbindungsbeamten Zugriff auf alle einschlägigen kriminalpolizeilichen Informationen und Erkenntnisse ihres jeweiligen Mitgleidstaats.

Der Schutz aller Informationen vor unbefugtem Zugriff und vor Zerstörung, einschließlich der Sicherstellung des physischen Schutzes der Datenverarbeitungssysteme und -verbindungen, ist sicherzustellen.

(2) An die Stelle gerichtete Informationsersuchen der Polizei oder anderer zuständiger Behörden werden über eine nationale Zentralbehörde geleitet. Diese ist auch für die Entgegennahme und Weiterleitung der Antworten der Stelle zuständig.

Artikel 4
Datenschutz

(1) Personenbezogene Informationen werden auf der Grundlage eines Austausches zwischen den Verbindungsbeamten übermittelt, wobei diese nach Maßgabe ihrer innerstaatlichen Gesetze, sonstiger einschlägiger Rechtsvorschriften und der von ihrem Mitgliedstaat erteilten Weisungen über die Verarbeitung personenbezogener Informationen sowie unter Einhaltung der vom liefernden Staat aufgestellten Bedingungen für die Verwendung solcher Informationen handeln.

Jeder Informationsaustausch zwischen dem ersuchenden und dem liefernden Staat erfolgt ausschließlich auf zweiseitiger Grundlage über die Verbindungsbeamten dieser Staaten.

Sollte der liefernde Staat im Zuge der Bearbeitung eines Ersuchens Informationen im Zusammenhang mit einer Straftat in einem der in Artikel 2 Buchstabe b) genannten Kriminalitätsfeldern feststellen, die für einen anderen Mitgliedstaat von Interesse sind, so können diese Informationen dem betreffenden Mitgliedstaat über die Verbindungsbeamten der beteiligten Staaten im Einklang mit dem jeweiligen innerstaatlichen Recht zur Verfügung gestellt werden.

(2) Eine Weitergabe personenbezogener Informationen durch die Verbindungsbeamten an Nichtmitgliedstaaten oder internationale Organisationen findet nicht statt.

Soweit ihr innerstaatliches Datenschutzrecht dies vorschreibt, führen die Verbindungsbeamten ausschließlich zu Zwecken des Datenschutzes Aufzeichnungen über die personenbezogenen Informationen, die sie gemäß Absatz 1 weitergegeben haben. Im übrigen werden personenbezogene Informationen weder in automatisierten Dateien noch auf sonstige Weise zentral in der Stelle gespeichert.

(3) Die Mitgliedstaaten empfehlen ihren jeweiligen Datenschutzbehörden, die Tätigkeit ihrer Verbindungsbeamten im Hinblick auf die Einhaltung der innerstaatlichen Rechtsvorschriften über den Schutz personenbezogener Daten zu überwachen und nachzuprüfen, ob die gemeinsame Datenbank der Stelle, falls vorhanden, nur nicht personenbezogene Daten enthält.

Um diese Empfehlungen zu befolgen, weisen die Mitgliedstaaten ihre Verbindungsbeamten an, uneingeschränkt mit ihren zuständigen nationalen Datenschutzbehörden zusammenzuarbeiten.

Artikel 5

Personelle Ausstattung

(1) An der Spitze der Stelle steht ein Koordinator. Zum Leitungsgremium gehören außer dem Koordinator noch höchstens zwei stellvertretende Koordinatoren und zwei weitere Mitglieder, die hierarchisch unmittelbar mit dem Koordinator verbunden sind und einen klar abgegrenzten Aufgabenbereich haben.

Der Koordinator, die beiden stellvertretenden Koordinatoren und die beiden weiteren Mitglieder des Leitungsgremiums werden vom Rat nach den in Titel VI des Vertrags vorgesehenen Verfahren ernannt.

Das Leitungsgremium ist für den laufenden Betrieb der Stelle zuständig. Die Mitgliedstaaten weisen ihre Verbindungsbeamten an, nach Maßgabe ihrer innerstaatlichen Gesetze, sonstiger einschlägiger Rechtsvorschriften und ihrer Weisungen den Weisungen des Koordinators Folge zu leisten.

(2) Außer den unmittelbar von den Mitgliedstaaten entsandten Verbindungsbeamten werden in der Stelle weitere Mitarbeiter beschäftigt, deren Zahl vom Rat nach den in Titel VI des Vertrags vorgesehenen Verfahren festgelegt wird. Der Koordinator der Stelle wird an der Einstellung dieser Mitarbeiter beteiligt.

Artikel 6

Verantwortlichkeit

Unbeschadet der Verantwortlichkeit der Mitgliedstaaten für die Aufsicht über ihre nationalen Verbindungsbeamten übt der Rat eine allgemeine Aufsicht über die Tätigkeit der Stelle aus. Hierzu legt der Koordinator alle sechs Monate einen schriftlichen Bericht über seine Führung und die Tätigkeit der Stelle vor. Ferner stellt der Koordinator auf Ersuchen des Rates weitere Berichte oder sonstige Informationen zur Verfügung.

Artikel 7

Finanzen

Die Mitgliedstaaten tragen die Kosten für die Entsendung ihrer Verbindungsbeamten an die Stelle und für deren erforderliche Ausstattung. Für andere Kosten der Einrichtung und Unterhaltung der Stelle, die zunächst vom Gastland getragen werden, kommen die Mitgliedstaaten gemeinsam auf. Hierfür wird der jährliche Beitrag jedes Mitgliedstaats unter einhaltung seiner Haushaltsvorschriften und -verfahren auf der Grundlage des Bruttosozialprodukts (BSP) der einzelnen Mitgliedstaaten nach dem Schlüssel festgelegt, der zur Festlegung des BSP-Anteils der eigenen Mittel verwendet wird, durch die der Gesamthaushaltsplan der Europäischen Gemeinschaften finanziert wird.

In jedem Jahr wird das BSP jedes Mitgliedstaats für das vorangegangene Jahr zugrunde gelegt.

Artikel 8

Inkrafttreten

Diese Gemeinsame Maßnahme tritt am Tag ihrer Veröffentlichung im Amtsblatt in Kraft. Sie ersetzt die Ministervereinbarung vom 2. Juni 1993 über die Einrichtung der Europol-Drogenstelle.

Geschehen zu Brüssel am 10. März 1995.

Sicherheit/Recht

KODEX

DES ÖSTERREICHISCHEN RECHTS
SAMMLUNG DER ÖSTERREICHISCHEN BUNDESGESETZE

EINFÜHRUNGSGESETZE
ABGB UND B-VG

LexisNexis

KODEX

DES ÖSTERREICHISCHEN RECHTS
HERAUSGEBER: UNIV.-PROF. DR. WERNER DORALT

INTERNATIONALES
PRIVATRECHT

LexisNexis

KODEX

DES ÖSTERREICHISCHEN RECHTS
SAMMLUNG DER ÖSTERREICHISCHEN BUNDESGESETZE

VERFASSUNGS-
RECHT

LexisNexis

KODEX

DES ÖSTERREICHISCHEN RECHTS
SAMMLUNG DER ÖSTERREICHISCHEN BUNDESGESETZE

BÜRGERLICHES
RECHT

LexisNexis

Europäisches Parlament

Direktwahl

(ABl 1976 L 278, 1, geändert durch:

1979 L 291, 18, ABl 1985 L 302, 24, ABl 1993 L 33, 15, BGBl 1995/45, ABl 1995 L 1, 2,
ABl 1997 C 340, 1, ABl 2002 L 283, 1 bzw. BGBl III Nr. 85/1999, BGBl III Nr. 35/2004)

Beschluss

(76/787/EGKS, EWG, Euratom)

DER RAT –

in der Zusammensetzung der Vertreter der Mitgliedstaaten und mit Einstimmigkeit,

gestützt auf Artikel 21 Absatz 3 des Vertrages über die Gründung der Europäischen Gemeinschaft für Kohle und Stahl,

gestützt auf Artikel 138 *(190)* Absatz 3 des Vertrages zur Gründung der Europäischen Wirtschaftsgemeinschaft,

gestützt auf Artikel 108 Absatz 3 des Vertrages zur Gründung der Europäischen Atomgemeinschaft,

nach Kenntnisnahme des Entwurfs der Versammlung,

in der Absicht, die Schlußfolgerungen des Europäischen Rates vom 1. und 2. Dezember 1975 in Rom in die Tat umzusetzen, damit die Wahl zur Versammlung zu einem einheitlichen Zeitpunkt in den Monaten Mai–Juni 1978 abgehalten wird –

hat die diesem Beschluß beigefügten Bestimmungen erlassen, deren Annahmen nach ihren jeweiligen verfassungsrechtlichen Vorschriften er den Mitgliedstaaten empfiehlt.

Dieser Beschluß und die ihm beigefügten Bestimmungen werden im *Amtsblatt der Europäischen Gemeinschaften* veröffentlicht.

Die Mitgliedstaaten teilen dem Generalsekretär des Rates der Europäischen Gemeinschaften unverzüglich den Abschluß der Verfahren mit, die nach ihren jeweiligen verfassungsrechtlichen Vorschriften für die Annahme der diesem Beschluß beigefügten Bestimmungen erforderlich sind.

Dieser Beschluß tritt am Tag der Veröffentlichung im *Amtsblatt der Europäischen Gemeinschaften* in Kraft.

Akt

zur Einführung allgemeiner unmittelbarer Wahlen der Abgeordneten des Europäischen Parlaments

Artikel 1

(1) In jedem Mitgliedstaat werden die Mitglieder des Europäischen Parlaments nach dem Verhältniswahlsystem auf der Grundlage von Listen oder von übertragbaren Einzelstimmen gewählt.

(2) Die Mitgliedstaaten können Vorzugsstimmen auf der Grundlage von Listen nach den von ihnen festgelegten Modalitäten zulassen.

(3) Die Wahl erfolgt allgemein, unmittelbar, frei und geheim.

Artikel 2

Entsprechend ihren nationalen Besonderheiten können die Mitgliedstaaten für die Wahl des Europäischen Parlaments Wahlkreise einrichten oder ihre Wahlgebiete auf andere Weise unterteilen, ohne das Verhältniswahlsystem insgesamt in Frage zu stellen.

Artikel 3

Für die Sitzvergabe können die Mitgliedstaaten eine Mindestschwelle festlegen. Diese Schwelle darf jedoch landesweit nicht mehr als 5 % der abgegebenen Stimmen betragen.

Artikel 4

Jeder Mitgliedstaat kann eine Obergrenze für die Wahlkampfkosten der Wahlbewerber festlegen.

Artikel 5

(1) Der Fünfjahreszeitraum, für den die Mitglieder des Europäischen Parlaments gewählt werden, beginnt mit der Eröffnung der ersten Sitzung nach jeder Wahl.

Sie wird nach Maßgabe von Artikel 11 Absatz 2 Unterabsatz 2 verlängert oder verkürzt.

(2) Das Mandat eines Mitglieds beginnt und endet zu gleicher Zeit wie der in Absatz 1 genannte Zeitraum.

Artikel 6

(1) Die Mitglieder des Europäischen Parlaments geben ihre Stimmen einzeln und persönlich ab. Sie sind weder an Aufträge noch an Weisungen gebunden.

(2) Die Mitglieder des Europäischen Parlaments genießen die Vorrechte und Befreiungen, die nach dem Protokoll vom 8. April 1965 über die Vorrechte und Befreiungen der Europäischen Gemeinschaften für sie gelten.

Artikel 7

(1) Die Mitgliedschaft im Europäischen Parlament ist unvereinbar mit der Eigenschaft als

– Mitglied der Regierung eines Mitgliedstaats;

– Mitglied der Kommission der Europäischen Gemeinschaften;

– Richter, Generalanwalt oder Kanzler des Gerichtshofs der Europäischen Gemeinschaften oder des Gerichts erster Instanz;

– Mitglied des Direktoriums der Europäischen Zentralbank;

– Mitglied des Rechnungshofs der Europäischen Gemeinschaften;

– Bürgerbeauftragter der Europäischen Gemeinschaften;

– Mitglied des Wirtschafts- und Sozialausschusses der Europäischen Wirtschaftsgemeinschaft und der Europäischen Atomgemeinschaft;

– Mitglied des Ausschusses der Regionen;

– Mitglied von Ausschüssen und Gremien, die auf Grund der Verträge zur Gründung der Europäischen Wirtschaftsgemeinschaft und der Europäischen Atomgemeinschaft Mittel der Gemeinschaften verwalten oder eine dauernde unmittelbare Verwaltungsaufgabe wahrnehmen;

– Mitglied des Verwaltungsrats oder des Direktoriums oder Bediensteter der Europäischen Investitionsbank;

– im aktiven Dienst stehender Beamter oder Bediensteter der Organe der Europäischen Gemeinschaften oder der ihnen angegliederten Einrichtungen, Ämter, Agenturen und Gremien, oder der Europäischen Zentralbank.

(2) Ab der Wahl zum Europäischen Parlament im Jahre 2004 ist die Mitgliedschaft im Europäischen Parlament unvereinbar mit der Eigenschaft als Abgeordneter eines nationalen Parlaments.

Abweichend von dieser Regel und unbeschadet des Absatzes 3

– können die Abgeordneten des nationalen irischen Parlaments, die in einer folgenden Wahl in das Europäische Parlament gewählt werden, bis zur nächsten Wahl zum nationalen irischen Parlament ein Doppelmandat ausüben; ab diesem Zeitpunkt ist Unterabsatz 1 anwendbar.

– können die Abgeordneten des nationalen Parlaments des Vereinigten Königreichs, die während des Fünfjahreszeitraums vor der Wahl zum Europäischen Parlament im Jahre 2004 auch Abgeordnete des Europäischen Parlaments sind, bis zu den Wahlen zum Europäischen Parlament im Jahre 2009 ein Doppelmandat ausüben; ab diesem Zeitpunkt ist Unterabsatz 1 anwendbar.

(3) Ferner kann jeder Mitgliedstaat nach Artikel 8 innerstaatlich geltende Unvereinbarkeiten ausweiten.

(4) Die Mitglieder des Europäischen Parlaments, auf die im Laufe der in Artikel 5 festgelegten fünfjährigen Wahlperiode die Absätze 1, 2 und 3 Anwendung finden, werden nach Artikel 13 ersetzt.

Artikel 8

Vorbehaltlich der Vorschriften dieses Akts bestimmt sich das Wahlverfahren in jedem Mitgliedstaat nach den innerstaatlichen Vorschriften.

Diese innerstaatlichen Vorschriften, die gegebenenfalls den Besonderheiten in den Mitgliedstaaten Rechnung tragen können, dürfen das Verhältniswahlsystem insgesamt nicht in Frage stellen.

Artikel 9

Bei der Wahl der Mitglieder des Europäischen Parlaments kann jeder Wähler nur einmal wählen.

Artikel 10

(1) Die Wahl zum Europäischen Parlament findet zu dem von jedem Mitgliedstaat festgelegten Termin und zu den von ihm festgelegten Uhrzeiten statt, wobei der Termin in einen für alle Mitgliedstaaten gleichen Zeitraum von Donnerstagmorgen bis zu dem unmittelbar nachfolgenden Sonntag fällt.

(2) Ein Mitgliedstaat darf das ihn betreffende Wahlergebnis erst dann amtlich bekannt geben, wenn die Wahl in dem Mitgliedstaat, dessen Wähler innerhalb des in Absatz 1 genannten Zeitraums als letzte wählen, abgeschlossen ist.

Artikel 11

(1) Der Zeitraum, in dem die Wahlen stattfinden, wird für die erste Wahl vom Rat nach Anhörung der Versammlung einstimmig näher bestimmt.

(2) Die folgenden Wahlen finden in dem entsprechenden Zeitraum des letzten Jahres der in Artikel 5 genannten fünfjährigen Wahlperiode statt.

Erweist es sich als unmöglich, die Wahlen während dieses Zeitraums in der Gemeinschaft abzuhalten, so setzt der Rat mindestens ein Jahr vor Ablauf des in Artikel 3 genannten Fünfjahreszeitraums nach Anhörung des Europäischen Parlaments einstimmig einen anderen Zeitraum fest, der frühestens zwei Monate vor und spätestens einen Monat nach dem sich aus vorstehendem Unterabsatz ergebenden Zeitraum liegen darf.

(3) Unbeschadet des Artikels 139 *(196)* des Vertrages zur Gründung der Europäischen Gemeinschaft und des Artikels 109 des Vertrages zur Gründung der Europäischen Atomgemeinschaft tritt das Europäische Parlament, ohne daß es einer Einberufung bedarf, am ersten Dienstag nach Ablauf eines Monats ab dem Ende des Zeitraums, in dem die Wahlen stattgefunden haben, zusammen.

(4) Die Befugnisse des scheidenden Europäischen Parlaments enden mit der ersten Sitzung des neuen Europäischen Parlaments.

Artikel 12

Das Europäische Parlament prüft die Mandate seiner Mitglieder. Zu diesem Zweck nimmt das Europäische Parlament die von den Mitgliedstaaten amtlich bekanntgegebenen Wahlergebnisse zur Kenntnis und befindet über die Anfechtungen, die gegebenenfalls aufgrund der Vorschriften dieses Akts – mit Ausnahme der innerstaatlichen Vorschriften, auf die darin verwiesen wird – vorgebracht werden könnten.

Artikel 13

(1) Ein Sitz wird frei, wenn das Mandat eines Mitglieds des Europäischen Parlaments im Falle eines Rücktritts oder seines Todes oder des Entzugs erlischt.

(2) Vorbehaltlich der sonstigen Vorschriften dieses Akts legt jeder Mitliedstaat für den Fall des Freiwerdens eines Sitzes die geeigneten Verfahren fest, um diesen Sitz für den Rest des in Artikel 5 genannten Fünfjahreszeitraums zu besetzen.

(3) Ist in den Rechtsvorschriften eines Mitgliedstaates ausdrücklich der Entzug des Mandats eines Mitglieds des Europäischen Parlaments vorgesehen, so erlischt sein Mandat entsprechend diesen Rechtsvorschriften. Die zuständigen einzelstaatlichen Behörden setzen das Europäische Parlament davon in Kenntnis.

(4) Wird ein Sitz durch Rücktritt oder Tod frei, so setzt der Präsident des Europäischen Parlaments die zuständigen Behörden des betreffenden Mitgliedstaates unverzüglich davon in Kenntnis.

Artikel 14

Sollte es sich als erforderlich erweisen, Maßnahmen zur Durchführung dieses Akts zu treffen, so trifft der Rat diese Maßnahmen einstimmig auf Vorschlag des Europäischen Parlaments und nach Anhörung der Kommission, nachdem er sich in einem Konzertierungsausschuß, dem der Rat sowie Mitglieder des Europäischen Parlaments angehören, um ein Einvernehmen mit dem Europäischen Parlament bemüht hat.

Artikel 15

Dieser Akt ist in dänischer, deutscher, englischer, finnischer, französischer, griechischer, irischer, italienischer, niederländischer, portugiesischer, schwedischer und spanischer Sprache abgefasst, wobei jeder Wortlaut gleichermaßen verbindlich ist.

Die Anhänge I und II sind Bestandteile dieses Akts.

Artikel 16

Die Bestimmungen dieses Akts treten an dem ersten Tag des Monats in Kraft, der auf den Erhalt der letzten in dem Beschluß genannten Mitteilungen folgt.

ANHANG I

Das Vereinigte Königreich wird die Vorschriften dieses Akts nur auf das Vereinigte Königreich anwenden.

ANHANG II

Erklärung zu Artikel 13

In bezug auf das Verfahren, das im Konzertierungsausschuß anzuwenden ist, wird vereinbart, die Nummern 5, 6 und 7 des Verfahrens heranzuziehen, das durch die gemeinsame Erklärung des Europäischen Parlaments, des Rates und der Kommission vom 4. März 1975[1]) festgelegt worden ist.

---

[1]) ABl Nr. C 89 vom 22. 4. 1975, S. 1. [*10/2.]

Beschluss des Rates

vom 25. Juni 2002 und 23. September 2002

zur Änderung des Akts zur Einführung allgemeiner unmittelbarer Wahlen der Abgeordneten des Europäischen Parlaments im Anhang zum Beschluss 76/787/EGKS, EWG, Euratom

(2002/772/EG, Euratom)

(ABl 2002 L 283, 1)

DER RAT DER EUROPÄISCHEN UNION —

gestützt auf den Vertrag zur Gründung der Europäischen Gemeinschaft, insbesondere auf Artikel 190 Absatz 4,

gestützt auf den Vertrag zur Gründung der Europäischen Atomgemeinschaft, insbesondere auf Artikel 108 Absätze 3 und 4,

nach Kenntnisnahme des Entwurfs des Europäischen Parlaments (¹),

nach Zustimmung des Europäischen Parlaments (²),

in Erwägung nachstehender Gründe:

(1) Der Akt zur Einführung allgemeiner unmittelbarer Wahlen der Abgeordneten des Europäischen Parlaments sollte geändert werden, damit allgemeine unmittelbare Wahlen gemäß den allen Mitgliedstaaten gemeinsamen Grundsätzen stattfinden können, die Mitgliedstaaten zugleich aber die Möglichkeit erhalten, für die Aspekte, die nicht durch diesen Beschluss geregelt sind, ihre jeweiligen nationalen Vorschriften anzuwenden.

(2) Im Interesse einer besseren Lesbarkeit des Aktes in der geänderten Fassung dieses Beschlusses sollten seine Bestimmungen neu nummeriert werden, damit eine übersichtlichere Konsolidierung erfolgen kann —

HAT FOLGENDE BESTIMMUNGEN ERLASSEN, deren Annahme nach ihren jeweiligen verfassungsrechtlichen Vorschriften er den Mitgliedstaaten empfiehlt:

Artikel 1

Der Akt zur Einführung allgemeiner unmittelbarer Wahlen der Abgeordneten des Europäischen Parlaments im Anhang zum

---

(¹) ABl. C 292 vom 21.9.1998, S. 66.
(²) Stellungnahme vom 12. Juni 2002 (noch nicht im Amtsblatt veröffentlicht).

Beschluss 76/787/EGKS, EWG, Euratom des Rates (³) (nachstehend „Akt von 1976") wird gemäß diesem Artikel wie folgt geändert:

(*eingearbeitet*)

Artikel 2

(1) Die Artikel des Akts von 1976 und dessen Anhänge in der mit diesem Beschluss geänderten Fassung werden gemäß der Übereinstimmungstabelle im Anhang dieses Beschlusses, der Bestandteil dieses Beschlusses ist, umnummeriert.

(2) Die Querverweisungen auf die Artikel und die Anhänge des Akts von 1976 werden entsprechend angepasst. Dasselbe gilt für die Bezugnahmen auf diese Artikel und ihre Untergliederungen in den Gemeinschaftsverträgen.

(3) Die in anderen Rechtsinstrumenten enthaltenen Verweisungen auf die Artikel des Akts von 1976 gelten als Bezugnahmen auf die Artikel des Akts von 1976 in der gemäß Absatz 1 umnummerierten Fassung beziehungsweise auf die mit diesem Beschluss umnummerierten Absätze jener Artikel.

Artikel 3

(1) Die Änderungen nach Maßgabe der Artikel 1 und 2 treten am ersten Tag des Monats in Kraft, der auf den Tag folgt, an dem die Mitgliedstaaten die Bestimmungen dieses Beschlusses nach ihren jeweiligen verfassungsrechtlichen Vorschriften angenommen haben.

(2) Die Mitgliedstaaten teilen dem Generalsekretariat des Rates den Abschluss ihrer einzelstaatlichen Verfahren mit.

Artikel 4

Dieser Beschluss wird im Amtsblatt der Europäischen Gemeinschaften veröffentlicht.

Geschehen zu Luxemburg am 25. Juni 2002.

Geschehen zu Brüssel am 23. September 2002.

(³) ABl. L 278 vom 8.10.1976, S. 1.

Addendum zum Beschluss des Rates der Europäischen Union vom 25.Juni 2002 und 23.September 2002, 2002/772/EG, Euratom, zur Änderung des Akts zur Einführung allgemeiner unmittelbarer Wahlen der Abgeordneten des Europäischen Parlaments im Anhang zum Beschluss 76/787/EGKS, EWG, Euratom

ERKLÄRUNGEN, DIE BEI DER ANNAHME DES BESCHLUSSES IN DAS RATSPROTKOLL AUFGENOMMEN WURDEN

1. RATSPROTKOLLERKLÄRUNG DES RATES

„Der Rat hält es für geboten, dass die Bestimmungen des vorliegenden Aktes vor den zweiten Wahlen zum, Europäischen Parlament nach Inkrafttreten der Änderungen des Aktes von 1976, die Gegenstand dieses Beschlusses sind, überprüft werden."

2. PROTOKOLLERKLÄRUNG DES VEREINIGTEN KÖNIGREICHS

Unter Hinweis auf Artikel 6 Absatz 2 des Vertrags über die Europäische Union, wonach

„die Union die Grundrechte achtet, wie sie in der am 4.November 1950 in Rom unterzeichneten Europäischen Konvention zum Schutz der Menschenrechte und Grundfreiheiten gewährleistet sind und wie sie sich aus den gemeinsamen Verfassungsüberlieferungen der Mitgliedstaaten als allgemeine Grundsätze des Gemeinschaftsrechts ergeben",

wird das Vereinigte Königreich sicherstellen, dass die erforderlichen Änderungen vorgenommen werden, damit die Wähler in Gibraltar als Teil der Wählerschaft eines im Vereinigten Königreich bestehenden Wahlbezirks und unter denselben Bedingungen wie diese an den Wahlen zum Europäischen Parlament teilnehmen können, um zu gewährleisten, dass das Vereinigte Königreich seiner Verpflichtung nachkommt, dem Urteil des Europäischen Gerichtshofs für Menschenrechte in der Sache Matthews gegen das Vereinigte Königreich zu entsprechen, und zwar in Übereinstimmung mit dem EU-Recht.

3. PROTOKOLLERKLÄRUNG DES RATES / DER KOMMISSION

Der Rat und die Kommission nehmen Kenntnis von der Erklärung des Vereinigten Königreichs, wonach das Vereinigte königreich – in dem Bestreben, seiner Verpflichtung nachzukommen, dem Urteil des Europäischen Gerichtshofs für Menschenrechte in der Sache Matthews gegen das Vereinigte Königreich zu entsprechen – sicherstellen wird, dass die erforderlichen Änderungen vorgenommen werden, damit die Wähler in Gibraltar als Teil der Wählerschaft eines im Vereinigten Königreich bestehenden Wahlbezirks und unter denselben Bedingungen wie diese an den Wahlen zum Europäischen Parlament teilnehmen können, und zwar in Übereinstimmung mit dem EU-Recht.

Untersuchungsrecht des Europäischen Parlaments

BESCHLUSS DES EUROPÄISCHEN PARLAMENTS, DES RATES UND DER KOMMISSION

vom 19. April 1995

über Einzelheiten der Ausübung des Untersuchungsrechts des Europäischen Parlaments

(95/167/EG, Euratom, EGKS)

(ABl 1995 L 113, 1)

DAS EUROPÄISCHE PARLAMENT, DER RAT UND DIE KOMMISSION –

gestützt auf den Vertrag zur Gründung der Europäischen Gemeinschaft für Kohle und Stahl, insbesondere auf Artikel 20b,

gestützt auf den Vertrag zur Gründung der Europäischen Gemeinschaft, insbesondere auf Artikel 138c *(193)*,

gestützt auf den Vertrag zur Gründung der Europäischen Atomgemeinschaft, insbesondere auf Artikel 107b,

in Erwägung nachstehendet Gründe:

Die Einzelheiten der Ausübung des Untersuchungsrechts des Europäischen Parlaments sind unter Einhaltung der Bestimmungen der Verträge zur Gründung der Europäischen Gemeinschaften festzulegen.

Die nichtständigen Untersuchungsausschüsse müssen über die zur Erfüllung ihrer Aufgaben notwendigen Mittel verfügen. Deshalb müssen die Mitgliedstaaten sowie die Organe und Institutionen der Europäischen Gemeinschaften alle erforderlichen Maßnahmen treffen, um die Erfüllung der Aufgaben der nichtständigen Untersuchungsausschüsse zu erleichtern.

Die Geheimhaltung und die Vertraulichkeit der Arbeiten der nichtständigen Untersuchungsausschüsse müssen gewährleistet sein.

Auf Antrag eines der drei betroffenen Organe können die Einzelheiten der Ausübung des Untersuchungsrechts nach Abschluß der laufenden Wahlperiode des Europäischen Parlaments im Lichte der gesammelten Erfahrungen geändert werden –

HABEN EINVERNEHMLICH FOLGENDEN BESCHLUSS ANGENOMMEN:

Artikel 1

Die Einzelheiten der Ausübung des Untersuchungsrechts des Europäischen Parlaments werden gemäß Artikel 20b des EGKS-Vertrags, Artikel 138c *(193)* des EG-Vertrags und Artikel 107b des EAG-Vertrags durch diesen Beschluß festgelegt.

Artikel 2

(1) Das Europäische Parlament kann nach Maßgabe und in den Grenzen der in Artikel 1 genannten Verträge bei der Erfüllung seiner Aufgaben auf Antrag eines Viertels seiner Mitglieder die Einsetzung eines nichtständigen Untersuchungsausschusses beschließen, der behauptete Verstöße gegen das Gemeinschaftsrecht oder Mißstände bei der Anwendung desselben prüft, welche einem Organ oder einer Institution der Europäischen Gemeinschaften, einer öffentlichen Verwaltung eines Mitgliedstaats oder Personen, die durch das Gemeinschaftsrecht mit dessen Anwendung beauftragt wurden, zur Last gelegt werden.

Die Zusammensetzung und die Arbeitsweise der nichtständigen Untersuchungsausschüsse werden vom Europäischen Parlament geregelt.

Der Beschluß zur Einsetzung eines nichtständigen Untersuchungsausschusses, in dem insbesondere dessen Zweck sowie die Frist für die Vorlage seines Berichts anzugeben sind, wird im *Amtsblatt der Europäischen Gemeinschaften* veröffentlicht.

(2) Der nichtständige Untersuchungsausschuß erfüllt seine Aufgaben unter Beachtung der Befugnisse, die den Organen und Institutionen der Europäischen Gemeinschaften durch die Verträge übertragen sind.

Die Mitglieder des nichtständigen Untersuchungsausschusses sowie alle anderen Personen, die im Rahmen ihrer Amtstätigkeit Mitteilungen über Sachverhalte, Informationen, Kenntnisse, Dokumente oder Gegenstände, die gemäß den von einem Mitgliedstaat oder einem Gemeinschaftsorgan erlassenen Vorschriften unter die Geheimhaltung

fallen, entgegengenommen oder erhalten haben, sind auch nach Beendigung ihrer Amtstätigkeit verpflichtet, diese gegenüber Unbefugten sowie gegenüber der Öffentlichkeit geheimzuhalten.

Die Anhörungen und Aussagen finden in öffentlicher Sitzung statt. Auf Antrag eines Viertels der Mitglieder des Untersuchungsausschusses oder der gemeinschaftlichen oder nationalen Behörden oder wenn der nichtständige Untersuchungsausschuß mit Informationen befaßt wird, die der Geheimhaltung unterliegen, wird die Öffentlichkeit ausgeschlossen. Jeder Zeuge und jeder Sachverständige hat das Recht, unter Ausschluß der Öffentlichkeit auszusagen.

(3) Ein nichtständiger Untersuchungsausschuß kann Sachverhalte, mit denen ein nationales oder gemeinschaftliches Gericht befaßt ist, nicht prüfen, solange das Gerichtsverfahren nicht abgeschlossen ist.

Binnen einer Frist von zwei Monaten entweder nach der Veröffentlichung gemäß Absatz 1 oder nach dem Zeitpunkt, zu dem die Kommission davon Kenntnis erlangt hat, daß bei einem nichtsständigen Untersuchungsausschuß einem Mitgliedstaat ein Verstoß gegen das Gemeinschaftsrecht zur Last gelegt worden ist, kann die Kommission dem Europäischen Parlament mitteilen, daß ein einen nichtständigen Untersuchungsausschuß betreffender Sachverhalt Gegenstand eines vorgerichtlichen Gemeinschaftsverfahrens ist; in diesem Fall ergreift der nichtständige Untersuchungsausschuß alle erforderlichen Maßnahmen, die es der Kommission ermöglichen, ihre Zuständigkeiten gemäß den Verträgen in vollem Umfang wahrzunehmen.

(4) Das Bestehen eines nichtständigen Untersuchungsausschusses endet mit der Vorlage seines Berichts innerhalb der bei seiner Einsetzung festgelegten Frist oder spätestens nach Ablauf von höchstens zwölf Monaten ab dem Zeitpunkt seiner Einsetzung, auf jeden Fall aber mit Ende der Wahlperiode.

Das Europäische Parlament kann die Frist von zwölf Monaten durch einen mit Gründen versehenen Beschluß zweimal um jeweils drei Monate verlängern. Dieser Beschluß wird im *Amtsblatt der Europäischen Gemeinschaften* veröffentlicht.

(5) Zu einem Sachverhalt, der bereits Gegenstand einer Untersuchung durch einen nichtständigen Untersuchungsausschuß war, kann ein nichtständiger Untersuchungsausschuß nur dann eingesetzt oder erneut eingesetzt werden, wenn seit der Vorlage des betreffenden Untersuchungsberichts oder seit dem Ende des betreffenden Untersuchungsauftrags mindestens zwölf Monate vergangen sind und neue Tatsachen zutage getreten sind.

Artikel 3

(1) Der nichtständige Untersuchungsausschuß führt die Untersuchungen, die zur Prüfung der behaupteten Verstöße gegen das Gemeinschaftsrecht oder Mißstände bei der Anwendung desselben erforderlich sind, unter den nachstehend aufgeführten Bedingungen durch.

(2) Der nichtständige Untersuchungsausschuß kann an ein Organ oder eine Institution der Europäischen Gemeinschaften oder an die Regierung eines Mitgliedstaats ein Ersuchen richten, eines ihrer Mitglieder für die Teilnahme an den Arbeiten des Ausschusses zu bestimmen.

(3) Auf begründeten Antrag des nichtständigen Untersuchungsausschusses bestimmen die betroffenen Mitgliedstaaten und die Organe oder Institutionen der Europäischen Gemeinschaften den Beamten oder sonstigen Bediensteten, den sie ermächtigen, vor dem nichtständigen Untersuchungsausschuß aufzutreten, sofern dem nicht – aufgrund nationaler oder gemeinschaftlicher Rechtsvorschriften – Gründe der Geheimhaltung oder der öffentlichen oder nationalen Sicherheit entgegenstehen.

Die Beamten oder sonstigen Bediensteten äußern sich im Namen und entsprechend den Weisungen ihrer Regierung oder ihres Organs. Sie bleiben an die Verpflichtungen aufgrund ihres jeweiligen Dienstrechts gebunden.

(4) Die Beghörden der Mitgliedstaaten und die Organe oder Institutionen der Europäischen Gemeinschaften legen einem nichtständigen Untersuchungsausschuß auf dessen Ersuchen oder von sich aus die für die Erfüllung seiner Aufgaben erforderlichen Dokumente vor, sofern dem nicht – aufgrund nationaler oder gemeinschaftlicher Rechtsvorschriften oder Regelungen – Gründe der Geheimhaltung oder der öffentlichen oder nationalen Sicherheit entgegenstehen.

(5) Die Absätze 3 und 4 berühren nicht sonstige in den Mitgliedstaaten geltende Bestimmungen, die einem Erscheinen von Beamten oder der Übermittlung von Dokumenten entgegenstehen.

Ein sich aus Gründen der Geheimhaltung oder der öffentlichen oder nationalen Sicherheit oder aus den im Unterabsatz 1 genannten Bestimmungen ergebendes Hindernis wird dem Europäischen Parlament von einem Vertreter notifiziert, der befugt ist, für die Regierung des betreffenden Mitgliedstaats oder das Organ verbindlich zu handeln.

(6) Die Organe oder Institutionen der Europäischen Gemeinschaften stellen dem nichständigen Untersuchungsausschuß die aus einem Mitgliedstaat stammenden Dokumente erst nach Unterrichtung dieses Staates zur Verfügung.

Sie übermitteln ihm die Dokumente, für die Absatz 5 gilt, erst nach Zustimmung des betreffenden Mitgliedstaats.

(7) Die Absätze 3, 4 und 5 gelten auch für natürliche oder juristische Personen, die durch das Gemeinschaftsrecht mit dessen Anwendung beauftragt wurden.

(8) Soweit dies für die Erfüllung seiner Aufgaben erforderlich ist, kann der nichständige Untersuchungsausschuß jede andere Person auffordern, als Zeuge auszusagen. Kann eine Person durch ihre Nennung in einer laufenden Untersuchung Nachteile erleiden, so wird sie vom nichtständigen Untersuchungsausschuß hierüber unterrichtet; er hört die betreffende Person auf deren Antrag an.

Artikel 4

(1) Die von dem nichständigen Untersuchungsausschuß eingeholten Informationen sind ausschließlich für die Erfüllung seiner Aufgaben bestimmt. Sie dürfen nicht öffentlich bekanntgegeben werden, wenn sie Fakten enthalten, die der Geheimhaltung oder der Vertraulichkeit unterliegen, oder wenn Betroffene namentlich erwähnt werden.

Das Europäische Parlament erläßt die erforderlichen Verwaltungs- und Geschäftsordnungsbestimmungen, um die Geheimhaltung und Vertraulichkeit der Arbeiten der nichtständigen Untersuchungsausschüsse zu gewährleisten.

(2) Der Bericht des nichtständigen Untersuchungsausschusses wird dem Europäischen Parlament vorgelegt, das unter Einhaltung der Bestimmungen des Absatzes 1 seine öffentliche Bekanntgabe beschließen kann.

(3) Das Europäische Parlament kann den Organen oder Institutionen der Europäischen Gemeinschaften oder den Mitgliedstaaten Empfehlungen übermitteln, die es gegebenenfalls aufgrund des Berichts des nichtständigen Untersuchungsausschusses angenommen hat. Diese ziehen daraus die Schlußfolgerungen, die sie für angebracht halten.

Artikel 5

Jede Mitteilung, die zum Zwecke der Anwendung dieses Beschlusses an die nationalen Behörden der Mitgliedstaaten gerichtet wird, wird über deren Ständige Vertretungen bei der Europäischen Union übermittelt.

Artikel 6

Auf Antrag des Europäischen Parlaments, des Rates oder der Kommission können die vorstehenden Einzelheiten nach Abschluß der laufenden Wahlperiode des Europäischen Parlaments im Lichte der gesammelten Erfahrungen geändert werden.

Artikel 7

Dieser Beschluß tritt am Tag seiner Veröffentlichung im *Amtsblatt der Europäischen Gemeinschaften* in Kraft.

Geschehen zu Brüssel am 19. April 1995.

Verordnung (EG) Nr. 2004/2003 des Europäischen Parlaments und des Rates

vom 4. November 2003

über die Regelungen für die politischen Parteien auf europäischer Ebene und ihre Finanzierung

(ABl 2003 L 297, 1, geändert durch ABl 2007 L 343, 5)

DAS EUROPÄISCHE PARLAMENT UND DER RAT DER EUROPÄISCHEN UNION –

gestützt auf den Vertrag zur Gründung der Europäischen Gemeinschaft, insbesondere auf Artikel 191,

auf Vorschlag der Kommission,

gemäß dem Verfahren des Artikels 251 des Vertrags[1]),

in Erwägung nachstehender Gründe:

(1) Gemäß Artikel 191 des Vertrags sind politische Parteien auf europäischer Ebene wichtig als Faktor der Integration in der Union und tragen dazu bei, ein europäisches Bewusstsein herauszubilden und den politischen Willen der Bürger der Union zum Ausdruck zu bringen.

(2) Für die politischen Parteien auf europäischer Ebene sollten in Form eines Regelwerks eine Reihe von Grundregeln festgelegt werden, insbesondere hinsichtlich ihrer Finanzierung. Die Erfahrungen mit der Anwendung dieser Verordnung sollten zeigen, inwieweit dieses Regelwerk durch weitere Bestimmungen vervollständigt werden sollte.

(3) Es hat sich gezeigt, dass die Mitglieder einer politischen Partei auf europäischer Ebene entweder Bürger sind, die sich in einer politischen Partei zusammengeschlossen haben, oder politische Parteien, die miteinander ein Bündnis bilden. Daher sollten die Begriffe „politische Partei" und „Bündnis politischer Parteien" im Sinne dieser Verordnung präzisiert werden.

(4) Um eine „politische Partei auf europäischer Ebene" identifizieren zu können, ist es wichtig, bestimmte Voraussetzungen festzulegen. Insbesondere müssen die politischen Parteien auf europäischer Ebene die Grundsätze beachten, auf denen die Europäische Union beruht und die in den Verträgen verankert

sind und in der Charta der Grundrechte der Europäischen Union anerkannt wurden.

(5) Es ist ein Verfahren für die politischen Parteien auf europäischer Ebene festzulegen, die eine Finanzierung im Rahmen dieser Verordnung erhalten möchten.

(6) Außerdem sollte eine regelmäßige Nachprüfung der Voraussetzungen vorgesehen werden, anhand derer eine politische Partei auf europäischer Ebene identifiziert wird.

(7) Die politischen Parteien auf europäischer Ebene, die eine Finanzierung im Rahmen dieser Verordnung erhalten haben, sollten Pflichten erfüllen, mit denen die Transparenz der Finanzierungsquellen gewährleistet werden soll.

(8) Gemäß der Erklärung Nr. 11 zu Artikel 191 des Vertrags zur Gründung der Europäischen Gemeinschaft, die der Schlussakte des Vertrags von Nizza beigefügt ist, sollte die aufgrund dieser Verordnung gewährte Finanzierung nicht zur unmittelbaren oder mittelbaren Finanzierung der politischen Parteien auf einzelstaatlicher Ebene verwendet werden. Nach derselben Erklärung sollten die Bestimmungen über die Finanzierung der politischen Parteien auf europäischer Ebene auf ein und derselben Grundlage für alle im Europäischen Parlament vertretenen politischen Kräfte gelten.

(9) Die Art der Ausgaben, die für eine Finanzierung aufgrund dieser Verordnung in Frage kommen, sollte präzisiert werden.

(10) Die Mittel, die für die in dieser Verordnung vorgesehene Finanzierung bestimmt sind, sollten im Rahmen des jährlichen Haushaltsverfahrens festgelegt werden.

(11) Es ist notwendig, für eine größtmögliche Transparenz und für eine Finanzkontrolle der politischen Parteien auf europäischer Ebene zu sorgen, die aus dem Gesamthaushaltsplan der Europäischen Union finanziert werden.

(12) Für die in jedem Haushaltsjahr verfügbaren Mittel ist ein Verteilungsschlüssel vorzusehen, wobei einerseits die Zahl der Begüns-

---

[1]) Stellungnahme des Europäischen Parlaments vom 19. Juni 2003 (noch nicht im Amtsblatt veröffentlicht) und Beschluss des Rates vom 29. September 2003.

tigten und andererseits die Zahl der gewählten Mitglieder im Europäischen Parlament zu berücksichtigen sind.

(13) Bei der technischen Unterstützung, die den politischen Parteien auf europäischer Ebene vom Europäischen Parlament geleistet wird, sollte der Grundsatz der Gleichbehandlung beachtet werden.

(14) Die Anwendung dieser Verordnung sowie die finanzierten Tätigkeiten sollten in einem zu veröffentlichenden Bericht des Europäischen Parlaments überprüft werden.

(15) Die richterliche Kontrolle, für die der Gerichtshof zuständig ist, trägt zur ordnungsgemäßen Anwendung dieser Verordnung bei.

(16) Um den Übergang zu den neuen Regeln zu erleichtern, sollte die Anwendung einiger Bestimmungen dieser Verordnung verschoben werden, bis sich das Europäische Parlament nach den für Juni 2004 vorgesehenen Wahlen konstituiert hat –

HABEN FOLGENDE VERORDNUNG ERLASSEN:

Artikel 1
Gegenstand und Geltungsbereich

In dieser Verordnung werden die Regelungen für die politischen Parteien auf europäischer Ebene und ihre Finanzierung festgelegt.

Artikel 2
Begriffsbestimmungen

Im Sinne dieser Verordnung bezeichnet der Ausdruck
1. „politische Partei": eine Vereinigung von Bürgern,
   – die politische Ziele verfolgt und
   – die nach der Rechtsordnung mindestens eines Mitgliedstaats anerkannt ist oder in Übereinstimmung mit dieser Rechtsordnung gegründet wurde;
2. „Bündnis politischer Parteien": eine strukturierte Zusammenarbeit mindestens zweier politischer Parteien;
3. „politische Partei auf europäischer Ebene": eine politische Partei oder ein Bündnis politischer Parteien, die bzw. das die in Artikel 3 genannten Voraussetzungen erfüllt;
4. „Politische Stiftungen auf europäischer Ebene": Einrichtungen oder ein Netz von Einrichtungen, die in einem Mitgliedstaat über Rechtspersönlichkeit verfügen, einer politischen Partei auf europäischer Ebene

angeschlossen sind und durch ihre Arbeit – im Rahmen der von der Europäischen Union angestrebten Ziele und Grundwerte – die Ziele dieser politischen Partei auf europäischer Ebene unterstützen und ergänzen und dabei vor allem folgende Aufgaben wahrnehmen:
   – Beobachtung, Analyse und Bereicherung von Diskussionen über Themen der europäischen Politik und den Prozess der europäischen Integration,
   – Entwicklung von Tätigkeiten in Verbindung mit europapolitischen Themen wie z. B. die Durchführung oder Unterstützung von Seminaren, Fortbildungsmaßnahmen, Konferenzen und Studien zu diesen Themen unter Mitwirkung einschlägiger Akteure einschließlich Jugendorganisationen und sonstiger Vertreter der Zivilgesellschaft,
   – Entwicklung der Zusammenarbeit mit gleichartigen Einrichtungen, um die Demokratie zu fördern,
   – Schaffung einer Plattform für die Zusammenarbeit auf europäischer Ebene von nationalen politischen Stiftungen, Wissenschaftlern und anderen einschlägigen Akteuren.
5. „Finanzierung aus dem Gesamthaushaltsplan der Europäischen Union": eine Finanzhilfe nach Maßgabe des Artikels 108 Absatz 1 der Verordnung (EG, Euratom) Nr. 1605/2002[2]) (nachstehend als „Haushaltsordnung" bezeichnet).

Artikel 3
Voraussetzungen

(1) Eine politische Partei auf europäischer Ebene muss folgende Voraussetzungen erfüllen:
a) Sie besitzt in dem Mitgliedstaat, in dem sie ihren Sitz hat, Rechtspersönlichkeit;
b) sie ist in mindestens einem Viertel der Mitgliedstaaten durch Mitglieder des Europäischen Parlaments oder in den nationalen Parlamenten oder regionalen Parlamenten oder Regionalversammlungen vertreten, oder sie hat in mindestens einem Viertel der Mitgliedstaaten bei der letzten

[2]) Verordnung (EG, Euratom) Nr. 1605/2002 vom 25. Juni 2002 des Rates über die Haushaltsordnung für den Gesamthaushaltsplan der Europäischen Gemeinschaften (ABl. L 248 vom 16.9.2002, S. 1). Zuletzt geändert durch die Verordnung (EG) Nr. 1525/2007 (ABl. L 343 vom 27.12.2007; S. 9)

Wahl zum Europäischen Parlament mindestens 3 Prozent der abgegebenen Stimmen in jedem dieser Mitgliedstaaten erreicht;

c) sie beachtet insbesondere in ihrem Programm und in ihrer Tätigkeit die Grundsätze, auf denen die Europäische Union beruht, das heißt die Grundsätze der Freiheit, der Demokratie, der Achtung der Menschenrechte und Grundfreiheiten sowie der Rechtsstaatlichkeit;

d) sie hat an den Wahlen zum Europäischen Parlament teilgenommen oder die Absicht bekundet, dies zu tun.

(2) Eine politische Stiftung auf europäischer Ebene muss folgende Voraussetzungen erfüllen:

a) Sie muss einer anerkannten politischen Partei auf europäischer Ebene im Sinne von Absatz 1 angeschlossen sein, was von dieser Partei zu bestätigen ist.

b) Sie muss in dem Mitgliedstaat, in dem sie ihren Sitz hat, über Rechtspersönlichkeit verfügen. Diese Rechtspersönlichkeit muss von derjenigen der politischen Partei auf europäischer Ebene, der die politische Stiftung angeschlossen ist, getrennt sein.

c) Sie beachtet insbesondere in ihrem Programm und bei ihrer Tätigkeit die Grundsätze, auf denen die Europäische Union beruht, d. h. die Grundsätze der Freiheit, der Demokratie, der Achtung der Menschenrechte und Grundfreiheiten sowie der Rechtsstaatlichkeit.

d) Sie darf keine Gewinnerzielungsabsicht haben.

e) Sie muss ein leitendes Gremium mit geografisch ausgewogener Zusammensetzung haben.

(3) Im Rahmen dieser Verordnung obliegt es den einzelnen politischen Parteien und Stiftungen auf europäischer Ebene, die besonderen Modalitäten ihres Verhältnisses zueinander entsprechend den nationalen Rechtsvorschriften festzulegen. Hierzu gehört unter anderem eine angemessene Trennung zwischen der täglichen Verwaltung und den Leitungsstrukturen der politischen Stiftung auf europäischer Ebene einerseits und der politischen Partei, der sie angeschlossen ist, andererseits.

Artikel 4

Antrag auf Finanzierung

(1) Um eine Finanzierung aus dem Gesamthaushaltsplan der Europäischen Union zu erhalten, muss eine politische Partei auf europäischer Ebene jährlich einen Antrag beim Europäischen Parlament stellen.

Das Europäische Parlament entscheidet innerhalb von drei Monaten und bewilligt und verwaltet die entsprechenden Mittel.

(2) Dem ersten Antrag müssen folgende Unterlagen beigefügt werden:

a) Unterlagen, die bescheinigen, dass der Antragsteller die in den Artikeln 2 und 3 genannten Voraussetzungen erfüllt;

b) ein politisches Programm, das die Ziele der politischen Partei auf europäischer Ebene beschreibt;

c) eine Satzung, in der insbesondere die für die politische und finanzielle Leitung zuständigen Organe sowie die Organe oder natürlichen Personen festgelegt sind, die in den jeweiligen Mitgliedstaaten insbesondere für die Zwecke des Erwerbs oder der Veräußerung beweglicher und unbeweglicher Vermögensgegenstände oder in Gerichtsverfahren zur gesetzlichen Vertretung befugt sind.

(3) Jede Änderung betreffend die in Absatz 2 genannten Unterlagen, insbesondere eines politischen Programms oder einer Satzung, die bereits vorgelegt wurden, muss dem Europäischen Parlament innerhalb von zwei Monaten mitgeteilt werden. Erfolgt keine Mitteilung, so wird die Finanzierung ausgesetzt.

(4) Eine politische Stiftung auf europäischer Ebene kann nur über die politische Partei auf europäischer Ebene, der sie angeschlossen ist, einen Antrag auf Finanzierung aus dem Gesamthaushaltsplan der Europäischen Union stellen.

(5) Die Finanzierung einer politischen Stiftung auf europäischer Ebene erfolgt aufgrund ihrer bestehenden Zugehörigkeit zu einer politischen Partei vorbehaltlich der Bestimmungen von Artikel 10 Absatz 1. Auf die dergestalt zugewiesenen Mittel finden die Artikel 9 und 9a Anwendung.

(6) Die einer politischen Stiftung auf europäischer Ebene zugewiesenen Mittel werden ausschließlich zur Finanzierung der Arbeit der Stiftung im Sinne von Artikel 2 Nummer 4 verwendet. Auf keinen Fall dürfen sie zur Finanzierung von Wahlkämpfen oder Kampagnen für Referenden verwendet werden.

(7) Für die Prüfung der Anträge politischer Stiftungen auf Finanzierung aus dem Gesamthaushaltsplan der Europäischen Union gelten die Absätze 1 und 3 sinngemäß.

Artikel 5
Nachprüfung

(1) Das Europäische Parlament prüft regelmäßig nach, ob die politischen Parteien auf europäischer Ebene die in Artikel 3 Buchstaben a) und b) genannten Voraussetzungen weiterhin erfüllen.

(2) Hinsichtlich der in Artikel 3 Buchstabe c) genannten Voraussetzung prüft das Europäische Parlament auf Antrag eines Viertels seiner Mitglieder, die mindestens drei Fraktionen im Europäischen Parlament vertreten, durch Beschluss der Mehrheit seiner Mitglieder nach, ob die genannte Voraussetzung bei einer politischen Partei auf europäischer Ebene weiterhin erfüllt ist.

Vor der Einleitung einer solchen Nachprüfung hört das Europäische Parlament die Vertreter der betreffenden politischen Partei auf europäischer Ebene an und bittet einen Ausschuss, dem unabhängige Persönlichkeiten angehören, innerhalb einer angemessenen Frist zu dieser Frage Stellung zu nehmen.

Der genannte Ausschuss besteht aus drei Mitgliedern. Von diesen wird jeweils ein Mitglied vom Europäischen Parlament, dem Rat und der Kommission benannt. Die Sekretariatsgeschäfte und die Finanzierung des Ausschusses übernimmt das Europäische Parlament.

(3) Stellt das Europäische Parlament fest, dass eine der in Artikel 3 Buchstaben a), b) und c) genannten Voraussetzungen nicht mehr erfüllt ist, so wird die betreffende politische Partei auf europäischer Ebene, die aus diesem Grund diese Eigenschaft verloren hat, von der Finanzierung nach dieser Verordnung ausgeschlossen.

(4) Absatz 2 gilt für die politischen Stiftungen auf europäischer Ebene sinngemäß.

(5) Verliert die politische Partei auf europäischer Ebene, der eine politische Stiftung auf europäischer Ebene angeschlossen ist, ihren Status, wird die betreffende politische Stiftung auf europäischer Ebene von der Finanzierung nach dieser Verordnung ausgeschlossen.

(6) Stellt das Europäische Parlament fest, dass eine der in Artikel 3 Absatz 2 Buchstabe c genannten Voraussetzungen nicht mehr erfüllt ist, so wird die betreffende politische Stiftung auf europäischer Ebene von der Finanzierung nach dieser Verordnung ausgeschlossen.

Artikel 6
Pflichten im Zusammenhang mit der Finanzierung

(1) Politische Parteien auf europäischer Ebene sowie Stiftungen auf europäischer Ebene

a) veröffentlichen jährlich ihre Einnahmen und Ausgaben sowie eine Aufstellung ihrer Aktiva und Passiva;

b) geben Auskunft über ihre Finanzierungsquellen durch Vorlage eines Verzeichnisses, in dem die Spender und ihre jeweiligen Spenden – bis auf diejenigen Spenden, die 500 EUR pro Jahr und Spender nicht überschreiten – aufgeführt sind.

(2) Von politischen Parteien auf europäischer Ebene sowie von Stiftungen auf europäischer Ebene dürfen nicht angenommen werden:

a) anonyme Spenden;

b) Spenden aus dem Budget einer Fraktion des Europäischen Parlaments;

c) Spenden von Unternehmen, auf die die öffentliche Hand aufgrund der Eigentumsverhältnisse, der finanziellen Beteiligung oder der für das Unternehmen geltenden Regeln unmittelbar oder mittelbar einen beherrschenden Einfluss ausüben kann;

d) Spenden von über 12 000 EUR pro Jahr und Spender von jeder natürlichen oder juristischen Person, die kein Unternehmen im Sinne des Buchstabens c ist; die Absätze 3 und 4 bleiben hiervon unberührt;

e) Spenden einer öffentlichen Hand eines Drittlandes, einschließlich von jedem Unternehmen, auf das die öffentliche Hand aufgrund der Eigentumsverhältnisse, der finanziellen Beteiligung oder der für das Unternehmen geltenden Regeln unmittelbar oder mittelbar einen beherrschenden Einfluss ausüben kann.

(3) Beiträge nationaler politischer Parteien, die einer politischen Partei auf europäischer Ebene angehören, oder einer natürlichen Person, die einer politischen Partei auf europäischer Ebene angehört, an eine politische Partei auf europäischer Ebene sind zulässig. Die Beiträge nationaler politischer Parteien oder einer natürlichen Person an eine politische Partei auf europäischer Ebene dürfen 40 % des Jahresbudgets dieser Partei auf europäischer Ebene nicht übersteigen.

(4) Beiträge nationaler politischer Stiftungen, die Mitglieder einer politischen Stiftung auf europäischer Ebene sind, sowie von politi-

schen Parteien auf europäischer Ebene an eine politische Stiftung auf europäischer Ebene sind zulässig. Diese Beiträge dürfen 40 % des Jahresbudgets dieser Stiftung auf europäischer Ebene nicht übersteigen und dürfen nicht aus Mitteln stammen, die eine politische Partei auf europäischer Ebene gemäß dieser Verordnung aus dem Gesamthaushaltsplan der Europäischen Union erhalten hat.

Die Beweislast hierfür trägt die betreffende politische Partei auf europäischer Ebene.

Artikel 7
Finanzierungsverbot

(1) Die Mittel, die politische Parteien auf europäischer Ebene aus dem Gesamthaushaltsplan der Europäischen Union oder aus anderen Quellen erhalten, dürfen nicht der unmittelbaren oder mittelbaren Finanzierung anderer politischer Parteien und insbesondere nicht von nationalen politischen Parteien oder Kandidaten dienen. Auf diese nationalen politischen Parteien und Kandidaten finden weiterhin die nationalen Regelungen Anwendung.

(2) Die Mittel, die politische Stiftungen auf europäischer Ebene aus dem Gesamthaushaltsplan der Europäischen Union oder aus anderen Quellen erhalten, dürfen nicht der unmittelbaren oder mittelbaren Finanzierung von politischen Parteien oder von Kandidaten auf europäischer oder nationaler Ebene oder von Stiftungen auf nationaler Ebene dienen.

Artikel 8
Art der Ausgaben

Unbeschadet der Finanzierung politischer Stiftungen dürfen Mittel, die aufgrund dieser Verordnung aus dem Gesamthaushaltsplan der Europäischen Union gewährt wurden, nur für Ausgaben verwendet werden, die unmittelbar mit den Zielen zusammenhängen, die in dem in Artikel 4 Absatz 2 Buchstabe b genannten politischen Programm beschrieben sind.

Zu diesen Ausgaben gehören unter anderem Verwaltungsausgaben sowie Ausgaben für technische Unterstützung, Sitzungen, Forschung, grenzüberschreitende Veranstaltungen, Studien, Information und Veröffentlichungen.

In die Ausgaben von politischen Parteien auf europäischer Ebene eingeschlossen sind auch Mittel zur Finanzierung von Wahlkämpfen der politischen Parteien auf europäischer Ebene im Zusammenhang mit den Wahlen zum Europäischen Parlament, zu denen sie sich gemäß Artikel 3 Absatz 1 Buchstabe d stellen müssen. Gemäß Artikel 7 dürfen mit diesen Mitteln keine nationalen politischen Parteien oder Kandidaten unmittelbar oder mittelbar finanziert werden.

Diese Mittel dürfen nicht zur Finanzierung von Kampagnen für Referenden verwendet werden.

Gemäß Artikel 8 des Akts zur Einführung allgemeiner unmittelbarer Wahlen der Mitglieder des Europäischen Parlaments wird jedoch die Finanzierung und die Beschränkung von Wahlausgaben für alle Parteien und Kandidaten für die Wahlen zum Europäischen Parlament in jedem Mitgliedstaat durch nationale Bestimmungen geregelt.

Artikel 9
Ausführung und Kontrolle

(1) Die zur Finanzierung politischer Parteien auf europäischer Ebene und politischer Stiftungen auf europäischer Ebene bereitgestellten Mittel werden im Rahmen des jährlichen Haushaltsverfahrens festgelegt und gemäß der Haushaltsordnung und ihrer Durchführungsbestimmungen ausgeführt.

Die Durchführungsbestimmungen zu dieser Verordnung werden vom Anweisungsbefugten festgelegt.

(2) Die Bewertung der beweglichen und unbeweglichen Vermögensgegenstände sowie ihre Abschreibung erfolgen nach den für die Organe geltenden Regeln gemäß Artikel 133 der Haushaltsordnung.

(3) Die Finanzkontrolle über die aufgrund dieser Verordnung gewährten Mittel wird gemäß der Haushaltsordnung und ihrer Durchführungsbestimmungen ausgeübt.

Darüber hinaus nimmt ein externer unabhängiger Rechnungsprüfer eine jährliche Buchprüfung vor. Die Prüfungsbescheinigung wird dem Europäischen Parlament binnen sechs Monaten nach Ablauf des jeweiligen Geschäftsjahres übermittelt.

(4) Aufgrund der Anwendung dieser Verordnung sind Mittel, die politische Parteien auf europäischer Ebene zu Unrecht aus dem Gesamthaushaltsplan der Europäischen Union erhalten haben sollten, in diesen Haushalt zurückzuzahlen.

(5) Alle für die Erfüllung der Aufgaben des Rechnungshofs erforderlichen Unterlagen und Informationen werden diesem auf seine Anfrage von den politischen Parteien auf europäischer Ebene übermittelt, die Finanzierungen aufgrund dieser Verordnung erhalten.

Tätigen politische Parteien auf europäischer Ebene gemeinsam mit nationalen politischen Parteien oder anderen Organisationen Ausgaben, so sind dem Rechnungshof Belege über die Ausgaben der politischen Parteien auf europäischer Ebene zur Verfügung zu stellen.

(6) Die Finanzierung der politischen Parteien auf europäischer Ebene als Einrichtungen, die ein Ziel von allgemeinem europäischen Interesse verfolgen, fällt nicht unter die Bestimmungen des Artikels 113 der Haushaltsordnung, die sich auf die Degressivität dieser Finanzierung beziehen.

Artikel 9a

Transparenz

Das Europäische Parlament veröffentlicht in einer zu diesem Zweck geschaffenen Rubrik seiner Internetseite zusammen die folgenden Dokumente:

– einen Jahresbericht mit einer Übersicht über die an jede politische Partei und jede politische Stiftung auf europäischer Ebene gezahlten Beträge, und zwar für jedes Geschäftsjahr, für das Finanzhilfen gezahlt wurden;

– den in Artikel 12 genannten Bericht des Europäischen Parlaments über die Anwendung dieser Verordnung und die finanzierten Tätigkeiten;

– die Bestimmungen für die Durchführung dieser Verordnung.

Artikel 10

Aufteilung der Mittel

(1) Die verfügbaren Mittel werden jährlich unter den politischen Parteien auf europäischer Ebene, deren Antrag auf Gewährung einer Finanzierung nach Artikel 4 stattgegeben wurde, wie folgt aufgeteilt:

a) 15 % werden zu gleichen Teilen aufgeteilt;

b) 85 % werden unter denjenigen aufgeteilt, die durch gewählte Mitglieder im Europäischen Parlament vertreten sind, wobei die Aufteilung im Verhältnis zur Zahl ihrer gewählten Mitglieder erfolgt.

Für die Zwecke dieser Bestimmungen kann ein Mitglied des Europäischen Parlaments nur einer politischen Partei auf europäischer Ebene angehören.

(2) Die Finanzierung aus dem Gesamthaushaltsplan der Europäischen Union darf 85 % der Kosten einer politischen Partei oder politischen Stiftung auf europäischer Ebene, die förderfähig sind, nicht überschreiten. Die Beweislast hierfür trägt die betreffende politische Partei auf europäischer Ebene.

Artikel 11

Technische Unterstützung

Jede Art von technischer Unterstützung, die politische Parteien auf europäischer Ebene vom Europäischen Parlament erhalten, basiert auf dem Gleichbehandlungsgrundsatz. Sie wird zu Bedingungen gewährt, die nicht ungünstiger sind als diejenigen, die sonstigen externen Organisationen und Verbänden eingeräumt werden, denen ähnliche Erleichterungen gewährt werden können; die Gewährung erfolgt auf Rechnung und entgeltlich.

Das Europäische Parlament veröffentlicht in einem Jahresbericht, welche technische Unterstützung jeder politischen Partei auf europäischer Ebene im Einzelnen gewährt wurde.

Artikel 12

Bewertung

Das Europäische Parlament veröffentlicht bis zum 15. Februar 2011 einen Bericht über die Anwendung dieser Verordnung sowie über die finanzierten Tätigkeiten. In diesem Bericht wird gegebenenfalls auf etwaige Änderungen hingewiesen, die an dem Finanzierungssystem vorzunehmen sind.

Artikel 13

Inkrafttreten und Geltung

Diese Verordnung tritt drei Monate nach ihrer Veröffentlichung im *Amtsblatt der Europäischen Union* in Kraft.

Die Artikel 4 bis 10 gelten ab dem Tag der Eröffnung der ersten Sitzung nach den Wahlen zum Europäischen Parlament im Juni 2004.

Diese Verordnung ist in allen ihren Teilen verbindlich und gilt unmittelbar in jedem Mitgliedstaat.

Beschluss des Präsidiums des Europäischen Parlaments*)

vom 29. März 2004

mit Durchführungsbestimmungen zu der Verordnung (EG) Nr. 2004/2003 des Europäischen Parlaments und des Rates über die Regelungen für die politischen Parteien auf europäischer Ebene und ihre Finanzierung

(2004/C 155/01)

(ABl 2004 C 155, 1)

DAS PRÄSIDIUM –

gestützt auf den Vertrag zur Gründung der Europäischen Gemeinschaft, insbesondere auf Artikel 191,

gestützt auf die Verordnung (EG) Nr. 2004/2003 des Europäischen Parlaments und des Rates vom 4. November 2003 über die Regelungen für die politischen Parteien auf europäischer Ebene und ihre Finanzierung[1]),

gestützt auf die Verordnung (EG, Euratom) Nr. 1605/2002 des Rates vom 25. Juni 2002 über die Haushaltsordnung für den Gesamthaushaltsplan der Europäischen Gemeinschaften[2]) (nachstehend „die Haushaltsordnung"), die Verordnung (EG, Euratom) Nr. 2342/2002 der Kommission vom 23. Dezember 2002 mit Durchführungsbestimmungen zur Verordnung (EG, Euratom) Nr. 1605/2002 des Rates über die Haushaltsordnung für den Gesamthaushaltsplan der Europäischen Gemeinschaften[3]) (nachstehend „Verordnung mit Durchführungsbestimmungen") sowie die Verordnung (EG) Nr. 2909/2000 der Kommission vom 29. Dezember 2000 über die rechnungsmäßige Verwaltung der nichtfinanziellen Anlagewerte der Europäischen Gemeinschaften[4]),

gestützt auf Artikel 22 Absatz 10 der Geschäftsordnung des Parlaments,

in Erwägung nachstehender Gründe:

(1) Die Modalitäten für die Gewährung und die Verwaltung der Finanzhilfen, die zur Finanzierung der politischen Parteien auf europäischer Ebene beitragen sollen, müssen festgelegt werden.

(2) Die finanzielle Unterstützung für die politischen Parteien auf europäischer Ebene ist eine Finanzhilfe im Sinne von Artikel 108 ff. der Haushaltsordnung –

BESCHLIESST:

Artikel 1

Gegenstand

Mit dieser Regelung werden die Durchführungsbestimmungen zu der Verordnung (EG) Nr. 2004/2003 des Europäischen Parlaments und des Rates vom 4. November 2003 über die Regelungen für die politischen Parteien auf europäischer Ebene und ihre Finanzierung festgelegt.

Artikel 2

Aufforderung zur Einreichung von Vorschlägen

Das Europäische Parlament veröffentlicht jährlich vor Ablauf des ersten Halbjahres eine Aufforderung zur Einreichung von Vorschlägen im Hinblick auf die Gewährung der Finanzhilfe für die Finanzierung der politischen Parteien auf europäischer Ebene. In der Veröffentlichung werden die Kriterien für die Zuschussfähigkeit, die Modalitäten einer Gemeinschaftsfinanzierung und die für das Zuteilungsverfahren vorgesehenen Termine genannt.

Artikel 3

Antrag auf Finanzierung

1. In Anwendung von Artikel 4 der Verordnung (EG) Nr. 2004/2003 reicht eine politische Partei auf europäischer Ebene, die eine Finanzhilfe aus dem Gesamthaushaltsplan der Europäischen Union erhalten will, ihren Antrag bis spätestens 15. November vor dem Haushaltsjahr, für das die Finanzhilfe beantragt ist, schriftlich beim Präsidenten des Europäischen Parlaments ein. Die in Artikel 3 dieser Verordnung genannten Voraussetzungen müssen zum Zeitpunkt der Einreichung des Antrags erfüllt sein.

2. Das für den Antrag auf Finanzhilfe zu verwendende Formular ist der vorliegenden Regelung beigefügt (siehe Anlage 1). Es ist auf der Website des Parlaments verfügbar.

3. Jede Mitteilung gemäß Artikel 4 Absatz 3 der Verordnung (EG) Nr. 2004/2003 wird an den Präsidenten des Europäischen Parlaments gerichtet.

---

*) Die Anlagen werden aus Platzgründen nicht abgedruckt.

[1]) ABl. L 297 vom 15.11.2003, S. 1.
[2]) ABl. L 248 vom 16.9.2002, S. 1.
[3]) ABl. L 357 vom 31.12.2002, S. 1.
[4]) ABl. L 336 vom 30.12.2000, S. 75.

Artikel 4

Entscheidung über den Antrag auf Finanzierung

1. Auf Vorschlag des Generalsekretärs prüft das Präsidium die Anträge auf Finanzierung auf der Grundlage der in den Artikeln 3 und 4 der Verordnung (EG) Nr. 2004/2003 festgelegten Kriterien, um die Anträge zu bestimmen, die für eine Finanzierung in Frage kommen. Das Präsidium und im Rahmen der Vorbereitung des Beschlusses des Präsidiums auch der Generalsekretär können einen Antragsteller ersuchen, die dem Antrag beigefügten Belege innerhalb der von ihnen festgesetzten Frist zu ergänzen oder zu erläutern.

2. Vor dem 15. Februar des Haushaltsjahres, für das die Finanzhilfe beantragt wird, legt das Präsidium die Liste der Empfänger und die vorgesehenen Beträge fest. Falls die beantragte Finanzhilfe nicht gewährt wird, nennt das Präsidium in demselben Beschluss die Gründe für die Ablehnung des Antrags, insbesondere unter Bezugnahme auf die in den Artikeln 3 und 4 der Verordnung (EG) Nr. 2004/2003 genannten Kriterien. Der Beschluss des Präsidiums wird auf der Grundlage der in Absatz 1 vorgesehenen Prüfung angenommen. Er berücksichtigt Änderungen der Situation, die sich gegebenenfalls seit Einreichung des Antrags ergeben haben, auf der Grundlage von Mitteilungen, die gemäß Artikel 4 Absatz 3 der Verordnung (EG) Nr. 2004/2003 eingegangen sind, und Änderungen, die allgemein bekannt sind.

3. Der Präsident unterrichtet den Antragsteller schriftlich darüber, wie sein Antrag beschieden wurde. Im Fall der Gewährung einer Finanzhilfe enthält die Mitteilung in der Anlage den Entwurf einer Finanzierungsvereinbarung,

die vom Empfänger zu unterzeichnen ist. Falls die beantragte Finanzhilfe nicht gewährt wird, teilt er die Gründe für die vom Präsidium beschlossene Ablehnung mit. Die Unterrichtung der Antragsteller, deren Antrag vom Präsidium nicht stattgegeben wurde, erfolgt innerhalb von fünfzehn Kalendertagen nach Übermittlung des Gewährungsbeschlusses an die Empfänger.

Artikel 5

Finanzierungsvereinbarung

Die Finanzhilfe für eine politische Partei auf europäischer Ebene ist Gegenstand einer schriftlichen Vereinbarung zwischen dem Europäischen Parlament, vertreten durch den Präsidenten oder seinen Bevollmächtigten, und dem Empfänger. Der Text der Finanzierungsvereinbarung der vorliegenden Regelung beigefügt (siehe Anlage 2); diese Vereinbarung muss von beiden Seiten innerhalb von dreißig Tagen nach

dem in Artikel 4 erwähnten Beschluss des Präsidiums ordnungsgemäß ausgefüllt und unterzeichnet werden. Der Text der Finanzierungsvereinbarung kann nicht geändert werden.

Artikel 6
Zahlung

1. Die Finanzhilfe wird den politischen Parteien auf europäischer Ebene als Vorfinanzierung in zwei Tranchen überwiesen:

a) maximal 50 % des in Artikel I.3 Absatz 2 der Finanzierungsvereinbarung festgesetzten Höchstbetrags innerhalb von fünfzehn Tagen nach Unterzeichnung der Finanzierungsvereinbarung;

b) eine zweite Vorfinanzierung, durch die sich die gesamte Vorfinanzierung auf maximal 80 % des in Artikel I.3 Absatz 2 der Finanzierungsvereinbarung festgelegten Höchstbetrags der Finanzhilfe erhöht, wird dem Empfänger auf dessen Antrag hin überwiesen.

2. Die Zahlung des Restbetrags erfolgt nach dem Ende des Zeitraums, für den ein Anspruch auf Gemeinschaftsfinanzierung bestand, auf der Grundlage der dem Empfänger bei der Durchführung des Arbeitsprogramms tatsächlich entstandenen Ausgaben. Liegt der Gesamtbetrag der früheren Zahlungen über dem Betrag der festgelegten endgültigen Finanzhilfe, zieht das Europäische Parlament die zu Unrecht geleisteten Zahlungen wieder ein.

3. Der Empfänger muss die folgenden Unterlagen, die die Zahlung des Restbetrags ermöglichen, innerhalb von sechs Monaten nach Ende des Haushaltsjahres vorlegen:

– einen Abschlussbericht über die Durchführung des Arbeitsprogramms;

– eine endgültige Abrechnung der tatsächlich entstandenen zuschussfähigen Ausgaben, unter Beachtung der Struktur des Haushaltsvoranschlags;

– eine vollständige zusammenfassende Übersicht der Einnahmen und Ausgaben, die der Rechnungsführung des Empfängers für den Zeitraum, in dem dieser gemäß der Finanzierungsvereinbarung anspruchsberechtigt ist, entspricht;

– einen externen Auditbericht mit einer Überprüfung der Rechnungsführung des Empfängers durch eine unabhängige Stelle oder unabhängige Sachverständigen, die/der gemäß den nationalen Rechtsvorschriften befugt ist, eine Rechnungsprüfung durchzuführen.

4. Durch die externe Prüfung soll bescheinigt werden, dass die dem Parlament vom Empfänger vorgelegten Finanzunterlagen den in der Finanzierungsvereinbarung enthaltenen Finanzvorschriften entsprechen, dass die angegebenen

Ausgaben tatsächlich entstanden und die Einnahmen vollständig aufgeführt sind und dass die in den Artikeln 6, 7, 8 und 10 Absatz 2 der Verordnung (EG) Nr. 2004/2003 enthaltenen Verpflichtungen eingehalten wurden.

5. Nach Erhalt der in Absatz 3 genannten Unterlagen billigt das Präsidium innerhalb von zwei Monaten auf Vorschlag des Generalsekretärs den Abschlussbericht über die Durchführung des Arbeitsprogramms und die endgültige Abrechnung.

Das Präsidium kann vom Empfänger Belege oder zusätzliche Informationen verlangen, die es für die Genehmigung des Berichts und die endgültige Abrechnung für notwendig erachtet. Der Empfänger verfügt für die Vorlage der Belege über eine Frist von fünfzehn Tagen.

Das Präsidium kann den Abschlussbericht und die endgültige Abrechnung nach Anhörung der Vertreter der betreffenden politischen Partei zurückweisen und die Vorlage eines neuen Berichts und einer neuen Abrechnung verlangen. Der Empfänger hat fünfzehn Tage Zeit, um einen neuen Bericht und eine neue Abrechnung vorzulegen.

Erfolgt innerhalb der genannten 2-Monats-Frist keine schriftliche Reaktion des Parlaments, so gelten der Abschlussbericht und die endgültige Abrechnung als akzeptiert.

6. Der Empfänger gibt dem Parlament die Höhe der Zinsen oder entsprechenden Vergünstigungen bekannt, die aufgrund der vom Parlament erhaltenen Vorfinanzierung entstanden sind. Die entsprechende Mitteilung muss bei der Einreichung des Antrags auf Zahlung des Restbetrags zum Abschluss der Vorfinanzierung erfolgen. Diese Zinsen sind Gegenstand einer Einziehungsanordnung durch den Generalsekretär oder seinen Bevollmächtigten.

Artikel 7

Festlegung der endgültigen Finanzhilfe

1. Unbeschadet der Informationen, die es zu einem späteren Zeitpunkt im Rahmen der Kontrollen und Rechnungsprüfungen erhält, legt das Präsidium nach Anhörung der Vertreter der betreffenden politischen Partei auf deren Antrag hin die Höhe der endgültigen Finanzhilfe fest, die dem Empfänger auf der Grundlage der in Artikel 6 Absatz 3 genannten und vom Präsidium akzeptierten Unterlagen gewährt wird.

2. Der Gesamtbetrag, der dem Empfänger vom Parlament überwiesen wird, darf keinesfalls höher sein als:

– der in Artikel I.3.2 der Finanzierungsvereinbarung festgesetzte Höchstbetrag der Finanzhilfe;

– 75 % der tatsächlichen zuschussfähigen Ausgaben.

3. Die Finanzhilfe beschränkt sich auf den Betrag, der erforderlich ist, um die zuschussfähigen Einnahmen und Ausgaben des Funktionshaushaltsplans des Empfängers, der zur Durchführung des Arbeitsprogramms geführt hat, auszugleichen, und sie verschafft ihm keinesfalls einen Gewinn gemäß Artikel 165 der Verordnung mit Durchführungsbestimmungen. Jeder Überschuss führt zu einer entsprechenden Kürzung der Finanzhilfe.

4. Auf der Grundlage der so festgelegten endgültigen Finanzhilfe und des kumulierten Betrags der Zahlungen, die es zuvor im Rahmen der Finanzierungsvereinbarung vorgenommen hat, legt das Präsidium den zu zahlenden Restbetrag in Höhe der dem Empfänger noch zustehenden Beträge fest. Wenn der kumulierte Betrag der zuvor geleisteten Zahlungen den Betrag der endgültigen Finanzhilfe überschreitet, so stellt der Generalsekretär oder sein Bevollmächtigter eine Einziehungsanordnung für den Mehrbetrag aus.

Artikel 8

Aussetzung und Kürzung der Finanzhilfe

Auf Vorschlag des Generalsekretärs setzt das Präsidium die Zahlungen aus und kürzt die Finanzhilfe, und gegebenenfalls löst es die Finanzierungsvereinbarung auf, indem es die Rückerstattung des entsprechenden Betrags verlangt,

a) wenn die Finanzhilfe für Ausgaben verwendet wurde, die durch die Verordnung (EG) Nr. 2004/2003 nicht genehmigt sind;

b) wenn keine Mitteilung gemäß Artikel 4 Absatz 3 der Verordnung (EG) Nr. 2004/2003 erfolgte;

c) wenn die in den Artikeln 3 bzw. 6 der Verordnung (EG) Nr. 2004/2003 festgelegten Bedingungen und Verpflichtungen nicht eingehalten wurden;

d) wenn einer der in Artikel 93 oder 94 der Haushaltsordnung beschriebenen Umstände zutrifft. Bevor das Präsidium einen Beschluss fasst, gibt es dem Empfänger die Möglichkeit, zu den festgestellten Unregelmäßigkeiten Stellung zu nehmen.

Artikel 9

Einziehung

1. Wenn dem Empfänger Beträge zu Unrecht überwiesen wurden oder ein Einziehungsverfahren gemäß den in der Finanzierungsvereinbarung festgelegten Bedingungen gerechtfertigt ist, überweist der Empfänger dem Parlament, unter den von diesem festgelegten Bedingungen und innerhalb der von ihm festgesetzten Frist, die betreffenden Beträge.

2. Wurde bis zu dem vom Parlament festgesetzten Termin vom Empfänger keine Zahlung geleistet, erhöht das Parlament die fälligen Verzugszinsen um den in Artikel II.14.3 der Finanzierungsvereinbarung festgelegten Satz. Die Verzugszinsen gelten für den Zeitraum zwischen dem für die Zahlung festgesetzten Termin, ausschließlich, und dem Zeitpunkt, zu dem das Parlament die vollständige Zahlung der fälligen Beträge erhält, einschließlich.

Artikel 10
Kontrollen und Rechnungsprüfung

1. Die regelmäßige Nachprüfung gemäß Artikel 5 Absatz 1 der Verordnung (EG) Nr. 2004/2003 wird vom Generalsekretär vorgenommen.

2. Der Empfänger übermittelt dem Parlament alle vom diesem oder einem beauftragten externen Organ verlangten detaillierten Angaben, damit sich das Parlament der ordnungsgemäßen Ausführung des Arbeitsprogramms und der Einhaltung der Bestimmungen der Finanzierungsvereinbarung vergewissern kann.

3. Der Empfänger hält für das Parlament während eines Zeitraums von fünf Jahren ab dem Zeitpunkt der Zahlung des Restbetrags gemäß Artikel I.4 der Finanzierungsvereinbarung alle Originaldokumente bereit, insbesondere Buchungsbelege, Bank- und Steuerunterlagen, oder in ordnungsgemäß begründeten Ausnahmefällen die beglaubigten Kopien der Originaldokumente im Zusammenhang mit der Finanzierungsvereinbarung.

4. Der Empfänger trägt dafür Sorge, dass das Parlament, entweder direkt durch seine Bediensteten oder durch ein anderes externes Organ, das von ihm für diesen Zweck beauftragt wurde, die Verwendung der Finanzhilfe nachprüfen kann. Diese Prüfungen können während der gesamten Geltungsdauer der Finanzierungsvereinbarung bis zur Zahlung des Restbetrags sowie während eines Zeitraums von fünf Jahren ab dem Zeitpunkt der Zahlung des Restbetrags durchgeführt werden. Gegebenenfalls können die Ergebnisse dieser Prüfungen zu Einziehungsbeschlüssen des Präsidiums führen.

5. Jede Finanzierungsvereinbarung sieht ausdrücklich vor, dass das Parlament und der Rechnungshof vor Ort Belege der politischen Partei auf europäischer Ebene, die eine Finanzhilfe aus dem Gesamthaushaltsplan der Europäischen Union erhalten hat, überprüfen können.

6. Gemäß der Verordnung (EG) Nr. 1073/1999 des Europäischen Parlaments und des Rates vom 25. Mai 1999 über die Untersuchungen des Europäischen Amts für Betrugsbekämpfung (OLAF)[5]) kann gemäß den in den Rechts-

---

5) ABl. L 136 vom 31.5.1999, S. 1.

vorschriften der Gemeinschaft vorgesehene Verfahren zum Schutz der finanziellen Interessen der Europäischen Gemeinschaften vor Betrug und anderen Unregelmäßigkeiten auch Kontrollen und Überprüfungen vor Ort durchführen. Gegebenenfalls können die Ergebnisse dieser Kontrollen zu Einziehungsbeschlüssen des Präsidiums führen.

Artikel 11
Technische Unterstützung

1. Auf Vorschlag des Generalsekretärs kann das Präsidium den politischen Parteien auf europäischer Ebene gemäß dem Beschluss des Präsidiums vom 14. März 2000 über die Nutzung der Räumlichkeiten des Europäischen Parlaments durch externe Nutzer in der Fassung des Beschlusses vom 2. Juni 2003 eine technische Unterstützung und jegliche andere technische Hilfe, die durch eine spätere Regelung vorgesehen ist, gewähren. Das Präsidium kann bestimmte Arten von Beschlüssen über die Gewährung einer technischen Unterstützung auf den Generalsekretär übertragen.

2. In jedem Jahr unterbreitet der Generalsekretär dem Präsidium innerhalb von drei Monaten nach Ende des Haushaltsjahres einen Bericht, aus dem hervorgeht, welche technische Unterstützung jeder politischen Partei auf europäischer Ebene im Einzelnen gewährt wurde. Der Bericht wird anschließend auf der Website des Parlaments veröffentlicht.

Artikel 12
Veröffentlichung

Alle vom Europäischen Parlament im Verlauf eines Haushaltsjahres gewährten Finanzhilfen für politische Parteien auf europäischer Ebene werden im Verlauf des ersten Halbjahres des folgenden Haushaltsjahres auf der Website des Europäischen Parlaments veröffentlicht, und zwar mit folgenden Angaben:

– Name und Anschrift des Empfängers,

– Gegenstand der Finanzhilfe,

– gewährter Betrag und Anteil der Finanzierung am gesamten Funktionshaushaltsplan des Empfängers.

Artikel 13
Rechtsbehelf

Gegen die gemäß der vorliegenden Regelung gefassten Beschlüsse können Rechtsmittel vor dem Gerichtshof der Europäischen Gemeinschaften und dem Gericht erster Instanz der Europäischen Gemeinschaften unter den im Vertrag vorgesehenen Bedingungen eingelegt werden.

Artikel 14
Übergangsbestimmungen für das Haushaltsjahr 2004

1. Der in Artikel 3 Absatz 1 der vorliegenden Regelung genannte Termin wird durch „23. Juli 2004" und der in Artikel 4 Absatz 2 genannte Termin durch „16. September 2004" ersetzt.

2. Abweichend von Artikel 6 Absatz 1 dieser Regelung wird innerhalb von fünfzehn Tagen nach Unterzeichnung der Finanzierungsvereinbarung eine einzige Vorfinanzierungstranche von 80 % des in Artikel I.3 Absatz 2 der Finanzierungsvereinbarung festgesetzten Höchstbetrags der Finanzhilfe überwiesen.

Artikel 15
Änderung der Regelung

Vor dem 30. September 2005 legt der Generalsekretär des Europäischen Parlaments dem Präsidium einen Bericht über die Umsetzung der vorliegenden Regelung vor. In dem Bericht sind gegebenenfalls etwaige Änderungsvorschläge zu dieser Regelung und zu dem System der Finanzierung der in der Verordnung (EG) Nr. 2004/2003 vorgesehenen europäischen politischen Parteien enthalten.

Artikel 16
Inkrafttreten

Diese Regelung tritt am Tag nach ihrer Veröffentlichung im *Amtsblatt der Europäischen Union* in Kraft.

8/1. Europäischer Rat/ Geschäftsordnung

Europäischer Rat/Geschäftsordnung

Beschluss des Europäischen Rates

vom 1. Dezember 2009

zur Festlegung seiner Geschäftsordnung

(2009/882/EU)

(ABl 2009 L 315, 51)

DER EUROPÄISCHE RAT –

gestützt auf den Vertrag über die Arbeitsweise der Europäischen Union, insbesondere auf Artikel 235 Absatz 3,

in Erwägung nachstehender Gründe:

(1) Mit dem Vertrag von Lissabon erhält der Europäische Rat den Status eines Organs der Europäischen Union.

(2) Der Europäische Rat sollte daher seine Geschäftsordnung festlegen.

(3) Damit die Geschäftsordnung unmittelbar am Tag des Inkrafttretens des Vertrags von Lissabon festgelegt werden kann, sollte in diesem Beschluss vorgesehen werden, dass der Europäische Rat für die Festlegung seiner Geschäftsordnung das schriftliche Verfahren gemäß Artikel 7 der Geschäftsordnung anwenden kann –

HAT FOLGENDEN BESCHLUSS ERLASSEN:

Artikel 1

(1) Der Europäische Rat legt seine Geschäftsordnung in der im Anhang enthaltenen Fassung fest.

(2) Für die Festlegung seiner Geschäftsordnung kann der Europäische Rat das schriftliche Verfahren gemäß Artikel 7 der Geschäftsordnung anwenden.

Artikel 2

Dieser Beschluss wird am Tag seiner Annahme wirksam. Er wird im *Amtsblatt der Europäischen Union* veröffentlicht.

Geschehen zu Brüssel am 1. Dezember 2009.

Im Namen des Europäischen Rates
Der Präsident
H. VAN ROMPUY

ANHANG

GESCHÄFTSORDNUNG DES EUROPÄISCHEN RATES

Artikel 1

Einberufung und Tagungsorte

(1) Der Europäische Rat tritt zweimal pro Halbjahr zusammen; er wird von seinem Präsidenten einberufen[1].

Der Präsident des Europäischen Rates gibt spätestens ein Jahr vor Beginn jedes Halbjahres und in enger Zusammenarbeit mit dem Mitgliedstaat, der während des betreffenden Halbjahres den Vorsitz wahrnehmen wird, die geplanten Termine für die Tagungen des Europäischen Rates in diesem Halbjahr bekannt.

Wenn es die Lage erfordert, beruft der Präsident eine außerordentliche Tagung des Europäischen Rates ein[2].

(2) Der Europäische Rat tritt in Brüssel zusammen.

Unter außergewöhnlichen Umständen kann der Präsident des Europäischen Rates mit Zustimmung des Rates „Allgemeine Angelegenheiten" oder des Ausschusses der Ständigen Vertreter, die einstimmig beschließen, entscheiden, dass eine Tagung des Europäischen Rates an einem anderen Ort abgehalten wird.

Artikel 2

Vor- und Nachbereitung der Arbeiten des Europäischen Rates

(1) Der Präsident des Europäischen Rates gewährleistet in Zusammenarbeit mit dem

[1]) Dieser Unterabsatz stimmt mit Artikel 15 Absatz 3 Satz 1 des Vertrags über die Europäische Union (nachstehend „EUV") überein.

[2]) Dieser Unterabsatz stimmt mit Artikel 15 Absatz 3 letzter Satz des EUV überein.

Präsidenten der Kommission auf der Grundlage der Arbeiten des Rates „Allgemeine Angelegenheiten" die Vorbereitung und Kontinuität der Arbeiten des Europäischen Rates[3]).

(2) Der Rat „Allgemeine Angelegenheiten" bereitet in Verbindung mit dem Präsidenten des Europäischen Rates und mit der Kommission die Tagungen des Europäischen Rates vor und sorgt für das weitere Vorgehen[4]).

(3) Der Präsident sorgt insbesondere durch regelmäßige Treffen für eine enge Zusammenarbeit und Abstimmung mit dem Vorsitz des Rates und dem Präsidenten der Kommission.

(4) Bei krankheitsbedingter Verhinderung, im Fall des Todes oder bei Entbindung von seinem Amt gemäß Artikel 15 Absatz 5 des Vertrags über die Europäische Union wird der Präsident des Europäischen Rates gegebenenfalls bis zur Wahl seines Nachfolgers von dem Mitglied des Europäischen Rates vertreten, das den Mitgliedstaat vertritt, der den halbjährlichen Vorsitz des Rates wahrnimmt.

Artikel 3
Tagesordnung und Vorbereitung

(1) Zur Vorbereitung nach Artikel 2 Absatz 2 legt der Präsident in enger Zusammenarbeit mit dem Mitglied des Europäischen Rates, das den Mitgliedstaat vertritt, der den halbjährlichen Vorsitz des Rates wahrnimmt, und mit dem Präsidenten der Kommission dem Rat „Allgemeine Angelegenheiten" mindestens vier Wochen vor jeder ordentlichen Tagung des Europäischen Rates im Sinne des Artikels 1 Absatz 1 einen Entwurf einer erläuterten Tagesordnung vor.

Die Beiträge der anderen Ratsformationen zu den Beratungen des Europäischen Rates werden dem Rat „Allgemeine Angelegenheiten" spätestens zwei Wochen vor der Tagung des Europäischen Rates übermittelt.

Der Präsident des Europäischen Rates erstellt in enger Zusammenarbeit im Sinne des Unterabsatzes 1 einen Entwurf von Leitlinien für die Schlussfolgerungen des Europäischen Rates und gegebenenfalls die Entwürfe von Schlussfolgerungen und die Entwürfe von Beschlüssen des Europäischen Rates; diese Entwürfe sind Gegenstand einer Aussprache des Rates „Allgemeine Angelegenheiten".

Der Rat „Allgemeine Angelegenheiten" tritt innerhalb der letzten fünf Tage vor der Tagung des Europäischen Rates zu einer letzten Tagung zusammen. Der Präsident des Europäischen Rates erstellt die vorläufige Tagesordnung auf der Grundlage dieser letzten Aussprache.

(2) Außer aus zwingendem und unvorhergesehenem Anlass, z. B. im Zusammenhang mit dem internationalen Tagesgeschehen, darf keine andere Ratsformation und kein anderes Vorbereitungsgremium zwischen der Tagung des Rates „Allgemeine Angelegenheiten", auf der die vorläufige Tagesordnung des Europäischen Rates erstellt wird, und der Tagung des Europäischen Rates ein Thema erörtern, das dem Europäischen Rat unterbreitet wird.

(3) Der Europäische Rat setzt seine Tagesordnung zu Beginn seiner Tagung fest.

In der Regel sollten die auf die Tagesordnung gesetzten Themen zuvor gemäß diesem Artikel geprüft worden sein.

Artikel 4
Zusammensetzung des Europäischen Rates, Delegationen und Ablauf der Arbeiten

(1) Jede ordentliche Tagung des Europäischen Rates erstreckt sich über höchstens zwei Tage, sofern der Europäische Rat oder der Rat „Allgemeine Angelegenheiten" nicht auf Veranlassung des Präsidenten des Europäischen Rates etwas anderes beschließt.

Das Mitglied des Europäischen Rates, das den Mitgliedstaat vertritt, der den Vorsitz des Rates wahrnimmt, erstattet dem Europäischen Rat im Benehmen mit dessen Präsidenten Bericht über die Arbeiten des Rates.

(2) Der Präsident des Europäischen Parlaments kann vom Europäischen Rat gehört werden[5]). Dieser Gedankenaustausch findet zu Beginn der Tagung des Europäischen Rates statt, sofern der Europäische Rat nicht einstimmig etwas anderes beschließt.

Treffen mit Vertretern von Drittstaaten oder von internationalen Organisationen oder anderen Persönlichkeiten am Rande der Tagung des Europäischen Rates dürfen nur in Ausnahmefällen und nach vorheriger Zustimmung des Europäischen Rates, der einstimmig auf Veranlassung des Präsidenten des Europäischen Rates beschließt, erfolgen.

---

[3]) Dieser Absatz stimmt mit Artikel 15 Absatz 6 Buchstabe b des EUV überein.

[4]) Dieser Absatz stimmt mit Artikel 16 Absatz 6 Unterabsatz 2 Satz 2 des EUV überein.

[5]) Dieser Absatz stimmt mit Artikel 235 Absatz 2 des Vertrags über die Arbeitsweise der Europäischen Union (nachstehend „AEUV") überein.

8/1. Europäischer Rat/ Geschäftsordnung

(3) Die Tagungen des Europäischen Rates sind nicht öffentlich.

(4) Der Europäische Rat setzt sich zusammen aus den Staats- und Regierungschefs der Mitgliedstaaten sowie dem Präsidenten des Europäischen Rates und dem Präsidenten der Kommission. Der Hohe Vertreter der Union für Außen- und Sicherheitspolitik nimmt an seinen Arbeiten teil[6].

Erfordert es die Tagesordnung, so können die Mitglieder des Europäischen Rates beschließen, sich jeweils von einem Minister oder – im Fall des Präsidenten der Kommission – von einem Mitglied der Kommission unterstützen zu lassen[7].

Die Gesamtgröße der Delegationen, die Zugang zu dem Gebäude erhalten, in dem die Tagung des Europäischen Rates stattfindet, wird auf zwanzig Personen für jeden Mitgliedstaat und für die Kommission und auf fünf für den Hohen Vertreter der Union für Außen- und Sicherheitspolitik begrenzt. Hierin nicht eingerechnet ist das technische Personal, das mit spezifischen sicherheitsrelevanten Aufgaben oder mit der logistischen Unterstützung betraut ist. Name und Dienststellung der Mitglieder der Delegationen werden dem Generalsekretariat des Rates zuvor mitgeteilt.

Der Präsident sorgt für die Anwendung dieser Geschäftsordnung und den ordnungsgemäßen Ablauf der Arbeiten.

Artikel 5
Vertretung vor dem Europäischen Parlament

Der Europäische Rat wird vor dem Europäischen Parlament vom Präsidenten des Europäischen Rates vertreten.

Der Präsident des Europäischen Rates legt dem Europäischen Parlament im Anschluss an jede Tagung des Europäischen Rates einen Bericht vor[8].

Das Mitglied des Europäischen Rates, das den Mitgliedstaat vertritt, der den Vorsitz des Rates wahrnimmt, legt dem Europäischen Parlament die Prioritäten seines Vorsitzes und die während des betreffenden Halbjahres erzielten Ergebnisse vor.

---

[6]) Dieser Unterabsatz stimmt mit Artikel 15 Absatz 2 des EUV überein.

[7]) Dieser Absatz stimmt mit Artikel 15 Absatz 3 Satz 2 des EUV überein.

[8]) Dieser Satz stimmt mit Artikel 15 Absatz 6 Buchstabe d des EUV überein.

Artikel 6
Stellungnahmen, Beschlüsse und Beschlussfähigkeit

(1) Soweit in den Verträgen nichts anderes festgelegt ist, entscheidet der Europäische Rat im Konsens[9].

(2) In den Fällen, in denen der Europäische Rat im Einklang mit den Verträgen einen Beschluss im Rahmen einer Abstimmung annimmt, erfolgt die Abstimmung auf Veranlassung seines Präsidenten.

Der Präsident ist ferner verpflichtet, auf Veranlassung eines Mitglieds des Europäischen Rates ein Abstimmungsverfahren einzuleiten, sofern sich die Mehrheit der Mitglieder des Europäischen Rates dafür ausspricht.

(3) Für eine Abstimmung im Europäischen Rat ist die Anwesenheit von zwei Dritteln der Mitglieder des Europäischen Rates erforderlich. Bei der Abstimmung vergewissert sich der Präsident, dass die Beschlussfähigkeit gegeben ist. Der Präsident des Europäischen Rates und der Präsident der Kommission werden bei der Bestimmung der Beschlussfähigkeit nicht mit eingerechnet.

(4) Jedes Mitglied des Europäischen Rates kann sich das Stimmrecht höchstens eines anderen Mitglieds übertragen lassen[10].

An Abstimmungen im Europäischen Rat nehmen dessen Präsident und der Präsident der Kommission nicht teil[11].

(5) Über Verfahrensfragen nach Maßgabe dieser Geschäftsordnung beschließt der Europäische Rat mit einfacher Mehrheit[12].

Artikel 7
Schriftliches Verfahren

Beschlüsse des Europäischen Rates über eine dringende Angelegenheit können durch schriftliche Abstimmung angenommen werden, wenn der Präsident des Europäischen Rates die Anwendung dieses Verfahrens vorschlägt. Die schriftliche Abstimmung kann erfolgen, wenn sich alle Mitglieder des Europäischen Rates mit Stimmrecht mit diesem Verfahren einverstanden erklären.

---

[9]) Dieser Absatz stimmt mit Artikel 15 Absatz 4 des EUV überein.

[10]) Dieser Unterabsatz stimmt mit Artikel 235 Absatz 1 Unterabsatz 1 des AEUV überein.

[11]) Dieser Unterabsatz stimmt mit Artikel 235 Absatz 1 Unterabsatz 2 Satz 2 des AEUV überein.

[12]) Dieser Absatz ist an Artikel 235 Absatz 3 des AEUV angelehnt.

Europäischer Rat/Geo

Das Generalsekretariat des Rates erstellt regelmäßig ein Verzeichnis der im schriftlichen Verfahren erlassenen Rechtsakte.

Artikel 8
Protokoll

Über jede Tagung wird ein Protokoll angefertigt; der Entwurf dieses Protokolls wird vom Generalsekretariat des Rates binnen 15 Tagen erstellt. Der Entwurf wird dem Europäischen Rat zur Genehmigung vorgelegt und anschließend vom Generalsekretär des Rates unterzeichnet.

Im Protokoll wird Folgendes verzeichnet:
– die dem Europäischen Rat vorgelegten Schriftstücke;
– die gebilligten Schlussfolgerungen;
– die gefassten Beschlüsse;
– die vom Europäischen Rat abgegebenen Erklärungen und die Erklärungen, deren Aufnahme von einem Mitglied des Europäischen Rates beantragt worden ist.

Artikel 9
Beratungen und Beschlüsse auf der Grundlage von Schriftstücken und Entwürfen in den in der geltenden Sprachenregelung vorgesehenen Sprachen

(1) Der Europäische Rat berät und beschließt nur auf der Grundlage von Schriftstücken und Entwürfen, die in den in der geltenden Sprachenregelung vorgesehenen Sprachen vorliegen, es sei denn, dass er aus Dringlichkeitsgründen einstimmig anders entscheidet.

(2) Jedes Mitglied des Europäischen Rates kann gegen die Beratung Einspruch erheben, wenn der Wortlaut etwaiger Änderungsvorschläge nicht in denjenigen der in Absatz 1 genannten Sprachen abgefasst ist, die von ihm bezeichnet werden.DE L 315/54 Amtsblatt der Europäischen Union 2.12.2009

Artikel 10
Öffentlichkeit der Abstimmungen, Erklärungen zur Stimmabgabe und Protokolle sowie Zugang zu Dokumenten

(1) Wenn der Europäische Rat gemäß den Verträgen einen Beschluss annimmt, kann er im Einklang mit dem für die Annahme des betreffenden Beschlusses geltenden Abstimmungsverfahren beschließen, dass die Abstimmungsergebnisse sowie die in sein Protokoll aufgenommenen Erklärungen und diejenigen Punkte des Protokolls, die die Annahme dieses Beschlusses betreffen, öffentlich zugänglich gemacht werden.

In den Fällen, in denen die Abstimmungsergebnisse öffentlich zugänglich gemacht werden, werden auf Antrag des betreffenden Mitglieds des Europäischen Rates auch die bei der Abstimmung abgegebenen Erklärungen zur Stimmabgabe im Einklang mit dieser Geschäftsordnung und unter Wahrung der Rechtssicherheit und der Interessen des Europäischen Rates veröffentlicht.

(2) Die Bestimmungen über den Zugang der Öffentlichkeit zu Dokumenten des Rates in Anhang II zur Geschäftsordnung des Rates gelten sinngemäß auch für Dokumente des Europäischen Rates.

Artikel 11
Geheimhaltungspflicht und Vorlage von Dokumenten vor Gericht

Unbeschadet der Bestimmungen über den Zugang der Öffentlichkeit zu Dokumenten unterliegen die Beratungen des Europäischen Rates der Geheimhaltungspflicht, es sei denn, dass der Europäische Rat anders entscheidet.

Der Europäische Rat kann die Vorlage einer Kopie oder eines Auszugs der Dokumente des Europäischen Rates vor Gericht genehmigen, wenn diese nicht gemäß Artikel 10 der Öffentlichkeit zugänglich gemacht wurden.

Artikel 12
Beschlüsse des Europäischen Rates

(1) Die vom Europäischen Rat angenommenen Beschlüsse werden von seinem Präsidenten und vom Generalsekretär des Rates unterzeichnet. Sind sie an keinen bestimmten Adressaten gerichtet, so werden sie im *Amtsblatt der Europäischen Union* veröffentlicht. Sind sie an einen bestimmten Adressaten gerichtet, so werden sie diesem vom Generalsekretär des Rates notifiziert.

(2) Die Bestimmungen über die Form der Rechtsakte in Anhang VI zur Geschäftsordnung des Rates gelten sinngemäß auch für die Beschlüsse des Europäischen Rates.

Artikel 13
Sekretariat, Haushaltsplan und Sicherheit

(1) Der Europäische Rat und sein Präsident werden vom Generalsekretariat des Rates un-

ter der Aufsicht seines Generalsekretärs unterstützt.

(2) Der Generalsekretär des Rates nimmt an den Tagungen des Europäischen Rates teil. Er trifft alle erforderlichen Maßnahmen für die Organisation der Arbeiten.

(3) Der Generalsekretär des Rates hat die uneingeschränkte Verantwortung für die Verwaltung der in Einzelplan II – Europäischer Rat und Rat – des Haushaltsplans aufgenommenen Mittel und ergreift alle erforderlichen Maßnahmen für deren einwandfreie Verwaltung. Er verwendet diese Mittel gemäß der für den Haushalt der Union geltenden Haushaltsordnung.

(4) Die Sicherheitsvorschriften des Rates gelten sinngemäß auch für den Europäischen Rat.

Artikel 14
Für den Europäischen Rat bestimmte Schreiben

Die für den Europäischen Rat bestimmten Schreiben werden an seinen Präsidenten gerichtet; die Anschrift lautet:

Europäischer Rat
Rue de la Loi/Wetstraat 175
B-1048 Brüssel

Europäischer Rat/Geo

9/1. GeoRat

Rat

Beschluss des Rates

vom 1. Dezember 2009

zur Änderung seiner Geschäftsordnung

(2009/937/EU)

(ABl 2009 L 325, 35, berichtigt durch ABl 2010 L 55, 83)
(geändert durch ABl 2010 L 263, 12 und ABl 2010 L 338, 47)

DER RAT DER EUROPÄISCHEN UNION –

gestützt auf den Vertrag über die Arbeitsweise der Europäischen Union, insbesondere auf Artikel 240 Absatz 3,

in Erwägung nachstehender Gründe:

(1) Der Vertrag von Lissabon enthält mehrere Änderungen der Arbeitsweise des Rates und seiner Präsidentschaft, der Zusammensetzung des Rates sowie der Art der Rechtsakte der Union und der Verfahren zur Annahme der Akte, wobei insbesondere zwischen legislativen und nichtlegislativen Akten unterschieden wird.

(2) Daher sollte die am 15. September 2006 angenommene Geschäftsordnung[1] durch die Geschäftsordnung geändert werden, die die zur Anwendung des Vertrags von Lissabon nötigen Änderungen enthält –

HAT FOLGENDEN BESCHLUSS ERLASSEN:

Artikel 1

Die Geschäftsordnung des Rates vom 15. September 2006 erhält die Fassung des Textes im Anhang.

---

[1]) Beschluss 2006/683/EG, Euratom des Rates vom 15. September 2006 zur Festlegung seiner Geschäftsordnung (ABl. L 285 vom 16.10.2006, S. 47).

Abweichend von Anhang II Artikel 2 Absatz 2 der Geschäftsordnung des Rates sind die durch den vorliegenden Beschluss in Artikel 1 jenes Anhangs eingefügten Bevölkerungszahlen für den Zeitraum vom 1. Dezember 2009 bis 31. Dezember 2010 anwendbar.

Artikel 2

Gemäß dem Protokoll über die Rolle der nationalen Parlamente in der Europäischen Union gilt Artikel 3 Absatz 3 der Geschäftsordnung des Rates in der durch den vorliegenden Beschluss erlassenen Fassung für Entwürfe von Legislativakten, die ab dem Tag des Inkrafttretens des Vertrags von Lissabon angenommen und übermittelt wurden.

Artikel 3

Dieser Beschluss wird am Tag seiner Annahme wirksam.

Er wird im *Amtsblatt der Europäischen Union* veröffentlicht.

Geschehen zu Brüssel am 1. Dezember 2009.

Im Namen des Rates
Die Präsidentin
B. ASK

ANHANG

GESCHÄFTSORDNUNG DES RATES

Artikel 1

Allgemeine Bestimmungen, Einberufung und Tagungsorte

(1) Der Rat wird von seinem Präsidenten aus eigenem Entschluss oder auf Antrag eines seiner Mitglieder oder der Kommission einberufen[2]).

(2) Der Vorsitz teilt nach den entsprechenden Konsultationen sieben Monate vor dem Beginn des betreffenden Halbjahres für alle Zusammensetzungen des Rates die Termine mit, die er für die Tagungen vorsieht, zu denen der Rat zusammentreten muss, um seine Aufgabe als Gesetzgeber zu erfüllen oder operative Entscheidungen zu treffen. Diese Termine werden in einem einheitlichen Dokument zusammengefasst, das für alle Zusammensetzungen des Rates gilt.

(3) Der Rat hat seinen Sitz in Brüssel. In den Monaten April, Juni und Oktober hält der Rat seine Tagungen in Luxemburg ab[3]).

Unter außergewöhnlichen Umständen und in hinreichend begründeten Fällen kann der Rat oder der Ausschuss der Ständigen Vertreter der Regierungen der Mitgliedstaaten (nachstehend „AStV" genannt) einstimmig beschließen, dass eine Tagung des Rates an einem anderen Ort abgehalten wird.

(4)[4]) Der Vorsitz im Rat, außer in der Zusammensetzung „Auswärtige Angelegenheiten", wird von zuvor festgelegten Gruppen von drei Mitgliedstaaten für einen Zeitraum von 18 Monaten wahrgenommen. Diese Gruppen werden in gleichberechtigter Rotation der Mitgliedstaaten unter Berücksichtigung ihrer Verschiedenheit und des geografischen Gleichgewichts innerhalb der Union zusammengestellt.

Jedes Mitglied der Gruppe nimmt den Vorsitz in allen Zusammensetzungen des Rates außer in der Zusammensetzung „Auswärtige Angelegenheiten" im Wechsel für einen Zeitraum von sechs Monaten wahr. Die anderen Mitglieder der Gruppe unterstützen den Vorsitz auf der Grundlage eines gemeinsamen Programms bei all seinen Aufgaben. Die Mitglieder der Gruppe können untereinander alternative Regelungen beschließen.

(5) Die Beschlüsse, die der Rat oder der AStV auf der Grundlage dieser Geschäftsordnung fasst, werden mit einfacher Mehrheit angenommen, es sei denn, die Geschäftsordnung sieht andere Abstimmungsmodalitäten vor.

Sofern nichts anderes angegeben ist, gelten in dieser Geschäftsordnung die Bezugnahmen auf den Vorsitz oder auf den Präsidenten für jede Person, die den Vorsitz in einer der Zusammensetzungen des Rates oder gegebenenfalls in einem der Vorbereitungsgremien des Rates wahrnimmt.

Artikel 2

**Zusammensetzungen des Rates,
Rolle der Zusammensetzung
„Allgemeine Angelegenheiten" und der
Zusammensetzung „Auswärtige
Angelegenheiten" und Arbeitsplanung**

(1) Der Rat tagt – je nach behandeltem Sachgebiet – in verschiedenen Zusammensetzungen. Die Liste der Zusammensetzungen des Rates, mit Ausnahme des Rates „Allgemeine Angelegenheiten" und des Rates „Auswärtige Angelegenheiten", wird vom Europäischen Rat mit qualifizierter Mehrheit angenommen[5]). Die Liste der Zusammensetzungen des Rates ist in Anhang I enthalten.

(2) Der Rat „Allgemeine Angelegenheiten" stellt die Kohärenz der Arbeiten des Rates in seinen verschiedenen Zusammensetzungen sicher. In Verbindung mit dem Präsidenten des Europäischen Rates und mit der Kommission bereitet er die Tagungen des Europäischen Rates vor und sorgt für das weitere Vorgehen[6]). Er ist verantwortlich für die Gesamtkoordinierung der Politiken, für institutionelle und administrative Fragen, für Querschnittsthemen mit Bezug zu mehreren Politikbereichen der Europäischen Union, wie den mehrjährigen Finanzrahmen und die Erweiterung, sowie für alle sonstigen Themen, mit denen er vom Europäischen Rat befasst wurde, unter Berücksichtigung der Verfahrensregeln der Wirtschafts- und Währungsunion.

(3) Die Modalitäten für die Vorbereitung der Tagungen des Europäischen Rates sind in Artikel 3 der Geschäftsordnung des Europäischen Rates niedergelegt.

a) Zur Vorbereitung nach Artikel 2 Absatz 2 der Geschäftsordnung des Europäischen Rates legt der Präsident in enger Zusammenarbeit mit dem Mitglied des Europäischen Rates, das den

---

[2]) Dieser Absatz stimmt mit Artikel 237 des Vertrags über die Arbeitsweise der Europäischen Union (nachstehend „AEUV" genannt) überein.

[3]) Dieser Absatz stimmt mit Buchstabe b des einzigen Artikels des Protokolls über die Festlegung der Sitze der Organe und bestimmter Einrichtungen, sonstiger Stellen und Dienststellen der Europäischen Union überein.

[4]) Dieser Absatz stimmt mit Artikel 1 des Beschlusses des Europäischen Rates vom 1. Dezember 2009 über die Ausübung des Vorsitzes im Rat überein (ABl. L 315 vom 2.12.2009, S. 50).

[5]) Diese beiden Sätze stimmen – mit angepasstem Wortlaut – mit Artikel 16 Absatz 6 Unterabsatz 1 des Vertrags über die Europäische Union (nachstehend „EUV" genannt) und Artikel 236 Buchstabe a des AEUV überein.

[6]) Diese beiden Sätze stimmen mit Artikel 16 Absatz 6 Unterabsatz 2 des EUV überein.

Mitgliedstaat vertritt, der den halbjährlichen Vorsitz des Rates wahrnimmt, und mit dem Präsidenten der Kommission dem Rat „Allgemeine Angelegenheiten" mindestens vier Wochen vor jeder ordentlichen Tagung des Europäischen Rates im Sinne des Artikels 1 Absatz 1 der Geschäftsordnung des Europäischen Rates einen Entwurf einer erläuterten Tagesordnung vor.

Die Beiträge der anderen Ratsformationen zu den Beratungen des Europäischen Rates werden dem Rat „Allgemeine Angelegenheiten" spätestens zwei Wochen vor der Tagung des Europäischen Rates übermittelt.

Der Präsident des Europäischen Rates erstellt in enger Zusammenarbeit im Sinne des Unterabsatzes 1 einen Entwurf von Leitlinien für die Schlussfolgerungen des Europäischen Rates und gegebenenfalls die Entwürfe von Schlussfolgerungen und die Entwürfe von Beschlüssen des Europäischen Rates; diese Entwürfe sind Gegenstand einer Aussprache des Rates „Allgemeine Angelegenheiten".

Der Rat „Allgemeine Angelegenheiten" tritt innerhalb der letzten fünf Tage vor der Tagung des Europäischen Rates zu einer letzten Tagung zusammen. Der Präsident des Europäischen Rates erstellt die vorläufige Tagesordnung auf der Grundlage dieser letzten Aussprache.

b) Außer aus zwingendem und unvorhergesehenem Anlass, z. B. im Zusammenhang mit dem internationalen Tagesgeschehen, darf keine andere Ratsformation und kein anderes Vorbereitungsgremium zwischen der Tagung des Rates „Allgemeine Angelegenheiten", auf der die vorläufige Tagesordnung des Europäischen Rates erstellt wird, und der Tagung des Europäischen Rates ein Thema erörtern, das dem Europäischen Rat unterbreitet wird.

c) Der Europäische Rat setzt seine Tagesordnung zu Beginn seiner Tagung fest.

In der Regel sollten die auf die Tagesordnung gesetzten Themen zuvor gemäß diesem Absatz geprüft worden sein.

(4) Der Rat „Allgemeine Angelegenheiten" sorgt im Rahmen einer Mehrjahresplanung gemäß Absatz 6 in Zusammenarbeit mit der Kommission für die Kohärenz und die Kontinuität der Arbeiten des Rates in seinen verschiedenen Zusammensetzungen[7].

(5) Der Rat „Auswärtige Angelegenheiten" gestaltet das auswärtige Handeln der Union entsprechend den strategischen Vorgaben des Europäischen Rates und sorgt für die Kohärenz des Handelns der Union[8]. Er ist verantwortlich für die Durchführung sämtlichen auswärtigen Handelns der Europäischen Union, nämlich der Gemeinsamen Außen- und Sicherheitspolitik, der Gemeinsamen Sicherheits- und Verteidigungspolitik, der gemeinsamen Handelspolitik sowie der Entwicklungszusammenarbeit und der humanitären Hilfe.

Den Vorsitz im Rat „Auswärtige Angelegenheiten" führt der Hohe Vertreter der Union für Außen- und Sicherheitspolitik, der sich erforderlichenfalls von dem Mitglied dieser Zusammensetzung des Rates vertreten lassen kann, das den Mitgliedstaat vertritt, der den halbjährlichen Vorsitz des Rates wahrnimmt[9]).

(6) Die zuvor festgelegte Gruppe von drei Mitgliedstaaten im Sinne des Artikels 1 Absatz 4, die den Vorsitz des Rates während eines Zeitraums von 18 Monaten wahrnehmen, erstellt jeweils einen Entwurf eines Programms für die Tätigkeiten des Rates in diesem Zeitraum. Für die Tätigkeiten des Rates „Auswärtige Angelegenheiten" in diesem Zeitraum wird der Entwurf zusammen mit dem Präsidenten dieser Zusammensetzung des Rates erstellt. Der Programmentwurf wird in enger Zusammenarbeit mit der Kommission und dem Präsidenten des Europäischen Rates und nach entsprechenden Konsultationen erstellt. Er wird spätestens einen Monat vor dem betreffenden Zeitraum in einem einheitlichen Dokument vorgelegt, das vom Rat „Allgemeine Angelegenheiten" gebilligt wird[10]).

(7) In dem betreffenden Zeitraum amtierende Vorsitz erstellt für jede Zusammensetzung des Rates und nach entsprechenden Konsultationen indikative Tagesordnungsentwürfe für die im kommenden Halbjahr vorgesehenen Tagungen des Rates unter Angabe der geplanten Rechtsetzungsschritte und operativen Entscheidungen. Diese Entwürfe werden spätestens eine Woche vor dem Beginn des betreffenden Halbjahres auf der Grund-

---

[7]) Dieser Absatz stimmt mit Artikel 3 Satz 1 des Beschlusses des Europäischen Rates vom 1. Dezember 2009 über die Ausübung des Vorsitzes im Rat überein.

[8]) Dieser Satz stimmt mit Artikel 16 Absatz 6 Unterabsatz 3 des EUV überein.

[9]) Siehe nachstehende Erklärung a:

a) Zu Artikel 2 Absatz 5 Unterabsatz 2:

„Im Falle der Einberufung des Rates ‚Auswärtige Angelegenheiten' im Zusammenhang mit Fragen der gemeinsamen Handelspolitik lässt sich sein Präsident vom halbjährlichen Vorsitz vertreten, wie in Artikel 2 Absatz 5 Unterabsatz 2 vorgesehen."

[10]) Siehe nachstehende Erklärung b:

b) Zu Artikel 2 Absatz 6:

„Das Achtzehnmonatsprogramm umfasst eine allgemeine Einleitung, in der das Programm in den Kontext der langfristigen strategischen Leitlinien der Union gestellt wird. Im Rahmen der ‚entsprechenden Konsultationen' gemäß Absatz 6 Satz 3 konsultieren die drei für die Erstellung des Entwurfs des Achtzehnmonatsprogramms zuständigen Vorsitze dazu die drei nachfolgenden Vorsitze. Der Entwurf des Achtzehnmonatsprogramms berücksichtigt unter anderem auch die einschlägigen Ergebnisse des Dialogs über die für das jeweilige Jahr geltenden politischen Prioritäten, der auf Initiative der Kommission stattfindet."

lage des Achtzehnmonatsprogramms des Rates und in Absprache mit der Kommission erstellt. Sie werden in einem einheitlichen Dokument zusammengefasst, das für alle Zusammensetzungen des Rates gilt. Erforderlichenfalls können über die zuvor geplanten Tagungen des Rates hinaus zusätzliche Tagungen des Rates vorgesehen werden.

Erweist sich während einer Halbjahresperiode eine für diese Zeit geplante Tagung als nicht länger gerechtfertigt, so beruft der Vorsitz sie nicht ein.

Artikel 3[11])

Tagesordnung

(1) Unter Berücksichtigung des Achtzehnmonatsprogramms des Rates stellt der Präsident die vorläufige Tagesordnung jeder Tagung auf. Diese wird den anderen Ratsmitgliedern und der Kommission spätestens 14 Tage vor Beginn der Tagung übersandt. Sie wird gleichzeitig den nationalen Parlamenten der Mitgliedstaaten zugeleitet.

(2) Die vorläufige Tagesordnung enthält die Punkte, für die der Aufnahmeantrag eines Ratsmitglieds oder der Kommission und gegebenenfalls die hierauf bezüglichen Unterlagen dem Generalsekretariat spätestens 16 Tage vor Beginn der betreffenden Tagung zugegangen sind. In der vorläufigen Tagesordnung ist ferner durch ein Sternchen vermerkt, über welche Punkte der Vorsitz, ein Ratsmitglied oder die Kommission eine Abstimmung verlangen können. Ein solcher Vermerk erfolgt, wenn alle Verfahrensvorschriften der Verträge erfüllt sind.

(3) Ist die in dem Protokoll über die Rolle der nationalen Parlamente in der Europäischen Union und in dem Protokoll über die Anwendung der Grundsätze der Subsidiarität und der Verhältnismäßigkeit vorgesehene Frist von acht Wochen anwendbar, so werden die Punkte, die die Annahme eines Gesetzgebungsakts oder

---

[11]) Siehe nachstehende Erklärungen c und d:

c) Zu Artikel 3 Absätze 1 und 2:

„Der Präsident bemüht sich, dafür zu sorgen, dass die Mitglieder des Rates die vorläufige Tagesordnung für jede Tagung des Rates für die Durchführung der Bestimmungen des Titels des AEUV über den Raum der Freiheit, der Sicherheit und des Rechts sowie die Unterlagen über die auf der Tagesordnung stehenden Punkte grundsätzlich mindestens 21 Tage vor Beginn dieser Tagung erhalten."

d) Zu den Artikeln 1 und 3:

„Unbeschadet des Artikels 30 Absatz 2 des EUV, wonach in den Fällen, in denen eine rasche Entscheidung notwendig ist, in kürzester Zeit eine außerordentliche Tagung des Rates einberufen werden kann, ist sich der Rat der Notwendigkeit bewusst, Fragen der Gemeinsamen Außen- und Sicherheitspolitik zügig und wirksam zu behandeln. Die Bestimmungen des Artikels 3 stehen dem nicht entgegen, dass dieser Notwendigkeit Rechnung getragen wird."

---

eines Standpunkts in erster Lesung im Rahmen des ordentlichen Gesetzgebungsverfahrens betreffen, erst dann im Hinblick auf einen Beschluss auf die vorläufige Tagesordnung gesetzt, wenn die Achtwochenfrist abgelaufen ist.

Der Rat kann von der Achtwochenfrist nach Unterabsatz 1 abweichen, wenn die Aufnahme eines Tagesordnungspunktes ein dringender Ausnahmefall im Sinne des Artikels 4 des Protokolls über die Rolle der nationalen Parlamente in der Europäischen Union ist. Der Rat beschließt gemäß den für den Erlass des betreffenden Gesetzgebungsakts oder die Festlegung des betreffenden Standpunkts geltenden Abstimmungsmodalitäten.

Außer in ordnungsgemäß begründeten dringenden Fällen müssen zwischen der Aufnahme des Entwurfs eines Gesetzgebungsakts in die vorläufige Tagesordnung für die Tagung des Rates und der Festlegung eines Standpunkts zehn Tage liegen[12]).

(4) In die vorläufige Tagesordnung können nur die Punkte aufgenommen werden, für die die Unterlagen den Ratsmitgliedern und der Kommission spätestens am Tag der Übersendung dieser Tagesordnung übermittelt werden.

(5) Das Generalsekretariat übermittelt den Ratsmitgliedern und der Kommission die Aufnahmeanträge und die hierauf bezüglichen Unterlagen, für die die vorstehend vorgeschriebenen Fristen nicht eingehalten worden sind.

Sofern nicht aus Dringlichkeitsgründen etwas anderes erforderlich ist und unbeschadet des Absatzes 3 werden Punkte, die Entwürfe von Gesetzgebungsakten betreffen, deren Prüfung durch den AStV bis zum Ende der Woche, die der Woche vor der Tagung des Rates vorangeht, nicht abgeschlossen ist, vom Vorsitz von der vorläufigen Tagesordnung abgesetzt.

(6) Die vorläufige Tagesordnung besteht aus zwei Teilen, von denen der eine den Beratungen über die Gesetzgebungsakte und der andere den nicht die Gesetzgebung betreffenden Tätigkeiten gewidmet ist. Der erste Teil trägt den Titel „Beratungen über Gesetzgebungsakte", der zweite Teil den Titel „Nicht die Gesetzgebung betreffende Tätigkeiten".

Die Punkte in beiden Teilen der vorläufigen Tagesordnung sind jeweils in A-Punkte und B-Punkte gegliedert. Als A-Punkte werden die Punkte aufgenommen, die der Rat ohne Aussprache annehmen kann; dies schließt nicht aus, dass ein Ratsmitglied oder die Kommission bei der Annahme dieser Punkte Meinungen äußert und Erklärungen in das Ratsprotokoll aufnehmen lässt.

(7) Der Rat setzt die Tagesordnung zu Beginn jeder Tagung fest. Für die Aufnahme von Punk-

---

[12]) Dieser Satz stimmt mit Artikel 4 letzter Satz des Protokolls über die Rolle der nationalen Parlamente in der Europäischen Union überein.

ten, die nicht auf der vorläufigen Tagesordnung stehen, ist Einstimmigkeit im Rat erforderlich. Zu den dieserart aufgenommenen Punkten kann eine Abstimmung erfolgen, wenn alle Verfahrensvorschriften der Verträge erfüllt sind.

(8) Könnte eine Stellungnahme zu einem A-Punkt jedoch zu einer erneuten Aussprache führen oder stellt ein Ratsmitglied oder die Kommission einen entsprechenden Antrag, so wird der Punkt von der Tagesordnung abgesetzt, es sei denn, dass der Rat anders entscheidet.

(9) Bei jedem Antrag auf Aufnahme eines Punktes unter „Sonstiges" ist ein erläuterndes Dokument vorzulegen.

Artikel 4
Vertretung eines Ratsmitglieds

Vorbehaltlich der Bestimmungen über die Übertragung des Stimmrechts gemäß Artikel 11 kann ein Ratsmitglied sich vertreten lassen, wenn es verhindert ist, an einer Tagung teilzunehmen.

Artikel 5
Tagungen

(1) Der Rat tagt öffentlich, wenn er über Entwürfe zu Gesetzgebungsakten berät und abstimmt[13]). In allen anderen Fällen, außer in den in Artikel 8 genannten Fällen, sind die Tagungen des Rates nicht öffentlich.

(2) Die Kommission ist zur Teilnahme an den Tagungen des Rates eingeladen. Dies gilt auch für die Europäische Zentralbank in den Fällen, in denen diese ihr Initiativrecht wahrnimmt. Der Rat kann jedoch beschließen, in Abwesenheit der Kommission oder der Europäischen Zentralbank zu beraten.

(3) Die Mitglieder des Rates und der Kommission können zu ihrer Unterstützung Beamte hinzuziehen. Name und Dienststellung dieser Beamten werden dem Generalsekretariat zuvor mitgeteilt. Der Rat kann eine Höchstzahl von Personen je Delegation festlegen, die einschließlich der Ratsmitglieder gleichzeitig im Sitzungssaal des Rates anwesend sein dürfen.

(4) Für den Zugang zu den Tagungen des Rates ist die Vorlage eines vom Generalsekretariat ausgestellten Einlassscheins erforderlich.

Artikel 6
Geheimhaltungspflicht und Vorlage von Dokumenten vor Gericht

(1) Unbeschadet der Artikel 7, 8 und 9 sowie der Bestimmungen über den Zugang der Öffent-

lichkeit zu Dokumenten unterliegen die Beratungen des Rates der Geheimhaltungspflicht, es sei denn, dass der Rat anders entscheidet.

(2) Der Rat oder der AStV kann die Vorlage einer Kopie oder eines Auszugs der Ratsdokumente vor Gericht genehmigen, wenn diese nicht gemäß den Bestimmungen über den Zugang der Öffentlichkeit zu Dokumenten der Öffentlichkeit zugänglich gemacht wurden.

Artikel 7
Gesetzgebungsverfahren und Öffentlichkeit

(1) Der Rat tagt öffentlich, wenn er über Entwürfe zu Gesetzgebungsakten berät und abstimmt. Zu diesem Zweck enthält seine Tagesordnung einen Teil mit dem Titel „Beratungen über Gesetzgebungsakte".

(2) Die dem Rat vorgelegten Dokumente, die unter einem Punkt im Teil „Beratungen über Gesetzgebungsakte" seiner Tagesordnung aufgeführt sind, sowie die Abschnitte des Ratsprotokolls, die diesen Teil der Tagesordnung betreffen, werden veröffentlicht.

(3) Die Öffentlichkeit der Tagungen des Rates betreffend den Teil „Beratungen über Gesetzgebungsakte" seiner Tagesordnung wird durch eine öffentliche audiovisuelle Übertragung sichergestellt, insbesondere in einen „Mithörsaal" und durch die Übertragung in allen Amtssprachen der Organe der Europäischen Union per Video-Stream. Die Aufzeichnung verbleibt mindestens einen Monat lang auf der Website des Rates. Die Abstimmungsergebnisse werden visuell angezeigt.

Das Generalsekretariat informiert die Öffentlichkeit im Voraus über den Tag und die voraussichtliche Uhrzeit der audiovisuellen Übertragung und trifft die praktischen Vorkehrungen zur korrekten Anwendung dieses Artikels.

(4) Die Abstimmungsergebnisse und die Erklärungen zur Stimmabgabe der Ratsmitglieder oder ihrer Vertreter in dem nach dem ordentlichen Gesetzgebungsverfahren vorgesehenen Vermittlungsausschuss sowie die Erklärungen für das Ratsprotokoll und die im Ratsprotokoll enthaltenen und die Sitzung des Vermittlungsausschusses betreffenden Punkte werden veröffentlicht.

(5) Werden dem Rat Gesetzgebungsvorschläge oder -initiativen unterbreitet, so nimmt der Rat davon Abstand, Akte anzunehmen, die in den Verträgen nicht vorgesehen sind, beispielsweise Entschließungen, Schlussfolgerungen oder andere Erklärungen als diejenigen, die bei der Annahme des Aktes abgegeben wurden und in das Ratsprotokoll aufzunehmen sind.

---

[13]) Dieser Satz stimmt mit Artikel 16 Absatz 8 Satz 1 des EUV überein.

Artikel 8

Sonstige öffentliche Beratungen und öffentliche Aussprachen des Rates

(1) Wird der Rat mit einem Vorschlag für einen Rechtsakt ohne Gesetzescharakter betreffend den Erlass von Vorschriften, die in den Mitgliedstaaten oder für die Mitgliedstaaten rechtlich bindend sind, befasst, wobei er auf der Grundlage der einschlägigen Bestimmungen der Verträge im Wege von Verordnungen, Richtlinien oder Beschlüssen tätig wird, so sind die ersten Beratungen des Rates über wichtige neue Vorschläge öffentlich; ausgenommen sind hierbei interne Maßnahmen, Verwaltungsakte oder Haushaltsmaßnahmen, Rechtsakte betreffend die interinstitutionellen oder die internationalen Beziehungen oder nicht bindende Rechtsakte wie Schlussfolgerungen, Empfehlungen oder Entschließungen. Der Vorsitz legt fest, welche neuen Vorschläge wichtig sind; der Rat oder der AStV können gegebenenfalls etwas anderes beschließen.

Der Vorsitz kann fallweise entscheiden, dass die anschließenden Beratungen des Rates über einen der Vorschläge im Sinne des Unterabsatzes 1 für die Öffentlichkeit zugänglich sein sollen, sofern der Rat oder der AStV nicht etwas anderes beschließt.

(2) Auf einen mit qualifizierter Mehrheit gefassten Beschluss des Rates oder des AStV führt der Rat öffentliche Aussprachen über wichtige Fragen, die die Interessen der Europäischen Union und ihrer Bürger berühren.

Es obliegt dem Vorsitz, den Ratsmitgliedern oder der Kommission, spezifische Fragen oder Themen für solche Aussprachen vorzuschlagen, wobei sie berücksichtigen, welche Bedeutung der Beratungsgegenstand hat und von welchem Interesse er für die Bürger ist.

(3) Der Rat „Allgemeine Angelegenheiten" führt eine öffentliche Orientierungsaussprache über das Achtzehnmonatsprogramm des Rates. Orientierungsaussprachen in anderen Zusammensetzungen des Rates über ihre Prioritäten sind ebenfalls öffentlich. Die Vorstellung des Fünfjahresprogramms der Kommission, ihres Jahresarbeitsprogramms und ihrer jährlichen Strategieplanung sowie die daran anschließende Aussprache sind öffentlich.

(4) Sobald die vorläufige Tagesordnung gemäß Artikel 3 übersandt worden ist,

a) werden die Punkte auf der Tagesordnung des Rates, die gemäß Absatz 1 der Öffentlichkeit zugänglich sind, mit den Worten „öffentliche Beratung" gekennzeichnet;

b) werden die Punkte auf der Tagesordnung des Rates, die gemäß den Absätzen 2 und 3 der Öffentlichkeit zugänglich sind, mit den Worten „öffentliche Aussprache" gekennzeichnet.

Die Öffentlichkeit der Beratungen und öffentlichen Aussprachen des Rates im Sinne dieses Artikels wird durch eine öffentliche Übertragung gemäß Artikel 7 Absatz 3 sichergestellt.

Artikel 9

Öffentlichkeit der Abstimmungen, Erklärungen zur Stimmabgabe und Protokolle in den anderen Fällen

(1) Erlässt der Rat Rechtsakte ohne Gesetzescharakter im Sinne des Artikels 8 Absatz 1, so werden die Abstimmungsergebnisse und die Erklärungen der Ratsmitglieder zur Stimmabgabe sowie die Erklärungen für das Ratsprotokoll und die im Ratsprotokoll enthaltenen und die Verabschiedung solcher Akte betreffenden Punkte öffentlich zugänglich gemacht.

(2) Die Abstimmungsergebnisse werden ferner öffentlich zugänglich gemacht,

a) wenn der Rat im Rahmen des Titels V des EUV handelt, nach einstimmigem Beschluss des Rates oder des AStV auf Antrag eines ihrer Mitglieder;

b) in den anderen Fällen nach Beschluss des Rates oder des AStV auf Antrag eines ihrer Mitglieder.

In den Fällen, in denen die Abstimmungsergebnisse des Rates gemäß Unterabsatz 1 Buchstaben a und b öffentlich zugänglich gemacht werden, können auf Antrag der betroffenen Ratsmitglieder auch die bei der Abstimmung abgegebenen Erklärungen zur Stimmabgabe im Einklang mit dieser Geschäftsordnung und unter Wahrung der Rechtssicherheit und der Interessen des Rates veröffentlicht werden.

Die in das Ratsprotokoll aufgenommenen Erklärungen und diejenigen Punkte dieses Protokolls, die die Annahme der Rechtsakte gemäß Unterabsatz 1 Buchstaben a und b betreffen, werden durch Beschluss des Rates oder des AStV auf Antrag eines ihrer Mitglieder veröffentlicht.

(3) Außer in den Fällen, in denen die Beratungen des Rates gemäß den Artikeln 7 und 8 öffentlich sind, werden die Abstimmungsergebnisse bei Entscheidungsprozessen, die zu Probeabstimmungen oder zur Annahme vorbereitender Rechtsakte führen, nicht öffentlich zugänglich gemacht.

Artikel 10

Zugang der Öffentlichkeit zu den Dokumenten des Rates

Die besonderen Bestimmungen für den Zugang der Öffentlichkeit zu den Dokumenten des Rates sind in Anhang II festgelegt.

Artikel 11

Modalitäten der Abstimmung und Beschlussfähigkeit

(1) Die Abstimmung im Rat erfolgt auf Veranlassung seines Präsidenten.

Der Präsident ist ferner verpflichtet, auf Veranlassung eines Ratsmitglieds oder der Kommission ein Abstimmungsverfahren einzuleiten, sofern sich die Mehrheit der dem Rat angehörenden Mitglieder dafür ausspricht.

(2) Die Ratsmitglieder stimmen in der gemäß der Liste der aufeinanderfolgenden Vorsitze festgelegten Reihenfolge der Mitgliedstaaten ab, beginnend mit dem Mitglied, das nach dieser Reihenfolge auf das den Vorsitz führende Mitglied folgt.

(3) Jedes Mitglied kann sich das Stimmrecht höchstens eines anderen Mitglieds übertragen lassen[14]).

(4) Für eine Abstimmung im Rat ist die Anwesenheit der Mehrheit der gemäß den Verträgen stimmberechtigten Ratsmitglieder erforderlich. Bei der Abstimmung vergewissert sich der Präsident mit Unterstützung des Generalsekretariats, dass die Beschlussfähigkeit gegeben ist.

(5) Ist ein Beschluss des Rates mit qualifizierter Mehrheit zu fassen, so wird bis zum 31. Oktober 2014 auf Ersuchen eines Ratsmitglieds überprüft, ob die Mitgliedstaaten, die diese qualifizierte Mehrheit bilden, gemäß den Bevölkerungszahlen in Anhang III Artikel 1 mindestens 62 % der Gesamtbevölkerung der Europäischen Union repräsentieren. Dieser Absatz findet auch im Zeitraum vom 1. November 2014 bis zum 31. März 2017 Anwendung, wenn ein Mitglied des Rates dies gemäß Artikel 3 Absatz 2 des Protokolls über die Übergangsbestimmungen beantragt.

Artikel 12

Gewöhnliches schriftliches Verfahren und Verfahren der stillschweigenden Zustimmung

(1) Rechtsakte des Rates über eine dringende Angelegenheit können durch schriftliche Abstimmung angenommen werden, wenn der Rat oder der AStV die Anwendung dieses Verfahrens einstimmig beschließt. Der Präsident kann unter besonderen Umständen ebenfalls vorschlagen, dieses Verfahren anzuwenden; in diesem Fall kann die schriftliche Abstimmung erfolgen, wenn alle Mitgliedstaaten mit diesem Verfahren einverstanden erklären.

Die Zustimmung der Kommission zum schriftlichen Verfahren ist erforderlich, wenn die schriftliche Abstimmung einen Gegenstand betrifft, mit dem die Kommission den Rat befasst hat.

Das Generalsekretariat erstellt allmonatlich ein Verzeichnis der im schriftlichen Verfahren erlassenen Rechtsakte. Dieses Verzeichnis enthält die abgegebenen Erklärungen für das Ratsprotokoll. Die Teile dieses Verzeichnisses, die den Erlass von Gesetzgebungsakten betreffen, werden veröffentlicht.

(2) Auf Veranlassung des Vorsitzes kann der Rat in folgenden Fällen im Wege des vereinfachten schriftlichen Verfahrens („Verfahren der stillschweigenden Zustimmung") tätig werden:

a) zur Annahme einer Antwort auf eine schriftliche Anfrage oder gegebenenfalls auf eine mündliche Anfrage, die dem Rat von einem Mitglied des Europäischen Parlaments gestellt wurde, nach Prüfung des Antwortentwurfs durch den AStV[15]);

b) zur Ernennung von Mitgliedern des Wirtschafts- und Sozialausschusses und von Mitgliedern und stellvertretenden Mitgliedern des Ausschusses der Regionen, nach Prüfung des Beschlussentwurfs durch den AStV;

c) bei Beschlüssen, andere Organe, Einrichtungen oder sonstige Stellen zu konsultieren, wenn die Verträge eine solche Konsultation vorsehen;

d) zur Durchführung der gemeinsamen Außen- und Sicherheitspolitik über das „COREU"-Netz („COREU-Verfahren der stillschweigenden Zustimmung")[16]).

In diesem Fall gilt der betreffende Text nach Ablauf der vom Vorsitz entsprechend der Dringlichkeit der Angelegenheit festgesetzten Frist als angenommen, wenn kein Ratsmitglied einen Einwand erhebt.

(3) Das Generalsekretariat stellt den Abschluss der schriftlichen Verfahren fest.

Artikel 13

Protokoll

(1) Über jede Tagung wird ein Protokoll angefertigt; dieses wird, nachdem es gebilligt ist, vom Generalsekretär unterzeichnet. Dieser kann

---

[14]) Dieser Absatz stimmt mit Artikel 239 des AEUV überein.

[15]) Siehe nachstehende Erklärung e:
e) Zu Artikel 12 Absatz 2 Buchstaben a, b und c:
„Gemäß der üblichen Praxis des Rates beträgt die Frist normalerweise drei Arbeitstage."

[16]) Siehe nachstehende Erklärung f:
f) Zu Artikel 12 Absatz 2 Buchstabe d:
„Der Rat erinnert daran, dass das COREU-Netz gemäß den Schlussfolgerungen des Rates vom 12. Juni 1995 (Dok. 7896/95) zu den Arbeitsmethoden des Rates verwendet werden muss."

seine Unterzeichnungsbefugnis an die Generaldirektoren des Generalsekretariats delegieren.

Im Protokoll wird in der Regel zu jedem Punkt der Tagesordnung Folgendes verzeichnet:
- die dem Rat vorgelegten Schriftstücke;
- die gefassten Beschlüsse oder die Schlussfolgerungen, zu denen der Rat gelangt ist;
- die vom Rat abgegebenen Erklärungen und die Erklärungen, deren Aufnahme von einem Ratsmitglied oder von der Kommission beantragt worden ist.

(2) Der Entwurf des Protokolls wird vom Generalsekretariat binnen fünfzehn Tagen erstellt und dem Rat oder dem AStV zur Genehmigung vorgelegt.

(3) Jedes Ratsmitglied oder die Kommission kann vor der Genehmigung des Protokolls beantragen, dass darin ein bestimmter Punkt der Tagesordnung ausführlicher behandelt wird. Dahingehende Anträge können im AStV gestellt werden.

(4) Die Protokolle über den Teil „Beratungen über Gesetzgebungsakte" der Tagungen des Rates werden nach ihrer Genehmigung gleichzeitig mit der Übermittlung an die Regierungen der Mitgliedstaaten den nationalen Parlamenten direkt zugeleitet.

Artikel 14

Beratungen und Beschlüsse auf der Grundlage von Schriftstücken und Entwürfen in den in der geltenden Sprachenregelung vorgesehenen Sprachen

(1) Der Rat berät und beschließt nur auf der Grundlage von Schriftstücken und Entwürfen, die in den in der geltenden Sprachenregelung vorgesehenen Sprachen vorliegen, es sei denn, dass er aus Dringlichkeitsgründen einstimmig anders entscheidet.

(2) Jedes Ratsmitglied kann gegen die Beratung Einspruch erheben, wenn der Wortlaut etwaiger Änderungsvorschläge nicht in denjenigen der in Absatz 1 genannten Sprachen abgefasst ist, die von ihm bezeichnet werden.

Artikel 15

Unterzeichnung der Rechtsakte

Der Wortlaut der vom Europäischen Parlament und vom Rat nach dem ordentlichen Gesetzgebungsverfahren angenommenen sowie der vom Rat angenommenen Rechtsakte wird von dem zum Zeitpunkt ihrer Annahme amtierenden Präsidenten und vom Generalsekretär unterzeichnet. Der Generalsekretär kann seine Unterzeichnungsbefugnis an Generaldirektoren des Generalsekretariats delegieren.

Artikel 16[17])

Mangelnde Abstimmungsbefugnis

Bei der Anwendung dieser Geschäftsordnung sind unter Berücksichtigung des Anhangs IV die Fälle gebührend zu berücksichtigen, in denen ein oder mehrere Ratsmitglieder gemäß den Verträgen nicht an der Abstimmung teilnehmen können.

Artikel 17

Veröffentlichung der Rechtsakte im Amtsblatt

(1) Im *Amtsblatt der Europäischen Union* (nachstehend „Amtsblatt" genannt) wird auf Veranlassung des Generalsekretärs Folgendes veröffentlicht:

a) Rechtsakte im Sinne des Artikels 297 Absatz 1 und Absatz 2 Unterabsatz 2 des AEUV;

b) Standpunkte in erster Lesung, die der Rat nach dem ordentlichen Gesetzgebungsverfahren festgelegt hat, einschließlich ihrer Begründung;

c) dem Rat vorgelegte Initiativen gemäß Artikel 76 des AEUV für den Erlass eines Gesetzgebungsakts;

d) von der Union geschlossene internationale Übereinkünfte.

Das Inkrafttreten dieser Übereinkünfte wird im Amtsblatt bekanntgegeben;

e) von der Union geschlossene Übereinkünfte im Bereich der gemeinsamen Außen- und Sicherheitspolitik, sofern der Rat nicht aufgrund der Artikel 4 und 9 der Verordnung (EG) Nr. 1049/2001 des Europäischen Parlaments und Rates vom 30. Mai 2001 über den Zugang der Öffentlichkeit zu den Dokumenten des Europäischen Parlaments, des Rates und der Kommission[18] etwas anderes beschließt.

Das Inkrafttreten der im Amtsblatt veröffentlichten Übereinkünfte wird im Amtsblatt bekanntgegeben.

(2) Sofern der Rat oder der AStV nichts anderes beschließt, wird Folgendes auf Veranlassung

---

[17]) Siehe nachstehende Erklärung g:
g) Zu Artikel 16 und Anhang IV
„Der Rat kommt überein, dass die Bestimmungen von Artikel 16 und Anhang IV für die Rechtsakte gelten, für deren Annahme bestimmte Mitglieder des Rates gemäß den Verträgen nicht stimmberechtigt sind. Der Fall, in dem Artikel 7 des EUV Anwendung findet, fällt jedoch nicht unter diese Bestimmungen. Was den ersten Fall der Anwendung der Bestimmungen über die verstärkte Zusammenarbeit anbelangt, so wird der Rat im Lichte der in anderen Bereichen gesammelten Erfahrungen prüfen, ob Artikel 16 und Anhang IV der Geschäftsordnung angepasst werden müssen."

[18]) ABl. L 145 vom 31.5.2001, S. 43.

des Generalsekretärs im Amtsblatt veröffentlicht:

a) dem Rat vorgelegte Initiativen gemäß Artikel 76 des AEUV in anderen als den in Absatz 1 Buchstabe c genannten Fällen;

b) Richtlinien und Beschlüsse im Sinne des Artikels 297 Absatz 2 Unterabsatz 3 des AEUV, sowie Empfehlungen und Stellungnahmen, mit Ausnahme der Beschlüsse im Sinne des Absatzes 3 des vorliegenden Artikels.

(3) Der Rat oder der AStV entscheidet von Fall zu Fall einstimmig, ob auf Veranlassung des Generalsekretärs Beschlüsse im Sinne des Artikels 25 des EUV im Amtsblatt zu veröffentlichen sind.

(4) Der Rat oder der AStV entscheidet von Fall zu Fall unter Berücksichtigung der etwaigen Veröffentlichung des Basisrechtsakts, ob Folgendes auf Veranlassung des Generalsekretärs im Amtsblatt zu veröffentlichen ist:

a) Beschlüsse zur Durchführung der Beschlüsse im Sinne des Artikels 25 des EUV;

b) Beschlüsse, die gemäß Artikel 31 Absatz 2 erster und zweiter Gedankenstrich des EUV erlassen wurden;

c) sonstige Rechtsakte des Rates wie Schlussfolgerungen oder Entschließungen.

(5) Wird im Rahmen eines zwischen der Union oder der Europäischen Atomgemeinschaft und einem oder mehreren Staaten oder internationalen Organisationen geschlossenen Abkommens ein Organ mit Beschlussfassungsbefugnis eingesetzt, so entscheidet der Rat zum Zeitpunkt des Abschlusses dieses Abkommens, ob die Beschlüsse dieses Organs im Amtsblatt zu veröffentlichen sind.

Artikel 18
Notifikation der Rechtsakte

(1) Richtlinien und Beschlüsse im Sinne des Artikels 297 Absatz 2 Unterabsatz 3 des AEUV werden denjenigen, für die sie bestimmt sind, vom Generalsekretär oder einem in seinem Namen handelnden Generaldirektor notifiziert.

(2) Folgende Rechtsakte werden, wenn sie nicht im Amtsblatt veröffentlicht werden, denjenigen, für die sie bestimmt sind, vom Generalsekretär oder einem in seinem Namen handelnden Generaldirektor notifiziert:

a) Empfehlungen;

b) Beschlüsse im Sinne des Artikels 25 des EUV;

(3) Der Generalsekretär oder ein in seinem Namen handelnder Generaldirektor übermittelt den Regierungen der Mitgliedstaaten und der Kommission beglaubigte Kopien der Richtlinien und der Beschlüsse des Rates im Sinne des Artikels 297 Absatz 2 Unterabsatz 3 des AEUV, sowie Empfehlungen des Rates.

Artikel 19[19])
AStV, Ausschüsse und Arbeitsgruppen

(1) Der AStV ist verantwortlich für die Vorbereitung der Arbeiten aller Tagungen des Rates und für die Ausführung der ihm vom Rat übertragenen Aufgaben. Er achtet in jedem Falle[20]) auf die Kohärenz der Politiken und Maßnahmen der Europäischen Union wie auch darauf, dass Folgendes beachtet wird:

a) die Grundsätze der Legalität, der Subsidiarität, der Verhältnismäßigkeit und der Begründungspflicht bei Rechtsakten;

b) die Vorschriften über die Befugnisse der Organe, Einrichtungen und sonstigen Stellen der Union;

c) die Haushaltsbestimmungen;

d) Verfahrensregeln, Transparenz und redaktionelle Qualität.

(2) Alle Punkte auf der Tagesordnung einer Ratstagung werden vom AStV, sofern dieser nichts anderes beschließt, einer vorherigen Prüfung unterzogen. Der AStV bemüht sich, auf seiner Ebene Einvernehmen zu erzielen, so dass er den betreffenden Text dem Rat zur Annahme unterbreiten kann. Er sorgt dafür, dass die Dossiers dem Rat in angemessener Form vorgelegt werden, und legt dem Rat gegebenenfalls Leitlinien, Optionen oder Lösungsvorschläge vor. Im Falle der Dringlichkeit kann der Rat einstimmig beschließen, dass er ohne diese vorherige Prüfung berät.

(3) Vom AStV oder mit Zustimmung des AStV können Ausschüsse oder Arbeitsgruppen eingesetzt werden, um zuvor bestimmte vorbereitende Arbeiten oder Untersuchungen durchzuführen.

Das Generalsekretariat bringt das Verzeichnis der Vorbereitungsgremien auf den neuesten Stand und macht es öffentlich zugänglich. Nur die in diesem Verzeichnis aufgeführten Ausschüsse und Arbeitsgruppen dürfen als Vorbereitungsgremien des Rates zusammentreten.

(4) Den Vorsitz im AStV führt nach Maßgabe der Punkte, die auf seiner Tagesordnung stehen, der Ständige Vertreter oder der Stellvertreter des Ständigen Vertreters desjenigen Mitgliedstaats, der den Vorsitz im Rat „Allgemeine Angelegenheiten" wahrnimmt.

---

[19]) Diese Bestimmungen berühren nicht die Rolle des Wirtschafts- und Finanzausschusses gemäß Artikel 134 des AEUV und den bereits vorliegenden einschlägigen Beschlüssen des Rates (ABl. L 358 vom 31.12.1998, S. 109, und ABl. L 5 vom 9.1.1999, S. 71).

[20]) Siehe nachstehende Erklärung h:

h) Zu Artikel 19 Absatz 1

„Der AStV achtet auf die Kohärenz und die Einhaltung der in Absatz 1 genannten Grundsätze, insbesondere bei Dossiers, zu denen umfangreiche Vorbereitungsarbeiten in anderen Gremien im Gange sind."

Der Vorsitz im Politischen und Sicherheitspolitischen Komitee wird von einem Vertreter des Hohen Vertreters der Union für Außen- und Sicherheitspolitik wahrgenommen.

Den Vorsitz in den anderen Vorbereitungsgremien des Rates in seinen verschiedenen Zusammensetzungen, außer in der Zusammensetzung „Auswärtige Angelegenheiten", führt ein Delegierter des Mitgliedstaats, der den Vorsitz der betreffenden Zusammensetzung wahrnimmt, sofern der Rat nicht mit qualifizierter Mehrheit etwas anderes beschließt. In dem Verzeichnis nach Absatz 3 Unterabsatz 2 sind auch die Vorbereitungsgremien aufgeführt, für die der Rat gemäß Artikel 4 des Beschlusses des Europäischen Rates über die Ausübung des Vorsitzes im Rat eine andere Art des Vorsitzes beschlossen hat.

(5) Bei der Vorbereitung der Tagungen des Rates in den Zusammensetzungen, in denen er einmal je Halbjahr im ersten Quartal zusammentritt, wird der Vorsitz in den Ausschüssen, mit Ausnahme des AStV, und in den Arbeitsgruppen, die im Halbjahr davor zusammentreten, von einem Delegierten des Mitgliedstaats geführt, der den Vorsitz auf den genannten Tagungen des Rates wahrzunehmen hat.

(6) Vorbehaltlich der Fälle, in denen eine andere Art des Vorsitzes anwendbar ist, gilt Folgendes: Soll ein Dossier im Wesentlichen innerhalb eines bestimmten Halbjahres behandelt werden, so kann ein Delegierter des Mitgliedstaats, der in diesem Halbjahr den Vorsitz führen wird, bereits im vorausgehenden Halbjahr in Sitzungen von anderen Ausschüssen als dem AStV und in Sitzungen von Arbeitsgruppen den Vorsitz führen, wenn sie dieses Dossier erörtern. Über die praktische Durchführung dieses Absatzes treffen die beiden betreffenden Vorsitze eine Vereinbarung.

In dem besonderen Falle der Prüfung des Haushalts der Union für ein bestimmtes Haushaltsjahr führt ein Delegierter des Mitgliedstaats, der im Rat den Vorsitz während des dem betreffenden Haushaltsjahr vorangehenden Halbjahres wahrnehmen wird, in Sitzungen von anderen Vorbereitungsgremien des Rates als dem AStV, die die Tagesordnungspunkte des Rates im Zusammenhang mit der Prüfung des Haushaltsplans vorzubereiten haben, den Vorsitz. Dasselbe gilt mit Zustimmung des anderen Vorsitzes für den Vorsitz auf Tagungen des Rates zur Behandlung der betreffenden Haushaltsfragen. Die betreffenden Vorsitze setzen sich über die praktischen Vorkehrungen miteinander ins Benehmen.

(7) Im Einklang mit den einschlägigen nachstehenden Bestimmungen kann der AStV folgende Verfahrensbeschlüsse annehmen, sofern die entsprechenden Punkte mindestens drei Arbeitstage vor der jeweiligen Tagung auf seine

Tagesordnung gesetzt wurden. Von dieser Frist kann der AStV nur einstimmig abweichen[21]).

a) Beschluss, dass eine Tagung des Rates an einem anderen Ort als Brüssel oder Luxemburg abgehalten wird (Artikel 1 Absatz 3);

b) Genehmigung zur Vorlage einer Abschrift oder eines Auszugs eines Ratsdokuments vor Gericht (Artikel 6 Absatz 2);

c) Beschluss, dass eine öffentliche Aussprache des Rates abgehalten wird oder eine bestimmte Beratung des Rates nicht öffentlich stattfindet (Artikel 8 Absätze 1, 2 und 3);

d) Beschluss, dass das Abstimmungsergebnis und die in das Ratsprotokoll aufgenommenen Erklärungen in den in Artikel 9 Absatz 2 vorgesehenen Fällen öffentlich gemacht werden;

e) Beschluss zur Anwendung des schriftlichen Verfahrens (Artikel 12 Absatz 1);

f) Genehmigung oder Änderung des Ratsprotokolls (Artikel 13 Absätze 2 und 3);

g) Beschluss, einen Text oder einen Rechtsakt im Amtsblatt zu veröffentlichen oder nicht zu veröffentlichen (Artikel 17 Absätze 2, 3 und 4);

h) Beschluss, ein Organ oder eine Einrichtung zu hören, wenn eine solche Anhörung nicht in den Verträgen vorgesehen ist;

i) Beschluss, eine Frist für die Anhörung eines Organs oder einer Einrichtung festzusetzen oder zu verlängern;

j) Beschluss, die in Artikel 294 Absatz 14 des AEUV genannten Fristen zu verlängern;

k) Genehmigung des Wortlauts eines Schreibens an ein Organ oder eine Einrichtung.

Artikel 20
Vorsitz und ordnungsgemäßer Ablauf der Beratungen

(1) Der Vorsitz sorgt für die Anwendung dieser Geschäftsordnung und den ordnungsgemäßen Ablauf der Aussprachen. Insbesondere beachtet der Vorsitz die Bestimmungen des Anhangs V zu den Arbeitsmethoden des Rates und sorgt für ihre Einhaltung.

Um den ordnungsgemäßen Ablauf der Aussprachen sicherzustellen, kann er darüber hinaus, sofern der Rat nicht etwas anderes beschließt, jede geeignete Maßnahme treffen, um sicherzustellen, dass die verfügbare Zeit während der Sitzungen optimal genutzt wird, und insbesondere

a) für die Behandlung eines bestimmten Punktes die Zahl der während der Sitzung im

---

[21]) Siehe nachstehende Erklärung i:

i) Zu Artikel 19 Absatz 7

„Ist ein Ratsmitglied der Auffassung, dass ein Verfahrensbeschlussentwurf, der dem AStV gemäß Artikel 19 Absatz 7 zur Billigung vorgelegt worden ist, eine Frage zum Inhalt aufwirft, so wird der Beschlussentwurf dem Rat unterbreitet."

Sitzungssaal anwesenden Delegationsmitglieder beschränken und entscheiden, ob ein Mithörsaal geöffnet werden darf oder nicht;

b) die Reihenfolge der zu behandelnden Punkte bestimmen und die Zeit für deren Erörterung festlegen;

c) die für die Erörterung eines bestimmten Punktes vorgesehene Zeit strukturieren und insbesondere zu diesem Zweck die Redezeit der einzelnen Teilnehmer begrenzen und die Reihenfolge festlegen, in der sie das Wort ergreifen können;

d) die Delegationen bitten, ihre Änderungsvorschläge zu dem zur Beratung vorliegenden Text bis zu einem bestimmten Zeitpunkt schriftlich vorzulegen, gegebenenfalls mit einer kurzen Erläuterung;

e) die Delegationen, die zu einem bestimmten Punkt, Text oder Textteil eine übereinstimmende oder ähnliche Position haben, bitten, eine dieser Delegationen zu bestimmen, die in der Sitzung oder im Voraus schriftlich in ihrem Namen den Standpunkt darlegt, den diese Delegationen teilen.

(2) Unbeschadet der Bestimmungen des Artikels 19 Absätze 4 bis 6 sowie unbeschadet seiner Befugnisse und seiner politischen Gesamtverantwortung wird der halbjährliche Vorsitz bei all seinen Aufgaben von den anderen Mitgliedstaaten der zuvor festgelegten Gruppe von drei Mitgliedstaaten im Sinne des Artikels 1 Absatz 1 auf der Grundlage des Achtzehnmonatsprogramms oder anderer zwischen den Mitgliedstaaten vereinbarter Regelungen unterstützt. Er wird darüber hinaus gegebenenfalls von dem Vertreter des Mitgliedstaats unterstützt, der den nächsten Vorsitz wahrnehmen wird. Dieser oder ein Mitglied der genannten Gruppe handelt auf Ersuchen und auf Weisung des Vorsitzes, vertritt ihn im Bedarfsfall, nimmt ihm erforderlichenfalls gewisse Aufgaben ab und sorgt für die Kontinuität der Arbeit des Rates.

Artikel 21[22])[23])
Berichte der Ausschüsse und Arbeitsgruppen

Unbeschadet der übrigen Bestimmungen dieser Geschäftsordnung organisiert der Vorsitz die Sitzungen der verschiedenen Ausschüsse und Arbeitsgruppen so, dass ihre Berichte vor der Tagung des AStV vorliegen, auf der sie geprüft werden.

Sofern nicht aus Dringlichkeitsgründen etwas anderes erforderlich ist, werden die Punkte, die Gesetzgebungsakte betreffen und zu denen der Ausschuss bzw. die Arbeitsgruppe seine bzw. ihre Arbeiten nicht spätestens fünf Arbeitstage vor der Tagung des AStV abgeschlossen hat, vom Vorsitz bis zu einer späteren Tagung des AStV zurückgestellt.

Artikel 22
Redaktionelle Qualität[24])

Um den Rat bei seiner Aufgabe zu unterstützen, für die redaktionelle Qualität der von ihm erlassenen Rechtsakte Sorge zu tragen, hat der Juristische Dienst die Aufgabe, gemäß der Interinstitutionellen Vereinbarung vom 22. Dezember 1998 „Gemeinsame Leitlinien für die redaktionelle Qualität der gemeinschaftlichen Rechtsvorschriften"[25]) rechtzeitig die redaktionelle Qualität der Vorschläge und Entwürfe von Rechtsakten zu überprüfen und dem Rat und seinen Gremien redaktionelle Vorschläge zu unterbreiten.

Während des gesamten Gesetzgebungsverfahrens achten diejenigen, die im Rahmen der Arbeiten des Rates Texte unterbreiten, besonders auf deren redaktionelle Qualität.

---

[22]) Diese Bestimmungen berühren nicht die Rolle des Wirtschafts- und Finanzausschusses gemäß Artikel 134 des AEUV und den bereits vorliegenden einschlägigen Beschlüssen des Rates (ABl. L 358 vom 31.12.1998, S. 109, und ABl. L 5 vom 9.1.1999, S. 71).

[23]) Siehe nachstehende Erklärung j:

j) Zu Artikel 21

„Die Berichte der Arbeitsgruppen und die übrigen Unterlagen, die den Beratungen des AStV als Grundlage dienen, sollten den Delegationen so zeitig übermittelt werden, dass diese sie prüfen können."

[24]) Siehe nachstehende Erklärung k:

k) Zu Artikel 22

„Der Juristische Dienst des Rates hat ferner die Aufgabe, die Mitgliedstaaten, von denen eine Initiative im Sinne des Artikels 76 Buchstabe b des AEUV ausgeht, zu unterstützen, um insbesondere die redaktionelle Qualität dieser Initiativen zu überprüfen, falls eine solche Unterstützung von dem betroffenen Mitgliedstaat beantragt wird."Siehe nachstehende Erklärung l:

l) Zu Artikel 22

„Die Mitglieder des Rates bringen ihre Bemerkungen zu den Vorschlägen für eine amtliche Kodifizierung von Rechtsetzungstexten binnen 30 Tagen nach der Verteilung dieser Vorschläge durch das Generalsekretariat vor. Die Mitglieder des Rates tragen dafür Sorge, dass die Prüfung derjenigen Bestimmungen eines Vorschlags für eine Neufassung von Rechtsetzungstexten, die aus dem vorangegangenen Rechtsetzungsakt ohne inhaltliche Änderung übernommen wurden, nach dem für die Prüfung von Kodifizierungsvorschlägen angewandten Verfahren vorgenommen wird."

[25]) ABl. C 73 vom 17.3.1999, S. 1.

Artikel 23
Der Generalsekretär und das Generalsekretariat

(1) Der Rat wird von einem Generalsekretariat unterstützt, das einem Generalsekretär untersteht, der vom Rat mit qualifizierter Mehrheit ernannt wird.

(2) Der Rat beschließt über die Organisation des Generalsekretariats[26]).

Unter der Aufsicht des Rates trifft der Generalsekretär alle erforderlichen Maßnahmen für das reibungslose Arbeiten des Generalsekretariats.

(3) Der Generalsekretär wird an der Gestaltung, der Koordinierung und der Überwachung der Kohärenz der Arbeiten des Rates und der Durchführung seines Achtzehnmonatsprogramms ständig eng beteiligt. Unter Verantwortung und Federführung des Vorsitzes unterstützt er diesen bei der Suche nach Lösungen.

(4) Der Generalsekretär legt dem Rat den Entwurf eines Haushaltsvoranschlags für die Ausgaben des Rates so frühzeitig vor, dass die in den Finanzvorschriften festgesetzten Fristen gewahrt werden können.

(5) Der Generalsekretär hat die uneingeschränkte Verantwortung für die Verwaltung der in Einzelplan II – Europäischer Rat und Rat – des Haushaltsplans aufgenommenen Mittel und ergreift alle erforderlichen Maßnahmen für deren einwandfreie Verwaltung. Er verwendet diese Mittel gemäß der für den Haushalt der Union geltenden Haushaltsordnung.

Artikel 24
Sicherheit

Die Regeln über die Sicherheit werden vom Rat mit qualifizierter Mehrheit angenommen.

Artikel 25
Aufgaben des Verwahrers von Abkommen

Wird der Generalsekretär für ein zwischen der Union oder der Europäischen Atomgemeinschaft und einem oder mehreren Staaten oder internationalen Organisationen geschlossenes Abkommen als Verwahrer benannt, so werden die Ratifikations-, Annahme- bzw. Genehmigungsurkunden zu diesen Abkommen am Sitz des Rates hinterlegt.

---

[26]) Absatz 1 und Absatz 2 Unterabsatz 1 stimmen mit Artikel 240 Absatz 2 des AEUV überein.

In diesen Fällen nimmt der Generalsekretär die Aufgaben des Verwahrers wahr und trägt außerdem dafür

Sorge, dass der Zeitpunkt des Inkrafttretens der betreffenden Abkommen im Amtsblatt veröffentlicht wird.

Artikel 26
Vertretung vor dem Europäischen Parlament

Der Rat wird vor dem Europäischen Parlament oder einem seiner Ausschüsse vom Vorsitz oder mit Zustimmung des Vorsitzes von einem Mitglied der zuvor festgelegten Gruppe von drei Mitgliedstaaten im Sinne des Artikels 1 Absatz 4, vom nächsten Vorsitz oder vom Generalsekretär vertreten. Im Auftrag des Vorsitzes kann sich der Rat vor den Ausschüssen des Europäischen Parlaments auch von hohen Beamten des Generalsekretariats vertreten lassen.

Was den Rat „Auswärtige Angelegenheiten" betrifft, so wird der Rat vor dem Europäischen Parlament und seinen Ausschüssen von seinem Präsidenten vertreten. Er kann sich erforderlichenfalls von demjenigen Mitglied dieser Ratsformation vertreten lassen, das den Mitgliedstaat vertritt, der den halbjährlichen Vorsitz des Rates wahrnimmt. Im Auftrag seines Präsidenten kann sich der Rat „Auswärtige Angelegenheiten" vor den Ausschüssen des Europäischen Parlaments auch von hohen Beamten des Europäischen Auswärtigen Dienstes oder gegebenenfalls des Generalsekretariats vertreten lassen.

Der Rat kann dem Europäischen Parlament seine Ansichten auch schriftlich mitteilen.

Artikel 27
Bestimmungen über die Form der Rechtsakte

Die Bestimmungen über die Form der Rechtsakte sind in Anhang VI enthalten.

Artikel 28
Für den Rat bestimmte Schreiben

Die für den Rat bestimmten Schreiben werden an den Präsidenten am Sitz des Rates gerichtet; die Anschrift lautet:

Rat der Europäischen Union
Rue de la Loi/Wetstraat 175
B-1048 Brüssel

ANHANG I
Liste der Ratsformationen

1. Allgemeine Angelegenheiten[27]);
2. Auswärtige Angelegenheiten[28]);
3. Wirtschaft und Finanzen[29]);
4. Justiz und Inneres[30]);
5. Beschäftigung, Sozialpolitik, Gesundheit und Verbraucherschutz;
6. Wettbewerbsfähigkeit (Binnenmarkt, Industrie, Forschung und Raumfahrt)[31]);
7. Verkehr, Telekommunikation und Energie;
8. Landwirtschaft und Fischerei;
9. Umwelt;
10. Bildung, Jugend, Kultur und Sport[32]).

Jeder Mitgliedstaat entscheidet selbst darüber, auf welche Weise er sich gemäß Artikel 16 Absatz 2 des EUV vertreten lässt.

An derselben Ratsformation können mehrere Minister als Amtsinhaber teilnehmen, wobei die Tagesordnung und der Ablauf der Beratungen angepasst werden[33]).

ANHANG II
Sonderbestimmungen für den Zugang der Öffentlichkeit zu Dokumenten des Rates

Artikel 1
Anwendungsbereich

Jeder natürlichen oder juristischen Person wird vorbehaltlich der in der Verordnung (EG) Nr. 1049/2001 festgelegten Grundsätze, Bedingungen und Einschränkungen und der in diesem Anhang festgelegten Sonderbestimmungen Zugang zu Dokumenten des Rates gewährt.

---

[27]) Diese Formation wird durch Artikel 16 Absatz 6 Unterabsatz 2 eingerichtet.

[28]) Diese Formation wird durch Artikel 16 Absatz 6 Unterabsatz 3 eingerichtet.

[29]) Einschließlich Haushalt.

[30]) Einschließlich Katastrophenschutz.

[31]) Einschließlich Tourismus.

[32]) Einschließlich audiovisueller Bereich.

[33]) Siehe nachstehende Erklärung m:

m) zu Anhang I Absatz 2:

„Der Vorsitz wird Tagesordnungen für die Ratstagungen so gestalten, dass Tagesordnungspunkte, die miteinander im Zusammenhang stehen, derart zusammengefasst werden, dass den zuständigen nationalen Vertretern die Teilnahme erleichtert wird, insbesondere dann, wenn sich eine bestimmte Ratsformation mit deutlich voneinander unterscheidbaren Themenkomplexen befassen muss."

Artikel 2
Konsultation bezüglich Dokumenten Dritter

(1) In Anwendung des Artikels 4 Absatz 5 und des Artikels 9 Absatz 3 der Verordnung (EG) Nr. 1049/2001 ist – abgesehen von den Fällen, in denen nach Prüfung des Dokuments im Lichte des Artikels 4 Absätze 1, 2 und 3 der Verordnung (EG) Nr. 1049/2001 feststeht, dass das Dokument nicht verbreitet wird – der betreffende Dritte zu konsultieren, wenn
a) das Dokument ein sensibles Dokument gemäß Artikel 9 Absatz 1 der Verordnung (EG) Nr. 1049/2001 ist;
b) das Dokument aus einem Mitgliedstaat stammt und
– dem Rat vor dem 3. Dezember 2001 vorgelegt wurde, oder
– der betreffende Mitgliedstaat darum gebeten hat, es nicht ohne seine vorherige Zustimmung zu verbreiten.

(2) In allen anderen Fällen, in denen dem Rat ein Antrag auf Zugang zu einem in seinem Besitz befindlichen Dokument zugeht, das von Dritten erstellt wurde, konsultiert das Generalsekretariat in Anwendung des Artikels 4 Absatz 4 der Verordnung (EG) Nr. 1049/2001 den betreffenden Dritten, es sei denn, dass nach Prüfung des Dokuments in Anbetracht des Artikels 4 Absätze 1, 2 und 3 der Verordnung (EG) Nr. 1049/2001 feststeht, dass das Dokument verbreitet wird bzw. dass es nicht verbreitet wird.

(3) Der Dritte wird schriftlich (einschließlich über E-Mail) konsultiert und erhält eine angemessene Antwortfrist unter Berücksichtigung der Frist nach Artikel 7 der Verordnung (EG) Nr. 1049/2001. In den Fällen nach Absatz 1 wird der Dritte gebeten, schriftlich Stellung zu nehmen.

(4) Fällt das Dokument nicht unter Absatz 1 Buchstabe a oder b und ist das Generalsekretariat aufgrund der ablehnenden Stellungnahme des Dritten nicht davon überzeugt, dass Artikel 4 Absatz 1 oder 2 der Verordnung (EG) Nr. 1049/2001 anzuwenden ist, so wird der Rat mit der Angelegenheit befasst.

Erwägt der Rat die Freigabe des Dokuments, so wird der Dritte unverzüglich schriftlich über die Absicht des Rates unterrichtet, das Dokument nach einem Zeitraum von mindestens zehn Arbeitstagen freizugeben. Gleichzeitig wird der Dritte auf Artikel 279 des AEUV hingewiesen.

Artikel 3
Konsultationsersuchen anderer Organe oder von Mitgliedstaaten

Konsultationsersuchen eines anderen Organs oder eines Mitgliedstaats zu einem ein Ratsdokument betreffenden Antrag sind per E-Mail an access@consilium.europa.eu oder per Telefax unter der Nummer +32(0)2 281 63 61 an den Rat zu richten.

Das Generalsekretariat gibt seine Stellungnahme im Namen des Rates unverzüglich unter Berücksichtigung einer im Hinblick auf eine Entscheidung des betreffenden Organs oder Mitgliedstaats einzuhaltenden Frist, spätestens aber binnen fünf Arbeitstagen ab.

Artikel 4
Aus den Mitgliedstaaten stammende Dokumente

Ein Antrag eines Mitgliedstaats nach Artikel 4 Absatz 5 der Verordnung (EG) Nr. 1049/2001 muss beim Generalsekretariat schriftlich eingereicht werden.

Artikel 5
Weiterleitung von Anträgen durch Mitgliedstaaten

Leitet ein Mitgliedstaat einen Antrag an den Rat weiter, so wird dieser Antrag gemäß den Artikeln 7 und 8 der Verordnung (EG) Nr. 1049/2001 und den einschlägigen Bestimmungen dieses Anhangs bearbeitet. Wird der Zugang ganz oder teilweise verweigert, so wird dem Antragsteller mitgeteilt, dass ein etwaiger Zweitantrag unmittelbar an den Rat zu richten ist.

Artikel 6
Anschrift für die Einreichung von Anträgen

Anträge auf Zugang zu Dokumenten sind schriftlich zu richten an den Generalsekretär des Rates, Rue de la Loi/Wetstraat 175, B-1048 Brüssel oder per E-Mail an access@consilium.europa.eu oder per Telefax unter der Nummer +32(0)2 281 63 61.

Artikel 7
Behandlung von Erstanträgen

Vorbehaltlich des Artikels 9 Absätze 2 und 3 der Verordnung (EG) Nr. 1049/2001 werden Anträge auf Zugang zu einem Ratsdokument vom Generalsekretariat bearbeitet.

Artikel 8
Behandlung von Zweitanträgen

Vorbehaltlich des Artikels 9 Absätze 2 und 3 der Verordnung (EG) Nr. 1049/2001 wird über Zweitanträge vom Rat entschieden.

Artikel 9
Gebühren

Die Gebühren für die Anfertigung und Übersendung von Kopien von Ratsdokumenten werden vom Generalsekretär festgesetzt.

Artikel 10
Öffentliches Register der Ratsdokumente

(1) Das Generalsekretariat ist dafür verantwortlich, das Register der Ratsdokumente öffentlich zugänglich zu machen.

(2) Zusätzlich zu den Verweisen auf Dokumente wird in dem Register vermerkt, welche nach dem 1. Juli 2000 erstellten Dokumente bereits freigegeben wurden. Vorbehaltlich der Verordnung (EG) Nr. 45/2001 des Europäischen Parlaments und des Rates vom 18. Dezember 2000 zum Schutz natürlicher Personen bei der Verarbeitung personenbezogener Daten durch die Organe und Einrichtungen der Gemeinschaft und zum freien Datenverkehr[34]) und des Artikels 16 der Verordnung (EG) Nr. 1049/2001 wird ihr Inhalt über das Internet zugänglich gemacht.

Artikel 11
Direkt öffentlich zugängliche Dokumente

(1) Dieser Artikel gilt für alle Dokumente des Rates, sofern sie nicht als Verschlusssache eingestuft sind und unbeschadet der Möglichkeit, einen schriftlichen Antrag gemäß Artikel 6 der Verordnung (EG) Nr. 1049/2001 zu stellen.

(2) Im Sinne dieses Artikels bezeichnet der Ausdruck
– „Verteilung" die Weitergabe der endgültigen Fassung eines Dokuments an die Mitglieder des Rates, ihre Vertreter oder Beauftragten;
– „legislative Dokumente" Dokumente, die im Laufe der Verfahren zur Annahme von Gesetzgebungsakten erstellt worden oder eingegangen sind.

(3) Das Generalsekretariat macht folgende Dokumente umgehend nach ihrer Verteilung der Öffentlichkeit zugänglich:
a) weder vom Rat noch von einem Mitgliedstaat verfasste Dokumente, die von ihrem Verfasser oder mit dessen Zustimmung veröffentlicht wurden;
b) vorläufige Tagesordnungen für Tagungen des Rates in seinen verschiedenen Zusammensetzungen;
c) alle Texte, die vom Rat angenommen worden sind und die im Amtsblatt veröffentlicht werden sollen.

(4) Das Generalsekretariat kann ferner folgende Dokumente umgehend nach ihrer Verteilung der Öffentlichkeit zugänglich machen, vorausgesetzt, dass sie eindeutig nicht unter eine der Ausnahmen gemäß Artikel 4 der Verordnung (EG) Nr. 1049/2001 fallen:
a) vorläufige Tagesordnungen für Ausschuss- oder Arbeitsgruppensitzungen;
b) andere Dokumente wie z. B. informatorische Vermerke, Berichte, Zwischenberichte und

---

[34]) ABl. L 8 vom 12.1.2001, S. 1.

Berichte über den Stand der Beratungen im Rat oder in einem seiner Vorbereitungsgremien, in denen keine Standpunkte einzelner Delegationen wiedergegeben sind, mit Ausnahme von Gutachten und Beiträgen des Juristischen Dienstes.

(5) Zusätzlich zu den in den Absätzen 3 und 4 aufgeführten Dokumenten macht das Generalsekretariat folgende legislative Dokumente und andere Dokumente umgehend nach ihrer Verteilung der Öffentlichkeit zugänglich:

a) die Gesetzgebungsakte und in Artikel 8 Absatz 1 der Geschäftsordnung aufgeführte Dokumenten betreffenden Übermittlungsvermerke und Kopien von an den Rat gerichteten Schreiben anderer Organe oder Einrichtungen der Europäischen Union oder – vorbehaltlich des Artikels 4 Absatz 5 der Verordnung (EG) Nr. 1049/2001 – eines Mitgliedstaats;

b) dem Rat vorgelegte Dokumente, die unter einem Tagesordnungspunkt aufgeführt sind, der im Teil „Beratungen über Gesetzgebungsakte" enthalten oder nach Artikel 8 der Geschäftsordnung mit den Worten „öffentliche Beratung" oder „öffentliche Aussprache" gekennzeichnet ist;

c) dem AStV und/oder dem Rat vorgelegte Annahmevermerke (I/A- und A-Punkt-Vermerke), die Entwürfe von Gesetzgebungsakten und von in Artikel 8 Absatz 1 der Geschäftsordnung aufgeführten Dokumenten betreffen, sowie die Entwürfe von Gesetzgebungsakten und von in Artikel 8 Absatz 1 der Geschäftsordnung aufgeführten Dokumenten, auf die sie sich beziehen;

d) vom Rat im Laufe eines ordentlichen oder besonderen Gesetzgebungsverfahrens angenommene Gesetzgebungsakte und vom Vermittlungsausschuss im Rahmen des ordentlichen Gesetzgebungsverfahrens gebilligte gemeinsame Entwürfe.

(6) Nach Annahme eines der in Absatz 5 Buchstabe d aufgeführten Akte oder der endgültigen Annahme des betreffenden Akts macht das Generalsekretariat alle mit diesem Akt zusammenhängenden Dokumente, die vor dem betreffenden Akt verfasst wurden und die nicht unter eine der Ausnahmen nach Artikel 4 Absätze 1 und 2 und Absatz 3 Unterabsatz 2 der Verordnung (EG) Nr. 1049/2001 fallen, wie informatorische Vermerke, Berichte, Zwischenberichte und Berichte über den Stand der Beratungen im Rat oder in einem seiner Vorbereitungsgremien („Beratungsergebnisse"), mit Ausnahme von Gutachten und Beiträgen des Juristischen Dienstes, der Öffentlichkeit zugänglich.

Auf Verlangen eines Mitgliedstaats werden Dokumente, die unter Unterabsatz 1 fallen und den individuellen Standpunkt der Delegation dieses Mitgliedstaats im Rat wiedergeben, nicht der Öffentlichkeit zugänglich gemacht.

ANHANG III

Durchführungsvorschriften zu den Bestimmungen über die Stimmengewichtung im Rat

Artikel 1

Zum Zwecke der Anwendung von Artikel 16 Absatz 5 des EU-Vertrags und von Artikel 3 Absätze 3 und 4 des Protokolls (Nr. 36) über die Übergangsbestimmungen gelten für die einzelnen Mitgliedstaaten folgende Bevölkerungszahlen für den Zeitraum vom 1. Januar 2011 bis zum 31. Dezember 2011:

Mitgliedstaat	Bevölkerung (× 1 000)
Deutschland	81 802,3
Frankreich	64 714,1
Vereinigtes Königreich	62 008,0
Italien	60 340,3
Spanien	45 989,0
Polen	38 167,3
Rumänien	21 462,2
Niederlande	16 575,0

Mitgliedstaat	Bevölkerung (× 1 000)
Griechenland	11 305,1
Belgien	10 827,0
Portugal	10 637,7
Tschechische Republik	10 506,8
Ungarn	10 014,3
Schweden	9 340,7
Österreich	8 375,3
Bulgarien	7 563,7
Dänemark	5 534,7
Slowakei	5 424,9
Finnland	5 351,4
Irland	4 467,9
Litauen	3 329,0
Lettland	2 248,4
Slowenien	2 047,0
Estland	1 340,1
Zypern	803,1
Luxemburg	502,1
Malta	413,0
Insgesamt	501 090,4
Schwelle (62 %)	310 676,1"

Artikel 2

(1) Die Mitgliedstaaten übermitteln dem Statistischen Amt der Europäischen Union vor dem 1. September jedes Jahres ihre Bevölkerungszahlen mit Stand vom 1. Januar des laufenden Jahres.

(2) Der Rat aktualisiert mit Wirkung vom 1. Januar jedes Jahres die in Artikel 1 genannten Zahlen auf der Grundlage der zum 30. September des Vorjahres beim Statistischen Amt der Europäischen Union verfügbaren Daten. Dieser Beschluss wird im Amtsblatt veröffentlicht.

ANHANG IV
Gemäß Artikel 16

(1) Bei der Anwendung der nachstehenden Bestimmungen der Geschäftsordnung werden im Falle von Beschlüssen, hinsichtlich deren ein Mitglied oder bestimmte Mitglieder des Rates oder des AStV gemäß den Verträgen nicht an der Abstimmung teilnehmen können, die Stimmen dieser Mitglieder nicht berücksichtigt:

a) Artikel 1 Absatz 3 Unterabsatz 2 (Tagung an einem anderen Ort als Brüssel oder Luxemburg);

b) Artikel 3 Absatz 7 (Aufnahme von Punkten in die Tagesordnung, die nicht auf der vorläufigen Tagesordnung stehen);

c) Artikel 3 Absatz 8 (Beibehaltung eines A-Punkts, der andernfalls von der Tagesordnung hätte abgesetzt werden müssen, als B-Punkt);

d) Artikel 5 Absatz 2 betreffend die Anwesenheit der Europäischen Zentralbank (Beratung in Abwesenheit der Europäischen Zentralbank);

e) Artikel 9 Absatz 2 Unterabsatz 1 Buchstabe b sowie Unterabsätze 2 und 3 (Veröffentlichung der Abstimmungsergebnisse, der Erklärungen zur Stimmabgabe, der in das Ratsprotokoll aufgenommenen Erklärungen und der Punkte des Ratsprotokolls, die andere als die in Absatz 1 genannten Fälle betreffen);

f) Artikel 11 Absatz 1 Unterabsatz 2 (Einleitung eines Abstimmungsverfahrens);

g) Artikel 12 Absatz 1 (Anwendung des schriftlichen Verfahrens);

h) Artikel 14 Absatz 1 (Beschluss, ausnahmsweise auf der Grundlage von Schriftstücken und Entwürfen zu beraten und zu beschließen, die nicht in allen Sprachen vorliegen)[35]);

i) Artikel 17 Absatz 2 Buchstabe a (Nichtveröffentlichung im Amtsblatt einer von einem Mitgliedstaat gemäß Artikel 76 des AEUV unterbreiteten Initiative);

j) Artikel 17 Absatz 2 Buchstabe b (Nichtveröffentlichung im Amtsblatt bestimmter Richtlinien, Beschlüsse, Empfehlungen und Stellungnahmen);

k) Artikel 17 Absatz 5 (Veröffentlichung oder Nichtveröffentlichung im Amtsblatt von Beschlüssen eines durch ein internationales Abkommen eingesetzten Organs).

(2) Ein Mitglied des Rates oder des AStV kann die folgenden Bestimmungen der Geschäftsordnung nicht im Zusammenhang mit Beschlüssen geltend machen, hinsichtlich deren es gemäß den Verträgen nicht an der Abstimmung teilnehmen kann:

a) Artikel 3 Absatz 8 (einem Mitglied des Rates offenstehende Möglichkeit zu beantragen, dass ein A-Punkt von der Tagesordnung abgesetzt wird);

b) Artikel 11 Absatz 1 Unterabsatz 2 (einem Mitglied des Rates offenstehende Möglichkeit, die Einleitung eines Abstimmungsverfahrens zu beantragen);

c) Artikel 11 Absatz 3 (einem Mitglied des Rates offenstehende Möglichkeit, sich Stimmrechte übertragen zu lassen);

d) Artikel 14 Absatz 2 (jedem Mitglied des Rates offenstehende Möglichkeit, gegen eine Beratung Einspruch zu erheben, wenn der Wortlaut etwaiger Änderungsvorschläge nicht in der von ihm bezeichneten Sprache abgefasst ist).

ANHANG V
Arbeitsmethoden des Rates

Vorbereitung der Tagungen

1. Der Vorsitz gewährleistet, dass ein Dossier nur dann von einer Gruppe oder von einem Ausschuss an den AStV überwiesen wird, wenn hinreichende Aussicht besteht, dass auf dieser Ebene Fortschritte erzielt oder die Positionen geklärt werden. Umgekehrt werden Dossiers nur dann an eine Gruppe oder einen Ausschuss zurückverwiesen, wenn dies erforderlich ist, und auf jeden Fall nur mit dem Auftrag, genau umschriebene Probleme zu lösen.

2. Der Vorsitz ergreift die erforderlichen Maßnahmen, um die Arbeit in der Zeit zwischen den Tagungen voranzubringen. Mit Zustimmung der Gruppe bzw. des Ausschusses kann er z. B. auf möglichst effiziente Weise die erforderlichen Konsultationen zu speziellen Problemen führen, um dann der entsprechenden Gruppe bzw. dem entsprechenden Ausschuss eventuelle Lösungsmöglichkeiten zu unterbreiten. Er kann auch schriftliche Konsultationen führen, indem er die Delegationen ersucht, vor der nächsten Sitzung der Gruppe oder des Ausschusses schriftlich auf einen Vorschlag zu reagieren.

3. Die Delegationen legen die Positionen, die sie auf einer bevorstehenden Tagung voraussichtlich vertreten werden, gegebenenfalls vor der Tagung schriftlich vor. Umfassen diese Positionen Vorschläge zur Änderung von Texten, so schlagen sie einen bestimmten Wortlaut vor. So weit wie möglich legen Delegationen, die dieselbe Position vertreten, gemeinsam schriftliche Beiträge vor.

4. Der AStV vermeidet es, sich erneut mit Angelegenheiten zu befassen, die bereits im

---

[35]) Siehe die nachstehende Erklärung n:

n) zu Anhang IV Nummer 1 Buchstabe h:

„Der Rat bestätigt, dass die derzeitige Praxis, wonach die Texte, auf die sich seine Beratungen stützen, in allen Sprachen erstellt werden, weiterhin Anwendung findet."

Rahmen der Vorbereitung seiner Tagung abschließend erörtert worden sind. Dies gilt insbesondere für I-Punkte, Informationen über die Organisation und die Reihenfolge der behandelten Punkte sowie Informationen über die Tagesordnung und die Organisation künftiger Tagungen des Rates. So weit wie möglich bringen die Delegationen Punkte unter „Sonstiges" im Rahmen der Vorbereitung der AStV-Tagungen und nicht im AStV selbst vor.

5. Der Vorsitz übermittelt den Delegationen im Rahmen der Vorbereitung der AStV-Tagungen so rasch wie möglich alle Informationen, die für eine eingehende Vorbereitung dieser Tagungen erforderlich sind, einschließlich Informationen darüber, welches Ziel der Vorsitz am Ende der Erörterung der einzelnen Tagesordnungspunkte zu erreichen gedenkt. Andererseits fordert der Vorsitz gegebenenfalls die Delegationen auf, die anderen Delegationen im Rahmen der Vorbereitung der AStV-Tagungen über die Positionen zu informieren, die sie auf der AStV-Tagung zu vertreten gedenken. Auf dieser Grundlage stellt der Vorsitz die Tagesordnung des AStV endgültig auf. Wenn die Umstände dies erfordern, kann der Vorsitz die an den Arbeiten zur Vorbereitung der AStV-Tagungen beteiligten Gruppen häufiger einberufen.

Durchführung der Tagungen

6. Es werden keine Punkte in die Tagesordnung des Rates aufgenommen, bei denen es lediglich um Erläuterungen durch die Kommission oder Mitglieder des Rates geht, außer wenn neue größere Initiativen erörtert werden sollen.

7. Der Vorsitz vermeidet es, reine Informationspunkte auf die Tagesordnung des AStV zu setzen. Die entsprechenden Informationen (z. B. über das Ergebnis der Beratungen in anderen Gremien oder mit einem Drittstaat oder einem anderen Organ, über verfahrenstechnische oder organisatorische Fragen u. a.) sollten den Delegationen im Rahmen der Vorbereitung der AStV-Tagungen möglichst in schriftlicher Form übermittelt und auf den AStV-Tagungen nicht noch einmal gegeben werden.

8. Zu Beginn einer Tagung erteilt der Vorsitz alle notwendigen weiteren Informationen über den Ablauf der Tagung und gibt insbesondere an, wie viel Zeit er jedem einzelnen Punkt zu widmen beabsichtigt. Er vermeidet lange Einleitungen und die Wiederholung von Informationen, die den Delegationen bereits bekannt sind.

9. Zu Beginn der Erörterung einer inhaltlichen Frage teilt der Vorsitz den Delegationen mit, wie lange sie sich – abhängig von der Art der erforderlichen Erörterung – maximal hierzu äußern dürfen. In den meisten Fällen sollten die Wortbeiträge nicht länger als zwei Minuten dauern.

10. Vollständige Tischumfragen sind grundsätzlich nicht zulässig; auf sie sollte nur unter besonderen Umständen und bei speziellen Fragen zurückgegriffen werden, wobei der Vorsitz eine Höchstzeit für die Wortbeiträge festlegt.

11. Der Vorsitz lenkt so weit wie möglich die Erörterungen, indem er insbesondere die Delegationen ersucht, auf Kompromisstexte oder spezielle Vorschläge zu reagieren.

12. Der Vorsitz gibt während und am Ende der Tagung bzw. Sitzung keine langen Zusammenfassungen der Erörterungen und beschränkt sich darauf, kurz die erzielten Ergebnisse (in Bezug auf den Inhalt und/oder das Verfahren) festzuhalten.

13. Die Delegationen tragen bereits von Vorrednern gemachte Ausführungen nicht noch einmal vor. Wortbeiträge sollen kurz und aufs Wesentliche beschränkt sein und den Kern einer Frage betreffen.

14. Delegationen, die dieselbe Auffassung vertreten, werden ersucht, sich abzusprechen, so dass ein einziger Redner ihre gemeinsame Position zu einem bestimmten Punkt vorträgt.

15. Bei der Erörterung von Texten legen die Delegationen schriftlich konkrete Formulierungsvorschläge vor und beschränken sich nicht darauf, ihre Ablehnung eines bestimmten Vorschlags zum Ausdruck zu bringen.

16. Wenn der Vorsitz nichts anderes angegeben hat, ergreifen die Delegationen nicht das Wort, um ihre Zustimmung zu einem bestimmten Vorschlag zum Ausdruck zu bringen; Stillschweigen gilt als grundsätzliche Zustimmung.

ANHANG VI
Bestimmungen über die Form der Rechtsakte

A. Form der Verordnungen

1. Die gemeinsam vom Europäischen Parlament und vom Rat angenommenen Verordnungen sowie die Verordnungen des Rates enthalten

a) in der Überschrift die Bezeichnung „Verordnung", eine Ordnungsnummer, den Zeitpunkt der Annahme und die Bezeichnung des Gegenstands. Durchführungsverordnungen, die vom Rat gemäß Artikel 291 Absatz 2 des AEUV angenommen werden, tragen in der Überschrift die Bezeichnung „Durchführungsverordnung";

b) die Formel „Das Europäische Parlament und der Rat der Europäischen Union" bzw. „Der Rat der Europäischen Union";

c) die Angabe der Bestimmungen, aufgrund deren die Verordnung angenommen wird; voranzustellen sind die Worte „gestützt auf";

d) den Hinweis auf die erfolgten Vorschläge sowie auf Stellungnahmen und Konsultationen;

e) die Begründung der Verordnung; voranzustellen sind die Worte „in Erwägung nachstehender Gründe: "; die Erwägungsgründe werden
nummeriert;

f) die Formel „haben folgende Verordnung erlassen" bzw. die Formel „hat folgende Verordnung erlassen", an die sich der Wortlaut der Verordnung anschließt.

2. Die Verordnungen werden in Artikel eingeteilt, die gegebenenfalls zu Kapiteln oder Abschnitten zusammengefasst sind.

3. Der letzte Artikel einer Verordnung bestimmt den Zeitpunkt des Inkrafttretens, falls
dieser vor oder nach dem zwanzigsten auf die
Veröffentlichung folgenden Tag liegt.

4. Nach dem letzten Artikel einer Verordnung
folgen

a) i) die Formel „Diese Verordnung ist in allen ihren Teilen verbindlich und gilt unmittelbar in jedem Mitgliedstaat"

oder

ii) für die Fälle, in denen ein Rechtsakt
nicht für alle und in allen Mitgliedstaaten gilt, die Formel „Diese Verordnung
ist in allen ihren Teilen verbindlich und
gilt gemäß den Verträgen unmittelbar
in den Mitgliedstaaten"[36]);

b) die Formel „Geschehen zu... am... "; als
Datum ist der Zeitpunkt einzusetzen, zu dem die
Verordnung erlassen worden ist,

und

c) im Falle

i) einer gemeinsam vom Europäischen
Parlament und vom Rat erlassenen Verordnung die Formel

---

[36]) Siehe die nachstehende Erklärung o:o) zu Anhang VI Abschnitt A Nummer 4 Buchstabe a Ziffer ii:
„Der Rat erinnert daran, dass in den in den Verträgen vorgesehenen Fällen, in denen ein Rechtsakt nicht
auf alle oder in allen Mitgliedstaaten anwendbar ist,
der räumliche Anwendungsbereich in der Begründung
und im Inhaltsteil des Rechtsakts deutlich hervorzuheben ist."

*„Im Namen des Europäischen Parlaments
Der Präsident"*

*„Im Namen des Rates
Der Präsident";*

es folgen der Name des Präsidenten des Europäischen Parlaments und der Name des bei Annahme der Verordnung amtierenden Präsidenten
des Rates;

ii) einer Verordnung des Rates die Formel

*„Im Namen des Rates
Der Präsident";*

es folgt der Name des bei Annahme der Verordnung amtierenden Präsidenten des Rates.

*B. Form der Richtlinien, Beschlüsse,
Empfehlungen und Stellungnahmen*

1. Die gemeinsam vom Europäischen Parlament und vom Rat erlassenen Richtlinien und
Beschlüsse sowie die Richtlinien und Beschlüsse
des Rates tragen die Überschrift „Richtlinie"
bzw. „Beschluss".

Durchführungsrichtlinien oder -beschlüsse,
die vom Rat gemäß Artikel 291 Absatz 2 des
AEUV angenommen werden, enthalten in der
Überschrift die Bezeichnung „Durchführungs-
richtlinie" bzw. „Durchführungsbeschluss".

2. Die Empfehlungen und Stellungnahmen
des Rates tragen die Überschrift „Empfehlung"
bzw. „Stellungnahme".

3. Die unter Buchstabe A vorgesehenen Bestimmungen über die Verordnungen finden vorbehaltlich der anwendbaren Bestimmungen der
Verträge sinngemäß auf die Richtlinien und Beschlüsse Anwendung.

*C. Form der Beschlüsse nach Artikel 25 des
EUV*

Die Beschlüsse im Sinne des Artikels 25 des
EUV tragen als Überschrift diese Bezeichnung
„Beschluss des Rates", eine Ordnungsnummer
(Jahr/Nummer/GASP), den Zeitpunkt der An-
nahme und die Bezeichnung des Gegenstands.

Geo
Rat qualifiz Mehrh
Sicherheits-
vorschriften

Beschluss des Rates

vom 8. November 1993

über seine Bezeichnung im Anschluss an das Inkrafttreten des Vertrags über die Europäische Union

(93/591/EU, Euratom, EGKS, EG)

(ABl 1993 L 281, 18, berichtigt durch ABl 1993 L 285, 41)

Der Rat wird nunmehr „Rat der Europäischen Union" genannt und als solcher insbesondere in den von ihm erlassenen Rechtsakten, einschließlich derjenigen im Rahmen der Titel V und VI des Vertrags über die Europäische Union, bezeichnet; desgleichen werden die politischen Erklärungen, die der Rat im Rahmen der Gemeinsamen Außen- und Sicherheitspolitik annimmt, im Namen der „Europäischen Union" abgegeben.

Geschehen zu Brüssel am 8. November 1993.

Beschluss des Rates

vom 1. Januar 2007

zur Festlegung der Reihenfolge für die Wahrnehmung des Vorsitzes im Rat

(2007/5/EG, Euratom)

(ABl 2007 L 1, 11)

DER RAT DER EUROPÄISCHEN UNION –

gestützt auf den Vertrag zur Gründung der Europäischen Gemeinschaft, insbesondere auf Artikel 203 Absatz 2,

gestützt auf den Vertrag zur Gründung der Europäischen Atomgemeinschaft, insbesondere auf Artikel 116 Absatz 2,

gestützt auf den Vertrag über die Europäische Union, insbesondere auf die Artikel 28 Absatz 1 und Artikel 41 Absatz 1,

in Erwägung nachstehender Gründe:

(1) Mit dem Beschluss 2005/902/EG, Euratom[1]) hat der Rat die Reihenfolge für die Wahrnehmung des Vorsitzes im Rat für die Mitgliedstaaten der Europäischen Union zum Zeitpunkt des 1. Januar 2006 festgelegt.

(2) Die Europäische Union wird am 1. Januar 2007 um zwei neue Mitgliedstaaten erweitert.

(3) Die Reihenfolge für die Wahrnehmung des Vorsitzes im Rat sollte unter Einbeziehung der neuen Mitgliedstaaten festgelegt werden, und es sollte ein neuer Beschluss angenommen werden, der den Beschluss 2005/902/EG, Euratom ersetzt –

---

[1]) ABl. L 328 vom 12.12.2005, S. 60.

BESCHLIESST:

Artikel 1

(1) Die Reihenfolge, in der die Mitgliedstaaten ab dem 1. Januar 2007 den Vorsitz im Rat wahrnehmen, ist im Anhang festgelegt.

(2) Der Rat kann auf Vorschlag der betreffenden Mitgliedstaaten einstimmig beschließen, dass ein Mitgliedstaat den Vorsitz zu einem anderen Zeitraum als dem Zeitraum ausübt, der sich aus der im Anhang festgelegten Reihenfolge ergibt.

Artikel 2

Dieser Beschluss wird am 1. Januar 2007 wirksam.

Der Beschluss 2005/902/EG, Euratom wird aufgehoben.

Artikel 3

Dieser Beschluss wird im Amtsblatt der Europäischen Union veröffentlicht.

Geschehen zu Brüssel am 1. Januar 2007.

Im Namen des Rates
Der Präsident
F.-W. Steinmeier

ANHANG

Deutschland	Januar–Juni	2007	Litauen	Juli–Dezember	2013
Portugal	Juli–Dezember	2007	Griechenland	Januar–Juni	2014
Slowenien	Januar–Juni	2008	Italien	Juli–Dezember	2014
Frankreich	Juli–Dezember	2008	Lettland	Januar–Juni	2015
Tschechische Republik	Januar–Juni	2009	Luxemburg	Juli–Dezember	2015
Schweden	Juli–Dezember	2009	Niederlande	Januar–Juni	2016
Spanien	Januar–Juni	2010	Slowakei	Juli–Dezember	2016
Belgien	Juli–Dezember	2010	Malta	Januar–Juni	2017
Ungarn	Januar–Juni	2011	Vereinigtes Königreich	Juli–Dezember	2017
Polen	Juli–Dezember	2011	Estland	Januar–Juni	2018
Dänemark	Januar–Juni	2012	Bulgarien	Juli–Dezember	2018
Zypern	Juli–Dezember	2012	Österreich	Januar–Juni	2019
Irland	Januar–Juni	2013	Rumänien	Juli–Dezember	2019
			Finnland	Januar–Juni	2020

Beschluss des Europäischen Rates

vom 1. Dezember 2009
über die Ausübung des Vorsitzes im Rat
(2009/881/EU)
(ABl 2009 L 315, 50)

DER EUROPÄISCHE RAT

gestützt auf den Vertrag über die Europäische Union, insbesondere Artikel 16 Absatz 9,

gestützt auf den Vertrag über die Arbeitsweise der Europäischen Union, insbesondere auf Artikel 236 Buchstabe b,

in Erwägung nachstehender Gründe:

(1) In der Erklärung Nr. 9 im Anhang zur Schlussakte der Regierungskonferenz, auf der der Vertrag von Lissabon angenommen wurde, ist vorgesehen, dass der Europäische Rat am Tag des Inkrafttretens des Vertrags von Lissabon einen Beschluss annimmt, dessen Wortlaut in der genannten Erklärung wiedergegeben ist.

(2) Daher sollte dieser Beschluss angenommen werden –

HAT FOLGENDEN BESCHLUSS ERLASSEN:

Artikel 1

(1) Der Vorsitz im Rat außer in der Zusammensetzung „Auswärtige Angelegenheiten" wird von zuvor festgelegten Gruppen von drei Mitgliedstaaten für einen Zeitraum von 18 Monaten wahrgenommen. Diese Gruppen werden in gleichberechtigter Rotation der Mitgliedstaaten unter Berücksichtigung ihrer Verschiedenheit und des geografischen Gleichgewichts innerhalb der Union zusammengestellt.

(2) Jedes Mitglied der Gruppe nimmt den Vorsitz in allen Zusammensetzungen des Rates außer in der Zusammensetzung „Auswärtige Angelegenheiten" im Wechsel für einen Zeitraum von sechs Monaten wahr. Die anderen Mitglieder der Gruppe unterstützen den Vorsitz auf der Grundlage eines gemeinsamen Programms bei all seinen Aufgaben. Die Mitglieder der Gruppe können untereinander alternative Regelungen beschließen.

Artikel 2

Der Vorsitz im Ausschuss der Ständigen Vertreter der Regierungen der Mitgliedstaaten wird von einem Vertreter des wahrgenommen, der den Vorsitz im Rat in der Zusammensetzung „Allgemeine Angelegenheiten" innehat.

Der Vorsitz im Politischen und Sicherheitspolitischen Komitee wird von einem Vertreter des Hohen Vertreters der Union für Außen- und Sicherheitspolitik wahrgenommen.

Der Vorsitz in den vorbereitenden Gremien des Rates in seinen verschiedenen Zusammensetzungen außer in der Zusammensetzung „Auswärtige Angelegenheiten" wird von dem Mitglied der Gruppe wahrgenommen, das den Vorsitz in der entsprechenden Zusammensetzung des Rates führt, sofern nach Artikel 4 nichts anderes beschlossen wird.

Artikel 3

Der Rat in der Zusammensetzung „Allgemeine Angelegenheiten" sorgt im Rahmen einer Mehrjahresplanung in Zusammenarbeit mit der Kommission für die Kohärenz und die Kontinuität der Arbeiten des Rates in seinen verschiedenen Zusammensetzungen. Die den Vorsitz wahrnehmenden Mitgliedstaaten treffen mit Unterstützung des Generalsekretariats des Rates alle für die Organisation und den reibungslosen Ablauf der Arbeiten des Rates erforderlichen Vorkehrungen.

Artikel 4

Der Rat erlässt einen Beschluss mit Bestimmungen zur Anwendung dieses Beschlusses.

Artikel 5

Dieser Beschluss tritt am Tag seiner Annahme in Kraft.

Er wird im *Amtsblatt der Europäischen Union* veröffentlicht.

Geschehen zu Brüssel am 1. Dezember 2009.

Im Namen des Europäischen Rates
Der Präsident
H. VAN ROMPUY

Beschluss des Rates

vom 1. Dezember 2009

zur Festlegung von Maßnahmen für die Durchführung des Beschlusses des Europäischen Rates über die Ausübung des Vorsitzes im Rat und über den Vorsitz in den Vorbereitungsgremien des Rates

(2009/908/EU)

(ABl 2009, L 322, 28, berichtigt durch ABl 2009 L 344, 56)

DER RAT DER EUROPÄISCHEN UNION –

gestützt auf den Vertrag über die Europäische Union, insbesondere Artikel 16 Absatz 9,

unter Hinweis auf den Vertrag über die Arbeitsweise der Europäischen Union, insbesondere Artikel 236 Buchstabe b,

unter Hinweis auf den Beschluss des Europäischen Rates vom 1. Dezember 2009 über die Ausübung des Vorsitzes im Rat[1]),

insbesondere Artikel 2 Absatz 3 und Artikel 4,

in Erwägung nachstehender Gründe:

(1) Es sollten Maßnahmen für die Durchführung des Beschlusses des Europäischen Rates über die Ausübung des Vorsitzes im Rat (nachstehend „Beschluss des Europäischen Rates" genannt) festgelegt werden.

(2) Zu diesen Durchführungsmaßnahmen gehört die Festlegung der Reihenfolge, in der die zuvor festgelegten Gruppen von drei Mitgliedstaaten den Vorsitz für aufeinander folgende Zeiträume von 18 Monaten wahrnehmen werden, wobei zu berücksichtigen ist, dass am 1. Januar 2007 nach der Geschäftsordnung des Rates ein System von Achtzehnmonatsprogrammen des Rates eingeführt wurde, die von den drei in dem betreffenden Zeitraum amtierenden Vorsitzen vereinbart werden.

(3) Nach Artikel 1 des Beschlusses des Europäischen Rates müssen bei der Zusammenstellung der Gruppen die Verschiedenartigkeit der Mitgliedstaaten und das geografische Gleichgewicht innerhalb der Union berücksichtigt werden.

(4) Artikel 1 Absatz 2 des Beschlusses des Europäischen Rates regelt die Aufteilung der Zuständigkeiten innerhalb den Mitgliedstaaten halb jeder Gruppe. In beiden in Artikel 2 Absatz 1 dieses Beschlusses vorgesehenen Fällen werden die praktischen Modalitäten für die Zusammenarbeit der Mitgliedstaaten innerhalb jeder Gruppe von den betreffenden Mitgliedstaaten einvernehmlich festgelegt.

(5) Darüber hinaus sollte in diesen Durchführungsmaßnahmen speziell geregelt werden, wer den Vorsitz in den Vorbereitungsgremien des Rates (Auswärtige Angelegenheiten) nach Artikel 2 Absatz 3 des Beschlusses des Europäischen Rates wahrnimmt.

(6) In den meisten dieser Vorbereitungsgremien sollte der Vorsitz von einem Vertreter des Hohen Vertreters der Union für Außen- und Sicherheitspolitik (nachstehend „Hoher Vertreter" genannt) wahrgenommen werden, während der Vorsitz in den übrigen Gremien weiterhin vom halbjährlich wechselnden Ratsvorsitz wahrgenommen werden sollte. Wird der Vorsitz in solchen Gremien von einem Vertreter des Hohen Vertreters wahrgenommen, kann eine Übergangsphase angewandt werden.

(7) Vorbereitungsgremien, deren Vorsitz sich nach einem anderen System richtet als dem halbjährlich wechselnden Ratsvorsitz, sollten nach Artikel 2 Absatz 3 des Beschlusses des Europäischen Rates ebenfalls in diesem Beschluss aufgeführt werden.

(8) In Vorbereitungsgremien, die in diesem Beschluss nicht aufgeführt sind, wird der Vorsitz nach Artikel 2 des Beschlusses des Europäischen Rates wahrgenommen.

HAT FOLGENDEN BESCHLUSS ERLASSEN:

Artikel 1

Die Reihenfolge, in der die Mitgliedstaaten den Vorsitz im Rat ab dem 1. Januar 2007 wahrnehmen, ist im Beschluss des Rates vom 1. Januar 2007 zur Festlegung der Reihenfolge für die Wahrnehmung des Vorsitzes im Rat aufgeführt[2]).

Die Einteilung dieser Reihenfolge der Vorsitze in Gruppen von drei Mitgliedstaaten nach Artikel 1 Absatz 1 des Beschlusses des Europäischen Rates ist in Anhang I aufgeführt.

Artikel 2

(1) Jedes Mitglied einer Gruppe nach Artikel 1 Absatz 1 nimmt den Vorsitz in allen Zusammensetzungen des Rates außer in der Zusammensetzung „Auswärtige Angelegenheiten" im Wechsel für einen Zeitraum von sechs Monaten wahr. Die anderen Mitglieder der Gruppe unterstützen den Vorsitz auf der Grundlage des Achtzehnmonatsprogramms des Rates bei all seinen Aufgaben.

(2) Die Mitglieder einer Gruppe nach Artikel 1 können untereinander alternative Regelungen beschließen.

---

[1]) ABl. L 315 vom 2.12.2009, S. 50.

[2]) ABl. L 1 vom 4.1.2007, S. 11.

(3) In den nach den Absätzen 1 und 2 vorgesehenen Fällen legen die Mitgliedstaaten innerhalb einer jeden Gruppe einvernehmlich die praktischen Modalitäten für ihre Zusammenarbeit fest.

Artikel 3

Der Rat beschließt vor dem 1. Juli 2017 über die Reihenfolge, in der die Mitgliedstaaten den Vorsitz ab dem 1. Juli 2020 ausüben werden.

Artikel 4

Der Vorsitz in den Vorbereitungsgremien des Rates (Auswärtige Angelegenheiten) wird nach den Vorschriften in Anhang II wahrgenommen.

Artikel 5

Der Vorsitz in den in Anhang III aufgeführten Vorbereitungsgremien des Rates wird von den in jenem Anhang aufgeführten festen Vorsitzen wahrgenommen.

Artikel 6

Dieser Beschluss tritt am Tag seiner Annahme in Kraft.

Er wird im *Amtsblatt der Europäischen Union* veröffentlicht.

Geschehen zu Brüssel am 1. Dezember 2009.

Im Namen des Rates
Die Präsidentin
B. ASK

ANHANG I

Deutschland	Januar-Juni	2007
Portugal	Juli-Dezember	
Slowenien	Januar-Juni	2008
Frankreich	Juli-Dezember	
Tschechische Republik	Januar-Juni	2009
Schweden	Juli-Dezember	
Spanien	Januar-Juni	2010
Belgien	Juli-Dezember	
Ungarn	Januar-Juni	2011
Polen	Juli-Dezember	
Dänemark	Januar-Juni	2012
Zypern	Juli-Dezember	
Irland	Januar-Juni	2013
Litauen	Juli-Dezember	
Griechenland	Januar-Juni	2014
Italien	Juli-Dezember	
Lettland	Januar-Juni	2015
Luxemburg	Juli-Dezember	
Niederlande	Januar-Juni	2016
Slowakei	Juli-Dezember	
Malta	Januar-Juni	2017
Vereinigtes Königreich	Juli-Dezember	
Estland	Januar-Juni	2018
Bulgarien	Juli-Dezember	
Österreich	Januar-Juni	2019
Rumänien	Juli-Dezember	
Finnland	Januar-Juni	2020

ANHANG II
VORSITZ DER VORBEREITUNGS-GREMIEN DES RATES (AUSWÄRTIGE ANGELEGENHEITEN)[1])

Der Vorsitz der in den Kategorien 1 bis 4 der nachstehenden Tabelle genannten Vorbereitungsgremien des Rates (Auswärtige Angelegenheiten) wird wie folgt organisiert:

1) Kategorie 1 (Vorbereitungsgremien für die Bereiche Handel und Entwicklung)

Der Vorsitz in den Vorbereitungsgremien wird vom halbjährlichen Vorsitz wahrgenommen.

2) Kategorie 2 (geografische Vorbereitungsgremien)

Der Vorsitz in den Vorbereitungsgremien wird von einem Vertreter des Hohen Vertreters wahrgenommen.

3) Kategorie 3 (horizontale Vorbereitungsgremien, überwiegend GASP-Themen)

Der Vorsitz in den Vorbereitungsgremien wird von einem Vertreter des Hohen Vertreters wahrgenommen, mit Ausnahme der folgenden Vorbereitungsgremien, in denen der Vorsitz vom halbjährlichen Vorsitz wahrgenommen wird:

– Gruppe der Referenten für Außenbeziehungen (RELEX);

– Gruppe „Terrorismus (Internationale Aspekte)" (COTER);

– Gruppe „Anwendung spezifischer Maßnahmen zur Bekämpfung des Terrorismus" (COCOP);

– Gruppe „Konsularische Angelegenheiten" (COCON);

– Gruppe „Völkerrecht" (COJUR); und

– Gruppe „Seerecht" (COMAR).

---

[1]) Nach dem 1. Dezember 2009 sollte rasch eine Überprüfung des Geltungsbereichs und der Organisation der Arbeitsstrukturen im Bereich der auswärtigen Angelegenheiten vorgenommen werden, insbesondere im Bereich der Entwicklungspolitik. Die Regelungen für den Vorsitz der überprüften Arbeitsgruppen sollten erforderlichenfalls entsprechend den allgemeinen Grundsätzen in diesem Anhang angepasst werden.

4) Kategorie 4 (Vorbereitungsgremien für GSVP-Themen)

Der Vorsitz in den Vorbereitungsgremien für GSVP-Themen wird von einem Vertreter des Hohen Vertreters wahrgenommen[2]).

Der Hohe Vertreter und der halbjährliche Vorsitz arbeiten eng zusammen, um Kohärenz zwischen allen Vorbereitungsgremien des Rates (Auswärtige Angelegenheiten) zu gewährleisten.

Was die Kategorien 3 und 4 betrifft, so wird der Vorsitz in diesen Vorbereitungsgremien nach dem Erlass des Beschlusses des Rates über die Organisation und die Arbeitsweise des Europäischen Auswärtigen Dienstes (EAD) noch während einer Übergangszeit von bis zu sechs Monaten vom halbjährlichen Vorsitz wahrgenommen. Für die Kategorie 2 beträgt diese Übergangszeit bis zu 12 Monate.

Modalitäten für die Ernennung der Vorsitzenden:

In den Fällen, in denen nach dem Beschluss des Europäischen Rates oder nach diesem Beschluss der Vorsitz in einem Vorbereitungsgremium (PSK und die betreffenden Arbeitsgruppen) von einem Vertreter des Hohen Vertreters wahrgenommen wird, obliegt es dem Hohen Vertreter, diesen Vorsitzenden zu ernennen. Diese Ernennungen erfolgen aufgrund der Befähigung, wobei auf hinreichende geografische Ausgewogenheit und auf Transparenz zu achten ist. Der Hohe Vertreter trägt dafür Sorge, dass die Person, deren Ernennung zum Vorsitzenden er beabsichtigt, das Vertrauen der Mitgliedstaaten genießt. Die betreffende Person wird im Einklang mit den Einstellungsverfahren des Europäischen Auswärtigen Dienstes (EAD) mit ihrer Ernennung zumindest für die Dauer ihrer Amtszeit Mitglied des EAD, sofern sie diesem noch nicht angehört. Eine Bewertung dieser Regelung wird im Rahmen des für 2012 vorgesehenen Sachstandsberichts über den EAD vorgenommen.

---

[2]) Der Vorsitz im EU-Militärausschuss (EUMC) und in der Arbeitsgruppe des EU-Militärausschusses (EUMCWG) wird weiterhin – wie vor dem Inkrafttreten dieses Beschlusses – von einem gewählten Vorsitzenden wahrgenommen.

1. Vorbereitungsgremien für die Bereiche Handel und Entwicklung	Ausschuss „Artikel 207"
	Gruppe „AKP"
	Gruppe „Entwicklungszusammenarbeit" (DEVGEN)
	Gruppe „EFTA"
	Gruppe „Güter mit doppeltem Verwendungszweck"
	Gruppe „Handelsfragen"
	Gruppe „Grundstoffe"
	Gruppe „Allgemeines Präferenzsystem"
	Gruppe „Vorbereitung internationaler Entwicklungskonferenzen"/UNCCD Wüstenbildung/UNCTAD
	Gruppe „Humanitäre Hilfe und Nahrungsmittelhilfe"
	Arbeitskreis „Ausfuhrkredite"
2. Geografische Vorbereitungsgremien	Gruppe „Maschrik/Maghreb" (COMAG/MaMa)
	Gruppe „Osteuropa und Zentralasien" (COEST)
	Gruppe „Westliche Balkanstaaten" (COWEB)
	Gruppe „Naher Osten/Golfstaaten" (COMEM/MOG)
	Gruppe „Asien – Ozeanien" (COASI)
	Gruppe „Lateinamerika" (COLAT)
	Gruppe „Transatlantische Beziehungen" (COTRA)
	Gruppe „Afrika" (COAFR)
3. Horizontale Vorbereitungsgremien (überwiegend GASP-Themen)	Gruppe der Referenten für Außenbeziehungen (RELEX)
	Nicolaidis-Gruppe
	Gruppe „Globale Abrüstung und Rüstungskontrolle" (CODUN)
	Gruppe „Nichtverbreitung" (CONOP)
	Gruppe „Ausfuhr konventioneller Waffen" (COARM)
	Gruppe „Menschenrechte" (COHOM)
	Gruppe „Terrorismus (Internationale Aspekte)" (COTER) [1]
	Gruppe „Anwendung spezifischer Maßnahmen zur Bekämpfung des Terrorismus" (COCOP) [1]
	Gruppe „OSZE und Europarat" (COSCE)
	Gruppe „Vereinte Nationen" (CONUN)
	Ad-hoc-Gruppe „Nahost-Friedensprozess" (COMEP)
	Gruppe „Völkerrecht" (COJUR, COJUR-ICC)
	Gruppe „Seerecht" (COMAR)
	Gruppe „Konsularische Angelegenheiten" (COCON)
	Gruppe „GASP-Verwaltungsangelegenheiten und Protokoll" (COADM)

4. Vorbereitungsgremien für GSVP-Themen	Militärausschuss (EUMC)
	Arbeitsgruppe des EU-Militärausschusses (EUMCWG)
	Gruppe „Politisch-militärische Angelegenheiten" (PMG)
	Ausschuss für die zivilen Aspekte der Krisenbewältigung (CIVCOM)
	Gruppe „Europäische Rüstungspolitik"

(¹) Die Frage der Gruppe „Terrorismus (Internationale Aspekte)" (COTER) und der Gruppe „Anwendung spezifischer Maßnahmen zur Bekämpfung des Terrorismus" (COCOP) wird auch im Rahmen der Beratungen über die Arbeitsstrukturen im JI-Bereich erörtert werden.

ANHANG III

VORSITZENDE DER VORBEREITUNGSGREMIEN DES RATES MIT FESTEM VORSITZ

Gewählter Vorsitzender

Wirtschafts- und Finanzausschuss

Beschäftigungsausschuss

Ausschuss für Sozialschutz

Militärausschuss (¹)

Ausschuss für Wirtschaftspolitik

Ausschuss für Finanzdienstleistungen

Arbeitsgruppe des EU-Militärausschusses (¹)

Gruppe „Verhaltenskodex (Unternehmensbesteuerung)"

Vorsitz vom Generalsekretariat des Rates wahrgenommen

Sicherheitsausschuss

Gruppe „Information"

Gruppe „Rechtsinformatik"

Gruppe „Elektronische Kommunikation"

Gruppe „Kodifizierung"

Gruppe der Rechts- und Sprachsachverständigen

Gruppe „Neue Gebäude"

(¹) Siehe auch Anhang II.

Beschluss des Rates (Allgemeine Angelegenheiten)

vom 1. Dezember 2009 zur Festsetzung der Liste der Zusammensetzungen des Rates, die zu den in Artikel 16 Absatz 6 Unterabsätze 2 und 3 des Vertrags über die Europäische Union genannten Zusammensetzungen hinzukommen

(2009/878/EU)

(ABl 2009 L 315, 46, geändert durch ABl 2010 L 263, 12)

DER RAT DER EUROPÄISCHEN UNION –

gestützt auf das Protokoll über die Übergangsbestimmungen, insbesondere auf Artikel 4,

in Erwägung nachstehender Gründe:

(1) In Artikel 4 des Protokolls über die Übergangsbestimmungen ist vorgesehen, dass bis zum Inkrafttreten des Beschlusses des Europäischen Rates nach Artikel 16 Absatz 6 Unterabsatz 1 des Vertrags über die Europäische Union betreffend die Liste der Zusammensetzungen des Rates die Liste dieser Zusammensetzungen, die zu den Zusammensetzungen „Allgemeine Angelegenheiten" und „Auswärtige Angelegenheiten" hinzukommen, vom Rat in seiner Zusammensetzung „Allgemeine Angelegenheiten" festgesetzt werden sollte, der mit einfacher Mehrheit beschließt.

(2) Die Liste der Zusammensetzungen des Rates wurde vom Rat (Allgemeine Angelegenheiten) am 22. Juli 2002 als Teil des Anhangs I der Geschäftsordnung des Rates und entsprechend der vom Europäischen Rat auf seiner Tagung vom 21. und 22. Juni 2002 in Sevilla vereinbarten Liste festgelegt.

(3) Zur Erfüllung der Bestimmungen der Verträge sollte diese Liste angepasst werden, die in die Geschäftsordnung des Rates aufzunehmen ist –

HAT FOLGENDEN BESCHLUSS ERLASSEN:

Artikel 1

Die Liste der Zusammensetzungen des Rates nach Artikel 4 des Protokolls über die Übergangsbestimmungen ist im Anhang enthalten.

Artikel 2

Dieser Beschluss tritt am Tag seiner Annahme in Kraft. Er wird im *Amtsblatt der Europäischen Union* veröffentlicht.

Geschehen zu Brüssel am 1. Dezember 2009.

*Im Namen des Rates
Der Präsident*
C. BILDT

ANHANG

LISTE DER ZUSAMMENSETZUNGEN DES RATES

1. Allgemeine Angelegenheiten[1]);
2. Auswärtige Angelegenheiten[2]);
3. Wirtschaft und Finanzen[3]);
4. Justiz und Inneres[4]);
5. Beschäftigung, Sozialpolitik, Gesundheit und Verbraucherschutz;
6. Wettbewerbsfähigkeit (Binnenmarkt, Industrie, Forschung und Raumfahrt)[5]);
7. Verkehr, Telekommunikation und Energie;
8. Landwirtschaft und Fischerei;
9. Umwelt;
10. Bildung, Jugend, Kultur und Sport[6]).

---

[1]) Diese Zusammensetzung wird durch Artikel 16 Absatz 6 Unterabsatz 2 des Vertrags über die Europäische Union festgelegt.

[2]) Diese Zusammensetzung wird durch Artikel 16 Absatz 6 Unterabsatz 3 des Vertrags über die Europäische Union festgelegt.

[3]) Einschließlich Haushalt.

[4]) Einschließlich Katastrophenschutz.

[5]) Einschließlich Tourismus.

[6]) Einschließlich audiovisueller Bereich.

9/5. Rat/qual M
Art. 1 – 4

Beschluss des Rates

vom 13. Dezember 2007

über die Anwendung des Artikels 9c Absatz 4 des Vertrages über die Europäische Union und des Artikels 205 Absatz 2 des Vertrags über die Arbeitsweise der Europäischen Union zwischen dem 1. November 2014 und dem 31. März 2017 einerseits und ab dem 1. April 2017 andererseits*)

(2009/857/EG)

(ABl 2009 L 314, 73)

DER RAT DER EUROPÄISCHEN UNION –
in Erwägung nachstehender Gründe:

(1) Es sollten Bestimmungen erlassen werden, die einen reibungslosen Übergang von der Regelung für die Beschlussfassung des Rates mit qualifizierter Mehrheit, die in Artikel 3 Absatz 3 des Protokolls über die Übergangsbestimmungen festgelegt ist und die bis zum 31. Oktober 2014 weiterhin gelten wird, zu der in Artikel 9c Absatz 4 des Vertrags über die Europäische Union und Artikel 205 Absatz 2 des Vertrags über die Arbeitsweise der Europäischen Union vorgesehenen Abstimmungsregelung gewährleisten, die ab dem 1. November 2014 gelten wird, einschließlich – während eines Übergangszeitraums bis zum 31. März 2017 – der besonderen Bestimmungen gemäß Artikel 3 Absatz 2 des genannten Protokolls.

(2) Der Rat wird auch in Zukunft alles daran setzen, die demokratische Legitimierung der mit qualifizierter Mehrheit angenommenen Rechtsakte zu erhöhen –

BESCHLIESST:

ABSCHNITT 1
FÜR DIE ZEIT VOM 1. NOVEMBER 2014 BIS ZUM 31. MÄRZ 2017 ANWENDBARE BESTIMMUNGEN

Artikel 1

Für die Zeit vom 1. November 2014 bis zum 31. März 2017 gilt Folgendes: Wenn Mitglieder des Rates, die

a) mindestens drei Viertel der Bevölkerung oder

b) mindestens drei Viertel der Anzahl der Mitgliedstaaten

vertreten, die für die Bildung einer Sperrminorität erforderlich sind, wie sie sich aus der Anwendung von Artikel 9c Absatz 4 Unterabsatz 1 des Vertrags über die Europäische Union oder Artikel 205 Absatz 2 des Vertrags über die Arbeitsweise der Europäischen Union ergibt, erklären, dass sie die Annahme eines Rechtsakts durch den Rat mit qualifizierter Mehrheit ablehnen, so wird die Frage vom Rat erörtert.

Artikel 2

Der Rat wird im Verlauf dieser Erörterungen alles in seiner Macht Stehende tun, um innerhalb einer angemessenen Zeit und unbeschadet der durch das Unionsrecht vorgeschriebenen zwingenden Fristen eine zufriedenstellende Lösung für die von den Mitgliedern des Rates nach Artikel 1 vorgebrachten Anliegen zu finden.

Artikel 3

Zu diesem Zweck unternimmt der Präsident des Rates mit Unterstützung der Kommission unter Einhaltung der Geschäftsordnung des Rates alle erforderlichen Schritte, um im Rat eine breitere Einigungsgrundlage zu ermöglichen. Die Mitglieder des Rates unterstützen ihn hierbei.

ABSCHNITT 2
AB DEM 1. APRIL 2017 ANWENDBARE BESTIMMUNGEN

Artikel 4

Ab dem 1. April 2017 gilt Folgendes: Wenn Mitglieder des Rates, die

---

*) Die Regelung bezieht sich noch auf die Nummerierung im Vertrag von Lissabon; nach neuer Nummerierung der Verträge gemäß der Übereinstimmungstabelle nach Artikel 5 des Vertrages von Lissabon bezieht sich dieser Beschluss somit auf die Anwendung des Artikels 16 Absatz 4 des Vertrages über die Europäische Union und des Artikels 238 Absatz 2 des Vertrages über die Arbeitsweise der Europäischen Union. Siehe dazu die 7. Erklärung unter 1/5. Erklärungen.

a) mindestens 55 % der Bevölkerung oder

b) mindestens 55 % der Anzahl der Mitgliedstaaten

vertreten, die für die Bildung einer Sperrminorität erforderlich sind, wie sie sich aus der Anwendung von Artikel 9c Absatz 4 Unterabsatz 1 des Vertrags über die Europäische Union oder Artikel 205 Absatz 2 des Vertrags über die Arbeitsweise der Europäischen Union ergibt, erklären, dass sie die Annahme eines Rechtsakts durch den Rat mit qualifizierter Mehrheit ablehnen, so wird die Frage vom Rat erörtert.

Artikel 5

Der Rat wird im Verlauf dieser Erörterungen alles in seiner Macht Stehende tun, um innerhalb einer angemessenen Zeit und unbeschadet der durch das Unionsrecht vorgeschriebenen zwingenden Fristen eine zufriedenstellende Lösung für die von den Mitgliedern des Rates nach Artikel 4 vorgebrachten Anliegen zu finden.

Artikel 6

Zu diesem Zweck unternimmt der Präsident des Rates mit Unterstützung der Kommission unter Einhaltung der Geschäftsordnung des Rates alle erforderlichen Schritte, um im Rat eine breitere Einigungsgrundlage zu ermöglichen. Die Mitglieder des Rates unterstützen ihn hierbei.

ABSCHNITT 3
INKRAFTTRETEN DES BESCHLUSSES

Artikel 7

Dieser Beschluss tritt am Tag des Inkrafttretens des Vertrags von Lissabon in Kraft.

Geschehen zu Brüssel am 13. Dezember 2007.

Im Namen des Rates
Der Präsident
L. AMADO

Beschluss des Rates

vom 19. März 2001 über die Annahme der Sicherheitsvorschriften des Rates

(2001/264/EG)

(ABl 2001 L 101, 1, zuletzt geändert durch: ABl 2007 L 164, 24)*)

DER RAT DER EUROPÄISCHEN UNION –

Gestützt auf den Vertrag zur Gründung der Europäischen Gemeinschaft, insbesondere auf Artikel 207 Absatz 3,

gestützt auf den Beschluss 2000/396/EG, EGKS, Euratom des Rates vom 5. Juni 2000 zur Festlegung seiner Geschäftsordnung[1]), insbesondere auf Artikel 24,

in Erwägung nachstehender Gründe:

(1) Für die Ausweitung der Tätigkeiten des Rates in Bereichen, die ein bestimmtes Maß an Geheimhaltung erfordern, sollte ein umfassendes Sicherheitssystem geschaffen werden, das den Rat, sein Generalsekretariat und die Mitgliedstaaten einbezieht.

(2) Im Rahmen eines derartigen Systems sollten alle in diesem Bereich durch frühere Beschlüsse und Bestimmungen behandelten Themen in einem einzigen Text zusammengefasst werden.

(3) In der Praxis werden die meisten EU-Verschlusssachen, die als „CONFIDENTIEL UE" oder höher eingestuft werden, die Gemeinsame Sicherheits- und Verteidigungspolitik betreffen.

(4) Um die Effizienz der so geschaffenen Sicherheitssystems zu gewährleisten, sollten die Mitgliedstaaten in der Weise daran beteiligt werden, dass sie einzelstaatliche Maßnahmen treffen, mit denen die Einhaltung der Bestimmungen dieses Beschlusses in den Fällen garantiert wird, in denen zuständige Behörden und Bedienstete der Mitgliedstaaten mit EU-Verschlusssachen zu tun haben.

(5) Der Rat begrüßt die Absicht der Kommission, bis zum Zeitpunkt der Anwendung dieses Beschlusses ein mit den Anhängen im Einklang stehendes umfassendes System zu schaffen, durch das ein reibungsloser Ablauf des Beschlussfassungsprozesses in der Union sichergestellt wird.

(6) Der Rat weist darauf hin, dass es wichtig ist, gegebenenfalls das Europäische Parlament und die Kommission an den Geheimhaltungsregeln und -normen, die zum Schutz der Interessen der Union und ihrer Mitgliedstaaten erforderlich sind, zu beteiligen.

(7) Dieser Beschluss lässt Artikel 255 des Vertrages und die zu seiner Durchführung erlassenen Rechtsakte unberührt.

(8) Dieser Beschluss berührt nicht die derzeitigen Verfahren der Mitgliedstaaten zur Unterrichtung ihrer jeweiligen Parlamente über die Tätigkeiten der Union –

BESCHLIESST:

Artikel 1

Die im Anhang enthaltenen Sicherheitsvorschriften des Rates werden angenommen.

Artikel 2

(1) Der Generalsekretär/Hohe Vertreter trifft geeignete Maßnahmen, um dafür zu sorgen, dass die Sicherheitsvorschriften nach Artikel 1 beim Umgang mit EU-Verschlusssachen im Generalsekretariat des Rates von dessen Beamten und sonstigen Bediensteten, von externen Vertragspartnern des Generalsekretariats des Rates und von an das Generalsekretariat des Rates abgeordnetem Personal eingehalten werden und ihre Einhaltung auch in Gebäuden des Rates und in dezentralen Einrichtungen der EU[2]) gesichert ist.

(2) Die Mitgliedstaaten treffen im Einklang mit den einzelstaatlichen Regelungen geeignete Maßnahmen, um dafür zu sorgen, dass folgende Personengruppen beim Umgang mit EU-Verschlusssachen innerhalb ihrer Dienste und Gebäude die Sicherheitsvorschriften nach Artikel 1 einhalten:

---

*) Der umfangreiche Anhang wurde – mit Ausnahme des Inhaltsverzeichnisses – aus Platzgründen nicht abgedruckt.

[1]) ABl. L 149 vom 23. 6. 2000, S. 21.

---

[2]) Siehe Schlussfolgerungen des Rates vom 10. November 2000.

a) die Mitglieder der Ständigen Vertretungen der Mitgliedstaaten bei der Europäischen Union, sowie die Mitglieder der nationalen Delegation, die an Tagung des Rates oder seiner Gremien teilnehmen bzw. in sonstigen Tätigkeiten des Rates einbezogen sind;

b) sonstige Mitglieder der nationalen Verwaltungen der Mitgliedstaaten, die mit EU-Verschlusssachen zu tun haben, unabhängig davon, ob sie im Hoheitsgebiet der Mitgliedstaaten oder außerhalb Dienst tun;

c) externe Vertragspartner der Mitgliedstaaten und von ihnen abgeordnetes Personal, die mit EU-Verschlusssachen zu tun haben.

Die Mitgliedstaaten unterrichten das Generalsekretariat des Rates unverzüglich über die getroffenen Maßnahmen.

(3) Die in den Absätzen 1 und 2 genannten Maßnahmen werden vor dem 30. November 2001 erlassen.

Artikel 3

Der Generalsekretär/Hohe Vertreter kann unter Beachtung der in Teil I des Anhangs enthaltenen Grundprinzipien und Mindeststandards für die Sicherheit Maßnahmen nach Teil II Abschnitt I Nummern 1 und 2 des Anhangs treffen.

Artikel 4

Der vorliegende Beschluss ersetzt ab dem Tag seiner Anwendung

a) den Beschluss 98/319/EG des Rates vom 27. April 1998 über das Verfahren zur Ermächtigung der Beamten und sonstigen Bediensteten des Generalsekretariats des Rates zum Zugang zu vom Rat verwahrten Verschlusssachen[3]);

b) den Beschluss des Generalsekretärs/Hohen Vertreters vom 27. Juli 2000 über die im Generalsekretariat des Rates anzuwendenden Maßnahmen zum Schutz der als Verschlusssachen einzustufenden Informationen[4]);

c) den Beschluss Nr. 433/97 des Generalsekretärs des Rates vom 22. Mai 1997 über die Sicherheitsüberprüfung der mit dem Betrieb des Cortesy-Systems beauftragten Beamten.

Artikel 5

(1) Dieser Beschluss wird am Tag seiner Veröffentlichung wirksam.

(2) Er gilt ab dem 1. Dezember 2001.

Geschehen zu Brüssel am 19. März 2001.

---

[3]) ABl. L 140 vom 12. 5. 1998, S. 12.
[4]) ABl. C 239 vom 23. 8. 2000, S. 1.

ANHANG

SICHERHEITSVORSCHRIFTEN DES RATES DER EUROPÄISCHEN UNION

INHALT

TEIL I
Grundprinzipien und Mindeststandards für die Sicherheit

TEIL II

ABSCHNITT I
Die Organisation der Sicherheit im Rat der Europäischen Union

ABSCHNITT II
Geheimhaltungsgrade und Kennzeichnungen

ABSCHNITT III
Regeln für die Einstufung als Verschlusssache

ABSCHNITT IV
Materieller Geheimschutz

ABSCHNITT V
Allgemeine Bestimmungen zu dem Grundsatz „Kenntnis nur wenn nötig" und der Sicherheitsprüfung

ABSCHNITT VI
Verfahren für die Sicherheitsüberprüfung von Beamten und sonstigen Bediensteten des Generalsekretariats des Rates

ABSCHNITT VII
Herstellung, Verteilung, Übermittlung, Aufbewahrung und Vernichtung von EU-Verschlusssachen

ABSCHNITT VIII
„TRÈS SECRET UE/EU TOP SECRET"-Registraturen

ABSCHNITT IX
Sicherheitsmaßnahmen bei besonderen Tagungen außerhalb der Ratsgebäude, bei denen hoch empfindliche Angelegenheiten erörtert werden

ABSCHNITT X
Verletzung der Sicherheit und Kenntnisnahme von EU-Verschlusssachen durch Unbefugte

ABSCHNITT XI
Schutz von Informationen in informationstechnischen Systemen und Kommunikationssystemen

ABSCHNITT XII
Weitergabe von EU-Verschlusssachen an Drittstaaten oder internationale Organisationen

ABSCHNITT XIII
Gemeinsame Mindestnormen für industrielle Sicherheit

Anlagen

Anlage 1*)
Verzeichnis der nationalen Sicherheitseinrichtungen

Anlage 2*)
Vergleich von Sicherheitseinstufungen

Anlage 3
Leitfaden für die Einstufungspraxis

Anlage 4
Leitlinien für die Weitergabe von EU-Verschlusssachen an Drittstaaten oder internationale Organisationen – Kooperationsstufe 1

Anlage 5
Leitlinien für die Weitergabe von EU-Verschlusssachen an Drittstaaten oder internationale Organisationen – Kooperationsstufe 2

Anlage 6
Leitlinien für die Weitergabe von EU-Verschlusssachen an Drittstaaten oder internationale Organisationen – Kooperationsstufe 3

---

*) Siehe Beschluss des Rates vom 18. Juni 2007, ABl 2007 L 164, 24.

KODEX

DES ÖSTERREICHISCHEN RECHTS
SAMMLUNG DER ÖSTERREICHISCHEN BUNDESGESETZE

VERFASSUNGS-RECHT

LexisNexis®

KODEX

DES ÖSTERREICHISCHEN RECHTS
SAMMLUNG DER ÖSTERREICHISCHEN BUNDESGESETZE

BÜRGERLICHES RECHT

LexisNexis®

KODEX

DES ÖSTERREICHISCHEN RECHTS
HERAUSGEBER: UNIV.-PROF. DR. WERNER DORALT

UNTERNEHMENS-RECHT

LexisNexis®

KODEX

DES ÖSTERREICHISCHEN RECHTS
SAMMLUNG DER ÖSTERREICHISCHEN BUNDESGESETZE

ZIVIL-GERICHTLICHES VERFAHREN

LexisNexis®

Kommission

Geschäftsordnung der Kommission

(K(2000) 3614)

(ABl 2000 L 308, 26, zuletzt geändert durch ABl 2010 L 55, 60)

ARTIKELÜBERSICHT

DIE KOMMISSION DER EUROPÄISCHEN
GEMEINSCHAFTEN –

gestützt auf den Vertrag über die Gründung
der Europäischen Gemeinschaft für Kohle
und Stahl, insbesondere auf Artikel 16,

gestützt auf den Vertrag zur Gründung der
Europäischen Gemeinschaft, insbesondere auf
Artikel 218 Absatz 2,

gestützt auf den Vertrag zur Gründung der
Europäischen Atomgemeinschaft, insbesondere auf Artikel 131,

gestützt auf den Vertrag über die Europäische
Union, insbesondere auf die Artikel 28 Absatz 1 und 41 Absatz 1 –

GIBT SICH FOLGENDE
GESCHÄFTSORDNUNG:

KAPITEL I
DIE KOMMISSION

Artikel 1

Das Kollegialprinzip

Die Kommission handelt als Kollegium
nach Maßgabe dieser Geschäftsordnung sowie
unter Beachtung der Prioritäten, die sie im
Rahmen der vom Präsidenten nach Artikel 17
Absatz 6 des Vertrags über die Europäische
Union (EUV) festgelegten politischen Leitlinien formuliert hat.

Artikel 2

Die politischen Leitlinien, die Prioritäten,
das Arbeitsprogramm und der Haushalt

Unter Beachtung der vom Präsidenten festgelegten politischen Leitlinien formuliert die
Kommission ihre Prioritäten und setzt diese
im Arbeitsprogramm sowie im Entwurf des
jährlich verabschiedeten Haushaltsplans um.

Artikel 3

Der Präsident

(1) Der Präsident legt die politischen Leitlinien fest, nach denen die Kommission ihre
Aufgaben ausübt[1]. Er lenkt die Arbeiten der
Kommission, um ihre Durchführung sicherzustellen.

(2) Der Präsident beschließt über die interne Organisation der Kommission, um die
Kohärenz, die Effizienz und das Kollegialitätsprinzip im Rahmen ihrer Tätigkeit sicherzustellen[2].

Unbeschadet des Artikels 18 Absatz 4
EUV kann der Präsident den Mitgliedern der
Kommission spezielle Aufgabenbereiche zu-
weisen, in denen sie für die vorbereitenden
Arbeiten der Kommission und die Durch-
führung ihrer Beschlüsse in besonderem
Maße verantwortlich sind[3].

Der Präsident kann die Kommissionsmitglieder bitten, besondere Maßnahmen durchzuführen, um die Umsetzung der von ihm
festgelegten politischen Leitlinien und der
von der Kommission formulierten Prioritäten
zu gewährleisten.

Er kann die Zuständigkeitsverteilung jederzeit ändern[4].

Die Mitglieder der Kommission üben die
ihnen vom Präsidenten übertragenen Aufgaben unter dessen Leitung aus[5].

(3) Der Präsident ernennt, mit Ausnahme
des Hohen Vertreters der Union für Außen-
und Sicherheitspolitik, die Vizepräsidenten
aus dem Kreis der Mitglieder der Kommission[6] und legt die Rangfolge innerhalb der
Kommission fest.

(4) Der Präsident kann unter den Mitgliedern der Kommission Gruppen bilden, deren
Vorsitzende er benennt, deren Auftrag und
Arbeitsweise er bestimmt, und deren Zusammensetzung und Bestandsdauer er festlegt.

(5) Der Präsident nimmt die Vertretung
der Kommission wahr. Er benennt die Mitglieder der Kommission, die ihn bei dieser
Aufgabe unterstützen.

(6) Unbeschadet des Artikels 18 Absatz 1
EUV legt ein Mitglied der Kommission sein
Amt nieder, wenn es vom Präsidenten dazu
aufgefordert wird[7].

---

[2]) Vertrag über die Europäische Union, Artikel 17
Absatz 6 Buchstabe b.

[3]) Vertrag über die Arbeitsweise der Europäischen
Union, Artikel 248.

[4]) Siehe Fußnote 3.

[5]) Siehe Fußnote 3.

[6]) Vertrag über die Europäische Union, Artikel 17
Absatz 6 Buchstabe c.

[7]) Vertrag über die Europäische Union, Artikel 17
Absatz 6 Unterabsatz 2.

---

[1]) Vertrag über die Europäische Union, Artikel 17
Absatz 6 Buchstabe a.

Artikel 4
Beschlussverfahren

Die Kommission fasst ihre Beschlüsse
a) in gemeinschaftlicher Sitzung im Wege des mündlichen Verfahrens gemäß Artikel 8 der Geschäftsordnung oder
b) im schriftlichen Verfahren gemäß Artikel 12 der Geschäftsordnung oder
c) im Ermächtigungsverfahren gemäß Artikel 13 der Geschäftsordnung oder
d) im Verfahren der Delegation gemäß Artikel 14 der Geschäftsordnung.

ABSCHNITT 1
Sitzungen der Kommission

Artikel 5
Einberufung

(1) Die Kommission wird vom Präsidenten zu den Sitzungen einberufen.

(2) Die Kommission tritt in der Regel mindestens einmal wöchentlich zusammen. Sie tagt ferner, wenn dies erforderlich ist.

(3) Die Mitglieder der Kommission sind verpflichtet, an allen Sitzungen teilzunehmen. Bei einer Verhinderung unterrichten sie den Präsidenten rechtzeitig über die Gründe ihrer Abwesenheit. Der Präsident beurteilt, ob eine Situation vorliegt, die sie von dieser Pflicht entbinden könnte.

Artikel 6
Tagesordnung der Kommissionssitzungen

(1) Der Präsident legt für jede Sitzung der Kommission eine Tagesordnung fest.

(2) Unbeschadet der Befugnis des Präsidenten zur Festlegung der Tagesordnung sind mit größeren Ausgaben verbundene Vorschläge im Einvernehmen mit dem für Haushalt zuständigen Kommissionsmitglied vorzulegen.

(3) Punkte, deren Aufnahme in die Tagesordnung von einem Mitglied der Kommission vorgeschlagen wird, müssen dem Präsidenten nach den Bedingungen zugeleitet werden, die die Kommission entsprechend den in Artikel 28 dieser Geschäftsordnung vorgesehenen Durchführungsbestimmungen (‚die Durchführungsbestimmungen‘) festgelegt hat.

(4) Die Tagesordnung und die notwendigen Unterlagen sind den Kommissionsmitgliedern unter den entsprechend den Durchführungsbestimmungen festgelegten Bedingungen zu übermitteln.

(5) Die Kommission kann auf Vorschlag des Präsidenten beschließen, über einen Punkt zu beraten, der in der Tagesordnung nicht enthalten war oder zu dem die erforderlichen Unterlagen verspätet verteilt worden sind.

Artikel 7
Beschlussfähigkeit

Die Kommission ist beschlussfähig, wenn die Mehrheit der im Vertrag vorgesehenen Zahl ihrer Mitglieder anwesend ist.

Artikel 8*)
Beschlussfassung

(1) Die Kommission beschließt auf Vorschlag eines oder mehrerer ihrer Mitglieder.

(2) Die Kommission nimmt auf Antrag eines ihrer Mitglieder eine Abstimmung vor. Gegenstand der Abstimmung ist der ursprüngliche oder der von dem (oder den) für die betreffende Initiative verantwortlichen Mitglieder(n) oder dem Präsidenten abgeänderte Entwurf.

(3) Die Beschlüsse der Kommission werden mit der Mehrheit der im Vertrag vorgesehenen Zahl der Mitglieder gefasst.

(4) Das Ergebnis der Beratungen wird vom Präsidenten festgestellt und in das Protokoll der Kommissionssitzung gemäß Artikel 11 der Geschäftsordnung aufgenommen.

Artikel 9
Vertraulichkeit

Die Sitzungen der Kommission sind nicht öffentlich. Ihre Beratungen sind vertraulich.

Artikel 10
Anwesenheit von Beamten und anderen Personen

(1) Sofern die Kommission nichts anderes beschließt, nehmen der Generalsekretär und der Kabinettchef des Präsidenten an den Sitzungen teil. In den Durchführungsbestimmungen wird festgelegt, unter welchen Voraussetzungen andere Personen an den Sitzungen teilnehmen dürfen.

(2) Ist ein Mitglied der Kommission abwesend, so kann sein Kabinettchef an der Sitzung teilnehmen und auf Aufforderung des

---

*) *Beschluss des Präsidenten der Europäischen Kommission vom 2. Dezember 2009 über die Unterzeichnung von Verordnungen, Richtlinien und Beschlüssen der Kommission, die an keinen bestimmten Adressaten gerichtet sind, ABl 2009 L 332, 78*

Präsidenten die Meinung des abwesenden Mitglieds vortragen.

(3) Die Kommission kann beschließen, jede andere Person in der Sitzung zu hören.

Artikel 11

Sitzungsprotokolle

(1) Über jede Sitzung der Kommission wird ein Protokoll angefertigt.

(2) Der Protokollentwurf wird der Kommission in einer späteren Sitzung zur Genehmigung vorgelegt. Das genehmigte Protokoll wird durch die Unterschrift des Präsidenten und des Generalsekretärs festgestellt.

ABSCHNITT 2

Sonstige Beschlussfassungsverfahren

Artikel 12*)

Beschlüsse im schriftlichen Verfahren

(1) Die Zustimmung der Kommission zu einer Vorlage, die von einem oder mehreren ihrer Mitglieder unterbreitet wurde, kann im schriftlichen Verfahren festgestellt werden, sofern der Juristische Dienst zuvor eine befürwortende Stellungnahme zu der Vorlage abgegeben hat, und die Dienste, die gemäß Artikel 23 der Geschäftsordnung gehört werden müssen, der Vorlage zugestimmt haben.

Diese befürwortende Stellungnahme bzw. diese Zustimmung kann durch die einvernehmliche Zustimmung der Kommissionsmitglieder ersetzt werden, wenn das Kollegium auf Vorschlag des Präsidenten die Einleitung eines in den Durchführungsbestimmungen festgelegten schriftlichen Finalisierungsverfahrens beschließt.

(2) Zu diesem Zweck wird der Wortlaut der Vorlage allen Mitgliedern der Kommission nach den Bedingungen zugeleitet, die die Kommission entsprechend den Durchführungsbestimmungen festgelegt hat, wobei eine Frist gesetzt wird, vor deren Ablauf die Vorbehalte oder Änderungsanträge mitzuteilen sind, zu denen die Vorlage Anlass geben kann.

(3) Jedes Mitglied der Kommission kann während des schriftlichen Verfahrens beantragen, dass die Vorlage in der Sitzung erörtert wird. Dazu stellt es einen mit Gründen versehenen Antrag an den Präsidenten.

(4) Eine Vorlage, zu der kein Mitglied der Kommission bis zum Ablauf der für das schriftliche Verfahren gesetzten Frist einen Antrag auf Aussetzung vorgelegt oder aufrechterhalten hat, gilt als angenommen.

Artikel 13*)

Beschlüsse im Ermächtigungsverfahren

(1) Die Kommission kann – unter der Voraussetzung, dass der Grundsatz der kollegialen Verantwortlichkeit voll gewahrt bleibt – eines oder mehrere ihrer Mitglieder ermächtigen, in ihrem Namen innerhalb der Grenzen und gemäß den Bedingungen, die sie festlegt, Maßnahmen der Geschäftsführung und der Verwaltung zu treffen.

(2) Sie kann auch eines oder mehrere ihrer Mitglieder beauftragen, den Wortlaut eines Beschlusses oder eines den übrigen Organen vorzulegenden Vorschlags, dessen wesentlichen Inhalt sie bereits in ihren Beratungen festgelegt hat, im Einvernehmen mit dem Präsidenten endgültig anzunehmen.

(3) Die so zugewiesenen Befugnisse können durch Subdelegation auf die Generaldirektoren und Dienststellenleiter weiterübertragen werden, soweit die Ermächtigungsentscheidung dies nicht ausdrücklich untersagt.

(4) Die Bestimmungen der Absätze 1, 2 und 3 gelten unbeschadet der Regeln über die Delegation in Finanzangelegenheiten und der Befugnisse der Anstellungsbehörde sowie der zum Abschluss von Einstellungsverträgen ermächtigten Behörde.

Artikel 14*)

Beschlüsse im Verfahren der Befugnisübertragung (Delegation)

Die Kommission kann – unter der Voraussetzung, dass der Grundsatz der kollegialen Verantwortung voll gewahrt bleibt – den Generaldirektoren und Dienststellenleitern die Befugnis übertragen, in ihrem Namen innerhalb der Grenzen und gemäß den Bedingungen, die sie festlegt, Maßnahmen der Geschäftsführung und der Verwaltung zu treffen.

Artikel 15*)

Weiterübertragung der Befugnisse für Einzelentscheidungen über die Gewährung von Finanzhilfen und die Vergabe von Aufträgen

Der Generaldirektor oder Dienststellenleiter, dem im Wege der Delegation oder der

---

*) Beschluss des Präsidenten der Europäischen Kommission vom 2. Dezember 2009 über die Unterzeichnung von Verordnungen, Richtlinien und Beschlüssen der Kommission, die an keinen bestimmten Adressaten gerichtet sind, ABl 2009 L 332, 78

Subdelegation gemäß den Artikeln 13 und 14 Befugnisse zur Annahme von Finanzierungsbeschlüssen übertragen oder weiterübertragen wurden, kann beschließen, innerhalb der Grenzen und unter Einhaltung der Bedingungen, die in den Durchführungsbestimmungen festgelegt sind, die Befugnis zur Annahme bestimmter Entscheidungen betreffend die Auswahl von Projekten sowie bestimmter Einzelentscheidungen über die Gewährung von Finanzhilfen und die Vergabe öffentlicher Aufträge im Wege der Subdelegation auf den zuständigen Direktor, bzw., im Einvernehmen mit dem verantwortlichen Mitglied der Kommission, auf den zuständigen Referatsleiter zu übertragen.

Artikel 16
Unterrichtung über gefasste Beschlüsse

Die im schriftlichen Verfahren, im Verfahren der Ermächtigung und im Verfahren der Delegation gefassten Beschlüsse werden in einem Tages- oder Wochenvermerk aufgeführt, auf den im Protokoll der nächsten Kommissionssitzung Bezug genommen wird.

ABSCHNITT 3
Gemeinsame Bestimmungen für Beschlussverfahren

Artikel 17
Feststellung der von der Kommission angenommenen Akte

(1) Die von der Kommission in einer Sitzung gefassten Beschlüsse sind in der Sprache oder in den Sprachen, in denen sie verbindlich sind, untrennbar mit der Zusammenfassung verbunden, die bei der Kommissionssitzung, in der sie angenommen wurden, erstellt wird. Diese Akte werden durch die Unterschrift des Präsidenten und des Generalsekretärs auf der letzten Seite der Zusammenfassung festgestellt.

(2) Die in Artikel 297 Absatz 2 des Vertrags über die Arbeitsweise der Europäischen Union (AEUV) genannten und im schriftlichen Verfahren von der Kommission erlassenen Rechtsakte ohne Gesetzescharakter werden durch die Unterschrift des Präsidenten und des Generalsekretärs auf der letzten Seite der im vorstehenden Absatz genannten Zusammenfassung festgestellt, es sei denn, diese Akte erfordern eine Veröffentlichung und ein Datum des Inkrafttretens, die nicht bis zur nächsten Sitzung der Kommission

aufgeschoben werden können. Zum Zwecke dieser Feststellung ist eine Kopie der in Artikel 16 der Geschäftsordnung erwähnten Tagesvermerke untrennbar mit der im vorstehenden Absatz genannten Zusammenfassung verbunden.

Die übrigen im schriftlichen Verfahren und die gemäß Artikel 12 sowie Artikel 13 Absätze 1 und 2 der Geschäftsordnung im Ermächtigungsverfahren gefassten Beschlüsse sind in der Sprache oder in den Sprachen, in denen sie verbindlich sind, untrennbar mit dem in Artikel 16 der Geschäftsordnung genannten Tagesvermerk verbunden. Diese Akte werden durch die Unterschrift des Generalsekretärs auf der letzten Seite des Tagesvermerks festgestellt.

(3) Die im Verfahren der Delegation oder durch Subdelegation gefassten Beschlüsse sind mittels der hierfür vorgesehenen EDV-Anwendung in der Sprache oder in den Sprachen, in denen sie verbindlich sind, untrennbar mit dem in Artikel 16 der Geschäftsordnung genannten Tagesvermerk verbunden. Diese Beschlüsse werden durch eine Selbstbescheinigungserklärung festgestellt, die gemäß Artikel 13 Absatz 3 sowie gemäß den Artikeln 14 und 15 der Geschäftsordnung der nachgeordnete befugte bzw. befugte Beamte unterzeichnet.

(4) Im Sinne dieser Geschäftsordnung bezeichnet der Begriff ‚Beschluss' die in Artikel 288 AEUV genannten Rechtsakte.

(5) Im Sinne dieser Geschäftsordnung bezeichnet der Begriff ‚verbindliche Sprachen' unbeschadet der Anwendung der Verordnung (EG) Nr. 920/2005 des Rates[8] alle Amtssprachen der Europäischen Union, sofern es sich um Rechtsakte mit allgemeiner Geltung handelt; andernfalls bezeichnet er die Sprache(n) der Adressaten.

ABSCHNITT 4
Vorbereitung und Durchführung der Kommissionsbeschlüsse

Artikel 18
Gruppen der Kommissionsmitglieder

Die Gruppen der Kommissionsmitglieder tragen nach Maßgabe der vom Präsidenten festgelegten politischen Leitlinien und Aufgaben zur Koordinierung und Vorbereitung der Kommissionsarbeiten bei.

---

[8] ABl. L 156 vom 18. 6. 2005, S. 3.

Artikel 19

Kabinette und Beziehungen zu den Diensten

(1) Die Kommissionsmitglieder verfügen über einen eigenen Mitarbeiterstab (,Kabinett'), der sie bei der Wahrnehmung ihrer Aufgaben und der Vorbereitung der Kommissionsbeschlüsse unterstützt. Die Regeln für die Zusammensetzung und die Arbeitsweise der Kabinette werden vom Präsidenten erlassen.

(2) Unter Wahrung der vom Präsidenten festgelegten Grundsätze bestätigt das Kommissionsmitglied die Modalitäten für die Arbeit mit den seiner Verantwortung unterstehenden Dienststellen. Diese Modalitäten regeln insbesondere die Art und Weise, wie das Kommissionsmitglied den beteiligten Dienststellen, die ihm regelmäßig alle seinen Tätigkeitsbereich betreffenden und für die Wahrnehmung seiner Verantwortung erforderlichen Informationen übermitteln, Anweisung erteilt.

Artikel 20

Der Generalsekretär

(1) Der Generalsekretär unterstützt den Präsidenten, damit die Kommission die Prioritäten, die sich gesetzt hat, im Rahmen der vom Präsidenten vorgegebenen politischen Leitlinien verwirklichen kann.

(2) Der Generalsekretär trägt zur Gewährleistung der politischen Kohärenz bei, indem er gemäß Artikel 23 der Geschäftsordnung für die bei den vorbereitenden Arbeiten notwendige Koordinierung zwischen den Dienststellen sorgt.

Er trägt dafür Sorge, dass bei den Dokumenten, die der Kommission vorgelegt werden, die inhaltliche Qualität gesichert ist und die Formerfordernisse beachtet werden, und gewährleistet hierdurch, dass sie den Grundsätzen der Subsidiarität und der Verhältnismäßigkeit, externen Anforderungen, interinstitutionellen Erwägungen und der Kommunikationsstrategie der Kommission entsprechen.

(3) Der Generalsekretär unterstützt den Präsidenten bei der Vorbereitung der Arbeiten und bei der Abhaltung der Sitzungen der Kommission.

Er unterstützt auch die Vorsitzenden der gemäß Artikel 3 Absatz 4 der Geschäftsordnung gebildeten Gruppen bei der Vorbereitung und Abhaltung der Gruppensitzungen. Er nimmt die Sekretariatsaufgaben dieser Gruppen wahr.

(4) Der Generalsekretär gewährleistet die Anwendung der Beschlussfassungsverfahren und sorgt für den Vollzug der Beschlüsse gemäß Artikel 4 der Geschäftsordnung.

Außer in Sonderfällen trifft er insbesondere die erforderlichen Maßnahmen für die amtliche Bekanntgabe und die Veröffentlichung der Kommissionsbeschlüsse im Amtsblatt der Europäischen Union sowie für die Übermittlung der Dokumente der Kommission und ihrer Dienste an die anderen Organe der Europäischen Union und an die Parlamente der Mitgliedstaaten.

Er sorgt für die Verteilung der Unterlagen, die die Mitglieder der Kommission ihren Kollegen zukommen lassen möchten.

(5) Der Generalsekretär unterhält die offiziellen Beziehungen zu den anderen Organen der Europäischen Union vorbehaltlich der Zuständigkeiten, die die Kommission selbst auszuüben beschließt oder die sie einem ihrer Mitglieder oder ihrer Verwaltung überträgt.

In diesem Zusammenhang sorgt er durch eine Koordinierung zwischen den Dienststellen dafür, dass die allgemeine Kohärenz während der Arbeiten der anderen Organe gewährleistet ist.

(6) Der Generalsekretär sorgt für eine angemessene Unterrichtung der Kommission über den Stand der internen und interinstitutionellen Verfahren.

KAPITEL II

DIENSTSTELLEN DER KOMMISSION

Artikel 21

Struktur der Dienststellen

Die Kommission richtet zur Vorbereitung und zur Durchführung ihrer Amtstätigkeit und zur Verwirklichung der vom Präsidenten festgelegten Prioritäten und politischen Leitlinien eine Reihe von Dienststellen ein, die in Generaldirektionen und gleichgestellte Dienste gegliedert sind.

In der Regel sind die Generaldirektionen und die gleichgestellten Dienste in Direktionen, die Direktionen in Referate gegliedert.

Artikel 22

Einrichtung besonderer Funktionen und Strukturen

Um speziellen Anforderungen gerecht zu werden, kann der Präsident besondere Funktionen und Verwaltungsstrukturen einrichten, denen er genau umschriebene Aufgaben überträgt und deren Befugnisse und Arbeitsbedingungen er festlegt.

Artikel 23
Zusammenarbeit und Koordinierung der Dienststellen

(1) Um die Effizienz der Amtstätigkeit der Kommission sicherzustellen, arbeiten die Dienststellen, die an der Ausarbeitung oder Durchführung von Beschlüssen mitwirken, bereits mit Beginn der jeweiligen Arbeiten so eng wie möglich zusammen.

(2) Die für die Vorbereitung einer Initiative federführende Dienststelle trägt bereits mit Beginn der Vorarbeiten dafür Sorge, dass eine wirkungsvolle Koordinierung zwischen allen Dienststellen gewährleistet ist, die nach den Zuständigkeitsbereichen und Befugnissen oder nach der Natur der Sache ein berechtigtes Interesse an dieser Initiative haben.

(3) Bevor der Kommission eine Vorlage unterbreitet wird, hat die federführende Dienststelle die Dienststellen, die ein berechtigtes Interesse an der betreffenden Vorlage haben, nach Maßgabe der Durchführungsbestimmungen rechtzeitig zu hören.

(4) Der Juristische Dienst ist zu allen Entwürfen von Beschlüssen und Vorschlägen von Rechtsakten sowie zu allen Vorlagen, die rechtliche Wirkungen haben können, zu hören.

Der Juristische Dienst muss ebenfalls gehört werden bei der Einleitung der Beschlussfassungsverfahren gemäß den Artikeln 12, 13 und 14 der Geschäftsordnung, ausgenommen Beschlüsse über Standardrechtsakte, die zuvor die Zustimmung des Juristischen Dienstes erhalten haben (Rechtsakte mit Wiederholungscharakter). Für die in Artikel 15 der Geschäftsordnung genannten Entscheidungen ist die Anhörung des Juristischen Dienstes nicht erforderlich.

(5) Das Generalsekretariat muss bei allen Initiativen gehört werden, die

– im mündlichen Verfahren genehmigt werden müssen (hiervon unberührt bleiben individuelle Personalfragen) oder

– von politischer Bedeutung sind oder

– im Jahresarbeitsprogramm der Kommission sowie im geltenden Programmierungsinstrument der Kommission aufgeführt sind oder

– institutionelle Aspekte betreffen oder

– einer Folgenabschätzung oder öffentlichen Konsultation unterzogen werden

sowie bei allen Stellungnahmen oder gemeinsame Initiativen, die die Kommission gegen-

über anderen Organen oder Einrichtungen verpflichten können.

(6) Die mit dem Haushalt sowie mit den Humanressourcen und der Sicherheit befassten Generaldirektionen sind zu allen Vorlagen, mit Ausnahme der Rechtsakte gemäß Artikel 15 der Geschäftsordnung, zu hören, die Auswirkungen auf den Haushaltsplan, die Finanzen, das Personal und die Verwaltung haben können. Gleiches gilt, soweit erforderlich, auch für den mit der Betrugsbekämpfung befassten Dienst.

(7) Die federführende Dienststelle ist bemüht, einen Vorschlag zu erarbeiten, der die Zustimmung der gehörten Dienststellen findet. Unbeschadet des Artikels 12 der Geschäftsordnung hat sie – falls es zu keiner Einigung kommt – abweichende Stellungnahmen dieser Dienststellen in ihrem Vorschlag zu erwähnen.

KAPITEL III
VERTRETUNG

Artikel 24
Die Kontinuität des Dienstes

Die Mitglieder der Kommission und die Dienststellen treffen alle zweckdienlichen Maßnahmen, um die Kontinuität des Dienstes unter Beachtung der hierfür von der Kommission oder vom Präsidenten erlassenen Bestimmungen sicherzustellen.

Artikel 25
Vertretung des Präsidenten

Die Aufgaben des Präsidenten werden im Fall seiner Verhinderung von einem Vizepräsidenten oder einem Mitglied in der vom Präsidenten festgelegten Reihenfolge wahrgenommen.

Artikel 26
Vertretung des Generalsekretärs

Die Aufgaben des Generalsekretärs werden, falls dieser verhindert ist oder die Stelle des Generalsekretärs nicht besetzt ist, von dem in der höchsten Besoldungsgruppe anwesenden stellvertretenden Generalsekretär und, bei gleicher Besoldungsgruppe, von dem in seiner Besoldungsgruppe dienstältesten anwesenden stellvertretenden Generalsekretär und, bei gleichem Dienstalter, vom ältesten anwesenden stellvertretenden Generalsekretär oder von einem von der Kommission bestimmten Beamten wahrgenommen.

Ist kein stellvertretender Generalsekretär anwesend oder hat die Kommission keinen Beamten zur Vertretung bestimmt, wird diese von dem anwesenden Untergebenen in der höchsten Funktionsgruppe und innerhalb dieser der höchsten Besoldungsgruppe und, bei gleicher Besoldungsgruppe, von dem in seiner Besoldungsgruppe dienstältesten anwesenden Untergebenen und, bei gleichem Dienstalter, vom ältesten anwesenden Untergebenen wahrgenommen.

Artikel 27
Vertretung der Dienstvorgesetzten

(1) Der Generaldirektor wird, falls er verhindert ist oder die Stelle des Generaldirektors nicht besetzt ist, von dem in der höchsten Besoldungsgruppe anwesenden stellvertretenden Generaldirektor und, bei gleicher Besoldungsgruppe, von dem in seiner Besoldungsgruppe dienstältesten anwesenden stellvertretenden Generaldirektor und, bei gleichem Dienstalter, vom ältesten anwesenden stellvertretenden Generaldirektor oder von einem von der Kommission bestimmten Beamten wahrgenommen.

Ist kein stellvertretender Generaldirektor anwesend oder hat die Kommission keinen Beamten zur Vertretung bestimmt, wird diese von dem anwesenden Untergebenen in der höchsten Funktionsgruppe und innerhalb dieser der höchsten Besoldungsgruppe und, bei gleicher Besoldungsgruppe, von dem in seiner Besoldungsgruppe dienstältesten anwesenden Untergebenen und, bei gleichem Dienstalter, vom ältesten anwesenden Untergebenen wahrgenommen.

(2) Der Referatsleiter wird, falls er verhindert ist oder die Stelle des Referatsleiters nicht besetzt ist, vom stellvertretenden Referatsleiter oder von einem vom Generaldirektor bestimmten Beamten vertreten.

Ist kein stellvertretender Referatsleiter anwesend oder hat der Generaldirektor keinen Beamten zur Vertretung bestimmt, wird diese von dem anwesenden Untergebenen in der höchsten Funktionsgruppe und innerhalb dieser der höchsten Besoldungsgruppe und, bei gleicher Besoldungsgruppe, von dem in seiner Besoldungsgruppe dienstältesten anwesenden Untergebenen und, bei gleichem Dienstalter, vom ältesten anwesenden Untergebenen wahrgenommen.

(3) Jeder andere Dienstvorgesetzte wird im Fall seiner Verhinderung oder wenn die Stelle nicht besetzt ist, von einem vom Generaldirektor im Einvernehmen mit dem zuständigen Kommissionsmitglied bestimmten Beamten vertreten. Hat der Generaldirektor keinen Beamten zur Vertretung bestimmt, wird diese von dem anwesenden Untergebenen in der höchsten Funktionsgruppe und innerhalb dieser der höchsten Besoldungsgruppe und, bei gleicher Besoldungsgruppe, von dem in seiner Besoldungsgruppe dienstältesten anwesenden Untergebenen und, bei gleichem Dienstalter, vom ältesten anwesenden Untergebenen wahrgenommen.

KAPITEL IV
SCHLUSSBESTIMMUNGEN

Artikel 28

Die Kommission erlässt, soweit erforderlich, Durchführungsbestimmungen zu dieser Geschäftsordnung.

Die Kommission kann in Bezug auf ihre Arbeitsweise und auf die ihrer Dienststellen weitere Maßnahmen ergreifen.

Artikel 29

Diese Geschäftsordnung tritt am Tag nach ihrer Veröffentlichung im Amtsblatt der Europäischen Union in Kraft.

ANHANG I

KODEX FÜR GUTE VERWALTUNGS-PRAXIS IN DEN BEZIEHUNGEN DER BEDIENSTETEN DER EUROPÄISCHEN KOMMISSION ZUR ÖFFENTLICHKEIT

Dienst von hoher Qualität

Die Kommission und ihre Bediensteten haben die Pflicht, dem Interesse der Gemeinschaft und hierdurch auch dem öffentlichen Interesse zu dienen.

Die Öffentlichkeit erwartet zu Recht eine offene, zugängliche Verwaltung, die effizient geführt wird und Dienste von hoher Qualität erbringt.

Hohe Qualität setzt voraus, dass sich die Kommission und ihre Bediensteten höflich, sachlich und unparteiisch verhalten.

Zweck

Um die Kommission in die Lage zu versetzen, ihrer Verpflichtung zu einer guten Verwaltungspraxis nachzukommen – insbesondere in Hinblick auf die Beziehungen der Kommission mit der Öffentlichkeit –, verpflichtet sich die Kommission, die in diesem Kodex niedergelegten Leitlinien einer guten Verwaltungspraxis zu beachten und sich durch sie in ihrer täglichen Arbeit leiten zu lassen.

Geltungsbereich

Der Kodex ist für das gesamte Personal verbindlich, auf welches das Statut der Beamten der Europäischen Gemeinschaften und die Beschäftigungsbedingungen für die sonstigen Bediensteten dieser Gemeinschaften (das Statut) oder andere Vorschriften zur Beziehung zwischen der Kommission und ihrem Personal, die sich auf Beamte bzw. sonstige Bedienstete der Europäischen Gemeinschaften beziehen, Anwendung finden. Personen mit privatrechtlichem Arbeitsvertrag, abgeordnete nationale Sachverständige oder Praktikanten, die für die Kommission arbeiten, sollten sich jedoch ebenfalls in ihrer täglichen Arbeit durch den Kodex leiten lassen.

Die Beziehungen der Kommission zu ihren Bediensteten werden ausschließlich durch das Statut geregelt.

1. ALLGEMEINE GRUNDSÄTZE GUTER VERWALTUNGSPRAXIS

Die Kommission beachtet in ihren Beziehungen zur Öffentlichkeit die folgenden Grundsätze:

Rechtmäßigkeit

Die Kommission richtet sich in ihrem Handeln nach dem Recht und wendet die gemeinschaftsrechtlichen Vorschriften und Verfahren an.

Diskriminierungsverbot und Gleichbehandlung

Die Kommission befolgt den Grundsatz der Nichtdiskriminierung und garantiert insbesondere die Gleichbehandlung der Bürger unabhängig von ihrer Nationalität, Geschlechtszugehörigkeit, Rasse oder ethnischen Zugehörigkeit, Religion oder Weltanschauung, Behinderung, Alter oder sexuellen Ausrichtung. Somit muss jedwede Ungleichbehandlung ähnlicher Fälle durch die Umstände des Einzelfalls sachlich begründet sein.

Verhältnismäßigkeit

Die Kommission achtet darauf, dass die Maßnahmen in einem angemessenen Verhältnis zu den angestrebten Zielen stehen.

Insbesondere wird sie stets dafür Sorge tragen, dass bei der Anwendung dieses Kodexes der angestrebte Nutzen im konkreten Einzelfall nicht mit einem unvertretbaren Verwaltungsaufwand verbunden ist.

Kohärenz

Die Kommission achtet auf eine kohärente Verwaltungspraxis und wendet die gängigen Verwaltungsverfahren an. Abweichungen hiervon sind entsprechend sachlich zu begründen.

2. LEITLINIEN FÜR GUTE VERWALTUNGSPRAXIS

Objektivität und Unparteilichkeit

Bedienstete handeln stets objektiv und unparteiisch sowie im Interesse der Gemeinschaft und zum Wohl der Allgemeinheit. Innerhalb des von der Kommission festgelegten politischen Rahmens entscheiden sie in voller Unabhängigkeit, ohne sich von persönlichen oder nationalen Interessen leiten zu lassen oder politischem Druck nachzugeben.

Informationen über Verwaltungsverfahren

Ersuchen Bürger um Auskünfte über Verwaltungsverfahren der Kommission, so stellen die Bediensteten sicher, dass diese Auskünfte innerhalb der im jeweiligen Verfahren festgelegten Fristen erteilt werden.

3. ERTEILUNG VON INFORMATIONEN ÜBER DIE RECHTE DER BETEILIGTEN

Anhörung aller unmittelbar Beteiligten

Sieht das Gemeinschaftsrecht die Anhörung Beteiligter vor, so sorgen die Bediensteten dafür, dass ihnen die Möglichkeit zur Äußerung gegeben wird.

Begründungspflicht

Entscheidungen der Kommission sind zu begründen und den Betroffenen mitzuteilen.

Im Allgemeinen sollte eine vollständige Begründung erteilt werden. Soweit es nicht möglich ist, eine detaillierte Angabe der Entscheidungsgründe im Einzelfall vorzunehmen, zum Beispiel weil der Kreis derer, die von gleichartigen Entscheidungen betroffen sind, zu groß ist, dürfen Standardantworten erteilt werden. Diese Standardantworten sollten die wesentlichen Gründe enthalten, auf denen die Entscheidung basiert. Darüber hinaus ist Beteiligten auf ausdrückliches Ersuchen eine detaillierte Begründung zu übermitteln.

Informationspflicht über Rechtsbehelfe

Soweit das Gemeinschaftsrecht dies vorsieht, enthalten bekannt gegebene Entscheidungen Angaben zu deren Anfechtbarkeit; ebenso ist anzugeben, wie die Anfechtung vorgenommen werden kann (Name und Büroanschrift der Person, bzw. der Dienststelle, bei der dieser Rechtsbehelf eingelegt werden kann) und welche Frist zu beachten ist.

Gegebenenfalls weisen Entscheidungen auf die Möglichkeit der Einleitung eines Gerichtsverfahrens und/oder zur Anrufung des Europäischen Bürgerbeauftragten gemäß Artikel 230 bzw. 195 EG-Vertrag hin.

4. BEHANDLUNG VON ANFRAGEN

Die Kommission verpflichtet sich, Anfragen von Bürgern in angemessener Weise und so schnell wie möglich zu beantworten.

Anforderung von Dokumenten

Ist das angeforderte Dokument bereits veröffentlicht, so ist auf die Verkaufsstellen des Amtes für amtliche Veröffentlichungen der Europäischen Gemeinschaften sowie die Dokumentations- und Informationsstellen („Info-points", Europäische Dokumentationszentren, usw.) zu verweisen. Viele Dokumente sind auch elektronisch verfügbar.

Der Zugang zu Dokumenten der Kommission wird durch einschlägige Bestimmungen geregelt.

Schriftverkehr

Gemäß Artikel 21 EG-Vertrag sind Schreiben an die Kommission in der Sprache zu beantworten, in der sie verfasst wurden, sofern es sich um eine Amtssprache der Gemeinschaft handelt.

Die Antwort auf ein an die Kommission gerichtetes Schreiben ist innerhalb einer Frist von fünfzehn Arbeitstagen ab dem Tag des Eingangs bei der zuständigen Dienststelle abzusenden. Im Antwortschreiben ist der Name des zuständigen Bediensteten anzugeben. Ebenfalls ist anzugeben, wie dieser Bedienstete erreicht werden kann.

Kann ein Schreiben nicht innerhalb von fünfzehn Arbeitstagen beantwortet werden, so gibt der Bedienstete in einem vorläufigen Schreiben einen Zeitpunkt an, an dem mit einer Antwort zu rechnen ist; dies gilt auch für alle Fälle, in denen eine Kontaktaufnahme mit anderen Dienststellen erforderlich ist oder Übersetzungen vorzunehmen sind. Der Zeitpunkt für die endgültige Beantwortung bestimmt sich nach der relativen Dringlichkeit der Anfrage und der Komplexität der Materie.

Erfolgt die Beantwortung durch eine andere als die ursprünglich als Adressat bezeichnete Dienststelle, sind der Name und die Büroadresse des Bediensteten, an den die Anfrage weitergeleitet wurde, anzugeben.

Diese Bestimmungen gelten nicht bei Missbrauch, d. h. wenn immer wieder gleichlautende Schreiben mit beleidigendem Inhalt bzw. Äußerungen ohne erkennbaren Sinn und Zweck eingehen. In diesen Fällen behält sich die Kommission somit das Recht vor, den Schriftwechsel einzustellen.

Telefon

Bei der Annahme eines Telefongesprächs hat sich der Bedienstete mit seinem Namen oder der Angabe seiner Dienststelle zu melden. Rückrufe sind so rasch wie möglich vorzunehmen.

Auskunftsersuchen zu Fragen, die seinen unmittelbaren Zuständigkeitsbereich betreffen, beantwortet der Bedienstete selbst; ansonsten sollte er den Gesprächspartner an die zuständige Stelle verweisen. Falls erforderlich, verweist der Bedienstete seinen Gesprächspartner an seinen Vorgesetzten oder nimmt mit diesem Rücksprache, bevor er das Auskunftsersuchen beantwortet.

Fällt eine Anfrage in den unmittelbaren Zuständigkeitsbereich des Bediensteten, so holt er Auskünfte über die Person des Informationsuchenden ein und prüft vor der Weitergabe der Information, ob sie der Öffentlichkeit bereits zugänglich gemacht wurde. Wenn nicht, so kann der Bedienstete davon ausgehen, dass die Information im Interesse der Gemeinschaft nicht verbreitet werden darf. In diesen Fällen sollte er die Gründe hierfür erläutern und gegebenenfalls auf die ihm nach Artikel 17 des Beamtenstatuts auferlegte Schweigepflicht verweisen.

Der Bedienstete ersucht den Informationssuchenden gegebenenfalls, die telefonische Anfrage schriftlich zu bestätigen.

Elektronische Post

Der Bedienstete beantwortet elektronische Post unverzüglich unter Berücksichtigung der Leitlinien für Telefongespräche.

Sollte eine Anfrage durch elektronische Post aufgrund ihrer Komplexität einer schriftlichen Anfrage gleichzusetzen sein, so gelten jedoch die Leitlinien für den Schriftverkehr einschließlich der entsprechenden Fristen.

Anfragen der Medien

Der Presse- und Informationsdienst ist für die Beziehungen zu den Medien zuständig. Die Beantwortung fachspezifischer Fragen der Medien zu seinem eigenen Zuständigkeitsbereich kann jedoch der Bedienstete übernehmen.

5. SCHUTZ PERSÖNLICHER DATEN UND GEHEIMER INFORMATIONEN

Die Kommission und ihre Bediensteten beachten insbesondere:

– die Vorschriften über den Schutz der Privatsphäre und personenbezogener Daten;

– die Verpflichtungen gemäß Artikel 287 EG-Vertrag, insbesondere diejenige betreffend das Berufsgeheimnis;

– die Geheimhaltungsvorschriften im Zusammenhang mit strafrechtlichen Untersuchungen;

– die Geheimhaltungspflicht in Angelegenheiten, die im Rahmen der in Artikel 9 und der Anhänge II und III zum Statut vorgesehenen verschiedenen Ausschüsse behandelt werden.

6. BESCHWERDEN

Europäische Kommission

Verstößt ein Bediensteter gegen die in diesem Kodex festgeschriebenen Verhaltensregeln, kann beim Generalsekretariat[1]) der Europäischen Kommission Beschwerde dagegen eingelegt werden.

Der Generaldirektor bzw. der Leiter der Dienststelle unterrichtet den Beschwerdeführer binnen zwei Monaten schriftlich darüber, welche Maßnahmen zur weiteren Behandlung der Beschwerde getroffen wurden. Der Beschwerdeführer kann sich daraufhin binnen eines Monats an den Generalsekretär der Europäischen Kommission wenden und ihn bitten, das Ergebnis des Beschwerdeverfahrens zu überprüfen. Der Generalsekretär beantwortet dieses Überprüfungsersuchen innerhalb eines Monats.

Europäischer Bürgerbeauftragter

Beschwerden können nach Artikel 195 EG-Vertrag und dem Statut des Europäischen Bürgerbeauftragten auch an letzteren gerichtet werden.

[1]) *Postanschrift*: Generalsekretariat der Europäischen Kommission, Referat SG/B/2 „Transparenz, Zugang zu Dokumenten und Beziehungen zur Zivilgesellschaft", Rue de la Loi/Wetstraat 200, B-1049 Brüssel (Fax: (32-2)-296 72 42). *Elektronische Adresse*: SG-Code-de-bonne-conduite@cec.eu.int.

Geo
Kom
Betrugs-
bekämpfung
Verschluss-
sachen

SICHERHEITSVORSCHRIFTEN DER KOMMISSION

In Erwägung nachstehender Gründe:

(1) Für die Ausweitung der Tätigkeiten der Kommission in Bereichen, die ein bestimmtes Maß an Geheimhaltung erfordern, sollte ein umfassendes Sicherheitssystem geschaffen werden, das die Kommission, die anderen Organe, Einrichtungen, Ämter und Agenturen, die durch den EG-Vertrag oder den Vertrag über die Europäische Union oder auf deren Grundlage geschaffen wurden, die Mitgliedstaaten sowie jeden anderen Empfänger von EU-Verschlusssachen, hiernach „EU-Verschlusssachen" genannt, einbezieht.

(2) Um die Effizienz des durch diese Vorschriften geschaffenen Sicherheitssystems zu gewährleisten, gibt die Kommission EU-Verschlusssachen nur an die externen Einrichtungen weiter, die garantieren, alle erforderlichen Maßnahmen getroffen zu haben, um Bestimmungen einzuhalten, die diesen Vorschriften absolut gleichwertig sind.

(3) Diese Vorschriften lassen die Verordnung Euratom Nr. 3 des EAG-Rates vom 31. Juli 1958 zur Anwendung des Artikels 24 des EAG-Vertrags[1]), die Verordnung des Rates Nr. 1588/90 vom 11. Juni 1990 über die Übermittlung von unter die Geheimhaltungspflicht fallenden Informationen an das Statistische Amt der Europäischen Gemeinschaften[2]) und den Beschluss C (95) 1510 endg. der Kommission vom 23. November 1995 über den Schutz der Informationssysteme unberührt.

(4) Um einen reibungslosen Ablauf des Beschlussfassungsprozesses in der Union sicherzustellen, beruht das Sicherheitssystem der Kommission auf den Grundsätzen, die der Rat in seinem Beschluss 2001/264/EG vom 19. März 2001 über die Annahme der Sicherheitsvorschriften des Rates[3]) ausgeführt hat.

(5) Die Kommission weist darauf hin, dass es wichtig ist, gegebenenfalls die anderen Organe der Europäischen Union an den Geheimhaltungsregeln und -normen, die zum Schutz der Interessen der Union und ihrer Mitgliedstaaten erforderlich sind, zu beteiligen.

[1]) ABl. 17 vom 6.10.1958, S. 406.
[2]) ABl. L 151 vom 15.6.1990, S. 1.
[3]) ABl. L 101 vom 11.4.2001, S. 1.

(6) Die Kommission stellt fest, dass sie ein eigenes Sicherheitskonzept einführen muss, das allen Aspekten der Sicherheit und dem spezifischen Charakter der Kommission als Organ Rechnung trägt.

(7) Diese Vorschriften lassen Artikel 255 des Vertrags und die Verordnung (EG) Nr. 1049/2001 des Europäischen Parlaments und des Rates vom 30. Mai 2001 über den Zugang der Öffentlichkeit zu Dokumenten des Europäischen Parlaments, des Rates und der Kommission[4]) unberührt.

Artikel 1

Die Sicherheitsvorschriften sind im Anhang aufgeführt.

Artikel 2

(1) Das für Sicherheitsfragen zuständige Kommissionsmitglied trifft geeignete Maßnahmen, um dafür zu sorgen, dass die Bestimmungen nach Artikel 1 beim Umgang mit EU-Verschlusssachen in der Kommission von deren Beamten und sonstigen Bediensteten und von an die Kommission abgeordnetem Personal eingehalten werden und ihre Einhaltung an allen Dienstorten der Kommission einschließlich der Vertretungen und Büros in der Europäischen Union und in den Delegationen in Drittländern sowie von Seiten externer Vertragspartner der Kommission gesichert ist.

Beinhaltet ein Vertrag oder eine Finanzhilfevereinbarung zwischen der Kommission und einem externen Auftragnehmer oder Begünstigten die Verarbeitung von EU-Verschlusssachen in den Räumlichkeiten des Auftragnehmers oder Begünstigten, so sind die vom externen Auftragnehmer oder Begünstigten zu ergreifenden angemessenen Maßnahmen, mit denen gewährleistet wird, dass die in Artikel 1 genannten Vorschriften bei der Verarbeitung von EU-Verschlusssachen eingehalten werden, fester Bestandteil des Vertrags oder der Finanzhilfevereinbarung.

(2) Die Mitgliedstaaten sowie andere durch die Verträge oder auf deren Grundlage eingerichtete Organe, Einrichtungen, Ämter und Agenturen erhalten EU-Verschlusssachen unter der Voraussetzung, dass sie beim Umgang mit EU-Verschlusssachen in ihren Dienststellen und Gebäuden für die Einhaltung von Bestimmungen sorgen, die den Bestimmungen nach Artikel 1 absolut gleichwertig sind. Das gilt insbesondere für

a) die Mitglieder der Ständigen Vertretungen der Mitgliedstaaten bei der Europäischen Union sowie die Mitglieder der nationalen Delegationen, die an Sitzungen der Kommission oder ihrer Gremien teilnehmen bzw. in sonstige Tätigkeiten der Kommission einbezogen sind;

b) sonstige Mitglieder der nationalen Verwaltungen der Mitgliedstaaten, die mit EU-Verschlusssachen zu tun haben, unabhängig davon, ob sie im Hoheitsgebiet der Mitgliedstaaten oder außerhalb Dienst tun;

c) externe Vertragspartner und abgeordnetes Personal, die mit EU-Verschlusssachen zu tun haben.

Artikel 3

Drittländer, internationale Organisationen und andere Einrichtungen erhalten EU-Verschlusssachen unter der Voraussetzung, dass sie beim Umgang damit für die Einhaltung von Bestimmungen sorgen, die den Bestimmungen nach Artikel 1 absolut gleichwertig sind.

Artikel 4

Das für Sicherheitsfragen zuständige Mitglied der Kommission kann unter Beachtung der in Teil I des Anhangs enthaltenen Grundprinzipien und Mindeststandards für die Sicherheit Maßnahmen nach Teil II des Anhangs treffen.

Artikel 5

Die vorliegenden Vorschriften ersetzen ab dem Tag ihrer Anwendung

a) den Beschluss C (94) 3282 vom 30. November 1994 betreffend die Schutzmaßnahmen für die als Verschlusssachen eingestuften Informationen, die im Rahmen der Tätigkeiten der Europäischen Union ausgearbeitet oder ausgetauscht werden;

b) den Beschluss C (99) 423 vom 25. Februar 1999 über das Verfahren zur Ermächtigung der Beamten und sonstigen Bediensteten der Europäischen Kommission zum Zugang zu von der Kommission verwahrten Verschlusssachen;

Artikel 6

Ab dem Tag der Anwendung dieser Vorschriften werden alle von der Kommission bis zu diesem Datum verwahrten Verschlusssachen, ausgenommen die Euratom-Verschlusssachen,

a) die von der Kommission erstellt worden sind, automatisch als „▶ **M2** RESTREINT UE ◄" eingestuft, sofern der Urheber nicht spätestens zum 31. Januar 2002 eine andere Einstufung beschließt oder die Geheimhaltung aufhebt; in diesem Fall setzt er alle Empfänger des betreffenden Dokuments in Kenntnis;

b) die von Urhebern außerhalb der Kommission erstellt worden sind, unter der ursprünglichen Einstufung weitergeführt und damit als EU-Verschlusssache der entsprechenden Stufe behandelt, sofern der Urheber nicht der Aufhebung der Geheimhaltung oder der Herabstufung der Verschlusssache zustimmt.

---

[4]) ABl.L145 vom 31.5.2001, S. 43.

ANHANG II

SICHERHEITSVORSCHRIFTEN DER EUROPÄISCHEN KOMMISSION*)

Inhalt

*) Gemäß Artikel 1 6. des Beschlusses der Kommission vom 31. Januar 2006 zur Änderung des Beschlusses 2001/844/EG, EGKS, Euratom zur Änderung ihrer Geschäftsordnung (ABl. 2006 L 34, 32) sind im gesamten Wortlaut der Sicherheitsvorschriften und der Anlagen zum einen „Sicherheitsbüro der Kommission" und „Sicherheitsdienst der Kommission" durch „Direktion Sicherheit der Kommission" und zum anderen „Leiter des Sicherheitsbüros der Kommission" durch „Direktor der Direktion Sicherheit der Kommission" zu ersetzen. Die übrigen Änderungen wurden im Text eingearbeitet.
Weitere Einarbeitungen entsprechen den Änderungen gemäß ABl 2006 L 215, 38.

Geo
Kom
Betrugs-
bekämpfung
Verschluss-
sachen

TEIL I: GRUNDPRINZIPIEN UND MINDESTSTANDARDS FÜR DIE SICHERHEIT

1. EINLEITUNG

Die vorliegenden Bestimmungen enthalten die Grundprinzipien und Mindeststandards für die Sicherheit, die von der Kommission an sämtlichen Dienstorten sowie von allen Empfängern von EU-Verschlusssachen in angemessener Weise einzuhalten sind, damit die Sicherheit gewährleistet ist und darauf vertraut werden kann, dass ein gemeinsamer Sicherheitsstandard herrscht.

2. ALLGEMEINE GRUNDSÄTZE

Die Sicherheitspolitik der Kommission ist Bestandteil ihres Gesamtkonzepts für das interne Management und unterliegt damit den Grundsätzen ihrer allgemeinen Politik.

Zu diesen Grundsätzen zählen Legalität, Transparenz, Rechenschaftspflicht und Subsidiarität (Verhältnismäßigkeit).

Legalität bezeichnet das Erfordernis, bei der Ausführung von Sicherheitsfunktionen voll und ganz innerhalb des rechtlichen Rahmens zu bleiben und die Rechtsvorschriften einzuhalten. Es bedeutet auch, dass die Verantwortlichkeiten im Sicherheitsbereich auf angemessenen Rechtsvorschriften beruhen müssen. Das Beamtenstatut ist voll und ganz anwendbar, insbesondere Artikel 17 betreffend die Verpflichtung des Personals, in Bezug auf Informationen der Kommission Stillschweigen zu bewahren sowie Titel VI über Disziplinarmaßnahmen. Des weiteren bedeutet dieser Grundsatz, dass im Verantwortungsbereich der Kommission liegende Sicherheitsverstöße im Einklang mit ihrem Konzept für Disziplinarmaßnahmen und ihrem Konzept für die Zusammenarbeit mit den Mitgliedstaaten im Bereich des Strafrechts behandelt werden müssen.

Transparenz bezeichnet das Erfordernis der Klarheit in Bezug auf alle Sicherheitsvorschriften und -bestimmungen für die einzelnen Dienste und Bereiche (materielle Sicherheit/Schutz von Verschlusssachen usw.) und die Notwendigkeit eines in sich schlüssigen und strukturierten Konzepts für das Sicherheitsbewusstsein. In diesem Zusammenhang sind auch klare schriftliche Leitlinien für die Durchführung von Sicherheitsmaßnahmen erforderlich.

Rechenschaftspflicht bedeutet, dass die Verantwortlichkeiten im Sicherheitsbereich eindeutig festgelegt werden. Des weiteren fällt unter diesen Begriff die Notwendigkeit, in regelmäßigen Abständen festzustellen, ob die Verantwortlichkeiten ordnungsgemäß wahrgenommen worden sind.

Subsidiarität oder Verhältnismäßigkeit bedeutet, dass die Sicherheit auf der niedrigstmöglichen Ebene und möglichst nahe bei den einzelnen Generaldirektionen und Diensten der Kommission organisiert wird. Dieser Grundsatz bedeutet auch, dass Sicherheitsmaßnahmen auf die Bereiche beschränkt werden, in denen sie wirklich erforderlich sind. Schließlich müssen Sicherheitsmaßnahmen auch im richtigen Verhältnis zu den zu schützenden Interessen und zu der tatsächlichen oder potenziellen Bedrohung dieser Interessen stehen und einen Schutz ermöglichen, der zu möglichst geringen Beeinträchtigungen führt.

3. GRUNDLAGEN FÜR DIE SICHERHEIT

Die Grundlagen für die Schaffung einer soliden Sicherheitslage sind
a) in jedem Mitgliedstaat eine nationale Sicherheitsorganisation, die dafür zuständig ist,
1. Erkenntnisse über Spionage, Sabotage, Terrorismus und andere subversive Tätigkeiten zu sammeln und zu speichern sowie
2. ihre jeweilige Regierung und – über sie – die Kommission über Art und Umfang von Bedrohungen der Sicherheit und entsprechende Schutzmaßnahmen zu informieren und zu beraten;
b) in jedem Mitgliedstaat und in der Kommission eine technische INFOSEC-Stelle, die dafür zuständig ist, in Zusammenarbeit mit der betreffenden Sicherheitsbehörde Informationen und Beratung über technische Bedrohungen der Sicherheit und entsprechende Schutzmaßnahmen zu liefern;
c) eine regelmäßige Zusammenarbeit von Regierungsstellen und den entsprechenden Dienststellen der europäischen Organe, um erforderlichenfalls
1. die schutzbedürftigen Personen, Informationen und Ressourcen sowie
2. gemeinsame Schutzstandards
zu bestimmen und entsprechende Empfehlungen abzugeben.
d) eine enge Zusammenarbeit zwischen dem Sicherheitsbüro der Kommission und den Sicherheitsdiensten der anderen europäischen Organe sowie dem Sicherheitsbüro der NATO (NOS).

4. GRUNDSÄTZE FÜR DIE SICHERHEIT VON VERSCHLUSSSACHEN

4.1. Ziele

Die Hauptziele im Bereich der Sicherheit von Verschlusssachen sind:
a) Schutz von EU-Verschlusssachen vor Spionage, Kenntnisnahme durch Unbefugte oder unerlaubter Weitergabe;
b) Schutz von EU-Informationen, die in Kommunikations- und Informationssystemen und -netzen behandelt werden, vor der Gefährdung ihrer Vertraulichkeit, Integrität und Verfügbarkeit;
c) Schutz von Gebäuden der Kommission, in denen EU-Informationen aufbewahrt werden, vor Sabotage und vorsätzlicher Beschädigung;
d) im Falle eines Versagens der Sicherheitsvorkehrungen Bewertung des entstandenen Schadens, Begrenzung seiner Folgen und Durchführung der erforderlichen Maßnahmen zu seiner Behebung.

4.2. Begriffsbestimmungen

In diesen Vorschriften bedeutet
a) „EU-Verschlusssache". Alle Informationen und Materialien, deren unerlaubte Weitergabe den Interessen der EU oder eines oder mehrerer ihrer Mitgliedstaaten in unterschiedlichem Maße Schaden zufügen könnte, unabhängig davon, ob es sich um ursprüngliche EU-Verschlusssachen handelt oder um Verschlusssachen, die von Mitgliedstaaten, Drittländern oder internationalen Organisationen stammen.

b) „Dokument". Jede Form von Schreiben, Aufzeichnung, Protokoll, Bericht, Memorandum, Signal/Botschaft, Skizze, Photo, Dia, Film, Karte, Schaubild, Plan, Notizbuch, Matrize, Kohlepapier, Schreibmaschinen- oder Druckerfarbband, Magnetband, Kassette, Computer-Diskette, CD-ROM oder anderer materieller Träger, auf denen Informationen gespeichert sind.

c) „Material". Dasselbe wie „Dokument" gemäß der Definition unter Buchstabe b) sowie jeder Ausrüstungsgegenstand, der bereits hergestellt oder noch in Herstellung befindlich ist.

d) „Kenntnis notwendig". Der Beamte oder Bedienstete muss Zugang zu EU-Verschlusssachen haben, um eine Funktion auszuüben oder eine Aufgabe zu erledigen.

e) „Zugangsermächtigung". Eine Verfügung des Direktors der Direktion Sicherheit der Kommission, einer Person Zugang zu EU-Verschlusssachen bis zu einem bestimmten Geheimhaltungsgrad zu gewähren auf der Grundlage einer von einer nationalen Sicherheitsbehörde nach einzelstaatlichem Recht durchgeführten Sicherheitsüberprüfung, die zu einem positiven Ergebnis geführt hat.

f) „Geheimhaltungsgrad". Zuerkennung einer geeigneten Sicherheitsstufe für Informationen, deren unerlaubte Weitergabe die Interessen der Kommission oder der Mitgliedstaaten in gewissem Maße beeinträchtigen könnte.

g) „Herabstufung". Einstufung in einen niedrigeren Geheimhaltungsgrad.

h) „Aufhebung des Geheimhaltungsgrades". Löschung jeder Geheimhaltungskennzeichnung.

i) „Urheber". Ordnungsgemäß ermächtigter Verfasser eines als Verschlusssache eingestuften Dokuments. In der Kommission können die Leiter von Dienststellen ihr Personal ermächtigen, EU-Verschlusssachen zu erstellen.

j) „Kommissionsdienststellen". Dienststellen und Dienste der Kommission, einschließlich der Kabinette, an allen Dienstorten, eingeschlossen die Gemeinsame Forschungsstelle, die Vertretungen und Büros in der Europäischen Union und die Delegationen in Drittländern.

4.3. Einstufung in Geheimhaltungsgrade

a) Im Bereich der Geheimhaltung muss bei der Auswahl der schutzbedürftigen Informationen und Materialien und bei der Bewertung des Ausmaßes des erforderlichen Schutzes mit Sorgfalt vorgegangen und auf Erfahrungen zurückgegriffen werden. Es ist von entscheidender Bedeutung, dass das Ausmaß des Schutzes der Sicherheitsrelevanz der zu schützenden Informationen und Ma-

Geo
Betrugs-
bekämpfung
Verschluss-
sachen

terialien entspricht. Im Interesse eines reibungslosen Informationsflusses muss dafür gesorgt werden, dass eine zu hohe oder zu niedrige Einstufung von Verschlusssachen vermieden wird.

b) Das Einstufungssystem ist das Instrument, mit dem diesen Grundsätzen Wirkung verliehen wird; ein entsprechendes Einstufungssystem sollte bei der Planung und Organisierung von Maßnahmen zur Bekämpfung von Spionage, Sabotage, Terrorismus und anderen Arten der Bedrohung angewandt werden, so dass die wichtigsten Gebäude, in denen Verschlusssachen aufbewahrt werden, und die sensibelsten Punkte innerhalb dieser Gebäude auch den größten Schutz erhalten.

c) Die Verantwortung für die Festlegung des Geheimhaltungsgrades einer Information liegt allein bei deren Urheber.

d) Der Geheimhaltungsgrad hängt allein vom Inhalt dieser Information ab.

e) Sind verschiedene Informationen zu einem Ganzen zusammengestellt, gilt als Geheimhaltungsgrad für das gesamte Dokument der Geheimhaltungsgrad des am höchsten eingestuften Bestandteils. Eine Zusammenstellung von Informationen kann indessen höher eingestuft werden als ihre einzelnen Bestandteile.

f) Eine Einstufung als Verschlusssache erfolgt nur dann, wenn dies erforderlich ist und so lange dieses Erfordernis besteht.

4.4. Ziele von Sicherheitsmaßnahmen

Die Sicherheitsmaßnahmen sollen

a) alle Personen, die Zugang zu Verschlusssachen haben, die Träger von Verschlusssachen und alle Gebäude umfassen, in denen sich derartige Verschlusssachen und wichtige Einrichtungen befinden;

b) so ausgelegt sein, dass Personen, die aufgrund ihrer Stellung die Sicherheit von Verschlusssachen und wichtigen Einrichtungen, in denen Verschlusssachen aufbewahrt werden, gefährden könnten, erkannt und vom Zugang ausgeschlossen oder fern gehalten werden;

c) verhindern, dass unbefugte Personen Zugang zu Verschlusssachen oder zu Einrichtungen, in denen Verschlusssachen aufbewahrt werden, erhalten;

d) dafür sorgen, dass Verschlusssachen nur unter Beachtung des für alle Aspekte der Sicherheit grundlegenden Prinzips der Kenntnis nur wenn dies auch nötig ist verbreitet werden;

e) die Integrität (d. h. Verhinderung von Verfälschungen, unbefugten Änderungen oder unbefugten Löschungen) und die Verfügbarkeit (d. h. keine Verweigerung des Zugangs für Personen, die ihn benötigen und dazu befugt sind) aller Informationen, ob sie als Verschlusssachen eingestuft sind oder nicht, und insbesondere der in elektromagnetischer Form gespeicherten, verarbeiteten oder übermittelten Informationen, gewährleisten.

5. ORGANISATION DER SICHERHEIT

5.1. Gemeinsame Mindeststandards

Die Kommission sorgt dafür, dass gemeinsame Mindeststandards für die Sicherheit von allen Empfängern von EU-Verschlusssachen innerhalb des Organs und in seinem Zuständigkeitsbereich eingehalten werden, u. a. von allen Dienststellen und Vertragspartnern, so dass bei der Weitergabe von EU-Verschlusssachen darauf vertraut werden kann, dass diese mit derselben Sorgfalt behandelt werden. Zu diesen Mindeststandards gehören Kriterien für die Sicherheitsüberprüfung des Personals und Verfahren zum Schutz von EU-Verschlusssachen.

Die Kommission gewährt externen Stellen nur dann Zugang zu EU-Verschlusssachen, wenn diese gewährleisten, dass für den Umgang damit Bestimmungen eingehalten werden, die wenigstens diesen Mindeststandards entsprechen.

Solche Mindestnormen gelten auch, wenn die Kommission industrielle oder andere Stellen vertraglich oder durch eine Finanzhilfevereinbarung mit Aufgaben betraut, bei denen EU-Verschlusssachen herangezogen werden, gebraucht werden und/oder mit eingeschlossen sind. Diese gemeinsamen Mindestnormen sind in Teil II Abschnitt 27 enthalten.

5.2. Organisation

In der Kommission ist die Sicherheit auf zwei Ebenen organisiert:

a) Auf der Ebene der Kommission als Ganzes gibt es ein Sicherheitsbüro der Kommission mit einer Akkreditierungsstelle für Sicherheit, die auch als Kryptographische Stelle (CrA) und als TEMPEST-Stelle fungiert sowie mit einer INFOSEC-Stelle (für Informationssicherheit) und einer oder mehreren Zentralen Registraturen für EU-Verschlusssachen, von denen jede über einen Kontrollbeauftragten oder mehrere Kontrollbeauftragte für die Registratur (RCO) verfügt.

b) Auf der Ebene der einzelnen Dienststellen sind für die Sicherheit einer oder mehrere Lokale Sicherheitsbeauftragte (LSO), einer oder mehrere Sicherheitsbeauftragte für die zentrale IT (CISO), Beauftragte für die lokale IT-Sicherheit (LISO) und Lokale Registraturen für EU-Verschlusssachen mit einem oder mehreren Registraturkontrollbeauftragten zuständig.

c) Die zentralen Sicherheitsstellen geben den lokalen Sicherheitsstellen praktische Leitlinien an die Hand.

6. SICHERHEIT DES PERSONALS

6.1. Sicherheitsüberprüfung

Alle Personen, die Zugang zu Informationen erhalten wollen, die als „▶ **M2** CONFIDENTIEL UE ◄" oder höher eingestuft sind, werden einer Sicherheitsüberprüfung unterzogen, bevor sie eine Zugangsermächtigung erhalten. Eine entsprechende Sicherheitsüberprüfung wird auch im Falle von Personen vorgenommen, zu deren Aufgaben der technische Betrieb oder die Wartung von Kommunikations- und Informationssystemen gehört, die Verschlusssachen enthalten. Bei der Sicherheitsüberprüfung soll festgestellt werden, ob die genannten Personen

a) von unzweifelhafter Loyalität sind;

b) die charakterlichen Merkmale und die Diskretionsfähigkeit besitzen, die ihre Integrität beim Umgang mit Verschlusssachen außer Zweifel stellt;

c) eventuell aus dem Ausland oder von anderer Seite her leicht unter Druck gesetzt werden können. Besonders gründlich ist die Sicherheitsüberprüfung bei Personen vorzunehmen, die

d) Zugang zu Informationen des Geheimhaltungsgrades „▶ **M2** TRES SECRET UE/EU TOP SECRET ◀" erhalten sollen;

e) Stellen bekleiden, bei denen sie regelmäßig mit einer beträchtlichen Menge an Informationen des Geheimhaltungsgrades „▶ **M2** SECRET UE ◀" zu tun haben;

f) aufgrund ihres Aufgabenbereichs besonderen Zugang zu gesicherten Kommunikations- oder Informationssystemen und somit Gelegenheit haben, sich unbefugt Zugang zu einer größeren Menge von EU-Verschlusssachen zu verschaffen oder in dem betreffenden Aufgabenbereich durch technische Sabotageakte schweren Schaden zu verursachen.

In den unter den Buchstaben d), e) und f) genannten Fällen soll soweit als nur möglich auf die Methode der Umfeldermittlung zurückgegriffen werden.

Werden Personen, für die die Notwendigkeit einer Kenntnis von Verschlusssachen nicht klar erwiesen ist, unter Umständen beschäftigt, unter denen sie Zugang zu EU-Verschlusssachen erhalten könnten (z. B. Boten, Sicherheitsbedienstete, Wartungs- und Reinigungspersonal usw.), so sind sie zuerst einer Sicherheitsüberprüfung zu unterziehen.

6.2. Verzeichnis der Zugangsermächtigungen

Alle Kommissionsdienststellen, die mit EU-Verschlusssachen zu tun haben oder gesicherte Kommunikations- oder Informationssysteme verwalten, führen ein Verzeichnis der Zugangsermächtigungen des bei ihnen arbeitenden Personals. Jede Zugangsermächtigung ist erforderlichenfalls zu überprüfen, um sicherzustellen, dass sie der derzeitigen Tätigkeit der betreffenden Person entspricht; sie ist vorrangig zu überprüfen, wenn neue Informationen eingehen, denen zufolge eine weitere Beschäftigung dieser Person mit Verschlusssachen nicht länger mit den Sicherheitsinteressen vereinbar ist. Der Lokale Sicherheitsbeauftragte der Kommissionsdienststelle führt ein Verzeichnis der Zugangsermächtigungen in seinem Zuständigkeitsbereich.

6.3. Sicherheitsanweisungen für das Personal

Alle Angehörigen des Personals, die Stellen bekleiden, an denen sie Zugang zu Verschlusssachen erhalten könnten, sind bei Aufnahme ihrer Tätigkeit und danach in regelmäßigen Abständen eingehend über die Notwendigkeit von Sicherheitsbestimmungen und über die Verfahren zu ihrer Durchführung zu unterrichten. Von diesen Mitarbeiterinnen und Mitarbeitern ist eine schriftliche Bestätigung zu verlangen, dass sie die vorliegenden Sicherheitsbestimmungen gelesen haben und in vollem Umfang verstehen.

6.4. Verantwortung der Führungskräfte

Führungskräfte haben die Pflicht, sich Kenntnis darüber zu verschaffen, welche ihrer Mitarbeiter mit Verschlusssachen zu tun haben oder über einen Zugang zu gesicherten Kommunikations- oder Informationssystemen verfügen, sowie alle Vorfälle oder offensichtlichen Schwachpunkte, die sicherheitsrelevant sein könnten, festzuhalten und zu melden.

6.5. Sicherheitsstatus des Personals

Es sind Verfahren vorzusehen, um dafür zu sorgen, dass bei Bekanntwerden nachteiliger Informationen über eine Person festgestellt wird, ob diese Person mit Verschlusssachen zu tun hat oder über einen Zugang zu gesicherten Kommunikations- oder Informationssystemen verfügt, und das Sicherheitsbüro der Kommission in Kenntnis zu setzen. Ist klar erwiesen, dass die fragliche Person ein Sicherheitsrisiko darstellt, ist sie von Aufgaben, bei denen sie die Sicherheit gefährden könnte, auszuschließen oder fern zu halten.

7. MATERIELLE SICHERHEIT

7.1. Schutzbedarf

Das Ausmaß der anzuwendenden Maßnahmen der materiellen Geheimschutzes zur Gewährleistung des Schutzes von EU-Verschlusssachen muss in angemessenem Verhältnis zum Geheimhaltungsgrad, zum Umfang und zur Bedrohung der entsprechenden Informationen und Materialien stehen. Alle Personen, die EU-Verschlusssachen verwahren, haben einheitliche Praktiken bei der Einstufung der Informationen anzuwenden und gemeinsame Schutzstandards für die Verwahrung, Übermittlung und Vernichtung schutzbedürftiger Informationen und Materialien zu beachten.

7.2. Kontrolle

Personen, die Bereiche, in denen sich ihnen anvertraute EU-Verschlusssachen befinden, unbeaufsichtigt lassen, müssen dafür sorgen, dass die Verschlusssachen sicher aufbewahrt und alle Sicherungsvorkehrungen (Schlösser, Alarm usw.) aktiviert worden sind. Weitere hiervon unabhängige Kontrollen sind nach den Dienststunden durchzuführen.

7.3. Gebäudesicherheit

Gebäude, in denen sich EU-Verschlusssachen oder gesicherte Kommunikations- und Informationssysteme befinden, sind gegen unerlaubten Zutritt zu schützen. Die Art der Schutzmaßnahmen für EU-Verschlusssachen (z. B. Vergitterung von Fenstern, Schlösser an Türen, Wachen am Eingang, automatische Zugangskontrollsysteme, Sicherheitskontrollen und Rundgänge, Alarmsysteme, Einbruchmeldesysteme und Wachhunde) hängt von folgenden Faktoren ab:

a) Geheimhaltungsgrad und Umfang der zu schützenden Informationen und Materialien sowie Ort ihrer Unterbringung im Gebäude;

b) Qualität der Sicherheitsbehältnisse, in denen sich die Informationsträger und Materialien befinden, und

c) Beschaffenheit und Lage des Gebäudes.

Die Art der Schutzmaßnahmen für Kommunikations- und Informationssysteme hängt in ähnlicher Weise von folgenden Faktoren ab: Einschätzung des Wertes der betreffenden Objekte und der Höhe des im Falle einer Kenntnisnahme durch Unbefugte eventuell entstehenden Schadens; Beschaffenheit und Lage des Gebäudes, in dem das System untergebracht ist sowie Ort der Unterbringung im Gebäude.

7.4. Notfallpläne

Es sind detaillierte Pläne auszuarbeiten, um im Falle eines örtlichen oder nationalen Notstands auf den Schutz von Verschlusssachen vorbereitet zu sein.

8. INFORMATIONSSICHERHEIT

Informationssicherheit (INFOSEC) betrifft die Festlegung und Anwendung von Sicherheitsmaßnahmen, mit denen in Kommunikations-, Informations- und sonstigen elektronischen Systemen bearbeitete, gespeicherte oder übermittelte Verschlusssachen davor geschützt werden sollen, versehentlich oder absichtlich in die Hände von Unbefugten zu gelangen bzw. ihre Integrität oder Verfügbarkeit zu verlieren. Es sind geeignete Gegenmaßnahmen zu ergreifen, um zu verhindern, dass unbefugte Nutzer Zugang zu EU-Verschlusssachen erhalten, befugten Nutzern der Zugang zu EU-Verschlusssachen verweigert wird oder es zu einer Verfälschung, unbefugten Änderung oder Löschung von EU-Verschlusssachen kommt.

9. MASSNAHMEN GEGEN SABOTAGE UND ANDERE FORMEN VORSÄTZLICHER BESCHÄDIGUNG

Vorsichtsmaßnahmen im Bereich des Objektschutzes zum Schutz wichtiger Einrichtungen, in denen Verschlusssachen untergebracht sind, bieten die besten Sicherheitsgarantien gegen Sabotage und vorsätzliche Beschädigungen; eine Sicherheitsüberprüfung des Personals allein ist kein wirklicher Ersatz. Die zuständige einzelstaatliche Stelle wird gebeten, Erkenntnisse über Spionage, Sabotage, Terrorismus und andere subversive Tätigkeiten zusammenzutragen.

10. WEITERGABE VON VERSCHLUSS-SACHEN AN DRITTSTAATEN ODER INTERNATIONALE ORGANISATIONEN

Der Beschluss, von der Kommission stammende EU-Verschlusssachen an einen Drittstaat oder eine internationale Organisation weiterzugeben, wird von der als Kollegium handelnden Kommission gefasst. Stammen die Verschlusssachen, um deren Weitergabe ersucht wird, nicht von der Kommission, so hat diese zunächst die Zustimmung des Urhebers der Verschlusssachen einzuholen. Kann dieser Urheber nicht ermittelt werden, so trifft die Kommission an seiner Stelle die Entscheidung.

Erhält die Kommission Verschlusssachen von Drittstaaten, internationalen Organisationen oder sonstigen Dritten, so werden sie in einer ihrem Geheimhaltungsgrad angemessenen Weise nach Maßgabe der für EU-Verschlusssachen geltenden Standards dieser Vorschriften oder aber höherer Standards, falls diese von der die Verschlusssachen weitergebenden dritten Seite gefordert werden, geschützt. Gegenseitige Kontrollen können vereinbart werden.

Die vorstehend dargelegten Grundprinzipien werden gemäß den detaillierten Vorschriften des Teils II Abschnitt 26 und der Anhänge 3, 4 und 5 verwirklicht.

TEIL II: DIE ORGANISATION DER SICHERHEIT IN DER KOMMISSION

11. DAS FÜR SICHERHEITSFRAGEN ZUSTÄNDIGE MITGLIED DER KOMMISSION

Das für Sicherheitsfragen zuständige Mitglied der Kommission

a) führt das Sicherheitskonzept der Kommission durch;

b) befasst sich mit Sicherheitsproblemen, die die Kommission oder ihre zuständigen Gremien ihm vorlegen;

c) prüft in enger Abstimmung mit den nationalen Sicherheitsbehörden (oder sonstigen geeigneten Behörden) der Mitgliedstaaten Fragen, die eine Änderung des Sicherheitskonzepts der Kommission erforderlich machen.

Das für Sicherheitsfragen zuständige Mitglied der Kommission ist insbesondere für Folgendes zuständig:

a) es koordiniert alle die Tätigkeiten der Kommission betreffenden Sicherheitsfragen;

b) es richtet an die hierfür benannten Behörden der Mitgliedstaaten Anträge auf Sicherheitsüberprüfung in der Kommission beschäftigter Personen durch die jeweilige nationale Sicherheitsbehörde im Einklang mit Abschnitt 20;

c) es ermittelt oder ordnet Ermittlungen an, wenn EU-Verschlusssachen Unbefugten zur Kenntnis gelangt sind und die Ursache hierfür dem ersten Anschein nach in der Kommission zu suchen ist;

d) es ersucht die entsprechenden Sicherheitsbehörden um die Einleitung von Ermittlungen, wenn eine Kenntnisnahme von EU-Verschlusssachen durch Unbefugte außerhalb der Kommission erfolgt zu sein scheint, und koordiniert die Ermittlungen in den Fällen, in denen mehr als eine Sicherheitsbehörde beteiligt ist;

e) es überprüft regelmäßig die Sicherheitsvorkehrungen für den Schutz von EU-Verschlusssachen;

f) es unterhält enge Verbindungen zu allen betroffenen Sicherheitsbehörden, um für eine Gesamtkoordinierung der Sicherheitsmaßnahmen zu sorgen;

g) es behält ständig das Sicherheitskonzept und die Sicherheitsverfahren der Kommission im Auge und arbeitet gegebenenfalls entsprechende Empfehlungen aus. In diesem Zusammenhang legt es der Kommission den von ihrem Sicherheitsdienst erstellten jährlichen Inspektionsplan vor.

12. DIE BERATENDE GRUPPE FÜR DAS SICHERHEITSKONZEPT DER KOMMISSION

Es wird eine Beratende Gruppe für das Sicherheitskonzept der Kommission eingesetzt. Sie besteht aus dem für Sicherheitsfragen zuständigen Mitglied der Kommission und dessen Stellvertreter, das bzw. der den Vorsitz führt, und Vertretern der nationalen Sicherheitsbehörden jedes Mitgliedstaates. Vertreter anderer europäischen Organe können ebenfalls eingeladen werden. Vertreter dezentraler EU-Einrichtungen können eingeladen werden, wenn sie betreffende Fragen erörtert werden.

Die Beratende Gruppe für das Sicherheitskonzept der Kommission tritt auf Antrag des Vorsitzenden oder eines ihrer Mitglieder zusammen. Sie prüft und bewertet alle relevanten Sicherheitsfragen und legt der Kommission gegebenenfalls Empfehlungen vor.

13. DER SICHERHEITSRAT DER KOMMISSION

Es wird ein Sicherheitsrat der Kommission eingesetzt. Er besteht aus dem Generaldirektor für Personal und Verwaltung, der den Vorsitz führt, einem Mitglied des Kabinetts des für Sicherheitsfragen zuständigen Kommissionsmitglieds, einem Mitglied des Kabinetts des Präsidenten, dem Stellvertretenden Generalsekretär, der der Gruppe für Krisenmanagement der Kommission vorsitzt, den Generaldirektoren des Juristischen Dienstes, der Generaldirektion Außenbeziehungen, der Generaldirektion Justiz, Freiheit und Sicherheit, der Gemeinsamen Forschungsstelle, der Generaldirektion Informatik und des Internen Auditdienstes sowie dem Direktor der Direktion Sicherheit der Kommission oder deren Vertreter. Andere Kommissionsbeamte können eingeladen werden. Der Sicherheitsrat beurteilt die Sicherheitsmaßnahmen innerhalb der Kommission und legt dem für Sicherheitsfragen zuständigen Kommissionsmitglied gegebenenfalls Empfehlungen in diesem Bereich vor.

14. DAS SICHERHEITSBÜRO DER KOMMISSION

Dem für Sicherheitsfragen zuständigen Mitglied der Kommission steht für die Wahrnehmung seiner in Abschnitt 11 genannten Aufgaben das Sicherheitsbüro der Kommission für die Koordinierung, Überwachung und Durchführung von Sicherheitsmaßnahmen zur Verfügung.

Der Leiter des Sicherheitsbüros der Kommission ist der wichtigste Berater des für Sicherheitsfragen zuständigen Mitglieds der Kommission und zugleich Sekretär der Beratenden Gruppe für das Sicherheitskonzept der Kommission. In dieser Hinsicht leitet er die Aktualisierung der Sicherheitsvorschriften und koordiniert die Sicherheitsmaßnahmen mit den zuständigen Behörden der Mitgliedstaaten und gegebenenfalls mit internationalen Organisationen, die Sicherheitsabkommen mit der Kommission geschlossen haben. Er hat hierbei die Rolle einer Verbindungsstelle.

Der Leiter des Sicherheitsbüros der Kommission ist für die Zulassung von IT-Systemen und -netzen in der Kommission zuständig. Er entscheidet im Einvernehmen mit den zuständigen nationalen Sicherheitsbehörden über die Zulassung von IT-Systemen und -netzen, die die Kommission und alle anderen Empfänger von EU-Verschlusssachen umfassen.

15. SICHERHEITSINSPEKTIONEN

Das Sicherheitsbüro der Kommission führt regelmäßige Inspektionen der Sicherheitsvorkehrungen zum Schutz von EU-Verschlusssachen durch.

Das Sicherheitsbüro der Kommission kann sich bei der Ausführung dieser Aufgabe von den Sicherheitsdiensten anderer EU-Organe, die EU-Verschlusssachen verwahren oder von den natio-

Geo
Betrugsbekämpfung
Verschlusssachen

nalen Sicherheitsbehörden der Mitgliedstaaten unterstützen lassen[1]).

Auf Ersuchen eines Mitgliedstaates kann dessen nationale Sicherheitsbehörde in der Kommission gemeinsam mit dem Sicherheitsdienst der Kommission und in gegenseitigem Einvernehmen eine Inspektion von EU-Verschlusssachen durchführen.

16. GEHEIMHALTUNGSGRADE, SICHERHEITSKENNUNGEN UND KENNZEICHNUNGEN

16.1. Geheimhaltungsgrade

Verschlusssachen werden wie folgt eingestuft (siehe auch Anhang 2):

„▶ **M2** TRES SECRET UE/EU TOP SECRET ◀". Dieser Geheimhaltungsgrad findet nur auf Informationen und Material Anwendung, deren unbefugte Weitergabe den wesentlichen Interessen der Europäischen Union oder eines oder mehrerer ihrer Mitgliedstaaten einen äußerst schweren Schaden zufügen könnte.

„▶ **M2** SECRET UE ◀". Dieser Geheimhaltungsgrad findet nur auf Informationen und Material Anwendung, deren unbefugte Weitergabe den wesentlichen Interessen der Europäischen Union oder eines oder mehrerer ihrer Mitgliedstaaten schweren Schaden zufügen könnte.

„▶ **M2** CONFIDENTIEL UE ◀". Dieser Geheimhaltungsgrad findet auf Informationen und Material Anwendung, deren unbefugte Weitergabe den wesentlichen Interessen der Europäischen Union oder eines oder mehrerer ihrer Mitgliedstaaten schaden könnte.

„▶ **M2** RESTREINT UE ◀". Dieser Geheimhaltungsgrad findet auf Informationen und Material Anwendung, deren unbefugte Weitergabe für die Interessen der Europäischen Union oder eines oder mehrerer ihrer Mitgliedstaaten nachteilig sein könnte.

Andere Geheimhaltungsgrade sind nicht zulässig.

16.2. Sicherheitskennungen

Um die Geltungsdauer eines Geheimhaltungsgrades zu begrenzen (bei Verschlusssachen automatische Herabstufung oder Aufhebung des Geheimhaltungsgrades) kann einvernehmlich eine Sicherheitskennung verwendet werden, die lautet „BIS ...(Uhrzeit/Datum)" oder „BIS ...(Ereignis)".

Zusätzliche Kennzeichnungen wie z. B. „CRYPTO" oder eine andere von der EU anerkannte Sonderkennung werden verwendet, wenn

[1]) Unbeschadet des Wiener Übereinkommens von 1961 über diplomatische Beziehungen und des Protokolls über die Vorrechte und Befreiungen der Europäischen Gemeinschaften vom 8. April 1965.

zusätzlich zu der Behandlung, die sich durch die VS-Einstufung ergibt, eine begrenzte Verteilung und eine besondere Abwicklung erforderlich sind.

Sicherheitskennungen sind nur in Verbindung mit einem Geheimhaltungsgrad zu verwenden.

16.3. Kennzeichnungen

Kennzeichnungen können benutzt werden, um den von einem Dokument abgedeckten Bereich, eine besondere Verteilung gemäß dem Grundsatz „Kenntnis notwendig" oder (bei Dokumenten, die nicht als Verschlusssache eingestuft sind) den Ablauf eines Sperrvermerks anzugeben.

Eine Kennzeichnung ist keine Einstufung und darf nicht anstelle einer solchen verwendet werden.

Die Kennzeichnung „ESVP" ist auf Dokumenten und Kopien von Dokumenten anzubringen, die die Sicherheit und Verteidigung der Union oder eines oder mehrerer ihrer Mitgliedstaaten, oder die militärische oder nichtmilitärische Krisenbewältigung betreffen.

16.4. Anbringung des Hinweises auf den Geheimhaltungsgrad

Der Hinweis auf den Geheimhaltungsgrad wird wie folgt angebracht:

a) bei Dokumenten, die als „▶ **M2** RESTREINT UE ◀" eingestuft werden, mit mechanischen oder elektronischen Mitteln;

b) bei Dokumenten, die als „▶ **M2** CONFIDENTIEL UE ◀" eingestuft werden, mit mechanischen Mitteln, von Hand oder durch Druck auf vorgestempeltem, registriertem Papier;

c) auf Dokumenten, die als „▶ **M2** SECRET UE ◀" oder „▶ **M2** TRES SECRET UE/EU TOP SECRET ◀" eingestuft werden, mit mechanischen Mitteln oder von Hand.

16.5. Anbringen von Sicherheitskennungen

Sicherheitskennungen werden unmittelbar unter dem Hinweis auf den Geheimhaltungsgrad angebracht; dabei sind die selben Mittel zu verwenden wie bei der Anbringung des Hinweises auf den Geheimhaltungsgrad.

17. REGELN FÜR DIE EINSTUFUNG ALS VERSCHLUSSSACHE

17.1. Allgemeines

Informationen sind nur dann als Verschlusssachen einzustufen, wenn dies nötig ist. Der Geheimhaltungsgrad ist klar und korrekt anzugeben und nur so lange beizubehalten, wie die Informationen geschützt werden müssen.

Die Verantwortung für die Festlegung des Geheimhaltungsgrades einer Information und für jede anschließende Herabstufung oder Aufhebung liegt allein beim Urheber der Information.

Einstufungen, Herabstufungen oder Aufhebungen des Geheimhaltungsgrades von Verschlusssachen werden von den Beamten und sonstigen Bediensteten der Kommission auf Anweisung ihres Dienststellenleiters oder mit dessen Zustimmung vorgenommen.

Die detaillierten Verfahren für die Behandlung von Verschlusssachen sind so ausgelegt, dass gewährleistet ist, dass die betreffenden Dokumente den ihrem Inhalt entsprechenden Schutz erhalten.

Die Zahl der Personen, die dazu ermächtigt sind, Dokumente des Geheimhaltungsgrades „▶ M2 TRES SECRET UE/EU TOP SECRET ◀" in Umlauf zu bringen, ist möglichst klein zu halten, und ihre Namen sind in einer Liste zu verzeichnen, die vom Sicherheitsbüro der Kommission geführt wird.

17.2. Anwendung der Geheimhaltungsgrade

Bei der Festlegung des Geheimhaltungsgrades eines Dokuments wird das Ausmaß der Schutzbedürftigkeit seines Inhalts entsprechend der Definition in Abschnitt 16 zugrunde gelegt. Es ist wichtig, dass die Einstufung korrekt vorgenommen wird und nur bei wirklichem Bedarf erfolgt. Dies gilt insbesondere für eine Einstufung als „▶ M2 TRES SECRET UE/EU TOP SECRET ◀".

Der Urheber eines Dokuments, das als Verschlusssache eingestuft werden soll, sollte sich der vorstehend genannten Vorschriften bewusst sein und eine zu hohe oder zu niedrige Einstufung vermeiden.

Anhang 2 enthält einen praktischen Leitfaden für die Einstufung.

Einzelne Seiten, Abschnitte, Teile, Anhänge oder sonstige Anlagen eines Dokuments können eine unterschiedliche Einstufung erforderlich machen und sind entsprechend zu kennzeichnen. Als Geheimhaltungsgrad des Gesamtdokuments gilt der Geheimhaltungsgrad seines am höchsten eingestuften Teils.

Ein Begleitschreiben oder ein Übermittlungsvermerk ist so hoch einzustufen wie die am höchsten eingestufte Anlage. Der Urheber sollte klar angeben, welcher Geheimhaltungsgrad für das Begleitschreiben bzw. den Übermittlungsvermerk gilt, wenn ihm seine Anlagen nicht beigefügt sind.

Für den Zugang der Öffentlichkeit ist weiterhin die Verordnung (EG) Nr. 1049/2001 maßgeblich.

17.3. Herabstufung und Aufhebung des Geheimhaltungsgrades

EU-Verschlusssachen dürfen nur mit Genehmigung des Urhebers und erforderlichenfalls nach Erörterung mit den übrigen beteiligten Par-

teien herabgestuft werden; das Gleiche gilt für die Aufhebung des Geheimhaltungsgrades. Die Herabstufung oder die Aufhebung des Geheimhaltungsgrades ist schriftlich zu bestätigen. Dem Urheber obliegt es, die Empfänger des Dokuments über die Änderung der Einstufung zu informieren, wobei letztere wiederum die weiteren Empfänger, denen sie das Original oder eine Kopie des Dokuments zugeleitet haben, davon zu unterrichten haben.

Soweit möglich gibt der Urheber auf dem als Verschlusssache eingestuften Dokument den Zeitpunkt, eine Frist oder ein Ereignis an, ab dem die in dem Dokument enthaltenen Informationen herabgestuft werden können oder deren Geheimhaltungsgrad aufgehoben werden kann. Andernfalls überprüft er die Dokumente spätestens alle fünf Jahre, um sicherzustellen, dass die ursprüngliche Einstufung nach wie vor erforderlich ist.

18. MATERIELLER GEHEIMSCHUTZ

18.1. Allgemeines

Mit den Maßnahmen des materiellen Geheimschutzes soll in erster Linie verhindert werden, dass Unbefugte Zugang zu EU-Verschlusssachen und/oder -material erhalten, dass Diebstahl und eine Beschädigung von Material und anderem Eigentum eintritt und dass Beamte oder sonstige Bedienstete sowie Besucher bedrängt oder auf eine andere Weise unter Druck gesetzt werden.

18.2. Sicherheitsanforderungen

Alle Gebäude, Bereiche, Büros, Räume, Kommunikations- und Informationssysteme usw., in denen als EU-Verschlusssache eingestufte Informationen und Material aufbewahrt werden und/oder in denen damit gearbeitet wird, sind durch geeignete Maßnahmen des materiellen Geheimschutzes zu sichern.

Bei der Festlegung des erforderlichen materiellen Geheimschutzniveaus ist allen relevanten Faktoren Rechnung zu tragen, wie beispielsweise

a) der Einstufung der Informationen und/oder des Materials;

b) der Menge und der Form (z. B. Papier, EDV-Datenträger) der verwahrten Informationen;

c) der örtlichen Einschätzung der geheimdienstlichen Bedrohung, die gegen die EU, die Mitgliedstaaten und/oder andere Institutionen oder Dritte gerichtet ist, die EU-Verschlusssachen verwahren, sowie der Bedrohung insbesondere durch Sabotage, Terrorismus und andere subversive und/oder kriminelle Handlungen.

Die Maßnahmen des materiellen Geheimschutzes zielen darauf ab,

a) das heimliche oder gewaltsame Eindringen unbefugter Personen von außen zu verhindern;

b) von Tätigkeiten illoyaler Angehöriger des Personals (Spionage von innen) abzuschrecken

Geo Kom Betrugs- bekämpfung Verschluss- sachen

beziehungsweise diese zu verhindern und aufzu-decken;

c) zu verhindern, dass Personen, die die be-treffenden Kenntnisse nicht benötigen, Zugang zu EU-Verschlusssachen haben.

18.3. Maßnahmen des materiellen Geheimschutzes

18.3.1. Sicherheitsbereiche

Die Bereiche, in denen mit als „▶ **M2** CON-FIDENTIEL UE ◀" oder höher eingestuften Verschlusssachen gearbeitet wird oder in denen diese aufbewahrt werden, sind so zu gestalten und auszustatten, dass sie einer der nachstehen-den Kategorien entsprechen:

a) Sicherheitsbereich der Kategorie I: Be-reich, in dem mit als „▶ **M2** CONFIDENTIEL UE ◀" oder höher eingestuften Verschlusssa-chen gearbeitet wird oder in dem diese aufbe-wahrt werden, wobei das Betreten des Bereichs für alle praktischen Zwecke den Zugang zu den Verschlusssachen ermöglicht. Ein derartiger Be-reich erfordert

i) einen klar abgegrenzten und geschützten Raum mit vollständiger Ein- und Ausgangskon-trolle;

ii) ein Zutrittskontrollsystem, mit dem dafür gesorgt wird, dass nur die gehörig überprüften und eigens ermächtigten Personen den Bereich betreten können;

iii) eine genaue Festlegung der Einstufung der Verschlusssachen, die in der Regel in dem Be-reich verwahrt werden, d. h. der Informationen, die durch das Betreten des Bereichs zugänglich werden.

b) Sicherheitsbereich der Kategorie II: Be-reich, in dem mit als „▶ **M2** CONFIDENTIEL UE ◀" oder höher eingestuften Verschlusssa-chen gearbeitet wird oder in dem diese aufbe-wahrt werden, wobei durch interne Kontrollen ein Schutz vor dem Zugang Unbefugter ermög-licht wird, beispielsweise Gebäude mit Büros, in denen regelmäßig mit als „▶ **M2** CONFIDEN-TIEL UE ◀" eingestuften Verschlusssachen ge-arbeitet wird und in denen diese aufbewahrt wer-den. Ein derartiger Bereich erfordert

i) einen klar abgegrenzten und geschützten Raum mit vollständiger Ein- und Ausgangskon-trolle;

ii) ein Zutrittskontrollsystem, mit dem dafür gesorgt wird, dass nur die gehörig überprüften und eigens ermächtigten Personen den Bereich unbegleitet betreten können. Bei allen anderen Personen ist eine Begleitung oder eine gleich-wertige Kontrolle sicherzustellen, damit der Zu-gang Unbefugter zu EU-Verschlusssachen sowie ein unkontrolliertes Betreten von Bereichen, die technischen Sicherheitskontrollen unterliegen, verhindert werden.

Die Bereiche, die nicht rund um die Uhr von Dienst tuendem Personal besetzt sind, sind un-mittelbar nach den üblichen Arbeitszeiten zu in-spizieren, um sicherzustellen, dass die EU-Ver-schlusssachen ordnungsgemäß gesichert sind.

18.3.2. Verwaltungsbereich

Um die Sicherheitsbereiche der Kategorien I und II herum oder im Zugangsbereich zu ihnen kann ein Verwaltungsbereich mit geringerem Sicherheitsgrad vorgesehen werden. Ein derarti-ger Bereich erfordert einen deutlich abgegrenz-ten Raum, der die Kontrolle von Personal und Fahrzeugen ermöglicht. In den Verwaltungsbe-reichen darf nur mit Verschlusssachen gearbeitet werden, die als „▶ **M2** RESTREINT UE ◀" eingestuft sind, und es dürfen auch nur diese Verschlusssachen dort aufbewahrt werden.

18.3.3. Eingangs- und Ausgangskontrollen

Das Betreten und Verlassen der Sicherheitsbe-reiche der Kategorien I und II wird mittels eines Berechtigungsausweises oder eines Systems zur persönlichen Identifizierung des ständigen Perso-nals kontrolliert. Ferner wird ein Kontrollsystem für Besucher eingerichtet, damit der Zugang Un-befugter zu EU-Verschlusssachen verhindert werden kann. Eine Regelung mit Berechtigungs-ausweisen kann durch eine automatisierte Erken-nung unterstützt werden, die als Ergänzung zum Einsatz des Personals des Sicherheitsdienstes zu verstehen ist, diesen aber nicht vollständig erset-zen kann. Eine Änderung in der Einschätzung der Bedrohungslage kann eine Verschärfung der Ein- und Ausgangskontrollmaßnahmen zur Folge ha-ben, beispielsweise anlässlich des Besuchs hoch-rangiger Persönlichkeiten.

18.3.4. Kontrollgänge

In Sicherheitsbereichen der Kategorien I und II sind außerhalb der normalen Arbeitszeiten Kontrollgänge durchzuführen, um das Eigentum der EU vor Kenntnisnahme durch Unbefugte, Beschädigung oder Verluste zu schützen. Die Häufigkeit der Kontrollgänge richtet sich nach den örtlichen Gegebenheiten, sie sollten aber in der Regel alle zwei Stunden stattfinden.

18.3.5. Sicherheitsbehältnisse und Tresorräume

Zur Aufbewahrung von EU-Verschlusssachen werden drei Arten von Behältnissen verwendet:

– Typ A: Behältnisse, die zur Aufbewahrung von als „▶ **M2** TRES SECRET UE/EU TOP SECRET ◀" eingestuften Verschlusssachen in Sicherheitsbereichen der Kategorie I oder II auf nationaler Ebene zugelassen sind;

– Typ B: Behältnisse, die zur Aufbewahrung von als „▶ **M2** SECRET UE ◀" und „▶ **M2**

CONFIDENTIEL UE ◄" eingestuften Verschlusssachen in Sicherheitsbereichen der Kategorie I oder II auf nationaler Ebene zugelassen sind;

– Typ C: Büromöbel, die ausschließlich für die Aufbewahrung von als „► **M2** RESTREINT UE ◄" eingestuftenVerschlusssachen geeignet sind.

In den in einem Sicherheitsbereich der Kategorie I oder II eingebauten Tresorräumen und in allen Sicherheitsbereichen der Kategorie I, wo als „► **M2** CONFIDENTIEL UE ◄" und höher eingestufte Verschlusssachen in offenen Regalen aufbewahrt werden oder auf Karten, Plänen usw. sichtbar sind, werden Wände, Böden und Decken, Türen einschließlich der Schlösser von der Akkreditierungsstelle für Sicherheit geprüft, um festzustellen, dass sie einen Schutz bieten, der dem Typ des Sicherheitsbehältnisses entspricht, der für die Aufbewahrung von Verschlusssachen desselben Geheimhaltungsgrades zugelassen ist.

18.3.6. Schlösser

Die Schlösser der Sicherheitsbehältnisse und Tresorräume, in denen EU-Verschlusssachen aufbewahrt werden, müssen folgende Anforderungen erfüllen:

– Gruppe A: sie müssen auf nationaler Ebene für Behältnisse vom Typ A zugelassen sein;

– Gruppe B: sie müssen auf nationaler Ebene für Behältnisse vom Typ B zugelassen sein;

– Gruppe C: sie müssen ausschließlich für Büromöbel vom Typ C geeignet sein.

18.3.7. Kontrolle der Schlüssel und Kombinationen

Die Schlüssel von Sicherheitsbehältnissen dürfen nicht aus den Gebäuden der Kommission entfernt werden. Die Kombinationen für Sicherheitsbehältnisse sind von den Personen, die sie kennen müssen, auswendig zu lernen. Damit sie im Notfall benutzt werden können, ist der Lokale Sicherheitsbeauftragte der betreffenden Kommissionsdienststelle für die Aufbewahrung der Ersatzschlüssel und die schriftliche Registrierung aller Kombinationen verantwortlich; letztere sind einzeln in versiegelten, undurchsichtigen Umschlägen aufzubewahren. Die Arbeitsschlüssel, die Ersatzschlüssel und die Kombinationen sind in gesonderten Sicherheitsbehältnissen aufzubewahren. Für diese Schlüssel und Kombinationen ist kein geringerer Sicherheitsschutz vorzusehen als für das Material, zu dem sie den Zugang ermöglichen.

Der Kreis der Personen, die die Kombinationen der Sicherheitsbehältnisse kennen, ist so weitgehend wie möglich zu begrenzen. Die Kombinationen sind zu ändern

a) bei Entgegennahme eines neuen Behälters;

b) bei jedem Benutzerwechsel;

c) bei tatsächlicher oder vermuteter Kenntnisnahme durch Unbefugte;

d) vorzugsweise alle sechs Monate und mindestens alle zwölf Monate.

18.3.8. Intrusionsmeldeanlagen

Kommen zum Schutz von EU-Verschlusssachen Alarmanlagen, hauseigene Fernsehsysteme und andere elektrische Vorrichtungen zum Einsatz, so ist eine Notstromversorgung vorzusehen, um bei Ausfall der Hauptstromversorgung den ununterbrochenen Betrieb der Anlagen sicherzustellen. Ein weiteres grundlegendes Erfordernis ist das Auslösen eines für das Überwachungspersonal bestimmten Alarmsignals oder anderen verlässlichen Signals bei Funktionsstörungen dieser Anlagen oder Manipulationen an ihnen.

18.3.9. Zugelassene Ausrüstung

Das Sicherheitsbüro der Kommission unterhält aktualisierte, nach Typ und Modell gegliederte Verzeichnisse der Sicherheitsausrüstung, die es für den unmittelbaren oder mittelbaren Schutz von Verschlusssachen unter verschiedenen genau bezeichneten Voraussetzungen und Bedingungen zugelassen hat. Das Sicherheitsbüro der Kommission unterhält diese Verzeichnisse unter anderem auf der Grundlage der von den nationalen Sicherheitsbehörden mitgeteilten Informationen.

18.3.10. Materieller Geheimschutz für Kopier- und Faxgeräte

Für Kopier- und Faxgeräte ist im erforderlichen Maß durch Maßnahmen des materiellen Geheimschutzes dafür zu sorgen, dass sie lediglich von befugten Personen verwendet werden können und dass alle Verschlusssachen einer ordnungsgemäßen Überwachung unterliegen.

18.4. SICHT- UND ABHÖRSCHUTZ
18.4.1. Sichtschutz

Es sind alle geeigneten Maßnahmen zu treffen, damit bei Tag und bei Nacht gewährleistet ist, dass EU-Verschlusssachen nicht – auch nicht versehentlich – von Unbefugten eingesehen werden können.

18.4.2. Abhörschutz

Die Büroräume oder Bereiche, in denen regelmäßig über als „► **M2** SECRET UE ◄" und höher eingestufte Verschlusssachen gesprochen wird, sind bei entsprechendem Risiko gegen Ab- und Mithören zu schützen. Für die Einschätzung des Risikos ist das Sicherheitsbüro der Kommission zuständig, das erforderlichenfalls zuvor die betreffenden nationalen Sicherheitsbehörden zurate zieht.

18.4.3. Einbringen elektronischer Geräte und von Aufzeichnungsgeräten

Es ist nicht gestattet, Mobiltelefone, PCs, Tonaufnahmegeräte, Kameras und andere elektronische Geräte oder Aufzeichnungsgeräte ohne vorherige Genehmigung durch den zuständigen Lokalen Sicherheitsbeauftragten in Sicherheitsbereiche oder Hochsicherheitszonen zu bringen.

Zur Festlegung der Schutzmaßnahmen für mithörgefährdete Bereiche (beispielsweise Schalldämmung von Wänden, Türen, Böden und Decken, Lautstärkemessung) in Bezug auf Mitbzw. Abhörgefahr bzw. abhörgefährdete Bereiche (beispielsweise Suche nach Mikrofonen), kann das Sicherheitsbüro der Kommission die nationalen Sicherheitsbehörden um Unterstützung durch Sachverständige ersuchen.

Ebenso können für die technische Sicherheit zuständige Sachverständige der nationalen Sicherheitsbehörden erforderlichenfalls die Telekommunikationseinrichtungen und die elektrischen oder elektronischen Büromaschinen aller Art, die in den Sitzungen des Geheimhaltungsgrades „▶ M2 SECRET UE ◀" und höher verwendet werden, auf Ersuchen des Leiters des Sicherheitsbüros der Kommission überprüfen.

18.5. HOCHSICHERHEITSZONEN

Bestimmte Bereiche können als Hochsicherheitszonen ausgewiesen werden. Hier findet eine besondere Zutrittskontrolle statt. Diese Zonen bleiben nach einem zugelassenen Verfahren verschlossen, wenn sie nicht besetzt sind, und alle Schlüssel sind als Sicherheitsschlüssel zu behandeln. Diese Zonen unterliegen regelmäßigen Objektschutzkontrollen, die auch durchgeführt werden, wenn festgestellt oder vermutet wird, dass die Zonen ohne Genehmigung betreten wurden.

Es wird eine detaillierte Bestandsaufnahme der Geräte und Möbel vorgenommen, um deren Platzveränderungen zu überwachen. Kein Möbelstück oder Gerät wird in eine dieser Zonen verbracht, bevor es nicht durch Sicherheitspersonal, das für das Aufspüren von Abhörvorrichtungen besonders geschult ist, sorgfältig kontrolliert worden ist. In der Regel dürfen in Hochsicherheitszonen keine Telekommunikationsverbindungen ohne vorherige Genehmigung durch die zuständige Stelle installiert werden.

19. ALLGEMEINE BESTIMMUNGEN ZU DEM GRUNDSATZ
19.1. Allgemeines

Der Zugang zu EU-Verschlusssachen wird nur Personen gestattet, die Kenntnis von ihnen haben müssen, um die ihnen übertragenen Aufgaben oder Aufträge erfüllen zu können. Der Zugang zu als „▶ M2 TRES SECRET UE/EU TOP SECRET ◀", „▶ M2 SECRET UE ◀" und „▶ M2 CONFIDENTIEL UE ◀" eingestuften Verschlusssachen wird nur Personen gestattet, die der entsprechenden Sicherheitsüberprüfung unterzogen worden sind.

Für die Entscheidung darüber, wer Kenntnis haben muss, ist die Dienststelle zuständig, in der die betreffende Person eingesetzt werden soll.

Die Sicherheitsüberprüfung ist von der betreffenden Dienststelle zu beantragen.

Am Ende des Verfahrens wird eine „EU-Sicherheitsunbedenklichkeitsbescheinigung" für Personen" ausgestellt, in dem der Geheimhaltungsgrad der Verschlusssachen, zu denen die überprüfte Person Zugang erhalten kann, und das Ende der Gültigkeitsdauer der Bescheinigung angegeben werden.

Eine Sicherheitsunbedenklichkeitsbescheinigung für einen bestimmten Geheimhaltungsgrad kann den Inhaber zum Zugang zu Informationen eines niedrigeren Geheimhaltungsgrades berechtigen.

Andere Personen als Beamte oder sonstige Bedienstete, z. B. externe Vertragspartner, Sachverständige oder Berater, mit denen möglicherweise EU-Verschlusssachen erörtert werden müssen oder die möglicherweise Einblick in solche Verschlusssachen erhalten müssen, sind einer Sicherheitsüberprüfung für EU-Verschlusssachen zu unterziehen und über Sicherheitsverantwortung zu belehren.

Für den Zugang der Öffentlichkeit ist weiterhin die Verordnung (EG) Nr. 1049/2001 maßgeblich.

19.2. Besondere Vorschriften für den Zugang zu als

Alle Personen, die Zugang zu als „▶ M2 TRES SECRET UE/EU TOP SECRET ◀" eingestuften Verschlusssachen benötigen, müssen zunächst einer Sicherheitsüberprüfung in Bezug auf den Zugang zu den betreffenden Verschlusssachen unterzogen werden.

Alle Personen, die Zugang zu als „▶ M2 TRES SECRET UE/EU TOP SECRET ◀" eingestuften Verschlusssachen benötigen, sind von dem für Sicherheitsfragen zuständigen Mitglied der Kommission zu benennen, und ihre Namen sind in das einschlägige „▶ M2 TRES SECRET UE/EU TOP SECRET ◀" Register einzutragen. Dieses Register wird vom Sicherheitsbüro der Kommission angelegt und geführt.

Bevor diesen Personen der Zugang zu als „▶ M2 TRES SECRET UE/EU TOP SECRET ◀" eingestuften Verschlusssachen gewährt wird, müssen sie eine Bestätigung unterzeichnen, dass sie über die Sicherheitsverfahren der Kommission belehrt worden und sich ihrer besonderen Verantwortung für den Schutz von als „▶ **M2** TRES SECRET UE/EU TOP SECRET ◀" eingestuften Verschlusssachen und der Folgen vollständig bewusst sind, die die EU-Vorschriften und die einzelstaatlichen Rechts- und Verwaltungsvorschriften für den Fall vorsehen, dass Verschlusssachen durch Vorsatz oder durch Fahrlässigkeit in die Hände Unbefugter gelangen.

Wenn Personen in Sitzungen usw. Zugang zu als „▶ **M2** TRES SECRET UE/EU TOP SECRET ◀" eingestuften Verschlusssachen erhalten, so teilt der Kontrollbeauftragte der Dienststelle oder des Gremiums, bei der bzw. dem die Betreffenden beschäftigt sind, der die Sitzung veranstaltenden Stelle mit, dass die betreffenden Personen die entsprechende Ermächtigung besitzen.

Die Namen aller Personen, die nicht mehr für Aufgaben eingesetzt werden, bei denen sie über den Zugang zu als „▶ **M2** TRES SECRET UE/EU TOP SECRET ◀" eingestuften Verschlusssachen verfügen müssen, werden aus dem „▶ **M2** TRES SECRET UE/EU TOP SECRET ◀" -Verzeichnis gestrichen. Ferner werden alle betreffenden Personen erneut auf ihre besondere Verantwortung für den Schutz von als „▶ **M2** TRES SECRET UE/EU TOP SECRET ◀" eingestuften Verschlusssachen belehrt. Sie haben ferner eine Erklärung zu unterzeichnen, wonach sie ihre Kenntnisse über als „▶ **M2** TRES SECRET UE/EU TOP SECRET ◀" eingestufte Verschlusssachen weder verwenden noch weitergeben werden.

19.3. BesondereVorschriften für den Zugang zu als

Alle Personen, die Zugang zu als „▶ **M2** SECRET UE ◀" oder „▶ **M2** CONFIDENTIEL UE ◀" eingestuften Verschlusssachen benötigen, müssen zunächst einer Sicherheitsüberprüfung in Bezug auf den geeigneten Geheimhaltungsgrad unterzogen werden.

Alle Personen, die Zugang zu als „▶ **M2** SECRET UE ◀" oder „▶ **M2** CONFIDENTIEL UE ◀" eingestuften Verschlusssachen benötigen, müssen über die entsprechenden Sicherheitsvorschriftenregelungen unterrichtet werden und sich der Folgen fahrlässigen Handelns bewusst sein.

Wenn Personen in Sitzungen Zugang zu als „▶ **M2** SECRET UE ◀" oder „▶ **M2** CONFIDENTIEL UE ◀" eingestuften Verschlusssachen erhalten, so teilt der Kontrollbeauftragte der Dienststelle oder des Gremiums, bei der bzw. dem die Betreffenden beschäftigt sind, der die Sitzung veranstaltenden Stelle mit, dass die betreffenden Personen die entsprechende Ermächtigung besitzen.

19.4. BesondereVorschriften für den Zugang zu als

Alle Personen, die Zugang zu als „▶ **M2** RESTREINT UE ◀" eingestuften Verschlusssachen haben, werden auf diese Sicherheitsvorschriften und die Folgen fahrlässigen Handelns aufmerksam gemacht.

19.5. WEITERGABE

Wird ein Angehöriger des Personals von einem Dienstposten, der mit der Arbeit mit EU-Verschlusssachen verbunden ist, abgezogen, so achtet die Registratur darauf, dass die betreffenden Verschlusssachen ordnungsgemäß von dem ausscheidenden an den eintretenden Beamten weitergegeben werden.

Wird ein Angehöriger des Personals auf einen anderen Dienstposten versetzt, der mit der Arbeit mit EU-Verschlusssachen verbunden ist, wird er von dem Lokalen Sicherheitsbeauftragten entsprechend belehrt.

19.6. BESONDERE ANWEISUNGEN

Personen, die mit EU-Verschlusssachen arbeiten müssen, sollten bei Aufnahme ihrer Tätigkeit und danach in regelmäßigen Abständen auf Folgendes hingewiesen werden:

a) die mögliche Gefährdung der Sicherheit durch indiskrete Gespräche;

b) die in den Beziehungen zur Presse und zu Vertretern besonderer Interessengruppen zu treffenden Vorsichtsmaßnahmen;

c) die Bedrohung für EU-Verschlusssachen und -tätigkeiten durch die gegen die EU und ihre Mitgliedstaaten gerichteten nachrichtendienstlichen Tätigkeiten;

d) die Verpflichtung, die zuständigen Sicherheitsbehörden unverzüglich über jeden Annäherungsversuch oder jede Handlungsweise, bei denen einVerdacht auf Spionage entsteht, sowie über alle ungewöhnlichen Umstände in Bezug auf die Sicherheit zu unterrichten.

Alle Personen, die gewöhnlich häufige Kontakte mit Vertretern von Ländern haben, deren Nachrichtendienste in Bezug auf EU-Verschlusssachen und Tätigkeiten gegen die EU und ihre Mitgliedstaaten arbeiten, sind über die Techniken zu belehren, von denen bekannt ist, dass sich die einzelnen Nachrichtendienste ihrer bedienen.

Es bestehen keine Sicherheitsvorschriften der Kommission für private Reisen der zum Zugang zu EU-Verschlusssachen ermächtigten Personen nach irgendeinem Zielland. Das Sicherheitsbüro der Kommission wird jedoch die Beamten und sonstigen Bediensteten, für die es zuständig ist, über Reiseregelungen unterrichten, denen sie möglicherweise unterliegen.

Geo Betrugsbekämpfung Verschlusssachen

20. VERFAHREN FÜR DIE SICHER-HEITSÜBERPRÜFUNG VON BEAMTEN UND SONSTIGEN BEDIENSTETEN DER KOMMISSION

a) Nur Beamte und sonstige Bedienstete der Kommission oder andere bei der Kommission tätige Personen, die aufgrund ihrer Aufgabenbereiche und dienstlicher Erfordernisse von den von der Kommission verwahrten Verschlusssachen Kenntnis nehmen müssen, oder sie zu bearbeiten haben, erhalten Zugang zu diesen Verschlusssachen.

b) Um Zugang zu den als „► **M2** TRES SECRET UE/EU TOP SECRET ◄", „► **M2** SECRET UE ◄" und „► **M2** CONFIDENTIEL UE ◄" eingestuften Verschlusssachen zu erhalten, müssen die in Buchstabe a) genannten Personen hierzu nach dem Verfahren der Buchstaben c) und d) ermächtigt worden sein.

c) Die Ermächtigung wird nur den Personen erteilt, die durch die zuständigen nationalen Behörden der Mitgliedstaaten (nationale Sicherheitsbehörden) einer Sicherheitsüberprüfung nach dem in den Buchstaben i) bis n) beschriebenen Verfahren unterzogen worden sind.

d) Die Erteilung der Ermächtigungen gemäß den Buchstaben a), b) und c) obliegt dem Leiter des Sicherheitsbüros der Kommission.

e) Der Leiter des Sicherheitsbüros erteilt die Ermächtigung nach Einholung der Stellungnahme der zuständigen nationalen Behörden der Mitgliedstaaten auf der Grundlage der gemäß den Buchstaben i) bis n) durchgeführten Sicherheitsüberprüfung.

f) Das Sicherheitsbüro der Kommission führt ein ständig aktualisiertes Verzeichnis aller sensitiven Posten, die ihm von den betreffenden Kommissionsdienststellen gemeldet werden und von allen Personen, die eine (befristete) Ermächtigung erhalten haben.

g) Die Ermächtigung, die eine Geltungsdauer von fünf Jahren hat, erlischt, wenn die betreffende Person die Aufgaben, die die Erteilung der Ermächtigung gerechtfertigt haben, nicht mehr wahrnimmt. Sie kann nach dem Verfahren des Buchstabens e) erneuert werden.

h) Die Ermächtigung wird vom Leiter des Sicherheitsbüros der Kommission entzogen, wenn seiner Ansicht nach hierzu Grund besteht. Die Entzugsverfügung wird der betreffenden Person, die beantragen kann, vom Leiter des Sicherheitsbüros der Kommission gehört zu werden, sowie der zuständigen nationalen Behörde mitgeteilt.

i) Die Sicherheitsüberprüfung wird unter Mitwirkung der betreffenden Person auf Ersuchen des Leiters des Sicherheitsbüros der Kommission von der zuständigen nationalen Behörde desjenigen Mitgliedstaats vorgenommen, dessen Staatsangehörigkeit die zu ermächtigende Person

besitzt. Besitzt die betreffende Person nicht die Staatsangehörigkeit eines der Mitgliedstaaten der EU, so ersucht der Leiter des Sicherheitsbüros der Kommission den EU-Mitgliedstaat, in dem die Person ihren Wohnsitz oder gewöhnlichen Aufenthalt hat, um eine Sicherheitsüberprüfung.

j) Die betreffende Person hat im Hinblick auf die Sicherheitsüberprüfung einen Fragebogen auszufüllen.

k) Der Leiter des Sicherheitsbüros der Kommission benennt in seinem Ersuchen die Art und den Geheimhaltungsgrad der Informationen, zu denen die betreffende Person Zugang erhalten soll, damit die zuständigen nationalen Behörden das Sicherheitsüberprüfungsverfahren durchführen und zu der der betreffenden Person zu erteilenden Ermächtigungsstufe Stellung nehmen können.

l) Für den gesamten Ablauf und die Ergebnisse des Sicherheitsüberprüfungsverfahrens gelten die einschlägigen Vorschriften und Regelungen des betreffenden Mitgliedstaats, einschließlich der Vorschriften und Regelungen für etwaige Rechtsbehelfe.

m) Bei befürwortender Stellungnahme der zuständigen nationalen Behörden der Mitgliedstaaten kann der Leiter des Sicherheitsbüros der betreffenden Person die Ermächtigung erteilen.

n) Bei ablehnender Stellungnahme der zuständigen nationalen Behörden wird diese Ablehnung der betreffenden Person mitgeteilt, die beantragen kann, von dem Leiter des Sicherheitsbüros der Kommission gehört zu werden. Der Leiter des Sicherheitsbüros der Kommission kann, wenn er dies für erforderlich hält, bei den zuständigen nationalen Behörden um weitere Auskünfte, die diese zu geben vermögen, nachsuchen. Bei Bestätigung der ablehnenden Stellungnahme kann die Ermächtigung nicht erteilt werden.

o) Jede ermächtigte Person im Sinne der Buchstaben d) und e) erhält zum Zeitpunkt der Ermächtigung und danach in regelmäßigen Abständen die gebotenen Anweisungen zum Schutz der Verschlusssachen und zu dem Verfahren zur Sicherstellung dieses Schutzes. Sie unterzeichnet eine Erklärung, mit der sie den Erhalt dieser Anweisungen bestätigt und sich zu ihrer Einhaltung verpflichtet.

p) Der Leiter des Sicherheitsbüros der Kommission ergreift alle erforderlichen Maßnahmen für die Durchführung dieses Abschnitts, insbesondere hinsichtlich der Vorschriften für den Zugang zum Verzeichnis der ermächtigten Personen.

q) Ausnahmsweise kann der Leiter des Sicherheitsbüros der Kommission aufgrund dienstlicher Erfordernisse, nachdem er die zuständigen nationalen Behörden hiervon im Voraus unterrichtet hat und diese binnen einem Monat nicht dazu Stellung genommen haben, auch eine einstweilige Ermächtigung für höchstens sechs Monate erteilen, bis ihm die Ergebnisse der Sicherheitsüberprüfung nach Buchstabe i) vorliegen.

r) Die so erteilten vorläufigen und einstweiligen Ermächtigungen berechtigen nicht zum Zugang zu als „▶ **M2** TRES SECRET UE/EU TOP SECRET ◀" eingestuften Verschlusssachen; der Zugang wird auf die Beamten beschränkt, bei denen tatsächlich eine Sicherheitsüberprüfung gemäß Buchstabe i) mit befürwortender Stellungnahme abgeschlossen worden ist. Bis die Ergebnisse der Sicherheitsüberprüfung vorliegen, können die Beamten, die die Ermächtigungsstufe „▶ **M2** TRES SECRET UE/EU TOP SECRET ◀" erhalten sollen, vorläufig und befristet zum Zugang zu als „▶ **M2** SECRET UE ◀" oder niedriger eingestuften Verschlusssachen ermächtigt werden.

21. HERSTELLUNG, VERTEILUNG UND ÜBERMITTLUNG VON EU-VERSCHLUSS-SACHEN, SICHERHEIT DER KURIERE, ZUSÄTZLICHE KOPIEN ODER ÜBERSETZUNGEN SOWIE AUSZÜGE

21.1. Herstellung

1. Die EU-Geheimhaltungsgrade sind in der in Abschnitt 16 angegebenen Weise im Falle von als „▶ **M2** CONFIDENTIEL UE ◀" oder höher eingestuften Verschlusssachen oben und unten in der Mitte jeder Seite anzubringen, wobei jede Seite zu nummerieren ist. Auf jeder EU-Verschlusssache sind ein Aktenzeichen und ein Datum anzugeben. Im Falle von Dokumenten der Geheimhaltungsgrade „▶ **M2** TRES SECRET UE/EU TOP SECRET ◀" und „▶ **M2** SECRET UE ◀" muss das Aktenzeichen auf jeder Seite erscheinen. Werden die Dokumente in mehreren Ausfertigungen verteilt, so erhält jede Ausfertigung eine eigene Nummer, die auf der ersten Seite zusammen mit der Gesamtzahl der Seiten anzugeben ist. Alle Anhänge und Anlagen sind auf der ersten Seite von Dokumenten aufzulisten, die als „▶ **M2** CONFIDENTIEL UE ◀" oder höher eingestuft werden.

2. Dokumente, die als „▶ **M2** CONFIDENTIEL UE ◀" oder höher eingestuft werden, dürfen nur von Personen maschinegeschrieben, übersetzt, archiviert, fotokopiert und auf Magnetband oder Mikrofiche gespeichert werden, die eine zumindest dem Geheimhaltungsgrad des betreffenden Dokuments entsprechende Zugangsermächtigung zu EU-Verschlusssachen haben.

3. Abschnitt 25 enthält die Vorschriften für die Erstellung von Verschlusssachen mit Hilfe eines Computers.

21.2. Verteilung

1. EU-Verschlusssachen dürfen nur an Personen verteilt werden, für die deren Kenntnis nötig ist und die in entsprechender Weise sicherheits-

überprüft worden sind. Der Urheber bestimmt die Empfänger der erstmaligen Verteilung.

2. Dokumente des Geheimhaltungsgrades „▶ **M2** TRES SECRET UE/EU TOP SECRET ◀" werden über Registraturen verteilt, die den Vermerk „▶ **M2** TRES SECRET UE/EU TOP SECRET ◀" tragen (siehe Abschnitt 22.2). Im Falle von Mitteilungen, die als „▶ **M2** TRES SECRET UE/EU TOP SECRET ◀" eingestuft sind, kann die zuständige Registratur dem Leiter des Kommunikationszentrums gestatten, die in der Liste der Empfänger angegebene Anzahl von Ausfertigungen zu erstellen.

3. Als „▶ **M2** SECRET UE ◀" oder niedriger eingestufte Dokumente können vom Erstempfänger an weitere Empfänger, für die deren Kenntnis nötig ist, weitergegeben werden. Die Stellen, von denen die Verschlusssachen stammen, können allerdings von ihnen gewünschte Einschränkungen bei der Verteilung mitteilen. In diesem Fall dürfen die Empfänger die Dokumente nur mit der Genehmigung der Stellen, von denen sie stammen, weitergeben.

4. Ein- und Ausgang jedes als „▶ **M2** CONFIDENTIEL UE ◀" oder höher eingestuften Dokuments sind in der jeweiligen Generaldirektion bzw. dem jeweiligen Dienst von der lokalen Registratur für EU-Verschlusssachen zu erfassen. Die Angaben, die hierbei zu erfassen sind (Aktenzeichen, Datum und gegebenenfalls Nummer der Ausfertigung) müssen eine Identifizierung des Dokuments ermöglichen und sind in einem Dienstbuch oder in einem besonders geschützten Computermedium festzuhalten (siehe Abschnitt 22.1).

21.3. Übermittlung von EU-Verschlusssachen

21.3.1. Vorkehrungen für den Versand, Empfangsbestätigung

1. Als „▶ **M2** CONFIDENTIEL UE ◀" oder höher eingestufte Dokumente sind in einem doppelten, widerstandsfähigen und undurchsichtigen Umschlag zu übermitteln. Auf dem inneren Umschlag sind der entsprechende EU-Geheimhaltungsgrad sowie möglichst die vollständige Amtsbezeichnung und Anschrift des Empfängers anzugeben.

2. Nur der Registraturkontrollbeamte (siehe Abschnitt 22.1) oder sein Stellvertreter darf den inneren Umschlag öffnen und den Empfang der übermittelten Verschlusssachen bestätigen, es sei denn, der Umschlag ist ausdrücklich an einen bestimmten Empfänger gerichtet. In diesem Fall vermerkt die zuständige Registratur (siehe Abschnitt 22.1) den Eingang des Umschlags und nur der genannte Empfänger darf den inneren Umschlag öffnen und den Empfang der darin enthaltenen Verschlusssachen bestätigen.

3. In dem inneren Umschlag ist eine Empfangsbestätigung beizulegen. In dieser Bestätigung, die nicht als Verschlusssache eingestuft wird, sind Aktenzeichen, Datum und die Nummer der Ausfertigung der Verschlusssache, niemals jedoch deren Betreff, anzugeben.

4. Der innere Umschlag wird in einen Außenumschlag gelegt, der für Empfangszwecke eine Versandnummer erhält. Der Geheimhaltungsgrad darf unter keinen Umständen auf dem Außenumschlag erscheinen.

5. Bei als „▶ **M2** CONFIDENTIEL UE ◀" oder höher eingestuften Dokumenten ist Kurieren und Boten eine Empfangsbestätigung auszustellen, auf der die Versandnummern der übermittelten Versandstücke angegeben sind.

21.3.2. Übermittlung innerhalb eines Gebäudes oder Gebäudekomplexes

Innerhalb eines bestimmten Gebäudes oder Gebäudekomplexes dürfen als Verschlusssachen eingestufte Dokumente in einem versiegelten Umschlag, der nur den Namen des Empfängers trägt, befördert werden, sofern die Beförderung durch eine für den betreffenden Geheimhaltungsgrad ermächtigte Person erfolgt.

21.3.3. Übermittlung innerhalb ein und desselben Landes

1. Innerhalb ein und desselben Landes sollten Dokumente mit der Einstufung „▶ **M2** TRES SECRET UE/EU TOP SECRET ◀" nur unter Zuhilfenahme offizieller Kurierdienste oder durch Personen übermittelt werden, die eine Zugangsermächtigung zu als „▶ **M2** TRES SECRET UE/EU TOP SECRET ◀" eingestuften Verschlusssachen haben.

2. Wird zur Übermittlung eines als „▶ **M2** TRES SECRET UE/EU TOP SECRET ◀" eingestuften Dokuments an einen Empfänger außerhalb desselben Gebäudes oder Gebäudekomplexes ein Kurierdienst verwendet, so sind die Bestimmungen über den Versand und die Empfangsbestätigung in diesem Kapitel einzuhalten. Die Zustelldienste sind personell so auszustatten, dass gewährleistet ist, dass sich Versandstücke mit als ▶ **M2** TRES SECRET UE/EU TOP SECRET ◀ eingestuften Dokumenten jederzeit unter der direkten Aufsicht eines verantwortlichen Beamten befinden.

3. In Ausnahmefällen können Beamte, die nicht Boten sind, als „▶ **M2** TRES SECRET UE/EU TOP SECRET ◀" eingestufte Dokumente außerhalb des Gebäudes oder Gebäudekomplexes zur Benutzung vor Ort anlässlich von Sitzungen oder Erörterungen mitnehmen, vorausgesetzt, dass

a) der betreffende Beamte zum Zugang zu diesen als „▶ **M2** TRES SECRET UE/EU TOP SECRET ◀" eingestuften Dokumenten ermächtigt ist;

b) die Form der Beförderung den Vorschriften für die Übermittlung von Dokumenten des Geheimhaltungsgrades „▶ **M2** TRES SECRET UE/EU TOPSECRET ◀" entspricht;

c) der Beamte die Dokumente des Geheimhaltungsgrades „▶ **M2** TRES SECRET UE/EU TOP SECRET ◀" unter keinen Umständen unbeaufsichtigt lässt;

d) Vorkehrungen getroffen werden, damit die Liste der Dokumente, die mitgenommen werden, in der „▶ **M2** TRES SECRET UE/EU TOP SECRET ◀"-Registratur verwahrt, in einem Dienstbuch vermerkt und bei Rückkehr anhand dieses Eintrags kontrolliert wird.

4. Innerhalb ein und desselben Landes dürfen als „▶ **M2** SECRET UE ◀" oder „▶ **M2** CONFIDENTIEL UE ◀" eingestufte Dokumente entweder mit der Post, wenn eine derartige Übermittlung nach den einzelstaatlichen Regelungen gestattet ist und mit den einschlägigen Vorschriften in Einklang steht, oder über einen Kurierdienst oder durch Personen übermittelt werden, die zum Zugang zu EU-Verschlusssachen ermächtigt sind.

5. Das Sicherheitsbüro der Kommission arbeitet für das Personal, das EU-Verschlusssachen befördert, auf diesen Vorschriften beruhende Weisungen aus. Es ist vorzusehen, dass Personen, die Verschlusssachen befördern, diese Weisungen lesen und unterzeichnen. In den Weisungen sollte insbesondere deutlich gemacht werden, dass Dokumente unter keinen Umständen

a) von der sie befördernden Person aus den Händen gegeben werden dürfen, es sei denn, sie seien entsprechend den Bestimmungen in Abschnitt 18 in sicherem Gewahrsam;

b) in öffentlichen Transportmitteln oder Privatfahrzeugen oder an Orten wie Restaurants oder Hotels unbeaufsichtigt bleiben dürfen. Sie dürfen nicht in Hotelsafes verwahrt werden oder unbeaufsichtigt in Hotelzimmern zurückbleiben;

c) in der Öffentlichkeit (beispielsweise in Flugzeugen oder Zügen) gelesen werden dürfen.

21.3.4. Beförderung von einem Staat in einen anderen

1. Als „▶ **M2** CONFIDENTIEL UE ◀" oder höher eingestuftes Material ist durch diplomatische oder militärische Kurierdienste zu befördern.

2. Eine persönliche Beförderung von als „▶ **M2** SECRET UE ◀" oder „▶ **M2** CONFIDENTIEL UE ◀" eingestuftem Material kann jedoch gestattet werden, wenn durch die für die Beförderung geltenden Vorschriften gewährleistet wird, dass das Material nicht in die Hände Unbefugter fallen kann.

3. Das für Sicherheitsfragen zuständige Mitglied der Kommission kann eine persönliche Beförderung gestatten, wenn keine diplomatischen oder militärischen Kuriere zur Verfügung stehen oder der Rückgriff auf derartige Kuriere zu einer Verzögerung führen würde, die sich nachteilig auf Maßnahmen der EU auswirken könnte, und wenn das Material vom Empfänger dringend benötigt wird. Das Sicherheitsbüro der Kommission arbeitet Anweisungen über die zwischenstaatliche persönliche Beförderung von Material des Geheimhaltungsgrades „► **M2** SECRET UE ◄" oder geringer durch Personen, die keine diplomatischen oder militärischen Kuriere sind, aus. In diesen Anweisungen ist vorzusehen, dass

a) die Person, die das Material mit sich führt, über die entsprechende Zugangsermächtigung verfügt;

b) sämtliches auf diese Weise beförderte Material in der zuständigen Dienststelle oder Registratur verzeichnet sein muss;

c) Versandstücke oder Taschen, die EU-Material enthalten, mit einem Dienstsiegel zu versehen sind, um Zollkontrollen zu vermeiden oder diesen vorzubeugen, sowie mit Etiketten zu ihrer Erkennung und mit Weisungen für den Finder;

d) die Person, die das Material mit sich führt, einen Kurierausweis und/oder einen Dienstreiseauftrag mitführen muss, die von allen EU-Mitgliedstaaten anerkannt sind und ihn ermächtigen, das betreffende Versandstück in der beschriebenen Weise zu befördern;

e) bei Überlandreisen die Grenze keines Staates, der nicht EU-Mitglied ist, überschritten oder dieser Staat durchfahren werden darf, es sei denn, dass der Staat, von dem die Beförderung ausgeht, über eine besondere Garantie seitens des erstgenannten Staates verfügt;

f) die Reiseplanung der Person, die das Material mit sich führt, im Hinblick auf Bestimmungsorte, Fahrtrouten und Beförderungsmittel mit den EU-Vorschriften oder mit einzelstaatlichen Vorschriften, falls diese in dieser Hinsicht strenger sind, in Einklang stehen muss;

g) das Material von der Person, die es mit sich führt, nicht aus der Hand gegeben werden darf, außer wenn es nach den Bestimmungen des Abschnitts 18 über sicheren Gewahrsam verwahrt ist;

h) das Material nicht in öffentlichen Transportmitteln oder Privatfahrzeugen oder an Orten wie Restaurants oder Hotels unbeaufsichtigt bleiben darf. Es darf nicht in Hotelsafes verwahrt werden oder unbeaufsichtigt in Hotelzimmern zurückbleiben;

i) Dokumente, falls solche Bestandteil des beförderten Materials sind, nicht in der Öffentlichkeit (beispielsweise in Flugzeugen, Zügen usw.) gelesen werden dürfen.

4. Die mit der Beförderung der Verschlusssachen beauftragte Person muss eine Geheimschutzunterweisung lesen und unterzeichnen, die mindestens die vorstehenden Weisungen sowie Verfahren enthält, die im Notfall oder für den Fall zu beachten sind, dass das Versandstück mit den Verschlusssachen von Zollbeamten oder Sicherheitsbeamten auf einem Flughafen kontrolliert werden soll.

21.3.5. Übermittlung von Verschlusssachen mit der Einstufung

Für die Beförderung von als „► **M2** RE-STREINT UE ◄" eingestuften Dokumenten werden keine besonderen Vorschriften eingeführt; bei ihrer Beförderung ist allerdings sicherzustellen, dass sie nicht in die Hände Unbefugter geraten können.

21.4. SICHERHEIT DER KURIERE

Alle Kuriere und Boten, die mit der Beförderung von Dokumenten beauftragt werden, die als „► **M2** SECRET UE ◄" und „► **M2** CONFIDENTIEL UE ◄" eingestuft sind, müssen entsprechend sicherheitsermächtigt sein.

21.5. Elektronische und andere technische Übermittlungswege

1. Mit den Maßnahmen für die Kommunikationssicherheit soll die sichere Übermittlung von EU-Verschlusssachen gewährleistet werden. Die für die Übermittlung dieser EU-Verschlusssachen geltenden Vorschriften sind in Abschnitt 25 dargelegt.

2. Als „► **M2** CONFIDENTIEL UE ◄" oder „► **M2** SECRET UE ◄" eingestufte Informationen dürfen nur von zugelassenen Kommunikationszentren und -netzen und/oder Terminals bzw. über entsprechende Systeme übermittelt werden.

21.6. Zusätzliche Kopien und Übersetzungen von beziehungsweise Auszüge aus EU-Verschlusssachen

1. Das Kopieren oder die Übersetzung von „► **M2** TRES SECRET UE/EU TOP SECRET ◄" -Dokumenten kann ausschließlich der Urheber gestatten.

2. Fordern Personen, die nicht über eine „► **M2** TRES SECRET UE/EU TOP SECRET ◄" -Sicherheitsermächtigung verfügen, Informationen an, die zwar in einem „► **M2** TRES SECRET UE/EU TOP SECRET ◄" enthalten, aber nicht als solche eingestuft sind, so kann der Leiter der „► **M2** TRES SECRET UE/EU TOP SECRET ◄"-Registratur (siehe Abschnitt 22.2) ermächtigt werden, die notwendige Anzahl von Auszügen aus diesem Dokument auszuhändigen. Gleichzeitig ergreift er die erforderlichen Maßnah-

men, um sicherzustellen, dass diese Auszüge einen angemessenen Geheimhaltungsgrad erhalten.

3. Als „► **M2** SECRET UE ◄" und niedriger eingestufte Dokumente können vom Empfänger unter Einhaltung der Sicherheitsvorschriften und strikter Befolgung des Grundsatzes „Kenntnis notwendig" vervielfältigt und übersetzt werden. Die für das Originaldokument geltenden Sicherheitsvorschriften finden auch auf Vervielfältigungen und/oder Übersetzungen dieses Dokuments Anwendung.

22. REGISTER FÜR EU-VERSCHLUSS-SACHEN, BESTANDSAUFNAHME, PRÜFUNG, ARCHIVIERUNG UND VERNICHTUNG VON EUVERSCHLUSSSACHEN

22.1. Lokale Registraturen für EU-Verschlusssachen

1. In jeder Dienststelle der Kommission sind erforderlichenfalls eine oder mehrere Lokale Registraturen für EU-Verschlusssachen für die Registrierung, die Vervielfältigung, den Versand und die Vernichtung von Dokumenten zuständig, die als „► **M2** SECRET UE ◄" und „► **M2** CONFIDENTIEL UE ◄" eingestuft sind.

2. Dienststellen, die über keine Lokale Registratur für EU-Verschlusssachen verfügen, nehmen die Registratur des Generalsekretariats in Anspruch.

3. Die Lokalen Registraturen für EU-Verschlusssachen erstatten dem Leiter der Dienststelle Bericht, von dem sie ihre Anweisungen erhalten. Geleitet werden die Registraturen von dem Registraturkontrollbeauftragten (RCO).

4. Im Hinblick auf die Anwendung der Bestimmungen für die Handhabung von EU-Verschlusssachen und die Einhaltung der entsprechenden Sicherheitsvorschriften stehen sie unter der Aufsicht des Lokalen Sicherheitsbeauftragten.

5. Den Lokalen Registraturen für EU-Verschlusssachen zugewiesene Beamte haben gemäß Abschnitt 20 Zugang zu EU-Verschlusssachen.

6. Die Lokalen Registraturen für EU-Verschlusssachen nehmen unter der Verantwortung des betreffenden Dienststellenleiters folgende Aufgaben wahr:

a) Verwaltung der Registrierung, Vervielfältigung, Übersetzung, Weiterleitung, Versendung und Vernichtung der Informationen;

b) Führung des Verschlusssachenregisters;

c) regelmäßige Anfragen bei den Urhebern, ob die Einstufung der betreffenden Informationen aufrechtzuerhalten ist;

7. Die Lokalen Registraturen für EU-Verschlusssachen führen ein Register mit folgenden Angaben:

a) Datum der Erstellung der Verschlusssache,

b) Geheimhaltungsgrad,

c) Sperrfrist,

d) Name und Dienststelle des Urhebers,

e) der oder die Empfänger mit laufender Nummer,

f) Gegenstand,

g) Nummer,

h) Zahl der verbreiteten Exemplare,

i) Erstellung von Bestandsverzeichnissen der der Dienststelle unterbreiteten Verschlusssachen,

j) Register betreffend die Aufhebung des Geheimhaltungsgrades und die Herabstufung von Verschlusssachen.

8. Für die Lokalen Registraturen für EU-Verschlusssachen gelten die allgemeinen Vorschriften des Abschnitts 21, soweit sie nicht durch die spezifischen Vorschriften dieses Abschnitts geändert werden.

22.2. Die

22.2.1. Allgemeines

1. Durch eine „► **M2** TRES SECRET UE/EU TOP SECRET ◄"-Zentralregistrierung wird die Registrierung, Handhabung und Verteilung von „► **M2** TRES SECRET UE/EU TOP SECRET ◄"-Dokumenten gemäß den Sicherheitsvorschriften gewährleistet. Die „► **M2** TRES SECRET UE/EU TOP SECRET ◄"-Registratur wird von dem Kontrollbeauftragten für die „► **M2** TRES SECRET UE/EU TOPSECRET ◄" -Registratur geleitet.

2. Die „► **M2** TRES SECRET UE/EU TOP SECRET ◄"-Zentralregistratur ist die hauptsächliche Empfangs- und Versandbehörde in der Kommission gegenüber anderen EU-Organen, den Mitgliedstaaten, internationalen Organisationen und Drittstaaten, mit denen die Kommission Abkommen über Sicherheitsverfahren für den Austausch von Verschlusssachen geschlossen hat.

3. Erforderlichenfalls werden Unterregistraturen eingerichtet, die für die interne Verwaltung von „► **M2** TRES SECRET UE/EU TOP SECRET ◄"-Dokumenten zuständig sind; sie führen ein Register der von ihnen aufbewahrten Dokumente, das stets auf dem neuesten Stand gehalten wird.

4. „► **M2** TRES SECRET UE/EU TOP SECRET ◄"-Unterregistraturen werden nach Maßgabe des Abschnitts 22.2.3 eingerichtet, damit längerfristigen Notwendigkeiten entsprochen werden kann; sie werden einer zentralen „► **M2** TRES SECRET UE/EU TOP SECRET ◄"-Registratur zugeordnet. Müssen „► **M2** TRES SECRET UE/EU TOP SECRET ◄"-Dokumente nur zeitweilig und gelegentlich konsultiert werden, so können sie ohne Einrichtung einer „► **M2**

TRES SECRET UE/EU TOP SECRET ◄"-Unterregistratur weitergeleitet werden, sofern Vorschriften festgelegt wurden, die gewährleisten, dass diese Dokumente unter der Kontrolle der entsprechenden „► **M2** TRES SECRET UE/EU TOP SECRET ◄"-Registratur verbleiben und alle materiellen und personenbezogenen Sicherheitsmaßnahmen eingehalten werden.

5. Unterregistraturen ist es nicht gestattet, ohne ausdrückliche Zustimmung ihrer „► **M2** TRES SECRET UE/EU TOP SECRET ◄"-Zentralregistratur „► **M2** TRES SECRET UE/EU TOP SECRET ◄"-Dokumente unmittelbar an andere Unterregistraturen derselben Zentralregistratur zu übermitteln.

6. Der Austausch von „► **M2** TRES SECRET UE/EU TOP SECRET ◄"-Dokumenten zwischen Unterregistraturen, die nicht derselben Zentralregistratur zugeordnet sind, muss über die „► **M2** TRES SECRET UE/EU TOP SECRET ◄"-Zentralregistraturen abgewickelt werden.

22.2.2. Die

In seiner Eigenschaft als Kontrollbeauftragter ist der Leiter der „► **M2** TRES SECRET UE/EU TOPSECRET ◄"-Zentralregistratur zuständig für

a) die Übermittlung von „► **M2** TRES SECRET UE/EU TOP SECRET ◄"-Dokumenten gemäß den in Abschnitt 21.3 festgelegten-Vorschriften;

b) die Führung einer Liste aller ihm unterstehenden „► **M2** TRES SECRET UE/ EU TOP SECRET ◄"-Unterregistraturen mit Name und Unterschrift der ernannten Kontrollbeauftragten und ihrer bevollmächtigten Stellvertreter;

c) die Aufbewahrung der Empfangsbescheinigungen der Registraturen für alle von der Zentralregistratur verteilten „► **M2** TRES SECRET UE/EU TOP SECRET ◄"-Dokumente;

d) die Führung eines Registers aller aufbewahrten und verteilten „► **M2** TRES SECRET UE/EU TOP SECRET ◄"-Dokumente;

e) die Führung einer aktuellen Liste aller „► **M2** TRES SECRET UE/EU TOP SECRET ◄"-Zentralregistraturen, mit denen er üblicherweise korrespondiert, mit Name und Unterschrift der ernannten Kontrollbeauftragten und ihrer bevollmächtigten Stellvertreter;

f) den materiellen Schutz aller in der Registratur aufbewahrten „► **M2** TRES SECRET UE/EU TOP SECRET ◄"-Dokumente gemäß den Vorschriften des Abschnitts 18.

22.2.3. TRES SECRET UE/EUTOP SECRET

In seiner Eigenschaft als Kontrollbeauftragter ist der Leiter einer „► **M2** TRES SECRET UE/EU TOPSECRET ◄"-Unterregistratur zuständig für

a) die Übermittlung von „► **M2** TRES SECRET UE/EU TOP SECRET ◄"-Dokumenten gemäß den in Abschnitt 21.3 festgelegten-Vorschriften;

b) die Führung einer aktuellen Liste aller Personen, die befugt sind, Zugang zu den „► **M2** TRES SECRET UE/EU TOP SECRET ◄"-Informationen zu erhalten, welche seiner Aufsicht unterliegen;

c) die Verteilung von „► **M2** TRES SECRET UE/EU TOP SECRET ◄"-Dokumenten gemäß den Vorschriften des Urhebers oder nach dem Grundsatz „Kenntnis notwendig", nach vorheriger Prüfung, ob der Empfänger die erforderliche Sicherheitsermächtigung besitzt;

d) die Führung eines auf neuestem Stand zu haltenden Registers aller aufbewahrten oder in Umlauf befindlichen „► **M2** TRES SECRET UE/EU TOP SECRET ◄"-Dokumente, die seiner Aufsicht unterliegen oder die an andere „► **M2** TRES SECRET UE/EU TOP SECRET ◄"-Registraturen weitergeleitet wurden, und Aufbewahrung aller entsprechenden Empfangsbescheinigungen;

e) die Führung einer aktuellen Liste der „► **M2** TRES SECRET UE/EU TOP SECRET ◄"-Registraturen, mit denen er „► **M2** TRES SECRET UE/EU TOP SECRET ◄"-Dokumente austauschen darf, mit Name und Unterschrift ihrer Kontrollbeauftragten und bevollmächtigten Stellvertreter;

f) den materiellen Schutz aller in der Unterregistratur aufbewahrten „► **M2** TRES SECRET UE/EU TOP SECRET ◄"-Dokumente gemäß den Vorschriften des Abschnitts 18.

22.3. Bestandsaufnahme und Prüfung von EU-Verschlusssachen

1. Alljährlich führt jede „► **M2** TRES SECRET UE/EU TOP SECRET ◄"-Registratur im Sinne dieses Abschnitts eine detaillierte Bestandsaufnahme der „► **M2** TRES SECRET UE/EU TOP SECRET ◄"-Dokumente durch. Als nachgewiesen gilt jedes Dokument, das in der Registratur materiell vorhanden ist oder für das die Empfangsbescheinigung einer „► **M2** TRES SECRET UE/EU TOP SECRET ◄"-Registratur, der das Dokument übermittelt wurde, bzw. eine Vernichtungsbescheinigung oder aber eine Anweisung zur Herabstufung dieses Dokuments oder der Aufhebung seines Geheimhaltungsgrades vorliegt. Die Ergebnisse der jährlichen Bestandsaufnahmen werden bis spätestens 1. April jeden Jahres dem für Sicherheitsfragen zuständigen Mitglied der Kommission übermittelt.

2. Die „► **M2** TRES SECRET UE/EU TOP SECRET ◄"-Unterregistraturen übermitteln die

Geo
Betrugs-
bekämpfung
Verschluss-
sachen

Ergebnisse ihrer jährlichen Bestandsaufnahme der Zentralregistratur, der sie unterstehen, zu einem von dieser festgelegten Datum.

3. EU-Verschlusssachen mit einer niedrigeren Einstufung als „► **M2** TRES SECRET UE/EU TOP SECRET ◄" werden den Anweisungen des für Sicherheitsfragen zuständigen Mitglieds der Kommission entsprechend einer internen Überprüfung unterzogen.

4. Hierbei soll ermittelt werden, ob nach Auffassung der Verwahrer

a) bestimmte Dokumente heruntergestuft oder der Geheimhaltungsgrad aufgehoben werden kann,

b) Dokumente vernichtet werden sollten.

22.4. Archivierung von EU-Verschlusssachen

1. EU-Verschlusssachen werden unter Bedingungen archiviert, die allen in Abschnitt genannten Anforderungen entsprechen.

2. Um Archivierungsprobleme möglichst gering zu halten, ist es den Kontrollbeauftragten aller Registraturen gestattet, „► **M2** TRES SECRET UE/EU TOP SECRET ◄", „► **M2** SECRET UE ◄" und „► **M2** CONFIDENTIEL UE ◄"-Dokumente auf Mikrofilm aufzunehmen oder auf andere Weise auf magnetischen oder optischen Datenträgern zu Archivzwecken zu speichern, vorausgesetzt

a) das Verfahren zur Aufnahme auf Mikrofilm oder zur sonstigen Speicherung wird von Personen durchgeführt, die über eine Sicherheitsermächtigung für den dem Dokument entsprechenden Geheimhaltungsgrad verfügen;

b) für den Mikrofilm/Datenträger wird die gleiche Sicherheit gewährleistet wie für die Originaldokumente;

c) das Mikrofilmen/die Speicherung eines „► **M2** TRES SECRET UE/EU TOPSECRET ◄"-Dokuments wird dem Urheber mitgeteilt;

d) die Filmrollen oder sonstigen Träger enthalten nur Dokumente der gleichen „► **M2** TRES SECRET UE/EU TOP SECRET ◄", „► **M2** SECRET UE ◄" oder „► **M2** CONFIDENTIEL UE ◄"-Einstufung;

e) das Mikrofilmen/die Speicherung eines „► **M2** TRES SECRET UE/EU TOP SECRET ◄" oder „► **M2** SECRET UE ◄"-Dokuments wird in dem für die jährliche Bestandsaufnahme verwendeten Register deutlich kenntlich gemacht;

f) die Originaldokumente, die auf Mikrofilm aufgenommen oder in anderer Weise gespeichert sind, werden gemäß den Vorschriften des Abschnitts 22.5 vernichtet.

3. Diese Vorschriften gelten auch für alle anderen zugelassenen Speichermedien wie elektromagnetische Träger und optische Speicherplatten.

22.5. Vernichtung von EU-Verschlusssachen

1. Um eine unnötige Anhäufung von EU-Verschlusssachen zu vermeiden, werden die nach Auffassung des Leiters der aufbewahrenden Stelle inhaltlich überholten oder überzähligen Dokumente so bald wie praktisch möglich auf folgende Weise vernichtet:

a) „► **M2** TRES SECRET UE/EU TOP SECRET ◄"-Dokumente werden nur von der für diese Dokumente zuständigen Zentralregistratur vernichtet. Jedes der Vernichtung zugeführte Dokument wird auf einer Vernichtungsbescheinigung eingetragen, die vom „► **M2** TRES SECRET UE/EU TOP SECRET ◄"-Kontrollbeauftragten und von dem der Vernichtung als

Zeuge beiwohnenden Beamten, der über die betreffende Sicherheitsermächtigung verfügt, zu unterzeichnen ist. Der Vorgang wird im Dienstbuch festgehalten.

b) Die Registratur bewahrt die Vernichtungsbescheinigungen zusammen mit den Verteilungsunterlagen zehn Jahre lang auf. Dem Urheber oder der zuständigen Zentralregistratur werden Kopien nur zugesandt, wenn dies ausdrücklich verlangt wird.

c) „► **M2** TRES SECRET UE/EU TOP SECRET ◄"-Dokumente einschließlich des bei ihrer Herstellung angefallenen und als Verschlusssache zu behandelnden Abfalls oder Zwischenmaterials wie fehlerhafte Kopien, Arbeitsvorlagen, maschinengeschriebene Aufzeichnungen und Disketten werden unter der Aufsicht eines „► **M2** TRES SECRET UE/EU TOP SECRET ◄"-Kontrollbeauftragten durch Verbrennen, Einstampfen, Zerkleinern oder andere geeignete Verfahren so vernichtet, dass der Inhalt weder erkennbar ist noch erkennbar gemacht werden kann.

2. „► **M2** SECRET UE ◄"-Dokumente werden mittels eines der in Nummer 1 Buchstabe c) genannten Verfahren unter der Aufsicht einer Person, die über die betreffende Sicherheitsermächtigung verfügt, von der für diese Dokumente zuständigen Registratur vernichtet. Vernichtete „► **M2** SECRET UE ◄"-Dokumente werden auf einer unterzeichneten Vernichtungsbescheinigung eingetragen, die von der Registratur zusammen mit den Verteilungsunterlagen mindestens drei Jahre lang aufbewahrt wird.

3. „► **M2** CONFIDENTIEL UE ◄"-Dokumente werden mittels eines der in Nummer 1 Buchstabe c) genannten Verfahren unter der Aufsicht einer Person, die über die betreffende Sicherheitsermächtigung verfügt, von der für diese Dokumente zuständigen Registratur vernichtet. Ihre Vernichtung wird gemäß den Anweisungen des für Sicherheitsfragen zuständigen Mitglieds der Kommission registriert.

4. „▶ **M2** RESTREINT UE ◀"-Dokumente werden gemäß den Anweisungen des für Sicherheitsfragen zuständigen Mitglieds der Kommission von der für diese Dokumente zuständigen Registratur oder vom Nutzer vernichtet.

22.6. VERNICHTUNG IM NOTFALL

1. Die Kommissionsdienststellen arbeiten unter Berücksichtigung der örtlichen Gegebenheiten Pläne zum Schutz von EU-Verschlusssachen im Krisenfall aus, die, falls erforderlich, auch Pläne für eine Vernichtung oder Auslagerung der EU-Verschlusssachen im Notfall umfassen; sie erteilen die Anweisungen, die sie für notwendig erachten, damit EU-Verschlusssachen nicht in unbefugte Hände gelangen.

2. Vorschriften zum Schutz und/oder zur Vernichtung von „▶ **M2** SECRET UE ◀"- und „▶ **M2** CONFIDENTIEL UE ◀"-Unterlagen im Krisenfall dürfen auf keinen Fall den Schutz oder die Vernichtung von „▶ **M2** TRES SECRET UE/EU TOP SECRET ◀"-Materialien, einschließlich der Verschlüsselungseinrichtungen, beeinträchtigen, die Vorrang vor allen anderen Aufgaben haben.

3. Die für den Schutz und die Vernichtung der Verschlüsselungseinrichtungen vorzusehenden Maßnahmen sind durch Ad-hoc-Anweisungen zu regeln.

4. Die Anweisungen sind an Ort und Stelle in einem versiegelten Umschlag zu hinterlegen. Es müssen Vorrichtungen/Werkzeuge für die Vernichtung vorhanden sein.

23. SICHERHEITSMASSNAHMEN BEI BESONDEREN SITZUNGEN AUSSERHALB DER KOMMISSIONS-GEBÄUDE, BEI DENEN VERSCHLUSS-SACHEN BENÖTIGT WERDEN

23.1. Allgemeines

Finden außerhalb der Kommissionsgebäude Sitzungen der Kommission oder andere wichtige Sitzungen statt und ist es durch die besonderen Sicherheitsanforderungen aufgrund der hohen Empfindlichkeit der behandelten Fragen oder Informationen gerechtfertigt, so werden die nachstehend beschriebenen Sicherheitsmaßnahmen ergriffen. Diese Maßnahmen betreffen lediglich den Schutz von EU-Verschlusssachen; möglicherweise sind weitere Sicherheitsmaßnahmen vorzusehen.

23.2. Zuständigkeiten

23.2.1. Sicherheitsbüro der Kommission

Das Sicherheitsbüro der Kommission arbeitet mit den zuständigen Behörden des Mitgliedstaates zusammen, auf dessen Hoheitsgebiet die Sitzung stattfindet (gastgebender Mitgliedstaat), um die Sicherheit der Kommissionssitzung oder anderer wichtiger Sitzungen und die Sicherheit der Delegierten und ihrer Mitarbeiter zu gewährleisten. In Bezug auf den Sicherheitsschutz sollte es insbesondere gewährleisten, dass

a) Pläne für den Umgang mit Sicherheitsrisiken und sicherheitsrelevanten Zwischenfällen aufgestellt werden, wobei die betreffenden Maßnahmen insbesondere auf die sichere Verwahrung von EU-Verschlusssachen in Büroräumen abzielen;

b) Maßnahmen getroffen werden, um den etwaigen Zugang zum Kommunikationssystem der Kommission für den Empfang und die Versendung von als Verschlusssache eingestuften EU-Mitteilungen bereitzustellen. Der gastgebende Mitgliedstaat wird gebeten, erforderlichenfalls den Zugang zu sicheren Telefonsystemen zu ermöglichen.

Das Sicherheitsbüro der Kommission fungiert als Sicherheitsberatungsstelle für die Vorbereitung der Sitzung; es sollte auf der Sitzung vertreten sein, um erforderlichenfalls den Sicherheitsbeauftragten für die Sitzung und die Delegationen zu unterstützen und zu beraten.

Jede an der Sitzung teilnehmende Delegation wird gebeten, einen Sicherheitsbeauftragten zu benennen, der für die Behandlung von Sicherheitsfragen in seiner Delegation zuständig ist und die Verbindung zu dem Sicherheitsbeauftragten für die Sitzung sowie mit dem Vertreter des Sicherheitsbüros der Kommission aufrechterhält.

23.2.2. Sicherheitsbeauftragter für die Sitzung

Es wird ein Sicherheitsbeauftragter ernannt, der für die allgemeine Vorbereitung und Überwachung der allgemeinen internen Sicherheitsmaßnahmen und für die Koordinierung mit den anderen betroffenen Sicherheitsbehörden verantwortlich ist. Die von ihm getroffenen Maßnahmen erstrecken sich im Allgemeinen auf Folgendes:

a) Schutzmaßnahmen am Sitzungsort, mit denen sichergestellt wird, dass es auf der Sitzung zu keinem Zwischenfall kommt, der die Sicherheit einer dort verwendeten EU-Verschlusssache gefährden könnte;

b) Überprüfung des Personals, das den Sitzungsort, die Bereiche der Delegationen und die Konferenzräume betreten darf, sowie sämtlicher Ausrüstungsgegenstände;

c) ständige Abstimmung mit den zuständigen Behörden des gastgebenden Mitgliedstaats und dem Sicherheitsbüro der Kommission;

d) Einfügung von Sicherheitsanweisungen in das Sitzungsdossier unter gebührender Berücksichtigung der Erfordernisse, die in diesen Sicherheitsvorschriften und anderen für erforderlich erachteten Sicherheitsanweisungen enthalten sind.

23.3. Sicherheitsmaßnahmen

23.3.1. Sicherheitsbereiche

Es werden folgende Sicherheitsbereiche angelegt:

a) ein Sicherheitsbereich der Kategorie II, der nach Maßgabe der Erfordernisse einen Redaktionsraum, die Büroräume der Kommission und die Vervielfältigungsausrüstung sowie Büroräume der Delegationen umfasst;

b) ein Sicherheitsbereich der Kategorie I, der den Konferenzraum sowie die Dolmetschkabinen und die Kabinen für die Tontechnik umfasst;

c) einen Verwaltungsbereich, der aus dem Pressebereich und den für Verwaltung, Verpflegung und Unterkunft genutzten Bereichen des Sitzungsortes sowie aus dem sich unmittelbar an das Pressezentrum und den Sitzungsort anschließenden Bereich besteht.

23.3.2. Berechtigungsausweise

Der Sicherheitsbeauftragte für die Sitzung gibt entsprechend dem von den Delegationen gemeldeten Bedarf geeignete Berechtigungsausweise aus. Erforderlichenfalls kann eine Abstufung der Zugangsberechtigung für die verschiedenen Sicherheitsbereiche vorgesehen werden.

Mit den Sicherheitsanweisungen für die Sitzung werden alle Betroffenen verpflichtet, am Sitzungsort ihre Berechtigungsausweise stets gut sichtbar mit sich zu führen, so dass sie erforderlichenfalls vom Sicherheitspersonal überprüft werden können.

Abgesehen von den mit einem Berechtigungsausweis versehenen Sitzungsteilnehmern sollten so wenige Personen wie möglich Zugang zum Sitzungsort erhalten. Der Sicherheitsbeauftragte für die Sitzung erteilt einzelstaatlichen Delegationen nur auf Antrag die Genehmigung, während der Sitzung Besucher zu empfangen.

Die Besucher sollten einen Besucherausweis erhalten. Der Name des Besuchers und der besuchten Person wird auf einem Besucherschein eingetragen. Besucher sind stets von einem Angehörigen des Sicherheitspersonals oder von der besuchten Person zu begleiten. Der Besucherschein wird von der Begleitperson mitgeführt und von dieser zusammen mit dem Besucherausweis dem Sicherheitspersonal zurückgegeben, sobald der Besucher den Sitzungsort verlässt.

23.3.3. Kontrolle von fotografischen Ausrüstungen und Tonaufzeichnungsgeräten

Bild- oder Tonaufzeichnungsgeräte dürfen nicht in einen Sicherheitsbereich der Kategorie I gebracht werden, sofern es sich nicht um die Ausrüstung von Fotografen und Tontechnikern handelt, die vom Sicherheitsbeauftragten für die

Sitzung vorschriftsgemäß zugelassen worden sind.

23.3.4. Überprüfung von Aktentaschen, tragbaren Computern und Paketen

Inhaber von Berechtigungsausweisen, denen der Zugang zu einem Sicherheitsbereich gestattet ist, dürfen in der Regel ihre Aktentaschen und tragbaren Computer (nur mit eigener Stromversorgung) mitbringen, ohne dass diese überprüft werden. Bei für die Delegationen bestimmten Paketen dürfen die Delegationen die Lieferung in Empfang nehmen; diese wird entweder vom Sicherheitsbeauftragten der Delegation überprüft, mit Spezialgeräten kontrolliert oder aber vom Sicherheitspersonal zur Überprüfung geöffnet. Wenn der Sicherheitsbeauftragte für die Sitzung es für erforderlich hält, können strengere Maßnahmen für die Überprüfung von Aktentaschen und Paketen festgelegt werden.

23.3.5. Technische Sicherheit

Der Sitzungsraum kann von einem für die technische Sicherheit zuständigen Team technisch gesichert werden; dieses Team kann ferner während der Sitzung eine elektronische Überwachung vornehmen.

23.3.6. Dokumente der Delegationen

Die Delegationen sind für die Beförderung von EU-Verschlusssachen zu und von Sitzungen verantwortlich. Sie sind auch für die Überprüfung und Sicherheit der betreffenden Unterlagen bei der Verwendung in den ihnen zugewiesenen Räumlichkeiten verantwortlich. Der gastgebende Mitgliedstaat kann für die Beförderung der Verschlusssachen zum und vom Sitzungsort um Hilfe ersucht werden.

23.3.7. Sichere Aufbewahrung der Dokumente

Sind die Kommission oder die Delegationen nicht in der Lage, ihre Verschlusssachen gemäß den anerkannten Standards aufzubewahren, so können sie diese Unterlagen in einem versiegelten Umschlag beim Sicherheitsbeauftragten für die Sitzung gegen Empfangsbescheinigung hinterlegen, so dass dieser für eine den genannten Standards entsprechenden Aufbewahrung Sorge tragen kann.

23.3.8. Überprüfung der Büroräume

Der Sicherheitsbeauftragte für die Sitzung sorgt dafür, dass die Büroräume der Kommission und der Delegationen am Ende jedes Arbeitstages überprüft werden, damit sichergestellt ist, dass alle EU-Verschlusssachen an einem sicheren Ort aufbewahrt werden; andernfalls trifft er die erforderlichen Abhilfemaßnahmen.

23.3.9. Abfallbeseitigung bei EU-Verschlusssachen

Sämtliche Abfälle sind als EU-Verschlusssachen zu behandeln, und die Kommission und die Delegationen sollten zur Entsorgung Papierkörbe oder Abfallsäcke erhalten. Vor Verlassen der ihnen zugewiesenen Räumlichkeiten bringen die Kommission und die Delegationen die Abfälle zum Sicherheitsbeauftragten für die Sitzung, der ihre vorschriftsmäßige Vernichtung veranlasst.

Am Ende der Sitzung werden alle Dokumente, die die Kommission oder die Delegationen in ihrem Besitz hatten, aber nicht behalten wollen, als Abfall behandelt. Es wird eine umfassende Inspektion der Räumlichkeiten der Kommission und der Delegationen durchgeführt, bevor die für die Sitzung getroffenen Sicherheitsmaßnahmen aufgehoben werden. Dokumente, für die eine Empfangsbescheinigung unterzeichnet wurde, werden soweit möglich gemäß den Vorschriften des Abschnitts 22.5 vernichtet.

24. VERLETZUNG DER SICHERHEIT UND KENNTNISNAHME VON EU-VERSCHLUSSSACHEN DURCH UNBEFUGTE

24.1. Begriffsbestimmungen

Eine Verletzung der Sicherheit liegt vor, wenn durch eine Handlung oder durch eine Unterlassung, die den Sicherheitsvorschriften der Kommission zuwiderläuft, EU-Verschlusssachen in Gefahr geraten oder Unbefugten zur Kenntnis gelangen könnten.

Eine Kenntnisnahme von EU-Verschlusssachen durch Unbefugte liegt vor, wenn die Verschlusssache ganz oder teilweise in die Hände unbefugter Personen (d. h. von Personen, die nicht die erforderliche Zugangsermächtigung haben oder deren Kenntnis der Verschlusssache nicht nötig ist) gelangt ist oder es wahrscheinlich ist, dass eine derartige Kenntnisnahme stattgefunden hat.

Die Kenntnisnahme von EU-Verschlusssachen durch Unbefugte kann die Folge von Nachlässigkeit, Fahrlässigkeit oder Indiskretion, aber auch der Tätigkeit von Diensten, die in der EU oder ihren Mitgliedstaaten Kenntnis von EU-Verschlusssachen und geheimen Tätigkeiten erlangen wollen, oder von subversiven Organisationen sein.

24.2. Meldung von Verstößen gegen die Sicherheit

Alle Personen, die mit EU-Verschlusssachen umgehen müssen, werden eingehend über ihre Verantwortung in diesem Bereich unterrichtet. Sie melden unverzüglich jede Verletzung der Sicherheit, von der sie Kenntnis erhalten.

Wenn ein Lokaler Sicherheitsbeauftragter oder ein Sicherheitsbeauftragter für eine Sitzung eine Verletzung der Sicherheit betreffend EU-Verschlusssachen oder den Verlust bzw. das Verschwinden von als EU-Verschlusssache eingestuftem Material entdeckt oder hiervon unterrichtet wird, trifft er rasch Maßnahmen, um

a) Beweise zu sichern;

b) den Sachverhalt zu klären;

c) den entstandenen Schaden zu bewerten und möglichst klein zu halten;

d) zu verhindern, dass sich ein derartiger Vorfall wiederholt;

e) die zuständigen Behörden von den Folgen der Verletzung der Sicherheit zu unterrichten.

In diesem Zusammenhang sind folgende Angaben zu machen:

i) eine Beschreibung der entsprechenden Verschlusssache unter Angabe ihres Geheimhaltungsgrades, ihres Aktenzeichens und der Ausfertigungsnummer, des Datums, des Urhebers, des Themas und des Umfangs;

ii) eine kurze Beschreibung der Umstände, unter denen die Verletzung der Sicherheit erfolgt ist, unter Angabe des Datums und des Zeitraums, während dessen die Verschlusssache Unbefugten zur Kenntnis gelangen konnte;

iii) eine Erklärung darüber, ob der Urheber informiert worden ist.

Jede Sicherheitsbehörde hat die Pflicht, unmittelbar nach ihrer Unterrichtung von einer möglichen Verletzung der Sicherheit das Sicherheitsbüro der Kommission zu benachrichtigen.

Fälle, in denen es um als „▶ **M2** RESTREINT UE ◀" eingestufte Verschlusssachen geht, müssen nur dann gemeldet werden, wenn sie ungewöhnlicher Art sind.

Wird das für Sicherheitsfragen zuständige Mitglied der Kommission von einer Verletzung der Sicherheit unterrichtet, so

a) unterrichtet es die Stelle, von der die entsprechende Verschlusssache stammt;

b) bittet es die zuständigen Sicherheitsbehörden um die Einleitung von Ermittlungen;

c) koordiniert es die Ermittlungen, falls mehr als eine Sicherheitsbehörde betroffen ist;

d) lässt es einen Bericht erstellen über die Umstände der Verletzung der Sicherheit, das Datum oder den Zeitraum, an dem bzw. während dessen die Verletzung erfolgt ist und der Verstoß entdeckt wurde; der Bericht umfasst eine detaillierte Beschreibung des Inhalts und des Geheimhaltungsgrades des betreffenden Materials. Es ist auch zu berichten, welcher Schaden den Interessen der EU oder eines oder mehrerer ihrer Mit-

Geo
Betrugs-
bekämpfung
Verschluss-
sachen

gliedstaaten entstanden ist und welche Maßnahmen ergriffen worden sind, um eine Wiederholung des Vorfalls zu verhindern.

Die Stelle, von der die Verschlusssache stammt, unterrichtet die Empfänger des Dokuments und gibt ihnen entsprechende Anweisungen.

24.3. Rechtliche Schritte

Gegen jede für die Kenntnisnahme von EU-Verschlusssachen durch Unbefugte verantwortliche Person können nach den geltenden Vorschriften und Regelungen, insbesondere nach Titel VI des Statuts Disziplinarmaßnahmen ergriffen werden. Diese Maßnahmen lassen ein etwaiges gerichtliches Vorgehen unberührt.

In geeigneten Fällen leitet das für Sicherheitsfragen zuständige Mitglied der Kommission auf der Grundlage des Berichts nach Abschnitt 24.2 alle erforderlichen Schritte ein, um den zuständigen einzelstaatlichen Behörden die Einleitung von Strafverfahren zu ermöglichen.

25. SCHUTZ VON EU-VERSCHLUSS-SACHEN IN INFORMATIONS-TECHNISCHEN SYSTEMEN UND KOMMUNIKATIONSSYSTEMEN

25.1. Einleitung

25.1.1. Allgemeines

Das Sicherheitskonzept und die Sicherheitsanforderungen gelten für alle Kommunikations- und Informationssysteme und -netze (nachstehend als „Systeme" bezeichnet), in denen Informationen des Geheimhaltungsgrades „▶ **M2** CONFIDENTIEL UE ◀" oder höher verarbeitet werden. Sie gelten ergänzend zum Beschluss der Kommission C(95) 1510 endg. der Kommission vom 23. November 1995 über den Schutz der Informatiksysteme.

Auch bei Systemen, in denen als „▶ **M2** RESTREINT UE ◀" eingestufte Informationen verarbeitet werden, sind Sicherheitsmaßnahmen zum Schutz der Vertraulichkeit dieser Informationen erforderlich. Bei allen Systemen sind Sicherheitsmaßnahmen zum Schutz der Integrität und der Verfügbarkeit dieser Systeme und der darin enthaltenen Informationen erforderlich.

Das von der Kommission angewandte IT-Sicherheitskonzept stützt sich auf folgende Grundsätze:

– Es ist Bestandteil der Sicherheit im Allgemeinen und ergänzt alle Teilaspekte der Datensicherheit der personalbezogenen Sicherheit und der materiellen Sicherheit;

– Aufteilung der Zuständigkeiten auf Eigentümer der technischen Systeme, Eigentümer von EU-Verschlusssachen, die in technischen Syste-

men gespeichert oder verarbeitet werden, IT-Sicherheitsexperten und Nutzer;

– Beschreibung der Sicherheitsgrundsätze und Anforderungen jedes IT-Systems;

– Genehmigung dieser Grundsätze und Anforderungen durch eine dafür bestimmte Stelle;

– Berücksichtigung der spezifischen Bedrohungen und Schwachstellen in der IT-Umgebung.

25.1.2. Bedrohungen und Schwachstellen von Systemen

Eine Bedrohung kann als Möglichkeit einer unabsichtlichen oder absichtlichen Beeinträchtigung der Sicherheit definiert werden. Bei Systemen ist dies mit dem Verlust einer oder mehrerer der Eigenschaften Vertraulichkeit, Integrität und Verfügbarkeit verbunden. Eine Schwachstelle kann als unzureichende oder fehlende Kontrolle definiert werden, die die Bedrohung eines bestimmten Objekts oder Ziels erleichtern oder ermöglichen könnte.

EU-Verschlusssachen und sonstige Informationen, die in Systemen in einer zur raschen Abfrage, Übermittlung und Nutzung konzipierten konzentrierten Form vorliegen, sind in vielerlei Hinsicht gefährdet. So könnten z. B. Unbefugte auf die Informationen zugreifen oder Befugten könnte der Zugriff verweigert werden. Ferner besteht das Risiko einer unerlaubten Verbreitung, einer Verfälschung, Änderung oder Löschung der Informationen. Außerdem sind die komplexen und manchmal empfindlichen Geräte teuer in der Anschaffung, und es ist häufig schwierig, sie rasch zu reparieren oder zu ersetzen.

25.1.3. Hauptzweck von Sicherheitsmaßnahmen

Die in diesem Abschnitt festgelegten Sicherheitsmaßnahmen dienen in erster Linie dem Schutz von EU-Verschlusssachen vor unerlaubter Preisgabe (Verlust der Vertraulichkeit) sowie dem Schutz vor dem Verlust der Integrität und der Verfügbarkeit von Informationen. Um ein System, in dem EU-Verschlusssachen verarbeitet werden, angemessen zu schützen, sind die einschlägigen konventionellen Sicherheitsstandards vom Sicherheitsbüro der Kommission festzulegen, zu denen geeignete, auf das jeweilige System zugeschnittene spezielle Sicherheitsverfahren und -techniken hinzukommen.

25.1.4. Aufstellung der systemspezifischen Sicherheitsanforderungen (SSRS)

Für alle Systeme, in denen als „▶ **M2** CONFIDENTIEL UE ◀" oder höher eingestufte Informationen verarbeitet werden, ist eine Aufstellung der systemspezifischen Sicherheitsanforderungen SSRS) erforderlich, die vom Eigentümer des technischen Systems (TSO) (siehe Abschnitt 25.3.4) und dem Eigentümer der Information (siehe Abschnitt 25.3.5) gegebenenfalls mit Beiträgen und Unterstützung des Projektpersonals und des Sicherheitsbüros der Kommission (als INFOSEC-Stelle (IA) siehe Abschnitt 25.3.3) erstellt und von der Akkreditierungsstelle für IT-Sicherheit (SAA, siehe Abschnitt 25.3.2) genehmigt werden.

Eine SSRS ist auch dann erforderlich, wenn die Verfügbarkeit und Integrität von als „▶ **M2** RESTREINT UE ◀" eingestuften Informationen oder von Informationen ohne VS-Einstufung von der Akkreditierungsstelle für IT-Sicherheit (SAA) als sicherheitskritisch angesehen wird.

Die SSRS wird im frühesten Stadium der Konzeption eines Projekts formuliert und parallel zum Projektverlauf weiterentwickelt und verbessert; sie erfüllt unterschiedliche Aufgaben in verschiedenen Stadien des Projekts und des Lebenszyklus des Systems.

25.1.5. Sicherheitsmodus

Alle Systeme, in denen als „▶ **M2** CONFIDENTIEL UE ◀" oder höher eingestufte Informationen verarbeitet werden, werden für den Betrieb in einem einzigen Sicherheitsmodus oder – aufgrund zeitlich unterschiedlicher Anforderungen – in mehreren der folgenden sicherheitsbezogenen Betriebsarten (oder deren einzelstaatlichen Entsprechungen) freigegeben:

a) Dedicated,

b) System high,

c) Multi-level.

25.2. Begriffsbestimmungen

„Akkreditierung" bezeichnet die Abnahme und Zulassung eines SYSTEMS zur Verarbeitung von EU-Verschlusssachen in seinem betrieblichen Umfeld.

Anmerkung:

Die Akkreditierung sollte erfolgen, nachdem alle einschlägigen sicherheitsrelevanten Verfahren durchgeführt worden sind und der Schutz der Systemressourcen in ausreichendem Maße sichergestellt worden ist. Die Akkreditierung sollte in der Regel auf der Grundlage der SSRS erfolgen und Folgendes umfassen:

a) Festlegung der Zielvorgaben der Akkreditierung dieses System, insbesondere welche Geheimhaltungsgrade verarbeitet werden sollen und welcher Sicherheitsmodus für das System oder Netz vorgeschlagen wird;

b) Bestandsaufnahme des Risikomanagements, in der Bedrohungen und Schwachstellen benannt und entsprechende Gegenmaßnahmen dargelegt werden;

c) sicherheitsbezogene Betriebsverfahren (SecOP) mit einer detaillierten Beschreibung der vorgesehenen Abläufe (z. B. Betriebsarten und Funktionen) und mit einer Beschreibung der Sicherheitseigenschaften des Systems, die die Grundlage für die Akkreditierung bildet;

d) Plan für die Implementierung und Aufrechterhaltung der Sicherheitseigenschaften;

e) Plan für die erstmalige und nachfolgende Prüfung, Evaluation und Zertifizierung der System- oder Netzsicherheit;

f) gegebenenfalls Zertifizierung zusammen mit anderen Teilaspekten der Akkreditierung.

Der „Beauftragte für die zentrale IT-Sicherheit" (CISO) ist der Beamte in einer zentralen IT-Dienststelle, der Sicherheitsmaßnahmen für zentral organisierte Systeme koordiniert und überwacht.

„Zertifizierung" bezeichnet eine – durch eine unabhängige Überprüfung der Durchführung und der Ergebnisse einer Evaluation gestützte – förmliche Bescheinigung darüber, inwieweit ein System die Sicherheitsanforderungen erfüllt oder inwieweit ein Computersicherheitsprodukt vorgegebene Sicherheitsleistungen erbringt.

„Kommunikationssicherheit" (COMSEC) bezeichnet die Anwendung von Sicherheitsmaßnahmen auf den Telekommunikationsverkehr, um zu verhindern, dass Unbefugte in den Besitz wertvoller Informationen gelangen, die aus dem Zugriff auf den Telekommunikationsverkehr und dessen Auswertung gewonnen werden könnten, oder um die Authentizität des Telekommunikationsverkehrs sicherzustellen.

Anmerkung:

Diese Maßnahmen umfassen die kryptografische Sicherheit, die Sicherheit der Übermittlung und die Sicherheit vor Abstrahlung und ferner die verfahrens-, objekt- und personenbezogene Sicherheit sowie die Dokumenten- und Computersicherheit.

„Computersicherheit" (COMPUSEC) bezeichnet den Einsatz der Sicherheitseigenschaften von Hardware, Firmware und Software eines Computersystems zum Schutz vor unerlaubter Preisgabe, Manipulation, Änderung bzw. Löschung von Informationen sowie vor einem Systemausfall (Denial of Service).

„Computersicherheitsprodukt" ist ein allgemeines, der Computersicherheit dienendes Produkt, das zur Integration in ein IT-System und zur Verbesserung bzw. Gewährleistung der Vertraulichkeit, Integrität oder Verfügbarkeit der verarbeiteten Informationen bestimmt ist.

Der „Sicherheitsmodus ‚DEDICATED!!! Unknown FG !!!" bezeichnet eine Betriebsart, bei der ALLE Personen, die Zugang zum SYSTEM haben, zum Zugriff auf den höchsten im System verarbeiteten Geheimhaltungsgrad berechtigt sind und generell einen berechtigten Informationsbedarf in Bezug auf ALLE im System verarbeiteten Informationen haben.

Anmerkungen:

(1) Da alle Nutzer einen berechtigten Informationsbedarf haben, muss sicherheitstechnisch nicht unbedingt zwischen unterschiedlichen Informationen innerhalb des Systems unterschieden werden.

(2) Andere Sicherheitseigenschaften (z. B. objekt-, personen- und verfahrensbezogene Funktionen) müssen den Anforderungen für den höchsten Geheimhaltungsgrad und für alle Kategorien von Informationen, die im System verarbeitet werden, entsprechen.

„EVALUATION" bezeichnet die eingehende technische Prüfung der Sicherheitsaspekte eines SYSTEMS oder eines Produkts für kryptografische Sicherheit oder Computersicherheit durch eine zuständige Stelle.

Anmerkungen:

(1) Bei der Evaluation wird geprüft, ob die verlangten Sicherheitsfunktionen tatsächlich vorhanden sind und ob sie negative Nebeneffekte haben, und es wird bewertet, inwieweit diese Funktionen verfälscht werden könnten.

(2) Bei der Evaluation wird ferner bestimmt, inwieweit die für ein System geltenden Sicherheitsanforderungen erfüllt bzw. die geltend gemachten Sicherheitsleistungen eines Computersicherheitsprodukts erbracht werden, und es wird die Vertrauenswürdigkeitsstufe des Systems oder des Produkts für kryptografische Sicherheit oder Computersicherheit bestimmt.

Eigentümer der Information (IO) ist die Stelle (Dienststellenleiter), die für die Schaffung, Verarbeitung und Nutzung von Informationen verantwortlich ist, einschließlich der Entscheidung, wem der Zugriff auf diese Informationen gewährt werden soll.

„Informationssicherheit" (INFOSEC) bezeichnet die Anwendung von Sicherheitsmaßnahmen zum Schutz von Informationen, die in Kommunikations- und Informationssystemen und anderen elektronischen Systemen verarbeitet, gespeichert oder übermittelt werden, vor dem unabsichtlichen oder absichtlichen Verlust der Vertraulichkeit, Integrität oder Verfügbarkeit, sowie zur Vermeidung des Verlustes der Integrität und Verfügbarkeit der Systeme selbst.

„INFOSEC-Maßnahmen" erstrecken sich auf die Sicherheit von Computern, die Sicherheit der Übertragung, die Sicherheit vor Abstrahlung und die kryptografische Sicherheit sowie die Aufdeckung, Dokumentation und Bekämpfung von Bedrohungen für Informationen und Systeme.

„IT-Umgebung" bezeichnet einen Bereich, in dem sich ein oder mehrere Computer, deren lokale Peripheriegeräte und Speichereinheiten, Steuereinheiten sowie ihnen fest zugeordnete Netz- und Kommunikationseinrichtungen befinden.

Anmerkung:

Nicht eingeschlossen sind davon abgetrennte Bereiche, in denen sich dezentrale Peripheriegeräte oder Terminals bzw. Datenstationen befinden, auch wenn diese an Geräte innerhalb der IT-Umgebung angeschlossen sind.

„IT-Netz" bezeichnet eine Gesamtheit von geografisch verteilten IT-Systemen, die für den Datenaustausch miteinander verbunden sind; darin eingeschlossen sind die Bestandteile der vernetzten IT-Systeme sowie deren Schnittstelle mit den zugrunde liegenden Daten- oder Kommunikationsnetzen.

Anmerkungen:

(1) Ein IT-Netz kann die Funktionen eines oder mehrerer Kommunikationsnetze zum Datenaustausch nutzen; mehrere IT-Netze können die Funktionen eines gemeinsamen Kommunikationsnetzes nutzen.

(2) Ein IT-Netz wird als „lokal" bezeichnet, wenn es mehrere am selben Standort befindliche Computer miteinander verbindet.

Die „Sicherheitseigenschaften eines IT-Netzes" umfassen die Sicherheitseigenschaften der einzelnen IT-Systeme, aus denen das Netz besteht, sowie jene zusätzlichen Bestandteile und Eigenschaften, die mit dem Netz als solchem verbunden sind (z. B. Kommunikation im Netz, Mechanismen und Verfahren zur Sicherheitsidentifikation und zur Kennzeichnung, Zugriffskontrollen, Programme und automatische Ereignisprotokolle), und die erforderlich sind, um einen angemessenen Schutz der Verschlusssachen sicherzustellen.

„IT-System" bezeichnet eine Gesamtheit von Betriebsmitteln, Methoden und Verfahren sowie gegebenenfalls Personal, die zusammenwirken, um Aufgaben der Informationsverarbeitung zu erfüllen.

Anmerkungen:

(1) Darunter wird eine Gesamtheit von Einrichtungen verstanden, die zur Verarbeitung von Informationen innerhalb des Systems konfiguriert sind.

(2) Diese Systeme können der Abfrage, der Steuerung, der Kontrolle, der Kommunikation und wissenschaftlichen oder administrativen Anwendungen einschließlich der Textverarbeitung dienen.

(3) Die Grenzen eines Systems werden im Allgemeinen in Bezug auf die Bestandteile defi-

niert, die der Kontrolle eines einzigen TSO) unterliegen.

(4) Ein IT-System kann Teilsysteme enthalten, von denen einige selbst wiederum IT-Systeme sind.

Die „Sicherheitseigenschaften eines IT-Systems" umfassen alle Funktionen, Merkmale und Eigenschaften der Hardware, Firmware und Software; dazu gehören die Betriebsverfahren, die Nachvollziehbarkeit, die Zugangs- und Zugriffskontrollen, die IT-Umgebung, die Umgebung dezentraler Terminals bzw. Datenstationen, der vorgegebene Managementrahmen, die physischen Strukturen und Geräte sowie Personal- und Kommunikationskontrollen, die erforderlich sind, um einen annehmbaren Schutz der Verschlusssachen sicherzustellen, die in einem IT-System verarbeitet werden sollen.

Der „Beauftragte für die lokale IT-Sicherheit" (LISO) ist der Beamte in einer Dienststelle der Kommission, der für die Koordinierung und Überwachung von Sicherheitsmaßnahmen in seinem Bereich zuständig ist.

Der „Sicherheitsmodus ‚Multi-level!!! Unknown FG !!!" bezeichnet eine Betriebsart, bei der NICHT ALLE Personen, die Zugang zum System haben, zum Zugriff auf den höchsten Geheimhaltungsgrad im System berechtigt sind und bei der NICHT ALLE Personen, die Zugang zum System haben, generell einen berechtigten Informationsbedarf in Bezug auf die im System verarbeiteten Informationen haben.

Anmerkungen:

(1) In dieser Betriebsart ist derzeit die Verarbeitung von Informationen unterschiedlicher Geheimhaltungsgrade und verschiedener Kategorien von Informationen möglich.

(2) Da nicht alle Personen zum Zugriff auf die höchsten Geheimhaltungsgrade berechtigt sind und da nicht alle Personen generell einen berechtigten Informationsbedarf in Bezug auf die im System verarbeiteten Informationen haben, muss die sicherheitstechnische Ausgestaltung einen selektiven Zugriff auf Informationen und eine Trennung von Informationen innerhalb des Systems gewährleisten.

„Umgebung von dezentralen Terminals bzw. Datenstationen" bezeichnet einen Bereich außerhalb einer IT-Umgebung, in dem sich Computer, deren lokale Peripheriegeräte oder Terminals bzw. Datenstationen und alle zugehörigen Kommunikationseinrichtungen befinden.

Die „sicherheitsbezogenen Betriebsverfahren" sind die vom Eigentümer des technischen Systems aufgestellten Verfahren zur Festlegung der in Sicherheitsfragen geltenden Grundsätze, der einzuhaltenden Betriebsverfahren sowie der Zuständigkeiten des Personals.

Der „Sicherheitsmodus ‚SYSTEM-HIGH!!! Unknown FG !!!" bezeichnet eine Betriebsart, bei der ALLE Personen, die Zugang zum System haben, zum Zugriff auf den höchsten im System verarbeiteten Geheimhaltungsgrad berechtigt sind, bei der aber NICHT ALLE Personen, die Zugang zum System haben, generell einen berechtigten Informationsbedarf in Bezug auf die im System verarbeiteten Informationen haben.

Anmerkungen:

(1) Da nicht alle Nutzer generell einen berechtigten Informationsbedarf haben, muss die sicherheitstechnische Ausgestaltung einen selektiven Zugriff auf Informationen und eine Trennung von Informationen innerhalb des Systems gewährleisten.

(2) Andere Sicherheitseigenschaften (z. B. objekt-, personen- und verfahrensbezogene Funktionen) müssen den Anforderungen für den höchsten Geheimhaltungsgrad und für alle Kategorien von Informationen, die im System verarbeitet werden, entsprechen.

(3) Bei dieser Betriebsart werden alle im System verarbeiteten oder für das System verfügbaren Informationen sowie die entsprechenden Ausgaben – solange nichts anderes festgelegt wurde – so geschützt, als würden sie unter die jeweilige Kategorie von Informationen und den höchsten verarbeiteten Geheimhaltungsgrad fallen, es sei denn, eine vorhandene Kennzeichnungsfunktion ist in ausreichendem Maße vertrauenswürdig.

Die „Aufstellung der systemspezifischen Sicherheitsanforderungen" (SSRS) ist eine vollständige und ausführliche Festlegung der einzuhaltenden Sicherheitsgrundsätze und der zu erfüllenden detaillierten Sicherheitsanforderungen. Sie beruht auf dem Sicherheitskonzept und der Risikobewertung der Kommission bzw. wird von Faktoren des betrieblichen Umfelds bestimmt, vom niedrigsten Berechtigungsstatus des Personals, dem höchsten Geheimhaltungsgrad der verarbeiteten Informationen, vom jeweiligen Sicherheitsmodus oder den Benutzeranforderungen. Die SSRS ist Bestandteil der Projektdokumentation, die den zuständigen Stellen zur Billigung der technischen, haushaltsbezogenen und sicherheitsrelevanten Aspekte unterbreitet wird. In ihrer endgültigen Fassung ist die SSRS eine vollständige Beschreibung der Voraussetzungen, die gegeben sein müssen, damit ein bestimmtes System sicher ist.

Der „Eigentümer des technischen Systems" (TSO) ist die für Einrichtung, Wartung, Betrieb und Abschaltung eines Systems zuständige Stelle.

„Tempest"-Schutzmaßnahmen (Transient Electromagnetic Pulse Emanation Standard) bezeichnen Sicherheitsmaßnahmen zum Schutz von Geräten und Kommunikationsinfrastruktur gegen die Preisgabe von Verschlusssachen durch unabsichtliche elektromagnetische Abstrahlung oder durch Leitfähigkeit.

25.3. Zuständigkeiten im Sicherheitsbereich

25.3.1. Allgemeines

Die beratenden Aufgaben der gemäß Abschnitt 12 eingesetzten Beratenden Gruppe für das Sicherheitskonzept der Kommission umfassen auch INFOSEC-Fragen. Die Gruppe organisiert ihre Tätigkeit so, dass sie zu den vorstehenden Punkten sachverständigen Rat geben kann.

Das Sicherheitsbüro der Kommission ist dafür zuständig, auf der Grundlage der Bestimmungen dieses Kapitels ausführliche INFOSEC-Bestimmungen aufzustellen.

Im Falle von Sicherheitsproblemen (Zwischenfälle, Verstoß gegen Vorschriften usw.) wird das Sicherheitsbüro der Kommission sofort tätig.

Das Sicherheitsbüro der Kommission hat ein INFOSEC-Referat.

25.3.2. Akkreditierungsstelle für IT-Sicherheit (SAA)

Der Leiter des Sicherheitsbüros der Kommission ist die Akkreditierungsstelle für IT-Sicherheit (SAA) für die Kommission. Die SAA ist zuständig im allgemeinen Sicherheitsbereich und in den Sonderbereichen INFOSEC, Kommunikationssicherheit, kryptografische Sicherheit und Tempest-Sicherheit.

Die SAA hat sicherzustellen, dass die Systeme dem Sicherheitskonzept der Kommission entsprechen. Sie hat unter anderem die Aufgabe, die Verarbeitung von EU-Verschlusssachen bis zu einem bestimmten Geheimhaltungsgrad mit dem betreffenden SYSTEM in seinem betrieblichen Umfeld zu genehmigen.

Die Zuständigkeit der SAA der Kommission erstreckt sich auf alle Systeme, die innerhalb der Räumlichkeiten der Kommission betrieben werden. Wenn unterschiedliche Bestandteile eines Systems in die Zuständigkeit der SAA der Kommission und anderer SAA fallen, können alle Parteien ein gemeinsames Akkreditierungsgremium einsetzen, dessen Koordinierung die SAA der Kommission übernimmt.

25.3.3. INFOSEC-Stelle (IA)

Der Leiter des INFOSEC-Referats des Sicherheitsbüros der Kommission ist die INFOSEC-Stelle für die Kommission. Die INFOSEC-Stelle ist für Folgendes verantwortlich:

– technische Beratung und Unterstützung der SAA,

– Unterstützung bei der Entwicklung der SSRS,

– Überprüfung der SSRS im Hinblick auf deren Konsistenz mit diesen Sicherheitsvorschriften und den Dokumenten betreffend die INFOSEC-Politik und Architektur,

– gegebenenfalls Teilnahme an den Sitzungen der Akkreditierungsgremien bzw. -ausschüsse und Erstellung von INFOSEC-Empfehlungen für die SAA betreffend Akkreditierung,

– Unterstützung bei Schulungs- und Ausbildungsmaßnahmen im INFOSEC-Bereich,

– technische Beratung bei der Untersuchung von Zwischenfällen im INFOSEC-Bereich,

– Erstellung technischer strategischer Leitlinien, um sicherzustellen, dass nur zugelassene Software verwendet wird.

25.3.4. Eigentümer des technischen Systems (TSO)

Für die Implementierung und Kontrolle spezieller Sicherheitseigenschaften eines Systems ist der Eigentümer des betreffenden Systems, d.h. der Eigentümer des technischen Systems (TSO) zuständig. Bei zentral organisierten Systemen ist ein Beauftragter für die zentrale IT-Sicherheit (CISO) zu benennen. Jede Dienststelle benennt gegebenenfalls einen Beauftragten für die lokale IT-Sicherheit (LISO). Die Zuständigkeit eines TSO umfasst auch die Festlegung von sicherheitsbezogenen Betriebsverfahren (SecOps) und erstreckt sich über die gesamte Lebensdauer eines Systems von der Konzeption des Projekts bis zur endgültigen Entsorgung.

Der TSO legt die Sicherheitsstandards und -verfahren fest, die vom Lieferanten des Systems eingehalten werden müssen.

Der TSO kann gegebenenfalls einen Teil seiner Zuständigkeiten an einen Beauftragten für die lokale IT-Sicherheit delegieren. Die verschiedenen INFOSEC-Aufgaben können von einer einzigen Person wahrgenommen werden.

25.3.5. Eigentümer der Informationen (IO)

Der Eigentümer der Informationen (IO) ist für EU-Verschlusssachen (und andere Daten), die in technische Systeme eingebracht bzw. in technischen Systemen verarbeitet und erstellt werden sollen, verantwortlich. Er legt die Anforderungen für den Zugang zu diesen Daten in Systemen fest. Er kann diese Zuständigkeit an einen Informationsmanager oder an einen Datenbankverwalter in seinem Bereich delegieren.

25.3.6. Nutzer

Alle Nutzer müssen sicherstellen, dass ihr Handeln die Sicherheit des von ihnen verwendeten Systems nicht beeinträchtigt.

25.3.7. INFOSEC-Schulung

INFOSEC-Ausbildung und -schulung wird allen Mitarbeitern geboten, die sie benötigen.

25.4. Nichttechnische Sicherheitsmaßnahmen

25.4.1. Personalbezogene Sicherheit

Nutzer des Systems müssen sich erfolgreich einer Sicherheitsüberprüfung unterzogen haben, die dem Geheimhaltungsgrad der in ihrem bestimmten System verarbeiteten Informationen entspricht, und sie müssen einen entsprechenden berechtigten Informationsbedarf haben. Der Zugang zu bestimmten Einrichtungen oder Informationen, die für die Systeme sicherheitsrelevant sind, erfordert eine besondere Ermächtigung, die gemäß den Verfahren der Kommission erteilt wird.

Die SAA benennt alle sicherheitskritischen Arbeitsplätze und legt fest, welcher Sicherheitsüberprüfung und Überwachung sich alle Personen an diesen Arbeitsplätzen unterziehen müssen.

Systeme werden so spezifiziert und konzipiert, dass die Zuweisung von Aufgaben und Zuständigkeiten erleichtert wird und dass vermieden wird, dass eine einzige Person umfassende Kenntnis oder Kontrolle über die für die Systemsicherheit entscheidenden Punkte erhält.

IT-Umgebungen und Umgebungen von dezentralen Terminals bzw. Datenstationen, in denen die Sicherheit des Systems beeinflusst werden kann, dürfen nicht mit nur einem befugten Beamten oder sonstigen Bediensteten besetzt werden.

Die Sicherheitseinstellungen eines Systems dürfen nur in Zusammenarbeit von mindestens zwei befugte Personen geändert werden.

25.4.2. Materielle Sicherheit

IT-Umgebungen und Umgebungen von dezentralen Terminals bzw. Datenstationen (gemäß Abschnitt 25.2), in denen als „▶ **M2** CONFIDENTIEL UE ◀" und höher eingestufte Informationen mit informationstechnischen Mitteln verarbeitet werden oder in denen der Zugriff auf solche Informationen potenziell möglich ist, werden je nach Sachlage als EU-Sicherheitsbereiche der Kategorie I oder II eingestuft.

25.4.3. Kontrolle des Zugangs zu einem System

Alle Informationen und jegliches Material, das die Kontrolle des Zugangs zu einem System ermöglicht, werden durch Vorkehrungen geschützt, die dem höchsten Geheimhaltungsgrad und der Kategorie von Informationen, zu denen sie Zugang gewähren könnten, entsprechen.

Informationen und Material zur Zugangskontrolle werden gemäß Abschnitt 25.5.4 vernichtet, wenn sie nicht mehr zu diesem Zweck verwendet werden.

25.5. Technische Sicherheitsmaßnahmen

25.5.1. Informationssicherheit

Der Urheber einer Information hat die Aufgabe, alle informationstragenden Dokumente zu identifizieren und ihnen einen Geheimhaltungsgrad zuzuordnen, unabhängig davon, ob sie als Papierausdruck oder auf einem elektronischen Datenträger vorliegen. Auf jeder Seite eines Papierausdrucks wird oben und unten der Geheimhaltungsgrad vermerkt. Jeder Ausgabe, ob als Papierausdruck oder auf einem elektronischen Datenträger, wird der höchste Geheimhaltungsgrad der zu ihrer Erstellung verarbeiteten Informationen zugeordnet. Die Betriebsart eines Systems kann den Geheimhaltungsgrad für Ausgaben dieses Systems ebenfalls beeinflussen.

Die Kommissionsdienststellen und ihre Informationsträger müssen sich mit der Problematik der Zusammenstellung einzelner Informationsbestandteile und den Schlussfolgerungen, die aus den miteinander verknüpften Bestandteilen gewonnen werden können, auseinander setzen und entscheiden, ob die Gesamtheit der Informationen höher eingestuft werden muss oder nicht.

Die Tatsache, dass die Information in einer Kurzform, als Übertragungscode oder in einer beliebigen binären Darstellung vorliegt, bietet keinen Schutz und sollte deshalb die Einstufung der Information nicht beeinflussen.

Wenn Informationen von einem System zu einem anderen übertragen werden, werden diese Informationen bei der Übertragung und im Empfängersystem entsprechend dem ursprünglichen Geheimhaltungsgrad und der ursprünglichen Kategorie geschützt.

Die Behandlung aller elektronischen Datenträger muss dem höchsten Geheimhaltungsgrad der gespeicherten Informationen bzw. der Datenträger-Kennzeichnung entsprechen; elektronische Datenträger müssen jederzeit angemessen geschützt werden.

Wieder verwendbare elektronische Datenträger, die zur Speicherung von EU-Verschlusssachen verwendet werden, behalten den höchsten Geheimhaltungsgrad bei, für den sie jemals verwendet wurden, bis diese Informationen ordnungsgemäß herabgestuft worden sind oder der Geheimhaltungsgrad aufgehoben wurde und der Datenträger entsprechend neu eingestuft beziehungsweise der Geheimhaltungsgrad aufgehoben oder durch ein von der SAA zugelassenes Verfahren vernichtet wurde (siehe 25.5.4).

25.5.2. Kontrolle und Nachvollziehbarkeit in Bezug auf Informationen

Der Zugriff auf Informationen, die als „▶ **M2** SECRET UE ◀" und höher eingestuft sind, wird automatisch („audit trails") oder manuell protokolliert und dokumentiert. Die Protokolle werden im Einklang mit diesen Sicherheitsvorschriften aufbewahrt.

EU-Verschlusssachen, die als Ausgaben innerhalb der IT-Umgebung vorliegen, können als eine einzige Verschlusssache behandelt werden und brauchen nicht registriert zu werden, sofern sie in geeigneter Weise identifiziert, mit dem Geheimhaltungsgrad gekennzeichnet und angemessen kontrolliert werden.

Für die Fälle, in denen ein System, in dem EU-Verschlusssachen verarbeitet werden, Ausgaben erstellt und diese Ausgaben aus einer IT-Umgebung in die Umgebung von dezentralen Terminals bzw. Datenstationen übermittelt werden, werden – von der SAA genehmigte – Verfahren festgelegt, um die Ausgabe zu kontrollieren und aufzuzeichnen. Für Informationen, die als „▶ **M2** SECRET UE ◀" oder höher eingestuft sind, beinhalten diese Verfahren besondere Anweisungen für die Nachvollziehbarkeit in Bezug auf diese Informationen.

25.5.3. Behandlung und Kontrolle von austauschbaren elektronischen Datenträgern

Alle austauschbaren elektronischen Datenträger, die als „▶ **M2** CONFIDENTIEL UE ◀" und höher eingestuft sind, werden als Material angesehen und unterliegen den allgemeinen Regeln. Die Identifizierung und Kennzeichnung des Geheimhaltungsgrades muss an das besondere physische Erscheinungsbild der Datenträger angepasst werden, so dass diese eindeutig erkannt werden können.

Die Nutzer sind dafür verantwortlich, dass EU-Verschlusssachen auf Datenträgern gespeichert werden, die korrekt mit dem Geheimhaltungsgrad gekennzeichnet sind und angemessen geschützt werden. Um sicherzustellen, dass die Speicherung von Informationen auf elektronischen Datenträgern für alle EU-Geheimhaltungsgrade im Einklang mit diesen Sicherheitsvorschriften erfolgt, werden entsprechende Verfahren festgelegt.

25.5.4. Freigabe und Vernichtung von elektronischen Datenträgern

Elektronische Datenträger, die zur Speicherung von EU-Verschlusssachen verwendet werden, können herabgestuft werden oder ihr Geheimhaltungsgrad kann aufgehoben werden, sofern Verfahren angewandt werden, die von der SAA zugelassen sind.

Elektronische Datenträger, die Informationen des Geheimhaltungsgrades „▶ **M2** TRES SECRET UE/EU TOPSECRET ◀" oder Informationen spezieller Kategorien enthalten haben, werden nicht freigegeben oder wiederverwendet.

Wenn elektronische Datenträger nicht freigegeben werden können oder nicht wiederverwendbar sind, werden sie nach dem obengenannten Verfahren vernichtet.

25.5.5. Kommunikationssicherheit

Der Leiter des Sicherheitsbüros der Kommission ist die Kryptografische Stelle.

Wenn EU-Verschlusssachen elektromagnetisch übermittelt werden, werden besondere Maßnahmen zum Schutz von Vertraulichkeit, Integrität und Verfügbarkeit solcher Übermittlungsvorgänge ergriffen. Die SAA legt die Anforderungen an den Schutz von Übermittlungsvorgängen vor Aufdeckungs- und Abhörmaßnahmen fest. Der Schutz von Informationen, die in einem Kommunikationssystem übermittelt werden, richtet sich nach den Anforderungen an die Vertraulichkeit, Integrität und Verfügbarkeit.

Wenn zum Schutz von Vertraulichkeit, Integrität und Verfügbarkeit kryptografische Methoden erforderlich sind, werden diese Methoden und die damit verbundenen Produkte speziell zu diesem Zweck von der SAA in ihrer Funktion als Kryptografische Stelle zugelassen.

Während der Übermittlung wird die Vertraulichkeit von als „▶ **M2** SECRET UE ◀" und höher eingestuften Informationen durch kryptografische Methoden oder Produkte geschützt, die das für Sicherheitsfragen zuständige Mitglied der Kommission nach Konsultation der Beratenden Gruppe für das Sicherheitskonzept der Kommission zugelassen hat. Während der Übermittlung wird die Vertraulichkeit von als „▶ **M2** CONFIDENTIEL UE ◀" oder „▶ **M2** RESTREINT UE ◀" eingestuften Informationen durch kryptografische Methoden oder Produkte geschützt, die die Kryptografische Stelle der Kommission nach Konsultation der Beratenden Gruppe für das Sicherheitskonzept der Kommission zugelassen hat.

Detaillierte Regeln für die Übermittlung von EU-Verschlusssachen werden in besonderen Sicherheitsanweisungen festgelegt, die das Sicherheitsbüro der Kommission nach Konsultation der Beratenden Gruppe für das Sicherheitskonzept der Kommission erlässt.

Unter außergewöhnlichen Betriebsbedingungen können Informationen der Geheimhaltungsgrade „▶ **M2** RESTREINT UE ◀", „▶ **M2** CONFIDENTIEL UE ◀" und „▶ **M2** SECRET UE ◀" als Klartext übermittelt werden, sofern dies in jedem einzelnen Fall vom Eigentümer der Informationen ausdrücklich genehmigt und ordnungsgemäß registriert wird. Solche außergewöhnlichen Bedingungen sind gegeben

a) während einer drohenden oder aktuellen Krisen-, Konflikt- oder Kriegssituation und

b) wenn die Schnelligkeit der Zustellung von vordringlicher Bedeutung ist und keine Verschlüsselungsmittel verfügbar sind und wenn davon ausgegangen wird, dass die übermittelte Information nicht rechtzeitig dazu missbraucht werden kann, Vorgänge negativ zu beeinflussen.

Ein System muss in der Lage sein, bei Bedarf den Zugriff auf EU-Verschlusssachen an einzelnen oder allen seiner dezentralen Datenstationen bzw.Terminals zu verweigern, und zwar entweder durch eine physische Abschaltung oder durch spezielle, von der SAA genehmigte Softwarefunktionen.

25.5.6. Sicherheit der Installation und Sicherheit vor Abstrahlung

Die Erstinstallation von Systemen und nachfolgende größere Änderungen werden so geregelt, dass die Arbeiten von sicherheitsüberprüften Personen durchgeführt und ständig durch technisch qualifiziertes Personal überwacht werden, das zum Zugang zu EU-Verschlusssachen des höchsten im System voraussichtlich gespeicherten und verarbeiteten Geheimhaltungsgrades ermächtigt ist.

Systeme, in denen als „▶ **M2** CONFIDENTIEL UE ◀" und höher eingestufte Informationen verarbeitet werden, werden so geschützt, dass ihre Sicherheit nicht durch kompromittierende Abstrahlung oder Leitfähigkeit bedroht werden kann, wobei entsprechende Analyse- und Kontrollmaßnahmen als „TEMPEST" bezeichnet werden.

Tempest-Schutzmaßnahmen werden von der Tempest-Stelle (siehe Abschnitt 25.3.2) überprüft und genehmigt.

25.6. Sicherheit bei der Verarbeitung

25.6.1. Sicherheitsbezogene Betriebsverfahren (SecOPs)

In den sicherheitsbezogenen Betriebsverfahren (SecOPs) werden die in Sicherheitsfragen geltenden Grundsätze, die einzuhaltenden Betriebsverfahren sowie die Zuständigkeiten des Personals festgelegt. Für die Erstellung der sicherheitsbezogenen Betriebsverfahren ist der Eigentümer des technischen Systems (TSO) verantwortlich.

25.6.2. Softwareschutz und Konfigurationsmanagement

Der Schutz von Anwendungsprogrammen wird auf der Grundlage einer Bewertung der Sicherheitseinstufung des Programms selbst festgelegt, und nicht aufgrund der Einstufung der zu verarbeitenden Informationen. Die benutzten Software-Versionen sollten in regelmäßigen Abständen überprüft werden, um ihre Integrität und korrekte Funktion sicherzustellen.

Neue oder geänderte Versionen einer Software sollten erst für die Verarbeitung von EU-Verschlusssachen benutzt werden, wenn sie vom TSO geprüft worden sind.

25.6.3. Prüfung auf das Vorhandensein von Programmen mit Schadensfunktionen und von Computerviren

Die Prüfung auf das Vorhandensein von Programmen mit Schadensfunktionen und von Computerviren wird regelmäßig und im Einklang mit den Anforderungen der SAA durchgeführt.

Alle elektronischen Datenträger, die bei der Kommission eingehen, sind auf das Vorhandenseinvon Programmen mit Schadensfunktionen und von Computerviren zu überprüfen, bevor sie in ein System eingebracht werden.

25.6.4. Wartung

In Verträgen und Verfahrensanweisungen für die planmäßige und außerplanmäßige Wartung von Systemen, für die eine SSRS erstellt worden ist, werden Anforderungen und Vorkehrungen für den Zutritt von Wartungspersonal zu einer IT-Umgebung und für die zugehörige Wartungsausrüstung festgelegt.

Die Anforderungen werden in der SSRS und dieVerfahren in den SecOPs präzise festgelegt. Wartungsarbeiten durch einen Auftragnehmer, die Diagnoseverfahren mit Fernzugriff erfordern, sind nur unter außergewöhnlichen Umständen und unter strenger Sicherheitskontrolle und nur nach Genehmigung durch die SAA zulässig.

25.7. Beschaffungswesen

25.7.1. Allgemeines

Jedes zu beschaffende Sicherheitsprodukt, das zusammen mit dem System verwendet werden soll, sollte auf der Grundlage international anerkannter Kriterien (wie z. B. Common Criteria for InformationTechnology Security Evaluation, ISO 15408) entweder bereits evaluiert und zertifiziert sein oder sich in der Phase der Evaluation und Zertifizierung durch eine geeignete Evaluations- und Zertifizierungsstelle eines der Mitgliedstaaten befinden. Für besondere Verfahren ist die Genehmigung des Vergabebeirats einzuholen.

Bei der Überlegung, ob Ausrüstung, insbesondere elektronische Speichermedien, eher geleast als gekauft werden soll, ist zu berücksichtigen, dass diese Ausrüstung, sobald sie zur Verarbeitung von EU-Verschlusssachen verwendet wurde, nicht mehr aus einem angemessen sicheren Umfeld herausgegeben werden kann, ohne dass sie zuvor mit Zustimmung der SAA freigegeben worden ist, und dass diese Zustimmung eventuell nicht immer gegeben werden kann.

25.7.2. Akkreditierung

Alle Systeme, für die eine SSRS erstellt werden muss, müssen von der SAA akkreditiert werden, bevor EU-Verschlusssachen damit verarbeitet werden, und zwar auf der Grundlage der Angaben in der SSRS, in den SecOPs und in anderer relevanter Dokumentation. Teilsysteme und dezentrale Terminals bzw. Datenstationen werden als Teil aller Systeme akkreditiert, mit denen sie verbunden sind. Wenn ein System sowohl von der Kommission als auch von anderen Organisationen genutzt wird, nehmen die Kommission und die relevanten Sicherheitsstellen die Akkreditierung einvernehmlich vor.

Die Akkreditierung kann gemäß einer für das jeweilige System geeigneten und von der SAA definierten Akkreditierungsstrategie durchgeführt werden.

25.7.3. Evaluation und Zertifizierung

Vor der Akkreditierung werden in bestimmten Fällen die Sicherheitseigenschaften der Hardware, Firmware und Software eines Systems evaluiert und daraufhin zertifiziert, dass sie in der Lage sind, Informationen des beabsichtigten Geheimhaltungsgrades zu schützen.

Die Anforderungen für Evaluation und Zertifizierung werden in die Systemplanung einbezogen und in der SSRS präzise festgelegt.

Die Evaluation und Zertifizierung wird gemäß genehmigter Leitlinien und von technisch qualifiziertem und ausreichend sicherheitsüberprüftem Personal durchgeführt, das im Auftrag des TSO tätig wird.

Das betreffende Personal kann von einer benannten Evaluations- und Zertifizierungsstelle eines Mitgliedstaates oder dessen benannten Vertretern, z. B. einem fachkundigen und ermächtigten Vertragspartner, bereitgestellt werden.

Wenn die Systeme auf bestehenden, einzelstaatlich evaluierten und zertifizierten Computersicherheitsprodukten beruhen, kann die Evaluation und die Zertifizierung vereinfacht werden (z. B. durch Beschränkung auf Integrationsaspekte).

25.7.4. Regelmäßige Überprüfung von Sicherheitseigenschaften zur Aufrechterhaltung der Akkreditierung

Der TSO legt Verfahren für eine regelmäßige Kontrolle fest, durch die garantiert wird, dass alle Sicherheitseigenschaften des Systems noch ordnungsgemäß vorhanden sind.

Welche Änderungen eine neue Akkreditierung bzw. die vorherige Genehmigung durch die SAA erfordern, wird in der SSRS präzise festgelegt. Nach jeder Änderung, Instandsetzung oder Störung, die sich auf die Sicherheitseigenschaften des Systems ausgewirkt haben könnte, sorgt der TSO dafür, dass eine Überprüfung durchgeführt wird, um die korrekte Funktion der Sicherheitseigenschaften sicherzustellen. Eine Aufrechterhaltung der Akkreditierung des Systems hängt normalerweise vom zufrieden stellenden Ergebnis dieser Überprüfung ab.

Alle Systeme, die Sicherheitseigenschaften aufweisen, werden regelmäßig von der SAA kontrolliert oder überprüft. Bei Systemen, die Informationen des Geheimhaltungsgrades „▶ **M2** TRES SECRET UE/EU TOP SECRET ◀" verarbeiten, werden die Kontrollen mindestens einmal jährlich durchgeführt.

25.8. Zeitlich befristete oder gelegentliche Nutzung

25.8.1. Sicherheit von Mikrocomputern bzw. PCs

Mikrocomputer bzw. PCs mit eingebauten Speicherplatten (oder anderen nichtflüchtigen Datenträgern), die als Einzelrechner oder in einem Netz betrieben werden, sowie tragbare Computer (z. B. tragbare PCs und Notebook-Computer) mit eingebauten Festplatten werden im selben Sinne wie Disketten oder andere austauschbare elektronische Datenträger als Speichermedium für Informationen eingestuft.

Der Schutz dieser Geräte muss in Bezug auf Zugang, Verarbeitung, Speicherung und Transport dem höchsten Geheimhaltungsgrad der jemals gespeicherten oder verarbeiteten Informationen entsprechen (bis zur Herabstufung oder Aufhebung des Geheimhaltungsgrades gemäß genehmigter Verfahren).

25.8.2. Nutzung von privater IT-Ausrüstung für dienstliche Zwecke der Kommission

Die Nutzung von privaten austauschbaren elektronischen Datenträgern, privater Software und IT-Hardware mit Speichermöglichkeit (z. B. PCs und tragbare Computer) zur Verarbeitung von EU-Verschlusssachen ist untersagt.

Private Hardware, Software und Speichermedien dürfen in Bereiche der Kategorien I oder II, in denen EU-Verschlusssachen verarbeitet werden, nur mit schriftlicher Genehmigung des Leiters des Sicherheitsbüros der Kommission verbracht werden. Diese Genehmigung kann nur ausnahmsweise aus technischen Gründen erteilt werden.

25.8.3. Nutzung von IT-Ausrüstung eines Auftragnehmers oder eines Mitgliedstaats für dienstliche Zwecke der Kommission

Die Nutzung von IT-Ausrüstung und Software eines Auftragnehmers für dienstliche Zwecke der Kommission kann vom Leiter des Sicherheitsbüros der Kommission erlaubt werden. Die Verwendung der IT-Ausrüstung und Software eines Mitgliedstaats kann ebenfalls erlaubt werden; in diesem Fall unterliegt die IT-

Ausrüstung der jeweiligen Bestandskontrolle der Kommission. Wenn die IT-Ausrüstung zur Verarbeitung von EU-Verschlusssachen verwendet werden soll, wird in jedem Fall die SAA konsultiert, damit die INFOSEC-Aspekte, die auf die Nutzung dieser Ausrüstung anwendbar sind, angemessen berücksichtigt und umgesetzt werden.

26. WEITERGABE VON EU-VERSCHLUSS-SACHEN AN DRITTSTAATEN ODER INTERNATIONALE ORGANISATIONEN

26.1.1. Grundsätze für die Weitergabe von EU-Verschlusssachen

Über die Weitergabe von EU-Verschlusssachen an Drittstaaten oder internationale Organisationen beschließt die Kommission als Kollegium nach Maßgabe
– von Art und Inhalt dieser Verschlusssachen;
– des Grundsatzes „Kenntnis notwendig";
– der Vorteile für die EU.
Der Urheber der EU-Verschlusssache, die weitergegeben werden soll, wird um Zustimmung ersucht.
Einschlägige Beschlüsse werden von Fall zu Fall gefasst und richten sich nach
– dem gewünschten Maß an Zusammenarbeit mit den betreffenden Drittstaaten oder internationalen Organisationen;
– deren Vertrauenswürdigkeit, die nach dem Geheimhaltungsgrad, der für die diesen Staaten oder Organisationen anvertrauten Verschlusssachen vorgesehen würde, und nach der Vereinbarkeit der dort geltenden Sicherheitsvorschriften mit den Sicherheitsvorschriften der EU zu bemessen ist; die Beratende Gruppe für das Sicherheitskonzept der Kommission gibt dazu für die Kommission ein technisches Gutachten ab.
Durch die Annahme von EU-Verschlusssachen verpflichten sich die betreffenden Drittstaaten oder internationalen Organisationen, die übermittelten Informationen nur zu den Zwecken zu verwenden, für die die Weitergabe oder der Austausch von Informationen beantragt worden ist, und den von der Kommission verlangten Schutz zu bieten.

26.1.2. Kooperationsstufen

Hat die Kommission beschlossen, die Weitergabe oder den Austausch von Verschlusssachen im Falle eines bestimmten Staates oder einer internationalen Organisation zu gestatten, so legt sie außerdem fest, wie weit diese Zusammenarbeit gehen kann. Dies hängt insbesondere von dem Sicherheitskonzept und den Sicherheitsvorschriften dieses Staates oder dieser Organisation ab.
Es gibt drei Kooperationsstufen:
Stufe 1
Zusammenarbeit mit Drittstaaten oder internationalen Organisationen, deren Sicherheits-

konzept und -vorschriften sehr weitgehend mit denen der EU übereinstimmen;
Stufe 2
Zusammenarbeit mit Drittstaaten oder internationalen Organisationen, deren Sicherheitskonzept und -vorschriften deutlich von denen der EU abweichen;
Stufe 3
Gelegentliche Zusammenarbeit mit Drittstaaten oder internationalen Organisationen, deren Sicherheitskonzept und -vorschriften nicht eingeschätzt werden können.
Die in den Anhängen 3, 4 und 5 erläuterten Verfahren und Sicherheitsbestimmungen richten sich nach der jeweiligen Kooperationsstufe.

26.1.3. Abkommen

Beschließt die Kommission, dass ein ständiger oder langfristiger Austausch von Verschlusssachen zwischen der EU und Drittstaaten oder anderen internationalen Organisationen erforderlich ist, so arbeitet sie mit diesen „Abkommen über die Sicherheitsverfahren für den Austausch von Verschlusssachen" aus, die das Ziel der Zusammenarbeit und die gegenseitigenVorschriften für den Schutz der ausgetauschten Informationen festlegen.
Für den Fall einer gelegentlichen Zusammenarbeit im Rahmen der Stufe 3, die per Definition zeitlich und sachlich begrenzt ist, kann eine einfache Vereinbarung, die die Art der auszutauschenden Verschlusssache und die gegenseitigen Verpflichtungen festlegt, an die Stelle des „Abkommens über die Sicherheitsverfahren für den Austausch von Verschlusssachen" treten, sofern die Verschlusssache nicht höher als „▶ **M2** RESTREINT UE ◀" eingestuft ist.

Die Entwürfe für Abkommen über die Sicherheitsverfahren oder für Vereinbarungen werden von der Beratenden Gruppe für das Sicherheitskonzept der Kommission erörtert, bevor sie der Kommission zur Entscheidung vorgelegt werden.
Das für Sicherheitsfragen zuständige Mitglied der Kommission ersucht die nationalen Sicherheitsbehörden der Mitgliedstaaten um die erforderliche Unterstützung, damit sichergestellt ist, dass die Informationen, die weitergegeben werden sollen, gemäß den Bestimmungen der Abkommen über die Sicherheitsverfahren oder der betreffenden Vereinbarungen genutzt und geschützt werden.

27. GEMEINSAME MINDESTNORMEN FÜR INDUSTRIELLE SICHERHEIT
(Hinweis: Text nicht abgedruckt; Fundstelle in ABl 2006 L 215, 38:
Beschluss der Kommission vom 2. August 2006 zur Änderung des Beschlusses 2001/844/EG, EGKS, Euratom)

Anlage 1

GEGENÜBERSTELLUNG DER NATIONALEN GEHEIMHALTUNGSSTUFEN

EU-Einstufung	TRES SECRET UE/EU TOP SECRET	SECRET UE	CONFIDENTIEL UE	RESTREINT UE
WEU-Einstufung	FOCAL TOP SECRET	WEU SECRET	WEU CONFIDENTIAL	WEU RESTRICTED
Euratom-Einstufung	EURA TOP SECRET	EURA SECRET	EURA CONFIDENTIAL	EURA RESTRICTED
NATO-Einstufung	COSMIC TOP SECRET	NATO SECRET	NATO CONFIDENTIAL	NATO RESTRICTED
Belgien	Très Secret	Secret	Confidentiel	Diffusion restreinte
	Zeer Geheim	Geheim	Vertrouwelijk	Beperkte Verspreiding
Tschechische Republik	Přísn tajné	Tajné	Důvěrné	Vyhrazené
Dänemark	Yderst hemmeligt	Hemmeligt	Fortroligt	Til tjenestebrug
Deutschland	Streng geheim	Geheim	VS (?) — Vertraulich	VS — Nur für den Dienstgebrauch
Estland	Täiesti salajane	Salajane	Konfidentsiaalne	Piiratud
Griechenland	Άκρος Απόρρητο	Απόρρητο	Εμπιστευτικό	Περιορισμένης Χρήσης
	Abr: ΑΑΠ	Abr: (ΑΠ)	Abr: (ΕΜ)	Abr: (ΠΧ)
Spanien	Secreto	Reservado	Confidencial	Difusión Limitada
Frankreich	Très Secret Défense (²)	Secret Défense	Confidentiel Défense	
Irland	Top Secret	Secret	Confidential	Restricted
Italien	Segretissimo	Segreto	Riservatissimo	Riservato
Zypern	Άκρος Απόρρητο	Απόρρητο	Εμπιστευτικό	Περιορισμένης Χρήσης
Lettland	Sevišķi slepeni	Slepeni	Konfidenciāli	Dienesta vajadzībām
Litauen	Visiškai slaptai	Slaptai	Konfidencialiai	Riboto naudojimo
Luxemburg	Très Secret	Secret	Confidentiel	Diffusion restreinte
Ungarn	Szigorúan titkos !	Titkos !	Bizalmas !	Korlátozott terjesztésű !

10/1. GeoKomm

Anlage 1

Malta	L-Għola Segretezza	Sigriet	Kunfidenzjali	Ristrett
Niederlande	Stg (³). Zeer Geheim	Stg. Geheim	Stg. Confidentieel	Departementaalvertrouwelijk
Österreich	Streng Geheim	Geheim	Vertraulich	Eingeschränkt
Polen	Ściśle Tajne	Tajne	Poufne	Zastrzeżone
Portugal	Muito Secreto	Secreto	Confidencial	Reservado
Slowenien	Strogo tajno	Tajno	Zaupno	SVN Interno
Slowakei	Prísne tajné	Tajné	Dôverné	Vyhradené
Finnland	Erittäin salainen	Erittäin salainen	Salainen	Luottamuksellinen
Schweden	Kvalificerat hemlig	Hemlig	Hemlig	Hemlig
Vereinigtes Königreich	Top Secret	Secret	Confidential	Restricted

(¹) VS = Verschlusssache.
(²) Die Einstufung Très Secret Défense, die sich auf wichtigste staatliche Angelegenheiten bezieht, kann nur mit Genehmigung des Premierministers geändert werden.
(³) Stg = staatsgeheim.

Kom Geo Betrugsbekämpfung Verschlusssachen

Anlage 2

LEITFADEN FÜR DIE EINSTUFUNGSPRAXIS

Dieser Leitfaden hat lediglich Hinweischarakter und darf nicht im Sinne einer Änderung der Kernvorschriften der Abschnitte 16, 17, 20 und 21 ausgelegt werden.

Einstufung	Wann	Wer	Anbringung	Herabstufung/Aufhebung des Geheimhaltungsgrades/Vernichtung	
				Wer	Wann
▲M2 TRES SECRET UE/EU TOP SECRET ▼: Diese Einstufung ist nur bei Informationen und Materialien vorzunehmen, deren unbefugte Weitergabe den wesentlichen Interessen der Europäischen Union oder eines oder mehrerer ihrer Mitgliedstaaten außerordentlich schweren Schaden zufügen könnte [16.1].	Eine Kenntnisnahme durch Unbefugte würde bei Gegenständen mit der Einstufung „▲M2 TRES SECRET UE/EU TOP SECRET ▼" wahrscheinlich Folgendes bewirken: — unmittelbare Gefährdung der inneren Stabilität der EU oder eines ihrer Mitgliedstaaten oder befreundeter Länder, — außerordentlich schwerwiegende Schädigung der Beziehungen zu befreundeten Regierungen, — unmittelbarer Verlust zahlreicher Menschenleben, — außerordentlich schwerwiegende Schädigung der Einsatzfähigkeit oder der Sicherheit von Streitkräften der Mitgliedstaaten oder anderer Partner bzw. der andauernden Wirksamkeit äußerst wertvoller Sicherheits- oder Intelligence-Operationen, — schwere und langfristige Schädigung der Wirtschaft der EU oder ihrer Mitgliedstaaten.	Förmlich dazu befugte Personen (Urheber), Generaldirektoren, Leiter von Diensten [17.1] Die Urheber bestimmen ein Datum, einen Zeitraum oder ein Ereignis, nach dessen Ablauf Inhalte herabgestuft oder deren Geheimhaltungsgrade aufgehoben werden können [16.2]. Andernfalls überprüfen sie spätestens alle fünf Jahre die betreffenden Dokumente, um sicherzustellen, dass die ursprüngliche Einstufung nach wie vor erforderlich ist [17.3].	Die Einstufung „▲M2 TRES SECRET UE/EU TOP SECRET ▼" ist auf Dokumenten dieser Kategorie, gegebenenfalls mit einer Sicherheitskennung und/ oder mit dem Zusatz „ESVP" bei Verteidigungssachen, mit mechanischen Mitteln oder von Hand anzubringen [16.4, 16.5, 16.3]. Die EU-Einstufungen und sonstigen Sicherheitskennungen müssen am oberen und am unteren Rand in der Mitte jeder Seite erscheinen, und jede Seite ist zu nummerieren. Jedes Dokument trägt ein Aktenzeichen und ein Datum; das Aktenzeichen wird auf jeder Seite angegeben. Soll eine Verteilung in mehreren Kopien erfolgen, so ist jede Kopie mit einer laufenden Nummer zu versehen, die auf der ersten Seite zusammen mit der Gesamtseitenzahl angegeben wird. Alle Anhänge und Beilagen sind auf der ersten Seite aufzuführen [21.1].	Eine Aufhebung des Geheimhaltungsgrades oder Herabstufung erfolgt ausschließlich durch den Urheber, der alle nachgeordneten Empfänger, denen das Original oder eine Kopie des Dokuments zugeleitet wurde, über die Änderung unterrichtet [17.3]. „▲M2 TRES SECRET UE/EU TOP SECRET ▼"-Dokumente werden durch die Zentralregistratur oder die für diese Dokumente zuständige Unterregistratur vernichtet. Jedes der Vernichtung zugeführte Dokument ist in einer Vernichtungsbescheinigung aufzuführen, die von den für die Überwachung der „▲M2 TRES SECRET UE/EU TOP SECRET ▼"-Dokumente zuständigen Beamten und dem der Vernichtung als Zeuge beiwohnenden Beamten, der einer Sicherheitsüberprüfung für „▲M2 TRES SECRET UE/EU TOP SECRET ▼"-Dokumente unterzogen wurde, zu unterzeichnen ist. Der Vorgang ist im Dienstbuch festzuhalten. Die Vernichtungsbescheinigungen sind zusammen mit dem Verteilungsnachweis durch die Registratur zehn Jahre lang aufzubewahren [22.5].	Überzählige Exemplare und nicht länger benötigte Dokumente sind zu vernichten [22.5]. ▲M2 TRES SECRET UE/EU TOP SECRET ▼"-Dokumente einschließlich des bei ihrer Herstellung angefallenen und als Verschlusssache einzustufenden Zwischenmaterials, wie fehlerhafte Kopien, Arbeitsentwürfe, maschinenschriftliche Aufzeichnungen und Kohlepapier, sind unter der Aufsicht eines „▲M2 TRES SECRET UE/EU TOP SECRET ▼"-ermächtigten Beamten durch Verbrennen, Zerkleinern, Einstampfen oder andere geeignete Verfahren so zu vernichten, dass der Inhalt weder erkennbar ist noch erkennbar gemacht werden kann [22.5].

Einstufung	Wann	Wer	Anbringung	Herabstufung/Aufhebung des Geheimhaltungsgrades/Vernichtung	
				Wer	Wann
▲M2 SECRET UE ▼: Diese Einstufung ist nur bei Informationen und Materialien vorzunehmen, deren unbefugte Weitergabe den wesentlichen Interessen der Europäischen Union oder eines oder mehrerer ihrer Mitgliedstaaten schweren Schaden zufügen könnte [16.1].	Eine Kenntnisnahme durch Unbefugte würde bei Gegenständen mit der Kennzeichnung „▲M2 SECRET UE ▼" wahrscheinlich Folgendes bewirken: — Hervorrufen internationaler Spannungen, — schwerwiegende Schädigung der Beziehungen zu befreundeten Regierungen, — unmittelbare Bedrohung von Leben oder schwerwiegende Beeinträchtigung der öffentlichen Ordnung oder der individuellen Sicherheit oder Freiheit, — schwerwiegende Schädigung der Einsatzfähigkeit oder der Sicherheit von Streitkräften der Mitgliedstaaten oder anderer Partner bzw. der andauernden Wirksamkeit sehr wertvoller Sicherheits- oder Intelligence-Operationen, — erhebliche materielle Schädigung der finanziellen, monetären, wirtschaftlichen und handelspolitischen Interessen der EU oder eines ihrer Mitgliedstaaten.	Befugte Personen (Urheber), Generaldirektoren, Leiter von Diensten [17.1]. Die Urheber bestimmen ein Datum oder einen Zeitraum, nach dessen Ablauf, Inhalte oder deren Geheimhaltungsgrade herabgestuft oder aufgehoben werden können [16.2]. Andernfalls überprüfen sie spätestens alle fünf Jahre die betreffenden Dokumente, um sicherzustellen, dass die ursprüngliche Einstufung weiterhin erforderlich ist [17.3].	Die Einstufung „▲M2 SECRET UE ▼" ist auf Dokumenten dieser Kategorie, gegebenenfalls mit einer Sicherheitskennung und/oder mit dem Zusatz „...ESVP" bei Verteidigungssachen, mit mechanischen Mitteln oder von Hand anzubringen [16.4, 16.5, 16.3]. Die EU-Einstufungen und sonstigen Sicherheitskennungen müssen am oberen und am unteren Rand in der Mitte jeder Seite erscheinen, und jede Seite ist zu nummerieren. Jedes Dokument trägt ein Aktenzeichen und ein Datum; das Aktenzeichen wird auf jeder Seite angegeben. Soll eine Verteilung in mehreren Kopien erfolgen, so ist jede Kopie mit einer laufenden Nummer zu versehen, die auf der ersten Seite zusammen mit der Gesamtseitenzahl angegeben wird. Alle Anhänge und Beilagen sind auf der ersten Seite aufzuführen [21.1].	Eine Aufhebung des Geheimhaltungsgrades oder Herabstufung erfolgt ausschließlich durch den Urheber, der alle nachgeordneten Empfänger, denen das Original oder eine Kopie des Dokuments zugeleitet wurde, über die Änderung unterrichtet [17.3]. „▲M2 SECRET UE ▼"-Dokumente werden von der für diese Dokumente zuständigen Registratur unter der Aufsicht einer sicherheitsüberprüften Person vernichtet. „▲M2 SECRET UE ▼"-Dokumente, die vernichtet werden, sind auf Vernichtungsbescheinigungen aufzuführen, die zu unterzeichnen und zusammen mit dem Vernichtungsnachweis durch die Registratur mindestens drei Jahre lang aufzubewahren sind [22.5].	Überzählige Exemplare und nicht länger benötigte Dokumente sind zu vernichten [22.5]. „▲M2 SECRET UE ▼"-Dokumente einschließlich des bei ihrer Herstellung angefallenen und als Verschlusssache einzustufenden Zwischenmaterials, wie fehlerhafte Kopien, Arbeitsentwürfe, maschinenschriftliche Aufzeichnungen und Kohlepapier, sind durch Verbrennen, Einstampfen, Zerkleinern oder andere geeignete Verfahren so zu vernichten, dass der Inhalt weder erkennbar ist noch erkennbar gemacht werden kann [22.5].

Geo Betrugs-bekämpfung Verschluss-sachen

Kom

Einstufung	Wann	Wer	Anbringung	Herabstufung/Aufhebung des Geheimhaltungsgrades/Vernichtung	
				Wer	Wann
▲M2 CONFIDENTIEL UE ▼: Diese Einstufung ist bei Informationen und Materialien vorzunehmen, deren unbefugte Weitergabe den wesentlichen Interessen der Europäischen Union oder eines oder mehrerer ihrer Mitgliedstaaten abträglich wäre [16.1].	Eine Kenntnisnahme durch Unbefugte würde bei Gegenständen mit der Kennzeichnung „▲M2 CONFIDENTIEL UE ▼" wahrscheinlich Folgendes bewirken: — konkrete Schädigung diplomatischer Beziehungen in dem Sinne, dass förmliche Proteste oder andere Sanktionen hervorgerufen werden, — Beeinträchtigung individueller Sicherheit oder Freiheit, — Schädigung der Einsatzfähigkeit oder der Sicherheit von Streitkräften der Mitgliedstaaten oder anderer Partner bzw. der Wirksamkeit wertvoller Sicherheits- oder Intelligence-Operationen, — wesentliche Beeinträchtigung der finanziellen Tragfähigkeit wichtiger Organisationen, — Behinderung der Ermittlungstätigkeit oder Erleichterung des Begehens schwerer Straftaten, — wesentliche Beeinträchtigung der finanziellen, monetären, wirtschaftlichen und handelspolitischen Interessen der EU oder ihrer Mitgliedstaaten, — ernstliche Behinderung der Ausarbeitung der Durchführung wichtiger EU-Politiken, — Abbruch oder erhebliche Unterbrechung wichtiger EU-Aktivitäten.	Befugte Personen (Urheber), Generaldirektoren, Leiter von Diensten [17.1]. Die Urheber bestimmen ein Datum oder einen Zeitraum, nach dessen Ablauf Inhalte herabgestuft oder deren Geheimhaltungsgrade aufgehoben werden können. Andernfalls überprüfen sie spätestens alle fünf Jahre die betreffenden Dokumente, um sicherzustellen, dass die ursprüngliche Einstufung weiterhin erforderlich ist [17.3].	Die Einstufung „▲M2 CONFIDENTIEL UE ▼" ist auf Dokumenten dieser Kategorie, gegebenenfalls mit einer Sicherheitskennzeichnung und/oder mit dem Zusatz „ESVP" bei Verteidigungssachen, mit mechanischen Mitteln oder von Hand anzubringen [16.4, 16.5, 16.3]. Die EU-Einstufungen müssen am oberen und am unteren Rand in der Mitte jeder Seite erscheinen, und jede Seite ist zu nummerieren. Jedes Dokument trägt ein Aktenzeichen und ein Datum. Alle Anhänge und Beilagen sind auf der ersten Seite aufzuführen [21.1].	Eine Aufhebung des Geheimhaltungsgrades oder Herabstufung erfolgt ausschließlich durch den Urheber, der alle nachgeordneten Empfänger, denen das Original oder eine Kopie des Dokuments zugeleitet wurde, über die Änderung unterrichtet [17.3]. „▲M2 CONFIDENTIEL UE ▼"-Dokumente werden von der für diese Dokumente zuständigen Registratur unter der Aufsicht einer sicherheitsüberprüften Person vernichtet. Die Vernichtung der Dokumente ist gemäß den einzelstaatlichen Vorschriften bzw., im Falle der Kommission oder dezentraler EU-Einrichtungen, gemäß den Anweisungen des Präsidenten zu dokumentieren [22.5].	Überzählige Exemplare und nicht länger benötigte Dokumente sind zu vernichten [22.5]. ▲M2 CONFIDENTIEL UE ▼"-Dokumente einschließlich des bei ihrer Herstellung angefallenen und als Verschlusssache einzustufenden Zwischenmaterials, wie fehlerhafte Kopien, Arbeitsentwürfe, maschinenschriftliche Aufzeichnungen und Kohlepapier, sind durch Verbrennen, Einstampfen, Zerkleinern oder andere geeignete Verfahren so zu vernichten, dass der Inhalt weder erkennbar ist noch erkennbar gemacht werden kann [22.5].

Einstufung	Wann	Wer	Anbringung	Herabstufung/Aufhebung des Geheimhaltungsgrades/Vernichtung	
				Wer	Wann
▲M2 RESTREINT UE ▼: Diese Einstufung ist bei Informationen und Materialien vorzunehmen, deren unbefugte Weitergabe sich auf die wesentlichen Interessen der Europäischen Union oder eines oder mehrerer ihrer Mitgliedstaaten nachteilig auswirken könnte [16.1].	Eine Kenntnisnahme durch Unbefugte würde bei Gegenständen mit der Kennzeichnung „▲M2 RESTREINT UE ▼" wahrscheinlich Folgendes bewirken: — Belastung diplomatischer Beziehungen, — erhebliche Unannehmlichkeiten für Einzelpersonen, — Erschwerung der Wahrung der Einsatzfähigkeit oder der Sicherheit von Streitkräften der Mitgliedstaaten oder anderer Partner, — finanzielle Verluste oder die Ermöglichung ungerechtfertigter Gewinne oder Vorteile für Einzelpersonen oder Unternehmen, — Bruch eigener Verpflichtungen zur Wahrung der Vertraulichkeit von Informationen, die von dritter Seite erteilt wurden, — Verstoß gegen gesetzlich begründete Einschränkungen der Weitergabe von Informationen, — Beeinträchtigung der Ermittlungstätigkeit oder Erleichterung des Begehens schwerer Straftaten, — Benachteiligung der EU oder ihrer Mitgliedstaaten bei Verhandlungen mit Dritten über handelspolitische oder allgemein politische Fragen, — Behinderung der wirksamen Ausarbeitung oder Durchführung von EU-Politiken, — Gefährdung einer sachgerechten Verwaltung der EU und ihrer Tätigkeiten.	Befuge Personen (Urheber), Generaldirektoren, Leiter von Diensten [17.1]. Die Urheber bestimmen ein Datum, einen Zeitraum oder ein Ereignis, nach dessen Ablauf Inhalte herabgestuft oder deren Geheimhaltungsgrade aufgehoben werden können [16.2] Andernfalls überprüfen sie spätestens alle fünf Jahre die betreffenden Dokumente, um sicherzustellen, dass die ursprüngliche Einstufung nach wie vor erforderlich ist [17.3].	Die Einstufung „▲M2 RESTREINT UE ▼" ist auf Dokumenten dieser Kategorie, gegebenenfalls mit einer Sicherheitskennung und/oder mit dem Zusatz „-ESVP" bei Verteidigungssachen, mit mechanischen oder elektronischen Mitteln anzubringen [16.4, 16.5, 16.3]. Die EU-Einstufungen müssen am oberen und am unteren Rand in der Mitte jeder Seite erscheinen und jede Seite ist zu nummerieren. Jedes Dokument trägt ein Aktenzeichen und ein Datum [21.1].	Eine Aufhebung des Geheimhaltungsgrades erfolgt ausschließlich durch den Urheber, der alle nachgeordneten Empfänger, denen das Original oder eine Kopie des Dokuments zugeleitet wurde, über die Änderung unterrichtet [17.3]. „▲M2 RESTREINT UE ▼-Dokumente werden von der für diese Dokumente zuständigen Registratur gemäß den Weisungen des für Sicherheitsfragen zuständigen Kommissionsmitglieds [22.5].	Überzählige Exemplare und nicht länger benötigte Dokumente sind zu vernichten [22.5].

Geo Betrugsbekämpfung Verschlusssachen Kom

Anlage 3
LEITLINIEN FÜR DIE WEITERGABE VON EU-VERSCHLUSSSACHEN AN DRITTSTAATEN ODER INTERNATIONALE ORGANISATIONEN:

KOOPERATIONSSTUFE 1

VERFAHREN

1. Für die Weitergabe von EU-Verschlusssachen an Länder, die nicht Mitglied der Europäischen Union sind, oder an andere internationale Organisationen, deren Sicherheitskonzept und -vorschriften mit denen der EU vergleichbar sind, ist die Kommission als Kollegium zuständig.

2. Bis zum Abschluss eines Geheimschutzabkommens sind Anträge auf Weitergabe von EU-Verschlusssachen durch das für Sicherheitsfragen zuständige Mitglied der Kommission zu prüfen.

3. Das Mitglied der Kommission

– holt die Stellungnahme der Urheber der EU-Verschlusssache ein, welche weitergegeben werden soll;

– knüpft die nötigen Kontakte zu den Sicherheitsbehörden der als Empfänger vorgesehenen Länder oder internationalen Organisationen, um zu prüfen, ob deren Sicherheitskonzept und -vorschriften gewährleisten können, dass die weitergegebenen Verschlusssachen gemäß diesen Sicherheitsvorschriften geschützt werden;

– fordert ein Gutachten der Beratenden Gruppe für das Sicherheitskonzept der Kommission hinsichtlich der Vertrauenswürdigkeit der als Empfänger vorgesehenen Länder oder internationalen Stellen an.

4. Das für Sicherheitsfragen zuständige Mitglied der Kommission legt der Beratenden Gruppe für das Sicherheitskonzept der Kommission den Antrag zur Entscheidung vor.

VON DEN EMPFÄNGERN EINZUHALTENDE SICHERHEITS-VORSCHRIFTEN

5. Das für Sicherheitsfragen zuständige Mitglied der Kommission stellt den als Empfänger vorgesehenen Ländern oder internationalen Organisationen den Beschluss der Kommission zur Genehmigung der Weitergabe von EU-Verschlusssachen zu.

6. Der Weitergabebeschluss tritt nur dann in Kraft, wenn die Empfänger sich schriftlich verpflichten,

– die Informationen nur zu den vereinbarten Zwecken zu nutzen;

– die Informationen gemäß diesen Sicherheitsvorschriften und insbesondere unter Einhaltung der nachfolgenden speziellen Bestimmungen zu schützen.

7. Personal

a) Die Zahl der Bediensteten, die Zugang zu EU-Verschlusssachen erhalten, beschränkt sich nach dem Grundsatz „Kenntnis notwendig" strikt auf die Personen, deren Aufgabenstellung diesen Zugang erfordert.

b) Alle Bediensteten oder Staatsangehörigen, denen der Zugang zu Informationen des Geheimhaltungsgrades „► M2 CONFIDENTIEL UE ◄" oder darüber gestattet wird, müssen Inhaber einer für die betreffende Stufe gültigen Sicherheitsunbedenklichkeitsbescheinigung oder einer entsprechenden Sicherheitsermächtigung sein, wobei diese Sicherheitsunbedenklichkeitsbescheinigung oder die Ermächtigung von der Regierung ihres eigenen Staates ausgestellt beziehungsweise erteilt wird.

8. Übermittlung von Dokumenten

a) Die praktischen Verfahren für die Übermittlung von Dokumenten werden durch ein Abkommen festgelegt. Bis zum Abschluss dieses Abkommens gelten die Bestimmungen des Abschnitts 21. Darin wird insbesondere die Registratur angeführt, an die EU-Verschlusssachen weitergegeben werden sollen.

b) Umfassen die Verschlusssachen, deren Weitergabe von der Kommission genehmigt wird, Informationen der Stufe „► M2 TRES SECRET UE/EU TOP SECRET ◄", so richtet der Empfänger ein EU-Zentralregister und gegebenenfalls EU-Unterregister ein. Für diese Register gelten die Bestimmungen des Abschnitts 22 dieser Sicherheitsvorschriften.

9. Registrierung

Sobald eine Registratur ein als „► M2 CONFIDENTIEL UE ◄" oder höher eingestuftes EU-Dokument erhält, trägt sie dieses Dokument in einem eigens dafür angelegten Register ihrer Organisation ein; dieses Register umfasst Spalten, in denen das Eingangsdatum, die Bestimmungsmerkmale des Dokuments (Datum, Aktenzeichen und Nummer des Exemplars), sein Geheimhaltungsgrad, sein Titel, der Name oder Titel des Empfängers, das Rücksendedatum der Empfangsbestätigung und das Datum, zu dem das Dokument an den EU-Urheber zurückgesandt oder vernichtet wird, zu verzeichnen sind.

10. Vernichtung

a) EU-Verschlusssachen sind gemäß den Anweisungen des Abschnitts 22 dieser Sicherheitsvorschriften zu vernichten. Bei Dokumenten der Stufen „► M2 SECRET UE ◄" und „► M2 TRES SECRET UE/EU TOP SECRET ◄" sind Kopien der Vernichtungsbescheinigungen an die EU-Registratur zu senden, von der die Dokumente übermittelt wurden.

b) EU-Verschlusssachen sind in die Notfall-Vernichtungspläne einzubeziehen, die die zuständigen Stellen des Empfängers für ihre eigenen Verschlusssachen aufgestellt haben.

11. Schutz der Dokumente

Es sind alle erforderlichen Maßnahmen zu ergreifen, damit Unbefugte keinen Zugang zu EU-Verschlusssachen erhalten.

12. Kopien, Übersetzungen und Auszüge

Fotokopien, Übersetzungen oder Auszüge eines als „► **M2** CONFIDENTIEL UE ◄" oder „► **M2** SECRET UE ◄" eingestuften Dokuments dürfen nur mit Genehmigung des Leiters des betreffenden Sicherheitsorgans angefertigt werden, der diese Kopien, Übersetzungen oder Auszüge registriert und prüft und nötigenfalls mit einem Stempel versieht.

Die Vervielfältigung oder Übersetzung eines Dokuments der Stufe „► **M2** TRES SECRET UE/EU TOP SECRET ◄" kann nur von der Behörde genehmigt werden, von der das Dokument stammt; sie legt die Anzahl der zulässigen Exemplare fest; kann die Behörde, von der das Dokument stammt, nicht ermittelt werden, so ist der Antrag an den Sicherheitsdienst der Kommission zu richten.

13. Verstöße gegen die Sicherheitsvorschriften

Bei Verstößen gegen die Sicherheitsvorschriften im Zusammenhang mit einer EU-Verschlusssache oder bei einem entsprechenden Verdacht sollten vorbehaltlich des Abschlusses eines Geheimschutzabkommens unverzüglich folgende Schritte unternommen werden:

a) Einleitung einer Untersuchung zur Klärung der Umstände des Verstoßes gegen die Sicherheitsvorschriften;

b) Benachrichtigung des Sicherheitsdienstes der Kommission und der zuständigen nationalen Sicherheitsbehörde sowie der Behörde, von der die Informationen stammen, oder aber gegebenenfalls eindeutige Mitteilung, dass die letztgenannte Behörde nicht benachrichtigt wurde;

c) Ergreifen von Maßnahmen, damit die Folgen eines Verstoßes gegen die Sicherheitsvorschriften so weit wie möglich eingeschränkt werden;

d) erneute Prüfung und Durchführung von Maßnahmen, damit sich der Vorfall nicht wiederholt;

e) Durchführung der vom Sicherheitsbüro der Kommission empfohlenen Maßnahmen, damit sich der Vorfall nicht wiederholt.

14. Inspektionen

Der Sicherheitsdienst der Kommission kann im Benehmen mit den betreffenden Staaten oder internationalen Organisationen eine Bewertung der Effizienz der Maßnahmen zum Schutz der weitergegebenen EU-Verschlusssachen vornehmen.

15. Berichterstattung

Solange Staaten oder internationale Organisationen EU-Verschlusssachen aufbewahren, erstellen sie vorbehaltlich des Abschlusses eines Geheimschutzabkommens jährlich zu dem Datum, das in der Genehmigung zur Informationsweitergabe angegeben ist, einen Bericht, mit dem bestätigt wird, dass diese Sicherheitsvorschriften eingehalten wurden.

Anlage 4

LEITLINIEN FÜR DIE WEITERGABE VON EU-VERSCHLUSSSACHEN AN DRITTSTAATEN ODER INTERNATIONALE ORGANISATIONEN:

KOOPERATIONSSTUFE 2

VERFAHREN

1. Für die Weitergabe von EU-Verschlusssachen an Drittstaaten oder internationale Organisationen, deren Sicherheitskonzept und -vorschriften deutlich von denen der EU abweichen, ist der Urheber zuständig. Für die Weitergabe von EU-Verschlusssachen, die von der Kommission stammen, ist die Kommission als Kollegium zuständig.

2. Prinzipiell ist die Weitergabe auf Informationen bis einschließlich des Geheimhaltungsgrades „► **M2** SECRET UE ◄" beschränkt; ausgenommen sind Verschlusssachen, die durch besondere Sicherheitskennungen oder -zusätze geschützt sind.

3. Bis zum Abschluss eines Geheimschutzabkommens sind Anträge auf Weitergabe von EU-Verschlusssachen durch das für Sicherheitsfragen zuständige Mitglied der Kommission zu prüfen.

4. Das Mitglied der Kommission:

– holt die Stellungnahme der Urheber der EU-Verschlusssache ein, welche weitergegeben werden soll;

– knüpft die erforderlichen Kontakte zu den Sicherheitsbehörden der als Empfänger vorgesehenen Länder oder internationalen Organisation, um Informationen über deren Sicherheitskonzept und -vorschriften einzuholen, und insbesondere eine Vergleichstabelle der in der EU und in den betreffenden Staaten oder Organisationen geltenden Geheimhaltungsgrade zu erstellen;

– beruft eine Sitzung der Beratenden Gruppe für das Sicherheitskonzept der Kommission ein oder ersucht, falls erforderlich im Wege des vereinfachten schriftlichen Verfahrens, die nationalen Sicherheitsbehörden der Mitgliedstaaten um Prüfung im Hinblick auf ein Gutachten der Beratenden Gruppe für das Sicherheitskonzept der Kommission.

5. In dem Gutachten äußert sich die Beratende Gruppe für das Sicherheitskonzept der Kommission zu folgenden Aspekten:

– Vertrauenswürdigkeit der als Empfänger vorgesehenen Staaten oder internationalen Organisationen im Hinblick auf eine Bewertung der für die EU oder deren Mitgliedstaaten bestehenden Sicherheitsrisiken;

– Bewertung der Fähigkeit des Empfängers, von der EU weitergegebene Verschlusssachen zu schützen;

– Vorschläge für die praktische Behandlung der EU-Verschlusssachen (beispielsweise Übermittlung bearbeiteter Textfassungen) und der übermittelten Dokumente (Beibehaltung oder Streichung von EU-Einstufungsvermerken, besonderen Kennzeichnungen usw.);

– Herabstufung oder Aufhebung des Geheimhaltungsgrades, bevor die Informationen an die als Empfänger vorgesehenen Länder oder internationalen Organisationen weitergegeben werden.

6. Das für Sicherheitsfragen zuständige Mitglied der Kommission legt der Kommission den Antrag sowie das Gutachten der Beratenden Gruppe für das Sicherheitskonzept der Kommission zur Entscheidung vor.

VON DEN EMPFÄNGERN EINZUHALTENDE SICHERHEITS-VORSCHRIFTEN

7. Das für Sicherheitsfragen zuständige Mitglied der Kommission unterrichtet die als Empfänger vorgesehenen Länder oder internationalen Organisationen über den Beschluss der Kommission zur Genehmigung der Weitergabe von EU-Verschlusssachen und die entsprechenden Einschränkungen.

8. Der Weitergabebeschluss tritt nur dann in Kraft, wenn die Empfänger sich schriftlich verpflichten,

– die Informationen nur zu den vereinbarten Zwecken zu nutzen;

– die Informationen gemäß den Sicherheitsvorschriften der Kommission zu schützen.

9. Es werden folgende Schutzvorschriften festgelegt, sofern nicht die Kommission nach Einholung des technischen Gutachtens der Beratenden Gruppe für das Sicherheitskonzept der Kommission ein besonderes Verfahren (Streichung des Einstufungsvermerks, der besonderen Kennzeichnung usw.) für die Behandlung von EU-Verschlusssachen vorsieht.

10. Personal

a) Die Zahl der Bediensteten, die Zugang zu EU-Verschlusssachen erhalten, beschränkt sich nach dem Grundsatz „Kenntnis notwendig" strikt auf die Personen, deren Aufgabenstellung diesen Zugang erfordert.

b) Alle Bediensteten oder Staatsangehörigen, denen der Zugang zu von der Kommission wei-

tergegebenen Verschlusssachen gestattet wird, müssen Inhaber einer nationalen Sicherheitsunbedenklichkeitsbescheinigung oder einer Zugangsermächtigung für den Fall nationaler Verschlusssachen, auf einer entsprechenden und der EU-Einstufung gemäß der Vergleichstabelle gleichwertigen Stufe sein.

c) Diese nationalen Sicherheitsunbedenklichkeitsbescheinigungen oder Zugangsermächtigungen werden vom Direktor der Direktion Sicherheit der Kommission zur Information mitgeteilt.

11. Übermittlung von Dokumenten

Die praktischen Verfahren für die Übermittlung von Dokumenten werden durch ein Abkommen festgelegt. Bis zum Abschluss dieses Abkommens gelten die Bestimmungen des Abschnitts 21. Darin wird insbesondere die Registratur angeführt, an die EU-Verschlusssachen weitergegeben werden sollen, sowie die genaue Anschrift, an die die Dokumente zuzustellen sind, und der Kurier- oder Postdienst, der für die Übermittlung von EU-Verschlusssachen eingesetzt wird.

12. Registrierung am Bestimmungsort

Die nationale Sicherheitsbehörde des Empfängerstaats, die ihr gleichzusetzende Stelle, die in diesem Staat im Auftrag ihrer Regierung die von der Kommission weitergegebene Verschlusssache in Empfang nimmt, oder das Sicherheitsbüro der als Empfänger vorgesehenen internationalen Organisation legt ein spezielles Register für EU-Verschlusssachen an und registriert diese, sobald sie dort eingehen. Dieses Register umfasst Spalten, in denen das Eingangsdatum, die Bestimmungsmerkmale des Dokuments (Datum, Aktenzeichen und Nummer des Exemplars), sein Geheimhaltungsgrad, sein Titel, der Name oder-Titel des Empfängers, das Rücksendedatum der Empfangsbescheinigung und das Datum, zu dem das Dokument an die EU zurückgesandt oder vernichtet wird, zu verzeichnen sind.

13. Rücksendung von Dokumenten

Bei Rücksendung einer Verschlusssache durch den Empfänger an die Kommission ist das unter der Rubrik „Übermittlung von Dokumenten" beschriebene Verfahren zu befolgen.

14. Schutz der Dokumente

a) Nicht benutzte Dokumente sind in einem Sicherheitsbehältnis aufzubewahren, das für die Aufbewahrung nationaler Verschlusssachen desselben Geheimhaltungsgrades zugelassen ist. Das Behältnis darf keine Angaben tragen, die Aufschluss über seinen Inhalt geben könnten; dieser Inhalt ist nur den Personen zugänglich, die zur Behandlung von EU-Verschlusssachen ermächtigt sind. Wenn Kombinationsschlösser verwendet werden, so darf die Kombination nur den Bediensteten des Staates oder der Organisation bekannt sein, denen der Zugang zu der in dem Behältnis aufbewahrten EU-Verschlusssache gestattet ist; die Kombination ist alle sechs Monate oder – bei Versetzung eines Bediensteten, bei Entzug der Sicherheitsermächtigung für einen der Bediensteten, denen die Kombination bekannt ist, oder bei Gefahr der Verletzung des Kombinationsgeheimnisses – früher zu ändern.

b) EU-Verschlusssachen dürfen aus dem Sicherheitsbehältnis nur von Bediensteten entnommen werden, die aufgrund einer Sicherheitsüberprüfung zum Zugang zu EU-Verschlusssachen ermächtigt sind und eine Kenntnisnahme benötigen. Solange die Dokumente in ihrem Besitz sind, tragen die Bediensteten die Verantwortung für deren sichere Aufbewahrung und insbesondere dafür, dass Unbefugte keinen Zugang zu den Dokumenten erhalten. Sie sorgen außerdem dafür, dass die Dokumente nach erfolgter Einsichtnahme sowie außerhalb der Arbeitszeiten in einem Sicherheitsbehältnis aufbewahrt werden.

c) Fotokopien von bzw. Auszüge aus als „▶ <u>M2</u> CONFIDENTIEL UE ◀" oder darüber eingestuften Dokumenten dürfen nur mit Genehmigung des Sicherheitsbüros der Kommission angefertigt werden.

d) Das Verfahren zur raschen und vollständigen Vernichtung der Dokumente im Notfall sollte im Benehmen mit dem Sicherheitsbüro der Kommission festgelegt und bestätigt werden.

15. MATERIELLE SICHERHEIT

a) Nicht benutzte Sicherheitsbehältnisse, die zur Aufbewahrung von EU-Verschlusssachen dienen, sind stets verschlossen zu halten.

b) Wartungs- oder Reinigungspersonal, das einen Raum betritt, in dem solche Sicherheitsbehältnisse untergebracht sind, oder dort arbeitet, muss stets von einem Angehörigen des Sicherheitsdienstes des Staates oder der Organisation oder von dem Bediensteten begleitet werden, der speziell für die Sicherheitsaufsicht über diesen Raum verantwortlich ist.

c) Außerhalb der normalen Arbeitszeiten (nachts, an Wochenenden oder Feiertagen) sind die Sicherheitsbehältnisse, die EU-Verschlusssachen enthalten, entweder durch einen Wachbeamten oder durch ein automatisches Alarmsystem zu sichern.

16. Verstöße gegen die Sicherheitsvorschriften

Bei Verstößen gegen die Sicherheitsvorschriften im Zusammenhang mit einer EU-Verschlusssache oder bei einem entsprechenden Verdacht, sollten unverzüglich folgende Schritte unternommen werden:

a) sofortige Übermittlung eines Berichts an das Sicherheitsbüro der Kommission oder an die nationale Sicherheitsbehörde des Mitgliedstaats, der die Initiative zur Übermittlung von Dokumenten ergriffen hat (mit einer Abschrift an das Sicherheitsbüro der Kommission);

b) Einleitung einer Untersuchung und nach deren Abschluss Übermittlung eines umfassenden Berichts an die Sicherheitsstelle (siehe Buchstabe a)). Anschließend sollten die nötigen Maßnahmen ergriffen werden, um Abhilfe zu schaffen.

17. Inspektionen

Das Sicherheitsbüro der Kommission kann im Benehmen mit dem betreffenden Staaten oder internationalen Organisationen eine Bewertung der Effizienz der Maßnahmen zum Schutz der weitergegebenen EU-Verschlusssachen vornehmen.

18. Berichterstattung

Solange Staaten oder internationale Organisationen EU-Verschlusssachen aufbewahren, erstellen sie vorbehaltlich des Abschlusses eines Geheimschutzabkommens jährlich zu dem Datum, das in der Genehmigung zur Informationsweitergabe angegeben ist, einen Bericht, mit dem bestätigt wird, dass diese Sicherheitsvorschriften eingehalten wurden.

Geo
Betrugs-
bekämpfung
Verschluss-
sachen

Anlage 5

LEITLINIEN FÜR DIE WEITERGABE VON EU-VERSCHLUSSSACHEN AN DRITTSTAATEN ODER INTERNATIONALE ORGANISATIONEN:

KOOPERATIONSSTUFE 3

VERFAHREN

1. Es kann gelegentlich vorkommen, dass die Kommission unter bestimmten Umständen mit Staaten oder Organisationen zusammenarbeiten möchte, die von diesen Sicherheitsvorschriften verlangten Garantien nicht bieten können; eine solche Zusammenarbeit kann jedoch die

Weitergabe von EU-Verschlusssachen erforderlich machen.

2. Für die Weitergabe von EU-Verschlusssachen an Drittstaaten oder internationale Organisationen, deren Sicherheitskonzept und -vorschriften deutlich von denen der EU abweichen, ist der Urheber zuständig. Für die Weitergabe von EU-Verschlusssachen, die von der Kommission stammen, ist die Kommission als Kollegium zuständig.

Prinzipiell ist die Weitergabe auf Informationen bis einschließlich des Geheimhaltungsgrades „▶ <u>M2</u> SECRET UE ◀" beschränkt; ausgenommen sind Verschlusssachen, die durch besondere Sicherheitskennungen oder zusätze geschützt sind.

3. Die Kommission prüft die Ratsamkeit einer Weitergabe von Verschlusssachen, bewertet, inwieweit der Empfänger Kenntnis von diesen Informationen haben muss, und beschließt, welche Kategorien von Verschlusssachen übermittelt werden können.

4. Spricht sich die Kommission für eine Weitergabe von Informationen aus, so unternimmt das für Sicherheitsfragen zuständige Mitglied der Kommission Folgendes. Es

– holt die Stellungnahme der Urheber der EU-Verschlusssache ein, welche weitergegeben werden soll;

– beruft eine Sitzung der Beratenden Gruppe für das Sicherheitskonzept der Kommission ein oder ersucht, falls erforderlich im Wege des vereinfachten schriftlichen Verfahrens, die nationalen Sicherheitsbehörden der Mitgliedstaaten um Prüfung im Hinblick auf ein Gutachten der Beratenden Gruppe für das Sicherheitskonzept der Kommission.

5. In ihrem Gutachten äußert sich die Beratende Gruppe für das Sicherheitskonzept der Kommission zu folgenden Aspekten:

a) Einschätzung der für die EU oder ihre Mitgliedstaaten bestehenden Sicherheitsrisiken;

b) Geheimhaltungsgrad der Informationen, die weitergegeben werden können;

c) Herabstufung oder Aufhebung des Geheimhaltungsgrads, bevor die Informationen weitergegeben werden;

d) Behandlung der Dokumente, die weitergegeben werden sollen (s. unten);

e) mögliche Übermittlungswege (mit dem öffentlichen Postdienst, über öffentliche oder sichere Telekommunikationssysteme, mit Diplomatenpost, sicherheitsüberprüften Kurieren, usw.).

6. Dokumente, die an Staaten oder Organisationen weitergegeben werden, die unter diesen Anhang fallen, werden prinzipiell ohne Bezugnahme auf die Quelle oder eine EU-Einstufung erstellt. Die Beratende Gruppe für das Sicherheitskonzept der Kommission kann empfehlen,

– eine besondere Kennzeichnung oder einen Codenamen zu verwenden;

– ein spezielles Einstufungssystem zu verwenden, bei dem die Sensibilität der Informationen im Zusammenhang mit den Kontrollmaßnahmen gesehen wird, die aufgrund der vom Empfänger befolgten Methoden für die Übermittlung von Dokumenten erforderlich werden.

7. Das für Sicherheitsfragen zuständige Kommissionsmitglied legt der Kommission das Gutachten der Beratenden Gruppe für das Sicherheitskonzept der Kommission zur Entscheidung vor.

8. Hat die Kommission die Weitergabe von EU-Verschlusssachen beschlossen und die praktischen Durchführungsverfahren festgelegt, knüpft das Sicherheitsbüro der Kommission die nötigen Kontakte mit der Sicherheitsbehörde der betreffenden Staaten oder Organisationen, um die Anwendung der geplanten Sicherheitsmaßnahmen zu erleichtern.

9. Das für Sicherheitsfragen zuständige Mitglied der Kommission unterrichtet die Mitgliedstaaten über Art und Einstufung der Informationen sowie über die Organisationen und Länder, an welche die Informationen gemäß dem Beschluss der Kommission weitergegeben werden können.

10. Das Sicherheitsbüro der Kommission trifft alle erforderlichen Maßnahmen, um eine Bewertung späteren Schadens und eine Überarbeitung der Verfahren zu erleichtern.

Wenn sich die Bedingungen für eine Zusammenarbeitet ändern, wird sich die Kommission erneut mit diesem Thema befassen.

VON DEN EMPFÄNGERN EINZUHALTENDE SICHERHEITS-VORSCHRIFTEN

11. Das für Sicherheitsfragen zuständige Mitglied der Kommission stellt den als Empfänger vorgesehenen Ländern oder internationalen Organisationen den Beschluss der Kommission zur Genehmigung der Weitergabe von EU-Verschlusssachen zusammen mit den von der Beratenden Gruppe für das Sicherheitskonzept der Kommission vorgeschlagenen und von der Kommission angenommenen Schutzvorschriften zu.

12. Der Weitergabebeschluss tritt nur dann in Kraft, wenn die Empfänger sich schriftlich verpflichten,

– die Informationen nur zum Zweck der von der Kommission beschlossenen Zusammenarbeit zu nutzen;

– den Informationen den von der Kommission verlangten Schutz zu gewähren.

13. Übermittlung von Dokumenten

a) Die praktischen Verfahren für die Übermittlung von Dokumenten werden vom Sicherheitsbüro der Kommission und den Sicherheitsbehörden der als Empfänger vorgesehenen Staaten oder internationalen Organisationen vereinbart. Sie regeln insbesondere die genaue Anschrift, an die die Dokumente zuzustellen sind.

b) Verschlusssachen des Geheimhaltungsgrades „▶ **M2** CONFIDENTIEL UE ◀" und darüber werden in doppeltem Umschlag zugestellt. Der innere Umschlag trägt einen eigenen Stempel oder den festgelegten Codenamen und einen Vermerk der für dieses Dokument genehmigten speziellen Einstufung. Für jede Verschlusssache wird eine Empfangsbescheinigung beigelegt. In der Empfangsbescheinigung, die als solche nicht eingestuft ist, werden nur die Bestimmungsmerkmale des Dokuments (sein Aktenzeichen, das Datum, die Nummer des Exemplars) und dessen Sprachfassung, nicht aber der Titel, aufgeführt.

c) Der innere Umschlag wird in den äußeren Umschlag geschoben, der zu Empfangszwecken eine Paketnummer trägt. Auf dem äußeren Umschlag wird kein Geheimhaltungsgrad angegeben.

d) Den Kurieren wird stets eine Empfangsbescheinigung mit der Paketnummer ausgehändigt.

14. Registrierung am Bestimmungsort

Die nationale Sicherheitsbehörde des Empfängerstaates, die ihr gleichzusetzende Stelle, die in diesem Staat im Auftrag ihrer Regierung die von der Kommission weitergegebene Verschlusssache in Empfang nimmt, oder das Sicherheitsbüro der als Empfänger vorgesehenen internationalen Organisation legt ein spezielles Register für EU-Verschlusssachen an und registriert diese, sobald sie dort eingehen. Dieses Register umfasst Spalten, in denen das Eingangsdatum, die Bestimmungsmerkmale des Dokuments (Datum, Aktenzeichen und Nummer des Exemplars), sein Geheimhaltungsgrad, sein Titel, der Name oder Titel des Empfängers, das Rücksendedatum der Empfangsbescheinigung und das Datum, zu dem das Dokument an die EU zurückgesandt oder vernichtet wird, zu verzeichnen sind.

15. Verwendung und Schutz von ausgetauschten Verschlusssachen

a) Der Umgang mit Verschlusssachen des Geheimhaltungsgrades „▶ **M2** SECRET UE ◀" ist auf eigens dafür bestimmte Bedienstete zu beschränken, die über eine Zugangsermächtigung für Informationen dieser Stufe verfügen. Die Informationen werden in Panzerschränken von guter Qualität aufbewahrt, die nur von den Personen geöffnet werden können, die zum Zugang zu den darin befindlichen Informationen berechtigt sind. Die Bereiche, in denen diese Panzerschränke untergebracht sind, werden ständig bewacht, und es wird ein Überprüfungssystem eingerichtet, damit sichergestellt ist, dass nur ordnungsmäßig ermächtigten Personen der Zugang gestattet wird. Informationen des Geheimhaltungsgrades „▶ **M2** SECRET UE ◀" werden mit Diplomatenpost, sicheren Postdiensten und sicheren Telekommunikationsmitteln übermittelt. Ein „▶ **M2** SECRET UE ◀"-Dokument darf nur mit schriftlicher Genehmigung der herausgebenden Stelle kopiert werden. Alle Kopien werden registriert, und ihre Verteilung wird überwacht. Für alle Verrichtungen mit ▶ **M2**

SECRET UE ◀-Dokumenten werden Empfangsbescheinigungen ausgestellt.

b) Der Umgang mit Verschlusssachen des Geheimhaltungsgrades „▶ **M2** CONFIDENTIEL UE ◀" ist auf Bedienstete zu beschränken, die ordnungsgemäß ermächtigt sind, über das Thema informiert zu werden. Die Dokumente werden in verschlossenen Panzerschränken in überwachten Bereichen aufbewahrt.

Verschlusssachen des Geheimhaltungsgrades „▶ **M2** CONFIDENTIEL UE ◀" werden mit Diplomatenpost, dem militärischen Postdienst und sicheren Telekommunikationsmitteln übermittelt. Die empfangende Stelle kann Kopien anfertigen, deren Anzahl und Verteilung in speziellen Registern zu verzeichnen sind.

c) Der Umgang mit Verschlusssachen des Geheimhaltungsgrades „▶ **M2** RESTREINT UE ◀" ist auf Räume zu beschränken, die Unbefugten nicht zugänglich sind; die Dokumente sind in verschlossenen Behältnissen aufzubewahren. Die Dokumente können mit dem öffentlichen Postdienst als Einschreiben in doppeltem Umschlag und im Zuge von Operationen in Notfällen auch über nicht gesicherte öffentliche Telekommunikationssysteme übermittelt werden. Die Empfänger können Kopien anfertigen.

d) Nicht eingestufte Informationen erfordern keine speziellen Schutzmaßnahmen und können auf dem Postweg und über öffentliche Telekommunikationssysteme übermittelt werden. Die Empfänger können Kopien anfertigen.

16. Vernichtung

Dokumente, für die keine Verwendung mehr besteht, werden vernichtet. Für Verschlusssachen des Geheimhaltungsgrades „▶ **M2** RESTREINT UE ◀" und „▶ **M2** CONFIDENTIEL UE ◀" wird ein entsprechender Vermerk in die speziellen Register aufgenommen. Für „▶ **M2** SECRET UE ◀" Verschlusssachen sind Vernichtungsbescheinigungen auszustellen, die von zwei Personen unterzeichnet werden, die der Vernichtung als Zeuge beiwohnen.

17. Verstöße gegen die Sicherheitsvorschriften

Wurde bei einer Verschlusssache der Geheimhaltungsgrade „▶ **M2** CONFIDENTIEL UE ◀" oder „▶ **M2** SECRET UE ◀" die Geheimschutzvorschrift verletzt oder besteht ein entsprechender Verdacht, so leitet die nationale Sicherheitsbehörde des Staates oder der Sicherheitsverantwortliche der Organisation eine Untersuchung der Umstände ein. Das Sicherheitsbüro der Kommission wird über das Ergebnis unterrichtet. Es werden die nötigen Maßnahmen getroffen, um bei ungeeigneten Verfahren oder Aufbewahrungsmethoden, die zu der Verletzung geführt haben, für Abhilfe zu sorgen.

Anlage 6
ABKÜRZUNGSVERZEICHNIS

CrA	Kryptographische Stelle	SAA	Akkreditierungsstelle für Sicherheit
CCAM	Vergabebeirat		
CISO	Sicherheitsbeauftragter für die zentrale IT	SecOP	Sicherheitsbezogene Betriebsverfahren
COMPUSEC	Computersicherheit	SSRS	Systemspezifische Sicherheitsanforderungen
COMSEC	Kommunikationssicherheit		
CSO	Sicherheitsbüro der Kommission	TA	TEMPEST-Stelle
ESVP	Europäische Sicherheits- und Verteidigungspolitik	TSO	Eigentümer des technischen Systems
INFOSEC	Informationssicherheit	DSA:	Designated Security Authority = Beauftragte Sicherheitsbehörde
IO	Eigentümer der Information		
ISO	Internationale Organisation für Normung	FSC:	Facility Security Clearance = Sicherheitsbescheid für Einrichtungen
IT	Informationstechnologie		
LISO	Beauftragter für die lokale IT-Sicherheit	FSO:	Facility Security Officer = Sicherheitsbeauftragter
LSO	Lokaler Sicherheitsbeauftragter	PSC:	Personnel Security Clearance = Sicherheitsüberprüfung
MSO	Sicherheitsbeauftragter für die Sitzung		
NSA	Nationale Sicherheitsbehörde	SAL:	Security Aspects Letter = Geheimschutzklausel
PC	Personalcomputer	SCG:	Security Classification Guide = Einstufungsleitfaden für Verschlusssachen
RCO	Kontrollbeauftragter für die Registratur		

ANHANG III

DURCHFÜHRUNGSBESTIMMUNGEN ZUR VERORDNUNG (EG) Nr. 1049/2001 DES EUROPÄISCHEN PARLAMENTS UND DES RATES ÜBER DEN ZUGANG DER ÖFFENTLICHKEIT ZU DOKUMENTEN DES EUROPÄISCHEN PARLAMENTS, DES RATES UND DER KOMMISSION

In Erwägung nachstehender Gründe:

(1) Gemäß Artikel 255 Absatz 2 EG-Vertrag haben das Europäische Parlament und der Rat die Verordnung (EG) Nr. 1049/2001[1]) über den Zugang der Öffentlichkeit zu Dokumenten des Europäischen Parlaments, des Rates und der Kommission angenommen,

(2) Gemäß Artikel 255 Absatz 3 EG-Vertrag legt diese Verordnung die allgemeinen Grundsätze und Beschränkungen dieses Zugangsrechts fest und sieht in Artikel 18 vor, dass jedes Organ seine Geschäftsordnung an die Bestimmungen dieser Verordnung anpasst.

---

[1]) ABl. L 145 vom 31.5.2001, S. 43.

Artikel 1
Zugangsberechtigte

Unionsbürger und natürliche oder juristische Personen mit Wohnsitz oder Sitz in einem Mitgliedstaat üben ihr Recht auf Zugang zu den Dokumenten der Kommission nach Artikel 255 Absatz 1 EG-Vertrag und Artikel 2 Absatz 1 der Verordnung (EG) Nr. 1049/2001 gemäß den in den nachfolgenden Bestimmungen genannten Verfahren aus. Dieses Zugangsrecht umfasst die Dokumente der Kommission, das heißt Dokumente die von ihr erstellt wurden oder bei ihr eingegangen sind und sich in ihrem Besitz befinden.

Gemäß Artikel 2 Absatz 2 der Verordnung (EG) Nr. 1049/2001 kann allen natürlichen oder juristischen Personen, die keinen Wohnsitz oder Sitz in einem Mitgliedstaat haben, Zugang zu den Dokumenten der Kommission unter den gleichen Voraussetzungen wie den in Artikel 255 Absatz 1 EG-Vertrag genannten Zugangsberechtigten gewährt werden.

Gemäß Artikel 195 Absatz 1 EG-Vertrag haben diese Personen jedoch nicht die Möglichkeit, eine Beschwerde beim Europäischen Bürgerbeauftragten einzureichen. Verweigert die Kommission allerdings nach einem Zweitantrag ganz oder teilweise den Zugang, können sie entsprechend den Bestimmungen von Artikel 230 Absatz 4 EG-Vertrag vor dem Gericht erster Instanz der Europäischen Gemeinschaften Klage erheben.

Artikel 2
Anträge auf Zugang zu einem Dokument

Anträge auf Zugang zu einem Dokument sind per Post, Fax oder elektronische Post an das Generalsekretariat der Kommission, die zuständige Generaldirektion oder den zuständigen Dienst zu richten. Die entsprechenden Anschriften werden in dem in Artikel 8 dieser Bestimmungen genannten Leitfaden veröffentlicht.

Die Kommission beantwortet die Erst- und Zweitanträge auf Zugang innerhalb von fünf Werktagen ab dem Datum der Registrierung des Antrags. Bei komplexen oder umfangreichen Anträgen kann diese Frist um fünfzehn Werktage verlängert werden. Jede Fristverlängerung muss begründet sein und dem Antragsteller vorher mitgeteilt werden.

Bei einem Antrag, der, wie in Artikel 6 Absatz 2 der Verordnung (EG) Nr. 1049/2001 beschrieben, unpräzise formuliert ist, fordert die Kommission den Antragsteller auf, zusätzliche Informationen beizubringen, um die beantragten Schriftstücke ausfindig machen zu können; die Beantwortungsfrist beginnt erst zu dem Zeitpunkt, zu dem das Organ über diese Angaben verfügt.

Jeder, selbst teilweise, ablehnende Bescheid enthält eine Begründung der Ablehnung auf der Grundlage einer der in Artikel 4 der Verordnung (EG) Nr. 1049/2001 genannten Ausnahmen und unterrichtet den Antragsteller über die ihm zur Verfügung stehenden Rechtsmittel.

Artikel 3
Behandlung von Erstanträgen

Unbeschadet von Artikel 9 dieser Bestimmungen erhält der Antragsteller, sobald sein Antrag registriert wurde, eine Eingangsbestätigung, es sei denn, der Bescheid erging postwendend.

Die Eingangsbestätigung und der Bescheid werden schriftlich, eventuell per elektronische Post, versandt.

Der Antragsteller wird vom Generaldirektor oder dem Leiter des für den Antrag zuständigen Dienstes oder von einem zu diesem Zweck innerhalb des Generalsekretariats benannten Direktor bzw. von einem innerhalb des OLAF benannten Direktor, sofern sich der Antrag auf Dokumente im Zusammenhang mit in Artikel 2 Absätze 1 und 2 des Beschlusses 1999/352/EG, EGKS, Euratom der Kommission[2]) zur Errich-

---

[2]) ABl. L 136 vom 31.5.1999, S. 20.

tung des OLAF vorgesehenen, von OLAF durchgeführten Maßnahmen bezieht, oder aber von dem Beamten, der zu diesem Zweck bestimmt wurde, darüber unterrichtet, wie sein Antrag beschieden wurde.

In jedem, selbst teilweise, ablehnenden Bescheid wird der Antragsteller über sein Recht informiert, innerhalb von 15 Werktagen nach Eingang des Bescheides einen Zweitantrag beim Generalsekretariat der Kommission oder beim Direktor des OLAF, sofern der Zweitantrag Dokumente im Zusammenhang mit in Artikel 2 Absätze 1 und 2 des Beschlusses 1999/352/EG, EGKS, Euratom vorgesehenen, von dem OLAF durchgeführten Maßnahmen betrifft, zu stellen.

Artikel 4
Behandlung von Zweitanträgen

Gemäß Artikel 14 der Geschäftsordnung der Kommission wird die Entscheidungsbefugnis über Zweitanträge dem Generalsekretär übertragen. Betrifft der Zweitantrag allerdings Dokumente im Zusammenhang mit in Artikel 2 Absätze 1 und 2 des Beschlusses 1999/352/EG, EGKS, Euratom vorgesehenen, von dem OLAF durchgeführten Maßnahmen, wird die Entscheidungsbefugnis dem Direktor des OLAF übertragen.

Die Generaldirektion oder der Dienst unterstützen das Generalsekretariat bei der Erarbeitung der Entscheidung.

Die Entscheidung wird durch den Generalsekretär oder den Direktor des OLAF nach Zustimmung des Juristischen Dienstes getroffen.

Der Bescheid wird dem Antragsteller schriftlich, gegebenenfalls in elektronischer Form, übermittelt und weist ihn auf sein Recht hin, beim Gericht erster Instanz Klage zu erheben oder beim Europäischen Bürgerbeauftragten Beschwerde einzulegen.

Artikel 5
Konsultationen

(1) Erhält die Kommission einen Antrag auf Zugang zu einem Dokument, in dessen Besitz sie zwar ist, das aber von einem Dritten stammt, prüft die Generaldirektion oder der Dienst, bei der bzw. dem sich das Dokument befindet, die Anwendbarkeit einer der in Artikel 4 der Verordnung (EG)Nr. 1049/2001 vorgesehenen Ausnahmen. Handelt es sich bei dem beantragten Dokument um eine Verschlusssache gemäß den Schutzvorschriften der Kommission, ist Artikel 6 dieser Bestimmungen anzuwenden.

(2) Gelangt die Generaldirektion oder der Dienst, bei der bzw. dem sich das Dokument befindet, nach dieser Prüfung zu der Auffassung, dass der Zugang zu dem beantragten Dokument entsprechend einer der in Artikel 4 der Verordnung (EG)

Nr. 1049/2001 vorgesehenen Ausnahmen zu verweigern ist, wird die Ablehnung dem Antragsteller ohne Konsultation des Dritten zugestellt.

(3) Die Generaldirektion oder der Dienst, bei der bzw. dem sich das Dokument befindet, erteilt einen positiven Bescheid, ohne den externen Verfasser zu konsultieren, wenn:

a) das beantragte Dokument entweder durch seinen Verfasser bzw. aufgrund der Verordnung oder entsprechender Bestimmungen bereits verbreitet wurde;

b) die, möglicherweise auch teilweise Verbreitung seines Inhalts nicht wesentlich gegen eines der in Artikel 4 der Verordnung (EG) Nr. 1049/ 2001 vorgesehenen Interessen verstößt.

(4) In allen anderen Fällen wird der Urheber außerhalb der Organe konsultiert. Insbesondere in Fällen, in denen der Antrag auf Zugang zu einem Dokument eines Mitgliedstaates gestellt wird, konsultiert die Generaldirektion oder der Dienst, bei der bzw. dem sich das Dokument befindet, die Heimatbehörde, wenn:

a) das Dokument der Kommission vor dem Inkrafttreten der Verordnung (EG) Nr. 1049/ 2001 übermittelt wurde;

b) der Mitgliedstaat die Kommission ersucht hat, das Dokument gemäß den Bestimmungen von Artikel 4 Absatz 5 der Verordnung (EG) Nr. 1049/2001 nicht ohne seine vorherige Zustimmung zu verbreiten.

(5) Der konsultierte Dritte verfügt über eine Beantwortungsfrist, die mindestens fünf Werktage beträgt und es gleichzeitig der Kommission ermöglichen muss, ihre eigenen Beantwortungsfristen zu wahren. Geht innerhalb der festgesetzten Frist keine Antwort ein, oder ist der Dritte nicht auffindbar bzw. nicht feststellbar, entscheidet die Kommission entsprechend der Ausnahmeregelung von Artikel 4 der Verordnung (EG) Nr. 1049/2001 unter Berücksichtigung der berechtigten Interessen des Dritten auf der Grundlage der Angaben, über die sie verfügt.

(6) Sofern die Kommission beabsichtigt, gegen den ausdrücklichen Wunsch seines Verfassers den Zugang zu einem Dokument zu gewähren, unterrichtet sie den Verfasser über ihre Absicht, das Dokument nach einer Frist von zehn Werktagen freizugeben und verweist ihn auf die Rechtsmittel, die ihm zur Verfügung stehen, um diese Freigabe zu verhindern.

(7) Erhält ein Mitgliedstaat einen Antrag auf Zugang zu einem Dokument, das von der Kommission stammt, kann er sich zu Konsultationszwecken an das Generalsekretariat wenden, das die für das Dokument innerhalb der Kommission zuständige Generaldirektion oder den zuständigen Dienst benennt. Die Generaldirektion oder der Dienst, die bzw. der das Dokument verfasst hat, bearbeitet diesen Antrag nach Konsultation des Generalsekretariats.

Artikel 6
Behandlung der Anträge auf Zugang zu Verschlusssachen

Betrifft der Antrag auf Zugang zu einem Dokument ein sensibles Dokument entsprechend der Definition in Artikel 9, Absatz 1 der Verordnung (EG) Nr. 1049/2001 oder eine andere Verschlusssache gemäß den Schutzvorschriften der Kommission, wird er von Beamten geprüft, die befugt sind, dieses Dokument einzusehen.

Wird der Antrag auf Zugang zu einer Verschlusssache ganz oder teilweise abschlägig beschieden, so ist dies auf die Grundlage der in Artikel 4 der Verordnung (EG) Nr. 1049/2001 genannten Ausnahmeregelungen zu begründen. Stellt sich heraus, dass der Zugang zu dem beantragten Dokument auf der Grundlage dieser Ausnahmeregelungen nicht abgelehnt werden kann, sorgt der Beamte, der diesen Antrag prüft, für die Freigabe des Dokumentes, bevor es dem Antragsteller übermittelt wird.

In jedem Fall ist für den Zugang zu einem sensiblen Dokument das Einverständnis der Heimatbehörde erforderlich.

Artikel 7
Ausübung des Zugangsrechts

Die Dokumente werden je nach Art des Antrags schriftlich, per Fax oder gegebenenfalls per E-Mail versandt. Bei umfangreichen oder schwer handzuhabenden Dokumenten kann der Antragsteller gebeten werden, die Dokumente vor Ort einzusehen. Diese Einsichtnahme ist kostenlos.

Ist das Dokument veröffentlicht worden, so sind in dem Bescheid Hinweise zur Veröffentlichung bzw. zu der Stelle zu geben, wo das Dokument verfügbar ist, sowie gegebenenfalls die Internet-Adresse des Dokumentes auf dem Server EUROPA.

Überschreitet der Umfang des beantragten Dokumentes 20 Seiten, kann dem Antragsteller eine Gebühr von 0,10 EUR je Seite zuzüglich Versandkosten in Rechnung gestellt werden. Über die Kosten im Zusammenhang mit anderen Hilfsmitteln wird von Fall zu Fall entschieden, ohne dass diese über einen angemessenen Betrag hinausgehen dürfen.

Artikel 8
Maßnahmen zur Erleichterung des Zugangs zu den Dokumenten

(1) Der Umfang des in Artikel 11 der Verordnung (EG) Nr. 1049/2001 vorgesehenen Registers wird schrittweise erweitert und auf der Startseite der EUROPA-Webseite angegeben.

Das Register enthält den Titel des Dokumentes (in den Sprachen, in denen es verfügbar ist), die Signatur und andere nützliche Hinweise, eine Angabe zu seinem Verfasser und das Datum seiner Erstellung oder seiner Verabschiedung.

Eine Hilfsseite (in allen Amtssprachen) unterrichtet die Öffentlichkeit darüber, wie das Dokument erhältlich ist. Handelt es sich um ein veröffentlichtes Dokument, erfolgt ein Verweis auf den Gesamttext.

(2) Die Kommission erarbeitet einen Leitfaden, der die Öffentlichkeit über ihre Rechte aufgrund der Verordnung (EG) Nr. 1049/2001 informiert. Dieser Leitfaden wird in allen Amtssprachen auf der EUROPA-Webseite sowie als Broschüre veröffentlicht.

Artikel 9
Unmittelbar öffentlich zugängliche Dokumente

(1) Die Bestimmungen dieses Artikels finden nur auf solche Dokumente Anwendung, die nach Inkrafttreten der Verordnung (EG) Nr. 1049/2001 erstellt oder erhalten wurden.

(2) Folgende Dokumente werden auf Anfrage automatisch zur Verfügung gestellt und, soweit möglich, unmittelbar in elektronischer Form zugänglich gemacht:

a) Tagesordnungen der Kommissionssitzungen;

b) gewöhnliche Protokolle der Kommissionssitzungen nach ihrer Genehmigung;

c) von der Kommission verabschiedete Texte, die zur Veröffentlichung im Amtsblatt der Europäischen Gemeinschaften bestimmt sind;

d) Dokumente Dritter, die bereits vom Verfasser oder mit seiner Zustimmung veröffentlicht worden sind;

e) Dokumente, die bereits im Zusammenhang mit einem früheren Antrag veröffentlicht wurden.

(3) Sofern eindeutig feststeht, dass keine der in Artikel 4 der Verordnung (EG) Nr. 1049/2001 vorgesehenen Ausnahmen auf sie Anwendung findet, können folgende Dokumente, soweit möglich in elektronischer Form, verbreitet werden, vorausgesetzt, sie geben keine persönlichen Meinungen oder Stellungnahmen wieder:

a) nach Verabschiedung eines Vorschlags für einen Rechtsakt des Rates bzw. des Europäischen Parlaments und des Rates die vorbereitenden Dokumente zu diesen Vorschlägen, die dem Kollegium während des Verfahrens der Annahme vorgelegt wurden;

b) nach Verabschiedung eines Rechtsakts der Kommission aufgrund der ihr verliehenen Ausführungsbefugnisse die vorbereitenden Dokumente zu diesen Rechtsakten, die dem Kollegium während des Verfahrens der Annahme vorgelegt wurden;

c) nach Verabschiedung eines Rechtsakts aufgrund ihrer eigenen Befugnisse, einer Mitteilung, eines Berichts oder eines Arbeitsdokumentes durch die Kommission, die vorbereitenden Dokumente zu diesen Dokumenten, die dem Kollegium während des Verfahrens der Annahme vorgelegt wurden.

Artikel 10
Interne Organisation

Die Generaldirektoren und Leiter der Dienste entscheiden über die Erstanträge. Zu diesem Zweck benennen sie einen Beamten, der die Anträge auf Zugang zu einem Dokument prüft und die Stellungnahme seiner Generaldirektion oder seines Dienstes koordiniert.

Dem Generalsekretariat wird zur Kenntnisnahme mitgeteilt, wie die Erstanträge beschieden wurden.

Der für den Erstantrag verantwortlichen Generaldirektion oder dem hierfür verantwortlichen Dienst wird mitgeteilt, dass ein Zweitantrag gestellt wurde.

Das Generalsekretariat sorgt für die reibungslose Koordinierung und einheitliche Anwendung dieser Vorschriften durch die Generaldirektionen und Kommissionsdienste. Hierzu stellt es alle notwendigen Leitlinien und Verhaltensmaßregeln zur Verfügung.

Geo
Betrugs-
bekämpfung
Verschluss-
sachen

ANHANG IV

BESTIMMUNGEN ZUR VERWALTUNG VON DOKUMENTEN

In Erwägung nachstehender Gründe:

(1) Die Maßnahmen und Beschlüsse der Kommission in den Bereichen Politik, Gesetzgebung, Technik, Finanzen und Verwaltung führen alle irgendwann zur Erstellung von Dokumenten.

(2) Diese Dokumente müssen gemäß den für alle Generaldirektionen und gleichgestellten Dienste geltenden Vorschriften verwaltet werden, da sie gleichzeitig eine direkte Verbindung zu den laufenden Maßnahmen und ein Abbild der abge-

schlossenen Maßnahmen der Kommission in ihrer doppelten Funktion als europäisches Organ und europäische öffentliche Verwaltung darstellen.

(3) Diese einheitlichen Vorschriften müssen gewährleisten, dass die Kommission jederzeit Rechenschaft über das ablegen kann, dessen sie rechenschaftspflichtig ist. Deshalb müssen die Dokumente und Akten, die sich bei einer Generaldirektion bzw. einem gleichgestellten Dienst befinden, die Arbeit des Organs nachvollziehbar machen, den Informationsaustausch erleichtern, erfolgte Tätigkeiten belegen und den rechtlichen Verpflichtungen, denen die Dienste unterliegen, entsprechen.

(4) Die Umsetzung der zuvor genannten Vorschriften erfordert die Einrichtung einer adäquaten und soliden Organisationsstruktur sowohl auf Ebene der einzelnen Generaldirektionen bzw. gleichgestellten Dienste, als auch dienstübergreifend und auf Ebene der Kommission.

(5) Die Erstellung und Einführung eines Aktenplans, gestützt auf eine Nomenklatur, die allen Kommissionsdiensten im Rahmen des maßnahmenbezogenen Managements (MBM) des Organs gemeinsam sein wird, ermöglichen eine Strukturierung der Dokumente in Akten und erleichtern den Zugang dazu sowie die Transparenz.

(6) Eine effiziente Verwaltung der Dokumente ist für eine effiziente Politik des öffentlichen Zugangs zu den Dokumenten der Kommission unerlässlich; die Ausübung dieses Zugangsrechts durch den Bürger wird erleichtert durch die Einrichtung von Registern mit Verweisen auf die Dokumente, die von der Kommission erstellt wurden oder bei ihr eingegangen sind.

Artikel 1

Begriffsbestimmungen

Im Sinne dieser Bestimmungen bedeutet:

– *Dokument*: Inhalte, die von der Europäischen Kommission erstellt wurden oder bei ihr eingegangen sind, und die einen Sachverhalt im Zusammenhang mit den Politiken, Maßnahmen und Entscheidungen aus dem Zuständigkeitsbereich des Organs im Rahmen seines offiziellen Auftrags betreffen, unabhängig von der Form des Datenträgers (auf Papier oder in elektronischer Form, Ton-, Bild- oder audiovisuelles Material)

– *Akte*: der Kern, um den die Dokumente entsprechend der Geschäftstätigkeit des Organs zu Nachweis-, Rechtfertigungs- oder Informationszwecken sowie zur Gewährleistung der Arbeitseffizienz organisiert werden.

Artikel 2

Gegenstand

Diese Bestimmungen legen die Grundsätze der Verwaltung von Dokumenten fest.

Die Verwaltung von Dokumenten muss Folgendes gewährleisten:

– die Erstellung, den Empfang und die Aufbewahrung der Dokumente in vorschriftsmäßiger Form;

– die Kennzeichnung jedes Dokuments mit Hilfe angemessener Kennzeichen, die seine einfache Zuordnung und Suche sowie Verweise auf dasselbe ermöglichen;

– die Bewahrung des Gedächtnisses des Organs, die Erhaltung der Nachweise über durchgeführte Maßnahmen und die Beach-

tung der rechtlichen Verpflichtungen, denen die Dienste unterliegen;

– den einfachen Informationsaustausch;

– die Beachtung der Verpflichtung zur Transparenz des Organs.

Artikel 3

Einheitliche Vorschriften

Dokumente unterliegen folgenden Arbeitsgängen:

– Registrierung,

– Ablage,

– Aufbewahrung,

– Abgabe der Akten an das Historische Archiv.

Diese Arbeitsgänge werden im Rahmen der für alle Generaldirektionen und gleichgestellten Dienste der Kommission einheitlichen Vorschriften durchgeführt.

Artikel 4

Registrierung

Vom Zeitpunkt seines Eingangs oder seiner formalen Erstellung durch einen Dienst unterliegt ein Dokument, unabhängig von der Form des Datenträgers, einer Analyse, die das weitere Verfahren bestimmt, welches dem Dokument vorbehalten ist, mithin die Verpflichtung, es zu registrieren oder nicht.

Ein Dokument, das von einem Kommissionsdienst erstellt wurde oder bei diesem eingegangen ist, muss registriert werden, wenn es wichtige dauerhafte Informationen enthält und/oder zu einem Tätigwerden oder zu Folgemaßnahmen der Kommission bzw. einem ihrer Dienste führen kann. Handelt es sich um ein erstelltes Dokument, erfolgt die Registrierung durch den ausfertigenden Dienst in dem System, dem es entstammt. Handelt es sich um ein eingegangenes Dokument, wird die Registrierung von dem Dienst vorgenommen, an den es gerichtet wurde. Bei jeder weiteren Bearbeitung dieses auf diese Weise registrierten Dokuments muss auf die ursprüngliche Registrierung verwiesen werden.

Die Registrierung muss die deutliche und sichere Identifikation der von der Kommission oder einem ihrer Dienste erstellten oder bei diesen eingegangenen Dokumente erlauben, in einer Weise, die die Rückverfolgbarkeit der betreffenden Dokumente während ihres vollständigen Lebenszyklus gewährleistet.

Die Registrierung gibt Anlass zur Anlegung von Registern die Angaben zu den Dokumenten enthalten.

Artikel 5

Ablage

Die Generaldirektionen und gleichgestellten Dienste erstellen einen Aktenplan, der ihren spezifischen Erfordernissen entspricht.

Dieser Aktenplan, der mit Mitteln der Informationstechnik zugänglich sein wird, ist auf eine vom Generalsekretariat für alle Kommissionsdienste definierte gemeinsame Nomenklatur gestützt. Diese Nomenklatur fügt sich in den Rahmen des maßnahmenbezogenen Managements (MBM) der Kommission ein.

Die registrierten Dokumente werden in Akten organisiert. Für jeden Vorgang, der in die Zuständigkeit der Generaldirektion oder des gleichgestellten Dienstes fällt, wird eine einzige offizielle Akte angelegt. Jede offizielle Akte muss vollständig sein und der Geschäftstätigkeit des jeweiligen Dienstes in Bezug auf den Vorgang entsprechen.

Das Anlegen einer Akte und ihre Eingliederung in den Aktenplan einer Generaldirektion oder eines gleichgestellten Dienstes obliegt dem für den jeweiligen Bereich zuständigen Dienst entsprechend den anzuwendenden Modalitäten, die in den einzelnen Generaldirektionen oder gleichgestellten Diensten festzulegen sind.

Artikel 6
Aufbewahrung

Jede Generaldirektion bzw. gleichgestellter Dienst stellt den materiellen Schutz der Dokumente, die sich in deren Zuständigkeit befinden sowie den kurz- und mittelfristigen Zugang zu diesen Dokumenten sicher. Sie müssen ferner in der Lage sein, die dazugehörigen Akten bereitzustellen oder zu rekonstruieren.

Die Verwaltungsvorschriften und die rechtlichen Verpflichtungen bestimmen die Mindestaufbewahrungsdauer eines Dokuments.

Jede Generaldirektion bzw. gleichgestellter Dienst legt ihre interne Organisationsstruktur im Hinblick auf die Aufbewahrung ihrer Akten fest. Die Mindestaufbewahrungsdauer innerhalb ihrer Dienste richtet sich nach einer gemeinsamen Liste, die entsprechend den in Artikel 12 genannten Anwendungsmodalitäten erstellt wurde und für die gesamte Kommission gilt.

Artikel 7
Vorauswahl und Abgabe an das Historische Archiv

Unbeschadet der in Artikel 6 genannten Mindestaufbewahrungsfristen treffen die in Artikel 9 genannten Registraturen in regelmäßigen Abständen gemeinsam mit den für die Akten zuständigen Diensten eine Vorauswahl der Dokumente und Akten im Hinblick auf ihre Archivwürdigkeit und eine mögliche Abgabe an das Historische Archiv der Kommission. Nach Prüfung der Vorschläge kann das Historische Archiv die Abgabe ablehnen. Jede ablehnende Entscheidung wird begründet und den betreffenden Diensten mitgeteilt.

Akten und Dokumente, deren Aufbewahrung durch die Dienste sich als nicht mehr notwendig

erweist, werden spätestens fünfzehn Jahre nach ihrer Erstellung über die Registraturen und unter der Verantwortung des Generaldirektors an das Historische Archiv der Kommission abgegeben. Danach werden diese Akten und Dokumente einer Bewertung entsprechend den Regeln, die in den in Artikel 12 genannten Anwendungsmodalitäten festgelegt sind, unterzogen. Diese Bewertung dient dazu, diejenigen Akten und Dokumente, die aufbewahrt werden müssen, von denen zu trennen, die weder von administrativem noch von historischem Interesse sind.

Das Historische Archiv verfügt über besondere Magazine für die Aufbewahrung dieser übernommenen Akten und Dokumente. Auf Anfrage werden sie für die Generaldirektion bzw. gleichgestellten Dienst, aus der sie stammen, bereitgestellt.

Artikel 8
Verschlusssachen

Als Verschlusssache eingestufte Dokumente werden entsprechend den geltenden Schutzvorschriften behandelt.

Artikel 9
Registraturen

Jede Generaldirektion bzw. gleichgestellter Dienst richtet unter Berücksichtigung ihrer Struktur und ihrer Sachzwänge eine oder mehrere Registraturen ein.

Die Registraturen haben zu gewährleisten, dass die in ihrer Generaldirektion bzw. Dienst erstellten oder dort eingegangenen Dokumente entsprechend den festgelegten Vorschriften verwaltet werden.

Artikel 10
Beauftragte für die Verwaltung von Dokumenten

Jeder Generaldirektor oder Dienstleiter benennt einen Beauftragten für die Verwaltung von Dokumenten.

Im Zuge der Einrichtung eines modernen und leistungsfähigen Verwaltungs- und Archivierungssystems der Dokumente kontrolliert dieser Beauftragte folgende Aufgaben:

– Identifizierung der verschiedenen für die Aufgabenfelder seiner Generaldirektion oder seines gleichgestellten Dienstes spezifischen Arten von Dokumenten und Akten;

– Erstellung eines Inventars der bestehenden Datenbanken und Informationssysteme sowie dessen Aktualisierung;

– Erstellung des Aktenplans seiner Generaldirektion bzw. gleichgestellten Dienstes;

– Festlegung besonderer Vorschriften und Verfahren seiner Generaldirektion oder seines gleichgestellten Dienstes für die Verwaltung

der Dokumente und Akten sowie Kontrolle ihrer Anwendung;
– Organisation von Schulungen der Mitarbeiter, die mit der Durchführung, der Überwachung und den Folgemaßnahmen der in diesen Bestimmungen festgelegten Verwaltungsvorschriften in seiner Generaldirektion oder seinem gleichgestellten Dienst betraut sind.

Der Beauftragte gewährleistet die horizontale Koordinierung zwischen der oder den Registraturen und den übrigen beteiligten Dienststellen.

Artikel 11
Dienstübergreifende Gruppe von Beauftragten für die Verwaltung von Dokumenten

Es wird eine dienstübergreifende Gruppe von Beauftragten für die Verwaltung von Dokumenten unter Vorsitz des Generalsekretariats eingerichtet, die folgende Aufgaben wahrnimmt:
– Kontrolle der korrekten und einheitlichen Anwendung dieser Bestimmungen in den Dienststellen;
– Behandlung eventueller Fragen bei der Anwendung derselben;
– Beteiligung an der Erarbeitung der in Artikel 12 genannten Anwendungsmodalitäten;
– Weiterleitung des Schulungsbedarfs sowie des Bedarfs an Unterstützungsmaßnahmen der Generaldirektionen und gleichgestellten Dienste.

Die Gruppe wird von ihrem Vorsitzenden auf dessen Initiative oder auf Anfrage einer Generaldirektion bzw. eines gleichgestellten Dienstes einberufen.

Artikel 12
Anwendungsmodalitäten

Die Anwendungsmodalitäten dieser Bestimmungen werden vom Generalsekretär im Einvernehmen mit dem Generaldirektor für Personal und Verwaltung auf Vorschlag der dienstübergreifenden Gruppe von Beauftragten für die Verwaltung von Dokumenten erlassen und regelmäßig aktualisiert.

Bei der Aktualisierung sind insbesondere folgende Aspekte zu berücksichtigen:
– Entwicklung neuer Technologien im Bereich der Information und Kommunikation;
– Weiterentwicklung der Dokumentationswissenschaften sowie Forschungsergebnisse auf Gemeinschafts- und internationaler Ebene einschließlich der Entwicklung von Normen in diesem Bereich;

– Verpflichtungen der Kommission im Hinblick auf Transparenz und öffentlichen Zugang zu den Dokumenten und zu den Dokumentenregistern;
– Entwicklungen im Hinblick auf Standardisierung und formalen Aufbau der Dokumente der Kommission und ihrer Dienste;
– Definition der anzuwendenden Vorschriften im Hinblick auf den Beweiswert elektronischer Dokumente.

Artikel 13
Umsetzung innerhalb der Dienste

Jeder Generaldirektor bzw. Dienstleiter schafft die organisatorischen, administrativen, materiellen und personellen Voraussetzungen für die praktische Umsetzung dieser Bestimmungen und ihrer Anwendungsmodalitäten durch seine Dienststellen.

Artikel 14
Information, Schulung und Unterstützung

Das Generalsekretariat und die Generaldirektion für Personal und Verwaltung stellen Informations-, Schulungs- und Unterstützungsmaßnahmen bereit, die für die erfolgreiche Umsetzung und Durchführung dieser Bestimmungen in den Generaldirektionen und gleichgestellten Diensten notwendig sind.

Bei der Festlegung der Schulungsmaßnahmen berücksichtigen sie sorgfältig den von der dienstübergreifenden Gruppe von Beauftragten für die Verwaltung von Dokumenten festgestellten Schulungs- und Unterstützungsbedarf der Generaldirektionen und gleichgestellten Dienste.

Artikel 15
Durchführung der Bestimmungen

Das Generalsekretariat sorgt in Absprache mit den Generaldirektoren und Dienstleitern für die Durchführung der vorliegenden Bestimmungen.

ANHANG V
VORSCHRIFTEN DER KOMMISSION ÜBER OPERATIONELLE VERFAHREN FÜR DAS KRISENMANAGEMENT
(aufgehoben)
STANDARD-SICHERHEITS-MASSNAHMEN UND ALARMSTUFEN
s. Pkt. 9/1a.

ANHANG VI
BESTIMMUNGEN DER KOMMISSION ÜBER ELEKTRONISCHE UND NUMMERISIERTE DOKUMENTE

In Erwägung nachstehender Gründe:

(1) Die allgemeine Verwendung der neuen Informations- und Kommunikationstechnologien durch die Kommission für ihre interne Tätigkeit und beim Austausch von Dokumenten mit externen Stellen, insbesondere den gemeinschaftlichen Verwaltungen einschließlich den Einrichtungen, die für die Durchführung bestimmter Gemeinschaftspolitiken zuständig sind, und den nationalen Verwaltungen hat zur Folge, dass das Dokumentationssystem der Kommission immer mehr elektronische und nummerisierte Dokumente enthält.

(2) Entsprechend dem Weißbuch über die Reform der Kommission[1]), dessen Maßnahmen 7, 8 und 9 den Übergang zur elektronischen Kommission sicherstellen sollen, und der Mitteilung „Auf dem Weg zur elektronischen Kommission: Umsetzungsstrategie 2001 – 2005 (Maßnahmen 7, 8 und 9 des Reformweißbuches)"[2]) hat die Kommission im Rahmen ihrer internen Tätigkeit und der Beziehungen zwischen den Dienststellen die Entwicklung von Informatiksystemen für die elektronische Verwaltung von Dokumenten und elektronische Verfahren verstärkt.

(3) Mit Beschluss 2002/47/EG, EGKS, Euratom[3]) hat die Kommission Bestimmungen zur Verwaltung von Dokumenten im Anhang zu ihrer Geschäftsordnung angefügt, damit sie insbesondere jederzeit Rechenschaft über Handlungen ablegen kann, für die sie rechenschaftspflichtig ist. Die Kommission hat sich in ihrer Mitteilung über die Vereinfachung und Modernisierung der Verwaltung ihrer Dokumente[4]) mittelfristig das Ziel gesetzt, eine auf gemeinsamen Bestimmungen und Verfahren beruhende, für alle Dienststellen geltende elektronische Archivierung von Dokumenten einzurichten.

(4) Die Verwaltung von Dokumenten muss unter Einhaltung der für die Kommission gebotenen Sicherheitsregeln insbesondere im Bereich der Klassifizierung von Dokumenten gemäß dem Beschluss 2001/844/EG, EGKS, Euratom[5]), des Schutzes von Informationssystemen gemäß dem Beschluss K(95) 1510 und des Schutzes personenbezogener Daten gemäß der Verordnung (EG) Nr. 45/2001 des Europäischen Parlaments und des Rates[6]) erfolgen. Der Dokumentations-

raum der Kommission muss so gestaltet sein, dass die Informationssysteme sowie die Übertragungsnetze und -mittel, die ihn speisen, durch geeignete Sicherheitsmaßnahmen geschützt sind.

(5) Es ist erforderlich, Bestimmungen über die Bedingungen für die Gültigkeit elektronischer und nummerisierter oder auf elektronischem Wege übermittelter Dokumente in Bezug auf die Kommission anzunehmen, sofern diese Bedingungen nicht bereits anderweitig festgelegt sind, sowie auch Bedingungen für die Aufbewahrung der Dokumente anzunehmen, die die Unverfälschtheit und Lesbarkeit dieser Dokumente und der begleitenden Metadaten im Laufe der Zeit für die gesamte geforderte Aufbewahrungsdauer garantieren –

BESCHLIESST:

Artikel 1
Zweck

Diese Bestimmungen legen die Bedingungen für die Gültigkeit elektronischer und nummerisierter Dokumente in Bezug auf die Kommission fest. Sie stellen ebenfalls darauf ab, die Echtheit, Unverfälschtheit und Lesbarkeit dieser Dokumente und der begleitenden Metadaten im Laufe der Zeit zu garantieren.

Artikel 2
Anwendungsbereich

Diese Bestimmungen gelten für elektronische und nummerisierte Dokumente, die von der Kommission erstellt wurden oder bei ihr eingegangen sind und sich in ihrem Besitz befinden.

Sie können im Wege einer Vereinbarung auf elektronische und nummerisierte Dokumente im Besitz anderer Stellen, die für die Durchführung bestimmter Gemeinschaftspolitiken zuständig sind, oder auf Dokumente erweitert werden, die im Rahmen von Telematiknetzen, an denen die Kommission teilnimmt, zwischen Verwaltungen ausgetauscht werden.

Artikel 3
Begriffsbestimmungen

Im Sinne dieser Bestimmung bedeutet:

1. „Dokument". ein Dokument im Sinne von Artikel 3 Buchstabe a) der Verordnung (EG) Nr. 1049/2001 des Europäischen Parlaments und des Rates[7]) und Artikel 1 der Bestimmungen zur Verwaltung von Dokumenten im Anhang zur Geschäftsordnung der Kommission, nachstehend als „Bestimmungen zur Verwaltung von Dokumenten" bezeichnet;

---

[1]) K(2000) 200.
[2]) SEK(2001) 924.
[3]) ABl. L 21 vom 24.1.2002, S. 23.
[4]) K(2002) 99 endg.
[5]) ABl. L 317 vom 3.12.2001, S. 1.
[6]) ABl. L 8 vom 12.1.2001, S. 1.

[7]) ABl. L 145 vom 31.5.2001, S. 43.

2. „**elektronisches Dokument**". ein Datensatz, der auf jedwedem Träger durch ein Informatiksystem oder ein ähnliches Mittel erfasst oder aufbewahrt wird und von Personen oder solchen Systemen oder Mitteln gelesen oder wahrgenommen werden kann, sowie Aufzeichnung und Ausgang dieser Daten in Druckform oder auf andere Weise;

3. „**Nummerisierung von Dokumenten**". das Verfahren, mit dem Papierdokumente oder andere traditionelle Träger in elektronische Bilder umgewandelt werden. Die Nummerisierung betrifft alle Dokumentenarten und kann ausgehend von verschiedenen Trägern wie Papier, Fax, Mikroformen (Mikrofiche, Mikrofilm), Fotos, Video- oder Audiokassetten und Filmen erfolgen;

4. „**Lebensdauer eines Dokuments**". sämtliche Abschnitte oder Perioden des Bestehens eines Dokuments vom Zeitpunkt seines Eingangs oder seiner formalen Erstellung im Sinne von Artikel 4 der Bestimmungen zur Verwaltung von Dokumenten bis zu seiner Abgabe an das Historische Archiv der Kommission und seiner Öffnung für die Bürger oder seiner Zerstörung im Sinne von Artikel 7 dieser Bestimmungen;

5. „**Dokumentationssystem der Kommission**". alle Dokumente, Akten und Metadaten, die von der Kommission erstellt, empfangen, registriert, zugeordnet und aufbewahrt werden;

6. „**Unverfälschtheit**". die Tatsache, dass die in dem Dokument enthaltenen Informationen und die begleitenden Metadaten vollständig (alle Daten sind vorhanden) und richtig (alle Daten sind unverändert) sind;

7. „**Lesbarkeit im Laufe der Zeit**". die Tatsache, dass die in den Dokumenten enthaltenen Informationen und die begleitenden Metadaten für alle Personen, die dazu Zugang haben müssen oder können, während der gesamten Lebensdauer dieser Dokumente ab ihrer formalen Erstellung oder ihrem Eingang bis zu ihrer Abgabe an das Historische Archiv der Kommission und ihrer Öffnung für die Bürger oder ihrer genehmigten Zerstörung nach Maßgabe der geforderten Aufbewahrungsdauer leicht lesbar bleiben;

8. „**Metadaten**". Daten, die den Zusammenhang, Inhalt und Aufbau der Dokumente sowie ihre Verwaltung im Laufe der Zeit beschreiben, wie sie in den Anwendungsmodalitäten der Bestimmungen zur Verwaltung von Dokumenten festgelegt sind und durch Anwendungsmodalitäten dieser Bestimmungen ergänzt werden;

9. „**elektronische Signatur**". die elektronische Signatur im Sinne von Artikel 2 Nummer 1 der Richtlinie 1999/93/EG des Europäischen Parlaments und des Rates[8]);

---

[8]) ABl. L 13 vom 19.1.2000, S. 12.

10. „**fortgeschrittene elektronische Signatur**". die elektronische Signatur im Sinne von Artikel 2 Nummer 2 der Richtlinie 1999/93/EG.

Artikel 4
Gültigkeit elektronischer Dokumente

(1) Verlangt eine anwendbare gemeinschaftsrechtliche oder nationale Bestimmung das unterzeichnete Original eines Dokuments, so erfüllt ein elektronisches Dokument, das von der Kommission erstellt wurde oder bei ihr eingegangen ist, dieses Erfordernis, wenn das betreffende Dokument eine fortgeschrittene elektronische Signatur, die auf einem qualifizierten Zertifikat beruht und von einer sicheren Signaturerstellungseinheit erstellt worden ist, oder eine elektronische Signatur enthält, die gleichwertige Garantien in Bezug auf die einer Signatur zugewiesen Funktionen bietet.

(2) Verlangt eine anwendbare gemeinschaftsrechtliche oder nationale Bestimmung die schriftliche Erstellung eines Dokuments, nicht aber das unterzeichnete Original, so erfüllt ein elektronisches Dokument, das von der Kommission erstellt wurde oder bei ihr eingegangen ist, dieses Erfordernis, wenn die Person, von der es stammt, hinreichend identifiziert ist und das Dokument unter Bedingungen erstellt wird, die die Unverfälschtheit seines Inhalts und der begleitenden Metadaten garantieren und es unter den in Artikel 7 dargelegten Bedingungen aufbewahrt wird.

(3) Dieser Artikel ist ab dem auf die Annahme der Anwendungsmodalitäten nach Artikel 9 folgenden Tag anwendbar.

Artikel 5
Gültigkeit elektronischer Verfahren

(1) Ist nach einem internen Verfahren der Kommission die Signatur einer ermächtigten Person oder die Zustimmung einer Person zu einem oder mehreren Abschnitten dieses Verfahrens erforderlich, so kann es rechnergestützt verwaltet werden, sofern alle Personen sicher und eindeutig identifiziert werden und das betreffende System Garantien für die Unveränderbarkeit des Inhalts sowie auch der Verfahrensschritte bietet.

(2) Umfasst ein Verfahren die Kommission und andere Stellen und ist die Signatur einer ermächtigten Person oder die Zustimmung einer Person zu einem oder mehreren Abschnitten dieses Verfahrens erforderlich, so kann es rechnergestützt verwaltet werden, wobei die Bedingungen und technischen Garantien in einer Vereinbarung geregelt werden.

Artikel 6

Elektronische Übermittlung

(1) Die Übermittlung von Dokumenten durch die Kommission an einen internen oder externen Empfänger kann über die für den betreffenden Fall geeignetsten Kommunikationsmittel erfolgen.

(2) Die Übermittlung von Dokumenten an die Kommission kann über alle Kommunikationsmittel, einschließlich auf elektronischem Weg mittels Kopie, E-Mail, elektronischem Formular oder Internet erfolgen.

(3) Die Absätze 1 und 2 finden keine Anwendung, wenn eine gemäß einem Abkommen oder einer Vereinbarung zwischen den Parteien anwendbare gemeinschaftsrechtliche oder nationale Bestimmung besondere Übermittlungsarten oder besondere Förmlichkeiten in Bezug auf die Übermittlung vorschreibt.

Artikel 7

Aufbewahrung

(1) Die Aufbewahrung elektronischer und nummerisierter Dokumente durch die Kommission muss während der gesamten erforderlichen Dauer unter folgenden Bedingungen sichergestellt werden:

a) Das Dokument wird in der Form aufbewahrt, in der es erstellt, abgesandt oder empfangen wurde bzw. in einer Form, die die Unverfälschtheit des Inhalts des Dokuments sowie der begleitenden Metadaten wahrt.

b) Der Inhalt des Dokuments und der begleitenden Metadaten ist während der gesamten Aufbewahrungsdauer von allen lesbar, die zugangsberechtigt sind.

c) Bei einem auf elektronischem Weg abgesandten oder empfangenen Dokument gehören jene Informationen, die die Feststellung seiner Herkunft und Bestimmung ermöglichen, sowie das Datum und die Uhrzeit der Absendung oder des Empfangs zu den Metadaten, die jedenfalls aufbewahrt werden müssen.

d) Bei elektronischen Verfahren, die von Informatiksystemen gestützt werden, müssen die Angaben über die förmlichen Abschnitte des Verfahrens in einer Weise aufbewahrt werden, dass diese Abschnitte sowie der Urheber und Beteiligte erkennbar sind.

(2) Für die Zwecke von Absatz 1 richtet die Kommission ein elektronisches Aufbewahrungssystem ein, das die gesamte Lebensdauer der elektronischen und nummerisierten Dokumente umfasst.

Die technischen Erfordernisse des elektronischen Aufbewahrungssystems werden in den Anwendungsmodalitäten nach Artikel 9 geregelt.

Artikel 8

Sicherheit

Die Verwaltung der elektronischen und nummerisierten Dokumente erfolgt unter Einhaltung der für die Kommission gebotenen Sicherheitsregeln. Dazu werden die Informationssysteme sowie die Übertragungsnetze und -mittel, die das Dokumentationssystem der Kommission speisen, durch geeignete Sicherheitsmaßnahmen im Bereich der Zuordnung von Dokumenten, des Schutzes von Informationssystemen und des Schutzes personenbezogener Daten geschützt.

Artikel 9

Anwendungsmodalitäten

Die Anwendungsmodalitäten dieser Bestimmungen werden in Absprache mit den Generaldirektionen und gleichgestellten Diensten erstellt und vom Generalsekretär der Kommission im Einvernehmen mit dem auf Ebene der Kommission für Informatik zuständigen Generaldirektor erlassen.

Sie werden nach Maßgabe der Entwicklung neuer Technologien im Bereich der Information und Kommunikation und neuer Verpflichtungen, die sich für die Kommission ergeben könnten, regelmäßig aktualisiert.

Geo
Betrugs-
bekämpfung
Verschluss-
sachen
Kom

Artikel 10

Durchführung in den Dienststellen

Die Generaldirektoren bzw. Dienstleiter ergreifen die erforderlichen Maßnahmen, damit die Dokumente, Verfahren und elektronischen Systeme, für die sie verantwortlich sind, den Erfordernissen dieser Bestimmungen und ihrer Anwendungsmodalitäten entsprechen.

Artikel 11

Durchführung der Bestimmungen

Das Generalsekretariat sorgt in Absprache mit den Generaldirektionen und gleichgestellten Diensten, insbesondere mit der in der Kommission für Informatik zuständigen Generaldirektion, für die Durchführung dieser Bestimmungen.

ANHANG VII

KOMMISSIONSBESTIMMUNGEN ZUR EINRICHTUNG DES ALLGEMEINEN FRÜHWARNSYSTEMS ARGUS

In Erwägung nachstehender Gründe:

(1) Um auf Krisen gleich welcher Ursache, die mehrere Sektoren und Politikbereiche betreffen und Maßnahmen auf Gemeinschaftsebene erfordern, in ihren Zuständigkeitsbereichen rascher, wirksamer und koordinierter reagieren zu können, sollte die Kommission ein allgemeines Frühwarnsystem („ARGUS") einrichten.

(2) Das System sollte sich zunächst auf ein internes Kommunikationsnetz gründen, über das die Generaldirektionen und Dienste der Kommission im Krisenfall Informationen austauschen können.

(3) Das System sollte im Lichte der gewonnenen Erfahrungen und des technologischen Fortschritts überprüft werden, um die Verknüpfung und die Koordinierung der bestehenden spezialisierten Netze sicherzustellen.

(4) Es ist erforderlich, ein geeignetes Koordinierungsverfahren für die Beschlussfassung und eine rasche, koordinierte und kohärente Reaktion der Kommission auf schwere, mehrere Sektoren betreffende Krisen festzulegen. Dieses Verfahren muss flexibel gestaltet werden und auf die besonderen Anforderungen und Umstände einer gegebenen Krise zugeschnitten werden können. Dabei ist den bestehenden politischen Instrumenten für die Bewältigung spezifischer Krisensituationen Rechnung zu tragen.

(5) Das System sollte die spezifischen Eigenheiten, Fachkenntnisse, Verfahrensvorschriften und Zuständigkeitsbereiche der bestehenden sektorspezifischen Frühwarnsysteme der Kommission, welche die Kommissionsdienststellen in die Lage versetzen, auf spezifische Krisen in verschiedenen Tätigkeitsbereichen der Gemeinschaft zu reagieren, ebenso berücksichtigen wie den Subsidiaritätsgrundsatz.

(6) Da die Kommunikation von zentraler Bedeutung für die Krisenbewältigung ist, sollte besonderes Gewicht auf die Information der Öffentlichkeit und die wirksame Kommunikation mit den Bürgern über die Presse und verschiedene Kommunikationsmittel und -stellen der Kommission in Brüssel und/oder an geeigneter Stelle gelegt werden.

Artikel 1

Das ARGUS-System

(1) Damit die Kommission auf Krisen gleich welcher Ursache, die mehrere Sektoren und Politikbereiche betreffen und Maßnahmen auf Gemeinschaftsebene erfordern, in ihren Zuständigkeitsbereichen rascher, wirksamer und kohären-

ter reagieren kann, wird ein allgemeines System zur Frühwarnung und raschen Reaktion („ARGUS") eingerichtet.

(2) ARGUS umfasst

a) ein internes Kommunikationsnetz;

b) ein spezifisches Koordinierungsverfahren, das im Fall einer schweren Krise, die mehrere Sektoren betrifft, eingeleitet wird.

(3) Diese Bestimmungen lassen den Beschluss 2003/246/EG der Kommission über operationelle Verfahren für die Bewältigung von Krisensituationen unberührt.

Artikel 2

Das ARGUS-Informationsnetz

(1) Das interne Kommunikationsnetz wird als ein ständig verfügbares Instrument eingerichtet, das den Generaldirektionen und Diensten der Kommission den zeitnahen Austausch von sachdienlichen Informationen über entstandene, mehrere Sektoren betreffende Krisen oder absehbare bzw. unmittelbar bevorstehende derartige Bedrohungen und die Koordinierung einer geeigneten Reaktion in den Zuständigkeitsbereichen der Kommission ermöglicht.

(2) Den Kern des Netzes bilden folgende Dienststellen: Generalsekretariat, GD Presse und Information einschließlich Dienst des Sprechers, GD Umwelt, GD Gesundheit und Verbraucherschutz, GD Justiz, Freiheit und Sicherheit, GD Außenbeziehungen, GD Humanitäre Hilfe, GD Personal und Verwaltung, GD Handel, GD Informatik, GD Steuern und Zollunion, Gemeinsame Forschungsstelle und Juristischer Dienst.

(3) Weitere Generaldirektionen oder Dienste der Kommission können auf Antrag in das Netz eingebunden werden, wenn sie die in Absatz 4 genannten Mindestanforderungen erfüllen.

(4) Die in dem Netz mitwirkenden Generaldirektionen und Dienste ernennen einen ARGUS-Korrespondenten und führen eine geeignete Bereitschaftsregelung ein, damit sie im Fall einer ihr Eingreifen erforderlich machenden Krise jederzeit erreichbar sind und rasch tätig werden können. Das System wird so gestaltet, dass dies mit dem vorhandenen Personal möglich ist.

Artikel 3

Koordinierungsverfahren bei schweren Krisen

(1) Im Fall einer schweren, mehrere Sektoren betreffenden Krise oder einer absehbaren bzw. unmittelbar bevorstehenden derartigen Bedrohung kann der Präsident von sich aus nach einer Warnung oder auf Ersuchen eines Mitglieds der Kommission beschließen, ein spezifisches Koordinierungsverfahren in die Wege zu leiten. Der Präsident entscheidet zudem über die Zuweisung

der politischen Verantwortung für die Krisenbewältigungsmaßnahmen der Kommission. Er kann die Verantwortung selbst übernehmen oder sie einem Mitglied der Kommission übertragen.

(2) Die Verantwortung erstreckt sich auf die Leitung und Koordinierung der Krisenbewältigungsmaßnahmen, die Vertretung der Kommission gegenüber den anderen Organen und Einrichtungen und die Kommunikation mit der Öffentlichkeit. Die bestehende Aufgaben- und Kompetenzverteilung in der Kommission bleibt davon unberührt.

(3) Das Generalsekretariat ruft im Auftrag des Präsidenten bzw. des Kommissionsmitglieds, dem die Verantwortung übertragen wurde, das in Artikel 4 beschriebene, spezifische operative Krisenbewältigungsgremium („Krisenkoordinierungsausschuss") zusammen.

Artikel 4
Krisenkoordinierungsausschuss

(1) Der Krisenkoordinierungsausschuss ist ein spezifisches operatives Krisenbewältigungsgremium, das zur Leitung und Koordinierung der Krisenbewältigungsmaßnahmen eingesetzt wird und sich aus Vertretern aller zuständigen Generaldirektionen und Dienste der Kommission zusammensetzt. In der Regel sind im Krisenkoordinierungsausschuss die in Artikel 2 Absatz 2 genannten Generaldirektionen und Dienste sowie weitere, durch die spezifische Krise betroffene Generaldirektionen und Dienste vertreten. Der Krisenkoordinierungsausschuss greift auf die vorhandenen Ressourcen und Mittel der Dienste zurück.

(2) Den Vorsitz im Krisenkoordinierungsausschuss führt der für die politische Koordinierung zuständige stellvertretende Generalsekretär.

(3) Der Krisenkoordinierungsausschuss hat insbesondere die Aufgabe, die Entwicklung der Krisensituation zu überwachen und zu bewerten, Fragen sowie Entscheidungs- und Vorgehensmöglichkeiten zu prüfen und dafür zu sorgen, dass Beschlüsse und Maßnahmen umgesetzt werden und die Krisenbewältigungsmaßnahmen kohärent und konsequent sind.

(4) Die Annahme der im Krisenkoordinierungsausschuss vereinbarten Maßnahmen erfolgt auf dem Wege der normalen Beschlussfassungsverfahren der Kommission; die Umsetzung erfolgt durch die Generaldirektionen und über die Frühwarnsysteme.

(5) Die Kommissionsdienste tragen dafür Sorge, dass die in ihre Zuständigkeit fallenden Aufgaben im Zusammenhang mit der Krisenbewältigung ordnungsgemäß erfüllt werden.

Artikel 5
Verfahrenshandbuch

Es wird ein Verfahrenshandbuch mit ausführlichen Bestimmungen zur Durchführung dieses Beschlusses erstellt.

Artikel 6

Die Kommission überprüft diesen Beschluss spätestens ein Jahr nach seinem Inkrafttreten im Lichte der gewonnenen Erfahrungen und des technologischen Fortschritts und erlässt erforderlichenfalls weitere Maßnahmen in Bezug auf die Funktionsweise des ARGUS-Systems.

Geo Betrugsbekämpfung Kom Verschlusssachen

ANHANG VIII
DURCHFÜHRUNGSBESTIMMUNGEN ZUR VERORDNUNG (EG) NR. 1367/2006 DES EUROPÄISCHEN PARLAMENTS UND DES RATES ÜBER DIE ANWENDUNG DER BESTIMMUNGEN DES ÜBEREINKOMMENS VON ÅRHUS ÜBER DEN ZUGANG ZU INFORMATIONEN, DIE ÖFFENTLICHKEITSBETEILIGUNG AN ENTSCHEIDUNGSVERFAHREN UND DEN ZUGANG ZU GERICHTEN IN UMWELTANGELEGENHEITEN AUF ORGANE UND EINRICHTUNGEN DER GEMEINSCHAFT

Artikel 1
Zugang zu Umweltinformationen

Die Frist von 15 Werktagen nach Artikel 7 der Verordnung (EG) Nr. 1367/2006 beginnt am Tag der Registrierung des Antrags durch die zuständige Dienststelle in der Kommission.

Artikel 2
Öffentlichkeitsbeteiligung

Zur Durchführung des Artikels 9 Absatz 1 der Verordnung (EG) Nr. 1367/2006 sorgt die Kommission für eine Beteiligung der Öffentlichkeit gemäß der Mitteilung „Allgemeine Grundsätze und Mindeststandards für die Konsultation betroffener Parteien"[1].

Artikel 3
Anträge auf interne Überprüfung

Anträge auf interne Überprüfung eines Verwaltungsakts oder einer Unterlassung sind auf dem Postweg, per Fax oder per E-Mail an die Dienststelle zu richten, die für die Anwendung der Bestimmung, auf deren Grundlage der Verwaltungsakt erlassen wurde oder bezüglich deren die Unterlassung behauptet wird, zuständig ist.

[1] KOM(2002) 704 endg.

Die entsprechenden Kontaktadressen werden der Öffentlichkeit durch alle geeigneten Mittel bekannt gegeben.

Richtet sich der Antrag an eine andere als die für die Überprüfung zuständige Dienststelle, so wird er von der erstgenannten an die zuständige Dienststelle weitergeleitet.

Handelt es sich bei der für die Überprüfung zuständigen Dienststelle nicht um die Generaldirektion „Umwelt", so ist Letztere über den Antrag zu unterrichten.

Artikel 4
Entscheidungen über die Zulässigkeit von Anträgen auf interne Überprüfung

(1) Nach der Registrierung des Antrags auf interne Überprüfung wird umgehend – gegebenenfalls auf elektronischem Weg – eine Empfangsbestätigung an die Nichtregierungsorganisation gesandt, die den Antrag gestellt hat.

(2) Die betreffende Kommissionsdienststelle stellt fest, ob die Nichtregierungsorganisation befugt ist, einen Antrag auf interne Überprüfung nach dem Beschluss 2008/50/EG der Kommission[2]) zu stellen.

(3) Die Befugnis, über die Zulässigkeit eines Antrags auf interne Überprüfung zu entscheiden, wird gemäß Artikel 14 der Geschäftsordnung an den betreffenden Generaldirektor oder Dienststellenleiter übertragen.

Entscheidungen über die Zulässigkeit des Antrags umfassen alle Entscheidungen über die Befugnis der den Antrag stellenden Nichtregierungsorganisation gemäß Absatz 2, den fristgerechten Eingang des Antrags nach Artikel 10 Absatz 1 Unterabsatz 2 der Verordnung (EG) Nr. 1367/2006 und bezüglich der genannten, näher ausgeführten Gründe für den Antrag nach Artikel 1 Absätze 2 und 3 der Entscheidung 2008/50/EG.

(4) Kommt der Generaldirektor oder Dienststellenleiter nach Absatz 3 zu dem Ergebnis, dass der Antrag auf interne Überprüfung ganz oder teilweise unzulässig ist, wird die den Antrag stellende Nichtregierungsorganisation schriftlich –

---

[2]) ABl. L 13 vom 16.1.2008, S. 24.

gegebenenfalls auf elektronischem Weg – unter Angabe von Gründen darüber unterrichtet.

Artikel 5
Entscheidungen über den Sachverhalt von Anträgen auf interne Überprüfung

(1) Die Kommission entscheidet, ob der zu überprüfende Verwaltungsakt oder die behauptete Unterlassung gegen das Umweltrecht verstoßen.

(2) Das Mitglied der Kommission, das für die Anwendung der Bestimmungen zuständig ist, auf deren Grundlage der betreffende Verwaltungsakt angenommen wurde oder auf die sich die behauptete Unterlassung bezieht, ist gemäß Artikel 13 der Geschäftsordnung befugt, zu entscheiden, dass der Verwaltungsakt, dessen Überprüfung beantragt wurde, oder die behauptete Unterlassung nicht gegen das Umweltrecht verstößt.

Eine Weiterübertragung von nach Absatz 1 übertragenen Befugnissen ist unzulässig.

(3) Die Nichtregierungsorganisation, die den Antrag gestellt hat, wird – gegebenenfalls auf elektronischem Weg – schriftlich über das Ergebnis der Überprüfung und dessen Gründe unterrichtet.

Artikel 6
Rechtsbehelfe

Gegen eine Antwort, in der der Nichtregierungsorganisation mitgeteilt wird, dass ihr Antrag ganz oder teilweise unzulässig ist oder dass der Verwaltungsakt, dessen Überprüfung beantragt wird oder die behauptete Unterlassung nicht gegen das Umweltrecht verstoßen, kann die Nichtregierungsorganisation unter den Bedingungen der Artikel 230 und 195 des EG-Vertrags die ihr offen stehenden Rechtsbehelfe – Klage gegen die Kommission, Beschwerde beim Bürgerbeauftragten oder beides – einlegen.

Artikel 7
Unterrichtung der Öffentlichkeit

Die Öffentlichkeit wird in einem Leitfaden über ihre Rechte nach der Verordnung (EG) Nr. 1367/2006 unterrichtet.

Sicherheitsmaßnahmen

Beschluss der Kommission
vom 15. Dezember 2006

über Standard-Sicherheitsmaßnahmen und Alarmstufen der Kommission sowie zur Änderung ihrer Geschäftsordnung im Hinblick auf operationelle Verfahren für das Krisenmanagement

(2007/65/EG)

(ABl 2007 L 32, 144)

DIE KOMMISSION DER EUROPÄISCHEN GEMEINSCHAFTEN –

gestützt auf den Vertrag zur Gründung der Europäischen Gemeinschaft, insbesondere auf Artikel 218 Absatz 2,

gestützt auf den Vertrag zur Gründung der Europäischen Atomgemeinschaft, insbesondere auf Artikel 131,

gestützt auf den Vertrag über die Europäische Union, insbesondere auf Artikel 28 Absatz 1 und Artikel 41 Absatz 1,

in Erwägung nachstehender Gründe:

(1) Es ist angebracht, dass die Kommission operationelle Verfahren und Maßnahmen zur Bewältigung von Krisen und Notfallsituationen (nachstehend als „Krisensituationen" bezeichnet) festlegt, um insbesondere sicherzustellen, dass alle Entscheidungen so wirksam und rasch wie möglich getroffen werden können und gleichzeitig unter politischer Kontrolle bleiben.

(2) Die Kommission muss eine operationelle Struktur für die Krisenbewältigung festlegen.

(3) Unter anderem müssen Verfahren und Maßnahmen für die Sicherheitsaspekte einer Krisensituation festgelegt werden. Im Interesse der Klarheit sollten die Verfahren und Maßnahmen, die unter normalen Sicherheitsbedingungen Anwendung finden, ebenfalls spezifiziert werden.

(4) Zu einem guten Krisenmanagement gehört die Möglichkeit, die Bediensteten rasch über die Art der Bedrohung und über zu ergreifende Schutzmaßnahmen zu informieren.

(5) Die gängige Praxis in den Mitgliedstaaten und anderen internationalen Organisationen zeigt, dass die Einrichtung eines Alarmstufensystems die wirksamste Möglichkeit ist, um sicherzustellen, dass geeignete und verhältnismäßige Sicherheitsmaßnahmen entsprechend der Risikoeinschätzung ergriffen werden. Daher sollte ein System mit Standard-Sicherheitsmaßnahmen und drei Alarmstufen eingerichtet werden. Es muss in allen Gebäuden der Kommission gelten.

(6) Die Sicherheitsbestimmungen der Kommission, die ihrer Geschäftsordnung durch den Beschluss 2001/844/EG, EGKS, Euratom der Kommission[1] im Anhang hinzugefügt wurden, sehen vor, dass ein Kommissionsmitglied für Sicherheitsfragen und die Umsetzung der Sicherheitspolitik der Kommission zuständig ist.

(7) Zu den in Abschnitt 2 des Anhangs festgelegten allgemeinen Grundsätzen zählen Legalität, Transparenz, Rechenschaftspflicht und Subsidiarität (Verhältnismäßigkeit), die gleichermaßen für das Krisenmanagement gelten.

(8) Die Befugnisübertragung innerhalb der Kommission und die besondere Situation der Delegationen der Gemeinschaft in Drittländern erfordern besondere Verfahren und unterschiedliche Arten von Maßnahmen, die davon abhängen, ob die Sicherheitsmaßnahmen Kommissionsgebäude in den Mitgliedstaaten oder in Drittländern betreffen.

(9) Nach dem Grundsatz der Kontinuität des öffentlichen Dienstes sollte die Kommission in der Lage sein, unter allen Umständen die Aufgaben auszuführen, mit denen sie kraft der Verträge betraut ist. Daher sollte der Kommissionspräsident bei außergewöhnlichen und unvorhergesehenen Ereignissen, die es der Kommission unmöglich machen, gemäß ihrer Geschäftsordnung im schriftlichen oder mündlichen Verfahren Beschlüsse als Kollegium zu fassen[2], über außerordentliche Entscheidungsbefugnisse verfügen, um Maßnahmen zu ergreifen, die in der besonderen Situation als dringend und notwendig erachtet werden.

(10) Die ihrer Geschäftsordnung per Beschluss 2003/246/EG, Euratom der Kommission[3] als Anhang beigefügten Vorschriften der Kommission über operationelle Verfahren für das Krisenmanagement sind daher entsprechend zu ändern. Aus Gründen der Klarheit sind sie durch den vorliegenden Beschluss zu ersetzen –

---

[1]) ABl. L 317 vom 3.12.2001, S. 1. Beschluss zuletzt geändert durch den Beschluss 2006/548/EG (ABl. L 215 vom 5.8.2006, S. 38).

[2]) ABl. L 347 vom 30.12.2005, S. 83.

[3]) ABl. L 92 vom 9.4.2003, S. 14.

BESCHLIESST:

Artikel 1

(1) Das Krisenmanagementsystem wird von dem in Absatz 2 genannten Krisenstab verwaltet. Er wird von einer Einsatzgruppe und einem Beobachtungsteam unterstützt, die vom Direktor der Direktion „Sicherheit" der Kommission eingerichtet werden.

(2) Der Krisenstab tritt unter dem Vorsitz des stellvertretenden Generalsekretärs zusammen. Er setzt sich zusammen aus einem Mitglied des Kabinetts des Präsidenten und des für Sicherheitsfragen zuständigen Kommissionsmitglieds, dem Direktor der Direktion „Sicherheit" der Kommission, den Generaldirektoren des Juristischen Dienstes, der Generaldirektion Personal und Verwaltung, der Generaldirektion Haushalt, der Generaldirektion Kommunikation, der Generaldirektion Justiz, Freiheit und Sicherheit, der Generaldirektion Außenbeziehungen, der Generaldirektion Datenverarbeitung sowie weiteren Mitgliedern, die der stellvertretende Generalsekretär je nach Umständen für geeignet hält.

(3) Tritt außerhalb der Europäischen Union eine Krisensituation ein, so ist ein Mitglied des Kabinetts des für Außenbeziehungen zuständigen Kommissionsmitglieds zu den Sitzungen des Krisenstabes einzuladen.

(4) Der Krisenstab ist verantwortlich für die Beratung der Kommission, insbesondere des für Sicherheitsfragen zuständigen Kommissionsmitglieds, im Hinblick auf Maßnahmen, die zum Schutz der Bediensteten und der Vermögenswerte der Kommission zu ergreifen sind, und gewährleistet deren Funktionsfähigkeit im Falle einer Krisensituation.

(5) Der Kommissionspräsident, das für Sicherheitsfragen zuständige Kommissionsmitglied und jedes weitere von der Krisensituation betroffene Kommissionsmitglied werden vom Leiter des Krisenstabes über die Entwicklung auf dem Laufenden gehalten.

(6) Ein Bereitschaftsdienst rund um die Uhr mit einer durchgehenden Anwesenheit von mindestens zwei Beamten wird eingerichtet, so dass die Direktion „Sicherheit" ihren Pflichten nachkommen kann.

Artikel 2

(1) Innerhalb der Europäischen Union kann das für Sicherheitsfragen zuständige Kommissionsmitglied den Direktor der Direktion „Sicherheit" der Kommission jederzeit anweisen, das Krisenmanagementsystem in Betrieb zu setzen.

(2) Tritt außerhalb der Europäischen Union eine Krisensituation ein, so wird die Entscheidung, das Krisenmanagementsystem in Betrieb zu setzen, gemeinsam vom für Außenbeziehungen zuständigen Kommissionsmitglied und dem für Sicherheitsfragen zuständigen Kommissionsmitglied getroffen.

Artikel 3

(1) Damit Entscheidungen rasch genug getroffen werden können, um Kommissionsbedienstete (und deren Gesundheit am Arbeitsplatz), Informationen, Gebäude und andere Vermögenswerte vor einer Bedrohung zu schützen und ihre Funktionsfähigkeit zu gewährleisten, kommen in Situationen, in denen die Dringlichkeit die üblichen Beschlussfassungsverfahren unmöglich macht, die Absätze 2 und 3 zur Anwendung.

(2) Tritt innerhalb der Europäischen Union eine Krisensituation ein, so kann das für Sicherheitsfragen zuständige Kommissionsmitglied die Entscheidungen treffen, die es für notwendig hält, um Bedienstete und Vermögenswerte der Kommission vor einer solchen Bedrohung zu schützen.

In Fällen äußerster Dringlichkeit kann der Direktor der Direktion „Sicherheit" der Kommission entsprechend dem ersten Unterabsatz Entscheidungen treffen. Dabei handelt er möglichst in Absprache mit dem Krisenstab. Jede Anwendung dieser Befugnisse wird umgehend dem für Sicherheitsfragen zuständigen Mitglied der Kommission zur Prüfung und gegebenenfalls Billigung, Änderung oder Aufhebung vorlegt. Der Leiter des Krisenstabs ist gleichzeitig mit dem für Sicherheitsfragen zuständigen Mitglied der Kommission zu informieren.

(3) Tritt außerhalb der Europäischen Union eine Krisensituation ein, kann der Leiter einer Vertretung oder Delegation der Kommission in Fällen äußerster Dringlichkeit entsprechend dem ersten Unterabsatz von Absatz 2 Entscheidungen treffen. Die Ausübung dieser Befugnisse ist dem für Außenbeziehungen zuständigen Mitglied der Kommission zu melden, das unverzüglich das für Sicherheitsfragen zuständige Kommissionsmitglied unterrichtet. Diese Entscheidungen sind von beiden Mitgliedern zu überprüfen und gegebenenfalls zu billigen, zu ändern oder aufzuheben. Der Leiter des Krisenstabs ist gleichzeitig mit dem für Sicherheitsfragen zuständigen Mitglied der Kommission zu informieren.

(4) Alle nach diesem Artikel gefassten Beschlüsse werden dem Kollegium auf seiner nächsten Sitzung zur Prüfung und gegebenenfalls Billigung, Änderung oder Aufhebung vorgelegt.

Artikel 4

(1) Bei außergewöhnlichen und unvorhergesehenen Ereignissen, die es der Kommission unmöglich machen, gemäß Artikel 4 der Geschäftsordnung im schriftlichen oder mündlichen Verfahren in gemeinschaftlichen Sitzungen Be-

schlüsse zu fassen, kann der Kommissionspräsident im Namen der Kommission eigenverantwortlich Maßnahmen ergreifen, die in der besonderen Krisensituation als dringend und notwendig erachtet werden, um das öffentliche Interesse der Gemeinschaft zu schützen, die rechtlichen Verpflichtungen der Gemeinschaft zu erfüllen und eine unvermeidliche Schädigung der Einrichtungen und Organe der Gemeinschaft, der Mitgliedstaaten oder der Bürger und Unternehmen der Europäischen Union abzuwenden.

(2) Der Präsident handelt möglichst nach Konsultation der Dienststellen mit einem berechtigten Interesse und der Mitglieder der Kommission, die unbeeinträchtigt ihr Amt ausüben können.

(3) Alle nach diesem Artikel gefassten Beschlüsse werden der gesamten Kommission zur Prüfung und gegebenenfalls Billigung, Änderung oder Aufhebung vorgelegt, sobald die Kommission wieder im Kollegium arbeiten kann.

Artikel 5

Die Bestimmungen über die Befugnisübertragung gemäß der Geschäftsordnung der Kommission und der Durchführungsbestimmungen gelten entsprechend auch für den vorliegenden Beschluss.

Artikel 6

Ein System mit Standard-Sicherheitsmaßnahmen und drei Alarmstufen wird eingerichtet. Das System und die entsprechenden Sicherheitsmaßnahmen werden im Anhang näher erläutert. Es gilt in allen Gebäuden der Kommission.

Artikel 7

Die ihrer Geschäftsordnung per Beschluss 2003/246/EG, Euratom als Anhang beigefügten Vorschriften der Kommission über operationelle Verfahren für das Krisenmanagement werden aufgehoben.

Artikel 8

Dieser Beschluss gilt unbeschadet der Vorschriften der Kommission zur Einrichtung des allgemeinen Alarmsystems ARGUS, die ihrer Geschäftsordnung durch den Beschluss 2006/25/EG, Euratom der Kommission[4] beigefügt wurden.

Artikel 9

Dieser Beschluss tritt am Tag seiner Annahme in Kraft.

Er wird im Amtsblatt der Europäischen Union veröffentlicht.

(Der Anhang „Standardsicherheitsmaßnahmen und Alarmstufen" ist aus Platzgründen nicht abgedruckt.)

---

[4] ABl. L 19 vom 24.1.2006, S. 20.

Betrugsbekämpfung: OLAF

Beschluss der Kommission
vom 28. April 1999

zur Errichtung des Europäischen Amtes für Betrugsbekämpfung (OLAF)

(1999/352/EG, EGKS, Euratom)

(ABl 1999 L 136, 20)

DIE KOMMISSION DER EUROPÄISCHEN GEMEINSCHAFTEN –

gestützt auf den Vertrag zur Gründung der Europäischen Gemeinschaft, insbesondere auf Artikel 162 *(218),*

gestützt auf den Vertrag über die Gründung der Europäischen Gemeinschaft für Kohle und Stahl, insbesondere auf Artikel 16,

gestützt auf den Vertrag zur Gründung der Europäischen Atomgemeinschaft, insbesondere auf Artikel 131,

in Erwägung nachstehender Gründe:

(1) Die Organe und die Mitgliedstaaten messen dem Schutz der finanziellen Interessen der Gemeinschaften und der Bekämpfung von Betrug und sonstigen rechtswidrigen Handlungen zum Nachteil der finanziellen Interessen der Gemeinschaften große Bedeutung bei, was durch Artikel 209a *(280)* EG-Vertrag, Artikel 78i EGKS-Vertrag und Artikel 183a Euratom-Vertrag und durch Artikel 280 EG-Vertrag, wie er sich aus dem Vertrag von Amsterdam ergibt, bestätigt wird.

(2) Die Verwirklichung dieser Ziele erfordert den Einsatz aller verfügbaren Instrumente, insbesondere im Hinblick auf die Untersuchungsaufgaben der Gemeinschaft, wobei das derzeitige Gleichgewicht und die derzeitige Aufteilung der Zuständigkeiten zwischen einzelstaatlicher und gemeinschaftlicher Ebene nicht angetastet werden sollten.

(3) Die Aufgabe, Verwaltungsuntersuchungen zum Schutz der finanziellen Interessen der Gemeinschaften durchzuführen, lag bisher bei der Taskforce „Koordinierung der Maßnahmen zur Betrugsbekämpfung" als Nachfolgerin der Dienststelle für die Koordinierung der Betrugsbekämpfung (UCLAF).

(4) Eine effizientere Bekämpfung von Betrug und sonstigen rechtswidrigen Handlungen zum Nachteil der finanziellen Interessen der Gemeinschaften setzt voraus, daß ein Europäisches Amt für Betrugsbekämpfung (OLAF, im folgenden als „Amt" bezeichnet) geschaffen wird, das seine Untersuchungsbefugnisse in voller Unabhängigkeit ausübt.

(5) Die in diesem Beschluß sowie in den Verordnungen (EG) und (Euratom) über die Untersuchungen des Europäischen Amtes für Betrugsbekämpfung festgelegte Unabhängigkeit des Direktors des Amtes sowie die dort für den Begleitausschuß vorgesehene Rolle haben den Zweck, eine ordnungsgemäße Durchführung der Untersuchungen des Amtes zu gewährleisten, ohne die Ausführung der sonstigen dem Amt übertragenen Aufgaben oder die Wahrnehmung der Kommission übertragenen Prärogativen insbesondere im Bereich der Gesetzgebung zu beeinträchtigen.

(6) Die Zuständigkeit des Amtes für Betrugsbekämpfung muß sich über den Schutz der finanziellen Interessen hinaus auf alle Tätigkeiten im Zusammenhang mit der Wahrung der gemeinschaftlichen Interessen gegenüber rechtswidrigen Handlungen, die verwaltungs- oder strafrechtlich geahndet werden könnten, erstrecken.

(7) Die Definition der Aufgaben des Amtes muß sämtliche bisher von der Task-force „Koordinierung der Maßnahmen zur Betrugsbekämpfung" wahrgenommenen Aufgaben umfassen, insbesondere die Vorbereitung der Rechts- und Verwaltungsvorschriften im Tätigkeitsbereich des Amtes, einschließlich der Instrumente gemäß Titel VI des Vertrags über die Europäische Union –

BESCHLIESST:

Errichtung des Amtes

Art. 1 Es wird ein Europäisches Amt für Betrugsbekämpfung (OLAF, im folgenden als „Amt" bezeichnet) errichtet. Das Amt ersetzt die Task-force „Koordinierung der Maßnahmen zur Betrugsbekämpfung" und übernimmt die Gesamtheit ihrer Zuständigkeiten.

Aufgaben

Art. 2 (1) Das Amt übt die Befugnisse der Kommission zur Durchführung externer Verwaltungsuntersuchungen aus, welche dazu dienen, die Bekämpfung von Betrug, Korruption und allen anderen rechtswidrigen Handlungen zum Nachteil der finanziellen Interessen der Gemeinschaften zu verstärken, sowie die Befugnisse zur Betrugsbekämpfung bei allen sonstigen Tatsachen oder Handlungen, welche Verstöße gegen Gemeinschaftsbestimmungen darstellen.

Das Amt wird mit der Durchführung interner Verwaltungsuntersuchungen beauftragt. Diese Untersuchungen dienen dazu,

a) Betrug, Korruption und sonstige rechtswidrige Handlungen zum Nachteil der finanziellen Interessen der Europäischen Gemeinschaften zu bekämpfen;

b) schwerwiegende Handlungen im Zusammenhang mit der Ausübung der beruflichen Tätigkeiten aufzudecken, die eine Verletzung der Verpflichtungen der Beamten und Bediensteten der Gemeinschaften, die disziplinarrechtlich und gegebenenfalls strafrechtlich geahndet werden kann, oder eine Verletzung der analogen Verpflichtungen der Mitglieder der Organe und Einrichtungen, der Leiter der Ämter und Agenturen und der Mitglieder des Personals der Organe, Einrichtungen sowie Ämter und Agenturen, die nicht dem Statut der Beamten der Europäischen Gemeinschaften oder den Beschäftigungsbedingungen für die sonstigen Bediensteten der Europäischen Gemeinschaften unterliegen, darstellen können.

Das Amt nimmt die diesbezüglichen Zuständigkeiten der Kommission gemäß den Bestimmungen wahr, welche auf der Grundlage der Verträge und gemäß den dort festgelegten Voraussetzungen und Grenzen ergangen sind.

Die Kommission und die übrigen Organe, Einrichtungen sowie Ämter und Agenturen können das Amt mit Untersuchungen in anderen Bereichen beauftragen.

(2) Das Amt hat den Auftrag, zur Zusammenarbeit der Kommission mit den Mitgliedstaaten im Bereich der Betrugsbekämpfung beizutragen.

(3) Das Amt hat den Auftrag, Konzepte zur Betrugsbekämpfung wie in Absatz 1 beschrieben zu erarbeiten.

(4) Das Amt hat den Auftrag, die Gesetzgebungsinitiativen der Kommission im Hinblick auf die in Absatz 1 angeführten Ziele der Betrugsbekämpfung vorzubereiten.

(5) Das Amt nimmt alle sonstigen operationellen Aufgaben der Kommission in Sachen der Betrugsbekämpfung wie in Absatz 1 beschrieben wahr und ist vor allem damit beauftragt

a) die erforderlichen Strukturen zu entwickeln;

b) die Informationssammlung und -auswertung zu sichern;

c) den übrigen Organen, Einrichtungen sowie Ämtern und Agenturen sowie den zuständigen Behörden der Mitgliedstaaten technische Unterstützung insbesondere in Fragen der Fortbildung zu leisten.

(6) Das Amt ist direkter Ansprechpartner der Polizei- und Justizbehörden.

(7) Das Amt nimmt auf Dienststellenebene die Vertretung der Kommission in den betreffenden Gremien wahr, soweit es die in diesem Artikel aufgeführten Bereiche betrifft.

Unabhängigkeit bei der Ausübung der Untersuchungsbefugnisse

Art. 3 Das Amt übt die Untersuchungsbefugnisse gemäß Artikel 2 Absatz 1 in voller Unabhängigkeit aus. Der Direktor des Amtes darf bei der Ausübung dieser Befugnisse keine Anweisungen der Kommission, einer Regierung, eines anderen Organs, einer Einrichtung, eines Amtes oder anderer Agenturen erbitten oder entgegennehmen.

Überwachungsausschuß

Art. 4 Es wird hiermit ein Überwachungsausschuß eingesetzt, dessen Zusammensetzung und Zuständigkeiten der Gemeinschaftsgesetzgeber festlegt. Dieser Ausschuß kontrolliert regelmäßig die Wahrnehmung der Untersuchungsbefugnisse des Amtes.

Direktor

Art 5: (1) Das Amt wird von einem Direktor geleitet, den die Kommission nach Abstimmung mit dem Europäischen Parlament und dem Rat für einen Zeitraum von fünf Jahren ernennt. Eine einmalige Wiederernennung ist zulässig. Für die Ernennung des Direktors erstellt die Kommission auf der Grundlage einer gegebenenfalls im *Amtsblatt der Europäischen Gemeinschaften* zu veröffentlichenden Aufforderung zur Bewerbung und nach befürworteter Stellungnahme des

Überwachungsausschusses eine Liste mit mehreren Kandidaten, die die erforderlichen Qualifikationen besitzen.

Die Untersuchungen werden unter der Verantwortung des Direktors durchgeführt.

(2) Anstellungsbehörde für den Direktor ist die Kommission. Eine Maßnahme gemäß den Artikeln 87, 88 und 90 des Statuts der Beamten der Europäischen Gemeinschaften muß Gegenstand eines begründeten Beschlusses sein, der nach Anhörung des Überwachungsausschusses abzugeben ist. Der Beschluß wird dem Europäischen Parlament und dem Rat zur Information übermittelt.

Funktionsweise

Art. 6 (1) Der Direktor übt in Bezug auf das Personal des Amtes die Befugnisse aus, die dem Statut der Beamten der Europäischen Gemeinschaften der Anstellungsbehörde und in den Beschäftigungsbedingungen für die sonstigen Bediensteten der Gemeinschaften der zum Abschluß von Dienstverträgen ermächtigten Behörde übertragen werden. Er kann seine Befugnisse weiterübertragen. In Übereinstimmung mit den Bestimmungen des Statuts der Beamten der Europäischen Gemeinschaften und den Beschäftigungsbedingungen für die sonstigen Bediensteten legt der Direktor die Einstellungsvoraussetzungen und -modalitäten, insbesondere hinsichtlich Vertragsdauer und Vertragsverlängerung, fest.

(2) Nach Anhörung des Überwachungsausschusses leitet der Direktor dem Generaldirektor für Haushalt rechtzeitig den Vorentwurf eines Haushalts für das Amt zu, der in den Gesamthaushaltsplan bei einer dafür vorgesehenen Linie eingestellt wird.

(3) Der Direktor ist Anweisungsbefugter für die das Amt betreffende Haushaltslinie im Teil A des Gesamthaushaltsplan sowie für die spezifisch die Betrugsbekämpfung betreffenden Haushaltslinien im Teil B. Er kann seine Befugnisse weiterübertragen.

(4) Die Beschlüsse der Kommission über ihre interne Organisation finden auf das Amt insoweit Anwendung, als sie mit den vom Gemeinschaftsgesetzgeber in bezug auf das Amt erlassenen Bestimmungen sowie mit diesem Beschluß und den dazu erlassenen Durchführungsvorschriften vereinbar sind.

Wirksamwerden

Art. 7 Dieser Beschluß wird am Tag des Inkrafttretens der Verordnung (EG) des Europäischen Parlaments und des Rates über die Untersuchungen des Europäischen Amtes für Betrugsbekämpfung wirksam. Bis zum ersten Tag des Monats, der auf die Ernennung des Direktors des Amtes folgt, führt der Direktor der Task-force „Koordinierung der Maßnahmen zur Betrugsbekämpfung" die laufenden Geschäfte des Amtes.

Brüssel, den 28. April 1999

OLAF: Untersuchungsrechte

**Verordnung (EG) Nr. 1073/1999 des Europäischen
Parlaments und des Rates**

vom 25. Mai 1999

über die Untersuchungen des Europäischen Amtes für Betrugsbekämpfung (OLAF)

(ABl 1999 L 136, 1)

DAS EUROPÄISCHE PARLAMENT UND
DER RAT DER EUROPÄISCHEN UNION –

gestützt auf den Vertrag zur Gründung der
Europäischen Gemeinschaft, insbesondere auf
Artikel 280,

auf Vorschlag der Kommission,

nach Stellungnahme des Rechnungshofes,

gemäß dem Verfahren des Artikels 251 des
Vertrages,

in Erwägung nachstehender Gründe:

(1) Die Organe und die Mitgliedstaaten messen dem Schutz der finanziellen Interessen
der Gemeinschaften sowie der Bekämpfung
von Betrug und sonstigen rechtswidrigen
Handlungen zum Nachteil der finanziellen Interessen der Gemeinschaften großer Bedeutung bei. Die diesbezügliche Zuständigkeit
der Kommission hängt eng mit ihrer Aufgabe
der Ausführung des Haushaltsplan gemäß Artikel 274 des EG-Vertrags zusammen. Die
Bedeutung dieser Maßnahmen wird durch Artikel 280 des EG-Vertrags bestätigt.

(2) Der Schutz der finanziellen Interessen der
Gemeinschaften betrifft nicht nur die Verwaltung der Haushaltsmittel, sondern erstreckt
sich auch auf jede Maßnahme, die ihr Vermögen angeht oder angehen könnte.

(3) Die Verwirklichung dieser Ziele erfordert
den Einsatz aller verfügbaren Instrumente,
insbesondere im Hinblick auf die Untersuchungsaufgaben der Gemeinschaft, wobei das
derzeitige Gleichgewicht und die derzeitige
Aufteilung der Zuständigkeiten zwischen einzelstaatlicher und gemeinschaftlicher Ebene
nicht angetastet werden sollte.

(4) Zur Verstärkung des für die Betrugsbekämpfung verfügbaren Instrumentariums
hat die Kommission unter Wahrung des
Grundsatzes der internen Organisationsauto-
nomie jedes Organs mit dem Beschluß 1999/
352/EG, EGKS, Euratom*) innerhalb ihrer
Verwaltungsstruktur das Europäische Amt für
Betrugsbekämpfung (im folgenden „Amt" ge-

nannt) errichtet, das administrative Untersuchungen zur Bekämpfung von Betrug vornehmen soll. Es kann seine Untersuchungstätigkeit in voller Unabhängigkeit ausüben.

(5) Die Zuständigkeit des Amtes, wie von der
Kommission eingerichtet, erstreckt sich über
den Schutz der finanziellen Interessen hinaus
auf alle Tätigkeiten im Zusammenhang mit
der Wahrung der gemeinschaftlichen Interessen gegenüber rechtswidrigen Handlungen,
die verwaltungs- oder strafrechtlich geahndet
werden könnten.

(6) Die Zusammenarbeit zwischen den Mitgliedstaaten und der Kommission zum Schutz
der finanziellen Interessen der Gemeinschaften gemäß Artikel 280 des EG-Vertrags ist
vom Amt sicherzustellen.

(7) Angesichts der Notwendigkeit eines schär-
feren Vorgehens gegen Betrug, Korruption
und sonstige rechtswidrige Handlungen zum
Nachteil der finanziellen Interessen der Gemeinschaften muß das Amt ermächtigt werden, interne Untersuchungen in allen durch
den EG- und den Euratom-Vertrag oder auf
deren Grundlage geschaffenen Organen, Einrichtungen sowie Ämtern und Agenturen (im
folgenden „Organe, Einrichtungen sowie Ämter und Agenturen" genannt) durchzuführen.

(8) Nach dem Beschluß 1999/352/EG, EGKS,
Euratom übt das Amt die vom Gemeinschaftsgesetzgeber übertragenen Untersuchungsbefugnisse nach Maßgabe der von diesem festgelegten Grenzen und Bedingungen
aus.

(9) Das Amt muß mit der Ausübung der Befugnisse beauftragt werden, die der Kommission durch die Verordnung (Euratom, EG) Nr.
2185/96 des Rates vom 11. November 1996
betreffend die Kontrollen und Überprüfungen
vor Ort durch die Kommission zum Schutz
der finanziellen Interessen der Europäischen
Gemeinschaften vor Betrug und anderen Unregelmäßigkeiten[1]) übertragen worden sind.
Des weiteren muß das Amt ermächtigt wer-

---

*) Siehe 9/2.

[1]) ABl L 292 vom 15. 11. 1996, S. 2.

den, auch die sonstigen Befugnisse auszuüben, die der Kommission im Hinblick auf
die Kontrollen und Überprüfungen vor Ort in
den Mitgliedstaaten übertragen wurden, um
insbesondere gemäß Artikel 9 der Verordnung
(EG, Euratom) Nr. 2988/95 des Rates vom
18. Dezember 1995 über den Schutz der finanziellen Interessen der Europäischen Gemeinschaften[2]) Unregelmäßigkeiten aufzudecken.

(10) Bei diesen Untersuchungen, die gemäß
dem Vertrag und insbesondere dem Protokoll
über die Vorrechte und Befreiungen der Europäischen Gemeinschaften und unter Wahrung des Statuts der Beamten der Europäischen Gemeinschaften und der Beschäftigungsbedingungen für die sonstigen Bediensteten der Europäischen Gemeinschaften (im
folgenden „Statut" genannt) durchzuführen
sind, müssen die Menschenrechte und die
Grundfreiheiten in vollem Umfang gewahrt
bleiben; dies gilt insbesondere für den Billig-
keitsgrundsatz, das Recht der Beteiligten, zu
den sie betreffenden Sachverhalten Stellung
zu nehmen, und den Grundsatz, daß sich die
Schlußfolgerungen aus einer Untersuchung
nur auf beweiskräftige Tatsachen gründen
dürfen. Zu diesem Zweck müssen die Organe,
Einrichtungen sowie Ämter und Agenturen
die Bedingungen und Modalitäten für die
Durchführung der internen Untersuchungen
festlegen. Die Rechte und Pflichten der Beamten und sonstigen Bediensteten im Zusammenhang mit internen Untersuchungen sind
folglich im Statut festzuschreiben.

(11) Die internen Untersuchungen können nur
durchgeführt werden, wenn dem Amt Zugang
zu sämtlichen Räumlichkeiten, Informationen
und Dokumenten der Organe, Einrichtungen
sowie Ämter und Agenturen gewährt wird.

(12) Um die Unabhängigkeit des Amtes bei
der Ausübung der ihm diese Verordnung
übertragenen Aufgaben zu gewährleisten,
muß seinem Direktor die Befugnis übertragen
werden, Untersuchungen aus eigener Initiative einzuleiten.

(13) Es obliegt den zuständigen einzelstaatlichen Behörden sowie gegebenenfalls den Organen, Einrichtungen sowie Ämtern und
Agenturen, auf der Grundlage des von dem
Amt erstellten Berichts Folgemaßnahmen zu
den abgeschlossenen Untersuchungen zu beschließen. Der Direktor des Amtes sollte verpflichtet werden, den Justizbehörden des be-

troffenen Mitgliedstaats unmittelbar alle Informationen zu übermitteln, die das Amt bei
internen Untersuchungen über strafrechtlich
relevante Sachverhalte zusammengetragen
hat.

(14) Es sind die Bedingungen festzulegen, unter denen die Bediensteten des Amtes ihre
Aufgaben wahrnehmen und der Direktor des
Amtes die Verantwortung für die Durchführung der Untersuchungen durch diese Bediensteten übernimmt.

(15) Eine erfolgreiche Zusammenarbeit zwischen dem Amt, den Mitgliedstaaten und den
betreffenden Organen, Einrichtungen sowie
Ämtern und Agenturen setzt voraus, daß der
Austausch von Informationen erleichtert wird;
dabei ist die Vertraulichkeit der dem Berufsgeheimnis unterliegenden Informationen zu
beachten und dafür zu sorgen, daß sie so geschützt werden, wie es bei Daten dieser Art
auch sonst der Fall ist.

(16) Damit den Ergebnissen der von den Bediensteten des Amtes durchgeführten Untersuchungen Rechnung getragen wird und die
erforderlichen Folgemaßnahmen ergriffen
werden können, ist vorzusehen, daß die Untersuchungsberichte in den Verwaltungs- und
Gerichtsverfahren der Mitgliedstaaten zulässige Beweismittel darstellen. Sie sind daher
unter Berücksichtigung der für die Ausarbeitung der einzelstaatlichen Verwaltungsberichte geltenden Erfordernisse zu erstellen.

(17) Das Amt muß die Wahrnehmung seiner
Aufgaben unabhängig sein. Zwecks Sicherstellung dieser Unabhängigkeit unterliegt das
Amt der regelmäßigen Kontrolle der Untersuchungstätigkeit durch einen Überwachungsausschuß aus unabhängigen externen Persönlichkeiten, die in den Zuständigkeitsbereichen
des Amtes über besondere Qualifikationen
verfügen. Ferner unterstützt dieser Ausschuß
den Direktor des Amtes bei der Wahrnehmung seiner Aufgaben.

(18) Die administrativen Untersuchungen sind
unter der Leitung des Direktors des Amtes in
völliger Unabhängigkeit von den Organen,
Einrichtungen sowie Ämtern und Agenturen
und vom Überwachungsausschuß durchzuführen.

(19) Es obliegt dem Direktor des Amtes, über
den Schutz der personenbezogenen Daten und
die Vertraulichkeit der im Laufe der Untersuchungen eingeholten Informationen zu wachen. Außerdem ist dafür Sorge zu tragen,
daß die Beamten und die sonstigen Bediensteten der Gemeinschaften einen dem rechtlichen

---

[2]) ABl L 312 vom 23. 12. 1995, S. 1.

Schutz gemäß Artikel 90 und 91 des Statuts vergleichbaren Schutz genießen.

(20) Die Tätigkeiten des Amtes sollten nach drei Jahren einer Bewertung unterzogen werden.

(21) Diese Verordnung beschneidet in keiner Weise die Befugnisse und Zuständigkeiten der Mitgliedstaaten auf dem Gebiet der Bekämpfung von Betrug zum Nachteil der finanziellen Interessen der Gemeinschaften. Die Ermächtigung eines unabhängigen Amtes zur Durchführung externer administrativer Untersuchungen in diesem Bereich verstößt daher in keiner Weise gegen das Subsidiaritätsprinzip gemäß Artikel 5 des EG-Vertags. Die Tätigkeit eines solchen Amtes wird zudem ein wirksameres Vorgehen gegen Betrug, Korruption und sonstige rechtswidrige Handlungen zum Nachteil der finanziellen Interessen der Gemeinschaften ermöglichen und ist somit auch mit dem Grundsatz der Verhältnismäßigkeit vereinbar –

HAT FOLGENDE VERORDNUNG ERLASSEN:

Ziele und Aufgaben

Art. 1 (1) Zur intensiveren Bekämpfung von Betrug, Korruption und sonstigen rechtswidrigen Handlungen zum Nachteil der finanziellen Interessen der Europäischen Gemeinschaften nimmt mit dem Beschluß 1999/352/EG, EGKS, Euratom der Kommission errichtete Europäische Amt für Betrugsbekämpfung (im folgenden „Amt" genannt) die der Kommission durch die in diesen Bereichen geltenden gemeinschaftlichen Rechtsvorschriften und Übereinkommen übertragenen Untersuchungsbefugnisse wahr.

(2) Das Amt sichert seitens der Kommission die Unterstützung der Mitgliedstaaten bei der Organisation einer engen, regelmäßigen Zusammenarbeit zwischen ihren zuständigen Behörden, um ihre Tätigkeit zum Schutz der finanziellen Interessen der Europäischen Gemeinschaft vor Betrügereien zu koordinieren. Das Amt trägt zur Planung und Entwicklung der Methoden zur Bekämpfung von Betrug und sonstigen rechtswidrigen Handlungen zum Nachteil der finanziellen Interessen der Europäischen Gemeinschaft bei.

(3) Das Amt führt in den durch die Verträge oder auf deren Grundlage geschaffenen Organen, Einrichtungen sowie Ämtern und Agenturen (im folgenden „Organe, Einrich-

tungen sowie Ämter und Agenturen" genannt) administrative Untersuchungen durch, die dazu dienen,

– Betrug, Korruption und sonstige rechtswidrige Handlungen zum Nachteil der finanziellen Interessen der Europäischen Gemeinschaft zu bekämpfen;

– zu diesem Zweck schwerwiegende Handlungen im Zusammenhang mit der Ausübung der beruflichen Tätigkeit aufzudecken, die eine Verletzung der Verpflichtungen der Beamten und Bediensteten der Gemeinschaften, die disziplinarisch und gegebenenfalls strafrechtlich geahndet werden kann, oder eine Verletzung der analogen Verpflichtungen der Mitglieder der Organe und Einrichtungen, der Leiter der Ämter und Agenturen und der Mitglieder des Personals der Organe, Einrichtungen sowie Ämter und Agenturen, die nicht dem Statut unterliegen, darstellen können.

Administrative Untersuchungen

Art. 2 Im Sinne dieser Verordnung umfaßt der Begriff „administrative Untersuchung" (im folgenden „Untersuchungen" genannt) sämtliche Kontrollen, Überprüfungen und sonstige Maßnahmen, die die Bediensteten des Amtes in Ausübung ihrer Befugnisse gemäß den Artikel 3 und 4 durchführen, um die in Artikel 1 festgelegten Ziele zu erreichen und gegebenenfalls den Beweis für Unregelmäßigkeiten der von ihnen kontrollierten Handlungen zu erbringen. Diese Untersuchungen berühren nicht die Zuständigkeit der Mitgliedstaaten für die Strafverfolgung.

Externe Untersuchungen

Art. 3 Das Amt übt die der Kommission durch die Verordnung (Euratom, EG) Nr. 2185/96 übertragenen Befugnisse zur Durchführung von Kontrollen und Überprüfungen vor Ort in den Mitgliedstaaten und gemäß den geltenden Kooperationsabkommen in den Drittstaaten aus.

Im Rahmen seiner Untersuchungsbefugnisse führt das Amt Kontrollen und Überprüfungen gemäß Artikel 9 Absatz 1 der Verordnung (EG, Euratom) Nr. 2988/95 und gemäß den sektorbezogenen Regelungen nach Artikel 9 Absatz 2 der genannten Verordnung in den Mitgliedstaaten und gemäß den geltenden Kooperationsabkommen in den Drittstaaten durch.

Interne Untersuchungen

Art 4: (1) Das Amt führt in den in Artikel 1 genannten Bereichen administrative Untersuchungen innerhalb der Organe, Einrichtungen sowie Ämter und Agenturen durch (im folgenden „interne Untersuchungen" genannt). Diese internen Untersuchungen erfolgen unter Einhaltung der Vorschriften der Verträge, insbesondere des Protokolls über die Vorrechte und Befreiungen, sowie des Statuts unter den Bedingungen und nach den Modalitäten, die in dieser Verordnung und in den von den einzelnen Organen, Einrichtungen sowie Ämtern und Agenturen zu erlassenden einschlägigen Beschlüssen vorgesehen sind. Die Organe stimmen die mit diesen Beschlüssen einzuführende Regelung untereinander ab.

(2) Sofern die Bedingungen nach Absatz 1 eingehalten werden, gilt folgendes:

– Das Amt erhält ohne Voranmeldung und unverzüglich Zugang zu sämtlichen Informationen und Räumlichkeiten der Organe, Einrichtungen sowie Ämter und Agenturen. Das Amt darf die Rechnungsführung der Organe, Einrichtungen sowie Ämter und Agenturen kontrollieren. Das Amt kann Kopien aller Dokumente und des Inhalts aller Datenträger, die im Besitz der Organe, Einrichtungen sowie Ämter und Agenturen sind, anfertigen oder Auszüge davon erhalten und diese Dokumente und Informationen erforderlichenfalls sicherstellen, um ein mögliches Verschwinden zu verhindern.

– Das Amt kann die Mitglieder der Organe und Einrichtungen, die Leiter der Ämter und Agenturen sowie die Mitglieder des Personals der Organe, Einrichtungen sowie Ämter und Agenturen um mündliche Informationen ersuchen.

(3) Nach den in der Verordnung (Euratom, EG) Nr. 2185/96 festgelegten Bedingungen und Modalitäten kann das Amt Kontrollen vor Ort bei betroffenen Wirtschaftsteilnehmern vornehmen, um Zugang zu Informationen zu erhalten, die etwaige Unregelmäßigkeiten betreffen und über die diese Wirtschaftsteilnehmer eventuell verfügen.

Ferner kann das Amt von jedem Betroffenen die Informationen anfordern, die es für seine Untersuchungen für sachdienlich hält.

(4) Die Organe, Einrichtungen sowie Ämter und Agenturen sind darüber in Kenntnis zu setzen, wenn die Bediensteten des Amtes eine Untersuchung in ihren Räumlichkeiten durchführen und wenn sie Dokumente einsehen oder Informationen anfordern, die sich im Besitz dieser Organe, Einrichtungen sowie Ämter und Agenturen befinden.

(5) Offenbaren die Untersuchungen die Möglichkeit einer persönlichen Verwicklung eines Mitglieds, Leiters, Beamten oder Bediensteten, so ist das Organ, die Einrichtung oder das Amt oder die Agentur, dem bzw. der er angehört, davon in Kenntnis zu setzen. In Fällen, in denen aus untersuchungstechnischen Gründen absolute Geheimhaltung gewahrt werden muß oder in denen der Rückgriff auf Untersuchungsmittel erforderlich ist, die in die Zuständigkeit einer innerstaatlichen Justizbehörde fallen, kann diese Information zu einem späteren Zeitpunkt erteilt werden.

(6) Unbeschadet der Bestimmungen der Verträge, insbesondere des Protokolls über die Vorrechte und Befreiungen sowie der Bestimmungen des Statuts umfaßt der in Absatz 1 vorgesehene, von den einzelnen Organen, Einrichtungen sowie Ämtern und Agenturen zu fassende Beschluß insbesondere Vorschriften über folgendes:

a) die Pflicht für die Mitglieder, Beamten und Bediensteten der Organe und Einrichtungen sowie für die Leiter, Beamten und Bediensteten der Ämter und Agenturen, mit den Bediensteten des Amtes zu kooperieren und ihnen Auskunft zu erteilen;

b) die Verfahren, an die sich die Bediensteten des Amtes bei der Durchführung der internen Untersuchungen zu halten haben, sowie die Wahrung der Rechte der von einer internen Untersuchung betroffenen Person.

Kom · Geo Betrugsbekämpfung Verschlusssachen

Einleitungen der Untersuchungen

Art. 5 Die Einleitung externer Untersuchungen wird vom Direktor des Amtes von sich aus oder auf Ersuchen eines betroffenen Mitgliedstaats beschlossen.

Die Einleitung interner Untersuchungen wird vom Direktor des Amtes von sich aus oder auf Ersuchen des Organs, der Einrichtung oder des Amtes oder der Agentur, bei dem bzw. der die Untersuchung durchgeführt werden soll, beschlossen.

Durchführung der Untersuchungen

Art. 6 (1) Der Direktor des Amtes leitet die Untersuchungen.

(2) Die Bediensteten des Amtes nehmen ihre Aufgabe unter Vorlage einer schriftlichen Ermächtigung wahr, die über ihre Person und ihre Dienststellung Auskunft gibt.

(3) Die Bediensteten des Amtes, die eine Untersuchung durchzuführen haben, müssen im Besitz eines vom Direktor aufgestellten schriftlichen Auftrags sein, aus dem der Gegenstand der Untersuchung hervorgeht.

(4) Die Bediensteten des Amtes verhalten sich während der Kontrollen und Überprüfungen vor Ort gemäß den für Beamten des betreffenden Mitgliedstaats geltenden Vorschriften und Gepflogenheiten, dem Statut sowie den in Artikel 4 Absatz 1 Unterabsatz 2 genannten Beschlüssen.

(5) Die Untersuchungen sind ohne Unterbrechung durchzuführen; ihre Dauer muß den Umständen und der Komplexität des betreffenden Falles angemessen sein.

(6) Die Mitgliedstaaten tragen dafür Sorge, daß ihre zuständigen Behörden gemäß den einzelstaatlichen Bestimmungen den Bediensteten des Amtes bei der Wahrnehmung ihrer Aufgabe die erforderliche Unterstützung zukommen lassen. Die Organe und Einrichtungen tragen dafür Sorge, daß die Mitglieder und ihr Personal den Bediensteten des Amtes bei der Wahrnehmung ihrer Aufgaben die erforderliche Unterstützung zukommen lassen; Gleiches gilt bezüglich der Leiter und des Personals der Ämter und Agenturen.

Pflicht zur Unterrichtung des Amtes

Art. 7 (1) Die Organe, Einrichtungen sowie Ämter und Agenturen teilen dem Amt unverzüglich alle Informationen über etwaige Fälle von Betrug oder Korruption oder sonstige rechtswidrige Handlungen mit.

(2) Sowohl die Organe, Einrichtungen sowie Ämter und Agenturen als auch – soweit es die innerstaatlichen Rechtsvorschriften zulassen – die Mitgliedstaaten übermitteln auf Ersuchen des Amtes oder von sich aus alle in ihrem Besitz befindlichen Dokumente und Informationen über eine laufende interne Untersuchung.

Die Mitgliedstaaten übermitteln die Dokumente und Informationen über externe Untersuchungen gemäß den diesbezüglichen Bestimmungen.

(3) Sowohl die Organe, Einrichtungen sowie Ämter und Agenturen als auch – soweit es die innerstaatlichen Rechtsvorschriften zulassen – die Mitgliedstaaten übermitteln dem Amt ferner alle sonstigen in ihrem Besitz befindlichen und als sachdienlich angesehenen Dokumente und Informationen über die Bekämpfung von Betrug, Korruption und sonstigen rechtswidrigen Handlungen zum Nachteil der finanziellen Interessen der Gemeinschaften.

Vertraulichkeit und Datenschutz

Art 8: (1) Informationen, die im Rahmen externer Untersuchungen eingeholt werden, sind, unabhängig davon, in welcher Form sie vorliegen, durch die Bestimmungen über diese Untersuchungen geschützt.

(2) Informationen, die im Rahmen interner Untersuchungen mitgeteilt oder eingeholt werden, fallen, unabhängig davon, in welcher Form sie vorliegen, unter das Berufsgeheimnis und genießen den Schutz, der durch die für Organe der Europäischen Gemeinschaften geltenden einschlägigen Bestimmungen gewährleistet ist.

Diese Informationen dürfen insbesondere nur Personen mitgeteilt werden, die in den Organen der Europäischen Gemeinschaften oder den Mitgliedstaaten aufgrund ihres Amtes davon Kenntnis erhalten dürfen; sie dürfen zu keinem anderen Zweck als der Bekämpfung von Betrug, Korruption und sonstigen rechtswidrigen Handlungen verwendet werden.

(3) Der Direktor trägt dafür Sorge, daß die Bediensteten des Amtes und die anderen unter seiner Verantwortung handelnden Personen die gemeinschaftlichen und die innerstaatlichen Rechtsvorschriften über den Schutz personenbezogener Daten einhalten; dies gilt insbesondere für die Richtlinie 95/46/EG des Europäischen Parlaments und des Rates vom 24. Oktober 1995 zum Schutz natürlicher Personen bei der Verarbeitung personenbezogener Daten und zum freien Datenverkehr[1]).

(4) Der Direktor des Amtes und die Mitglieder des in Artikel 11 genannten Überwachungsausschusses sorgen für die Anwendung der Bestimmungen diese Artikels sowie der Artikel 286 und 287 des EG-Vertrags.

Untersuchungsberichte und Folgemaßnahmen

Art. 9 (1) Das Amt erstellt nach einer von ihm durchgeführten Untersuchung unter der Verantwortung des Direktors einen Bericht, aus dem insbesondere der festgestellte Sachverhalt, gegebenenfalls die ermittelte Schadenshöhe und die Ergebnisse der Untersuchung, einschließlich der Empfehlungen des Direktors des Amtes zu den zweckmäßigen Folgemaßnahmen, hervorgehen.

(2) Bei der Erstellung dieser Berichte werden die im Recht des betreffenden Mitgliedstaates vorgesehenen Verfahrenserfordernisse

---

[1]) ABl L 281 vom 23. 11. 1995, S. 31.

berücksichtigt. Die so erstellten Berichte stellen in der gleichen Weise und unter denselben Bedingungen wie die Verwaltungsberichte der Kontrolleure der einzelstaatlichen Verwaltungen zulässige Beweismittel in den Verwaltungs- oder Gerichtsverfahren des Mitgliedstaats dar, in dem sich ihre Verwendung als erforderlich erweist. Sie werden nach denselben Maßstäben beurteilt wie die Verwaltungsberichte der einzelstaatlichen Kontrolleure und sind als diesen gleichwertig zu betrachten.

(3) Der nach Abschluß einer externen Untersuchung erstellte Bericht wird mit allen zweckdienlichen Schriftstücken gemäß der für die externen Untersuchungen geltenden Regelung den zuständigen Behörden der betreffenden Mitgliedstaaten übermittelt.

(4) Der nach Abschluß einer internen Untersuchung erstellte Bericht wird mit allen zweckdienlichen Schriftstücken dem betreffenden Organ, der betreffenden Einrichtung oder dem betreffenden Amt oder der betreffenden Agentur übermittelt. Die Organe, Einrichtungen sowie Ämter und Agenturen ergreifen die gemäß den Ergebnissen der internen Untersuchungen erforderlichen Folgemaßnahmen, insbesondere die disziplinarrechtlichen und justiellen Maßnahmen, und unterrichten den Direktor des Amtes innerhalb der von ihm in den Schlußfolgerungen seines Berichts gesetzten Frist über die Folgemaßnahmen der Untersuchungen.

Übermittlung von Informationen durch das Amt

Art. 10 (1) Unbeschadet der Artikel 8, 9 und 11 dieser Verordnung und der Bestimmungen der Verordnung (Euratom, EG) Nr. 2185/96 kann das Amt den zuständigen Behörden der betreffenden Mitgliedstaaten jederzeit Informationen übermitteln, die es im Laufe externer Untersuchungen erlangt hat.

(2) Unbeschadet der Artikel 8, 9 und 11 übermittelt der Direktor des Amtes den Justizbehörden des betreffenden Mitgliedstaats die bei internen Untersuchungen vom Amt eingeholten Informationen über gegebenenfalls strafrechtlich zu ahndende Handlungen. Vorbehaltlich der Untersuchungserfordernisse unterrichtet er gleichzeitig den betreffenden Mitgliedstaat.

(3) Unbeschadet der Artikel 8 und 9 kann das Amt dem betreffenden Organ, der betreffenden Einrichtung oder dem betreffenden Amt oder der betreffenden Agentur jederzeit Informationen übermitteln, die es im Laufe interner Untersuchungen erlangt hat.

Überwachungsausschuß

Art. 11 (1) Der Überwachungsausschuß stellt durch die regelmäßige Kontrolle, die er bezüglich der Ausübung der Untersuchungstätigkeit vornimmt, die Unabhängigkeit des Amtes sicher.

Der Überwachungsausschuß gibt von sich aus oder auf Ersuchen des Direktors an diesen gerichtete Stellungnahmen zu den Tätigkeiten des Amtes ab, greift jedoch nicht in den Ablauf der Untersuchungen ein.

(2) Er setzt sich aus fünf externen unabhängigen Persönlichkeiten zusammen, die in ihren Ländern die Voraussetzungen erfüllen, um hochrangige Aufgaben im Zusammenhang mit dem Tätigkeitsbereich des Amtes wahrzunehmen. Sie werden vom Europäischen Parlament, dem Rat und der Kommission im gegenseitigen Einverständnis ernannt.

(3) Die Amtszeit der Mitglieder beträgt drei Jahre. Eine einmalige Wiederernennung ist zulässig.

(4) Nach Ablauf ihrer Amtszeit bleiben die Mitglieder solange im Amt, bis sie wiederernannt oder ersetzt worden sind.

(5) Bei der Erfüllung ihrer Pflichten fordern sie keine Anweisungen von einer Regierung, einem Organ, einer Einrichtung oder einem Amt oder einer Agentur an und nehmen keine Anweisungen von diesen entgegen.

(6) Der Überwachungsausschuß benennt einen Vorsitzenden. Er gibt sich eine Geschäftsordnung. Er hält mindestens zehn Sitzungen pro Jahr ab. Er trifft seine Beschlüsse mit der Mehrheit seiner Mitglieder. Sein Sekretariat wird vom Amt gestellt.

(7) Der Direktor übermittelt dem Überwachungsausschuß jedes Jahr das Programm der Tätigkeiten des Amtes gemäß Artikel 1. Der Direktor unterrichtet den Ausschuß regelmäßig über die Tätigkeiten des Amtes, seine Untersuchungen, deren Ergebnisse und Folgemaßnahmen. Läuft eine Untersuchung seit mehr als neun Monaten, so unterrichtet der Direktor den Überwachungsausschuß von den Gründen, die es noch nicht erlauben, die Untersuchung abzuschließen, sowie von der für ihren Abschluß voraussichtlich notwendigen Frist. Der Direktor unterrichtet den Ausschuß über die Fälle, in denen das betreffende Organ, die betreffende Einrichtung oder das betreffende Amt oder die betreffende Agentur den von ihm abgegebenen Empfehlungen nicht Folge geleistet hat. Der Direktor unterrichtet den Ausschuß über die Fälle, die die

Geo Betrugs- bekämpfung Verschluss- sachen

Kom

Übermittlung von Informationen an die Justizbehörden eines Mitgliedstaats erfordern.

(8) Der Überwachungsausschuß nimmt mindestens einen Tätigkeitsbericht pro Jahr an und übermittelt ihn den Organen. Der Ausschuß kann dem Europäischen Parlament, dem Rat, der Kommission und dem Rechnungshof Berichte über die Ergebnisse und die Folgemaßnahmen der vom Amt durchgeführten Untersuchungen vorlegen.

Direktor

Art. 12 (1) Das Amt wird von einem Direktor geleitet, den die Kommission für einen Zeitraum von fünf Jahren ernennt; eine einmalige Wiederernennung ist zulässig.

(2) Für die Ernennung des Direktors erstellt die Kommission aufgrund einer gegebenenfalls im *Amtsblatt der europäischen Gemeinschaften* zu veröffentlichenden Aufforderung zur Bewerbung und nach befürwortender Stellungnahme des Überwachungsausschusses die Liste der Kandidaten, die die erforderlichen Qualifikationen besitzen. Nach Abstimmung mit dem Europäischen Parlament und dem Rat ernennt die Kommission den Direktor.

(3) Bei der Erfüllung seiner Pflichten im Zusammenhang mit der Einleitung und Durchführung externer und interner Untersuchungen sowie der Erstellung der Berichte im Anschluß an die Untersuchungen fordert der Direktor keine Anweisungen von einer Regierung, einem Organ, einer Einrichtung oder einem Amt oder einer Agentur an und nimmt auch keine Anweisungen von diesen entgegen. Ist der Direktor der Auffassung, daß eine von der Kommission getroffene Maßnahme seine Unabhängigkeit antastet, kann er beim Gerichtshof Klage gegen die Kommission einreichen.

Der Direktor erstattet dem Europäischen Parlament, dem Rat, der Kommission und dem Rechnungshof regelmäßig Bericht über die Ergebnisse der vom Amt durchgeführten Untersuchungen; dabei wahrt er das Untersuchungsgeheimnis und die legitimen Rechte der Betroffenen und hält gegebenenfalls die einschlägigen einzelstaatlichen Bestimmungen für Gerichtsverfahren ein.

Die genannten Organe wahren das Untersuchungsgeheimnis und die legitimen Rechte der Betroffenen und halten im Fall von Gerichtsverfahren die einschlägigen einzelstaatlichen Bestimmungen ein.

(4) Vor dem Ergreifen disziplinarischer Maßnahmen gegen den Direktor konsultiert die Kommission den Überwachungsausschuß. Außerdem müssen die gegen den Direktor gerichteten Disziplinarmaßnahmen Gegenstand begründeter Beschlüsse sein, die dem Europäischen Parlament und dem Rat zur Information übermittelt werden.

Finanzierung

Art. 13 Die dem Amt zur Verfügung gestellten Mittel werden eine besondere Haushaltslinie des Teils A des Teileinzelplans „Kommission" des Gesamthaushaltsplans der Union eingestellt und in einem Anhang zu diesem Teil aufgeschlüsselt.

Die dem Amt zugewiesenen Planstellen werden in einem Anhang zum Stellenplan der Kommission aufgelistet.

Kontrolle der Rechtmäßigkeit

Art. 14 In Erwartung der Änderung des Statuts kann jeder Beamte und jeder sonstige Bedienstete der Europäischen Gemeinschaften beim Direktor des Amtes nach den in Artikel 90 Absatz 2 des Statuts vorgesehenen Modalitäten Beschwerde gegen eine ihn beschwerende Maßnahme einlegen, die das Amt im Rahmen einer internen Untersuchung ergriffen hat. Artikel 91 des Statuts finden auf die im Zusammenhang mit der Beschwerde ergehenden Entscheidungen Anwendung.

Diese Bestimmungen gelten analog für das Personal von Organen, Einrichtungen sowie Ämtern und Agenturen, das nicht dem Statut unterliegt.

Bewertungsbericht

Art. 15 Im Laufe des dritten Jahres nach Inkrafttreten dieser Verordnung legt die Kommission dem Europäischen Parlament und dem Rat einen Bericht zur Bewertung der Tätigkeiten des Amtes vor, dem sie die Stellungnahme des Überwachungsausschusses und gegebenenfalls Vorschläge zur Anpassung oder Ausweitung seiner Aufgaben beifügt.

Inkrafttreten

Art. 16 Diese Verordnung tritt am 1. Juni 1999 in Kraft.

Diese Verordnung ist in allen ihren Teilen verbindlich und gilt unmittelbar in jedem Mitgliedstaat.

Geschehen zu Brüssel am 25. Mai 1999.

OLAF: Interne Untersuchungen

Interinstitutionelle Vereinbarung

vom 25. Mai 1999

zwischen dem Europäischen Parlament, dem Rat der Europäischen Union und der Kommission der Europäischen Gemeinschaften über die internen Untersuchungen des Europäischen Amtes für Betrugsbekämpfung(OLAF)

(ABl 1999 L 136, 15)

DAS EUROPÄISCHE PARLAMENT; DER RAT DER EUROPÄISCHEN UNION UND DIE KOMMISSION DER EUROPÄISCHEN GEMEINSCHAFTEN –

Unter Bezugnahme auf die Entschließung des Europäischen Parlaments vom 7. Oktober 1998 zur Unabhängigkeit, zur Rolle und zum Status der Dienststelle für die Koordinierung der Betrugsbekämpfung (UCLAF)[1]).

Unter Bezugnahme auf die Schlußfolgerungen, die der Rat am 15. März 1999 nach eingehender Aussprache mit den Vertretern des Europäischen Parlaments und der Kommission angenommen hat.

In Kenntnis des Beschlusses 1999/352/EG, EGKS, Euratom, der Kommission vom 28. April 1999 zur Errichtung des Europäischen Amtes für Betrugsbekämpfung (OLAF)[2]).

(1) In der Erwägung, daß die Verordnung (EG) Nr. 1073/1999 des Europäischen Parlaments und des Rates[3]) und die Verordnung (Euratom) Nr. 1074/1999 des Rates[4]), die die Untersuchungen des Europäischen Amtes für Betrugsbekämpfung betreffen, vorsehen, daß das Amt Verwaltungsuntersuchungen in den durch den EG- und den EAG-Vertrag oder auf deren Grundlage geschaffenen Organen, Einrichtungen sowie Ämtern und Agenturen eröffnet und durchführt.

(2) In der Erwägung, daß sich die Zuständigkeit des Europäischen Amtes für Betrugsbekämpfung, wie von der Kommission errichtet, über den Schutz der finanziellen Interessen hinaus auf alle Tätigkeiten im Zusammen-

hang mit der Wahrung der gemeinschaftlichen Interessen gegenüber rechtswidrigen Handlungen, die verwaltungs- oder strafrechtlich geahndet werden könnten, erstreckt.

(3) In der Erwägung, daß die Tragweite und die Effizienz der Betrugsbekämpfung durch Ausnutzung des im Bereich der Verwaltungsuntersuchungen bestehenden Fachwissens verstärkt werden müssen.

(4) In der Erwägung, daß folglich alle Organe, Einrichtungen sowie Ämter und Agenturen dem Amt aufgrund ihrer Verwaltungsautonomie die Aufgabe übertragen sollten, bei ihnen interne Verwaltungsuntersuchungen zur Ermittlung schwerwiegender Vorkommnisse im Zusammenhang mit der Ausübung beruflicher Tätigkeiten durchzuführen, die eine Verletzung der Verpflichtungen der Beamten und Bediensteten der Gemeinschaften gemäß Artikel 11, Artikel 12 Absätze 2 und 3, den Artikeln 13, 14, 16 und 17 Absatz 1 des Statuts der Beamten der Europäischen Gemeinschaften und der Beschäftigungsbedingungen für die sonstigen Bediensteten der Europäischen Gemeinschaften (im folgenden „Statut"), die den Interessen dieser Gemeinschaften schadet und disziplinarrechtlich und gegebenenfalls strafrechtlich geahndet werden kann, oder ein schwerwiegendes persönliches Verschulden gemäß Artikel 22 des Statuts oder eine Verletzung der vergleichbaren Verpflichtungen der Mitglieder, Leiter oder Mitglieder des Personals der Organe, Einrichtungen sowie Ämter und Agenturen der Gemeinschaften, die nicht dem Statut unterliegen, darstellen können.

(5) In der Erwägung, daß diese Untersuchungen unter Beachtung der einschlägigen Bestimmungen der Verträge zur Gründung der Europäischen Gemeinschaften, insbesondere des Protokolls über die Vorrechte und Befreiungen der Europäischen Gemeinschaften, und für ihre Anwendung erlassenen Rechtsvorschriften sowie des Statuts erfolgen müssen.

---

[1]) ABl C 328 vom 26. 10. 1998, S. 95.

[2]) Siehe 9/2.

[3]) Siehe 9/3.

[4]) Nicht abgedruckt; Fundstelle: ABl 1999 L 136, 8.

(6) In der Erwägung, daß diese Untersuchungen unter den gleichen Bedingungen bei allen Organen, Einrichtungen sowie Ämtern und Agenturen der Gemeinschaft durchzuführen sind, ohne daß die Tatsache, daß diese Aufgabe dem Amt zugewiesen wird, die Verantwortung der Organe, Einrichtungen oder Ämter oder Agenturen berührt und den rechtlichen Schutz der betreffenden Personen in irgendeiner Weise beeinträchtigt.

(7) In der Erwägung daß bis zur Änderung des Statuts die praktischen Modalitäten festzulegen sind, nach denen die Mitglieder der Organe und Einrichtungen, die Leiter der Ämter und Agenturen sowie die entsprechenden Beamten und Bediensteten zum ordnungsgemäßen Ablauf der internen Untersuchungen beitragen.

Nach einer Konzertierung im Hinblick auf die Einführung einer entsprechenden gemeinschaftlichen Regelung.

Unter Aufforderung der übrigen Organe, Einrichtungen sowie Ämter und Agenturen, dieser Vereinbarung beizutreten –

KOMMEN WIE FOLGT ÜBEREIN:

1. Es wird eine gemeinsame Regelung angenommen, die die erforderlichen Durchführungsbestimmungen zur Erleichterung eines reibungslosen Ablaufs der internen Untersuchungen des Amtes bei ihnen enthält. Diese Untersuchungen dienen folgenden Zwecken:
   – Bekämpfung von Betrug, Korruption und jeder sonstigen rechtswidrigen Handlung, die den finanziellen Interessen der Europäischen Gemeinschaften schadet,
   – Ermittlung schwerwiegender Vorkommnisse im Zusammenhang mit der Ausübung beruflicher Tätigkeiten, die eine disziplinarrechtlich und gegebenenfalls strafrechtlich zu ahndende Verletzung der Verpflichtungen der Beamten und Bediensteten der Gemeinschaften oder eine Verletzung der vergleichbaren Verpflichtungen der Mitglieder, Leiter der Mitglieder des Personals, die nicht dem Statut unterliegen, darstellen können.

Diese Untersuchungen werden unter Beachtung der einschlägigen Bestimmungen der Verträge zur Gründung der Europäischen Gemeinschaften, insbesondere des Protokolls über die Vorrechte und Befreiungen der Europäischen Gemeinschaften, der für ihre Anwendung erlassenen Rechtsvorschriften sowie des Statuts durchgeführt.

Sie werden ebenfalls gemäß den in den Verordnungen der Europäischen Gemeinschaft und der Europäischen Atomgemeinschaft vorgesehenen Bedingungen und Modalitäten durchgeführt.

2. Die Regelung gemäß Nummer 1 wird durch einen internen Beschluß gemäß dem dieser Vereinbarung beigefügten Standardbeschluß festgelegt und unmittelbar zur Anwendung gebracht. Sie gehen nur dann von diesem Standardbeschluß ab, wenn dies aufgrund besonderer ihnen eigener Erfordernisse in technischer Hinsicht geboten erscheint.

3. Es wird die Notwendigkeit anerkannt, dem Amt jedes Ersuchen um Aufhebung der rechtlichen Immunität von Beamten oder sonstigen Bediensteten infolge möglicher Fälle von Betrug oder Korruption oder jeder anderen rechtswidrigen Handlung zur Stellungnahme zu übermitteln. Betrifft ein Ersuchen um Aufhebung der Immunität eines ihrer Mitglieder, so wird das Amt hiervon unterrichtet.

4. Sie teilen dem Amt mit, welche Vorschriften sie zur Durchführung dieser Vereinbarung erlassen haben.

Diese Vereinbarung kann nur mit ausdrücklicher Zustimmung der Organe, die sie unterzeichnet haben, geändert werden.

Die übrigen Organe, Einrichtungen sowie Ämter und Agenturen, die durch den EG- und den Euratom-Vertrag oder auf deren Grundlage geschaffen wurden, werden aufgefordert, jeweils anhand einer an die Präsidenten der unterzeichnenden Organe gemeinsam gerichteten Erklärung dieser Vereinbarung beizutreten.

Diese Vereinbarung tritt am 1. Juni 1999 in Kraft.

Geschehen zu Brüssel am 25. Mai 1999.

ANHANG

„STANDARDBESCHLUSS"*)

BESCHLUSS DER/DES
[ORGAN/EINRICHTUNG/AMT oder
AGENTUR]

vom

**über die Bedingungen und Modalitäten der
internen Untersuchungen zur Bekämpfung
von Betrug, Korruption und sonstigen
rechtswidrigen Handlungen zum Nachteil
der Interessen der Gemeinschaften**

ORGAN, EINRICHTUNG, AMT oder
AGENTUR –

gestützt auf [Rechtsgrundlage]

in Erwägung nachstehender Gründe:

(1) Die Verordnung (EG) Nr. 1073/1999 des
Europäischen Parlaments und des Rates und
die Verordnung (Euratom) Nr. 1074/1999 des
Rates, die die Untersuchungen des Europäischen Amtes für Betrugsbekämpfung betreffen, sehen vor, daß das Amt Verwaltungsuntersuchungen in den durch den EG- und den Euratom-Vertrag oder auf deren Grundlage geschaffenen Organen, Einrichtungen sowie Ämtern und Agenturen eröffnet und durchführt.

(2) Die Zuständigkeit des Europäischen Amtes für Betrugsbekämpfung, wie von der
Kommission errichtet, erstreckt sich über den
Schutz der finanziellen Interessen hinaus auf
alle Tätigkeiten im Zusammenhang mit der
Wahrung der gemeinschaftlichen Interessen
gegenüber rechtswidrigen Handlungen, die
verwaltungs- oder strafrechtlich geahndet
werden könnten.

(3) Die Tragweite und die Effizienz der Betrugsbekämpfung müssen durch Ausnutzung
des im Bereich der Verwaltungsuntersuchungen bestehenden Fachwissens verstärkt werden.

(4) Folglich sollten alle Organe, Einrichtungen sowie Ämter und Agenturen dem Amt
aufgrund ihrer Verwaltungsautonomie die
Aufgabe übertragen, bei ihnen interne Verwaltungsuntersuchungen zur Ermittlung
schwerwiegender Vorkommnisse im Zusammenhang mit der Ausübung beruflicher Tätigkeiten durchzuführen, die eine Verletzung der
Verpflichtungen der Beamten und Bediensteten der Gemeinschaften gemäß Artikel 11,
Artikel 12 Absätze 2 und 3, den Artikeln 13,

---

*) Siehe dazu: Beschluss Nr. 26/2004 des Aus-
schusses der Regionen vom 10. Februar 2004, ABl
2004 L 102, 84.

14, 16 und 17 Absatz 1 des Statuts der Beamten der Europäischen Gemeinschaften und der
Beschäftigungsbedingungen für die sonstigen
Bediensteten der Europäischen Gemeinschaften (im folgenden „Statut"), die den Interessen dieser Gemeinschaften schadet und disziplinarrechtlich und gegebenenfalls strafrechtlich geahndet werden kann, oder ein schwerwiegendes persönliches Verschulden gemäß
Artikel 22 des Statuts, oder eine Verletzung
der vergleichbaren Verpflichtungen der Mitglieder, Leiter oder Mitglieder des Personals
der Organe, Einrichtungen sowie Ämter und
Agenturen der Gemeinschaften, die nicht dem
Statut unterliegen, darstellen können.

(5) Diese Untersuchungen müssen unter Beachtung der einschlägigen Bestimmungen der
Verträge zur Gründung der Europäischen Gemeinschaften, insbesondere des Protokolls
über die Vorrechte und Befreiungen der Europäischen Gemeinschaften, der für ihre Anwendung erlassenen Rechtsvorschriften sowie
des Statuts erfolgen.

(6) Diese Untersuchungen sind unter den gleichen Bedingungen bei allen Organen, Einrichtungen sowie Ämtern und Agenturen der Gemeinschaften durchzuführen, ohne daß die Tatsache, daß diese Aufgabe dem Amt zugewiesen wird, die Verantwortung der Organe, Einrichtungen oder Ämter oder Agenturen berührt
und den rechtlichen Schutz der betreffenden
Personen in irgendeiner Weise beeinträchtigt.

(7) Bis zur Änderung des Statuts sind die
praktischen Modalitäten festzulegen, nach denen die Mitglieder der Organe und Einrichtungen, die Leiter der Ämter und Agenturen
sowie die entsprechenden Beamten und Bediensteten zum ordnungsgemäßen Ablauf der
internen Untersuchungen beitragen –

BESCHLIESST:

Pflicht zur Zusammenarbeit mit dem Amt

Art. 1 Der Generalsekretär, die Dienststellen sowie alle Leiter, Beamten oder Bediensteten der/des [Organ, Einrichtung, Amt oder
Agentur] sind gehalten, umfassend mit den
Bediensteten des Amtes zusammenzuarbeiten
und jede für die Untersuchung erforderliche
Unterstützung zu gewähren. Dazu liefern sie
den Bediensteten des Amtes alle zweckdienlichen Hinweise und Erklärungen.

Unbeschadet der einschlägigen Bestimmungen der Verträge zur Gründung der Europäischen Gemeinschaften, insbesondere des Protokolls über die Vorrechte und Befreiungen,

sowie der für ihre Anwendung erlassenen Rechtsvorschriften arbeiten die Mitglieder umfassend mit dem Amt zusammen.

Mitteilungspflicht

Art. 2 Jeder Beamte oder Bedienstete des/der [Organ, Einrichtung, Amt oder Agentur], der Kenntnis von Tatsachen erhält, die mögliche Fälle von Betrug, Korruption oder sonstige rechtswidrige Handlungen zum Nachteil der Interessen der Gemeinschaften oder schwerwiegende Vorkommnisse im Zusammenhang mit der Ausübung beruflicher Tätigkeiten vermuten lassen, die eine disziplinarrechtlich und gegebenenfalls strafrechtlich zu ahndende Verletzung der Verpflichtungen der Beamten und Bediensteten der Gemeinschaften oder eine Verletzung der vergleichbaren Verpflichtungen der Mitglieder, Leiter oder Mitglieder des Personals, die nicht dem Statut unterliegen, darstellen können, unterrichtet unverzüglich seinen Dienststellenleiter oder seinen Generaldirektor oder, falls er dies für zweckdienlich hält, seinen Generalsekretär oder direkt das Amt.

Der Generalsekretär, die Generaldirektoren und Dienststellenleiter oder die Leiter des/der [Organ, Einrichtung, Amt oder Agentur] übermitteln dem Amt unverzüglich jeden ihnen zur Kenntnis gebrachten faktischen Hinweis, der Unregelmäßigkeiten gemäß Absatz 1 vermuten läßt.

Eine Mitteilung gemäß den Absätzen 1 und 2 darf auf keinen Fall dazu führen, daß der Leiter, Beamte oder Bedienstete des/der [Organ, Einrichtung, Amt oder Agentur] ungerecht behandelt oder diskriminiert wird.

Die Mitglieder, die Kenntnis von Tatsachen oder Vorkommnissen gemäß Absatz 1 erhalten, unterrichten den Präsidenten des Organs [oder der Einrichtung] oder, falls sie dies für zweckdienlich halten, direkt das Amt hiervon.

Unterstützung durch das Sicherheitsbüro

Art. 3 Auf Antrag des Direktors des Amtes unterstützt das Sicherheitsbüro des/der [Organ, Einrichtung, Amt oder Agentur] die Bediensteten des Amtes bei der Durchführung der Untersuchungen.

Unterrichtung des Betroffenen

Art. 4 In den Fällen, in denen die Möglichkeit einer persönlichen Implikation eines Mitglieds, eines Beamten oder Bediensteten besteht, ist der Betroffene rasch zu unterrichten, sofern dies nicht die Untersuchung beeinträchtigt. Auf keinen Fall dürfen gegen ein Mitglied, einen Beamten oder Bediensteten des/der [Organ, Einrichtung, Amt oder Agentur] mit Namen nennende Schlußfolgerungen am Ende der Untersuchung gezogen werden, ohne daß ihm Gelegenheit gegeben wurde, sich zu den ihn betreffenden Tatsachen zu äußern.

In den Fällen, in denen aus ermittlungstechnischen Gründen absolute Geheimhaltung gewahrt werden muß und die die Hinzuziehung einer innerstaatlichen Justizbehörde erfordern, kann dem betreffenden Mitglied, Leiter, Beamten oder Bediensteten des/der [Organ, Einrichtung, Amt oder Agentur] mit Zustimmung des Präsidenten bzw. des Generalsekretärs zu einem späteren Zeitpunkt Gelegenheit zur Stellungnahme gegeben werden.

Information über die Einstellung der Untersuchung

Art. 5 Kann am Ende einer internen Untersuchung keiner der Vorwürfe gegen das beschuldigte Mitglied, den beschuldigten Leiter, Beamten oder Bediensteten des/der [Organ, Einrichtung, Amt oder Agentur] aufrechterhalten werden, so wird die ihn betreffende interne Untersuchung auf Beschluß des Direktors des Amtes eingestellt, der ihn schriftlich davon unterrichtet.

Aufhebung der Immunität

Art. 6 Ersuchen innerstaatlicher Polizei- oder Justizbehörden um Aufhebung der gerichtlichen Immunität eines Leiters, Beamten oder Bediensteten des/der [Organ, Einrichtung, Amt oder Agentur] im Zusammenhang mit möglichen Fällen von Betrug, Korruption oder anderen rechtswidrigen Handlungen werden dem Direktor des Amtes zur Stellungnahme vorgelegt. Ersuchen um Aufhebung der Immunität eines Mitglieds des Organs [oder der Einrichtung] werden dem Amt mitgeteilt.

Wirksamwerden

Art. 7 Dieser Beschluß wird am 1. Juni 1999 wirksam.

Geschehen zu

Für [Organ, Einrichtung, Amt oder Agenturen]

Eigenmittel: Kontrolle

Verordnung (EG, EURATOM) Nr. 1026/1999 des Rates

vom 10. Mai 1999

zur Festlegung der Rechte und Pflichten der von der Kommission mit der Kontrolle der Eigenmittel der Gemeinschaft beauftragten Bediensteten

(ABl 1999, L 126, 1)

DER RAT DER EUROPÄISCHEN UNION –

gestützt auf den Vertrag zur Gründung der Europäischen Gemeinschaft, insbesondere auf Artikel 209,

gestützt auf den Vertrag zur Gründung der Europäischen Atomgemeinschaft, insbesondere auf Artikel 183,

gestützt auf den Beschluß 94/728/EG, Euratom des Rates vom 31. Oktober 1994 über das System der Eigenmittel der Europäischen Gemeinschaften[1]), insbesondere auf Artikel 8 Absatz 2,

auf Vorschlag der Kommission,

nach Stellungnahme des Europäischen Parlaments,

nach Stellungnahme des Rechnungshofes,

in Erwägung nachstehender Gründe:

(1) In der Verordnung (EWG, Euratom, EGKS) Nr. 165/74 des Rates[2]) sind die Befugnisse und Pflichten der Bediensteten festgelegt, die die Kommission im Rahmen der Kontrollen beauftragt hat, welche zur Feststellung und Bereitstellung der nicht aus der Mehrwertsteuer stammenden Eigenmittel unter Beteiligung der Kommission durchzuführen sind.

(2) Aufgrund von Artikel 18 Absatz 1 der Verordnung (EWG, Euratom) Nr. 1552/89 des Rates vom 29. Mai 1989 zur Durchführung des Beschlusses 88/376/EWG, Euratom über das System der Eigenmittel der Gemeinschaften[3]) werden die Überprüfungen und Untersuchungen bezüglich der Feststellung und Bereitstellung der Eigenmittel nach Artikel 2 Absatz 1 Buchstaben a) und b) des

Beschlusses 94/728/EG, Euratom von den Mitgliedstaaten durchgeführt. Nach Artikel 18 Absatz 2 derselben Verordnung sind die Mitgliedstaaten gehalten, im Falle eines begründeten Ersuchens der Kommission zusätzliche Kontrollen durchzuführen und die Kommission auf Antrag an allen von ihnen durchgeführten Kontrollen zu beteiligen. Nach Artikel 18 Absatz 3 der Verordnung (EWG, Euratom) Nr. 1522/89 kann die Kommission selbst Prüfungen vor Ort unter Hinzuziehung von Bediensteten des betreffenden Mitgliedstaats vornehmen.

(3) Durch Artikel 11 Absatz 2 der Verordnung (EWG, Euratom) Nr. 1553/89 des Rates vom 29. Mai 1989 über die endgültige einheitliche Regelung für die Erhebung der Mehrwertsteuereigenmittel[4]) wurde der Anwendungsbereich der Verordnung (EWG, Euratom, EGKS) Nr. 165/74 auf die Kontrolle der Mehrwertsteuereigenmittel ausgeweitet.

(4) Nach Artikel 19 der Verordnung (EWG, Euratom) Nr. 1552/89 sind die Überprüfungen betreffend die BSP-Eigenmittel von der Kommission gemeinsam mit dem betreffenden Mitgliedstaat durchzuführen.

(5) Im Interesse größerer Klarheit erscheint es geboten, die Verordnung (EWG, Euratom, EGKS) Nr. 165/74 und Artikel 11 Absatz 2 der Verordnung (EWG, Euratom) Nr. 1553/89 aufzuheben und Bestimmungen über die Befugnisse und Pflichten der beauftragten Bediensteten vorzusehen, die für sämtliche Eigenmittel gelten, dabei aber der Spezifizität der MwSt.- und der BSP-Eigenmittel Rechnung tragen.

(6) Es empfiehlt sich, die Bedingungen festzulegen, unter denen die beauftragten Bediensteten ihren Aufgaben nachzukommen haben, und insbesondere Regeln aufzustellen, die von allen Beamten und Bediensteten der Gemeinschaft sowie von den abgeordneten nationalen

---

[1]) Siehe 2/1.

[2]) ABl L 20 vom 24. 1. 1974, S. 1

[3]) ABl L 155 vom 7. 6. 1989, S. 1 Verordnung zuletzt geändert durch die Verordnung (Euratom, EG) Nr. 1355/96 (ABl L 175 vom 13. 7. 1996, S. 3).

---

[4]) ABl L 155 vom 7. 6. 1989, S. 9.

Sachverständigen in bezug auf die Wahrung des Berufsgeheimnisses und den Schutz personenbezogener Daten einzuhalten sind.

(7) Es ist festzulegen, daß die abgeordneten nationalen Sachverständigen bei der Tätigkeit unter der Verantwortlichkeit der Kommission den gleichen Bedingungen wie deren Bedienstete unterliegen und daß der betroffene Mitgliedstaat gegen die Anwesenheit eines abgeordneten nationalen Sachverständigen bei einer Kontrolle Einwendungen erheben kann, die er zu begründen hat –

HAT FOLGENDE VERORDNUNG ERLASSEN:

Art. 1 Die Kommission

a) wird zu den Kontrollen hinzugezogen, die die Mitgliedstaaten nach Artikel 18 Absatz 2 zweiter Gedankenstrich der Verordnung (EWG, Euratom) Nr. 1552/89 in bezug auf die Eigenmittel vornehmen,

b) nimmt in bezug auf die Eigenmittel Prüfungen vor Ort nach Artikel 18 Absatz 3 der Verordnung (EWG, Euratom) Nr. 1552/89 vor,

c) führt die Kontrollen in bezug auf die Mehrwertsteuer-Eigenmittel nach Artikel 11 der Verordnung (EWG, Euratom) Nr. 1553/89 durch,

d) nimmt in bezug auf die anhand des BSP berechneten Eigenmittel Prüfungen nach Artikel 19 der Verordnung (EWG, Euratom) Nr. 1552/89 vor,

und zwar durch ihre Beamten oder ihre Bediensteten, die sie hiermit eigens von ihr beauftragt hat (im folgenden „beauftragte Bedienstete" genannt).

An diesen Kontrollen und Prüfungen können Personen teilnehmen, die von den Mitgliedstaaten als nationale Sachverständige zur Kommission abgestellt wurden.

Mit ausdrücklicher Zustimmung der zuständigen Behörden des betreffenden Mitgliedstaats kann die Kommission Bedienstete anderer Mitgliedstaaten als Beobachter heranziehen. Die Kommission trägt dafür Sorge, daß die obengenannten Bediensteten die erforderlichen Garantien für fachliche Kompetenz, Unabhängigkeit und Wahrung des Berufsgeheimnisses bieten.

Art. 2 (1) Die Mitgliedstaaten und die Kommission unterhalten regelmäßig die für die Kontrollen und Prüfungen nach Artikel 1 erforderlichen Kontakte.

(2) Vor jeder Kontrolle und vor jeder Prüfung vor Ort finden Kontakte zwischen dem betreffenden Mitgliedstaat und der Kommission statt, die zur Festlegung der Einzelheiten bestimmt sind.

(3) Die beauftragten Bediensteten müssen bei jedem Einsatz im Besitz eines schriftlichen Auftrags der Kommission sein, der über ihre Person und ihre Dienststellung Auskunft gibt. Für die Prüfungen vor Ort nach Artikel 1 Buchstabe b) ist diesem Auftrag ein Dokument beizufügen, aus dem Ziel und Gegenstand der Prüfung hervorgehen.

Art. 3 (1) Die beauftragten Bediensteten

a) haben sich bei den Kontrollen und Prüfungen vor Ort entsprechend den für die Beamten des betreffenden Mitgliedstaates geltenden Regeln und Gepflogenheiten zu verhalten;

b) haben das Berufsgeheimnis nach Maßgabe des Artikels 5 zu wahren;

c) dürfen sich erforderlichenfalls mit den Abgabepflichtigen in Verbindung setzen, allerdings nur im Rahmen der Kontrollen oder Prüfungen nach Artikel 1 Buchstabe a) oder b) und nur über die zuständigen Behörden der Mitgliedstaaten, in denen die Kontrollen oder Prüfungen vor Ort stattfinden.

(2) Die Vorbereitung und Leitung

a) der Kontrollen nach Artikel 1 Buchstabe b) liegen, was die Gestaltung der Arbeit zu den von der Kontrolle betroffenen Dienststellen anbelangt, bei der durch den Mitgliedstaat nach Artikel 4 Absatz 1 bestimmten Dienststelle;

b) der Prüfungen vor Ort nach Artikel 1 Buchstabe b) liegen bei den beauftragten Bediensteten. Für die Gestaltung der Arbeit und die Beziehungen zu den Dienststellen sowie gegebenenfalls zu den von der Prüfung betroffenen Abgabepflichtigen stellen die beauftragten Bediensteten vor jeglicher Prüfung vor Ort geeignete Kontakte mit den von den betroffenen Mitgliedstaat nach Artikel 4 Absatz 2 bestimmten Bediensteten her;

c) der Kontrollen und Prüfungen nach Artikel 1 Buchstabe c) bzw. d) liegen bei den beauftragten Bediensteten, die für die Gestaltung der Arbeit geeignete Kontakte mit den zuständigen Verwaltungen der Mitgliedstaaten herstellen.

Art. 4 (1) Die Mitgliedstaaten sorgen dafür, daß die für die Feststellung, Erhebung und Bereitstellung der Eigenmittel zuständigen Dienststellen und Einrichtungen sowie die für die einschlägigen Kontrollen zuständigen Behörden die beauftragten Bediensteten, soweit dies notwendig ist, bei der Erfüllung ihres Auftrages unterstützen.

(2) Bei Prüfungen vor Ort nach Artikel 1 Buchstabe b) unterrichtet der betreffende Mitgliedstaat die Kommission rechtzeitig über die Personen und die Dienststellung der Bediensteten, die er zur Teilnahme an diesen Prüfungen benannt hat und die den beauftragten Bediensteten die zur Erfüllung ihres Auftrags erforderliche Unterstützung gewährt.

Art. 5 (1) Für die Informationen, die aufgrund dieser Verordnung – in welcher Form auch immer – erteilt oder eingeholt werden, gelten das Berufsgeheimnis und der Schutz der entsprechenden Information gemäß dem innerstaatlichen Recht des Mitgliedstaates, in dem sie eingeholt wurden, und gemäß den entsprechenden Vorschriften, die auf die Gemeinschaftsorgane Anwendung finden.

Diese Informationen dürfen insbesondere weder anderen Personen als denjenigen, die aufgrund ihrer Aufgaben in den Organen der Gemeinschaft oder der Mitgliedstaaten von ihnen Kenntnis erhalten müssen, mitgeteilt noch zu anderen Zwecken als in den Verordnungen (EWG, Euratom) Nr. 1552/89 und (EWG, Euratom) Nr. 1553/89 vorgesehen verwendet werden, es sei denn, daß der Mitgliedstaat, in dem sie eingeholt wurden, zuvor seine Zustimmung hierzu erteilt hat.

(2) Der vorliegende Artikel ist auf alle Beamten und Bediensteten der Gemeinschaft sowie auf die abgestellten nationalen Sachverständigen anwendbar.

(3) Die Kommission trägt dafür Sorge, daß die beauftragten Bediensteten und sonstigen Personen, die unter ihrer Aufsicht tätig sind, die gemeinschaftlichen und die einzelstaatlichen Bestimmungen für den Schutz personenbezogener Daten, insbesondere die Bestimmungen der Richtlinie 95/46/EG des Europäischen Parlaments und des Rates vom 24. Oktober 1995 zum Schutz natürlicher Personen bei der Verarbeitung personenbezogener Daten und zum freien Datenverkehr[1], einzuhalten.

Art. 6 (1) Die Ergebnisse der Kontrollen und Prüfungen vor Ort werden binnen drei Monaten auf geeignetem Wege dem betroffenen Mitgliedstaat zur Kenntnis gebracht, der hierzu binnen drei Monaten nach Eingang dieser Mitteilungen Stellung nimmt.

Die Kommission kann jedoch durch hinreichend begründeten Antrag den betroffenen Mitgliedstaat auffordern, seine Bemerkungen zu einzelnen Punkten innerhalb eines Monats nach Erhalt der Ergebnisse der Kontrolle oder Prüfung vorzulegen. Der betroffene Mitgliedstaat muß diesem Antrag nicht entsprechen; er muß in diesem Falle in einer Mitteilung die Gründe angeben, die ihn daran hindern, der Aufforderung der Kommission nachzukommen.

(2) Diese Ergebnisse und Bemerkungen sowie die Übersicht, die im Rahmen der Kontrollen in bezug auf die Mehrwertsteuer-Eigenmittel erstellt wird, werden nach Abschluß des in Absatz 1 vorgesehenen Verfahrens den anderen Mitgliedstaaten im Beratenden Ausschuß für eigene Mittel zur Kenntnis gebracht. Die Ergebnisse der Prüfungen in bezug auf die anhand des BSP berechneten Eigenmittel werden dagegen den anderen Mitgliedstaaten in dem Artikel 6 der Richtlinie 89/130/EWG, Euratom des Rates vom 13. Februar 1989 zur Harmonisierung der Erfassung des Bruttosozialprodukts zu Marktpreisen[2]) vorgesehenen BSP-Ausschuß zur Kenntnis gebracht.

Art. 7 (1) Die Verordnung (EWG, Euratom, EGKS) Nr. 165/74 wird aufgehoben.

Verweisungen auf die aufgehobene Verordnung gelten als Verweisungen auf die vorliegende Verordnung.

(2) Artikel 11 Absatz 2 der Verordnung (EG, Euratom) Nr. 1553/89 wird aufgehoben.

Art. 8 Diese Verordnung tritt am Tag nach ihrer Veröffentlichung im *Amtsblatt der Europäischen Gemeinschaften* in Kraft.

Diese Verordnung ist in allen ihren Teilen verbindlich und gilt unmittelbar in jedem Mitgliedstaat.

Geschehen zu Brüssel am 10. Mai 1999.

---

[1]) ABl L 281 vom 23. 11. 1995, S. 31.

[2]) ABl L 49 vom 21. 2. 1989, S. 26.

Beschluss der Kommission

vom 25. Februar 1999

über das Verfahren zur Ermächtigung der Beamten und sonstigen Bediensteten der Europäischen Kommission zum Zugang zu von der Kommission verwahrten Verschlußsachen

(Bekanntgegeben unter Aktenzeichen K(1999) 423)

(1999/218/EG)

(ABl 1999 L 80, 22)

DIE KOMMISSION DER EUROPÄISCHEN GEMEINSCHAFTEN –

gestützt auf den Vertrag zur Gründung der Europäischen Gemeinschaft, insbesondere auf Artikel 162 Absatz 2,

in Erwägung nachstehender Gründe:

Mit dem Vertrag über die Europäische Union wurde das Konzept einer Gemeinsamen Außen- und Sicherheitspolitik eingeführt, welche sämtliche Fragen der Sicherheit der Union umfaßt, wozu auf längere Sicht auch die Festlegung einer gemeinsamen Verteidigungspolitik gehört, die zu gegebener Zeit zu einer gemeinsamen Verteidigung führen könnte.

Gemäß Artikel J.4 dieses Vertrages ist die Westeuropäische Union (WEU) integraler Bestandteil der Entwicklung der Europäischen Union; letztere ersucht die WEU, die Entscheidungen und Aktionen der Union, die verteidigungspolitische Züge haben, auszuarbeiten und durchzuführen.

Nach Inkrafttreten des Vertrags von Amsterdam soll die Unionspolitik im Bereich der gemeinsamen Sicherheit weiter ausgebaut und vertieft werden; gemäß dem Protokoll zu Artikel J.7 des EU-Vertrags wird die Europäische Union die erforderlichen Maßnahmen zur Verbesserung der Zusammenarbeit mit der WEU treffen.

Gemäß Artikel J.9 des Vertrags über die Europäische Union wird die Kommission in vollem Umfang an den Arbeiten im Bereich der Gemeinsamen Außen- und Sicherheitspolitik beteiligt. Im Rahmen ihrer diesbezüglichen Tätigkeiten empfängt und erarbeitet die Kommission Dokumente vertraulichen Inhalts; eine Preisgabe der darin enthaltenen, politisch sensiblen Informationen könnte den Interessen der Europäischen Union, der Gemeinschaft und deren Mitgliedstaaten wie auch denen internationaler Organisationen wie der WEU und der NATO schaden.

Mit dem Beschluß (K(94) 3282 vom 30. November 1994 hat die Kommission Schutzmaßnahmen für die als Verschlußsachen eingestuften Informationen erlassen, die im Rahmen der Tätigkeit der Europäischen Union ausgearbeitet oder ausgetauscht werden.

Gemäß Artikel 6 Absatz 3 dieses Beschlusses gilt für von der WEU und der NATO stammende, als Verschlußsachen eingestufte Informationen eine Sonderregelung.

Die Sicherheitsvorschriften haben nicht nur den Objektschutz der von der Kommission verwahrten Verschlußsachen, sondern auch die Verfahren zur Ermächtigung der Beamten und sonstigen Bediensteten der Kommission zu regeln, die Zugang zu solchen Verschlußsachen erhalten sollen.

Es empfiehlt sich daher, ein Verfahren zur Ermächtigung der Beamten und sonstigen Bediensteten der Kommission, die aufgrund ihrer beruflichen Tätigkeit oder dienstlicher Erfordernisse Zugang zu solchen Verschlußsachen haben müssen, einzuführen und diesen Zugang auf die ermächtigten Personen zu beschränken.

Die Ermächtigung kann nur Personen erteilt werden, die zuvor von den zuständigen Behörden der Mitgliedstaaten einer Sicherheitsprüfung unterzogen wurden.

Der vorliegende Beschluß berührt nicht die Vorschriften über den Zugang der Öffentlichkeit zu den Informationen der Kommission über die Tätigkeiten aufgrund der Verträge zur Gründung der Europäischen Gemeinschaften, die die Kommission in ihrem Beschluß 94/90/EGKS, EG, Euratom[1]) erlassen hat.

---

[1]) ABl L 46 vom 18. 2. 1994, S. 58.

Dieser Beschluß berührt nicht die Anwendung der besonderen Schutzmaßnahmen gemäß der Verordnung Nr. 3 des Rates vom 31. Juli 1958 zur Anwendung von Artikel 24 des Vertrags zur Gründung der Europäischen Atomgemeinschaft[2]).

Gemäß Artikel 5 des EG-Vertrags sind die Mitgliedstaaten gehalten, den Gemeinschaftsorganen die Erfüllung ihrer vertraglichen Verpflichtungen zu erleichtern. Die Behörden der Mitgliedstaaten arbeiten eng mit der Kommission zusammen, um ein hohes Schutzniveau zu gewährleisten, und führen zu diesem Zweck die in dem vorliegenden Beschluß vorgesehenen Sicherheitsüberprüfungen durch –

BESCHLIESST:

Artikel 1

(1) Gemäß dem Beschluß K(94) 3282 vom 30. November 1994 und insbesondere aufgrund der vollständigen Beteiligung der Kommission an der Vorbereitung und Durchführung der gemeinsamen Sicherheitspolitik der Union sind zum Zugang zu den von der Kommission verwahrten Verschlußsachen ausschließlich die Beamten und sonstigen Bediensteten der Kommission oder andere in der Kommission tätige Personen ermächtigt, die aufgrund ihrer Aufgaben und dienstlicher Erfordernisse hiervon Kenntnis nehmen oder sie bearbeiten müssen.

(2) Um Zugang zu den als STRENG GEHEIM, GEHEIM oder VERTRAULICH eingestuften Informationen zu erhalten, müssen die in Absatz 1 bezeichneten Personen hierzu gemäß Artikel 2 ermächtigt worden sein.

(3) Die Ermächtigung wird nur den Personen erteilt, die von den zuständigen nationalen Behörden der Mitgliedstaaten einer Sicherheitsüberprüfung nach Artikel 3 unterzogen worden sind.

Artikel 2

(1) Die Kommission erteilt die Ermächtigung nach Einholung der Stellungnahme der zuständigen nationalen Behörden der Mitgliedstaaten auf der Grundlage der gemäß den Artikeln 3 und 4 durchgeführten Sicherheitsüberprüfung.

(2) Die Ermächtigung, die eine Geltungsdauer von höchstens fünf Jahren hat, erlischt, wenn die betreffende Person die Aufgaben,

die die Erteilung gerechtfertigt haben, nicht mehr wahrnimmt. Sie kann von der Kommission nach dem Verfahren des Absatzes 1 erneut erteilt werden.

Die Ermächtigung kann von der Kommission jederzeit entzogen werden. Die Entziehungsverfügung wird der betreffenden Person, die eine Anhörung durch den Direktor des Sicherheitsbüros der Kommission beantragen kann, sowie der zuständigen nationalen Behörde mitgeteilt.

(3) Bis die Ergebnisse der Sicherheitsüberprüfung gemäß Artikel 3 vorliegen, kann die Kommission aufgrund dienstlicher Erfordernisse ausnahmsweise eine vorläufige Ermächtigung mit einer Geltungsdauer von höchstens drei Monaten erteilen, nachdem sie die zuständigen nationalen Behörden vorab entsprechend informiert hat und diese binnen eines Monats keine Einwände geltend gemacht haben.

Artikel 3

(1) Durch die Sicherheitsüberprüfung soll gewährleistet werden, daß es keine Einwände dagegen gibt, daß die betreffende Person Zugang zu den von der Kommission verwahrten Verschlußsachen enthalten kann.

(2) Die Sicherheitsüberprüfung wird unter Mitwirkung der betreffenden Person auf Ersuchen der Kommission von den zuständigen nationalen Behörden desjenigen Mitgliedstaates vorgenommen, dessen Staatsangehörigkeit die zu ermächtigende Person besitzt. Hat diese Person ihren Wohnsitz in einem anderen Mitgliedstaat, so können die betreffenden nationalen Behörden sich die Mitwirkung der Behörden des Wohnsitzstaats sichern.

(3) Die betreffende Person hat zum Zweck der Untersuchung eine Sicherheitserklärung auszufüllen.

(4) Die Kommission benennt in ihrem Ersuchen die Art und die Geheimhaltungsstufe der Informationen, zu denen die betreffende Person Zugang erhalten soll, damit die zuständigen nationalen Behörden ihre Untersuchung im Hinblick auf die entsprechende Ermächtigungsstufe durchführen und diesbezüglich Stellung nehmen.

(5) Für den gesamten Ablauf und die Ergebnisse des Sicherheitsüberprüfungsverfahrens gelten die einschlägigen Vorschriften und Regelungen des betreffenden Mitgliedstaats, einschließlich der Bestimmungen über etwaige Rechtsbehelfe.

---

[2]) ABl 17 vom 6. 10. 1958, S. 406/58.

Artikel 4

(1) Bei befürwortender Stellungnahme der zuständigen nationalen Behörden der Mitgliedstaaten kann die Kommission der betreffenden Person die Ermächtigung im Sinne des Artikels 2 erteilen.

(2) Bei ablehnender Stellungnahme der zuständigen nationalen Behörden wird diese Ablehnung der betreffenden Person mitgeteilt, die beantragen kann, vom Direktor des Sicherheitsbüros der Kommission gehört zu werden. Letzterer kann, wenn er dies für erforderlich hält, bei den zuständigen nationalen Behörden um weitere Auskünfte, die diese zu geben vermögen, nachsuchen. Bei Bestätigung der ablehnenden Stellungnahme kann die Ermächtigung nicht erteilt werden.

Artikel 5

Jede ermächtigte Person im Sinne des Artikels 2 erhält zum Zeitpunkt der Ermächtigung und danach in regelmäßigen Abständen die gebotenen Anweisungen zum Schutz der Verschlußsachen und zu den Verfahren zur Sicherstellung dieses Schutzes. Sie unterzeichnet eine Erklärung, mit der sie den Erhalt dieser Anweisungen bestätigt und sich zu ihrer Einhaltung verpflichtet.

Artikel 6

Artikel 1 Absatz 2 und die Artikel 10 bis 13 des Beschlusses K(94) 3282 vom 30. November 1994 betreffend die Schutzmaßnahmen für die als Verschlußsachen eingestuften Informationen, die im Rahmen der Tätigkeiten der Europäischen Union ausgearbeitet oder ausgetauscht werden, werden aufgehoben. Die nach Maßgabe dieses Beschlusses erteilten Ermächtigungen behalten ihre Gültigkeit für den Zeitraum, für den sie erteilt wurden, höchstens jedoch für einen Zeitraum von fünf Jahren, gerechnet ab dem Datum der Erteilung, es sei denn, sie würden gemäß Artikel 2 Absatz 2 entzogen.

Artikel 7

Dieser Beschluß gilt ab dem Zeitpunkt seiner Annahme.

Brüssel, den 25. Februar 1999

11/1. Mitentscheidungs- verfahren

Zusammenarbeit von Parlament, Rat und Kommission

Europäisches Parlament

Rat

Kommission

Gemeinsame Erklärung

zu den praktischen Modalitäten des neuen Mitentscheidungsverfahrens
(Artikel 251 EG-Vertrag)

(1999/C 148/01)

(ABl 1999 C 148, 1)

PRÄAMBEL

Das Europäische Parlament, der Rat und die Kommission (nachstehend „Organe" genannt) stellen fest, daß sich die derzeitige Praxis der Kontakte zwischen dem Ratsvorsitz, der Kommission und den Vorsitzenden der zuständigen Ausschüsse und/oder Berichterstattern des Europäischen Parlaments sowie zwischen den beiden Vorsitzenden des Vermittlungsausschusses bewährt hat. Die Organe bekräftigen, daß diese Praxis in allen Stadien des Mitentscheidungsverfahrens ausgebaut werden muß. Die Organe verpflichten sich, ihre Arbeitsmethoden im Hinblick auf eine effektive Nutzung aller durch das neue Mitentscheidungsverfahren gebotenen Möglichkeiten zu überprüfen.

Unter Beachtung ihrer jeweiligen Geschäftsordnungen treffen die Organe die erforderlichen Maßnahmen zur Förderung der wechselseitigen Unterrichtung über die Arbeiten im Mitentscheidungsverfahren.

I. ERSTE LESUNG

1. Die Organe arbeiten im Hinblick auf eine weitestgehende Annäherung ihrer Standpunkte loyal zusammen, damit der Rechts-akt möglichst in erster Lesung angenommen werden kann.

2. Die Organe sorgen dafür, daß die jeweiligen Zeitpläne soweit wie möglich koordiniert werden, damit eine kohärente und konvergente Durchführung der Arbeiten der ersten Lesung im Europäischen Parlament und im Rat gefördert wird. Sie nehmen geeignete Kontakte auf, um den Fortgang der Arbeiten sowie den Grad der Übereinstimmung zu prüfen.

3. Die Kommission unterstützt die Kontakte und macht in konstruktiver Weise von ihrem Initiativrecht Gebrauch, um eine Annäherung der Standpunkte des Rates und des Europäischen Parlaments unter Wahrung des interinstitutionellen Gleichgewichts und der ihr durch den Vertrag übertragenen Rolle zu fördern.

II. ZWEITE LESUNG

1. In seiner Begründung legt der Rat so klar wie möglich die Gründe dar, die ihn zur Festlegung seines gemeinsamen Standpunkts veranlaßt haben. In der zweiten Lesung berücksichtigt das Europäische Parlament

diese Begründung sowie die Stellungnahme der Kommission soweit wie möglich.

2. Im Hinblick auf ein besseres Verständnis der jeweiligen Standpunkte und einen möglichst zügigen Abschluß des Rechtsetzungsverfahrens können geeignete Kontakte aufgenommen werden.

3. Die Kommission unterstützt die Kontakte und äußert ihre Meinung, um eine Annäherung der Standpunkte des Rates und des Europäischen Parlaments unter Wahrung des interinstitutionellen Gleichgewichts und der ihr durch den Vertrag übertragenen Rolle zu fördern.

III. VERMITTLUNG

1. Der Vermittlungsausschuß wird vom Präsidenten des Rates im Einvernehmen mit dem Präsidenten des Europäischen Parlaments unter Einhaltung der Bestimmungen des Vertrages einberufen.

2. Die Kommission nimmt an den Vermittlungsarbeiten teil und ergreift alle notwendigen Initiativen, damit eine Annäherung der Standpunkte des Europäischen Parlaments und des Rates herbeigeführt werden kann. Diese Initiativen können insbesondere darin bestehen, daß die Kommission unter Berücksichtigung der Standpunkte des Rates und des Europäischen Parlaments und unter Wahrung der ihr durch den Vertrag übertragenen Rolle Entwürfe für Kompromißtexte vorlegt.

3. Der Vorsitz im Ausschuß wird vom Präsidenten des Europäischen Parlaments und vom Präsidenten des Rates gemeinsam wahrgenommen.

Die beiden Vorsitzenden führen abwechselnd den Vorsitz in den Sitzungen des Ausschusses.

Die Termine für die Sitzungen des Ausschusses sowie die jeweilige Tagesordnung werden von den beiden Vorsitzenden einvernehmlich festgelegt. Die Kommission wird zu den geplanten Terminen angehört. Das Europäische Parlament und der Rat bestimmen unverbindlich geeignete Termine für die Vermittlungsarbeiten und setzen die Kommission davon in Kenntnis.

Das Europäische Parlament und der Rat tragen unter Beachtung der Bestimmungen des Vertrages über die Fristen im Rahmen des Möglichen Zwängen des Terminplans Rechnung, was insbesondere

für die Zeiten gilt, in denen die Tätigkeit der Organe unterbrochen ist, sowie für die Wahlen des Europäischen Parlaments. Die Unterbrechung der Tätigkeit muß jedenfalls so kurz wie möglich sein.

Der Ausschuß tagt abwechselnd in den Räumlichkeiten des Europäischen Parlaments und des Rates.

4. Dem Ausschuß liegen der Vorschlag der Kommission, der gemeinsame Standpunkt des Rates, die vom Europäischen Parlament vorgeschlagenen Abänderungen, die diesbezügliche Stellungnahme der Kommission sowie ein gemeinsames Arbeitsdokument der Delegationen des Europäischen Parlaments und des Rates vor. Die Kommission legt ihre Stellungnahme in der Regel binnen zwei Wochen nach dem offiziellen Eingang des Abstimmungsergebnisses des Europäischen Parlaments, spätestens aber vor Beginn der Vermittlungsarbeiten vor.

5. Die beiden Vorsitzenden können dem Ausschuß Texte zur Billigung unterbreiten.

6. Einzelheiten der Abstimmung in den einzelnen Delegationen des Vermittlungsausschusses sowie gegebenenfalls Erklärungen zur Abstimmung in diesen Delegationen werden dem Ausschuß übermittelt.

7. Die Einigung über den gemeinsamen Entwurf wird in einer Sitzung des Vermittlungsausschusses oder anschließend durch den Austausch von Schreiben zwischen den beiden Vorsitzenden festgestellt. Kopien dieser Schreiben werden der Kommission übermittelt.

8. Kommt im Ausschuß eine Einigung über einen gemeinsamen Entwurf zustande, wird dessen Text nach einer juristisch-sprachlichen Überarbeitung den beiden Vorsitzenden zur Billigung unterbreitet.

9. Die beiden Vorsitzenden übermitteln den so gebilligten gemeinsamen Entwurf dem Präsidenten des Europäischen Parlaments und dem Präsidenten des Rates mit einem gemeinsam unterzeichneten Schreiben. Kann der Vermittlungsausschuß sich auf keinen gemeinsamen Entwurf einigen, setzen die beiden Vorsitzenden mit einem gemeinsam unterzeichneten Schreiben den Präsidenten des Europäischen Parlaments und den Präsidenten des Rates davon in Kenntnis. Diese Schreiben gelten als Protokoll. Kopien dieser Schreiben

11/1. Mitentscheidungs-verfahren

werden der Kommission zur Information übermittelt.

10. Das Generalsekretariat des Rates und das Generalsekretariat des Europäischen Parlaments nehmen gemeinsam, unter Mitwirkung des Generalsekretariats der Kommission, die Sekretariatsgeschäfte des Ausschusses wahr.

IV. ALLGEMEINE BESTIMMMUNGEN

1. Halten es das Europäische Parlament oder der Rat für unabdingbar, die in Artikel 251 EG-Vertrag genannten Fristen zu verlängern, setzen sie den Präsidenten des jeweils anderen Organs und die Kommission davon in Kenntnis.

2. Die Überarbeitung der Texte erfolgt in enger Zusammenarbeit und einvernehmlich durch die Rechts- und Sprachsachverständigen des Europäischen Parlaments und des Rates.

3. Nachdem das Europäische Parlament und der Rat den Rechtsakt im Mitentscheidungsverfahren angenommen haben, wird der Text dem Präsidenten des Europäischen Parlaments und dem Präsidenten des Rates sowie den Generalsekretären beider Organe zur Unterschrift vorgelegt.

Der so gemeinsam unterzeichnete Text wird an das Amtsblatt weitergeleitet und nach Möglichkeit binnen eines Monats, jedenfalls aber so bald wie möglich veröffentlicht.

4. Stellt ein Organ in einem Text (oder einer der Sprachfassungen) einen Fehler fest, teilt es dies den anderen Organen unverzüglich mit. Ist der entsprechende Rechtsakt noch nicht angenommen, erstellen die Dienste der Rechts- und Sprachsachverständigen des Europäischen Parlaments und des Rates in enger Zusammenarbeit das erforderliche Korrigendum. Ist er bereits angenommen bzw. veröffentlicht, erstellen das Europäische Parlament und der Rat einvernehmlich eine Berichtigung nach Maßgabe ihrer jeweiligen Verfahren.

Geschehen zu Straßburg am 4. Mai 1999.

ZusammenArb Parl. Rat. Kom

Gemeinsame Erklärung

des Europäischen Parlaments, des Rates und der Kommission

(ABl 1975 C 89, 1)

DAS EUROPÄISCHE PARLAMENT, DER RAT UND DIE KOMMISSION –

in Erwägung nachstehender Gründe:

Ab 1. January 1975 wird der Haushalt der Gemeinschaft vollständig aus eigenen Mitteln der Gemeinschaft finanziert.

Für die Durchführung dieser Regelung wird das Europäische Parlament mit erweiterten Haushaltsbefugnissen ausgestattet.

Die Erweiterung der Haushaltsbefugnisse des Europäischen Parlaments muß mit einer wirksamen Beteiligung dieses Organs an dem Verfahren der Ausarbeitung und Annahme der Entscheidungen verbunden sein, die für den Haushalt der Europäischen Gemeinschaften wichtige Ausgaben oder Einnahmen nach sich ziehen –

KOMMEN WIE FOLGT ÜBEREIN:

1. Es wird ein Konzertierungsverfahren zwischen dem Europäischen Parlament und dem Rat unter aktiver Mitwirkung der Kommission eingeführt.

2. Das Verfahren kann für die gemeinschaftlichen Rechtsakte von allgemeiner Tragweite angewandt werden, die ins Gewicht fallende finanzielle Auswirkungen haben und deren Erlaß nicht schon auf Grund früherer Rechtsakte geboten ist.

3. Die Kommission gibt bei der Vorlage eines Vorschlags an, ob der betreffende Rechtsakt nach ihrer Ansicht Gegenstand des Konzertierungsverfahrens sein könnte. Das Europäische Parlament kann bei Abgabe seiner Stellungnahme die Eröffnung dieses Verfahrens verlangen; auch der Rat ist hierzu befugt.

4. Das Verfahren wird eingeleitet, wenn die in Absatz 2 vorgesehenen Kriterien gegeben sind und wenn der Rat beabsichtigt, von der Stellungnahme des Europärischen Parlaments abzuweichen.

5. Die Konzertierung findet in einem „Konzertierungsausschuß" statt, der sich aus dem Rat und Vertretern des Europäischen Parlaments zusammensetzt. Die Kommission nimmt an den Arbeiten des Konzertierungsausschusses teil.

6. Ziel des Verfahrens ist es, Einvernehmen zwischen dem Europäischen Parlament und dem Rat herbeizuführen.

Das Verfahren sollte normalerweise höchstens drei Monate dauern, ausgenommen Fälle, in denen der betreffende Rechtsakt vor einem bestimmten Zeitpunkt genehmigt werden muß oder in denen dringende Gründe vorliegen; in diesen Fällen kann der Rat eine angemessene Frist festlegen.

7. Wenn eine hinreichende Annäherung der Standpunkte der beiden Organe erreicht ist, kann das Europäische Parlament eine neue Stellungnahme abgeben; danach beschließt der Rat endgültig.

Geschehen zu Brüssel am 4. März 1975.

Beschluss des Rates*)

vom 28. Juni 1999

zur Festlegung der Modalitäten für die Ausübung der der Kommission übertragenen Durchführungsbefugnisse

(1999/468/EG)

(ABl 1999 L 184, 23, geändert durch ABl 2006 L 200, 11)

DER RAT DER EUROPÄISCHEN UNION –

gestützt auf den Vertrag zur Gründung der Europäischen Gemeinschaft, insbesondere auf Artikel 202 dritter Gedankenstrich,

auf Vorschlag der Kommission,

nach Stellungnahme des Europäischen Parlaments,

in Erwägung nachstehender Gründe:

(1) Der Rat hat der Kommission in den von ihm angenommen Rechtsakten Befugnisse zur Durchführung der von ihm erlassenen Vorschriften zu übertragen. Er kann für die Ausübung dieser Befugnisse bestimmte Modalitäten festlegen und sich in spezifischen und begründeten Fällen außerdem vorbehalten, Durchführungsbefugnisse selbst auszuüben.

(2) Der Rat erließ den Beschluß 87/373/EWG vom 13. Juli 1987 zur Festlegung der Modalitäten für die Ausübung der der Kommission übertragenen Durchführungsbefugnisse[1]). Mit diesem Beschluß wurde eine begrenzte Zahl an Verfahren für die Ausübung dieser Befugnisse vorgesehen.

(3) In der Erklärung Nr. 31 im Anhang zur Schlußakte der Regierungskonferenz, auf der der Vertrag von Amsterdam angenommen wurde, wird die Kommission aufgefordert, dem Rat einen Vorschlag zur Änderung des Beschlusses 87/373/EWG zu unterbreiten.

(4) Aus Gründen der Klarheit wurde es für zweckmäßiger erachtet, den Beschluß 87/373/ EWG nicht zu ändern, sondern vielmehr durch einen neuen Beschluß zu ersetzen und ihn deshalb aufzuheben.

(5) Mit dem vorliegenden Beschluß wird erstens bezweckt, im Interesse einer größeren Kohärenz und Vorhersehbarkeit bei der Wahl des Ausschußtyps Kriterien für die Wahl der Ausschußverfahren aufzustellen, bei denen es sich mit Ausnahme des Regelungsverfahrens mit Kontrolle allerdings um unverbindliche Kriterien handeln soll.

(6) So sollte auf das Verwaltungsverfahren zurückgegriffen werden, wenn es um Verwaltungsmaßnahmen geht, wie beispielsweise Maßnahmen zur Umsetzung der gemeinsamen Agrarpolitik oder der gemeinsamen Fischereipolitik oder zur Durchführung von Programmen mit erheblichen Auswirkungen auf den Haushalt. Diese Verwaltungsmaßnahmen sollten von der Kommission nach einem Verfahren getroffen werden, das eine Beschlußfassung innerhalb angemessener Fristen gewährleistet. Erfolgt allerdings bei nicht dringenden Maßnahmen eine Befassung des Rates, so sollte die Kommission im Rahmen ihres Ermessensspielraums die Anwendung der Maßnahmen verschieben.

(7) Auf das Regelungsverfahren sollte zurückgegriffen werden bei Maßnahmen von allgemeiner Tragweite, mit denen wesentliche Bestimmungen von Basisrechtsakten angewandt werden sollen, einschließlich Maßnahmen zum Schutz der Gesundheit oder Sicherheit von Menschen, Tieren und Pflanzen, sowie bei Maßnahmen, mit denen bestimmte nicht wesentliche Bestimmungen eines Basisrechtsakts angepaßt oder aktualisiert werden sollen. Derartige Durchführungsbestimmungen sollten nach einem effizienten Verfahren erlassen werden, bei dem das Initiativrecht der Kommission im Bereich der Rechtsetzung in vollem Umfang gewahrt bleibt.

(7a) Auf das Regelungsverfahren mit Kontrolle sollte bei Maßnahmen von allgemeiner Tragweite zur Änderung von nicht wesentlichen Bestimmungen eines nach dem Verfahren des Artikels 251 des Vertrags erlassenen Rechtsakts zurückgegriffen werden, einschließlich durch Streichung einiger dieser Bestimmungen oder Hinzufügung neuer nicht

---

*) Siehe auch die Erklärungen im Anhang.

[1]) ABl L 197 vom 18.7.1987, S. 33.

wesentlicher Bestimmungen. Dieses Verfahren soll es den beiden an der Rechtsetzung beteiligten Organen ermöglichen, vor der Annahme solcher Maßnahmen eine Kontrolle durchzuführen. Die wesentlichen Elemente eines Rechtsakts dürfen nur durch den Gesetzgeber auf der Grundlage des Vertrags geändert werden.

(8) Auf das Beratungsverfahren sollte in all den Fällen zurückgegriffen werden, in denen es als zweckmäßigstes Verfahren angesehen wird. Das Beratungsverfahren wird weiterhin in denjenigen Fällen zur Anwendung gelangen, in denen es bereits jetzt angewandt wird.

(9) Mit diesem Beschluß wird zweitens bezweckt, die Anforderungen für die Ausübung der der Kommission übertragenen Durchführungsbefugnisse zu vereinfachen sowie für eine stärkere Einbeziehung des Europäischen Parlaments in denjenigen Fällen zu sorgen, in denen der Basisrechtsakt, mit dem der Kommission Durchführungsbefugnisse übertragen werden, nach dem Verfahren des Artikels 251 des Vertrags angenommen worden ist. Dazu wurde es als angemessen angesehen, die Zahl der Verfahren zu begrenzen sowie die Verfahren so anzupassen, daß den jeweiligen Befugnissen der beteiligten Organe Rechnung getragen wird und insbesondere eine Berücksichtigung der Auffassungen des Europäischen Parlaments durch die Kommission oder den Rat in den Fällen möglich ist, in denen das Europäische Parlament der Meinung ist, daß der Entwurf für eine Maßnahme, der einem Ausschuß vorliegt oder der Vorschlag für eine Maßnahme, der dem Rat nach dem Regelungsverfahren unterbreitet wurde, über die in dem Basisrechtsakt vorgesehenen Durchführungsbefugnisse hinausgeht.

(10) Mit diesem Beschluss wird drittens bezweckt, die Unterrichtung des Europäischen Parlaments dadurch zu verbessern, dass die Kommission das Europäische Parlament regelmäßig über die Arbeit der Ausschüsse unterrichtet, dass sie dem Europäischen Parlament Unterlagen zur Tätigkeit der Ausschüsse übermittelt und dass sie das Europäische Parlament unterrichtet, wenn sie dem Rat Maßnahmen oder Entwürfe von zu ergreifenden Maßnahmen übermittelt; besondere Beachtung gebührt dabei der Unterrichtung des Europäischen Parlaments über die Arbeit der Ausschüsse im Rahmen des Regelungsverfahrens mit Kontrolle, damit gewährleistet ist, dass das Europäische Parlament seine Entscheidung innerhalb der vorgesehenen Frist treffen kann.

(11) Mit diesem Beschluß wird viertens bezweckt, die Unterrichtung der Öffentlichkeit über die Ausschußverfahren zu verbessern und deshalb dafür zu sorgen, daß die für die Kommission geltenden Grundsätze und Bedingungen für den Zugang der Öffentlichkeit zu Dokumenten auch auf Ausschüsse Anwendung finden, daß eine Liste aller Ausschüsse, die die Kommission bei der Ausübung ihrer Durchführungsbefugnisse unterstützen, erstellt und ein Jahresbericht über die Arbeit der Ausschüsse veröffentlicht wird und daß sämtliche Verweise auf mit den Ausschüssen in Zusammenhang stehende Dokumente, die dem Europäischen Parlament übermittelt worden sind, in einem Verzeichnis öffentlich zugänglich gemacht werden.

(12) Dieser Beschluß findet keine Anwendung auf die besonderen Ausschußverfahren im Rahmen der Durchführung der gemeinsamen Handelspolitik und der in den Verträgen niedergelegten Wettbewerbsvorschriften, die derzeit nicht auf den Beschluß 87/373/EWG gestützt sind –

BESCHLIESST:

Artikel 1

Außer in spezifischen und begründeten Fällen, in denen der Basisrechtsakt dem Rat die unmittelbare Ausübung von Durchführungsbefugnissen vorbehält, werden diese der Kommission entsprechend den einschlägigen Bestimmungen des Basisrechtsakts übertragen. In diesen Bestimmungen werden die Hauptbestandteile der so übertragenen Befugnisse festgelegt.

Sieht der Basisrechtsakt für die Annahme von Durchführungsmaßnahmen bestimmte Verfahrensmodalitäten vor, so müssen diese Modalitäten im Einklang mit den in den Artikeln 3, 4, 5, 5a und 6 aufgeführten Verfahren stehen.

Artikel 2

(1) Unbeschadet des Absatzes 2 werden bei der Wahl der Verfahrensmodalitäten für die Annahme der Durchführungsmaßnahmen folgende Kriterien zugrundegelegt:

a) Verwaltungsmaßnahmen wie etwa Maßnahmen zur Umsetzung der gemeinsamen Agrarpolitik oder der gemeinsamen Fischereipolitik oder zur Durchführung von Programmen mit erheblichen Auswirkungen auf den Haushalt sollten nach dem Verwaltungsverfahren erlassen werden.

b) Maßnahmen von allgemeiner Tragweite, mit denen wesentliche Bestimmungen von Basisrechtsakten angewandt werden sollen, wie Maßnahmen zum Schutz der Gesundheit oder Sicherheit von Menschen, Tieren oder Pflanzen sollten nach dem Regelungsverfahren erlassen werden.

Ist in einem Basisrechtsakt vorgesehen, daß bestimmte nicht wesentliche Bestimmungen des Rechtsakts im Wege von Durchführungsverfahren angepaßt oder aktualisiert werden können, so sollten diese Maßnahmen nach dem Regelungsverfahren erlassen werden.

c) Unbeschadet der Buchstaben a und b wird das Beratungsverfahren in allen Fällen angewandt, in denen es als zweckmäßigstes Verfahren angesehen wird.

(2) Ist in einem nach dem Verfahren des Artikels 251 des Vertrags erlassenen Basisrechtsakt vorgesehen, dass Maßnahmen von allgemeiner Tragweite angenommen werden, die eine Änderung von nicht wesentlichen Bestimmungen dieses Rechtsakts bewirken, einschließlich durch Streichung einiger dieser Bestimmungen oder Hinzufügung neuer nicht wesentlicher Bestimmungen, so werden diese Maßnahmen nach dem Regelungsverfahren mit Kontrolle erlassen.

Artikel 3
Beratungsverfahren

(1) Die Kommission wird von einem beratenden Ausschuß unterstützt, der sich aus den Vertretern der Mitgliedstaaten zusammensetzt und in dem der Vertreter der Kommission den Vorsitz führt.

(2) Der Vertreter der Kommission unterbreitet dem Ausschuß einen Entwurf der zu treffenden Maßnahmen. Der Ausschuß gibt – gegebenenfalls aufgrund einer Abstimmung – seine Stellungnahme zu diesem Entwurf innerhalb einer Frist ab, die der Vorsitzende unter Berücksichtigung der Dringlichkeit der betreffenden Frage festsetzen kann.

(3) Die Stellungnahme wird in das Protokoll des Ausschusses aufgenommen; darüber hinaus hat jeder Mitgliedstaat das Recht zu verlangen, daß sein Standpunkt im Protokoll festgehalten wird.

(4) Die Kommission berücksichtigt soweit wie möglich die Stellungnahme des Ausschusses. Sie unterrichtet den Ausschuß darüber, inwieweit sie seine Stellungnahme berücksichtigt hat.

Artikel 4
Verwaltungsverfahren

(1) Die Kommission wird von einem Verwaltungsausschuß unterstützt, der sich aus den Vertretern der Mitgliedstaaten zusammensetzt und in dem der Vertreter der Kommission den Vorsitz führt.

(2) Der Vertreter der Kommission unterbreitet dem Ausschuß einen Entwurf der zu treffenden Maßnahmen. Der Ausschuß gibt seine Stellungnahme zu diesem Entwurf innerhalb einer Frist ab, die der Vorsitzende unter Berücksichtigung der Dringlichkeit der betreffenden Frage festsetzen kann. Die Stellungnahme wird mit der Mehrheit abgegeben, die in Artikel 205 Absätze 2 und 4 des Vertrags für die Annahme der vom Rat auf Vorschlag der Kommission zu fassenden Beschlüsse vorgesehen ist. Bei der Abstimmung im Ausschuß werden die Stimmen der Vertreter der Mitgliedstaaten gemäß dem vorgenannten Artikel gewogen. Der Vorsitzende nimmt an der Abstimmung nicht teil.

(3) Die Kommission erläßt unbeschadet des Artikels 8 Maßnahmen, die unmittelbar gelten. Stimmen diese Maßnahmen jedoch mit der Stellungnahme des Ausschusses nicht überein, so werden sie sofort von der Kommission dem Rat mitgeteilt. In diesem Fall kann die Kommission die Durchführung der von ihr beschlossenen Maßnahmen um einen Zeitraum verschieben, der in jedem Basisrechtsakt festzulegen ist, keinesfalls aber drei Monate von der Mitteilung an überschreiten darf.

(4) Der Rat kann innerhalb des in Absatz 3 genannten Zeitraums mit qualifizierter Mehrheit einen anderslautenden Beschluß fassen.

Artikel 5
Regelungsverfahren

(1) Die Kommission wird von einem Regelungsausschuß unterstützt, der sich aus Vertretern der Mitgliedstaaten zusammensetzt und in dem der Vertreter der Kommission den Vorsitz führt.

(2) Der Vertreter der Kommission unterbreitet dem Ausschuß einen Entwurf der zu treffenden Maßnahmen. Der Ausschuß gibt seine Stellungnahme zu diesem Entwurf innerhalb einer Frist ab, die der Vorsitzende unter Berücksichtigung der Dringlichkeit der be-

treffenden Frage festsetzen kann. Die Stellungnahme wird mit der Mehrheit abgegeben, die in Artikel 205 Absätze 2 und 4 des Vertrags für die Annahme der vom Rat auf Vorschlag der Kommission zu fassenden Beschlüsse vorgesehen ist. Bei der Abstimmung im Ausschuß werden die Stimmen der Vertreter der Mitgliedstaaten gemäß dem vorgenannten Artikel gewogen. Der Vorsitzende nimmt an der Abstimmung nicht teil.

(3) Die Kommission erläßt unbeschadet des Artikels 8 die beabsichtigten Maßnahmen, wenn sie mit der Stellungnahme des Ausschusses übereinstimmen.

(4) Stimmen die beabsichtigten Maßnahmen mit der Stellungnahme des Ausschusses nicht überein oder liegt keine Stellungnahme vor, so unterbreitet die Kommission dem Rat unverzüglich einen Vorschlag für die zu treffenden Maßnahmen und unterrichtet das Europäische Parlament.

(5) Ist das Europäische Parlament der Auffassung, daß ein Vorschlag, den die Kommission auf der Grundlage eines gemäß Artikel 251 des Vertrags erlassenen Basisrechtsakts unterbreitet hat, über die in diesem Basisrechtsakt vorgesehenen Durchführungsbefugnisse hinausgeht, so unterrichtet es den Rat über seinen Standpunkt.

(6) Der Rat kann, gegebenenfalls in Anbetracht eines solchen etwaigen Standpunkts, innerhalb einer Frist, die in jedem Basisrechtsakt festzulegen ist, die keinesfalls aber drei Monate von der Befassung des Rates an überschreiten darf, mit qualifizierter Mehrheit über den Vorschlag befinden.

Hat sich der Rat innerhalb dieser Frist mit qualifizierter Mehrheit gegen den Vorschlag ausgesprochen, so überprüft die Kommission den Vorschlag. Die Kommission kann dem Rat einen geänderten Vorschlag vorlegen, ihren Vorschlag erneut vorlegen oder einen Vorschlag für einen Rechtsakt auf der Grundlage des Vertrags vorlegen.

Hat der Rat nach Ablauf dieser Frist weder den vorgeschlagenen Durchführungsrechtsakt erlassen noch sich gegen den Vorschlag für die Durchführungsmaßnahmen ausgesprochen, so wird der vorgeschlagene Durchführungsrechtsakt von der Kommission erlassen.

Artikel 5a

Regelungsverfahren mit Kontrolle

(1) Die Kommission wird von einem Regelungskontrollausschuss unterstützt, der sich aus Vertretern der Mitgliedstaaten zusammensetzt und in dem der Vertreter der Kommission den Vorsitz führt.

(2) Der Vertreter der Kommission unterbreitet dem Ausschuss einen Entwurf der zu ergreifenden Maßnahmen. Der Ausschuss gibt seine Stellungnahme zu diesem Entwurf innerhalb einer Frist ab, die der Vorsitzende unter Berücksichtigung der Dringlichkeit der betreffenden Frage festsetzen kann. Die Stellungnahme wird mit der Mehrheit abgegeben, die in Artikel 205 Absätze 2 und 4 des Vertrags für die Annahme der vom Rat auf Vorschlag der Kommission zu fassenden Beschlüsse vorgesehen ist. Bei der Abstimmung im Ausschuss werden die Stimmen der Vertreter der Mitgliedstaaten gemäß dem vorgenannten Artikel gewogen. Der Vorsitzende nimmt an der Abstimmung nicht teil.

(3) Stehen die von der Kommission beabsichtigten Maßnahmen mit der Stellungnahme des Ausschusses im Einklang, so findet folgendes Verfahren Anwendung:

a) Die Kommission unterbreitet dem Europäischen Parlament und dem Rat unverzüglich den Entwurf von Maßnahmen zur Kontrolle.

b) Der Erlass dieses Entwurfs durch die Kommission kann vom Europäischen Parlament mit der Mehrheit seiner Mitglieder oder vom Rat mit qualifizierter Mehrheit abgelehnt werden, wobei diese Ablehnung darin begründet sein muss, dass der von der Kommission vorgelegte Entwurf von Maßnahmen über die im Basisrechtsakt vorgesehenen Durchführungsbefugnisse hinausgeht oder dass dieser Entwurf mit dem Ziel oder dem Inhalt des Basisrechtsakts unvereinbar ist oder gegen die Grundsätze der Subsidiarität oder Verhältnismäßigkeit verstößt.

c) Spricht sich das Europäische Parlament oder der Rat innerhalb von drei Monaten nach seiner Befassung gegen den Entwurf von Maßnahmen aus, so werden diese nicht von der Kommission erlassen. In diesem Fall kann die Kommission dem Ausschuss einen geänderten Entwurf von Maßnahmen unterbreiten oder einen Vorschlag für einen Rechtsakt auf der Grundlage des Vertrags vorlegen.

d) Hat sich nach Ablauf dieser Frist weder das Europäische Parlament noch der Rat gegen den Entwurf von Maßnahmen ausgesprochen, so werden sie von der Kommission erlassen.

(4) Stehen die von der Kommission beabsichtigten Maßnahmen nicht mit der Stellungnahme des Ausschusses im Einklang oder liegt keine Stellungnahme vor, so findet folgendes Verfahren Anwendung:

a) Die Kommission unterbreitet dem Rat unverzüglich einen Vorschlag für die zu ergreifenden Maßnahmen und übermittelt diesen Vorschlag gleichzeitig dem Europäischen Parlament.

b) Der Rat befindet innerhalb von zwei Monaten nach seiner Befassung mit qualifizierter Mehrheit über diesen Vorschlag.

c) Spricht sich der Rat innerhalb dieser Frist mit qualifizierter Mehrheit gegen die vorgeschlagenen Maßnahmen aus, so werden diese nicht erlassen. In diesem Fall kann die Kommission dem Rat einen geänderten Vorschlag unterbreiten oder einen Vorschlag für einen Rechtsakt auf der Grundlage des Vertrags vorlegen.

d) Beabsichtigt der Rat den Erlass der vorgeschlagenen Maßnahmen, so unterbreitet er diese unverzüglich dem Europäischen Parlament. Befindet der Rat nicht innerhalb der genannten Frist von zwei Monaten, so unterbreitet die Kommission dem Europäischen Parlament unverzüglich die Maßnahmen.

e) Der Erlass dieser Maßnahmen kann vom Europäischen Parlament innerhalb einer Frist von vier Monaten ab Übermittlung des Vorschlags gemäß Buchstabe a mit der Mehrheit seiner Mitglieder abgelehnt werden, wobei diese Ablehnung darin begründet sein muss, dass die vorgeschlagenen Maßnahmen über die im Basisrechtsakts vorgesehenen Durchführungsbefugnisse hinausgehen oder dass diese Maßnahmen mit dem Ziel oder dem Inhalt des Basisrechtsakts unvereinbar sind oder gegen die Grundsätze der Subsidiarität oder Verhältnismäßigkeit verstoßen.

f) Spricht sich das Europäische Parlament innerhalb dieser Frist gegen die vorgeschlagenen Maßnahmen aus, so werden diese nicht erlassen. In diesem Fall kann die Kommission dem Ausschuss einen geänderten Entwurf von Maßnahmen unterbreiten oder einen Vorschlag für einen Rechtsakt auf der Grundlage des Vertrags vorlegen.

g) Hat sich das Europäische Parlament nach Ablauf der genannten Frist nicht gegen die vorgeschlagenen Maßnahmen ausgespro-

chen, so werden sie je nach Fall vom Rat oder von der Kommission erlassen.

(5) Abweichend von den Absätzen 3 und 4 kann ein Basisrechtsakt in wohlbegründeten Ausnahmefällen vorsehen,

a) dass die in Absatz 3 Buchstabe c sowie in Absatz 4 Buchstaben b und e vorgesehenen Fristen um einen weiteren Monat verlängert werden, wenn die Komplexität der Maßnahmen dies rechtfertigt; oder

b) dass die in Absatz 3 Buchstabe c sowie in Absatz 4 Buchstaben b und e vorgesehenen Fristen verkürzt werden, wenn dies aus Gründen der Effizienz erforderlich ist.

(6) Ein Basisrechtsakt kann vorsehen, dass in Fällen äußerster Dringlichkeit, in denen die in den Absätzen 3, 4 und 5 vorgesehenen Fristen für das Regelungsverfahren mit Kontrolle nicht eingehalten werden können, folgendes Verfahren Anwendung findet:

a) Stehen die von der Kommission beabsichtigten Maßnahmen mit der Stellungnahme des Ausschusses im Einklang, so erlässt die Kommission diese Maßnahmen, die unmittelbar durchgeführt werden. Sie teilt diese Maßnahmen unverzüglich dem Europäischen Parlament und dem Rat mit.

b) Innerhalb einer Frist von einem Monat ab dieser Mitteilung können die von der Kommission erlassenen Maßnahmen vom Europäischen Parlament mit der Mehrheit seiner Mitglieder oder vom Rat mit qualifizierter Mehrheit abgelehnt werden, wobei diese Ablehnung darin begründet sein muss, dass die Maßnahmen über die im Basisrechtsakt vorgesehenen Durchführungsbefugnisse hinausgehen oder dass die Maßnahmen mit dem Ziel oder dem Inhalt des Basisrechtsakts unvereinbar sind oder aber gegen die Grundsätze der Subsidiarität oder Verhältnismäßigkeit verstoßen.

c) Im Falle der Ablehnung der Maßnahmen durch das Europäische Parlament oder durch den Rat, hebt die Kommission die Maßnahmen auf. Sie kann die Maßnahmen jedoch vorläufig aufrecht erhalten, wenn dies aus Gründen des Schutzes der Gesundheit, der Sicherheit oder des Umweltschutzes gerechtfertigt ist. In diesem Fall legt die Kommission dem Ausschuss unverzüglich einen geänderten Entwurf von Maßnahmen oder einen Vorschlag für einen Rechtsakt auf der Grundlage des Vertrags vor. Die vorläufigen Maßnahmen bleiben in Kraft, bis sie durch einen endgültigen Rechtsakt ersetzt werden.

ZusammenArb Parl, Rat, Kom

Artikel 6

Verfahren bei Schutzmaßnahmen

Das folgende Verfahren kann angewandt werden, wenn der Kommission in dem Basisrechtsakt die Befugnis übertragen wird, über Schutzmaßnahmen zu beschließen:

a) Die Kommission teilt dem Rat und den Mitgliedstaaten jeden Beschluß über Schutzmaßnahmen mit. Es kann vorgesehen werden, daß die Kommission die Mitgliedstaaten nach jeweils festzulegenden Modalitäten konsultiert, bevor sie ihren Beschluß faßt.

b) Jeder Mitgliedstaat kann den Rat innerhalb einer Frist, die in dem betreffenden Basisrechtsakt festzulegen ist, mit dem Beschluß der Kommission befassen.

c) Der Rat kann mit qualifizierter Mehrheit innerhalb einer Frist, die in dem betreffenden Basisrechtsakt festzulegen ist, einen anderslautenden Beschluß fassen. Wahlweise kann in dem Basisrechtsakt vorgesehen werden, daß der Rat den Beschluß der Kommission mit qualifizierter Mehrheit bestätigen, ändern oder aufheben kann oder daß der Beschluß der Kommission, wenn der Rat innerhalb der vorgenannten Frist keinen Beschluß gefaßt hat, als aufgehoben gilt.

Artikel 7

(1) Jeder Ausschuß gibt sich auf Vorschlag seines Vorsitzenden eine Geschäftsordnung auf der Grundlage von Standardregeln, die im Amtsblatt der Europäischen Gemeinschaften veröffentlicht werden.
Bestehende Ausschüsse passen ihre Geschäftsordnung soweit erforderlich an die Standardregeln an.

(2) Die für die Kommission geltenden Grundsätze und Bedingungen für den Zugang der Öffentlichkeit zu Dokumenten gelten auch für die Ausschüsse.

(3) Das Europäische Parlament wird von der Kommission regelmäßig über die Arbeiten der Ausschüsse unterrichtet und dies nach Modalitäten, die die Transparenz des Übermittlungssystems und eine Identifizierung der übermittelten Informationen sowie der einzelnen Verfahrensstadien gewährleisten. Zu diesem Zweck erhält es die Tagesordnungen der Sitzungen, die den Ausschüssen vorgelegten Entwürfe für Maßnahmen zur Durchführung der gemäß Artikel 251 des Vertrags erlassenen Rechtsakte sowie die Abstimmungsergebnisse, die Kurzniederschriften über die Sitzungen und die Listen der Behörden und Stellen, denen die Personen angehören, die die Mitgliedstaaten in deren Auftrag vertreten. Außerdem wird das Europäische Parlament regelmäßig unterrichtet, wenn die Kommission dem Rat Maßnahmen oder Vorschläge für zu ergreifende Maßnahmen übermittelt.

(4) Die Kommission veröffentlicht innerhalb von sechs Monaten ab dem Zeitpunkt, zu dem dieser Beschluß wirksam wird, im Amtsblatt der Europäischen Gemeinschaften eine Liste der Ausschüsse, die die Kommission bei der Ausübung der ihr übertragenen Durchführungsbefugnisse unterstützen. In dieser Liste wird oder werden in bezug auf jeden Ausschuß jeweils der oder die Basisrechtsakt(e) angegeben, auf dessen oder deren Grundlage der Ausschuß eingesetzt worden ist[2]). Vom Jahr 2000 an veröffentlicht die Kommission überdies einen Jahresbericht über die Arbeit der Ausschüsse.

(5) Die bibliographischen Hinweise der dem Europäischen Parlament gemäß Absatz 3 übermittelten Dokumente werden in einem im Jahr 2001 von der Kommission zu erstellenden Verzeichnis öffentlich zugänglich gemacht.

Artikel 8

Erklärt das Europäische Parlament in einer mit Gründen versehenen Entschließung, daß ein Entwurf für Durchführungsmaßnahmen, dessen Annahme beabsichtigt ist und der auf der Grundlage eines nach dem Verfahren des Artikels 251 des Vertrags erlassenen Basisrechtsakts einem Ausschuß vorgelegt wurde, über die in dem Basisrechtsakt vorgesehenen Durchführungsbefugnisse hinausgehen würde, so wird dieser Entwurf erneut von der Kommission geprüft. Die Kommission kann unter Berücksichtigung dieser Entschließung und unter Einhaltung der Fristen des laufenden Verfahrens dem Ausschuß einen neuen Entwurf für Maßnahmen unterbreiten, das Verfahren fortsetzen oder dem Europäischen Parlament und dem Rat einen Vorschlag auf der Grundlage des Vertrags vorlegen.
Die Kommission unterrichtet das Europäische Parlament und den Ausschuß über die Maßnahmen, die sie aufgrund der Entschließung des Europäischen Parlaments zu treffen beabsichtigt, und über die Gründe für ihr Vorgehen.

Artikel 9

Der Beschluß 87/373/EWG wird aufgehoben.

Artikel 10

Dieser Beschluß wird am Tag nach seiner Veröffentlichung im Amtsblatt der Europäischen Gemeinschaften wirksam.

---

[2]) Liste der Ausschüsse, die die Kommission bei der Ausübung ihrer Durchführungsbefugnisse unterstützen, ABl 2000 C 225, 2.

11/3. Komitologie

Erklärungen zum Beschluss 1999/468/EG des Rates

vom 28. Juni 1999

zur Festlegung der Modalitäten für die Ausübung der der Kommission übertragenen Durchführungsbefugnisse

(1999/C 203/01)

(ABl 1999 C 203, 1)

1. Erklärung der Kommission (zu Artikel 4) –

In bezug auf das Verwaltungsverfahren verweist die Kommission darauf, daß sie stets bestrebt ist, einen befriedigenden Beschluß herbeizuführen, der im Ausschuß größtmögliche Unterstützung findet.

Die Kommission wird den Standpunkten der Ausschußmitglieder Rechnung tragen und es vermeiden, sich einem im Ausschuß vorherrschenden Standpunkt zur Ablehnung der Zweckmäßigkeit einer Durchführungsmaßnahme entgegenzustellen.

2. Erklärung des Rates und der Kommission

Der Rat und die Kommission stimmen darin überein, daß die auf den Beschluß 87/373/EWG zurückgehenden Bestimmungen über die Ausschüsse zur Unterstützung der Kommission bei der Ausübung von Durchführungsbefugnissen unverzüglich angepaßt werden sollten, um diese Bestimmungen gemäß den geeigneten Rechtsetzungsverfahren mit den Artikeln 3, 4, 5 und 6 des Beschlusses 1999/468/EG in Einklang zu bringen.

Diese Anpassung sollte wie folgt vorgenommen werden:

– das derzeitige Verfahren I würde zu dem neuen Beratungsverfahren;

– die derzeitigen Verfahren II a) und II b) würden zu dem neuen Verwaltungsverfahren;

– die derzeitigen Verfahren III a und III b würden zu dem neuen Regelungsverfahren.

Eine Änderung des in einem Basisrechtsakt vorgesehenen Ausschußtyps sollte im Zuge der normalen Überprüfung von Rechtsvorschriften jeweils als Einzelfall unter Zugrundelegung unter anderem der Kriterien des Artikels 2 vorgenommen werden.

Diese Anpassung oder Änderung sollte im Einklang mit den Verpflichtungen der Gemeinschaftsorgane erfolgen. Sie sollte nicht dazu führen, daß die Erreichung der Ziele des Basisrechtsakts oder die Effizienz der Gemeinschaftsmaßnahmen gefährdet wird.

3. Erklärung der Kommission (zu Artikel 5) –

Im Rahmen der Überprüfung von Vorschlägen für Durchführungsmaßnahmen in besonders empfindlichen Bereichen wird die Kommission im Bemühen um eine ausgewogene Lösung vermeiden, sich einem im Rat vorherrschenden Standpunkt zur Ablehnung der Zweckmäßigkeit einer Durchführungsmaßnahme entgegenzustellen.

Vereinbarung zwischen dem Europäischen Parlament und der Kommission

über die Modalitäten der Anwendung des Beschlusses 1999/468/EG des Rates zur Festlegung der Modalitäten für die Ausübung der der Kommission übertragenen Durchführungsbefugnisse, in der Fassung des Beschlusses 2006/512/EG

(ABl 2008 C 143, 1, ABl 2008 C 154, 24 (Ber.))

Unterrichtung des Europäischen Parlaments

1. Gemäß Artikel 7 Absatz 3 des Beschlusses 1999/468/EG[1]) wird das Europäische Parlament von der Kommission regelmäßig über die Arbeiten der Ausschüsse[2]) unterrichtet, und dies nach Modalitäten, die die Transparenz und Effizienz des Übermittlungssystems und eine Identifizierung der übermittelten Informationen sowie der einzelnen Verfahrensstadien gewährleisten. Zu diesem Zweck erhält es zur gleichen Zeit und unter den gleichen Bedingungen wie die Mitglieder der Ausschüsse die Entwürfe der Tagesordnungen der Sitzungen, die Entwürfe für Durchführungsmaßnahmen, die diesen Ausschüssen auf der Grundlage eines nach dem Verfahren des Artikels 251 des Vertrags erlassenen Basisrechtsakts vorgelegt werden, die Abstimmungsergebnisse, die Kurzniederschriften über die Sitzungen und die Listen der Behörden, denen die Personen angehören, die die Mitgliedstaaten in deren Auftrag vertreten.

Verzeichnis

2. Die Kommission erstellt ein Verzeichnis, das alle dem Europäischen Parlament[3]) übermittelten Dokumente enthält. Das Europäische Parlament hat unmittelbaren Zugang zu diesem Verzeichnis. Gemäß Artikel 7 Absatz 5 des Beschlusses 1999/468/EG werden die bibliografischen Hinweise der dem Europäischen Parlament übermittelten Dokumente öffentlich zugänglich gemacht.

3. Gemäß den von der Kommission in ihrer Erklärung zu Artikel 7 Absatz 3 des Beschlusses 1999/468/EG[4]) gegebenen Zusagen, und sobald die hierfür erforderlichen technischen Voraussetzungen gegeben sind, wird das in Ziffer 2 vorgesehene Verzeichnis insbesondere Folgendes ermöglichen:

– eine klare Identifizierung der Dokumente, die Gegenstand desselben Verfahrens sind und die Änderungen der Durchführungsmaßnahmen in den einzelnen Verfahrensstadien betreffen,

– die Angabe des Verfahrensstadiums und des Zeitplans,

– eine eindeutige Unterscheidung zwischen dem Entwurf von Maßnahmen, der zeitgleich beim Europäischen Parlament und bei den Ausschussmitgliedern gemäß deren Informationsrecht eingeht, und dem endgültigen Entwurf, der dem Europäischen Parlament nach Stellungnahme des Ausschusses übermittelt wird,

– eine eindeutige Identifizierung aller Änderungen an Dokumenten, die dem Europäischen Parlament bereits übermittelt wurden.

4. Wenn das Europäische Parlament und die Kommission nach einem Übergangszeitraum, der mit dem Inkrafttreten der vorliegenden Vereinbarung beginnt, feststellen, dass das System betriebsbereit ist und zufriedenstellend funktioniert, erfolgt die Übermittlung der Dokumente an das Europäische Parlament auf elektronischem Wege mit einem Link zu dem in Ziffer 2 vorgesehenen Verzeichnis. Die Entscheidung darüber erfolgt durch einen Briefwechsel zwischen den Präsidenten der beiden Organe. Während des Übergangszeitraums werden die Dokumente dem Europäischen Parlament in Form eines Anhangs zu einer E-Mail übermittelt.

---

[1]) ABl. L 184 vom 17.7.1999, S. 23. Geändert durch den Beschluss 2006/512/EG (ABl. L 200 vom 22.7.2006, S. 11).

[2]) In der vorliegenden Vereinbarung bezieht sich der Begriff „Ausschuss" auf solche Ausschüsse, die gemäß dem Beschluss 1999/468/EG eingerichtet wurden, es sei denn, es wird ausdrücklich auf einen anderen Ausschuss verwiesen.

[3]) Zieldatum für die Erstellung des Verzeichnisses ist der 31. März 2008.

---

[4]) ABl. C 171 vom 22.7.2006, S. 21.

5. Außerdem erklärt sich die Kommission damit einverstanden, dem Europäischen Parlament auf Antrag seines zuständigen Ausschusses zur Information spezifische Entwürfe für Durchführungsmaßnahmen zu übermitteln, deren Basisrechtsakte nicht nach dem in Artikel 251 des Vertrags vorgesehenen Verfahren erlassen wurden, denen aber eine besondere Bedeutung für das Europäische Parlament zukommt. Diese Maßnahmen werden in das in Ziffer 2 vorgesehene Verzeichnis eingetragen; das Europäische Parlament wird darüber unterrichtet.

6. Zusätzlich zu den in Ziffer 1 genannten Kurzniederschriften kann das Europäische Parlament den Zugang zu Protokollen von Ausschusssitzungen verlangen[5]). Die Kommission unterzieht jede Anfrage im Hinblick auf die in Anhang 1 der Rahmenvereinbarung über die Beziehungen zwischen dem Europäischen Parlament und der Kommission[6]) festgelegten Vertraulichkeitsregeln einer Einzelfallprüfung.

Vertrauliche Dokumente

7. Dokumente mit vertraulichem Charakter werden nach internen Verwaltungsverfahren behandelt, bei deren Ausarbeitung jedes Organ darauf achtet, dass sie die erforderlichen Garantien bieten.

Entschließungen des Europäischen Parlaments nach Artikel 8 des Beschlusses 1999/468/EG

8. Gemäß Artikel 8 des Beschlusses 1999/468/EG kann das Europäische Parlament in einer mit Gründen versehenen Entschließung darauf hinweisen, dass ein Entwurf für Maßnahmen zur Durchführung eines nach dem Verfahren des Artikels 251 des Vertrags erlassenen Basisrechtsakts über die in diesem Basisrechtsakt vorgesehenen Durchführungsbefugnisse hinausgeht.

9. Das Europäische Parlament nimmt solche Entschließungen gemäß seiner Geschäftsordnung an; hierzu verfügt es über eine Frist von einem Monat ab dem Eingang des endgültigen Entwurfs für Durchführungsmaßnahmen in den den Mitgliedern des betreffenden Ausschusses vorgelegten Sprachfassungen.

10. Das Europäische Parlament und die Kommission stimmen darin überein, dass es angebracht ist, auf Dauer kürzere Fristen für einige Arten dringender Durchführungsmaßnahmen, über die im Interesse einer wirtschaftlichen Haushaltsführung innerhalb eines kürzeren Zeitraum entschieden werden sollte, festzulegen. Dies gilt insbesondere für einige Maßnahmen, einschließlich humanitärer Hilfe und Soforthilfe, auf den Gesundheits- und Sicherheitsschutz, auf die Verkehrssicherheit und auf Ausnahmeregelungen in Bezug auf die Vorschriften für öffentliche Ausschreibungen beziehen. In einer Vereinbarung zwischen dem Mitglied der Kommission und dem Vorsitz des zuständigen Ausschusses des Europäischen Parlaments werden die Arten der betroffenen Maßnahmen und die geltenden Fristen festgelegt. Eine solche Vereinbarung kann jederzeit von beiden Seiten gekündigt werden.

11. Unbeschadet der in Ziffer 10 genannten Fälle findet in dringenden Fällen sowie für Maßnahmen der laufenden Verwaltung und/oder mit begrenzter Geltungsdauer eine kürzere Frist Anwendung. Diese Frist kann in äußerst dringenden Fällen, insbesondere aus Gründen der öffentlichen Gesundheit, sehr kurz sein. Das zuständige Mitglied der Kommission setzt die entsprechende Frist unter Angabe des Grundes fest. Das Europäische Parlament kann in solchen Fällen ein Verfahren anwenden, durch das die Anwendung von Artikel 8 des Beschlusses 1999/468/EG seinem zuständigen Ausschuss übertragen wird, der der Kommission innerhalb der betreffenden Frist eine Antwort zukommen lassen kann.

12. Sobald die Dienststellen der Kommission absehen, dass ein Entwurf für Maßnahmen gemäß den Ziffern 10 und 11 unter Umständen einem Ausschuss vorgelegt werden muss, unterrichten sie informell das Sekretariat des/der zuständigen Ausschusses/Ausschüsse des Europäischen Parlaments hiervon. Sobald erste Entwürfe für Maßnahmen den Mitgliedern des Ausschusses vorgelegt wurden, be-

ZusammenArb
Parl, Rat, Kom

---

[5]) Siehe Urteil des Gerichts erster Instanz der Europäischen Gemeinschaften vom 19. Juli 1999 in der Rechtssache T-188/97 (Rothmans/Kommission), Slg. 1999, II-2463.

[6]) ABl. C 117 E vom 18.5.2006, S. 123.

nachrichtigen die Dienststellen der Kommission das Sekretariat des/der Ausschusses/Ausschüsse des Europäischen Parlaments von ihrer Dringlichkeit und von den Fristen, die gelten, sobald der endgültige Entwurf vorgelegt wird.

13. Im Anschluss an eine Entschließung gemäß Ziffer 8 oder einer Antwort gemäß Ziffer 11 des Europäischen Parlaments unterrichtet das zuständige Mitglied der Kommission dieses oder gegebenenfalls dessen zuständigen Ausschuss über die Maßnahmen, die die Kommission aufgrund der Entschließung zu treffen beabsichtigt.

14. Daten gemäß den Ziffern 10 bis 13 werden in das Verzeichnis eingetragen.

Regelungsverfahren mit Kontrolle

15. Findet das Regelungsverfahren mit Kontrolle Anwendung, unterrichtet die Kommission das Europäische Parlament nach der Abstimmung im Ausschuss über die geltenden Fristen. Gemäß Ziffer 16 beginnen diese Fristen erst zu laufen, wenn das Europäische Parlament alle Sprachfassungen erhalten hat.

16. Wenn verkürzte Fristen gelten (Artikel 5a Absatz 5 Buchstabe b des Beschlusses 1999/468/EG) und in Fällen von Dringlichkeit (Artikel 5a Absatz 6 des Beschlusses 1999/468/EG) beginnen die Fristen am Tag des Eingangs des endgültigen Entwurfs für Durchführungsmaßnahmen in den Sprachfassungen zu laufen, die den Mitgliedern des Ausschusses vorgelegt werden, es sei denn, der Vorsitz des Ausschusses des Europäischen Parlaments spricht sich dagegen aus. In jedem Fall bemüht sich die Kommission, alle Sprachfassungen dem Europäischen Parlament sobald wie möglich zu übermitteln. Sobald die Dienststellen der Kommission absehen, dass ein Entwurf für Maßnahmen gemäß Artikel 5a Absatz 5 Buchstabe b oder Absatz 6 unter Umständen einem Ausschuss vorgelegt werden muss, unterrichten sie informell das Sekretariat des/der zuständigen Ausschusses/Ausschüsse des Europäischen Parlaments hiervon.

Finanzdienstleistungen

17. Gemäß ihrer Erklärung zu Artikel 7 Absatz 3 des Beschlusses 1999/468/EG verpflichtet sich die Kommission hinsichtlich Finanzdienstleistungen dazu:

- dafür zu sorgen, dass der Beamte der Kommission, der den Vorsitz bei einer Ausschusssitzung führt, das Europäischen Parlament auf dessen Anfrage hin nach jeder Ausschusssitzung über die Beratungen zu den diesem Ausschuss vorgelegten Entwürfen von Durchführungsmaßnahmen unterrichtet,

- etwaige Fragen zu Beratungen über Entwürfe von Durchführungsmaßnahmen, die einem Ausschuss vorgelegt werden, mündlich oder schriftlich zu beantworten.

Schließlich sorgt die Kommission dafür, dass die in der Plenarsitzung des Parlaments vom 5. Februar 2002[7]) gegebenen und in dessen Plenarsitzung vom 31. März 2004[8]) wiederholten Zusagen sowie diejenigen Zusagen, auf die in den Ziffern 1 bis 7 des Schreibens des Kommissionsmitglieds Bolkestein an die Vorsitzende des Ausschusses des Europäischen Parlaments für Wirtschaft und Währung vom 2. Oktober 2001[9]) Bezug genommen wird, hinsichtlich des gesamten Sektors der Finanzdienstleistungen (einschließlich Wertpapiere, Banken, Versicherung, Altersvorsorge und Rechnungswesen) eingehalten werden.

Zeitplan der parlamentarischen Arbeiten

18. Wenn keine verkürzten Fristen gelten und kein Fall von Dringlichkeit vorliegt, berücksichtigt die Kommission bei der Übermittlung von Entwürfen für Durchführungsmaßnahmen nach dieser Vereinbarung der Parlamentsferien des Europäischen Parlaments (Winter- und Sommerpause sowie Europawahlen), um sicherzustellen, dass das Parlament seine Befugnisse innerhalb der im Beschluss 1999/468/EG und in dieser Vereinbarung genannten Fristen ausüben kann.

---

[7]) ABl. C 284 E vom 21.11.2002, S. 19.

[8]) ABl. C 103 E vom 29.4.2004, S. 446, und ausführlicher Sitzungsbericht (CRE) für die Plenarsitzung des Parlaments vom 31. März 2004 unter „Abstimmung".

[9]) ABl. C 284 E vom 21.11.2002, S. 83.

11/4. Komitologie

Zusammenarbeit zwischen dem Europäischen Parlament und der Kommission

19. Die beiden Organe erklären sich bereit, sich gegenseitig zu unterstützen, um eine umfassende Zusammenarbeit zu gewährleisten, wenn es um spezifische Durchführungsmaßnahmen geht. Hierfür werden geeignete Kontakte auf administrativer Ebene eingerichtet.

Frühere Vereinbarungen

20. Die Vereinbarung zwischen dem Europäischen Parlament und der Kommission vom Jahr 2000 über die Modalitäten der Anwendung des Beschlusses 1999/468/EG des Rates[10]) wird hiermit ersetzt. Das Europäische Parlament und die Kommission sehen folgende Vereinbarungen, soweit sie davon betroffen sind, als hinfällig und damit gegenstandslos an: Vereinbarung Plumb/Delors von 1988, Vereinbarung Samland/Williamson von 1996 und Modus Vivendi von 1994[11]).

---

[10]) ABl. L 256 vom 10.10.2000, S. 19.

[11]) ABl. C 102 vom 4.4.1996, S. 1.

ZusammenArb
Parl. Rat. Kom

Verordnung (EG) Nr. 806/2003 des Rates*)

vom 14. April 2003

zur Anpassung der Bestimmungen über die Ausschüsse zur Unterstützung der Kommission bei der Ausübung von deren Durchführungsbefugnissen, die in nach dem Konsultationsverfahren (qualifizierte Mehrheit) erlassenen Rechtsakten des Rates vorgesehen sind, an den Beschluss 1999/468/EG

(ABl 2003 L 122, 1, ABl 2003 L 138, 49 (Ber.))

DER RAT DER EUROPÄISCHEN UNION –

gestützt auf den Vertrag zur Gründung der Europäischen Gemeinschaft, insbesondere auf die Artikel 36, 37 und 133,

auf Vorschlag der Kommission[1]),

nach Stellungnahme des Europäischen Parlaments[2]),

nach Stellungnahme des Wirtschafts- und Sozialausschusses[3]),

in Erwägung nachstehender Gründe:

(1) Der Beschluss 1999/468/EG des Rates vom 28. Juni 1999 zur Festlegung der Modalitäten für die Ausübung der der Kommission übertragenen Durchführungsbefugnisse[4]) ersetzt den Beschluss 87/373/EWG[5]).

(2) Gemäß der Erklärung des Rates und der Kommission[6]) zum Beschluss 1999/468/EG sind die auf den Beschluss 87/373/EWG zurückgehenden Bestimmungen über die Ausschüsse zur Unterstützung der Kommission bei der Ausübung von Durchführungsbefugnissen anzupassen, um diese Bestimmungen mit den Artikeln 3, 4 und des Beschlusses 1999/468/EG in Einklang zu bringen.

(3) Die besagte Erklärung gibt die Modalitäten der Anpassung der Ausschussverfahren an, die automatisch erfolgt, sofern sie nicht den im Basisrechtsakt vorgesehenen Ausschusstyp berührt.

(4) Die in den anzupassenden Vorschriften festgelegten Fristen müssen ihre Gültigkeit behalten. Sofern keine bestimmte Frist für die Verabschiedung von Durchführungsmaßnahmen vorgesehen war, sollte eine Frist von drei Monaten festgelegt werden.

(5) Dementsprechend sind die Bestimmungen der Rechtsakte, die eine Bezugnahme auf das Ausschussverfahren des Typs I gemäß dem Beschluss 87/373/EWG vorsehen, durch Bestimmungen zu ersetzen, die eine Bezugnahme auf das Beratungsverfahren gemäß Artikel 3 des Beschlusses 1999/468/EG vorsehen.

(6) Die Bestimmungen von Rechtsakten, die eine Bezugnahme auf das Ausschussverfahren des Typs IIa und IIb gemäß dem Beschluss 87/373/EWG vorsehen, sind durch Bestimmungen zu ersetzen, die eine Bezugnahme auf das Verwaltungsverfahren gemäß Artikel 4 des Beschlusses 1999/468/EG vorsehen.

(7) Die Bestimmungen von Rechtsakten, die eine Bezugnahme auf das Ausschussverfahren des Typs IIIa und IIIb gemäß dem Beschluss 87/373/EWG vorsehen, sind durch Bestimmungen zu ersetzen, die eine Bezugnahme auf das Regelungsverfahren gemäß Artikel 5 des Beschlusses 1999/468/EG vorsehen.

(8) Diese Verordnung zielt ausschließlich darauf ab, die Ausschussverfahren anzupassen. Der Name der diese Verfahren betreffenden Ausschüsse wurde gegebenenfalls geändert –

HAT FOLGENDE VERORDNUNG ERLASSEN:

Art. 1 Soweit das Beratungsverfahren betroffen ist, werden die in Anhang I aufgeführten Rechtsakte in der dort beschriebenen Weise den entsprechenden Bestimmungen des Beschlusses 1999/468/EG angepasst.

Art. 2 Soweit das Verwaltungsverfahren betroffen ist, werden die in Anhang II aufgeführten Rechtsakte in der dort beschriebenen Weise den entsprechenden Bestimmungen des Beschlusses 1999/468/EG angepasst.

Art. 3 Soweit das Regelungsverfahren betroffen ist, werden die in Anhang III aufgeführten Rechtsakte in der dort beschriebenen Weise den

---

*) Die Anhänge wurden nicht abgedruckt.
[1]) ABl. C 75 E vom 26.3.2002, S. 425.
[2]) Stellungnahme vom 11. März 2003.
[3]) ABl. C 241 vom 7.10.2002, S. 128.
[4]) ABl. L 184 vom 17.7.1999, S. 23.
[5]) ABl. L 197 vom 18.7.1987, S. 33.
[6]) ABl. C 203 vom 17.7.1999, S. 1.

entsprechenden Bestimmungen des Beschlusses 1999/468/EG angepasst.

Art. 4 Verweise auf die Bestimmungen der in den Anhängen I, II und III genannten Rechtsakte sind als Verweise auf die entsprechenden Bestimmungen in der durch die vorliegende Verordnung angepassten Fassung zu verstehen.

Mögliche Verweise in der vorliegenden Verordnung auf die ehemaligen Bezeichnungen der Ausschüsse sind als Verweise auf die neuen Bezeichnungen zu verstehen.

Art. 5 Diese Verordnung tritt am zwanzigsten Tag nach ihrer Veröffentlichung im *Amtsblatt der Europäischen Union* in Kraft.

Diese Verordnung ist in allen ihren Teilen verbindlich und gilt unmittelbar in jedem Mitgliedstaat.

Geschehen zu Luxemburg am 14. April 2003.

ZusammenArb
Parl. Rat, Kom

Verordnung (EG) Nr. 807/2003 des Rates*)

vom 14. April 2003

zur Anpassung der Bestimmungen über die Ausschüsse zur Unterstützung der Kommission bei der Ausübung von deren Durchführungsbefugnissen, die in nach dem Konsultationsverfahren (Einstimmigkeit) erlassenen Rechtsakten des Rates vorgesehen sind, an den Beschluss 1999/468/EG

(ABl 2003 L 122, 36)

DER RAT DER EUROPÄISCHEN UNION –

gestützt auf den Vertrag zur Gründung der Europäischen Gemeinschaft, insbesondere auf die Artikel 93, 94, 269, 279 und 308,

auf Vorschlag der Kommission[1]),

nach Stellungnahme des Europäischen Parlaments[2]),

nach Stellungnahme des Wirtschafts- und Sozialausschusses[3]),

nach Anhörung des Rechnungshofes in Bezug auf die Verordnung (EWG, Euratom) Nr. 1553/89 des Rates vom 29. Mai 1989 über die endgültige einheitliche Regelung für die Erhebung der Mehrwertsteuereigenmittel[4]),

in Erwägung nachstehender Gründe:

(1) Der Beschluss 1999/468/EG des Rates vom 28. Juni 1999 zur Festlegung der Modalitäten für die Ausübung der der Kommission übertragenen Durchführungsbefugnisse[5]) ersetzt den Beschluss 87/373/EWG[6]).

(2) Gemäß der Erklärung des Rates und der Kommission[7]) zum Beschluss 1999/468/EG sind die auf den Beschluss 87/373/EWG zurückgehenden Bestimmungen über die Ausschüsse zur Unterstützung der Kommission bei der Ausübung von Durchführungsbefugnissen anzupassen, um diese Bestimmungen mit den Artikeln 3, 4 und 5 des Beschlusses 1999/468/EG in Einklang zu bringen.

(3) Die besagte Erklärung gibt die Modalitäten der Anpassung der Ausschussverfahren an, die automatisch erfolgt, sofern sie nicht den im Basisrechtsakt vorgesehenen Ausschusstyp berührt.

(4) Die in den anzupassenden Vorschriften festgelegten Fristen müssen ihre Gültigkeit behalten. Sofern keine bestimmte Frist für die Verabschiedung von Durchführungsmaßnahmen vorgesehen war, sollte eine Frist von drei Monaten festgelegt werden.

(5) Dementsprechend sind die Bestimmungen der Rechtsakte, die eine Bezugnahme auf das Ausschussverfahren des Typs I gemäß dem Beschluss 87/373/EWG vorsehen, durch Bestimmungen zu ersetzen, die eine Bezugnahme auf das Beratungsverfahren gemäß Artikel 3 des Beschlusses 1999/468/EG vorsehen.

(6) Die Bestimmungen von Rechtsakten, die eine Bezugnahme auf das Ausschussverfahren des Typs IIa und IIb gemäß dem Beschluss 87/373/EWG vorsehen, sind durch Bestimmungen zu ersetzen, die eine Bezugnahme auf das Verwaltungsverfahren gemäß Artikel 4 des Beschlusses 1999/468/EG vorsehen.

(7) Die Bestimmungen von Rechtsakten, die eine Bezugnahme auf das Ausschussverfahren des Typs IIIa und IIIb gemäß dem Beschluss 87/373/EWG vorsehen, sind durch Bestimmungen zu ersetzen, die eine Bezugnahme auf das Regelungsverfahren gemäß Artikel 5 des Beschlusses 1999/468/EG vorsehen.

(8) Diese Verordnung zielt ausschließlich darauf ab, die Ausschussverfahren anzupassen. Der Name der diese Verfahren betreffenden Ausschüsse wurde gegebenenfalls geändert –

HAT FOLGENDE VERORDNUNG ERLASSEN:

Art. 1 Soweit das Beratungsverfahren betroffen ist, werden die in Anhang I aufgeführten Rechtsakte in der dort beschriebenen Weise den entsprechenden Bestimmungen des Beschlusses 1999/468/EG angepasst.

Art. 2 Soweit das Verwaltungsverfahren betroffen ist, werden die in Anhang II aufgeführten

---

*) Die Anhänge wurden nicht abgedruckt.
[1]) ABl C 75 E vom 26.3.2000, S. 448.
[2]) Stellungnahme vom 11. März 2003.
[3]) ABl C 241 vom 7.10.2002, S. 128.
[4]) ABl L 155 vom 7.6.1989, S. 9.
[5]) ABl L 184 vom 17.7.1999, S. 23.
[6]) ABl L 197 vom 18.7.1987, S. 33.
[7]) ABl C 203 vom 17.7.1999, S. 1.

Rechtsakte in der dort beschriebenen Weise den entsprechenden Bestimmungen des Beschlusses 1999/468/EG angepasst.

Art. 3 Soweit das Regelungsverfahren betroffen ist, werden die in Anhang III aufgeführten Rechtsakte in der dort beschriebenen Weise den entsprechenden Bestimmungen des Beschlusses 1999/468/EG angepasst.

Diese Verordnung ist in allen ihren Teilen verbindlich und gilt unmittelbar in jedem Mitgliedstaat.

Geschehen zu Luxemburg am 14. April 2003.

Verordnung (EG) Nr. 1882/2003 des Europäischen Parlaments und des Rates*)

vom 29. September 2003

zur Anpassung der Bestimmungen über die Ausschüsse zur Unterstützung der Kommission bei der Ausübung von deren Durchführungsbefugnissen, die in Rechtsakten vorgesehen sind, für die das Verfahren des Artikels 251 des EG-Vertrags gilt, an den Beschluss 1999/468/EG des Rates

(ABl 2003 L 284, 1, geändert durch ABl 2008 L 97, 13)

DAS EUROPÄISCHE PARLAMENT UND DER RAT DER EUROPÄISCHEN UNION –

gestützt auf den Vertrag zur Gründung der Europäischen Gemeinschaft, insbesondere auf die Artikel 40, 47, 55, 71, 80, 95, 137, 150, 152, 153, 155, 156, 175 Absatz 1, 179, 285 und 300 Absatz 3,

auf Vorschlag der Kommission[1]),

nach Stellungnahme des Europäischen Wirtschafts- und Sozialausschusses[2]),

nach Anhörung des Ausschusses der Regionen, gemäß dem Verfahren nach Artikel 251 des Vertrags[3]).

in Erwägung nachstehender Gründe:

(1) Der Beschluss 1999/468/EG des Rates vom 28. Juni 1999 zur Festlegung der Modalitäten für die Ausübung der der Kommission übertragenen Durchführungsbefugnisse[4]) ersetzt den Beschluss 87/373/EWG[5]).

(2) Gemäß der Erklärung des Rates und der Kommission[6]) zum Beschluss 1999/468/EG sind die auf den Beschluss 87/373/EWG zurückgehenden Bestimmungen über die Ausschüsse zur Unterstützung der Kommission bei der Ausübung von deren Durchführungsbefugnissen anzupassen, um diese Bestimmungen mit den Artikeln 3, 4 und 5 des Beschlusses 1999/468/EG in Einklang zu bringen.

(3) Die genannte Erklärung gibt die Modalitäten der Anpassung der Ausschussverfahren an, die automatisch erfolgt, sofern sie nicht den im Basisrechtsakt vorgesehenen Ausschusstyp berührt.

(4) Die in den zu ändernden Bestimmungen festgelegten Fristen sollten ihre Gültigkeit behalten. Sofern keine bestimmte Frist für die Verabschiedung von Durchführungsmaßnahmen vorgesehen war, sollte eine Frist von drei Monaten festgelegt werden.

(5) Dementsprechend sind die Bestimmungen der Rechtsakte, die eine Bezugnahme auf das Ausschussverfahren des Typs I gemäß dem Beschluss 87/373/EWG vorsehen, durch Bestimmungen zu ersetzen, die eine Bezugnahme auf das Beratungsverfahren gemäß Artikel 3 des Beschlusses 1999/468/EG vorsehen.

(6) Die Bestimmungen der Rechtsakte, die eine Bezugnahme auf das Ausschussverfahren des Typs IIa und IIb gemäß dem Beschluss 87/373/EWG vorsehen, sollten durch Bestimmungen ersetzt werden, die eine Bezugnahme auf das Verwaltungsverfahren gemäß Artikel 4 des Beschlusses 1999/468/EG vorsehen.

---

*) Die Anhänge werden nicht abgedruckt, Anhang II Nummer 4 geändert durch ABl 2008 L 304, S. 73.

[1]) ABl. C 75 E vom 26.3.2002, S. 385.

[2]) ABl. C 241 vom 7.10.2002, S. 128.

[3]) Stellungnahme des Europäischen Parlaments vom 2. September 2003 und Beschluss des Rates vom 14. April 2003 (ABl. C 153 E vom 1.7.2003, S. 1).

[4]) ABl. L 184 vom 17.7.1999, S. 23.

[5]) ABl. L 197 vom 18.7.1987, S. 33.

[6]) ABl. C 203 vom 17.7.1999, S. 1.

(7) Die Bestimmungen der Rechtsakte, die eine Bezugnahme auf das Ausschussverfahren des Typs IIIa und IIIb gemäß dem Beschluss 87/373/EWG vorsehen, sollten durch Bestimmungen ersetzt werden, die eine Bezugnahme auf das Regelungsverfahren gemäß Artikel 5 des Beschlusses 1999/468/EG vorsehen.

(8) Diese Verordnung bezweckt ausschließlich die Vereinheitlichung der Ausschussverfahren. Die Bezeichnungen der Ausschüsse in diesen Verfahren wurden gegebenenfalls geändert –

HABEN FOLGENDE VERORDNUNG ERLASSEN:

Artikel 1

Die in Anhang I aufgeführten Rechtsakte im Bereich des Beratungsverfahrens werden gemäß dem genannten Anhang an die entsprechenden Bestimmungen des Beschlusses 1999/468/EG angepasst.

Artikel 2

Die in Anhang II aufgeführten Rechtsakte im Bereich des Verwaltungsverfahrens werden gemäß dem genannten Anhang an die entsprechenden Bestimmungen des Beschlusses 1999/468/EG angepasst.

Artikel 3

Die in Anhang III aufgeführten Rechtsakte im Bereich des Regelungsverfahrens werden gemäß dem genannten Anhang an die entsprechenden Bestimmungen des Beschlusses 1999/468/EG angepasst.

Artikel 4

Verweise auf die Bestimmungen der in den Anhängen I, II und III genannten Rechtsakte sind als Verweise auf diese Bestimmungen in der durch die vorliegende Verordnung angepassten Fassung zu verstehen.

Bezugnahmen in dieser Verordnung auf alte Ausschussbezeichnungen sind als Bezugnahmen auf die neuen Bezeichnungen zu verstehen.

Artikel 5

Diese Verordnung tritt am zwanzigsten Tag nach ihrer Veröffentlichung im *Amtsblatt der Europäischen Union* in Kraft.

Diese Verordnung ist in allen ihren Teilen verbindlich und gilt unmittelbar in jedem Mitgliedstaat.

Geschehen zu Brüssel am 29. September 2003.

Gerichtshof der Europäischen Union

Hinweis: Der Beschluss des Rates vom 25. 2. 2010 über die Arbeitsweise des in Artikel 255 AEUV vorgesehenen Ausschusses findet sich in ABl 2010 L 50, S. 18. Der Ausschuss gibt eine Stellungnahme zur Eignung der Bewerber für das Amt eines Richters oder Generalanwalts beim Gerichtshof oder beim Gericht ab, bevor die Ernennung erfolgt.

Satzung des Gerichtshofs der Europäischen Union

(Protokoll Nr. 3 zum EUV, AEUV und zum Vertrag zur Gründung der Europäischen Atomgemeinschaft)

(ABl 2010 C 83, 210)

DIE HOHEN VERTRAGSPARTEIEN –

IN DEM WUNSCH, die in Artikel 281 des Vertrags über die Arbeitsweise der Europäischen Union (AEUV) vorgesehene Satzung des Gerichtshofs der Europäischen Union festzulegen –

SIND über folgende Bestimmungen ÜBEREINGEKOMMEN, die dem Vertrag über die Europäische Union, dem Vertrag über die Arbeitsweise der Europäischen Union und dem Vertrag zur Gründung der Europäischen Atomgemeinschaft beigefügt sind:

Artikel 1

Für die Errichtung und die Tätigkeit des Gerichtshofs der Europäischen Union gelten die Bestimmungen der Verträge, des Vertrags zur Gründung der Europäischen Atomgemeinschaft (EAG-Vertrag) und dieser Satzung.

TITEL I

DIE RICHTER UND DIE GENERALANWÄLTE

Artikel 2

Jeder Richter leistet vor Aufnahme seiner Amtstätigkeit vor dem in öffentlicher Sitzung tagenden Gerichtshof den Eid, sein Amt unparteiisch und gewissenhaft auszuüben und das Beratungsgeheimnis zu wahren.

Artikel 3

Die Richter sind keiner Gerichtsbarkeit unterworfen. Hinsichtlich ihrer in amtlicher Eigenschaft vorgenommenen Handlungen, einschließlich ihrer mündlichen und schriftlichen Äußerungen, steht ihnen diese Befreiung auch nach Abschluss ihrer Amtstätigkeit zu.

Der Gerichtshof kann die Befreiung durch Plenarentscheidung aufheben. Betrifft die Entscheidung ein Mitglied des Gerichts oder eines Fachgerichts, so entscheidet der Gerichtshof nach Anhörung des betreffenden Gerichts.

Wird nach Aufhebung der Befreiung ein Strafverfahren gegen einen Richter eingeleitet, so darf dieser in jedem Mitgliedstaat nur vor ein Gericht gestellt werden, das für Verfahren gegen Richter der höchsten Gerichte dieses Mitgliedstaats zuständig ist.

Die Artikel 11 bis 14 und Artikel 17 des Protokolls über die Vorrechte und Befreiungen der Europäischen Union finden auf die Richter, die Generalanwälte, den Kanzler und die Hilfsberichterstatter des Gerichtshofs der Europäischen Union Anwendung; die Bestimmungen der Absätze 1 bis 3 betreffend die Befreiung der Richter von der Gerichtsbarkeit bleiben hiervon unberührt.

Artikel 4

Die Richter dürfen weder ein politisches Amt noch ein Amt in der Verwaltung ausüben.

Gerichtshof
Satzung
VfO
Dienstanw
Kanzler
Prakt Anw

Sie dürfen keine entgeltliche oder unentgeltliche Berufstätigkeit ausüben, es sei denn, dass der Rat mit einfacher Mehrheit ausnahmsweise von dieser Vorschrift Befreiung erteilt.

Bei der Aufnahme ihrer Tätigkeit übernehmen sie die feierliche Verpflichtung, während der Ausübung und nach Ablauf ihrer Amtstätigkeit die sich aus ihrem Amt ergebenden Pflichten zu erfüllen, insbesondere die Pflicht, bei der Annahme bestimmter Tätigkeiten oder Vorteile nach Ablauf dieser Tätigkeit ehrenhaft und zurückhaltend zu sein.

Im Zweifelsfalle entscheidet der Gerichtshof. Betrifft die Entscheidung ein Mitglied des Gerichts oder eines Fachgerichts, so entscheidet der Gerichtshof nach Anhörung des betreffenden Gerichts.

Artikel 5

Abgesehen von den regelmäßigen Neubesetzungen und von Todesfällen endet das Amt eines Richters durch Rücktritt.

Bei Rücktritt eines Richters ist das Rücktrittsschreiben an den Präsidenten des Gerichtshofs zur Weiterleitung an den Präsidenten des Rates zu richten. Mit der Benachrichtigung des Letzteren wird der Sitz frei.

Mit Ausnahme der Fälle, in denen Artikel 6 Anwendung findet, bleibt jeder Richter bis zum Amtsantritt seines Nachfolgers im Amt.

Artikel 6

Ein Richter kann nur dann seines Amtes enthoben oder seiner Ruhegehaltsansprüche oder anderer an ihrer Stelle gewährter Vergünstigungen für verlustig erklärt werden, wenn er nach einstimmigem Urteil der Richter und Generalanwälte des Gerichtshofs nicht mehr die erforderlichen Voraussetzungen erfüllt oder den sich aus seinem Amt ergebenden Verpflichtungen nicht mehr nachkommt. Der Betroffene wirkt bei der Beschlussfassung nicht mit. Ist der Betroffene ein Mitglied des Gerichts oder eines Fachgerichts, so entscheidet der Gerichtshof nach Anhörung des betreffenden Gerichts.

Der Kanzler bringt den Präsidenten des Europäischen Parlaments und der Kommission die Entscheidung des Gerichtshofs zur Kenntnis und übermittelt sie dem Präsidenten des Rates.

Wird durch eine solche Entscheidung ein Richter seines Amtes enthoben, so wird sein Sitz mit der Benachrichtigung des Präsidenten des Rates frei.

Artikel 7

Endet das Amt eines Richters vor Ablauf seiner Amtszeit, so wird es für die verbleibende Amtszeit neu besetzt.

Artikel 8

Die Artikel 2 bis 7 finden auf die Generalanwälte Anwendung.

TITEL II
ORGANISATION DES GERICHTSHOFS

Artikel 9

Die teilweise Neubesetzung der Richterstellen, die alle drei Jahre stattfindet, betrifft abwechselnd vierzehn und dreizehn Richter.

Die teilweise Neubesetzung der Stellen der Generalanwälte, die alle drei Jahre stattfindet, betrifft jedes Mal vier Generalanwälte.

Artikel 10

Der Kanzler leistet vor dem Gerichtshof den Eid, sein Amt unparteiisch und gewissenhaft auszuüben und das Beratungsgeheimnis zu wahren.

Artikel 11

Der Gerichtshof regelt die Vertretung des Kanzlers für den Fall seiner Verhinderung.

Artikel 12

Dem Gerichtshof werden Beamte und sonstige Bedienstete beigegeben, um ihm die Erfüllung seiner Aufgaben zu ermöglichen. Sie unterstehen dem Kanzler unter Aufsicht des Präsidenten.

Artikel 13

Das Europäische Parlament und der Rat können gemäß dem ordentlichen Gesetzgebungsverfahren auf Antrag des Gerichtshofs die Ernennung von Hilfsberichterstattern vorsehen und ihre Stellung bestimmen. Die Hilfsberichterstatter können nach Maßgabe der Verfahrensordnung berufen werden, an der Bearbeitung der beim Gerichtshof anhängigen Sachen teilzunehmen und mit dem Berichterstatter zusammenzuarbeiten.

Zu Hilfsberichterstattern sind Persönlichkeiten auszuwählen, die jede Gewähr für Unabhängigkeit bieten und die erforderlichen juristischen Befähigungsnachweise erbringen; sie werden vom Rat mit einfacher Mehrheit ernannt. Sie leisten vor dem Gerichtshof den Eid, ihr Amt unparteiisch und gewissenhaft auszuüben und das Beratungsgeheimnis zu wahren.

Artikel 14

Die Richter, die Generalanwälte und der Kanzler sind verpflichtet, am Sitz des Gerichtshofs zu wohnen.

Artikel 15

Der Gerichtshof übt seine Tätigkeit ständig aus. Die Dauer der Gerichtsferien wird vom Gerichtshof unter Berücksichtigung der dienstlichen Erfordernisse festgesetzt.

Artikel 16

Der Gerichtshof bildet aus seiner Mitte Kammern mit drei und mit fünf Richtern. Die Richter wählen aus ihrer Mitte die Präsidenten der Kammern. Die Präsidenten der Kammern mit fünf Richtern werden für drei Jahre gewählt. Einmalige Wiederwahl ist zulässig.

Die Große Kammer ist mit dreizehn Richtern besetzt. Den Vorsitz führt der Präsident des Gerichtshofs. Der Großen Kammer gehören außerdem die Präsidenten der Kammern mit fünf Richtern und weitere Richter, die nach Maßgabe der Verfahrensordnung ernannt werden, an.

Der Gerichtshof tagt als Große Kammer, wenn ein am Verfahren beteiligter Mitgliedstaat oder ein am Verfahren beteiligtes Unionsorgan dies beantragt.

Der Gerichtshof tagt als Plenum, wenn er gemäß Artikel 228 Absatz 2, Artikel 245 Absatz 2, Artikel 247 oder Artikel 286 Absatz 6 AEUV befasst wird.

Außerdem kann der Gerichtshof, wenn er zu der Auffassung gelangt, dass eine Rechtssache, mit der er befasst ist, von außergewöhnlicher Bedeutung ist, nach Anhörung des Generalanwalts entscheiden, diese Rechtssache an das Plenum zu verweisen.

Artikel 17

Der Gerichtshof kann nur in der Besetzung mit einer ungeraden Zahl von Richtern rechtswirksam entscheiden.

Die Entscheidungen der Kammern mit drei oder fünf Richtern sind nur dann gültig, wenn sie von drei Richtern getroffen werden.

Die Entscheidungen der Großen Kammer sind nur dann gültig, wenn neun Richter anwesend sind.

Die vom Plenum getroffenen Entscheidungen des Gerichtshofs sind nur dann gültig, wenn fünfzehn Richter anwesend sind.

Bei Verhinderung eines Richters einer Kammer kann nach Maßgabe der Verfahrensordnung ein Richter einer anderen Kammer herangezogen werden.

Artikel 18

Die Richter und Generalanwälte dürfen nicht an der Erledigung einer Sache teilnehmen, in der sie vorher als Bevollmächtigte, Beistände oder Anwälte einer der Parteien tätig gewesen sind oder über die zu befinden sie als Mitglied eines Gerichts, eines Untersuchungsausschusses oder in anderer Eigenschaft berufen waren.

Glaubt ein Richter oder Generalanwalt, bei der Entscheidung oder Untersuchung einer bestimmten Sache aus einem besonderen Grund nicht mitwirken zu können, so macht er davon dem Präsidenten Mitteilung. Hält der Präsident die Teilnahme eines Richters oder Generalanwalts an der Verhandlung oder Entscheidung einer bestimmten Sache aus einem besonderen Grund für unangebracht, so setzt er diesen hiervon in Kenntnis.

Ergibt sich bei der Anwendung dieses Artikels eine Schwierigkeit, so entscheidet der Gerichtshof.

Eine Partei kann den Antrag auf Änderung der Zusammensetzung des Gerichtshofs oder einer seiner Kammern weder mit der Staatsangehörigkeit eines Richters noch damit begründen, dass dem Gerichtshof oder einer seiner Kammern kein Richter ihrer Staatsangehörigkeit angehört.

TITEL III

VERFAHREN VOR DEM GERICHTSHOF

Artikel 19

Die Mitgliedstaaten sowie die Unionsorgane werden vor dem Gerichtshof durch einen Bevollmächtigten vertreten, der für jede Sache bestellt wird; der Bevollmächtigte kann sich der Hilfe eines Beistands oder eines Anwalts bedienen.

Die Vertragsstaaten des Abkommens über den Europäischen Wirtschaftsraum, die nicht Mitgliedstaaten sind, und die in jenem Abkommen genannte EFTA-Überwachungsbehörde werden in der gleichen Weise vertreten.

Die anderen Parteien müssen durch einen Anwalt vertreten sein.

Gerichtshof
Satzung
VfO
Dienstanw
Kanzler
Prakt Anw

Nur ein Anwalt, der berechtigt ist, vor einem Gericht eines Mitgliedstaats oder eines anderen Vertragsstaats des Abkommens über den Europäischen Wirtschaftsraum aufzutreten, kann vor dem Gerichtshof als Vertreter oder Beistand einer Partei auftreten.

Die vor dem Gerichtshof auftretenden Bevollmächtigten, Beistände und Anwälte genießen nach Maßgabe der Verfahrensordnung die zur unabhängigen Ausübung ihrer Aufgaben erforderlichen Rechte und Sicherheiten.

Der Gerichtshof hat nach Maßgabe der Verfahrensordnung gegenüber den vor ihm auftretenden Beiständen und Anwälten die den Gerichten üblicherweise zuerkannten Befugnisse.

Hochschullehrer, die Angehörige von Mitgliedstaaten sind, deren Rechtsordnung ihnen gestattet, vor Gericht als Vertreter einer Partei aufzutreten, haben vor dem Gerichtshof die durch diesen Artikel den Anwälten eingeräumte Rechtsstellung.

Artikel 20

Das Verfahren vor dem Gerichtshof gliedert sich in ein schriftliches und ein mündliches Verfahren.

Das schriftliche Verfahren umfasst die Übermittlung der Klageschriften, Schriftsätze, Klagebeantwortungen und Erklärungen und gegebenenfalls der Repliken sowie aller zur Unterstützung vorgelegten Belegstücke und Urkunden oder ihrer beglaubigten Abschriften an die Parteien sowie an diejenigen Unionsorgane, deren Entscheidungen Gegenstand des Verfahrens sind.

Die Übermittlung obliegt dem Kanzler in der Reihenfolge und innerhalb der Fristen, die die Verfahrensordnung bestimmt.

Das mündliche Verfahren umfasst die Verlesung des von einem Berichterstatter vorgelegten Berichts, die Anhörung der Bevollmächtigten, Beistände und Anwälte und der Schlussanträge des Generalanwalts durch den Gerichtshof sowie gegebenenfalls die Vernehmung von Zeugen und Sachverständigen.

Ist der Gerichtshof der Auffassung, dass eine Rechtssache keine neue Rechtsfrage aufwirft, so kann er nach Anhörung des Generalanwalts beschließen, dass ohne Schlussanträge des Generalanwalts über die Sache entschieden wird.

Artikel 21

Die Klageerhebung bei dem Gerichtshof erfolgt durch Einreichung einer an den Kanzler zu richtenden Klageschrift. Die Klage-schrift muss Namen und Wohnsitz des Klägers, die Stellung des Unterzeichnenden, die Partei oder die Parteien, gegen die die Klage erhoben wird, und den Streitgegenstand angeben sowie die Anträge und eine kurze Darstellung der Klagegründe enthalten.

Ihr ist gegebenenfalls der Rechtsakt beizufügen, dessen Nichtigerklärung beantragt wird, oder in dem in Artikel 265 AEUV geregelten Fall eine Unterlage, aus der sich der Zeitpunkt der in dem genannten Artikel vorgesehenen Aufforderung ergibt. Sind der Klageschrift diese Unterlagen nicht beigefügt, so fordert der Kanzler den Kläger auf, sie innerhalb einer angemessenen Frist beizubringen; die Klage kann nicht deshalb zurückgewiesen werden, weil die Beibringung erst nach Ablauf der für die Klageerhebung vorgeschriebenen Frist erfolgt.

Artikel 22

In den Fällen nach Artikel 18 des EAG-Vertrags erfolgt die Klageerhebung bei dem Gerichtshof durch Einreichung einer an den Kanzler zu richtenden Klageschrift. Die Klageschrift muss Namen und Wohnsitz des Klägers, die Stellung des Unterzeichnenden, die Entscheidung, gegen die Klage erhoben wird, die Gegenparteien und den Streitgegenstand angeben sowie die Anträge und eine kurze Darstellung der Klagegründe enthalten.

Eine beglaubigte Abschrift der angefochtenen Entscheidung des Schiedsausschusses ist beizufügen.

Weist der Gerichtshof die Klage ab, so wird die Entscheidung des Schiedsausschusses rechtskräftig.

Hebt der Gerichtshof die Entscheidung des Schiedsausschusses auf, so kann das Verfahren gegebenenfalls auf Betreiben einer Prozesspartei vor dem Schiedsausschuss wieder aufgenommen werden.

Dieser ist an die vom Gerichtshof gegebene rechtliche Beurteilung gebunden.

Artikel 23

In den Fällen nach Artikel 267 AEUV obliegt es dem Gericht des Mitgliedstaats, das ein Verfahren aussetzt und den Gerichtshof anruft, diese Entscheidung dem Gerichtshof zu übermitteln. Der Kanzler des Gerichtshofs stellt diese Entscheidung den beteiligten Parteien, den Mitgliedstaaten und der Kommission zu und außerdem den Organen, Einrichtungen oder sonstigen Stellen der Union, von denen die Handlung, deren Gültigkeit oder Auslegung streitig ist, ausgegangen ist.

Binnen zwei Monaten nach dieser Zustellung können die Parteien, die Mitgliedstaaten, die Kommission und gegebenenfalls die Organe, Einrichtungen oder sonstigen Stellen der Union, von denen die Handlung, deren Gültigkeit oder Auslegung streitig ist, ausgegangen ist, beim Gerichtshof Schriftsätze einreichen oder schriftliche Erklärungen abgeben.

In den Fällen nach Artikel 267 AEUV stellt der Kanzler des Gerichtshofs die Entscheidung des Gerichts des Mitgliedstaats darüber hinaus den Vertragsstaaten des Abkommens über den Europäischen Wirtschaftsraum, die nicht Mitgliedstaaten sind, und der in jenem Abkommen genannten EFTA-Überwachungsbehörde zu, die binnen zwei Monaten nach der Zustellung beim Gerichtshof Schriftsätze einreichen oder schriftliche Erklärungen abgeben können, wenn einer der Anwendungsbereiche des Abkommens betroffen ist.

Sieht ein vom Rat mit einem oder mehreren Drittstaaten über einen bestimmten Bereich geschlossenes Abkommen vor, dass diese Staaten Schriftsätze einreichen oder schriftliche Erklärungen abgeben können, wenn ein Gericht eines Mitgliedstaats dem Gerichtshof eine in den Anwendungsbereich des Abkommens fallende Frage zur Vorabentscheidung vorgelegt hat, so wird die Entscheidung des Gerichts des Mitgliedstaats, die eine solche Frage enthält, auch den betreffenden Drittstaaten zugestellt, die binnen zwei Monaten nach der Zustellung beim Gerichtshof Schriftsätze einreichen oder schriftliche Erklärungen abgeben können.

Artikel 23a[1])

In der Verfahrensordnung können ein beschleunigtes Verfahren und für Vorabentscheidungsersuchen zum Raum der Freiheit, der Sicherheit und des Rechts ein Eilverfahren vorgesehen werden.

Diese Verfahren können vorsehen, dass für die Einreichung von Schriftsätzen oder schriftlichen Erklärungen eine kürzere Frist als die des Artikels 23 gilt und dass abweichend von Artikel 20 Absatz 4 keine Schlussanträge des Generalanwalts gestellt werden.

Das Eilverfahren kann außerdem eine Beschränkung der in Artikel 23 bezeichneten Parteien und sonstigen Beteiligten, die Schriftsätze einreichen oder schriftliche Erklärungen abgeben können, und in Fällen äußerster Dringlichkeit das Entfallen des schriftlichen Verfahrens vorsehen.

---

[1]) Artikel eingefügt durch Beschluss 2008/79/EG, Euratom (ABl. L 24 vom 29.1.2008, S. 42).

Artikel 24

Der Gerichtshof kann von den Parteien die Vorlage aller Urkunden und die Erteilung aller Auskünfte verlangen, die er für wünschenswert hält. Im Falle einer Weigerung stellt der Gerichtshof diese ausdrücklich fest.

Der Gerichtshof kann ferner von den Mitgliedstaaten und den Organen, Einrichtungen oder sonstigen Stellen, die nicht Parteien in einem Rechtsstreit sind, alle Auskünfte verlangen, die er zur Regelung dieses Rechtsstreits für erforderlich erachtet.

Artikel 25

Der Gerichtshof kann jederzeit Personen, Personengemeinschaften, Dienststellen, Ausschüsse oder Einrichtungen seiner Wahl mit der Abgabe von Gutachten betrauen.

Artikel 26

Zeugen können nach Maßgabe der Verfahrensordnung vernommen werden.

Artikel 27

Nach Maßgabe der Verfahrensordnung kann der Gerichtshof gegenüber ausbleibenden Zeugen die den Gerichten allgemein zuerkannten Befugnisse ausüben und Geldbußen verhängen.

Artikel 28

Zeugen und Sachverständige können unter Benutzung der in der Verfahrensordnung vorgeschriebenen Eidesformel oder in der in der Rechtsordnung ihres Landes vorgesehenen Weise eidlich vernommen werden.

Satzung
VfO
Dienstanw
Kanzler
Prakt Anw

Gerichtshof

Artikel 29

Der Gerichtshof kann anordnen, dass ein Zeuge oder Sachverständiger von dem Gericht seines Wohnsitzes vernommen wird.

Diese Anordnung ist gemäß den Bestimmungen der Verfahrensordnung zur Ausführung an das zuständige Gericht zu richten. Die in Ausführung des Rechtshilfeersuchens abgefassten Schriftstücke werden dem Gerichtshof nach denselben Bestimmungen übermittelt.

Der Gerichtshof übernimmt die anfallenden Auslagen; er erlegt sie gegebenenfalls den Parteien auf.

Artikel 30

Jeder Mitgliedstaat behandelt die Eidesverletzung eines Zeugen oder Sachverständigen wie eine vor seinen eigenen in Zivilsachen zuständigen Gerichten begangene Straftat. Auf Anzeige des Gerichtshofs verfolgt er den Täter vor seinen zuständigen Gerichten.

Artikel 31

Die Verhandlung ist öffentlich, es sei denn, dass der Gerichtshof von Amts wegen oder auf Antrag der Parteien aus wichtigen Gründen anders beschließt.

Artikel 32

Der Gerichtshof kann während der Verhandlung Sachverständige, Zeugen sowie die Parteien selbst vernehmen. Für die Letzteren können jedoch nur ihre bevollmächtigten Vertreter mündlich verhandeln.

Artikel 33

Über jede mündliche Verhandlung ist ein vom Präsidenten und vom Kanzler zu unterschreibendes Protokoll aufzunehmen.

Artikel 34

Die Terminliste wird vom Präsidenten festgelegt.

Artikel 35

Die Beratungen des Gerichtshofs sind und bleiben geheim.

Artikel 36

Die Urteile sind mit Gründen zu versehen. Sie enthalten die Namen der Richter, die bei der Entscheidung mitgewirkt haben.

Artikel 37

Die Urteile sind vom Präsidenten und vom Kanzler zu unterschreiben. Sie werden in öffentlicher Sitzung verlesen.

Artikel 38

Der Gerichtshof entscheidet über die Kosten.

Artikel 39

Der Präsident des Gerichtshofs kann in einem abgekürzten Verfahren, das erforderlichenfalls von einzelnen Bestimmungen dieser Satzung abweichen kann und in der Verfahrensordnung geregelt ist, über Anträge auf Aussetzung gemäß Artikel 278 AEUV und Artikel 157 EAG-Vertrag, auf Erlass einstweiliger Anordnungen gemäß Artikel 279 AEUV

oder auf Aussetzung der Zwangsvollstreckung gemäß Artikel 299 Absatz 4 AEUV oder Artikel 164 Absatz 3 EAG-Vertrag entscheiden.

Bei Verhinderung des Präsidenten wird dieser durch einen anderen Richter nach Maßgabe der Verfahrensordnung vertreten.

Die von dem Präsidenten oder seinem Vertreter getroffene Anordnung stellt eine einstweilige Regelung dar und greift der Entscheidung des Gerichtshofs in der Hauptsache nicht vor.

Artikel 40

Die Mitgliedstaaten und die Unionsorgane können einem bei dem Gerichtshof anhängigen Rechtsstreit beitreten.

Dasselbe gilt für die Einrichtungen und sonstigen Stellen der Union sowie alle anderen Personen, sofern sie ein berechtigtes Interesse am Ausgang eines bei dem Gerichtshof anhängigen Rechtsstreits glaubhaft machen können. Natürliche oder juristische Personen können Rechtssachen zwischen Mitgliedstaaten, zwischen Organen der Union oder zwischen Mitgliedstaaten und Organen der Union nicht beitreten.

Unbeschadet des Absatzes 2 können die Vertragsstaaten des Abkommens über den Europäischen Wirtschaftsraum, die nicht Mitgliedstaaten sind, und die in jenem Abkommen genannte EFTA-Überwachungsbehörde einem bei dem Gerichtshof anhängigen Rechtsstreit beitreten, wenn dieser einen der Anwendungsbereiche jenes Abkommens betrifft.

Mit den aufgrund des Beitritts gestellten Anträgen können nur die Anträge einer Partei unterstützt werden.

Artikel 41

Stellt der ordnungsmäßig geladene Beklagte keine schriftlichen Anträge, so ergeht gegen ihn Versäumnisurteil. Gegen dieses Urteil kann binnen einem Monat nach Zustellung Einspruch eingelegt werden. Der Einspruch hat keine Aussetzung der Vollstreckung aus dem Versäumnisurteil zur Folge, es sei denn, dass der Gerichtshof anders beschließt.

Artikel 42

Mitgliedstaaten, Organe, Einrichtungen oder sonstige Stellen der Union und alle sonstigen natürlichen und juristischen Personen können nach Maßgabe der Verfahrensordnung in den dort genannten Fällen Drittwiderspruch gegen ein Urteil erheben, wenn dieses

Urteil ihre Rechte beeinträchtigt und in einem Rechtsstreit erlassen worden ist, an dem sie nicht teilgenommen haben.

Artikel 43

Bestehen Zweifel über Sinn und Tragweite eines Urteils, so ist der Gerichtshof zuständig, dieses Urteil auf Antrag einer Partei oder eines Unionsorgans auszulegen, wenn diese ein berechtigtes Interesse hieran glaubhaft machen.

Artikel 44

Die Wiederaufnahme des Verfahrens kann beim Gerichtshof nur dann beantragt werden, wenn eine Tatsache von entscheidender Bedeutung bekannt wird, die vor Verkündung des Urteils dem Gerichtshof und der die Wiederaufnahme beantragenden Partei unbekannt war.

Das Wiederaufnahmeverfahren wird durch eine Entscheidung des Gerichtshofs eröffnet, die das Vorliegen der neuen Tatsache ausdrücklich feststellt, ihr die für die Eröffnung des Wiederaufnahmeverfahrens erforderlichen Merkmale zuerkennt und deshalb den Antrag für zulässig erklärt.

Nach Ablauf von zehn Jahren nach Erlass des Urteils kann kein Wiederaufnahmeantrag mehr gestellt werden.

Artikel 45

In der Verfahrensordnung sind besondere, den Entfernungen Rechnung tragende Fristen festzulegen.

Der Ablauf von Fristen hat keinen Rechtsnachteil zur Folge, wenn der Betroffene nachweist, dass ein Zufall oder ein Fall höherer Gewalt vorliegt.

Artikel 46

Die aus außervertraglicher Haftung der Union hergeleiteten Ansprüche verjähren in fünf Jahren nach Eintritt des Ereignisses, das ihnen zugrunde liegt. Die Verjährung wird durch Einreichung der Klageschrift beim Gerichtshof oder dadurch unterbrochen, dass der Geschädigte seinen Anspruch vorher gegenüber dem zuständigen Unionsorgan geltend macht. In letzterem Fall muss die Klage innerhalb der in Artikel 263 AEUV vorgesehenen Frist von zwei Monaten erhoben werden; gegebenenfalls findet Artikel 265 Absatz 2 AEUV Anwendung.

Dieser Artikel gilt auch für Ansprüche, die aus außervertraglicher Haftung der Europäischen Zentralbank hergeleitet werden.

TITEL IV
DAS GERICHT

Artikel 47

Artikel 9 Absatz 1, die Artikel 14 und 15, Artikel 17 Absätze 1, 2, 4 und 5 sowie Artikel 18 finden auf das Gericht und dessen Mitglieder Anwendung.

Artikel 3 Absatz 4 sowie die Artikel 10, 11 und 14 finden auf den Kanzler des Gerichts entsprechende Anwendung.

Artikel 48

Das Gericht besteht aus siebenundzwanzig Mitgliedern.

Artikel 49

Die Mitglieder des Gerichts können dazu bestellt werden, die Tätigkeit eines Generalanwalts auszuüben.

Der Generalanwalt hat in völliger Unparteilichkeit und Unabhängigkeit begründete Schlussanträge zu bestimmten dem Gericht unterbreiteten Rechtssachen öffentlich zu stellen, um das Gericht bei der Erfüllung seiner Aufgaben zu unterstützen.

Die Kriterien für die Bestimmung solcher Rechtssachen sowie die Einzelheiten für die Bestellung der Generalanwälte werden in der Verfahrensordnung des Gerichts festgelegt.

Ein in einer Rechtssache zum Generalanwalt bestelltes Mitglied darf bei der Entscheidung dieser Rechtssache nicht mitwirken.

Artikel 50

Das Gericht tagt in Kammern mit drei oder mit fünf Richtern. Die Richter wählen aus ihrer Mitte die Präsidenten der Kammern. Die Präsidenten der Kammern mit fünf Richtern werden für drei Jahre gewählt. Einmalige Wiederwahl ist zulässig.

Die Besetzung der Kammern und die Zuweisung der Rechtssachen an sie richten sich nach der Verfahrensordnung. In bestimmten in der Verfahrensordnung festgelegten Fällen kann das Gericht als Plenum oder als Einzelrichter tagen.

Die Verfahrensordnung kann auch vorsehen, dass das Gericht in den Fällen und unter den Bedingungen, die in der Verfahrensordnung festgelegt sind, als Große Kammer tagt.

Artikel 51

Abweichend von der in Artikel 256 Absatz 1 AEUV vorgesehenen Regelung sind dem Ge-

Gerichtshof
Satzung
VfO
Dienstanw
Kanzler
Prakt Anw

richtshof die Klagen gemäß den Artikeln 263 und 265 AEUV vorbehalten,

a) die von einem Mitgliedstaat gegen eine Handlung oder wegen unterlassener Beschlussfassung des Europäischen Parlaments oder des Rates oder dieser beiden Organe in den Fällen, in denen sie gemeinsam beschließen, erhoben werden, mit Ausnahme
– der Beschlüsse des Rates gemäß Artikel 108 Absatz 2 Unterabsatz 3 AEUV;
– der Rechtsakte, die der Rat aufgrund einer Verordnung des Rates über handelspolitische Schutzmaßnahmen im Sinne von Artikel 207 AEUV erlässt;
– der Handlungen des Rates, mit denen dieser gemäß Artikel 291 Absatz 2 AEUV Durchführungsbefugnisse ausübt;

b) die von einem Mitgliedstaat gegen eine Handlung oder wegen unterlassener Beschlussfassung der Kommission gemäß Artikel 331 Absatz 1 AEUV erhoben werden.

Dem Gerichtshof sind ebenfalls die Klagen gemäß denselben Artikeln vorbehalten, die von einem Unionsorgan gegen eine Handlung oder wegen unterlassener Beschlussfassung des Europäischen Parlaments, des Rates, dieser beiden Organe in den Fällen, in denen sie gemeinsam beschließen, oder der Kommission erhoben werden, sowie die Klagen, die von einem Unionsorgan gegen eine Handlung oder wegen unterlassener Beschlussfassung der Europäischen Zentralbank erhoben werden.

Artikel 52

Der Präsident des Gerichtshofs und der Präsident des Gerichts legen einvernehmlich fest, in welcher Weise Beamte und sonstige Bedienstete, die dem Gerichtshof beigegeben sind, dem Gericht Dienste leisten, um ihm die Erfüllung seiner Aufgaben zu ermöglichen. Einzelne Beamte oder sonstige Bedienstete unterstehen dem Kanzler des Gerichts unter Aufsicht des Präsidenten des Gerichts.

Artikel 53

Das Verfahren vor dem Gericht bestimmt sich nach Titel III.

Das Verfahren vor dem Gericht wird, soweit dies erforderlich ist, durch seine Verfahrensordnung im Einzelnen geregelt und ergänzt. Die Verfahrensordnung kann von Artikel 40 Absatz 4 und Artikel 41 abweichen, um den Besonderheiten der Rechtsstreitigkeiten auf dem Gebiet des geistigen Eigentums Rechnung zu tragen.

Abweichend von Artikel 20 Absatz 4 kann der Generalanwalt seine begründeten Schlussanträge schriftlich stellen.

Artikel 54

Wird eine Klageschrift oder ein anderer Schriftsatz, die an das Gericht gerichtet sind, irrtümlich beim Kanzler des Gerichtshofs eingereicht, so übermittelt dieser sie unverzüglich an den Kanzler des Gerichts; wird eine Klageschrift oder ein anderer Schriftsatz, die an den Gerichtshof gerichtet sind, irrtümlich beim Kanzler des Gerichts eingereicht, so übermittelt dieser sie unverzüglich an den Kanzler des Gerichtshofs.

Stellt das Gericht fest, dass es für eine Klage nicht zuständig ist, die in die Zuständigkeit des Gerichtshofs fällt, so verweist es den Rechtsstreit an den Gerichtshof; stellt der Gerichtshof fest, dass eine Klage in die Zuständigkeit des Gerichts fällt, so verweist er den Rechtsstreit an das Gericht, das sich dann nicht für unzuständig erklären kann.

Sind bei dem Gerichtshof und dem Gericht Rechtssachen anhängig, die den gleichen Gegenstand haben, die gleiche Auslegungsfrage aufwerfen oder die Gültigkeit desselben Rechtsaktes betreffen, so kann das Gericht nach Anhörung der Parteien das Verfahren bis zum Erlass des Urteils des Gerichtshofs aussetzen oder, wenn es sich um Klagen gemäß Artikel 263 AEUV handelt, sich für nicht zuständig erklären, damit der Gerichtshof über diese Klagen entscheidet. Unter den gleichen Voraussetzungen kann auch der Gerichtshof die Aussetzung des bei ihm anhängigen Verfahrens beschließen; in diesem Fall wird das Verfahren vor dem Gericht fortgeführt.

Fechten ein Mitgliedstaat und ein Unionsorgan denselben Rechtsakt an, so erklärt sich das Gericht für nicht zuständig, damit der Gerichtshof über diese Klagen entscheidet.

Artikel 55

Der Kanzler des Gerichts übermittelt jeder Partei sowie allen Mitgliedstaaten und den Unionsorganen, auch wenn diese vor dem Gericht der Rechtssache nicht als Streithelfer beigetreten sind, die Endentscheidungen des Gerichts und die Entscheidungen, die über einen Teil des Streitgegenstands ergangen sind oder die einen Zwischenstreit beenden, der eine Einrede wegen Unzuständigkeit oder Unzulässigkeit zum Gegenstand hat.

Artikel 56

Gegen die Endentscheidungen des Gerichts und gegen die Entscheidungen, die über einen Teil des Streitgegenstands ergangen sind oder die einen Zwischenstreit beenden, der eine Einrede der Unzuständigkeit oder Unzulässigkeit zum Gegenstand hat, kann ein Rechtsmittel beim Gerichtshof eingelegt werden; die Rechtsmittelfrist beträgt zwei Monate und beginnt mit der Zustellung der angefochtenen Entscheidung.

Dieses Rechtsmittel kann von einer Partei eingelegt werden, die mit ihren Anträgen ganz oder teilweise unterlegen ist. Andere Streithelfer als Mitgliedstaaten oder Unionsorgane können dieses Rechtsmittel jedoch nur dann einlegen, wenn die Entscheidung des Gerichts sie unmittelbar berührt.

Mit Ausnahme von Fällen, die sich auf Streitsachen zwischen der Union und ihren Bediensteten beziehen, kann dieses Rechtsmittel auch von den Mitgliedstaaten und den Unionsorganen eingelegt werden, die dem Rechtsstreit vor dem Gericht nicht beigetreten sind. In diesem Fall befinden sie sich in derselben Stellung wie Mitgliedstaaten und Organe, die dem Rechtsstreit im ersten Rechtszug beigetreten sind.

Artikel 57

Wird ein Antrag auf Zulassung als Streithelfer von dem Gericht abgelehnt, so kann der Antragsteller binnen zwei Wochen nach Zustellung der ablehnenden Entscheidung ein Rechtsmittel beim Gerichtshof einlegen.

Gegen die aufgrund des Artikels 278, des Artikels 279 oder des Artikels 299 Absatz 4 AEUV oder aufgrund des Artikels 157 oder des Artikels 164 Absatz 3 EAG-Vertrag ergangenen Entscheidungen des Gerichts können die Parteien des Verfahrens binnen zwei Monaten nach Zustellung ein Rechtsmittel beim Gerichtshof einlegen.

Die Entscheidung über gemäß den Absätzen 1 und 2 eingelegte Rechtsmittel ergeht nach Maßgabe des Artikels 39.

Artikel 58

Das beim Gerichtshof eingelegte Rechtsmittel ist auf Rechtsfragen beschränkt. Es kann nur auf die Unzuständigkeit des Gerichts, auf einen Verfahrensfehler, durch den die Interessen des Rechtsmittelführers beeinträchtigt werden, sowie auf eine Verletzung des Unionsrechts durch das Gericht gestützt werden.

Ein Rechtsmittel nur gegen die Kostenentscheidung oder gegen die Kostenfestsetzung ist unzulässig.

Artikel 59

Wird gegen eine Entscheidung des Gerichts ein Rechtsmittel eingelegt, so besteht das Verfahren vor dem Gerichtshof aus einem schriftlichen und einem mündlichen Verfahren. Unter den in der Verfahrensordnung festgelegten Voraussetzungen kann der Gerichtshof nach Anhörung des Generalanwalts und der Parteien ohne mündliches Verfahren entscheiden.

Artikel 60

Unbeschadet der Artikel 278 und 279 AEUV oder des Artikels 157 EAG-Vertrag haben Rechtsmittel keine aufschiebende Wirkung.

Abweichend von Artikel 280 AEUV werden die Entscheidungen des Gerichts, in denen eine Verordnung für nichtig erklärt wird, erst nach Ablauf der in Artikel 56 Absatz 1 dieser Satzung vorgesehenen Frist oder, wenn innerhalb dieser Frist ein Rechtsmittel eingelegt worden ist, nach dessen Zurückweisung wirksam; ein Beteiligter kann jedoch gemäß den Artikeln 278 und 279 AEUV oder dem Artikel 157 EAG-Vertrag beim Gerichtshof die Aussetzung der Wirkungen der für nichtig erklärten Verordnung oder sonstige einstweilige Anordnungen beantragen.

Artikel 61

Ist das Rechtsmittel begründet, so hebt der Gerichtshof die Entscheidung des Gerichts auf. Er kann sodann den Rechtsstreit selbst endgültig entscheiden, wenn dieser zur Entscheidung reif ist, oder die Sache zur Entscheidung an das Gericht zurückverweisen.

Im Falle der Zurückverweisung ist das Gericht an die rechtliche Beurteilung in der Entscheidung des Gerichtshofs gebunden.

Ist das von einem Mitgliedstaat oder einem Unionsorgan, die dem Rechtsstreit vor dem Gericht nicht beigetreten sind, eingelegte Rechtsmittel begründet, so kann der Gerichtshof, falls er dies für notwendig hält, diejenigen Wirkungen der aufgehobenen Entscheidung des Gerichts bezeichnen, die für die Parteien des Rechtsstreits als fortgeltend zu betrachten sind.

Artikel 62

Wenn in Fällen nach Artikel 256 Absätze 2 und 3 AEUV der Erste Generalanwalt der Auffassung ist, dass die ernste Gefahr einer Beeinträchtigung der Einheit oder der Kohärenz des Unionsrechts besteht, so kann er dem Gerichtshof vorschlagen, die Entscheidung des Gerichts zu überprüfen.

Der Vorschlag muss innerhalb eines Monats nach Verkündung der Entscheidung des Gerichts erfolgen. Der Gerichtshof entscheidet innerhalb eines Monats nach Vorlage des Vorschlags durch den Ersten Generalanwalt, ob die Entscheidung zu überprüfen ist oder nicht.

Artikel 62a

Der Gerichtshof entscheidet über die Fragen, die Gegenstand der Überprüfung sind, im Wege eines Eilverfahrens auf der Grundlage der ihm vom Gericht übermittelten Akten.

Die in Artikel 23 dieses Statuts bezeichneten Beteiligten sowie – in den Fällen des Artikels 256 Absatz 2 AEUV – die Parteien des Verfahrens vor dem Gericht können zu den Fragen, die Gegenstand der Überprüfung sind, beim Gerichtshof innerhalb einer hierfür bestimmten Frist Schriftsätze einreichen oder schriftliche Erklärungen abgeben.

Der Gerichtshof kann beschließen, vor einer Entscheidung das mündliche Verfahren zu eröffnen.

Artikel 62b

In den Fällen des Artikels 256 Absatz 2 AEUV haben unbeschadet der Artikel 278 und 279 AEUV der Vorschlag einer Überprüfung und die Entscheidung, das Überprüfungsverfahren zu eröffnen, keine aufschiebende Wirkung. Stellt der Gerichtshof fest, dass die Entscheidung des Gerichts die Einheit oder die Kohärenz des Unionsrechts beeinträchtigt, verweist er die Sache an das Gericht zurück, das an die rechtliche Beurteilung durch den Gerichtshof gebunden ist; der Gerichtshof kann die Wirkungen der Entscheidung des Gerichts bezeichnen, die für die Parteien des Rechtsstreits als endgültig zu betrachten sind. Ergibt sich jedoch der Ausgang des Rechtsstreits unter Berücksichtigung des Ergebnisses der Überprüfung aus den Tatsachenfeststellungen, auf denen die Entscheidung des Gerichts beruht, so entscheidet der Gerichtshof endgültig.

In den Fällen des Artikels 256 Absatz 3 AEUV werden, sofern ein Überprüfungsvorschlag oder eine Entscheidung zur Eröffnung des Überprüfungsverfahrens nicht vorliegt, die Antwort oder die Antworten des Gerichts auf die ihm unterbreiteten Fragen nach Ablauf der hierzu in Artikel 62 Absatz 2 vorgesehenen Fristen wirksam. Im Fall der Eröffnung eines Überprüfungsverfahrens werden die Antwort oder die Antworten, die Gegenstand der Überprüfung sind, am Ende dieses Verfahrens wirksam, es sei denn, dass der Gerichtshof anders beschließt. Stellt der Gerichtshof fest, dass die Entscheidung des Gerichts die Einheit oder die Kohärenz des Unionsrechts beeinträchtigt, so ersetzt die Antwort des Gerichtshofs auf die Fragen, die Gegenstand der Überprüfung waren, die Antwort des Gerichts.

TITEL IVa
DIE FACHGERICHTE

Artikel 62c

Die Bestimmungen über die Zuständigkeitsbereiche, die Zusammensetzung, den Aufbau und das Verfahren der gemäß dem Artikel 257 AEUV errichteten Fachgerichte werden im Anhang dieser Satzung aufgeführt.

TITEL V
SCHLUSSBESTIMMUNGEN

Artikel 63

Die Verfahrensordnungen des Gerichtshofs und des Gerichts enthalten alle Bestimmungen, die für die Anwendung dieser Satzung und erforderlichenfalls für ihre Ergänzung notwendig sind.

Artikel 64

Die Vorschriften über die Regelung der Sprachenfrage für den Gerichtshof der Europäischen Union werden in einer vom Rat einstimmig erlassenen Verordnung festgelegt. Diese Verordnung wird entweder auf Antrag des Gerichtshofs nach Anhörung der Kommission und des Europäischen Parlaments oder auf Vorschlag der Kommission nach Anhörung des Gerichtshofs und des Europäischen Parlaments erlassen.

Bis zum Erlass dieser Vorschriften gelten die Bestimmungen der Verfahrensordnung des Gerichtshofs und der Verfahrensordnung des Gerichts, die die Regelung der Sprachenfrage betreffen, fort. Abweichend von den Artikeln 253 und 254 AEUV bedürfen Änderungen der genannten Bestimmungen oder deren Aufhebung der einstimmigen Genehmigung durch den Rat.

ANHANG I

Der Text des Anhangs I „Das Gericht für den öffentlichen Dienst der Europäischen Union" ist unter Pkt. 14 abgedruckt.

Verfahrensordnung des Gerichtshofs

(ABl 1991 L 176, 1 (7) idF ABl 2010 L 92, 12)
(Änderungen gemäß ABl 1992 L 383, 117, ABl 1995 L 44, 61, ABl 1997 L 103, 1 und
3, ABl 1997 L 351, 72 (Ber.), ABl 2000 L 122, 43*), ABl 2000 L 322, 1, ABl 2000 L 328, 55
(Ber.), ABl 2001 C 34, 1 (kodif. Fassung), ABl 2001 L 43, 40 (Ber.), ABl 2001 L 119, 1,
ABl 2002 L 272, 24, ABl 2002 L 281, 24 (Ber.), ABl 2003 L 26, 86 (Ber.), ABl 2003 L 147,
17**), ABl 2003 C 218, 7, ABl 2003 L 172, 12, ABl 2003 C 193, 1, ABl 2003 L 227, 56
(Ber.), ABl 2003 C 282, 16 (Ber.), ABl 2004 C 43, 18 (Ber.), ABl 2004 L 127, 107,
ABl 2004 L 132, 2, ABl 2005 L 203, 19, ABl 2005 L 252, 27 (Ber.), ABl 2005 L 288, 51,
ABl 2006 L 386, 44, ABl 2008 L 24, 39, ABl 2008 L 200, 18 und 20, ABl 2009 L 24, 8
sowie ABl 2010 L 92, 12, ABl 2010 C 177, 1 (konsolidierte Fassung))

Stichwortverzeichnis

---

*) Mit dieser Änderung wurden auch die Verweise auf Artikel des EG-Vertrages der neuen Nummerierung angepasst.
**) Damit erfolgten die Änderungen der Verfahrensordnung des Gerichtshofes nach dem In-Kraft-Treten des Vertrags von Nizza.

Gerichtshof
Satzung
VfO
Dienstanw
Kanzler
Prakt Anw

INHALT

DER GERICHTSHOF –

aufgrund des Vertrags über die Europäische Union

aufgrund des Vertrags über die Arbeitsweise der Europäischen Union, insbesondere des Artikels 253 Absatz 6,

aufgrund des Vertrags zur Gründung der Europäischen Atomgemeinschaft und des Protokolls Nr. 2 zur Änderung des Vertrags zur Gründung der Europäischen Atomgemeinschaft im Anhang des Vertrags von Lissabon,

aufgrund des den Verträgen beigefügten Protokolls Nr. 36 und insbesondere des Titels VII dieses Protokolls betreffend die Übergangsbestimmungen über die vor dem Inkrafttreten des Vertrags von Lissabon auf der Grundlage der Titel V und VI des Vertrags über die Europäischen Union angenommenen Rechtsakte,

in der Erwägung, dass nach Inkrafttreten des Vertrags von Lissabon Anpassungen seiner Verfahrensordnung erforderlich sind,

mit Genehmigung des Rates, die am 8. März 2010 erteilt worden ist –

erlässt folgende [Änderungen seiner] Verfahrensordnung:

Eingangsbestimmung

Artikel 1

In dieser Verfahrensordnung werden bezeichnet:
– die Bestimmungen des Vertrags über die Europäische Union mit der Nummer des Artikels, gefolgt von dem Kürzel „EUV",
– die Bestimmungen des Vertrags über die Arbeitsweise der Europäischen Union mit der Nummer des betreffenden Artikels dieses Vertrags, gefolgt von dem Kürzel „AEUV"
– die Bestimmungen des Vertrags zur Gründung der Europäischen Atomgemeinschaft mit der Nummer des Artikels, gefolgt von dem Kürzel „EAGV"
– das Protokoll über die Satzung des Gerichtshofs der Europäischen Union als „Satzung",
– das Abkommen über den Europäischen Wirtschaftsraum als „EWR-Abkommen".
In dieser Verfahrensordnung
– umfasst der Begriff „Organe" die Organe der Union und die Einrichtungen oder sonstigen Stellen, die durch die Verträge oder einen zu deren Durchführung erlassenen Rechtsakt gegründet worden sind und die in Verfahren vor dem Gerichtshof Partei sein können;
– wird mit dem Ausdruck „EFTA-Überwachungsbehörde" die im EWR-Abkommen genannte Überwachungsbehörde bezeichnet.

Erster Titel
Aufbau des Gerichtshofs

Erstes Kapitel
Die Richter und Generalanwälte

Artikel 2

Die Amtszeit eines Richters beginnt mit dem in der Ernennungsurkunde bestimmten Tag. In Ermangelung einer solchen Bestimmung beginnt die Amtszeit mit dem Ausstellungstag der Urkunde.

Artikel 3

§ 1. Die Richter leisten vor Aufnahme ihrer Tätigkeit in der ersten öffentlichen Sitzung des Gerichtshofes, an der sie nach ihrer Ernennung teilnehmen, folgenden Eid: „Ich schwöre, daß ich mein Amt unparteiisch und gewissenhaft ausüben und das Beratungsgeheimnis wahren werde."

§ 2. Unmittelbar nach der Eidesleistung unterzeichnen die Richter eine Erklärung, in der sie die feierliche Verpflichtung übernehmen, während ihrer Amtszeit und nach deren Beendigung die sich aus ihrem Amt ergebenden Pflichten zu erfüllen, insbesondere die Pflicht, bei der Übernahme gewisser Tätigkeiten und der Annahme von Vorteilen nach Beendigung ihrer Amtszeit ehrenhaft und zurückhaltend zu sein.

Artikel 4

Hat der Gerichtshof darüber zu entscheiden, ob ein Richter nicht mehr die für sein Amt erforderlichen Voraussetzungen erfüllt oder den sich aus diesem Amt ergebenden Verpflichtungen nicht mehr nachkommt, so fordert der Präsident den Betroffenen auf, sich hierzu vor dem Gerichtshof zu äußern; dieser tagt hierbei in nichtöffentlicher Sitzung, an der der Kanzler nicht teilnimmt.

Artikel 5

Die Artikel 2, 3 und 4 finden auf die Generalanwälte entsprechende Anwendung.

Artikel 6

Die Rangordnung der Richter und Generalanwälte bestimmt sich ohne Unterschied nach ihrem Dienstalter.

Bei gleichem Dienstalter bestimmt sich die Rangordnung nach dem Lebensalter.

Ausscheidende Richter und Generalanwälte, die wiederernannt werden, behalten ihren bisherigen Rang.

Zweites Kapitel
Der Präsident des Gerichtshofs und die Bildung der Kammern

Artikel 7

§ 1. Sogleich nach der Neubesetzung von Richterstellen gemäß Artikel 253 AEUV wählen die Richter aus ihrer Mitte den Präsidenten des Gerichtshofs auf drei Jahre.

§ 2. Endet die Amtszeit des Präsidenten des Gerichtshofs vor ihrem regelmäßigen Ablauf, so wird das Amt für die verbleibende Zeit neu besetzt.

§ 3. Die in diesem Artikel vorgesehenen Wahlen sind geheim. Gewählt ist der Richter, der die Stimmen von mehr als der Hälfte der Richter, aus denen der Gerichtshof besteht, erhält. Erreicht keiner der Richter diese Mehrheit, so finden weitere Wahlgänge statt, bis sie erreicht wird.

Artikel 8

Der Präsident leitet die rechtsprechende Tätigkeit und die Verwaltung des Gerichtshofs; er führt den Vorsitz in den Sitzungen und bei den Beratungen.

Artikel 9

§ 1. Der Gerichtshof bildet gemäß Artikel 16 der Satzung Kammern mit fünf und mit drei Richtern und teilt ihnen die Richter zu.

Der Gerichtshof bestimmt die Kammer oder die Kammern mit fünf Richtern, die für die Dauer eines Jahres mit den in Artikel 104b genannten Rechtssachen betraut sind.

Die Zuteilung der Richter zu den Kammern und die Bestimmung der Kammer oder der Kammern, die mit den in Artikel 104b genannten Rechtssachen betraut sind, werden im *Amtsblatt der Europäischen Union* veröffentlicht.

§ 2. Sogleich nach Eingang der Klageschrift in einer Rechtssache bestimmt der Präsident des Gerichtshofs den Berichterstatter.

Der Berichterstatter für die in Artikel 104b genannten Rechtssachen wird unter den Richtern der nach § 1 bestimmten Kammer auf Vorschlag des Präsidenten dieser Kammer ausgewählt. Beschließt die Kammer, die Rechtssache nicht dem Eilverfahren zu unterwerfen, kann der Präsident des Gerichtshofs die Rechtssache einem einer anderen Kammer zugeteilten Berichterstatter zuweisen.

Der Präsident des Gerichtshofs trifft bei Abwesenheit oder Verhinderung eines Berichterstatters die erforderlichen Maßnahmen.

§ 3. Für die Rechtssachen, die gemäß Artikel 44 § 3 an einen Spruchkörper verwiesen worden sind, bezeichnet der Ausdruck „Gerichtshof" in dieser Verfahrensordnung diesen Spruchkörper.

§ 4. In den Rechtssachen, die an eine Kammer mit fünf oder mit drei Richtern verwiesen worden sind, übt der Kammerpräsident die Befugnisse des Präsidenten des Gerichtshofs aus.

Artikel 10

§ 1. Die Richter wählen sogleich nach der Wahl des Präsidenten des Gerichtshofs die Präsidenten der Kammern mit fünf Richtern jeweils für drei Jahre.

Die Richter wählen jeweils für ein Jahr die Präsidenten der Kammern mit drei Richtern.

Der Gerichtshof bestimmt jeweils für ein Jahr einen Ersten Generalanwalt.

Artikel 7 §§ 2 und 3 findet entsprechende Anwendung.

Das Ergebnis der Wahlen und der Bestimmung nach diesem Paragraphen wird im *Amtsblatt der Europäischen Union* veröffentlicht.

§ 2. Der Erste Generalanwalt entscheidet sogleich nach der Bestimmung des Berichterstatters durch den Präsidenten über die Zuweisung der Rechtssachen an die Generalanwälte. Er trifft bei Abwesenheit oder Verhinderung eines Generalanwalts die erforderlichen Maßnahmen.

Artikel 11

Ist der Präsident des Gerichtshofs abwesend oder verhindert oder sein Amt unbesetzt, so werden seine Aufgaben gemäß der in Artikel 6 festgesetzten Rangordnung von einem der Präsidenten der Kammern mit fünf Richtern wahrgenommen.

Sind der Präsident des Gerichtshofs und die Präsidenten der Kammern mit fünf Richtern gleichzeitig abwesend oder verhindert oder ihre Ämter gleichzeitig unbesetzt, so werden die Aufgaben des Präsidenten gemäß der in Artikel 6 festgesetzten Rangordnung von einem der Präsidenten der Kammern mit drei Richtern wahrgenommen.

Sind der Präsident des Gerichtshofs und sämtliche Kammerpräsidenten gleichzeitig verhindert oder ihre Ämter gleichzeitig unbesetzt, so werden die Aufgaben des Präsidenten gemäß der in Artikel 6 festgesetzten Rangordnung von einem der übrigen Richter wahrgenommen.

Kapitel 2a
Die Spruchkörper

Artikel 11a

Der Gerichtshof tagt in folgenden Spruchkörpern:
- als Plenum mit sämtlichen Richtern;
- als Große Kammer mit dreizehn Richtern gemäß Artikel 11b;
- in Kammern mit fünf oder mit drei Richtern gemäß Artikel 11c.

Artikel 11b

§ 1. Die Große Kammer ist für jede Rechtssache mit dem Präsidenten des Gerichtshofs, den Präsidenten der Kammern mit fünf Richtern, dem Berichterstatter und der für die Erreichung der Zahl dreizehn erforderlichen Zahl von Richtern besetzt. Letztere werden anhand der in § 2 genannten Liste in der dort festgelegten Reihenfolge bestimmt. Der Ausgangspunkt auf der Liste ist für jede an die Große Kammer verwiesene Rechtssache der Name des Richters, der unmittelbar auf den Richter folgt, der für die zuvor an diesen Spruchkörper verwiesene Rechtssache als Letzter anhand der Liste bestimmt worden ist.

§ 2. Nach der Wahl des Präsidenten des Gerichtshofs und der Präsidenten der Kammern mit fünf Richtern wird im Hinblick auf die Besetzung der Großen Kammer eine Liste der übrigen Richter erstellt. Diese Liste folgt abwechselnd der in Artikel 6 festgelegten Rangordnung und deren Umkehrung: Der erste Richter in dieser Liste ist der erste nach der in Artikel 6 festgelegten Rangordnung, der zweite Richter in der Liste ist der letzte nach dieser Rangordnung, der dritte Richter ist der zweite nach dieser Rangordnung, der vierte Richter ist der vorletzte nach dieser Rangordnung und so fort.

Das Verzeichnis wird im *Amtsblatt der Europäischen Union* veröffentlicht.

§ 3. In Rechtssachen, die vom Beginn eines Jahres, in dem eine teilweise Neubesetzung der Richterstellen stattfindet, bis zur tatsächlichen Neubesetzung an die Große Kammer verwiesen werden, tagen auch zwei Ergänzungsrichter. Als Ergänzungsrichter fungieren die beiden Richter, die auf der in § 2 genannten Liste unmittelbar nach dem Richter geführt werden, der als Letzter für die Besetzung der Großen Kammer in der Rechtssache bestimmt worden ist. Die Ergänzungsrichter ersetzen in der Reihenfolge der in § 2 genannten Liste die Richter, die gegebenenfalls nicht an der Entscheidung der Rechtssache mitwirken können.

Artikel 11c

§ 1. Die Kammern mit fünf und mit drei Richtern sind für jede Rechtssache mit dem Kammerpräsidenten, dem Berichterstatter und der für die Erreichung der Zahl von fünf oder drei Richtern erforderlichen Zahl von Richtern besetzt. Letztere werden anhand der in § 2 genannten Listen in der dort festgelegten Reihenfolge bestimmt. Der Ausgangspunkt auf diesen Listen ist für jede an eine Kammer verwiesene Rechtssache der Name des Richters, der unmittelbar auf den Richter folgt, der für die zuvor an diese Kammer verwiesene Rechtssache als Letzter anhand der Liste bestimmt worden ist.

§ 2. Für die Besetzung der Kammern mit fünf Richtern werden nach der Wahl der Präsidenten dieser Kammern Listen erstellt, in denen sämtliche Richter, die der jeweiligen Kammer zugeteilt sind, mit Ausnahme des Kammerpräsidenten aufgeführt sind. Die Listen werden in derselben Weise erstellt wie die in Artikel 11b § 2 genannte Liste.

Für die Besetzung der Kammern mit drei Richtern werden nach der Wahl der Präsidenten dieser Kammern Listen erstellt, in denen sämtliche Richter, die der jeweiligen Kammer zugeteilt sind, mit Ausnahme des Kammerpräsidenten aufgeführt sind. Die Listen werden gemäß der in Artikel 6 festgelegten Rangordnung erstellt.

Die in diesem Paragraphen genannten Listen werden im *Amtsblatt der Europäischen Union* veröffentlicht.

Artikel 11d

§ 1. Ist der Gerichtshof der Auffassung, dass mehrere Rechtssachen zusammen von demselben Spruchkörper zu entscheiden sind, so entspricht dessen Besetzung derjenigen, die für die Rechtssache festgelegt wurde, deren Vorbericht zuerst geprüft wurde.

§ 2. Legt eine Kammer, der eine Rechtssache zugewiesen worden ist, die Rechtssache nach Artikel 44 § 4 dem Gerichtshof vor, damit sie einem größeren Spruchkörper zugewiesen wird, so umfasst dieser Spruchkörper die Mitglieder der abgebenden Kammer.

Artikel 11e

Ist ein Mitglied des Spruchkörpers verhindert, so wird es von einem Richter in der Reihenfolge vertreten, die in den Listen nach Artikel 11b § 2 oder 11c § 2 festgesetzt ist.

Ist der Präsident des Gerichtshofs verhindert, so werden die Aufgaben des Präsidenten der Großen Kammer gemäß Artikel 11 wahrgenommen.

Gerichtshof

Satzung
VfO
Dienstanw
Kanzler
Prakt Anw

Ist der Präsident einer Kammer mit fünf Richtern verhindert, so werden die Aufgaben des Kammerpräsidenten von einem Präsidenten einer Kammer mit drei Richtern wahrgenommen, gegebenenfalls gemäß der in Artikel 6 festgelegten Rangordnung, oder, wenn kein Präsident einer Kammer mit drei Richtern dem Spruchkörper angehört, von einem der übrigen Richter gemäß der in Artikel 6 festgelegten Rangordnung.

Ist der Präsident einer Kammer mit drei Richtern verhindert, so werden die Aufgaben des Kammerpräsidenten von einem Richter des Spruchkörpers gemäß der in Artikel 6 festgelegten Rangordnung wahrgenommen.

Drittes Kapitel

Die Kanzlei

Erster Abschnitt

Kanzler und Hilfskanzler

Artikel 12

§ 1. Der Gerichtshof ernennt seinen Kanzler. Der Präsident bringt den Mitgliedern des Gerichtshofs zwei Wochen vor dem für die Ernennung vorgesehenen Zeitpunkt die eingegangenen Bewerbungen zur Kenntnis.

§ 2. Die Bewerbungen müssen genaue Angaben über Alter, Staatsangehörigkeit, akademische Grade, Sprachkenntnisse, gegenwärtige und frühere Tätigkeit sowie über die etwaigen gerichtlichen und internationalen Erfahrungen der Bewerber enthalten.

§ 3. Auf die Ernennung des Kanzlers findet Artikel 7 § 3 entsprechende Anwendung.

§ 4. Der Kanzler wird für die Dauer von sechs Jahren ernannt. Wiederernennung ist zulässig.

§ 5. Auf die Vereidigung des Kanzlers findet Artikel 3 entsprechende Anwendung.

§ 6. Der Kanzler kann seines Amtes nur enthoben werden, wenn er nicht mehr die erforderlichen Voraussetzungen erfüllt oder den sich aus seinem Amt ergebenden Verpflichtungen nicht mehr nachkommt; der Gerichtshof entscheidet, nachdem er dem Kanzler Gelegenheit zur Äußerung gegeben hat.

§ 7. Endet die Amtszeit des Kanzlers vor ihrem regelmäßigen Ablauf, so ernennt der Gerichtshof einen neuen Kanzler für die Dauer von sechs Jahren.

Artikel 13

Der Gerichtshof kann einen oder mehrere Hilfskanzler ernennen, die den Kanzler unterstützen und ihn nach Maßgabe der in Artikel 15 bezeichneten Dienstanweisung vertreten; die für die Ernennung des Kanzlers geltenden Vorschriften finden entsprechende Anwendung.

Artikel 14

Sind der Kanzler und die Hilfskanzler abwesend oder verhindert oder ihre Stellen unbesetzt, so beauftragt der Präsident Beamte oder sonstige Bedienstete mit der Wahrnehmung der Geschäfte des Kanzlers.

Artikel 15

Der Gerichtshof erläßt auf Vorschlag des Präsidenten die Dienstanweisung für den Kanzler.

Artikel 16

§ 1. Die Kanzlei führt unter Aufsicht des Kanzlers ein Register; in das Register sind alle schriftlichen Vorgänge der einzelnen Rechtssachen einschließlich der Anlagen zu den Schriftsätzen fortlaufend einzutragen, und zwar in der Reihenfolge, in der sie anfallen.

§ 2. Der Kanzler vermerkt die Eintragung im Register auf der Urschrift und, wenn die Parteien dies beantragen, auf den vorgelegten Abschriften.

§ 3. Die Eintragung im Register und die in § 2 vorgesehenen Vermerke stellen öffentliche Urkunden dar.

§ 4. Die Vorschriften über die Registerführung werden in der in Artikel 15 bezeichneten Dienstanweisung festgelegt.

§ 5. Jeder, der hieran ein Interesse hat, kann das Register bei der Kanzlei einsehen und nach Maßgabe einer vom Gerichtshof auf Vorschlag des Kanzlers zu erlassenden Gebührenordnung Abschriften oder Auszüge erhalten.

Jede Partei kann außerdem nach Maßgabe der Gebührenordnung Abschriften von Schriftsätzen sowie Ausfertigungen von Urteilen und sonstigen gerichtlichen Entscheidungen erhalten.

§ 6. Über jede Klage wird eine Mitteilung im *Amtsblatt der Europäischen Union* veröffentlicht, die den Tag der Eintragung der Klageschrift in das Register, Namen und Wohnsitz der Parteien, den Streitgegenstand und den Klageantrag sowie die Angabe der geltend gemachten Klagegründe und die wesentlichen Argumente enthält.

§ 7. Ist der Rat oder die Europäische Kommission nicht Partei einer Rechtssache, so übermittelt ihnen der Gerichtshof eine Abschrift der Klageschrift und der Klagebeantwortung mit Ausnahme der diesen Schriftsätzen beigefügten Anlagen, damit das betreffende Organ feststellen kann, ob die Unanwendbarkeit eines seiner Rechtsakte im Sinne des Artikels 277 AEUV geltend gemacht wird. Eine Abschrift der Klageschrift und der Klagebeantwortung wird in der gleichen Weise dem Europäischen Parlament übermittelt, damit es feststellen kann, ob die Unanwendbarkeit eines von ihm und vom Rat gemeinsam erlassenen Rechtsakts im Sinne des Artikels 277 AEUV geltend gemacht wird.

Artikel 17

§ 1. Der Kanzler hat im Auftrag des Präsidenten alle eingehenden Schriftstücke entgegenzunehmen und sie zu übermitteln oder aufzubewahren sowie für die Zustellungen zu sorgen, die diese Verfahrensordnung vorsieht.

§ 2. Der Kanzler steht dem Gerichtshof, dem Präsidenten und den Kammerpräsidenten sowie den übrigen Richtern bei allen Amtshandlungen zur Seite.

Artikel 18

Der Kanzler verwahrt die Siegel. Er ist für das Archiv verantwortlich und sorgt für die Veröffentlichungen des Gerichtshofs.

Artikel 19

Vorbehaltlich der Artikel 4 und 27 ist der Kanzler bei allen Sitzungen des Gerichtshofs und der Kammern zugegen.

Zweiter Abschnitt

Sonstige Dienststellen

Artikel 20

§ 1. Die Beamten und sonstigen Bediensteten des Gerichtshofs werden nach den Vorschriften über die Rechtsstellung des Personals ernannt.

§ 2. Die Beamten leisten vor Aufnahme ihrer Tätigkeit vor dem Präsidenten in Gegenwart des Kanzlers folgenden Eid: „Ich schwöre, daß ich das mir vom Gerichtshof der Europäischen Union anvertraute Amt pflichtgetreu, verschwiegen und gewissenhaft ausüben werde."

Artikel 21

Der Gerichtshof legt auf Vorschlag des Kanzlers den Aufbau seiner Dienststellen fest und ändert ihn gegebenenfalls ab.

Artikel 22

Der Gerichtshof richtet einen Sprachendienst ein, dessen Angehörige eine angemessene juristische Ausbildung und gründliche Kenntnisse in mehreren Amtssprachen des Gerichtshofs aufweisen müssen.

Artikel 23

Die allgemeine Verwaltung des Gerichtshofs einschließlich der Finanzverwaltung und der Buchführung wird im Auftrag des Präsidenten vom Kanzler wahrgenommen, dem ein leitender Verwaltungsbeamter zur Seite steht.

Viertes Kapitel

Die Hilfsberichterstatter

Artikel 24

§ 1. Der Gerichtshof schlägt gemäß Artikel 13 der Satzung die Ernennung von Hilfsberichterstattern vor, wenn ihm dies für die Bearbeitung der anhängigen Rechtssachen notwendig erscheint.

§ 2. Den Hilfsberichterstattern obliegt es insbesondere, den Präsidenten im Verfahren wegen einstweiliger Anordnungen und die Berichterstatter bei der Erfüllung ihrer Aufgaben zu unterstützen.

§ 3. Sie unterstehen bei der Ausübung ihres Amtes dem Präsidenten des Gerichtshofs, dem Präsidenten einer Kammer oder einem Berichterstatter.

§ 4. Vor Aufnahme ihrer Tätigkeit leisten die Hilfsberichterstatter vor dem Gerichtshof den in Artikel 3 vorgesehenen Eid.

Fünftes Kapitel

Geschäftsgang des Gerichtshofs

Artikel 25

§ 1. Der Präsident bestimmt den Termin für die Sitzungen der Großen Kammer und des Plenums.

§ 2. Die Präsidenten der Kammern mit fünf oder mit drei Richtern bestimmen den Termin für die Sitzungen ihrer Kammern.

§ 3. Der Gerichtshof kann einzelne Sitzungen an einem anderen Ort als dem Sitz des Gerichtshofs abhalten.

Artikel 26

§ 1. Ergibt sich infolge Abwesenheit oder Verhinderung eine gerade Zahl von Richtern,

Gerichtshof
Satzung
VfO
Dienstanw
Kanzler
Prakt Anw

so nimmt der in der Rangordnung im Sinne von Artikel 6 niedrigste Richter an den Beratungen nicht teil, es sei denn, er ist Berichterstatter. Im letzten Fall nimmt der Richter mit dem nächstniedrigsten Rang an den Beratungen nicht teil.

§ 2. Stellt sich nach Einberufung der Großen Kammer oder des Plenums heraus, daß die nach Artikel 17 Absatz 3 oder 4 der Satzung für die Beschlußfähigkeit erforderliche Zahl von Richtern nicht erreicht wird, so vertagt der Präsident die Sitzung bis zu dem Zeitpunkt, zu dem die Große Kammer oder das Plenum beschlußfähig ist.

§ 3. Wird in einer Kammer mit fünf oder mit drei Richtern die nach Artikel 17 Absatz 2 der Satzung für die Beschlußfähigkeit erforderliche Zahl von Richtern nicht erreicht und erweist sich eine Vertretung der verhinderten Richter gemäß Artikel 11e als nicht möglich, so benachrichtigt der Kammerpräsident den Präsidenten des Gerichtshofs; dieser bestimmt einen anderen Richter, durch den die Kammer ergänzt wird.

Artikel 27

§ 1. Die Beratungen des Gerichtshofs sind nicht öffentlich.

§ 2. An der Beratung nehmen nur die Richter teil, die bei der mündlichen Verhandlung zugegen waren, sowie gegebenenfalls der Hilfsberichterstatter, der mit der Bearbeitung der Rechtssache beauftragt ist.

§ 3. Jeder Richter, der an der Beratung teilnimmt, trägt seine Auffassung vor und begründet sie.

§ 4. Auf Antrag eines Richters wird jede Frage, bevor sie zur Abstimmung gelangt, in einer von ihm gewünschten Sprache niedergelegt und dem Gerichtshof schriftlich übermittelt.

§ 5. Die Meinung, auf die sich die Mehrheit der Richter nach der abschließenden Aussprache geeinigt hat, ist für die Entscheidung des Gerichtshofs maßgebend. Die Richter stimmen in der umgekehrten Reihenfolge der in Artikel 6 festgelegten Rangordnung ab.

§ 6. Meinungsverschiedenheiten über Gegenstand, Fassung und Reihenfolge der Fragen oder die Auslegung der Abstimmung entscheidet der Gerichtshof.

§ 7. An Sitzungen des Gerichtshofs über Verwaltungsfragen nehmen die Generalanwälte mit beschließender Stimme teil. Der Kanzler ist zugegen, sofern der Gerichtshof nichts anderes bestimmt.

§ 8. Tagt der Gerichtshof in Abwesenheit des Kanzlers, so wird ein etwa erforderliches Proto-

koll von dem in der Rangordnung im Sinne von Artikel 6 niedrigsten Richter aufgenommen; das Protokoll wird vom Präsidenten und von dem betreffenden Richter unterzeichnet.

Artikel 28

§ 1. Vorbehaltlich einer besonderen Entscheidung des Gerichtshofs werden die Gerichtsferien wie folgt festgesetzt:
– vom 18. Dezember bis zum 10. Januar;
– vom Sonntag vor Ostern bis zum zweiten Sonntag nach Ostern;
– vom 15. Juli bis zum 15. September.

Das Amt des Präsidenten wird während der Gerichtsferien am Sitz des Gerichtshofs in der Weise wahrgenommen, daß der Präsident mit dem Kanzler in Verbindung bleibt oder daß er einen Kammerpräsidenten oder einen anderen Richter mit seiner Vertretung beauftragt.

§ 2. In dringenden Fällen kann der Präsident die Richter und Generalanwälte während der Gerichtsferien einberufen.

§ 3. Der Gerichtshof hält die am Ort seines Sitzes geltenden gesetzlichen Feiertage ein.

§ 4. Der Gerichtshof kann den Richtern und Generalanwälten in begründeten Fällen Urlaub gewähren.

Sechstes Kapitel

Sprachenregelung

Artikel 29

§ 1. Die Verfahrenssprachen sind Bulgarisch, Dänisch, Deutsch, Englisch, Estnisch, Finnisch, Französisch, Griechisch, Irisch, Italienisch, Lettisch, Litauisch, Maltesisch, Niederländisch, Polnisch, Portugiesisch, Rumänisch, Schwedisch, Slowakisch, Slowenisch, Spanisch, Tschechisch und Ungarisch.

§ 2. Der Kläger wählt die Verfahrenssprache, soweit die nachstehenden Vorschriften nichts anderes bestimmen:
a) Ist die Klage gegen einen Mitgliedstaat oder gegen eine natürliche oder juristische Person gerichtet, die einem Mitgliedstaat angehört, so ist die Amtssprache dieses Staates Verfahrenssprache; bestehen mehrere Amtssprachen, so ist der Kläger berechtigt, eine von ihnen zu wählen.
b) Auf gemeinsamen Antrag der Parteien kann eine andere der in § 1 genannten Sprachen ganz oder teilweise zugelassen werden.
c) Auf Antrag einer Partei kann nach Anhörung der Gegenpartei und des Generalanwalts ab-

weichend von den Bestimmungen unter a) und b) eine andere der in § 1 genannten Sprachen ganz oder teilweise als Verfahrenssprache zugelassen werden; der Antrag kann nicht von einem Organ der Europäischen Union gestellt werden.*)

In den in Artikel 103 bezeichneten Fällen ist die Sprache des innerstaatlichen Gerichts, das den Gerichtshof anruft, Verfahrenssprache. Auf ordnungsgemäß begründeten Antrag einer Partei des Ausgangsrechtsstreits kann nach Anhörung der Gegenpartei des Ausgangsrechtsstreits und des Generalanwalts die Verwendung einer anderen der in § 1 genannten Sprachen in der mündlichen Verhandlung zugelassen werden.

Der Beschluß über die vorgenannten Anträge kann vom Präsidenten gefaßt werden; dieser kann die Entscheidung dem Gerichtshof übertragen; will er den Anträgen ohne Einverständnis aller Parteien stattgeben, so muß er die Entscheidung dem Gerichtshof übertragen.

§ 3. Die Verfahrenssprache ist insbesondere bei den mündlichen Ausführungen und in den Schriftsätzen der Parteien einschließlich aller Anlagen sowie in den Protokollen und Entscheidungen des Gerichtshofs anzuwenden.

Urkunden, die in einer anderen Sprache abgefaßt sind, ist eine Übersetzung in der Verfahrenssprache beizugeben.

Bei umfangreichen Urkunden kann die vorgelegte Übersetzung auf Auszüge beschränkt werden. Der Gerichtshof kann jedoch jederzeit von Amts wegen oder auf Antrag einer Partei eine ausführliche oder vollständige Übersetzung verlangen.

Abweichend von diesen Bestimmungen dürfen sich die Mitgliedstaaten ihrer eigenen Amtssprache bedienen, wenn sie einem beim Gerichtshof anhängigen Rechtsstreit als Streithelfer beitreten oder sich an einem der in Artikel 103 bezeichneten Vorabentscheidungsverfahren beteiligen. Dies gilt sowohl für Schriftstücke als auch für mündliche Erklärungen. Der Kanzler veranlaßt in jedem Fall die Übersetzung in die Verfahrenssprache.

Den Vertragsstaaten des EWR-Abkommens, die nicht Mitgliedstaaten sind, und der EFTA-Überwachungsbehörde kann gestattet werden, sich statt der Verfahrenssprache einer anderen der in § 1 genannten Sprachen zu bedienen, wenn sie einem beim Gerichtshof anhängigen Rechtsstreit als Streithelfer beitreten oder sich an einem der in Artikel 23 der Satzung bezeichneten Vorabentscheidungsverfahren be-

---

*) Gemäß Berichtigung in ABl 1997 L 351,72.

teiligen. Dies gilt sowohl für Schriftstücke als auch für mündliche Erklärungen. Der Kanzler veranlaßt in jedem Fall die Übersetzung in die Verfahrenssprache.

Den Drittstaaten, die sich gemäß Artikel 23 Absatz 4 der Satzung an einem Vorabentscheidungsverfahren beteiligen, kann gestattet werden, sich statt der Verfahrenssprache einer anderen der in § 1 genannten Sprachen zu bedienen. Dies gilt sowohl für Schriftstücke als auch für mündliche Erklärungen. Der Kanzler veranlasst in jedem Fall die Übersetzung in die Verfahrenssprache.

§ 4. Erklären Zeugen oder Sachverständige, daß sie sich nicht hinlänglich in einer der in § 1 genannten Sprachen ausdrücken können, so kann ihnen der Gerichtshof gestatten, ihre Erklärungen in einer anderen Sprache abzugeben. Der Kanzler veranlaßt die Übersetzung in die Verfahrenssprache.

§ 5. Der Präsident des Gerichtshofs und die Kammerpräsidenten können sich bei der Leitung der Verhandlung statt der Verfahrenssprache einer anderen der in § 1 genannten Sprachen bedienen; die gleiche Befugnis haben der Berichterstatter hinsichtlich des Vorberichts und des Sitzungsberichts, die Richter und Generalanwälte für ihre Fragen in der mündlichen Verhandlung und der Generalanwalt für seine Schlußanträge. Der Kanzler veranlaßt die Übersetzung in die Verfahrenssprache.

Artikel 30

§ 1. Auf Ersuchen eines Richters oder eines Generalanwalts oder auf Antrag einer Partei veranlaßt der Kanzler, daß die vor dem Gerichtshof abgegebenen schriftlichen oder mündlichen Äußerungen in die in Artikel 29 § 1 genannten Sprachen, die gewünscht werden, übersetzt werden.

§ 2. Die Veröffentlichungen des Gerichtshofs erscheinen in den in Artikel 1 der Verordnung Nr. 1 des Rates genannten Sprachen.

Artikel 31

Verbindlich ist die Fassung in der Verfahrenssprache oder, falls der Gerichtshof gemäß Artikel 29 eine andere Sprache zugelassen hat, die Fassung in dieser Sprache.

Siebentes Kapitel
Rechte und Pflichten der Bevollmächtigten, Beistände und Anwälte

Artikel 32

§ 1. Die Bevollmächtigten, Beistände und Anwälte, die vor dem Gerichtshof oder vor

Satzung
VfO
Dienstanw
Kanzler
Prakt Anw

einem von diesem um Rechtshilfe ersuchten Gericht auftreten, können wegen mündlicher und schriftlicher Äußerungen, die sich auf die Rechtssache oder auf die Parteien beziehen, nicht gerichtlich verfolgt werden.

§ 2. Bevollmächtigte, Beistände und Anwälte genießen ferner folgende Vorrechte und Erleichterungen:

a) Schriftstücke und Urkunden, die sich auf das Verfahren beziehen, dürfen weder durchsucht noch beschlagnahmt werden. Im Streitfall können die Zoll- oder Polizeibeamten derartige Schriftstücke und Urkunden versiegeln; diese werden unverzüglich dem Gerichtshof übermittelt und in Gegenwart des Kanzlers und des Beteiligten untersucht.

b) Bevollmächtigte, Beistände und Anwälte haben Anspruch auf die Zuteilung ausländischer Zahlungsmittel, die zur Erfüllung ihrer Aufgaben notwendig sind.

c) Bei Reisen, die zur Erfüllung ihrer Aufgaben erforderlich sind, unterliegen sie keinerlei Beschränkungen.

Artikel 33

Die in Artikel 32 genannten Vergünstigungen kommen den Berechtigten nur dann zugute, wenn sie ihre Eigenschaft nachgewiesen haben; diesen Nachweis erbringen:

a) die Bevollmächtigten durch eine von ihrem Vollmachtgeber ausgestellte Urkunde, der dem Kanzler unverzüglich eine Abschrift dieser Urkunde übermittelt;

b) die Beistände und Anwälte durch einen vom Kanzler unterschriebenen Ausweis. Die Gültigkeit dieses Ausweises ist auf eine bestimmte Zeit begrenzt; sie kann je nach der Dauer des Verfahrens verlängert oder verkürzt werden.

Artikel 34

Die in Artikel 32 genannten Vergünstigungen werden ausschließlich im Interesse der geordneten Durchführung des Verfahrens gewährt.

Der Gerichtshof kann die Befreiung von gerichtlicher Verfolgung aufheben, wenn der Fortgang des Verfahrens nach seiner Auffassung hierdurch nicht beeinträchtigt wird.

Artikel 35

§ 1. Ist der Gerichtshof der Auffassung, dass das Verhalten eines Beistands oder Anwalts gegenüber dem Gerichtshof, einem Richter, einem Generalanwalt oder dem Kanzler mit der Würde des Gerichtshofs oder mit den Erfordernissen einer geordneten Rechtspflege unvereinbar ist oder dass ein Beistand oder Anwalt seine Befugnisse missbraucht, so unterrichtet der Gerichtshof davon die zuständigen Stellen, denen der Betroffene untersteht, so wird dem Betroffenen eine Kopie des an diese Stellen gerichteten Schreibens übermittelt.

Aus denselben Gründen kann der Gerichtshof den Betroffenen jederzeit, nachdem dieser und der Generalanwalt angehört worden sind, durch Beschluss vom Verfahren ausschließen. Der Beschluss ist sofort vollstreckbar.

§ 2. Wird ein Beistand oder Anwalt ausgeschlossen, so setzt der Präsident der betroffenen Partei eine Frist zur Bestellung eines anderen Beistands oder Anwalts; bis zum Ablauf dieser Frist tritt eine Unterbrechung des Verfahrens ein.

§ 3. Die in Anwendung dieses Artikels getroffenen Entscheidungen können wieder aufgehoben werden.

Artikel 36

Die Bestimmungen dieses Kapitels finden entsprechende Anwendung auf Universitätsprofessoren, die gemäß Artikel 19 der Satzung das Recht haben, vor dem Gerichtshof aufzutreten.

Zweiter Titel
Allgemeine Verfahrenvorschriften

Erstes Kapitel
Schriftliches Verfahren

Artikel 37

§ 1. Die Urschrift jedes Schriftsatzes ist vom Bevollmächtigten oder vom Anwalt der Partei zu unterzeichnen.

Mit diesem Schriftsatz und allen darin erwähnten Anlagen werden fünf Abschriften für den Gerichtshof und je eine Abschrift für jede andere am Rechtsstreit beteiligte Partei eingereicht. Die Partei beglaubigt die von ihr eingereichten Abschriften.

§ 2. Die Organe haben innerhalb der vom Gerichtshof festgesetzten Fristen von jedem Schriftsatz Übersetzungen in den anderen in Artikel 1 der Verordnung Nr. 1 des Rates genannten Sprachen vorzulegen. § 1 Absatz 2 findet entsprechende Anwendung.

§ 3. Jeder Schriftsatz ist mit Datum zu versehen. Für die Berechnung der Verfahrensfristen ist nur der Tag des Eingangs bei der Kanzlei maßgebend.

§ 4. Mit jedem Schriftsatz ist gegebenenfalls ein Aktenstück einzureichen, das die Urkunden, auf die sich die Partei beruft, sowie ein Verzeichnis dieser Urkunden enthält.

§ 5. Werden von einer Urkunde mit Rücksicht auf deren Umfang nur Auszüge vorgelegt, so ist die Urkunde oder eine vollständige Abschrift hiervon bei der Kanzlei zu hinterlegen.

§ 6. Unbeschadet der §§ 1 bis 5 ist der Tag, an dem eine Kopie der unterzeichneten Urschrift eines Schriftsatzes einschließlich des in § 4 genannten Urkundenverzeichnisses mittels Fernkopierer oder sonstiger beim Gerichtshof vorhandener technischer Kommunikationsmittel bei der Kanzlei eingeht, für die Wahrung der Verfahrensfristen maßgebend, sofern die unterzeichnete Urschrift des Schriftsatzes und die in § 1 Absatz 2 genannten Anlagen und Abschriften spätestens zehn Tage danach bei der Kanzlei eingereicht werden. Artikel 81 § 2 findet auf diese Zehntagesfrist keine Anwendung.

§ 7. Unbeschadet der §§ 1 Absatz 1 und 2 bis 5 kann der Gerichtshof durch Beschluss die Voraussetzungen festlegen, unter denen ein der Kanzlei elektronisch übermittelter Schriftsatz als Urschrift des Schriftsatzes gilt. Der Beschluss wird im *Amtsblatt der Europäischen Union* veröffentlicht.

Artikel 38

§ 1. Die in Artikel 21 der Satzung bezeichnete Klageschrift muß enthalten:

a) Namen und Wohnsitz des Klägers;

b) die Bezeichnung des Beklagten;

c) den Streitgegenstand und eine kurze Darstellung der Klagegründe;

d) die Anträge des Klägers;

e) gegebenenfalls die Bezeichnung der Beweismittel.

§ 2. In der Klageschrift ist ferner für die Zwecke des Verfahrens eine Zustellungsanschrift am Ort des Gerichtssitzes anzugeben. Hierbei ist eine Person zu benennen, die ermächtigt ist und sich bereit erklärt hat, die Zustellungen entgegenzunehmen.

Zusätzlich zu oder statt der in Absatz 1 genannten Zustellungsanschrift kann in der Klageschrift angegeben werden, dass sich der Anwalt oder Bevollmächtigte damit einver-

standen erklärt, dass Zustellungen an ihn mittels Fernkopierer oder sonstiger technischer Kommunikationsmittel erfolgen.

Entspricht die Klageschrift nicht den Voraussetzungen der Absätze 1 und 2, so erfolgen bis zur Behebung dieses Mangels alle Zustellungen an die betreffende Partei für die Zwecke des Verfahrens auf dem Postweg durch Einschreiben an den Bevollmächtigten oder Anwalt der Partei. Abweichend von Artikel 79 § 1 gilt in diesem Fall die Zustellung mit der Aufgabe des Einschreibens zur Post am Ort des Gerichtssitzes als bewirkt.

§ 3. Der Anwalt, der als Beistand oder Vertreter einer Partei auftritt, hat bei der Kanzlei eine Bescheinigung zu hinterlegen, aus der hervorgeht, daß er berechtigt ist, vor einem Gericht eines Mitgliedstaats oder eines anderen Vertragsstaats des EWR-Abkommens aufzutreten.

§ 4. Mit der Klageschrift sind gegebenenfalls die in Artikel 21 Absatz 2 der Satzung bezeichneten Unterlagen einzureichen.

§ 5. Juristische Personen des Privatrechts haben mit der Klageschrift ferner

a) ihre Satzung oder einen neueren Auszug aus dem Handelsregister oder einen neueren Auszug aus dem Vereinsregister oder einen anderen Nachweis ihrer Rechtspersönlichkeit einzureichen;

b) den Nachweis vorzulegen, daß die Prozeßvollmacht ihres Anwalts von einem hierzu Berechtigten ordnungsgemäß ausgestellt ist.

§ 6. Wird eine Klage gemäß Artikel 273 AEUV erhoben, so ist mit der Klageschrift eine Ausfertigung des zwischen den beteiligten Mitgliedstaaten abgeschlossenen Schiedsvertrags einzureichen.

§ 7. Entspricht die Klageschrift nicht den §§ 3 bis 6, so setzt der Kanzler dem Kläger eine angemessene Frist zur Behebung des Mangels oder zur Beibringung der vorgeschriebenen Unterlagen. Kommt der Kläger dieser Aufforderung vor Ablauf der Frist nicht nach, so entscheidet der Gerichtshof nach Anhörung des Generalanwalts, ob die Nichtbeachtung dieser Formvorschriften die Unzulässigkeit der Klage zur Folge hat.

Artikel 39

Die Klageschrift wird dem Beklagten zugestellt. In dem in Artikel 38 § 7 bezeichneten Fall erfolgt die Zustellung nach Behebung des Mangels oder nach Feststellung des Gerichtshofs, daß die Klage nicht wegen Verletzung der Vorschriften des genannten Artikels unzulässig ist.

Artikel 40

§ 1. Innerhalb eines Monats nach Zustellung der Klageschrift hat der Beklagte eine Klagebeantwortung einzureichen. Diese muß enthalten:

a) Namen und Wohnsitz des Beklagten;
b) die tatsächliche und rechtliche Begründung;
c) die Anträge des Beklagten;
d) gegebenenfalls die Bezeichnung der Beweismittel.

Artikel 38 §§ 2 bis 5 findet entsprechende Anwendung.

§ 2. Auf begründeten Antrag des Beklagten kann der Präsident die in § 1 bezeichnete Frist verlängern.

Artikel 41

§ 1. Klageschrift und Klagebeantwortung können durch eine Erwiderung des Klägers und eine Gegenerwiderung des Beklagten ergänzt werden.

§ 2. Der Präsident bestimmt die Fristen für die Einreichung dieser Schriftsätze.

Artikel 42

§ 1. Die Parteien können in der Erwiderung oder in der Gegenerwiderung noch Beweismittel benennen. Sie haben die Verspätung zu begründen.

§ 2. Im übrigen können neue Angriffs- und Verteidigungsmittel im Laufe des Verfahrens nicht mehr vorgebracht werden, es sei denn, daß sie auf rechtliche oder tatsächliche Gründe gestützt werden, die erst während des Verfahrens zutage getreten sind.

Macht eine Partei im Laufe des Verfahrens derartige Angriffs- und Verteidigungsmittel geltend, so kann der Präsident auch nach Ablauf der gewöhnlichen Verfahrensfristen auf Bericht des Berichterstatters nach Anhörung des Generalanwalts der Gegenpartei eine Frist zur Stellungnahme setzen.

Die Entscheidung über die Zulässigkeit des Vorbringens bleibt dem Endurteil vorbehalten.

Artikel 43

Der Präsident kann jederzeit nach Anhörung der Parteien und, wenn die Zuweisung gemäß

Artikel 10 § 2 bereits erfolgt ist, des Generalanwalts die Verbindung mehrerer Rechtssachen zu gemeinsamem schriftlichen oder mündlichen Verfahren oder zu gemeinsamer Entscheidung beschließen, wenn sie den gleichen Gegenstand betreffen und miteinander in Zusammenhang stehen. Er kann die Verbindung wieder aufheben. Der Präsident kann die Entscheidung hierüber dem Gerichtshof übertragen.

Kapitel 1a
Vorbericht und Verweisung an die Spruchkörper

Artikel 44

§ 1. Der Präsident bestimmt den Zeitpunkt, zu dem der Berichterstatter der Generalversammlung des Gerichtshofs einen Vorbericht vorzulegen hat, je nach Lage des Falles
a) nach Eingang der Gegenerwiderung;
b) wenn die Erwiderung oder Gegenerwiderung nicht bis zum Ablauf der nach Artikel 41 § 2 festgesetzten Frist eingereicht worden ist;
c) nachdem die betreffende Partei erklärt hat, dass sie auf die Einreichung einer Erwiderung oder Gegenerwiderung verzichtet;
d) bei Durchführung des beschleunigten Verfahrens gemäß Artikel 62a, wenn der Präsident den Termin für die mündliche Verhandlung bestimmt.

§ 2. Der Vorbericht enthält Vorschläge zu der Frage, ob Beweiserhebungen oder andere vorbereitende Maßnahmen erforderlich sind, sowie dazu, an welchen Spruchkörper die Rechtssache zu verweisen ist. Der Vorbericht enthält ferner den Vorschlag des Berichterstatters zu den Fragen, ob die mündliche Verhandlung gemäß Artikel 44a sowie ob gegebenenfalls die Schlussanträge des Generalanwalts gemäß Artikel 20 Absatz 5 der Satzung entfallen können.

Der Gerichtshof entscheidet über die Vorschläge des Berichterstatters nach Anhörung des Generalanwalts.

§ 3. Der Gerichtshof verweist alle bei ihm anhängigen Rechtssachen an die Kammern mit fünf oder mit drei Richtern, sofern nicht die Schwierigkeit oder die Bedeutung der Rechtssache oder besondere Umstände eine Verweisung an die Große Kammer erfordern.

Die Verweisung einer Rechtssache an eine Kammer mit fünf oder mit drei Richtern ist nicht zulässig, wenn ein am Verfahren beteiligter Mitgliedstaat oder ein am Verfahren beteiligtes Organ der Union beantragt, dass die Große Kammer über die Rechtssache entscheidet. Am

Verfahren beteiligt im Sinne dieser Bestimmung sind Mitgliedstaaten oder Organe, die in dem Rechtsstreit Partei oder Streithelfer sind oder die im Rahmen eines der in Artikel 103 bezeichneten Vorabentscheidungsverfahren schriftliche Erklärungen eingereicht haben. Ein Antrag nach diesem Absatz kann in Streitsachen zwischen der Union und deren Bediensteten nicht gestellt werden.

Der Gerichtshof tagt als Plenum, wenn er gemäß Artikel 16 Absatz 4 der Satzung befasst wird. Er kann eine Rechtssache an das Plenum verweisen, wenn er gemäß Artikel 16 Absatz 5 der Satzung zu der Auffassung gelangt, dass die Rechtssache von außergewöhnlicher Bedeutung ist.

§ 4. Der Spruchkörper, dem eine Rechtssache zugewiesen worden ist, kann die Rechtssache in jedem Stadium des Verfahrens dem Gerichtshof vorlegen, damit sie einem größeren Spruchkörper zugewiesen wird.

§ 5. Wird eine Beweisaufnahme angeordnet, so kann der Spruchkörper, wenn die Beweisaufnahme nicht vor ihm selbst stattfinden soll, den Berichterstatter mit ihrer Durchführung beauftragen.

Wird von einer Beweisaufnahme abgesehen, so bestimmt der Präsident des Spruchkörpers den Termin für die Eröffnung der mündlichen Verhandlung.

Artikel 44a

Unbeschadet besonderer Bestimmungen dieser Verfahrensordnung umfaßt das Verfahren vor dem Gerichtshof auch eine mündliche Verhandlung. Der Gerichtshof kann jedoch nach Einreichung der in Artikel 40 § 1 und gegebenenfalls der in Artikel 41 § 1 bezeichneten Schriftsätze auf Bericht des Berichterstatters, nach Anhörung des Generalanwalts und wenn keine Partei einen Antrag stellt, in dem die Gründe aufgeführt sind, aus denen sie gehört werden möchte, etwas anderes beschließen. Der Antrag ist binnen drei Wochen nach der Mitteilung an die Partei, daß das schriftliche Verfahren abgeschlossen ist, zu stellen. Diese Frist kann vom Präsidenten verlängert werden.

Zweites Kapitel
Beweisaufnahme und vorbereitende Maßnahmen

Erster Abschnitt
Allgemeine Bestimmungen

Artikel 45

§ 1. Der Gerichtshof bezeichnet nach Anhörung des Generalanwalts durch Beschluß die Beweismittel und die zu beweisenden Tatsachen. Bevor der Gerichtshof die Beweiserhebungen nach § 2 Buchstaben c), d) und e) beschließt, werden die Parteien gehört.

Der Beschluß wird den Parteien zugestellt.

§ 2. Unbeschadet der Artikel 24 und 25 der Satzung sind folgende Beweismittel zulässig:

a) persönliches Erscheinen der Parteien;

b) Einholung von Auskünften und Vorlegung von Urkunden;

c) Vernehmung von Zeugen;

d) Begutachtung durch Sachverständige;

e) Einnahme des Augenscheins.

§ 3. Der Generalanwalt nimmt an der Beweisaufnahme teil.

§ 4. Gegenbeweis und Erweiterung des Beweisantritts bleiben vorbehalten.

Artikel 46

Die Parteien können der Beweisaufnahme beiwohnen.

Zweiter Abschnitt
Ladung und Vernehmung von Zeugen und Sachverständigen

Artikel 47

§ 1. Der Gerichtshof kann von Amts wegen oder auf Antrag der Parteien nach Anhörung des Generalanwalts die Vernehmung von Zeugen über bestimmte Tatsachen anordnen. Die Tatsachen sind in dem Beschluß aufzuführen.

Der Gerichtshof lädt die Zeugen von Amts wegen oder auf Antrag der Parteien oder des Generalanwalts.

Die Partei hat in ihrem Antrag die Tatsachen zu bezeichnen, über die die Vernehmung stattfinden soll, und die Gründe anzugeben, die die Vernehmung rechtfertigen.

§ 2. Die Zeugen werden aufgrund eines Beschlusses des Gerichtshofs geladen; dieser Beschluß muß folgende Angaben enthalten:

a) Namen, Vornamen, Stellung und Anschrift der Zeugen;

b) die Bezeichnung der Tatsachen, über die die Zeugen zu vernehmen sind;

c) gegebenenfalls einen Hinweis auf die Anordnungen des Gerichtshofs über die Erstattung der den Zeugen entstehenden Kosten sowie

Satzung
VfO
Gerichtshof
Dienstanw
Kanzler
Prakt Anw

auf die Geldbußen, die gegen ausbleibende Zeugen verhängt werden können.

Der Beschluß ist den Parteien und den Zeugen zuzustellen.

§ 3. Der Gerichtshof kann die Ladung von Zeugen, deren Vernehmung von einer Partei beantragt wird, davon abhängig machen, daß die Partei bei der Kasse des Gerichtshofs einen Vorschuß in bestimmter Höhe zur Deckung der voraussichtlichen Kosten hinterlegt.

Zeugen, die von Amts wegen geladen werden, erhalten von der Kasse des Gerichtshofs die erforderlichen Vorschüsse.

§ 4. Der Präsident weist die Zeugen nach Feststellung ihrer Identität darauf hin, daß sie die Richtigkeit ihrer Aussagen nach den Bestimmungen dieser Verfahrensordnung zu versichern haben.

Die Zeugen werden vom Gerichtshof vernommen; die Parteien sind hierzu zu laden. Der Präsident kann auf Antrag der Parteien oder von Amts wegen nach Beendigung der Aussage Fragen an die Zeugen richten.

Die gleiche Befugnis steht den übrigen Richtern und dem Generalanwalt zu.

Mit Erlaubnis des Präsidenten können die Vertreter der Parteien Fragen an die Zeugen richten.

§ 5. Der Zeuge leistet nach Beendigung seiner Aussage folgenden Eid: „Ich schwöre, daß ich die Wahrheit, die ganze Wahrheit und nichts als die Wahrheit gesagt habe."

Der Gerichtshof kann nach Anhörung der Parteien auf die Vereidigung des Zeugen verzichten.

§ 6. Der Kanzler erstellt ein Protokoll, das die Zeugenaussagen wiedergibt.

Das Protokoll wird vom Präsidenten oder von dem mit der Vernehmung beauftragten Berichterstatter sowie vom Kanzler unterzeichnet. Vor der Unterzeichnung ist dem Zeugen Gelegenheit zu geben, den Inhalt des Protokolls zu überprüfen und das Protokoll zu unterzeichnen.

Das Protokoll stellt eine öffentliche Urkunde dar.

Artikel 48

§ 1. Zeugen, die ordnungsgemäß geladen sind, haben der Ladung Folge zu leisten.

§ 2. Erscheint ein ordnungsgemäß geladener Zeuge nicht, so kann der Gerichtshof ihn zu einer Geldbuße bis zu 5 000 Euro[1]) verurteilen und die erneute Ladung auf Kosten des Zeugen anordnen.

Die gleiche Geldbuße kann gegen einen Zeugen verhängt werden, der ohne berechtigten Grund die Aussage, die Eidesleistung oder gegebenenfalls die dem Eid gleichgestellte feierliche Erklärung verweigert.

§ 3. Die verhängte Geldbuße kann nur aufgehoben werden, wenn der Zeuge berechtigte Entschuldigungsgründe vorbringt. Die Geldbuße kann auf Antrag des Zeugen verringert werden, wenn der Zeuge nachweist, daß sie in keinem angemessenen Verhältnis zu seinen Einkünften steht.

§ 4. Auf die Vollstreckung der nach diesem Artikel verhängten Geldbußen oder sonstigen Maßnahmen finden die Artikel 280 und 299 AEUV und 164 EAGV entsprechende Anwendung.

Artikel 49

§ 1. Der Gerichtshof kann die Erstattung eines Gutachtens durch einen Sachverständigen anordnen. In dem Beschluß ist der Sachverständige zu benennen, sein Auftrag genau zu umschreiben und eine Frist für die Erstattung des Gutachtens zu bestimmen.

§ 2. Der Sachverständige erhält eine Abschrift des Beschlusses sowie die zur Erfüllung seines Auftrags erforderlichen Unterlagen. Er untersteht dem Berichterstatter, der bei den Ermittlungen des Sachverständigen anwesend sein kann und über den Fortgang der Arbeiten auf dem laufenden zu halten ist.

Der Gerichtshof kann von den Parteien oder einer Partei die Hinterlegung eines Vorschusses zur Deckung der Kosten des Gutachtens verlangen.

§ 3. Auf Antrag des Sachverständigen kann der Gerichtshof die Vernehmung von Zeugen anordnen; Artikel 47 findet entsprechende Anwendung.

§ 4. Der Sachverständige hat sich nur zu den Punkten zu äußern, die sein Auftrag ausdrücklich bezeichnet.

§ 5. Nach Eingang des Gutachtens kann der Gerichtshof die Anhörung des Sachver-

---

[1]) Siehe Verordnung Nr. 1103/97 des Rates, Artikel 2; ABl. L 162 vom 19. 6. 1997, S. 1.

ständigen anordnen; die Parteien sind hierzu zu laden.

Mit Erlaubnis des Präsidenten können die Vertreter der Parteien Fragen an den Sachverständigen richten.

§ 6. Nach Erstattung des Gutachtens leistet der Sachverständige vor dem Gerichtshof folgenden Eid: „Ich schwöre, daß ich meinen Auftrag unparteiisch und nach bestem Wissen und Gewissen erfüllt habe."

Der Gerichtshof kann nach Anhörung der Parteien auf die Vereidigung des Sachverständigen verzichten.

Artikel 50

§ 1. Lehnt eine Partei einen Zeugen oder Sachverständigen wegen Unfähigkeit, Unwürdigkeit oder aus sonstigen Gründen ab oder verweigert ein Zeuge oder Sachverständiger die Aussage, die Eidesleistung oder die dem Eid gleichgestellte feierliche Erklärung, so entscheidet der Gerichtshof.

§ 2. Die Ablehnung ist binnen zwei Wochen nach Zustellung des Beschlusses, durch den der Zeuge geladen oder der Sachverständige ernannt worden ist, zu erklären; die Erklärung muß die Ablehnungsgründe und die Bezeichnung der Beweismittel enthalten.

Artikel 51

§ 1. Zeugen und Sachverständige haben Anspruch auf Erstattung ihrer Reise- und Aufenthaltskosten. Die Kasse des Gerichtshofs kann ihnen einen Vorschuß auf diese Kosten gewähren.

§ 2. Zeugen haben ferner Anspruch auf Entschädigung für Verdienstausfall, Sachverständige auf Vergütung ihrer Tätigkeit. Die Kasse des Gerichtshofs zahlt die Entschädigung oder Vergütung aus, nachdem der Zeuge oder Sachverständige seiner Pflicht genügt hat.

Artikel 52

Der Gerichtshof kann nach Maßgabe der in Artikel 125 bezeichneten zusätzlichen Verfahrensordnung auf Antrag der Parteien oder von Amts wegen Ersuchen um Rechtshilfe bei der Vernehmung von Zeugen oder Sachverständigen ergehen lassen.

Artikel 53

§ 1. Der Kanzler nimmt über jede Sitzung ein Protokoll auf. Das Protokoll wird vom Präsidenten und vom Kanzler unterzeichnet. Es stellt eine öffentliche Urkunde dar.

§ 2. Die Parteien können die Protokolle und Sachverständigengutachten bei der Kanzlei einsehen und auf ihre Kosten Abschriften erhalten.

Dritter Abschnitt
Abschluß der Beweisaufnahme

Artikel 54

Nach Abschluß der Beweisaufnahme bestimmt der Präsident den Termin für die Eröffnung der mündlichen Verhandlung, es sei denn, daß der Gerichtshof beschließt, den Parteien zuvor eine Frist zur schriftlichen Stellungnahme zu setzen.

Ist eine solche Frist gesetzt, so erfolgt die Terminbestimmung nach deren Ablauf.

Vierter Abschnitt
Vorbereitende Maßnahmen

Artikel 54a

Der Berichterstatter und der Generalanwalt können die Parteien auffordern, innerhalb einer bestimmten Frist von ihnen für relevant erachtete Auskünfte zum Sachverhalt, Schriftstücke oder sonstige Angaben zu übermitteln. Die erhaltenen Antworten und Schriftstücke werden den anderen Parteien übermittelt.

Drittes Kapitel
Mündliche Verhandlung

Artikel 55

§ 1. Unbeschadet des Vorrangs der gemäß Artikel 85 zu erlassenden Entscheidungen erkennt der Gerichtshof über die bei ihm anhängigen Rechtssachen jeweils in der Reihenfolge, in der die Beweisaufnahme abgeschlossen wird. Bei gleichzeitigem Abschluß der Beweisaufnahme für mehrere Rechtssachen bestimmt sich die Reihenfolge nach dem Tag der Eintragung der Klageschriften in das Register.

§ 2. In besonderen Fällen kann der Präsident anordnen, daß eine Rechtssache mit Vorrang entschieden wird.

In besonderen Fällen kann der Präsident nach Anhörung der Parteien und des Generalanwalts von Amts wegen oder auf Antrag einer Partei anordnen, daß eine Rechtssache zu späterer Entscheidung zurückgestellt wird. Beantragen die Parteien einvernehmlich die Zurückstellung einer Rechtssache, so kann der Präsident dem Antrag stattgeben.

Artikel 56

§ 1. Der Präsident eröffnet und leitet die Verhandlung; ihm obliegt die Aufrechterhaltung der Ordnung in der Sitzung.

§ 2. Wird die Öffentlichkeit ausgeschlossen, so darf der Inhalt der mündlichen Verhandlung nicht veröffentlicht werden.

Artikel 57

Der Präsident kann in der Verhandlung Fragen an die Bevollmächtigten, Beistände oder Anwälte der Parteien richten.

Die gleiche Befugnis steht den übrigen Richtern und dem Generalanwalt zu.

Artikel 58

Die Parteien können nur durch Bevollmächtigte, Beistände oder Anwälte verhandeln.

Artikel 59

§ 1. Am Schluß der mündlichen Verhandlung stellt der Generalanwalt seine Schlußanträge und begründet sie.

§ 2. Nach den Schlußanträgen erklärt der Präsident die mündliche Verhandlung für geschlossen.

Artikel 60

Der Gerichtshof kann jederzeit nach Anhörung des Generalanwalts gemäß Artikel 45 § 1 eine Beweisaufnahme oder die Wiederholung und Erweiterung einer früheren Beweiserhebung anordnen. Er kann mit der Ausführung den Berichterstatter beauftragen.

Artikel 61

Der Gerichtshof kann nach Anhörung des Generalanwalts die Wiedereröffnung der mündlichen Verhandlung anordnen.

Artikel 62

§ 1. Der Kanzler nimmt über jede mündliche Verhandlung ein Protokoll auf. Das Protokoll wird vom Präsidenten und vom Kanzler unterzeichnet. Es stellt eine öffentliche Urkunde dar.

§ 2. Die Parteien können die Protokolle bei der Kanzlei einsehen und auf ihre Kosten Abschriften erhalten.

Kapitel 3a
Beschleunigte Verfahren

Artikel 62a

§ 1. Auf Antrag des Klägers oder des Beklagten kann der Präsident auf Vorschlag des Berichterstatters nach Anhörung der anderen Partei und des Generalanwalts ausnahmsweise beschließen, eine Rechtssache einem beschleunigten Verfahren unter Abweichung von den Bestimmungen dieser Verfahrensordnung zu unterwerfen, wenn die besondere Dringlichkeit der Rechtssache es erforderlich macht, dass der Gerichtshof innerhalb kürzester Zeit entscheidet.

Der Antrag, eine Rechtssache dem beschleunigten Verfahren zu unterwerfen, ist mit besonderem Schriftsatz gleichzeitig mit der Klageschrift oder der Klagebeantwortung einzureichen.

§ 2. Wird ein beschleunigtes Verfahren durchgeführt, so können die Klageschrift und die Klagebeantwortung nur dann durch eine Erwiderung und eine Gegenerwiderung ergänzt werden, wenn der Präsident dies für erforderlich hält.

Streithelfer können einen Streithilfeschriftsatz nur einreichen, wenn der Präsident dies für erforderlich hält.

§ 3. Unmittelbar nach Eingang der Klagebeantwortung oder, wenn erst nach Eingang dieses Schriftsatzes beschlossen wird, die Rechtssache einem beschleunigten Verfahren zu unterwerfen, unmittelbar nach diesem Beschluss bestimmt der Präsident den Termin für die mündliche Verhandlung, der sofort den Parteien mitgeteilt wird. Er kann den Termin für die mündliche Verhandlung verschieben, wenn die Durchführung von Beweiserhebungen oder sonstigen vorbereitenden Maßnahmen dies verlangt.

Unbeschadet des Artikels 42 können die Parteien in der mündlichen Verhandlung ihr Vorbringen ergänzen und Beweismittel benennen. Sie haben die verspätete Benennung ihrer Beweismittel zu begründen.

§ 4. Der Gerichtshof entscheidet nach Anhörung des Generalanwalts.

Viertes Kapitel

Urteile

Artikel 63

Das Urteil enthält:

- die Feststellung, daß es vom Gerichtshof erlassen ist;
- den Tag der Verkündung;
- die Namen des Präsidenten und der übrigen Richter, die bei der Entscheidung mitgewirkt haben;
- den Namen des Generalanwalts;
- den Namen des Kanzlers;
- die Bezeichnung der Parteien;
- die Namen der Bevollmächtigten, Beistände oder Anwälte;
- die Anträge der Parteien;
- die Feststellung, daß der Generalanwalt gehört worden ist;
- eine kurze Darstellung des Sachverhalts;
- die Entscheidungsgründe;
- die Urteilsformel einschließlich der Entscheidung über die Kosten.

Artikel 64

§ 1. Das Urteil wird in öffentlicher Sitzung verkündet; die Parteien sind hierzu zu laden.

§ 2. Der Präsident, die übrigen Richter, die an der Beratung teilgenommen haben, und der Kanzler unterzeichnen die Urschrift des Urteils, die sodann mit einem Siegel versehen und in der Kanzlei hinterlegt wird; den Parteien wird eine beglaubigte Abschrift zugestellt.

§ 3. Der Kanzler vermerkt auf der Urschrift des Urteils den Tag der Verkündung.

Artikel 65

Das Urteil wird mit dem Tag seiner Verkündung rechtskräftig.

Artikel 66

§ 1. Unbeschadet der Bestimmungen über die Auslegung von Urteilen kann der Gerichtshof Schreib- und Rechenfehler und offenbare Unrichtigkeiten von Amts wegen oder auf Antrag einer Partei, der binnen zwei Wochen nach Urteilsverkündung zu stellen ist, berichtigen.

§ 2. Der Kanzler benachrichtigt die Parteien, die innerhalb einer vom Präsidenten bestimmten Frist schriftlich Stellung nehmen können.

§ 3. Der Gerichtshof entscheidet nach Anhörung des Generalanwalts in nichtöffentlicher Sitzung.

§ 4. Die Urschrift des Beschlusses, der die Berichtigung ausspricht, wird mit der Urschrift des berichtigten Urteils verbunden. Ein Hinweis auf den Beschluß ist am Rand der Urschrift des berichtigten Urteils anzubringen.

Artikel 67

Hat der Gerichtshof einen einzelnen Punkt der Anträge oder die Kostenentscheidung übergangen, so kann jede Partei innerhalb eines Monats nach Zustellung des Urteils dessen Ergänzung beantragen.

Der Antrag wird der Gegenpartei zugestellt; der Präsident setzt dieser eine Frist zur schriftlichen Stellungnahme.

Nach Eingang dieser Stellungnahme und nach Anhörung des Generalanwalts entscheidet der Gerichtshof darüber, ob der Antrag zulässig und begründet ist.

Artikel 68

Der Kanzler sorgt für die Veröffentlichung einer Sammlung der Rechtsprechung des Gerichtshofs.

Fünftes Kapitel

Prozeßkosten

Artikel 69

§ 1. Über die Kosten wird im Endurteil oder in dem Beschluß, der das Verfahren beendet, entschieden.

§ 2. Die unterliegende Partei ist auf Antrag zur Tragung der Kosten zu verurteilen.

Besteht der unterliegende Teil aus mehreren Personen, so entscheidet der Gerichtshof über die Verteilung der Kosten.

§ 3. Der Gerichtshof kann die Kosten teilen oder beschließen, daß jede Partei ihre eigenen Kosten trägt, wenn jede Partei teils obsiegt, teils unterliegt oder wenn ein außergewöhnlicher Grund gegeben ist.

Gerichtshof
Satzung
VfO
Dienstanw
Kanzler
Prakt Anw

Der Gerichtshof kann auch der obsiegenden Partei die Kosten auferlegen, die sie der Gegenpartei ohne angemessenen Grund oder böswillig verursacht hat.

§ 4. Die Mitgliedstaaten und die Organe, die dem Rechtsstreit als Streithelfer beigetreten sind, tragen ihre eigenen Kosten.

Die Vertragsstaaten des EWR-Abkommens, die nicht Mitgliedstaaten sind, und die EFTA-Überwachungsbehörde tragen ebenfalls ihre eigenen Kosten, wenn sie dem Rechtsstreit als Streithelfer beigetreten sind.

Der Gerichtshof kann entscheiden, daß ein anderer Streithelfer als die in den Absätzen 1 und 2 genannten seine eigenen Kosten trägt.

§ 5. Nimmt eine Partei die Klage oder einen Antrag zurück, so wird sie zur Tragung der Kosten verurteilt, wenn die Gegenpartei dies in ihrer Stellungnahme zu der Rücknahme beantragt. Die Kosten werden jedoch auf Antrag der Partei, die die Rücknahme erklärt, der Gegenpartei auferlegt, wenn dies wegen des Verhaltens dieser Partei gerechtfertigt erscheint.

Einigen sich die Parteien über die Kosten, so wird gemäß der Vereinbarung entschieden.

Werden keine Kostenanträge gestellt, so trägt jede Partei ihre eigenen Kosten.

§ 6. Erklärt der Gerichtshof die Hauptsache für erledigt, so entscheidet er über die Kosten nach freiem Ermessen.

Artikel 70

In den Streitsachen zwischen der Union und deren Bediensteten tragen die Organe ihre Kosten selbst; Artikel 69 § 3 Absatz 2 bleibt unberührt.

Artikel 71

Die notwendigen Aufwendungen einer Partei für die Zwangsvollstreckung sind ihr von der Gegenpartei zu erstatten; maßgebend ist die Gebührenordnung des Staates, in dem die Vollstreckung stattfindet.

Artikel 72

Das Verfahren vor dem Gerichtshof ist kostenfrei, soweit nachstehend nichts anderes bestimmt ist:

a) Der Gerichtshof kann nach Anhörung des Generalanwalts Kosten, die vermeidbar gewesen wären, der Partei auferlegen, die sie veranlaßt hat.

b) Kosten für Schreib- und Übersetzungsarbeiten, die nach Ansicht des Kanzlers das gewöhnliche Maß überschreiten, hat die Partei, die diese Arbeiten beantragt hat, nach Maßgabe der in Artikel 16 § 5 bezeichneten Gebührenordnung zu erstatten.

Artikel 73

Unbeschadet des Artikels 72 gelten als erstattungsfähige Kosten:

a) Leistungen an Zeugen und Sachverständige gemäß Artikel 51;

b) Aufwendungen der Parteien, die für das Verfahren notwendig waren, insbesondere Reise- und Aufenthaltskosten sowie die Vergütung der Bevollmächtigten, Beistände oder Anwälte.

Artikel 74

§ 1. Streitigkeiten über die erstattungsfähigen Kosten entscheidet der Spruchkörper, an den die Rechtssache verwiesen worden ist, auf Antrag einer Partei und nach Anhörung der Gegenpartei sowie des Generalanwalts durch Beschluß.

§ 2. Die Parteien können eine Ausfertigung des Beschlusses zum Zweck der Vollstreckung beantragen.

Artikel 75

§ 1. Die Kasse des Gerichtshofs und dessen Schuldner leisten ihre Zahlungen in Euro.

§ 2. Sind die zu erstattenden Auslagen in einer anderen Währung als dem Euro entstanden oder sind die Handlungen, derentwegen die Zahlung geschuldet wird, in einem Land vorgenommen worden, dessen Währung nicht der Euro ist, so ist der Umrechnung der am Zahlungstag geltende Referenzwechselkurs der Europäischen Zentralbank zugrunde zu legen.

Sechstes Kapitel
Prozeßkostenhilfe

Artikel 76

§ 1. Ist eine Partei außerstande, die Kosten des Verfahrens ganz oder teilweise zu bestreiten, so kann ihr auf Antrag jederzeit Prozeßkostenhilfe bewilligt werden.

Mit dem Antrag sind Unterlagen einzureichen, aus denen sich die Bedürftigkeit des Antragstellers ergibt, insbesondere eine entsprechende Bescheinigung der zuständigen Behörde.

§ 2. Wird der Antrag vor der Klage eingereicht, die der Antragsteller erheben will, so ist deren Gegenstand kurz darzulegen.

Der Antrag unterliegt nicht dem Anwaltszwang.

§ 3. Der Präsident bestimmt den Berichterstatter. Auf Vorschlag des Berichterstatters und nach Anhörung des Generalanwalts verweist der Gerichtshof den Antrag an einen Spruchkörper, der entscheidet, ob die Prozesskostenhilfe ganz oder teilweise zu bewilligen oder zu versagen ist. Die Prozesskostenhilfe ist zu versagen, wenn die beabsichtigte Rechtsverfolgung offensichtlich aussichtslos ist.

Die Entscheidung ergeht durch Beschluss. Wird der Antrag auf Prozesskostenhilfe ganz oder teilweise abgelehnt, so ist die Ablehnung in dem Beschluss zu begründen.

§ 4. Der Spruchkörper kann die Prozeßkostenhilfe jederzeit von Amts wegen oder auf Antrag entziehen, wenn sich die Voraussetzungen, unter denen sie bewilligt wurde, im Laufe des Verfahrens ändern.

§ 5. Wird die Prozeßkostenhilfe bewilligt, so streckt die Kasse des Gerichtshofs die Kosten vor.

In der Kostenentscheidung des Endurteils kann die Einziehung aufgrund der Bewilligung der Prozesskostenhilfe vorgestreckter Beträge zugunsten der Kasse des Gerichtshofs angeordnet werden.

Der Kanzler treibt diese Beträge von der Partei ein, die zu ihrer Erstattung verurteilt worden ist.

Siebentes Kapitel

Außergerichtliche Erledigung und Klagerücknahme

Artikel 77

Einigen sich die Parteien über die streitigen Fragen, bevor der Gerichtshof entschieden hat, und erklären sie, daß sie auf die Geltendmachung ihrer Ansprüche verzichten, so ordnet der Präsident die Streichung der Rechtssache im Register an und entscheidet gemäß Artikel 69 § 5, gegebenenfalls unter Berücksichtigung der dahin gehenden Vorschläge der Parteien, über die Kosten.

Diese Bestimmung findet keine Anwendung auf Rechtssachen im Sinne der Artikel 263 und 265 AEUV.

Artikel 78

Nimmt der Kläger durch schriftliche Erklärung gegenüber dem Gerichtshof die Klage zurück, so ordnet der Präsident die Streichung der Rechtssache im Register an und entscheidet gemäß Artikel 69 § 5 über die Kosten.

Achtes Kapitel

Zustellungen

Artikel 79

§ 1. Die in dieser Verfahrensordnung vorgesehenen Zustellungen werden vom Kanzler in der Weise veranlaßt, daß dem Zustellungsbevollmächtigten des Empfängers eine Abschrift des betreffenden Schriftstücks entweder auf dem Postweg durch Einschreiben mit Rückschein übermittelt oder gegen Quittung übergeben wird.

Die Abschriften werden vom Kanzler ausgefertigt und beglaubigt, es sei denn, daß sie gemäß Artikel 37 § 1 von den Parteien eingereicht werden.

§ 2. Hat sich der Empfänger gemäß Artikel 38 § 2 Absatz 2 damit einverstanden erklärt, dass Zustellungen an ihn mittels Fernkopierer oder sonstiger technischer Kommunikationsmittel erfolgen, so kann jedes Schriftstück mit Ausnahme der Urteile und Beschlüsse des Gerichtshofs durch Übermittlung einer Kopie auf diesem Wege zugestellt werden.

Ist eine solche Übermittlung aus technischen Gründen oder wegen der Art oder des Umfangs des Schriftstücks nicht möglich, so wird dieses dem Empfänger, wenn dieser keine Zustellungsanschrift angegeben hat, gemäß dem Verfahren des § 1 zugestellt. Der Empfänger wird davon mittels Fernkopierer oder sonstiger technischer Kommunikationsmittel benachrichtigt. Ein Einschreiben gilt am zehnten Tag nach der Aufgabe zur Post am Ort des Gerichtssitzes als dem Empfänger zugestellt, sofern nicht durch den Rückschein nachgewiesen wird, dass der Zugang zu einem anderen Zeitpunkt erfolgt ist, oder der Empfänger dem Kanzler binnen drei Wochen nach der Benachrichtigung mittels Fernkopierer oder sonstiger technischer Kommunikationsmittel mitteilt, dass ihm das Einschreiben nicht zugegangen ist.

Neuntes Kapitel

Fristen

Artikel 80

§ **1.** Die in den Verträgen, in der Satzung und in dieser Verfahrensordnung vorgesehenen gerichtlichen Fristen werden wie folgt berechnet:

a) Ist für den Anfang einer nach Tagen, Wochen, Monaten oder Jahren bemessenen Frist der Zeitpunkt maßgebend, zu dem ein Ereignis eintritt oder eine Handlung vorgenommen wird, so wird bei der Berechnung dieser Frist der Tag, in den das Ereignis oder die Handlung fällt, nicht mitgerechnet.

b) Eine nach Wochen, Monaten oder Jahren bemessene Frist endet mit Ablauf des Tages, der in der letzten Woche, im letzten Monat oder im letzten Jahr dieselbe Bezeichnung oder dieselbe Zahl wie der Tag trägt, an dem das Ereignis eingetreten oder die Handlung vorgenommen worden ist, von denen an die Frist zu berechnen ist. Fehlt bei einer nach Monaten oder Jahren bemessenen Frist im letzten Monat der für ihren Ablauf maßgebende Tag, so endet die Frist mit Ablauf des letzten Tages dieses Monats.

c) Ist eine Frist nach Monaten oder nach Tagen bemessen, so werden zunächst die vollen Monate und dann die Tage gezählt.

d) Eine Frist umfaßt die gesetzlichen Feiertage, die Sonntage und die Samstage.

e) Der Lauf einer Frist wird durch die Gerichtsferien nicht gehemmt.

§ **2.** Fällt das Ende einer Frist auf einen Samstag, Sonntag oder gesetzlichen Feiertag, so endet die Frist mit dem Ablauf des nächstfolgenden Werktags.

Der Gerichtshof stellt ein Verzeichnis der gesetzlichen Feiertage auf, das im *Amtsblatt der Europäischen Union* zu veröffentlichen ist.

Artikel 81

§ **1.** Beginnt eine Frist für die Erhebung einer Klage gegen eine Maßnahme eines Organs mit der Veröffentlichung der Maßnahme, so ist diese Frist im Sinne von Arti-

kel 80 § 1 Buchstabe a) vom Ablauf des vierzehnten Tages nach der Veröffentlichung der Maßnahme im *Amtsblatt der Europäischen Union* an zu berechnen.

§ **2.** Die Verfahrensfristen werden um eine pauschale Entfernungsfrist von zehn Tagen verlängert.

Artikel 82

Aufgrund dieser Verfahrensordnung festgesetzte Fristen können von der anordnenden Stelle verlängert werden.

Der Präsident und die Kammerpräsidenten können dem Kanzler die Zeichnungsbefugnis übertragen, bestimmte Fristen, die sie aufgrund dieser Verfahrensordnung anzuordnen haben, festzusetzen oder deren Verlängerung zu gewähren.

Zehntes Kapitel

Aussetzung des Verfahrens

Artikel 82a

§ **1.** Das Verfahren kann ausgesetzt werden:

a) in den in Artikel 54 Absatz 3 der Satzung vorgesehenen Fällen durch Beschluß des Gerichtshofs nach Anhörung des Generalanwalts;

b) in allen übrigen Fällen durch Entscheidung des Präsidenten nach Anhörung des Generalanwalts und, außer in den Vorabentscheidungsverfahren gemäß Artikel 103, der Parteien.

Nach demselben Verfahren kann durch Beschluß oder durch Entscheidung die Fortsetzung des Verfahrens angeordnet werden.

Die in diesem Paragraphen vorgesehenen Beschlüsse oder Entscheidungen werden den Parteien zugestellt.

§ **2.** Die Aussetzung des Verfahrens wird zu dem in dem Aussetzungsbeschluß oder der Aussetzungsentscheidung angegebenen Zeitpunkt oder, wenn ein solcher nicht angegeben ist, zu dem Zeitpunkt dieses Beschlusses oder dieser Entscheidung wirksam.

Während der Aussetzung läuft keine Verfahrensfrist gegenüber den Parteien ab.

§ **3.** Ist in dem Aussetzungsbeschluß oder der Aussetzungsentscheidung das Ende der Aussetzung nicht festgelegt, so endet die Aussetzung zu dem in dem Beschluß oder der Entscheidung über die Fortsetzung des Verfahrens angegebenen Zeitpunkt oder, wenn ein solcher nicht angegeben ist, zu dem Zeitpunkt des Beschlusses oder der Entscheidung über die Fortsetzung.

Ab dem Zeitpunkt der Fortsetzung beginnen die Verfahrensfristen von Beginn an erneut zu laufen.

Dritter Titel

Besondere Verfahrensarten

Erstes Kapitel

Aussetzung des Vollzugs oder der Zwangsvollstreckung und sonstige einstweilige Anordnungen

Artikel 83

§ 1. Anträge auf Aussetzung des Vollzugs von Maßnahmen eines Organs im Sinne der Artikel 278 AEUV und 157 EAGV sind nur zulässig, wenn der Antragsteller die betreffende Maßnahme durch Klage beim Gerichtshof angefochten hat.

Anträge auf sonstige einstweilige Anordnungen im Sinne des Artikels 279 AEUV sind nur zulässig, wenn sie von einer Partei eines beim Gerichtshof anhängigen Rechtsstreits gestellt werden und sich auf diesen beziehen.

§ 2. Die in § 1 genannten Anträge müssen den Streitgegenstand bezeichnen und die Umstände anführen, aus denen sich die Dringlichkeit ergibt; ferner ist die Notwendigkeit der beantragten Anordnung in tatsächlicher und rechtlicher Hinsicht glaubhaft zu machen.

§ 3. Der Antrag ist mit besonderem Schriftsatz einzureichen und muß den Artikeln 37 und 38 entsprechen.

Artikel 84

§ 1. Der Antrag wird der Gegenpartei zugestellt; der Präsident setzt ihr eine kurze Frist zur schriftlichen oder mündlichen Stellungnahme.

§ 2. Der Präsident kann eine Beweisaufnahme anordnen.

Er kann dem Antrag stattgeben, bevor die Stellungnahme der Gegenpartei eingeht. Diese Entscheidung kann später, auch von Amts wegen, abgeändert oder aufgehoben werden.

Artikel 85

Der Präsident entscheidet selbst oder überträgt die Entscheidung dem Gerichtshof.

Ist der Präsident abwesend oder verhindert, so findet Artikel 11 entsprechende Anwendung.

Wird die Entscheidung dem Gerichtshof übertragen, so erkennt dieser unter Zurückstellung aller anderen Rechtssachen und nach Anhörung des Generalanwalts. Artikel 84 findet entsprechende Anwendung.

Artikel 86

§ 1. Die Entscheidung ergeht durch unanfechtbaren Beschluß, der mit Gründen zu versehen ist. Der Beschluß wird den Parteien unverzüglich zugestellt.

§ 2. Die Vollstreckung des Beschlusses kann davon abhängig gemacht werden, daß der Antragsteller eine Sicherheit leistet, deren Höhe und Art nach Maßgabe der Umstände festzusetzen sind.

§ 3. Die einstweilige Anordnung kann befristet werden. In Ermangelung einer ausdrücklichen Befristung tritt sie mit der Verkündung des Endurteils außer Kraft.

§ 4. Der Beschluß stellt nur eine einstweilige Regelung dar und greift der Entscheidung des Gerichtshofs zur Hauptsache nicht vor.

Artikel 87

Auf Antrag einer Partei kann der Beschluß jederzeit wegen veränderter Umstände abgeändert oder aufgehoben werden.

Artikel 88

Die Abweisung eines Antrags auf einstweilige Anordnung hindert den Antragsteller nicht, einen weiteren, auf neue Tatsachen gestützten Antrag zu stellen.

Artikel 89

Die Bestimmungen dieses Kapitels finden entsprechende Anwendung auf Anträge, die gemäß den Artikeln 280 und 299 AEUV sowie 164 EAGV gestellt werden und auf Aussetzung der Zwangsvollstreckung von Entscheidungen des Gerichtshofs oder von Maßnahmen anderer Organe gerichtet sind.

In dem Beschluß, der dem Antrag stattgibt, wird gegebenenfalls der Zeitpunkt festgesetzt, zu dem die einstweilige Anordnung außer Kraft tritt.

Artikel 90

§ 1. Anträge gemäß Artikel 81 Absätze 3 und 4 EAG-Vertrag müssen

Gerichtshof · Satzung · VfO · Dienstanw · Kanzler · Prakt Anw

a) Namen und Wohnsitz der Personen oder Unternehmen angeben, die der Überwachungsmaßnahme unterworfen werden sollen;
b) Gegenstand und Zweck der Überwachungsmaßnahme bezeichnen.

§ 2. Der Präsident entscheidet durch Beschluss. Artikel 86 findet entsprechende Anwendung.

Ist der Präsident abwesend oder verhindert, so findet Artikel 11 entsprechende Anwendung.

Zweites Kapitel
Prozeßhindernde Einreden und Zwischenstreit

Artikel 91

§ 1. Will eine Partei vorab eine Entscheidung des Gerichtshofs über eine prozeßhindernde Einrede oder einen Zwischenstreit herbeiführen, so hat sie dies mit besonderem Schriftsatz zu beantragen.

Der Schriftsatz muß außer dem Antrag dessen tatsächliche und rechtliche Begründung enthalten; Unterlagen, auf die sich die Partei beruft, sind beizufügen.

§ 2. Unmittelbar nach Eingang des Schriftsatzes bestimmt der Präsident eine Frist, innerhalb deren die Gegenpartei schriftlich ihre Anträge zu stellen und zu begründen hat.

§ 3. Über den Antrag wird mündlich verhandelt, sofern der Gerichtshof nichts anderes bestimmt.

§ 4. Nach Anhörung des Generalanwalts entscheidet der Gerichtshof über den Antrag oder behält die Entscheidung dem Endurteil vor.

Verwirft der Gerichtshof den Antrag oder behält er die Entscheidung dem Endurteil vor, so bestimmt der Präsident neue Fristen für die Fortsetzung des Verfahrens.

Artikel 92

§ 1. Ist der Gerichtshof für eine Klage offensichtlich unzuständig oder ist eine Klage offensichtlich unzulässig, so kann er nach Anhörung des Generalanwalts, ohne das Verfahren fortzusetzen, durch Beschluß entscheiden, der mit Gründen zu versehen ist.

§ 2. Der Gerichtshof kann jederzeit von Amts wegen nach Anhörung der Parteien entscheiden, ob unverzichtbare Prozeßvoraussetzungen fehlen, oder feststellen, daß die Klage gegenstandslos geworden und die Hauptsache erledigt ist; die Entscheidung ergeht gemäß Artikel 91 §§ 3 und 4.

Drittes Kapitel
Streithilfe

Artikel 93

§ 1. Anträge auf Zulassung als Streithelfer können nur innerhalb von sechs Wochen nach der in Artikel 16 § 6 bezeichneten Veröffentlichung gestellt werden.

Der Antrag muß enthalten:
a) die Bezeichnung der Rechtssache;
b) die Bezeichnung der Parteien;
c) Namen und Wohnsitz des Antragstellers;
d) die Benennung eines Zustellungsbevollmächtigten am Ort des Gerichtssitzes;
e) die Anträge, die der Antragsteller unterstützen will;
f) für den Fall, daß der Antrag gemäß Artikel 40 Absatz 2 oder 3 der Satzung gestellt wird, die Darstellung der Umstände, aus denen sich das Recht zum Streitbeitritt ergibt.

Für die Vertretung des Streithelfers gilt Artikel 19 der Satzung.

Die Artikel 37 und 38 dieser Verfahrensordnung finden entsprechende Anwendung.

§ 2. Der Antrag wird den Parteien zugestellt.

Vor einer Entscheidung über den Antrag gibt der Präsident den Parteien Gelegenheit zur schriftlichen oder mündlichen Stellungnahme.

Der Präsident entscheidet über den Antrag durch Beschluß oder überträgt die Entscheidung dem Gerichtshof.

§ 3. Gibt der Präsident dem Antrag statt, so sind dem Streithelfer alle den Parteien zugestellten Schriftstücke zu übermitteln. Der Präsident kann jedoch auf Antrag einer Partei geheime oder vertrauliche Unterlagen von der Übermittlung ausnehmen.

§ 4. Der Streithelfer muß den Rechtsstreit in der Lage annehmen, in der dieser sich zur Zeit des Beitritts befindet.

§ 5. Der Präsident setzt dem Streithelfer eine Frist, innerhalb der dieser einen Streithilfeschriftsatz einreichen kann.

Der Streithilfeschriftsatz muß enthalten:
a) die Anträge des Streithelfers, die der vollständigen oder teilweisen Unterstützung oder Bekämpfung der Anträge einer Partei zu dienen bestimmt sind;
b) die Angriffs- und Verteidigungsmittel sowie die Argumente des Streithelfers;
c) gegebenenfalls die Bezeichnung der Beweismittel.

§ 6. Nach Einreichung des Streithilfe-schriftsatzes setzt der Präsident den Parteien gegebenenfalls eine Frist, innerhalb der sie sich zu diesem Schriftsatz äußern können.

§ 7. Ein Antrag auf Zulassung als Streithel-fer, der nach Ablauf der in § 1 bezeichneten Frist, aber vor dem in Artikel 44 § 3 vorgese-henen Beschluss zur Eröffnung der mündli-chen Verhandlung gestellt wird, kann berück-sichtigt werden. In diesem Fall kann der Streit-helfer, wenn der Präsident dem Antrag statt-gibt, in der mündlichen Verhandlung Stellung nehmen, wenn eine solche stattfindet.

Viertes Kapitel
Versäumnisurteil und Einspruch

Artikel 94

§ 1. Reicht der Beklagte, gegen den ord-nungsgemäß Klage erhoben ist, seine Klagebe-antwortung nicht form- und fristgerecht ein, so kann der Kläger Versäumnisurteil beantragen. Der Antrag wird dem Beklagten zugestellt. Der Gerichtshof kann die Eröffnung der mündlichen Verhandlung über den Antrag beschließen.

§ 2. Vor Erlaß eines Versäumnisurteils prüft der Gerichtshof nach Anhörung des Ge-neralanwalts, ob die Klage ordnungsgemäß erhoben und zulässig ist und ob die Anträge des Klägers begründet erscheinen. Er kann eine Beweisaufnahme anordnen.

§ 3. Das Versäumnisurteil ist vollstreckbar. Der Gerichtshof kann die Vollstreckung ausset-zen, bis über einen gemäß § 4 eingelegten Ein-spruch entschieden ist, oder sie davon abhängig machen, daß der Antragsteller eine Sicherheit leistet, deren Höhe und Art nach Maßgabe der Umstände festzusetzen sind; wird kein Ein-spruch eingelegt oder wird der Einspruch ver-worfen, so ist die Sicherheit freizugeben.

§ 4. Gegen das Versäumnisurteil kann Ein-spruch eingelegt werden. Der Einspruch ist innerhalb eines Monats nach Zustellung des Urteils einzulegen; die Artikel 37 und 38 fin-den entsprechende Anwendung.

§ 5. Nach der Zustellung des Einspruchs setzt der Präsident der Gegenpartei eine Frist zur schriftlichen Stellungnahme.
Auf das weitere Verfahren finden die Arti-kel 44 ff. entsprechende Anwendung.

§ 6. Der Gerichtshof entscheidet durch Ur-teil, gegen das weiterer Einspruch nicht zuläs-sig ist.

Die Urschrift dieses Urteils wird mit der Urschrift des Versäumnisurteils verbunden. Ein Hinweis auf das Urteil ist am Rand der Urschrift des Versäumnisurteils anzubringen.

Fünftes Kapitel
Verweisung von Rechtssachen
an die Kammern

Artikel 95
(aufgehoben)

Artikel 96
(aufgehoben)

Sechstes Kapitel
Außerordentliche Rechtsbehelfe

Erster Abschnitt
Drittwiderspruch

Artikel 97

§ 1. Auf den Drittwiderspruch finden die Artikel 37 und 38 entsprechende Anwendung; der Antrag muß ferner enthalten:
a) die Bezeichnung des angefochtenen Urteils;
b) die Angabe, in welchen Punkten dieses Ur-teil die Rechte des Dritten beeinträchtigt;
c) die Gründe, aus denen der Dritte nicht in der Lage war, sich am Hauptverfahren zu beteiligen.
Der Antrag ist gegen sämtliche Parteien des Hauptverfahrens zu richten. Ist das Urteil im *Amtsblatt der Europäischen Union* veröffent-licht, so muß der Antrag binnen zwei Mona-ten nach dieser Veröffentlichung eingereicht werden.

§ 2. Auf Antrag des Dritten kann die Voll-streckung des angefochtenen Urteils ausge-setzt werden. Die Bestimmungen des Ersten Kapitels des Dritten Titels finden entspre-chende Anwendung.

§ 3. Wird dem Drittwiderspruch stattgege-ben, so ist das angefochtene Urteil entspre-chend zu ändern.
Die Urschrift des auf den Drittwiderspruch er-gangenen Urteils ist mit der Urschrift des an-gefochtenen Urteils zu verbinden. Ein Hin-weis auf das Urteil ist am Rand der Urschrift des angefochtenen Urteils anzubringen.

Zweiter Abschnitt
Wiederaufnahme des Verfahrens

Artikel 98

Die Wiederaufnahme des Verfahrens ist binnen drei Monaten nach dem Tag zu beantragen, an dem der Antragsteller Kenntnis von der Tatsache erhalten hat, auf die er seinen Antrag stützt.

Artikel 99

§ 1. Auf den Antrag finden die Artikel 37 und 38 entsprechende Anwendung. Der Antrag muß ferner enthalten:

a) die Bezeichnung des angefochtenen Urteils;
b) die Angabe der Punkte, in denen das Urteil angefochten wird;
c) die Bezeichnung der Tatsachen, die dem Antrag zugrunde liegen;
d) die Benennung der Beweismittel für das Vorliegen von Tatsachen, die die Wiederaufnahme rechtfertigen, und für die Wahrung der in Artikel 98 genannten Frist.

§ 2. Der Antrag ist gegen sämtliche Parteien des Rechtsstreits zu richten, in dem das angefochtene Urteil ergangen ist.

Artikel 100

§ 1. Aufgrund der schriftlichen Stellungnahme der Parteien und nach Anhörung des Generalanwalts entscheidet der Gerichtshof in nichtöffentlicher Sitzung durch Urteil über die Zulässigkeit des Antrags, ohne der Entscheidung in der Hauptsache vorzugreifen.

§ 2. Gibt der Gerichtshof dem Antrag statt, so tritt er erneut in die Prüfung der Hauptsache ein und entscheidet durch Urteil gemäß den Bestimmungen dieser Verfahrensordnung.

§ 3. Die Urschrift des abändernden Urteils ist mit der Urschrift des abgeänderten Urteils zu verbinden. Ein Hinweis auf das Urteil ist am Rand der Urschrift des abgeänderten Urteils anzubringen.

Siebentes Kapitel
Klagen gegen Entscheidungen des Schiedsausschusses

Artikel 101

§ 1. Die in Artikel 18 Absatz 2 EAG-Vertrag bezeichneten Klagen müssen enthalten:

a) Namen und Wohnsitz des Klägers;
b) die Stellung des Unterzeichnenden;
c) die Bezeichnung der angegriffenen Entscheidung des Schiedsausschusses;

d) die Bezeichnung der Gegenparteien;
e) eine kurze Darlegung des Sachverhalts;
f) die Anträge und die Klagegründe des Klägers.

§ 2. Artikel 37 §§ 3 und 4 sowie Artikel 38 §§ 2, 3 und 5 finden entsprechende Anwendung. Mit der Klage ist eine beglaubigte Abschrift der angefochtenen Entscheidung einzureichen.

§ 3. Unmittelbar nach Eingang der Klage fordert der Kanzler die Akten der Rechtssache bei der Kanzlei des Ausschusses an.

§ 4. Auf das Verfahren finden die Artikel 39, 40 und 55 ff. entsprechende Anwendung.

§ 5. Der Gerichtshof entscheidet durch Urteil. Hebt er die Entscheidung des Ausschusses auf, so kann er die Sache an den Ausschuß zurückverweisen.

Achtes Kapitel
Auslegung von Urteilen

Artikel 102

§ 1. Für Anträge auf Auslegung von Urteilen gelten die Artikel 37 und 38 entsprechend. Der Antrag muß ferner bezeichnen:

a) das auszulegende Urteil;
b) die Stellen, deren Auslegung beantragt wird.

Er ist gegen sämtliche Parteien des Rechtsstreits zu richten, in dem das Urteil ergangen ist.

§ 2. Der Gerichtshof gibt den Parteien Gelegenheit zur Stellungnahme; er entscheidet nach Anhörung des Generalanwalts durch Urteil.

Die Urschrift des auslegenden Urteils ist mit der Urschrift des ausgelegten Urteils zu verbinden. Ein Hinweis auf das Urteil ist am Rand der Urschrift des ausgelegten Urteils anzubringen.

Neuntes Kapitel
Vorlagen zur Vorabentscheidung und andere Auslegungsverfahren

Artikel 103

§ 1. In den in Artikel 23 der Satzung bezeichneten Fällen finden auf das Verfahren die Bestimmungen dieser Verfahrensordnung unter Berücksichtigung der Eigenart der Vorabentscheidungsvorlage entsprechende Anwendung.

§ 2. § 1 gilt entsprechend für Vorabentscheidungsvorlagen nach dem Protokoll betreffend die Auslegung des Übereinkommens vom 29. Februar 1968 über die gegenseitige Anerkennung von Gesellschaften und juristischen

Personen durch den Gerichtshof und nach dem Protokoll betreffend die Auslegung des Übereinkommens vom 27. September 1968 über die gerichtliche Zuständigkeit und die Vollstreckung gerichtlicher Entscheidungen in Zivil- und Handelssachen durch den Gerichtshof, beide Protokolle unterzeichnet in Luxemburg am 3. Juni 1971, sowie für die Verfahren nach Artikel 4 des letztgenannten Protokolls.

§ 1 gilt auch für etwaige in anderen Übereinkommen vorgesehene Vorlagen.

Artikel 104

§ 1. Die Entscheidungen der nationalen Gerichte im Sinne von Artikel 103 werden den Mitgliedstaaten in der Originalfassung zusammen mit einer Übersetzung in die Amtssprache des Empfängerstaats übermittelt. Sofern dies aufgrund der Länge der Entscheidung des nationalen Gerichts angebracht ist, wird diese Übersetzung durch die Übersetzung einer Zusammenfassung der Entscheidung in der Amtssprache des Empfängerstaats ersetzt, die dann als Grundlage für die Stellungnahme dieses Staates dient. Die Zusammenfassung enthält den vollständigen Wortlaut der zur Vorabentscheidung vorgelegten Fragen(n). Sie umfasst insbesondere, soweit die Entscheidung des nationalen Gerichts diese Angaben enthält, den Gegenstand des Ausgangsverfahrens, die wesentlichen Argumente der Parteien des Ausgangsverfahrens, eine kurze Darstellung der Begründung der Vorlage sowie die zitierte Rechtsprechung und die angeführten unionsrechtlichen und nationalen Vorschriften. In den in Artikel 23 Absatz 3 der Satzung genannten Fällen werden die Entscheidungen der nationalen Gerichte den Vertragsstaaten des EWR-Abkommens, die nicht Mitgliedstaaten sind, und der EFTA-Überwachungsbehörde in der Originalfassung zusammen mit einer Übersetzung der Entscheidung, gegebenenfalls einer Zusammenfassung, in einer der in Artikel 29 § 1 genannten, vom Empfänger zu wählenden Sprache übermittelt. Kann sich ein Drittstaat gemäß Artikel 23 Absatz 4 der Satzung an einem Vorabentscheidungsverfahren beteiligen, so wird ihm die Entscheidung des nationalen Gerichts in der Originalfassung zusammen mit einer Übersetzung der Entscheidung, gegebenenfalls einer Zusammenfassung, in einer der in Artikel 29 § 1 genannten, von dem betreffenden Drittstaat zu wählenden Sprache übermittelt.

§ 2. Hinsichtlich der Vertretung und des persönlichen Erscheinens der Parteien des Aus-

gangsverfahrens in den Vorabentscheidungsverfahren trägt der Gerichtshof den vor den nationalen Gerichten, die ihn angerufen haben, geltenden Verfahrensvorschriften Rechnung.

§ 3. Stimmt eine zur Vorabentscheidung vorgelegte Frage mit einer Frage überein, über die der Gerichtshof bereits entschieden hat, oder kann die Antwort auf eine solche Frage klar aus der Rechtsprechung abgeleitet werden, so kann der Gerichtshof nach Anhörung des Generalanwalts jederzeit durch Beschluss entscheiden, der mit Gründen zu versehen ist und auf das frühere Urteil oder auf die betreffende Rechtsprechung verweist.

Der Gerichtshof kann nach Unterrichtung des vorlegenden Gerichts und nachdem er den in Artikel 23 der Satzung bezeichneten Beteiligten Gelegenheit zur Äußerung gegeben und den Generalanwalt angehört hat, ebenfalls durch Beschluss, der mit Gründen zu versehen ist, entscheiden, wenn die Beantwortung der zur Vorabentscheidung vorgelegten Frage keinen Raum für vernünftige Zweifel lässt.

§ 4. Unbeschadet der Regelung des § 3 umfaßt das Verfahren vor dem Gerichtshof im Fall einer Vorlage zur Vorabentscheidung auch eine mündliche Verhandlung. Der Gerichtshof kann jedoch nach Einreichung bzw. Abgabe der in Artikel 23 der Satzung bezeichneten Schriftsätze oder Erklärungen auf Bericht des Berichterstatters nach Anhörung des Generalanwalts und nach Unterrichtung der Beteiligten, die gemäß diesen Bestimmungen Schriftsätze einreichen oder schriftliche Erklärungen abgeben können, etwas anderes beschließen, vorausgesetzt, keiner dieser Beteiligten stellt einen Antrag, in dem die Gründe aufgeführt sind, aus denen er gehört werden möchte. Der Antrag ist binnen drei Wochen nach Zustellung der eingereichten Schriftsätze oder schriftlichen Erklärungen an die Partei oder den Beteiligten zu stellen. Diese Frist kann vom Präsidenten verlängert werden.

§ 5. Der Gerichtshof kann nach Anhörung des Generalanwalts das nationale Gericht um Klarstellungen ersuchen.

§ 6. Die Entscheidung über die Kosten des Vorabentscheidungsverfahrens ist Sache des nationalen Gerichts.

In besonderen Fällen kann der Gerichtshof im Rahmen der Prozeßkostenhilfe eine Beihilfe bewilligen, um es einer Partei zu erleichtern, sich vertreten zu lassen oder persönlich zu erscheinen.

Artikel 104a

Auf Antrag des nationalen Gerichts kann der Präsident auf Vorschlag des Berichterstatters nach Anhörung des Generalanwalts ausnahmsweise beschließen, ein Vorabentscheidungsersuchen einem beschleunigten Verfahren unter Abweichung von den Bestimmungen dieser Verfahrensordnung zu unterwerfen, wenn sich aus den angeführten Umständen die außerordentliche Dringlichkeit der Entscheidung über die zur Vorabentscheidung vorgelegte Frage ergibt.

In diesem Fall bestimmt der Präsident sofort den Termin für die mündliche Verhandlung, der den Parteien des Ausgangsverfahrens und den in Artikel 23 der Satzung bezeichneten Beteiligten mit der Zustellung der Vorlageentscheidung mitgeteilt wird.

Die Parteien und die anderen im vorstehenden Absatz bezeichneten Beteiligten können innerhalb einer vom Präsidenten gesetzten Frist von mindestens 15 Tagen Schriftsätze oder schriftliche Erklärungen einreichen. Der Präsident kann die Parteien und die anderen Beteiligten auffordern, ihre Schriftsätze oder schriftliche Erklärungen auf die wesentlichen von der Vorlagefrage aufgeworfenen Rechtsfragen zu beschränken.

Die gegebenenfalls eingereichten Schriftsätze oder schriftlichen Erklärungen werden den vorstehend genannten Parteien und anderen Beteiligten vor der Sitzung übermittelt.

Der Gerichtshof entscheidet nach Anhörung des Generalanwalts.

Artikel 104b

§ 1. Ein Vorabentscheidungsersuchen, das eine oder mehrere Fragen zu den von Titel V des Dritten Teils des Vertrags über die Arbeitsweise der Europäischen Union erfassten Bereiche aufwirft, kann auf Antrag des nationalen Gerichts oder ausnahmsweise von Amts wegen einem Eilverfahren unter Abweichung von den Bestimmungen dieser Verfahrensordnung unterworfen werden.

In seinem Antrag stellt das nationale Gericht die rechtlichen und tatsächlichen Umstände dar, aus denen sich die Dringlichkeit ergibt und die Anwendung dieses abweichenden Verfahrens rechtfertigen, und gibt, soweit möglich, an, welche Antwort es auf die Vorlagefragen vorschlägt.

Hat das nationale Gericht keinen Antrag auf Durchführung des Eilverfahrens gestellt, so kann der Präsident des Gerichtshofs, wenn die Anwendung dieses Verfahrens dem ersten Anschein nach geboten ist, die nachstehend genannte Kammer um Prüfung der Frage ersuchen, ob es erforderlich ist, das Ersuchen dem Eilverfahren zu unterwerfen.

Die Entscheidung, ein Ersuchen dem Eilverfahren zu unterwerfen, wird von der hierfür bestimmten Kammer auf Bericht des Berichterstatters nach Anhörung des Generalanwalts getroffen. Die Besetzung der Kammer gemäß Artikel 11c bestimmt sich, wenn das nationale Gericht die Anwendung des Eilverfahrens beantragt, nach dem Tag der Zuweisung der Rechtssache an den Berichterstatter oder, wenn die Anwendung dieses Verfahrens auf Ersuchen des Präsidenten des Gerichtshofs geprüft wird, nach dem Tag, an dem dieses Ersuchen gestellt wird.

§ 2. Ein unter § 1 fallendes Vorabentscheidungsersuchen wird, wenn das nationale Gericht die Anwendung des Eilverfahrens beantragt hat oder der Präsident die hierfür bestimmte Kammer um Prüfung der Frage ersucht hat, ob es erforderlich ist, das Ersuchen dem Eilverfahren zu unterwerfen, vom Kanzler sofort den am Verfahren vor dem nationalen Gericht beteiligten Parteien, dem Mitgliedstaat, zu dem dieses Gericht gehört, und unter den in Artikel 23 Absatz 1 der Satzung vorgesehenen Voraussetzungen den dort genannten Organen zugestellt.

Die Entscheidung, das Vorabentscheidungsersuchen dem Eilverfahren zu unterwerfen oder nicht zu unterwerfen, wird dem nationalen Gericht sowie den in Absatz 1 genannten Parteien, dem dort genannten Mitgliedstaat und den dort genannten Organen unverzüglich zugestellt. Mit der Entscheidung, das Ersuchen dem Eilverfahren zu unterwerfen, wird die Frist festgesetzt, innerhalb derer die in Satz 1 Genannten Schriftsätze oder schriftliche Erklärungen einreichen können. In der Entscheidung kann angegeben werden, welche Rechtsfragen die Schriftsätze oder schriftlichen Erklärungen behandeln sollen, und der Umfang bestimmt werden, den diese höchstens haben dürfen.

Unmittelbar nach der in Absatz 1 genannten Zustellung wird das Vorabentscheidungsersuchen außerdem den in Artikel 23 der Satzung genannten Beteiligten, die nicht Adressaten dieser Zustellung sind, übermittelt, und die Entscheidung, das Ersuchen dem Eilverfahren zu unterwerfen oder nicht zu unterwerfen, wird diesen Beteiligten unmittelbar nach der in Absatz 2 genannten Zustellung übermittelt.

Den in Artikel 23 der Satzung bezeichneten Parteien und sonstigen Beteiligten wird sobald wie möglich der voraussichtliche Termin für die mündliche Verhandlung mitgeteilt.

Wird das Ersuchen nicht dem Eilverfahren unterworfen, bestimmt sich das Verfahren nach Artikel 23 der Satzung und den anwendbaren Vorschriften dieser Verfahrensordnung.

§ 3. Das einem Eilverfahren unterworfene Vorabentscheidungsersuchen sowie die eingereichten Schriftsätze und schriftlichen Erklärungen werden den in Artikel 23 der Satzung bezeichneten Beteiligten, soweit dies nicht die in § 2 Absatz 1 genannten Parteien und Beteiligten sind, zugestellt. Dem Vorabentscheidungsersuchen ist eine Übersetzung, unter den Voraussetzungen des Artikels 104 § 1 gegebenenfalls eine Zusammenfassung beizufügen.

Die eingereichten Schriftsätze und schriftlichen Erklärungen werden außerdem den in § 2 Absatz 1 genannten Parteien und sonstigen Beteiligten zugestellt.

Mit den Zustellungen nach den Absätzen 1 und 2 wird den Parteien und sonstigen Beteiligten der Termin für die mündliche Verhandlung mitgeteilt.

§ 4. Die Kammer kann in Fällen äußerster Dringlichkeit beschließen, von dem in § 2 Absatz 2 dieses Artikels vorgesehenen schriftlichen Verfahren abzusehen.

§ 5. Die hierfür bestimmte Kammer entscheidet nach Anhörung des Generalanwalts.

Sie kann beschließen, mit drei Richtern zu tagen. In diesem Fall ist sie mit dem Präsidenten der hierfür bestimmten Kammer, dem Berichterstatter und dem ersten oder gegebenenfalls den ersten beiden Richtern besetzt, die bei der Besetzung der hierfür bestimmten Kammer nach § 1 Absatz 4 dieses Artikels anhand der in Artikel 11c § 2 genannten Liste bestimmt werden.

Sie kann auch beschließen, die Rechtssache dem Gerichtshof vorzulegen, damit sie einem größeren Spruchkörper zugewiesen wird. Das Eilverfahren wird vor dem neuen Spruchkörper fortgeführt, gegebenenfalls nach Wiedereröffnung des mündlichen Verfahrens.

§ 6. Die in diesem Artikel vorgesehenen Schriftsätze gelten mit der Übermittlung einer Kopie der unterzeichneten Urschrift sowie der Unterlagen und Schriftstücke, auf die sich der Beteiligte beruft, mit dem in Artikel 37 § 4 erwähnten Verzeichnis mittels Fernkopierer oder sonstiger beim Gerichtshof vorhandener technischer Kommunikationsmittel an die Kanzlei als eingereicht. Die Urschrift des Schriftsatzes und die Anlagen werden der Kanzlei des Gerichtshofs übermittelt.

Die in diesem Artikel vorgesehenen Zustellungen und Mitteilungen können durch Übermittlung einer Kopie mittels Fernkopierer oder sonstiger beim Gerichtshof und beim Empfänger vorhandener technnischer Kommunikationsmittel erfolgen.

Zehntes Kapitel
Verfahren gemäß den Artikeln 103 bis 105 EAGV

Artikel 105

§ 1. Anträge nach Artikel 103 Absatz 3 EAGV sind in vier beglaubigten Ausfertigungen einzureichen. Sie werden der Europäischen Kommission zugestellt.

§ 2. Mit dem Antrag sind der Entwurf des Abkommens oder der Vereinbarung, die Stellungnahme der Europäischen Kommission gegenüber dem betroffenen Staat sowie alle sonstigen Unterlagen einzureichen.

Die Europäische Kommission hat sich innerhalb einer Frist von zehn Tagen, die vom Präsidenten nach Anhörung des betroffenen Staates verlängert werden kann, zu dem Antrag zu äußern.

Eine beglaubigte Abschrift dieser Äußerung wird dem Staat zugestellt.

§ 3. Unmittelbar nach Eingang des Antrags bestimmt der Präsident den Berichterstatter; der Erste Generalanwalt bestimmt den Generalanwalt sogleich nach der Bestimmung des Berichterstatters.

§ 4. Die Entscheidung ergeht nach Anhörung des Generalanwalts in nichtöffentlicher Sitzung.

Die Bevollmächtigten oder die Beistände des betroffenen Staates und der Europäischen Kommission sind auf ihren Antrag zu hören.

Artikel 106

§ 1. Auf die in den Artikeln 104 Absatz 3 und 105 Absatz 2 EAGV bezeichneten Fälle finden die Artikel 37 ff. entsprechende Anwendung.

§ 2. Der Antrag wird dem Staat zugestellt, dem der Antragsgegner angehört.

Elftes Kapitel
Gutachten

Artikel 107

§ 1. Anträge des Europäischen Parlaments auf Gutachten gemäß Artikel 218 AEUV werden dem Rat, der Europäischen Kommission und den Mitgliedstaaten zugestellt. Entsprechende Anträge des Rates werden der Europäischen Kommission und dem Europäischen Parlament zugestellt. Anträge der Europäischen Kommission werden dem Rat, dem Europäischen Parlament und den Mitgliedstaaten zugestellt. Anträge eines Mitgliedstaats werden dem Rat, der Europäischen Kommission, dem Europäischen Parlament und den übrigen Mitgliedstaaten zugestellt.

Der Präsident setzt den Organen und Mitgliedstaaten, denen der Antrag zugestellt wird, eine Frist zur schriftlichen Stellungnahme.

§ 2. Das Gutachten kann sich sowohl auf die Vereinbarkeit des beabsichtigten Abkommens mit den Verträgen als auch auf die Zuständigkeit der Union oder eines ihrer Organe für den Abschluß eines solchen Abkommens erstrecken.

Artikel 108

§ 1. Unmittelbar nach Eingang des Antrags gemäß Artikel 107 bestimmt der Präsident den Berichterstatter.

§ 2. Der Gerichtshof gibt nach Anhörung der Generalanwälte in nichtöffentlicher Sitzung ein mit Gründen versehenes Gutachten ab.

§ 3. Das Gutachten wird vom Präsidenten, von den übrigen an der Beratung beteiligten Richtern sowie vom Kanzler unterzeichnet und dem Rat, der Europäischen Kommission, dem Europäischen Parlament und den Mitgliedstaaten zugestellt.

Artikel 109

(aufgehoben)

Zwölftes Kapitel
Auslegungsersuchen
gemäß Artikel 68 EG-Vertrag

Artikel 109a

(aufgehoben)

Dreizehntes Kapitel
Entscheidung über Streitigkeiten nach
Artikel 35 EU-Vertrag in der Fassung vor
Inkrafttreten des Vertrags von Lissabon

Artikel 109b

§ 1. Im Fall von Streitigkeiten zwischen Mitgliedstaaten nach Artikel 35 Absatz 7 EUV in seiner vor Inkrafttreten des Vertrags von Lissabon geltenden, durch den Verträgen beigefügte Protokoll Nr. 36 aufrecht erhaltenen Fassung wird der Gerichtshof durch einen Antrag einer Partei der Streitigkeit befaßt. Der Antrag wird den anderen Mitgliedstaaten und der Europäischen Kommission zugestellt.

Im Fall von Streitigkeiten zwischen Mitgliedstaaten und der Europäischen Kommission nach Artikel 35 Absatz 7 EUV in seiner vor Inkrafttreten des Vertrags von Lissabon geltenden, durch das den Verträgen beigefügte Protokoll Nr. 36 aufrecht erhaltenen Fassung wird der Gerichtshof durch einen Antrag einer Partei der Streitigkeit befaßt. Der Antrag wird den anderen Mitgliedstaaten, dem Rat und der Europäischen Kommission zugestellt, wenn er von einem Mitgliedstaat gestellt wird. Der Antrag wird den Mitgliedstaaten und dem Rat zugestellt, wenn er von der Europäischen Kommission gestellt wird.

Der Präsident setzt den Organen und den Mitgliedstaaten, denen der Antrag zugestellt wird, eine Frist zur schriftlichen Stellungnahme.

§ 2. Unmittelbar nach Eingang des Antrags nach § 1 bestimmt der Präsident den Berichterstatter. Der Erste Generalanwalt weist den Antrag sogleich danach einem Generalanwalt zu.

§ 3. Nach Stellung der Schlußanträge des Generalanwalts entscheidet der Gerichtshof über die Streitigkeit durch Urteil.

Das Verfahren über den Antrag umfaßt eine mündliche Verhandlung, wenn ein Mitgliedstaat oder eines der in § 1 bezeichneten Organe dies beantragt.

§ 4. Das gleiche Verfahren findet Anwendung, wenn ein zwischen den Mitgliedstaaten geschlossenes Übereinkommen dem Gerichtshof die Zuständigkeit für die Entscheidung über eine Streitigkeit zwischen Mitgliedstaaten oder zwischen Mitgliedstaaten und einem Organ verleiht.

Vierter Titel
Rechtsmittel gegen Entscheidungen
des Gerichts

Artikel 110

Wird gegen die Entscheidungen des Gerichts nach den Artikeln 56 und 57 der Satzung ein Rechtsmittel eingelegt, so ist Verfahrenssprache diejenige Sprache, in der die mit dem Rechtsmittel angefochtene Entscheidung des Gerichts erster Instanz ergangen ist; Artikel 29 § 2 Buchstaben b) und c) sowie § 3 Absatz 4 bleiben unberührt.

Artikel 111

§ 1. Das Rechtsmittel wird durch Einreichung eines Schriftsatzes bei der Kanzlei des Gerichtshofs oder des Gerichts eingelegt.

§ 2. Die Kanzlei des Gerichts übermittelt die erstinstanzlichen Akten und gegebenenfalls die Rechtsmittelschrift unverzüglich der Kanzlei des Gerichtshofs.

Artikel 112

§ 1. Die Rechtsmittelschrift muß enthalten:
a) Namen und Wohnsitz des Rechtsmittelführers;

b) die Bezeichnung der anderen Parteien des Verfahrens vor dem Gericht;
c) die Rechtsmittelgründe;
d) die Anträge des Rechtsmittelführers.
Die Artikel 37 und 38 §§ 2 und 3 finden auf die Rechtsmittelschrift entsprechende Anwendung.

§ 2. Die mit dem Rechtsmittel angefochtene Entscheidung des Gerichts ist der Rechtsmittelschrift beizufügen. Es ist anzugeben, an welchem Tag die angefochtene Entscheidung dem Rechtsmittelführer zugestellt worden ist.

§ 3. Entspricht die Rechtsmittelschrift nicht dem Artikel 38 § 3 oder dem § 2 des vorliegenden Artikels, so findet Artikel 38 § 7 entsprechende Anwendung.

Artikel 113

§ 1. Die Rechtsmittelanträge müssen zum Gegenstand haben:
– die vollständige oder teilweise Aufhebung der Entscheidung des Gerichts;
– die vollständige oder teilweise Aufrechterhaltung der im ersten Rechtszug gestellten Anträge; neue Anträge können nicht gestellt werden.

§ 2. Das Rechtsmittel kann den vor dem Gericht verhandelten Streitgegenstand nicht verändern.

Artikel 114

Die Rechtsmittelschrift wird den Parteien des Verfahrens vor dem Gericht zugestellt. Artikel 39 findet entsprechende Anwendung.

Artikel 115

§ 1. Die Parteien des Verfahrens vor dem Gericht können binnen zwei Monaten nach Zustellung der Rechtsmittelschrift eine Rechtsmittelbeantwortung einreichen. Eine Verlängerung der Beantwortungsfrist ist nicht möglich.

§ 2. Die Rechtsmittelbeantwortung muß enthalten:
a) Namen und Wohnsitz der Partei, die sie einreicht;
b) die Angabe des Tages, an dem ihr die Rechtsmittelschrift zugestellt worden ist;
c) die rechtliche Begründung;
d) die Anträge.
Die Artikel 37 und 38 §§ 2 und 3 finden entsprechende Anwendung.

Artikel 116

§ 1. Die Anträge in der Rechtsmittelbeantwortung müssen zum Gegenstand haben:

– die vollständige oder teilweise Zurückweisung des Rechtsmittels oder die vollständige oder teilweise Aufhebung der Entscheidung des Gerichts;
– die vollständige oder teilweise Aufrechterhaltung der im ersten Rechtszug gestellten Anträge; neue Anträge können nicht gestellt werden.

§ 2. Die Rechtsmittelbeantwortung kann den vor dem Gericht verhandelten Streitgegenstand nicht verändern.

Artikel 117

§ 1. Rechtsmittelschrift und Rechtsmittelbeantwortung können durch eine Erwiderung und eine Gegenerwiderung ergänzt werden, wenn der Präsident dies auf einen dahin gehenden Antrag des Rechtsmittelführers, der binnen sieben Tagen nach Zustellung der Rechtsmittelbeantwortung gestellt wird, für erforderlich hält und ausdrücklich die Einreichung einer Erwiderung gestattet, um dem Rechtsmittelführer zu ermöglichen, seinen Standpunkt zu Gehör zu bringen, oder um die Entscheidung über das Rechtsmittel vorzubereiten. Der Präsident bestimmt die Frist für die Einreichung der Erwiderung und bei der Zustellung dieses Schriftsatzes die Frist für die Einreichung der Gegenerwiderung.

§ 2. Haben die in einer Rechtsmittelbeantwortung gestellten Anträge die vollständige oder teilweise Aufhebung der Entscheidung des Gerichts unter einem Gesichtspunkt zum Gegenstand, der in der Rechtsmittelschrift nicht geltend gemacht wird, so kann der Rechtsmittelführer oder jede andere Partei binnen zwei Monaten nach Zustellung der Rechtsmittelbeantwortung eine auf diesen Gesichtspunkt beschränkte Erwiderung einreichen. § 1 findet auf die auf diese Erwiderung hin eingereichten weiteren Schriftsätze entsprechende Anwendung.

Artikel 118

Vorbehaltlich der nachstehenden Bestimmungen finden Artikel 42 § 2 sowie die Artikel 43, 44, 55 bis 90, 93, 95 bis 100 und 102 auf das Verfahren vor dem Gerichtshof, das ein Rechtsmittel gegen eine Entscheidung des Gerichts zum Gegenstand hat, entsprechende Anwendung.

Artikel 119

Ist das Rechtsmittel ganz oder teilweise offensichtlich unzulässig oder offensichtlich unbegründet, so kann der Gerichtshof jederzeit auf Bericht des Berichterstatters nach Anhörung des Generalanwalts das Rechtsmittel ganz oder teilweise durch Beschluß, der mit Gründen zu versehen ist, zurückweisen.

Satzung
VfO
Dienstanw
Kanzler
Prakt Anw

Gerichtshof

Artikel 120

Nach Einreichung der in Artikel 115 § 1 und gegebenenfalls der in Artikel 117 §§ 1 und 2 bezeichneten Schriftsätze kann der Gerichtshof auf Bericht des Berichterstatters nach Anhörung des Generalanwalts und der Parteien beschließen, über das Rechtsmittel ohne mündliche Verhandlung zu entscheiden, es sei denn, eine Partei stellt einen Antrag, in dem die Gründe aufgeführt sind, aus denen sie gehört werden möchte. Der Antrag ist binnen drei Wochen nach der Mitteilung an die Partei, daß das schriftliche Verfahren abgeschlossen ist, zu stellen. Diese Frist kann vom Präsidenten verlängert werden.

Artikel 121

Der Bericht gemäß Artikel 44 § 2 ist dem Gerichtshof nach Einreichung der in Artikel 115 § 1 und gegebenenfalls der in Artikel 117 §§ 1 und 2 bezeichneten Schriftsätze vorzulegen. Werden die vorgenannten Schriftsätze nicht eingereicht, so findet nach Ablauf der für ihre Einreichung vorgesehenen Frist das gleiche Verfahren Anwendung.

Artikel 122

Der Gerichtshof entscheidet über die Kosten, wenn das Rechtsmittel zurückgewiesen wird oder wenn das Rechtsmittel begründet ist und er selbst den Rechtsstreit endgültig entscheidet.
In den Streitsachen zwischen der Union und deren Bediensteten gilt Folgendes:
– Artikel 70 findet nur dann Anwendung, wenn ein Organ Rechtsmittel einlegt;
– abweichend von Artikel 69 § 2 kann der Gerichtshof bei Rechtsmitteln, die von Beamten oder sonstigen Bediensteten eines Organs eingelegt werden, die Kosten zwischen den Parteien teilen, sofern dies aus Gründen der Billigkeit geboten ist.
Wird ein Rechtsmittel zurückgenommen, so findet Artikel 69 § 5 entsprechende Anwendung.
Ist das von einem Mitgliedstaat oder einem Organ, die dem Rechtsstreit vor dem Gericht nicht beigetreten sind, eingelegte Rechtsmittel begründet, so kann der Gerichtshof die Kosten zwischen den Parteien teilen oder dem obsiegenden Rechtsmittelführer die Kosten auferlegen, die das Rechtsmittel einer unterliegenden Partei verursacht hat.

Artikel 123

Anträge auf Zulassung als Streithelfer in einem Rechtsmittelverfahren vor dem Gerichtshof sind binnen einem Monat nach der in Artikel 16 § 6 bezeichneten Veröffentlichung zu stellen.

Titel 4a
Überprüfung von Entscheidungen des Gerichts

Artikel 123a

Entscheidet der Gerichtshof gemäß Artikel 62 Absatz 2 der Satzung, eine Entscheidung des Gerichts erster Instanz zu überprüfen, ist Verfahrenssprache diejenige Sprache, in der die Entscheidung des Gerichts, die Gegenstand der Überprüfung ist, ergangen ist; Artikel 29 § 2 Buchstaben b und c und Artikel 29 § 3 Absätze 4 und 5 bleiben unberührt.

Artikel 123b

Für die Entscheidung nach Maßgabe des Artikels 123d, ob eine Entscheidung des Gerichts gemäß Artikel 62 der Satzung zu überprüfen ist, wird eine besondere Kammer eingerichtet.
Diese Kammer ist mit dem Präsidenten des Gerichtshofs und vier der Präsidenten der Kammern mit fünf Richtern, die gemäß der in Artikel 6 festgesetzten Rangordnung bestimmt werden, besetzt.

Artikel 123c

Sobald der Termin für die Verkündung einer Entscheidung im Sinne des Artikels 256 Absatz 2 oder 3 AEUV bestimmt ist, unterrichtet die Kanzlei des Gerichts die Kanzlei des Gerichtshofs davon. Sie übermittelt ihr die Entscheidung, sobald sie verkündet ist.

Artikel 123d

Der Vorschlag des Ersten Generalanwalts, eine Entscheidung des Gerichts zu überprüfen, wird dem Präsidenten des Gerichtshofs übermittelt; gleichzeitig wird der Kanzler von der Übermittlung unterrichtet. Ist die Entscheidung des Gerichts nach Artikel 256 Absatz 3 AEUV ergangen, benachrichtigt der Kanzler sogleich das Gericht, das nationale Gericht, die Parteien des Verfahrens vor dem nationalen Gericht und die anderen in Artikel 62a Absatz 2 der Satzung bezeichneten Beteiligten von dem Überprüfungsvorschlag.
Unmittelbar nach Erhalt des Überprüfungsvorschlags bestimmt der Präsident unter den Richtern der in Artikel 123b bezeichneten Kammer den Berichterstatter.
Diese Kammer entscheidet auf Bericht des Berichterstatters, ob die Entscheidung des Gerichts zu überprüfen ist. In der Entscheidung, die Entscheidung des Gerichts zu überprüfen, sind die Fragen anzugeben, die Gegenstand der Überprüfung sind.
Ist die Entscheidung des Gerichts nach Artikel 256 Absatz 2 AEUV ergangen, benachrichtigt der Kanzler sogleich das Gericht, die Parteien des Verfahrens vor dem Gericht und die anderen in

Artikel 62a Absatz 2 der Satzung bezeichneten Beteiligten von der Entscheidung des Gerichtshofs, die Entscheidung des Gerichts zu überprüfen.

Ist die Entscheidung des Gerichts nach Artikel 256 Absatz 3 AEUV ergangen, benachrichtigt der Kanzler sogleich das Gericht, das nationale Gericht, die Parteien des Verfahrens vor dem nationalen Gericht und die anderen in Artikel 62a Absatz 2 der Satzung bezeichneten Beteiligten von der Entscheidung des Gerichtshofs, die Entscheidung des Gerichts zu überprüfen oder nicht zu überprüfen. Die Entscheidung des Gerichtshofs, die Entscheidung des Gerichts zu überprüfen, wird durch Bekanntmachung im *Amtsblatt der Europäischen Union* veröffentlicht.

Artikel 123e

Die Entscheidung des Gerichtshofs, eine Entscheidung des Gerichts zu überprüfen, wird den Parteien und den anderen in Artikel 62a Absatz 2 der Satzung bezeichneten Beteiligten zugestellt. Die Zustellung an die Mitgliedstaaten, die Vertragsstaaten des EWR-Abkommens, die nicht Mitgliedstaaten sind, und die EFTA-Überwachungsbehörde erfolgt unter Beifügung einer Übersetzung der Entscheidung des Gerichtshofs gemäß Artikel 104 § 1 Absätze 1 und 2. Die Entscheidung des Gerichtshofs wird außerdem dem Gericht und, wenn es sich um eine Entscheidung des Gerichts nach Artikel 256 Absatz 3 AEUV handelt, dem betreffenden nationalen Gericht übermittelt.

Innerhalb eines Monats nach der in Absatz 1 bezeichneten Zustellung können die Parteien und die anderen Beteiligten, denen die Entscheidung des Gerichtshofs zugestellt worden ist, Schriftsätze oder schriftliche Erklärungen zu den Fragen einreichen, die Gegenstand der Überprüfung sind.

Unmittelbar nachdem entschieden worden ist, eine Entscheidung des Gerichts zu überprüfen, weist der Erste Generalanwalt die Überprüfung einem Generalanwalt zu.

Nachdem der Präsident den Berichterstatter bestimmt hat, setzt er den Zeitpunkt fest, zu dem dieser der Generalversammlung des Gerichtshofs einen Vorbericht vorzulegen hat. Der Vorbericht enthält Vorschläge des Berichterstatters zu den Fragen, ob vorbereitende Maßnahmen zu treffen sind, an welchen Spruchkörper die Überprüfung zu verweisen ist und ob eine mündliche Verhandlung vorzusehen ist, sowie zu den Modalitäten der Stellungnahme des Generalanwalts. Der Gerichtshof entscheidet über die Vorschläge des Berichterstatters nach Anhörung des Generalanwalts.

Ist die Entscheidung des Gerichts, die Gegenstand der Überprüfung ist, nach Artikel 256 Absatz 2 AEUV ergangen, entscheidet der Gerichtshof über die Kosten.

Fünfter Titel
Verfahren gemäß dem EWR-Abkommen

Artikel 123f

§ 1. In dem in Artikel 111 Absatz 3 EWR-Abkommen[2]) bezeichneten Fall wird der Gerichtshof durch ein Ersuchen der an dem Streit beteiligten Vertragsparteien angerufen. Das Ersuchen wird den anderen Vertragsparteien, der Europäischen Kommission, der EFTA-Überwachungsbehörde und gegebenenfalls den anderen Beteiligten zugestellt, denen ein Vorabentscheidungsersuchen, das die gleiche Frage nach der Auslegung des Unionrechts aufwirft, zugestellt würde. Der Präsident setzt den Vertragsparteien und den anderen Beteiligten, denen das Ersuchen zugestellt wird, eine Frist zur schriftlichen Stellungnahme.

Das Ersuchen ist in einer der in Artikel 29 § 1 genannten Sprachen einzureichen. Artikel 29 §§ 3 bis 5 findet Anwendung. Artikel 104 § 1 gilt entsprechend.

§ 2. Unmittelbar nach Eingang des Ersuchens gemäß § 1 bestimmt der Präsident den Berichterstatter. Sogleich danach bestimmt der Erste Generalanwalt den Generalanwalt. Der Gerichtshof erlässt nach Anhörung des Generalanwalts in nichtöffentlicher Sitzung eine mit Gründen versehene Entscheidung über das Ersuchen.

§ 3. Die Entscheidung des Gerichtshofs wird vom Präsidenten, von den übrigen an der Beratung beteiligten Richtern sowie vom Kanzler unterzeichnet und den Vertragsparteien und anderen in § 1 genannten Beteiligten zugestellt.

Artikel 123g

In dem in Artikel 1 des Protokolls 34 zum EWR-Abkommen bezeichneten Fall wird das Ersuchen des nationalen Gerichts den Parteien des Rechtsstreits, den Vertragsparteien, der Europäischen Kommission, der EFTA-Überwachungsbehörde und gegebenenfalls den anderen Beteiligten zugestellt, denen ein Vorabentscheidungsersuchen, das die gleiche Frage nach der Auslegung des Unionsrechts aufwirft, zugestellt würde.

Wird das Ersuchen nicht in einer der in Artikel 29 § 1 genannten Sprachen vorgelegt, so ist ihm eine Übersetzung in einer dieser Sprachen beizufügen.

Binnen zwei Monaten nach Zustellung können die Parteien, die Vertragsparteien und die anderen in Absatz 1 genannten Beteiligten Schriftsätze einreichen oder schriftliche Erklärungen abgeben.

Satzung
VfO
Dienstanw
Kanzler
Prakt Anw

---

[2]) ABl. L 1 vom 3. Januar 1994, S. 27.

Auf das Verfahren finden die Bestimmungen dieser Verfahrensordnung unter Berücksichtigung der Eigenart des Ersuchens entsprechende Anwendung.

Schlußbestimmungen

Artikel 124

§ 1. Wer als Zeuge oder Sachverständiger vor dem Gerichtshof zur Eidesleistung aufgefordert wird, wird vom Präsidenten ermahnt, seine Aussage wahrheitsgemäß zu machen bzw. seinen Auftrag unparteiisch und nach bestem Wissen und Gewissen zu erfüllen, und wird von ihm über die in der Gesetzgebung seines Heimatstaats vorgesehenen strafrechtlichen Folgen einer Verletzung dieser Pflicht belehrt.

§ 2. Der Zeuge leistet den Eid entweder gemäß Artikel 47 § 5 Absatz 1 oder in den Formen der Gesetzgebung seines Heimatstaats. Erlaubt das Heimatrecht dem Zeugen in Gerichtsverfahren, neben dem Eid oder anstelle des Eides eine dem Eid gleichgestellte Erklärung abzugeben, so kann er diese Erklärung unter den Bedingungen und nach den Formen der Gesetzgebung seines Heimatstaats abgeben.

Kennt das Heimatrecht des Zeugen weder einen Eid noch eine solche Erklärung, so verbleibt es bei der Belehrung gemäß § 1.

§ 3. Auf Sachverständige findet § 2 entsprechende Anwendung, wobei jedoch auf Artikel 49 § 6 Absatz 1 statt auf Artikel 47 § 5 Absatz 1 Bezug genommen wird.

Artikel 125

Unbeschadet des Artikels 253 AEUV erläßt der Gerichtshof im Benehmen mit den beteiligten Regierungen eine zusätzliche Verfahrensordnung über das von ihm auf folgenden Gebieten einzuschlagende Verfahren:
a) Rechtshilfeersuchen;
b) Prozeßkostenhilfe;
c) Anzeigen des Gerichtshofs wegen Eidesverletzungen von Zeugen und Sachverständigen gemäß Artikel 30 der Satzung.

Artikel 125a

Der Gerichtshof kann praktische Anweisungen insbesondere zur Vorbereitung und zum Ablauf der Sitzungen sowie zur Einreichung von Schriftsätzen oder schriftlichen Erklärungen erteilen.

Artikel 126

Diese Verfahrensordnung tritt an die Stelle der Verfahrensordnung des Gerichtshofs der Europäischen Gemeinschaften vom 4. Dezember 1974 (ABl. Nr. L 350 vom 28. Dezember 1974, S. 1), zuletzt geändert am 15. Mai 1991.

Artikel 127

Diese Verfahrensordnung ist in den in Artikel 29 § 1 genannten Sprachen verbindlich. Sie wird im *Amtsblatt der Europäischen Union* veröffentlicht und tritt am ersten Tag des zweiten Monats nach ihrer Veröffentlichung in Kraft.

Anlage
(ABl 2003 L 172, 12)

Beschluß über die gesetzlichen Feiertage

DER GERICHTSHOF DER
EUROPÄISCHEN UNION erlässt –

aufgrund des Artikels 80 § 2 der Verfahrensordnung über das vom Gerichtshof aufzustellende Verzeichnis der gesetzlichen Feiertage

FOLGENDEN BESCHLUSS:

Artikel 1

Gesetzliche Feiertage im Sinne von Artikel 80 § 2 der Verfahrensordnung sind
– der Neujahrstag,
– der Ostermontag,
– der 1. Mai,
– Christi Himmelfahrt,
– der Pfingstmontag,
– der 23. Juni,
– der 15. August,
– der 1. November,
– der 25. Dezember,
– der 26. Dezember.

Die in Absatz 1 genannten gesetzlichen Feiertage sind die Feiertage, die am Sitz des Gerichtshofs gelten.

Artikel 2

Artikel 80 § 2 der Verfahrensordnung findet keine Anwendung auf andere als die in Artikel 1 dieses Beschlusses genannten Feiertage.

Artikel 3

Dieser Beschluß tritt als Anlage zur Verfahrensordnung am Tag seiner Veröffentlichung im *Amtsblatt der Europäischen Union* in Kraft.

Zusätzliche Verfahrensordnung des Gerichtshofs

(ABl 1974 L 350, 29 idF ABl 2006 L 72, 1)

(ABl 1982 C 39, 31 (kons. Fassung), Änderungen gemäß ABl 1987 L 165, 4,
ABl 1997 L 103, 4, ABl 2006 L 72, 1)

INHALT

DER GERICHTSHOF –

aufgrund des Artikels 125 der Verfahrensordnung,

aufgrund des Artikels 46 Absatz 3 der Akte über die Bedingungen des Beitritts der Tschechischen Republik, der Republik Estland, der Republik Zypern, der Republik Lettland, der Republik Litauen, der Republik Ungarn, der Republik Malta, der Republik Polen, der Republik Slowenien und der Slowakischen Republik und die Anpassungen der die Europäische Union begründenden Verträge, mit Genehmigung des Rates, die am 21. Dezember 2005 erteilt worden ist –

erläßt folgende [Änderungen seiner] Zusätzliche[n] Verfahrensordnung:

Kapitel I

Rechtshilfeersuchen

Artikel 1

Das Rechtshilfeersuchen ergeht durch Beschluß; dieser Beschluß muß enthalten: Namen, Vornamen, Stellung und Anschrift der Zeugen oder Sachverständigen, die Bezeichnung der Tatsachen, über welche die Zeugen oder Sachverständigen zu vernehmen sind, die Bezeichnung der Parteien, ihrer Bevollmächtigten, Anwälte oder Beistände und ihrer Zustellungsanschrift sowie eine kurze Darstellung des Streitgegenstands.

Der Kanzler stellt den Beschluß den Parteien zu.

Artikel 2

Der Kanzler übermittelt den Beschluß der in Anlage I genannten zuständigen Stelle desjenigen Mitgliedsstaats, in dessen Gebiet die Vernehmung der Zeugen oder Sachverständi-gen stattfinden soll. Er fügt dem Rechtshilfeersuchen gegebenenfalls eine Übersetzung in die Sprache oder die Sprachen dieses Mitgliedsstaates bei.

Die in Absatz 1 bezeichnete Stelle leitet den Beschluß an das nach innerstaatlichem Recht zuständige Gericht weiter.

Das Gericht erledigt das Rechtshilfeersuchen nach den Vorschriften seines innerstaatlichen Rechts. Nach Erledigung des Rechtshilfeersuchen gibt das ersuchte Gericht das Rechtshilfeersuchen und die im Zuge der Erledigung angefallenen Vorgänge mit einer Aufstellung der entstandenen Kosten an die in Absatz 1 bezeichnete Stelle zurück. Diese Unterlagen werden dem Kanzler des Gerichtshofes übermittelt. Der Kanzler sorgt für die Übersetzung der betreffenden Schriftstücke in die Verfahrenssprache.

Artikel 3

Der Gerichtshof übernimmt die durch die Rechtshilfe anfallenden Auslagen; er kann sie gegebenenfalls den Parteien auferlegen.

Kapitel II

Armenrecht

Artikel 4

Der Gerichtshof bestimmt in dem Beschluß, mit dem er das Armenrecht bewilligt, daß dem Antragsteller ein Anwalt beizuordnen ist.

Schlägt der Antragsteller nicht selbst einen Anwalt vor oder hält es der Gerichtshof für untauglich, dem Vorschlag des Antragstellers zu folgen, so übermittelt der Kanzler eine Ausfertigung des Beschlusses und eine Abschrift des Antrags auf Bewilligung des Armenrechts der zuständigen Stelle des betroffe-

Satzung
VfO
Dienstanw
Kanzler
Prakt Anw

nen Staates, die in Anlage II genannt ist. Unter Berücksichtigung der von dieser Stelle übermittelten Vorschläge bestimmt der Gerichtshof von Amts wegen den Anwalt, der dem Antragsteller beizuordnen ist.

Artikel 5

Der Gerichtshof streckt die Kosten vor.

Er setzt die Auslagen und Gebühren des Anwalts fest; auf Antrag kann der Präsident anordnen, daß dem Anwalt ein Vorschuß zu gewähren ist.

Kapitel III

Anzeigen wegen Eidesverletzungen von Zeugen und Sachverständigen

Artikel 6

Hat ein Zeuge oder Sachverständiger vor dem Gerichtshof unter Eid falsch ausgesagt, so kann der Gerichtshof nach Anhörung des Generalanwalts beschließen, dies der in Anlage III genannten zuständigen Stelle des Mitgliedstaats anzuzeigen, dessen Gerichte für eine Strafverfolgung zuständig sind; Artikel 124 der Verfahrensordnung wird berücksichtigt.

Artikel 7

Der Kanzler sorgt für die Zustellung des Beschlusses des Gerichtshofes.

In diesem Beschluß sind die Tatsachen und Umstände anzugeben, auf denen die Anzeige beruht.

Schlußbestimmungen

Artikel 8

Diese Zusätzliche Verfahrensordnung tritt an die Stelle der Zusätzlichen Verfahrensordnung vom 9. März 1962 (ABl. Nr. 34 vom 5. 5. 1962, S. 1113/62).

Artikel 9

Diese Zusätzliche Verfahrensordnung ist in den in Artikel 29 § 1 der Verfahrensordnung genannten Sprachen verbindlich. Sie wird im *Amtsblatt der Europäischen Union* veröffentlicht.

Sie tritt mit dem Tag ihrer Veröffentlichung in Kraft.

Anlage I

Liste gemäß Artikel 2 Absatz 1

Belgien
Der Minister der Justiz

Tschechische Republik
Der Minister der Justiz

Dänemark
Der Minister der Justiz

Deutschland
Der Bundesminister der Justiz

Estland
Der Minister der Justiz

Griechenland
Der Minister der Justiz

Spanien
Der Minister der Justiz

Frankreich
Der Minister der Justiz

Irland
The Minister for Justice, Equality and Law Reform

Italien
Der Minister der Justiz

Zypern
Der Minister für Justiz und öffentliche Ordnung

Lettland
Tieslietu ministrija

Litauen
Der Minister der Justiz

Luxemburg
Der Minister der Justiz

Ungarn
Der Minister der Justiz

Malta
The Attorney General

Niederlande
Der Minister der Justiz

Österreich
Der Bundesminister für Justiz

Polen
Der Minister der Justiz

Portugal
Der Minister der Justiz

Slowenien
Der Minister der Justiz

Slowakei
Der Minister der Justiz

Finnland
Das Ministerium der Justiz

Schweden
Das Ministerium der Justiz

Vereinigtes Königreich
The Secretary of State

Anlage II

Liste gemäß Artikel 4 Absatz 2

Belgien
Der Minister der Justiz

Tschechische Republik
Česká advokátní komora

Dänemark
Der Minister der Justiz

Deutschland
Bundesrechtsanwaltskammer

Estland
Der Minister der Justiz

Griechenland
Der Minister der Justiz

Spanien
Der Minister der Justiz

Frankreich
Der Minister der Justiz

Irland
The Minister for Justice, Equality and Law Reform

Italien
Der Minister der Justiz

Zypern
Der Minister für Justiz und öffentliche Ordnung

Lettland
Tieslietu ministrija

Litauen
Der Minister der Justiz

Luxemburg
Der Minister der Justiz

Ungarn
Der Minister der Justiz

Malta
Ministry of Justice and Home Affairs

Niederlande
Algemene Raad van de Nederlandse Orde van Advocaten

Österreich
Der Bundesminister für Justiz

Polen
Der Minister der Justiz

Portugal
Der Minister der Justiz

Slowenien
Der Minister der Justiz

Slowakei
Slovenská advokátska komora

Finnland
Das Ministerium der Justiz

Schweden
Sveriges Advokatsamfund

Vereinigtes Königreich
The Law Society, London (für die Antragsteller, die in England oder Wales wohnen)
The Law Society of Scotland, Edinburgh (für die Antragsteller, die in Schottland wohnen)
The Incorporated Law Society of Northern Ireland, Belfast (für die Antragsteller, die in Nordirland wohnen)

Gerichtshof
Satzung
VfO
Dienstanw
Kanzler
Prakt Anw

Anlage III

Liste gemäß Artikel 6

Belgien
Der Minister der Justiz

Tschechische Republik
Nejvyšší státní zastupitelství

Dänemark
Der Minister der Justiz

Deutschland
Der Bundesminister der Justiz

Estland
Riigiprokuratuur

Griechenland
Der Minister der Justiz

Spanien
Der Minister der Justiz

Frankreich
Der Minister der Justiz

Irland
The Attorney General

Italien
Der Minister der Justiz

Zypern
Νομική Υπηρεσία της Δημοκρατίας

Lettland
Ģenerālprokuratūra

Litauen
Generalinė prokuratūra

Luxemburg
Der Minister der Justiz

Ungarn
Der Minister der Justiz

Malta
The Attorney General

Niederlande
Der Minister der Justiz

Österreich
Der Bundesminister für Justiz

Polen
Der Minister der Justiz

Portugal
Der Minister der Justiz

Slowenien
Der Minister der Justiz

Slowakei
Der Minister der Justiz

Finnland
Das Ministerium der Justiz

Schweden
Riksåklagaren

Vereinigtes Königreich
Her Majesty's Attorney General (für die Zeugen oder Sachverständigen, die in England oder Wales wohnen)
Her Majesty's Advocate (für die Zeugen oder Sachverständigen, die in Schottland wohnen)
Her Majesty's Attorney General (für die Zeugen oder Sachverständigen, die in Nordirland wohnen)

Dienstanweisung für den Kanzler des Gerichtshofes

(ABl 1974 L 350, 33 idF ABl 1986 C 286, 4)

(ABl 1982 C 39, 1 (kodif. Fassung))

INHALT

DER GERICHTSHOF DER EUROPÄISCHEN GEMEINSCHAFTEN ERLÄSST –

auf Grund der Artikel 15, 16 § 5 und 72 der Verfahrensordnung,

auf Vorschlag des Präsidenten des Gerichtshofes,

auf Vorschlag des Kanzlers, soweit es sich um den Kanzleitarif handelt,

die vorliegende

Dienstanweisung für den Kanzler:

Erster Abschnitt

Aufgabenbereich der Kanzlei

Artikel 1

§ 1. Die Kanzlei ist außer an den in der Anlage I der Verfahrensordnung aufgeführten Feiertagen montags bis freitags von 10.00 – 12.00 Uhr und von 15.00 – 18.00 Uhr – freitags bis 17.00 Uhr – für das Publikum geöffnet.

Außerhalb der Öffnungszeiten der Kanzlei können Schriftstücke beim diensthabenden Pförtner des Gerichtshofes rechtswirksam eingereicht werden. Dieser vermerkt Tag und Stunde der Einreichung.

§ 2. Findet eine öffentliche Sitzung des Gerichtshofes oder einer Kammer statt, so wird die Kanzlei in jedem Fall eine halbe Stunde vor Beginn der Sitzung für das Publikum geöffnet.

Artikel 2

Der Kanzler ist für die Führung der Akten der anhängigen Rechtssachen und für ihre laufende Ergänzung auf den neuesten Stand verantwortlich.

Artikel 3

§ 1. Der Kanzler ist für die Ausfertigung der Urschriften der Urteile, Beschlüsse und sonstigen Entscheidungen verantwortlich. Er legt sie den zuständigen Richtern zur Unterschrift vor.

§ 2. Der Kanzler sorgt dafür, daß die Zustellungen, Bekanntgaben und Mitteilungen, wie sie in den Verträgen und Satzungen der EGKS, der E(W)G und der EAG*), in allen sonstigen Rechtsakten, durch die dem Gerichtshof Befugnisse übertragen werden, sowie in der Verfahrensordnung vorgesehen sind, im Einklang mit den Bestimmungen der Verfahrensordnung erfolgen. Der Abschrift des zuzustellenden, bekanntzugebenden oder zu übermittelnden Vorgangs fügt er ein von ihm unterzeichnetes eingeschriebenes Begleitschreiben bei, in dem das Aktenzeichen der Rechtssache, die Registernummer und eine kurze Bezeichnung des Schriftstücks angegeben sind. Eine Abschrift dieses Schreibens wird an den Originalvorgang angeheftet.

§ 3. Die Schriftsätze sowie die sonstigen das Verfahren betreffenden Urkunden werden den Parteien zugestellt.

*) Es wäre nunmehr auf den EG- und den EAG-Vertrag sowie auf die Satzung des Gerichtshofes Bezug zu nehmen.

Gerichtshof
Satzung
VfO
Dienstanw
Kanzler
Prakt Anw

Werden sehr umfangreiche Urkunden in einem einzigen Exemplar bei der Kanzlei eingereicht, so unterrichtet der Kanzler nach Rücksprache mit dem Berichterstatter die Parteien mit eingeschriebenem Brief davon, daß sie diese in der Kanzlei einsehen können.

§ 4. Wird in den Anträgen der Klageschrift die Rechtswidrigkeit einer Handlung eines nicht am Rechtsstreit beteiligten Organs der Gemeinschaften geltend gemacht, so stellt der Kanzler diesem Organ gemäß den Artikeln 18 Absatz 2 der E(W)G- und der EAG-Satzung sowie 21 Absatz 2 der EGKS-Satzung*) eine Abschrift der Klageschrift zu.

Die übrigen im schriftlichen Verfahren gewechselten Schriftsätze stellt der Kanzler diesem Organ nur zu, wenn es nach Artikel 93 § 3 der Verfahrensordnung als Streithelfer zugelassen worden ist.

Artikel 4

§ 1. Auf Antrag der betroffenen Partei wird in der Kanzlei für jedes eingereichte Schriftstück eine Empfangsbescheinigung ausgestellt.

§ 2. Der Kanzler verweigert die Annahme von in der Verfahrensordnung nicht vorgesehenen oder nicht in der Verfahrenssprache abgefaßten Schriftstücken oder sendet sie gegebenenfalls unverzüglich durch Einschreiben zurück, es sei denn, daß der Präsident oder der Gerichtshof ausdrücklich ein abweichendes Verfahren genehmigt.

§ 3. Stimmen der Tag der Einreichung eines Schriftstücks bei der Kanzlei und der Tag seiner Eintragung in das Register nicht überein, so wird auf dem Schriftstück ein diesbezüglicher Vermerk angebracht.

Artikel 5

§ 1. Der Kanzler trifft nach Rücksprache mit dem Präsidenten und dem Berichterstatter alle zur Anwendung von Artikel 38 § 7 der Verfahrensordnung erforderlichen Maßnahmen.

Er bestimmt die in dem genannten Artikel vorgesehene Frist und setzt den Betroffenen durch Einschreiben mit Rückschein hiervon in Kenntnis. Kommt der Betroffene der

---

*) Die Bezugnahme auf die drei Satzungen wäre durch eine Bezugnahme auf die Satzung des Gerichtshofes (Art. 20 Abs. 2) zu ersetzen.

Aufforderung des Kanzlers nicht nach, so legt dieser die Angelegenheit dem Präsidenten des Gerichtshofes vor.

§ 2. Die in Artikel 101 § 3 der Verfahrensordnung vorgesehene Anforderung der Akten bei der Kanzlei des Schiedsausschusses erfolgt durch Einschreiben mit Rückschein.

Nach Verkündung des Urteils des Gerichtshofes oder nach Streichung der Rechtssache im Register des Gerichtshofes werden die Akten an die Kanzlei des Schiedsausschusses zurückgesandt.

Artikel 6

§ 1. Über die Verkündung des Urteils oder Beschlusses in öffentlicher Sitzung wird am Ende der Urschrift ein Vermerk angebracht; dieser Vermerk enthält in der Verfahrenssprache die Worte:

„Verkündet in öffentlicher Sitzung in … am …

Der Kanzler	Der Präsident
(Unterschrift)"	(Unterschrift)"

§ 2. Die in Artikel 66 § 4, 94 § 6, 97 § 3, 100 § 3 und 102 § 2 der Verfahrensordnung genannten Hinweise am Rande der Urteile werden in der Verfahrenssprache angebracht; sie werden vom Präsidenten und vom Kanzler abgezeichnet.

Artikel 7

§ 1. Vor Beginn jeder öffentlichen Sitzung des Gerichtshofes oder einer Kammer stellt der Kanzler in der Verfahrenssprache eine Terminliste auf.

Diese Liste enthält:

– Tag, Stunde und Ort der Sitzung,
– Bezeichnung der zur Verhandlung gelangenden Rechtssachen,
– Namen der Parteien,
– Namen und Stand der Bevollmächtigten, Beistände und Anwälte der Parteien.

Die Terminliste wird am Eingang des Sitzungssaales angeschlagen.

§ 2. Der Kanzler fertigt von jeder öffentlichen Sitzung ein Protokoll in der Verfahrenssprache an.

Dieses Protokoll enthält:

– Tag und Ort der Sitzung,

– Namen der anwesenden Richter und Generalanwälte sowie des amtierenden Kanzlers,

– Bezeichnung der Rechtssache,

– Namen der Parteien,

– Namen und Stand der Bevollmächtigten, Beistände und Anwälte der Parteien,

– Namen, Vornamen, Stand und Wohnsitz der gehörten Zeugen oder Sachverständigen,

– die Angabe der in der Sitzung erhobenen Beweise,

– die Angabe der von den Parteien im Verlauf der Sitzung vorgelegten Urkunden,

– die in der Sitzung erlassenen Entscheidungen des Gerichtshofes, der Kammer, des Präsidenten des Gerichtshofes oder des Kammerpräsidenten.

Erstreckt sich die mündliche Verhandlung in einer Rechtssache über mehrere aufeinanderfolgende Sitzungen, so kann hierüber ein einziges Protokoll angefertigt werden.

Artikel 8

Der Kanzler vergewissert sich, daß die gemäß Artikel 49 der Verfahrensordnung mit einer Untersuchung oder der Erstattung eines Gutachtens beauftragten Personen oder Organe über die zur Erfüllung ihrer Aufgabe erforderlichen Hilfsmittel verfügen.

Artikel 9

Der in Artikel 33 Buchstabe b) der Verfahrensordnung vorgesehene Ausweis wird dem Beistand oder Anwalt auf Antrag ausgehändigt, wenn dies für den geordneten Ablauf des Verfahrens erforderlich ist.

Der Ausweis wird vom Kanzler ausgestellt.

Artikel 10

Im Hinblick auf die Bestimmungen von Artikel 32 der Verfahrensordnung wird dem Außenminister des Staates, in dem der Gerichtshof tagt, im voraus ein Auszug aus der Terminliste übermittelt.

Zweiter Abschnitt

Führung des Registers

Artikel 11

Der Kanzler hat das Register der beim Gerichtshof anhängigen Rechtssachen auf dem neuesten Stand zu halten.

Artikel 12

Jede Rechtssache erhält bei der Eintragung der Klageschrift eine Nummer, der die Angabe des Jahres sowie die Benennung des Klägers oder ein Hinweis auf den Gegenstand der Klage beigefügt werden. Die Rechtssachen werden nach diesem Aktenzeichen benannt.

Ein Verfahren wegen Erlasses einer einstweiligen Anordnung trägt das gleiche Aktenzeichen wie die Hauptsache sowie zusätzlich den Buchstaben „R".

Artikel 13

Die Seiten des Registers sind vornumeriert.

Es wird vom Präsidenten und vom Kanzler in regelmäßigen Zeitabständen am Rande der zuletzt erfolgten Eintragungen mit einem Sichtvermerk versehen und abgezeichnet.

Artikel 14

In das Register werden die Schriftstücke der beim Gerichtshof anhängigen Rechtssachen, insbesondere die von den Parteien zu den Akten gegebenen Schriftstücke sowie die durch den Kanzler vorgenommenen Zustellungen, eingetragen.

Anlagen zu den Schriftstücken werden nur eingetragen, wenn sie nicht gleichzeitig mit dem Hauptvorgang eingereicht werden.

Artikel 15

§ 1. Die Eintragungen erfolgen fortlaufend in der Reihenfolge des Eingangs der einzutragenden Vorgänge.

Sie werden mit einer Nummer versehen, die an die Nummer der letzten Eintragung anschließt.

§ 2. Die Eintragung erfolgt unmittelbar nach Eingang des Schriftstücks in der Kanzlei.

Handelt es sich um ein Schriftstück des Gerichtshofes, so erfolgt die Eintragung an dessen Ausstellungstag.

§ 3. Die Eintragung enthält die zur Kennzeichnung des Schriftstücks erforderlichen Angaben, insbesondere

– den Tag der Eintragung,

– die Bezeichnung der Rechtssache,

– die Art des Schriftstücks,

– das Datum des Schriftstücks.

Gerichtshof Satzung
VfO
Dienstanw
Kanzler
Prakt Anw

Die Eintragung erfolgt in der Verfahrenssprache; Zahlen werden in Ziffern geschrieben, übliche Abkürzungen sind erlaubt.

§ 4. Ergibt sich die Notwendigkeit, Berichtigungen vorzunehmen, so ist ein diesbezüglich vom Kanzler abgezeichneter Hinweis am Rande des Registers anzubringen.

Artikel 16

Die Nummer der Eintragung wird bei allen vom Gerichtshof ausgestellten Schriftstücken auf der ersten Seite angegeben.

Auf der Urschrift aller von den Parteien eingereichten Schriftstücke wird mit Hilfe eines Stempels ein Vermerk über die Eintragung im Register angebracht; dieser Stempel hat in der jeweiligen Verfahrenssprache folgenden Wortlaut:

„Eingetragen in das Register des Gerichtshofes unter Nr. ...“

Luxemburg, den ...“

Dieser Vermerk wird vom Kanzler unterzeichnet.

Dritter Abschnitt
Kanzlei- und Gerichtskostentarif

Artikel 17

Es dürfen nur die in diesem Abschnitt genannten Kanzleigebühren erhoben werden.

Artikel 18

Die Zahlung der Kanzleigebühren erfolgt entweder in bar an die Kasse des Gerichtshofes oder durch Überweisung auf das Konto des Gerichtshofes bei der auf der Zahlungsaufforderung bezeichneten Bank.

Artikel 19

Ist der zur Zahlung von Kanzleigebühren verpflichteten Partei das Armenrecht bewilligt worden, so finden die Bestimmungen von Artikel 76 § 5 der Verfahrensordnung Anwendung.

Artikel 20

Es werden folgende Kanzleigebühren erhoben:

a) Ausfertigung eines Urteils oder eines Beschlusses, beglaubigte Abschrift eines Verfahrensvorgangs oder eines Protokolls, Auszug aus dem Register des Gerichtshofes, beglaubigte Abschrift aus dem Register des Gerichtshofes, beglaubigte Abschrift gemäß Artikel 72 Buchstabe b) der Verfahrensordnung: 60 LFR*) pro Seite.

b) Übersetzung gemäß Artikel 72 Buchstabe b) der Verfahrensordnung: 500 LFR*) pro Seite.

Eine Seite hat im Höchstfall 40 Zeilen.

Dieser Tarif gilt für eine maschinengeschriebene Originalseite; für jede vollständige oder angefangene Durchschlagseite beträgt die Gebühr 50 LFR*) pro Seite.

Die in diesem Artikel genannten Tarife erhöhen sich nach dem 1. Januar 1975 jeweils um 10 v.H., wenn der von der Regierung des Großherzogtums Luxemburg veröffentlichte Lebenshaltungskostenindex um 10 v.H. gestiegen ist.

Artikel 21

§ 1. Wird auf Grund von Artikel 47 § 3, 51 § 1 und 76 § 5 bei der Kasse des Gerichtshofes im Vorschuß beantragt, so veranlaßt der Kanzler die Einreichung einer Einzelaufstellung der Kosten, für die ein Vorschuß gewünscht wird.

Er fordert von den Zeugen einen Beleg über ihren Verdienstausfall und von den Sachverständigen eine Rechnung über die Vergütung ihrer Tätigkeit an.

§ 2. Der Kanzler weist die Kasse des Gerichtshofes an, die gemäß § 1 geschuldeten Beträge gegen Quittung oder Überweisungsbeleg auszuzahlen.

Hält er den verlangten Betrag für zu hoch, so kann er ihn von Amts wegen herabsetzen oder eine Auszahlung in Raten anordnen.

§ 3. Der Kanzler weist die Kasse des Gerichtshofes an, die gemäß Artikel 3 der Zusätzlichen Verfahrensordnung zu übernehmenden Auslagen für das Rechtshilfeverfahren der Behörde, die durch die in Artikel 2 der Zusätzlichen Verfahrensordnung genannte zuständige Stelle bezeichnet wird, in der Währung des beteiligten Staates gegen Überweisungsbeleg zu erstatten.

§ 4. Der Kanzler weist die Kasse des Gerichtshofes an, den in Artikel 5 Absatz 2 der Zusätzlichen Verfahrensordnung bezeichneten Vorschuß auszuzahlen; die Vorschrift des § 2 Absatz 2 findet Anwendung.

*) *Bemerkung:* Wäre durch Euro-Beträge zu ersetzen.

Artikel 22

§ 1. Sind Beträge zurückzuerstatten, die auf Grund der Bewilligung der Prozeßkostenhilfe gemäß Artikel 76 § 5 der Verfahrensordnung ausgezahlt wurden, so werden sie durch einen vom Kanzler unterzeichneten eingeschriebenen Brief eingefordert. In diesen Schreiben sind neben der Höhe der zu erstattenden Beträge auch Zahlungsweise und Frist anzugeben.

Das gleiche gilt im Fall einer Anwendung von Artikel 72 Buchstabe a) der Verfahrensordnung und von Artikel 21 §§ 1, 3 und 4 der vorliegenden Dienstanweisung.

§ 2. Werden die eingeforderten Summen innerhalb der vom Kanzler festgesetzten Frist nicht gezahlt, so ersucht dieser den Gerichtshof, einen vollstreckbaren Beschluß zu erlassen und gemäß den Artikeln 44 und 92 EGKS-Vertrag*), 187 *(244)* und 192 *(256)* E(W)G-Vertrag sowie 159 und 164 EAG-Vertrag dessen Zwangsvollstreckung zu veranlassen.

Wird eine Partei durch Urteil oder sonstige Entscheidung verurteilt, an die Kasse des Gerichtshofes Kosten zu entrichten, so beantragt der Kanzler bei nicht fristgerechter Zahlung, diese Kosten im Wege der Zwangsvollstreckung einzutreiben.

Vierter Abschnitt

Veröffentlichungen des Gerichtshofes

Artikel 23

Die Veröffentlichungen des Gerichtshofes erscheinen unter der Verantwortung des Kanzlers.

Artikel 24

In den in Artikel 1 der Verordnung Nr. 1 des Rates genannten Sprachen wird eine Sammlung der Rechtsprechung des Gerichtshofes veröffentlicht; falls nichts Gegenteiliges be-

---

*) Die Bezugnahme auf den EGKS-Vertrag wäre zu streichen, siehe Pkt. 1/4.

stimmt wird, umfaßt sie die während eines Kalenderjahres ergangenen Urteile des Gerichtshofes nebst den Schlußanträgen der Generalanwälte sowie die Stellungnahmen und einstweiligen Anordnungen.

Artikel 25

Der Kanzler sorgt dafür, daß im *Amtsblatt der Europäischen Gemeinschaften* veröffentlicht werden:

a) Mitteilungen über den Eingang von Klagen gemäß Artikel 16 § 6 der Verfahrensordnung,

b) Mitteilungen über die Streichung einer Rechtssache im Register,

c) der Wortlaut des Tenors aller Urteile und einstweiligen Anordnungen, falls der Gerichtshof nichts anderes bestimmt,

d) die Zusammensetzung der Kammern,

e) die Wahl des Präsidenten des Gerichtshofes,

f) die Ernennung des Kanzlers,

g) die Ernennung des Hilfskanzlers und des Verwalters.

Schlußbestimmungen

Artikel 26

Die vorliegende Dienstanweisung tritt an die Stelle der vom Gerichtshof der Europäischen Gemeinschaften am 23. Juni 1960 erlassenen Dienstanweisung (ABl. Nr. 72 vom 18. 11. 1960, S. 1417/60), die durch Beschlüsse des Gerichtshofes vom 6. April 1962 (ABl. Nr. 34 vom 5. 5. 1962, S. 1115/62) und vom 13. Juli 1965 (ABl. Nr. 141 vom 3. 8. 1965, S. 2413/65) abgeändert worden ist.

Gerichtshof
Satzung
VfO
Dienstanw
Kanzler
Prakt Anw

Artikel 27

Die vorliegende Dienstanweisung ist in den in Artikel 29 § 1 der Verfahrensordnung genannten Sprachen verbindlich. Sie wird im *Amtsblatt der Europäischen Gemeinschaften* veröffentlicht.

Praktische Anweisungen für Klagen und Rechtsmittel*)

(ABl 2004 L 361, 15, geändert durch ABl 2009 L 29, 51)

*) *Bemerkung: Die Hinweise des Gerichtshofs zur Vorlage von Vorabentscheidungsersuchen durch die nationalen Gerichte sind in ABl 2009 C 297, 1 zu finden.*

DER GERICHTSHOF DER EUROPÄISCHEN GEMEINSCHAFTEN,

gestützt auf Artikel 125a seiner Verfahrensordnung,

in Erwägung nachstehender Gründe:

(1) Im Interesse eines ordnungsgemäßen Ablaufs der Klage- und Rechtsmittelverfahren sind den Bevollmächtigten und Anwälten, die die Parteien vor dem Gerichtshof vertreten, praktische Anweisungen zur Einreichung der Schriftsätze sowie zur Vorbereitung und Ablauf der Sitzungen zu erteilen.

(2) Diese Anweisungen wiederholen, erläutern und ergänzen bestimmte Vorschriften der Verfahrensordnung und sollen es den Bevollmächtigten und Anwälten der Parteien ermöglichen, den Zwängen Rechnung zu tragen, die sich für den Gerichtshof insbesondere aus der elektronischen Verwaltung der Dokumente und aus den Erfordernissen der Übersetzung und des Dolmetschens ergeben.

(3) Nach der Verfahrensordnung und der Dienstanweisung für den Kanzler ist der Kanzler mit der Entgegennahme der Verfahrensunterlagen betraut, hat darüber zu wachen, dass sie den Bestimmungen der Verfahrensordnung entsprechen, und steht dem Gerichtshof und den Kammern insbesondere bei der Durchführung der Sitzungen zur Seite. Bei der Erfüllung seiner Aufgaben vergewissert sich der Kanzler, dass die Bevollmächtigten und Anwälte die vorliegenden praktischen Anweisungen beachten, und verlangt gegebenenfalls die Behebung der Mängel von Schriftstücken, die ihnen nicht entsprechen, oder fordert den betreffenden Bevollmächtigten oder Anwalt zu ihrer Einhaltung auf.

(4) Die Vertreter der Bevollmächtigten der Mitgliedstaaten und der Organe, die an den Verfahren vor dem Gerichtshof mitwirken, sowie der Rat der Anwaltschaften der Europäischen Union (CCBE) sind im Rahmen der Erstellung der vorliegenden praktischen Anweisungen gehört worden –

ERLÄSST FOLGENDE PRAKTISCHE ANWEISUNGEN:

ZUR VERWENDUNG TECHNISCHER KOMMUNIKATIONSMITTEL

1. Die Übermittlung der Kopie der unterzeichneten Urschrift eines Schriftsatzes an die Kanzlei gemäß Artikel 37 § 6 der Verfahrensordnung erfolgt

– entweder per Fernkopie (Fax: (352) 43 37 66)

– oder als Anhang eines E-Mails (E-Mail-Adresse: ecj.registry@curia.europa.eu).

2. Bei der Übermittlung per E-Mail wird nur eine gescannte Kopie der unterzeichneten Urschrift angenommen. Eine einfache elektronische Datei oder eine Datei mit einer elektronischen Signatur oder einem per Computer erstellten Faksimile der Unterschrift erfüllt nicht die Bedingungen des Artikels 37 § 6 der Verfahrensordnung.

Es ist wünschenswert, dass die Dokumente mit einer Auflösung von 300 DPI gescannt und möglichst mittels der Computerprogramme Acrobat oder Readiris 7 Pro im PDF-Format (Bilder und Text) eingereicht werden.

3. Die Einreichung eines Schriftstücks per Fernkopie oder E-Mail ist für die Wahrung einer Frist nur dann maßgebend, wenn die unterzeichnete Urschrift spätestens innerhalb der in Artikel 37 § 6 der Verfahrensordnung genannten Frist von zehn Tagen nach dieser Einreichung bei der Kanzlei eingeht. Die unterzeichnete Urschrift ist unverzüglich, unmittelbar nach Übermittlung der Kopie abzuschicken, ohne dass an ihr irgendwelche Korrekturen oder Änderungen, seien sie auch noch so unbedeutend, vorgenommen werden. Bei Abweichungen zwischen der unterzeichneten Urschrift und der zuvor eingereichten Kopie wird nur der Tag des Eingangs der unterzeichneten Urschrift berücksichtigt.

4. In der Erklärung einer Partei gemäß Artikel 38 § 2 der Verfahrensordnung, dass sie mit Zustellungen an sie mittels Fernkopierer oder sonstiger technischer Kommunikationsmittel einverstanden ist, sind die Faxnummer und/oder die E-Mail-Adresse anzugeben, an die die Kanzlei die Zustellungen vornehmen kann. Der Computer des Empfängers muss über ein geeignetes Programm (z. B. Acrobat oder Readiris 7 Pro) verfügen, um die Zustellungen der Kanzlei, die im PDF-Format erfolgen, visualisieren zu können.

ZUR EINREICHUNG DER SCHRIFTSÄTZE

5. Die Schriftsätze und sonstigen Schriftstücke sind von den Parteien so einzureichen[1]), dass

---

[1]) Die Postanschrift des Gerichtshofes lautet: Gerichtshof der Europäischen Gemeinschaften L-2925 LUXEMBURG.

sie vom Gerichtshof elektronisch verwaltet und insbesondere gescannt und mit Texterkennungsprogrammen bearbeitet werden können.

Damit der Einsatz dieser Techniken möglich ist, sollte Folgendes beachtet werden:

1. Zu verwenden ist weißes unliniertes Papier in DIN-A4- Format, das nur einseitig (also nicht auf Vorder- und Rückseite) beschrieben wird.

2. Die Blätter des Schriftsatzes und gegebenenfalls der Anlagen sind so miteinander zu verbinden, dass die Verbindung leicht entfernt werden kann (sie sollen also nicht gebunden oder in anderer Weise, z. B. mit Klebstoff, Heftklammern usw., fest zusammengefügt werden).

3. Für den Text ist eine gängige Schrifttype (z. B. Times New Roman, Courier oder Arial) mit einer Schriftgröße von mindestens 12 pt im Haupttext und mindestens 10 pt in den Fußnoten zu verwenden, bei einem Zeilenabstand von 1,5 sowie einem Abstand von mindestens 2,5 cm zum linken und rechten sowie zum oberen und unteren Blattrand.

4. Die Seiten des Schriftsatzes sind in der rechten oberen Ecke fortlaufend zu nummerieren. Mit dem Schriftsatz sind auch sämtliche Seiten der beigefügten Anlagen durchzunummerieren, damit beim Scannen der Anlagen durch Zählen der Seiten gewährleistet werden kann, dass alle Seiten tatsächlich erfasst sind.

6. Die erste Seite des Schriftsatzes sollte folgende Angaben enthalten:
   1. die Bezeichnung des Schriftsatzes (Klageschrift, Rechtsmittelschrift, Klagebeantwortung, Rechtsmittelbeantwortung, Erwiderung, Gegenerwiderung, Antrag auf Zulassung als Streithelfer, Streithilfeschriftsatz, Stellungnahme zum Streithilfeschriftsatz, Einrede der Unzulässigkeit usw.).

   Wird in einer Rechtsmittelbeantwortung die vollständige oder teilweise Aufhebung der Entscheidung des Gerichts aufgrund eines in der Rechtsmittelschrift nicht geltend gemachten Rechtsmittelgrundes beantragt, so ist bei der Bezeichnung des Schriftsatzes anzugeben, dass es sich um eine Rechtsmittelbeantwortung mit Anschlussrechtsmittel handelt;

   2. die Nummer der Rechtssache (C-.../...), sofern von der Kanzlei bereits mitgeteilt;

   3. den Namen des Klägers und des Beklagten sowie bei Rechtsmitteln die Angabe der angefochtenen Entscheidung und der Parteien des Verfahrens vor dem Gericht;

4. den Namen der Partei, für die der Schriftsatz eingereicht wird.

7. Jeder Absatz des Schriftsatzes ist zu nummerieren.

8. Die Unterschrift des Bevollmächtigten oder Anwalts der betreffenden Partei befindet sich am Schluss des Schriftsatzes.

ZU STRUKTUR UND INHALT DER WICHTIGSTEN SCHRIFTSÄTZE

A. Klagen

Klageschrift

9. Die Klageschrift muss den in Artikel 38 §§ 1 und 2 der Verfahrensordnung vorgeschriebenen Inhalt aufweisen.

10. Die Klageschrift beginnt mit folgenden Angaben:
    1. Name und Wohnsitz des Klägers;
    2. Name und Eigenschaft des Bevollmächtigten oder Anwalts des Klägers;
    3. Bezeichnung des oder der Beklagten;
    4. Erklärungen gemäß Artikel 38 § 2 (Zustellungsanschrift in Luxemburg und/oder Einverständnis mit Zustellungen mittels Fernkopierer oder sonstiger technischer Kommunikationsmittel).

11. Einer Nichtigkeitsklage ist eine Kopie des angefochtenen Rechtsakts beizufügen, der als solcher kenntlich zu machen ist.

12. Es empfiehlt sich, der Klageschrift eine Zusammenfassung der Klagegründe und wesentlichen Argumente beizufügen, die dazu dient, die Abfassung der in Artikel 16 § 6 der Verfahrensordnung vorgesehenen Mitteilung im Amtsblatt durch die Kanzlei zu erleichtern. Diese Zusammenfassung sollte nicht länger sein als zwei Seiten.

13. Am Anfang oder am Ende der Klageschrift sind die Anträge des Klägers genau anzugeben.

14. Auf den einleitenden Teil der Klageschrift sollte eine kurze Darstellung des Sachverhalts folgen.

15. Die Rechtsausführungen sollten anhand der geltend gemachten Klagegründe gegliedert sein. Es empfiehlt sich, nach der Darstellung des Sachverhalts die geltend gemachten Klagegründe in kurzer und schematischer Form anzugeben.

Klagebeantwortung

16. Die Klagebeantwortung muss den in Artikel 40 § 1 der Verfahrensordnung vorgeschriebenen Inhalt aufweisen.

17. Die Klagebeantwortung beginnt außer mit der Rechtssachennummer und der Bezeichnung des Klägers mit folgenden Angaben:

1. Name und Wohnsitz des Beklagten;
2. Name und Eigenschaft des Bevollmächtigten oder Anwalts des Beklagten;
3. Erklärungen zur Zustellungsanschrift in Luxemburg und/ oder zum Einverständnis mit Zustellungen mittels Fernkopierer oder sonstiger technischer Kommunikationsmittel (Artikel 40 § 1 Absatz 2 der Verfahrensordnung).
18. Am Anfang oder am Ende der Klagebeantwortung sind die Anträge des Beklagten genau anzugeben.
19. Die Ausführungen sollten so weit wie möglich anhand der in der Klageschrift geltend gemachten Klagegründe gegliedert sein.
20. Der tatsächliche oder rechtliche Rahmen wird in der Klagebeantwortung nur insoweit wiedergegeben, als seine Darstellung in der Klageschrift bestritten wird oder der Erläuterung bedarf. Das Bestreiten von Tatsachen, die von der Gegenseite behauptet werden, hat ausdrücklich und unter genauer Angabe der betreffenden Tatsache zu erfolgen.

Erwiderung und Gegenerwiderung

21. In der Erwiderung und der Gegenerwiderung ist der tatsächliche oder rechtliche Rahmen nur insoweit wiederzugeben, als seine Darstellung in den vorhergehenden Schriftsätzen bestritten wird oder ausnahmsweise der Erläuterung bedarf. Das Bestreiten hat ausdrücklich und unter genauer Angabe des betreffenden tatsächlichen oder rechtlichen Gesichtspunkts zu erfolgen.

Streithilfeschriftsatz

22. Im Streithilfeschriftsatz sind nur neue Argumente vorzubringen, die die unterstützte Partei nicht geltend gemacht hat. Er kann sich auf eine bloße Bezugnahme auf die übrigen Argumente beschränken.
Der tatsächliche oder rechtliche Rahmen ist im Streithilfeschriftsatz nur insoweit wiederzugeben, als seine Darstellung in den Schriftsätzen der Parteien bestritten wird oder der Erläuterung bedarf. Das Bestreiten hat ausdrücklich und unter genauer Angabe des betreffenden tatsächlichen oder rechtlichen Gesichtspunkts zu erfolgen.

B. Rechtsmittel
Rechtsmittelschrift

23. Die Rechtsmittelschrift muss den in Artikel 112 § 1 der Verfahrensordnung vorgeschriebenen Inhalt aufweisen.
24. Die Rechtsmittelschrift beginnt mit folgenden Angaben:
   1. Name und Wohnsitz des Rechtsmittelführers;

2. Name und Eigenschaft des Bevollmächtigten oder Anwalts des Klägers;
3. Bezeichnung der mit dem Rechtsmittel angefochtenen Entscheidung des Gerichts (Art, Spruchkörper, Datum und Nummer der Rechtssache) und der Parteien des Verfahrens vor dem Gericht;
4. Datum, an dem die Entscheidung des Gerichts dem Rechtsmittelführer zugestellt worden ist;
5. Erklärungen zur Zustellungsanschrift in Luxemburg und/oder zum Einverständnis mit Zustellungen mittels Fernkopierer oder sonstiger technischer Kommunikationsmittel.
25. Eine Kopie der mit dem Rechtsmittel angefochtenen Entscheidung des Gerichts ist der Rechtsmittelschrift beizufügen.
26. Es empfiehlt sich, der Rechtsmittelschrift eine Zusammenfassung der Rechtsmittelgründe und wesentlichen Argumente beizufügen, die dazu dient, die Abfassung der in Artikel 16 § 6 der Verfahrensordnung vorgesehenen Mitteilung im Amtsblatt zu erleichtern. Diese Zusammenfassung sollte nicht länger sein als zwei Seiten.
27. Am Anfang oder am Ende der Rechtsmittelschrift sind die Anträge des Rechtsmittelführers genau anzugeben (Artikel 113 § 1 der Verfahrensordnung).
28. Es ist im Allgemeinen nicht erforderlich, die Vorgeschichte und den Gegenstand des Rechtsstreits zu schildern; es genügt, auf die Entscheidung des Gerichts Bezug zu nehmen.
29. Die Rechtsausführungen sollten anhand der geltend gemachten Rechtsmittelgründe, insbesondere der geltend gemachten Rechtsfehler, gegliedert sein. Es empfiehlt sich, diese Rechtsmittelgründe am Anfang der Rechtsmittelschrift in kurzer und schematischer Form anzugeben.

Rechtsmittelbeantwortung

30. Die Rechtsmittelbeantwortung muss den in Artikel 115 § 2 der Verfahrensordnung vorgeschriebenen Inhalt aufweisen.
31. Zu Beginn der Rechtsmittelbeantwortung sind neben der Nummer der Rechtssache und dem Namen des Rechtsmittelführers folgende Angaben zu machen:
   1. Name und Wohnsitz der Partei, die sie vorlegt;
   2. Name und Eigenschaft des Bevollmächtigten oder Anwalts dieser Partei;
   3. Datum, an dem die Rechtsmittelschrift der Partei zugestellt worden ist;
   4. Erklärungen zur Zustellungsanschrift in Luxemburg und/ oder zum Einverständ-

nis mit Zustellungen mittels Fernkopierer oder sonstiger technischer Kommunikationsmittel.

32. Am Anfang oder am Ende der Rechtsmittelbeantwortung sind die Anträge der Partei, die sie vorlegt, genau anzugeben.

33. Wird in einer Rechtsmittelbeantwortung die vollständige oder teilweise Aufhebung der Entscheidung des Gerichts aufgrund eines in der Rechtsmittelschrift nicht geltend gemachten Rechtsmittelgrundes beantragt, so ist dies in der Überschrift des Schriftsatzes anzugeben („Rechtsmittelbeantwortung mit Anschlussrechtsmittel").

34. Die Rechtsausführungen sollten so weit wie möglich anhand der vom Rechtsmittelführer geltend gemachten Rechtsmittelgründe und/oder gegebenenfalls der im Anschlussrechtsmittel geltend gemachten Gründe gegliedert sein.

35. Da der tatsächliche und rechtliche Rahmen bereits Gegenstand des angefochtenen Urteils war, ist er in der Rechtsmittelbeantwortung nur ganz ausnahmsweise wiederzugeben, soweit seine Darstellung in der Rechtsmittelschrift bestritten wird oder der Erläuterung bedarf. Das Bestreiten hat ausdrücklich und unter genauer Angabe des betreffenden tatsächlichen oder rechtlichen Gesichtspunkts zu erfolgen.

Erwiderung und Gegenerwiderung

36. In der Erwiderung und der Gegenerwiderung wird der tatsächliche oder rechtliche Rahmen im Allgemeinen nicht mehr wiedergegeben. Ein Bestreiten hat ausdrücklich und unter genauer Angabe des betreffenden tatsächlichen oder rechtlichen Gesichtspunkts zu erfolgen.

Streithilfeschriftsatz

37. Im Streithilfeschriftsatz sind nur neue Argumente vorzubringen, die die unterstützte Partei nicht geltend gemacht hat. Er kann sich auf eine bloße Bezugnahme auf die übrigen Argumente beschränken.

Der tatsächliche oder rechtliche Rahmen ist im Streithilfeschriftsatz nur insoweit wiederzugeben, als seine Darstellung in den Schriftsätzen der Parteien bestritten wird oder der Erläuterung bedarf. Ein Bestreiten hat ausdrücklich und unter genauer Angabe des betreffenden tatsächlichen oder rechtlichen Gesichtspunkts zu erfolgen.

ZUR EINREICHUNG VON ANLAGEN ZU DEN SCHRIFTSÄTZEN

38. Die der Prüfung durch den Gerichtshof unterbreiteten Rechtsausführungen müssen in den Schriftsätzen und nicht in den Anlagen enthalten sein.

39. Einem Schriftsatz sind nur diejenigen Schriftstücke als Anlage beizufügen, die in ihm erwähnt werden und zum Beweis oder zur Erläuterung seines Inhalts erforderlich sind.

40. Anlagen werden nur entgegengenommen, wenn sie mit einem Anlagenverzeichnis eingereicht werden (Artikel 37 § 4 der Verfahrensordnung). Dieses Verzeichnis muss für jede Anlage folgende Angaben enthalten:

1. Nummer der Anlage;

2. kurze Beschreibung der Anlage mit Angabe ihrer Art (z. B. „Schreiben" mit Angabe des Datums, des Verfassers, des Adressaten und der Seitenzahl);

3. Angabe der Seite des Schriftsatzes und der Nummer des Absatzes, in dem das Schriftstück erwähnt ist und der dessen Einreichung rechtfertigt.

41. Werden Kopien von gerichtlichen Entscheidungen, Rechtsliteratur oder Gesetzgebungsakten zur etwaigen Verwendung durch den Gerichtshof als Anlage zu einem Schriftsatz vorgelegt, so sind sie von den sonstigen Anlagen zu trennen.

42. Bei Bezugnahmen auf ein vorgelegtes Dokument sind die Nummer der Anlage, wie sie im betreffenden Verzeichnis der Anlagen aufgeführt ist, und der Schriftsatz, zu dem die Anlage vorgelegt wird, anzugeben. Im Rahmen eines Rechtsmittels ist, wenn das Dokument bereits dem Gericht vorgelegt worden war, auch die vor dem Gericht verwendete Bezeichnung des Dokuments anzugeben.

ZU ABFASSUNG UND LÄNGE DER SCHRIFTSÄTZE

43. Im Interesse der Verfahrensbeschleunigung sollte der Verfasser eines Schriftsatzes insbesondere Folgendes beachten:

– Der Schriftsatz ist die Grundlage für das Studium der Akten; um dieses Studium zu erleichtern, muss er gegliedert, prägnant und frei von Wiederholungen sein.

– Der Schriftsatz wird im Allgemeinen übersetzt; um die Übersetzung zu erleichtern und für ihre größtmögliche Zuverlässigkeit zu sorgen, empfiehlt es sich, Sätze von einfacher Struktur sowie ein einfaches und präzises Vokabular zu verwenden.

– Die für die Übersetzung erforderliche Zeit und die Dauer des Aktenstudiums hängen von der Länge der eingereichten Schriftsätze ab; je kürzer die Schriftsätze sind, desto schneller wird die Rechtssache bearbeitet.

Gerichtshof
Satzung
VfO
Dienstanw
Kanzler
Prakt Anw

44. Nach den Erfahrungen des Gerichtshofes kann sich ein sachdienlicher Schriftsatz, wenn keine besonderen Umstände vorliegen, auf 10 bis 15 Seiten und eine Erwiderung, Gegenerwiderung oder Rechtsmittelbeantwortung auf 5 bis 10 Seiten beschränken.

ZUM ANTRAG AUF ENTSCHEIDUNG EINER RECHTSSACHE IM BESCHLEUNIGTEN VERFAHREN

45. Die Partei, die gemäß Artikel 62a der Verfahrensordnung mit besonderem Schriftsatz eine Entscheidung des Gerichtshofes im beschleunigten Verfahren beantragt, hat die besondere Dringlichkeit der Rechtssache kurz zu begründen. Ein solcher Antrag sollte, wenn keine besonderen Umstände vorliegen, fünf Seiten nicht überschreiten.

46. Da das beschleunigte Verfahren im Wesentlichen mündlich abläuft, muss der Antragsteller seinen Schriftsatz auf eine kurze Darstellung der geltend gemachten Angriffs- und Verteidigungsmittel beschränken. Ein solcher Schriftsatz sollte, wenn keine besonderen Umstände vorliegen, zehn Seiten nicht überschreiten.

ZU ANTRÄGEN AUF EINREICHUNG EINER ERWIDERUNG IN RECHTSMITTELVERFAHREN

47. Auf Antrag kann der Präsident die Einreichung einer Erwiderung gestatten, wenn dies erforderlich ist, um dem Rechtsmittelführer zu ermöglichen, seinen Standpunkt zu Gehör zu bringen, oder um die Entscheidung über das Rechtsmittel vorzubereiten.

Ein solcher Antrag sollte, wenn keine besonderen Umstände vorliegen, zwei bis drei Seiten nicht überschreiten und muss sich darauf beschränken, in kurzer Form die speziellen Gründe anzugeben, aus denen der Rechtsmittelführer eine Erwiderung für erforderlich hält. Der Antrag muss aus sich heraus verständlich sein, ohne dass es einer Heranziehung der Rechtsmittelschrift oder der Rechtsmittelbeantwortung bedarf.

ZU ANTRÄGEN AUF DURCHFÜHRUNG EINER MÜNDLICHEN VERHANDLUNG

48. Der Gerichtshof kann beschließen, keine mündliche Verhandlung durchzuführen, wenn keine Partei beantragt hat, gehört zu werden (Artikel 44a und 120 der Verfahrensordnung). In der Praxis wird eine mündliche Verhandlung ohne einen solchen Antrag nur selten durchgeführt.

Im Antrag sind die Gründe aufzuführen, aus denen die Partei gehört werden möchte. Diese Begründung muss sich aus einer konkreten Beurteilung der Zweckmäßigkeit einer mündlichen Verhandlung für die betreffende Partei ergeben, und es ist anzugeben, in Bezug auf welche Aktenbestandteile oder Ausführungen diese Partei eine eingehendere Darlegung oder Widerlegung in einer mündlichen Verhandlung für erforderlich hält. Eine allgemeine Begründung unter Bezugnahme auf die Bedeutung der Rechtssache oder die zu behandelnden Fragen genügt nicht.

ZU VORBEREITUNG UND ABLAUF DER MÜNDLICHEN VERHANDLUNG

49. In der Ladung zur mündlichen Verhandlung werden den Verfahrensbeteiligten etwaige vom Gerichtshof beschlossene prozessleitende Maßnahmen mitgeteilt. Diese Maßnahmen können insbesondere darin bestehen, die Verfahrensbeteiligten aufzufordern, in der Sitzung bestimmte Fragen zu beantworten, zu bestimmten Gesichtspunkten Stellung zu nehmen oder ihre mündlichen Ausführungen auf bestimmte Aspekte der Rechtssache oder bestimmte Gesichtspunkte zu konzentrieren oder darin, Verfahrensbeteiligte, die den gleichen Standpunkt vertreten, aufzufordern, sich im Hinblick auf die Sitzung abzustimmen.

Vor Beginn der Sitzung werden die Bevollmächtigten oder Anwälte zu einer kurzen Unterredung mit dem Spruchkörper über die Gestaltung der Sitzung gebeten. Der Berichterstatter und der Generalanwalt können bei dieser Gelegenheit nähere Erläuterungen zu den Punkten geben, deren Behandlung in den mündlichen Ausführungen ihnen besonders wünschenswert erscheint.

50. Die Sitzung besteht in der Regel aus drei Teilen: mündliche Ausführungen, Fragen der Mitglieder des Gerichtshofs und Erwiderungen.

Da der Gerichtshof von den im schriftlichen Verfahren eingereichten Unterlagen bereits Kenntnis hat, dienen die *mündlichen Ausführungen* dazu, Gesichtspunkte hervorzuheben oder zu vertiefen, die nach Ansicht des Vortragenden von besonderer Bedeutung für die Entscheidung des Gerichtshofs sind. Eine Wiederholung des bereits im schriftlichen Verfahren Vorgebrachten ist zu vermeiden. Eine Zusammenfassung des Sachverhalts und des rechtlichen Rahmens der Rechtssache ist in der Regel überflüssig.

Es empfiehlt sich, zu Beginn der mündlichen Ausführungen deren Gliederung anzugeben.

Vom Gerichtshof zur Beantwortung in der mündlichen Verhandlung im Voraus gestellte Fragen sind im Rahmen der mündlichen Ausführungen zu beantworten.

Hat der Gerichtshof um eine Konzentration der Ausführungen auf bestimmte Punkte gebeten, sollten die Vortragenden nur dann auf andere Aspekte der Rechtssache eingehen, wenn sie diese als für die Entscheidung des Gerichtshofs besonders bedeutsam erachten.

Vortragende, die ähnliche Auffassungen vertreten, sollten so weit wie möglich vermeiden, in der Sitzung bereits vorgetragene Auffassungen erneut darzulegen.

Zur Redezeit vgl. Nr. 51.

Die *Fragen der Mitglieder des Gerichtshofs* bezwecken in der Regel, es den Vortragenden zu ermöglichen, bestimmte Punkte unter Berücksichtigung sowohl ihrer mündlichen Ausführungen als auch der im schriftlichen Verfahren eingereichten Schriftstücke zu erläutern und zu vertiefen.

In ihrer *Erwiderung* können die Vortragenden kurz und nur, wenn sie es für erforderlich halten, auf in der Sitzung abgegebene Erklärungen eingehen. Dabei müssen sie sich darauf beschränken, auf diese Erklärungen zu entgegnen, und dürfen nicht über diesen Rahmen hinausgehen.

51. Die Redezeit ist in den mündlichen Verhandlungen vor dem Plenum, der Großen Kammer und den Kammern mit fünf Richtern auf höchstens *zwanzig Minuten* und in den mündlichen Verhandlungen vor den Kammern mit drei Richtern auf höchstens *fünfzehn Minuten* begrenzt. Für Streithelfer ist die Redezeit in Klage- und in Rechtsmittelverfahren vor allen Spruchkörpern auf *fünfzehn Minuten* begrenzt.

Eine längere Redezeit kann ausnahmsweise auf eingehend begründeten Antrag gewährt werden. Ein solcher Antrag muss spätestens zwei Wochen vor dem Sitzungstermin beim Gerichtshof eingehen.

In der Ladung zur Sitzung werden die Bevollmächtigten und Anwälte aufgefordert, der Kanzlei die voraussichtliche Dauer ihrer mündlichen Ausführungen mitzuteilen. Diese Angaben dienen zur Planung der Tätigkeit des Gerichtshofs, und die angekündigten Redezeiten dürfen nicht überschritten werden.

52. Die Mitglieder des Spruchkörpers folgen den mündlichen Ausführungen sehr oft in der simultan gedolmetschten Fassung. Um das Dolmetschen zu ermöglichen, ist es erforderlich, in einem natürlichen Rhythmus und langsam zu sprechen sowie kurze, einfach aufgebaute Sätze zu verwenden.

Es wird davon abgeraten, einen vorformulierten Text zu verlesen. Es ist vorzuziehen, sich auf gut gegliederte Notizen zu stützen. Werden die mündlichen Ausführungen jedoch schriftlich vorbereitet, so empfiehlt es sich, bei der Abfassung des Textes zu berücksichtigen, dass er mündlich vorgetragen werden muss und deshalb einem Vortrag möglichst nahe kommen sollte. Um das Dolmetschen zu erleichtern, werden die Bevollmächtigten und Anwälte ersucht, gegebenenfalls den Text oder die schriftliche Grundlage ihrer mündlichen Ausführungen vorab per Fernkopierer der Dolmetscherabteilung (Fax: (352) 4303-3697 oder E-Mail: interpret@curia.europa.eu) zu übermitteln.

Satzung
VfO
Dienstanw
Kanzler
Prakt Anw
Gerichtshof

Vorabentscheidungen – polizeiliche Zusammenarbeit und justitielle Zusammenarbeit in Strafsachen*)

Bundesgesetz über die Einholung von Vorabentscheidungen des Gerichtshofes der Europäischen Gemeinschaften auf dem Gebiet der polizeilichen Zusammenarbeit und der justitiellen Zusammenarbeit in Strafsachen)**

(BGBl I 1999/89)

Der Nationalrat hat beschlossen:

§ 1. (1) Behörden, die letztinstanzliche Gerichte im Sinne des Art. 234 Abs. 3 des EG-Vertrages in der Fassung des Vertrages von Amsterdam sind, haben eine Vorabentscheidung des Gerichtshofes der Europäischen Gemeinschaften auf dem Gebiet der polizeilichen Zusammenarbeit und der justitiellen Zusammenarbeit in Strafsachen einzuholen, wenn anläßlich des Abschlusses eines Vertrages im Rahmen der Europäischen Integration durch Abgabe einer Erklärung das Recht vorbehalten wurde, innerstaatlich eine Verpflichtung zur Einholung einer solchen Vorabentscheidung vorzusehen.

(2) Der Bundeskanzler hat die jeweils aktuelle Liste der Verträge im Sinne des Absatzes 1 im Bundesgesetzblatt kundzumachen.

§ 2. Mit der Vollziehung dieses Bundesgesetzes sind in ihrem jeweiligen Wirkungsbereich die Bundesregierung und der Bundesminister für Justiz, im übrigen der Bundeskanzler betraut.

Kundmachung des Bundeskanzlers betreffend die jeweils aktuelle Liste der Verträge gemäß dem Bundesgesetz über die Einholung von Vorabentscheidungen des Gerichtshofes der Europäischen Gemeinschaften auf dem Gebiet der polizeilichen Zusammenarbeit und der justitiellen Zusammenarbeit in Strafsachen)**

(BGBl III 2006/124)

Auf Grund des § 1 Abs. 2 des Bundesgesetzes über die Einholung von Vorabentscheidungen des Gerichtshofes der Europäischen Gemeinschaften auf dem Gebiet der polizeilichen Zusammenarbeit und der justitiellen Zusammenarbeit in Strafsachen, BGBl. I Nr. 89/1999, wird die aktuelle Liste der Verträge wie folgt kundgemacht:

1. Vertrag über die Europäische Union, in der Fassung des Vertrages von Nizza (BGBl. III Nr. 4/2003);

2. Protokoll auf Grund von Art. K.3 des Vertrags über die Europäische Union betreffend die Auslegung des Übereinkommens über die Errichtung eines Europäischen Polizeiamts durch den Gerichtshof der Europäischen Gemeinschaften im Wege der Vorabentscheidung (BGBl. III Nr. 123/1998);

3. Übereinkommen auf Grund von Art. K.3 Absatz 2 Buchstabe c des Vertrags über die Europäische Union über die Bekämpfung der Bestechung, an der Beamte der Europäischen Gemeinschaften oder der Mitgliedstaaten der Europäischen Union beteiligt sind (BGBl. III Nr. 38/2000);

4. Übereinkommen auf Grund von Art. K.3 des Vertrags über die Europäische Union über den Einsatz der Informationstechnologie im Zollbereich (BGBl. III Nr. 189/2000);

5. Übereinkommen auf Grund von Art. K.3 des Vertrags über die Europäische Union über den Schutz der finanziellen Interessen der Europäischen Gemeinschaften (BGBl. III Nr. 267/2002);

6. Übereinkommen auf Grund von Art. K.3 des Vertrags über die Europäische Union über gegenseitige Amtshilfe und Zusammenarbeit der Zollverwaltungen (BGBl. III Nr. 100/2006).

Diese Kundmachung ersetzt die Kundmachung BGBl. III Nr. 5/2003.

---

*) *Hinweis:* Die *Zuständigkeit des Gerichtshofs der Europäischen Gemeinschaften für Vorabentscheidungen* auf dem Gebiet der *polizeilichen und justitiellen Zusammenarbeit in Strafsachen* ist für die verschiedenen Mitgliedstaaten abrufbar unter: www.curia.europa.eu

**) Konsequenzen aus dem Inkrafttreten des Vertrags von Lissabon sind noch nicht berücksichtigt.

13/1. Gericht – VfO

Gericht der Europäischen Union

Verfahrensordnung des Gerichts

(ABl 1991 L 136, 1 idF ABl 2010 L 92, 14)

(Änderungen gemäß ABl 1991 L 193, 44, ABl 1991 L 317, 34 (Ber.), ABl L 1994 L 249, 17,
ABl 1995 L 44, 64, ABl 1995 L 172, 3, ABl 1997 L 103, 6, ABl 1997 L 351, 12 (Ber.),
ABl 1999 L 135, 92, ABl 2000 L 322, 4, ABl 2003 L 147, 22*), ABl 2003 C 193, 41,
ABl 2004 L 127, 108, ABl 2004 L 132, 3, ABl 2005 L 298, 1, ABl 2006 L 386, 45,
ABl 2008 L 179, 12, ABl 2009 L 24, 9, ABl 2009 L 60, 3, ABl 2009 L 184, 10,
ABl 2010 L 92, 14, ABl 2010 C 177, 37 (konsolidierte Fassung))

Stichwortverzeichnis

*) Damit erfolgten die Änderungen der Verfahrensordnung des damaligen Gerichts erster Instanz nach dem In-Kraft-Treten des Vertrags von Nizza.

VfO
Dienstanw
Kanzler
Prakt Anw

INHALT

DAS GERICHT –

aufgrund des Vertrags über die Arbeitsweise der Europäischen Union, insbesondere seines Artikels 254 Absatz 5,

aufgrund des Vertrags zur Gründung der Europäischen Atomgemeinschaft und des Protokolls Nr. 2 zur Änderung des Vertrags zur Gründung der Europäischen Atomgemeinschaft im Anhang des Vertrags von Lissabon,

aufgrund des Artikels 63 des Protokolls über die Satzung des Gerichtshofs der Europäischen Union,

im Einvernehmen mit dem Gerichtshof,

in der Erwägung, dass nach Inkrafttreten des Vertrags von Lissabon Anpassungen seiner Verfahrensordnung erforderlich sind,

mit Genehmigung des Rates, die am 8. März 2010 erteilt worden ist –

erlässt folgende [Änderungen seiner] Verfahrensordnung:

EINGANGSBESTIMMUNG
Artikel 1

In den Bestimmungen dieser Verfahrensordnung werden bezeichnet:

– die Bestimmungen des Vertrags über die Arbeitsweise der Europäischen Union mit der Nummer des betreffenden Artikels dieses Vertrags, gefolgt von dem Kürzel „AEUV",

– die Bestimmungen des Vertrags zur Gründung der Europäischen Atomgemeinschaft mit der Nummer des Artikels, gefolgt von dem Kürzel „EAGV",

– das Protokoll über die Satzung des Gerichtshofs der Europäischen Union als „Satzung",

– das Abkommen über den Europäischen Wirtschaftsraum als „EWR-Abkommen".

In dieser Verfahrensordnung

– umfasst der Begriff „Organ" oder „Organe" die Organe der Union und die Einrichtungen oder sonstigen Stellen, die durch die Verträge oder einen zu deren Durchführung erlassenen Rechtsakt gegründet worden sind und die in Verfahren vor dem Gericht Partei sein können;

– wird mit dem Ausdruck „EFTA-Überwachungsbehörde" die im EWR-Abkommen genannte Überwachungsbehörde bezeichnet.

ERSTER TITEL
AUFBAU DES GERICHTS

Erstes Kapitel
DER PRÄSIDENT UND DIE MITGLIEDER DES GERICHTS

Artikel 2

§ 1. Jedes Mitglied des Gerichts übt grundsätzlich die Tätigkeit eines Richters aus.

Die Mitglieder des Gerichts werden nachstehend „Richter" genannt.

§ 2. Mit Ausnahme des Präsidenten kann jeder Richter in einer bestimmten Rechtssache nach Maßgabe der Artikel 17 bis 19 die Tätigkeit eines Generalanwalts ausüben.

Die Bezugnahmen auf den Generalanwalt in dieser Verfahrensordnung gelten nur für die Fälle, in denen ein Richter zum Generalanwalt bestellt worden ist.

Artikel 3

Die Amtszeit eines Richters beginnt mit dem in der Ernennungsurkunde bestimmten Tag. In Ermangelung einer solchen Bestimmung beginnt die Amtszeit mit dem Ausstellungtag der Urkunde.

Artikel 4

§ 1. Die Richter leisten vor Aufnahme ihrer Tätigkeit vor dem Gerichtshof folgenden Eid:

„Ich schwöre, dass ich mein Amt unparteiisch und gewissenhaft ausüben und das Beratungsgeheimnis wahren werde."

§ 2. Unmittelbar nach der Eidesleistung unterzeichnen die Richter eine Erklärung, in der sie die feierliche Verpflichtung übernehmen, während ihrer Amtszeit und nach deren Beendigung die sich aus ihrem Amt ergebenden Pflichten zu erfüllen, insbesondere die Pflicht, bei der Übernahme gewisser Tätigkeiten und der Annahme von Vorteilen nach Beendigung ihrer Amtszeit ehrenhaft und zurückhaltend zu sein.

Artikel 5

Hat der Gerichtshof nach Stellungnahme des Gerichts darüber zu entscheiden, ob ein Richter nicht mehr die für sein Amt erforderlichen Voraussetzungen erfüllt oder den sich aus diesem Amt ergebenden Verpflichtungen nicht mehr nachkommt, so fordert der Präsident des Gerichts den Betroffenen auf, sich hierzu vor dem Gericht zu äußern; dieses tagt hierbei in nichtöffentlicher Sitzung, an der der Kanzler nicht teilnimmt.

Die Stellungnahme des Gerichts ist mit Gründen zu versehen.

Für eine Stellungnahme, durch die festgestellt wird, dass ein Richter nicht mehr die für sein Amt erforderlichen Voraussetzungen erfüllt oder den sich aus diesem Amt ergebenden Verpflichtungen nicht mehr nachkommt, sind mindestens die Stimmen der Mehrheit der Richter des Gerichts erforderlich. In diesem Fall ist das zahlenmäßige Abstimmungsergebnis dem Gerichtshof mitzuteilen.

Die Abstimmung ist geheim; der Betroffene wirkt bei der Beschlussfassung nicht mit.

Artikel 6

Mit Ausnahme des Präsidenten des Gerichts und der Kammerpräsidenten bestimmt sich die Rangordnung der Richter ohne Unterschied nach ihrem Dienstalter.

Bei gleichem Dienstalter bestimmt sich die Rangordnung nach dem Lebensalter.

Ausscheidende Richter, die wiederernannt werden, behalten ihren bisherigen Rang.

Artikel 7

§ 1. Sogleich nach der Stellenneubesetzung im Sinne des Artikels 254 AEUV wählen die Richter aus ihrer Mitte den Präsidenten des Gerichts auf drei Jahre.

§ 2. Endet die Amtszeit des Präsidenten des Gerichts vor ihrem regelmäßigen Ablauf, so wird das Amt für die verbleibende Zeit neu besetzt.

§ 3. Die in diesem Artikel vorgesehenen Wahlen sind geheim. Gewählt ist der Richter, der die Stimmen von mehr als der Hälfte der Richter, aus denen das Gericht besteht, erhält. Erreicht keiner der Richter diese Mehrheit, so finden weitere Wahlgänge statt, bis sie erreicht wird.

Artikel 8

Der Präsident des Gerichts leitet die rechtsprechende Tätigkeit und die Verwaltung des Gerichts; er führt den Vorsitz in den Vollsitzungen und bei den Beratungen.

Der Präsident des Gerichts führt den Vorsitz in der Großen Kammer.

Ist der Präsident des Gerichts einer Kammer mit drei oder mit fünf Richtern zugeteilt, so führt er den Vorsitz in dieser Kammer.

Artikel 9

Ist der Präsident des Gerichts abwesend oder verhindert oder sein Amt unbesetzt, so werden seine Aufgaben gemäß der in Artikel 6 festgesetzten Rangordnung von einem der Kammerpräsidenten wahrgenommen.

Sind der Präsident des Gerichts und die Kammerpräsidenten gleichzeitig abwesend oder verhindert oder ihre Ämter gleichzeitig unbesetzt, so werden die Aufgaben des Präsidenten gemäß der in Artikel 6 festgesetzten Rangordnung von einem der übrigen Richter wahrgenommen.

Zweites Kapitel

BILDUNG DER KAMMERN UND BESTELLUNG DER BERICHTERSTATTER UND DER GENERALANWÄLTE

Artikel 10

§ 1. Das Gericht bildet Kammern mit drei und mit fünf Richtern sowie eine Große Kammer mit dreizehn Richtern und teilt ihnen die Richter zu.

§ 2. Die gemäß diesem Artikel getroffene Entscheidung wird im *Amtsblatt der Europäischen Union* veröffentlicht.

Artikel 11

§ 1. Die Rechtssachen, mit denen das Gericht befasst ist, werden von den gemäß Artikel 10 gebildeten Kammern mit drei oder mit fünf Richtern entschieden.

Die Rechtssachen können nach Maßgabe der Artikel 14, 51, 106, 118, 124, 127 und 129 vom Plenum oder von der Großen Kammer des Gerichts entschieden werden.

Die Rechtssachen können von einem Einzelrichter entschieden werden, wenn sie diesem nach Maßgabe der Artikel 14 und 51 zur Entscheidung übertragen oder nach den Artikeln 124, 127 § 1 oder 129 § 2 zugewiesen worden sind.

§ 2. Für die Rechtssachen, für deren Entscheidung die Kammern zuständig sind, bezeichnet der Begriff „Gericht" in dieser Verfahrensordnung diese Kammer. Für die Rechtssachen, für deren Entscheidung ein Einzelrichter zuständig ist, bezeichnet der Begriff „Gericht" in dieser Verfahrensordnung auch diesen Richter.

Artikel 12

Das Gericht legt die Kriterien fest, nach denen sich die Verteilung der Rechtssachen auf die Kammern richtet.

Diese Entscheidung wird im *Amtsblatt der Europäischen Union* veröffentlicht.

Artikel 13

§ 1. Sogleich nach Eingang der Klageschrift weist der Präsident des Gerichts die Rechtssache einer Kammer zu.

§ 2. Der Kammerpräsident schlägt dem Präsidenten des Gerichts für jede der Kammer zugewiesene Rechtssache die Bestimmung eines Berichterstatters vor; der Präsident des Gerichts entscheidet.

Artikel 14

§ 1. Sofern die rechtliche Schwierigkeit oder die Bedeutung der Rechtssache oder besondere Umstände es rechtfertigen, kann eine Rechtssache an das Plenum des Gerichts, an die Große Kammer oder an eine Kammer mit einer anderen Richterzahl verwiesen werden.

§ 2. (1) Die nachstehenden Rechtssachen, die einer Kammer mit drei Richtern zugewiesen sind, können vom Berichterstatter als Einzelrichter entschieden werden, sofern sie sich wegen fehlender Schwierigkeit der aufgeworfenen Tatsachen- und Rechtsfragen, begrenzter Bedeutung der Rechtssache und des Fehlens anderer besonderer Umstände dazu eignen und nach Maßgabe des Artikels 51 übertragen worden sind:

a) Rechtssachen, die aufgrund des Artikels 270 AEUV anhängig gemacht worden sind;

b) Rechtssachen, die aufgrund des Artikels 263 Absatz 4, des Artikels 265 Absatz 3 und des Artikels 268 AEUV anhängig gemacht worden sind und die nur Fragen aufwerfen, die bereits durch eine gesicherte Rechtsprechung geklärt sind, oder zu einer Serie von Rechtssachen gehören, die den gleichen Gegenstand haben und von denen eine bereits rechtskräftig entschieden ist;

c) Rechtssachen, die aufgrund des Artikels 272 AEUV anhängig gemacht worden sind.

(2) Die Übertragung auf einen Einzelrichter ist ausgeschlossen

a) bei Rechtssachen, die Fragen der Rechtmäßigkeit von Handlungen mit allgemeiner Geltung aufwerfen;

b) bei Rechtssachen betreffend die Durchführung

– der Wettbewerbsregeln oder der Vorschriften über die Kontrolle von Unternehmenszusammenschlüssen,

– der Vorschriften über staatliche Beihilfen,

– der Vorschriften über handelspolitische Schutzmaßnahmen,

– der Vorschriften über die gemeinsamen Agrarmarktorganisationen mit Ausnahme von Rechtssachen, die zu einer Serie von Rechtssachen gehören, die den gleichen Gegenstand haben und von denen eine bereits rechtskräftig entschieden ist;

c) bei den in Artikel 130 § 1 bezeichneten Rechtssachen.

(3) Der Einzelrichter verweist die Rechtssache an die Kammer zurück, wenn er die Voraussetzungen für diese Übertragung nicht mehr für erfüllt hält.

§ 3. Die in den §§ 1 und 2 vorgesehenen Verweisungs- und Übertragungsentscheidungen ergehen nach Maßgabe des Artikels 51.

Artikel 15

§ 1. Die Richter wählen aus ihrer Mitte gemäß den Bestimmungen des Artikels 7 § 3 die Präsidenten der Kammern mit drei und mit fünf Richtern.

§ 2. Die Präsidenten der Kammern mit fünf Richtern werden jeweils für drei Jahre gewählt. Einmalige Wiederwahl ist zulässig.

Die Präsidenten der Kammern mit fünf Richtern werden sogleich nach der Wahl des Präsidenten des Gerichts gemäß Artikel 7 § 1 gewählt.

§ 3. Die Präsidenten der Kammern mit drei Richtern werden für einen bestimmten Zeitraum gewählt.

§ 4. Endet die Amtszeit eines Kammerpräsidenten vor ihrem regelmäßigen Ablauf, so wird das Amt für die verbleibende Zeit neu besetzt.

§ 5. Das Ergebnis der Wahlen wird im *Amtsblatt der Europäischen Union* veröffentlicht.

Artikel 16

In den Rechtssachen, für deren Entscheidung die Kammern zuständig sind, übt der Kammerpräsident die Befugnisse des Präsidenten aus.

In den Rechtssachen, die einem Einzelrichter zur Entscheidung übertragen oder zugewiesen worden sind, übt dieser die Befugnisse des Präsidenten, mit Ausnahme der in den Artikeln 105 und 106 bezeichneten Befugnisse, aus.

Artikel 17

Das in Vollsitzungen tagende Gericht wird von einem durch den Präsidenten des Gerichts bestellten Generalanwalt unterstützt.

Artikel 18

Das in Kammern tagende Gericht kann von einem Generalanwalt unterstützt werden, wenn die rechtliche Schwierigkeit oder der tatsächlich komplizierte Streitstoff der Rechtssache dies nach Ansicht des Gerichts gebietet.

Artikel 19

Die Entscheidung über die Bestellung eines Generalanwalts für eine bestimmte Rechtssache wird auf Antrag der für die Rechtssache zuständigen Kammer vom Plenum des Gerichts getroffen.

Der Präsident des Gerichts bestimmt den Richter, der in dieser Rechtssache die Tätigkeit eines Generalanwalts ausübt.

Drittes Kapitel
DIE KANZLEI

Erster Abschnitt – Kanzler
Artikel 20

§ 1. Das Gericht ernennt seinen Kanzler.

Der Präsident des Gerichts bringt den Richtern zwei Wochen vor dem für die Ernennung vorgesehenen Zeitpunkt die eingegangenen Bewerbungen zur Kenntnis.

§ 2. Die Bewerbungen müssen genaue Angaben über Alter, Staatsangehörigkeit, akademische Grade, Sprachkenntnisse, gegenwärtige und frühere Tätigkeit sowie über die etwaigen gerichtlichen und internationalen Erfahrungen der Bewerber enthalten.

§ 3. Auf die Ernennung des Kanzlers findet Artikel 7 § 3 entsprechende Anwendung.

§ 4. Der Kanzler wird für die Dauer von sechs Jahren ernannt. Wiederernennung ist zulässig.

§ 5. Der Kanzler leistet vor Aufnahme seiner Tätigkeit vor dem Gericht den in Artikel 4 vorgesehenen Eid.

§ 6. Der Kanzler kann seines Amtes nur enthoben werden, wenn er nicht mehr die erforderlichen Voraussetzungen erfüllt oder den sich aus seinem Amt ergebenden Verpflichtungen nicht mehr nachkommt; das Gericht entscheidet, nachdem es dem Kanzler Gelegenheit zur Äußerung gegeben hat.

§ 7. Endet die Amtszeit des Kanzlers vor ihrem regelmäßigen Ablauf, so ernennt das Gericht einen neuen Kanzler für die Dauer von sechs Jahren.

Artikel 21

Das Gericht kann einen oder mehrere Hilfskanzler ernennen, die den Kanzler unterstützen und ihn nach Maßgabe der in Artikel 23 bezeichneten Dienstanweisung vertreten; die für die Ernennung des Kanzlers geltenden Vorschriften finden entsprechende Anwendung.

Artikel 22

Sind der Kanzler und gegebenenfalls der Hilfskanzler abwesend oder verhindert oder ihre Stellen unbesetzt, so beauftragt der Präsident des Gerichts Beamte oder sonstige Bedienstete mit der Wahrnehmung der Geschäfte des Kanzlers.

Artikel 23

Das Gericht erlässt auf Vorschlag des Präsidenten des Gerichts die Dienstanweisung für den Kanzler.

Artikel 24

§ 1. Die Kanzlei führt unter Aufsicht des Kanzlers ein Register, in das alle schriftlichen Vorgänge der einzelnen Rechtssachen einschließlich der Anlagen zu den Schriftsätzen fortlaufend einzutragen sind, und zwar in der Reihenfolge, in der sie anfielen.

§ 2. Der Kanzler vermerkt die Eintragung im Register auf der Urschrift und, wenn die Parteien dies beantragen, auf den vorgelegten Abschriften.

§ 3. Die Eintragung im Register und die in § 2 vorgesehenen Vermerke stellen öffentliche Urkunden dar.

§ 4. Die Vorschriften über die Registerführung werden in der in Artikel 23 bezeichneten Dienstanweisung festgelegt.

§ 5. Jeder, der hieran ein Interesse hat, kann das Register bei der Kanzlei einsehen und nach Maßgabe einer vom Gericht auf Vorschlag des Kanzlers zu erlassenden Gebührenordnung Abschriften oder Auszüge erhalten.

Jede Partei kann außerdem nach Maßgabe der Gebührenordnung Abschriften von Schriftsätzen sowie Ausfertigungen von Urteilen und sonstigen gerichtlichen Entscheidungen erhalten.

§ 6. Über jede Klage wird eine Mitteilung im *Amtsblatt der Europäischen Union* veröffentlicht, die den Tag der Eintragung der Klageschrift in das Register, Namen und Wohnsitz der Parteien, den Streitgegenstand und den Klageantrag sowie die Angabe der geltend gemachten Klagegründe und die wesentlichen Argumente enthält.

§ 7. Ist der Rat oder die Europäische Kommission nicht Partei einer Rechtssache, so übermittelt ihnen das Gericht eine Abschrift der Klageschrift und der Klagebeantwortung mit Ausnahme der diesen Schriftsätzen beigefügten Anlagen, damit das betreffende Organ feststellen kann, ob die Unanwendbarkeit eines seiner Rechtsakte im Sinne des Artikels 277 AEUV geltend gemacht wird. Eine Abschrift der Klageschrift und der Klagebeantwortung wird in der gleichen Weise dem Europäischen Parlament übermittelt, damit es feststellen kann, ob die Unanwendbarkeit eines von ihm und vom Rat gemeinsam erlassenen Rechtsakts im Sinne des Artikels 277 AEUV geltend gemacht wird.

Artikel 25

§ 1. Der Kanzler hat im Auftrag des Präsidenten alle eingehenden Schriftstücke entgegenzunehmen und sie zu übermitteln oder aufzubewahren sowie für die Zustellungen zu sorgen, die diese Verfahrensordnung vorsieht.

§ 2. Der Kanzler steht dem Gericht, dem Präsidenten und den übrigen Richtern bei allen Amtshandlungen zur Seite.

Artikel 26

Der Kanzler verwahrt die Siegel. Er ist für das Archiv verantwortlich und sorgt für die Veröffentlichungen des Gerichts.

Artikel 27

Vorbehaltlich der Artikel 5 und 33 ist der Kanzler bei allen Sitzungen des Gerichts zugegen.

Zweiter Abschnitt – Dienststellen
Artikel 28

Die Beamten und sonstigen Bediensteten, die den Präsidenten, die Richter und den Kanzler unmittelbar unterstützen, werden nach den Vorschriften über die Rechtsstellung des Personals ernannt. Sie unterstehen dem Kanzler unter Aufsicht des Präsidenten des Gerichts.

Artikel 29

Die in Artikel 28 genannten Beamten und sonstigen Bediensteten leisten vor dem Präsidenten des Gerichts in Gegenwart des Kanzlers den in Artikel 20 § 2 der Verfahrensordnung des Gerichtshofs vorgesehenen Eid.

Artikel 30

Die allgemeine Verwaltung des Gerichts einschließlich der Finanzverwaltung und der Buchführung wird im Auftrag des Präsidenten des Gerichts vom Kanzler wahrgenommen, dem die Dienststellen des Gerichtshofs zur Seite stehen.

Viertes Kapitel
GESCHÄFTSGANG DES GERICHTS
Artikel 31

§ 1. Der Präsident bestimmt den Termin für die Sitzungen des Gerichts.

§ 2. Das Gericht kann einzelne Sitzungen an einem anderen Ort als seinem Sitz abhalten.

Artikel 32

§ 1. Ergibt sich infolge Abwesenheit oder Verhinderung eine gerade Zahl von Richtern,

VfO
Gericht Dienstanw
Kanzler
Prakt Anw

so nimmt der in der Rangordnung im Sinne von Artikel 6 niedrigste Richter an den Beratungen nicht teil, es sei denn, er ist Berichterstatter. Im letzten Fall nimmt der Richter mit dem nächstniedrigsten Rang an den Beratungen nicht teil.

Ergibt sich infolge der Bestellung eines Generalanwalts gemäß Artikel 17 bei dem in Vollsitzung tagenden Gericht eine gerade Zahl von Richtern, so bestimmt der Präsident des Gerichts vor der Sitzung nach einer im Voraus vom Gericht festgelegten und im *Amtsblatt der Europäischen Union* veröffentlichten Reihenfolge den Richter, der an der Entscheidung der Rechtssache nicht mitwirkt.

§ 2. Stellt sich nach Einberufung des Plenums heraus, dass die für die Beschlussfähigkeit erforderliche Zahl von Richtern nicht erreicht wird, so vertagt der Präsident des Gerichts die Sitzung bis zu dem Zeitpunkt, zu dem das Gericht beschlussfähig ist.

§ 3. Wird in einer Kammer mit drei oder mit fünf Richtern die für die Beschlussfähigkeit erforderliche Zahl von drei Richtern nicht erreicht, so benachrichtigt der Kammerpräsident den Präsidenten des Gerichts; dieser bestimmt einen anderen Richter, durch den die Kammer ergänzt wird.

Für die Beschlussfähigkeit der Großen Kammer ist die Anwesenheit von neun Richtern erforderlich. Wird diese Zahl nicht erreicht, so bestimmt der Präsident des Gerichts einen anderen Richter, durch den die Große Kammer ergänzt wird.

Wird in der Großen Kammer oder in einer Kammer mit fünf Richtern infolge einer vor der Eröffnung der mündlichen Verhandlung eingetretenen Abwesenheit oder Verhinderung eines Richters die in Artikel 10 § 1 vorgesehene Zahl von Richtern nicht erreicht, so wird diese Kammer zur Wiederherstellung der vorgesehenen Richterzahl durch einen vom Präsidenten des Gerichts bestimmten Richter ergänzt.

§ 4. Sind einer Kammer mit drei oder fünf Richtern mehr als drei oder fünf Richter zugeteilt, so bestimmt der Kammerpräsident die Richter, die an der Entscheidung der Rechtssache mitwirken sollen.

§ 5. Ist der Einzelrichter, dem die Rechtssache zur Entscheidung übertragen oder zugewiesen ist, abwesend oder verhindert, so bestimmt der Präsident des Gerichts einen anderen Richter, der ihn ersetzt.

Artikel 33

§ 1. Die Beratungen des Gerichts sind nicht öffentlich.

§ 2. An der Beratung nehmen nur die Richter teil, die bei der mündlichen Verhandlung zugegen waren.

§ 3. Jeder Richter, der an der Beratung teilnimmt, trägt seine Auffassung vor und begründet sie.

§ 4. Auf Antrag eines Richters wird jede Frage, bevor sie zur Abstimmung gelangt, in einer von ihm gewünschten Sprache niedergelegt und den übrigen Richtern schriftlich übermittelt.

§ 5. Die Meinung, auf die sich die Mehrheit der Richter nach der abschließenden Aussprache geeinigt hat, ist für die Entscheidung des Gerichts maßgebend. Die Richter stimmen in der umgekehrten Reihenfolge der in Artikel 6 festgelegten Rangordnung ab.

§ 6. Meinungsverschiedenheiten über Gegenstand, Fassung und Reihenfolge der Fragen oder die Auslegung einer Abstimmung entscheidet das Gericht.

§ 7. Bei Sitzungen des Gerichts über Verwaltungsfragen ist der Kanzler zugegen, sofern das Gericht nichts anderes bestimmt.

§ 8. Tagt das Gericht in Abwesenheit des Kanzlers, so wird ein etwa erforderliches Protokoll von dem in der Rangordnung im Sinne von Artikel 6 niedrigsten Richter aufgenommen; das Protokoll wird vom Präsidenten und von dem betreffenden Richter unterzeichnet.

Artikel 34

§ 1. Vorbehaltlich einer besonderen Entscheidung des Gerichts werden die Gerichtsferien wie folgt festgesetzt:

– vom 18. Dezember bis zum 10. Januar;
– vom Sonntag vor Ostern bis zum zweiten Sonntag nach Ostern;
– vom 15. Juli bis zum 15. September.

Das Amt des Präsidenten wird während der Gerichtsferien am Sitz des Gerichts in der Weise wahrgenommen, dass der Präsident mit dem Kanzler in Verbindung bleibt oder dass er einen Kammerpräsidenten oder einen anderen Richter mit seiner Vertretung beauftragt.

§ 2. In dringenden Fällen kann der Präsident die Richter während der Gerichtsferien einberufen.

§ 3. Das Gericht hält die am Ort seines Sitzes geltenden gesetzlichen Feiertage ein.

§ 4. Das Gericht kann den Richtern in begründeten Fällen Urlaub gewähren.

Fünftes Kapitel
SPRACHENREGELUNG

Artikel 35

§ 1. Die Verfahrenssprachen sind Bulgarisch, Dänisch, Deutsch, Englisch, Estnisch, Finnisch, Französisch, Griechisch, Irisch, Italienisch, Lettisch, Litauisch, Maltesisch, Niederländisch, Polnisch, Portugiesisch, Rumänisch, Schwedisch, Slowakisch, Slowenisch, Spanisch, Tschechisch und Ungarisch.

§ 2. Der Kläger wählt die Verfahrenssprache, soweit die nachstehenden Vorschriften nichts anderes bestimmen:

a) Ist die Klage gegen einen Mitgliedstaat oder gegen eine natürliche oder juristische Person gerichtet, die einem Mitgliedstaat angehört, so ist die Amtssprache dieses Staates Verfahrenssprache; bestehen mehrere Amtssprachen, so ist der Kläger berechtigt, eine von ihnen zu wählen.

b) Auf gemeinsamen Antrag der Parteien kann eine andere der in § 1 genannten Sprachen ganz oder teilweise zugelassen werden.

c) Auf Antrag einer Partei kann nach Anhörung der Gegenpartei und des Generalanwalts abweichend von den Bestimmungen unter b eine andere der in § 1 genannten Sprachen ganz oder teilweise als Verfahrenssprache zugelassen werden; der Antrag kann nicht von einem Organ gestellt werden.

Der Beschluss über die vorgenannten Anträge kann vom Präsidenten gefasst werden; dieser kann die Entscheidung dem Gericht übertragen, will er den Anträgen ohne Einverständnis aller Parteien stattgeben, so muss er die Entscheidung dem Gericht übertragen.

§ 3. Die Verfahrenssprache ist insbesondere bei den mündlichen Ausführungen und in den Schriftsätzen der Parteien einschließlich aller Anlagen sowie in den Protokollen und Entscheidungen des Gerichts anzuwenden.

Urkunden, die in einer anderen Sprache abgefasst sind, ist eine Übersetzung in die Verfahrenssprache beizugeben.

Bei umfangreichen Urkunden kann die vorgelegte Übersetzung auf Auszüge beschränkt werden. Das Gericht kann jedoch jederzeit von Amts wegen oder auf Antrag einer Partei eine ausführliche oder vollständige Übersetzung verlangen.

Abweichend von diesen Bestimmungen dürfen sich die Mitgliedstaaten ihrer eigenen Amtssprache bedienen, wenn sie einem beim Gericht anhängigen Rechtsstreit als Streithelfer beitreten. Dies gilt sowohl für Schriftstücke als auch für mündliche Erklärungen. Der Kanzler veranlasst in jedem Fall die Übersetzung in die Verfahrenssprache.

Den Vertragsstaaten des EWR-Abkommens, die nicht Mitgliedstaaten sind, und der EFTA-Überwachungsbehörde kann gestattet werden, sich einer anderen der in § 1 genannten Sprachen zu bedienen, wenn sie einem beim Gericht anhängigen Rechtsstreit als Streithelfer beitreten. Dies gilt sowohl für Schriftstücke als auch für mündliche Erklärungen. Der Kanzler veranlasst in all diesen Fällen die Übersetzung in die Verfahrenssprache.

§ 4. Erklären Zeugen oder Sachverständige, dass sie sich nicht hinlänglich in einer der in § 1 genannten Sprachen ausdrücken können, so kann ihnen das Gericht gestatten, ihre Erklärungen in einer anderen Sprache abzugeben. Der Kanzler veranlasst die Übersetzung in die Verfahrenssprache.

§ 5. Der Präsident kann sich bei der Leitung der Verhandlung statt der Verfahrenssprache einer anderen der in § 1 genannten Sprachen bedienen; die gleiche Befugnis haben die Berichterstatter hinsichtlich des Vorberichts und des Sitzungsberichts, die Richter und der Generalanwalt für ihre Fragen in der mündlichen Verhandlung und der Generalanwalt für seine Schlussanträge. Der Kanzler veranlasst die Übersetzung in die Verfahrenssprache.

Artikel 36

§ 1. Auf Ersuchen eines Richters oder des Generalanwalts oder auf Antrag einer Partei veranlasst der Kanzler, dass die vor dem Gericht abgegebenen schriftlichen oder mündlichen Äußerungen in die in Artikel 35 § 1 genannten Sprachen, die gewünscht werden, übersetzt werden.

VfO
Dienstanw
Kanzler
Prakt Anw
Gericht

§ 2. Die Veröffentlichungen des Gerichts erscheinen in den in Artikel 1 der Verordnung Nr. 1 des Rates genannten Sprachen.

Artikel 37

Verbindlich ist die Fassung in der Verfahrenssprache oder, falls das Gericht gemäß Artikel 35 eine andere Sprache zugelassen hat, die Fassung in dieser Sprache.

Sechstes Kapitel
RECHTE UND PFLICHTEN DER BEVOLLMÄCHTIGTEN, BEISTÄNDE UND ANWÄLTE
Artikel 38

§ 1. Die Bevollmächtigten, Beistände und Anwälte, die vor dem Gericht oder vor einem von diesem um Rechtshilfe ersuchten Gericht auftreten, können wegen mündlicher und schriftlicher Äußerungen, die sich auf die Rechtssache oder auf die Parteien beziehen, nicht gerichtlich verfolgt werden.

§ 2. Bevollmächtigte, Beistände und Anwälte genießen ferner folgende Vorrechte und Erleichterungen:

a) Schriftstücke und Urkunden, die sich auf das Verfahren beziehen, dürfen weder durchsucht noch beschlagnahmt werden. Im Streitfall können die Zoll- oder Polizeibeamten derartige Schriftstücke und Urkunden versiegeln; diese werden unverzüglich dem Gericht übermittelt und in Gegenwart des Kanzlers und des Beteiligten untersucht.

b) Bevollmächtigte, Beistände und Anwälte haben Anspruch auf die Zuteilung ausländischer Zahlungsmittel, die zur Erfüllung ihrer Aufgaben notwendig sind.

c) Bei Reisen, die zur Erfüllung ihrer Aufgaben erforderlich sind, unterliegen sie keinerlei Beschränkungen.

Artikel 39

Die in Artikel 38 genannten Vergünstigungen kommen den Berechtigten nur dann zugute, wenn sie ihre Eigenschaft nachgewiesen haben; diesen Nachweis erbringen

a) die Bevollmächtigten durch eine von ihrem Vollmachtgeber ausgestellte Urkunde, der dem Kanzler unverzüglich eine Abschrift dieser Urkunde übermittelt;

b) die Beistände und Anwälte durch einen vom Kanzler unterschriebenen Ausweis. Die Gültigkeit dieses Ausweises ist auf eine bestimmte Zeit begrenzt; sie kann je nach der Dauer des Verfahrens verlängert oder verkürzt werden.

Artikel 40

Die in Artikel 38 genannten Vergünstigungen werden ausschließlich im Interesse der geordneten Durchführung des Verfahrens gewährt.

Das Gericht kann die Befreiung von gerichtlicher Verfolgung aufheben, wenn der Fortgang des Verfahrens nach seiner Auffassung hierdurch nicht beeinträchtigt wird.

Artikel 41

§ 1. Ist das Gericht der Auffassung, dass das Verhalten eines Beistands oder Anwalts gegenüber dem Gericht, dem Präsidenten, einem Richter oder dem Kanzler mit der Würde des Gerichts oder den Erfordernissen einer geordneten Rechtspflege unvereinbar ist oder dass dieser Beistand oder Anwalt seine Befugnisse missbraucht, so unterrichtet es den Betroffenen davon. Das Gericht kann die zuständigen Stellen, denen der Betroffene untersteht, unterrichten; eine Kopie des an diese Stellen gerichteten Schreibens wird dem Betroffenen übermittelt.

Aus denselben Gründen kann das Gericht den Betroffenen jederzeit nach dessen Anhörung durch Beschluss vom Verfahren ausschließen. Der Beschluss ist sofort vollstreckbar.

§ 2. Wird ein Beistand oder Anwalt ausgeschlossen, so setzt der Präsident der betroffenen Partei eine Frist zur Bestellung eines anderen Beistands oder Anwalts; bis zum Ablauf dieser Frist tritt eine Unterbrechung des Verfahrens ein.

§ 3. Die in Anwendung dieses Artikels getroffenen Entscheidungen können wieder aufgehoben werden.

Artikel 42

Die Bestimmungen dieses Kapitels finden entsprechende Anwendung auf Universitätsprofessoren, die gemäß Artikel 19 der Satzung das Recht haben, vor dem Gericht aufzutreten.

ZWEITER TITEL
ALLGEMEINE VERFAHRENSVORSCHRIFTEN

Erstes Kapitel
SCHRIFTLICHES VERFAHREN

Artikel 43

§ 1. Die Urschrift jedes Schriftsatzes ist vom Bevollmächtigten oder vom Anwalt der Partei zu unterzeichnen.

Mit diesem Schriftsatz und allen darin erwähnten Anlagen werden fünf Abschriften für das Gericht und je eine Abschrift für jede andere am Rechtsstreit beteiligte Partei eingereicht. Die Partei beglaubigt die von ihr eingereichten Abschriften.

§ 2. Die Organe haben innerhalb der vom Gericht festgesetzten Fristen von jedem Schriftsatz Übersetzungen in den anderen in Artikel 1 der Verordnung Nr. 1 des Rates genannten Sprachen vorzulegen. § 1 Absatz 2 findet entsprechende Anwendung.

§ 3. Jeder Schriftsatz ist mit Datum zu versehen. Für die Berechnung der Verfahrensfristen ist nur der Tag des Eingangs bei der Kanzlei maßgebend.

§ 4. Mit jedem Schriftsatz ist gegebenenfalls ein Aktenstück einzureichen, das die Urkunden, auf die sich die Partei beruft, sowie ein Verzeichnis dieser Urkunden enthält.

§ 5. Werden von einer Urkunde mit Rücksicht auf deren Umfang nur Auszüge vorgelegt, so ist die Urkunde oder eine vollständige Abschrift hiervon bei der Kanzlei zu hinterlegen.

§ 6. Unbeschadet der §§ 1 bis 5 ist der Tag, an dem eine Kopie der unterzeichneten Urschrift eines Schriftsatzes einschließlich des in § 4 genannten Urkundenverzeichnisses mittels Fernkopierer oder sonstiger beim Gericht vorhandener technischer Kommunikationsmittel bei der Kanzlei eingeht, für die Wahrung der Verfahrensfristen maßgebend, sofern die unterzeichnete Urschrift des Schriftsatzes und die in § 1 Absatz 2 genannten Anlagen und Abschriften spätestens zehn Tage danach bei der Kanzlei eingereicht werden. Artikel 102 § 2 findet auf diese Frist von zehn Tagen keine Anwendung.

§ 7. Unbeschadet des § 1 Absatz 1 und der §§ 2 bis 5 kann das Gericht durch Beschluss die Voraussetzungen festlegen, unter denen ein der Kanzlei elektronisch übermittelter Schriftsatz als Urschrift des Schriftsatzes gilt. Der Beschluss wird im *Amtsblatt der Europäischen Union* veröffentlicht.

Artikel 44

§ 1. Die in Artikel 21 der Satzung bezeichnete Klageschrift muss enthalten:
a) Namen und Wohnsitz des Klägers;
b) die Bezeichnung des Beklagten;
c) den Streitgegenstand und eine kurze Darstellung der Klagegründe;
d) die Anträge des Klägers;
e) gegebenenfalls die Bezeichnung der Beweismittel.

§ 2. In der Klageschrift ist ferner für die Zwecke des Verfahrens eine Zustellungsanschrift am Ort des Gerichtssitzes anzugeben. Hierbei ist eine Person zu benennen, die ermächtigt ist und sich bereit erklärt hat, die Zustellungen entgegenzunehmen.

Zusätzlich zu oder statt der in Absatz 1 genannten Zustellungsanschrift kann in der Klageschrift angegeben werden, dass sich der Anwalt oder Bevollmächtigte damit einverstanden erklärt, dass Zustellungen an ihn mittels Fernkopierer oder sonstiger technischer Kommunikationsmittel erfolgen.

Entspricht die Klageschrift nicht den Voraussetzungen der Absätze 1 und 2, so erfolgen bis zur Behebung dieses Mangels alle Zustellungen an die betreffende Partei für die Zwecke des Verfahrens auf dem Postweg durch Einschreiben an den Bevollmächtigten oder Anwalt der Partei. Abweichend von Artikel 100 § 1 gilt in diesem Fall die Zustellung mit der Aufgabe des Einschreibens zur Post am Ort des Gerichtssitzes als bewirkt.

§ 3. Der Anwalt, der als Beistand oder Vertreter einer Partei auftritt, hat bei der Kanzlei eine Bescheinigung zu hinterlegen, aus der hervorgeht, dass er berechtigt ist, vor einem Gericht eines Mitgliedstaats oder eines anderen Vertragsstaats des EWR-Abkommens aufzutreten.

§ 4. Mit der Klageschrift sind gegebenenfalls die in Artikel 21 Absatz 2 der Satzung bezeichneten Unterlagen einzureichen.

§ 5. Juristische Personen des Privatrechts haben mit der Klageschrift ferner

a) ihre Satzung oder einen neueren Auszug aus dem Handelsregister oder einen neueren Auszug aus dem Vereinsregister oder einen anderen Nachweis ihrer Rechtspersönlichkeit einzureichen;

b) den Nachweis vorzulegen, dass die Prozessvollmacht ihres Anwalts von einem hierzu Berechtigten ordnungsgemäß ausgestellt ist.

§ 5a. Wird gemäß Artikel 272 AEUV eine Klage aufgrund einer Schiedsklausel erhoben, die in einem von der Union oder für ihre Rechnung abgeschlossenen öffentlich-rechtlichen oder privatrechtlichen Vertrag enthalten ist, so ist mit der Klageschrift eine Ausfertigung des diese Klausel enthaltenden Vertrags einzureichen.

§ 6. Entspricht die Klageschrift nicht den §§ 3 bis 5, so setzt der Kanzler dem Kläger eine angemessene Frist zur Behebung des Mangels oder zur Beibringung der vorgeschriebenen Unterlagen. Kommt der Kläger dieser Aufforderung vor Ablauf der Frist nicht nach, so entscheidet das Gericht, ob die Nichtbeachtung dieser Formvorschriften die Unzulässigkeit der Klage zur Folge hat.

Artikel 45

Die Klageschrift wird dem Beklagten zugestellt. In dem in Artikel 44 § 6 bezeichneten Fall erfolgt die Zustellung nach Behebung des Mangels oder nach Feststellung des Gerichts, dass die Klage nicht wegen Verletzung der Vorschriften des genannten Artikels unzulässig ist.

Artikel 46

§ 1. Innerhalb von zwei Monaten nach Zustellung der Klageschrift hat der Beklagte eine Klagebeantwortung einzureichen. Diese muss enthalten:

a) Namen und Wohnsitz des Beklagten;

b) die tatsächliche und rechtliche Begründung;

c) die Anträge des Beklagten;

d) gegebenenfalls die Bezeichnung der Beweismittel.

Artikel 44 §§ 2 bis 5 findet entsprechende Anwendung.

§ 2. In den Streitsachen zwischen der Union und deren Bediensteten müssen der Klagebeantwortung die Beschwerde im Sinne von Artikel 90 Absatz 2 des Beamtenstatuts und die Ablehnungsentscheidung mit Angabe des Datums der Einreichung der Beschwerde und der Mitteilung der Entscheidung beigefügt sein.

§ 3. Auf begründeten Antrag des Beklagten kann der Präsident unter außergewöhnlichen Umständen die in § 1 bezeichnete Frist verlängern.

Artikel 47

§ 1. Klageschrift und Klagebeantwortung können durch eine Erwiderung des Klägers und eine Gegenerwiderung des Beklagten ergänzt werden, es sei denn, das Gericht entscheidet nach Anhörung des Generalanwalts, dass ein zweiter Schriftsatzwechsel nicht erforderlich ist, weil der Akteninhalt so vollständig ist, dass es den Parteien möglich ist, ihre Angriffs- und Verteidigungsmittel und ihre Argumente in der mündlichen Verhandlung näher darzulegen. Das Gericht kann den Parteien jedoch noch gestatten, die Akten zu ergänzen, wenn der Kläger binnen zwei Wochen nach der Zustellung dieser Entscheidung einen dahin gehenden begründeten Antrag stellt.

§ 2. Der Präsident bestimmt die Fristen für die Einreichung dieser Schriftsätze.

Artikel 48

§ 1. Die Parteien können in der Erwiderung oder in der Gegenerwiderung noch Beweismittel benennen. Sie haben die Verspätung zu begründen.

§ 2. Im Übrigen können neue Angriffs- und Verteidigungsmittel im Laufe des Verfahrens nicht mehr vorgebracht werden, es sei denn, dass sie auf rechtliche oder tatsächliche Gründe gestützt werden, die erst während des Verfahrens zutage getreten sind.

Macht eine Partei im Laufe des Verfahrens derartige Angriffs- und Verteidigungsmittel geltend, so kann der Präsident auch nach Ablauf der gewöhnlichen Verfahrensfristen auf Bericht des Berichterstatters nach Anhörung des Generalanwalts der Gegenpartei eine Frist zur Stellungnahme setzen.

Die Entscheidung über die Zulässigkeit des Vorbringens bleibt dem Endurteil vorbehalten.

Artikel 49

Das Gericht kann in jedem Verfahrensstadium nach Anhörung des Generalanwalts eine prozessleitende Maßnahme oder eine Beweisaufnahme im Sinne der Artikel 64 und 65 beschließen oder die Wiederholung oder Erweiterung einer früheren Beweiserhebung anordnen.

Artikel 50

§ 1. Der Präsident kann jederzeit nach Anhörung der Parteien und des Generalanwalts die Verbindung mehrerer Rechtssachen zu gemeinsamem schriftlichen oder mündlichen Verfahren oder zu gemeinsamer Entscheidung beschließen, wenn sie den gleichen Gegenstand betreffen und miteinander in Zusammenhang stehen. Er kann die Verbindung wieder aufheben. Der Präsident kann die Entscheidung hierüber dem Gericht übertragen.

§ 2. Die Bevollmächtigten, Beistände und Anwälte sämtlicher Parteien in den verbundenen Rechtssachen einschließlich der Streithelfer können bei der Kanzlei die den Parteien in den anderen betroffenen Rechtssachen zugestellten Schriftstücke einsehen. Auf Antrag einer Partei kann der Präsident jedoch unbeschadet des Artikels 67 Absatz 3 geheime oder vertrauliche Unterlagen von der Einsichtnahme ausnehmen.

Artikel 51

§ 1. In den Fällen nach Artikel 14 § 1 kann die mit der Rechtssache befasste Kammer oder der Präsident des Gerichts in jedem Verfahrensstadium von Amts wegen oder auf Antrag einer Partei dem Plenum des Gerichts vorschlagen, die Rechtssache an das Plenum, die Große Kammer oder eine Kammer mit einer anderen Richterzahl zu verweisen. Über die Verweisung einer Rechtssache an einen Spruchkörper mit einer höheren Richterzahl beschließt das Plenum nach Anhörung des Generalanwalts.

Die Rechtssache wird von einer Kammer mit mindestens fünf Richtern entschieden, wenn ein am Verfahren beteiligter Mitgliedstaat oder ein am Verfahren beteiligtes Organ der Union dies beantragt.

§ 2. Die Entscheidung über die Übertragung einer Rechtssache auf den Einzelrichter in den Fällen des Artikels 14 § 2 trifft die Kammer mit drei Richtern, bei der die Rechtssache anhängig ist, einstimmig nach Anhörung der Parteien.

Wenn ein am Verfahren beteiligter Mitgliedstaat oder ein am Verfahren beteiligtes Organ der Union der Entscheidung der Rechtssache durch einen Einzelrichter widerspricht, bleibt die Kammer, der der Berichterstatter angehört, mit der Rechtssache befasst, oder die Rechtssache wird an diese Kammer verwiesen.

Artikel 52

§ 1. Unbeschadet des Artikels 49 bestimmt der Präsident den Zeitpunkt, bis zu dem der Berichterstatter dem Gericht einen Vorbericht abzugeben hat, je nach Lage des Falles

a) nach Eingang der Gegenerwiderung;

b) nach Ablauf der nach Artikel 47 § 2 festgesetzten Frist, wenn keine Erwiderung oder Gegenerwiderung eingereicht worden ist;

c) nachdem die betreffende Partei erklärt hat, dass sie auf die Einreichung einer Erwiderung oder Gegenerwiderung verzichtet;

d) nachdem das Gericht beschlossen hat, dass gemäß Artikel 47 § 1 die Klageschrift und die Klagebeantwortung nicht durch eine Erwiderung und eine Gegenerwiderung zu ergänzen sind;

e) nachdem das Gericht beschlossen hat, dass gemäß Artikel 76a § 1 im beschleunigten Verfahren zu entscheiden ist.

§ 2. Der Vorbericht enthält Vorschläge zu der Frage, ob prozessleitende Maßnahmen oder Beweiserhebungen erforderlich sind, sowie zur etwaigen Verweisung der Rechtssache an das Plenum, an die Große Kammer oder an eine andere Kammer des Gerichts mit einer anderen Richterzahl.

Das Gericht entscheidet über die Vorschläge des Berichterstatters nach Anhörung des Generalanwalts.

Artikel 53

Beschließt das Gericht, von prozessleitenden Maßnahmen und von einer Beweisaufnahme abzusehen, so bestimmt der Präsident den Termin für die Eröffnung der mündlichen Verhandlung.

Artikel 54

Unbeschadet der prozessleitenden Maßnahmen oder der Beweisaufnahme, die in der mündlichen Verhandlung beschlossen werden können, bestimmt der Präsident, wenn im schriftlichen Verfahren prozessleitende Maßnahmen getroffen worden sind oder eine Beweisaufnahme durchgeführt worden ist, nach deren Abschluss den Termin für die Eröffnung der mündlichen Verhandlung.

Zweites Kapitel
MÜNDLICHE VERHANDLUNG
Artikel 55

§ 1. Das Gericht erkennt über die bei ihm anhängigen Rechtssachen jeweils in der Reihenfolge, in der die Beweisaufnahme abgeschlossen wird. Bei gleichzeitigem Abschluss der Beweisaufnahme für mehrere Rechtssachen bestimmt sich die Reihenfolge nach dem Tag der Eintragung der Klageschriften in das Register.

§ 2. In besonderen Fällen kann der Präsident anordnen, dass eine Rechtssache mit Vorrang entschieden wird.

In besonderen Fällen kann der Präsident nach Anhörung der Parteien und des Generalanwalts von Amts wegen oder auf Antrag einer Partei anordnen, dass eine Rechtssache zu späterer Entscheidung zurückgestellt wird.

Beantragen die Parteien einvernehmlich die Zurückstellung einer Rechtssache, so kann der Präsident dem Antrag stattgeben.

Artikel 56

Der Präsident eröffnet und leitet die Verhandlung; ihm obliegt die Aufrechterhaltung der Ordnung in der Sitzung.

Artikel 57

Wird die Öffentlichkeit ausgeschlossen, so darf der Inhalt der mündlichen Verhandlung nicht veröffentlicht werden.

Artikel 58

Der Präsident kann in der Verhandlung Fragen an die Bevollmächtigten, Beistände oder Anwälte der Parteien richten.

Die gleiche Befugnis steht den übrigen Richtern und dem Generalanwalt zu.

Artikel 59

Die Parteien können nur durch Bevollmächtigte, Beistände oder Anwälte verhandeln.

Artikel 60

Ist in einer Rechtssache kein Generalanwalt bestellt worden, so erklärt der Präsident am Ende der Verhandlung die mündliche Verhandlung für geschlossen.

Artikel 61

§ 1. Stellt der Generalanwalt seine Schlussanträge schriftlich, so übergibt er sie dem Kanzler, der sie den Parteien zustellt.

§ 2. Nach dem Vortrag oder der Übergabe der Schlussanträge erklärt der Präsident die mündliche Verhandlung für geschlossen.

Artikel 62

Das Gericht kann nach Anhörung des Generalanwalts die Wiedereröffnung der mündlichen Verhandlung anordnen.

Artikel 63

§ 1. Der Kanzler nimmt über jede mündliche Verhandlung ein Protokoll auf. Das Protokoll wird vom Präsidenten und vom Kanzler unterzeichnet. Es stellt eine öffentliche Urkunde dar.

§ 2. Die Parteien können die Protokolle bei der Kanzlei einsehen und auf ihre Kosten Abschriften erhalten.

Drittes Kapitel
PROZESSLEITENDE MASSNAHMEN UND BEWEISAUFNAHME
Erster Abschnitt – Prozessleitende Maßnahmen
Artikel 64

§ 1. Prozessleitende Maßnahmen sollen die Vorbereitung der Entscheidungen, den Ablauf der Verfahren und die Beilegung der Rechtsstreitigkeiten unter den bestmöglichen Bedingungen gewährleisten. Sie werden vom Gericht nach Anhörung des Generalanwalts beschlossen.

§ 2. Prozessleitende Maßnahmen haben insbesondere zum Ziel:

a) den ordnungsgemäßen Ablauf des schriftlichen Verfahrens oder der mündlichen Verhandlung zu gewährleisten und die Beweiserhebung zu erleichtern;

b) die Punkte zu bestimmen, zu denen die Parteien ihr Vorbringen ergänzen sollen oder die eine Beweisaufnahme erfordern;

c) die Tragweite der Anträge und des Vorbringens der Parteien zu verdeutlichen und die zwischen den Parteien streitigen Punkte zu klären;

d) die gütliche Beilegung der Rechtsstreitigkeiten zu erleichtern.

§ 3. Zu den prozessleitenden Maßnahmen, die beschlossen werden können, gehören unter anderem:

a) Fragen an die Parteien;

b) die Aufforderung an die Parteien, schriftlich oder mündlich zu bestimmten Aspekten des Rechtsstreits Stellung zu nehmen;

c) Informations- oder Auskunftsverlangen an die Parteien oder Dritte;

d) die Aufforderung zur Vorlage von Unterlagen oder Beweisstücken im Zusammenhang mit der Rechtssache;

e) die Ladung der Bevollmächtigten der Parteien oder der Parteien selbst zu Sitzungen.

§ 4. Jede Partei kann in jedem Verfahrensstadium den Erlass oder die Abänderung prozessleitender Maßnahmen vorschlagen. In diesem Fall werden die anderen Parteien angehört, bevor diese Maßnahmen angeordnet werden.

Wenn die Umstände des Verfahrens dies erfordern, unterrichtet das Gericht die Parteien von den geplanten Maßnahmen und gibt ihnen Gelegenheit, schriftlich oder mündlich dazu Stellung zu nehmen.

§ 5. Beschließt das Plenum oder die Große Kammer des Gerichts prozessleitende Maßnahmen, die nicht von diesem Spruchkörper selbst durchgeführt werden sollen, so beauftragt der Spruchkörper damit die mit der Rechtssache ursprünglich befasste Kammer oder den Berichterstatter.

Beschließt eine Kammer prozessleitende Maßnahmen, die nicht von ihr selbst getroffen werden sollen, so beauftragt sie damit den Berichterstatter.

Der Generalanwalt ist an der Durchführung der prozessleitenden Maßnahmen beteiligt.

Zweiter Abschnitt – Beweisaufnahme
Artikel 65

Unbeschadet der Artikel 24 und 25 der Satzung sind folgende Beweismittel zulässig:

a) persönliches Erscheinen der Parteien;

b) Einholung von Auskünften und Vorlegung von Urkunden;

c) Vernehmung von Zeugen;

d) Begutachtung durch Sachverständige;

e) Einnahme des Augenscheins.

Artikel 66

§ 1. Das Gericht bezeichnet nach Anhörung des Generalanwalts durch Beschluss die Beweismittel und die zu beweisenden Tatsachen. Bevor das Gericht die Beweiserhebungen nach Artikel 65 Buchstaben c, d und e beschließt, werden die Parteien angehört.

Der Beschluss wird den Parteien zugestellt.

§ 2. Gegenbeweis und Erweiterung des Beweisantritts bleiben vorbehalten.

Artikel 67

§ 1. Ordnet das Plenum oder die Große Kammer des Gerichts eine Beweisaufnahme an, die nicht vor diesem Spruchkörper selbst stattfinden soll, so beauftragt der Spruchkörper die ursprünglich mit der Rechtssache befasste Kammer oder den Berichterstatter mit ihrer Durchführung.

Ordnet eine Kammer eine Beweisaufnahme an, die nicht vor ihr selbst stattfinden soll, so beauftragt sie den Berichterstatter mit ihrer Durchführung.

Der Generalanwalt nimmt an der Beweisaufnahme teil.

§ 2. Die Parteien können der Beweisaufnahme beiwohnen.

§ 3. Vorbehaltlich des Artikels 116 §§ 2 und 6 berücksichtigt das Gericht nur Unterlagen und Beweisstücke, von denen die Anwälte und Bevollmächtigten der Parteien Kenntnis nehmen und zu denen sie Stellung nehmen konnten.

Hat das Gericht zu prüfen, ob ein Schriftstück, das für die Entscheidung eines Rechtsstreits von Belang sein kann, gegenüber einer oder mehreren Parteien als vertraulich zu behandeln ist, so wird das Schriftstück während dieser Prüfung den Parteien nicht übermittelt.

Ist ein Schriftstück, in das ein Organ die Einsicht verweigert hat, dem Gericht in einem Verfahren zur Prüfung der Rechtmäßigkeit dieser Verweigerung vorgelegt worden, so wird es den übrigen Parteien nicht übermittelt.

Dritter Abschnitt – Ladung und Vernehmung von Zeugen und Sachverständigen
Artikel 68

§ 1. Das Gericht kann von Amts wegen oder auf Antrag der Parteien nach Anhörung der Parteien und des Generalanwalts die Vernehmung von Zeugen über bestimmte Tatsachen anordnen. Die Tatsachen sind in dem Beschluss aufzuführen.

Das Gericht lädt die Zeugen von Amts wegen oder auf Antrag der Parteien oder des Generalanwalts.

Die Partei hat in ihrem Antrag die Tatsachen zu bezeichnen, über die die Vernehmung stattfinden soll, und die Gründe anzugeben, die die Vernehmung rechtfertigen.

§ 2. Die Zeugen werden aufgrund eines Beschlusses des Gerichts geladen; dieser Beschluss muss folgende Angaben enthalten:

a) Namen, Vornamen, Stellung und Anschrift der Zeugen;

b) die Bezeichnung der Tatsachen, über die die Zeugen zu vernehmen sind;

c) gegebenenfalls einen Hinweis auf die Anordnungen des Gerichts über die Erstattung der den Zeugen entstehenden Kosten sowie auf die Geldbußen, die gegen ausbleibende Zeugen verhängt werden können.

Der Beschluss ist den Parteien und den Zeugen zuzustellen.

§ 3. Das Gericht kann die Ladung von Zeugen, deren Vernehmung von einer Partei beantragt wird, davon abhängig machen, dass die Partei bei der Kasse des Gerichts einen Vorschuss in bestimmter Höhe zur Deckung der voraussichtlichen Kosten hinterlegt.

Zeugen, die von Amts wegen geladen werden, erhalten von der Kasse des Gerichts die erforderlichen Vorschüsse.

§ 4. Der Präsident weist die Zeugen nach Feststellung ihrer Identität darauf hin, dass sie die Richtigkeit ihrer Aussagen nach den Bestimmungen des § 5 und des Artikels 71 zu versichern haben.

Die Zeugen werden vom Gericht vernommen; die Parteien sind hierzu zu laden. Der Präsident kann auf Antrag der Parteien oder von Amts wegen nach Beendigung der Aussage Fragen an die Zeugen richten.

Die gleiche Befugnis steht den übrigen Richtern und dem Generalanwalt zu.

Mit Erlaubnis des Präsidenten können die Vertreter der Parteien Fragen an die Zeugen richten.

§ 5. Vorbehaltlich des Artikels 71 leistet der Zeuge nach Beendigung seiner Aussage folgenden Eid:

„Ich schwöre, dass ich die Wahrheit, die ganze Wahrheit und nichts als die Wahrheit gesagt habe."

Das Gericht kann nach Anhörung der Parteien auf die Vereidigung des Zeugen verzichten.

§ 6. Der Kanzler erstellt ein Protokoll, das die Zeugenaussagen wiedergibt.

Das Protokoll wird vom Präsidenten oder von dem mit der Vernehmung beauftragten Berichterstatter sowie vom Kanzler unterzeichnet. Vor der Unterzeichnung ist dem Zeugen Gelegenheit zu geben, den Inhalt des Protokolls zu überprüfen und das Protokoll zu unterzeichnen.

Das Protokoll stellt eine öffentliche Urkunde dar.

Artikel 69

§ 1. Zeugen, die ordnungsgemäß geladen sind, haben der Ladung Folge zu leisten.

§ 2. Erscheint ein ordnungsgemäß geladener Zeuge nicht, so kann das Gericht ihn zu einer Geldbuße bis zu 5000 Euro verurteilen und die erneute Ladung auf Kosten des Zeugen anordnen.

Die gleiche Geldbuße kann gegen einen Zeugen verhängt werden, der ohne berechtigten Grund die Aussage, die Eidesleistung oder gegebenenfalls die dem Eid gleichgestellte feierliche Erklärung verweigert.

§ 3. Die verhängte Geldbuße kann nur aufgehoben werden, wenn der Zeuge berechtigte Entschuldigungsgründe vorbringt. Die Geldbuße kann auf Antrag des Zeugen verringert werden, wenn der Zeuge nachweist, dass sie in keinem angemessenen Verhältnis zu seinen Einkünften steht.

§ 4. Auf die Vollstreckung der nach diesem Artikel verhängten Geldbußen oder sonstigen Maßnahmen finden die Artikel 280 und 299 AEUV sowie 164 EAGV entsprechende Anwendung.

Artikel 70

§ 1. Das Gericht kann die Erstattung eines Gutachtens durch einen Sachverständigen anordnen. In dem Beschluss ist der Sachverständige zu benennen, sein Auftrag genau zu umschreiben und eine Frist für die Erstattung des Gutachtens zu bestimmen.

§ 2. Der Sachverständige erhält eine Abschrift des Beschlusses sowie die zur Erfüllung seines Auftrags erforderlichen Unterlagen. Er untersteht dem Berichterstatter, der bei den Ermittlungen des Sachverständigen anwesend sein kann und über den Fortgang der Arbeiten auf dem Laufenden zu halten ist.

Das Gericht kann von den Parteien oder einer Partei die Hinterlegung eines Vorschusses zur Deckung der Kosten des Gutachtens verlangen.

§ 3. Auf Antrag des Sachverständigen kann das Gericht die Vernehmung von Zeugen anordnen; Artikel 68 findet entsprechende Anwendung.

§ 4. Der Sachverständige hat sich nur zu den Punkten zu äußern, die sein Auftrag ausdrücklich bezeichnet.

§ 5. Nach Eingang des Gutachtens kann das Gericht die Anhörung des Sachverständigen anordnen; die Parteien sind hierzu zu laden.

Mit Erlaubnis des Präsidenten können die Vertreter der Parteien Fragen an den Sachverständigen richten.

§ 6. Vorbehaltlich des Artikels 71 leistet der Sachverständige nach Erstattung des Gutachtens vor dem Gericht folgenden Eid:

„Ich schwöre, dass ich meinen Auftrag unparteiisch und nach bestem Wissen und Gewissen erfüllt habe."

Das Gericht kann nach Anhörung der Parteien auf die Vereidigung des Sachverständigen verzichten.

Artikel 71

§ 1. Wer als Zeuge oder Sachverständiger vor dem Gericht zur Eidesleistung aufgefordert wird, wird vom Präsidenten ermahnt, seine Aussage wahrheitsgemäß zu machen bzw. seinen Auftrag unparteiisch und nach bestem Wissen und Gewissen zu erfüllen, und wird von ihm über die in der Gesetzgebung seines Heimatstaats vorgesehenen strafrechtlichen Folgen einer Verletzung dieser Pflicht belehrt.

§ 2. Zeugen und Sachverständige leisten den Eid entweder gemäß Artikel 68 § 5 Absatz 1 bzw. Artikel 70 § 6 Absatz 1 oder in den Formen der Gesetzgebung ihres Heimatstaats.

§ 3. Erlaubt das Heimatrecht dem Zeugen oder dem Sachverständigen in Gerichtsverfahren, neben dem Eid oder anstelle des Eides eine dem Eid gleichgestellte Erklärung abzugeben, so kann er diese Erklärung unter den Bedingungen und nach den Formen der Gesetzgebung seines Heimatstaats abgeben.

Kennt das Heimatrecht des Zeugen oder des Sachverständigen weder einen Eid noch eine solche Erklärung, so verbleibt es bei der Belehrung gemäß § 1.

Artikel 72

§ 1. Hat ein Zeuge oder Sachverständiger vor dem Gericht unter Eid falsch ausgesagt, so kann das Gericht nach Anhörung des Generalanwalts beschließen, dies der in Anlage III der Zusätzlichen Verfahrensordnung des Gerichtshofs genannten zuständigen Stelle des Mitgliedstaats anzuzeigen, dessen Gerichte für eine Strafverfolgung zuständig sind; Artikel 71 wird berücksichtigt.

§ 2. Der Kanzler sorgt für die Zustellung des Beschlusses des Gerichts. In diesem Beschluss sind die Tatsachen und Umstände anzugeben, auf denen die Anzeige beruht.

Artikel 73

§ 1. Lehnt eine Partei einen Zeugen oder Sachverständigen wegen Unfähigkeit, Unwürdigkeit oder aus sonstigen Gründen ab oder verweigert ein Zeuge oder Sachverständiger die Aussage, die Eidesleistung oder die dem Eid gleichgestellte feierliche Erklärung, so entscheidet das Gericht.

§ 2. Die Ablehnung ist binnen zwei Wochen nach Zustellung des Beschlusses, durch den der Zeuge geladen oder der Sachverständige ernannt worden ist, zu erklären; die Erklärung muss die Ablehnungsgründe und die Bezeichnung der Beweismittel enthalten.

Artikel 74

§ 1. Zeugen und Sachverständige haben Anspruch auf Erstattung ihrer Reise- und Aufenthaltskosten. Die Kasse des Gerichts kann ihnen einen Vorschuss auf diese Kosten gewähren.

§ 2. Zeugen haben ferner Anspruch auf Entschädigung für Verdienstausfall, Sachverständige auf Vergütung ihrer Tätigkeit. Die Kasse des Gerichts zahlt die Entschädigung oder Vergütung aus, nachdem der Zeuge oder Sachverständige seiner Pflicht genügt hat.

Gericht
VfO
Dienstanw
Kanzler
Prakt Anw

Artikel 75

§ 1. Das Gericht kann auf Antrag der Parteien oder von Amts wegen Ersuchen um Rechtshilfe bei der Vernehmung von Zeugen oder Sachverständigen ergehen lassen.

§ 2. Das Rechtshilfeersuchen ergeht durch Beschluss; dieser Beschluss muss enthalten: Namen, Vornamen, Stellung und Anschrift der Zeugen oder Sachverständigen, die Bezeichnung der Tatsachen, über die die Zeugen oder Sachverständigen zu vernehmen sind, die Bezeichnung der Parteien, ihrer Bevollmächtigten, Anwälte oder Beistände und ihrer Zustellungsanschrift sowie eine kurze Darstellung des Streitgegenstands.

Der Kanzler stellt den Beschluss den Parteien zu.

§ 3. Der Kanzler übermittelt den Beschluss der in Anlage I der Zusätzlichen Verfahrensordnung des Gerichtshofs genannten zuständigen Stelle desjenigen Mitgliedstaats, in dessen Gebiet die Vernehmung der Zeugen oder Sachverständigen stattfinden soll. Er fügt dem Rechtshilfeersuchen gegebenenfalls eine Übersetzung in die Sprache oder die Sprachen dieses Mitgliedstaats bei.

Die in Absatz 1 bezeichnete Stelle leitet den Beschluss an das nach innerstaatlichem Recht zuständige Gericht weiter.

Das ersuchte Gericht erledigt das Rechtshilfeersuchen nach den Vorschriften seines innerstaatlichen Rechts. Nach Erledigung des Rechtshilfeersuchens gibt das ersuchte Gericht das Rechtshilfeersuchen und die im Zuge der Erledigung angefallenen Vorgänge mit einer Aufstellung der entstandenen Kosten an die in Absatz 1 bezeichnete Stelle zurück. Diese Unterlagen werden dem Kanzler übermittelt. Der Kanzler sorgt für die Übersetzung der betreffenden Schriftstücke in die Verfahrenssprache.

§ 4. Das Gericht übernimmt die durch die Rechtshilfe anfallenden Auslagen; es kann sie gegebenenfalls den Parteien auferlegen.

Artikel 76

§ 1. Der Kanzler nimmt über jede Sitzung ein Protokoll auf. Das Protokoll wird vom Präsidenten und vom Kanzler unterzeichnet. Es stellt eine öffentliche Urkunde dar.

§ 2. Die Parteien können die Protokolle und Sachverständigengutachten bei der Kanzlei einsehen und auf ihre Kosten Abschriften erhalten.

Kapitel 3a
BESCHLEUNIGTE VERFAHREN

Artikel 76a

§ 1. Das Gericht kann in Anbetracht der besonderen Dringlichkeit und der Umstände der Rechtssache auf Antrag des Klägers oder des Beklagten nach Anhörung der übrigen Parteien und des Generalanwalts beschließen, im beschleunigten Verfahren zu entscheiden.

Der Antrag auf Entscheidung im beschleunigten Verfahren ist mit besonderem Schriftsatz gleichzeitig mit der Klageschrift oder der Klagebeantwortung einzureichen. In diesem Antrag kann angegeben werden, dass bestimmte Angriffs- oder Verteidigungsmittel oder Argumente oder bestimmte Abschnitte der Klageschrift oder Klagebeantwortung nur für den Fall vorgetragen werden, dass nicht im beschleunigten Verfahren entschieden wird, insbesondere indem dem Antrag eine Kurzfassung der Klageschrift und ein Verzeichnis der Anlagen beigefügt werden, die bei Durchführung des beschleunigten Verfahrens allein zu berücksichtigen sind.

Abweichend von Artikel 55 werden Rechtssachen, in denen das Gericht eine Entscheidung im beschleunigten Verfahren beschlossen hat, mit Vorrang entschieden.

§ 2. Hat der Kläger nach § 1 eine Entscheidung im beschleunigten Verfahren beantragt, so beträgt die Frist für die Einreichung der Klagebeantwortung abweichend von Artikel 46 § 1 einen Monat. Beschließt das Gericht, diesem Antrag nicht stattzugeben, so wird dem Beklagten eine zusätzliche Frist von einem Monat für die Einreichung oder gegebenenfalls Ergänzung der Klagebeantwortung gewährt. Die in diesem Absatz genannten Fristen können nach Artikel 46 § 3 verlängert werden.

Im beschleunigten Verfahren können die in den Artikeln 47 § 1 und 116 §§ 4 und 5 genannten Schriftsätze nur eingereicht werden, wenn das Gericht dies im Rahmen prozessleitender Maßnahmen gemäß Artikel 64 gestattet.

§ 3. Unbeschadet des Artikels 48 können die Parteien in der mündlichen Verhandlung ihr Vorbringen ergänzen und Beweismittel benennen. Sie haben die verspätete Benennung ihrer Beweismittel zu begründen.

§ 4. Der Beschluss des Gerichts, im beschleunigten Verfahren zu entscheiden, kann mit Bedingungen hinsichtlich des Umfangs und der Präsentation der Schriftsätze der Parteien, des weiteren Verfahrensablaufs oder der dem Gericht zur Entscheidung unterbreiteten Angriffs- und Verteidigungsmittel und Argumente verbunden werden.

Erfüllt eine der Parteien eine dieser Bedingungen nicht, so kann der Beschluss, im beschleunigten Verfahren zu entscheiden, aufgehoben werden. Das Verfahren wird dann als gewöhnliches Verfahren fortgesetzt.

Viertes Kapitel
AUSSETZUNG DES VERFAHRENS UND ABGABEENTSCHEIDUNG DES GERICHTS

Artikel 77

Unbeschadet der Artikel 123 § 4, 128 und 129 § 4 kann ein anhängiges Verfahren ausgesetzt werden, wenn

a) die in Artikel 54 Absatz 3 der Satzung vorgesehenen Fälle vorliegen;

b) beim Gerichtshof ein Rechtsmittel gegen eine Entscheidung des Gerichts eingelegt wird, die über einen Teil des Streitgegenstands ergangen ist oder die einen Zwischenstreit beendet, der eine Einrede der Unzuständigkeit oder Unzulässigkeit zum Gegenstand hat, oder mit der ein Streithilfeantrag abgelehnt wird;

c) die Parteien gemeinsam einen entsprechenden Antrag stellen;

d) die Aussetzung in sonstigen besonderen Fällen den Erfordernissen einer geordneten Rechtspflege entspricht.

Artikel 78

Die Entscheidung über die Aussetzung des Verfahrens ergeht durch Beschluss des Präsidenten nach Anhörung der Parteien und des Generalanwalts. Der Präsident kann die Entscheidung dem Gericht übertragen. Die Entscheidung über die Fortsetzung des Verfahrens ergeht nach demselben Verfahren. Die in diesem Artikel vorgesehenen Beschlüsse werden den Parteien zugestellt.

Artikel 79

§ 1. Die Aussetzung des Verfahrens wird zu dem in dem Aussetzungsbeschluss angegebenen Zeitpunkt oder, wenn ein solcher nicht angegeben ist, zu dem Zeitpunkt dieses Beschlusses wirksam.

Während der Aussetzung läuft keine Verfahrensfrist gegenüber den Parteien ab; dies gilt nicht für die in Artikel 115 § 1 vorgesehene Streithilfefrist.

§ 2. Ist in dem Aussetzungsbeschluss das Ende der Aussetzung nicht festgelegt, so endet die Aussetzung zu dem in dem Beschluss über die Fortsetzung des Verfahrens angegebenen Zeitpunkt oder, wenn ein solcher nicht angegeben ist, zu dem Zeitpunkt des Beschlusses über die Fortsetzung.

Ab dem Zeitpunkt der Fortsetzung beginnen die Verfahrensfristen von Beginn an erneut zu laufen.

Artikel 80

Die Entscheidungen gemäß Artikel 54 Absatz 3 der Satzung, mit denen eine Rechtssache an den Gerichtshof abgegeben wird, ergehen durch Beschluss des Gerichts; der Beschluss wird den Parteien zugestellt.

Fünftes Kapitel
URTEILE

Artikel 81

Das Urteil enthält:
- die Feststellung, dass es vom Gericht erlassen ist;
- den Tag der Verkündung;
- die Namen des Präsidenten und der übrigen Richter, die bei der Entscheidung mitgewirkt haben;
- gegebenenfalls den Namen des Generalanwalts;
- den Namen des Kanzlers;
- die Bezeichnung der Parteien;
- die Namen der Bevollmächtigten, Beistände oder Anwälte;
- die Anträge der Parteien;
- gegebenenfalls die Feststellung, dass der Generalanwalt seine Schlussanträge gestellt hat;
- eine kurze Darstellung des Sachverhalts;
- die Entscheidungsgründe;
- die Urteilsformel einschließlich der Entscheidung über die Kosten.

Artikel 82

§ 1. Das Urteil wird in öffentlicher Sitzung verkündet; die Parteien sind hierzu zu laden.

§ 2. Der Präsident, die übrigen Richter, die an der Beratung teilgenommen haben, und der Kanzler unterzeichnen die Urschrift des Urteils, die sodann mit einem Siegel versehen und in der Kanzlei hinterlegt wird; den Parteien wird eine beglaubigte Abschrift zugestellt.

§ 3. Der Kanzler vermerkt auf der Urschrift des Urteils den Tag der Verkündung.

Artikel 83

Vorbehaltlich des Artikels 60 der Satzung wird das Urteil mit dem Tage seiner Verkündung wirksam.

Artikel 84

§ 1. Unbeschadet der Bestimmungen über die Auslegung von Urteilen kann das Gericht Schreib- und Rechenfehler und offenbare Unrichtigkeiten von Amts wegen oder auf Antrag einer Partei, der binnen zwei Wochen nach Urteilsverkündung zu stellen ist, berichtigen.

§ 2. Der Kanzler benachrichtigt die Parteien, die innerhalb einer vom Präsidenten bestimmten Frist schriftlich Stellung nehmen können.

§ 3. Das Gericht entscheidet in nichtöffentlicher Sitzung.

§ 4. Die Urschrift des Beschlusses, der die Berichtigung ausspricht, wird mit der Urschrift des berichtigten Urteils verbunden. Ein Hinweis auf den Beschluss ist am Rande der Urschrift des berichtigten Urteils anzubringen.

Artikel 85

Hat das Gericht die Kostenentscheidung übergangen, so kann jede Partei innerhalb eines Monats nach Zustellung des Urteils dessen Ergänzung beantragen.

Der Antrag wird der Gegenpartei zugestellt; der Präsident setzt dieser eine Frist zur schriftlichen Stellungnahme.

Nach Eingang dieser Stellungnahme entscheidet das Gericht nach Anhörung des Generalanwalts darüber, ob der Antrag zulässig und begründet ist.

Artikel 86

Der Kanzler sorgt für die Veröffentlichung der Rechtsprechung des Gerichts.

Sechstes Kapitel
PROZESSKOSTEN

Artikel 87

§ 1. Über die Kosten wird im Endurteil oder in dem Beschluss, der das Verfahren beendet, entschieden.

§ 2. Die unterliegende Partei ist auf Antrag zur Tragung der Kosten zu verurteilen.

Besteht der unterliegende Teil aus mehreren Personen, so entscheidet das Gericht über die Verteilung der Kosten.

§ 3. Das Gericht kann die Kosten teilen oder beschließen, dass jede Partei ihre eigenen Kosten trägt, wenn jede Partei teils obsiegt, teils unterliegt oder wenn ein außergewöhnlicher Grund gegeben ist.

Das Gericht kann auch der obsiegenden Partei die Kosten auferlegen, die sie der Gegenpartei ohne angemessenen Grund oder böswillig verursacht hat.

§ 4. Die Mitgliedstaaten und die Organe, die dem Rechtsstreit als Streithelfer beigetreten sind, tragen ihre eigenen Kosten.

Die Vertragsstaaten des EWR-Abkommens, die nicht Mitgliedstaaten sind, und die EFTA-Überwachungsbehörde tragen ebenfalls ihre eigenen Kosten, wenn sie dem Rechtsstreit als Streithelfer beigetreten sind.

Das Gericht kann entscheiden, dass ein anderer Streithelfer als die in Absatz 1 genannten seine eigenen Kosten trägt.

§ 5. Nimmt eine Partei die Klage oder einen Antrag zurück, so wird sie zur Tragung der Kosten verurteilt, wenn die Gegenpartei dies in ihrer Stellungnahme zu der Rücknahme beantragt. Die Kosten werden jedoch auf Antrag der Partei, die die Rücknahme erklärt, der Gegenpartei auferlegt, wenn dies wegen des Verhaltens dieser Partei gerechtfertigt erscheint.

Einigen sich die Parteien über die Kosten, so wird gemäß der Vereinbarung entschieden.

Werden keine Kostenanträge gestellt, so trägt jede Partei ihre eigenen Kosten.

§ 6. Erklärt das Gericht die Hauptsache für erledigt, so entscheidet es über die Kosten nach freiem Ermessen.

Artikel 88

In den Streitsachen zwischen der Union und deren Bediensteten tragen die Organe ihre Kosten selbst; Artikel 87 § 3 Absatz 2 bleibt unberührt.

Artikel 89

Die notwendigen Aufwendungen einer Partei für die Zwangsvollstreckung sind ihr von der Gegenpartei zu erstatten; maßgebend ist die Gebührenordnung des Staates, in dem die Vollstreckung stattfindet.

Artikel 90

Das Verfahren vor dem Gericht ist kostenfrei, soweit nachstehend nichts anderes bestimmt ist:

a) Das Gericht kann Kosten, die vermeidbar gewesen wären, der Partei auferlegen, die sie veranlasst hat.

b) Die Kosten für Schreib- und Übersetzungsarbeiten, die nach Ansicht des Kanzlers das gewöhnliche Maß überschreiten, hat die Partei, die diese Arbeiten beantragt hat, nach Maßgabe der in Artikel 24 § 5 bezeichneten Gebührenordnung zu erstatten.

Artikel 91

Unbeschadet des Artikels 90 gelten als erstattungsfähige Kosten:

a) Leistungen an Zeugen und Sachverständige gemäß Artikel 74;

b) Aufwendungen der Parteien, die für das Verfahren notwendig waren, insbesondere Reise- und Aufenthaltskosten sowie die Vergütung der Bevollmächtigten, Beistände oder Anwälte.

Artikel 92

§ 1. Streitigkeiten über die erstattungsfähigen Kosten entscheidet das Gericht auf Antrag einer Partei und nach Anhörung der Gegenpartei durch unanfechtbaren Beschluss.

§ 2. Die Parteien können eine Ausfertigung des Beschlusses zum Zwecke der Vollstreckung beantragen.

Artikel 93

§ 1. Die Kasse des Gerichts und dessen Schuldner leisten ihre Zahlungen in Euro.

§ 2. Sind die zu erstattenden Auslagen in einer anderen Währung als dem Euro entstanden oder sind die Handlungen, derentwegen die Zahlung geschuldet wird, in einem Land vorgenommen worden, dessen Währung nicht der Euro ist, so ist allen Umrechnungen der am Zahlungstag geltenden Referenzwechselkurs der Europäischen Zentralbank zugrunde zu legen.

Siebtes Kapitel
PROZESSKOSTENHILFE

Artikel 94

§ 1. Zur Gewährleistung eines effektiven Zugangs zu den Gerichten wird nach Maßgabe der nachstehenden Vorschriften Prozesskostenhilfe für die Verfahren vor dem Gericht bewilligt.

Die Prozesskostenhilfe deckt die Kosten des Beistands und der rechtlichen Vertretung vor dem Gericht vollständig oder teilweise. Diese Kosten werden von der Kasse des Gerichts getragen.

§ 2. Natürliche Personen, die aufgrund ihrer wirtschaftlichen Lage vollständig oder teilweise außerstande sind, die Kosten nach § 1 zu tragen, haben Anspruch auf Prozesskostenhilfe.

Die wirtschaftliche Lage wird unter Berücksichtigung objektiver Faktoren wie des Einkommens, des Vermögens und der familiären Situation beurteilt.

§ 3. Die Bewilligung von Prozesskostenhilfe wird abgelehnt, wenn die Rechtsverfolgung, für die sie beantragt ist, offensichtlich unzulässig oder offensichtlich unbegründet erscheint.

Artikel 95

§ 1. Die Bewilligung von Prozesskostenhilfe kann vor oder nach Klageerhebung beantragt werden.

Der Antrag unterliegt nicht dem Anwaltszwang.

§ 2. Mit dem Antrag auf Bewilligung von Prozesskostenhilfe sind Unterlagen und Belege einzureichen, die eine Beurteilung der wirtschaftlichen Lage des Antragstellers ermöglichen, wie eine Bescheinigung einer zuständigen nationalen Behörde, die dessen wirtschaftliche Lage bestätigt.

Wird der Antrag vor Klageerhebung eingereicht, so hat der Antragsteller den Gegenstand der beabsichtigten Klage, den Sachverhalt und das Vorbringen zur Stützung der

Gericht VfO Dienstanw Kanzler Prakt Anw

Klage kurz darzulegen. Mit dem Antrag sind entsprechende Unterlagen einzureichen.

§ 3. Das Gericht kann nach Artikel 150 für den Antrag auf Bewilligung von Prozesskostenhilfe die Verwendung eines Formulars vorschreiben.

Artikel 96

§ 1. Bevor das Gericht über den Antrag auf Bewilligung von Prozesskostenhilfe entscheidet, fordert es die Gegenpartei zur schriftlichen Stellungnahme auf, sofern nicht bereits aus den dazu gemachten Angaben hervorgeht, dass die Voraussetzungen nach Artikel 94 § 2 nicht erfüllt oder die nach Artikel 94 § 3 erfüllt sind.

§ 2. Der Präsident entscheidet durch Beschluss über den Antrag auf Bewilligung von Prozesskostenhilfe. Er kann die Entscheidung dem Gericht übertragen.

Der Beschluss, mit dem die Bewilligung von Prozesskostenhilfe abgelehnt wird, ist mit Gründen zu versehen.

§ 3. In dem Beschluss, mit dem die Prozesskostenhilfe bewilligt wird, wird ein Anwalt zur Vertretung des Antragstellers bestimmt.

Hat der Antragsteller nicht selbst einen Anwalt vorgeschlagen oder ist es untunlich, seinem Vorschlag zu folgen, so übermittelt der Kanzler der zuständigen Stelle des betroffenen Staates, die in Anlage II der Zusätzlichen Verfahrensordnung des Gerichtshofes genannt ist, den Beschluss, mit dem die Prozesskostenhilfe bewilligt wird, und eine Abschrift des Antrags. Der mit der Vertretung des Antragstellers beauftragte Anwalt wird unter Berücksichtigung der von dieser Stelle übermittelten Vorschläge bestimmt.

In dem Beschluss, mit dem die Prozesskostenhilfe bewilligt wird, kann ein Betrag festgesetzt werden, der dem mit der Vertretung des Antragstellers beauftragten Anwalt zu zahlen ist, oder eine Obergrenze festgelegt werden, die die Auslagen und Gebühren des Anwalts grundsätzlich nicht überschreiten dürfen. Der Beschluss kann eine Beteiligung des Antragstellers an den in Artikel 94 § 1 genannten Kosten unter Berücksichtigung seiner wirtschaftlichen Lage vorsehen.

§ 4. Die Einreichung eines Antrags auf Bewilligung von Prozesskostenhilfe hemmt den Lauf der Klagefrist bis zu dem Zeitpunkt, zu dem der Beschluss, mit dem über diesen Antrag entschieden wird, oder in den Fällen des § 3 Absatz 2 der Beschluss, in dem der mit der Vertretung des Antragstellers beauftragte Anwalt bestimmt wird, zugestellt wird.

§ 5. Ändern sich die Voraussetzungen, unter denen die Prozesskostenhilfe bewilligt wurde, im Laufe des Verfahrens, so kann der Präsident von Amts wegen oder auf Antrag nach Anhörung des Betroffenen die Prozesskostenhilfe entziehen. Er kann die Entscheidung dem Gericht übertragen.

Der Beschluss, mit dem die Prozesskostenhilfe entzogen wird, ist mit Gründen zu versehen.

§ 6. Die nach diesem Artikel erlassenen Beschlüsse sind nicht anfechtbar.

Artikel 97

§ 1. Wird die Prozesskostenhilfe bewilligt, so kann der Präsident auf Antrag des Anwalts des Betroffenen beschließen, dass dem Anwalt ein Vorschuss gewährt wird.

§ 2. Hat der Empfänger der Prozesskostenhilfe aufgrund der das Verfahren beendenden Entscheidung seine eigenen Kosten zu tragen, so setzt der Präsident durch mit Gründen versehenen, unanfechtbaren Beschluss diejenigen Auslagen und Gebühren des Anwalts fest, die von der Kasse des Gerichts getragen werden. Er kann die Entscheidung dem Gericht übertragen.

§ 3. Hat das Gericht in der das Verfahren beendenden Entscheidung die Kosten des Empfängers der Prozesskostenhilfe einer anderen Partei auferlegt, so hat diese andere Partei der Kasse des Gerichts die als Prozesskostenhilfe vorgestreckten Beträge zu erstatten.

Im Streitfall oder wenn die Partei einer Aufforderung des Kanzlers zur Erstattung dieser Beträge nicht nachkommt, entscheidet der Präsident durch mit Gründen versehenen, unanfechtbaren Beschluss. Der Präsident kann die Entscheidung dem Gericht übertragen.

§ 4. Unterliegt der Empfänger der Prozesskostenhilfe, so kann das Gericht in der das Verfahren beendenden Entscheidung im Rahmen der Kostenentscheidung aus Gründen der Billigkeit anordnen, dass eine oder mehrere andere Parteien ihre eigenen Kosten tragen oder dass diese vollständig oder zum Teil von der Kasse des Gerichts als Prozesskostenhilfe getragen werden.

Achtes Kapitel
AUSSERGERICHTLICHE ERLEDIGUNG UND KLAGERÜCKNAHME

Artikel 98

Einigen sich die Parteien über die streitigen Fragen, bevor das Gericht entschieden hat, und erklären sie, dass sie auf die Geltendmachung ihrer Ansprüche verzichten, so ordnet der Präsident die Streichung der Rechtssache im Register an und entscheidet gemäß Artikel 87 § 5, gegebenenfalls unter Berücksichtigung der dahin gehenden Vorschläge der Parteien, über die Kosten.

Diese Bestimmung findet keine Anwendung auf Rechtssachen im Sinne der Artikel 263 und 265 AEUV.

Artikel 99

Nimmt der Kläger durch schriftliche Erklärung gegenüber dem Gericht die Klage zurück, so ordnet der Präsident die Streichung der Rechtssache im Register an und entscheidet gemäß Artikel 87 § 5 über die Kosten.

Neuntes Kapitel
ZUSTELLUNGEN

Artikel 100

§ 1. Die in dieser Verfahrensordnung vorgesehenen Zustellungen werden vom Kanzler in der Weise veranlasst, dass dem Zustellungsbevollmächtigten des Empfängers eine Abschrift des betreffenden Schriftstücks entweder auf dem Postweg durch Einschreiben mit Rückschein übermittelt oder gegen Quittung übergeben wird.

Die Abschriften werden vom Kanzler ausgefertigt und beglaubigt, es sei denn, dass sie gemäß Artikel 43 § 1 von den Parteien eingereicht werden.

§ 2. Hat sich der Empfänger gemäß Artikel 44 § 2 Absatz 2 damit einverstanden erklärt, dass Zustellungen an ihn mittels Fernkopierer oder sonstiger technischer Kommunikationsmittel erfolgen, so kann jedes Schriftstück einschließlich der Urteile und Beschlüsse des Gerichts durch Übermittlung einer Kopie auf diesem Wege zugestellt werden.

Die Urteile und Beschlüsse, die nach Artikel 55 der Satzung den Mitgliedstaaten und den Organen übermittelt werden, die nicht Parteien des Rechtsstreits waren, werden diesen mittels Fernkopierer oder sonstiger technischer Kommunikationsmittel übermittelt.

Ist eine solche Übermittlung aus technischen Gründen oder wegen des Umfangs des Schriftstücks nicht möglich, so wird dieses dem Empfänger, wenn dieser keine Zustellungsanschrift angegeben hat, gemäß dem Verfahren des § 1 zugestellt. Der Empfänger wird davon mittels Fernkopierer oder sonstiger technischer Kommunikationsmittel benachrichtigt. Ein Einschreiben gilt am zehnten Tag nach der Aufgabe zur Post am Ort des Gerichtssitzes als dem Empfänger zugestellt, sofern nicht durch den Rückschein nachgewiesen wird, dass der Zugang zu einem anderen Zeitpunkt erfolgt ist, oder der Empfänger dem Kanzler binnen drei Wochen nach der Benachrichtigung mittels Fernkopierer oder sonstiger technischer Kommunikationsmittel mitteilt, dass ihm das Einschreiben nicht zugegangen ist.

Zehntes Kapitel
FRISTEN

Artikel 101

§ 1. Die in den Verträgen, in der Satzung und in dieser Verfahrensordnung vorgesehenen gerichtlichen Fristen werden wie folgt berechnet:

a) Ist für den Anfang einer nach Tagen, Wochen, Monaten oder Jahren bemessenen Frist der Zeitpunkt maßgebend, zu dem ein Ereignis eintritt oder eine Handlung vorgenommen wird, so wird bei der Berechnung dieser Frist der Tag, in den das Ereignis oder die Handlung fällt, nicht mitgerechnet.

b) Eine nach Wochen, Monaten oder Jahren bemessene Frist endet mit Ablauf des Tages, der in der letzten Woche, im letzten Monat oder im letzten Jahr dieselbe Bezeichnung oder dieselbe Zahl wie der Tag trägt, an dem das Ereignis eingetreten oder die Handlung vorgenommen worden ist, von der an die Frist zu berechnen ist. Fehlt bei einer nach Monaten oder Jahren bemessenen Frist im letzten Monat der für ihren Ablauf maßgebende Tag, so endet die Frist mit Ablauf des letzten Tages dieses Monats.

c) Ist eine Frist nach Monaten und nach Tagen bemessen, so werden zunächst die vollen Monate und dann die Tage gezählt.

d) Eine Frist umfasst die gesetzlichen Feiertage, die Sonntage und die Samstage.

e) Der Lauf einer Frist wird durch die Gerichtsferien nicht gehemmt.

§ 2. Fällt das Ende einer Frist auf einen Samstag, Sonntag oder gesetzlichen Feiertag, so endet die Frist mit Ablauf des nächstfolgenden Werktags.

Das vom Gerichtshof aufgestellte und im *Amtsblatt der Europäischen Union* veröffentlichte Verzeichnis der gesetzlichen Feiertage gilt auch für das Gericht.

Artikel 102

§ 1. Beginnt eine Frist für die Erhebung einer Klage gegen eine Maßnahme eines Organs mit der Veröffentlichung der Maßnahme, so ist diese Frist im Sinne von Artikel 101 § 1 Buchstabe a vom Ablauf des vierzehnten Tages nach der Veröffentlichung der Maßnahme im *Amtsblatt der Europäischen Union* an zu berechnen.

§ 2. Die Verfahrensfristen werden um eine pauschale Entfernungsfrist von zehn Tagen verlängert.

Artikel 103

§ 1. Aufgrund dieser Verfahrensordnung festgesetzte Fristen können von der anordnenden Stelle verlängert werden.

§ 2. Der Präsident kann dem Kanzler die Zeichnungsbefugnis übertragen, bestimmte Fristen, die er aufgrund dieser Verfahrensordnung anzuordnen hat, festzusetzen oder deren Verlängerung zu gewähren.

DRITTER TITEL
BESONDERE VERFAHRENSARTEN

Erstes Kapitel
AUSSETZUNG DES VOLLZUGS ODER DER ZWANGSVOLL-STRECKUNG UND SONSTIGE EINSTWEILIGE ANORDNUNGEN

Artikel 104

§ 1. Anträge auf Aussetzung des Vollzugs von Maßnahmen eines Organs im Sinne der Artikel 278 AEUV und 157 EAGV sind nur zulässig, wenn der Antragsteller die betreffende Maßnahme durch Klage beim Gericht angefochten hat.

Anträge auf sonstige einstweilige Anordnungen im Sinne des Artikels 279 AEUV sind nur zulässig, wenn sie von einer Partei eines beim Gericht anhängigen Rechtsstreits gestellt werden und sich auf diesen beziehen.

§ 2. Die in § 1 genannten Anträge müssen den Streitgegenstand bezeichnen und die Umstände anführen, aus denen sich die Dringlichkeit ergibt; ferner ist die Notwendigkeit der beantragten Anordnung in tatsächlicher und rechtlicher Hinsicht glaubhaft zu machen.

§ 3. Der Antrag ist mit besonderem Schriftsatz einzureichen und muss den Artikeln 43 und 44 entsprechen.

Artikel 105

§ 1. Der Antrag wird der Gegenpartei zugestellt; der Präsident des Gerichts setzt ihr eine kurze Frist zur schriftlichen oder mündlichen Stellungnahme.

§ 2. Der Präsident des Gerichts kann eine Beweisaufnahme anordnen.

Er kann einem Antrag stattgeben, bevor die Stellungnahme der Gegenpartei eingeht. Diese Entscheidung kann später, auch von Amts wegen, abgeändert oder aufgehoben werden.

Artikel 106

Ist der Präsident des Gerichts abwesend oder verhindert, so wird die Zuständigkeit für die Gewährung vorläufigen Rechtsschutzes von einem anderen Richter ausgeübt, der nach Maßgabe der vom Gericht gemäß Artikel 10 erlassenen Entscheidung bestimmt wird.

Artikel 107

§ 1. Die Entscheidung ergeht durch Beschluss, der mit Gründen zu versehen ist. Der Beschluss wird den Parteien unverzüglich zugestellt.

§ 2. Die Vollstreckung des Beschlusses kann davon abhängig gemacht werden, dass der Antragsteller eine Sicherheit leistet, deren Höhe und Art nach Maßgabe der Umstände festzusetzen sind.

§ 3. Die einstweilige Anordnung kann befristet werden. In Ermangelung einer ausdrücklichen Befristung tritt sie mit der Verkündung des Endurteils außer Kraft.

§ 4. Der Beschluss stellt nur eine einstweilige Regelung dar und greift der Entscheidung des Gerichts zur Hauptsache nicht vor.

Artikel 108

Auf Antrag einer Partei kann der Beschluss jederzeit wegen veränderter Umstände abgeändert oder aufgehoben werden.

Artikel 109

Die Abweisung eines Antrags auf einstweilige Anordnung hindert den Antragsteller nicht, einen weiteren, auf neue Tatsachen gestützten Antrag zu stellen.

Artikel 110

Die Bestimmungen dieses Kapitels finden entsprechende Anwendung auf Anträge, die gemäß den Artikeln 280 und 299 AEUV sowie 164 EAGV gestellt werden und auf Aussetzung der Zwangsvollstreckung von Entscheidungen des Gerichts oder von Maßnahmen anderer Organe gerichtet sind.

In dem Beschluss, der dem Antrag stattgibt, wird gegebenenfalls der Zeitpunkt festgesetzt, zu dem die einstweilige Anordnung außer Kraft tritt.

Zweites Kapitel
PROZESSHINDERNDE EINREDEN UND ZWISCHENSTREIT

Artikel 111

Ist das Gericht für eine Klage offensichtlich unzuständig oder ist eine Klage offensichtlich unzulässig oder fehlt ihr offensichtlich jede rechtliche Grundlage, so kann das Gericht nach Anhörung des Generalanwalts ohne Fortsetzung des Verfahrens durch Beschluss entscheiden, der mit Gründen zu versehen ist.

Artikel 112

Die Verweisung einer Rechtssache an den Gerichtshof gemäß Artikel 54 Absatz 2 der Satzung erfolgt im Fall offensichtlicher Unzuständigkeit ohne Fortsetzung des Verfahrens durch Beschluss, der mit Gründen zu versehen ist.

Artikel 113

Das Gericht kann jederzeit von Amts wegen nach Anhörung der Parteien darüber entscheiden, ob unverzichtbare Prozessvoraussetzungen fehlen, oder feststellen, dass die Klage gegenstandslos geworden und die Hauptsache erledigt ist; die Entscheidung ergeht gemäß Artikel 114 §§ 3 und 4.

Artikel 114

§ 1. Will eine Partei vorab eine Entscheidung des Gerichts über die Unzulässigkeit, die Unzuständigkeit oder einen Zwischenstreit herbeiführen, so hat sie dies mit besonderem Schriftsatz zu beantragen.

Der Schriftsatz muss außer dem Antrag dessen tatsächliche und rechtliche Begründung enthalten; Unterlagen, auf die sich die Partei beruft, sind beizufügen.

§ 2. Unmittelbar nach Eingang des Schriftsatzes bestimmt der Präsident eine Frist, innerhalb deren die Gegenpartei schriftlich ihre Anträge zu stellen und in tatsächlicher und rechtlicher Hinsicht zu begründen hat.

§ 3. Über den Antrag wird mündlich verhandelt, sofern das Gericht nichts anderes bestimmt.

§ 4. Nach Anhörung des Generalanwalts entscheidet das Gericht über den Antrag oder behält die Entscheidung dem Endurteil vor. Es verweist die Rechtssache an den Gerichtshof, wenn sie in dessen Zuständigkeit fällt.

Verwirft das Gericht den Antrag oder behält es die Entscheidung dem Endurteil vor, so bestimmt der Präsident neue Fristen für die Fortsetzung des Verfahrens.

Drittes Kapitel
STREITHILFE

Artikel 115

§ 1. Anträge auf Zulassung als Streithelfer können nur binnen sechs Wochen nach der in Artikel 24 § 6 bezeichneten Veröffentlichung oder vorbehaltlich des Artikels 116 § 6 vor dem in Artikel 53 vorgesehenen Beschluss zur Eröffnung der mündlichen Verhandlung gestellt werden.

§ 2. Der Antrag muss enthalten:

a) die Bezeichnung der Rechtssache;

b) die Bezeichnung der Parteien;

c) Namen und Wohnsitz des Antragstellers;

d) die Benennung eines Zustellungsbevollmächtigten am Ort des Gerichtssitzes;

e) die Anträge, die der Antragsteller unterstützen will;

f) für den Fall, dass der Antrag gemäß Artikel 40 Absatz 2 oder 3 der Satzung gestellt wird, die Darstellung der Umstände, aus denen sich das Recht zum Streitbeitritt ergibt.

Die Artikel 43 und 44 finden entsprechende Anwendung.

§ 3. Für die Vertretung des Streithelfers gilt Artikel 19 der Satzung.

Artikel 116

§ 1. Der Antrag wird den Parteien zugestellt.

Vor einer Entscheidung über den Antrag gibt der Präsident den Parteien Gelegenheit zur schriftlichen oder mündlichen Stellungnahme.

Der Präsident entscheidet über den Antrag durch Beschluss oder überträgt die Entscheidung dem Gericht. Im Fall einer Abweisung des Antrags ist der Beschluss mit Gründen zu versehen.

§ 2. Wird ein Beitritt, der innerhalb der in Artikel 115 § 1 vorgesehenen Frist von sechs Wochen beantragt worden ist, zugelassen, so sind dem Streithelfer alle den Parteien zugestellten Schriftstücke zu übermitteln. Der Präsident kann jedoch auf Antrag einer Partei geheime oder vertrauliche Unterlagen von der Übermittlung ausnehmen.

§ 3. Der Streithelfer muss den Rechtsstreit in der Lage annehmen, in der dieser sich zur Zeit des Beitritts befindet.

§ 4. In den in § 2 genannten Fällen setzt der Präsident dem Streithelfer eine Frist, innerhalb deren dieser einen Streithilfeschriftsatz einreichen kann.

Der Streithilfeschriftsatz muss enthalten:
a) die Anträge des Streithelfers, die der vollständigen oder teilweisen Unterstützung oder Bekämpfung der Anträge einer Partei zu dienen bestimmt sind;
b) die Angriffs- und Verteidigungsmittel sowie die Argumente des Streithelfers;
c) gegebenenfalls die Bezeichnung der Beweismittel.

§ 5. Nach Einreichung des Streithilfeschriftsatzes setzt der Präsident den Parteien gegebenenfalls eine Frist, innerhalb deren sie sich zu diesem Schriftsatz äußern können.

§ 6. Wird der Antrag auf Zulassung als Streithelfer nach Ablauf der in Artikel 115 § 1 vorgesehenen Frist von sechs Wochen gestellt, so kann der Streithelfer auf der Grundlage des ihm übermittelten Sitzungsberichts in der mündlichen Verhandlung Stellung nehmen.

Viertes Kapitel
URTEIL DES GERICHTS NACH AUFHEBUNG UND ZURÜCKVERWEISUNG

Artikel 117

Hebt der Gerichtshof ein Urteil oder einen Beschluss des Gerichts auf und verweist er die Sache zur Entscheidung an das Gericht zurück, so wird die Sache durch das zurückverweisende Urteil bei dem Gericht anhängig.

Artikel 118

§ 1. Hebt der Gerichtshof ein Urteil oder einen Beschluss einer Kammer auf, so kann der Präsident des Gerichts die Sache einer anderen Kammer mit der gleichen Richterzahl zuweisen.

§ 2. Hebt der Gerichtshof ein Urteil oder einen Beschluss des Plenums oder der Großen Kammer des Gerichts auf, so wird die Sache dem Spruchkörper zugewiesen, der die betreffende Entscheidung erlassen hat.

§ 2a. Hebt der Gerichtshof ein Urteil oder einen Beschluss eines Einzelrichters auf, so weist der Präsident des Gerichts die Sache einer Kammer mit drei Richtern zu, der dieser Richter nicht angehört.

§ 3. In den in den §§ 1, 2 und 2a vorgesehenen Fällen finden die Artikel 13 § 2, 14 § 1 und 51 entsprechende Anwendung.

Artikel 119

§ 1. Ist bei Erlass des zurückverweisenden Urteils das schriftliche Verfahren vor dem Gericht beendet, so finden auf das Verfahren die folgenden Bestimmungen Anwendung:
a) Der Kläger kann innerhalb von zwei Monaten nach dem Zeitpunkt, zu dem ihm das Urteil des Gerichtshofs zugestellt worden ist, einen Schriftsatz einreichen.
b) Der Beklagte kann innerhalb eines Monats nach dem Zeitpunkt, zu dem ihm dieser Schriftsatz übermittelt worden ist, einen Schriftsatz einreichen. Die dem Beklagten zur Einreichung dieses Schriftsatzes gewährte Frist beträgt jedoch mindestens zwei Monate von dem Zeitpunkt an, zu dem ihm das Urteil des Gerichtshofs zugestellt worden ist.
c) Der Streithelfer kann innerhalb eines Monats nach dem Zeitpunkt, zu dem ihm die

Schriftsätze des Klägers und des Beklagten gleichzeitig übermittelt worden sind, einen Schriftsatz einreichen. Die dem Streithelfer für die Einreichung dieses Schriftsatzes gewährte Frist beträgt jedoch mindestens zwei Monate von dem Zeitpunkt an, zu dem ihm das Urteil des Gerichtshofs zugestellt worden ist.

§ 2. War bei Erlass des zurückverweisenden Urteils das schriftliche Verfahren vor dem Gericht noch nicht beendet, so wird es durch prozessleitende Maßnahmen des Gerichts in dem Stadium, in dem es sich befand, fortgesetzt.

§ 3. Wenn die Umstände es rechtfertigen, kann das Gericht die Einreichung zusätzlicher Schriftsätze gestatten.

Artikel 120

Auf das Verfahren finden die Bestimmungen des Zweiten Titels entsprechende Anwendung.

Artikel 121

Das Gericht entscheidet über die Kosten des Rechtsstreits vor dem Gericht und über die Kosten des Rechtsmittelverfahrens vor dem Gerichtshof.

Kapitel 4a
ENTSCHEIDUNGEN DES GERICHTS NACH ÜBERPRÜFUNG UND ZURÜCKVERWEISUNG

Artikel 121a

Überprüft der Gerichtshof ein Urteil oder einen Beschluss des Gerichts und verweist er die Sache zur Entscheidung an das Gericht zurück, so wird die Sache durch das zurückverweisende Urteil bei dem Gericht anhängig.

Artikel 121b

§ 1. Verweist der Gerichtshof eine Sache zurück, die ursprünglich von einer Kammer entschieden worden ist, so kann der Präsident des Gerichts die Sache einer anderen Kammer mit der gleichen Richterzahl zuweisen.

§ 2. Verweist der Gerichtshof eine Sache zurück, die ursprünglich vom Plenum oder von der Großen Kammer des Gerichts entschieden worden ist, so wird die Sache dem

Spruchkörper zugewiesen, der die betreffende Entscheidung erlassen hat.

§ 3. In den in den §§ 1 und 2 vorgesehenen Fällen finden die Artikel 13 § 2, 14 § 1 und 51 § 1 entsprechende Anwendung.

Artikel 121c

§ 1. Die am Verfahren vor dem Gericht beteiligten Parteien können innerhalb einer Frist von einem Monat nach Zustellung des Urteils des Gerichtshofs Stellung dazu nehmen, welche Schlussfolgerungen aus diesem Urteil für die Entscheidung des Rechtsstreits zu ziehen sind. Diese Frist kann nicht verlängert werden.

§ 2. Das Gericht kann im Rahmen prozessleitender Maßnahmen die am Verfahren vor ihm beteiligten Parteien zur Einreichung von Schriftsätzen auffordern und kann entscheiden, sie in einer mündlichen Verhandlung anzuhören.

Artikel 121d

Das Gericht entscheidet über die Kosten des nach der Überprüfung bei ihm anhängig gewordenen Rechtsstreits.

Fünftes Kapitel
VERSÄUMNISURTEIL UND EINSPRUCH

Artikel 122

§ 1. Reicht der Beklagte, gegen den ordnungsgemäß Klage erhoben ist, seine Klagebeantwortung nicht form- und fristgerecht ein, so kann der Kläger Versäumnisurteil beantragen.

Der Antrag wird dem Beklagten zugestellt. Das Gericht kann die Eröffnung der mündlichen Verhandlung über den Antrag beschließen.

§ 2. Vor Erlass eines Versäumnisurteils prüft das Gericht, ob die Klage ordnungsgemäß erhoben und zulässig ist und ob die Anträge des Klägers begründet erscheinen. Es kann eine Beweisaufnahme anordnen.

§ 3. Das Versäumnisurteil ist vollstreckbar. Das Gericht kann die Vollstreckung aussetzen, bis über einen gemäß § 4 eingelegten Einspruch entschieden ist, oder sie davon abhängig machen, dass der Antragsteller eine

Sicherheit leistet, deren Höhe und Art nach Maßgabe der Umstände festzusetzen sind; wird kein Einspruch eingelegt oder wird der Einspruch verworfen, so ist die Sicherheit freizugeben.

§ 4. Gegen das Versäumnisurteil kann Einspruch eingelegt werden. Der Einspruch ist innerhalb eines Monats nach Zustellung des Urteils einzulegen; die Artikel 43 und 44 finden entsprechende Anwendung.

§ 5. Nach der Zustellung des Einspruchs setzt der Präsident der Gegenpartei eine Frist zur schriftlichen Stellungnahme.

Auf das weitere Verfahren finden die Bestimmungen des Zweiten Titels entsprechende Anwendung.

§ 6. Das Gericht entscheidet durch Urteil, gegen das weiterer Einspruch nicht zulässig ist. Die Urschrift dieses Urteils wird mit der Urschrift des Versäumnisurteils verbunden. Ein Hinweis auf das Urteil ist am Rande der Urschrift des Versäumnisurteils anzubringen.

Sechstes Kapitel
AUSSERORDENTLICHE RECHTSBEHELFE

Erster Abschnitt – Drittwiderspruch
Artikel 123

§ 1. Auf den Drittwiderspruch finden die Artikel 43 und 44 entsprechende Anwendung; der Antrag muss ferner enthalten:

a) die Bezeichnung des angefochtenen Urteils;

b) die Angabe, in welchen Punkten dieses Urteil die Rechte des Dritten beeinträchtigt;

c) die Gründe, aus denen der Dritte nicht in der Lage war, sich am Hauptverfahren vor dem Gericht zu beteiligen.

Der Antrag ist gegen sämtliche Parteien des Hauptverfahrens zu richten.

Ist das Urteil im *Amtsblatt der Europäischen Union* veröffentlicht, so muss der Antrag binnen zwei Monaten nach dieser Veröffentlichung eingereicht werden.

§ 2. Auf Antrag des Dritten kann die Vollstreckung des angefochtenen Urteils ausgesetzt werden. Die Bestimmungen des Ersten Kapitels des Dritten Titels finden entsprechende Anwendung.

§ 3. Wird dem Drittwiderspruch stattgegeben, so ist das angefochtene Urteil entsprechend zu ändern.

Die Urschrift des auf den Drittwiderspruch ergangenen Urteils ist mit der Urschrift des angefochtenen Urteils zu verbinden. Ein Hinweis auf das Urteil ist am Rande der Urschrift des angefochtenen Urteils anzubringen.

§ 4. Wird ein Urteil des Gerichts durch Rechtsmittel vor dem Gerichtshof und durch Drittwiderspruch vor dem Gericht angefochten, so kann das Gericht nach Anhörung der Parteien das Verfahren bis zum Erlass des Urteils des Gerichtshofs aussetzen.

Artikel 124

Der Drittwiderspruch wird der Kammer zugewiesen, die das angefochtene Urteil erlassen hat; er wird dem Plenum oder der Großen Kammer des Gerichts zugewiesen, wenn dieses oder diese das Urteil erlassen hat. Ist das Urteil von einem Einzelrichter erlassen worden, so wird der Drittwiderspruch diesem Richter zugewiesen.

Zweiter Abschnitt – Wiederaufnahme des Verfahrens
Artikel 125

Unbeschadet der in Artikel 44 Absatz 3 der Satzung vorgesehenen Frist von zehn Jahren ist die Wiederaufnahme des Verfahrens binnen drei Monaten nach dem Tag zu beantragen, an dem der Antragsteller Kenntnis von der Tatsache erhalten hat, auf die er seinen Antrag stützt.

Artikel 126

§ 1. Auf den Antrag finden die Artikel 43 und 44 entsprechende Anwendung. Der Antrag muss ferner enthalten:

a) die Bezeichnung des angefochtenen Urteils;

b) die Angabe der Punkte, in denen das Urteil angefochten wird;

c) die Bezeichnung der Tatsachen, die dem Antrag zugrunde liegen;

d) die Benennung der Beweismittel für das Vorliegen von Tatsachen, die die Wiederaufnahme rechtfertigen, und für die Wahrung der in Artikel 125 genannten Fristen.

§ 2. Der Antrag ist gegen sämtliche Parteien des Rechtsstreits zu richten, in dem das angefochtene Urteil ergangen ist.

Artikel 127

§ 1. Der Antrag wird der Kammer zugewiesen, die das angefochtene Urteil erlassen hat; er wird dem Plenum oder der Großen Kammer des Gerichts zugewiesen, wenn dieses oder diese das Urteil erlassen hat. Ist das Urteil von einem Einzelrichter erlassen worden, so wird der Antrag diesem Richter zugewiesen.

§ 2. Aufgrund der schriftlichen Stellungnahme der Parteien und nach Anhörung des Generalanwalts entscheidet das Gericht über die Zulässigkeit des Antrags, ohne der Entscheidung in der Hauptsache vorzugreifen.

§ 3. Gibt das Gericht dem Antrag statt, so tritt es erneut in die Prüfung der Hauptsache ein und entscheidet durch Urteil gemäß den Bestimmungen dieser Verfahrensordnung.

§ 4. Die Urschrift des abändernden Urteils ist mit der Urschrift des abgeänderten Urteils zu verbinden. Ein Hinweis auf das Urteil ist am Rande der Urschrift des abgeänderten Urteils anzubringen.

Artikel 128

Wird ein Urteil des Gerichts durch Rechtsmittel vor dem Gerichtshof und durch einen Antrag auf Wiederaufnahme des Verfahrens vor dem Gericht angefochten, so kann das Gericht nach Anhörung der Parteien das Verfahren bis zum Erlass des Urteils des Gerichtshofs aussetzen.

Dritter Abschnitt – Auslegung von Urteilen

Artikel 129

§ 1. Für Anträge auf Auslegung von Urteilen gelten die Artikel 43 und 44 entsprechend. Der Antrag muss ferner bezeichnen:

a) das auszulegende Urteil;

b) die Stellen, deren Auslegung beantragt wird.

Er ist gegen sämtliche Parteien des Rechtsstreits zu richten, in dem das Urteil ergangen ist.

§ 2. Der Antrag wird der Kammer zugewiesen, die das auszulegende Urteil erlassen hat; er wird dem Plenum oder der Großen Kammer des Gerichts zugewiesen, wenn dieses oder diese das Urteil erlassen hat. Ist das Urteil von einem Einzelrichter erlassen worden, so wird der Antrag diesem Richter zugewiesen.

§ 3. Das Gericht gibt den Parteien Gelegenheit zur Stellungnahme; es entscheidet nach Anhörung des Generalanwalts durch Urteil.

Die Urschrift des auslegenden Urteils ist mit der Urschrift des ausgelegten Urteils zu verbinden. Ein Hinweis auf das Urteil ist am Rande der Urschrift des ausgelegten Urteils anzubringen.

§ 4. Wird ein Urteil des Gerichts durch Rechtsmittel vor dem Gerichtshof angefochten und ist dieses Urteil Gegenstand eines Auslegungsantrags vor dem Gericht, so kann das Gericht nach Anhörung der Parteien das Verfahren bis zum Erlass des Urteils des Gerichtshofs aussetzen.

VIERTER TITEL

RECHTSSTREITIGKEITEN BETREFFEND DIE RECHTE DES GEISTIGEN EIGENTUMS

Artikel 130

§ 1. Vorbehaltlich der besonderen Bestimmungen dieses Titels gelten für Klagen gegen das Harmonisierungsamt für den Binnenmarkt (Marken, Muster und Modelle) und gegen das Sortenamt der Gemeinschaft (nachstehend: Amt), die die Anwendung der Vorschriften im Rahmen einer Regelung über das geistige Eigentum betreffen, die Bestimmungen dieser Verfahrensordnung.

§ 2. Die Bestimmungen dieses Titels gelten nicht für Klagen gegen das Amt, denen kein Verfahren vor einer Beschwerdekammer vorausgegangen ist.

Artikel 131

§ 1. Die Klageschrift ist in einer der in Artikel 35 § 1 genannten Sprachen abzufassen, die vom Kläger gewählt wird.

§ 2. Die Sprache, in der die Klageschrift abgefasst ist, wird Verfahrenssprache, wenn der Kläger die einzige Partei des Verfahrens vor der Beschwerdekammer war oder wenn dem keine andere Partei dieses Verfahrens innerhalb einer vom Kanzler nach Einreichung der Klageschrift hierfür gesetzten Frist widerspricht.

Gericht
VfO
Dienstanw
Kanzler
Prakt Anw

Teilen die Parteien des Verfahrens vor der Beschwerdekammer dem Kanzler innerhalb dieser Frist mit, dass sie sich auf eine der in Artikel 35 § 1 genannten Sprachen als Verfahrenssprache geeinigt haben, so wird diese Sprache Verfahrenssprache vor dem Gericht.

Im Falle eines Widerspruchs gegen die vom Kläger gewählte Verfahrenssprache innerhalb der vorerwähnten Frist und in Ermangelung einer Einigung zwischen den Parteien des Verfahrens vor der Beschwerdekammer wird diejenige Sprache Verfahrenssprache, in der die in Frage stehende Anmeldung beim Amt eingereicht worden ist. Stellt der Präsident auf den begründeten Antrag einer Partei hin und nach Anhörung der anderen Parteien jedoch fest, dass bei Gebrauch dieser Sprache nicht alle Parteien des Verfahrens vor der Beschwerdekammer dem Verfahren folgen und ihre Verteidigung wahrnehmen können und dass nur durch Verwendung einer anderen der in Artikel 35 § 1 genannten Sprachen hierfür Abhilfe geschaffen werden kann, so kann er diese Sprache als Verfahrenssprache bestimmen; der Präsident kann das Gericht mit dieser Frage befassen.

§ 3. In den Schriftsätzen und sonstigen Schreiben, die beim Gericht eingereicht werden, sowie während der mündlichen Verhandlung können sich der Kläger der von ihm gemäß § 1 gewählten Sprache und jede andere Partei einer Sprache bedienen, die sie unter den in Artikel 35 § 1 genannten Sprachen wählt.

§ 4. Wird nach § 2 eine andere Sprache als diejenige, in der die Klageschrift abgefasst ist, Verfahrenssprache, so veranlasst der Kanzler die Übersetzung der Klageschrift in die Verfahrenssprache.

Jede Partei hat innerhalb einer dafür vom Kanzler gesetzten angemessenen Frist Übersetzungen der von ihr gemäß § 3 in einer anderen Sprache als der Verfahrenssprache eingereichten sonstigen Schriftsätze oder Schreiben in die Verfahrenssprache einzureichen. Die Zuverlässigkeit dieser Übersetzungen, die im Sinne von Artikel 37 verbindlich sind, muss von der Partei, die sie vorlegt, beglaubigt werden. Werden die Übersetzungen nicht fristgerecht eingereicht, so ist der Schriftsatz oder das Schreiben aus der Akte zu entfernen.

Der Kanzler sorgt dafür, dass alle mündlichen Äußerungen während der mündlichen Verhandlung in die Verfahrenssprache und auf Antrag einer Partei in eine andere von ihr gemäß § 3 verwendete Sprache übersetzt werden.

Artikel 132

§ 1. Unbeschadet des Artikels 44 muss die Klageschrift die Namen aller Parteien des Verfahrens vor der Beschwerdekammer und die Anschriften enthalten, die diese Parteien für die Zwecke der in diesem Verfahren vorzunehmenden Zustellungen angegeben haben.

Die angefochtene Entscheidung der Beschwerdekammer ist der Klageschrift beizufügen. Das Datum der Zustellung dieser Entscheidung an den Kläger ist anzugeben.

§ 2. Entspricht die Klageschrift nicht § 1, so findet Artikel 44 § 6 entsprechende Anwendung.

Artikel 133

§ 1. Der Kanzler unterrichtet das Amt und alle Parteien des Verfahrens vor der Beschwerdekammer von der Einreichung der Klageschrift. Er stellt die Klageschrift nach Festlegung der Verfahrenssprache gemäß Artikel 131 § 2 zu.

§ 2. Die Klageschrift wird dem Amt als Beklagtem und den neben dem Kläger am Verfahren vor der Beschwerdekammer beteiligten Parteien zugestellt. Die Zustellung erfolgt in der Verfahrenssprache.

Die Zustellung der Klageschrift an eine Partei des Verfahrens vor der Beschwerdekammer erfolgt auf dem Postweg durch Einschreiben mit Rückschein an die Anschrift, die die betroffene Partei für die Zwecke der im Verfahren vor der Beschwerdekammer vorzunehmenden Zustellungen angegeben hat.

§ 3. Unmittelbar nach Zustellung der Klageschrift übermittelt das Amt dem Gericht die Akten des Verfahrens vor der Beschwerdekammer.

Artikel 134

§ 1. Die Parteien des Verfahrens vor der Beschwerdekammer mit Ausnahme des Klägers können sich als Streithelfer am Verfahren vor dem Gericht beteiligen, indem sie form- und fristgerecht eine Klagebeantwortung einreichen.

§ 2. Die in § 1 bezeichneten Streithelfer verfügen über dieselben prozessualen Rechte wie die Parteien.

Sie können die Anträge einer Partei unterstützen, und sie können Anträge stellen und Angriffs- und Verteidigungsmittel vorbringen, die gegenüber denen der Parteien eigenständig sind.

§ 3. Ein in § 1 bezeichneter Streithelfer kann in seiner gemäß Artikel 135 § 1 eingereichten Klagebeantwortung Anträge stellen, die auf Aufhebung oder Abänderung der Entscheidung der Beschwerdekammer in einem in der Klageschrift nicht geltend gemachten Punkt gerichtet sind, und Angriffs- und Verteidigungsmittel vorbringen, die in der Klageschrift nicht geltend gemacht worden sind.

Derartige in der Klagebeantwortung gestellte Anträge oder vorgebrachte Angriffs- und Verteidigungsmittel werden gegenstandslos, wenn die Klage zurückgenommen wird.

§ 4. Abweichend von Artikel 122 gelten die Bestimmungen über das Versäumnisverfahren nicht, wenn ein in § 1 des vorliegenden Artikels bezeichneter Streithelfer die Klageschrift form- und fristgerecht beantwortet hat.

Artikel 135

§ 1. Das Amt und die Parteien des Verfahrens vor der Beschwerdekammer mit Ausnahme des Klägers reichen Klagebeantwortungen innerhalb einer Frist von zwei Monaten nach Zustellung der Klageschrift ein.

Artikel 46 findet auf die Klagebeantwortungen entsprechende Anwendung.

§ 2. Die Klageschrift und die Klagebeantwortungen können durch Erwiderungen und Gegenerwiderungen der Parteien, einschließlich der in Artikel 134 § 1 bezeichneten Streithelfer, ergänzt werden, wenn der Präsident dies auf einen begründeten Antrag hin, der binnen zwei Wochen nach Zustellung der Klagebeantwortungen oder der Erwiderungen gestellt wird, für erforderlich hält und gestattet, um es der betroffenen Partei zu ermöglichen, ihren Standpunkt zu Gehör zu bringen.

Der Präsident bestimmt die Frist für die Einreichung dieser Schriftsätze.

§ 3. Unbeschadet der vorstehenden Bestimmungen können in den Fällen des Artikels 134 § 3 die anderen Parteien innerhalb einer Frist von zwei Monaten nach Zustellung der Klagebeantwortung an sie einen Schriftsatz einreichen, der auf die Beantwortung der Anträge und Angriffs- und Verteidigungsmittel beschränkt ist, die erstmals in der Klagebeantwortung eines Streithelfers gestellt und vorgebracht worden sind. Die Frist kann vom Präsidenten auf begründeten Antrag der betreffenden Partei hin verlängert werden.

§ 4. Die Schriftsätze der Parteien können den vor der Beschwerdekammer verhandelten Streitgegenstand nicht ändern.

Artikel 135a

Nach Einreichung der in Artikel 135 § 1 und gegebenenfalls der in Artikel 135 §§ 2 und 3 bezeichneten Schriftsätze kann das Gericht auf Bericht des Berichterstatters nach Anhörung des Generalanwalts und der Parteien beschließen, über die Klage ohne mündliche Verhandlung zu entscheiden, es sei denn, eine Partei stellt einen Antrag, in dem die Gründe angeführt sind, aus denen sie gehört werden möchte. Der Antrag ist binnen einem Monat nach der Mitteilung an die Partei, dass das schriftliche Verfahren abgeschlossen ist, zu stellen. Der Präsident kann diese Frist verlängern.

Artikel 136

§ 1. Wird einer Klage gegen eine Entscheidung einer Beschwerdekammer stattgegeben, so kann das Gericht beschließen, dass das Amt nur seine eigenen Kosten trägt.

§ 2. Die Aufwendungen der Parteien, die für das Verfahren vor der Beschwerdekammer notwendig waren, sowie die Kosten, die durch die Einreichung der in Artikel 131 § 4 Absatz 2 vorgesehenen Übersetzungen der Schriftsätze oder Schreiben in die Verfahrenssprache entstehen, gelten als erstattungsfähige Kosten.

Werden fehlerhafte Übersetzungen eingereicht, so findet Artikel 87 § 3 Absatz 2 Anwendung.

FÜNFTER TITEL

RECHTSMITTEL GEGEN DIE ENTSCHEIDUNGEN DES GERICHTS FÜR DEN ÖFFENTLICHEN DIENST DER EUROPÄISCHEN UNION

Artikel 136a

Wird gegen die Entscheidungen des Gerichts für den öffentlichen Dienst gemäß den

VfO
Dienstanw
Kanzler
Prakt Anw

Artikeln 9 und 10 des Anhangs der Satzung ein Rechtsmittel eingelegt, so ist Verfahrenssprache diejenige Sprache, in der die mit dem Rechtsmittel angefochtene Entscheidung des Gerichts für den öffentlichen Dienst ergangen ist; Artikel 35 Paragraph 2 Buchstaben b und c und Artikel 35 Paragraph 3 Absatz 4 bleiben unberührt.

Artikel 137

§ 1. Das Rechtsmittel wird durch Einreichung eines Schriftsatzes bei der Kanzlei des Gerichts oder des Gerichts für den öffentlichen Dienst eingelegt.

§ 2. Die Kanzlei des Gerichts für den öffentlichen Dienst übermittelt die erstinstanzlichen Akten und gegebenenfalls die Rechtsmittelschrift unverzüglich der Kanzlei des Gerichts.

Artikel 138

§ 1. Die Rechtsmittelschrift muss enthalten:

a) Namen und Wohnsitz des Rechtsmittelführers;

b) die Bezeichnung der anderen Parteien des Verfahrens vor dem Gericht für den öffentlichen Dienst;

c) die Rechtsmittelgründe;

d) die Anträge des Rechtsmittelführers.

Die Artikel 43 und 44 §§ 2 und 3 finden auf die Rechtsmittelschrift entsprechende Anwendung.

§ 2. Die mit dem Rechtsmittel angefochtene Entscheidung des Gerichts für den öffentlichen Dienst ist der Rechtsmittelschrift beizufügen. Es ist anzugeben, an welchem Tag die angefochtene Entscheidung dem Rechtsmittelführer zugestellt worden ist.

§ 3. Entspricht die Rechtsmittelschrift nicht dem Artikel 44 § 3 oder dem § 2 des vorliegenden Artikels, so findet Artikel 44 § 6 entsprechende Anwendung.

Artikel 139

§ 1. Die Rechtsmittelanträge müssen zum Gegenstand haben:

a) die vollständige oder teilweise Aufhebung der Entscheidung des Gerichts für den öffentlichen Dienst;

b) die vollständige oder teilweise Aufrechterhaltung der im ersten Rechtszug gestellten Anträge; neue Anträge können nicht gestellt werden.

§ 2. Das Rechtsmittel kann den vor dem Gericht für den öffentlichen Dienst verhandelten Streitgegenstand nicht verändern.

Artikel 140

Die Rechtsmittelschrift wird den Parteien des Verfahrens vor dem Gericht für den öffentlichen Dienst zugestellt. Artikel 45 findet entsprechende Anwendung.

Artikel 141

§ 1. Die Parteien des Verfahrens vor dem Gericht für den öffentlichen Dienst können binnen zwei Monaten nach Zustellung der Rechtsmittelschrift eine Rechtsmittelbeantwortung einreichen. Eine Verlängerung der Beantwortungsfrist ist nicht möglich.

§ 2. Die Rechtsmittelbeantwortung muss enthalten:

a) Namen und Wohnsitz der Partei, die sie einreicht;

b) die Angabe des Tages, an dem ihr die Rechtsmittelschrift zugestellt worden ist;

c) die rechtliche Begründung;

d) die Anträge.

Die Artikel 43 und 44 §§ 2 und 3 finden entsprechende Anwendung.

Artikel 142

§ 1. Die Anträge in der Rechtsmittelbeantwortung müssen zum Gegenstand haben:

a) die vollständige oder teilweise Zurückweisung des Rechtsmittels oder die vollständige oder teilweise Aufhebung der Entscheidung des Gerichts für den öffentlichen Dienst;

b) die vollständige oder teilweise Aufrechterhaltung der im ersten Rechtszug gestellten Anträge; neue Anträge können nicht gestellt werden.

§ 2. Die Rechtsmittelbeantwortung kann den vor dem Gericht für den öffentlichen

Dienst verhandelten Streitgegenstand nicht verändern.

Artikel 143

§ 1. Rechtsmittelschrift und Rechtsmittelbeantwortung können durch eine Erwiderung und eine Gegenerwiderung ergänzt werden, wenn der Präsident dies auf einen dahin gehenden Antrag des Rechtsmittelführers, der binnen sieben Tagen nach Zustellung der Rechtsmittelbeantwortung gestellt wird, für erforderlich hält und die Einreichung einer Erwiderung ausdrücklich gestattet, um dem Rechtsmittelführer zu ermöglichen, seinen Standpunkt zu Gehör zu bringen, oder um die Entscheidung über das Rechtsmittel vorzubereiten. Der Präsident bestimmt die Frist für die Einreichung der Erwiderung und bei der Zustellung dieses Schriftsatzes die Frist für die Einreichung der Gegenerwiderung.

§ 2. Haben die in einer Rechtsmittelbeantwortung gestellten Anträge die vollständige oder teilweise Aufhebung der Entscheidung des Gerichts für den öffentlichen Dienst aus einem Grund zum Gegenstand, der in der Rechtsmittelschrift nicht geltend gemacht wird, so kann der Rechtsmittelführer oder jede andere Partei binnen zwei Monaten nach Zustellung der Rechtsmittelbeantwortung eine auf diesen Grund beschränkte Erwiderung einreichen. § 1 findet auf die auf diese Erwiderung hin eingereichten weiteren Schriftsätze entsprechende Anwendung.

Artikel 144

Vorbehaltlich der nachstehenden Bestimmungen finden Artikel 48 § 2, die Artikel 49, 50 und 51 § 1, die Artikel 52, 55 bis 64, 76a bis 110, Artikel 115 § 2 und 3 sowie die Artikel 116, 123 bis 127 und 129 auf das Verfahren vor dem Gericht, das ein Rechtsmittel gegen eine Entscheidung des Gerichts für den öffentlichen Dienst zum Gegenstand hat, entsprechende Anwendung.

Artikel 145

Ist das Rechtsmittel ganz oder teilweise offensichtlich unzulässig oder offensichtlich unbegründet, so kann das Gericht jederzeit auf Bericht des Berichterstatters nach Anhörung des Generalanwalts das Rechtsmittel ganz oder teilweise durch Beschluss, der mit Gründen zu versehen ist, zurückweisen.

Artikel 146

Nach Einreichung der in Artikel 141 § 1 und gegebenenfalls der in Artikel 143 §§ 1 und 2 bezeichneten Schriftsätze kann das Gericht auf Bericht des Berichterstatters nach Anhörung des Generalanwalts und der Parteien beschließen, über das Rechtsmittel ohne mündliche Verhandlung zu entscheiden, es sei denn, eine Partei stellt einen Antrag, in dem die Gründe aufgeführt sind, aus denen sie gehört werden möchte. Der Antrag ist binnen einem Monat nach der Mitteilung an die Partei, dass das schriftliche Verfahren abgeschlossen ist, zu stellen. Der Präsident kann diese Frist verlängern.

Artikel 147

Der Vorbericht gemäß Artikel 52 ist dem Gericht nach Einreichung der in Artikel 141 § 1 und gegebenenfalls der in Artikel 143 §§ 1 und 2 bezeichneten Schriftsätze vorzulegen. Werden die genannten Schriftsätze nicht eingereicht, so findet nach Ablauf der für ihre Einreichung vorgesehenen Frist das gleiche Verfahren Anwendung.

Artikel 148

Das Gericht entscheidet über die Kosten, wenn das Rechtsmittel zurückgewiesen wird oder wenn das Rechtsmittel begründet ist und es selbst den Rechtsstreit entscheidet.

Artikel 88 findet nur dann Anwendung, wenn ein Organ Rechtsmittel einlegt.

Abweichend von Artikel 87 § 2 kann das Gericht bei Rechtsmitteln, die von Beamten oder sonstigen Bediensteten eines Organs eingelegt werden, die Kosten zwischen den Parteien teilen, sofern dies aus Gründen der Billigkeit geboten ist.

Wird ein Rechtsmittel zurückgenommen, so findet Artikel 87 § 5 entsprechende Anwendung.

Artikel 149

Anträge auf Zulassung als Streithelfer in einem Rechtsmittelverfahren vor dem Gericht sind binnen einem Monat nach der in Artikel 24 § 6 bezeichneten Veröffentlichung zu stellen.

VfO
Dienstanw
Kanzler
Prakt Anw

Gericht

SCHLUSSBESTIMMUNGEN

Artikel 150

Das Gericht kann praktische Anweisungen insbesondere zur Vorbereitung und zum Ablauf der Sitzungen sowie zur Einreichung von Schriftsätzen oder schriftlichen Erklärungen erteilen.

Artikel 151

Diese Verfahrensordnung ist in den in Artikel 35 § 1 genannten Sprachen verbindlich. Sie wird im *Amtsblatt der Europäischen Union* veröffentlicht. Sie tritt am ersten Tag des zweiten Monats nach ihrer Veröffentlichung in Kraft.

Dienstanweisung für den Kanzler des Gerichts

vom 5. Juli 2007

(ABl 2007 L 232, 1 idF ABl 2010 L 170, 53)

DAS GERICHT –
gestützt auf Art. 23 seiner Verfahrensordnung;
unter Bezugnahme auf die am 5. Juli 2007 erlassene Dienstanweisung für den Kanzler –
erlässt folgende [Änderungen der]:

DIENSTANWEISUNG FÜR DEN KANZLER
Artikel 1
Aufgaben des Kanzlers

(1) Der Kanzler ist für die Führung des Registers des Gerichts und der Akten der anhängigen Rechtssachen, für die Entgegennahme, Weiterleitung, Zustellung und Aufbewahrung der Schriftstücke, für den Schriftverkehr mit den Parteien und Dritten in anhängigen Rechtssachen sowie für die Verwahrung der Siegel des Gerichts verantwortlich; er sorgt für die Erhebung der Gebühren der Kanzlei und für die Eintreibung der der Kasse des Gerichts geschuldeten Beträge. Er besorgt die Veröffentlichungen des Gerichts.

(2) Der Kanzler wird in den vorstehend bezeichneten Aufgaben von einem Hilfskanzler unterstützt. Ist der Kanzler abwesend oder verhindert, so trägt der Hilfskanzler die Verantwortung für die Wahrnehmung dieser Aufgaben und trifft die Entscheidungen, die dem Kanzler aufgrund der Verfahrensordnung des Gerichts und dieser Dienstanweisung für den Kanzler sowie aufgrund der ihm in deren Anwendung übertragenen Befugnisse obliegen.

Artikel 2
Öffnungszeiten der Kanzlei

(1) Die Kanzlei ist an allen Werktagen geöffnet. Als Werktage gelten alle Tage außer den Samstagen, den Sonntagen und den gesetzlichen Feiertagen, die in dem in Art. 101 § 2 der Verfahrensordnung vorgesehenen Verzeichnis aufgeführt sind.

(2) Ist ein Werktag im Sinne des Abs. 1 für die Beamten und sonstigen Bediensteten des Organs ein Feiertag, wird durch einen Bereitschaftsdienst die Möglichkeit gewährleistet, sich während der Öffnungszeiten mit der Kanzlei in Verbindung zu setzen.

(3) Die Kanzlei ist zu folgenden Zeiten geöffnet:

– am Vormittag: montags bis freitags von 9.30 bis 12.00 Uhr,

– am Nachmittag: montags bis donnerstags von 14.30 bis 17.30 Uhr und freitags von 14.30 bis 16.30 Uhr.

Während der in Art. 34 § 1 der Verfahrensordnung vorgesehenen Gerichtsferien ist die Kanzlei freitagnachmittags geschlossen.

Die Kanzlei ist eine halbe Stunde vor Beginn jeder Sitzung für die Vertreter der zu dieser Sitzung geladenen Parteien zugänglich.

(4) Die Kanzlei ist nur zugänglich für Rechtsanwälte und Bevollmächtigte der Mitgliedstaaten und der Unionsorgane oder von ihnen ordnungsgemäß bevollmächtigte Personen und für Personen, die einen Antrag nach Art. 95 der Verfahrensordnung stellen.

(5) Außerhalb der Öffnungszeiten der Kanzlei können Schriftstücke zu jeder Tages- und Nachtzeit beim diensthabenden Pförtner am Eingang des Gebäudes des Gerichts rechtswirksam eingereicht werden. Dieser vermerkt mit verbindlicher Wirkung Tag und Stunde der Einreichung und stellt auf Verlangen eine Empfangsbestätigung aus.

Artikel 3
Register

(1) In das Register werden die Urteile und Beschlüsse sowie alle in den beim Gericht anhängigen Rechtssachen zu den Akten gegebenen Schriftstücke eingetragen.

(2) Die Eintragungen in das Register werden mit einer Nummer versehen, die an die Nummer der letzten Eintragung anschließt. Sie erfolgen in der Verfahrenssprache und enthalten die zur Kennzeichnung des Schriftstücks erforderlichen Angaben insbesondere über den Tag der Einreichung und den Eintragung, die Nummer der Rechtssache und die Art des Schriftstücks.

(3) Auf jede Berichtigung ist im Register hinzuweisen.

Das in elektronischer Form geführte Register ist so gestaltet, dass keine Registrierung gelöscht werden kann und dass jede spätere Änderung oder Berichtigung einer Eintragung erkennbar ist.

Gericht   VfO · Dienstanw · Kanzler · Prakt Anw

(4) Die Nummer der Eintragung wird bei allen vom Gericht ausgestellten Schriftstücken auf der ersten Seite angegeben.

Auf der Urschrift aller von den Parteien eingereichten Schriftstücke und auf jeder ihnen zugestellten Abschrift wird ein Vermerk über die Eintragung im Register mit Angabe der Nummer und des Tages der Eintragung in das Register angebracht. Dieser Vermerk erfolgt in der Verfahrenssprache. Der Vermerk auf der Urschrift des Schriftstücks ist vom Kanzler zu unterzeichnen.

(5) Wird ein Schriftstück nicht am Tag seiner Einreichung in das Register eingetragen, wird der Tag der Einreichung im Register und auf der Urschrift sowie auf den Abschriften des Schriftstücks angegeben.

(6) Für die Anwendung des Abs. 5 wird je nach Lage des Falls der Tag, an dem das Schriftstück vom Kanzler oder einem Beamten oder sonstigen Bediensteten der Kanzlei entgegengenommen worden ist, der in Art. 2 Abs. 5 angegebene Tag oder – in den in Art. 54 Abs. 1 des Protokolls über die Satzung des Gerichtshofs der Europäischen Union (im Folgenden: Satzung) und Art. 8 Abs. 1 des Anhangs dieser Satzung genannten Fällen – der Tag der Einreichung des Schriftstücks beim Kanzler des Gerichtshofs oder beim Kanzler des Gerichts für den öffentlichen Dienst berücksichtigt.

Artikel 4
Aktenzeichen der Rechtssache

(1) Jede Rechtssache erhält bei der Eintragung der Klageschrift eine Nummer mit einer vorangestellten „T-" und nachgestellter Jahresangabe. Handelt es sich um ein Rechtsmittel gegen eine Entscheidung des Gerichts für den öffentlichen Dienst der Europäischen Union, erhält diese Nummer einen speziellen Zusatz.

(2) Anträge auf einstweilige Anordnung, Streithilfeanträge, Anträge auf Berichtigung oder Auslegung von Urteilen, Wiederaufnahmeanträge, Einsprüche oder Drittwidersprüche, Kostenfestsetzungsanträge und Anträge auf Prozesskostenhilfe in Bezug auf anhängige Klagen erhalten die gleiche Nummer wie die Hauptsache, mit einem nachgestellten Hinweis darauf, dass es sich um getrennte besondere Verfahren handelt.

Ein Antrag auf Prozesskostenhilfe, der im Hinblick auf eine Klage gestellt wird, erhält eine Nummer mit einem vorangestellten ‚T-' und nachgestellter Jahresangabe sowie einen speziellen Zusatz.

Eine Klage, vor deren Einreichung ein sich auf sie beziehender Antrag auf Prozesskostenhilfe gestellt worden ist, erhält die gleiche Rechtssachennummer wie der Antrag.

Eine Rechtssache, die vom Gerichtshof nach einer Aufhebung oder einer Überprüfung zurück-

verwiesen worden ist, erhält die Nummer, die ihr zuvor beim Gericht zugewiesen worden war, mit einem nachgestellten speziellen Zusatz.

(3) Das Aktenzeichen der Rechtssache mit Angabe der Parteien wird bei den Verfahrensvorgängen, beim Schriftverkehr in Bezug auf die Rechtssache sowie – unbeschadet des Art. 18 Abs. 4 – bei den Veröffentlichungen des Gerichts angegeben.

Artikel 5
Akten und Akteneinsicht

(1) Die Akten der Rechtssache enthalten die Urschriften der von den Parteien vorgelegten Schriftstücke einschließlich ihrer Anlagen, mit Ausnahme der Schriftstücke, die gemäß Art. 7 zurückgewiesen worden sind, die in dieser Rechtssache erlassenen Entscheidungen einschließlich derjenigen über die Verweigerung der Annahme von Schriftstücken, die Sitzungsberichte, die Sitzungsprotokolle, die Urkunden über die vom Kanzler vorgenommenen Zustellungen sowie gegebenenfalls alle sonstigen Schriftstücke oder Schreiben, die bei der Entscheidung der Rechtssache zu berücksichtigen sind.

(2) In Zweifelsfällen legt der Kanzler die Frage, ob ein Schriftstück zu den Akten zu nehmen ist, dem Präsidenten vor.

(3) Die Aktenstücke werden fortlaufend nummeriert.

(4) Die Vertreter der Parteien einer Rechtssache vor dem Gericht oder von ihnen ordnungsgemäß bevollmächtigte Personen können die Originalakten der Rechtssache einschließlich der dem Gericht vorgelegten Verwaltungsakten in der Kanzlei des Gerichts einsehen und Abschriften der Verfahrensvorgänge und des Registers oder Auszüge daraus verlangen.

Die Vertreter der nach Art. 116 § 2 der Verfahrensordnung als Streithelfer zugelassenen Verfahrensbeteiligten haben vorbehaltlich der Bestimmungen des Art. 6 Abs. 2 über die vertrauliche Behandlung bestimmter Angaben oder Schriftstücke in den Akten das gleiche Recht auf Akteneinsicht.

In verbundenen Rechtssachen haben die Vertreter der Parteien und der nach Art. 116 § 2 der Verfahrensordnung als Streithelfer zugelassenen Verfahrensbeteiligten vorbehaltlich der Bestimmungen des Art. 6 Abs. 2 über die vertrauliche Behandlung bestimmter Angaben oder Schriftstücke in den Akten das gleiche Recht auf Akteneinsicht.

(5) Die vertraulichen und die nichtvertraulichen Fassungen der Verfahrensvorgänge werden in getrennten Heften der Akten abgelegt. Das vertrauliche Heft der Akten können nur die Parteien einsehen, denen gegenüber keine vertrauliche Behandlung angeordnet worden ist.

(6) Ein in einer Rechtssache eingereichtes Schriftstück, das zu den Akten dieser Rechtssache genommen worden ist, kann nicht bei der Vorbereitung der Entscheidung in einer anderen Rechtssache berücksichtigt werden.

(7) Nach dem Abschluss des Verfahrens sorgt der Kanzler für die Schließung und die Archivierung der Akten der Rechtssache. Die geschlossenen Akten enthalten ein Verzeichnis der zu den Akten gegebenen Schriftstücke mit der Angabe ihrer Nummer sowie ein Vorsatzblatt, auf dem das Aktenzeichen der Rechtssache, die Parteien und der Tag der Schließung der Akten der Rechtssache vermerkt sind.

(8) Keine dritte Person des Privatrechts oder des öffentlichen Rechts kann ohne ausdrückliche, nach Anhörung der Parteien erteilte Genehmigung des Präsidenten oder, wenn die Rechtssache noch anhängig ist, des Präsidenten des mit ihr befassten Spruchkörpers die Akten der Rechtssache oder die Verfahrensvorgänge einsehen. Diese Genehmigung kann nur auf schriftlichen Antrag erteilt werden, dem eine eingehende Begründung für das berechtigte Interesse an der Akteneinsicht beizufügen ist.

Artikel 6
Vertrauliche Behandlung

(1) Unbeschadet des Art. 67 § 3 der Verfahrensordnung kann ein Antrag des Klägers auf vertrauliche Behandlung bestimmter Angaben oder Schriftstücke in den Akten gegenüber dem Beklagten nicht berücksichtigt werden. Auch ein solcher Antrag des Beklagten auf vertrauliche Behandlung gegenüber dem Kläger kann nicht berücksichtigt werden.

(2) Eine Partei kann gemäß Art. 116 § 2 der Verfahrensordnung beantragen, dass bestimmte Angaben oder Schriftstücke in den Akten gegenüber einem Streithelfer oder bei der Verbindung von Rechtssachen nach Art. 50 § 2 der Verfahrensordnung gegenüber einer anderen Partei in einer verbundenen Rechtssache vertraulich behandelt werden. Ein solcher Antrag muss den Bestimmungen der Praktischen Anweisungen für die Parteien entsprechen (Nrn. 74 bis 77).

Entspricht der Antrag auf vertrauliche Behandlung nicht den Praktischen Anweisungen für die Parteien, fordert der Kanzler die betreffende Partei zur Behebung des Mangels auf. Wird der Antrag auf vertrauliche Behandlung trotz dieser Aufforderung nicht in Übereinstimmung mit den Praktischen Anweisungen für die Parteien gebracht, ist seine sachgerechte Behandlung nicht möglich; in diesem Fall werden dem Streithelfer sämtliche Verfahrensunterlagen in vollem Umfang übermittelt, oder es wird, im Fall der Verbindung von Rechtssachen, der an-

deren Partei in einer verbundenen Rechtssache uneingeschränkte Akteneinsicht gewährt.

(3) Unter den in Art. 18 Abs. 4 dieser Dienstanweisung genannten Voraussetzungen kann eine Partei die Weglassung bestimmter vertraulicher Angaben in den öffentlich zugänglichen Unterlagen einer Rechtssache beantragen.

Artikel 7
Zurückweisung von Schriftstücken und Behebung von Mängeln

(1) Der Kanzler achtet darauf, dass die zu den Akten gegebenen Schriftstücke den Bestimmungen der Satzung, der Verfahrensordnung, der Praktischen Anweisungen für die Parteien sowie dieser Dienstanweisung entsprechen. Gegebenenfalls setzt er den Parteien eine Frist für die Behebung formaler Mängel der eingereichten Schriftstücke. Die Zustellung eines Schriftsatzes verzögert sich, wenn er nicht den Bestimmungen der Nrn. 55 und 56 der Praktischen Anweisungen für die Parteien entspricht.

Werden die Bestimmungen der Nrn. 57 und 59 der Praktischen Anweisungen für die Parteien nicht eingehalten, verzögert sich die Zustellung des Schriftsatzes oder kann sich verzögern.

(2) Der Kanzler verweigert die Eintragung von in der Verfahrensordnung nicht vorgesehenen Schriftsätzen oder sonstigen Schriftstücken. In Zweifelsfällen legt die Angelegenheit dem Präsidenten zur Entscheidung vor.

(3) Unbeschadet zum einen der Bestimmungen des Art. 43 § 6 der Verfahrensordnung über den Eingang von Schriftsätzen mittels Fax oder sonstiger technischer Kommunikationsmittel und zum anderen des Beschlusses nach Art. 43 § 7 der Verfahrensordnung, der die Voraussetzungen festlegt, unter denen ein der Kanzlei elektronisch übermittelter Schriftsatz als Urschrift des Schriftsatzes gilt, nimmt der Kanzler nur Schriftstücke an, die die Originalunterschrift des Anwalts oder des Bevollmächtigten der Partei tragen. Der Kanzler kann die Vorlage einer – gegebenenfalls beglaubigten – Unterschriftenprobe eines Anwalts oder Bevollmächtigten verlangen, um prüfen zu können, ob der Anforderung des Art. 43 § 1 Abs. 1 der Verfahrensordnung genügt ist.

(4) Anlagen zu einem Schriftsatz oder sonstigen Schriftstück sind gemäß den Bestimmungen der Praktischen Anweisungen für die Parteien über die Einreichung von Anlagen zu den Schriftsätzen einzureichen. Wird der Mangel von der betroffenen Partei nicht behoben, legt der Kanzler die Frage, ob nicht gemäß den Bestimmungen der Praktischen Anweisungen für die Parteien eingereichte Anlagen zurückzuweisen sind, dem Berichterstatter vor, der im Einvernehmen mit dem Präsidenten entscheidet.

(5) Außer in den in der Verfahrensordnung ausdrücklich vorgesehenen Fällen weist der Kanzler Schriftsätze oder sonstige Schriftstücke der Parteien zurück, die in einer anderen Sprache als der Verfahrenssprache abgefasst sind.

Liegt Anlagen zu einem Schriftsatz oder sonstigen Schriftstück keine Übersetzung in die Verfahrenssprache bei, fordert der Kanzler die betreffende Partei auf, diesen Mangel zu beheben, wenn diese Übersetzung für den ordnungsgemäßen Ablauf des Verfahrens erforderlich erscheint.

Ist ein Streithilfeantrag eines Dritten, der kein Mitgliedstaat ist, nicht in der Verfahrenssprache abgefasst, verlangt der Kanzler die Behebung dieses Mangels, bevor er den Antrag den Parteien zustellt. Wird eine in der Verfahrenssprache erstellte Fassung dieses Antrags innerhalb der vom Kanzler hierfür festgesetzten Frist eingereicht, gilt der Tag der Einreichung der ersten Fassung in einer anderen Sprache als Tag der Einreichung des Schriftstücks.

(6) Erhebt eine Partei Einwendungen gegen die Zurückweisung eines Schriftstücks durch den Kanzler, legt dieser das Schriftstück dem Präsidenten zur Entscheidung über die Annahme vor.

Artikel 8
Einreichung der Klageschrift

(1) Stellt der Kanzler fest, dass eine Klageschrift nicht den Bestimmungen des Art. 44 § 1 der Verfahrensordnung entspricht, setzt er die Zustellung der Klageschrift aus, damit das Gericht über die Zulässigkeit der Klage entscheiden kann.

(2) Für die Vorlage der in Art. 44 § 3 der Verfahrensordnung vorgesehenen Bescheinigung, aus der hervorgeht, dass der Anwalt, der eine Partei vertritt oder ihren Bevollmächtigten unterstützt, in einem Mitgliedstaat als Anwalt zugelassen ist, kann auf ein bereits bei der Kanzlei des Gerichts hinterlegtes Schriftstück verwiesen werden.

(3) Ist der Kläger eine juristische Person des Privatrechts, müssen die nach Art. 44 § 5 Buchst. a und b der Verfahrensordnung einzureichenden Unterlagen die Überprüfung
– des Vorliegens einer Prozessvollmacht,
– der Rechtspersönlichkeit der juristischen Person,
– der Befugnis und der Eigenschaft des Unterzeichners der Vollmacht,
– der ordnungsgemäßen Ausstellung der Vollmacht ermöglichen.

Artikel 9
Übersetzungen

(1) Der Kanzler veranlasst, dass gemäß Art. 36 § 1 der Verfahrensordnung alle während des Verfahrens abgegebenen mündlichen oder schriftlichen Äußerungen auf Ersuchen eines Richters oder eines Generalanwalts oder auf Antrag einer Partei in die Verfahrenssprache oder gegebenenfalls in eine andere, in Art. 35 § 2 der Verfahrensordnung vorgesehene Sprache übersetzt werden. Der Kanzler veranlasst ferner die Übersetzung in eine andere, in Art. 35 § 1 der Verfahrensordnung vorgesehene Sprache, soweit dies für den ordnungsgemäßen Ablauf des Verfahrens erforderlich ist.

(2) Hat der Kanzler nach Art. 131 § 4 der Verfahrensordnung der betroffenen Partei eine Frist zur Vorlage einer Übersetzung in der Verfahrenssprache gesetzt, deren genaue Übereinstimmung mit dem Original sie beglaubigen muss, und ist die Übersetzung nicht fristgemäß vorgelegt worden, veranlasst er die Entfernung des betreffenden Schriftsatzes oder Schriftstücks aus den Akten.

(3) Der Kanzler setzt die Fristen fest, innerhalb deren die am Verfahren beteiligten Organe die in Art. 43 § 2 der Verfahrensordnung vorgesehenen Übersetzungen vorzulegen haben.

Artikel 10
Zustellungen

(1) Die Zustellungen werden gemäß Art. 100 § 1 der Verfahrensordnung in der Weise vorgenommen, dass entweder auf dem Postweg durch Einschreiben mit Rückschein oder durch Übergabe an den Empfänger gegen Empfangsbestätigung eine beglaubigte Abschrift des betreffenden Schriftstücks übermittelt wird. Die beglaubigte Abschrift wird erforderlichenfalls vom Kanzler ausgefertigt.

Die Abschrift des Schriftstücks wird von einem Schreiben begleitet, in dem das Aktenzeichen der Rechtssache, die Registernummer und eine kurze Bezeichnung des Schriftstücks angegeben sind. Die unterzeichnete Urschrift dieses Schreibens wird in den Akten der Rechtssache aufbewahrt.

(2) Ist erfolglos versucht worden, dem Beklagten die Klageschrift zuzustellen, setzt der Kanzler dem Kläger eine Frist zur Angabe einer neuen Zustellungsadresse.

(3) Sofern der Empfänger eine Zustellungsanschrift in Luxemburg angegeben hat, erfolgen die Zustellungen an den Zustellungsbevollmächtigten. Hat eine Partei entgegen Art. 44 § 2 der Verfahrensordnung keine Zustellungsanschrift in Luxemburg angegeben, ohne sich damit einverstanden zu erklären, dass Zustellungen an sie mittels Fax oder sonstiger technischer Kommunikationsmittel erfolgen, werden die Zustellungen dadurch bewirkt, dass bei der Post in Luxemburg ein Einschreiben an den Bevollmächtigten oder Anwalt der Partei aufgegeben wird.

(4) Hat sich eine Partei gemäß Art. 44 § 2 Abs. 2 der Verfahrensordnung damit einverstanden erklärt, dass Zustellungen an sie mittels Fax oder sonstiger technischer Kommunikationsmittel erfolgen, werden die Zustellungen gemäß Art. 100 § 2 der Verfahrensordnung dadurch bewirkt, dass eine Abschrift des zuzustellenden Schriftstücks auf diesem Wege übermittelt wird.

Die Schriftstücke, bei denen aus technischen Gründen oder wegen ihres Umfangs die Übermittlung einer Abschrift auf diesem Wege nicht möglich ist, werden jedoch gemäß Abs. 1 zugestellt.

Hat der Empfänger keine Zustellungsanschrift in Luxemburg angegeben, wird er von dieser Zustellung unter Hinweis auf Art. 100 § 2 Abs. 2 der Verfahrensordnung durch Übermittlung einer Abschrift des Begleitschreibens der Zustellung mittels Fax oder sonstiger technischer Kommunikationsmittel benachrichtigt.

(5) Der Rückschein, die Empfangsbestätigung, der Nachweis der Aufgabe des Einschreibens bei der Post in Luxemburg oder ein Beleg über die Zusendung mittels Fax oder sonstiger technischer Kommunikationsmittel werden zusammen mit der Abschrift des bei der Zustellung an den Empfänger gerichteten Schreibens in den Akten aufbewahrt.

(6) Ist einem von einer Partei eingereichten Schriftsatz eine Anlage oder ein Schriftsatz wegen deren Umfangs nur in einem Exemplar beigefügt oder können den Parteien aus anderen Gründen keine Abschriften oder Exemplare eines bei der Kanzlei eingereichten Schriftstücks oder Gegenstands zugestellt werden, setzt der Kanzler die Parteien davon in Kenntnis und teilt ihnen mit, dass die fragliche Anlage, das fragliche Schriftstück oder der fragliche Gegenstand in der Kanzlei für sie zur Einsichtnahme bereitgehalten wird.

Artikel 11
Festsetzung und Verlängerung von Fristen

(1) Der Kanzler setzt die in der Verfahrensordnung vorgesehenen Fristen im Einklang mit den ihm vom Präsidenten übertragenen Befugnissen fest.

(2) Schriftstücke, die nach Ablauf der für ihre Einreichung festgesetzten Frist bei der Kanzlei eingehen, können nur mit Genehmigung des Präsidenten angenommen werden.

(3) Der Kanzler kann die festgesetzten Fristen im Rahmen der ihm vom Präsidenten übertragenen Befugnisse verlängern; gegebenenfalls unterbreitet er dem Präsidenten Vorschläge für die Verlängerung der Fristen.

Anträge auf Fristverlängerung sind ordnungsgemäß zu begründen und rechtzeitig vor Ablauf der festgesetzten Frist zu stellen. Eine Frist kann nur aus außergewöhnlichen Gründen mehr als einmal verlängert werden.

Artikel 12
Verfahren der einstweiligen Anordnung

In den Verfahren nach den Art. 104 bis 110 der Verfahrensordnung kann der Kanzler die Aktenstücke mit allen durch die Dringlichkeit gebotenen geeigneten Mitteln, insbesondere durch Fax, übermitteln; er veranlasst in jedem Fall, dass danach eine Übersendung in der in Art. 100 der Verfahrensordnung vorgesehenen Form erfolgt.

Artikel 13
Sitzungen und Protokolle

(1) Vor Beginn jeder öffentlichen Sitzung stellt der Kanzler in der Verfahrenssprache eine Terminliste auf, die Tag, Stunde und Ort der Sitzung, den zuständigen Spruchkörper, die Nummern der zur Verhandlung gelangenden Rechtssachen und die Namen der Parteien enthält.

(2) Die Terminliste wird am Eingang des Sitzungssaals ausgehängt.

(3) Der Kanzler fertigt von jeder öffentlichen Sitzung ein Protokoll in der Verfahrenssprache an; es enthält die Bezeichnung der Rechtssache, Tag, Stunde und Ort der Sitzung, die Angabe über die Öffentlichkeit oder Nichtöffentlichkeit der Sitzung, die Namen der anwesenden Richter und des amtierenden Kanzlers, Namen und Stand der Vertreter der anwesenden Parteien, gegebenenfalls Namen, Vornamen, Stand und Wohnsitz der gehörten Zeugen oder Sachverständigen, die Angabe der in der Sitzung erhobenen Beweise oder vorgelegten Schriftstücke und, soweit erforderlich, die in der Sitzung abgegebenen Erklärungen sowie die in der Sitzung erlassenen Entscheidungen des Gerichts oder des Präsidenten.

(4) Das Protokoll über die Vernehmung eines Zeugen, das dessen Aussage wiedergibt, wird auf Veranlassung des Kanzlers in der Sprache erstellt, in der der Zeuge ausgesagt hat. Bevor der Kanzler das Protokoll unterzeichnet und es dem Präsidenten zur Unterzeichnung vorlegt, teilt er den Protokollentwurf dem Zeugen, gegebenenfalls durch Einschreiben, mit und fordert ihn auf, seinen Inhalt zu überprüfen, sich eventuell dazu zu äußern und ihn zu unterzeichnen.

Artikel 14
Zeugen und Sachverständige

(1) Der Kanzler trifft die zur Durchführung der Beschlüsse über die Erstattung von Sachverständigengutachten oder die Vernehmung von Zeugen erforderlichen Maßnahmen.

(2) Der Kanzler lässt sich von den Zeugen einen Beleg über ihre Auslagen und ihren Verdienstausfall und von den Sachverständigen eine Rechnung über ihre Vergütung mit einem Nachweis ihrer Tätigkeit und ihrer Auslagen aushändigen.

(3) Der Kanzler veranlasst, dass die Kasse des Gerichts die den Zeugen und Sachverständigen gemäß der Verfahrensordnung geschuldeten Beträge auszahlt. Besteht Streit über diese Beträge, so legt der Kanzler die Angelegenheit dem Präsidenten zur Entscheidung vor.

(4) Die Kosten der Anhörung von Sachverständigen oder der Vernehmung von Zeugen, die das Gericht in einer Rechtssache vorgestreckt hat, werden auf Veranlassung des Kanzlers von den Parteien eingefordert, die zur Tragung der Kosten verurteilt worden sind. Gegebenenfalls findet Art. 16 Abs. 2 Anwendung.

Artikel 15
Urschriften von Urteilen und Beschlüssen

(1) Die Urschriften der Urteile und Beschlüsse des Gerichts werden in chronologischer Reihenfolge im Archiv der Kanzlei aufbewahrt. Eine beglaubigte Abschrift wird zu den Akten der Rechtssache genommen.

(2) Der Kanzler erteilt den Parteien auf ihren Antrag eine beglaubigte Abschrift eines Urteils oder Beschlusses.

(3) Der Kanzler kann Dritten auf ihren Antrag eine einfache Abschrift der Urteile oder Beschlüsse erteilen.

(4) Auf die Urteile oder Beschlüsse, durch die ein Urteil oder ein Beschluss berichtigt oder ausgelegt wird, auf die Urteile, die auf Einspruch gegen ein Versäumnisurteil ergehen, auf die Urteile und Beschlüsse, die auf Drittwiderspruch oder einen Wiederaufnahmeantrag ergehen, sowie auf die Urteile oder Beschlüsse, die der Gerichtshof auf ein Rechtsmittel oder eine Überprüfung erlässt, ist am Rand der betreffenden Urteils oder Beschlusses hinzuweisen; die Urschrift oder eine beglaubigte Abschrift dieser Entscheidungen ist mit der Urschrift des Urteils oder Beschlusses zu verbinden.

Artikel 16
Erstattung von Beträgen

(1) Sind der Kasse des Gerichts Beträge zu erstatten, die aufgrund der Bewilligung von Prozesskostenhilfe ausgezahlt worden sind oder die Zeugen oder Sachverständigen vorgestreckt worden sind, fordert der Kanzler diese Beträge gemäß der Verfahrensordnung durch Einschreiben von der Partei ein, der sie auferlegt worden sind.

(2) Erfolgt innerhalb der vom Kanzler festgesetzten Frist keine Zahlung, kann der Kanzler das Gericht ersuchen, einen vollstreckbaren Beschluss zu erlassen und gegebenenfalls dessen Zwangsvollstreckung zu veranlassen.

Artikel 17
Kanzleigebühren

(1) Wird einer Partei auf ihren Antrag eine Abschrift eines Schriftstücks oder ein Auszug aus den Akten oder dem Register auf Papier erteilt, erhebt der Kanzler eine Kanzleigebühr, die für beglaubigte Abschriften 3,50 Euro je Seite und für einfache Abschriften 2,50 Euro je Seite beträgt.

(2) Lässt der Kanzler auf Antrag einer Partei eine Übersetzung eines Schriftstücks oder eines Auszugs aus den Akten anfertigen, wird eine Kanzleigebühr erhoben, die 1,25 Euro je Zeile beträgt.

(3) Die in diesem Artikel genannten Tarife erhöhen sich vom 1. Januar 2007 an jeweils um 10 v. H., wenn der von der Regierung des Großherzogtums Luxemburg veröffentlichte Index der gewogenen Lebenshaltungskosten um 10 v. H. gestiegen ist.

Artikel 18
Veröffentlichungen und Einstellen von Dokumenten in das Internet

(1) Die Veröffentlichungen des Gerichts und das Einstellen von das Gericht betreffenden Dokumenten in das Internet erfolgen unter der Verantwortung des Kanzlers.

(2) Der Kanzler veranlasst, dass die Besetzung der Kammern und die für die Zuweisung der Rechtssachen an die Kammern festgelegten Kriterien, die Wahl des Präsidenten des Gerichts und der Kammerpräsidenten, die Bestimmung des in Vertretung des Präsidenten für die Gewährung vorläufigen Rechtsschutzes zuständigen Richters sowie die Ernennung des Kanzlers und gegebenenfalls eines Hilfskanzlers im *Amtsblatt der Europäischen Union* veröffentlicht werden.

(3) Der Kanzler veranlasst, dass die Mitteilungen über die eingereichten Klagen und die verfahrensbeendenden Entscheidungen im *Amtsblatt der Europäischen Union* veröffentlicht werden.

(4) Der Kanzler sorgt für die Bekanntmachung der Rechtsprechung des Gerichts gemäß den von diesem beschlossenen Modalitäten.

Das Gericht kann auf mit besonderem Schriftsatz gestellten begründeten Antrag einer Partei oder von Amts wegen bei den die Rechtssache betreffenden Veröffentlichungen den Namen einer Partei des Rechtsstreits oder sonstiger im Rahmen des Verfahrens erwähnter Personen sowie bestimmte Angaben in öffentlich zugänglichen Unterlagen der Rechtssache weglassen, wenn berechtigte Gründe es rechtfertigen, dass die Identität einer Person oder der Inhalt dieser Angaben vertraulich behandelt wird.

Artikel 19

Ratschläge für die Anwälte und Bevollmächtigten

(1) Der Kanzler bringt den Anwälten und Bevollmächtigten die Praktischen Anweisungen für die Parteien und diese Dienstanweisung für den Kanzler zur Kenntnis.

(2) Der Kanzler erteilt den Anwälten und Bevollmächtigten auf ihren Antrag im Interesse eines ordnungsgemäßen Ablaufs der Verfahren Informationen über die Praxis bei der Anwendung der Verfahrensordnung, der vom Gericht beschlossenen Praktischen Anweisungen für die Parteien und dieser Dienstanweisung für den Kanzler.

Artikel 20

Abweichungen von dieser Dienstanweisung

Wenn die besonderen Umstände des Falles und eine ordnungsgemäße Rechtspflege es verlangen, kann das Gericht oder der Präsident von den Bestimmungen dieser Dienstanweisung abweichen.

Artikel 21

Inkrafttreten dieser Dienstanweisung

(1) Die Dienstanweisung für den Kanzler vom 3. März 1994 (ABl. L 78 vom 22.3.1994, S. 32) in der geänderten Fassung vom 29. März 2001 (ABl. L 119 vom 27.4.2001, S. 2) und vom 5. Juni 2002 (ABl. L 160 vom 18.6.2002, S. 1) wird durch diese Dienstanweisung für den Kanzler aufgehoben und ersetzt.

(2) Diese Dienstanweisung für den Kanzler, die in den in Art. 36 § 2 der Verfahrensordnung genannten Sprachen verbindlich ist, wird im *Amtsblatt der Europäischen Union* veröffentlicht. Sie tritt am Tag nach ihrer Veröffentlichung in Kraft.

VfO
Dienstanw
Kanzler
Prakt Anw

Praktische Anweisungen für die Parteien

(ABl 2007 L 232, 7, geändert durch ABl 2010 L 170, 49)

DAS GERICHT –

gestützt auf Art. 150 seiner Verfahrensordnung,

in Erwägung nachstehender Gründe:

Im Interesse eines ordnungsgemäßen Ablaufs der Verfahren vor dem Gericht und um die Beilegung der Rechtsstreitigkeiten unter den bestmöglichen Bedingungen in möglichst kurzer Zeit zu erleichtern, sind den Anwälten und Bevollmächtigten der Parteien praktische Anweisungen darüber zu erteilen, in welcher Weise sie im schriftlichen Verfahren ihre Schriftsätze und sonstigen Schriftstücke einzureichen und die mündliche Verhandlung vor dem Gericht vorzubereiten haben.

Diese Anweisungen wiederholen, erläutern und ergänzen bestimmte Vorschriften der Verfahrensordnung des Gerichts und sollen es den Anwälten und Bevollmächtigten der Parteien ermöglichen, den Zwängen Rechnung zu tragen, die sich für das Gericht insbesondere aus den Erfordernissen der Übersetzung und der elektronischen Verwaltung der Verfahrensunterlagen ergeben.

Nach der Dienstanweisung des Gerichts für seinen Kanzler vom 5. Juli 2007 (ABl. L 232, S. 1) in der Fassung vom 17. Mai 2010 (siehe S. 53 dieses Amtsblatts) (im Folgenden: Dienstanweisung für den Kanzler) hat der Kanzler darauf zu achten, dass die zu den Akten gegebenen Schriftstücke den Bestimmungen des Protokolls über die Satzung des Gerichtshofs der Europäischen Union (im Folgenden: Satzung), der Verfahrensordnung und diesen praktischen Anweisungen für die Parteien (im Folgenden: Praktische Anweisungen) sowie der Dienstanweisung für den Kanzler entsprechen, und bei Schriftsätzen und sonstigen Schriftstücken, bei denen dies nicht der Fall ist, die Behebung des Mangels zu verlangen und, sofern der Mangel nicht behoben wird, gegebenenfalls zurückzuweisen, wenn sie nicht den Bestimmungen der Satzung oder der Verfahrensordnung entsprechen.

Bei Einhaltung der Praktischen Anweisungen haben die Anwälte und Bevollmächtigten der Parteien die Gewähr, dass die von ihnen eingerichten Schriftsätze und sonstigen Schriftstücke vom Gericht in geeigneter Weise bearbeitet werden können und hinsichtlich der in den Praktischen Anweisungen behandelten Punkte nicht zur Anwendung von Art. 90 Buchst. a der Verfahrensordnung führen –

nach Anhörung der Vertreter der Bevollmächtigten der Mitgliedstaaten und der den Verfahren vor dem Gericht beitretenden Organe und des Rates der Anwaltschaften der Europäischen Union (CCBE),

ERLÄSST FOLGENDE PRAKTISCHE ANWEISUNGEN:

I. SCHRIFTLICHES VERFAHREN

A. Verwendung technischer Kommunikationsmittel

1. Die Übermittlung der Kopie der unterzeichneten Urschrift eines Schriftsatzes gemäß Art. 43 § 6 der Verfahrensordnung erfolgt

   – entweder per Telefax (Fax-Nr.: ++352 4303-2100)

   – oder per E-Mail (E-Mail-Adresse: GeneralCourt.Registry@curia.europa.eu)

2. Bei der Übermittlung per E-Mail wird nur eine gescannte Kopie der unterzeichneten Urschrift angenommen. Eine einfache elektronische Datei oder eine Datei mit einer elektronischen Signatur oder einem mit Computer erstellten Faksimile der Unterschrift erfüllt nicht die Bedingungen des Art. 43 § 6 der Verfahrensordnung. Ein Schriftstück in einer Rechtssache, das beim Gericht in Form einer einfachen E-Mail eingeht, wird nicht berücksichtigt.

   Die Dokumente sollten mit einer Auflösung von 300 DPI gescannt und mittels der Computerprogramme Acrobat oder Readiris 7 Pro im PDF-Format (Bilder und Text) eingereicht werden.

3. Die Einreichung eines Schriftstücks per Telefax oder EMail ist für die Wahrung einer Frist nur dann maßgebend, wenn die unterzeichnete Urschrift spätestens innerhalb der in Art. 43 § 6 der Verfahrensordnung genannten Frist von zehn Tagen nach dieser Einreichung bei der Kanzlei eingeht. Die unterzeichnete Urschrift ist unverzüglich, unmittelbar nach Übermittlung der Kopie abzuschicken, ohne dass an ihr irgendwelche Korrekturen oder Änderungen, seien sie auch noch so unbedeutend, vorgenommen werden. Bei Abweichungen zwischen der unterzeichneten Urschrift und der zuvor eingereichten Kopie wird nur der Tag des Eingangs der unterzeichneten Urschrift berücksichtigt.

4. In der Erklärung einer Partei gemäß Art. 44 § 2 der Verfahrensordnung, dass sie mit Zustellungen an sie mittels Fernkopierer oder sonstiger

technischer Kommunikationsmittel einverstanden ist, sind die Faxnummer und/oder die E-Mail- Adresse anzugeben, an die die Kanzlei die Zustellungen an die Partei vornehmen kann. Der Computer des Empfängers muss über ein geeignetes Programm (z. B. Acrobat oder Readiris 7 Pro) verfügen, um die Zustellungen der Kanzlei, die im PDF-Format erfolgen, visualisieren zu können.

B. Einreichung der Schriftsätze

5. Die erste Seite des Schriftsatzes enthält folgende Angaben:

   a) die Bezeichnung des Schriftsatzes (Klageschrift, Klagebeantwortung, Erwiderung, Gegenerwiderung, Antrag auf Zulassung als Streithelfer, Streithilfeschriftsatz, Einrede der Unzulässigkeit, Stellungnahme zu …, Antworten auf Fragen usw.);

   b) die Nummer der Rechtssache (T-…/..), sofern von der Kanzlei bereits mitgeteilt;

   c) den Namen des Klägers und des Beklagten;

   d) den Namen der Partei, für die der Schriftsatz eingereicht wird.

6. Jeder Absatz des Schriftsatzes ist zu nummerieren.

7. Die Originalunterschrift des Anwalts oder Bevollmächtigten der betreffenden Partei befindet sich am Schluss des Schriftsatzes. Bei mehreren Vertretern genügt es, wenn einer von ihnen den Schriftsatz unterzeichnet.

8. Die Schriftsätze sind von den Parteien so einzureichen, dass sie vom Gericht elektronisch verwaltet und insbesondere gescannt und mit Texterkennungsprogrammen bearbeitet werden können.

   Daher ist Folgendes zu beachten:

   a) Der auf A4-Papier geschriebene Text muss gut lesbar sein, und die Blätter dürfen nur einseitig (also nicht auf der Vorder- und der Rückseite) beschrieben sein.

   b) Die vorgelegten Unterlagen sind so miteinander zu verbinden, dass die Verbindung leicht entfernt werden kann (sie sollen also nicht gebunden oder in anderer Weise, z. B. mit Klebstoff, Heftklammern o. Ä., fest zusammengefügt werden).

   c) Für den Text ist eine gängige Schrifttype mit ausreichenden Zeilen- und Randabständen, die die Lesbarkeit einer gescannten Fassung sicherstellen, zu verwenden.

   d) Die Seiten des Schriftsatzes sind in der rechten oberen Ecke fortlaufend zu nummerieren.

Sind dem Schriftsatz Anlagen beigefügt, muss die Seitennummerierung Nr. 52 dieser Praktischen Anweisungen entsprechen.

9. Auf der ersten Seite jeder der Abschriften eines Schriftsatzes, die die Parteien nach Art. 43 § 1 Abs. 2 der Verfahrensordnung einzureichen haben, muss der Anwalt oder Bevollmächtigte der betreffenden Partei einen von ihm paraphierten Vermerk anbringen, mit dem er bescheinigt, dass die Abschrift der Urschrift des Schriftsatzes entspricht.

C. Länge der Schriftsätze

10. Je nach dem Gegenstand und den Umständen der Rechtssache gelten folgende Obergrenzen:

    – 50 Seiten für die Klageschrift und die Klagebeantwortung;

    – 20 Seiten für die Klageschrift und die Klagebeantwortung in Rechtssachen des geistigen Eigentums;

    – 15 Seiten für die Rechtsmittelschrift und die Rechtsmittelbeantwortung;

    – 25 Seiten für die Erwiderung und die Gegenerwiderung;

    – 15 Seiten für die Erwiderung und die Gegenerwiderung in Rechtsmittelverfahren und in Rechtssachen des geistigen Eigentums;

    – 20 Seiten für einen Schriftsatz, mit dem eine Einrede der Unzulässigkeit erhoben wird, und für die Stellungnahme zu dieser Einrede;

    – 20 Seiten für einen Streithilfeschriftsatz und 15 Seiten für die Stellungnahme zu diesem Schriftsatz.

Diese Obergrenzen können nur in Fällen überschritten werden, die in rechtlicher oder tatsächlicher Hinsicht besonders komplex sind.

D. Struktur und Inhalt der Klageschrift und der Klagebeantwortung

D.1. Klagen

11. Die Verfahrensordnung enthält besondere Vorschriften über die die Rechte des geistigen Eigentums betreffenden Rechtsstreitigkeiten (Art. 130 bis 136). Die Regeln für die im Rahmen dieser Rechtsstreitigkeiten eingereichten Klageschriften und Klagebeantwortungen (D.1.2) werden daher getrennt von denjenigen für die im Rahmen der übrigen Rechtsstreitigkeiten eingereichten Klageschriften und Klagebeantwortungen (D.1.1) dargestellt.

D.1.1. Klageschrift und Klagebeantwortung in anderen Rechtssachen als solchen des geistigen Eigentums

Klageschrift

12. Die Angaben, die in der Klageschrift zwingend enthalten sein müssen, sind in Art. 44 der Verfahrensordnung aufgeführt.

13. Aus praktischen Gründen beginnt die Klageschrift mit folgenden Angaben:

a) Name und Wohnsitz des Klägers;

b) Name und Eigenschaft des Bevollmächtigten oder Anwalts des Klägers;

c) Bezeichnung des Beklagten;

d) Erklärungen gemäß Art. 44 § 2 der Verfahrensordnung (Zustellungsanschrift und/oder Einverständnis mit Zustellungen mittels technischer Kommunikationsmittel).

14. Auf den einleitenden Teil der Klageschrift sollte eine kurze Darstellung des Sachverhalts folgen.

15. Die Rechtsausführungen sollten nach den geltend gemachten Klagegründen gegliedert sein. Im Allgemeinen ist es zweckdienlich, ein Schema dieser Klagegründe voranzustellen. Außerdem sollte jedem der geltend gemachten Klagegründe eine Überschrift zugeordnet werden, um sie leichter identifizierbar zu machen.

16. Die Klageanträge sind am Anfang oder am Ende der Klageschrift genau anzugeben.

17. Einer Nichtigkeitsklage ist eine Kopie des angefochtenen Rechtsakts beizufügen, der als solcher kenntlich zu machen ist.

18. Mit der Klageschrift sind – getrennt von den zur Stützung der Klage beigefügten Anlagen – die in Art. 44 § § 3 und 5 Buchst. a und b der Verfahrensordnung genannten Urkunden einzureichen.

19. Der Klageschrift ist eine Zusammenfassung der Klagegründe und wesentlichen Argumente beizufügen, die dazu dient, die Abfassung der in Art. 24 § 6 der Verfahrensordnung vorgesehenen Mitteilung zu erleichtern. Da die Mitteilung in allen Amtssprachen im *Amtsblatt der Europäischen Union* veröffentlicht werden muss, soll diese Zusammenfassung nicht länger sein als zwei Seiten und entsprechend dem Muster erstellt werden, das auf der Website des Gerichtshofs der Europäischen Union in das Internet gestellt worden ist. Sie ist getrennt von den zur Stützung der Klage beigefügten Anlagen einzureichen und außerdem als einfache elektronische Datei unter Angabe der Rechtssache, auf die sie sich bezieht, per E-Mail an die Adresse GeneralCourt.Registry @curia.europa.eu zu übermitteln.

20. Beweismittel müssen genau und ausdrücklich bezeichnet werden; dabei sind die zu beweisenden Tatsachen klar anzugeben:

– Beim Beweis durch Urkunden ist entweder auf eine Nummer des Verzeichnisses der Anlagen zu verweisen oder, wenn sich die Urkunde nicht im Besitz des Klägers befindet, anzugeben, wie sie erlangt werden kann.

– Beim Beweis durch Zeugen oder durch Einholung von Auskünften ist die betreffende Person genau zu bezeichnen.

21. Wird die Klage nach Stellung eines Antrags auf Prozesskostenhilfe erhoben, der nach Art. 96 § 4 der Verfahrensordnung den Lauf der Klagefrist hemmt, ist dies am Anfang der Klageschrift anzugeben.

Wird die Klage nach Zustellung des Beschlusses erhoben, mit dem über einen Antrag auf Prozesskostenhilfe entschieden worden ist, so ist im Klageschrift auch anzugeben, wann der Beschluss dem Kläger zugestellt worden ist.

Klagebeantwortung

22. Die Angaben, die in der Klagebeantwortung zwingend enthalten sein müssen, sind in Art. 46 § 1 der Verfahrensordnung aufgeführt.

23. Aus praktischen Gründen enthält die Klagebeantwortung eingangs neben der Rechtssachennummer und der Bezeichnung des Klägers folgende Angaben:

a) Name und Wohnsitz des Beklagten;

b) Name und Eigenschaft des Bevollmächtigten oder Anwalts des Beklagten;

c) Erklärungen gemäß Art. 44 § 2 der Verfahrensordnung (Zustellungsanschrift und/oder Einverständnis mit Zustellungen mittels technischer Kommunikationsmittel).

24. Die Anträge des Beklagten sind am Anfang oder am Ende der Klagebeantwortung genau anzugeben.

25. Die Nrn. 15, 18 und 20 gelten auch für die Klagebeantwortung.

26. Das Bestreiten von Tatsachen, die von der Gegenseite behauptet werden, hat ausdrücklich und unter genauer Angabe der betreffenden Tatsachen zu erfolgen.

D.1.2. Klageschrift und Klagebeantwortung (in Rechtssachen des geistigen Eigentums)

Klageschrift

27. Die Angaben, die in der Klageschrift zwingend enthalten sein müssen, sind in den

Art. 44 und 132 § 1 der Verfahrensordnung aufgeführt.

28. Aus praktischen Gründen beginnt die Klageschrift mit folgenden Angaben:

a) Name und Wohnsitz des Klägers;

b) Name und Eigenschaft des Bevollmächtigten oder Anwalts des Klägers;

c) Namen aller Parteien des Verfahrens vor der Beschwerdekammer und die Anschriften, die diese Parteien für die Zwecke der in diesem Verfahren vorzunehmenden Zustellungen angegeben haben;

d) Erklärungen gemäß Art. 44 § 2 der Verfahrensordnung (Zustellungsanschrift und/oder Einverständnis mit Zustellungen mittels technischer Kommunikationsmittel).

29. Einer Nichtigkeitsklage ist eine Kopie des angefochtenen Rechtsakts beizufügen, der als solcher kenntlich zu machen ist. Es ist anzugeben, wann diese Entscheidung dem Kläger zugestellt worden ist.

30. Die Nrn. 10 zweiter Gedankenstrich, 14, 15, 16, 18, 20 und 21 gelten auch für die Klageschriften in Rechtssachen des geistigen Eigentums.

Klagebeantwortung

31. Die Angaben, die in der Klagebeantwortung zwingend enthalten sein müssen, sind in Art. 46 § 1 der Verfahrensordnung aufgeführt.

32. Die Klagebeantwortung enthält eingangs neben der Rechtssachennummer und der Bezeichnung des Klägers folgende Angaben:

a) Name und Wohnsitz des Beklagten oder des Streithelfers;

b) Name und Eigenschaft des Bevollmächtigten oder Anwalts des Beklagten oder des Anwalts des Streithelfers;

c) Erklärungen gemäß Art. 44 § 2 der Verfahrensordnung (Zustellungsanschrift und/oder Einverständnis mit Zustellungen mittels technischer Kommunikationsmittel).

33. Die Anträge sind am Anfang oder am Ende der Klagebeantwortung genau anzugeben.

34. Die Nrn. 10 zweiter Gedankenstrich, 15, 18, 20 und 26 gelten auch für die Klagebeantwortung in Rechtssachen des geistigen Eigentums.

D.2. *Rechtsmittel*

Rechtsmittelschrift

35. Die Rechtsmittelschrift muss den in Art. 138 Abs. 1 der Verfahrensordnung vorgeschriebenen Inhalt haben.

36. Die Rechtsmittelschrift beginnt mit folgenden Angaben:

a) Name und Wohnsitz des Rechtsmittelführers;

b) Name und Eigenschaft des Bevollmächtigten oder Anwalts des Rechtsmittelführers;

c) Bezeichnung der mit dem Rechtsmittel angefochtenen Entscheidung des Gerichts für den öffentlichen Dienst (Art, Spruchkörper, Datum und Rechtssachennummer);

d) Bezeichnung der anderen Parteien des Verfahrens vor dem Gericht für den öffentlichen Dienst;

e) Datum, an dem die Entscheidung des Gerichts für den öffentlichen Dienst beim Rechtsmittelführer eingegangen ist;

f) Erklärungen gemäß Art. 44 § 2 der Verfahrensordnung (Zustellungsanschrift und/oder Einverständnis mit Zustellungen mittels technischer Kommunikationsmittel).

37. Am Anfang oder am Ende der Rechtsmittelschrift sind die Anträge des Rechtsmittelführers genau anzugeben (Art. 139 § 1 der Verfahrensordnung).

38. Es ist im Allgemeinen nicht erforderlich, die Vorgeschichte und den Gegenstand des Rechtsstreits zu schildern; eine Bezugnahme auf die Entscheidung des Gerichts für den öffentlichen Dienst genügt.

39. Es empfiehlt sich, die Rechtsmittelgründe am Anfang der Rechtsmittelschrift in kurzer und schematischer Form anzugeben. Die Rechtsausführungen sollten anhand der geltend gemachten Rechtsmittelgründe, insbesondere anhand der geltend gemachten Rechtsfehler, gegliedert sein.

40. Die mit dem Rechtsmittel angefochtene Entscheidung des Gerichts für den öffentlichen Dienst ist der Rechtsmittelschrift beizufügen.

41. Der Rechtsmittelschrift ist eine Zusammenfassung der Rechtsmittelgründe und wesentlichen Argumente beizufügen, die dazu dient, die Abfassung der in Art. 24 § 6 der Verfahrensordnung vorgesehenen Mitteilung zu erleichtern. Da die Mitteilung in allen Amtssprachen im *Amtsblatt der Europäischen Union* veröffentlicht werden muss, soll diese Zusammenfassung nicht länger sein als zwei Seiten und entsprechend dem Muster erstellt werden, das auf der Website des Gerichtshofs der Europäischen Union in das Internet gestellt worden ist. Sie ist getrennt von den zur Stützung des Rechtsmittels beigefügten Anlagen einzureichen und

außerdem als einfache elektronische Datei unter Angabe der Rechtssache, auf die sie sich bezieht, per E-Mail an die Adresse GeneralCourt.Registry@curia.europa.eu zu übermitteln.

42. Mit der Rechtsmittelschrift ist das Dokument nach Art. 44 § 3 der Verfahrensordnung (Bescheinigung des Anwalts, aus dem hervorgeht, dass er berechtigt ist, vor einem Gericht eines Mitgliedstaats oder eines anderen Vertragsstaats des Abkommens über den Europäischen Wirtschaftsraum aufzutreten) einzureichen, außer wenn der Rechtsmittelführer ein Unionsorgan oder ein Mitgliedstaat ist und von einem Bevollmächtigten vertreten wird.

Rechtsmittelbeantwortung

43. Die Rechtsmittelbeantwortung muss den in Art. 141 § 2 der Verfahrensordnung vorgeschriebenen Inhalt aufweisen.

44. Die Rechtsmittelbeantwortung enthält eingangs neben der Rechtssachennummer und der Bezeichnung des Rechtsmittelführers folgende Angaben:

a) Name und Wohnsitz der Partei, die sie vorlegt;

b) Name und Eigenschaft des Bevollmächtigten oder Anwalts dieser Partei;

c) Datum, an dem die Rechtsmittelschrift bei der Partei eingegangen ist;

d) Erklärungen gemäß Art. 44 § 2 der Verfahrensordnung (Zustellungsanschrift und/oder Einverständnis mit Zustellungen mittels technischer Kommunikationsmittel).

45. Am Anfang oder am Ende der Rechtsmittelbeantwortung sind die Anträge der Partei, die sie vorlegt, genau anzugeben (Art. 142 § 1 der Verfahrensordnung).

46. Wird in einer Rechtsmittelbeantwortung die vollständige oder teilweise Aufhebung der Entscheidung des Gerichts für den öffentlichen Dienst aufgrund eines in der Rechtsmittelschrift nicht geltend gemachten Rechtsmittelgrundes beantragt, so ist dies in der Überschrift des Schriftsatzes anzugeben („Rechtsmittelbeantwortung mit Anschlussrechtsmittel").

47. Die Rechtsausführungen sind so weit wie möglich anhand der vom Rechtsmittelführer geltend gemachten Rechtsmittelgründe und/oder gegebenenfalls der im Anschlussrechtsmittel geltend gemachten Gründe zu gliedern.

48. Da der tatsächliche und rechtliche Rahmen bereits Gegenstand des angefochtenen Urteils war, ist er in der Rechtsmittelbeant-wortung nur ganz ausnahmsweise wiederzugeben, soweit seine Darstellung in der Rechtsmittelschrift bestritten wird oder der Erläuterung bedarf. Das Bestreiten hat ausdrücklich und unter genauer Angabe des betreffenden tatsächlichen oder rechtlichen Gesichtspunkts zu erfolgen.

49. Mit der Rechtsmittelbeantwortung ist das Dokument nach Art. 44 § 3 der Verfahrensordnung (Bescheinigung des Anwalts, aus dem hervorgeht, dass er berechtigt ist, vor einem Gericht eines Mitgliedstaats oder eines anderen Vertragsstaats des Abkommens über den Europäischen Wirtschaftsraum aufzutreten) einzureichen, außer wenn der Rechtsmittelführer ein Unionsorgan oder ein Mitgliedstaat ist und von einem Bevollmächtigten vertreten wird.

E. Einreichung von Anlagen zu den Schriftsätzen

50. Einem Schriftsatz sind nur diejenigen Schriftstücke als Anlage beizufügen, die im Text des Schriftsatzes erwähnt werden und zum Beweis oder zur Erläuterung seines Inhalts erforderlich sind.

51. Anlagen werden nur entgegengenommen, wenn sie mit einem Anlagenverzeichnis eingereicht werden, das für jedes Schriftstück folgende Angaben enthält:

a) die Nummer der Anlage (die Unterlagen sind mit einem Buchstaben für den Schriftsatz, dem sie als Anlagen beigefügt sind, zu bezeichnen und zu nummerieren: z. B. Anlage A.1, A.2, ... für Anlagen zur Klageschrift; B.1, B.2, ... für Anlagen zur Klagebeantwortung; C.1, C.2, ... für Anlagen zur Erwiderung; D.1, D.2, ... für Anlagen zur Gegenerwiderung);

b) eine kurze Beschreibung der Anlage mit Angabe ihrer Art (z. B. „Schreiben" mit Angabe des Datums, des Verfassers, des Adressaten und der Zahl der Seiten dieser Anlage);

c) die Angabe der betreffenden Seite des Schriftsatzes und der Nummer des Absatzes, in dem das Schriftstück erwähnt ist und der dessen Einreichung rechtfertigt.

52. Die einem Schriftsatz beigefügten Anlagen sind in der rechten oberen Ecke fortlaufend zu paginieren. Sie können entweder mit dem Schriftsatz, dem sie beigefügt sind, durchlaufend oder von ihm getrennt paginiert werden. Die Paginierung dient dazu, dass beim Scannen der Anlagen durch Zählen der Seiten gewährleistet werden kann, dass alle Seiten tatsächlich erfasst sind.

53. Anlagen, die ihrerseits Anlagen enthalten, sind so zu nummerieren und zu präsentieren, dass keine Möglichkeit einer Verwechslung besteht; gegebenenfalls sind Trennblätter zu verwenden.

54. Bei Bezugnahmen auf ein vorgelegtes Dokument sind die Nummer der betreffenden Anlage, wie sie im Anlagenverzeichnis aufgeführt ist, und der Schriftsatz, zu dem die Anlage vorgelegt wird, in der in Nr. 51 genannten Form anzugeben.

F. Behebung von Mängeln der Schriftsätze

F.1. Behebung von Mängeln der Klageschrift

55. Entspricht eine Klageschrift nicht den folgenden, in Art. 44 § 3 bis 5 der Verfahrensordnung genannten Voraussetzungen, wird sie dem Beklagten nicht zugestellt, und es wird eine angemessene Frist zur Behebung des Mangels gesetzt:

a) Vorlage der Urkunde über die Zulassung des Anwalts zur Rechtsanwaltschaft (Art. 44 § 3 der Verfahrensordnung);

b) Nachweis der Rechtspersönlichkeit der juristischen Person des Privatrechts (Art. 44 § 5 Buchst. a der Verfahrensordnung);

c) Prozessvollmacht (Art. 44 § 5 Buchst. b der Verfahrensordnung);

d) Nachweis, dass die Vollmacht von einem hierzu Berechtigten ordnungsgemäß ausgestellt ist (Art. 44 § 5 Buchst. b der Verfahrensordnung);

e) Vorlage des angefochtenen Rechtsakts (Nichtigkeitsklage) oder der Unterlage, aus der sich der Zeitpunkt der Aufforderung zum Handeln ergibt (Untätigkeitsklage) (Art. 21 Abs. 2 der Satzung, Art. 44 § 4 der Verfahrensordnung).

56. In den Rechtssachen des geistigen Eigentums, in denen eine Entscheidung einer Beschwerdekammer des HABM angefochten wird, wird eine Klageschrift, die nicht den folgenden, in Art. 132 der Verfahrensordnung genannten Voraussetzungen entspricht, der anderen Partei/den Parteien nicht zugestellt, und es wird eine angemessene Frist zur Behebung des Mangels gesetzt:

a) Namen der Parteien des Verfahrens vor der Beschwerdekammer und die Adressen, die diese Parteien für die Zwecke der in diesem Verfahren vorzunehmenden Zustellungen angegeben haben (Art. 132 § 1 Abs. 1 der Verfahrensordnung);

b) Datum der Zustellung der Entscheidung der Beschwerdekammer (Art. 132 § 1 Abs. 2 der Verfahrensordnung);

c) Beifügung der angefochtenen Entscheidung (Art. 132 § 1 Abs. 2 der Verfahrensordnung).

57. Entspricht eine Klageschrift nicht den folgenden Formvorgaben, verzögert sich die Zustellung, und es wird eine angemessene Frist zur Behebung des Mangels gesetzt:

a) Angabe der Anschrift des Klägers (Art. 21 Abs. 1 der Satzung, Art. 44 Abs. 1 Buchst. a der Verfahrensordnung; Nr. 13 Buchst. a der Praktischen Anweisungen);

b) Originalunterschrift des Anwalts oder des Bevollmächtigten <u>am Ende der Klageschrift</u> (Nr. 7 der Praktischen Anweisungen);

c) Nummerierung der Absätze (Nr. 6 der Praktischen Anweisungen);

d) Einreichung der im Verzeichnis aufgeführten Anlagen (Art. 43 § 1 Abs. 2 der Verfahrensordnung);

e) ausreichende Zahl von Abschriften der im Verzeichnis aufgeführten Anlagen (Art. 43 § 1 Abs. 2 der Verfahrensordnung);

f) Einreichung eines Anlagenverzeichnisses (Art. 43 § 4 der Verfahrensordnung, Nr. 51 der Praktischen Anweisungen);

g) ausreichende Zahl von Abschriften des Verzeichnisses (Art. 43 § 1 Abs. 2 der Verfahrensordnung);

h) Anlagenverzeichnis mit einer kurzen Beschreibung der Anlagen (Nr. 51 Buchst. b der Praktischen Anweisungen) und Angabe der Seite und des Absatzes bzw. der Absätze (Nr. 51 Buchst. c der Praktischen Anweisungen);

i) ausreichende Zahl von Abschriften des Anlagenverzeichnisses mit Angabe der Seite und des Absatzes bzw. der Absätze (Art. 43 § 1 Abs. 2 der Verfahrensordnung);

j) ausreichende Zahl von Abschriften des angefochtenen Rechtsakts oder der Unterlage, aus der sich der Zeitpunkt der Aufforderung zum Handeln ergibt (Art. 43 § 1 Abs. 2 der Verfahrensordnung);

k) Vorlage einer Ausfertigung des Vertrags, der die Schiedsklausel enthält (Art. 44 § 5a der Verfahrensordnung);

l) ausreichende Zahl von Abschriften des Vertrags, der die Schiedsklausel enthält (Art. 43 § 1 Abs. 2 der Verfahrensordnung);

m) Seitennummerierung der Klageschrift und der Anhänge (Nrn. 8 Buchst. d und 52 der Praktischen Anweisungen);

n) ausreichende Zahl beglaubigter Abschriften der Klageschrift (sieben für die Rechtssachen des geistigen Eigentums *inter partes* und sechs für allen anderen Rechtssache) (Art. 43 § 1 Abs. 2 der Verfahrensordnung);

o) Einreichung der beglaubigten Abschriften der Klageschrift (Art. 43 § 1 Abs. 2 der Verfahrensordnung, Nr. 9 der Praktischen Anweisungen).

58. Entspricht die Klageschrift nicht den folgenden Formvorgaben, wird sie zugestellt, und es wird eine angemessene Frist zur Behebung des Mangels gesetzt:

a) Zustellungsadresse (Zustellungsanschrift und/oder Einverständnis mit Zustellungen mittels technischer Kommunikationsmittel) (Art. 44 § 2 der Verfahrensordnung; Art. 10 § 3 der Dienstanweisung für den Kanzler; Nrn. 4 und 13 Buchst. d der Praktischen Anweisungen);

b) Zulassungsurkunde für etwaige weitere Anwälte (Art. 44 § 3 der Verfahrensordnung);

c) in anderen Rechtssachen als solchen des geistigen Eigentums: Zusammenfassung der Klagegründe und wesentlichen Argumente (Nr. 19 der Praktischen Anweisungen);

d) Übersetzung einer vorgelegten, in einer anderen Sprache abgefassten Urkunde in die Verfahrenssprache (Art. 35 § 3 Abs. 2 der Verfahrensordnung).

Behebung von Mängeln bei umfangreichen Klageschriften:

59. Eine Klageschrift, deren Seitenzahl die in Nr. 10 vorgegebene Obergrenze um 40 % übersteigt, führt zu einer Mängelrüge, sofern der Präsident nichts anderes verfügt.

Eine Klageschrift, deren Seitenzahl diese in Nr. 10 vorgegebene Obergrenze um weniger als 40 % übersteigt, kann auf entsprechende Verfügung des Präsidenten zu einer Mängelrüge führen.

Wird der Kläger zur Behebung des Mangels aufgefordert, verzögert sich die Zustellung der Klageschrift, deren Umfang die Mängelrüge begründet, an den Beklagten.

F.2. Behebung von Mängeln bei anderen Schriftsätzen

60. Die vorstehend genannten Fälle der Mängelbehebung finden erforderlichenfalls auf andere Schriftsätze als die Klageschrift Anwendung.

G. Antrag auf Entscheidung einer Rechtssache im beschleunigten Verfahren

61. Eine Klageschrift, für die eine Entscheidung im beschleunigten Verfahren beantragt wird, darf grundsätzlich nicht länger als 25 Seiten sein und muss den Vorgaben der Nrn. 12 bis 19 entsprechen.

62. Der nach Art. 76a der Verfahrensordnung mit besonderem Schriftsatz eingereichte Antrag auf Entscheidung im beschleunigten Verfahren muss eine kurze Begründung zur Dringlichkeit der Rechtssache und den sonstigen relevanten Umständen enthalten. Es gelten die Bestimmungen der Abschnitte B und E.

63. Es wird empfohlen, dass die Partei, die die Entscheidung im beschleunigten Verfahren beantragt, in ihrem Antrag die Angriffs- oder Verteidigungsmittel, Abschnitte oder Passagen des betreffenden Schriftsatzes (Klageschrift oder Klagebeantwortung) bezeichnet, die nur für den Fall vorgetragen werden, dass nicht in diesem Verfahren entschieden wird. Diese Angaben nach Art. 76a § 1 Abs. 2 der Verfahrensordnung sind im Antrag genau und unter Nennung der Nummern der betreffenden Absätze zu machen.

64. Es wird ferner empfohlen, dem Antrag auf Entscheidung im beschleunigten Verfahren mit den im vorstehenden Absatz genannten Angaben die gekürzte Fassung des betreffenden Schriftsatzes als Anlage beizufügen.

Wird eine gekürzte Fassung beigefügt, muss sie folgenden Vorgaben genügen:

a) Die gekürzte Fassung hat die Form der ursprünglichen Fassung des betreffenden Schriftsatzes; die Auslassungen sind durch ein in Klammern gesetztes „omissis" gekennzeichnet.

b) Die Absätze der gekürzten Fassung behalten die Nummern, die sie in der ursprünglichen Fassung des betreffenden Schriftsatzes hatten.

c) Das der gekürzten Fassung beigefügte Anlagenverzeichnis enthält, wenn diese Fassung nicht auf sämtliche Anlagen der ursprünglichen Fassung des betreffenden Schriftsatzes verweist, den Vermerk „omissis" zur Kenntlichmachung jeder weggelassenen Anlage.

d) Die Anlagen zur gekürzten Fassung behalten die Nummern, die sie im Anlagenverzeichnis der ursprünglichen Fassung des betreffenden Schriftsatzes hatten.

e) Die im Anlagenverzeichnis der gekürzten Fassung aufgeführten Anlagen sind dieser Fassung beizufügen.

Für eine zügige Behandlung muss die gekürzte Fassung den vorstehenden Anweisungen entsprechen.

65. Verlangt das Gericht nach Art. 76a § 4 der Verfahrensordnung die Einreichung einer gekürzten Fassung des Schriftsatzes, ist diese nach den vorstehenden Anweisungen zu erstellen, soweit nicht etwas anderes angegeben wird.

66. Hat der Kläger in seinem Antrag nicht die Angriffs- oder Verteidigungsmittel, Abschnitte oder Passagen seiner Klageschrift bezeichnet, die nur für den Fall vorgetragen werden, dass nicht in diesem Verfahren entschieden wird, antwortet der Beklagte innerhalb einer Frist von einem Monat auf die Klageschrift.

Hat der Kläger in seinem Antrag die Angriffs- oder Verteidigungsmittel, Abschnitte oder Passagen seiner Klageschrift angegeben, die nur für den Fall vorgetragen werden, dass nicht in diesem Verfahren entschieden wird, antwortet der Beklagte innerhalb einer Frist von einem Monat auf die Klagegründe und das Vorbringen in der Klageschrift, wie sie im Licht der Angaben im Antrag auf Entscheidung im beschleunigten Verfahren zu lesen ist.

Hat der Kläger seinem Antrag eine gekürzte Fassung der Klageschrift beigefügt, antwortet der Beklagte innerhalb einer Frist von einem Monat auf die Klagegründe und das Vorbringen in dieser gekürzten Fassung der Klageschrift.

67. Beschließt das Gericht, den Antrag auf Entscheidung im beschleunigten Verfahren zurückzuweisen, bevor der Beklagte seine Klagebeantwortung eingereicht hat, wird die in Art. 76a § 2, Abs. 1 der Verfahrensordnung insoweit vorgesehene Frist von einem Monat um einen weiteren Monat verlängert. Beschließt das Gericht, den Antrag auf Entscheidung im beschleunigten Verfahren zurückzuweisen, nachdem der Beklagte seine Klagebeantwortung innerhalb der Monatsfrist des Art. 76a § 2 Abs. 1 der Verfahrensordnung eingereicht hat, wird ihm eine neue Frist von einem Monat gewährt, damit er seine Klagebeantwortung ergänzen kann.

H. Anträge auf Aussetzung des Vollzugs oder der Zwangsvollstreckung und auf sonstige einstweilige Anordnungen

68. Der Antrag ist mit besonderem Schriftsatz einzureichen. Er muss aus sich selbst heraus und ohne Bezugnahme auf die Klageschrift verständlich sein.

69. Der Antrag hat in äußerst knapper und gedrängter Form den Gegenstand des Rechtsstreits anzugeben, die Begründetheit der Klage in tatsächlicher und rechtlicher Hinsicht glaubhaft zu machen *(fumus boni iuris)* und die Umstände anzuführen, aus denen sich die Dringlichkeit ergibt. Die beantragten Anordnungen sind genau zu bezeichnen. Es gelten die Bestimmungen der Abschnitte B, D und E.

70. Da der Antrag eine Beurteilung des *fumus boni iuris* in einem summarischen Verfahren ermöglichen soll, soll er keinesfalls den Wortlaut der Klageschrift vollständig wiederholen.

71. Um eine beschleunigte Bearbeitung des Antrags zu ermöglichen, darf dieser je nach dem Gegenstand und den Umständen der Rechtssache die Obergrenze von 25 Seiten grundsätzlich nicht überschreiten.

I. Anträge auf vertrauliche Behandlung

72. Unbeschadet der Bestimmungen des Art. 67 § 3 Abs. 2 und 3 der Verfahrensordnung berücksichtigt das Gericht nur Unterlagen und Beweisstücke, von denen die Anwälte und Bevollmächtigten der Parteien Kenntnis nehmen und zu denen sie Stellung nehmen konnten (Art. 67 § 3 Abs. 1 der Verfahrensordnung).

73. Eine Partei kann jedoch beantragen, dass bestimmte Teile der Akten oder Angaben in den Akten, die geheim oder vertraulich sind,

– von der Übermittlung an einen Streithelfer ausgenommen werden (Art. 116 § 2 der Verfahrensordnung);

– einer Partei in einer verbundenen Rechtssache nicht zugänglich gemacht werden (Art. 50 § 2 der Verfahrensordnung).

74. Ein Antrag auf vertrauliche Behandlung ist mit besonderem Schriftsatz zu stellen. Er kann nicht in einer vertraulichen Fassung eingereicht werden. DE L 170/50 Amtsblatt der Europäischen Union 6.7.2010

75. In dem Antrag auf vertrauliche Behandlung ist die Partei anzugeben, der gegenüber die vertrauliche Behandlung beantragt wird. Der Antrag ist auf das unbedingt Erforderliche zu beschränken und kann sich keinesfalls auf einen ganzen Schriftsatz und nur ausnahmsweise auf eine ganze Anlage zu einem Schriftsatz beziehen. In der Regel kann nämlich eine nicht vertrauliche Fassung eines Schriftstücks, in der bestimmte Passagen, Wörter oder Zahlen entfernt sind, übermittelt werden, ohne dass dadurch die in Rede stehenden Interessen beeinträchtigt werden.

76. In dem Antrag auf vertrauliche Behandlung sind die betreffenden Angaben oder Passagen genau zu bezeichnen, und er muss eine ganz kurze Begründung des geheimen oder vertraulichen Charakters für jede dieser Angaben oder Passagen enthalten. Fehlen diese Hinweise, kann das Gericht den Antrag zurückweisen.

77. Dem Antrag auf vertrauliche Behandlung ist eine nicht vertrauliche Fassung des betreffenden Schriftsatzes oder sonstigen Schriftstücks beizufügen, in dem die Angaben oder Passagen, auf die sich der Antrag bezieht, entfernt sind.

Im Fall eines Streithilfeantrags

78. Wird in einer Rechtssache ein Antrag auf Zulassung als Streithelfer gestellt, werden die Parteien aufgefordert, binnen der vom Kanzler gesetzten Frist anzugeben, ob sie die vertrauliche Behandlung bestimmter Angaben in den bereits zu den Akten gereichten Schriftstücken beantragen.

Bei allen später eingereichten Schriftstücken müssen die Parteien entsprechend den Nrn. 74 bis 77 die Angaben bezeichnen, deren vertrauliche Behandlung sie beantragen, und mit der vollständigen Fassung der betreffenden Schriftstücke eine Fassung einreichen, die diese Angaben nicht enthält. Fehlen solche Hinweise, werden die eingereichten Schriftstücke dem Streithelfer übermittelt.

Im Fall der Verbindung von Rechtssachen

79. Wird die Verbindung mehrerer Rechtssachen in Betracht gezogen, werden die Parteien aufgefordert, binnen der vom Kanzler gesetzten Frist anzugeben, ob sie die vertrauliche Behandlung bestimmter Angaben in den bereits zu den Akten gereichten Schriftstücken beantragen.

Bei allen später eingereichten Schriftstücken müssen die Parteien entsprechend den Nrn. 74 bis 77 die Angaben bezeichnen, deren vertrauliche Behandlung sie beantragen, und mit der vollständigen Fassung der betreffenden Schriftstücke eine Fassung einreichen, die diese Angaben nicht enthält. Fehlen solche Hinweise, werden die eingereichten Schriftstücke den anderen Parteien zugänglich gemacht.

J. Anträge auf Einreichung einer Erwiderung in Rechtsmittelverfahren

80. Auf einen innerhalb der Frist des Art. 143 § 1 der Verfahrensordnung eingereichten Antrag kann der Präsident nach dieser Bestimmung die Einreichung einer Erwide-

rung gestatten, wenn dies erforderlich ist, um dem Rechtsmittelführer zu ermöglichen, seinen Standpunkt zu Gehör zu bringen, oder um die Entscheidung über das Rechtsmittel vorzubereiten.

81. Ein solcher Antrag sollte, wenn keine besonderen Umstände vorliegen, zwei Seiten nicht überschreiten und muss sich darauf beschränken, in kurzer Form die speziellen Gründe anzugeben, aus denen der Rechtsmittelführer eine Erwiderung für erforderlich hält. Der Antrag muss aus sich heraus verständlich sein, ohne dass es einer Heranziehung der Rechtsmittelschrift oder der Rechtsmittelbeantwortung bedarf.

K. Anträge auf Durchführung einer mündlichen Verhandlung in Rechtsmittelverfahren

82. Das Gericht kann beschließen, über das Rechtsmittel ohne mündliche Verhandlung zu entscheiden, es sei denn, eine Partei beantragt innerhalb der Frist des Art. 146 der Verfahrensordnung, gehört zu werden.

83. Im Antrag sind die Gründe aufzuführen, aus denen die Partei gehört werden möchte. Die Begründung muss sich aus einer konkreten Beurteilung der Zweckmäßigkeit einer mündlichen Verhandlung für die betreffende Partei ergeben, und es ist anzugeben, in Bezug auf welche Aktenbestandteile oder Ausführungen diese Partei eine eingehendere Darlegung oder Widerlegung in einer mündlichen Verhandlung für erforderlich hält. Eine allgemeine Begründung unter Bezugnahme auf die Bedeutung der Rechtssache oder die zu behandelnden Fragen genügt nicht.

L. Anträge auf Einreichung einer Erwiderung oder Gegenerwiderung in den Rechtssachen des geistigen Eigentums

84. Auf innerhalb der Frist des Art. 135 § 2 der Verfahrensordnung gestellten Antrag kann der Präsident nach dieser Bestimmung die Einreichung einer Erwiderung oder Gegenerwiderung gestatten, wenn dies erforderlich ist, um es der betreffenden Partei zu ermöglichen, ihren Standpunkt zu Gehör zu bringen.

85. Ein solcher Antrag sollte, wenn keine besonderen Umstände vorliegen, zwei Seiten nicht überschreiten und muss sich darauf beschränken, in kurzer Form die speziellen Gründe anzugeben, aus denen die betreffende Partei eine Erwiderung oder Gegenerwiderung für erforderlich hält. Der Antrag muss aus sich heraus verständlich sein, ohne dass es einer Heranziehung der Hauptschriftsätze bedarf.

M. Anträge auf Durchführung einer mündlichen Verhandlung in den Rechtssachen des geistigen Eigentums

86. Das Gericht kann beschließen, über die Klage ohne mündliche Verhandlung zu entscheiden, es sei denn, eine Partei beantragt innerhalb der Frist des Art. 135a der Verfahrensordnung, gehört zu werden.

87. Im Antrag sind die Gründe aufzuführen, aus denen die Partei gehört werden möchte. Die Begründung muss sich aus einer konkreten Beurteilung der Zweckmäßigkeit einer mündlichen Verhandlung für die betreffende Partei ergeben, und es ist anzugeben, in Bezug auf welche Aktenbestandteile oder Ausführungen diese Partei eine eingehendere Darlegung oder Widerlegung in einer mündlichen Verhandlung für erforderlich hält. Eine allgemeine Begründung unter Bezugnahme auf die Bedeutung der Rechtssache oder die zu behandelnden Fragen genügt nicht.

N. Anträge auf Bewilligung von Prozesskostenhilfe

88. Für den Antrag auf Bewilligung von Prozesskostenhilfe ist ein Formular zu verwenden, das auf der Internetseite des Gerichtshofs der Europäischen Union unter folgender Adresse verfügbar ist: www.curia.europa.eu.

Das Formular kann auch bei der Kanzlei des Gerichts angefordert werden: telefonisch unter der Nummer (++352) 4303-3477, per E-Mail – unter Angabe des Namens und der Anschrift – unter der Adresse GeneralCourt.Registry@curia.europa.eu oder schriftlich bei der Kanzlei des Gerichts der Europäischen Union Rue du Fort Niedergrünewald L-2925 Luxemburg

89. Ein nicht unter Verwendung dieses Formulars gestellter Antrag auf Bewilligung von Prozesskostenhilfe wird nicht berücksichtigt; in diesem Fall weist der Kanzler in einem Antwortschreiben darauf hin, dass die Verwendung des diesem Schreiben beigefügten Formulars obligatorisch ist.

90. Die Urschrift des Antrags auf Bewilligung von Prozesskostenhilfe ist vom Antragsteller oder seinem Anwalt zu unterzeichnen.

91. Stellt der Anwalt des Antragstellers den Antrag auf Bewilligung von Prozesskostenhilfe vor Einreichung der Klageschrift, muss er ihm die Bescheinigung beifügen, aus der hervorgeht, dass er berechtigt ist, vor einem Gericht eines Mitgliedstaats oder eines anderen Vertragsstaats des Abkommens über den Europäischen Wirtschaftsraum aufzutreten.

92. Das Formular soll dem Gericht die notwendigen Angaben im Sinne des Art. 95 § 2 der Verfahrensordnung an die Hand geben, um sachgerecht über den Antrag entscheiden zu können. Dabei handelt es sich um

– Angaben zur wirtschaftlichen Lage des Antragstellers und,

– sofern die Klage noch nicht erhoben worden ist, Angaben zum Gegenstand dieser Klage, zum Sachverhalt und zum Klagevorbringen.

Der Antragsteller hat mit dem Formular Unterlagen einzureichen, die seine Angaben belegen.

93. Das ordnungsgemäß ausgefüllte Formular und die Belege müssen aus sich heraus verständlich sein, ohne dass es einer Heranziehung etwaiger anderer Schreiben des Antragstellers an das Gericht bedarf.

94. Unbeschadet der Möglichkeit für das Gericht, nach Art. 64 der Verfahrensordnung Informationen oder die Vorlage weiterer Unterlagen zu verlangen, kann der Antrag auf Bewilligung von Prozesskostenhilfe nicht durch die spätere Einreichung von Nachträgen ergänzt werden; Nachträge, die eingereicht werden, ohne vom Gericht angefordert worden zu sein, werden zurückgewiesen. In außergewöhnlichen Fällen können Belege zum Nachweis der Bedürftigkeit des Klägers dennoch später entgegengenommen werden, sofern ihre verspätete Einreichung angemessen erklärt wird.

95. Nach Art. 96 § 4 der Verfahrensordnung hemmt die Einreichung eines Antrags auf Bewilligung von Prozesskostenhilfe den Lauf der für die Erhebung der Klage, auf die sich der Antrag bezieht, vorgesehenen Frist bis zu dem Zeitpunkt, zu dem der Beschluss, mit dem über den Antrag entschieden wird, oder, wenn in diesem Beschluss kein Anwalt zur Vertretung des Antragstellers bestimmt wird, der Beschluss, in dem ein Anwalt zur Vertretung des Antragstellers bestimmt wird, zugestellt wird.

Die Hemmung tritt zum Zeitpunkt der Einreichung des Antragsformulars ein oder, wenn ein Antrag auf Bewilligung von Prozesskostenhilfe nicht unter Verwendung des Formulars gestellt wird, zum Zeitpunkt der Einreichung dieses Antrags, sofern das Formular innerhalb der von der Kanzlei in dem in Nr. 89 erwähnten Antwortschreiben gesetzten Frist zurückgesandt wird. Wird das Formular nicht innerhalb der gesetzten Frist zurückgesandt, tritt die Hemmung zum Zeitpunkt der Einreichung des Formulars ein.

VfO
Gericht Dienstanw
Kanzler
Prakt Anw

96. Wird das Formular per Telefax oder per E-Mail eingereicht, muss die unterzeichnete Urschrift spätestens zehn Tage danach bei der Kanzlei des Gerichts einlangen, damit der Zeitpunkt der Einreichung des Telefax oder der E-Mail für die Hemmung der Klagefrist berücksichtigt werden kann. Wird die Urschrift nicht innerhalb dieser Zehntagesfrist eingereicht, tritt die Hemmung der Klagefrist mit der Einreichung der Urschrift ein. Weichen Urschrift und zuvor eingereichte Abschrift voneinander ab, wird nur die unterzeichnete Urschrift berücksichtigt und für die Hemmung der Klagefrist auf den Zeitpunkt der Einreichung dieser Urschrift abgestellt.

II. MÜNDLICHE VERHANDLUNG

97. Die mündliche Verhandlung dient dazu,

– gegebenenfalls den eingenommenen Standpunkt unter Hervorhebung der wesentlichen schriftlich vorgetragenen Gesichtspunkte ganz knapp zusammenzufassen,

– soweit erforderlich, bestimmte im schriftlichen Verfahren vorgetragene Argumente zu verdeutlichen und eventuell neue Argumente vorzutragen, die sich aus nach Abschluss des schriftlichen Verfahrens eingetretenen Tatsachen ergeben und daher nicht in den Schriftsätzen vorgetragen werden konnten,

– Fragen des Gerichts zu beantworten.

98. Es ist Sache jedes Prozessvertreters, unter Berücksichtigung des in der vorstehenden Nummer umschriebenen Zwecks der mündlichen Verhandlung zu prüfen, ob mündliche Ausführungen wirklich sachdienlich sind oder ob nicht eine bloße Bezugnahme auf das schriftliche Vorbringen ausreicht. Die mündliche Verhandlung kann sich dann auf die Beantwortung von Fragen des Gerichts konzentrieren. Hält es ein Prozessvertreter für erforderlich, das Wort zu ergreifen, so steht es ihm frei, sich auf die Darlegung bestimmter Gesichtspunkte zu beschränken und im Übrigen auf die Schriftsätze Bezug zu nehmen.

99. Der Verzicht einer Partei auf mündliche Ausführungen wird in keinem Fall als Zustimmung zu mündlichen Ausführungen einer anderen Partei ausgelegt, wenn das betreffende Vorbringen bereits im schriftlichen Verfahren zurückgewiesen wurde. Ein solcher Verzicht hindert die Partei nicht daran, auf mündliche Ausführungen einer anderen Partei zu erwidern.

100. In bestimmten Fällen kann es das Gericht für erforderlich halten, zu Beginn einer mündlichen Verhandlung Fragen an die Prozessvertreter der Parteien zu richten. Die Prozessvertreter werden gebeten, das zu berücksichtigen, wenn sie anschließend kurze mündliche Ausführungen machen wollen.

101. Im Interesse der Klarheit und um den Mitgliedern des Gerichts das Verständnis mündlicher Ausführungen zu erleichtern, ist ein freier Vortrag anhand von Notizen im Allgemeinen dem Verlesen eines Textes vorzuziehen. Die Prozessvertreter werden ebenfalls gebeten, ihre Darstellung der Rechtssache so weit wie möglich zu vereinfachen. Eine Folge kurzer Sätze verdient immer den Vorzug vor einer langen, komplizierten Satzkonstruktion. Ferner würde es das Gericht begrüßen, wenn die Prozessvertreter ihre mündlichen Ausführungen strukturieren und mit einer kurzen Gliederung einleiten würden.

Werden die mündlichen Ausführungen jedoch schriftlich vorbereitet, empfiehlt es sich, bei der Abfassung des Textes zu berücksichtigen, dass er mündlich vorgetragen werden muss und deshalb einem Vortrag möglichst nahekommen sollte. Um das Dolmetschen zu erleichtern, werden die Bevollmächtigten und Anwälte ersucht, gegebenenfalls den Text oder die schriftliche Grundlage ihrer Ausführungen vorab der Dolmetscherdirektion per Telefax (++352 4303-3697) oder per E-Mail (interpret@curia. europa.eu) zu übermitteln.

Die Vertraulichkeit der übermittelten schriftlichen Zusammenfassung der mündlichen Ausführungen ist gewährleistet. Um jegliches Missverständnis zu vermeiden, ist der Name der Partei anzugeben. Die schriftliche Zusammenfassung der mündlichen Ausführungen wird nicht zu den Akten der Rechtssache genommen.

102. Die Prozessvertreter werden darauf hingewiesen, dass je nach Fall nur einige Mitglieder des Gerichts den mündlichen Ausführungen in der Sprache des Vortrags folgen und dass die übrigen auf die Vermittlung durch die Simultandolmetscher angewiesen sind. Den Prozessvertretern wird dringend empfohlen, im Interesse der bestmöglichen Abwicklung des Verfahrens langsam und in das Mikrofon zu sprechen.

Beabsichtigen die Prozessvertreter, Passagen bestimmter Texte oder Dokumente, insbesondere solche, die nicht in den Akten erwähnt sind, wörtlich zu zitieren, ist es zweckmäßig, dies den Dolmetschern vor der Sitzung anzuzeigen. Ebenso kann es zweckmäßig sein, die Dolmetscher auf möglicherweise schwer zu übersetzende Begriffe hinzuweisen.

103. Da die Sitzungssäle des Gerichts mit einer automatischen Verstärker- und Übertragungsanlage ausgestattet sind, werden die Prozessvertreter gebeten, den Einschaltknopf des Mikrofons zu drücken und erst zu sprechen, wenn das Licht aufleuchtet. Der Einschaltknopf darf nicht gedrückt werden, während ein Richter oder eine andere Person das Wort hat, damit deren Mikrofon nicht ausgeschaltet wird.

104. Die Dauer der mündlichen Ausführungen hängt vom Schwierigkeitsgrad der Rechtssache und davon ab, ob neue tatsächliche oder rechtliche Gesichtspunkte vorliegen oder nicht. Die Prozessvertreter werden gebeten, die Redezeit für jede Partei auf etwa 15 Minuten und die der Streithelfer auf 10 Minuten zu begrenzen (in verbundenen Rechtssachen verfügt jede Partei über 15 Minuten für die jeweilige Rechtssache und jeder Streithelfer über 10 Minuten für die jeweilige Rechtssache), es sei denn, dass ihnen die Kanzlei insoweit einen anderen Hinweis gegeben hat. Selbstverständlich gilt diese Begrenzung nur für das eigentliche Plädoyer und schließt nicht die für die Beantwortung von Fragen in der Sitzung benötigte Zeit ein.

Falls die Umstände es erfordern, kann bei der Kanzlei spätestens zwei Wochen vor der Sitzung (unter außergewöhnlichen, gebührend begründeten Umständen auch später) eine Ausnahme von dieser Regeldauer beantragt werden; der Antrag ist gebührend zu begründen, und in ihm ist anzugeben, wie viel Redezeit für erforderlich gehalten wird. Den Prozessvertretern wird mitgeteilt, wie viel Zeit ihnen auf einen solchen Antrag hin für ihre mündlichen Ausführungen zur Verfügung steht.

105. Wird eine Partei von mehreren Prozessvertretern vertreten, können grundsätzlich höchstens zwei von ihnen mündliche Ausführungen machen; die Gesamtlänge ihrer mündlichen Ausführungen darf die vorstehend genannten Redezeiten nicht überschreiten. Fragen des Gerichts und Ausführungen von Prozessvertretern anderer Parteien können jedoch auch von anderen Prozessvertretern als denjenigen beantwortet werden, die mündliche Ausführungen gemacht haben.

Vertreten mehrere Verfahrensbeteiligte dieselbe Auffassung vor dem Gericht (was namentlich im Fall der Streithilfe und in verbundenen Rechtssachen vorkommt),

werden ihre Prozessvertreter gebeten, sich vor der Sitzung abzustimmen, um Wiederholungen zu vermeiden.

106. Der vom Berichterstatter verfasste Sitzungsbericht stellt eine objektive Zusammenfassung des Rechtsstreits dar, in der nicht alle Verästelungen der Argumentation der Parteien wiedergegeben sind. Er soll es zum einen den Parteien ermöglichen, zu überprüfen, ob ihr Vorbringen richtig verstanden worden ist, und zum anderen den übrigen Richtern des Spruchkörpers das Aktenstudium erleichtern. In Rechtssachen des geistigen Eigentums beschränkt sich der Sitzungsbericht jedoch auf die Darstellung der Klagegründe und eine kurze Zusammenfassung des Vorbringens der Parteien.

107. Das Gericht bemüht sich, den Prozessvertretern der Parteien den Sitzungsbericht drei Wochen vor der Sitzung zukommen zu lassen. Im Verfahren vor dem Gericht dient der Sitzungsbericht allein der Vorbereitung der mündlichen Verhandlung.

108. Für den Fall, dass der Sitzungsbericht tatsächliche Unrichtigkeiten enthält, werden die Prozessvertreter gebeten, die Kanzlei vor der Sitzung schriftlich darüber zu informieren. Gibt der Sitzungsbericht das wesentliche Vorbringen einer Partei nicht zutreffend wieder, können die Prozessvertreter außerdem die ihnen geeignet erscheinenden Änderungen vorschlagen.

In der Sitzung gemachte mündliche Bemerkungen der Prozessvertreter zum Sitzungsbericht werden vom Kanzler beurkundet.

109. Der Sitzungsbericht wird am Tag der mündlichen Verhandlung vor dem Sitzungssaal öffentlich zugänglich gemacht.

110. Die Prozessvertreter werden bei der Anführung von Entscheidungen des Gerichtshofs, des Gerichts oder des Gerichts für den öffentlichen Dienst um vollständige Fundstellenangaben einschließlich der Parteinamen gebeten. Gegebenenfalls ist auch anzugeben, welcher Seite der Sammlung das Zitat entnommen ist.

111. Das Gericht berücksichtigt Urkunden, die in der Sitzung überreicht werden, nur unter außergewöhnlichen Umständen und nach Anhörung der Gegenpartei.

112. Ein Antrag auf Verwendung bestimmter technischer Mittel zum Zweck einer Präsentation muss rechtzeitig gestellt werden. Die Modalitäten der Verwendung solcher Mittel sind mit dem Kanzler abzusprechen, um etwaigen technischen oder praktischen Bedürfnissen Rechnung tragen zu können.

III. INKRAFTTRETEN DIESER PRAKTISCHEN ANWEISUNGEN

113. Die Praktischen Anweisungen an die Parteien vom 14. März 2002 (ABl. L 87, S. 48) und die „Hinweise an die Prozessvertreter für die mündliche Verhandlung" werden durch diese Praktischen Anweisungen aufgehoben und ersetzt.

114. Diese Praktischen Anweisungen werden im *Amtsblatt der Europäischen Union* veröffentlicht. Sie treten am Tag nach ihrer Veröffentlichung in Kraft.

14. Gericht öff. Dienst

Gericht für den öffentlichen Dienst der Europäischen Union

Beschluss des Rates

vom 2. November 2004

zur Errichtung des Gerichts für den öffentlichen Dienst der Europäischen Union*)

(2004/752/EG, Euratom)

(ABl 2004 L 333, 7)

ANHANG I

(zum Protokoll Nr. 3 über die Satzung des Gerichtshofs der Europäischen Union; siehe Pkt. 12/1. Satzung)

DAS GERICHT FÜR DEN ÖFFENTLICHEN DIENST DER EUROPÄISCHEN UNION

(ABl 2010 C 83, 226)

Artikel 1

Das Gericht für den öffentlichen Dienst der Europäischen Union, nachstehend „Gericht für den öffentlichen Dienst" genannt, ist im ersten Rechtszug für Streitsachen zwischen der Union und deren Bediensteten gemäß Artikel 270 AEUV zuständig, einschließlich der Streitsachen zwischen den Einrichtungen sowie Ämtern und Agenturen und deren Bediensteten, für die der Gerichtshof der Europäischen Union zuständig ist.

Artikel 2

Das Gericht für den öffentlichen Dienst besteht aus sieben Richtern. Auf Antrag des Gerichtshofs kann der Rat beschließen, die Zahl der Richter zu erhöhen.

Die Richter werden für die Dauer von sechs Jahren ernannt. Die Wiederernennung ausscheidender Richter ist zulässig.

Frei werdende Richterstellen sind durch die Ernennung eines neuen Richters für die Dauer von sechs Jahren zu besetzen.

Artikel 3

(1) Die Richter werden vom Rat, der gemäß Artikel 257 Absatz 4 AEUV beschließt, nach Anhörung des in diesem Artikel vorgesehenen Ausschusses ernannt. Bei der Ernennung der Richter achtet der Rat auf eine ausgewogene Zusammensetzung des Gerichts für den öffentlichen Dienst, indem die Richter unter den Staatsangehörigen der Mitgliedstaaten auf möglichst breiter geografischer Grundlage aus-gewählt und die vertretenen einzelstaatlichen Rechtsordnungen berücksichtigt werden.

(2) Jede Person, die die Unionsbürgerschaft besitzt und die Voraussetzungen des Artikels 257 Absatz 4 AEUV erfüllt, kann ihre Bewerbung einreichen. Der Rat legt auf Empfehlung des Gerichtshofs die Bedingungen und Einzelheiten für die Vorlage und Behandlung der Bewerbungen fest.

(3) Es wird ein Ausschuss eingerichtet, der sich aus sieben Persönlichkeiten zusammensetzt, die aus dem Kreis ehemaliger Mitglieder des Gerichtshofs und des Gerichts sowie Juristen von anerkannter Befähigung ausgewählt werden. Der Rat ernennt die Mitglieder des Ausschusses und erlässt die Vorschriften für seine Arbeitsweise auf Empfehlung des Präsidenten des Gerichtshofs.

(4) Der Ausschuss gibt eine Stellungnahme über die Eignung der Bewerber für die Ausübung des Amts eines Richters beim Gericht für den öffentlichen Dienst ab. Der Ausschuss fügt seiner Stellungnahme eine Liste von Bewerbern bei, die aufgrund ihrer Erfahrung auf hoher Ebene am geeignetsten erscheinen. Diese Liste enthält mindestens doppelt so viele Bewerber wie die Zahl der vom Rat zu ernennenden Richter.

Artikel 4

(1) Die Richter wählen aus ihrer Mitte den Präsidenten des Gerichts für den öffentlichen Dienst für die Dauer von drei Jahren. Wiederwahl ist zulässig.

(2) Das Gericht für den öffentlichen Dienst tagt in Kammern mit drei Richtern. In bestimmten in der Verfahrensordnung festgelegten Fällen kann das Gericht als Plenum, als Kammer mit fünf Richtern oder als Einzelrichter tagen.

(3) Der Präsident des Gerichts für den öffentlichen Dienst steht dem Plenum und der Kammer mit fünf Richtern vor. Die Präsidenten der Kammern mit drei Richtern werden nach dem Verfahren des Absatzes 1 gewählt.

Gericht öff. Dienst

Wird der Präsident des Gerichts für den öffentlichen Dienst einer Kammer mit drei Richtern zugeteilt, so steht er dieser Kammer vor.

(4) Die Zuständigkeiten und die Beschlussfähigkeit des Plenums sowie die Besetzung der Kammern und die Zuweisung der Rechtssachen an sie richten sich nach der Verfahrensordnung.

Artikel 5

Die Artikel 2 bis 6, die Artikel 14 und 15, Artikel 17 Absätze 1, 2 und 5 sowie Artikel 18 der Satzung des Gerichtshofs der Europäischen Union finden auf das Gericht für den öffentlichen Dienst und dessen Mitglieder Anwendung.

Der Eid nach Artikel 2 der Satzung wird vor dem Gerichtshof geleistet, und die Entscheidungen nach den Artikeln 3, 4 und 6 der Satzung werden vom Gerichtshof nach Anhörung des Gerichts für den öffentlichen Dienst getroffen.

Artikel 6

(1) Das Gericht für den öffentlichen Dienst stützt sich auf die Dienste des Gerichtshofs und des Gerichts. Der Präsident des Gerichtshofs oder gegebenenfalls der Präsident des Gerichts legt einvernehmlich mit dem Präsidenten des Gerichts für den öffentlichen Dienst fest, in welcher Weise Beamte und sonstige Bedienstete, die dem Gerichtshof oder dem Gericht beigegeben sind, dem Gericht für den öffentlichen Dienst Dienste leisten, um diesem die Erfüllung seiner Aufgaben zu ermöglichen. Einzelne Beamte oder sonstige Bedienstete unterstehen dem Kanzler des Gerichts für den öffentlichen Dienst unter Aufsicht des Präsidenten dieses Gerichts.

(2) Das Gericht für den öffentlichen Dienst ernennt seinen Kanzler und bestimmt dessen Stellung. Artikel 3 Absatz 4 sowie die Artikel 10, 11 und 14 der Satzung des Gerichtshofs der Europäischen Union finden auf den Kanzler dieses Gerichts Anwendung.

Artikel 7

(1) Das Verfahren vor dem Gericht für den öffentlichen Dienst bestimmt sich nach Titel III der Satzung des Gerichtshofs der Europäischen Union mit Ausnahme der Artikel 22 und 23. Es wird, soweit dies erforderlich ist, durch die Verfahrensordnung dieses Gerichts im Einzelnen geregelt und ergänzt.

(2) Die Bestimmungen des Gerichts über die Sprachenregelung finden auf das Gericht für den öffentlichen Dienst entsprechende Anwendung.

(3) Das schriftliche Verfahren umfasst die Vorlage der Klageschrift und der Klagebeantwortung, sofern das Gericht für den öffentlichen Dienst nicht beschließt, dass ein zweiter Austausch von Schriftsätzen erforderlich ist. Hat ein zweiter Austausch von Schriftsätzen stattgefunden, so kann das Gericht für den öffentlichen Dienst mit Zustimmung der Parteien beschließen, ohne mündliche Verhandlung zu entscheiden.

(4) Das Gericht für den öffentlichen Dienst kann in jedem Verfahrensabschnitt, auch bereits ab der Einreichung der Klageschrift, die Möglichkeiten für eine gütliche Beilegung der Streitsache prüfen und versuchen, eine solche Einigung zu erleichtern.

(5) Das Gericht für den öffentlichen Dienst entscheidet über die Kosten. Vorbehaltlich der besonderen Bestimmungen der Verfahrensordnung ist die unterliegende Partei auf Antrag zur Tragung der Kosten zu verurteilen.

Artikel 8

(1) Wird eine Klageschrift oder ein anderer Schriftsatz, die an das Gericht für den öffentlichen Dienst gerichtet sind, irrtümlich beim Kanzler des Gerichtshofs oder des Gerichts eingereicht, so übermittelt dieser sie unverzüglich an den Kanzler des Gerichts für den öffentlichen Dienst. Wird eine Klageschrift oder ein anderer Schriftsatz, die an den Gerichtshof oder das Gericht gerichtet sind, irrtümlich beim Kanzler des Gerichts für den öffentlichen Dienst eingereicht, so übermittelt dieser sie unverzüglich an den Kanzler des Gerichtshofs oder des Gerichts.

(2) Stellt das Gericht für den öffentlichen Dienst fest, dass es für eine Klage nicht zuständig ist, die in die Zuständigkeit des Gerichtshofs oder des Gerichts fällt, so verweist es den Rechtsstreit an den Gerichtshof oder das Gericht. Stellt der Gerichtshof oder das Gericht fest, dass eine Klage in die Zuständigkeit des Gerichts für den öffentlichen Dienst fällt, so verweisen sie den Rechtsstreit an das Gericht für den öffentlichen Dienst, das sich dann nicht für unzuständig erklären kann.

(3) Sind bei dem Gericht für den öffentlichen Dienst und bei dem Gericht Rechtssachen anhängig, die die gleiche Auslegungsfrage aufwerfen oder die Gültigkeit desselben

Rechtsaktes betreffen, so kann das Gericht für den öffentlichen Dienst nach Anhörung der Streitparteien das Verfahren aussetzen, bis das Gericht sein Urteil verkündet hat.

Sind bei dem Gericht für den öffentlichen Dienst und bei dem Gericht Rechtssachen anhängig, die den gleichen Gegenstand haben, so erklärt sich das Gericht für den öffentlichen Dienst für unzuständig, damit das Gericht über diese Klagen entscheiden kann.

Artikel 9

Gegen die Endentscheidungen des Gerichts für den öffentlichen Dienst und gegen die Entscheidungen, die über einen Teil des Streitgegenstands ergangen sind oder die einen Zwischenstreit beenden, der eine Einrede der Unzuständigkeit oder Unzulässigkeit zum Gegenstand hat, kann ein Rechtsmittel beim Gericht eingelegt werden; die Rechtsmittelfrist beträgt zwei Monate und beginnt mit der Zustellung der angefochtenen Entscheidung.

Dieses Rechtsmittel kann von jeder Partei eingelegt werden, die mit ihren Anträgen ganz oder teilweise unterlegen ist. Andere Streithelfer als Mitgliedstaaten oder Unionsorgane können dieses Rechtsmittel jedoch nur dann einlegen, wenn die Entscheidung des Gerichts für den öffentlichen Dienst sie unmittelbar berührt.

Artikel 10

(1) Wird ein Antrag auf Zulassung als Streithelfer vom Gericht für den öffentlichen Dienst abgelehnt, so kann jede Person, deren Antrag abgewiesen wurde, binnen zwei Wochen nach Zustellung der ablehnenden Entscheidung ein Rechtsmittel beim Gericht einlegen.

(2) Gegen die aufgrund des Artikels 278, des Artikels 279 oder des Artikels 299 Absatz 4 AEUV oder aufgrund des Artikels 157 oder des Artikels 164 Absatz 3 EAG-Vertrag ergangenen Entscheidungen des Gerichts für den öffentlichen Dienst können die Parteien des Verfahrens binnen zwei Monaten nach Zustellung ein Rechtsmittel beim Gericht einlegen.

(3) Der Präsident des Gerichts kann über die Rechtsmittel der Absätze 1 und 2 in einem abgekürzten Verfahren entscheiden, das, falls erforderlich, von einzelnen Bestimmungen dieses Anhangs abweichen kann und in der Verfahrensordnung des Gerichts geregelt ist.

Artikel 11

(1) Das beim Gericht eingelegte Rechtsmittel ist auf Rechtsfragen beschränkt. Es kann nur auf die Unzuständigkeit des Gerichts für den öffentlichen Dienst, auf einen Verfahrensfehler vor diesem Gericht, durch den die Interessen des Rechtsmittelführers beeinträchtigt werden, sowie auf eine Verletzung des Unionsrechts durch das Gericht für den öffentlichen Dienst gestützt werden.

(2) Ein Rechtsmittel, das sich nur gegen die Kostenentscheidung oder gegen die Kostenfestsetzung wendet, ist unzulässig.

Artikel 12

(1) Unbeschadet der Artikel 278 und 279 AEUV sowie des Artikels 157 EAG-Vertrag haben Rechtsmittel beim Gericht keine aufschiebende Wirkung.

(2) Wird gegen eine Entscheidung des Gerichts für den öffentlichen Dienst ein Rechtsmittel eingelegt, so besteht das Verfahren vor dem Gericht aus einem schriftlichen und einem mündlichen Verfahren. Unter den in der Verfahrensordnung festgelegten Voraussetzungen kann das Gericht nach Anhörung der Parteien ohne mündliches Verfahren entscheiden.

Artikel 13

(1) Ist das Rechtsmittel begründet, so hebt das Gericht die Entscheidung des Gerichts für den öffentlichen Dienst auf und entscheidet den Rechtsstreit selbst. Das Gericht verweist die Sache zur Entscheidung an das Gericht für den öffentlichen Dienst zurück, wenn der Rechtsstreit noch nicht zur Entscheidung reif ist.

(2) Im Falle der Zurückverweisung ist das Gericht für den öffentlichen Dienst an die rechtliche Beurteilung in der Entscheidung des Gerichts gebunden.

Gericht öff Dienst

KODEX

DES ÖSTERREICHISCHEN RECHTS
SAMMLUNG DER ÖSTERREICHISCHEN BUNDESGESETZE

UMWELT-RECHT

LexisNexis

KODEX

DES ÖSTERREICHISCHEN RECHTS
SAMMLUNG DER ÖSTERREICHISCHEN BUNDESGESETZE

CHEMIKALIEN-RECHT

LexisNexis

KODEX

DES ÖSTERREICHISCHEN RECHTS
SAMMLUNG DER ÖSTERREICHISCHEN BUNDESGESETZE

WASSER-RECHT

LexisNexis

KODEX

DES ÖSTERREICHISCHEN RECHTS
SAMMLUNG DER ÖSTERREICHISCHEN BUNDESGESETZE

ABFALL-RECHT UND ÖKO-AUDIT

LexisNexis

Bürgerbeauftragter

Regelungen für den Bürgerbeauftragten

Beschluss des Europäischen Parlaments vom 9. März 1994
über die Regelungen und allgemeinen Bedingungen für die Ausübung der Aufgaben des Bürgerbeauftragten*)
(94/262/EGKS, EG, Euratom)
(ABl 1994 L 113, 15, idF ABl 2002 L 92, 13, ABl 2008 L 189, 25)

DAS EUROPÄISCHE PARLAMENT –

gestützt auf die Verträge zur Gründung der Europäischen Gemeinschaften, insbesondere auf Artikel 138e *(195)* Absatz 4 des Vertrages zur Gründung der Europäischen Gemeinschaft und Artikel 107d Absatz 4 des Vertrages zur Gründung der Europäischen Atomgemeinschaft,

nach Stellungnahme der Kommission,

nach Zustimmung des Rates,

in Erwägung nachstehender Gründe:

Die Regelungen und allgemeinen Bedingungen für die Ausübung der Aufgaben des Bürgerbeauftragten sind unter Beachtung der in den Verträgen zur Gründung der Europäischen Gemeinschaften vorgesehenen Bestimmungen festzulegen.

Hierbei ist es erforderlich, die Voraussetzungen, unter denen der Bürgerbeauftragte mit einer Beschwerde befaßt werden kann, sowie die Beziehungen zwischen der Ausübung der Aufgaben des Bürgerbeauftragten und den Gerichts- oder Verwaltungsverfahren festzulegen.

Der Bürgerbeauftragte, der auch auf eigene Initiative tätig werden kann, muss über alle für die Erfüllung seiner Aufgaben notwendigen Mittel verfügen. Im Hinblick darauf sind die Organe und Institutionen der Gemeinschaft verpflichtet, dem Bürgerbeauftragten auf Anfrage die von ihm erbetenen Auskünfte zu erteilen unbeschadet der Auflage für den Bürgerbeauftragten, diese Auskünfte nicht zu verbreiten. Der Zugang zu Verschlusssachen, insbesondere zu sensiblen Dokumenten im Sinne des Artikels 9 der Verordnung (EG) Nr. 1049/2001[1]), sollte nur gewährt werden, wenn die Sicherheitsvorschriften des betreffenden Organs oder der betreffenden Institution der Gemeinschaft eingehalten werden. Die Organe oder Institutionen, die die in Artikel 3 Absatz 2 Unterabsatz 1 genannten Verschlusssachen zur Verfügung stellen, sollten den Bürgerbeauftragten darauf hinweisen, dass es sich um Verschlusssachen handelt. Zur Umsetzung der in Artikel 3 Absatz 2 Unterabsatz 1 vorgesehenen Regelungen sollte der Bürgerbeauftragte im Voraus mit dem betreffenden Organ oder der betreffenden Institution die Bedingungen für die Behandlung von Verschlusssachen und anderen unter das Dienstgeheimnis fallenden Informationen vereinbaren. Wenn der Bürgerbeauftragte die gewünschte Unterstützung nicht erhält, setzt er das Europäische Parlament hiervon in Kenntnis, dem es obliegt, geeignete Schritte zu unternehmen.

Es sind Verfahren für den Fall vorzusehen, daß als Ergebnis der Untersuchungen des Bürgerbeauftragten Mißstände auf Verwaltungsebene festgestellt werden; ferner ist vorzusehen, daß der Bürgerbeauftragte dem Europäischen Parlament am Ende jeder jährli-

---

*) Internetseite des Europäischen Bürgerbeauftragten unter http://www.ombudsman.europa.eu

---

[1]) ABl. L 145 vom 31. 5. 2001, S. 43.

chen Sitzungsperiode einen umfassenden Bericht vorlegt.

Der Bürgerbeauftragte und sein Personal sind hinsichtlich der Informationen, von denen sie bei Erfüllung ihrer Aufgaben Kenntnis erhalten haben, zur Zurückhaltung verpflichtet. Der Bürgerbeauftragte ist andererseits verpflichtet, die zuständigen Behörden über die Sachverhalte, die seines Erachtens unter das Strafrecht fallen und von denen er im Rahmen einer Untersuchung Kenntnis erhält, zu unterrichten.

Unter Wahrung des geltenden einzelstaatlichen Rechts ist eine Möglichkeit der Zusammenarbeit zwischen dem Bürgerbeauftragten und den in bestimmten Mitgliedstaaten bestehenden Stellen gleicher Art vorzusehen.

Es obliegt dem Europäischen Parlament, den Bürgerbeauftragten zu Beginn jeder Wahlperiode und für deren Dauer zu ernennen; er wird unter den Persönlichkeiten ausgewählt, die Unionsbürger sind und die jede Gewähr für Unabhängigkeit bieten und über die erforderliche Befähigung verfügen.

Es sind die Voraussetzungen festzulegen, unter denen das Amt des Bürgerbeauftragten endet.

Der Bürgerbeauftragte übt sein Amt, für das er bei seinem Amtsantritt vor dem Gerichtshof eine feierliche Verpflichtung ablegt, in völliger Unabhängigkeit aus; es ist festzulegen, welche Tätigkeiten oder Handlungsweisen mit dem Amt des Bürgerbeauftragten unvereinbar sind; sodann sind sein Gehalt und die ihm gewährten Vorrechte und Befreiungen festzulegen.

Es sind Regelungen für die Beamten und Bediensteten des Sekretariats, das den Bürgerbeauftragten unterstützt, sowie für dessen Haushaltsplan vorzusehen; Sitz des Bürgerbeauftragten ist der Sitz des Europäischen Parlaments.

Es ist Sache des Bürgerbeauftragten, die Durchführungsbestimmungen zu diesem Beschluß festzulegen. Im übrigen sind einige Übergangsbestimmungen für den ersten Bürgerbeauftragten zu erlassen, der nach dem Inkrafttreten des Vertrages über die Europäische Union ernannt wird –

BESCHLIESST:

Artikel 1

(1) Dieser Beschluß legt die Regelungen und allgemeinen Bedingungen für die Ausübung der Aufgaben des Bürgerbeauftragten gemäß Artikel 138e *(195)* Absatz 4 des Vertrages zur Gründung der Europäischen Gemeinschaft und Artikel 107d Absatz 4 des Vertrages zur Gründung der Europäischen Atomgemeinschaft fest.

(2) Der Bürgerbeauftragte erfüllt seine Aufgaben unter Beachtung der Befugnisse, die den Organen und Institutionen der Gemeinschaft durch die Verträge zugewiesen sind.

(3) Der Bürgerbeauftragte darf nicht in ein schwebendes Gerichtsverfahren eingreifen oder die Rechtmäßigkeit einer gerichtlichen Entscheidung in Frage stellen.

Artikel 2

(1) Der Bürgerbeauftragte trägt im Rahmen und unter den Bedingungen der obengenannten Verträge dazu bei, Mißstände bei der Tätigkeit der Organe und Institutionen der Gemeinschaft – mit Ausnahme des Gerichtshofs und des Gerichts erster Instanz in Ausübung ihrer Rechtsprechungsbefugnisse – aufzudecken und Empfehlungen im Hinblick auf ihre Abstellung zu geben. Handlungen anderer Behörden oder Personen können nicht Gegenstand von Beschwerden beim Bürgerbeauftragten sein.

(2) Jeder Bürger der Union oder jede natürliche oder juristische Person mit Wohnort oder satzungsmäßigem Sitz in einem Mitgliedstaat der Union kann den Bürgerbeauftragten unmittelbar oder über ein Mitglied des Europäischen Parlaments mit einer Beschwerde über einen Mißstand bei der Tätigkeit der Organe oder Institutionen der Gemeinschaft – mit Ausnahme des Gerichtshofs und des Gerichts erster Instanz in Ausübung ihrer Rechtsprechungsbefugnisse – befassen. Der Bürgerbeauftragte unterrichtet das betroffene Organ oder die betroffene Institution, sobald er mit einer Beschwerde befaßt worden ist.

(3) Die Beschwerde muß den Gegenstand der Beschwerde sowie die Person des Beschwerdeführers erkennen lassen; diese Person kann beantragen, daß die Beschwerde vertraulich behandelt wird.

(4) Die Beschwerde muß innerhalb von zwei Jahren ab dem Zeitpunkt, zu dem der Beschwerdeführer Kenntnis von den seiner Beschwerde zugrundeliegenden Sachverhalten erhalten hat, eingelegt werden. Ihr müssen die geeigneten administrativen Schritte bei dem betroffenen Organ oder der betroffenen Institution vorausgegangen sein.

(5) Der Bürgerbeauftragte kann dem Beschwerdeführer empfehlen, sich an eine andere Stelle zu wenden.

(6) Durch Beschwerden beim Bürgerbeauftragten werden die Fristen für gerichtliche oder verwaltungsrechtliche Verfahren nicht unterbrochen.

(7) Wenn der Bürgerbeauftragte aufgrund eines anhängigen oder abgeschlossenen Gerichtsverfahrens über die behaupteten Sachverhalte eine Beschwerde für unzulässig erklären oder ihre Prüfung beenden muß, sind die Ergebnisse der Untersuchungen, die er bis dahin möglicherweise durchgeführt hat, zu den Akten zu legen.

(8) Der Bürgerbeauftragte kann mit einer Beschwerde, die das Arbeitsverhältnis zwischen den Organen und Institutionen der Gemeinschaft und ihren Beamten und sonstigen Bediensteten betrifft, nur dann befaßt werden, wenn die internen Möglichkeiten zur Einreichung von Anträgen und Beschwerden, insbesondere gemäß Artikel 90 Absätze 1 und 2 des Statuts der Beamten, von dem Betreffenden genutzt wurden und nachdem die Beantwortungsfrist der so befaßten Behörde abgelaufen ist.

(9) Der Bürgerbeauftragte unterrichtet den Beschwerdeführer so rasch wie möglich über die Weiterbehandlung seiner Beschwerde.

Artikel 3

(1) Der Bürgerbeauftragte führt von sich aus oder aufgrund einer Beschwerde alle Untersuchungen durch, die er zur Klärung eines vermuteten Mißstands bei der Tätigkeit der Organe und Institutionen der Gemeinschaft für gerechtfertigt hält. Er unterrichtet das betreffende Organ oder die betreffende Institution darüber; das Organ oder die Institution kann ihm zweckdienliche Bemerkungen übermitteln.

(2) Die Organe und Institutionen der Gemeinschaft sind verpflichtet, dem Bürgerbeauftragten die von ihm erbetenen Auskünfte zu erteilen, und gewähren ihm Zugang zu den betreffenden Unterlagen. Der Zugang zu Verschlusssachen, insbesondere zu sensiblen Dokumenten im Sinne des Artikels 9 der Verordnung (EG) Nr. 1049/2001, wird nur gewährt, wenn die Sicherheitsvorschriften des betreffenden Organs oder der betreffenden Institution der Gemeinschaft eingehalten werden

Die Organe oder Institutionen, die die in Unterabsatz 1 genannten Verschlusssachen zur Verfügung stellen, weisen den Bürgerbeauftragten darauf hin, dass es sich um Verschlusssachen handelt.

Zur Umsetzung der in Unterabsatz 1 vorgesehenen Regelungen vereinbart der Bürgerbeauftragte im Voraus mit dem betreffenden Organ oder der betreffenden Institution die Bedingungen für die Behandlung von Verschlusssachen und anderen unter das Dienstgeheimnis fallenden Informationen.

Zu Dokumenten eines Mitgliedstaats, die aufgrund von Rechts- oder Verwaltungsvorschriften der Geheimhaltung unterliegen, gewähren die betreffenden Organe oder Institutionen erst nach vorheriger Zustimmung dieses Mitgliedstaats Zugang.

Zu den anderen Dokumenten eines Mitgliedstaats gewähren sie Zugang, nachdem sie den Mitgliedstaat benachrichtigt haben.

In beiden Fällen und gemäß Artikel 4 darf der Bürgerbeauftragte den Inhalt dieser Dokumente nicht verbreiten.

Die Beamten und sonstigen Bediensteten der Organe und Institutionen der Gemeinschaften unterliegen der Zeugnispflicht gegenüber dem Bürgerbeauftragten; sie bleiben an die einschlägigen Bestimmungen des Statuts, insbesondere an die Pflicht zur Wahrung des Dienstgeheimnisses gebunden.

(3) Die Behörden der Mitgliedstaaten sind verpflichtet, dem Bürgerbeauftragten auf Anfrage über die Ständigen Vertretungen der Mitgliedstaaten bei den Europäischen Gemeinschaften alle Informationen zur Verfügung zu stellen, die zur Klärung von Mißständen bei den Organen oder Institutionen der Gemeinschaft beitragen können, es sei denn, diese Informationen unterliegen Rechts- oder Verwaltungsvorschriften betreffend die Geheimhaltung oder der Veröffentlichung entgegenstehenden Bestimmungen. In dem zuletztgenannten Fall kann der betreffende Mitgliedstaat dem Bürgerbeauftragten diese Informationen zur Kenntnis bringen, sofern sich der Bürgerbeauftragte verpflichtet, deren Inhalt nicht preiszugeben.

(4) Wird die gewünschte Unterstützung nicht geleistet, so setzt der Bürgerbeauftragte das Europäische Parlament davon in Kenntnis; dieses unternimmt die geeigneten Schritte.

(5) Der Bürgerbeauftragte bemüht sich zusammen mit dem betreffenden Organ oder der betreffenden Institution soweit wie möglich um eine Lösung, durch die der Mißstand beseitigt und der eingereichten Beschwerde stattgegeben werden kann.

(6) Deckt der Bürgerbeauftragte einen Mißstand auf, so befaßt er das betreffende Organ oder die betreffende Institution und unterbreitet gegebenenfalls Entwürfe für Empfehlungen. Das befaßte Organ bzw. die befaßte

Institution übermittelt ihm binnen drei Monaten eine begründete Stellungnahme.

(7) Der Bürgerbeauftragte legt anschließend dem Europäischen Parlament und dem betreffenden Organ oder der betreffenden Institution einen Bericht vor. Er kann darin Empfehlungen geben. Der Beschwerdeführer wird von dem Bürgerbeauftragten über das Ergebnis der Untersuchung, über die Stellungnahme des betreffenden Organs oder der betreffenden Institution sowie über etwaige Empfehlungen des Bürgerbeauftragten unterrichtet.

(8) Am Ende jeder jährlichen Sitzungsperiode legt der Bürgerbeauftragte dem Europäischen Parlament einen Bericht über die Ergebnisse seiner Untersuchungen vor.

Artikel 4

(1) Der Bürgerbeauftragte und sein Personal – auf die Artikel 287 des Vertrags zur Gründung der Europäischen Gemeinschaft und Artikel 194 des Vertrags zur Gründung der Europäischen Atomgemeinschaft Anwendung finden – sind verpflichtet, Auskünfte und Dokumente, von denen sie im Rahmen ihrer Untersuchungen Kenntnis erhalten haben, nicht preiszugeben. Sie sind unbeschadet des Absatzes 2 insbesondere verpflichtet, keine Verschlusssachen oder dem Bürgerbeauftragten zur Verfügung gestellten Dokumente, bei denen es sich um sensible Dokumente im Sinne des Artikels 9 der Verordnung (EG) Nr. 1049/2001 oder um Dokumente handelt, die unter den Geltungsbereich der gemeinschaftlichen Rechtsvorschriften über den Schutz personenbezogener Daten fallen, und keine Informationen, die dem Beschwerdeführer oder anderen betroffenen Personen schaden könnten, zu verbreiten.

(2) Erhält der Bürgerbeauftragte im Rahmen einer Untersuchung Kenntnis von Sachverhalten, die seines Erachtens unter das Strafrecht fallen, so unterrichtet er hiervon unverzüglich die zuständigen nationalen Behörden, indem er die Ständigen Vertretungen der Mitgliedstaaten bei den Europäischen Gemeinschaften und, sofern der Fall in die jeweilige Zuständigkeit fällt, das zuständige Organ, die zuständige Institution oder die für Betrugsbekämpfung zuständige Dienststelle der Gemeinschaft einschaltet; gegebenenfalls schaltet der Bürgerbeauftragte auch das Organ oder die Institution der Gemeinschaft ein, dem/der der betreffende Beamte oder Bedienstete angehört und das/die gegebenenfalls Artikel 18 Absatz 2 des Protokolls über die Vorrechte und Befreiungen der Europäischen Gemeinschaft anwenden kann. Der Bürgerbeauf-

tragte kann außerdem das betreffende Organ oder die betreffende Institution der Gemeinschaft über Sachverhalte unterrichten, die auf ein disziplinarrechtlich relevantes Verhalten eines seiner/ihrer Beamten oder Bediensteten hindeuten.

Artikel 4a

Der Bürgerbeauftragte und sein Personal befassen sich im Rahmen der in der Verordnung (EG) Nr. 1049/2001 vorgesehenen Bedingungen und Beschränkungen mit Anträgen auf Zugang der Öffentlichkeit zu anderen als den in Artikel 4 Absatz 1 genannten Dokumenten.

Artikel 5

(1) Sofern es dazu beitragen kann, die Wirksamkeit seiner Untersuchungen zu verstärken und den Schutz der Rechte und Interessen der Personen, die Beschwerden bei ihm einreichen, zu verbessern, kann der Bürgerbeauftragte mit den in bestimmten Mitgliedstaaten bestehenden Stellen gleicher Art unter Wahrung des geltenden nationalen Rechts zusammenarbeiten. Der Bürgerbeauftragte darf auf diesem Wege keine Dokumente anfordern, zu denen Artikel 3 keinen Zugang gewährt.

(2) Im Rahmen seiner Aufgaben nach Artikel 195 des Vertrags zur Gründung der Europäischen Gemeinschaft und nach Artikel 107d des Vertrags zur Gründung der Europäischen Atomgemeinschaft kann der Bürgerbeauftragte unter denselben Voraussetzungen mit anderen Stellen zur Förderung und zum Schutz der Grundrechte zusammenarbeiten, wobei Überschneidungen mit der Arbeit anderer Organe oder Institutionen zu vermeiden ist.

Artikel 6

(1) Der Bürgerbeauftragte wird vom Europäischen Parlament nach jeder Wahl des Europäischen Parlaments für die Dauer der Wahlperiode ernannt. Wiederernennung ist zulässig.

(2) Der Bürgerbeauftragte wird unter Persönlichkeiten ausgewählt, die Unionsbürger sind, die bürgerlichen Ehrenrechte besitzen, jede Gewähr für Unabhängigkeit bieten und in ihrem Staat die für die höchsten richterlichen Ämter erforderlichen Voraussetzungen erfüllen oder anerkanntermaßen über die Erfahrung und Befähigung zur Wahrnehmung der Aufgaben eines Bürgerbeauftragten verfügen.

Artikel 7

(1) Das Amt des Bürgerbeauftragten endet entweder mit Ablauf von dessen Mandat oder durch Rücktritt oder Amtsenthebung.

(2) Außer im Falle der Amtsenthebung bleibt der Bürgerbeauftragte bis zur Neubesetzung des Amtes im Amt.

(3) Im Falle des vorzeitigen Ausscheidens des Bürgerbeauftragten wird binnen drei Monaten nach dem Freiwerden des Amtes ein Nachfolger für die verbleibende Amtszeit bis zum Ende der Wahlperiode ernannt.

Artikel 8

Ein Bürgerbeauftragter, der die Voraussetzungen für die Ausübung seines Amtes nicht mehr erfüllt oder eine schwere Verfehlung begangen hat, kann auf Antrag des Europäischen Parlaments vom Gerichtshof seines Amtes enthoben werden.

Artikel 9

(1) Der Bürgerbeauftragte übt sein Amt in völliger Unabhängigkeit zum allgemeinen Wohl der Gemeinschaften und der Bürger der Union aus. Er darf bei der Erfüllung seiner Pflichten von keiner Regierung und keiner Stelle Anweisungen anfordern oder entgegennehmen. Er hat jede Handlung zu unterlassen, die mit seinen Aufgaben unvereinbar ist.

(2) Bei seinem Amtsantritt übernimmt der Bürgerbeauftragte vor dem Gerichtshof der Europäischen Gemeinschaften die feierliche Verpflichtung, seine Aufgaben in völliger Unabhängigkeit und Unparteilichkeit wahrzunehmen und während der Ausübung sowie nach Ablauf seiner Amtstätigkeit die sich aus seinem Amt ergebenden Pflichten zu erfüllen, insbesondere die Pflicht, bei der Übernahme bestimmter Tätigkeiten oder der Annahme gewisser Vorteile nach Ablauf seiner Amtstätigkeit ehrenhaft und zurückhaltend zu sein.

Artikel 10

(1) Der Bürgerbeauftragte darf während seiner Amtszeit keine anderen politischen oder administrativen Ämter und keine entgeltliche oder unentgeltliche Berufstätigkeit ausüben.

(2) Der Bürgerbeauftragte ist hinsichtlich seiner Bezüge, seiner Zulagen und seines Ruhegehalts einem Richter am Gerichtshof der Europäischen Gemeinschaften gleichgestellt.

(3) Die Artikel 12 bis 15 und Artikel 18 des Protokolls über die Vorrechte und Befreiungen der Europäischen Gemeinschaften sind auf den Bürgerbeauftragten und die Beamten und Bediensteten seines Sekretariats anwendbar.

Artikel 11

(1) Der Bürgerbeauftragte wird von einem Sekretariat unterstützt; er ernennt den Hauptverantwortlichen dieses Sekretariats.

(2) Die Beamten und Bediensteten des Sekretariats des Bürgerbeauftragten unterliegen den Verordnungen und Regelungen für die Beamten und sonstigen Bediensteten der Europäischen Gemeinschaften. Ihre Zahl wird jährlich im Rahmen des Haushaltsverfahrens festgelegt[2]).

(3) Die in das Sekretariat des Bürgerbeauftragten berufenen Beamten der Europäischen Gemeinschaften und der Mitgliedstaaten werden im dienstlichen Interesse abgeordnet und haben die Gewähr, daß sie in ihre ursprüngliche Institution automatisch wieder eingewiesen werden.

(4) In Angelegenheiten seines Personals ist der Bürgerbeauftragte den Organen im Sinne des Artikels 1 des Statuts der Beamten der Europäischen Gemeinschaften gleichgestellt.

Artikel 12

gestrichen

Artikel 13

Sitz des Bürgerbeauftragten ist der Sitz des Europäischen Parlaments[3]).

Artikel 14

Der Bürgerbeauftragte erläßt die Durchführungsbestimmungen zu diesem Beschluß.

Artikel 15

Die Amtszeit des ersten nach Inkrafttreten des Vertrages über die Europäische Union ernannten Bürgerbeauftragten endet mit Ablauf der Wahlperiode.

Artikel 16

gestrichen

Artikel 17

Dieser Beschluß wird im Amtsblatt der Europäischen Gemeinschaften veröffentlicht. Er tritt am Tag seiner Veröffentlichung in Kraft.

----

[2]) In einer gemeinsamen Erklärung der drei Organe werden die Leitlinien in bezug auf die Zahl der Bediensteten des Sekretariats des Bürgerbeauftragten sowie die Dienststellung der mit Untersuchungen beauftragten Personen als Bedienstete auf Zeit oder als auf Vertrag eingestellte Bedienstete festgelegt.

[3]) Vgl. im gegenseitigen Einvernehmen gefaßter Beschluß der Vertreter der Regierungen der Mitgliedstaaten über die Festlegung der Sitze der Organe und bestimmter Einrichtungen und Dienststellen der Europäischen Gemeinschaften, ABl 1992 C 341, 1 (unter Pkt. 3/1.).

Bürgerbeauftr

Europäisches Parlament

Wie man eine Beschwerde an den Europäischen Bürgerbeauftragten richtet*)

(96/C 157/01)

(ABl 1996 C 157,1)

Der Europäische Bürgerbeauftragte hat die Aufgabe, Mißstände bei den Tätigkeiten der Institutionen und Organe der Gemeinschaft mit Ausnahme des Gerichtshofs und des Gerichts erster Instanz in Ausübung ihrer Rechtsprechungsbefugnisse aufzudecken. Der Bürgerbeauftragte führt entweder aus eigener Initiative oder anhand von Beschwerden alle Untersuchungen durch, die er für gerechtfertigt hält.

Jeder Unionsbürger oder jede natürliche oder juristische Person mit Wohnort oder satzungsmäßigem Sitz in einem Mitgliedstaat der Union kann eine Beschwerde an den Bürgerbeauftragten richten. Die Beschwerde kann dem Bürgerbeauftragten entweder direkt oder durch ein Mitglied des Europäischen Parlaments übermittelt werden.

Die Beschwerde muß sich auf *Mißstände* bei den *Institutionen oder Organen der Gemeinschaft* beziehen.

Unter Mißstand ist *eine mangelhafte oder fehlende Anwendung von Vorschriften* zu verstehen, wie beispielsweise Unregelmäßigkeiten oder Versäumnisse in der Verwaltung, Machtmißbrauch, Fahrlässigkeit, rechtswidrige Verfahren, Unfairneß, schlechtes Funktionieren oder Unfähigkeit, Diskriminierung, vermeidbare Verzögerungen, unzureichende Unterrichtung oder das Vorenthalten von Informationen.

Die *Institutionen* der Gemeinschaft sind: das Europäische Parlament, der Rat, die Kommission, der Gerichtshof und der Rechnungshof. *Organe* der Gemeinschaft sind der Wirtschafts- und Sozialausschuß, der Ausschuß der Regionen, das Europäische Währungsinstitut (künftige Europäische Zentralbank) und die Europäische Investitionsbank sowie sämtliche „dezentralisierte" Organe der Europäischen Gemeinschaften.

Die Beschwerde muß eingereicht werden *binnen zwei Jahren* ab dem Zeitpunkt, zu dem

der Sachverhalt bekannt wurde, und ihr müssen *entsprechende verwaltungsmäßige Schritte* vorausgegangen sein. Bei Beschwerden von EG-Beamten müssen zuvor die üblichen internen Verfahren absolviert sein. Die Beschwerde darf sich nicht auf Sachverhalte beziehen, zu denen bereits ein Gerichtsurteil ergangen ist oder die vor Gericht anhängig sind.

Die Beschwerde kann als ein *formloses Schreiben* unter Angabe der *Gründe* mit allen erforderlichen Unterlagen in einer der elf Sprachen der Mitgliedstaaten und unter Angabe der *Anschrift* und der *Identität* des Beschwerdeführers oder unter Verwendung des beiliegenden *Formulars* (siehe unten) an den Bürgerbeauftragten gerichtet werden.

Der Bürgerbeauftragte untersucht die Beschwerde und strebt eine *gütliche Lösung* an, mit der der Mißstand beseitigt und der Beschwerdeführer zufriedengestellt wird. Falls dieser Schlichtungsversuch scheitert, unterrichtet er die betroffene Institution und spricht eventuell formelle *Empfehlungen* zur Lösung des Falles aus. Die betreffende Institution muß dem Bürgerbeauftragten binnen drei Monaten antworten. Der Bürgerbeauftragte kann auch einen *Bericht* mit Empfehlungen an das Europäische Parlament (und die betroffene Institution) richten. Er teilt dem Beschwerdeführer das Ergebnis mit.

Anschrift:

Europäischer Bürgerbeauftragter
1, avenue du Président Robert Schuman
BP 403
F-67001 Straßburg Cedex

Telefon:

(33) 88 17 23 13   Der Europäische
                 Bürgerbeauftragte
                 …

      88 17 23 82   Generalsekretär
                 …

---

*) *Hinweis:* Das elektronische Beschwerdeformular ist zu finden unter http://www.ombudsman.europa.eu/form/de/default.htm

Fax:

(33) 88 17 90 62

15/2. Bürgerbeauftr-Beschwerde

AN DEN EUROPÄISCHEN BÜRGERBEAUFTRAGTEN

1, avenue du Président Robert Schuman
BP 403
F-67001 Straßburg Cedex
Tel. (33) 88 17 23 13-88 12 23 83
Fax (33) 88 17 90 62

Beschwerde über Mißstände

1. Beschwerdeführer

(Name) ....
im Namen von ....
(Anschrift) ....
....
(Tel./Fax) ....

2. Gegen welches Gemeinschaftsorgan oder welche Gemeinschaftsinstitution möchten Sie sich beschweren?

die Europäische Kommission ☐ der Wirtschafts- und Sozialausschuss ☐
der Rat der Europäischen Union ☐ der Ausschuss der Regionen ☐
das Europäische Parlament ☐ die Europäische Zentralbank ☐
der Rechnungshof ☐ die Europäische Investitionsbank ☐
der Gerichtshof*) ☐ andere Gemeinschaftseinrichtungen ☐
*) mit Ausnahme in Ausübung seiner Rechtsprechungsbefugnisse

3. Über welche Entscheidung/welchen Sachverhalt wollen Sie sich beschweren? Wann erhielten Sie hierzu Kenntnis? Anlagen beifügen (gegebenenfalls).

4. Was möchten Sie mit ihrer Beschwerde erreichen und welche Forderungen haben Sie?

5. Haben Sie sich bereits mit dem betroffenen Gemeinschaftsorgan bzw. mit der betroffenen Gemeinschaftsinstitution zwecks Abhilfe der Beschwerde in Verbindung gesetzt?

6. Für den Fall, dass sich Ihre Beschwerde auf ein Arbeitsverhältnis mit den Gemeinschaftsorganen bzw -institutionen bezieht: Haben Sie den internen Verwaltungsrechtsweg erschöpft, im besonderen den gemäß Art. 90 Abs. 1, 2 des Beamtenstatus? Wenn ja, sind die Bearbeitungsfristen für die Organe bereits abgelaufen?

7. War der Gegenstand Ihrer Beschwerde bereits Anlass für eine Gerichtsentscheidung oder ist er vor einem Gericht anhängig?

8. Sind Sie damit einverstanden, dass Ihre Beschwerde an eine sonstige (europäische oder nationale) Behörde weitergeleitet werden kann, falls der Europäische Bürgerbeauftragte der Auffassung ist, dass er nicht befugt ist, sich mit ihr zu befassen?

Datum und Unterschrift: ....

Bürgerbeauftr

Zur Beachtung: 1. Bitte beachten Sie, dass der Europäische Bürgerbeauftragte grundsätzlich Beschwerden öffentlich behandelt. Eine vertrauliche Bearbeitung kann beantragt werden.

2. Bitte schicken Sie nur die erforderlichen Kopien der relevanten Dokumente, um die vorläufige Untersuchung Ihrer Beschwerde zu unterstützen.

Beschwerde an die Kommission*)

Nichtbeachtung des Gemeinschaftsrechts durch einen Mitgliedstaat: Standardformular zwecks Einreichung einer Beschwerde bei der Kommission der Europäischen Gemeinschaften

(1999/C 119/03)

(ABl 1999 C 119, 5)

BESCHWERDE (¹) AN DIE KOMMISSION DER EUROPÄISCHEN GEMEINSCHAFTEN WEGEN NICHTBEACHTUNG DES GEMEINSCHAFTS-RECHTS

1. Name und Vorname des Beschwerdeführers:

2. Gegebenenfalls vertreten durch:

3. Staatsangehörigkeit:

4. Anschrift oder Geschäftssitz (²):

5. Telefon/Fax/E-Mail:

6. Tätigkeitsbereich und -ort(e):

7. Mitgliedstaat oder öffentliche Einrichtung, die nach Ansicht des Beschwerdeführers das Gemeinschaftsrecht nicht beachtet hat:

---

*) *Hinweise:*

Beschwerde bei der Kommission der Europäischen Gemeinschaften wegen Nichteinhaltung der Rechtsvorschriften der Gemeinschaft, ABl 1989 C 26, 6.

Mitteilung der Kommission an das Europäische Parlament und den Europäischen Bürgerbeauftragten über die Beziehungen zum Beschwerdeführer bei Verstößen gegen das Gemeinschaftsrecht, ABl 2002 C 244, 5.

Im Wettbewerbsbereich siehe auch Verordnung (EG) Nr. 773/2004 der Kommission über die Durchführung von Verfahren auf der Grundlage der Artikel 81 und 82 EG-Vertrag durch die Kommission, ABl 2004 L 123, 18, sowie unter http://europa.eu.int/comm/competition/general_info/recommendations/recommendations_at_fr.pdf

(¹) Die Verwendung dieses Beschwerdeformulars ist nicht verbindlich. Eine Beschwerde kann auch mit einfachem Schreiben bei der Kommission erhoben werden. Es ist allerdings im Interesse des Beschwerdeführers, möglichst viele sachlich relevante Informationen beizufügen. Das Formular kann auf dem normalen Postweg an folgende Anschrift gerichtet werden:

Kommission der Europäischen Gemeinschaften
(z. H. des Generalsekretärs)
Rue de la Loi/Wetstraat 200
B-1049 Brüssel

Das Formular kann auch bei einer Vertretung der Kommission in den Mitgliedstaaten abgegeben werden. Eine elektronische Fassung des Formulars kann vom Internet-Server der Europäischen Union abgerufen werden: http://europa.eu.int/comm/sg/lexcomm

Eine Beschwerde ist nur dann zulässig, wenn sie die Verletzung des Gemeinschaftsrechts durch einen Mitgliedstaat betrifft.

(²) Der Beschwerdeführer wird gebeten, der Kommission jede Änderung der Anschrift sowie alle Vorgänge mitzuteilen, die für die Bearbeitung der Beschwerde relevant sein könnten.

8. Möglichst genaue Darstellung des Beschwerdegegenstands:

9. Möglichst genaue Angabe der Bestimmung(en) des Gemeinschaftsrechts (Verträge, Verordnungen, Richtlinien, Entscheidungen usw.), gegen die der Mitgliedstaat nach Ansicht des Beschwerdeführers verstoßen hat:

10. Geben Sie gegebenenfalls (möglichst mit Angabe der Referenzen) an, ob der betreffende Mitgliedstaat im Zusammenhang mit dem Beschwerdegegenstand eine finanzielle Unterstützung der Gemeinschaft erhalten hat oder erhalten könnte:

11. Etwaige bereits unternommene Schritte bei den Kommissionsdienststellen (fügen Sie bitte nach Möglichkeit eine Kopie des Schriftwechsels bei):

12. Etwaige bereits unternommene Schritte bei den anderen Organen oder Einrichtungen der Gemeinschaft (z. B. beim Petitionsausschuß des Europäischen Parlaments, beim Europäischen Bürgerbeauftragten). Geben Sie möglichst das Aktenzeichen an, mit dem Ihr Vorgang versehen wurde:

13. Bereits unternommene Schritte bei den einzelstaatlichen Behörden – auf zentraler, regionaler oder lokaler Ebene – (fügen Sie nach Möglichkeit eine Kopie des Schriftwechsels bei):

13.1. Administrative Schritte (z. B. Beschwerde bei der zuständigen einzelstaatlichen Verwaltungsbehörde – auf zentraler, regionaler oder lokaler Ebene – und/oder beim Bürgerbeauftragten des Landes oder der Region):

13.2. Schritte bei den Gerichten und ähnlichen Einrichtungen (z. B. Schiedsgericht oder Schlichtungsstelle). (Geben Sie bitte an, ob bereits eine Entscheidung oder ein Schiedsspruch ergangen ist, und fügen Sie den Wortlaut der Entscheidung oder des Schiedsspruchs gegebenenfalls als Anlage bei):

14. Geben Sie etwaige Belege und Beweismittel an, auf die Sie Ihre Beschwerde stützen können, einschließlich der betreffenden innerstaatlichen Rechtsvorschriften (fügen Sie die Beweismittel gegebenenfalls als Anlage bei):

15. Vertraulichkeit (kreuzen Sie das zutreffende Feld an) ([3]):

   ☐ „Ich ermächtige hiermit die Kommission, bei ihren Kontakten mit den Behörden des Mitgliedstaats, gegen den die Beschwerde gerichtet ist, meine Identität zu offenbaren."

   ☐ „Ich bitte hiermit die Kommission, bei ihren Kontakten mit den Behörden des Mitgliedstaats, gegen den die Beschwerde gerichtet ist, meine Identität nicht zu offenbaren."

16. Ort, Datum und Unterschrift des Beschwerdeführers/Vertreters:

([3]) Der Beschwerdeführer wird darauf hingewiesen, daß die Offenbarung seiner Identität durch die Kommissionsdienststellen in manchen Fällen für die Bearbeitung der Beschwerde unerläßlich ist.

(Erläuterungen auf der Rückseite des Formulars)

Jeder Mitgliedstaat ist für die fristgemäße, gemeinschaftskonforme Umsetzung des Gemeinschaftsrechts in innerstaatliches Recht und für dessen ordnungsgemäße Anwendung verantwortlich. Die Kommission der Europäischen Gemeinschaften wacht nach Maßgabe der Verträge über die ordnungsgemäße Anwendung des Gemeinschaftsrechts. Kommt ein Mitgliedstaat diesem Recht nicht nach, verfügt die Kommission über eigene Befugnisse (Vertragsverletzungsklage), um diese Zuwiderhandlung abzustellen. Gegebenenfalls ruft sie den Gerichtshof der Europäischen Gemeinschaften an. Die Kommission wird entweder auf der Grundlage einer Beschwerde oder aufgrund von Verdachtsmomenten, die sie selbst aufdeckt, tätig und leitet die ihr gerechtfertigt erscheinenden Schritte ein.

Eine Vertragsverletzung liegt dann vor, wenn ein Mitgliedstaat durch ein Tun oder Unterlassen gegen seine Pflichten aus dem Gemeinschaftsrecht verstößt. Dabei ist es unerheblich, welche Behörde des betreffenden Mitgliedstaats – auf zentraler, regionaler oder lokaler Ebene – für die Vertragsverletzung verantwortlich ist.

Jeder, der der Ansicht ist, daß eine innerstaatliche Regelung (Rechts- oder Verwaltungsvorschrift) oder Verwaltungspraxis einen Verstoß gegen eine Bestimmung oder einen Grundsatz des Gemeinschaftsrechts darstellt, kann bei der Kommission eine Beschwerde gegen den betreffenden Mitgliedstaat erheben. Der Beschwerdeführer braucht weder nachzuweisen, daß Handlungsbedarf besteht, noch, daß er selbst von der beanstandeten Zuwiderhandlung hauptsächlich und unmittelbar betroffen ist. Die Beschwerde ist nur dann zulässig, wenn sie die Verletzung des Gemeinschaftsrechts durch einen Mitgliedstaat betrifft. Die Dienststellen der Kommission können anhand der Regeln und Prioritäten für die Aufnahme und Durchführung eines Vertragsverletzungsverfahrens entscheiden, ob eine Beschwerde weiterverfolgt wird oder nicht.

Jeder, der der Ansicht ist, daß eine Regelung (Rechts- oder Verwaltungsvorschrift) oder Verwaltungspraxis gegen das Gemeinschaftsrecht verstößt, wird aufgefordert, sich vor oder bei Erhebung einer Beschwerde bei der Kommission an die nationalen Verwaltungs- oder Rechtsinstanzen (einschließlich des nationalen oder regionalen Bürgerbeauftragten) und/oder die Schiedsgerichte oder Schlichtungsstellen zu wenden. Die Kommission empfiehlt, vor Erhebung der Beschwerde zunächst die im innerstaatlichen Recht bestehenden Rechtsschutzmöglichkeiten wegen der damit verbundenen Vorteile für den Beschwerdeführer auszuschöpfen.

Die Inanspruchnahme des verfügbaren nationalen Rechtsschutzes dürfte es dem Beschwerdeführer im allgemeinen ermöglichen, seine Rechte direkter und eher seinen persönlichen Bedürfnissen entsprechend geltend zu machen (Erwirken einer Verfügung gegenüber der Verwaltung, Nichtigerklärung einer Entscheidung, Schadenersatz) als im Wege eines von der Kommission erfolgreich betriebenen Vertragsverletzungsverfahrens, bei dem mitunter eine gewisse Zeit verstreicht, bis das Ergebnis vorliegt. Dies liegt unter anderem daran, daß die Kommission, bevor sie den Europäischen Gerichtshof anrufen kann, mit dem betreffenden Mitgliedstaat Kontakt aufnehmen und versuchen muß, die Abstellung der Zuwiderhandlung zu erlangen.

Darüber hinaus wirkt sich das Urteil des Europäischen Gerichtshofs, in dem die Vertragsverletzung festgestellt wird, nicht auf die Rechte des Beschwerdeführers aus, da es nicht auf die Regelung eines Einzelfalls gerichtet ist. Das Urteil gibt dem Mitgliedstaat lediglich auf, dem Gemeinschaftsrecht nachzukommen. Schadenersatzforderungen beispielsweise muß der Beschwerdeführer vor einem nationalen Gericht geltend machen.

Zugunsten des Beschwerdeführers sind folgende Verfahrensgarantien vorgesehen:

a) Nach Eintragung der Beschwerde beim Generalsekretariat der Kommission wird jeder für zulässig befundenen Beschwerde ein Aktenzeichen zugeteilt. Der Beschwerdeführer erhält danach umgehend eine Empfangsbestätigung mit diesem Aktenzeichen, das er in jedem Schriftwechsel angeben sollte. Die Zuteilung eines solchen Aktenzeichens besagt noch nicht, daß ein Vertragsverletzungsverfahren gegen den betreffenden Mitgliedstaat eingeleitet wird.

b) Soweit die Kommissionsdienststellen bei den Behörden des Mitgliedstaats, gegen den die Beschwerde gerichtet ist, vorstellig werden, geschieht dies unter Beachtung der vom Beschwerdeführer unter Nr. 15 dieses Formulars getroffenen Wahl.

c) Die Kommission bemüht sich darum, binnen zwölf Monaten nach Eintragung der Beschwerde beim Generalsekretariat in der Sache zu entscheiden (Einleitung eines Vertragsverletzungsverfahrens oder Einstellung der Untersuchung).

d) Der Beschwerdeführer wird von der zuständigen Dienststelle informiert, wenn diese beabsichtigt, der Kommission die Einstellung des Beschwerdeverfahrens vorzuschlagen. Er wird außerdem bei Einleitung des Vertragsverletzungsverfahrens über den Stand des Verfahrens auf dem laufenden gehalten.

Öffentlichkeit von Dokumenten

Hinweise:

Der Zugang der Öffentlichkeit zu *Dokumenten des Rates* ist gemäß dem Beschluss des Rates vom 29. 11. 2001 zur Änderung der Geschäftsordnung des Rates (ABl 2001 L 313, 40) in Art. 10 dieser Geschäftsordnung sowie in deren Anhang II geregelt. Siehe hiezu Pkt. 9/1.

Zur *Interinstitutionellen Vereinbarung* vom 20. 11. 2002 zwischen dem *Europäischen Parlament und dem Rat* über den Zugang des Europäischen Parlaments zu sensiblen Informationen des Rates im Bereich der Sicherheits- und Verteidigungspolitik sowie zum Durchführungsbeschluss dazu siehe Pkt. 20/5. und Pkt. 20/6.

Der Zugang der Öffentlichkeit zu Dokumenten der *Europäischen Stiftung* für die Verbesserung der Lebens- und Arbeitsbedingungen ist in einem Beschluss, ABl 2004 L 102, 81, geregelt.

Die Verordnung (EG) Nr. 45/2001 des Europäischen Parlaments und des Rates vom 18. Dezember 2000 zum *Schutz natürlicher Personen bei der Verarbeitung personenbezogener Daten* durch die Organe und Einrichtungen der Gemeinschaft und *zum freien Datenverkehr* findet sich in ABl 2001 L 8, 1.

Bestimmungen über den Zugang zu Dokumenten von Europol finden sich in ABl 2007 C 72, 37.

Verordnung (EWG, Euratom) Nr. 354/83 des Rates

vom 1. Februar 1983

über die Freigabe der historischen Archive der Europäischen Wirtschaftsgemeinschaft und der Europäischen Atomgemeinschaft*)

(ABl 1983 L 43, 1 idF ABl 2003 L 243, 1)

(VO (EG, Euratom) Nr. 1700/2003 des Rates vom 22. 9. 2003**))

DER RAT DER EUROPÄISCHEN UNION –

gestützt auf den Vertrag zur Gründung der Europäischen Gemeinschaft, insbesondere auf Artikel 308,

---

*) Entscheidung Nr. 359/83/EGKS der Kommission vom 8. Februar 1983 über die Freigabe der historischen Archive der Europäischen Gemeinschaft für Kohle und Stahl, ABl 1983 L 43, 14, ABl 1983 L 55, 16 (Ber.)

**) ERKLÄRUNG DES RATES

Der Rat weist darauf hin, dass diese Verordnung den Vertrag zwischen den Europäischen Gemeinschaften und dem Europäischen Hochschulinstitut vom 17. Dezember 1984 unberührt lässt.

gestützt auf den Vertrag zur Gründung der Europäischen Atomgemeinschaft, insbesondere auf Artikel 203,

auf Vorschlag der Kommission,

nach Stellungnahme des Europäischen Parlaments,

in Erwägung nachstehender Gründe:

(1) Gemäß Artikel 255 des Vertrags zur Gründung der Europäischen Gemeinschaft hat jeder Unionsbürger sowie jede natürliche oder juristische Person mit Wohnsitz oder Sitz in einem Mitgliedstaat ein Recht auf Zugang zu Dokumenten des Europäischen Parlaments, des Rates und der Kommission.

(2) Die allgemeinen Grundsätze und Einschränkungen für die Ausübung des Rechts auf Zugang zu den Dokumenten des Europäischen Parlaments, des Rates und der Kommission wurden durch die Verordnung (EG) Nr. 1049/2001 des Europäischen Parlaments und des Rates[1]) festgelegt.

(3) Die in der Verordnung (EG) Nr. 1049/ 2001 vorgesehenen Ausnahmen vom Zugangsrecht gelten höchstens für einen Zeitraum von dreißig Jahren, und zwar unabhängig davon, wo die Dokumente aufbewahrt werden. Falls erforderlich, können die Ausnahmeregelungen zum Schutz der Privatsphäre oder der geschäftlichen Interessen sowie die Sonderbestimmungen über sensible Dokumente jedoch nach Ablauf dieses Zeitraums weiter Anwendung finden.

(4) Nach der Verordnung (EWG, Euratom) Nr. 354/83[2]) werden bestimmte Dokumentenkategorien nach Ablauf von dreißig Jahren ab dem Erstellungsdatum dieser Dokumente nicht öffentlich zugänglich gemacht werden. Gemäß Artikel 18 Absatz 2 der Verordnung (EG) Nr. 1049/2001 müssen diese Ausnahmebestimmungen mit den in jener Verordnung vorgesehenen Ausnahmen vom Zugangsrecht in Einklang gebracht werden.

(5) Für die Zwecke der Verordnung (EWG, Euratom) Nr. 354/83 sollten der Europäische Wirtschafts- und Sozialausschuss, der Ausschuss der Regionen sowie die Agenturen und ähnliche vom Gemeinschaftsgesetzgeber geschaffene Einrichtungen den in Artikel 7 Absatz 1 des Vertrags zur Gründung der Europäischen Gemeinschaft genannten Organen gleichgestellt werden.

(6) ...

HAT FOLGENDE VERORDNUNG
ERLASSEN:

Artikel 1

(1) Mit dieser Verordnung soll gewährleistet werden, dass Dokumente von historischem oder administrativem Wert nach Möglichkeit aufbewahrt und der Öffentlichkeit zugänglich gemacht werden.

Zu diesem Zweck legen jedes Organ der Europäischen Gemeinschaft und der Europäischen Atomgemeinschaft sowie der Europäische Wirtschafts- und Sozialausschuss, der Ausschuss der Regionen und die Agenturen sowie ähnliche vom Gemeinschaftsgesetzgeber geschaffene Einrichtungen, nachstehend „Organe" genannt, historische Archive an und machen sie unter den in dieser Verordnung vorgesehenen Bedingungen und nach Ablauf einer Frist von dreißig Jahren, von dem Zeitraum der Anfertigung des Dokuments an gerechnet, öffentlich zugänglich.

(2) Im Sinne dieser Verordnung bezeichnet der Begriff

a) „Archive der Organe der Europäischen Gemeinschaften" die Gesamtheit der Dokumente jeder Art, unabhängig von ihrer Form und ihrem materiellen Träger, die ein Organ, einer seiner Vertreter oder einer seiner Bediensteten in Ausübung seiner Amtstätigkeit angefertigt oder empfangen hat und die die Tätigkeit der Europäischen Gemeinschaft und/oder der Europäischen Atomgemeinschaft – nachstehend „Europäische Gemeinschaften" genannt – betreffen;

b) „historische Archive der Organe der Europäischen Gemeinschaften" den Teil der Archive der Organe der Europäischen Gemeinschaften, der unter den in Artikel 7 vorgesehenen Bedingungen zur ständigen Aufbewahrung ausgewählt wurde.

(3) Alle vor Ablauf der in Absatz 1 vorgesehenen Frist zugänglich gemachten Dokumente bleiben ohne Einschränkung für die Öffentlichkeit zugänglich.

(4) Nach Ablauf der in Absatz 1 vorgesetzten Frist von dreißig Jahren wird Zugang zu den historischen Archiven jedem gewährt, der einen entsprechenden Antrag stellt und bereit ist, die diesbezüglichen internen Vorschriften jedes Organs einzuhalten.

(5) Die historischen Archive sind in Form von Kopien zugänglich. Die Organe können jedoch die Originale der Schriftstücke und die sonstigen Archivguts zugänglich machen, wenn der Benutzer ein hinreichend begründetes besonderes Interesse geltend macht.

Artikel 2

(1) Bei Dokumenten, die unter die in Artikel 4 Absatz 1 Buchstabe b) der Verordnung (EG) Nr. 1049/2001 des Europäischen Parlaments und des Rates vom 30. Mai 2001 über den Zugang der Öffentlichkeit zu Dokumenten des Europäischen Parlaments, des Rates und der Kommission[3]) festgelegte Ausnahmeregelung zum Schutz der Privatsphäre und der Unversehrtheit des Einzelnen sowie unter die in Artikel 4 Absatz 2 erster Gedankenstrich der Verordnung (EG) Nr. 1049/2001 festgelegte Ausnahmeregelung betreffend die geschäftlichen Interessen einer bestimmten natürlichen oder juristischen Person, einschließlich des geistigen Eigentums, fallen, können diese Ausnahmeregelungen für das gesamte Dokument oder Teil des Dokuments auch über die Frist von dreißig Jahren hinaus gelten, wenn die für sie geltenden Anwendungsvoraussetzungen weiterhin vorliegen.

(2) Dokumente, die unter die in Artikel 4 Absatz 1 Buchstabe b) der Verordnung (EG) Nr. 1049/2001 festgelegten Ausnahmeregelung zum Schutz der Privatsphäre und der Unver-

---

[1]) ABl. L 145 vom 31.5.2001, S. 43.
[2]) ABl. L 43 vom 15.2.1983, S. 1.

[3]) ABl. L 145 vom 31.5.2001, S. 43.

sehrtheit des Einzelnen fallen, einschließlich der Personalakten der Bediensteten der Europäischen Gemeinschaften, können gemäß der Verordnung (EG) Nr. 45/2001 des Europäischen Parlaments und des Rates vom 18. Dezember 2000 zum Schutz natürlicher Personen bei der Verarbeitung personenbezogener Daten durch die Organe und Einrichtungen der Gemeinschaft und zum freien Datenverkehr[4]), insbesondere gemäß den Artikeln 4 und 5, freigegeben werden.

(3) Bevor das Organ beschließt, die in Artikel 4 Absatz 2 erster Gedankenstrich der Verordnung (EG) Nr. 1049/2001 genannten Dokumente, deren Verbreitung die geschäftlichen Interessen einer bestimmten natürlichen oder juristischen Person, einschließlich des geistigen Eigentums, beeinträchtigen könnte, öffentlich zugänglich zu machen, unterrichtet es die betreffende Person gemäß den von jedem Organ festzulegenden Durchführungsbestimmungen über seine Absicht, die betreffenden Dokumente öffentlich zugänglich zu machen. Diese Dokumente werden nicht freigegeben, wenn das Organ aufgrund von Hinweisen der betroffenen Person zu der Auffassung gelangt, dass ihre Freigabe diese geschäftlichen Interessen beeinträchtigen würde, es sei denn, ein höheres öffentliches Interesse überwiegt.

(4) Sensible Dokumente im Sinne von Artikel 9 der Verordnung (EG) Nr. 1049/2001 sind im Rahmen der durch diese Vorschrift festgelegten Einschränkungen zugänglich.

Artikel 3

Nicht der Öffentlichkeit zugänglich sind Dokumente, die in einen der Geheimschutzgrade gemäß Artikel 10 der Verordnung Nr. 3 des Rates vom 31. Juli 1958 zur Anwendung des Artikels 24 des Vertrages zur Gründung der Europäischen Atomgemeinschaft[5]) eingestuft und nicht freigegeben worden sind.

Artikel 4

(gestrichen)

Artikel 5

Im Interesse der Einhaltung der in Artikel 1 Absatz 1 vorgesehenen Frist von dreißig Jahren prüft jedes Organ rechtzeitig, spätestens jedoch im fünfundzwanzigsten Jahr nach ihrer Anfertigung, die gemäß den Bestimmungen des betref-

---

[4]) ABl. L 8 vom 12.1.2002, S. 1.
[5]) ABl. 17 vom 6.10.1958, S. 406/58.

fenden Organs als Verschlusssachen eingestuften Dokumente, um gegebenenfalls über ihre Freigabe zu entscheiden. Dokumente, die bei der ersten Prüfung nicht freigegeben wurden, werden regelmäßig, spätestens jedoch alle fünf Jahre, einer neuen Prüfung unterzogen.

Artikel 6

Beabsichtigt ein Mitgliedstaat nach Ablauf der in Artikel 1 Absatz 1 genannten Frist von dreißig Jahren der Öffentlichkeit Dokumente zugänglich zu machen, die von den Organen stammen und unter Artikel 2 oder Artikel 3 fallen, so konsultiert er das betreffende Organ, um eine Entscheidung zu treffen, die die Verwirklichung der Ziele dieser Verordnung nicht beeinträchtigt.

Artikel 7

Spätestens fünfzehn Jahre nach ihrer Anfertigung gibt jedes Organ die in seinen laufenden Archiven befindlichen Dokumente an die historischen Archive ab. Sie werden sodann anhand von Kriterien, die jedes Organ entsprechend Artikel 9 festlegt, durchgesehen, um die zur Aufbewahrung bestimmten Dokumente von solchen zu trennen, die keinen administrativen oder geschichtlichen Wert haben.

Artikel 8

(1) Jedes Organ kann seine historischen Archive an dem seiner Ansicht nach geeignetsten Ort unterbringen.

(2) Auf Wunsch stellt jedes Organ den Mitgliedstaaten und den anderen Organen, sofern es sich nicht um den Mitgliedstaat handelt, in dem sich das Organ befindet oder um Organe, die sich im gleichen Mitgliedstaat befinden, einen vollständigen Satz von Mikrokopien seiner historischen Archive zur Verfügung, soweit diese gemäß dieser Verordnung der Öffentlichkeit zugänglich sind.

Artikel 9

(1) Jedes Organ ist befugt, interne Durchführungsbestimmungen für diese Verordnung zu erlassen. Die Organe machen ihre Archive soweit wie möglich der Öffentlichkeit elektronisch zugänglich. Dokumente, die in einer Form vorliegen, die einem besonderen Bedarf entspricht (Blindenschrift, Großbuchstaben oder Tonaufzeichnungen) bewahren sie ebenfalls auf.

(2) Jedes Organ veröffentlicht jährlich eine Mitteilung über seine Aktivitäten im Bereich der historischen Archive.

Dok-Öffentl

Beschluß der Kommission

vom 3. März 1989

zur Festlegung bestimmter Modalitäten für die Herabstufung von Schriftstücken, die unter das Berufs- oder Betriebsgeheimnis fallen

(89/196/EWG, Euratom, EGKS)

(ABl 1989 L 73, 52 idF ABl 1990 L 340, 24)

DIE KOMMISSION DER EUROPÄISCHEN GEMEINSCHAFTEN –

gestützt auf die Verordnung (EWG, Euratom) Nr. 354/83 des Rates vom 1. Februar 1983 über die Freigabe der historischen Archive der Europäischen Wirtschaftsgemeinschaft und der Europäischen Atomgemeinschaft[1]), insbesondere auf Artikel 9,

gestützt auf die Entscheidung Nr. 359/83/EGKS der Kommission vom 8. Februar 1983 über die Freigabe der historischen Archive der Europäischen Gemeinschaft für Kohle und Stahl[2]), insbesondere auf Artikel 9,

in Erwägung nachstehender Gründe:

Gemäß der Regelung über die Freigabe der historischen Archive der Gemeinschaften können die Schriftstücke und das sonstige Archivgut, die unter das Berufs- oder Betriebsgeheimnis fallen, der Öffentlichkeit nur dann zugänglich gemacht werden, wenn die betreffende Person oder das betreffende Unternehmen keine Einwände dagegen erhebt. Zu diesem Zweck muß die Kommission ihre Absicht, die Schriftstücke und das sonstige Archivgut der Öffentlichkeit zugänglich zu machen, bekanntgeben.

Mit der Freigabe der EWG-Archive wird die Zahl der Unterlagen, die zur Herabstufung anstehen, erheblich ansteigen. Die vorherige Unterrichtung der betroffenen Personen oder Unternehmen ist oft schwierig, vor allem im Falle einer Änderung der Anschrift oder eines Rechtsübergangs.

Um die Wirksamkeit des Verfahrens zur Freigabe der historischen Archive der Gemeinschaften zu gewährleisten, ist vorzusehen, daß die Kommission die betroffenen Personen und Unternehmen durch eine Mitteilung im Amtsblatt der Europäischen Gemeinschaften informieren kann –

BESCHLIESST:

Artikel 1

Im Falle der Anwendung von Artikel 4 der Verordnung (EWG, Euratom) Nr. 354/83 oder von Artikel 4 der Entscheidung Nr. 359/83/EGKS teilt die Kommission der betreffenden Person oder dem betreffenden Unternehmen in einer Mitteilung im Amtsblatt ihre Absichten mit, ein Schriftstück oder sonstiges Archivgut, das unter das Berufs- oder Betriebsgeheimnis fällt, der Öffentlichkeit zugänglich zu machen, und fordert die betreffende Person oder das betreffende Unternehmen auf, gegebenenfalls binnen acht Wochen Einwände zu erheben. Werden innerhalb der angegebenen Frist keine Einwände erhoben, so wird das betreffende Schriftstück oder sonstige Archivgut der Öffentlichkeit zugänglich gemacht.

Artikel 2

Dieser Beschluß gilt mit Wirkung vom 30. November 1990.

---

[1]) ABl 1983 L 43, 1
[2]) ABl 1983 L 43, 14

Verhaltenskodex

vom 6. Dezember 1993

für den Zugang der Öffentlichkeit zu Rats- und Kommissionsdokumenten*)

(93/730/EG)

(ABl 1993 L 340, 41, ABl 1994 L 23, 34 (Ber.))

DER RAT UND DIE KOMMISSION – GESTÜTZT

auf die Erklärung zum Recht auf Zugang zu Informationen in der Schlußakte des Vertrages über die Europäische Union, in der hervorgehoben wird, daß die Transparenz des Beschlußverfahrens den demokratischen Charakter der Organe und das Vertrauen der Öffentlichkeit in die Verwaltung stärkt,

IN ANBETRACHT der Tatsache, daß in den Schlußfolgerungen der Tagungen des Europäischen Rates in Birmingham und Edinburgh einige Grundsätze für eine bürgernähere Gemeinschaft vorgesehen sind,

EINGEDENK der Schlußfolgerungen des Europäischen Rates von Kopenhagen, in denen der Grundsatz eines möglichst umfassenden Zugangs der Bürger zu Informationen bekräftigt und an den Rat und die Kommission die Aufforderung gerichtet worden ist, rasch die für die Verwirklichung dieses Grundsatzes erforderlichen Maßnahmen zu ergreifen,

DAVON AUSGEHEND, daß es wünschenswert ist, einvernehmlich Grundsätze für den Zugang zu den Dokumenten der Kommission und des Rates festzulegen, wobei es jedem der beiden Organe obliegt, diese Grundsätze durch spezifische Vorschriften zu verwirklichen,

IN DER ERWÄGUNG, daß diese Grundsätze die geltenden Bestimmungen über den Zugang zu den Dossiers, die unmittelbar Personen betreffen, die daran ein spezifisches Interesse haben, nicht berühren,

IN DER ERWÄGUNG, daß bei der Verwirklichung dieser Grundsätze die Bestimmungen über geheimhaltungsbedürftige Informationen voll einzuhalten sind,

IN DER ERWÄGUNG, daß dieser Verhaltenskodex eine Ergänzung ihrer Informations- und Kommunikationspolitik darstellt –

---

*) *Hinweis:* Entscheidung der Kommission vom 29. 4. 2004 zur Aufstellung einer Liste von Einrichtungen, deren Mitarbeiter für wissenschaftliche Zwecke Zugang zu vertraulichen Daten erhalten können, ABl 2004 L 156, 1, ABl 2004 L 202, 1, ABl 2005 L 140, 11 sowie ABl 2007 L 99, 11.

KOMMEN WIE FOLGT ÜBEREIN:

Allgemeiner Grundsatz

Die Öffentlichkeit erhält möglichst umfassenden Zugang zu den Dokumenten der Kommission und des Rates.

Der Ausdruck „Dokument" bezeichnet unabhängig vom Datenträger jedes im Besitz des Rates oder der Kommission befindliche Schriftstück mit bereits vorhandenen Informationen.

Bearbeitung der Erstanträge

Der Antrag auf Zugang zu einem Dokument ist schriftlich einzureichen und hinreichend präzise zu formulieren; er muß insbesondere Angaben enthalten, aufgrund deren das betreffende Dokument bzw. die betreffenden Dokumente ermittelt werden können.

Gegebenenfalls wird der Antragsteller von dem betreffenden Organ ersucht, seinen Antrag zu präzisieren.

Ist der Urheber des Dokuments, das sich im Besitz eines Organs befindet, eine natürliche oder juristische Person, ein Mitgliedstaat, ein anderes Gemeinschaftsorgan oder eine andere Gemeinschaftsinstitution oder eine sonstige einzelstaatliche oder internationale Organisation, so ist der Antrag direkt an den Urheber des Dokuments zu richten.

Das betreffende Organ führt im Benehmen mit den Antragstellern eine angemessene Lösung herbei, um Mehrfachanträgen und/oder Anträgen, die umfangreiche Dokumente betreffen, stattzugeben.

Der Zugang zu den Dokumenten wird gewährt durch Genehmigung der persönlichen Einsichtnahme oder durch Bereitstellung einer Kopie auf Kosten des Antragstellers, wobei sich die Gebühr in einem vertretbaren Rahmen zu halten hat.

Das betreffende Organ kann vorsehen, daß die Person, die Zugang zu einem Dokument erhält, dieses nicht ohne seine vorherige Genehmigung zu gewerblichen Zwecken vervielfältigen oder durch Direktverkauf in Umlauf bringen darf.

Die zuständigen Dienststellen des betreffenden Organs teilen dem Antragsteller innerhalb einer Frist von einem Monat schriftlich mit, ob seinem Antrag stattgegeben wird oder ob sie die Absicht haben, dem Organ vorzuschlagen, den Antrag abzulehnen.

Bearbeitung der Zweitanträge

Beabsichtigen die zuständigen Dienststellen des betreffenden Organs, diesem die Ablehnung des Antrags vorzuschlagen, so setzen sie den Antragsteller davon in Kenntnis und weisen ihn darauf hin, daß er das Organ binnen eines Monats durch Einreichung eines Zweitantrags um Überprüfung dieses Standpunkts ersuchen kann und daß anderenfalls davon ausgegangen wird, daß er seinen Erstantrag zurückgezogen hat.

Beschließt das betreffende Organ, den Zugang zu einem Dokument nach einem Zweitantrag zu verweigern, so ist dieser Beschluß, der binnen eines Monats nach Einreichung des Zweitantrags ergehen muß, dem Antragsteller so bald wie möglich schriftlich mitzuteilen; er ist ordnungsgemäß zu begründen und muß eine Angabe der möglichen Rechtsmittel enthalten: Klageerhebung bzw. Beschwerde beim Bürgerbeauftragten gemäß Artikel 173 *(230)* bzw. 138e *(195)* des Vertrages zur Gründung der Europäischen Gemeinschaft.

Regelung der Ausnahmen

Die Organe verweigern den Zugang zu Dokumenten, wenn sich durch deren Verbreitung eine Beeinträchtigung ergeben könnte in bezug auf

– den Schutz des öffentlichen Interesses (öffentliche Sicherheit, internationale Beziehungen, Währungsstabilität, Rechtspflege, Inspektionstätigkeiten);

– den Schutz des einzelnen und der Privatsphäre;

– den Schutz des Geschäfts- und Industriegeheimnisses;

– den Schutz der finanziellen Interessen der Gemeinschaft;

– die Wahrung der Vertraulichkeit, wenn dies von der natürlichen oder juristischen Person, die die Information zur Verfügung gestellt hat, beantragt wurde oder aufgrund der Rechtsvorschriften des Mitgliedstaats, der die Information bereitgestellt hat, erforderlich ist.

Die Organe können ferner den Zugang verweigern, um den Schutz des Interesses des Organs in bezug auf die Geheimhaltung seiner Beratungen zu gewährleisten.

Durchführung

Die Kommission und der Rat ergreifen vor dem 1. Januar 1994 jeweils für ihren Zuständigkeitsbereich die erforderlichen Maßnahmen zur Durchführung dieser Grundsätze.

Überprüfung

Der Rat und die Kommission kommen überein, daß dieser Verhaltenskodex nach zweijähriger Erfahrung anhand von Berichten, die die Generalsekretäre des Rates und der Kommission erstellen, überprüft wird.

Erklärung des Rates

Dieser Verhaltenskodex und die vom Rat und von der Kommission aufgrund dieses Kodex jeweils gefaßten Beschlüsse sollen den Zugang der Öffentlichkeit zu Rats- und Kommissionsdokumenten ermöglichen.

Sie haben weder eine Abweichung von den bisherigen Gepflogenheiten noch eine Änderung der Verpflichtungen der Regierungen der Mitgliedstaaten gegenüber ihren Parlamenten zur Folge.

Rat – Generalsekretariat

**Beschluss des Generalsekretärs des Rates/Hohen Vertreters für die Gemeinsame
Außen- und Sicherheitspolitik**

vom 25. Juni 2001

**über einen Kodex für ein einwandfreies Verhalten des Generalsekretariats des Rates der
Europäischen Union und seines Personals in der Verwaltungspraxis bei ihren beruflichen
Beziehungen zur Öffentlichkeit**

. (2001/C 189/01)

(ABl 2001 C 189, 1)

DER GENERALSEKRETÄR DES RATES
DER EUROPÄISCHEN UNION –

gestützt auf den Vertrag der Gründung der Europäischen Gemeinschaft, insbesondere auf Artikel 207 Absatz 2,

gestützt auf die Geschäftsordnung des Rates, insbesondere auf Artikel 23,

in Erwägung nachstehender Gründe:

(1) Die Bestimmungen des Gemeinschaftsrechts über die Offenheit und Transparenz sollten bei der täglichen Arbeit des Generalsekretariats des Rates (im Folgenden „Generalsekretariat" genannt) uneingeschränkt beachtet werden.

(2) Die Erfahrung hat gezeigt, dass eine Anzahl von Ersuchen der Bürger um allgemeine Informationen nicht unter die Vorschriften über den Zugang der Öffentlichkeit zu Ratsdokumenten fallen, die in der Verordnung (EG) Nr. 1049/2001 des Europäischen Parlaments und des Rates vom 30. Mai 2001 über den Zugang der Öffentlichkeit zu Dokumenten des Europäischen Parlaments, des Rates und der Kommission[1]) festgelegt sind.

(3) Den Mitgliedern des Personals sollten Leitlinien für ihre beruflichen Beziehungen zur Öffentlichkeit an die Hand gegeben werden –

BESCHLIESST:

Artikel 1

Es wird ein Kodex für ein einwandfreies Verhalten des Generalsekretariats des Rates der Europäischen Union und seines Personals in der Verwaltungspraxis bei ihren beruflichen Beziehungen zur Öffentlichkeit angenommen. Dieser Kodex ist im Anhang wiedergegeben.

---

[1]) ABl. L 145 vom 31. 5. 2001, S. 43.

Artikel 2

(1) Mit diesem Beschluss und dem im Anhang enthaltenen Kodex soll die Wahrnehmung der Rechte und Pflichten, die sich aus den Verträgen und den zu deren Anwendung erlassenen Rechtsakten ergeben, erleichtert werden, ohne dass dadurch zusätzliche Rechte entstehen.

(2) Dieser Beschluss hat keinen Vorrang gegenüber den Bestimmungen des Vertrags über die Europäische Union, des Vertrags zur Gründung der Europäischen Gemeinschaften, des Statuts der Beamten und der Beschäftigungsbedingungen für die sonstigen Bediensteten der Europäischen Gemeinschaften, der Verordnung (EG) Nr. 1049/2001 des Europäischen Parlaments und des Rates oder gegenüber sonstigen Beschlüssen des Rates in Bezug auf den Zugang der Öffentlichkeit zu Dokumenten des Rates.

Artikel 3

Im Generalsekretariat werden die erforderlichen Maßnahmen ergriffen, um zu gewährleisten, dass dieser Beschluss und der im Anhang enthaltene Kodex

– im *Amtsblatt der Europäischen Gemeinschaften*, Reihe C, veröffentlicht, möglichst weit verbreitet und der Öffentlichkeit über das Internet zugänglich gemacht werden und

– von den Mitgliedern des Personals befolgt werden.

Artikel 4

Der im Anhang dieses Beschlusses enthaltene Kodex für ein einwandfreies Verhalten in der Verwaltungspraxis wird zwei Jahre nach dem Zeitpunkt seines Wirksamwerdens unter Berücksichtigung der bei seiner Durchführung gewonnenen Erfahrungen überprüft.

Artikel 5

Dieser Beschluss wird am 25. Juni 2001 wirksam.

ANHANG

Kodex für ein einwandfreies Verhalten des Generalsekretariats des Rates der Europäischen Union und seines Personals in der Verwaltungspraxis bei ihren beruflichen Beziehungen zur Öffentlichkeit

Artikel 1

Allgemeine Bestimmungen

(1) Bei ihren beruflichen Beziehungen zur Öffentlichkeit beachten die Mitglieder des Personals, d.h. die Beamten und sonstigen Bediensteten des Generalsekretariats des Rates, für die das Statut der Beamten der Europäischen Gemeinschaften und die Beschäftigungsbedingungen für die sonstigen Bediensteten der Europäischen Gemeinschaften gelten (im Folgenden „Statut" genannt), die in diesem Kodex für ein einwandfreies Verhalten in der Verwaltungspraxis (im Folgenden „Kodex" genannt) enthaltenen Bestimmungen. Personen, die aufgrund privatrechtlicher Verträge beschäftigt werden, Sachverständigen, die von nationalen Dienststellen entsandt werden, sowie Praktikanten usw., die für das Ratssekretariat tätig sind, sollte der Kodex ebenfalls als Leitfaden dienen.

(2) Für die Beziehungen zwischen Generalsekretariat des Rates und seinem Personal gilt ausschließlich das Statut.

Artikel 2

Anwendungsbereich

Dieser Kodex enthält die allgemeinen Grundsätze für ein einwandfreies Verhalten in der Verwaltungspraxis, die für die Mitglieder des Personals bei ihren beruflichen Beziehungen zur Öffentlichkeit gelten, sofern hierfür nicht besondere Bestimmungen gelten, wie die Vorschriften über den Zugang zu Dokumenten und über öffentliche Ausschreibungsverfahren.

Artikel 3

Nichtdiskriminierung

Bei der Erledigung von Ersuchen und der Beantwortung von Anfragen tragen die Mitglieder des Personals dafür Sorge, dass der Grundsatz der Gleichbehandlung gewahrt wird. Personen in der gleichen Lage werden in gleicher Weise behandelt, sofern nicht eine besondere Behandlung durch objektive Merkmale des betreffenden Falls gerechtfertigt ist.

Artikel 4

Unparteilichkeit, Loyalität und Neutralität

(1) Die Mitglieder des Personals erfüllen ihre Aufgaben unparteiisch und angemessen.

(2) Bei ihren beruflichen Beziehungen zur Öffentlichkeit handeln die Mitglieder des Personals gemäß ihren Verpflichtungen (insbesondere denen des Artikels 11 des Statuts) unter allen Umständen im Interesse der Europäischen Union und des Rates; sie handeln weder aufgrund persönlicher oder nationaler Erwägungen oder unter politischem Druck noch äußeren sie persönliche Rechtsauffassungen.

Artikel 5

Höflichkeit

Die Mitglieder des Personals verhalten sich gewissenhaft, korrekt, höflich und aufgeschlossen. Bei der Beantwortung von schriftlichen oder telefonischen Anfragen oder bei sonstigen Beziehungen zur Öffentlichkeit versuchen sie, so weit wie möglich zu helfen.

Artikel 6

Bereitstellung von Informationen

(1) Die Mitglieder des Personals stellen der Öffentlichkeit die erbetenen Informationen zur Verfügung, die in ihren Zuständigkeitsbereich fallen. Sie sorgen dafür, dass die Informationen so klar und verständlich wie möglich sind.

(2) Wenn aus Gründen der Vertraulichkeit und/oder aufgrund geltender Vorschriften (insbesondere aufgrund von Artikel 17 des Statuts) ein Mitglied des Personals sich nicht in der Lage sieht, die erbetenen Informationen weiterzugeben, wird der betreffenden Person mitgeteilt, aus welchen Gründen diese Informationen nicht zur Verfügung gestellt werden können.

(3) Wird Zugang zu einem Dokument des Rates beantragt, so gelten die besonderen Bestimmungen über den Zugang der Öffentlichkeit zu Dokumenten.

Artikel 7

Beantwortung von schriftlichen Anfragen in der von den Mitgliedern in der Öffentlichkeit verwendeten Sprache

Gemäß Artikel 21 des Vertrags zur Gründung der Europäischen Gemeinschaft beantwortet das Generalsekretariat des Rates schriftliche Anfragen in der Sprache der Anfrage, vorausgesetzt, diese wurde in einer der Amtssprachen der Gemeinschaft verfasst.

Artikel 8

Telefonische Anfragen

(1) Bei der Beantwortung von telefonischen Anfragen nennen die Mitglieder des Personals ihren Namen und ihre Dienststelle. Sie stellen auch die Identität des Anrufers fest. Sofern nicht die in Artikel 6 Absatz 2 genannten Gründe der Vertraulichkeit dagegen sprechen, teilen sie die erbetenen Informationen entweder mit oder verweisen sie den Anrufer an die geeignete Stelle. Haben sie jedoch Zweifel, ob die Informationen zur Verfügung gestellt werden dürfen, so halten sie Rücksprache mit ranghöheren Mitgliedern des Personals oder verweisen den Anrufer an ihre Vorgesetzten.

(2) Falls ein mündliches Ersuchen um Informationen ungenau oder komplex ist, kann das angesprochene Mitglied des Personals die betreffende Person bitten, ihre Anfrage schriftlich einzureichen.

Artikel 9

Schriftliche Antworten und diesbezügliche Fristen

(1) Die Mitglieder des Personals beantworten sämtliche an das Generalsekretariat gerichteten Ersuchen um Informationen unverzüglich, normalerweise innerhalb von 15 Arbeitstagen nach Eingang.

(2) Ist eine begründete Antwort innerhalb der in Absatz 1 genannten Frist nicht möglich, so teilt das zuständige Mitglied des Personals dies dem Auftragenden unverzüglich mit. In diesem Fall erhält der Anfragende eine endgültige Antwort so schnell wie möglich.

(3) Die Dienststelle und der Name des zuständigen Mitglieds des Personals werden in der Antwort angegeben.

(4) Keine Antworten werden in folgenden Fällen gegeben:

– Es ist eine übermäßige Zahl gleich lautender Schreiben oder Ersuchen eingegangen;

– derselben Person wurde dasselbe Ersuchen bereits beantwortet;

– das Ersuchen ist unangemessen.

(5) Fällt ein schriftliches Ersuchen nicht in den Zuständigkeitsbereich des Mitglieds des Personals, dem es zugeht, so wird es unverzüglich an die zuständige Dienststelle des Generalsekretariats zur Bearbeitung weitergeleitet.

(6) Ist das Ersuchen ungenau, unmissverständlich oder komplex, so kann das Mitglied des Personals den Anfragenden um klärende Angaben bitten.

(7) Wenn das Mitglied des Personals der Auffassung ist, dass das Ersuchen an ein anderes Organ, eine andere Einrichtung, eine andere Organisation oder eine einzelstaatliche Behörde hätte gerichtet werden sollen, wird dies dem Mitglied der Öffentlichkeit mitgeteilt und das Ersuchen umgehend an das betreffende Organ, die betreffende Einrichtung oder die betreffende Behörde weitergeleitet.

Artikel 10

Ersuchen der Medien

Für die Beziehungen zu den Medien ist der Pressedienst zuständig. Betrifft ein Ersuchen der Medien jedoch fachbezogene Fragen, die in den spezifischen Zuständigkeitsbereich eines Mitglieds des Personals fallen, so kann dieses Mitglied des Personals die entsprechende Antwort geben.

Artikel 11

Datenschutz

(1) Beim Umgang mit personenbezogenen Daten beachten die Mitglieder des Personals die Bestimmungen der Verordnung (EG) Nr. 45/2001 des Europäischen Parlaments und des Rates vom 18. Dezember 2000 zum Schutz natürlicher Personen bei der Verarbeitung personenbezogener Daten durch die Organe und Einrichtungen der Gemeinschaft und zum freien Datenverkehr[2]).

(2) Gemäß jener Verordnung unterlassen es die Mitglieder des Personals, personenbezogene Daten für unrechtmäßige Zwecke zu verarbeiten oder solche Daten an unbefugte Dritte weiterzugeben.

Dok-Öffentl

---

[2]) ABl. L 8 vom 12. 1. 2001, S. 1.

Europäisches Parlament

**Regelung über den Zugang der Öffentlichkeit zu den Dokumenten des
Europäischen Parlaments**

Beschluss des Präsidiums vom 28. November 2001[1]) [2]) [3])

(2005/C 289/06)

(ABl 2005 C 289, 6)

DAS PRÄSIDIUM –

gestützt auf Artikel 255 Absätze 2 und 3 des EG-Vertrags,

gestützt auf die Verordnung (EG) Nr. 1049/2001 des Europäischen Parlaments und des Rates vom 30. Mai 2001 über den Zugang der Öffentlichkeit zu Dokumenten des Europäischen Parlaments, des Rates und der Kommission, insbesondere die Artikel 11, 12 und 18,

gestützt auf die Artikel 22 Absätze 2 und 11, 96 Absatz 1, 97 und Anlage VII der Geschäftsordnung,

[es folgen die Erwägungsgründe]

BESCHLIESST:

TITEL I

BEZUGSREGISTER

Artikel 1

Einrichtung

1. Nach Maßgabe des Artikels 11 Absatz 2 der Verordnung (EG) Nr. 1049/2001 und des Artikels 97 Absatz 3 der Geschäftsordnung wird innerhalb des Organs ein Bezugsregister eingerichtet.

2. Das so eingerichtete Bezugsregister enthält die Verweise auf die Dokumente, die vom Organ ab dem Zeitpunkt des Beginns der Anwendung der Verordnung (EG) Nr. 1049/2001 erstellt wurden oder bei ihm eingegangen sind[4]).

3. Diese Verweise bilden den „Dokumentenausweis", der nicht nur die in Artikel 11 Absatz 2 der Verordnung (EG) Nr. 1049/2001 vorgeschriebenen Angaben enthält, sondern so

weit wie möglich auch die Angaben, die die Identifizierung des Urhebers jedes einzelnen Dokuments, der verfügbaren Sprachen, des Status und der Kategorie des Dokuments sowie des Ortes, an dem das Dokument aufbewahrt wird, gestatten.

Artikel 2

Ziele

Das Bezugsregister ist so strukturiert, dass es Folgendes ermöglicht:

– die Nutzung eines einheitlichen Systems von Verweisen,

– den direkten Zugang zu den Dokumenten, insbesondere legislativen Dokumenten, in elektronischer Form,

– die Identifizierung der Dokumente, die nicht in elektronischer Form zugänglich sind,

– das Aufsuchen der Dokumente, die vom Antragsteller nicht hinreichend identifiziert werden,

– die Identifizierung der Dokumente, bei denen der Zugang für die Öffentlichkeit den in den Artikeln 4 und 9 der Verordnung (EG) Nr. 1049/2001 vorgesehenen Einschränkungen unterliegt,

– die Registrierung der vertraulichen Dokumente unter Beachtung der in Artikel 9 der oben erwähnten Verordnung vorgesehenen Einschränkungen.

Artikel 3

Funktionsweise

Das mit der Verwaltung des Bezugsregisters beauftragte Referat nimmt die folgenden Aufgaben wahr:

– Kontrolle der Registrierung der Dokumente, die vom Europäischen Parlament erstellt werden oder bei ihm eingegangen sind,

– Entgegennahme der Anträge auf Zugang in schriftlicher oder elektronischer Form und Führung eines Fälligkeitsverzeichnisses im Hinblick auf die Einhaltung der für die Be-

---

[1]) Veröffentlicht im ABl. C 374 vom 29.12.2001, S. 1-6.

[2]) Vom Präsidium am 3. Mai 2004 konsolidiert.

[3]) Vom Präsidium am 26. September 2005 geändert.

[4]) 3. Dezember 2001.

antwortung vorgesehenen Frist von fünfzehn Arbeitstagen,

- Übermittlung einer Empfangsbescheinigung,
- Unterstützung des Antragstellers im Hinblick auf die Präzisierung des Inhalts seines Antrags,
- Erleichterung des Zugangs des Antragstellers zu den bereits veröffentlichten Dokumenten,
- Weiterleitung des Antrags an die zuständige Dienststelle oder die befugte Person, wenn der Antrag ein nicht im Register enthaltenes Dokument betrifft oder wenn er ein Dokument betrifft, für das die in den Artikeln 4 und 9 der Verordnung (EG) Nr. 1049/2001 vorgesehenen Einschränkungen gelten,
- Beratung mit dem Antragsteller im Falle von Anträgen auf Zugang zu sehr umfangreichen oder komplexen Dokumenten.

Artikel 4
Registrierung der Dokumente

1. Jedes vom Organ erstellte Dokument wird unverzüglich in das Bezugsregister aufgenommen. Der Generalsekretär beschließt die internen Durchführungsmaßnahmen, die erforderlich sind, um die Registrierung aller vom Europäischen Parlament erstellten Dokumente zu gewährleisten.

2. Hierzu werden die in Artikel 97 Absatz 2 der Geschäftsordnung genannten Dokumente des Europäischen Parlaments unter der Verantwortung des Gremiums oder der Dienststelle, das bzw. die das Dokument verfasst hat, in das Bezugsregister aufgenommen.

3. Die im Rahmen des Legislativverfahrens oder der parlamentarischen Tätigkeit erstellten Dokumente werden in das Register aufgenommen, sobald sie eingereicht oder veröffentlicht werden.

4. Die übrigen Dokumente, die in die Zuständigkeit der Verwaltungsdienste des Generalsekretariats des Europäischen Parlaments fallen, werden, so weit wie möglich, nach Genehmigung durch die Dienststelle, die das Dokument verfasst hat, in das Bezugsregister aufgenommen.

5. Jedes Dokument, das das Organ im Sinne des Artikels 3 der Verordnung (EG) Nr. 1049/2001 von Dritten erhält, wird durch die Dienststelle Post an das Bezugsregister weitergeleitet, das es registriert, sofern es sich nicht um ein sensibles Dokument im Sinne von Artikel 9 der oben erwähnten Verordnung handelt, bei dem die in dem genannten Artikel festgelegten Einschränkungen beachtet werden müssen.

Artikel 5
Direkt zugängliche Dokumente

1. Alle Dokumente, die vom Europäischen Parlament im Rahmen des Legislativverfahrens erstellt wurden oder bei ihm eingegangen sind, müssen vorbehaltlich der in den Artikeln 4 und 9 der Verordnung (EG) Nr. 1049/2001 vorgesehenen Einschränkungen für die Bürger in elektronischer Form zugänglich sein.

2. Das Europäische Parlament macht alle Legislativdokumente über das Register zugänglich, wodurch die Bürger Zugang zu den vollständigen Texten der Dokumente erhalten.

3. Das Europäische Parlament macht dieses Register auf der Internet-Website „Europarl" elektronisch zugänglich und hält für die Bürger eine „online"-Unterstützung zur Erläuterung der Modalitäten für die Einreichung der Anträge auf Zugang zu den Dokumenten bereit.

4. Die anderen Dokumente, insbesondere die Dokumente im Zusammenhang mit der Ausarbeitung der Politik oder der Strategie, werden so weit wie möglich direkt zugänglich gemacht.

5. Die Kategorien von direkt zugänglichen Dokumente werden in einer Liste aufgeführt, die vom Europäischen Parlament angenommen und seiner Geschäftsordnung als Anlage beigefügt wird. Die in dieser Liste nicht enthaltenen Dokumente sind auf schriftlichen Antrag zugänglich.

Artikel 6
Auf Antrag zugängliche Dokumente

1. Die Dokumente, die vom Europäischen Parlament außerhalb des Legislativverfahrens erstellt werden oder bei ihm eingegangen sind, sind im Rahmen des Möglichen und vorbehaltlich der in den Artikeln 4 und 9 der Verordnung (EG) Nr. 1049/2001 vorgesehenen Einschränkungen für die Bürger über das Register direkt zugänglich.

2. Wenn die Aufnahme eines Dokuments in das Bezugsregister den direkten Zugang zum vollständigen Text nicht gestattet, entwe-

Dok-Öffentl

der weil das Dokument elektronisch nicht verfügbar ist oder aufgrund der in den Artikeln 4 und 9 der Verordnung (EG) Nr. 1049/2001 vorgesehenen Einschränkungen, kann der Zugang zu dem Dokument schriftlich oder unter Verwendung des auf der Europarl-Website verfügbaren elektronischen Formulars beantragt werden. Das Europäische Parlament kann entweder den Zugang zum Dokument gewähren oder die vollständige bzw. teilweise Ablehnung schriftlich mitteilen.

3. Die Dokumente, die vom Europäischen Parlament vor dem Inkrafttreten der Verordnung (EG) Nr. 1049/2001 erstellt wurden oder bei ihm eingegangen und daher nicht im Bezugsregister verfügbar sind, sind auf schriftlichen Antrag, vorbehaltlich der in den Artikeln 4 und 9 der oben erwähnten Verordnung vorgesehenen Einschränkungen, verfügbar.

Artikel 7
Aufbewahrung der Dokumente

1. Jedes Dokument wird in den Archiven der Datenbank des Bezugsregisters gespeichert. Diese Datenbank enthält alle vom Europäischen Parlament erstellten Dokumente. Eine Kopie dieser Daten und Dokumente wird an die historischen Archive des Europäischen Parlaments (ARCDOC) übermittelt.

2. Solange die für die Archivierung der in das Register aufzunehmenden Dokumente vorgesehene Datenbank noch nicht einsatzbereit ist, benutzt die für das Register zuständige Dienststelle die im Europäischen Parlament bereits bestehenden Systeme und Datenbanken und beschränkt sich darauf, Verbindungen zu ihnen einzurichten, um die erforderlichen Daten daraus zu entnehmen und die vollständigen Texte der Dokumente zugänglich zu machen.

TITEL II
ERSTANTRAG

Artikel 8
Einreichung des Erstantrags

1. Der Antrag auf Zugang zu einem Dokument des Europäischen Parlaments ist schriftlich oder in elektronischer Form in einer der in Artikel 314 des EG-Vertrags aufgeführten Sprachen einzureichen.

2. Der Antrag muss hinreichend präzise formuliert sein und muss insbesondere die Angaben, mit denen das angeforderte Dokument bzw. die angeforderten Dokumente ermittelt werden können, sowie den Namen und die Anschrift des Antragstellers enthalten.

3. Ist ein Antrag nicht hinreichend präzise, ersucht das Organ den Antragsteller, den Antrag zu präzisieren, und unterstützt ihn dabei.

4. Der Antragsteller ist nicht verpflichtet, seinen Antrag zu begründen.

Artikel 9
Behandlung des schriftlichen Antrags

1. Alle Anträge auf Zugang zu einem im Europäischen Parlament vorhandenen Dokument werden am Tage ihrer Registrierung durch die Poststelle an das für die Verwaltung des Bezugsregisters zuständige Referat weitergeleitet, das den Empfang bestätigen, die Antwort abfassen und das Dokument innerhalb der vorgesehenen Frist zur Verfügung stellen muss.

2. Betrifft der Antrag ein vom Europäischen Parlament erstelltes Dokument, für das eine der in Artikel 4 der Verordnung (EG) Nr. 1049/2001 vorgesehenen Ausnahmen gilt, so wendet sich die für das Bezugsregister zuständige Dienststelle an die Dienststelle oder das Gremium, die bzw. das das Dokument erstellt hat und die/das dann innerhalb einer Frist von fünf Arbeitstagen einen Vorschlag für die weitere Bearbeitung des Antrags vorlegt.

3. Wenn Zweifel bezüglich der Weitergabe Dokumente betreffen, die von Dritten stammen, konsultiert das Europäische Parlament diese und räumt ihnen eine fünftägige Frist für die Beantwortung ein, um dann festzulegen, ob eine Ausnahme nach den Artikeln 4 oder 9 der Verordnung (EG) Nr. 1049/2001 anwendbar ist.

4. Wenn der an das Europäische Parlament gerichtete Antrag auf Zugang ein Dokument betrifft, das von dem Organ, das das Dokument erstellt hat, noch nicht veröffentlicht wurde, räumt das Europäische Parlament dem für das Dokument verantwortlichen Organ eine Frist von fünf Arbeitstagen ein, um seine eventuellen Vorbehalte gegen die Weitergabe des Dokuments zum Ausdruck zu bringen.

5. Sofern innerhalb der Frist von fünf Arbeitstagen keine Antwort übermittelt wird, setzt das Europäische Parlament das Verfahren fort.

Artikel 10

Behandlung eines in elektronischer Form eingereichten Antrags

1. Jeder in elektronischer Form eingereichte Antrag wird an die offene Adresse auf der Internet-Website des Europäischen Parlaments weitergeleitet, wobei so weit wie möglich das vorgesehene elektronische Formular und das zur Erleichterung der Einreichung eines derartigen Antrags eingerichtete „online"-Unterstützungssystem zu benutzen sind.

2. Der in elektronischer Form an die Internet-Website Europarl des Europäischen Parlaments gerichtete Antrag wird automatisch an die für das Bezugsregister zuständige Dienststelle zur Registrierung und Bearbeitung weitergeleitet.

3. Ein Antrag, der in elektronischer Form eingeht und alle in Artikel 8 dieses Beschlusses vorgesehenen notwendigen Angaben enthält, hat automatisch die Übermittlung der Empfangsbestätigung an den Antragsteller zur Folge.

4. Die in Artikel 9 Absatz 2 ff. dieses Beschlusses vorgesehenen Verfahren für die Behandlung eines in schriftlicher Form eingereichten Erstantrags gelten auch für die in elektronischer Form eingereichten Anträge.

Artikel 11

Frist für die Beantwortung

1. Binnen fünfzehn Arbeitstagen nach Registrierung des Antrags gewährt die zuständige Dienststelle des Organs Zugang zu dem angeforderten Dokument und stellt es innerhalb dieses Zeitraums bereit.

2. Ist das Europäische Parlament außerstande, Zugang zu dem angeforderten Dokument zu gewähren, unterrichtet es den Antragsteller schriftlich über die Gründe für die vollständige oder teilweise Ablehnung und über sein Recht, einen Zweitantrag einzureichen.

3. In diesem Fall kann der Antragsteller binnen fünfzehn Arbeitstagen nach Eingang der Antwort einen Zweitantrag stellen.

4. In Ausnahmefällen, beispielsweise bei einem Antrag auf Zugang zu einem sehr umfangreichen Dokument oder zu einer sehr großen Zahl von Dokumenten kann die in Absatz 1 dieses Artikels vorgesehene Frist um fünfzehn Arbeitstage verlängert werden, sofern der Antragsteller vorab informiert wird und eine ausführliche Begründung erhält.

5. Antwortet das Organ nicht innerhalb der vorgeschriebenen Frist, so hat der Antragsteller das Recht, einen Zweitantrag zu stellen.

6. Die in Artikel 7 der Verordnung (EG) Nr. 1049/2001 festgelegte Frist von fünfzehn Arbeitstagen gilt ab dem Zeitpunkt der Registrierung des Erstantrags.

Artikel 12

Zuständige Stelle

1. Die an das Europäische Parlament gerichteten Erstanträge werden vom Generalsekretär auf Weisung des Präsidenten und des für die Aufsicht über die Behandlung von Anträgen auf Zugang zu den Dokumenten zuständigen Vizepräsidenten gemäß Artikel 97 Absatz 6 der Geschäftsordnung behandelt.

2. Die positiven Antworten auf die Erstanträge werden dem Antragsteller vom Generalsekretär selbst oder seinem Bevollmächtigten übermittelt.

3. Die ordnungsgemäß begründete Ablehnung eines Erstantrags wird vom Generalsekretär auf Vorschlag der für das Register zuständigen Dienststelle und nach Konsultation des Autors des Dokuments beschlossen. Jeder ablehnende Beschluss wird zur Information an den mit Fragen der Transparenz betrauten Vizepräsidenten weitergeleitet.

4. Der Generalsekretär oder sein Stellvertreter können jederzeit den Juristischen Dienst und/oder den Datenschutzbeauftragten befassen.

TITEL III

ZWEITANTRAG

Artikel 13

Einreichung

1. Der Zweitantrag kann schriftlich oder in elektronischer Form entweder innerhalb einer Frist von fünfzehn Arbeitstagen ab dem Erhalt der Antwort, mit der der beantragte Zugang zum Dokument vollständig oder teilweise verweigert wird, oder im Falle einer nicht gegebenen Antwort auf den Erstantrag an das Europäische Parlament gerichtet werden.

2. Der Zweitantrag muss gemäß den in Artikel 8 dieses Beschlusses vorgesehenen formellen Bestimmungen formuliert werden.

Artikel 14

Behandlung

1. Die Zweitanträge werden nach den in den Artikeln 9 Absatz 1 und 10 Absatz 2 die-

Dok-Öffentl

ses Beschlusses für schriftliche oder in elektronischer Form eingereichte Anträge vorgesehenen Modalitäten registriert.

2. Das Bezugsregister übermittelt dem Antragsteller eine Empfangsbestätigung und löst die in den Artikeln 9 und 10 dieses Beschlusses beschriebenen Mechanismen aus, um die Antwort des Organs vorzubereiten.

3. Innerhalb einer Frist von fünfzehn Arbeitstagen ab der Registrierung des Antrags gewährt das Europäische Parlament entweder Zugang zu dem angeforderten Dokument oder teilt schriftlich die Gründe für die vollständige oder teilweise Ablehnung mit.

4. Wenn der Antrag ein sehr umfangreiches Dokument oder eine große Zahl von Dokumenten betrifft, kann die im vorhergehenden Absatz vorgesehene Frist, mit vorheriger Unterrichtung des Antragstellers und genauer Begründung, ausnahmsweise um fünfzehn Arbeitstage verlängert werden.

Artikel 15
Zuständige Stelle

1. Für die Beantwortung der Zweitanträge ist das Präsidium des Europäischen Parlaments zuständig. Der mit Fragen der Transparenz betraute Vizepräsident beschließt im Namen des Präsidiums und unter dessen Aufsicht über die Zweitanträge.

2. Der Vizepräsident ist gehalten, das Präsidium in dessen erster Sitzung nach der Beschlussfassung und der Unterrichtung des Antragstellers über seinen Beschluss zu unterrichten. Wenn er das für notwendig hält, kann der Vizepräsident innerhalb der vorgegebenen Fristen das Präsidium mit dem Entwurf eines Beschlusses befassen, insbesondere dann, wenn die Antwort grundsätzliche Fragen im Hinblick auf die vom Europäischen Parlament verfolgte Politik der Transparenz unterwerfen würde. Der Vizepräsident ist in seiner Antwort an den Antragsteller an den Beschluss des Präsidiums gebunden.

3. Der Vizepräsident und das Präsidium beschließen auf der Grundlage des Vorschlags, der von der für das Register zuständigen Dienststelle Kraft einer Vollmacht des Generalsekretärs ausgearbeitet worden ist. Die für das Register zuständige Dienststelle ist befugt, die Stellungnahme des Juristischen Dienstes und/oder des Datenschutzbeauftragten anzufordern, die beide ihre Stellungnahme innerhalb einer Frist von drei Arbeitstagen abgeben müssen.

Artikel 16
Rechtsbehelfe

1. Verweigert das Europäische Parlament den beantragten Zugang vollständig oder teilweise, so unterrichtet das Organ den Antragsteller über mögliche Rechtsbehelfe, d.h. Erhebung einer Klage gegen das Organ und/oder Einreichen einer Beschwerde beim Bürgerbeauftragten nach Maßgabe der Artikel 230 bzw. 195 des EG-Vertrags.

2. Antwortet das Organ nicht innerhalb der vorgeschriebenen Frist, gilt dies als abschlägiger Bescheid und berechtigt den Antragsteller nach Maßgabe der im vorangehenden Absatz vorgesehenen Bedingungen, Klage zu erheben oder Beschwerde einzulegen

TITEL IV
REGISTRIERUNG UND ZUGANG ZU SENSIBLEN DOKUMENTEN

Artikel 17
Registrierung sensibler Dokumente

1. Für die Registrierung von Dokumenten, die von den Organen, deren Einrichtungen, Mitgliedstaaten, Drittländern oder internationalen Organisationen gemäß Artikel 9 der Verordnung (EG) Nr. 1049/2001 als sensibel eingestuft werden, ist die vorherige Zustimmung des Urhebers erforderlich.

2. Hierzu übermittelt der Urheber des als sensibel eingestuften Dokuments das Dokument auf dem geeignetsten Wege direkt dem Präsidenten des Europäischen Parlaments, um die Vertraulichkeit des Inhalts des Dokuments zu gewährleisten.

3. Die Übermittlung eines sensiblen Dokuments muss im Hinblick auf die Genehmigung für die Registrierung und Weitergabe des Dokuments von der Stellungnahme des Urhebers begleitet sein.

4. Erklärt sich der Urheber damit einverstanden, dass ein derartiges Dokument in das Bezugsregister des Europäischen Parlaments aufgenommen wird, so entscheidet der Präsident, welche Hinweise in das Bezugsregister aufgenommen werden können. Der Präsident lässt sich von dem für die Aufsicht über die Behandlung von Anträgen auf Zugang zu einem Dokument zuständigen Vizepräsidenten, dem Generalsekretär oder gegebenenfalls dem Vorsitzenden des betroffenen Ausschusses beraten.

5. Ein vom Europäischen Parlament erstelltes Dokument, das sich auf ein gemäß Artikel 9

der Verordnung (EG) Nr. 1049/2001 als sensibel eingestuftes Dokument bezieht, wird nur mit Genehmigung des Präsidenten registriert und freigegeben. Die Hinweise auf ein derartiges Dokument werden unter denselben Bedingungen erstellt wie im vorherigen Absatz vorgesehen.

6. Im Falle des Zweifels eines der Organe bezüglich des vertraulichen Charakters von Dokumenten, die beim Europäischen Parlament eingegangen sind, wird die Frage dem durch Artikel 15 Absatz 2 der Verordnung (EG) Nr. 1049/2001 geschaffenen interinstitutionellen Ausschuss unterbreitet.

Artikel 18
Behandlung des Antrags auf Zugang

1. Die schriftlich oder in elektronischer Form eingereichten Anträge auf Zugang zu einem sensiblen Dokument gemäß Artikel 9 der Verordnung (EG) Nr. 1049/2001 werden gemäß den Modalitäten von Artikel 9 Absatz 1 oder 10 Absatz 2 dieses Beschlusses registriert.

2. Der Generalsekretär leitet den Antrag auf Zugang zu einem sensiblen Dokument an den Präsidenten weiter. Für die Antwort auf einen Antrag ist, entweder in der Phase des Erstantrags oder des Zweitantrags, das Präsidium zuständig, das diese Aufgabe gemäß Artikel 22 Absatz 10 der Geschäftsordnung des Europäischen Parlaments an den Präsidenten übertragen kann. In diesen Fällen lässt sich der Präsident von dem für die Aufsicht über die Behandlung von Anträgen auf Zugang zu den Dokumenten zuständigen Vizepräsidenten, dem Generalsekretär oder gegebenenfalls dem Vorsitzenden des betroffenen Ausschusses beraten.

3. Die in den Artikeln 7 und 8 der Verordnung (EG) Nr. 1049/2001 festgesetzte Frist von fünfzehn Arbeitstagen läuft ab dem Zeitpunkt der Registrierung des Erstantrags oder des Zweitantrags.

Artikel 19
Befugte Personen

Die Personen, die befugt sind, Kenntnis von sensiblen Dokumenten zu erhalten, sind: der Präsident des Europäischen Parlaments, der für die Behandlung von Anträgen auf Zugang zu den Dokumenten zuständige Vizepräsident, der Vorsitzende des unmittelbar betroffenen Ausschusses und der Generalsekretär, sofern nicht Vereinbarungen mit anderen Organen eine besondere Befugnis vorsehen.

Artikel 20
Schutz sensibler Dokumente

1. Die sensiblen Dokumente im Sinne von Artikel 9 der Verordnung (EG) Nr. 1049/2001 unterliegen strengen Sicherheitsregeln, um die vertrauliche Behandlung innerhalb des Organs zu gewährleisten.

2. Hierzu unterbreitet der Generalsekretär dem Präsidium einen Entwurf einer Regelung, die den Kontakten und Vereinbarungen mit der Kommission und dem Rat Rechnung trägt.

3. Der vom Präsidium angenommene Vorschlag wird dem Plenum zur Billigung unterbreitet, und der so gebilligte Text wird als Anlage in die Geschäftsordnung des Europäischen Parlaments aufgenommen.

TITEL V
BEREITSTELLUNG DER DOKUMENTE

Artikel 21
Bereitstellung

1. Die Dokumente werden entweder durch Bereitstellung einer Kopie oder in elektronischer Form zur Verfügung gestellt, wobei die Wünsche des Antragstellers vollständig berücksichtigt werden.

2. Ist ein Dokument bereits vom Europäischen Parlament oder einem anderen Organ freigegeben worden und problemlos zugänglich, kann das Parlament den beantragten Zugang zu dem Dokument gewähren, indem es den Antragsteller darüber unterrichtet, wie er das gewünschte Dokument erhalten kann.

Artikel 22
Kosten für die Beantwortung

1. Die Kosten für die Anfertigung und Übersendung von Kopien können dem Antragsteller in Rechnung gestellt werden. Sie dürfen jedoch die tatsächlichen Kosten nicht überschreiten.

2. Die Einsichtnahme vor Ort, Kopien von weniger als zwanzig DIN A4-Seiten sowie der direkte Zugang in elektronischer Form oder über das Register sind kostenlos.

Dok-Öffentl

Artikel 23
Antrag auf Bereitstellung umfangreicher Dokumente

1. Für die Bereitstellung von Dokumenten, die mehr als zwanzig DIN A4-Seiten umfas-

sen, wird eine Gebühr von 10 EUR zuzüglich 0,030 EUR pro Seite erhoben.

2. Die Höhe dieser Gebühr kann durch Beschluss des Präsidiums des Europäischen Parlaments auf Vorschlag des Generalsekretärs geändert werden.

3. Die Kosten für die Übermittlung auf anderem Wege werden vom Generalsekretär von Fall zu Fall festgelegt, dürfen jedoch die tatsächlichen Kosten nicht übersteigen.

4. Im Falle von sich wiederholenden oder aufeinander folgenden Anträgen, die sich auf sehr umfangreiche Dokumente bzw. eine große Zahl von Dokumenten beziehen, kann sich das Organ informell mit dem Antragsteller beraten, um eine Lösung zu finden.

5. Die veröffentlichten Dokumente sind von diesem Beschluss nicht betroffen; für sie gelten weiterhin ihre eigenen Preisregelungen.

Artikel 24
Zusätzliche Kosten für Übersetzung

Falls der Antragsteller um eine Übersetzung in eine andere Sprache nachsucht, die nicht verfügbar ist, so wird ihm der im Organ für „Freelance"-Übersetzungen geltende Tarif in Rechnung gestellt.

TITEL VI
ANWENDUNG

Artikel 25
Anwendung

Dieser Beschluss gilt unter Einhaltung und unbeschadet der Bestimmungen der Verordnung (EG) Nr. 1049/2001 sowie der Geschäftsordnung des Europäischen Parlaments.

Artikel 26
Überprüfung

Der vorliegende Beschluss ist Gegenstand einer erneuten Prüfung zwei Jahre nach seinem Inkrafttreten. Mit Blick auf diese Prüfung wird der Generalsekretär des Europäischen Parlaments einen Bericht über die Umsetzung dieses Beschlusses vorlegen.

Artikel 27
Inkrafttreten

Dieser Beschluss tritt am Tag seiner Veröffentlichung im Amtsblatt der Europäischen Union[5]) in Kraft. Das mit diesem Beschluss geschaffene Bezugsregister wird mit Wirkung vom 3. Juni 2002 eingerichtet.

---

[5]) 29. Dezember 2001.

Verordnung (EG) Nr. 1049/2001 des Europäischen Parlaments und des Rates vom 30. Mai 2001 über den Zugang der Öffentlichkeit zu Dokumenten des Europäischen Parlaments, des Rates und der Kommission*)

(ABl 2001 L 145, 43)

DAS EUROPÄISCHE PARLAMENT UND DER RAT DER EUROPÄISCHEN UNION –

gestützt auf den Vertrag zur Gründung der Europäischen Gemeinschaft, insbesondere auf Artikel 255 Absatz 2,

auf Vorschlag der Kommission[1]),

gemäß dem Verfahren des Artikels 251 des Vertrags[2]),

in Erwägung nachstehender Gründe:

(1) In Artikel 1 Absatz 2 des Vertrags über die Europäische Union, wonach der Vertrag eine neue Stufe bei der Verwirklichung einer immer engeren Union der Völker Europas darstellt, in der die Entscheidungen möglichst offen und möglichst bürgernah getroffen werden, ist das Prinzip der Transparenz verankert.

(2) Transparenz ermöglicht eine bessere Beteiligung der Bürger am Entscheidungsprozess und gewährleistet eine größere Legitimität, Effizienz und Verantwortung der Verwaltung gegenüber dem Bürger in einem demokratischen System. Transparenz trägt zur Stärkung der Grundsätze der Demokratie und der Achtung der Grundrechte bei, die in Artikel 6 des EU-Vertrags und in der Charta der Grundrechte der Europäischen Union verankert sind.

(3) In den Schlussfolgerungen des Europäischen Rates von Birmingham, Edinburgh und Kopenhagen wurde die Notwendigkeit betont, die Arbeit der Organe der Union transparenter zu machen. Diese Verordnung konsolidiert die Initiativen, die die Organe bereits ergriffen haben, um die Transparenz des Entscheidungsprozesses zu verbessern.

(4) Diese Verordnung soll dem Recht auf Zugang der Öffentlichkeit zu Dokumenten größtmögliche Wirksamkeit verschaffen und gemäß Artikel 255 Absatz 2 des EG-Vertrags

die allgemeinen Grundsätze und Einschränkungen dafür festlegen.

(5) Da der Zugang zu Dokumenten im Vertrag über die Gründung der Europäischen Gemeinschaft für Kohle und Stahl und im Vertrag zur Gründung der Europäischen Atomgemeinschaft nicht geregelt ist, sollten sich das Europäische Parlament und die Kommission gemäß der Erklärung Nr. 41 zur Schlussakte des Vertrags von Amsterdam bei Dokumenten im Zusammenhang mit Tätigkeiten, die sich aus diesen beiden Verträgen ergeben, von dieser Verordnung leiten lassen.

(6) Ein umfassenderer Zugang zu Dokumenten sollte in den Fällen gewährt werden, in denen die Organe, auch im Rahmen übertragener Befugnisse, als Gesetzgeber tätig sind, wobei gleichzeitig die Wirksamkeit ihrer Entscheidungsprozesse zu wahren ist. Derartige Dokumente sollten in größtmöglichem Umfang direkt zugänglich gemacht werden.

(7) Gemäß Artikel 28 Absatz 1 und Artikel 41 Absatz 1 des EU-Vertrags gilt das Zugangsrecht auch für Dokumente aus den Bereichen der Gemeinsamen Außen- und Sicherheitspolitik sowie der polizeilichen und justiziellen Zusammenarbeit in Strafsachen. Jedes Organ sollte seine Sicherheitsbestimmungen beachten.

(8) Um die vollständige Anwendung dieser Verordnung auf alle Tätigkeiten der Union zu gewährleisten, sollten alle von den Organen geschaffenen Einrichtungen die in dieser Verordnung festgelegten Grundsätze anwenden.

(9) Bestimmte Dokumente sollten aufgrund ihres hochsensiblen Inhalts einer besonderen Behandlung unterliegen. Regelungen zur Unterrichtung des Europäischen Parlaments über den Inhalt derartiger Dokumente sollten durch interinstitutionelle Vereinbarung getroffen werden.

(10) Um die Arbeit der Organe transparenter zu gestalten, sollten das Europäische Parlament, der Rat und die Kommission Zugang nicht nur zu Dokumenten gewähren, die von den Organen erstellt wurden, sondern auch zu Dokumenten, die bei ihnen eingegangen sind. In diesem Zusammenhang wird daran erinnert, dass ein Mitgliedstaat gemäß der Erklärung Nr. 35 zur Schlussakte des Vertrags

---

*) Durchführungsbestimmungen der Kommission zur Verordnung (EG) Nr. 1049/2001 im Anhang zur Geschäftsordnung der Kommission, ABl 2001 L 345, 94 (unter Pkt. 9/1.).

[1]) ABl. C 177 E vom 27. 6. 2000, S. 70.

[2]) Stellungnahme des Europäischen Parlaments vom 3. Mai 2001 und Beschluss des Rates vom 28. Mai 2001.

von Amsterdam die Kommission oder den Rat ersuchen kann, ein aus dem betreffenden Mitgliedstaat stammendes Dokument nicht ohne seine vorherige Zustimmung an Dritte weiterzuleiten.

(11) Grundsätzlich sollten alle Dokumente der Organe für die Öffentlichkeit zugänglich sein. Der Schutz bestimmter öffentlicher und privater Interessen sollte jedoch durch Ausnahmen gewährleistet werden. Es sollte den Organen gestattet werden, ihre internen Konsultationen und Beratungen zu schützen, wo dies zur Wahrung ihrer Fähigkeit, ihre Aufgaben zu erfüllen, erforderlich ist. Bei der Beurteilung der Ausnahmen sollten die Organe in allen Tätigkeitsbereichen der Union die in den Rechtsvorschriften der Gemeinschaft verankerten Grundsätze über den Schutz personenbezogener Daten berücksichtigen.

(12) Alle Bestimmungen über den Zugang zu Dokumenten der Organe sollten mit dieser Verordnung in Einklang stehen.

(13) Um die uneingeschränkte Wahrung des Rechts auf Zugang zu gewährleisten, sollte ein Verwaltungsverfahren in zwei Phasen zur Anwendung kommen, mit der zusätzlichen Möglichkeit, den Rechtsweg zu beschreiten oder Beschwerde beim Bürgerbeauftragten einzulegen.

(14) Jedes Organ sollte die notwendigen Maßnahmen ergreifen, um die Öffentlichkeit über die neuen geltenden Rechtsvorschriften zu informieren und sein Personal entsprechend auszubilden und so die Bürger bei der Ausübung der ihnen durch diese Verordnung gewährten Rechte zu unterstützen. Um den Bürgern die Ausübung dieser Rechte zu erleichtern, sollte jedes Organ ein Dokumentenregister zugänglich machen.

(15) Diese Verordnung zielt weder auf eine Änderung des Rechts der Mitgliedstaaten über den Zugang zu Dokumenten ab, noch bewirkt sie eine solche Änderung; es versteht sich jedoch von selbst, dass die Mitgliedstaaten aufgrund des Prinzips der loyalen Zusammenarbeit, das für die Beziehungen zwischen den Organen und den Mitgliedstaaten gilt, dafür sorgen sollten, dass sie die ordnungsgemäße Anwendung dieser Verordnung nicht beeinträchtigen, und dass sie die Sicherheitsbestimmungen der Organe beachten sollten.

(16) Bestehende Rechte der Mitgliedsstaaten sowie der Justiz- oder Ermittlungsbehörden auf Zugang zu Dokumenten werden von dieser Verordnung nicht berührt.

(17) Gemäß Artikel 255 Absatz 3 des EG-Vertrags legt jedes Organ in seiner Geschäftsordnung Sonderbestimmungen hinsichtlich des Zugangs zu seinen Dokumenten fest. Der Beschluss 93/731/EG des Rates vom 20. Dezember 1993 über den Zugang der Öffentlichkeit zu den Ratsdokumenten[3]), der Beschluss 94/90/EGKS, EG, Euratom der Kommission vom 8. Februar 1994 über den Zugang der Öffentlichkeit zu den der Kommission vorliegenden Dokumenten[4]), der Beschluss 97/632/EG, EGKS, Euratom des Europäischen Parlaments vom 10. Juli 1997 über den Zugang der Öffentlichkeit zu den Dokumenten des Europäischen Parlaments[5]) sowie die Bestimmungen über die vertrauliche Behandlung von Schengen-Dokumenten sollten daher nötigenfalls geändert oder aufgehoben werden –

HABEN FOLGENDE VERORDNUNG ERLASSEN:

Artikel 1
Zweck

Zweck dieser Verordnung ist es:

a) die Grundsätze und Bedingungen sowie die aufgrund öffentlicher oder privater Interessen geltenden Einschränkungen für die Ausübung des in Artikel 255 des EG-Vertrags niedergelegten Rechts auf Zugang zu Dokumenten des Europäischen Parlaments, des Rates und der Kommission (nachstehend „Organe" genannt) so festzulegen, dass ein größtmöglicher Zugang zu Dokumenten gewährleistet ist,

b) Regeln zur Sicherstellung einer möglichst einfachen Ausübung dieses Rechts aufzustellen, und

c) eine gute Verwaltungspraxis im Hinblick auf den Zugang zu Dokumenten zu fördern.

---

[3]) ABl. L 340 vom 31. 12. 1993, S. 43. Beschluss zuletzt geändert durch den Beschluss 2000/527/EG (ABl. L 212 vom 23. 8. 2000, S. 9); Hinweis: *aufgehoben* durch Beschluss des Rates vom 29. 11. 2001 zur Änderung der Geschäftsordnung des Rates, ABl 2001 L 313, 40.

[4]) ABl. L 46 vom 18. 2. 1994, S. 58. Beschluss geändert durch Beschluss 96/567/EG, EGKS, Euratom (ABl. L 247 vom 28. 9. 1996, S. 45); Hinweis: *aufgehoben* durch Beschluss der Kommission vom 5. 12. 2001 zur Änderung ihrer Geschäftsordnung, ABl 2001 L 345, 94.

[5]) ABl. L 263 vom 25. 9. 1997, S. 27; Hinweis: *aufgehoben* durch Beschluss des Präsidiums des Europäischen Parlaments vom 13. 11. 2001 (unter Pkt. 14/5.).

Artikel 2
Zugangsberechtigte und Anwendungsbereich

(1) Jeder Unionsbürger sowie jede natürliche oder juristische Person mit Wohnsitz oder Sitz in einem Mitgliedstaat hat vorbehaltlich der in dieser Verordnung festgelegten Grundsätze, Bedingungen und Einschränkungen ein Recht auf Zugang zu Dokumenten der Organe.

(2) Die Organe können vorbehaltlich der gleichen Grundsätze, Bedingungen und Einschränkungen allen natürlichen oder juristischen Personen, die keinen Wohnsitz oder Sitz in einem Mitgliedstaat haben, Zugang zu Dokumenten gewähren.

(3) Diese Verordnung gilt für alle Dokumente eines Organs, das heißt Dokumente aus allen Tätigkeitsbereichen der Union, die von dem Organ erstellt wurden oder bei ihm eingegangen sind und sich in seinem Besitz befinden.

(4) Unbeschadet der Artikel 4 und 9 werden Dokumente der Öffentlichkeit entweder auf schriftlichen Antrag oder direkt in elektronischer Form oder über ein Register zugänglich gemacht. Insbesondere werden Dokumente, die im Rahmen eines Gesetzgebungsverfahrens erstellt wurden oder eingegangen sind, gemäß Artikel 12 direkt zugänglich gemacht.

(5) Sensible Dokumente im Sinne von Artikel 9 Absatz 1 unterliegen der besonderen Behandlung gemäß jenem Artikel.

(6) Diese Verordnung berührt nicht das etwaige Recht auf Zugang der Öffentlichkeit zu Dokumenten im Besitz der Organe, das sich aus internationalen Übereinkünften oder aus Rechtsakten der Organe zu deren Durchführung ergibt.

Artikel 3
Begriffsbestimmungen

Im Sinne dieser Verordnung bedeutet:

a) „Dokument": Inhalte unabhängig von der Form des Datenträgers (auf Papier oder in elektronischer Form, Ton-, Bild- oder audiovisuelles Material), die einen Sachverhalt im Zusammenhang mit den Politiken, Maßnahmen oder Entscheidungen aus dem Zuständigkeitsbereich des Organs betreffen;

b) „Dritte": alle natürlichen und juristischen Personen und Einrichtungen außerhalb des betreffenden Organs, einschließlich der Mitgliedstaaten, der anderen Gemeinschafts- oder Nicht-Gemeinschaftsorgane und -einrichtungen und der Drittländer.

Artikel 4
Ausnahmeregelung

(1) Die Organe verweigern den Zugang zu einem Dokument, durch dessen Verbreitung Folgendes beeinträchtigt würde:

a) der Schutz des öffentlichen Interesses im Hinblick auf:
  - die öffentliche Sicherheit,
  - die Verteidigung und militärische Belange,
  - die internationalen Beziehungen,
  - die Finanz-, Währungs- oder Wirtschaftspolitik der Gemeinschaft oder eines Mitgliedstaats;

b) der Schutz der Privatsphäre und der Integrität des Einzelnen, insbesondere gemäß den Rechtsvorschriften der Gemeinschaft über den Schutz personenbezogener Daten.

(2) Die Organe verweigern den Zugang zu einem Dokument, durch dessen Verbreitung Folgendes beeinträchtigt würde:

– der Schutz der geschäftlichen Interessen einer natürlichen oder juristischen Person, einschließlich des geistigen Eigentums,

– der Schutz von Gerichtsverfahren und der Rechtsberatung,

– der Schutz des Zwecks von Inspektions-, Untersuchungs- und Audittätigkeiten,

es sei denn, es besteht ein überwiegendes öffentliches Interesse an der Verbreitung.

(3) Der Zugang zu einem Dokument, das von einem Organ für den internen Gebrauch erstellt wurde oder bei ihm eingegangen ist und das sich auf eine Angelegenheit bezieht, in der das Organ noch keinen Beschluss gefasst hat, wird verweigert, wenn eine Verbreitung des Dokuments den Entscheidungsprozess des Organs ernstlich beeinträchtigen würde, es sei denn, es besteht ein überwiegendes öffentliches Interesse an der Verbreitung. Der Zugang zu einem Dokument mit Stellungnahmen zum internen Gebrauch im Rahmen von Beratungen und Vorgesprächen innerhalb des betreffenden Organs wird auch dann, wenn der Beschluss gefasst worden ist, verweigert, wenn die Verbreitung des Dokuments den Entscheidungsprozess des Organs ernstlich beeinträchtigen würde, es sei denn,

Dok-Öffentl

es besteht ein überwiegendes öffentliches Interesse an der Verbreitung.

(4) Bezüglich Dokumente Dritter konsultiert das Organ diese, um zu beurteilen, ob eine der Ausnahmeregelungen der Absätze 1 oder 2 anwendbar ist, es sei denn, es ist klar, dass das Dokument verbreitet werden muss bzw. nicht verbreitet werden darf.

(5) Ein Mitgliedstaat kann das Organ ersuchen, ein aus diesem Mitgliedstaat stammendes Dokument nicht ohne seine vorherige Zustimmung zu verbreiten.

(6) Wenn nur Teile des angeforderten Dokuments einer der Ausnahmen unterliegen, werden die übrigen Teile des Dokuments freigegeben.

(7) Die Ausnahmen gemäß den Absätzen 1 bis 3 gelten nur für den Zeitraum, in dem der Schutz aufgrund des Inhalts des Dokuments gerechtfertigt ist. Die Ausnahmen gelten höchstens für einen Zeitraum von 30 Jahren. Im Falle von Dokumenten, die unter die Ausnahmeregelungen bezüglich der Privatsphäre oder der geschäftlichen Interessen fallen, und im Falle von sensiblen Dokumenten können die Ausnahmen erforderlichenfalls nach Ablauf dieses Zeitraums weiter Anwendung finden.

Artikel 5
Dokumente in den Mitgliedstaaten

Geht einem Mitgliedstaat ein Antrag auf ein in seinem Besitz befindliches Dokument zu, das von einem Organ stammt, so konsultiert der Mitgliedstaat – es sei denn, es ist klar, dass das Dokument verbreitet werden muss bzw. nicht verbreitet werden darf – das betreffende Organ, um eine Entscheidung zu treffen, die die Verwirklichung der Ziele dieser Verordnung nicht beeinträchtigt.

Der Mitgliedstaat kann den Antrag stattdessen an das Organ weiterleiten.

Artikel 6
Anträge

(1) Anträge auf Zugang zu einem Dokument sind in schriftlicher, einschließlich elektronischer, Form in einer der in Artikel 314 des EG-Vertrags aufgeführten Sprachen zu stellen und müssen so präzise formuliert sein, dass das Organ das betreffende Dokument ermitteln kann. Der Antragsteller ist nicht verpflichtet, Gründe für seinen Antrag anzugeben.

(2) Ist ein Antrag nicht hinreichend präzise, fordert das Organ den Antragsteller auf, den Antrag zu präzisieren, und leistet ihm dabei Hilfe, beispielsweise durch Informationen über die Nutzung der öffentlichen Dokumentenregister.

(3) Betrifft eine Antrag ein sehr umfangreiches Dokument oder eine sehr große Zahl von Dokumenten, so kann sich das Organ mit dem Antragsteller informell beraten, um eine angemessene Lösung zu finden.

(4) Die Organe informieren die Bürger darüber, wie und wo Anträge auf Zugang zu Dokumenten gestellt werden können, und leisten ihnen dabei Hilfe.

Artikel 7
Behandlung von Erstanträgen

(1) Ein Antrag auf Zugang zu einem Dokument wird unverzüglich bearbeitet. Dem Antragsteller wird eine Empfangsbescheinigung zugesandt. Binnen fünfzehn Arbeitstagen nach Registrierung des Antrags gewährt das Organ entweder Zugang zu dem angeforderten Dokument und macht es innerhalb dieses Zeitraums gemäß Artikel 10 zugänglich oder informiert den Antragsteller schriftlich über die Gründe für die vollständige oder teilweise Ablehnung und über dessen Recht, gemäß Absatz 2 dieses Artikels einen Zweitantrag zu stellen.

(2) Im Fall einer vollständigen oder teilweisen Ablehnung kann der Antragsteller binnen fünfzehn Arbeitstagen nach Eingang des Antwortschreibens des Organs einen Zweitantrag an das Organ richten und es um eine Überprüfung seines Standpunkts ersuchen.

(3) In Ausnahmefällen, beispielsweise bei einem Antrag auf Zugang zu einem sehr umfangreichen Dokument oder zu einer sehr großen Zahl von Dokumenten, kann die in Absatz 1 vorgesehene Frist um fünfzehn Arbeitstage verlängert werden, sofern der Antragsteller vorab informiert wird und eine ausführliche Begründung erhält.

(4) Antwortet das Organ nicht innerhalb der vorgeschriebenen Frist, so hat der Antragsteller das Recht, einen Zweitantrag einzureichen.

Artikel 8
Behandlung von Zweitanträgen

(1) Ein Zweitantrag ist unverzüglich zu bearbeiten. Binnen fünfzehn Arbeitstagen nach

Registrierung eines solchen Antrags gewährt das Organ entweder Zugang zu dem angeforderten Dokument und macht es innerhalb dieses Zeitraums gemäß Artikel 10 zugänglich oder teilt schriftlich die Gründe für die vollständige oder teilweise Ablehnung mit. Verweigert das Organ den Zugang vollständig oder teilweise, so unterrichtet es den Antragsteller über mögliche Rechtsbehelfe, das heißt, Erhebung einer Klage gegen das Organ und/oder Einlegen einer Beschwerde beim Bürgerbeauftragten nach Maßgabe der Artikel 230 bzw. 195 des EG-Vertrags.

(2) In Ausnahmefällen, beispielsweise bei einem Antrag auf Zugang zu einem sehr umfangreichen Dokument oder zu einer sehr großen Zahl von Dokumenten, kann die in Absatz 1 vorgesehene Frist um fünfzehn Arbeitstage verlängert werden, sofern der Antragsteller vorab informiert wird und eine ausführliche Begründung erhält.

(3) Antwortet das Organ nicht innerhalb der vorgeschriebenen Frist, gilt dies als abschlägiger Bescheid und berechtigt den Antragsteller, nach Maßgabe der einschlägigen Bestimmungen des EG-Vertrags Klage gegen das Organ zu erheben und/oder Beschwerde beim Bürgerbeauftragten einzulegen.

Artikel 9

Behandlung sensibler Dokumente

(1) Sensible Dokumente sind Dokumente, die von den Organen, den von diesen geschaffenen Einrichtungen, von den Mitgliedstaaten, Drittländern oder internationalen Organisationen stammen und gemäß den Bestimmungen der betreffenden Organe zum Schutz grundlegender Interessen der Europäischen Union oder eines oder mehrerer Mitgliedstaaten in den in Artikel 4 Absatz 1 Buchstabe a) genannten Bereichen, insbesondere öffentliche Sicherheit, Verteidigung und militärische Belange, als „TRÈS SECRET/TOP SECRET", „SECRET" oder „CONFIDENTIEL" eingestuft sind.

(2) Anträge auf Zugang zu sensiblen Dokumenten im Rahmen der Verfahren der Artikel 7 und 8 werden ausschließlich von Personen bearbeitet, die berechtigt sind, Einblick in diese Dokumente zu nehmen. Unbeschadet des Artikels 11 Absatz 2 entscheiden diese Personen außerdem darüber, welche Hinweise auf sensible Dokumente in das öffentliche Register aufgenommen werden können.

(3) Sensible Dokumente werden nur mit Zustimmung des Urhebers im Register aufgeführt oder freigegeben.

(4) Die Entscheidung eines Organs über die Verweigerung des Zugangs zu einem sensiblen Dokument ist so zu begründen, dass die durch Artikel 4 geschützten Interessen nicht beeinträchtigt werden.

(5) Die Mitgliedstaaten ergreifen geeignete Maßnahmen, um zu gewährleisten, dass bei der Bearbeitung von Anträgen auf Zugang zu sensiblen Dokumenten die in diesem Artikel und in Artikel 4 vorgesehenen Grundsätze beachtet werden.

(6) Die Bestimmungen der Organe über sensible Dokumente werden öffentlich gemacht.

(7) Die Kommission und der Rat unterrichten das Europäische Parlament hinsichtlich sensibler Dokumente gemäß den zwischen den Organen vereinbarten Regelungen.

Artikel 10

Zugang im Anschluss an einen Antrag

(1) Der Zugang zu den Dokumenten erfolgt je nach Wunsch des Antragstellers entweder durch Einsichtnahme vor Ort oder durch Bereitstellung einer Kopie, gegebenenfalls in elektronischer Form. Die Kosten für die Anfertigung und Übersendung von Kopien können dem Antragsteller in Rechnung gestellt werden. Diese Kosten dürfen die tatsächlichen Kosten für die Anfertigung und Übersendung der Kopien nicht überschreiten. Die Einsichtnahme vor Ort, Kopien von weniger als 20 DIN-A4-Seiten und der direkte Zugang in elektronischer Form oder über das Register sind kostenlos.

(2) Ist ein Dokument bereits von dem betreffenden Organ freigegeben worden und für den Antragsteller problemlos zugänglich, kann das Organ seiner Verpflichtung zur Gewährung des Zugangs zu Dokumenten nachkommen, indem es den Antragsteller darüber informiert, wie er das angeforderte Dokument erhalten kann.

(3) Die Dokumente werden in einer vorliegenden Fassung und Form (einschließlich einer elektronischen oder anderen Form, beispielsweise Braille-Schrift, Großdruck oder Bandaufnahme) zur Verfügung gestellt, wobei die Wünsche des Antragstellers vollständig berücksichtigt werden.

Dok-Öffentl

Artikel 11

Register

(1) Im Hinblick auf die wirksame Ausübung der Rechte aus dieser Verordnung durch die Bürger macht jedes Organ ein Dokumentenregister öffentlich zugänglich. Der Zugang zum Register sollte in elektronischer Form gewährt werden. Hinweise auf Dokumente werden unverzüglich in das Register aufgenommen.

(2) Das Register enthält für jedes Dokument eine Bezugsnummer (gegebenenfalls einschließlich der interinstitutionellen Bezugsnummer), den Gegenstand und/oder eine kurze Beschreibung des Inhalts des Dokuments sowie das Datum des Eingangs oder der Erstellung und der Aufnahme in das Register. Die Hinweise sind so abzufassen, dass der Schutz der in Artikel 4 aufgeführten Interessen nicht beeinträchtigt wird.

(3) Die Organe ergreifen unverzüglich die erforderlichen Maßnahmen zur Einrichtung eines Registers, das spätestens zum 3. Juni 2002 funktionsfähig ist.

Artikel 12

Direkter Zugang in elektronischer Form oder über ein Register

(1) Die Organe machen, soweit möglich, die Dokumente direkt in elektronischer Form oder über ein Register gemäß den Bestimmungen des betreffenden Organs öffentlich zugänglich.

(2) Insbesondere legislative Dokumente, d. h. Dokumente, die im Laufe der Verfahren zur Annahme von Rechtsakten, die in den oder für die Mitgliedstaaten rechtlich bindend sind, erstellt wurden oder eingegangen sind, sollten vorbehaltlich der Artikel 4 und 9 direkt zugänglich gemacht werden.

(3) Andere Dokumente, insbesondere Dokumente in Verbindung mit der Entwicklung von Politiken oder Strategien, sollten soweit möglich direkt zugänglich gemacht werden.

(4) Wird der direkte Zugang nicht über das Register gewährt, wird im Register möglichst genau angegeben, wo das Dokument aufzufinden ist.

Artikel 13

Veröffentlichung von Dokumenten im Amtsblatt

(1) Neben den Rechtsakten, auf die in Artikel 254 Absätze 1 und 2 des EG-Vertrags und Artikel 163 Absatz 1 des Euratom-Vertrags Bezug genommen wird, werden vorbehaltlich der Artikel 4 und 9 der vorliegenden Verordnung folgende Dokumente im Amtsblatt veröffentlicht:

a) Vorschläge der Kommission;

b) Gemeinsame Standpunkte des Rates gemäß den in den Artikeln 251 und 252 des EG-Vertrags genannten Verfahren und ihre Begründung sowie die Standpunkte des Europäischen Parlaments in diesen Verfahren;

c) Rahmenbeschlüsse und Beschlüsse im Sinne des Artikels 34 Absatz 2 des EU-Vertrags;

d) vom Rat aufgrund des Artikels 34 Absatz 2 des EU-Vertrags erstellte Übereinkommen;

e) zwischen den Mitgliedstaaten gemäß Artikel 293 des EG-Vertrags unterzeichnete Übereinkommen;

f) von der Gemeinschaft oder gemäß Artikel 24 des EU-Vertrags geschlossene internationale Übereinkünfte.

(2) Folgende Dokumente werden, soweit möglich, im Amtsblatt veröffentlicht:

a) dem Rat von einem Mitgliedstaat gemäß Artikel 67 Absatz 1 des EG-Vertrags oder Artikel 34 Absatz 2 des EU-Vertrags unterbreitete Initiativen;

b) Gemeinsame Standpunkte im Sinne des Artikels 34 Absatz 2 des EU-Vertrags;

c) Richtlinien, die nicht unter Artikel 254 Absätze 1 und 2 des EG-Vertrags fallen, Entscheidungen, die nicht unter Artikel 254 Absatz 1 des EG-Vertrags fallen, sowie Empfehlungen und Stellungnahmen.

(3) Jedes Organ kann in seiner Geschäftsordnung festlegen, welche weiteren Dokumente im Amtsblatt veröffentlicht werden.

Artikel 14

Information

(1) Jedes Organ ergreift die notwendigen Maßnahmen, um die Öffentlichkeit über die Rechte zu informieren, die sie gemäß dieser Verordnung hat.

(2) Die Mitgliedstaaten arbeiten mit den Organen bei der Bereitstellung von Informationen für die Bürger zusammen.

Artikel 15

Verwaltungspraxis in den Organen

(1) Die Organe entwickeln eine gute Verwaltungspraxis, um die Ausübung des durch diese Verordnung gewährleisteten Rechts auf Zugang zu Dokumenten zu erleichtern.

(2) Die Organe errichten einen interinstitutionellen Ausschuss, der bewährte Praktiken prüft, mögliche Konflikte behandelt und künftige Entwicklungen im Bereich des Zugangs der Öffentlichkeit zu Dokumenten erörtert.

Artikel 16

Vervielfältigung von Dokumenten

Diese Verordnung gilt unbeschadet geltender Urheberrechtsvorschriften, die das Recht Dritter auf Vervielfältigung oder Nutzung der freigegebenen Dokumente einschränken.

Artikel 17

Berichte

(1) Jedes Organ legt jährlich einen Bericht über das Vorjahr vor, in dem die Zahl der Fälle aufgeführt ist, in denen das Organ den Zugang zu Dokumenten verweigert hat, sowie die Gründe für diese Verweigerungen und die Zahl der sensiblen Dokumente, die nicht in das Register aufgenommen wurden.

(2) Spätestens zum 31. Januar 2004 veröffentlicht die Kommission einen Bericht über die Anwendung der Grundsätze dieser Verordnung und legt Empfehlungen vor, gegebenenfalls mit Vorschlägen für die Überprüfung dieser Verordnung und für ein Aktionsprogramm für die von den Organen zu ergreifenden Maßnahmen.

Artikel 18

Durchführungsmaßnahmen

(1) Jedes Organ passt seine Geschäftsordnung an die Bestimmungen dieser Verordnung an. Diese Anpassungen werden am 3. Dezember 2001 wirksam.

(2) Innerhalb von sechs Monaten nach Inkrafttreten dieser Verordnung prüft die Kommission die Vereinbarkeit der Verordnung (EWG, Euratom) Nr. 354/83 des Rates vom 1. Februar 1983 über die Freigabe der historischen Archive der Europäischen Wirtschaftsgemeinschaft und der Europäischen Atomgemeinschaft[6]) mit dieser Verordnung, um zu gewährleisten, dass die Dokumente so umfassend wie möglich aufbewahrt und archiviert werden.

(3) Innerhalb von sechs Monaten nach Inkrafttreten dieser Verordnung prüft die Kommission die Vereinbarkeit der geltenden Vorschriften über den Zugang zu Dokumenten mit dieser Verordnung.

Artikel 19

Inkrafttreten

Diese Verordnung tritt am dritten Tag nach ihrer Veröffentlichung im *Amtsblatt der Europäischen Gemeinschaften* in Kraft.

Sie gilt ab dem 3. Dezember 2001.

Diese Verordnung ist in allen ihren Teilen verbindlich und gilt unmittelbar in jedem Mitgliedstaat.

---

[6]) ABl. L 43 vom 15. 2. 1983, S. 1. Siehe hiezu Pkt. 15/1.

Dok-Öffentl

Gemeinsame Erklärung zu der Verordnung (EG) Nr. 1049/2001 des Europäischen Parlaments und des Rates vom 30. Mai 2001 über den öffentlichen Zugang zu Dokumenten des Europäischen Parlaments, des Rates und der Kommission

(ABl 2001 L 173, 5)

(ABl 2001 L 145, 43)

1. Das Europäische Parlament, der Rat und die Kommission vertreten übereinstimmend die Auffassung, dass die Agenturen und ähnliche vom Gesetzgeber geschaffenen Einrichtungen über Vorschriften über den Zugang zu ihren Dokumenten verfügen sollten, die mit den Bestimmungen dieser Verordnung in Einklang stehen. Im Hinblick darauf begrüßen das Europäische Parlament und der Rat die Absicht der Kommission, möglichst bald Änderungen der Rechtsakte zur Errichtung der bestehenden Agenturen und Einrichtungen vorzuschlagen und entsprechende Bestimmungen in künftige Vorschläge betreffend die Schaffung solcher Agenturen und Einrichtungen aufzunehmen. Sie verpflichten sich, die notwendigen Rechtsakte rasch zu verabschieden.

2. Das Europäische Parlament, der Rat und die Kommission fordern die Organe und Einrichtungen, die nicht unter die Bestimmungen von Nummer 1 fallen, auf, interne Regelungen über den Zugang der Öffentlichkeit zu Dokumenten zu beschließen, die den Grundsätzen und Einschränkungen in dieser Verordnung Rechnung tragen.

Beschluss der Kommission

vom 7. April 2006

über die Weiterverwendung von Informationen der Kommission

(2006/291/EG, Euratom)

(ABl 2006 L 107, 38)

DIE KOMMISSION DER EUROPÄISCHEN GEMEINSCHAFTEN –

gestützt auf den Vertrag zur Gründung der Europäischen Gemeinschaft, insbesondere auf Artikel 218 Absatz 2,

gestützt auf den Vertrag zur Gründung der Europäischen Atomgemeinschaft, insbesondere auf Artikel 131,

gestützt auf den Vertrag über die Europäische Union, insbesondere auf Artikel 28 Absatz 1 und Artikel 41 Absatz 1,

in Erwägung nachstehender Gründe:

(1) ...

(2) ...

(3) ...

(4) Das Recht auf Zugang zu den Dokumenten der Kommission wird durch die Verordnung (EG) Nr. 1049/2001 des Europäischen Parlaments und des Rates vom 30. Mai 2001 über den Zugang der Öffentlichkeit zu Dokumenten des Europäischen Parlaments, des Rates und der Kommission[1]) geregelt.

(5) Die Richtlinie 2003/98/EG des Europäischen Parlaments und des Rates[2]) enthält die in der gesamten Europäischen Union geltenden Mindestvorschriften für die Weiterverwendung von Informationen des öffentlichen Sektors. In den Erwägungen der Richtlinie werden die Mitgliedstaaten ermuntert, über diese Mindestvorschriften hinauszugehen und eine offene Datenpolitik zu verfolgen, die eine breite Nutzung der im Besitz öffentlicher Einrichtungen befindlichen Dokumente ermöglicht.

(6) In ihrer Mitteilung „*e*Europe 2002: Schaffung europäischer Rahmenbedingungen für die Nutzung der Informationen des öffentlichen Sektors"[3]) kündigte die Kommission eine Überarbeitung der Vorschriften über die Weiterverwendung von Informationen der EU-Organe an. In dieser Hinsicht sind bereits mehrere Schritte unternommen worden, darunter die neue Informationsverbreitungspolitik von Eurostat und die Umstellung auf ein frei zugängliches Eurlex-Portal.

(7) Die neue Kommissionsinitiative „i2010 – Eine europäische Informationsgesellschaft für Wachstum und Beschäftigung" zielt unter anderem darauf ab, die Schaffung und Verbreitung europäischer Inhalte zu erleichtern. Als Teil der i2010-Initiative werden durch diesen Beschluss die Bedingungen für die Weiterverwendung der Kommissionsdokumente im Hinblick auf deren breite Weiterverwertung festgelegt.

(8) ...

(9) ...

(10) Dieser Beschluss gilt nicht für Dokumente, deren Weiterverwendung die Kommission nicht gestatten kann, weil sie beispielsweise geistiges Eigentum Dritter sind oder von den anderen Organen übermittelt wurden –

BESCHLIESST:

Artikel 1

Gegenstand

Dieser Beschluss enthält die Bedingungen, unter denen Dokumente, die im Besitz der Kommission oder in ihrem Namen im Besitz des Amtes für amtliche Veröffentlichungen der Europäischen Gemeinschaften (Amt für Veröffentlichungen) sind, weiterverwendet werden dürfen, um eine breite Weiterverwertung der Informationen zu erleichtern, um das Erscheinungsbild einer offenen Kommission zu stärken und um unnötige Verwaltungslasten für die Nutzer und die Dienststellen der Kommission zu vermeiden.

Artikel 2

Geltungsbereich

(1) Dieser Beschluss gilt für öffentliche Dokumente, die von der Kommission oder von öffentlichen und privaten Stellen in ihrem Namen verfasst werden und die

a) von der Kommission oder in ihrem Namen vom Amt für Veröffentlichungen durch Publikation, Websites oder andere Verbreitungswege veröffentlicht worden sind oder

b) aus wirtschaftlichen oder praktischen Gründen nicht veröffentlicht worden sind, beispielsweise Studien, Berichte und andere Daten.

(2) Dieser Beschluss gilt nicht für:

a) Software oder Dokumente, die gewerblichen Schutzrechten wie Patenten, Warenzei-

Dok-Öffentl

---

[1]) ABl. L 145 vom 31.5.2001, S. 43.

[2]) ABl. L 345 vom 31.12.2003, S. 90.

[3]) KOM(2001) 607 endg.

chen und Marken sowie Rechten an eingetragenen Mustern, Logos und Namen unterliegen;

b) Dokumente, deren Weiterverwendung die Kommission nicht gestatten kann, weil sie geistiges Eigentum Dritter sind;

c) die Forschungsergebnisse der Gemeinsamen Forschungsstelle;

d) Dokumente, die Dritten unter besonderen Bedingungen für einen bevorrechtigten Dokumentenzugang zur Verfügung gestellt werden.

(3) Dieser Beschluss wird unter uneingeschränkter Beachtung der Grundsätze des Schutzes personenbezogener Daten und insbesondere der Verordnung (EG) Nr. 45/2001[4]) durchgeführt und angewandt.

(4) Dieser Beschluss gilt unbeschadet der Verordnung (EG) Nr. 1049/2001 und lässt deren Bestimmungen unberührt.

Artikel 3
Begriffsbestimmungen

Im Sinne dieses Beschlusses gelten folgende Begriffsbestimmungen:

1. „Dokument":

a) jegliche Inhalte ungeachtet ihrer Form (auf Papier, in elektronischer Form, als Ton-, Bild- oder audiovisuelle Aufnahme);

b) ein beliebiger Teil solcher Inhalte;

2. „Weiterverwendung": die Nutzung von Dokumenten durch natürliche oder juristische Personen für kommerzielle oder nichtkommerzielle Zwecke, die sich von den ursprünglichen Zwecken, für die die Dokumente erstellt wurden, unterscheiden. Der Austausch von Dokumenten zwischen der Kommission und anderen öffentlichen Stellen, die diese Dokumente ausschließlich im Rahmen der Erfüllung ihres öffentlichen Auftrags nutzen, stellt keine Weiterverwendung dar;

3. „personenbezogene Daten": Daten im Sinne von Artikel 2 Buchstabe a der Verordnung (EG) Nr. 45/2001.

Artikel 4
Allgemeiner Grundsatz

Vorbehaltlich der in Artikel 2 Absätze 2 und 3 vorgesehenen Beschränkungen dürfen alle Dokumente unter den nachfolgend festgelegten Bedingungen für kommerzielle und nichtkommerzielle Zwecke weiterverwendet werden. Die Dokumente werden, soweit möglich, in elektronischer Form zur Verfügung gestellt.

---

[4]) ABl. L 8 vom 12.1.2001, S. 1.

Artikel 5
Bearbeitung der Weiterverwendungsanträge

(1) Um die Notwendigkeit der Einzelbeantragung von Weiternutzungsrechten zu begrenzen, vermerken die Kommissionsdienststellen gegebenenfalls an geeigneter Stelle, ob die Dokumente weiterverwendet werden dürfen (z. B. durch allgemeine Hinweise auf Webseiten).

(2) Anträge auf Weiterverwendung eines Dokuments werden unverzüglich bearbeitet. Dem Antragsteller wird eine Empfangsbescheinigung zugesandt. Binnen 15 Arbeitstagen nach Eingang eines solchen Antrags genehmigt die Dienststelle der Kommission oder das Amt für Veröffentlichungen entweder die Weiterverwendung des betreffenden Dokuments oder teilt schriftlich die vollständige oder teilweise Ablehnung des Antrags unter Angabe der Gründe mit.

(3) In Ausnahmefällen, beispielsweise bei einem Antrag zu einem sehr umfangreichen Dokument oder zu einer sehr großen Zahl von Dokumenten oder wenn der Antrag übersetzt werden muss, kann die in Absatz 2 vorgesehene Frist um 15 Arbeitstage verlängert werden, sofern der Antragsteller vorab informiert wird und eine ausführliche Begründung erhält.

(4) Im Fall der Ablehnung klärt die Dienststelle der Kommission bzw. das Amt für Veröffentlichung den Antragsteller über sein Recht auf, Klage beim Gericht erster Instanz des Europäischen Gerichtshofs zu erheben oder Beschwerde beim Europäischen Bürgerbeauftragten nach Maßgabe der Artikel 230 und 195 EG-Vertrag bzw. Artikel 146 und Artikel 107 d Euratom-Vertrag einzureichen.

(5) Beruht eine Ablehnung auf Artikel 2 Absatz 2 Buchstabe b, so wird der Antragsteller im Ablehnungsschreiben – soweit bekannt – an die natürliche oder juristische Person verwiesen, die Inhaber der Rechte ist, oder ersatzweise an den Lizenzgeber, von dem die Kommission das betreffende Material erhalten hat.

Artikel 6
Verfügbare Formate

Die Dokumente werden in allen vorhandenen Formaten oder Sprachen und – soweit möglich und sinnvoll – in elektronischer Form zur Verfügung gestellt.

Es besteht jedoch keine Verpflichtung, Dokumente neu zu erstellen oder anzupassen, um dem Antrag nachkommen zu können, noch Auszüge aus Dokumenten zur Verfügung zu stellen, wenn dies mit einem unverhältnismäßigen Aufwand verbunden ist, der über eine einfache Bearbeitung hinausgeht.

Ferner wird die Kommission durch diesen Beschluss nicht verpflichtet, die betreffenden Dokumente in andere Sprachen zu übersetzen, für die zum Zeitpunkt der Beantragung keine Sprachfassungen vorliegen.

Die Kommission oder das Amt für Veröffentlichungen kann aufgrund dieses Beschlusses nicht verpflichtet werden, bestimmte Arten von Dokumenten herzustellen oder in einem bestimmten Format aufzubewahren, damit diese von einer natürlichen oder juristischen Person weiterverwendet werden können.

Artikel 7

Gebührengrundsätze

(1) Die Weiterverwendung der Dokumente ist grundsätzlich gebührenfrei.

(2) Im Einzelfall können die durch Vervielfältigung und Weiterverbreitung von Dokumenten verursachten Mehrkosten in Rechnung gestellt werden.

(3) Nimmt die Kommission an einem Dokument Anpassungen für eine bestimmte Anwendung vor, kann sie dem Antragsteller die damit verbundenen Kosten in Rechnung stellen. Bei der Entscheidung über die Erhebung solcher Gebühren wird berücksichtigt, welcher Aufwand mit der Anpassung verbunden ist und welche möglichen Vorteile die Gemeinschaften von dieser Weiterverwendung haben, beispielsweise im Hinblick auf die Verbreitung von Informationen über die Funktionsweise der Gemeinschaften oder das öffentliche Erscheinungsbild der Kommission.

Artikel 8

Transparenz

(1) Die Bedingungen und Standardgebühren für die Weiterverwendung von Dokumenten werden im Voraus festgelegt und veröffentlicht, soweit möglich und sinnvoll in elektronischer Form.

(2) Die Suche nach Dokumenten wird durch praktische Vorkehrungen wie Bestandslisten der wichtigsten, zur Weiterverwendung verfügbaren Dokumente erleichtert.

Artikel 9

Genehmigungen

Die Weiterverwendung von Dokumenten kann ohne Bedingungen gestattet oder an bestimmte Bedingungen geknüpft werden, die gegebenenfalls in einer Genehmigung oder in einer Haftungsausschlusserklärung festgelegt werden. Zu den üblichen Bedingungen für die Weiterverwendung gehören die Verpflichtungen des Weiterverwenders, die Quelle des Dokuments anzugeben, die ursprüngliche Bedeutung oder Botschaft des Dokuments nicht verzerrt darzustel-

len, sowie der Ausschluss der Haftung der Kommission für jegliche Folgen der Weiterverwendung. Durch diese Bedingungen dürfen die Möglichkeiten der Weiterverwendung nicht unnötig eingeschränkt werden.

Artikel 10

Nichtdiskriminierung und Verbot von Ausschließlichkeitsvereinbarungen

(1) Die Bedingungen für die Weiterverwendung von Dokumenten müssen für vergleichbare Kategorien der Weiterverwendung nichtdiskriminierend sein.

(2) Die Weiterverwendung von Dokumenten steht allen potenziellen Marktteilnehmern offen. Ausschließliche Rechte werden nicht gewährt.

(3) Ist dennoch die Gewährung eines ausschließlichen Rechts zur Bereitstellung eines Dienstes im öffentlichen Interesse erforderlich, wird der Grund für dessen Gewährung regelmäßig, mindestens jedoch alle drei Jahre, überprüft. Ausschließlichkeitsvereinbarungen müssen transparent sein und öffentlich bekannt gemacht werden.

Artikel 11

Durchführung

Im Einklang mit Artikel 14 der Geschäftsordnung der Kommission wird die Befugnis, im Namen der Kommission über Fragen der Weiterverwendung zu entscheiden, an die Generaldirektoren und Dienststellenleiter delegiert. Diese treffen alle erforderlichen Maßnahmen, um sicherzustellen, dass die Verfahren in Bezug auf die ihrer Zuständigkeit unterliegenden Dokumente den Anforderungen dieses Beschlusses genügen. Zu diesem Zweck benennen Sie einen Beamten, der Weiterverwendungsanträge prüft und deren Beantwortung durch die Generaldirektion oder Dienststelle koordiniert.

Artikel 12

Überprüfung

Dieser Beschluss wird drei Jahre nach seinem Inkrafttreten überprüft. Dabei wird insbesondere eine mögliche Einbeziehung der Forschungsergebnisse der Gemeinsamen Forschungsstelle in den Geltungsbereich dieses Beschlusses geprüft.

Artikel 13

Inkrafttreten

Dieser Beschluss tritt am Tag seiner Veröffentlichung im Amtsblatt der Europäischen Union in Kraft.

Dok-Öffentl

Beschluss Nr. 64/2003 des Ausschusses der Regionen

vom 11. Februar 2003

über den Zugang der Öffentlichkeit zu den Dokumenten des Ausschusses der Regionen

(ABl 2003 L 160, 96)

DAS PRÄSIDIUM DES AUSSCHUSSES DER REGIONEN –

gestützt auf den Vertrag zur Gründung der Europäischen Gemeinschaft, insbesondere auf Artikel 255 Absatz 2 und 3,

gestützt auf die Verordnung (EG) Nr. 1049/2001 des Europäischen Parlaments und des Rates vom 30. Mai 2001 über den Zugang der Öffentlichkeit zu Dokumenten des Europäischen Parlaments, des Rates und der Kommission[1]),

gestützt auf die Geschäftsordnung des Ausschusses der Regionen, insbesondere auf Artikel 35,

unter Berücksichtigung der Gemeinsamen Erklärung zur Verordnung (EG) Nr. 1049/2001, in der das Europäische Parlament, der Rat und die Kommission die übrigen Institutionen auffordern, interne Regelungen für den Zugang der Öffentlichkeit zu den Dokumenten zu beschließen, die den in der betreffenden Verordnung festgeschriebenen Grundsätzen und Einschränkungen Rechnung tragen[2]),

BESCHLIESST:

Anwendungsbereich

Art. 1 Jeder Unionsbürger und jede natürliche oder juristische Person mit Wohnsitz oder Sitz in einem Mitgliedstaat hat vorbehaltlich der in der Verordnung (EG) Nr. 1049/2001 festgelegten Grundsätze, Bedingungen und Einschränkungen und der besonderen Bestimmungen dieses Beschlusses ein Recht auf Zugang zu den Dokumenten des Ausschusses der Regionen.

Öffentliches Dokumentenregister des Ausschusses der Regionen

Art. 2 (1) Das Dokumentenregister wird institutionsintern in Anwendung von Artikel 11 der Verordnung (EG) Nr. 1049/ 2001 erstellt.

(2) Dieses Dokumentenregister enthält die Referenzen der von der Institution zum Zeitpunkt des Inkrafttretens der Verordnung (EG) Nr. 1049/2001 erstellten oder erhaltenen Dokumente.

(3) Vorbehaltlich der Verordnung (EG) Nr. 45/2001 des Europäischen Parlaments und des Rates vom 18. Dezember 2000 zum Schutz

natürlicher Personen bei der Verarbeitung personenbezogener Daten durch die Organe und Einrichtungen der Gemeinschaft und zum freien Datenverkehr[3]) sowie der Verordnung (EG) Nr. 1049/2001, Artikel 16, werden sämtliche Dokumente auf der Internetseite des Ausschusses veröffentlicht.

Erfassung der Dokumente

Art. 3 (1) Jedes von der Institution erstellte Dokument wird so bald wie möglich in das Register eingetragen. Der Generalsekretär wird die internen Durchführungsmaßnahmen erlassen, die für die Erfassung sämtlicher Ausschussdokumente erforderlich sind.

(2) Die im Rahmen des Konsultativverfahrens und der sonstigen Aktivitäten des Ausschusses erstellten Dokumente werden unter der Verantwortung des Arbeitsorgans oder der Dienststelle, die bei der Erstellung des Dokuments federführend war, in das Register eingetragen, sobald sie eingegangen sind oder veröffentlicht wurden.

(3) Die übrigen Dokumente, die in den Zuständigkeitsbereich der Verwaltungsdienste des Generalsekretariats des Ausschusses fallen, werden soweit möglich unmittelbar nach Genehmigung durch die federführende Dienststelle in das Register aufgenommen.

(4) Jedes von der Institution von Dritten erhaltene Dokument wird nach Artikel 3 der Verordnung (EG) Nr. 1049/2001 von dem offiziellen Hauspostdienst an das Register zwecks Erfassung weitergeleitet. Ausgenommen sind sensible Dokumente im Sinne von Artikel 9 der genannten Verordnung, bei denen die in diesem Artikel festgelegten Einschränkungen zu beachten sind.

Direkt zugängliche Dokumente

Art. 4 (1) Alle vom Ausschuss im Rahmen des Konsultativverfahrens erstellten oder erhaltenen Dokumente müssen den Bürgern soweit möglich elektronisch zugänglich sein; die in Artikel 4 und Artikel 9 der Verordnung (EG) Nr. 1049/2001 vorgesehenen Einschränkungen sind zu beachten.

(2) Zu diesem Zweck erfasst der Ausschuss alle Konsultativdokumente im Register, was den

Dok-Öffentl

---

[1]) ABl. L 145 vom 31.5.2001, S. 43.
[2]) ABl. L 173 vom 27.6.2001, S. 5.

[3]) ABl. L 8 vom 12.1.2001, S. 1.

Bürgern einen direkten Zugang zu sämtlichen Dokumenten ermöglicht.

(3) Der Ausschuss macht dieses Register auf seiner Internetseite elektronisch zugänglich und gewährleistet den Bürgern eine Online-Unterstützung zu Fragen im Zusammenhang mit der Einreichung von Zugangsanträgen.

(4) Die übrigen Dokumente, insbesondere die politischen oder strategisch wichtigen, werden soweit möglich direkt zugänglich gemacht.

Auf Antrag zugängliche Dokumente

Art. 5 (1) Die vom Ausschuss außerhalb des Konsultativverfahrens erstellten oder erhaltenen Dokumente sind durch das Register soweit möglich für die Bürger direkt zugänglich. Die in Artikel 4 und Artikel 9 der Verordnung (EG) Nr. 1049/2001 vorgesehenen Einschränkungen sind zu beachten.

(2) Sollte zu dem Volltext eines in dem Register erfassten Dokuments kein direkter Zugang möglich sein, weil das Dokument elektronisch nicht verfügbar ist oder weil Einschränkungen gemäß Artikel 4 oder Artikel 9 der Verordnung (EG) Nr. 1049/2001 gelten, kann der Interessent den Zugang zum Dokument schriftlich oder unter Verwendung des auf der Internetseite abrufbaren Formulars beantragen. Der Ausschuss kann den Zugang zu den Dokumenten entweder genehmigen oder schriftlich die Gründe für die vollständige oder teilweise Ablehnung mitteilen.

Erstantrag

Art. 6

a) Einreichung des Erstantrags

1. Die Anträge auf Zugang zu einem Dokument sind in schriftlicher Form (per Post, Fax oder E-Mail) in einer der in Artikel 314 EG-Vertrag aufgeführten Sprachen an das Generalsekretariat des Ausschusses oder an die auf der Internetseite angegebene Anschrift zu richten.

2. Der Antrag muss hinreichend präzise formuliert sein und insbesondere die zur Ermittlung des oder der beantragten Dokumente(s) erforderlichen Angaben sowie Name und Anschrift des Antragstellers enthalten.

3. Ist ein Antrag nicht hinreichend präzise, bittet die Institution den Antragsteller um Präzisierung des Antrags und leistet ihm dabei Hilfe; in diesem Fall beginnt die Antwortfrist erst mit dem Zeitpunkt, zu dem die Institution diese Informationen erhält.

4. Der Antragsteller ist nicht verpflichtet, Gründe für seinen Antrag anzugeben.

b) Bearbeitung des Erstantrags

1. Jeder Antrag auf Zugang zu einem Dokument, das im Besitz des Ausschusses ist, wird von dem Hauspostdienst unverzüglich nach Eingang an den für die Verwaltung des Registers zuständigen Dienst weitergeleitet, der eine Empfangsbestätigung versenden, die Antwort verfassen und das Dokument fristgerecht zugänglich machen muss.

2. Bezieht sich der Antrag auf ein Ausschussdokument, für das eine Ausnahmeregelung nach Artikel 4 der Verordnung (EG) Nr. 1049/2001 gilt, wendet sich der für das Register zuständige Dienst an den für die Erstellung des Dokuments verantwortlichen Dienst oder das entsprechende Arbeitsorgan, das innerhalb einer Frist von fünf Arbeitstagen einen Vorschlag für die weitere Vorgehensweise macht.

3. Betreffen die Bedenken hinsichtlich der Verbreitung Dokumente, die seitens Dritter erstellt wurden, so konsultiert der Ausschuss diese. Sie müssen innerhalb von fünf Arbeitstagen mitteilen, ob eine der in Artikel 4 oder Artikel 9 der Verordnung (EG) Nr. 1049/2001 vorgesehenen Ausnahmeregelungen zum Tragen kommt.

4. Bezieht sich der an den Ausschuss gerichtete Zugangsantrag auf ein Dokument, das von der Institution, die dieses Dokument verfasst hat, noch nicht veröffentlicht wurde, räumt der Ausschuss der betreffenden Institution eine Frist von fünf Arbeitstagen ein, um etwaige Vorbehalte gegen die Freigabe des Dokuments geltend zu machen.

5. Erfolgt innerhalb dieser Frist von fünf Arbeitstagen keine Antwort, setzt der Ausschuss das Verfahren fort.

c) Antwortfrist

1. Binnen fünfzehn Arbeitstagen nach Eingang des Antrags gewährt der für das Register zuständige Dienst den Zugang zu dem angeforderten Dokument und stellt es innerhalb desselben Zeitraums zur Verfügung.

2. Muss der Ausschuss den Zugang zu dem beantragten Dokument verweigern, informiert er den Antragsteller schriftlich über die Gründe für die vollständige oder teilweise Ablehnung sowie über dessen Recht, einen Zweitantrag zu stellen.

3. In diesem Fall kann der Antragsteller binnen fünfzehn Arbeitstagen nach Eingang des Antwortschreibens einen Zweitantrag stellen.

4. In Ausnahmefällen, beispielsweise bei einem Antrag auf Zugang zu einem sehr umfangreichen Dokument oder zu einer

sehr großen Zahl von Dokumenten, kann die in Absatz 1 vorgesehene Frist um fünfzehn Arbeitstage verlängert werden, sofern der Antragsteller vorab informiert wird und eine ausführliche Begründung erhält.

5. Antwortet der Ausschuss innerhalb der vorgeschriebenen Frist nicht, so hat der Antragsteller das Recht, einen Zweitantrag zu stellen.

6. Die Frist von fünfzehn Arbeitstagen beginnt gemäß Artikel 7 der Verordnung (EG) Nr. 1049/2001 mit dem Zeitpunkt des Eingangs des Erstantrags.

d) Zuständige Behörde

1. Die Erstanträge werden von dem Leiter der Dienststelle bearbeitet, die für die ordnungsgemäße Bearbeitung der Anträge auf Zugang zu Dokumenten zuständig ist.

2. Die Bewilligung eines Erstantrags wird dem Antragsteller von dem Direktor der Dienststelle übermittelt, die für die ordnungsgemäße Bearbeitung der Anträge auf Zugang zu Dokumenten zuständig ist.

3. Die ordnungsgemäß begründete Ablehnung eines Erstantrags wird vom Generalsekretär auf Vorschlag des für die Erstellung des Dokuments verantwortlichen Dienstes oder Arbeitsorgans beschlossen.

4. Der Generalsekretär kann jederzeit den juristischen Dienst und/oder den Datenschutzbeauftragten zu Rate ziehen.

Der Zweitantrag
Art. 7

a) Einreichung des Zweitantrags

1. Der Zweitantrag ist binnen fünfzehn Arbeitstagen nach Erhalt der schriftlichen Begründung für die vollständige oder teilweise Ablehnung des Zugangs zu dem beantragten Dokument oder bei nicht erfolgter Antwort auf den Erstantrag an den Ausschuss zu richten.

2. Für den Zweitantrag gelten dieselben Formalien wie für den Erstantrag.

b) Behandlung und Antwortfrist

1. Die Zweitanträge werden nach den in Artikel 6 Buchstabe b) dieses Beschlusses dargelegten Modalitäten behandelt.

2. Binnen fünfzehn Arbeitstagen nach Eingang des Antrags gewährt der Ausschuss entweder den Zugang zu dem angeforderten Dokument oder informiert den Antragsteller schriftlich über die Gründe für die vollständige oder teilweise Ablehnung.

3. In Ausnahmefällen, beispielsweise bei einem Antrag auf Zugang zu einem sehr umfangreichen Dokument oder zu einer sehr großen Zahl von Dokumenten, kann die im vorhergehenden Absatz vorgese-

hene Frist um fünfzehn Arbeitstage verlängert werden, sofern der Antragsteller vorab informiert wird und eine ausführliche Begründung erhält.

c) Zuständige Behörde

1. Die Antwort auf den Zweitantrag obliegt dem Präsidenten des Ausschusses.

2. Der Präsident konsultiert den juristischen Dienst und/oder den Datenschutzbeauftragten, der binnen drei Arbeitstagen seine Stellungnahme abgeben muss.

Beschwerde nach Zweitantrag

Art. 8 (1) Verweigert der Ausschuss den Zugang vollständig oder teilweise, so unterrichtet er den Antragsteller über mögliche Rechtsbehelfe, nämlich: Erhebung einer Klage gegen die Institution und/oder Einlegen einer Beschwerde beim Bürgerbeauftragten nach Maßgabe der Artikel 230 bzw. 195 EG-Vertrag.

(2) Eine nicht fristgerechte Antwort gilt als Ablehnung, die es dem Antragsteller ermöglicht, Beschwerde oder Klage nach Maßgabe des vorhergehenden Absatzes einzureichen.

Bereitstellung der Dokumente und Antwortkosten
Art. 9

a) Bereitstellung

1. Die Dokumente werden je nach Wunsch des Antragsstellers durch Bereitstellung einer Kopie auf Papier oder in elektronischer Form zugänglich gemacht.

2. Ist ein Dokument bereits vom Ausschuss oder einer anderen Institution freigegeben worden und für den Antragsteller problemlos zugänglich, kann der Ausschuss dem Antragsteller den Zugang erleichtern, indem er ihn darüber informiert, wie er das angeforderte Dokument erhalten kann.

b) Antwortkosten

1. Die Kosten für die Anfertigung und Übersendung von Kopien können dem Antragsteller in Rechnung gestellt werden. Sie dürfen allerdings die tatsächlichen Kosten nicht überschreiten.

2. Die Einsichtnahme vor Ort, Kopien von weniger als 20 DIN-A4-Seiten und der direkte Zugang in elektronischer Form oder über das Register sind kostenlos.

c) Antrag auf Zugang zu umfangreichen Dokumenten

1. Für die Bereitstellung von Dokumenten von mehr als 20 DIN-A4-Seiten wird eine Gebühr von 10 EUR zuzüglich 0,030 EUR pro Seite in Rechnung gestellt.

2. Auf Beschluss des Generalsekretärs kann diese Gebühr geändert werden.

Dok-Öffentl

3. Die Kosten für andere Übertragungsmittel werden vom Generalsekretär festgelegt; sie dürfen allerdings die tatsächlichen Kosten nicht übersteigen.

4. Bei mehrfachen Anträgen auf Zugang zu sehr umfangreichen Dokumenten oder zu einer sehr großen Zahl von Dokumenten kann die Institution mit dem Antragsteller eine informelle Absprache treffen.

5. Dieser Beschluss gilt nicht für veröffentlichte Dokumente, die einem gesonderten Preissystem unterliegen.

d) Zusätzliche Übersetzungskosten

Sollte der Antragsteller um Übersetzung des Dokuments in eine nicht bereits verfügbare Sprache ersuchen, wird ihm der institutionsintern für Freelance-Übersetzungen geltende Tarif in Rechnung gestellt.

Schlussbestimmung

Art. 10 Mit diesem Beschluss wird der Beschluss Nr. 165/1997 des Präsidiums des Ausschusses der Regionen vom 17. September 1997 über den Zugang der Öffentlichkeit zu den Dokumenten des Ausschusses aufgehoben.

Inkrafttreten

Art. 11 Dieser Beschluss tritt am Tag seiner Veröffentlichung im *Amtsblatt der Europäischen Union* in Kraft. Der Beschluss über die Einrichtung des Dokumentenregisters gilt ab dem 1. Juni 2003.

Seine Durchführung obliegt dem Generalsekretär.

16/10. Öffentlichkeit/Dokumente

EWSA

Beschluss des Europäischen Wirtschafts- und Sozialausschusses

vom 1. Juli 2003

über den Zugang der Öffentlichkeit zu den Dokumenten des Europäischen Wirtschafts- und Sozialausschusses

(2003/603/EG)

(ABl 2003 L 205, 19)

DER GENERALSEKRETÄR –

gestützt auf den Vertrag zur Gründung der Europäischen Gemeinschaft, insbesondere auf Artikel 255 Absatz 2 und 3,

gestützt auf die Verordnung (EG) Nr. 1049/ 2001 des Europäischen Parlaments und des Rates vom 30. Mai 2001 über den Zugang der Öffentlichkeit zu Dokumenten des Europäischen Parlaments, des Rates und der Kommission[1]),

gestützt auf die Geschäftsordnung des Europäischen Wirtschafts- und Sozialausschusses (EWSA), insbesondere auf Artikel 64 Absatz 1 und 2,

unter Berücksichtigung der vom Europäischen Parlament, vom Rat, von der Kommission und vom Ausschuss der Regionen hinsichtlich des Zugangs der Öffentlichkeit zu offiziellen Dokumenten ergriffenen Maßnahmen,

unter Berücksichtigung der Gemeinsamen Erklärung zur Verordnung (EG) Nr. 1049/2001 des Europäischen Parlaments und des Rates vom 30. Mai 2001[2]), in der das Europäische Parlament, der Rat und die Kommission die übrigen Institutionen auffordern, interne Regelungen für den Zugang der Öffentlichkeit zu den Dokumenten zu beschließen, die den in der betreffenden Verordnung festgeschriebenen Grundsätzen und Einschränkungen Rechnung tragen,

unter Berücksichtigung des Inhalts des Beschlusses des EWSA-Präsidiums vom 27. Mai 1997 betreffend den Zugang der Öffentlichkeit zu Dokumenten des EWSA[3]),

BESCHLIESST:

Titel I

Öffentliches Dokumentenregister des EWSA

Anwendungsbereich

Art. 1 Jeder Unionsbürger und jede natürliche oder juristische Person mit Wohnsitz oder Sitz in einem Mitgliedstaat hat vorbehaltlich

der in der Verordnung (EG) Nr. 1049/2001 festgelegten Grundsätze, Bedingungen und Einschränkungen und der besonderen Bestimmungen dieses Beschlusses ein Recht auf Zugang zu den Dokumenten des Europäischen Wirtschafts- und Sozialausschusses.

Einrichtung

Art. 2 (1) Es wird institutionsintern gemäß Artikel 11 der Verordnung (EG) Nr. 1049/ 2001 des Europäischen Parlaments und des Rates vom 30. Mai 2001 ein öffentliches Dokumentenregister des Europäischen Wirtschafts- und Sozialausschusses eingerichtet.

(2) Dieses Dokumentenregister enthält die vom EWSA verabschiedeten Stellungnahmen und die von seinen Fachgruppen angenommenen Stellungnahmeentwürfe sowie die im Anhang aufgeführten Dokumente. Es enthält gegebenenfalls weitere Beschlussdokumente oder sonstige vom Ausschuss ausgearbeitete Dokumente bzw. Referenzen zu den von der Institution ab dem 3. Dezember 2001, dem Zeitpunkt des Inkrafttretens der Verordnung (EG) Nr. 1049/2001, erstellten oder erhaltenen Dokumente.

(3) Vorbehaltlich der Verordnung (EG) Nr. 45/2001 des Europäischen Parlaments und des Rates vom 18. Dezember 2000 zum Schutz natürlicher Personen bei der Verarbeitung personenbezogener Daten durch die Organe und Einrichtungen der Gemeinschaft und zum freien Datenverkehr[4]) sowie Artikel 16 der Verordnung (EG) Nr. 1049/2001 werden sämtliche Dokumente auf der Internetseite des Ausschusses veröffentlicht.

Erfassung der Dokumente

Art. 3 (1) Die in Artikel 2 Absatz 2 genannten Dokumente werden so bald wie möglich in dem Register erfasst. Die Direktion Allgemeine Angelegenheiten wird die internen Durchführungsmaßnahmen erlassen, die für diese Erfassung erforderlich sind.

Dok-Öffentl

---

[1]) ABl. L 145 vom 31.5.2001, S. 43.

[2]) ABl. L 173 vom 27.6.2001, S. 5.

[3]) ABl. L 339 vom 10.12.1997, S. 18.

[4]) ABl. L 8 vom 12.1.2001, S. 1.

(2) Die im Rahmen des Konsultativverfahrens und der sonstigen Aktivitäten des Ausschusses erstellten Dokumente werden unter der Verantwortung des Arbeitsorgans oder der Direktion, das bzw. die für die Verwaltung des Dokuments zuständig ist, in dem Register erfasst, sobald sie eingegangen sind oder veröffentlicht wurden.

(3) Jedes von der Institution von Dritten gemäß Artikel 3 der Verordnung (EG) Nr. 1049/ 2001 erhaltene Dokument kann im Register erfasst werden. Ausgenommen sind sensible Dokumente im Sinne von Artikel 9 der genannten Verordnung, bei denen die in diesem Artikel festgelegten Einschränkungen zu beachten sind.

Direkt zugängliche Dokumente

Art. 4 (1) Alle vom Ausschuss im Rahmen des Konsultativverfahrens erstellten Dokumente müssen den Bürgern so weit möglich elektronisch zugänglich sein; die in Artikel 4 und Artikel 9 der Verordnung (EG) Nr. 1049/ 2001 vorgesehenen Einschränkungen sind zu beachten.

(2) Zu diesem Zweck erfasst der Ausschuss alle seine Stellungnahmen im Register, was den Bürgern einen direkten Zugang zu sämtlichen Dokumenten ermöglicht.

(3) Der Ausschuss macht dieses Register auf seiner Internetseite elektronisch zugänglich und gewährleistet den Bürgern eine Online-Unterstützung zu Fragen im Zusammenhang mit der Einreichung von Zugangsanträgen.

(4) Die übrigen Dokumente, insbesondere die politischen oder strategisch wichtigen, werden so weit möglich direkt zugänglich gemacht.

Auf Antrag zugängliche Dokumente

Art. 5 (1) Die vom EWSA außerhalb des Konsultativverfahrens erstellten Dokumente sowie andere beim Ausschuss eingegangene Dokumente von Belang können durch das Register soweit möglich für die Bürger direkt zugänglich gemacht werden. Die in Artikel 4 und Artikel 9 der Verordnung (EG) Nr. 1049/ 2001 vorgesehenen Einschränkungen sind zu beachten.

(2) Sollte zu dem Volltext eines in dem Register erfassten Dokuments kein direkter Zugang möglich sein, weil das Dokument elektronisch nicht verfügbar ist oder weil Einschränkungen gemäß Artikel 4 oder Artikel 9 der Verordnung (EG) Nr. 1049/2001 gelten,

kann der Interessent den Zugang zum Dokument schriftlich oder unter Verwendung des auf der Internetseite abrufbaren Formulars beantragen. Der Ausschuss kann den Zugang zu den Dokumenten entweder genehmigen oder schriftlich die Gründe für die vollständige oder teilweise Ablehnung mitteilen.

Titel II
Erstantrag

Einreichung des Erstantrags

Art. 6 (1) Die Anträge auf Zugang zu einem Dokument sind in schriftlicher Form (per Post, Fax oder E-Mail) in einer der in Artikel 314 des EG-Vertrags aufgeführten Sprachen an das Generalsekretariat des Ausschusses oder an die auf der Internetseite angegebene Anschrift zu richten.

(2) Der Antrag muss hinreichend präzise formuliert sein und insbesondere die zur Ermittlung des oder der beantragten Dokumente(s) erforderlichen Angaben sowie Name und Anschrift des Antragstellers enthalten.

(3) Ist ein Antrag nicht hinreichend präzise, bittet die Institution den Antragsteller um Präzisierung des Antrags und leistet ihm dabei Hilfe; in diesem Fall beginnt die Antwortfrist erst mit dem Zeitpunkt, zu dem die Institution diese Informationen erhält.

(4) Der Antragsteller ist nicht verpflichtet, Gründe für seinen Antrag anzugeben.

Bearbeitung des Erstantrags

Art. 7 (1) Jeder Antrag auf Zugang zu einem Dokument, das im Besitz des Ausschusses ist, wird unverzüglich nach Eingang von der Dienststelle Post/Archive bearbeitet, die eine Empfangsbestätigung versenden, die Antwort verfassen und das Dokument fristgerecht zugänglich machen muss.

(2) Bezieht sich der Antrag auf ein Ausschussdokument, für das eine Ausnahmeregelung nach Artikel 4 der Verordnung (EG) Nr. 1049/2001 gilt, wendet sich die Dienststelle Post/Archive an den für die Erstellung des Dokuments verantwortlichen Dienst oder das entsprechende Arbeitsorgan, das innerhalb einer Frist von fünf Arbeitstagen einen Vorschlag für die weitere Vorgehensweise macht.

(3) Betreffen die Bedenken hinsichtlich der Verbreitung Dokumente, die seitens Dritter erstellt wurden, so konsultiert der Ausschuss diese. Sie müssen innerhalb von fünf Arbeitstagen mitteilen, ob eine der in Artikel 4 oder

Artikel 9 der Verordnung (EG) Nr. 1049/2001 vorgesehenen Ausnahmeregelungen zum Tragen kommt. Erfolgt innerhalb dieser Frist von fünf Arbeitstagen keine Antwort, setzt der Ausschuss das Verfahren fort.

Antwortfrist

Art. 8 (1) Binnen 15 Arbeitstagen nach Eingang des Antrags gewährt die Dienststelle Post/Archive den Zugang zu dem angeforderten Dokument und stellt es innerhalb desselben Zeitraums zur Verfügung.

(2) Muss der Ausschuss den Zugang zu dem beantragten Dokument verweigern, informiert er den Antragsteller schriftlich über die Gründe für die vollständige oder teilweise Ablehnung und über dessen Recht, einen Zweitantrag zu stellen.

(3) In diesem Fall kann der Antragsteller binnen 15 Arbeitstagen nach Eingang des Antwortschreibens einen Zweitantrag stellen.

(4) In Ausnahmefällen, beispielsweise bei einem Antrag auf Zugang zu einem sehr umfangreichen Dokument oder zu einer sehr großen Zahl von Dokumenten, kann die in Absatz 1 vorgesehene Frist um 15 Arbeitstage verlängert werden, sofern der Antragsteller vorab informiert wird und eine ausführliche Begründung erhält.

(5) Antwortet der Ausschuss innerhalb der vorgeschriebenen Frist nicht, so hat der Antragsteller das Recht, einen Zweitantrag zu stellen.

Zuständige Behörde

Art. 9 (1) Die Erstanträge werden von der Dienststelle Post/Archive bearbeitet.

(2) Die Bewilligung eines Erstantrags wird dem Antragsteller vom Leiter der in Absatz 1 dieses Artikels genannten Dienststelle mitgeteilt. Er kann diese Zuständigkeit delegieren.

(3) Die ordnungsgemäß begründete Ablehnung eines Erstantrags wird von diesem Dienststellenleiter auf Vorschlag der Dienststelle Post/Archive oder des für die Erstellung des Dokuments verantwortlichen Dienstes beschlossen.

(4) Der Dienststellenleiter kann jederzeit den juristischen Dienst und/oder den Datenschutzbeauftragten zu Rate ziehen.

Titel III
Zweitantrag und Rechtsbehelfe

Einreichung des Zweitantrags

Art. 10 (1) Der Zweitantrag ist binnen 15 Arbeitstagen nach Erhalt der schriftlichen Begründung für die vollständige oder teilweise Ablehnung des Zugangs zu dem beantragten Dokument oder bei nicht erfolgter Antwort auf den Erstantrag an den Ausschuss zu richten.

(2) Für den Zweitantrag gelten dieselben Formalien wie für den Erstantrag.

Behandlung und Antwortfrist

Art. 11 (1) Die Zweitanträge werden nach den in Artikel 7 dieses Beschlusses dargelegten Modalitäten behandelt.

(2) Binnen 15 Arbeitstagen nach Eingang des Zweitantrags gewährt der Ausschuss entweder den Zugang zu dem angeforderten Dokument oder informiert den Antragsteller schriftlich über die Gründe für die vollständige oder teilweise Ablehnung.

(3) In Ausnahmefällen, beispielsweise bei einem Antrag auf Zugang zu einem sehr umfangreichen Dokument oder zu einer sehr großen Zahl von Dokumenten, kann die im vorhergehenden Absatz vorgesehene Frist um 15 Arbeitstage verlängert werden, sofern der Antragsteller vorab informiert wird und eine ausführliche Begründung erhält.

Zuständige Behörde

Art. 12 (1) Die Antwort auf den Zweitantrag obliegt dem Generalsekretär des Ausschusses. Diese Zuständigkeit kann delegiert werden.

(2) Der Generalsekretär kann den juristischen Dienst und/oder den Datenschutzbeauftragten konsultieren, der binnen drei Arbeitstagen seine Stellungnahme abgeben muss.

Beschwerde nach Zweitantrag

Art. 13 (1) Verweigert der EWSA den Zugang vollständig oder teilweise, so unterrichtet er den Antragsteller über mögliche Rechtsbehelfe, nämlich: Erhebung einer Klage gegen die Institution und/oder Einlegen einer Beschwerde beim Bürgerbeauftragten nach Maßgabe der Artikel 230 bzw. 195 des EG-Vertrags.

(2) Eine nicht fristgerechte Antwort gilt als Ablehnung, die es dem Antragsteller ermög-

Dok-Öffentl

licht, Beschwerde oder Klage nach Maßgabe des vorhergehenden Absatzes einzureichen.

Titel IV
Bereitstellung der Dokumente und Antwortkosten

Bereitstellung

Art. 14 (1) Die Dokumente werden je nach Wunsch des Antragsstellers durch Bereitstellung einer Kopie auf Papier oder in elektronischer Form zugänglich gemacht.

(2) Ist ein Dokument bereits vom Ausschuss oder einer anderen Institution freigegeben worden und für den Antragsteller problemlos zugänglich, kann der Ausschuss dem Antragsteller den Zugang erleichtern, indem er ihn darüber informiert, wie er das angeforderte Dokument erhalten kann.

Antwortkosten

Art. 15 (1) Die Kosten für die Anfertigung und Übersendung von Kopien können dem Antragsteller in Rechnung gestellt werden. Sie dürfen allerdings die tatsächlichen Kosten nicht überschreiten.

(2) Die Einsichtnahme vor Ort, Kopien von weniger als 20 DIN-A-4-Seiten und der direkte Zugang in elektronischer Form oder über das Register sind kostenlos.

Zusätzliche Übersetzungskosten

Art. 16 Die Dokumente werden in den verfügbaren Sprachfassungen bereitgestellt. Der Antragsteller kann jedoch die Übersetzung in eine andere Amtssprache der Union anfordern. In diesem Fall wird ihm der institutionsintern geltende Satz für Freelance-Übersetzungen berechnet.

Antrag auf Zugang zu umfangreichen Dokumenten

Art. 17 (1) Für die Bereitstellung von Dokumenten von mehr als 20 DIN-A-4-Seiten wird eine Gebühr von 10 EUR zuzüglich 0,030 EUR pro Seite in Rechnung gestellt.

(2) Auf Beschluss der in Artikel 9 Absatz 2 genannten zuständigen Behörde kann diese Gebühr geändert werden.

(3) Die Kosten für andere Übertragungsmittel werden vom Generalsekretär festgelegt; sie dürfen allerdings die tatsächlichen Kosten nicht übersteigen.

(4) Bei mehrfachen Anträgen auf Zugang zu sehr umfangreichen Dokumenten oder zu einer sehr großen Zahl von Dokumenten kann die Institution mit dem Antragsteller eine informelle Absprache treffen.

(5) Dieser Beschluss gilt nicht für veröffentlichte Dokumente, die einem gesonderten Preissystem unterliegen.

Schlussbestimmung

Art. 18 Mit diesem Beschluss wird der Beschluss des EWSA-Präsidiums vom 27. Mai 1997 über den Zugang der Öffentlichkeit zu den Dokumenten des Ausschusses aufgehoben.

Inkrafttreten

Art. 19 Dieser Beschluss tritt am Tag seiner Veröffentlichung im *Amtsblatt der Europäischen Union* in Kraft. Der Beschluss über die Einrichtung des Dokumentenregisters gilt ab dem 1. August 2003.

Seine Durchführung obliegt dem Direktor Allgemeine Angelegenheiten.

Beschluss der Europäischen Zentralbank

vom 4. März 2004

über den Zugang der Öffentlichkeit zu Dokumenten der Europäischen Zentralbank*)

(*EZB/2004/3*)

(2004/258/EG)

(ABl 2004 L 80, 42)

DER EZB-RAT –

gestützt auf die Satzung des Europäischen Systems der Zentralbanken und der Europäischen Zentralbank, insbesondere auf Artikel 12.3,

gestützt auf die Geschäftsordnung der Europäischen Zentralbank[1]), insbesondere auf Artikel 23,

in Erwägung nachstehender Gründe:

(1) In Artikel 1 Absatz 2 des Vertrags über die Europäische Union, wonach der Vertrag eine neue Stufe bei der Verwirklichung einer immer engeren Union der Völker Europas darstellt, in der die Entscheidungen möglichst offen und möglichst bürgernah getroffen werden, ist das Prinzip der Transparenz verankert. Transparenz erhöht die Legitimität, Effizienz und Verantwortung der Verwaltung und stärkt auf diese Weise die Grundsätze der Demokratie.

(2) In der Gemeinsamen Erklärung[2]) zu der Verordnung (EG) Nr. 1049/2001 des Europäischen Parlaments und des Rates vom 30. Mai 2001 über den Zugang der Öffentlichkeit zu Dokumenten des Europäischen Parlaments, des Rates und der Kommission[3]) fordern das Europäische Parlament, der Rat und die Kommission die anderen Organe und Einrichtungen der Union auf, interne Regelungen über den Zugang der Öffentlichkeit zu Dokumenten zu beschließen, die den in der Verordnung festgelegten Grundsätzen und Einschränkungen Rechnung tragen. Die Regeln über den Zugang der Öffentlichkeit zu Dokumenten der EZB, die im Beschluss EZB/1998/12 vom 3. November 1998 über den Zugang der Öffentlichkeit zur Dokumentation und zu den Archiven der Europäischen Zentralbank[4]) festgelegt sind, sollten entsprechend überarbeitet werden.

(3) Es sollte ein umfassender Zugang zu den Dokumenten der EZB gewährt werden, wobei gleichzeitig die in Artikel 108 des Vertrags und

*) Beschluss EZB/2007/1 betreffend den Datenschutz bei der EZB, ABl 2007 L 116, 64.

[1]) Beschluss EZB/2004/2 vom 19. Februar 2004 zur Verabschiedung der Geschäftsordnung der Europäischen Zentralbank. Siehe Seite 33 dieses Amtsblatts.

[2]) ABl. L 173 vom 27.6.2001, S. 5.

[3]) ABl. L 145 vom 31.5.2001, S. 43.

[4]) ABl. L 110 vom 28.4.1999, S. 30.

Artikel 7 der Satzung festgelegte Unabhängigkeit der EZB und der nationalen Zentralbanken (NZBen) sowie die Vertraulichkeit bestimmter Angelegenheiten, die speziell die Erfüllung der Aufgaben der EZB betreffen, geschützt werden sollte. Zur Wahrung der Wirksamkeit der Entscheidungsprozesse, einschließlich der internen Beratungen und Vorbereitungen, sind die Aussprachen in den Sitzungen der Beschlussorgane der EZB vertraulich, es sei denn, das jeweilige Organ beschließt, das Ergebnis der Beratungen zu veröffentlichen.

(4) Der Schutz bestimmter öffentlicher und privater Interessen sollte jedoch durch Ausnahmen gewährleistet werden. Darüber hinaus muss die EZB die Integrität der Euro-Banknoten als Zahlungsmittel, darunter sämtliche Sicherheitsmerkmale gegen Fälschung, sämtliche technischen Herstellungsmerkmale, die physische Sicherheit der Bestände und den Transport der Euro-Banknoten, schützen.

(5) Wenn die NZBen Anträge auf in ihrem Besitz befindliche Dokumente der EZB bearbeiten, sollten sie die EZB konsultieren, um die umfassende Anwendung dieses Beschlusses zu gewährleisten, es sei denn, es ist klar, dass das Dokument verbreitet werden kann bzw. nicht verbreitet werden darf.

(6) Um eine größere Transparenz zu erreichen, sollte die EZB nicht nur Zugang zu Dokumenten gewähren, die von ihr selbst erstellt wurden, sondern auch zu Dokumenten, die bei ihr eingegangen sind, wobei das Recht der jeweils betroffenen Dritten gewahrt bleibt, ihren Standpunkt hinsichtlich des Zugangs der von ihnen stammenden Dokumenten darzulegen.

(7) Um sicherzustellen, dass eine gute Verwaltungspraxis gewahrt wird, sollte die EZB ein Verfahren in zwei Phasen anwenden –

HAT FOLGENDEN BESCHLUSS GEFASST:

Dok-Öffentl

Artikel 1

Zweck

Zweck dieses Beschlusses ist es, die Bedingungen und Einschränkungen festzulegen, gemäß derer die EZB der Öffentlichkeit Zugang zu Dokumenten der EZB gewährt, sowie eine gute

Verwaltungspraxis im Hinblick auf den Zugang der Öffentlichkeit zu diesen Dokumenten zu fördern.

Artikel 2

Zugangsberechtigte und Anwendungsbereich

(1) Jeder Unionsbürger sowie jede natürliche oder juristische Person mit Wohnsitz oder Sitz in einem Mitgliedstaat hat vorbehaltlich der in diesem Beschluss festgelegten Bedingungen und Einschränkungen ein Recht auf Zugang zu Dokumenten der EZB.

(2) Die EZB kann vorbehaltlich der gleichen Bedingungen und Einschränkungen allen natürlichen oder juristischen Personen, die keinen Wohnsitz oder Sitz in einem Mitgliedstaat haben, Zugang zu Dokumenten der EZB gewähren.

(3) Dieser Beschluss berührt nicht das etwaige Recht auf Zugang der Öffentlichkeit zu Dokumenten der EZB, das sich aus internationalen Übereinkünften oder aus Rechtsakten zu deren Durchführung ergibt.

Artikel 3

Begriffsbestimmungen

Im Sinne dieses Beschlusses bedeutet:

a) „Dokument" und „Dokument der EZB": Inhalte unabhängig von der Form des Datenträgers (auf Papier oder in elektronischer Form, Ton-, Bild- oder audiovisuelles Material), die von der EZB erstellt wurden oder sich in ihrem Besitz befinden und im Zusammenhang mit ihren Politiken, Maßnahmen oder Entscheidungen stehen, sowie Dokumente, die vom Europäischen Währungsinstitut (EWI) und vom Ausschuss der Präsidenten der Zentralbanken der Mitgliedstaaten der Europäischen Wirtschaftsgemeinschaft (nachfolgend als „Ausschuss der Präsidenten der Zentralbanken" bezeichnet) stammen;

b) „Dritte": alle natürlichen und juristischen Personen und Einrichtungen außerhalb der EZB.

Artikel 4

Ausnahmeregelung

(1) Die EZB verweigert den Zugang zu einem Dokument, durch dessen Verbreitung Folgendes beeinträchtigt würde:

a) der Schutz des öffentlichen Interesses im Hinblick auf:
- die Vertraulichkeit der Aussprachen der Beschlussorgane der EZB,
- die Finanz-, Währungs- oder Wirtschaftspolitik der Gemeinschaft oder eines Mitgliedstaats,
- die internen Finanzen der EZB oder der NZBen,
- den Schutz der Integrität der Euro-Banknoten,
- die öffentliche Sicherheit,
- die internationalen Finanz-, Währungs- oder Wirtschaftsbeziehungen;

b) der Schutz der Privatsphäre und der Integrität des Einzelnen, insbesondere gemäß den Rechtsvorschriften der Gemeinschaft über den Schutz personenbezogener Daten;

c) der Schutz der Vertraulichkeit von Informationen, die als vertrauliche Informationen durch das Gemeinschaftsrecht geschützt werden.

(2) Die EZB verweigert den Zugang zu einem Dokument, durch dessen Verbreitung Folgendes beeinträchtigt würde:

- der Schutz der geschäftlichen Interessen einer natürlichen oder juristischen Person, einschließlich des geistigen Eigentums,
- der Schutz von Gerichtsverfahren und der Rechtsberatung,
- der Schutz des Zwecks von Inspektions-, Untersuchungs- und Audittätigkeiten,

es sei denn, es besteht ein überwiegendes öffentliches Interesse an der Verbreitung.

(3) Der Zugang zu einem Dokument mit Stellungnahmen zum internen Gebrauch im Rahmen von Beratungen und Vorgesprächen innerhalb der EZB oder mit den NZBen wird auch dann, wenn der Beschluss gefasst worden ist, verweigert, es sei denn, es besteht ein überwiegendes öffentliches Interesse an der Verbreitung.

(4) Bezüglich Dokumente Dritter konsultiert die EZB den betroffenen Dritten, um zu beurteilen, ob eine der Ausnahmeregelungen dieses Artikels anwendbar ist, es sei denn, es ist klar, dass das Dokument verbreitet werden muss bzw. nicht verbreitet werden darf.

(5) Wenn nur Teile des angeforderten Dokuments einer der Ausnahmen unterliegen, werden die übrigen Teile des Dokuments freigegeben.

(6) Die Ausnahmen gemäß diesem Artikel gelten nur für den Zeitraum, in dem der Schutz aufgrund des Inhalts des Dokuments gerechtfertigt ist. Die Ausnahmen gelten höchstens für einen Zeitraum von 30 Jahren, es sei denn, der EZB-Rat bestimmt ausdrücklich etwas anderes. Im Falle von Dokumenten, die unter die Ausnahmeregelungen bezüglich der Privatsphäre oder der geschäftlichen Interessen fallen, können die Ausnahmen nach Ablauf dieses Zeitraums weiter Anwendung finden.

Artikel 5

Dokumente bei den NZBen

Im Besitz einer NZB befindliche Dokumente, die von der EZB erstellt wurden, sowie Dokumente, die vom EWI oder vom Ausschuss der

Präsidenten der Zentralbanken stammen, dürfen von der NZB nur nach vorheriger Konsultation der EZB über den Umfang des Zugangs verbreitet werden, es sei denn, es ist klar, dass das Dokument verbreitet werden muss bzw. nicht verbreitet werden darf.

Die NZB kann den Antrag stattdessen an die EZB weiterleiten.

Artikel 6

Anträge

(1) Anträge auf Zugang zu einem Dokument sind bei der EZB[5]) in schriftlicher, einschließlich elektronischer, Form in einer der Amtssprachen der Union zu stellen und müssen so präzise formuliert sein, dass die EZB das betreffende Dokument ermitteln kann. Der Antragsteller ist nicht verpflichtet, Gründe für seinen Antrag anzugeben.

(2) Ist ein Antrag nicht hinreichend präzise, fordert die EZB den Antragsteller auf, den Antrag zu präzisieren, und leistet ihm dabei Hilfe.

(3) Betrifft ein Antrag ein sehr umfangreiches Dokument oder eine sehr große Zahl von Dokumenten, so kann sich die EZB mit dem Antragsteller informell beraten, um eine angemessene Lösung zu finden.

Artikel 7

Behandlung von Erstanträgen

(1) Ein Antrag auf Zugang zu einem Dokument wird unverzüglich bearbeitet. Dem Antragsteller wird eine Empfangsbescheinigung zugesandt. Binnen 20 Arbeitstagen nach Eingang des Antrags oder nach Eingang der gemäß Artikel 6 Absatz 2 geforderten Präzisierungen gewährt der Generaldirektor Sekretariat und Sprachendienste der EZB entweder Zugang zu dem angeforderten Dokument und macht es gemäß Artikel 9 zugänglich oder informiert den Antragsteller schriftlich über die Gründe für die vollständige oder teilweise Ablehnung und über dessen Recht, gemäß Absatz 2 einen Zweitantrag zu stellen.

(2) Im Falle einer vollständigen oder teilweisen Ablehnung kann der Antragsteller binnen 20 Arbeitstagen nach Eingang des Antwortschreibens der EZB einen Zweitantrag an das Direktorium der EZB richten und es um eine Überprüfung des Standpunkts der EZB ersuchen. Antwortet die EZB nicht innerhalb der vorgeschriebenen Frist von 20 Arbeitstagen für die Bearbeitung des Erstantrags, so hat

---

[5]) Anschrift: Europäische Zentralbank, Abteilung Sekretariat, Kaiserstraße 29, D-60311 Frankfurt am Main. Fax: + 49 (69) 1344 6170.
E-Mail: ecb.secretariat@ecb.int.

der Antragsteller das Recht, einen Zweitantrag zu stellen.

(3) In Ausnahmefällen, beispielsweise bei einem Antrag auf Zugang zu einem sehr umfangreichen Dokument, zu einer sehr großen Zahl von Dokumenten oder bei erforderlicher Konsultation eines Dritten, kann die EZB die in Absatz 1 vorgesehene Frist um 20 Arbeitstage verlängern, sofern der Antragsteller vorab informiert wird und eine ausführliche Begründung erhält.

(4) Absatz 1 findet auf exzessive sowie unzumutbare und insbesondere auf wiederholt gestellte Anträge keine Anwendung.

Artikel 8

Behandlung von Zweitanträgen

(1) Ein Zweitantrag wird unverzüglich bearbeitet. Binnen 20 Arbeitstagen nach Eingang eines solchen Antrags gewährt das Direktorium entweder Zugang zu dem angeforderten Dokument und macht es gemäß Artikel 9 zugänglich oder teilt schriftlich die Gründe für die vollständige oder teilweise Ablehnung mit. Verweigert die EZB den Zugang vollständig oder teilweise, so unterrichtet sie den Antragsteller über mögliche Rechtsbehelfe gemäß Artikel 230 und 195 des Vertrags.

(2) In Ausnahmefällen, beispielsweise bei einem Antrag auf Zugang zu einem sehr umfangreichen Dokument oder zu einer sehr großen Zahl von Dokumenten, kann die EZB die in Absatz 1 vorgesehene Frist um 20 Arbeitstage verlängern, sofern der Antragsteller vorab informiert wird und eine ausführliche Begründung erhält.

(3) Antwortet die EZB nicht innerhalb der vorgeschriebenen Frist, gilt dies als abschlägiger Bescheid und berechtigt den Antragsteller, gemäß Artikel 230 bzw. 195 des Vertrags Klage zu erheben und/oder Beschwerde beim Europäischen Bürgerbeauftragten einzulegen.

Artikel 9

Zugang im Anschluss an einen Antrag

(1) Die Einsichtnahme der Antragsteller in Dokumente, zu denen die EZB Zugang gewährt hat, erfolgt entweder in den Räumlichkeiten der EZB oder durch Bereitstellung einer Kopie, gegebenenfalls in elektronischer Form. Die Kosten für die Anfertigung und Übersendung von Kopien können dem Antragsteller in Rechnung gestellt werden. Diese Kosten dürfen die tatsächlichen Kosten für die Anfertigung und Übersendung der Kopien nicht überschreiten. Die Einsichtnahme vor Ort, Kopien von weniger als 20 DIN-A4-Seiten und der direkte Zugang in elektronischer Form sind kostenlos.

Dok-Öffentl

(2) Ist ein Dokument bereits von der EZB freigegeben worden und problemlos zugänglich, kann die EZB ihrer Verpflichtung zur Gewährung des Zugangs zu dem Dokument nachkommen, indem sie den Antragsteller darüber informiert, wie er das angeforderte Dokument erhalten kann.

(3) Die Dokumente werden in einer vorliegenden Fassung und Form (einschließlich einer elektronischen oder anderen Form) gemäß dem Antrag des Antragstellers zur Verfügung gestellt.

Artikel 10

Vervielfältigung von Dokumenten

(1) Dokumente, die gemäß diesem Beschluss freigegeben wurden, dürfen nicht ohne vorherige spezielle Genehmigung der EZB vervielfältigt oder zu kommerziellen Zwecken genutzt werden. Die EZB kann diese Genehmigung ohne Angabe von Gründen verweigern.

(2) Dieser Beschluss gilt unbeschadet geltender Urheberrechtsvorschriften, die das Recht Dritter auf Vervielfältigung oder Nutzung der freigegebenen Dokumente einschränken.

Artikel 11

Schlussbestimmungen

Dieser Beschluss tritt am Tag nach seiner Veröffentlichung im *Amtsblatt der Europäischen Union* in Kraft.

Der Beschluss EZB/1998/12 wird aufgehoben.

Europäische Investitionsbank
Bestimmungen über den Zugang der Öffentlichkeit zu Dokumenten der Bank*)
(2002/C 292/08)
(ABl 2002 C 292, 10)

Um der Öffentlichkeit hochwertige Informationen über ihre Strategie, ihre Politik, ihre Tätigkeit und ihre Verfahren zugänglich zu machen, ist die Europäische Investitionsbank einer aktiven Informationspolitik verpflichtet und wird ihre Aktivitäten in diesem Bereich intensivieren.

Bestimmungen über den Zugang der Öffentlichkeit zu Dokumenten der Bank

In Erwägung nachstehender Gründe:

(1) In Artikel 1 Absatz 2 des Vertrags über die Europäische Union, wonach der Vertrag „eine neue Stufe bei der Verwirklichung einer immer engeren Union der Völker Europas dar[stellt], in der die Entscheidungen möglichst offen und möglichst bürgernah getroffen werden", ist das Prinzip der Transparenz verankert.

(2) In Artikel 255 des Vertrags zur Gründung der Europäischen Gemeinschaft (nachstehend „Vertrag") ist das Recht auf Zugang zu Dokumenten des Europäischen Parlaments, des Rates und der Kommission niedergelegt.

(3) Das Europäische Parlament und der Rat haben die Verordnung (EG) Nr. 1049/2001 über den Zugang der Öffentlichkeit zu Dokumenten des Europäischen Parlaments, des Rates und der Kommission angenommen, die dem Recht der Öffentlichkeit auf Zugang zu Dokumenten größtmögliche Wirksamkeit verschaffen soll und gemäß Artikel 255 Absatz 2 EG-Vertrag die allgemeinen Grundsätze und Einschränkungen dafür festlegt.

(4) Das Europäische Parlament, der Rat und die Kommission haben durch eine gemeinsame Erklärung zu der Verordnung (EG) Nr. 1049/2001 des Europäischen Parlaments und des Rates vom 30. Mai 2001 über den öffentlichen Zugang zu Dokumenten des Europäischen Parlaments, des Rates und der Kommission die Organe und Einrichtungen der Europäischen Union aufgefordert, interne Regelungen über den Zugang der Öffentlichkeit zu Dokumenten zu beschließen, die den Grundsätzen und Einschränkungen in der Verordnung (EG) Nr. 1049/2001 Rechnung tragen.

(5) Die Europäische Investitionsbank (nachstehend „Bank") hat gemäß Artikel 267 des Vertrags die Aufgabe, „zu einer ausgewogenen und reibungslosen Entwicklung des Gemeinsamen Marktes im Interesse der Gemeinschaft beizutragen; hierbei bedient sie sich des Kapitalmarkts sowie ihrer eigenen Mittel. In diesem Sinne erleichtert sie ohne Verfolgung eines Erwerbszwecks durch Gewährung von Darlehen und Bürgschaften die Finanzierung" [von Investitionsvorhaben] „in allen Wirtschaftszweigen".

(6) Artikel 255 des Vertrags, aufgrund dessen die Verordnung (EG) Nr. 1049/2001 angenommen wurde, bezieht sich lediglich auf das Europäische Parlament, den Rat und die Kommission. Die EIB wünscht jedoch ebenfalls, dass die Dokumente in Einklang mit den für die gemeinschaftlichen Organe und Einrichtungen sowie auch für die Bank geltenden Regeln für gute Verwaltungspraxis der Öffentlichkeit in größtmöglichem Umfang zugänglich gemacht werden. Im Jahr 1997 hatte die EIB bereits Bestimmungen über den Zugang der Öffentlichkeit zu Dokumenten der Bank ([1]) verabschiedet, die durch diese Bestimmungen ersetzt werden.

(7) Die Bank hat beschlossen, ihre Bestimmungen über den Zugang der Öffentlichkeit zu Dokumenten zu überarbeiten, um den Grundsätzen und Einschränkungen in der oben genannten Verordnung (EG) Nr. 1049/2001 in dem Maße Rechnung zu tragen, wie dies die Erfüllung ihrer Aufgabe als Finanzierungsinstitution im Sinne des Vertrags in keiner Weise beeinträchtigt.

(8) Um die Beziehungen der Mitarbeiter der Bank zur Öffentlichkeit durch einen allgemeinen Rahmen zu regeln, hat die Bank den „Kodex für gute Verwaltungspraxis in den Beziehungen der Mitarbeiter der Europäischen Investitionsbank zur Öffentlichkeit" ([2]) (nachstehend „Kodex für gute Verwaltungspraxis") verabschiedet.

Dok-Öffentl

---

*) *Hinweis:* Bestimmungen *über historische Archive* der Bank, ABl 2005 C 289, 12.

([1]) ABl. C 243 vom 9.8.1997.
([2]) ABl. C 17 vom 19.1.2001.

(9) Artikel 287 des Vertrags untersagt die Preisgabe von Informationen, die ihrem Wesen nach unter das Berufsgeheimnis fallen; dies gilt insbesondere für Auskünfte über Unternehmen sowie deren Geschäftsbeziehungen oder Kostenelemente. Bei der Erfüllung ihrer Aufgabe muss die Bank daher gewährleisten, dass sich Projektträger, Darlehensnehmer und potenzielle Darlehensnehmer sowie Dritte, die in die Durchführung oder Finanzierung von Projekten einbezogen sind, auf die Vertraulichkeit ihrer Beziehungen zur Bank verlassen können.

(10) Die Bank muss in ihren Beziehungen zu anderen Organen und Einrichtungen innerhalb und außerhalb des Rahmens der Gemeinschaft den vertraulichen Charakter der zwischen ihr und letzteren ausgetauschten Dokumente wahren, soweit dies für die Erreichung der verfolgten Ziele notwendig ist.

(11) Innerhalb der EIB muss ein freier und uneingeschränkter Meinungsaustausch im Rahmen der internen Prozesse der Vorbereitung, Beratung und Entscheidungsfindung gewährleistet sein, um einen reibungslosen Ablauf ihrer Tätigkeit zu ermöglichen. Die Bank muss zudem sicherstellen, dass persönliche Daten in Einklang mit den Gemeinschaftsbestimmungen geschützt werden.

(12) Vor dem Hintergrund der obigen Ausführungen ist die EIB einer aktiven Informationspolitik verpflichtet und wird ihr Bestreben, der Öffentlichkeit Informationen über ihre Strategie, ihre Politik, ihre Tätigkeit und ihre Verfahren zugänglich zu machen, fortsetzen und intensivieren. Sie wird weiterhin im Einvernehmen mit ihren Vertragspartnern auch grundlegende Informationen über abgeschlossene Einzeloperationen veröffentlichen, soweit dies sinnvoll ist.

Das Direktorium der Bank hat die folgenden Bestimmungen, die an die Dienststellen der EIB gerichtet und zur Veröffentlichung bestimmt sind, verabschiedet:

Artikel 1

Anwendungsbereich

1. Die Öffentlichkeit hat in Einklang mit den Grundsätzen und unter bzw. mit den in diesem Beschluss festgelegten Bedingungen bzw. Einschränkungen Zugang zu den Dokumenten der Bank.

2. Als „Öffentlichkeit" gelten alle Bürger der Union und alle natürlichen bzw. juristischen Personen, die ihren Wohnsitz bzw. ihren eingetragenen Sitz in einem Mitglied-staat der Europäischen Union oder in einem Staat, in dem die Bank tätig ist, haben.

3. Als „Dokument" gelten Inhalte, die von der Bank erstellt worden oder bei ihr eingegangen sind und einen Sachverhalt im Zusammenhang mit der Politik, den Tätigkeiten oder Entscheidungen aus ihrem Zuständigkeitsbereich betreffen.

4. Als „Dritte" gelten alle natürlichen und juristischen Personen und Einrichtungen außerhalb der Bank, einschließlich der Mitgliedstaaten, der anderen Gemeinschafts- oder Nicht-Gemeinschaftsorgane und -einrichtungen und der Drittländer.

Artikel 2

Anträge

1. Dokumente sind in schriftlicher, einschließlich elektronischer, Form anzufordern. Die Anträge sind an folgende Anschrift zu richten:

Generalsekretariat
Hauptabteilung Information und Kommunikation
Europäische Investitionsbank
L-2950 Luxemburg
oder an:
infopol@eib.org
bzw. infopol@bei.org

2. Anträge auf Zugang zu Informationen werden entsprechend den Bedingungen und Fristen des Kodexes für gute Verwaltungspraxis ([2]) bearbeitet.

3. Der Antragsteller ist nicht verpflichtet, Gründe für seinen Antrag anzugeben. Ist ein Antrag nicht hinreichend präzise oder erlaubt nicht die Ermittlung der angeforderten Dokuments bzw. der gewünschten Informationen, fordert die Bank den Antragsteller auf, seinen Antrag zu präzisieren.

4. Die Bank behält sich jedoch die Ablehnung von Anträgen vor, die ungerechtfertigt oder eindeutig unverhältnismäßig sind.

Artikel 3

Dokumente Dritter

Wird bei der Bank ein Dokument angefordert, das sich in ihrem Besitz befindet und ihr von Dritten übermittelt wurde, konsultiert sie die Betreffenden, um ihr Einverständnis einzuholen, es sei denn, aus der im Lichte dieses Beschlusses vorgenommenen Prüfung des Dokuments geht eindeutig hervor, dass dieses zur Verbreitung bestimmt ist bzw. nicht verbreitet werden darf.

Artikel 4

Ausnahmeregelung

1. Der Zugang zu einem Dokument oder zu Teilen eines Dokuments wird abgelehnt, wenn durch dessen Verbreitung Folgendes beeinträchtigt würde:

i) der Schutz des öffentlichen Interesses im Hinblick auf die internationalen Beziehungen sowie die Finanz-, Währungs- oder Wirtschaftspolitik der Gemeinschaft, ihrer Organe und Einrichtungen oder eines Mitgliedstaats;

ii) der Schutz der Privatsphäre und der Integrität des Einzelnen, insbesondere gemäß den Rechtsvorschriften der Gemeinschaft über den Schutz personenbezogener Daten;

iii) der Schutz von Gerichtsverfahren;

iv) der Schutz der Rechtsberatung;

v) der Schutz des Zwecks von Inspektions-, Untersuchungs- und Audittätigkeiten;

vi) der Schutz der geschäftlichen Interessen einer natürlichen oder juristischen Person, einschließlich des geistigen Eigentums;

vii) der Schutz des Berufsgeheimnisses, wenn eine solche Verbreitung den standesüblichen Normen und den in Bank- und Finanzkreisen geltenden Regeln und Gepflogenheiten widersprechen würde;

viii) der Schutz des berechtigten Interesses der Bank, ihre interne Verwaltung insbesondere im Bereich der Humanressourcen zu organisieren.

2. Der Zugang zu einem Dokument oder zu Teilen eines Dokuments, das von der Bank für den internen Gebrauch erstellt wurde oder bei ihr eingegangen ist und sich auf eine Angelegenheit bezieht, in der die Bank noch keinen Beschluss gefasst hat, wird abgelehnt, wenn dessen Verbreitung den Entscheidungsprozess der Bank beeinträchtigen würde. Der Zugang zu einem Dokument mit Stellungnahmen für interne Zwecke im Rahmen von Beratungen und Vorgesprächen innerhalb der Bank wird auch dann, wenn der Beschluss gefasst worden ist, abgelehnt, wenn die Verbreitung des Dokuments den Entscheidungsprozess der Bank beeinträchtigen würde.

3. Dokumente oder Teile von Dokumenten, die Informationen über Dritte enthalten, werden nicht zugänglich gemacht, wenn die betreffenden Informationen der Bank gegenüber als vertraulich bezeichnet worden sind, wenn sich die Bank verpflichtet hat, sie vertraulich zu behandeln, oder wenn die betreffenden Informationen in anderer Hinsicht so beschaffen sind, dass sie unter die Verpflichtung der Bank fallen, Dritten gegenüber die Vertraulichkeit von Informationen zu wahren.

4. Eine Abweichung von den Bestimmungen im vorstehenden Absatz ist mit schriftlicher Genehmigung der Person oder der Einrichtung, die durch die Vertraulichkeit der betreffenden Informationen geschützt wird, möglich.

5. Die Ausnahmen gemäß den oben stehenden Absätzen gelten nur für den Zeitraum, in dem der Schutz aufgrund des Inhalts des Dokuments gerechtfertigt ist. Die Ausnahmen gelten in der Regel höchstens für einen Zeitraum von 30 Jahren. Im Falle von Dokumenten, die unter die Ausnahmeregelungen bezüglich der Privatsphäre, der geschäftlichen Interessen oder der Möglichkeiten im Rahmen der internen Verwaltung fallen, können die Ausnahmen erforderlichenfalls auch nach Ablauf dieses Zeitraums weiter Anwendung finden.

Artikel 5

Zugang im Anschluss an einen Antrag

1. Der Zugang zu den Dokumenten erfolgt entweder durch Einsichtnahme vor Ort oder durch Bereitstellung einer Kopie, gegebenenfalls auch in elektronischer Form.

2. Die Dokumente werden in einer vorliegenden Fassung und Form zur Verfügung gestellt.

3. Ist ein Dokument bereits von der Bank oder von Dritten freigegeben worden, beantwortet die Bank den Antrag auf Zugang, indem sie den Antragsteller darüber informiert, wie er das angeforderte Dokument erhalten kann.

Artikel 6

Vervielfältigung

Dieser Beschluss gilt unbeschadet geltender Vorschriften über Urheberrechte – einschließlich der Urheberrechte der Bank –, die das Recht Dritter auf Vervielfältigung oder Nutzung der freigegebenen Dokumente einschränken können.

Artikel 7

Kosten

Vom Antragsteller kann eine Gebühr zur Deckung der Kosten erhoben werden, die durch die Bereitstellung der angeforderten Dokumente entstehen.

Artikel 8

Rechtsbehelf

Antwortet die Bank nicht innerhalb der in Artikel 13 des Kodexes für gute Verwaltungspraxis vorgeschriebenen Frist oder wird ein Antrag nach einer Beschwerde vollständig oder teilweise abgelehnt, ist der Antragsteller berechtigt, sich gemäß Artikel 195 des Vertrags an den Europäischen Bürgerbeauftragten zu wenden.

Artikel 9

Schlussbestimmungen

Diese Bestimmungen ändern und ersetzen den am 26. März 1997 ([1]) angenommenen Beschluss des Direktoriums. Sie werden durch die Bestimmungen des Kodexes für gute Verwaltungspraxis ergänzt. Der Generalsekretär der Bank kann die Modalitäten für die Umsetzung dieser Bestimmungen in Absprache mit den betroffenen Dienststellen festlegen.

Europäische Investitionsbank
**Kodex für gute Verwaltungspraxis in den Beziehungen der Mitarbeiter der
Europäischen Investitionsbank zur Öffentlichkeit**
(2001/C 17/08)
(ABl 2001 C 17, 26)

Artikel 1
Allgemeine Vorschrift

In ihren Beziehungen zur Öffentlichkeit beachten die Mitarbeiter der Europäischen Investitionsbank (nachstehend „die Bank") die in diesem Dokument niedergelegten Grundsätze, die einen Kodex für gute Verwaltungspraxis (nachstehend „der Kodex") bilden. Als „Öffentlichkeit" gelten alle Bürger der Union und alle natürlichen bzw. juristischen Personen, die in einem Mitgliedstaat oder in einem Staat, in dem die Bank tätig ist, ihren Wohnsitz bzw. ihren eingetragenen Sitz haben.

Artikel 2
Persönlicher Geltungsbereich

Dieser Kodex gilt für das Personal der Bank. Er findet auch auf Personen Anwendung, die in der Bank Dienstleistungen erbringen, sofern dies in dem ihrem Beschäftigungsverhältnis zugrunde liegenden Vertrag festgelegt ist.

Artikel 3
Sachlicher Geltungsbereich

(1) Der Kodex legt die allgemeinen Grundsätze guter Verwaltungspraxis in den Beziehungen der Mitarbeiter der Bank zur Öffentlichkeit fest, sofern diese Beziehungen nicht besonderen Bestimmungen unterliegen, insbesondere den Vorschriften über den Zugang zu Unterlagen.

(2) Die im vorliegenden Kodex festgelegten Grundsätze gelten weder für die Beziehungen zwischen der Bank und ihren Mitarbeitern, der Bank und ihren Vertragspartnern noch für andere Beziehungen geschäftlicher Art.

Artikel 4
Rechtmäßigkeit

Die Mitarbeiter der Bank handeln nach dem Grundsatz der Rechtmäßigkeit und wenden die in den Rechtsvorschriften der Gemeinschaft niedergelegten Regeln und Verfahren an.

Artikel 5
Nichtdiskriminierung

(1) Bei der Behandlung von Anfragen und bei ihrer Beantwortung gewährleisten die Mitarbeiter, dass der Grundsatz der Gleichbehandlung beachtet wird. Einzelpersonen, die sich in der gleichen Situation befinden, werden auf gleiche Weise behandelt.

(2) Wird bei der Behandlung ein Unterschied gemacht, stellen die Mitarbeiter sicher, dass diese unterschiedliche Behandlung durch die objektiven wesentlichen Eigenschaften des betreffenden Falles gerechtfertigt ist.

(3) Die Mitarbeiter enthalten sich jeder ungerechtfertigten unterschiedlichen Behandlung.

Artikel 6
Kein Missbrauch von Befugnissen

Die Mitarbeiter kommen ihrer Verpflichtung nach, die ihnen zur Erfüllung ihrer Aufgaben übertragenen Befugnisse nicht zu überschreiten.

Artikel 7
Fairness und Loyalität

(1) Die Mitarbeiter sind gehalten, fair und vernünftig zu handeln.

(2) In ihren Beziehungen zur Öffentlichkeit handeln die Mitarbeiter gemäß ihren Verpflichtungen unter allen Umständen im Interesse der Bank und lassen sich nicht durch persönliche Erwägungen oder Beziehungen beeinflussen.

Artikel 8
Rechtmäßige Erwartungen und
folgerichtiges Handeln

(1) Die Mitarbeiter halten sich an die üblichen Verwaltungsvorschriften und -praktiken der Bank.

(2) Sie beachten die berechtigten und billigen Erwartungen, die die Öffentlichkeit aufgrund des Handelns der Bank in der Vergangenheit hegt.

Dok-Öffentl

Artikel 9

Höflichkeit

(1) Die Mitarbeiter legen ein gewissenhaftes, korrektes, höfliches und zugängliches Verhalten an den Tag. Bei der Beantwortung von Schriftverkehr, Telefongesprächen und E-Mails bemühen sich die Mitarbeiter, soweit wie möglich hilfsbereit zu sein und die an sie gerichteten Anfragen zu beantworten.

(2) Fällt eine Anfrage nicht in den Zuständigkeitsbereich eines Mitarbeiters, verweist dieser den Bürger an die zuständige Dienststelle der Bank.

(3) Tritt ein Fehler auf, entschuldigt sich der Mitarbeiter dafür.

Artikel 10

Informationsbegehren

(1) Der Mitarbeiter stellt, sofern er für die betreffende Anfrage zuständig ist, Einzelpersonen die von ihnen angeforderten Informationen zur Verfügung. Der Mitarbeiter stellt sicher, dass die übermittelte Information klar und verständlich ist.

(2) Ist ein mündlich vorgetragenes Informationsbegehren zu kompliziert oder zu umfassend, bittet der Mitarbeiter die betreffende Person, ihren Antrag schriftlich zu formulieren.

(3) Kann ein Mitarbeiter die angeforderte Information wegen ihres vertraulichen Charakters oder insbesondere wegen des Bankgeheimnisses nicht zur Verfügung stellen, teilt er die Gründe mit, warum er die Information nicht geben kann.

Artikel 11

Beantwortung von Schreiben in der vom Bürger verwendeten Sprache

Der Mitarbeiter stellt soweit als möglich sicher, dass jeder Bürger, der sich in einer der Vertragssprachen schriftlich an die Bank wendet, eine Antwort in derselben Sprache erhält.

Artikel 12

Empfangsbestätigung

(1) Für jedes an die Bank gerichtete Schreiben bzw. jede Anfrage wird innerhalb von zwei Wochen nach Eingang bei der zuständigen Dienststelle eine Empfangsbestätigung ausgestellt, es sei denn, dass innerhalb dieser Frist eine inhaltlich fundierte Antwort übermittelt werden kann.

(2) Geht ein Schreiben oder eine Anfrage bei einem nicht zuständigen Mitarbeiter der Bank ein, wird es von diesem unverzüglich zur Bearbeitung an die zuständige Dienststelle weitergeleitet.

(3) In der Empfangsbestätigung werden der Name des Mitarbeiters, der mit der Angelegenheit befasst ist, sowie seine Dienststelle angegeben.

(4) Keine Empfangsbestätigung bzw. keine Antwort muss in Fällen übermittelt werden, in denen Schreiben bzw. Anfragen aufgrund ihrer übermäßigen Zahl, wegen ständiger Wiederholungen oder ihres sinnlosen Charakters den Tatbestand des Missbrauchs erfüllen.

Artikel 13

Angemessene Antworten und Fristen

(1) Der Mitarbeiter stellt sicher, dass auf alle an die Bank gerichteten Ersuchen oder Beschwerden innerhalb einer angemessenen Frist, unverzüglich und auf keinen Fall später als zwei Monate nach dem Eingang eine Antwort gegeben wird.

(2) Kann wegen des komplexen Charakters der gestellten Fragen nicht innerhalb der vorstehend genannten Frist eine Antwort gegeben werden, unterrichtet der zuständige Mitarbeiter den Verfasser schnellstmöglich. In diesem Falle erhält der Verfasser so rasch wie möglich eine abschließende Antwort.

(3) Alle Antworten auf Ersuchen oder Beschwerden sind so zu erteilen, dass die betroffene Person genau über die Gründe und Argumente informiert wird, auf denen die Antwort beruht.

(4) Ist es wegen der großen Anzahl von Personen, die von ähnlichen Antworten betroffen sind, nicht möglich, die Gründe für die Antwort im Detail mitzuteilen, und werden deshalb Standardantworten gegeben, stellt der zuständige Mitarbeiter sicher, dass er anschließend dem Bürger, der ausdrücklich darum bittet, eine individuelle Argumentation liefert.

(5) Der Mitarbeiter sieht davon ab, die Antwort anderen externen Parteien zu übermitteln, bis die betreffende Person bzw. die betreffenden Personen unterrichtet worden ist bzw. sind.

Artikel 14

Verzeichnisse

Die Dienststellen der Bank führen ein Verzeichnis aller eingegangenen Anfragen und der erteilten Antworten.

Artikel 15

Datenschutz

(1) Mitarbeiter, die mit personenbezogenen Daten von Bürgern umgehen, beachten die Grundsätze der Richtlinie 95/46/EG über den Schutz natürlicher Personen bei der Verarbeitung personenbezogener Daten und zum freien Datenverkehr.

(2) Entsprechend ihren Pflichten sehen die Mitarbeiter insbesondere davon ab, personenbezogene Daten für unrechtmäßige Zwecke zu verwenden bzw. solche Daten an unbefugte Dritte weiterzuleiten.

Artikel 16

Beschwerden

(1) Bei Ihrer Tätigkeit achten die Mitarbeiter auf die Rechte der Öffentlichkeit. Falls eine Person jedoch der Ansicht ist, dass die erteilten Antworten ihre Rechte oder Interessen verletzen, so ist sie berechtigt, Beschwerde einzulegen.

(2) Alle Beschwerden müssen schriftlich innerhalb von zwei Monaten ab dem Datum des Schreibens, das Gegenstand der Beschwerde ist, an den Generalsekretär der Bank gerichtet werden.

(3) Darüber hinaus haben gemäß Artikel 195 des EG-Vertrags jeder Bürger der Union und jede natürliche bzw. juristische Person, die ihren Wohnsitz bzw. ihren eingetragenen Sitz in einem der Mitgliedstaaten hat, das Recht, eine Beschwerde an den Europäischen Bürgerbeauftragten zu richten.

Artikel 17

Öffentlicher Zugang zu dem Kodex

(1) Die Bank ergreift die erforderlichen Maßnahmen, um zu gewährleisten, dass dieser Kodex die weitestmögliche Verbreitung unter den Bürgern erfährt.

(2) Die Bank stellt jedem Bürger, der dies beantragt, eine Kopie des Kodex zur Verfügung.

(3) Dieser Kodex wird im *Amtsblatt der Europäischen Gemeinschaften* veröffentlicht.

Artikel 18

Inkrafttreten

Dieser Kodex tritt zum Zeitpunkt seiner Veröffentlichung im *Amtsblatt der Europäischen Gemeinschaften* in Kraft.

Rechnungshof

Beschluss Nr. 12/2005[1]) des Rechnungshofs der Europäischen Gemeinschaften vom 10. März 2005 über den Zugang der Öffentlichkeit zu den Dokumenten des Hofes

(2009/C 67/01)

DER RECHNUNGSHOF DER EUROPÄISCHEN GEMEINSCHAFTEN –

gestützt auf seine Geschäftsordnung[2]), insbesondere auf Artikel 30,

gestützt auf die Verordnung (EG, Euratom) Nr. 1605/2002 des Rates über die Haushaltsordnung für den Gesamthaushaltsplan der Europäischen Gemeinschaften[3]), insbesondere auf Artikel 143 Absatz 2 und auf Artikel 144 Absatz 1,

in Erwägung nachstehender Gründe:

In Artikel 1 Absatz 2 des Vertrags über die Europäische Union, wonach der Vertrag eine neue Stufe bei der Verwirklichung einer immer engeren Union der Völker Europas darstellt, in der die Entscheidungen möglichst offen und möglichst bürgernah getroffen werden, ist das Prinzip der Transparenz verankert.

In der Gemeinsamen Erklärung[4]) zu der Verordnung (EG) Nr. 1049/2001 des Europäischen Parlaments und des Rates vom 30. Mai 2001 über den Zugang der Öffentlichkeit zu Dokumenten des Europäischen Parlaments, des Rates und der Kommission[5]) fordern das Europäische Parlament, der Rat und die Kommission die anderen Organe und Einrichtungen auf, interne Regelungen über den Zugang der Öffentlichkeit zu Dokumenten zu beschließen, die den Grundsätzen und Einschränkungen in dieser Verordnung Rechnung tragen.

Der Beschluss Nr. 18/97 des Rechnungshofs über interne Vorschriften zur Bearbeitung von Anträgen auf Zugang zu den im Besitz des Hofes befindlichen Dokumenten[6]) existierte vor der Verordnung (EG) Nr. 1049/2001 und sollte im Lichte dieser Verordnung sowie der Rechtsprechung des Europäischen Gerichtshofs und des Gerichts erster Instanz überarbeitet werden.

Transparenz gewährleistet eine größere Legitimität, Effizienz und Verantwortung der Verwaltung gegenüber dem Bürger und trägt so zur Stärkung der Grundsätze der Demokratie bei. Zu diesem Zweck ist eine gute Verwaltungspraxis im Hinblick auf den Zugang zu Dokumenten zu fördern.

Der Schutz bestimmter öffentlicher und privater Interessen sollte jedoch durch Ausnahmen bezüglich des Grundsatzes des Zugangs der Öffentlichkeit zu den Dokumenten gewährleistet werden. Dabei sind die internationalen Prüfungsnormen über die Vertraulichkeit von Prüfungsinformationen in vollem Umfang einzuhalten –

BESCHLIESST:

Artikel 1
Zweck

Zweck dieses Beschlusses ist es, die Bedingungen, Einschränkungen und Verfahren festzulegen, auf deren Grundlage der Rechnungshof (nachstehend „Hof") öffentlichen Zugang zu den in seinem Besitz befindlichen Dokumenten gewährt.

Artikel 2
Zugangsberechtigte und Anwendungsbereich

(1) Vorbehaltlich der in diesem Beschluss festgelegten Grundsätze, Bedingungen und Einschränkungen haben jeder Unionsbürger sowie jede natürliche oder juristische Person mit Wohnsitz oder Sitz in einem Mitgliedstaat im Rahmen der in diesem Beschluss festgelegten Bestimmungen und der internationalen Normen über die Vertraulichkeit von Prüfungsinformationen ein Recht auf Zugang zu den Dokumenten des Hofes.

(2) Vorbehaltlich derselben Grundsätze, Bedingungen und Einschränkungen kann der Hof allen natürlichen oder juristischen Personen, die keinen Wohnsitz oder Sitz in einem Mitgliedstaat haben, Zugang zu den Dokumenten gewähren.

(3) Dieser Beschluss gilt für alle Dokumente des Hofes, d. h. Dokumente, die von ihm erstellt wurden oder bei ihm eingegangen sind und sich in seinem Besitz befinden.

(4) Dieser Beschluss berührt nicht das etwaige Recht auf Zugang der Öffentlichkeit zu Dokumenten im Besitz des Hofes, das sich aus internationalen Übereinkünften oder aus Rechtsakten der Gemeinschaft zu deren Durchführung ergibt.

Artikel 3
Begriffsbestimmungen

Im Sinne dieses Beschlusses bedeutet

a) „Dokument" Inhalte unabhängig von der Form des Datenträgers (auf Papier oder in elektronischer Form, Ton-, Bild- oder audiovisuelles Material);

---

[1]) In der *vom Hof mit Beschluss Nr. 14/2009 in seiner Sitzung vom 5. Februar 2009 geänderten Fassung.*
[2]) ABl. L 18 vom 20.1.2005, S. 1.
[3]) ABl. L 248 vom 16.9.2002, S. 1.
[4]) ABl. L 173 vom 27.6.2001, S. 5.
[5]) ABl. L 145 vom 31.5.2001, S. 43.
[6]) ABl. C 295 vom 23.9.1998, S. 1.

b) „Dritte" alle natürlichen und juristischen Personen und Einrichtungen außerhalb des Hofes, einschließlich der Mitgliedstaaten, der anderen Gemeinschafts- oder Nichtgemeinschaftsorgane und -einrichtungen und der Drittländer.

Artikel 4
Ausnahmeregelung

(1) Der Hof verweigert den Zugang zu einem Dokument, durch dessen Verbreitung Folgendes beeinträchtigt würde:

a) der Schutz des öffentlichen Interesses u. a. im Hinblick auf
 – die öffentliche Sicherheit,
 – die Verteidigung und militärische Belange,
 – die internationalen Beziehungen,
 – die Finanz-, Währungs- oder Wirtschaftspolitik der Gemeinschaft oder eines Mitgliedstaats;

b) der Schutz der Privatsphäre und der Integrität des Einzelnen, insbesondere gemäß den Rechtsvorschriften der Gemeinschaft über den Schutz personenbezogener Daten.

(2) Im Einklang mit den Bestimmungen über die Vertraulichkeit, wie sie in Artikel 143 Absatz 2 und Artikel 144 Absatz 1 der Verordnung (EG, Euratom) Nr. 1605/2002 des Rates über den Gesamthaushaltsplan der Europäischen Gemeinschaften und in entsprechenden Bestimmungen in anderen Instrumenten des Gemeinschaftsrechts festgelegt sind, gewährt der Hof keinen Zugang zu seinen Prüfungsbemerkungen. Ferner kann er den Zugang zu Dokumenten verweigern, die zur Vorbereitung der Prüfungsbemerkungen dienen.

(3) Der Hof verweigert den Zugang zu einem Dokument, durch dessen Verbreitung Folgendes beeinträchtigt würde:
 – der Schutz der geschäftlichen Interessen einer natürlichen oder juristischen Person, einschließlich des geistigen Eigentums,
 – der Schutz von Gerichtsverfahren und der Rechtsberatung,
 – der Schutz von Kontroll-, Untersuchungs- und Prüfungstätigkeiten.

(4) Der Zugang zu einem Dokument, das vom Hof für den internen Gebrauch erstellt wurde oder bei ihm eingegangen ist und das sich auf eine Angelegenheit bezieht, in der der Hof noch keinen Beschluss gefasst hat, wird verweigert, wenn eine Verbreitung des Dokuments den Entscheidungsprozess des Hofes beeinträchtigen würde.

Der Zugang zu einem Dokument mit Stellungnahmen zum internen Gebrauch im Rahmen von Beratungen und Vorgesprächen innerhalb des Hofes wird auch nach der Beschlussfassung

verweigert, wenn die Verbreitung des Dokuments den Entscheidungsprozess des Hofes beeinträchtigen würde.

(5) Betrifft der Antrag ein im Besitz des Hofes befindliches Dokument, das nicht von ihm verfasst wurde, bestätigt der Hof den Eingang des Antrags und nennt die Person, das Organ oder die Einrichtung, an die bzw. das der Antrag zu richten ist.

(6) Unterliegen nur Teile des angeforderten Dokuments einer der in diesem Artikel aufgeführten Ausnahmen, werden die übrigen Teile des Dokuments freigegeben.

(7) Die Anwendung der in diesem Artikel aufgeführten Ausnahmen berührt nicht die Bestimmungen der Verordnung (EWG, Euratom) Nr. 354/83 des Rates[7]) über den Zugang der Öffentlichkeit zu den historischen Archiven der Gemeinschaft.

(8) Ungeachtet der in diesem Artikel aufgeführten Ausnahmen kann der Hof beschließen, den Zugang zu einem Dokument vollständig oder teilweise zu gewähren, wenn ein überwiegendes öffentliches Interesse an der Verbreitung besteht.

Artikel 5
Anträge

Anträge auf Zugang zu einem Dokument sind in schriftlicher Form[8]), entweder auf Papier oder in elektronischer Form, in einer der in Artikel 314 des EG-Vertrags aufgeführten Sprachen[9]) zu stellen und müssen so präzise formuliert sein, dass der Hof das betreffende Dokument ermitteln kann. Der Antragsteller ist nicht verpflichtet, Gründe für seinen Antrag anzugeben.

Artikel 6
Behandlung von Erstanträgen

(1) Die beim Hof eingehenden Anträge werden dem Direktor für Prüfungsunterstützung und Kommunikation zugeleitet. Dieser übersendet dem Antragsteller eine Empfangsbescheinigung,

---

[7]) Verordnung (EWG, Euratom) Nr. 354/83 des Rates, geändert durch die Verordnung (EG, Euratom) Nr. 1700/2003 des Rates (ABl. L 243 vom 27.9.2003, S. 1).

[8]) Gerichtet an den Europäischen Rechnungshof, Direktor für Prüfungsunterstützung und Kommunikation, Rue Alcide De Gasperi 12, L-1615 Luxemburg, Fax: (+352) 43 93 42, E-Mail: euraud@eca.europa.eu

[9]) Gegenwärtig sind dies: Bulgarisch, Dänisch, Deutsch, Englisch, Estnisch, Finnisch, Französisch, Griechisch, Irisch, Italienisch, Lettisch, Litauisch, Maltesisch, Niederländisch, Polnisch, Portugiesisch, Rumänisch, Schwedisch, Slowakisch, Slowenisch, Spanisch, Tschechisch und Ungarisch.

prüft den Antrag und entscheidet, welche Maßnahmen zu treffen sind.

(2) In Abhängigkeit vom Gegenstand des Antrags informiert der Direktor für Prüfungsunterstützung und Kommunikation vor der Entscheidung über die Freigabe des angeforderten Dokuments das zuständige Mitglied, den Generalsekretär, den Juristischen Dienst oder den Datenschutzbeauftragten und konsultiert diese, falls erforderlich.

(3) Ein Antrag auf Zugang zu einem Dokument wird unverzüglich bearbeitet. Binnen 15 Arbeitstagen nach Registrierung des Antrags gewährt der Hof entweder Zugang zu dem angeforderten Dokument gemäß Artikel 9 oder informiert den Antragsteller schriftlich über die Gründe für die vollständige oder teilweise Ablehnung und über dessen Recht, gemäß Artikel 7 einen Antrag auf Überprüfung seines Standpunkts an den Hof zu richten.

(4) Bei einem Antrag auf Zugang zu einem sehr umfangreichen Dokument oder zu einer sehr großen Anzahl von Dokumenten kann sich der Hof informell mit dem Antragsteller ins Benehmen setzen in dem Bestreben, eine angemessene Lösung herbeizuführen. In diesen Fällen kann die in Absatz 3 vorgesehene Frist um 15 Arbeitstage verlängert werden, sofern der Antragsteller vorab informiert wird und eine ausführliche Begründung erhält.

Artikel 7
Überprüfung des Standpunkts

(1) Im Fall einer vollständigen oder teilweisen Ablehnung kann der Antragsteller binnen 15 Arbeitstagen nach Eingang des Antwortschreibens des Hofes beim Hof einen Antrag auf Überprüfung des Standpunkts einreichen.

(2) Antwortet der Hof nicht innerhalb der vorgeschriebenen Frist, so hat der Antragsteller ebenfalls das Recht, beim Hof einen Antrag auf Überprüfung des Standpunkts einzureichen.

Artikel 8
Behandlung von Anträgen auf Überprüfung des Standpunkts

(1) Anträge auf Überprüfung des Standpunkts werden dem Präsidenten des Hofes zugeleitet. In Abhängigkeit vom Gegenstand des Antrags konsultiert der Präsident des Hofes vor der Entscheidung über die Freigabe des Dokuments das zuständige Mitglied oder den Generalsekretär und, falls erforderlich, den Juristischen Dienst oder den Datenschutzbeauftragten.

(2) Ein Antrag auf Überprüfung des Standpunkts ist unverzüglich zu bearbeiten. Binnen 15 Arbeitstagen nach Registrierung eines solchen Antrags gewährt der Hof entweder Zugang

zu dem angeforderten Dokument und macht es innerhalb dieses Zeitraums gemäß Artikel 9 zugänglich oder teilt schriftlich die Gründe für die vollständige oder teilweise Ablehnung mit. Verweigert der Hof den Zugang vollständig oder teilweise, so unterrichtet er den Antragsteller über mögliche Rechtsbehelfe, d. h. Erhebung einer Klage gegen den Hof und/oder Einlegung einer Beschwerde beim Bürgerbeauftragten nach Maßgabe von Artikel 230 bzw. Artikel 195 des EG-Vertrags.

(3) In Ausnahmefällen, beispielsweise bei einem Antrag auf Zugang zu einem sehr umfangreichen Dokument oder zu einer sehr großen Anzahl von Dokumenten, kann die in Absatz 2 vorgesehene Frist um 15 Arbeitstage verlängert werden, sofern der Antragsteller vorab informiert wird und eine ausführliche Begründung erhält.

(4) Antwortet der Hof nicht innerhalb der vorgeschriebenen Frist, gilt dies als abschlägiger Bescheid und berechtigt den Antragsteller zur Inanspruchnahme der in Absatz 2 genannten Rechtsbehelfe.

Artikel 9
Zugang im Anschluss an einen Antrag

(1) Der Zugang zu den Dokumenten, zu denen der Hof den Zugang gewährt hat, erfolgt entweder durch Einsichtnahme vor Ort in den Räumlichkeiten des Hofes in Luxemburg oder durch Bereitstellung einer Kopie, gegebenenfalls in elektronischer Form. Im ersten Fall verständigen sich der Antragsteller und der Direktor für Prüfungsunterstützung und Kommunikation über Datum und Uhrzeit der Einsichtnahme.

(2) Die Kosten für die Anfertigung und Übersendung von Kopien können dem Antragsteller in Rechnung gestellt werden. Diese Kosten dürfen die tatsächlichen Kosten für die Anfertigung und Übersendung der Kopien nicht überschreiten. Die Einsichtnahme vor Ort, Kopien von bis zu 20 DIN-A4-Seiten und der direkte Zugang in elektronischer Form sind kostenlos.

(3) Ist ein Dokument öffentlich zugänglich, kann der Hof seiner Verpflichtung zur Gewährung des Zugangs zu dem angeforderten Dokument nachkommen, indem er den Antragsteller darüber informiert, wie er dieses erhalten kann.

(4) Die Dokumente werden in der vorliegenden Fassung und Form (einschließlich einer elektronischen oder anderen Form) zur Verfügung gestellt, wobei die Wünsche des Antragstellers berücksichtigt werden. Der Hof ist nicht verpflichtet, auf Verlangen des Antragstellers ein neues Dokument anzufertigen oder Informationen zusammenzustellen.

Artikel 10
Vervielfältigung von Dokumenten

(1) Dokumente, die im Einklang mit diesem Beschluss freigegeben wurden, dürfen nicht ohne vorherige schriftliche Genehmigung des Hofes für kommerzielle Zwecke vervielfältigt oder genutzt werden.

(2) Dieser Beschluss gilt unbeschadet geltender Urheberrechtsvorschriften, die das Recht Dritter auf Vervielfältigung oder Nutzung der freigegebenen Dokumente einschränken.

Artikel 11
Schlussbestimmungen

(1) Der Beschluss Nr. 18/97 des Rechnungshofs vom 20. Februar 1997 wird aufgehoben.

(2) Dieser Beschluss wird im *Amtsblatt der Europäischen Union* veröffentlicht.

(3) Er tritt am ersten Tag des Monats in Kraft, der auf seine Annahme folgt.

Geschehen zu Luxemburg am 10. März 2005.

Dok-Öffentl

KODEX
DES ÖSTERREICHISCHEN RECHTS
SAMMLUNG DER ÖSTERREICHISCHEN BUNDESGESETZE

SOZIAL-
VERSICHERUNG

L·LINDE VERLAG

1	ASVG
2	AlVG
3	KGG/KBGG
4	SUG
5	NSchG
6	BPGG
7	NeuFÖG
8	IVF-Fonds-G
9	AMPFG
10	GSVG
11	BSVG
12	FSVG
13	K-SVFG
14	NVG
15	B-KUVG
16	EU-BSVG
17	ARÜG
18	SV-EG
19	Int. Abk.

KODEX
DES ÖSTERREICHISCHEN RECHTS
SAMMLUNG DER ÖSTERREICHISCHEN BUNDESGESETZE

VERGABE-
GESETZE

L LINDE

1	BVergG, Begl. Best., ABVV, ÖNORM, ErstreckVO, FormVO, BeschVO, Schw.Werte
2	Bgld VergG
3	Krnt VergG DurchfVO
4	NÖ VergG VergO
5	OÖ VergG
6	Sbg VergG VergO
7	Stmk VergG
8	Tirol VergG
9	Vlbg VergG Vergform
10	Wien VergG

KODEX
DES ÖSTERREICHISCHEN RECHTS
SAMMLUNG DER ÖSTERREICHISCHEN BUNDESGESETZE

WIRTSCHAFTS-
GESETZE

TEIL I

L·LINDE VERLAG

1	GewO, ÖffnungsZG, Sonn-, FBZG, NahVG, ReisebR, MaklerR, VerbrKV, ProduktSG, GelVG, KraftFLG, GüterbefG
2	BVergG, BB-GmbHG, **EU-Recht**, DienstL-RL, LieferK-RL, BauA-RL, RechtsM-RL, Sek-RL, SekRM-RL, StandF-RL
3	ElWOG, E-RegBG, EigentEG, ÖkostromG, GWG, PreisTG, RohrLG, **EU-Recht**, ElektrBM-RL, ErdgasBM-RL, EnergieT-RL
4	DSG, **EU-Recht**, DatenS-RL, DatenB-RL
5	PreisG, PreisAG, Preis-BÜG, **EU-Recht**, PreisA-RL
6	VersG, EnLG, Erdöl-BMG, LMBG

KODEX
DES ÖSTERREICHISCHEN RECHTS
SAMMLUNG DER ÖSTERREICHISCHEN BUNDESGESETZE

WIRTSCHAFTS-
GESETZE

TEIL II

L·LINDE VERLAG

1	WettbG, KartellG, **EU-Recht**, EGV, VO Nr. 17, Anhör-VO, Bagatt-Bek, WettbR-VO, GruFr-VO, FusKon-VO
2	PatentG, SchuZG, GebrMG, HalblSG, MarkenSG, MusterSG, ProdPirG, UrhebRG, VerwertG, **EU-Recht**, MarkenR-RL, Gem-Mark-VO, GemGM-VO, Halbl-RL, CompPr-RL, Verm-Verl-RL, SchutzD-RL, UrhebR-RL, Sat-RL, Biotech-E-RL, FolgeR-RL, ProdPir-VO
3	UWG, **EU-Recht**, IrrWerb-RL

Europäische Menschenrechtskonvention

*) *Hinweise:*
Protokoll Nr. 12 zur Konvention zum Schutz der Menschenrechte und Grundfreiheiten wurde von Österreich am 4. 11. 2000 unterzeichnet.
Der aktuelle Stand der Unterzeichnungen und Ratifizierungen der Konvention samt Zusatzprotokollen ist unter http://conventions.coe.int abrufbar.

17/1.
Konvention zum Schutz
der Menschenrechte und
Grundfreiheiten*)
(in der Fassung der Protokolle Nr. 11 und 14)

(German version/version allemande
Übersetzung)

Der vorliegende Text der Konvention enthält sämtliche Änderungen,
welche das am 1. Juni 2010 in Kraft getretene Protokoll 14 (SEV Nr. 194) vorsieht.

Kanzlei des Europäischen Gerichtshofs für Menschenrechte
Juni 2010

In Erwägung der Allgemeinen Erklärung der Menschenrechte, die von der Generalversammlung der Vereinten Nationen am 10. Dezember 1948 verkündet wurde;

in der Erwägung, dass diese Erklärung bezweckt, die allgemeine und wirksame Anerkennung und Einhaltung der darin erklärten Rechte zu gewährleisten;

in der Erwägung, dass das Ziel des Europarates die Herbeiführung einer größeren Einig-

*) Die Konvention steht gemäß Art II Z 7 des BVG, BGBl. 1964/59, mit dem Tag ihres Inkrafttretens für Österreich (3. September 1958) im Verfassungsrang (zB VfSlg 4706/1964, 5100/1965). BGBl 1958/210, geändert durch BGBl 1970/330, 1972/84, 1990/64, 1994/593, BGBl III 1998/30.
Da eine Veröffentlichung der EMRK im BGBl mit Einarbeitung des im Juni 2010 in Kraft getretenen 14. Zusatzprotokolls zur Zeit noch nicht vorliegt, wird in dieser Auflage die konsolidierte Fassung der Kanzlei der deutschen Übersetzung verwendet.

keit unter seinen Mitgliedern ist und da eines der Mittel zur Erreichung dieses Zieles in der Wahrung und in der Entwicklung der Menschenrechte und Grundfreiheiten besteht;

unter erneuter Bekräftigung ihres tiefen Glaubens an diese Grundfreiheiten, welche die Grundlage der Gerechtigkeit und des Friedens in der Welt bilden, und deren Aufrechterhaltung wesentlich auf einem wahrhaft demokratischen politischen Regime einerseits und auf einer gemeinsamen Auffassung und Achtung der Menschenrechte andererseits beruht, von denen sie sich herleiten;

entschlossen, als Regierungen europäischer Staaten, die vom gleichen Geiste beseelt sind und ein gemeinsames Erbe an geistigen Gütern, politischen Überlieferungen, Achtung der Freiheit und Vorherrschaft des Gesetzes besitzen, die ersten Schritte auf dem Wege zu einer kollektiven Garantie gewisser in der Allgemeinen Erklärung verkündeter Rechte zu unternehmen;

Grundrechte

EMRK - ZProt
VfO EGMR

vereinbaren die unterzeichneten Regierungen, die Mitglieder des Europarates sind, folgendes:

Artikel 1
Verpflichtung zur Achtung der Menschenrechte

Die Hohen Vertragschließenden Teile sichern allen ihrer Jurisdiktion unterstehenden Personen die in Abschnitt I dieser Konvention niedergelegten Rechte und Freiheiten zu:

Abschnitt I
RECHTE UND FREIHEITEN

Artikel 2
Recht auf Leben

(1) Das Recht jedes Menschen auf das Leben wird gesetzlich geschützt. Abgesehen von der Vollstreckung eines Todesurteils, das von einem Gericht im Falle eines durch Gesetz mit der Todesstrafe bedrohten Verbrechens ausgesprochen worden ist, darf eine absichtliche Tötung nicht vorgenommen werden.

(2) Die Tötung wird nicht als Verletzung dieses Artikels betrachtet, wenn sie sich aus einer unbedingt erforderlichen Gewaltanwendung ergibt:

a) um die Verteidigung eines Menschen gegenüber rechtswidriger Gewaltanwendung sicherzustellen;

b) um eine ordnungsgemäße Festnahme durchzuführen oder das Entkommen einer ordnungsgemäß festgehaltenen Person zu verhindern;

c) um im Rahmen der Gesetze einen Aufruhr oder einen Aufstand zu unterdrücken.

Artikel 3
Verbot der Folter

Niemand darf der Folter oder unmenschlicher oder erniedrigender Strafe oder Behandlung unterworfen werden.

Artikel 4
Verbot der Sklaverei und der Zwangsarbeit

(1) Niemand darf in Sklaverei oder Leibeigenschaft gehalten werden.

(2) Niemand darf gezwungen werden, Zwangs- oder Pflichtarbeit zu verrichten.

(3) Als „Zwangs- oder Pflichtarbeit" im Sinne dieses Artikels gilt nicht:

a) jede Arbeit, die normalerweise von einer Person verlangt wird, die unter den von Artikel 5 der vorliegenden Konvention vorge-

sehenen Bedingungen in Haft gehalten oder bedingt freigelassen worden ist;

b) jede Dienstleistung militärischen Charakters, oder im Falle der Verweigerung aus Gewissensgründen in Ländern, wo diese als berechtigt anerkannt ist, eine sonstige an Stelle der militärischen Dienstpflicht tretende Dienstleistung;

c) jede Dienstleistung im Falle von Notständen und Katastrophen, die das Leben oder das Wohl der Gemeinschaft bedrohen;

d) jede Arbeit oder Dienstleistung, die zu den normalen Bürgerpflichten gehört.

Artikel 5
Recht auf Freiheit und Sicherheit

(1) Jedermann hat ein Recht auf Freiheit und Sicherheit. Die Freiheit darf einem Menschen nur in den folgenden Fällen und nur auf die gesetzlich vorgeschriebene Weise entzogen werden:

a) wenn er rechtmäßig nach Verurteilung durch ein zuständiges Gericht in Haft gehalten wird;

b) wenn er rechtmäßig festgenommen worden ist oder in Haft gehalten wird wegen Nichtbefolgung eines rechtmäßigen Gerichtsbeschlusses oder zur Erzwingung der Erfüllung einer durch das Gesetz vorgeschriebenen Verpflichtung;

c) wenn er rechtmäßig festgenommen worden ist oder in Haft gehalten wird zum Zwecke seiner Vorführung vor die zuständige Gerichtsbehörde, sofern hinreichender Verdacht dafür besteht, dass der Betreffende eine strafbare Handlung begangen hat, oder begründeter Anlass zu der Annahme besteht, dass es notwendig ist, den Betreffenden an der Begehung einer strafbaren Handlung oder an der Flucht nach Begehung einer solchen zu hindern;

d) wenn es sich um die rechtmäßige Haft eines Minderjährigen handelt, die zum Zwecke überwachter Erziehung angeordnet ist, oder um die rechtmäßige Haft eines solchen, die zum Zwecke seiner Vorführung vor die zuständige Behörde verhängt ist;

e) wenn er sich in rechtmäßiger Haft befindet, weil er eine Gefahrenquelle für die Ausbreitung ansteckender Krankheiten bildet, oder weil er geisteskrank, Alkoholiker, rauschgiftsüchtig oder Landstreicher ist;

f) wenn er rechtmäßig festgenommen worden ist oder in Haft gehalten wird, um ihn daran zu hindern, unberechtigt in das Staatsgebiet einzudringen oder weil er von einem gegen ihn schwebenden Ausweisungs- oder Auslieferungsverfahren betroffen ist.

(2) Jeder Festgenommene muss in möglichst kurzer Frist und in einer ihm verständlichen Sprache über die Gründe seiner Festnahme und über die gegen ihn erhobenen Beschuldigungen unterrichtet werden.

(3) Jede nach der Vorschrift des Absatzes 1 (c) dieses Artikels festgenommene oder in Haft gehaltene Person muss unverzüglich einem Richter oder einem anderen, gesetzlich zur Ausübung richterlicher Funktionen ermächtigten Beamten vorgeführt werden. Er hat Anspruch auf Aburteilung innerhalb einer angemessenen Frist oder auf Haftentlassung während des Verfahrens. Die Freilassung kann von der Leistung einer Sicherheit für das Erscheinen vor Gericht abhängig gemacht werden.

(4) Jedermann, dem seine Freiheit durch Festnahme oder Haft entzogen wird, hat das Recht, ein Verfahren zu beantragen, in dem von einem Gericht ehetunlich über die Rechtmäßigkeit der Haft entschieden wird und im Falle der Widerrechtlichkeit seine Entlassung angeordnet wird.

(5) Jeder, der entgegen den Bestimmungen dieses Artikels von Festnahme oder Haft betroffen worden ist, hat Anspruch auf Schadenersatz.

Artikel 6
Recht auf ein faires Verfahren

(1) Jedermann hat Anspruch darauf, dass seine Sache in billiger Weise öffentlich und innerhalb einer angemessenen Frist gehört wird, und zwar von einem unabhängigen und unparteiischen, auf Gesetz beruhenden Gericht, das über zivilrechtliche Ansprüche und Verpflichtungen oder über die Stichhaltigkeit der gegen ihn erhobenen strafrechtlichen Anklage zu entscheiden hat. Das Urteil muss öffentlich verkündet werden, jedoch kann die Presse und die Öffentlichkeit während der gesamten Verhandlung oder eines Teiles derselben im Interesse der Sittlichkeit, der öffentlichen Ordnung oder der nationalen Sicherheit in einem demokratischen Staat ausgeschlossen werden, oder wenn die Interessen von Jugendlichen oder der Schutz des Privatlebens der Prozessparteien es verlangen, oder, und zwar unter besonderen Umständen, wenn die öffentliche Verhandlung die Interessen der Rechtspflege beeinträchtigen würde, in diesem Fall jedoch nur in dem nach Auffassung des Gerichts erforderlichen Umfang.

(2) Bis zum gesetzlichen Nachweis seiner Schuld wird vermutet, dass der wegen einer strafbaren Handlung Angeklagte unschuldig ist.

(3) Jeder Angeklagte hat mindestens (englischer Text) insbesondere (französischer Text) die folgenden Rechte:

a) in möglichst kurzer Frist in einer für ihn verständlichen Sprache in allen Einzelheiten über die Art und den Grund der gegen ihn erhobenen Beschuldigung in Kenntnis gesetzt zu werden;

b) über ausreichende Zeit und Gelegenheit zur Vorbereitung seiner Verteidigung zu verfügen;

c) sich selbst zu verteidigen oder den Beistand eines Verteidigers seiner Wahl zu erhalten und, falls er nicht über die Mittel zur Bezahlung eines Verteidigers verfügt, unentgeltlich den Beistand eines Pflichtverteidigers zu erhalten, wenn dies im Interesse der Rechtspflege erforderlich ist;

d) Fragen an die Belastungszeugen zu stellen oder stellen zu lassen und die Ladung und Vernehmung der Entlastungszeugen unter denselben Bedingungen wie die der Belastungszeugen zu erwirken;

e) die unentgeltliche Beiziehung eines Dolmetschers zu verlangen, wenn der Angeklagte die Verhandlungssprache des Gerichts nicht versteht oder sich nicht darin ausdrücken kann.

Artikel 7
Keine Strafe ohne Gesetz

(1) Niemand kann wegen einer Handlung oder Unterlassung verurteilt werden, die zur Zeit ihrer Begehung nach inländischem oder internationalem Recht nicht strafbar war. Ebenso darf keine höhere Strafe als die im Zeitpunkt der Begehung der strafbaren Handlung angedrohte Strafe verhängt werden.

(2) Durch diesen Artikel darf die Verurteilung oder Bestrafung einer Person nicht ausgeschlossen werden, die sich einer Handlung oder Unterlassung schuldig gemacht hat, welche im Zeitpunkt ihrer Begehung nach den von den zivilisierten Völkern allgemein anerkannten Rechtsgrundsätzen strafbar war.

Artikel 8
Recht auf Achtung des Privat- und Familienlebens

(1) Jedermann hat Anspruch auf Achtung seines Privat- und Familienlebens, seiner Wohnung und seines Briefverkehrs.

(2) Der Eingriff einer öffentlichen Behörde in die Ausübung dieses Rechts ist nur statt-

Grundrechte

EMRK - ZProt
VfO EGMR

haft, insoweit dieser Eingriff gesetzlich vorgesehen ist und eine Maßnahme darstellt, die in einer demokratischen Gesellschaft für die nationale Sicherheit, die öffentliche Ruhe und Ordnung, das wirtschaftliche Wohl des Landes, die Verteidigung der Ordnung und zur Verhinderung von strafbaren Handlungen, zum Schutz der Gesundheit und der Moral oder zum Schutz der Rechte und Freiheiten anderer notwendig ist.

Artikel 9
Gedanken-, Gewissens- und Religionsfreiheit

(1) Jedermann hat Anspruch auf Gedanken-, Gewissens- und Religionsfreiheit; dieses Recht umfasst die Freiheit des einzelnen zum Wechsel der Religion oder der Weltanschauung sowie die Freiheit, seine Religion oder Weltanschauung einzeln oder in Gemeinschaft mit anderen öffentlich oder privat, durch Gottesdienst, Unterricht, Andachten und Beachtung religiöser Gebräuche auszuüben.

(2) Die Religions- und Bekenntnisfreiheit darf nicht Gegenstand anderer als vom Gesetz vorgesehener Beschränkungen sein, die in einer demokratischen Gesellschaft notwendige Maßnahmen im Interesse der öffentlichen Sicherheit, der öffentlichen Ordnung, Gesundheit und Moral oder für den Schutz der Rechte und Freiheiten anderer sind.

Artikel 10
Freiheit der Meinungsäußerung

(1) Jedermann hat Anspruch auf freie Meinungsäußerung. Dieses Recht schließt die Freiheit der Meinung und die Freiheit zum Empfang und zur Mitteilung von Nachrichten oder Ideen ohne Eingriffe öffentlicher Behörden und ohne Rücksicht auf Landesgrenzen ein. Dieser Artikel schließt nicht aus, dass die Staaten Rundfunk-, Lichtspiel- oder Fernsehunternehmen einem Genehmigungsverfahren unterwerfen.

(2) Da die Ausübung dieser Freiheiten Pflichten und Verantwortung mit sich bringt, kann sie bestimmten, vom Gesetz vorgesehenen Formvorschriften, Bedingungen, Einschränkungen oder Strafdrohungen unterworfen werden, wie sie vom Gesetz vorgeschrieben und in einer demokratischen Gesellschaft im Interesse der nationalen Sicherheit, der territorialen Unversehrtheit oder der öffentlichen Sicherheit, der Aufrechterhaltung der Ordnung und der Verbrechensverhütung, des Schutzes der Gesundheit und der Moral, des Schutzes des guten Rufes oder der Rechte anderer, um die Verbreitung von vertraulichen Nachrichten zu verhindern oder das Ansehen und die Unparteilichkeit der Rechtsprechung zu gewährleisten, unentbehrlich sind.

Artikel 11
Versammlungs- und Vereinigungsfreiheit

(1) Alle Menschen haben das Recht, sich friedlich zu versammeln und sich frei mit anderen zusammenzuschließen, einschließlich des Rechts, zum Schutze ihrer Interessen Gewerkschaften zu bilden und diesen beizutreten.

(2) Die Ausübung dieser Rechte darf keinen anderen Einschränkungen unterworfen werden als den vom Gesetz vorgesehenen, die in einer demokratischen Gesellschaft im Interesse der nationalen und öffentlichen Sicherheit, der Aufrechterhaltung der Ordnung und der Verbrechensverhütung, des Schutzes der Gesundheit und der Moral oder des Schutzes der Rechte und Freiheiten anderer notwendig sind. Dieser Artikel verbietet nicht, dass die Ausübung dieser Rechte durch Mitglieder der Streitkräfte, der Polizei oder der Staatsverwaltung gesetzlichen Einschränkungen unterworfen wird.

Artikel 12
Recht auf Eheschließung

Mit Erreichung des heiratsfähigen Alters haben Männer und Frauen gemäß den einschlägigen nationalen Gesetzen das Recht, eine Ehe einzugehen und eine Familie zu gründen.

Artikel 13
Recht auf wirksame Beschwerde

Sind die in der vorliegenden Konvention festgelegten Rechte und Freiheiten verletzt worden, so hat der Verletzte das Recht, eine wirksame Beschwerde bei einer nationalen Instanz einzulegen, selbst wenn die Verletzung von Personen begangen worden ist, die in amtlicher Eigenschaft gehandelt haben.

Artikel 14
Verbot der Benachteiligung

Der Genuss der in der vorliegenden Konvention festgelegten Rechte und Freiheiten ist ohne Benachteiligung zu gewährleisten, die insbesondere im Geschlecht, in der Rasse, Hautfarbe, Sprache, Religion, in den politischen oder sonstigen Anschauungen, in nationaler oder sozialer Herkunft, in der Zugehörigkeit zu einer nationalen Minderheit, im Vermögen, in der Geburt oder im sonstigen Status begründet ist.

Artikel 15
Außerkraftsetzen im Notstandsfall

(1) Im Falle eines Krieges oder eines anderen öffentlichen Notstandes, der das Leben der Nation bedroht, kann jeder der Hohen Vertragschließenden Teile Maßnahmen ergreifen, welche die in dieser Konvention vorgesehenen Verpflichtungen in dem Umfang, den die Lage unbedingt erfordert, und unter der Bedingung außer Kraft setzen, dass diese Maßnahmen nicht in Widerspruch zu den sonstigen völkerrechtlichen Verpflichtungen stehen.

(2) Die vorstehende Bestimmung gestattet kein Außerkraftsetzen des Artikels 2 außer bei Todesfällen, die auf rechtmäßige Kriegshandlungen zurückzuführen sind, oder der Artikel 3, 4 Absatz 1 und 7.

(3) Jeder Hohe Vertragschließende Teil, der dieses Recht der Außerkraftsetzung ausübt, hat den Generalsekretär des Europarates eingehend über die getroffenen Maßnahmen und deren Gründe zu unterrichten. Er muss den Generalsekretär des Europarates auch über den Zeitpunkt in Kenntnis setzen, in dem diese Maßnahmen außer Kraft getreten sind und die Vorschriften der Konvention wieder volle Anwendung finden.

Artikel 16
Beschränkungen der politischen Tätigkeit von Ausländern

Keine der Bestimmungen der Artikel 10, 11 und 14 darf so ausgelegt werden, dass sie den Hohen Vertragschließenden Parteien verbietet, die politische Tätigkeit von Ausländern Beschränkungen zu unterwerfen.

Artikel 17
Verbot des Missbrauchs der Rechte

Keine Bestimmung dieser Konvention darf dahin ausgelegt werden, dass sie für einen Staat, eine Gruppe oder eine Person das Recht begründet, eine Tätigkeit auszuüben oder eine Handlung zu begehen, die auf die Abschaffung der in der vorliegenden Konvention festgelegten Rechte und Freiheiten oder auf weitergehende Beschränkungen dieser Rechte und Freiheiten, als in der Konvention vorgesehen, hinzielt.

Artikel 18
Begrenzung der Rechtseinschränkungen

Die nach der vorliegenden Konvention gestatteten Einschränkungen dieser Rechte und Freiheiten dürfen nicht für andere Zwecke als die vorgesehenen angewendet werden.

Abschnitt II
EUROPÄISCHER GERICHTSHOF FÜR MENSCHENRECHTE

Artikel 19
Errichtung des Gerichtshofs

Um die Einhaltung der Verpflichtungen sicherzustellen, welche die Hohen Vertragschließenden Teile in dieser Konvention und den Protokollen dazu übernommen haben, wird ein Europäischer Gerichtshof für Menschenrechte, im folgenden als „Gerichtshof" bezeichnet, errichtet. Er nimmt seine Aufgaben als ständiger Gerichtshof wahr.

Artikel 20
Zahl der Richter

Die Zahl der Richter des Gerichtshofs entspricht derjenigen der Hohen Vertragschließenden Teile.

Artikel 21
Voraussetzungen für das Amt

(1) Die Richter müssen hohes sittliches Ansehen genießen und entweder die für die Ausübung hoher richterlicher Ämter erforderlichen Voraussetzungen erfüllen oder Rechtsgelehrte von anerkanntem Ruf sein.

(2) Die Richter gehören dem Gerichtshof in ihrer persönlichen Eigenschaft an.

(3) Während ihrer Amtszeit dürfen die Richter keine Tätigkeit ausüben, die mit ihrer Unabhängigkeit, ihrer Unparteilichkeit oder mit den Erfordernissen der Vollzeitbeschäftigung in diesem Amt unvereinbar ist; alle Fragen, die sich aus der Anwendung dieses Absatzes ergeben, werden vom Gerichtshof entschieden.

Artikel 22
Wahl der Richter

Die Richter werden von der Parlamentarischen Versammlung für jeden Hohen Vertragschließenden Teil mit Stimmenmehrheit aus einer Liste von drei Kandidaten gewählt, die von dem Hohen Vertragschließenden Teil vorgeschlagen werden.

Grundrechte EMRK · ZProt V/O EGMR

Artikel 23
Amtszeit und Entlassung

(1) Die Richter werden für neun Jahre gewählt. Ihre Wiederwahl ist nicht zulässig.

(2) Die Amtszeit der Richter endet mit Vollendung des 70. Lebensjahrs.

(3) Die Richter bleiben bis zum Amtsantritt ihrer Nachfolger im Amt. Sie bleiben jedoch in den Rechtssachen tätig, mit denen sie bereits befasst sind.

(4) Ein Richter kann nur entlassen werden, wenn die anderen Richter mit Zweidrittelmehrheit entscheiden, dass er die erforderlichen Voraussetzungen nicht mehr erfüllt.

Artikel 24
Kanzlei und Berichterstatter

(1) Der Gerichtshof hat eine Kanzlei, deren Aufgaben und Organisation in der Verfahrensordnung des Gerichtshofs festgelegt werden.

(2) Wenn der Gerichtshof in Einzelrichterbesetzung tagt, wird er von Berichterstattern unterstützt, die ihre Aufgaben unter der Aufsicht des Präsidenten des Gerichtshofs ausüben. Sie gehören der Kanzlei des Gerichtshofs an.

Artikel 25
Plenum des Gerichtshofs

Das Plenum des Gerichtshofs

a) wählt seinen Präsidenten und einen oder zwei Vizepräsidenten für drei Jahre; ihre Wiederwahl ist zulässig;

b) bildet Kammern für einen bestimmten Zeitraum;

c) wählt die Präsidenten der Kammern des Gerichtshofs; ihre Wiederwahl ist zulässig;

d) beschließt die Verfahrensordnung des Gerichtshofs;

e) wählt den Kanzler und einen oder mehrere stellvertretende Kanzler;

f) stellt Anträge nach Artikel 26 Absatz 2.

Artikel 26
Einzelrichterbesetzung, Ausschüsse, Kammern und Grosse Kammer

(1) Zur Prüfung der Rechtssachen, die bei ihm anhängig gemacht werden, tagt der Gerichtshof in Einzelrichterbesetzung, in Ausschüssen mit drei Richtern, in Kammern mit sieben Richtern und in einer Grossen Kammer mit siebzehn Richtern. Die Kammern des Gerichtshofs bilden die Ausschüsse für einen bestimmten Zeitraum.

(2) Auf Antrag des Plenums des Gerichtshofs kann die Anzahl Richter je Kammer für einen bestimmten Zeitraum durch einstimmigen Beschluss des Ministerkomitees auf fünf herabgesetzt werden.

(3) Ein Richter, der als Einzelrichter tagt, prüft keine Beschwerde gegen die Hohe Vertragspartei, für die er gewählt worden ist.

(4) Der Kammer und der Grossen Kammer gehört von Amts wegen der für eine als Partei beteiligte Hohe Vertragspartei gewählte Richter an. Wenn ein solcher nicht vorhanden ist oder er an den Sitzungen nicht teilnehmen kann, nimmt eine Person in der Eigenschaft eines Richters an den Sitzungen teil, die der Präsident des Gerichtshofs aus einer Liste auswählt, welche ihm die betreffende Vertragspartei vorab unterbreitet hat.

(5) Der Grossen Kammer gehören ferner der Präsident des Gerichtshofs, die Vizepräsidenten, die Präsidenten der Kammern und andere nach der Verfahrensordnung des Gerichtshofs ausgewählte Richter an. Wird eine Rechtssache nach Artikel 43 an die Grosse Kammer verwiesen, so dürfen Richter der Kammer, die das Urteil gefällt hat, der Grossen Kammer nicht angehören; das gilt nicht für den Präsidenten der Kammer und den Richter, welcher in der Kammer für die als Partei beteiligte Hohe Vertragspartei mitgewirkt hat.

Artikel 27
Befugnisse des Einzelrichters

(1) Ein Einzelrichter kann eine nach Artikel 34 erhobene Beschwerde für unzulässig erklären oder im Register streichen, wenn eine solche Entscheidung ohne weitere Prüfung getroffen werden kann.

(2) Die Entscheidung ist endgültig.

(3) Erklärt der Einzelrichter eine Beschwerde nicht für unzulässig und streicht er sie auch nicht im Register des Gerichtshofs, so übermittelt er sie zur weiteren Prüfung an einen Ausschuss oder eine Kammer.

Artikel 28
Befugnisse der Ausschüsse

(1) Ein Ausschuss, der mit einer nach Artikel 34 erhobenen Beschwerde befasst wird, kann diese durch einstimmigen Beschluss

a) für unzulässig erklären oder im Register streichen, wenn eine solche Entscheidung ohne weitere Prüfung getroffen werden kann; oder

b) für zulässig erklären und zugleich ein Urteil über die Begründetheit fällen, sofern die der Rechtssache zugrunde liegende Frage der Auslegung oder Anwendung dieser Konvention oder der Protokolle dazu Gegenstand einer gefestigten Rechtsprechung des Gerichtshofs ist.

(2) Die Entscheidungen und Urteile nach Absatz 1 sind endgültig.

(3) Ist der für die als Partei beteiligte Hohe Vertragspartei gewählte Richter nicht Mitglied des Ausschusses, so kann er von Letzterem jederzeit während des Verfahrens eingeladen werden, den Sitz eines Mitglieds im Ausschuss einzunehmen; der Ausschuss hat dabei alle erheblichen Umstände einschliesslich der Frage, ob diese Vertragspartei der Anwendung des Verfahrens nach Absatz 1 Buchstabe b entgegengetreten ist, zu berücksichtigen.

Artikel 29
Entscheidungen der Kammern über die Zulässigkeit und Begründetheit

(1) Ergeht weder eine Entscheidung nach Artikel 27 oder 28 noch ein Urteil nach Artikel 28, so entscheidet eine Kammer über die Zulässigkeit und Begründetheit der nach Artikel 34 erhobenen Beschwerden. Die Entscheidung über die Zulässigkeit kann gesondert ergehen.

(2) Eine Kammer entscheidet über die Zulässigkeit und Begründetheit der nach Artikel 33 erhobenen Staatenbeschwerden. Die Entscheidung über die Zulässigkeit ergeht gesondert, sofern der Gerichtshof in Ausnahmefällen nicht anders entscheidet.

Artikel 30
Abgabe der Rechtssache an die Grosse Kammer

Wirft eine bei einer Kammer anhängige Rechtssache eine schwerwiegende Frage der Auslegung dieser Konvention oder der Protokolle dazu auf oder kann die Entscheidung einer ihr vorliegenden Frage zu einer Abweichung von einem früheren Urteil des Gerichtshofs führen, so kann die Kammer diese Sache jederzeit, bevor sie ihr Urteil gefällt hat, an die Grosse Kammer abgeben, sofern nicht eine Partei widerspricht.

Artikel 31
Befugnisse der Grossen Kammer

Die Grosse Kammer

a) entscheidet über nach Artikel 33 oder Artikel 34 erhobene Beschwerden, wenn eine Kammer die Rechtssache nach Artikel 30 an sie abgegeben hat oder wenn die Sache nach Artikel 43 an sie verwiesen worden ist;

b) entscheidet über Fragen, mit denen der Gerichtshof durch das Ministerkomitee nach Artikel 46 Absatz 4 befasst wird; und

c) behandelt Anträge nach Artikel 47 auf Erstattung von Gutachten.

Artikel 32
Zuständigkeit des Gerichtshofs

(1) Die Zuständigkeit des Gerichtshofs umfasst alle die Auslegung und Anwendung dieser Konvention und der Protokolle dazu betreffenden Angelegenheiten, mit denen er nach den Artikeln 33, 34, 46 und 47 befasst wird.

(2) Besteht Streit über die Zuständigkeit des Gerichtshofs, so entscheidet der Gerichtshof.

Artikel 33
Staatenbeschwerden

Jeder Hohe Vertragschließende Teil kann den Gerichtshof wegen jeder behaupteten Verletzung dieser Konvention und der Protokolle dazu durch einen anderen Hohen Vertragschließenden Teil anrufen.

Artikel 34
Individualbeschwerden

Der Gerichtshof kann von jeder natürlichen Person, nichtstaatlichen Organisation oder Personengruppe, die behauptet, durch einen der Hohen Vertragschließenden Teile in einem der in dieser Konvention oder den Protokollen dazu anerkannten Rechte verletzt zu sein, mit einer Beschwerde befasst werden. Die Hohen Vertragschließenden Teile verpflichten sich, die wirksame Ausübung dieses Rechts nicht zu behindern.

Artikel 35
Zulässigkeitsvoraussetzungen

(1) Der Gerichtshof kann sich mit einer Angelegenheit erst nach Erschöpfung aller innerstaatlichen Rechtsbehelfe in Übereinstimmung mit den allgemein anerkannten Grundsätzen des Völkerrechts und nur innerhalb einer Frist

Grundrechte EMRK + ZProt VfO EGMR

von sechs Monaten nach der endgültigen innerstaatlichen Entscheidung befassen.

(2) Der Gerichtshof befasst sich nicht mit einer nach Artikel 34 erhobenen Individualbeschwerde, die

a) anonym ist; oder

b) im Wesentlichen mit einer schon vorher vom Gerichtshof geprüften Beschwerde übereinstimmt oder schon einer anderen internationalen Untersuchungs- oder Vergleichsinstanz unterbreitet worden ist und keine neuen Tatsachen enthält.

(3) Der Gerichtshof erklärt eine nach Artikel 34 erhobene Individualbeschwerde für unzulässig,

a) wenn er sie für unvereinbar mit dieser Konvention oder den Protokollen dazu, für offensichtlich unbegründet oder für missbräuchlich hält; oder

b) wenn er der Ansicht ist, dass dem Beschwerdeführer kein erheblicher Nachteil entstanden ist, es sei denn, die Achtung der Menschenrechte, wie sie in dieser Konvention und den Protokollen dazu anerkannt sind, erfordert eine Prüfung der Begründetheit der Beschwerde, und vorausgesetzt, es wird aus diesem Grund nicht eine Rechtssache zurückgewiesen, die noch von keinem innerstaatlichen Gericht gebührend geprüft worden ist.

(4) Der Gerichtshof weist eine Beschwerde zurück, die er nach diesem Artikel für unzulässig hält. Er kann dies in jedem Stadium des Verfahrens tun.

Artikel 36
Beteiligung Dritter

(1) In allen bei einer Kammer oder der Grossen Kammer anhängigen Rechtssachen ist der Hohe Vertragschließende Teil, dessen Staatsangehörigkeit der Beschwerdeführer besitzt, berechtigt, schriftliche Stellungnahmen abzugeben und an den mündlichen Verhandlungen teilzunehmen.

(2) Im Interesse der Rechtspflege kann der Präsident des Gerichtshofs jedem Hohen Vertragschließenden Teil, der in dem Verfahren nicht Partei ist, oder jeder betroffenen Person, die nicht Beschwerdeführer ist, Gelegenheit geben, schriftlich Stellung zu nehmen oder an den mündlichen Verhandlungen teilzunehmen.

(3) In allen bei einer Kammer oder der Grossen Kammer anhängigen Rechtssachen kann der Kommissar für Menschenrechte des Europarats schriftliche Stellungnahmen abgeben und an den mündlichen Verhandlungen teilnehmen.

Artikel 37
Streichung von Beschwerden

(1) Der Gerichtshof kann jederzeit während des Verfahrens entscheiden, eine Beschwerde in seinem Register zu streichen, wenn die Umstände Grund zur Annahme geben, dass

a) der Beschwerdeführer seine Beschwerde nicht weiterzuverfolgen beabsichtigt;

b) die Streitigkeit einer Lösung zugeführt worden ist; oder

c) eine weitere Prüfung der Beschwerde aus anderen vom Gerichtshof festgestellten Gründen nicht gerechtfertigt ist.

Der Gerichtshof setzt jedoch die Prüfung der Beschwerde fort, wenn die Achtung der Menschenrechte, wie sie in dieser Konvention und den Protokollen dazu anerkannt sind, dies erfordert.

(2) Der Gerichtshof kann die Wiedereintragung einer Beschwerde in sein Register anordnen, wenn er dies den Umständen nach für gerechtfertigt hält.

Artikel 38
Prüfung der Rechtssache

Der Gerichtshof prüft die Rechtssache mit den Vertretern der Parteien und nimmt, falls erforderlich, Ermittlungen vor; die betreffenden Hohen Vertragsparteien haben alle zur wirksamen Durchführung der Ermittlungen erforderlichen Erleichterungen zu gewähren.

Artikel 39
Gütliche Einigung

(1) Der Gerichtshof kann sich jederzeit während des Verfahrens zur Verfügung der Parteien halten mit dem Ziel, eine gütliche Einigung auf der Grundlage der Achtung der Menschenrechte, wie sie in dieser Konvention und den Protokollen dazu anerkannt sind, zu erreichen.

(2) Das Verfahren nach Absatz 1 ist vertraulich.

(3) Im Fall einer gütlichen Einigung streicht der Gerichtshof durch eine Entscheidung, die sich auf eine kurze Angabe des Sachverhalts und der erzielten Lösung beschränkt, die Rechtssache in seinem Register.

(4) Diese Entscheidung ist dem Ministerkomitee zuzuleiten; dieses überwacht die Durchführung der gütlichen Einigung, wie sie in der Entscheidung festgehalten wird.

Artikel 40

Öffentliche Verhandlung und Akteneinsicht

(1) Die Verhandlung ist öffentlich, soweit nicht der Gerichtshof auf Grund besonderer Umstände anders entscheidet.

(2) Die beim Kanzler verwahrten Schriftstücke sind der Öffentlichkeit zugänglich, soweit nicht der Präsident des Gerichtshofs anders entscheidet.

Artikel 41

Gerechte Entschädigung

Stellt der Gerichtshof fest, dass diese Konvention oder die Protokolle dazu verletzt worden sind, und gestattet das innerstaatliche Recht des beteiligten Hohen Vertragschließenden Teiles nur eine unvollkommene Wiedergutmachung für die Folgen dieser Verletzung, so spricht der Gerichtshof der verletzten Partei eine gerechte Entschädigung zu, wenn dies notwendig ist.

Artikel 42

Urteile der Kammern

Urteile der Kammern werden nach Maßgabe des Artikels 44 Absatz 2 endgültig.

Artikel 43

Verweisung an die Grosse Kammer

(1) Innerhalb von drei Monaten nach dem Datum des Urteils der Kammer kann jede Partei in Ausnahmefällen die Verweisung der Rechtssache an die Grosse Kammer beantragen.

(2) Ein Ausschuss von fünf Richtern der Grossen Kammer nimmt den Antrag an, wenn die Rechtssache eine schwerwiegende Frage der Auslegung oder Anwendung dieser Konvention oder der Protokolle dazu oder eine schwerwiegende Frage von allgemeiner Bedeutung aufwirft.

(3) Nimmt der Ausschuss den Antrag an, so entscheidet die Grosse Kammer die Sache durch Urteil.

Artikel 44

Endgültige Urteile

(1) Das Urteil der Grossen Kammer ist endgültig.

(2) Das Urteil einer Kammer wird endgültig,

a) wenn die Parteien erklären, dass sie die Verweisung der Rechtssache an die Grosse Kammer nicht beantragen werden;

b) drei Monate nach dem Datum des Urteils, wenn nicht die Verweisung der Rechtssache an die Grosse Kammer beantragt worden ist; oder

c) wenn der Ausschuss der Grossen Kammer den Antrag auf Verweisung nach Artikel 43 abgelehnt hat.

(3) Das endgültige Urteil wird veröffentlicht.

Artikel 45

Begründung der Urteile und Entscheidungen

(1) Urteile sowie Entscheidungen, mit denen Beschwerden für zulässig oder für unzulässig erklärt werden, werden begründet.

(2) Bringt ein Urteil ganz oder teilweise nicht die übereinstimmende Meinung der Richter zum Ausdruck, so ist jeder Richter berechtigt, seine abweichende Meinung darzulegen.

Artikel 46

Verbindlichkeit und Vollzug der Urteile

(1) Die Hohen Vertragsparteien verpflichten sich, in allen Rechtssachen, in denen sie Partei sind, das endgültige Urteil des Gerichtshofs zu befolgen.

(2) Das endgültige Urteil des Gerichtshofs ist dem Ministerkomitee zuzuleiten; dieses überwacht seinen Vollzug.

(3) Wird die Überwachung des Vollzugs eines endgültigen Urteils nach Auffassung des Ministerkomitees durch eine Frage betreffend die Auslegung dieses Urteils behindert, so kann das Ministerkomitee den Gerichtshof anrufen, damit er über diese Auslegungsfrage entscheidet. Der Beschluss des Ministerkomitees, den Gerichtshof anzurufen, bedarf der Zweidrittelmehrheit der Stimmen der zur Teilnahme an den Sitzungen des Komitees berechtigten Mitglieder.

(4) Weigert sich eine Hohe Vertragspartei nach Auffassung des Ministerkomitees, in einer Rechtssache, in der sie Partei ist, ein endgültiges Urteil des Gerichtshofs zu befolgen, so kann das Ministerkomitee, nachdem es die betreffende Partei gemahnt hat, durch einen mit Zweidrittelmehrheit der Stimmen der zur Teilnahme an den Sitzungen des Komitees berechtigten Mitglieder gefassten Beschluss den Gerichtshof mit der Frage befassen, ob diese Partei ihrer Verpflichtung nach Absatz 1 nachgekommen ist.

(5) Stellt der Gerichtshof eine Verletzung des Absatzes 1 fest, so weist er die Rechtssa-

Grundrechte
EMRK + ZProt
VfO EGMR

che zur Prüfung der zu treffenden Massnahmen an das Ministerkomitee zurück. Stellt der Gerichtshof fest, dass keine Verletzung des Absatzes 1 vorliegt, so weist er die Rechtssache an das Ministerkomitee zurück; dieses beschliesst die Einstellung seiner Prüfung.

Artikel 47
Gutachten

(1) Der Gerichtshof kann auf Antrag des Ministerkomitees Gutachten über Rechtsfragen erstatten, welche die Auslegung dieser Konvention und der Protokolle dazu betreffen.

(2) Diese Gutachten dürfen keine Fragen zum Gegenstand haben, die sich auf den Inhalt oder das Ausmaß der in Abschnitt I dieser Konvention und in den Protokollen dazu anerkannten Rechte und Freiheiten beziehen, noch andere Fragen, über die der Gerichtshof oder das Ministerkomitee auf Grund eines nach dieser Konvention eingeleiteten Verfahrens zu entscheiden haben könnte.

(3) Der Beschluss des Ministerkomitees, ein Gutachten beim Gerichtshof zu beantragen, bedarf der Stimmenmehrheit der zur Teilnahme an den Sitzungen des Komitees berechtigten Mitglieder.

Artikel 48
Gutachterliche Zuständigkeit des Gerichtshofs

Der Gerichtshof entscheidet, ob ein vom Ministerkomitee gestellter Antrag auf Erstattung eines Gutachtens in seine Zuständigkeit nach Artikel 47 fällt.

Artikel 49
Begründung der Gutachten

(1) Die Gutachten des Gerichtshofs werden begründet.

(2) Bringt das Gutachten ganz oder teilweise nicht die übereinstimmende Meinung der Richter zum Ausdruck, so ist jeder Richter berechtigt, seine abweichende Meinung darzulegen.

(3) Die Gutachten des Gerichtshofs werden dem Ministerkomitee übermittelt.

Artikel 50
Kosten des Gerichtshofs

Die Kosten des Gerichtshofs werden vom Europarat getragen.

Artikel 51
Privilegien und Immunitäten der Richter

Die Richter genießen bei der Ausübung ihres Amtes die Vorrechte und Immunitäten, die in Artikel 40 der Satzung des Europarats und den auf Grund jenes Artikels geschlossenen Übereinkünften vorgesehen sind.

Abschnitt III
VERSCHIEDENE BESTIMMUNGEN

Artikel 52
Anfragen des Generalsekretärs

Nach Empfang einer entsprechenden Aufforderung durch den Generalsekretär des Europarates hat jeder Hohe Vertragschließende Teil die erforderlichen Erklärungen abzugeben, in welcher Weise sein internes Recht die wirksame Anwendung aller Bestimmungen dieser Konvention gewährleistet.

Artikel 53
Wahrung anerkannter Menschenrechte

Keine Bestimmung dieser Konvention darf als Beschränkung oder Minderung eines der Menschenrechte und Grundfreiheiten ausgelegt werden, die in den Gesetzen eines Hohen Vertragschließenden Teils oder einer anderen Vereinbarung, an der er beteiligt ist, festgelegt sind.

Artikel 54
Befugnisse des Ministerkomitees

Keine Bestimmung dieser Konvention beschränkt die durch die Satzung des Europarates dem Ministerkomitee übertragenen Vollmachten.

Artikel 55
Ausschluss anderer Verfahren zur Streitbeilegung

Die Hohen Vertragschließenden Teile kommen überein, dass sie, es sei denn auf Grund besonderer Vereinbarungen, keinen Gebrauch von zwischen ihnen geltenden Verträgen, Übereinkommen oder Erklärungen machen werden, um von sich aus einen Streit um die Auslegung oder Anwendung dieser Konvention einem anderen Verfahren zu unterwerfen als in der Konvention vorgesehen ist.

Artikel 56
Räumlicher Geltungsbereich

(1) Jeder Staat kann im Zeitpunkt der Ratifizierung oder in der Folge zu jedem anderen Zeitpunkt durch eine an den Generalsekretär des Europarates gerichtete Mitteilung erklären, dass diese Konvention vorbehaltlich des Absatzes 4 auf alle oder einzelne Gebiete Anwendung findet, für deren internationale Beziehungen er verantwortlich ist.

(2) Die Konvention findet auf das oder die in der Erklärung bezeichnenden Gebieten vom dreißigsten Tage an Anwendung, gerechnet vom Eingang der Erklärung beim Generalsekretär des Europarates.

(3) In den genannten Gebieten werden die Bestimmungen dieser Konvention unter Berücksichtigung der örtlichen Notwendigkeiten angewendet.

(4) Jeder Staat, der eine Erklärung gemäß Absatz 1 dieses Artikels abgegeben hat, kann zu jedem späteren Zeitpunkt für ein oder mehrere der in einer solchen Erklärung bezeichneten Gebiete erklären, dass er die Zuständigkeit des Gerichtshofs für die Entgegennahme von Beschwerden von natürlichen Personen, nichtstaatlichen Organisationen oder Personengruppen gemäß Artikel 34 annimmt.

Artikel 57
Vorbehalte

(1) Jeder Staat kann bei Unterzeichnung dieser Konvention oder bei Hinterlegung seiner Ratifikationsurkunde bezüglich bestimmter Vorschriften der Konvention einen Vorbehalt machen, soweit ein zu dieser Zeit in seinem Gebiet geltendes Gesetz nicht mit der betreffenden Vorschrift übereinstimmt. Vorbehalte allgemeiner Art sind nach diesem Artikel nicht zulässig.

(2) Jeder nach diesem Artikel gemachte Vorbehalt muss mit einer kurzen Inhaltsangabe des betreffenden Gesetzes verbunden sein.

Artikel 58
Kündigung

(1) Ein Hoher Vertragschließender Teil kann diese Konvention nicht vor Ablauf von fünf Jahren nach dem Tage, an dem die Konvention für ihn wirksam wird, und nur nach einer sechs Monate vorher an den Generalsekretär des Europarates gerichteten Mitteilung kündigen; der Generalsekretär hat den anderen Hohen Vertragschließenden Teilen von der Kündigung Kenntnis zu geben.

(2) Eine derartige Kündigung bewirkt nicht, dass der betreffende Hohe Vertragschließende Teil in Bezug auf irgendeine Handlung, welche eine Verletzung dieser Verpflichtungen darstellen könnte, und von dem Hohen Vertragschließenden Teil vor dem Datum seines rechtswirksamen Ausscheidens vorgenommen wurde, vor seinen Verpflichtungen nach dieser Konvention befreit wird.

(3) Unter dem gleichen Vorbehalt scheidet ein Vertragschließender Teil aus dieser Konvention aus, der aus dem Europarat ausscheidet.

(4) Entsprechend den Bestimmungen der vorstehenden Absätze kann die Konvention auch für ein Gebiet gekündigt werden, auf das sie nach Artikel 56 ausgedehnt worden ist.

Artikel 59
Unterzeichnung und Ratifikation

(1) Diese Konvention steht den Mitgliedern des Europarates zur Unterzeichnung offen; sie bedarf der Ratifikation. Die Ratifikationsurkunden sind beim Generalsekretär des Europarates zu hinterlegen.

(2) Die Europäische Union kann dieser Konvention beitreten.

(3) Diese Konvention tritt nach der Hinterlegung von zehn Ratifikationsurkunden in Kraft.

(4) Für jeden Unterzeichnerstaat, dessen Ratifikation später erfolgt, tritt die Konvention am Tage der Hinterlegung seiner Ratifikationsurkunde in Kraft.

(5) Der Generalsekretär des Europarates hat allen Mitgliedern des Europarates das Inkrafttreten der Konvention, die Namen der Hohen Vertragschließenden Teile, die sie ratifiziert haben, sowie die Hinterlegung jeder später eingehenden Ratifikationsurkunde mitzuteilen.

Geschehen zu Rom, am 4. November 1950, in englischer und französischer Sprache, wobei die beiden Texte in gleicher Weise authentisch sind, in einer einzigen Ausfertigung, die in den Archiven des Europarates hinterlegt wird. Der Generalsekretär wird allen Signatarstaaten beglaubigte Abschriften übermitteln.

Grundrechte
EMRK + ZProt
VfO EGMR

17/2.

1. Zusatzprotokoll zur Konvention zum Schutz der Menschenrechte und Grundfreiheiten[14])

(BGBl 1958/210, geändert durch BGBl III 1998/30)

(Übersetzung)

Entschlossen, Maßnahmen zur kollektiven Sicherung gewisser Rechte und Freiheiten außer denjenigen zu treffen, die bereits im Abschnitt I der am 4. November 1950 in Rom unterzeichneten Konvention zum Schutze der Menschenrechte und Grundfreiheiten (nachstehend als »Konvention« bezeichnet) berücksichtigt sind,

vereinbaren die unterzeichneten Regierungen, die Mitglieder des Europarates sind, folgendes:

Artikel 1 – Schutz des Eigentums[15])[16])

(1) Jede natürliche oder juristische Person hat ein Recht auf Achtung ihres Eigentums. Niemandem darf sein Eigentum entzogen werden, es sei denn, daß das öffentliche Interesse es verlangt, und nur unter den durch Gesetz und durch die allgemeinen Grundsätze des Völkerrechts vorgesehenen Bedingungen.

(2) Die vorstehenden Bestimmungen beeinträchtigen jedoch in keiner Weise das Recht des Staates, diejenigen Gesetze anzuwenden, die er für die Regelung der Benutzung des Eigentums in Übereinstimmung mit dem Allgemeininteresse oder zur Sicherung der Zahlung der Steuern, sonstiger Abgaben oder von Geldstrafen für erforderlich hält.

---

[14]) Das 1. ZProtEMRK steht gemäß Art II Z 7 des BVG BGBl. 1964/59 mit dem Tag seines Inkrafttretens für Österreich (3. September 1958) im Verfassungsrang (zB VfSlg 4706/1964, 5100/1965). Um die Zitierung zu erleichtern, wurden den (unbezeichneten) Absätzen Absatzbezeichnungen vorangestellt.

[15]) **Vorbehalt Österreich:** Der Bundespräsident erklärte, »von dem Wunsch geleitet, jede Unsicherheit betreffend die Anwendung des Artikels 1 des Zusatzprotokolls im Zusammenhang mit dem Staatsvertrag betreffend die Wiederherstellung eines unabhängigen und demokratischen Österreich vom 15. Mai 1955 zu vermeiden, das Zusatzprotokoll mit dem Vorbehalt« für ratifiziert, »daß die Bestimmungen des Teiles IV ›Aus dem Krieg herrührende Ansprüche‹ und des Teiles V ›Eigentum, Rechte und Interessen‹ des zitierten Staatsvertrages unberührt bleiben«.

[16]) Beachte Art 5 StGG

Artikel 2 – Recht auf Bildung[17])[18])

Das Recht auf Bildung darf niemandem verwehrt werden. Der Staat hat bei Ausübung der von ihm auf dem Gebiete der Erziehung und des Unterrichts übernommenen Aufgaben das Recht der Eltern zu achten, die Erziehung und den Unterricht entsprechend ihren eigenen religiösen und weltanschaulichen Überzeugungen sicherzustellen.

Artikel 3 – Recht auf freie Wahlen[19])

Die Hohen Vertragschließenden Teile verpflichten sich, in angemessenen Zeitabständen freie und geheime Wahlen unter Bedingungen abzuhalten, die die freie Äußerung der Meinung des Volkes bei der Wahl der gesetzgebenden Organe gewährleisten.

Artikel 4 – Räumlicher Geltungsbereich

(1) Jeder der Hohen Vertragschließenden Teile kann im Zeitpunkt der Unterzeichnung oder Ratifikation oder in der Folge zu jedem anderen Zeitpunkt an den Generalsekretär des Europarates eine Erklärung darüber richten, in welchem Umfang er sich zur Anwendung der Bestimmungen dieses Protokolls auf die in dieser Erklärung angegebenen Gebiete, für deren internationale Beziehungen er verantwortlich ist, verpflichtet.

(2) Jeder der Hohen Vertragschließenden Teile, der eine Erklärung gemäß dem vorstehenden Absatz abgegeben hat, kann von Zeit zu Zeit eine weitere Erklärung abgeben, die den Inhalt einer früheren Erklärung ändert oder die Anwendung der Bestimmungen dieses Protokolls auf irgendeinem Gebiet beendet.

(3) Eine im Einklang mit diesem Artikel abgegebene Erklärung gilt als eine gemäß Artikel 56 Abs. 1 der Konvention abgegebene Erklärung.

---

[17]) Beachte Art 18 StGG

[18]) **Vorbehalt Deutschland:** Die Bundesrepublik Deutschland macht sich die Auffassung zu eigen, daß Artikel 2 Satz 2 des Zusatzprotokolls keine Verpflichtung des Staates begründet, Schulen religiösen oder weltanschaulichen Charakters zu finanzieren oder sich an ihrer Finanzierung zu beteiligen, da diese Frage nach der übereinstimmenden Erklärung des Rechtsausschusses der Beratenden Versammlung und des Generalsekretärs des Europarates außerhalb des Rahmens der Konvention über Menschenrechte und Grundfreiheiten sowie des Zusatzprotokolls liegt. (dBGBl. 1957 II 226)

[19]) Beachte Art 26 und Art 95 B-VG und Art 8 StV Wien.

Artikel 5 – Verhältnis zur Konvention

Die Hohen Vertragschließenden Teile betrachten die Bestimmungen der Artikel 1, 2, 3 und 4 dieses Protokolls als Zusatzartikel zur Konvention; alle Vorschriften der Konvention sind dementsprechend anzuwenden.

Artikel 6 – Unterzeichnung und Ratifikation

(1) Dieses Protokoll steht den Mitgliedern des Europarates, die die Konvention unterzeichnet haben, zur Unterzeichnung offen; es wird gleichzeitig mit der Konvention oder zu einem späteren Zeitpunkt ratifiziert. Es tritt nach der Hinterlegung von zehn Ratifikationsurkunden in Kraft. Für jeden Unterzeichnerstaat, dessen Ratifikation später erfolgt, tritt das Protokoll am Tage der Hinterlegung seiner Ratifikationsurkunde in Kraft.[20])

(2) Die Ratifikationsurkunden werden beim Generalsekretär des Europarates hinterlegt, der allen Mitgliedern die Namen der Staaten, die das Protokoll ratifiziert haben, mitteilt.

Geschehen zu Paris am 20. März 1952 in englischer und französischer Sprache, wobei die beiden Texte in gleicher Weise authentisch sind, in einer einzigen Ausfertigung, die in den Archiven des Europarates hinterlegt wird. Der Generalsekretär wird allen Signatarstaaten beglaubigte Abschriften übermitteln.

17/3.
Protokoll Nr. 4 zur Konvention zum Schutz der Menschenrechte und Grundfreiheiten, durch das gewisse Rechte und Freiheiten gewährleistet werden, die nicht bereits in der Konvention oder im ersten Zusatzprotokoll enthalten sind[21])
(BGBl 1969/434, geändert durch BGBl III 1998/30)

(Übersetzung)

Die unterzeichneten Regierungen, die Mitglieder des Europarats sind –

entschlossen, Maßnahmen zur kollektiven Gewährleistung gewisser Rechte und Freiheiten zu treffen, die in Abschnitt I der am 4. November 1950 in Rom unterzeichneten Konvention zum Schutze der Menschenrechte und Grundfreiheiten (im folgenden als »Konvention« bezeichnet) und in den Artikeln 1 bis 3 des am 20. März 1952 in Paris unterzeichneten ersten Zusatzprotokolls zur Konvention noch nicht enthalten sind –

haben folgendes vereinbart:

Artikel 1 – Verbot der Freiheitsentziehung wegen Schulden

Niemandem darf die Freiheit allein deshalb entzogen werden, weil er nicht in der Lage ist, eine vertragliche Verpflichtung zu erfüllen.

Artikel 2 – Freizügigkeit[22])

(1)[23]) Jedermann, der sich rechtmäßig im Hoheitsgebiet eines Staates aufhält, hat das Recht, sich dort frei zu bewegen und seinen Wohnsitz frei zu wählen.

(2)[24]) Jedermann steht es frei, jedes Land einschließlich seines eigenen zu verlassen.

(3) Die Ausübung dieser Rechte darf keinen anderen Einschränkungen unterworfen werden als denen, die gesetzlich vorgesehen und in einer demokratischen Gesellschaft im Interesse der nationalen oder der öffentlichen Sicherheit, der Aufrechterhaltung des »ordre public«, der Verhütung von Straftaten, des Schutzes der Gesundheit oder der Moral oder des Schutzes der Rechte und Freiheiten anderer notwendig sind.

(4) Die in Absatz 1 anerkannten Rechte können ferner für den Bereich bestimmter Gebiete Einschränkungen unterworfen werden, die gesetzlich vorgesehen und in einer demokratischen Gesellschaft durch das öffentliche Interesse gerechtfertigt sind.

---

[20]) Für Österreich in Kraft getreten am 3. September 1958 (BGBl 1958/210, 1957).

[21]) Vom Nationalrat als »verfassungsergänzend und verfassungsändernd« genehmigt.

---

[22]) *Recht auf Freizügigkeit* einschließlich der *Wohnsitzfreiheit.*

[23]) Beachte für österreichische Staatsbürger Art 4 Abs 1 und Art 6 Abs 1 StGG; vgl auch den (gegenstandslosen?) § 13 Abs 1 ÜG 1920

[24]) *Recht auf Ausreise.* Beachte für österreichische Staatsbürger Art 4 Abs 3 und 4 StGG

Grundrechte EMRK + ZProt VfÖ EGMR

Artikel 3 – Verbot der Ausweisung eigener Staatsangehöriger[25])[26])

(1) Niemand darf aus dem Hoheitsgebiet des Staates, dessen Staatsangehöriger er ist, durch eine Einzel- oder eine Kollektivmaßnahme ausgewiesen werden.

(2)[27]) Niemandem darf das Recht entzogen werden, in das Hoheitsgebiet des Staates einzureisen, dessen Staatsangehöriger er ist.

Artikel 4 – Verbot der Kollektivausweisung von Ausländern[28])

Kollektivausweisungen von Fremden sind nicht zulässig.

Artikel 5 – Räumlicher Geltungsbereich

(1) Jede Hohe Vertragschließende Partei kann im Zeitpunkt der Unterzeichnung oder Ratifikation dieses Protokolls oder zu jedem späteren Zeitpunkt an den Generalsekretär des Europarates eine Erklärung darüber richten, in welchem Umfang sie sich zur Anwendung der Bestimmungen dieses Protokolls auf die in der Erklärung angegebenen Hoheitsgebiete, für deren internationale Beziehungen sie verantwortlich ist, verpflichtet.

(2) Jede Hohe Vertragschließende Partei, die eine Erklärung gemäß Absatz 1 abgegeben hat, kann jederzeit eine weitere Erklärung abgeben, die den Inhalt einer früheren Erklärung ändert oder die Anwendung der Bestimmungen dieses Protokolls auf irgendein Hoheitsgebiet beendet.

(3) Eine gemäß diesem Artikel abgegebene Erklärung gilt als eine Erklärung im Sinne des Artikels 56 Absatz 1 der Konvention.

(4) Das Hoheitsgebiet eines Staates, auf das dieses Protokoll auf Grund der Ratifikation oder Annahme durch diesen Staat Anwendung findet, und jedes Hoheitsgebiet, auf das das Protokoll auf Grund einer von diesem Staat nach diesem Artikel abgegebenen Erklärung Anwendung findet, werden als getrennte Hoheitsgebiete betrachtet, soweit die Artikel 2 und 3 auf das Hoheitsgebiet eines Staates Bezug nehmen.

(5) Jeder Staat, der eine Erklärung nach Absatz 1 oder 2 abgegeben hat, kann jederzeit danach für eines oder mehrere der in der Erklärung bezeichneten Hoheitsgebiete erklären, daß der die Zuständigkeit des Gerichtshofs, Beschwerden von natürlichen Personen, nichtstaatlichen Organisationen oder Personengruppen nach Artikel 34 der Konvention entgegenzunehmen, für die Artikel 1 bis 4 dieses Protokolls insgesamt oder für einzelne dieser Artikel annimmt.

Artikel 6 – Verhältnis zur Konvention

(1) Die Hohen Vertragschließenden Parteien betrachten die Artikel 1 bis 5 dieses Protokolls als Zusatzartikel zur Konvention; alle Bestimmungen der Konvention sind dementsprechend anzuwenden.

Artikel 7 – Unterzeichnung und Ratifikation

(1) Dieses Protokoll steht den Mitgliedern des Europarates, die Unterzeichner der Konvention sind, zur Unterzeichnung offen; es wird gleichzeitig mit der Konvention oder nach deren Ratifizierung ratifiziert. Es tritt nach der Hinterlegung von fünf Ratifikationsurkunden in Kraft. Für jeden Unterzeichner, der nachträglich ratifiziert, tritt das Protokoll zum Zeitpunkt der Hinterlegung der Ratifikationsurkunde in Kraft.[29])

---

[25]) **Vorbehalt Österreich:** Das Protokoll Nr. 4 wurde mit dem Vorbehalt unterzeichnet, »daß durch Artikel 3 des Protokolls das Gesetz vom 3. April 1919, StGBl. Nr. 209, betreffend die Landesverweisung und die Übernahme des Vermögens des Hauses Habsburg-Lothringen in der Fassung des Gesetzes vom 30. Oktober 1919, StGBl. Nr. 501, des Bundesverfassungsgesetzes vom 30. Juli 1925, BGBl. Nr. 292, und des Bundesverfassungsgesetzes vom 26. Jänner 1928, BGBl. Nr. 30, sowie unter Bedachtnahme auf das Bundesverfassungsgesetz vom 4. Juli 1963, BGBl. Nr. 172, nicht berührt wird«, und vom BPräs mit diesem Vorbehalt für ratifiziert erklärt.

[26]) Beachte für österreichische Staatsbürger Art 6 Abs 1 StGG.

Zum *Schutz* von österreichischen Staatsbürgern vor *Auslieferung (Durchlieferung)* beachte die §§ 12 und 44 ARHG und § 5 des BG über die Zusammenarbeit mit den internationalen Gerichten.

[27]) *Recht auf Einreise (idR: Rückkehr) in den Heimatstaat.*

[28]) Zur *Einzelausweisung* von Fremden beachte die Verfahrensgarantien des Art 1 7. ZProtEMRK sowie gegebenenfalls Art 3 und Art 8 EMRK und Art 1 6. ZProtEMRK.

Zum Schutz von Fremden vor *Auslieferung* beachte gegebenenfalls Art 3 und Art 8 EMRK und Art 1 6. ZProtEMRK.

---

[29]) Für Österreich in Kraft getreten am 18. September 1969 (BGBl. 1969/434, 3162).

(2) Die Ratifikationsurkunden werden beim Generalsekretär des Europarates hinterlegt, der allen Mitgliedern die Namen jener mitteilen wird, die ratifiziert haben.

Zu Urkund dessen haben die hierzu gehörig befugten Unterzeichneten dieses Protokoll unterzeichnet.

Geschehen zu Straßburg am 16. September 1963 in englischer und französischer Sprache, wobei jeder Wortlaut gleichermaßen verbindlich ist, in einer Urschrift, die im Archiv des Europarates hinterlegt wird. Der Generalsekretär übermittelt allen Unterzeichnerstaaten beglaubigte Abschriften.

17/4.
Protokoll Nr. 6 zur Konvention zum Schutz der Menschenrechte und Grundfreiheiten über die Abschaffung der Todesstrafe[30])[31])

(BGBl 1985/138, geändert durch BGBl III 1998/30)

(Übersetzung)

Die Mitgliedstaaten des Europarates, die dieses Protokoll zu der in Rom am 4. November 1950 unterzeichneten Konvention zum Schutze der Menschenrechte und Grundfreiheiten (im folgenden als »Konvention« bezeichnet) unterzeichnen in der Erwägung, daß die in verschiedenen Mitgliedstaaten des Europarates eingetretene Entwicklung eine allgemeine Tendenz zu Gunsten der Abschaffung der Todesstrafe zum Ausdruck bringt, haben folgendes vereinbart:

---

[30]) Vom Nationalrat als »verfassungsergänzend« genehmigt; vgl jedoch Art 50 Abs 3 B-VG, wonach (auch) verfassung*ergänzende* Staatsverträge ausdrücklich als »verfassung*ändernd*« zu bezeichnen sind.

[31]) **Vorbehalt Deutschland:** Bei Hinterlegung der Ratifikationsurkunde hat die Bundesrepublik Deutschland erklärt, »daß sich nach ihrer Auffassung die Verpflichtungen aus dem Protokoll Nr. 6 in der Abschaffung der Todesstrafe im Geltungsbereich des jeweiligen Staates erschöpfen und nichtstrafrechtliche innerstaatliche Rechtsvorschriften unberührt bleiben. Die Bundesrepublik Deutschland hat ihren Verpflichtungen aus dem Protokoll bereits durch Artikel 102 Grundgesetz genügt.« (dBGBl. 1989 II 814)

Artikel 1 – Abschaffung der Todesstrafe[32])

Die Todesstrafe ist abgeschafft. Niemand darf zu dieser Strafe verurteilt oder hingerichtet werden.

Artikel 2 – Todesstrafe in Kriegszeiten[33])

Ein Staat kann durch Gesetz die Todesstrafe für Taten vorsehen, welche in Kriegszeiten oder bei unmittelbarer Kriegsgefahr begangen werden; diese Strafe darf nur in den Fällen, die im Gesetz vorgesehen sind, und in Übereinstimmung mit dessen Bestimmungen angewendet werden. Der Staat übermittelt dem Generalsekretär des Europarates die einschlägigen Rechtsvorschriften.

Artikel 3 – Verbot des Außerkraftsetzens

Die Bestimmungen dieses Protokolls dürfen nicht nach Art. 15 der Konvention außer Kraft gesetzt werden.

Artikel 4 – Verbot von Vorbehalten

Vorbehalte nach Art. 57 der Konvention zu Bestimmungen dieses Protokolls sind nicht zulässig.

Artikel 5 – Räumlicher Geltungsbereich

1. Jeder Staat kann bei der Unterzeichnung oder bei der Hinterlegung der Ratifikations-, Annahme- oder Genehmigungsurkunde einzelne oder mehrere Hoheitsgebiete bezeichnen, auf die dieses Protokoll Anwendung findet.

2. Jeder Staat kann jederzeit danach durch eine an den Generalsekretär des Europarates gerichtete Erklärung dieses Protokoll auf jedes weitere in der Erklärung bezeichnete Hoheitsgebiet erstrecken. Das Protokoll tritt für dieses Hoheitsgebiet am ersten Tag des Monats in Kraft, der dem Eingang der Erklärung durch den Generalsekretär folgt.

3. Jede gemäß den zwei vorangegangenen Absätzen abgegebene Erklärung kann durch eine Notifikation an den Generalsekretär hinsichtlich jenes Hoheitsgebietes, das in einer solchen Erklärung bezeichnet ist, zurückgenommen werden. Die Zurücknahme wird mit dem ersten Tag des dem Eingang einer sol-

---

[32]) Vgl Art 2 EMRK, beachte Art 85 B-VG.
[33]) Vgl jedoch für Österreich Art 85 B-VG iVm Art 60 EMRK.

Grundrechte EMRK + ZProt V/O EGMR

chen Notifikation beim Generalsekretär folgenden Monates wirksam.

Artikel 6 – Verhältnis zur Konvention

Die Vertragsstaaten betrachten die Art. 1 bis 5 dieses Protokolles als Zusatzartikel zur Konvention; alle Bestimmungen der Konvention sind dementsprechend anzuwenden.

Artikel 7 – Unterzeichnung und Ratifikation

Dieses Protokoll liegt für die Mitgliedstaaten des Europarates, die die Konvention unterzeichnet haben, zur Unterzeichnung auf. Es bedarf der Ratifikation, Annahme oder Genehmigung. Ein Mitgliedstaat des Europarates kann dieses Protokoll nur ratifizieren, annehmen oder genehmigen, wenn gleichzeitig oder früher die Konvention ratifiziert wurde. Die Ratifikations-, Annahme- oder Genehmigungsurkunden werden beim Generalsekretär des Europarates hinterlegt.

Artikel 8 – Inkrafttreten

1. Dieses Protokoll tritt am ersten Tag des Monats in Kraft, der auf den Tag folgt, an dem fünf Mitgliedstaaten des Europarates nach Art. 7 ihre Zustimmung ausgedrückt haben, durch das Protokoll gebunden zu sein.[34]

2. Jedem Mitgliedstaat, der später seine Zustimmung ausdrückt, durch das Protokoll gebunden zu sein, tritt es am ersten Tag des Monats in Kraft, der auf die Hinterlegung der Ratifikations-, Annahme- oder Genehmigungsurkunde folgt.

Artikel 9 – Aufgaben des Verwahrers

Der Generalsekretär des Europarates notifiziert den Mitgliedstaaten des Europarates

a) jede Unterzeichnung;

b) jede Hinterlegung einer Ratifikations-, Annahme- oder Genehmigungsurkunde;

c) jeden Zeitpunkt des Inkrafttretens dieses Protokolls nach Art. 5 und 8;

d) jeden anderen Rechtsakt, jede Notifikation oder Mitteilung, die sich auf dieses Protokoll bezieht.

Zu Urkund dessen haben die hiezu gehörig befugten Unterzeichneten dieses Protokoll unterschrieben.

Geschehen zu Straßburg am 28. April 1983 in englischer und französischer Sprache, wobei jeder Wortlaut gleichermaßen authentisch ist, in einer Urschrift, die in den Archiven des Europarates hinterlegt wird. Der Generalsekretär des Europarates übermittelt allen Mitgliedstaaten des Europarates beglaubigte Abschriften.

17/5.
Protokoll Nr. 7 zur Konvention zum Schutz der Menschenrechte und Grundfreiheiten[35])
(BGBl 1988/628, geändert durch BGBl III 1998/30)

(Übersetzung)

Die Mitgliedstaaten des Europarates, die dieses Protokoll unterzeichnen,

entschlossen, weitere Maßnahmen zur kollektiven Gewährleistung gewisser Rechte und Freiheiten durch die am 4. November 1950 in Rom unterzeichnete Konvention zum Schutze der Menschenrechte und Grundfreiheiten (im folgenden als »Konvention« bezeichnet) zu treffen,

haben folgendes vereinbart:

Artikel 1 – Verfahrensrechtliche Schutzvorschriften in bezug auf die Ausweisung von Ausländern

1. Ein Ausländer, der seinen rechtmäßigen Aufenthalt im Hoheitsgebiet eines Staates hat, darf aus diesem nur auf Grund einer rechtmäßig ergangenen Entscheidung ausgewiesen werden; ihm muß gestattet werden,

a) Gründe vorzubringen, die gegen seine Ausweisung sprechen,

b) seinen Fall prüfen zu lassen und

c) sich zu diesem Zweck vor der zuständigen Behörde oder vor einer oder mehreren von dieser Behörde bestimmten Personen vertreten zu lassen.

2. Ein Ausländer kann vor Ausübung der im Abs. 1 lit. a, b und c genannten Rechte

---

[34]) Für Österreich in Kraft getreten am 1. März 1985 (BGBl. 1985/138, 1206).

[35]) Vom Nationalrat als »verfassungsändernd« genehmigt.

ausgewiesen werden, wenn *die Ausweisung*[36]) im Interesse der öffentlichen Ordnung erforderlich ist oder aus Gründen der nationalen Sicherheit erfolgt.

Artikel 2 – Rechtsmittel in Strafsachen

1. Wer von einem Gericht wegen einer strafbaren Handlung verurteilt worden ist, hat das Recht, das Urteil von einem übergeordneten Gericht nachprüfen zu lassen.[37]) Die Ausübung dieses Rechts, einschließlich der Gründe, aus denen es ausgeübt werden kann, richtet sich nach dem Gesetz.

2. Ausnahmen von diesem Recht sind für strafbare Handlungen geringfügiger Art, wie sie durch Gesetz näher bestimmt sind, oder in Fällen möglich, in denen das Verfahren gegen eine Person in erster Instanz vor dem obersten Gericht stattgefunden hat oder in denen sie nach einem gegen ihren Freispruch eingelegten Rechtsmittel verurteilt worden ist.

Artikel 3 – Recht auf Entschädigung bei Fehlurteilen[38])

Ist jemand wegen einer strafbaren Handlung rechtskräftig verurteilt und ist das Urteil später aufgehoben oder der Verurteilte begnadigt worden, weil eine neue oder eine neu bekannt gewordene Tatsache schlüssig beweist, daß ein Fehlurteil vorlag, so ist derjenige, der auf Grund eines solchen Urteils eine Strafe verbüßt hat, entsprechend dem Gesetz oder der Übung des betreffenden Staates zu entschädigen, sofern nicht nachgewiesen wird, daß das nicht rechtzeitige Bekanntwerden der betreffenden Tatsache ganz oder teilweise ihm zuzuschreiben ist.

[36]) Übersetzungsfehler; richtig: *»eine solche Ausweisung«*. Die vorzeitige Vollstreckung und nicht die Ausweisung als solche muß also im Interesse der öffentlichen Ordnung erforderlich sein bzw aus Gründen der nationalen Sicherheit erfolgen (*Rosenmayr*, Aufenthaltsverbot, Schubhaft und Abschiebung, ZfV 1988, 1 [8]).

[37]) **Vorbehalt Österreich:** Als übergeordnete Gerichte im Sinne des Art. 2 Abs. 1 sind auch der Verwaltungsgerichtshof und der Verfassungsgerichtshof anzusehen.

[38]) **Vorbehalt Österreich:** Die Art. 3 und 4 beziehen sich nur auf Strafverfahren im Sinne der österreichischen Strafprozeßordnung.

Artikel 4 – Recht, wegen derselben Sache nicht zweimal vor Gericht gestellt oder bestraft zu werden[39])

1. Niemand darf wegen einer strafbaren Handlung, wegen der er bereits nach dem Gesetz und dem Strafverfahrensrecht eines Staates rechtskräftig verurteilt oder freigesprochen worden ist, in einem Strafverfahren desselben Staates erneut vor Gericht gestellt oder bestraft werden.

2. Abs. 1 schließt die Wiederaufnahme des Verfahrens nach dem Gesetz und dem Strafverfahrensrecht des betreffenden Staates nicht aus, falls neue oder neu bekannt gewordene Tatsachen vorliegen oder das vorausgegangene Verfahren schwere, den Ausgang des Verfahrens berührende Mängel aufweist.

3. Dieser Artikel darf nicht nach Art. 15 der Konvention außer Kraft gesetzt werden.

Artikel 5 – Gleichberechtigung der Ehegatten

Ehegatten haben untereinander und in ihren Beziehungen zu ihren Kindern gleiche Rechte und Pflichten privatrechtlicher Art hinsichtlich der Eheschließung, während der Ehe und bei Auflösung der Ehe. Dieser Artikel verwehrt es den Staaten nicht, die im Interesse der Kinder notwendigen Maßnahmen zu treffen.

Artikel 6 – Räumlicher Geltungsbereich

1. Jeder Staat kann bei der Unterzeichnung oder bei der Hinterlegung seiner Ratifikations-, Annahme- oder Genehmigungsurkunde einzelne oder mehrere Hoheitsgebiete bezeichnen, auf die dieses Protokoll Anwendung findet, und erklären, in welchem Umfang er sich zur Anwendung dieses Protokolls auf diese Hoheitsgebiete verpflichtet.

2. Jeder Staat kann jederzeit danach durch eine an den Generalsekretär des Europarates gerichtete Erklärung die Anwendung dieses Protokolls auf jedes weitere in der Erklärung bezeichnete Hoheitsgebiet erstrecken. Das Protokoll tritt für dieses Hoheitsgebiet am ersten Tag des Monates in Kraft, der auf einen Zeitabschnitt von zwei Monaten nach Eingang der Erklärung beim Generalsekretär folgt.

[39]) **Vorbehalt Österreich:** Die Art. 3 und 4 beziehen sich nur auf Strafverfahren im Sinne der österreichischen Strafprozeßordnung.

3. Jede nach den Abs. 1 und 2 abgegebene Erklärung kann in bezug auf jedes darin bezeichnete Hoheitsgebiet durch eine an den Generalsekretär gerichtete Notifikation zurückgenommen oder geändert werden. Die Rücknahme oder Änderung wird am ersten Tag des Monates wirksam, der auf einen Zeitabschnitt von zwei Monaten nach Eingang der Notifikation beim Generalsekretär folgt.

4. Eine nach diesem Artikel abgegebene Erklärung gilt als eine Erklärung im Sinne des Art. 56 Abs. 1 der Konvention.

5. Das Hoheitsgebiet eines Staates, auf das dieses Protokoll auf Grund der Ratifikation, Annahme oder Genehmigung durch diesen Staat Anwendung findet, und jedes Hoheitsgebiet, auf welches das Protokoll auf Grund einer von diesem Staat nach diesem Artikel abgegebenen Erklärung Anwendung findet, können als getrennte Hoheitsgebiete betrachtet werden, soweit Art. 1 auf das Hoheitsgebiet eines Staates Bezug nimmt.

6. Jeder Staat, der eine Erklärung nach Absatz 1 oder 2 abgegeben hat, kann jederzeit danach für eines oder mehrere der in der Erklärung bezeichneten Hoheitsgebiete erklären, daß der die Zuständigkeit des Gerichtshofs, Beschwerden von natürlichen Personen, nichtstaatlichen Organisationen oder Personengruppen nach Artikel 34 der Konvention entgegenzunehmen, für die Artikel 1 bis 5 dieses Protokolls annimmt.

Artikel 7 – Verhältnis zur Konvention

1. Die Vertragsstaaten betrachten die Art. 1 bis 6 dieses Protokolls als Zusatzartikel zur Konvention; alle Bestimmungen der Konvention sind dementsprechend anzuwenden.

Artikel 8 – Unterzeichnung und Ratifikation

Dieses Protokoll liegt für die Mitgliedstaaten des Europarates, welche die Konvention unterzeichnet haben, zur Unterzeichnung auf. Es bedarf der Ratifikation, Annahme oder Genehmigung. Ein Mitgliedstaat des Europarates kann dieses Protokoll nicht ratifizieren, annehmen oder genehmigen, ohne die Konvention früher ratifiziert zu haben oder sie gleichzeitig zu ratifizieren. Die Ratifikations-, Annahme- oder Genehmigungsurkunden werden beim Generalsekretär des Europarates hinterlegt.

Artikel 9 – Inkrafttreten

1. Dieses Protokoll tritt am ersten Tag des Monates in Kraft, der auf einen Zeitabschnitt von zwei Monaten nach dem Tag folgt, an dem sieben Mitgliedstaaten des Europarates nach Art. 8 ihre Zustimmung ausgedrückt haben, durch das Protokoll gebunden zu sein.[40]

2. Für jeden Mitgliedstaat, der später seine Zustimmung ausdrückt, durch das Protokoll gebunden zu sein, tritt es am ersten Tag des Monates in Kraft, der auf einen Zeitabschnitt von zwei Monaten nach Hinterlegung der Ratifikations-, Annahme- oder Genehmigungsurkunde folgt.

Artikel 10 – Aufgaben des Verwahrers

Der Generalsekretär des Europarates notifiziert allen Mitgliedstaaten des Europarates

a) jede Unterzeichnung;

b) jede Hinterlegung einer Ratifikations-, Annahme- oder Genehmigungsurkunde;

c) jeden Zeitpunkt des Inkrafttretens dieses Protokolls nach den Art. 6 und 9;

d) jede andere Handlung, Notifikation oder Erklärung im Zusammenhang mit diesem Protokoll.

Zu Urkund dessen haben die hiezu gehörig befugten Unterzeichneten dieses Protokoll unterschrieben.

Geschehen zu Straßburg am 22. November 1984 in englischer und französischer Sprache, wobei jeder Wortlaut gleichermaßen verbindlich ist, in einer Urschrift, die im Archiv des Europarates hinterlegt wird. Der Generalsekretär des Europarates übermittelt allen Mitgliedstaaten des Europarates beglaubigte Abschriften.

---

[40]) In Kraft getreten am 1. November 1988 (BGBl. 1988/628, 4286).

17/6.

Protokoll Nr. 11 zur Konvention zum Schutz der Menschenrechte und Grundfreiheiten über die Umgestaltung des durch die Konvention eingeführten Kontrollmechanismus

(BGBl III 1998/30)

(Übersetzung)

Die Mitgliedstaaten des Europarats, die dieses Protokoll zu der am 4. November 1950 in Rom unterzeichneten Konvention zum Schutze der Menschenrechte und Grundfreiheiten[1]) (im folgenden als „Konvention" bezeichnet) unterzeichnen –

in der Erwägung, daß es dringend erforderlich ist, den durch die Konvention eingeführten Kontrollmechanismus umzugestalten, um die Wirksamkeit des Schutzes der Menschenrechte und Grundfreiheiten durch die Konvention insbesondere in Anbetracht der Zunahme der Beschwerden und der wachsenden Zahl der Europaratsmitglieder zu wahren und zu verbessern –

in der Erwägung, daß es daher wünschenswert ist, einige Bestimmungen der Konvention zu ändern, um insbesondere die bestehende Europäische Kommission für Menschenrechte und den bestehenden Europäischen Gerichtshof für Menschenrechte durch einen neuen ständigen Gerichtshof zu ersetzen –

im Hinblick auf die Entschließung Nr. 1, die auf der in Wien am 19. und 20. März 1985 abgehaltenen Europäischen Ministerkonferenz über Menschenrechte angenommen wurde –

im Hinblick auf die Empfehlung 1194 (1992) der Parlamentarischen Versammlung des Europarats vom 6. Oktober 1992 –

im Hinblick auf die von den Staats- und Regierungschefs der Mitgliedstaaten des Europarats in der Wiener Erklärung vom 9. Oktober 1993 gefaßten Beschlüsse über die Reform des Kontrollmechanismus der Konvention –

haben folgendes vereinbart:

Artikel 1

Der bisherige Wortlaut der Abschnitte II bis IV der Konvention (Artikel 19 bis 56) und das Protokoll Nr. 2[2]), durch das dem Europäischen

---

[1]) BGBl. 1958/210 idF 1970/330, 1972/84, 1990/64.

[2]) BGBl. 1970/329.

Gerichtshof für Menschenrechte die Zuständigkeit zur Erstattung von Gutachten übertragen wird, werden durch den folgenden Abschnitt II der Konvention (Artikel 19 bis 51) ersetzt:[*])

„ABSCHNITT II – EUROPÄISCHER GERICHTSHOF FÜR MENSCHENRECHTE

Artikel 19 – Errichtung des Gerichtshofs

Um die Einhaltung der Verpflichtungen sicherzustellen, welche die Hohen Vertragschließenden Teile in dieser Konvention und den Protokollen dazu übernommen haben, wird ein Europäischer Gerichtshof für Menschenrechte, im folgenden als „Gerichtshof" bezeichnet, errichtet. Er nimmt seine Aufgaben als ständiger Gerichtshof wahr.

Artikel 20 – Zahl der Richter

Die Zahl der Richter des Gerichtshofs entspricht derjenigen der Hohen Vertragschließenden Teile.

Artikel 21 – Voraussetzungen für das Amt

(1) Die Richter müssen hohes sittliches Ansehen genießen und entweder die für die Ausübung hoher richterlicher Ämter erforderlichen Voraussetzungen erfüllen oder Rechtsgelehrte von anerkanntem Ruf sein.

(2) Die Richter gehören dem Gerichtshof in ihrer persönlichen Eigenschaft an.

(3) Während ihrer Amtszeit dürfen die Richter keine Tätigkeit ausüben, die mit ihrer Unabhängigkeit, ihrer Unparteilichkeit oder mit den Erfordernissen der Vollzeitbeschäftigung in diesem Amt unvereinbar ist; alle Fragen, die sich aus der Anwendung dieses Absatzes ergeben, werden vom Gerichtshof entschieden.

Artikel 22 – Wahl der Richter

(1) Die Richter werden von der Parlamentarischen Versammlung für jeden Hohen Vertragschließenden Teil mit Stimmenmehrheit aus einer Liste von drei Kandidaten gewählt, die von dem Hohen Vertragschließenden Teil vorgeschlagen werden.

(2) Dasselbe Verfahren wird angewendet, um den Gerichtshof im Fall des Beitritts neuer Hoher Vertragschließender Teile zu ergänzen und um freigewordene Sitze zu besetzen.

---

[*]) Eingearbeitet, aber aus Gründen der Textvollständigkeit belassen.

Grundrechte EMRK + ZProt V/O EGMR

Artikel 23 – Amtszeit

(1) Die Richter werden für sechs Jahre gewählt. Ihre Wiederwahl ist zulässig. Jedoch endet die Amtszeit der Hälfte der bei der ersten Wahl gewählten Richter nach drei Jahren.

(2) Die Richter, deren Amtszeit nach drei Jahren endet, werden unmittelbar nach ihrer Wahl vom Generalsekretär des Europarats durch das Los bestimmt.

(3) Um soweit wie möglich sicherzustellen, daß die Hälfte der Richter alle drei Jahre neu gewählt wird, kann die Parlamentarische Versammlung vor jeder späteren Wahl beschließen, daß die Amtszeit eines oder mehrerer der zu wählenden Richter nicht sechs Jahre betragen soll, wobei diese Amtszeit weder länger als neun noch kürzer als drei Jahre sein darf.

(4) Sind mehrere Ämter zu besetzen und wendet die Parlamentarische Versammlung Absatz 3 an, so wird die Zuteilung der Amtszeiten vom Generalsekretär des Europarats unmittelbar nach der Wahl durch das Los bestimmt.

(5) Ein Richter, der anstelle eines Richters gewählt wird, dessen Amtszeit noch nicht abgelaufen ist, übt sein Amt für die restliche Amtszeit seines Vorgängers aus.

(6) Die Amtszeit der Richter endet mit Vollendung des 70. Lebensjahrs.

(7) Die Richter bleiben bis zum Amtsantritt ihrer Nachfolger im Amt. Sie bleiben jedoch in den Rechtssachen tätig, mit denen sie bereits befaßt sind.

Artikel 24 – Entlassung

Ein Richter kann nur entlassen werden, wenn die anderen Richter mit Zweidrittelmehrheit entscheiden, daß er die erforderlichen Voraussetzungen nicht mehr erfüllt.

Artikel 25 – Kanzlei und wissenschaftliche Mitarbeiter

Der Gerichtshof hat eine Kanzlei, deren Aufgaben und Organisation in der Verfahrensordnung des Gerichtshofs festgelegt werden. Der Gerichtshof wird durch wissenschaftliche Mitarbeiter unterstützt.

Artikel 26 – Plenum des Gerichtshofs

Das Plenum des Gerichtshofs

a) wählt seinen Präsidenten und einen oder zwei Vizepräsidenten für drei Jahre; ihre Wiederwahl ist zulässig;

b) bildet Kammern für einen bestimmten Zeitraum;

c) wählt die Präsidenten der Kammern des Gerichtshofs; ihre Wiederwahl ist zulässig;

d) beschließt die Verfahrensordnung des Gerichtshofs und

e) wählt den Kanzler und einen oder mehrere stellvertretende Kanzler.

Artikel 27 – Ausschüsse, Kammern und Große Kammer

(1) Zur Prüfung der Rechtssachen, die bei ihm anhängig gemacht werden, tagt der Gerichtshof in Ausschüssen mit drei Richtern, in Kammern mit sieben Richtern und in einer Großen Kammer mit siebzehn Richtern. Die Kammern des Gerichtshofs bilden die Ausschüsse für einen bestimmten Zeitraum.

(2) Der Kammer und der Großen Kammer gehört von Amts wegen der für den als Partei beteiligten Staat gewählte Richter oder, wenn ein solcher nicht vorhanden ist oder er an den Sitzungen nicht teilnehmen kann, eine von diesem Staat benannte Person an, die in der Eigenschaft eines Richters an den Sitzungen teilnimmt.

(3) Der Großen Kammer gehören ferner der Präsident des Gerichtshofs, die Vizepräsidenten, die Präsidenten der Kammern und andere nach der Verfahrensordnung des Gerichtshofs ausgewählte Richter an. Wird eine Rechtssache nach Artikel 43 an die Große Kammer verwiesen, so dürfen Richter der Kammer, die das Urteil gefällt hat, der Großen Kammer nicht angehören; das gilt nicht für den Präsidenten der Kammer und den Richter, welcher in der Kammer für den als Partei beteiligten Staat mitgewirkt hat.

Artikel 28 – Unzulässigkeitserklärungen der Ausschüsse

Ein Ausschuß kann durch einstimmigen Beschluß eine nach Artikel 34 erhobene Individualbeschwerde für unzulässig erklären oder im Register streichen, wenn eine solche Entscheidung ohne weitere Prüfung getroffen werden kann. Die Entscheidung ist endgültig.

Artikel 29 – Entscheidungen der Kammern über die Zulässigkeit und Begründetheit

(1) Ergeht keine Entscheidung nach Artikel 28, so entscheidet eine Kammer über die

Zulässigkeit und Begründetheit der nach Artikel 34 erhobenen Individualbeschwerden.

(2) Eine Kammer entscheidet über die Zulässigkeit und Begründetheit der nach Artikel 33 erhobenen Staatenbeschwerden.

(3) Die Entscheidung über die Zulässigkeit ergeht gesondert, sofern nicht der Gerichtshof in Ausnahmefällen anders entscheidet.

Artikel 30 – Abgabe der Rechtssache an die Große Kammer

Wirft eine bei einer Kammer anhängige Rechtssache eine schwerwiegende Frage der Auslegung dieser Konvention oder der Protokolle dazu auf oder kann die Entscheidung einer ihr vorliegenden Frage zu einer Abweichung von einem früheren Urteil des Gerichtshofs führen, so kann die Kammer diese Sache jederzeit, bevor sie ihr Urteil gefällt hat, an die Große Kammer abgeben, sofern nicht eine Partei widerspricht.

Artikel 31 – Befugnisse der Großen Kammer

Die Große Kammer

a) entscheidet über nach Artikel 33 oder Artikel 34 erhobene Beschwerden, wenn eine Kammer die Rechtssache nach Artikel 30 an sie abgegeben hat oder wenn die Sache nach Artikel 43 an sie verwiesen worden ist, und

b) behandelt Anträge nach Artikel 47 auf Erstattung von Gutachten.

Artikel 32 – Zuständigkeit des Gerichtshofs

(1) Die Zuständigkeit des Gerichtshofs umfaßt alle die Auslegung und Anwendung dieser Konvention und der Protokolle dazu betreffenden Angelegenheiten, mit denen er nach den Artikeln 33, 34 und 47 befaßt wird.

(2) Besteht Streit über die Zuständigkeit des Gerichtshofs, so entscheidet der Gerichtshof.

Artikel 33 – Staatenbeschwerden

Jeder Hohe Vertragschließende Teil kann den Gerichtshof wegen jeder behaupteten Verletzung dieser Konvention und der Protokolle dazu durch einen anderen Hohen Vertragschließenden Teil anrufen.

Artikel 34 – Individualbeschwerden

Der Gerichtshof kann von jeder natürlichen Person, nichtstaatlichen Organisation oder Personengruppe, die behauptet, durch einen der Hohen Vertragschließenden Teile in einem der in dieser Konvention oder den Protokollen dazu anerkannten Rechte verletzt zu sein, mit einer Beschwerde befaßt werden. Die Hohen Vertragschließenden Teile verpflichten sich, die wirksame Ausübung dieses Rechts nicht zu behindern.

Artikel 35 – Zulässigkeitsvoraussetzungen

(1) Der Gerichtshof kann sich mit einer Angelegenheit erst nach Erschöpfung aller innerstaatlichen Rechtsbehelfe in Übereinstimmung mit den allgemein anerkannten Grundsätzen des Völkerrechts und nur innerhalb einer Frist von sechs Monaten nach der endgültigen innerstaatlichen Entscheidung befassen.

(2) Der Gerichtshof befaßt sich nicht mit einer nach Artikel 34 erhobenen Individualbeschwerde, die

a) anonym ist oder

b) im wesentlichen mit einer schon vorher vom Gerichtshof geprüften Beschwerde übereinstimmt oder schon einer anderen internationalen Untersuchungs- oder Vergleichsinstanz unterbreitet worden ist und keine neuen Tatsachen enthält.

(3) Der Gerichtshof erklärt eine nach Artikel 34 erhobene Individualbeschwerde für unzulässig, wenn er sie für unvereinbar mit dieser Konvention oder den Protokollen dazu, für offensichtlich unbegründet oder für einen Mißbrauch des Beschwerderechts hält.

(4) Der Gerichtshof weist eine Beschwerde zurück, die er nach diesem Artikel für unzulässig hält. Er kann dies in jedem Stadium des Verfahrens tun.

Artikel 36 – Beteiligung Dritter

(1) In allen bei einer Kammer oder der Großen Kammer anhängigen Rechtssachen ist der Hohe Vertragschließende Teil, dessen Staatsangehörigkeit der Beschwerdeführer besitzt, berechtigt, schriftliche Stellungnahmen abzugeben und an den mündlichen Verhandlungen teilzunehmen.

(2) Im Interesse der Rechtspflege kann der Präsident des Gerichtshofs jedem Hohen Vertragschließenden Teil, der in dem Verfahren nicht Partei ist, oder jeder betroffenen Person, die nicht Beschwerdeführer ist, Gelegenheit geben, schriftlich Stellung zu nehmen oder an den mündlichen Verhandlungen teilzunehmen.

Grundrechte EMRK + ZProt VfÖ EGMR

Artikel 37 – Streichung von Beschwerden

(1) Der Gerichtshof kann jederzeit während des Verfahrens entscheiden, eine Beschwerde in seinem Register zu streichen, wenn die Umstände Grund zur Annahme geben, daß

a) der Beschwerdeführer seine Beschwerde nicht weiterzuverfolgen beabsichtigt,

b) die Streitigkeit einer Lösung zugeführt worden ist oder

c) eine weitere Prüfung der Beschwerde aus anderen vom Gerichtshof festgestellten Gründen nicht gerechtfertigt ist.

Der Gerichtshof setzt jedoch die Prüfung der Beschwerde fort, wenn die Achtung der Menschenrechte, wie sie in dieser Konvention und den Protokollen dazu anerkannt sind, dies erfordert.

(2) Der Gerichtshof kann die Wiedereintragung einer Beschwerde in sein Register anordnen, wenn er dies den Umständen nach für gerechtfertigt hält.

Artikel 38 – Prüfung der Rechtssache und gütliche Einigung

(1) Erklärt der Gerichtshof die Beschwerde für zulässig, so

a) setzt er mit den Vertretern der Parteien die Prüfung der Rechtssache fort und nimmt, falls erforderlich, Ermittlungen vor; die betreffenden Staaten haben alle zur wirksamen Durchführung der Ermittlungen erforderlichen Erleichterungen zu gewähren;

b) hält er sich zur Verfügung der Parteien mit dem Ziel, eine gütliche Einigung auf der Grundlage der Achtung der Menschenrechte, wie sie in dieser Konvention und den Protokollen dazu anerkannt sind, zu erreichen.

(2) Das Verfahren nach Absatz 1 Buchstabe b ist vertraulich.

Artikel 39 – Gütliche Einigung

Im Fall einer gütlichen Einigung streicht der Gerichtshof durch eine Entscheidung, die sich auf eine kurze Angabe des Sachverhalts und der erzielten Lösung beschränkt, die Rechtssache in seinem Register.

Artikel 40 – Öffentliche Verhandlung und Akteneinsicht

(1) Die Verhandlung ist öffentlich, soweit nicht der Gerichtshof auf Grund besonderer Umstände anders entscheidet.

(2) Die beim Kanzler verwahrten Schriftstücke sind der Öffentlichkeit zugänglich, soweit nicht der Präsident des Gerichtshofs anders entscheidet.

Artikel 41 – Gerechte Entschädigung

Stellt der Gerichtshof fest, daß diese Konvention oder die Protokolle dazu verletzt worden sind, und gestattet das innerstaatliche Recht des beteiligten Hohen Vertragschließenden Teiles nur eine unvollkommene Wiedergutmachung für die Folgen dieser Verletzung, so spricht der Gerichtshof der verletzten Partei eine gerechte Entschädigung zu, wenn dies notwendig ist.

Artikel 42 – Urteile der Kammern

Urteile der Kammern werden nach Maßgabe des Artikels 44 Absatz 2 endgültig.

Artikel 43 – Verweisung an die Große Kammer

(1) Innerhalb von drei Monaten nach dem Datum des Urteils der Kammer kann jede Partei in Ausnahmefällen die Verweisung der Rechtssache an die Große Kammer beantragen.

(2) Ein Ausschuß von fünf Richtern der Großen Kammer nimmt den Antrag an, wenn die Rechtssache eine schwerwiegende Frage der Auslegung oder Anwendung dieser Konvention oder der Protokolle dazu oder eine schwerwiegende Frage von allgemeiner Bedeutung aufwirft.

(3) Nimmt der Ausschuß den Antrag an, so entscheidet die Große Kammer die Sache durch Urteil.

Artikel 44 – Endgültige Urteile

(1) Das Urteil der Großen Kammer ist endgültig.

(2) Das Urteil einer Kammer wird endgültig,

a) wenn die Parteien erklären, daß sie die Verweisung der Rechtssache an die Große Kammer nicht beantragen werden,

b) drei Monate nach dem Datum des Urteils, wenn nicht die Verweisung der Rechtssache an die Große Kammer beantragt worden ist, oder

c) wenn der Ausschuß der Großen Kammer den Antrag auf Verweisung nach Artikel 43 abgelehnt hat.

(3) Das endgültige Urteil wird veröffentlicht.

Artikel 45 – Begründung der Urteile und Entscheidungen

(1) Urteile sowie Entscheidungen, mit denen Beschwerden für zulässig oder für unzulässig erklärt werden, werden begründet.

(2) Bringt ein Urteil ganz oder teilweise nicht die übereinstimmende Meinung der Richter zum Ausdruck, so ist jeder Richter berechtigt, seine abweichende Meinung darzulegen.

Artikel 46 – Verbindlichkeit und Durchführung der Urteile

(1) Die Hohen Vertragschließenden Teile verpflichten sich, in allen Rechtssachen, in denen sie Partei sind, das endgültige Urteil des Gerichtshofs zu befolgen.

(2) Das endgültige Urteil des Gerichtshofs ist dem Ministerkomitee zuzuleiten; dieses überwacht seine Durchführung.

Artikel 47 – Gutachten

(1) Der Gerichtshof kann auf Antrag des Ministerkomitees Gutachten über Rechtsfragen erstatten, welche die Auslegung dieser Konvention und der Protokolle dazu betreffen.

(2) Diese Gutachten dürfen keine Fragen zum Gegenstand haben, die sich auf den Inhalt oder das Ausmaß der in Abschnitt I dieser Konvention und in den Protokollen dazu anerkannten Rechte und Freiheiten beziehen, noch andere Fragen, über die der Gerichtshof oder das Ministerkomitee auf Grund eines nach dieser Konvention eingeleiteten Verfahrens zu entscheiden haben könnte.

(3) Der Beschluß des Ministerkomitees, ein Gutachten beim Gerichtshof zu beantragen, bedarf der Stimmenmehrheit der zur Teilnahme an den Sitzungen des Komitees berechtigten Mitglieder.

Artikel 48 – Gutachterliche Zuständigkeit des Gerichtshofs

Der Gerichtshof entscheidet, ob ein vom Ministerkomitee gestellter Antrag auf Erstattung eines Gutachtens in seine Zuständigkeit nach Artikel 47 fällt.

Artikel 49 – Begründung der Gutachten

(1) Die Gutachten des Gerichtshofs werden begründet.

(2) Bringt das Gutachten ganz oder teilweise nicht die übereinstimmende Meinung der Richter zum Ausdruck, so ist jeder Richter berechtigt, seine abweichende Meinung darzulegen.

(3) Die Gutachten des Gerichtshofs werden dem Ministerkomitee übermittelt.

Artikel 50 – Kosten des Gerichtshofs

Die Kosten des Gerichtshofs werden vom Europarat getragen.

Artikel 51 – Privilegien und Immunitäten der Richter

(1) Die Richter genießen bei der Ausübung ihres Amtes die Vorrechte und Immunitäten, die in Artikel 40 der Satzung des Europarats und den auf Grund jenes Artikels geschlossenen Übereinkünften vorgesehen sind."

Artikel 2*)

(1) Abschnitt V der Konvention wird Abschnitt III der Konvention; Artikel 57 der Konvention wird Artikel 52 der Konvention; die Artikel 58 und 59 der Konvention werden gestrichen, und die Artikel 60 bis 66 der Konvention werden Artikel 53 bis 59 der Konvention.

(2) Abschnitt I der Konvention erhält die Überschrift „Rechte und Freiheiten", und der neue Abschnitt III der Konvention erhält die Überschrift „Verschiedene Bestimmungen". Die Artikel 1 bis 18 und die neuen Artikel 52 bis 59 der Konvention erhalten die im Anhang zu diesem Protokoll aufgeführten Überschriften.

(3) Im neuen Artikel 56 werden in Absatz 1 nach dem Wort „Konvention" die Worte „vorbehaltlich des Absatzes 4" eingefügt; in Absatz 4 werden die Worte „der Kommission für die Behandlung der Gesuche" und „gemäß Artikel 25 dieser Konvention" jeweils durch die Worte „des Gerichtshofs für die Entgegennahme von Beschwerden" und „gemäß Artikel 34" ersetzt. Im neuen Artikel 58 Absatz 4 werden die Worte „nach Artikel 63" durch die Worte „nach Artikel 56" ersetzt.

(4) Das Zusatzprotokoll[3]) zur Konvention wird wie folgt geändert:

*) Eingearbeitet, aber aus Gründen der Textvollständigkeit belassen.

[3]) BGBl. 1958/210.

Grundrechte

EMRK - ZProt
VfO EGMR

a) Die Artikel erhalten die im Anhang zu diesem Protokoll aufgeführten Überschriften, und

b) in Artikel 4 Absatz 3 werden die Worte „gemäß Artikel 63" durch die Worte „gemäß Artikel 56" ersetzt.

(5) Protokoll Nr. 4[4]) wird wie folgt geändert:

a) Die Artikel erhalten die im Anhang zu diesem Protokoll aufgeführten Überschriften;

b) in Artikel 5 Absatz 3 werden die Worte „des Artikels 63" durch die Worte „des Artikels 56" ersetzt; es wird folgender neuer Absatz 5 angefügt:

„Jeder Staat, der eine Erklärung nach Absatz 1 oder 2 abgegeben hat, kann jederzeit danach für eines oder mehrere der in der Erklärung bezeichneten Hoheitsgebiete erklären, daß er die Zuständigkeit des Gerichtshofs, Beschwerden von natürlichen Personen, nichtstaatlichen Organisationen oder Personengruppen nach Artikel 34 der Konvention entgegenzunehmen, für die Artikel 1 bis 4 dieses Protokolls insgesamt oder für einzelne dieser Artikel annimmt.";

c) Artikel 6 Absatz 2 wird gestrichen.

(6) Protokoll Nr. 6[5]) wird wie folgt geändert:

a) Die Artikel erhalten die im Anhang zu diesem Protokoll aufgeführten Überschriften, und

b) in Artikel 4 werden die Worte „nach Artikel 64" durch die Worte „nach Artikel 57" ersetzt.

(7) Protokoll Nr. 7[6]) wird wie folgt geändert:

a) Die Artikel erhalten die im Anhang zu diesem Protokoll aufgeführten Überschriften;

b) in Artikel 6 Absatz 4 werden die Worte „des Artikels 63" durch die Worte „des Artikels 56" ersetzt; es wird folgender neuer Absatz 6 angefügt:

„Jeder Staat, der eine Erklärung nach Absatz 1 oder 2 abgegeben hat, kann jederzeit danach für eines oder mehrere der in der Erklärung bezeichneten Hoheitsgebiete erklären, daß er die Zuständigkeit des Gerichtshofs, Beschwerden von natürlichen Personen, nichtstaatlichen Organisationen oder Personengruppen nach Artikel 34 der

Konvention entgegenzunehmen, für die Artikel 1 bis 5 dieses Protokolls annimmt.";

c) Artikel 7 Absatz 2 wird gestrichen.

(8) Protokoll Nr. 9[7]) wird aufgehoben.

Artikel 3

(1) Dieses Protokoll liegt für die Mitgliedstaaten des Europarats, welche die Konvention unterzeichnet haben, zur Unterzeichnung auf; sie können ihre Zustimmung, gebunden zu sein, ausdrücken,

a) indem sie es ohne Vorbehalt der Ratifikation, Annahme oder Genehmigung unterzeichnen oder

b) indem sie es vorbehaltlich der Ratifikation, Annahme oder Genehmigung unterzeichnen und später ratifizieren, annehmen oder genehmigen.

(2) Die Ratifikations-, Annahme- oder Genehmigungsurkunden werden beim Generalsekretär des Europarats hinterlegt.

Artikel 4

Dieses Protokoll tritt am ersten Tag des Monats in Kraft, der auf einen Zeitabschnitt von einem Jahr nach dem Tag folgt, an dem alle Vertragsparteien der Konvention nach Artikel 3 ihre Zustimmung ausgedrückt haben, durch das Protokoll gebunden zu sein. Von dem Tag an, an dem alle Vertragsparteien der Konvention ihre Zustimmung ausgedrückt haben, durch das Protokoll gebunden zu sein, können nach Maßgabe des Protokolls die neuen Richter gewählt und alle weiteren zur Errichtung des neuen Gerichtshofs erforderlichen Maßnahmen getroffen werden.

Artikel 5

(1) Unbeschadet der Absätze 3 und 4 endet die Amtszeit der Richter, der Kommissionsmitglieder, des Kanzlers und des stellvertretenden Kanzlers am Tag des Inkrafttretens dieses Protokolls.

(2) Bei der Kommission anhängige Beschwerden, die bis zum Tag des Inkrafttretens dieses Protokolls noch nicht für zulässig erklärt worden sind, werden vom Gerichtshof nach Maßgabe dieses Protokolls geprüft.

(3) Beschwerden, die bis zum Tag des Inkrafttretens dieses Protokolls für zulässig erklärt worden sind, werden innerhalb eines Jahres von den Mitgliedern der Kommission

---

[4]) BGBl. 1969/434.
[5]) BGBl. 1985/138.
[6]) BGBl. 1988/628.

[7]) BGBl. 1994/593.

weiter bearbeitet. Beschwerden, deren Prüfung von der Kommission innerhalb des genannten Zeitraums nicht abgeschlossen worden ist, werden dem Gerichtshof zugeleitet; dieser prüft sie nach Maßgabe dieses Protokolls als zulässige Beschwerden.

(4) Bei Beschwerden, zu denen die Kommission nach Inkrafttreten dieses Protokolls nach dem bisherigen Artikel 31 der Konvention einen Bericht angenommen hat, wird der Bericht den Parteien übermittelt, die nicht das Recht haben, ihn zu veröffentlichen. Die Rechtssache kann nach den vor Inkrafttreten dieses Protokolls geltenden Bestimmungen dem Gerichtshof vorgelegt werden. Der Ausschuß der Großen Kammer bestimmt, ob eine der Kammern oder die Große Kammer die Sache entscheidet. Wird die Sache von einer Kammer entschieden, so ist ihre Entscheidung endgültig. Sachen, die nicht dem Gerichtshof vorgelegt werden, behandelt das Ministerkomitee nach dem bisherigen Artikel 32 der Konvention.

(5) Beim Gerichtshof anhängige Rechtssachen, die bis zum Tag des Inkrafttretens dieses Protokolls noch nicht entschieden sind, werden der Großen Kammer des Gerichtshofs vorgelegt; diese prüft sie nach Maßgabe dieses Protokolls.

(6) Beim Ministerkomitee anhängige Rechtssachen, die bis zum Tag des Inkrafttretens dieses Protokolls noch nicht nach dem bisherigen Artikel 32 der Konvention entschieden sind, werden vom Ministerkomitee nach jenem Artikel abgeschlossen.

Artikel 6

Hat ein Hoher Vertragschließender Teil eine Erklärung abgegeben, mit der er nach den bisherigen Artikeln 25 oder 46 der Konvention die Zuständigkeit der Kommission oder die Gerichtsbarkeit des Gerichtshofs nur für Angelegenheiten anerkennt, die sich nach dieser Erklärung ergeben oder auf Sachverhalten beruhen, die nach dieser Erklärung eintreten, so bleibt diese Beschränkung für die Gerichtsbarkeit des Gerichtshofs nach diesem Protokoll gültig.

Artikel 7

Der Generalsekretär des Europarats notifiziert den Mitgliedstaaten des Rates

a) jede Unterzeichnung;

b) jede Hinterlegung einer Ratifikations-, Annahme- oder Genehmigungsurkunde;

c) den Zeitpunkt des Inkrafttretens dieses Protokolls oder einzelner seiner Bestimmungen nach Artikel 4;

d) jede andere Handlung, Notifikation oder Mitteilung im Zusammenhang mit diesem Protokoll.

Zu Urkund dessen haben die hierzu gehörig befugten Unterzeichneten dieses Protokoll unterschrieben.

Geschehen zu Straßburg am 11. Mai 1994 in englischer und französischer Sprache, wobei jeder Wortlaut gleichermaßen verbindlich ist, in einer Urschrift, die im Archiv des Europarats hinterlegt wird. Der Generalsekretär des Europarats übermittelt allen Mitgliedstaaten des Europarats beglaubigte Abschriften.

Anhang
ARTIKELÜBERSCHRIFTEN, DIE IN DIE KONVENTION ZUM SCHUTZE DER MENSCHENRECHTE UND GRUNDFREIHEITEN UND DIE PROTOKOLLE *) DAZU EINZUFÜGEN SIND

Artikel 1 – Verpflichtung zur Achtung der Menschenrechte

Artikel 2 – Recht auf Leben

Artikel 3 – Verbot der Folter

Artikel 4 – Verbot der Sklaverei und der Zwangsarbeit

Artikel 5 – Recht auf Freiheit und Sicherheit

Artikel 6 – Recht auf ein faires Verfahren

Artikel 7 – Keine Strafe ohne Gesetz

Artikel 8 – Recht auf Achtung des Privat- und Familienlebens

Artikel 9 – Gedanken-, Gewissens- und Religionsfreiheit

Artikel 10 – Freiheit der Meinungsäußerung

Artikel 11 – Versammlungs- und Vereinigungsfreiheit

Artikel 12 – Recht auf Eheschließung

Artikel 13 – Recht auf wirksame Beschwerde

Artikel 14 – Verbot der Benachteiligung

Artikel 15 – Außerkraftsetzen im Notstandsfall

Artikel 16 – Beschränkungen der politischen Tätigkeit von Ausländern

Grundrechte EMRK - ZProt VfÖ EGMR

*) Die Überschriften der neuen Artikel 19 bis 51 der Konvention sind in diesem Protokoll bereits enthalten.

Die vom Bundespräsidenten unterzeichnete
und vom Bundeskanzler gegengezeichnete
Ratifikationsurkunde wurde am 3. August
1995 beim Generalsekretär des Europarats
hinterlegt; das Protokoll tritt gemäß seinem
Art. 7 mit 1. November 1998 in Kraft.

Nach Mitteilungen des Generalsekretärs haben folgende weitere Staaten das Protokoll ratifiziert bzw. angenommen:

Albanien, Andorra, Belgien, Bulgarien, Dänemark, Deutschland, Estland, Finnland, Frankreich, Griechenland, Irland, Island, Italien,
Kroatien, Lettland, Liechtenstein, Litauen,
Luxemburg, Malta, die ehemalige jugoslawi-
sche Republik Mazedonien, Moldova, Niederlande (einschließlich Niederländische Antillen
und Aruba), Norwegen, Polen, Portugal,
Rumänien, San Marino, Schweden, Schweiz,
Slowakei, Slowenien, Spanien, Tschechische
Republik, Türkei, Ukraine, Ungarn, Vereinigtes Königreich (einschließlich Guernsey, Insel
Man und Jersey), Zypern.

17/7.

Protokoll Nr. 13 zur Konvention zum Schutz der Menschenrechte und Grundfreiheiten über die vollständige Abschaffung der Todesstrafe

(BGBl. III Nr. 22/2005)

(Übersetzung)

Die Mitgliedstaaten des Europarats, die dieses Protokoll unterzeichnen,

in der Überzeugung, dass in einer demokratischen Gesellschaft das Recht jedes Menschen auf Leben einen Grundwert darstellt und die Abschaffung der Todesstrafe für den Schutz dieses Rechts und für die volle Anerkennung der allen Menschen innewohnenden Würde von wesentlicher Bedeutung ist;

in dem Wunsch, den Schutz des Rechts auf Leben, der durch die am 4. November 1950 in Rom unterzeichnete Konvention zum Schutz der Menschenrechte und Grundfreiheiten (im Folgenden als „Konvention" bezeichnet) gewährleistet wird, zu stärken;

in Anbetracht dessen, dass das Protokoll Nr. 6 zur Konvention über die Abschaffung der Todesstrafe, das am 28. April 1983 in Straßburg unterzeichnet wurde, die Todesstrafe nicht für Taten ausschließt, die in Kriegszeiten oder bei unmittelbarer Kriegsgefahr begangen werden;

entschlossen, den letzten Schritt zu tun, um die Todesstrafe vollständig abzuschaffen,

haben Folgendes vereinbart:

Artikel 1

Abschaffung der Todesstrafe

Die Todesstrafe ist abgeschafft. Niemand darf zu dieser Strafe verurteilt oder hingerichtet werden.

Artikel 2

Verbot des Abweichens

Von diesem Protokoll darf nicht nach Artikel 15 der Konvention abgewichen werden.

Artikel 3

Verbot von Vorbehalten

Vorbehalte nach Artikel 57 der Konvention zu diesem Protokoll sind nicht zulässig.

Artikel 4

Räumlicher Geltungsbereich

(1) Jeder Staat kann bei der Unterzeichnung oder bei der Hinterlegung der Ratifikation-, An-

nahme- oder Genehmigungsurkunde einzelne oder mehrere Hoheitsgebiete bezeichnen, auf die dieses Protokoll Anwendung findet.

(2) Jeder Staat kann jederzeit danach durch eine an den Generalsekretär des Europarats gerichtete Erklärung die Anwendung dieses Protokolls auf jedes weitere in der Erklärung bezeichnete Hoheitsgebiet erstrecken. Das Protokoll tritt für dieses Hoheitsgebiet am ersten Tag des Monats in Kraft, der auf einen Zeitabschnitt von drei Monaten nach Eingang der Erklärung beim Generalsekretär folgt.

(3) Jede nach den Absätzen 1 und 2 abgegebene Erklärung kann in Bezug auf jedes darin bezeichnete Hoheitsgebiet durch eine an den Generalsekretär gerichtete Notifikation zurückgenommen oder geändert werden. Die Rücknahme oder Änderung wird am ersten Tag des Monats wirksam, der auf einen Zeitabschnitt von drei Monaten nach Eingang der Notifikation beim Generalsekretär folgt.

Artikel 5

Verhältnis zur Konvention

Die Vertragsstaaten betrachten die Artikel 1 bis 4 dieses Protokolls als Zusatzartikel zur Konvention; alle Bestimmungen der Konvention sind dementsprechend anzuwenden.

Artikel 6

Unterzeichnung und Ratifikation

Dieses Protokoll liegt für die Mitgliedstaaten des Europarates, welche die Konvention unterzeichnet haben, zur Unterzeichnung auf. Es bedarf der Ratifikation, Annahme oder Genehmigung. Ein Mitgliedstaat des Europarats kann dieses Protokoll nur ratifizieren, annehmen oder genehmigen, wenn er die Konvention gleichzeitig ratifiziert oder bereits zu einem früheren Zeitpunkt ratifiziert hat. Die Ratifikations-, Annahme- oder Genehmigungsurkunden werden beim Generalsekretär des Europarats hinterlegt.

Artikel 7

Inkrafttreten

(1) Dieses Protokoll tritt am ersten Tag des Monats in Kraft, der auf einen Zeitabschnitt von drei Monaten nach dem Tag folgt, an dem zehn Mitgliedstaaten des Europarats nach Artikel 6 ihre Zustimmung ausgedrückt haben, durch das Protokoll gebunden zu sein.

(2) Für jeden Mitgliedstaat, der später seine Zustimmung ausdrückt, durch dieses Protokoll gebunden zu sein, tritt es am ersten Tag des Monats in Kraft, der auf einen Zeitabschnitt von drei

Grundrechte EMRK + ZProt VfO EGMR

Monaten nach der Hinterlegung der Ratifikations-, Annahme- oder Genehmigungsurkunde folgt.

Artikel 8
Aufgaben des Verwahrers

Der Generalsekretär des Europarats notifiziert allen Mitgliedstaaten des Europarats

a) jede Unterzeichnung;

b) jede Hinterlegung einer Ratifikations-, Annahme- oder Genehmigungsurkunde;

c) jeden Zeitpunkt des Inkrafttretens dieses Protokolls nach Artikel 4 und 7;

d) jede andere Handlung, Notifikation oder Mitteilung im Zusammenhang mit diesem Protokoll.

Zu Urkund dessen haben die hierzu gehörig befugten Unterzeichneten dieses Protokoll unterschrieben.

Geschehen zu Wilna am 3. Mai 2002 in englischer und französischer Sprache, wobei jeder Wortlaut gleichermaßen authentisch ist, in einer Urschrift, die im Archiv des Europarats hinterlegt wird. Der Generalsekretär des Europarats übermittelt allen Mitgliedstaaten des Europarats beglaubigte Abschriften.

17/8.

Protokoll Nr. 14 zur Konvention zum Schutze der Menschenrechte und Grundfreiheiten über die Änderung des Kontrollsystems der Konvention

(BGBl III Nr. 47/2010)

(Übersetzung)

Präambel

Die Mitgliedstaaten des Europarats, die dieses Protokoll zu der am 4. November 1950 in Rom unterzeichneten Konvention zum Schutze der Menschenrechte und Grundfreiheiten (im Folgenden als «Konvention» bezeichnet) unterzeichnen –

im Hinblick auf die Entschließung Nr. 1 und die Erklärung, die auf der in Rom am 3. und 4. November 2000 abgehaltenen Europäischen Ministerkonferenz über Menschenrechte angenommen wurden;

im Hinblick auf die Erklärungen, welche das Ministerkomitee am 8. November 2001, 7. November 2002 und 15. Mai 2003 auf seiner 109., 111. und 112. Tagung angenommen hat;

im Hinblick auf die Stellungnahme Nr. 251 (2004) der Parlamentarischen Versammlung des Europarats vom 28. April 2004;

in der Erwägung, dass es dringend erforderlich ist, einzelne Bestimmungen der Konvention zu ergänzen, um insbesondere in Anbetracht der stetigen Zunahme der Arbeitslast des Europäischen Gerichtshofs für Menschenrechte und des Ministerkomitees des Europarats die langfristige Wirksamkeit des Kontrollsystems zu wahren und zu verbessern;

insbesondere in der Erwägung, dass es notwendig ist zu gewährleisten, dass der Gerichtshof weiterhin seine herausragende Rolle beim Schutz der Menschenrechte in Europa spielen kann –

haben folgendes vereinbart:

Artikel 1

Artikel 22 Absatz 2 der Konvention wird aufgehoben.

Artikel 2

Artikel 23 der Konvention erhält folgende Fassung:

«Artikel 23 – Amtszeit und Entlassung

(1) Die Richter werden für neun Jahre gewählt. Ihre Wiederwahl ist nicht zulässig.

(2) Die Amtszeit der Richter endet mit Vollendung des 70. Lebensjahrs.

(3) Die Richter bleiben bis zum Amtsantritt ihrer Nachfolger im Amt. Sie bleiben jedoch in den Rechtssachen tätig, mit denen sie bereits befasst sind.

(4) Ein Richter kann nur entlassen werden, wenn die anderen Richter mit Zweidrittelmehrheit entscheiden, dass er die erforderlichen Voraussetzungen nicht mehr erfüllt. »

Artikel 3

Artikel 24 der Konvention wird aufgehoben.

Artikel 4

Artikel 25 der Konvention wird Artikel 24 und erhält folgende Fassung:

«Artikel 24 – Kanzlei und Berichterstatter

(1) Der Gerichtshof hat eine Kanzlei, deren Aufgaben und Organisation in der Verfahrensordnung des Gerichtshofs festgelegt werden.

(2) Wenn der Gerichtshof in Einzelrichterbesetzung tagt, wird er von Berichterstattern unterstützt, die ihre Aufgaben unter der Aufsicht des Präsidenten des Gerichtshofs ausüben. Sie gehören der Kanzlei des Gerichtshofs an.»

Grundrechte
EMRK + ZProt
VfO EGMR

Artikel 5

Artikel 26 der Konvention wird Artikel 25 ("Plenum") und sein Wortlaut wird wie folgt geändert:

1. Am Ende des Buchstabens d wird das Wort „und" durch ein Semikolon ersetzt.
2. Am Ende des Buchstabens e wird der Punkt durch ein Semikolon ersetzt.
3. Es wird folgender neuer Buchstabe f angefügt:
   «f) stellt Anträge nach Artikel 26 Absatz 2.»

Artikel 6

Artikel 27 der Konvention wird Artikel 26 und erhält folgende Fassung:

«Artikel 26 – Einzelrichterbesetzung, Ausschüsse, Kammern und Grosse Kammer

(1) Zur Prüfung der Rechtssachen, die bei ihm anhängig gemacht werden, tagt der Gerichtshof in Einzelrichterbesetzung, in Ausschüssen mit drei Richtern, in Kammern mit sieben Richtern und in einer Grossen Kammer mit siebzehn Richtern. Die Kammern des Gerichtshofs bilden die Ausschüsse für einen bestimmten Zeitraum.

(2) Auf Antrag des Plenums des Gerichtshofs kann die Anzahl Richter je Kammer für einen bestimmten Zeitraum durch einstimmigen Beschluss des Ministerkomitees auf fünf herabgesetzt werden.

(3) Ein Richter, der als Einzelrichter tagt, prüft keine Beschwerde gegen die Hohe Vertragspartei, für die er gewählt worden ist.

(4) Der Kammer und der Grossen Kammer gehört von Amts wegen der für eine als Partei beteiligte Hohe Vertragspartei gewählte Richter an. Wenn ein solcher nicht vorhanden ist oder er an den Sitzungen nicht teilnehmen kann, nimmt eine Person in der Eigenschaft eines Richters an den Sitzungen teil, die der Präsident des Gerichtshofs aus einer Liste auswählt, welche ihm die betreffende Vertragspartei vorab unterbreitet hat.

(5) Der Grossen Kammer gehören ferner der Präsident des Gerichtshofs, die Vizepräsidenten, die Präsidenten der Kammern und andere nach der Verfahrensordnung des Gerichtshofs ausgewählte Richter an. Wird eine Rechtssache nach Artikel 43 an die Grosse Kammer verwiesen, so dürfen Richter der Kammer, die das Urteil gefällt hat, der Grossen Kammer nicht angehören; das gilt nicht für den Präsidenten der Kammer und den Richter, welcher in der Kammer für die als Partei beteiligte Hohe Vertragspartei mitgewirkt hat. »

Artikel 7

Nach dem neuen Artikel 26 wird folgender neuer Artikel 27 in die Konvention eingefügt:

«Artikel 27 – Befugnisse des Einzelrichters

(1) Ein Einzelrichter kann eine nach Artikel 34 erhobene Beschwerde für unzulässig erklären oder im Register streichen, wenn eine solche Entscheidung ohne weitere Prüfung getroffen werden kann.

(2) Die Entscheidung ist endgültig.

(3) Erklärt der Einzelrichter eine Beschwerde nicht für unzulässig und streicht er sie auch nicht im Register des Gerichtshofs, so übermittelt er sie zur weiteren Prüfung an einen Ausschuss oder eine Kammer.»

Artikel 8

Artikel 28 der Konvention erhält folgende Fassung:

«Artikel 28 – Befugnisse der Ausschüsse

(1) Ein Ausschuss, der mit einer nach Artikel 34 erhobenen Beschwerde befasst wird, kann diese durch einstimmigen Beschluss

   a) für unzulässig erklären oder im Register streichen, wenn eine solche Entscheidung ohne weitere Prüfung getroffen werden kann, oder

   b) für zulässig erklären und zugleich ein Urteil über die Begründetheit fällen, sofern die der Rechtssache zugrunde liegende Frage der Auslegung oder Anwendung dieser Konvention oder der Protokolle dazu Gegenstand einer gefestigten Rechtsprechung des Gerichtshofs ist.

(2) Die Entscheidungen und Urteile nach Absatz 1 sind endgültig.

(3) Ist der für die als Partei beteiligte Hohe Vertragspartei gewählte Richter nicht Mitglied des Ausschusses, so kann er von Letzterem jederzeit während des Verfahrens eingeladen werden, den Sitz eines Mitglieds im Ausschuss einzunehmen; der Ausschuss hat dabei alle erheblichen Umstände einschliesslich der Frage, ob diese Vertragspartei der Anwendung des Verfahrens nach Absatz 1 Buchstabe b entgegengetreten ist, zu berücksichtigen.»

Artikel 9

Artikel 29 der Konvention wird wie folgt geändert:

1. Absatz 1 erhält folgende Fassung: «Ergeht weder eine Entscheidung nach Artikel 27 oder 28 noch ein Urteil nach Artikel 28, so entscheidet eine Kammer über die Zulässigkeit und Begründetheit der nach Artikel 34 erhobenen Beschwerden. Die Entscheidung über die Zulässigkeit kann gesondert ergehen.»
2. Am Ende des Absatzes 2 wird folgender neuer Satz angefügt: «Die Entscheidung über die Zulässigkeit ergeht gesondert, sofern der Gerichtshof in Ausnahmefällen nicht anders entscheidet.»
3. Absatz 3 wird aufgehoben.

Artikel 10

Artikel 31 der Konvention wird wie folgt geändert:

1. Am Ende des Buchstabens a wird das Wort „und" gestrichen.
2. Buchstabe b wird Buchstabe c, und folgender neuer Buchstabe b wird eingefügt:

«b) entscheidet über Fragen, mit denen der Gerichtshof durch das Ministerkomitee nach Artikel 46 Absatz 4 befasst wird, und».

Artikel 11

Artikel 32 der Konvention wird wie folgt geändert:

Am Ende des Absatzes 1 werden nach der Zahl 34 ein Komma und die Zahl 46 eingefügt.

Artikel 12

Artikel 35 Absatz 3 der Konvention erhält folgende Fassung:

«(3) Der Gerichtshof erklärt eine nach Artikel 34 erhobene Individualbeschwerde für unzulässig,

a) wenn er sie für unvereinbar mit dieser Konvention oder den Protokollen dazu, für offensichtlich unbegründet oder für missbräuchlich hält oder

b) wenn er der Ansicht ist, dass dem Beschwerdeführer kein erheblicher Nachteil entstanden ist, es sei denn, die Achtung der Menschenrechte, wie sie in dieser Konvention und den Protokollen dazu anerkannt sind, erfordert eine Prüfung der Begründetheit der Beschwerde, und vorausgesetzt, es wird aus diesem Grund nicht eine Rechtssache zurückgewiesen, die noch von keinem innerstaatlichen Gericht gebührend geprüft worden ist.»

Artikel 13

Am Ende des Artikels 36 wird folgender neuer Absatz 3 angefügt:

«(3) In allen bei einer Kammer oder der Grossen Kammer anhängigen Rechtssachen kann der Kommissar für Menschenrechte des Europarats schriftliche Stellungnahmen abgeben und an den mündlichen Verhandlungen teilnehmen.»

Artikel 14

Artikel 38 der Konvention erhält folgende Fassung:

«Artikel 38 – Prüfung der Rechtssache

Der Gerichtshof prüft die Rechtssache mit den Vertretern der Parteien und nimmt, falls erforderlich, Ermittlungen vor; die betreffenden Hohen Vertragsparteien haben alle zur wirksamen Durchführung der Ermittlungen erforderlichen Erleichterungen zu gewähren.»

Artikel 15

Artikel 39 der Konvention erhält folgende Fassung:

«Artikel 39 – Gütliche Einigung

(1) Der Gerichtshof kann sich jederzeit während des Verfahrens zur Verfügung der Parteien halten mit dem Ziel, eine gütliche Einigung auf der Grundlage der Achtung der Menschenrechte, wie sie in dieser Konvention und den Protokollen dazu anerkannt sind, zu erreichen.

(2) Das Verfahren nach Absatz 1 ist vertraulich.

(3) Im Fall einer gütlichen Einigung streicht der Gerichtshof durch eine Entscheidung, die sich auf eine kurze Angabe des Sachverhalts und der erzielten Lösung beschränkt, die Rechtssache in seinem Register.

(4) Diese Entscheidung ist dem Ministerkomitee zuzuleiten; dieses überwacht die Durchführung der gütlichen Einigung, wie sie in der Entscheidung festgehalten wird.»

Grundrechte

EMRK - ZProt
VfÖ EGMR

Artikel 16

Artikel 46 der Konvention erhält folgende Fassung:

«Artikel 46 – Verbindlichkeit und Durchführung der Urteile

(1) Die Hohen Vertragsparteien verpflichten sich, in allen Rechtssachen, in denen sie Partei sind, das endgültige Urteil des Gerichtshofs zu befolgen.

(2) Das endgültige Urteil des Gerichtshofs ist dem Ministerkomitee zuzuleiten; dieses überwacht seine Durchführung.

(3) Wird die Überwachung der Durchführung eines endgültigen Urteils nach Auffassung des Ministerkomitees durch eine Frage betreffend die Auslegung dieses Urteils behindert, so kann das Ministerkomitee den Gerichtshof anrufen, damit er über diese Auslegungsfrage entscheidet. Der Beschluss des Ministerkomitees, den Gerichtshof anzurufen, bedarf der Zweidrittelmehrheit der Stimmen der zur Teilnahme an den Sitzungen des Komitees berechtigten Mitglieder.

(4) Weigert sich eine Hohe Vertragspartei nach Auffassung des Ministerkomitees, in einer Rechtssache, in der sie Partei ist, ein endgültiges Urteil des Gerichtshofs zu befolgen, so kann das Ministerkomitee, nachdem es die betreffende Partei gemahnt hat, durch einen mit Zweidrittelmehrheit der Stimmen der zur Teilnahme an den Sitzungen des Komitees berechtigten Mitglieder gefassten Beschluss den Gerichtshof mit der Frage befassen, ob diese Partei ihrer Verpflichtung nach Absatz 1 nachgekommen ist.

(5) Stellt der Gerichtshof eine Verletzung des Absatzes 1 fest, so weist er die Rechtssache zur Prüfung der zu treffenden Massnahmen an das Ministerkomitee zurück. Stellt der Gerichtshof fest, dass keine Verletzung des Absatzes 1 vorliegt, so weist er die Rechtssache an das Ministerkomitee zurück; dieses beschliesst die Einstellung seiner Prüfung.»

Artikel 17

Artikel 59 der Konvention wird wie folgt geändert:

1. Es wird folgender neuer Absatz 2 eingefügt:

«(2) Die Europäische Union kann dieser Konvention beitreten.»

2. Die Absätze 2, 3 und 4 werden die Absätze 3, 4 und 5.

Schluss- und Übergangsbestimmungen
Artikel 18

(1) Dieses Protokoll liegt für die Mitgliedstaaten des Europarats, welche die Konvention unterzeichnet haben, zur Unterzeichnung auf; sie können ihre Zustimmung, gebunden zu sein, ausdrücken,

a) indem sie es ohne Vorbehalt der Ratifikation, Annahme oder Genehmigung unterzeichnen oder

b) indem sie es vorbehaltlich der Ratifikation, Annahme oder Genehmigung unterzeichnen und später ratifizieren, annehmen oder genehmigen.

(2) Die Ratifikations-, Annahme- oder Genehmigungsurkunden werden beim Generalsekretär des Europarats hinterlegt.

Artikel 19

Dieses Protokoll tritt am ersten Tag des Monats in Kraft, der auf einen Zeitabschnitt von drei Monaten nach dem Tag folgt, an dem alle Vertragsparteien der Konvention nach Artikel 18 ihre Zustimmung ausgedrückt haben, durch das Protokoll gebunden zu sein.

Artikel 20

(1) Mit Inkrafttreten dieses Protokolls sind seine Bestimmungen auf alle beim Gerichtshof anhängigen Beschwerden und auf alle Urteile, deren Durchführung das Ministerkomitee überwacht, anzuwenden.

(2) Auf Beschwerden, die vor Inkrafttreten dieses Protokolls für zulässig erklärt worden sind, ist die neue Zulässigkeitsvoraussetzung, die durch Artikel 12 dieses Protokolls in Artikel 35 Absatz 3 Buchstabe b der Konvention eingefügt wird, nicht anzuwenden. In den ersten zwei Jahren nach Inkrafttreten dieses Protokolls darf die neue Zulässigkeitsvoraussetzung nur von Kammern und der Grossen Kammer des Gerichtshofs angewendet werden.

Artikel 21

Mit Inkrafttreten dieses Protokolls verlängert sich die Amtszeit der Richter, deren erste Amtszeit zu jenem Zeitpunkt noch nicht abgelaufen ist, ohne weiteres auf insgesamt neun Jahre. Die übrigen Richter bleiben für ihre restliche Amtszeit, die sich ohne weiteres um zwei Jahre verlängert, im Amt.

Artikel 22

Der Generalsekretär des Europarats notifiziert den Mitgliedstaaten des Europarats

a) jede Unterzeichnung;

b) jede Hinterlegung einer Ratifikations-, Annahme- oder Genehmigungsurkunde;

c) den Zeitpunkt des Inkrafttretens dieses Protokolls nach Artikel 19 und

d) jede andere Handlung, Notifikation oder Mitteilung im Zusammenhang mit diesem Protokoll.

Zu Urkund dessen haben die hierzu gehörig befugten Unterzeichneten dieses Protokoll unterschrieben.

Geschehen zu Strassburg am 13. Mai 2004 in englischer und französischer Sprache, wobei jeder Wortlaut gleichermassen verbindlich ist, in einer Urschrift, die im Archiv des Europarats hinterlegt wird. Der Generalsekretär des Europarats übermittelt allen Mitgliedstaaten des Europarats beglaubigte Abschriften.

17/9.
Verfahrensordnung des Europäischen Gerichtshofs für Menschenrechte

European Court of Human Rights
RULES OF COURT*)
(1 June 2010)
Registry of the Court

CONTENTS

*) *Eine neue konsolidierte deutsche Fassung zwischen den deutschsprachigen Ländern liegt derzeit nicht vor, daher wird in dieser Auflage die authentische englische Fassung der Verfahrensordnung mit Stand 1. Juni 2010 abgedruckt. Sie enthält sämtliche aktuellen Änderungen, insbesondere auch im Hinblick auf das 14. Zusatzprotokoll, die am 13.11.2006 und 14.5.2007 angenommen und am 1.6.2010 in Kraft getreten sind.*
Die konsolidierte deutsche Übersetzung findet sich in BGBl III 2009/43 mit Stand 1.1.2009.

*) Diese Texte wurden aus Platzgründen nicht aufgenommen, sie sind im Internet abrufbar unter http://www.echr.coe.int

The European Court of Human Rights,

Having regard to the Convention for the Protection of Human Rights and Fundamental Freedoms and the Protocols thereto,

Makes the present Rules:

Rule 1[1])

(Definitions)

For the purposes of these Rules unless the context otherwise requires:

(a) the term "Convention" means the Convention for the Protection of Human Rights and Fundamental Freedoms and the Protocols thereto;

(b) the expression "plenary Court" means the European Court of Human Rights sitting in plenary session;

(c) the expression "Grand Chamber" means the Grand Chamber of seventeen judges constituted in pursuance of Article 26 § 1 of the Convention;

(d) the term "Section" means a Chamber set up by the plenary Court for a fixed period in pursuance of Article 25 (b) of the Convention and the expression "President of the Section" means the judge elected by the plenary Court in pursuance of Article 25 (c) of the Convention as President of such a Section;

(e) the term "Chamber" means any Chamber of seven judges constituted in pursuance of Article 26 § 1 of the Convention and the expression "President of the Chamber" means the judge presiding over such a "Chamber";

(f) the term "Committee" means a Committee of three judges set up in pursuance of Article 26 § 1 of the Convention and the expression "President of the Committee" means the judge presiding over such a "Committee";

(g) the expression "single-judge formation" means a single judge sitting in accordance with Article 26 § 1 of the Convention;

(h) the term "Court" means either the plenary Court, the Grand Chamber, a Section, a Chamber, a Committee, a single judge or the panel of five judges referred to in Article 43 § 2 of the Convention;

(i) the expression "*ad hoc* judge" means any person chosen in pursuance of Article 26 § 4 of the Convention and in accordance with Rule 29 to sit as a member of the Grand Chamber or as a member of a Chamber;

(j) the terms "judge" and "judges" mean the judges elected by the Parliamentary Assembly of the Council of Europe or *ad hoc* judges;

(k) the expression "Judge Rapporteur" means a judge appointed to carry out the tasks provided for in Rules 48 and 49;

(l) the term "non-judicial rapporteur" means a member of the Registry charged with assisting the single-judge formations provided for in Article 24 § 2 of the Convention;

(m) the term "delegate" means a judge who has been appointed to a delegation by the Chamber and the expression "head of the delegation" means the delegate appointed by the Chamber to lead its delegation;

(n) the term "delegation" means a body composed of delegates, Registry members and any other person appointed by the Chamber to assist the delegation;

(o) the term "Registrar" denotes the Registrar of the Court or the Registrar of a Section according to the context;

(p) the terms "party" and "parties" mean

– the applicant or respondent Contracting Parties;

– the applicant (the person, non-governmental organisation or group of individuals) that lodged a complaint under Article 34 of the Convention;

(q) the expression "third party" means any Contracting Party or any person concerned or the Council of Europe Commissioner for Human Rights who, as provided for in Article 36 §§ 1, 2 and 3 of the Convention, has exercised the right to submit written comments and take part in a hearing, or has been invited to do so;

(r) the terms "hearing" and "hearings" mean oral proceedings held on the admissibility and/or merits of an application or in connection with a request for revision or an advisory opinion, a request for interpretation by a party or by the Committee of Ministers, or a question whether there has been a failure to fulfil an obligation which may be referred to the Court by virtue of Article 46 § 4 of the Convention;

(s) the expression "Committee of Ministers" means the Committee of Ministers of the Council of Europe;

(t) the terms "former Court" and "Commission" mean respectively the European Court and European Commission of Human Rights set up under former Article 19 of the Convention.

---

[1]) As amended by the Court on 7 July 2003 and 13 November 2006.

TITLE I
ORGANISATION AND WORKING OF THE COURT

Chapter I
Judges

Rule 2[2])
(Calculation of term of office)

1. Where the seat is vacant on the date of the judge's election, the term of office shall begin as from the date of taking up office which, unless the President, in an exceptional case, decides otherwise, shall be no later than three months after the date of election.

2. When a judge is elected to replace a judge whose term of office has expired or is about to expire or who has declared his or her intention to resign, the term of office shall begin as from the date of taking up office which, unless the President decides otherwise, shall be no later than three months after the seat becomes vacant.

3. In accordance with Article 23 § 3 of the Convention, an elected judge shall hold office until a successor has taken the oath or made the declaration provided for in Rule 3.

Rule 3
(Oath or solemn declaration)

1. Before taking up office, each elected judge shall, at the first sitting of the plenary Court at which the judge is present or, in case of need, before the President of the Court, take the following oath or make the following solemn declaration:

"I swear" – or "I solemnly declare" – "that I will exercise my functions as a judge honourably, independently and impartially and that I will keep secret all deliberations."

2. This act shall be recorded in minutes.

Rule 4[3])
(Incompatible activities)

1. In accordance with Article 21 § 3 of the Convention, the judges shall not during their term of office engage in any political or administrative activity or any professional activity which is incompatible with their independence or impartiality or with the demands of a

---

[2]) As amended by the Court on 13 November 2006.

[3]) As amended by the Court on 29 March 2010.

full-time office. Each judge shall declare to the President of the Court any additional activity. In the event of a disagreement between the President and the judge concerned, any question arising shall be decided by the plenary Court.

2. A former judge shall not represent a party or third party in any capacity in proceedings before the Court relating to an application lodged before the date on which he or she ceased to hold office. As regards applications lodged subsequently, a former judge may not represent a party or third party in any capacity in proceedings before the Court until a period of two years from the date on which he or she ceased to hold office has elapsed.

Rule 5[4])
(Precedence)

1. Elected judges shall take precedence after the President and Vice-Presidents of the Court and the Presidents of the Sections, according to the date of their taking up office in accordance with Rule 2 §§ 1 and 2.

2. Vice-Presidents of the Court elected to office on the same date shall take precedence according to the length of time they have served as judges. If the length of time they have served as judges is the same, they shall take precedence according to age. The same rule shall apply to Presidents of Sections.

3. Judges who have served the same length of time as judges shall take precedence according to age.

4. *Ad hoc* judges shall take precedence after the elected judges according to age.

Rule 6
(Resignation)

Resignation of a judge shall be notified to the President of the Court, who shall transmit it to the Secretary General of the Council of Europe. Subject to the provisions of Rules 24 § 4 *in fine* and 26 § 3, resignation shall constitute vacation of office.

Rule 7
(Dismissal from office)

No judge may be dismissed from his or her office unless the other judges, meeting in plenary session, decide by a majority of two-thirds of the elected judges in office that he or

---

[4]) As amended by the Court on 14 May 2007.

she has ceased to fulfil the required conditions. He or she must first be heard by the plenary Court. Any judge may set in motion the procedure for dismissal from office.

Chapter II[5])
Presidency of the Court and the role of the Bureau

Rule 8[6])
(Election of the President and Vice-Presidents of the Court and the Presidents and Vice-Presidents of the Sections)

1. The plenary Court shall elect its President, two Vice-Presidents and the Presidents of the Sections for a period of three years, provided that such period shall not exceed the duration of their terms of office as judges.

2. Each Section shall likewise elect for a period of three years a Vice-President, who shall replace the President of the Section if the latter is unable to carry out his or her duties.

3. A judge elected in accordance with paragraphs 1 or 2 above may be re-elected but only once to the same level of office. This limitation on the number of terms of office shall not prevent a judge holding an office as described above on the date of the entry into force[7]) of the present amendment to Rule 8 from being re-elected once to the same level of office.

4. The Presidents and Vice-Presidents shall continue to hold office until the election of their successors.

5. The elections referred to in this Rule shall be by secret ballot. Only the elected judges who are present shall take part. If no candidate receives an absolute majority of the elected judges present, an additional round or rounds shall take place until one candidate has achieved an absolute majority. At each round the candidate who has received the least number of votes shall be eliminated. If more than one candidate has received the least number of votes, only the candidate who is lowest in the order of precedence in accordance with Rule 5 shall be eliminated. In the event of a tie between two candidates in the final round, preference shall be given to the judge having precedence in accordance with Rule 5.

---

[5]) As amended by the Court on 7 July 2003.

[6]) As amended by the Court on 7 November 2005.

[7]) 1 December 2005.

Rule 9
(Functions of the President of the Court)

1. The President of the Court shall direct the work and administration of the Court. The President shall represent the Court and, in particular, be responsible for its relations with the authorities of the Council of Europe.

2. The President shall preside at plenary meetings of the Court, meetings of the Grand Chamber and meetings of the panel of five judges.

3. The President shall not take part in the consideration of cases being heard by Chambers except where he or she is the judge elected in respect of a Contracting Party concerned.

Rule 9A[8])
(Role of the Bureau)

1. (a) The Court shall have a Bureau, composed of the President of the Court, the Vice-Presidents of the Court and the Section Presidents. Where a Vice-President or a Section President is unable to attend a Bureau meeting, he or she shall be replaced by the Section Vice-President or, failing that, by the next most senior member of the Section according to the order of precedence established in Rule 5.

(b) The Bureau may request the attendance of any other member of the Court or any other person whose presence it considers necessary.

2. The Bureau shall be assisted by the Registrar and the Deputy Registrars.

3. The Bureau's task shall be to assist the President in carrying out his or her function in directing the work and administration of the Court. To this end the President may submit to the Bureau any administrative or extra-judicial matter which falls within his or her competence.

4. The Bureau shall also facilitate coordination between the Court's Sections.

5. The President may consult the Bureau before issuing practice directions under Rule 32 and before approving general instructions drawn up by the Registrar under Rule 17 § 4.

6. The Bureau may report on any matter to the Plenary. It may also make proposals to the Plenary.

7. A record shall be kept of the Bureau's meetings and distributed to the Judges in both the Court's official languages. The secretary to the Bureau shall be designated by the Registrar in agreement with the President.

---

[8]) Inserted by the Court on 7 July 2003.

Rule 10
(Functions of the Vice-Presidents of the Court)

The Vice-Presidents of the Court shall assist the President of the Court. They shall take the place of the President if the latter is unable to carry out his or her duties or the office of President is vacant, or at the request of the President. They shall also act as Presidents of Sections.

Rule 11
(Replacement of the President and the Vice-Presidents of the Court)

If the President and the Vice-Presidents of the Court are at the same time unable to carry out their duties or if their offices are at the same time vacant, the office of President of the Court shall be assumed by a President of a Section or, if none is available, by another elected judge, in accordance with the order of precedence provided for in Rule 5.

Rule 12[9])
(Presidency of Sections and Chambers)

The Presidents of the Sections shall preside at the sittings of the Section and Chambers of which they are members and shall direct the Sections' work. The Vice-Presidents of the Sections shall take their place if they are unable to carry out their duties or if the office of President of the Section concerned is vacant, or at the request of the President of the Section. Failing that, the judges of the Section and the Chambers shall take their place, in the order of precedence provided for in Rule 5.

Rule 13[10])
(Inability to preside)

Judges of the Court may not preside in cases in which the Contracting Party of which they are nationals or in respect of which they were elected is a party, or in cases where they sit as a judge appointed by virtue of Rule 29 § 1 (a) or Rule 30 § 1.

Rule 14
(Balanced representation of the sexes)

In relation to the making of appointments governed by this and the following chapter of

---

[9]) As amended by the Court on 17 June and 8 July 2002.

[10]) As amended by the Court on 4 July 2005.

the present Rules, the Court shall pursue a policy aimed at securing a balanced representation of the sexes.

Chapter III
The Registry

Rule 15
(Election of the Registrar)

1. The plenary Court shall elect its Registrar. The candidates shall be of high moral character and must possess the legal, managerial and linguistic knowledge and experience necessary to carry out the functions attaching to the post.

2. The Registrar shall be elected for a term of five years and may be re-elected. The Registrar may not be dismissed from office, unless the judges, meeting in plenary session, decide by a majority of two-thirds of the elected judges in office that the person concerned has ceased to fulfil the required conditions. He or she must first be heard by the plenary Court. Any judge may set in motion the procedure for dismissal from office.

3. The elections referred to in this Rule shall be by secret ballot; only the elected judges who are present shall take part. If no candidate receives an absolute majority of the elected judges present, a ballot shall take place between the two candidates who have received most votes. In the event of a tie, preference shall be given, firstly, to the female candidate, if any, and, secondly, to the older candidate.

4. Before taking up office, the Registrar shall take the following oath or make the following solemn declaration before the plenary Court or, if need be, before the President of the Court:

"I swear" – or "I solemnly declare" – "that I will exercise loyally, discreetly and conscientiously the functions conferred upon me as Registrar of the European Court of Human Rights."

This act shall be recorded in minutes.

Rule 16
(Election of the Deputy Registrars)

1. The plenary Court shall also elect two Deputy Registrars on the conditions and in the manner and for the term prescribed in the preceding Rule. The procedure for dismissal from office provided for in respect of the Registrar shall likewise apply. The Court shall first consult the Registrar in both these matters.

2. Before taking up office, a Deputy Registrar shall take an oath or make a solemn declaration before the plenary Court or, if need be, before the President of the Court, in terms similar to those prescribed in respect of the Registrar. This act shall be recorded in minutes.

Rule 17
(Functions of the Registrar)

1. The Registrar shall assist the Court in the performance of its functions and shall be responsible for the organisation and activities of the Registry under the authority of the President of the Court.

2. The Registrar shall have the custody of the archives of the Court and shall be the channel for all communications and notifications made by, or addressed to, the Court in connection with the cases brought or to be brought before it.

3. The Registrar shall, subject to the duty of discretion attaching to this office, reply to requests for information concerning the work of the Court, in particular to enquiries from the press.

4. General instructions drawn up by the Registrar, and approved by the President of the Court, shall regulate the working of the Registry.

Rule 18[11])
(Organisation of the Registry)

1. The Registry shall consist of Section Registries equal to the number of Sections set up by the Court and of the departments necessary to provide the legal and administrative services required by the Court.

2. The Section Registrar shall assist the Section in the performance of its functions and may be assisted by a Deputy Section Registrar.

3. The officials of the Registry, but not the Registrar and the Deputy Registrars, shall be appointed by the Secretary General of the Council of Europe with the agreement of the President of the Court or of the Registrar acting on the President's instructions.

Rule 18A[12])
(Non-judicial rapporteurs)

1. When sitting in a single-judge formation, the Court shall be assisted by non-judicial rapporteurs who shall function under the authority of the President of the Court. They shall form part of the Court's Registry.

2. The non-judicial rapporteurs shall be appointed by the President of the Court on a proposal by the Registrar.

Chapter IV
The Working of the Court

Rule 19
(Seat of the Court)

1. The seat of the Court shall be at the seat of the Council of Europe at Strasbourg. The Court may, however, if it considers it expedient, perform its functions elsewhere in the territories of the member States of the Council of Europe.

2. The Court may decide, at any stage of the examination of an application, that it is necessary that an investigation or any other function be carried out elsewhere by it or one or more of its members.

Rule 20
(Sessions of the plenary Court)

1. The plenary sessions of the Court shall be convened by the President of the Court whenever the performance of its functions under the Convention and under these Rules so requires. The President of the Court shall convene a plenary session if at least one-third of the members of the Court so request, and in any event once a year to consider administrative matters.

2. The quorum of the plenary Court shall be two-thirds of the elected judges in office.

3. If there is no quorum, the President shall adjourn the sitting.

Rule 21
(Other sessions of the Court)

1. The Grand Chamber, the Chambers and the Committees shall sit full time. On a proposal by the President, however, the Court shall fix session periods each year.

2. Outside those periods the Grand Chamber and the Chambers shall be convened by their Presidents in cases of urgency.

Rule 22
(Deliberations)

1. The Court shall deliberate in private. Its deliberations shall remain secret.

[11]) As amended by the Court on 13 November 2006.

[12]) Inserted by the Court on 13 November 2006.

2. Only the judges shall take part in the deliberations. The Registrar or the designated substitute, as well as such other officials of the Registry and interpreters whose assistance is deemed necessary, shall be present. No other person may be admitted except by special decision of the Court.

3. Before a vote is taken on any matter in the Court, the President may request the judges to state their opinions on it.

Rule 23

(Votes)

1. The decisions of the Court shall be taken by a majority of the judges present. In the event of a tie, a fresh vote shall be taken and, if there is still a tie, the President shall have a casting vote. This paragraph shall apply unless otherwise provided for in these Rules.

2. The decisions and judgments of the Grand Chamber and the Chambers shall be adopted by a majority of the sitting judges. Abstentions shall not be allowed in final votes on the admissibility and merits of cases.

3. As a general rule, votes shall be taken by a show of hands. The President may take a roll-call vote, in reverse order of precedence.

4. Any matter that is to be voted upon shall be formulated in precise terms.

Rule 23A[13])

(Decision by tacit agreement)

Where it is necessary for the Court to decide a point of procedure or any other question other than at a scheduled meeting of the Court, the President may direct that a draft decision be circulated among the judges and that a deadline be set for their comments on the draft. In the absence of any objection from a judge, the proposal shall be deemed to have been adopted at the expiry of the deadline.

Chapter V

The Composition of the Court

Rule 24[14])

(Composition of the Grand Chamber)

1. The Grand Chamber shall be composed of seventeen judges and at least three substitute judges.

---

[13]) Inserted by the Court on 13 December 2004.

[14]) As amended by the Court on 8 December 2000, 13 December 2004, 4 July and 7 November 2005 and 29 May and 13 November 2006.

2. (a) The Grand Chamber shall include the President and the Vice-Presidents of the Court and the Presidents of the Sections. Any Vice-President of the Court or President of a Section who is unable to sit as a member of the Grand Chamber shall be replaced by the Vice-President of the relevant Section.

(b) The judge elected in respect of the Contracting Party concerned or, where appropriate, the judge designated by virtue of Rule 29 or Rule 30 shall sit as an *ex officio* member of the Grand Chamber in accordance with Article 26 §§ 4 and 5 of the Convention.

(c) In cases referred to the Grand Chamber under Article 30 of the Convention, the Grand Chamber shall also include the members of the Chamber which relinquished jurisdiction.

(d) In cases referred to it under Article 43 of the Convention, the Grand Chamber shall not include any judge who sat in the Chamber which rendered the judgment in the case so referred, with the exception of the President of that Chamber and the judge who sat in respect of the State Party concerned, or any judge who sat in the Chamber or Chambers which ruled on the admissibility of the application.

(e) The judges and substitute judges who are to complete the Grand Chamber in each case referred to it shall be designated from among the remaining judges by a drawing of lots by the President of the Court in the presence of the Registrar. The modalities for the drawing of lots shall be laid down by the Plenary Court, having due regard to the need for a geographically balanced composition reflecting the different legal systems among the Contracting Parties.

(f) In examining a request for an advisory opinion under Article 47 of the Convention, the Grand Chamber shall be constituted in accordance with the provisions of paragraph 2 (a) and (e) of this Rule.

(g) In examining a request under Article 46 § 4 of the Convention, the Grand Chamber shall include, in addition to the judges referred to in paragraph 2 (a) and (b) of this Rule, the members of the Chamber or Committee which rendered the judgment in the case concerned. If the judgment was rendered by a Grand Chamber, the Grand Chamber shall be constituted as the original Grand Chamber. In all cases, including those where it is not possible to reconstitute the original Grand Chamber, the judges and substitute judges who are to complete the Grand Chamber shall be designated in accordance with paragraph 2 (e) of this Rule.

3. If any judges are prevented from sitting, they shall be replaced by the substitute judges in the order in which the latter were selected under paragraph 2 (e) of this Rule.

4. The judges and substitute judges designated in accordance with the above provisions shall continue to sit in the Grand Chamber for the consideration of the case until the proceedings have been completed. Even after the end of their terms of office, they shall continue to deal with the case if they have participated in the consideration of the merits. These provisions shall also apply to proceedings relating to advisory opinions.

5. (a) The panel of five judges of the Grand Chamber called upon to consider a request submitted under Article 43 of the Convention shall be composed of

– the President of the Court. If the President of the Court is prevented from sitting, he or she shall be replaced by the Vice-President of the Court taking precedence;

– two Presidents of Sections designated by rotation. If the Presidents of the Sections so designated are prevented from sitting, they shall be replaced by the Vice-Presidents of their Sections;

– two judges designated by rotation from among the judges elected by the remaining Sections to sit on the panel for a period of six months;

– at least two substitute judges designated in rotation from among the judges elected by the Sections to serve on the panel for a period of six months.

(b) When considering a referral request, the panel shall not include any judge who took part in the consideration of the admissibility or merits of the case in question.

(c) No judge elected in respect of, or who is a national of, a Contracting Party concerned by a referral request may be a member of the panel when it examines that request. An elected judge appointed by the Contracting Party concerned pursuant to Rules 29 or 30 shall likewise be excluded from consideration of any such request.

(d) Any member of the panel unable to sit, for the reasons set out in (b) or (c) shall be replaced by a substitute judge designated in rotation from among the judges elected by the Sections to serve on the panel for a period of six months.

Rule 25
(Setting-up of Sections)

1. The Chambers provided for in Article 25 (b) of the Convention (referred to in these Rules as "Sections") shall be set up by the plenary Court, on a proposal by its President, for a period of three years with effect from the election of the presidential office-holders of the Court under Rule 8. There shall be at least four Sections.

2. Each judge shall be a member of a Section. The composition of the Sections shall be geographically and gender balanced and shall reflect the different legal systems among the Contracting Parties.

3. Where a judge ceases to be a member of the Court before the expiry of the period for which the Section has been constituted, the judge's place in the Section shall be taken by his or her successor as a member of the Court.

4. The President of the Court may exceptionally make modifications to the composition of the Sections if circumstances so require.

5. On a proposal by the President, the plenary Court may constitute an additional Section.

Rule 26[15]
(Constitution of Chambers)

1. The Chambers of seven judges provided for in Article 26 § 1 of the Convention for the consideration of cases brought before the Court shall be constituted from the Sections as follows.

(a) Subject to paragraph 2 of this Rule and to Rule 28 § 4, last sentence, the Chamber shall in each case include the President of the Section and the judge elected in respect of any Contracting Party concerned. If the latter judge is not a member of the Section to which the application has been assigned under Rules 51 or 52, he or she shall sit as an *ex officio* member of the Chamber in accordance with Article 26 § 4 of the Convention. Rule 29 shall apply if that judge is unable to sit or withdraws.

(b) The other members of the Chamber shall be designated by the President of the Section in rotation from among the members of the relevant Section.

(c) The members of the Section who are not so designated shall sit in the case as substitute judges.

---

[15] As amended by the Court on 17 June and 8 July 2002.

2. The judge elected in respect of any Contracting Party concerned or, where appropriate, another elected judge or *ad hoc* judge appointed in accordance with Rules 29 and 30 may be dispensed by the President of the Chamber from attending meetings devoted to preparatory or procedural matters. For the purposes of such meetings the Contracting Party concerned shall be deemed to have appointed in place of that judge the first substitute judge, in accordance with Rule 29 § 1.

3. Even after the end of their terms of office, judges shall continue to deal with cases in which they have participated in the consideration of the merits.

Rule 27[16])

(Committees)

1. Committees composed of three judges belonging to the same Section shall be set up under Article 26 § 1 of the Convention. After consulting the Presidents of the Sections, the President of the Court shall decide on the number of Committees to be set up.

2. The Committees shall be constituted for a period of twelve months by rotation among the members of each Section, excepting the President of the Section.

3. The judges of the Section who are not members of a Committee may be called upon to take the place of members who are unable to sit.

4. The President of the Committee shall be the member having precedence in the Section.

Rule 27A[17])

(Single-judge formation)

1. A single-judge formation shall be introduced in pursuance of Article 26 § 1 of the Convention. After consulting the Bureau, the President of the Court shall decide on the number of single judges to be appointed and shall appoint them. The President shall draw up in advance the list of Contracting Parties in respect of which each judge shall examine applications throughout the period for which that judge is appointed to sit as a single judge.

2. Single judges shall be appointed for a period of twelve months in rotation. The President of the Court and the Presidents of the Sections shall be exempted from sitting as single judges. Single judges shall continue to carry out their other duties within the Sections of which they are members in accordance with Rule 25 § 2.

3. Pursuant to Article 24 § 2 of the Convention, when deciding, each single judge shall be assisted by a non-judicial rapporteur.

Rule 28[18])

(Inability to sit, withdrawal or exemption)

1. Any judge who is prevented from taking part in sittings which he or she has been called upon to attend shall, as soon as possible, give notice to the President of the Chamber.

2. A judge may not take part in the consideration of any case if

(a) he or she has a personal interest in the case, including a spousal, parental or other close family, personal or professional relationship, or a subordinate relationship, with any of the parties;

(b) he or she has previously acted in the case, whether as the Agent, advocate or adviser of a party or of a person having an interest in the case, or as a member of another national or international tribunal or commission of inquiry, or in any other capacity;

(c) he or she, being an *ad hoc* judge or a former elected judge continuing to sit by virtue of Rule 26 § 3, engages in any political or administrative activity or any professional activity which is incompatible with his or her independence or impartiality;

(d) he or she has expressed opinions publicly, through the communications media, in writing, through his or her public actions or otherwise, that are objectively capable of adversely affecting his or her impartiality;

(e) for any other reason, his or her independence or impartiality may legitimately be called into doubt.

3. If a judge withdraws for one of the said reasons, he or she shall notify the President of the Chamber, who shall exempt the judge from sitting.

4. In the event of any doubt on the part of the judge concerned or the President as to the existence of one of the grounds referred to in paragraph 2 of this Rule, that issue shall be decided by the Chamber. After hearing the views of the judge concerned, the Chamber

---

16) As amended by the Court on 13 November 2006.

17) Inserted by the Court on 13 November 2006.

18) As amended by the Court on 17 June and 8 July 2002, 13 December 2004 and 13 November 2006.

shall deliberate and vote, without that judge being present. For the purposes of the Chamber's deliberations and vote on this issue, he or she shall be replaced by the first substitute judge in the Chamber. The same shall apply if the judge sits in respect of any Contracting Party concerned. In that event, the Contracting Party concerned shall be deemed to have appointed the first substitute judge to sit in his or her stead, in accordance with Rule 29 § 1.

5. The provisions above shall apply also to a judge's acting as a single judge or participation in a Committee, save that the notice required under paragraphs 1 or 3 of this Rule shall be given to the President of the Section.

Rule 29[19])

(Ad hoc judges)

1. (a) If the judge elected in respect of a Contracting Party concerned is unable to sit in the Chamber, withdraws, or is exempted, or if there is none, and unless that Contracting Party has opted to appoint an *ad hoc* judge in accordance with the provisions of paragraph 1 (b) of this Rule, the President of the Chamber shall invite it to indicate within thirty days the name of the person it wishes to appoint from among the other elected judges.

(b) Where a Contracting Party has opted to appoint an *ad hoc* judge, the President of the Chamber shall choose the judge from a list submitted in advance by the Contracting Party containing the names of three to five persons whom the Contracting Party has designated as eligible to serve as *ad hoc* judges for a renewable period of two years and as satisfying the conditions set out in paragraph 1 (d) of this Rule. The list shall include both sexes and shall be accompanied by biographical details of the persons whose names appear on the list. The persons whose names appear on the list may not represent a party or a third party in any capacity in proceedings before the Court.

For the purposes of the application of Article 26 § 4 of the Convention and the first sentence above, the names of the other elected judges shall, *ipso jure*, be considered to be included on the list.

(c) The procedure set out in paragraph 1 (a) and (b) of this Rule shall apply if the person so appointed is unable to sit or withdraws.

(d) An *ad hoc* judge shall possess the qualifications required by Article 21 § 1 of the Convention, must not be unable to sit in the case on any of the grounds referred to in Rule 28, and must be in a position to meet the demands of availability and attendance provided for in paragraph 5 of this Rule. For the duration of their appointment, an *ad hoc* judge shall not represent any party or third party in any capacity in proceedings before the Court.

2. The Contracting Party concerned shall be presumed to have waived its right of appointment

(a) if it does not reply within the thirty-day period set out in paragraph 1 (a) or by the end of any extension of that time granted by the President of the Chamber;

(b) if it opts to appoint an *ad hoc* judge but, at the time of notice given of the application to the respondent Government under Rule 54 § 2, the Party had not supplied the Registrar with a list as described in paragraph 1 (b) of this Rule or where the Chamber finds that less than three of the persons indicated in the list satisfy the conditions laid down in paragraph 1 (d) of this Rule.

3. The President of the Chamber may decide not to invite the Contracting Party concerned to make an appointment under paragraph 1 (a) of this Rule until notice of the application is given to it under Rule 54 § 2. In that event, pending any appointment by it, the Contracting Party concerned shall be deemed to have appointed the first substitute judge to sit in place of the elected judge.

4. An *ad hoc* judge shall, at the beginning of the first sitting held to consider the case after the judge has been appointed, take the oath or make the solemn declaration provided for in Rule 3. This act shall be recorded in minutes.

5. *Ad hoc* judges are required to make themselves available to the Court and, subject to Rule 26 § 2, to attend the meetings of the Chamber.

Rule 30[20])

(Common interest)

1. If two or more applicant or respondent Contracting Parties have a common interest, the President of the Chamber may invite them to agree to appoint a single judge elected in respect of one of the Contracting Parties concerned as common-interest judge who will be called upon to sit *ex officio*. If the Parties are unable to agree, the President shall choose the

---

[19]) As amended by the Court on 17 June and 8 July 2002, 13 November 2006 and 29 March 2010.

[20]) As amended by the Court on 7 July 2003.

common-interest judge by lot from the judges proposed by the Parties.

2. The President of the Chamber may decide not to invite the Contracting Parties concerned to make an appointment under paragraph 1 of this Rule until notice of the application has been given under Rule 54 § 2.

3. In the event of a dispute as to the existence of a common interest or as to any related matter, the Chamber shall decide, if necessary after obtaining written submissions from the Contracting Parties concerned.

TITLE II
PROCEDURE

Chapter I
General Rules

Rule 31
(Possibility of particular derogations)

The provisions of this Title shall not prevent the Court from derogating from them for the consideration of a particular case after having consulted the parties where appropriate.

Rule 32
(Practice directions)

The President of the Court may issue practice directions, notably in relation to such matters as appearance at hearings and the filing of pleadings and other documents.

Rule 33[21])
(Public character of documents)

1. All documents deposited with the Registry by the parties or by any third party in connection with an application, except those deposited within the framework of friendly-settlement negotiations as provided for in Rule 62, shall be accessible to the public in accordance with arrangements determined by the Registrar, unless the President of the Chamber, for the reasons set out in paragraph 2 of this Rule, decides otherwise, either of his or her own motion or at the request of a party or any other person concerned.

2. Public access to a document or to any part of it may be restricted in the interests of morals, public order or national security in a democratic society, where the interests of juveniles or the protection of the private life of the parties or of any person concerned so require, or to the extent strictly necessary in the opinion of the President of the Chamber in special circumstances where publicity would prejudice the interests of justice.

3. Any request for confidentiality made under paragraph 1 of this Rule must include reasons and specify whether it is requested that all or part of the documents be inaccessible to the public.

4. Decisions and judgments given by a Chamber shall be accessible to the public. Decisions and judgments given by a Committee, including decisions covered by the proviso to Rule 53 § 5, shall be accessible to the public. The Court shall periodically make accessible to the public general information about decisions taken by single-judge formations pursuant to Rule 52A § 1 and by Committees in application of Rule 53 § 5.

Rule 34[22])
(Use of languages)

1. The official languages of the Court shall be English and French.

2. In connection with applications lodged under Article 34 of the Convention, and for as long as no Contracting Party has been given notice of such an application in accordance with these Rules, all communications with and oral and written submissions by applicants or their representatives, if not in one of the Court's official languages, shall be in one of the official languages of the Contracting Parties. If a Contracting Party is informed or given notice of an application in accordance with these Rules, the application and any accompanying documents shall be communicated to that State in the language in which they were lodged with the Registry by the applicant.

3. (a) All communications with and oral and written submissions by applicants or their representatives in respect of a hearing, or after notice of an application has been given to a Contracting Party, shall be in one of the Court's official languages, unless the President of the Chamber grants leave for the continued use of the official language of a Contracting Party.

(b) If such leave is granted, the Registrar shall make the necessary arrangements for the

---

[21]) As amended by the Court on 17 June and 8 July 2002, 7 July 2003, 4 July 2005, 13 November 2006 and 14 May 2007.

[22]) As amended by the Court on 13 December 2004.

interpretation and translation into English or French of the applicant's oral and written submissions respectively, in full or in part, where the President of the Chamber considers it to be in the interests of the proper conduct of the proceedings.

(c) Exceptionally the President of the Chamber may make the grant of leave subject to the condition that the applicant bear all or part of the costs of making such arrangements.

(d) Unless the President of the Chamber decides otherwise, any decision made under the foregoing provisions of this paragraph shall remain valid in all subsequent proceedings in the case, including those in respect of requests for referral of the case to the Grand Chamber and requests for interpretation or revision of a judgment under Rules 73, 79 and 80 respectively.

4. (a) All communications with and oral and written submissions by a Contracting Party which is a party to the case shall be in one of the Court's official languages. The President of the Chamber may grant the Contracting Party concerned leave to use one of its official languages for its oral and written submissions.

(b) If such leave is granted, it shall be the responsibility of the requesting Party

(i) to file a translation of its written submissions into one of the official languages of the Court within a time-limit to be fixed by the President of the Chamber. Should that Party not file the translation within that time-limit, the Registrar may make the necessary arrangements for such translation, the expenses to be charged to the requesting Party;

(ii) to bear the expenses of interpreting its oral submissions into English or French. The Registrar shall be responsible for making the necessary arrangements for such interpretation.

(c) The President of the Chamber may direct that a Contracting Party which is a party to the case shall, within a specified time, provide a translation into, or a summary in, English or French of all or certain annexes to its written submissions or of any other relevant document, or of extracts therefrom.

(d) The preceding sub-paragraphs of this paragraph shall also apply, *mutatis mutandis*, to third-party intervention under Rule 44 and to the use of a non-official language by a third party.

5. The President of the Chamber may invite the respondent Contracting Party to pro-vide a translation of its written submissions in the or an official language of that Party in order to facilitate the applicant's understanding of those submissions.

6. Any witness, expert or other person appearing before the Court may use his or her own language if he or she does not have sufficient knowledge of either of the two official languages. In that event the Registrar shall make the necessary arrangements for interpreting or translation.

Rule 35
(Representation of Contracting Parties)

The Contracting Parties shall be represented by Agents, who may have the assistance of advocates or advisers.

Rule 36[23])
(Representation of applicants)

1. Persons, non-governmental organisations or groups of individuals may initially present applications under Article 34 of the Convention themselves or through a representative.

2. Following notification of the application to the respondent Contracting Party under Rule 54 § 2 (b), the applicant should be represented in accordance with paragraph 4 of this Rule, unless the President of the Chamber decides otherwise.

3. The applicant must be so represented at any hearing decided on by the Chamber, unless the President of the Chamber exceptionally grants leave to the applicant to present his or her own case, subject, if necessary, to being assisted by an advocate or other approved representative.

4. (a) The representative acting on behalf of the applicant pursuant to paragraphs 2 and 3 of this Rule shall be an advocate authorised to practise in any of the Contracting Parties and resident in the territory of one of them, or any other person approved by the President of the Chamber.

(b) In exceptional circumstances and at any stage of the procedure, the President of the Chamber may, where he or she considers that the circumstances or the conduct of the advocate or other person appointed under the preceding sub-paragraph so warrant, direct that the latter may no longer represent or assist the

---

[23]) As amended by the Court on 7 July 2003.

applicant and that the applicant should seek alternative representation.

5. (a) The advocate or other approved representative, or the applicant in person who seeks leave to present his or her own case, must even if leave is granted under the following sub-paragraph have an adequate understanding of one of the Court's official languages.

(b) If he or she does not have sufficient proficiency to express himself or herself in one of the Court's official languages, leave to use one of the official languages of the Contracting Parties may be given by the President of the Chamber under Rule 34 § 3.

Rule 37[24])
(Communications, notifications and summonses)

1. Communications or notifications addressed to the Agents or advocates of the parties shall be deemed to have been addressed to the parties.

2. If, for any communication, notification or summons addressed to persons other than the Agents or advocates of the parties, the Court considers it necessary to have the assistance of the Government of the State on whose territory such communication, notification or summons is to have effect, the President of the Court shall apply directly to that Government in order to obtain the necessary facilities.

Rule 38
(Written pleadings)

1. No written observations or other documents may be filed after the time-limit set by the President of the Chamber or the Judge Rapporteur, as the case may be, in accordance with these Rules. No written observations or other documents filed outside that time-limit or contrary to any practice direction issued under Rule 32 shall be included in the case file unless the President of the Chamber decides otherwise.

2. For the purposes of observing the time-limit referred to in paragraph 1 of this Rule, the material date is the certified date of dispatch of the document or, if there is none, the actual date of receipt at the Registry.

---

[24]) As amended by the Court on 7 July 2003.

Rule 38A[25])
(Examination of matters of procedure)

Questions of procedure requiring a decision by the Chamber shall be considered simultaneously with the examination of the case, unless the President of the Chamber decides otherwise.

Rule 39[26])
(Interim measures)

1. The Chamber or, where appropriate, its President may, at the request of a party or of any other person concerned, or of its own motion, indicate to the parties any interim measure which it considers should be adopted in the interests of the parties or of the proper conduct of the proceedings before it.

2. Notice of these measures shall be given to the Committee of Ministers.

3. The Chamber may request information from the parties on any matter connected with the implementation of any interim measure it has indicated.

Rule 40
(Urgent notification of an application)

In any case of urgency the Registrar, with the authorisation of the President of the Chamber, may, without prejudice to the taking of any other procedural steps and by any available means, inform a Contracting Party concerned in an application of the introduction of the application and of a summary of its objects.

Rule 41[27])
(Order of dealing with cases)

In determining the order in which cases are to be dealt with, the Court shall have regard to the importance and urgency of the issues raised on the basis of criteria fixed by it. The Chamber, or its President, may, however, derogate from these criteria so as to give priority to a particular application.

Rule 42 (former Rule 43)
(Joinder and simultaneous examination of applications)

1. The Chamber may, either at the request of the parties or of its own motion, order the joinder of two or more applications.

---

[25]) Inserted by the Court on 17 June and 8 July 2002.

[26]) As amended by the Court on 4 July 2005.

[27]) As amended by the Court on 17 June and 8 July 2002 and 29 June 2009.

2. The President of the Chamber may, after consulting the parties, order that the proceedings in applications assigned to the same Chamber be conducted simultaneously, without prejudice to the decision of the Chamber on the joinder of the applications.

Rule 43[28]) (former Rule 44)
(Striking out and restoration to the list)

1. The Court may at any stage of the proceedings decide to strike an application out of its list of cases in accordance with Article 37 of the Convention.

2. When an applicant Contracting Party notifies the Registrar of its intention not to proceed with the case, the Chamber may strike the application out of the Court's list under Article 37 of the Convention if the other Contracting Party or Parties concerned in the case agree to such discontinuance.

3. If a friendly settlement is effected, the application shall be struck out of the Court's list of cases by means of a decision. In accordance with Article 39 § 4 of the Convention, this decision shall be transmitted to the Committee of Ministers, which shall supervise the execution of the terms of the friendly settlement as set out in the decision. In other cases provided for in Article 37 of the Convention, the decision to strike out an application which has been declared admissible shall be given in the form of a judgment. The President of the Chamber shall forward that judgment, once it has become final, to the Committee of Ministers in order to allow the latter to supervise, in accordance with Article 46 § 2 of the Convention, the execution of any undertakings which may have been attached to the discontinuance or solution of the matter.

4. When an application has been struck out, the costs shall be at the discretion of the Court. If an award of costs is made in a decision striking out an application which has not been declared admissible, the President of the Chamber shall forward the decision to the Committee of Ministers.

5. The Court may restore an application to its list if it considers that exceptional circumstances justify such a course.

Rule 44[29])
(Third-party intervention)

1. (a) When notice of an application lodged under Article 34 of the Convention is given to the respondent Contracting Party under Rules 53 § 2 or 54 § 2 (b), a copy of the application shall at the same time be transmitted by the Registrar to any other Contracting Party one of whose nationals is an applicant in the case. The Registrar shall similarly notify any such Contracting Party of a decision to hold an oral hearing in the case.

(b) If a Contracting Party wishes to exercise its right under Article 36 § 1 of the Convention to submit written comments or to take part in a hearing, it shall so advise the Registrar in writing not later than twelve weeks after the transmission or notification referred to in the preceding sub-paragraph. Another time-limit may be fixed by the President of the Chamber for exceptional reasons.

2. If the Commissioner for Human Rights wishes to exercise the right under Article 36 § 3 of the Convention to submit written observations or take part in a hearing, he or she shall so advise the Registrar in writing not later than twelve weeks after transmission of the application to the respondent Contracting Party or notification to it of the decision to hold an oral hearing. Another time-limit may be fixed by the President of the Chamber for exceptional reasons.

Should the Commissioner for Human Rights be unable to take part in the proceedings before the Court himself, he or she shall indicate the name of the person or persons from his or her Office whom he or she has appointed to represent him. He or she may be assisted by an advocate.

3. (a) Once notice of an application has been given to the respondent Contracting Party under Rules 51 § 1 or 54 § 2 (b), the President of the Chamber may, in the interests of the proper administration of justice, as provided in Article 36 § 2 of the Convention, invite, or grant leave to, any Contracting Party which is not a party to the proceedings, or any person concerned who is not the applicant, to submit written comments or, in exceptional cases, to take part in a hearing.

(b) Requests for leave for this purpose must be duly reasoned and submitted in writing in one of the official languages as provided in Rule 34 § 4 not later than twelve weeks after notice of the application has been given to the respondent Contracting Party. Another timelimit may be fixed by the President of the Chamber for exceptional reasons.

4. (a) In cases to be considered by the Grand Chamber, the periods of time prescribed in the preceding paragraphs shall run

---

[28]) As amended by the Court on 17 June and 8 July 2002, 7 July 2003 and 13 November 2006.

[29]) As amended by the Court on 7 July 2003 and 13 November 2006.

from the notification to the parties of the decision of the Chamber under Rule 72 § 1 to relinquish jurisdiction in favour of the Grand Chamber or of the decision of the panel of the Grand Chamber under Rule 73 § 2 to accept a request by a party for referral of the case to the Grand Chamber.

(b) The time-limits laid down in this Rule may exceptionally be extended by the President of the Chamber if sufficient cause is shown.

5. Any invitation or grant of leave referred to in paragraph 3 (a) of this Rule shall be subject to any conditions, including time-limits, set by the President of the Chamber. Where such conditions are not complied with, the President may decide not to include the comments in the case file or to limit participation in the hearing to the extent that he or she considers appropriate.

6. Written comments submitted under this Rule shall be drafted in one of the official languages as provided in Rule 34 § 4. They shall be forwarded by the Registrar to the parties to the case, who shall be entitled, subject to any conditions, including time-limits, set by the President of the Chamber, to file written observations in reply or, where appropriate, to reply at the hearing.

Rule 44A[30])
(Duty to cooperate with the Court)

The parties have a duty to cooperate fully in the conduct of the proceedings and, in particular, to take such action within their power as the Court considers necessary for the proper administration of justice. This duty shall also apply to a Contracting Party not party to the proceedings where such cooperation is necessary.

Rule 44B[31])
(Failure to comply with an order of the Court)

Where a party fails to comply with an order of the Court concerning the conduct of the proceedings, the President of the Chamber may take any steps which he or she considers appropriate.

Rule 44C[32])
(Failure to participate effectively)

1. Where a party fails to adduce evidence or provide information requested by the Court or to divulge relevant information of its own motion or otherwise fails to participate effectively in the proceedings, the Court may draw such inferences as it deems appropriate.

2. Failure or refusal by a respondent Contracting Party to participate effectively in the proceedings shall not, in itself, be a reason for the Chamber to discontinue the examination of the application.

Rule 44D[33])
(Inappropriate submissions by a party)

If the representative of a party makes abusive, frivolous, vexatious, misleading or prolix submissions, the President of the Chamber may exclude that representative from the proceedings, refuse to accept all or part of the submissions or make any other order which he or she considers it appropriate to make, without prejudice to Article 35 § 3 of the Convention.

Rule 44E[34])
(Failure to pursue an application)

In accordance with Article 37 § 1 (a) of the Convention, if an applicant Contracting Party or an individual applicant fails to pursue the application, the Chamber may strike the application out of the Court's list under Rule 43.

Chapter II
Institution of Proceedings

Rule 45
(Signatures)

1. Any application made under Articles 33 or 34 of the Convention shall be submitted in writing and shall be signed by the applicant or by the applicant's representative.

2. Where an application is made by a non-governmental organisation or by a group of individuals, it shall be signed by those persons competent to represent that organisation or group. The Chamber or Committee concerned shall determine any question as to whether the persons who have signed an application are competent to do so.

3. Where applicants are represented in accordance with Rule 36, a power of attorney or written authority to act shall be supplied by their representative or representatives.

[30])–[34]) Inserted by the Court on 13 December 2004.

Rule 46

(Contents of an inter-State application)

Any Contracting Party or Parties intending to bring a case before the Court under Article 33 of the Convention shall file with the Registry an application setting out

(a) the name of the Contracting Party against which the application is made;

(b) a statement of the facts;

(c) a statement of the alleged violation(s) of the Convention and the relevant arguments;

(d) a statement on compliance with the admissibility criteria (exhaustion of domestic remedies and the six-month rule) laid down in Article 35 § 1 of the Convention;

(e) the object of the application and a general indication of any claims for just satisfaction made under Article 41 of the Convention on behalf of the alleged injured party or parties; and

(f) the name and address of the person or persons appointed as Agent;

and accompanied by

(g) copies of any relevant documents and in particular the decisions, whether judicial or not, relating to the object of the application.

Rule 47[35])

(Contents of an individual application)

1. Any application under Article 34 of the Convention shall be made on the application form provided by the Registry, unless the President of the Section concerned decides otherwise. It shall set out

(a) the name, date of birth, nationality, sex, occupation and address of the applicant;

(b) the name, occupation and address of the representative, if any;

(c) the name of the Contracting Party or Parties against which the application is made;

(d) a succinct statement of the facts;

(e) a succinct statement of the alleged violation(s) of the Convention and the relevant arguments;

(f) a succinct statement on the applicant's compliance with the admissibility criteria (exhaustion of domestic remedies and the six-month rule) laid down in Article 35 § 1 of the Convention; and

(g) the object of the application;

and be accompanied by

---

[35]) As amended by the Court on 17 June and 8 July 2002, 11 December 2007 and 22 September 2008.

(h) copies of any relevant documents and in particular the decisions, whether judicial or not, relating to the object of the application.

2. Applicants shall furthermore

(a) provide information, notably the documents and decisions referred to in paragraph 1 (h) of this Rule, enabling it to be shown that the admissibility criteria (exhaustion of domestic remedies and the six-month rule) laid down in Article 35 § 1 of the Convention have been satisfied; and

(b) indicate whether they have submitted their complaints to any other procedure of international investigation or settlement.

3. Applicants who do not wish their identity to be disclosed to the public shall so indicate and shall submit a statement of the reasons justifying such a departure from the normal rule of public access to information in proceedings before the Court. The President of the Chamber may authorise anonymity or grant it of his or her own motion.

4. Failure to comply with the requirements set out in paragraphs 1 and 2 of this Rule may result in the application not being examined by the Court.

5. The date of introduction of the application for the purposes of Article 35 § 1 of the Convention shall as a general rule be considered to be the date of the first communication from the applicant setting out, even summarily, the subject matter of the application, provided that a duly completed application form has been submitted within the time-limits laid down by the Court. The Court may for good cause nevertheless decide that a different date shall be considered to be the date of introduction.

6. Applicants shall keep the Court informed of any change of address and of all circumstances relevant to the application.

Chapter III
Judge Rapporteurs

Rule 48[36])

(Inter-State applications)

1. Where an application is made under Article 33 of the Convention, the Chamber constituted to consider the case shall designate one or more of its judges as Judge Rapporteur(s), who shall submit a report on admissibility

---

[36]) As amended by the Court on 17 June and 8 July 2002.

when the written observations of the Contracting Parties concerned have been received.

2. The Judge Rapporteur(s) shall submit such reports, drafts and other documents as may assist the Chamber and its President in carrying out their functions.

Rule 49[37])

(Individual applications)

1. Where the material submitted by the applicant is on its own sufficient to disclose that the application is inadmissible or should be struck out of the list, the application shall be considered by a single-judge formation unless there is some special reason to the contrary.

2. Where an application is made under Article 34 of the Convention and its examination by a Chamber or a Committee exercising the functions attributed to it under Rule 53 § 2 seems justified, the President of the Section to which the case has been assigned shall designate a judge as Judge Rapporteur, who shall examine the application.

3. In their examination of applications, Judge Rapporteurs

(a) may request the parties to submit, within a specified time, any factual information, documents or other material which they consider to be relevant;

(b) shall, subject to the President of the Section directing that the case be considered by a Chamber or a Committee, decide whether the application is to be considered by a single judge formation, by a Committee or by a Chamber;

(c) shall submit such reports, drafts and other documents as may assist the Chamber or the Committee or the respective President in carrying out their functions.

Rule 50

(Grand Chamber proceedings)

Where a case has been submitted to the Grand Chamber either under Article 30 or under Article 43 of the Convention, the President of the Grand Chamber shall designate as Judge Rapporteur(s) one or, in the case of an inter-State application, one or more of its members.

---

[37]) As amended by the Court on 17 June and 8 July 2002, 4 July 2005, 13 November 2006 and 14 May 2007.

Chapter IV
Proceedings on Admissibility

Inter-State applications

Rule 51[38])

(Assignment of applications and subsequent procedure)

1. When an application is made under Article 33 of the Convention, the President of the Court shall immediately give notice of the application to the respondent Contracting Party and shall assign the application to one of the Sections.

2. In accordance with Rule 26 § 1 (a), the judges elected in respect of the applicant and respondent Contracting Parties shall sit as *ex officio* members of the Chamber constituted to consider the case. Rule 30 shall apply if the application has been brought by several Contracting Parties or if applications with the same object brought by several Contracting Parties are being examined jointly under Rule 42.

3. On assignment of the case to a Section, the President of the Section shall constitute the Chamber in accordance with Rule 26 § 1 and shall invite the respondent Contracting Party to submit its observations in writing on the admissibility of the application. The observations so obtained shall be communicated by the Registrar to the applicant Contracting Party, which may submit written observations in reply.

4. Before the ruling on the admissibility of the application is given, the Chamber or its President may decide to invite the Parties to submit further observations in writing.

5. A hearing on the admissibility shall be held if one or more of the Contracting Parties concerned so requests or if the Chamber so decides of its own motion.

6. Before fixing the written and, where appropriate, oral procedure, the President of the Chamber shall consult the Parties.

Individual applications

Rule 52[39])

(Assignment of applications to the Sections)

1. Any application made under Article 34 of the Convention shall be assigned to a Section by the President of the Court, who in so

---

[38])[39]) As amended by the Court on 17 June and 8 July 2002.

EMRK - ZProt
VfO EGMR
Grundrechte

doing shall endeavour to ensure a fair distribution of cases between the Sections.

2. The Chamber of seven judges provided for in Article 26 § 1 of the Convention shall be constituted by the President of the Section concerned in accordance with Rule 26 § 1.

3. Pending the constitution of a Chamber in accordance with paragraph 2 of this Rule, the President of the Section shall exercise any powers conferred on the President of the Chamber by these Rules.

Rule 52A[40])

(Procedure before a single judge)

1. In accordance with Article 27 of the Convention, a single judge may declare inadmissible or strike out of the Court's list of cases an application submitted under Article 34, where such a decision can be taken without further examination. The decision shall be final. The applicant shall be informed of the decision by letter.

2. In accordance with Article 26 § 3 of the Convention, a single judge may not examine any application against the Contracting Party in respect of which that judge has been elected.

3. If the single judge does not take a decision of the kind provided for in the first paragraph of the present Rule, that judge shall forward the application to a Committee or to a Chamber for further examination.

Rule 53[41])

(Procedure before a Committee)

1. In accordance with Article 28 § 1 (a) of the Convention, the Committee may, by a unanimous vote and at any stage of the proceedings, declare an application inadmissible or strike it out of the Court's list of cases where such a decision can be taken without further examination.

2. If the Committee is satisfied, in the light of the parties' observations received pursuant to Rule 54 § 2 (b), that the case falls to be examined in accordance with the procedure under Article 28 § 1 (b) of the Convention, it shall, by a unanimous vote, adopt a judgment including its decision on admissibility and, as appropriate, on just satisfaction.

3. If the judge elected in respect of the Contracting Party concerned is not a member of the Committee, the Committee may at any stage of the proceedings before it, by a unanimous vote, invite that judge to take the place of one of its members, having regard to all relevant factors, including whether that Party has contested the application of the procedure under Article 28 § 1 (b) of the Convention.

4. Decisions and judgments under Article 28 § 1 of the Convention shall be final.

5. The applicant, as well as the Contracting Parties concerned where these have previously been involved in the application in accordance with the present Rules, shall be informed of the decision of the Committee pursuant to Article 28 § 1 (a) of the Convention by letter, unless the Committee decides otherwise.

6. If no decision or judgment is adopted by the Committee, the application shall be forwarded to the Chamber constituted under Rule 52 § 2 to examine the case.

7. The provisions of Rules 79 to 81 shall apply, *mutatis mutandis*, to proceedings before a Committee.

Rule 54[42])

(Procedure before a Chamber)

1. The Chamber may at once declare the application inadmissible or strike it out of the Court's list of cases.

2. Alternatively, the Chamber or its President may decide to

(a) request the parties to submit any factual information, documents or other material considered by the Chamber or its President to be relevant;

(b) give notice of the application to the respondent Contracting Party and invite that Party to submit written observations on the application and, upon receipt thereof, invite the applicant to submit observations in reply;

(c) invite the parties to submit further observations in writing.

3. Before taking its decision on the admissibility, the Chamber may decide, either at the request of a party or of its own motion, to hold a hearing if it considers that the discharge of its functions under the Convention so requires. In that event, unless the Chamber shall exceptionally decide otherwise, the parties shall also be

---

[40]) Inserted by the Court on 13 November 2006.

[41]) As amended by the Court on 17 June and 8 July 2002, 4 July 2005 and 14 May 2007.

[42]) As amended by the Court on 17 June and 8 July 2002.

invited to address the issues arising in relation to the merits of the application.

Rule 54A[43])

(Joint examination of admissibility and merits)

1. When giving notice of the application to the responding Contracting Party pursuant to Rule 54 § 2 (b), the Chamber may also decide to examine the admissibility and merits at the same time in accordance with Article 29 § 1 of the Convention. The parties shall be invited to include in their observations any submissions concerning just satisfaction and any proposals for a friendly settlement. The conditions laid down in Rules 60 and 62 shall apply, *mutatis mutandis*. The Court may, however, decide at any stage, if necessary, to take a separate decision on admissibility.

2. If no friendly settlement or other solution is reached and the Chamber is satisfied, in the light of the parties' arguments, that the case is admissible and ready for a determination on the merits, it shall immediately adopt a judgment including the Chamber's decision on admissibility, save in cases where it decides to take such a decision separately.

Inter-State and individual applications

Rule 55

(Pleas of inadmissibility)

Any plea of inadmissibility must, in so far as its character and the circumstances permit, be raised by the respondent Contracting Party in its written or oral observations on the admissibility of the application submitted as provided in Rule 51 or 54, as the case may be.

Rule 56[44])

(Decision of a Chamber)

1. The decision of the Chamber shall state whether it was taken unanimously or by a majority and shall be accompanied or followed by reasons.

2. The decision of the Chamber shall be communicated by the Registrar to the applicant. It shall also be communicated to the

---

[43]) Inserted by the Court on 17 June and 8 July 2002 and amended on 13 December 2004 and 13 November 2006.

[44]) As amended by the Court on 17 June and 8 July 2002 and 13 November 2006.

Contracting Party or Parties concerned and to any third party, including the Commissioner for Human Rights, where these have previously been informed of the application in accordance with the present Rules. If a friendly settlement is effected, the decision to strike an application out of the list of cases shall be forwarded to the Committee of Ministers in accordance with Rule 43 § 3.

Rule 57[45])

(Language of the decision)

1. Unless the Court decides that a decision shall be given in both official languages, all decisions of Chambers shall be given either in English or in French.

2. Publication of such decisions in the official reports of the Court, as provided for in Rule 78, shall be in both official languages of the Court.

Chapter V

Proceedings after the Admission of an Application

Rule 58[46])

(Inter-State applications)

1. Once the Chamber has decided to admit an application made under Article 33 of the Convention, the President of the Chamber shall, after consulting the Contracting Parties concerned, lay down the time-limits for the filing of written observations on the merits and for the production of any further evidence. The President may however, with the agreement of the Contracting Parties concerned, direct that a written procedure is to be dispensed with.

2. A hearing on the merits shall be held if one or more of the Contracting Parties concerned so requests or if the Chamber so decides of its own motion. The President of the Chamber shall fix the oral procedure.

Rule 59[47])

(Individual applications)

1. Once an application made under Article 34 of the Convention has been declared admissible, the Chamber or its President may invite the parties to submit further evidence and written observations.

---

[45])[46])[47]) As amended by the Court on 17 June and 8 July 2002.

2. Unless decided otherwise, the parties shall be allowed the same time for submission of their observations.

3. The Chamber may decide, either at the request of a party or of its own motion, to hold a hearing on the merits if it considers that the discharge of its functions under the Convention so requires.

4. The President of the Chamber shall, where appropriate, fix the written and oral procedure.

Rule 60[48])

(Claims for just satisfaction)

1. An applicant who wishes to obtain an award of just satisfaction under Article 41 of the Convention in the event of the Court finding a violation of his or her Convention rights must make a specific claim to that effect.

2. The applicant must submit itemised particulars of all claims, together with any relevant supporting documents, within the time-limit fixed for the submission of the applicant's observations on the merits unless the President of the Chamber directs otherwise.

3. If the applicant fails to comply with the requirements set out in the preceding paragraphs the Chamber may reject the claims in whole or in part.

4. The applicant's claims shall be transmitted to the respondent Government for comment.

Rule 61 deleted

Rule 62[49])

(Friendly settlement)

1. Once an application has been declared admissible, the Registrar, acting on the instructions of the Chamber or its President, shall enter into contact with the parties with a view to securing a friendly settlement of the matter in accordance with Article 39 § 1 of the Convention. The Chamber shall take any steps that appear appropriate to facilitate such a settlement.

2. In accordance with Article 39 § 2 of the Convention, the friendly-settlement negotiati-

ons shall be confidential and without prejudice to the parties' arguments in the contentious proceedings. No written or oral communication and no offer or concession made in the framework of the attempt to secure a friendly settlement may be referred to or relied on in the contentious proceedings.

3. If the Chamber is informed by the Registrar that the parties have agreed to a friendly settlement, it shall, after verifying that the settlement has been reached on the basis of respect for human rights as defined in the Convention and the Protocols thereto, strike the case out of the Court's list in accordance with Rule 43 § 3.

4. Paragraphs 2 and 3 apply, *mutatis mutandis*, to the procedure under Rule 54A.

Chapter VI

Hearings

Rule 63[50])

(Public character of hearings)

1. Hearings shall be public unless, in accordance with paragraph 2 of this Rule, the Chamber in exceptional circumstances decides otherwise, either of its own motion or at the request of a party or any other person concerned.

2. The press and the public may be excluded from all or part of a hearing in the interests of morals, public order or national security in a democratic society, where the interests of juveniles or the protection of the private life of the parties so require, or to the extent strictly necessary in the opinion of the Chamber in special circumstances where publicity would prejudice the interests of justice.

3. Any request for a hearing to be held in camera made under paragraph 1 of this Rule must include reasons and specify whether it concerns all or only part of the hearing.

Rule 64[51])

(Conduct of hearings)

1. The President of the Chamber shall organise and direct hearings and shall prescribe the order in which those appearing before the Chamber shall be called upon to speak.

2. Any judge may put questions to any person appearing before the Chamber.

---

[48]) As amended by the Court on 13 December 2004.

[49]) As amended by the Court on 17 June and 8 July 2002 and 13 November 2006.

[50])[51]) As amended by the Court on 7 July 2003.

Rule 65[52])

(Failure to appear)

Where a party or any other person due to appear fails or declines to do so, the Chamber may, provided that it is satisfied that such a course is consistent with the proper administration of justice, nonetheless proceed with the hearing.

Rules 66 to 69 deleted

Rule 70[53])

(Verbatim record of a hearing)

1. If the President of the Chamber so directs, the Registrar shall be responsible for the making of a verbatim record of the hearing. Any such record shall include:

(a) the composition of the Chamber;

(b) a list of those appearing before the Chamber;

(c) the text of the submissions made, questions put and replies given;

(d) the text of any ruling delivered during the hearing.

2. If all or part of the verbatim record is in a non-official language, the Registrar shall arrange for its translation into one of the official languages.

3. The representatives of the parties shall receive a copy of the verbatim record in order that they may, subject to the control of the Registrar or the President of the Chamber, make corrections, but in no case may such corrections affect the sense and bearing of what was said. The Registrar shall lay down, in accordance with the instructions of the President of the Chamber, the time-limits granted for this purpose.

4. The verbatim record, once so corrected, shall be signed by the President of the Chamber and the Registrar and shall then constitute certified matters of record.

Chapter VII

Proceedings before the Grand Chamber

Rule 71[54])

(Applicability of procedural provisions)

1. Any provisions governing proceedings before the Chambers shall apply, *mutatis mu-*

---

[52]) As amended by the Court on 7 July 2003.

[53])[54]) As amended by the Court on 17 June and 8 July 2002.

tandis, to proceedings before the Grand Chamber.

2. The powers conferred on a Chamber by Rules 54 § 3 and 59 § 3 in relation to the holding of a hearing may, in proceedings before the Grand Chamber, also be exercised by the President of the Grand Chamber.

Rule 72

(Relinquishment of jurisdiction by a Chamber in favour of the Grand Chamber)

1. In accordance with Article 30 of the Convention, where a case pending before a Chamber raises a serious question affecting the interpretation of the Convention or the Protocols thereto or where the resolution of a question before it might have a result inconsistent with a judgment previously delivered by the Court, the Chamber may, at any time before it has rendered its judgment, relinquish jurisdiction in favour of the Grand Chamber, unless one of the parties to the case has objected in accordance with paragraph 2 of this Rule. Reasons need not be given for the decision to relinquish.

2. The Registrar shall notify the parties of the Chamber's intention to relinquish jurisdiction. The parties shall have one month from the date of that notification within which to file at the Registry a duly reasoned objection. An objection which does not fulfil these conditions shall be considered invalid by the Chamber.

Rule 73

(Request by a party for referral of a case to the Grand Chamber)

1. In accordance with Article 43 of the Convention, any party to a case may exceptionally, within a period of three months from the date of delivery of the judgment of a Chamber, file in writing at the Registry a request that the case be referred to the Grand Chamber. The party shall specify in its request the serious question affecting the interpretation or application of the Convention or the Protocols thereto, or the serious issue of general importance, which in its view warrants consideration by the Grand Chamber.

2. A panel of five judges of the Grand Chamber constituted in accordance with Rule 24 § 5 shall examine the request solely on the basis of the existing case file. It shall accept the request only if it considers that the case

does raise such a question or issue. Reasons need not be given for a refusal of the request.

3. If the panel accepts the request, the Grand Chamber shall decide the case by means of a judgment.

Chapter VIII

Judgments

Rule 74[55])

(Contents of the judgment)

1. A judgment as referred to in Articles 28, 42 and 44 of the Convention shall contain

(a) the names of the President and the other judges constituting the Chamber or the Committee concerned, and the name of the Registrar or the Deputy Registrar;

(b) the dates on which it was adopted and delivered;

(c) a description of the parties;

(d) the names of the Agents, advocates or advisers of the parties;

(e) an account of the procedure followed;

(f) the facts of the case;

(g) a summary of the submissions of the parties;

(h) the reasons in point of law;

(i) the operative provisions;

(j) the decision, if any, in respect of costs;

(k) the number of judges constituting the majority;

(l) where appropriate, a statement as to which text is authentic.

2. Any judge who has taken part in the consideration of the case by a Chamber or by the Grand Chamber shall be entitled to annex to the judgment either a separate opinion, concurring with or dissenting from that judgment, or a bare statement of dissent.

Rule 75[56])

(Ruling on just satisfaction)

1. Where the Chamber or the Committee finds that there has been a violation of the Convention or the Protocols thereto, it shall give in the same judgment a ruling on the application of Article 41 of the Convention if a specific claim has been submitted in accor-

dance with Rule 60 and the question is ready for decision; if the question is not ready for decision, the Chamber or the Committee shall reserve it in whole or in part and shall fix the further procedure.

2. For the purposes of ruling on the application of Article 41 of the Convention, the Chamber or the Committee shall, as far as possible, be composed of those judges who sat to consider the merits of the case. Where it is not possible to constitute the original Chamber or Committee, the President of the Section shall complete or compose the Chamber by drawing lots.

3. The Chamber or the Committee may, when affording just satisfaction under Article 41 of the Convention, direct that if settlement is not made within a specified time, interest is to be payable on any sums awarded.

4. If the Court is informed that an agreement has been reached between the injured party and the Contracting Party liable, it shall verify the equitable nature of the agreement and, where it finds the agreement to be equitable, strike the case out of the list in accordance with Rule 43 § 3.

Rule 76[57])

(Language of the judgment)

1. Unless the Court decides that a judgment shall be given in both official languages, all judgments shall be given either in English or in French.

2. Publication of such judgments in the official reports of the Court, as provided for in Rule 78, shall be in both official languages of the Court.

Rule 77[58])

(Signature, delivery and notification of the judgment)

1. Judgments shall be signed by the President of the Chamber or the Committee and the Registrar.

2. The judgment adopted by a Chamber may be read out at a public hearing by the President of the Chamber or by another judge delegated by him or her. The Agents and representatives of the parties shall be informed

---

[55]) As amended by the Court on 13 November 2006.

[56]) As amended by the Court on 13 December 2004 and 13 November 2006.

[57]) As amended by the Court on 17 June and 8 July 2002.

[58]) As amended by the Court on 13 November 2006 and 1 December 2008.

in due time of the date of the hearing. Otherwise, and in respect of judgments adopted by Committees, the notification provided for in paragraph 3 of this Rule shall constitute delivery of the judgment.

3. The judgment shall be transmitted to the Committee of Ministers. The Registrar shall send copies to the parties, to the Secretary General of the Council of Europe, to any third party, including the Commissioner for Human Rights, and to any other person directly concerned. The original copy, duly signed and sealed, shall be placed in the archives of the Court.

Rule 78

(Publication of judgments and other documents)

In accordance with Article 44 § 3 of the Convention, final judgments of the Court shall be published, under the responsibility of the Registrar, in an appropriate form. The Registrar shall in addition be responsible for the publication of official reports of selected judgments and decisions and of any document which the President of the Court considers it useful to publish.

Rule 79

(Request for interpretation of a judgment)

1. A party may request the interpretation of a judgment within a period of one year following the delivery of that judgment.

2. The request shall be filed with the Registry. It shall state precisely the point or points in the operative provisions of the judgment on which interpretation is required.

3. The original Chamber may decide of its own motion to refuse the request on the ground that there is no reason to warrant considering it. Where it is not possible to constitute the original Chamber, the President of the Court shall complete or compose the Chamber by drawing lots.

4. If the Chamber does not refuse the request, the Registrar shall communicate it to the other party or parties and shall invite them to submit any written comments within a timelimit laid down by the President of the Chamber. The President of the Chamber shall also fix the date of the hearing should the Chamber decide to hold one. The Chamber shall decide by means of a judgment.

Rule 80

(Request for revision of a judgment)

1. A party may, in the event of the discovery of a fact which might by its nature have a decisive influence and which, when a judgment was delivered, was unknown to the Court and could not reasonably have been known to that party, request the Court, within a period of six months after that party acquired knowledge of the fact, to revise that judgment.

2. The request shall mention the judgment of which revision is requested and shall contain the information necessary to show that the conditions laid down in paragraph 1 of this Rule have been complied with. It shall be accompanied by a copy of all supporting documents. The request and supporting documents shall be filed with the Registry.

3. The original Chamber may decide of its own motion to refuse the request on the ground that there is no reason to warrant considering it. Where it is not possible to constitute the original Chamber, the President of the Court shall complete or compose the Chamber by drawing lots.

4. If the Chamber does not refuse the request, the Registrar shall communicate it to the other party or parties and shall invite them to submit any written comments within a timelimit laid down by the President of the Chamber. The President of the Chamber shall also fix the date of the hearing should the Chamber decide to hold one. The Chamber shall decide by means of a judgment.

Rule 81

(Rectification of errors in decisions and judgments)

Without prejudice to the provisions on revision of judgments and on restoration to the list of applications, the Court may, of its own motion or at the request of a party made within one month of the delivery of a decision or a judgment, rectify clerical errors, errors in calculation or obvious mistakes.

Chapter IX

Advisory Opinions

Rule 82

In proceedings relating to advisory opinions the Court shall apply, in addition to the provisions of Articles 47, 48 and 49 of the Convention, the provisions which follow. It shall also apply the other provisions of these Rules to the extent to which it considers this to be appropriate.

Rule 83[59])

The request for an advisory opinion shall be filed with the Registrar. It shall state fully and precisely the question on which the opinion of the Court is sought, and also

(a) the date on which the Committee of Ministers adopted the decision referred to in Article 47 § 3 of the Convention;

(b) the name and address of the person or persons appointed by the Committee of Ministers to give the Court any explanations which it may require.

The request shall be accompanied by all documents likely to elucidate the question.

Rule 84[60])

1. On receipt of a request, the Registrar shall transmit a copy of it and of the accompanying documents to all members of the Court.

2. The Registrar shall inform the Contracting Parties that they may submit written comments on the request.

Rule 85[61])

1. The President of the Court shall lay down the time-limits for filing written comments or other documents.

2. Written comments or other documents shall be filed with the Registrar. The Registrar shall transmit copies of them to all the members of the Court, to the Committee of Ministers and to each of the Contracting Parties.

Rule 86

After the close of the written procedure, the President of the Court shall decide whether the Contracting Parties which have submitted written comments are to be given an opportunity to develop them at an oral hearing held for the purpose.

Rule 87[62])

1. A Grand Chamber shall be constituted to consider the request for an advisory opinion.

2. If the Grand Chamber considers that the request is not within its competence as defined in Article 47 of the Convention, it shall so declare in a reasoned decision.

---

[59])–[62]) As amended by the Court on 4 July 2005.

Rule 88[63])

1. Reasoned decisions and advisory opinions shall be given by a majority vote of the Grand Chamber. They shall mention the number of judges constituting the majority.

2. Any judge may, if he or she so desires, attach to the reasoned decision or advisory opinion of the Court either a separate opinion, concurring with or dissenting from the reasoned decision or advisory opinion, or a bare statement of dissent.

Rule 89[64])

The reasoned decision or advisory opinion may be read out in one of the two official languages by the President of the Grand Chamber, or by another judge delegated by the President, at a public hearing, prior notice having been given to the Committee of Ministers and to each of the Contracting Parties. Otherwise the notification provided for in Rule 90 shall constitute delivery of the opinion or reasoned decision.

Rule 90[65])

The advisory opinion or reasoned decision shall be signed by the President of the Grand Chamber and by the Registrar. The original copy, duly signed and sealed, shall be placed in the archives of the Court. The Registrar shall send certified copies to the Committee of Ministers, to the Contracting Parties and to the Secretary General of the Council of Europe.

Chapter X[66])
Proceedings under Article 46 §§ 3, 4 and 5 of the Convention

Sub-chapter I
Proceedings under Article 46 § 3 of the Convention

Rule 91

Any request for interpretation under Article 46 § 3 of the Convention shall be filed with the Registrar. The request shall state fully and precisely the nature and source of the question of interpretation that has hindered execution of the judgment mentioned in the request and shall be accompanied by

---

[63])–[65]) As amended by the Court on 4 July 2005.

[66]) Inserted by the Court on 13 November 2006 and 14 May 2007.

(a) information about the execution proceedings, if any, before the Committee of Ministers in respect of the judgment;

(b) a copy of the decision referred to in Article 46 § 3 of the Convention;

(c) the name and address of the person or persons appointed by the Committee of Ministers to give the Court any explanations which it may require.

Rule 92

1. The request shall be examined by the Grand Chamber, Chamber or Committee which rendered the judgment in question.

2. Where it is not possible to constitute the original Grand Chamber, Chamber or Committee, the President of the Court shall complete or compose it by drawing lots.

Rule 93

The decision of the Court on the question of interpretation referred to it by the Committee of Ministers is final. No separate opinion of the judges may be delivered thereto. Copies of the ruling shall be transmitted to the Committee of Ministers and to the parties concerned as well as to any third party, including the Human Rights Commissioner.

Sub-chapter II
Proceedings under Article 46 §§ 4 and 5 of the Convention

Rule 94

In proceedings relating to a referral to the Court of a question whether a Contracting Party has failed to fulfil its obligation under Article 46 § 1 of the Convention the Court shall apply, in addition to the provisions of Article 31 § (b) and Article 46 §§ 4 and 5 of the Convention, the provisions which follow. It shall also apply the other provisions of these Rules to the extent to which it considers this to be appropriate.

Rule 95

Any request made pursuant to Article 46 § 4 of the Convention shall be reasoned and shall be filed with the Registrar. It shall be accompanied by

(a) the judgment concerned;

(b) information about the execution proceedings before the Committee of Ministers in respect of the judgment concerned, including,

if any, the views expressed in writing by the parties concerned and communications submitted in those proceedings;

(c) copies of the formal notice served on the respondent Contracting Party or Parties and the decision referred to in Article 46 § 4 of the Convention;

(d) the name and address of the person or persons appointed by the Committee of Ministers to give the Court any explanations which it may require;

(e) copies of all other documents likely to elucidate the question.

Rule 96

A Grand Chamber shall be constituted, in accordance with Rule 24 § 2 (g), to consider the question referred to the Court.

Rule 97

The President of the Grand Chamber shall inform the Committee of Ministers and the parties concerned that they may submit written comments on the question referred.

Rule 98

1. The President of the Grand Chamber shall lay down the time-limits for filing written comments or other documents.

2. The Grand Chamber may decide to hold a hearing.

Rule 99

The Grand Chamber shall decide by means of a judgment. Copies of the judgment shall be transmitted to the Committee of Ministers and to the parties concerned as well as to any third party, including the Human Rights Commissioner.

Chapter XI
Legal Aid

Rule 100 (former Rule 91)

1. The President of the Chamber may, either at the request of an applicant having lodged an application under Article 34 of the Convention or of his or her own motion, grant free legal aid to the applicant in connection with the presentation of the case from the moment when observations in writing on the admissibility of that application are received from the respondent Contracting Party in ac-

cordance with Rule 54 § 2 (b), or where the time-limit for their submission has expired.

2. Subject to Rule 105, where the applicant has been granted legal aid in connection with the presentation of his or her case before the Chamber, that grant shall continue in force for the purposes of his or her representation before the Grand Chamber.

Rule 101 (former Rule 92)

Legal aid shall be granted only where the President of the Chamber is satisfied

(a) that it is necessary for the proper conduct of the case before the Chamber;

(b) that the applicant has insufficient means to meet all or part of the costs entailed.

Rule 102[67]) (former Rule 93)

1. In order to determine whether or not applicants have sufficient means to meet all or part of the costs entailed, they shall be required to complete a form of declaration stating their income, capital assets and any financial commitments in respect of dependants, or any other financial obligations. The declaration shall be certified by the appropriate domestic authority or authorities.

2. The President of the Chamber may invite the Contracting Party concerned to submit its comments in writing.

3. After receiving the information mentioned in paragraph 1 of this Rule, the President of the Chamber shall decide whether or not to grant legal aid. The Registrar shall inform the parties accordingly.

Rule 103 (former Rule 94)

1. Fees shall be payable to the advocates or other persons appointed in accordance with Rule 36 § 4. Fees may, where appropriate, be paid to more than one such representative.

2. Legal aid may be granted to cover not only representatives' fees but also travelling and subsistence expenses and other necessary expenses incurred by the applicant or appointed representative.

Rule 104 (former Rule 95)

On a decision to grant legal aid, the Registrar shall fix

(a) the rate of fees to be paid in accordance with the legal-aid scales in force;

(b) the level of expenses to be paid.

---

[67]) As amended by the Court on 29 May 2006.

Rule 105 (former Rule 96)

The President of the Chamber may, if satisfied that the conditions stated in Rule 101 are no longer fulfilled, revoke or vary a grant of legal aid at any time.

TITLE III
TRANSITIONAL RULES

Former rules 97 and 98 deleted

Rule 106 (former Rule 99)
(Relations between the Court and the Commission)

1. In cases brought before the Court under Article 5 §§ 4 and 5 of Protocol No. 11 to the Convention, the Court may invite the Commission to delegate one or more of its members to take part in the consideration of the case before the Court.

2. In cases referred to in paragraph 1 of this Rule, the Court shall take into consideration the report of the Commission adopted pursuant to former Article 31 of the Convention.

3. Unless the President of the Chamber decides otherwise, the said report shall be made available to the public through the Registrar as soon as possible after the case has been brought before the Court.

4. The remainder of the case file of the Commission, including all pleadings, in cases brought before the Court under Article 5 §§ 2 to 5 of Protocol No. 11 shall remain confidential unless the President of the Chamber decides otherwise.

5. In cases where the Commission has taken evidence but has been unable to adopt a report in accordance with former Article 31 of the Convention, the Court shall take into consideration the verbatim records, documentation and opinion of the Commission's delegations arising from such investigations.

Rule 107 (former Rule 100)
(Chamber and Grand Chamber proceedings)

1. In cases referred to the Court under Article 5 § 4 of Protocol No. 11 to the Convention, a panel of the Grand Chamber constituted in accordance with Rule 24 § 5 shall determine, solely on the basis of the existing case file, whether a Chamber or the Grand Chamber is to decide the case.

2. If the case is decided by a Chamber, the judgment of the Chamber shall, in accordance with Article 5 § 4 of Protocol No. 11, be final and Rule 73 shall be inapplicable.

3. Cases transmitted to the Court under Article 5 § 5 of Protocol No. 11 shall be forwarded by the President of the Court to the Grand Chamber.

4. For each case transmitted to the Grand Chamber under Article 5 § 5 of Protocol No. 11, the Grand Chamber shall be completed by judges designated by rotation within one of the groups mentioned in Rule 24 § 3[68]), the cases being allocated to the groups on an alternate basis.

Rule 108 (former Rule 101)
(Grant of legal aid)

Subject to Rule 96, in cases brought before the Court under Article 5 §§ 2 to 5 of Protocol No. 11 to the Convention, a grant of legal aid made to an applicant in the proceedings before the Commission or the former Court shall continue in force for the purposes of his or her representation before the Court.

Rule 109[69]) (former Rule 102)
(Request for revision of a judgment)

1. Where a party requests revision of a judgment delivered by the former Court, the President of the Court shall assign the request to one of the Sections in accordance with the conditions laid down in Rule 51 or 52, as the case may be.

2. The President of the relevant Section shall, notwithstanding Rule 80 § 3, constitute a new Chamber to consider the request.

3. The Chamber to be constituted shall include as *ex officio* members

(a) the President of the Section;

and, whether or not they are members of the relevant Section,

(b) the judge elected in respect of any Contracting Party concerned or, if he or she is unable to sit, any judge appointed under Rule 29;

(c) any judge of the Court who was a member of the original Chamber that delivered the judgment in the former Court.

4. (a) The other members of the Chamber shall be designated by the President of the

Section by means of a drawing of lots from among the members of the relevant Section.

(b) The members of the Section who are not so designated shall sit in the case as substitute judges.

TITLE IV
FINAL CLAUSES

Rule 110 (former Rule 103)
(Amendment or suspension of a Rule)

1. Any Rule may be amended upon a motion made after notice where such a motion is carried at the next session of the plenary Court by a majority of all the members of the Court. Notice of such a motion shall be delivered in writing to the Registrar at least one month before the session at which it is to be discussed. On receipt of such a notice of motion, the Registrar shall inform all members of the Court at the earliest possible moment.

2. A Rule relating to the internal working of the Court may be suspended upon a motion made without notice, provided that this decision is taken unanimously by the Chamber concerned. The suspension of a Rule shall in this case be limited in its operation to the particular purpose for which it was sought.

Rule 111[70]) (former Rule 104)
(Entry into force of the Rules)

The present Rules shall enter into force on 1 November 1998.

---

[68][69]) As amended by the Court on 13 December 2004.

[70]) The amendments adopted on 8 December 2000 entered into force immediately. The amendments adopted on 17 June 2002 and 8 July 2002 entered into force on 1 October 2002. The amendments adopted on 7 July 2003 entered into force on 1 November 2003. The amendments adopted on 13 December 2004 entered into force on 1 March 2005. The amendments adopted on 4 July 2005 entered into force on 3 October 2005. The amendments adopted on 7 November 2005 entered into force on 1 December 2005. The amendments adopted on 29 May 2006 entered into force on 1 July 2006. The amendments adopted on 14 May 2007 entered into force on 1 July 2007. The amendments adopted on 11 December 2007, 22 September and 1 December 2008 entered into force on 1 January 2009. The amendments adopted on 29 June 2009 entered into force on 1 July 2009. The amendments relating to Protocol No. 14 to the Convention, adopted on 13 November 2006 and 14 May 2007, entered into force on 1 June 2010.

Grundrechte
EMRK + ZProt
VfO EGMR

KODEX
DES ÖSTERREICHISCHEN RECHTS
SAMMLUNG DER ÖSTERREICHISCHEN BUNDESGESETZE

VETERINÄR-RECHT

LexisNexis

KODEX
DES ÖSTERREICHISCHEN RECHTS
SAMMLUNG DER ÖSTERREICHISCHEN BUNDESGESETZE

ÄRZTE-RECHT

LexisNexis

KODEX
DES ÖSTERREICHISCHEN RECHTS
SAMMLUNG DER ÖSTERREICHISCHEN BUNDESGESETZE

KRANKEN-ANSTALTEN-GESETZE

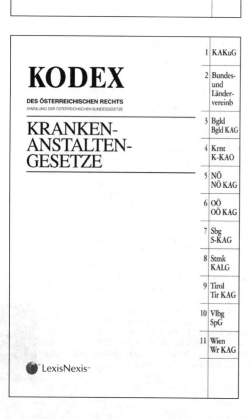

LexisNexis

KODEX
DES ÖSTERREICHISCHEN RECHTS
SAMMLUNG DER ÖSTERREICHISCHEN BUNDESGESETZE

VERWALTUNGS-VERFAHRENS-GESETZE

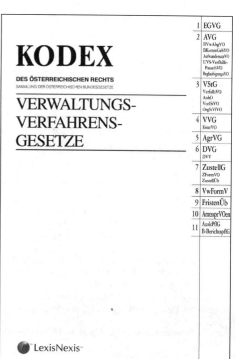

LexisNexis

Charta der Vereinten Nationen[1])[2])

26. Juni 1945

WIR, DIE VÖLKER DER VEREINTEN NATIONEN –

FEST ENTSCHLOSSEN,

künftige Geschlechter vor der Geißel des Krieges zu bewahren, die zweimal zu unseren Lebzeiten unsagbares Leid über die Menschheit gebracht hat,

unseren Glauben an die Grundrechte des Menschen, an Würde und Wert der menschlichen Persönlichkeit, an die Gleichberechtigung von Mann und Frau sowie von allen Nationen, ob groß oder klein, erneut zu bekräftigen,

Bedingungen zu schaffen, unter denen Gerechtigkeit und die Achtung vor den Verpflichtungen aus Verträgen und anderen Quellen des Völkerrechts gewahrt werden können,

den sozialen Fortschritt und einen besseren Lebensstandard in größerer Freiheit zu fördern,

UND FÜR DIESE ZWECKE

Duldsamkeit zu üben und als gute Nachbarn in Frieden miteinander zu leben,

unsere Kräfte zu vereinen, um den Weltfrieden und die internationale Sicherheit zu wahren,

Grundsätze anzunehmen und Verfahren einzuführen, die gewährleisten, daß Waffengewalt nur noch im gemeinsamen Interesse angewendet wird, und

internationale Einrichtungen in Anspruch zu nehmen, um den wirtschaftlichen und sozialen Fortschritt aller Völker zu fördern –

haben beschlossen, in unserem Bemühen um die Erreichung dieser Ziele zusammenzuwirken.

Dementsprechend haben unsere Regierungen durch ihre in der Stadt San Franzisko versammelten Vertreter, deren Vollmachten vorgelegt und in guter und gehöriger Form befunden wurden, diese Charta der Vereinten Nationen angenommen und errichten hiermit eine internationale Organisation, die den Namen „Vereinte Nationen" führen soll.

[1]) BGBl Nr. 120/1956, 294/1965, 258/1968 sowie 633/1973.

[2]) Internationale Quelle: Yearbook of the United Nations 1969, p. 953.

Kapitel I
Ziele und Grundsätze

Ziele der Vereinten Nationen

Art. 1 Die Vereinten Nationen setzen sich folgende Ziele:

1. den Weltfrieden und die internationale Sicherheit zu wahren und zu diesem Zweck wirksame Kollektivmaßnahmen zu treffen, um Bedrohungen des Friedens zu verhüten und zu beseitigen, Angriffshandlungen und andere Friedensbrüche zu unterdrücken und internationale Streitigkeiten oder Situationen, die zu einem Friedensbruch führen könnten, durch friedliche Mittel nach den Grundsätzen der Gerechtigkeit und des Völkerrechts zu bereinigen oder beizulegen;

2. freundschaftliche, auf der Achtung vor dem Grundsatz der Gleichberechtigung und Selbstbestimmung der Völker beruhende Beziehungen zwischen den Nationen zu entwickeln und andere geeignete Maßnahmen zur Festigung des Weltfriedens zu treffen;

3. eine internationale Zusammenarbeit herbeizuführen, um internationale Probleme wirtschaftlicher, sozialer, kultureller und humanitärer Art zu lösen und die Achtung vor den Menschenrechten und Grundfreiheiten für alle ohne Unterschied der Rasse, des Geschlechts, der Sprache oder der Religion zu fördern und zu festigen;

4. ein Mittelpunkt zu sein, in dem die Bemühungen der Nationen zur Verwirklichung dieser gemeinsamen Ziele aufeinander abgestimmt werden.

Grundsätze

Art. 2 Die Organisation und ihre Mitglieder handeln im Verfolg der in Artikel 1 dargelegten Ziele nach folgenden Grundsätzen:

1. Die Organisation beruht auf dem Grundsatz der souveränen Gleichheit aller ihrer Mitglieder.

2. Alle Mitglieder erfüllen, um ihnen allen die aus der Mitgliedschaft erwachsenden Rechte und Vorteile zu sichern, nach Treu und Glauben die Verpflichtungen, die sie mit dieser Charta übernehmen.

Charta VN

3. Alle Mitglieder legen ihre internationalen Streitigkeiten durch friedliche Mittel so bei, daß der Weltfriede, die internationale Sicherheit und die Gerechtigkeit nicht gefährdet werden.

4. Alle Mitglieder unterlassen in ihren internationalen Beziehungen jede gegen die territoriale Unversehrtheit oder die politische Unabhängigkeit eines Staates gerichtete oder sonst mit den Zielen der Vereinten Nationen unvereinbare Androhung oder Anwendung von Gewalt.

5. Alle Mitglieder leisten den Vereinten Nationen jeglichen Beistand bei jeder Maßnahme, welche die Organisation im Einklang mit dieser Charta ergreift; sie leisten einem Staat, gegen den die Organisation Vorbeugungs- oder Zwangsmaßnahmen ergreift, keinen Beistand.

6. Die Organisation trägt dafür Sorge, daß Staaten, die nicht Mitglieder der Vereinten Nationen sind, insoweit nach diesen Grundsätzen handeln, als dies zur Wahrung des Weltfriedens und der internationalen Sicherheit erforderlich ist.

7. Aus dieser Charta kann eine Befugnis der Vereinten Nationen zum Eingreifen in Angelegenheiten, die ihrem Wesen nach zur inneren Zuständigkeit eines Staates gehören, oder eine Verpflichtung der Mitglieder, solche Angelegenheiten einer Regelung auf Grund dieser Charta zu unterwerfen, nicht abgeleitet werden; die Anwendung von Zwangsmaßnahmen nach Kapitel VII wird durch diesen Grundsatz nicht berührt.

Kapitel II
Mitgliedschaft

Ursprüngliche Mitglieder

Art. 3 Ursprüngliche Mitglieder der Vereinten Nationen sind die Staaten, welche an der Konferenz der Vereinten Nationen über eine Internationale Organisation in San Franzisko teilgenommen oder bereits vorher die Erklärung der Vereinten Nationen vom 1. Januar 1942 unterzeichnet haben und nunmehr diese Charta unterzeichnen und nach Artikel 110 ratifizieren.

Aufnahme neuer Mitglieder

Art. 4 (1) Mitglied der Vereinten Nationen können alle sonstigen friedliebenden Staaten werden, welche die Verpflichtungen aus dieser Charta übernehmen und nach dem Urteil der Organisation fähig und willens sind, diese Verpflichtungen zu erfüllen.

(2) Die Aufnahme eines solchen Staates als Mitglied der Vereinten Nationen erfolgt auf Empfehlung des Sicherheitsrats durch Beschluß der Generalversammlung.

Suspension

Art. 5 Einem Mitglied der Vereinten Nationen, gegen das der Sicherheitsrat Vorbeugungs- oder Zwangsmaßnahmen getroffen hat, kann die Generalversammlung auf Empfehlung des Sicherheitsrats die Ausübung der Rechte und Vorrechte aus seiner Mitgliedschaft zeitweilig entziehen. Der Sicherheitsrat kann die Ausübung dieser Rechte und Vorrechte wieder zulassen.

Ausschluß

Art. 6 Ein Mitglied der Vereinten Nationen, das die Grundsätze dieser Charta beharrlich verletzt, kann auf Empfehlung des Sicherheitsrats durch die Generalversammlung aus der Organisation ausgeschlossen werden.

Kapitel III
Organe

Haupt- und Nebenorgane

Art. 7 (1) Als Hauptorgane der Vereinten Nationen werden eine Generalversammlung, ein Sicherheitsrat, ein Wirtschafts- und Sozialrat, ein Treuhandrat, ein Internationaler Gerichtshof und ein Sekretariat eingesetzt.

(2) Je nach Bedarf können in Übereinstimmung mit dieser Charta Nebenorgane eingesetzt werden.

Gleichheit von Mann und Frau

Art. 8 Die Vereinten Nationen schränken hinsichtlich der Anwartschaft auf alle Stellen in ihren Haupt- und Nebenorganen die Gleichberechtigung von Männern und Frauen nicht ein.

Kapitel IV
Die Generalversammlung

Zusammensetzung
Mitglieder

Art. 9 (1) Die Generalversammlung besteht aus allen Mitgliedern der Vereinten Nationen.

(2) Jedes Mitglied hat höchstens fünf Vertreter in der Generalversammlung.

Aufgaben und Befugnisse
Zuständigkeit

Art. 10 Die Generalversammlung kann alle Fragen und Angelegenheiten erörtern, die in den Rahmen dieser Charta fallen oder Befugnisse und Aufgaben eines in dieser Charta vorgesehenen Organs betreffen; vorbehaltlich des Artikels 12 kann sie zu diesen Fragen und Angelegenheiten Empfehlungen an die Mitglieder der Vereinten Nationen oder den Sicherheitsrat oder an beide richten.

Wahrung des Weltfriedens

Art. 11 (1) Die Generalversammlung kann sich mit den allgemeinen Grundsätzen der Zusammenarbeit zur Wahrung des Weltfriedens und der internationalen Sicherheit einschließlich der Grundsätze für die Abrüstung und Rüstungsregelung befassen und in bezug auf diese Grundsätze Empfehlungen an die Mitglieder oder den Sicherheitsrat oder an beide richten.

(2) Die Generalversammlung kann alle die Wahrung des Weltfriedens und der internationalen Sicherheit betreffenden Fragen erörtern, die ihr ein Mitglied der Vereinten Nationen oder der Sicherheitsrat oder nach Artikel 35 Absatz 2 ein Nichtmitgliedstaat der Vereinten Nationen vorlegt; vorbehaltlich des Artikels 12 kann sie zu diesen Fragen Empfehlungen an den oder die betreffenden Staaten oder den Sicherheitsrat oder an beide richten. Macht eine derartige Frage Maßnahmen erforderlich, so wird sie von der Generalversammlung vor oder nach der Erörterung an den Sicherheitsrat überwiesen.

(3) Die Generalversammlung kann die Aufmerksamkeit des Sicherheitsrats auf Situationen lenken, die geeignet sind, den Weltfrieden und die internationale Sicherheit zu gefährden.

(4) Die in diesem Artikel aufgeführten Befugnisse der Generalversammlung schränken die allgemeine Tragweite des Artikels 10 nicht ein.

Vorrang des Sicherheitsrates

Art. 12 (1) Solange der Sicherheitsrat in einer Streitigkeit oder einer Situation die ihm in dieser Charta zugewiesenen Aufgaben wahrnimmt, darf die Generalversammlung zu dieser Streitigkeit oder Situation keine Empfehlung abgeben, es sei denn auf Ersuchen des Sicherheitsrats.

(2) Der Generalsekretär unterrichtet mit Zustimmung des Sicherheitsrats die Generalversammlung bei jeder Tagung über alle die Wahrung des Weltfriedens und der internationalen Sicherheit betreffenden Angelegenheiten, die der Sicherheitsrat behandelt; desgleichen unterrichtet er unverzüglich die Generalversammlung oder, wenn diese nicht tagt, die Mitglieder der Vereinten Nationen, sobald der Sicherheitsrat die Behandlung einer solchen Angelegenheit einstellt.

Förderung der internationalen Zusammenarbeit, Kodifizierung des Völkerrechtes

Art. 13 (1) Die Generalversammlung veranlaßt Untersuchungen und gibt Empfehlungen ab,

a) um die internationale Zusammenarbeit auf politischem Gebiet zu fördern und die fortschreitende Entwicklung des Völkerrechts sowie seine Kodifizierung zu begünstigen;

b) um die internationale Zusammenarbeit auf den Gebieten der Wirtschaft, des Sozialwesens, der Kultur, der Erziehung und der Gesundheit zu fördern und zur Verwirklichung der Menschenrechte und Grundfreiheiten für alle ohne Unterschied der Rasse, des Geschlechts, der Sprache oder der Religion beizutragen.

(2) Die weiteren Verantwortlichkeiten, Aufgaben und Befugnisse der Generalversammlung in bezug auf die in Absatz 1 Buchstabe b genannten Angelegenheiten sind in den Kapiteln IX und X dargelegt.

Maßnahmen der Generalversammlung

Art. 14 Vorbehaltlich des Artikels 12 kann die Generalversammlung Maßnahmen zur friedlichen Bereinigung jeder Situation empfehlen, gleichviel wie sie entstanden ist, wenn diese Situation nach ihrer Auffassung geeignet ist, das allgemeine Wohl oder die freundschaftlichen Beziehungen zwischen Nationen zu beeinträchtigen; dies gilt auch für Situationen, die aus einer Verletzung der Bestimmungen dieser Charta über die Ziele und Grundsätze der Vereinten Nationen entstehen.

Berichte des Sicherheitsrats an die Generalversammlung

Art. 15 (1) Die Generalversammlung erhält und prüft Jahresberichte und Sonderbe-

Charta VN

richte des Sicherheitsrats; diese Berichte enthalten auch eine Darstellung der Maßnahmen, die der Sicherheitsrat zur Wahrung des Weltfriedens und der internationalen Sicherheit beschlossen oder getroffen hat.

(2) Die Generalversammlung erhält und prüft Berichte der anderen Organe der Vereinten Nationen.

Aufsicht über das Treuhandwesen

Art. 16 Die Generalversammlung nimmt die ihr bezüglich des internationalen Treuhandsystems in den Kapiteln XII und XIII zugewiesenen Aufgaben wahr; hierzu gehört die Genehmigung der Treuhandabkommen für Gebiete, die nicht als strategische Zonen bezeichnet sind.

Haushaltsrecht

Art. 17 (1) Die Generalversammlung prüft und genehmigt alle Finanz- und Haushaltsabmachungen mit den in Artikel 57 bezeichneten Sonderorganisationen; sie prüft deren Verwaltungshaushalt mit dem Ziel, Empfehlungen an sie zu richten.

Abstimmung
Abstimmungsmehrheiten

Art. 18 (1) Jedes Mitglied der Generalversammlung hat eine Stimme.

(2) Beschlüsse der Generalversammlung über wichtige Fragen bedürfen einer Zweidrittelmehrheit der anwesenden und abstimmenden Mitglieder. Zu diesen Fragen gehören: Empfehlungen hinsichtlich der Wahrung des Weltfriedens und der internationalen Sicherheit, die Wahl der nichtständigen Mitglieder des Sicherheitsrats, die Wahl der Mitglieder des Wirtschafts- und Sozialrats, die Wahl von Mitgliedern des Treuhandrats nach Artikel 86 Absatz 1 Buchstabe c, die Aufnahme neuer Mitglieder in die Vereinten Nationen, der zeitweilige Entzug der Rechte und Vorrechte aus der Mitgliedschaft, der Ausschluß von Mitgliedern, Fragen betreffend die Wirkungsweise des Treuhandsystems sowie Haushaltsfragen.

(3) Beschlüsse über andere Fragen, einschließlich der Bestimmung weiterer Gruppen von Fragen, über die mit Zweidrittelmehrheit zu beschließen ist, bedürfen der Mehrheit der anwesenden und abstimmenden Mitglieder.

Stimmrecht bei Beitragsrückstand

Art. 19 Ein Mitglied der Vereinten Nationen, das mit der Zahlung seiner finanziellen Beiträge an die Organisation im Rückstand ist, hat in der Generalversammlung kein Stimmrecht, wenn der rückständige Betrag die Höhe der Beiträge erreicht oder übersteigt, die dieses Mitglied für die vorausgegangenen zwei vollen Jahre schuldet. Die Generalversammlung kann ihm jedoch die Ausübung des Stimmrechts gestatten, wenn nach ihrer Überzeugung der Zahlungsverzug auf Umständen beruht, die dieses Mitglied nicht zu vertreten hat.

Verfahren
Ordentliche und außerordentliche Tagungen

Art. 20 Die Generalversammlung tritt zu ordentlichen Jahrestagungen und, wenn die Umstände es erfordern, zu außerordentlichen Tagungen zusammen. Außerordentliche Tagungen hat der Generalsekretär auf Antrag des Sicherheitsrats oder der Mehrheit der Mitglieder der Vereinten Nationen einzuberufen.

Geschäftsordnung, Präsident

Art. 21 Die Generalversammlung gibt sich eine Geschäftsordnung. Sie wählt für jede Tagung ihren Präsidenten.

Nebenorgane

Art. 22 Die Generalversammlung kann Nebenorgane einsetzen, soweit sie dies zur Wahrnehmung ihrer Aufgaben für erforderlich hält.

Kapitel V
Der Sicherheitsrat

Zusammensetzung
Mitglieder

Art. 23 (1) Der Sicherheitsrat besteht aus fünfzehn Mitgliedern der Vereinten Nationen. Die Republik China, Frankreich, die Union der Sozialistischen Sowjetrepubliken, das Vereinigte Königreich Großbritannien und Nordirland sowie die Vereinten Staaten von Amerika sind ständige Mitglieder des Sicherheitsrats. Die Generalversammlung wählt zehn weitere Mitglieder der Vereinten Nationen zu nichtständigen Mitgliedern des Sicherheitsrats; hierbei sind folgende Gesichtspunkte besonders zu berücksichtigen: in erster Linie der Beitrag von Mitgliedern der Vereinten Nationen zur Wahrung des Weltfriedens und der internationalen Sicherheit und zur Verwirklichung der sonstigen Ziele der Organisation sowie ferner eine angemessene geographische Verteilung der Sitze.

(2) Die nichtständigen Mitglieder des Sicherheitsrats werden für zwei Jahre gewählt. Bei der ersten Wahl der nichtständigen Mitglieder, die nach Erhöhung der Zahl der Ratsmitglieder von elf auf fünfzehn stattfindet, werden zwei der vier zusätzlichen Mitglieder für ein Jahr gewählt. Ausscheidende Mitglieder können nicht unmittelbar wiedergewählt werden.

(3) Jedes Mitglied des Sicherheitsrats hat in diesem einen Vertreter.

Aufgaben und Befugnisse

Aufgaben

Art. 24 (1) Um ein schnelles und wirksames Handeln der Vereinten Nationen zu gewährleisten, übertragen ihre Mitglieder dem Sicherheitsrat die Hauptverantwortung für die Wahrung des Weltfriedens und der internationalen Sicherheit und erkennen an, daß der Sicherheitsrat bei der Wahrnehmung der sich aus dieser Verantwortung ergebenden Pflichten in ihrem Namen handelt.

(2) Bei der Erfüllung dieser Pflichten handelt der Sicherheitsrat im Einklang mit den Zielen und Grundsätzen der Vereinten Nationen. Die ihm hierfür eingeräumten besonderen Befugnisse sind in den Kapiteln VI, VII, VIII und XII aufgeführt.

(3) Der Sicherheitsrat legt der Generalversammlung Jahresberichte und erforderlichenfalls Sonderberichte zur Prüfung vor.

Bindende Wirkung der Beschlüsse

Art. 25 Die Mitglieder der Vereinten Nationen kommen überein, die Beschlüsse des Sicherheitsrats im Einklang mit dieser Charta anzunehmen und durchzuführen.

System einer Rüstungsregelung

Art. 26 Um die Herstellung und Wahrung des Weltfriedens und der internationalen Sicherheit so zu fördern, daß von den menschlichen und wirtschaftlichen Hilfsquellen der Welt möglichst wenig für Rüstungszwecke abgezweigt wird, ist der Sicherheitsrat beauftragt, mit Unterstützung des in Artikel 47 vor-

gesehenen Generalstabsausschusses Pläne auszuarbeiten, die den Mitgliedern der Vereinten Nationen zwecks Errichtung eines Systems der Rüstungsregelung vorzulegen sind.

Abstimmung
Stimmrecht, Vetorecht

Art. 27 (1) Jedes Mitglied des Sicherheitsrats hat eine Stimme.

(2) Beschlüsse des Sicherheitsrats über Verfahrensfragen bedürfen der Zustimmung von neun Mitgliedern.

(3) Beschlüsse des Sicherheitsrats über alle sonstigen Fragen bedürfen der Zustimmung von neun Mitgliedern einschließlich sämtlicher ständigen Mitglieder, jedoch mit der Maßgabe, daß sich bei Beschlüssen aufgrund des Kapitels VI und des Artikels 52 Absatz 3 die Streitparteien der Stimme enthalten.

Verfahren
Ständige Wahrnehmung der Aufgaben

Art. 28 (1) Der Sicherheitsrat wird so organisiert, daß er seine Aufgaben ständig wahrnehmen kann. Jedes seiner Mitglieder muß zu diesem Zweck jederzeit am Sitz der Organisation vertreten sein.

(2) Der Sicherheitsrat tritt regelmäßig zu Sitzungen zusammen; bei diesen kann jedes seiner Mitglieder nach Wunsch durch ein Regierungsmitglied oder durch einen anderen eigens hierfür bestellten Delegierten vertreten sein.

(3) Der Sicherheitsrat kann außer am Sitz der Organisation auch an anderen Orten zusammentreten, wenn dies nach seinem Urteil seiner Arbeit am dienlichsten ist.

Nebenorgane

Art. 29 Der Sicherheitsrat kann Nebenorgane einsetzen, soweit er dies zur Wahrnehmung seiner Aufgaben für erforderlich hält.

Geschäftsordnung, Präsident

Art. 30 Der Sicherheitsrat gibt sich eine Geschäftsordnung; in dieser regelt er auch das Verfahren für die Wahl seines Präsidenten.

Teilnahme anderer Mitglieder der VN

Art. 31 Ein Mitglied der Vereinten Nationen, das nicht Mitglied des Sicherheitsrats ist, kann ohne Stimmrecht an der Erörterung jeder vor den Sicherheitsrat gebrachten Frage teilnehmen, wenn dieser der Auffassung ist, daß die Interessen dieses Mitglieds besonders betroffen sind.

Teilnahme der Streitparteien

Art. 32 Mitglieder der Vereinten Nationen, die nicht Mitglied des Sicherheitsrats sind, sowie Nichtmitgliedstaaten der Vereinten Nationen werden eingeladen, an den Erörterungen des Sicherheitsrats über eine Streitigkeit, mit der dieser befaßt ist, ohne Stimmrecht teilzunehmen, wenn sie Streitpartei sind. Für die Teilnahme eines Nichtmitgliedstaats der Vereinten Nationen setzt der Sicherheitsrat die Bedingungen fest, die er für gerecht hält.

Kapitel VI
Die friedliche Beilegung von Streitigkeiten

Verpflichtung zur friedlichen Streiterledigung

Art. 33 (1) Die Parteien einer Streitigkeit, deren Fortdauer geeignet ist, die Wahrung des Weltfriedens und der internationalen Sicherheit zu gefährden, bemühen sich zunächst um eine Beilegung durch Verhandlung, Untersuchung, Vermittlung, Vergleich, Schiedsspruch, gerichtliche Entscheidung, Inanspruchnahme regionaler Einrichtungen oder Abmachungen oder durch andere friedliche Mittel eigener Wahl.

(2) Der Sicherheitsrat fordert die Parteien auf, wenn er dies für notwendig hält, ihre Streitigkeit durch solche Mittel beizulegen.

Untersuchungsrecht des Sicherheitsrates

Art. 34 Der Sicherheitsrat kann jede Streitigkeit sowie jede Situation, die zu internationalen Reibungen führen oder eine Streitigkeit hervorrufen könnte, untersuchen, um festzustellen, ob die Fortdauer der Streitigkeit oder der Situation die Wahrung des Weltfriedens und der internationalen Sicherheit gefährden könnte.

Zuständigkeit bei Friedensgefährdung

Art. 35 (1) Jedes Mitglied der Vereinten Nationen kann die Aufmerksamkeit des Sicherheitsrats oder der Generalversammlung auf jede Streitigkeit sowie auf jede Situation der in Artikel 34 bezeichneten Art lenken.

(2) Ein Nichtmitgliedstaat der Vereinten Nationen kann die Aufmerksamkeit des Sicherheitsrats oder der Generalversammlung auf jede Streitigkeit lenken, in der er Partei ist, wenn er im voraus hinsichtlich dieser Streitigkeit die in dieser Charta für eine friedliche Beilegung festgelegten Verpflichtungen annimmt.

(3) Das Verfahren der Generalversammlung in Angelegenheiten, auf die ihre Aufmerksamkeit gemäß diesem Artikel gelenkt wird, bestimmt sich nach den Artikeln 11 und 12.

Empfehlungen zur Bereinigung von Streitigkeiten

Art. 36 (1) Der Sicherheitsrat kann in jedem Stadium einer Streitigkeit im Sinne des Artikels 33 oder einer Situation gleicher Art geeignete Verfahren oder Methoden für deren Bereinigung empfehlen.

(2) Der Sicherheitsrat soll alle Verfahren in Betracht ziehen, welche die Parteien zur Beilegung der Streitigkeit bereits angenommen haben.

(3) Bei seinen Empfehlungen aufgrund dieses Artikels soll der Sicherheitsrat ferner berücksichtigen, daß Rechtsstreitigkeiten im allgemeinen von den Parteien dem Internationalen Gerichtshof im Einklang mit dessen Status zu unterbreiten sind.

Entscheidung des Sicherheitsrates

Art. 37 (1) Gelingt es den Parteien einer Streitigkeit der in Artikel 33 bezeichneten Art nicht, diese mit den dort angegebenen Mitteln beizulegen, so legen sie die Streitigkeit dem Sicherheitsrat vor.

(2) Könnte nach Auffassung des Sicherheitsrats die Fortdauer der Streitigkeit tatsächlich die Wahrung des Weltfriedens und der internationalen Sicherheit gefährden, so beschließt er, ob er nach Artikel 36 tätig werden oder die ihm angemessen erscheinenden Empfehlungen für eine Beilegung abgeben will.

Vermittlungsvorschlag

Art. 38 Unbeschadet der Artikel 33 bis 37 kann der Sicherheitsrat, wenn alle Parteien einer Streitigkeit dies beantragen, Empfehlungen zu deren friedlicher Beilegung an die Streitparteien richten.

Kapitel VII
Maßnahmen bei Bedrohung oder Bruch des Friedens und bei Angriffshandlungen.

Feststellung der Friedensgefährdung

Art. 39 Der Sicherheitsrat stellt fest, ob eine Bedrohung oder ein Bruch des Friedens oder eine Angriffshandlung vorliegt; er gibt Empfehlungen ab oder beschließt, welche Maßnahmen auf Grund der Artikel 41 und 42 zu treffen sind, um den Weltfrieden und die internationale Sicherheit zu wahren oder wiederherzustellen.

Vorläufige Maßnahmen

Art. 40 Um einer Verschärfung der Lage vorzubeugen, kann der Sicherheitsrat, bevor er nach Artikel 39 Empfehlungen abgibt oder Maßnahmen beschließt, die beteiligten Parteien auffordern, den von ihm für notwendig oder erwünscht erachteten vorläufigen Maßnahmen Folge zu leisten. Diese vorläufigen Maßnahmen lassen die Rechte, die Ansprüche und die Stellung der beteiligten Parteien unberührt. Wird den vorläufigen Maßnahmen nicht Folge geleistet, so trägt der Sicherheitsrat diesem Versagen gebührend Rechnung.

Friedliche Sanktionsmaßnahmen

Art. 41 Der Sicherheitsrat kann beschließen, welche Maßnahmen – unter Ausschluß von Waffengewalt – zu ergreifen sind, um seinen Beschlüssen Wirksamkeit zu verleihen; er kann die Mitglieder der Vereinten Nationen auffordern, diese Maßnahmen durchzuführen. Sie können die vollständige oder teilweise Unterbrechung der Wirtschaftsbeziehungen, des Eisenbahn-, See- und Luftverkehrs, der Post-, Telegraphen- und Funkverbindungen sowie sonstiger Verkehrsmöglichkeiten und den Abbruch der diplomatischen Beziehungen einschließen.

Militärische Sanktionsmaßnahmen

Art. 42 Ist der Sicherheitsrat der Auffassung, daß die in Artikel 41 vorgesehenen Maßnahmen unzulänglich sein würden oder sich als unzulänglich erwiesen haben, so kann er mit Luft-, See- oder Landstreitkräften die zur Wahrung oder Wiederherstellung des Weltfriedens und der internationalen Sicherheit erforderlichen Maßnahmen durchführen. Sie können Demonstrationen, Blockaden und sonstige Einsätze der Luft-, See- oder Landstreitkräfte von Mitgliedern der Vereinten Nationen einschließen.

Beistandspflicht aller Mitglieder der VN

Art. 43 (1) Alle Mitglieder der Vereinten Nationen verpflichten sich, zur Wahrung des Weltfriedens und der internationalen Sicherheit dadurch beizutragen, daß sie nach Maßgabe eines oder mehrerer Sonderabkommen dem Sicherheitsrat auf sein Ersuchen Streitkräfte zur Verfügung stellen, Beistand leisten und Erleichterungen einschließlich des Durchmarschrechts gewähren, soweit dies zur Wahrung des Weltfriedens und der internationalen Sicherheit erforderlich ist.

(2) Diese Abkommen haben die Zahl und Art der Streitkräfte, ihren Bereitschaftsgrad, ihren allgemeinen Standort sowie die Art der Erleichterungen und des Beistands vorzusehen.

(3) Die Abkommen werden auf Veranlassung des Sicherheitsrats so bald wie möglich im Verhandlungswege ausgearbeitet. Sie werden zwischen dem Sicherheitsrat einerseits und Einzelmitgliedern oder Mitgliedergruppen andererseits geschlossen und von den Unterzeichnerstaaten nach Maßgabe ihres Verfassungsrechts ratifiziert.

Gehör eines zur Hilfe aufgeforderten Mitgliedes

Art. 44 Hat der Sicherheitsrat die Anwendung von Gewalt beschlossen, so lädt er ein in ihm nicht vertretenes Mitglied, bevor er es zur Stellung von Streitkräften auf Grund der nach Artikel 43 übernommenen Verpflichtungen auffordert, auf dessen Wunsch ein, an seinen Beschlüssen über den Einsatz von Kontingenten der Streitkräfte dieses Mitglieds teilzunehmen.

Bereithaltung von Luftstreitkräften

Art. 45 Um die Vereinten Nationen zur Durchführung dringender militärischer Maßnahmen zu befähigen, halten Mitglieder der Organisation Kontingente ihrer Luftstreitkräfte zum sofortigen Einsatz bei gemeinsamen internationalen Zwangsmaßnahmen bereit. Stärke und Bereitschaftsgrad dieser Kontingente sowie die Pläne für ihre gemeinsamen Maßnahmen legt der Sicherheitsrat mit Unterstützung des Generalstabsausschusses im Rahmen der in Artikel 43 erwähnten Sonderabkommen fest.

Charta VN

Pläne für Anwendung von Waffengewalt

Art. 46 Die Pläne für die Anwendung von Waffengewalt werden vom Sicherheitsrat mit Unterstützung des Generalstabsausschusses aufgestellt.

Generalstabsausschuß

Art. 47 (1) Es wird ein Generalstabsausschuß eingesetzt, um den Sicherheitsrat in allen Fragen zu beraten und zu unterstützen, die dessen militärische Bedürfnisse zur Wahrung des Weltfriedens und der internationalen Sicherheit, den Einsatz und die Führung der dem Sicherheitsrat zur Verfügung gestellten Streitkräfte, die Rüstungsregelung und eine etwaige Abrüstung betreffen.

(2) Der Generalstabsausschuß besteht aus den Generalstabschefs der ständigen Mitglieder des Sicherheitsrats oder ihren Vertretern. Ein nicht ständig im Ausschuß vertretenes Mitglied der Vereinten Nationen wird vom Ausschuß eingeladen, sich ihm zu assoziieren, wenn die Mitarbeit dieses Mitglieds für die wirksame Durchführung der Aufgaben des Ausschusses erforderlich ist.

(3) Der Generalstabsausschuß ist unter der Autorität des Sicherheitsrats für die strategische Leitung aller dem Sicherheitsrat zur Verfügung gestellten Streitkräfte verantwortlich. Die Fragen bezüglich der Führung dieser Streitkräfte werden später geregelt.

(4) Der Generalstabsausschuß kann mit Ermächtigung des Sicherheitsrats nach Konsultation mit geeigneten regionalen Einrichtungen regionale Unterausschüsse einsetzen.

Durchführung der Beschlüsse

Art. 48 (1) Die Maßnahmen, die für die Durchführung der Beschlüsse des Sicherheitsrats zur Wahrung des Weltfriedens und der internationalen Sicherheit erforderlich sind, werden je nach dem Ermessen des Sicherheitsrats von allen oder von einigen Mitgliedern der Vereinten Nationen getroffen.

(2) Diese Beschlüsse werden von den Mitgliedern der Vereinten Nationen unmittelbar sowie durch Maßnahmen in den geeigneten internationalen Einrichtungen durchgeführt, deren Mitglieder sie sind.

Gegenseitige Beistandspflicht

Art. 49 Bei der Durchführung der vom Sicherheitsrat beschlossenen Maßnahmen leisten die Mitglieder der Vereinten Nationen einander gemeinsam handelnd Beistand.

Mitbetroffene dritte Staaten

Art. 50 Ergreift der Sicherheitsrat gegen einen Staat Vorbeugungs- oder Zwangsmaßnahmen, so kann jeder andere Staat, ob Mitglied der Vereinten Nationen oder nicht, den die Durchführung dieser Maßnahmen vor besondere wirtschaftliche Probleme stellt, den Sicherheitsrat zwecks Lösung dieser Probleme konsultieren.

Selbstverteidigungsrecht

Art. 51 Diese Charta beeinträchtigt im Falle eines bewaffneten Angriffs gegen ein Mitglied der Vereinten Nationen keineswegs das naturgegebene Recht zur individuellen oder kollektiven Selbstverteidigung, bis der Sicherheitsrat die zur Wahrung des Weltfriedens und der internationalen Sicherheit erforderlichen Maßnahmen getroffen hat. Maßnahmen, die ein Mitglied in Ausübung dieses Selbstverteidigungsrechts trifft, sind dem Sicherheitsrat sofort anzuzeigen; sie berühren in keiner Weise dessen auf dieser Charta beruhende Befugnis und Pflicht, jederzeit die Maßnahmen zu treffen, die er zur Wahrung oder Wiederherstellung des Weltfriedens und der internationalen Sicherheit für erforderlich hält.

Kapitel VIII

Regionale Abmachungen

Regionale Abmachungen zur Wahrung des Friedens

Art. 52 (1) Diese Charta schließt das Bestehen regionaler Abmachungen oder Einrichtungen zur Behandlung derjenigen die Wahrung des Weltfriedens und der internationalen Sicherheit betreffenden Angelegenheiten nicht aus, bei denen Maßnahmen regionaler Art angebracht sind; Voraussetzung hierfür ist, daß diese Abmachungen oder Einrichtungen und ihr Wirken mit den Zielen und Grundsätzen der Vereinten Nationen vereinbar sind.

(2) Mitglieder der Vereinten Nationen, die solche Abmachungen treffen oder solche Einrichtungen schaffen, werden sich nach besten Kräften bemühen, durch Inanspruchnahme dieser Abmachungen oder Einrichtungen örtlich begrenzte Streitigkeit friedlich beizule-

gen, bevor sie den Sicherheitsrat damit befassen.

(3) Der Sicherheitsrat wird die Entwicklung des Verfahrens fördern, örtlich begrenzte Streitigkeiten durch Inanspruchnahme dieser regionalen Abmachungen oder Einrichtungen friedlich beizulegen, sei es auf Veranlassung der beteiligten Staaten oder aufgrund von Überweisungen durch ihn selbst.

(4) Die Anwendung der Artikel 34 und 35 wird durch diesen Artikel nicht beeinträchtigt.

Zwangsmaßnahmen auf Grund von Regionalabmachungen

Art. 53 (1) Der Sicherheitsrat nimmt gegebenenfalls diese regionalen Abmachungen oder Einrichtungen zur Durchführung von Zwangsmaßnahmen unter seiner Autorität in Anspruch. Ohne Ermächtigung des Sicherheitsrats dürfen Zwangsmaßnahmen aufgrund regionaler Abmachungen oder seitens regionaler Einrichtungen nicht ergriffen werden; ausgenommen sind Maßnahmen gegen einen Feindstaat im Sinne des Absatzes 2, soweit sie in Artikel 107 oder in regionalen, gegen die Wiederaufnahme der Angriffspolitik eines solchen Staates gerichteten Abmachungen vorgesehen sind; die Ausnahme gilt, bis der Organisation auf Ersuchen der beteiligten Regierungen die Aufgabe zugewiesen wird, neue Angriffe eines solchen Staates zu verhüten.

(2) Der Ausdruck „Feindstaat" in Absatz 1 bezeichnet jeden Staat, der während des zweiten Weltkriegs Feind eines Unterzeichners dieser Charta war.

Benachrichtigung des Sicherheitsrats

Art. 54 Der Sicherheitsrat ist jederzeit vollständig über die Maßnahmen auf dem laufenden zu halten, die zur Wahrung des Weltfriedens und der internationalen Sicherheit aufgrund regionaler Abmachungen oder seitens regionaler Einrichtungen getroffen oder in Aussicht genommen werden.

Kapitel IX

Internationale Zusammenarbeit auf wirtschaftlichem und sozialem Gebiet

Wirtschaftliche und soziale Ziele

Art. 55 Um jenen Zustand der Stabilität und Wohlfahrt herbeizuführen, der erforderlich ist, damit zwischen den Nationen friedliche und freundschaftliche, auf der Achtung

vor dem Grundsatz der Gleichberechtigung und Selbstbestimmung der Völker beruhende Beziehungen herrschen, fördern die Vereinten Nationen

a) die Verbesserung des Lebensstandards, die Vollbeschäftigung und die Voraussetzungen für wirtschaftlichen und sozialen Fortschritt und Aufstieg;

b) die Lösung internationaler Probleme wirtschaftlicher, sozialer, gesundheitlicher und verwandter Art sowie die internationale Zusammenarbeit auf den Gebieten der Kultur und der Erziehung;

c) die allgemeine Achtung und Verwirklichung der Menschenrechte und Grundfreiheiten für alle ohne Unterschied der Rasse, des Geschlechts, der Sprache oder der Religion.

Zusammenarbeit der Mitglieder

Art. 56 Alle Mitgliedstaaten verpflichten sich, gemeinsam und jeder für sich mit der Organisation zusammenzuarbeiten, um die in Artikel 55 dargelegten Ziele zu erreichen.

Sonderorganisationen

Art. 57 (1) Die verschiedenen durch zwischenstaatliche Übereinkünfte errichteten Sonderorganisationen, die auf den Gebieten der Wirtschaft, des Sozialwesens, der Kultur, der Erziehung, der Gesundheit und auf verwandten Gebieten weitreichende, in ihren maßgebenden Urkunden umschriebene internationale Aufgaben zu erfüllen haben, werden gemäß Artikel 63 mit den Vereinten Nationen in Beziehung gebracht.

(2) Diese mit den Vereinten Nationen in Beziehung gebrachten Organisationen sind im folgenden als „Sonderorganisationen" bezeichnet.

Empfehlungen für die Sonderorganisationen

Art. 58 Die Organisation gibt Empfehlungen ab, um die Bestrebungen und Tätigkeiten dieser Sonderorganisationen zu koordinieren.

Errichtung von Sonderorganisationen

Art. 59 Die Organisation veranlaßt gegebenenfalls zwischen den in Betracht kommenden Staaten Verhandlungen zur Errichtung neuer Sonderorganisationen, soweit solche zur Verwirklichung der in Artikel 55 dargelegten Ziele erforderlich sind.

Charta VN

Verantwortung der Generalversammlung

Art. 60 Für die Wahrnehmung der in diesem Kapitel genannten Aufgaben der Organisation sind die Generalversammlung und unter ihrer Autorität der Wirtschafts- und Sozialrat verantwortlich; dieser besitzt zu diesem Zweck die ihm in Kapitel X zugewiesenen Befugnisse.

Kapitel X
Der Wirtschafts- und Sozialrat

Zusammensetzung

Mitglieder

Art. 61 (1) Der Wirtschafts- und Sozialrat besteht aus vierundfünfzig von der Generalversammlung gewählten Mitgliedern der Vereinten Nationen.

(2) Vorbehaltlich des Absatzes 3 werden alljährlich achtzehn Mitglieder des Wirtschafts- und Sozialrats für drei Jahre gewählt. Ein ausscheidendes Mitglied kann unmittelbar wiedergewählt werden.

(3) Bei der ersten Wahl, die nach Erhöhung der Zahl der Ratsmitglieder von siebenundzwanzig auf fünfundvierzig stattfindet, werden zusätzlich zu den Mitgliedern, die anstelle der neun Mitglieder gewählt werden, deren Amtszeit mit dem betreffenden Jahr endet, siebenundzwanzig weitere Mitglieder des Wirtschafts- und Sozialrats gewählt. Die Amtszeit von neun dieser siebenundzwanzig zusätzlichen Mitglieder endet nach einem Jahr, diejenige von neun weiteren Mitgliedern nach zwei Jahren; das Nähere regelt die Generalversammlung.

(4) Jedes Mitglied des Wirtschafts- und Sozialrats hat in diesem einen Vertreter.

Aufgaben und Befugnisse

Zuständigkeit

Art. 62 (1) Der Wirtschafts- und Sozialrat kann über internationale Angelegenheiten auf den Gebieten der Wirtschaft, des Sozialwesens, der Kultur, der Erziehung, der Gesundheit und auf verwandten Gebieten Untersuchungen durchführen oder bewirken sowie Berichte abfassen oder veranlassen,; er kann zu jeder derartigen Angelegenheit an die Generalversammlung, die Mitglieder der Vereinten Nationen und die in Betracht kommenden Sonderorganisationen Empfehlungen richten.

(2) Er kann Empfehlungen abgeben, um die Achtung und Verwirklichung der Menschenrechte und Grundfreiheiten für alle zu fördern.

(3) Er kann über Angelegenheiten, für die er zuständig ist, Übereinkommen entwerfen und der Generalversammlung vorlegen.

(4) Er kann nach den von den Vereinten Nationen festgesetzten Regeln internationale Konferenzen über Angelegenheiten einberufen, für die er zuständig ist.

Verhältnis zu den Sonderorganisationen

Art. 63 (1) Der Wirtschafts- und Sozialrat kann mit jeder der in Artikel 57 bezeichneten Organisationen Abkommen schließen, in denen die Beziehungen der betreffenden Organisation zu den Vereinten Nationen geregelt werden. Diese Abkommen bedürfen der Genehmigung durch die Generalversammlung.

(2) Er kann die Tätigkeit der Sonderorganisationen koordinieren, indem er Konsultationen mit ihnen führt und an sie, an die Generalversammlung und die Mitglieder der Vereinten Nationen Empfehlungen richtet.

Berichte der Sonderorganisation

Art. 64 (1) Der Wirtschafts- und Sozialrat kann geeignete Schritte unternehmen, um von den Sonderorganisationen regelmäßig Berichte zu erhalten. Er kann mit den Mitgliedern der Vereinten Nationen und mit den Sonderorganisationen Abmachungen treffen, um Berichte über die Maßnahmen zu erhalten, die zur Durchführung seiner Empfehlungen und der Empfehlungen der Generalversammlung über Angelegenheiten getroffen werden, für die er zuständig ist.

(2) Er kann der Generalversammlung seine Bemerkungen zu diesen Berichten mitteilen.

Verhältnis zum Sicherheitsrat

Art. 65 Der Wirtschafts- und Sozialrat kann dem Sicherheitsrat Auskünfte erteilen und ihn auf dessen Ersuchen unterstützen.

Aufgaben

Art. 66 (1) Der Wirtschafts- und Sozialrat nimmt alle Aufgaben wahr, für die er im Zusammenhang mit der Durchführung von Empfehlungen der Generalversammlung zuständig ist.

(2) Er kann mit Genehmigung der Generalversammlung alle Dienste leisten, um die ihn

Mitglieder der Vereinten Nationen oder Sonderorganisationen ersuchen.

(3) Er nimmt alle sonstigen Aufgaben wahr, die ihm in dieser Charta oder durch die Generalversammlung zugewiesen werden.

Abstimmung
Stimmrecht, Stimmenmehrheit

Art. 67 (1) Jedes Mitglied des Wirtschafts- und Sozialrats hat eine Stimme.

(2) Beschlüsse des Wirtschafts- und Sozialrats bedürfen der Mehrheit der anwesenden und abstimmenden Mitglieder.

Verfahren
Kommissionen

Art. 68 Der Wirtschafts- und Sozialrat setzt Kommissionen für wirtschaftliche und soziale Fragen und für die Förderung der Menschenrechte sowie alle sonstigen zur Wahrnehmung seiner Aufgaben erforderlichen Kommissionen ein.

Teilnahme anderer Mitglieder der VN

Art. 69 Behandelt der Wirtschafts- und Sozialrat eine Angelegenheit, die für ein Mitglied der Vereinten Nationen von besonderem Belang ist, so lädt er es ein, ohne Stimmrecht an seinen Beratungen teilzunehmen.

Zusammenwirken mit den Sonderorganisationen

Art. 70 Der Wirtschafts- und Sozialrat kann Abmachungen dahingehend treffen, daß Vertreter der Sonderorganisationen ohne Stimmrecht an seinen Beratungen und an den Beratungen der von ihm eingesetzten Kommissionen teilnehmen und daß seine eigenen Vertreter an den Beratungen der Sonderorganisationen teilnehmen.

Mitwirkung nichtstaatlicher Organisationen

Art. 71 Der Wirtschafts- und Sozialrat kann geeignete Abmachungen zwecks Konsultation mit nichtstaatlichen Organisationen treffen, die sich mit :Angelegenheiten seiner Zuständigkeit befassen. Solche Abmachungen können mit internationalen Organisationen und, soweit angebracht, nach Konsultation des betreffenden Mitglieds der Vereinten Nationen auch mit nationalen Organisationen getroffen werden.

Geschäftsordnung, Präsident

Art. 72 (1) Der Wirtschafts- und Sozialrat gibt sich eine Geschäftsordnung; in dieser regelt er auch das Verfahren für die Wahl seines Präsidenten.

(2) Der Wirtschafts- und Sozialrat tritt nach Bedarf gemäß seiner Geschäftsordnung zusammen; in dieser ist auch die Einberufung von Sitzungen auf Antrag der Mehrheit seiner Mitglieder vorzusehen.

Kapitel XI
Erklärung über Hoheitsgebiete ohne Selbstregierung

Förderung von Hoheitsgebieten ohne Selbstregierung

Art. 73 Mitglieder der Vereinten Nationen, welche die Verantwortung für die Verwaltung von Hoheitsgebieten haben oder übernehmen, deren Völker noch nicht die volle Selbstregierung erreicht haben, bekennen sich zu dem Grundsatz, daß die Interessen der Einwohner dieser Hoheitsgebiete Vorrang haben; sie übernehmen als heiligen Auftrag die Verpflichtung, im Rahmen des durch diese Charta errichteten Systems des Weltfriedens und der internationalen Sicherheit das Wohl dieser Einwohner aufs äußerste zu fördern; zu diesem Zweck verpflichten sie sich,

a) den politischen, wirtschaftlichen, sozialen und erzieherischen Fortschritt, die gerechte Behandlung und den Schutz dieser Völker gegen Mißbräuche unter gebührender Achtung vor ihrer Kultur zu gewährleisten;

b) die Selbstregierung zu entwickeln, die politischen Bestrebungen dieser Völker gebührend zu berücksichtigen und sie bei der fortschreitenden Entwicklung ihrer freien politischen Einrichtungen zu unterstützen, und zwar je nach den besonderen Verhältnissen jedes Hoheitsgebiets, seiner Bevölkerung und deren jeweiliger Entwicklungsstufe;

c) den Weltfrieden und die internationale Sicherheit zu festigen;

d) Aufbau- und Entwicklungsmaßnahmen zu fördern, die Forschungstätigkeit zu unterstützen sowie miteinander und gegebenenfalls mit internationalen Fachorganisationen zusammenzuarbeiten, um die in diesem Artikel dargelegten sozialen, wirtschaftlichen und wissenschaftlichen Ziele zu verwirklichen;

Charta VN

e) dem Generalsekretär mit der durch die Rücksichtnahme auf Sicherheit und Verfassung gebotenen Einschränkung zu seiner Unterrichtung regelmäßig statistische und sonstige Informationen technischer Art über das Wirtschafts-, Sozial- und Erziehungswesen in den nicht unter die Kapitel XII und XIII fallenden Hoheitsgebieten zu übermitteln, für die sie verantwortlich sind.

Gute Nachbarschaft zu Gebieten ohne Selbstregierung

Art. 74 Die Mitglieder der Vereinten Nationen sind sich ferner darin einig, daß die Politik, die sie für das unter dieses Kapitel fallenden Hoheitsgebiet verfolgen, nicht minder auf dem allgemeinen Grundsatz der guten Nachbarschaft in sozialen, wirtschaftlichen und Handelsangelegenheiten beruhen muß als die Politik, die sie für ihr Mutterland verfolgen; hierbei sind die Interessen und das Wohl der übrigen Welt gebührend zu berücksichtigen.

Kapitel XII
Das internationale Treuhandsystem

Treuhandgebiete

Art. 75 Die Vereinten Nationen errichten unter ihrer Autorität ein internationales Treuhandsystem für die Verwaltung und Beaufsichtigung der Hoheitsgebiete, die aufgrund später Einzelabkommen in dieses System einbezogen werden. Diese Hoheitsgebiete werden im folgenden als Treuhandgebiete bezeichnet.

Zweck des Treuhandsystems

Art. 76 Im Einklang mit den in Artikel 1 dieser Charta dargelegten Zielen der Vereinten Nationen dient das Treuhandsystem hauptsächlich folgenden Zwecken:

a) den Weltfrieden und die internationale Sicherheit zu festigen;

b) den politischen, wirtschaftlichen, sozialen und erzieherischen Fortschritt der Einwohner der Treuhandgebiete und ihre fortschreitende Entwicklung zur Selbstregierung oder Unabhängigkeit zu fördern, wie es den besonderen Verhältnissen eines jeden Hoheitsgebiets und seiner Bevölkerung sowie deren frei geäußerten Wünschen entspricht und in dem diesbezüglichen Treuhandabkommen vorgesehen ist;

c) die Achtung vor den Menschenrechten und Grundfreiheiten für alle ohne Unterschied der Rasse, des Geschlechts, der Sprache oder der Religion zu fördern und das Bewußtsein der gegenseitigen Abhängigkeit der Völker der Welt zu stärken;

d) die Gleichbehandlung aller Mitglieder der Vereinten Nationen und ihrer Staatsangehörigen in sozialen, wirtschaftlichen und Handelsangelegenheiten sowie die Gleichbehandlung dieser Staatsangehörigen in der Rechtspflege sicherzustellen, ohne jedoch die Verwirklichung der vorgenannten Zwecke zu beeinträchtigen; Artikel 80 bleibt unberührt.

Anwendung des Treuhandsystems

Art. 77 (1) Das Treuhandsystem findet auf die zu den folgenden Gruppen gehörenden Hoheitsgebiete Anwendung, soweit sie aufgrund von Treuhandabkommen in dieses System einbezogen werden:

a) gegenwärtig bestehende Mandatsgebiete;

b) Hoheitsgebiete, die infolge des zweiten Weltkriegs von Feindstaaten abgetrennt werden;

c) Hoheitsgebiete, die von den für ihre Verwaltung verantwortlichen Staaten freiwillig in das System einbezogen werden.

(2) Die Feststellung, welche Hoheitsgebiete aus den genannten Gruppen in das Treuhandsystem einbezogen werden und welche Bestimmungen hierfür gelten, bleibt einer späteren Übereinkunft vorbehalten.

Keine Anwendung auf Mitglieder der VN

Art. 78 Das Treuhandsystem findet keine Anwendung auf Hoheitsgebiete, die Mitglied der Vereinten Nationen geworden sind; die Beziehungen zwischen Mitgliedern beruhen auf der Achtung des Grundsatzes der souveränen Gleichheit.

Treuhandabkommen

Art. 79 Für jedes in das Treuhandsystem einzubeziehende Hoheitsgebiet werden die Treuhandbestimmungen einschließlich aller ihrer Änderungen und Ergänzungen von den unmittelbar beteiligten Staaten, zu denen bei Mandatsgebieten eines Mitglieds der Vereinten Nationen auch die Mandatsmacht zählt, in Form eines Abkommens vereinbart: sie bedürfen der Genehmigung nach den Artikeln 83 und 85.

Vorbehalt für bestehende Rechte

Art. 80 (1) Soweit im einzelnen, aufgrund der Artikel 77, 79 und 81 geschlossenen Treuhandabkommen zur Einbeziehung eines Treuhandgebiets in das Treuhandsystems nichts anderes vereinbart wird und solange derartige Abkommen noch nicht geschlossen sind, ist dieses Kapitel nicht so auszulegen, als ändere es unmittelbar oder mittelbar die Rechte von Staaten oder Völkern oder in Kraft befindliche internationale Übereinkünfte, deren Vertragsparteien Mitglieder der Vereinten Nationen sind.

(2) Aus Absatz 1 kann keine Rechtfertigung dafür abgeleitet werden, Verhandlungen über Abkommen zu der in Artikel 77 vorgesehenen Einbeziehung von Mandatsgebieten und sonstigen Hoheitsgebieten in das Treuhandsystem oder den Abschluß solcher Abkommen zu verzögern oder aufzuschieben.

Verwaltung des Treuhandgebietes

Art. 81 Jedes Treuhandabkommen enthält die Bestimmungen, nach denen das Treuhandgebiet zu verwalten ist, und bezeichnet die verwaltende Obrigkeit. Diese, im folgenden als „Verwaltungsmacht" bezeichnet, kann ein Staat oder eine Staatengruppe oder die Organisation selbst sein.

Strategische Zonen

Art. 82 Jedes Treuhandabkommen kann eine oder mehrere strategische Zonen bezeichnen, die das ganze Treuhandgebiet, für welches das Abkommen gilt, oder einen Teil davon umfassen; Sonderabkommen nach Artikel 43 bleiben unberührt.

Aufgaben des Sicherheitsrats

Art. 83 (1) Alle Aufgaben der Vereinten Nationen in bezug auf strategische Zonen, einschließlich der Genehmigung der Treuhandabkommen sowie ihrer Änderungen und Ergänzungen, nimmt der Sicherheitsrat wahr.

(2) Die in Artikel 76 dargelegten Hauptzwecke gelten auch für die Bevölkerung jeder strategischen Zone.

(3) Unter Beachtung der Treuhandabkommen nimmt der Sicherheitsrat vorbehaltlich der Sicherheitserfordernisse die Unterstützung des Treuhandrats in Anspruch, um im Rahmen des Treuhandsystems diejenigen Aufgaben der Vereinten Nationen wahrzunehmen, die politische, wirtschaftliche, soziale und erzieherische Angelegenheiten in den strategischen Zonen betreffen.

Militärische Beiträge der Treuhandgebiete

Art. 84 Die Verwaltungsmacht hat die Pflicht, dafür zu sorgen, daß das Treuhandgebiet seinen Beitrag zur Wahrung des Weltfriedens und der internationalen Sicherheit leistet. Zu diesem Zweck kann sie freiwillige Streitkräfte, Erleichterungen und Beistand von dem Treuhandgebiet in Anspruch nehmen, um die Verpflichtungen zu erfüllen, die sie in dieser Hinsicht gegenüber dem Sicherheitsrat übernommen hat, und um die örtliche Verteidigung und die Aufrechterhaltung von Recht und Ordnung innerhalb des Treuhandgebiets sicherzustellen.

Aufgaben der Generalversammlung

Art. 85 (1) Die Aufgaben der Vereinten Nationen in bezug auf Treuhandabkommen für alle nicht als strategische Zonen bezeichneten Gebiete, einschließlich der Genehmigung der Treuhandsabkommen sowie ihrer Änderungen und Ergänzungen, werden von der Generalversammlung wahrgenommen.

(2) Bei der Durchführung dieser Aufgaben wird die Generalversammlung von dem unter ihrer Autorität handelnden Treuhandrat unterstützt.

Kapitel XIII
Der Treuhandrat

Zusammensetzung
Mitglieder

Art. 86 (1) Der Treuhandrat besteht aus folgenden Mitgliedern der Vereinten Nationen:

a) den Mitgliedern, die Treuhandgebiete verwalten;

b) den in Artikel 23 namentlich aufgeführten Mitgliedern, soweit sie keine Treuhandgebiete verwalten;

c) so vielen weiteren von der Generalversammlung für je drei Jahre gewählten Mitgliedern, wie erforderlich sind, damit der Treuhandrat insgesamt zur Hälfte aus Mitgliedern der Vereinten Nationen besteht, die Treuhandgebiete verwalten, und zur Hälfte aus solchen, die keine verwalten.

(2) Jedes Mitglied des Treuhandrats bestellt eine besonders geeignete Person zu seinem Vertreter im Treuhandrat.

Charta VN

Aufgaben und Befugnisse
Befugnisse

Art. 87 Die Generalversammlung und unter ihrer Autorität der Treuhandrat können bei der Wahrnehmung ihrer Aufgaben

a) von der Verwaltungsmacht vorgelegte Berichte prüfen;

b) Gesuche entgegennehmen und sie in Konsultation mit der Verwaltungsmacht prüfen;

c) regelmäßige Bereisungen der einzelnen Treuhandgebiete veranlassen, deren Zeitpunkt mit der Verwaltungsmacht vereinbart wird;

d) diese und sonstige Maßnahmen in Übereinstimmung mit den Treuhandabkommen treffen.

Jährlicher Bericht

Art. 88 Der Treuhandrat arbeitet einen Fragebogen über den politischen, wirtschaftlichen, sozialen und erzieherischen Fortschritt der Einwohner jedes Treuhandgebiets aus; die Verwaltungsmacht jedes Treuhandgebiets, für das die Generalversammlung zuständig ist, erstattet dieser aufgrund des Fragebogens alljährlich Bericht.

Abstimmung
Stimmrecht, Stimmenmehrheit

Art. 89 (1) Jedes Mitglied des Treuhandrats hat eine Stimme.

(2) Beschlüsse des Treuhandrats bedürfen der Mehrheit der anwesenden und abstimmenden Mitglieder.

Verfahren
Geschäftsordnung, Präsident, Zusammentritt

Art. 90 (1) Der Treuhandrat gibt sich eine Geschäftsordnung; in dieser regelt er auch das Verfahren für die Wahl seines Präsidenten.

(2) Der Treuhandrat tritt nach Bedarf gemäß seiner Geschäftsordnung zusammen; in dieser ist auch die Einberufung von Sitzungen auf Antrag der Mehrheit seiner Mitglieder vorzusehen.

Unterstützung durch den Wirtschafts- und Sozialrat

Art. 91 Der Treuhandrat nimmt gegebenenfalls die Unterstützung des Wirtschafts- und Sozialrats und der Sonderorganisationen in Angelegenheiten in Anspruch, für die sie zuständig sind.

Kapitel XIV
Der Internationale Gerichtshof

Aufgaben

Art. 92 Der Internationale Gerichtshof ist das Hauptrechtsprechungsorgan der Vereinten Nationen. Er nimmt seine Aufgaben nach Maßgabe des beigefügten Status wahr, das auf dem Status des Ständigen Internationalen Gerichtshofs beruht und Bestandteil dieser Charta ist.

Vertragsparteien der Satzung

Art. 93 (1) Alle Mitglieder der Vereinten Nationen sind ohne weiteres Vertragsparteien des Status des Internationalen Gerichtshofs.

(2) Ein Staat, der nicht Mitglied der Vereinten Nationen ist, kann zu Bedingungen, welche die Generalversammlung jeweils auf Empfehlung des Sicherheitsrats festsetzt, Vertragspartei des Status des Internationalen Gerichtshofs werden.

Wirksamkeit der Entscheidungen

Art. 94 (1) Jedes Mitglied der Vereinten Nationen verpflichtet sich, bei jeder Streitigkeit, in der es Partei ist, die Entscheidung des Internationalen Gerichtshofs zu befolgen.

(2) Kommt eine Streitpartei ihren Verpflichtungen aus einem Urteil des Gerichtshofs nicht nach, so kann sich die andere Partei an den Sicherheitsrat wenden; dieser kann, wenn er es für erforderlich hält, Empfehlungen abgeben oder Maßnahmen beschließen, um dem Urteil Wirksamkeit zu verschaffen.

Andere Gerichte

Art. 95 Diese Charta schließt nicht aus, daß Mitglieder der Vereinten Nationen aufgrund bestehender oder künftiger Abkommen die Beilegung ihrer Streitigkeiten anderen Gerichten zuweisen.

Gutachten des Gerichtshofes

Art. 96 (1) Die Generalversammlung oder der Sicherheitsrat kann über jede Rechtsfrage ein Gutachten des Internationalen Gerichtshofs anfordern.

(2) Andere Organe der Vereinten Nationen und Sonderorganisationen können mit jeweiliger Ermächtigung durch die Generalversammlung ebenfalls Gutachten des Gerichtshofs über Rechtsfragen anfordern, die sich in ihrem Tätigkeitsbereich stellen.

Kapitel XV
Das Sekretariat

Generalsekretär und sonstige Bedienstete

Art. 97 Das Sekretariat besteht aus einem Generalsekretär und den sonstigen von der Organisation benötigten Bediensteten. Der Generalsekretär wird auf Empfehlung des Sicherheitsrats von der Generalversammlung ernannt. Er ist der höchste Verwaltungsbeamte der Organisation.

Aufgaben des Generalsekretärs

Art. 98 Der Generalsekretär ist in dieser Eigenschaft bei allen Sitzungen der Generalversammlung, des Sicherheitsrats, des Wirtschafts- und Sozialrats und des Treuhandrats tätig und nimmt alle sonstigen ihm von diesen Organen zugewiesenen Aufgaben wahr. Er erstattet der Generalversammlung alljährlich über die Tätigkeit der Organisation Bericht.

Befugnis bei Friedensgefährdung

Art. 99 Der Generalsekretär kann die Aufmerksamkeit des Sicherheitsrats auf jede Angelegenheit lenken, die nach seinem Dafürhalten geeignet ist, die Wahrung des Weltfriedens und der internationalen Sicherheit zu gefährden.

Unabhängigkeit

Art. 100 (1) Der Generalsekretär und die sonstigen Bediensteten dürfen bei der Wahrnehmung ihrer Pflichten von einer Regierung oder von einer Autorität außerhalb der Organisation Weisungen weder erbitten noch entgegennehmen. Sie haben jede Handlung zu unterlassen, die ihrer Stellung als internationale, nur der Organisation verantwortliche Bedienstete abträglich sein könnte.

(2) Jedes Mitglied der Vereinten Nationen verpflichtet sich, den ausschließlich internationalen Charakter der Verantwortung des Generalsekretärs und der sonstigen Bediensteten zu achten und nicht zu versuchen, sie bei der Wahrnehmung ihrer Aufgaben zu beeinflussen.

Bedienstete

Art. 101 (1) Die Bediensteten werden vom Generalsekretär im Einklang mit Regelungen ernannt, welche die Generalversammlung erläßt.

(2) Dem Wirtschafts- und Sozialrat, dem Treuhandrat und erforderlichenfalls anderen Organen der Vereinten Nationen werden geeignete ständige Bedienstete zugeteilt. Sie gehören dem Sekretariat an.

(3) Bei der Einstellung der Bediensteten und der Regelung ihres Dienstverhältnisses gilt als ausschlaggebend der Gesichtspunkt, daß es notwendig ist, ein Höchstmaß an Leistungsfähigkeit, fachlicher Eignung und Ehrenhaftigkeit zu gewährleisten. Der Umstand, daß es wichtig ist, die Auswahl der Bediensteten auf möglichst breiter geographischer Grundlage vorzunehmen, ist gebührend zu berücksichtigen.

Kapitel XVI
Verschiedenes

Registrierung von Verträgen

Art. 102 (1) Alle Verträge und sonstigen internationalen Übereinkünfte, die ein Mitglied der Vereinten Nationen nach dem Inkrafttreten dieser Charta schließt, werden so bald wie möglich beim Sekretariat registriert und von ihm veröffentlicht.

(2) Werden solche Verträge oder internationalen Übereinkünfte nicht nach Absatz 1 registriert, so können sich ihre Vertragsparteien bei einem Organ der Vereinten Nationen nicht auf sie berufen.

Vorrang der Charta

Art. 103 Widersprechen sich die Verpflichten von Mitgliedern der Vereinten Nationen aus dieser Charta und ihre Verpflichten aus anderen internationalen Übereinkünften, so haben die Verpflichtungen aus dieser Charta Vorrang.

Rechtsstellung der VN

Art. 104 Die Organisation genießt im Hoheitsgebiet jedes Mitglieds die Rechts- und Geschäftsfähigkeit, die zur Wahrnehmung ihrer Aufgaben und zur Verwirklichung ihrer Ziele erforderlich ist.

Charta VN

Vorrechte der VN

Art. 105 (1) Die Organisation genießt im Hoheitsgebiet jedes Mitglieds die Vorrechte und Immunitäten, die zur Verwirklichung ihrer Ziele erforderlich sind.

(2) Vertreter der Mitglieder der Vereinten Nationen und Bedienstete der Organisation genießen ebenfalls die Vorrechte und Immunitäten, deren sie bedürfen, um ihre mit der Organisation zusammenhängenden Aufgaben in voller Unabhängigkeit wahrnehmen zu können.

(3) Die Generalversammlung kann Empfehlungen abgeben, um die Anwendung der Absätze 1 und 2 im einzelnen zu regeln, oder sie kann den Mitgliedern der Vereinten Nationen zu diesem Zweck Übereinkommen vorschlagen.

Kapitel XVII
Übergangsbestimmungen betreffend die Sicherheit

Vorbehalt aus dem Abkommen von Moskau von 1943

Art. 106 Bis das Inkrafttreten von Sonderabkommen der in Artikel 43 bezeichneten Art den Sicherheitsrat nach seiner Auffassung befähigt, mit der Ausübung der ihm in Artikel 42 zugewiesenen Verantwortlichkeiten zu beginnen, konsultieren die Parteien der am 30. Oktober 1943 in Moskau unterzeichneten Viermächte-Erklärung und Frankreich nach Absatz 5 dieser Erklärung einander und gegebenenfalls andere Mitglieder der Vereinten Nationen, um gemeinsam alle etwa erforderlichen Maßnahmen zur Wahrung des Weltfriedens und der internationalen Sicherheit im Namen der Organisation zu treffen.

Vorbehalt gegenüber Feindstaaten des 2. Weltkrieges

Art. 107 Maßnahmen, welche die hierfür verantwortlichen Regierungen als Folge des zweiten Weltkriegs in bezug auf einen Staat ergreifen oder genehmigen, der während dieses Krieges Feind eines Unterzeichnerstaats dieser Charta war, werden durch diese Charta weder außer Kraft gesetzt noch untersagt.

Kapitel XVIII
Änderungen

Änderungen der Charta

Art. 108 Änderungen dieser Charta treten für alle Mitglieder der Vereinten Nationen in Kraft, wenn sie mit Zweidrittelmehrheit der Mitglieder der Generalversammlung angenommen und von zwei Dritteln der Mitglieder der Vereinten Nationen einschließlich aller ständigen Mitglieder des Sicherheitsrats nach Maßgabe ihres Verfassungsrechts ratifiziert worden sind.

Revision der Charta

Art. 109 (1) Zur Revision dieser Charta kann eine Allgemeine Konferenz der Mitglieder der Vereinten Nationen zusammentreten; Zeitpunkt und Ort werden durch Beschluß einer Zweidrittelmehrheit der Mitglieder der Generalversammlung und durch Beschluß von neun beliebigen Mitgliedern des Sicherheitsrats bestimmt. Jedes Mitglied der Vereinten Nationen hat auf der Konferenz eine Stimme.

(2) Jede Änderung dieser Charta, die von der Konferenz mit Zweidrittelmehrheit empfohlen wird, tritt in Kraft, sobald sie von zwei Dritteln der Mitglieder der Vereinten Nationen einschließlich aller ständigen Mitglieder des Sicherheitsrats nach Maßgabe ihres Verfassungsrechts ratifiziert worden sind.

(3) Ist eine solche Konferenz nicht vor der zehnten Jahrestagung der Generalversammlung nach Inkrafttreten dieser Charta zusammengetreten, so wird der Vorschlag, eine solche Konferenz einzuberufen, auf die Tagesordnung jener Tagung gesetzt; die Konferenz findet statt, wenn dies durch Beschluß der Mehrheit der Mitglieder der Generalversammlung und durch Beschluß von sieben beliebigen Mitgliedern des Sicherheitsrats bestimmt wird.

Kapitel XIX
Ratifizierung und Unterzeichnung

Ratifizierung

Art. 110 (1) Diese Charta bedarf der Ratifizierung durch die Unterzeichnerstaaten nach Maßgabe ihres Verfassungsrechts.

(2) Die Ratifikationsurkunden werden bei der Regierung der vereinigten Staaten von Amerika hinterlegt; diese notifiziert jede Hinterlegung allen Unterzeichnerstaaten sowie dem Generalsekretär der Organisation, sobald er ernannt ist.

(3) Diese Charta tritt in Kraft, sobald die Republik China, Frankreich, die Union der Sozialistischen Sowjetrepubliken, das Vereinigte Königreich Großbritannien und Nordirland und die Vereinigten Staaten von Amerika sowie die Mehrheit der anderen Unter-

zeichnerstaaten ihre Ratifikationsurkunden hinterlegt haben. Die Regierung der Vereinigten Staaten von Amerika errichtet sodann über die Hinterlegung der Ratifikationsurkunden ein Protokoll, von dem sie allen Unterzeichnerstaaten Abschriften übermittelt.

(4) Die Unterzeichnerstaaten dieser Charta, die sie nach ihrem Inkrafttreten ratifizieren, werden mit dem Tag der Hinterlegung ihrer Ratifikationsurkunde ursprüngliche Mitglieder der Vereinten Nationen.

Authentischer Text, Hinterlegung

Art. 111 Diese Charta, deren chinesischer, französischer, russischer, englischer und spanischer Wortlaut gleichermaßen verbindlich ist, wird im Archiv der Regierung der Vereinigten Staaten von Amerika hinterlegt. Diese übermittelt den Regierungen der anderen Unterzeichnerstaaten gehörig beglaubigte Abschriften.

ZU URKUND DESSEN haben die Vertreter der Regierungen der Vereinten Nationen diese Charta unterzeichnet.

GESCHEHEN in der Stadt San Franzisko am 26. Juni 1945.

Charta VN

KODEX

DES ÖSTERREICHISCHEN RECHTS
SAMMLUNG DER ÖSTERREICHISCHEN BUNDESGESETZE

ARBEITS-RECHT

LLINDE VERLAG

1	AngG
2	GewO
3	ABGB
4	ArbVG
5	ArbAbfG
6	APSG
7	AVRAG
8	AuslBG
9	BEinstG
10	BPG
11	DNHG
12	EFZG
13	GleichbG
14	IESG
15	KautSchG
16	KJBG
17	KoalitG/AntiterrG
18	MSchG/EKUG
19	PatG
20	UrlG
21	BAG
22	BauArb
23	GAngG
24	HausbG
25	HausgG
26	HeimAG
27	JournG
28	SchauspG
29	ASchG
30	AZG/ARG
31	BäckAG
32	FrNachtAG
33	NSchG
34	ArbIG
35	AMFG
36	AÜG
37	VBG/StBG
38	ASGG
39	EO, AO, KO
40	EU-Recht

KODEX

DES ÖSTERREICHISCHEN RECHTS
SAMMLUNG DER ÖSTERREICHISCHEN BUNDESGESETZE

AUSHANGPFLICHTIGE GESETZE

LLINDE VERLAG

1	ASchG DOK-VO Kenn-V AMZ-VO STZ-VO SFK-VO SVP-VO VGÜ BS-V VbA AScV AM-VO ESV GKV Bverbote
2	üVO
3	AAV
4	BauV
5	AZG FahrtbVO EU-VOen
6	ARG ARG-VO
7	MSchG
8	FrNArbG
9	KJBG KJBG-VO
10	KA-AZG
11	BäckAG
12	BEinstG
13	GleichbG

KODEX

DES ÖSTERREICHISCHEN RECHTS
SAMMLUNG DER ÖSTERREICHISCHEN BUNDESGESETZE

PFLEGEGELD-GESETZE

LLINDE VERLAG

1	BPGG EinstVO EinbeziehungsVO RL-VO
2	Bundes- und Ländervereinb
3	Bgld PGG EinstVO
4	Krnt PGG EinstVO
5	NÖ PGG EinstVO
6	OÖ PGG EinstVO
7	Sbg PGG EinstVO Szb-NachsVO
8	Stmk PGG EinstVO PG-AnpassG PG-Off.BedVO
9	Tirol PGG PflegebedVO
10	Vlbg PGG PflegebedVO
11	Wien PGG EinstVO ÜbertragungVO

KODEX

DES ÖSTERREICHISCHEN RECHTS
SAMMLUNG DER ÖSTERREICHISCHEN BUNDESGESETZE

STEUER-GESETZE

LLINDE VERLAG

1	EStG
2	KStG
3	UmgrStG UmwG SpaltG
4	UStG
5	BewG
6	GrStG AbgLuF BWA
7	GebG
8	ErbStG
9	GrEStG
10	KVG
11	VeraSt FSchSt
12	KfzStG StraBAG
13	Energie-abgaben
14	AbgZuw InvFG WKG NoVAG KGG Sicherheitsb KommSt NeuFöG WerbeAbg
15	FLAG KarenzgeldG KBGG
16	DBA (Übersicht)
17	BAO AVOG ZustellG AuskG
18	AbgEO
19	FinStrG
20	HGB §§ 1-9
21	BWG § 38 § 1 iVm
22	Amtshilfe
23	ASVG
24	WTBG

Verteidigung

Nordatlantikvertrag[1])
(NATO)

(4. 4. 1949)

DIE PARTEIEN DIESES VERTRAGS BE-KRÄFTIGEN erneut ihren Glauben an die Ziele und Grundsätze der Satzung der Vereinten Nationen und ihren Wunsch, mit allen Völkern und allen Regierungen in Frieden zu leben.

SIE SIND ENTSCHLOSSEN, die Freiheit, das gemeinsame Erbe und die Zivilisation ihrer Völker, die auf den Grundsätzen der Demokratie, der Freiheit der Person und der Herrschaft des Rechts beruhen, zu gewährleisten.

SIE SIND BESTREBT, die innere Festigkeit und das Wohlergehen im nordatlantischen Gebiet zu fördern.

SIE SIND ENTSCHLOSSEN, ihre Bemühungen für die gemeinsame Verteidigung und für die Erhaltung des Friedens und der Sicherheit zu vereinigen.

SIE VEREINBAREN daher diese Nordatlantikvertrag:

Art. 1 Die Parteien verpflichten sich, in Übereinstimmung mit der Satzung der Vereinten Nationen jeden internationalen Streitfall, an dem sie beteiligt sind, auf friedlichem Wege so zu regeln, daß der internationale Friede, die Sicherheit und die Gerechtigkeit nicht gefährdet werden, und sich in ihren internationalen Beziehungen jeder Gewaltandrohung oder Gewaltanwendung zu enthalten, die mit den Zielen der Vereinten Nationen nicht vereinbar ist.

Art. 2 Die Parteien werden zur weiteren Entwicklung friedlicher und freundschaftlicher internationaler Beziehungen beitragen, indem sie ihre freien Einrichtungen festigen,

ein besseres Verständnis für die Grundsätze herbeiführen, auf denen diese Einrichtungen beruhen, und indem sie die Voraussetzungen für die innere Festigkeit und das Wohlergehen fördern. Sie werden bestrebt sein, Gegensätze in ihrer internationalen Wirtschaftspolitik zu beseitigen und die wirtschaftliche Zusammenarbeit zwischen einzelnen oder allen Parteien zu fördern.

Art. 3 Um die Ziele dieses Vertrags besser zu verwirklichen, werden die Parteien einzeln und gemeinsam durch ständige und wirksame Selbsthilfe und gegenseitige Unterstützung die eigene und die gemeinsame Widerstandskraft gegen bewaffnete Angriffe erhalten und fortentwickeln.

Art. 4 Die Parteien werden einander konsultieren, wenn nach Auffassung einer von ihnen die Unversehrtheit des Gebiets, die politische Unabhängigkeit oder die Sicherheit einer der Parteien bedroht sind.

Art. 5 Die Parteien vereinbaren, daß ein bewaffneter Angriff gegen eine oder mehrere von ihnen in Europa oder Nordamerika als ein Angriff gegen sie alle angesehen werden wird; sie vereinbaren daher, daß im Falle eines solchen bewaffneten Angriffs jede von ihnen in Ausübung des in Artikel 51 der Satzung der Vereinten Nationen anerkannten Rechts der individuellen oder kollektiven Selbstverteidigung der Partei oder den Parteien, die angegriffen werden, Beistand leistet, indem jede von ihnen unverzüglich für sich und im Zusammenwirken mit den anderen Parteien die Maßnahmen, einschließlich der Anwendung von Waffengewalt, trifft, die sie für erforderlich erachtet, um die Sicherheit des nordatlantischen Gebiets wiederherzustellen und zu erhalten.

[1]) Internationale Quelle: Yearbook of the United Nations 1969, p. 953.

Von jedem bewaffneten Angriff und allen daraufhin getroffenen Gegenmaßnahmen ist unverzüglich dem Sicherheitsrat Mitteilung zu machen. Die Maßnahmen sind einzustellen, sobald der Sicherheitsrat diejenigen Schritte unternommen hat, die notwendig sind, um den internationalen Frieden und die internationale Sicherheit wiederherzustellen und zu erhalten.

Art. 6 Im Sinne des Artikels 5 gilt als bewaffneter Angriff auf eine oder mehrere Parteien jeder bewaffnete Angriff auf das Gebiet einer der Parteien in Europa oder Nordamerika, auf die algerischen Departments Frankreichs, auf die Besatzungsstreitkräfte einer Partei in Europa, auf die der Gebietshoheit einer Partei unterstehenden Inseln im nordatlantischen Gebiet nördlich des Wendekreises des Krebses oder auf die Schiffe oder Flugzeuge einer der Parteien in diesem Gebiet.

Art. 7 Dieser Vertrag berührt weder die Rechte und Pflichten, welche sich für die Parteien, die Mitglieder der Vereinten Nationen sind, aus deren Satzung ergeben, oder die in erster Linie bestehende Verantwortlichkeit des Sicherheitsrats für die Erhaltung des internationalen Friedens und der internationalen Sicherheit, noch kann er in solcher Weise ausgelegt werden.

Art. 8 Jede Partei erklärt, daß keine der internationalen Verpflichtungen, die gegenwärtig zwischen ihr und einer anderen Partei oder einem dritten Staat bestehen, den Bestimmungen dieses Vertrags widersprechen, und verpflichtet sich, keine diesem Vertrag widersprechende internationale Verpflichtung einzugehen.

Art. 9 Die Parteien errichten hiermit einen Rat, in dem jede von ihnen vertreten ist, um Fragen zu prüfen, welche die Durchführung dieses Vertrags betreffen. Der Aufbau dieses Rats ist so zu gestalten, daß er jederzeit schnell zusammentreten kann. Der Rat errichtet, soweit erforderlich, nachgeordnete Stellen; insbesondere setzt er unverzüglich einen Verteidigungsausschuß ein, der Maßnahmen zur Durchführung der Artikel 3 und 5 zu empfehlen hat.

Art. 10 Die Parteien können durch einstimmigen Beschluß jeden anderen europäischen Staat, der in der Lage ist, die Grundsätze dieses Vertrags zu fördern und zur Sicherheit des nordatlantischen Gebiets beizutragen, zum Beitritt einladen. Jeder so eingeladene Staat kann durch Hinterlegung seiner Beitrittsurkunde bei der Regierung der Vereinigten Staaten von Amerika Mitglied dieses Vertrags werden. Die Regierung der Vereinigten Staaten von Amerika unterrichtet jede der Parteien von der Hinterlegung einer solchen Beitrittsurkunde.

Art. 11 Der Vertrag ist von den Parteien in Übereinstimmung mit ihren verfassungsmäßigen Verfahren zu ratifizieren und in seinen Bestimmungen durchzuführen. Die Ratifikationsurkunden werden sobald wie möglich bei der Regierung der Vereinigten Staaten von Amerika hinterlegt, die alle anderen Unterzeichnerstaaten von jeder Hinterlegung unterrichtet. Der Vertrat tritt zwischen den Staaten, die ihn ratifiziert haben, in Kraft, sobald die Ratifikationsurkunden der Mehrzahl der Unterzeichnerstaaten, einschließlich derjenigen Belgiens, Kanadas, Frankreichs, Luxemburgs, der Niederlande, des Vereinigten Königreichs und der Vereinigten Staaten, hinterlegt worden sind; für andere Staaten tritt er am Tage der Hinterlegung ihrer Ratifikationsurkunden in Kraft.

Art. 12 Nach zehnjähriger Geltungsdauer des Vertrags oder zu jedem späteren Zeitpunkt werden die Parteien auf Verlangen einer von ihnen miteinander beraten, um den Vertrag unter Berücksichtigung der Umstände zu überprüfen, die dann den Frieden und die Sicherheit des nordatlantischen Gebiets berühren, zu denen auch die Entwicklung allgemeiner und regionaler Vereinbarungen gehört, die im Rahmen der Satzung der Vereinten Nationen zur Aufrechterhaltung des internationalen Friedens und der internationalen Sicherheit dienen.

Art. 13 Nach zwanzigjähriger Geltungsdauer des Vertrags kann jede Partei aus dem Vertrag ausscheiden, und zwar ein Jahr, nachdem sie der Regierung der Vereinigten Staaten von Amerika die Kündigung mitgeteilt hat; diese unterrichtet die Regierungen der anderen Parteien von der Hinterlegung jeder Kündigungsmitteilung.

Art. 14 Der Vertrag, dessen englischer und französischer Wortlaut in gleicher Weise maßgebend ist, wird in den Archiven der Vereinigten Staaten von Amerika hinterlegt. Diese Regierung übermittelt den Regierungen der anderen Unterzeichnerstaaten ordnungsgemäß beglaubigte Abschriften.

ZU URKUND DESSEN haben die unterzeichneten Bevollmächtigten diesen Vertrag unterschrieben.

GESCHEHEN zu Washington am 4. April 1949.

Vertrag zwischen Belgien, Frankreich, Luxemburg, den Niederlanden und dem Vereinigten Königreich von Großbritannien und Nordirland[1])[2])
(WEU; ehemals Brüsseler Pakt)

(17. 3. 1948, geändert durch das Protokoll vom 23. 10. 1954)

Seine Königliche Hoheit der Prinzregent von Belgien, der Präsident der Französischen Republik und Präsident der Französischen Union, Ihre Königliche Hoheit die Großherzogin von Luxemburg, Ihre Majestät die Königin der Niederlande und Seine Majestät der König von Großbritannien, Irland und der britischen Dominien jenseits der Meere,

ENTSCHLOSSEN,

Ihren Glauben an die grundlegenden Menschenrechte, an die Würde und an den Wert der menschlichen Persönlichkeit und an die anderen in der Satzung der Vereinten Nationen verkündeten Ideale erneut zu bekräftigen;

Die Grundsätze der Demokratie, die persönliche und politische Freiheit, die verfassungsmäßige Überlieferung und die Achtung vor dem Gesetz, die ihr gemeinsames Erbe sind, zu festigen und zu erhalten;

In Verfolgung dieser Ziele die wirtschaftlichen, sozialen und kulturellen Bande, die sie bereits vereinen, zu stärken;

Loyal zusammenzuarbeiten und ihre Bemühungen, in Westeuropa eine feste Grundlage für die wirtschaftliche Erholung Europas zu schaffen, aufeinander abzustimmen;

In Übereinstimmung mit der Satzung der Vereinten Nationen einander Beistand zu leisten bei der Aufrechterhaltung des internationalen Friedens und der internationalen Sicherheit und im Widerstand gegen jede Angriffspolitik;

Die Einheit Europas zu fördern und seiner fortschreitenden Integrierung Antrieb zu geben;

In der Verfolgung dieser Ziele nach und nach anderen Staaten hinzuzuziehen, die von den gleichen Idealen geleitet und von der gleichen Entschlossenheit beseelt sind;

In dem Wunsche, zu diesem Zweck einen Vertrag über Zusammenarbeit in wirtschaftlichen, sozialen und kulturellen Angelegenheiten und zur kollektiven Selbstverteidigung abzuschließen;

HABEN zu ihren Bevollmächtigten ERNANNT …

die nach Vorlage ihrer Vollmachten, die als gut und gehörig befunden wurden,

wie folgt ÜBEREINGEKOMMEN SIND:

Art. I Überzeugt von der engen Gemeinschaft ihrer Interessen und von der Notwendigkeit, sich zu vereinigen, um die wirtschaftliche Erholung Europas zu fördern, werden die Hohen Vertragschließenden Teile ihre wirtschaftlichen Maßnahmen so gestalten und aufeinander abstimmen, daß sie durch die Beseitigung von Gegensätzen in ihrer Wirtschaftspolitik, durch die Koordinierung der Produktion und durch die Entwicklung des Handels- und Zahlungsverkehrs zu den bestmöglichen Ergebnissen gelangen.

Die in vorstehendem Absatz vorgesehene Zusammenarbeit, die durch den in Artikel VIII genannten Rat erfolgt, soll weder eine Überschneidung noch eine Behinderung der Arbeit anderer wirtschaftlicher Organisationen zur Folge haben, in denen die Hohen Vertragschließenden Teile vertreten sind oder vertreten sein werden; sie soll vielmehr die Arbeit dieser Organisationen unterstützen.

Art. II Die Hohen Vertragschließenden Teile werden gemeinsam sowohl in unmittelbarer Beratung als auch in besonders hierzu eingerichteten Stellen jede Anstrengung unternehmen, um einen höheren Lebensstandard ihrer Völker herbeizuführen und die in ihren Staaten bestehenden sozialen und sonstigen Einrichtungen dieser Art in diesem Sinne zu entwickeln.

---

[1]) Durch Protokoll vom 23. 10. 1954 wurde der Vertrag geändert und sind die Bundesrepublik Deutschland und Italien dem Vertrag beigetreten, 1990 Spanien und Portugal sowie 1995 Griechenland.

[2]) Internationale Quelle: UNTS Vol. 19 p. 51 i. V. m. UNTS Vol. 211 p. 342.

Verteidigung
NATO
WEU

Die Hohen Vertragschließenden Teile werden sich gegenseitig mit dem Ziel konsultieren, die Empfehlungen von unmittelbarem praktischen Interesse, die sich auf soziale Angelegenheiten beziehen und die mit ihrer Zustimmung in den besonders hierzu eingerichteten Stellen angenommen wurden, so bald wie möglich zu verwirklichen.

Sie werden sich bemühen, so bald wie möglich auf dem Gebiet der sozialen Sicherheit Übereinkommen miteinander abzuschließen.

Art. III Die Hohen Vertragschließenden Teile werden gemeinsam jede Anstrengung unternehmen, um ihre Völker zu einem besseren Verständnis der Grundsätze, welche die Grundlage ihrer gemeinsamen Zivilisation bilden, zu führen und durch gegenseitige Übereinkommen oder sonstige Mittel den kulturellen Austausch zu fördern.

Art. IV Bei der Durchführung des Vertrags arbeiten die Hohen Vertragschließenden Teile und alle von ihnen im Rahmen des Vertrags geschaffenen Organe eng mit der Organisation des Nordatlantikvertrags zusammen.

Da der Aufbau einer Parallelorganisation zu den militärischen NATO-Stäben unerwünscht ist, sind der Rat und sein Amt in militärischen Angelegenheiten hinsichtlich Auskunftserteilung und Beratung auf die zuständigen militärischen NATO-Stellen angewiesen.

Art. V Sollte einer der Hohen Vertragschließenden Teile das Ziel eines bewaffneten Angriffs in Europa werden, so werden ihm die anderen Hohen Vertragschließenden Teile im Einklang mit den Bestimmungen des Artikels 51 der Satzung der Vereinten Nationen alle in ihrer Macht stehende militärische und sonstige Hilfe und Unterstützung leisten.

Art. VI Alle auf Grund des Vorstehenden Artikels getroffenen Maßnahmen sind unverzüglich dem Sicherheitsrat zu berichten. Sie werden eingestellt, sobald der Sicherheitsrat die erforderlichen Maßnahmen getroffen hat, um den internationalen Frieden und die internationale Sicherheit aufrechtzuerhalten oder wiederherzustellen.

Dieser Vertrag beeinträchtigt in keiner Weise die Verpflichtungen, die sich für die Hohen Vertragschließenden Teile aus den Bestimmungen der Satzung der Vereinten Nationen ergeben. Er darf nicht so ausgelegt werden, als berühre er in irgendeiner Weise die dem Sicherheitsrat auf Grund der Satzung zustehende Befugnis und Verantwortlichkeit, jederzeit die Maßnahmen zu treffen, die er für erforderlich hält, um den internationalen Frieden und die internationale Sicherheit aufrechtzuerhalten oder wiederherzustellen.

Art. VII Die Hohen Vertragschließenden Teile erklären jeder für sich, daß keines der internationalen Abkommen, die zwischen ihnen und einem anderen Hohen Vertragschließenden Teil oder einem dritten Staat gegenwärtig besteht, den Bestimmungen dieses Vertrags widerspricht.

Keiner der Hohen Vertragschließenden Teile wird ein Bündnis eingehen oder an einer Koalition teilnehmen, die sich gegen einen der Hohen Vertragschließenden Teile richten.

Art. VIII Um den Frieden und die Sicherheit zu festigen und die Einheit Europas zu fördern und seiner fortschreitenden Integrierung Antrieb zu geben sowie eine engere Zusammenarbeit zwischen den Mitgliedstaaten und mit anderen europäischen Organisationen zu unterstützen, setzen die Hohen Vertragschließenden Teile des Brüsseler Vertrags einen Rat ein, der sich mit der Durchführung dieses Vertrags, seiner Protokolle und deren Anlagen befaßt.

Der Rat führt die Bezeichnung „Rat der Westeuropäischen Union"; er ist so eingerichtet, daß er ständig tätig sein kann; soweit erforderlich, richtet er nachgeordnete Stellen ein, insbesondere errichtet er unverzüglich ein Amt für Rüstungskontrolle mit den in Protokoll Nr. IV bestimmten Aufgaben.

Auf Antrag eines der Hohen Vertragschließenden Teile wird der Rat unverzüglich einberufen, um eine Beratung bei jeder Lage zu ermöglichen, die eine Bedrohung des Friedens, gleichviel in welchem Gebiet, oder eine Gefährdung der wirtschaftlichen Stabilität darstellt.

Über Fragen, für die ein anderes Abstimmungsverfahren nicht vereinbart ist oder vereinbart wird, beschließt der Rat einstimmig. In den Fällen der Protokolle Nr. II, III und IV wendet er die verschiedenen darin vorgesehenen Abstimmungsverfahren an – Einstimmigkeit, Zweidrittelmehrheit, einfache Mehrheit. Er entscheidet mit einfacher Mehrheit über Fragen, die ihm vom Amt für Rüstungskontrolle vorgelegt werden.

Art. IX Der Rat der Westeuropäischen Union erstattet einer Versammlung, die aus Vertretern der Brüsseler Vertragsmächte bei der Beratenden Versammlung des Europarates besteht, jährlich einen Bericht über seine Tätigkeit, insbesondere über die Rüstungskontrolle.

Art. X Getreu ihrem Entschluß, Streitigkeiten nur durch friedliche Mittel beizulegen, werden die Hohen Vertragschließenden Teile bei Streitigkeiten untereinander die folgenden Bestimmungen anwenden:

Die Hohen Vertragschließenden Teile werden für die Dauer dieses Vertrags alle unter Artikel 36 Abs. 2 des Status des Internationalen Gerichtshofs fallenden Streitigkeiten diesem Gerichtshof unterbreiten; diese Bestimmung gilt lediglich mit der Maßgabe, daß bei jedem der Hohen Vertragschließenden Teile die von diesem Teil bei der Annahme dieser Klausel über die verbindliche Gerichtsbarkeit gemachten Vorbehalte soweit gewahrt bleiben, wie dieser Teil sie aufrechterhalten sollte.

Ferner werden die Hohen Vertragschließenden Teile alle nicht unter Artikel 36 Abs. 2 des Status des Internationalen Gerichtshofs fallenden Streitigkeiten im Wege des Vergleichsverfahrens regeln.

Bei Streitigkeiten, die sowohl Fragen umfassen, die einem Vergleichsverfahren, als auch solche, die einem gerichtlichen Verfahren unterliegen, hat jede der streitenden Parteien das Recht zu verlangen, daß die gerichtliche Entscheidung der Rechtsfragen dem Vergleichsverfahren vorangehen soll.

Die vorstehenden Bestimmungen dieses Artikels berühren in keiner Weise die Anwendung von Bestimmungen oder Abkommen, welche irgendein anderes Verfahren für eine friedliche Regelung vorsehen.

Art. XI Die Hohen Vertragschließenden Teile können in gegenseitigem Einvernehmen jeden anderen Staat einladen, diesem Vertrag unter den Bedingungen beizutreten, auf die sie sich mit dem eingeladenen Staat geeinigt haben.

Jeder so eingeladene Staat kann Mitglied des Vertrags werden, indem er eine Beitrittsurkunde bei der belgischen Regierung hinterlegt.

Die belgische Regierung wird jeden der Hohen Vertragschließenden Teile von der Hinterlegung der Beitrittsurkunden in Kenntnis setzen.

Art. XII Dieser Vertrag ist zu ratifizieren; die Ratifikationsurkunden sind so bald wie möglich bei der belgischen Regierung zu hinterlegen.

Der Vertrat tritt am Tage der Hinterlegung der letzten Ratifikationsurkunde in Kraft und bleibt danach fünfzig Jahre lang in Kraft.

Nach Ablauf des Zeitraums von fünfzig Jahren ist jeder der Hohen Vertragschließenden Teile berechtigt, als Vertragspartner auszuscheiden, vorausgesetzt, daß er der belgischen Regierung ein Jahr vorher eine Kündigung eingereicht hat.

Die belgische Regierung unterrichtet die Regierungen der anderen Hohen Vertragschließenden Teile von der Hinterlegung jeder Ratifikationsurkunde und jeder Kündigungsmitteilung.

Zu Urkund dessen haben die genannten Bevollmächtigten diesen Vertrag unterzeichnet und mit ihrem Siegel versehen.

Geschehen zu Brüssel, am siebzehnten März 1948, in englischer und französischer Sprache, wobei jeder Wortlaut in gleicher Weise maßgebend ist, in einem Urstück, das in den Archiven der belgischen Regierung hinterlegt wird; diese übermittelt jedem der anderen Unterzeichnerstaaten beglaubigte Abschriften.

KODEX

DES ÖSTERREICHISCHEN RECHTS
SAMMLUNG DER ÖSTERREICHISCHEN BUNDESGESETZE

DOPPEL-BESTEUERUNGS-ABKOMMEN

LINDE VERLAG

KODEX

DES ÖSTERREICHISCHEN RECHTS
SAMMLUNG DER ÖSTERREICHISCHEN BUNDESGESETZE

VERKEHRS-RECHT

LexisNexis

KODEX

DES ÖSTERREICHISCHEN RECHTS
SAMMLUNG DER ÖSTERREICHISCHEN BUNDESGESETZE

WEHR-RECHT

LexisNexis

KODEX

DES ÖSTERREICHISCHEN RECHTS
SAMMLUNG DER ÖSTERREICHISCHEN BUNDESGESETZE

ZOLLRECHT UND VERBRAUCHSTEUERN

LexisNexis

GASP

Beschluss des Rates

vom 22. Januar 2001

zur Einsetzung des Politischen und Sicherheitspolitischen Komitees

(2001/78/GASP)

(ABl 2001 L 27, 1)

DER RAT DER EUROPÄISCHEN UNION –

Gestützt auf den Vertrag über die Europäische Union, insbesondere auf Artikel 28 Absatz 1,

gestützt auf den Vertrag zur Gründung der Europäischen Gemeinschaft, insbesondere auf Artikel 207,

unter Bezugnahme auf Artikel 25 des Vertrags über die Europäische Union,

in Erwägung nachstehender Gründe:

(1) Der Europäische Rat hat auf seiner Tagung in Helsinki der Einsetzung eines Politischen und Sicherheitspolitischen Komitees grundsätzlich zugestimmt; auf der Grundlage der Schlussfolgerungen dieser Tagung wurde mit dem Beschluss 2000/143/GASP des Rates[1]) ein Politisches und Sicherheitspolitisches Interimskomitee geschaffen.

(2) Der Europäische Rat hat auf seiner Tagung vom 7. bis 11. Dezember 2000 in Nizza Einvernehmen über die Einsetzung des ständigen Politischen und Sicherheitspolitischen Komitees erzielt und dessen Rolle, Modalitäten und Funktionen festgelegt.

(3) Nach den Leitlinien des Europäischen Rates von Nizza sollte dieses Komitee in die Lage versetzt werden, seine Arbeit aufzunehmen.

---

[1]) Beschluss 2000/143/GASP des Rates vom 14. Februar 2000 zur Schaffung des Politischen und Sicherheitspolitischen Interimskomitees (ABl. L 49 vom 22. 2. 2000, S. 1).

(4) Der Grundsatz der einheitlichen Vertretung der Mitgliedstaaten der Union nach außen sollte uneingeschränkt gewahrt werden –

BESCHLIESST:

Artikel 1

Es wird ein Politisches und Sicherheitspolitisches Komitee (PSK) nachstehend „Komitee" genannt, als ständige Konfiguration des Komitees nach Artikel 25 des Vertrags eingesetzt.

Artikel 2

Die Rolle, Modalitäten und Funktionen des Komitees sind im Anhang festgelegt, der der Anlage III des vom Europäischen Rat in Nizza gebilligten Berichts des Vorsitzes entspricht.

Artikel 3

Dieser Beschluss wird am Tag seiner Annahme wirksam.

Artikel 4

Dieser Beschluss wird im Amtsblatt veröffentlicht.

Geschehen zu Brüssel am 22. Januar 2001.

ANHANG

POLITISCHES UND SICHERHEITS-POLITISCHES KOMITEE

Nach dem in Helsinki vereinbarten Konzept soll das Politische und Sicherheitspolitische Komitee als „Motor" der Europäischen Sicherheits- und Verteidigungspolitik (ESVP) und der Gemeinsamen Außen- und Sicherheitspolitik (GASP) fungieren: „Das PSK wird sich ... mit allen Aspekten der GASP, einschließlich der GESVP, befassen." Dem PSK kommt unbeschadet des Artikels 207 des Vertrags zur Gründung der Europäischen Gemeinschaft (EGV) eine zentrale Rolle bei der Festlegung der Reaktion der Europäischen Union auf eine Krise und deren Umsetzung zu.

Das PSK befasst sich mit sämtlichen in Artikel 25 des Vertrags über die Europäische Union (EUV) vorgesehenen Aufgaben. Es kann in der Zusammensetzung der Politischen Direktoren zusammentreten.

Der Generalsekretär/Hohe Vertreter für die GASP kann nach Konsultation des Vorsitzes unbeschadet des Artikels 18 EUV vor allem im Krisenfall den Vorsitz im PSK übernehmen.

1. Aufgabe des PSK ist es insbesondere,

a) die internationale Lage in den Bereichen der Gemeinsamen Außen- und Sicherheitspolitik zu verfolgen, auf Ersuchen des Rates oder von sich aus durch an den Rat gerichtete Stellungnahmen zur Festlegung der Politiken beizutragen und die Durchführung vereinbarter Politiken zu überwachen; dies gilt unbeschadet des Artikels 207 EG-Vertrag und der Zuständigkeiten des Vorsitzes und der Kommission;

b) die Entwürfe für Schlussfolgerungen des Rates (Allgemeine Angelegenheiten) in Bezug auf die in seinen Zuständigkeitsbereich fallenden Fragen zu prüfen;

c) den anderen Ausschüssen Leitlinien für die in den Bereich der GASP fallenden Fragen vorzugeben;

d) dem Generalsekretär/Hohen Vertreter und den Sonderbeauftragten als bevorzugter Ansprechpartner zur Verfügung zu stehen;

e) dem Militärausschuss Leitlinien vorzugeben; Stellungnahmen und Empfehlungen des Militärausschusses entgegenzunehmen. Der Vorsitzende des Militärausschusses (EUMC), der das Bindeglied zum Europäischen Militärstab (EUMS) darstellt, nimmt erforderlichenfalls an den Sitzungen des PSK teil;

f) Informationen, Empfehlungen und Stellungnahmen des Ausschusses für die nichtmilitärischen Aspekte der Krisenbewältigung entgegenzunehmen und diesem Leitlinien für die in den Bereich der GASP fallenden Fragen vorzugeben;

g) die die GASP betreffenden Arbeiten der verschiedenen Arbeitsgruppen zu koordinieren, zu überwachen und zu kontrollieren, wobei er diesen Gruppen Leitlinien vorgeben kann und deren Berichte zu prüfen hat;

h) auf seiner Ebene und in den im Vertrag vorgesehenen Konfigurationen den Politischen Dialog zu führen;

i) gemäß den in den einschlägigen Dokumenten festgelegten Modalitäten als bevorzugter Dialogpartner für ESVP-Fragen mit den 15 und den 6 sowie mit der NATO zu fungieren;

j) unter Aufsicht des Rates die Verantwortung für die politische Leitung der Entwicklung der militärischen Fähigkeiten zu übernehmen und dabei der Art der Krisen Rechnung zu tragen, auf die die Union zu reagieren gedenkt. Im Rahmen der Entwicklung der militärischen Fähigkeiten kann sich der PSK auf die Stellungnahme des vom Europäischen Militärstab unterstützten Militärausschusses stützen.

2. Ferner stellt das PSK im Krisenfall das Gremium des Rates dar, das sich mit Krisensituationen befasst und alle denkbaren Optionen für die Reaktion der Union im einheitlichen institutionellen Rahmen und unbeschadet der jeweiligen Beschlussfassungs- und Durchführungsverfahren der einzelnen Säulen prüft. Somit sind allein der Rat, dessen Beratungen vom AStV vorbereitet werden, und die Kommission im Rahmen ihrer jeweiligen Zuständigkeiten nach den in den Verträgen festgelegten Verfahren befugt, rechtlich bindende Beschlüsse zu fassen. Die Kommission nimmt ihre Zuständigkeiten, einschließlich ihres Initiativrechts, gemäß den Verträgen wahr. Der AStV erfüllt die ihm durch Artikel 207 EG-Vertrag und durch Artikel 19 der Geschäftsordnung des Rates übertragenen Aufgaben. Hierzu wird er rechtzeitig vom PSK befasst.

Im Krisenfall ist eine enge Koordinierung zwischen diesen beiden Gremien besonders notwendig; diese wird insbesondere gewährleistet durch

a) die gegebenenfalls erforderliche Teilnahme des Vorsitzenden des PSK an den Tagungen des AStV;

b) die Referenten für Außenbeziehungen, denen es obliegt, für eine wirksame und ständige Koordinierung zwischen den Beratungen im Rahmen der GASP und den Beratungen im Rahmen anderer Säulen zu sorgen (Anlage zu den Schlussfolgerungen des Rates vom 11. Mai 1992).

Zur Vorbereitung der Reaktion der Union auf eine Krise obliegt es dem PSK, dem Rat die von der Union zu verfolgenden politischen Ziele vorzuschlagen und einen kohärenten Katalog von Optionen zu empfehlen, mit denen zur Beilegung der Krise beigetragen werden soll. Es kann insbesondere eine Stellungnahme ausarbeiten, in der es dem Rat die Annahme einer Gemeinsamen Aktion empfiehlt. Es überwacht unbeschadet der Rolle der Kommission die Umsetzung der beschlossenen Maßnahmen und beurteilt deren Wirkungen. Die Kommission unterrichtet das PSK von den Maßnahmen, die sie getroffen hat oder zu treffen beabsichtigt. Die Mitgliedstaaten informieren das PSK über die Maßnahmen, die sie auf nationaler Ebene getroffen haben oder zu treffen beabsichtigen.

Das PSK nimmt die „politische Kontrolle und strategische Leitung" der militärischen Reaktion der Union auf eine Krise wahr. Hierzu beurteilt es insbesondere auf der Grundlage der Stellungnahmen und Empfehlungen des Militärausschusses die wesentlichen Elemente (militärstrategische Optionen, einschließlich Befehlskette, Operationskonzept, Operationsplan), die dem Rat zu unterbreiten sind.

Dem PSK kommt eine wichtige Funktion bei der Intensivierung der Konsultationen, insbesondere mit der NATO und den betreffenden Drittstaaten, zu.

Der Generalsekretär/Hohe Vertreter gibt auf der Grundlage der Arbeiten des PSK die Richtung für die Arbeiten des Lagezentrums vor. Das Lagezentrum unterstützt das PSK und stellt ihm unter Bedingungen, die der Krisenbewältigung gerecht werden, Informationen bereit.

Damit das PSK die „politische Kontrolle und strategische Leitung" einer militärischen Krisenbewältigungsoperation in vollem Umfang wahrnehmen kann, wird wie folgt verfahren:

a) Im Hinblick auf die Einleitung einer Operation richtet das PSK nach den üblichen Verfahren zur Vorbereitung der Arbeiten des Rates eine Empfehlung an den Rat, die sich auf die Stellungnahmen des Militärausschusses stützt. Auf dieser Grundlage entscheidet der Rat über die Einleitung der Operation im Rahmen einer Gemeinsamen Aktion.

b) In dieser Gemeinsamen Aktion wird insbesondere gemäß den Artikeln 18 und 26 EUV die Rolle des Generalsekretärs/Hohen Vertreters bei der Ausführung der Maßnahmen im Rahmen der vom PSK wahrgenommenen „politischen Kontrolle und strategischen Leitung" bestimmt. Dabei handelt der Generalsekretär/Hohe Vertreter mit Zustimmung des PSK. Falls ein erneuter Beschluss des Rates für angebracht gehalten würde, könnte auf das vereinfachte schriftliche Verfahren zurückgegriffen werden (Artikel 12 Absatz 4 der Geschäftsordnung des Rates).

c) Im Verlauf der Operation ist der Rat anhand von Berichten des PSK, die vom Generalsekretär/Hohen Vertreter als Vorsitzendem des PSK vorgelegt werden, zu unterrichten.

Beschluss des Rates

vom 22. Januar 2001

zur Einsetzung des Militärausschusses der Europäischen Union

(2001/79/GASP)

(ABl 2001 L 27, 4)

DER RAT DER EUROPÄISCHEN UNION –

Gestützt auf den Vertrag über die Europäische Union, insbesondere auf Artikel 28 Absatz 1,

gestützt auf den Vertrag zur Gründung der Europäischen Gemeinschaft, insbesondere auf Artikel 207,

unter Bezugnahme auf Artikel 25 des Vertrags über die Europäische Union,

in Erwägung nachstehender Gründe:

(1) Im Rahmen der Stärkung der Gemeinsamen Außen- und Sicherheitspolitik (GASP) und insbesondere der in Artikel 17 des Vertrags über die Europäische Union vorgesehenen Gemeinsamen Europäischen Sicherheits- und Verteidigungspolitik hat der Europäische Rat auf seiner Tagung vom 7. bis 11. Dezember 2000 in Nizza Einvernehmen über die Einsetzung des Militärausschusses der Europäischen Union erzielt und dessen Auftrag und Funktionen einschließlich derjenigen seines Vorsitzenden festgelegt.

(2) Nach den Leitlinien des Europäischen Rates sollte dieser Ausschuss in die Lage versetzt werden, seine Arbeit aufzunehmen –

BESCHLIESST:

Artikel 1

Es wird ein Militärausschuss der Europäischen Union (EUMC), nachstehend „Ausschuss" genannt, eingesetzt, der sich aus den Generalstabchefs der Mitgliedstaaten zusammensetzt, die durch ihre militärischen Delegierten vertreten werden.

Der Ausschuss tritt auf der Ebene der Generalstabchefs zusammen, wann immer dies notwendig ist.

Artikel 2

Der Auftrag und die Funktionen des Ausschusses sind in Anlage IV des vom Europäischen Rat in Nizza gebilligten Berichts des Vorsitzes festgelegt, der diesem Beschluss als Anhang beigefügt ist.

Artikel 3

(1) Der Vorsitzende des Ausschusses (nachstehend „Vorsitzender" genannt) wird vom Rat auf Empfehlung des auf Ebene der Generalstabchefs zusammentretenden Ausschusses ernannt.

(2) Die Amtszeit des Vorsitzenden beträgt drei Jahre, sofern der Rat nicht etwas anderes beschließt. Sein Auftrag und seine Funktionen sind ebenfalls im oben genannten Anhang festgelegt.

Artikel 4

Dieser Beschluss wird am Tag seiner Annahme wirksam.

Artikel 5

(1) Unbeschadet des Artikels 3 Absatz 1 ist dieser Beschluss ab dem Zeitpunkt der Ernennung der ersten Vorsitzenden, spätestens jedoch ab dem Zeitpunkt des Beginns der Anwendung des Beschlusses über die Einrichtung des Militärstabs der Europäischen Union[1] , grundsätzlich jedoch vor Ende Juni 2001, anwendbar.

(2) Das mit dem Beschluss 2000/144/GASP[2]) geschaffene Militärische Interimsgremium wird seine Aufgaben bis zu dem Zeitpunkt, zu dem dieser Beschluss zur Anwendung gelangt, weiter wahrnehmen.

Artikel 6

Dieser Beschluss wird im Amtsblatt veröffentlicht.

Geschehen zu Brüssel am 22. Januar 2001.

---

[1]) Beschluss 2001/80/GASP des Rates (Siehe Seite 7 dieses Amtsblatts).

[2]) Beschluss 2000/144/GASP des Rates vom 14. Februar 2000 zur Schaffung des Militärischen Interimsgremiums (ABl. L 49 vom 22. 2. 2000, S. 2).

ANHANG

MILITÄRAUSSCHUSS DER EUROPÄISCHEN UNION (EUMC)

1. Einleitung

In Helsinki hat der Europäische Rat beschlossen, innerhalb des Rates neue ständige politische und militärische Gremien zu schaffen, um die Europäische Union in die Lage zu versetzen, ihrer Verantwortung im Bereich des gesamten Spektrums der im Vertrag über die Europäische Union definierten Aufgaben der Konfliktverhütung und der Krisenbewältigung, der so genannten Petersberg-Aufgaben, gerecht zu werden.

Wie in dem Bericht von Helsinki vorgesehen, setzt sich der Militärausschuss der Europäischen Union (EUMC), der im Rat eingesetzt wird, aus den Generalstabschefs (CHOD) zusammen, die durch ihre militärischen Delegierten (MILREP) vertreten werden. Der EUMC tritt auf der Ebene der Generalstabschefs zusammen, soweit und wann immer dies erforderlich ist. Er berät das Politische und Sicherheitspolitische Komitee (PSK) militärisch und gibt diesem gegenüber Empfehlungen ab und legt ferner militärische Leitvorgaben für den Militärstab der Europäischen Union (EUMS) fest. Der Vorsitzende des EUMC (CEUMC) nimmt an den Tagungen des Rates teil, wenn Beschlüsse mit verteidigungspolitischen Bezügen zu fassen sind.

Der EUMC ist das höchste militärische Gremium im Rahmen des Rates.

Dementsprechend wird das Mandat des EUMC wie folgt festgelegt:

2. Auftrag

Dem EUMC obliegt es, das PSK in allen militärischen Angelegenheiten im Rahmen der Union militärisch zu beraten und diesem gegenüber einschlägige Empfehlungen abzugeben. Er nimmt die militärische Leitung aller militärischen Aktivitäten im Rahmen der Union wahr.

3. Funktionen

Der EUMC sorgt für eine konsensgestützte militärische Beratung.

Er ist das Forum für die militärische Konsultation und Kooperation zwischen den Mitgliedstaaten der Union im Bereich der Konfliktverhütung und der Krisenbewältigung.

Er nimmt auf Ersuchen des PSK oder von sich aus im Rahmen der vom PSK vorgegebenen Leitlinie die Aufgabe der militärischen Beratung des PSK wahr und gibt diesem gegenüber Empfehlungen ab, insbesondere im Hinblick auf

– die Entwicklung des allgemeinen Krisenbewältigungskonzepts, was dessen militärische Aspekte anbelangt;

– die militärischen Aspekte im Zusammenhang mit der politischen Kontrolle und strategischen Leitung von Krisenbewältigungsoperationen und Krisensituationen;

– die Risikobeurteilung bei potentiellen Krisen;

– die militärische Dimension einer Krisensituation und deren Auswirkungen, insbesondere während der anschließenden Krisenbewältigungsphase; zu diesem Zweck erhält er vom Lagezentrum die Ergebnisse von dessen Arbeiten;

– die Präzisierung, Beurteilung und Überprüfung von Fähigkeitszielen gemäß den vereinbarten Verfahren;

– die militärischen Beziehungen der Union zu den nicht der Union angehörenden europäischen NATO-Mitgliedern, den übrigen Bewerbern um einen Beitritt zur Union, anderen Staaten und anderen Organisationen, einschließlich der NATO;

– die Veranschlagung der Kosten für Operationen und Übungen.

a) Im Krisenfall

Auf Ersuchen des PSK erteilt er dem Generaldirektor des EUMS (DGEUMS) eine Grundsatzweisung, militärische Optionen auszuarbeiten und vorzulegen.

Er nimmt eine Beurteilung der vom EUMS ausgearbeiteten militärstrategischen Optionen vor und leitet diese zusammen mit seiner Beurteilung und seinen militärischen Empfehlungen dem PSK zu.

Auf der Grundlage der militärischen Option, für die sich der Rat entscheidet, genehmigt er eine grundsätzliche Planungsweisung für den Operation Commander.

Auf der Grundlage der vom EUMS vorgenommenen Beurteilung berät er das PSK und gibt diesem gegenüber Empfehlungen ab, und zwar hinsichtlich

- des vom Operation Commander ausgearbeiteten Operationskonzepts (CONOPS);
- des vom Operation Commander erstellten Entwurfs eines Operationsplans (OPLAN).

Er berät das PSK in der Frage der Option für die Beendigung einer Operation.

b) Im Verlauf einer Operation

Der EUMC überwacht die ordnungsgemäße Durchführung militärischer Operationen unter der Verantwortung des Operation Commander.

Die Mitglieder des EUMC nehmen an den Sitzungen des Ausschusses der beitragenden Länder teil oder haben einen Vertreter in diesem Ausschuss.

4. Vorsitzender des EUMC (CEUMC)

Der EUMC hat seinen ständigen Vorsitzenden, dessen Aufgaben im Folgenden beschrieben sind.

Bei dem CEUMC handelt es sich um einen ernannten Vier-Sterne-General/Admiral, vorzugsweise um einen ehemaligen Generalstabschef eines Mitgliedstaats der Union.

Dieser wird von den Generalstabschefs der Mitgliedstaaten gemäß den vereinbarten Verfahren bestimmt und vom Rat auf Empfehlung des auf Ebene der Generalstabschefs zusammentretenden EUMC ernannt.

Seine Amtszeit beträgt grundsätzlich drei Jahre, es sei denn, es liegen außergewöhnliche Umstände vor.

Er erhält seine Befugnisse vom EUMC, dem gegenüber er verantwortlich ist. Der CEUMC, der in internationaler Funktion tätig ist, repräsentiert den EUMC gegebenenfalls im PSK und im Rat.

In seiner Eigenschaft als Vorsitzender des EUMC

- nimmt er den Vorsitz in den Sitzungen des Militärausschusses auf Ebene der militärischen Delegierten und der Generalstabchefs wahr;
- tritt er als Sprecher des EUMC auf und nimmt als solcher folgende Aufgaben wahr:
- er nimmt gegebenenfalls an den Sitzungen des PSK teil und darf sich an den Beratungen beteiligen; ferner nimmt er an den Tagungen des Rates teil, wenn Beschlüsse mit verteidigungspolitischen Bezügen zu fassen sind;
- er erfüllt die Aufgabe eines militärischen Beraters des Generalsekretärs/Hohen Vertreters in allen militärischen Angelegenheiten, insbesondere, um für Kohärenz innerhalb der Krisenbewältigungsstruktur der Union zu sorgen;
- leitet er die Arbeiten des EUMC unparteiisch und im Bemühen um Konsens;
- handelt er für den EUMC, wenn er dem Generaldirektor des EUMS Weisungen erteilt und Richtlinien vorgibt;
- fungiert er als vorrangiger Ansprechpartner (POC) für den Operation Commander im Verlauf militärischer Operationen der Union;
- fungiert er als Bindeglied zum Vorsitz im Zusammenhang mit der Aufstellung und Durchführung von dessen Arbeitsprogramm.

Der CEUMC wird von seinem persönlichen Stab sowie vom EUMS unterstützt, speziell was die administrative Unterstützung im Rahmen des Generalsekretariats des Rates anbelangt.

Bei Abwesenheit wird der CEUMC vertreten durch

- den ständigen Stellvertretenden Vorsitzenden des CEUMC (DCEUMC), falls die Schaffung dieses Amtes und dessen Besetzung beschlossen wird;
- den Vertreter des Vorsitzes oder
- den dienstältesten anwesenden Offizier (Dean).

5. Verschiedenes

Die zwischen dem EUMC und den NATO-Militärgremien aufzunehmenden Beziehungen sind Gegenstand des Dokuments über die EU/NATO-Dauervereinbarungen. Die Beziehungen zwischen dem EUMC und den nicht der Union angehörenden europäischen NATO-Mitgliedern und anderen Staaten, die sich um einen Beitritt zur Union bewerben, sind Gegenstand des Dokuments über die Beziehungen der Union zu Drittstaaten.

Der EUMC wird erforderlichenfalls von einer militärischen Arbeitsgruppe (EUMCWG), dem EUMS sowie anderen Abteilungen und Dienststellen unterstützt.

Beschluss des Rates

vom 22. Januar 2001

zur Einsetzung des Militärstabs der Europäischen Union

(2001/80/GASP)

(ABl 2001 L 27, 7; geändert durch ABl 2005 L 132, 17 und ABl 2008 L 102, 25)

DER RAT DER EUROPÄISCHEN UNION –

Gestützt auf den Vertrag über die Europäische Union, insbesondere auf Artikel 28 Absatz 1,

gestützt auf den Vertrag zur Gründung der Europäischen Gemeinschaft, insbesondere auf Artikel 207 Absatz 2,

in Erwägung nachstehender Gründe:

(1) Im Rahmen der Stärkung der Gemeinsamen Außen- und Sicherheitspolitik (GASP) und insbesondere der in Artikel 17 des Vertrags über die Europäische Union vorgesehenen Gemeinsamen Europäischen Sicherheits- und Verteidigungspolitik hat der Europäische Rat auf seiner Tagung vom 7. bis 11. Dezember 2000 in Nizza Einvernehmen über die Einrichtung des Militärstabs der Europäischen Union erzielt und dessen Auftrag und Funktionen festgelegt.

(2) Nach den Leitlinien des Europäischen Rates sollte der Militärstab in die Lage versetzt werden, seine Arbeit aufzunehmen –

BESCHLIESST:

Artikel 1

(1) Zur Einrichtung des Militärstabs der Europäischen Union (EUMS) wird von den Mitgliedstaaten Militärpersonal in das Generalsekretariat des Rates abgeordnet.

(2) Der Militärstab ist Teil des Generalsekretariats des Rates.

Artikel 2

Das Mandat und die Organisationsstruktur des Militärstabs der Europäischen Union sind im Anhang dieses Beschlusses festgelegt.

Artikel 3

Alle Mitglieder des Militärstabs müssen Staatsangehörige der Mitgliedstaaten der Europäischen Union sein.

Artikel 4

Die Mitglieder des Militärstabs der Europäischen Union unterliegen den Vorschriften des Beschlusses 2007/829/EG des Rates vom 5. Dezember 2007 über die Regelung für zum Generalsekretariat des Rates abgeordnete nationale Sachverständige und Militärexperten.[1]).

Artikel 5

Dieser Beschluss wird am Tag seiner Annahme wirksam.

Er ist ab einem vom Generalsekretär/Hohen Vertreter nach Anhörung des PSK und des Militärischen Interimsgremiums/Militärausschusses festzulegenden Zeitpunkt, grundsätzlich jedoch vor Ende Juni 2001, anwendbar.

Bis zum Zeitpunkt des Beginns der Anwendung dieses Beschlusses fungiert der Generaldirektor des Militärstabs (DGEUMS), der sein Amt am 1. März 2001 antreten wird[2]), als Vorgesetzter der von den Mitgliedstaaten in das Ratssekretariat abgeordneten Militärsachverständigen[3]).

Artikel 6

Dieser Beschluss wird im Amtsblatt veröffentlicht.

Geschehen zu Brüssel am 22. Januar 2001.

---

[1]) ABl. L 327 vom 13. 12. 2007, S. 10.

[2]) Beschluss des Rates vom 22. Dezember 2000.

[3]) Beschluss 2000/145/GASP des Rates vom 14. Februar 2000 über die Abordnung nationaler Sachverständiger im Militärbereich zum Generalsekretariat des Rates während einer Übergangszeit (ABl. L 49 vom 22. 2. 2000, S. 3).

ANHANG
MANDAT UND ORGANISATION DES MILITÄRSTABS DER EUROPÄISCHEN UNION (EUMS)[4]

1. Einleitung

In Helsinki haben die Mitgliedstaaten der Europäischen Union beschlossen, innerhalb des Rates neue ständige politische und militärische Gremien zu schaffen, um die Europäische Union in die Lage zu versetzen, ihrer Verantwortung für das gesamte Spektrum der im EUV festgelegten Aufgaben der Konfliktverhütung und der Krisenbewältigung gerecht zu werden. Entsprechend dem Bericht von Helsinki wird der EUMS „innerhalb der Ratsstrukturen (…) für die GESVP militärischen Sachverstand und militärische Unterstützung bereitstellen, auch in Bezug auf die Durchführung EUgeführter militärischer Krisenbewältigungsoperationen".

Der Europäische Rat hat auf seiner Tagung vom 12. und 13. Dezember 2003 das Dokument „European Defence: NATO/EU Consultation, Planning and Operations" begrüßt. Auf seiner Tagung vom 16. und 17. Dezember 2004 hat der Rat die detaillierten Vorschläge zur Umsetzung dieses Dokuments gebilligt.

Der Rat hat am 19. November 2007 den vom Rat im Mai 2007 angeforderten Bericht des Generalsekretärs/Hohen Vertreters über die Fähigkeit des Militärstabs der EU, im Falle EU-geführter Operationen die Frühplanung auf der strategischen Ebene durchzuführen, begrüßt und die Empfehlung gebilligt, die darin beschriebenen vier Maßnahmen zusammen mit den im militärischen Ratschlag aufgeführten Aktionen als ein Paket umzusetzen

Das Mandat des EUMS ist wie folgt festgelegt:

2. Auftrag

Der Militärstab hat den Auftrag der Frühwarnung, Lagebeurteilung und strategischen Planung im Hinblick auf die in Artikel 17 Absatz 2 EUV vorgesehenen Missionen und Aufgaben, einschließlich der in der Europäischen Sicherheitsstrategie festgelegten.

Dazu gehört auch die Bestimmung der europäischen nationalen und multinationalen Streitkräfte und die Durchführung von Maßnahmen und Beschlüssen gemäß den Weisungen des EUMC.

3. Rolle

– Der Militärstab dient der Europäischen Union als Quelle militärischer Expertise.

– Er fungiert als Bindeglied zwischen dem EUMC einerseits und den der Europäischen Union zur Verfügung stehenden militärischen Kräften andererseits und stellt den Organen der EU gemäß den Weisungen des EUMC militärische Expertise zur Verfügung.

– Er erfüllt drei wichtige operative Funktionen: Frühwarnung, Lagebeurteilung und strategische Planung.

– Er nimmt eine ausreichend detaillierte Frühplanung vor, um es u. a. den Mitgliedstaaten zu gestatten, ihren potenziellen Truppenbeitrag einzuschätzen, und um selbst während des Beschlussfassungsprozesses geeignete Expertise bereitstellen zu können.

– Er stellt eine Frühwarnfähigkeit zur Verfügung. Er nimmt in Bezug auf das Krisenmanagementkonzept und die allgemeine Militärstrategie Aufgaben der Planung und Beurteilung wahr und gibt entsprechende Empfehlungen ab, und setzt die Beschlüsse und Leitlinien des EUMC um.

– Er unterstützt den EUMC bei der Lagebeurteilung und hinsichtlich der militärischen Aspekte der strategischen Planung[5] im gesamten Spektrum der in Artikel 17 Absatz 2 EUV aufgeführten Missionen und Aufgaben, einschließlich der in der Europäischen Sicherheitsstrategie festgelegten, und zwar bei allen EU-geführten Operationen, ungeachtet dessen, ob die Europäische Union auf Mittel und Fähigkeiten der NATO zurückgreift oder nicht.

– Er unterstützt (auf Verlangen des Generalsekretärs/Hohen Vertreters oder des PSK) befristete Missionen in Drittländern oder bei internationalen Organisationen, um bei Bedarf Beratung und Unterstützung hinsichtlich der militärischen Aspekte der Konfliktverhütung, der Krisenbewältigung und der Stabilisierung nach Konfliktende zu leisten.

---

[4]) Zu den Abkürzungen im Text siehe Anlage B.

[5]) Begriffsbestimmungen:

Strategische Planung: Planungsmaßnahmen, die beginnen, sobald eine potenzielle Krise festgestellt ist oder sobald sich eine Krise abzeichnet, und die enden, wenn die politischen Instanzen der Europäischen Union eine oder mehrere militärstrategische Optionen billigen. Der Prozess der strategischen Planung umfasst die militärische Lagebeurteilung, die Erstellung eines politisch-militärischen Rahmenplans und die Entwicklung militärstrategischer Optionen.

Militärstrategische Option: Militärische Vorgehensmöglichkeit zur Erreichung der politisch-militärischen Ziele, laut politisch-militärischem Rahmenplan. Eine militärstrategische Option umreißt die militärische Lösung in groben Zügen, beschreibt die erforderlichen Kräfte und Mittel und die Auflagen und enthält Empfehlungen zur Wahl des Befehlshabers der Operation (OpCdr) und des operativen Hauptquartiers (OHQ).

– Er beteiligt sich am Prozess der Entwicklung, Beurteilung und Überprüfung der Fähigkeitsziele, wobei er dem Umstand Rechnung trägt, dass die betroffenen Mitgliedstaaten die Kohärenz mit dem NATO-Verteidigungsplanungsprozess (DPP) und dem Planungs- und Überprüfungsprozess (PARP) der Partnerschaft für den Frieden (PfP) gemäß den vereinbarten Verfahren sicherstellen müssen.

– Er arbeitet eng mit der Europäischen Verteidigungsagentur zusammen.

– Hinsichtlich der Kräfte und Fähigkeiten, die der EU von den Mitgliedstaaten zur Verfügung gestellt werden, ist er verantwortlich für die Überwachung und Beurteilung von Ausbildung, Übungen und Interoperabilität sowie die Abgabe entsprechender Empfehlungen.

– Er gewährleistet die Fähigkeit zur Verstärkung des nationalen Hauptquartiers, das zur Durchführung einer eigenständigen Operation der EU bestimmt wurde.

– Er ist für den Aufwuchs der Fähigkeit zur Planung und Durchführung einer eigenständigen Militäroperation der EU zuständig und gewährleistet innerhalb des EUMS die Fähigkeit, rasch ein Operationszentrum für eine spezifische Operation zu errichten, sobald der Rat eine solche Operation auf der Grundlage des Ratschlags des EUMC beschlossen hat, und zwar vor allem, wenn eine gemeinsame zivil-militärische Reaktion erforderlich ist und kein nationales Hauptquartier bestimmt wurde.

4. Aufgaben

– Er stellt dem Generalsekretär/Hohen Vertreter und den EU-Organen gemäß den Weisungen des EUMC militärische Expertise zur Verfügung.

– Er überwacht potenzielle Krisensituationen, wobei er sich auf einschlägige nationale und multinationale Aufklärungsfähigkeiten stützt.

– Er arbeitet, was den Informationsaustausch anbelangt, gemäß der Vereinbarung über die Single Intelligence Analysis Capacity (SIAC) mit dem Gemeinsamen Lagezentrum zusammen.

– Er führt die militärische Vorausplanung auf der strategischen Ebene durch.

– Er nimmt eine ausreichend detaillierte Frühplanung vor, um es u. a. den Mitgliedstaaten zu gestatten, ihren potenziellen Truppenbeitrag einzuschätzen, und um selbst während des Beschlussfassungsprozesses geeignete Expertise bereitstellen zu können.

– Er bestimmt und erfasst nationale und multinationale europäische Einsatzkräfte für EU-geführte Operationen in Abstimmung mit der NATO.

– Er wirkt mit an der Entwicklung und Vorbereitung (einschließlich Ausbildung und Übungen) der nationalen und multinationalen Streitkräfte, die der Europäischen Union von den Mitgliedstaaten zur Verfügung gestellt werden. Die Einzelheiten der Beziehungen zur NATO sind in den einschlägigen Dokumenten festgelegt.

– Er organisiert und koordiniert die Verfahren mit den nationalen und multinationalen Hauptquartieren, einschließlich der der Europäischen Union zur Verfügung stehenden NATO-Hauptquartiere, wobei er so weit wie möglich die Kompatibilität mit den NATO-Verfahren sicherstellt.

– Er leistet einen Beitrag zu den militärischen Aspekten der ESVP-Dimension der Terrorismusbekämpfung.

– Er wirkt mit an der Entwicklung von Konzepten, Grundsätzen, Plänen und Verfahren für den Einsatz militärischer Mittel und Fähigkeiten bei Operationen zur Bewältigung der Folgen von Katastrophen natürlichen und menschlichen Ursprungs.

– Er gewährleistet die Programmierung, Planung, Durchführung und Beurteilung der militärischen Aspekte der Krisenbewältigungsverfahren der EU, wozu auch die Übung der EU/NATO-Verfahren gehört.

– Er beteiligt sich an der Kostenschätzung für Operationen und Übungen.

– Er unterhält Verbindungen zu den nationalen Hauptquartieren und den multinationalen Hauptquartieren der multinationalen Streitkräfte.

– Er stellt gemäß den „EU/NATO-Dauervereinbarungen" ständige Beziehungen zur NATO her.

– Er nimmt ein NATO-Verbindungsteam auf und unterhält im Einklang mit dem vom Rat am 13. Dezember 2004 angenommenen „Bericht des Vorsitzes zur ESVP" eine EU-Zelle beim SHAPE.

– Er stellt geeignete Kontakte her zu bestimmten Ansprechpartnern innerhalb der Vereinten Nationen sowie anderer internationaler Organisationen, einschließlich der OSZE und der AU, sofern diese Organisationen dem zustimmen.

– Er beteiligt sich an der notwendigen umfassenden Erfahrungsauswertung.

– Er sorgt auf Initiative des Generalsekretärs/Hohen Vertreters oder des PSK für die strategische Eventualfallplanung.

- Er wirkt mit an der Entwicklung von Grundsätzen/Konzepten durch die Auswertung zivil-militärischer Operationen und Übungen.
- Er entwickelt Konzepte und Verfahren für das EU-Operationszentrum und stellt sicher, dass das Personal, die Einrichtungen und die Ausrüstung des Operationszentrums für Operationen, Übungen und Ausbildungsmaßnahmen verfügbar und einsatzbereit sind.
- Er wartet, aktualisiert und ersetzt die Ausrüstung des EU-Operationszentrums und hält die Räumlichkeiten in Stand.

a) Zusätzliche Aufgaben im Krisenfall

- Er fordert spezifische Informationen von den Nachrichtendiensten und sonstige relevante Informationen aus allen verfügbaren Quellen an und verarbeitet sie.
- Er unterstützt den EUMC bei dessen Beiträgen zu den grundsätzlichen Planungsrichtlinien und Planungsweisungen des PSK.
- Er entwickelt als Grundlage für den militärischen Ratschlag des EUMC an das PSK militärstrategische Optionen und setzt Prioritäten, wobei er
  - erste allgemeine Optionen festlegt;
  - gegebenenfalls auf Planungsunterstützung durch externe Stellen zurückgreift, die diese Optionen genauer analysieren und detaillierter ausarbeiten;
  - die Ergebnisse dieser detaillierteren Arbeit bewertet und bei Bedarf weitere Arbeiten in Auftrag gibt;
  - dem EUMC eine Gesamtbeurteilung vorlegt, die gegebenenfalls Prioritätenangaben und Empfehlungen enthält.
- Er ermittelt in Abstimmung mit den nationalen Planungsstäben und gegebenenfalls der NATO die Streitkräfte, die an eventuellen EU-geführten Operationen teilnehmen könnten.
- Er unterstützt den Befehlshaber der Operation beim technischen Austausch mit Drittländern, die militärische Beiträge zu einer EU-geführten Operation leisten wollen, sowie bei der Vorbereitung der Truppengestellungskonferenz.
- Er führt eine fortlaufende Beobachtung der Krisensituationen durch.
- Auf Ersuchen der GD E an den DGEUMS leistet er Unterstützung bei der unter Verantwortung der GD E vorgenommenen politisch-militärischen Strategieplanung im Krisenreaktion (Ausarbeitung eines Krisenmanagementkonzepts (CMC), einer gemeinsamen Aktion usw.).

- Auf Ersuchen der GD E an den DGEUMS leistet er Unterstützung bei der unter Verantwortung der GD E vorgenommenen Krisenreaktionsplanung auf strategischer Ebene (Erkundungsmissionen, Krisenmanagementkonzept (CMC).
- Er wirkt mit an der strategischen Krisenreaktionsplanung für gemeinsame zivil-militärische Operationen, wobei er nach Maßgabe der Krisenbewältigungsverfahren strategische Optionen ausarbeitet. Diese Planung fällt unter die direkte Verantwortung des DGEUMS und des Direktors des zivilen Planungs- und Durchführungsstabs (DCPCC) und unterliegt der Gesamtaufsicht des Generalsekretärs/Hohen Vertreters.
- Auf Ersuchen des DCPCC an den DGEUMS leistet er Unterstützung bei der unter Verantwortung des DCPCC vorgenommenen Krisenreaktionsplanung für zivile Missionen auf strategischer und operativer Ebene.

b) Zusätzliche Aufgaben im Verlauf der Operationen

- Der EUMS stellt durch die Kapazität zur permanenten Lageüberwachung eine Rund-um-die-Uhr-Überwachung (24/7) aller ESVP-Missionen und -Operationen sicher und gewährleistet damit die systematische Weitergabe aller operationsspezifischen Informationen.
- Der EUMS, der auf Weisung des EUMC tätig wird, überwacht fortlaufend alle militärischen Aspekte der Operationen. Er führt im Benehmen mit dem designierten Befehlshaber der Operation strategische Analysen durch, um den EUMC in seiner beratenden Funktion gegenüber dem für die strategische Leitung zuständigen PSK zu unterstützen.
- Ausgehend von den politischen und operativen Entwicklungen unterbreitet er dem EUMC neue Optionen als Grundlage für den militärischen Ratschlag des EUMC an das PSK.
- Er trägt zum personellen Aufwuchs des Verstärkten Kernstabs des EU-Operationszentrums und bei Bedarf zur weiteren Verstärkung des EU-Operationszentrums bei.
- Er stellt den ständigen Kernstab des EU-Operationszentrums.
- Er beteiligt sich an der Koordinierung ziviler Operationen. Diese Operationen werden unter der Verantwortung des DCPCC geplant und durchgeführt. Er wirkt mit an der Planung, Unterstützung (einschließlich des eventuellen Einsatzes militärischer Mittel) und Durchführung ziviler Operationen (für die strategische Ebene ist weiterhin die GD E IX zuständig).

5. Organisation

- Der EUMS wird auf Weisung des EUMC tätig und erstattet diesem Bericht.

- Der EUMS ist ein unmittelbar dem Generalsekretär/Hohen Vertreter unterstehender Dienst des Ratssekretariats, der eng mit den anderen Diensten des Generalsekretariats des Rates zusammenarbeitet.

- Der EUMS wird von dem DGEUMS, einem 3-Sterne-General/Admiral, geleitet.

- Er setzt sich aus Personal, das gemäß der Regelung für zum Generalsekretariat des Rates abgeordnete nationale Sachverständige und Militärexperten von den Mitgliedstaaten abgeordnet und in internationaler Verwendung tätig ist, sowie aus Bediensteten des Generalsekretariats des Rates und abgeordneten Bediensteten der Kommission zusammen. Um das Auswahlverfahren für den EUMS zu verbessern, sind die Mitgliedstaaten aufgefordert, für jede ausgeschriebene Stelle mehrere Bewerber vorzuschlagen.

- Damit das gesamte Spektrum der Missionen und Aufgaben bewältigt werden kann, erhält der EUMS die in der Anlage „A" dargestellte Organisationsstruktur.

- Im Krisenfall oder bei Krisenmanagementübungen kann der EUMS unter Nutzung seiner eigenen Expertise, seines Personals und seiner Infrastruktur Planungs- und Managementteams aufstellen. Darüber hinaus könnte er bei Bedarf über den EUMC Personal aus den EU-Mitgliedstaaten zur vorübergehenden Verstärkung anfordern.

- Der EUMC stellt über den DGEUMS Leitlinien für die militärischen Tätigkeiten des EUMS im Rahmen der zivilen Krisenbewältigung bereit. Die Beiträge des EUMS zu den zivilen Aspekten der Krisenbewältigung unterliegen weiterhin der fachlichen Zuständigkeit der GD E IX für alle Tätigkeiten (Planung, Erkundungsmissionen usw.) bis einschließlich zur Erstellung eines Krisenmanagementkonzepts (CMC) und gegebenenfalls von CSO/PSO. Sobald die Einleitung einer Mission beschlossen wird, geht die fachliche Zuständigkeit auf den DCPCC über. Die Berichterstattung über diese Tätigkeiten an den Ausschuss für die zivilen Aspekte der Krisenbewältigung (CIVCOM) erfolgt nach den festgelegten Verfahren für die zivilen Aspekte der Krisenbewältigung.

6. Beziehungen zu Drittländern

Die Beziehungen zwischen dem EUMS und den nicht der EU angehörenden europäischen NATO-Mitgliedern, sonstigen Drittstaaten und den Ländern, die sich um einen Beitritt zur Europäischen Union bewerben, sind in den einschlägigen Dokumenten über die Beziehungen der EU zu Drittländern geregelt.

Anlage A

ORGANIGRAMM DES EUMS

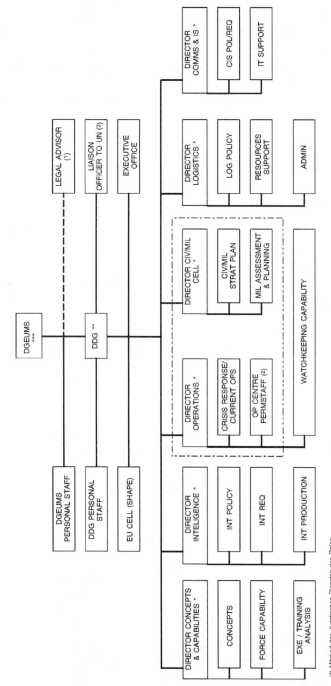

(1) Mitglied des Juristischen Dienstes des Rates.
(2) Unabhängig, wenn aktiviert.
(3) EUMS-Offizier im Verbindungsbüro des Rates bei den Vereinten Nationen in New York.

Anlage B

ABKÜRZUNGEN

A

ADMIN	Unterabteilung „Verwaltung"
AU	Afrikanische Union

C

CEUMC	Vorsitzender des Militärausschusses der Europäischen Union
CPCC	Ziviler Planungs- und Durchführungsstab
CIS	Abteilung „Kommunikations- und Informationssysteme"
CIS POL/REQ	Grundsatzfragen und Bedarfsplanung für „Kommunikations- und Informationssysteme"
CIV/MIL CELL	Zivil-militärische Zelle
CIV/MIL STRAT PLAN	Unterabteilung „Zivil-militärische Strategieplanung"
CIVCOM	Ausschuss für die zivilen Aspekte der Krisenbewältigung
CMC	Krisenbewältigungskonzept
CMC SPT	Unterstützung des Vorsitzenden des Militärausschusses der Europäischen Union
COMMS & IS	„Kommunikations- und Informationssysteme"
CONOPS	Operationskonzept
CRISIS RESP/CURRENT OPS	Unterabteilung „Krisenreaktionsplanung/laufende Operationen"
CSO	Zivilstrategische Option

D

DDG	Stellvertretender Generaldirektor
DGEUMS	Generaldirektor des Militärstabs der Europäischen Union
DCPCC	Direktor des Zivilen Planungs- und Durchführungsstabs
DPP	Verteidigungsplanungsprozess

E

ESVP	Europäische Sicherheits- und Verteidigungspolitik
EU CELL (SHAPE)	Zelle der Europäischen Union bei SHAPE
EUMC	Militärausschuss der Europäischen Union
EUMS	Militärstab der Europäischen Union
EUV	Vertrag über die Europäische Union
EX/TRN/ANL	Unterabteilung „Übungen, Schulung und Analyse"

G

GESVP	Gemeinsame Europäische Sicherheits- und Verteidigungspolitik

I

INT POLICY	Unterabteilung „Intelligence-Grundsatzfragen"
INT PRODUCTION	Unterabteilung „Intelligence-Produktion"
INT REQ	Unterabteilung „Intelligence-Bedarfsplanung"
IT SUPPORT	Unterabteilung „Informationstechnologie und Sicherheit"

L

LEGAL	Juristischer Berater
LOG POLICY	Unterabteilung „Logistik"

Militärstab

M

MAP	Unterabteilung „Militärische Beurteilung und Planung"

O

OCPS	Ständiges Personal des Operationszentrums
OHQ	operatives Hauptquartier
OP CENTRE PERM STAFF	Ständiges Personal des Operationszentrums
OPLAN	Operationsplan
OPSCEN	Operationszentrum
OSZE	Organisation für Sicherheit und Zusammenarbeit in Europa

P

PARP	Planungs- und Überprüfungsprozess
PfP	Partnerschaft für den Frieden
POL	Unterabteilung „Grundsatzfragen"
PSK	Politisches und Sicherheitspolitisches Komitee
PSO	Polizeistrategische Option.

Beschluss des Rates

vom 22. Mai 2000

zur Einsetzung eines Ausschusses für die nichtmilitärischen Aspekte der Krisenbewältigung

(2000/354/GASP)

(ABl 2000 L 127, 1)

DER RAT DER EUROPÄISCHEN UNION –

gestützt auf den Vertrag über die Europäische Union, insbesondere auf Artikel 28 Absatz 1,

gestützt auf den Vertrag zur Gründung der Europäischen Gemeinschaft, insbesondere auf Artikel 207,

in Erwägung nachstehender Gründe:

(1) Im Rahmen der Stärkung der Gemeinsamen Außen- und Sicherheitspolitik und insbesondere der in Artikel 17 des Vertrags über die Europäische Union vorgesehenen Gemeinsamen Europäischen Sicherheits- und Verteidigungspolitik hat der Europäische Rat auf seiner Tagung vom 10. und 11. Dezember 1999 in Helsinki den Vorsitz ersucht, zusammen mit dem Generalsekretär/Hohen Vertreter im Rahmen des Rates „Allgemeine Angelegenheiten" die Arbeiten fortzuführen, die alle in dem Bericht des Vorsitzes genannten Aspekte, einschließlich eines Ausschusses für nichtmilitärische Krisenbewältigung, betreffen.

(2) Der Europäische Rat hat auf seiner Tagung vom 23. und 24. März 2000 in Lissabon den Rat ersucht, bis zu der Tagung in Feira bzw. auf dieser Tagung einen Ausschuß für nichtmilitärische Krisenbewältigung einzusetzen.

(3) Die Beschlüsse über Instrumente für die nichtmilitärische Krisenbewältigung nach dem EG-Vertrag werden entsprechend den in diesem Vertrag vorgesehenen Verfahren gefasst.

(4) Auf der Tagung des Europäischen Rates in Helsinki wurde darauf hingewiesen, dass die Union ihre Reaktionsfähigkeit und die Effizienz ihrer Ressourcen und Instrumente wie auch deren Synergie verbessern muß.

(5) Der Austausch von Informationen und die Koordinierung der Instrumente für die nichtmilitärische Krisenbewältigung werden unter anderem die Arbeit des im Generalsekretariat des Rates eingerichteten Koordinierungsmechanismus erleichtern, dessen Errichtung auf der Tagung des Europäischen Rates in Helsinki beschlossen worden ist –

BESCHLIESST:

Artikel 1

Es wird ein aus Vertretern der Mitgliedstaaten bestehender Ausschuß für die nichtmilitärischen Aspekte der Krisenbewältigung eingesetzt.

Artikel 2

Der Ausschuß übt seine Tätigkeit als Arbeitsgruppe des Rates aus und berichtet dem Ausschuß der Ständigen Vertreter. Er stellt in bezug auf die nichtmilitärischen Aspekte der Krisenbewältigung für das Politische und Sicherheitspolitische Interimskomitee und die übrigen zuständigen Ratsgremien entsprechend ihren jeweiligen Befugnissen Informationen bereit, unterbreitet ihnen Empfehlungen und berät sie entsprechend.

Artikel 3

Dieser Beschluß wird am Tag seiner Annahme wirksam.

Artikel 4

Dieser Beschluß wird im Amtsblatt veröffentlicht.

Geschehen zu Brüssel am 22. Mai 2000.

Interinstitutionelle Vereinbarung

vom 20. November 2002

zwischen dem Europäischen Parlament und dem Rat über den Zugang des Europäischen Parlaments zu sensiblen Informationen des Rates im Bereich der Sicherheits- und Verteidigungspolitik

(2002/C 298/01)

(ABl 2002 C 298, 1)

DAS EUROPÄISCHE PARLAMENT UND DER RAT –

in Erwägung nachstehender Gründe:

(1) Artikel 21 des Vertrags über die Europäische Union sieht vor, dass der Vorsitz des Rates das Europäische Parlament zu den wichtigsten Aspekten und den grundsätzlichen Weichenstellungen der Gemeinsamen Außen- und Sicherheitspolitik hört und darauf achtet, dass die Auffassungen des Europäischen Parlaments gebührend berücksichtigt werden. Derselbe Artikel sieht ferner vor, dass das Europäische Parlament vom Vorsitz des Rates und von der Kommission regelmäßig über die Entwicklung der gemeinsamen Außenund Sicherheitspolitik unterrichtet wird. Es ist angebracht, Regeln einzuführen, die die Umsetzung dieser Grundsätze in diesem Bereich gewährleisten.

(2) Angesichts des besonderen Charakters und des besonders sicherheitsrelevanten Inhalts bestimmter hochvertraulicher Informationen im Bereich der Sicherheits- und Verteidigungspolitik bedarf es einer besonderen Regelung für die Behandlung von Dokumenten, die solche Informationen enthalten.

(3) Gemäß Artikel 9 Absatz 7 der Verordnung (EG) Nr. 1049/2001 des Europäischen Parlaments und des Rates vom 30. Mai 2001 über den Zugang der Öffentlichkeit zu Dokumenten des Europäischen Parlaments, des Rates und der Kommission ([1]) unterrichtet der Rat das Europäische Parlament hinsichtlich sensibler Dokumente im Sinne des Artikels 9 Absatz 1 jener Verordnung gemäß den zwischen den Organen vereinbarten Regelungen.

(4) In den meisten Mitgliedstaaten bestehen spezielle Verfahren für die Übermittlung von Verschlusssachen zwischen den Regierungen und den nationalen Parlamenten und deren Behandlung. Diese Interinstitutionelle Vereinbarung sollte für das Europäische Parlament eine Behandlung in Anlehnung an die be-

währten Praktiken in den Mitgliedstaaten vorsehen –

HABEN FOLGENDE INTERINSTITUTIONELLE VEREINBARUNG GESCHLOSSEN:

1.   **Anwendungsbereich**

1.1   Diese Interinstitutionelle Vereinbarung regelt den Zugang des Europäischen Parlaments zu sensiblen Informationen, d. h. zu Verschlusssachen der Einstufung TRÈS SECRET/TOP SECRET, SECRET oder CONFIDENTIEL, ungeachtet ihrer Herkunft, des Datenträgers oder des Stands der Fertigstellung, die im Bereich der Sicherheits- und Verteidigungspolitik im Besitz des Rates sind, sowie die Behandlung von Dokumenten mit dieser Einstufung.

1.2   Informationen, die von einem Drittstaat oder einer internationalen Organisation stammen, werden mit deren Zustimmung übermittelt.

Werden dem Rat Informationen, die von einem Mitgliedstaat stammen, ohne eine über ihre Einstufung als Verschlusssache hinausgehende ausdrückliche Einschränkung ihrer Weitergabe an andere Organe übermittelt, so gelten die Regeln der Nummern 2 und 3 dieser Interinstitutionellen Vereinbarung. Andernfalls werden diese Informationen mit Zustimmung des betreffenden Mitgliedstaats übermittelt.

Wird die Weitergabe von Informationen, die von einem Drittstaat, einer internationalen Organisation oder einem Mitgliedstaat stammen, verweigert, so hat der Rat die Verweigerung zu begründen.

1.3   Die Bestimmungen dieser Interinstitutionellen Vereinbarung gelten gemäß dem anwendbaren Recht unbeschadet des Beschlusses 95/167/EG, Euratom, EGKS des Europäischen Parlaments, des Rates und der Kommission vom 19. April 1995 über Einzelheiten der Ausübung des Un-

---

([1]) ABl. L 145 vom 31.5.2001, S. 43.

tersuchungsrechts des Europäischen Parlaments (^{2}) und unbeschadet bestehender Vereinbarungen, insbesondere der Interinstitutionellen Vereinbarung vom 6. Mai 1999 zwischen dem Europäischen Parlament, dem Rat und der Kommission über die Haushaltsdisziplin und die Verbesserung des Haushaltsverfahrens (^{3}).

2. Allgemeine Bestimmungen

2.1 Die beiden Organe handeln entsprechend ihrer beiderseitigen Pflicht zu loyaler Zusammenarbeit, im Geiste gegenseitigen Vertrauens und unter Beachtung der einschlägigen Vertragsbestimmungen. Die Übermittlung und Behandlung der Informationen, die Gegenstand dieser Interinstitutionellen Vereinbarung sind, erfolgt unter Wahrung der Interessen, die durch die Einstufung als Verschlusssache geschützt werden sollen, insbesondere des öffentlichen Interesses bezüglich der Sicherheit und Verteidigung der Europäischen Union oder eines oder mehrerer ihrer Mitgliedstaaten sowie bezüglich der militärischen und nichtmilitärischen Krisenbewältigung.

2.2 Auf Antrag einer der unter Nummer 3.1 genannten Persönlichkeiten unterrichtet der Ratsvorsitz oder der Generalsekretär/Hohe Vertreter diese mit aller gebotenen Eile entsprechend den unter Nummer 3 festgelegten Regelungen über den Inhalt aller sensiblen Informationen, deren Kenntnis für die Ausübung der dem Europäischen Parlament im Vertrag über die Europäische Union übertragenen Befugnisse für den unter diese Interinstitutionelle Vereinbarung fallenden Bereich erforderlich ist; diese Unterrichtung erfolgt unter Berücksichtigung des öffentlichen Interesses an Fragen, die die Sicherheit und Verteidigung der Europäischen Union oder eines oder mehrerer ihrer Mitgliedstaaten oder die militärische und nicht-militärische Krisenbewältigung berühren.

3. Regelungen betreffend den Zugang zu sensiblen Informationen und deren Behandlung

3.1 Im Rahmen dieser Interinstitutionellen Vereinbarung kann der Präsident des Europäischen Parlaments oder der Vorsitzende des Ausschusses des Europäischen Parlaments für auswärtige Angelegenheiten, Menschenrechte, gemeinsame Sicherheit und Verteidigungspolitik beantragen, dass der Ratsvorsitz oder der Generalsekretär/Hohe Vertreter diesem Ausschuss Informationen über die Entwicklungen im Bereich der europäischen Sicherheits- und Verteidigungspolitik erteilt, einschließlich sensibler Informationen, auf die Nummer 3.3 Anwendung findet.

3.2 Im Krisenfalle oder auf Antrag des Präsidenten des Europäischen Parlaments oder des Vorsitzenden des Ausschusses für auswärtige Angelegenheiten, Menschenrechte, gemeinsame Sicherheit und Verteidigungspolitik werden derartige Informationen schnellstmöglich bereitgestellt.

3.3 In diesem Rahmen unterrichtet der Ratsvorsitz oder der Generalsekretär/Hohe Vertreter den Präsidenten des Europäischen Parlaments sowie einen Sonderausschuss, der sich aus vier von der Konferenz der Präsidenten benannten Mitgliedern zusammensetzt und in dem der Vorsitzende des Ausschusses für auswärtige Angelegenheiten, Menschenrechte, gemeinsame Sicherheit und Verteidigungspolitik den Vorsitz führt, über den Inhalt der sensiblen Informationen, wenn deren Kenntnis für die Ausübung der dem Europäischen Parlament im Vertrag über die Europäische Union übertragenen Befugnisse für den unter diese Interinstitutionelle Vereinbarung fallenden Bereich erforderlich ist. Der Präsident des Europäischen Parlaments und der Sonderausschuss können beantragen, in den Räumlichkeiten des Rates Einsicht in die betreffenden Dokumente zu erhalten. Sofern dies angemessen und in Anbetracht der Art und des Inhalts der betreffenden Informationen oder Dokumente möglich ist, werden diese dem Präsidenten des Europäischen Parlaments zugänglich gemacht, der sich für eine der folgenden Optionen entscheidet:

a) für den Vorsitzenden des Ausschusses für auswärtige Angelegenheiten, Menschenrechte, gemeinsame Sicherheit und Verteidigungspolitik bestimmte Informationen;

b) Beschränkung des Zugangs zu den Informationen auf die Mitglieder des Ausschusses für auswärtige Angele-

---

(^{2}) ABl. L 113 vom 19.5.1995, S. 2.
(^{3}) ABl. C 172 vom 18.6.1999, S. 1.

genheiten, Menschenrechte, gemeinsame Sicherheit und Verteidigungspolitik;

c) Prüfung im Ausschuss für auswärtige Angelegenheiten, Menschenrechte, gemeinsame Sicherheit und Verteidigungspolitik unter Ausschluss der Öffentlichkeit entsprechend Regeln, die je nach Geheimhaltungsgrad unterschiedlich sein können;

d) Weiterleitung von Dokumenten, aus denen Informationen entsprechend dem erforderlichen Geheimhaltungsgrad entfernt wurden.

Diese Optionen sind nicht anwendbar, wenn die sensiblen Informationen als TRÈS SECRET/TOP SECRET eingestuft sind.

Bei den als SECRET oder CONFIDENTIEL eingestuften Informationen oder Dokumenten hat sich der Präsident des Europäischen Parlaments vor einer Entscheidung für eine dieser Optionen mit dem Rat abzustimmen.

Die betreffenden Informationen oder Dokumente werden weder veröffentlicht noch an andere Empfänger weitergeleitet.

4. Schlussbestimmungen

4.1 Das Europäische Parlament und der Rat treffen jeweils für ihren eigenen Bereich die erforderlichen Maßnahmen zur Durchführung dieser Interinstitutionellen Vereinbarung, einschließlich der für die Sicherheitsüberprüfung der beteiligten Personen erforderlichen Maßnahmen.

4.2 Die beiden Organe sind bereit, vergleichbare interinstitutionelle Vereinbarungen zu erörtern, die für Verschlusssachen in anderen Tätigkeitsbereichen des Rates gelten würden, unter der Voraussetzung, dass die Bestimmungen der vorliegenden Interinstitutionellen Vereinbarung keinen Präzedenzfall für andere Zuständigkeitsbereiche der Union oder der Gemeinschaft darstellen und den Inhalt etwaiger anderer interinstitutioneller Vereinbarungen nicht vorbestimmen.

4.3 Diese Interinstitutionelle Vereinbarung wird auf Antrag eines der beiden Organe in Anbetracht der bei ihrer Durchführung gemachten Erfahrungen nach zwei Jahren überprüft.

Geschehen zu Straßburg, am 20. November 2002.

ANHANG

Diese Interinstitutionelle Vereinbarung wird gemäß den einschlägigen anwendbaren Regelungen und insbesondere dem Grundsatz durchgeführt, wonach die Zustimmung des Urhebers eine notwendige Voraussetzung für die Übermittlung von als Verschlusssache eingestuften Informationen gemäß Nummer 1.2 darstellt.

Die Einsichtnahme in sensible Dokumente durch Mitglieder des Sonderausschusses des Europäischen Parlaments findet in einem sicheren Raum in den Gebäuden des Rates statt.

Diese Interinstitutionelle Vereinbarung tritt in Kraft, sobald das Europäische Parlament Maßnahmen zur internen Sicherheit gemäß den unter Nummer 2.1 niedergelegten Grundsätzen getroffen hat, die den Vorschriften der anderen Organe entsprechen, damit ein gleichwertiges Schutzniveau für die betreffenden sensiblen Informationen gewährleistet ist.

Beschluss des Europäischen Parlaments

vom 23. Oktober 2002

über die Durchführung der Interinstitutionellen Vereinbarung über den Zugang des Europäischen Parlaments zu sensiblen Informationen des Rates im Bereich der Sicherheits- und Verteidigungspolitik

(2002/C 298/02)

(ABl 2002 C 298, 4)

DAS EUROPÄISCHE PARLAMENT –

gestützt auf Artikel 9, insbesondere die Absätze 6 und 7, der Verordnung (EG) Nr. 1049/2001 des Europäischen Parlaments und des Rates vom 30. Mai 2001 über den Zugang der Öffentlichkeit zu Dokumenten des Europäischen Parlaments, des Rates und der Kommission ([1]),

gestützt auf Anlage VII Teil A Absatz 1 seiner Geschäftsordnung,

gestützt auf Artikel 20 des Beschlusses des Präsidiums vom 28. November 2001 über den Zugang der Öffentlichkeit zu den Dokumenten des Europäischen Parlaments ([2]),

gestützt auf die Interinstitutionelle Vereinbarung zwischen dem Europäischen Parlament und dem Rat über den Zugang des Europäischen Parlaments zu sensiblen Informationen des Rates im Bereich der Sicherheits- und Verteidigungspolitik ([3]),

in Kenntnis des Vorschlags des Präsidiums,

in Erwägung nachstehender Gründe:

Der besondere Charakter und der besonders sicherheitsrelevante Inhalt bestimmter hoch vertraulicher Informationen im Bereich der Sicherheits- und Verteidigungspolitik ist zu berücksichtigen.

Der Rat ist verpflichtet, dem Europäischen Parlament die Informationen zu den sensiblen Dokumenten gemäß den zwischen den Organen vereinbarten Regelungen zugänglich zu machen.

Die Mitglieder des Europäischen Parlaments, die dem durch die Interinstitutionelle Vereinbarung eingesetzten Sonderausschuss angehören, müssen einer Sicherheitsüberprüfung unterzogen werden, um nach dem Grundsatz „Kenntnis erforderlich" Zugang zu sensiblen Informationen zu erhalten,

Es ist notwendig, spezifische Vorschriften für den Erhalt, die Behandlung und die Kontrolle sensibler Informationen des Rates, von Mitgliedstaaten oder von Drittländern oder internationalen Organisationen einzuführen.

BESCHLIESST:

Artikel 1

Ziel dieses Beschlusses ist die Annahme ergänzender Maßnahmen, die für die Durchführung der Interinstitutionellen Vereinbarung über den Zugang des Europäischen Parlaments zu sensiblen Informationen des Rates im Bereich der Sicherheits- und Verteidigungspolitik notwendig sind.

Artikel 2

Der Rat behandelt die Anträge des Europäischen Parlaments auf Zugang zu sensiblen Informationen des Rates in Übereinstimmung mit seinen Vorschriften. Wurden die beantragten Dokumente von anderen Organen, von Mitgliedstaaten, Drittländern oder internationalen Organisationen erstellt, so werden sie mit deren Zustimmung übermittelt.

Artikel 3

Der Präsident des Europäischen Parlaments ist für die Durchführung der Interinstitutionellen Vereinbarung innerhalb des Organs verantwortlich.

Hierzu trifft der Präsident alle erforderlichen Maßnahmen, um die vertrauliche Behandlung der direkt vom Vorsitzenden des Rates vom Generalsekretär/Hohen Vertreter erhaltenen Informationen oder der bei der Einsicht in sensible Dokumente in den Räumlichkeiten des Rates erlangten Informationen zu gewährleisten.

([1]) ABl. L 145 vom 31.5.2001, S. 43.

([2]) ABl. C 374 vom 29.12.2001, S. 1.

([3]) ABl. C 298 vom 30.11.2002.

Artikel 4

Wird der Vorsitz des Rates oder der Generalsekretär/Hohe Vertreter auf Antrag des Präsidenten des Europäischen Parlaments oder des Vorsitzenden des Ausschusses für auswärtige Angelegenheiten, Menschenrechte, gemeinsame Sicherheit und Verteidigungspolitik ersucht, dem durch die Interinstitutionelle Vereinbarung eingesetzten Sonderausschuss sensible Informationen zugänglich zu machen, so werden diese schnellstmöglich übermittelt. Zu diesem Zweck rüstet das Europäische Parlament einen speziell dafür vorgesehenen Raum aus. Bei der Wahl des Raums wird sichergestellt, dass ein gleichwertiges Schutzniveau wie das in dem Beschluss 2001/264/EG des Rates vom 19. März 2001 über die Annahme der Sicherheitsvorschriften des Rates (^{4}) für die Organisation derartiger Sitzungen festgelegte Niveau gewährleistet ist.

Artikel 5

Die Informationssitzung findet unter dem Vorsitz des Präsidenten des Europäischen Parlaments oder des Vorsitzenden des Ausschusses für auswärtige Angelegenheiten, Menschenrechte, gemeinsame Sicherheit und Verteidigungspolitik unter Ausschluss der Öffentlichkeit statt.

Mit Ausnahme der vier von der Konferenz der Präsidenten benannten Mitglieder haben nur die Beamten Zugang zum Sitzungssaal, die aufgrund ihrer Aufgaben oder der dienstlichen Erfordernisse vorbehaltlich des Grundsatzes „Kenntnis erforderlich" einer Sicherheitsüberprüfung unterzogen und entsprechend ermächtigt wurden.

Artikel 6

Beschließen der Präsident des Europäischen Parlaments oder der Vorsitzende des Ausschusses für auswärtige Angelegenheiten, Menschenrechte, gemeinsame Sicherheit und Verteidigungspolitik, Einsicht in Dokumente zu beantragen, die sensible Informationen enthalten, so findet diese Einsichtnahme gemäß Nummer 3.3 der Interinstitutionellen Vereinbarung in den Räumlichkeiten des Rates statt.

Die Einsichtnahme in die Dokumente vor Ort erfolgt in der(den) verfügbaren Fassung(en).

(^{4}) ABl. L 101 vom 11.4.2001, S. 1.

Artikel 7

Die Mitglieder des Europäischen Parlaments, die an den Informationssitzungen teilnehmen oder von den sensiblen Dokumenten Kenntnis nehmen sollen, werden einer Sicherheitsüberprüfung unterzogen, die der Überprüfung entspricht, die für die Mitglieder des Rates und die Mitglieder der Kommission gilt. Der Präsident des Europäischen Parlaments leitet zu diesem Zweck die erforderlichen Schritte bei den zuständigen einzelstaatlichen Behörden ein.

Artikel 8

Die Beamten, die Zugang zu sensiblen Informationen erhalten sollen, werden gemäß den für die anderen Organen festgesetzten Vorschriften einer Sicherheitsüberprüfung unterzogen. Die nach diesem Verfahren ermächtigten Beamten nehmen vorbehaltlich des Grundsatzes „Kenntnis erforderlich" an den genannten Informationssitzungen teil oder von ihrem Inhalt Kenntnis. Hierzu erteilt der Generalsekretär die Genehmigung, nachdem er die Stellungnahme der zuständigen Behörden der Mitgliedstaaten auf der Grundlage der von diesen durchgeführten Sicherheitsüberprüfung erhalten hat.

Artikel 9

Die im Rahmen dieser Sitzungen oder der Einsicht in diese Dokumente in den Räumlichkeiten des Rates erhaltenen Informationen dürfen unabhängig vom Datenträger weder ganz noch teilweise weitergegeben, verbreitet oder reproduziert werden. Aufnahmen der vom Rat übermittelten sensiblen Informationen sind ebenfalls nicht gestattet.

Artikel 10

Die von der Konferenz der Präsidenten benannten Mitglieder des Europäischen Parlaments, die Zugang zu sensiblen Informationen erhalten sollen, sind zur Geheimhaltung verpflichtet. Mitglieder, die gegen diese Verpflichtung verstoßen, werden im Sonderausschuss durch ein anderes von der Konferenz der Präsidenten zu benennendes Mitglied ersetzt. Das Mitglied, dem ein Verstoß gegen die Geheimhaltungspflicht zur Last gelegt wird, kann vor seinem Ausschluss aus dem Sonderausschuss von der Konferenz der Präsidenten in einer Sondersitzung unter Ausschluss der Öffentlichkeit gehört werden. Neben seinem Ausschluss aus dem Sonderausschuss kann das für die Weitergabe von Informationen verantwortliche Mitglied gegebenenfalls in Anwendung der geltenden Rechtsvorschriften strafrechtlich verfolgt werden.

Artikel 11

Die ordnungsgemäß ermächtigten und nach dem Grundsatz „Kenntnis erforderlich" zum Zugang zu sensiblen Informationen berechtigten Beamten sind zur Geheimhaltung verpflichtet. Jeglicher Verstoß gegen diese Bestimmung zieht eine Untersuchung, die unter der Verantwortung des Präsidenten des Europäischen Parlaments durchgeführt wird, und gegebenenfalls ein Disziplinarverfahren gemäß dem Beamtenstatut nach sich. Im Fall einer Strafverfolgung trifft der Präsident alle erforderlichen Maßnahmen, damit die zuständigen einzelstaatlichen Behörden die geeigneten Verfahren einleiten können.

Artikel 12

Das Präsidium ist befugt, Anpassungen, Änderungen oder Auslegungen, die im Hinblick auf die Anwendung dieses Beschlusses gegebenenfalls erforderlich sind, vorzunehmen.

Artikel 13

Dieser Beschluss wird der Geschäftsordnung des Europäischen Parlaments beigefügt und tritt am Tag seiner Veröffentlichung im *Amtsblatt der Europäischen Gemeinschaften* in Kraft.

Titel	Preis im Abo	EUR	Einzelpreis	EUR
Verfassungsrecht, 31. Aufl.	...	22,–	...	27,50
Europarecht (EU-Verfassungsrecht), 18. Aufl.	...	22,–	...	27,50
Einführungsgesetze ABGB und B-VG, 7. Aufl.	...		...	12,–
Bürgerliches Recht, 40. Aufl.	...	22,–	...	27,50
Unternehmensrecht, 42. Aufl.	...	22,–	...	27,50
Zivilgerichtliches Verfahren, 30. Aufl.	...	26,–	...	32,50
Internationales Privatrecht, 2. Aufl.	...	22,–	...	27,50
Außerstreitverfahren mit Amtlichen Erläuterungen	...	20,–	...	25,–
Strafrecht, 34. Aufl.	...	22,–	...	27,50
Gerichtsorganisation, 12. Aufl.	...	52,–	...	65,–
Anwalts- und Gerichtstarife, 15. Aufl.	...	14,40	...	18,–
Wohnungsgesetze, 14. Aufl.	...	36,80	...	46,–
Banken- und Börserecht, Finanzmarktrecht Band I, 17. Aufl.	...	64,–	...	80,–
EU-Finanzmarktrecht, Finanzmarktrecht Band II	...		...	48,–
Versicherungsrecht, 14. Aufl.	...	59,20	...	74,–
WirtschaftsG I (GewR, VergR, EnR, DSG, PreisR), 20. Aufl.	...	38,40	...	48,–
WirtschaftsG II (Wettbewerb, Gew. Rechtsschutz), 19. Aufl.	...	31,20	...	39,–
Wirtschaftsgesetze III (UWG), 2. Aufl.	...	21,60	...	27,–
Wirtschaftsgesetze IV (Telekommunikation), 4. Aufl.	...	54,40	...	68,–
Vergabegesetze, 5. Aufl.	...	28,80	...	36,–
Arbeitsrecht, 32. Aufl.	...	20,80	...	26,–
EU-Arbeitsrecht, 7. Aufl.	...	48,–	...	60,–
Aushangpflichtige Gesetze, 15. Aufl.	...	21,20	...	25,50
Sozialversicherung (Bd. I), 40. Aufl.	...	18,–	...	22,50
Sozialversicherung (Bd. II), 40. Aufl.	...	18,–	...	22,50
Sozialversicherung (Bd. III), 3. Aufl.	...	20,80	...	26,–
Pflegegeldgesetze, 3. Aufl.	...	14,–	...	17,50
Steuergesetze, 47. Aufl.	...	14,–	...	17,50
Steuer-Erlässe (Bd. I), 26. Aufl.	...	31,60	...	39,50
Steuer-Erlässe (Bd. II), 23. Aufl.	...	31,60	...	39,50
Steuer-Erlässe (Bd. III), 24. Aufl.	...	35,20	...	44,–
Rechnungslegung und Prüfung	...	28,–	...	35,–
EStG – Richtlinienkommentar, 8. Aufl.	...	44,–	...	55,–
GebG – Richtlinienkommentar	...	22,–	...	27,50
LSt – Richtlinienkommentar, 10. Aufl.	...	33,60	...	42,–
KStG – Richtlinienkommentar, 7. Aufl.	...	29,60	...	37,–
UmgrStG – Richtlinienkommentar, 4. Aufl.	...	38,40	...	48,–
UStG – Richtlinienkommentar 2010, 7. Aufl.	...	29,60	...	37,–
Doppelbesteuerungsabkommen, 8. Aufl.	...	38,40	...	48,–
Zollrecht und Verbrauchsteuern, 19. Aufl.	...	85,60	...	107,–
Rechnungslegung und Prüfung, 2. Aufl.	...	30,40	...	38,–
Internationale Rechnungslegung IAS-IFRS, 8. Aufl.	...	19,80	...	24,70
Verkehrsrecht, 14. Aufl.	...	60,–	...	75,–
Wehrrecht, 14. Aufl.	...	38,40	...	48,–
Ärzterecht, 9. Aufl.	...	62,40	...	78,–
Gesundheitsberufe (Bd. I), 1. Aufl.	...	19,60	...	24,50
Gesundheitsberufe (Bd. II), 1. Aufl.	...	29,60	...	37,–
Krankenanstaltengesetze, 7. Aufl.	...	46,40	...	58,–
Veterinärrecht, 11. Aufl.	...	68,–	...	85,–
Umweltrecht, 35. Aufl.	...	74,40	...	93,–
EU-Umweltrecht, 7. Aufl.	...	77,60	...	97,–
Wasserrecht, 15. Aufl.	...	68,–	...	85,–
Abfallrecht mit ÖKO-Audit, 28. Aufl.	...	68,–	...	85,–
Chemikalienrecht, 11. Aufl.	...	59,20	...	74,–
EU-Chemikalienrecht, 3. Aufl.	...	63,20	...	79,–
Lebensmittelrecht, 11. Aufl.	...	56,–	...	70,–
Schulgesetze, 11. Aufl.	...	43,20	...	54,–
Universitätsrecht, 9. Aufl.	...	38,40	...	48,–
Besonderes Verwaltungsrecht, 7. Aufl.	...	44,–	...	55,–
Innere Verwaltung, 14. Aufl.	...	62,40	...	79,–
Verwaltungsverfahrensgesetze, 41. Aufl.	...	14,–	...	17,50
Landesrecht Tirol (Bd. I + II), 12. Aufl.	...	108,–	...	135,–
Landesrecht Vorarlberg, 5. Aufl.	...	77,60	...	97,–

Die Preise beziehen sich auf die angegebene Auflage, zzgl. Porto u. Versandspesen. Satz- und Druckfehler vorbehalten.

Für Ihre Bestellung einfach Seite kopieren, gewünschte Anzahl eintragen, Bestellabschnitt ausfüllen und Ihren Buchhändler oder an den Verlag LexisNexis ARD Orac **faxen: (01) 534 52-141** oder (01) 534 52-0.

Name: .... Kundennr.: ....

....

....

Datum/Unterschrift: ....